〔清〕阮元 校刻

十三經注疏

四

左傳

（清嘉慶刊本）

中華書局

目録

七 春秋左傳正義

重栞宋本左傳注疏附挍勘記

嘉慶二十年江西南昌府學開雕

太子少保江西巡撫兼提督揚州阮元審定武寧縣貢生盧宣旬校

欽定四庫全書總目春秋左傳正義六十卷

周左丘明傳晉杜預注唐孔穎達疏自劉向劉歆桓譚班固皆以春秋傳出左丘明左丘明受經於孔子魏晉以來儒者更無異議至唐趙匡始謂左氏非丘明蓋欲攻傳之不合經必先攻作傳之人非受經於孔子與王柏欲攻毛詩先攻毛詩不傳於子夏其智一也宋元諸儒相繼並起王安石有春秋解一卷證左氏非丘明者十一事陳振孫書錄解題謂出依託今未見其書不知十一事者何據

其餘辨論惟朱子謂虞不臘矣爲秦人之語葉夢得謂紀事終於智伯當爲六國時人似爲近理然考史記秦本紀稱惠文君十二年始臘張守節正義稱秦惠文王始效中國爲之明古有臘祭秦至是始用非至是始創閻若璩古文尚書疏證亦駁此說曰史稱秦文公始有史以記事秦宣公初志閏月豈亦中國所無待秦獨創哉則臘爲秦禮之說未可據也左傳載預斷禍福無不徵驗蓋不免從後傳合之惟哀公九年稱趙氏其世有亂後竟不然是未見後事之證也經止獲麟而弟子續至孔子卒傳載智伯之亡殆亦後人所續史記司馬相如傳中有揚雄之語不能執是一事指司馬遷爲後漢人也則載及智伯之說不足疑也今仍定爲左丘明作以袪衆惑至其作傳之由則劉知幾躬爲國史之言最爲確論疏稱大事書於策者經之所書小事書於簡者傳之所載觀晉史之書趙盾齊史之書崔杼及甯殖所謂載在諸侯之籍者其文體皆與經合墨子稱周春秋載杜伯燕

春秋載莊子儀宋春秋載祐觀辜齊春秋載王里國中里徼其文體皆與傳合經傳同因國史而修斯爲顯證知說經去傳爲舍近而求諸遠矣漢志載春秋古經十二篇經十一卷注曰公羊穀梁二氏則左氏經文不著於錄然杜預集解序稱分經之年與傳之年相附比其義類各隨而解之陸德明經典釋文曰舊夫子之經與丘明之傳各異杜氏合而釋之則左傳又自有經考漢志之文旣曰古經十二篇矣不應復云經十一卷觀公穀二

傳皆十一卷與經十一卷相配知十一卷爲二傳之經故有是注徐彦公羊傳疏曰左氏先著竹帛故漢儒謂之古學則所謂古經十二篇即左傳之經故謂之古刻漢書者誤連二條爲一耳今以左傳經文與二傳校勘皆左氏義長知手錄之本確於口授之經也言左傳者孔奇孔嘉之說久佚不傳賈逵服虔之說亦僅偶見他書今世所傳惟杜注孔疏爲最古杜注多强經以就傳孔疏亦多左杜而右劉（案劉炫作規過以攻杜解凡所駁正孔疏皆以爲非）是皆篤信

專門之過不能不謂之一失然有注疏而後左氏之義明左氏之義明而後二百四十二年内善惡之跡一一有徵後儒妄作聰明以私臆談褒貶者猶得據傳文以知其謬則漢晉以來藉左氏以知經義宋元以後更藉左氏以杜臆說矣傳與注疏均謂有大功於春秋可也

春秋正義序

國子祭酒上護軍曲阜縣開國子臣孔穎達奉

勑撰

夫春秋者紀人君動作之務是左史所職之書王者統三才而宅九有順四時而治萬物四時序則玉燭調於上三才協則寶命昌於下故可以享國永年令聞長世然則有爲之務可不慎與國之大事在祀與戎祀則必盡其敬戎則不加無罪盟會協於禮興動順其節失則貶其惡得則褒其善此春秋之大旨爲皇王之明鑒也若夫五始之目章於帝軒六經之道光於禮記然則此書之發其來尚矣但年祀綿邈無得而言暨乎周室東遷王綱不振楚子北伐神器將移鄭伯敗王於前晉侯請隧於後竊僭名號者何國不然專行征伐者諸侯皆是下陵上替内叛外侵九域騷然三綱遂絶夫子内韞大聖逢時若此欲垂之以法則無位正之以武則無兵賞之以利則無財說之以道則不用虚歎銜書之鳳乃似喪家之狗旣不救於已往冀垂訓於後昆因魯史之有得失據周經以正褒貶一字所嘉有同華袞之贈一言所黜無異蕭斧之誅所謂不怒而人威不賞而人勸實永世而作則歷百王而不朽者也至於秦滅典籍鴻猷遂寢漢德旣興儒風不泯其前漢傳左氏者有張蒼賈誼尹咸劉歆後漢有鄭衆賈逵服虔許惠卿之等各爲詁訓然雜取公羊穀梁以釋左氏此乃以冠雙屨將絲綜麻方鑿圓枘其可入乎晉世杜元凱又爲左氏集解專取丘明之傳以釋孔氏之經所謂子應乎母以膠投漆雖欲勿合其可離乎今校先儒優劣杜爲甲矣故晉宋傳授以至于今其爲義疏

者則有沈文何蘇寬劉炫然沈氏於義例粗可於經傳極疎蘇氏則全不體本文唯旁攻賈服使後之學者鑽仰無成劉炫於數君之内實爲翹楚然聰惠辯博固亦罕儔而探賾鉤深未能致遠其經注易者必具飾以文辭其理致難者乃不入其根節又意在矜伐性好非毁規杜氏之失凡一百五十餘條習杜義而攻杜氏猶蠹生於木而還食其木非

其理也雖規杜過義又淺近所謂捕鳴蟬於前不知黄雀在其後案僖公三十三年經云晉人敗狄于箕杜注云郤缺稱人者未爲卿劉炫規云晉侯稱人與殽戰同案殽戰在葬晉文公之前可得云背喪用兵以賤者告箕戰在葬晉文公之後非是背喪用兵何得云與殽戰同此則一年之經數行而已曾不勘省上下妄規得失又襄公二十一年傳云

邾庶其以漆閭丘來奔以公姑姊妻之杜注云蓋寡者二人劉炫規云是襄公之姑成公之姊只一人而已案成公二年成公之子公衡爲質及宋逃歸案家語本命云男子十六而化生公衡已能逃歸則十六七矣公衡之年如此則於時成公三十三四矣計至襄二十一年成公七十餘矣何得有姊而妻庶其此等皆其事歷然猶尚妄説況其餘錯亂

良可悲矣然比諸義疏猶有可觀今奉勑刪定據以爲本其有疎漏以沈氏補焉若兩義俱違則特申短見雖課率庸鄙仍不敢自專謹與朝請大夫國子博士臣谷那律故四門博士臣楊士勛四門博士臣朱長才等對共參定至十六年又奉

勑與前脩疏人及朝散大夫行大學博士上騎都尉臣馬嘉運朝散大夫行大

學博士上騎都尉臣王德韶給事郎守四門博士上騎都尉臣蘇德融登仕郎守大學助教雲騎尉臣隨德素等對勑使趙弘智覆更詳審爲之正義凡三十六卷冀貽諸學者以裨萬一焉

春秋正義序終

中書門下牒奉

勑國家欽崇儒術啓迪化源眷六籍之垂文實百王之取法著於緗素皎若丹青乃有前脩詮其奥義爲之疏釋播厥方來頗索隱於微言用擊蒙於後學流傳既久譌舛遂多爰命校讎俾從刊正歷歲時而盡瘁探簡策以惟精載嘉稽古之功允助好文之理宜從雕印以廣頒行牒至准

勑故牒

景德二年六月　日牒

工部侍郎參知政事馮

兵部侍郎參知政事王

兵部侍郎平章事寇

吏部侍郎平章事畢

附釋音春秋左傳注疏卷第一

國子祭酒上護軍曲阜縣開國子臣孔穎達等奉

勑撰

國子博士兼太子中允贈齊州刺史吳縣開國男臣陸德明音義

春秋序

題。陸曰此元凱所作既以釋經故依例音之本或題為春秋左傳序者沈文何以為釋例序今不用

〔疏〕正義曰此序題目文多不同或云春秋序或云左氏傳序或云春秋經傳集解序或云春秋左氏傳序案晉宋古本及今定本並云春秋左氏傳序今依用之南人多云此本釋例序後人移之於此且有題曰春秋釋例序置之釋例之端今所不用晉大尉劉寔與杜同時人也宋大學博士賀道養去杜亦近俱為此序作注題並不言釋例序明非釋例序也又晉宋古本序在集解之端徐邈以晉世言五經音訓為此序作音且此序稱分年相附隨而解之名曰經傳集解是言為集解作序也又別集諸例從而釋之名曰釋例異同之說釋例詳之是其據集解而指釋例安得為釋例序也序與敘音義同爾雅釋詁云敘緒也然則舉其綱要若繭之抽緒孔子為書作序為易作序卦子夏為詩作序故杜亦稱序序春秋名義經傳體例及已為解之意也此序大略凡有十一段明義以春秋是此書大名先解立名之由自春秋至所記之名也明史官記事之書名曰春秋之義自周禮有史官至其實一也明天子諸侯皆有史官必須記事之義自韓宣子適魯至舊典禮經也言周史記事褒貶得失本有大法之意自周德既衰至從而明之言典禮廢缺善惡無章故仲尼所以脩此經之意自左丘明受經於仲尼至所脩之要故也言丘明作傳務在解經而有無傳之意自身為國史至然後為得也言經旨之表不應須傳有通經之意自其發凡以言例至非例也言丘明傳有三等之體自故發傳之體有三至三叛人名之類是也言仲尼脩經有五種之例自推此五體至人倫之紀備矣摠言聖賢大趣足以周悉人道所說經之理畢故以此言結之自或曰春秋以錯文見義至釋例詳之也言已異於先儒自明作集解釋例之意自或曰春秋之作下盡亦無取焉大明春秋之早晚始隱終麟先儒錯繆之意賈逵大史公十二諸侯年表序云魯君子左丘明作傳據劉向別錄云左丘明授曾申申授吳起起授其子期期授楚人鐸椒鐸椒作抄撮八卷授虞卿虞卿作抄撮九卷授荀卿荀卿授張蒼此經既遭焚書而亦廢滅及魯共王壞孔子舊宅於壁中得古文逸禮有三十九篇書十六篇天漢之後孔安國獻之遭巫蠱倉卒之難未及施行及春秋左氏丘明所修皆古文舊書多者二十餘通藏於祕府伏而未發漢武帝時河間獻左氏及古文周官光武之世議立左氏學公羊之徒上書訟公羊抵左氏左氏之學不立成帝時劉歆校祕書見府中古文春秋左氏傳歆大好之時丞相尹咸以能治左氏與歆共校傳歆略從咸及丞相翟方進受質問大義初左氏傳多古字古言學者傳訓詁而已及歆治左氏引傳文以釋經轉相發明由是章句義理備焉歆以為左丘明好惡與聖人同親見夫子而公羊穀梁在七十二弟子後傳聞之與親見其詳略不同歆數以問向向不能非也及歆親近欲建立左氏春秋及毛詩逸禮古文尚書皆列於學官哀帝令歆與五經博士講論其義諸儒博士或不肯置對歆因移書於大常博士責讓之和帝元興十一年鄭興父子及歆創通大義奏上左氏始得立學遂行於世至章帝時賈逵上春秋大義四十條以抵公羊穀梁帝賜布五百匹又與左氏作長義至鄭康成箴左氏膏肓發公羊墨守起穀梁廢疾自此以後二傳遂微左氏學顯矣

春秋者魯史記之名也〔疏〕春秋至名也○人臣奉主品目不同掌事曰司掌書曰史史官記事為書立名以春秋二字為記事之書名也○正義曰從此以下至所記之名也明史官記事之書名曰春秋之意春秋之名經無所見唯傳記有之昭二年韓起聘魯稱見魯春秋外傳晉語司馬侯對晉悼公云羊舌肸習於春秋楚語申叔時論傳太子之法云教之以春秋禮坊記云魯春秋記晉喪曰殺其君之子奚齊又經解曰屬辭比事春秋教也凡此諸文所說皆在孔子之前則知未修之時舊有春秋之目其名起遠亦難得而詳禮記內則稱五帝有史官既有史官必應記事但未必名為春秋耳據周世法則每國有史記當同名春秋獨言魯史記者仲尼脩魯史所記以為春秋止解仲尼所修春秋故指言魯史言修魯史春秋以為褒貶之法也

記事者以事繫日○繫工帝反 **以日繫月以月繫時以時繫年所以紀遠近別同異也**○別彼列反〔疏〕記事至異也○既辨春秋之名又言記事之法繫者以下綴上以末連本之辭言於此日而有此事故以事繫日月統日故以日繫月時統月故以月

繫時，年統時，故以時繫年，所以紀理年月遠近，分別事之同異也。若隱三年「春，王二月，己巳，日有食之」，二年「秋，八月，庚辰，公及戎盟于唐」之類，是事之所繫，年時月日四者皆具文也。史之所記，皆應具文，而春秋之經，文多不具，或時而不月，月而不日，亦有日不繫月，月而無時者。史之所記，日必繫月，月必繫時。春秋二百四十二年之間，有日無月者十四，有月無時者二，或史文先闕而仲尼不改，或仲尼備文而後人脫誤。四時必具，乃得成年。桓十七年五月無夏，昭十年十二月無冬，二者皆有月而無時。既得其月，時則可知，仲尼不應故闕其時，獨書其月，當是仲尼之後寫者脫漏。其日不繫於月，或是史先闕文。若僖二十八年冬下無月，而有壬申、丁丑，計一時之間再有此日，雖欲改正，何以可知？仲尼無以復知，當是本文自闕，不得不因其闕文，使有日而無月。如此之類，蓋是史文先闕，未必後人脫誤。其時而不月，月而不日者，史官立文亦互自有詳略。何則？案經朝聘、侵伐、執殺大夫、土功之屬，或時或月，未有書日者；其要盟、戰敗、崩薨、卒葬之屬，雖不盡書日，而書日者多，是其本有詳略也。計記事之初，日月應備，但國史摠集其事，書之於策，簡其精麤，合其同異，量事而制法，率意以約文，史非一人，辭無定式，故日月參差，不可齊等。及仲尼脩故，因魯史成文，史有詳略，日有具否，不得不即因而用之。案經、傳書日者，凡六百八十一事，自文公以上書日者二百四十九，宣公以下亦俱六公，書日者四百三十二，計年數略同，而日數向倍，此則久遠遺落，不與近同。且他國之告有詳有略，若告不以日，魯史無由得其日而書之。如是，則當時之史亦不能使日月皆具。當時已自不具，仲尼從後脩之，舊典參差，日月不等，仲尼安能盡得知其日月，皆使齊同？去其日月，則或害事之先後；備其日月，則古史有所不載。自然須舊有日者，因而詳之；舊無日者，因而略之。亦既自有詳略，不可以爲褒貶，故春秋諸事皆不以日月爲例。其以日月爲義例者，唯卿卒、日食二事而已。故隱元年「冬，十有二月，公子益師卒」，傳曰「公不與小斂，故不書日」；桓十七年「冬，十月，朔，日有食之」，傳曰「不書日，官失之也」。上明發傳唯此二條，明二條以外皆無義例。既不以日爲例，獨於此二條見義者，君之卿佐，是謂股肱，股肱或虧，何痛如之？病則親問，小斂則親與。卿佐之喪，公不與小斂，則知君之恩薄。但是事之小失，不足以貶人君，君自不臨臣喪，亦非死者之罪，意欲垂戒於後，無辭可以寄文，而人臣輕賤，死日可略，故特假日以見義也。日食者，天之變；甲乙者，麻之紀。朔是日月之會，其食必在朔日，是故史書日食，必記月朔，朔有甲乙，乃可推求，故日有食之，須書朔日。日與不日，唯此而已。月與不月，傳本無義。公羊、穀梁之書，道聽塗說之學，或日或月，妄生褒貶。先儒溺於二傳，橫爲左氏造日月褒貶之例，故杜於大夫卒例備詳說之。仲尼刊定日。無褒貶，而此序言史官記事必繫日月時年者，自言記事之體須有所繫，不言繫之具否皆有義例也。春秋感精符曰：「日者，陽之精，耀魄光明，所以察下也。」淮南子曰：「積陽之熱氣生火，火氣之精者爲日。」劉熙釋名曰：「日，實也，光明盛實。」是說日之義也。日之在天，隨天轉運，出則爲晝，入則爲夜，故每一出謂之一日。日之先後無所分別，故聖人作甲乙以紀之。世本云：「容成造麻，大橈。作甲子。」宋忠。注云：「皆黃帝史官也。」感精符曰：「月者，陰之精，地之理也。」淮南子曰：「積陰之寒氣久者爲水，水氣之精者爲月。」劉熙釋名曰：「月，闕也，滿而闕缺。」是說月之義也。月之行天，其疾於日十三倍有餘，積二十九日過半而行及日，與月相會。張衡靈憲曰：「日譬火，月譬水。火外光，水含景，故月光生於日之所照，魄生於日之所蔽，當日則光盈，就日則明盡。」然則以明一盡謂之一月，所以摠紀諸月。也。三月乃爲一時，四時乃爲一年，故遞相統攝，紀理庶事。紀遠近者，前年遠於後年，後月近於前月，異其年月，則遠近明也。別同異者，共在月下，則同月之事；各繫其月，則異月之事。觀其月，則異同別矣。若然，言正月、二月，則知是春；四月、五月，則知是夏，不須以月繫時，足。明遠近同異，必須以月繫時者，但以日月時年各有統屬，史官記事，唯須順敘，時既管月，不得不以月繫時。案經未有重書月者，日則有之。桓十二年「冬，十有一月，丙戌，公會鄭伯，盟于武父。丙戌，衛侯晉卒」，一日再書者，史本異文，仲尼從而不改，故杜云「重書丙戌，非義例，因史成文也」。

故史之所記，必表年以首事，年有四時，故錯舉以爲所記之名也。錯，七各反，下皆同。

【疏】故史至名也○將解名曰春秋之意，先說記事。主記當時之事，事有先後，須顯有事之年。表，顯也；首，始也。事繫日下，年是事端，故史之所記，必先顯其年，以爲事之初始也。年有四時，不可徧舉四字以爲書號，故交錯互舉，取春秋二字以爲所記之名也。春先於夏，秋先於冬，舉先可以及後，言春足以兼夏，言秋足以見冬，故舉二字以包四時也。春秋二字是此書之摠名，雖舉春秋二字，其實包冬夏四時之義。四時之內，一切萬物生植孕育，盡在其中。春秋之書，無物不包，無事不記，與四時義同，故謂此書爲春秋。孝經云「春秋祭祀，以時思之」，詩魯頌云「春秋匪解，享祀不忒」，鄭箋云「春秋猶言四時也」，是舉春秋足包四時義。年、歲、載、祀，異代殊名，而其實一也。爾雅釋天云：「載，歲也。夏曰歲，商曰祀，周曰年，唐虞曰載。」李巡曰：「夏歲、商祀、周年、唐虞載各自紀事堯舜三代示不相襲也孫炎曰載始也取物終更始也歲取歲星行一次也祀取四時祭祀一訖也年取年穀一熟也是其名別而實同也此四者雖代有所尚而名典自遠非夏代始有歲名周時始有年稱何則堯典云朞三百有六旬有六日以閏月定四時成歲禹貢作十有三載乃同是於唐虞之世已有年歲之言記事者則各從所尚常語者則通以爲言故虞亦稱年周亦稱歲周詩唐風稱百歲之後是周之稱歲也四時之名春夏秋冬皆以時物爲之號也禮記鄉飲酒義曰春之爲言蠢也夏之爲言假也秋之爲言揫也冬之爲言中也中者藏也漢書律厤志云春蠢也物蠢生也夏假也物假大也秋𪏰°卽由也物𪏰斂也冬終也物終藏之也是解四時異名之義也史之記事一月無事不空舉月一時無事必空舉時者蓋以四時不具不成爲歲故時雖無事必虛録首月其或不録皆是史之闕文隱六年空書秋七月注云雖無事而書首月具四時以成歲桓四年不書秋冬注云國史之記必書年以集此公之事書首時以成此年之歲故春秋有空時而無事者今不書秋冬首月史闕文是其說也然一時無事則書首月莊二十二年書夏五月者杜雖於彼無注釋例以爲闕謬春秋之名錯舉而已後代儒者妄爲華葉賈逵云取法陰陽之中春爲陽中萬物以生秋爲陰中萬物以成欲使人君動作不失中也賀道養云春貴陽之始秋取陰之初計春秋之名理包三統據周以建子爲正言之則春非陽中秋非陰中據夏以建寅爲正言之則春非陽始秋非陰初乃是穿鑿混沌而畫蛇足必將夭性命而失卮酒

周禮有史官掌邦國四方之事達四方之志諸侯亦各有國史〔疏〕周禮至國史○既解名曰春秋之意又顯記事之人春官宗伯之屬有大史下大夫二人小史中士八人内史中大夫一人外史上士四人御史中士八人雖復各有所職俱是掌書之官○正義曰周禮春官小史職曰掌邦國之志内史職曰凡四方之事書内史讀之外史職曰掌四方之志掌達書名于四方今杜氏序云掌邦國四方之事者掌邦國取小史職文四方之事取内史職文杜揔括兩史共成此語諸侯官屬雖難備知要傳記每說諸侯之史知諸侯亦各有國史也周禮言邦國者乃謂畿外諸侯之國也國在四表故言四方云凡四方之事書内史讀之者謂四方有書來告内史讀以白王也告王之後則小史主掌之故云掌邦國之志内史雖云讀四方之事書其實國内史策皆内史所掌故其職掌八柄及策命之事也然則内史小史既主國内又主四方來告之事故僖二十三年杜注云國史承告而書是也杜此序又云達四方之志取外史職文案外史職云掌四方之志掌達書名四方今移達字於四方之志上如杜之意外史達此國内之志以告四方故僖二十三年杜注云同盟然後告名赴者之禮是也然則掌邦國四方之事者據此承受他國之赴也達四方之志者據已國有事赴告他國也春秋既有内外二種故杜兼撮天子之史取外史内史兩文周禮諸史雖皆掌書仍不知所記春秋定是何史蓋天子則内史主之外史佐之諸侯蓋亦不異但春秋之時不能依禮諸侯史官多有廢闕或不置内史其策命之事多是大史則大史主之小史佐之劉炫以爲尚書周公封康叔戒之酒誥其經曰大史友内史友如彼言之似諸侯有大史内史矣但徧檢記傳諸侯無内史之文何則周禮内史職曰凡命諸侯及孤卿大夫則策命之僖二十八年傳說襄王使内史叔興父策命晉侯爲侯伯是天子命臣内史掌之襄三十年傳稱鄭使大史命伯石爲卿是諸侯命臣大史掌之諸侯大史當天子内史之職以諸侯兼官無内史故也鄭公孫黑強與薰隧之盟使大史書其名齊大史書崔杼弒其君晉大史書趙盾弒其君是知諸侯大史主記事也南史聞大史盡死執簡以往明南史是佐大史者當是小史也若然襄二十三年傳稱季孫召外史

掌惡臣言外史則似有内史矣必言諸侯無内史者閔二年傳稱史華龍滑與禮孔曰我大史也文十八年傳稱魯有大史克哀十四年傳稱齊有大史子餘諸國皆言大史安得有内史也季孫召外史者蓋史官身居在外季孫從内召之故曰外史猶史居在南謂之南史耳南史外史非官名也藝文志云古之王者世有史官君舉必書所以慎言行昭法戒左史記言右史記事事爲春秋言爲尚書帝王靡不同之禮記玉藻云動則左史書之言則右史書之雖左右所記二文相反要此二者皆言左史右史周禮無左右之名得稱左右者直是時君之意處之左右則史掌之事因爲立名故傳有左史倚相掌記左事謂之左史左右非史官之名也左是陽道陽氣施生故令之記動右是陰道陰氣安靜故使之記言藝文志稱左史記言右史記動誤耳上言魯史記則諸侯各有史可知又言諸侯各有國史者方說諸侯各有春秋重詳其文也

大事書之於策○策本又作冊亦作筴同初革反小事簡牘而已○牘徒木反〔疏〕大事至而已○既言尊卑皆有史官又論所記簡策之異釋器云簡謂之畢郭璞云今簡札也許慎說文曰簡牒也牘書版也蔡邕獨斷曰策者簡也其制長二尺短者半之其次一長一短兩編下附

鄭玄注中庸亦云策簡也由此言之則簡札牒畢同物而異名單執一札謂之爲簡連編諸簡乃名爲策故於文策或作册象其編簡之形以其編簡爲策故言策者簡也鄭玄注論語序以鉤命決云春秋二尺四寸書之孝經一尺二寸書之故知六經之策皆稱長二尺四寸蔡邕言二尺者謂漢世天子策書所用故與六經異也簡之所容一行字耳牘乃方版版廣於簡可以並容數行凡爲書字有多有少一行可盡者書之於簡數行乃盡者書之於方方所不容者乃書於策聘禮記曰若有故則加書將命百名以上書於策不及百名書於方鄭玄云名書文也今謂之字策簡也方版也是其字少則書簡字多則書策此言大事小事乃謂事有大小非言字有多少也大事者謂君舉告廟及鄰國赴告經之所書皆是也小事者謂物不爲災及言語文辭傳之所載皆是也大事後雖在策其初亦記於簡何則弑君大事南史欲書崔杼執簡而往董狐旣書趙盾以示於朝是執簡而示之非舉策以示之明大事皆先書於簡後乃定之於策也其有小事文辭或多如呂相絶秦聲子說楚字過數百非一牘一簡所能容者則於衆簡牘以次存錄也杜所以知其然者以隱十一年傳例云滅不告敗勝不告克不書于策明是大事來告載之策書也策書不載丘明得之明是小事傳聞記於簡牘也以此知仲尼脩經皆約策書成文丘明作傳皆博采簡牘衆記故隱十一年注云承其告辭史乃書之于策若所傳聞行言非將君命則記在簡牘而已不得記於典策此蓋周禮之舊制也又莊二十六年經皆無傳傳不解經注云此年經傳各自言其事者或策書雖存而簡牘散落不究其本末故傳不復申解是言經據策書傳馮簡牘經之所言其事大傳之所言其事小故知小事在簡大事在策也

孟子曰楚謂之檮杌晉謂之乘而魯謂之春秋其實一也。○孟子書名姓孟名軻字子輿鄒邑人與齊宣王同時人著此書檮徒刀反杌五忽反檮杌四凶之一杜云頑凶無儔匹之貌乘繩證反車乘也一云兵乘

疏孟子曰至一也○既言簡策之異又說諸國別名孟子姓孟名軻字子輿鄒邑人也當六國之時師事孔子之孫子思脩儒術之道著書七篇其第四離婁篇云王者之迹息而詩亡詩亡然後春秋作晉謂之乘楚謂之檮杌魯謂之春秋一也其言與此小異是杜足其實二字使成文也彼趙岐注云乘者興於田賦乘馬之事因以爲名檮杌者嚚凶之類興於記惡之戒因以爲名春秋以二始舉四時記萬事之名是三者立名雖異記事則同故云其實一也序發首云春秋者魯史記

之名也故引此以爲證且明諸侯之國各有史記故魯有春秋仲尼得因而脩之也案外傳申叔時司馬侯乃是晉楚之人其言皆云春秋不言乘與檮杌然則春秋是其大名晉楚私立別號魯無別號故守其本名賈逵云周禮盡在魯矣史法最備故史記與周禮同名然則晉楚豈當自知不備故別立惡名

韓宣子適魯。○宣子名起晉大夫適魯在昭二年見易象與魯春秋曰周禮盡在魯矣。○盡津忍反後放此吾乃今知周公之德與周之所以王。○王于況反又如字

疏韓宣至以王○既言諸國有書欲明魯最兼備故云此○正義曰此昭二年傳文也宣子晉卿名起食邑於韓因以爲氏諡曰宣子者有德之稱爲公新立身新爲政故來聘魯因觀書於大史氏見此書而發言杜注彼以爲易象即今周易上下經之象辭也魯春秋魯史記之策書也春秋遵周公之典以序事故曰周禮盡在魯矣易象春秋是文王周公之所制故見春秋知周公之德見易象知周之所以王也文王能制此典即是身有聖德不空生必王天下周室之王文王之功故觀其書知周之所以得王天下之由也文王身處王位故以王言之周公不王故以德屬之八異故文與傳言觀書大史則所觀非一而獨言易象魯春秋者韓子主美文王周公故特言之易象魯無增改故不言魯易象春秋雖是周法所記乃是魯事故言魯春秋也春秋易象晉應有之韓子至魯方乃發歎者味其義善其人以其晉所未悟故云今始知示其歎美之深非是素不見也易下繫辭云易之興也其當殷之末世周之盛德當文王與紂之事則謂易象爻之辭也鄭玄案據此文以爲易是文王所作鄭衆賈逵虞翻陸績之徒以易有箕子之明夷東鄰殺牛皆以爲易之爻辭周公所作杜雖無明解似同鄭說

韓子所見蓋周之舊典禮經也

疏韓子至經也○序言史官所書舊有成法故引韓子之事以此言結之韓子所見魯春秋者蓋是周之舊日正典禮之大經也韓子之言并數易象此之所見唯謂春秋者指說春秋不須易象故也知是舊典禮經者傳於隱七年書名例云謂之禮經十一年不告例云不書于策明書於策必有常禮未脩之前舊有此法韓子所見而說之即是周之舊典以無正文故言蓋爲疑辭也制禮作樂周公所爲明策書禮經亦周公所制故下句每云周公正謂五十發凡是周公舊制也必知史官所記有周公舊制者以聖人所爲動皆有法以能立官紀事豈得

全無憲章定四年傳稱備物典策以賜伯禽典策則史官記事之法也若其所記無法何足以賜諸侯諸侯得之何足以爲光榮而子魚稱爲美談也且仲尼脩此春秋以爲一經若周公無法史官妄說仲尼何所可馮斯文何足爲典得與諸書禮樂詩易並稱經哉以此知周公舊有定制韓子所見是也**周德既衰官失其守上之人不能使春秋昭明赴告策書**○告古毒反一音古報反崩薨曰赴禍福曰告**諸所記注**○注張住反字或作註**多違舊章**

【疏】周德至舊章○正義曰此明仲尼脩春秋之由先論史策失宜之意計周公之垂法典策具存豈假仲尼更加筆削但爲官失其守褒貶失中赴告策書多違舊典是故仲尼脩成此法垂示後昆襄三十一年傳稱卿大夫能守其官職昭二十年傳曰守道不如守官是言人臣爲官各有所守周德既衰邦國無法羣小在位故官人失其所守也雖廣言衆官失職要其本意是言史官失其所掌也昭三十一年傳曰春秋之稱微而顯婉而辨上之人能使昭明注云上之人謂在位者也彼謂賢德之人在天子諸侯之位能使春秋褒貶勸戒昭明周德既衰主掌之官已失其守在上之人

又非賢聖故不能使春秋褒貶勸戒昭明致令赴告記注多違舊章也文十四年傳曰崩薨不赴禍福不告然則鄰國相命凶事謂之赴他事謂之告對文則別散文則通昭七年傳衞齊惡告喪于周則是凶亦稱告也赴告之中違舊章者若隱三年平王以壬戌崩赴以庚戌桓五年陳侯鮑卒再赴以甲戌己丑及不同盟者而赴以名同盟而赴不以名之類是也策書記注多違舊章者仲尼既已脩改不可復知正以仲尼脩之故知其多違也**仲尼因魯史策書成文考其眞僞而志其典禮上以遵周公之遺制下以明將來之法**

【疏】仲尼至之法○此明仲尼所因并制作之意所脩之經以魯爲主是因魯史策書成定之舊文也考謂校勘志謂記識考其眞僞眞者因之僞者改之志其典禮合典法者褒之違禮度者貶之上以遵周公之遺制使舊典更興下以明將來之法令後世有則以此故脩春秋也前代後代事終一揆所賞所罰理必相符仲尼定春秋之文制治國之法文之所褒是可賞之徒文之所貶是可罰之類後代人主誠能觀春秋之文揆當代之事辟所惡而行所善順褒貶而施賞罰則法必明而國必治故云下以明將來之法也不教當時而爲將來制法者孔子之時道不見用既知被屈冀範將來將來之與今時其法亦何以異但爲時不見用故指之將來其實亦以教當代也**其教之所存文之所害則刊而正之**○刊苦干反削也**以示勸戒**

【疏】其教至勸戒○此論仲尼改舊史之意教之所存謂名教善惡義存於此事若文無褒貶無以懲勸則是文之害教若僖二十八年天王狩于河陽傳云晉侯召王以諸侯見且使王狩仲尼曰以臣召君不可以訓故書曰天王狩于河陽杜以晉文之意本欲尊周將率諸侯共朝天子自嫌彊大不敢至周諭王出狩得盡臣禮尋其蹤緒心是跡非又昭十九年許世子止弒其君買傳云許悼公瘧五月戊辰飲大子止之藥卒書曰弒其君君子曰盡心力以事君舍藥物可也許止進藥不由於醫其父飲之因茲而卒名教善惡須存於此者也不罪許止不没晉文無以息篡逆之端勸事君之禮故隱其召王之名顯稱弒君之惡如此之例皆是文之害教則刊削本策改而正之以示後人使聞善而知勸見惡而自戒諸仲尼所改新意皆是刊而正之也**其餘則皆即用舊史史有文質辭有詳略不必改也**

【疏】其餘至改也○此論仲尼不改舊史之意其餘謂新意之外皆即用舊史也始隱終麟二百餘載史官遷代其數甚多人心不同屬辭必異自然史官有文有質致使其辭有詳有略既無所害故不必改也史有文質謂居官之人辭有詳略謂書策之文史文則辭華史質則辭直華則多詳直則多略故春秋之文詳略不等也螟螽蜚蜮皆害物之蟲蜚蜮言有螟螽不言有諸侯反國或言自某歸或言歸自某晉伐鮮虞吳入郢直舉國名不言將帥及郊與用郊皆無所發諸侯出奔或名或不名明是立文乖異是其史舊有詳略義例不存於此故不必皆改也**故傳曰其善志又曰非聖人孰能脩之**

【疏】故傳至脩之○上傳昭三十一年言春秋之書其是善志記也下傳成十四年言君非聖人誰能脩春秋使成五例也下傳既非同年而云又者言又重上事之辭止又其傳非又其年也**蓋周公之志仲尼從而明之**

【疏】蓋周至明之○既以蓋爲疑辭而知事必然者案傳君子論春秋之美而云善志春秋既是舊名明稱舊記爲善故知上傳之言蓋言周公之志也脩者治舊之名傳善聖人而言脩舊明脩前聖之道故知下傳之言

盡仲尼之明周公也。上已言盡周之舊典禮經，此復重云盡周公之志者，上明春秋記事之法，舊史之遵周公也；此明仲尼因舊史之文，還脩周公之法，故重言盡。敘此以上論經，以下論傳。左丘明受經於仲尼，以爲經者不刊之書也，故傳或先經以始事，○先，悉薦反。或後經以終義，○後，戶豆反。或依經以辯理，或錯經以合異，隨義而發。疏左丘至而發 正義曰：丘明爲經作傳，故言受經於仲尼，未必面親授受使之作傳也。此說作傳解經而傳不同之意。丘明以爲經者聖人之所制，是不可刊削之書也，非傳所能亂之。假使傳有先後，不異經因錯亂，故傳或先經爲文以始後經之事，或後經爲文以終前經之義，或依經之言以辨此經之理，或錯經爲文以合此經之異，皆隨義所在而爲之發傳，期於釋盡經意而已，是故立文不同也。大史公十二諸侯年表序云：自孔子論史記次春秋，七十子之徒口受其傳，魯君子左丘明懼弟子各有安其意，失其真，故具論其語，成左氏春秋。沈氏云：嚴氏春秋引觀周篇云：孔子將脩春秋，與左丘明乘如周，觀書於周史，歸

而脩春秋之經，丘明爲之傳，共爲表裏。藝文志云：左丘明，魯史也。是言丘明爲傳，以其姓左，故號爲左氏傳也。先經者，若隱公不書即位，先發仲子歸于我；衛州吁弒其君完，先發莊公娶于齊，如此之類，是先經以始事也。後經者，昭二十二年王室亂，定八年乃言劉子伐盂以定王室；哀二年晉納蒯聵于戚，哀十五年乃言蒯聵自戚入衛，如此之類，是後經以終義也。依經者，經有其事，傳辯其由，隱公不書即位而求好於邾，故爲蔑之盟，案其經文，明其歸趣，如此之類，是依經以辯理也。錯經者，若地有兩名，經傳互舉，及經侵傳伐，經伐傳侵，於文雖異，於理則合，如此之類，是錯經以合異也。傳文雖多，不出四體，故以此四句明之也。其例之所重，○重，直用反，又直龍反。舊史遺文略不盡舉，非聖人所脩之要故也。疏其例至故也○此說有經無傳之意。例之所重者，若桓元年秋大水，傳云：凡平原出水爲大水。莊七年秋大水，此則例之所重，皆是舊史遺餘策書之文，丘明略之，不復發傳，非聖人所脩之要故也。言遺者，舊史已沒，策書遺留，故曰遺文。身爲國史，躬覽載籍，必廣記而備言之。其文緩，其旨遠，將令學者原始要終，○令，力呈反，下令學者同。要，於遙反。尋其枝葉，究其所窮。○究，久又反。疏身爲至所窮○此說無經有傳之意。○正義曰：說文云：籍，部書也。張衡東京賦曰：多識前世之載。載亦書也。躬覽載籍，所見者博，以義有所取，必廣記而備言之，非直解經，故其文緩；遙明聖意，故其旨遠。將令學者本原其事之始，要截其事之終，尋其枝葉，盡其根本，則聖人之趣雖遠，其賾可得而見，是故經無其事而傳亦言之，爲此也。原始要終及其旨遠，並易下繫辭文也。尋其枝葉，以樹木喻也。究亦窮也，言窮盡其所窮之處也。優而柔之，使自求之；饜而飫之，○饜，於豔反。飫，於預反。使自趨之。○趨，七住反，又七俱反。若江海之浸，○浸，子鴆反。膏澤之潤，○膏，古刀反。渙然冰釋，○渙，呼亂反。怡然理順，○怡，以之反。然後爲得也。疏優而柔之至然後爲得也○此又申說無經之傳有利益之意。優而柔之，使自求之，大戴禮子張問入官之篇有此文也。其饜而飫之，則未知所出。優柔俱訓爲

安寬舒之意也，饜飫俱訓爲飽饒裕之意也。謂丘明富博其文，優游學者之心，使自求索其高意精華；其大義飽足學者之好，使自奔趨其深致。言其廣記備言，欲令使樂翫不倦也。江海以水深之故，所浸者遠；膏澤以雨多之故，所潤者博。以喻傳之廣記備言，亦欲浸潤經文，使義理通洽。如是而求之，然後渙然解散，如春冰之釋；怡然心說，而衆理皆順，然後爲得其所也。江海，水之大者，故舉以爲喻。脂之釋者爲膏，言雨之爲潤若脂膏然，故稱膏澤也。其發凡以言例，皆經國之常制，周公之垂法，史書之舊章。仲尼從而脩之，以成一經之通體。疏其發至通體○正義曰：自此至非例也，辯說傳之三體。此一段說舊發例也。言發凡五十，皆是周公舊法。先儒之說春秋者多矣，皆云丘明以意作傳，說仲尼之經，凡與不凡，無新舊之例。杜所以知發凡言例是周公垂法、史書舊章者，以諸所發凡皆是國之大典，非獨經文之例。隱七年始發凡例，特云謂之禮經，十一年又云不書于策，建此二句於諸例之端，明書於策者皆是經國之常制，非仲尼始造策書自制此禮也。何則？夫災無牲，卒哭作主，諸侯薨于朝會加一等，夫人不薨于寢則不

致豈是仲尼始造此言也公行告廟侯伯分災二凡之末皆云禮也豈是丘明自制禮乎文公女嫁之逆人尊卑諸侯之親疏等級王喪之稱小童分至之書雲物皆經無其事傳亦發凡若丘明以意作傳主說仲尼之經此既無經何須發傳以是故知發凡言例皆是周公垂法史書舊章仲尼從而脩之以成一經之通體也國之有史在於前代非獨周公立法史始有章而指言周公垂法者以三代異物節文不同周公必因其常文而作以正其變者非是盡變其常也但以一世大典周公所定故春秋之義史必主於常法而以周公正之然凡是周公之禮經今案周禮竟無凡例爲當禮外別自有凡爲當凡在禮內今者所據禮內有凡知者案周禮大宰職於八法之內有官成官法鄭衆注云官成者謂官府之有成事品式官法者謂職所主之法度然則此凡者是史官之策書成事法式也釋例終篇云稱凡者五十其別四十有九蓋以母弟二凡其義不異故也計周公垂典應每事設法而據經有例於傳無凡多矣釋例四十部無凡者十五然則周公之立凡例非徒五十而已蓋作傳之時已有遺落丘明采而不得故也且凡雖舊例亦非全語丘明采合而用之耳終篇云諸凡雖是周公之舊典丘明撮其體義約以爲言非純寫故典之文也蓋據古文覆逆而見之此丘明會意之微致

春秋疏卷一　十三

是其說也然丘明撮凡爲言體例不一於一凡之內事義不同亦有因經所有連釋經之所無如王曰小童公侯曰子是也亦有略其經之所無直釋經之所有如凡祀啓蟄而郊龍見而雩不言祈祀以經無故也如此之類是也所以然者蓋以舊凡語少經雖無事則亦連文引之所以兼引王曰小童若舊凡語多經無者則略之經有者則載之所以略其祈祀獨舉郊雩故莊十一年王師敗績于某杜注云事列於經則不得不因申其義是舊凡多者唯舉經文也發凡之體凡有二條一是特爲策書一是兼載國事特爲策書者凡告以名則書之類是也兼載國事者凡嫁女于敵國之類是也雖爲國事但他書有者亦不在凡例如天子七月而葬既於禮文備有故丘明作傳不在凡例也此諸凡者自是天下大例其言非獨爲魯故哭諸侯之條既發凡例乃云故魯爲諸姬明知正凡所言非止魯事且送女例云於天子則諸卿皆行魯無嫁女於天子之理祭祀例云啓蟄而郊自非魯國不得有郊天之事明是采合故典裁約爲文也

其微顯闡幽裁成義類者（○闡，昌善反，明也）**皆據舊例而發義指行事以正褒貶**（○褒，保刀反。貶，彼檢反，字林方犯反）

【疏】其微至褒貶○此下盡曲而暢之說新意也微顯闡幽易下繫辭文也微謂纖隱闡謂著明舊說云下云經無義例此釋經有義例謂孔子脩經微其顯事闡其幽理裁節經之上下以成義之般類其善事顯者若秦穆悔過貶四國大夫以例稱人觀文與常文無異惡事顯者若諸侯城緣陵叔孫豹違命城緣陵依例稱諸侯與無罪文同叔孫豹去氏與未賜族者文同皆是微其顯事闡幽者謂闡其幽理使之宣著若晉趙盾鄭歸生楚比陳乞及許大子止皆非親弒其君是其罪幽隱孔子脩經加弒使罪狀宣露是闡幽也諸春秋褒貶之例並是也蓋以爲皆據舊例而發義以下論丘明之傳微顯闡幽乃是經事故賀沈諸儒皆悉同此劉炫以微顯闡幽皆說作傳之意經文顯者作傳本其纖微經文幽者作傳闡使明著顯者若天王狩于河陽觀經文足知王是天子狩是出獵但不知天子何故出畿外狩耳故傳發晉侯召王是其微顯也幽者若鄭伯克段于鄢觀經不知段是何人何故稱克故傳發武姜愛段是闡其幽也丘明作傳其有微經之顯闡經之幽以裁制成其義理比類者皆據舊典凡例而起發經義指其人行事是非以正經之褒貶例稱得儁曰克傳言如二君故曰克是其據舊例發義也晉侯召王使狩鄭伯不殺其弟仲尼没其召王顯稱鄭伯丘明正述其事先解經文是指其行事以正

春秋疏卷一　十四

褒貶也此二事尤明者耳其餘皆是新意也此序主論作傳而賀沈諸儒皆以爲經解之是不識文勢而謬失杜旨

諸稱書不書先書故書不言不稱書曰之類皆所以起新舊發大義謂之變例

【疏】諸稱至變例○上既言據舊例而發義故更指發義之條諸傳之所稱書不書先書故書不言不稱及書曰七者之類皆所以起新舊之例令人知發凡是舊七者是新發明經之大義謂之變例以凡是正例故謂此爲變例猶詩之有變風變雅也自杜以前不知有新舊之異今言謂之變例是杜自明之以曉人也稱書者若文二年書士縠堪其事襄二十七年書先晉晉有信如此之類是也不書者若隱元年春正月不書即位攝也邾子克未王命故不書爵如此之類是也先書者若桓二年君子以督爲有無君之心故先書弒其君僖二年虞師晉師滅下陽先書虞賄故也如此之類是也故書者隱三年壬戌平王崩赴以庚戌故書之成八年杞叔姬卒來歸自杞故書如此之類是也不言者若隱元年鄭伯克段于鄢不言出奔難之也莊十八年公追戎于濟西不言其來諱之也如此之類是也不稱者若僖元年不稱即位公出故也莊元年不稱姜氏絕

不爲親如此之類是也書曰者若隱元年書曰鄭伯克段于鄢隱四年書曰衛人立晉衆也如此之類是也案襄元年圍宋彭城非宋地追書也隱元年稱鄭伯譏失教也昭三十一年公在乾侯言不能外内也先書故書既是新意則追書亦是新意書與不書俱是新意則稱與不稱言與不言亦俱是新意豈得不言不稱獨爲新意言也稱也便卽非乎釋例終篇云諸雜稱二百八十有五止有其數不言其目就文而數又復參差竊謂追書也言也稱也亦是新意序不言者蓋諸類之中足以包之故也有田僧紹者亦注此序以爲序言諸稱稱亦卽是新意與下七者合爲八名斯不然矣案書與不書其文相次若稱字卽是新意但當言稱與不稱相次何以分爲別文明知杜言諸稱自謂諸傳所稱不以稱爲新意但以理而論之稱亦當是新意耳**然亦有史所不書卽以爲義者此蓋春秋新意故傳不言凡曲而暢之也**○暢勑亮反【疏】然亦至之也○此說因舊爲新也仲尼脩春秋者欲以上遵周制下明世教其舊史錯失則得刊而正之以爲變例其舊史不書則無可刊正故此又辯之亦有史所不書正合仲尼意者仲尼卽以爲義改其舊史及史所不書此二者蓋是春秋新意故傳亦不言凡每事別釋曲而通暢之也此蓋春秋新意其言揔上通變例與不別書也舉一凡而事同者諸理盡見是其直也不言凡而每事發傳是其曲暢暢訓通故言曲而暢之也若然隱公實不卽位史無由得書卽位邾克實未有爵史無由得書其爵然則傳言不書自是舊史不書而以不書爲仲尼新意者釋例終篇杜自問而釋之云上明之爲傳所以釋仲尼春秋仲尼春秋皆因舊史之策書義之所在則時加增損或仍舊史之無亦或改舊史之有雖因舊文固是仲尼之書也上明所發固是仲尼之意也雖是舊文不書而事合仲尼之意仲尼因而用之卽是仲尼新意若宜十年崔氏出奔衛傳稱書曰崔氏非其罪也且告以族不以名是告不以名故知舊史無名及仲尼脩經無罪見逐例不書名此舊史之文適當孔子之意不得不因而用之因舊爲新皆此類也然杜唯言史所不書卽以爲義不云史所書爲義者但夫子約史記而脩春秋史記之文皆是舊史所書因而褒貶理在可見不須更言但恐舊史不書而夫子不用故特言之**其經無義例因行事而言則傳直言其歸趣而已**○趣七住反**非例也**【疏】其經至例也○此一段說經無

義例者國有大事史必書之其事既無得失其文不著善惡故傳直言其指歸趣向而已非襃貶之例也春秋此類最多故隱元年及宋人盟于宿傳曰始通也杜注云經無義例故傳直言其歸而已他皆放此是如彼之類皆非例也**故發傳之體有三而爲例之情有五**○爲音于僞反又如字【疏】故發至有五○正義曰傳體有三卽上文發凡正例新意變例歸趣非例是也爲例之情有五則下文五曰是也書經有此五情緣經以求義爲例言傳爲經發例其體有此五事下文五句成十四年傳也案彼傳上文云春秋之稱下云非聖人誰能脩之聖人指謂孔子美孔子所脩成此五事五事所攝諸例皆盡下句釋其顯者以屬之耳此發傳之體有三上文三言其以別之觀文足可知耳劉賓分變例新意以爲二事釋例終篇曰上明之傳有稱周禮以正常者諸稱凡以發例者是也有明經所立新意者諸顯義例而不稱凡者是也稱古典則立凡以顯之釋變例則隨辭以讚之杜言甚明尚不能悟其爲暗也不亦甚乎**一曰微而顯文見於此而起義在彼**○見賢遍反下同**稱族尊君命舍族尊夫人梁亡城緣陵之類是也**○舍音捨【疏】一曰至是也○文見於此謂彼注云辭微而義顯也稱族尊君命舍族尊夫人成十四年傳爲叔孫僑如發也經曰秋叔孫僑如如齊逆女九月僑如以夫人婦姜氏至自齊叔孫是其族也襃賞稱其族貶責去其氏銜君命出使稱其族所以爲榮與夫人俱還去其氏所以爲辱出稱叔孫舉其榮名所以尊君命也入舍叔孫替其尊稱所以尊夫人也族自卿家之族稱舍別有所尊是文見於此而起義在彼僖十九年經書梁亡是秦亡之也傳曰不書其主自取之也僖十四年經書諸侯城緣陵是齊率諸侯城之以遷杞也傳曰不書其人有闕也秦人滅梁而曰梁亡文見於此梁亡見取者之無罪齊桓城杞而書諸侯城緣陵文見於此城緣陵見諸侯之有闕亦是文見於此而起義在彼皆是辭微而義顯故以此三事屬之**二曰志而晦約言示制推以知例參會不地與謀曰及之類是也**○參七南反又音三與音預【疏】二曰至是也○彼注云志記也晦亦微也謂約言以記事事敘而文微桓二年秋公及戎盟于唐冬公至自唐傳例曰特相會往來稱地讓事也自參以上則往稱地來稱會成事

也其意言會必有主二人共會則莫肯爲主兩相推讓會事不成故以地致三國以上則一人爲主二人聽命會事有成故以會致宜七年公會齊侯伐萊傳例曰凡師出與謀曰及不與謀曰會其意言同志之國共行征伐彼與我同謀計議議成而後出師則以相連及爲文彼不與我謀不得已而往應命則以相會合爲文此二事者義之所異在於一字約少其言以示法制推尋其事以知其例是所記事有叙而其文晦微也

三曰婉而成章○婉於阮反**曲從義訓以示大順諸所諱辟璧假許田之類是也**○辟本亦作避音同後放此假古雅反後不音者同【疏】三曰至是也○彼注云婉曲也謂屈曲其辭有所辟諱以示大順而成篇章言諸所諱辟者其事非一故言諸以總之也若僖十六年公會諸侯于淮未歸而取項齊人以爲討而止公十七年九月得釋始歸諱執止之恥辟而不言經乃書公至自會諸如此類是諱辟之事也諸侯有大功者於京師受邑爲將朝而宿焉謂之朝宿之邑方岳之下亦受田邑爲從巡守備湯沐以共沐浴焉謂之湯沐之邑魯以周公之故受朝宿之邑於京師許田是也鄭以武公之勳受湯沐之邑於泰山祊田是也隱桓之世周德既衰魯不朝周王不巡守二邑皆無所用因地勢之便欲相與易祊薄不足以當許鄭人加璧以易許田諸侯不得專易天子之田文諱其事桓元年經書鄭伯以璧假許田言若進璧以假田非久易也掩惡揚善臣子之義可以垂訓於後故此二事皆屈曲其辭從其義訓以示大順之道是其辭婉曲而成其篇章也

四曰盡而不汙○汙於俱反曲也**直書其事具文見意丹楹刻桷天王求車齊侯獻捷之類是也**○楹音盈刻音克桷音角捷在妾反【疏】四曰至是也○彼注云謂直言其事盡其事實無所汙曲禮制宮廟之飾楹不丹桷不刻莊二十三年秋丹桓宮楹二十四年春刻桓宮桷禮諸侯不貢車服天子不私求財桓十五年天王使家父來求車禮諸侯不相遺俘莊三十一年齊侯來獻戎捷三者皆非禮而動直書其事不爲之隱具爲其文以見譏意是其事實盡而不有汙曲也

五曰懲惡而勸善○懲直升反**求名而亡欲蓋而章書齊豹盜三叛人名之類是也**【疏】五曰至是也○彼注云善名必書惡名不滅所以爲懲勸昭二十年盜殺衛侯之兄縶襄二十一年邾庶其以漆閭丘來奔昭五年莒牟夷以牟婁及防茲來奔昭三十一年邾黑肱以濫來奔是謂盜與三叛人名也齊豹衛國之卿春秋之例卿皆書其名氏齊豹忿衛侯之兄起而殺之欲求不畏彊禦之名春秋抑之書曰盜盜者賤人有罪之稱也邾庶其黑肱莒牟夷三人皆小國之臣並非命卿其名於例不合見經竊地出奔求食而已不欲求其名聞春秋故書其名使惡名不滅若其爲惡求名而有名章徹則作難之士誰或不爲若竊邑求利而名不聞則貪冒之人誰不盜竊故書齊豹曰盜三叛人名使其求名而名亡欲蓋而名章所以懲創惡人勸獎善人昭三十一年傳具說此事其意然也盜與三叛俱是惡人書此二事唯得懲惡耳而言勸善者惡懲則善勸故連言之

推此五體以尋經傳觸類而長之○長丁丈反**附于二百四十二年行事王道之正人倫之紀備矣**【疏】推此至備矣○正義曰上云情有五此言五體者言其意謂之情指其狀謂之體體情一也故互見之一曰微而顯者是夫子脩改舊文以成新意所修春秋以新意爲主故爲五例之首二曰志而晦者是周公舊凡經國常制三曰婉而成章者夫子因舊史大順義存君親揚善掩惡夫子因而不改四曰盡而不汙者夫子亦因舊史有正直之士直言極諫不掩君惡欲成其美夫子因而用之此婉而成章盡而不汙雖因舊史夫子即以爲義總而言之亦是新意之限故傳或言書曰或云不書五曰懲惡而勸善者與上微而顯不異但勸戒緩者在微而顯之條貶責切者在懲惡勸善之例故微而顯居五例之首懲惡勸善在五例之末五者春秋之要故推此以尋經傳觸類而增長之附於二百四十二年時人所行之事觀其善惡用其襃貶則王道之正法人理之紀綱皆得所備矣從首至此說經傳理畢故以此言結之觸類而長之易上繫辭文也二百四十二年謂獲麟以前也以後經則魯史舊文傳終說前事辭無襃貶故不數之也觸類而長之者若隱四年經書翬帥師傳稱羽父固請故書曰翬帥師疾之也十年經亦書翬帥師傳雖不言書曰故書是知與上同爲新意又隱元年傳曰儀父貴之也則桓十七年云儀父亦是貴之是也

或曰春秋以錯文見義若如所論則經當有事同文異而無其義也先儒所傳皆不其然○傳

直專反〔疏〕或曰至其然○正義曰自此至釋例詳之言已爲作注解之意論經傳之下即是自述己懷於文不次言無由發故假稱或問而荅以釋之春秋之經侵伐會盟及戰敗克取之類文異而義殊錯文以見義先儒知其如是因謂皆有異文莫不著義杜以爲仲尼所述據史舊文文害者則刊而正之不害者因其詳略此其異於先儒故或人據上文杜之異旨執先儒以問曰春秋以錯文見義其文異者必應有義存焉若如所論辭有詳略不必改也則經當有事同文異而無其義意者也先儒所傳皆不其然今何以獨異欲令杜自辯之

荅曰春秋雖以一字爲襃貶然皆須數句以成言○數色主反下同**非如八卦之爻可錯綜爲六十四也**○綜宗宋反**固當依傳以爲斷**○斷丁亂反〔疏〕荅曰至爲斷○莊二十五年陳侯使女叔來聘傳曰嘉之故不名僖二十五年衛侯燬滅邢傳曰同姓也故名襃則書字貶則稱名襃貶在於一字襃貶雖在一字不可單書一字以見襃貶故荅或人曰春秋雖以一字爲襃貶皆須數句以成言語非如八卦之爻可錯綜爲六十四也卦之爻也一爻

春秋疏卷一　十九

變則成爲一卦經之字也一字異不得成爲一義故經必須數句以成言義則待傳而後曉不可錯綜經文以求義理故當依傳以爲斷文異者丘明不爲發傳仲尼必無其義安得傳言之表妄說經文以此知經有事同文異而無其義者也數句者謂若隱元年秋七月天王使宰咺來歸惠公仲子之賵及昭十三年夏四月楚公子比自晉歸于楚弒其君虔于乾谿此皆三句以上春秋一部未必皆然杜欲盛破賈服一字故舉多言之或以爲數其文句義亦得通錯綜其數易上繫辭文謂交錯綜理之

古今言左氏春秋者多矣今其遺文可見者十數家〔疏〕古今至數家○漢書儒林傳云漢興北平侯張蒼及梁大傅賈誼京兆尹張敞大中大夫劉公子皆脩左氏傳誼爲左氏傳訓詁授趙人貫公公傳子長卿長卿傳清河張禹禹授尹更始更始傳子咸及丞相翟方進方進授清河胡常常授黎陽賈護護授蒼梧陳欽而劉歆從尹咸及翟方進受由是言左氏者本之賈護劉歆是前漢言左氏者也漢武帝置五經博士左氏不得立於學官至平帝時王莽輔政方始立之後漢復廢雖然學者浸多矣中興以後陳元鄭衆賈逵馬融延篤彭仲博許惠卿服虔潁容之徒皆傳左氏春秋魏世則王肅董遇爲之注此等比至杜時或在或滅不知杜之所見十數家定是何人也

大體轉相祖述進不成爲錯綜經文以盡其變退不守丘明之傳於丘明之傳有所不通皆沒而不說而更膚引公羊穀梁○膚芳于反**適足自亂**〔疏〕大體至自亂○禮記中庸云仲尼祖述堯舜祖始也謂前人爲始而述修之也經之詳略本不著義强爲之說理不可通故進不成爲錯綜經文以盡其變於傳之外別立異端故退不守丘明之傳傳有不通則沒而不說謂諸家之注多有此事但諸注既亡不可指摘若觀服虔賈誼之注皆沒而不說者衆矣謂若文二年作僖公主傳於僖三十三年云作主非禮也凡君薨卒哭而祔祔而作主及襄九年閏月戊寅濟于陰阪之類是也膚謂皮膚言淺近引之也公羊穀梁口相傳授因事起問意與左氏不同故引之以解左氏適足以自錯亂也

預今所以爲異專脩丘明之傳以釋經經之條貫必出於傳○貫古亂反**傳**

春秋疏卷一　二十

之義例摠歸諸凡推變例以正襃貶簡二傳而去異端○去起呂反**蓋丘明之志也**〔疏〕預今所以至之志也○丘明與聖同恥爲經作傳經有他義無容不盡故專脩丘明之傳以釋經也作傳解經則經義在傳故經之條貫必出於傳也發凡言例則例必在凡故傳之義例摠歸諸凡也若有例無凡則傳有變例如是則推尋變例以正襃貶若左氏不解二傳有說有是有非可去可取如是則簡選二傳取其合義而去其異端杜自言以此立說蓋是丘明之本意也昭三年北燕伯款出奔齊傳云書曰北燕伯款出奔齊罪之也則知昭二十一年蔡侯朱出奔楚亦是罪之也釋例曰朱雖無罪據失位而出奔亦其咎也宣十年崔氏出奔衛傳云書曰崔氏非其罪也不書名者非其罪則書名者是罪也襄二十一年晉欒盈出奔楚杜注云稱名罪之如此之類是推變例以正襃貶也莊十九年公子結媵陳人之婦于鄄杜注云公羊穀梁皆以爲魯女媵陳侯之婦僖九年伯姬卒杜注云公羊穀梁曰未適人故不稱國如此之類是簡二傳也先儒取二傳多矣杜不取者是去異端也

其有疑錯則備論而闕之以俟

後賢〖疏〗其有至後賢。集解與釋例每有論錯闕疑之事非一二也釋例終篇云去聖久遠古文篆隸歷代相變自然當有錯誤亦不可拘文以害意故聖人貴闕一而知二賢史之闕文也今左氏有無傳之經亦有無經之傳無經之傳或可廣文無傳之經則不知其事又有事由於魯魯君親之而後不書者先儒或强爲之說或没而不說疑在闕文誠難以意理推之是備論闕之之事也然劉子駿創通大義。駿音俊子駿劉歆字創初亮反字林作剏賈景伯父子許惠卿皆先儒之美者也末有潁子嚴者雖淺近亦復名家。後扶又反下同故特舉劉賈許潁之違以見同異。見賢遍反下同〖疏〗然劉至同異。漢書楚元王傳稱劉歆字子駿劉德孫劉向少子也哀帝時歆校祕書見古文春秋左氏傳大好之初左氏傳多古字古言學者傳訓詁而已及歆治左氏引傳文以解經經傳相發明由是章句義理備焉是其創通大義也後漢賈逵字景伯扶風人也父徽字元伯授業於歆作春秋條例逵傳父業作左氏傳訓詁許惠卿名淑魏郡人也潁子嚴名容陳郡人也比於劉賈之徒學識雖復淺近然亦注述春秋名爲一家之學杜以爲先儒之內四家差長故特舉其違以見異同自餘服虔之徒殊劣於此輩故棄而不論也分經之年與傳之年相附比其義類。比毗志反各隨而解之名曰經傳集解〖疏〗分經至集解。上明作傳不敢與聖言相亂故與經別行何止丘明公羊穀梁及毛公韓嬰之爲詩作傳莫不皆爾經傳異處於省覽爲煩故杜分年相附別其經傳聚集而解之杜言集解謂聚集經傳爲之作解何晏論語集解乃聚集諸家義理以解論語言同而意異也又別集諸例及地名譜第歷數。譜本又作譜同布古反數所具反後不音者皆同相與爲部凡四十部十五卷皆顯其異同從而釋之名曰釋例將令學者觀其所聚異同之說釋例詳之也〖疏〗又別至之也。春秋記事之書前人後人行事相類書其行事不得不有比例而散在他年非相比校則善惡不章褒貶不明故杜別集諸例從而釋之將令學者觀其所聚察其同異則於其學易明故也言諸例及地名譜第歷數三者雖春秋之事於經傳無例者繁多以特爲篇卷不與諸例相同故言及也事同則爲部小異則附出孤經不及例者聚於終篇故言相與爲部也其四十部次第從隱即位爲首先有其事則先次之唯世族土地事既非例故退之於後終篇宜最處末故次終篇之前終篇處其終耳土地之名起於宋衛遇于垂世族譜起於無駭卒無駭卒在遇垂之後故地名在世族之前也或曰春秋之作左傳及穀梁無明文說者以。仲尼自衛反魯脩春秋立素王。王于況反下王魯素王同丘明爲素臣言公羊者亦云黜周而王魯。黜勑律反危行言孫。行下孟反孫音遜本亦作遜以辟當時之害故微其文隱其義公羊經止獲麟而左氏經終孔丘卒敢問所安〖疏〗或曰至所安。正義曰上一問一荅說作注理畢而更問春秋作之早晚及仲尼述作大意先儒所說並皆辟謬須於此明之亦以於文不次故更假問荅以明之一問之間凡有四意其一問作之早晚其二問先儒言孔子自爲素王其事虛實其三問公羊說孔子黜周王魯其言是非其四問左氏獲麟之後乃有餘經問杜於意安否據杜云左傳及穀梁無明文則指公羊有其顯說今驗何休所注公羊亦無作春秋之事案孔舒元公羊傳本云十有四年春西狩獲麟何以書記異也今麟非常之獸其爲非常之獸柰何有王者則至無王者則不至然則孰爲而至爲孔子之作春秋是有成文也左傳及穀梁則無明文故說左氏者言孔子自衛反魯則便撰述春秋三年文成乃致得麟孔子既作此書麟則爲書來應言麟爲孔子至也麟是帝王之瑞故有素王之說言孔子自以身爲素王故作春秋立素王之法丘明自以身爲素臣故爲素王作左氏之傳漢魏諸儒皆爲此說董仲舒對策云孔子作春秋先正王而繫以萬事是素王之文焉賈逵春秋序云孔子覽史記就是非之說立素王之法鄭玄六藝論云孔子既西狩獲麟自號素王爲後世受命之君制明王之法盧欽公羊序云孔子自因魯史記而脩春秋制素王之道是先儒皆言孔子立素王也孔子家語稱齊大史子餘歎美孔子言云天其素王之乎素空也言無位而空王之也彼子餘美孔子之深原上天之意故爲此言耳非是孔子自號爲素王先儒蓋因此而謬遂言春秋立素王之法左上明述仲尼之道故復以爲素臣其言上明爲素臣未知誰所說也言公羊者謂何休之輩黜周王魯非公羊正文說者推其意而致理耳以杞是二王之後本爵爲上公而經稱杞伯以爲孔子黜之宣十六年成周宣榭火公羊傳曰外災不書此何以書新周也其意言周爲王者之後比宋爲新緣此故謂春秋託王於魯以周宋爲二王之後黜杞同於庶國何休隱元年注云唯王者然後改元立號春秋託新王受命於魯宣十六年注云孔子以春秋當新王上黜杞下新周而故宋黜周爲王者之後是黜周王魯之說也定元年公羊傳曰定哀多微辭主人習其讀而問其傳則未知已之有罪焉爾何休云此假設而言之主人謂定哀也習其經而讀之問其傳解詁則不知已之有罪於是此孔子畏時君上以諱尊隆恩下以辟害容身愼之至也是其孫言辟害微文隱義之說自衛反魯危行言孫皆論語文也鄭玄以爲據時高言高行者皆見危謂高行爲危行也何晏以危爲厲厲言行不隨俗也未知二者誰當杜旨公羊之經獲麟即止而左氏之經終於孔子卒先儒或以爲麟後之經亦是孔子所書故問其意之所安也

答曰異乎余所聞仲尼曰文王既沒文不在茲乎此制作之本意也歎曰鳳鳥不至河不出圖。出如字又尺遂反吾已矣夫。夫音扶下若夫同蓋傷時王之政也

疏答曰至政也。此盡末以來答上問四意但所答或先或後而其文不次欲令先有案據乃得遞相發明故不得以次而答問者先問作之早晚其意定以獲麟乃作故從仲尼曰至所以爲終明作之時節兼明自本意自欲制作感麟方始爲之非是先作春秋乃後致麟也既言止麟之意須說始隱之由且欲取平王周正驗其非黜周王魯之證但既言其終倒言其始則於文不次故答前義未了更起一問自曰然則以下盡此其義也明春秋始隱之意答黜周王魯之言既言王魯爲非遂并辯公羊之謬自若夫制作盡非隱之也答微文隱義之爲非也自聖人包周身之防盡非所問也答孫言辟害之爲虛也先儒以爲未獲麟而已作春秋過獲麟而經猶未止故既答公羊之謬然後却辯素王爲虛并說引經爲妄自子路欲使門人盡又非通論也答素王素臣之問自先儒以爲盡得其實答經止獲麟之意至於反袂以下言其不可采用此章分段大意其文旨如此問者以所聞而問其異乎余所聞一句歎其所據非理故言異乎余所聞仲尼曰與歎曰二者皆論語文也孔子過匡匡人以兵遮而脅之從者驚怖故設此言以强之文王雖身既沒其爲文王之道豈不在茲身乎孔子自此其身言已有文王之道也其下文又云天之將喪斯文也後死者不得與於斯文也天之未喪斯文也匡人其如予何其意言天若未喪文王之道必將使我制作匡人不能違天以害己此言是有制作之本意也聖人受命而王則鳳鳥至河出圖仲尼歎曰鳳鳥不至河不出圖吾已矣夫此言蓋傷時王之政不能致此瑞也先有制作之意而恨時無嘉瑞明是既得嘉瑞即便制作杜欲明得麟乃作故先表此二句鄭玄以爲河圖洛書龜龍銜負而出如中候所說龍馬銜甲赤文綠色甲似龜背袤廣九尺上有列宿斗正之度帝王錄紀興亡之數是也孔安國以爲河圖即八卦是也未知二者誰當杜旨

麟鳳五靈王者之嘉瑞也。瑞垂僞反今麟出非其時虛其應而失其歸。應應對之應此聖人所以爲感也絕筆於獲麟之一句者所感而起固所以爲終也

疏麟鳳至終也。麟鳳與龜龍白虎五者神靈之鳥獸王者之嘉瑞也今麟出於衰亂之世是非其時也上無明王是虛其應也爲人所獲是失其歸也夫此聖人而生非其時道無所行功無所濟與麟相類故所以爲感也先有制作之意復爲外物所感既知道屈當時欲使功被來世由是所以作春秋絕筆於獲麟之一句者麟是仲尼所感而書爲感麟而作既以所感而起固所以爲終也答上春秋之作左傳無明文之問又言已所以爲獲麟乃作之意獨舉麟鳳而云五靈知二獸以外爲龜龍白虎者以鳥獸而爲瑞不出五者經傳讖緯莫不盡然禮記禮器曰升中于天而鳳皇降龜龍假詩序曰麟趾關雎之應騶虞鵲巢之應騶虞即白虎也是龜龍白虎並爲瑞應只言麟鳳便言五靈者以鳳配麟足以成句略其三者故曰五靈其五靈之文出尚書緯也禮記禮運曰麟鳳龜龍謂之四靈不言五者彼稱四靈以爲畜則飲食有由也其意言四靈與羞物爲羣四靈既擾則羞物皆備龍是魚鮪之長鳳是飛鳥之長麟是走獸之長龜是甲蟲之長飲食所須唯此四物四物之內各舉一長虎麟皆是走獸故略云四靈杜欲偏舉諸瑞故備言五靈也直云絕筆獲麟則文勢已足而言之一句者以春秋編年之書必應盡年乃止

人年惟此一句故顯言之以明一句是其所感也 曰然則春秋何始於魯？隱公荅曰：周平王，東周之始王也。隱公，讓國之賢君也。考乎其時則相接，言乎其位則列國，本乎其始則周公之祚胤也。○祚，才路反。胤，以刃反。若平王能祈天永命，紹開中興，○中，丁仲反。隱公能弘宣祖業，光啓王室，則西周之美可尋，文武之迹不隊。○隊，直類反。是故因其厤數，附其行事，采周之舊，以會成王義，○王，如字，又于況反。垂法將來。

疏 曰然至將來○上既解終麟之意，未辯始隱之由，故又假問以釋之。不言或問而直言曰者，以荅前未了，須更起此問，若言問者，猶是前人。且既解絕筆，即因問初起，以此不復言或，欲示二問共是一人故也。然者，然上語；則者，陳下事。乘前起後之勢，問者言絕筆於獲麟既如前解，然則春秋初起何獨始於魯隱公，不始於他國餘公何也？荅曰：周平王，東周之始王也，遷居洛邑，平王為首，是始王也。隱公，讓國之賢君也，於第當立，委位讓桓，是賢君也。考乎其時則相接，隱公之初當平王之末，是相接也。言乎其位則列國，其爵為侯，其土則廣，是大國也。本乎其始則周公之祚胤也，魯承周公之後，是其福祚之胤也。若使平王能撫養下民，求天長命，紹先王之烈，開中興之功，隱公能大宣聖祖之業，光啓周王之室，君臣同心，照臨天下，如是則西周之美猶或可尋，文武之迹不隊於地。而平王、隱公居得致之地，有得致之資，而竟不能然，只為無法故也。仲尼愍其如是，為之作法，其意言若能用我道，豈致此乎？是故因其年月之厤數，附其時人之行事，采周公之舊典，以會合成一王之大義。雖前事已往，不可復追，冀得垂法將來，使後人放習。以是之故，作此春秋。此序一段，大明作春秋之深意。問者不直云隱公而言魯隱公者，言魯，決其不始於他國；言隱，決其不始於餘公，挾此二意，故并魯言之也。其荅直言隱公不云魯者，以魯之春秋已為韓起所說，可知故也。周自武王伐紂，定天下，恒居鎬地，是為西都。周公攝政，營洛邑於土中，謂之東都。成王雖暫至洛邑，還歸鎬京。為西周。平王始居東周，故云東周之始王也。平王四十九年而隱公即位，隱公三年而平王崩，是其相接也。詩既醉云「永錫祚胤」，言及後胤也。尚書召誥云「用供王能祈天永命」，言用善德治民，得長命也。襄十年傳曰「而以偪陽光啓寡君」，論語曰「文武之道未墜於地」，是杜所用之文也。春秋據魯而作，即是諸侯之法，而云會成王義者，春秋所書尊卑盡備，王使來聘、錫命、賵含，有天子撫邦國之義；公如京師拜賜、會葬，有諸侯事王者之法，雖據魯史為文，足成王者之義也。以其會成王義，故得垂法將來，將使天子法而用之，非獨遺將來諸侯也。

所書之王，即平王也；所用之厤，即周正也；○正音政，讀者多音征，後皆放此。所稱之公，即魯隱也。安在其黜周而王魯乎？子曰：「如有用我者，吾其為東周乎？」此其義也。

疏 所書至義也○既言作春秋之意，然後荅黜周王魯之言。經書「春王正月」，王即周平王也，月即周正也。「公及邾儀父」，公即魯隱公也。魯用周正，則魯事周矣。天子稱王，諸侯稱公，魯尚稱公，則號不改矣。春秋之文安在黜周王魯乎？若黜周王魯，則魯宜稱王，周宜稱公。此言周王而魯公，知非黜周而王魯也。孔子之作春秋，本欲興周，非黜周也，故引論語以明之。公山弗擾召孔子，孔子欲往，子路不說，夫子設此言以解之。其意言彼召我者而豈空然哉？必謂我有賢能之德故也。既謂我有賢德，或將能用我言。如其能用我言者，吾其為東方之周乎？言將欲興周道於東方也。原其此意，知非黜周，故云此其興周之義也。注論語者，其意多然，唯鄭玄獨異，以東周為成周，則非杜所用也。

若夫制作之文，所以章往考來，情見乎辭，言高則旨遠，辭約則義微，此理之常，非隱之也。

疏 若夫至之也○此一段荅說公羊者言微其文、隱其義之意。若夫者，發端之辭，既荅王魯，更起言端，故云若夫。聖人制作之文，所以章明已往，考校方來，欲使將來之人鑒見既往之事。聖人之情見乎文辭，若使發語卑雜，則情趣瑣近；立言高簡，則旨意遠大。章句煩多，則事情易顯；文辭約少，則義趣微略。此乃理之常事，非故隱之也。文王演易，則亦文高旨遠，辭約義微，豈復係辭辟害？以彼無所辟，其文亦微，知理之常，非為所隱也。其章往考來，情見乎辭，皆易下繫辭之文，彼作章往而察來，意不異耳。

聖人包周身之防，○防，扶放反，又音房。既作之後方復隱諱以辟患非所聞也 疏 聖人至聞也。此一段荅孫言辟害之意。若成湯繫於夏臺，文王囚於羑里，周公留滯於東都，孔子絕糧於陳蔡，自古聖人幽囚困厄則嘗有之，未聞有被殺害者也。包周身之防者，謂聖人防慮必周於身，自知無患，方始作之。既作之後，方復隱諱以辟患害，此事實非所聞也。云非所聞者，言前訓未之有也。子路欲使門人爲臣，孔子以爲欺天，而云仲尼素王，丘明素臣，又非通論也。論，力頓反。疏 子路至論也。此一段荅素王素臣爲非也。案論語稱孔子疾病，子路使門人爲臣。病間，曰：久矣哉，由之行詐也。無臣而爲有臣，吾誰欺？欺天乎？其意言子路以孔子將死，使門人爲臣，欲令以臣禮葬君，冀其顯榮。夫子夫子瘳而責之：我實無臣，何故而爲有臣？吾之於人也，於誰嘗欺？我尚不敢欺人，何故使吾欺天乎？子路使門人爲臣，纔僭大夫禮耳，孔子尚以爲欺天，況神器之重，非人臣所議，而云仲尼爲素王，丘明爲素臣，又非通理之論也。聖人之生，與運隆替，運通則功濟當時，運閉則道存身後。雖復富有天下，無益於堯舜；賤爲匹庶，何損於仲尼？道爲升降，自由聖與不聖；言之立否，乃關賢與不賢。非復假大位以宣風，藉虛名以範世。稱王稱臣，復何所取？若使無位無人，虛稱王號，不爵不祿，妄竊臣名，是則羨富貴而恥貧賤，長僭踰而開亂逆，聖人立教，首當爾也。臧文仲山節藻棁，謂之不知；管仲鏤簋朱紘，稱其器小；見季氏舞八佾，云孰不可忍。若仲尼之竊王號，則罪不容誅，而言素王素臣，是誣大賢而負聖人也。嗚呼！孔子被誣久矣，賴杜預方始雪之。先儒以爲制作三年，文成致麟，既已妖妄；又引經以至仲尼卒，亦又近誣。近誣，如字。近，舊音附近之近。誣音無。疏 先儒至近誣。此下至爲得其實，皆明麟後之經非仲尼所脩之意。直言先儒，無可尋檢，未審是誰先生此意。案今左氏之經，仍終孔丘之卒，雖杜氏之注，此經亦存，而尤責先儒引經至仲尼卒者，蓋先儒以爲夫子自衞反魯，即作春秋，作三年而後致麟，雖得麟而猶不止，比至孔丘之卒，皆是仲尼所脩，以是辨之，謂之近誣。明先儒有此說也。服虔云：夫子以哀十一年自衞反魯而作春秋，約之以禮，故有麟應而至。是其宗舊說也。服虔又云：春秋終於獲麟，故小邾射不在三叛人中也。弟子欲明夫子作春秋以顯其師，故書小邾射以下

至孔子卒。案杜於此下及哀十四年注，皆取服義爲說，則服氏於此一事已改先儒矣。麟是王者之瑞，非爲制作而來，而云仲尼致之，是其妖且妄也。經是魯史之文，非仲尼之所述，而云仲尼脩之，是其近誣罔也。言近誣者，心所不悟，非故誣之，故云近誣也。據公羊經止獲麟，而左氏小邾射不在三叛之數。邾，張俱反。射音亦。故余以爲感麟而作，作起獲麟，則文止於所起，爲得其實。疏 據公至其實。穀梁之經亦止獲麟，而獨據公羊者，春秋之作，穀梁無明文；杜以獲麟乃作，義取公羊，故獨據之耳。小邾射以何繹來奔，與黑肱之徒義無以異，傳稱書三叛人名，不通數此人以爲四叛，知其不入傳例。麟下之經傳不入例，足知此經非復孔旨，故余以爲感麟而作春秋，其意起於獲麟，則文止於所起，自此而談，爲得其實。重明經止獲麟，并自成已說起麟之意也。至於反袂拭面，稱吾道窮，亦無取焉。袂，緜世反。拭音式。疏 至於至取焉。公羊傳稱孔子聞獲麟，反袂拭面，涕沾袍，曰：吾道窮矣。杜既取公羊經止獲麟，而公羊獲麟之下即有此傳，嫌其并亦取之，故云亦無取焉。不取之者，以聖人盡性窮神，樂天知命，生而不喜，死而不戚，困於陳蔡，則援琴而歌；夢奠兩楹，則負杖而詠。寧復畏懼死亡，下沾衿之泣；愛惜性命，發道窮之歎？若實如是，何異凡夫俗人，而得稱爲聖也？公羊之書，鄉曲小辯，致遠則泥，故無取焉。此則上文所謂簡二傳而去異端，豈有反袂拭面，涕下沾袍，以虛而不經，故不取也。

附釋音春秋左傳注疏卷第一

春秋左傳注疏挍勘記序

春秋左氏傳漢初未審獻於何時漢藝文志說孔壁事祇云得古文尚書及禮記論語孝經不言左氏經傳也景十三王傳亦但云得古文經傳所謂傳者即禮之記及論語亦未言有左氏也楚元王傳劉歆讓太常博士亦以逸禮三十有九書十六篇系之魯恭王所得孔安國所獻而於春秋左氏所修二十餘通則但云藏於秘府不言獻自何人惟說文解字序分別言之曰魯恭王壞孔子宅得禮記尚書春秋論語孝經又北平侯張倉獻春秋左氏傳然後左氏經傳所自出始大白於世顧許言恭王所得有春秋豈孔壁中有春秋經文

爲孔子手定者與北平侯所獻蓋必有經有傳度其經必與孔壁經大同然則班志所云古經十二篇者指恭王所得與抑指北平所獻與左氏傳之學興於賈逵服虔董遇鄭衆潁容諸家杜預因之分經比傳爲之集解今諸家全書不可見而流傳間見者往往與杜本乖異古有吳皇象所書本宋臧榮緒梁岑之敬所挍本今皆不可得蓋傳文異同可考者亦僅矣唐人專宗杜注惟蜀石經兼刻經傳杜注文而蜀石盡亡世間搨本僅存數百字後唐詔儒臣田敏等挍九經鏤本於國子監此亦經傳注兼刻者而今多不存至於孔穎達等依經傳杜注爲正義三十六卷本自單行宋淳化元年有刻本至慶元間吳興沈中賓分系諸經注本合刻之其跋云踵給事中汪公之後取國子監春秋經傳集解正義精挍埜爲一書蓋田敏等所鏤淳化元年所頒皆取爲善本而畢集於是後此附以釋文之本未有能及此者元和陳樹華即以此本遍考諸書凡與左氏經傳文有異同可備參考者撰成春秋內傳考證一書考證所載之同異雖與正義本夐然不同然亦間有可采者元更病今日各本之踳駁思爲讜正錢塘監生嚴杰熟於經疏因授以舊日手挍本又慶元間所刻之本并陳樹華考證及唐石經以下各本及釋文各本精詳捃摭共爲挍勘記四十二卷雖班孟堅所謂多古字古言許叔

重所謂述春秋傳用古文者年代緜邈不可究悉亦庶幾網羅放佚冀成注疏善本用裨學者矣阮元記

引據各本目錄

唐石經春秋三十卷首載杜氏序每卷篇首題春秋經傳集解某公第幾第二行題左氏盡某年每行十字有復經勘定處或九字一行十一字一行間有十二字一行者唐人改刊多劃磨重鐫後人即加於本字之上隱公第一盡十一年桓公第二盡十八年莊公第三盡卅二年閔公第四盡二年僖上第五盡十五年僖中第六盡卅六年僖下第七盡卅三年文上第八盡十年文下第九盡十八年宣上第十盡十一年宣下第十一盡十八年成上第十二盡十年成下第十三盡十八年襄元第十四盡九年襄二第十五盡十五年襄三第十六盡二十二年襄第十七盡廿五年襄五第十八盡廿八年襄六第十九盡卅一年昭元第廿盡二年昭二第廿一盡七年昭三第廿二盡十二年昭四第廿三盡十七年昭五第廿四盡廿二年昭六第廿五盡廿六年昭七第廿六盡卅二年定上第廿七盡七年定下第廿八盡

十五年哀上第廿九盡十三年哀下第卅盡廿七年末載後序宣公上下俱經後梁重刻上卷原刻尚存五六行下卷僅三之一僖公篇亦有數段出自後人重刊然字迹遠勝後梁所鐫崑山顧炎武標舉誤字此經獨多皆非唐本之舊也

不全宋刻春秋經傳集解三冊 分卷與唐石經同上冊題襄五第十八闕二十一二十二二十三兩頁中冊題昭三第二十二闕三至八六頁又闕十三一頁及二十一二十二兩頁昭四第二十三闕一頁下冊題昭五第二十四闕二十二二十三二十七四三頁每半頁十行注文雙行每行字數不一卷末載經注若干字無附釋音宋刻經注本之最善者書內構字闕筆此避宋高宗諱錢塘何元錫云板心有直學王某某等字亦南渡官名也

不全北宋刻小字本春秋經傳集解二卷 此本惟廿四廿五兩卷每半板十一行行廿三四五字不一注文雙行約多幾字卷末無附釋音惜不知何人所刊也

淳熙小字本春秋經傳集解三十卷 分卷與唐石經同每半頁十行行十八字注文雙行行廿二字附釋音此宋時坊刻有譌字俗體大致不失其爲善本卷末題淳熙柔兆涒灘中夏初吉閩山阮仲猷種

德堂刊柔兆涒灘乃宋孝宗淳熙三年丙申也末附春秋名號歸一圖二卷蜀馮繼先所作

南宋相臺岳氏春秋經傳集解三十卷 宋岳珂刊分卷與唐石經同缺十九二十兩卷每半頁八行行十七字注文雙行附釋音每卷之後皆有木刻亞形相臺岳氏刻梓荊溪家塾印大小篆隸文楷書不一每頁之末上刻篇識如隱某年桓某年等明代以來翻刻有四皆不若此本之精審末附春秋年表一卷春秋名號歸一圖二卷年表不著撰人名氏

宋纂圖本春秋經傳集解三十卷 每半頁十行注文雙行每行字數不一注後附音釋音釋後有似句互注重言等條此宋時坊刻所加

足利本春秋經傳集解 見七經孟子考文案山井鼎云左傳考文稱足利本者宋板經傳集解本也今以活字板驗之是爲其原本也

宋本春秋正義三十六卷 宋慶元間吳興沈中賓所刊案新唐書經籍志載春秋正義三十六卷與此合宋王堯臣崇文揔目晁公武郡齋讀書志陳振孫書錄解題並同分卷行款與俗本亦異卷一序卷二隱元年卷三隱二年至五年卷四隱六年至十一年卷五桓元年二年卷六桓三年至六年卷七桓七年至十八年卷八莊元年至十五年卷九莊十六年至三十二年卷十閔元年二年卷十一僖元年至十五年卷十二僖十六年至二十六年卷十三僖二十七年至三十三年卷十四文元年至十年卷十五文十一年至十八年卷十六宣元年至十一年卷十七宣十二年至十八年卷十八成元年至十年卷十九成十一年至十八年卷二十襄元年至八年卷二十一襄九年至十二年卷二十二襄十三年至二十二年卷二十三襄二十三年至二十五年卷二十四襄二十六年至二十八年卷二十五襄二十九年至三十一年卷二十六昭元年至三年卷二十七昭四年至七年卷二十八昭八年至十二年卷二十九昭十三年至十七年卷三十昭十八年至二十二年卷三十一昭二十三年至二十六年卷三十二昭二十七年至三十二年卷三十三定元年至七年卷三十四定八年至十五年卷三十五哀元年至十一年卷三十六哀十二年至二十七年又會於夷儀之歲云云在襄二十六年之首與唐石經合無附釋音字無俗體是宋刻正義中之第一善本每半頁八行經

傳每行十六字注及正義每格雙行行廿二字經傳下載注不標注字正義揔歸篇末眞舊式也今校勘記依此分卷下

附釋音春秋左傳注疏六十卷 此本雕板南宋遞有修補下至明末其板猶存在注疏中六十卷本之冣善者卷一序卷二隱元年盡二年卷三隱三年盡五年卷四隱六年盡十一年卷五桓元年盡二年卷六桓三年盡六年卷七桓七年盡十八年卷八莊元年盡十年卷九莊十一年盡二十二年卷十莊二十三年盡三十二年卷十一閔元年盡二年卷十二僖元年盡五年卷十三僖六年盡十四年卷十四僖十五年盡廿一年卷十五僖二十二年盡二十四年卷十六僖二十五年盡二十八年卷十七僖二十九年盡三十三年卷十八文元年盡四年卷十九上文五年盡十年卷十九下文十一年盡十五年卷二十文十六年盡十八年卷二十一宣元年盡四年卷二十二宣五年盡十一年卷二十三宣十二年卷二十四宣十三年盡十八年卷二十五成元年盡二年卷二十六成三年盡十年卷二十七成十一年盡十五年卷二十八成十六年盡十八年卷二十九襄元年盡四年卷三十襄五年盡九年卷三十一襄十年盡十二年卷三十二襄十三年盡十五年卷三十三襄十六年盡十八年卷三十四襄十九年盡二十一年卷三十五

襄二十二年盡二十四年卷三十六襄二十五年卷三十七襄二十六年卷三十八襄二十七年盡二十八年卷三十九襄二十九年卷四十襄三十年盡三十一年卷四十一昭元年卷四十二昭二年盡四年卷四十三昭五年盡六年卷四十四昭七年盡八年卷四十五昭九年盡十二年卷四十六昭十三年卷四十七昭十四年盡十六年卷四十八昭十七年盡十九年卷四十九昭二十年卷五十昭二十一年盡二十三年卷五十一昭二十四年盡二十五年卷五十二昭二十六年盡二十八年卷五十三昭二十九年盡三十二年卷五十四定元年盡四年卷五十五定五年盡九年卷五十六定十年盡十五年卷五十七哀元年盡五年卷五十八哀六年盡十一年卷五十九哀十二年盡十五年卷六十哀十六年盡二十七年每半頁十行每行十七字注疏每格雙行行二十三字經傳下載注不標注字正義冠大疏字於上今按正義以此本爲據也又案七經孟子考文補遺云毛詩春秋編入陸德明經典釋文共題曰附釋音蓋與正德刊本略似矣其實一也考文所謂正德本即指此本修版處而言

閩本春秋左傳注疏六十卷　明嘉靖閩中御史李元陽僉事江以達按刊分卷與附釋音本同每半頁九行行二十一字傳注正義低一格每行二十字正義雙行以注文改作中號字冠注字於上始於李氏非宋板舊式其佳處多與附釋音本相合有監本毛本脫錯而此本不誤較監毛爲優云

監本春秋左傳注疏六十卷　明萬歷十九年刊每卷第二三行題皇明朝列大夫國子監祭酒盛訥等奉勑重校刊勑字提行分卷與附釋音本同行款與閩本合惟注文用小字空左卷末載後序錯字較少非毛本可及也

重脩監本春秋左傳注疏六十卷　此本惟每卷第三行擠刊皇明朝列大夫國子監祭酒臣吳士元承德郎司業仍加俸一級臣黃錦等奉旨重脩將盛訥銜改列第二行譌字較原本爲多記中所引凡與原本同者則揔偁監本其異者則偁重脩監本

毛本春秋左傳注疏六十卷　明崇禎戊寅常熟汲古閣毛晉所刊分卷與附釋音本同行款與閩本合此本世所通行而亥豕之譌觸處皆是

春秋左傳注疏卷一校勘記　阮元撰盧宣旬摘錄

春秋正義序　嘉善浦鏜注疏正誤春秋下增左氏傳三字

國子祭酒上護軍曲阜縣開國子臣孔穎達等奉

勑撰　此本前著銜名如此上空一格勑字提行南宋慶元刊本奉上有等字閩本脫臣字毛本刪臣奉勑三字以下凡慶元刊本則偁宋本

若夫五始之目　閩本監本毛本五誤三

但年祀緜邈　徐鯤盧文弨校本祀改紀案盧文弨書多本之浦鏜正誤及七經孟子考文補遺後凡與二書同者不錄

欲垂之以法則無位　宋本法作灋

所謂不怒而人威　毛本威誤畏

鴻猷遂寢　寢當作寑宋本作寑

以膠投漆　宋本監本漆字並誤作漆後凡監本不誤而重脩本誤者偁重脩監本二本俱誤者則偁監本不分列也

今校先儒優劣　毛本校作挍避明熹宗諱全書皆然

以至于今　宋本毛本于作於按經多作于傳注正義多作於此正義當用於字後人因簡省改作于也

則有沈文何　按隋書經籍志作文阿

言後之學者　宋本監本毛本言作使

而探賾鉤深　宋本賾作賾

其經注易者　監本毛本注改作註非案賈公彥儀禮疏云言注者注義於經下若水之注物是也

下準此

案僖公二十三年經云　毛本案作按宋本以下皆作案

郤缺稱人者　監本毛本郤誤卻

以公姑姊妻之　宋本姊作姉下同唐宋人从朿是也

計至襄二十一年　浦鏜正誤襄下增公字非

何得有姊而妻庶其　宋本姊誤子

況其餘錯亂　閩本監本況作况下放此按况俗況字

謹與朝請大夫國子博士臣谷那律　浦鏜正誤據文苑英華大夫下增守字

與前脩疏人　毛本脩作修案經典修字多作脩宋本以下皆作脩下準此

春秋正義序終

附釋音春秋左傳注疏卷第一　閩本監本毛本删附釋音三字後同分卷與此相合監本此行下有晉杜氏注唐孔穎達疏陸德明釋文十四字閩本毛本晉杜氏注在第二行唐孔穎達疏在第三行每卷同上空八九字不一監本因刻校刊官銜擠刻每卷第幾之下陸德明釋文五字閩本在第二行之末以下不著監本以下亦不著○宋本作春秋正義卷第一

國子祭酒上護軍曲阜縣開國子臣孔穎達等奉勑撰　是銜在第二行第三行此本以下不著宋本每卷同上空二字

國子博士兼太子中允贈齊州刺史吳縣開國男臣陸德明釋文　是銜在第四行此本以下不著淳熙本纂圖本閩本上有唐字無臣字釋文同文下釋文有撰字淳熙本作附字分二行首行十五字次行吳縣字提行上空三字纂圖本此銜在第三行上空字半

春秋序　此本三字頂格在第五行淳熙本岳本纂圖本亦頂格在第一行閩本監本毛本在第四行低二格唐石經及宋本並作春秋左氏傳序石經此行初書今體改書八分宋本亦頂格在第四行案孔氏正義云晉宋古本及今定本並云春秋左氏傳序今依用之是正義本有左氏傳三字此作春秋序承陸氏釋文所題也

且有題曰春秋釋例序　宋本且誤具

徐邈以晉世言五經音訓　宋本言作定音誤奇

此序大畧　宋本監本毛本畧作略是也案唐宋人略畧字皆田在左○今依訂正

名義以春秋是此書大名　宋本名義作明義是也與下文明史官記事之書明天子諸侯皆有史官三明字一例○今訂正

褒貶得失　監本褒作褎案褎俗褒字下準此

先儒錯繆之意　閩本監本毛本亦作繆按古錯謬字多作繆

賈逵大史公十二諸侯年表序云　浦鏜正誤云逵下脫云字後凡浦鏜正誤以己意增改字句及據俗本以校正義者不録

藏於秘府　閩本監本毛本秘字並作祕案秘俗祕字下準此

時丞相尹咸以能治左氏　天台齊召南云尹咸爲丞相史未嘗爲丞相也相下脫史字

與歆共校傳　浦鏜正誤校下增經字

歆略從咸　日本西條掌書記山井鼎七經孟子考文無略字今按山井鼎所云宋本即附釋音本也凡與是本相符者不録所云古本異本即釋文正義及唐宋人類書中之同異雖録其說鮮致是非

及毛氏逸禮古文尚書　宋本氏作詩不誤

和帝元興十一年　案宋王應麟困學紀聞云愚考和帝元興止一年安得有十一年一誤也

鄭興子衆終於章帝建初八年不及和帝時二誤也章帝之子爲和帝先後失序三誤也盧文弨云此七字改作建武初元便可通

起穀梁廢疾　按廢疾之廢當作癈說詳襄七年校勘記

春秋至名也　凡序中某至某也宋本無下並同

申叔時論傳大子之法　宋本閩本監本毛本傳作傅是也

教之以春秋　按明道本國語無以字

禮坊記云　毛本云改曰非

以末連本之辭　宋本閩本監本毛本末作末是也○今依訂正

亦互自有詳略　毛本互誤㦯

及仲尼脩故因魯史成文　宋本監本毛本故作攺

公不與小斂　監本斂作斂案斂正斂字○此本斂多誤从欠今並訂正後不悉出

日無襃貶　段玉裁云日下有月字

大橈作甲子　宋本監本毛本橈作撓

宋忠注云　浦鏜正誤作衷

滿而闕缺　浦鏜正誤缺作也

積二十九日過半而行及日與月相會　宋本閩本監本毛本月作日非也

月譬水水火外光　宋本閩本監本毛本無次水字

所以總紀諸月也　浦鏜正誤月作日

足明遠近同異　毛本足誤則考文作是

是此書之總名　毛本書誤事

一切萬物生植孕育　宋本植作殖

無事不記　監本毛本事誤物

商曰祀　宋本監本毛本商作商是也此別一字○今訂正

年取年穀一熟也　按詩補傳引孫炎云季取禾穀一熟

作十有三載乃同　浦鏜正誤云釋文馬鄭書注載作年故下云唐虞之世已有年歲之言

秋䅾也物䅾斂也　按䅾字書所無漢書律麻志作秋䅾也物䅾斂乃成說文韋部䅾收束也玉篇䅾亦作䅾諸本作䅾疑䅾之譌此本䅾也之間有即由反三字細注分作二行正義作音例多如是與宋本同

諸侯亦各有國史　纂圖本毛本亦誤不

○正義曰周禮春官　宋本○作陰文大疏字下並同

國在四表　閩本監本毛本在作有非

又主四方來告之事　閩本監本毛本又誤及

故僖二十三年杜注云　監本杜字模糊重脩監本誤杜

故杜氏撮天子之史　監本撮作據非

但偏檢記傳　毛本檢作舉避明莊烈諱

鄭公孫黑強　宋本閩本強作强按說文作彊下準此

必言諸侯無內史者　監本毛本無誤爲

大事書之於策　釋文亦作策宋本淳熙本岳本纂圖本閩本監本毛本策作筞釋文云本又作冊亦作筴案筴策古通用國語魯語使書以爲三筴莊子駢拇篇挾筴讀書管子海上篇諫正監筴皆爲書策之策顏氏

家訓云簡策字竹下施束末代隸書似杞宋之宋亦有竹下遂爲夾者徐仙民春秋禮音以筴爲正字以策爲音殊爲顛倒石經凡策字皆作筞

既言尊卑　監本毛本卑作幼

以鉤命決云　浦鏜正誤以疑引非

傳馮簡牘　宋本馮作憑案五經文字云馮義與憑同

郰邑人也　宋本郰作鄹

詩亡然後春作　宋本閩本監本毛本春下有秋字此本誤脫。今補正

興於記惡之戒　閩本監本毛本之作垂

與周之所以王　按文選王下有也字與昭二年傳合

故云此○　宋本○作疏

謚曰宣子者　宋本毛本謚作諡誤說詳隱八年傳

韓子所見　盧文弨校本見下據疏增魯春秋三字非也

周公所爲　監本毛本爲誤以

以能立官紀事　監本毛本能改爲紀事閩本監本毛本作記事

斯文何足爲典　毛本足誤則

諸所記注　閩本監本毛本注作註釋文云字或作註按記註字當從言通俗文云記物曰註方言廣雅皆有註字乃俗字之最古者也

昭二十年傳曰　監本二誤三

上之人謂在位者也　毛本位誤外

然則鄰國相命　毛本鄰作隣唐元度九經字樣云作隣者訛下準此

自嫌彊大　宋本監本毛本彊作疆誤

須存於此若也　閩本監本毛本若作者。案十行本初刻若後剜改作者不誤

其餘則皆即用舊史　按文選無則字

或依經以辯理　文選辯作辨五經文字云辯理也辨別也經典通用

皆隨義所在而爲之發傳　閩本監本毛本發作法非也

懼弟子各有妄其意　按史記十二諸侯年表序妄作安無有字盧文弨校本有作自字按如今本史記作安其意爲善

左邱明魯史也　按漢書藝文志魯下有大字

是錯經以合異也　宋本監本毛本異誤義

言遺者舊史已沒　正德本閩本監本舊史誤倒毛本作史記亦非

其㫖遠　纂圖本毛本作旨石經㫖作旨宋本岳本閩本監本作㫖說文云旨從匕從甘下凡作㫖者準說文改也

尋其枝葉　監本葉作葉唐石經淳熙本作葉毛本作葉亦誤顧炎武金石文字記云唐石經避太宗諱凡從世字作云

○正義曰　宋本○作疏

說文云籍部書也　按今本說文作籍簿書也

將令學者本原其事之始　監本毛本原誤始

渙然冰釋　閩本監本毛本冰誤氷淳熙本作冰亦非下準此

子張問入官學之篇　盧文弨校本云學字衍

脂之釋者爲膏　閩本監本毛本釋作擇

周公之垂法 宋本法作灋按灋法古今字鄭氏注禮箋詩皆以今字證古字如周禮經文灋字注文多作法葢一代有一代之字陳樹華云淳化本左傳灋字尚存一二此勝於石經處其實非也○元和陳樹華有春秋內傳考證後凡稱陳樹華者是

夫灾無牲 宋本夫作天灾作災按災與灾同

此諸凡者 閩本監本毛本諸作書非

是闡幽也 按也下浦鏜正誤云當脫其裁成義類五字

故書者隱三年 宋本者下有若字

故傳直言其歸而已 按杜序歸下有趣字宋本不脫

是如被之類 監本毛本被作彼不誤閩本作佊亦非

劉實分變例新意 宋本實作寔按晉劉寔字子眞平原人浦鏜實疑寔字誤非

替其尊稱 毛本替作聽誤

不書其主 閩本監本毛本主作亡非

不書其人有闕也 閩本監本不誤彼

共行征伐 閩本監本共誤其

諸所諱辟璧假許田之類是也 釋文云辟本亦作避音同文選作避石經璧作辟釋文同按避正字辟假借字

丹楹刻桷 淳熙本桷誤桶

禮制宮廟之飾 閩本監本毛本飾作飾非

此言五體者 毛本言誤有

從首至此 毛本首誤者

以後經則魯史舊文 毛本則誤作

是知與上同爲新意 盧文弨挍本是作足

若如所論 案文選如作此

言無由發 監本毛本言作爲

必應有義存焉 監本存誤在

誼爲左氏傳訓詁 按漢書儒林傳詁作故說文云詁訓故言凡傳注之書有以故名者如漢藝文志書有大小夏侯解故詩有魯故齊后氏故齊孫氏故韓故毛詩故訓傳後漢賈逵作周官解故故即詁也

方進授清河胡常 按漢書儒林傳云更始傳子咸及翟方進胡常

而更膚引公羊穀梁 石經作穀五經文字云凡穀轂之類皆從𣪊省

若觀服虔賈誼之注 齊召南云賈誼解詁晉時未必尚有其書杜於服虔賈逵時多駁正此當作賈逵

祔而作主 毛本作誤則

摠歸諸凡 監本毛本摠作總案九經字樣云摠說文作總經典相承通用監本毛本作總轉寫之異下放此石經誤作摠

邱明與聖同恥 宋本監本毛本恥作時

北燕伯款出奔齊 毛本款作欵是俗字

未有頹子嚴者 石經初刻作頹改作穎是也

學者傳訓詁而已 按漢書楚元王傳詁作故

父徽字元伯授業於歆 浦鏜正誤云授當受誤按後漢書賈逵傳云父徽從劉歆受左

氏春秋

逵傳父業作左氏傳訓詁 按逵傳云逵尤明左氏傳爲之解詁此本訓當作解

又別集諸例及地名譜第厤數 諸本作譜釋文云本又作諩

說者以仲尼自衞反魯 石經宋本淳熙本岳本足利本以下有爲字文選引同

危行言孫 諸本作孫釋文云本亦作愻字按愻順字當从心孫者叚借也

是素王之文焉 山井鼎云漢書元文是作見

自聽素王 宋本閩本監本毛本聽作號不誤

唯王者然後改元立號 毛本元作王誤

此假設而言之 監本毛本設作說非

文不在茲乎 石經岳本監本茲作玆按說文有茲無玆

然後却辯素王爲虛 監本毛本辯作辨按却當作卻諸本作却五經文字云却俗字郤作郄乃郤字與此不同也

此章分段大意 監本分作各非

明是既得嘉瑞 監本毛本嘉誤佳

如中候所說 閩本監本中誤申

絕筆於獲麟之一句者 石經監本同諸本絕作絶按說文云絕斷絲也从糸从刀从卩

文武之迹不隊 石經此處殘闕釋文亦作隊宋本淳熙本纂圖本作墜按墜俗隊字

而意不能然 宋本閩本監本毛本意作竟不誤

言魯史其不始於他國言隱決其不始於餘公 宋本史作決不誤閩本監本毛本作决俗決字隱決宋毛作隱決諸本亦誤作決

成王雖暫至洛邑 閩本監本毛本成誤武

還歸鎬京 宋本鎬京下有爲幽王滅於西周平王東遷洛邑因謂洛邑爲東周謂鎬京廿三字乃是完本

而以偪陽光啓寡君 閩本偪作福案二字古多通用漢書古今人表有福陽子即偪陽也說詳襄十年

非爲所隱也 浦鏜正誤疑爲所二字誤倒盧文弨云所字衍

孔子絕粮於陳蔡 宋本閩本監本毛本粮作糧案五經文字云作粮訛

乃聞賢與不賢 宋本閩作闕是也

非復假夫位以宣風 宋本夫作大是也

直當爾也 宋本直作豈

管仲鏤簋朱紘 閩本監本毛本紘誤絃

無可尋檢 毛本檢作撿避明莊烈諱下同

比至孔丘之卒 宋本作比此本及諸本誤此今改正山井鼎亦云此作比

據公至其實 閩本監本毛本實下有圖○補案此本正義標起止下多脫○今並增補按不悉出

與黑肱之徒 與下浦鏜正誤增郛字之徒毛本誤作徒之

并自成己說起麟之意也 起下浦鏜正誤增獲字

公羊傳稱孔子聞獲麟 監本毛本脫傳字

以聖人盡聖窮神 宋本閩本監本毛本盡聖作盡性

則絃琴而歌 閩本監本毛本絃作樧

春秋左傳注疏卷一挍勘記

附釋音春秋左傳注疏卷第二

杜氏注　孔穎達疏

春秋經傳集解隱第一○陸曰解佳買反舊夫子之經與丘明之傳各卷杜氏合而釋之故曰經傳集解隱公名息姑惠公之子母聲子謚法不尸其位曰隱第一此不題左氏傳公羊穀梁二傳既顯姓別之此不言自見〔疏〕正義曰五經題篇皆出注者之意人各有心故題無常準此本經傳別行則經傳各自有題注者以意裁定其本難可復知據今服虔所注題云隱公左氏傳解誼第一不題春秋二字然則春秋二字蓋是經之題也服言左氏傳三字蓋本傳之題也杜既集解經傳春秋此書之大名故以春秋冠其上序說左氏言已備悉故略去左氏而爲此題焉經傳集解四字是杜所加其餘皆舊本也經者常也言事有典法可常遵用也傳者傳也博釋經意傳示後人分年相附集而解之故謂之經傳集解隱公魯君侯爵杜君采大史公書世本旁引傳記以爲世族譜略記國之興滅譜云魯姬姓文王子周公旦之後也周公股肱周室成王封其子伯禽於曲阜爲魯侯今魯國是也自哀以下九世

二百一十七年而楚滅魯依魯世家伯禽至隱公凡十三君兄弟相及者五人隱公名息姑伯禽七世孫惠公弗皇子聲子所生平王四十九年即位是歲歲在豕韋禮記檀弓曰死謚周道也周法天子至於大夫既死則累其德行而爲之謚周書謚法云隱拂不成曰隱魯實侯爵而稱公者五等之爵雖尊卑殊號臣子尊其君父皆稱爲公是禮之常也字書云第訓次也一者數之始此卷於次第當其一也

杜氏〔疏〕正義曰杜氏名預字元凱畿之孫恕之子也陳壽魏志云杜畿字伯侯京兆杜陵人也漢御史大夫杜延年之後文帝時爲尚書僕射封樂亭侯試船溺死追贈太僕謚戴侯也恕字務伯官至幽州刺史預司馬宣王女壻也王隱晉書云預知謀深博明於治亂常稱德者非所企及立言立功預所庶幾也大觀羣典謂公羊穀梁詭辯之言又非先儒說左氏未究丘明之意橫以二傳亂之乃錯綜微言著春秋左氏經傳集解又參考衆家爲之釋例又作盟會圖春秋長厤備成一家之學至老乃成預有大功名於晉室位至征南大將軍開府封當陽侯荆州刺史食邑八千戶時人號爲武庫不言名而言氏者注述之人義在謙退不欲自言其名故但言杜氏毛君孔安國馬融王肅之徒其所注書皆稱爲傳鄭玄則謂之爲注而此於杜氏之下更無稱謂者以集解之名已題在上故止云杜氏而已劉炫云不言名而云氏者漢承焚書之後諸儒各載學名不敢布於天下但欲傳之私族自題其氏爲謙之辭

傳惠公元妃孟子 言元妃明始適夫人也子宋姓○惠公名不皇謚法愛人好與曰惠其子隱公讓國之君元妃芳非反傳曰嘉耦曰妃適本又作嫡同丁歷反〔疏〕○傳惠公元配孟子○正義曰惠公名弗皇孝公之子也謚法愛民好與曰惠釋詁云元始也妃匹也始匹者言以前未曾娶而此人始爲匹故注云言元妃明始適夫人也妃者名適適妻故傳云陳哀公元妃鄭姬生悼大子偃師二妃生公子留下妃生公子勝元者始也長也一元之字兼始適兩義故云始適夫人也然則有始而非適若孟任之類是也亦有適而非始若哀姜之類是也妃者配匹之言非有尊卑之異其尊卑殊稱則曲禮所云天子之妃曰后諸侯曰夫人大夫曰孺人士曰婦人庶人曰妻是也鄭玄以爲后之言後蓋執治内事在夫之後也夫之言扶言能扶成人君之德也孺之言屬言其繫屬人也婦之言服言其服事人也妻之言齊言與夫齊等也庶人之賤見其齊等也以上因其爵之尊卑爲立別號其實皆配夫通以妃爲稱少牢饋

食禮云以某妃配某氏是大夫之妻亦稱妃也孟仲叔季兄弟姊妹長幼之別字也孟伯俱長也禮緯云庶長稱孟然則適妻之子長者稱伯妾子長於妻子則稱爲孟所以別適庶也故杜注文十五年及釋例皆云慶父爲長庶故或稱孟氏沈氏亦然案傳趙莊子之妻晉景公之姊則趙武適妻子也而武稱趙孟荀偃之卒也士匄請後曰鄭甥可則荀吳妾子也而吳稱知伯豈知氏常爲適而稱伯趙氏恒爲庶而稱孟者也蓋以趙氏趙盾之後盾爲庶長故子孫恒以孟言之與慶父同也推此言之知氏荀首之後傳云中行伯之季弟則俱是適妻之子但林父荀首並得立家故荀首子孫亦從適長稱伯也或可春秋之時不能如禮孟伯之字無適庶之異蓋從心所欲而自稱之耳契姓子宋是殷後故子爲宋姓婦人以字配姓故稱孟子

孟子卒 不稱薨不成喪也無謚先夫死不得從夫謚○謚實至反〔疏〕注不稱至夫謚○正義曰魯之夫人皆稱薨舉謚此獨無謚公卒故特解之定十五年姒氏卒傳曰不成喪則知此不稱薨亦不成喪也案傳例不赴則不稱薨然則此云不成喪者正謂不赴於諸侯也周禮小史卿大夫之喪賜謚讀誄止賜卿大夫不賜婦人則婦人法不當謚故號當繫夫釋例曰謚者典於周之始王變質從文於是有諱焉傳曰周人以諱事神名

終將諱之，故易之以諡。末世滋蔓，降及匹夫，爰暨婦人。婦人無外行，於禮當繫夫之諡，以明所屬，詩稱莊姜、宣姜卽其義也。是言婦人於法無諡，故取其夫諡冠於姓之上。生以夫國冠之，韓姞、秦姬是也；死以夫諡冠之，莊姜、定姒是也。直見此人是某公之妻，故從夫諡，此諡非婦人之行也。夫諡已定，妻卽從而稱之；先夫而死，則夫未有諡，或隨宜稱字，故云無諡。言婦人法無諡也。先夫死，不得從夫諡，解其不稱惠也。此言其正法耳，其末世滋蔓，則爲之作諡，景王未崩，弃稱穆后，如此之類，皆非禮也。重言孟子者，服虔云嫌與惠公俱卒，故重言之，下仲子亦然。繼室以聲子，生

隱公。聲，諡也。蓋孟子之姪娣也。諸侯始娶，則同姓之國以姪娣媵。元妃死，則次妃攝治內事，猶不得稱夫人，故謂之繼室。○姪，直結反，字林文一反，兄女也。娣，大計反，女弟也。娶，七住反。媵，以證反，又繩證反。【疏】注聲諡至繼室。正義曰：諡法不生其國曰聲，是聲爲諡也。襄二十三年傳稱臧宣叔娶于鑄，生賈及爲而死，繼室以其姪，則姪之與娣皆得繼室。此既無文，故設疑辭云蓋孟子之姪娣也。成八年傳曰：凡諸侯嫁女，同姓媵之，異姓則否。莊十九年公羊傳曰：諸侯娶一國，則二國往媵之，以姪娣從。姪者何？兄之子也。娣者何？弟也。諸侯壹聘九女。然則諸侯娶於三國，國別各有三女。此言諸侯始娶，則同姓之國以姪娣媵者，欲言媵者亦有姪娣者，略爲文耳。其實夫人與媵皆有姪娣，但聲子或是孟子姪娣，或是同姓之國媵者姪娣，以其難明，故杜兩解之。杜云孟子之姪娣，又云同姓之國以姪娣媵是也。故釋例曰：古者諸侯之娶，適夫人及左右媵各有姪娣，皆同姓之國，國三人，凡九女，參骨肉至親，所以息陰訟，陰訟息，所以廣繼嗣，是其義也。然宋之同姓國，依世本，子姓，殷時來、宋、空同、黎、比、髦、自、戎、離。但春秋不載其國，未知宋之同姓者是何。釋言云：媵，送也。言妾送適行，故夫人姪娣亦稱媵也。經傳之說，諸侯唯有繼室之文，皆無重娶之禮，故知元妃死，則次妃攝治內事。次妃謂姪娣與媵諸妾之最貴者。釋例曰：夫人薨，不更聘，必以姪娣媵繼室，是夫人之姪娣與二媵皆可以繼室也。適庶交爭，禍之大者，禮所以別嫌明疑，防微杜漸，故雖攝治內事，猶不得稱夫人，又異於餘妾，故謂之繼室。妻處夫之室，故書傳通謂妻爲室，言繼續元妃在夫之室。宋武公生仲子，仲子生而有文在其手，曰爲魯夫人，故仲子歸于我。婦人謂嫁曰歸，以手理自然成字，有若天命，故嫁之於魯。○婦人謂嫁曰歸，本或無曰字，此依公羊傳。【疏】宋武至于我。正義曰：宋國，

公爵。譜云：宋，子姓，其先契佐唐虞，爲司徒，封於商。成湯受命，王有天下。及紂無道，周武王滅之，而封其子武庚，以紹殷後。武庚作亂，周公伐而誅之，更封紂兄帝乙之元子微子啓爲宋公，都商丘，今梁國睢陽縣是也。微子卒，其弟微仲代立。穆公七年，魯隱公之元年也。景公三十六年，魯哀公之十四年，獲麟之歲也。昭公得之元年，春秋之傳終矣。其後五世百七十年，而齊、魏、楚共滅宋。依宋世家，微子至武公凡十二君，兄弟相及者二人，武公是微仲九世孫。諡法克定禍亂曰武。○注婦人至於魯。○正義曰：婦人謂嫁曰歸，隱二年公羊傳文也。以其手之文理自然成字，有若天之所命，使爲魯夫人然，故嫁之於魯也。成季、唐叔亦有文在其手，曰友、曰虞，曰下不言爲，此傳言爲魯夫人者，以宋女而作他國之妻，故傳加爲以示異耳，非爲手文有爲字，故魯夫人之上有爲字也。仲子手有此文，自然成字，似其天命使然，故云有若天命也。隸書起於秦末，手文必非隸書。石經古文虞作㕓，魯作表，手文容或似之，其友及夫人固當有似之者也。傳重言仲子生者，詳言之，與上重言孟子卒，其義同也。舊說云若河圖洛書，天神言語，眞是天命。此雖手有文理，更無靈驗，又非夢天，故言有若。生桓公而惠公薨。言歸魯而生男，惠公不以桓生之年薨。【疏】注言歸至年薨。○正義曰：杜知不以桓生之年薨者，以元年傳曰惠公之薨也，有宋師，大子少，葬故有闕。少者，未成人之辭，非新始生之稱。又改葬惠公，而隱公不臨，使桓爲主。若薨年生，則纔二歲，未堪爲喪主。又羽父弒隱，與桓同謀，若年始十二，亦未堪定弒君之謀。以此知桓公之生，非惠公薨之年也。年之長幼，理無所異，杜言此者，欲明𢘓父爲莊公庶兄，故顯言此以張本也。釋例曰：今推案傳之上下，羽父之弒隱公，皆諮謀於桓，然則桓公已成人也。傳云生桓公而惠公薨，指明仲子唯有此男，非謂生在薨年也。桓已成人而弒隱卽位，乃娶於齊，自應有長庶，長庶故氏曰孟，是杜張本之意也。是以隱公立而奉之。隱公繼室之子，當嗣世，以禎祥之故，追成父志，爲桓尚少，是以立爲太子，帥國人奉之。爲經元年春不書卽位傳。○禎音貞。爲桓，于僞反。少，詩照反。大音泰，舊泰字皆作大，後大字皆放此。爲經，于僞反，後凡爲經爲傳張本起本之例皆放此，更不音。【疏】注隱公至位傳。○正義曰：繼室雖非夫人，而貴於諸妾。惠公不立大子，母貴則宜爲君，隱公當嗣父世。正以禎祥之故，仲子手有夫人之文，其父愛之，有以仲子爲夫人之意，故追成父志，以位讓桓。但爲桓年少，未堪多難，是以立桓爲太子，帥國人而奉之，己則且攝君位，待其年長，故於歲首不

卽君位傳於元年之前預發此語者爲經不書公卽位傳是謂先經以始事也凡稱傳者皆是爲經雖文五年霍伯曰季等卒注云爲六年蒐於夷傳者以蒐於夷與此文必相接故不得言張本也或言張本或言起本或言起檢其上下事同文異疑杜隨便而言也鄭衆以爲隱公攝立爲君奉桓爲大子案傳言立而奉之是先立後奉之也若隱公先立乃後奉桓則隱立之時未有大子隱之爲君復何所攝若先奉大子乃後攝立不得云立而奉之是鄭之謬也賈逵以爲隱立桓爲大子奉以爲君隱雖不卽位稱公改元號令於臣子朝正於宗廟言立桓爲大子可矣安在其奉以爲君乎是賈之妄也襄二十五年齊景公立傳云崔杼立而相之以此知立而奉之謂立爲大子帥國人奉之正謂奉之以爲大子也元年傳曰大子少是立爲大子之文也大子者父在之稱今惠公巳薨而言立爲大子者以其未堪爲君仍處大子之位故也禮記曾子問曰君薨而世子生是君薨之後仍可以稱大子也

經元年春王正月隱公之始年周王之正月也凡人君卽位欲其體元以居正故不言一年一月也隱雖不卽位然攝行君事故亦朝廟告朔也告朔朝正例在襄二十九年卽位例在隱莊閔僖元年○朝直遥反下同

【疏】經元年春王正月。○正義曰此經字并下傳字亦杜氏所題以分年相附若不有經字何以異傳不有傳字何以別經又公羊穀梁二傳年上皆無經傳字故知杜所題也釋詁云元始也正長也此公之始年故稱元年此年之長月故稱正月言王正月者王者革前代馭天下必改正朔易服色以變人視聽夏以建寅之月爲正殷以建丑之月爲正周以建子之月爲正三代異制正朔不同故禮記檀弓云夏后氏尚黑殷人尚白周人尚赤鄭康成依據緯候以正朔三而改自古皆相變如孔安國以自古皆用建寅爲正唯殷革夏命而用建丑周革殷命而用建子杜無明說未知所從正是時王所建故以王字冠之言是今王之正月也王不在春上者月改則春移春非王所改故王不先春王必連月故王處春下周以建子爲正則周之二月三月皆是前世之正月也故於春每月書王王二月者言是我王之二月乃殷之正月也王三月者言是我王之三月乃夏之正月也既有正朔之異故每月稱王以別之何休云二月三月皆有王者二月殷之正月也三月夏之正月也王者存二王之後使統其正朔服其服色行其禮樂所以尊先聖通三統師法之義恭讓之禮服虔亦云孔子作春秋於春每月書王以統三王之正其意以爲王二月王三月王是夏殷之王謂大禹成湯也爲周室之臣民尊夏殷之舊主每月書王敬奉前代揆之人情未見其可杞宋二王之後各行己國正朔宋不行夏杞不行殷而使天下諸侯偏用二代考諸典籍未之或聞杞宋不奉周正周人恐尊夏殷則是重過去而忽當今尊亡國而慢時主其爲顚倒不亦甚乎且經之所言王二月王三月若是夏殷之王當自皆言正月何以言王二月王三月乎謂之二月三月其王必是周王安得以爲夏殷王也若如公羊之說春秋黜周王魯則杞非王後夏無可尊復通夏正何也但春之三月不必月皆有事若入年巳有王正月者則二月不復書王若巳有王二月者則三月不復書王以其上月巳是此王之月則下月從而可知故每年之春唯一言王耳春秋之例竟時無事乃書首月以記時此下二月有會盟之事則不得空書首月也正月無事而空書首月者以人君於始年初月必朝廟告朔因卽人君之位以繼臣子之心故君之始年必書曰元年春王正月公卽位史策之正法也隱公攝行君事雖不卽位而亦改元朝廟與人更始異於常年之正月故史特書其事見此月公宜卽位而自不卽位莊閔僖元年皆書春王正月與此同也定公元年不書正月者正月之時定公未立卽位在於六月歲首未得朝正公之卽位別見下文正月無所可見故不書也然則定以六月卽位卽位乃可改元正月巳稱元年者未改之日必乘前君之年既改之後方以元年紀事及其史官定策雖有一統不可半年從前半年從後雖非年初亦統此歲故入年卽稱元也釋例曰癸亥公之喪至自乾侯戊辰公卽位喪在外踰年乃入故因五日改殯之節國史用元年卽位之禮因以此年爲元年也古法既然故漢魏以來雖秋冬改元史於春夏卽以元年冠之是有因於古也受命之王必改正朔繼世之王奉而行之每歲頒於諸侯諸侯受王正朔故言春王正月王卽當時之王序云所書之王卽平王是其事也公羊傳曰王者孰謂謂文王也始改正朔自是文王所爲頒於諸侯非復文王之麻受今王之麻稱文王之正非其義也○注隱公至元年○正義曰傳云王周正月知是周王之正月也說公羊者云元者氣之始春者四時之始王者受命之始正月者政敎之始公卽位者一國之始春秋緯稱黃帝受圖有五始謂此五事也杜於左氏之義雖無此文而五始之理亦於杜無害此非左氏褒貶之要自是史官記事之體故晉宋諸史皆言元年春王正月帝卽位是也元年正月實是一年一月而別立名故辭之云凡人君卽位欲其體元以居正故不言一年一月也言欲其體元以居正者元正實是始長之義但因名以廣之元者氣之本也善之長也人君執大本長庶物欲其與元同體故年稱元年正者直方之間語也直其行方其義人君當執直心杖大義欲其常居正道故月稱正也以其君之始年歲之始月故特假此名以示義其餘皆即從其數不復改也書稱月正元日意同於此又解無事而書正月之意隱雖不即位然攝行君事而亦朝廟告朔改元布政故書首年始月以明其應即位而不爲也天子之封諸侯也割其土壤分之臣民使之專爲已有故諸侯於其封內各得改元傳說鄭國之事云僖之元年朝於晉簡之元年士子孔卒是諸侯皆改元非獨魯也劉炫爲規過云元正爲取始長之義不爲體元居正規釋杜云欲其體元以居正謂人君體是元長以居正位不欲在下陵奪處位不終是劉妄解杜意不爲體其元善居於正道以規杜氏其理非也劉炫又難何休云惟王者然後改元立號春秋託新王受命於魯故因以錄即位若然新王受命正朔必改是魯得稱元亦應改其正朔仍用周正何也既託王於魯則是不事文王仍奉王正何也諸侯改元自是常法而云託王改元是妄說也說公羊者云元者氣之始春者四時之始王者受命之始正月者政教之始公即位者一國之始春秋緯云黃帝坐於扈閣鳳皇銜書致帝前其中得五始之文謂此五事何休又云公即位者一國之始政莫大於正始故春秋以元之氣正天之端以天之端正王之政以王之政正諸侯之即位以諸侯之即位正竟內之治諸侯不上奉王之政則不得即位故先言正月而後言即位政不由王出則不得爲政故先言王而後言正月王者不奉天以制號令則無法故先言春而後言王天不深正其元則不能成其化故先言元而後言春五者同日並見相須成體非比辭也何休自云諸侯不得改元則元者王之元年非公之元年公即位不在王之元年安得同日並見其成體也即以託王於魯史之改元元既爲魯所改則政不由王出安得以王之政正諸侯元尊而王卑年大而月小年之有元改而無忌王之立政必云須奉舍其大而事其細敬所卑而慢所尊以此立教必不可行聖人有作豈當爾也黃帝之作五始者爲天子法予諸侯法予諸侯不得改元必非諸侯法若非諸侯法安得有公即位乎無公即位則闕一始何得爲五始也若是天子法不得言王正月王即位何休云以王之政正諸侯之即位然王者豈復以已之政正已即位不過若此何以行之言左氏者或取爲說是逐狂東走也隱莊閔僖四公元年傳皆說不書即位之由故指以爲例隱不行即位又謙不告至而歲首告朔朝正所以尊敬祖考也若不行即位又不朝正則與臣子無別不成爲君故告朔朝廟也

○三月公及邾儀父盟于蔑

附庸之君未王命例稱名能自通于大國繼好息民故書字貴之名例在莊五年邾今魯國鄒縣也蔑姑蔑魯地魯國卞縣南有姑城。父音甫邾子之字凡人名字皆倣此蔑亡結反好呼報反鄒側留反卞皮彦反本或作弁【疏】三月至于蔑。正義曰公隱公也及與也與彼邾君字儀父者盟于蔑地譜云邾曹姓顓頊之後有六終產六子其弟五子曰安邾即安之後也周武王封其苗裔邾俠爲附庸居邾今魯國鄒縣是也自安至儀父十二世始見春秋齊桓行霸儀父附從進爵稱子文公從於繹桓公以下春秋後八世而楚滅之諸侯俱受王命各有寰宇上事天子旁交鄰國天子不信諸侯諸侯自不相信則盟以要之凡盟禮殺牲歃血告誓神明若有背違欲令神加殃咎使如此牲也曲禮曰約信曰誓涖牲曰盟周禮天官玉府職曰若合諸侯則共珠槃玉敦夏官戎右職曰盟則以玉敦辟盟遂役之贊牛耳桃茢秋官司盟職曰掌盟載之法曰邦國有疑會同則掌其盟約之載及其禮儀北面詔明神鄭玄以爲槃敦皆器名也珠玉以爲飾合諸侯者必割牛耳取其血歃之以盟敦以盛血槃以盛耳將歃則戎右執其器爲衆陳其載辭使心皆開辟司盟之官乃北面讀其載書以告日月山川之神既告乃尊卑以次歃戎右傳敦血以授當歃者令含其血既歃乃坎其牲加書於上而埋之此則天子會諸侯使諸侯聚盟之禮也凡天子之盟諸侯十二歲於方岳之下故傳云再會而盟以顯昭明若王不巡守及諸侯有事朝王即時見曰會殷見曰同亦爲盟禮其盟之法案覲禮爲壇十有二尋深四尺加方明于其上方明者木也方四尺設六玉上圭下璧南方璋西方琥北方璜東方圭朝諸侯於壇訖乃加方明於壇而祀之列諸侯於庭玉府共珠槃玉敦戎右以玉敦辟盟遂役之贊牛耳桃茢司盟北面詔告明神諸侯以次歃血鄭注覲禮云王之盟其神主日王官之伯盟其神主月諸侯之盟其神主山川是盟禮之略也若諸侯之盟亦有壇知者故柯之盟公羊傳稱曹子以手劒劫桓公于壇是也其盟神則無復定限故襄十一年傳稱司慎司盟名山名川羣神羣祀先王先公七姓十二國之祖是也其盟用牛牲故襄二十六年傳云歃用牲又哀十七年傳云諸侯盟誰執牛耳是也其殺牛必取血及耳以手執玉敦之血進之於口知者定八年涉佗捘衛侯之手及捥又襄九年傳云與大國盟口血未乾是也既盟之後牲及餘血并盟載之書加於牲上坎而埋之故僖二十五年傳云宵坎血加書是也春秋之世不由天子之命諸侯自相與盟則大國制其言小國尸其事官雖小異禮則大同故釋例曰盟者殺牲載書大國制其言小國尸其事珠槃玉敦以奉流歃血而同歃，是其事也。其盟載之辭，則傳多有之。此時公求好於邾，邾君來至蔑地，公出與之盟。史書魯事，以公爲主，言公及，及者言自此及彼，據魯爲文也。桓十七年公會邾儀父盟于趡，彼言會，此言及者，彼行會禮，此不行會禮故也。故劉炫云：策書之例，先會後盟者，上言會，下言盟；雖盟不會者，直言及。此爲不行會禮，故言及也。或可史異辭，非先會而盟則稱會。知者，文七年公會諸侯晉大夫盟于扈，傳云公後至，則是不及其會，而經稱會，故知盟稱會者，未必先行會禮也。○注附庸至姑城。○正義曰：傳言未王命，知是附庸也。莊五年郳犂來來朝，傳曰未王命，解其稱名之意，是知附庸之君例不稱名也。禮記王制云：不合於天子，附於諸侯，曰附庸。鄭玄云：不合，謂不朝會也。小城曰附庸，附庸者，以國。附於大國，未能以其名通。是說附庸之義也。王制又云：天子之元士視附庸。然則附庸貴賤與天子之元士同也。其禮則四命。知者，天子大夫視子男，卿視伯，三公視公侯，所視皆多一命，明知附庸多於元士一命。又諸侯世子未誓，執皮帛視小國之君，公之孤四命亦執皮帛，及附庸亦執皮帛，故知四命也。然則天子大夫四命稱字，附庸稱名者，以王朝之臣，故特尊之而稱字。釋例曰：名重於字，故君父之前自名，朋友之接自字，是以春秋之義，貶責書其名，斥所重也；褒厚顯其字，辟所諱也。然則應

字而名，則是貶；應名而字，則是貴。故宰咺書名以貶之，儀父書字以貴之。傳文唯言貴之，不說可貴之狀。賈、服以爲儀父嘉隱公有至孝謙讓之義，而與結好，故貴而字之，善其慕賢說讓。知不然者，案傳云公攝位而欲求好於邾，是公先求邾，非邾先慕公，復何足貴？且書曰儀父，乃是新意，仲尼以事有可善，乃得書字善之，不是緣魯之意以爲褒貶，安得以其慕賢便足貴之？又桓十七年公及邾儀父盟于趡，桓公不賢不讓，彼經亦書儀父，故知貴之之言，不爲慕賢說讓也。附庸不能自通，不與盟會，今能自通大國，繼好息民，故知爲此貴而字之。不貴來朝而貴其盟者，朝事大國，則附庸常道；齊盟結好，非附庸所能，故盟則貴之，朝從常法。

○夏五月，鄭伯克段于鄢。

不稱國討而言鄭伯，譏失教也。段不弟，故不言弟，明鄭伯雖失教，而段亦凶逆。以君討臣，而用二君之例者，言段強大儁傑，據大都以耦國，所謂得儁曰克也。國討例在莊二十二年，得儁例在莊十一年，母弟例在宣十七年。鄭在滎陽宛陵縣西南。鄢，今潁川鄢陵縣。○段，徒亂反。鄭伯弟名。鄢，於晚反，又於建反，又於然反。弟音悌，又如字，傳音後。滎音熒，戶扃反，本或作熒，非。宛，於阮反，又於元反。

〔疏〕夏五月至于鄢。○正義曰：鄭國，伯爵。譜云：鄭，姬姓，周厲王子宣王母弟桓公友之後也。宣王封友於鄭，今京兆鄭縣是也。及幽王無道，方遷其民於虢鄶，虢鄶之君分其地，遂國焉，今河南新鄭縣是也。莊公二十二年，魯隱公之元年也。聲公二十年，獲麟之歲也。二十三年而春秋之傳終矣。聲公三十七年卒。自聲以下五世八十七年而韓滅鄭。此鄭伯，莊公也。謚法：勝敵克壯曰莊。○注不稱至陵縣。○正義曰：國討者，謂稱國若人。稱國稱人，則明其爲賊，言一國之人所欲討也。今稱鄭伯，指言君自殺弟，若弟無罪然，譏其失兄之教，不肯早爲之所，乃是養成其惡，及其作亂，則必欲殺之，故稱鄭伯，所以罪鄭伯也。傳例母弟稱弟，段實母弟，以其不爲弟行，故去弟以罪段也。兩罪之者，明兄雖失教，而段亦凶逆也。釋例曰：兄而害弟者，稱弟以章兄罪；弟又害兄，則去弟以罪弟身。統論其義，兄弟二人交相殺害，各有曲直。存弟則示兄曲也。鄭伯既失教，若依例存弟，則嫌善段，故特去弟，兩見其義，是其說也。襄三十年天王殺其弟佞夫，傳曰罪在王，則與鄭伯同譏，而佞夫不去弟者，釋例曰：佞夫稱弟，不聞反謀也；鄭段去弟，身爲謀首也。然則佞夫不與反謀，罪王而不罪佞夫，故稱弟也。傳例戰敗克取兩國之文，段實鄭臣而言克段，故申明傳意以解之。得儁曰克，莊十一年傳例也。國討例在莊二十二年者，彼經書陳人殺其公子御寇，實君殺大子而稱陳人者，陳人惡其殺大子

之名，故不稱君父，以國討公子告也。傳稱陳人殺其大子御寇，以實言之，明經所書國討之例也。彼無凡例而言例者，正以此傳云稱鄭伯譏失教也，言稱是仲尼之變例也。稱君爲罪君，則知稱人爲國討。序云推變例以正襃貶，即此類也。推以爲例，故言例在彼年。諸注言例在者，未必皆有凡例也。地理志河南郡有宛陵、新鄭，各自爲縣，晉世分河南而立滎陽，廢新鄭而入宛陵，故鄭在宛陵西南也。又地理志潁川郡有鄢陵縣。

○秋七月，天王使宰咺來歸惠公仲子之賵。

宰，官；咺，名也。咺贈死不及尸，弔生不及哀，豫凶事，故貶而名之。此天子大夫稱字之例。仲子者，桓公之母。婦人無謚，故以字配姓。來者，自外之文。歸者，不反之辭。○咺，吁阮反。賵，芳鳳反。

〔疏〕秋七月至之賵。○正義曰：天王，周平王也。譜云：周，黃帝之苗裔，姬姓，后稷之後也。后稷封於邰，及夏之衰，后稷之子不窋失其官，竄於西戎。至大王爲狄所逼，去邰居岐。文王受命，武王克殷而王有天下。幽王爲犬戎所殺，平王遷都王城，今河南縣是也。平王四十九年，魯隱公之元年也。敬王又遷成周，今洛陽是也。敬王三十九年，獲麟之歲也。四十三年而敬王崩。敬王子元王九年，春秋之傳終矣。元王以下十一世二百二十六年而周亡也。周本紀武王至平

王凡十三王，兄弟相及者一人，平王是武王十一世孫也。惠公薨在往年，明年仲子始薨，蓋於時有疾，王聞其疾，謂之已薨，故使大宰大夫名咺者來至於魯，并歸惠公仲子之賵。賵者，助喪之物。文五年注云：「車馬曰賵。」士喪既夕禮云：「公賵玄纁束帛兩馬。」士之制只得駕兩馬，故云賵兩馬。大夫以上皆駕四馬，此宰咺來賵，蓋用四馬也。公羊傳曰：「喪事有賵。賵者蓋以馬，以乘馬束帛。車馬曰賵。」穀梁傳曰：「乘馬曰賵。」皆謂宰咺用乘馬來也。惠公仲子不言及者，是并致二賵，或是史異辭。蓋二者各以乘馬，不宜以一乘之馬賵二人也。服虔云：「賵，覆也。天王所以覆被臣子。」案士喪既夕禮，兄弟所知悉皆致賵，非獨君之賵臣。以賵為覆則可矣，其言覆被臣子則非也。何休亦云：「賵猶覆也。」蓋謂覆被亡者耳。○注「宰官」至「之辭」。○正義曰：傳言緩且子氏未薨，故名。是不應名而名之也。貶乃書名，知法應書字，故云此天子大夫稱字之例。傳無明例，故推此以為例也。周禮天官：大宰，卿一人；小宰，中大夫二人；宰夫，下大夫四人。宰夫、小宰皆是大夫，未知宰咺是何宰也。宰夫職曰：「凡邦之弔事，掌其戒令與其幣器財用。」鄭玄云：「弔事，弔諸侯諸臣。幣所用賻也。」既掌弔事，或即充使，此蓋宰夫也。仲子乃惠公妾耳，王使賵之者，隱立桓為大子，成桓母為夫人，天王知其然，故遣賵惠公，因即賵之。杜言仲子者，桓公之母，正見此意，不然，仲子為桓母，傳有明文，不須解也。男子之有謚者，人君則配王、配公，大夫或配子，或配字，皆不以字配姓。婦人於法無謚，故以字配姓，言其正法然也。釋例曰：「婦人無外行，於禮當繫夫之謚，以明所屬。」是言婦人不合謚也。繫夫謚者，夫人而已，眾妾不合繫夫，正當以字配姓也。其聲子、戴媯有謚者，皆越禮妄作也。

○九月，及宋人盟于宿。客主無名，皆微者也。宿，小國，東平無鹽縣也。凡盟以國地者，國主亦與盟。例在僖十九年。宋，今梁國睢陽縣。○與音預，下同。睢音雖。

【疏】注「客主」至「陽縣」。○正義曰：春秋之例，若是命卿，則名書於經。此盟客主無名，故知皆是微者。公羊傳曰：「孰及之？內之微者也。」穀梁傳曰：「及者何？內卑者也。宋人，外卑者也。」卑微，言非卿也。客謂宋，主謂魯。直言及者，他國可言某人，魯史不得自言魯人，直言及，彼是魯及可知。其微人與他國聚會，亦直言會，與此同也。會盟之地，地必有主。舉地者，地主之國或與或否，故地主之國亦序於列。其經舉國名以為盟地者，國主與在其中，不復序之於列，以其可知故也。例在僖十九年者，彼經書會陳人、蔡人、楚人、鄭人盟于齊。傳曰：「陳穆公請脩好於諸侯，以無忘齊桓之德。冬，盟于齊，脩桓公之好也。」言脩桓公之好，齊人必與可知也。齊人不序於列，而以齊為盟地，是其盟以國地

者國主與盟之例。此亦推以為例，非凡例也。然則桓十四年公會鄭伯于曹，即亦是例，而遠指僖十九年者，此既是盟，故取盟為例，其實會亦然也。故彼注云「以曹地，曹與會」是也。僖二十七年，楚人、陳侯、蔡侯、鄭伯、許男圍宋，公會諸侯盟于宋。宋不與盟，亦地以宋者，彼注云：「宋方見圍，無嫌於與盟，故直以宋地。」然則宣十四年楚子圍宋，十五年公孫歸父會楚子于宋，亦是不嫌宋與，故地以宋也。地理志：梁國睢陽縣，故宋國，微子所封也。

○冬十有一月，祭伯來。祭伯，諸侯為王卿士者。祭國，伯爵也。傳曰非王命也，釋其不稱使。○祭，側界反，國名，傳祭仲同。使，如字，又所吏反。

【疏】注「祭伯」至「稱使」。○正義曰：僖二十四年傳富辰說周公封建親戚以蕃屏周，而云邢、茅、胙、祭，則祭之初封，畿外之國也。穆王之時，有祭公謀父；今有祭伯，世仕王朝，蓋本封絕滅，食采於王畿也。莊二十三年祭叔來聘，注以為祭叔為祭公來聘魯，天子內臣不得外交。是祭於此時為畿內之國，仍有封爵，故言諸侯為王卿士也。釋例曰：「王之公卿皆書爵，祭伯、凡伯是也；大夫稱字，南季、榮叔是也；元士、中士稱名，劉夏、石尚是也；下士稱人，公會王人于洮是也。其或稱祭公，舉官而言之。此其定例也。」然春秋之世，有王之卿士無采地者，若王叔陳生、伯輿之屬是也。但未知書經其稱云何。杜既云公卿稱爵，而王子虎及劉卷卒稱名者，彼是天王為赴，以名告魯，如諸侯之例，薨則稱名。此云公卿稱爵者，謂聘使往還，與彼為異也。又襄十五年注云「天子卿書字」者，以傳云「劉夏逆王后于齊，卿不行，非禮也」，以劉夏非卿書名，若卿則應書字，以名字相對，故舉以言焉，其實卿書爵也。此祭伯若王使來，當云「天王使祭伯來聘」，亦如「天王使凡伯來聘」。今以自來為文，明非王命而私行也。劉炫云：卿而無爵，或亦書字；大夫有爵，或亦書爵。傳稱王叔陳生與伯輿爭政，俱是卿士，並不言爵。又滕侯之先為周卜正，書稱齊侯呂伋為虎賁氏，則大夫或有爵也。然則大夫有爵，不可舍爵而書字；卿而無爵，不可越字而書名。蓋有卿士亦書字，大夫亦書爵也。王臣之見經者眾，祭伯、凡伯、毛伯、單伯、召伯、尹子、單子、劉子，其間未必無大夫；榮叔、南季、家父、叔服，其間未必無卿，但無明證，故依例解之。襄十五年注云天子卿書字，是言天子卿有書字之理。

○公子益師卒。傳例曰：公不與小斂，故不書日，所以示厚薄也。春秋不以日月為例，唯卿佐之喪獨記日以見義者，事之得失既未足以褒貶人君，然亦非死者之罪，無辭可以寄文，而人臣輕賤，死日可略，故特假日以見義。○斂，力驗反。見，賢遍反，下同。

【疏】注「傳例」至「見義」。○正義曰：傳文與上下作例者，注皆

謂之傳例釋例曰君之卿佐是謂股肱股肱或虧何痛如之疾則親問焉喪則親與小斂大斂慎終歸厚之義也故仲尼脩春秋卿佐之喪公不與小斂則不書日示厚薄戒將來也卽以新死小斂爲文則但臨大斂及不臨其喪亦同不書日也襄五年冬十二月辛未季孫行父卒傳曰大夫入斂公在位是公與小斂則書日之事也其翬柔溺等生見經傳死而不書卒者皆不以卿禮終也文十四年秋九月甲申公孫敖卒于齊已絕卿位公不與小斂而書日卒者釋例曰公孫敖縱情棄命既已絕位非大夫也而備書於經者惠叔毀請於朝感子以救父敦公族之恩崇仁孝之教故傳曰爲孟氏且國故也是言雖不與斂恩實過厚故書日也莊三十二年秋七月癸巳公子牙卒時公有疾昭二十五年冬十月戊辰叔孫婼卒二十九年夏四月庚子叔詣卒時公孫在外成十七年冬十一月壬申公孫嬰齊卒于貍脤在外而卒皆公不與斂而書日者釋例曰其或公疾在外大夫不卒於國而猶存其日者君子不責人以所不得備非不欲臨也然則爲其有故不得以責公故皆書日也公孫嬰齊書所卒之地餘皆不書地者釋例曰魯大夫卒其竟內則不書地傳稱季平子行東野卒于房是也而先儒以爲雖以卿禮終而不臨其喪皆沒而不書杜知不臨其喪亦同不書日者案慶父之死不以卿禮終而經不書足知唯據不以卿禮終者經始不書明以卿禮終雖全不臨喪亦同書卒但不書日耳春秋諸事日與不日傳皆不發唯此發傳故特解之云春秋不以日月爲例唯卿佐之喪獨託日以見義也言事之得失未足以褒貶人君者春秋之文褒爲厚賞貶爲大罰君之於臣有恩則常事不足以加賞無恩則小失不足以致罰故云未足以褒貶也止欲貶責死者君自無恩然亦非死者之罪意欲以爲勸戒無辭可以寄文而人臣對君爲輕賤死日可略去故於此一條特假日以見義其餘則不以日月爲例故無傳也

傳元年春王周正月言周以別夏殷。○別，彼列反。夏，戶雅反。三代之號可以意求

不書卽位，攝也。假攝君政，不脩卽位之禮，故史不書於策，傳所以見異於常。○見，賢遍反

〔疏〕不書卽位攝也。○正義曰：攝訓持也。隱以桓公幼少，且攝持國政，待其年長，所以不行卽位之禮，史官不書卽位，仲尼因而不改，故發傳以解之。公實不卽位，史本無可書。莊閔僖不書卽位，義亦然也。舊說賈服之徒以爲四公皆實卽位，孔子脩經乃有不書，故杜詳辨之。釋例曰：遭喪繼位者，每新年正月必改元正位，百官以序，故國史皆書卽位於策，以表之。隱既繼室之子，於第應立，而尊父娶仲子之意，委位以讓桓。天子既已定之，諸侯既已正之，國人既已君之，而隱終有推國授桓之心，所以不行卽位之禮也。隱莊閔僖雖居君位，皆有故而不脩卽位之禮，或讓而不爲，或痛而不忍，或亂而不得，禮廢事異，國史固無所書，非行其禮而不書於文也。潁氏說以爲魯十二公國史盡書卽位，仲尼脩之乃有所不書。若實卽位，則爲隱公無讓；若實有讓，則史無緣虛書。是言實不卽位，故史不書也。傳於隱閔云不書卽位，於莊僖云不稱卽位者，釋例曰：丘明於四公發傳，以不書不稱起文，其義一也。劉賈潁爲傳文生例，云恩深不忍則傳言不稱，恩淺可忍則傳言不書。博據傳辭，殊多不通。案殺欒盈則云不言大夫，殺良霄則云不稱大夫，君氏卒則云不曰薨、不言葬、不書姓，鄭伯克段則云稱鄭伯，此皆同意而別文之驗也。傳本意在解經，非曲文以生例，是言不書不稱義同之意也。膏肓何休以爲古制諸侯幼弱，天子命賢大夫輔相爲政，無攝代之義。昔周公居攝，死不記崩，今隱公生稱侯，死稱薨，何因得爲攝者？周公攝政，仍以成王爲主，直攝其政事而已，所有大事禀王命以行之，致政之後乃死，故卒稱薨，不稱崩。隱公所攝則位亦攝之，以桓爲大子，所有六事皆專命以行，攝位被殺，在君位而死，故生稱公，死稱薨，是與周公異也。且公羊以爲諸侯無攝，鄭康成引公羊難云：宋穆公云吾立乎此攝也，以此言之，何得非左氏？是鄭意亦不從何說也。下傳曰公攝位而欲求好於邾，是位亦攝也。又曰惠公之薨也大子少，是以桓爲大子也。所以異於正君者，元年不卽位，行還不告廟，不臨惠公之葬，不成聲子之喪，尊仲子爲夫人，薨則赴於諸侯，又爲之立廟，此是謙之實也。隱公讓位賢君，故爲春秋之首。所以不入頌者，魯僖公之時，周王歲二月東巡守至于岱宗，柴，季孫行父爲之請於周，大史克爲之作頌，故得入頌，隱公無人爲請，故不入頌也。

○三月，公及邾儀父盟于蔑。邾子克也。克，儀父名

未王命，故不書爵。曰儀父，貴之也。王未賜命以爲諸侯，其後儀父服事齊桓以獎王室，王命以爲邾子，故莊十六年經書邾子克卒。○故不書爵，一本無故字。獎，將丈反

〔疏〕注王未至克卒。○正義曰：莊十三年齊桓會諸國于北杏，邾人在焉，及十六年而書邾子克卒，故知由事齊桓乃得王命也。賈服以爲北杏之會時已得王命，蓋以北杏之會邾人在列，故謂其已得命也。列與不列在於主會之意，不由有爵與否。襄二十七年宋之盟，齊人請邾，宋人請滕，邾滕不列於會，故不書邾滕。襄五年戚之會，穆叔以屬

鄭爲不利使鄭大夫聽命于會故經書鄭人然則爲人私屬則不列於會不爲人私屬則列於會不可據列會以否以明有爵也昭四年申之會淮夷列焉未必有爵也邾今無爵得與魯盟北杏會齊何須有爵莊十五年會于鄄傳曰齊始霸則齊桓爲霸自鄄會始耳北杏之時諸侯未從霸功未立桓尙未有殊勳儀父何足可紀且齊桓末有功於王焉能使王命之其得王命必在北杏之後但未知定是何年耳服虔云爵者醜也所以醜盡其材也

公攝位而欲求好於邾故爲蔑之盟解所以與盟也○好呼報反與如字又音預

○夏四月費伯帥師城郎不書非公命也費伯魯大夫郎魯邑高平方與縣東南有郁郎亭傳曰君舉必書然則史之策書皆君命也今不書於經亦因史之舊法故傳釋之諸魯事傳釋不書他皆倣此○費音祕郁於六反倣甫往反後此例皆同

〔疏〕注費伯魯大夫至倣此○正義曰史之策書皆君命者謂君所命爲之事乃得書之於策非謂君命遣書方始書也又解史策不書經亦不書之意仲尼書於經者亦因史之舊法舊史不書則亦不書故傳發此事釋經不書之意諸魯事傳釋不書他皆倣此謂下盟于翼作南門之類是也

○初鄭武公娶于申曰武姜申國今南陽宛縣○宛於元反娶取住反

〔疏〕初鄭武公娶于申曰武姜○正義曰杜以爲凡例本其事者皆言初也賈逵云凡言初者隔其年後有禍福將終之乃言初也○注申國今南陽宛縣○正義曰外傳說伯夷之後曰申呂雖衰齊許猶在則申呂與齊許俱出伯夷同爲姜姓也國語曰齊許申呂由大姜言由大姜而得封也然則申之始封亦在周興之初其後中絕至宣王之時申伯以王舅改封於謝詩大雅崧高之篇美宣王褒賞申伯云王命召伯定申伯之宅是其事也地理志南陽郡宛縣故申伯國宛縣者謂宣王改封之後也以前則不知其地

生莊公及共叔段段出奔共故曰共叔猶晉侯在鄂謂之鄂侯○共音恭共地名凡國名地名人名字氏族皆不重音疑者復出後倣此鄂五各反

〔疏〕注段出奔共故曰共叔猶晉侯至之鄂侯○正義曰賈服以共爲謚謚法敬長事上曰共作亂而出非有共德可稱鄭國四方無人與之爲謚故知段出奔共故稱共猶下晉侯之稱鄂侯也

莊公寤生驚姜氏故名曰寤生遂惡之寐寤而莊公已生故驚而惡之○寤五故反惡烏路反注同

〔疏〕莊公寤生驚姜氏故名曰寤生遂惡之○正義曰謂武姜寐時生莊公至寤始覺其生故杜云寐寤而莊公已生

愛共叔段欲立之欲立以爲太子亟請於武公公弗許及莊公即位爲之請制公曰制巖邑也虢叔死焉佗邑唯命虢叔東虢君也恃制巖險而不脩德鄭滅之恐段復然故開以佗邑虢國今滎陽縣○亟欺冀反數也爲于僞反巖五銜反本又作嚴虢瓜伯反國名復扶又反

〔疏〕注虢叔至陽縣○正義曰僖五年傳曰虢仲虢叔王季之穆也晉語稱文王敬友二虢則虢國本有二也晉所滅者其國在西故謂此爲東虢也鄭語史伯爲桓公詐謀云虢叔恃勢鄶仲恃險皆有驕侈怠慢之心君以成周之衆奉辭伐罪無不克矣桓公從之是其恃險而不脩德爲鄭滅之之事也云虢叔封西虢仲封東而此云虢叔東虢君者言所滅之君字叔也傳云虢仲譖其大夫謂叔之子孫字曰仲也案傳燕國有二則一稱北燕邾國有二則一稱小邾此虢國有二而經傳不言東西者於時東虢已滅故西虢不稱西其並存之日亦應以東西別之地理志云河南郡滎陽縣應劭

云故虢國今虢亭是也

請京使居之謂之京城大叔公順姜請使段居京謂之京城大叔言寵異於衆臣京鄭邑今滎陽京縣○大音泰注及下皆同

祭仲曰都城過百雉國之害也祭仲鄭大夫方丈曰堵三堵曰雉一雉之牆長三丈高一丈侯伯之城方五里徑三百雉故其大都不得過百雉○過古臥反後不音者皆同堵丁古反長直亮反又如字高古報反又如字徑古定反

〔疏〕注祭仲至百雉○正義曰注諸言大夫者以其名氏顯見於傳更無卑賤之驗者皆以大夫言之其實是大夫以否亦不可委知也定十二年公羊傳曰雉者何五板而堵五堵而雉何休以爲堵四十尺雉二百尺許愼五經異義戴禮及韓詩說八尺爲板五板爲堵五堵爲雉板廣二尺積高五板爲一丈五堵爲雉雉長四丈古周禮及左氏說一丈爲板板廣二尺五板爲堵一堵之牆長丈高丈三堵爲雉一雉之牆長三丈高一丈以度其長者用其長以度其高者用其高也諸說不同必以雉長三丈爲正者以鄭是伯爵城方五里大都三國之一其城不過百雉則百雉是大都定制因而三之則侯伯之城當三百雉計五里積千五百步步長六尺是九百丈也以九百丈而爲三百雉則雉長三丈

賈逵馬融鄭玄王肅之徒爲古學者皆云雉長三丈故杜依用之侯伯之城方五里亦無正文周禮冬官考工記匠人營國方九里旁三門謂天子之城天子之城方九里諸侯禮當降殺則知公七里侯伯五里子男三里以此爲定說也但春官典命職乃稱上公九命侯伯七命子男五命其國家宮室車旗衣服禮儀皆以命數爲節鄭玄以爲國家國之所居謂城方也如典命之言則公當九里侯伯七里子男五里故鄭玄兩解之其注尚書大傳以天子九里爲正說又云或者天子之城方十二里詩文王有聲箋言文王城方十里大於諸侯小於天子之制論語注以爲公大都之城方三里皆以爲天子十二里公九里也其駁異義又云鄭伯城方五里以匠人典命俱是正文因其不同故兩申其說今杜無二解以侯伯五里爲正者蓋以典命所云國家者自謂國家所爲之法禮儀之度未必以爲城居也

先王之制大都不過參國之一三分國城之一。參七南反又音三。**中五之一小九之一今京不度非制也**不合法度非先王制〔疏〕大都至九之一。正義曰定以王城方九里依此數計之則王城長五百四十雉其大都方三里長一百八十雉中都方一里又二百四十步長一百八雉也小都方一里長六十雉也公城方七里長四百二十雉其大都方二里又一百步長一百四十雉也中都方一里又一百二十步長八十四雉也小都方二百三十三步二尺長四十六雉又二丈也侯伯城方五里長三百雉其大都方一里又二百步長百雉也中都比王之小都其小都方一百六十六步四尺長三十三雉又一丈也子男城比王之大都其大都比侯伯之中都其中都方一百八十步長三十六雉也小都方百步長二十雉也考工記曰王宮門阿之制五雉宮隅之制七雉城隅之制九雉門阿之制以爲都城之制宮隅之制以爲諸侯之城制然則王之都城隅高五丈城蓋高三丈諸侯城隅高七丈城蓋高五丈也三丈以下不復成城其都城蓋亦高三丈也周禮四縣爲都周公之設法耳但土地之形不可方平如圖其邑竟廣狹無復定準隨人多少而制其都邑故有大都小都焉下邑謂之都都亦一名邑莊三十八年傳曰宗邑無主閔元年傳曰分之都城俱論曲沃而都邑互言是其名相通也

君將不堪公曰姜氏欲之焉辟害對曰姜氏何厭之有不如早爲之所使得其所宜。焉於虔反厭於鹽反**無使滋蔓蔓難圖也蔓草猶不可除況君之寵弟乎公曰多行不義必自斃子姑待之**斃踣也姑且也。蔓音萬斃婢世反本又作獘舊扶設反踣蒲北反〔疏〕無使滋蔓。正義曰此以草喻也草之滋長引蔓則難可芟除喻段之威勢稍大難可圖謀也。注斃踣也。正義曰釋言文也孫炎曰前覆曰踣

既而大叔命西鄙北鄙貳於己鄙鄭邊邑貳兩屬**公子呂曰國不堪貳君將若之何**公子呂鄭大夫〔疏〕國不堪貳。正義曰兩屬則賦役倍賦役倍則國人不堪也**欲與大叔臣請事之若弗與則請除之無生民心**叔久不除則舉國之民當生他心**公曰無庸將自及**言無用除之禍將自及**大叔又收貳以爲己邑**前兩屬者今皆取以爲己邑**至于廩延**言轉侵多也廩延鄭邑陳留酸棗縣北有延津。廩力錦反**子封曰可矣厚將得衆**子封公子呂也厚謂土地廣大**公曰不義不暱厚將崩**不義於君不親於兄非衆所附雖厚必崩。暱女乙反親也〔疏〕厚將崩。正義曰以牆屋喻也厚而無基必自崩喻衆所不附將自敗也高大而壞謂之崩

大叔完聚完城郭聚人民。完音桓〔疏〕注完城郭聚人民。正義曰服虔以聚爲聚禾黍也段欲輕行襲鄭不作固守之資故知聚爲聚人非聚糧也完城者謂聚人而完之非欲守城也**繕甲兵具卒乘**步曰卒車曰乘。繕市戰反卒尊忽反步兵也注及下同乘繩證反注及下同**將襲鄭夫人將啓之**啓開也**公聞其期曰可矣命子封帥車二百乘以伐京**古者兵車一乘甲士三人步卒七十二人**京叛大叔段段入于鄢公伐諸鄢五月辛丑大叔出奔共**共國今汲郡共縣。共音恭汲居及反**書曰鄭伯克段于鄢段不弟故不言弟如二君故曰**

克稱鄭伯，譏失教也。謂之鄭志，不言出奔，難之也。傳言夫子作春秋，改舊史以明義，不早爲之所而養成其惡，故曰失教。段實出奔，而以克爲文，明鄭伯志在必殺，難言其奔。○不弟，大計反，又如字。難，乃旦反，注同。【疏】如二君故曰克。○正義曰：謂實非二君，儁傑彊盛，如是二君，伐而勝之，然後稱克，非謂眞是二君也。若眞是二君，則以戰襲敗取爲文。然既非二君，而杜注經云「以君討臣而用二君之例」，又似眞二君者，但杜於彼應云「以君討臣而用如二君之例」，略其如字，但云「而用二君」耳。準獲麟之後史文，夫子未脩之前，應云「鄭伯之弟段出奔共」，與「秦伯之君鍼出奔晉」同也。以其不弟，故不言弟；志在於殺，故不言奔。然則鄭伯亦是舊史之文，而得爲新意者，段以去弟爲貶，宜以國討爲文，仍存鄭伯，見其失教，其文雖是舊史，即是仲尼新意也。○注「傳言」至「其奔」。○正義曰：經皆孔子所書，此事特言書曰，必是舊文不然，夫子始改，故知傳之此辭，言夫子作春秋，改舊史以明義也。克者，戰勝獲賊之名。公伐諸鄢，段即奔共，既不交戰，亦不獲段，段實出奔，而以克爲文者，此非夫子之心，謂是鄭伯本志不欲言其出奔，難言其奔，志在於殺，故夫子承其本志而書克也。鄭伯之於段也，以其母所鍾愛，順母私

情，分之大邑，恣其榮寵，實其殺心。但大叔無義，恃寵驕盈，若微加裁貶，則恐傷母意，故祭仲欲早爲之所，子封請往除之，公皆不許，是其無殺心也。言必自斃、厚將崩者，止謂自損其身，不言惡能害國。及其謀欲襲鄭，禍將逼身，自念友愛之深，遂起初心之恨，由是志在必殺，難言出奔。此時始有殺心，往前則無殺意。傳稱公曰「姜氏欲之，焉辟害」，詩序曰「不勝其母，以害其弟」，經曰「父母之言，亦可畏也」，是迫於母命，不得裁之，非欲待其惡成，乃加誅戮也。服虔云：「公本欲養成其惡而加誅，使不得生出，此鄭伯之志意也。」言鄭伯本有殺意，故爲養成其惡，斯不然矣。傳曰「稱鄭伯，譏失教也」，止責鄭伯失於教誨之道，不謂鄭伯元有殺害之心。若從本以來即謀殺害，乃是故相屠滅，何止失教之有？且君之討臣，過其萌漸，惡雖未就，足得誅之，何須待其惡成，方始殺害？服言本意欲殺，乃是誣鄭伯也。劉炫云：以克爲文，非其實狀，故傳解之，謂之鄭志，言仲尼之志書克者，謂是鄭伯本志也。注又申解傳意，言鄭伯志在於殺，心欲其克，難言其奔，故仲尼書克不書奔，如鄭伯之志爲文，所以惡鄭伯也。遂寘姜氏于城潁，城潁，鄭地。○寘，之豉反，置也。而誓之曰：「不及黃泉，無相見也。」地中之泉，故曰黃泉。既而悔之。潁考叔爲潁谷封人，封人，典封疆者。疆，居良反。【疏】注「封人典封疆」者。○正義曰：周禮封人掌爲畿封而樹之，鄭玄云：「畿上有封，若今時界也。」天子封人職典封疆，知諸侯封人亦然也。傳言祭仲足爲祭封人，宋高哀爲蕭封人，論語有儀封人，此言潁谷封人，皆以地名封人，蓋封人職典封疆，居在邊邑。潁谷、儀、祭皆是國之邊邑也。聞之，有獻於公，公賜之食，食舍肉。公問之，對曰：「小人有母，皆嘗小人之食矣，未嘗君之羹，請以遺之。」食而不啜羹，欲以發問也。宋華元殺羊爲羹饗士，蓋古賜賤官之常。○舍音捨。遺，唯季反，下同。啜，川悅反。華，戶化反。【疏】注「食而」至「之常」。○正義曰：禮，公食大夫及曲禮所記大夫士與客燕食，皆有牲體殽胾，非徒設羹而已。此與華元饗士唯言有羹，故疑是古賜賤官之常。公曰：「爾有母遺，繄我獨無！」繄，語助。○繄，烏兮反，又烏帝反。潁考叔曰：「敢問何謂也？」據武姜在，設疑也。公語之故，且告之悔。對曰：「君何

患焉？若闕地及泉，隧而相見，其誰曰不然？」隧，若今延道。○語，魚據反。闕，其月反。隧音遂。公從之。公入而賦：「大隧之中，其樂也融融！」賦，賦詩也。融融，和樂也。○樂音洛，注及下同。融，羊弓反。【疏】注「賦賦」至「樂也」。○正義曰：賦詩，謂自作詩也。中、融，外、洩，各自爲韻。蓋所賦之詩有此辭，傳略而言之也。融融，和樂；洩洩，舒散，皆是樂之狀，以意言之耳。服虔云：「入言公，出言姜，明俱出入，互相見。」姜出而賦：「大隧之外，其樂也洩洩！」洩洩，舒散也。○洩，羊世反。遂爲母子如初。君子曰：「潁考叔，純孝也，純，猶篤也。【疏】注「純猶篤也」。○正義曰：爾雅釋詁訓純爲大，則純孝、純臣者，謂大孝、大忠也。此純猶篤者，言孝之篤厚也。愛其母，施及莊公。詩曰：『孝子不匱，永錫爾類。』其是之謂乎！」不匱，純孝也。莊公雖失之於初，孝心不忘，考叔感而通之，所謂永錫爾類。詩人之作，各以情言，君子論之，不以文害意，故春秋傳引詩不皆與今說詩者同，後

皆倣此。施以豉反，又式智反。匱其位反【疏】詩曰至謂乎。正義曰：詩毛傳及爾雅之訓匱竭永長錫予爾女也此詩大雅既醉之五章言孝子爲孝不有竭極之時故能以此孝道長賜予女之族類言行孝之至能延及旁人其是此事之謂乎族類者言俱有孝心則是其族類也。注不匱至倣此。正義曰穎考叔有純孝之行能錫莊公莊公雖失之於初孝心不忘則與穎考叔同是孝之般類也今考叔能感而通之是謂永錫爾類也詩人之作各以情言君子論之不以文害意出孟子文也此云春秋傳引詩不皆與今說詩者同何以昭八年注云叔向時詩義如此所以不同者此是丘明作傳稱君子之言容可引詩斷章評論得失彼是叔向之語事近前代當時譏刺故云叔向時詩義如此也詩注意類謂予孫族類此傳意以爲事之般類也

○秋七月，天王使宰咺來歸惠公仲子之賵。緩，且子氏未薨，故名。惠公葬在春秋前故曰緩也子氏仲子也薨在二年賵助喪之物【疏】天王至故名。正義曰緩賵惠公生賵仲子事由於王非咺之過所以貶咺者天王至尊不可貶責貶王之使足見王非且緩賵惠公事是王過生賵仲子咺亦有愆使者受命不受辭欲令遭時設宜臨機制變王謂仲子已薨令咺并致其賵仲子尚存賵事須止宰咺知其未薨猶尚致賵是則不達時宜恥辱君命王則任非其人咺爲辱命之使君臣一體好惡同之貶咺亦所以責王也文五年王使榮叔歸含且賵不指所賵之人此指言惠公仲子者彼成風未葬不言可知此則惠公已葬子氏未薨若不言其人則不知爲誰來賵文九年秦人來歸僖公成風之禭亦爲年月已遠故指其所禭與此同也季文子求遭喪之禮以行亦豫凶事不貶者宰咺無喪致賵文子乃量時制宜備豫不虞古之善教與此不同

天子七月而葬，同軌畢至，言同軌以別四夷之國。別彼列反諸侯五月，同盟至，同在方嶽之盟大夫三月，同位至，古者行役不踰時士踰月，外姻至。踰月度月也姻猶親也此言赴弔各以遠近爲差因爲葬節【疏】天子至姻至。正義曰天子諸侯大夫士位既不同禮亦異數赴弔遠近各有等差因其弔答以爲葬節且位高則禮大爵卑則事小大禮踰時乃備小事累月即成聖王制爲常規示民軌法欲使各脩其典無敢武差資父事君生民之所極哀死送終臣子之所盡是以未及期而葬謂之不懷過期而葬謂之緩慢春秋從實而錄以示是非天子七月諸侯五月者死月葬月皆通數之也文八年八月天王崩九年二月葬襄王是天子之七月也成十八年八月公薨于路寢十二月葬我君成公是諸侯之五月也宣八年傳云禮卜葬先遠日辟不懷也是卜遠日不吉乃卜近日辟不思親之嫌也則未及期而葬者不思其親理在可見故傳皆不言其事雖過期乃葬者傳言緩以示譏耳桓王以桓十五年崩莊三年乃葬積七年也僖公以其三十三年十一月薨文元年四月乃葬薨葬中有閏積七月也二者並過於期故傳皆言緩以譏之也衛桓公以隱四年三月爲州吁所弑五年四月乃葬積十四月也莊公以其三十二年八月薨閔元年六月乃葬積十一月也二者雖亦過期而國有事難故傳皆言亂故是以緩原其非慢不以責臣子也然則諸侯五月而葬自是正法得禮可知不假發傳而葬成公之下傳特云書順者釋例曰魯君薨葬多不順制唯成公薨于路寢五月而葬國家安靜世適承嗣故傳見莊之緩舉成書順以包之然則特發此傳欲以包羣公之得失於莊見亂故而緩於僖見無故而緩於成見順禮傳發三者則其餘皆可知也士踰月者通死月亦三月也襄十五年十一月晉侯周卒十六年正月葬晉悼公杜云踰月而葬速是踰月亦三月也此注云踰月度月者言從死月至葬月其間度一月也士與大夫不異而別設文者以大夫與士名位既異因其名異示爲等差故變其文耳其實月數同也同軌同盟至者謂遣使來至非諸侯身至釋例曰萬國之數至衆封疆之守至重故天王之喪諸侯不得越竟而奔脩服於其國卿共弔葬之禮魯侯無故而穆伯如周弔此天子崩諸侯遣卿共弔葬之經傳也是言禮天子之喪諸侯不親奔也其諸侯相弔則昭三十年傳云先王之制諸侯之喪士弔大夫送葬是正禮也同位至待其使還也外姻至親戚畢集也於天子言畢至以下不言畢者天子貴在尊極海內爲家天下聞喪無敢不至故言畢也諸侯同盟或來或否大夫出使本奉君命雖或聞喪未必盡來故不言畢也此亦例而不言凡者序已解訖何休膏肓以爲禮士三月葬今云踰月左氏爲短鄭康成云人君殯數來日葬數往月大夫殯葬皆數來日來月士殯葬皆數往日往月士之三月大夫之踰月也鄭之此言天子諸侯葬數往月於左氏無害云大夫葬數來月恐非杜旨蘇寬之意以古禮大夫以上殯葬皆數來日來月士殯葬數往日往月空云古禮事無所出不可依用也劉炫云此亦例不言凡者諸所發凡皆爲經張例此舉葬之大期以譏宰咺之緩非是爲葬發例故不言凡也。注言同至之國。正義曰鄭玄服虔皆以軌爲車轍也王者馭天下

必令車同軌書同文同軌畢至謂海内皆至也四夷異俗不可同其文軌天子之喪不能以時赴弔故言同軌以别四夷之國也周禮巾車木路以封蕃國蕃國即四夷也既受王命車亦應同軌而言别四夷者四夷來朝天子天子賜之車服行於中國自然同軌其在本國軌必不同若以巾車之文即言與華夏同軌豈亦能同文也○注同在方嶽之盟○正義曰周禮司盟凡邦國有疑會同則掌其盟約之載然則天子之合諸侯有使諸侯共盟之禮也王合諸侯雖有巡守其非巡守則有事而會會之多少雖王所命不得有同盟常禮之同盟雖方嶽耳故左氏舊説十二年三考黜陟幽明既分天子展義巡守柴望既畢諸侯遂朝退相與盟同好惡獎王室是其當方諸侯同有方嶽之盟同盟情親吉凶相告故遣使會葬也○注古者至踰時○正義曰同位謂同爲太夫共在列位者待其來至三月待之故知古者於法行役不踰時也隱五年穀梁傳曰伐不踰時明行役聘問亦不踰時也

贈死不及尸尸未葬之通稱○稱尺證反

【疏】注尸未葬之通稱○正義曰曲禮下云在牀曰尸在棺曰柩是其相對言耳今以既葬乃來而云不及尸知尸是未葬之通稱也葬則尸不復見未葬猶及見之故以葬爲限也釋例曰喪贈之幣車馬曰賵貨財曰賻衣服曰襚珠玉曰含然而摠謂之贈故傳曰贈死不及尸也然則此文雖爲賵發其實賵賻含襚摠名爲贈但及未葬皆無所譏也襚以衣尸含以實口大斂之後無所用之既殯之後猶致之者示有恩好不以充用也今譏曰雜記弔含襚賵臨之等未葬則葦席既葬則蒲席是葬後得行此言綏者禮記後人雜錄不可與傳同言也或可初葬之後則可久則不許

弔生不及哀諸侯已上既葬則縗麻除無哭位諒闇終喪○上時掌反縗七雷反諒音亮又音良闇如字

【疏】注諸侯至終喪○正義曰昭十五年傳稱穆后崩王既葬除喪叔向曰三年之喪雖貴遂服禮也杜云天子諸侯除喪當在卒哭今王既葬而除故譏其不遂也案僖三十三年傳云卒哭而祔杜云既葬反虞則免喪故曰卒哭哭止也知杜此言則卒哭與葬相去非遠同在一月儀禮士三虞則天子諸侯皆同於此必知然者以卒哭是葬之餘事其在一月之中故杜云既葬則衰麻除或云既葬卒哭衰麻除以其相近故也若據雜記云諸侯五月而葬七月而卒哭中閒既除或有國事稱號云何是知葬與卒哭相連閒無事也然雜記云諸侯五月而葬七月而卒哭者案釋例曰禮記後人所作不與春秋同是杜所不用也既葬除喪雖杜有此説正以春秋之例皆既葬成君明葬是人君之大節也昭十二年傳曰齊侯衛侯鄭伯如晉晉侯享諸侯子產相鄭伯辭於享請免喪而後聽命晉人許之禮也於時鄭有簡公之喪未葬故請免喪其下傳又云六月葬鄭簡公上明作傳未嘗虛舉經文而虛言此葬得非終前免喪之言也以此知諸侯既葬則免喪喪服既除則無哭位諸侯既然知天子亦爾尚書高宗亮陰三年不言論語云何必高宗古之人皆然是天子諸侯除服之後皆諒陰終喪也晉書杜預傳云大始十年元皇后崩依漢魏舊制既葬帝及羣臣皆除服疑皇太子亦應除否詔諸尚書會僕射盧欽論之雖預以爲古者天子諸侯三年之喪始服齊斬既葬除喪服諒闇以居心喪終制不與士庶同禮於是盧欽魏舒問預證據預曰春秋晉侯享諸侯子產相鄭伯時簡公未葬請免喪以聽命君子謂之得禮宰咺歸惠公仲子之賵傳曰弔生不及哀此皆既葬除服諒闇之證也書傳之説既多學者未之思耳喪服諸侯爲天子亦斬衰豈可謂終服三年也預又作議曰周景王有后世子之喪既葬除喪而宴樂晉叔向議之曰三年之喪雖貴遂服禮也王雖不遂宴樂以早亦天子之事見於古也稱高宗不言喪服三年而云亮陰三年此釋服心喪之文也譏景王不譏其除喪而譏其宴樂早則既葬應除而違諒闇之節也堯喪舜諒闇三年故稱遏密八音由此言之天子居喪齊斬之制菲杖絰帶當遂其服既葬而除諒闇以終之三年無改於父之道故曰百官總已以聽冢宰喪服既除故更稱不言之美明不復寢苫枕塊以荒大政也禮記云三年之喪自天子達又云父母之喪無貴賤一也又云端衰喪車皆無等此通謂天子居喪衣服之制同於凡人心喪之禮終於三年亦無服喪三年之文天子之位至尊萬機之政至大羣臣之衆至廣不得同之於凡人故大行既葬祔祭於廟則因疏而除之已不除則羣臣莫敢除故屈已以除之而諒闇以終制天下之人皆曰我王之仁也屈已以從宜皆曰我王之孝也既除而心喪我王猶若此之篤也凡我臣子亦安得不自勉以崇禮此乃聖制移風易俗之本也議奏皇太子遂除衰麻而諒闇終喪於時內外卒聞預議多怪或者乃謂其違禮以合時預謂鄉人段暢曰茲事體大本欲宜明古典知未合於當今也宜博采典籍爲之證據令大分明足以垂示將來暢遂數遍危疑以弘指趣其論具存焉杜議引尚書傳云亮信也陰默也爲聽於冢宰信默而不言鄭玄以諒闇爲凶廬杜所不用

豫凶事非禮也仲子在而來賵故曰豫凶事

○**八月紀人伐夷**

夷不告故不書夷國在城陽莊武縣紀國在東莞劇縣隱十一年傳例曰凡諸侯有

命告則書不然則否史不書於策故夫子亦不書于經傳見其事以明春秋例也他皆倣此。莞音官見賢遍反下三見同〔疏〕紀人伐夷。正義曰世族譜紀姜姓侯爵莊四年齊滅之世本夷妘姓傳無其人不知爲誰所滅釋例土地名夷國在城陽莊武縣莊十六年晉武公伐夷執夷詭諸杜云詭諸周大夫夷采地名釋例土地名注爲闕則二夷別也世族譜於夷詭諸之下注云妘姓更無夷國則以二夷爲一計莊武之縣遠在東垂不得爲周大夫之采邑而晉取其地是譜誤也

有蜚不爲災亦不書蜚負蠜也莊二十九年傳例曰凡物不爲災不書又於此發之者明傳之所據非唯史策兼采簡牘之記他皆倣此。蜚扶味反蠜音煩又音盤〔疏〕注蜚負至倣此。正義曰釋蟲云蜚蠦蜰舍人李巡皆云蜚蠦一名蜰郭璞云蜚即負盤臭蟲洪範五行傳云蜚負蠜夷狄之物越之所生其爲蟲臭惡南方淫女氣之所生也本草曰蜚厲蟲也然則蜚是臭惡之蟲害人之物故或爲災或不爲災也經傳皆云有蜚則此蟲直名蜚耳不名蜚蠦爾雅所釋當言蜚一名蠦蜰說爾雅者言蜚蠦一名蜰非也此蟲一名負盤漢書及此注多作負蠜者釋蟲云草螽負蠜彼則歲時常有非灾蟲也蓋相涉誤爲蠜耳又明下有成例此不合書而傳發之者明傳之所據非獨正史之策亦兼采簡牘所有故傳據而言之案上傳紀人伐夷注云傳見其事以明春秋例則此有蜚亦明春秋例此云傳之所據非唯史策兼采簡牘則上紀人伐夷亦是兼采簡牘但紀人伐夷他國不告故以明例解之蜚是魯國之有故以兼采簡牘言之其實二注互以相通他如此類

惠公之季年敗宋師于黃。黃宋邑陳留外黃縣東有黃城敗必邁反敗他也後倣此**公立而求成焉九月及宋人盟于宿始通也**經無義例故傳直言其歸宿而已他皆倣此

○冬十月庚申改葬惠公公弗臨故不書以桓爲大子故隱公讓而不敢爲喪主隱攝君政故據隱而言**惠公之薨也有宋師太子少葬故有闕是以改葬。**少詩照反〔疏〕有宋至改葬。正義曰上云惠公之季年敗宋師于黃公立而求成焉則隱公未立之前惠公敗宋師也今云惠公之薨也有宋師蓋是報黃之敗來伐魯也隱公將兵禦宋委葬事于太子故有闕也服虔以爲宋師即黃之師也是時宋來伐

隱公自與戰然則隱自敗宋還自求成傳何當屬敗於惠公而衛言公立也且薨之與葬相去既遠豈有宋師薨時已來成而後去

○衛侯來會葬不見公亦不書諸侯會葬非禮也不得接公成禮故不書於策他皆倣此衛國在汲郡朝歌縣。朝如字〔疏〕衛侯來會葬。正義曰衛國侯爵譜云姬姓文王子康叔封之後也周公既誅祿父以其地封康叔爲衛侯居殷虛今朝歌是也狄滅衛文公居楚丘成公徙帝丘今東郡濮陽是也桓公十三年魯隱公之元年也出公輒十二年獲麟之歲也悼公二年春秋之傳終矣悼公二年卒自悼以下十一世二百五十五年而秦滅衛也衛世家桓公康叔十一世孫尚書顧命稱康叔爲衛侯則初封侯爵也世家康叔子則稱伯至頃侯復爲侯故今桓公爲侯爵。注諸侯至倣此。正義曰昭三十年傳云先王之制諸侯之喪士弔大夫送葬昭三年傳稱文襄之霸君薨大夫弔卿共葬事皆不言諸侯親會葬是諸侯會葬非禮也不得接公成禮故不書此云不見公不書介葛盧亦不見公而書者此則公在國而不與衛侯相見故不書彼則公身在會國人賓禮之又欲見其一年再來故書之也

○鄭共叔之亂公孫滑出奔衛公孫滑共叔段之子。滑于八反又乎八反**衛人爲之伐鄭取廩延鄭人以王師虢師伐衛南鄙**虢西虢國也弘農陝縣東南有虢城。爲于僞反陝失冉反依字作陜**請師於邾邾子使私於公子豫**公子豫魯大夫私請師。豫音預**豫請往公弗許遂行及邾人鄭人盟于翼**翼邾地**不書非公命也○新作南門不書亦非公命也**非公命不書三見者皆興作大事各舉以備文**○十二月祭伯來非王命也○眾父卒**眾父公子益師字。眾音終**公不與小斂故不書日**禮卿佐之喪小斂大斂君皆親臨之崇恩厚也始死情之所篤禮之所崇故以小斂爲文至於但臨大斂及不臨喪亦同不書日。與音預斂力驗反注皆同〔疏〕注禮卿至書日。正義曰喪大記君臨臣喪之禮云君於大夫大斂焉爲之賜則小斂焉卿是大夫之尊者也明小斂大斂君皆親之所以崇恩厚也小斂大

斂皆應親之獨以小斂爲文故知始死情之所篤故也賈逵云不與大斂則不書卒然則在殯又不往者復欲何以裁之經傳無其事不宜妄說故杜以爲但臨大斂及不臨其喪亦同不書日也

經二年春公會戎于潛戎狄夷蠻皆氐羌之別種也戎而書會者順其俗以爲禮皆謂居中國若戎子駒支者陳留濟陽縣東南有戎城潛魯地○氐都兮反羌卻良反種章勇反駒音拘濟子禮反水名凡地名皆同

〔疏〕注戎狄至魯地○正義曰曲禮云東夷西戎南蠻北狄然則四者是九州之外別名也詩商頌曰自彼氐羌氐羌西戎之國名也杜欲明其在遠無以相形故云氐羌之別種謂是相類之物耳非謂四者是羌內之別也其實氐羌乃是戎內之別耳戎子駒支云我諸戎飲食衣服不與華同贄幣不通言語不達計應不堪會盟故解云言順其俗以爲禮也沈氏云會據公往戎爲主人會故得主人之俗以爲會禮朝據戎來魯爲主人戎不能從主人之俗故朝禮不成戎是西方之夷必不遠來會魯故知謂居中國若戎子駒支者也駒支事見襄十四年

○**夏**

五月莒人入向向小國也譙國龍亢縣東南有向城莒國今城陽莒縣也將卑師少稱人弗地曰入例在襄十三年○向舒亮反譙在遙反亢音剛又苦浪反將子匠反

〔疏〕莒人入向○正義曰世本莒己姓向姜姓此傳云莒人入向以姜氏還文八年傳稱穆伯奔莒須己氏是莒己向姜見於傳也譜云莒嬴姓少昊之後周武王封茲與於莒初都計後徙莒今城陽莒縣是也世本自紀公以下爲己姓不知誰賜之姓者十一世茲丕公方見春秋共公以下微弱不復見四世楚滅之向則唯此見經不能知其終始○注向小至三年○正義曰將卑師少稱人者周禮萬二千五百人爲軍二千五百人爲師五百人爲旅用兵多少其數無常重其舉大事動大衆滿師則書之不滿則不書輕其衆少故經皆不書旅也師者衆也雖復五軍三軍悉皆以師爲名取其衆義故經亦不書軍也釋例曰春秋不書軍旅壹皆曰師從衆辭是其義也經之大例君自將者言君不言師卿將者滿師則師將並書不滿則空舉將名大夫將者滿師則稱師不滿則稱人所以然者定四年傳曰君行師從卿行旅從則君行必有師卿行必有旅文雖不見理足可明君將不言帥師卿將不言帥旅以其可知故也卿行不合師從令乃帥領一師若不言帥則師文不見卿尊自合書各師文又須別見故師將並舉言某帥師也其師少者卿自須見雖舉將名不云帥旅言衆少不足錄也大夫爵位卑下名氏不合見經但所帥滿師師自須見故言師不言將也若不滿師者一旅之衆則例所不書大夫位卑又名不當見則空舉其將謂之爲人人即大夫身也其將尊師少及將卑師衆若其序列則將卑師衆者在上襄二年晉師宋師衞甯殖侵鄭是也隱五年公羊傳曰曷爲或言率師或不言率師將尊師衆稱某率師將尊師少稱將將卑師衆稱師將卑師少稱人君將不言率師書其重者也釋例曰大夫將滿師稱師不滿稱人而已卿將滿師則兩書不滿則直書名氏君將不言帥師卿將不言帥旅此史策記注之常此用公羊爲說也劉炫云盟會例卿則書名氏非卿則書人人當名氏之處由是將卑師少則書人亦與盟會同

○**無駭帥師入極**無駭魯卿極附庸小國無駭不書氏未賜族賜族例在八年○駭戶楷反

〔疏〕注無駭至八年○正義曰春秋之例卿乃見經今名書於經傳言司空故知無駭是魯卿諸名書於經皆是卿也故於此一注以下不復言之又王制云上大夫卿則卿亦大夫也故注多以大夫言卿下注云裂繻紀大夫如此之類皆是卿也其各見於傳而注云大夫者則其爵員大夫也穀梁以極爲國杜云附庸者沈云以費伯帥師城郎因得勝極則極是竟內故云附庸凡卿出使必具其名氏以尊君命今不書氏故解云未賜族無族可稱故也賈云極戎邑也極爲戎邑傳無文焉戎之於魯本無怨惡言脩惠公之好則是求與魯親公未信戎心故辭其盟耳秋即與盟復脩戎好若己共戎會故不與盟旋令師入其都然後結好其爲惡行亦不是過讓位賢君固應不爾良史直筆焉得無譏傳乃本其勝之所由而歸功於費伯也

○**秋八月庚辰公及戎盟于唐**高平方與縣北有武唐亭八月無庚辰庚辰七月九日也日月必有誤○方音房與音預

〔疏〕注高平至有誤○正義曰杜勘檢經傳上下月日制爲長歷此年八月壬寅朔其月三日甲辰十五日丙辰二十七日戊辰其月無庚辰也七月壬申朔則九日有庚辰杜觀上下若月不容誤則指言日誤若日不容誤則指言月誤此則上有秋下有九月則日月俱得有誤故云日月必有誤也

○**九月紀裂繻來逆女**裂繻紀大夫傳曰卿爲君逆也以別卿自逆也逆女或稱使或不稱使昏禮不稱主人史各隨其實而書非例也他皆倣此○裂音列繻音須爲于僞反下爲魯同別彼列反

〔疏〕注裂繻至倣此○正義曰此書逆女傳曰卿爲君逆也宣五年齊高固來逆叔姬傳曰書曰叔姬卿自逆也是爲君逆則稱女自逆則書字故云以別卿自逆也釋例曰天子娶則稱逆王后

卿爲君逆則稱逆女其自爲逆則稱所逆之字尊卑之別也此不言紀侯使裂繻而成八年經書宋公使公孫壽來納幣俱是昏禮而立文不同故解之也言昏禮不稱主人者主人謂壻也爲有廉恥之心不欲自言娶婦故卿爲君昏行者必禀君母之命婦人之命不得通於鄰國若言卿輒自來非君所命故裂繻不言使也其無母者臣無所禀不得不稱君命故公孫壽言宋公使也史皆隨其實事而書之非褒貶之例也公羊傳曰何以不稱使昏禮不稱主人然則曷稱稱諸父兄師友宋公使公孫壽來納幣則其稱主人何辭窮也辭窮者何無母也然則紀有母乎曰有有則何以不稱母母不通也是婦人之言不通外國故不言君使亦不言母命作自來之文也公羊言無母者稱父兄師友宋公不稱父兄者諸侯臣其父兄故不得稱也昏禮記曰宗子無父母命之親皆沒已躬命之以宗子之尊尚不稱父兄況諸侯也其稱父兄師友謂大夫以下非宗子者耳昏禮記所云支子則稱其宗弟。稱其兄是也

○冬十月伯姬歸于紀無傳伯姬魯女裂繻所逆者

○紀子帛莒子盟于密子帛裂繻字也莒魯有怨紀侯既昏于魯使大夫盟莒以和解之子帛爲魯結好息民故傳曰魯故也比之內大夫而在莒子上稱

字以嘉之也字例在閔元年密莒邑城陽淳于縣東北有密鄉○帛音白解如字又戶買反好呼報反

〔疏〕注子帛至密鄉○正義曰杜云比之內大夫而在莒子上者案諸經文魯大夫出會他國皆先書魯大夫下即云及某人今子帛之下不云及者不可全同魯大夫故也

○十有二月乙卯夫人子氏薨無傳桓未爲君仲子不應稱夫人隱讓桓以爲大子成其母喪以赴諸侯故經於此稱夫人也不反哭故不書葬例在三年

〔疏〕注桓未至三年○正義曰妾子爲君其母成爲夫人敬嬴齊歸是也仲子實妾桓未爲君故仲子不應稱夫人也今稱夫人薨是隱成之讓桓爲大子成其母喪傳例曰不赴則不曰薨故知稱薨是赴於諸侯故經於此稱夫人也五年考仲子之宮公羊傳曰桓未君則曷爲祭仲子隱爲桓立故爲桓祭其母也然則何言爾成公意也是言隱公成仲子爲夫人也

○鄭人伐衛凡師有鍾鼓曰伐例在莊二十九年

傳二年春公會戎于潛脩惠公之好也戎請盟公辭許其脩好而不許其盟禦夷狄者不壹而足○好呼報反注及下同

〔疏〕注許其至而足○正義曰戎貪而無信盟或背之公未得戎意恐好不久成故不許其盟也禦夷狄者不壹而足文九年公羊傳文言制禦夷狄當以漸教之不一度而即使足也

○莒子娶于向向姜不安莒而歸夏莒人入向以姜氏還傳言失昏姻之義凡得失小故經無異文而傳備其事案文則是非足以爲戒他皆倣此○還音旋後皆同

○司空無駭入極費庈父勝之魯司徒司馬司空皆卿也庈父費伯也前年城郎今因得以勝極故傳於前年發之○庈音琴

○戎請盟秋盟于唐復脩戎好也○復扶又反

○九月紀裂繻來逆女卿爲君逆也○爲于僞反

○冬紀子帛莒子盟于密魯故也

○鄭人伐衛討公孫滑之亂也治元年取廩延之亂

附釋音春秋左傳注疏卷第二

江西南昌府學栞

春秋左傳注疏卷二挍勘記　阮元撰盧宣旬摘錄

附釋音春秋左傳注疏卷第二　隱元年盡二年宋本春秋正義卷第二

杜氏注　孔穎達疏　按頴當作穎逹當作達此六字在第二行杜氏上空四字疏字下空三字每卷標題同石經作杜氏盡十一年六字在第二行纂圖本在第三行淳熙本在第四行款式卷數與釋文合岳本氏下增注字在第三行

春秋經傳集解隱第一　此九字在第三行閩本監本毛本在第四行低一格石經淳熙本岳本纂圖本第上有公字與釋文合在第一行案正義當有公字石經此行八分後卷同纂圖本春秋上增監本纂圖四字後卷同宋本正義春秋經傳集解六字爲一條隱公第一四字跳行頂格爲一條杜氏二字爲一條不跳行亦與釋文石經合也

故題無常準　宋本毛本準作凖案五經文字云從水傍隼字按閩監毛三本自此節至經元年以前正義低二格以後低一格失宋板舊式矣

傳釋經意　宋本監本毛本傳作傳是也○今依訂正

隱公魯君侯爵　宋本無隱公二小字上有隱公第一四大字大陰文疏字及正義曰三小字下接魯君侯爵云云

伯禽至隱公凡十三君　宋本凡下有一字

惠公弗皇子　史記十二諸侯年表作弗王魯周公世家作弗湟盧文弨挍本改作湟按文十六年釋文引魯世家作皇疏引同盧本不改史記律厤志亦作皇

漢御史大夫杜延年之後　按此十字乃裴松之注引傳子非陳壽魏志原文

封樂亭侯　案魏志封下有豐字

謚戴侯也　浦鏜正誤也改作子是也

當稱德者非所企及　閩本監本毛本當作嘗盧文弨挍改作常字按明末避諱多改常爲嘗

又參考衆家爲之釋例　浦鏜正誤據魏志注爲改作謂非也

傳

惠公元妃孟子　石經宋本淳熙本岳本妃作妃釋文亦作妃五經文字云從戊己之己此本作妃誤後準石經

明始適夫人也　釋文適本又作嫡案適與嫡字通此本注文雙行細字宋本同閩本始以注文改爲單行加注字於上非復宋本舊式監本毛本同

傳惠公元妃孟子　宋本無傳字以下正義七節總入是以隱公立而奉之注下

一元之字　浦鏜正誤疑作元之一字或之字衍

故杜注文十五年　監本毛本文作云非

孟伯之字　浦鏜云字當作氏

無諡先夫死不得從夫諡　宋本岳本毛本諡作謚非也

魯之夫人　毛本夫人作大夫誤

公卒故特解之　宋本公作言閩本監本毛本作先公卒故毛本作此非

不赴則不稱薨　毛本薨作公非

注聲謚至繼室　各本室下有○宋本凡標起訖處上下並空一字

亦有姪娣　監本毛本亦作又

猶不得稱夫人　各本作稱此本誤偁今訂正

仲子生而有文在其手　陳樹華云王充論衡雷虛篇紀妖篇並作文在其掌惟自然篇仍作手

其友及夫人　閩本監本毛本友誤文

皆諮謀於桓然則桓公已成人也　浦鏜正誤然作公

桓已成人　宋本已作以案已以古多通用

故氏聲孟　聲各本作曰是也杜氏釋例同

隱公繼室之子當嗣世　毛本世誤是

是以立爲太子　宋本岳本毛本太作大是也釋文云舊太字皆作大後放此說詳釋文校勘記

其父愛之　宋本愛作憂是也

但爲桓年少　宋本年作尙

凡稱傳者皆是爲經　陳樹華云經下當有張本二字

霍伯曰季等卒　監本曰作白

仍可以稱大子也　監本毛本脫可字

經元年

爲周室之臣民　毛本爲誤謂

偏視二代　浦鏜正誤視改作祖按此用周監二代之意監視也

尊王國而慢時主　閩本監本毛本七誤二

此下二月有會盟之事　考文云二作三與宋本合

以繼臣子之心　浦鏜繼疑繫

雖非年初　武進臧禮堂據定元年疏引釋例改非作則

公即位喪在外　毛本作喪在外公即位非也

自是史官記事之體　毛本記作紀

故年稱元年　宋本下年字作也

杖大義　監本毛本杖作仗按仗俗杖字

黃帝坐於扈閣鳳皇銜書致帝前　宋本於下有元字銜字作銜毛本致字作至

何休又云　毛本又誤亦

正竟內之治　閩本監本毛本竟作境按境俗竟字

王者不奉天以制號令　閩本監本毛本同○補十行本初刻承後改作奉

則元者王之元年　毛本作王者誤

即以託王於魯史之改元　浦鏜云史疑作使

何休言　閩本監本毛本言作云

三月公及邾儀父盟于蔑　陳樹華云漢書鄒陽傳引作義父師古曰義讀爲儀元和惠棟春秋左傳補注云蔑本姑蔑定十二年傳費人北國人追之敗諸姑蔑是也隱公名息姑而當時史官爲之諱

能自通于大國　宋本于作於

蔑姑蔑魯地魯國　監本毛本作魯國魯地非也

卞縣南有姑城　釋文卞或作弁按卞俗弁字杜氏釋例土地名姑下有蔑字史記孔子世家正義引杜注亦作姑蔑城

自安至儀父十二世　各本作安釋例作俠

齊桓行霸　各本同釋例行霸作公伯

諸侯俱受王命　毛本受誤有

曰邦國有疑　宋本曰作凡與周禮合

及其禮儀　閩本監本毛本儀作義

乃加方明于壇而祀之　毛本祀誤禩

知者故柯之盟　浦鏜正誤故作於

故襄二十六年傳云歃用牲　宋本歃作歃不誤

定八年涉佗捘衛侯之手及捥　閩本監本毛本捥誤椀

以奉流血而同歃　釋例奉作承

附庸者以國附於大國　宋本以國下有事字

夏五月鄭伯克段于鄢　陳樹華引趙匡集傳云鄢當作鄔鄭地也史記正義作鄢云舊作鄢漢書地理志作傿按舊作鄢是也昭二十八年釋文云在周者烏戶反隱十一年王取鄔劉在鄭者音偃成十六年戰于鄢陵此鄭地當從鄢國語鄭語史伯曰鄢弊補舟依㽥歷華君之土也

言段强大儁傑　宋本淳熙本纂圖本閩本監本毛本作大儁下同陳樹華云莊十一年傳得儁曰克已作儁字不必定作儁也

鄭在熒陽宛陵縣西南　釋文云熒本或作滎非案熒陽熒澤字古無從水者陸氏音義全書皆作熒是也

鄭今潁川鄢陵縣　宋本淳熙本岳本纂圖本足利本鄭作鄢是也○今訂正

方遷其民於虢鄶　宋本閩本監本毛本方作友宋本遷作從釋例同○補十行本初刻方後改作友

自聲以下　宋本聲下有公字釋例同

兄而害弟者稱弟以章兄罪　案釋例作兄害弟者則稱弟以彰兄罪浦鏜正誤者作謂非

存弟則示兄曲也　襄廿七年引作書弟非也

地理志河南郡有宛陵新鄭　宋本有下有宛陵縣又有新鄭縣於漢則十一字按漢志宛作苑

去邠居岐　釋例居作至

幽王爲犬戎所役　各本役作殺是此本修板不誤監本毛本犬作大非也

元年九年春秋之傳終矣　釋例作十年

蓋用四馬也　毛本蓋作故非

亦序於列其經舉國名以爲盟地者　閩本監本毛本列其作其列按列字句絶

故言諸侯爲王卿士也　毛本士誤是

然則大夫有爵不可舍爵而書字　閩本監本毛本字作氏非

獨記日以見義者　宋本岳本纂圖本足利本記作託釋例同

喪則親與小斂大斂　釋例喪作死與作其

即以新死小斂爲文　釋例以作親

而備書於經者　閩本監本毛本經誤終

傳元年

不書即位攝也　宋本不上有傳字

而隱終有推國授桓之心　閩本監本毛本推作讓

顔氏説以爲魯十二公　宋本顔作潁案潁容之潁後漢書亦作穎王應麟姓氏急就篇同不得因廣韻穎氷字下不言姓而疑之也

劉賈潁爲傳文生例　閩本監本毛本潁誤穎

且公羊以爲諸侯無攝　浦鏜正誤公羊作何休

其後儀父服事齊桓以奬王室　毛本桓誤侯奬宋本淳熙本岳本作獎釋文亦作獎字按說文作奬从犬各書或从大或从廾

注王未至克卒　宋本此節正義在公攝位節注下

不可據列會以否以明有爵也　閩本監本毛本以改與按唐人正義多作以否

非公命也　纂圖本閩本監本毛本公誤君

君舉必書　淳熙本必作筆非也

他皆倣此　岳本倣作放釋文同

初鄭武公娶于申曰武姜　毛本于作於非

初鄭武公娶于申曰武姜　宋本作初鄭至武姜以下正義廿節在其是之謂乎注下

杜以爲凡倒本其事者　宋本毛本倒作例

注申國今南陽宛縣　宋本作申國至宛縣

其後中絕　閩本監本毛本中誤申

注段出奔共故曰共叔猶晉侯至之鄂侯　宋本作注段出至鄂侯

非有共德可稱　閩本監本毛本共作其誤

餬口四方　閩本監本毛本餬作糊非

莊公寤生驚姜氏故名曰寤生遂惡之　宋本作莊公至惡之

號叔死焉　石經凡從虎字皆闕筆避唐太祖諱故虢作號

佗邑唯命　石經宋本岳本足利本佗作他

故開以佗邑　宋本岳本佗作他

史伯爲桓公詐謀云　宋本監本毛本詐作設

鄶仲恃險　監本毛本鄶誤鄫

云號叔封西　浦鏜正誤據僖五年正義上增賈逵二字是也

傳云號仲譖其大夫謂叔之子孫字曰仲也　閩本監本毛本譖誤謂謂誤譖

都城過百雉　水經注濟水篇引作京城過百雉仁和趙一清云此句祭仲泛言先王建侯之制故曰都城酈道元删去今京不度句直改都城爲京城也

其實是大夫以否　閩本監本毛本以作與

三堵爲雉一雉之牆　毛本雉誤堆

又云或者天子之城方十二里　閩本監本毛本又誤文

論語注以爲公大都之城方三里　浦鏜正誤三作九

俱是正文　各本作文此誤丈今訂正

中都方一里又二百四十步　閩本監本毛本一誤二元和李銳云王城方九里中都合五分取一置九里以五除之得一里又五分里之四又以里法三百步乘之四得一千二百步復以五除之得二百四十步故曰中都方一里又二百四十步也

長一百八雉也　浦鏜正誤云八上脫六十二字

必自斃　釋文斃本又作獘字按說文作獘从犬諸書改从大从廾而又別造斃字訓死

無生民心　石經凡民字皆闕筆作民避唐太宗諱

不義不暱　考工記凡昵之類不能方注鄭司農云故書昵或爲樴杜子春云樴讀爲不義不昵之昵或爲䵒李

善文選注四十一引傳文暱亦作昵按昵暱之或字說文䵒字注引作不義不䵒或从刃作𥾋唐元度亦云䵒字見春秋傳曰聲刃聲尼聲匿聲皆雙聲也

高大而壞謂之崩　監本壞誤壞

服虔以聚爲聚禾黍也　監本毛本脫爲聚二字

如是二君　宋本監本毛本是作似

夫子始然　宋本監本毛本然作改

以害其弟　各本作害此本誤言今訂正

足得誅之　閩本監本毛本足作君非

遂寘姜氏于城潁　石經潁字初刻作穎改刻作潁後潁考叔潁谷並同

潁考叔　案水經潁水注云陽乾山之潁谷潁考叔爲其封人然則潁當从水明矣傳潁考叔者猶言儀封人也而廣韻於從禾之穎下云又姓左傳潁考叔似未安

食而不啜羹　宋本而作至

且告之悔　顧炎武云石經且誤具按石經此處闕炎武所據王堯惠刻也

其樂也融融　惠棟補注融古文作彤文選張衡思元賦注引融作其樂也彤彤云融與彤古字通案後漢書馬融傳豐彤對蔚豐彤猶豐融也

其樂也洩洩　案洩洩當作泄泄考文提要作泄泄石經避太宗諱改宋以後本皆仍唐刻

穎考叔純孝也　石經凡純字闕筆作純避憲宗諱

不皆與今說詩者同　岳本作皆不誤倒

後皆倣此　宋本淳熙本岳本足利本後作他倣宋本岳本作放字正義同按作放爲古倣乃俗字他例此

此傳意以爲事之般類也　毛本意作義非

天王至故名　宋本以下正義七節揔入非禮也注下

緩賵惠公　監本毛本脫賵惠二字

不指所賵之人　毛本指誤知人誤言

同在方嶽之盟　毛本嶽誤軏

弊王室　閩本監本毛本弊作獘

今讚曰　閩本監本毛本並作合讚按今讚正義屢引之浦鏜正誤改作令蓋皆非是襄傳元年正義讚作贊

既葬則縗麻除　諸本作縗釋文作衰

卒哭而祔　閩本監本毛本祔誤袝

大始十年　按大當作泰

明不復寢苫枕甴　閩本監本毛本甴作塊按甴古塊字

預謂鄉人段暢曰　按晉書禮志作殷暢

全大分明　按晉書禮志作令大義著明

豫凶事非禮也　石經豫作豫避唐代宗諱毛本改作預非也

東國在城陽莊武縣　齊召南云城陽有壯武無莊武漢封宋昌晉封張華皆以壯武各本誤作莊

他皆倣此　宋本岳本倣作放

蜚負蠜也　釋文蠜音煩又音盤爾雅釋蟲蜚蠦蜰郭注云蜚即負盤按負盤即負蠜也

莊二十九年　閩本二誤三

亦明春秋例　毛本明誤名

他如此類　毛本誤作他頰如此

故傳直言其歸宿而已　宋本淳熙本岳本足利本宿作趣按作趣與杜序合

是時宋來伐隱　宋本作伐魯是也

而猶言公立也　宋本監本毛本猶作別

豈有宋師纔時已來成而後去　宋本成而後作莽時未是也監本毛本未亦誤後

公孫滑出奔衛　石經無出字

取廩延　毛本取誤請

及不臨喪　宋本岳本纂圖本足利本臨下有其字

經傳無其事　宋本經作且

經二年　宋本春秋正義卷第三

若戎子駒支者　毛本戎誤王

莒己姓　毛本己誤紀字按人己之己與已止之已唐石經以及宋槧元刻之書皆分別不誤明時刊本往往互譌

須已氏　宋本閩本監本毛本須作從是也

周武王封茲與於莒　宋本與作輿

卿尊自合書各　宋本毛本各作名

由是將卑師少　補鏜正誤由是疑猶似案由與猶古多通用

無駭帥師入極　案漢書古今人表作亡駭

其名見於傳　各本作名此誤各今訂正

今不書氏　毛本今誤故

高平方與縣北有武唐亭　案劉昭續漢書郡國志注引杜說云武唐亭在方與縣西南

他皆放此　岳本脫皆字

不欲自言娶婦　監本毛本自作目非

故卿為君昏侍者　宋本侍作行是也

昏禮記所云　毛本脫所字

弟稱其兄是也　補鏜正誤弟下補則字

傳二年

凡師有鍾鼓曰伐　岳本鍾作鐘

盟或背之　毛本背誤肯

他皆倣此　淳熙本他作佗宋本岳本倣作放

費庈父勝之　石經宋本淳熙本岳本纂圖本足利本庈作庈是也釋文亦作庈音琴

治元年取廩延之亂　毛本治字空缺

春秋左傳注疏校勘記卷二

附釋音春秋左傳注疏卷第三 隱三年盡五年

杜氏注　孔穎達疏

經三年春王二月己巳日有食之 無傳日行遲一歲一周天月行疾一月一周天一歲凡十二交會然日月動物雖行度有大量不能不小有盈縮故有雖交會而不食者或有頻交而食者唯正陽之月君子忌之故有伐鼓用幣之事今釋例以長厤推經傳明此食是二月朔也不書朔史失之書朔日例在桓十七年○己巳上音紀下音祀後倣此食如字本或作蝕音日量音亮縮所六反 〔疏〕注日行至七年○正義曰古今之言厤者大率皆以周天爲三百六十五度四分度之一日行一度故一歲乃行一周天月行比日爲疾每日行十三度十九分度之七故一月內則行一周天又行二十九度過半乃逐及日言一月一周天者略言之耳其實及日之時不啻一周天也日月雖共行於天而各有道每積二十九日過半行道交錯而相與會集以其一會謂之一月每一歲之間凡有十二會故一歲爲十二月日食者月掩之也日月之道互相出入或月在日表從外而入內或月在日裏從內而出外道有交錯故日食也二十九日過半月及日者以厤家一度分爲九百四十分則四百七十分爲半今月來及日凡二十九日又四百九十九分是過半校二十九分也日有食之言有物來食之也日月同處則日被月映而形魄不見聖人不言日被月食而云日有食之者以其月不可見作不知之辭穀梁傳曰其不言食之者何也知其不可知也是言慎疑故不言月也朔則交會故食必在朔然而每朔皆會應每月常食故解之言日月動物雖行度有大量不能不小有盈縮故有雖交會而不食者或有頻交而食者自隱之元年盡哀二十七年積二百五十五年凡三千一百五十四月唯三十七食是雖交而不食也襄二十二年九月十月頻食二十四年七月八月頻食是頻交而食也食無常月唯正陽之月君子忌之以日食者陰侵陽也當陽量之月不宜爲弱陰所侵故有伐鼓用幣之事餘月則否其日食例皆書朔己巳之下經無朔字長厤推此己巳實是朔日而不書朔史失之也此注作大判言耳戰國及秦厤紀全差漢來漸候天時始造其術劉歆三統以爲五月二十三分月之二十而日一食空得食日而不得加時漢末會稽都尉劉洪作乾象厤始推月行遲疾求日食加時後代脩之漸益詳密今爲厤者推步日食莫不符合但無頻月食法故漢朝以來殆將千歲爲厤者皆一百七十三日有餘而始一交會未有頻月食者今頻月而食乃是正經不可謂之錯誤世考之厤術事無不驗不可謂之疎失由是注不能定故未言之也又漢書高祖本紀高祖即位三年十月十一月晦日頻食則自有頻食之理其解在襄二十四年穀梁傳曰言日不言朔食晦日也朔日並不言食晦夜也朔日並言食正朔也言朔不言日食既朔也○

三月庚戌天王崩 周平王也實以壬戌崩欲諸侯之速至故遠日以赴春秋不書實崩日而書遠日者即傳其僞以懲臣子之過也襄二十九年傳曰鄭上卿有事使印段如周會葬今不書葬魯不會○即傳直專反印因刃反 〔疏〕天王崩○正義曰曲禮下曰天子死曰崩諸侯曰薨大夫曰卒士曰不祿庶人曰死鄭玄云異死名者爲人褻其無知若猶不同然也自上顛壞曰崩薨顛壞之聲卒終也不祿不終其祿死之言澌也精神澌盡也是由天子尊若山崩然諸侯卑取崩之聲以爲尊卑之差也不書天王名者以海內之王至尊之極故敬而不敢名也穀梁傳云高曰崩厚曰崩尊曰崩天子之崩以尊也以其在民上故崩之其不名何也大上故不名也蘇氏云王后崩大子卒不書者赴不及魯也今以爲略之例所不書也告喪禮云告王喪曰天王登假此言崩者魯史裁約爲文不道當時赴不言登假也○注周平至不會○正義曰今檢杜注無葬者皆顯言其謚此爲無葬故言周平王也仲尼脩經當改正眞僞以爲褒貶周人赴不以實孔子從僞而書者周人欲令諸侯速至故遠其崩日以赴也不書其實而從其僞言人知其僞則過足章矣故即傳其僞以懲創臣子之過釋例曰天王僞赴遂用其虛明日月闕否亦從赴辭君子不變其文以慎其疑且虛實相生隨而長之眞僞之情可以兩見承赴而書之亦所以示將來也○夏

四月辛卯君氏卒 隱不敢從正君之禮故亦不敢備禮於其母 〔疏〕君氏卒○正義曰君氏者隱公之母聲子也謂之君氏者言是君之母氏也母之與子氏族必異故經典通呼母舅爲母氏舅氏言其與已異氏也○

秋武氏子來求賻 武氏子天子大夫之嗣也平王喪在殯新王未得行其爵命聽於冢宰故傳曰王未葬釋其所以稱父族又不稱使也魯不共奉王喪致令有求經直文以示不敬故傳不復具釋也○賻音附殯必刃反共音恭本又作供音同令力呈反復扶又反 〔疏〕注武氏至釋也○正義曰武氏者天子大夫之姓直云武氏子不書其字則其人未成爲大夫也若是上士例當書名又不應繫之父族謂之爲子明其是

大夫之子也又王使至魯皆言天王使矣此後不言王使明其不稱王命也以此知此人父喪已終宜嗣父位但平王未命而崩新王居喪未得行其爵命政事聽於冢宰冢宰使之適魯冢宰不得專命故作自來之文傳言王未葬者意兼兩事王喪在殯新王不得加臣爵位故此人仍繫父族王又不得命臣出行故此人不稱王使以未葬之故闕此二事故傳以未葬解之。

八月庚辰，宋公和卒稱卒者略外以別內也元年大夫盟於宿故來赴以名例在七年。○別彼列反。**冬十有二月，齊侯鄭伯盟于石門**來告故書石門齊地或曰濟北盧縣故城西南濟水之門。**癸未，葬宋穆公**無傳魯使大夫會葬故書始死書卒史在國承赴爲君故惡其薨名改赴書也書葬則舉謚稱公者會葬者在外據彼國之辭也書葬例在昭六年。○爲于僞反惡烏路反

【疏】注魯使至六年。○正義曰：文九年叔孫得臣如京師葬襄王昭三年叔弓如滕葬滕成公如此之類遣卿行者皆書其使名此不書使名知是大夫往也大夫奉命出使位賤不合書名故直書其所爲之事而己盟則云及某盟會則云會某人葬則云葬某公舉其所爲之事明有使往可知也釋例曰先王之制諸侯之喪士弔大夫送葬及其失也禮過於重文襄之伯因而抑之諸侯之喪大夫弔卿共葬事夫人之喪士弔大夫送葬猶過古制故公子遂如晉葬襄公傳不言禮葬秦景公傳曰大夫如秦葬景公特稱禮也一以示古制二以示書他國之葬必須魯會三以示奉使非卿則不書於經此巳明之微文也是言大夫得正而卿過禮也諸侯曰薨禮之正名魯史自書君死曰薨若鄰國亦同書薨則與已君無別國史自在已國承他國赴告爲與已君同故惡其薨名雖赴稱薨皆改赴書卒略外以別內也至於書葬則五等之爵皆舉謚稱公者會葬者在於國外據彼國之辭彼國臣子稱君曰公書使之行不得不稱公也又云惡其薨名改赴書者釋例曰天子曰崩諸侯曰薨大夫曰卒古之制也春秋所稱曲存魯史之義內稱公而書薨所以自尊其君則不得不略外諸侯書卒以自異也至於旣葬雖邾許子男之君皆稱謚而言公各順臣子之辭兩通其義是其說也案禮雜記赴告之辭云君訃於他國之君曰寡君不祿敢告於執事然則赴辭本無薨語而云惡其薨名者以夫人薨例云不赴於諸侯則不曰薨明其以薨告人故書薨也是知王侯喪者其通國命皆以崩薨相告記之所稱謂荅主人之問飾其文辭耳若以記文無薨即疑不以薨告記稱大夫士赴人之辭皆云不祿豈大夫無卒名也以此知相赴策書必以薨爲文但擯者口傳赴辭義在謙退從士之不祿故禮記言之赴則必以薨但改赴書卒耳史之書事莫不在國會葬者自可在外書策者國內書之而云據彼國之辭者書使行之事言使爲此事行故文從彼稱不謂書不在國也卿爲君逆謂之逆女亦是書已之使據彼稱女與此同也

傳三年春王三月壬戌，平王崩，赴以庚戌，故書之。夏，君氏卒，聲子也。不赴於諸侯，不反哭于寢，不祔于姑，故不曰薨。不稱夫人，故不言葬夫人喪禮有三薨則赴於同盟之國一也旣葬日中自墓反虞於正寢所謂反哭于寢二也卒哭而祔於祖姑三也若此則書曰夫人某氏薨葬我小君某氏此備禮之文也其或不赴不祔則爲不成喪故死不稱夫人薨不言葬我小君某氏反哭則書葬不反哭則不書葬今聲子三禮皆闕釋例論之詳矣。○祔音附

【疏】注夫人至詳矣。○正義曰：僖八年致夫人傳曰不赴於同則弗致故知赴者赴於同盟之國也禮檀弓記葬禮云旣封有司以几筵舍奠於墓左反。日中而虞士喪禮旣葬乃反哭於廟遂適殯宮而虞是旣葬日中自墓反虞於正寢即殯宮也僖三十三年傳與檀弓記皆云卒哭而祔喪服小記曰婦祔於祖姑雜記曰妾祔於妾祖姑是祔於姑者祔於祖姑也此三者皆夫人之喪禮夫人喪禮有三史策所書有二唯卒葬兩事而巳其卒之異者或云夫人某氏薨仲子文姜之類是也或云某氏卒定姒孟子是也葬之異者或云葬我小君某氏文姜敬嬴之類是也或云葬某氏葬定姒是也或則不書葬也今聲子三禮皆闕經異常辭必是闕一事則變一文但傳旣并釋注不顯配雖言釋例詳之例亦未甚分明此傳故上三事故下三事若以次相配則不赴於諸侯故不曰薨不反哭於寢故不稱夫人不祔於姑故不言葬文次相屬事乃似然但顧下傳義則不爾定十五年姒氏卒傳曰不稱夫人不赴且不祔也哀十二年孟子卒傳曰死不赴故不稱夫人不反哭故不言葬小君彼二傳皆以不赴解不稱夫人以不反哭解不書葬然則由不赴故不曰薨由不反哭故不書葬也二事旣然則由不祔故不稱夫人斷可知矣傳文不以次相配者初死乃赴葬乃反哭反哭之後始祔三者依事之先後爲文也至書於經則夫人與薨共文故先言不稱夫人後言不書葬順經之先後爲文也禮之本意必赴乃稱薨祔乃稱夫人反哭

乃書葬者夫人與君同體死必赴於鄰國若不以赴告於鄰國則夫人之禮不成尊成以否義由赴告成尊之狀在於書薨故赴則稱薨不赴則不稱薨也禮適祔於適祖姑妾祔於妾祖姑亦既不祔於姑便是適妾莫辯故祔則稱夫人不祔則不稱夫人也既葬於墓反哭於寢哀之尤極情之最切既葬而不反哭全是不念其親葬與不葬殆無以異故不反哭則不書葬也皆所以懲臣子責其不行禮也人之行禮有勤有惰未必廢則俱廢行則皆行此聲子自三禮皆闕其餘或可一行一否釋例曰夫人子氏赴而不反哭故不書葬定姒則反哭而不赴故書葬而不言小君以此二者據傳則然理在不惑但不知赴而不祔祔而不赴者辭當云何耳薨者夫人之死號不稱夫人必不得稱薨也小君者夫人之別號不稱夫人必不得稱小君也孟子卒下注云不稱夫人故不言薨是夫人與薨文相將也葬定姒傳曰不稱小君不成喪也注云不赴不祔故不稱小君傳以不赴不祔解不稱夫人注以不赴不祔解不稱小君是夫人小君文相將也夫人也薨也小君也三者相將之物不可致詰蓋赴祔二禮課行一事則具此三文二事並廢則三文皆去耳何則檢此傳相配不赴則不曰薨不祔則不稱夫人是稱夫人由祔不由赴也孟子之傳乃云不赴故不稱夫人是稱夫人由於赴不由於祔

春秋疏卷三　五

也定姒之傳云不稱夫人不赴且不祔又以二事並解不稱夫人注云赴同祔姑夫人之禮二者皆闕故不曰夫人明是二者俱闕乃去夫人課行一事則稱夫人稱夫人則必書薨書薨則必稱小君所異者不反哭則不書葬若不書葬則小君之文無所施耳即仲子是也赴同祔姑皆是夫人之禮故赴而不祔祔而不赴則皆曰夫人某氏薨惠公自有元妃別為仲子立廟則仲子未必祔姑蓋以赴同之故得稱夫人薨也

不書姓爲公故曰君氏　不書姓辟正夫人也隱見爲君故特書於經稱曰君氏以別凡妾媵。爲公音于僞反見賢遍反別彼別反

疏　注不書至妾媵。正義曰辟正夫人謂辟仲子耳何則妾子爲君則其母得爲夫人不須辟仲子也但公以讓位之故不從正君之禮故亦不備禮於其母使之辟仲子也釋例曰凡妾子爲君其母猶爲夫人雖先君不命其母母以子貴其適夫人薨則尊得加於臣子外內之禮皆如夫人矣故姒氏之喪責以小君不成成風之喪王使會葬傳曰禮也隱以讓桓攝位故不成禮於聲子假稱君氏以別凡妾媵蓋是一時之宜隱之至義也是其辟仲子之意也

鄭武公莊公爲平王卿士　卿士王卿之執政者言父子秉周之政　王貳于虢　虢西虢公亦仕王朝王欲分政於虢不復專任鄭伯。朝直遥反復扶又反任而鴆反後不音者皆同

鄭伯怨王王曰無之故周鄭交質王子狐爲質於鄭鄭公子忽爲質於周　王子狐平王子。質音致下同狐音胡

王崩周人將畀虢公政。　周人遂成平王本意畀必二反與也

四月鄭祭足帥師取溫之麥秋又取成周之禾　四月今二月也秋今之夏也麥禾皆未熟言取者蓋芟踐之溫今河內溫縣成周洛陽縣也。祭側界反芟所銜反

疏　注四月至陽縣也。正義曰此直言秋秋有三月若是季秋則今之七月杜必知秋今之夏者以此傳在武氏之上案經武氏之下有八月宋公和卒則知此是七月故爲今之夏謂今之五月也麥熟在夏而云麥禾皆未熟者謂四月之時麥未熟七月之時禾未熟二者異時故言皆也

周鄭交惡　兩相疾惡　君子曰信不由中質無益也明恕而行要之以禮雖無有質誰能間之苟有明信澗谿沼沚之毛　谿亦澗也沼池也沚小渚也毛草也。要於遥反間間廁之間谿苦兮反爾雅云山夾水曰澗山瀆無所通曰谿沼之紹反沚音止亦音市本又作時

春秋疏卷三　六

蘋蘩薀藻之菜　蘋大蓱也蘩皤蒿薀藻聚藻也。蘋音頻蘩音煩薀紆粉反藻音早蓱蒲丁反皤蒲多反白蒿也

疏　澗谿至之菜。正義曰毛即菜也而重其文者谿沼言地之陋蘋藻言菜之薄故云重也。注谿亦至毛草。正義曰爾雅釋山云山夾水澗李巡曰山間有水釋名曰言水在兩山間也釋水曰水注川曰谿李巡曰水出於山入於川釋山又云山瀆無所通谿李巡曰山中水瀆雖無所通與水注川同名宋均曰無水曰谷有水曰谿然則谿亦山間有水之名是澗之類故云谿亦澗也沼者池之別名張揖廣雅亦云沼池也應劭風俗通云池者陂池從水也聲沚與時音義同釋水曰小渚曰沚釋名曰沚止也小水可止息其上草是地之毛周禮宅不毛謂宅內無草木也故杜以毛爲草草即下句蘋蘩薀藻是也蘩陸菜而云沼沚之毛者或采之水旁非皆水內也。注蘋大至聚藻也。正義曰釋草云苹蓱其大者蘋舍人曰苹一名蓱大者名蘋郭璞曰水中浮蓱江東謂之薸陸

機毛詩義疏云今水上浮蓱是也其麤大者謂之蘋小者曰蓱季春始生可糝蒸爲茹又可苦酒淹以就酒釋草又云蘩皤蒿孫炎曰白蒿也陸機疏曰凡艾白色爲皤蒿今白蒿春始生及秋香美可生食又可蒸一名遊胡北海人謂之旁勃故大戴禮夏小正傳曰蘩遊胡遊胡旁勃也許慎説文云藻水草從艸從水巢聲或作藻從藻毛詩傳曰藻聚藻也然則此草好聚生薀訓聚也故云薀藻聚藻也陸機疏云生水底有二種其一種葉如雞蘇莖大如箸長四五尺其一種莖大如釵股葉如蓬謂之聚藻又云扶風人謂之藻聚爲發聲也此二藻皆可食煑熟挼去腥氣米麪糝蒸爲茹嘉美揚州人饑荒可以當穀食 筐筥錡釜之器 方曰筐員曰筥無足曰釜有足曰錡○筐丘方反筥九呂反錡其綺反筐筥皆器也 疏 注方曰至曰錡○正義曰此皆毛詩傳鄭箋之文也説文云筥飯牛筐也廣雅云錡釜也 潢汙行潦之水 潢汙停水行潦流潦○潢音黄汙音烏潦音老 疏 注潢汙至流潦○正義曰停水謂水不流也行道也雨水謂之潦言道上聚流者也服虔云畜小水謂之潢水不流謂之汙行潦道路之水是也此水用爲飲食故引泂酌之篇藻雖潦水所生要此潦非生菜處也 可薦於鬼

神可羞於王公也 羞進 疏 可薦至王公○正義曰上言鬼神此言王公是生王公也或以爲王公亦謂鬼神非生王公也此傳之意取詩爲言泂酌論天子之事是羞於王也采蘩云公侯之事是羞於公也言薦又言羞者鄭玄注庖人云備品物曰薦致滋味乃爲羞 而況君子結二國之信行之以禮又焉用質 通言盟約彼此之情故言二國○焉於虔反約如字又於妙反 風有采蘩采蘋 采蘩采蘋詩國風義取於不嫌薄物 雅有行葦泂酌 詩大雅也行葦篇義取忠厚也泂酌篇義取雖行潦可以共祭祀也○葦于鬼反泂音迥共音恭○ 疏 雅有行葦○正義曰采蘩采蘋泂酌上傳所言皆有彼篇之事其言未及行葦今言行葦者其意别取忠厚非以結上也 昭忠信也 明有忠信之行雖薄物皆可爲用○行下孟反○ 武氏子來求賻王未葬也○宋穆公疾召大司馬孔父而屬殤公焉曰先君舍與夷而立寡人 先君穆公兄宣公也與夷宣公子即所屬殤公○屬章欲反注同殤舒羊反舍音捨與如字一音餘 疏 武氏至葬也○正義曰蘇氏云案文九年毛伯來求金傳曰不書王命未葬也此傳直云王未葬不同者毛伯直釋不稱使故云不書王命此武氏子非但不稱使又稱父族二事皆由未葬故直云王未葬也○而立寡人○正義曰曲禮下曰諸侯見天子曰臣某侯某其與民言自稱曰寡人今與臣言亦云寡人則知其對臣民自稱同也老子曰孤寡不穀王侯之謙稱故以下諸侯自稱亦多言不穀 寡人弗敢忘若以大夫之靈得保首領以沒先君若問與夷其將何辭以對請子奉之以主社稷寡人雖死亦無悔焉對曰羣臣願奉馮也 馮穆公子莊公也○沒本亦作歿同馮皮冰反本亦作憑 公曰不可先君以寡人爲賢使主社稷若棄德不讓是廢先君之舉也豈曰能賢 言不讓則不足稱賢 光昭先君

之令德可不務乎吾子其無廢先君之功 先君以舉賢爲功我若不賢是廢之 使公子馮出居於鄭 辟殤公也 八月庚辰宋穆公卒殤公即位君子曰宋宣公可謂知人矣立穆公其子饗之命以義夫 命出於義也夫語助○夫音符注同 疏 命以義夫○正義曰義者宜也錯心方直動合事宜乃謂之爲義宣公之立穆公知穆公之賢必以義理不棄其子今穆公方卒命孔父以義事而立殤公是穆公命立殤公出於仁義之中故杜云命出於義也必知命以義夫謂穆公命立殤公者以杜注云帥義而行則殤公宜受此命宜荷此禄公子馮不帥父義終傷咸宜之福明知殤公受穆公之命與殷湯武丁同有咸宜是知穆公命殤公是爲義也 商頌曰殷受命咸宜百禄是荷其是之謂乎 詩頌言殷湯武丁受命皆以義故任荷天之百禄也帥義而行則殤公宜受此命宜荷此禄公子馮不帥父義忿而出奔因鄭以求入終傷咸宜之福故知人之稱

唯在宜公也殷禮有兄弟相及不必傳子孫宋其後也故指稱商頌○頌似用反荷本又作何何可反又音何注同任也任音壬忿芳粉反稱尺證反傳直專反疏商頌至謂乎○正義曰商頌玄鳥之卒章言成湯武丁也二王者受天之命皆得其宜故天之百種之祿於是乎荷負之言天祿皆歸故得而荷負也今穆公亦得其宜故殤公宜荷其祿詩之意其是此事之謂乎○注詩頌至商頌○正義曰唐虞之代契爲司徒封於商十四世至湯王有天下遂以商爲代號後世有武丁者中興賢君時有作詩頌之者謂之商頌美湯與武丁能荷天祿今殤公亦荷天祿與詩義同故引以證之公羊傳言宋之禍宣公爲之尤其舍子立弟果令馮有爭心以馮之爭爲宣公之過今此傳善宣公故申明其事若使帥義而行則殤公宜受此命宜荷此祿但公子馮不帥父義失其咸宜故知人之稱唯在宣公止善宣公知穆公耳馮自爭國非宣公之罪故善之傳言使公子馮出居于鄭則是父使之出注言忿而出奔者四年傳曰公子馮出奔鄭鄭人欲納之又衛告宋曰君若伐鄭以除君害是馮出奔鄭求入欲害宋國也父使居鄭欲以辟殤公馮乃因鄭欲以害殤公故據父言之則云使之出居據馮言之則云忿而出奔各從其實而爲之文也謚法短折不成曰殤布德執義曰穆○

○冬齊鄭盟于石門尋盧之盟也盧盟在春秋前盧齊地今濟北盧縣故城庚戌鄭伯之車僨于濟既盟而遇大風傳記異也十二月無庚戌日誤○僨弗問反仆也疏注既盟至日誤○正義曰釋言云僨僵也舍人曰背踣意也車踣而入濟是風吹之隊濟水非常之事故云傳記異也禹貢導沇水東流爲濟入于河溢爲滎釋例曰濟自滎陽卷縣東經陳留至濟陰北經高平東經濟北東北經濟南至樂安博昌縣入海案檢水流之道今古或殊杜既考校元由據當時所見載於釋例今一皆依杜雖與水經乖異亦不復根尋也庚戌無月而云十二月者以經盟于石門在十二月知此亦十二月也經書十二月下云癸未葬宋穆公計庚戌在癸未之前三十三日不得共在一月彼長歷推此年十二月甲子朔十一日有甲戌二十二日在丙戌不得有庚戌而月有癸未則月不容誤知日誤也○衛莊公娶于齊東宮得臣之妹曰莊姜得臣齊大子也此太子不敢居上位故常處東宮疏衛莊至莊姜○正義曰齊國侯爵譜云姜姓大公望之後其先四岳佐禹有功或封於呂或封於申故太公曰呂望也太公股肱周室成王封之於營丘今臨淄是也僖公九年魯隱公之元年也簡公四年獲麟之歲也簡公弟平公十三年春秋之傳終矣平公二十五年卒後二世七十年而田氏奪齊太公之後滅矣案齊世家莊公生僖公東宮得臣未知何公太子案史記十二年諸侯年表衛莊公之立在春秋前二十五年齊僖公之立在春秋前八年然則莊姜必非齊僖公之女蓋是莊公之女僖公姊妹也得臣爲太子早死故僖公立也不言僖公姊妹而繫得臣者見其是適女也得臣爲太子云常處東宮者四時東爲春萬物生長在東西爲秋萬物成就在西以此君在西宮太子常處東宮也或可據易象西北爲乾乾爲君父故君在西東方震震爲長男故太子在東也美而無子衛人所爲賦碩人也碩人詩義取莊姜美于色賢于德而不見荅終以無子國人憂之○爲音于僞反○疏所爲賦碩人也○正義曰此賦謂自作詩也班固曰不歌而誦亦曰賦鄭玄云賦者或造篇或誦古然則賦有二義此與閔二年鄭人賦清人許穆夫人賦載馳皆初造篇也其餘言賦者則皆誦古詩也又娶于陳曰厲嬀生孝伯早死陳今陳國陳縣○嬀九危反疏○又娶于陳○正義曰陳

國侯爵譜云嬀姓虞舜之後當周之興有虞遏父者爲周陶正武王賴其利器用與其先聖之後以元女大姬妃遏父之子滿封於陳賜姓曰嬀號胡公桓公二十三年魯隱公之元年也湣公二十一年獲麟之歲也二十四年楚滅陳此當桓公時二嬀蓋桓公姊妹也其娣戴嬀生桓公莊姜以爲己子嬀陳姓也厲戴皆謚雖爲莊姜子然大子之位未定疏注嬀陳至未定○正義曰謚法暴慢無親曰厲典禮無愆曰戴是皆謚也石碏言將立州吁乃定之矣請定州吁明大子之位未定衛世家言立完爲大子非也公子州吁嬖人之子也嬖親幸也○吁混于反嬖必計反賤而得幸曰嬖有寵而好兵公弗禁莊姜惡之石碏諫曰臣聞愛子教之以義方石碏衛大夫○好呼報反禁居鴆反一音金惡烏路反碏七略反弗納於邪驕奢淫泆所自邪也四者之來寵祿過也將立州吁乃定之矣若猶未也階之爲

禍言將立爲太子則宜早定若不早定州吁必緣寵而爲禍。邪似嗟反下同泆音逸〔疏〕弗納至過也。正義曰驕謂恃己陵物奢謂夸矜僭上淫謂耆欲過度泆謂放恣無藝此四者之來從邪而起故服虔云言此四者過從邪起是也劉炫云此四者所以自邪已身言爲之不已將至於邪邪謂惡逆之事劉又難服云邪是何事能起四過若從邪起何須云四者之來寵禄過也寵禄豈是邪事四者得從而來乎且言弗納於邪懼其緣驕以至於邪非先邪而後驕也

夫寵而不驕驕而能降降而不憾憾而能眕者鮮矣如此者少也降其身則必恨恨則思亂不能自安自重。夫音扶發句之端後放此憾本又作感同胡暗反恨也五年同眕之忍反重也鮮息淺反少也〔疏〕夫寵而至鮮矣。正義曰恃君寵愛未有不驕亦既驕矜必不能自降其心強降其心未有不恨亦既怨恨必不能自重其身釋言云眕重也言恨則思亂必不能自安自重也寵而必驕降而必憾言其勢必自然故言其能不然者少也驕而不能降憾而不能眕言其心難自抑故言其能然者少也鮮訓少以一鮮揔四事言四事皆鮮也

且夫賤妨貴少陵長遠間親新間舊小加大小國而加兵於大國如息侯伐鄭之比。妨音芳少詩照反長丁丈反間間廁之間下同比二反淫破義所謂六逆也君義臣行父慈子孝兄愛弟敬所謂六順也臣行君之義〔疏〕賤妨至破義。正義曰賤妨貴謂位有貴賤少陵長謂年有長幼楚公子申多受小國之賂以偪子重子辛是賤人而妨貴人也邾捷菑以弟而欲奪兄位是年少而陵年長也齊東郭偃棠無咎專崔氏之政而侮崔成崔彊是疎遠而間親戚也晉胥童夷羊五得君寵而去三郤是新臣而間舊臣也息伐鄭曹奸宋是小國而加大國也陳靈蔡景姦穢無度是邪淫而破正義也妨謂有所害陵謂加尚之間謂居其間使彼疎遠也加亦加陵破謂破散淫義不兩立行惡則破善故言破也

去順效逆所以速禍也君人者將禍是務去而速之無乃不可乎弗聽其子厚與州吁游禁之不可桓公立乃老老致仕也四年經書州吁弒其君故傳先經以始事。去起呂反下同弒音試先悉薦反〔疏〕去順效逆。正義曰州吁於逆則少陵長於順則弟不敬是去順效逆也六順六逆因事廣言非謂州吁偏犯之也。注老致至始事。正義曰禮七十而致事言還其所掌之事於君也傳之初始有此故言傳先經以始事餘不注從可知也

經四年春王二月莒人伐杞取牟婁無傳書取言易也例在襄十三年杞國本都陳留雍丘縣推尋事跡桓六年淳于公亡國杞似并之遷都淳于僖十四年又遷緣陵襄二十九年晉人城杞之淳于杞又遷都淳于牟婁杞邑城陽諸縣東北有婁鄉。杞音起牟亡侯反易以豉反雍於用反〔疏〕莒人至牟婁。正義曰譜云杞姒姓夏禹之苗裔武王克殷求禹之後得東樓公而封之於杞今陳留雍丘縣是也九世及成公遷緣陵文公居淳于成公始見春秋湣公六年獲麟之歲也湣公弟哀公三年春秋之傳終矣哀公十年卒自哀公以下二世十三年而楚滅杞檢杞於此歲已見於經桓二年有杞侯來朝莊二十七年有杞伯來朝於傳並無號謚又不書其卒僖二十三年杞成公卒其謚乃見於傳未知此年杞國定是何君當是成公之父祖耳牟婁杞邑莒伐取之自

是以後常爲莒邑昭五年莒牟夷以牟婁來奔是也文三年秦人伐晉傳稱取王官及郊襄二十三年齊侯伐晉傳稱取朝歌並書伐不書取此伐取兩書者彼告伐不告取此伐取並告故也昭元年伐莒取鄆書取不書伐昭十年伐莒取郠書伐不書取者元年兵未加莒而鄆逆服故書取不書伐十年晉以取郠討公故書伐不書取其伐國圍邑書圍以否亦從告也。注書取至婁鄉。正義曰襄十三年傳例曰凡書取言易也知此書取亦言易也地理志云陳留郡雍丘縣故杞國武王封禹之後東樓公是杞本都陳留雍丘縣也志又云北海郡淳于縣應劭曰春秋州公如曹左氏傳曰淳于公如曹臣瓚案州國名淳于國之所都此淳于縣於漢屬北海郡晉時屬東莞郡故釋例土地名云州國都於東莞淳于縣以雍丘淳于雖郡別而竟連也桓五年傳稱淳于公如曹度其國危遂不復六年春實來雖知其國必滅不知何國取之襄二十九年晉帥諸侯城杞昭元年祁午數趙文子之功云城淳于是知淳于即杞國之都也僖十四年諸侯城緣陵而遷杞不知從何而遷故云淳于公亡國疑似并之而遷居其地僖十四年又從淳于而遷於緣陵襄二十九年又從緣陵而遷於淳于以無明文疑不敢質故言推尋事跡似當然也若然淳于爲杞所并定似不虛而遷都淳于未有事跡自雍

丘而遷緣陵亦可知矣而且必言遷都淳于又從淳于遷緣陵者以桓六年淳于公亡國襄二十九年又杞都淳于則淳于始末是杞之所有又杞之所都故疑未都緣陵之前亦都淳于也取國易者則直言取若取邿取鄟之類是也故不須加伐於上若其伐國取邑其邑既小不得名通若不加伐於上不知得何國之邑是以雖易亦加伐文則伐杞取牟婁伐邾取須句之類是也成二年取汶陽田乞師盟主興兵伐齊得邑既難而亦書取者因其伐齊晉使還汶陽之田魯不加兵故書取從易也劉君或疑此意遂云上言伐下言取者非易以規杜氏非也○**戊申衛州吁弑其君完**稱臣弑君臣之罪也例在宣四年戊申。三月十七日有日而無月○弑本又作殺同音試凡弑君之例皆放此可以意求不重音完音丸【疏】注稱臣至無月○正義曰宣四年傳例曰凡弑君稱君君無道也稱臣臣之罪也注云稱君謂唯書君名而稱國以弑言衆所共絶也稱臣者謂書弑者之名以示來世終爲不義然則此稱州吁之名稱臣弑君是臣之罪也言完非無道而州吁爲賊也州吁實公子而不稱公子者傳文更無褒貶直是告辭不同史有詳略耳公子雖復非族而文當族處春秋書族以否大有乖異故杜備言之釋例曰尋案春秋諸氏於之稱甚多參差而先儒皆以爲例欲託之於外赴則患有人身自來者例不可合因以辟陋未賜族爲說弑君不書族者四事州吁無知不稱公子公孫賈氏以爲弑君取國故以國言之案公子商人亦弑君取國而獨稱公子宋督賈氏以爲督有無君之心故去氏案傳自以先書弑君見義不在於氏也宋萬賈氏以爲未賜族案傳稱南宮長萬則爲已氏南宮不得爲未賜族也執殺大夫不書族者二事楚殺得臣與宜申賈氏皆以爲陋案楚殺大夫公子側大夫成熊之等六七人皆稱氏族無爲獨於此二人陋也欲以爲通例則有若此之錯欲以爲無義例則傳曰嘉之故不名書曰仲孫嘉之書曰崔氏非其罪翬溺帥師皆曰疾之稱族尊君命舍族尊夫人尊晉罪己之文炳然著明以此推之知亦非仲尼所遺也斯蓋非史策舊法故無凡例當時諸國以意而赴其或自來聘使者辭有詳略仲尼脩春秋因采以示義義之所起則刊而定之不者即因而示之不皆刊正也故蔡人嘉赴而經從稱季傳曰蔡人嘉之書崔氏傳亦曰且告以族明皆從其本也書司馬華孫來盟亦無他比知非大例也然則揔而推之春秋之義諸侯之卿當以名氏備書於經其加貶損則直稱人若有褒異則或稱官或稱氏若內卿有貶則特稱名文不直言魯人故異於外也若無褒無貶傳所不發者則皆就舊文或

未賜族或時有詳略也推尋經文自莊公以上諸弑君者皆不書氏閔公以下皆書氏亦足明時史之異同非仲尼所皆刊也是杜解州吁不稱公子之意杜知然者正以經之所書無常比例褒則或書官或書氏貶則或稱人或去族既無定例明非舊典仲尼有所起發則刊正舊史無所褒貶則因循故策仲尼改者傳辨其由傳所不言則知無義正是史官自有詳略故耳戊申在癸未之後二十五日更盈一周則八十五日往年十二月癸未葬宋穆公則此年二月不得有戊申雖承二月之下未必是二月之日故長歷推此年二月癸亥朔十日壬申二十二日甲申不得有戊申也三月壬辰朔則十七日有戊申也此經上有二月下有夏得在三月之內不是字誤故云有日而無月僖二十八年冬下無月而經有壬申公朝于王所有日而無月經有比類故知此亦同之凡如此者有十四事○**夏公及宋公遇于清**遇者草次之期二國各簡其禮若道路相逢遇也清衞邑濟北東阿縣有清亭【疏】注遇者至清亭○正義曰曲禮下云諸侯未及期相見曰遇相見於郤地曰會然則會者豫謀間地克期聚集訓上下之則制財用之節示威於衆各重其禮雖特會一國若二國以上皆稱會也遇者或未及會期或暫須相見各簡其禮若道路相逢遇然此時宋魯特會欲尋舊盟未及會期衛來告亂故二國相遇若三國簡禮亦曰遇故莊四年齊侯陳侯鄭伯遇于垂是也曲禮稱未及期而相見指此類也周禮冬見曰遇則與此別劉賈以遇者用冬遇之禮故杜難之釋例曰遇者倉卒簡儀若道路相逢遇者耳周禮諸侯冬見天子曰遇劉氏因此名以說春秋自與傳違案禮春曰朝夏曰宗秋曰覲冬曰遇此四時之名今者春秋不皆同之於禮冬見天子當是百官備物之時而云遇禮簡易經書季姬及鄫子遇于防此婦呼夫共朝豈當復用見天子之禮於理皆違是言春秋之遇與周禮冬遇異也草次猶造次造次倉卒皆迫促不暇之意○**宋公陳侯蔡人衛人伐鄭**○**秋翬帥師會宋公陳侯蔡人衛人伐鄭**公子翬魯大夫不稱公子疾其固請強君以不義也諸外大夫貶皆稱人至於內大夫貶則皆去族稱名於記事之體他國可言某人而已魯之卿佐不得言魯人此所以爲異也翬溺去族傳曰疾之叔孫豹則曰言違命此其例也○翬許歸反強其丈反去起吕反下同溺乃歷反【疏】注他國至魯人○正義曰案鄭伯使宛來歸祊庚寅我入祊及齊侯伐我北鄙及我師敗績然魯事皆得稱我則已之卿

佐被貶亦可稱我人所以不然者凡云我者皆上有他國之辭故對他稱我魯人出會他國上未有他國之文不可發首言我人故也

○九月衛人殺州吁于濮 州吁弑君而立未列於會故不稱君例在成十六年濮陳地水名○濮音卜

【疏】注州吁至水名○正義曰春秋之世王政不行賞罰之柄不在天子弑君取國爲罪雖大若已列於諸侯會者則不復討也其有臣子殺之即與弑君無異未必禮法當然要其時俗如是宣公殺惡取國納賂於齊以請會傳曰會于平州以定公位杜云篡立者諸侯既與之會則不得復討臣子殺之與弑君同故公與齊會而位定是其義也釋例又云諸侯篡立雖以會諸侯爲正此列國之制也至於國内策名委質即君臣之分定故諸殺不成君者亦與成君同義然杜前注云篡立者諸侯既與之會臣子殺之與弑君同則若未會諸侯臣子殺之不與弑君同似與釋例違者釋例所云諸弑不成君亦成君同義者即莊九年齊人殺無知及此年衛人殺州吁以其未會諸侯故不書爵猶不從兩下相殺之例故云亦與成君同義若既會諸侯則臣弑稱爵則文十八年齊人弑其君商人是也曹伯負芻殺其大子而自立成十五年諸侯同盟于戚曹伯既列於會然後晉人執之十六年傳稱曹人請于晉曰若有罪則君列諸會矣是列會即成君矣此州吁未列於會故不稱君曹人之辭即是成例故云例在成十六年殺之於濮謂死於水旁也釋例土地名此濮下注云闕哀二十七年傳濮下注云濮自陳留酸棗縣受河東北經濟陰至高平鉅野縣入濟彼濮與此名同實異故杜於此不言闕直云濮陳地水名

○冬十有二月衛人立晉 衛人逆公子晉而立之善其得衆故不書入於衛變文以示義例在成十八年

【疏】注衛人至八年○正義曰成十八年傳例曰凡去其國國逆而立之曰入此公子晉去衛居邢衛人迎而立之於法正當書入宜與齊小白同文傳言書曰衛人立晉衆也是仲尼善其得衆故改常例變文以示義也

傳四年春衛州吁弑桓公而立公與宋公爲會將尋宿之盟未及期衛人來告亂○夏公及宋公遇于清 宿盟在元年 ○宋殤公之即位也公子馮出奔鄭鄭人欲納之及衛州吁立將脩

先君之怨於鄭 謂二年鄭人伐衛之怨

【疏】注謂二至之怨○正義曰二年伐衛見經故以屬之未必往前更無怨也衛世家稱桓公十六年乃爲州吁所弑則隱之二年當桓之世服虔以先君爲莊公非也何則宣公烝夷姜生急子公納急子之妻生壽及朔朔能構兄壽能代死則是年皆長矣宣公以此年即位桓十二年卒終始二十矣雖壽之死未知何歲急子之娶當在宣初若隱之二年莊公猶在豈於父在之時已得烝父妾生急子也史記雖多謬誤此當信然

而求寵於諸侯以和其民 諸篡立者諸侯既與之會則不復討故欲求此寵○篡初患反復扶又反下文復伐同 使告於宋曰君若伐鄭以除君害 害謂宋公子馮 君爲主敝邑以賦與陳蔡從則衛國之願也 言舉國之賦調○從才用反調徒弔反 宋人許之於是陳蔡方睦於衛 蔡今汝南上蔡縣

【疏】注蔡今至蔡縣○正義曰蔡國侯爵譜云蔡姬姓文王子叔度之後也武王封之於汝南上蔡爲蔡侯作亂見誅其子蔡仲成王復封之於蔡至平侯徙新蔡昭侯徙九江下蔡宣侯二十八年魯隱公之元年也昭侯子成侯十年獲麟之歲也成侯子聲侯四年春秋之傳終矣聲侯十四年卒自聲侯以下二世二十八年而楚滅蔡地理志云汝南上蔡縣故蔡國周武王弟叔度所封

故宋公陳侯蔡人衛人伐鄭圍其東門五日而還公問於衆仲曰衛州吁其成乎 衆仲魯大夫 對曰臣聞以德和民不聞以亂 亂謂阻兵而安忍 以亂猶治絲而棼之也 絲見棼緼益所以亂○棼扶云反亂也緼於云反 夫州吁阻兵而安忍阻兵無衆安忍無親衆叛親離難以濟矣 恃兵則民殘民殘則衆叛安忍則刑過刑過則親離

【疏】阻兵而安忍○正義曰阻恃諸國之兵以求勝而征伐不已安忍行虐事刑殺過度也

夫兵猶火也弗戢將自焚也夫州吁弑其君而虐用其民於是乎不務

令德而欲以亂成必不免矣。○戢莊立反○秋，諸侯復伐鄭。宋公使來乞師，乞師不書非卿公辭之。從衆仲之言羽父請以師會之，羽父公子翬公弗許，固請而行。故書曰「翬帥師」，疾之也。〔疏〕故書至疾之也○正義曰：案元年傳邾人鄭人盟于翼，公子豫請往，公不許，遂行，彼則不書，又不加貶責。此公子翬之行，公亦不許而書於經，又加貶責者，公子豫公不許，私竊而行，翬師强梁固請，公事不獲已，令其出會，故以君命而書，又加貶責。諸侯之師敗鄭徒兵，取其禾而還。時鄭不車戰○州吁未能和其民，厚問定君於石子。石子石碏也以州吁不安諸其父石子曰：「王覲爲可。」〔疏〕王覲爲可○正義曰：於王處行覲禮，此事是爲可也。曰：「何以得覲？」曰：「陳桓公方有寵於王，陳、衞方睦，若朝陳使請，必可得也。」厚從州吁如陳。石碏使告于陳曰：「衞國褊小，老夫耄矣，無能爲也。此二人者，實弑寡君，敢即圖之。」八十曰耄稱國小已老自謙以委陳使因其往就圖之○覲其靳反見也朝直遥反後不出者皆放此褊必淺反一音必殄反耄毛報反陳人執之而請涖于衞。請衞人自臨討之○涖音利又音類臨也九月，衞人使右宰醜涖殺州吁于濮，石碏使其宰獳羊肩涖殺石厚于陳。君子曰：「石碏，純臣也。惡州吁而厚與焉。大義滅親，其是之謂乎！」子從弑君之賊國之大逆不可不除故曰大義滅親明小義則當兼子愛之○獳奴侯反惡烏路反與音預○衞人逆公子晉于邢。冬十二月，宣公即位。公子晉也○邢音刑國名〔疏〕宣公即位○正義曰：賊討乃立，自嫌前君，故不待踰年也。

書曰「衞人立晉」，衆也。

經五年春，公矢魚于棠。書陳魚以示非禮也書棠譏遠地也今高平方與縣北有武唐亭魯侯觀魚臺〔疏〕注書陳至魚臺○正義曰：陳魚者，獸獵之類，謂使捕魚之人陳設取魚之備，觀其取魚以爲戲樂，非謂既取得魚而陳列之也。其實觀魚而書陳魚者，國君爵位尊重，非蒐狩大事則不當親行。公故遣陳魚而觀其捕獲，主譏其陳，故書陳魚以示非禮也。傳曰「非禮也」，且言「遠地」，故知書棠譏遠地也。○夏四月，葬衞桓公。○秋，衞師入郕。將卑師衆但稱師此史之常也○郕音成國名將子匠反○九月，考仲子之宮。初獻六羽。成仲子宮安其主而祭之惠公以仲子手文娶之欲以爲夫人諸侯無二嫡蓋隱公成父之志爲別立宮也公問羽數故書羽婦人無謚因姓以名宮○嫡丁歷反爲別于僞反〔疏〕九月至六羽○正義曰：三年之內，木主特祀於寢。宮廟初成，木主遷入其中，設祭以安神也。祭則有樂，故初獻六羽。初，始也，往前用八，今乃用六也。獻者，奏也，奏進聲樂以娛神也。六羽，謂六行之人秉羽舞也。○注成仲至名宮○正義曰：考，成，《釋詁》文也。言初獻六羽者，謂初始而獻，非在後恒用。知者，案宣十五年「初稅畝」，杜云遂以爲常，故云初。杜於此不解初義，明不與彼同。故《春秋》之經有文同事異，如此之類是也。注以祭文不見，故辨之，云成仲子宮，安其主而祭之。以其與獻羽連文，知考謂祭以成之，非謂始築宮成也。又解立宮之意，惠公以仲子手有夫人之文，因即娶之，雖不以爲夫人，有欲以爲夫人之意。禮，諸侯不再娶，於法無二適，孟子入惠公之廟，仲子無享祭之所，蓋隱公成父之志，爲別立宮。仲子以二年十二月薨，四年十二月已再期矣，喪畢即應入廟，至此始成宮者，仲子立廟本非正法，喪服既終，將爲吉祭，主無祭處，始議立之，故晚成也。傳云「始用六佾」，不書佾而書羽者，以公問羽數，故書羽也。婦人法不當謚，仲子無謚，故因姓以名宮也。立宮必書於策，羽則非當所書，善其復正，故書之。傳載衆仲之對，而言公從之，是其善之意也。爲書六羽，故言考宮，言其因考以獻羽也。若不爲羽，當云立仲子之宮，如立武宮、煬宮然，不須言考也。《禮·雜記》下云：「成廟則釁之，路寢成則考之而不釁。」以廟則當釁，寢則當考，此廟言考者，考是成就之義。廟者，鬼神所居，祭祀以成之；寢則生人所宅，飲食以成之。《雜記》注云：「路寢者，生人所居，不釁者，不神之也。考之者，設盛食以落之」是也。廟成釁之者尊而神之蓋木主未入之前已行釁禮也案雜記釁廟之禮云祝宗人宰夫雍人皆爵弁純衣雍人拭羊宗人視之宰夫北面于碑南東上雍人舉羊升屋自中中至南面刲羊血流于前乃降門夾室皆用雞先門而後夾室其衈皆於屋下割雞門當門夾室中室有司皆鄉室而立門則有司當門北面既事宗人告事畢乃皆退是釁廟之禮此言考宮獻羽自爲主已入廟則祭以成之非釁禮與彼異也故公羊傳曰考宮者何考猶入室也始祭仲子也是謂祭爲考也服虔云宮廟初成祭之名爲考將納仲子之主故考成以致其五祀之神以堅之其意謂考即是釁也案雜記釁廟之禮止有雞羊既不用樂何由獻羽言將納仲子之主則是仍未入宮然則作樂獻羽敬事何神考仲子之宮唯當祭仲子耳又安得致五祀之神乎蘇氏云不稱夫人宮者桓宮僖宮不言公則仲子例不合稱夫人宮也不稱廟而言宮者於經例周公稱大廟羣公稱宮故仲子依例稱宮也若然案文十三年大室屋壞大廟稱室者謂大廟之室屋壞耳若傳文則大廟或稱宮即大宮之椽是也羣公或稱廟即同宗於祖廟同族於禰廟是也

〇**邾人鄭人伐宋**　邾主兵故序鄭上

疏注邾主至鄭上〇正義曰天下有道諸侯不得專行征伐春秋之時專行征伐以其不稟王命故以主兵爲首雖小國主兵即序於大國之上欲見伐由其國善惡所歸故也雖大夫爲主國君從之亦序主兵於上僖二十七年楚人陳侯蔡侯鄭伯許男圍宋注云傳言楚子使子玉去宋經書人者恥不得志以微者告猶序諸侯之上楚主兵故是微人主兵亦序國君之上史策之常法也

〇**螟**　無傳蟲食苗心者爲災故書〇螟亡丁反

疏注蟲食至故書〇正義曰釋蟲云食苗心螟食葉蟘食節賊食根蟊舍人曰食苗心者名螟言冥冥然難知也李巡曰食禾心爲螟言其姦冥冥難知也食禾葉者言其假貸無厭故曰蟘也食其節者言其貪狠故曰賊也食其根者言其稅取萬民財貨故曰蟊也孫炎曰皆政貪所致因以爲名郭璞曰分別蟲啖食禾所在之名耳李巡孫炎以政致爲名舍人郭璞以食處爲名陸機疏云舊說螟蟘蟊賊一種蟲也如言寇賊姦宄內外言之耳故犍爲文學曰此四種蟲皆蝗也實不同故分別釋之然則螟非以蟲名以食苗之處爲名耳

〇**冬十有二月辛巳公子彄卒**　大夫書卒不書葬葬者臣子之事非公家所及〇彄苦侯反

疏注大夫至所及正義曰檀弓下云君於大夫將葬弔於宮君親弔之而不書者弔喪問疾人道之常假有得失不足褒貶如此小事例皆不書葬若國家所營則亦不可不書大夫之葬皆臣子自爲非公家所及事不關國無以得書葬也他國之君書葬者遣使往會須書君命故耳

〇**宋人伐鄭圍長葛**　潁川長社縣北有長葛城

傳五年春公將如棠觀魚者臧僖伯諫曰凡物不足以講大事　臧僖伯公子彄也僖謚也大事祀與戎〇觀魚者本亦作漁者　**其材不足以備器用則君不舉焉**　材謂皮革齒牙骨角毛羽也器用軍國之器　**君將納民於軌物者也故講事以度軌量謂之軌取材以章物采謂之物不軌不物謂之亂政亂政亟行所以敗也**　言器用衆物不入法度則爲不軌不物亂敗之所起〇度待洛反一音如字亟欺冀反數也

疏觀魚者〇正義曰說文云漁捕魚也然則捕魚謂之魚天官䱷人掌以時獻爲梁凡獻者掌其政令是謂捕魚爲魚魚者猶言獵者也〇臧僖至敗也〇正義曰凡物不足以講大事者物謂事物旌旗車服之屬若其爲教戰祭祀等大事故布設陳列則可如其細碎盤遊雖陳其物不堪足以講習大事止謂不爲大事而陳此物故云不足以講大事也其材不足以備器用者材謂皮革齒牙之屬若其爲飾器用故狩獵取材則可如其因遊宴戲樂所得之材不堪足以備飾器用止謂不爲器用而取此材故云不足以備器用也人君一國之主在民之上當直已而行之以法毆民而納之於善故云人君將納民於軌物者也言當爲軌爲物納民於其中也既言民歸軌物更解軌物之名故講習大事以準度軌法度量謂之爲軌準度軌量即謂習戰治兵祭祀之屬是也取鳥獸之材以章明物色采飾謂之爲物章明物采即取材以飾軍國之器是也劉炫云捕魚獵獸其事相類此諫大意言人君可觀獵獸不可觀捕魚凡物者廣言諸物鳥獸魚鼈之類也材謂所有皮革毛羽之類也器謂車馬兵甲軍國所用之物也凡此諸物捕之不足以講習兵事其材不足以充備器用如此者則人君不親舉焉其意言獵之坐作進退可以教戰陳獸之齒牙皮革足以充器用人君可以觀之捕魚不足以教戰陳鱗甲不足以爲器用人君不宜觀之人君以下云云同今若人君所行不得其軌舉動不順器服不當其物上下無章如是則謂之荒亂之政也亂政數行國家之所以

禍敗也其意言魚非講事是不軌材不充用是不物今君觀魚是爲亂國之政禍敗之本故不用使公行也事度軌量正謂順時狩獵以教習戎事也材章物采正謂取其皮革以修造器物也下云四時田獵治兵振旅以習威儀覆此講事也肉不登俎材不登器則公不射覆此章物也別言川澤之實非君所及指言不可觀魚辭有首引自相配成也○注臧僖至與戎○正義曰僖伯名彄字子臧世本云孝公之子即此冬書公子彄卒是也謚法小心畏忌曰僖是僖爲謚也諸侯之子稱公子公子之子稱公孫公孫之子不得祖諸侯乃以王父之字爲氏計僖伯之孫始得以臧爲氏今於僖伯之上已加臧者蓋以僖伯是臧氏之祖傳家追言之也成十三年傳曰國之大事在祀與戎故知大事祀與戎也必知兼祀者以下云鳥獸之肉不登於俎故也劉炫云田獵止教戎而言祀者獵狩主以祭祀故并祀言之下注云俎祭宗廟器見此意也○注言器至所起○正義曰車馬旌旗衣服刀劒無不皆有法度器用衆物不入法度廣言之也器不當法用非其物則爲不軌不物政不在君則亂敗之所起也

故春蒐夏苗秋獮冬狩

蒐索擇取不孕者苗爲苗除害也獮殺也以殺爲名順秋氣也狩圍守也冬物畢成獲則取之無所擇也○蒐所求反索也獮息淺反說文作𤢂穀梁傳云春曰田秋曰蒐狩手又反索所百反孕以證反爲苗于僞反【疏】注蒐索至擇也○正義曰爾雅釋天四時之獵名與此同說者皆如此注故杜依用之周禮大司馬職中春教振旅遂以蒐田中夏教茇舍遂以苗田中秋教治兵遂以獮田中冬教大閱遂以狩田其名亦與此同鄭玄解苗田與此小異言擇取不孕任者若治苗去不秀實者孫炎亦然桓四年公羊傳曰春曰苗秋曰蒐冬曰狩三名既與禮異又復夏時不田穀梁傳曰四時之田皆爲宗廟之事也春曰田夏曰苗秋曰蒐冬曰狩皆與禮異者良由微言既絕曲辨妄生丘明親受聖師故獨與禮合漢代古學不行明帝集諸學士作白虎通義因穀梁之文爲之生說曰王者諸侯所以田獵何爲苗除害上以共宗廟下以簡集士衆也春謂之田何春歲之本舉本名而言之也夏謂之苗何擇其懷任者也秋謂之蒐何蒐索肥者也冬謂之狩何守地而取之也四時之田揔名爲田何爲田除害也案苗非懷任之名何云擇去懷任秋獸盡皆不瘦何云蒐索取肥雖名通義義不通也故先儒皆依周禮左傳爾雅之文而爲之說其名亦有意焉雖復春獵獲則取之不能擇取不孕夏獵所取無多不能爲苗除害爲因時異而變文耳謂之獵者蔡邕月令章句云獵者捷取之名也

皆於農隙

以講事也

各隨時事之間○隙去逆也【疏】注各隨時事之間○正義曰隙訓間也四仲之月自是常期就其月中簡選間日雖則農月必有間時故曰隨時事之間也仲冬農之最隙故大備禮也

三年而治兵入而振旅

雖四時講武猶復三年而大習出曰治兵始治其事入曰振旅治兵禮畢整衆而還振整也旅衆也○振之愼反整也復扶又反下同【疏】注雖四至衆也○正義曰雖每年常四時講武猶復三年而一大習猶如四時常祀三年而復爲禘祭意相類也出曰治兵者以其初出始治其事也入曰振旅者以治兵禮畢整衆而還振訊是整理之義故振爲整也旅衆也釋詁文治兵振旅坐作進退其禮皆同所異者唯長幼先後耳釋天云出爲治兵尚威武也入爲振旅反尊卑也孫炎曰出則幼賤在前貴勇力也入則尊老在前復常法也莊八年穀梁傳曰出曰治兵習戰也入曰振旅習戰也公羊傳曰出曰治兵入曰振旅其禮一也皆習戰也是其禮同也何休公羊爲出曰祠兵休云殺牲饗士卒鄭玄詩箋引公羊亦作治兵是其所見本異也此治兵振旅亦四時教之但於三年大習詳其文耳周禮春教振旅秋教治兵者四時教民各以其宜春即止兵收衆專心於農秋即繕甲厲兵將威不軌故異其文耳

歸而飲至以數軍實

飲於廟以數車徒器械及所獲也○數所主反注同械戶戒反【疏】注飲於至獲也○正義曰桓二年傳例曰凡公行告于宗廟反行飲至彼飲至在廟知此言飲至亦飲於廟也軍之資實唯有車徒器械獵則有所獲詩序車攻美宣王脩車馬備器械因田獵而選車徒故知數軍實者數車徒器械及所獲也說文云械器之揔名虞喜云器械謂鎧甲兜鍪也宣十二年傳言楚國無日不討軍實而申儆之襄二十四年傳曰齊社蒐軍實使客觀之二注並云軍器○不言車徒及所獲者彼無獵事故不言也

昭文章

車服旌旗【疏】注車服旌旗○正義曰周禮巾車職曰革路建大白以即戎木路建大麾以田司服職曰凡兵事韋弁服凡甸冠弁服鄭玄云甸田獵也計田獵當乘木路服冠弁但三年治兵乃習兵大禮不宜乘田車服田服天子蓋乘革路服韋弁也在軍君臣同服公卿以下蓋亦乘兵車服兵服也其旌旗則尊卑異建治兵之禮爲辨旗物必不建大白大麾大司馬職曰中秋教治兵辨旗物之用王載大常諸侯載旂軍吏載旗師都載旜鄉遂載物郊野載旐百官載旟遂以獮田鄭玄云軍吏諸軍帥也師都遂大夫也鄉遂鄉大夫也或載旜或載物衆屬軍吏無所將也郊謂鄉遂之州長縣

正以下也野謂公邑大夫載旐者以其將羨卒也百官卿大夫也載旟者以其屬衛王也凡旌旗有軍衆者畫異物無者帛而已然則治兵旌旗當如司馬職文也按司常職云及國之大閱贊司馬頒旗物王建大常諸侯建旂孤卿建旜大夫士建物師都建旗州里建旟縣鄙建旐道車載旞斿車載旌計大閱治兵俱是教戰而旌旗之物所建不同者鄭玄云凡頒旗物以出軍之旗則如秋以尊卑之常則如冬大閱備軍禮而旌旗不如出軍之時空辟實然則大閱所建尊卑之常治兵所建出軍之禮此三年治兵與秋教治兵其名既同建當不異故服虔解此亦引司馬職文明是旌旗所建用秋辨旗物之法案大司馬職教治兵王載大常所以巾車云大麾以田又云大白以即戎者先儒以爲王田春夏則大麾秋冬則大常旌旗所用雖如治兵之時然王若親軍則建大白 明貴賤辨等列 等列行伍○辨如字又方免反別也行戶郎反 順少長 出則少者在前還則在後所謂順也○少詩照反注皆同長丁丈反下注同 習威儀也鳥獸之肉不登於俎 俎祭宗廟器○鳥獸之肉一本作其肉俎莊呂反 皮革齒牙骨角毛羽不登於器 器謂以飾法度之器【疏】鳥獸至於器○正義曰說文云革獸皮治去其毛革更之然則有毛爲皮去毛爲革周禮掌皮秋斂皮冬斂革以其小異故別時斂之散文則皮革通也領上大齒謂之爲牙鳥翼長毛謂之爲羽齒牙毛羽各自小異故歷言之也登於俎謂升俎以共祭登於器謂在器以爲飾諸器之飾有用此材者○注俎祭宗廟器○正義曰饗燕之饌莫不用俎獨言宗廟器者明田獵取禽主爲祭祀若止共燕食則公亦不爲下注云法度之器其義亦然非法之器公亦不舉登訓爲升服虔以上登爲升下登爲成二登不容異訓且云不成於器爲不辭矣又器以此物爲飾寧復待之乃成也周禮獻人凡祭祀共其魚之鱻薨特牲少牢祭祀之禮皆有魚爲俎實肉登於俎公則射之而以觀魚爲非禮者此言不登於俎者謂妄出遊獵雖取鳥獸元不爲祭祀不登於器亦謂盤遊元不爲取材以飾器物今公觀魚乃是遊戲故以非之然登俎登器之物雖君所親至於庶羞雜物細小之倫雖爲祭祀亦君不射禮水土之品籩豆之物苟可薦者莫不咸在豈皆公親之也劉炫云此言田獵之時小鳥小獸則公不射雖講事而田尚不射小物況魚非講事不宜輒舉不謂登俎之物皆公所親射祭祀水土云云同 則公不射古之制也若

夫山林川澤之實器用之資皁隸之事官司之守非君所及也 士臣皁皁臣輿輿臣隸言取此雜猥之物以資器備是小臣有司之職非諸侯之所親也○射食亦反皁才早反輿音餘猥烏罪反【疏】若夫至及也○正義曰山林之實謂材木樵薪之類川澤之實謂蔆芡魚蟹之屬此皆器用之所資須賤人之所守掌非人君所宜親及之也此雖意諫觀魚而廣言小事故注云取此雜猥之物以資器備非諸侯所親也雜猥謂諸雜猥碎也資謂器之資財待此而備器之所用及所盛皆是也穀梁傳曰禮尊不親小事卑不尸大功魚卑者之事也公觀之非正與此同也若然月令季冬命漁師始漁天子親往嘗魚先薦寢廟彼禮天子親往此譏公者彼以時魚絜美取之以薦宗廟特重其事天子親行意在敬事鬼神非欲以爲戲樂隱公觀魚志在遊戲故譏之也 公曰吾將略地焉 孫辭以略地略總攝巡行之名傳曰東略之不知西則否矣○行下孟反【疏】注孫辭至否矣○正義曰僖九年傳曰東略之不知西則否矣又十六年傳曰謀鄫且東略也略者巡行之名也公曰吾將略地焉言欲案行邊竟是孫辭也若國竟之內不應譏公遠遊且言遠地明是他竟也釋例曰舊說棠魯地據傳公辭欲略地則非魯竟也釋例土地名棠在魯部內云本宋地蓋宋魯之界上也 遂往陳魚而觀之 陳設張也公大設捕魚之備而觀之○捕音步一音搏 僖伯稱疾不從書曰公矢魚于棠非禮也且言遠地也 矢亦陳也棠魯地竟故曰遠地○從才用反竟音境【疏】注矢亦陳也○正義曰釋詁云矢陳也 ○曲沃莊伯以鄭人邢人伐翼 曲沃晉別封成師之邑在河東聞喜縣莊伯成師子也翼晉舊都在平陽絳邑縣東邢國在廣平襄國縣○沃烏毒反【疏】注曲沃至國縣○正義曰晉國侯爵譜云姬姓武王子唐叔虞之後也成王滅唐而封之今大原晉陽縣是也燮父改之曰晉燮父孫成侯徙都曲沃今河東聞喜縣是也穆侯徙都絳鄂侯二年魯隱公之元年也定公三十一年獲麟之歲也出公八年而春秋之傳終矣出公十七年卒自出公以下五世八十二年而韓趙魏滅晉也地理志云河東聞喜縣故曲沃也武帝元鼎六年行過改名應劭曰武帝於此聞南越破改曰聞喜志又曰趙國襄國縣故邢國然則於漢屬趙國於晉屬

廣平王使尹氏武氏助之翼侯奔隨尹氏武氏皆周世族大夫也晉內相攻伐不告亂故不書傳具其事爲後晉事張本曲沃及翼本末見桓二年隨晉地。傳具一本作傳見賢遍反。夏葬衛桓公衛亂是以緩有州吁之亂十四月乃葬傳明其非慢也。四月鄭人侵衛牧牧衛邑經書夏四月葬衛桓公今傳直言夏而更以四月附鄭人侵衛牧者於下事宜得月以明事之先後故不復備舉經文三年君氏卒其義亦同他皆倣此。牧州牧之牧徐音目以報東門之役東門役在四年衛人以燕師伐鄭南燕國今東郡燕縣。燕於賢反國名〔疏〕注南燕至燕縣。正義曰燕有二國一稱北燕故此注言南燕以別之世本燕國姞姓地理志東郡燕縣南燕國姞姓黃帝之後也小國無世家不知其君號謚唯莊二十年燕仲父見傳耳鄭祭足原繁洩駕以三軍軍其前使曼伯與子元潛軍軍其後燕人畏鄭三軍而不虞制人北制鄭邑今河南城皐縣也一名虎牢。洩息列反曼音萬

六月鄭二公子以制人敗燕師于北制二公子曼伯子元也君子曰不備不虞不可以師。曲沃叛王秋王命虢公伐曲沃而立哀侯于翼春翼侯奔隨故立其子光。衛之亂也郕人侵衛故衛師入郕郕國也東平剛父縣西南有郕鄉。父音甫〔疏〕注郕國至郕鄉。正義曰史記管蔡世家稱郕叔武文王子武王之母弟後世無所見既無世家不知其君號謚唯文十二年郕大子朱儒奔魯書曰郕伯來奔見於經傳則郕國伯爵也。九月考仲子之宮將萬焉萬舞也〔疏〕注萬舞也。正義曰案公羊傳曰萬者何干舞也籥者何羽舞也則萬與羽不同今傳云將萬焉問羽數於衆仲是萬與羽爲一者萬羽之異自是公羊之說今杜直云萬舞也則萬是舞之大名也何休云所以仲子之廟唯有羽舞無干舞者婦人無武事獨奏文樂也劉炫云公羊傳曰萬者云云籥者云云羽者爲文萬者爲武武則左執朱干右秉玉戚文則左執籥右秉翟此傳將萬問羽即似萬羽同者以當此時萬羽俱作但將萬而問羽數非謂羽即萬也經直書羽者與傳互見之公問羽數於衆仲問執羽人數對曰天子用八八八六十四人諸侯用六六六三十六人〔疏〕注六六三十六人。正義曰何休說如此服虔以用六爲六八四十八大夫四爲四八三十二士二爲二八十六杜以舞勢宜方行列既減即每行人數亦宜減故同何說也或以襄十一年鄭人賂晉侯以女樂二八爲二佾之樂知自上及下行皆八人斯不然矣彼傳見晉侯減樂之半以賜魏絳因歌鍾二肆遂言女樂二八爲下半樂張本耳非以二八爲二佾若二八即是二佾鄭人豈以二佾之樂賂晉侯晉侯豈以一佾之樂賜魏絳大夫四四四十六人士二二二四人。士有功賜用樂夫舞所以節八音而行八風八音金石絲竹匏土革木也八風八方之風也以八音之器播八方之風手之舞之足之蹈之節其制而序其情。八音金鍾石磬絲琴瑟竹簫管土塤木柷敔匏笙革鼓也八方之風謂東方谷風東南清明風南方凱風西南涼風西方閶闔風西北不周風北方

廣莫風東北方融風。匏白交反蹈徒報反〔疏〕夫舞至八風。正義曰舞爲樂主音逐舞節八音皆奏而舞曲齊之故舞所以節八音也八方風氣寒暑不同樂能調陰陽和節氣八方風氣由舞而行故舞所以行八風也。注八音至其情。正義曰八音爲金石土革絲木匏竹周禮大師職文也鄭玄云金鍾鎛也石磬也土塤也革鼓鼗也絲琴瑟也木柷敔也匏笙也竹管簫也八風八方之風者服虔以爲八卦之風乾音石其風不周坎音革其風廣莫艮音匏其風融震音竹其風明庶巽音木其風清明離音絲其風景坤音土其風涼兌音金其風閶闔易緯通卦驗云立春調風至春分明庶風至立夏清明風至夏至景風至立秋涼風至秋分閶闔風至立冬不周風至冬至廣莫風至風體一也逐天氣隨八節而爲之立名耳調與融一風一名昭十八年傳曰是謂融風是其調融同也沈氏云案樂緯云坎主冬至樂用管艮主立春樂用塤震主春分樂用鼓巽主立夏樂用笙離主夏至樂用絃坤主立秋樂用磬兌主秋分樂用鍾乾主立冬樂用柷敔此八方之音既有二說未知孰是故兩存焉更說制樂之本節音行風之意以八音之器宣播八方之風使人用手以舞之用足以蹈之節其禮制使不荒淫次序人情使不蘊結也蟋蟀詩曰無已大康職思其居是節其制也舜歌南風曰

南風之時兮可以阜吾人之財兮南風之薰兮可以解吾人之慍兮是序其情也故自八以下唯天子得盡物數故以八爲列諸侯則不敢用八公從之於是初獻六羽始用六佾也魯唯文王周公廟得用八而他公遂因仍僭而用之今隱公特立此婦人之廟詳問衆仲因明大典故傳亦因言始用六佾其後季氏舞八佾於庭知唯在仲子廟用六○佾音逸僭子念反【疏】注魯唯至用六○正義曰襄十二年傳曰魯爲諸姬臨於周廟是魯立文王之廟也文王天子自然用八禮記祭統曰昔者周公旦有勳勞於天下成王康王賜之以重祭朱干玉戚以舞大武八佾以舞大夏此天子之樂也康周公故以賜魯明堂位曰命魯公世世祀周公以天子之禮樂是周公之廟用八也傳曰始用六佾則知以前用八何休云僭齊也下做上之辭魯之僭做必有所因故本其僭之所由言由文王周公廟用八佾他公之廟遂因仍僭而用之今隱公詳問衆仲衆仲因明大典公從其言於仲子之廟初獻六羽故傳亦因言始用六佾謂仲子之廟用六佾他公則仍用八也至襄昭之時魯猶皆亦用八故昭二十五年公羊傳稱昭公謂子家駒曰吾何僭哉荅曰朱干玉戚以舞大夏八佾以舞大武此皆天

子之禮也是昭公之時僭用八也此減從正禮尚書於經若更僭非禮無容不書自此之後不書僭用八佾知他廟僭而不改故杜自明其證其後季氏舞八佾於庭知唯在仲子廟用六也○宋人取邾田邾人告於鄭曰請君釋憾於宋敝邑爲道釋四年再見伐之恨○道音導本亦作導鄭人以王師會之王師不書不以告也伐宋入其郛以報東門之役郛郛也東門役在四年○郛芳夫反下同宋人使來告命告命策書公聞其入郛也將救之問於使者曰師何及對曰未及國忿公知而故問責窮辭○使所吏反下同公怒乃止辭使者曰君命寡人同恤社稷之難今問諸使者曰師未及國非寡人之所敢知也爲七年公伐邾傳○冬十二月辛巳臧僖伯卒公曰叔父

有憾於寡人諸侯稱同姓大夫長曰伯父少曰叔父有恨恨諫觀魚不聽【疏】注諸侯至不聽○正義曰詩伐木篇毛傳曰天子謂同姓諸侯諸侯謂同姓大夫皆曰父異姓則稱舅覲禮載天子呼諸侯之禮曰同姓大國則曰伯父其異姓則曰伯舅同姓小邦則曰叔父其異姓則曰叔舅然則諸侯之國有大小之異大夫無地之大小明以年之長少爲異莊十四年傳稱鄭厲公謂原繁爲伯父禮記祭統稱衛莊公呼孔悝爲叔舅諸侯呼異姓大夫爲伯舅同姓大夫爲叔父者雖則無文明亦然矣僖伯者孝公之子惠公之弟惠公立四十六年而薨則子臧此時年非幼少呼曰叔父者是隱公之親叔父也此注自言。臣之大法耳寡人弗敢忘葬之加一等加命服之等○宋人伐鄭圍長葛以報入郛之役也

附釋音春秋左傳注疏卷第三

江西南昌府學栞

春秋左傳注疏卷三挍勘記　阮元撰盧宣旬摘錄

附釋音春秋左傳注疏卷第三　隱三年盡五年

經三年

己巳日有食之　釋文食如字本或作蝕音同案詩日有食之漢書劉向傳引作日有蝕之是蝕與食通

或有頻交而食者　各本作頻此本誤三今訂正

令月來及日　宋本令作今不誤

是過半校二十九分也　閩本校誤要

知其不可知也　宋本下知字重是也

或有頻交而食者　各本作頻此本誤雖今訂正

襄二十二年　宋本下二作一不誤

食無常月　各本作食此本誤木今訂正

當陽量之月　閩本監本毛本量作長宋本作盛是也

故有伐鼓用幣之事　各本作用此本誤周今訂正

其日食例　各本作日此本誤衣今訂正

厤紀全差　宋本作全廢

會稽都尉劉洪　此本實闕劉字閩本同據宋本監本毛本補

漸益詳密　宋本詳作微

故漢朝以來　閩本監本毛本朝作與宋本作初

皆一百七十三日有餘而始一交會　浦鏜正誤皆下增以為二字

不可謂之錯誤世考之厤術　監本毛本世作也

則自有頻食之理　宋本自作日不誤

言日不言朔　各本作朔此本誤明今訂正

食晦夜也　浦鏜云食晦夜三字本作夜食

即傳其僞以懲臣子之過也　岳本懲下有創字與正義合

典禮下曰　宋本典作曲是也

無葬者皆顯言其謚　閩本監本毛本無作凡字按此說杜注之例無字是也

明日月闕否　各本作闕此本誤開今訂正

且虛實相生　段玉裁挍作實虛相生

隨而長之　監本毛本長作表非

言其與己異氏也　閩本監本毛本異氏誤倒

魯不共奉王喪　各本作共此本誤其今訂正釋文云共本又作供

注武氏至釋名　各本名作也下有○此本誤脫

故來赴以名　岳本脫來字

或曰濟北盧縣故城西南濟水之門　淳熙本濟誤齊

癸未葬宋穆公　史記鄭世家漢書古今人表作繆公禮記喪服小記序以昭繆鄭氏注繆讀爲穆聲之誤也陳樹華云凡謚法曰穆者史漢多作繆蓋古字叚借也

曰寡君不祿　閩本監本毛本君作人非也

則不曰薨　閩本則作故

傳三年

不赴於諸侯　石經宋本淳熙本岳本足利本於作于下哭于祔于毛本竝改於纂圖本作祔于

既葬日中自墓反虞於正寢　宋本墓誤基淳熙本作暮亦非

今聲子三禮皆闕　宋本子作君案正義作子監本此處模糊重脩監本誤于

既封有司以几筵舍奠於墓左　宋本墓誤基

反日中而虞　閩本監本毛本反作及

唯卒葬兩事而已　監本毛本兩作故

必有闕一事則變一文　宋本一事作二事

故不稱夫人　閩本監本毛本故作則

初死乃赴　宋本監本毛本乃作即

順記之先後爲文也　宋本監本毛本記作經不誤○今依訂正

課行一事則其此三文　宋本亦作課閩本監本毛本作果下同其各本作具是也○補其今改具

定姒之傳　浦鏜云姒氏誤定姒

不須辟孟子也　毛本孟作仲不誤○今依訂正

則尊得加於臣子　宋本得作德誤

亦仕王朝　宋本仕作任非

王欲分政於虢　毛本於作于非

鄭公子忽爲質於周　說文注引春秋傳曰鄭大子曶案曶與忽古今字論語仲忽漢書古今人表作仲曶

麥禾皆未熟　宋本熟作孰疏同陳樹華引博雅音云憃案說文解字从丮𦎫即孰字也與孰誰之孰無異唯玉篇孰字加火未知所出

苟有明信　詩采蘩正義引作明德

澗谿沼沚之毛　釋文沚作畤云本又作沚疏云沚與畤音義同

蘋蘩薀藻之菜　詩采蘋正義引作蘊藻文選蜀都賦注引同宋張有復古篇以薀爲蘊之俗體

蘋藻言菜之薄　山井鼎云蘋作蘊

然則谿亦山間有水之名　宋本無則字是也

小渚曰沚　陳樹華云南宋本渚作陼按今本爾雅作陼釋文云陼字又作渚

周禮宅不毛謂宅內無草木也　閩本草木作莽水非

陸機毛詩義疏　宋本毛本機作璣按嘉定錢大昕云古書機與璣通馬鄭尚書璿璣字皆作機隋書經籍志烏程令吳郡陸機本從木旁元恪與士衡同時又同姓名古人不以爲嫌也自李濟翁資暇集強作解事謂元恪名當從玉旁晁公武讀書志承其說以或題陸機者爲非自後經史刊本遇元恪名輒改從玉旁予謂考古者但當知艸木疏爲元恪撰非士衡撰若其名則皆從木而士衡名字與尚書相應果欲依今本尚書何不改士衡名邪

可糝蒸爲茹　宋本蒸作烝是也下同

說文曰薻水草從月從水巢聲　宋本同諸本薻作藻案說文薻云或从澡月字宋本作卄是也

或作藻從藻　宋本閩本從藻作從澡是

莖大如著　宋本著作箸是也

煮熟挼去腥氣　宋本熟作孰

員曰筥　宋本淳熙本岳本足利本員作圓釋文同案詩召南采蘋傳作圓曰筥說文篆字注云圜曰篆圜與圓通篆即筥字義與毛傳同也

注方曰至曰錡 宋本以下正義四節摠入昭忠信也注下

此皆毛詩傳鄭箋之文也 宋本作詩毛傳不誤浦鏜正誤云鄭箋之三字衍文

潢汙停水 岳本作渟水案渟通作停

注潢汙至流潦 閩本汙誤音

故言二國 宋本言作云

采蘩采蘋 淳熙本蘩誤蘋

泂酌上傳所言皆有彼篇之事 補此本上傳誤主簿彼誤反今依各本訂正

雖薄物皆可爲用 纂圖本毛本可爲誤倒

武氏子來賻 毛本賻誤則

與夷宜公子即所屬殤公 毛本誤倒作即宜公子

若弃德不讓 閩本監本毛本弃作棄石經避唐太宗諱作弃

使公子馮出居於鄭 石經宋本淳熙本纂圖本毛本於作于是也

辟殤公也 淳熙本公也誤作八月

公子馮不帥父義 毛本帥誤出

百禄是荷 宋本荷作何注同釋文亦作何云本又作荷案詩作何字作何字則與說文字義合凡作荷者皆字之假借也

言成湯武丁 宋本成作殷是也

今穆公示殤公亦得其宜 宋本示作立是也

爲宜公之禍 宋本禍作過是也○今依訂正

是風吹之隊濟水 宋本閩本監本毛本隊作墜

溢爲荣 宋本閩本監本毛本荣作滎亦非案當作熒周禮職方氏注引作洪爲熒也今熒作滎衞包所改

癸未之前三十三 毛本三十作二十非也

此太子不敢居上位故常處東宫 案此字衍文諸本所無

案史記十二年諸侯年表 宋本無上年字是也毛本記誤計

或可據知象 宋本監本毛本知作易不誤考文作見

故太子在東也 宋本東下有宫字

又娶于陳 宋本以下正義二節在莊姜以爲己子注後

魯隱公之立年也 宋本立作元是也○今依訂正

其娣戴嬀生桓公莊姜以爲己子 監本毛本娣字誤作姊已子石經岳本作己子是也

石碏諫曰 漢石經公羊殘碑碏從足作踖

淫謂耆欲過度 宋本耆作嗜正字耆者假借字

邪是何事能起四過 毛本作四禍非也

降而不憾憾而能眕者鮮矣 釋文憾本又作感說文云感動人心也俗加立心說文所無陳樹華云釋文以憾爲正反以感爲一作之字

經四年

武王克殷求禹之後 按釋例作武王克紂求禹後

自哀公以下二世十三年而楚滅杞 按釋例杞作之

應劭曰 宋本劭作邵下並同按邵高也應字仲遠高遠義相近改作劭非也

淳于國之所都 浦鏜正誤于下有公字

六年春寔來雖知其國必滅　宋本寔作實

疑似并之　宋本監本毛本疑作杞是也

若然淳于爲杞所并　宋本若作雖

若取邾取鄟之類是也　宋本邾作邾是也。今依訂正

上言伐下言取者　宋本監本毛本下誤不

戊申衞州吁弒其君完　毛本戊申誤庚戌釋文弒本又作殺同音試陳樹華云弒殺二字經傳互出凡釋文作殺分注中無本又作弒之文而石經及諸刻本並作弒各本注同獨與釋文異者要是傳本不同陸氏未載及一作其字耳舉此可以例推今皆仍其舊但爲標出不更改從釋文凡適嫡禦御等字放此段玉裁曰凡殺其事曰殺正其罪名曰弒弒者聖人正名定罪之書法而三傳紀事多用殺字後人轉寫經傳多致淆亂宜以此義求之

戊申三月十七日　宋本三月上有在字

注云稱君　毛本注作杜非

言衆所共絶也　毛本言作君非

而文當族處春秋書族以否　閩本處作據以作與

釋例曰　閩本例誤案

楚殺得臣與宜申賈氏皆以爲陋　毛本宜作夷非

未必是二月之日　閩本監本毛本二作一誤

二月壬辰朔　宋本二作三不誤。今依訂正

經有比類故知此亦同之　閩本監本毛本比作此非

諸侯未及期　毛本及誤必

克期聚集　浦鏜正誤克作尅

此婦呼夫共朝　重脩監本呼作乎非也

魯之卿佐　岳本魯作國連上文而已爲句案岳本是也他本己誤已

案鄭伯使宛來歸祊　重脩監本案誤裳宛毛本作完亦非

則己之事佐被貶　宋本閩本監本毛本事作卿

魯人出會他國　此本人出會他國五字模糊據宋本補閩本監本毛本人出作之盟非也

不可發首言我人故也　閩本監本毛本首作例

不在天子弒君取國　閩本監本毛本弒作殺

即君臣之分定　宋本監本毛本分下有巳字

亦成君同義者　宋本監本毛本亦下有與字

至高平鉅野縣入濟彼濮與此名同實異　毛本脫彼濮二字

傳四年

夏公及宋公遇于清　纂圖本閩本監本毛本宋公作宋人非

終始二十矣　宋本十下有年字是也

夫州吁阻兵而安忍　陳樹華云文選西征賦注引杜注阻恃也又辨亡論引傳文并注同

恃兵則民殘民殘則衆叛　淳熙本脫民殘二字

阻兵而安忍　宋本此節正義在必不免矣之下

阻恃諸國之兵以求勝　宋本作阻訓恃也恃兵以求勝考文同

弗戢將自焚也　石經宋本岳本閩本戢作戢案說文五經文字戢在戈部

故書至疾之也　宋本此節正義在注時鄭不車戰之下

公子不許　宋本監本毛本子作亦是也。今依訂正

以州吁不安諮其父　淳熙本諮作諮

王覲爲可　宋本此節正義在其是之謂乎注下

老夫耄矣　釋文耄作耄石經初刻作耄改亦作耄字按耄者隸省也

陳人執之而請涖于衛　石經宋本淳熙本于作於

石碏使其宰獳羊肩涖殺石厚于陳君子曰石碏純臣也　石經初刻脱其字自其宰至曰石字一行計十五字皆重刊

明小義則常兼子愛之　宋本淳熙本岳本足利本常作當是也

宣公即位　宋本此節正義在衆也之下

經五年

公矢魚于棠　史記作觀漁于棠漢書五行志亦作漁此古字段借也說文有魚有漁

今高平方與縣北有武唐亭魯侯觀魚臺　史記正義引杜注唐作棠魚作漁釋例亦云唐即棠本宋地

其實觀魚而書陳魚者　此本作貴閩本監本毛本作責亦非宋本作實是也今從宋本

故書羽　淳熙本羽作與非

杜於此不解初義　閩本監本毛本杜作度誤

婦人法不當諡　毛本婦作非誤

羽則非當所書　閩本監本毛本當所誤倒

宗人視之　案禮雜記宗人視之今監本禮記譌作祝非也宋本注疏不誤此疏作視是也

血流于前　監本毛本血流誤倒

食其節者言其貪狼故曰賊也　毛本狼作狠非案詩正義引李巡云作食禾節

者下其根亦作禾根

大夫書卒不書葬　閩本監本毛本脱下書字

弔喪問疾人道之常　宋本道作君

傳五年

臧僖伯諫曰　漢書五行志僖作釐古今人表亦作釐案僖與釐通

僖諡也　纂圖本閩本監本毛本僖誤伯

亂敗之所起　纂圖本毛本敗作政非也

觀魚者　宋本以下正義十四節揔入且言遠地也注下

正義曰說文云漁捕魚也　宋本閩本監本毛本漁作魚

即取財以飾軍國之器是也　毛本取誤此

秋獮冬狩　釋文云獮說文作𤢊

曲辨妄生　宋本辨作辯

明帝集諸學士作白虎通義　案困學紀聞云章帝會諸儒於白虎觀正義謂明帝誤

因穀梁之文爲之生說　毛本生誤主

擇其懷任者也　浦鏜正誤其疑去盧文弨挍本作擇去其懷任者也

整衆而還　纂圖本毛本整作振非

三年而復爲禘祭　監本禘誤諦

軍之資實唯有車徒器械　閩本監本毛本唯作雖非也

說文云械器之揔名　毛本械器誤倒

二注並云軍器宋本監本毛本器作實

不言車徒宋本不上有軍器二字

軍吏諸軍帥也監本毛本帥作師案唐人帥多作師既又譌師

衆屬軍吏宋本閩本監本毛本吏作吏

王建大常閩本監本毛本王誤如

道車載旞閩本監本毛本車作居旞作旞並誤

凡頒旗物閩本監本毛本物作所非也

大閱備軍禮而旌旗不如出軍之時閩本監本毛本次軍字誤作師

等列行伍淳熙本伍作任非也

以其小異閩本監本毛本小作少非

凡祭祀共其魚之鱻薨監本毛本其誤共

小鳥小獸浦鏜正誤鳥作禽

則公不射何焯校本公改君非

川澤之實謂蔆芡魚鼈之屬毛本蔆作菱案蔆通作菱

彼以時魚絜美閩本監本毛本絜作潔○按今人用潔漢注唐石宋槧皆用絜近人則盡加水旁非也

僖九年傳曰毛本九誤元

謀鄶且東略也閩本監本毛本鄶誤鄫

若國竟之內閩本監本毛本竟作境俗字

傳伯稱疾不從顧炎武云石經疾誤作侯案石經此處闕顧炎武所據乃謬刻也

釋詁云閩本監本毛本云作文非也

注曲沃至國縣宋本此節正義在注隨晉地之下

燮父改之曰晉燮父孫成侯閩本監本毛本燮改爕

注南燕至燕縣宋本此節正義在不可以師句下

唯莊二十年燕仲父見傳耳閩本監本亦脱年字據宋本毛本補

北制鄭邑毛本北誤此考文云此作北足利本同案北字亦誤

敗燕師于北制毛本北制誤倒

而立哀侯于翼宋本脱于翼二字

注萬舞也宋本以下正義五節揔入公從之節注下

節其制而序其情宋本淳熙本足利本序作敘

離音絲宋本離作离下同

使不藴結也閩本監本毛本藴作蘊

魯唯文王周公廟得用八纂圖本閩本監本毛本唯作惟下唯在同

詳問衆仲因明大典宋本淳熙本岳本足利本重衆仲二字是也

其後季氏舞八佾於庭知唯在仲子廟用六淳熙本庭作是唯誤雖

昔者周公旦有勳勞於天下閩本監本毛本下誤子

他公之廟毛本他誤也

公則仍用八也閩本監本毛本仍作因

注諸侯至不聽宋本此節正義在注加命服之等之下

是隱公之親叔父也閩本監本毛本親作稱非

此注自言臣之大法耳　宋本監本毛本言下有呼字

附釋音春秋左傳注疏卷第三　止

春秋左傳注疏卷三校勘記

附釋音春秋左傳注疏卷第四　隱六年盡十一年

杜氏注　孔穎達疏

經六年春鄭人來渝年和而不盟曰平。渝羊朱反變也〔疏〕注和而不盟曰平。正義曰宣十五年宋人及楚人平傳載其盟辭昭七年燕暨齊平傳稱盟于濡上似平皆有盟而云不盟者平實解怨和好之辭非要盟也彼自既平之後別爲盟耳此與定十年及齊平皆傳無盟事定十一年及鄭平下乃云叔還如鄭涖盟平後乃盟知平非盟也　○夏五月辛酉公會齊侯盟于艾泰山牟縣東南有艾山。○艾五蓋反　○秋七月雖無事而書首月具四時以成歲也皆放此〔疏〕注雖無至放此。正義曰公羊傳曰此無事何以書春秋雖無事首時過則書首時過則何以書春秋編年四時具然後爲年此注用公羊爲說釋例曰年之四時雖或無事必空書首月以紀時變以明厤數也　○冬宋人取長葛秋取冬乃告也上有伐鄭圍長葛長葛鄭邑可知故不言鄭也前年冬圍不克而還今冬乘長葛無備而取之言易也。○易以豉反傳同〔疏〕注秋取至易也。○正義曰經書冬傳言秋上明爲傳例不言冬始取耳故書之於冬若其使以冬至告言秋取亦當追盧舉經文獨以秋言此事明是以秋取冬乃告也冬告者告書於秋八年傳曰冬齊侯使來告成三國秋成冬告書之於秋明此以冬取告故書於冬也賈服以爲長葛不繫鄭者刺不能撫有其邑凡邑爲他國所取皆是不能撫有之何故於此獨爲惡鄭故杜以爲上有伐鄭圍長葛則長葛鄭邑可知故不言鄭也既言秋取實在秋因其經文在冬遂言冬乘無備襄十三年傳例曰凡書取言易也知此乘其無備而取之也杜知長葛不繫鄭非大都以名通者以前年云伐鄭圍長葛長葛之文繫於鄭故也劉炫以大都通名而規杜氏非也

傳六年春鄭人來渝平更成也渝變也公之爲公子戰於狐壤爲鄭所執逃歸怨鄭鄭伐宋公欲救宋宋使者失辭公怒而止忿宋則欲厚鄭鄭因此而來故經書渝平傳曰更成。○壤如掌反使所吏反〔疏〕傳注渝變至更成。○正義曰渝變也釋言文變平者變更前惡而復爲和好變即更之義成則平之訓故傳解渝平謂之更成自狐壤以來與鄭不和今日復和故曰更成言更復狐壤以前之好也服虔云公爲鄭所獲釋而不結平於是更爲約束以結之故曰渝平案傳公賂尹氏而與之逃歸非鄭所釋安得釋而結平也　○翼九宗五正頃父之子嘉父逆晉侯于隨翼晉舊都也唐叔始封受懷姓九宗職官五正遂世爲晉強家。五正五官之長九宗一姓爲九族也頃父之子嘉父晉大夫。○頃音傾長丁丈反下丈及注同〔疏〕注翼晉至大夫。○正義曰唐叔始封受懷姓九宗職官五正者謂周成王滅唐始封唐叔以懷氏一姓九族及是先代五官之長子孫賜之言五官之長者謂於殷時爲五行官長今襃寵唐叔故以其家族賜之耳今云頃父之子嘉父者以頃父舊居職位名號章顯嘉父新爲大夫未甚著見故繫之於父諸繫父爲文者義皆同此也　納諸鄂晉人謂之鄂侯鄂晉別邑諸地名疑者皆言有以示不審闕者不復記其闕他皆放此前年桓王立此侯之子於翼故不得復入翼別居鄂。○鄂五各反不復扶又反下同〔疏〕注諸地至放此。○正義曰杜言不復記其闕者謂但言某邑而已下不云闕若鄂直云晉別邑及翼侯奔隨注云隨晉地鄭人侵衛牧注云牧衛邑如此之類皆不言闕是也若不知何國之地者則言闕若虞公出奔共池公孫嬰齊卒于貍脤[illegible]注云闕是也亦有雖知某國之地注亦云闕則隱十一年蘇忿生十二邑注陘云闕者以餘邑皆知所在唯此獨闕故也　○夏盟于艾始平于齊也春秋前魯與齊不平今乃弃惡結好故言始平于齊。好呼報反　○五月庚申鄭伯侵陳大獲往歲鄭伯請成于陳成猶平也〔疏〕五月庚申。○正義曰案經盟于艾亦在五月傳略不言月庚申之日須月以統之故別言五月他皆放此　陳侯不許五父諫曰親仁善鄰國之寶也君其許鄭五父陳公子佗。○佗徒何反人名皆同。○陳侯曰宋衛實難可畏難也。○難乃旦反注同　鄭何能爲遂不許君子曰善不可失惡不可長其陳桓公之謂乎長惡不悛從自及也悛止也從隨也。○悛七全反　雖欲救之其將能乎商書曰惡之易也如火之

燎于原不可鄉邇商書盤庚言惡易長如火焚原野不可鄉近○燎力召反又力弔反鄉本又作嚮同許亮反近附近之近其猶可撲滅。言不可撲滅○撲普卜反周任有言周任周大夫○任音壬曰爲國家者見惡如農夫之務去草焉芟夷蘊崇之絶其本根勿使能殖則善者信矣芟刈也夷殺也蘊積也崇聚也○去起呂反芟所銜反説文作癹匹末反云以足蹋夷草蘊紆紛反信如字一音申○秋宋人取長葛○冬京師來告饑公爲之請糴於宋衞齊鄭禮也告饑不以王命故傳言京師而不書於經也雖非王命而公共以稱命已國不足旁請鄰國故曰禮也傳見隱之賢○爲于僞反糴直歷反見賢遍反○

[疏]注告饑至之賢○正義曰王使至魯皆應書經此獨不書故解之以人情恕之不得自不輸粟空告他人故知已國不足旁請鄰國故曰禮也定五年歸粟于蔡尚書於經此不書者魯以往歲螟災故已國饑困所輸不多宋鄭輸粟

不復告魯故皆不書此事無經而發故解傳意見隱之賢諸無經之傳皆意有所見悉皆放此○鄭伯如周始朝桓王也桓王即位周鄭交惡至是乃朝故曰始王不禮焉周桓公言於王曰我周之東遷晉鄭焉依。周桓公周公黑肩也周采地扶風雍縣東北有周城幽王爲犬戎所殺平王東徙晉文侯鄭武公左右王室故曰晉鄭焉依○焉依如字或於虔反非雍於用反左音佐右音祐又並如字

[疏]注周桓至焉依○正義曰桓公是周公黑肩事見桓十八年傳也幽王娶申女爲后生大子宜臼後得褒姒嬖之生子伯服廢申后逐大子以褒姒爲后伯服爲大子宜臼奔申申侯乃與犬戎共攻幽王殺幽王於驪山之下於是諸侯乃與申侯共立宜臼是爲平王以西都偪戎晉文侯鄭武公夾輔平王東遷洛邑毛詩尚書國語史記皆略有其事

善鄭以勸來者猶懼不蔇。蔇至也○蔇其器反況不禮焉鄭不來矣爲桓五年諸侯從王伐鄭傳○

經七年春王三月叔姬歸于紀無傳叔姬伯姬之娣也至是歸者待年於父母國不與嫡俱行故書○嫡本又作適同丁歷反

[疏]注叔姬至故書○正義曰女嫁於他國皆有姪娣與適俱行則所尊在適書適不書姪娣叔姬待年之女年滿特行故書其歸魯女嫁於他國之卿皆書之夫人之娣尊與卿同其書固是常例賈云書之者刺紀貴叔姬傳無其事是妄說也

○滕侯卒傳例曰不書名未同盟也滕國在沛國公丘縣東南○沛音貝

[疏]滕侯卒○正義曰譜云滕姬姓文王子錯叔繡之後武王封之居滕今沛郡公丘縣是也自叔繡至宣公十七世乃見春秋隱公以下春秋後六世而齊滅之世本云齊景公亡滕案齊景之卒在滕隱之前世本言隱公之後仍有六世爲君而云齊景亡滕爲謬何甚服虔昭四年注亦云齊景亡滕是不考校而謬言之地理志云沛郡公丘縣故滕國也周文王子錯叔繡所封三十一世爲齊所滅

○夏城中丘城例在莊二十九年中丘在琅邪臨沂縣東北○琅音郎沂魚依反○齊侯使其弟年來聘諸聘皆使卿執玉帛以相存問例在襄九年○以

[疏]注諸聘至九年○正義曰聘禮使者執圭以致命束帛加璧以致享鄭玄云享獻也既聘又獻所以厚恩惠也是執玉帛以相存問也玉人職云瑑圭璋璧琮八寸以覜聘注

云八寸者據上公之臣案聘禮圭以聘君璋以聘夫人既行聘之後璧以享君琮以享夫人又鄭玄注小行人云使卿大夫覜聘降其君瑞一等則侯伯之臣圭璋璧琮皆六寸子男之臣皆四寸又小行人云圭以馬璋以皮璧以帛琮以錦琥以繡璜以黼鄭玄注云二王之後享天子圭以馬享后璋以皮其餘諸侯享天子璧以帛享后琮以錦子男享大國之君琥以繡享大國夫人璜以黼是玉帛之文也

○秋公伐邾○冬天王使凡伯來聘凡伯周卿士凡國伯爵也汲郡共縣東南有凡城○共音恭凡字本作汎音凡戎伐凡伯于楚丘以歸戎鳴鍾鼓以伐天子之使見夷狄強虣不書凡伯敗者單使無衆非戰陳也但言以歸非執也楚丘衞地在濟陰城武縣西南○使所吏反下同見賢遍反虣蒲報反陳直覲反

[疏]注戎鳴至西南○正義曰傳例有鍾鼓曰伐此既言伐知其鳴鍾鼓也杜意言以歸者以彼隨已而已非囚執之辭故云但言以歸非執也杜必知以歸非執者穀梁傳云以歸猶愈乎執也又昭十三年晉人執季孫意如以歸若以歸是執何須別起執文明直言以歸者非執也至如定四年以沈子嘉歸經云殺之哀七年以邾子益來傳云囚諸負瑕既有囚殺之文

容或是執，若直言以歸，無因殺之事者，則非執者也。春秋有文同事異，此即其類也。劉君引沈子、郝子云以歸者皆執，以規杜氏，非其義也。

傳七年春，滕侯卒，不書名，未同盟也。凡諸侯同盟，於是稱名，故薨則赴以名，盟以名告神，故薨亦以名告同盟。告終、嗣也，以繼好息民，告亡者之終，稱嗣位之主。嗣位之主當奉而不亡，故曰繼好。好同則和親，故曰息民。○好，呼報反，注同。謂之禮經。此言凡例，乃周公所制禮經也。十一年不告之例又曰不書於策，明禮經皆當書於策。仲尼脩春秋，皆承策爲經。丘明之傳，博采衆記，故始開凡例，特顯此二句。他皆放此。

〔疏〕凡諸至禮經。○正義曰：諸侯者，公、侯、伯、子、男五等之總號。侯訓君也。五等之主，雖爵命小異，而俱是國君，故總稱諸侯也。諸發凡者，皆周公之垂法，史書之舊章，丘明采合舊語以發明史例。雖意是舊典，而辭出丘明，非全寫舊語。同盟稱名，薨則赴以名，是周公之舊典。其告終稱嗣以下，乃是解釋赴意，非舊語也。僖二十三年又發例曰：「凡諸侯同盟，死則赴以名，禮也。」直言赴名是禮，不言繼好是禮。繼好息民，是禮之大意，非禮之實，明是丘明言此以解赴名之意。彼云禮也，此云謂之禮經，其事一也。言謂此赴名爲禮之常法。丘明之意，言周公謂之然也。謂之禮經，雖指此一事，諸發凡者莫不盡然。以此爲例之初，故特言之。○注此言至放此。○正義曰：凡例是周公所制，其來亦無所出。以傳言謂之禮經，則是先聖謂之，非丘明自謂之也。史之書策，必有舊法。一代大典，周公所制，故知凡例亦是周公所制。此言凡例，則云謂之禮經；不言凡例，則云不書於策。以此明所謂禮經皆當書策。從傳之首至此，始開凡例，故特顯此二句。二句者，謂之禮經是一句，與不書于策爲二句也。然則九年凡雨自三日以往爲霖，不以爲始而遠取十一年云始開凡例者，以九年唯記當國雨雪之事，史策舊文，非是赴告國家大事之例。

○夏，城中丘，書，不時也。○齊侯使夷仲年來聘，結艾之盟也。艾盟在六年。○秋，宋及鄭平。七月庚申，盟于宿。公伐邾，爲宋討也。公拒宋而更與鄭平，欲以鄭爲援。今鄭復與宋盟，故懼而伐邾，欲以求宋，故曰爲宋討。○爲宋，于僞反，注爲宋同。援，于眷反。復，扶又反。

○初，戎朝于周，發幣于公卿，凡伯弗賓。朝而發幣於公卿，如今計獻詣公府卿寺。

〔疏〕注朝而至卿寺。○正義曰：朝於天子，獻國之所有，亦發陳財幣於公卿之府寺。如今者，如晉時諸州年終遣會計之吏獻物於天子，因令以物詣公府卿寺。然自漢以來，三公所居謂之府，九卿所居謂之寺。風俗通曰：「府，聚也。公卿牧守府，道德之所聚也。藏府、私府，財貨之所聚也。寺，司也。庭有法度，令官所止，皆曰寺。」釋名曰：「寺，嗣也。治事者相嗣續於其內。」

冬，王使凡伯來聘。還，戎伐之于楚丘以歸。傳言凡伯所以見伐。○陳及鄭平。六年鄭侵陳，大獲，今乃平。十二月，陳五父如鄭涖盟。涖，臨也。○壬申，及鄭伯盟，歃如忘。忘不在於歃血。○歃，色洽反，歃血也。如忘，亡亮反。服虔云：如，而也。

〔疏〕歃如忘。○正義曰：歃謂口含血也。當歃血之時，如似遺忘物然，故注云志不在於歃血也。服虔云：如，而也。雖歃而忘其盟載之辭，言不精也。盟載之辭，在於簡策，祝史讀以告神，非歃者自誦之，何言忘載辭也。且忘否在心，五父終不自言已忘，洩伯安知其忘而譏之。

洩伯曰：「五父必不免，不賴盟矣。」洩伯，鄭洩駕。○洩，息列反。鄭良佐如陳涖盟，良佐，鄭大夫。辛巳，及陳侯盟，亦知陳之將亂也。入其國，觀其政治，故總言之也。皆爲桓五年、六年陳亂蔡人殺陳佗傳。○治，直吏反。○鄭公子忽在王所，故陳侯請妻之。以忽爲王寵故。○妻，七計反。鄭伯許之，乃成昏。爲鄭忽失齊昏援，以至出奔傳。○爲鄭，于僞反。

經八年春，宋公、衛侯遇于垂。垂，衛地。濟陰句陽縣東北有垂亭。○句，古侯反。○三月，鄭伯使宛來歸祊。宛，鄭大夫。不書氏，未賜族。祊，鄭祀泰山之邑，在琅邪費縣東南。○宛，於阮反。祊，必彭反。費，音祕。

〔疏〕注宛鄭至東南。○正義曰：內卿貶則去族，外卿貶則稱人，外無去族之理。今宛無族，傳無譏文，故知未賜族也。傳言鄭釋泰山之祀，使來歸祊，知祊是鄭祀泰山之邑。鄭以桓公之故受邑泰山之下，天子祭泰山，必從往助祭，使共湯沐焉，故公羊謂之湯沐之邑。既有此邑，因立别廟。劉炫云：言祀泰山之邑者，謂泰山之旁有此邑。邑内有鄭宗廟之祀，蓋祀桓武之神。

庚寅，我入祊。桓元年乃卒易祊田，知此入祊未肯受而有之。

○夏六月己亥，蔡叔考父卒。無傳。襄六年傳曰：杞桓公卒，始赴以名，同盟故也。諸侯同盟稱名者，非唯見在位二君也，嘗與其父同盟，則亦以名赴其子，亦所以繼好也。蔡未與隱盟，蓋春秋前與惠公盟，故赴以名。○見，賢遍反。好，呼報反。

疏注「襄六」至「以名」。○正義曰：同盟赴名，自有成例，而引杞桓公者，蔡自春秋以來未與魯盟，疑與惠公同盟，故引杞桓爲例。杞桓與成公同盟，而以名赴襄公，傳曰「同盟故也」，則與其父盟，得以名赴其子，故疑蔡與惠盟，故以名赴隱也。同盟稱名，則兩君相知，君既知之，則國内皆知，故彼父雖薨，得以名赴彼子，以此名嘗與彼父對稱故也。若父與彼盟，彼君雖在，此子不得以其名赴，以此名未與彼君對稱故也。

辛亥，宿男卒。無傳。元年宋魯大夫盟于宿，宿與盟也。晉荀偃禱河，稱齊晉君名，然後自稱名，知雖大夫出盟，亦當先稱己君之名以啓神明，故薨皆從身盟之例，當告以名也。傳例曰「赴以名則亦書之，不然則否」，辟不敏也。今宿赴不以名，故亦不書名。諸例或發於始事，或發於後者，因宜有所異同，亦或丘明所得記注本末不能皆備故。○宿與，音預，下「不與」同。禱，丁老反，或丁報反。

疏注「元年」至「備故」。○正義曰：於例，盟以國地，則地主與之。元年盟于宿，知宿與盟也。魯宋俱是微人，宿君必不親與之，宿亦大夫盟也。盟禱雖異，俱是告神。荀偃之禱，先稱君名，知大夫聚盟，亦各稱君名。臣盟既稱君名，則君薨得以名赴。宿君之卒，宜以名赴魯，今宿男不名，自不以名赴，非法不得也，故引僖二十三年傳例以明之，言其赴不以名，雖知亦不得書也。諸君不親盟而以名赴魯，注云大夫盟於某者，義皆出此。衛冀隆難杜云：「周人以諱事神，臣子何得以君之名告神？又荀偃禱河，一時之事耳，非正禮也，何得知大夫盟先稱君名乎？」杜必爲此解者，以諱事神，謂諱神之名以事其神，若祭祖而諱祖之類。山川之神尊於諸侯，故尚書武成告名山川云「有道周王發」，則荀偃禱河自稱君名，於理何怪？杜云「諸例或發於始事，或發於後者」，若七年滕侯卒，傳曰「凡諸侯同盟，於是稱名」，及桓二年公至自唐，凡公行告于宗廟，是或發於始事也。宣四年凡弑君稱君，及僖二十六年凡師能左右之曰以，是或發於後也。云「因宜有所異同」者，宣四年鄭公子歸生弑君，嫌歸生無罪，及宣五年高固來逆叔姬，嫌見偪成昏，故傳因以明之，是也。云「亦或丘明所得記注本末不能皆備」者，但杜又自疑以爲諸例皆應從始事而發，在後發者，以記注周公舊凡不繫於始事，繫於後事，丘明作傳，因記注所繫，遂以發之。如杜此言，則周公舊凡於記注之文散在諸事，丘明作傳，因記注之文發例，故或先或後也。

○秋七月庚午，宋公、齊侯、衛侯盟于瓦屋。齊侯尊宋，使主會，故宋公序齊上。瓦屋，周地。

疏注「齊侯」至「周地」。正義曰：春秋之例，國以大小爲序。外傳鄭語云「齊莊、僖於是乎小伯」，此齊侯即僖公也。此盟平宋衛也，齊爲會主，則齊宜在上，今宋在齊上，故特解之。由宋敬齊侯，與衛先過，故齊侯尊宋，使爲會主。瓦屋既闕，知是周地者，以其會于溫，盟于瓦屋，會盟不得相遠，溫是周地，知瓦屋亦周地也。

○八月，葬蔡宣公。無傳。三月而葬，速。

○九月辛卯，公及莒人盟于浮來。莒人微者，不嫌敵公侯，故直稱公。例在僖二十九年。浮來，紀邑。東莞縣北有邳鄉，邳鄉西有公來山，號曰邳來間。○邳，蒲悲反。間，如字。

疏注「莒人」至「來間」。○正義曰：僖二十九年，公會王子虎及諸侯之卿盟于翟泉，沒公不言，貶卿稱人，直言會某人某人，傳曰「卿不書，罪之也。在禮，卿不會公侯，會伯子男可也」。此莒人乃對會公侯，故解之。莒是小國，卿當稱人，非貶辭也。微者不嫌能敵公侯，故直稱公也。

○螟。無傳。爲災。

○冬十有二月，無駭卒。公不與小斂，故不書日。卒而後賜族，故不書氏。○斂，力驗反。

傳八年春，齊侯將平宋、衛，平宋衛於鄭。有會期。宋公以幣請於衛，請先相見。宋敬齊命。衛侯許之，故遇于犬丘。犬丘，垂也。地有兩名。

疏注「犬丘」至「兩名」。○正義曰：地有兩名，新舊改易者，傳則言實以明之。若二名俱存者，傳則錯經以見之。此犬丘與垂兩名俱存，故傳不言實。釋例曰：若一地二名，當時並存，則直兩文互見，黑壤、犬丘、時來之屬是也。猶卿大夫名氏互見，非例也。

○鄭伯請釋泰山之祀而祀周公，以泰山之祊易許田。三月，鄭伯使宛來歸祊，不祀泰山也。成王營王城，有遷都之志，故賜周公許田，以爲魯國朝宿之邑後世因而立周公別廟焉鄭桓公。周宣王之母弟封鄭有助祭泰山湯沐之邑在祊鄭以天子不能復巡狩故欲以祊易許田各從本國所近之宜恐魯以周公別廟爲疑故云已廢泰山之祀而欲爲魯祀周公孫辭以有求也許田近許之田。泰山如字東岳能復扶又反守手又反近附近之近下同又如字欲爲于僞反下爲魯同

疏注成王至之田。正義曰成王營邑於洛以爲居土之中貢賦路均將於洛邑受朝許田近於王城故賜周公許田以爲魯國朝宿之邑詩魯頌曰居常與許復周公之宇是周公得許田也公羊傳曰許田者何魯朝宿之邑也是許田爲魯朝宿之邑鄭請易許田而求祀周公故知後世因在許田之中而立周公別廟焉鄭桓公以周宣王之母弟故於泰山之下亦受祊田以爲湯沐之邑祊邑內亦有鄭先君別廟此時周室既衰王不巡守鄭以天子不復巡守則泰山之祀既廢祊無所用故欲以祊易許許田近鄭祊田近魯各從本國所近之宜也魯以許田奉周公之祀易其田則廢其祀恐魯以周公別廟爲疑慮將不許云已廢泰山之祀而欲爲魯祀周公言鄭得許田周公之祀不絕也云已廢泰山之祀者謂天子不復巡守鄭家已廢此助祭泰山祭祀之事無所祭祀故欲爲魯祀周公其實廢來已久今始云已廢者欲爲魯祀周公

故云已廢耳方便遜辭以求於魯也定四年祝佗言康叔之受分物云取於有閻之土以共王職取於相土之東都以會王之東蒐有閻之土猶魯之許田也相土之東都猶鄭之祊邑也鄭近京師無假朝宿魯近泰山不須湯沐各受其一衛以道路並遠故兩皆有之禮記王制曰方伯爲朝天子皆有湯沐之邑於天子之縣內然則朝宿之邑亦名湯沐但向京師主爲朝王從王巡守主爲助祭祭必沐浴隨事立名朝宿湯沐亦互言之耳異義左氏說諸侯有大功德乃有朝宿湯沐之邑公羊說以爲諸侯皆有朝宿湯沐之邑許慎以公羊爲非則杜意亦從許慎也公羊爲非則杜意亦從許慎也公羊傳曰此魯朝宿之邑也則曷爲謂之許田諱取周田也諱取周田則曷爲謂之許田繫之許也曷爲繫之許近許也杜言近許之田是用公羊爲說杜依公羊之傳邑實近許故以許爲名劉君更無所馮直云別有許邑邑自名許非由近許國始名爲許以規杜氏非其義也

○夏虢公忌父始作卿士于周 周人於此遂畀之政。畀必二反

○四月甲辰鄭公子忽如陳逆婦嬀辛亥以嬀氏歸甲寅入于鄭陳鍼子送女先配而後祖鍼子曰是不爲夫婦誣其祖矣非禮也何以能育 鍼子陳大夫禮逆婦必先告祖廟而後行故楚公子圍稱告莊共之廟鄭忽先逆婦而後告廟故曰先配而後祖。鍼其廉反誣亡符反共音恭本亦作恭

疏注鍼子至後祖。正義曰先配後祖多有異說賈逵以配爲成夫婦也禮齊而未配三月廟見然後配案昏禮親迎之夜衽席相連是士禮不待三月也禹娶塗山四日即去而有啓生焉亦不三月乃配是賈之謬也鄭衆以配爲同牢食也先食而後祭祖無敬神之心故曰誣其祖也案昏禮婦既入門即設同牢之饌其間無祭祀之事先祭乃食禮無此文是鄭之妄也鄭玄以祖爲軷道之祭也先爲配匹而後祖道言未去而行配案傳既言入于鄭乃云先配而後祖寧是未去之事也若未去先配則鍼子在陳譏之何須云送女也此三說皆滯故杜引楚公子圍告廟之事言鄭忽先逆婦而後告廟故曰先配而後祖此時忽父見在計告廟以否當是莊公之事而譏忽者楚公子圍亦人臣矣而自布几筵告於莊共之廟不言稟君之命知逆者雖受父命當自告廟且忽先爲配匹而後告祖見其告祖方始譏之知忽自告祖也或可鄭伯爲忽娶妻先逆而

後告廟鍼子見而譏之公子圍告廟者專權自由耳非正也

○齊人卒平宋衛于鄭秋會于溫盟于瓦屋以釋東門之役禮也 會溫不書不以告也定國息民故曰禮也平宋衛二國忿鄭之謀鄭不與盟故不書。與音預

○八月丙戌鄭伯以齊人朝王禮也 言鄭伯不以虢公得政而背王故禮之齊稱人略從國辭上有七月庚午下有九月辛卯則八月不得有丙戌。背音佩

疏注言鄭至丙戌。正義曰庚午之後十六日而有丙戌二十一日而有辛卯七月有庚午九月有辛卯其間不容一月是八月不得有丙戌更遞一周則丙戌去庚午七十七日八月亦不得有丙戌是明丙戌爲日誤長厤推七月丁卯朔四日庚午至二十日是丙戌九月丙寅朔二十六日辛卯其月二十一日是丙戌八月小丁酉朔十日丙午二十日丙辰二日戊戌十四日庚戌二十六日壬戌未知丙戌二字孰爲誤也不直云日誤而檢上下者因傳明文故顯言之他皆放此

○公及莒人盟于浮來以成紀好也 二年紀莒盟于密爲魯故今公尋之故曰以成紀好

○好呼報反下同 ○冬齊侯使來告成三國。齊侯冬來告稱秋和三國 公使衆仲對曰君釋三國之圖以鳩其民君之惠也寡君聞命矣敢不承受君之明德。鳩集也 ○無駭卒羽父請謚與族公問族於衆仲衆仲對曰天子建德立有德以爲諸侯 因生以賜姓因其所由生以賜姓謂若舜由嬀汭故陳爲嬀姓○汭如銳反 疏注因其至嬀姓○正義曰陳世家云陳胡公滿者虞帝舜之後也昔舜爲庶人時居于嬀汭其後因爲氏姓姓嬀氏武王克殷得嬀滿封之於陳是舜由嬀汭故陳爲嬀姓也案世本帝舜姚姓哀元年傳稱虞思妻少康以二姚是自舜以下猶姓姚也昭八年傳曰及胡公不淫故周賜之姓是胡公始姓嬀耳史記以爲胡公之前已姓嬀非也 胙之土而命之氏報之以土而命氏曰陳○胙才故反報也 疏注報之至曰陳○正義曰胙訓報也有德之人必有美報報之以土謂封之以國名以爲之氏諸侯之氏則國名是也周語曰帝嘉禹德賜姓曰姒氏曰有夏胙四岳國賜姓曰姜氏曰有呂亦與賜姓曰嬀命氏曰陳其事同也姓者生也以此爲祖令之相生雖下及百世而此姓不改族者屬也與其子孫共相連屬其旁支別屬則各自立氏禮記大傳曰繫之以姓而弗別百世而昏姻不通者周道然也是言子孫當共姓也其上文云庶姓別於上而戚單於下是言子孫當別氏也氏猶家也傳稱盟于子晳氏逐瘈狗入於華臣氏如此之類皆謂家爲氏氏族一也所從言之異耳釋例曰別而稱之謂之氏合而言之則曰族例言別合者若宋之華元華喜皆出戴公向魚鱗蕩共出桓公獨舉其人則云華氏向氏并指其宗則云戴族桓族是其別合之異也記謂之庶姓者以始祖爲正姓高祖爲庶姓亦氏族之別名也姓則受之於天子族則稟之於時君天下之廣兆民之衆非君所賜皆有族者人君之賜姓賜族爲此姓此族之始祖耳其不賜者各從父之姓族非復人入賜也晉語稱黃帝之子二十五人其得姓者十二人天子之子尚不得姓況餘人哉固當從其父耳黃帝之子兄弟異姓周之子孫皆姓姬者古今不同質文代革周代尚文欲令子孫相親故不使別姓其賜姓者亦少唯外姓嬀滿之徒耳賜族者有大功德宜世享祀者方始賜之無大功德任其興衰者則不賜之

不賜之者公之同姓蓋亦自氏祖字其異姓則有舊族可稱不世其祿不須賜也衆仲以天子得封建諸侯故云胙土命氏據諸侯言耳其王朝大夫不封爲國君者亦當王賜之族何則春秋之世有尹氏武氏之徒明亦天子賜之與諸侯之臣義無異也此無駭是卿羽父爲之請族蓋爲卿乃賜族大夫以下或不賜也諸侯之臣卿爲其極既登極位理合建家若其父祖微賤此人新升爲卿以其位絕等倫其族不復因故身未被賜無族可稱魯挾鄭宛皆未賜族故單稱名也或身以才舉者升卿位功德猶薄未足立家則雖爲卿竟不賜族羽父爲無駭請族知其皆由時命非例得之也華督生立華氏知其恐慮不得故早求之也由此而言明有竟無族者魯之翬挾柔溺名見於經而其後無聞是或不得族也其士會之帑處秦者爲劉氏伍員之子在齊爲王孫氏外傳稱知果知知伯之將滅自別其族爲輔氏如此之類皆是身自爲之非復君賜釋例曰子孫繁衍枝布葉分始承其本末取其別故其流至於百姓萬姓其言自有百姓萬姓未必皆君賜也晉語稱炎帝姓姜則伯夷炎帝之後姜自是其本姓而云賜姓曰姜者黃帝之後別姓非一自以姜姓賜伯夷更使爲一姓之祖耳非復因舊姓也猶后稷別姓姬不是因黃帝姓也 諸侯以字諸侯位卑不得賜姓故其臣因氏其王父字 爲謚因以爲族。或使即先人之謚稱以爲族 疏諸侯至爲族○正義曰杜意諸侯以字言賜先人字爲族也爲謚因以爲族謂賜族雖以先人之字或用先人所爲之謚因將爲族以謚爲族者衛齊惡宋戴惡之類是也而劉君乃稱以謚爲族全無一人妄規杜氏非其義也死後賜族乃是正法春秋之世亦有非禮生賜族者華督是也釋例曰舊說以爲大夫有功德者則生賜族非也至於鄭祭仲爲祭封人後升爲卿經書祭仲以生賜族者檢傳既無同華氏之文則祭者是仲之舊氏也諸侯以字字有二等檀弓曰幼名冠字五十以伯仲周道然也則二十有加冠之字又有伯仲叔季爲長幼之字二者皆可以爲氏矣服虔云公之母弟則以長幼爲氏貴適統伯仲叔季是也庶公子則以配字爲氏尊公族展氏臧氏是也案鄭子人者鄭厲公之弟桓十四年鄭伯使其弟語來盟即其人也而其後爲子人氏不以仲叔爲氏則服言公之母弟以長幼爲氏其事未必然也杜以慶父叔牙與莊公異母自然仲叔非母弟族矣其或以二十之字或以長幼之字蓋出自時君之命也叔肸稱叔不稱孫而三桓皆稱孫俱氏長幼之字自不同也臧氏稱孫展氏不稱孫俱氏二十之字自不同也然則稱孫與不稱孫蓋出其家之意未必由君

賜也以字爲族者謂公之曾孫以王父之字爲族也諸侯之子稱公子公子之子稱公孫公孫之子公孫繫公之常言非族也其或貶責則亦與族同成十四年叔孫僑如如齊逆女傳曰稱族尊君命也僑如以夫人婦姜氏至自齊傳曰舍族尊夫人也宣元年公子遂如齊逆女遂以夫人至事與僑如正同其傳直云尊君命尊夫人不言稱族舍族既非氏族則不待君賜自稱之矣至於公孫之子不復得稱公曾孫如無駭之輩直以名行及其死也則賜之族以其王父之字爲族也此無駭是公之曾孫公之曾孫必須有族故據曾孫爲文言以王父字耳公之曾孫正法死後賜族亦有未死則有族者則叔孫得臣是也公子公孫於身必無賜族之理經書季友仲遂叔肹者皆是以字配名連言之故杜注並云字也其蕩伯姬者公子蕩之妻不可言公子伯姬故繫於夫字言蕩伯姬蕩非當時之氏其傳云立叔孫氏臧僖伯臧哀伯叔孫戴伯之徒皆傳家據後追言之耳其公孟彄世本以爲靈公之子字公孟名彄與季友仲遂相似俱以字配名劉炫不達此旨妄規杜過非也必如劉解生賜族之文證在何處其公之曾孫玄孫以外爰及異姓有新升爲卿君賜之族蓋以此卿之字即爲此族案世本宋督是戴公之孫好父說之子華父是督之字計督是公孫耳未合賜族應死後其子乃賜族故杜

云督未死而賜族督之妄也沈亦云督之子方可有族耳官有世功則有官族邑亦如之謂取其舊官舊邑之稱以爲族皆稟之時君○稱尺證反【疏】注謂取至時君○正義曰舊官謂若晉之士氏舊邑若韓魏趙氏非是君賜則不得爲族嫌其居官邑不待公命故云皆稟之時君此謂同姓異姓皆然也服虔止謂異姓又引宋司城韓魏爲證韓與司城非異姓司城又自爲樂氏不以司城爲族也公命以字爲展氏諸侯之子稱公子公子之子稱公孫公孫之子以王父字爲氏無駭公子展之孫故爲展氏

經九年春天子使南季來聘無傳南季天子大夫也南氏季字也○三月癸酉大雨震電庚辰大雨雪三月今正月○電徒練反雨雪于付反傳同【疏】大雨震電○正義曰說文云震劈歷震物者電陰陽激燿也河圖云陰陽相薄爲雷陰激陽爲電然則震是雷之劈歷電是雷光僖十五年震夷伯之廟是劈歷破之雷之甚者爲震故何休云震雷也○大雨雪○正義曰說文云雨水從雲下也然則雨者天上下水之名既見雨從天下自上下者因即以雨言之雨螽亦稱爲雨故下雪稱雨雪也平原出水爲大水直書大水平地尺爲大雪不直書大雪而云大雨雪者水則從天入地出地乃爲多見其在地之多言其出水之大故不言大雨水雪則自天而下下即委之於地見其自上而下言其下雪之多故言大雨雪水則俯視雪則仰觀故立文有異其大雨雹亦與雪同挾卒無傳挾魯大夫未賜諡○夏城郎○秋七月○冬公會齊侯于防防魯地在琅邪縣東南○華戸化反

傳九年春王三月癸酉大雨霖以震書始也書癸酉始始。雨日○霖音林爾雅云久雨謂之淫淫雨謂之霖庚辰大雨雪亦如之書時失也夏之正月微陽始出未可震電既震電又不當大雨雪故皆爲時失凡雨自三日以往爲霖此解經書霖也而經無霖字經誤【疏】注此解至經誤○正義曰傳發凡以解經若經無霖字則傳無由發故知經誤然則經當如傳言大雨霖以震不當云大雨震電是經脫霖以二字而妄加電也○平地尺爲大雪○夏城郎書不時也○宋公不

王不共王職○共音恭本亦作供鄭伯爲王左卿士以王命討之伐宋宋以入郛之役怨公不告命入郛在五年公以七年伐邾欲以說宋而宋猶不和也公怒絕宋使○秋鄭人以王命來告伐宋遣使致王命也伐宋未得志故復往告之○冬公會齊侯于防謀伐宋也○北戎侵鄭鄭伯禦之患戎師曰彼徒我車懼其侵軼我也徒步兵也軼突也軼直結反又音逸○公子突曰使勇而無剛者嘗寇而速去之公子突鄭厲公也嘗試也勇則能往無剛不恥退君爲三覆以待之覆伏兵也戎輕而不整貪而無親勝不相讓敗不相救先者見獲必務進進而遇覆必速奔後者不救則無繼矣乃

可以逞。逞，解也。輕，遣政反。逞，勑領反。解音蟹，或佳買反。〔疏〕注「先者至以逞」。正義曰：甞寇速去，知戎必逐之。逐其去者，必有所獲。獲謂獲鄭人也。在先者見逐，有所獲，不復顧後，必務在速進，謂棄其後者獨自先進。進而遇覆，必速迴奔走，後者不救，則是無繼續矣。無繼則易敗，如是乃可以解患。服虔云：先者見獲，言必不往相救，各自務進，言其貪利也。其言見獲者，當謂戎被鄭獲也。鄭人速去以誘之，安得獲戎也？在先者已被鄭獲，重進者將復爲虜，各自務進，欲何所貪而云貪利也？此則不言可解，無故以解亂之。從之，戎人之前遇覆者奔，祝聃逐之。祝聃，鄭大夫。聃，乃甘反，一音士甘反。衷戎師，前後擊之，盡殪。爲三部伏兵，祝聃帥勇而無剛者先犯戎而速奔，以遇二伏兵，至後伏兵起，戎還走，祝聃反逐之，戎前後及中三處受敵，故曰衷戎師。殪，死也。衷，丁仲反，又音忠。殪，於計反。處，昌慮反。〔疏〕注「爲三至死也」。正義曰：前後及中三處受敵者，前謂第一伏逆其前也，後謂祝聃與後伏逐其後也，中謂第二伏擊其中也。衷戎師者，謂戎師在三伏之中。殪，死也，釋詁文。戎師大奔。後駐軍不復繼也。駐，丁住反。

十一月甲寅，鄭人大敗戎師。此皆春秋時事，雖經無正文，所謂必廣記而備言之，將令學者原始要終，尋其枝葉，究其所窮，他皆放此。令，力呈反。要，於遥反。〔疏〕「十一月至戎師」。正義曰：此即上傳所說擊戎之事，史官得其戰狀，乃裁約爲之辭，經之所陳，皆是此類，既不書經，故準經爲文以摠之。

經十年春王二月，公會齊侯、鄭伯于中丘。傳言正月會，癸丑盟。釋例推經傳日月，癸丑是正月二十六日，知經二月誤。○夏，翬帥師會齊人、鄭人伐宋。公子翬不待公命而貪會二國之君，疾其專進，故去氏。齊、鄭以公不至，故亦更使微者從之。伐宋不言及，明翬專行，非鄧之謀也。及例在宣七年。去，起吕反，傳同。〔疏〕注「公子至七年」。正義曰：傳稱羽父先會齊侯、鄭伯，是不待公命也。貪會二國之君，自求其名，時史疾其專進，故貶去公子。公子義與氏同，故以氏言之。中丘之會，計君自親行，今齊、鄭稱人，是使微者從之也。於例，師出與謀曰及。傳稱盟于鄧爲師期，公既與謀，計當書及，今乃言會，明其以翬專行，非鄧之謀。釋例曰：王命伐宋，羽父不匡君以速進，而先會二國，自以爲名，故貶去其族。齊爲侯伯，鄭伯又爲王卿士，二君奉王命以討宋，惡羽父之專進，故使與微者同伐，動而無功，故無成敗也。案四年翬固請而行，故貶去其氏。此直言羽父先會齊侯、鄭伯，無固請之文，亦貶之者，又公子豫會邾人、鄭人，以不待公命而經不書。此翬亦不待公命而經書者，翬於四年傳稱固請，明此先會亦固請也。傳於四年其文已詳，故於此而略耳。豫會邾人、鄭人，本非公卿，故不書。此則公會齊、鄭于中丘，已爲師期，翬又請公先會，先會則是君命，故以書之。○六月壬戌，公敗宋師于菅。齊、鄭後期，故公獨敗宋師。書敗宋未陳也。敗例在莊十一年。菅，宋地。菅，古顔反。陳，直覲反。〔疏〕注「齊鄭至宋地」。正義曰：案傳，公會齊侯、鄭伯于老桃，然後公敗宋師，則知老桃之會謀與宋戰，彼與公謀戰而公獨敗宋師，知齊、鄭後期也。辛未，取郜。辛巳，取防。鄭後至，得郜、防二邑，歸功于魯，故書取，明不用師徒也。濟陰城武縣東南有郜城，高平昌邑縣西南有西防城。○郜，古報反，字林又工竺反。○秋，宋人、衛人入鄭。宋人、蔡人、衛人伐戴。鄭伯伐取之。三國伐戴，鄭伯因其不和，伐而取之。書伐，用師徒也。書取，克之易也。戴國，今陳留外黄縣東南有戴城。○戴音再，字林作戴，云故國在陳留。易，以豉反，傳同。〔疏〕注「三國至戴城」。正義曰：案傳例，克邑不用師徒曰取。然則取者據克邑之易。今此克得軍師亦稱取者，但取者雖據克邑之文，其克得師衆而易者亦曰取。是以莊十一年注云：威力兼備，若羅網所掩覆，一軍皆見禽制。若非前敵之易，何能覆而取之？故釋例曰：如取如攜。然則凡言取者，皆易辭。劉君以取之非易而規杜氏，非也。沈氏亦云：今日圍，明日取，故知易也。公羊傳曰：其言伐取之何？易也。是杜所用之義。地理志云：梁國甾縣，故戴國。應劭曰：章帝改曰考城。古者甾、戴聲相近，故鄭玄詩箋讀俶戴爲熾菑，是其音大同，故漢於戴國立甾縣，於晉屬陳留。

○冬十月壬午，齊人、鄭人入郕。

傳十年春王正月，公會齊侯、鄭伯于中丘。癸丑，盟于鄧，爲師期。尋九年會于防，謀伐宋也。公既會而盟，盟不書，非後也，蓋公還告會而不告盟。鄧，魯地。〔疏〕注「尋九至魯地」。正義曰：九年傳稱會于防，謀伐宋，未及伐宋而更爲此會，爲師伐宋之期知是尋防會也。釋例曰：盟于鄧，盟于華，盟于咸，公既在會而不書盟者，以理推之，會在盟前，知非後盟也。蓋公還告會而不告盟。○夏五月，羽父先會齊侯、鄭伯伐宋。言先會，明非公本期。釋翬之去族。○六月戊申，公會齊侯、鄭伯于老桃。會不書，不告於廟也。老桃，宋地。六月無戊申，戊申，五月二十三日，日誤。【疏】注「會不」至「日誤」。○正義曰：六月無戊申者，下有辛巳取防，亦在六月之內，戊申在辛巳之前三十三日，不得共在一月。上有五月，今別言六月，知日誤月不誤。長歷推六月丙辰朔，三日戊午，五日庚申，未知二者孰是。壬戌，公敗宋師于菅。庚午，鄭師入郜。辛未，歸于我。庚辰，鄭師入防。辛巳，歸于我。壬戌，六月七日。庚午，十五日。庚辰，二十五日。鄭伯後期，而公獨敗宋師，故鄭頻獨進兵以入郜、防，入而不有，命魯取之，推功上爵，讓以自替，不有其實。故經但書魯取，以成鄭志，善之也。君子謂鄭莊公於是乎可謂正矣。以王命討不庭，下之事上，皆成禮於庭中。不貪其土，以勞王爵，正之體也。勞者，敘其勤以答之。諸侯相朝，逆之以饔餼，謂之郊勞。魯侯爵尊，鄭伯爵卑，故言以勞王爵。○勞，力報反，注同。餼，音許氣反。【疏】注「勞者」至「王爵」。○正義曰：聘禮賓至于近郊，君使卿朝服，用束帛勞。覲禮至于郊，王使人皮弁用璧勞。周禮司儀曰：諸公相為賓主，君郊勞。皆不言以饔餼勞。案禮，饔餼乃是既相見致大禮，不應於郊以設之。杜意蓋以孰食曰饔，生牲曰餼，以勞客於郊，必有牲餼，故亦饔餼言之，非謂大禮之饔餼也。勞禮，大行人云：上公三勞，近郊勞一也，遠郊勞二也，竟首勞三也；侯伯再勞，去竟首；子男一勞，去遠郊。凡近郊勞皆君自行，遠郊使卿，竟首使大夫。掌客又云：上公五積，皆眡飧牽；侯伯四積；子男三積。是賓入竟之後有致積之禮，積雖是牽，亦或有孰，或在郊致積，故謂之郊勞。沈依聘禮注，其郊之遠近，上公遠郊五十里，侯伯三十里，子男十里，近郊各半之。○蔡人、衛人、郕人不會王命。不伐宋也。○秋七月庚寅，鄭師入郊，猶在郊。鄭師還，駐兵於遠郊。宋人、衛人入鄭，宋、衛奇兵承虛入鄭。蔡人從之伐

春秋疏卷四　十七

戴。從宋、衛伐戴也。八月壬戌，鄭伯圍戴。癸亥，克之，取三師焉。三國之軍在戴，故鄭伯合圍之。師者，軍旅之通稱。○稱，尺證反。【疏】注「三國」至「通稱」。○正義曰：三國之軍在戴城下，故鄭伯合圍之。不言圍戴者，本意圍三師，不圍戴也。不言圍三師者，今日圍，明日取，圍之不久，經以取告，不以圍告。三國經皆稱人，於例為將卑師少，而傳言三師，故辯之。師者，軍旅之通稱。宋、衛既入鄭，而以伐戴召蔡人，伐戴乃召之。蔡人怒，故不和而敗。言鄭取之易也。○九月戊寅，鄭伯入宋。報入鄭也。九月無戊寅，戊寅，八月二十四日。【疏】注「報入」至「四日」。○正義曰：九月無戊寅者，經有十月壬午，長歷推壬午，十月二十九日，戊寅在壬午之前四日耳，故九月不得有戊寅。上有八月，下有冬，則誤在日也。○冬，齊人、鄭人入郕，討違王命也。

經十有一年春，滕侯、薛侯來朝。諸侯相朝，例在文十五年。○薛，息列反。【疏】「十有一年」至「來朝」。○正義曰：十下言有者，于寶云：十盈則更始，以奇從盈數，故言有也。經備文，傳從略，故傳不言有。桓七年，穀伯、鄧侯別言來朝，此兼言來朝者，彼別行禮，此同行禮。由同時行禮，當長者在先，故爭之。○夏，公會鄭伯于時來。時來，郲也。滎陽縣東有釐城，鄭地也。○郲，音來。釐，音來，王元規力之反。○秋七月壬午，公及齊侯、鄭伯入許。與謀曰及。還使許叔居之，故不言滅也。許，潁川許昌縣。○與，音預。還，音環。【疏】注「與謀」至「昌縣」。○正義曰：與謀曰及，宣七年傳例也。傳稱會于郲，謀伐許，是公與謀也。譜云：許，姜姓，與齊同祖，堯四嶽伯夷之後也。周武王封其苗裔文叔于許，今潁川許昌是也。靈公徙葉，悼公遷夷，一名城父，又居析，一名白羽，許男斯處容城。自文叔至莊公十一世，始見春秋。元公子結元年，獲麟之歲也。當戰國初，楚滅之。地理志云：潁川郡許縣，故許國，文叔所封，二十四世為楚所滅也。漢世名許縣耳，魏武作相，改曰許昌。○冬十有一月壬辰，公薨。實弒，書薨，又不地者，史策所諱也。【疏】注「實弒」至「諱也」。○正義曰：他君見弒，則書弒；魯君見弒，則書薨。公薨例皆地，此公又不地，故解之，言

春秋疏卷四　十八

魯史策書所諱也不忍言君之見弒又不忍言其僵尸之處諱而不書故夫子因之傳不言書曰知是舊史諱之也董狐書趙盾弒君仲尼謂之良史不書君弒則是史之不良夫子不改其文而因之者爲人臣者或心實愛君爲諱愆過或志在疾惡故章賊名雖事跡不同而俱是爲國聖賢兩通其事欲見仁非一涂僖元年傳曰諱國惡禮也以仲尼之善董狐知爲史必須直也以臣明之禮諱惡知爲史又當諱也釋例曰臣之事君猶子事父微諫見志造膝詭辭執其事而諫其非不必其得蓋匡救將然而將順其已然故有隱諱之義焉至於激節之士則不然南史執簡而累進董狐書法而不隱鬻拳劫君而自刖晏嬰端委而引直聖賢亦錄而善之所以廣義訓博大道殷有三仁此之謂也是言聖賢兩通之意也鄭伯髠頑楚子麇齊侯陽生之徒俱實見弒而以卒赴魯是他國之臣亦有諱國惡者非獨魯史也

傳十一年春滕侯薛侯來朝爭長。薛魯國薛縣長丁丈反下注及文同

〔疏〕注薛魯國薛縣。○正義曰譜云薛任姓黄帝之苗裔奚仲封爲薛侯今魯國薛縣是也奚仲遷于邳仲虺居薛以爲湯左相武王復以其胄爲薛侯齊桓霸諸侯黜爲伯獻公始與魯同盟小國無記世不可知亦不知爲誰所滅地理志云魯國薛縣夏車正奚仲所國後遷于邳湯相仲虺居之

薛侯曰我先封薛祖奚仲夏所封在周之前○夏戶雅反

〔疏〕注薛祖至之前。○正義曰定元年傳曰薛之皇祖奚仲居薛以爲夏車正是夏所封也

滕侯曰我周之卜正也卜正卜官之長

〔疏〕注卜正卜官之長。○正義曰周禮春官太卜下大夫二人其下有卜師卜人龜人筮人大卜爲之長正訓長也故謂之卜正

薛庶姓也我不可以後之庶姓非周之同姓

〔疏〕注庶姓至同姓。○正義曰周禮司儀職云詔王儀南鄉見諸侯土揖庶姓時揖異姓天揖同姓鄭玄云庶姓無親者也異。婚姻者也是庶姓非同姓也

公使羽父請於薛侯曰君與滕君辱在寡人周諺有之曰山有木工則度之賓有禮主則擇之擇所宜而行之。諺音彥俗言也度大洛反**周之宗盟異姓爲後**盟載書皆先同姓例在定四年

〔疏〕周之至爲後。○正義曰賈逵以宗爲尊服虔以宗盟爲同宗之盟孫毓以爲宗伯屬官掌作盟詛之載辭故曰宗盟杜無明解盟之尊卑自有定法不得言尊盟也周禮司盟之官乃是司寇之屬非宗伯也雖服之言得其旨也而孫毓難服云同宗之盟則無與異姓何論先後若通共同盟則何稱於宗斯不然矣天子之盟諸侯令其獎王室未聞離逖異姓獨與同宗者也但周人貴親先敘同姓以其篤於宗族是故謂之宗盟魯人之爲此言見其重宗之義執其宗盟之文即云無與異姓然則公與侯燕則異姓爲賓復言族燕不得有異姓也孟軻所云說詩者不以辭害意此之謂也異姓爲後者謂王官之伯降臨諸侯以王命而盟者耳其春秋之世狎主齊盟者則不復先姬姓也踐土之盟其載書云王若曰晉重魯申是用王命而盟也召陵之會劉子在焉故祝佗引踐土爲比爲有王官故也宋之盟楚屈建先於趙武明是大國在前不先姬姓若姬姓常先則楚不得競也且言周之宗盟是唯周乃然故釋例曰斥周而言指謂王官之宰臨盟者也其餘雜盟未必皆然是言餘盟不先姬姓盟則同姓在先朝則各從其爵故鄭康成注禮記云朝覲爵同同位若然案覲禮曰諸侯前朝皆受舍于朝同姓西面北上異姓東面北上鄭玄云言諸侯明來朝者衆矣顧其入覲不得並耳分別同姓異姓受之將有先後也若如此言則似朝覲不以爵者但朝覲實以

爵同同位就爵同之中先同姓後異姓若盟則爵雖不同先同姓也禮記周公朝諸侯于明堂之位三公中階之前北面東上諸侯之位阼階之東西面北上諸伯之國西階之西東面北上諸子之國門東北面東上諸男之國門西北面西上覲禮於方明之壇鄭言諸侯見王之位亦引明堂位爲說是則諸侯揔見皆以爵爲班雖不分別同姓異姓其受禮之時爵同者猶先同姓也其王官之伯臨諸侯之盟雖羣后咸在常先同姓故此言宗盟耳取重宗之事以喻已也取譬之事聊舉一邊寡人若朝于薛不敢與諸任齒朝於彼國自可下主國之宗諸侯聚盟不肯先盟主之宗也

寡人若朝于薛不敢與諸任齒。薛任姓齒列也任音壬注同

〔疏〕注薛任姓齒列也。○正義曰世本姓氏篇云任姓謝章薛舒呂祝終泉畢過言此十國皆任姓也禮記文王世子曰古者謂年齡齒亦齡也然則齒是年之別名人以年齒相次列以爵位相次列亦名爲齒故云齒也

君若辱貺寡人則願以滕君爲請薛侯許之乃長滕侯

○夏公會鄭伯于郲謀伐許也鄭伯將伐許

五月甲辰授兵於大宮大宮鄭祖廟○大音泰公孫閼與潁考叔爭車公孫閼鄭大夫○閼於葛反潁考叔挾輈以走輈車轅也○挾音協輈張留反〔疏〕挾輈以走○正義曰廟内授車未有馬駕故手挾以走輈轅也方言云楚衞謂轅爲輈服虔云考叔挾車轅鞶馬而走古者兵車一轅服馬夾之若馬已在轅不可復挾且鞶馬而走非徒步所及子都豈復乘車逐之子都拔棘以逐之子都公孫閼棘戟也及大逵弗及子都怒逵道方九軌也○逵求龜反爾雅云九達謂之逵杜云道方九軌此依考工記〔疏〕注逵道方九軌也○正義曰冬官考工記匠人營國經涂九軌軌車轍謂王城之内道廣並九車也爾雅釋宮云一達謂之道路二達謂之歧旁三達謂之劇旁四達謂之衢五達謂之康六達謂之莊七達謂之劇驂八達謂之崇期九達謂之逵說爾雅者皆以爲四道交出復有旁通故劉炫規過以逵爲九道交出也今以爲道方九軌者蓋以九出之道世俗所希不應城内得有此道以記有九軌故以逵當之言並容九軌皆得前達亦是九達之義故李巡注爾雅亦取並軌之義

又涂方九軌天子之制諸侯之國不得皆有唯鄭城之内獨有其涂故傳於鄭國每言逵也故桓十四年焚渠門入及大逵莊二十八年衆車入自純門及逵市宣十二年入自皇門至于逵路劉君以爲國國皆有逵道以規杜氏其義非也

○秋七月公會齊侯鄭伯伐許庚辰傅于許傅于許城下○傅音附注同潁考叔取鄭伯之旗蝥弧以先登蝥弧旗名○蝥亡侯反弧音胡〔疏〕注蝥弧旗名○正義曰周禮諸侯建旂孤卿建旜而左傳鄭有蝥弧齊有靈姑銔皆諸侯之旗也趙簡子有蜂旗卿之旗也其名當時爲之其義不可知也子都自下射之顛顛隊而死○射食亦反下及注同隊直類反瑕叔盈又以蝥弧登瑕叔盈鄭大夫周麾而呼曰君登矣周偏也麾招也○麾許危反又許僞反呼火故反偏音遍鄭師畢登壬午遂入許許莊公奔衞奔不書兵亂遁逃未知所在○遁徒頓反齊侯以許讓公公曰君謂許

不共不共職貢○共音恭本亦作供音同注及下同故從君討之許既伏其罪矣雖君有命寡人弗敢與聞乃與鄭人鄭伯使許大夫百里奉許叔以居許東偏許叔許莊公之弟東偏東鄙也○與聞音預曰天禍許國鬼神實不逞于許君而假手于我寡人借手于我寡德之人以討許寡人唯是一二父兄不能共億父兄同姓羣臣供給億安也○億於力反其敢以許自爲功乎寡人有弟不能和協而使餬其口於四方弟共叔段也餬鬻也段出奔在元年○餬音胡說文云寄食鬻本又作粥之育反又與六反〔疏〕注弟共至元年○正義曰莊公之弟逃於四方故知唯是共叔段也說文云餬寄食也以此傳言餬口四方故以寄食言之昭七年傳云饘於是鬻於是以餬余口釋言云餬饘也則餬是饘鬻別名今人以薄鬻塗物謂之餬紙餬帛

則餬者以鬻食口之名故云餬其口也其況能久有許乎吾子其奉許叔以撫柔此民也吾將使獲也佐吾子獲鄭大夫公孫獲若寡人得沒于地以壽終○壽如字又音授天其以禮悔禍于許言天加禮於許而悔禍之無寧茲許公復奉其社稷無寧寧也茲此也○復扶又反又音服唯我鄭國之有請謁焉如舊昏媾謁告也婦之父曰昏重昏曰媾○媾古豆反重直龍反〔疏〕注謁告至曰媾○正義曰謁告也釋詁文婦之父曰昏釋親文也媾與昏同文故先儒皆以爲重昏曰媾其能降以相從也降降心也無滋他族實偪處此以與我鄭國爭此土也吾子孫其覆亡之不暇而況能禋祀許乎絜齊以享謂之禋祀謂許山川之祀○覆芳服反暇行嫁反禋音因齊側皆反本亦作齋〔疏〕

注絜齊至之祀○正義曰釋詁云禋祭也孫炎曰禋絜敬之祭周語曰精意以享禋也是絜齊以享謂之禋享訓獻也言絜清齋敬以酒食獻神也禮諸侯祭山川之在其地者若其受許之土則當祭許山川故知祀謂許山川之祀寡人之使吾子處此不唯許國之爲亦聊以固吾圉也圉邊垂也○爲于僞反圉魚呂反【疏】注圉邊垂也○正義曰釋詁云圉垂也舍人曰圉邊垂也乃使公孫獲處許西偏曰凡而器用財賄無寘於許我死乃亟去之吾先君新邑於此此今河南新鄭舊鄭在京兆○賄呼罪反字林音悔寘之豉反置也亟紀力反急也下注同【疏】注此今至京兆○正義曰地理志云河南郡新鄭縣詩鄭桓公之子武公所國是知新邑於此謂河南新鄭也且志又云京兆鄭縣周宣王弟鄭桓公邑是知舊鄭在京兆也志又云本周宣王弟友爲周司徒食采於宗周畿内是爲鄭桓公桓公問於史伯曰王室多故何所可以逃死史伯爲桓公謀取虢鄶之地令寄帑與賄而虢鄶受之後三年幽王敗桓公死其子武公與平王東遷卒定虢鄶之地然則傳云先君新邑於此謂武公始居此也史記鄭世家稱虢鄶自分十邑獻於桓公桓公竟國之案鄭語桓公始謀未取之也武公始國非桓公也全滅虢鄶非獻邑也馬遷之言皆謬耳昭十六年傳子産謂韓宣子曰我先君桓公與商人皆出自周以艾殺此地而共處之者謂寄帑與賄之時商人即與俱行耳非桓公身至新鄭王室而既卑矣周之子孫日失其序鄭亦周之子孫夫許大岳之胤也大岳神農之後堯四岳也胤繼也○大岳音泰【疏】注大岳至繼也○正義曰周語稱共工伯鯀二者皆黄炎之後言鯀爲黄帝之後共工爲炎帝之後炎帝則神農之别號周語又稱堯命禹治水共之從孫四岳佐之胙四岳國命爲侯伯賜姓曰姜氏曰有吕賈逵云共共工也從孫同姓末嗣之孫四岳官名大岳也主四岳之祭焉姜炎帝之姓其後變易至於四岳帝復賜之祖姓以紹炎帝之後以此知大岳是神農之後堯四岳也以其主岳之祀尊之故稱大岳許國是其後也胤繼也釋詁文舍人云胤繼世也天而既厭周德矣吾其能與許爭乎君子謂鄭莊公於是

乎有禮禮經國家定社稷序民人利後嗣者也許無刑而伐之服而舍之刑法也○厭於豔反【疏】禮經至嗣者也○正義曰經謂紀理之若詩之經營經始也國家非禮不治社稷得禮乃安故禮所以經理國家安定社稷以禮教民則親戚和睦以禮守位則澤及子孫故禮所以次序民人利益後嗣經國家猶詩序之言經夫婦也度德而處之量力而行之相時而動無累後人我死乃亟去之無累後人○度待洛反量音良下同相息亮反累劣僞反注同可謂知禮矣○鄭伯使卒出豭行出犬雞以詛射潁考叔者百人爲卒二十五人爲行行亦卒之行列疾射潁考叔者故令卒及行間皆詛之○卒尊忽反注同豭音加豬别名行户剛反注同詛則慮反令力呈反【疏】注百人至詛之○正義曰周禮夏官序制軍之法百人爲卒二十五人爲兩此言二十五人爲行者以傳先卒後行豭大於犬知行之人數少於卒也軍法百人之下唯有二十五人爲兩耳又大司馬之屬官行司馬是中士軍之屬官兩司馬亦中士知周禮之兩即此行是也周禮之行謂軍之行列知此行亦卒之行列也詛者盟之細殺牲告神令加之殃咎疾射潁考叔者令卒及行閒祝詛之欲使神殺之也一卒之内已用一豭又更令一行之間或用雞或用犬重祝詛之犬雞者或雞或犬非雞犬並用何則盟詛例用一牲不用二也豭謂豕之牡者爾雅釋獸豕牡曰豝豝者是牝知豭者是牡祭祀例不用牝且宋人謂宋朝爲艾豭明以雄猪喻也君子謂鄭莊公失政刑矣政以治民刑以正邪既無德政又無威刑是以及邪大臣不睦又不能用刑於邪人○邪似嗟反下及注同邪而詛之將何益矣○王取鄔劉二邑在河南緱氏縣西南有鄔聚西北有劉亭○鄔烏户反緱古侯反一音苦侯反聚才遇反蔿邘之田于鄭蔿邘鄭二邑○蔿尤委反邘音于而與鄭人蘇忿生之田蘇忿生周武王司寇蘇公也○忿芳粉反【疏】注蘇忿至公也○正義曰成十一年傳曰昔周克商使諸侯撫封蘇忿生以溫爲司寇尚書立政稱

用公告大史曰司寇蘇公是其事也温今温縣原在沁水縣西○沁七浸反字林先任反郭璞三蒼解
詁音狗沁之沁沈文何疏鴆反韋昭思金反水名絺在野王縣西南○絺勑之反樊一名陽樊野王
縣西南有陽城○樊扶袁反隰郕在懷縣西南○隰詳立反郕尚征反欑茅在脩武縣北○欑木
官反向軹縣西有地名向上○向舒亮反注同軹音紙盟今盟津○盟音孟州今州縣陘
關○陘音刑隤在脩武縣北○隤徒回反懷今懷縣凡十二邑皆蘇忿生之田欑茅隤屬汲郡餘皆屬
河内君子是以知桓王之失鄭也恕而行之德
之則也禮之經也已弗能有而以與人人之
不至不亦宜乎蘇氏叛王十二邑王所不能有爲桓五年從王伐鄭張本○鄭息
有違言以言語相違恨息侯伐鄭鄭伯與戰于竟息師
大敗而還息國汝南新息縣○竟音境息一本作鄎音息疏注息國至息縣○正義曰世本息

國姬姓此息侯伐鄭責其不親親知與鄭國同姬姓也莊十四年傳楚文王滅息其初則不知誰之子何時封也地理志
汝南郡有新息縣故息國也應劭云其後東徙故加新云若其後東徙當云故息何以反加新字乎蓋本自他處而徙此
也君子是以知息之將亡也不度德鄭莊賢○度待洛反
不量力息國弱不親親鄭息同姓之國不徵辭不察有罪
言語相恨當明徵其辭以審曲直不宜輕鬬犯五不韙而以伐人其喪
師也不亦宜乎韙是也○韙韋鬼反蒼頡篇同喪息浪反○冬十月鄭
伯以虢師伐宋壬戌大敗宋師以報其入鄭
也入鄭在十年宋不告命故不書凡諸侯有命告
則書不然則否命者國之大事政令也承其告辭史乃書之於策若所傳聞行言非將君命則
記在簡牘而已不得記於典策此蓋周禮之舊制○傳直專反師出臧否亦如之臧否

謂善惡得失也滅而告敗勝而告克此皆互告不須兩告乃書○否音鄙又方九反注同雖及滅國
滅不告敗勝不告克不書于策疏凡諸至于策○正義
曰此傳雖因宋不告敗而發此例其言諸侯有命非獨爲被伐之命故注云命者國之大事政令也謂諸國大事崩卒會
盟戰伐克取君臣乖離水火災害經書他國之事皆是來告則書不告則否來告則書者或彼以實告改其告辭而書之
或彼以虛告因其虛言而記之立文褒貶章示善惡雖復依告者多不必盡皆依告衛獻公之出奔也傳稱孫林父甯殖
出其君名在諸侯之策及其書經則云衛侯出奔齊如此之類是改告辭也晉人之敗秦也傳稱潛師夜起以敗秦于令
狐秦實未陳不與晉戰晉人諱背前言妄以戰告及其書經乃言晉人及秦人戰于令狐如此之類是因虛言也雖復或
因其虛或改其實終是歸於勸戒得告乃書也不然則否者雖復傳聞行言實知其事但非故遣來告知亦不書所以慎
謬誤辟不審若楚滅六蓼臧文仲歎而爲言魯非不知但無命來告故不書也師出臧否亦如之者傳因被兵發例嫌出
師伐人不必須告故重明之雖及滅國者既據侵伐發例又嫌滅國事重不待告命故更明之言不書于策者明告命大

事皆書於國史正策以見仲尼脩定悉因正策之文○注臧否至乃書○正義曰不言勝敗而言臧否者明其臧否之言
非徒勝敗之謂故知是善惡得失揔謂理有曲直兵有彊弱也狄伐邢之類非狄能告也楚滅庸之徒非庸能告也故知
敗克互言不須兩告乃書也且哀元年傳曰吳入越不書吳不告慶越不告敗也吳越並言知其不待兩告○羽
父請殺桓公將以求大宰大宰官名○大音泰注同疏注大宰官
名○正義曰周禮天子六卿天官爲大宰諸侯則并六爲三而兼職焉昭四年傳稱季孫爲司徒叔孫爲司馬孟孫爲司
空則魯之三卿無大宰也羽父名見於經已是卿矣而復求大宰蓋欲令魯特置此官以榮已耳以後更無大宰知魯竟
不立之公曰爲其少故也吾將授之矣授桓位○爲于僞反
少詩照反使營菟裘吾將老焉菟裘魯邑在泰山梁父縣南不欲復居魯朝故別營
外邑○菟兔都反裘音求父音甫復扶又反下同羽父懼反譖公于桓公
而請弒之公之爲公子也與鄭人戰于狐壤

止焉內諱獲故言止狐壤鄭地。譖側鴆反弒音試下同一本作殺鄭人囚諸尹氏尹氏鄭大夫賂尹氏而禱於其主鍾巫。主尹氏所主祭。賂音路禱丁老反或多報反巫亡夫反遂與尹氏歸而立其主立鍾巫於魯十一月公祭鍾巫齊于社圃社圃園名。圃布古反館于寯氏館舍也寯氏魯大夫。寯于委反壬辰羽父使賊弒公于寯氏立桓公而討寯氏有死者欲以弒君之罪加寯氏而復不能正法誅之傳言進退無據【疏】討寯氏有死者。正義曰劉炫云羽父遣賊弒公公非寯氏所弒公在寯氏而死遂誣寯氏弒君欲以正法誅之君非寯氏所弒故討寯氏之家僅有死者而已言不揔誅之。注欲以至無據。正義曰劉炫云欲以弒君之罪加寯氏則君非寯氏所弒而復不能以正法誅之正法謂滅其族汙其宫也傳言此者進退無據進誅寯氏則實非寯氏弒君退舍寯氏則無弒君之人是其進退無據也不書葬不成喪也桓弒隱篡位。故喪禮不成

附釋音春秋左傳注疏卷第四

江西南昌府學栞

春秋左傳注疏卷四挍勘記　阮元撰盧宣旬摘録

附釋音春秋左傳注疏卷第四隱六年盡十一年宋本春秋正義卷第四

【經六年】

鄭人來渝平惠棟云渝讀爲輸二傳作輸廣雅云輸更也釋詛楚文變輸盟刺謂變更盟刺耳渝更也平成也故經書渝平傳云更成杜氏訓渝爲變必俗儒傳寫之訛案渝輸古通用爾雅云渝變也杜氏用雅訓變亦更之意也

具四時以成歲岳本歲下有也字

也皆放此宋本淳熙本岳本纂圖本足利本也作他淳熙本纂圖本放作倣

【傳六年】

傳曰更成淳熙本成作平是也

注翼晉至大夫宋本以下正義二節揔入納諸鄂節注下

公孫嬰齊卒于貍服宋本服作脤是也

蘇忿生十二邑注陘云闕者此本二字脫依宋本毛本補閩本監本考文作一非也

五月庚申宋本此節正義在注崇聚也之下

商書曰惡之易也如火之燎于原不可鄉邇此與莊十四年所引同如尚書作若鄉作嚮釋文云鄉本又作嚮同也按鄉正字嚮向皆俗字今尚書作嚮乃衞包所改

見惡如農夫之務去草焉周禮秋官序官薙氏注引傳文無焉字賈疏同文選東京賦注引亦無焉字

芟夷蘊崇之芟釋文云說文作癹匹末反文選荅賓戲注晉灼曰發開也案發乃癹字之誤今諸本皆作芟字蘊石經宋本作蕰釋文亦作蕰周禮稻人薙人鄭司農注引傳文竝作薀此本作蘊俗字注及正義同

晉鄭焉依　水經渭水注引傳文焉作是與外傳合

注周桓至焉依　宋本此節正義在篇末

猶懼不蔇　衆經音義十二引作不暨案暨蔇古今字莊九年傳公及齊大夫盟于蔇公羊穀梁並作暨

經七年

諸聘皆使卿執玉帛以相存問　淳熙本聘誤侯

例在襄九年　宋本足利本九作元正義同

汲郡共縣東南有凡城　釋文凡作汎續漢郡國志共縣有汎亭周凡伯國案汎與凡通

在濟陰城武縣西南　宋本岳本城作成與水經注所引合漢書地理志續漢郡國志亦並作成武此本作城非也

傳七年

告終嗣也　石經宋本岳本足利本終下有稱字是也

下言凡例　毛本下作不字按作不是也言凡例不言凡例猶云合凡例不合凡例○今訂正

注朝而至卿寺　宋本此節正義在注傳言凡伯所以見伐之下

公卿牧守府　按當作公卿牧守曰府各本少曰字

令官所止皆曰寺　毛本令作今今字是也謂漢時稱謂如此

歃如忘　說文引作歃而忘惠棟云服虔曰如而也臨歃而忘其盟載之辭古如而字多通用

忘不在於歃血　諸本忘作志是也纂圖本閩本監本毛本血下衍也字

歃如忘　宋本此節正義在乃成昏注下

歃謂口含血也　毛本脫口字

泄伯安知其忘而識之　監本毛本而下衍且字

以忽爲王寵故　宋本淳熙本岳本足利本爲作有毛本故作妻

經八年

鄭伯使宛來歸祊　祊漢書五行志引作邴案公羊穀梁作邴

注宛鄭至東南　宋本此節正義在庚寅節注下

諸侯同盟稱名者　足利本無侯字

非唯見在位二君也　纂圖本重脩監本毛本二作之非也監本二字模糊

若父與彼盟　盧文弨挍本父下增不字

晉荀偃禱河稱齊晉君名　淳熙本偃誤傳

故尙書武成告名山川云　宋本監本毛本山下有大字是也

東莞縣北有郱鄉　毛本莞作菀

在禮卿不會公侯　閩本監本毛本公作諸非也

傳八年

若一地二名當時並存　案釋例作若二名當時並存宋本閩本監本毛本存作有

鄭桓公周宣王之母弟　史記周本紀正義引注桓公下有友字

鄭以天子不能復巡狩　纂圖本閩本監本毛本狩作守釋文亦作守案狩與守古通用

許慎以公羊爲非則杜意亦從許慎也公羊爲非則杜意亦從許慎也　案此本公羊爲非十二字重衍

鄭元以祖爲軷道之祭也　此本軷字模糊依宋本補閩本監本毛本作祓說文云出將有事于道必先告其神立壇四通樹茅以依神爲軷詩大雅生民篇取羝以軷毛傳云軷道祭也字或作祓

羽父請謚與族　岳本毛本謚並改作諡字段玉裁云五經文字謚諡二字音常利反上說文下字林以謚

爲笑聲音呼益反今用上字據此說文作謚益不从兮从皿即字林以謚代謚亦未嘗增一从兮从皿之字衆經音義引說文亦作謚

注因其至爲姓　宋本以下正義三節摠入公命以字爲展氏注下

胙之土而命之氏　文選陸士衡詩注引胙作祚土上有以字案胙者祚之俗

其旁支別屬則各自立氏　監本毛本旁字改作傍案旁與傍同

傳稱盟于子晳氏逐瘈狗入於華臣氏　閩本監本毛本晳誤晢于字瘈字監本毛本作與瘈非也

或身以才舉者升卿位　宋本者作暫

知其皆由時命非例得之也　浦鏜正誤時疑作特

其士會之帑處秦者爲劉氏　監本毛本帑作孥

諸侯以字爲謚因以爲族　案鄭康成讀諸侯以字爲謚句見哀十六年正義杜讀諸侯以字爲句非仁和孫志祖云禮記檀弓魯哀公誄孔子鄭注云誄其行以爲謚也尼父因其字以爲之謚明用左傳此語又儀禮少牢饋食禮注云大夫或因字爲謚傳云魯無駭卒請謚與族公命之以字爲展氏是也史記五帝本紀集解引駁五經異義作諸侯以字爲氏氏乃謚字傳寫之訛

或使即先人之謚稱以爲族　宋本淳熙本岳本足利本使作便是也

經書祭仲以生賜族者　宋本以作似

俱氏二十之字自不同也　閩本氏作是非

注謂取至時君　宋本此節正義在諸侯至爲初節之後

經九年

天子使南季來聘　石經宋本岳本足利本子作王是也

電是雷光　毛本電作雷非也

挾卒　無傳挾魯大夫未賜族

右經文二字注文九字此本脫閩本同據石經宋本淳熙本岳本纂圖本監本毛本補

防魯地在琅邪縣東南　宋本淳熙本岳本足利本邪下有華字與釋文合

傳九年

書癸酉始始雨日　諸本作始雨日此本下始字衍文

故皆爲時失　淳熙本失下有也字

凡雨自三日以往爲霖　禮記月令鄭注云雨三日以上爲霖正義云隱公九年左傳文

注此解至經誤　宋本此節正義在平地尺爲大雪之下

故復往告之　宋本淳熙本岳本足利本往作更是也

先者見獲必務進　石經初刻作後必務進改刊去後字後又加於必字之上旁按石經旁加字多不可從

先者至以逞　宋本以下正義三節摠入十一月節注下

祝聃帥勇而無剛者先犯戎而速奔以遇二伏兵　淳熙本帥誤師

山井鼎云足利本遇後人改作過非

經十年

非鄭之謀也　宋本監本毛本鄭作鄧案正義當作鄧閩本正義亦誤鄭○今訂作鄧

濟陰城武縣東南有郜城　岳本作成武是也

伐戴　諸本作戴陳樹華云昭廿三年正義引亦作戴石經初刻作戴後改載傳文同案作載與釋文合公羊穀梁同此本正義並作載是也說詳釋文校勘記

故鄭元詩箋讀假戴爲熾菑 宋本監本毛本載作戴菑監本作甾非

傳十年

戊申五月二十三日 足利本五作三非

蓋以孰食曰饔 閩本監本毛本孰作熟下同

承虛入鄭 岳本足利本承作乘

注三國至通稱 宋本此節正義在蔡人怒節注下

經以取告不以圍告 閩本監本毛本經作徑

經十一年

滎陽縣東有釐城 宋本淳熙本岳本足利本滎作熒。補案熒陽作熒是也此本多誤从水今並訂正按不悉出

許潁川許昌縣 纂圖本毛本潁作穎非

堯四嶽伯夷之後也 閩本監本毛本嶽作岳

欲見仁非一涂 諸本作涂此本誤餘今訂正按涂者古塗字

造滕踦辭 宋本踦作詭是也

鸞拳刼君而自則 宋本刼作執閩本監本毛本作劫則作刖不誤宋本同也按依說文劫从力去聲。今並訂正

俱實見弒而以卒赴魯是他國之臣亦有諱國惡者 閩本監本毛本見誤在他國毛本作伯國非也

傳十一年

注薛魯國薛縣 宋本以下正義六節揔入乃長滕侯句下

奚仲遷于邳 監本毛本邳作邵非下同

注庶姓至同姓 宋本無同字作至姓也案各本注文皆無也字

庶姓無姓者 下姓字宋本作親是。今訂正

異婚姻者也 宋本婚作昏各本異下有姓字此本脫

山有木工則度之 陳樹華云爾雅釋器注引傳度作剫案張參五經文字云剫音度見周禮注及爾雅不云見春秋傳知唐時已作度不作剫也

則願以滕君爲請 毛本滕誤勝

夏公會鄭伯于郲謀伐許也 石經初刻作于時郲後刊去時字陳樹華云郲水經注引左傳作釐

公孫閼鄭大夫 淳熙本夫下衍閼字

挾輈以走 宋本以下正義十一節揔入將何益矣句下

子都拔棘以逐之 石經凡棘字俱作棘

餬鬻也 釋文鬻本又作粥之育反又與六反案鬻作粥俗省

詩鄭桓公之子武公所國 宋本詩下有鄭國二字與漢書合

後三年幽王敗 監本毛本作二年與漢志合

周語稱共工伯鮌 閩本監本毛本作伯鯀下同

蔿邘之田于鄭 陳樹華云說文邘字注周武王子所封在河內野王是也石經邘作邘非

在沁水縣西 陳樹華云郡國志作沁水西北有原城水經注作沁水縣西北有原城史記晉世家正義作河內沁水縣西北有原城並與今左傳注不合案春秋釋地亦作河內沁水縣西北有原城然據閻若璩胡朏明並云說地理之書多有舉西以該北舉東以該南者

隰郕惠棟云司馬彪曰懷有隰城劉昭引傳亦作城陳樹華云僖二十五年傳作隰城按郕省爲成成誤爲城古書內往往如此

在脩武縣北案釋例作脩武縣西北有欑城據此北上當有西字諸本作縣此本誤孫今訂正

息侯伐鄭釋文息作鄎云一本作息案說文云鄎姬姓之國在淮北今汝南新鄎

此皆互告不須兩告乃書也宋本淳熙本岳本上告作言是

魯非不知監本魯誤會下盎欲令魯同

注大宰官名宋本以下正義三節揔入不書葬節注下

而請弒之諸本作弒釋文作殺

遂與鄭氏歸而立其主石經宋本淳熙本岳本纂圖本足利本鄭作尹是也。今依訂正

館于寪氏史記魯世家作蔿氏錢大昕云蔿蒍古通用孟僖子有蒍氏之簉其即寪氏之族乎

壬辰羽父使賊殺公于寪氏釋文殺音弒石經宋本淳熙本岳本纂圖本作弒

欲以弒君之罪加寪氏閩本監本毛本弒作殺非

正義曰劉炫云羽父遣賊弒公宋本無正義曰三字弒公監本毛本作殺公

桓弒隱篡位故喪禮不成宋本淳熙本岳本足利本位作立

附釋音春秋左傳注疏卷第四

春秋左傳注疏卷四校勘記

附釋音春秋左傳注疏卷第五

杜氏注　孔穎達疏

桓元年盡二年

桓公。陸曰桓公名軌惠公之子隱公之弟母仲子史記亦名允謚法辟土服遠曰桓〔疏〕正義曰魯世家桓公名允惠公之子隱公之弟仲子所生以桓王九年即位莊王三年薨世本桓公名軌世族譜亦爲軌謚法辟土服遠曰桓謚法非一略舉一耳亦不知本以何行而爲此謚他皆放此是歲歲在玄枵

經元年春王正月公即位嗣子位定於初喪而改元必須踰年者繼父之業成父之志不忍有變於中年也諸侯每首歲必有禮於廟諸遭喪繼位者因此而改元正位百官以序故國史亦書即位之事於策桓公篡立而用常禮欲自同於遭喪繼位者釋例論之備矣。篡初患反〔疏〕注嗣子至備矣。正義曰顧命曰乙丑成王崩使齊侯呂伋以二干戈逆子釗于南門之外延入翼室恤宅宗孔安國云明室路寢延之使居憂爲天下宗主天子初崩嗣子定位則諸侯亦當然也釋例曰尚書顧命天子在殯之遺制也推此亦足以準諸侯之禮矣是知嗣子位定於初喪孝子緣生以事死歲之首日必朝事宗廟因即改元釋例曰襄二十九年經書春王正月公在楚傳曰釋不朝正于廟也然則諸侯每歲首必有禮於廟今遭喪繼立者每新年正月亦改元正位百官以序故國史因書即位於策以表之此新君之常禮也桓之於隱本無君臣之義計隱公之死桓公即合改元不假踰年方行即位猶如晉厲被弑悼公即位改元今桓雖實篡立歸罪寪氏詐言不與賊謀而用常禮自同於遭喪繼位者亦既實即其位國史依實書之仲尼因而不改反明公實篡立而自同於常亦足見桓之篡也○三月公會鄭伯于垂鄭伯以璧假許田。假舉下反○夏四月丁未公及鄭伯盟于越公以篡立而脩好於鄭鄭因而迎之成禮於垂終易二田然後結盟垂犬丘衛地也越近垂地名鄭求祀周公魯聽受祊田令鄭廢泰山之祀知其非禮故以璧假爲文時之所隱。好呼報反傳同近附近之近祊百庚反令力呈反〔疏〕注公以至爲文時之所隱。正義曰成會禮於垂既易許田然後盟以結之故先會次假田然後書盟也言迎之成禮於垂者垂是衛地沈以爲公迎鄭伯於垂知時史之所隱諱者傳不言書曰知非仲尼本意也○秋大水書災也傳例曰凡平原出水爲大水○冬十月

傳元年春公即位修好于鄭鄭人請復祀周公卒易祊田事在隱八年。復扶又反公許之三月鄭伯以璧假許田爲周公祊故也魯不宜聽鄭祀周公又不宜易取祊田犯二不宜以動故隱其實不言祊稱璧假言若進璧以假田非久易也。爲于僞反〔疏〕注魯不至易也。正義曰祊薄於許加之以璧易取許田非假借之也今經乃以璧假爲文故傳言爲周公祊故解經璧假之言也注又解傳之意周公非鄭之祖魯不宜聽鄭祀周公天子賜魯以許田義當傳之後世不宜易取祊田於此一事犯二不宜以動故史官諱其實不言以祊易許乃稱以璧假田言若進璧於魯以權借許田非久易然所以諱國惡也不言以祊假而言以璧假者此璧實入於魯但諸侯相交有執圭璧致信命之理今言以璧假似若進璧以致辭然故璧猶可言祊則不可言也何則祊許俱地以地借地易理已章非復得爲隱諱故也○夏四月丁未公及鄭伯盟于越結祊成也結成易二田之事也傳以經不書祊故獨見祊。見賢遍反盟曰渝盟無享國渝變也。羊朱反享許丈反〔疏〕注渝變也。正義曰釋言文也傳載其盟辭者以易田惡事而誓不變改見其終無悔心所以深惡魯也此時許田已入於鄭而詩頌僖公云居常與許復周公之宇蓋僖公之時復得之也齊人取讙及闡及其歸也經書之自此以後不書鄭人來歸許田者此經書假言若暫以借鄭地仍魯物不得書鄭人歸之○秋大水凡平原出水爲大水廣平曰原〔疏〕凡平原至大水。正義曰洪範云水曰潤下言雨自上而下浸潤於土陂鄣下地可使水潦停焉平原高地則不宜有也凡平原出水則爲大水平原出水言水不入於土而出於地上非瀆泉出也。注廣平曰原。正義曰釋地文也李巡曰謂土地寬博而平正名之曰原○冬鄭伯拜盟鄭伯若自來則經不書若遣使則當言鄭人不得稱鄭伯疑謬誤。使所吏反〔疏〕注鄭伯至謬誤。正義曰六年傳云魯爲其班後鄭注云魯親

班齊饋則亦使大夫戍齊矣經不書蓋史闕文然則經所不書自有闕文之類注既疑此事不云闕文而云繆誤者師出征伐貴賤皆書經所不書必是文闕若使事重使人雖賤亦書鄭人來渝平齊人歸讙及闡是也今以拜盟事輕若其使賤則例不合書故杜云若遣使來傳當云鄭人疑傳繆誤知非實是鄭伯爲不見公不書者以魯鄭相親易田結好鄭伯既拜盟而來魯君無容不見故知非實是鄭伯止是鄭人而已○宋華父督見孔父之妻于路華父督宋戴公孫也孔父嘉孔子六世祖○華戶化反大夫氏也後皆同督音篤〔疏〕注華父至世祖○正義曰案世本云華父督宋戴公之孫好父說之子孔父嘉生木金父木金父生祁父其子奔魯爲防叔防叔生伯夏伯夏生叔梁紇叔梁紇生仲尼是孔父嘉爲孔子六世祖目逆而送之曰美而豔色美曰豔○豔以贍反美色也〔疏〕目逆至而豔○正義曰未至則目逆既過則目送俱是目也故以目冠之美者言其形貌美豔者言其顔色好故曰美而豔爲二事之辭色美曰豔詩毛傳文也

經二年春王正月戊申宋督弑其君與夷及

其大夫孔父稱督以弑罪在督也孔父稱名者內不能治其閨門外取怨於民身死而禍及其君○閨音圭〔疏〕宋督至孔父○正義曰凡言其者是其身之所有君是臣之君故臣弑君則云弑其君臣是君之臣故君殺臣則云殺其大夫子亦君之子故云殺其世子稱國稱人以殺亦言其者人與國並舉一國之辭君與大夫皆是國所有故亦言其也若兩臣相殺死者非殺者所有則兩書名氏不得言其則王札子殺召伯毛伯是也與夷是督之君言弑其君則可孔父非督之大夫而言及其大夫者與君俱死據君爲文言宋督弑其君據督爲文而上弑其君也言及其大夫孔父據君爲文而下及其大夫言及與夷之大夫非督之大夫也仇牧荀息其意亦同○注稱督至其君○正義曰宣四年傳例曰弑君稱君君無道也稱臣臣之罪也故知稱督以弑罪在督也諸言父者雖或是字而春秋之世有齊侯祿父蔡侯考父季孫行父衞孫林父乃皆是名故杜以孔父爲名文七年宋人殺其大夫傳曰不稱名衆也且言非其罪也不名者非其罪則知稱名者皆有罪矣杜既以孔父爲名因論爲罪之狀內不能治其閨門使妻行於路令華督見之外取怨於民使君數攻戰而國人恨之身死而禍及其君故書名以罪孔父也釋例曰經書宋督弑其君與夷及其大夫孔父仲尼曰明唯以先後見義無善孔父之文孔父爲國政則取怨於民治其家則無閨闈之教身先見殺禍遂及君既無所善仇牧不警而遇賊又死無忠事晉之荀息期欲復言本無大節先儒皆隨加善例又爲不安經書臣蒙君弑者有三直是弑死相及卽實爲文仲尼以督爲有無君之心改書一事而已無他例也是以孔父行無可善書名罪之也案公羊穀梁及先儒皆以善孔父而書字知不然者案宋人殺其大夫司馬傳稱握節以死故書其官又宋人殺其大夫傳以爲無罪不書名今孔父之死傳無善事故杜氏之意以父爲名言若齊侯祿父宋公茲父之等父既是名則爲氏孔猶仇牧荀息被殺皆書名氏蓋孔父先世以孔爲氏故傳云督攻孔氏也婦人之出禮必擁蔽其面孔父妻行令人見其色美是不能治其閨門及殤公之好攻戰孔父須伏死而爭乃從君之非是取怨於百姓事由孔父遂禍及其君似公子比劫立加弑君之罪杜君積累其惡故以書名責之劉君不達此旨妄爲規過非也○滕子來朝無傳隱十一年稱侯今稱子者蓋時王所黜〔疏〕注隱十至所黜○正義曰杞行夷禮傳每發之此不發傳非爲夷禮自是以下滕當稱子故疑爲時王所黜於時周桓王也東周雖則微弱猶爲天下宗主尚得命邾爲諸侯明能黜滕

爲子爵○三月公會齊侯陳侯鄭伯于稷以成宋亂成平也宋有弑君之亂故爲會欲以平之稷宋地〔疏〕注成平至宋地○正義曰成平釋詁文也宣十五年傳晉侯治兵于稷治兵欲以禦秦明其不出晉竟故以稷爲河東之稷山此欲平宋故以稷爲宋地○夏四月取郜大鼎于宋戊申納于大廟宋以鼎賂公大廟周公廟也始欲平宋之亂終於受賂故備書之戊申五月十日○郜古報反大音泰傳大廟倣此〔疏〕注宋以至十日○正義曰禮記明堂位稱魯君季夏六月以禘禮祀周公於大廟文十三年公羊傳曰周公稱大廟故知大廟周公廟也始欲平宋宋亂故會于稷終舍宋罪而受其賂故得失備書之始書成宋亂終書取郜鼎是其備書之也鄭衆服虔皆以成宋亂爲成就宋亂故以此言正之長麻此年四月庚午朔其月無戊申五月己亥朔十日得戊申是有日而無月也○秋七月杞侯來朝公卽位而來朝○蔡侯鄭伯會于鄧潁川召陵縣西南有鄧城○召上照反〔疏〕注潁川至鄧城○正義曰賈服以鄧爲國言蔡鄭會於鄧

之國都。釋例以此穎川鄧城爲蔡地，其鄧國則義陽鄧縣是也。以鄧是小國，去蔡路遠，蔡鄭不宜遠會其都，且蔡鄭懼楚，始爲此會，何當反求近楚小國而與之結援？故知非鄧國也。

○九月，入杞。不稱主帥，微者也。弗地曰入。○帥所類反，或作師。

○公及戎盟于唐。冬，公至自唐。傳例曰：告于廟也。特相會，故致地也。凡公行還不書至者，皆不告廟也。隱不書至，謙不敢自同於正君，書勞策勳。

〔疏〕注「傳例」至「策勳」。○正義曰：釋例曰：凡盟有一百五，公行一百七十六，書至者八十二，其不書至者九十四，皆不告廟也。隱公之不告，謙也；餘公之不告，慢於禮也。是言不告不書之意也。知隱不書至爲謙者，以隱是讓位賢君，必不慢於宗廟。假使惰慢宗廟，止可時或失禮，不應終隱之身竟不書至。知其以謙之故，勞非所憚，勳無可紀，不敢自同於正君書勞策勳，故不告至也。

傳二年春，宋督攻孔氏，殺孔父而取其妻。公怒，督懼，遂弒殤公。君子以督爲有無君之心而後動於惡，雖有君若無也。故先書弒其君。會于稷以成宋亂，爲賂故，立華氏也。經稱平宋亂者，蓋以魯君受賂立華氏，貪縱之甚，惡其指斥，故遠言始與齊陳鄭爲會之本意也。傳言爲賂故立華氏，明經本書平宋亂爲公諱，諱在受賂立華氏也。猶璧假許田爲周公祊故，所謂婉而成章。督未死而賜族，督之妄也。○爲賂于僞反，注除爲會一字並同。惡其烏路反。婉於阮反。

〔疏〕「君子」至「其君」。○正義曰：諸傳言君子者，或當時賢者，或指斥仲尼，或語出丘明之意而託諸賢者，期於明理而已，不復曲爲義例。唯河陽之狩、趙盾之弒、洩冶之罪，危疑之理，須取聖證，故特稱仲尼以明之。其餘皆託諸君子。君子者，言其可以居上位、子下民，有德之美稱也。此言先書弒君，則是仲尼新意，不言仲尼而言君子者，欲見君子之人意皆然，非獨仲尼也。督有無君之心而先書弒君者，君人執柄，臣人畏威，每事稟命而行，不敢妄相殺害。督乃專殺孔父而取其妻，非有忌君之心，全無敬上之意，不臣之迹，在心已久，非爲公怒始興毒害。若先書孔父，後書弒君，便似既殺孔父始有惡心。今先書弒君，後書孔父，見其先有輕君之心，以著不義之極故也。○注「經稱」至「妄也」。○正義曰：傳言爲賂故立華氏，解經以成宋亂之言也。成宋亂者，欲殺賊臣，定宋國。今乃受貨賂，立華氏，非是平亂之狀，而傳以解經，故注申通其義。以成宋亂者，是四國爲會之本謀。及其既會，違背前謀，非徒不討宋督，乃更爲立華氏。宋亂實不平，而經書平宋亂者，蓋以魯君受賂立華氏，貪縱賊爲惡之甚，時史惡其指斥，不可言四國爲會縱賊取財，故遠言爲會之本意，言會于稷欲以平宋亂也。傳以經文不實，解其諱之所由。所諱者，諱其受賂立華氏故也。爲周公祊故，文與此同，故以類相明。然案爲周公祊故，故字在下而向上結之，此亦應云爲賂立華氏故也，何以此文故字乃在立華氏之上、爲賂之下者？以周公祊故其文約少，得以故字在下揔而結之；此則文句長緩，不可揔而結之，先舉爲賂，惡重，所以云爲賂故也，然後始言立華氏，備詳其事。今定本有故字，檢晉宋古本往往無故字者，妄也。襄三十年諸侯之卿會于澶淵，謀歸宋財，既而無歸，書曰「宋災故」，尤之也。此書成宋亂，知非譏受賂尤四國者，澶淵之會，貶卿稱人，是尤之文；此則具序君爵，辭無貶責，非尤過之狀，知爲諱故而本其會意，從其平文也。文十七年，晉會諸侯于扈，欲以平宋之亂，既而不討，受賂而還，其事與此正同，而經書諸侯會于扈，傳曰「書曰諸侯，無功也」。此亦無功，不言諸侯會于稷，而厤序諸國者，扈之會，晉爲伯，會諸侯以討亂，乃受賂而還，猶如僖十四年諸侯城緣陵，齊桓爲伯，城而不終，故貶稱諸侯。此則齊陳鄭自相平亂，故不加貶文。知不爲公諱不貶諸侯者，以狄泉之諱，唯没公文，其餘皆貶。此若必諱，唯須没公而已，何須不貶諸國？宣四年公及齊侯平莒及郯，成平同義，而彼言平，此言成者，史官非一，置辭不同，猶暨之與及，更無他義，所謂史有文質，不必改也。文十三年傳稱衛侯鄭伯請平于晉，公皆成之，是知成平義無異也。

宋殤公立，十年十一戰，殤公以隱四年立，十一戰皆在隱公世。

〔疏〕注「殤公」至「公世」。○正義曰：服虔云：與夷隱四年即位，一戰伐鄭，圍其東門；再戰取其禾，皆在隱四年；三戰取邾田；四戰邾鄭入其郛；五戰伐鄭，圍長葛，皆在隱五年；六戰鄭伯以王命伐宋，在隱九年；七戰公敗宋師于菅；八戰宋衛入鄭；九戰宋人蔡人衛人伐戴；十戰戊寅鄭伯入宋，皆在隱十年；十一戰鄭伯以虢師大敗宋師，在隱十一年。是皆在隱公世也。

民不堪命。孔父嘉爲司馬，督爲大宰，故因民之不堪命，先宣言曰：「司馬則然。」言公之數戰，則司馬使爾。嘉，孔父字。○大音泰。數音朔。已殺孔父而弒殤公召莊公于鄭而立之以親鄭莊公子馮也。隱三年出居于鄭。馮入宋不書，不告也。○馮，皮冰反，下同。以郜大鼎賂公郜國所造器也，故繫名於郜。濟陰城武縣東南有北郜城。〔疏〕注郜國至郜城。○正義曰：穀梁傳曰：郜鼎者，郜之所爲也。孔子曰：名從主人，故曰郜大鼎也。公羊傳曰：器從名，地從主人。其意言器從本主之名，地從後屬主人。是知郜國所造，故繫名於郜。劉君難杜注郜國濟陰成武縣東南有北郜城，郜宋邑濟陰成武縣東南有郜城，俱是成武縣東南，相去不遠，何得所爲郜國，所爲宋邑？劉以南郜北郜並宋邑，別有郜國，以規杜氏。知不然者，以許田許國相去非遙，則郜國郜邑何妨相近？且杜言有者，皆是疑辭，何得執杜之疑以規其過？如劉所解，郜國竟在何處？齊陳鄭皆有賂，故遂相宋公。○相，息亮反，下注傳相同。夏四月，取郜大鼎于宋。戊申，納于大廟，非禮也。臧哀伯諫曰：臧哀伯，魯大夫，僖伯之子。君人者將昭德塞違，以臨照百官，猶懼或失

〈秋疏五〉七

之，故昭令德以示子孫。是以清廟茅屋，以茅飾屋，著儉也。清廟，肅然清淨之稱也。○著，張慮反，後不音者同。稱，尺證反。〔疏〕君人至子孫。○正義曰：君人謂與人爲君也。昭德謂昭明善德，使德益章聞也。塞違謂閉塞違邪，使違命止息也。德者，得也，謂內得於心，外得於物。在心爲德，施之爲行。德是行之未發者也，而德在於心，不可聞見，故聖王設法以外物表之。儉與度數、文物、聲明皆是昭德之事，故傳毎事皆言昭，是昭其德也。自不敢易紀律以上言昭德耳，都無塞違之事。自滅德立違以下言違德之事。德之與違義不並立，德明則違絶，故昭德之下言塞違；違立則德滅，故立違之上言滅德。立違謂建立違命之臣，知塞違謂遏絶違命之人也。國家之敗謂邦國喪亡。知猶懼或失之謂恐失國家，此諫辭有首尾，故理互相見。○注以茅至之稱。○正義曰：冬官考工記有葺屋、瓦屋，則屋之覆蓋或草或瓦。傳言清廟茅屋，其屋必用茅也。但用茅覆屋，更無他文。明堂位曰：山節藻梲，複廟重檐，刮楹達鄉，反坫出尊，崇坫康圭，疏屏，天子之廟飾也。其飾備物盡文，不應以茅爲覆。得有茅者，杜云以茅飾屋，著儉也，以茅飾之而已，非謂多用其茅，揔爲覆蓋，猶童子垂髦及蔽膝之屬，示其存古耳。白虎通曰：王者所以立宗廟何緣？生以事死，敬亡若存，故以宗廟而事之，此孝子之心也。宗者，尊也；廟者，貌也。象先祖之尊貌。然則象尊之貌，享祭之所處。其舍宇簡其出入，其處肅然清靜，故稱清廟。清廟者，宗廟之大稱。詩頌清廟者，祀文王之歌，故鄭玄以文王解之，言天德清明，文王象焉，故稱清廟。此則廣指諸廟，非獨文王，故以清靜解之。大路越席，大路，玉路，祀天車也。越席，結草。○越，戶括反。祀天車，本或無天字者，非。〔疏〕注大路至越席結草。○正義曰：路訓大也。君之所在，以大爲號，門曰路門，寢曰路寢，車曰路車，故人君之車通以路爲名也。周禮巾車掌王之五路，鄭玄云：王在焉曰路。彼解天子之車，故云王在耳。其實諸侯之車亦稱爲路。路之最大者，巾車五路，玉路爲大，故杜以玉路爲大路。巾車云：玉路錫，樊纓十有再就，建大常十有二斿，以祀。故云祀天車也。越席，結蒲爲席，置於玉路之中，以茵藉，示其儉也。經傳言大路者多矣，注者皆觀文爲說。尚書顧命陳列器物，有大輅、綴輅、先輅、次輅，孔安國以爲玉、金、象，以飾車，以其徧陳諸路，故以周禮次之。僖二十八年王賜晉文公以大輅之服，定四年祝佗言先王分魯衛晉以大路，注皆以爲金路。以周禮金路同姓以封，玉路不可以賜，故知皆金路也。襄十九年王賜鄭子蟜以大路，二十四年王賜叔孫豹以大路，二注皆云大路，天子所賜

〈秋疏五〉八

車之揔名。以周禮孤乘夏篆，卿乘夏縵，釋例以所賜穆叔、子蟜當是革木二路，故杜以大路爲賜車之揔名。服虔云大路，木路。杜不然者，以大路越席，猶如清廟茅屋。清廟之華，以茅飾屋，示儉；玉路之美，以越席示質。若大路是木，則與越席各爲一物，豈清廟與茅屋又爲別乎？故杜以大路爲玉路，於玉路而施越席，是方可以示儉。故沈氏云：玉路雖文，亦以越席示儉。而劉君橫生異義，以大路爲木路，妄規杜氏，非也。大羹不致，大羹，肉汁，不致五味。〔疏〕注大羹至五味。○正義曰：郊特牲云：大羹不和，貴其質也。儀禮士虞、特牲皆設大羹湆，鄭玄云：大羹湆，煑肉汁也。不和，貴其質，設之所以敬尸也。是祭祀之禮有大羹也。大羹者，大古初食肉者煑之而已，未有五味之齊，祭神設之，所以敬而不忘本也。記言大羹不和，故知不致者，不致五味。五味即洪範所云酸、苦、辛、鹹、甘也。粢食不鑿。黍稷曰粢，不精鑿。○粢音咨，食音嗣，餅也。鑿，子洛反，精米也。字林作毇，子浹反，云糲米一斛舂爲八斗。〔疏〕注黍稷至精鑿。○正義曰：釋草云：粢，稷。舍人曰：粢一名稷。稷，粟也。郭璞云：今江東人呼粟爲粢。士虞記云明齊，鄭云：今文曰明粢。粢，稷也。然則粢是稷之別名，但稷是諸穀之長，粢亦諸穀揔名。周禮小宗伯辨六粢之名物，鄭玄云：六粢謂黍、稷、稻、粱、麥、苽。

是諸穀皆名粢也祭祀用穀黍稷爲多故云黍稷曰粢飯謂之食傳云粢食不鑿謂以黍稷爲飯不使細也九章筭術粟率五十鑿二十四言粟五斗爲米二斗四升是則米之精鑿**昭其儉也**此四者皆示儉**衮冕黻珽**衮畫衣也冕冠也黻韋韠以蔽膝也珽玉笏也若今吏之持簿。衮古本反黻音弗下同珽化頂反韠音必笏音忽持簿步古反徐廣云持簿手版也【疏】注衮畫至持簿。正義曰畫衣謂畫龍於衣祭服玄衣纁裳詩稱玄衮是玄衣而畫以衮龍衮之言卷也謂龍首卷然玉藻曰龍卷以祭知謂龍首卷也尚書益稷云帝曰予欲觀古人之象日月星辰山龍華蟲作會宗彝藻火粉米黼黻絺繡言觀古人之象謂觀衣服所象日月以至黼黻十二物皆衣服之所有也華蟲以上言作會宗彝以下言絺繡則二者雖在於服而施之不同冬官考工記畫繢與繡布采異矣知在衣則畫之在裳則刺之故鄭玄禮注及詩箋皆云衣繢而裳繡以此知衮是畫文故云衮畫衣也衮衣以下章數鄭玄注司服云有虞氏十二章自日月而下至周而日月星辰畫於旌旗又登龍於山登火於宗彝冕服自九章而下如鄭此言九章者龍一山二華蟲三火四宗彝五在衣藻六粉米七黼八黻九在裳鷩冕者去龍去山自華蟲而下十章華蟲一

火二宗彝三在衣餘四章在裳毳冕者去華蟲去火五章自宗彝而下宗彝一藻二粉米三在衣餘二章在裳希冕者去宗彝去藻三章自粉米而下粉米一在衣餘二章在裳玄冕者其衣無畫裳上刺黻而已杜昭二十五年數九文不取宗彝則與鄭異也冠者首服之大名冕者冠中之別號故云冕冠也世本云黃帝作冕宋仲子云冕冠之有旒者禮文殘缺形制難詳周禮弁師掌王之五冕皆玄冕朱裏止言玄朱而已不言所用之物論語云麻冕禮也蓋以木爲幹而用布衣之上玄下朱取天地之色其長短廣狹則經傳無文阮諶三禮圖漢禮器制度云冕制皆長尺六寸廣八寸天子以下皆同沈引董巴輿服志云廣七寸長尺二寸應劭漢官儀云廣七寸長八寸沈又云廣八寸長尺六寸者天子之冕廣七寸長尺二寸者諸侯之冕廣七寸長尺八寸者大夫之冕但古禮殘缺未知孰是故備載焉司馬彪漢書輿服志云孝明帝永平二年初詔有司采周官禮記尚書之文制冕皆前圓後方朱裏玄上前垂四寸後垂三寸天子白玉珠十二旒三公諸侯青玉珠七旒卿大夫黑玉珠五旒皆有前無後此則漢法耳古禮鄭玄注弁師云天子衮冕以五采繅前後各十二旒旒有五采玉有十二鷩冕前後九旒毳冕前後七旒希冕前後五旒玄冕前後三旒旒皆五采玉十有二上公衮冕三采

繅前後九旒旒有三采玉九侯伯鷩冕三采繅前後七旒旒有三采玉七子男毳冕三采繅前後五旒旒有二采玉五孤卿以下皆二采繅二采玉其旒及玉各依命數耳謂之冕者冕俛也以其後高前下有俛俯之形故因名焉蓋以在上位者失於驕矜欲令位彌高而志彌下故制此服令貴者下賤也黻韠制同而名異鄭玄詩箋云芾大古蔽膝之象也冕服謂之芾其他服謂之韠以韋爲之故云黻韋韠也詩云赤芾在股則芾是當股之衣故云以蔽膝也鄭玄易緯乾鑿度注云古者田漁而食因衣其皮先知蔽前後知蔽後後王易之以布帛而猶存其蔽前者重古道而不忘本也是說黻韠之元由也易下繫辭曰包犧氏之王天下也作爲網罟以佃以漁則田漁而食伏犧時也禮運說上古之時云昔者先王食鳥獸之肉衣其羽皮是田漁而食因衣其皮也又曰後聖有作治其麻絲以爲布帛易繫辭曰黃帝堯舜垂衣裳而天下治然則易之布帛自黃帝始也垂衣裳服布帛初必始於黃帝其存蔽膝之象未知始自何代也禮記明堂位云有虞氏服韍言舜始作韍也尊祭服而異其名耳未必此時始存象也知冕服謂之黻者易云朱紱方來利用享祀知他服謂之韠者案士冠禮士服皮弁玄端皆服韠是他服謂之韠以冕爲主非冕謂之他此欲以兩服相形故謂黻爲韋韠黻之與

韠祭服他服之異名耳其體制則同玉藻說玄端服之韠云韠君朱大夫素士爵韋發首言韠句末言韋明皆以韋爲之凡韠皆象裳色言君朱大夫素則尊卑之韠直色別而已無他飾也其黻則有文飾焉明堂位曰有虞氏服黻夏后氏山殷火周龍章鄭玄云韍冕服之韠也舜始作之以尊祭服禹湯至周增以畫文後王彌飾也山取其仁可仰也火取其明也龍取其變化也天子備焉諸侯火而下卿大夫山士韎韋而已是說黻之飾也玉藻曰韠下廣二尺上廣一尺長三尺其頸五寸肩革帶博二寸鄭玄云頸五寸亦謂廣也頸中央肩兩角皆上接革帶以繫之肩與革帶廣同是說韠之制也記傳更無黻制皆是韠義明其制與韠同經傳作黻或作韍或作芾音義同也徐廣車服儀制曰古者韍如今蔽膝戰國連兵以韍非兵飾去之漢明帝復制韍天子赤皮蔽膝蔽膝古韍也然則漢世蔽膝猶用赤皮魏晉以來用絳紗爲之是其古今異也以其用絲故字或有爲紱者天子之笏以玉爲之故云珽玉笏也管子云天子執玉笏以朝日是有玉笏之文也禮之有笏者玉藻云凡有指畫於君前用笏造受命於君前則書於笏釋名曰笏忽也君有命則書其上備忽忘也或曰笏可以簿疏物也徐廣車服儀制曰古者貴賤皆執笏即今手板也然則笏與簿手板之異名耳蜀志稱秦宓見大

守以簿擊頰則漢魏以來皆執手板故云若今吏之持簿玉藻云笏畢用也因飾焉言貴賤盡皆用笏因飾以示尊卑其上文云笏天子以球玉諸侯以象大夫以魚須文竹士竹本象可也鄭玄云球美玉也文猶飾也大夫士飾竹以爲笏不敢與君並用純物是其尊卑異也大夫與士笏俱用竹大夫以魚須飾之士以象骨爲飾不敢純用一物所以下人君也用物既殊體制亦異玉藻云天子搢珽方正於天下也諸侯荼前詘後直讓於天子也大夫前詘後詘無所不讓也鄭玄以爲謂之珽珽之言珽然無所屈前後皆方正也荼讀爲舒懦所畏在前也圜殺其首屈於天子也大夫上有天子下有己君故首末皆圜前後皆讓是其形制異也其長則諸侯以下與天子又異珽一名大圭周禮典瑞云王晉大圭以朝日是也冬官考工記大圭長三尺天子服之是天子之珽長三尺也玉藻云笏度二尺有六寸短於天子葢諸侯以下度分皆然也

帶裳幅舄帶革帶也衣下曰裳幅若今行縢者舄複履。幅音逼舄音昔縢徒登反複音福

疏 注帶革至複履。正義曰下有鞶是紳帶知此帶爲革帶玉藻革帶博二寸鄭云凡佩繫于革帶白虎通云男子有鞶革者示有金革之事然則示有革事故用革爲帶帶爲佩也昭十二年傳云裳下之飾也經傳通例皆上衣下裳故云衣下曰裳幅與行縢今古之異名故云若今行縢詩云邪幅在下毛傳曰幅偪也所以自偪束也鄭箋云邪幅如今行縢也偪束其脛自足至膝縢訓緘也然則行而緘足故名行縢邪纏束之故名邪幅舄者履之小別鄭玄周禮屨人注云複下曰舄禪下曰屨然則舄之與屨下有禪複爲異履是揔名故云舄複履謂其複下也鄭玄又云天子諸侯吉事皆舄赤舄者冕服之舄白舄者皮弁之舄黑舄者玄端之舄其士皆著屨纁屨者爵弁之屨白屨者皮弁之屨黑屨者玄端之屨其卿大夫服冕者亦赤舄餘服則屨其王后褘衣玄舄褕狄青舄闕狄赤舄鞠衣黃屨展衣白屨褖衣黑屨其諸侯夫人及卿大夫之妻合衣狄者皆舄其餘皆屨其舄之飾用對方之色赤舄黑飾是也屨之飾用比方白屨黑飾是也

衡紞紘綖衡維持冠者紞冠之垂者紘纓從下而上者綖冠上覆。紞多敢反字林丁坎反紘獲耕反綖音延字林弋善反上時掌反下上下同

疏 注衡維至上覆。正義曰此四物者皆冠之飾也周禮追師掌王后之首服追衡笄鄭司農云衡維持冠者鄭玄云祭服有衡垂于副之兩旁當耳其下以紞縣瑱彼婦人首服有衡男子首服亦然冠由此以得支立故云維持冠者追者治玉之名王后之衡以玉爲之故追師掌爲弁師掌王之五冕弁

及冕皆用玉笄則天子之衡亦用玉其諸侯以下衡之所用則未聞紞者縣瑱之繩垂於冠之兩旁故云冠之垂者魯語敬姜曰王后親織玄紞則紞必織線爲之若今之絛繩鄭玄詩箋云充耳謂所以縣瑱者或名爲紞織之人君五色臣則三色是也絛必雜色而魯語獨言玄者以玄是天色故特言之非謂純玄色也紘纓皆以組爲之所以結冠於人首也纓用兩組屬之於兩旁結之於頷下垂其餘也紘用一組從下屈而上屬之於兩旁垂其餘也紘纓同類以之相形故云紘纓從下而上者弁師掌王之五冕皆玉笄朱紘祭義稱諸侯冕而青紘士冠禮稱緇布冠青組纓皮弁笄爵弁笄緇組纓。鄭玄云有笄者屈組爲紘垂爲飾無笄者纓而結其絛以其有笄者用紘力少故從下而上屬之無笄者用纓力多故從上而下結之冕弁皆有笄故用紘緇布冠無笄故用纓也魯語稱公侯夫人織紘綖知紘亦織而爲之士冠禮言組纓組紘知天子諸侯之紘亦用組也綖冠上覆者冕以木爲幹以玄布衣其上謂之綖論語商書皆云麻冕知其當用布也弁師掌王之五冕皆玄冕知其色用玄也孔安國論語注言績麻三十升布以爲冕卽是綖也鄭玄玉藻注云延冕上覆也此云冠上覆者冠冕通名故此注衡及綖皆以冠言之其實悉冕冕飾也

昭其度也尊卑各有制度

疏 注尊卑各有制度。正義曰此上十二物者皆是明其制度哀伯思及則言無次第也鄭玄覲禮注云上公衮無升龍天子有升龍有降龍是衮有度也冕則公自衮以下侯伯自鷩以下是冕有度也黻則諸侯火以下卿大夫山是黻有度也珽則玉象不同長短亦異是珽有度也衮冕鷩冕裳四章毳冕希冕裳二章是裳有度也鄭玄屨人注云王吉服舄有三等赤舄爲上冕服之舄下有白舄黑舄王治祭服舄有三等玄舄爲上褘衣之舄下有青舄赤舄是舄有度也紞則人君五色臣則三色是紞有度也天子朱紘諸侯青紘是紘有度也其帶幅衡綖則無以言之傳言昭其度也明其尊卑各有制度

藻率鞞鞛藻率以韋爲之所以藉玉也王五采公侯伯三采子男二采鞞佩刀削上飾鞛下飾。率音律鞞補頂反鞛布孔反鞞鞛刀削之飾藉在夜反削音笑

疏 注藻率至下飾正義曰鄭玄覲禮注云繅所以藉玉以韋衣木廣袤各如其玉之大小典瑞注云繅有五采文所以薦玉木爲中幹用韋衣而畫之此言以韋爲之指木上之韋其實木爲幹也禮之言繅皆有玉共文大行人謂之繅藉曲禮單稱藉故知所以藉玉也大行人云公執桓圭九寸繅藉九寸知大小各如其玉也大行人注云繅藉以五采韋衣板若奠玉則以藉之是由有奠之時須

有繅以之藉玉故小大如玉耳典瑞職曰王執鎮圭繅藉五采五就以朝日公執桓圭侯執信圭伯執躬圭繅皆三采三就子執穀璧男執蒲璧繅皆二采再就以朝覲宗遇會同于王是王五采公侯伯三采子男二采也凡言五采者皆謂玄黄朱白蒼三采朱白蒼二采朱綠就成也五就謂五帀每一帀爲一就也禮之言藻其文雖多典瑞大行人聘禮覲禮皆單言繅或云繅藉未有言繅率者故服虔以藻爲畫藻率爲刷巾杜以藻率爲一物者以拭物之巾無名率者服言禮有刷巾事無所出且哀伯謂之昭數固應禮之大者寧當舉拭物之巾與藻藉爲類故知藻率正是藻之複名藻得稱爲藻藉何以不可名爲藻率也玉藻說帶之制曰士練帶率下辟凡帶有率無箴功鄭玄云上以下皆禪不合而率積如今作幧頭爲之也然則禪而不合縫率其邊謂之爲率此以韋衣木蓋亦綷積其邊故稱率也鄭司農典瑞注讀繅爲藻率之藻似亦藻率共爲藻也詩曰鞞琫容刀故知鞞鞛佩刀削之飾也少儀云刀授潁削授柎是刀之類故與刀連言之鞞鞛二名明飾有上下先鞞後鞛故知鞞爲上飾鞛爲下飾劉君以毛詩傳下曰鞞上曰琫而規杜氏但鞞鞛或上或下俱是無正文不可以規杜過也

鞶厲游纓鞶紳帶也一名大帶厲大帶之垂者游旌旗之游纓在馬膺前如索帬○鞶步干反游音留注同膺於陵反索悉各反〔疏〕注鞶紳至索帬○正義曰易訟卦上九或錫之鞶帶知鞶卽帶也以帶束要垂其餘以爲飾謂之紳上帶爲革帶故云鞶紳帶所以別上帶也玉藻說帶云大夫大帶是一名大帶也詩毛傳云厲帶之垂者故用毛說以爲厲大帶之垂者也大帶之垂者名之爲紳而復名爲厲者紳是帶之名厲是垂之貌詩稱垂帶而厲是厲爲垂貌也玉藻稱天子素帶朱裏終辟諸侯素帶不朱裏大夫玄華辟垂帶皆博四寸士帶博二寸再繚四寸緇辟下垂賈服等說鞶厲皆與杜同唯鄭玄獨異禮記內則注以鞶爲小囊讀厲如裂繻之裂言鞶囊必裂繒緣之以爲飾案禮記稱男鞶革女鞶絲鞶是帶之別稱遂以鞶爲帶名言其帶革帶絲耳鞶非囊之號也禮記又云婦事舅姑施縏袠袠是囊之別名今人謂裹書之物爲袠言其施帶施袠耳其縏亦非囊也若以縏爲小囊則袠是何器若袠亦是囊則不應帶二囊矣以此知鞶卽是紳帶爲得其實游是旌之垂者旆之別名九旗雖各有名而旌旗爲之揔號故云旌旗之游也案巾車王建大常十有二斿又大行人云上公九斿侯伯七斿子男五斿其孤卿建旜大夫士建物其斿各如其命數其鳥旟則七斿熊旗則六斿龜旐則四斿故考工記云鳥旟七斿以象鶉火熊旗六斿以象伐龜旐四斿以象營室是也鄭司農巾車注云禮家說曰纓當胷以削革爲之鄭玄云纓今馬鞅是纓在馬膺前也服虔云纓如索帬今乘輿大駕有之然則漢魏以來大駕之馬膺有索帬是纓之遺象故云如索帬也案巾車玉路樊纓十有再就鄭玄注云樊及纓皆以五采罽飾之金路樊纓九就象路樊纓七就革路條纓五就鄭玄云其樊及纓以條絲飾之木路翦樊鵠纓鄭玄云以淺黑飾韋爲樊鵠色飾韋爲纓不言就數飾與革路同、

昭其數也尊卑各有數〔疏〕注尊卑各有數○正義曰藻有五采三采之異是藻率有數也毛詩傳說容刀之飾云天子玉琫而珧珌諸侯璗琫而璆珌是鞞鞛有數也玉藻云紳長制士三尺有司二尺有五寸又大夫以上帶廣四寸士廣二寸是鞶厲有數也玉路十二斿金路九斿是游有數也玉路纓十有二就金路纓九就是纓有數也數之與度大同小異度謂限制數謂多少言其尊卑有節數也

火龍黼黻火畫火也龍畫龍也白與黑謂之黼形若斧黑與青謂之黻兩已相戾○黼音甫戾力計反〔疏〕注火畫至相戾○正義曰考工記畫繢之事云火以圜鄭司農云爲圜形似火也鄭玄云形如半環然又曰水以龍鄭玄云龍水物畫水者并畫龍是衣有畫火畫龍也白與黑謂之黼黑與青謂之黻考工記文也其言形若斧兩已相戾相傳爲說孔安國虞書傳亦云黼若斧形黻爲兩已相背是其舊說然也周世袞冕九章傳唯言火龍黼黻四章者略以明義故文不具舉衣之所畫龍先於火今火先於龍知其言不以次也

昭其文也以文章明貴賤

五色比象昭其物也車服器械之有五色皆以比象天地四方以示器物不虛設○比并是反械戶戒反〔疏〕注車服至虛設○正義曰考工記云畫繢之事雜五色東青南赤西白北黑天玄地黃是其比象天地四方也比象有六而言五者玄在赤黑之間非别色也昭二十五年傳云九文六采言采色有六故注以天地四方六事當之五行之色爲五色加天色則爲六故五色六采互相見也昭其物者以示物不虛設必有所象其物皆象五色故以五色明之

錫鸞和鈴昭其聲也錫在馬額鸞在鑣和在衡鈴在旂動皆有鳴聲○錫音楊馬面當盧鈴音令額顏客反鑣彼驕反旂勤衣反〔疏〕注錫在至鳴聲○正義曰鄭玄巾車注云錫馬面當盧刻金爲之所謂鏤錫也詩箋云眉上曰錫刻金飾之今當盧也然則錫在眉上故云在馬額也詩稱輶車鸞鑣知鸞在鑣也鑣在馬口兩旁衡在服馬頸上鸞和亦鈴也以

處異故異名耳爾雅釋天說旌旗有鈴曰旂李巡曰以鈴置旐端是鈴在旂也鍚在馬額鈴在旂先儒更無異說其鸞和所在則舊說不同毛詩傳曰在軾曰和在鑣曰鸞韓詩內傳曰鸞在衡和在軾前鄭玄經解注取韓詩爲說秦詩箋云置鸞於鑣異於乘車也其意言乘車之鸞在衡田車之鸞在鑣及商頌烈祖之箋又云鸞在鑣是疑不能定故兩從之也案考工記輪崇車廣衡長參如一則衡之所容唯兩服馬耳詩辭每言八鸞當謂馬有二鸞鸞若在衡唯兩馬安得置八鸞乎以此知鸞必在鑣鸞旣在鑣則和當在衡經傳不言和數未知和有幾也四者皆以金爲之故動則皆有鳴聲也

三辰旂旗昭其明也 三辰日月星也畫於旂旗象天之明〔疏〕注三辰至之明正義曰春官神士掌三辰之法鄭玄亦以爲日月星也謂之辰辰時也日以照晝月以照夜星則運行於天昏明遞帀而王所以示民早晚民得以爲時節故三者皆爲辰也三辰是天之光明照臨天下故畫以旌旗象天之明也九旗之物唯日月爲常不言畫星者蓋大常之上又畫星也穆天子傳稱天子葬盛姬建日月七星蓋畫北斗七星也宗司常交龍爲旂熊虎爲旗不畫三辰而云三辰旂旗者旂旗是九旗之總名可以統大常故舉以爲言也

夫德儉而有度登降有數 登降謂上下尊卑 **文物以紀之聲明以發之以臨照百官百官於是乎戒懼而不敢易紀律今滅德立違** 謂立華督違命之臣 **而寘其賂器於大廟以明示百官百官象之其又何誅焉國家之敗由官邪也官之失德寵賂章也郜鼎在廟章孰甚焉武王克商遷九鼎于雒邑** 九鼎殷所受夏九鼎也武王克商乃營雒邑而後去之又遷九鼎焉時但營洛邑未有都城至周公乃卒營雒邑謂之王城卽今河南城也故傳曰成王定鼎于郟鄏○寘之豉反置也邪似嗟反雒音洛本亦作洛夏戶雅反郟古夾反鄏音辱〔疏〕注九鼎至郟鄏○正義曰據宣三年傳知九鼎是殷家所受夏九鼎也戰國策稱齊救周求九鼎顏率謂齊王曰昔周伐殷而取九鼎一鼎九萬人挽之九鼎八十一萬人挽之挽鼎人數或是虛言要知其鼎有九故稱九鼎也知武王遷九鼎於洛邑欲以爲都者鼎者帝王所重相傳以爲寶器戎衣大定之日自可遷置西周乃徙九鼎處于洛邑故知本意欲以爲都又以商書洛誥說周公營洛邑則知武王但有遷意周公乃卒營之地理志云河南縣故郟鄏地也武王遷九鼎焉周公致太平營以爲都是爲王城至平王居之言卽今河南城者晉時猶以爲河南縣成王定鼎宣三年傳文

義士猶或非之 蓋伯夷之屬〔疏〕注蓋伯夷之屬○正義曰史記伯夷列傳曰伯夷叔齊孤竹君之二子也讓國俱逃歸周及至西伯卒武王東伐紂伯夷叔齊叩馬諫曰父死不葬爰及干戈可謂孝乎以臣伐君可謂仁乎左右欲兵之太公曰此義人也扶而去之武王旣平殷夷齊恥之不食周粟隱於首陽山采薇而食之作歌曰登彼西山兮爰采薇矣以暴易暴兮不知其非矣檢書傳之說非武王者唯此人故知是伯夷之屬

而況將昭違亂之賂器於大廟其若之何　公不聽　周內史聞之曰臧孫達其有後於魯乎君違不忘諫之以德 內史周大夫官也僖伯諫隱觀魚其子哀伯諫桓納鼎積善之家必有餘慶故曰其有後於魯〔疏〕注內史至於魯○正義曰周禮春官內史中大夫是周大夫官也積善之家必有餘慶易文言文也

○秋七月杞侯來朝不敬杞侯歸乃謀伐之○蔡侯鄭伯會于鄧始懼楚也 楚國今南郡江陵縣北紀南城也楚武王始僭號稱王欲害中國蔡鄭姬姓近楚故懼而會謀○近附近之近〔疏〕注楚國至會謀○正義曰地理志云南郡江陵縣故楚郢都楚文王自丹陽徙此世本云楚鬻熊居丹陽武王徙郢宋仲子云丹陽在南郡枝江縣今南郡江陵縣北有郢城史記稱文王徙都于郢地理志依史記爲說此時當楚武王也譜云楚羋姓顓頊之後也其後有鬻熊事周文王早卒成王封其曾孫熊繹於楚以子男之田居丹陽今南郡枝江是也熊達始稱武王武王十九年魯隱公之元年也武王居郢今江陵是也昭王徙都惠王八年獲麟之歲也惠王二十一年春秋之傳終矣惠王五十七年卒自惠王以下十一世二百九年而秦滅之楚世家稱武王使隨人請王室尊吾號王弗聽還報楚楚王怒乃自立爲楚武王是楚武王始僭號稱王也劉炫云號爲武武非謚也

○九月入杞討不敬

諱不以見止告廟也襄公至自晉此則榮還而書至者也昭公至自齊居于鄆此則宜告而書至者也諸書至皆告廟啓反或卽實而言或有所諱辟傳於伐見飲至之禮於宣見書過之譏於朝見書勞于廟舉此三者以包其他行也僖十六年公會諸侯于淮未歸而取項齊人以爲討而止公十七年秋聲姜以公故會齊侯于卞公始得歸而書公至自會是諱其見止而以會告廟故傳曰猶有諸侯之事焉且諱之是諱止而以會告也諸侯盟者必在會後皆書公至自會不言公至自盟者以盟是因會而爲之初必以會徵衆公行以會告廟故還以會告至雖并以盟告亦不云至自盟爲行時不以盟告故也僖二十八年公會諸侯于溫遂圍許經書公至自圍許襄十年公會諸侯于柤遂滅偪陽經書公至自會二文不同釋例曰諸若此類事勢相接或以始致或以終致蓋時史之異耳無他義也定十二年公至自圍成行不出境而亦告廟者釋例曰陪臣執命大都偶國仲由建墮三都之計而成人不從故公親伐之雖不越境動衆興兵大其事故出入皆告于廟也。注爵飲至功也。正義曰韓詩說一升曰爵爵盡也足也二升曰觚觚寡也飲當寡少三升曰觶觶適也飲當自適四升曰角角觸也不自適觸罪過也五升曰散散訕也飲不自節爲人謗訕也揔名曰爵其實曰觴觴餉也

然則飲酒之器其名有五而揔稱爲爵案燕禮爵用觚觶此飲至之爵不過用觚觶而已爲人君者賞不踰月欲民速覩爲善之利故舍爵卽書勞於策言速紀有功也

特相會往來稱地讓事也特相會公與一國會也會必有主二人獨會則莫肯爲主兩讓會事不成故但書地自參以上則往稱地來稱會成事也成會事。參七南反一音三上時掌反

○初晉穆侯之夫人姜氏以條之役生太子命之曰仇條晉地大子文侯也意取於戰相仇怨。仇音求其弟以千畝之戰生命之曰成師桓叔也西河界休縣南有地名千畝意取能成其衆

【疏】千畝之戰。正義曰案周本紀宣王三十九年王與姜戎戰于千畝取此戰事以爲子名也

師服曰異哉君之名子也師服晉大夫。名如字或彌政反夫名以制義名之必可言也義以出禮禮從義出禮以體政政以禮成政以正民是

也○公及戎盟于唐脩舊好也惡隱之好。好呼報反注同

○冬公至自唐告于廟也凡公行告于宗廟反行飲至舍爵策勳焉禮也爵飲酒器也既飲置爵則書勳勞於策言速紀有功也。舍音赦置也舊音捨。

【疏】冬公至禮也。正義曰凡公行者或朝或會或盟或伐皆是也孝子之事親也出必告反必面事死如事生故出必告廟反必告至不言告禰廟而言告宗廟者諸廟皆告非獨禰也禮記曾子問曰諸侯適天子必告于祖奠于禰命祝史告于宗廟諸侯相見必告于禰命祝史告于五廟反必親告于祖禰乃命祝史告至于前所告者由此而言諸侯朝天子則親告祖禰祝史告餘廟朝鄰國則親告禰祝史告餘廟其路遠者亦親告祖故于其反也言告于祖禰明出時亦告祖也出時不言祖者鄭玄云道近或可以不親告祖明道遠者亦親告祖矣雖親與不親而諸廟皆告故揔言告于宗廟也曾子問曰凡告用制幣反亦如之則出入皆以幣告也但出則告而遂行反則告訖又飲至故行言告廟反言飲至以見至有飲而行無飲也飲至者嘉其行至故因在廟中飲酒爲樂也襄十三

年傳曰公至自晉孟獻子書勞于廟禮也書勞策勳其事一也舍爵乃策勳策勳常在廟知飲至亦在廟也彼公至自晉朝還告廟也此公至自唐盟還告廟也十六年公至自伐鄭傳曰以飲至之禮伐還告廟也三者傳皆言禮知朝會盟伐告廟禮同傳所以反覆凡例也朝還告至而獻子書勞則策勳者非唯討伐之勳雖常事有以安國寧民或亦書功于廟也公行告至必以嘉會昭告祖禰有功則舍爵策勳無功則告事而已無不告也反行必告而春秋公行一百七十六書至者唯八十二耳其餘不書者釋例曰凡公之行不書至者九十有四皆不告廟也隱公之不告謙也餘公之不告慢於禮也慢於禮者舉大例言耳其中亦應有心實非慢而不宜告者若行有恥辱不足爲榮則克躬罪已不以告廟非爲慢於禮也若事實可恥而不以爲恥反行告廟則史亦書之宣五年傳曰公如齊高固使齊侯止公請叔姬焉夏公至自齊書過也釋例曰執止之辱厭尊毀列所以累其先君忝其社稷固當克躬罪已不以嘉禮自終宣公如齊既已見止連昏於鄰國之臣而行飲至之禮故傳曰書過也是不應告而告故書之以示過也釋例又曰桓公之喪至自齊此則死還告廟而書至者也莊公違禮如齊觀社用飲至之禮此則失禮之告至者也宣公黑壤之會以賂免諱不書盟而復書至亦

以政成而民聽易則生亂反易禮義則亂生也【疏】夫名至生亂。正義曰出口爲名合宜爲義人之出言使合於事宜故云名以制義杖義而行所以生出禮法故云義以出禮復禮而行所以體成政教故云禮以體政以禮爲政以正下民故云政以正民今晉侯名子不得其宜禮教無所從出政不以禮則民各有心故爲始兆亂也**嘉耦曰妃怨耦曰仇古之命也**自古有此言。耦五口反妃芳非反**今君命大子曰仇弟曰成師始兆亂矣兄其替乎**穆侯愛少子桓叔俱取於戰以爲名所附意異故師服知桓叔之黨必盛於晉以傾宗國故因名以諷諫。替他計反廢也少詩照反諷芳鳳反【疏】注穆侯至諷諫 正義曰大子與桓叔雖並因戰爲名而所附意異仇取於戰相仇怨成師取能成師衆緣名求義則大子多怨仇而成師有徒衆穆侯本立此名未必先生此意但寵愛少子於時已著師服知桓叔將盛故推出此理因解其名以爲諷諫欲使之強榦弱枝耳人臣規諫若無端緒馮何致言以申已志非謂人之立名必將有驗而何休謂左氏後有興亡由立名善惡引后稷名棄爲膏盲以難左氏非也

惠之二十四年晉始亂故封桓叔于曲沃惠魯惠公也晉文侯卒子昭侯元年危不自安封成師爲曲沃伯**靖侯之孫欒賓傅之**靖侯桓叔之高祖父言得貴寵公孫爲傅相。靖才井反欒力官反【疏】注靖侯至傅相。正義曰案晉世家靖侯生僖侯僖侯生獻侯獻侯生穆侯穆侯生桓叔靖侯是桓叔之高祖也史傳稱祖皆云祖父故謂高祖爲高祖父非高祖之父也特云靖侯之孫則知傳意言其得貴寵公孫爲傅相也此人之後遂爲欒氏蓋其父字欒**師服曰吾聞國家之立也本大而末小是以能固故天子建國**立諸侯也**諸侯立家**卿大夫稱家臣**卿置側室**側室衆子也得立此一官【疏】注側室至一官。正義曰禮記文王世子云公若有出疆之政庶子守公宮正室守大廟鄭玄云正室適子也正室是適子故知側室是衆子言其在適子之旁側也文十二年傳曰趙有側室曰穿是卿得立此官也卿之家臣其數多矣獨言立此一官者其餘諸官事連於國臨時選用異姓皆得爲之其側室一官必用同族是卿廕所及唯知宗事故特言之案世族譜趙穿是夙之庶孫於趙盾爲從父昆弟。而爲盾側室然選其宗之庶者而爲之未必立卿之親弟**大夫有貳宗**適子爲小宗次子爲貳宗以相輔貳。適丁厤反爲小宗本或作爲大宗誤【疏】注適子至輔貳。正義曰禮有大宗小宗天子諸侯之庶子謂之別子及異姓受族爲後世之始祖者世適承嗣百世不遷謂之大宗爲父後者諸弟宗之五世則遷謂之小宗五世遷者謂高祖以下喪服未絕其繼高祖之適則緦服之內共宗之其繼曾祖之適則小功之內共宗之繼禰所宗及亦然故鄭玄喪服小記注云小宗有四或繼高祖或繼曾祖或繼祖或繼禰皆至五世則遷以緦服既窮不相宗敬故疏即遷遷也禮記大傳曰有百世不遷之宗有五世則遷之宗百世不遷者別子之後也宗其繼別子之所自出者百世不遷者也宗其繼高祖者五世則遷者也是言大宗小宗之別也大夫身是適子爲小宗故其次者爲貳宗以相輔助爲之副貳亦立之爲此官也杜知非大宗而云小宗者以其大夫不必皆是大宗據爲小宗者多故杜言之也若大夫身爲大宗亦止得立貳宗官耳禮記據公族爲說故言別子爲祖主諸侯庶子耳其實異姓受族亦爲始祖其繼者亦是大宗但記

文不及之耳沈云適子爲小宗謂是大夫之身爲小宗次者爲貳宗謂大夫庶弟貳宗以側室爲側皆是官名與五宗別**士有隸子弟**士卑自以其子弟爲僕隸**庶人工商各有分親皆有等衰**庶人無復尊卑以親疏爲分別也衰殺也。分扶問反又如字親七刃反又如字衰初危反注同復扶又反別彼列反殺所界反**是以民服事其上而下無覬覦**下不冀望上位。覬音冀覦羊朱反字林羊住反說文云欲也**今晉甸侯也而建國本既弱矣其能久乎**諸侯而在甸服者。甸徒練反【疏】注諸侯至服者。正義曰周公斥大九州廣土萬里制爲九服邦畿方千里其外每五百里謂之一服侯甸男采衛要六服爲中國夷鎮蕃三服爲夷狄大司馬謂之九畿言其有期限也大行人謂之九服言其服事王也如其數計甸服內畔尚去京師千里晉距王城不容此數而得在甸服者局禮設法耳土地之形不可方平如圖未必每服皆如其數也地理志云初雒邑與宗周通封畿東西長南北短短長相覆爲千里是王畿不正方也志又云東都方六百里半之爲三百里外有

（侯服五百里爲八百里計晉都在大原去洛邑近八百里也畿既不方服必差改故晉在甸服也）惠之三十年晉潘父弒昭侯而立桓叔不克（潘父晉大夫也昭侯文侯子）晉人立孝侯（昭侯子也）惠之四十五年曲沃莊伯伐翼弒孝侯（莊伯桓叔子。翼晉國所都）翼人立其弟鄂侯。鄂侯生哀侯（鄂國以隱五年奔隨其年秋王立哀侯于翼）哀侯侵陘庭之田（陘庭翼南鄙邑。陘音刑）陘庭南鄙啓曲沃伐翼

附釋音春秋左傳注疏卷第五

江西南昌府學栞

春秋左傳注疏卷五挍勘記　阮元撰盧宣旬摘錄

附釋音春秋左傳注疏卷第五　桓元年盡二年宋本春秋正義卷第五石經春秋經傳集解桓公第二盡十八年釋文自此卷以下無春秋經傳集解六字餘並同

桓公

經元年

公即位　惠棟云鄭衆曰古文春秋經公即位爲公即立云古位立同字棟案鄭注周禮小宗伯之職云故書位作立

今遭喪繼立者　宋本作繼位

注公以至爲文時之所隱　宋本閩本監本毛本作公以至所隱

成會鄭於垂　宋本鄭作禮是也

知非仲尼非意也　宋本監本毛本下非作新正德本閩本作本是也。今訂作本

書灾也　宋本淳熙本岳本纂圖本灾作災

傳元年

言雨自上而下浸潤於土　土諸本誤作上

疑謬誤　宋本謬作繆

魯親班齊饋　閩本監本毛本親誤稱

宋華父督見孔父之妻于路　石經督作督後同葉抄釋文亦作督廣韻以督爲俗字又詳昭十二年校勘記儀禮士冠禮注云宋大夫有孔甫甫字或作父賈公彥云甫通作父

美而艷　釋文作豔石經凡豔字皆作艷淳熙本同

經二年

宋督弑其君與夷 纂圖本弑作殺非注同下注宋有弑君之亂亦誤殺

言弑其君則可 監本毛本言誤主

禮必擁蔽其面 宋本擁作鄣案禮記內則鄭注云擁猶障也

自是以下滕當稱子 宋本監本毛本當作常

故以稷爲河東之稷山 諸本作山此本作止今訂正

不敢自同於正君 監本毛本敢誤可

傳三年

君子至其君 宋本此節正義在故先書弑其君句下

或語出邱明之意而託諸賢者 宋本託作記非

洩冶之罪 宋本洩作泄

君子者言其可以居上位 閩本監本毛本脫言字

○注經稱至妄也 宋本。作疏此節正義在注督之妄也下

濟陰城武縣東南有北郜城 宋本岳本城作成案續漢郡國志作成郜上無北字釋例亦無北字

郜國濟陰成武縣東南 宋本監本毛本作城武非也

以茅飾屋著儉也 監本毛本飾屋誤飭室

清廟肅然清淨之稱也 宋本岳本足利本淨作靜是也案疏文作靜宋本岳本無也字

疏君人至子孫 宋本此節正義在故昭令德以示子孫之下

○注以茅至之稱 宋本作疏此節正義宋本在注肅然清靜之稱下

冬官考工記有茸屋瓦屋 宋本監本毛本茸作葺案考工記作葺

傳言清廟茅屋 宋本言作曰

明堂位曰山節藻梲複廟重檐 禮記明堂位複作復宇按復複古今字

敬王若存 盧文弨校本若下有事字

大路越席 越席家語作趏席王肅注云趏越同禮記禮運與其越席釋文引字書越作趏

大路玉路祀天車也 監本毛本玉誤王釋文云本或無天字者非

大路至越席結草 宋本無越席二字

路之最大者 宋本路上有大路二字是也

粢食不鑿 釋文云鑿字林作毇云糲米一斛舂爲八斗說文毇字亦云一斛舂爲八斗也淮南子主術訓作粢食不毇玉篇糳字下引傳作粢食不糳陳樹華云糳爲鑿蓋古字假借

六粢謂黍稷稻粱麥苽 宋本閩本監本毛本粱作粢非也

韍韠以蔽膝也 閩本監本毛本韠誤韡淳熙本膝誤脉

古禮鄭元注弁師云 宋本古上有其字

韍韠制同而名異 毛本韍作黻非

古者田漁而食 諸本作田此本誤曰今訂正

凡韠皆象裳色 毛本象作是非

記傳更無韍制 宋本毛本作無韍制按韍蔽膝之正字作韍从韋其作黻从黹者假借字也

或曰笏可以簿疏物也 宋本笏作簿案釋名書契作簿可上有言字

蜀志稱秦宓見太守以簿擊頰 案宓今三國志作宓擊閩本監本誤繫

珽之言珽然無所屈 珽然之珽當作挺

玉藻云笏度二尺有六寸 閩本監本毛本二尺誤三尺

毛傳曰幅偪也所以自偪束也監本毛本偪作偪案毛傳作偪

偪束其脛宋本監本毛本偪作偪

襌下曰屨宋本監本毛本襌作禪非下襌複宋本毛本亦誤禪複

履是總名監本毛本履誤屨

屨之飾用比方毛本屨作履非

衡紞紘綖文選張平子東京賦衡作珩李善引傳文及杜注同案珩與衡音義同

爵弁笄緇組纓案儀禮士冠禮纓作紘

其實悉冕冕飾也宋本監本毛本冕字不重是也

藻率鞞鞛文選東京賦李善注引率作綷非是詩公劉正義引鞛作琫

鞞佩刀削上飾宋本淳熙本岳本鞞作鞞是也。今依訂正

木爲中榦閩本監本毛本榦作幹下同非也

典瑞大行人聘禮覲禮皆單言繅宋本繅作藻

以拭物之巾無名率者監本栻作拭非下同案孔仲遠誤也依說文帥佩巾也即帨字古率帥通用故儀禮注云古文帥作率服虔云禮有刷巾其語亦見說文凡儀禮言帨者即左傳之率也

故知藻率正是藻之複名監本複作複非

凡帶有率無箴功閩本箴誤葴監本毛本作葴亦非

士以下皆襌不合而率積監本毛本襌作禪非下同率宋本作綷

削授柎宋本柎作拊與禮記少儀合

鞶厲游纓顏師古匡謬正俗云斿旌旗之斿字從㫃訓與旒同傳云鞶厲斿纓是也案周禮司几筵正義文選東京賦李善注引並作斿周易訟卦正義引作旒惠棟云說文無斿字有游字云旌旗之游從㫃汓聲汓與泅同上形下聲按斿之變爲游省爲斿俗爲旒假借爲流其實一也

大夫元華辟垂閩本監本毛本華誤革

婦事舅姑施鞶袠毛本鞶誤鞶

革路條纓五就周禮條作絛此因鄭注絛讀爲條遂改作條

木路翦樊鵠纓周禮翦作前此因鄭注前讀爲緇翦之翦遂改作翦

天子玉琫而珧珌諸侯璗琫而璆珌監本毛本璗誤璗說文云琫佩刀上飾珌佩刀下飾天子以玉諸侯以金惠棟云爾雅者六經之訓詁也其釋器云黃金謂之璗其美者謂之鏐是璆珌當作鏐珌也

是游有數也宋本閩本監本毛本游作斿

今當虛也詩箋亦作今閩本監本毛本誤令

春官神士掌三辰之法案周禮士作仕毛本誤土

昏明遞市而王宋本監本毛本市作帀不誤閩本作布王宋本監本毛本作正是也

遷九鼎于雒邑釋文云雒本亦作洛書召誥傳引作洛周禮冢宰正義文選任彥昇奏彈劉整注引並同陳樹華云漢書地理志河南郡有洛陽縣師古曰魚豢云漢火德忌水故洛去水而加隹段玉裁云此本不經之談而顏氏信之且傳會之云如魚氏說則光武以後改爲雒字也魏志黃初元年幸洛陽裴注引魏略曰詔以漢火行也火忌水故洛去水而加隹魏以行次爲土土水之牡也水得土而乃流土得水而乃柔故除隹加水變雒爲洛裴氏引魏略於此者正謂黃初元年幸洛陽乃有此詔前此皆用雒後此皆用洛魚氏錄魏詔云爾則魏文帝之失也漢以前皆用雒非漢去水加隹也

時但營洛邑宋本淳熙本纂圖本毛本作雒與傳文合

以臣伐君案史記伯夷列傳伐作弒

爰采薇矣　史記伯夷列傳爰采作采其

臧孫其有後於魯　宋本淳熙本岳本足利本臧孫作故曰不誤○今依訂正

昭王徙鄀　閩本監本毛本鄀誤都

反必告至　閩本監本毛本告作面

命之曰仇　漢書五行志中引作名之曰仇案名即命也說文云名自命也閔元年傳今名之大以從盈數史記魏世家引名作命禮記祭法黃帝正名百物國語魯語作成命百物史記天官書免七命索隱曰謂免星凡有七名也是命名古同聲同義

其弟以千畝之戰生　漢書五行志中引畝作晦顏師古云晦古畝字也

命之曰成師　史記晉世家漢書五行志命並作名

西河界休縣南有地名千畝　毛詩祈父正義引作介休

異哉君之名子也　石經初刊之作子磨改作之史記名作命

夫名以制義　陳樹華云漢書引傳義作誼案誼義古今字

復禮而行　閩本監本毛本復作履

自古有此言　宋洪邁容齋隨筆引杜注亦作言惠棟校本改作名云宋本作名未知所據何本也

兄其替乎　惠棟云三體石經作其朁漢書五行志引傳乎作虖案虖古乎字

則大子多怨仇　監本毛本作仇怨

惠之二十四年　石經作惠之廿四年惠棟云石經凡經傳中二十字作廿三十字作卅此古文春秋左氏傳本文也說文廿二十并卅三十并也古文省說文所謂古文乃孔壁中之文也案說文廿字卅字讀如入如變唐人用廿代二十用卅代三十仍讀二十三十其讀不同見廣韻注

故封桓叔于曲沃　顧炎武云石經故誤政案石經不誤

適子爲小宗次者爲貳宗　釋文云小宗本或作爲大宗誤纂圖本閩本監本毛本作次子宋本淳熙本岳本足利本作次者

下不冀望上位　文選王命論李注引冀作敢

惠之三十年　石經作惠之卅年

鄂國以隱五年奔隨　宋本淳熙本岳本纂圖本足利本國作侯

哀侯侵陘庭之田　史記晉世家庭作廷

附釋音春秋左傳注疏卷第五

春秋左傳注疏卷五校勘記

附釋音春秋左傳注疏卷第六　桓三年盡六年

杜氏注　孔穎達疏

經三年春正月，公會齊侯于嬴。經之首時必書王，明此厤天王之所班也。其或廢法違常，失不班厤，故不書王。嬴，齊邑，今泰山嬴縣。○經三年正月從此盡十七年皆無王，唯十年有二傳以爲義，或有王字者，非。嬴音盈。

【疏】注「經之」至「嬴縣」。○正義曰：桓公元年、二年、十年、十八年，凡四年於春有王；九年春無王無月；其餘十三年雖春有月，悉皆無王。穀梁傳曰：「桓無王，其曰王何也？謹始也。其曰無王何也？桓弟弑兄，臣弑君，天子不能定，諸侯不能救，百姓不能去，以爲無王之道，遂可以至焉爾。元年有王，所以治桓也。二年有王，正與夷之卒也。十年有王，正終生之卒也。十八年書王，范甯注云：「此年書王，以王法終治桓之事。」先儒多用穀梁之說，賈逵云：「不書王，弑君、易祊田、成宋亂，無王也。元年治桓，二年治督，十年正曹伯，十八年終始治桓。」杜以正是王正厤，從王出，故以爲王者班厤，史乃書王，明此厤天王之所班也。其或廢法違常，失不班厤，則諸侯之史不得書王。言此十三年無王，皆王不班厤故也。劉炫規過云：然天王失不班厤，經不書王，乃是國之大事，何得傳無異文？又昭二十三年以後，王室有子朝之亂，經皆書王，豈是王室猶能班厤？又襄二十七年再失閏，杜云：「魯之司厤頓置兩閏。」又哀十三年十二月螽，杜云：「季孫雖聞仲尼之言而不正厤。」如杜所注，厤既天王所班，魯人何得擅改？又子朝奔楚，其年王室方定，王位猶且未定，諸侯不知所奉，復有何人尚能班厤？昭二十三年秋乃書天王居于狄泉，則其春未有王矣。時未有王，厤無所出，何故其年亦書王也？若春秋之厤必是天王所班，則周之錯失不關於魯，魯人雖或知之，無由輒得改正。襄二十七年傳稱司厤過，再失閏者，是周司厤也，魯司厤也？而杜釋例云：「魯之司厤始覺其謬，頓置兩閏以應天正。」若厤爲王班，當一論王命，寧敢專置閏月，改易歲年？哀十三年十二月螽，仲尼曰：「火猶西流，司厤過也。」杜於釋例又云：「季孫雖聞此言，猶不即改，明年復螽，於是始悟，十四年春乃置閏，欲以補正時厤。」既言厤爲王班，又稱魯人輒改之，不憚於王，亦復何須王厤？杜之此言，自相矛楯，亦以此立說，難得而通。又案春秋經之闕文甚多，其事非一。如夫人有氏無姜、有姜無氏，及大雨霖、廧咎如潰之類也。此無王者，正是闕文耳。今刪定知此不書王非是經之闕文，必以爲失不班厤者，杜之所據，雖無明文，若必闕文，止應一事兩事而已，不應一公之內十四年並闕王字。杜以周禮有頒告朔于邦國都鄙，以有成文，故爲此說。但齊桓、晉文以前，翼戴天子，王室雖微，猶能班厤。至靈王、景王以後，王室卑微，厤或諸侯所爲，亦遙稟天子正朔，所以有子朝之亂，經仍稱王，不責人所不得也。猶如大夫之卒，公疾在外，雖不與小斂，亦同書日之限。然則司厤之過，魯史所改，據此而言，有何可責？劉君不尋此旨，橫生異同，以規杜過，恐非其義也。

○**夏，齊侯、衞侯胥命于蒲。**申約言以相命，而不歃血也。蒲，衞地，在陳留長垣縣西南。○約如字，又於妙反。歃所洽反。垣音袁。

○**六月，公會杞侯于郕。**

○**秋七月壬辰朔，日有食之，既。**無傳。既，盡也。厤家之說，謂日光以望時遙奪月光，故月食；日月同會，月奄日，故日食。食有上下者，行有高下。日光輪存而中食者，相奄密，故日光溢出。皆既者，正相當而相奄間疏也。然聖人不言月食日，而以自食爲文，闕於所不見。

【疏】注「既盡」至「不見」。○正義曰：食既者，謂日光盡也，故云既，盡也。月體無光，待日照而光生，半照即爲弦，全照乃成望。望爲日光所照，反得奪月光者，厤家之說，當日之衝有大如日者，謂之闇虛，闇虛當月則月必滅光，故爲月食。張衡靈憲曰：「當日之衝，光常不合，是謂闇虛。在星則星微，遇月則月食。」是言日奪月光，故月食也。若是日奪月光，則應每望常食，而望亦有不食者，由其道度異也。日月異道，有時而交，交則相犯，故日月遞食。交在望前，朔則日食，望則月食；交在望後，望則月食，後月朔則日食。交正在朔，則日食既，前後望不食；交正在望，則月食既，前後朔不食。大率一百七十三日有餘而道始一交，非交則不相侵犯，故朔望不常有食也。道不正交，則日斜照月，故月光更盛；道若正交，則日衝當月，故月光即滅。譬如火斜照水，日斜照鏡，則水鏡之光旁照他物；若使鏡正當日，水正當火，則水鏡之光不能有照。日之奪月，亦猶是也。日月同會，道度相交，月揜日光，故日食；日奪月光，故月食。言月食是日光所衝，日食是月體所映，故日食常在朔，月食常在望也。食有上下者，行有高下，謂月在日南，從南入食，南下北高，則食起於下；月在日北，從北入食，則食發於高。是其行有高下，故食不同也。故異義云：「月高則其食虧於上，月下則其食虧於下也。」日月之體大小正同，相揜密者，二體相近，正映其形，故光得溢出而中食也。相揜疏者，二體相遠，月近而日遠，自人望之，則月之所映者廣，故日光不復能見而日食既也。日食者，實是月映之也，但日之所在則月體不見，聖人不言月來食日，而云有物食之，以自食爲文，闕於所不見。

見也○公子翬如齊逆女禮君有故則使卿逆【疏】注禮君至卿逆○正義曰天子尊無與敵不自親逆使卿逆而上公臨之諸侯則親逆有故得使卿八年祭公逆王后于紀傳曰禮也是當使人天子不親逆也襄十五年傳曰官師從單靖公逆王后于齊卿不行非禮也是知天子之禮當使卿逆而上公臨之也禮記哀公問曰冕而親迎不已重乎孔子對曰合二姓之好以繼先聖之後以爲天地宗廟社稷之主君何謂已重乎此對哀公指言魯事是諸侯正禮當親逆也莊二十四年公如齊逆女丘明不爲之傳以其得禮故也文四年逆婦姜于齊傳曰卿不行非禮也以卿不行爲非禮知君有故得使卿逆也九月齊侯送姜氏于讙讙魯地濟北蛇丘縣西有下讙亭已去齊國故不言女未至於魯故不稱夫人○讙呼端反蛇以支反公會齊侯于讙無傳夫人姜氏至自齊無傳告於廟也不言翬以至者齊侯送之公受之於讙○冬齊侯使其弟年來聘○有年無傳五穀皆熟書有年【疏】有年○正義曰年訓爲稔謂歲爲年者取其歲穀一熟之義故禾稼既收農功畢入以其歲豐於常故史書有年於策此書有年宣十六年書大有年穀梁傳曰五穀皆熟爲有年五穀大熟爲大有年杜取穀梁爲說其義亦當然也周禮疾醫以五穀養病鄭玄云五穀麻黍稷麥豆即月令五時所食穀也賈云桓惡而有年豐異之也言有非其所宜有案昭元年傳曰國無道而年穀和熟天贊之也是言歲豐爲佐助之非妖異之物也君行既惡澤不下流遇有豐年輒以爲異是則無道之世唯宜有大饑不宜有豐年非上天佑民之本意也且言有不宜有傳無其說釋例曰劉賈許因有年大有年之經有鸜鵒來巢書所無之傳以爲經諸言有皆不宜有之辭也據經螟蟊不書有傳發於魯之無鸜鵒不以有字爲例也經書十有一年十有一月不可謂不宜有此年不宜有此月也螟蟊俱是非常之災亦不可謂其宜有也

傳三年春曲沃武公伐翼次于陘庭韓萬御戎梁弘爲右武公曲沃莊伯子也韓萬莊伯弟也御戎僕也右戎車之右【疏】注武公至之右○正義曰武公莊伯子韓萬莊伯弟世本世家文也周禮戎僕掌馭戎車戎右掌戎車之兵革使故知御爲戎僕右是戎車之右也逐翼侯于汾隰汾隰汾水邊○汾扶云反汾水名下濕曰隰【疏】注汾隰汾水邊○正義曰釋例曰汾水出大原故汾陽縣東南至晉陽縣西南經西河平陽至河東汾陽縣入河爾雅釋地云下溼曰隰知汾隰汾水邊也驂絓而止驂騑馬○驂七南反絓戶卦反騑芳非反【疏】注驂騑馬○正義曰說文云騑驂旁馬是騑驂爲一也初駕馬者以二馬夾轅而已又駕一馬以兩服爲參故謂之驂又駕一馬乃謂之駟故說文云驂駕三馬也駟一乘也兩服爲主以漸參之兩旁二馬遂名爲驂故揔舉一乘則謂之駟指其騑馬則謂之驂詩稱兩驂如舞二馬皆稱驂禮記稱說驂而賻之一馬亦稱驂是本其初參遂以爲名也驂馬在衡外挽靷每絓於木由頸不當衡故也名騑者以駟馬有騑騑之容故少儀云騑騑翼翼是也夜獲之及欒共叔共叔桓叔之傅欒賓之子也身傅翼侯父子各殉所奉之主故并見獲而死○共音恭注同殉似俊反○會于嬴成昏于齊也公不由媒介自與齊侯會而成昏非禮也○介音界【疏】注公不至禮也○正義曰此成昏謂聘文姜也詩刺魯桓公不能禁制文姜云取妻如之何匪媒不得既曰得止曷又極止言桓公以媒得文姜此云不由媒者公親會齊侯必無媒也詩舉正法以刺上傳據實事以解經故不同耳○夏齊侯衛侯胥命于蒲不盟也○公會杞侯于郕杞求成也二年入杞故今來求成○秋公子翬如齊逆女修先君之好故曰公子昏禮雖奉時君之命其言必稱先君以爲禮辭故公子翬逆女傳稱修先君之好公子遂逆女傳稱尊君命互舉其義○好呼報反注同【疏】注昏禮至其義○正義曰公子遂逆女傳言尊君命是奉時君之命也此言脩先君之好是稱先君爲辭也翬遂俱是逆女傳文各言其一是互舉其義昏禮納采辭曰某有先人之禮使某也請納采其納徵辭曰某有先人之禮使某也請納徵是男家辭也主人醴賓辭曰子爲事故至於某之室某有先人之禮請禮從者是女家辭也彼士禮也故稱先人若諸侯則稱先君以此知其言必稱先君以爲禮辭齊侯送姜氏非禮也凡公女嫁于敵國姊妹則上卿送之以禮於先君公

子則下卿送之於大國雖公子亦上卿送之於天子則諸卿皆行公不自送於小國則上大夫送之。齊侯送姜氏本或作送姜氏于讙公子則下卿送公子公女〔疏〕凡公至送之。正義曰：昏以相敵爲耦，先以敵國爲文，然後於大國小國辨其所異。姊妹於敵國猶上卿送之，於大國則上卿必矣。且姊妹禮於先君，不以所嫁輕重，雖則小國亦使上卿送也。於小國則上大夫送之，文承公子之下，謂送公子，非送姊妹也。周禮序官唯有中大夫，無上大夫也。禮記王制曰「諸侯之上大夫卿」，鄭玄云「上大夫曰卿」，則上大夫卽卿也，又無上大夫矣。而此云上大夫者，諸侯之制三卿五大夫，五人之中又復分爲上下。成三年傳曰「次國之上卿當大國之中，中當其下，下當其上大夫；小國之上卿當大國之下卿，中當其上大夫，下當其下大夫」，是分大夫爲上下也。○冬齊仲年來聘致夫人也古者女出嫁，又使大夫隨加聘問，存謙敬，序殷勤也。在魯而出則曰致女，在他國而來則揔曰聘，故傳以致夫人釋之。〔疏〕注古者至釋之。正義曰：經書來聘，傳言致夫人，是行聘

禮而致之也。故知使大夫隨加聘問，得所以存謙敬、序殷勤也。其意言不堪事宗廟則欲以之歸也。成九年「季孫行父如宋致女」，與此事同而文異，故辨之云「在魯而出則曰致女，在他國而來則揔曰聘」，是詳內略外之文。傳嫌其不同，故以致夫人釋之。○芮伯萬之母芮姜惡芮伯之多寵人也故逐之出居于魏爲明年秦侵芮張本。芮國在馮翊臨晉縣，魏國河東河北縣。○芮如銳反，國名。惡烏路反。翊音翼。〔疏〕注爲明至北縣。正義曰：地理志云馮翊臨晉縣芮鄉，故芮國也；河東郡河北縣，詩魏國也。世本芮、魏皆姬姓。尚書顧命成王將崩，有芮伯爲卿士，名謚不見。魏之初封，不知何人。閔元年晉獻公滅魏，芮則不知誰滅之。

經四年春正月公狩于郎冬獵曰狩，行三驅之禮，得田狩之時，故傳曰「書時，禮也」。周之春，夏之冬也。田狩從夏時。郎非國內之狩地，故書地。○狩手又反。夏戶雅反，下同。〔疏〕注冬獵至書地。正義曰：「冬獵曰狩」，爾雅釋天文也。易比卦九五「王用三驅，失前禽」，鄭玄云：「王者習兵於蒐狩，驅禽而射之，三則已，法軍禮也。失前禽者，謂禽在前來者不逆而射之，旁去又不射，唯背走者順而射之，不中則已，是其所以失之。用兵之法亦如之，降者不殺，奔者不禦，爲敵不敵己，加以仁恩養威之道。」是說三驅之事也。狩獵之禮唯有三驅，故知行三驅之正禮，得田獵之常時，故傳曰「書時，禮也」，善其得時，明禮皆無違矣。周之春正月建子，卽是夏之仲冬也。周禮大司馬「中冬教大閱，遂以狩田」，是田狩從夏時也。釋例曰：「三王異正朔，而夏數爲得天，雖在周代，於言時舉事，皆據夏正，故公以春狩，而傳曰書時禮也。隱五年『公矢魚于棠』，傳曰『言遠地也』。僖二十八年『天王狩于河陽』，傳曰『言非其地也』。舉地名者，皆言其非地，故知此郎非國內之狩地，故書地也。若國內狩地，大野是也。哀十四年傳曰『西狩於大野』，經不書大野，明其得常地，故不書耳。由此而言，則狩于禚、蒐于紅及比蒲、昌間，皆非常地，故書地也。田狩之地須有常者，古者民多地狹，唯在山澤之間乃有不殖之地，故天子諸侯必於其封內擇隙地而爲之。僖三十三年傳曰『鄭之有原圃，猶秦之有具圃也』，是其諸國各有常狩之處，違其常處則犯害居民，故書地以譏之。」○夏天王使宰渠伯糾來聘宰，官；渠，氏；伯糾，名也。王官之宰，當以才授位，而伯糾攝父之職，出聘列國，故書名以譏之。國史之記，必書年以

集此公之事，書首時以成此年之歲，故春秋有空時而無事者。今不書秋冬首月，史闕文，他皆放此。○糾居黝反。〔疏〕注宰官至放此。正義曰：周禮天官有大宰、小宰、宰夫，知宰是官也。傳言父在故名，知伯糾是名，自然渠爲氏矣。周禮大宰卿，小宰中大夫，宰夫下大夫，未知伯糾是何宰也。貶之乃書名，則於法當書字，但中下大夫例皆書字，則此宰高下猶未可量，故注直言王官之宰，不指小宰、宰夫，愼疑故也。詩稱「濟濟多士」，書戒「無曠庶官」，爲政有三，擇人爲急。王官之宰，當以才授位，今其父居官而使子攝職，是王者輕儕爵位，遣人則可，故書名以譏之。糾之出聘，事由於王，而貶糾者，王不應授糾，糾不應受使，二者俱有其過，貶糾亦所以責王，如宰咺之比也。春秋編年之書，四時畢具，乃得爲年，此無秋冬，知是史闕文也。舊史先闕，故仲尼因之。賈逵、何休以爲左氏「宰渠伯糾父在故名，仍叔之子何以不名？又仍叔之子以爲父在稱子，伯糾父在何以不稱子？」鄭箴之云：「仍叔之子者，譏其幼弱，故略言子，不名之。至於伯糾，能堪聘事，私覿又不失子道，故名且字也。」鄭氏所箴與杜同，云伯糾名且字，非杜義。

傳四年春正月公狩于郎書時禮也郎非狩地，故書時合

禮〔疏〕注郎非至合禮。正義曰春秋之世狩獵多矣見於經者無數事焉見由得時得地則常事不書故也以獲麟在於大野得地則不書其地知地時並得則例皆不書此書公狩于郎必是有所譏刺所刺之意在於失常地也但傳於棠與河陽已云言非其地則非地之責於理已見而此狩得時恐并時亦刺駮出合禮。而非禮自明故注申其意言郎非狩地唯時合禮以時合禮地非禮也公羊傳曰常事不書此何以書譏何譏爾遠也公羊説諸侯遊戲不得過郊故有遠近之言左氏無此義要言遠者亦是譏其失常地也○夏周宰渠伯糾來聘父在故名○秋秦師侵芮敗焉小之也秦以芮小輕之故爲芮所敗○冬王師秦師圍魏執芮伯以歸三年芮伯出居魏芮更立君秦爲芮所敗故以芮伯歸將欲納之

經五年春正月甲戌己丑陳侯鮑卒未同盟而書名者來赴以名故也甲戌前年十二月二十一日己丑此年正月六日陳亂故再赴赴雖日異而皆以正月起文故但書正月愼疑審事故從赴兩書。鮑步飽反〔疏〕注未同至兩書。正義曰僖二十三年傳例曰赴以名則亦書之檢經傳魯未與陳盟而書鮑名知其來赴以名故也隱八年蔡侯考父卒注云蓋春秋前與惠公盟故赴以名案史記年表隱之元年是陳桓公之二十三年則桓公亦得與惠公盟而云未同盟者以蔡侯之卒去惠尚近故疑與惠公盟此去惠公年月已遠且自隱公以來陳魯未嘗交好於惠公之世亦似無盟故以未同盟解之也以長厤推之知甲戌己丑別月而赴者並言正月故兩書其日而共言正月若其各以月赴亦應兩書其月但此異年之事設令兩以月赴則當以四年云十二月甲戌陳侯鮑卒五年正月己丑陳侯鮑卒○夏齊侯鄭伯如紀外相朝皆言如齊欲滅紀紀人懼而來告故書〔疏〕注外相至故書。正義曰傳言朝經言如知如即朝也下文周公如曹與此相類故云外相朝皆言如也魯出朝聘例言如獨言外朝者經有公朝王所以不盡云公如故獨云外也朝聘而謂之如者爾雅釋詁云如往也朝者兩君相見揖讓兩楹之間聘者使卿通問鄰國執圭以致君命擄行禮而爲言也魯之君臣出適他國始行即書於策未知成禮與否經每有在塗乃復是禮未必成故直云如言其往彼國耳不果必成朝聘也公朝

秋疏六　七

王所則朝訖乃書故指朝言之此齊鄭朝紀亦應朝訖乃告但略外故言如耳外相朝例不書而此獨書者傳言欲以襲紀紀人知之明其懼而告魯故書也○天王使仍叔之子來聘仍叔天子之大夫稱仍叔之子本於父字幼弱之辭也譏使童子出聘〔疏〕注仍叔至出聘。正義曰天子大夫例皆書字仍氏叔字知是天子大夫也公羊穀梁皆以仍叔之子爲父老代父從政左氏直云弱也言其幼弱不言父在則是代父嗣位非父在也伯糾身未居官攝行父事故稱名以貶之此子雖已嗣位而未堪從政故繫父以譏之譏王使童子出聘也蘇氏用公羊穀梁之義以爲父老來聘非父沒義或當然○葬陳桓公無傳○城祝丘無傳齊鄭將襲紀故○秋蔡人衞人陳人從王伐鄭王自爲伐鄭之主君臣之辭也王師敗不書不以告。從如字又才用反○大雩傳例曰書不時也失龍見之時。雩音于祭名見賢遍反○螽無傳蚣蝑之屬爲災故書。螽音終蚣相容反蝑相魚反〔疏〕注蚣蝑至故書。正義曰釋蟲云蜇螽蚣蝑楊雄方言云春黍謂之蚣蝑陸機毛詩疏云幽州人謂之春箕春箕即春黍蝗類也長而青股鳴者或謂似蝗而小班黑其股狀如瑇瑁叉五月中以兩股相切作聲聞十數步爾雅又有蠜螽土螽樊光云皆蚣蝑之屬然則螽之種類多故言屬以包之傳稱凡物不爲災不書知此爲災故書○冬州公如曹不書奔以朝出也爲下實來書也曹國今濟陰定陶縣。陶同勞反〔疏〕州公如曹。正義曰周禮公之地封疆方五百里侯四百里伯三百里子二百里男一百里隱五年公羊傳曰天子三公稱公王者之後稱公其餘大國稱侯小國稱伯子男然則三公之外爵稱公者唯二王之後杞與宋耳此州公及僖五年晉人執虞公並是小國而得稱公者鄭玄王制注以爲殷地三等百里七十里五十里武王克殷雖制五等之爵而因殷三等之地及周公制禮大國五百里小國百里所因殷之諸侯亦以功黜陟之其不滿者皆益之地爲百里焉是以周世有爵尊而國小爵卑而國大者言爵尊國小蓋指此州公虞公也案虞是克商始封非爲殷之餘國鄭玄之言不可通於此矣杜之所解亦無明言唯世族譜云虞姬姓武王克商封虞仲之庶孫以爲虞仲之後處中國爲西吳後世謂之虞公服虔云春秋前以黜陟之法進爵爲公未知孰是或可嘗爲三公之官若虢公之屬故稱公也以其無文故備言之劉炫難服云周法二王之後乃得稱

秋疏六　八

公雖復周公大公之勳齊桓晉文之霸位止通侯未升上等州有何功得遷公爵若其爵得稱公土亦應廣安得爵爲上公地仍小國若地被兼幷爵亦宜滅安得地既削小爵尚尊崇此則理之不通也。注不書至陶縣。正義曰如者朝也以朝出國不得書奔外朝不書以因來向魯故書其本也世本州國姜姓曹國伯爵譜云曹姬姓文王子叔振鐸之後也武王封之陶丘今濟陰定陶縣是也桓公三十五年魯隱公之元年也伯陽立十五年魯哀公之八年而宋滅曹地理志濟陰郡定陶縣詩曹國是也

傳五年春正月甲戌己丑陳侯鮑卒再赴也於是陳亂文公子佗殺太子免而代之佗桓公弟五父也稱文公子明佗非桓公母弟也免桓公大子。佗大河反免音問父音甫公疾病而亂作國人分散故再赴疏公疾病。正義曰鄭玄論語注云病謂疾益困也

○夏齊侯鄭伯朝于紀欲以襲之紀人知之

○王奪鄭伯政鄭伯不朝奪不使知王政。襲音習疏注奪不使知王政。正義曰隱三年傳稱王貳于虢謂欲分政於虢不復專任鄭伯也及平王崩周人將畀虢公政即周鄭交惡未得與之八年傳曰虢公忌父始作卿士于周於是始與之政共鄭伯分王政矣九年傳曰鄭伯爲王左卿士虢公爲右卿士與鄭伯夾輔王也此言王奪鄭伯政全奪與虢不使鄭伯復知王政故鄭伯積恨不復朝王

○秋王以諸侯伐鄭鄭伯禦之王爲中軍虢公林父將右軍蔡人衛人屬焉虢公林父王卿士。將音子匠反下及注大將同周公黑肩將左軍陳人屬焉黑肩周桓公也鄭子元請爲左拒以當蔡人衛人子元鄭公子。拒方陳。拒俱甫反下同陳直覲反下文之陳及注同爲右拒以當陳人曰陳亂民莫有鬬心若先犯之必奔王卒顧之必亂蔡衛不枝固將先奔不能相枝持也。卒尊忽反下同既而萃於王卒可以集事從之萃聚也集成也。萃似類反曼伯爲右拒曼伯檀伯。曼音萬疏注曼伯檀伯。正義曰十五年傳曰鄭伯因櫟人殺檀伯昭十一年傳曰鄭京櫟實殺曼伯知一人也祭仲足爲左拒原繁高渠彌以中軍奉公爲魚麗之陳先偏後伍伍承彌縫司馬法車戰二十五乘爲偏以車居前以伍次之承偏之隙而彌縫闕漏也五人爲伍此蓋魚麗陳法。○麗力之反注同縫扶容反乘繩證反疏注司馬至陳法。正義曰史記稱齊景公之時有田穰苴善用兵景公尊之位爲大司馬六國時齊威王用兵行威大放穰苴之法乃使大夫追論古者司馬兵法而附穰苴其中凡一百五十篇號曰司馬法車戰二十五乘爲偏是彼文也五人爲伍周禮司馬序官文也戰于繻葛繻葛鄭地。○繻音須命二拒曰旝動而鼓旝旃也通帛爲之蓋今大將之麾也執以爲號令。○旝古外反又古活反本亦作檜建大木置石其

上發機以磓敵。麾許危反疏注旝旃至號令。正義曰旝之爲旃事無所出說者相傳爲然成二年傳張侯曰師之耳目在吾旗鼓進退從之是在軍之士視將旗以進退也今命二拒令旝動而鼓望旗之動鼓以進兵明旝是可觀之物又旝字從㫃旌旗之類故知旝爲旃也周禮司常通帛爲旜故云通帛爲之謂通用一絳帛無畫飾也鄭玄云凡旌旗有軍衆者畫異物無者帛而已鄉遂大夫或載旜或載物衆屬軍吏無所將如鄭之意則將不得建旃而此軍得有旃者僖二十八年傳曰城濮之戰晉中軍風于澤亡大旆之左旃是知戰必有旃故以旝爲旃也鄭氏之言自謂治兵之時出軍所建不廢戰陳之上猶自用旃指麾今時爲軍猶以旌麾號令故云蓋今大將之麾執以爲號令也賈逵以旝爲發石一曰飛石引范蠡兵法作飛石之事以證之說文亦云建大木置石其上發其機以追敵與賈同也案范蠡兵法雖有飛石之事不言名爲旝也發石非旌旗之比說文載之㫃部而以飛石解之爲不類矣且三軍之衆人多路遠發石之動何以可見而使二拒準之爲擊鼓候也注以旃說爲長故從之蔡衛陳皆奔王卒亂鄭師合以攻之王卒大敗祝聃射王中肩王

亦能軍雖軍敗身傷猶殿而不奔故言能軍○射食亦反中丁仲反殿多見反祝聃請從之公曰君子不欲多上人況敢陵天子乎苟自救也社稷無隕多矣鄭於此收兵自退○隕于敏反夜鄭伯使祭足勞王且問左右祭足即祭仲之字蓋名仲字仲足也勞王問左右言鄭志在苟免王討之非也○勞力報反注同名仲字仲足一本作名仲字足〔疏〕注祭足至非也○正義曰隱元年傳稱祭仲上云祭仲足此云祭足十一年傳云祭封人仲足此人雖名字互見而不知孰字孰名公羊以仲爲字左氏先儒亦以爲字但春秋之例諸侯之卿嘉之乃書字十一年經書祭仲而事無可嘉注意以仲爲名故云名仲字仲足釋例曰伯仲叔季固人字之常然古今亦有以爲名者而公羊守株專謂祭氏以仲爲字既謂之字無辭以善之因託以行權人臣而善其行權逐君是亂人倫壞大教也說左氏者知其不可更云鄭人嘉之以字告故書字此爲因有告命之例欲以苟免未是春秋之實也宰渠伯糾蕭叔大心皆以伯叔爲名則仲亦名也傳又曰祭仲足或偏稱仲或偏稱足蓋名仲字足也

是辨其名仲之意也凡傳所記事必有意存焉此丁寧說鄭言其志在苟免知其意言王討之非也○仍叔之子弱也仍叔之子來聘童子將命無速反之心久留在魯故經書夏聘傳釋之於末秋〔疏〕注仍叔至末秋○正義曰此子來聘傳雖不言聘意蓋爲將伐鄭而遣告魯也經在伐鄭之上傳在伐鄭之下明其必有深意故注者原之以爲童子將命無速反之心久留在魯故經書夏聘傳釋之於末秋譏其夏至而秋末反也下句更言秋大雩則秋末爲末注云末秋者上有秋王以諸侯伐鄭此仍叔之文在秋事之末故云末秋也下文更云秋者自爲欲顯天時更別言秋○秋大雩書不時也十二公傳唯此年及襄二十六年有兩秋此發雩祭之例欲顯天時以相事故重言秋異於凡事○重直用反〔疏〕注十二至凡事○正義曰上既言秋王以諸侯伐鄭而此復言秋故解之方發雩祭之例須辨雩祭之月欲顯言大時以指急慢之事故重言秋異於凡事凡事則不須每事重舉時也襄二十六年重言秋者彼注自釋中間有初不言秋則嫌楚客過在他年凡祀啓蟄而郊言凡祀通下三句天地宗廟之事也啓蟄夏正建寅之月祀天南郊○蟄直立反正音征〔疏〕注言凡至南郊○正義曰下三句謂雩嘗烝也雩是祭天嘗烝祭宗廟此無祭地而言祭地者因天連言地耳周禮天神曰祀地祇曰祭人鬼曰享對則別爲三名散則揔爲一號禮諸侯不得祭天魯以周公之故得郊祀上帝故雩亦祀帝書傳皆不言魯得祭地蓋不祭地也魯不祭地而注言天地者以發凡言例雖因魯史經文然凡之所論揔包天地及諸國則凡公嫁女於天子諸卿皆行及王曰小童之例是也此凡祀亦揔包天子及諸國則有祭地之文故杜連言之釋例云凡祀舉郊雩烝嘗則天神地祇人鬼之祭皆通其他羣祀不錄可知也礿祠及地祇經無其事故不備言亦約文以相包也礿祠之祭過則亦書但無過時者故經不書耳夏小正曰正月啓蟄其傳曰言始發蟄也故漢氏之始以啓蟄爲正月中雨水爲二月節及大初以後更改氣名以雨水爲正月中驚蟄爲二月節以迄于今踵而不改今厤正月雨水中四月小滿中八月秋分中十月小雪中注皆以此四句爲建寅建巳建酉建亥之月則啓蟄當雨水龍見當小滿始殺當秋分閉蟄當小雪皆世之厤亦以雨水爲正月中而釋例云厤法正月節立春啓蟄爲中氣者因傳有啓蟄之文故遠取漢初氣名欲令傳與厤合其餘三者不可强同其名雖則不同其法理亦不異故釋例云案厤法有啓蟄驚蟄而無龍見始殺閉蟄比

古人所名不同然其法推不得有異傳曰火伏而後蟄者畢此謂十月始蟄也至十一月則遂閉之猶二月之驚蟄既啓之後遂驚而走出始蟄之後又自閉塞也是言啓蟄爲正月中閉蟄爲十月中也注以閉蟄爲十月而釋例云十一月遂閉之者以正月半蟄蟲啓戶二月初則驚而走出十月半蟄蟲始閉十一月初則遂閉之傳稱四者皆舉中氣言其至此中氣則卜此祭次月初氣仍是祭限次月中氣乃爲過時既以閉蟄爲建亥之月又言十一月則遂閉之欲見閉蟄以後冬至以前皆得烝祭也故釋例云孟獻子曰啓蟄而郊郊而後耕耕謂春分也言得啓蟄當卜郊不應過春分也春分以前皆得郊則冬至以前皆得烝也釋例又曰僖公襄公夏四月卜郊但譏其非所宜卜而不譏其四月不可郊也以建卯之月猶可郊知建子之月猶可烝也正由節卻月前未涉後月中氣故耳傳本不舉月爲限而舉候以言者釋例曰凡十二月而節氣有二十四共通三百六十六日分爲四時間之以閏月故節未必恒在其月初而中氣亦不得恒在其月之半是以傳舉天宿氣節爲文而不以月爲正也土功作者不必日月故亦言龍見而畢務戒事也火見而致用水昏正而栽日至而畢此其大準也是言凡候天時皆不以月爲其節有參差故也若周禮不舉天象故以月爲正大司馬職曰中

夏獻禽以享礿中冬獻禽以享烝言四時之祭不得後仲月非謂孟月不得烝也釋例曰周禮祭宗廟以四仲蓋言其下限也下限至於仲月則上限起於孟月烝起建亥之月則嘗起建申之月此言始殺而嘗謂建酉之月亦是下限也若仲是下限則周之正月得爲烝祭春秋之例得常不書而八年書正月烝者釋例云經書正月烝得仲月之時也其夏五月復烝此爲過烝若但書夏五月烝則唯可知其非時故先發正月之烝而繼書五月烝以示非時並明再烝瀆也然仲月雖不過時而月節有前有郤若使節前月郤卽爲非禮此秋大雩是建午之月耳而傳言不時明涉其中節故譏之釋例云龍星之體畢見謂立夏之月得此月則當卜祀過涉次節則以過而書故秋雩書不時此涉周之立秋節也言涉立秋節者謂涉立秋之月中氣節也過涉次節亦謂中節非初節也若始涉初節則不譏之矣如此傳注必是建寅之月方始郊天周之孟春未得郊也禮記明堂位曰魯君孟春乘大輅載弧韣以祀帝於郊季夏六月以禘禮祀周公於太廟季夏周之六月卽孟春是周之正月矣又雜記云孟獻子曰正月日至可以有事於上帝七月日至可以有事於祖七月而禘獻子爲之如彼記文則魯郊以周之孟春而傳言啓蟄而郊者禮記後人所錄其言或中或否未必所言皆是正禮襄七年傳孟獻子曰啓蟄而郊禮記左傳俱稱獻子而記言日至傳言啓蟄一人兩說必有謬者若七月而禘獻子爲之時應有七月禘矣烝嘗過則書禘過亦應書何以獻子之時不書七月禘也是知獻子本無此言不得云禮記是而左傳非也明堂位言正月郊者蓋春秋之末魯稍僭後見天子冬至祭天便以正月祀帝記者不察其本遂謂正月爲常明堂位後世之書其末章云魯君臣未嘗相弑也禮樂刑法政俗未嘗相變也春秋之世三君見弑髽而弔士有誄俗變多矣尚云無之此言既誣則郊亦難信以此知記言孟春非正禮也鄭玄注書多用讖緯言天神有六地祇有二天有天皇大帝又有五方之帝地有崐崘之山神又有神州之神大司樂冬至祭於圜丘者祭天皇大帝北辰之星也月令四時迎氣於四郊所祭者祭五德之帝大微宮中五帝坐星也春秋緯文耀鉤云大微宮有五帝坐星蒼帝其名曰靈威仰赤帝曰赤熛怒黃帝曰含樞紐白帝曰白招拒黑帝曰汁光紀五德之帝謂此也其夏正郊天祭其所感之帝焉周人木德祭靈威仰也魯無冬至之祭唯祭靈威仰耳唯鄭玄立此爲義而先儒悉不然故王肅作聖證論引羣書以證之言郊則圜丘圜丘卽郊天體唯一安得有六天也晉武帝王肅之外孫也泰始之初定南北郊祭一地一天用王肅之義杜君身處晉朝共

遵王說集解釋例都不言有二天然則杜意天子冬至所祭魯人啓蟄而郊猶是一天但異時祭耳此注直云祀天南郊不言靈威仰明與鄭異也劉炫云夏正郊天后稷配也冬至祭天圜丘以帝嚳配也

龍見而雩龍見建巳之月蒼龍宿之體昏見東方萬物始盛待雨而大故祭天遠爲百穀祈膏雨。見賢遍反注同宿音秀爲于僞反

疏注龍見至膏雨。正義曰天官東方之星盡爲蒼龍之宿見謂合昏見也雩之言遠也遠爲百穀祈膏雨遠者豫爲秋收言意深遠也穀之種類多故詩每言百穀舉成數也雨之潤物若脂膏然故謂甘雨爲膏雨襄十九年傳曰百穀之仰膏雨是也傳直言雩而經書大雩者賈逵云言大別山川之雩蓋以諸侯雩山川魯得雩上帝故稱大月令云大雩帝用盛樂是雩帝稱大雩也此龍見而雩定在建巳之月而月令記於仲夏章者鄭玄云雩之正當以四月凡周之秋五月之中而旱亦脩雩祀而求雨因著正雩於此月失之矣杜君以爲月令秦法非是周典穎子嚴以龍見卽是五月釋例曰月令之書出自呂不韋其意欲爲秦制非古典也穎氏因之以爲龍見五月五月之時龍星已過於見此爲强牽天宿以附會不韋之月令非所據而據旣以不安且又自違左氏傳稱秋大雩書不時此秋卽穎氏之五月而忘其不時之文而欲以雩祭是言月令不得與傳合也鄭玄禮注云雩之言吁也言吁嗟哭泣以求雨也郊雩俱是祈穀何獨雩爲吁嗟旱而脩雩言吁嗟可矣四月常雩於時未旱何當也吁嗟也賈服以雩爲遠故杜從之也

始殺而嘗建酉之月陰氣始殺嘉穀始熟故薦嘗於宗廟

疏注建酉至宗廟。正義曰嘗者薦於宗廟以嘗新爲名知必待嘉穀熟乃爲之也詩稱八月其穫穫刈嘉穀在於八月知始殺爲建酉之月陰氣始殺也釋例曰詩蒹葭蒼蒼白露爲霜以證始殺百草也月令孟秋白露降季秋霜始降然則七月有白露八月露結九月乃成霜時寒乃漸歲事稍成八月嘉穀熟所薦之物備故以建酉之月薦嘗於宗廟案月令孟秋農乃登穀天子嘗新先薦寢廟則似七月穀熟矣七月當嘗祭而云建酉之月乃嘗祭者以上下準之始殺嘗祭舉實起於建申之月今云建酉者言其下限然杜獨於嘗祭舉下限者以秋物初熟孝子之祭必待新物故特舉下限而言之哀十三年子服景伯謂吳大宰曰魯將以十月上辛有事於上帝先公季辛而畢彼雖恐吳之辭亦是八月嘗祭之驗也何則於時會吳在夏公至在秋景伯言然之時秋之初也若嘗在建申當言九月不應遠指十月知十月是嘗祭之常期周之十月是建酉之月也建酉是下限耳若節前月郤孟秋物成

亦可以孟秋嘗祭故釋例云周禮四仲月言其下限若建申得嘗何以釋例又云始殺而嘗謂建酉之月兼葭蒼蒼白露爲霜又以始殺唯建酉之月者以賈服始殺唯據孟秋不通建酉之月故釋例破賈服而爲此言也先此則不可十四年八月乙亥嘗乃是建未之月故注云先其時亦過也。**閉蟄而烝**建亥之月昆蟲閉戶萬物皆成可薦者衆故烝祭宗廟釋例論之備矣○閉必計反又必結反字林方結反烝之承反〔疏〕注建亥至備矣○正義曰傳稱火伏而後蟄者畢周禮季秋內火則火以季秋入而孟冬伏昆蟲以孟冬蟄故知閉蟄是建亥之月也王制云昆蟲未蟄不以火田鄭玄云昆明也明蟲者得陽而生得陰而藏陰陽卽寒溫也祭統注云昆蟲謂溫生寒死之蟲也是蟄蟲謂之昆蟲也月令仲春云蟄蟲咸動啓戶始出出言啓戶故蟄言閉戶爾雅釋詁云烝衆也知萬物皆成可薦者衆故名此祭爲烝。**過則書**卜日有吉否過次節則書以譏慢也〔疏〕卜日至慢也○正義曰祭必當卜卜有吉否不吉則當改卜次旬則不可期以一日卜不過三故限以一月過涉次月之節則書之以譏其慢。**○冬淳于公如曹度其國危遂不復**淳于州國所都城陽淳于縣也國有危難

秋疏六　十五

不能自安故出朝而遂不還○度待洛反復音服後不音者皆同難乃旦反

經六年春正月寔來寔實也不言州公者承上五年冬經如曹閒無異事省文從可知○寔時力反省所景反**○夏四月公會紀侯于成**成魯地在泰山鉅平縣東南**○秋八月壬午大閱**齊爲大國以戎事徵諸侯之戍嘉美鄭忽而忽欲以有功爲班怒而訴齊魯人懽之故以非時簡車馬○閱音悅〔疏〕大閱○正義曰公狩于郎公狩于禚皆書公大蒐大閱不書公者周禮雖四時教戰而遂以田獵但蒐閱車馬未必皆因田獵田獵從禽未必皆閱車馬何則怠慢之主外作禽荒豈待教戰方始獵也公及齊人狩于禚乃與鄰國共獵必非自教民戰以矢魚于棠非教戰之事主爲遊戲而斥言公則狩于郎禚亦主爲遊戲故特書公也大蒐大閱國之之○常禮公身雖在非爲遊戲如此之類例不書公定十四年大蒐于比蒲邾子來會公公身在蒐而經不書公知其法所不書以其國家大事非公私欲故也且比蒲昌間皆舉蒐地此不言地者蓋在國簡閱未必田獵昭十八年鄭人簡兵大蒐在於城內此亦當在城內○注齊爲至車馬○正義曰大閱之禮在於仲冬今農時閱兵必有所爲傳不言其意故注者原之於時四鄰與魯無怨又竟無征伐之處諸侯戍齊經所不見而傳說鄭忽怒事於大閱之上及十年鄭與齊衞來戰于郎知此大閱是懼鄭忽而畏齊人故以非時簡車馬也

蔡人殺陳佗佗立踰年不稱爵者簒立未會諸侯也傳例在莊二十二年〔疏〕注佗立至二年○正義曰殺陳佗傳無文不言無傳者以傳說此事在莊二十二年不是全無其事故不言無傳**○九月丁卯子同生**桓公子莊公也十二公唯子同是適夫人之長子備用大子之禮故史書之於策不稱大子者書始生也○適丁歷反傳同長丁丈反〔疏〕注桓公至生也○正義曰適妻長子於法當爲大子故以大子之禮舉之由舉以正禮故史書於策古人之立大子其禮雖則無文蓋亦待其長大特加禮命如今之臨軒策拜始生之時未得卽爲大子也以其備用正禮故書其生未得命故不言大子也杜云十二公唯子同是適夫人之長子又云文公哀公其母並無明文未知其母是適以否蓋其父未爲君之前已生縱令是適亦不書也釋例云據公衡之年成公又非穆姜所生杜此注云子同是適夫人之長子備用大子之禮故史書之然則雖適夫人之長子不用大子之禮亦不

秋疏六　十六

書也**○冬紀侯來朝**

傳六年春自曹來朝書曰寔來不復其國也亦承五年冬傳淳于公如曹也言奔則來行朝禮言朝則遂留不去故變文言實來**○楚武王侵隨**隨國今義陽隨縣〔疏〕注隨國至隨縣○正義曰世本隨國姬姓不知始封爲誰隨以此年見傳僖二十年經書楚人伐隨自是以後遂爲楚之私屬不與諸侯會同至定四年吳入郢昭王奔隨隨人免之卒復楚國楚人德之使列諸侯哀元年隨侯見經其後不知爲誰所滅**使薳章求成焉**薳章楚大夫○薳于委反**軍於瑕以待之**瑕隨地○瑕下加反**○隨人使少師董成**少師隨大夫董正也○少詩照反注及下同後皆倣此**鬭伯比言于楚子曰吾不得志於漢東也我則使然**鬭伯比楚大夫令尹子文之父**我張吾三軍而被吾甲兵以武臨之彼則懼而**

協來。謀我故難間也漢東之國隨爲大隨張必弃小國張自侈大也。被皮寄反下注被甲同間間厠之間張豬亮反注同一音如字侈昌氏反又式氏反小國離楚之利也少師侈請羸師以張之羸弱也。羸劣追反注及下同熊率且比曰季梁在何益熊率且比楚大夫季梁隨賢臣。率音律且子余反鬭伯比曰以爲後圖少師得其君言季梁之諫不過一見從隨侯卒當以少師爲計故云以爲後圖二年蔡侯鄭伯會于鄧始懼楚楚子自此遂盛終於抗衡中國故傳備言其事以終始之。抗苦浪反【疏】以爲至其君。正義曰言此計今雖無益以爲在後圖謀也言季梁之諫不過一見從耳少師得其君心君將必用其計若用少師則此謀必合故請示弱以希後日之利王毁軍而納少師從伯比之謀少師歸請追楚師隨侯將許之信楚弱也季梁止之曰天方授楚

楚之羸其誘我也君何急焉臣聞小之能敵大也小道大淫所謂道忠於民而信於神也上思利民忠也祝史正辭信也正辭不虛稱君美今民餒而君逞欲逞快也。餒奴罪反餓也祝史矯舉以祭臣不知其可也詐稱功德以欺鬼神。矯居兆反【疏】天方授楚。正義曰楚之先君熊繹始封於楚在蠻夷之間食子男之地至此君始彊盛威服鄰國似有天助故云天方授楚。臣聞至可也。正義曰臣聞小國之能敵大國也必小國得道大國淫辟如是乃得爲敵也其意言隨未有道而楚未爲淫辟隨不能敵楚也既言隨未有道更說有道之事道猶道路行不失正名之曰道施於人君則治民事神使之得所乃可稱爲道矣故云所謂道者忠恕於民而誠信於神也此覆說忠信之義於文中心爲忠言中心愛物也人言爲信謂言不虛妄也在上位者思利於民欲民之安飽是其忠也祝官史官正其言辭不欺誑鬼神是其信也今隨國民皆飢餒而君快情欲是不思利民是不忠也

祝史詐稱功德以祭鬼神是不正言辭是不信也無忠無信不可謂道小而無道何以敵大君欲敵之臣不知其可也欲君之下楚也公曰吾牲牷肥腯粢盛豐備何則不信牲牛羊豕也牷純色完全也腯亦肥也黍稷曰粢在器曰盛。牷音全腯徒忽反【疏】注牲牛至曰盛。正義曰諸侯祭用大牢祭以三牲爲主知牲爲三牲牛羊豕也周禮牧人掌共祭祀之牲牷祭用純色故知牷謂純色完全言毛體全具也曲禮曰豚曰腯肥腯共文知腯亦肥也重言肥腯者古人自有複語耳服虔云牛羊曰肥豕曰腯案禮記豚亦稱肥非獨牛羊也粢是黍稷之別名亦爲諸穀之總號祭之用米黍稷爲多故云黍稷曰粢粢是穀之體也盛謂盛於器故云在器曰盛對曰夫民神之主也言鬼神之情依民而行是以聖王先成民而後致力於神故奉牲以告曰博碩肥腯謂民力之普存也博廣也碩大也謂其畜之碩大蕃滋也謂其不疾瘯蠡也謂其備腯咸

有也雖告神以博碩肥腯其實皆當兼此四謂民力適完則六畜既大而滋也皮毛無疥癬兼備而無有所闕。畜吁又反下皆同蕃音煩瘯七木反本又作蔟同蠡力果反說文作瘰云瘯瘰皮肥也疥音介癬息淺反說文云乾瘍奉盛以告曰絜粢豐盛。謂其三時不害而民和年豐也三時春夏秋奉酒醴以告曰嘉栗旨酒嘉善也栗謹敬也謂其上下皆有嘉德而無違心也所謂馨香無讒慝也馨香之遠聞。慝他得反聞音問又如字故務其三時脩其五教父義母慈兄友弟恭子孝親其九族以致其禋祀禋絜敬也九族謂外祖父外祖母從母子及妻父妻母姑之子姊妹之子女子之子幷己之同族皆外親有服而異族者也。九族杜釋與孔安國鄭玄不同禋音因於是乎民和而神降之福故動則有成今民各有心而鬼神乏主民饑

餧也。饑音飢**君雖獨豐其何福之有君姑脩政而親兄弟之國庶免於難隨侯懼而修政楚不敢伐**〔疏〕夫民至於難。正義曰鬼神之情依人而行故云夫民神之主也以民和乃神說故聖王先成其民而後致力於神言養民使成就然後致孝享由是告神之辭各有成百姓之意祭之所用有牲有食有酒耳聖人文飾辭義爲立嘉名以告神季梁舉其告辭解其告意故奉牲以告神曰博碩肥腯者非謂所祭之牲廣大肥充而已乃言民之畜産盡肥充皆所以得博碩肥腯者由四種之謂故又申說四種之事四謂者第一謂民力普徧安存故致第二畜之碩大滋息民力普存所以致之者由民無勞役養畜以時故六畜碩大蕃多滋息民力普存又致第三不有疾病疥癬所以然者由民力普存身無疲苦故所養六畜飲食以理埽刷依法故皮毛身體無疥癬疾病民力普存又致第四備腯咸有所以然者由民力普存人皆逸樂種種養畜羣牲備有也奉盛以告神曰絜粢豐盛者非謂所祭之食絜淨豐多而已乃言民之糧食盡豐多也言豐絜者謂其春夏秋三時農之要節爲政不害於民得使盡力耕耘自事生産故百姓和而年歲豐

也奉酒醴以告神曰嘉栗旨酒者非謂所祭之酒栗善味美而已乃言百姓之情上下皆善美也言嘉旨者謂其國內上下羣臣及民皆有善德而無違上之心若民心不和則酒食腥穢由上下皆善故酒食馨香非言酒食馨香無腥臊臭穢乃謂民德馨香無讒慝邪惡也所謂馨香總上三者由是王者將說神心先和民志故務其三時使農無廢業脩其五教使家道協和親其九族使內外無怨然後致其絜敬之祀於神明矣於是民俗大和而神降之福故動則有成戰無不克今民各有心或欲從主或欲叛君不得爲無違上之心而鬼神乏主百姓飢餒民力彫竭不得爲年歲豐也民既不和則神心不說君雖獨豐其何福之有神所不福民所不與以此敵大必喪其師君且修政撫其民人而親兄弟之國以爲外援如是則庶幾可以免於禍難也告牲肥碩言民畜多告粢豐絜言民食多告酒嘉旨不言民酒多而言民德善者酒之與食俱以米粟爲之於盛已言年豐故於酒變言嘉德重明民和之意。注雖告至所闕。正義曰劉炫云杜以博碩肥腯據牲體而言季梁推此理嫌其不寔故云其寔皆當兼此四謂又民力普存非畜之形貌而季梁以之解情又申之民力適完則得生養六畜故六畜既大而滋息也博碩言其形狀大蕃滋言其生乳多碩大蕃滋皆複語也瘯蠡畜之小病故以爲疥癬之疾也不疾者猶言不患此病也。注嘉善至敬也。正義曰嘉善釋詁文也杜訓栗爲謹敬言善敬爲酒案詩實穎實栗與田事相連故栗爲穗貌此栗與嘉善旨酒相類故栗爲謹敬之心即論語云使民戰栗與此相似劉炫以栗爲穗貌而規杜過於理恐非。注父義至子孝。正義曰父母於子並爲慈但父主教訓母主撫養撫養在於恩愛故以慈爲名教訓愛而加教故以義爲稱義者宜也教之義方使得其宜弟之於兄亦宜爲友但兄弟相敬乃有長幼尊卑故分出其弟使之爲共言敬其兄而友愛。注禋絜至族者也。正義曰釋詁云禋敬也故以禋爲絜敬隱十一年注云絜齊以享謂之禋意亦與此同也漢世儒者說九族有二異義今禮戴尚書歐陽說九族乃異姓有屬者父族四五屬之內爲一族父女昆弟適人者與其子爲一族己女昆弟適人者與其子爲一族己之女子子適人者與其子爲一族母族三母之父姓爲一族母之母姓爲一族母女昆弟適人者與其子爲一族妻族二妻之父姓爲一族妻之母姓爲一族古尚書說九族者從高祖至玄孫凡九皆同姓謹案禮緦麻三月以上恩之所及禮爲妻父母有服明在九族中九族不得但施於同姓鄭駁云玄之聞也婦人歸宗女子雖適人字猶繫姓明不得與父兄爲異族其子則然婚禮請期辭曰

唯是三族之不虞欲及今三族未有不億度之事而迎婦也如此所云三族不當有異姓異姓其服皆緦禮雜記下緦麻之服不禁嫁女取婦是爲異姓不在族中明矣周禮小宗伯掌三族之別名喪服小記說族之義曰親親以三爲五以五爲九以此言之知高祖至玄孫昭然祭矣是鄭從古尚書說以九族爲高祖至玄孫也此注所云猶是禮戴歐陽等說以鄭玄駁云女子不得與父兄爲異族故篇去其母唯取其子以服重者爲先耳其意亦不異也不從古學與鄭說者此言親其九族詩刺不親九族必以九族者疏遠恩情已薄故刺其不親而美其能親耳高祖至父已之所稟承也子至玄孫已之所生育也人之於此誰或不親而美其能親也詩刺棄其九族豈復上遺父母下棄子孫哉若言棄其九族謂棄其出高祖出曾祖者然則豈亦棄其出曾孫出玄孫者乎又鄭玄爲昏必三十而娶則人年九十始有曾孫其高祖玄孫無相及之理則是族終無九安得九族而親之三族九族族名雖同而三九數異引三族以難九族爲不相值矣若緣三及九則三九不異設使高祖喪玄孫死亦應不得爲昏禮何不言九族之不虞也以此知九族皆外親有服而異族者也

○夏會于成紀來諮謀齊難也齊欲滅紀故來謀之。難乃旦反下

同〇北戎伐齊齊使乞師于鄭鄭大子忽帥師救齊六月大敗戎師獲其二帥大良少良甲首三百以獻於齊甲首被甲者首。帥所類反少詩照反於是諸侯之大夫戍齊齊人饋之餼生曰餼。饋其媿反遺也餼許既反牲腥曰餼使魯爲其班後鄭班次也魯親班齊饋則亦使大夫戍齊矣經不書蓋史闕文〔疏〕注班次至闕文。正義曰劉炫云在戍受饋而使魯爲班明魯人在矣襄五年戍陳書經此戍齊亦宜書今不書經疑史闕文以史策本闕仲尼不得書之十年説此云北戎病齊諸侯救之或可魯亦往救但傳無魯事之驗魯必不救不須解之鄭忽以其有功也怒故有郎之師郎師在十年公之未昏於齊也齊侯欲以文姜妻鄭大子忽大子忽辭人問其故大子曰人各有耦齊大非吾耦也詩云自求多福詩大雅文王言求福由己非由人也。妻七計反下及注同在我而已大國何爲君子曰善自爲謀言獨絜其身謀不及國及其敗戎師也齊侯又請妻之欲以佗女妻之固辭人問其故大子曰無事於齊吾猶不敢今以君命奔齊之急而受室以歸是以師昏也民其謂我何言必見怪於民遂辭諸鄭伯假父之命以爲辭爲十一年鄭忽出奔衛傳〇秋大閱簡車馬也〇九月丁卯子同生以大子生之禮舉之接以大牢大牢牛羊豕也以禮接夫人重適也。接如字鄭注禮記作捷讀此者亦或捷音〔疏〕注大牢至適也。正義曰大牢牢之大者三牲牛羊豕具爲大牢儀禮少牢饋食之禮以羊豕爲少牢以牲多少稱大少也詩公劉曰執豕于牢周禮充人掌繫祭祀之牲牷祀五帝則繫于牢芻之三月是牢者養牲之處故因以爲名鄭玄詩箋云繫養曰牢是其義也禮記內則曰國君世子生告于君接以大牢文在三日負子之上則三日之內接之矣記云凡接子擇日鄭云雖三日之內必選其吉焉是三日之內擇日接之爲子接母故記稱接子此傳舉之之下即云接以大牢亦以接子爲文其實接母故云以禮接夫人重適也鄭玄云接讀爲捷捷勝也謂食其母使補虛強氣也此言以禮接之則與鄭異也內則又云接子庶人特豚士特豕大夫少牢國君世子大牢其非冢子則皆降等卜士負之士妻食之禮世子生三日卜士負之射人以桑弧蓬矢射天地四方卜士之妻爲乳母〇食音嗣弧音胡蓬步工反射天地食亦反〔疏〕注禮世至乳母〇正義曰四方以上皆內則文也內則又云卜士之妻大夫之妾使食子食謂乳也故以乳母言之鄭玄云桑弧蓬矢本大古也天地四方男子所有事也士妻大夫之妾謂時自有子者定本直云射四方無天地案禮云桑弧蓬矢六今無天地誤也賈逵云桑者木中之衆蓬者草中之亂取其長大統衆而治亂公與文姜宗婦命之世子生三月君夫人沐浴於外寢立於阼階西鄉世婦抱子升自西階君命之乃降蓋同宗之婦〇阼才故反〔疏〕注世子至之婦〇正義曰乃降以上皆內則文也鄭玄云子升自西階則人君見世子於路寢也見妾子就側室凡子生皆就側室以其生於側室見於路寢故從外而升階也襄二年葬齊姜傳曰齊侯使諸姜宗婦來送葬諸姜是同姓之女知宗婦是同宗之婦也公與夫人共命之故使宗婦侍夫人公問名於申繻對曰名有五有信有義有象有假有類申繻魯大夫〇繻音須以名生爲信若唐叔虞魯公子友以德命爲義若文王名昌武王名發〔疏〕注若文至名發〇正義曰周本紀稱大王見季歷生昌有聖瑞乃言曰我世當有興者其在昌乎則是大王見其有瑞度其當興故名之曰昌欲令昌盛周也其度德命發則無以言之服虔云謂若大王度德命文王曰昌文王命武王曰發似其有舊說也舊說以爲文王見武王之生以爲必發兵誅暴故名曰發以類命爲象若孔子首象尼丘〔疏〕注若孔至尼丘〇正義曰孔子世家云叔梁紇與顏氏禱於尼丘得孔子孔子生而首上汙頂故因名曰丘字仲尼是其象尼丘也取於物爲假若伯魚生人有饋之魚因名之曰鯉。鯉音里【疏】注若伯至曰鯉。正義曰：家語本姓篇云孔子年十九娶於宋幵官氏，一歲而生伯魚。伯魚生，魯昭公以鯉魚賜孔子，孔子榮君之賜，因名子曰鯉，字伯魚。此注不言昭公賜而云人有饋之者，如家語則伯魚之生當昭公九年，昭公庸君，孔子尚少，未必能尊重聖人，禮其生子，取其意而遺其人，疑其非昭公故。

取於父爲類，若子同生有與父同者。不以國，國君之子不自以本國爲名也。【疏】注國君至名也。正義曰：下云以國則廢名，以國不可易，須廢名不諱。若以他國爲名，則不須自廢名也。且春秋之世，晉侯周、衞侯鄭、陳侯吳、衞侯晉之徒，皆以他國爲名，以此知不以國者，謂國君之子不得自以本國爲名。不以山川者，亦謂國內之山川，下云以山川則廢主謂廢主。謂廢國內之所主祭也。若他國山川，則非其主，不須廢也。此雖因公之問而對以此法，曲禮亦云名子者不以國，不以日月，不以隱疾，不以山川，則諸言不以者，臣民亦不得以也。此注以其言國，故特云國君子耳。其實雖非國君之子，亦不得以國爲名。其言廢名廢禮之徒，唯謂國君之子。若使臣民之名，國家不爲之廢也。然則臣民之名亦不以山川，而孔子魯人，尼丘魯山，得以丘爲名者，蓋以其有象，故特以類命，非常例也。

不以官，不以山川，不以隱疾，隱痛疾患，辟不祥也。【疏】注隱痛至祥也。正義曰：鄭玄云隱疾，衣中之疾也。謂若黑臀、黑肱矣。疾在外者，雖不得言，尚可指摘，此則無時可辟。俗語云隱疾難爲醫。案周語單襄公曰：吾聞成公之生也，其母夢神規其臀以黑，曰使有晉國，故命之曰黑臀。此與叔虞、季友復何以異，而云不得名也。且黑臀、黑肱本非疾病，以證隱疾，非其類也。詩稱如有隱憂，是隱爲痛也。以痛疾爲名，則不祥之甚，故以爲辟不祥。

不以畜牲，畜牲，六畜。【疏】注畜牲六畜。正義曰：爾雅釋畜於馬、牛、羊、豕、狗、雞之下題曰六畜。故鄭衆、服虔皆以六畜爲馬、牛、羊、豕、犬、雞。周禮牧人掌牧六牲，鄭玄亦以馬、牛等六者爲之。然則畜、牲一物，養之則爲畜，共用則爲牲，故幷以六畜解六牲。

不以器幣，幣，玉帛。【疏】注幣玉帛。正義曰：周禮小行人合六幣：圭以馬，璋以皮，璧以帛，琮以錦，琥以繡，璜以黼。然則幣玉帛者，謂此圭、璋、璧、琮、帛、錦、繡、黼之屬也。以幣以幣爲玉帛，則器者非徒玉器，服虔以爲俎、豆、罍、彝、犧、象之屬，皆不可以爲名也。

周人以諱事神，名終將諱之。君父之名，固非臣子所斥，然禮既卒哭，以木鐸徇曰：舍故而諱新。謂舍親盡之祖而諱新死者，故言以諱事神。名終將諱之，自父至高祖，皆不敢斥言。○周人以諱事神，名絕句。衆家多以名字屬下句。鐸，待洛反。徇，似俊反，本又作殉，同。舍音捨，下同。【疏】周人至諱之。正義曰：自殷以往，未有諱法，諱始於周。周人尊神之故，爲之諱名，以此諱法敬事明神，故言周人以諱事神。子生三月，爲之立名，終久必將諱之，故須豫有所辟，爲下諸廢張本也。終將諱之，謂死後乃諱之。○注君父至斥言。正義曰：君父之名，固非臣子所斥，謂君父生存之時，臣子不得指斥其名也。禮稱父前子名，君前臣名。鄭玄云：對至尊，無大小皆相名。是對父則弟可以名兄，對君則子可以名父，非此則不可也。文十四年傳曰：齊公子元不順懿公之爲政也，終不曰公，曰夫已氏。注云：猶言某甲。是斥君名也，彼以不順，故斥其名，知平常不斥君也。成十六年傳曰：欒書將載晉侯，鍼曰：書退，國有大任，焉得專之。注云：在君前，故子名其父。彼以對君，故名其父，知平常不斥父也。雖不斥其名，猶未是爲諱。曲禮曰：卒哭乃諱。鄭玄云：敬鬼神之名也。諱，辟也。生者不相辟名。衞侯名惡，大夫有石惡，君臣同名，春秋不非，是其未爲之諱，故得與君同名。但言及於君，則不斥君名耳。既言生已不斥，死復爲之加諱，欲表爲諱之節，故言然以形之。禮既卒哭，以木鐸徇曰：舍故而諱新。自寢門至於庫門，皆禮記檀弓文也。既引其文，更解其意，謂舍親盡之祖而諱新死者也。親盡謂高祖之父，服絕廟毀而親情盡也。卒哭之後，則以鬼神事之，故言以諱事神。又解終將諱之所諱世數，自父上至高祖，皆不敢斥言。此謂天子諸侯禮也。曲禮曰：逮事父母，則諱王父母；不逮事父母，則不諱王父母。鄭玄云：此謂庶人適士以上廟事祖，雖不逮事父母，猶諱祖，以其立廟事之，無容不爲之諱也。天子諸侯立親廟四，故高祖以下皆爲諱，親盡乃舍之。既言以諱事神，則是神名必諱。文王名昌，武王名發。詩雝禘大祖祭文王之廟也，其經曰克昌厥後。周公制禮，醢人有昌本之菹。七月之詩，周公所作，經曰一之日觱發。烝民詩曰四方爰發。皆不以爲諱而得言之者，古人諱者，臨時言語有所辟耳。至於制作經典，則直言不諱。曲禮曰：詩書不諱，臨文不諱。是爲詩爲書不辟諱也。由作詩不諱，故祭得歌之。尚書牧誓云今予發，武成云周王發，武王稱名告衆，史官錄而不諱，知於法不當諱也。金縢云元孫某，獨諱者，成王啓金縢之書，親自讀之，諱其父名，曰改爲某，既讀之後，史官始錄，依王所讀，遂卽云某。武成、牧誓則宣諸衆人，宣訖則錄，故因而不改也。古者諱名不諱字，禮以王父字爲氏，明其不得諱也。屈原云朕皇考曰伯庸，是不諱之驗也。

故以國則廢名，國不可易，故廢名。【疏】注國不至廢名。正義曰國名受之天子不可輒易若以國爲名終卒之後則廢名不諱若未卒之前誤以本國爲名則改其所名晉之先君唐叔封唐燮父稱晉若國不可易而晉得改者蓋王命使改之**以官則廢職以山川則廢主**改其山川之名 疏 注改其山川之名。正義曰廢主謂廢其所主山川之名不廢其所主之祭知者漢文帝諱恒改北嶽爲常山諱名不廢嶽是也劉炫云廢主謂廢其所主山川不復更得其祀故須改其山川之名魯改二山是其事也**以畜牲則廢祀**名豬則廢豬名羊則廢羊**以器幣則廢禮晉以僖侯廢司徒**僖侯名司徒廢爲中軍 疏。廢祀廢禮。正義曰祀以牲爲主無牲則祀廢器幣以行禮器少則禮闕祀雖用器少一器而祀不廢且諸禮皆用器幣故以廢禮揔之**宋以武公廢司空**武公名司空廢爲司城**先君獻武廢二山**二山具敖也魯獻公名具武公名敖更以其鄉名山。敖五羔反 疏 注二山至名山。正義曰晉語云范獻子聘於魯問具敖之山魯人以其鄉對獻子曰不爲具敖乎對曰先君獻武之諱也是其以鄉名山也禮稱舍故而諱新親盡不復更諱計獻子聘魯在昭公之世獻武之諱久已舍矣而尚以鄉對者當諱之時改其山號諱雖已舍山不復名故依本改名以其鄉對猶司徒司空雖歷世多而不復改名也然獻子言之不爲失禮而云名其二諱以自尤者禮入國而問禁入門而問諱獻子入魯不問故以之爲慙耳**是以大物不可以命公曰是其生也與吾同物命之曰同**物類也謂同日 疏 注物類也謂同日。正義曰魯世家云桓公六年夫人生子與桓公同日故名之曰同是知同物爲同日也言物類者辨此以爲類命也○**冬紀侯來朝請王命以求成于齊公告不能**紀微弱不能自通於天子欲因公以請王命公無寵於王故告不能

附釋音春秋左傳注疏卷第六

江西南昌府學栞

春秋左傳注疏卷六校勘記　阮元撰盧宣旬摘錄

附釋音春秋左傳注疏卷第六　桓三年盡六年宋本春秋正義卷第六

經三年

以王法終治桓之事　案終下當有始字閩本監本毛本亦無穀梁注疏本並脫

又哀十三年十二月螽　宋本三作二非也

其年王室方定　監本毛本定作亂案昭廿三年天王居于狄泉自是以後居無定所至廿六年王子朝奔楚始得入于成周遂定成周以爲都監毛本作亂非也

是周司麻也魯司麻也　案也當讀爲耶如荀子其求物也養生也浦鏜改作非魯誤

哀十三年十二月螽　宋本三作二

而以自食爲文　岳本文下有者字

傳三年

至河東汾陽縣入河　宋本作汾陰案水經注云漢書謂之汾陰脽即其地也

騑騑翼翼是也　禮記騑騑作匪匪此因鄭注匪讀如四牡騑騑遂改作騑

故并見獲而死　毛本死作免非也

齊侯送姜氏　釋文云本或作送姜氏于讙水經注汶水篇引傳文作齊侯送姜氏于下讙

齊侯送姜氏本或作送姜氏于讙公子則下卿送公子公女　此二十三字乃釋文閩本監本毛本誤作注

經四年

冬齊仲年來聘致夫人也　足利本仲年上補夷字非也

世本芮魏皆姬姓　諸本作姓此誤作如今訂正

皆無違矣　浦鏜正誤矣作失

則狩于禚　監本禚作䄙非後同

則犯害去白　閩本監本毛本去白作民物亦非宋本作居民○今依宋本

傳四年

故書時合禮　岳本書作唯非陳樹華云天放菴翻岳本改作書不誤

驗出合禮　宋本毛本作合理

以時合禮地非禮也　宋本地上有知字毛本合禮作合理非

經五年

下文周公如曹　宋本周作州不誤

魯出朝聘例言如　宋本監本毛本例下有亦字

楊雄方言云　宋本毛本楊作揚非也案廣韻揚字下不言姓楊字注云姓出宏農天水二望漢書本傳云其先食采於楊因氏焉

春黍謂之蚣蝑　監本春作舂非下同

陸機毛詩疏云　宋本機作璣非

其股狀如瑇瑁又　浦鏜正誤又作文案廣雅疏證引作文段玉裁曰此當作乂乂者今之釵字或爲叉或爲文皆非也

爲下實來書也　宋本作寔來與傳合

地理志　宋本志下有云字

傳五年

民莫有鬭心　陳樹華云石經凡鬭字俱作鬪非是

不能相枝持也　毛本枝作支文選李善注魏文帝與吴質書引杜注亦作支

高渠彌　史記秦本紀作高渠眯

爲魚麗之陳　後漢書劉表傳注引傳文作魚儷集韻云魚鱺陣名通作麗

旝動而鼓　葉抄釋文旝作檜諸本皆作旝正義云旝字從㫃旌旗之類

又旝字從於旌旗之類　宋本作從㫃不誤○今依訂正下說文載之㫃部同

周禮司常通帛爲旝　宋本作通帛爲旜是也○今依訂正

衆屬軍史無所將　宋本史作吏不誤○今依訂正

發其機以追敵　宋本亦作追閩本監本毛本作磓其機諸本作以機

況敢陵天子乎　監本毛本陵誤淩

言鄭志在苟免王討之非也　足利本後人記云非異本作罪

此爲因有告命之例　毛本爲作謂非

蕭叔大心　諸本作心此本誤以今訂正

仍叔之子　石經子字下增來聘二字非唐刻也

譏其夏至而秋末反也　監本末誤來

則秋未爲末　閩本監本毛本未誤末

言凡祀通下三句　毛本祀誤事

然凡之所論摠包天子及諸國　閩本監本毛本國作地誤

比古人所名不同　閩本監本毛本比誤此

非謂孟月不得蒸也　閩本監本毛本蒸作烝宋本作祭是也

而傳言不時涉其中節　宋本節作氣

唯鄭元立此爲義　案文獻通考祀后土門引作立爲此義

遠爲百穀祈膏雨　論語先進正義引杜注云雩之言遠也遠爲百穀祈膏雨也按邢氏所引爲完雩之言遠者凡從于之字有迂遠之義也

凡周之秋五月之中而早　諸本作五月惠棟按本作三月按依月令注作三是也秋三月三字連讀謂夏正之五月六月七月

此爲強葦天宿以附會不韋之月令　宋本不韋上有呂字

何當也吁嗟也　上也字閩本監本毛本作言宋本作已

故烝祭宗廟　纂圖本烝作蒸非

經六年

不言州公者承上五年冬經如曹　監本年誤筆

夏四月公會紀侯于成　陸氏穀梁音義曰左氏作杞侯陳樹華云三年書公會杞侯於郕此作紀侯疑傳寫之誤

國之之常禮　閩本監本毛本國之之作國家之宋本作國之常禮是也

而傳說鄭忽怒事於大閱之上　監本鄭誤郎

篡立未會諸侯也　淳熙本無也字足利本後人說云立異本作立

傳例在莊二十二年　宋本無例字是也

不稱太子者書始生也　案禮記內則正義引作不云世子書始生

傳六年

書曰實來　詩韓奕正義云春秋桓六年州公寔來而左傳作實來惠棟云寔當作實石經傳作寔宋本同誤也陳樹華云案傳解經不容立異且公羊穀梁皆作寔來寔訓是是杜注乃云寔實也詩正義似未足據非也案錢大昕云孔氏所據乃服虔本非杜本也覲禮伯父實來注今文實作寔是實即寔之古文春秋公羊穀梁爲今文左氏爲古文故二傳作寔來左氏作實來杜氏改從二傳失古文之舊矣

故變文言實來　岳本纂圖本閩本監本毛本實作寔

楚人德之　毛本德誤得

彼則懼而協來謀我　石經宋本淳熙本岳本纂圖本監本毛本來作以不誤

必弃小國　岳本前後皆作弃惟此處作棄非

楚之羸　顧炎武云石經羸誤作贏案顧炎武所據乃謬刻石經此處剥闕

天方授楚　宋本此節正義在君何急焉之下

○臣聞至可也　宋本○作疏此節正義在注詐稱功德以欺鬼神之下

今隨國民皆飢餒　閩本監本毛本作饑餒非

粢盛豐備　案惠棟云禹廟殘碑作資盛說文作齍云稷也又云齍或從次作粢字按凡經典言粢盛皆粢盛之誤齍齍粢三字古通用爲祭祀之黍稷餈粢二字同用爲周禮之粉餈不知何時淆亂而莫有正之者

是以聖王先成民而後致力於神　毛本民誤名詩旱麓篇思齊篇正義引傳文民上並有於字

謂民力之普存也　詩我將篇正義引傳文謂下有其字

謂其不疾瘯蠡也　釋文云瘯本又作蔟同蠡葉抄釋文引說文作瘯云瘯瘯皮肥也錢大昕云說文疒部瘯字注云畜產疫病也此瘯蠡之正字蠡瘯聲相近故假借爲蠡耳瘯亦俗字當爲族六畜之疫曰族瘯或作族瘯瘯亦聲相近

絜粢豐盛　後漢書列女傳注引傳文絜作潔

兄友弟恭　宋本淳熙本恭作共

禋絜敬也　岳本無也字足利本後人記云禋下異本有祀字

并己之同族　纂圖本閩本監本毛本并誤非

民饑餒也　釋文亦作饑宋本足利本作飢

夫民至於難　宋本作對曰夫民至於難閩本監本毛本

百姓飢餒　閩本監本毛本飢作饑

季粱推此出理　宋本閩本監本毛本作推出此理

嫌其不寔故云其寔皆當兼此四謂也　宋本寔並作實是

但兄弟相敬　宋本敬作於

言敬其兄而友愛　浦鏜正誤云友愛下疑脱其弟二字

尚書歐陽説九族乃異姓有屬者　宋本乃作反詩葛藟正義引屬上有親字

異姓其服皆緦　宋本緦下有麻字

周禮小宗伯掌三族之别名　閩本監本毛本别作列非浦鏜云名字衍

夏會于成　山井鼎云足利本後人記云成作郕

齊使乞師于鄭　石經宋本淳熙本岳本纂圖本齊下有侯字山井鼎云足利本後人記云異本作齊侯使

人各有耦　文選沈休文奏彈王源注引作人各有偶案耦偶正俗字

接以大牢　釋文接如字鄭注禮記作捷讀此者亦或捷音案爾雅釋詁接捷也

以牲多少稱大少也　閩本監本毛本作大小非也

其寔接母　宋本寔作實不誤

則皆降等　宋本降下有一字

射天地四方　宋本淳熙本足利本無天地二字與定本合孔沖遠云今天地無誤也

立於阼階西鄉　山井鼎云足利本後人記西鄉異本作向案經傳鄉背字多作鄉不作向也

對曰名有五　石經名有二字初作曰名有三字後改刊

以名生爲信　論衡詰術篇生字在名字上按以生名以德名以類名語言一例論衡爲長

以德命爲義　論衡作德名案命名古同聲同義

以類命爲象　顧炎武云石經類誤德案石經類字殘闕右角尚可辨顧炎武所據乃謬刻

若孔子首象尼丘　盧文弨按本云禮記曲禮正義引孔子作仲尼

孔子生而首上圩頂　案史記孔子世家作圩頂索隱謂圩音烏窊也故孔子頂若反宇

娶於宋并官氏　監本毛本并作幵宋本作井段玉裁云作井與漢禮器碑合

取其意而遺其人　毛本遺作疑非

謂廢主謂廢國内之所主　宋本無謂廢主三字是也

鄭元亦以馬牛等六者爲之　浦鏜正誤爲疑當字誤

以幣以幣爲玉帛　宋本以幣字不重是

周人以諱事神名終將諱之　釋文以周人以諱事神名絶句云衆家多以名字屬下句陳樹華云淮南子曰祝則名君高誘注云周人以諱事神敬之至也詩公劉正義引王基曰周人以諱事神書盤庚正義引亦以神字絶句禮記曲禮鄭注引春秋傳曰名終將諱之武進臧琳經義雜記云名終將諱之者即曲禮所謂卒哭乃諱是

以木鐸徇曰　釋文亦作徇又云本又作殉同纂圖本閩本監本毛本誤作狥下同

不復更得其祀　宋本其作共

名豬則廢豬　監本毛本豬作猪非

廢爲中軍　纂圖本軍下增也字非

更以其鄉名山　足利本後人記云名山下異本有者也二字

附釋音春秋左傳注疏卷第七 桓七年盡十八年

杜氏注　孔穎達疏

經七年春二月己亥焚咸丘無傳。焚，火田也。咸丘，魯地，高平鉅野縣南有咸亭。譏盡物，故書。○焚，扶云反。【疏】注「焚火」至「故書」。正義曰：咸丘地名。以火焚地，明爲田獵，故知焚是火田也。不言蒐狩者，以火田非蒐狩之法，而直書其焚，以譏其盡物也。釋例曰：咸丘，魯地，非蒐狩常處。經不言蒐狩，但稱焚咸丘，言火田盡物，非蒐狩之義，是言火田非狩法，故不書狩。既非法，雖得地亦譏，不復譏其失地。咸丘知地亦非也。禮記王制云：昆蟲未蟄，不以火田，則是已蟄得火田也。又爾雅釋天云：火田爲狩，似法得火田，而譏其焚者，說爾雅者李巡、孫炎皆云：放火燒草，守其下風。周禮羅氏蜡則作羅襦，鄭云：襦，細密之羅，此時蟄者畢矣，可以羅罔圍取禽也。今俗放火張羅，其遺教。然則彼火田者，直焚其一叢一聚，羅守下風，非謂焚其一澤也。禮，天子不合圍，諸侯不掩羣，尙不盡取一羣，豈容并焚一澤？知其譏盡物，故書也。沈氏以周禮仲春火弊謂夏之仲春，今周之二月，乃夏之季冬，故譏其盡物，義亦通也。

○夏穀伯綏來朝。綏，須唯反。○鄧侯吾離來朝不揔稱朝者，各自行朝禮也。穀國在南鄉筑陽縣北。○筑音竹。

傳七年春穀伯鄧侯來朝名賤之也辟陋小國，賤之。禮不足，故書名。以春來，夏乃行朝禮，故經書夏。○辟，匹亦反，本又作僻，同。【疏】注「辟陋」至「書夏」。正義曰：傳直云賤之，不言賤意。以穀、鄧是南方諸侯，近楚小國，明以辟陋小國故賤之也。賤之者，以其朝禮不足，故書名也。曲禮云：諸侯不生名。今生書其名，欲比之附庸，但實非附庸，故仍書其爵。介葛盧言來不言朝，全不能行朝禮，此則行朝禮，但禮不足耳。傳在春，經在夏，經書實朝之日，故春來至夏乃書之。世本鄧爲曼姓，莊十六年楚文王滅之。穀則不知何姓，是誰滅之。服注云：穀、鄧密邇於楚，不親仁善鄰以自固，卒爲楚所滅，无同好之救。桓又有弒賢兄之惡，故賤而名之。衛冀隆難杜云：傳曰要結外援，好事鄰國，以衛社稷。又云服於有禮，社稷之衛。穀、鄧在南，地鄙衛岳，以越棄彊楚，遠朝惡人，卒至滅亡，故書名以賤之。杜駮論先儒，自謂一準丘明之傳，今僻陋之語，傳本無文，杜何所準馮，知其辟陋？傳又稱莒之辟陋，而經無貶文，穀、鄧辟陋，何以書名？此杜義不通。秦道靜釋云：杞桓公來朝，用夷禮，故曰子。杞文公來盟，傳云賤之，明賤其行夷禮也。然則穀、鄧二君地接荆蠻，來朝書名，明是賤其辟陋也。此則傳有理例，故杜據而言之。若必魯桓惡人，不合朝聘，何以伯糾來聘，譏其父在；仍叔之子，譏其幼弱；又魯班齊饋，春秋所善，美魯桓之有禮，責三國之來伐，而言遠朝惡人，非其辭也。

○夏盟向求成于鄭既而背之盟、向，二邑名。隱十一年，王以與鄭，故求與鄭成。○盟音孟，向，傷亮反，背音佩。【疏】注「盟向」至「鄭成」。正義曰：此盟、向之邑必有主，據之言求成于鄭，是主求成也。隱十一年王以與鄭，傳稱王不能有，然則鄭雖得之亦不能有，故今始求成。既而背之，是背鄭歸王，故王遷于郟。若主不歸王，則王無由得遷之也。○秋鄭人齊人衛人伐盟向王遷盟向之民于郟郟，王城。○郟，古洽反。○冬曲沃伯誘晉小子侯殺之曲沃伯，武公也。小子侯，哀侯子。

經八年春正月己卯烝無傳。此夏之仲月，非爲過而書者，爲下五月復烝見瀆也。例在五年。○烝，之承反。夏，戶雅反。爲下，于僞反。復，扶又反。見，賢遍反。【疏】八年春正月己卯烝。正義曰：衛氏難杜云：上五年閉蟄而烝，謂十月，此正月烝，則是過時而烝。春秋有一貶而起二事者，若武氏子來求賻，一責天王求賻，二責魯之不共。此正月烝，一責過時，二責見瀆，何爲不可，而云非爲過時者？秦氏釋云：案周禮四時之祭，皆用四仲之月，此正月則夏之仲冬，何爲不得烝而云過時也？又傳無過時之文，明知直爲再烝而瀆也。○天王使家父來聘無傳。家父，天子大夫。家，氏；父，字。○夏五月丁丑烝無傳。○秋伐邾無傳。○冬十月雨雪無傳。今八月也。書時失。○雨，于付反。○祭公來遂逆王后于紀祭公，諸侯爲天子三公者。王使魯主昏，故祭公來受命而迎也。天子無外，故因稱王后。卿不書，舉重略輕。○祭，側界反。【疏】注「祭公」至「略輕」。正義曰：隱元年云祭伯，今而稱公，知其爲天子三公。公羊亦云：祭公者何？天子之三公也。從周向紀，不由魯國，縱令因使過魯，自當假道而去，不須言來也。凡言遂者，因上事生下事之辭。既書其來，又言遂逆，是先來見魯君，然後向紀，知王使魯主昏，故祭公來受魯命而往迎也。凡昬姻皆賓主敵體相對行禮天子嫁女於諸侯使諸侯爲主令與夫家爲禮天子聘后於諸侯亦使諸侯爲主令與后家爲禮嫁女則送女於魯令魯嫁女與人迎后則令魯爲主使魯遣使往逆故祭公受魯命也嫁王女者王姬至魯而後至夫家其王后昬后不來至魯者以王姬至魯待夫家之逆以爲禮故須至魯后則王命已成於魯無事故卽歸京師於逆稱王后舉其得王之命后禮已成於歸稱季姜申父母之尊言子尊不加於父母從父母之家而將歸於王據父母之家爲文故於歸申父母之尊也公不獨行必有卿從卿不書舉重略輕也知非卿不行者以傳云禮也釋例曰襄十五年劉夏逆王后于齊傳曰卿不行非禮也知祭公如紀時亦有卿卿不書舉重略輕猶搴郯之戰唯書郤克林父此天子使公卿之文是杜約彼文知公行必卿從也異義公羊說天子至庶人皆親迎左氏說王者至尊無敵體之義不親迎鄭玄駮之曰文王親迎於渭濱卽天子親迎也天子雖尊其於后則夫婦也夫婦判合禮同一體所謂無敵豈施於此哉禮記哀公問曰冕而親迎不已重乎孔子對曰合二姓之好以繼先聖之後以爲天地之主非天子則誰乎是鄭以天子當親迎也此注之意猶以爲天子不親迎者以此時祭公迎后傳言禮也劉夏逆后譏卿不行皆不譏王不親行明是王不當親

也。文王之迎大姒身爲公子迎在殷世未可據此以爲天子禮也孔子之對哀公自論魯國之法魯周公之後得郊祀上帝故以先聖天地爲言耳其意非說天子禮也且鄭玄注禮自以先聖爲周公及駮異義則以爲天子二三其德自無定矣

傳八年春滅翼曲沃滅之。隨少師有寵楚鬭伯比曰可矣讎有釁不可失也釁瑕隙也無德者寵國之釁也。釁許覲反注同

夏楚子合諸侯于沈鹿沈鹿楚地。黃隨不會黃國今弋陽縣。弋餘職反使薳章讓黃責其不會。楚子伐隨軍於漢淮之間季梁請下之弗許而後戰下之請服也。下遐嫁反注同

疏。漢淮之間。正義曰漢淮二水名漢淮之間漢北淮南禹貢云嶓冢導漾東流爲漢又東爲滄浪之水過三澨至于大別南入于江孔安國云泉始出山爲漾水東南流爲沔水至漢中東行爲漢水釋例曰漢一名沔水出武都沮縣東經漢中魏興至南陽東南經襄陽至江夏安陸縣入江禹貢又云導淮自桐柏東會于泗沂東入于海釋例曰淮出義陽平氏縣桐柏山東北經汝陰淮南譙國沛國下邳至廣陵縣入海也

所以怒我而怠寇也少師謂隨侯曰必速戰不然將失楚師隨侯禦之望楚師遥見楚師。將失楚師一本無師字季梁曰楚人上左君必左楚君也無與王遇且攻其右右無良焉必敗偏敗衆乃攜矣少師曰不當王非敵也弗從不從季梁謀戰于速杞隨師敗績隨侯逸速杞隨地逸逃也鬭丹獲其戎車與其戎右少師鬭丹楚大夫戎車君所乘兵車也戎右車右也寵之故以爲右秋隨及楚平楚子將不許鬭伯比曰天去其疾矣去疾謂少師見獲而死。去起呂反注同隨未可克也乃盟而還。冬王命虢仲立晉

哀侯之弟緡于晉虢仲王卿士虢公林父。緡亡巾反。祭公來遂逆王后于紀禮也天子娶於諸侯使同姓諸侯爲之主祭公來受命於魯故曰禮

經九年春紀季姜歸于京師季姜桓王后也季字姜紀姓也書字者伸父母之尊。伸音申

疏注季姜至之尊。正義曰時當桓王故云桓王后也公羊傳曰其稱紀季姜何自我言紀父母之於子雖爲天王后猶曰吾季姜是申父母之尊也公羊又曰京師者何天子之居也京者何大也師者何衆也天子之居必以衆大之辭言之

夏四月。秋七月。冬曹伯使其世子射姑來朝曹伯有疾故使其子來朝。射姑音亦又音夜

疏注曹伯至來朝。正義曰朝禮當君自親行不應使大子也當享而大子歎明年而曹伯卒知其有疾故使大子來朝也大子不合稱朝攝行父事故言朝也諸經稱世子及衛世叔申經作世字傳皆爲大然則古者世之與大字義通也

傳九年春紀季姜歸于京師凡諸侯之女行

唯王后書爲書婦人行例也適諸侯雖告魯猶不書。爲于僞反○巴子使韓服告于楚請與鄧爲好韓服巴行人巴國在巴郡江州縣。好音呼報反

疏注韓服至州縣。正義曰以巴所使故言巴行人行人謂使人也地理志巴郡故巴國江州是其治下縣也昭十三年楚共王與巴姬埋璧則巴國姬姓也此年。傳文十六年與秦楚滅庸以後不見蓋楚滅之

楚子使道朔將巴客以聘於鄧道朔楚大夫巴客韓服鄧南鄙鄾人攻而奪之幣鄾在今鄧縣南沔水之北。鄾音憂沔面善反殺道朔及巴行人楚子使薳章讓於鄧鄧人弗受言非鄾人所攻夏楚使鬬廉帥師及巴師圍鄾鬬廉楚大夫鄧養甥聃甥帥師救鄾三逐巴師不克二甥皆鄧大夫。聃乃甘反

疏三逐巴師不克。正義曰三逐巴師謂鄧師逐巴師也不克謂楚巴不能克鄧故鬬廉設權以誘之

鬬廉衡陳其師於巴師之中以戰而北衡橫也分巴師爲二部鬬廉橫陳於其間以與鄧師戰而僞北北走也。衡如字一音橫陳直覲反注同又如字北如字一音佩稀康音胷背鄧人逐之背巴師而夾攻之楚師僞走鄧師逐之背巴師巴師攻之楚師自前還與戰。背音佩注同夾古洽反又古協反鄧師大敗鄾人宵潰宵夜也。潰戶對反○秋虢仲芮伯梁伯荀侯賈伯伐曲沃梁國在馮翊夏陽縣荀賈皆國名。夏戶雅反

疏注梁國至國名。正義曰地理志云馮翊夏陽縣故少梁也是梁在夏陽也僖十七年傳曰惠公之在梁也梁伯妻之梁嬴孕過期既以國配嬴則梁爲嬴姓世本荀賈皆姬姓僖十九年秦人滅梁荀賈不知誰滅之晉大夫有荀氏賈氏蓋晉滅之以賜大夫

○冬曹大子來朝賓之以上卿禮也諸侯之適子未誓於天子而攝其君。則以皮帛繼子男故賓之以上卿各當其國之上卿。適丁歷反

疏注諸侯至上卿。正義曰繼子男以上皆周禮典命職文也鄭玄云誓猶命也言誓者明天子既命以爲之嗣樹子不易也釋例曰周禮諸侯之適子誓於天子則下其君禮一等未誓則以皮帛繼子男此謂公侯伯子男之世子出會朝聘之儀也誓者告於天子正以爲世子受天子報命者也未誓謂在國正之而未告天子者也曹之世子未誓而來故賓之以上卿謂比於諸侯之上卿繼子男之末命數相準故也是言曹大子由未誓之故賓之以上卿謂以賓客待之同上卿之禮也卿禮殯饔積膳之數掌客聘禮略有其事傳不言未誓知曹大子必未誓者若誓則下其君一等而已侯伯之子當如子男不得徒以上卿之禮待之也釋例摠論世子故言比於諸侯之上卿此指說曹國故分明辨之云各如其國之上卿僖二十九年傳曰在禮卿不會公侯會伯子男可也昭二十三年傳曰列國之卿當小國之君固周制也然則小國之君乃當大國之卿小國之世子必不得當大國之卿故知各如其國之上卿耳何休膏肓以爲左氏以人子安處父位尤非衰世救失之宜於義左氏爲短鄭箴云必如所言父有老耄罷病孰當理其政預王事也。蘇云誓於天子下君一等未誓繼子男並是降下其君寧是安居父位

享曹大子初獻樂奏而歎酒始獻。享許兩反施父曰曹大子其有憂乎非歎所也施父魯大夫。施色豉反人名字父音甫

疏非歎所也。正義曰服虔云古之爲享食所以觀威儀省禍福無喪而慼憂必讎焉今大子臨樂而歎是父將死而兆先見也

經十年春王正月庚申曹伯終生卒未同盟而赴以名○夏五月葬曹桓公無傳○秋公會衛侯于桃丘弗遇無傳衛侯與公爲會期中背公更與齊鄭故公獨往而不相遇也桃丘衛地濟北東阿縣東南有桃城。中如字一音丁仲反背音佩○冬十有二月丙午齊侯衛侯鄭伯來戰于郎改侵伐而書來戰善魯之用周班惡三國討有辭。惡烏洛反又音烏路反

疏注改侵至有辭。正義曰周禮大司馬以九伐之法正邦國賊賢害民則伐之負固不服則侵之然則侵伐者師旅討罪之名也魯以周禮爲班則魯有禮矣三國伐有禮是討有辭矣春秋善魯之用周班不使三國得伐之故改侵伐而書來戰言若三國自來戰而魯人不與戰也釋例曰齊侯衛侯鄭伯來戰于郎夫子善魯人之秉周班惡三國之伐

在檀故正王爵以表周制去侵伐以見無罪此聖人之所以扶奬王室敦崇大教故改常例以特見之是其義也

傳十年春曹桓公卒終施父之言○虢仲譖其大夫詹父於王虢仲王卿士詹父屬大夫○譖側鴆反詹章廉反【疏】注虢仲至大夫○正義曰周禮每卿之下皆有大夫傳言譖其大夫知是屬己之大夫非虢大夫者若虢國大夫虢仲自得加罪無爲譖之於王且其若是虢人不得以王師伐虢故也詹父有辭以王師伐虢○夏虢公出奔虞虞國在河東大陽縣【疏】注虞國至陽縣○正義曰譜云虞姬姓也周大王之子大伯之弟仲雍是爲虞仲嗣大伯之後武王克商封虞仲之庶孫以爲虞仲之後處中國爲西吳後世謂之虞公僖五年晉滅之地理志河東大陽縣周武王封大伯後於此是爲虞公志言大伯後者以仲雍嗣大伯故也○秋秦人納芮伯萬于芮四年圍魏所執者○初虞叔有玉虞叔虞公之弟【疏】注虞叔虞公之弟○正義曰祭叔既爲祭公之弟知虞叔亦是虞公之弟虞公求旃旃之也○旃之然反弗獻既而悔之曰周諺有之匹夫無罪懷璧其罪人利其璧以爲罪○諺音彥【疏】匹夫無罪○正義曰士大夫以上則有妾媵庶人惟夫妻相匹其名既定雖單亦通故書傳通謂之匹夫匹婦也吾焉用此其以賈害也賈買也○焉於虔反賈音古注同乃獻。又求其寶劍叔曰是無厭也無厭將及我將殺我○厭於鹽反下同○遂伐虞公故虞公出奔共池共池地名闕○共音洪一音恭○冬齊衛鄭來戰于郎我有辭也初北戎病齊在六年諸侯救之鄭公子忽有功焉齊人餼諸侯使魯次之魯以周班後鄭鄭人怒請師於齊齊人以衛師助之故不稱侵伐不稱侵伐而以戰爲文明魯直諸侯曲故言我有辭以禮自釋交綏而退無敗績○綏荀佳反先書齊衛王爵也鄭主兵而序齊衛下者以王爵次之也春秋所以見魯猶秉周禮○見賢遍反【疏】注鄭主至周禮○正義曰傳言先書齊衛則齊衛不合先書當先書鄭也春秋之例主兵者先書此則鄭人主兵鄭宜在先而先序齊衛者王爵齊衛爲侯尊於鄭伯故以王爵尊卑爲序也不依主兵之例而以王爵序者魯班諸侯之戍以王爵爲次鄭忽負功懷怒致有此師故特改常例還以王爵次之見魯猶秉周禮故也

春秋疏卷七　七

經十有一年春正月齊人衛人鄭人盟于惡曹惡曹地闕○夏五月癸未鄭伯寤生卒同盟於元年赴以名○秋七月葬鄭莊公無傳三月而葬速○九月宋人執鄭祭仲祭氏仲名不稱行人聽迫脅以逐君罪之也行人例在襄十一年釋例詳之○聽吐定反【疏】注祭氏至詳之○正義曰莊二十五年陳侯使女叔來聘傳曰嘉之故不名是諸侯之卿嘉之乃不名則於法當書名祭仲行無可嘉知仲非其字故云祭氏仲名也祭仲鄭卿而至宋見執必是行至宋也行使被執例稱行人此當云執鄭行人而不稱行人者聽宋迫脅以逐出其君罪之故不稱行人以昭八年楚人執陳行人干徵師殺之傳曰罪不在行人也罪不在則稱行人知祭仲罪在其身故去行人也釋例曰祭仲之如宋非會非聘與於見誘而以行人應命不能死節挾僞以篡其君故經不稱行人以罪之是說罪仲之意襄十一年楚人執鄭行人良霄傳曰書曰行人言使人也是變例也傳稱誘祭仲而執之則本非行人故經不言杜必知以行人應命罪之故不稱行人者祭仲若不至宋宋人何得執之既往至宋卽是因事而行亦既因事而行便爲使人之例杜以傳文稱誘故序其本意言非聘非會聽宋迫脅故不稱行人罪之經與齊人執鄭詹文亦何異劉君以祭仲是字鄭人嘉之妄規杜氏就如劉言既云罪其逐君何以嘉而稱字杜以蕭叔非字故知祭仲是名仲既書名爲罪則不稱行人是其貶責劉云祭仲本非行人未知有何所據突歸于鄭突厲公也爲宋所納故曰歸例在成十八年不稱公子從告也文連祭仲故不言鄭【疏】注突厲至言鄭○正義曰成十八年傳例曰諸侯納之曰歸知此爲宋所納故曰歸也突實公子而不稱公子傳無褒貶之例知從

春秋疏卷七　八

告者之辭，告者不言公子，故不稱也。十五年許叔入于許，十七年蔡季歸于蔡，皆以字繫國，突不繫鄭者，以文連祭仲，祭仲之上已有鄭字，蒙上鄭文，故不言鄭也。以宋人執仲納突，乃是一事連書，故突得蒙上文。其鄭忽奔衛，則鄭人別告，故不連上文。

鄭忽出奔衛。忽，昭公也。莊公既葬，不稱爵者，鄭人賤之，以名赴。〔疏〕注忽昭至名赴。正義曰：僖九年傳曰「宋桓公卒，未葬而襄公會諸侯」，故曰子。里克殺奚齊于次，書曰「殺其君之子」，未葬也。彼以未葬，故繫父。知既葬則成君。此莊公既葬，則忽成君矣，宜書鄭伯出奔，今書忽之名，知鄭人賤之，以名赴也。其賤之意，說在忽之復歸。

○柔會宋公、陳侯、蔡叔盟于折。無傳。柔，魯大夫未賜族者。蔡叔，蔡大夫。叔，名也。折，地闕。折，之設反，又市列反。〔疏〕注柔魯至地闕。正義曰：以柔不稱族，與無駭相類，是無族可稱，知其未賜族也。亦以蔡叔無善可嘉，知叔是名。叔亦無族，蓋亦未賜族也。

○公會宋公于夫鍾。無傳。夫鍾，成地。○夫音扶。

冬，十有二月，公會宋公于闞。無傳。闞，魯地，在東平須昌縣東南。○闞，口暫反。須，宣踰反。

傳十一年春，齊、衛、鄭、宋盟于惡曹。宋不書，經闕。〔疏〕注宋不書經闕。正義曰：上明作傳本以解經，經傳不同，皆傳是其實。今傳有宋而經無宋，知是經之闕文。宋爲大國，傳處鄭下，是史文舊闕。傳先舉經之所有，乃以闕者實之，故後言宋耳，非謂盟之序列宋在下也。服虔以爲不書宋，宋後盟。宋若後盟，盟本無宋，傳不得言齊、衛、鄭、宋爲此盟也。傳之上下，例不虛舉經文，舉此盟者，爲經闕宋故也。

○楚屈瑕將盟貳、軫。貳、軫二國名。○屈，居勿反，楚大夫氏。貳音二。軫，之忍反。皆國名。

鄖人軍於蒲騷，將與隨、絞、州、蓼伐楚師。鄖國在江夏雲杜縣東南，有鄖城。蒲騷，鄖邑。絞，國名。州國在南郡華容縣東南。蓼國，今義陽棘陽縣東南湖陽城。○鄖音云，國名。騷音蕭，又音梭。絞，古卯反。蓼音了，本或作鄝，同。隨、絞、州、蓼四國名。夏，戶雅反。鄖本亦作湏，音云。棘，紀力反。湖音胡。

莫敖患之。莫敖，楚官名，即屈瑕。○敖，五刀反。

鬬廉曰：「鄖人軍其郊，必不誡，且日虞四邑之至也。虞，度也。四邑，隨、絞、州、蓼也。邑亦國也。○且日入逸反。度，待洛反。〔疏〕注邑亦國也。正義曰：書云「欲宅洛邑」，傳每云「敝邑」是也。

君次於郊郢以禦四邑。君謂屈瑕也。郊郢，楚地。○郢，以井反，又以政反。〔疏〕注君謂屈瑕也。正義曰：禮坊記云：「禮，君不稱天，大夫不稱君，恐民之惑也。」然則大夫不得稱君，此謂屈瑕爲君者，楚僭王號，縣尹稱公，故呼卿爲君。大夫正法當呼爲王。昭元年傳醫和謂趙文子曰「主相晉國」，是其事也。祁盈之臣謂祁盈爲君，伯有之臣謂伯有爲公，是家臣稱其主耳。

我以銳師宵加於鄖，鄖有虞心而恃其城，恃近其城。○近，附近之近。〔疏〕鄖有虞心。正義曰：鄖人曰虞四邑之至，冀其與己合勢，有虞度外援之心，而又自恃近城，故無鬬志。

莫有鬬志。若敗鄖師，四邑必離。」莫敖曰：「盍請濟師於王？」盍，何不也。濟，益也。○盍，戶各反。濟，箋計反。

對曰：「師克在和，不在衆。商、周之不敵，君之所聞也。商，紂也。周，武王也。傳曰：「武王有亂臣十八人。」紂有億兆夷人。○億，於力反。〔疏〕注商紂至夷人。正義曰：古文尚書泰誓曰：「受

有億兆夷人，離心離德；予有亂臣十人，同心同德。」昭二十四年傳引之云，亦有離德，己與本小殊。此注改予爲武王，又倒其先後者，便文耳。雖言傳曰，非傳本文。劉炫云：欲以證商、周之不敵，故先少而後多，非便文。

成軍以出，又何濟焉？」莫敖曰：「卜之。」對曰：「卜以決疑，不疑何卜？」遂敗鄖師於蒲騷，卒盟而還。卒盟貳、軫。

○鄭昭公之敗北戎也，在六年。

齊人將妻之，昭公辭。祭仲曰：「必取之。君多內寵，子無大援，將不立。三公子皆君也。」子突、子亹、子儀之母皆有寵。○妻，七計反，下注同。援，於眷反。亹，亡匪反，本或作亹。

弗從。○夏，鄭莊公卒。初，祭封人仲足有寵於莊公，祭，鄭地。陳留長垣縣東北有祭城。封人，守封疆者，因以所守爲氏。○疆，居良反。

莊公使爲卿。爲公娶鄧曼，生昭公，故祭仲立之。曼，鄧姓。○爲公

于僞反曼音萬宋雍氏女於鄭莊公曰雍姞生厲公雍氏姞姓宋大夫也以女妻人曰女。雍音於恭反女音尼據反注曰女同姞音其吉反又音其秩反雍氏宗有寵於宋莊公故誘祭仲而執之祭仲之如宋非會非聘見誘而以行人應命。應應對之應〔疏〕。注祭仲至應命。正義曰傳言誘而執之則祭仲被誘如宋在宋見執執不在會知非會也被誘而往知非聘也直爲見誘而以行人應彼宋命也行人謂行往宋耳劉炫云杜欲成不稱行人之義故以行人言之曰不立突將死亦執厲公而求賂焉祭仲與宋人盟以厲公歸而立之○秋九月丁亥昭公奔衞己亥厲公立

經十有二年春正月○夏六月壬寅公會杞侯莒子盟于曲池曲池魯地魯國汶陽縣北有曲水亭。汶音問○秋七月丁亥公會宋公燕人盟于穀丘穀丘宋地燕人南燕大夫○八月壬辰陳侯躒卒無傳厲公也十一年與魯大夫盟於折不書葬魯不會也壬辰七月二十三日書於八月從赴。躒羊略反〔疏〕注厲公至從赴。正義曰躒爲厲公世本文也莊二十二年傳曰陳厲公蔡出也故蔡人殺五父而立之五父即佗六年殺佗而厲公立也陳世家以佗與五父爲二人言蔡人爲佗殺五父及桓公大子免而立佗是爲厲公立七年大子免之三弟躍林杵臼共弒厲公而躍立是爲利公利公立五月卒林立是爲莊公案傳五父佗一人而世家以爲二人案經蔡人殺佗在桓公卒之明年不得爲佗立七年也佗以六年見殺躒以此年始卒不得爲躍立五月也既以佗爲厲公又妄稱躍爲利公世本本無利公皆是馬遷妄說束皙言馬遷分一人以爲兩人以無爲有謂此事也壬辰是七月二十三日上有七月書於八月之下如此類者注皆謂之日誤今云從赴者以其終不可通蓋欲兩解故也以五年正月甲戌己丑陳侯鮑卒甲戌非正月之日而以正月赴文傳言再赴是赴以正月也彼以十二月之日爲正月赴魯知赴者或有以前月之日從後月而赴故因此以示別意○公

會宋公于虛虛宋地。虛去魚反○冬十有一月公會宋公于龜龜宋地○丙戌公會鄭伯盟于武父武父鄭地陳留濟陽縣東北有武父城。父音甫地名有父字者皆同甫音○丙戌衞侯晉卒無傳重書丙戌非義例因史成文也未同盟而赴以名。重直用反下同〔疏〕注重書至以名。正義曰春秋之中唯此重書日其餘亦應有一日兩事各書日者但更無其日不可復知計赴告之體本應皆以日告史官書策復應各書其日但他國之告或有詳略魯史記注多違舊章致使日與不日無復定準及其仲尼書經不以日月褒貶或略或詳非此所急故日月詳略皆依舊文此重書丙戌非是義例以舊史所重故因史成文耳○十有二月及鄭師伐宋丁未戰于宋既書伐宋又重書戰者以見宋之無信也莊十一年傳例曰皆陳曰戰九其無信故以獨戰爲文。見賢遍反陳直覲反〔疏〕注既書至爲文。正義曰春秋之例戰不言伐以其伐可知故略其文也伐者討有罪之辭言戰又言伐者皆是罪彼所伐之國此既書伐宋又重書戰者以見宋之無信言以鍾鼓聲其罪而伐之彼不服罪而反與我戰所以深責之也莊二十八年齊人伐衞衞人及齊人戰此文亦當如彼宜云及宋人戰今直言戰于宋者九其無信故以獨戰爲文皆陳曰戰戰是敵辭不言及宋戰不使宋得敵也十年郎之戰我有禮彼無禮齊鄭無辭以罪我不令我與彼敵彼自獨戰爲文此戰我有信而宋無信我有辭以責宋不使宋敢敵我我自獨戰爲文郎戰我有辭故言戰不言伐此戰宋無辭故言伐不言與宋戰二者雖文皆獨戰而義存彼此俱是善惡有殊不得相敵故也

傳十二年夏盟于曲池平杞莒也隱四年莒人伐杞自是遂不平○公欲平宋鄭秋公及宋公盟于句瀆之丘句瀆之丘卽穀丘也宋以立厲公故多責賂於鄭鄭人不堪故不平。句古侯反瀆音豆宋成未可知也故又會于虛冬又會于龜宋公辭平故與鄭伯盟于武父宋公貪鄭賂故與公三會而卒辭不與鄭平遂帥

師而伐宋，戰焉。宋無信也。君子曰：「苟信不繼，盟無益也。詩云：『君子屢盟，亂是用長。』無信也。」詩小雅。言無信故數盟，數盟則情疏，情疏而憾結，故云長亂。○屢，力俱反，本又作婁，音同。長，丁丈反，注同。數，音朔，下同。憾，戶埳反。○楚伐絞，軍其南門。莫敖屈瑕曰：「絞小而輕，輕則寡謀。請無扞采樵者以誘之。」扞，衞也。樵，薪也。○輕，遣政反。扞，戶旦反。樵，在遥反。從之。絞人獲三十人。獲楚人也。明日，絞人爭出，驅楚役徒於山中。楚人坐其北門，而覆諸山下，坐猶守也。覆，設伏兵而待之。○覆，扶又反，注同。大敗之，爲城下之盟而還。城下盟，諸侯所深恥。【疏】注「城下至深恥」。○正義曰：宣十五年楚圍宋，傳稱華元謂子反曰：「敝邑易子而食，析骸以爨。雖然，城下之盟，有以國斃，不能從也。」寧以國斃，不肯從城下之盟，是其深恥也。必爲深恥者，諸侯當好事四鄰，以衞社稷，相時而動，量力而行。今乃構怨彊敵，兵臨城下，力屈勢沮，求服受盟，是其不知之甚，將爲鄰國所笑，故深恥之。

伐絞之役，楚師分涉於彭。彭水在新城昌魏縣。【疏】注「彭水至魏縣」。○正義曰：釋例云：「彭水出新城昌魏縣，東北至南鄉筑陽縣入漢。」羅人欲伐之，使伯嘉諜之，三巡數之。羅，熊姓國，在宜城縣西山中，後徙南郡枝江縣。伯嘉，羅大夫。諜，伺也。巡，偏也。○諜，徒協反。數，色主反。枝，質而反。伺，音笥。偏，音遍。【疏】注「羅熊至偏也」。○正義曰：羅，熊姓，世本文也。說文云：「軍中反間也。」謂詐爲敵國之人，入其軍中，伺候間隙，以反報其主，故此訓諜爲伺，而兵書謂之反間也。巡，偏也，謂巡遶偏行之。

經十有三年春二月，公會紀侯、鄭伯。己巳，及齊侯、宋公、衞侯、燕人戰。齊師、宋師、衞師、燕師敗績。大崩曰敗績，例在莊十一年。或稱人，或稱師，史異辭也。衞宣公未葬，惠公稱侯以接鄭國，非禮也。【疏】公會至敗績。○正義曰：傳稱宋多責賂於鄭，故以紀、魯及齊與宋、衞、燕戰，然則此戰之興，本由宋、鄭相怨，雖復各連同好，當以宋、鄭爲主。其序紀在鄭上，宋處齊下者，若魯人不與而鄭國自行，則以主兵爲先；若與魯同行，魯史所記，則當以魯爲主，不得復先主兵，亦既不先主兵，即以大小爲序，故紀先鄭也。宋使齊爲主，猶隱四年州吁伐鄭，使宋爲主，故齊先宋。此以公在會，故不以主兵爲先，尊卑爲序，故紀在鄭先。若然，莊二十六年會宋人、齊人伐徐，杜云宋主兵，故序齊上。彼魯亦在而先主兵者，彼是魯之微人，所會之國又少；此則公自在會，及所戰之國歷序又多，故不與彼同也。戰稱將，敗稱師，是史策之常法也。史所以然者，師是將之所帥，戰則舉將爲重，敗則羣師盡崩，固當舉師言敗。若其敗還書將，則是將身獨敗，無以見師之大崩，故戰則稱將，敗則稱師，言其衆師盡敗，非獨將身敗也。此燕人謂將也。楚子傷目，故稱楚子敗績。此若云燕人敗績，則是燕將身傷，以此不得不稱師敗。唯莊二十八年衞人敗績，違常文耳。○注「大崩至禮也」。○正義曰：言史異辭者，決莊二十八年衞人及齊人戰，衞人敗績也。此敗稱師而彼敗稱人，是史異辭也。史非一人，立辭自異，非襃貶之例也。此二者於理則師是而人非，但不以爲義，故合各從其本耳。杜以既葬爲成君，雖則踰年，猶待葬訖，故以惠公

爲非禮。釋例曰：「父雖未葬，喪服在身，踰年則於其國內卽位稱君，伐鄭之役，宋公、衞侯是也。春秋書魯事，皆踰年卽位稱公，不可曠年無君，則知他國亦同。然據父未葬，於其國內雖得伸其尊，若以接鄰國，則違禮失制也。」是言先君未葬，則不得稱爵成君以接鄰國也。杜言違禮失制，禮制亦無明文。案文八年八月天王崩，九年春毛伯來求金，傳曰：「不書王命，未葬也。」彼以踰年未葬，不得稱王命使，是其禮制，未可以此知接鄰國則違禮制也。○三月，葬衞宣公。無傳。○夏，大水。無傳。○秋七月。○冬十月。

傳十三年春，楚屈瑕伐羅，鬭伯比送之。還，謂其御曰：「莫敖必敗。舉趾高，心不固矣。」趾，足也。遂見楚子，曰：「必濟師。」難言屈瑕將敗，故以益師諷諫。○見，賢遍反。濟，子計反。難，乃旦反。諷，方鳳反，本亦作風。楚子辭焉。不解其旨，故拒之。○解，戶買反。入告夫人鄧曼。鄧曼曰：「大夫其非衆之謂，鄧曼，楚武王夫人。言伯比意不在於益衆。

也。其謂君撫小民以信，訓諸司以德，而威莫敖以刑也。莫敖狃於蒲騷之役，將自用也，狃，忕也。蒲騷在十一年。○狃，女久反。忕，時世反，又時設反。必小羅。君若不鎮撫，其不設備乎！夫固謂君訓衆而好鎮撫之，撫小民以信也。○好，呼報反，又如字。召諸司而勸之以令德，訓諸司以德也。見莫敖而告諸天之不假易也。諸，之也。言天不借貸慢易之人。威莫敖以刑也。○易，以豉反，注同。借，子夜反。貸，他代反。慢，武諫反。不然，夫豈不知楚師之盡行也？楚子使賴人追之，不及。賴國在義陽隨縣。賴人仕於楚者。○盡，津忍反。此類可以意求。〔疏〕大夫至行也。○正義曰：大夫伯比言濟衆者，非益衆之謂也。其此伯比之意，當謂君宜撫慰小人士卒以言信也，教訓諸司長率以令德，而威懼莫敖以刑罰也。莫敖狃於蒲騷之役，狃，貫也，貫於蒲騷之得勝，遂恃勝以爲常，將自用其心，不受規諫，必輕小羅國以爲無能。君若不以言辭刑罰鎮重撫慰之，莫敖其將不設備乎！夫謂伯比伯比之意，固當謂君教訓衆民而好以言辭鎮撫之，召軍之諸司而勸勉之以善德，見莫敖而告之道上天之意，不借貸慢易之人，不使慢易之人得勝，言其必須敬懼也。其意當如此耳。若其不然，此伯比豈不知楚師之盡行也，而更請益師乎？○注狃忕也。○正義曰：說文云：「狃，狎也。忕，習也。」郭璞云：「貫忕也。」今俗語皆然。則狃、忕皆貫習之義。以貫得勝，則輕易前敵，將自用其意，不復持重。莫敖使徇于師曰：「諫者有刑！」徇，宣令也。○徇，似俊反。及鄖，亂次以濟。鄖水在襄陽宜城縣入漢。○鄖，於晚反，又於萬反。亂次以濟，本或作亂次以濟其水。〔疏〕注鄖水至入漢。○正義曰：釋例曰：「鄖水出新城沶鄉縣東南，經襄陽至宜城縣入漢。」遂無次，且不設備。及羅，羅與盧戎兩軍之，盧戎，南蠻。○盧，如字，本或作盧，音同。大敗之。莫敖縊于荒谷，羣帥囚于冶父，縊，自經也。荒谷、冶父皆楚地。○縊，一豉反。荒，如字，本或作巟，音同。冶音也。以聽刑。楚

子曰：「孤之罪也。」皆免之。○宋多責賂於鄭，立突賂。鄭不堪命，故以紀、魯及齊與宋、衛、燕戰。不書所戰，後也。公後地期，而及其戰，故不書所戰之地。〔疏〕注公後至之地。○正義曰：兩敵將戰，必豫期戰地。公未見紀、鄭，紀、鄭已與齊、宋先設戰期。公不及設期，唯及其戰，故言戰而不書所戰之地，言此地非公所期故不書也。釋例曰：「桓十三年，戰不書所，所者期戰所在之地也。公會戰而後其期，猶及諸侯共其成敗，故備書諸國而不書地。成十六年傳曰：『戰之日，齊國佐至於師。』此其類也。」然則諸戰書日者，日即從月。計此經當云二月已已公會紀侯、鄭伯。今退已已於鄭伯之下者，春秋之例，公之出會，例多以月；要盟戰敗，例多以日，故已已之文在公會紀侯鄭伯之下。十二年十二月，及鄭師伐宋，丁未，戰于宋，亦其類也。服虔云：「下日者，公至而後定戰日。」地之與日，當同時設期，公既不及期地，安得及期日也。劉炫云：「公會紀、鄭，告廟而行，始即書會也。其戰之日，則戰罷乃告廟，史官雖連并其文，而存其本旨，已已是戰日，故下日以附戰。」○鄭人來請脩好。○好，呼報反。

經十有四年春正月，公會鄭伯于曹。脩十二年武父之好。以曹地，曹與會。○好，呼報反。與，音預。○無冰。無傳。書時失。○夏五。不書月，闕文。鄭伯使其弟語來盟。○秋八月壬申，御廩災。御廩，公所親耕以奉粢盛之倉也。天火曰災，例在宣十六年。○廩，力錦反，倉也。〔疏〕注御廩至六年。○正義曰：傳稱御廩災，乙亥嘗，書不害也。明嘗之所用是御廩之所藏也。禮記祭義云：「天子爲藉千畝，諸侯百畝，躬秉耒以事天地山川社稷先古，敬之至也。」穀梁傳曰：「天子親耕以共粢盛，王后親蠶以共祭服。國非無良農工女也，以爲人之所盡事其祖禰，不若以己所自親者也。」月令：「季秋，乃命冢宰藏帝藉之收於神倉。」鄭玄云：「重粢盛之委也。帝藉，所耕千畝也。藏祭祀之穀故爲神倉。」以此諸文，知御廩藏公所親耕以奉粢盛之倉也。廩即倉之別名。周禮廩人爲倉人之長，其職曰：「大祭祀則共其接盛。」鄭玄云：「接讀爲扱，扱以授舂人。」大祭祀之穀，藉田之收，藏於神倉者，不以給小用，是公所親耕之粟，擬共祭祀，藏於倉廩，故謂之御廩。災其屋而不損其穀，故曰書不害也。乙亥，嘗。先其時，亦過也。既戒日致齊。廩雖災，苟不害穀。

穀則祭不應廢故書以示法。先悉薦反又如字齊側皆反【疏】注先其至示法。正義曰八月建未未是始殺故云先其時亦過也周禮大宰祀五帝前期十日帥執事而卜日遂戒享先王亦如之鄭玄云十日者容散齊七日致齊三日壬申在乙亥之前三日是致齊之初日也既已戒日致齊御廩雖災苟其不害嘉穀有穀可以共祭祀則祭不應廢故書以示法也若害穀則當廢不可苟用他穀故也先時亦過過則當書但書過已有成例故傳指言不害故沈氏云杜以先時亦過過則當書傳何以專言不害此丘明之意若非先時有災不害亦書若非御廩有災先時亦書進退明例也服虔云魯以壬申被災至乙亥而嘗不以災害爲恐故衛難杜云若救之則息不害嘉穀則傳當有救火之文若如宋災傳舉救火今直言不害明知不以災爲害杜必爲不害嘉穀者秦氏荅云傳所以不載救火者傳以指釋經文略舉其要所以不載救火至於宋鄭之災彼由簡牘備載詳畧不等不可相難也。冬十有二月丁巳齊侯祿父卒無傳隱六年盟於艾。宋人以齊人蔡人衛人陳人伐鄭凡師能左右之曰以例在僖二十六年

傳十四年春會于曹曹人致餼禮也熟曰饔生曰餼【疏】注熟曰饔生曰餼。正義曰周禮外內饔皆掌割亨之事亨人給外內饔之爨亨煑饔者煑肉之名知熟曰饔哀二十四年傳稱晉人餼臧石牛以生牛賜之知生曰餼又聘禮致饔餼五牢飪一牢腥二牢餼二牢飪是熟肉腥是生肉知餼是未殺鄭玄以爲生牲曰餼唯瓠葉箋云腥曰餼欲以牽爲牽行故餼爲已殺非定解也定解猶以生爲餼傳諸言餼者皆致生物於賓也。夏鄭子人來尋盟且脩曹之會子人卽弟語也其後爲子人氏。秋八月壬申御廩災乙亥嘗書不害也災其屋救之則息不及穀故曰書不害。冬宋人以諸侯伐鄭報宋之戰也在十二年焚渠門入及大逵渠門鄭城門逵道方九軌。逵九龜反伐東郊取牛首東郊鄭郊牛首鄭邑以大宮之椽歸爲盧門之椽大宮鄭祖廟盧門宋城門告伐而不告入取故不書。大音泰椽直專反榱也

圓曰椽方曰桷說文云周謂之椽齊魯謂之桷

經十有五年春二月天王使家父來求車。三月乙未天王崩無傳桓王也夏四月己巳葬齊僖公無傳五月鄭伯突出奔蔡突既篡立權不足以自固又不能倚任祭仲反與小臣造賊盜之計故以自奔爲文罪之也例在昭三年。倚於綺反【疏】注突既至三年。正義曰凡諸侯出奔皆被逐而出非自出也舊史書臣以逐君仲尼脩春秋責其不能自固皆以自奔爲文以故此注迹突之惡言其罪之之意釋例曰諸侯奔亡皆迫逐而苟免非自出也傳稱衛孫林父甯殖出其君名在諸侯之策此以臣名赴告之文也仲尼之經更没逐者主名以自奔爲文責其不能自安自固所犯非徒所逐之臣也言其所犯處多非徒逐者獨惡君不能君故臣亦不臣臣之逐君其罪已著没其臣名獨見君罪言罪不純在其臣故也衛獻公出奔不名鄭伯突及北燕伯款蔡侯朱等皆書名者從彼告辭故釋例曰衛赴不以名而燕赴以名隨赴而書之義在彼不在此也言責其不

能自安自固自奔卽是身罪名與不名不復著義故從告也昭三年傳曰書曰北燕伯款出奔齊罪之也是變例也鄭世子忽復歸于鄭忽實居君位故今還以復其位之例爲文也稱世子者忽爲大子有母氏之寵宗卿之援有功於諸侯此大子之盛者也而守介節以失大國之助知三公子之彊不從祭仲之言修小善絜小行從匹夫之仁忘社稷之大計故君子謂之善自爲謀言不能謀國也父卒而不能自君鄭人亦不君之出則降名以赴入則逆以大子之禮始於見逐終於見殺三公子更立亂鄭國者實忽之由復歸例在成十八年。介音界行下孟反更音庚【疏】注忽實至八年。正義曰成十八年傳曰復其位曰復歸忽本既居君位然後出奔故今還以復位之例爲文也經言復歸明是復位之例注言此者以忽之出奔不稱鄭伯歸言世子又非君號非君而稱復歸嫌其不是復位故明之禮父在稱世子忽父之喪於今五年世子非所當稱故迹其稱之意鄭曼所生立爲世子是有母氏之寵也宗卿謂同姓之卿祭仲之女曰雍姬則祭仲姬姓是同宗卿也救齊敗戎是有功也而守介節謂守瑣瑣猶介之節不娶齊女也經書鄭忽出奔不稱鄭伯是降名以赴也今稱世子復歸是逆以大子之禮也逆以大子之禮者以突是庶子無

道出奔更欲擇君莫踰於忽以本是世子故迎之使還爲是世子所以得歸鄭以世子名告不以嘗爲君告時史因其告辭書曰世子實復本位書曰復歸而忽之爲君不能自固始於見逐終於見殺三公子更立爲君亂鄭國者實忽之由釋例與此注盡同其末云故仲尼因以示義言因舊史之文卽稱世子示鄭人本有不以爲君之義忽於隱公之世每稱公子六年稱大子則救齊之時已立爲大子故也○**許叔入于許**許叔莊公弟也隱十一年鄭使許大夫奉許叔居許東偏鄭莊公既卒乃入居位許人嘉之以字告也叔本不去國雖稱入非國逆例【疏】注許叔至逆例○正義曰入者自外之辭本其所自之處言其自許東偏而入于許國非從外國入也鄭莊公以十一年卒許叔今始入者蓋鄭突不使其復忽既得位親仁善鄰存許以德許人冀其爲己之援故此年始得入也小白陽生入皆稱名此叔稱字故云許人嘉之以字告也杜知是字者以蔡季子來歸亦以書字故知之也杜以傳例云凡去其國國逆而立之曰入嫌此亦爲國逆之例釋例曰諸在例外稱入直是自外入內記事常辭義无所取賈氏雖夫人姜氏之入皆以爲例由先儒以爲國逆故言許叔本不去國非國逆之正例國逆正例據去國而來許叔本非去國故云非國逆例其實

許始復國許叔得還上下交歡同心迎逆指其實事有國逆之理故於釋例云許叔有國逆之文但非國逆正例耳劉君不達此旨妄規杜失非也○**公會齊侯于艾**○**邾人牟人葛人來朝**無傳三人皆附庸之世子也其君應稱名故其子降稱人牟國今泰山牟縣葛國在梁國寧陵縣東北○牟亡侯反【疏】注三人至東北○正義曰三國俱稱人合行禮知其尊卑同也以邾子未得王命知牟葛之等是附庸郳黎來來朝附庸書名此若君自親來則亦應稱名若遣臣來聘又不得稱朝曹伯使世子射姑來朝是世子有稱朝之義知此三人皆附庸世子攝行父事而來朝也諸侯之卿稱名大夫降稱人是人之於名例差一等若附庸其君應稱名故其子降稱人釋例曰王之世子不名諸侯世子則名會王世子于首止曹世子射姑來朝是也附庸世子稱人邾人牟人葛人來朝是也是言世子稱謂之等級也地理志泰山郡牟縣故牟國也陳留郡寧陵縣應劭曰故葛伯國然則於晉屬梁國也○**秋九月鄭伯突入于櫟**櫟鄭別都也今河南陽翟縣未得國直書入無義例也○櫟音歷翟徒歷反○**冬十有一月公會宋公衛侯陳侯于袲伐鄭**袲宋地在沛國相縣西南先行會禮而後伐也○袲昌氏反相息亮反【疏】注先行會禮○正義曰知非不與謀言會者以言于袲故知此行會禮也若不言地直言會則是不與謀例也召陵會杜注云於召陵先行會禮與此同也

傳十五年春天王使家父來求車非禮也諸侯不貢車服車服上之所以賜下**天子不私求財**諸侯有常職貢○

祭仲專鄭伯患之使其壻雍糾殺之將享諸郊雍姬知之謂其母曰父與夫孰親其母曰人盡夫也父一而已胡可比也婦人在室則天父出則天夫女以爲疑故母以所生爲本解之**遂告祭仲曰雍氏舍其室而將享子於郊吾惑之以告祭仲殺雍糾尸諸周氏之汪**注池也周氏鄭大夫殺而暴其尸以示戮也○舍音捨汪烏黃反暴步卜反**公載以出**懼其見殺故載其尸共出國**曰謀及婦人宜其死也**○**夏厲公出奔蔡**○**六月乙亥昭公入**○**許叔入于許**○**公會齊侯于艾謀定許也**○**秋鄭伯因櫟人殺檀伯而遂居櫟**檀伯鄭守櫟大夫○檀徒丹反○**冬會于袲謀伐鄭將納厲公也弗克而還**

經十有六年春正月公會宋公蔡侯衛侯于曹○**夏四月公會宋公衛侯陳侯蔡侯伐鄭**春既謀之今書會者魯諱議納不正蔡常在衛上今序陳下蓋後至【疏】注春既至後至○正義曰宣七年傳例云與謀曰及不與謀曰會此春既謀之例當言及今書會者魯諱與諸侯聚議納不正之人故從不與謀之文釋例曰魯既

春會于曹以謀伐鄭夏遂與師而更從不與謀之文者屬公篡大子忽之位謀而納之非正故諱之從不與謀之例是其義也諸侯之序以大小爲次班序譜稱自隱至莊十四年四十三歲征伐盟會者凡十六國時無霸主會同不并無有成序其間蔡與衛凡七會六在衛上唯此處在陳下故以爲蓋後至也。秋七月公至自伐鄭用飲至之禮故書。冬城向傳曰書時也而下有十一月舊說因謂傳誤此城向亦俱是十一月但本事異各隨本而書之耳經書夏叔弓如滕五月葬滕成公傳云五月叔弓如滕卽知但稱時者未必與下月異也又推校此年閏在六月則月却而節前水星可在十一月而正也詩云定之方中作于楚宮此未正中也功役之事皆揔指天象不與言歷數同也故傳之釋經皆通言一時不月別。向失亮反定丁佞反〔疏〕注傳曰至月別。正義曰杜以城向與下同月故撿叔弓如滕經傳之異如滕與葬同月知此城向與出奔同月但本事既異各隨本而書之下有月而此無月耳其實同是十一月也但十一月水星昬猶未正故復推校歷數此年月却節前水星可在十一月而正又方者未至之辭故以定之方中爲方欲向中而實未正中十一月可以興土功書時非傳誤也劉炫規過以爲案

周語云辰角見而雨畢天根見而水涸駟見而隕霜火見而清風戒寒故先王之教曰雨畢而除道水涸而成梁隕霜而冬裘具清風至而脩城郭故夏令曰九月除道十月成梁營室之中土功其始先儒以爲建戌之月霜始降房星見霜降之後寒風至而心星見鄭玄云辰角見謂九月本天根見謂九月末天根謂氐星是也自然火見是建亥之月又春秋城楚丘是正月而杜引詩云定之方中未正中也定星昬正月未正中乎據此諸文則火見土功必在建亥之月則建戌之月必無土功之理而杜以爲建戌之月得城向者非也今以爲周語之文單子見陳不除道故譏爲此言故所舉時節並在早月也月令孟冬天子始裘單子云隕霜而冬裘具九月已裘是其早也且周語之文據尋常節氣九月而除道十月而與土功杜以此年閏在六月則建戌之月二十一日已得建亥節氣是十月節氣在九月之中土功之事何爲不可諸侯城楚丘自在正月衛人初作宮室必在其前杜云定星方欲正中於理何失劉君廣引周語之文以規杜杜以月却節前何須致難。十有一月衛侯朔出奔齊惠公也朔讒構取國故不言二公子逐罪之也

傳十六年春正月會于曹謀伐鄭也前年冬謀納厲公不克故復更謀。復扶又反。夏伐鄭秋七月公至自伐鄭以飲至之禮也○冬城向書時也○初衛宣公烝於夷姜生急子夷姜宣公之庶母也上淫曰烝。烝之承反急如字詩作伋上時掌反一音如字〔疏〕注夷姜至曰烝。正義曰晉獻公烝於齊姜惠公烝於賈君皆是淫父之妾知此亦父妾故云庶母也成二年傳稱楚莊王以夏姬予連尹襄老襄老死其子黑要烝焉淫母而謂之烝知烝是上淫蓋訓烝爲進言自進與之淫也世家云初宣公愛夫人夷姜烝淫而謂之夫人馬遷謬耳屬諸右公子爲之娶於齊而美公取之生壽及朔屬壽於左公子左右媵之子因以爲號。屬音燭下同爲于僞反媵羊政反〔疏〕注左右至爲號。正義曰公子法無左右明其因母爲號公羊稱諸侯取一國則二國往媵之以有二媵故分爲左右說公羊者言右媵貴於左媵義或當然

此左右公子蓋宣公之兄弟也夷姜縊失寵而自縊死宣姜與公子朔構急子宣姜宣公所取急子之妻構會其過惡。構古豆反會古外反公使諸齊使盜待諸莘將殺之。莘衛地陽平縣西北有莘亭公使所吏反莘所巾反壽子告之使行行去也不可曰棄父之命惡用子矣惡安也。惡音烏注同有無父之國則可也及行飲以酒壽子載其旌以先盜殺之急子至曰我之求也此何罪請殺我乎又殺之二公子故怨惠公十一月左公子洩右公子職立公子黔牟黔牟羣公子。飮以酒於鴆反一本以作之洩息列反黔其廉反又音琴〔疏〕載其旌。正義曰代之而載其旌蓋旌有志識故也世家云與太子白旄而告盜曰見白旄者殺之或當以白旄爲旌但馬遷演此文而爲之說其辭至鄙未

必其言可信也惠公奔齊

經十有七年春正月丙辰公會齊侯紀侯盟于黃黃齊地○二月丙午公會邾儀父盟于趡趡魯地稱字義與蔑盟同二月無丙午丙午三月四日也日月必有誤。趡，翠軌反○夏。五月丙午及齊師戰于奚奚魯地背陳曰戰。陳，直覲反○六月丁丑蔡侯封人卒十一年大夫盟于折○秋八月蔡季自陳歸于蔡季蔡侯弟也言歸爲陳所納○癸巳葬蔡桓侯無傳稱侯蓋謬誤三月而葬速

〔疏〕注稱侯蓋誤。正義曰五等諸侯卒則各書其爵葬則舉謚稱公禮之常也此無貶責而獨稱侯故云蓋謬誤也釋例曰卒而外赴者皆正爵而稱名愼死考終不敢違大典也書葬者皆從主人私稱客主之人敬各有本謙敬各得其所而後二國之禮成也葬蔡桓侯獨不稱公劉賈許曰桓卒而季歸無臣子之辭也蔡侯無子以弟承位羣臣無廢主社稷不乏祀故傳稱蔡人嘉之非貶所也杞伯稱子傳爲三發蔡侯有貶傳亦宜說史書謬誤疑有闕文是其疑之意也

○及宋人衛人伐邾○冬十月朔日有食之甲乙者厤之紀也晦朔者日月之會也日食不可以不存晦朔晦朔須甲乙而可推故日食必以書朔日爲例

傳十七年春盟于黃平齊紀且謀衛故也齊欲滅紀衛逐其君○及邾儀父盟于趡尋蔑之盟也蔑盟在隱元年○夏及齊師戰于奚疆事也爭疆界也。疆，居良反，注及下皆同於是齊人侵魯疆疆吏來告公曰疆場之事愼守其一而備其不虞虞度也不度猶不意也。場音亦度待洛反下同

〔疏〕疆場至不虞。正義曰疆場謂界畔也至此易主故名曰場典封疆者不得已往侵人無使人來侵已謹愼守其一家之所有以備不意度之事

姑盡所備焉事至而戰又何謁焉齊背盟而來公以信待故不書侵伐。背音佩下同○蔡桓侯卒蔡人召蔡季于陳桓侯無子故召季而立之季內得國人之望外有諸侯之助故書字以善得衆稱歸以明外納○秋蔡季自陳歸于蔡蔡人嘉之也嘉之故以字告○伐邾宋志也邾宋爭疆魯從宋志背趡之盟○冬十月朔日有食之不書日官失之也天子有日官諸侯有日御日官月御典歷數者

〔疏〕註日官至歷數。正義曰周禮大史掌正歲年以序事頒告朔于邦國然則天子掌歷者謂大史也大史下大夫非卿故不在六卿之數傳言居卿則是尊之若卿故知非卿而位從卿故言居卿也平歷數者謂掌作歷數平其遲速而頒於邦國也晦朔弦望交會有期日月五星行道有度厤而數之故曰厤數也

日官居卿以底日禮也日官天子掌厤者不在六卿之數而位從卿故言居卿也底平也謂平厤數○底音旨下同日御不失日以授百官于朝日官平厤以班諸侯諸侯奉之不失天時以授百官

○初鄭伯將以高渠彌爲卿昭公惡之固諫不聽昭公立懼其殺已也辛卯弑昭公而立公子亹公子亹昭公弟。惡烏路反下及注所惡皆同亹音尾君子謂昭公知所惡矣公子達曰公子達魯大夫

〔疏〕君子至惡矣。正義曰弑君者人臣之極惡也昭公惡其人其人果行大惡是昭公知所惡矣言昭公惡之不妄也韓子以爲君子言知所惡者非多其知之明而嫌其心不斷也曰知之若是其明也而不如早誅焉以及於死故其言知所惡以見其無權也昭公知其惡而不能行其誅致使渠彌含憎懼死以徼幸故昭公不免於弑戒人君使彊於斷也○注公子達魯大夫。正義曰知非鄭人者若是鄭人當在君子之前言之傳先載君子之議後陳子達之言是達聞其言而評之與臧文仲聞蓼六之滅其事相類故知是魯人也

高伯其爲戮乎復惡已甚矣復重也本爲昭公所惡而復弑君重爲惡也。復扶又反注同一音服則乖注意重直用反下同

經十有八年春王正月，公會齊侯于濼。濼水在濟南歷城縣西北入濟。濼，盧篤反，又力角反，一音洛，說文匹沃反。○公與夫人姜氏遂如齊。公本與夫人俱行，至濼，公與齊侯行會禮，故先書會濼。既會而相隨至齊，故曰遂。

【疏】公與至如齊。正義曰：傳十一年公及夫人會齊侯于陽穀，彼言及，此不言及者，公羊傳曰：公何以不言及夫人？夫人外也。言夫人淫於齊侯而疏外公，故不言及也。穀梁傳曰：不言及夫人何也？以夫人之伉，不稱數也。言夫人驕伉，不可及，故舍而不數也。杜無明解。傳載申繻之言，譏公男女相瀆，蓋以相褻瀆之故，果致大禍，時史譏其男女無別，故不書及也。注公本至曰遂。正義曰：據傳文，知其嚮會之時，即與夫人俱行，至於濼水之上。不言及夫人會者，夫人從公行耳，其會之時，夫人不與。既會，乃相隨嚮齊，故如齊之上始書夫人。公自因會而行，故言遂耳。

○夏四月丙子，公薨于齊。不言戕，諱之也。戕例在宣十八年。○戕，在良反。

丁酉，公之喪至自齊。無傳。告廟也。丁酉，五月一日，有日而無月。

○秋七月。○冬十有二月己丑，葬我君桓公。無傳。九月乃葬，緩慢也。

傳十八年春，公將有行，遂與姜氏如齊。始議行事。

申繻曰：女有家，男有室，無相瀆也，謂之有禮。易此必敗。女安夫之家，夫安妻之室，違此則為瀆。今公將姜氏如齊，故知其當致禍亂。○瀆，徒木反。

【疏】女有家男有室。○正義曰：沈氏云：卿大夫稱家，家者，內外之大名，戶內曰室。但男子一家之主，職主內外，故曰家；婦人主閨內之事，故為室也。劉炫云：釋宮云宮謂之室，其內謂之家，則家之與室，義無以異。欲見男女之別，故以室屬之，其實室家同也。

公會齊侯于濼，遂及文姜如齊。齊侯通焉。公謫之，謫，譴也。○謫，直革反，責也，王又工革反。譴，遣戰反。以告。夫人告齊侯。

○夏四月丙子，享公。齊侯為公設享燕之禮。○為，于偽反。使公子彭生乘公，公薨于車。上車曰乘。彭生多力，拉公幹而殺之。○乘，如字，又繩證反，注同。上，時掌反。拉，力荅反。幹，古旦反。

【疏】注上車至殺之。○正義曰：莊元年公羊傳曰：夫人譖公於齊侯，齊侯怒，與之飲酒。於其出焉，使公子彭生送之，於其乘焉，搚幹而殺之。何休云：搚，折聲也。齊世家云：襄公使力士彭生抱上魯君車，因搚殺魯桓公，下車則死矣。搚、摺、拉，音義同也。

魯人告于齊曰：寡君畏君之威，不敢寧居，來脩舊好，禮成而不反，無所歸咎，惡於諸侯。請以彭生除之。除耻辱之惡也。○好，呼報反。咎，其九反。

齊人殺彭生。不書，非卿。

○秋，齊侯師于首止。陳師首止，討鄭弒君也。首止，衛地，陳留襄邑縣東南有首鄉。子亹會之，高渠彌相。不知齊欲討己。○相，息亮反。

七月戊戌，齊人殺子亹，而轘高渠彌。車裂曰轘。○轘，音患。裂，音列。

【疏】注車裂曰轘。○正義曰：襄二十二年傳稱轘觀起於四竟，又曰觀起車裂，是其事也。周禮條狼氏誓僕右曰殺，誓馭曰車轘，然則周法有此刑也。

祭仲逆鄭子于陳而立之。鄭子，昭公弟子儀也。是行也，祭仲知之，故稱疾不往。人曰：祭仲以知免。仲曰：信也。時人譏祭仲失忠臣之節，仲以子亹為渠彌所立，本既不正，又不能固位安民，宜其見除，故卽而然議者之言，以明本意。○知，音智，又如字。

○周公欲弒莊王而立王子克。莊王，桓王太子。王子克，莊王弟子儀。○弒，申志反。辛伯告王，遂與王殺周公黑肩。王子克奔燕。辛伯，周大夫。

初，子儀有寵於桓王，桓王屬諸周公。辛伯諫曰：並后，妾如后。○屬，音燭。匹嫡，庶如嫡。○嫡，丁歷反，注同。兩政，臣擅命。○擅，市戰反。耦國，都如國。亂之本也。周公弗從，故及。及於難也。○難，乃旦反。

附釋音春秋左傳注疏卷第七

春秋左傳注疏卷七校勘記　阮元撰盧宣旬摘錄

附釋音春秋左傳注疏卷第七 桓七年盡十八年宋本春秋正義卷第七

經七年

高平鉅野縣南有咸亭 續漢郡國志作西有咸亭

不復識其失地地咸邱 宋本監本毛本失地字作也

傳七年

今僻陋之語傳本無文 宋本僻作辟與注合

注盟向至鄭成 宋本此節正義在注郟王城之下

既而背之 監本毛本而誤有

經八年

春正月己卯烝 閩本春上有八年二字

以爲天地之主非天子則誰乎 宋本作以爲天地宗廟社稷之主君何謂已重乎此言繼先聖之後爲天地之主非天子則誰乎

明是王不當親也 浦鏜正誤云親下當脫迎字

傳八年

漢淮之間 宋本此節正義在乃盟而還之下

東經漢中魏興 閩本監本毛本興作典誤

導淮自桐柏 閩本監本毛本柏作栢下同

不從季梁謀 淳熙本謀作戰

冬王命虢仲立晉哀侯之弟緡于晉 石經作緡于晉顧炎武云石經凡從民字皆改

從氏避諱省筆案史記十二諸侯年表作滑

經九年

傳九年

注韓服至州縣 宋本以下正義二節揔入鄧師大敗節注下

此年傳文十六年與秦楚滅庸 宋本年下有見字

鄾在今鄧縣南沔水之北 文選李善注沈休文齊安陸昭王碑引注文作鄾今鄧鄉縣南江水之北案江字誤

夏楚使鬬廉帥師 石經初刻作楚子使後刊去子字

荀侯 陳樹華云應邵班叔皮北征賦注引作郇侯漢書地里志同

未誓於天子而攝其君 山井鼎云足利本後人記云異本君下有事字

注諸侯至上卿 宋本以下正義二節揔入篇末

蘇云誓於天子下君一等 浦鏜正誤蘇改作所

經十年

惡三國之伐在檀 閩本監本毛本三誤二在檀宋本監本毛本作有禮閩本亦誤在檀

此聖人之所以扶奬王室 宋本奬作弊

傳十年

終施父之言 纂圖本言下有乎字非也

注虢仲至大夫 宋本以下正義二節揔入出奔虞注之下

注虞叔虞公之弟 宋本以下正義二節揔入注文共池地名闕之下

周諺有之匹夫無罪 石經此行九字之匹夫三字磨改周諺有之文選李善鸚鵡賦注引作周在有

言

故韋昭通謂之匹夫匹婦也 閩本監本毛本亦誤作韋昭宋本作書傳是也○今正

吾焉用此其以賈害也 文選李善鷦鷯賦注引傳文作吾焉用之以賈其害

乃獻又求其寶劍 石經宋本淳熙本岳本足利本獻下有之字

齊人餼諸侯 案說文米部氣字引春秋傳作齊人來氣諸侯又曰或从既作槩或从食作餼惠棟云或从既者禮記既稟稱事是也或從食者今通用也古氣字作气故以气爲古氣字氣爲古餼字許氏引作氣所謂述春秋傳以古文也

則齊衞不合先書 宋本脫則齊衞三字

不依主兵之例 毛本兵作賓非

經十一年

楚人執陳行人于徵師殺之 宋本于作干是也○今訂正

是說罪重之意 監本毛本重作治亦非宋本正德本作仲是也○依改作仲

公會宋公于夫鍾 纂圖本閩本監本毛本改作夫鐘非

注東平須昌縣東南 郡國志引注文南下有有闞成三字

傳十一年

將與隨絞州蓼伐楚師 釋文云蓼本或作鄝同陳樹華云詩鄭箋引同

鄖國在江夏雲社縣東南有鄖城 鄖國淳熙本岳本足利本作鄖國宋本同雲社岳本監本毛本並作雲杜不誤按鄖城釋文作溳音云本亦作鄖郡國志引鄖城下有故國二字

莫敖患之 漢書五行志作莫囂顏師古曰莫囂楚官名也字或作敖

注邑亦國也 宋本以下正義四節揔入注文卒盟貳軫之下

縣尹稱公 監本毛本尹作令非

傳曰武王有亂臣十人 陳樹華云臣字疑轉寫者所增是也說詳襄二十八年

此注改予爲武王 宋本改改作引按武王有亂臣十人叔孫穆子語見襄二十八年傳孔疏云引予爲武王者非也惟襄廿八年不引紂有億兆夷人之句而昭廿四年萇宏所引有之杜注葢檃括其辭耳

祭鄭地 監本祭上有宜字閩本毛本作注亦非

注祭仲至應命 宋本此節正義入厲公立之下

經十二年

又妄稱躍爲利公 毛本利誤厲

公會宋公于龜 石經凡龜字作龜

傳十二年

詩云君子屢盟 釋文屢作婁云本又作屢婁乃古屢字漢書凡屢字俱作婁

數盟則情踈 諸本作疏足利本作踈

情疏而憾結 釋文亦作而岳本作則非也

絞人獲三十人 石經三十作卅

析骸以爨 閩本監本毛本析作折非

注彭水至魏縣 宋本以下正義二節揔入篇末

使伯嘉諜之 石經凡諜字作諜

經十三年

說文云軍中反間也 宋本云下有諜字是也閩本監本毛本作諜說文云非也

雖復各連同好　閩本監本毛本各誤名

傳十三年

謂其御曰　漢書五行志中作謂其馭曰案馭古文御字

舉趾高　漢書五行志作舉止高案儀禮士昏禮注云古文止作趾詩七月篇四之日舉趾漢書食貨志作四之日舉止下云下基也象艸木出有止故以止爲足古書足趾字多作止

狃忕也　案忕字从心大聲諸本誤多一點唐初說文有之今本說文改爲愧閩之段玉裁云

蒲騷在十一年　宋本淳熙本足利本下有役字

賴人仕於楚者　案者下脫一口

大夫至行也　宋本以下正義三節揔入皆免之之下

非益衆之謂也　宋本非上有其字

夫謂伯比伯比之意　閩本監本毛本脫伯比二字

召軍之諸司而勸勉之以善德　毛本召誤兆

及鄢亂次以濟　釋文云本或作亂次以濟其水案水經注沔水引作以濟淇水乃轉寫其譌爲淇也

羅與盧戎兩軍之　釋文作盧戎云如字本或作廬音同

莫敖縊于荒谷　釋文云荒本或作㠩陳樹華云案說文荒當作㠩淳熙本監本毛本于作於非也按㠩當是古本古字後人改之

注公後至之地　宋本此節正義入下節之後

經十四年

脩十二年武父之好以曹地曹與會　纂圖本監本毛本脫下曹字

公所親耕以奉粢盛之倉也　宋本岳本公上有藏字與疏合山井鼎云足利本所上有藏字所乃公字之誤岳本脫也字

天子爲藉千畝　閩本監本毛本藉作籍非下同

大祭祀之穀藉田之取藏於神倉者　宋本取作收案周禮注作收

既戒曰致齊廩雖灾　毛本亦誤曰諸本作日宋本淳熙本足利本廩上有御字灾宋本淳熙本作災同

致齊三日　毛本致作至非下戒日致齊同

宋人以齊人蔡人衞人陳人伐鄭　公羊衞人在蔡人上

傳十四年

以大宮之椽歸爲盧門之椽　監本盧誤虛

故不書　毛本作故不入誤也

經十五年

天王使家父來求車　儀禮士冠禮注引作家甫

諸侯奔亡　閩本監本毛本亡誤也

杜知是字者以蔡季子來歸　宋本以蔡下有季歸於蔡四字此等皆迥非他宋本所能及

公會宋公衞侯陳侯于袲伐鄭　公羊宋公上有齊侯二字說文移字注引春秋傳曰公會齊侯于移陳樹華云是袲乃移之變體而宋公上當有齊侯也

在沛國相縣西南　陳樹華云郡國志引杜預曰在縣西南一名犨一名犨三字似杜注

傳十五年

使其壻雍糾殺之　石經壻作胥

經十六年

又推校此年閏在六月　淳熙本此誤如閏誤門

作于楚宫　淳熙本足利本于作爲

傳十六年

生急子　釋文云急詩作伋詩芃蘭篇正義引傳亦作伋史記漢書古今人表並同

注夷姜至曰烝　宋本以下正義三節揔入惠公奔齊之下

傳稱楚莊王以夏姬予連尹襄老　毛本作連君非也

失寵而自縊死　宋本淳熙本岳本纂圖本足利本亦作經

宣姜與公子朔構急子　石經初刻構作搆後改從木旁構按說文無从手之構

左公子洩　漢書古今人表洩作泄是也

立公子黔牟　閩本監本毛本黔誤黚注同

蓋旌有志識故也　閩本監本無志字

經十七年

丙午三月四日也　纂圖本月下增初字非也

夏五月丙午及齊師戰于奚　石經宋本無夏字與序疏合

十三年大夫盟于折　宋本淳熙本岳本纂圖本足利本三作一不誤○今依訂

注稱侯蓋誤　宋本蓋下有謬字

傳十七年

疆埸之事　監本埸誤場惠棟云古文作畺易周禮有畺地易地楊統碑疆易不爭呂君碑慎守畺易蓋用此文說文云畺畍也從畕三其畍畫也或從彊土案漢書禮樂志吾易久遠晉灼曰易疆易也又食貨志云瓜瓠果蓏殖於疆易

疆埸至不虞　毛本埸誤亦此節正義宋本在注故不書侵伐之下

日官居卿以底日禮也　石經宋本岳本作厎是也顧炎武公五經無厎字皆是底字唯左傳襄二九年處而不厎昭元年勿使有所壅閉湫底音丁禮反今說文底字有下一畫誤字當從氏非也說詳宣三年傳

注日官至麻數　此節正義閩本監本毛本在注厎平也謂平麻數之下宋本入注以授百官之下

辛卯弒昭公而立公子亹　宋本弒作殺非宋子亹韓子難篇作子亶

公子達曰　韓子難篇作公子圉

君子至惡矣　宋本以下正義二節揔入篇末

非多其知之明　閩本監本毛本明誤名

曰知之若是其明也　毛本明作名非

而不如早誅焉　閩本監本如作于非

戕人君使彊於斷也　毛本彊作疆非也

故知是魯人也　宋本無是字

復惡已甚矣　惠棟云韓非子復惡作報惡鄭注周禮大司寇云復猶報也杜訓爲重失之

本爲昭公所惡而復弒君　文選李善注長笛賦引弒作殺

經十八年

故如齊之上始書夫人　閩本監本毛本始作加

傳十八年

不言戕諱之也戕例在宣十八年　宋本淳熙本戕作戕不誤釋文亦作戕

申繻曰　陳樹華云管子大匡篇作申俞

則家之與室義無以異　監本毛本與誤爲

拉公幹而殺之　陳華云幹玉篇引作骭

注上車至殺之　宋本此節正義在注不書非卿之下

陳留襄邑縣東南有首鄉　郡國志引杜預曰在襄邑東南有首止城

注車裂曰轘　宋本此節正義在是行也節注下

周禮滌狼氏　周禮秋官滌作條杜子春云條當爲滌器之滌此依杜注遂改條爲滌案滌器之滌古音同條毛本狼作狠非也

祭仲逆鄭子于陳而立之　陳樹華云史記作公子嬰於陳而立之是爲鄭子索隱曰左傳以鄭子名子儀此云嬰葢别有所見也按儀同俔俔即兒小兒也故左作儀史作嬰

時人譏祭仲失忠臣之節　纂圖本監本毛本譏誤知

附釋音春秋左傳注疏卷第七

春秋左傳注疏卷七挍勘記

附釋音春秋左傳注疏卷第八 莊元年盡十年

杜氏注　孔穎達疏

莊公。陸曰莊公名同桓公子母文姜謚法勝敵克亂曰莊 [疏] 正義曰魯世家云莊公名同桓公之子文姜所生卽桓六年子同生者也以莊王四年卽位謚法勝敵克壯曰莊是歲歲在鶉火

經元年春王正月○**三月夫人孫于齊** 夫人莊公母也魯人責之故出奔內諱奔謂之孫猶孫讓而去。遜本亦作孫音同注及傳同 [疏] 元年春王正月。正義曰此月無事而空書月者莊雖不卽君位而亦改元朝廟與民更始史書其事見此月公宜卽位而父弒母出不忍卽位故空書其文閔僖亦然。注夫人莊公母至而去。正義曰夫人孫意傳文不明故云魯人責之蓋責其訴公於齊侯而使公見殺故慙懼而出奔也公羊傳曰孫者何孫猶孫也內諱奔謂之孫穀梁傳曰孫之爲言猶孫也諱奔也杜用彼爲說昔帝堯孫位以讓虞舜故假彼美事而爲之名猶孫讓而去釋例曰使若不爲臣子所逐自孫位而去者

○**夏單伯送王姬** 無傳單伯天子卿也單采地伯爵也王將嫁女於齊旣命魯爲主故單伯送女不稱使也王姬不稱字以王爲尊且別於內女也天子嫁女於諸侯使同姓諸侯主之不親昏尊卑不敵。單音善采七代反別彼列反 [疏] 注單伯至不敵。正義曰檢經上下公卿書爵大夫書字單伯書爵故爲卿也單者天子畿內地名人君賜臣以邑令采取賦稅謂之采地禮運曰諸侯有國以處其子孫大夫有采以處其子孫是謂食邑爲采地單氏世仕王朝此及文公之世皆云單伯成公以下常稱單子知伯子皆爵也此時稱伯後降爲子耳又解不稱王使之意王於時將遣魯主昏必先有命豈得未嘗命魯徑送女來故知王已命魯爲主魯已承受王命單伯送女付魯而已不復重宣王命故不稱使也十一年王姬不云王使送者爲送者微也以姬繫王不稱女字以王爲尊故繫之於王且以別於內女內女則以字配姓謂之伯姬是也。公羊傳曰使我主之曷爲使我主之天子嫁女乎諸侯必使諸侯同姓者主之諸侯嫁女于大夫必使大夫同姓者主之所以然者昏之行禮必賓主相敵天子於諸侯諸侯於大夫不親昏者尊卑不敵故也二王之後雖王使賓客示崇先代而已不得卽與王敵嫁於二王之後亦使諸侯主之秦漢以來使三公主之呼爲公主

○**秋築王姬之館于外** 公在諒闇慮齊侯當親迎不忍便以禮接於廟又不敢逆王命故築舍於外。諒音梁又音亮迎魚敬反 [疏] 注公在至於外。正義曰穀梁傳曰築之外變之正也仇讎之人非所以接昏姻也衰麻非所以接弁冕也其意言公與齊爲讎又身有重服不得與齊侯爲禮故築于外也左氏先儒亦用此爲說杜案傳文稱請以彭生除之齊人雖爲殺彭生心實讎齊但不敢逆王命故以諒闇爲辭故築館于外杜謂諸侯之喪旣葬則衰麻除矣不得以喪服爲言也若讎不除服未釋則諸侯之國同姓多矣天王不應強使魯侯冒斬衰接父讎與之行吉禮也以此益明杜諒闇之言爲得其實徒以昏姻吉禮行事在廟公在諒闇之內慮齊侯當來親迎不可便以全吉之禮接賓於廟又讎除服釋不敢逆王命辭主昏故築舍於外使齊侯從外迎之

○**冬十月乙亥陳侯林卒** 無傳未同盟而赴以名

○**王使榮叔來錫桓公命** 無傳榮叔周大夫榮氏叔字錫賜也追命桓公褒稱其德若昭七年王追命衞襄之比。比必利反 [疏] 注榮叔之比。正義曰公羊傳曰錫者何賜也命者何加我服也又詩唐風無衣之篇晉人爲其君請命於天子之使以

無衣爲辭則王錫諸侯當有服也傳稱王賜晉惠公命受玉情則王賜又有玉也但賜諸侯以玉者欲使執而朝覲所以合瑞今追命桓公若追命衞襄之比止應褒稱其德賜之策書或當有服以表尊卑不復合瑞未必有玉也釋例曰天子錫命其詳未聞諸侯或卽位而見錫或歷年乃加錫或已薨而追錫魯桓薨後見錫則亦衞襄之比也魯文卽位見錫則亦晉惠之比也魯成八年齊靈二十三年乃見錫隨恩所加得失存乎其事言存乎其事者觀其錫之早晚知恩之厚薄觀其人之善惡知事之得失故傳不復顯言其是非也杜於追命衞襄之下注云命如今之哀策魏晉以來唯天子崩乃有哀策將葬於是遣奠讀之陳大行功德敘臣子哀情非此類也人臣之喪不作哀策良臣旣卒或贈之以官褒德敘哀載之於策將葬賜其家以告柩如今哀策蓋此謂也

○**王姬歸于齊** 無傳不書逆公不與接 [疏] 注不書逆公不與接。正義曰成九年伯姬歸于宋杜云宋不使卿逆非禮以逆者非卿故不書此云公不與接者杜意以公不與接雖卿亦不書也所與知者十一年齊侯來逆共姬而經不書故也又嫁伯姬于宋魯與宋無故此時有故知不與接也春秋之例送女不書者取受我而厚之此單伯書者爲逆至於魯不至於齊故也

○**齊**

師遷紀郱鄑郚無傳齊欲滅紀故徙其三邑之民而取其地郱在東莞臨朐縣東南鄑在朱虛縣東南北海都昌縣西有訾城。郱蒲丁反鄑子斯反郚音吾朐其俱反訾子斯反〔疏〕注齊欲至訾城。正義曰齊人遷此三邑并三邑之人自遷也故知齊欲滅紀故徙其三邑之民而取其地也蘇氏云直取其地不取其民故云遷不云取不言所往之處者志在去之而已非欲安存其人故與宋人遷宿文同其又異於郱遷也釋例曰郱遷于夷儀則以自遷爲文宋人遷宿齊人遷陽則以宋齊爲文各從彼此所遷之實記注之常辭亦非例也郱在東莞言郡郚在朱虛不言郡者釋例土地名朱虛亦屬東莞使之蒙上郡

傳元年春不稱即位文姜出故也文姜與桓俱行而桓爲齊所殺故不敢還莊公父弒母出故不忍行即位之禮據文姜未還故傳稱文姜出也姜於是感公意而還不書不告廟○父殺音試一音如字〔疏〕注文姜至告廟○正義曰不稱即位爲文姜出故也則即位之日文姜未還故知莊公以父弒母出不忍行其即位之禮也經書三月夫人孫于齊則是夫人來而復去故知文姜於是感公意而還也三月以來經傳

皆無夫人還事故解之還不書不告廟釋例曰文姜之身終始七如齊再如莒皆以淫行書行而不書反則元年之還亦不告廟推此可知也公羊傳曰夫人固在齊矣其言孫于齊何念母也正月以存君念母以首事穀梁傳曰接練時錄母之變始人之也其意言文姜往年如齊至此年三月猶尚不反三月練祭念及其母乃書其出奔非三月始從魯去也左氏先儒皆用此說杜不然者史之所書據實而錄未有虛書其事者也夫人若遂不還則孫已久矣何故至是三月始言孫于齊乎公若念及於母自可迎使來歸何以反書其孫豈莊公召命史官使書其母孫乎又禮三年之喪期月而練桓公以往年四月薨至今年三月未得一期何故已得爲練而云接練錄變存君念母也若以經無還文即言留齊不反則自是以後亦無還文二年夫人會齊侯于禚豈復自齊會之哉以此知三月始從魯去也

○三月夫人孫于齊不稱姜氏絕不爲親禮也姜氏齊姓於文姜之義宜與齊絕而復奔齊故於其奔去姜氏以示義○復扶又反去起呂反〔疏〕注姜氏至示義○正義曰文姜終始皆稱姜氏唯此一文獨異故傳解其意云不稱姜氏絕不爲親言於夫人之義宜與齊絕不復爲親也姜氏者齊之姓也禮婦人在家則天父出嫁則天夫爲夫斬衰三年爲兄大功九月令兄殺已夫於文姜之義宜與齊絕姜意不與齊絕而復奔之故於其奔也特去姜氏去姜氏者若言夫人不是齊女不姓姜氏以示應絕之義應絕不絕所以刺文姜也傳言禮者爲夫絕兄禮之意也公羊傳曰夫人何以不稱姜氏貶曷爲貶與弒公也其與弒公奈何夫人譖公於齊侯公曰同非吾子齊侯之子也齊侯怒使公子彭生摍幹而殺之穀梁傳亦云不言氏姓貶之也左氏先儒取二傳爲說言傳稱絕不爲親禮也謂莊公絕母不復以之爲親爲父絕母得禮尊父之義故曰禮也杜不然者釋例曰文姜與公如齊以淫見譴懼而歸訴於襄公襄公殺公而委罪於彭生弒公之謀姜所不與疑懼而自留於齊莊公感其不反以闕即位之禮故姜氏自齊而還魯魯人探情以責之故復出奔夫子以爲姜氏罪不與弒於莊公之義當以母淫於齊而絕其齊親內全母子之道故經不稱姜氏傳曰絕不爲親禮也明絕之於齊也文姜稱夫人明母義存也哀姜外淫故孫稱姜氏明義異也觀此解之意夫。宜與齊絕釋例之文言莊公宜與齊絕者夫人猶尚宜絕莊公固宜絕矣先儒謂莊公宜與母絕杜意莊公宜與齊絕故偏據莊公爲文所以排舊說耳其實夫人及公俱當與齊絕也

○秋築王姬之

館于外爲外禮也齊彊魯弱又委罪於彭生魯不能讎齊然喪制未闋故異其禮得禮之變○未闋苦穴反〔疏〕注齊彊之變○正義曰傳不直言禮而云爲外禮者築之是常未足褒美正爲築之于外是應變之禮故解其意齊彊魯弱又委罪彭生魯既不能讎齊雖內實深讎外若無怨既不敢辭王命又不欲見齊侯因其喪制未闋故異其禮爲之於外是其得禮之變也欒息爲闋則闋訓爲息也未闋言其未止息也王姬之館必築之者公羊傳曰主王姬者必爲之改築於路寢則不可小寢則嫌羣公子之舍則以卑矣其道必爲之改築者也穀梁傳曰於廟則已尊於寢則已卑爲之築節矣鄭箴膏肓云宮廟朝廷各有定處無所館天子之女故宜築于宮外是言須築之意也但杜意若其內不恨齊非有喪制不須築於城之外耳此言外者謂城之外說公羊穀梁者亦以爲城外然王姬來嫁必須築館所以十一年王姬不築館者或因其舊館或築而不書也

經二年春王二月葬陳莊公無傳魯往會之故書例在昭六年

夏公子慶父帥師伐於餘丘無傳於餘丘國名也莊公時年十五則慶

父莊公庶兄。【疏】二年注於餘至庶兄。正義曰：公羊穀梁皆以於餘丘爲邾之別邑，左氏無傳，正以春秋之至未有伐人之邑而不繫國者，此無所繫，故知是國。釋例注闕，不知其處，蓋近魯小國也。莊公時年十五者，以桓六年生，至此二年爲十五。莊二十七年公羊傳曰：公子慶父、公子牙、公子友，皆莊公之母弟也。左氏先儒用此爲說，杜以不然，故明之。釋例曰：經書公子慶父伐於餘丘，而公羊以爲莊公母弟，計其年歲，既未能統軍，又無晉悼、王孫滿幼知之文，此蓋公羊之妄，而先儒會不覺悟，取以爲左氏義。今推案傳之上下，羽父之弒隱公，皆諮謀於桓公，則桓公已成人也。傳曰生桓公而惠公薨，指明仲子唯有此男，非謂生在薨年也。桓以成人而弒隱即位，乃娶於齊，自應有長庶，故氏曰孟，此明證也。公疾問後於叔牙，牙稱慶父材，疑同母也。傳稱季友文姜之愛子，與公同生，故以死奉般，情義相推，考之左氏，有若符契。是杜明其異母之意也。氏曰孟氏，傳文實然，而經稱仲孫，杜無明釋。八年傳稱仲慶父，其舉謚稱之，則謂之共仲。蓋慶父雖爲庶長，而以仲爲字，其後子孫以字爲氏，是以經書仲孫。時人以其庶長稱孟，故傳稱孟孫。其以謚配字而謂之共仲，猶臧僖伯、管敬仲之類也。劉炫云：蓋慶父自稱仲，欲同於正適，言已少次莊公，爲三家之長，故以莊公爲伯，而自稱仲。春

秋之例，皆傳言實而經順其意。經稱當時之事，書其自稱之辭，其人自稱仲孫，不得不書爲仲。傳序已適之事，舉其時人之語，時人呼爲孟氏，不得不以孟錄。論語云孟孫問孝於我，是時人呼云孟氏也。楚公子棄疾弒君取國，改名爲居，經書楚子居卒，是從其自稱也。

○秋七月，齊王姬卒。無傳。魯爲之主，比之內女。【疏】注魯爲至內女。正義曰：他國夫人之卒，例皆不書，唯魯女爲諸侯之妻，書其卒耳。王姬非是內女，亦書其卒，爲比之內女故也。檀弓曰：齊告。王姬之喪，魯莊公爲之大功。或曰由魯嫁，故爲之服姊妹之服。是其比內女也。

○冬十有二月，夫人姜氏會齊侯于禚。夫人行不以禮，故還皆不書，不告廟也。禚，齊地。禚，諸若反。

○乙酉，宋公馮卒。無傳。再與桓同盟。馮，皮冰反。【疏】注再與桓同盟也。正義曰：桓十一年盟于折，十二年于穀丘，是再也。

傳二年冬，夫人姜氏會齊侯于禚，書姦也。文姜前與公俱如齊，後懼而出奔，至此始與齊好會。會非夫人之事，顯然書之。傳曰書姦，姦在夫人。文姜比年出會，其義皆同。

經三年春王正月，溺會齊師伐衛。溺，魯大夫。疾其專命而行，故去氏。溺，乃狄反。去，起呂反。【疏】三年注溺魯至去氏。正義曰：隱四年翬會宋公、陳侯、蔡人、衛人伐鄭。傳曰：羽父請以師會之，公弗許，固請而行，故書曰翬帥師，疾之也。彼不稱公子，傳言疾之。今溺亦不稱公子，傳亦言疾之，知其事與翬同，疾其專命而行，故去氏也。公子非氏，貶與氏同，故言氏也。

○夏四月，葬宋莊公。無傳。

○五月，葬桓王。

○秋，紀季以酅入于齊。季，紀侯弟。酅，紀邑，在齊國東安平縣。齊欲滅紀，故季以邑入齊爲附庸。先祀不廢，社稷有奉，故書字貴之。酅，戶圭反，本又作攜。【疏】注季紀至貴之。正義曰：公羊傳曰：紀季者何？紀侯之弟也。何以不名？賢也。何賢乎紀季？請後五廟以存姑姊妹。穀梁傳曰：酅，紀之邑也。入于齊者，以酅事齊也。杜取彼爲說，知季是紀侯之弟，以酅邑入齊爲附庸之君，附屬齊國也。諸侯之卿，例當書名，善其能自存立，故書字貴之也。釋例曰：齊侯、鄭伯詐朝于紀，紀侯以襲之，紀人大懼而謀難於魯，請王命以求成于齊，公告不能。齊遂偪之，遷其三邑，國有旦夕之危，而不能自入爲附庸，故分季以酅，使請事于齊。大去之後，季爲附庸，

先祀不廢，社稷有奉，季之力也，故書字不書名，書入不書叛也。判，分也。傳曰始分，爲紀侯大去張本也。劉、賈謂紀季以酅奔齊，不言叛，不能專酅也。傳稱紀侯不能下齊，以與紀季，季非叛也。紀王之後，叔姬歸于酅，明爲附庸，猶得專酅，故可歸也。是杜具說貴之意也。以叔姬歸酅，知酅爲附庸。附庸之君雖無爵命，而分地建國，南面之主，得立宗廟，守祭祀。僖二十一年傳曰：任、宿、須句、顓臾，風姓也，實司大皥與有濟之祀。論語云：夫顓臾，昔者先王以爲東蒙主。須句、顓臾，皆附庸也。得祀所出之祖，主其竟內山川，明得祀先君，奉社稷。

○冬，公次于滑。滑，鄭地，在陳留襄邑縣西北。傳例曰：凡師過信爲次。兵未有所加，所次則書之；既書兵所加，則不書其所次。以事爲宜，非虛次。滑，乎八反，又于八反。【疏】注滑鄭至虛次。正義曰：此解略而釋例詳。釋例曰：凡師一宿爲舍，再宿爲信，過信爲次，此周公之典，以詳錄師出入行止遲速，因爲之名也。兵事尚速，老師費財，不可以久，故春秋告命三日以上，必記其次。舍之與信，不書者，輕碎不以告也。兵未有所加，所次則書之，以示遲速，公次于滑、師次于郎是也。既書兵所加，則不書其所次，以事爲宜，非虛次，諸久兵而不書次是也。既書兵所加而又書次者，義在取於次，遂伐楚次于陘、盟于牡丘遂次于匡是也。所記或次在事

前次以成事也或次在事後事成而次也皆隨事實無義例也杜言既書兵所加則不書其次者或伐或戰曠日持久其間必有二日之次既書戰伐則不書次雖次在事前次在事後皆不書也既書兵所加而又書次者義在取於次齊侯伐楚楚彊齊欲緩之以德故不速進而次于陘盟于牡丘本爲救徐各使大夫救徐次匡以爲之援義取於次故書兵所加而又書其次次在事前謂僖元年齊師宋師曹師次于聶北救邢也次在事後謂襄二十三年叔孫豹帥師救晉次于雍榆也聶北之下公羊傳曰曷爲先言次而後言救君也雍榆之下公羊傳曰曷爲先言救而後言次先通君命也左氏先儒取彼爲說言齊桓君也進止自由故先次後救叔孫臣也先通君命故先救後次杜以傳無此言故改正其謬言此二事或次以成事或事成而次皆隨事實先後而書之無義例也先儒又言書次者皆美之辭釋例曰叔孫救晉次于雍榆傳曰禮者善其宗助盟主非以次爲禮也齊桓次于聶北救邢亦以存邢具其器用師人無私見善不在次也而賈氏皆即以爲善次次之與否自是臨時用兵之宜非禮之所素制也言非素制者非禮家制此名以爲善號也沈氏云將會鄭伯非軍旅而書次者古者君行師從卿行旅從故亦從師行之例也

傳三年春溺會齊師伐衛疾之也傳重明上例○重直用反○夏五月葬桓王緩也以桓十五年三月崩七年乃葬故曰緩○秋紀季以酅入于齊紀於是乎始判判分也言分爲附庸始於此○冬公次于滑將會鄭伯謀紀故也鄭伯辭以難厲公在櫟故○難乃旦反櫟音歷或音書灼反凡師一宿爲舍再宿爲信過信爲次爲經書次例也舍宿不書輕也言凡師通君臣【疏】傳注爲經至君臣。正義曰舍者軍行一日止而舍息也信者住經再宿得相信問也穀梁傳曰次止也則次亦止舍之名過信以上雖多日亦爲次不復別立名也通君臣者公次于滑君也叔孫豹次于雍榆臣也但是師行皆從此例君將不言師師故止云公次亦師次也非師之次則不在此例釋例譏賈氏云若魯公次乾侯之比非爲用師不應在例而復例之亦爲濫也○

經四年春王二月夫人姜氏享齊侯于祝丘無傳享食也兩君相見之禮非夫人所用直書以見其失祝丘魯地○食音嗣又如字本或作會以見賢遍反【疏】四年注享食至魯地○正義曰鄭玄儀禮注云饗謂亨大牢以飲賓則享是飲酒大禮與會小別而以享爲會者言夫人與齊侯會而設享禮故書享齊侯也定十年夾谷之會傳稱齊侯將享公孔丘拒之乃不果享是享者兩君相見之禮二年穀梁傳曰婦人不言會言會非正也饗甚矣是享非夫人所當用也禮不合用而夫人用之故直書以見其失也定本享會作享食也。○三月紀伯姬卒無傳隱二年裂繻所逆者內女唯諸侯夫人卒葬皆書恩成於敵體【疏】注隱二至敵體○正義曰穀梁傳曰外夫人不卒此其言卒何也吾女也適諸侯則尊同以吾爲之變卒之也爲之變者爲之服也禮諸侯絕期尊同則爲之變服服大功九月恩成於敵體故書其卒適大夫則略之釋例曰內女唯諸侯夫人卒乃書恩成於敵體其非適諸侯則略之以服制相準也生書其來而死不錄其卒從外大夫之比也○夏齊侯陳侯鄭伯遇于垂無傳○紀侯大去其國以國與季季奉社稷故不言滅不見迫逐故不言奔大去者不反之辭【疏】注以國至之辭○正

義曰傳稱紀侯不能下齊以與紀季是往年分酅與之紀國猶在今則全以紀與之故云以國與季釋例曰紀侯力弱慮窮自以列國不忍屈臣於齊使季以酅求安而脱身外寓季果爲附庸社稷有奉故不言滅不見迫逐故不言奔大去者不反之辭蓋時史即實而言仲尼弗改故傳不言故書書曰也是說大去之意也滅人國者皆毀其宗廟遷其社稷紀季雖降爲附庸得自立廟社而其國不滅也諸侯之奔皆被逐而出此則不見迫逐故不言奔時史謂之大去仲尼以爲得理故因而用之十二年叔姬歸于酅則紀季雖全得紀國亦不移就紀都紀之宗廟社稷皆遷之於酅承祀如本故爲不滅雖云國祚不滅其實爲齊所吞紀之器物財賄亦應爲齊。得成二年傳稱紀甗玉磬目之以紀得非滅紀所得也季既入臣於齊縱使齊不自取必應以之爲賂假令季以賂齊亦是滅紀所得也○六月乙丑齊侯葬紀伯姬無傳紀季入酅爲齊附庸而紀侯大去其國齊侯加禮初附以崇厚義故攝伯姬之喪而以紀國夫人禮葬之【疏】注紀季至葬之○正義曰紀侯由齊大去則是齊爲紀讎而葬其夫人故解其意云雖爲齊侯所葬亦由魯往會之故書釋例曰紀侯大去其國令弟納邑附齊齊侯嘉而愍之恩及伯姬伯姬魯女故以來

告大夫會葬故書齊侯葬紀伯姬也不書諡者亡國之婦夫妻皆降莫與之諡而賈許方以諸侯禮說又失之也○秋七月○冬公及齊人狩于禚無傳公越竟與齊微者俱狩失禮可知○狩手又反竟音境本又作境

傳四年春王正月楚武王荊尸授師孑焉以伐隨尸陳也荊亦楚也更爲楚陳兵之法揚雄方言孑者戟也然則楚始於此參用戟爲陳○孑吉熱反方言云楚謂戟爲孑爲陳直覲反〔疏〕注尸陳至爲陳○正義曰尸陳也釋詁文荊郎楚之舊邑故云荊亦楚也楚本小國地狹民少雖時復出師未自爲法式今始言荊尸則武王初爲此楚國陳兵之法名曰荊尸使後人用之宜十二年傳稱荊尸而舉是遵行之也楊雄以爾雅釋古今之語作書擬之采異方之語謂之方言方言云戟謂之孑郭璞云取名於鉤孑也戟是擊刺之兵有上刺之刃又有下鉤之刃故以鉤孑爲名也始云授師孑焉是往前未以此器授師故云然則楚始於此參用戟爲陳言參用之者參雜用之陳之所用非專用戟將齊入告夫人鄧曼曰余心蕩將授兵于廟故齊蕩動散也○將齊側皆反注同鄧曼歎曰王祿盡矣盈而蕩天之道也先君其知之矣故臨武事將發大命而蕩王心焉楚爲小國僻陋在夷至此武王始起其衆僭號稱王陳兵授師志意盈滿臨齊而散故鄧曼以天地鬼神爲徵應之符○僻匹亦反僭子念反應應對之應若師徒無虧王薨於行國之福也王薨於行不死於敵王遂行卒於樠木之下樠木木名○樠朗蕩反又莫昆反又武元反〔疏〕注樠木木名○正義曰此字之音或爲曼或爲朗若以萬爲聲當作曼以兩爲聲當作朗字體難定或兩爲之音杜直云木名不知木何所似木有似楡者俗呼爲朗楡蓋爲朗也令尹鬭祁莫敖屈重除道梁溠營軍臨隨隨人懼行成時祕王喪故爲奇兵更開直道溠水在義陽厥縣西東南入鄖水梁橋也隨人不意其至故懼而行成○重直用反一音直容反溠高貴鄉公音側嫁反水名字林壯加反鄖音云或作員〔疏〕注時祕至行成○正義曰除道謂除治新路故知更開直道梁溠爲作梁於溠故爲橋也釋例曰義陽厥縣西有溠水源出縣北從縣西東南至隨縣入鄖水杜以溠解溠蓋聲相近而字轉耳莫敖以王命入盟隨侯且請爲會於漢汭而還汭內也謂漢西○汭如銳反水曲曰汭濟漢而後發喪〔疏〕且請至發喪正義曰莫敖旣與隨侯盟且又請隨侯與楚爲會禮於漢水之汭而我還楚也隨侯畏楚遂從莫敖爲會禮會訖隨侯因濟漢還國而後發王喪也○紀侯不能下齊以與紀季不能降屈事齊盡以國與季明季不叛○下遐嫁反夏紀侯大去其國違齊難也違辟也○難乃旦反

經五年春王正月○夏夫人姜氏如齊師無傳書姦〔疏〕五年夫人至齊師○正義曰於時齊無征伐之事不知師在何處蓋齊侯疆理紀地有師在紀杜云書姦姦發夫人當向紀地從之不言會者往其軍內就齊侯耳不行會禮○秋郳犂來來朝附庸國也東海昌慮縣東北有郳城犂來名○郳五兮反國名後爲小邾犂力兮反慮如字又力於反○冬公會齊人宋人陳人蔡人伐衞

傳五年秋郳犂來來朝名未王命也未受爵命爲諸侯傳發附庸稱名例也其後數從齊桓以尊周室王命以爲小邾子○數音朔〔疏〕注未受至邾子○正義曰郳者附庸之國犂來其君之名傳言未王命者解其稱名之意由未得爵命爲諸侯故稱名也經書其名傳言未王命此傳所發郳是附庸稱名之例例當稱名故儀父稱字爲貴之也郳之上世出於邾國世本云邾顏居邾肥徙郳宋仲子注云邾顏別封小子肥於郳爲小邾子則顏是邾君肥始封郳譜云小邾邾俠之後也夷父顏有功於周其子友別封爲附庸居郳曾孫犂來始見春秋附從齊桓以尊周室命爲小邾子穆公之孫惠公以下春秋後六世而楚滅之世本言肥杜譜言友當是一人僖七年經書小邾子來朝知齊桓請王命命之○冬伐衞納惠公也惠公朔也桓十六年出奔齊

經六年春王正月王人子突救衛王人，王之微官也。雖官卑而見授以大事，故稱人而又稱字。疏六年注王人至稱字。○正義曰：昭十二年傳稱叔孫昭子三命踰父兄，則昭子之父叔孫豹再命也。再命而名見於經，知諸侯之卿再命三命皆書名，一命乃稱人。諸侯之臣既然，則王朝之臣亦然。周禮王之上士三命，中士再命，下士一命。故杜以爲劉夏、石尚稱名氏者，上士中士也；稱王人者，下士也。僖八年公羊傳曰「王人者何？微者也」，知此王人亦微者，故云王人王之微官也。春秋之世，二字而子在上者皆是字，故知子突是字。救衛必以師，救而文不稱師，於例爲將卑師少，以卑官而帥少師救衛，不能使衛侯不入，是無功也。無功而稱字者，以朔既讒構取國，而又不能於民，王意卽定黔牟，不欲使朔得入，故遣師救之。以時史惡諸侯逆王命，故尊王使，言子突雖則官卑，蒙王授以大事，故稱人而又稱字，貴王人所以責諸侯也。釋例曰：「莊六年，五國諸侯犯逆王命以納衛朔，大其事，故字王人，謂之子突，是說進之意也。進之不稱名而越稱字者，王之上士下士爵同而命異耳，進之同中士，未足以爲榮，故超從大夫之例，稱字以貴之也。文二年垂隴之會，晉士縠堪其事，卽書名氏，似若眞爲卿然，故不復稱人。此貴子突，止爲敦責諸侯，非是人實堪進，故稱人，依其本班稱字，見其別有所爲耳。」穀梁傳曰：「王人，卑者也。名，貴之也，善救衛也。救者善，則伐者不正矣。」杜意取彼爲說，唯以子突爲字耳。范甯注穀梁亦云：「此名當爲字，誤爾。」**○夏六月衛侯朔入于衛**朔爲諸侯所納，不稱歸而以國逆爲文，朔懼失衆心，以國逆告也。歸入例在成十八年。疏注朔爲至八年。○正義曰：去年齊、宋、陳、蔡伐衛，傳曰「納惠公也」。此年衛侯得入，則是諸侯納之，當言歸，而經書入。成十五年宋華元奔晉，宋人逆而反之，當言復歸，而經書歸。釋例曰：「朔懼有違衆之犯，而以國逆告；華元實國逆，欲挾晉以自助，故以外納赴。春秋從而書之，示二子之情也。凡諸侯外納有三：一者以言語告請得入，蔡季歸于蔡是也；二者與師送入其國，楚人圍陳納頓子于頓是也；三者所納之君別在他國，而諸侯師伐彼國，令其得入，今公及諸侯伐衛是也。」**○秋公至自伐衛**無傳。告於廟也。**○螟**無傳。爲災。○螟，亡丁反。**○冬齊人來歸衛俘**公羊、穀梁經傳皆言衛寶，此傳亦言寶，唯此經言俘，疑經誤。俘，囚也。○俘，芳夫反。疏注公羊至囚也。○正義曰：釋例曰：「齊人來歸衛寶，公羊、穀梁經傳及左氏傳皆同，唯左氏經獨言衛俘。考三家經傳有六，而其五皆言寶，此必左氏經之獨誤也。」案說文：保，從人，𤓰省聲。古文保不省。然則古字通用寶或作保字，與俘相似，故誤作俘耳。杜既以爲誤，而又解俘爲囚，是其不敢正決，故且從之。

傳六年春王人救衛○夏衛侯入，放公子黔牟于周，放甯跪于秦，殺左公子洩、右公子職甯跪，衛大夫。宥之以遠曰放。○甯，乃定反。跪，其毀反。宥音又。**乃即位。君子以二公子之立黔牟爲不度矣。夫能固位者，必度於本末，而後立衷焉。不知其本，不謀；知本之不枝，弗強**本末，終始也。衷，節適也。譬之樹木，本弱者其枝必披，非人力所能強成。○度，待洛反，下同。衷，丁仲反，注同，王音忠。強，其丈反，注同。披，普靡反，又普知反。**詩云：「本枝百世。」**詩大雅。言文王本枝俱茂，蕃滋百世也。○蕃音煩。疏君子至百世。○正義曰：君子以二公子之立黔牟也，爲不知揆度形勢矣。夫立人爲君，使能自堅固其位者，必當揆度於本末。度其本者，謂其人才德賢善，根本牢固；度其末者，謂其久終能保有邦國，蕃育子孫。知其堪能自固，而後立其衷焉。衷謂節適，言使得節適時乃立之也。若不能知其本之可立與否，則不當謀之。如似樹木，知其根本之弱，不能生長枝葉，以喻所立之人材力劣弱，不能保有邦國，蕃育子孫，則不須自強立之。詩以樹木本幹喻適，枝葉喻庶，言文王子孫本幹枝葉，適子庶子皆傳國百世，由文王之德堪使蕃滋故也。劉炫云：度其本，謂思所立之人，有母氏之寵，有先君之愛，有彊臣之援，爲國人所信服也；度其末，謂思所立之人，有度量，有知謀，有治術，爲下民所愛樂也。**○冬齊人來歸衛寶，文姜請之也**公親與齊共伐衛，事畢而還。文姜淫於齊侯，故求其所獲珍寶，使以歸魯，欲說魯以謝慙。○說音悅。**○楚文王伐申，過鄧。鄧祁侯曰：「吾甥也。」**祁，謚也。姊妹之子曰甥。○祁，巨支反，字林上尸反。疏注祁謚至曰甥。○正義曰：謚法經典不易曰祁。衞有石祁子，亦謚也。釋親云：「謂我舅者，吾謂之甥。」是姊妹之子曰甥。**止而享之。騅甥、聃甥、養甥請殺楚子**皆鄧甥仕於舅氏也。○騅音佳鄧侯弗許三甥曰亡鄧國者必此人也若不早圖後君噬齊。若齧腹齊喻不可及。○噬市制反齊粗兮反齧五結反其及圖之乎圖之此爲時矣鄧侯曰人將不食吾餘言自害其甥必爲人所賤【疏】人將不食吾餘。正義曰食謂啖之爲甥設享而因享害之所有餘食更爲人設之將賤吾不肯復食啖吾之餘食也膏肓以爲楚鄧彊弱相懸若從三甥之言楚子雖死鄧滅會不旋踵若剸腹去疾炊炭止沸左氏爲短鄭箴云楚之彊盛從滅鄧以後於時楚未爲彊何得云彊弱相懸蘇氏云三甥既有此語左氏因史記之文錄其實事非君子之論何以非之對曰若不從三臣抑社稷實不血食而君焉取餘言君無復餘。○焉於虔反復扶又反下文同弗從還年楚子伐鄧伐申還之年十六年楚復伐鄧滅之魯莊公十六年楚終強盛爲經書楚事張本【疏】注魯莊公十六年。正義曰知非楚文王十六

年者以文王莊五年即位至十九年卒唯十五年耳

經七年春夫人姜氏會齊侯于防防魯地○夏四月辛卯夜恒星不見恒常也謂常見之星辛卯四月五日月光尚微蓋時無雲日光不以昬沒。○不見賢遍反注及傳皆同【疏】七年注恒常至昬沒。正義曰恒常釋詁文夜者自昬至旦之揔名但此經不言夜中則此言夜者夜未至中謂初昬之後耳非竟夜不見星也穀梁夜作昔傳曰日入至於星出謂之昔不見者可以見也必如彼言星出以前名之曰昔則名昔之時法當未有星矣何以怪其不見而書爲異也明經所言夜者夜昬之後星應見之時而不見耳公羊傳曰恒星者何列星也言天官列宿常見之星也於時周之四月則夏之仲春月令仲春之月日在奎昬弧中鄭玄云弧在輿鬼南則於時南方之星盡當列見謂常見之星者謂南方星也杜以長厤校之知辛卯是四月五日也杜以五月月光尚微不能奄星使不見若有雲蔽當時復無雲蓋日光不以昬沒是故以爲異也夜中星隕如雨如而也夜半乃有雲星落而且雨其數多皆記異也日光不匿恒星不見而云夜中者以水漏知之。○夜中夜半也丁仲反又如字隕于閔反落也匿女力反【疏】注如而至知之正義曰。羊說如雨者言其狀似雨也此傳言星隕如雨與雨偕也偕訓爲俱與雨俱下不得爲狀似雨也故轉如爲而謂星落而且雨其數多與雜下所落非一星也非常爲異害物爲災此二事雖是天之變異不見物被災害皆記異也星隕非常固可記異雨乃常事亦言之者見星之隕其勢宜明時乃陰雨雨內見星所以爲異主言星之異不言雨之爲異也夜之早晚以星爲驗日光不匿恒星不見而云夜中者以水漏知之漏者晝夜百刻於時春分之月夜當五十刻二十五刻而夜半也○秋大水無傳○無麥苗今五月周之秋平地出水漂殺熟麥及五稼之苗。漂匹妙反又匹遙反【疏】注今五至之苗。正義曰直言無麥苗似是麥之苗而知麥苗別者公羊傳曰曷爲先言無麥而後言無苗待無麥然後書無苗如彼傳文知麥苗別也且此秋今之五月麥已熟矣不得方云麥之無苗故知熟麥及五稼之苗者爲水漂殺也種之曰稼斂之曰穡月令五時食穀黍稷麻麥豆周禮謂之五穀故云五稼之苗何休云禾初生曰苗秀曰禾○冬夫人姜氏會齊侯于穀無傳穀齊地今濟北穀城縣

傳七年春文姜會齊侯于防齊志也文姜數與齊侯會至齊地則姦發夫人至魯地則齊侯之志故傳略舉二端以言之。○數音朔【疏】注文姜至言之正義曰文姜數與齊侯會者二年于禚四年于祝丘五年如齊師此年于防于穀是也哀十五年傳稱齊致禚媚杏於衞則禚是齊地定五年傳稱季平子行東野卒于房。則防是魯地傳於齊地言書姦於魯地言齊志故知至齊地則姦發夫人至魯地則齊侯之志也二年會之始此年會之末故傳略舉二端以言之明其餘意同也杜于禚于穀皆言齊地于祝丘言魯地見其有二意若其不然桓五年經書城祝丘祝丘魯地不須解之釋例曰婦人無外事見兄弟不踰閾故其他行非禮所及亦例所不存而當其時實有出入或以事宜或以淫縱小君之行不得不書故直書其行而其善惡各繫於本會于禚傳稱書姦夫人入齊地也會于防傳稱齊志齊侯入魯地也於經無例傳以實言之○夏恒星不見夜明也星隕如雨與雨偕也偕俱也。偕音皆○秋無

麥苗不害嘉穀也黍稷尚可更種故曰不害嘉穀

經八年春王正月師次于郎以俟陳人蔡人無傳期共伐郕陳蔡不至故駐師于郎以待之〔疏〕八年。注期共至待之。正義曰唯言以俟陳蔡不知何故待之下有師及齊師圍郕或與陳蔡同計故云期共伐郕陳蔡不至故待之賈逵及説穀梁者皆云陳蔡欲伐魯故待之陳蔡於魯竟絕路遙春秋以來未嘗構怨何因輒伐魯也又俟者相須同行之辭非防寇拒敵之稱若是畏其來伐當謂之禦不得稱俟故知期共伐郕耳何休服虔亦言欲共伐郕

○甲午治兵治兵於廟習號令將以圍郕〔疏〕注治兵至圍郕。正義曰周禮中春教振旅中秋教治兵穀梁傳曰出曰治兵習戰也入曰振旅習戰也公羊傳曰出曰祠兵入曰振旅其禮一也皆習戰也釋天云出爲治兵尚威武也入爲振旅反尊卑也孫炎云出則幼賤在前貴勇力也入則尊老在前復常法也彼言治兵振旅皆謂因田獵而選車徒教戰法習號令知此治兵亦是習號令。此治兵於廟欲就尊嚴之處使之畏威用命耳但軍旅之衆非廟内所容止應告於宗廟出在門巷習之耶十八年傳稱鄭人簡兵大蒐將爲蒐除杜云治兵於廣城内地迫故除廣之是告於廟習於巷也下有圍郕知治兵爲圍郕也沈云周禮中秋治兵月令孟春令云是月也不可以稱兵所以甲午治兵者以爲圍郕故非時治兵猶如備難而城雖非時不譏沈又云治兵之禮必須告廟告廟雖是内事治兵乃是外事故雖告廟仍用甲午且治兵則征伐之類又爲圍郕雖在郊内亦用剛日甲午治兵公羊以爲祠兵謂殺牲饗士卒

○夏師及齊師圍郕郕降于齊師二國同討而齊獨納郕○降戶江反傳皆同〔疏〕注師及至齊師。正義曰於例將卑師衆稱師此直言師則公不自將傳稱仲慶父請伐齊師聞郕降齊師在國請耳非是軍中請也

○秋師還時史善公克己復禮全軍而還故特書師還〔疏〕注時史至師還。正義曰春秋之例公行征伐還則書至命將出師未有書師還者也慶父請伐齊師欲以自圍郕之師迴伐齊師若用其言則方相戰鬭師或喪敗公乃自責無德引罪歸己時史善公克己復禮全軍而還喜其得還故特書師還也傳言君子是以善魯莊公君子謂當時之史書此師還以善魯莊公也仲尼以爲得理故因而用之克己復禮論語文也克勝也己雖恨齊勝情而止責己而不責於人合。於。人。合於

禮意僖三十年秦晉圍鄭傳稱秦人竊與鄭盟子犯請擊秦師晉侯不許與此事同而彼無善文者晉君中平之主能有善事故爲可嘉晉文身爲霸主而私自恨鄭引秦共伐而秦人背之失其所與則爲不知得免不知之譏巳爲幸矣雖不從子犯未足可尚時史不善其事故仲尼亦無褒文

○冬十有一月癸未齊無知弒其君諸兒稱臣臣之罪也。兒如字一音五兮反

傳八年春治兵于廟禮也夏師及齊師圍郕郕降于齊師仲慶父請伐齊師齊不與魯共其功故欲伐之公曰不可我實不德齊師何罪罪我之由夏書曰皋陶邁種德夏書逸書也稱皋陶能勉種德邁勉也。夏戶雅反後放此陶音遙德乃降。〔疏〕夏書至乃降。正義曰此虞書皋陶謨之文以述禹事故傳謂之夏書孔安國以爲邁行種布降下也言皋陶能行布其德德乃下洽於民故民歸之今引之斷章取證降義當言皋陶能布行其德由其有德乃爲人降服也杜不見古文故以爲逸書以邁爲勉言皋陶能勉力種樹功德不知德乃降亦是書文謂爲莊公之語故隔從下注言能慕皋陶之種德乃人自降服之自恨不能如皋陶也姑務脩德以待時乎言苟有德乃爲人所降服姑且也秋師還君子是以善魯莊公傳言經所以卽用舊史之文

○齊侯使連稱管至父戍葵丘連稱管至父皆齊大夫戍守也葵丘齊地臨淄縣西有地名葵丘。稱尺證反又如字瓜時而往曰及瓜而代期戍公問不至問命也。期音基本亦作朞請代弗許故謀作亂僖公之母弟曰夷仲年生公孫無知有寵於僖公衣服禮秩如適適大子。適丁歷反注同襄公絀之二人因之以作亂二人連稱管至父。絀勑律反連稱有從妹在公宮無寵使間公伺公之間隙。從才用反下從者皆同間

如字注同或古覓反非曰捷吾以女爲夫人捷克也宣無知之言○捷在接反女音汝○冬十二月齊侯游于姑棼遂田于貝丘姑棼貝丘皆齊地田獵也樂安博昌縣南有地名貝丘○棼扶云反貝補蓋反樂音洛見大豕從者曰公子彭生也公見大豕而從者見彭生皆妖鬼公怒曰彭生敢見射之豕人立而啼公懼隊于車傷足喪屨反誅屨於徒人費誅責也○敢見賢遍反射食亦反啼田兮反隊直類反喪息浪反屨九具反費音祕弗得鞭之見血走出遇賊于門劫而束之費曰我奚御哉袒而示之背信之費請先入詐欲助賊○御魚呂反袒音但伏公而出鬭死于門中石之紛如死于階下石之紛如齊小臣亦鬭死○紛敷文反遂入殺孟

陽于牀孟陽亦小臣代公居牀○牀士良反曰非君也不類見公之足于戶下遂弑之而立無知經書十一月癸未長麻推之月六日也傳云十二月傳誤初襄公立無常政令無常鮑叔牙曰君使民慢亂將作矣奉公子小白出奔莒鮑叔牙小白傅小白僖公庶子○鮑步卯反亂作管夷吾召忽奉公子糾來奔管夷吾召忽皆子糾傅也子糾小白庶兄來不書皆非卿也爲九年公伐齊納子糾齊小白入于齊傳○召時照反糾居黝反初公孫無知虐于雍廩雍廩齊大夫爲殺無知傳○廩力錦反

經九年春齊人殺無知無知弒君而立未列於會故不書爵例在成十六年

疏九年注無知至六年○正義曰無知弒君自立則是爲齊君矣而不言弒其君者爲未列於會故不書爵不書爵者正謂不書弒其君也釋例曰諸侯不受先君之命而篡立得與諸侯會者則以成君書之齊商人蔡侯般之屬是也若未得接於諸侯則不稱爵楚公子棄疾殺公子比蔡人殺陳佗齊人殺無知衛人殺州吁公子瑕之屬是也諸侯篡立雖以會諸侯爲正此列國之制也至於國內策名委質即君臣之分已定故雖殺不成君亦與成君同義也是言殺而不稱君之義也曹伯負芻殺太子而自立成十五年晉侯討而執之十六年曹人請于晉曰若有罪則君列侯會矣是列會則成君故指彼以爲例

○公及齊大夫盟于蔇齊亂無君故大夫得敵於公蓋欲迎子糾也來者非一人故不稱名蔇魯地琅邪繒縣北有蔇亭○蔇其器反繒才陵反

疏注齊亂至蔇亭○正義曰僖二十九年傳曰在禮卿不會公侯會伯子男可也是大夫不得敵也若敵公則經沒公不書而貶卿稱人翟泉之盟是也此不沒公者齊亂無君故大夫得敵公既得敵公當書名氏而直言齊大夫者來者非一人故不稱名也文十年宋人殺其大夫傳曰不稱名衆也是衆則不得書名

○夏公伐齊納子糾。

疏公伐齊納子糾○正義曰公羊傳曰糾者何公子糾也何以不稱公子君前臣也何休曰嫌當爲齊君在魯君前不爲臣禮故去公子見臣於魯也賈逵云不言公子次正也公羊之說不可通於左氏次正不稱公子其事又無所出案今定本經文糾之上且有

子字自外入内不稱公子者多唯有楚公子比稱公子蓋告辭有詳略故爲文不同此有伐齊之文故不須言于齊納捷菑于邾爲無伐邾之文故須言于邾○齊小白入于齊二公子各有黨故雖盟而迎子糾當須伐乃得入又出在小白之後小白稱入從國逆之文本無位

疏注二公至無位○正義曰傳稱鮑叔牙以小白奔莒管夷吾召忽奉子糾來奔則二子在國寵均勢敵故國內各有其黨令齊大夫來盟于蔇直是子糾之黨來迎子糾耳小白之黨猶自向莒迎小白也若其舉國同心共推子糾來迎即宜付之不須以盟要之今既與之盟而與師送糾是二公子各自有黨須伐乃得入故公伐齊也昭十三年傳稱桓公有國高以爲內主則國子高子是小白之黨也彼云小白既早公送子糾又遲公伐齊納子糾始行即書小白入齊得告乃書故至齊之時出小白之後然傳例曰凡去國國逆而立之曰入小白稱入從國逆之文以其本無位也若本有位則當云復歸賈服以爲齊大夫來迎子糾公不亟遣而盟以要之齊人歸迎小白謂迎小白者疑是盟蔇大夫故杜言各自有黨以解之

○秋七月丁酉葬齊襄公無傳九月乃葬亂故○八月庚申及齊師戰于乾

時我師敗績小白既定而公猶不退師歷時而戰戰遂大敗不稱公戰公敗諱之乾時齊地時水在樂安界岐流旱則竭涸故曰乾時。乾音干岐其宜反又巨移反涸戶各反疏注小白至乾時正義曰公以夏伐齊已出小白之後齊人得葬襄公便是國寧位定公可退而不退戰而敗績是公之罪時史書策不稱公戰公敗爲公諱也若言此戰非公是將卑師衆故直言師戰師敗耳此戰雖諱猶書敗升陘之戰敗亦不書者彼爲獲公胄恥諱之深故不書敗也○九月齊人取子糾殺之公子爲賊亂則書齊實告殺而書齊取殺者時史惡齊志在譎以求管仲非不忍其親故極言之。惡烏路反譎古穴反疏注取子糾殺之正義曰此名糾耳稱子者公羊傳曰其稱子糾何貴也其貴奈何宜爲君者也何休云以君薨稱子某言之者著其宜爲君從未踰年君例賈逵云稱子者愍之案定本上納子糾已稱子則此言子非愍之也沈云齊人稱子糾故魯史從其所稱而經書子糾知者傳云子糾親也請君討之豈復是愍之乎劉與賈同注公子至言之。正義曰諸侯之臣爲卿乃見經公子爲賊亂者則書其名不問位之貴賤釋例曰禍福不告則不書然則國之大事見告則皆承告而書貴賤各以所告爲文也禍

莫大於亨國有家禍莫甚於骨肉相殘故公子取國及爲亂見殺者亦皆書之不必繫於爲卿故子糾意恢以公子見書於經也是說公子書經之意也○冬浚洙無傳洙水在魯城北下合泗浚深之爲齊備。浚蘇俊反深也洙音殊水名泗音四疏注洙水至齊備○正義曰釋例云洙水出魯國東北西南入流水下合泗公羊傳曰洙者何水也浚之者何深之也曷爲深之畏齊也是畏齊故深之爲阻固也

傳九年春雍廩殺無知○公及齊大夫盟于蔇齊無君也○夏公伐齊納子糾桓公自莒先入桓公小白○秋師及齊師戰于乾時我師敗績公喪戎路傳乘而歸戎路兵車傳乘乘他車。喪息浪反傳直專反又丁戀反傳乘繩證反注傳乘字同乘他如字○秦子梁子以公旗辟于下道二子公御及戎右也以誤齊師。辟音避本亦作辟一音婢亦反是以皆止止獲也鮑叔帥師來言曰子糾親也請君討之鮑叔乘勝而進軍志在生得管仲故託不忍之辭管召讎也請受而甘心焉管仲射桓公故曰讎甘心言欲快意戮殺之。召詩照反讎市由反射食亦反乃殺子糾于生竇生竇魯地。竇音豆召忽死之管仲請囚鮑叔受之及堂阜而稅之堂阜齊地東莞蒙陰縣西北有夷吾亭或曰鮑叔解夷吾縛於此因以爲名。稅本又作說同上活反一音失銳反解古買反縛扶略反歸而以告曰管夷吾治於高傒高傒齊卿高敬仲也言管仲治理政事之才多於敬仲。治直吏反注同傒音兮使相可也疏鮑叔至可也。正義曰此傳大略世有管子書者或是後人所錄其言甚詳其小匡篇曰桓公自莒反於齊使鮑叔牙爲宰鮑叔辭曰君有加惠於臣使臣不凍餒則是君之賜也若必治國家則非臣之所能也其唯管夷吾乎臣之所不如夷吾者五寬惠愛民臣不如也治國不失秉臣不如也忠信可結於諸侯臣不如也制禮義可法於四方臣不如也介胄執

枹立於軍門使百姓皆知勇臣不如也夫管子民之父母也將欲治其子不可棄其父母公曰管夷吾親射寡人中鉤殆於死今乃用之可乎鮑叔曰彼爲其君動也君若宥而反之其爲君亦猶是也公曰然則爲之奈何鮑叔曰君使人請之魯公曰夫施伯魯之謀臣也彼知吾將用之必不吾與鮑叔曰君詔使者曰寡君有不令之臣在君之國願請之以戮於羣臣魯君必諾且施伯之知夷吾之才必將致魯之政夷吾受之則魯能弱齊矣夷吾不受彼知其將反齊必殺之君亟請之不然無及公乃使鮑叔行成曰公子糾親也請君討之魯人爲殺公子糾又曰管仲讎也請受而戮之魯君許諾施伯謂魯侯曰勿與非戮之也將用其政也管仲天下之賢人今齊求而得之則必長爲魯國憂君何不殺之而授其屍魯君曰諾將殺管仲鮑叔進曰殺之齊是戮齊也殺之魯是戮魯也寡君願先得之以徇於國爲羣臣戮若不生得是君與寡君之賊比也非敝邑之所請也使臣不敢受命於是乎魯君乃不殺遂生束縛而以與齊鮑叔受而哭之三舉施伯從而笑之謂大夫曰管仲必不死矣鮑叔之不忍戮賢人其知稱賢以自成也至於堂阜之上鮑叔祓而浴之三桓公親迎於郊遂與歸禮之於廟三酌而問爲政焉外傳齊語與管子大同管子當是本耳管子無治於高傒之言鮑叔之美管子

其言非一說者各記所聞故不同耳公從之。相息亮反

經十年春王正月公敗齊師于長勺齊人雖成列魯以權譎稽之列成而不得用故以未陳爲文例在十一年長勺魯地。勺上酌反陳直覲反十一年經注同〔疏〕十年注齊人至魯地。正義曰例稱敵未陳曰敗某師背陳曰戰此傳稱齊人成陳擊鼓不應稱敗齊師故解之孫子兵書曰譎稽之使失其先後謂稽留彼敵不時與戰使先後失其次第魯以曹劌之語權謀譎詐以稽留之列成而不得用與未陳相似故以未陳爲文釋例曰長勺之役雖俱陳而鼓音不齊檇李之後越人患吳之整以死士亂吳雖皆已陳猶以獨克爲文舉其權詐是也此注稽或作掩誤耳今定本作稽。二月公侵宋無傳侵例在二十九年。三月宋人遷宿無傳宋強遷之而取其地故文異於邢遷。強其丈反。夏六月齊師宋師次于郎不言侵伐齊爲兵主背蔇之盟義與長勺同。背音佩傳同〔疏〕注不言至勺同。正義曰此春敗齊師于長勺傳稱齊師伐我則今次于郎亦是欲來伐我而經並不稱

侵伐侵伐者責罪之文也桓十年齊侯鄭伯來戰于郎傳曰我有辭也故不稱侵伐則知此與長勺不書侵伐亦爲我有辭也我有辭者齊來伐我爲公伐齊納子糾來報伐也公之伐齊大夫來盟于蔇許以子糾爲君令魯伐齊納子糾彼自背盟伐魯非責魯也魯有此辭故齊人不合伐也杜言二公子各有黨則迎子糾者非小白之徒而責齊背盟者言彼蔇盟大夫背盟而從小白誤公使伐齊耳不言桓公背盟也杜以傳於長勺之役有伐我之語故就傳爲解而以此同之公敗宋師于乘丘乘丘魯地。乘繩證反。秋九月荊敗蔡師于莘荊楚本號後改爲楚楚辟陋在夷於此始通上國然告命之辭猶未合典禮故不稱將帥莘蔡地。莘所巾反將率子匠反率又作帥同所類反〔疏〕注荊楚至蔡地。正義曰荊楚一木二名故以爲國號亦得二名終莊公之世經皆書荊僖之元年乃書楚人伐鄭蓋於爾時始改爲楚以後常稱楚也他國雖將有尊卑師有多少或稱師或稱將不得直書國名史之書策承彼告辭此直稱國知其告命之辭未合典禮故不稱將帥也以蔡侯獻舞歸獻舞蔡季〔疏〕以蔡侯獻舞歸。正義曰穀梁傳曰以歸猶愈乎執也杜於隱七年

注云但言以歸非執也則以歸者直將與其歸不被囚執其恥輕於執也釋例得獲例曰敵國交兵亦有兵器之獲欲殊別君臣故於君曰滅於臣曰獲國君者社稷之主百姓之望當與社稷宗廟共其存亡者也而見獲於敵國雖存若亡死之與生皆與滅同至於偏軍元帥君之臣僕出身致命榮辱得失自其常事故傳曰胡子髡沈子逞滅獲陳夏齧君臣之辭也如杜此言師敗身虜亦應稱滅此不言滅而云以歸者釋例所云據宗廟社稷已亡而君見獲於敵君身雖在與亡無異皆以滅爲文則定六年鄭遊速帥師滅許以許男斯歸是也若社稷宗廟不亡君身見獲於敵則云以歸此蔡侯獻舞歸是也劉炫云在陳死則稱滅以還者則言以歸以規杜氏非也。冬十月齊師滅譚譚國在濟南平陵縣西南傳曰譚無禮此直釋所以見滅經無義例他皆放此滅例在文十五年。譚徒南反譚子奔莒不言出奔國滅無所出〔疏〕注不言至所出。正義曰公羊傳曰何以不言出國已滅矣無所出也

傳十年春齊師伐我不書侵伐齊背蔇之盟我有辭公將戰曹

劌請見曹劌魯人。劌古衞反見賢遍反下同〔疏〕注曹劌魯人。正義曰史記作曹沫亦云魯人其鄉人曰肉食者謀之又何間焉肉食在位者間猶與也。間間廁之間注同與音預〔疏〕注肉食至與也。正義曰孟子論庶人云五畝之宅樹之以桑五十者可以衣帛雞豚狗彘之畜無失其時七十者可以食肉是賤人不得食肉故云在位者也襄二十八年傳說子雅子尾之食云公膳日雙雞昭四年傳說頒冰之法云食肉之祿冰皆與焉大夫命婦喪浴用冰蓋位爲大夫乃得食肉也間謂間雜言不應間其中而爲之謀故云間猶與也劌曰肉食者鄙未能遠謀乃入見問何以戰公曰衣食所安〔疏〕衣食所安。正義曰公意衣食二者雖所以安身然亦不敢專已有之必以之分人弗敢專也必以分人對曰小惠未偏民弗從也分公衣食所惠不過左右故曰未偏。偏音遍注同公曰犧牲玉帛〔疏〕犧牲玉帛。正義曰四者皆祭神之物曲禮曰天子以犧牛諸侯以肥牛鄭玄

云犧純毛也肥養於滌也然則牲謂三牲牛羊豕也犧者牲之純色也魯自得用天子之禮要犧牲相配之語未必爲得用乃言之也弗敢加也必以信祝辭不敢以小爲大以惡爲美○犧許宜反對曰小信未孚神弗福也孚大信也疏注孚大信也○正義曰孚亦信耳以言小信未孚故解孚爲大信以形之公曰小大之獄雖不能察必以情必盡已情察審也對曰忠之屬也上思利民忠也○屬音蜀疏注上思利民忠也○正義曰桓六年傳文也言以情審察不用使之有枉則是思欲利民故爲忠之屬也可以一戰戰則請從公與之乘共乘兵車○從才用反乘繩證反戰于長勺公將鼓之劌曰未可齊人三鼓劌曰可矣齊師敗績公將馳之劌曰未可下視其轍視車跡也○三息暫反又如字轍直列反登軾而望之疏登軾而望之○正義曰考工

記云兵車之廣六尺有六寸三分車廣去一以爲隧隧謂輿內前後深四尺四寸也三分其隧一在前二在後以揉其式式在輿間從前量之深一尺四寸三分寸之二也以其廣之半爲之式崇崇三尺三寸也謂當車輿之內去前軫一尺四寸三分寸之二下去車板三尺三寸横施一木名之曰軾得使人立於其後時依倚之曹劌登軾得臣云君馮軾皆謂此也曰可矣遂逐齊師既克公問其故對曰夫戰勇氣也一鼓作氣再而衰三而竭彼竭我盈故克之夫大國難測也懼有伏焉恐詐奔○軾音式伏如字舊扶又反吾視其轍亂望其旗靡故逐之旗靡轍亂怖遽○旗音其靡音美怖普布反遽其據反○夏六月齊師宋師次于郎公子偃曰宋師不整可敗也公子偃魯大夫宋敗齊必還請擊之公弗許自雩門竊出蒙皐比而先犯之雩門魯南城門皐比虎皮○雩音于比音毗注同疏注雩門至虎皮○正義曰雩門爲魯南城門蓋時人猶以名之故知也僖二十八年傳稱胥臣蒙馬以虎皮此云蒙皐比而先犯之事與彼同知皐比是虎皮也以胥臣之事譬之必知定是虎皮其名曰皐比則其義未聞樂記云倒載干戈包之以虎皮名之曰建櫜鄭玄以爲兵甲之衣曰櫜櫜韜也而其字或作建皐故服虔引以解此公從之大敗宋師于乘丘齊師乃還○蔡哀侯娶于陳息侯亦娶焉息嬀將歸過蔡蔡侯曰吾姨也妻之姊妹曰姨疏注妻之姊妹曰姨○正義曰釋親云妻之姊妹同出爲姨孫炎云同出俱已嫁也止而見之弗賓不禮敬也息侯聞之怒使謂楚文王曰伐我吾求救於蔡而伐之楚子從之秋九月楚敗蔡師于莘以蔡侯獻舞歸○齊侯之出也過譚譚不

禮焉及其入也諸侯皆賀譚又不至以九年入○過古禾反冬齊師滅譚譚無禮也譚子奔莒同盟故也傳言譚不能及遠所以亡

附釋音春秋左傳注疏卷第八

江西南昌府學栞

春秋左傳注疏卷八校勘記　阮元撰盧宣旬摘錄

附釋音春秋左傳注疏卷第八 莊元年盡十年宋本春秋正義卷第八石經春秋經傳集解莊公第三盡卅二年

莊公

即桓六年子同生者也 浦鏜正誤者疑是字之誤或下脫是字盧文弨挍本者作是字挍不當作是

經元年

元年春王正月 宋本無元年春三字此節正義在春王正月下閩本監本毛本同

夫人孫于齊 釋文孫作遜云本亦作孫段玉裁云此二字妄人互易之昭廿五年音義可證古經典無遜字

注夫人莊公母至而去 宋本無莊公母三字此節正義在夫人孫于齊下閩本監本毛本同

成公以下當稱單子 宋本當作常是也○今訂作常

謂之伯姬是也 宋本伯姬下有叔姬二字閩本監本毛本亦脫

不可便以全吉之禮接賓於廟 重修監本全誤金

注榮叔至之比 諸本有至字此本脫

令追命桓公 毛本今誤令

傳元年

三月以來經傳皆無夫人還事 浦鏜正誤來作前

接練時録母之變始人之也 閩本監本毛本人誤念

夫宜與齊絶 宋本閩本監本毛本夫下有人字

所以排舊說耳 監本毛本排誤非

注齊彊至之變 諸本有至字此本脫

經二年

二年注於餘至庶兄 宋本閩本監本毛本脫二年二字

正以春秋之至 宋本之至作上下不誤毛本至作旨

齊告王姬之喪 案禮記告作穀鄭注云穀當爲告聲之誤遂改穀爲告

冬十有二月 七經孟子考文云足利本二作一非

不告廟也禚齊地 淳熙本脫也字按玉篇禾部禚云齊地名而示部禚字不云地名蓋顧希馮所據春秋字从禾說文無禚

傳二年

文姜此年出會 宋本淳熙本岳本纂圖本閩本監本毛本此作比是也○今依訂正

經三年

三年注溺魯至去氏 宋本閩本監本毛本脫三年二字

請後五廟以存姑姊妹 毛本後誤復

齊侯鄭伯詐朝于紀侯以襲之 宋本下侯字作欲

寔司大皞 宋本寔作實案皡當作皞从日不从白也說詳僖廿一年傳

各使大夫救徐 閩本監本毛本各誤名

曷爲先先言次而後言救君也 宋本先字不重

曷爲言救而後言次 宋本言上有先字是也

非禮家制此名 宋本名上有次字是也

傳三年

傳重盟上例　釋文亦作盟宋本淳熙本纂圖本岳本監本毛本作明不誤○今訂作明

七年乃葬故曰緩　岳本年作月非也

傳注爲經至君臣　宋本監本毛本無傳字

舍者軍行一日止而舍息也　閩本監本軍誤君

經四年

享食也　釋文云食音嗣又如字本或作會正義引定本云享會作享食

饗謂享大牢以飲賓　閩本監本毛本享作享案古享獻之享烹飪之烹享通之享皆作亯也

傳稱齊侯將享公　毛本享作享

定本享會作享食也　宋本無也字

隱二年　纂圖本二誤三

今則全以紀與之　宋本與上有國字

亦應爲齊得　宋本齊下有所字

恩及伯姬姬魯女　宋本作伯姬伯姬魯女

傳四年

授師孑焉　宋本孑作子案毛居正六經正誤從孑

揚雄方言　宋本淳熙本閩本監本揚作楊是也此本正義亦作楊○今改作楊

注尸陳至爲陳　宋本以下正義四節總入齊漢而後發喪句下

未目爲法式　宋本法作灋

僻陋在夷　宋本淳熙本僻作辟釋文云僻匹亦反案陳樹華云釋文當作辟若本作僻無煩音切矣此皆傳寫之誤

或兩爲之音　宋本或作故

不知木何所似　毛本木誤本

除道梁溠　說文引作除涂梁溠

時祕王喪　閩本監本祕作秘俗字

且又請隨侯與楚爲會禮於漢水之汭　閩本監本毛本與誤異

以與紀季　山井鼎云足利本及宋板後人記云以下異本有國字非

經五年

五年夫人至齊師　諸本脫五年二字

傳五年

曾孫犂來　監本毛本曾誤會

經六年

春王正月　公羊穀梁正作三

六年注王人至稱字　諸本脫六年二字

止爲敦責諸侯　宋本責貴非也

名貴之也　宋本名上有稱字是也

楚人圍陳納頓子于頓是也　毛本陳作成誤

無傳告於廟也　閩本無傳二字空缺

實或作傢字與侼相似　閩本監本毛本亦脫作字據宋本補

傳六年

必度於本末　岳本於誤其

注祁謚至曰甥　宋本以下正義三節揔入十六年節注下

騅甥聃甥養甥請殺楚子　纂圖本閩本監本毛本聃作聃誤石經宋本作耼後同是也

後君噬齊　淳熙本齊作臍玉篇引亦作臍

若齧腹齊三字　釋文標齧也兩字臧禮堂云若上當有噬齧也

楚子雖死鄧滅曾不旋踵　毛本曾誤會

經七年

七年春夫人姜氏　纂圖本監本毛本春下衍秋字

恒星不見　岳本纂圖本監本毛本恒作恆案石經避唐穆宗諱宋本避宋真宗諱後同○今訂正

七年注恒常至昏沒　諸本脫七年二字

夜中星隕如雨　論衡藝增篇引作星霣如雨周禮大司樂正義引作星霣而雨公羊作霣字林云霣即隕字也

正義曰羊說如雨者　宋本閩本監本毛本羊上有公字

與雜下所落非一星也　宋本監本毛本與下有雨字是也

傳七年

傳稱季平子行東野卒于房　宋本亦作房與定五年傳合案隱元年宣八年成十七年正義引並作房閩本監本毛本改作防

經八年

八年注期共至待之　諸本脫八年二字

入則尊老在前復常法也　閩本監本毛本法作禮下同

知此治兵亦是習號令　宋本令下有也字

杜云治兵於廣　宋本閩本監本毛本廣作廟不誤

時史善公克已復禮　宋本已作己不誤正義同

責已而不責於人合於人合於禮意　案合於人三字衍文宋本閩本監本毛本無

傳八年

齊無知弒其君諸兒　纂圖本閩本監本毛本弒作殺非

夏書至乃降　宋本此節正義在秋師還節注下

此虞書皐陶謨之文　陳樹華云皐陶謨當作大禹謨

冬十二月　石經十下有有字

隊于車　石經隊作墜

劫而束之　纂圖本閩本監本毛本劫作刦非

經書十一月癸未　閩本一作二誤

長厤推之月六日也　山井鼎云足利本後人記云月六日異本作十一月六日

經九年

是言殺而不稱君之義也　宋本監本毛本義作意

故不稱名　毛本名誤君

夏公伐齊納子糾　臧琳云子字衍文沿唐定本之誤正義於此引賈逵云不言公子次正也又於後九月齊人取子糾殺之下引賈逵云稱子者愍之可證賈景伯本於此無子字

故杜言各自有黨以規之　閩本規作解宋本監本毛本作排

時水在樂安界岐流旱則竭涸　宋本岐作歧俗字

傳九年

鮑叔帥師來言曰　案石經叔帥師來四字重刻

及堂追而稅之　案文選解嘲注引作脫釋文亦作稅云本又作說

東莞蒙陰縣西北有夷吾亭　淳熙本脫北字

或曰鮑叔解夷吾縛於此　閩本監本縛誤縳

鮑叔至可也　宋本此節正義在公從之句下

使臣不凍餒　毛本餒誤綏

臣之所不如夷吾者　閩本如誤加

寡君願生得之以徇於國　監本毛本徇作狥非也

遂生束縛而以與齊　浦鏜正誤據管子以上增柙字

鮑叔之不忍戮賢人其知知稱賢以自成也　案管子知字不重

經十年

魯以權譎稽之　正義云此注稽或作掩誤耳今定本作稽

十年注齊人至魯地　諸本脫十年二字

權謀譎詐　宋本權上有設字

令魯伐齊納子糾　閩本監本毛本令誤今

楚辟陋在夷於此始通中國　重修監本在誤淮宋本淳熙本中作上是也

故不稱將帥　釋文帥作率又作帥按正義作將帥

荆楚一木二名　監本毛本一本誤一本

傳十年

注曹劌魯人　宋本以下正義七節揔入吾視其轍亂節注下

史記作曹沬　閩本監本沬誤洙

七十者可以食肉　宋本作肉食

泳皆與焉　閩本監本毛本泳作泳非下同

間謂間雜　毛本謂作爲非

視車跡也　案文選李善注七命引注文轍車跡也

深一尺四寸三分寸之二也　監本毛本作寸之三非也

旗靡轍亂怖遽　釋文遽下有也字

注雩門至虎皮　宋本此節正義在公從之節下

注妻之姊妹曰姨　宋本此節正義在秋九月節下

冬齊師滅譚譚無禮也　山井鼎云足利本後人記云禮下異本有故字非也

附釋音春秋左傳注疏卷第八　止

春秋左傳注疏卷八校勘記

附釋音春秋左傳注疏卷第九 莊十一年盡二十二年

杜氏注　孔穎達疏

經十有一年春王正月無傳○夏五月戊寅公敗宋師于鄑鄑魯地傳例曰敵未陳曰敗某師○鄑子斯反【疏】十一年至于鄑○正義曰往年公敗宋師于乘丘今爲乘丘之役侵我則是報復前怨魯當無辭亦不稱侵伐者莊立以來未嘗犯宋宋黨齊伐我故敗于乘丘今復重來更是宋之可責非魯罪也○秋宋大水公使弔之故書○冬王姬歸于齊魯主昏不書齊侯逆不見公

傳十一年夏宋爲乘丘之役故侵我公禦之宋師未陳而薄之敗諸鄑凡師敵未陳曰敗某師通謂設權譎變詐以勝敵彼我不得成列成列而不得用故以未陳獨敗爲文○爲乘于僞反陳直覲反下及注皆同【疏】注通謂至爲文○正義曰設權譎變詐以勝敵者謂若長勺之役待齊人三鼓氣衰乃擊之定十四年檇李之役越子患吳之整使罪人屬劍自剄吳師屬之目越子因而伐之此二者敵雖已陳設權勝之成列而不得用也此及昭元年晉荀吳敗狄于大鹵傳皆云未陳而薄之是其未成列也彼我不得成列與成列而不得用皆以未陳獨敗爲文言彼不能拒而此獨克之也昭五年叔弓敗莒師于蚡泉傳曰莒未陳也此已發例彼復發者釋例曰魯敗宋莒再發未陳之例書嫌君臣有異也

皆陳曰戰堅而有備各得其所成敗決於志力者也【疏】注堅而至者也○正義曰戰者兵鬬之辭彼此成列權無所施故爲各得其所成敗決於志力者也兩國交戰必有勝負或有未至成敗各自收斂故有言戰不言敗者桓十年齊侯鄭伯來戰于郎十二年及鄭師伐宋丁未戰于宋如此之類交戰而未至於敗故不書敗也或有彼實未陳應從未陳之例亦書戰者或有實敗而不書敗者皆從告辭也釋例曰令狐之役晉人潛師夜起而書戰者晉諱背其前意而夜薄秦師以戰告也河曲之戰秦晉交綏長岸之戰吳楚兩敗交綏並退軍士未愁吳楚俱病莫肯以告故皆書戰而不書敗也邲之戰上軍先陳林父乃敗故書戰又書敗也

大崩曰敗績師徒橈敗若沮岸崩山喪其功績故曰敗績○橈乃孝反一音乃巧反沮在呂反壞也一音子餘反岸崩謂之沮喪息浪反【疏】注師徒至敗績○正義曰師徒撓敗成二年傳文穀梁傳曰高曰崩厚曰崩解其師非高厚而稱崩意沮訓壞也沮岸謂河岸崩也師旅大敗似岸崩山崩也績訓爲功喪其功績故曰敗績唯成十六年言楚子鄭師敗績者釋例曰鄢陵之戰楚師徒未大崩楚子傷目而退故指事而言也言楚子身敗非師敗也故言楚子敗績僖十五年晉侯及秦伯戰于韓獲晉侯其君彼獲而不書敗者晉侯戎馬還濘而止爲秦所獲師不大崩故不書敗也城濮之戰傳稱楚左右師潰子玉收其卒而止故不敗是二軍敗而經書敗績鄢陵之戰傳稱子反曰臣之卒實奔是一軍敗而杜云師未大崩然則績者是大之名敗多存少乃稱敗績敗少存多則不稱敗績也

得儁曰克謂若大叔段之比才力足以服衆威權足以自固進不成爲外寇強敵退復狡壯有二君之難而實非二君克而勝之則不言彼敗績但書所克之名○儁音俊本或作俊比必利反復扶又反狡壯交卯反下測亮反難乃旦反【疏】注謂若至之名○正義曰克訓勝也戰勝其師獲得其軍內之雄儁者故云得儁曰克春秋稱克者唯有叔段一事而已既非敵國相伐又非君之討臣而於戰陳之例別立此名彼傳復云如二君故曰克故具述叔段之事以充之凡例乃是舊典非獨爲段發故云叔段之比釋例與此盡同

覆而敗之曰取某師覆謂威力兼備若羅網所掩覆一軍皆見禽制故以取爲文【疏】注覆謂至爲文○正義曰取謂盡取無遺漏之意也哀九年宋皇瑗取鄭師于雍丘傳稱皇瑗圍鄭師每日遷舍壘合鄭師哭是自知盡死無逃逸之路也又曰使有能者無死是其合軍之內死生在宋也取狀如此而云覆而敗之知其如羅網掩覆一軍皆見禽制故以取爲文服虔云覆隱也設伏而敗之謂攻其無備出其不意敵人不知敗之易故曰取即如服言與未陳何異而別以爲例爲之取也荀吳敗狄于大原於越敗吳于檇李並攻其無備出其不意而經不言取鄭二公子敗燕師于北制鄭人大敗戎師是設伏敗之而傳不言取服謂此爲取何也宋圍鄭師壘合而哭自知必敗非敵人不知而書取何也

京師敗曰王師敗績于某王者無敵於天下天下非所得與戰者然春秋之世據有其事事列於經則不得不因申其義有時而敗則以自敗爲文明天下莫之得校○京師敗本或作京師敗績者非校音教【疏】注王者至

得棜。○正義曰此亦周公舊凡杜解舊凡之意得有王師敗績者以周公制禮理包盛衰故周禮載大喪及王師不功之事故舊凡例有敗績之文杜以尊卑逆順言之天王不應有戰敗之事遂申說凡例故云無敵於天下天下非所得與戰者然春秋之世據有其事成元年王師敗績于茅戎是事列於經已明不得不因申舊凡之義蘇氏之説義亦如此沈氏不解杜意以京師敗績非周公舊凡是孔子新意已明爲傳不得不因申孔子新意之義劉炫亦不達杜旨謂杜與沈氏意同非也○秋宋大水公使弔焉曰天作淫雨害於粢盛若之何不弔不爲天所愍弔對曰孤實不敬天降之災又以爲君憂拜命之辱謝厚命辱臧文仲曰宋其興乎臧文仲魯大夫禹湯罪己其興也悖焉悖盛貌○悖蒲忽反一作勃同桀紂罪人其亡也忽焉忽速貌○紂直久反疏禹湯罪己桀紂罪人○正義曰湯誥云其爾萬方有罪在予一人是罪己也泰誓數紂之罪云焚炙忠良刳剔孕婦是罪

人也禹桀之時書多亡矣固亦應有此事沈引帝王世紀云禹見罪人下車泣之是罪己也桀殺關龍逄是罪人也且列國有凶稱孤禮也列國諸侯無凶則常稱寡人疏注列國至寡人○正義曰列國謂大國也曲禮曰庶方小侯自稱曰孤諸侯與民言自稱曰寡人其在凶服曰適子孤鄭玄云與臣言亦自謂寡人是無凶則常稱寡人有凶則稱孤也言懼而名禮其庶乎言懼罪己名禮稱孤其庶庶幾於興○言懼而名禮絕句或以名絕句者非既而聞之曰公子御說之辭也宋莊公子○御魚呂反本或作禦說音悅臧孫達曰是宜爲君有恤民之心疏既而至之心○正義曰謂御說明年爲君之後方始聞之聞之時已爲君故云是人宜其爲君也傳以御說有禮故以此言實之○冬齊侯來逆共姬齊桓公也○共音恭乘丘之役在十年公以金僕姑射南宮長萬金僕姑矢名南宮長萬宋大夫○射食亦反長丁丈反疏注金僕姑矢名○正義曰用之射人必知

是矣其名僕姑其義未聞公右歂孫生搏之搏取也不書獲萬時未爲卿○歂市專反搏音博疏公右歂孫生搏之○正義曰檀弓云魯莊公及宋人戰于乘丘縣賁父御卜國爲右車右與此不同者禮記後人所錄聞於所聞之口其事未必實也案傳云公子偃先犯宋師公從而大敗之則本非交戰禮記稱馬驚敗績公隊佐車授綏御與車右皆死之必如記言則是魯師敗績安得稱公敗宋師于乘丘傳記不同固當記妄耳宋人請之宋公靳之戲而相愧曰靳魯聽其得還○靳居覲反服虔云恥而惡之曰靳疏注戲而相愧曰靳至得還○正義曰服虔云恥而惡之曰靳傳稱宋人請之若是恥惡其人不應爲之請魯故杜以爲戲而相愧曰靳鄭玄注禮記儒行云遭人名爲儒而以儒靳故相戲俗有靳故之語知是戲而相愧之名也公羊傳以爲宋萬與閔公博婦人皆在側萬曰甚矣魯侯之淑魯侯之美閔公矜此婦人妬其言曰此虜也魯侯之美惡乎至何休云惡乎至猶何所至萬怒搏閔公絕其脰是其靳之事也曰始吾敬子今子魯囚也吾弗敬子矣病之萬不以爲戲而以爲已病爲宋萬弒君傳

經十有二年春王三月紀叔姬歸于酅無傳紀侯去國而死叔姬歸魯紀季自定於齊而後歸之全守節義以終婦道故繫之紀而以初嫁爲文賢之也來歸不書非寧且非大歸○酅音攜疏十二年注紀侯至大歸○正義曰公羊傳曰其言歸于酅何隱之也何隱爾其國亡矣徒歸于叔爾穀梁傳曰其曰歸何吾女也失國喜得其所故言歸焉爾杜略取彼意爲說釋例與此盡同大意以其賢愍其國亡乃依附於叔故書之耳○夏四月○秋八月甲午宋萬弒其君捷及其大夫仇牧捷閔公不書葬亂也萬及仇牧皆宋卿仇牧稱名不警而遇賊無善事可褒○警居領反疏注捷閔至可褒○正義曰隱十一年公羊傳曰君弒臣不討賊非臣也子不復讎非子也葬生者之事也春秋君弒賊不討不書葬以爲不繫乎臣子也左氏無此義故杜明之不書葬爲亂故也凡葬魯不會則不書若使宋亂不葬魯本無可會之理兼見此義故言亂也萬及仇牧並名見於經知皆卿也萬不書氏者釋例曰宋萬賈氏以爲未賜族案傳稱南宮長萬則爲已氏南宮不得爲未賜族也推尋經文自莊公以上諸弒君者皆不

書氏閔公以下皆書氏亦足明時史之異同非仲尼所皆貶也是杜意以爲史有詳略无義例也文八年宋人殺其大夫司馬傳曰司馬握節以死故書以官然則有善可褒當變文以見義此仇牧書名不警而遇賊無善可褒故不變其文公羊書其不畏彊禦故言此以異之

○冬十月宋萬出奔陳奔例在宣十年

傳十二年秋宋萬弑閔公于蒙澤蒙澤宋地梁國有蒙縣

〔疏〕注蒙澤至蒙縣。正義曰昭十三年楚弑其君虔于乾谿書地此弑閔公于蒙澤不書地者釋例曰先儒旁采二傳橫生異例宋之蒙澤楚之乾谿俱在國内閔公之弑則以不書蒙澤國内爲義楚弑靈王復以地乾谿爲失所明仲尼本不以爲義例則上明亦無異文也是亦言史自詳略無義例也

遇仇牧于門批而殺之手批之也。批普迷反又蒲穴反字林云擊也父節反遇大宰督于東宮之西又殺之殺督不書宋不以告。大音泰立子游子游宋公子

〔疏〕注子游宋公子。正義曰世族譜子游雜人不知何公之子

羣公子奔蕭公子御說奔亳蕭宋邑今沛國蕭縣亳宋邑蒙縣西北有亳城。亳步各反南宮牛猛獲帥師圍亳牛長萬之子猛獲其黨○冬十月蕭叔大心叔蕭大夫名

〔疏〕注叔蕭大夫名。正義曰卿大夫采邑之長則謂之宰公邑之長則曰大夫此則是宋蕭邑大夫也以此年有功宋人以蕭邑別封其人爲附庸二十三年經書蕭叔朝公附庸例稱名故杜以叔爲名

及戴武宣穆莊之族宋五公之子孫以曹師伐之殺南宮牛于師殺子游于宋立桓公桓公御說猛獲奔衛南宮萬奔陳以乘車輦其母一日而至乘車非兵車駕人曰輦宋去陳二百六十里言萬之多力。南宮萬奔陳本或作長萬長衍字也下亦然乘繩證反注同宋人請猛獲于衛衛人欲勿與石祁子曰不可石祁子衛大夫天下之惡一也惡於宋而保於我保之何補得一夫而失一國與惡而棄好非謀也。宋衛本同好國。好呼報反注同衛人歸之亦請南宮萬于陳以賂

〔疏〕于陳以賂正義曰斷以賂爲句言用賂請于陳也請猛獲于衛不言以賂蓋於衛無賂

陳人使婦人飲之酒而以犀革裹之比及宋手足皆見宋人皆醢之醢肉醬并醢猛獲故言皆。亦請南宮長萬於陳以賂絕句飲於鴆反犀音西裹音果比必利反見賢遍反醢音海

經十有三年春齊侯宋人陳人蔡人邾人會于北杏北杏齊地。杏戶猛反○夏六月齊人滅遂遂國在濟北蛇上縣東北。蛇音移○秋七月○冬公會齊侯盟于柯此柯今濟北東阿齊之阿邑猶祝柯今爲祝阿。柯古何反

傳十三年春會于北杏以平宋亂宋有弑君之亂齊桓欲脩霸業

〔疏〕十三年傳注宋有至霸業。正義曰桓二年會于稷以成宋亂者爲會之意欲平除宋督弑君之賊此云平宋亂者宋萬已誅宋新立君其位未定齊桓欲脩霸業爲會以安定之非欲平除新君故宋人聽命來列於會也

遂人不至。○夏齊人滅遂而戍之戍守也○冬盟于柯始及齊平也始與齊桓通好。好呼報反○宋人背北杏之會。背音佩十四年經注同

經十有四年春齊人陳人曹人伐宋背北杏會故○夏單伯會伐宋既伐宋單伯乃至故曰會伐宋單伯周大夫

〔疏〕十四年注既伐至大夫。正義曰傳稱諸侯伐宋齊請師于周則伐事已成單伯始至故云會伐宋言來就宋地會之也元年注云單伯天子卿也此云周大夫者大夫亦卿之摠號故兩言之

○秋七月荊入蔡入例在文十五

年。○冬單伯會齊侯宋公衞侯鄭伯于鄄鄄衞地今東郡鄄城也齊桓脩霸業卒平宋亂宋人服從欲歸功天子故赴以單伯會諸侯爲文。○于鄄音絹甄城音絹一音眞或音旃又舉然反或作鄄〔疏〕單伯至于鄄。○正義曰春秋因魯史之文魯史自書其事會他國者皆言已往會之不問君之與臣會諸侯者皆魯人在會字之上若微人往會則會上無字直言其會明魯往會之微人不合書名書其所爲之事而已十六年會齊侯宋公陳侯衞侯鄭伯許男滑伯滕子同盟于幽是也若魯人不與而諸侯自會則并序諸侯言會于某十五年齊侯宋公陳侯衞侯鄭伯會于鄄是也雖霸主召會諸侯霸主之身列在諸侯之上耳不言霸主會諸侯以其俱是王臣不得與諸侯爲主故也若霸主之國遣大夫往會諸侯雖政在霸國大夫名列諸侯之下由非諸侯之主列位從其班爵文十四年公會宋公陳侯衞侯鄭伯許男曹伯晉趙盾同盟于新城是也若王臣在會不問尊卑皆列諸侯之上僖八年公會王人齊侯宋公衞侯許男曹伯陳世子款盟于洮九年公會宰周公齊侯宋子衞侯鄭伯許男曹伯于葵丘是也此會魯人不與單伯宜列在諸侯之上下言會于鄄耳今會字乃在齊侯之上是齊桓歸功天子故

赴以單伯會諸侯爲文所以尊天子示名義也此會魯自不與魯所與者皆魯人在上史文以魯爲主耳當會之時以大小爲序魯不在上也釋例曰魯爲春秋主常列諸侯上非其實次也子帛卿也依魯大夫之比列於莒上故傳曰魯故也叔孫豹曰宋衞吾匹也又曰諸侯之會寡君未嘗後衞君是魯在衞上也宋既先代之後又襄公一合諸侯以紹齊桓之伯宋在齊上則魯次宋也

傳十四年春諸侯伐宋齊請師于周齊欲崇天子故請師假王命以示大順經書人傳諸侯者摠衆國之辭〔疏〕注齊欲至之辭。○正義曰齊既以諸侯伐宋而更請師于周者齊桓始脩霸業方欲尊崇天子故請師假王命以示大順耳非慮伐不克而藉王威也經書人而傳言諸侯先儒以爲諸如此輩皆是諸侯之身釋例曰傳滅入例衞侯燬滅邢同姓故名又云穀伯綏鄧侯吾離來朝名賤之也又云不書蔡許之君乘楚車也謂之失位此皆貶諸侯之例例不稱人也諸侯在事傳有明文而經稱人者凡十一條丘明不示其義而諸儒皆據案生意原無所出貶諸侯而去爵稱人是爲君臣同文非正等差之謂也又澶淵大夫之會傳曰不書其人案經皆去名稱人至諸侯親城緣陵傳亦曰不書其人而經總稱諸侯此大夫及諸侯經傳所以爲別也通校春秋自宣公五年以下百數十年諸侯之咎甚多而皆無貶稱人者益明此蓋當時告命記注之異非仲尼所以爲例故也是言諸侯之貶或書名或沒而不書必不得稱人故以此經書人傳言諸侯爲總衆國之辭僖元年齊師宋師曹師救邢於例將卑師衆稱師則三國皆大夫帥也傳稱諸侯救邢亦是總衆國之辭與此同也　夏單伯會之取成于宋而還○鄭厲公自櫟侵鄭厲公以桓十五年入櫟遂居之。櫟音歷及大陵獲傅瑕大陵鄭地傅瑕鄭大夫傅瑕曰苟舍我吾請納君與之盟而赦之六月甲子傅瑕殺鄭子及其二子而納厲公鄭子莊四年稱伯會諸侯今見殺不稱君無謚者微弱臣子不以君禮成喪告諸侯。○舍音捨鄭子子儀初內蛇與外蛇鬭於鄭南門中內蛇死六年而厲公入〔疏〕六年

而厲公入。○服虔云蛇北方水物水成數六故六年而厲公入公聞之問於申繻曰猶有妖乎對曰人之所忌其氣燄以取之妖由人興也尚書洛誥無若火始燄燄未盛而進退之時以喻人心不堅正。○蛇市奢反繻音須妖於驕反燄以音豔誥古報反人無釁焉妖不自作人棄常則妖興故有妖〔疏〕猶有至有妖。○正義曰公聞厲公之入問於申繻曰猶有蛇妖而厲公得入乎古者由猶二字義得通用申繻對公曰人之所忌謂子儀畏懼厲公心不堅正其畏忌之氣燄燄未盛而進退之時以取此妖來應人也蛇鬭之事由人興也若使人無釁隙焉則妖孽不能自作人棄其常則妖自興以此故有妖棄常謂既不能彊又不能弱失常度也厲公入遂殺傅瑕使謂原繁曰傅瑕貳言有二心於己。○釁許靳反周有常刑既伏其罪矣納我而無二心者吾皆許之上大夫之事吾願與

伯父圖之。上大夫卿也。伯父謂原繁。疑原繁有二心。且寡人出，伯父無裏言。無納我之言。○裏音里。入又不念寡人，不親附己。寡人憾焉。對曰：「先君桓公命我先人典司宗祏，桓公，鄭始受封君也。宗祏，宗廟中藏主石室。言已世爲宗廟守臣。○憾，戶暗反。祏音石，藏主石函也。守，手又反。【疏】注「桓公」至「守臣」。○正義曰：桓公初封西鄭，蓋其畿內之國。周禮王子母弟有功者得立祖王之廟，故桓公始封爲君，即命臣使典宗祏。宗祏者，慮有非常火災，於廟之北壁內爲石室以藏木主，有事則出而祭之，既祭納於石室。祏字從示，神之也。社稷有主而外其心，其何貳如之？苟主社稷，國內之民其誰不爲臣？臣無二心，天之制也。子儀在位十四年矣，子儀，鄭子也。而謀召君者，庸非二乎？庸，用也。莊公之子猶有八人，若皆以官爵行賂勸貳而可以濟事，君其若之何？臣聞命矣。」乃縊而死。莊公之子猶有八人，傳唯見四人，子忽、子亹、子儀並死，獨厲公在。八人名字記傳無聞。縊，一賜反。

○蔡哀侯爲莘故，繩息嬀以語楚子。莘役在十年。繩，譽也。○爲莘，于僞反，下「所巾反」。語，魚據反。繩，食承反，說文作譝。譽音餘，又如字。【疏】注「繩，譽也」。○正義曰：字書繩作譝，字從言，訓爲譽。楚子如息，以食入享，遂滅息。僞設享食之具。○食音嗣，注同。以息嬀歸，生堵敖及成王焉。未言。未與王言。○堵敖，丁古反，下五羔反。杜云楚人謂未成君爲敖，史記作杜敖。楚子問之，對曰：「吾一婦人而事二夫，縱弗能死，其又奚言？」楚子以蔡侯滅息，遂伐蔡。欲以說息嬀。○說音悅。秋七月，楚入蔡。君子曰：「商書所謂『惡之易也，如火之燎于原，不可鄉邇，其猶可撲滅』者，其如蔡哀侯乎！」商書，盤庚。言惡易長而難滅。○易，以豉反，注同。燎，力召反，又力弔反。鄉，許亮反。撲，普卜反，般步丹反，本又作盤。長，丁丈反。

○冬，會于鄄，宋服故也。

經十有五年春，齊侯、宋公、陳侯、衛侯、鄭伯會于鄄。○夏，夫人姜氏如齊。無傳。夫人，文姜，齊桓公姊妹。父母在則禮有歸寧，沒則使卿寧。【疏】注「夫人」至「寧卿」。○正義曰：文姜，僖公之女，故爲桓公姊妹。詩美后妃之德云「歸寧父母」，是父母在則禮有歸寧。襄十二年傳曰：「秦嬴歸于楚，楚司馬子庚聘于秦，爲夫人寧，禮也。」是父母沒則使卿寧，兄弟不得自歸也。但不知今桓公有母以否，故杜不明言得失。○秋，宋人、齊人、邾人伐郳。宋主兵，故序齊上。○郳，五兮反。○鄭人侵宋。○冬十月。

傳十五年春，復會焉，齊始霸也。始爲諸侯長。○復，扶又反。長，丁丈反。○秋，諸侯爲宋伐郳。郳，附庸，屬宋而叛，故齊桓爲之伐郳。○爲宋，于僞反。○鄭人間之而侵宋。○間，間廁之間，一本作闕。

經十有六年春王正月。○夏，宋人、齊人、衛人伐鄭。宋主兵也。班序上下以國大小爲次，征伐則以主兵爲先，春秋之常也。他皆放此。【疏】十六年注「宋主」至「放此」。○正義曰：往年齊桓始霸，未敢即尸其任，救患討罪。今爲宋伐鄭，仍使宋自報怨，故宋主兵，序於齊上也。諸侯會，許男在曹、滑之上，班序上下以國大小爲次，不以爵之尊卑也。隱五年邾人、鄭人伐宋，附庸在伯爵之上，是以主兵爲先也。歷檢上下皆然，知是春秋常法。禮記祭義云：「有虞氏貴德而尚齒，夏后氏貴爵而尚齒，殷人貴富而尚齒，周人貴親而尚齒。」而春秋序會，不先同姓而大國在上者，孔子脩春秋，有變周之文，從殷之質故也。○秋，荊伐鄭。○冬十有二月，會齊侯、宋公、陳侯、衛侯、鄭伯、許男、滑伯、滕子同盟于幽。書會，魯會之。不書其人，微者也。言同盟，服異也陳國小每盟會皆在衞下齊桓始霸楚亦始彊陳侯介於二大國之間而爲三恪之客故齊桓因而進之遂班在衞上終於春秋滑國都費河南緱氏縣幽宋地○介音界爲三恪苦各反本或作爲三恪之客費扶味反又音祕緱古侯反一音苦侯反〔疏〕注書會至宋地　正義曰公羊傳曰同盟者何同欲也穀梁傳曰同者同尊周也杜云服異者亦是向其欲同尊周也書同盟者當盟之時告神稱同釋例曰盟者假神明以要不信故載辭或稱同以服異爲言也是言載辭稱同也二十七年同盟于幽傳曰陳鄭服也文十四年同盟于新城傳曰從於楚者服且謀邾也成五年同盟于蟲牢傳曰鄭服也七年同盟于馬陵傳曰尋蟲牢之盟且莒服故也襄三年同盟于雞澤傳曰晉爲鄭服故合諸侯二十五年同盟于重丘傳曰齊成故也昭十三年同盟于平丘傳曰齊服也如此之類皆是服異故稱同也喪服繼父不同居傳曰嘗同居乃爲異居未嘗同居則不爲異居春秋同盟亦猶是也嘗同盟而異乃稱服異未嘗同盟則不爲服異故盟不稱同也僖二年齊侯宋公江人黃人盟于貫傳曰服江黃也定四年陳許頓胡楚之屬國皆來會于召陵其下云公及諸侯盟于皐鼬二盟並不稱同皆爲未嘗同盟非服異故不稱同也應稱同而不稱同者僖五年首止之盟鄭伯逃歸七年盟

于甯母鄭伯使大子華聽命於會而不稱同者鄭心未服故傳稱子華請去三族管仲曰君其勿許鄭必受盟是甯母之時鄭未服也八年盟于洮鄭伯乞盟傳稱請服也而洮盟不稱同者鄭伯始請服耳未列于會故不稱同也文十五年夏晉郤缺帥師伐蔡戊申入蔡其冬諸侯盟于扈傳稱晉侯宋公衞侯蔡侯陳侯鄭伯許男曹伯盟于扈則是蔡新來服不稱同者傳稱郤缺入蔡以城下之盟而還是則蔡已先服故不稱同也宣十二年同盟于清丘傳曰恤病討貳十七年同盟于斷道傳曰討貳也成九年同盟于蒲傳曰爲歸汶陽之田故諸侯貳於晉晉人懼會於蒲以尋馬陵之盟十五年同盟于戚傳曰討曹成公也十七年同盟于柯陵傳曰尋戚之盟也十八年同盟于虛朾傳曰謀救宋也此六盟皆非服異稱同盟者清丘斷道與蒲於時諸侯已有二心同心討貳故稱同盟戚與虛朾同心疾惡故稱同盟柯陵之盟鄭人不服欲令諸侯同心伐鄭故稱同盟猶襄十八年諸侯同心疾齊稱同圍齊自此以前陳在衞下今在上知齊桓始進之釋例班序譜自隱至莊十四年四十三歲衞與陳凡四會衞在陳上自莊十五年盡僖十七年三十五歲凡八會陳在衞上故知是齊桓進之遂班在衞上終於春秋也○**郳子克卒**無傳克儀父名稱子者蓋齊桓請王命以爲諸侯再同盟〔疏〕注克儀至同盟○正義曰北杏之會郳人在焉今而稱子故云蓋齊侯請王命以爲諸侯得爲子爵見經也隱元年盟于蔑桓十七年盟于趡是再同盟也

傳十六年夏諸侯伐鄭宋故也鄭侵宋故。○宋故也本或作爲宋故**○鄭伯自櫟入**在十四年**緩告于楚秋楚伐鄭及櫟爲不禮故也鄭伯治與於雍糾之亂者**在桓十五年。○爲于僞反與音預**九月殺公子閼刖強鉏**二子祭仲黨斷足曰刖。○公子閼安末反案隱十一年鄭有公孫閼距此三十五年不容復有公子閼若非閼字誤則子當爲孫刖音月又五刮反鉏仕魚反斷丁管反〔疏〕注二子至曰刖。○正義曰周禮司刑刖罪五百尚書呂刑刖罰之屬五百孔安國云刖足曰刖釋言云跳刖也李巡曰斷足曰刖也說文云刖絕也則刖是斷絕之名斬足之罪故云斷足曰刖**公父定叔出奔衞**共叔段之孫定謚也。父音甫王音如字共音恭**三年而復**

之曰不可使共叔無後於鄭使以十月入曰良月也就盈數焉數滿於十〔疏〕注滿於十。○正義曰易繫辭云天一地二天三地四天五地六天七地八天九地十至十而止是數滿於十也閔元年傳曰萬盈數也數至十則小盈至萬則大盈傳具載定叔事者服虔云定叔之祖共叔段有伐君之罪宜世不長而云不可使共叔无後於鄭言其刑之偏頗鄭厲公以孽篡適同惡相恤故黨於共叔欲令其後不絕傳所以惡厲公也**君子謂強鉏不能衞其足**言其不能早辟害**○冬同盟于幽鄭成也○王使虢公命曲沃伯以一軍爲晉侯**曲沃武公遂并晉國僖王因就命爲晉侯小國故一軍。○并如字王必政反〔疏〕注曲沃至一軍。○正義曰桓八年傳稱曲沃武公滅翼其年冬王命虢仲立晉哀侯之弟緡于晉至是乃并之也晉世家云曲沃武公伐晉侯緡滅之盡以是寶器賂獻於周僖王僖王命曲沃武公爲晉君列爲諸侯於是盡并晉地而有之曲沃武公已即位三十七年矣自桓叔始封曲沃以至武公滅晉凡六十七歲而卒代晉爲諸侯是僖王命之事也周禮小國一軍晉土地雖大以初并晉國故以小國之禮命之初晉武公伐夷執夷詭諸夷詭諸周大夫夷采地名。詭九委反采七代反後放此蔿國請而免之。蔿國周大夫蔿于委反既而弗報詭諸不報施於蔿國。施始鼓反故子國作亂謂晉人曰與我伐夷而取其地使晉取夷地遂以晉師伐夷殺夷詭諸周公忌父出奔虢周公忌父王卿士辟子國之難。難乃旦反惠王立而復之魯桓十五年經書桓王崩魯莊三年經書葬桓王自此以來周有莊王又有僖王崩葬皆不見於經傳王室微弱不能復自通於諸侯故傳因周公忌父之事而見惠王惠王立在此年之末。不見賢遍反下同復自扶又反疏注魯桓至之末。正義曰史記十二諸侯年表云莊王元年當魯桓十六年即位十五年而崩僖王元年當魯莊十三年即位五年而崩惠王元年當魯莊十八年即位在十八年而此年傳說惠王之立者杜云傳因周公忌父之事而見惠王立在此年之末是杜以周公忌父此年出奔至惠王立而得復與史記不違

經十有七年春齊人執鄭詹齊桓始霸鄭既伐宋又不朝齊詹爲鄭執政大臣詣齊見執不稱行人罪之也行人例在襄十一年諸執大夫皆稱人以執之大夫賤故。詹之廉反始伯音霸又如字本又作霸疏十七年注齊桓至賤故。正義曰僖七年傳曰鄭有叔詹堵叔師叔先言詹是詹最貴也且傳稱鄭不朝也以君不朝而詹被執明詹是執政大臣爲不道君使朝故執之也若詹不至齊則無由被執知是詣齊見執蓋聘齊也昭八年楚人執陳行人干徵師殺之傳曰罪不在行人也無罪乃稱行人知不稱行人罪之也襄十一年楚人執鄭行人良霄傳曰書曰行人言使人也言使人者言非使人之罪也書曰者是仲尼新意故指以爲例也執諸侯有稱人稱侯之異執大夫者悉皆稱人以執之爲大夫賤故也劉炫以此注云詣齊見執釋例曰詹本非出使謂二者自相矛楯今知非者齊以鄭不朝而責於鄭鄭令詹請齊謝罪齊人執之故釋例云元非出聘之使集解云詣齊被執二文雖異事實同耳劉炫不尋此意乃爲規過非也〇夏齊人殲于遂。殲盡也齊人戍遂翫而無備遂人討而盡殺之故時史因以自盡爲文。殲子廉反翫五亂反而盡津忍反疏注殲盡至爲文。正義曰殲盡也釋詁文舍人曰殲衆之盡也時史惡其輕敵而以自盡爲文罪齊戍也釋例曰齊人殲于遂鄭棄其師亦時史即事以安文或從赴辭故傳亦不顯明義例也〇秋鄭詹自齊逃來無傳詹不能伏節守死以解國患而遁逃苟免書逃以賤之。遁徒遜反疏注詹不至賤之。正義曰伏節守死以解國患當如昭元年叔孫豹之居位待罪也逃居匹夫逃竄故云書逃以賤之鄭詹自齊逃來過魯而後歸鄭故書之〇冬多麋無傳麋多則害五稼故以災書。麋亡悲反疏注麋多至災書。正義曰麋是澤獸魯所常有是年暴多多則害五稼故言多以災書也

傳十七年春齊人執鄭詹鄭不朝也〇夏遂因氏頜氏工婁氏須遂氏饗齊戍醉而殺之齊人殲焉饗酒食也四族遂之彊宗齊滅遂戍之在十三年。頜烏納反又苦荅反婁力侯反饗本作享

經十有八年春王三月日有食之無傳不書日官失之疏十八年注不書日官失之。正義曰經亦無朔字當云不書朔與日注不言朔脫也〇夏公追戎于濟西戎來侵魯公逐之於濟水之西〇秋有蜮蜮短狐也蓋以含沙射人爲災。蜮本又作蜮音或本草謂之射工短弧本又作斷同丁管反弧又作狐音胡射人食亦反疏注蜮短至爲災。正義曰穀梁傳曰蜮射人者也洪範五行傳曰蜮如鱉三足生於南越南越婦人多淫故其地多蜮淫女惑亂之氣所生也陸機毛詩義疏云蜮短狐也一名射景如鱉三足在江淮水中人在岸上景見水中投人景則殺之故曰射景或謂含沙射人入皮肌其創如疥服虔云徧身濩濩或或故爲災沈氏云此有蜮傳重發例者以螟螽與蜚同是害禾稼此蜮則害人故傳特發之〇冬十月

傳十八年春虢公晉侯朝王王饗醴命之宥王之覲羣后始則行饗禮先置醴酒示不忘故飲宴則命以幣物宥助也所以助歡敬之意言備設。醴音禮宥音又

【疏】注王之至備設。正義曰：王饗醴命之宥者，王爲之設禮。掌客王待諸侯之禮，上公三饗三食三燕，侯伯三饗再食再燕，子男壹饗壹食壹燕。三禮先言饗，是王之覲羣后，始則行饗禮也。酒正辨五齊之名，一曰泛齊，二曰醴齊，三曰盎齊，四曰醍齊，五曰沈齊。鄭注云：泛者，成而滓浮泛泛然。醴猶體也，成而汁滓相將，如今恬酒矣。盎猶翁也，成而翁翁然，葱白色。緹者，成而紅赤。沈者，成而滓沈，如今造清矣。自醴以上尤濁。然則以其尤濁，故先置之，示不忘古也。知者，禮運云燔黍捭豚，下即云以燔以炙，以爲醴酪，是醴酒在先而有故，曰先置醴酒，云不忘古也。詩序曰：鹿鳴，燕羣臣嘉賓也。既飲食之，又實幣帛筐篚，以將其厚意。聘禮云：若不親食，使大夫朝服致之以侑幣；致饗以酬幣，亦如之。是饗禮有酬幣也。禮，主人酌酒於賓曰獻，賓荅主人曰酢，主人又酌以酬賓曰酬。幣蓋於酬酒之時賜之幣也。所賜之物，即下玉馬是也。傳稱饗醴命宥，言其備設盛禮也。此注命之宥者，命在下以幣物宥助，僖二十八年命晉侯助以束帛以將厚意，皆命不同者，以彼有命晉侯之事故也。皆賜玉五瑴，馬三匹，非禮也。雙玉爲瑴。瑴音角，字又作珏。【疏】注雙玉爲瑴。正義曰：蒼頡篇瑴作珏，雙玉爲瑴，故字從兩玉。王命諸侯，名位不同，禮亦異數，不以禮假人。侯而與公同賜，是借人禮。借，子夜反。【疏】注侯而至人禮。正義曰：虢君不知何爵，稱公謂爲三公也。周禮王之三公八命，侯伯七命，是其名位不同也。其禮各以命數爲節，是禮亦異數也。今侯而與公同賜，是借人禮也。假借同義，取者假爲上聲，借爲入聲，與者假借皆爲去聲。○虢公、晉侯、鄭伯使原莊公逆王后于陳。陳嬀歸于京師，虢晉朝王，鄭伯又以齊執其卿，故求王爲援，皆在周，倡義爲王定昏，陳人敬從，得同姓宗國之禮，故傳詳其事。不書，不告。爲，王于僞反。實惠后。陳嬀後號惠后，寵愛少子，亂周室，事在僖二十四年，故傳於此並正其后稱。○夏，公追戎于濟西。不言其來，諱之也。戎來侵魯，魯人不知，去乃追之，故諱不言其來。【疏】注戎來至其來。正義曰：傳例有鐘鼓曰伐，無曰侵。戎之來也，魯人不知，宜無鐘鼓，故以侵言之。釋例曰：戎之入魯，魯人不知，去而遠追，又無其獲，邊竟不備，候不在疆，所以爲諱，諱此君之闕，亦所以示戒將來之君也。○秋，有蜮，爲災也。○初，楚武王克權，使鬭緡尹之。權，國名，南郡當陽縣東南有權城。鬭緡，楚大夫。緡，亡巾反。【疏】鬭緡尹之。正義曰：尹，訓正也。楚官多以尹爲名。此滅權爲邑，使緡爲長，故曰尹也。以叛，圍而殺之。緡以權叛。以叛絕句。本或作畔，俗字也。遷權於那處。那處，楚地，南郡編縣東南有那口城。那處，那又作䢌，同，乃多反，下昌呂反，又昌慮反。編，必綿反，一音步典反。使閻敖尹之。閻敖，楚大夫。及文王即位，與巴人伐申而驚其師。驚巴師。巴人叛楚而伐那處，取之，遂門于楚。攻楚城門。閻敖游涌而逸。涌水在南郡華容縣。閻敖既不能守城，又游涌水而走。涌音勇，水名。楚子殺之，其族爲亂。冬，巴人因之以伐楚。

經十有九年春王正月。○夏四月。○秋，公子結媵陳人之婦于鄄，遂及齊侯、宋公盟。無傳。公子結，魯大夫。公羊、穀梁皆以爲魯女媵陳侯之婦，其稱陳人之婦，未入國，略言也。大夫出竟，有可以安社稷利國家者，則專之可也。結在鄄，聞齊、宋有會，權事之宜，去其本職，遂與二君爲盟，故備書之。本非魯公意，而又失媵陳之好，故冬各來伐。○媵，以證反，又繩證反，送也。竟音境。好，呼報反。【疏】十九年注公子至來伐。正義曰：公羊傳曰：媵者何？諸侯娶一國，則二國往媵之。媵不書，此何以書？爲其有遂事書。大夫無遂事，此其言遂何？聘禮，大夫受命不受辭，出竟有可以安社稷利國家者，則專之可也。穀梁文雖不明，其意亦爲魯女。左氏無傳，取彼爲說，故云公羊、穀梁皆以爲魯女媵陳侯之婦。穀梁傳曰：其曰陳人之婦，略之也。以未入國，略而不言陳侯夫人。成九年伯姬歸于宋，晉、衛、齊三國來媵，然則爲人媵者，皆送至嫁女之國，使之從適而行。此鄄是衛之東地，蓋陳取衛女爲婦，魯使公子結送媵向衛，至鄄，聞齊、宋爲會，將謀伐魯，故權事之宜，去其本職，不復送女至衛，遂與二君會盟，故備書之也。送女至鄄，停女會盟，鄄是盟處，故言于鄄，非本期送女使至鄄也。既盟之後，遂不復送女，其盟本非公意，又失媵陳之好，故至冬而三國來伐結之。此盟於魯無益，故無褒善之文。文八年冬十月壬午公子遂會晉趙盾盟于衡雍乙酉公子遂會雒戎盟于暴四日之間不容反報亦是專命而盟患難俱解故再稱名氏珍而貴之與此異也宣十二年宋華椒承羣僞之言以誤其國宋人被伐而貶華椒令三國伐魯不貶公子結者結之爲盟本欲安社稷利國家與華椒事異故不貶

○夫人姜氏如莒無傳非父母國而往書姦[疏]注非父至書姦。○正義曰此既無傳不知何爲如莒婦人不以禮出爲姦故曰書姦。○冬齊人宋人陳人伐我西鄙無傳幽之盟魯使微者會鄄之盟又使滕臣行所以受敵鄙邊邑

傳十九年春楚子禦之大敗於津禦巴人爲巴人所敗津楚地或曰江陵縣有津鄉還鬻拳弗納遂伐黃鬻拳楚大閽黃嬴姓國今弋陽縣。○鬻音育拳求圓反閽音昏守門人也嬴音盈姓也字從女[疏]注黃嬴姓。正義曰世本文。敗黃師于踖陵踖陵黃地。○踖在亦反一音七略反還及湫有疾南郡鄀縣東南有湫城。○湫子小反鄀音若夏六月庚申卒鬻拳葬諸夕室夕室地名。○夕朝夕之夕亦自殺也而葬於經皇經皇冢前闕生守門故死不失職。經田結反經皇闕也[疏]注經皇至失職。○正義曰鬻拳自殺以殉當是近墓之地宣十四年傳稱楚子聞宋殺申冊投袂而起屨及於窒皇劍及於寢門之外則窒皇近於門外當是寢門闕也知此經皇亦是冢前闕也且此人生爲大閽職掌守門明此亦是守門示死不失職也餘書无經皇之名蓋唯楚有此號也初鬻拳強諫楚子楚子弗從臨之以兵懼而從之鬻拳曰吾懼君以兵罪莫大焉遂自刖也楚人以爲大閽謂之大伯若今城門校尉官。○強其丈反大伯音泰校戶教反字從木[疏]以爲大閽謂之大伯。正義曰周禮天官閽人掌守王宮之中門之禁鄭玄云閽人司昏晨以啓閉者刑人墨者使守門秋官掌戮墨者使守門刖者使守囿則閽不使刖而鬻拳得爲閽者周禮地官之屬有司門下大夫二人掌授管鍵以啓閉國

門鄭玄云若今城門校尉主王城十二門此注亦云若今城門校尉官然則鬻拳本是大臣楚人以其賢而使典此職非爲刖而役之其爲大閽者當如地官之司門非天官之閽人亦主晨昏開閉遂以閽爲名爲謂之大伯伯長也爲門官之長也使其後掌之使其子孫常主此官君子曰鬻拳可謂愛君矣諫以自納於刑刑猶不忘納君於善言愛君明非臣法也楚能盡其忠愛所以興[疏]注言愛君明非臣法也。○正義曰何休膏肓云人臣諫君非有死亡之急而以兵臨君開簒弒之路左氏以爲愛君於義左氏爲短故注言此以釋何休之難○初王姚嬖于莊王生子頹王姚莊王之妾也姚姓也。○姚羊消反嬖必計反頹徒回也子頹有寵蔿國爲之師及惠王卽位周惠王莊王孫取蔿國之圃以爲囿圃園也囿苑也。○圃必古反又音布囿音又徐于目反苑於阮反[疏]注圃園也囿苑也。○正義曰冢宰職云園圃毓草木鄭玄云樹果蓏曰圃園其樊也詩云折柳樊圃成十八年築鹿囿然則囿以蕃爲之所以樹果蓏圃則築牆爲之所以養禽獸二者相類故取圃爲囿

邊伯之宮近於王宮王取之邊伯周大夫。近附近之近。○王奪子禽祝跪與詹父田三子周大夫。○跪求委反而收膳夫之秩膳夫石速也秩祿也。○收式周反故蔿國邊伯石速詹父子禽祝跪作亂因蘇氏蘇氏周大夫桓王奪其十二邑以與鄭自此以來遂不和○秋五大夫奉子頹以伐王石速士也故不在五大夫數不克出奔溫溫蘇氏邑蘇子奉子頹以奔衛衛師燕師伐周燕南燕○冬立子頹

經二十年春王二月夫人姜氏如莒無傳○夏齊大災無傳來告以火故書天火曰災例在宣十六年[疏]二十年注來告至六年。○正義曰襄九年三十年宋災昭九年陳災十八年宋衛陳鄭災皆不言大知此來告以大故書大也○秋七月○冬

齊人伐戎無傳

傳二十年春鄭伯和王室不克克能也執燕仲父燕仲父南燕伯爲伐周故○爲伐于僞反下文同〔疏〕注燕仲父南燕伯○正義曰譜亦云南燕伯爵不知所出服虔亦云南燕伯爵夏鄭伯遂以王歸王處于櫟秋王及鄭伯入于鄔鄔王所取鄭邑○鄔烏苦反遂入成周取其寶器而還冬王子頹享五大夫樂及徧舞皆舞六代之樂○徧音遍〔疏〕注皆舞六代之樂○正義曰言樂及徧舞則樂之所有舞悉周徧故知皆舞六代之樂也周禮大司樂以樂舞教國子舞雲門大卷大咸大磬大夏大濩大武鄭玄云此周所存六代之樂也傳記所說雲門大卷黃帝也大咸堯也大韶舜也大夏禹也大濩湯也大武周武王也是爲六代奏黃鍾歌大呂舞雲門以祀天神奏大蔟歌應鍾舞咸池以祭地示奏姑洗歌南呂舞大磬以祀四望奏蕤賓歌林鍾舞大夏以祭山川奏夷則歌中呂舞大濩以享先妣奏無射歌夾鍾舞大武以享先祖鄭伯聞之見虢叔叔虢公字曰寡人聞之哀樂失時殃咎必至今王子頹歌舞不倦樂禍也夫司寇行戮司寇刑官○樂音洛殃咎上於度反下巨九反君爲之不舉去盛饌○去起呂反饌仕眷反〔疏〕注去盛饌○正義曰周禮膳夫職曰王日一舉鼎十有二物皆有俎以樂侑食大喪則不舉大荒則不舉大札則不舉天地有災則不舉邦有大故則不舉鄭玄云殺牲盛饌曰舉襄二十六年傳曰古之治民者將刑爲之不舉不舉則徹樂是不舉者貶膳食徹聲樂也而況敢樂禍乎奸王之位禍孰大焉臨禍忘憂憂必及之盍納王乎虢公曰寡人之願也○奸音干盍胡臘反何不也

經二十有一年春王正月○夏五月辛酉鄭伯突卒十六年與魯大夫盟于幽○秋七月戊戌夫人姜氏薨無傳薨寢祔姑赴於諸侯故具小君禮書之○祔音附〔疏〕二十一年注薨寢至書之○正義曰經無所闕禮具可知杜爲此注者以先儒之說使莊公絕母子之親故於此明之知母子不絕下葬注亦然○冬十有二月葬鄭厲公無傳八月葬緩慢也

傳二十一年春胥命于弭夏同伐王城鄭虢相命弭鄭地○弭面爾反鄭伯將王自圉門入虢叔自北門入殺王子頹及五大夫鄭伯享王于闕西辟樂備闕象魏也樂備備六代之樂○圉魚呂反辟蒲歷反〔疏〕注闕象魏也○正義曰定二年雉門及兩觀災注云兩觀闕也禮運云昔者仲尼與於蜡賓事畢出遊於觀之上鄭玄云觀闕也釋宮云觀謂之闕郭樸云宮門雙闕周禮大宰正月之吉縣治象之法于象魏使萬民觀治象鄭衆云象魏闕也哀三年魯災傳稱季桓子御公立于象魏之外命藏象魏曰舊章不可亡也由此言之則觀闕象魏其事一也劉熙釋名云闕在門兩旁中央闕然爲道也然則其上縣法象其狀巍巍然高大謂之象魏使人觀之謂之觀也闕西辟者辟是旁側之語也服虔云西辟西偏也當謂兩觀之内道之西也王與之武公之略自虎牢以東略界也鄭武公傅平王平王賜之自虎牢以東後失其地故惠王今復與之虎牢河南成皋縣○復扶又反〔疏〕注略界至皋縣○正義曰孟子云仁政必自經界始昭七年傳曰天子經略諸侯正封封略之内何非君土孟子經界即傳之經略且云封略之内封是竟則知略是界也武公東鄭之始封君也言武公之略則是武公舊竟若其由來不失不須今日復與故知後失其地惠王今復與之隱十一年王取鄔劉蔿邘之田于鄭蓋桓王之世失之也原伯曰鄭伯效尤其亦將有咎原伯原莊公也言效子頹舞徧樂○效戶教反徧音遍五月鄭厲公卒王巡虢守巡守於虢國也天子省方謂之巡守○守音狩本或作狩後放此注同〔疏〕注巡守至巡守○正義曰孟子云諸侯朝天子曰述職天子適諸侯曰巡守巡守者守也言諸侯爲天子守土天

子時巡行之易稱后不省方故云天子省方謂之巡守虢公爲王宫于玤玤虢地○玤蒲項反王與之酒泉酒泉周邑鄭伯之享王也王以后之鞶鑑予之后王后也鞶帶而以鑑爲飾也今西方羌胡爲然古之遺服○鞶步干反又蒲官反紳帶也鑑工暫反鏡也〔疏〕注后王至遺服○正義曰鞶是帶也鑑是鏡也此與定六年傳皆鞶鑑雙言則鞶鑑一物故知以鏡飾帶舉今羌胡之服以明之虢公請器王予之爵爵飲酒器鄭伯由是始惡於王爲僖二十四年鄭執王使張本○惡烏路反又如字使所吏反〔疏〕虢公至於王○正義曰鄭伯謂厲公子文公也服虔云鞶鑑王后婦人之物非所以賜有功爵飲酒器玉爵也一升曰爵爵人之所貴者言鄭伯以其父得賜不如虢公爲是始惡於王積而成怨僖二十四年遂執王使此爲彼張本○冬王歸自虢傳言王之偏也

經二十二年春王正月肆大眚無傳赦有罪也易稱赦過宥罪書稱眚災肆赦傳稱肆眚圍鄭皆放赦罪人蕩滌衆故以新其心有時而用之非制所常故書○眚所景反盪音蕩本又作蕩滌徒歷反〔疏〕二十二年注赦有至故書○正義曰肆大眚者肆緩也眚過也緩縱大過是赦有罪也大罪猶赦則小罪亦赦之猶今赦書大辟罪以下悉皆原免也易解卦象云雷雨作解君子以赦過宥罪解卦坎下震上震爲雷坎爲雨雷動雨下而萬物解散故君子以此卦象而放赦有過寬宥罪人也書稱眚災肆赦舜典文孔安國云眚過災害肆緩也過而有害當緩赦之肆眚圍鄭襄九年傳文也此諸言肆眚者皆是放赦罪人蕩滌衆故除其瑕穢以新其心也必其國有大患非赦不解或上有嘉慶須布大恩如是乃行此事故釋例曰天有四時得以成歲雷霆以振之霜雪以齊之春陽以煖之雲雨以潤之然後能相育也天且弗違而況於人乎物不可終否故受之以同人同人者與人同也解天下之至結成天下之亹亹肆大眚之謂也堯曰咨爾舜有罪不敢赦所以須待革命有時而用之非制所常故書之也杜唯言有時用之亦不知此時何以須赦穀梁傳曰肆大眚爲嫌天子之葬也其意言文姜有罪不合以禮而葬若不赦不復書葬嫌天子許之明須赦而後得葬故爲赦也賈逵以文姜爲有罪故赦而後葬以說臣子也魯大赦國中罪過欲令文姜之過因是得除以葬文姜杜不明說要文姜出奔之日尙稱夫人夫人之名未嘗有貶何須以赦除之此赦必不爲文姜但夫人以去年七月薨十一月則當合葬乃至此年正月經七月始葬如此遲緩必是國家有事須赦解之但不知其所由耳○癸丑葬我小君文姜無傳反哭成喪故稱小君○陳人殺其公子御寇宣公太子也陳人惡其殺太子之名故不稱君父以國討公子告○御音禦本亦作禦惡烏路反〔疏〕注宣公至子告○正義曰傳言大子必是大子也僖五年晉侯殺其世子申生稱君稱世子此不然者釋例曰古者討殺其大夫各以罪狀宣告諸侯所以懲不義重刑戮也晉侯使以殺大子申生之故來告衛殺孔達傳載其辭辭雖有臨時之狀其告則常也然則殺大夫公子當以罪狀告人此傳不說御寇之罪則陳人不以罪告而經書公子是惡殺大子之名故不稱君父以國討公子告○夏五月〔疏〕告夏五月○正義曰釋例日年之四時雖或無事必空書首月以紀時變以明歷數莊公獨稱夏五月及經四時有不具者丘明無文皆闕繆也○秋七月丙申及齊高傒盟于防無傳高傒齊之貴卿而與魯之微者盟齊桓謙接諸侯以崇霸業○冬公如齊納幣無傳公不使卿而親納幣非禮也母喪未再期而圖昏二傳不見所譏左氏又無傳失禮明故○見賢遍反又如字〔疏〕注公不至明故○正義曰釋例曰宋公使華元來聘聘不應使卿故傳但言聘共姬也使公孫壽來納幣應使卿故傳明言其得禮也是納幣當使卿公不使卿親納幣非禮也

傳二十二年春陳人殺其大子御寇傳稱太子以實言陳公子完與顓孫奔齊公子完顓孫皆御寇之黨○顓音專顓孫自齊來奔不書非卿齊侯使敬仲爲卿敬仲陳公子完辭曰羈旅之臣羈寄也旅客也幸若獲宥及於寬政宥赦也赦其不閑於教訓而免於罪戾弛於負擔弛去離也○弛失氏反擔丁暫反離力智反君之惠也所獲多矣敢辱

高位以速官謗敢不敢也謗布浪反。請以死告以死自誓詩云翹翹車乘招我以弓豈不欲往畏我友朋逸詩也翹翹遠貌古者聘士以弓言雖貪顯命懼爲朋友所譏責。翹祁堯反乘繩證反使爲工正掌百工之官飲桓公酒樂齊桓賢之故就其家會據主人之辭故言飲桓公酒。飲於鴆反注同樂音洛下注同〔疏〕注齊桓至公酒。正義曰：春秋之世設享禮以召君者皆大臣擅寵如衛公叔文子宋桓魋之徒始爲之耳爲之非禮法也敬仲羈旅之臣且知禮者也必不召公臨己知是桓公賢之自就其家會也據敬仲爲主人之辭故言飲公酒耳公曰以火繼之辭曰臣卜其晝未卜其夜不敢〔疏〕臣卜至不敢。正義曰：服虔云臣將享君必卜之示戒慎也此桓公自就其家非敬仲發心請享不得言將享必卜也蓋桓公告其往日乃卜之耳言未卜其夜者詩云厭厭夜飲在宗載考鄭玄云考成也夜飲之禮在宗室同姓則成於庶姓讓之則止引此敬仲之事云此之謂不成是言敬仲非齊同姓故不敢也君

子曰酒以成禮不繼以淫義也夜飲爲淫樂以君成禮弗納於淫仁也初懿氏卜妻敬仲懿氏陳大夫龜曰卜。妻七計反〔疏〕注龜曰卜。正義曰：曲禮文也周禮大卜掌三兆之法一曰玉兆二曰瓦兆三曰原兆其經兆之體皆百有二十其頌皆千有二百鄭玄云兆者灼龜發於火其形可占者其象似玉瓦原之璺罅是用名之焉原原田也頌謂繇也每體十繇然則卜人所占之語古人謂之爲繇其辭視兆而作出於臨時之占或是舊辭或是新造猶如筮者引周易或別造辭卜之繇辭未必皆在其頌千有二百之中也此傳鳳皇于飛下盡莫之與京襄十年傳稱衞卜禦寇姜氏問繇曰兆如山陵有夫出征而喪其雄哀九年傳稱晉趙鞅卜救鄭遇水適火史龜曰是謂沈陽可以興兵利以伐姜不利子商三者皆是繇辭其辭也韻則繇辭法當韻也郭璞撰自所卜事謂之辭林其辭皆韻習於古也其妻占之曰吉懿氏妻是謂鳳皇于飛和鳴鏘鏘雄曰鳳雌曰皇雄雌俱飛相和而鳴鏘鏘然猶敬仲夫妻相隨適齊有聲譽。和如字又戶臥反注同鏘七羊反本又作將將〔疏〕注雄曰至聲譽。正義曰：釋鳥云鶠鳳其雌皇郭璞云瑞應鳥說文云鳳神鳥也天老曰鳳之象也鴻前麐後蛇頸魚尾鸛顙鴛思龍文龜背燕頷雞喙五色備舉出於東方君子之國翱翔四海之外過崐崘飲砥柱濯羽弱水莫宿丹穴見則天下大安寧從鳥凡聲鳳飛則羣鳥從之以萬數故古文鳳作朋字山海經云丹穴之山有鳥焉其狀如鶴五采而文名曰鳳皇首文曰德翼文曰順背文曰義膺文曰仁腹文曰信是鳥也飲食則自歌自舞是說鳳皇之狀也鳳皇雄雌俱飛喻敬仲夫妻相隨鏘鏘鳴之聲故以喻有聲譽也有媯之後將育于姜媯陳姓姜齊姓五世其昌并于正卿八世之後莫之與京京大也。并于本或作並爲誤〔疏〕五世至與京。正義曰：五世其昌言其始昌盛也并于正卿位與卿並得爲上大夫也莫之與京謂無與之比大言其位最高也五世八世當是卜兆之間有其象傳言其占之辭不言其知之意固非後學所得詳之陳厲公蔡出也姊妹之子曰出〔疏〕注姊妹之子曰出。正義曰：釋親云男子謂姊妹之子爲出言姊妹出嫁而生子也故蔡人殺五父而立之五父陳佗也殺

陳佗在桓六年。佗大多反生敬仲其少也周史有以周易見陳侯者周大史也。少詩照反見如字又賢遍反大音泰〔疏〕注周大史也。正義曰：直言周史知是大史者周禮大史掌書昭二年傳稱韓宣子觀書於大史氏此以周易見陳侯故知是大史也以周易見者自以知周易見陳侯言己明易能筮故陳侯使之筮也陳侯使筮之蓍曰筮。筮上制反蓍音尸〔疏〕注蓍曰筮。正義曰：曲禮文也其揲蓍求卦之法則易繫辭具焉遇觀䷓坤下巽上觀。觀古亂反注皆同之否䷋坤下乾上否觀六四爻變而爲否。否備矣反注皆同〔疏〕遇觀之否。正義曰：此注坤下巽上觀坤下乾上否及六四爻變諸如此輩皆據周易之爻知之劉炫規過云觀之否者爲觀卦之否爻屯之比者屯卦之比爻皆不取後卦之義今刪定以爲不然何者以閔元年畢萬筮仕遇屯之比云屯固比入僖十五年晉獻公筮嫁伯姬得歸妹之睽云士刲羊亦無衁歸妹上六爻辭又云歸妹睽孤寇張之弧睽之上九爻辭又云歸妹之睽猶無相也昭五年明夷之謙云明夷于飛垂其翼又云謙不足飛不翔此之等類皆取前後二卦以占吉凶今人之筮亦皆如

此故賈服及杜並皆同焉劉炫若異前儒好爲别見以規杜氏非也沈云遇者不期而會之名筮者所得卦之吉凶非有宿契逢遇而已故謂之遇劉炫云下體坤坤爲地爲衆上體巽巽爲風爲木互體有艮艮爲門闕地上有木而爲門闕宫室之象宫室而可風化使天下之衆觀焉故謂之觀也下體坤坤爲地上體乾乾爲天天不下降地不上騰天地不通其氣上下否塞故謂之否也

曰是謂觀國之光利用賓于王此周易觀卦六四爻辭易之爲書六爻皆有變象又有互體聖人隨其義而論之。爻戸交反**此其代陳有國乎不在此其在異國非此其身在其子孫**

〔疏〕是謂至子孫。正義曰觀國之光利用賓于王二句周易爻也此先云不在此其在異國後云非此其身在其子孫所以在下覆結先云其在後乎後云在異國者其在異國之下更欲演説異國是大嶽姜姓其言稍多且須以結夫故進其在後乎於上先解之也庭實旅百以下方解利用賓于王則上句故曰觀國之下未須賓王之句而再言利用賓于王者蓋以觀國之光卽是朝王之事直言觀光以文不足故連言賓王但未解賓王之義故於下更重解之傳稱引詩斷章則引易論事易未必如本此言觀國之光謂所爲筮者觀他人有國之光榮也此有國之人利用爲賓客於王朝也其意言見其子孫有國作賓於王家耳非其身也代陳有國言代陳正適子孫有其國家陳滅此興是代之也。注此周至論之。正義曰易之爲書揲蓍求爻重爻爲卦爻有七八九六其七八者六爻並皆不變卦下揔爲之辭名之曰彖彖者才也揔論一卦之才德若乾元亨利貞之類皆是也其九六者當爻有變每爻别爲其辭名之曰象象者像也指言一爻所象若乾初九潛龍勿用之類皆是也不變者聚而爲彖其變者散而爲象計每於一卦當書兩體但以此爻陰陽旣同唯變否有異且每爻異辭不可爻作二畫從上可知故不畫二也傳之筮者指取易義不爲論卦㠯明不畫卦也諸爲注者皆言上體下體若其畫卦示人則當不煩此注注亦不畫卦也今書有畫卦者當是後之學者自恐不識私畫以備忘遂傳之耳每爻各有象辭是六爻皆有變象二至四三至五兩體交互各成一卦先儒謂之互體聖人隨其義而論之。或取互體言其取義爲常也

光遠而自他有耀者也

〔疏〕光遠至耀者也。正義曰易稱觀國之光故解其光義言光在此處遠照於他物從他物之上而有明耀者也謂光能遠照於他物有明故下云照之以天光是也

坤土也巽風也乾天也風爲天於土上山也巽變爲乾故曰風爲天自二至四有艮象艮爲山。乾其然反

〔疏〕於土上山也。正義曰六四之爻位在坤上坤爲土地山是地之高者居於土上是爲土上山也又巽變爲坤六四變爲九四從二至四互體有艮之象艮爲山故言山也

有山之材而照之以天光於是乎居土上山則材之所生上有乾下有坤故言居土上照之以天光**故曰觀國之光利用賓于王**四爲諸侯變而之乾有國朝王之象

〔疏〕有山至于王。正義曰山則材之所注此人有山之材言其必大富也上天以明臨下照之以天光言天子臨照之也於是乎又居於土上旣富矣而彼天照又復居有土地是爲國君之象也易位四爲諸侯變而爲乾乾爲天子是有國朝王之象故曰觀國之光利用賓于王

庭實旅百奉之以玉帛天地之美具焉故曰利用賓于王艮爲門庭乾爲金玉坤爲布帛諸侯朝王陳贄幣之象旅陳也百言物備。贄音至本又作贄同

〔疏〕庭實至于王。正義曰覲禮侯氏執圭見王王受圭禮成乃出又入行享禮獻國之所有此説行享禮也旅陳也庭之所實陳有百品言物備也奉之以玉帛謂執玉帛而致享禮彼天之照有地之材天子賜之土田國君獻國所有天地之美備具焉朝王之儀畢足矣故曰利用賓于王。注艮爲至物備。正義曰易説卦艮爲門闕乾爲金玉坤爲布帛杜以門内有庭傳言庭實故改言艮爲門庭耳杜言諸侯朝王陳贄幣之象者謂陳之以行享禮也覲禮侯氏旣見王乃云四享皆束帛加璧庭實唯國所有鄭玄云四當爲三大行人職曰諸侯廟中將幣皆三享其禮差又無取於四也初享或用馬或用虎豹之皮其次享三牲魚腊籩豆之實龜也金也丹漆絲纊竹箭也其餘無常貨此物非一國所能有唯國所有分爲三享皆以璧帛致之禮器云大饗其王事與三牲魚腊四海九州之美味也籩豆之薦四時之和氣也内金示和也束帛加璧尊德也龜爲前列先知也金次之見情也丹漆絲纊竹箭與衆共財也其餘無常貨各以其國之所有則致遠物也郊特牲曰旅幣無方所以别土地之宜而節遠邇之期也龜爲前列先知也以鍾次之以和居參之也虎豹之皮示服猛也束帛加璧往德也鄭玄覲禮之注所言出於彼也杜言贄幣卽鄭所謂璧帛也此奉之以

玉帛執以致庭實耳其玉帛不入王也覲禮侯氏致享執玉致命王撫之而已不受之也又曰侯氏降授宰幣是庭實之幣皆庭受之唯馬受之於門外耳旅陳釋詁文也百者言其物備也**猶有觀焉故曰其在後乎**因觀文以傳占故言猶有觀非在己之言故知在子孫。觀古亂反【疏】注因觀至子孫。正義曰以卦名觀故因觀文以傳占也觀者視他之辭此賓王之事若所爲筮者身自當有則不應觀他此卦猶有觀爲觀非在己之言其人觀他有之故知在其子孫也**風行而著於土**【疏】風行而著於土。正義曰服虔云巽在坤上故爲著土也一曰巽爲風復爲木風吹木實落去更生他土而長育是爲在異國**故曰其在異國乎若在異國必姜姓也姜大嶽之後也**姜姓之先爲堯四嶽。著直略反大嶽音泰下音岳【疏】注姜姓至四嶽。正義曰周語稱堯命禹治水共之從孫四嶽佐之胙四嶽國命爲侯伯賜姓曰姜氏曰有呂賈逵云共共工也從孫同姓末嗣之孫四岳官名大岳也主四岳之祭焉然則以其主嶽之祀尊之故稱大也**山嶽則配天物莫能兩大陳衰此其昌乎**變而象艮故知當興於大嶽之後得大嶽之權則有配天之大功故知陳必衰【疏】注變而至必衰。正義曰六四爻變爲九四與二共爲艮象艮爲山故知興於山嶽之國姜姓大岳之後知其將育于姜地之高者莫過於山詩云崧高雖嶽駿極于天言其大能至天故山嶽則配天也且乾在上艮在下亦是山嶽配天之象此人子孫養於大嶽之後官尊位貴得大嶽之權則其功德有配天之大然天子其功配天今縱得大嶽之權唯諸侯耳言配天者以其功大故甚言之物莫能兩大此有興兆故名陳必衰也**及陳之初亡也**昭八年楚滅陳**陳桓子始大於齊**桓子敬仲五世孫陳無宇【疏】注桓子至無宇。正義曰史記田完世家完卒謚爲敬仲仲生穉孟夷夷生湣孟莊莊生文子須無文子生桓子無宇是爲敬仲五世孫也**其後亡也**哀十七年楚復滅陳。復扶又反**成子得政**成子陳常也敬仲八世孫陳完有禮於齊子孫世不忘德德協於卜故傳備言其終始卜筮者聖人所以定猶豫決疑似因生義教者也尚書洪範通龜筮以同卿士之數南蒯卜亂而遇元吉惠伯荅以忠信則可臧會卜僭遂獲其應丘明故舉諸縣驗於行事者以示來世而君子志其善者遠者他皆放此。豫音預本亦作預蒯居怪反僭子念反應應對之應縣音玄【疏】注成子至放此。正義曰沈氏云世家桓子生武子啓及僖子乞乞卒子常代之是爲田成子是於敬仲爲七世言八世者據其相代在位爲八世也成子弒簡公專齊政是莫之與大也成子生襄子盤盤生莊子白白生大公和和遷齊康公於海上和立爲齊侯和孫威王稱王四世而秦滅之作傳之時完之子孫已盛故傳備言其終始也世家云敬仲之如齊以陳字爲田氏左傳終始稱陳田必非敬仲所改未知何時改耳左傳之初至此始有卜筮故杜於此通說之曲禮曰卜筮者先聖王之所以使民決嫌疑定猶與也是先王立之本意也因而生義教謂教人以行義行善則德協於卜行惡則遇吉反凶必以行義乃可卜也洪範曰汝則有大疑謀及乃心謀及卿士謀及庶人謀及卜筮謀及卿士而以卜筮同之是通龜筮以同卿士之數也南蒯卜爲亂不信則不可臧會卜爲僭不信乃遂吉二事相反故特引之言卜筮應人行也南蒯在昭十二年臧會在昭二十五年南蒯筮而言卜者卜筮通言耳杜引洪範者欲明龜筮未必神靈故云以同卿士之數言龜筮所見纔與卿士同耳又引南蒯者明吉凶由行不由卜筮欲使人脩德行不可純信卜筮也又引臧會者吉凶亦由卜筮不可專在於行欲使人敬龜筮也故丘明舉縣驗於行事者以示來世脩德行敬龜筮言驗於行事者南蒯則行驗而龜筮不驗臧會則行不驗而龜筮驗言君子志其善者遠者善者謂勸人脩德行敬龜筮是也遠者謂舉其大綱勸人爲善長久遠道非有臨時應驗此遠者即上善者指其事謂之善指其教謂之遠劉炫云計春秋之時卜筮多矣丘明所載唯二十許事舉其縣驗於行事者其不驗者不載之君子之人當記其忠之善者知之遠者他皆放此

附釋音春秋左傳注疏卷第九

江西南昌府學栞

春秋左傳注疏卷九挍勘記　阮元撰盧宣旬摘錄

附釋音春秋左傳注疏卷第九　莊十一年盡二十二年

經十一年

十一年公敗宋師于鄑　諸本脫十一年三字

故敗于乘丘　毛本敗誤敢

注逼謂至爲文　宋本以下正義六節揔入京師敗節注下

師徒撓敗　宋本撓作橈正義同釋文亦作橈是也○今訂從宋本

故曰敗績　宋本績字下有諸言敗績者皆云某師敗績十一字

然則績者是大崩之名　閩本監本毛本則作敗宋本作然則敗績者不誤

得儁曰克　淳熙本足利本儁作雋釋文云本或作俊諸本皆作儁案漢書陳湯傳注引作俊玉篇云儁同俊

故具迹叔段之事以充之　浦鏜正誤迹作述

釋例與此盡同　監本此字脫

禹湯罪已其興也悖焉　石經宋本岳本作已不誤淳熙本纂圖本閩本監本毛本誤作巳甚之巳正義同釋文悖一作勃五經文字云悖俗作勃案呂覽當染篇漢書陳蕃傳注引並作勃非爾雅釋詁正義引又作渤然

禹湯罪已桀紂罪人　宋本以下正義三節揔入臧孫達曰節之下

公子御說之辭也　釋文云御本或作禦與史記漢書古今人表同

搏取也　宋本搏作傳誤

注金僕姑矢名　宋本以下正義三節揔入曰始吾敬子節注下

安得稱公敗宋師于乘丘　宋本安上有經字是也

注戲而相愧曰靳至得還　宋本作注戲而至得還

經十二年

十二年注紀侯至大歸　各本脫十二年三字

夫國喜得其所　宋本夫作失與穀梁合

不書葬亂也　山井鼎云足利本後人記云亂下有故字非也

公羊書其不畏彊禦　宋本閩本監本毛本書作善

傳十二年

注蒙澤至蒙縣　宋本以下正義四節揔入皆醢之注下

楚弑其君虔于乾谿　宋本楚下有公子比自晉歸于楚八字與昭十三年經合

批而殺之　案今說文作㨖無批字玉篇引傳正作㨖而殺之

手批之也　宋本淳熙本無也字

蒙縣西北有亳城　案郡國志水經注廿三引作薄城古字通

猛獲其黨一　宋本淳熙本岳本纂圖本無一字此誤衍山井鼎云足利本無其字非也

○冬十月蕭叔大心　宋本岳本冬上無○此本誤衍

南宮萬奔陳　釋文云本或作長萬長衍字也下亦然案下文亦請南宮萬于陳釋文作南宮長萬傳寫之失

斷以賂爲句　宋本斷作繼非

經十三年

傳十三年

十三年傳注宋有至霸業　各本脫十三年傳四字宋本此節正義在注戍守也之下

遂人不至○　案宋本岳本無○此誤衍

經十四年

十四年注既伐至大夫 諸本脫十四年三字○補案各本全書正義標起止並不標年年與此同後不悉出

鄄衛地今東郡鄄城也 淳熙本閩本纂圖本監本毛本鄄城作甄城釋文亦作甄云或作鄄案集韻云鄄地名在衛通作甄

陳世子款盟于洮 監本毛本款作欵俗款字

宋在齊上則魯次宋也 宋本宋在作或在不誤

傳十四年

經書人傳諸侯者 宋本淳熙本岳本纂圖本足利本傳下有言字岳本脫者字

注齊欲至之辭 宋本此節正義在夏單伯會之節下

先儒以爲諸如此輩 閩本輩誤輩

非正等差之謂也 宋本正作止是也

初內蛇與外蛇鬭於鄭南門中內蛇死 石經初刻虵後改蛇

六年而厲公入 閩本監本毛本脫而厲公三字宋本以下正義三節揔入乃縊而死句下

○服虔云 宋本監本毛本○下有正義曰三字

其氣燄以取之 石經初刻燄作炎是也改作燄大誤釋文亦作炎案漢書五行志藝文志引傳文並作其氣炎以取之顏師古注炎讀與燄同

蓋其畿內之國 宋本其作是不誤

○莊公之子猶有八人傳唯見四人子忽子亹子儀並死獨厲公在八人名字記傳無聞 案卅四字乃釋文自此本誤入正義閩本監本毛本並仍其繆○補案此本不誤

繩息嬀以語楚子 釋文繩說文作譝廣雅云譝譽也

宰役在十年

注繩譽也 宋本此節正義入秋七月節注下

商書盤庚 釋文作般庚云本又作盤庚案周禮司勳注作般庚漢石經尚書殘碑般作股唐元度云石經舟皆作月

經十五年

傳十五年

經十六年 宋本春秋正義卷第九

往年齊桓始霸 宋本始作治非

戚與虛柯 宋本閩本監本毛本柯作村是也○今依訂正

傳十六年

注二子至曰刖 宋本以下正義二節揔入注言其不能早辟害之下

注滿於十 宋本注下有數字是也

傳稱曲沃武滅翼 宋本監本毛本武下有公字不誤

盡以是寶器賂獻於周僖王 宋本閩本監本毛本是作其不誤

經十七年

齊桓始霸 閩本監本毛本霸作伯釋文亦作伯音霸云本又作霸

鄭令詹請齊謝罪 宋本請作詣不誤

夏齊人殲于遂 漢書地理志注引遂作隧

虤而无備　宋本无作無是

逃居匹夫逃竄　宋本閩本監本毛本居作若不誤

冬多麋　葉抄釋文麋作麋非也案石經此處缺諸本作麋釋文亡悲反則從米是也

傳十七年

經十八年

秋有蜮　釋文蜮本又作蜮漢書引經文作蜮說文云蜮短狐也

蜮短弧也　盧文弨曰按弧字是也能含沙射人故名之短弧釋文亦作短弧云本又作狐宋本淳熙本岳本並作狐釋文短本又作斷

或謂含沙射人入皮肌　浦鏜正誤云皮當作人盧文弨云穀梁疏作射人入人皮肌

傳十八年

示不忘故　宋本岳本纂圖本監本毛本作忘古是也案正義作古

所以助歡敬之意　纂圖本閩本監本毛本歡作勸非正義所以助歡也同

注王之至備設　宋本以下正義三節摠入王命諸侯節注下

王爲之設饗禮　毛本禮誤醴

侯伯三饗再食再燕　監本毛本三作二非也

四曰醍齊　宋本醍作緹字周禮作緹按緹正字醍俗字

然醴猶體也　毛本體作躰俗字

主人又酌以酬賓曰酬幣也　宋本幣上有謂之酬三字是

所賜之物即下玉馬是也　監本玉作王非

命晉侯助以束帛　宋本晉侯下有宥注云命晉侯六字與僖廿八年傳注合

皆賜玉五瑴　釋文云瑴字又作玨正義引倉頡篇瑴作玨雙玉爲瑴故字從兩玉說文瑴字云玨或從㱿岳本作瑴是也

宜無鍾鼓故故以侵言之也　宋本監本毛本不重故字是

鬬緡尹之　宋本此節正義在以伐楚句下

遷權於那處　石經初刻同改刻鄀岳本作鄀與釋文合下並同

經十九年

傳十九年

注黃嬴姓　宋本以下正義四節摠入君子曰節注下

而葬於絰皇　惠棟云絰與窒通

掌守主宮之中門之禁也　宋本閩本監本毛本主作王是

生子頹　石經宋本足利本頹作穨案六經正誤云說文作穨臨川與國本並作穨當從之後同

姚姓也　宋本淳熙本無也字

及惠王即位　石經初刻有脫文及惠王即四字改刊時補正

注圃園也圃苑也　宋本此節正義在冬立子穨之下

圍其樊也　重修監本樊作樊誤

經二十年

來告以火　岳本纂圖本閩本監本毛本火作大是也按正義亦作大

二十年注來告至六年　各本脫二十年三字此節正義宋本在齊人伐戎句注下

傳二十年

注燕仲父南燕伯也　宋本以下正義三節摠入寡人之願句下

大磬大夏 閩本監本毛本磬作磬非下鏄大磬同

奏黃鍾 閩本監本鍾作鐘下同

奏大蔟 閩本監本蔟作簇非

奏夷則 補案夷周禮作夷

叔號公字 淳熙本字誤子纂圖本閩本監本毛本作號叔公字非也

經二十一年

八月葬緩慢也 宋本淳熙本岳本足利本月下有乃字是也

傳二十一年

鄭號相命 岳本命下有也字

闕象魏也 宋本以下正義五節揔入冬王歸自號注下

王巡號守 山井鼎引林唐翁直解作王巡守號非釋文云守本或作狩後放此注同

玤號地 纂圖本毛本地作也誤

鞶帶而以鑑爲飾也 宋本淳熙本鑑作鏡定六年傳注同

今西方羌胡爲然古之遺服 宋本淳熙本岳本爲作猶是

經二十二年

經二十二年 石經此處殘闕宋本淳熙本岳本足利本十下有有字是也

蕩滌衆故 宋本岳本纂圖本閩本監本毛本蕩作盪釋文亦作盪云本又作蕩案正義作蕩衆下山井鼎云足利本有惡字

春陽以煖之 毛本煖作暖

尙稱夫人 監本毛本尙作常非也

此敝必不爲文姜 宋本姜下有也字

陳人殺其公子御寇禦 釋文云御本亦作禦案公羊穀梁皆作禦

疏告夏五月 監本毛本疏誤注此本告字衍

使公孫壽來納幣 宋本重納幣二字是也

傳二十二年

皆御寇之黨 監本寇誤光

使爲工正 毛本正誤政

注齊桓至公酒 宋本以下正義二十二節揔入篇末

敬仲羈旅之臣 宋本羇作羈俗字

據敬仲爲主人辭 宋本人下有之字

其象似玉瓦原之璺鏬 毛本璺作璺非也

頌爲繇也 宋本閩本監本爲作謂

此傳鳳凰于飛 宋本作鳳皇是也

郭璞撰自所卜事謂之辭林 按隋書經籍志有周易新林易洞林皆郭璞撰此作辭誤

是謂鳳皇于飛 監本毛本皇作凰俗字注同

莫宿丹穴 案說文丹作風淮南子作風穴

鳳皇雄雌俱飛 毛本雄雌二字誤倒

言巳明易能筮 宋本巳作已不誤

觀六四爻變而爲否 宋本無爻字

爲觀卦之否爻　浦鏜正誤爲改作謂

得歸妹之睽云　睽各本作暌非宋本不誤下同

互體有艮　毛本有作爲非

艮爲門闕　監本闕誤闗下同

若乾初九潛龍勿用之類　閩本用誤毋

當書兩體　宋本監本毛本書作畫是也

今書有畫卦者　閩本書作畫非

聖人隨其義而論之也　宋本論之下有或取爻象四字是

諸侯朝王陳贄幣之象　纂圖本閩本監本毛本贄作摯釋文亦作摯云本又作贄同

陳有百品言物備也　毛本陳誤成宋本重百品二字閩本監本毛本亦脫

謂執玉帛而致享禮　宋本禮下有也字

諸侯廟中將幣皆三享　毛本幣誤備

因觀文以傳占　宋本淳熙本岳本纂圖本足利本傳作博是也正義同

姜大嶽之後也　周禮馬質正義引作大岳案說文岳古文嶽

從孫同姓未嗣之孫　宋本作末是也

桓子敬仲五世孫陳無宇　纂圖本閩本監本毛本宇誤字

仲生穉孟夷　閩本監本毛本穉誤釋

臧會卜僭　淳熙本卜作十非

及僖子乞乞卒子常代之　各本作僖此本誤僖今訂正宋本常作恆毛本代誤伐

成子弒簡公　監本毛本弒作殺非

汝則有大疑　閩本監本毛本有大二字誤倒

欲使人敬龜筮也　宋本龜作卜是也

當記其忠之善者　監本毛本忠作志

春秋左傳注疏卷九校勘

附釋音春秋左傳注疏卷第十 莊二十三年盡三十二年

杜氏注　孔穎達疏

經二十有三年春公至自齊無傳○祭叔來聘無傳穀梁以祭叔爲祭公來聘魯天子內臣不得外交故不言使不與其得使聘。○祭側界反爲于僞反疏二十三年注穀梁至使聘。○正義曰諸言聘者皆言某侯使某來聘此不言使左氏無傳故取穀梁爲說穀梁傳云其不言使何也天子之內臣也不正其外交故不與使也然則言內臣不得外交必是畿內之國畿內之國非爲祭耳傳不言爲祭公來聘杜言爲祭公來聘者但祭叔違祭爲文必是祭人虞叔予虞公之弟此祭叔或是祭公之弟故以爲爲祭公來聘天子內臣不得外交諸侯故不言使不與其得使聘也魯受其聘行其禮故書聘耳二十五年陳女叔來聘嘉之故不名此無可嘉亦稱叔者杜意叔爲名爲字無以可知故不明言○夏公如齊觀社齊因祭社蒐軍實故公往觀之疏注齊因至觀之。○正義曰魯語說此事云夫齊棄大公之法而觀民於社孔晁云聚民於社觀戎器也襄二十四年傳稱楚子使薳啓彊如齊齊社蒐軍實使客觀之知此亦然故公往觀之釋例曰凡公出朝聘奔喪會葬皆但書如不言其事此春秋之常然則喪葬常事故不書觀社非常故特書公至自齊無傳○荊人來聘無傳不書荊子使某來聘君臣同辭者蓋楚之始通未成其禮疏注不書至其禮。○正義曰釋例曰楚之君臣最多混錯此乃楚之初興未閑周之典禮告命之辭自生同異楚武王熊達始居江漢之間然猶未能自同列國故稱荊敗蔡師荊人來聘從其所居之稱而揔其君臣是言楚之始通未成其禮之意言君臣同辭者此云荊人來聘是臣來也僖二十一年楚人使宜申來獻捷言使則是君也而經亦書楚人是君臣同辭○公及齊侯遇于穀無傳。穀音谷○蕭叔朝公無傳蕭附庸國叔名就穀朝公故不言來凡在外朝則禮不得具嘉禮不野合疏注蕭附至野合。○正義曰無爵而稱朝知是附庸國也邾儀父貴之乃書字此無所貴知叔爲名也公羊傳曰其言朝公何公在外也文連遇于穀是就穀朝公穀是齊地故不言來也定十四年大蒐于比蒲邾子來會公比蒲魯地故言來也穀梁傳曰朝於廟正也於外非正也是言在外行朝則禮不得具定十年傳稱嘉樂不野合知嘉禮亦不野合嘉禮謂善禮非五禮之嘉也朝於五禮屬賓○秋丹桓宮楹桓公廟也。楹柱也。○楹音盈○冬十有一月曹伯射姑卒無傳。未同盟而赴以名。○射示亦反又音亦○十有二月甲寅公會齊侯盟于扈無傳扈鄭地在滎陽卷縣西北。○扈音戶卷音權字林丘權反韋昭丘云反說文丘粉反

傳二十三年夏公如齊觀社非禮也曹劌諫曰不可夫禮所以整民也故會以訓上下之則制財用之節貢賦多少朝以正班爵之義帥長幼之序征伐以討其不然不然不用命。○長丁丈反疏夫禮至不然。○正義曰夫禮者所以整理天下之民民謂甿庶貴賤者皆是也諸侯會聚所謀皆是尊王室脩臣禮故會以訓上下之則以諸侯事天子訓在下事其君也於會必號令諸國出貢賦多少即是制財用之節度也禮使小國朝大國是朝以正班爵之等義也爵同則小國在下是帥長幼之次序也諸侯之序以爵不以年此言長幼謂國大小也沈氏云爵同者據年之長幼故云帥長幼之序不朝不會則征討之故言征伐以討其不然諸侯有王事從王王有巡守。省四方以大習之大習會朝之禮非是君不舉矣君舉必書書於策書而不法後嗣何觀○晉桓莊之族偪桓叔莊伯之子孫強盛偪迫公室。○偪彼力反獻公患之士蔿曰去富子則羣公子可謀也已士蔿晉大夫富子二族之富強者。○蔿于委反去起呂反下同公曰爾試其事士蔿與羣公子謀譖富子而去之以罪狀誣之同族惡其富強故士蔿得因而間之用其所親爲譖則似信離其骨肉則黨弱羣公子終所以見滅。○惡烏路反間間廁之間○秋丹桓宮之楹

經二十有四年春王三月刻桓宮桷刻鏤也桷椽也將逆夫人故爲盛飾○刻音克桷音角字林云齊魯謂榱爲桷椽直專反【疏】二十四年注刻鏤至盛飾○正義曰釋器云金謂之鏤木謂之刻刻木鏤金其事相類故以刻爲鏤也桷謂之榱榱即椽也穀梁傳曰刻桷非正也夫人所以崇宗廟也取非禮與非正而加之於宗廟以飾夫人非正也刻桓宮桷丹桓宮楹斥言桓宮以惡莊也是言丹楹刻桷皆爲將逆夫人故爲盛飾○葬曹莊公無傳○夏公如齊逆女無傳親逆禮也【疏】注親逆禮也○正義曰公羊傳曰何以書親迎禮也親逆是正禮有故得使卿逆亦無譏也○秋公至自齊無傳八月丁丑夫人姜氏入哀姜也公羊傳以爲姜氏要公不與公俱入蓋以孟任故丁丑入而明日乃朝廟○要於遙反任音壬後孟任皆同【疏】注哀姜至朝廟○正義曰公羊傳曰其言入何難也其難奈何夫人不可使入與公有所約然後入唯言有所要不知要何事故云蓋以孟任故也明日戊寅大夫宗婦覿用幣夫人若未朝廟不得受臣覿禮知明日乃朝廟既朝乃見大夫宗婦杜言朝廟者爲覿

用幣發也書入不書至者釋例曰莊公顧割臂之盟崇寵孟任故即位二十三年乃娶元妃雖丹楹刻桷身自納幣而有孟任之嫌故與姜氏俱反而異入經所以不以至禮書也戊寅大夫宗婦覿用幣宗婦同姓大夫之婦禮小君至大夫執贄以見明臣子之道莊公欲奢夸夫人故使大夫宗婦同贄俱見○覿徒歷反見也以見賢遍反下同夸苦瓜反【疏】注宗婦至俱見○正義曰襄二年葬齊姜傳稱齊侯使諸姜宗婦來送葬諸姜是同姓之女知宗婦是同姓大夫之婦也禮小君至大夫執贄以見明臣子之道禮亦無此文士相見禮稱大夫始見於君執贄夫人尊與君同臣始爲臣有見君之禮明小君初至亦當有禮以見也且傳唯譏婦贄不宜用幣不言覿之爲非知其禮當然也大夫當用羔鴈用幣亦爲非禮也莊公欲奢夸夫人故使男女同贄惡其男女無別且譏僭爲失禮故書之○大水無傳○冬戎侵曹無傳○曹羈出奔陳無傳羈蓋曹世子也先君既葬而不稱爵者微弱不能自定曹人以名赴【疏】注羈蓋至名赴○正義曰此事左氏穀梁並無傳公羊以曹羈爲曹大夫三諫不從而出奔杜以此經書曹羈出奔陳赤歸于曹與鄭忽出奔衛突歸于鄭其文相

類故附彼爲之說稱蓋爲疑辭微弱不能自定曹人以名赴亦如鄭忽之出奔○赤歸于曹無傳赤曹僖公也蓋爲戎所納故曰歸【疏】注赤曹至曰歸○正義曰史記曹世家與年表皆云僖公名夷三家經傳有五而皆言赤杜以鄭突類之知赤是曹君故以赤爲僖公書有舛誤何必史記是而杜說非也傳例曰諸侯納之曰歸以戎侵曹而赤歸故云蓋爲戎所納也賈逵以爲羈是曹君赤是戎之外孫故戎侵曹逐羈而立赤亦以意言之無所據也○郭公無傳蓋經闕誤也自曹羈以下公羊穀梁之說既不了又不可通之於左氏故不采用【疏】注蓋經至采用○正義曰公羊穀梁並以赤歸于曹郭公連文爲句言郭公名赤失國而歸于曹是爲說不了故不采用

傳二十四年春刻其桷皆非禮也并非丹楹故言皆【疏】注并非丹楹故言皆○正義曰穀梁傳曰禮楹天子諸侯黝堊大夫蒼士黈丹楹非禮也注云黝堊黑色黈黃色又曰禮天子之桷斲之礱之加密石焉諸侯之桷斲之礱之大夫斲之士斲本刻桷非正也加密石注云以細石磨之晉語云天子之室斲其椽而礱之加密石焉諸侯礱之大夫斲之士首之言雖小異要知正禮楹不丹桷不刻故云皆非禮也○御

孫諫曰臣聞之儉德之共也侈惡之大也御孫魯大夫○御魚呂反本亦作禦侈昌紙反又戶氏反先君有共德而君納諸大惡無乃不可乎以不丹楹刻桷爲共○秋哀姜至公使宗婦覿用幣非禮也傳不言大夫唯舉非常【疏】注傳不至非常○正義曰士相見禮云天下大夫相見以鴈上大夫相見以羔如士相見之禮始見於君執摯鄭玄云士大夫一也如彼禮文大夫始見於君用羔鴈始見夫人亦當然然則大夫用幣亦非常不以大夫爲常者禮孤執皮帛則諸侯之臣有執帛者矣大夫執帛唯上階耳其帛猶是男子所執婦人執幣則全非常事御孫唯諫婦人不宜執幣上明爲諫發傳故唯舉非常也左傳諸爲諫者或言諫曰或不言諫意在載辭不爲例也御孫曰男贄大者玉帛公侯伯子男執玉諸侯世子附庸孤卿執帛○贄真二反【疏】注公侯至執帛○正義曰周禮大宗伯職云公執桓圭侯執信圭伯執躬圭子執穀璧男執蒲璧是公侯伯子男皆執玉也典命職曰凡諸侯之適子誓於天子攝其君則下

其君之禮一等未誓則以皮帛繼子男公之孤四命以皮帛眂小國之君是諸侯世子與孤卿執帛也附庸雖則無文而爲一國之主來則謂之爲朝未有爵命不合執圭明與世子同執帛也且哀七年傳稱禹合諸侯於塗山執玉帛者萬國附庸是國明執帛者附庸也鄭玄周禮注云皮帛者束帛而表以皮爲之飾皮虎豹皮帛如今璧色繒也周禮以玉作六瑞以禽作六摯則瑞贄有異而此傳玉帛同言贄者鄭玄曲禮注云摯之言至也當謂執之見人以表至誠也典瑞注云瑞節信也禮天子執冒以見諸侯諸侯執圭璧以朝天子天子以冒冒之以爲信故以瑞爲名皮帛以下無此合信之事故以贄爲名其實皆以表至誠故傳通以贄言之凡贄皆以爵不以命數也

小者禽鳥卿執羔大夫執鴈士執雉 疏 注卿執至執雉。正義曰周禮大宗伯職文也鄭玄云羔取其羣而不失其類鴈取其候時而行雉取其守介而死不失其節鶩取其不飛遷雞取其守時而動曲禮曰飾羔鴈者以繢言天子之臣飾羔鴈以布又畫之諸侯之臣飾以布不畫之自雉以下無飾

以章物也章所執之物別貴賤。別彼列反

女贄不過榛栗棗脩以告虔也榛小栗脩脯虔敬也皆取其名以示敬。榛側巾反脩鍛脯加薑桂曰脩虔音乾 疏 注榛小至示敬。正義曰曲禮云婦人之贄椇榛脯脩棗栗鄭玄云婦人無外事見以羞物也椇榛木名椇枳也有實今邳郯之東食之榛實似栗而小鄭又注周禮腊人云薄析曰脯捶之而施薑桂曰鍛脩然則脩脯大同故以脩爲脯也虔敬釋詁文皆取其名以示敬者先儒以爲栗取其戰栗也棗取其早起也脩取其自脩也唯榛無說蓋以榛聲近虔取其虔於事也

今男女同贄是無別也男女之別國之大節也而由夫人亂之無乃不可乎○晉士蔿又與羣公子謀使殺游氏之二子游氏二子亦桓莊之族**士蔿告晉侯曰可矣不過二年君必無患**

經二十有五年春陳侯使女叔來聘女叔陳卿女氏叔字○女音汝陳大夫氏**○夏五月癸丑衛侯朔卒**無傳惠公也書名十六年與內大夫盟于幽

○六月辛未朔日有食之鼓用牲于社鼓伐鼓也用牲以祭社傳例曰非常也 疏 二十五年注伐至常也。正義曰尚書召誥云用牲于郊牛二如此之類言用牲者皆用之以祭知此用牲以祭社也鼓之所用必是伐之伐理可見故不言伐鼓牲不言用則牲無所施於文不足故言用牲傳稱正月之朔慝未作日有食之於是乎用幣于社伐鼓于朝正月謂周六月也此經雖書六月杜以長厤校之此是七月七日用鼓非常月也鼓當于朝而此鼓于社非其處也社應用幣而於社用牲非所用也一舉而有三失故譏之

○伯姬歸于杞無傳不書逆女逆者微**○秋大水鼓用牲于社于門**門國門也傳例曰亦非常也 疏 注門國門也。正義曰祭法云天子立七祀諸侯立五祀其門皆曰國門知此門亦國門國門謂城門也傳稱天災有幣無牲非日月之眚不鼓則鼓與牲二事皆失故譏之

○冬公子友如陳無傳報女叔之聘諸魯出朝聘皆書如不果彼國必成其禮故不稱朝聘春秋之常也公子友莊公之母弟稱公子者史策之通言母弟至親異於他臣其相殺害則稱弟以示義至於嘉好之事兄弟篤睦非例所興或稱弟或稱公子仍舊史之文也母弟例在宣十七年。好呼報反傳同 疏 注報女至七年。正義曰魯出朝聘多有在道復者假令得到彼國尚不知受之以否故皆書如如者往也直言往彼而已不果彼國必成其禮故不稱朝聘爲春秋之常也僖二十八年公朝于王所朝訖乃書故即稱爲朝此公子友莊公之母弟也於莊世稱公子昭元年陳公子招陳哀公母弟也於哀世稱公子故解之稱公子者史策之通言也釋例曰庶弟不得稱弟而母弟得稱公子秦伯之弟鍼晉女叔齊曰秦公子必歸此公子亦國之常言得兩通之證也是言公子母弟得通言之意也釋例又曰兄而害弟則稱弟以章兄罪弟又害兄則云弟以罪弟身統論其義兄弟二人交相殺害各有曲直存弟則示兄曲也是言其相殺害則稱弟以示義也釋例又曰若夫朝聘盟會嘉好之事此乃兄弟之篤睦非義例之所興故仍舊史之策或稱弟或稱公子踐土之盟叔武不稱弟此其義也案經桓三年齊侯使其弟年來聘十四年鄭伯使其弟語來盟成十年衛侯之弟黑背帥師侵鄭彼皆稱弟季友陳招並稱公子俱無褒貶所稱不同知是史文之異不爲義例仲尼無所見義故仍舊史耳

傳二十五年春，陳女叔來聘，始結陳好也。嘉之故不名。季友相魯原仲相陳二人有舊故女。來聘季友冬亦報聘嘉好接備卿以字爲嘉則稱名其常也。相魯息亮反下同。○夏六月辛未朔，日有食之，鼓用牲于社，非常也。非常鼓之月長厤推之辛未實七月朔置閏失所故致月錯。〔疏〕注非常至月錯。○正義曰：此及文十五年、昭十七年皆書六月朔日有食之。昭十七年傳稱祝史請所用幣，昭子許之，平子禦之曰：「止也。唯正月朔慝未作，日有食之，於是乎有伐鼓用幣，禮也。其餘則否。」大史曰：「在此月也。」經書六月而史言在此月，則知傳言正月之朔慝未作者，謂此周之六月，夏之四月也。文十五年傳直說天子諸侯鼓幣異禮，不言非常，知彼言六月直六月也。此亦六月而云非常，下句始言唯正月之朔有用幣伐鼓之禮，明此經雖書六月，實非六月，故云非常鼓之月。長厤推此辛未爲七月之朔，由置閏失所，故致月錯，不應置閏而置閏，誤使七月爲六月也。釋例曰：莊二十五年經書六月辛未朔日有食之，實是七月朔，非六月，故傳云非常也。唯正月之朔有用幣伐鼓，明此食非用幣伐鼓常月，因變而起厤誤也。文十五年經文皆同，而更復發傳曰非禮者，明前傳欲以審正陽之月，後傳發例欲以明諸侯之禮，此乃聖賢之微旨，而先儒所未喻也。劉炫云：知非五月朔者，昭二十四年五月日有食之，傳云日過分而未至非。若是五月，亦應云過分而未至也。今言慝未作，則是已作之辭，故知非五月。案二十四年八月丁丑，夫人姜氏入，從彼推之，則六月辛未朔非有差錯。杜云置閏失所者，以二十四年八月以前誤置一閏，非是八月以來始錯也。○唯正月之朔，慝未作，正月夏之四月周之六月謂正陽之月今書六月而傳云唯者明此月非正陽月也慝陰氣。○正音政正月建巳之月慝他得反夏戶雅反。○〔疏〕注正月至陰氣。○正義曰：昭十七年傳大史論正月之事六當夏四月，是謂孟夏。知正月是夏之四月、周之六月也。詩云「正月繁霜」，鄭玄云：「夏之四月，建巳純陽用事，是謂正月。」爲正陽之月。慝，惡也。人情愛陽而惡陰，故謂陰爲惡，故云慝，陰氣也。未作，謂陰氣未起也。○日有食之，於是乎用幣于社，伐鼓于朝。日食厤之常也然食於正陽之月則諸侯用幣于社請救於上公伐鼓于朝退而自責以明陰不宜侵陽臣不宜掩君以示大義。○〔疏〕注日食至大義。○正

義曰：古之厤書亡矣。漢興以來，草創其術，三統以爲五月二十三分月之二十而日月交會，近世爲厤者皆以爲一百七十三日有餘而日一食，是日食者厤之常也。古之聖王因事設戒，夫以昭昭大明，照臨下土，忽爾殲亡，俾晝作夜，其爲怪異，莫斯之甚，故立求神請救之禮、責躬罪己之法。正陽之月，陽氣尤盛，於此尤盛之月而爲弱陰所侵，故尤忌之。社是上公之神，尊於諸侯，故用幣于社，請救於上公，伐鼓于朝，退而自攻責也。日食者，月揜之也。日者陽之精，月者陰之精。日，君道也；月，臣道也。以明陰不宜侵陽，臣不宜揜君，以示大義也。昭二十九年傳曰：「故有五行之官，是謂五官，實列受氏姓，封爲上公，祀爲貴神。社稷五祀，是尊是奉。」故杜以社爲上公之神。○秋，大水，鼓用牲于社、于門，亦非常也。失常禮。○凡天災，有幣無牲。天災日月食大水也祈請而已不用牲也。○〔疏〕注天災至牲也。○正義曰：傳言亦非常，亦上日食也。但日食之鼓非常月，伐鼓于社非常禮。大水用牲亦非常禮，俱是非常，故亦前也。傳既亦前，即發凡例，知天災之言兼日食、大水也。天之見異，所以譴告人君，欲令改過脩善，非爲求人飲食。既遇天災，隨時即告，唯當告請而已，是故有幣無牲。若乃亢旱歷時，霖雨不止，然後禱祀羣神，求弭災沴者，設禮以祭，祭必有牲。詩雲漢之篇，美宣王爲旱禱請，自郊徂宮，無所不祭，云「靡神不舉，靡愛斯牲」，是其爲旱禱祭皆用牲也。祭法曰：「埋少牢於泰昭，祭時也。相近於坎壇，祭寒暑也。三宮，祭日也。夜明，祭月也。幽禜。祭星也。雩禜。祭水旱也。」鄭玄云：「凡此以下，皆祭用少牢。」寒暑不時，則或禳之，或祈之，是說祈禱之祭皆用牲。非日月之眚，不鼓。眚猶災也月侵日爲眚陰陽逆順之事賢聖所重故特鼓之。○眚所景反。〔疏〕注眚猶至鼓之。○正義曰：易稱「是謂災眚」，書稱「眚災肆赦」，是眚災相類，故云眚猶災也。月侵日爲眚，陰犯陽爲逆，逆順之事，賢聖所重，故見其逆事而特鼓之。此據日食爲說耳。傳稱日月之眚，日月並言，則月食亦有鼓。周禮大僕職云：「凡軍旅田役，贊王鼓。救日月亦如之。」是日食月食皆有鼓也。穀梁傳曰：「天子救日，置五麾，陳五兵、五鼓；諸侯置三麾，陳三鼓、三兵；大夫擊門；士擊柝。」左氏雖無傳，義或然也。○晉士蔿使羣公子盡殺游氏之族，乃城聚而處之。聚晉邑。○聚才喻反。冬，晉侯圍聚，盡殺羣公子。卒如士蔿之計。

經二十有六年春公伐戎無傳○夏公至自伐戎無傳○曹殺其大夫無傳不稱名非其罪例在文七年【疏】二十六年注不稱至七年。正義曰文七年傳稱書曰宋人殺其大夫不稱名衆也且言非其罪也是仲尼新意變例也○秋公會宋人齊人伐徐無傳宋序齊上主兵○冬十有二月癸亥朔日有食之無傳

傳二十六年春晉士蔿爲大司空大司空卿官【疏】注大司空卿官。正義曰傳於此年以來說士蔿爲獻公設計晉國以安今又言大司空明任以卿位也直言司空者是大夫卽司空亞旅皆受一命之服是也晉自文公以後世爲盟主征伐諸國卿以軍將爲名司空非復卿官故文二年司空士縠非卿也雖則非卿職掌不異成十八年傳曰右行辛爲司空使脩士蔿之法是其典事同也○夏士蔿城絳以深其宮絳晉所都也今平陽絳邑縣○秋虢人侵晉冬虢人又侵晉爲傳明年晉將伐虢張本此年經傳各自言其事者或經是直文或策書雖存而簡牘散落不究其本末故傳不復申解但言傳事而已。牘徒木反究音救復扶又反解居蟹反【疏】注爲傳至而已。正義曰此年傳不解經經傳各自言事伐戎日食體例已舉或可經是直文不須傳說曹殺大夫宋齊伐徐或須說其所以此去丘明已遠或是簡牘散落不復能知故耳上二十年亦傳不解經彼經皆是直文故就此一說言下以明上

經二十有七年春公會杞伯姬于洮伯姬莊公女洮魯地○洮徒刀反【疏】二十七年注伯姬莊公女。正義曰上二十五年始歸于杞莊公無母而此來寧知是莊公女也會女非常故於此言女以辯之○夏六月公會齊侯宋公陳侯鄭伯同盟于幽○秋公子友如陳葬原仲原仲陳大夫原氏仲字也禮臣既卒不名故稱字季友違禮會外大夫葬具見其事亦所以知譏○見賢遍反【疏】注原仲至知譏。正義曰玉藻記云士於君所言大夫沒矣則稱謚若字桓二年穀梁傳曰子既死父不忍稱其名臣既死君不忍稱其名是禮臣卒不名陳人不稱其名故魯史亦書其字○冬杞伯姬來傳例曰歸寧○莒慶來逆叔姬無傳慶莒大夫叔姬莊公女卿自爲逆則稱字例在宣五年○爲于僞反○杞伯來朝無傳杞稱伯者蓋爲時王所黜○黜勑律反【疏】注杞稱至所黜○正義曰桓二年杞侯來朝十二年公會杞侯莒子盟于曲池自爾以來不見經傳從此稱伯終於春秋故云蓋爲時王所黜於時周王當桓莊僖惠不知何王黜之○公會齊侯于城濮無傳城濮衞地將討衞也○濮音卜

傳二十七年春公會杞伯姬于洮非事也非諸侯之事。天子非展義不巡守天子巡守所以宣布德義諸侯非民事不舉卿非君命不越竟○竟音境○夏同盟于幽陳鄭服也二十二年陳亂而齊納敬仲二十五年鄭文公之四年獲成於楚皆有二心於齊今始服也【疏】注二十至服也○正義曰比年以來陳鄭無不服之狀此言其服故注者原之二十一年鄭厲公卒二十五年是鄭文公之四年也文十七年傳稱鄭子家與趙宣子書云文公四年二月壬戌爲齊侵蔡亦獲成於楚是二十五年既與楚平故至此始服也○秋公子友如陳葬原仲非禮也原仲季友之舊也○冬杞伯姬來歸寧也寧問父母安否凡諸侯之女歸寧曰來出曰來歸歸不反之辭夫人歸寧曰如某出曰歸于某【疏】凡諸至于某○正義曰釋例曰歸寧者女子既嫁有時而歸問父母之寧否父母沒則使卿歸問兄弟也出者謂犯七出而見絕者也歸者有所往之稱來者有所反之言故嫁謂之歸而寧謂之來見絕而出則以來歸爲辭來而不反也如某者非終安之稱歸于某者亦不反之辭是解其文異之意也此杞伯姬寧也宣十六年郯伯姬來歸出也文九年夫人姜

氏如齊歸寧也魯之夫人無被出者文十八年夫人姜氏歸于齊雖子死自去歸而不反亦出之類故與出同文

○晉侯將伐虢士蔿曰不可虢公驕若驟得勝於我必棄其民 棄民不養之。無衆而後伐之欲禦我誰與夫禮樂慈愛戰所畜也夫民讓事樂和愛親哀喪而後可用也 上之使民以義讓哀樂爲本言不可力強。畜勑六反下及注皆同哀樂音洛強其丈反 疏 夫禮至用也。正義曰禮樂慈愛謂國君教民民間有此四者畜聚此事然後可與人戰故云戰所畜也士蔿既言其目更以其義覆之禮尚謙讓讓事謂禮也樂以和親樂和謂樂也慈謂愛之深也愛親謂慈也愛極然後哀喪哀喪謂愛也民間有此四事然後可用以戰 虢弗畜也亟戰將饑 言虢不畜義讓而力戰。亟欺冀反饑居疑反又音機 ○王使召伯廖賜齊侯命 召伯廖王卿士賜命爲侯伯。召音邵廖力彫反 疏 注召伯至侯伯。正義曰召伯稱爵知是王之卿士召康公之封召也當在西都畿內釋例曰扶風雍縣東南有召亭也春秋時召伯猶是召公之後西都既已賜秦則東都別有召地不復知其所在僖二十八年傳稱王命尹氏。王子虎策命晉侯爲侯伯則知此賜齊侯命者亦賜命爲侯伯也彼注云周禮九命作伯則此亦九命之伯謂九州之長爲二伯也僖元年傳曰凡侯伯救患分災討罪禮也注云侯伯州長也彼主說齊桓之事亦謂九州之長非州牧也言州長者兼見州牧之事耳 且請伐衞以其立子頹也 立子頹在十九年。

經二十有八年春王三月甲寅齊人伐衞衞人及齊人戰衞人敗績 齊侯稱人者諱取賂而還以賤者告不地者史失之 疏 二十八年注齊侯至失之。正義曰傳稱齊侯而經書人知其諱取賂以賤者告也詩美僖公之伐淮夷得其元龜象齒大賂南金襄十一年傳稱晉侯伐鄭受鄭之賂告於諸侯皆不以爲諱而此諱之者彼服罪致賂乃以得賂爲榮此舍罪受賂故以受之爲恥會于稷舍宋督取郜鼎亦此之類也戰皆書地此獨不地知是史失之也莊十年公羊傳曰戰不言伐圍不言戰入不言圍滅不言入書其重者左氏無此義而泓韓鞌邲令狐河曲鄢陵城濮大棘彭衙長岸柏舉之屬皆書戰不書伐此書伐又書戰襄十八年諸侯同圍齊言圍不言伐文十五年晉郤缺伐蔡戊申入蔡書伐又書入巳明無文杜不爲說皆是從告而書史有詳略無義例也此經既言齊人伐衞不言齊及衞戰而言衞人及齊人戰者公羊以爲伐人者爲客被伐者爲主以主及客故使衞人主齊尋案經傳令狐河曲大棘彭衙長岸泓韓之屬皆以主及客也乾時升陘及鞌皆魯與人戰以魯爲主城濮鄢陵與邲外楚而內晉也柏舉內蔡而外楚也被伐爲主或如公羊之說 ○夏四月丁未邾子瑣卒 無傳未同盟而赴以名。瑣素果反 ○秋荊伐鄭公會齊人宋人救鄭 ○冬築郿 郿魯下邑傳例曰邑曰築。郿亡悲反 疏 注郿魯至曰築。正義曰國都爲上邑爲下故云魯下邑成十八年築鹿囿傳曰書不時也此傳唯發城築之例不言時與不時者春秋重土功無備而興作者傳每事各言時與不時以別有所備禦如書旱雩之別過雩也其有所畏懼而興作者唯一務而已襄十九年城西郛傳曰懼齊也是其事也此年大無麥禾時歲饑虛恐或侵伐故築之以備難從西郛之例故不發傳也 ○大無麥禾 書於冬者五穀畢入計食不足而後書也 疏 注書於至書也。正義曰麥孰於夏禾成在秋而書於冬者計食不足而後摠書之此年不言水旱而得無麥禾者服虔曰陰陽不和土氣不養故禾麥不成也傳言饑而經不書者得齊之糴救民之急不至於饑也傳言饑者指未糴之前說告糴之意故言饑也 臧孫辰告糴于齊 臧孫辰魯大夫臧文仲。糴徒歷反 疏 臧孫至于齊。正義曰何休云買穀曰糴告糴者將貨財告齊以買穀魯語云文仲以鬯圭與玉磬如齊告糴曰不腆先君之敝器敢告滯積以紓執事齊人歸其玉而與之糴公羊傳曰何以不稱使以爲臧孫辰之私行也君子之爲國也必有三年之委一年不孰告糴譏也穀梁亦然據經魯臣出使例不言使何以當怪此也傳言告糴禮也必不得如二傳之說服虔云不言如重穀急辭以其情急於糴故不言如齊告糴乞師則情緩於穀故云如楚乞師。注臧孫至文仲。正義曰世本孝公生僖伯彄彄生哀伯達達生伯氏缾缾生文仲辰辰是臧僖伯曾孫

傳二十八年春齊侯伐衞戰敗衞師數之以

王命取賂而還○晉獻公娶于賈無子賈姬姓國也○烝於齊姜齊姜武公妾○烝之承反生秦穆夫人及太子申生又娶二女於戎大戎狐姬生重耳大戎唐叔子孫別在戎狄者○重直龍反〔疏〕注大戎至狄者○正義曰晉語云狐氏出自唐叔狐伯行之子實生重耳又曰狐偃其舅也小戎子生夷吾小戎允姓之戎子女也○〔疏〕注小戎至女也○正義曰昭九年傳稱晉率陰戎伐潁王使辭於晉曰先王居檮杌于四裔故允姓之姦居于瓜州知戎爲允姓也凡言子者通男女也知子謂女也二戎相對爲大小也晉伐驪戎驪戎男女以驪姬驪戎在京兆新豐縣其君姬姓其爵男也納女於人曰女○驪力知反女以昵據反注曰女同歸生奚齊其娣生卓子驪姬嬖欲立其子賂外嬖梁五與東關嬖五姓梁名五在閨闥之外者東關嬖五別在關塞者亦名五皆大夫爲獻公所嬖幸視聽外

事○卓勑角反閨音圭闥吐達反塞素代反使言於公曰曲沃君之宗也曲沃桓叔所封先君宗廟所在蒲與二屈君之疆也蒲今平陽蒲子縣二屈今平陽北屈縣或云二當爲北○屈勿反一音居勿反疆居良反下同不可以無主宗邑無主則民不威疆埸無主則啓戎心戎之生心民慢其政國之患也若使大子主曲沃而重耳夷吾主蒲與屈則可以威民而懼戎且旌君伐旌章也伐功也○埸音亦使俱曰狄之廣莫於晉爲都廣莫狄地之曠絕也即謂蒲于北屈也言遣二公子出都之則晉方當大開土界猷公未悅故復使二五俱說此美○復扶又反晉之啓土不亦宜乎晉侯說之夏使大子居曲沃重耳居蒲城夷吾居屈羣公子

皆鄙鄙邊邑說音悅○唯二姬之子在絳二五卒與驪姬譖羣公子而立奚齊晉人謂之二耦二耜相耦廣一尺共起一伐言二人俱共墾傷晉室若此○譖責鴆反耜音似廣古曠反墾苦很反○楚令尹子元欲蠱文夫人文王夫人息嬀也子元文王弟蠱惑以淫事○蠱音古惑也〔疏〕蠱文夫人○正義曰昭元年傳稱周易女惑男謂之蠱知蠱謂惑以淫事爲館於其宮側而振萬焉振動也萬舞也夫人聞之泣曰先君以是舞也習戎備也今令尹不尋諸仇讎而於未亡人之側不亦異乎尋用也婦人既寡自稱未亡人御人以告子元御人夫人之侍人子元曰婦人不忘襲讎我反忘之秋子元以車六百乘伐鄭入于桔柣之門桔柣鄭遠郊之門也

○乘繩證反桔戶結反柣待結反〔疏〕注桔柣至門也○正義曰此已入一門矣又云入自純門又是入一門矣復言縣門不發則更有一門矣不發是城門則知純門外郭門桔柣遠郊門也尚書費誓序云東郊弗開是郊有門也○子元鬬御彊鬬梧耿之不比爲旆子元自與三子特建旆以居前廣充幅長尋曰旐繼旐曰旆○御魚呂反本亦作禦下注反禦同彊其良反又居良反梧音吾比并里反旆蒲具反長直亮反旐音兆〔疏〕注子元至曰旆○正義曰軍行之次旆最在先故宣十二年傳稱令尹南轅反旆是旆居前而殿在後也釋天云緇廣充幅長尋曰旐繼旐曰旆郭璞云旐帛全幅長八尺旆帛續旐末爲燕尾者鬬班之孫游王孫喜殿三子在後爲殿殿○殿丁見反衆車入自純門及逵市純門鄭外郭門也逵市郭內道上市○純如字逵求龜反縣門不發楚言而出子元曰鄭有人焉縣門施於內城門鄭示楚以閑暇故不閉城門出兵而效楚言故子元畏之不敢進○縣音玄注同諸侯救鄭楚師夜遁鄭人將

奔桐丘許昌縣東北有桐丘城○遁徒困反諜告曰楚幕有烏乃止諜間也幕帳也○諜音牒幕音莫間間廁之間○冬饑臧孫辰告糴于齊禮也經書大無麥禾傳言饑傳又先書饑在築郿上者說始糴經在下須得糴嫌或諱饑故曰禮○築郿非都也凡邑有宗廟先君之主曰都無曰邑邑曰築都曰城周禮四縣爲都四井爲邑然宗廟所在則雖邑曰都尊之也言凡邑則他築非例〔疏〕注周禮至非例○正義曰周禮小司徒職云九夫爲井四井爲邑四邑爲丘四丘爲甸四甸爲縣四縣爲都注引此者以證都大邑小耳經傳之言都邑者非是都則四縣邑皆四井此傳所發乃爲小邑發例大者皆名都都則悉書曰城小邑有宗廟則雖小曰都無乃爲邑邑則曰築都則曰城爲尊宗廟故小邑與大都同名釋例曰若邑有先君宗廟雖小曰都尊其所居而大之也然則都而無廟固宜稱城城漆是也而穎氏唯繫於有無君之廟患漆本非魯邑因說曰漆有邾之舊廟是使魯人尊邾之廢廟與先君同非經傳意也又解傳言凡邑則主爲邑言則他築非例也若築臺築囿築王姬之館則皆稱爲築無大小之異○

經二十有九年春新延廄傳例曰書不時言新者皆舊物不可用更造之辭○廄居又反〔疏〕二十九年注傳例至之辭○正義曰馬之所處謂之廄延是廄之名名之曰延其義不可知也公羊傳曰新延廄者何脩舊也謂舊廄敝壞不可因而補治故言新新爲更造之辭也傳言新作延廄而經無作字僖二十年新作南門定二年新作雉門及兩觀皆言新作而此獨無作是作傳之後轉寫闕文也釋例曰言新意所起言作以興事通謂興起功役之事也揔而言之不復分別因舊而與造新也經書延廄稱新而不言作傳言新作延廄書不時也此稱經文而以不時爲譏義不在作也然尋傳足以知經闕作字也而劉賈云言新有故木言作有新木言廄不書作所用之木非公命也凡諸興造固當有新固當有因今爲春秋微義直記別此門此觀有新木故木既已鄙近且材木者立廄之具也公命立廄則衆用皆隨之矣焉有所用之木非公命也此爲匠人受命立廄而盜共其用豈然乎哉○夏鄭人侵許傳例曰無鍾鼓曰侵○秋有蜚傳例曰爲災○蜚扶味反○冬十有二月紀叔姬卒無傳紀國雖滅叔姬執節守義故繫之紀賢而錄之○城諸及防諸防皆魯邑傳例曰書時也諸非備難而興作傳皆重云時以釋之他皆放此諸今城陽縣○難乃旦反重直用反〔疏〕城諸及防○正義曰此言城諸及防文十二年城諸及鄆定十四年城莒父及霄襄十年傳晉師城梧及制同時城二邑者皆言及穀梁傳曰以及小也何休云諸君邑防臣邑言及別君臣之義賈逵云言及先後之辭杜不爲注先後之辭是也

傳二十九年春新作延廄書不時也經無作字蓋闕凡馬日中而出日中而入日中春秋分也治廄當以秋分因馬向入而脩之今以春作故曰不時○向許亮反本或作嚮〔疏〕注日中至不時○正義曰中者謂日之長短與夜中分故春秋二節謂之春分秋分也釋例曰春秋分而晝夜等謂之日中凡馬春分百草始繁則牧於坰野秋分農功始藏水寒草枯則皆還廄此周典之制也今春而作廄已失民務又違馬節故曰書不時也○夏鄭人侵許凡師

有鍾鼓曰伐聲其罪無曰侵鍾鼓無聲輕曰襲掩其不備○輕遣政反〔疏〕凡師至曰襲○正義曰釋例曰侵伐襲者師旅討罪之名也鳴鍾鼓以聲其過曰伐寢鍾鼓以入其竟曰侵掩其不備曰襲此所以別興師用兵之狀也然則春秋之世兵加於人唯此三名擊鼓斬木俱名爲伐鳴鍾鼓聲其罪往討伐之若擊鼓斬木然侵者加陵之意寢其鍾鼓潛入其竟往侵陵之襲者重衣之名倍道輕行掩其不備忽然而至若披衣然立此三名制討罪之等級也周禮大司馬掌九伐之法賊賢害民則伐之負固不服則侵之天子討罪無掩襲之事唯侵伐二名名與禮合而禮更有七名馮弱犯寡則眚之暴內陵外則壇之野荒民散則削之賊殺其親則正之放弒其君則殘之犯令陵政則杜之內外亂鳥獸行則滅之彼謂王者行兵此據當時實事時無其事則傳不爲例其滅與入爲例故不列於此○秋有蜚爲災也凡物不爲災不書○冬十二月城諸及防書時也凡土功龍見而畢務戒事也謂今九月周十一月龍星角亢晨見東方三務始畢戒民以土功事○見賢遍

反注下皆同亢苦浪反又音剛【疏】凡土至而畢○正義曰釋例曰都邑者人之聚也國家之藩衛百姓之保障不固則敗不脩則壞故雖不臨寇必於農隙備其守禦無妨民務傳曰龍見而畢務戒事也謂夏之九月周之十一月龍星角亢晨見東方於是納其禾稼三務始畢而戒民以土功事也火見而致用大火星次角亢而晨見於是致其用也水昏正而栽謂夏之十月定星昏而中於是樹板榦而興作焉日至而畢謂日既南至微陽始動故土功息傳既顯稱凡例而書時書不時各重發者皆以別無備而興作如書旱雩之別過雩也若城西郛傳特曰懼齊此其意也然則此發例者止謂須脩備禦非有當時之急故擇閒月而爲之若當時有急則不拘此制畢者竟也畢務謂農務竟而民閒也日至而畢謂土功竟也冬至之後當更脩來年農事不得復興土功也○注謂今至功事○正義曰今之九月則季秋也月令季秋之月日在房漢書律麻志論星之度數云角十二亢九氐十五自角之初至房初三十六度晨謂夜之將旦於晨之時日體在房故角亢見在東方也東方之宿盡爲龍星角即蒼龍角也故角亢專得龍名戒謂令語之也春夏秋三時之務始畢民將閒暇故預令語民將有土功之事使自備也

火見而致用大火心星次角亢見者致築作之物

【疏】注大火至之物○正義曰襄九年傳曰心爲大火星度心五尾十八月令孟冬之月日在尾自心初至於尾末二十三度十月之初心星次角亢之後而晨見東方也致築作之物謂板榦畚梮諸是城之所用皆致之於作所也

水昏正而栽謂今十月定星昏而中於是樹板榦而興作○栽字林才代反一音再說文云築牆長板定多佞反

【疏】注謂今至興作○正義曰五行北方水故北方之宿爲水星言水昏正者夜之初昏水星有正中者耳非北方七宿皆正中也詩云定之方中作于楚宮釋文云營室謂之定孫炎云定正也天下作宮室者皆以營室爲正周語云營室之中土功其始是定星昏而正爲土功之大候故知水昏正謂十月定星昏而正中時也鄭玄詩箋云定星昏中而正謂小雪時小雪十月之中氣月令仲冬之月昏東壁中室十六度日行一度是十月半而室中十一月初而壁中禮記中庸云栽者培之栽者樹立之語故知樹板榦而起首興作也釋詁云楨榦也舍人曰楨正也築牆所立兩木也榦所以當牆之兩邊鄣土者也然則榦在牆之兩端樹立之即楨是也榦則在兩邊鄣土即板是也板榦既異而云樹板榦者因類連言耳

日至而畢日南至微陽始動故土功息○**樊皮叛王**

樊皮周大夫樊其采地皮名

經三十年春王正月○夏次于成無傳將卑師少故直言次齊將降鄣故設備○將卑子匠反降戶江反下文注同鄣音章下同

【疏】三十年注將卑至設備○正義曰於例將卑師少稱人人謂大夫身也大夫卑名氏不見故稱人他國可言某人魯事不得自稱魯人故魯之大夫使出者皆言其所爲之事而已此大夫帥師而次于成故直言次也穀梁傳曰次止也有畏也欲救鄣而不能是爲降鄣故設備也

○**秋七月齊人降鄣**無傳鄣紀附庸國東平無鹽縣東北有鄣城小國孤危不能自固蓋齊遙以兵威脅使降附

【疏】注鄣紀至降附○正義曰公羊穀梁傳並云鄣紀之遺邑也釋例曰劉賈依二傳以爲鄣紀之遺邑計紀侯去國至此二十七年紀侯猶不堪齊而去則邑不得獨存此蓋附庸小國若郜鄣者也是言鄣爲附庸之意不言鄣降于齊而云齊人降鄣又不言侵伐故云蓋以兵威脅使降附

○**八月癸亥葬紀叔姬**無傳以賢錄也無臣子故不作謚

○**九月庚午朔日有食之鼓用牲于社**無傳

○**冬公及齊侯遇于魯濟**濟水歷齊魯界在齊界爲齊濟在魯界爲魯濟蓋魯地○濟子禮反

【疏】注濟水至魯地○正義曰釋例曰濟水自滎陽卷縣東經陳留至濟陰北經高平東平至濟北東北經濟南至樂安博昌縣入海案高平東平魯西界也濟南樂安齊竟內也指言魯濟故疑魯地遇于魯地濟水之邊

○**齊人伐山戎**山戎北狄

傳三十年春王命虢公討樊皮夏四月丙辰虢公入樊執樊仲皮歸于京師○楚公子元歸自伐鄭而處王宮欲逐蠱文夫人**鬬射師諫則執而梏之**射師鬬廉也足曰桎手曰梏○射食亦反又食夜反梏古毒反桎之實反

【疏】注射師至曰梏○正義曰杜此注與譜並以射師與鬬廉爲一人不知何據也服虔云射師若敖子鬬班也射師被梏不言舍之何以得殺子元也知射師與班必非一人也杜譜以爲鬬射師若敖子鬬班若敖孫周禮掌囚上罪梏拲而桎中罪桎梏下罪梏梏

拳兵文拳施於手知梏亦手也鄭玄亦云在手曰梏在足曰桎是先儒同此說也易大畜六四童牛之梏牛云梏者牛雖無手謂梏前足也 ○秋申公鬭班殺子元 申楚縣楚僭號縣尹皆稱公○僭子念反 鬭穀於菟爲令尹自毀其家以紓楚國之難 鬭穀於菟令尹子文也毀減紓緩也○穀奴走反楚人謂乳曰穀漢書作穀音同於音烏菟音徒紓音舒一音直汝反難乃旦反下注同 ○冬遇于魯濟謀山戎也以其病燕故也 齊桓行霸故欲爲燕謀難燕國今薊縣○爲于僞反薊音計

經三十有一年春築臺于郎 無傳刺奢且非土功之時○刺七賜反 ○夏四月薛伯卒 無傳未同盟 ○築臺于薛 無傳薛魯地 ○六月齊侯來獻戎捷 傳例曰諸侯不相遺俘捷獲也獻奉上之辭齊侯以獻捷禮來故書以示過○捷在妾反遺唯季反傳同俘音孚

【疏】三十一年注傳例至示過○正義曰捷勝也戰勝而有獲獻其獲故以捷爲獲也釋例曰歸者遺也獻者自下奉上之稱遺者敵體相與之辭傳曰諸侯不相遺俘齊侯楚人失辭稱獻失禮遺俘故因其來辭見自卑也以其大卑故書以示過此經言獻捷傳言遺俘則是獻捷獻囚俘也襄八年邢丘之會傳稱鄭伯獻捷于會又曰獲司馬燮獻于邢丘是獻俘謂之捷也襄二十五年鄭公孫舍之帥師入陳傳稱司空致地司徒致民是不以俘囚歸也亦云子產獻捷于晉然則無囚而獻其功空有器物亦稱捷也

○秋築臺于秦 無傳東平范縣西北有秦亭 ○冬不雨 無傳不書旱不爲災例在僖三年

傳三十一年夏六月齊侯來獻戎捷非禮也凡諸侯有四夷之功則獻于王王以警于夷 雖夷狄俘警懼夷狄○警音景懼戒懼也 中國則否諸侯不相遺俘 猶不以相遺

經三十有二年春城小穀 小穀齊邑濟北穀城縣城中有管仲井大都以名通者則不繫國

【疏】三十二年注小穀至繫國○正義曰傳稱爲管仲知是齊邑管仲所食采邑也吳滅州來晉滅下陽如此之類皆不繫國知大都以名通者則不繫國也華亥向寧人于宋南里以叛南里非大都不得以名通故繫之宋耳賈逵云不繫齊者世其祿然則彼不繫者豈皆世其祿乎

○夏宋公齊侯遇于梁丘 齊善宋之請見故進其班梁丘在高平昌邑縣西南 ○秋七月癸巳公子牙卒 牙慶父同母弟僖叔也飲酖而死不以罪告故得書卒書日者公有疾不責公不與小斂○酖音鴆本亦作鴆與音預斂力豔反 ○八月癸亥公薨于路寢 路寢正寢也公薨皆書其所詳凶變

【疏】注路寢至凶變○正義曰公羊傳曰路寢者何正寢也喪大記曰男子不死於婦人之手婦人不死於男子之手君夫人卒于路寢鄭玄云言死必於正處也是薨于路寢得其正也言詳凶變者釋例云詳內事謹凶變

○冬十月己未子般卒 子般莊公大子先君未葬故不稱爵不書殺諱之也○般音班殺音試一音如字下同

【疏】注子般至諱之也○正義曰傳稱公疾問後於叔牙若已有大子則不應須問當問之時似未有大子也季友以死奉般酖殺叔牙蓋於爾時始命爲大子公薨而般立知其爲大子也子惡之死也直書子卒不書名此子般及子野皆書名者釋例曰公子惡魯之正適嗣位免喪則魯君也襄仲倚齊而弒之國以爲諱故不稱君若言君之子也及子般子野或見殺或不勝喪言罪則不足成貶爲孝而滅性故直略而書卒也又曰未成君而卒若君未葬則嗣子書名在喪之禮也既葬則嗣君諒闇羣臣復吉免喪則成君也文公既葬襄仲殺惡及視書曰子卒與未成君同文所以爲諱也如杜此言未葬之前生則直稱爲子死則書曰子某卒猶外諸侯生稱其爵死書其名以爲禮之常也既葬則嗣子成君以理而卒當稱公薨全成君也子惡父既葬魯人諱其弒不得稱君其實已葬不得從子般子野未葬之例故書子卒而不稱名以示似未成君其實已成爲君上不得同閔公下不得同般野故直書爲子繫之於父若言君之子也公羊以爲君存稱世子君薨稱子某既葬稱子踰年稱公據子般子野卒似欲當然但左氏稱宋桓公卒未葬而襄公會諸侯故曰子即發例曰凡在喪公侯曰子是未葬稱子傳之明文不得如公羊說也

○公子慶父如齊 無傳慶父既殺子般季友出奔國人不與故懼而適齊欲以求援時無君假赴告之

禮而行。○狄伐邢無傳。邢國在廣平襄國縣〔疏〕狄伐邢注無傳。○正義曰明年有傳而言無者明年自爲管仲之言發端耳非説此年伐邢之事故言無傳

傳三十二年春城小穀。爲管仲也公感齊桓之德故爲管仲城私邑。○爲于僞反注及下同○齊侯爲楚伐鄭之故請會于諸侯楚伐鄭在二十八年謀爲鄭報楚宋公請先見于齊侯夏遇于梁丘○見賢遍反又如字○秋七月有神降于莘有神聲以接人莘虢地。○莘所巾反〔疏〕注有神至虢地。○正義曰易稱神也者妙萬物而爲言者也雖復鬼神之神亦無形象可見今言神降則人皆聞知故知有神謂有神聲以接人也吳孫權時有神自稱王表言語與人無異而形不可見今此神降于莘蓋亦王表之類神者氣也當在人上今下接人故稱降也國語説此事稱内史過對王云昔昭王娶於房曰房后實有爽德協於丹朱丹朱馮身以儀之生穆王焉若由是觀之其丹朱之神乎下説神居莘而虢公請土内史過往聞虢請命知莘是虢地惠王問諸内史過曰是何故也内史過周大夫○過古禾反對曰國之將興明神降之監其德也將亡神又降之觀其惡也故有得神以興亦有以亡虞夏商周皆有之亦有神異。○監本又作鑑古暫反〔疏〕虞夏商周皆有之。○正義曰國語内史過曰夏之興也祝融降於崇山其亡也回祿信於黔隧商之興也檮杌次於丕山其亡也夷羊在牧周之興也鸑鷟鳴於岐山其衰也杜伯射宣王於鎬是夏商周之所有也其虞則國語不言焉未知其所謂也服虔云虞舜祖考來格鳳皇來儀百獸率舞案虞書夔説舜樂所致非神降也必其傳會尚書以爲得神以興則虞舜得神以亡者又安在也王曰若之何對曰以其物享焉其至之日亦其物也享祭也若以甲乙日至祭先脾玉用蒼服上青以此類祭之。○脾婢支反〔疏〕注享祭至祭之。○正義曰此降莘之神非祀典所載神必須祭故内史過令以其物享之其物不知所謂更以至日釋之謂此神初降之日以其至日之物也月令春其日甲乙夏其日丙丁中央土其日戊己秋其日庚辛冬其日壬癸所用之物月令具有其文注引甲乙所用舉一隅也丙丁日至祭用肺玉服皆赤也戊己日至祭用心玉服皆黄也庚辛日至祭用肝玉服皆白也壬癸日至祭用腎玉服皆玄也王從之内史過往聞虢請命聞虢請於神求賜土田之命反曰虢必亡矣虐而聽於神神居莘六月〔疏〕神居莘六月。○正義曰國語稱惠王十五年神降于莘年表惠王十五年是魯莊公之十八年則此年惠王十五年也上云七月神降則今年七月降也居莘六月虢公使祝史享焉則今年十二月也内史過往已聞虢請命則過至虢亦十二月也傳先説王事使了後論虢事以終内史之言故文倒耳虢公使祝應宗區史嚚享焉神賜之土田祝大祝宗宗人史大史應區嚚皆名。○區丘于反嚚五巾反大祝音泰下同史嚚曰虢其亡乎吾聞之國將興聽於民政順民心將亡聽於神求福於神神聰明正直而壹者也依人而行唯德是與虢多涼德其何土之能得涼薄也爲僖二年晉滅下陽傳。○涼音良〔疏〕神聰至能得。○正義曰國語曰耳目心之樞機也故必聽和而視正聽和則聰視正則明然則所謂聰明者不聽淫辭不視邪人之謂也襄七年傳曰正直爲正正曲爲直言正者能自正直者能正人曲而壹者言其一心不二意也依人而行謂善則就之惡則去之虢多薄德神所不依其何土之能得言賜之土田必虛妄也若神所不依則不應賜土而言神賜之土田者神厭其人不告以實猶晉獻公筮以驪姬爲夫人亦云吉耳○初公築臺臨黨氏黨氏魯大夫築臺不書不告廟。○黨音掌見孟任從之閟孟任黨氏女閟不從公。○閟音祕〔疏〕從之閟。○正義曰服虔云從之言欲與通也而以夫人言許之許以爲夫人割臂盟公生子般焉雩講于梁氏女公子觀之雩祭天也講肄也梁氏魯大夫女公子子般妹。○肄音四又以二反〔疏〕

注雩祭至肄也。正義曰魯以周公之故得郊祀上天故雩亦祭天也文四年傳曰臣以爲肄業及之也肄謂習業故講爲肄圉人犖自牆外與之戲圉人掌養馬者以慢言戲之○犖音洛又力角反〔疏〕注圉人掌養馬者。正義曰周禮圉人掌養馬芻牧之事昭七年傳曰馬有圉牛有牧子般怒使鞭之公曰不如殺之是不可鞭犖有力焉能投蓋于稷門蓋覆也稷門魯南城門走而自投接其屋之桷反覆門上○覆芳服反〔疏〕注蓋覆至門上。正義曰稷門爲魯南城門蓋時人猶以名之故知也投蓋者謂自投其身以蓋物故以爲走而自投反覆門上劉炫規過云公言犖有力焉如杜此說勁捷耳非有力也當謂投車蓋過於稷門今知不然者周禮車蓋以物帛爲之輕而帆風非可投之物且傳直云投蓋于稷門不云過稷門明知自投反覆稷門之上今時猶然且游楚超乘而出女曰子南夫也則勁捷之人亦是勇力之事劉君以勁捷非力而規杜氏非也公疾問後於叔牙對曰慶父材蓋欲進其同母兄問於季友對曰臣以死奉般季友莊公母弟故欲立般公曰鄉者牙曰慶父材成季使以君命命僖叔待于鍼巫氏成季季友也鍼巫氏魯大夫○鄉許亮反鍼其廉反使鍼季酖之酖鳥名其羽有毒以畫酒飲之則死○畫音獲〔疏〕注酖鳥至則死。正義曰說文云酖毒鳥也一名運日廣雅云鴆鳥雄曰運日雌曰陰諧廣志曰鴆鳥形似鷹大如鶚毛黑喙長七八寸黃赤如金食蛇及橡實常居高山巔晉語諸公讚云鴆鳥食蝮以羽翮櫟酒水中飲之則殺人舊制鴆不得渡江有重法石崇爲南中郎得鴆以與王愷養之大如鵝喙長尺餘純食蛇虺司隸傅祗於愷家得此鳥奏之宜示百官燒於都街是說鴆鳥之狀也以其因酒毒人故字或爲酖曰飲此則有後於魯國不然死且無後飲之歸及逵泉而卒立叔孫氏逵泉魯地不以罪誅故得立後世其祿○八月癸亥公薨于路寢子般卽位次于黨氏卽喪位次舍也○冬十月己未共仲使圉人犖賊子般于黨氏共仲慶父○共音恭成季奔陳出奔不書國亂史失之立閔公閔公莊公庶子於是年八歲○閔亡謹反〔疏〕注閔公至八歲。正義曰傳稱閔公哀姜之娣叔姜之子哀姜以二十四年八月始入娣必與適俱行當以二十五年生子故云八歲

附釋音春秋左傳注疏卷第十

春秋左傳注疏卷十挍勘記　阮元撰盧宣旬摘録

附釋音春秋左傳注疏卷第十　莊二十三年盡三十二年

經二十三年

虞叔子虞公之弟　宋本子作是不誤

傳稱楚子便遂啟疆如齊　宋本疆作彊案傳文作彊

鹿鄭地在滎陽　纂圖本閩本監本毛本滎誤榮淳熙本作荥亦俗字足利本作熒从火是也説詳隱元年□後凡誤从水並改定校不悉出

傳二十三年

夫禮至不然　宋本此節正義在後嗣何觀之下

王有巡守　纂圖本毛本守作狩

經二十四年

將逆夫人故爲盛飾　纂圖本閩本監本毛本逆作迎非

何以書親迎禮也　案公羊作迎閩本監本毛本誤逆

且譏僭爲失禮故書之　閩本毛本僭作譖非

侯歸于鄭　補各本侯作矦此本侯字誤　今訂正

稱蓋爲疑辭　閩本監本毛本脱稱字

言郭公名赤　毛本赤誤亦

傳二十四年

注并非丹楹故言皆　宋本此節正義在注文以不丹楹刻桷爲共下

大夫蓍　案穀梁傳蓍作耆

御孫諫曰　釋文御本亦作禦漢書古今人表同

儉德之共也　案宏明集引作儉者德之恭

注傳不至非常　宋本以下正義四節揔入無乃不可乎之下

天下大夫相見以鴈　閩本監本毛本天作夫並衍文

始見於君執摯　閩本監本毛本摯作贄下節正義以禽作六摯則瑞摯同

典瑞注云瑞節信也　浦鏜正誤節作符案周禮注亦作符然説文云卪瑞信也瑞以玉爲信也古瑞卪二字互訓正義所據鄭注爲古本而今本作符不必從也

凡贄皆以爵不以命數　閩本監本毛本命作名

今郲鄉之東食之榛實似栗而小　案禮記注亦作郲宋本作剡非也毛本栗誤力

捶之而施薑桂曰鍛脩　閩本監本毛本捶作棰非也

經二十五年

二十五年注伐至常也　各本脱二十五年四字宋本伐上有鼓字是也

七日用鼓非常月也　宋本作七月是也

而毋弟得稱公子　閩本監本毛本得作獨非

存弟則示兄曲也　襄廿七年正義引作書弟非

傳二十五年

故女來聘　宋本淳熙本岳本閩本監本毛本女下有叔字此本脱

注非常至月錯　宋本以下正義三節揔入日有食之節注下

非若是五月　宋本監本毛本非作此是也若毛本誤日

故謂陰爲惡故云慝陰氣也　宋本謂誤爲云字毛本作日

皆以爲一百七十三日有餘而日一食　宋本監本毛本三作二元和李銳云作三是也宋書景初術會通七十九萬一百一十以日法四千五百五十九除之得一百七十三日餘一千四百三之類

凡天災有幣無牲　監本天誤大

注天災至牲也　宋本以下正義二節摠入非日月之眚不鼓注下

幽禜祭星也雩禜祭水旱也　禮記禜作宗鄭注云宗當爲禜之誤正義遂改爲禜

非日月之眚不鼓　閩本監本毛本眚作告非注及正義同

經二十五年

例在文七年　監本文作支非也

二十六年注不稱至七年　各本脫二十六年四字宋本此節正義在日有食之注下

傳二十六年

注大司空卿官　宋本此節正義在以深其宮注下

經二十七年

夏六月公會齊侯宋公陳侯鄭伯同盟于幽　纂圖本閩本監本毛本六月下脫公字

注杞稱至所黜　宋本此節正義在公會齊侯于城濮注下

傳二十七年

此杞伯姬寧也　宋本姬下有來字

故與出同文　閩本監本毛本同文誤倒

夫禮至用也　宋本此節正義在虢弗畜也節注下

士蔿既言其目更以其義覆之　宋本目作自按目字是也目謂禮樂慈愛四者下以讓事樂和愛親哀喪分釋之

注召伯至侯伯　宋本此節正義在且請伐衛節注下

稱王命尹氏王子虎策命晉侯爲侯伯　宋本氏下有及字與傳文合

經二十八年

此舍罪受賂故以受之爲恥　重脩監本舍作會非也

左無此義　宋本左下有氏字

麥孰於夏　閩本監本毛本孰作熟下不熟同

傳二十八年

大戎狐姬生重耳　毛本重作仲誤

注大戎至狄者　宋本以下正義二節摠入晉人謂之二五耦注下

即謂蒲子北屈也　浦鏜正誤子作與是也北毛本誤比

鄗邊邑　山井鼎云足利本邊上後人補在字

晉人謂之二耦　補各本二耦作二五耦此本誤脫五字

蠱文夫人　宋本以下正義三節摠入諜告曰節注下

子元鬬御彊鬬梧耿之不比爲旆　釋文云御本亦作禦纂圖本閩本監本毛本彊誤疆

廣充幅　宋本淳熙本岳本足利本同閩本明監本毛本廣上有緇字與正義合

釋文云緇廣充幅　宋本文作天是也

旆帛續旐末爲燕尾者閩本監本旐作旄非也

許昌縣東北有桐邱城足利本桐作同非案水經注廿二引注許昌上有潁川二字

而潁氏唯繫於有無君之廟宋本監本毛本無作先不誤

是使魯人尊郲之廢廟宋本是作寔

非經傳意也毛本意改義

經二十九年

新延廄石經宋本岳本毛本廄作廏釋文亦作廏後同

更造之辭淳熙本辭下有廏字案廏字當在口下因釋文而誤衍於此

通謂興起功役之事也宋本無也字

無鍾鼓曰侵宋本岳本閩本鍾作鐘

傳例曰爲災毛本脫曰字

諸今城陽縣宋本淳熙本岳本足利本城陽下有諸字是也按上諸謂經文之諸下諸謂晉時縣名之諸

定十四年城莒父及霄監本毛本霄作齊非也

以及小也宋本毛本以下有大字不誤監本及字闕

傳二十九年

凡師有鍾鼓曰伐石經宋本岳本閩本鍾作鐘下注同

若披衣然閩本監本毛本披作被

內外亂鳥獸行則滅之案周禮作外內亂

凡土至而畢毛本而畢作畢務宋本以下正義四節摠入日至而畢注下

於是樹板榦而興作焉宋本閩本榦作榦監本毛本作幹並非

謂板榦看楄閩本監本毛本榦作幹宋本作榦下同楄宋本作楬字按楬字說文所無乃周禮蠢字之俗體此處當用楄

水昏正而栽蔡氏月令章句引傳栽下有築字

周語云宋本云作曰

然則榦在牆之兩端樹立之宋本端下有當字

因親連言耳補各本親作類此親字誤也今訂正

經三十年

秋七月齊人降鄣淳熙本鄣誤彰

以爲鄣紀之遺邑宋本監本毛本紀作杞非也

傳三十年

注射師至梏宋本此節正義在注紓緩也之下

下罪梏梏拲兵文監本毛本梏梏作梏牿非也宋本兵作共不誤毛本作異亦非監本初作異後改兵

申楚縣宋本淳熙本足利本縣下有也字

毀滅案毀訓滅與說文缺也壞也義合閩本監本毛本滅作滅非也

冬遇于魯濟謀山戎也石經初刻謀下無伐字重刻增入非是

經三十一年

齊侯來獻戎捷說文引作齊人

三十一年注傳例至示過各本脫三十一年四字宋本此節正義在冬不雨注之下

獻其獲　宋本其下有所字

鄭公孫舍之帥師入陳　監本帥師二字誤倒

傳三十一年

經三十二年

齊地穀城縣城中有管仲井　各本地作北

飲酖而死　釋文酖本亦作鴆正義云以其因酒毒人故字或爲酖字按據說文酖樂酒也丁含切然則於六書爲同音假借

君夫人卒于露寢　毛本于作於非

冬十月已未　閩本監本毛本已作巳非

不書殺諱之也　閩本監本毛本書作言非也

既葬則嗣君諒闇　閩本監本毛本葬作喪非也

既葬則嗣子成君以理而卒　閩本監本毛本理作禮

傳三十二年

春城小穀爲管仲也　顧炎武日知録據范甯穀梁解以小穀爲魯邑而疑左氏之誤孫志祖云春秋之言穀者除炎武所引外尚有宣十四年公孫歸父會齊侯于穀襄十九年晉士匄侵齊至穀又成十七年傳齊國殺慶克以穀叛則齊地之名穀而不名小穀灼然矣小穀應屬魯邑左氏不應謬誤若此後讀公羊疏云二傳作小穀與左氏異始悟左氏經本作城穀此與申無字所言齊桓公城穀而寘管仲焉語正合故杜注以爲齊邑又引濟北穀城縣中有管仲井以實之今經傳及注俱作小穀者乃後人據二傳之文而誤加之左氏也惜杜氏手定本已亡無從是正

注有神至虢地　宋本以下正義五節摠入虢多涼德注下

監其德也　釋文監本又作鑑案古鑑字多作監

其亡也回祿信於黔隧　案後漢書楊賜傳注引作黔今國語周語作聆與說文同回毛本誤向

年表惠王五年是魯莊公之十八年　宋本五作元與年表合

上云七月神降　閩本監本毛本神降二字誤倒

從之閟　宋本以下正義六節摠入立閔公注下

講肆也　案肆當爲肄字之誤宋本纂圖本閩本監本毛本作肄正義同閩本正義故講爲肄仍作肆

援其屋之桷　閩本監本桷誤捅毛本作捔亦非

說文云酖毒鳥也　段玉裁校改酖作鴆

廣志曰　監本毛本曰作云

司隸傳祇於愷家得此鳥奏之　閩本監本傳誤傳

附釋音春秋左傳注疏卷第十

春秋左傳注疏卷十校勘記

附釋音春秋左傳注疏卷第十一 閔元年盡二年

杜氏注　孔穎達疏

閔公。陸曰閔公名啓方莊公之子母叔姜史記云名開謚法在國遭難曰閔 疏 正義曰魯世家閔公名開莊公之子惠王十六年即位杜世族譜云名啓方漢景帝諱啓啓開因是而亂杜譜云啓方從世本文謚法在國逢難曰閔是歲歲在大梁

經元年春王正月。齊人救邢。夏六月辛酉，葬我君莊公。秋八月，公及齊侯盟于落姑。落姑齊地 季子來歸。季子公子友之字季子忠於社稷爲國人所思故賢而字之齊侯許納故曰歸 疏 元年注季子至曰歸。正義曰季是友之字也子者男子之美稱國人賢而思之得其還魯喜而呼曰季子來歸史因其言而書之傳稱請復季友齊侯許之是得齊之力齊侯許納故曰歸也 ○冬，齊仲孫來。仲孫齊大夫以事出疆因來省難非齊侯命故不稱使也還使齊侯務寧魯難故嘉而字之來者事實省難其志也故經但書仲孫之來而傳尋仲孫之志。彊居良反難乃旦反下及傳同 疏 注仲孫至之志。王義曰傳稱仲孫湫則名湫而字仲孫也杜言以事出疆或使向他國因來省魯難非齊侯命之使來來而不稱君命故不言齊侯使也諸侯之卿例當書名此人還國使齊侯務寧魯難明年即有高子來盟是齊侯用其言魯人知其事不書其名嘉而字之杜云稱字嘉之則仲孫是字猶楚之孫伯或亦以孫爲字也來者身來至魯是事實也省難心自省之是其志也雖志在省難不告魯人云已省其難故經據實事但書仲孫之來傳尋仲孫之志言其來省難也

傳元年春不書即位，亂故也。國亂不得成禮 ○狄人伐邢。狄伐邢在往年冬 管敬仲言於齊侯曰：戎狄豺狼，不可厭也；敬仲管夷吾。豺士皆反狼音郎厭一鹽反 諸夏親暱，不可棄也；諸夏中國也暱近也。夏戶雅反暱女一反 宴安酖毒，不可懷也。以宴安比之酖毒。宴於見反本又作晏音同一音烏諫反酖直蔭反 詩云：豈不懷歸，畏此簡書。詩小雅美文王爲西伯勞來諸侯之詩。勞來力報反下力代反 疏 戎狄至簡書。正義曰戎狄之心若豺狼之獸不可厭足也言其當伐戎狄也諸夏之國皆親近之人不可遺棄也言其當救邢也宴安自逸若酖毒之藥不可懷戀也言其當自勞也詩小雅出車之篇美文王勞來諸侯令賢臣出使此臣在外思歸而以王事自勉言我豈不思歸乎誠思歸也但畏此簡書來告急耳諸侯有事則書之於簡遣使執簡以告命告則須救故畏而不歸也此簡書者同有所惡則相憂之謂也請救邢以從簡書傳稱勤則不匱安則敗名齊侯縱心宴安不欲征伐安則自損其身故言酖毒以勸之釋獸云豺狗足郭璞云腳似狗說文云豺狼屬狗聲釋獸又云狼牡貛牝狼舍人曰牡名貛牝名狼陸機毛詩義疏云狼鳴能小能大善爲小兒啼聲以誘人去數十步其猛健者雖善用兵者不能免也二者皆貪殘之獸故比戎狄也。注敬仲管夷吾。正義曰敬謚謚法夙夜勤事曰敬仲字管氏夷吾名。注諸夏至近也。正義曰此言諸夏襄四年傳魏絳云諸華必叛華夏皆謂中國也中國而謂之華夏者夏大也言有禮儀之大有文章之華也暱近釋詁文舍人曰暱戚之近也言中國諸侯情親而路近

簡書，同惡相恤之謂也。同恤所惡 請救邢以從簡書。齊人救邢。○夏六月，葬莊公，亂故，是以緩。十一月乃葬 ○秋八月，公及齊侯盟于落姑，請復季友也。閔公初立國家多難以季子忠賢故請霸主而復之 齊侯許之，使召諸陳，公次于郎以待之。非師旅之事故不書次 季子來歸，嘉之也。○冬，齊仲孫湫來省難。湫仲孫名。湫子小反 書曰仲孫，亦嘉之也。仲孫歸曰：不去慶父，魯難未已。時慶父亦還魯。去起呂反下同 公曰：若之何而去之？對曰：難不已，將自斃，斃踣也。斃婢世反踣蒲北反 君其待之。公曰：魯可取乎？對曰：不可，猶

秉周禮周禮所以本也臣聞之國將亡本必先顛而後枝葉從之魯不弃周禮未可動也君其務寧魯難而親之親有禮因重固能重能固則當就成之〔疏〕注能重至成之。正義曰服虔云重不可動因其不可動而堅固之杜以此傳四句相類間攜貳攜貳皆間之覆昬亂昬亂皆敗之知此重固皆因之則非因重而固之間攜貳離而相疑者則當因而間之。間間廁之間注同覆昬亂覆敗也。覆芳服反注同霸王之器也霸王所用故以器爲喻。王于況反注同〇晉侯作二軍晉本一軍見莊十六年。見賢遍反公將上軍大子申生將下軍趙夙御戎畢萬爲右爲公御右也夙趙衰兄畢萬魏犨祖父。將子匠反下及注同衰初危反犨尺由反〔疏〕注爲公至祖父。正義曰史記趙世家夙生共孟孟生趙衰晉語云趙衰先君之戎御趙夙之弟也杜以夙爲衰兄從晉語也魏世家畢萬生

武子世本畢萬生芒季季生武仲州州卽犨也杜以萬爲犨之祖父依世本也以滅耿滅霍滅魏平陽皮氏縣東南有耿鄉永安縣東北有霍大山三國皆姬姓。耿古幸反國名還爲大子城曲沃賜趙夙耿賜畢萬魏以爲大夫士蔿曰大子不得立矣分之都城而位以卿先爲之極又焉得立位以卿謂將下軍。還爲于僞反焉於虔反不如逃之無使罪至爲吳大伯不亦可乎大伯周大王之適子知其父欲立季歷故讓位而適吳。大音泰注同適丁歷反本又作嫡〔疏〕注大伯至適吳。正義曰史記吳世家云吳大伯弟仲雍皆周大王之子而王季歷之兄也季歷賢而有聖子昌大王欲立季歷以及昌於是大伯仲雍二人乃奔荊蠻以辟季歷季歷果立是爲王季是大伯讓位適吳之事猶有令名與其及也言雖去猶有令名勝於留而及禍〔疏〕猶有至及也。正義曰言逃雖失國猶有善名與其留而及禍也何者爲勝勸之使逃且諺曰心苟無瑕何恤乎無家天若祚大子其無晉乎爲晉殺申生傳。諺音彥祚在路反卜偃曰畢萬之後必大卜偃晉掌卜大夫萬盈數也魏大名也〔疏〕萬盈至名也。正義曰以筭法從一至萬每十則改名至萬以後稱一萬十萬百萬千萬萬萬始名億從是以往皆以萬爲極是至萬則數滿也論語云巍巍乎其有成功是巍爲高大之名以是始賞天啓之矣天子曰兆民諸侯曰萬民今名之大以從盈數其必有衆以魏從萬有衆象初畢萬筮仕於晉遇屯䷂震下坎上屯。屯張倫反之比䷇坤下坎上比屯初九變而爲比。比毗志反注及下同。〔疏〕遇屯之比。正義曰震下坎上爲屯說卦云震動也坎彖云坎險也動而遇險有屯難之象坤下坎上爲比說卦坎爲水坤爲地水潤下而地受之相親比之象也辛廖占之曰吉。辛廖晉大夫廖力彫反

〔疏〕注辛廖晉大夫。正義曰杜云辛廖晉大夫則以畢萬筮仕在晉國而筮劉炫云若在晉國而筮何得云筮仕於晉又辛甲辛有並是周人何故辛廖獨爲晉大夫今知不然者傳以畢萬是畢國子孫今乃筮仕於晉言於晉以對畢耳非謂筮時在他國也案昭十五年傳云及辛有之二子董之晉於是乎有董史注云辛有周人二子適晉爲大史則辛氏雖出於周枝流於晉劉炫用服氏之說以爲畢萬在周筮仕於晉又以晉國不得有姓辛而規杜過其義非也屯固比入吉孰大焉其必蕃昌屯險難所以爲堅固比親密所以得入。蕃音煩震爲土震變爲坤車從馬震爲車坤爲馬〔疏〕注震爲車坤爲馬。正義曰晉語云司空季子占公子重耳之筮云震車也坤彖云利牝馬之貞是坤爲馬也下注震爲足震爲長男坤爲母坤爲衆皆說卦文也足居之震爲足兄長之震爲長男。長丁丈反母覆之坤爲母衆歸之坤爲衆六體不易初一爻變有此六義不可易也合而能固安而能殺公侯之卦也比合屯固坤安震殺故曰公侯之卦〔疏〕注比合至之卦

正義曰：震之爲殺，傳無明文。晉語云「震，車也」，車有威武。昭二十五年傳云「爲刑罰威獄，以類其震曜殺戮」，是震爲威武殺戮之意，故震爲殺也。**公侯之子孫，必復其始。**畢萬公高之後傳爲魏之子孫衆多張本。〔疏〕必復其始。○正義曰：萬是畢公之後，公侯之子孫，必當復其初始，言此人子孫又將爲公侯也。及春秋之後，三家分晉而魏爲諸侯，是其筮之驗也。

經二年春王正月，齊人遷陽。無傳。陽，國名。蓋齊人偪徙之。〔疏〕注陽國至徙之。○正義曰：世本無有陽國，不知何姓。杜世族譜土地名闕，不知所在。與宋人遷宿文同，知陽是國名。蓋齊人偪遷之。

○夏五月乙酉，吉禘于莊公。三年喪畢，致新死者之主於廟，廟之遠主當遷入祧，因是大祭以審昭穆，謂之禘。莊公喪制未闋，時別立廟，廟成而吉祭，又不於大廟，故詳書以示譏。○禘，大計反。祧，他彫反。昭，上饒反。闋，苦穴反。大廟，音泰。〔疏〕注三年至示譏。○正義曰：僖三十三年傳曰：「凡君薨，卒哭而祔，祔而作主，特祀於主，烝嘗禘於廟。」禘祀爲吉祭，說喪事而言禘，知禘是喪終而吉祭也。襄十五年晉悼公卒，十六年

傳稱晉人荅穆叔云「以寡君之未禘祀」，知三年喪畢乃爲禘也。喪畢而爲禘祭，知致新死之主於廟也。新主入廟，則遠主當遷，知其遷入祧者，祭法云「天子七廟，有二祧」，則祧是遠祖廟也。周禮「守祧掌守先王先公之廟祧，其遺衣服藏焉」，廟之遠主，其廟既遷，主無所處，固當遷入祧也。鄭玄以二祧爲文王、武王之廟，遷主入廟，當各從其班，穆入文祧，昭入武祧。禮，諸侯五廟，更無別祧，則當謂太祖之廟爲祧也。遠主初始入祧，新死之主又當與先君相接，故禮因是而爲大祭，以審序昭穆，故謂之禘。禘者，諦也，言使昭穆之次審諦而不亂也。莊公以其三十二年八月薨，至此年五月，唯二十二月，故喪制未闋也。公羊傳曰：「其言于莊公何？未可以稱宮廟也。曷爲未可以稱宮廟？在三年之中矣。」三年之中，未得以禮遷廟，而特云莊公，知爲莊公別立廟，廟成而吉祭也。僖八年「禘于大廟」，文二年「大事于大廟」，宣八年「有事于大廟」，彼言大事、有事，亦禘祭也，則禘禮必于大廟。今未可以吉祭而爲吉祭，又不于大廟，故詳書以示譏也。既云吉禘，又云于莊公，是其詳也。

○秋八月辛丑，公薨。實弒，書薨，又不地者，皆史策諱之。**○九月，夫人姜氏孫于邾。**哀姜外淫，故孫稱姜氏。○孫，音遜，注同。〔疏〕注哀姜至姜氏。○正義曰：此決莊元年夫人孫于齊不稱姜氏也。賈、服之說，皆以爲文姜殺夫，罪重，故去姜氏；哀姜殺子，罪輕，故不去姜氏。故杜爲此言以異之。言外淫者，謂以外姓爲淫。

○公子慶父出奔莒。弒閔公故。**○冬，齊高子來盟。**無傳。蓋高傒也。齊侯使來平魯亂，僖公新立，因遂結盟，故不稱使也。魯人貴之，故不書名。子，男子之美稱。○美稱，尺證反。〔疏〕注蓋高至美稱。○正義曰：莊二十二年及齊高傒盟于防，自爾以來，不見經傳，故云蓋高傒也。往年仲孫湫勸齊侯使寧魯難，今而高子適魯，知齊侯使來平魯亂也。當齊侯初命高子之時，慶父未出，僖公未立。及其至魯，値僖公新立，因遂與魯結盟而立之。不云齊侯使者，盟非齊侯之命，故不稱使也。齊侯不使之盟，而高子輒爲盟者，齊侯使之來平魯亂，新君既立，遂盟而安之，亦足稱齊侯之意，其盟非專擅也。魯人不能自安，高子盟以安之，魯人貴之，故不書其名。子者，男子之美稱，故呼之曰高子。穀梁傳曰：「其曰來，喜之也。其曰高子，貴之也。盟立僖公也。」然則盟立僖公，必僖公共盟。不言公及齊高子盟者，桓十四年「鄭伯使其弟語來盟」，又十五年「宋華孫來盟」，皆不言公及，則不書公者，春秋之常也。晉荀庚、衞孫良夫並爲來聘，既行聘禮，更與公盟，非是直爲盟來，故聘後別言及耳。

○十有二月，狄入衞。書入，不能有其地。例在襄十三年。**○鄭棄其師。**高克見惡，久不得還，師潰而克奔陳，故克狀其事以告魯也。○惡，烏路反。潰，戶內反。〔疏〕注高克至魯也。○正義曰：此事詩序具焉。大夫出奔，多是本國來告。傳稱晉侯使以殺大子申生之故來告，又衞殺孔達，告於諸侯，是其本國告也。宣十年傳例曰：「凡諸侯之大夫違，告於諸侯曰：某氏之守臣某，失守宗廟，敢告。」是大夫私家之告辭。昭二十六年王子朝奔楚，傳稱告于諸侯，是奔者自告也。此鄭文公心惡高克，而欲得遠之，克既奔陳，無罪可告，故杜以爲高克自狀其事以告魯。魯史以爲克若將師出奔，是爲棄師之道，不書高克出奔，而書鄭棄其師者，案詩序云：「公子素惡高克進之不以禮，文公退之不以道，危國亡師之本。」是棄其師也。穀梁傳曰：「鄭棄其師，惡其長也。兼不反其衆，則是棄其師也。」

傳二年春，虢公敗犬戎于渭汭。犬戎，西戎別在中國者。渭水出隴西，東入河。水之隈曲曰汭。○汭，如銳反。隈，烏回反。〔疏〕注犬戎至曰汭。○正義曰：西方曰戎，知犬戎是西戎別在中國者也。釋例曰：渭水出隴西狄道縣鳥鼠同穴山，東經南安、天水、洛陽、扶風、始平、京兆，至弘農華陰縣入河。釋丘云：「隩，隈。厓

內爲隩外爲隈李巡曰厓內近水爲隩孫炎云內隈曲裏也彼雖不言汭汭卽隩也而汭字以內爲聲明是水之隈曲之內也舟之僑曰無德而祿殃也殃將至矣遂奔晉舟之僑號大夫○僑音喬注同○夏吉禘于莊公速也○初公傅奪卜齮田公不禁卜齮魯大夫也公卽位年八歲知愛其傅而遂成其意以奪齮田齮忿其傅并及公故慶父因之○齮魚綺反【疏】注卜齮至因之○正義曰莊公三十二年注云閔公於是年八歲此云卽位年八歲者閔公之年歲傳文不明服虔於莊三十二年注云閔公於是年九歲於此注云公卽位時年九歲僖二年注云閔公死時年九歲杜知其不可故於莊公之末注言年八歲以異之嗣子位定於初喪言卽位者亦謂初立之年也秋八月辛丑共仲使卜齮賊公于武闈宮中小門謂之闈○共音恭闈音韋一音暉【疏】注宮中小門謂之闈○正義曰釋宮云宮中之門謂之闈其小者謂之閨小閨謂之閤彼就小門之內更別以爲二名大率宮中之門皆小故云宮中小門也名之曰武則其義未聞○

成季以僖公適邾僖公閔公庶兄成風之子共仲奔莒乃入立之以賂求共仲于莒莒人歸之及密使公子魚請密魯地琅邪費縣北有密如亭公子魚奚斯也○費音祕又扶未反不許哭而往共仲曰奚斯之聲也乃縊慶父之罪雖重季子推親親之恩欲同之叔牙存孟氏之族故略其罪不書殺又不書卒○縊一賜反【疏】注慶父至書卒○正義曰叔牙云慶父材者始有黨慶父之心本其惡未顯見故季子隱之而書其卒若自死然慶父弒二君其罪已彰著討當書其誅殺季子推親親之恩欲同之叔牙存孟氏之族故略其罪不書殺也又不可全同叔牙故又不書卒慶父子孫終爲孟氏是季子推親親之恩枉正法耳閔公哀姜之娣叔姜之子也故齊人立之共仲通於哀姜哀姜欲立之閔公之死也哀姜與知之故孫于邾齊人取而殺之于夷

以其尸歸爲僖元年齊人殺哀姜傳夷魯也○與音預孫音遜僖公請而葬之哀姜之罪已重而僖公請其喪還者外欲固齊以居厚內存母子不絕之義爲國家之大計○成季之將生也桓公使卜楚丘之父卜之卜楚丘魯掌卜大夫曰男也其名曰友在公之右在右言用事間于兩社爲公室輔兩社周社亳社兩社之間朝廷執政所在○亳步各反【疏】注兩社至所在○正義曰王者取五色之土封以爲社若封諸侯隨方割其土包之以白茅賜之使立國社魯是周之諸侯故國社謂之周社哀四年亳社災是魯國有亳社穀梁傳曰亳社者亳之社也亳亡國也亡國之社以爲廟屏戒也則亳社在宗廟之前也周禮大宗伯掌建國之神位右社稷左宗廟則諸侯亦當然定二年雉門及兩觀災則兩觀在雉門外也禮運云昔者仲尼與於蜡賓事畢出遊於觀之上蜡祭在廟故出廟而遊於觀也由此言之宗廟社稷在雉門之外分左右廟也鄭玄考校禮文以爲魯制三門庫雉路天子諸侯皆三朝圖宗人之嘉事則有路寢庭朝日出視朝則在路門之外其詢國危詢國遷詢立君

周禮朝士所掌外朝之位者乃在雉門之外耳雉門之外左有亳社右有周社間於兩社是在兩社之間朝廷詢謀大事則在此處是執政之所在也季氏亡則魯不昌【疏】季氏亡則魯不昌○正義曰服虔云謂季友出奔魯弒二君案傳子般既死乃云成季奔陳閔公既死乃云成季適邾皆君死乃出奔非由出奔乃致君死杜雖無注義必不然當謂季友子孫與魯升降從此以後季氏世爲上卿終於春秋禮記稱悼公之喪季昭子問爲君何食以後雖則無文當是與魯俱滅也又筮之遇大有䷍乾下離上大有之乾䷀乾下乾上大有六五變而爲乾曰同復于父敬如君所筮者之辭也乾爲君父離變爲乾故曰同復于父見敬與君同【疏】注筮者至君同○正義曰此離六五爻變不取周易之文筮者推演卦意自爲其辭也離是乾子還變爲乾故云同復于父言其尊與父同也國人敬之其敬如君之處所言其貴與君同也說卦乾爲君父言其身之尊則云同復于父言其爲人所敬則云敬如君所屬意異故分爲二也及生有文在其手曰友遂以命之遂以爲名○冬十

二月，狄人伐衛。衛懿公好鶴，〔疏〕衛懿公好鶴。正義曰：陸機毛詩義疏云：「鶴形狀大如鵝，長腳，青翼，高三尺餘，赤目，赤頰，喙長四寸餘，多純白，或有蒼色。蒼色者，今人謂之赤頰。常夜半鳴，故淮南子曰：雞知將旦，鶴知夜半。其鳴高亮，聞八九里，雌者聲差下。今吳人園囿中及士大夫家皆養之。」鶴有乘軒者。軒，大夫車。○好，鶴呼報反，下戶各反。軒，許元反。〔疏〕注「軒大夫車」。正義曰：定十三年傳稱齊侯斂諸大夫之軒，故杜云「軒，大夫車也」。服虔云：「車有藩曰軒。」將戰，國人受甲者皆曰：「使鶴，鶴實有祿位，余焉能戰！」公與石祁子玦，與甯莊子矢，使守，莊子，甯速也。玦，玉玦。○爲，於虔反。玦，古穴反。守，手又反，下「告守」及注同。曰：「以此贊國，擇利而爲之。」贊，助也。玦示以當決斷，矢示以禦難。○斷，丁亂反。難，乃旦反。與夫人繡衣，曰：「聽於二子。」取其文意順序。渠孔御戎，子伯爲右，黃夷前驅，孔嬰齊殿。傳言衛侯失民有素，雖臨事而戒，猶無所及。○殿，丁練反。及狄人戰于熒澤，衛師敗績，遂滅衛。此熒澤當在河北。君死國散，經不書滅者，狄不能赴，衛之君臣皆盡，無復文告，齊桓爲之告諸侯，言狄已去，言衛之存，故但以人爲文。○熒，戶扃反。無復，扶又反，下「復遂」同。爲之，于僞反，下文「爲衛」同。〔疏〕注「此熒澤當在河北」。○正義曰：禹貢豫州「熒波既豬」，「導沇水，入于河，溢爲熒」，是熒在河南。此時衛都河北，爲狄所敗，乃東徙渡河，故知此熒澤當在河北。但沇水入河，乃泆被河南，多，故專得熒名；其北雖少，亦稱熒也。衛侯不去其旗，是以甚敗。狄人囚史華龍滑與禮孔以逐衛人。二人曰：「我，大史也，實掌其祭。不先，國不可得也。」夷狄畏鬼，故恐言當先白神。○去，起呂反。藏也，一云除也。華，胡化反。大音泰。恐，上勇反。乃先之。至，則告守曰：「不可待也。」守，石甯二大夫。夜與國人出。狄入衛，遂從之，又敗諸河。衛將東走渡河，狄復

逐而敗之。初，惠公之卽位也少，蓋年十五六。○少，詩照反。〔疏〕注「蓋年十五六」。正義曰：衛宣公以隱四年立，桓十二年卒，終始二十年耳。卽位之後，乃納急子之妻，生壽及朔。朔既有兄，知其蓋年十五六耳。齊人使昭伯烝於宣姜，不可，強之。昭伯，惠公庶兄，宣公子頑也。昭伯不可。○烝，之承反。強，其丈反。生齊子、戴公、文公、宋桓夫人、許穆夫人。文公爲衛之多患也，先適齊。及敗，宋桓公逆諸河，迎衛敗衆。宵濟。夜渡，畏狄。衛之遺民男女七百有三十人，益之以共、滕之民爲五千人。共及滕，衛別邑。○共音恭。立戴公以廬于曹。廬，舍也。曹，衛下邑。戴公名申，立其年卒，而立文公。○廬，力居反。于曹，詩作漕，音同。〔疏〕注「廬舍」至「文公」。○正義曰：周禮秋官野廬氏掌道路宿息，地官遺人云：「凡國野之道，十里有廬，廬有飲食。」是廬爲舍也。廬于曹者，言隨宜寄舍耳。曹邑雖闕，不知其處，當在河東，近楚丘也。戴公名申，世本、世家文。經傳皆云十二月狄入衛，衛人東徙渡河，收集離散，乃立戴公。此年之末，文公卽位，計戴公爲君不過十數日耳。言立一年卒者，滅而復興，不是嗣位，故成喪爲諡。文公繼世而立，明年始爲元年，故戴公雖復日少，亦稱一年。年表亦以此年爲戴公元年。今定本云「以其年卒」。許穆夫人賦載馳。載馳，詩衛風也。許穆夫人痛衛之亡，思歸唁之，不可，故作詩以言志。○唁音彥。齊侯使公子無虧帥車三百乘、甲士三千人以戍曹。無虧，齊桓公子武孟也。車甲之賦，異於常，故傳別見之。○虧，去危反。乘，繩證反，下及注同。見，賢遍反。歸公乘馬，祭服五稱，牛、羊、豕、雞、狗皆三百，與門材。歸，遺也。四馬曰乘。衣單複具曰稱。門材，使先立門戶。○稱，尺證反。狗音苟。遺，于季反。單複音丹，下方服也。〔疏〕注「歸遺」至「門戶」。○正義曰：歸者，不反之辭，故爲遺也。周禮校人云「乘馬一師四圉」，四圉養一馬，故云「四馬曰乘」，以乘車并師五人，必駕四馬故也。喪大記曰：「袍必有表，不禪；衣必有裳，謂之一稱。」是衣禪複具曰稱。歸夫人魚軒，魚軒，夫人車，以魚皮爲飾。〔疏〕

注魚軒至爲飾。正義曰：詩云象弭魚服，此云魚軒，則用魚爲飾。其皮可以飾器物者唯魚獸耳，故云以魚皮爲飾。陸機毛詩義疏云：魚獸似猪，東海有之，其皮背上有班文，腹下有純青，今人以爲弓鞬步叉者也。其皮雖乾燥，爲弓鞬矢服，經年海水將潮及天陰，毛皆起，水潮還及晴，則毛復如故，雖在數千里外，可以知海水之潮，自相感也。重錦三十兩。重錦，錦之熟細者。以二丈雙行，故曰兩。三十兩，三十匹也。疏注重錦至匹也。正義曰：服虔云：重，牢也。杜以其遺夫人，貴美不貴牢，故以爲錦之熟細者。雜記曰：納幣一束，束五兩，兩五尋。八尺曰尋，則五尋四丈，謂之兩者，分爲兩段故也。謂之匹者，兩兩合卷，若匹偶然也。○鄭人惡高克，使帥師次于河上，久而弗召，師潰而歸，高克奔陳。高克，鄭大夫也。好利而不顧其君，文公惡之而不能遠，故使帥師而不召。○惡，烏路反，注同。好，呼報反。遠，于萬反。鄭人爲之賦清人。清人，詩鄭風也。刺文公退臣不以道，危國亡師之本。○爲，于僞反。○晉侯使大子申生伐東山皋落氏。赤狄別種也。皋落，其氏族。○皋，古刀反。種，章勇反。疏注赤狄至氏族。○正義曰：狄有赤狄、白狄。成十三年傳晉侯使呂相絕秦云：白狄及君同州。則白狄與秦相近，當在晉西。此云東山，當在晉東。宣十五年晉師滅赤狄潞氏，潞則上黨潞縣，在晉之東。此云伐東山皋落氏，知此亦在晉東，是赤狄別種也。皋落，其氏族也。此族之人，狄之渠帥也。里克諫曰：大子奉冢祀社稷之粢盛，里克，晉大夫。冢，大也。○粢盛，上音咨，下音成。以朝夕視君膳者也。膳，廚膳。○朝，如字，又張遙反。膳，市戰反。疏注膳廚膳。○正義曰：鄭玄膳夫注云：膳之言善也。今時美物曰珍膳，是膳者美食之名。廚者造食之處，故云膳，廚膳也。禮記云：文王之爲世子，食上必在視寒煖之節，食下問所膳，命膳宰，然後退。是太子朝夕視君膳者也。故曰冢子。君行則守，有守則從，從曰撫軍，守曰監國，古之制也。夫帥師，專行謀，帥師者必專謀軍事。○則守，手又反，下同。從，才用反，下同。監，古銜反。誓軍旅，宣號令也。君與國政之所圖也，非大子之事也。國政，正卿。師在制命而已，命將軍所制。稟命則不威，專命則不孝，故君之嗣適不可以帥師。君失其官，帥師不威，將焉用之？大子統師，是失其官也。專命則不孝，是爲帥必不威也。○適，丁歷反，本又作嫡，下配適同。焉，於虔反。且臣聞皋落氏將戰，君其舍之。公曰：寡人有子，未知其誰立焉。不對而退。見大子，大子曰：吾其廢乎？對曰：告之以臨民，謂居曲沃。教之以軍旅，謂將下軍。○謂將，子匠反，下將上軍並同。不共是懼，何故廢乎？疏對曰告之至廢乎。○正義曰：克謂大子還曲沃，告百姓，以臨示下民之事，并教之軍旅之法，不共是二事爲懼矣，何故憂其廢乎。且子懼不孝，無懼弗得立，脩己而不責人，則免於難。大子帥師，公衣之偏衣，偏衣，左右異色，其半似公服。○共音恭，本又作供。難，乃旦反，下同。公衣之偏，於旣反，下衣身之偏、衣之純、衣之尨服、注衣之同。疏注偏衣至公服。○正義曰：下云服其身則衣之純，言此偏衣不純，知其左右異色也。又云衣身之偏，言公以身衣之偏半衣大子，知其半似公服也。佩之金玦。以金爲玦。狐突御戎，先友爲右。狐突，伯行，重耳外祖父也，爲申生御。申生以大子將上軍。梁餘子養御罕夷，先丹木爲右。罕夷，晉下軍卿也。梁餘子養爲罕夷御。羊舌大夫爲尉。羊舌大夫，叔向祖父也。尉，軍尉。○向，許丈反。先友曰：衣身之偏，偏，半也。握兵之要，謂佩金玦，將上軍。在此行也，子其勉之。偏躬無慝，分身衣之半，非惡意也。○慝，他得反。兵要遠災，威權在己，可以遠害。○遠，于萬反，注及下同。親以無災，又何患焉？狐突歎曰：時事之徵也。歎以先友爲不知君心。衣，身之章也。章貴賤。佩，衷之旗也旗表也所以表明其中心。衷音忠旗音其故敬其事則命以始賞以春夏服其身則衣之純必以純色爲服用其衷則佩之度衷中也佩玉者士君子常度今命以時卒閟其事也冬十二月閟盡之時。閟音秘衣之尨服遠其躬也尨雜色。尨莫江反佩以金玦弃其衷也服以遠之時以閟之尨涼冬殺金寒玦離胡可恃也寒涼殺離言無溫潤玦如環而缺不連雖欲勉之狄可盡乎梁餘子養曰帥師者受命於廟受脤於社脤宜社之肉盛以脤器。脤市軫反祭社之肉盛音成有常服矣不獲而尨命可知也韋弁服軍之常也尨偏衣死而不孝不如逃之罕夷曰尨奇無常雜色奇怪非常之服金

玦不復雖復何爲君有心矣有害大子之心先丹木曰是服也狂夫阻之阻疑也言雖狂夫猶知有疑。阻莊呂反曰盡敵而反曰公辭。盡子忍反下盡敵同敵可盡乎雖盡敵猶有內讒不如違之違去也狐突欲行行亦去也羊舌大夫曰不可違命不孝弃事不忠雖知其寒惡不可取子其死之寒薄也

疏狐突至死之。正義曰傳之謂國君自將太子亦然者攝君之事故與君同文也傳歷言將帥師右者以下各有言故此舉其目先友不知君有害太子之心故推此衣佩以爲善事勸之狐突歎先友不知君意乃極言時衣佩三者反覆以荅之罕夷唯舉服佩二事故云尨奇無常金玦不復也其梁餘子養先丹木唯言服舉其重者故子養云不獲而尨命可知也先丹木云是服也狂夫阻之是皆勸大子之行也狐突以衆言同已故決意欲行羊舌大夫乃以忠孝之事勸之使留各以意之所見故其言或深或淺。注羊舌至軍尉。正義曰羊舌氏也爵爲大夫號曰羊舌大夫不知其如何也此人生羊舌職職生叔向故爲叔向祖父譜云羊舌氏晉之公族羊舌其所食邑也或曰羊舌氏姓李名果有人盜羊而遺其頭不敢不受受而埋之後盜羊事發辭連李氏李氏掘羊頭而示之以明已不食唯識其舌舌存得免號曰羊舌氏也或曰者不知誰爲此言杜所不從記異聞耳。服以至恃也。正義曰服以遠之覆上衣之尨服也時以閟之覆上命以時卒也上先時後服此先服後時者以下連尨涼冬殺之文又欲使冬殺與金寒相近冬殺是時故退之在下言尨涼則申上衣之尨服也冬殺則申上命以時卒也尨涼據服冬殺據時耳金寒玦離申上佩以金玦也金是秋之寒氣故言金寒也。注脤宜至脤器。正義曰釋天云起大事動大衆必先有事乎社而後出謂之宜知出兵必祭社祭社名爲宜周禮大宗伯以脤膰之禮親兄弟之國定十四年天王使石尙來歸脤知脤是器物可執之以賜人也今言受脤於社明是祭社之肉盛以脤器賜元帥也地官掌蜃祭祀共蜃器之蜃鄭玄云蜃大蛤蜃之器以蜃飾因名焉。注阻疑也。正義曰劉炫云阻疑以意訓耳今言猶云阻疑是阻得爲疑也言雖狂夫猶知於此服有疑也服虔云阻止也方相之士蒙玄衣朱裳主索室中毆疫號之

爲狂夫止此服言君與大子以狂夫所止之服衣之晉語云且是之衣也狂夫阻之衣也韋昭云狂夫方相氏之士也阻古詛字也將服是衣必先詛之是由無正訓各以意解劉以爲方相氏狂夫所服玄衣朱裳左右同色不得爲偏衣也當服此衣非是意所止也詛乃服之文無所出故杜別爲此解。注曰公辭。正義曰言公辭者當以公賜之偏衣金玦推其義理原公之意而爲之作辭非公出言作此辭也

昔辛伯諗周桓公諗告也事在桓十八年。諗音審說文云深諫云內寵並后外寵二政嬖子配適大都耦國亂之本也周公弗從故及於難今亂本成矣驪姬爲內寵二五爲外寵奚齊爲嬖子曲沃爲大都故曰亂本成矣。

疏注驪姬至成矣。正義曰辛伯之語先有成文其內寵之徒不爲晉發故劉炫云二五嬖賤不得爲二政大子不以曲沃作亂不得爲大都而杜云驪姬爲內寵二五爲外寵奚齊爲嬖子曲沃爲大都者今刪定以爲辛伯之言雖不爲晉要晉國之亂事理相當故且以事託之二五爲耦墜傷晉室曲沃彊

大太子奔之又築城與蒲絲爲禍難但此據太子故以曲沃爲文劉君不達此時而爲規過違傳意也立可必乎孝而安民子其圖之奉身爲孝不戰爲安民與其危身以速罪也有功益見害故言孰與危身以召罪〔疏〕孝而至罪也○正義曰去則孝而安民留則危身召罪等與其危身以召罪也豈若孝而安民乎勸使逃也○成風聞成季之繇乃事之成風莊公之妾僖公之母也繇卦兆之占辭○繇直救反而屬僖公焉故成季立之○屬章欲反○僖之元年齊桓公遷邢于夷儀二年封衛于楚丘邢遷如歸衛國忘亡忘其滅亡之困○衛文公大布之衣大帛之冠大布麤布大帛厚繒蓋用諸侯諒闇之服○衛文公大布之衣本或作衣大布之衣諒○繒疾陵反諒音良又音亮務材訓農通商惠工加惠於百工賞其利器用敬教勸學授

方任能方百事之宜也〔疏〕務材至任能○正義曰務材務在植材用也訓農訓民勸農業也通商通商販之路令貨利往來也惠工加恩惠於百工賞其利器用也敬教敬民五教也勸學勸民學問也授方授民以事皆有方法也任能其所委任信能用人也元年革車三十乘季年乃三百乘衛文公以此年冬立齊桓公始平魯亂故傳因言齊之所以勸衛之所由與革車兵車季年在僖二十五年蓋招懷迸散故能致十倍之衆○乘繩證反下同迸必諍反

附釋音春秋左傳注疏卷第十一

江西南昌府學栞

春秋左傳注疏卷十一挍勘記　阮元撰盧宣旬摘錄

附釋音春秋左傳注疏卷第十一　閔元年盡二年宋本春秋正義卷十後並同石經春秋經傳集解閔公第四盡二年

閔公

經元年

元年注季子至曰歸　宋本無元年二字

傳元年

詩小雅美　宋本淳熙本岳本足利本美作也

戎狄至簡書　宋本以下正義三節揔入齊人救邢句下

狠牡貛牝狠也　山井鼎云宋板牝作牡下同按作牡狠非

善爲小兒喑聲　閩本監本毛本作喑宋本作啼是也

其猛建者　宋本作健閩本監本毛本作揵

夷吾名　宋本名下有也字

時慶父亦還魯　宋本淳熙本足利本亦下有已字

大伯周大王之適子　釋文云適本又作嫡淳熙本作嫡

乃奔荆蠻以辟季歷　宋本辟作避不誤○今訂正

是魏爲高大之名　宋本作是巍巍魏二字一正一俗今人分别其音古人則字形字音皆不别

經二年

畢萬公高之後　宋本淳熙本足利本作萬畢是也

廟成而吉祭　纂圖本毛本吉作言誤

傳二年

言即位者亦謂初立之年也　監本毛本年誤命

宮中之門謂之衞　宋本監本毛本衞作闈不誤○今訂正

小閨謂之閤　毛本閤作閣非也

外欲固齊以居厚　淳熙本以作已按以已古通用

分左右廟也　宋本廟作廂不誤

季氏亡則魯不昌　宋本無此七字

衞懿公好鶴　宋本無此五字

及狄人戰于滎澤　監本毛本熒作滎非案宋監本毛本注文作熒正義誤熒

故但以人爲文　宋本淳熙本岳本足利本人作入是也

是熒在河南　宋本無是熒二字非也

立戴公以廬于曹　釋文云曹詩作漕音同案詩鄭箋引亦作漕惠棟云詩序曹字從水旁曹傳作曹古文省也按說文漕者水轉轂也地名字不必从水今本毛詩鄭箋恐非

戴公名申　宋本申作甲案史記衞世家作申

立其年卒　正義云今定本作以其年卒按其年卒據正義則孔本作一年卒故發明之今本作其誤

掌道路宿息　監本毛本道誤掌脫路字

言立一年卒者　宋本無立字

衣單複具曰稱　案儀禮士喪禮釋文引單作襌正義本作襌

袍必有表不襌　監本毛本襌誤禪下同

魚獸似豬　閩本監本毛本豬改猪

其皮雖乾燥爲弓鞬矢服　浦鏜據詩正義雖改難爲上增以字

自相感也　浦鏜據詩正義自上增氣字

故以爲錦之熟細者　宋本熟作孰

晉侯使大子申生　纂圖本毛本侯誤晉

從曰撫軍　顧炎武云石經軍誤國案石經此處闕炎武所據乃繆刻也

故君之嗣適　釋文適本又作嫡下配適同

脩已而不責人　石經宋本岳本已作己不誤石經人字上有於字似後人所增

時以閟之　淳熙本閟誤也

尨涼　案惠棟云說文引作牻椋云牻白黑雜毛牛椋牻牛也古文省少或借涼爲椋沈彤云案廣韻椋牻牛駁色盇說文脫駁色二字牻椋謂牻服色駁也否則冬與金玦皆有義而牻獨無乎上文偏衣卽牻服蓋分織牻牛自黑毛爲之下所謂奇無常

受脤於社　詩大明縣鄭箋云春秋傳曰蜃宜社之肉正義曰左傳無此文而言傳曰衍字也閔二年左傳曰帥師者受命於廟受蜃於社也按據說文祳社肉也以蜃爲器盛之則亦可謂肉爲脤故左傳直云受蜃於社也此云受脤於社脤乃祳之俗字耳其古本必作祳或作蜃也

盛以脤器　段玉裁按本脤作蜃是也

命可知也　足利本也作矣非也

雖盡敵　石經敵字上後人旁增外字非也

不知其名何也　宋本如作名不誤

唯識其舌舌存得免號曰羊舌氏也　毛本唯誤誰氏誤是

蜃之器以蜃飾因名焉　監本毛本蜃作脤不誤案周禮注作蜃

外寵二政　案惠棟云二讀爲王貳于虢之貳韓非子引此正作貳

故曰亂本成矣　宋本足利本無矣字

注驪姬至本成　此節正義宋本在立可必乎之下

大帛之冠　案鄭氏注雜記引春秋傳曰衛文公大布之衣大白之冠正義引傳亦作大白

勸農業也　宋本勸作勤是也

令貨利往來也　閩本監本毛本令作合非也

盍招懷逬散　監本毛本逬作逃非也

春秋左傳注疏卷十一校勘記

附釋音春秋左傳注疏卷第十二　僖元年盡五年

杜氏注　孔穎達疏

僖公○陸曰僖公名申莊公之子閔公之兄母成風謚法小心畏忌曰僖〔疏〕正義曰魯世家僖公名申莊公之子閔公庶兄其母成風所生也惠王十八年即位謚法小心畏忌曰僖是歲歲在鶉首

經元年春王正月○齊師宋師曹伯次于聶北救邢。齊師諸侯之師救邢次于聶北者案兵觀釁以待事也次例在莊三年聶北邢地○聶女輒反釁許覲反〔疏〕齊師至邢地○正義曰公羊穀梁皆以爲齊師宋師曹師皆是侯伯之身公羊稱不與諸侯專封故變稱師耳此時方始救邢邢本不滅何以言其封也左氏無此義將卑師衆稱師此三國皆師多而大夫將故名氏不見並稱師公羊以爲此言次于聶北救邢與襄二十三年叔孫豹救晉次于雍榆二事相反爲之作說言此是君也進止自由彼是臣也先通君命賈服取以爲說杜以傳無此事故不用其言釋例曰所記或次在事前次以成事也或次在事後事成而次也皆隨事實無義例也此時狄人尚强未可即擊案兵觀釁以待其事須可擊乃擊之故次在事前○夏六月邢遷于夷儀邢遷如歸故以自遷爲辭夷儀邢地〔疏〕注邢遷至邢地○正義曰傳稱師遂狄人具邢器用而遷之則是諸侯遷邢也而文作邢自遷者以邢遷如歸故以自遷爲文公羊傳曰遷者何其意也遷之者何非其意也言邢遷于夷儀許遷于白羽者皆是其國之意自欲遷之宋人遷宿齊人遷陽者他人强遷其國之意不欲遷也齊師宋師曹師城邢傳例曰救患分災禮也一事而再列三國於文不可言諸侯師故〔疏〕注傳例至師故○正義曰春秋之例先會而後盟者會則具序諸國盟則總稱諸侯公羊謂之前目而後凡此上文已列三國之師救邢救邢與城邢猶是一事相連耳而再列三國之師不依前目後凡者於文不可言諸侯師故也案此十五年歷序諸侯盟于牡丘下書諸侯之大夫救徐襄二十七年歷序諸國大夫會于宋下云諸侯大夫盟于宋此不言諸侯之師城邢者此與會盟小異十四年諸侯城緣陵爲其事有闕故總稱諸侯此若云諸侯之師城邢似爲其事有闕總書爲貶故雖則煩文而再列三國○秋七月戊辰夫人

姜氏薨于夷齊人以歸。傳在閔二年不言齊人殺諱之書地者明在外薨〔疏〕注傳在至外薨○正義曰傳在閔二年者彼因孫于邾遂終言之實齊人殺之諱故不言殺也夫人之薨例不書地書地者明其在外而薨若言夫人自行至夷遇疾而薨齊人乃以其喪歸耳○楚人伐鄭荆始改號曰楚〔疏〕注荆始改號曰楚○正義曰此前常呼爲荆此後遂稱爲楚據其見經爲言故云荆始改號莊二十八年仍書荆伐鄭自爾至今不知何年改○八月公會齊侯宋公鄭伯曹伯邾人于檉檉宋地陳國陳縣西北有檉城公及其會而不書盟還不以盟告○檉勑呈反〔疏〕注檉宋至盟告○正義曰經書會于檉傳言盟于犖即檉也而經不書盟釋例曰盟于鄧盟于犖盟于戚公既在會而不書其盟以理推之會在盟前知非後盟也蓋公還告會而不告盟也○九月公敗邾師于偃。偃邾地○冬十月壬午公子友帥師敗莒師于酈獲莒挐。酈魯地挐莒子之弟不書弟者非卿非卿則不應書嘉季友之功故特書其所獲大夫生死皆曰獲獲例在昭二十三年○酈力知反挐女居反又女加反〔疏〕注酈魯至三年正義曰傳言莒子之弟而經不書弟者諸侯之臣爲卿乃見經見經則備書名氏若言莒子之弟挐則是爲卿之備文此不書弟見其非卿也傳曰非卿也嘉獲之也以非卿不應書經嘉季友之功能獲莒之大將故特書所獲以美季子公羊亦云此何以書大季子之獲也釋例曰莒挐非卿非卿則不應書今嘉獲故特書之特書猶不稱弟明諸書弟者皆卿也○十有二月丁巳夫人氏之喪至自齊僖公請而葬之故告於廟而書喪至也齊侯既殺哀姜以其尸歸絕之於魯僖公請其喪而還不稱姜闕文〔疏〕注僖公至闕文正義曰齊人治哀姜之罪取而殺之則位絕於魯非復魯之夫人其死不合書之於策以僖公請而葬之外欲固齊以居厚內存母子不絕之義故其書於經薨葬備禮諱之若言無罪而自死然既諱其殺不宜有貶公羊傳曰夫人何以不稱姜氏貶曷爲貶與弑公也穀梁傳曰其不言姜以其弑二子貶之也或曰爲齊桓諱殺同姓也賈逵云殺子輕故但貶姜然則姜氏者夫人之姓二字共爲一義不得去姜存氏去氏存姜若其必有所貶自可替其尊號去一姜字復何所明於

薨於葬未嘗有貶何故喪至獨去一姜公羊傳又曰曷爲不於弑焉貶貶必於其重者莫重乎其以喪至也案禮之成否在於薨葬何以喪至獨得爲重喪至已加貶責於葬不應備文何故葬我小君復得成禮正以薨葬備禮知其無所貶責故杜以經無姜字直是闕文公羊穀梁見其文闕妄爲之説耳

傳元年春不稱卽位公出故也國亂身出復入故卽位之禮有闕○復扶又反下文同**公出復入不書諱之也諱國惡禮也**掩惡揚善義存君親故通有諱例皆當時臣子率意而隱故無深淺常準聖賢從之以通人理有時而聽之可也○準之尹反

〔疏〕元年至禮也○正義曰去年八月閔公死僖公出奔邾九月慶父出奔莒公卽歸魯言公出故者公出而復歸卽位之禮有闕爲往年公出奔之故非言應卽位之時公在外也齊小白陽生之徒皆出而復入經書其入僖公類之亦應書入往年公出復入不書諱之國內有亂致令公出不書公出復入諱國亂也國亂國之惡事諱國惡是禮也時史諱而不書仲尼因而不改嫌諱非禮故以禮居之○注掩惡至可也○正義曰坊記曰善則稱君過則稱己則民

作忠善則稱親過則稱己則民作孝是掩惡揚善之義義存君與親也君親之惡務欲掩之是故聖賢作法通有諱例諱雖有例而事無定體或諱大不諱小或諱小不諱大皆當時臣子率已之意而爲之隱故無深淺常準隱十年公羊傳曰於外大惡書小惡不書於內大惡諱小惡書必如彼言是有常準歷檢春秋都無定例納鼎惡於易田諱田而不諱鼎公入小於公出諱入而不諱孫是其無常準也旣無常準隨諱深淺舊史有所辟諱聖賢因而從之以通人事之理故容有掩惡之法釋例曰有時而聽之則可也正以爲後法則不經故不奪其所諱亦不爲之定制言若正爲後法每事皆諱則爲惡者無復忌憚居上者不知所懲不可盡令諱也人之所極唯君與親纔有小惡卽發其短非復臣子之心全無愛敬之義是故不抑不勸有時聽之以爲諱惡者禮也無隱者直也二者俱通以爲世敎也

○諸侯救邢實大夫而曰諸侯總衆國之辭

〔疏〕注實大至之辭○正義曰於例將卑師衆稱師三國並稱爲師是皆大夫將也實大夫也而曰諸侯總衆國之辭也桓五年蔡人衛人陳人從王伐鄭傳曰王以諸侯伐鄭彼亦大夫將總衆國而稱諸侯也先儒以爲此役諸侯身行故言此以異之

邢人潰出奔師奔聶北之師也邢潰不書不告也○潰戶內反**師遂逐狄人具邢器用而遷之師無私焉**皆撰具還之無所私取○撰仕眷反又仕轉反

〔疏〕注皆撰至私取○正義曰邢人潰而奔師弃其家之器物師逐狄人爲之斂聚皆撰具以還邢人師人無所私取善齊桓委任得人用兵嚴整也

○夏邢遷于夷儀諸侯城之救患也凡侯伯救患分災討罪禮也侯伯州長也分穀帛○分甫問反又如字長丁丈反

〔疏〕注侯伯至穀帛○正義曰此因齊侯發例齊侯之爲侯伯當是王之二伯此言州長必是九州之長但州牧於是竟內亦當救患討罪以州牧亦掌此事故言州長以包之有災害者分之財物知分者分穀帛也

○秋楚人伐鄭鄭卽齊故也盟于犖謀救鄭也犖卽檉也地有二名○犖音洛又力角反○**九月公敗邾師于偃虛丘之戍將歸者也**虛丘邾地邾人旣送哀姜還齊人殺之因戍虛丘欲以侵魯公以義求齊齊送姜氏之喪邾人懼乃歸故公要而敗之○虛起

居反憂於呼反

〔疏〕注虛丘至敗之○正義曰犖之盟也邾人在焉公旣盟而敗其師傳不明言其故直云虛丘之戍不知虛丘誰地何故戍之服虔云虛丘魯邑魯有亂邾使兵戍虛丘魯與邾無怨因兵將還要而敗之所以惡僖公也邾之於魯本無怨惡僖公奔邾則爲之外主國亂則戍其內邑無故而敗其師亡信背義莫斯之甚非僖公作頌之主所當行也杜以爲不然故別爲此說此說亦無所據要其理當然也案十二月夫人之喪始至此九月敗邾師而云以義求齊齊送姜氏之喪者夫人以七月薨公卽求齊齊旣許之邾聞許而將歸魯得許而敗邾師耳

○冬莒人來求賂求還慶父之賂**公子友敗諸酈獲莒子之弟挐非卿也嘉獲之也**莒旣不能爲魯討慶父受魯之賂而又重來其求無厭故嘉季友之獲而書之○爲魯于僞反重直用反厭於鹽反**公賜季友汶陽之田及費**汶陽田汶水北地汶水出泰山萊蕪縣西入濟○汶音問費音祕萊音來

〔疏〕汶陽至入濟○正義曰水北曰陽故知汶水北地釋例曰汶水出泰山萊蕪縣西南經濟北至東平須昌縣入濟

○夫人氏之喪

至自齊君子以齊人殺哀姜也爲已甚矣女子從人者也言女子有三從之義在夫家有罪非父母家所宜討也

經二年春王正月城楚丘楚丘衛邑不言城衛衛未遷疏注楚丘至未遷○正義曰此決城邢也彼旣遷訖乃爲城之不言城夷儀而言城邢邢已遷也此則先城楚丘將以封衛言城楚丘不言城衛衛未遷也○夏五月辛巳葬我小君哀姜無傳反哭成喪故稱小君例在定十五年○虞師晉師滅下陽下陽虢邑在河東大陽縣晉於此始赴見經滅例在襄十三年○大音泰一音如字見賢遍反○秋九月齊侯宋公江人黃人盟于貫貫宋地梁國蒙縣西北有貫城貫與貫字相似江國在汝南安陽縣○貫古亂反貫市夜反又音世疏江人黃人○正義曰公羊穀梁皆云江人黃人遠國之辭言其實是君也以其遠國降而稱人賈云江黃稱人刺不度德善鄰恃齊背楚終爲楚所滅其意雖異皆以江人黃人爲國君親來杜以諸侯之貶不至

稱人則稱人者皆是其國之大夫耳齊桓威德稍盛遠國來服齊桓謙以接遠故與宋公會之○冬十月不雨傳在三年○楚人侵鄭

傳二年春諸侯城楚丘而封衛焉君死國滅故傳言封疏注君死至言封○正義曰封者聚土之名也天子之建諸侯必分之土地立其疆界聚土爲封以記之故建國謂之封國衛是舊國今云封者以其君死國滅更封建之故云封也不書所會後也諸侯旣罷而魯後至諱不及期故以獨城爲文○晉荀息請以屈產之乘與垂棘之璧假道於虞疏。假道於虞○正義曰聘禮云若過他邦至于竟使次介假道束帛將命于朝下大夫取以入告出許是禮過他國必假道也聘尚假道況乎伐國故請以璧馬假借也穀梁傳曰借道乎虞以伐虢荀息荀叔也屈地生良馬垂棘出美玉故以爲名四馬曰乘自晉適虢途出於虞故借道○屈求勿反又居勿反注同乘繩證反注同公曰是吾寶也對曰若得道於

虞猶外府也公曰宮之奇存焉。宮之奇虞忠臣奇其宜反對曰宮之奇之爲人也懦。而不能強諫懦弱也○懦本又作糯乃亂反又乃貨反字林作㤨音乃亂反強其良反又其丈反且少長於君君暱之雖諫將不聽親而狎之必輕其言○少詩照反長丁丈反暱女乙反乃使荀息假道於虞曰冀爲不道入自顛軨伐鄍三門前是冀伐虞至鄍鄍虞邑河東大陽縣東北有顛軨坂○軨音零鄍亡丁反坂音反疏注前是至軨坂正義曰服虔以爲冀爲不道伐鄍三門謂冀伐晉也冀之既病亦唯君故謂虞助晉也將欲假道稱前恩以誘之案傳荀息以寶假道公尚慮虞不許則晉之於虞舊非與國若其嘗經助晉則是昔來通好何憂乎不許而請進國之美寶尚畏官之奇諫乎故杜以爲冀自伐虞虞自報冀以虞能報冀晉不能報虢言己弱以示其恥言虞彊以說其心此雖無文理必然也冀之既病則亦唯君故言虞報伐冀使病將欲假道故稱虞彊以

說其心冀國名平陽皮氏縣東北有冀亭○說音悅今虢爲不道保於逆旅逆旅客舍也虢稍遣人分依客舍以聚衆。抄晉邊邑○抄初教反又楚稍反強取物疏注逆旅至邊邑○正義曰晉語云陽處父過甯舍於逆旅甯嬴氏知逆旅是客舍也逆迎也旅客也迎止賓客之處也保者固守之語知其分依客舍伺候抄晉邊邑旣又入而保之觀其此語則虢晉接鄰但向其都邑須過虞竟當以從彼詣虢路遶山險易來難往故也以侵敝邑之南鄙敢請假道以請罪于虢問虢伐己以何罪虞公許之且請先伐虢喜於厚賂而欲求媚宮之奇諫不聽遂起師夏晉里克荀息帥師會虞師伐虢滅下陽晉猶主兵不信虞疏注晉猶至信虞○正義曰如傳之言直云會虞伐虢未知誰爲兵主但下云先書虞賄故也若虞爲兵主自當在先不須云先書虞也明晉實爲主而仲尼先書虞故知晉猶主兵不信虞也先書虞賄故也虞非倡兵之首而先書之惡貪賄也○賄呼罪

反，惡，烏路反。○秋，盟于貫，服江、黃也。注江、黃，楚與國也。始來服齊，故爲合諸侯。○爲，于僞反，下同。○齊寺人貂始漏師于多魚。寺人，內奄官豎貂也。多魚，地名，闕。齊桓多嬖寵，內則如夫人者六人，外則幸豎貂、易牙之等，終以此亂國。傳言貂於此始擅貴寵，漏洩桓公軍事，爲齊亂張本。○寺，如字，又音侍，寺人，奄官名。貂，音彫。豎，上主反。擅，時戰反。洩，息列反，又以制反。【疏】注寺人至張本。正義曰：周禮內宰之屬有內小臣，奄上士四人；寺人，王之正內五人；內豎，倍寺人之數。寺人掌王之內人及女宮之戒令，內豎掌內外之通令，皆掌婦人之事，是自內小臣以下皆用奄人爲官也。鄭玄云：「豎，未冠者之官名。」然則此人名貂，幼童爲內豎之官，以爲齊侯所寵，後雖年長，遂呼爲豎貂焉。此時爲寺人之官，故稱寺人貂也。言漏師者，漏泄師之密謀也。漏師已是大罪，此云始者，言其終又甚焉，故言始，以爲齊亂張本。○虢公敗戎于桑田。桑田，虢地，在弘農陝縣東北。晉卜偃曰：「虢必亡矣。亡下陽不懼，而又有功，是天奪之鑒，鑒所以自照。而益其疾也。驕則生疾。必易晉而不撫其民矣，不可以五稔。」稔，熟也。爲下五年晉滅虢張本。○易，以豉反。稔，入甚反。○冬，楚人伐鄭，鬬章囚鄭聃伯。經書侵，傳言伐，本以伐興，權行侵掠。爲後年楚伐鄭，鄭伯欲成張本。○聃，乃甘反。掠，音亮。

經三年春王正月，不雨。夏四月，不雨。一時不雨，則書首月。傳例曰：不曰旱，不爲災。【疏】三年注一時至爲災。○正義曰：一時不雨則書首月者，解去冬今春也。書首月者，皆竟時不雨，次月不雨，不復書也。故夏四月不雨，五月不雨，不復書，六月得雨乃書之。此由不雨日久，方始追書其事，每時一書，所以詳其文也。不於去年冬十月及今年正月不雨注，必於夏四月不雨注者，以下有六月雨，既備書，則五月不雨亦應備書，今唯云夏四月不雨，故注云一時不雨則書首月，以解五月不書不雨之意。文二年「自十有二月不雨，至于秋七月」，十三年「自正月不雨，至于秋七月」，二者皆摠書不雨，又不書得雨之月，與此年書不雨文異者，穀梁傳曰：「一時言不雨者，閔雨也。閔雨者，有志乎民者也。六月雨，雨云者，喜雨也。喜雨者，有志乎民者也。」文二年傳曰：「歷時而言不雨，文不憂雨也。不憂雨者，無志乎民也。」言僖有憂民之志，故每時一書；文無憂民之志，是以歷時總書。賈逵取以爲說，杜既不注，或亦史異辭也。○徐人取舒。無傳。徐國在下邳僮縣東南。舒國，今廬江舒縣。勝國而不用大師，亦曰取，例在襄十三年。○邳，皮悲反。僮，音童。廬，力居反。【疏】注徐國至三年。○正義曰：諸侯相滅亡者，多是土壤鄰接，思啓封疆。今檢杜注，徐在下邳，舒在廬江，相去甚遠，而越竟滅國，無傳無注，不知所以。襄十三年傳例曰：「凡書取，言易也。用大師焉曰滅。」然則滅之與取，俱是絕其國家，有其土地，難則稱滅，易則爲取。釋例曰：「用大師，起大衆，重力以陷敵，因而有之，故曰勝國，通以滅爲文也。取者，乘其衰亂，或受其潰叛，或用小師而不頓兵勞力，則直言取，如取如攜，言其易也。」是勝國而不用大師，亦爲取也。○六月，雨。示旱不竟夏。○秋，齊侯、宋公、江人、黃人會于陽穀。陽穀，齊地，在東平須昌縣北。○冬，公子友如齊涖盟。涖，臨也。○涖，音利，又音類。【疏】注涖臨也。○正義曰：公羊傳曰：「涖盟者何？往盟乎彼也。來盟者何？來盟于我也。」盟者殺牲歃血，告誓神明，人臨其上。從我去者，出我之意，故言往彼臨覗；從外至者，我共臨覗，故直舉其來。○楚人伐鄭。

傳三年春，不雨，夏六月雨。自十月不雨至于五月，不曰旱，不爲災也。周六月，夏四月，於播種五稼無損。○夏，戶雅反。○秋，會于陽穀，謀伐楚也。二年楚侵鄭故。○齊侯爲陽穀之會，來尋盟。冬，公子友如齊涖盟。公時不會陽穀，故齊侯自陽穀遣人詣魯求尋盟。魯使上卿詣齊受盟，謙也。○爲，于僞反。○楚人伐鄭，鄭伯欲成。孔叔不可，曰：「齊方勤我，孔叔，鄭大夫。勤恤鄭難。○難，乃旦反。弃德不祥。」祥，善也。○齊侯與蔡姬乘舟于囿，蕩公。蔡姬，齊侯夫人。蕩，搖也。囿，苑也，蓋魚池在苑中。○囿，音又。公懼，變色；禁之，不可。公怒，歸之，未絕之也。蔡人嫁之。爲明年齊侵蔡傳。

經四年春王正月，公會齊侯宋公陳侯衛侯鄭伯許男曹伯侵蔡蔡潰民逃其上曰潰例在文三年遂伐楚遂兩事之辭楚強齊欲綏之以德故不速進而次陘陘楚地潁川召陵縣南有陘亭○陘音邢召上照反傳皆同次于陘〔疏〕遂注遂兩事之辭○正義曰桓八年祭公來遂逆王后于紀公羊傳曰遂者何生事也謂本無向紀之心至魯始生意也穀梁傳曰遂繼事之辭也此云兩事之辭謂既有上事復為下事不以本謀有心無心為異也此齊侯先有伐楚之心因行而侵蔡耳三十年襄仲將聘于周遂初聘于晉桓十八年公將有行遂與姜氏如齊如此之類本謀為二事也六年諸侯伐鄭楚人圍許諸侯遂救許莊十九年公子結媵陳人之婦于鄄遂及齊侯宋公盟如此之類本無謀而因事便行也但是兩事皆稱為遂故曰兩事之辭不別本謀與否○夏許男新臣卒未同盟而赴以名〔疏〕許男新臣卒○正義曰成十三年曹伯盧卒于師此不言于師者穀梁傳曰諸侯死於國不地死於外地死於師何為不地內桓師也注云齊桓威德洽著諸侯安之雖卒於外與其在國同

賈逵云不言於師善會主加禮若卒於國左氏無此義釋例曰若卒于朝會或書師或書地者史之成文非義所存然則或言于師或不言于師亦是史有詳略無義例也注稱赴以名者公雖在軍死須相赴史得赴乃書耳○楚屈完來盟于師盟于召陵屈完楚大夫也楚子遣完如師以觀齊屈完觀齊之盛因而求盟故不稱使以完來盟為文齊桓退舍以禮楚故盟召陵召陵潁川縣也〔疏〕注屈完至縣也○正義曰公羊傳曰屈完者何楚大夫也何以不稱使尊屈完也曷為尊屈完以當桓公也其意言屈完楚之貴者尊之以敵齊侯若屈完足以自專無假君命不為楚子所使故作自來之文服虔取以為說案孔子曰君使臣以禮臣事君以忠此聖人之明訓也今乃尊人之臣許其不為君使輕人之主以為不合使臣是乃縱羣下以覬覦教強臣以專恣約之以禮豈當然乎故杜別為此解楚子本使屈完如師以觀齊師之強弱強則欲服弱則欲拒屈完覩齊之盛因而求盟盟非楚子之意故不稱使以屈完自來盟為文穀梁傳曰其不言使權在屈完也是其權時之便自來與齊盟也完之本意欲即盟於軍齊桓喜其來服退舍以禮楚言來盟于師書屈完之意也盟于召陵書實盟之所也成二年齊侯使國佐如師不言來而此言來者彼既云如師不須稱來此不言如師故云來耳此既云來盟不復須言及屈完盟彼無來盟之文故別言及國佐盟意異於此故文不同服虔云言來者外楚也嫌楚無罪言來以外之來者自外之文非別罪之所在若以言來即為罪楚則仲孫高子之來也復外齊而罪之乎且惡楚者當惡其辟在蠻夷負固不服不服之日容可外之服而又外欲何為也○齊人執陳轅濤塗轅濤塗陳大夫○袁陳大夫氏也本多作轅濤音桃○秋及江人黃人伐陳受齊命討陳之罪而以與謀為文者時齊不行使魯為主與謀例在宣七年○與音預下同〔疏〕注受齊至七年○正義曰直言及江黃者將卑師少故不言主師言微者及之宣七年傳例曰凡師出與謀曰及不與謀曰會而春秋征伐受命於盟主者實是與謀皆不言及釋例曰盟主之令則上行乎下非匹敵和成之類故雖或先謀皆從不與謀之例然則此伐陳者受齊之命討陳之罪亦是上行乎下而經書及者於時齊師不行使魯為主魯與江黃謀之然後共伐故以與謀為文○八月公至自伐楚無傳告于廟○葬許穆公○冬十有二月公

孫茲帥師會齊人宋人衛人鄭人許人曹人侵陳公孫茲叔牙子叔孫戴伯

傳四年春齊侯以諸侯之師侵蔡蔡潰遂伐楚楚子使與師言曰君處北海寡人處南海唯是風馬牛不相及也楚界猶未至南海因齊處北海遂稱所近牛馬風逸蓋末界之微事故以取喻○近附近之近〔疏〕注楚界至取喻○正義曰襄十三年傳稱楚子囊述共王之德撫有蠻夷奄征南海唯言征南海耳其竟未必至南海也因齊實處北海遂稱所近言其相去遠也服虔云風放也牝牡相誘謂之風尚書稱馬牛其風此言風馬牛謂馬牛風逸牝牡相誘蓋是末界之微事言此事不相及故以取喻不相干也不虞君之涉吾地也何故管仲對曰昔召康公命我先君大公召康公周大保召公奭也○大音泰注同奭音釋〔疏〕召康公正義曰

諡法安樂撫民曰康 曰五侯九伯女實征之以夾輔周室 五等諸侯九州之伯皆得征討其罪齊桓因此命以夸楚。女音汝夾古洽反舊古協反夸苦瓜反 〔疏〕注五等至夸楚。正義曰大公爲王官之伯得以王命征討天下隨罪所在各致其罰故五等諸侯九州之伯皆得征討其罪齊桓因大公有此王命言已上世先公得征討有罪所以夸楚也鄭玄以爲周之制每州以一侯爲牧二伯佐之九州有九侯十八伯大公爲東西大伯中分天下者當各統四侯半一侯不可分故言五侯其伯則各有九耳侯爲牧伯佐之言是周制其事無所出也且征者征其所統之國非征侯伯之身何當校計人數以充五九之言卽如其言使伯佐牧二伯共佐治而已非是分州之半復安得征九伯也校數煩碎非復人情故先儒無同之者 賜我先君履 東至于海西至于河 〔疏〕東至于海西至于河。正義曰釋例曰海自遼西北平漁陽章武勃海樂陵樂安北海東萊城陽東海廣陵吳郡會稽十四郡之東界以東河出西平西南二千里從西平東北經金城故北地朔方五原至故雲中南經平陽河東之西界東經河東河內之南界東北經汲郡頓丘陽平平原樂陵之東南入

海杜之此言據其當時之河耳禹貢導河積石至于龍門南至于華陰東至于厎柱又東至于孟津東過洛汭至于大伾北過降水至于大陸又北播爲九河同爲逆河入于海案驗其地自大伾以上河道不改大伾以下卽是汲郡以東河水東流秦漢以來始然也古之河道自大伾而北過降水故迹不可復知其大陸則趙地之廣澤也大陸以北播爲九河九河故道河間成平以南平原鬲縣以北其九河者徒駭一大史二馬頰三覆釜四胡蘇五簡六絜七鉤盤八鬲津九徒駭最西以次而東故鄭注禹貢河間弓高縣往往有其處中候云齊桓霸遏八流以自廣計桓公之時齊之西竟當在九河之最西徒駭蓋是齊之西界其東至于海當盡樂安北海之東界也 南至于穆陵北至于無棣 穆陵無棣皆齊竟也履所踐履之界齊桓又因以自言其盛。棣大計反竟音境下皆同 爾貢包茅不入王祭不共無以縮酒寡人是徵 包裹束也茅菁茅也束茅而灌之以酒爲縮酒尚書包匭菁茅茅之爲異未審。共音恭本亦作供下及注同縮所六反裹音果菁子丁反苞或作包匭音軌本或作軌 〔疏〕注包裹至未審。正義曰禹貢荆州包匭菁茅孔安國云其所包裹而致者匭匣也菁以爲菹茅以縮酒郊特牲云縮酌用茅鄭玄云泲之以茅縮去滓也周禮甸師祭祀共蕭茅鄭興云蕭字或爲莤莤讀爲縮束茅立之祭前沃酒其上酒滲下去若神飲之故謂之縮縮滲也故齊桓公責楚不貢包茅王祭不共無以縮酒杜用彼鄭興之說也孔安國以菁與茅别杜云茅菁茅則以菁茅爲一特令荆州貢茅必當異於餘處但更無傳說故云茅之爲異未審也沈氏云太史公封禪書云江淮之間一茅三脊杜云未審者以三脊之茅比目之魚比翼之鳥皆是靈物不可常貢故杜云未審也 昭王南征而不復寡人是問 昭王成王之孫南巡守涉漢船壞而溺周人諱而不赴諸侯不知其故故問之。守手又反溺乃歷反 〔疏〕注昭王至問之。正義曰昭王成王之孫周本紀文也呂氏春秋季夏紀云周昭王親將征荆蠻辛餘靡長且多力爲王右還反涉漢梁敗王及祭公隕于漢中辛餘靡振王北濟反振祭公高誘注引此傳云昭王之不復君其問諸水濱由此言之昭王爲没於漢辛餘靡焉得振王北濟也振王爲虛誠如高誘之注又稱梁敗復非船壞舊說皆言漢濱之人以膠膠船故得水而壞昭王溺焉不知本出何書 對曰貢之不入寡君之罪

也敢不共給昭王之不復君其問諸水濱 昭王時漢非楚竟故不受罪。濱音賓 〔疏〕注昭王至受罪。正義曰楚世家成王封熊繹於楚以子男之田國居丹陽宋仲子云丹陽南郡枝江縣也枝江去漢其路甚遙昭王時漢非楚竟故不受罪也 師進次于陘 楚不服罪故復進師。復扶又反 夏楚子使屈完如師 如陘之師觀強弱 師退次于召陵 完請盟故 齊侯陳諸侯之師與屈完乘而觀之 乘共載。乘繩證反注同 齊侯曰豈不穀是爲先君之好是繼與不穀同好如何 言諸侯之附從非爲己乃尋先君之好謙而自廣因求與楚同好孤寡不穀諸侯謙稱。是爲于僞反注同好呼報反下及注同稱尺證反 〔疏〕言諸至謙稱。正義曰諸侯之交必稱先君以相接此時諸侯有魯宋陳衛鄭許曹桓公以前皆嘗與齊交接故齊侯稱繼先君之好謙以自廣也老子曰孤寡不穀王侯之謙稱也曲禮云諸侯與民言自稱寡人庶方小侯自稱曰

孤其在四夷雖大曰子於内自稱不穀禮記雖爲定例事在臨時所稱此齊侯自稱不穀襄王出奔亦稱不穀皆出自當時之意耳爾雅訓穀爲善穀是養人之物言我不似穀之養人是謙也 對曰君惠徼福於敝邑之社稷辱收寡君寡君之願也齊侯曰以此衆戰誰能禦之以此攻城何城不克對曰君若以德綏諸侯誰敢不服君若以力楚國方城以爲城漢水以爲池 方城山在南陽葉縣南以言竟土之遠漢水出武都至江夏南入江言其險固以當城池。徼古堯反要也漢以爲池本或作漢水以爲池水衍字葉始涉反當丁浪反 雖衆無所用之屈完及諸侯盟。陳轅濤塗謂鄭申侯曰師出於陳鄭之間國必甚病 申侯鄭大夫當有共給之費故。費芳味反 若出於東方觀兵於東夷循海而歸其可也 東夷郯莒徐夷也觀兵示威。郯音談 申侯曰善濤塗以告齊侯許之 許出東方 申侯見曰師老矣若出於東方而遇敵懼不可用也若出於陳鄭之間共其資糧屝屨其可也 屝草屨。見賢遍反糧音良屝符費反 〔疏〕資糧屝屨。正義曰少儀云君將適他臣如致金玉貨貝於君則曰致馬資於有司鄭玄云資猶用也然則諸所費用之物皆爲資也糧謂米粟行道之食也屝屨俱是在足之物善惡異名耳楊雄方言云屝麤屨也絲作之曰履麻作之曰屝不借粗者謂之屨喪服傳曰疏屨者藨蒯之菲也是屝用草爲之也注云草屨者屨屨通言耳相形以曉人也定本爲草屨 齊侯說與之虎牢 還以鄭邑賜之。說音悅 執轅濤塗。秋伐陳討不忠也 以濤塗爲誤軍道。 許穆公卒于師葬之以侯禮也 男而以侯禮加一等 凡諸侯薨于朝會加一等 諸侯命有三等公爲上等侯伯中等子男爲下等 死王事加二等 謂以死勤事。 〔疏〕諸侯薨至二等。正義曰沈氏云朝會亦王事而別言死王事者謂因王事或戰陳而死故別其文也 於是有以衮斂 衮衣公服也謂加二等。衮古本反衮冕上公服。斂力驗反 。冬叔孫戴伯帥師會諸侯之師侵陳陳成歸轅濤塗 陳服罪故歸其大夫戴謚也 。初晉獻公欲以驪姬爲夫人卜之不吉筮之吉 〔疏〕卜之不吉筮之吉。正義曰曲禮云卜筮不相襲鄭玄云卜不吉則又筮筮不吉則又卜是瀆龜筮也晉獻公卜娶驪姬不吉公曰筮之是也如彼記文卜之不吉不合更筮但獻公既愛驪姬欲必尊其立故卜既不吉更令筮之冀乎筮而得吉所以遂己心也詩云我龜既厭不我告猶鄭玄云卜筮數而瀆龜龜靈厭之不復告其所圖之吉凶由是貫瀆龜筮不復告之以實故終實不吉而筮稱其吉是筮非不知而不以實告也周禮筮人云凡國之大事先筮而後卜鄭玄云當用卜者先筮之卽事漸也於筮之凶則止不卜而傳稱桓公卜季友晉獻公卜驪姬晉文公卜納王趙鞅卜救鄭皆先卜而後筮者周禮言其正法耳春秋之世臨時請問者或卜或筮出自當時之心不必皆先筮後卜崔靈恩以爲國之大事先筮而後卜筮凶則止不卜者筮必以三代之法若三法皆凶則止不卜若兩法是凶一法爲吉名爲筮逆猶是疑限故更卜以決之則洪範筮逆龜從是也故大卜掌三兆三易儀禮特牲少牢筮皆旅占是筮有衆占之法則靈恩之說義亦可通 公曰從筮卜人曰筮短龜長不如從長 物生而後有象象而後有滋滋而後有數龜象筮數故象長數短。不如依字讀或音而據反 〔疏〕注物生至數短。正義曰筮數以上皆十五年傳文象者物初生之形數者物滋見之狀凡物皆先有形象乃有滋息是數從象生也龜以本象金木水火土之兆以示人故爲長筮以末數七八九六之策以示人故爲短周禮占人掌占龜鄭玄云占人亦占筮言掌占龜者筮短龜長主於長者亦用此傳爲說案易繫辭云蓍之德圓而神卦之德方以知神以知來知以藏往然則知來藏往是爲極妙雖龜之長無以加此聖人演筮以爲易所知豈短於卜卜人欲令公舍筮從卜故云筮短龜長非是龜能實長杜欲成筮短龜長之意，故引傳文以證之。若至理而言，卜筮實無長短。且其繇曰：「專之渝，攘公之羭。繇，卜兆辭。渝，變也。攘，除也。羭，美也。言變乃除公之美。○繇，直救反。渝，羊朱反，下羭同。音攘，如羊反。一薰一蕕，十年尚猶有臭。薰，香草。蕕，臭草。十年有臭，言善易消，惡難除。○薰，許云反。蕕音由。易，以豉反。

【疏】「專之」至「有臭」。○正義曰：言公若專心愛之，公心必將改變，變乃除公之美。公先有美，此人將除去之。薰是香草，蕕是臭草，一薰一蕕，言分數正等，使之相和，雖積十年，尚猶有臭氣。香氣盡而臭氣存，言善惡聚而多少敵，善不能止惡，而惡能消善。○注「繇卜」至「之美」。○正義曰：筮卦之辭亦名爲繇，但此是卜人之言，知是卜兆辭也。卜人舉此辭以止公，則兆頌舊有此辭，非卜人始爲之也。卜人言其辭而不言其意，不知得何兆，此義何所出也。渝，變；攘，除，皆釋言文也。釋畜云：「夏羊，牝羭，牡羖。」則羭是羊之名。美善之字皆從羊，故羭爲美也。變乃除公之美，言公心必變而除公美也。○注「薰香」至「難除」。○正義曰：此傳之意，言善惡相雜，二字皆從草，知是香草、臭草也。月令五時各言其臭，中央土云「其臭香」。易繫辭云「其臭如蘭」。傳稱「在君之臭味」，則臭是氣之摠名，元非善惡之稱。但既謂善氣爲香，故專以惡氣爲臭耳。十是數之小成，故舉以爲言焉。十年香氣盡矣，惡氣尚存，言善易消而惡難滅也。杜知蕕是臭者，內則云「牛夜鳴則庮」，彼庮亦是臭義，其字雖異，其意亦同。尚猶有臭，猶則尚之義，重言之耳。猶尚書云「弗遑暇食」，遑則暇也。

必不可。」弗聽，立之。生奚齊，其娣生卓子。及將立奚齊，既與中大夫成謀，姬謂大子曰：「君夢齊姜，必速祭之。」齊姜，大子母。言求食。○卓，吐濁反。大子祭于曲沃，歸胙于公。胙，祭之酒肉。○胙，才故反。公田，姬寘諸宮六日。公至，毒而獻之。毒酒經宿輒敗，而經六日，明公之惑。○寘，之豉反。公祭之地，地墳；與犬，犬斃；與小臣，小臣亦斃。

【疏】「公田」至「亦斃」。○正義曰：晉語說此事云：公田，驪姬受胙，乃寘酖於酒，寘堇於肉。公至，召申生獻。公祭地，地墳。申生恐而出。驪姬與犬肉，犬斃；飲小臣酒，亦斃。此傳既略，當如國語也。賈逵云：「堇，烏頭也。」穀梁傳曰：「以酖爲酒，藥脯以毒。」○注「毒酒」至「之惑」。○正義曰：毒酒經宿便敗，而公不怪其六日仍得如故，明公之惑於驪姬，不以六日爲怪也。

姬泣曰：「賊由大子。」大子奔新城。新城，曲沃。○墳，扶粉反。斃，婢世反。公殺其傅杜原款。或謂大子：「子辭，君必辯焉。」以六日之狀自理。○款，苦管反。辯，兵免反。大子曰：「君非姬氏，居不安，食不飽。我辭，姬必有罪。君老矣，吾又不樂。」吾自理則姬死，姬死則君必不樂，不樂爲由吾也。○樂音洛，注同。曰：「子其行乎！」大子曰：「君實不察其罪，被此名也以出，人誰納我？」十二月戊申，縊于新城。姬遂譖二公子曰：「皆知之。」重耳奔蒲，夷吾奔屈。二子時在朝。爲明年晉殺申生傳。○被，皮寄反，又皮綺反。縊，一賜反。譖，側鴆反。

經五年春，晉侯殺其世子申生。稱晉侯，惡用讒。書春，從告。○惡，烏路反。

【疏】注「稱晉」至「從告」。○正義曰：公羊傳曰：「曷爲直稱晉侯以殺？殺世子母弟直稱君者，甚之也。」言父子相殘，惡之甚者，是惡其用讒殺大子，故斥言晉侯以罪之。罪晉侯，則申生無罪也。傳稱晉侯使以殺大子申生之故來告，實以去年死，告稱今年殺，故以今年書也。釋例曰：「晉、魯久不交使，而告殺申生，則所告不必常有玉帛之使，但欲廣聲其罪耳。」言廣聲其罪，則晉侯謂讒言爲實，誣加大子以罪，時史知其實，改告而書之。此傳不言書曰，則是舊史然也。

○杞伯姬來朝其子。無傳。伯姬來寧，寧成風也。朝其子者，時子年在十歲左右，因有諸侯子得行朝義，而卒不成朝禮，故繫於母而曰朝其子。○杞伯姬來絕句，來歸寧，朝其子，猶言其子朝。

【疏】注「伯姬」至「其子」。○正義曰：伯姬未必是成風所生，但哀姜既死，成風得爲夫人，縱非其母，亦得歸寧也。沈氏云：伯姬以莊二十五年六月歸于杞，假令後年生子，則其年十四矣。杜云十歲左右者，以其從母言朝，故云十歲左右也。桓九年曹伯使世子射姑來朝，是諸侯之子得有攝君之禮、行朝之義。但此子幼弱而卒不成朝，故繫於母而曰朝其子也。若其能行朝禮，則世子當如射姑，伯姬別言來耳。

○夏，公孫茲如牟。叔孫戴伯娶於牟。卿非君命不越竟，故奉公命聘於牟因自爲逆。竟音境。爲于僞反【疏】注叔孫至爲逆。○正義曰：牟是附庸之國，唯桓十五年邾人牟人葛人來朝，自爾以來更不朝聘。於魯，魯不應使卿聘此小國，當是叔孫聘妻已定，但卿非君命不得越竟，故詭公請使奉君命以聘，因自爲逆婦，故傳稱娶焉，明其因娶而聘。

○公及齊侯宋公陳侯衛侯鄭伯許男曹伯會王世子于首止惠王大子鄭也。不名而殊會，尊之也。首止，衛地，陳留襄邑縣東南有首鄉。○秋八月諸侯盟于首止間無異事，復稱諸侯者，王世子不盟故也。王之世子尊與王同，齊桓行霸，翼戴天子，尊崇王室，故殊貴世子。○復扶又反【疏】注間無至世子。○正義曰：公羊傳曰：「諸侯何以不序？一事而再見者，前目而後凡也。」言此諸侯還是上會之諸侯，故從省文，不復序也。昭十三年秋，公會劉子、晉侯云云于平丘，八月甲戌，同盟于平丘，不言諸侯者，爲間無異事故也。九年夏，公會宰周公、齊侯云云于葵丘，九月，諸侯盟于葵丘，言諸侯者，爲其間有伯姬卒故也。此會盟之間無他異事，復稱諸侯者，爲王世子不盟故也。穀梁傳曰：「復舉諸侯何也？尊王世子而不敢與盟也。」釋例曰：「未有臣而盟君，君臣而盟君，是子可盟父，故春秋王世子以下會諸侯者，皆同會而不同盟。」是解復言諸侯者，見王世子不與盟也。王世子者，王之儲副。周禮膳夫掌養王及后世子，歲終則會，唯王及后世子之膳不會，是其尊與王同也。齊桓行霸，翼戴天子，尊崇王室，故殊貴王之世子。於會則歷序諸侯，言會王世子，則王世子不序諸侯之列也。盟則諸侯自盟，世子不與，是殊貴世子也。

○鄭伯逃歸不盟逃其師而歸之逃例在文三年【疏】注逃其三年。○正義曰：禮，君行師從，卿行旅從，雖則會盟，必有師旅。鄭伯棄其師旅，輕身逃歸。釋例曰：「國君而逃歸，棄盟違其典儀，棄其章服，羣臣不知其謀，社稷不保其安，此與匹夫逃竄無異，故例在上曰逃。」是言稱逃之意也。逃在盟前，辟盟而逃，故云逃歸不盟。公還先告會盟，故後書鄭伯。○楚人滅弦，弦子奔黃弦國在弋陽軑縣東南。○軑音大○九月戊申朔，日有食之無傳○冬晉人執虞公虞公貪璧馬之寶，距絕忠諫，稱人以執，同於無道於其民之例。例在成十五年。所以罪虞，且言易也。晉侯脩虞之祀，而歸其職貢於王，故不以滅同姓爲譏。○易以豉反【疏】注虞公至爲譏。○正義曰：書晉人執虞公，則從無道於民之例。虞公於傳未有不道之狀，但虞公貪璧馬之寶，拒絕忠諫。諫者所以安存社稷，保祐下民，志在貪寶，無恤民之意，即爲不道於民，是故稱人以執之也。實是滅其國，而言執其君者，所以罪虞公，且言執之易。釋例曰：「虞公昧於貨賄，貪以自亡，國非其國，臣非其臣，晉人取之，若執一夫，故稱人以執，而不言滅，罪虞且言易也。」二十五年衛侯燬滅邢，傳曰「同姓也」，故名。虞亦晉之同姓，不言晉侯名者，傳稱晉侯脩虞祀，且歸其職貢於王，以是之故，不以滅同姓爲譏，謂不書晉侯名也。

傳五年春王正月辛亥朔，日南至周正月，今十一月。冬至之日，日南極。公既視朔，遂登觀臺以望，而書，禮也視朔，親告朔也。觀臺，臺上構屋，可以遠觀者也。朔旦冬至，歷數之所始。治歷者因此則可以明其術數，審別陰陽，敘事訓民。魯君不能常脩此禮，故善公之得禮。○登觀，古亂反，注同。臺以望絕句，而書本或作而書雲物，非也。別彼列反。凡分至啓閉，必書雲物分，春秋分也。至，冬夏至也。啓，立春立夏。閉，立秋立冬。雲物，氣色災變也。傳重申周典，不言公者，日官掌其職。○重直用反爲備故也素察妖祥，逆爲之備【疏】辛亥至備故也。○正義曰：辛亥朔者，月一日也。日南至者，冬至日也。天子班朔於諸侯，諸侯受而藏之於大祖廟，每月之朔，告廟受而行之。諸侯有觀臺，所以望氣祥也。公既親自行此視朔之禮，遂以其日往登觀臺之上，以瞻望雲及物之氣色，而書其所見之物，是禮也。凡春秋分、冬夏至、立春立夏爲啓，立秋立冬爲閉，用此八節之日，必登觀臺，書其所見雲物氣色。若有雲物變異，則是歲之妖祥，既見其事，後必有驗，書之者，爲豫備故也。視朔者，月朔之禮也。登臺者，至日之禮也。公常以一日視朔，至日登臺，但此朔即是至日，故視朔而遂登臺也。○注周正至南極。○正義曰：日之行天，有南有北，常立八尺之表，以候景之短長。夏至之景，尺有五寸，日最長而景最短，是謂日北至也。自是以後，日稍近南，冬至之景一丈三尺，日最短而景最長，是謂日南至也。冬至者，十一月之中氣，中氣者，月半之氣也。月朔而已得中氣，是必前月閏，前閏之月，則中氣在晦，閏後之月，則中氣在朔。閏者，聚殘餘分之月，其月無中氣，半屬前月，半屬後月。是去年閏十二月，十六日已得此年正月朔大雪節，故此正月朔得冬至也。而杜長厤僖元年閏十一月，此年閏十二月，又閏之相去，厤家大率三十二月耳。杜於此閏相去凡五十月，不與厤數同者，杜推勘春秋日月上下置閏，或稀或概，自準春秋時法，故不與常厤同○注視朔至得禮○正義曰視朔者公既告廟受朔即聽視此朔之政是其親告朔也禮天子曰靈臺諸侯曰觀臺釋宫云四方而高曰臺臺上構屋可以遠觀望故謂之觀臺也古之爲厤者皆舉其大數周年有三百六十五日四分日之一分爲十二月則一月各有三十日十六分日之七是故從前月初節至後月初節必三十日有餘也其日月之行天也日行遲月行疾每二十九日過半而月及日謂之一月故從朔至朔唯二十九日過半耳計一歲則有餘十一日而不得周年故作閏月以補之計十九年而有七閏古厤十九年爲一章以其閏餘盡故也步厤之始以朔旦冬至爲首厤之上元其年是十一月朔旦冬至至十九年閏餘盡復得十一月朔旦冬至故以十九年爲一章積章成部積部成紀治厤者以此章部爲法因此可以明其術數推之而知氣朔也審別陰陽寒暑不失其時也所以陳敘時事教訓下民魯君不能常脩此事故善公之得禮也○注分春至其職○正義曰一年分爲四時時皆九十餘日春之半秋之半晝夜長短等晝夜中分百刻故春秋之半稱春秋分也冬之半夏之半晝夜長短極極訓爲至故冬夏之半稱冬夏至也四時之氣寒暑不同春夏生物秋冬殺物生物則當啓殺物則當閉故立春立夏爲啓立秋立冬爲閉言物謂氣色者謂非雲而別有

氣色杜恐與雲相亂故別云氣色也周禮保章氏以五雲之物辨吉凶水旱降豐荒之祲象鄭玄云物色也視日旁雲氣之色降下也知水旱所下之國鄭衆云以二至二分觀雲色青爲蟲白爲喪赤爲兵荒黑爲水黄爲豐衆之此言蓋出占候之書計雲氣之占不啻盡此而已但世絶其學故莫能知焉左傳諸所發凡皆是周之舊典既言禮也更復發凡是重申周典也直言必書雲物不更云公是日官掌其職非公所當親也劉炫規云書雲物亦是公親爲之但上文有公既視朔故下文去公字耳今刪定知不然者上言公既視朔是傳家之語下云必書雲物是周公舊凡舊凡之文包諸侯天子若諸侯稱公書雲物則天子當稱王書雲物是知舊凡元無王公之文日官掌其事若以上文有公既視朔故知公字然則周公舊凡豈豫知自公既視朔没去公字乎苟生異見妄規杜氏非也

○**晉侯使以殺大子申生之故來告**釋經必須告乃書

初晉侯使士蔿爲二公子築蒲與屈不慎寘薪焉不謹慎○爲于僞反下乃爲同寘之政反

〔疏〕注不謹慎○正義曰不謹慎所爲多寘薪於中焉若今椎木

夷吾訴之公使讓之譴讓之○譴弃戰反

士蔿稽首而對曰

〔疏〕士蔿稽首○正義曰周禮大祝辨九拜一曰稽首二曰頓首三曰空首鄭玄云稽首拜頭至地也頓首拜頭叩地也空首拜頭至手所謂拜手也鄭唯解此三者拜之形容所以爲異也稽首頭至地頭下緩至地也頓首頭不至地暫一叩之而已尚書每稱拜手稽首者初爲拜頭至手乃復叩頭以至地至手是爲拜手至地乃爲稽首然則凡爲稽首者皆先爲拜手乃成稽首故尚書拜手稽首連言之傳雖不言拜手當亦先爲拜手乃爲稽首稽首拜手共成一拜之禮此其爲敬之極故臣於君乃然孔安國以爲盡禮致敬知此是禮之極盡也大祝九拜又云四曰振動五曰吉拜六曰凶拜七曰奇拜八曰褒拜九曰肅拜鄭玄云振動戰栗變動之拜拜而後稽顙謂齊衰不杖以下者凶拜稽顙而後拜謂三年服者奇拜謂一拜荅臣下拜褒拜再拜拜神與尸肅拜今時撎也介者不拜說者又以爲稽首臣拜君也頓首謂敵者相拜也空手謂君荅臣拜也

臣聞之無喪而慼憂必讎焉讎猶對也**無戎而城讎必保焉**保而守之**寇讎之保又何慎焉守官廢命**

不敬固讎之保不忠失忠與敬何以事君詩云懷德惟寧宗子惟城詩大雅懷德以安則宗子之固若城

〔疏〕詩云至惟城○正義曰詩大雅板之七章懷和也寧安也和其德以撫民則其國惟安矣但能以德安國則宗子之固若城

君其脩德而固宗子何城如之言城不如固宗子**三年將尋師焉焉用慎**尋用也○焉用於虔反**退而賦曰狐裘尨茸一國三公吾誰適從**士蔿自作詩也尨茸亂貌公與二公子爲三言城不堅則爲公子所訴爲公所讓堅之則爲固讎不忠無以事君故不知所從○尨莫江反又音蒙茸如容反又音戎適從丁歷反

及難公使寺人披伐蒲重耳曰君父之命不校乃徇曰校者吾讎也踰垣而走披斬其袪遂出奔翟袪袂也○難乃旦反披普皮反校音教徇似浚反垣音袁袪起魚反翟音狄袂

面世反【疏】注袪袂也○正義曰禮深衣記云袂之長短反詘之及肘喪服云袂屬幅袪尺二寸幅謂衣之身也袂屬於幅長於手反詘至肘則從幅盡於袖口摠名爲袂其袂近口又別名爲袪此斬其袪斬其袖之末也詩唐風羔裘傳云袪袂末鄭玄玉藻注云袪袂口也但袂是摠名得以袂表袪故云袪袂○夏公孫茲如牟娶焉因聘而娶故傳實其事○娶七喻反本又作取○會于首止會王大子鄭謀寧周也惠王以惠后故將廢大子鄭而立王子帶故齊桓帥諸侯會王大子以定其位【疏】注惠王至其位○正義曰二十四年傳曰不穀不德得罪于母氏之寵子帶書曰天王出居于鄭辟母弟之難也如彼傳文則襄王與子帶俱是惠后所生但其母鍾愛其少子故欲廢大子而立之周本紀云襄王母早死後母曰惠后生叔帶與傳不同史記繆也七年惠王崩襄王畏子帶不敢發喪知此時有廢大子之意故齊桓帥諸侯會大子定其位安王國也○陳轅宣仲怨鄭申侯之反己於召陵宣仲轅濤塗故勸之城其賜邑齊桓所賜虎牢曰美城之大

名也子孫不忘吾助子請乃爲之請於諸侯而城之美樓櫓之備美設○美城之絕句櫓音魯遂譖諸鄭伯曰美城其賜邑將以叛也申侯由是得罪爲七年鄭殺申侯傳○秋諸侯盟王使周公召鄭伯曰吾撫女以從楚輔之以晉可以少安周公宰孔也王恨齊桓定大子之位故召鄭伯使叛齊也晉楚不服於齊故以鎮安鄭○秋諸侯盟本或此下更有于首止三字非女音汝鄭伯喜於王命而懼其不朝於齊也故逃歸不盟孔叔止之曰國君不可以輕輕則失親孔叔鄭大夫親黨援也○輕遣正反下同失親患必至病而乞盟所喪多矣君必悔之弗聽逃其師而歸喪息浪反○楚鬭穀於

菟滅弦弦子奔黃於是江黃道栢方睦於齊皆弦姻也姻外親也道國在汝南安陽縣南栢國名汝南西平縣有栢亭弦子恃之而不事楚又不設備故亡○晉侯復假道於虞以伐虢宮之奇諫曰虢虞之表也虢亡虞必從之晉不可啓寇不可翫翫習也○復扶又反下六年○經注同一之謂甚其可再乎爲二年假晉道滅下陽諺所謂輔車相依脣亡齒寒者其虞虢之謂也輔頰輔車牙車○車尺奢反【疏】注輔頰輔車牙車○正義曰易咸卦上九咸其輔頰舌三者並言則各爲一物廣雅云輔頰也則輔頰爲一釋名曰頤或曰輔車其骨彊可以輔持其口或謂牙車牙所載也或謂頷車也衞風碩人云巧笑倩兮毛傳云好口輔也如此諸文牙車頷車牙下骨之名也頰之與輔口旁肌之名也蓋輔車一處分爲二名耳輔爲外表車是內骨故云相依也公

曰晉吾宗也豈害我哉對曰大伯虞仲大王之昭也大伯不從是以不嗣大伯虞仲皆大王之子不從父命俱讓適吳仲雍支子別封西吳虞公其後也穆生昭昭生穆以世次計故大伯虞仲於周爲昭○大音泰下及注同昭上饒反注同後昭穆放此虢仲虢叔王季之穆也王季者大伯虞仲之母弟也虢仲虢叔王季之子文王之母弟也仲叔皆虢君字【疏】注王季至君字○正義曰大伯虞仲辟季歷適荊蠻若有適庶不須相辟知其皆同母也周本紀云古公有長子曰大伯次曰虞仲大姜生季歷如史記之文似王季與大伯別母馬遷之言疏繆耳此言虢仲虢叔王季之穆國語稱文王敬友二虢故亦以爲文王母弟母弟之言事無所出仲叔皆文王之時虢君字也據傳文鄭滅一虢晉滅一虢不知誰是仲後誰是叔後賈逵云虢仲封東虢制是也虢叔封西虢虢公是也馬融云虢叔同母弟虢仲異母弟虢仲封下陽虢叔封上陽案傳上陽下陽同是虢國之邑不得分封二人也若二虢共處鄭復安得虢國而滅之雖賈之言亦無明證各以意斷不可審知爲文王卿士勳在王

宝藏於盟府盟府司盟之官〔疏〕注盟府司盟之官○正義曰周禮司盟掌盟載之法會同則掌其盟約之載既盟則貳之鄭玄云貳之者寫副當以授六官唯言會同之盟不掌勳功之事而得有二虢之勳藏在盟府者凡諸侯初受封爵必有盟誓之言檀弓云衞大史柳莊死公與之邑裘氏與縣潘氏書而納諸棺曰世世萬子孫毋變也其言即盟誓之辭也漢書功臣侯表記高祖即位八載天下乃平始論功而定封侯者一百四十三人封爵之誓曰使黄河如帶泰山若厲國以永存爰及苗裔其誓即盟之類事必有因於古明知以勳受封必有盟要其辭當藏於司盟之府也將虢是滅何愛於虞且虞能親於桓莊乎其愛之也〔疏〕其愛之也○正義曰愛之謂愛虞也虞豈能親於桓莊乎其當愛此虞也服虔其作甚注云愛之甚當謂愛桓莊之族甚也愛之若甚何以誅之且文勢不順又改字失真繆之甚也桓莊之族何罪而以爲戮不唯偪乎桓叔莊伯之族晉獻公之從祖昆弟獻公患其偪盡殺之事在莊二十五年○偪彼力反〔疏〕。注桓叔至五年○正義曰莊伯之族從父昆弟也桓叔之

族從祖昆弟也唯言從祖昆弟舉疏者而略言耳親以寵偪猶尚害之況以國乎公曰吾享祀豐絜神必據我據猶安也○享典兩反對曰臣聞之鬼神非人實親惟德是依故周書曰皇天無親惟德是輔周書逸書又曰黍稷非馨明德惟馨馨香之遠聞○聞音問又如字又曰民不易物惟德繄物黍稷牲玉無德則不見饗有德則見饗言物一而異用○繄烏兮反是也〔疏〕周書至繄物○正義曰皇天無親惟德是輔蔡仲之命文也黍稷非馨明德惟馨君陳文也人不易物惟德其物旅獒文也杜不見古文故以爲逸書此傳與書異者其作繄師授不同字改易耳其意亦不異也民不易物者設有二人俱以物祭其祭相似不改易此物唯有德者繄此乃是物無德而薦神所不享則此物不是物也如是則非德民不和神不享矣神所馮依將在德矣若晉取虞而明德以薦馨香神其吐之乎弗聽許晉使宮之奇以其族行行去也○馮皮冰反下注同使所吏反〔疏〕。以其族行○正義曰晉語云宮之奇諫而不聽出謂其子曰將亡矣吾不去懼及焉以其帑適西山韋昭云西山國西界也曰虞不臘矣臘歲終祭衆神之名○臘力盍反〔疏〕虞不臘矣○正義曰月令孟冬臘門閭及先祖五祀臘之見於傳記者唯月令與此二文而已秦本紀惠王十二年初臘始皇三十一年更改臘曰嘉平蔡邕獨斷云臘者歲終大祭縱吏民宴飲非迎氣故但送不迎應劭風俗通云案禮。夏曰嘉平殷曰清祀周曰大蜡漢[illegible]。臘臘者獵也田獵取獸祭先祖也此言虞不臘矣明當時有臘祭周時獵與大蜡各爲一祭秦漢改曰臘不蜡而爲臘矣在此行也晉不更舉矣不更舉兵八月甲午晉侯圍上陽上陽虢國都在弘農陝縣東南問於卜偃曰吾其濟乎對曰克之公曰何時對曰童謠云丙之晨龍尾伏

辰龍尾尾星也日月之會曰辰日在尾故尾星伏不見○謠音遙見賢遍反均服振振取虢之旂戎事上下同服振振盛貌旂軍之旌旗○均如字同也字書作袀音同振音真注同鶉之賁賁天策焞焞火中成軍虢公其奔鶉鶉火星也賁賁鳥星之體也天策傅說星時近日星微焞焞無光耀也言丙子平旦鶉火中軍事有成功也此已上皆童謠言也童齔之子未有念慮之感而會成嬉戲之言似若有馮者其言或中或否博覽之士能懼思之人兼而志之以爲鑒戒以爲將來之驗有益於世教○鶉述春反又常倫反賁音奔焞他門反說音悅近附近之近上時掌反齔初問反又恥問反毀齒也嬉戲許宜反中丁仲反其九月十月之交乎以星驗推之知九月十月之交謂夏之九月十月也交晦朔交會○夏戶雅反下同丙子旦日在尾月在策是夜日月合朔於尾月行疾故至旦而過在策鶉火中必是時也〔疏〕童謠至時也正義曰釋樂云徒歌謂之謠言無樂而空歌其聲逍遙然也於時有童稚之子爲此謠歌之辭故卜偃取以對公也夜之向明爲晨日

月聚會爲辰星宿不見爲伏言乙日夜半之後丙日將旦之時龍尾之星伏在合辰之下當是之時軍人上下均同其服振振然而盛旂者晉軍旂也而往取虢故云取虢之旂南方鶉鳥之星其體賁賁然見於南方天策之星近日焞焞然無光耀甚微也鶉火之次正中於南方爾時其當成軍事也虢公其當奔走也既引童謠之言乃復指其時日在夏之九月十月之交乎謂九月十月晦朔之交也十月朔丙子之日平旦時日體在尾星月在天策星鶉火正中於南方必是時克之○注龍尾至不見○正義曰東方七宿皆爲蒼龍之宿其龍南首北尾角是龍角尾即龍尾故云龍尾尾星也日月之會爲辰昭七年傳文於時日體在尾尾星與日同處共日俱出入故常伏不見也丙之晨者說文云晨早昧爽也謂夜將旦雞鳴時也○注戎事上下同服○正義曰周禮司服職云凡兵事韋弁服鄭玄云韎韋弁以韎韋爲弁又以爲衣裳今時伍伯緹衣古兵服之遺色然則在兵之服皆韋弁均服者謂兵戎之事貴賤上下均同此服也○注鶉鶉至世教○正義曰南方七宿皆爲朱鳥之宿其鳥西首東尾故未爲鶉首午爲鶉火巳爲鶉尾鶉火星者謂柳星張也天策傅說星史記天官書之文莊子云傳說得之以騎箕尾傳說殷高宗之相死而託神於此星故名爲傅說星也傅說之星在尾之末合朔在尾故其星近日星微焞焞然無光耀也說文云齔毀齒也男八月齒生八歲而齔女七月齒生七歲而齔童齔之子未有念慮之感不解自爲文辭而羣聚集會成此嬉遊遨戲之言其言韻而有理似若有神憑之者其言或中或否不可常用博覽之士及能懼思之人兼而志之以爲鑒戒以爲將來之驗有益於世教故書傳時有采用之者文三年傳曰孟明之臣也其不解也能懼思也能懼思之人謂孟明之類也○注是夜至在策○正義曰以三統厤推之此夜是月小餘盡夜半合朔在尾十四度從乙夜半至平旦日行四分度之一月行三度有餘故丙子旦日在尾星月在天策鶉火之次正中也月令孟冬之月日在尾昏危中旦七星中七星則鶉火次之星也

冬十二月丙子朔晉滅虢虢公醜奔京師不書不告也周十二月夏之十月師還館于虞遂襲虞滅之執虞公及其大夫井伯以媵秦穆姬秦穆姬晉獻公女送女曰媵以屈辱之而脩虞祀且歸其職貢於王虞所命祀【疏】注虞所命祀○正義曰虞受王所命之祀謂天子命虞使祀其竟內山川之神也既滅其國故代虞祭之故書曰晉人執虞公罪虞公言易也易以鼓反

附釋音春秋左傳注疏卷第十二

江西南昌府學栞

春秋左傳注疏卷十二校勘記　阮元撰盧宣旬摘錄

附釋音春秋左傳注疏卷第十二　僖元年盡五年宋本春秋正義卷第十一石經春秋

經傳集解僖上第五岳本纂圖本僖下有公字釋文同並盡十五年

僖公　史記漢書五行志律麻志僖並作釐案史漢多作釐

經元年

齊師宋師曹伯次于聶北救邢　石經曹伯作曹師不誤案莊廿三年傳八月叔孫豹師師救晉次于雍榆正義並作曹師三年經冬公次于滑正義襄

齊人以歸　石經以下有尸字似後人依閔二年傳增入不足爲據

知非後盟也　閩本監本毛本非作其案隱十年襄五年正義並作非是也

偃邾地　此三字監本毛本並脱

公子友帥師敗莒師于酈獲莒挐　石經宋本淳熙本岳本足利本挐作拏是也釋文亦作拏傳同

挐莒子之弟　纂圖本閩本監本毛本挐作拏非此本正義不誤

莒釋非卿　補案釋當作挐各本皆不誤今訂正

齊侯旣殺哀姜　淳熙本旣誤旺

不稱姜闕文　淳熙本脱文字

故其以經無姜字　宋本閩本監本毛本其作杜不誤○今依訂正

傳元年

義存君親　淳熙本存誤有

故無深淺常準　閩本監本毛本深淺誤倒

但州牧於是竟內　宋本監本毛本是作其盧文弨校云於是作是其非也

故公要而敗之　纂圖本閩本監本毛本脱公字

邾之於魯　宋本毛本於作與

君子以齊人殺哀姜也　石經宋本淳熙本岳本足利本人下有之字

非父母家所宜討也　閩本監本毛本脱家字

經二年

梁國蒙縣西北有貫城貫與貰字相似　宋本纂圖本閩本監本毛本作貰城貰與不誤岳本作貫與貰字形相近而誤水經注引無與字郡國志注引與上有字字

則稱人者　宋本則下有此字是也

傳二年

假道於虞　宋本此節正義在以伐鄍注下

途出於虞故借道　宋本閩本纂圖本監本毛本借作假

懦而不能強諫　釋文云懦本又作愞強宋本作彊

入自顛軨　水經注四引作巔軨

保於逆旅　荀子作御旅御與迓通尚書迓字皆作御

鄍稍遣人分依客舍以聚衆抄晉邊邑　釋文無衆字

舍於逆旅甯嬴氏　閩本監本毛本嬴作嬴非也

自當有先　宋本有作在不誤○今訂正

故知晉猶主兵　閩本監本毛本主兵誤倒

寺人內奄官豎貂也　淳熙本內誤多豎誤豎宋本作腎亦非下同

經三年

方始追事共事　閩本監本毛本作追敘宋本作追書不誤○今訂作書

故曰勝國通以滅爲文也　浦鏜正誤曰下疑脫滅故二字案浦鏜非釋例曰作名

或用小師而不頓兵勞力　閩本監本毛本作頻非也襄十三年正義引亦作頓

秋齊侯宋公江人黄人會于陽穀　淳熙本齊誤徐

冬公子友如齊涖盟　顧炎武云石經涖作𦬡案石經不誤炎武所據乃謬刻也

往盟乎彼也　閩本監本毛本乎作于非也

傳三年

夏六月雨　石經六作四是也

於播種五稼無損　足利本無種字

三年楚侵鄭故　淳熙本岳本三作二不誤○今訂作二

祥喜也　補各本喜作善此本誤喜今訂正

未絶之也　石經宋本淳熙本作未之絶也

經四年

夏許男新臣卒　毛本臣誤城

楚子遣完如師以觀齊　閩本監本毛本如誤于

是乃縱羣下以覬覦　宋本覦誤覬

敎强臣以專恣　宋本强作彊下同○案此本强宋本皆作彊後不悉出

因而求盟　宋本而作則非

是共權時之便　宋本時作盟便作宜

自來與齊盟也　宋本來作求

來者自外之文　宋本自作目非也

若以言來即爲罪楚　宋本若作君

齊人執陳轅濤塗　釋文轅作袁云本多作轅案公羊穀梁作袁宋王應麟云轅與袁同

故不言主師　監本師作帥非

傳四年

襄十三年傳　閩本監本毛本三誤二

召康公　宋本以下正義二節摠入日五侯九伯注下

何嘗挍計人數　監本毛本挍計誤作計較閩本亦作較

西至于河　各本有志字此本脫今補正

東至于海西至于河　宋本此節正義在無棣注下

其大陸則趙地之廣澤也　閩本監本毛本脫地字

絜七　宋本絜作潔俗字

當盡樂安北海之東界也　宋本海作界非也

爾貢包茅不入　詩伐木正義後漢書公孫瓚傳注李善注籍田賦冊魏公九錫文並作苞茅不入文選六代論作苞茅不貢高誘注淮南子同茅作茆案作苞是也史記樂書苞之以虎皮字從艸自石經始去艸頭後人往往仍之

王祭不共　釋文共本亦作供下及注同案詩伐木篇正義李善注冊魏公九錫文高誘注淮南子顏師古注漢書刑法志作供說文引傳亦作供

無以縮酒　正義曰郊特牲云縮酒用茅鄭元云泲之以茅縮去滓也周禮甸師祭祀共蕭茅鄭興云蕭字或爲莤莤讀爲縮臧琳云說文引春秋作無以莤酒又詩伐木有酒湑我傳湑莤之也箋云王有酒則泲莤之據說文知左傳作無以莤酒據甸師注知周禮作祭祀供莤茅蓋毛詩周禮左傳皆古文故與六書之旨合

包裹束也　宋本岳本裹作褁非

尚書包匭菁茅　釋文匭本或作軌包作苞云或作包段玉裁云穀梁傳疏文選吳都賦劉注引書亦作苞匭菁茅匭訓纏結讀爲糾古音同在弟三部也古音簋軌字皆讀如九匭从匚軌聲古文簋字簋黍稷方器也故從匚鄭君於其同音得其義也

泲之以茅縮去滓也　閩本監本毛本泲作涑誤

昭王南征而不復　石經征下旁增沒字非唐刻不足據陳樹華云高誘注呂氏春秋音初引作沒而不復似本有沒字也按高誘注或自以意增未可爲典要

王及祭公隕于漢中　各本作王此本誤三今訂正補鏜正誤據呂氏春秋音初篇隕作抎

君其問諸水濱　說文瀕字注云水厓人所賓附頻蹙不前而止從頁從涉案陳樹華云廣雅瀕厓也頻瀕比也徐鉉曰今俗別作水濱非是又案大雅不云自頻傳頻厓也鄭氏云頻當作濱正義曰以水厓之濱其字不應作頻故破之也傳作頻者蓋以古多假借或通用故也

君惠徼福於敝邑之社稷　釋文徼作儌是

漢水以爲池　釋文無水字云或作漢水以爲池水字衍案臧琳云杜注云方城山在南陽葉縣南漢水出武都至江夏南入江則方城者山名漢者水名傳文漢不云水猶之方城不言山也

當有共給之費故　監本毛本共作供非

君將適也　各本也作他與少儀合此本也字誤今訂正

屝麄屨也　宋本麄作麤不誤閩本監本毛本作粗○今訂作麤

不借粗者謂之屨　閩本監本毛本不借二字脫案不借字詳方言釋名儀禮注

是屝用草爲之也　閩本監本屝誤菲毛本作非亦誤

注云草屨者　案屨當作屩故下云屩屨通言耳今注文作屨從定本也

侯伯中等　宋本淳熙本纂圖本中上有爲字

謂以死勤事　宋本勤下有王字

諸侯薨至二等　宋本此節正義在注謂加二等之下

是瀆龜筮也　宋本筮作筴與鄭注曲禮合

龜靈厭之　閩本監本毛本靈誤虛

筮數以上皆十五年傳文　補鏜正誤筮作有不誤文閩本監本毛本誤作云

一薰一蕕也　案鄭注內則引作一薰一蕕字雖異而音義並同

歸胙于公　顧炎武云石經脫胙字案石經此處闕炎武所據

姬寘諸宮六日　顧炎武云石經宮誤作公案石經此處刓闕

與犬犬斃　說文引傳斃作獘頓仆也从犬敝聲或作斃五經文字云獘字注云見春秋傳又作斃同說詳隱元年釋文挍勘記

當如國語也　補此本當上空一字各本直接上文不空

公殺其傅杜原款　顧炎武云石經傅誤傳案石經此處闕

經五年

逃其師而歸之　宋本淳熙本岳本足利本之作也

注逃其三年　宋本閩本監本毛本其下有至字是也

弦國在弋陽軑縣東南　宋本岳本軑作軟葉抄釋文本作軑是也案漢書地理志江夏郡有

軑縣後漢書王霸傳子符徒封軑侯即是地也

傳五年

麻家大率三十二月耳 毛本二作三

言物謂氣色者 浦鏜正誤言作雲色下有災變也三字依注增補也

下云必書雲物 閩本監本毛本云作文非

若今椎木 宋本監本毛本椎作椊是也

乃復叩頭以至地 宋本叩作申

拜而後稽顙 宋本拜上有吉拜二字與周禮大祝注合

喻垣而走 石經宋本淳熙本岳本足利本喻作踰不誤○今依訂正

夏公孫玆如牟娶焉 釋文娶作取云本又作娶○案此娶取互誤

陳轅宣仲怨鄭申侯之反已於召陵 石經宋本岳本已作己不誤

於是江黃道栢方睦於齊 岳本足利本栢作柏案六經正誤云與國本作柏

一之謂甚 纂圖本閩本監本毛本謂誤爲

爲二年假晉道滅下陽 齊召南云爲字訛當作謂

諺所謂輔車相依 案玉篇引作酺車相依

口旁朋之名也 宋本監本毛本朋作肌不誤○今依訂正

各以意斷 閩本監本毛本斷作解

注桓叔至五年 宋本此節正義在況以國乎之下

以其族行 宋本以下正義二節揔入虞不臘矣注下

案禮夏曰嘉平 宋本夏上有傳字

漢鷟臘 監本作鷟亦非宋本作漢改曰臘不誤

言漢改曰臘 浦鏜云秦誤言

不蜡而爲臘矣 宋本矣作耳

均服振振 釋文均如字同也字書均作袀周禮司几筵疏引傳文作均段玉裁云賈服杜君等皆爲袀袀同也今本疏袀字譌均

振振盛貌 段玉裁云李善注閒居賦盛作威

焞焞無光耀也 陳樹華云耀當作燿

童齓之子 岳本纂圖本作童齔釋文同也按今說文作齓从乚段玉裁云當从七七音化

以爲鑒戒以爲將來之驗 纂圖本閩本監本毛本脫以爲鑒戒四字

今時伍伯緹衣 宋本伍作五按段玉裁挍周禮司服注云玉海引作伍伯賈疏訓伍爲行疑與

宰夫注五伯本異

注虞所命祀 宋本此節正義在日言易也之下

公言易也 石經宋本淳熙本岳本足利本公作且不誤

春秋左傳注疏卷十二挍勘記

附釋音春秋左傳注疏卷第十三 僖六年盡二十四年

杜氏注　孔穎達疏

經六年春王正月。夏公會齊侯宋公陳侯衞侯曹伯伐鄭圍新城新城鄭新密今滎陽密縣。秋楚人圍許楚子不親圍以圍者告諸侯遂救許皆伐鄭之諸侯故不復更敘。冬公至自伐鄭無傳【疏】公至自伐鄭。正義曰二十八年公會晉侯云云于溫諸侯遂圍許二十九年公至自圍許此年會伐鄭遂救許不稱至自救許而云至自伐鄭與溫會反者釋例曰諸若此類事勢相接或以始致或以終致蓋時史之異也此事當由公至自告廟所告不同史依告而書不爲義例

傳六年春晉侯使賈華伐屈夷吾不能守盟而行賈華晉大夫非不欲校力不能守言不如重耳之賢將奔狄郤芮曰後出同走罪也嫌與重耳同謀而相隨。郤去逆反芮如銳反不如之梁梁近秦而幸焉乃之梁以梁爲秦所親幸秦既大國且穆姬在焉故欲因以求入。近附近之近。夏諸侯伐鄭以其逃首止之盟故也首止盟在五年圍新密鄭所以不時城也實新密而經言新城者鄭以非時興土功齊桓聲其罪以告諸侯【疏】注實新至諸侯。正義曰密是邑名鄭人新築密邑故傳稱新密經不稱圍新密言圍新城傳云鄭所以不時城也解經言新城之意鄭以非時築城違禮害民齊桓聲其罪以告諸侯故書新城以新城爲鄭之罪狀劉炫云先王之制諸侯無故不造城造城則攻其所造司馬法曰產城攻其所產是也。秋楚子圍許以救鄭諸侯救許乃還。冬蔡穆侯將許僖公以見楚子於武城楚子退舍武城猶有忿志而諸侯各罷兵故蔡。將許君歸楚武城楚地在南陽宛縣北。見賢遍反罷皮罵反又皮買反宛於阮反許男面縛

銜璧大夫衰絰士輿櫬縛手於後唯見其面以璧爲贄手縛故銜之櫬棺也將受死故衰絰。衰七雷反絰直結反注同櫬初覲反贄音至一音置如字縛如字舊扶臥反楚子問諸逢伯逢伯楚大夫對曰昔武王克殷微子啓如是微子啓紂庶兄宋之祖也【疏】注微子至祖也。正義曰案宋世家云微子開者殷帝乙之首子而帝紂之庶兄周武王克殷微子乃持其祭器造於軍門肉袒面縛左牽羊右把茅膝行而前以告於是武王乃釋微子復其位成王誅武庚乃命微子代殷之後國於宋史記之言多有錯謬微子手縛於後故以口銜璧又焉得牽羊把茅也此皆馬遷之妄耳武王親釋其縛受其璧而祓之祓除凶之禮。祓芳弗反徐音廢說文云除惡之祭也【疏】注祓除凶之禮。正義曰周禮女巫掌歲時祓除謂之祓除明是除凶之禮也襄二十九年禰公臨楚喪使巫以桃茢先祓殯此亦當以桃茢祓之焚其櫬禮而命之使復其所楚子從之

經七年春齊人伐鄭。夏小邾子來朝無傳郳犁來始得王命而來朝也邾之別封故曰小邾。鄭殺其大夫申侯申侯鄭卿專利而不厭故稱名以殺罪之也例在文六年。厭於鹽反傳同。秋七月公會齊侯宋公陳世子款鄭世子華盟于甯母高平方與縣東有泥母亭音如甯。毋如字又音無注同方音房與音預泥乃麗反又音甯王奴兮反。曹伯班卒無傳五年同盟于首止。公子友如齊無傳罷盟而聘謝不敏也。冬葬曹昭公無傳

傳七年春齊人伐鄭孔叔言於鄭伯曰諺有之曰心則不競何憚於病競彊也憚難也。憚徒旦反難乃旦反下及八年經傳並同【疏】七年傳心則至於病。正義曰競彊也言心則不能彊盛則當須屈服於人何得難於屈弱之病而不下

齊既不能彊又不能弱所以斃也國危矣請下齊以救國公曰吾知其所由來矣〔疏〕吾知其所由來矣。正義曰孔叔既請鄭伯下齊公初欲下齊不知何事而來得說於齊後更云吾知其說齊所由來矣謂由殺申侯說齊之事得來矣姑少待我欲以申侯說。下戶嫁反對曰朝不及夕何以待君朝如字。夏鄭殺申侯以說于齊且用陳轅濤塗之譖也濤塗譖在五年初申侯申出也姊妹之子爲出有寵於楚文王文王將死與之璧使行曰唯我知女女專利而不厭予取予求不女疵瑕也從我取從我求我不以女爲罪釁。女音汝下皆同疵似斯反又疾移反釁許靳反下文同後之人將求多於女謂嗣君也求多以禮義大望責之女必不免我

死女必速行無適小國將不女容焉政狹法峻。狹音洽既葬出奔鄭又有寵於厲公子文聞其死也曰古人有言曰知臣莫若君弗可改也已。

秋盟于甯母謀鄭故也管仲言於齊侯曰臣聞之招攜以禮懷遠以德攜離也德禮不易無人不懷齊侯脩禮於諸侯諸侯官受方物諸侯官司各於齊受其方所當貢天子之物〔疏〕注諸侯至之物。正義曰周禮大行人云侯服貢祀物甸服貢嬪物男服貢器物采服貢服物衛服貢材物要服貢貨物鄭玄云祀貢者犧牲之屬嬪物絲枲也器物尊彝之屬服物玄纁絺纊也材物八材也貨物龜貝也如彼禮文諸侯所貢之物皆以服數爲差尚書禹貢任土作貢皆貢土地所生不計路之遠近然則周禮雖依服數亦貢土地所生不宜遠求他方之物以貢王也王室盛明之時每國貢有常職天子既衰諸侯

惰慢貢賦之事無復定準故霸主摠帥諸侯尊崇天子量其國之大小號令所出之物傳言諸侯各使官司取齊約束受其方所當貢天子之物言其一聽齊令美齊侯能以禮服諸侯鄭伯使大子華聽命於會言於齊侯曰洩氏孔氏子人氏三族實違君命三族鄭大夫。洩息列反。若君去之以爲成我以鄭爲內臣君亦無所不利焉以鄭事齊如封內臣。去起呂反齊侯將許之管仲曰君以禮與信屬諸侯而以姦終之無乃不可乎子父不奸之謂禮守命共時之謂信守君命共時事。奸音干共音恭注同違此二者姦莫大焉公曰諸侯有討於鄭未捷今苟有釁從之不亦可乎子華犯父命是其釁隙。隙去逆反對曰君若綏之

以德加之以訓辭而帥諸侯以討鄭鄭將覆亡之不暇豈敢不懼若摠其罪人以臨之摠將領也子華奸父之命即罪人。覆芳服反鄭有辭矣何懼以大義爲辭且夫合諸侯以崇德也會而列姦何以示後嗣列姦用子華〔疏〕注列姦用子華。正義曰經書齊侯宋公陳世子款鄭世子華盟于甯母則已列於會矣管仲方云會而列姦何以示後嗣者桓公列之於會直是列其身耳管仲言列姦者謂將用其姦謀故杜云列姦用子華也不受子華之請即是會不列姦他國無事可記齊史無所不隱故下句言他國記姦則廢君盟齊之隱諱則損盛德也夫諸侯之會其德刑禮義無國不記記姦之位位會位也子華爲姦人而列在會位將爲諸侯所記君盟替矣替廢也。替他計反作而不記非盛德也君舉必書雖復齊史隱諱亦損盛德。復扶又反君其勿

許鄭必受盟夫子華既爲大子而求介於大國以弱其國亦必不免介因也介音界鄭有叔詹堵叔師叔三良爲政未可間也齊侯辭焉子華由是得罪於鄭。冬鄭伯使請盟于齊以齊侯不聽子華故。堵丁古反又音者間間廁之間○閏月惠王崩襄王惡大叔帶之難襄王惠王大子鄭也大叔帶襄王弟惠后之子也有寵於惠后惠后欲立之未及而卒。惡烏路反大音泰叔又作朴懼不立不發喪而告難于齊爲八年盟洮傳。洮他刀反

經八年春王正月公會王人齊侯宋公衛侯許男曹伯陳世子款盟于洮王人與諸侯盟不譏者王室有難故洮曹地

疏注王人至曹地。正義曰公羊傳曰王人微者曷爲序乎諸侯之上先王命也穀梁傳曰王人之先諸侯何也貴王命也弁冕雖舊必加於首周室雖衰必先諸侯釋例以爲中士稱名下士稱人此言王人是天子之下士也諸侯相與爲盟所以同獎王室天子之臣不與諸侯同盟釋例曰未有臣而盟君臣而監君是子可盟父故春秋王世子以下會諸侯者皆同會而不同盟是言王臣正法不與諸侯盟也二十八年踐土之盟傳稱王子虎盟諸侯于王庭杜云王子虎臨盟不同歃故不書宣七年傳曰諸侯盟于黑壤王叔桓公臨之以謀不睦杜云王叔桓公衛天子之命以監臨諸侯不同歃尊卑之別也哀十三年傳曰公會單平公晉定公吳夫差于黃池杜云單平公周卿士也不書尊之不與會此三者王臣皆不與盟是其正法然也若天子初立王室不安命臣使結盟諸侯以安王室雖非正法事勢宜然既無褒美亦無貶責此王人與諸侯盟不譏者王室有難王勑使來盟故也文十年及蘇子盟于女栗傳曰頃王立故也襄三年公會單子晉侯云云盟于雞澤杜云周靈王新卽位使王官伯與諸侯盟以安王室皆事與此同以情義可許故都無貶責二十九年翟泉之盟於時諸侯輯睦王室無虞而王子虎下盟列國以瀆大典故貶稱王人是依禮不合故據法貶之春秋王臣與諸侯會盟凡十有餘事譏與不譏皆從此例鄭伯乞盟新服未與會故不序列別言乞盟。與音預下同

疏注新服至乞盟。正義曰鄭伯往年使子華聽命必猶未服齊桓拒子華之請故今始服從齊桓以其新服尚未與之會故不序列而別言乞盟止言乞盟不知與盟以否傳稱鄭伯乞盟請服也既言請服義無不受當是既盟之後而別與之盟諸言乞師皆乞得其師知此乞盟亦乞得其盟但盟理可見不復別言盟耳。夏狄伐晉。秋七月禘于大廟用致夫人禘三年大祭之名大廟周公廟致者致新死之主於廟而列之昭穆夫人淫而與殺不薨於寢於禮不應致故僖公疑其禮歷三禘今果行之嫌異常故書之。大音泰殺音試

疏注禘三至書之。正義曰釋天云禘大祭也言其大於四時之祭故爲三年大祭之名言每積三年而一爲此祭也大廟之大者故爲周公廟釋例曰三年喪畢致新死之主以進於廟廟之遠主當遷入祧於是乃大祭於大廟以審定昭穆謂之禘是說致者致新死之主於廟而列之昭穆也此致致哀姜也哀姜薨已多年非復新死而於今始致者傳發凡例夫人不薨于寢則不致哀姜例不應致故僖公疑其禮喪畢之日不作禘祭之禮以致之既不爲哀姜作喪畢禘祭其禘自從閔公數之二年除閔喪爲禘至五年復禘今八年復禘姜死以來已歷三禘今因禘祭果復行之三年一禘禘自是常不爲夫人禘祭因禘而致夫人嫌其異於常禮故史官書之若其不致夫人則此禘得常不書爲用致夫人而書之耳。冬十有二月丁未天王崩實以前年閏月崩以今年十二月丁未告

傳八年春盟于洮謀王室也鄭伯乞盟請服也襄王定位而後發喪王人會洮還而後王定位。晉里克帥師梁由靡御虢射爲右以敗狄于采桑傳言前年事也平陽北屈縣西南有采桑津。射食亦反梁由靡曰狄無恥從之必大克不恥走故可逐里克曰懼之而已無速衆狄恐怨深而羣黨來報虢射曰期年狄必至示之弱矣。期音基本或作朞注同。

夏狄伐晉報采桑之役也復期月 明期年之言驗 ○秋禘而致哀姜焉非禮也凡夫人不薨于寢不殯于廟不赴于同不祔于姑則弗致也 寢小寢同同盟將葬又不以殯過廟據經哀姜薨葬之文則爲殯廟赴同祔姑今當以不薨于寢不得致也○祔音附

疏 凡夫至致也○正義曰夫人薨葬之禮有赴同祔姑反哭三事而已此說致之禮加以薨寢殯廟而不言反哭者蓋以致於廟者終始成其尊死生之禮畢不薨于寢死不得其所也不殯于廟葬之不以禮也死葬非禮則先神恥之故不具四事皆不合致反哭者直爲書葬以否假使不書其葬夫人之禮亦成自是生者之可譏非爲死者之有失雖不反哭亦得致之故於此不言反哭也○注寢小至致也○正義曰喪大記云男子不死於婦人之手婦人不死於男子之手君夫人卒於路寢既言婦人不死於男子之手必不得死於君之路寢言夫人卒於路寢謂卒於夫人之大寢對君路寢爲小故云小寢也同者同盟之國也檀弓曰喪之朝也順死者之孝心也其哀離其室也故至於祖考之廟而後行殷朝而殯於祖周朝而遂葬士喪禮朝而遂葬與記正同知周法不殯於廟而此傳及襄四年皆云不殯于廟以爲失禮知其將葬之時不以殯過廟耳殯過廟者將葬之時從殯宮出告廟乃葬非是殯尸於廟中也據經哀姜薨葬之文知其赴同祔姑可矣亦知其殯於廟者以元年十二月喪至二年五月始葬明至則殯於寢也既殯於寢自然葬當朝廟故據葬文亦知殯廟唯當以不薨於寢不得致耳

○冬王人來告喪難故也是以緩 有大叔帶之難 ○宋公疾大子茲父固請曰目夷長且仁君其立之 茲父襄公也目夷茲父庶兄子魚也○父音甫長丁丈反 公命子魚子魚辭曰能以國讓仁孰大焉臣不及也且又不順 立庶不順禮 遂走而退

經九年春王三月丁丑宋公御說卒 四同盟○御魚呂反說音悅

疏 注四同盟○正義曰御說以莊十三年卽位十六年盟于幽十九年于鄄二十七年于幽僖元年于檉四年于召陵五年于首止七年于甯母八年于洮皆魯宋俱在是爲八同盟不數莊公之盟檉盟經不書亦不數故云四同盟劉君乃數莊公之盟又不數召陵以爲六同盟而規杜非也

○夏公會宰周公齊侯宋子衛侯鄭伯許男曹伯于葵丘 周公宰孔也宰官周采地天子三公不字宋子襄公也傳例曰在喪公侯曰子陳留外黄縣東有葵丘

疏 注周公至葵丘○正義曰傳稱王使宰孔賜齊侯胙知周公卽宰孔也其官爲大宰采地名爲周天子三公故稱公孔則其名也穀梁傳曰天子之宰通於四海其意言宰者六官之長官名通於海内是故書其官名也通于四海者當謂大宰之長官耳其屬官不應得通而宰咺宰渠伯糾則必非長官亦稱爲宰者蓋自宰夫以上皆通也釋例曰今案春秋以考之其稱公者皆三公非五等之公也是言祭公周公皆三公也釋例又曰王之公卿皆書爵則卿亦不字杜云三公不字者以入春秋以來家父南季皆大夫稱字宰周公文承其後故云不字不於祭公逆王后注者因歴序諸國而言之莊八年傳曰連稱管至父戍葵丘杜云齊地臨淄縣西有地名葵丘知此葵丘與彼異者傳稱齊侯不務德而勤遠略西爲此會則此地遠處齊西不得近在臨淄故釋例以爲宋地陳留外黄縣東有葵丘或曰河東汾陰縣爲葵丘非也經書夏會葵丘九月乃盟晉爲地主無緣欲會而不及盟也是說不同之意

○秋七月乙酉伯姬卒 無傳公羊穀梁曰未適人故不稱國已許嫁則以成人之禮書不復殤也婦人許嫁而笄猶丈夫之冠○復扶又反殤式羊反笄古兮反冠古喚反

疏 注公羊至之冠○正義曰公羊傳曰此未適人何以卒許嫁矣婦人許嫁字而笄之死則以成人之喪治之穀梁傳意亦與之同嫁於大夫死不書卒此許嫁者嫁於國君也但未往彼國不成彼國之婦故不稱國也喪服小記曰男子冠而婦人笄其義一也是許嫁而笄猶丈夫之冠也禮男子冠而不爲殤婦人笄而不爲殤故以成人之喪治之爲之服成人之服禮姊妹在室期出嫁大功檀弓曰姑姊妹之薄也蓋有受我而厚之者爲夫厚之故我降之也曾子問云取女有吉日而女死如之何孔子曰壻齊衰而弔既葬而除之其夫不爲服則兄弟不爲降禮諸侯絶旁期此爲將嫁於諸侯故書其卒既書其卒當服其本服爲之齊衰期也但於時服否不可知耳

○九月戊辰諸侯盟于葵丘 夏會葵丘次伯姬卒文不相比故重言諸侯宰孔先歸不與盟○比毗志反重

直用反與音預疏注夏會至與盟。正義曰平丘會後卽盟不言諸侯爲間無異事故也此亦會後爲盟間有伯姬卒盟會文不相比故重言諸侯又傳稱宰孔先歸則宰孔不盟杜云宰孔先歸不與盟者欲見縱無伯姬之卒亦當重言諸侯○**甲子晉侯佹諸卒**未同盟而赴以名甲子九月十一日戊辰十五日也書在盟後從赴。佹九委反疏注未同至從赴。正義曰甲子在戊辰之前而書在盟後從赴從赴者赴在盟後也春秋之世史失其守赴告之文多違禮制計諸侯之薨當具以薨之月日告於鄰國隱三年傳曰壬戌平王崩赴以庚戌故書之是赴者妄稱日也襄二十八年傳曰王人來告喪問崩日以甲寅告故書之是元赴不以日被問乃稱日也文十四年傳曰七月乙卯夜齊商人弒舍齊人定懿公使來告難故書以九月是赴者不言死月魯史不復審問卽書以來告之月也此甲子晉侯卒蓋赴以日而不以月魯史不復審問書其來告之日唯稱甲子而已不知甲子是何月之日故在戊辰後也若赴以九月告魯魯史當推其日之先後不得甲子在戊辰後也明告不以月故書其日耳○**冬晉里奚。克殺其君之子奚齊**獻公未葬奚齊未成君故稱君之子奚齊

受命繼位無罪故里克稱名。殺如字傳同公羊音試

傳九年春宋桓公卒未葬而襄公會諸侯故曰子凡在喪王曰小童公侯曰子在喪未葬也小童者童蒙幼末之稱子者繼父之辭公侯位尊上連王者下絕伯子男周康王在喪稱予一人釗禮稱亦不言小童或所稱之辭各有所施此謂王自稱之辭非諸下所得書故經無其事傳通取舊典之文以事相接。稱尺證反釗古堯反又音昭疏注在喪至相接。正義曰既言桓公未葬卽發在喪之例知其在喪謂未葬也童者未冠之名童而又小故爲童蒙幼末之稱易蒙卦云匪我求童蒙童蒙求我蒙謂闇昧也幼童於事多闇昧是以謂之童蒙焉曲禮曰夫人自稱於其君曰小童鄭玄云小童若云未成人也王崩未葬嗣王自稱亦言已未成人也子者對父之名故云繫父之辭以未成君故繫於父不忍絕之稱也諸侯爵有五等唯言公侯曰子以公侯尊也傳稱在禮卿不會公侯會伯子男可也又子產云鄭伯男也使從公侯之貢懼弗給也是公侯之尊絕於伯子男也此既言王卽云公侯是其與王相連特爲公侯立稱伯子男不得同之也春秋無伯子男在喪之事旣不爲立稱又不得成君不知其當何所稱也然案桓十一年鄭忽出奔衛莊二十四年曹羈出奔陳杜云先君既葬不稱爵者國人賤之以名赴則既葬稱爵未葬稱名也周康王在喪稱予一人釗尚書康王之誥也曲禮云君天下者曰天子朝諸侯分職授政曰余一人天子未除喪曰余小子是禮天子自稱亦不言小童也此言王曰小童必有稱之時或所稱之辭各有所施但不知施何處耳如曲禮之文天子未除喪曰余小子則是未得稱一人而康王在喪稱予一人釗者當以諸侯列土之君將欲各歸其國故正其成君之稱以荅諸侯也此小童者王謙自稱之辭非諸下所得書故經無其事其公侯曰子乃是史書之文二者非相類之事而并爲一凡是傳通取舊典之文以事類相接耳非言小童是策書之例也釋例郊雩烝嘗例不云地祇及祠禴者經無其事故傳畧而不言此王曰小童亦經無其事所以言之者郊雩例多故經無者畧之此王曰小童與公侯相接其文簡約經雖無事亦連而言之釋例曰位彌高者事彌重重慮周於經遠故儀制異於凡人存其實篤其志足以敘親疎之情通萬事之理而已故諸列國之君在喪或不得已而脩會盟之事唯公侯特稱子以別尊卑是言獨爲公侯立稱之意春秋公侯稱子皆是其父未葬唯二十五

年公會衞子莒慶盟于洮於時衞文公已葬而成公稱子釋例曰衞文公欲平莒於魯未終而薨故衞子尋父之志魯人由此亦脩文公之好此孝子之至感人情之所篤故成公雖已免喪至於此盟降從在喪之名故經隨而書子傳從而釋之云脩文公之好也○**夏會于葵丘尋盟且脩好禮也**。好呼報反下于好并注同**王使宰孔賜齊侯胙**胙祭肉尊之比二王後。胙才素反疏注胙祭至王後。正義曰傳稱大子祭于曲沃歸胙于公此天子有事于文武賜齊侯以胙知胙是祭肉也周禮大宗伯以脤膰之禮親兄弟之國鄭玄云脤膰社稷宗廟之肉以賜同姓之國同福祿也脤膰卽胙肉也言親兄弟之國則異姓不合賜也二十四年傳曰宋先代之後也於周爲客天子有事膰焉是言二王之後禮合得之今賜齊侯是尊之比二王後也**曰天子有事于文武**有祭事也**使孔賜伯舅胙**天子謂異姓諸侯曰伯舅疏。注天子至伯舅。正義曰曲禮曰五官之長曰伯天子同姓謂之伯父異姓謂之伯舅鄭玄云謂爲三公者周禮九命作伯齊桓是九命之伯故以伯舅呼之**齊侯將下拜孔**

曰且有後命天子使孔曰以伯舅耋老加勞賜一級無下拜七十曰耋級等也○耋田節反一音他結反勞力報反級音急〔疏〕注七十曰耋級等也○正義曰釋言云耋老也舍人云年六十稱也郭璞云八十爲耋釋名云八十曰耋耋鐵也皮黑如鐵彼說或云六十或云八十杜云七十曰耋者耋之年齒既無明文曲禮云七十曰老爾雅以耋爲老故以爲七十曲禮升階之法云涉級聚足是級爲等也法當下拜賜之勿下是進一等對曰天威不違顔咫尺言天鑒察不遠威嚴常在顔面之前八寸曰咫○咫之氏反〔疏〕注言天至曰咫○正義曰顔謂額也楊雄方言云顔額謂顙也中夏謂之額東齊謂之顙河穎淮泗之間謂之顔魯語云肅慎氏貢楛矢長尺有咫賈逵亦云八寸曰咫說文云周制寸尺咫尋皆以人之體爲法中婦人手長八寸謂之咫周尺也小白余敢貪天子之命無下拜小白齊侯名余身也〔疏〕注小白至身也○正義曰諸自稱余者當稱名之處耳齊侯既稱小白而復言余故解之余身釋詁文舍人曰余卑謙之身也孫炎曰余舒遲之身也郭璞曰今人

亦自呼爲身恐隕越于下隕越顚墜也據天王居上故言恐顚墜于下○墜直類反下同以遺天子羞敢不下拜下拜登受拜堂下受胙於堂上○遺于季反〔疏〕下拜登受○正義曰覲禮天子賜侯氏以車服諸公奉篋服如命書于其上升自西階東面大史氏右侯氏升西面立大史述命侯氏降兩階之間北面再拜稽首升成拜彼侯氏降階再拜是此下拜也升成拜是此登受○秋齊侯盟諸侯于葵丘曰凡我同盟之人既盟之後言歸于好義取脩好故傳顯其盟辭宰孔先歸既會先諸侯去○先諸侯悉薦反遇晉侯曰可無會也晉侯欲來會葵丘齊侯不務德而勤遠略故北伐山戎在莊三十一年南伐楚在四年西爲此會也東略之不知西則否矣言或向東必不能復西略○復扶又反下不復會同其在亂乎君務靖亂無勤於行

在存也微戒獻公言晉將有亂晉侯乃還不復會齊○九月晉獻公卒里克丕鄭欲納文公故以三公子之徒作亂丕鄭晉大夫三公子申生重耳夷吾○丕普悲反初獻公使荀息傅奚齊公疾召之曰以是藐諸孤言其幼賤與諸子縣藐○藐妙小反又亡角反縣音玄〔疏〕注言其至縣藐○正義曰藐者縣遠之言諸子皆長而奚齊獨幼是小大相去縣藐也藐諸孤者言年既幼稺縣藐於諸子之孤辱在大夫其若之何欲屈辱荀息使保護之稽首而對曰臣竭其股肱之力加之以忠貞其濟君之靈也不濟則以死繼之公曰何謂忠貞對曰公家之利知無不爲忠也送往事居耦俱無猜貞也往死者居生者耦兩也送死事生兩無疑恨所謂正也○猜七才反疑也及

里克將殺奚齊先告荀息曰三怨將作三公子之徒秦晉輔之子將何如荀息曰將死之里克曰無益也荀叔曰吾與先君言矣不可以貳能欲復言而愛身乎荀叔荀息也復言言可復也〔疏〕能欲復言而愛身乎○正義曰意能欲使前言可反復而行之得愛惜身命不死乎雖無益也將焉辟之且人之欲善誰不如我我欲無貳而能謂人已乎言不能止里克使不忠於申生等○焉於虔反下文焉能克同○冬十月里克殺奚齊于次次喪寢書曰殺其君之子未葬也荀息將死之人曰不如立卓子而輔之荀息立公子卓以葬十一月里克殺公子卓于朝荀息

死之。君子曰：「詩所謂『白圭之玷，尚可磨也；斯言之玷，不可爲也』詩大雅。言此言之缺，難治甚於白圭。○玷，丁簟反，又丁念反，缺也。荀息有焉。」有此詩人重言之義。○齊侯以諸侯之師伐晉，及高梁而還，討晉亂也。高梁，晉地，在平陽縣西南。令不及魯，故不書。前已發不書例，今復重發，嫌霸者異於凡諸侯。○令，力政反，本又作命。復，扶又反。重，直用反。○晉郤芮使夷吾重賂秦以求入，郤芮，郤克祖父，從夷吾者。○從，才用反。曰：「人實有國，我何愛焉？言國非己之有，何愛而不以賂秦。入而能民，土於何有？」從之。能得民，不患無土。齊隰朋帥師會秦師納晉惠公。隰朋，齊大夫。惠公，夷吾。○隰音習。秦伯謂郤芮曰：「公子誰恃？」對曰：「臣聞亡人無黨，有黨必有讎。

言夷吾無黨，無黨則無讎，易出易入，以微勸秦。○易，並以豉反。【疏】注「言夷」至「勸秦」。○正義曰：秦伯問公子誰恃，問公子於晉國之臣，倚恃誰爲內主也。對言夷吾無黨無讎者，由無黨故往前易出，無讎故此時易入。言易出易入，以微勸秦使納之。夷吾弱不好弄，弄，戲也。○好，呼報反。能鬬不過，有節制。長亦不改，不識其他。」公謂公孫枝曰：「夷吾其定乎？」公孫枝，秦大夫子桑也。○長，丁丈反。對曰：「臣聞之，唯則定國。詩曰：『不識不知，順帝之則。』文王之謂也。詩大雅。帝，天也。則，法也。言文王闇行自然合天之法。又曰：『不僭不賊，鮮不爲則。』僭，過差也。賊，傷害也。皆忌克也。能不然，則可爲人法則。○僭，子念反，下注同。鮮，息淺反。無好無惡，不忌不克之謂也。今其言多忌克，既僭而賊。○好，呼報反，又如字。惡，烏路反。難哉！」言能自定難。公曰：「忌則多怨，又焉能克？是吾利也。」其言雖多忌，適足以自害，不能勝人也。秦伯慮其還害己，故曰是吾利。【疏】「唯則」至「利也」。○正義曰：唯身有則者乃能定國也。詩美文王之德，不記識古事，不學知今事，常順天之法則而行之。爲此行者，文王之謂也。又曰人行不僭差、不賊害，能如此者，少不爲人所法則，言必爲人所法則也。此二詩所云者，無所偏好，無所私惡，不爲忌差、不好勝人之謂也。今其此夷吾之言，多有所忌，多欲陵人，以此而求安定，難哉！今其言多忌克，覆上不忌不克。上既有無好無惡，不覆之者，以身行忌克，則有私好私惡之心，舉忌克足以包好惡也。公曰：多忌於人，則多爲人怨，又焉能勝人？此乃是吾之利也。無好無惡，言文王之行也；不忌不克，述抑篇之義也。引二詩於前，以此言結之。○注「詩大」至「之法」。○正義曰：詩大雅皇矣之篇也。則，法，釋詁文。彼鄭箋云：其爲人不識古，不知今，順天之法而行之。是言闇行自然合天地之法也。禮記稱天無私覆，地無私載。合天地法者，即無偏好、無私惡之謂也。○注「僭過」至「法則」。○正義曰：詩大雅抑之篇也。彼毛傳云：僭，差也。鄭玄云：不殘賊。是賊爲害也。心有所忌，則多過差；志在陵人，必多爲賊害。下云不忌不克，覆述此文，故言僭賊者皆忌克也。○注「其言」至「吾利」。○正義曰：心忌前人，則人亦忌己；志在陵人，則人亦陵己。若使人皆忌之，人皆陵之，是適足以自害，不能勝人也。秦伯聞其忌克，慮其還來害己，故以不能勝人爲是吾利也。

○宋襄公即位，以公子目夷爲仁，使爲左師以聽政，於是宋治。故魚氏世爲左師。○治，直吏反。

經十年春王正月，公如齊。無傳。○狄滅溫，溫子奔衛。蓋中國之狄滅而居其土地。○晉里克弒其君卓及其大夫荀息。弒卓在前年，而以今春書者，從赴也。獻公既葬，卓以免喪，故稱君也。荀息稱名者，雖欲復言，本無遠謀，從君於昏。【疏】注「弒卓」至「於昏」。○正義曰：傳於前年甚詳，經以今年書之，明赴以今年弒也。傳稱立公子卓以葬，是免喪始死，故稱君也。文七年「宋人殺其大夫」，傳曰：「不稱名，衆也，且言非其罪也。」死者不稱名，非其罪，故知稱名者皆有罪也。荀息稱名者，不知奚齊、卓子之不可立，又不能誅里克以存君，是其雖欲復言，本無遠謀也。襄十九年「齊殺其大夫高厚」，傳稱從君於昏。獻公惑於驪姬，殺適立庶，荀息知其事而爲之傅奚齊，是其從君於昏也。○夏，齊侯、許男伐北戎。無傳。北戎，山戎。○晉殺其大夫里克。奚齊者先君所命，卓子又以在國嗣位，罪未爲無道，而里克親爲三怨之主，累弒二君，故稱名以罪之。〔疏〕注奚齊至罪之。○正義曰：宣四年傳例曰：弒君稱君，君無道也；稱臣，臣之罪也。里克殺奚齊、弒卓子，皆書里克之名，是奚齊與卓子未爲無道也。殺大夫，傳言不稱名者爲無罪，則稱名爲有罪，故今稱里克之名以罪之。○秋七月。○冬，大雨雪。無傳。平地尺爲大雪。○雨，于付反。

傳十年春，狄滅溫，蘇子無信也。蘇子叛王即狄，又不能於狄，狄人伐之，王不救，故滅。蘇子奔衛。蘇子，周司寇蘇公之後也。國於溫，故曰溫子。叛王事在莊十九年。〔疏〕注蘇子至九年。○正義曰：尚書立政云「司寇蘇公」，成十一年傳曰「昔周克商，蘇忿生以溫爲司寇」，以此知蘇子司寇蘇公之後也。國名爲蘇，所都之邑名爲溫，故溫、蘇遞見於經，是得兩稱故也。○夏四月，周公忌父、王子黨會齊隰朋立晉侯。周公忌父，周卿士。王子黨，周大夫。晉侯殺里克以說。自解說。不篡。○篡，初患反。將殺里克，公使謂之曰：「微子則不及此。雖然，子弒二君與一大夫，爲子君者不亦難乎？」對曰：「不有廢也，君何以興？欲加之罪，其無辭乎？言欲加己罪，不患無辭。〔疏〕注欲加至辭乎。○正義曰：言君今欲加臣之罪，其畏無辭以罪臣乎？言必方便有辭耳。臣聞命矣。」伏劍而死。於是丕鄭聘于秦，且謝緩賂，故不及。丕鄭，里克黨，以在秦故不及里克俱死。○晉侯改葬共大子。共大子，申生也。○共音恭，本亦作恭。大音泰。秋，狐突適下國，下國，曲沃新城。〔疏〕注下國曲沃新城。○正義曰：曲沃，邑也，而稱國者，晉昭侯嘗以此邑封桓叔，桓叔國之三世，武公始并晉國，遷居而就之，此曲沃，晉之舊國，故謂之爲下國也。遇大子。

春秋疏卷十三　十五

大子使登，僕，忽如夢而相見。狐突本爲申生御，故復使登車爲僕。○復，扶又反，下文及注同。而告之曰：「夷吾無禮，〔疏〕夷吾無禮。○正義曰：賈逵云烝於獻公夫人賈君，故曰無禮。馬融云申生不自明而死，夷吾改葬之，章父之過，故曰無禮。杜不爲注，當以鬼神之意難得而知，夷吾無禮或非一事，不可指言，故不說也。余得請於帝矣，請罰夷吾。將以晉畀秦，秦將祀余。」對曰：「臣聞之，神不歆非類，民不祀非族。〔疏〕神不至非族。○正義曰：傳稱「非我族類，其心必異」，則類、族一也，皆謂非其子孫妄祀他人父祖，則鬼神不歆享之耳。祭法云：聖王之制祭祀也，法施於民則祀之，以死勤事則祀之，以勞定國則祀之，能禦大菑則祀之，能捍大患則祀之。若農棄爲稷，后土爲社，社稷功被天下，乃令率土報功，如此之徒，非獨歆己之族。若功不被於下，民名不載於祀典，唯其子孫祀之，神亦不歆他族。然則秦非晉類，而使祀申生，祀之大失也。晉無罪而滅以畀秦，刑之濫也。天豈不達此事，而待狐突之言方改圖者，民之與神，不相雜擾，雖理有大歸，非曲爲小惠，豈有一人冤枉，即能訴天，天受人訴，辭便將滅國。此事本是妖夢假託上天，非天實爲之。人能改易，傳言鬼神所馮，有時而信，非言此事實是天心，不可執其言而以人事爲難也。君祀無乃殄乎？歆，饗也。殄，絕也。○畀，必利反，下注同。歆，許金反。且民何罪？失刑乏祀，君其圖之。」君曰：「諾。吾將復請。七日，新城西偏將有巫者而見我焉。」新城，曲沃也。將因巫而見。○偏，匹綿反。〔疏〕七日至我焉。○正義曰：申生謂狐突云，更經七日，於新城西偏將有巫者，而與之俱見我焉。故杜云將因巫而見。許之，遂不見。狐突許其言，申生之象亦沒。○見，賢遍反，又如字。及期而往，告之曰：「帝許我罰有罪矣，敝於韓。」敝，敗也。韓，晉地。獨敝惠公，故言罰有罪，明不復以晉畀秦。夷吾忌克多怨，終於失國，雖改葬加謚，申生猶忿。傳言鬼神所馮，有時而信。○馮，皮冰反。〔疏〕注敝敗至而信。○正義曰：晉語云：惠公即位，出共世子而改葬之，臭徹於外。國人誦之曰：貞之不報，孰是人斯，而有是臭也。貞爲不聽，信爲不誠，不更厥正，大命其傾。猗兮違兮，心之哀兮。歲之二七，其靡有徵兮。郭偃曰：甚哉善

春秋疏卷十三　十六

之難也君改葬共君以爲榮也而惡滋章十四年君之冢祀其替乎亦是申生猶忿之事平鄭之如秦也言於秦伯曰呂甥郤稱冀芮實爲不從若重問以召之三子晉大夫不從不與秦賂問聘問之幣○稱尺證反又如字疏○注三子至之幣○正義曰曲禮云凡以弓劍苞苴簞笥問人者鄭玄云問猶遺也重問謂多以財貨遺之也下云幣重而言甘故云問聘問之幣也臣出晉君君納重耳蔑不濟矣蔑無也○冬秦伯使泠至報問且召三子泠至秦大夫○泠力丁反郤芮曰幣重而言甘誘我也遂殺平鄭祁舉祁舉晉大夫及七輿大夫侯伯七命副車七乘○乘繩證反疏七輿大夫○正義曰周禮大行人云侯伯七命貳車七乘貳即副也每車一大夫主之謂之七輿大夫服虔云上軍之輿帥七人屬申生者襄二十三年下軍輿帥七人往前申生將上軍令七輿大夫爲申生報怨欒盈將下軍故七輿大夫與欒氏炫謂服言是左

行共華右行賈華叔堅騅歂纍虎特宮山祁皆里平之黨也七子七輿大夫○行戶剛反下同共音恭騅音佳歂音市專反纍力追反祁巨之反字林上尸反平豹奔秦平豹平鄭之子言於秦伯曰晉侯背大主而忌小怨民弗與也伐之必出大主秦也小怨里平○背音佩公曰失衆焉能殺謂殺里平之黨○焉於虔反違禍誰能出君謂豹辟禍也爲明年晉殺平鄭傳

經十有一年春晉殺其大夫平鄭父以私怨謀亂國書名罪之書春從告○夏公及夫人姜氏會齊侯于陽穀無傳婦人送迎不出門見兄弟不踰閾與公俱會齊侯非禮○閾音域門限也一音況域反○秋八月大雩無傳過時故書○冬楚人伐黃

傳十一年春晉侯使以平鄭之亂來告釋經書在今年○天王使召武公內史過賜晉侯命天王周襄王召武公周卿士內史過周大夫諸侯即位天子賜之命圭爲瑞○過古禾反受玉惰過歸告王曰晉侯其無後乎王賜之命而惰於受瑞先自弃也已其何繼之有禮國之幹也敬禮之輿也不敬則禮不行禮不行則上下昏何以長世爲惠公不終張本○惰徒臥反長直良反又丁丈反疏天王至長世○正義曰召武公亦名過周語云襄王使召公過及內史過賜晉惠公命晉侯執玉卑拜不稽首內史過歸以告王曰晉不亡其君必無後不敬王命棄其禮也執玉卑替其質也拜不稽首無其王也替質無鎮無王無人晉侯無王人亦將無之欲替其鎮人亦將替之其言多而小異孔晁云左丘明集其典雅令辭與經相發明者以爲春秋傳其高論善言別爲國語凡左傳國語有事同而

辭異者以其詳於左傳而略於國語詳於國語而略於左傳○夏揚拒泉皐伊雒之戎疏伊雒之戎○正義曰釋例曰諸雜戎居伊水雒水之間者河南雒陽縣西南有戎城伊水出上雒盧氏縣熊耳山東北至河南雒陽縣入雒雒水出上雒縣冢領山東北經弘農至河南鞏縣入河同伐京師入王城焚東門揚拒泉皐皆戎邑及諸雜戎居伊水雒水之間者今伊闕北有泉亭○拒俱字反皐古刀反王子帶召之也王子帶甘昭公也召戎欲因以篡位秦晉伐戎以救周秋晉侯平戎于王爲二十四年天王出居鄭傳○黃人不歸楚貢冬楚人伐黃黃人恃齊故

經十有二年春王三月庚午日有食之無傳不書朔官失之○夏楚人滅黃○秋七月○冬十有二月丁丑陳侯杵臼卒無傳遣世子與僖公同盟甯毋及洮○杵昌呂反臼其九反

傳十二年春，諸侯城衛楚丘之郛，懼狄難也。楚丘衛國都。郛，郭也。爲明年春狄侵衛傳。○郛，芳夫反。難，乃旦反，下同。【疏】注楚丘至衛傳○正義曰：衛以二年遷於楚丘，諸侯爲之築其城，至此爲之築其郛。公羊傳曰：「郛者何？郭也。」不單言衛楚丘者，見楚丘未有郛也。諸侯不告魯，魯不與，故不書。無經而爲傳者，其言必有所爲，故云爲狄侵衛傳。○黃人恃諸侯之睦于齊也，不共楚職，曰：「自郢及我九百里，焉能害我？」○共音恭。焉，於虔反。夏，楚滅黃。郢，楚都。○王以戎難故，討王子帶。子帶前年召戎伐周。秋，王子帶奔齊。○冬，齊侯使管夷吾平戎于王，使隰朋平戎于晉。平，和也。前年晉救周伐戎，故戎與周、晉不和。王以上卿之禮饗管仲。管仲辭曰：「臣，賤有司也。有天子之二守國、高在，國子、高子，天子所命爲齊守臣，皆上卿也。莊二十二年高傒始見經，僖二十八年國歸父乃見傳。歸父之父曰懿仲，高傒之子曰莊子，不知今當誰世。○守，手又反，注同。見，賢遍反，下同。若節春秋來承王命，何以禮焉？節，時。陪臣敢辭。」諸侯之臣曰陪臣。○陪，步回反。王曰：「舅氏，伯舅之使，故曰舅氏。○使，所吏反。余嘉乃勳，應乃懿德，謂督不忘。往踐乃職，無逆朕命。」功勳美德，可謂正而不可忘者。不言位而言職者，管仲位卑而執齊政，故欲以職尊之。○督音篤。【疏】余嘉至朕命○正義曰：余、朕皆我也。乃，女也。應，當也。懿，美也。督，正也。言我善女功勳，當女美德，謂女功德正而不可忘，宜受此禮。往居女職，無得逆我之命，欲令受上卿之禮。管仲受下卿之禮而還。管仲不敢以職自高，卒受本位之禮。君子曰：「管氏之世祀也宜哉！【疏】君子至宜哉○正義曰：丘明之意，假稱君子，論管氏應合世祀也，宜哉。而遂不世祀，子孫絕滅，是行善無驗，故杜注云傳亦舉其無驗是也。讓不忘其上。詩

曰：『愷悌君子，神所勞矣。』」詩大雅。愷，樂也。悌，易也。言樂易君子爲神所勞來，故世祀也。管仲之後於齊沒不復見，傳亦舉其無驗。○愷，本亦作凱，開在反。悌音弟，本亦作弟。勞，力報反，注同。樂音洛，下同。易，以豉反，下同。來，力代反。復，扶又反。【疏】注詩大至無驗○正義曰：詩大雅旱麓之篇。愷，樂，悌，易，皆釋詁文。樂易，言志度弘簡，忻樂而和易也。世族譜：管氏出自周穆王。成十一年傳有齊管于奚，譜以爲雜人，則非管仲之子孫也。哀十六年傳稱楚白公殺齊管脩，杜云管脩，楚賢大夫，故齊管仲之後。是管仲之後於齊沒不復見也。

經十有三年春，狄侵衛。傳在前年春。○夏四月，葬陳宣公。無傳。○公會齊侯、宋公、陳侯、衛侯、鄭伯、許男、曹伯于鹹。鹹，衛地，東郡濮陽縣東南有鹹城。○濮音卜。○秋九月，大雩。無傳。書過。○冬，公子友如齊。無傳。

傳十三年春，齊侯使仲孫湫聘于周，且言王子帶。前年王子帶奔齊，言欲復之。事畢，不與王言。不言子帶事。歸復命曰：「未可。王怒未怠，其十年乎。不十年，王弗召也。」○夏，會于鹹，淮夷病杞故，且謀王室也。○秋，爲戎難故，諸侯戍周，齊仲孫湫致之。戍，守也。致諸侯戍卒于周。○爲，于僞反，下注欲爲同。難，乃旦反。卒，子忽反。○冬，晉荐饑，麥禾皆不熟。○荐，在薦反。重也。饑音飢。【疏】晉荐饑○正義曰：釋天云「穀不熟爲饑，仍饑爲荐」。李巡曰：「穀不成熟曰饑，連歲不熟曰荐。」使乞糴于秦。秦伯謂子桑：「與諸乎？」對曰：「重施而報，君將何求？言不損秦。○糴，直歷反。施，式豉反，下同。重施而不報，其民必攜，攜而討焉，無衆必敗。」不義故民離。謂百里：「與諸乎？」百里，秦大夫。對曰：「天災流行，國家代有，

救災恤鄰道也行道有福不鄭之子豹在秦請伐晉欲爲父報怨秦伯曰其君是惡其民何罪秦於是乎輸粟于晉自雍及絳相繼雍秦國都絳晉國都。雍於用反絳古巷反命之曰汎舟之役從渭水運入河汾。汎芳劍反汾扶云反【疏】注從水運入河汾。正義曰秦都雍雍臨渭晉都絳絳臨汾渭水從雍而東至弘農華陰縣入河從河逆流而北上至河東汾陰縣乃東入汾逆流東行而通絳故杜云從渭水運入河汾也

經十有四年春諸侯城緣陵緣陵杞邑辟淮夷遷都於緣陵○夏六月季姬及鄫子遇于防使鄫子來朝季姬魯女鄫夫人也鄫子本無朝志爲季姬所召而來故言使鄫子來朝鄫國今琅邪鄫縣。鄫似綾反本或作繒○秋八月辛卯沙鹿崩沙鹿山名平陽元城縣東有沙鹿土山在晉地災害繫於所災所害故不繫國【疏】注沙鹿至繫國。正義曰公羊傳曰沙鹿者何河上之邑也穀梁傳曰林屬於山爲鹿沙山名也服虔云沙山名鹿山足林屬於山曰鹿取穀梁爲說也漢書元后傳稱后祖翁孺自東平陵徙魏郡元城委粟里元城建公曰昔春秋沙鹿崩晉史卜之曰陰爲陽雄土火相乘故有沙鹿崩崩後六百四十五年宜有聖女興今王翁孺徙正值其地日月當之元城郭東有五鹿之虛卽沙鹿地計爾時去聖猶近所言當得其實故以沙鹿爲山名依漢書爲義也沙鹿實是晉地不言晉沙鹿者凡有災害繫於所災所害之處不繫於所屬之國故不繫晉也釋例曰陳旣已滅降爲楚縣而書陳災者猶晉之梁山沙鹿崩不書晉也災害繫於所災所害故以所在爲名災爲陳災成周宣榭火害爲梁山沙鹿崩山崩必有所害故所災所害别言之○狄侵鄭無傳○冬蔡侯肸卒無傳未同盟而赴以名○肸許乙反

傳十四年春諸侯城緣陵而遷杞焉不書其人有闕也闕謂器用不具城池未固而去爲惠不終也澶淵之會既而無歸大夫不書而國别稱人今此揔曰諸侯君臣之辭不言城杞杞未遷也。澶市然反【疏】注闕謂至遷也。正義曰元年齊師宋師曹師城邢傳稱具邢器用而遷之師無私焉是器用具而城池固故具列三國之師詳其文以美之也今此揔云諸侯城緣陵不言某侯某侯與城邢文異不具書其所城之人爲其有闕也知闕爲器用不具城池不固而去爲惠不終故揔言諸侯以譏之凡諸侯盟會不歷序其人揔言諸侯者皆是譏之辭文十五年諸侯盟于扈傳曰書曰諸侯無能爲也十七年諸侯會于扈傳曰書曰諸侯無功也是其揔言諸侯皆譏辭也十六年會于淮傳稱城鄫役人病不果城而還亦是爲惠不終而淮會具書其人者淮之會爲謀鄫且東略非爲城鄫而聚會既會之後乃欲城鄫而不果本意不城鄫無可貶也先儒以爲諸侯有過貶而稱人杜據澶淵之會與此傳文知諸侯之貶不至稱人故釋例曰傳滅入例衞侯燬滅邢同姓故名又云穀伯綏鄧侯吾離來朝名賤之也又云不書蔡許之君乘楚車也謂之失位此皆諸侯貶之例例不稱人也諸侯在事傳有明文而經稱人者凡十一條丘明不示其義而諸儒皆據案生意原無所出貶諸侯而去爵稱人是爲君臣同文非正等差之謂也又澶淵大夫之會傳曰不書其人案經皆去名稱人至諸侯親城緣陵傳亦曰不書其人而經揔稱諸侯此大夫及諸侯經傳所以爲别也通校春秋自宣公五年以下百數十年諸侯之咎甚多而皆無貶稱人者益明此蓋當時告命注記之異非仲尼所以爲例故也○鄫季姬來寧公怒止之以鄫子之不朝也來寧不書而後年書歸鄫更嫁之文也明公絕鄫昏既來朝而還○還戶關反夏遇于防而使來朝○秋八月辛卯沙鹿崩晉卜偃曰期年將有大咎幾亡國國主山川山崩川竭亡國之徵。期音基咎其九反幾音祈又音機【疏】注國主至之徵。正義曰成五年傳曰國主山川故山崩川竭君爲之不舉周語幽王二年西周三川皆震伯陽父曰昔伊雒竭而夏亡河竭而商亡國必依山川山崩川竭亡國之徵也卜偃明達災異以山崩爲亡國之徵知其將有大咎不言知之意非末學者所得詳也釋例曰天人之際或異而無感或感而不可知沙鹿崩因謂期年將有大咎梁山崩則云山有朽壤而自崩此皆聖賢之讖言達者所宜先識是說卜偃之言非後人所能測○冬秦饑使乞糴于晉晉人弗與慶鄭

曰背施無親（慶鄭晉大夫○背音佩後皆同施式豉反注及下除施毛十五年皆同）幸災不仁貪愛不祥怒鄰不義四德皆失何以守國虢射曰皮之不存毛將安傅（虢射惠公舅也皮以喻所許秦城毛以喻糴言既背秦施爲怨以深雖與之糴猶無皮而施毛○傅音附）【疏】注虢射至正義曰晉語云秦饑惠公命輸之粟虢射請勿與慶鄭請與之公曰非鄭之所知也遂不與秦侵晉至于韓公謂慶鄭曰寇深矣奈何慶鄭曰君其訊射也公曰舅所病也是虢射爲惠公之舅也慶鄭曰弃信背鄰患孰恤之無信患作失援必斃是則然矣虢射曰無損於怨而厚於寇不如勿與（言與秦粟不足解怨適足使秦強）慶鄭曰背施幸災民所弃也近猶讎之況怨敵乎弗聽退曰君其悔是哉

附釋音春秋左傳注疏卷第十三

江西南昌府學栞

春秋左傳注疏卷十三校勘記　阮元撰盧宣旬摘錄

附釋音春秋左傳注疏卷第十三　僖六年盡十四年

【經六年】

今滎陽密縣　淳熙本足利本滎作熒是也

【傳六年】

非不欲校　閩本校作效誤

故欲因以求入　岳本入誤作之

故傳稱新密　閩本監本毛本脫新字

諸侯救許　石經救作捄誤案石經自楚子圍許至諸侯救許十一字皆重刻

故蔡將許君歸楚　宋本將上有侯字

許男面縛銜璧　閩本作縛面誤倒

以璧爲贄　釋文贄作質云本又作贄

注祓除凶之禮　宋本此節正義在楚子從之之下

稱公臨楚喪　閩本監本毛本脫楚字

【經七年】

盟于甯母　葉抄釋文亦作母石經宋本岳本纂圖本監本毛本皆作毋

【傳七年】

競强也　宋本强作彊正義同此本正義亦作彊

七年傳心則至於病　各本脫七年傳三字宋本正義入姑少待我注下

既不能彊　足利本彊作强

吾知其所由來矣　宋本此節正義在心則至於病疏後

我不以女爲罪釁　宋本纂圖本閩本監本毛本無我字

弗可改也已　顧炎武云石經改誤故案石經此處闕炎武所據乃謬刻也

若君去之以爲成　石經宋本作君若不誤

即罪人　淳熙本即誤其

齊史無所不隱　宋本不作可

雖復齊史隱諱　監本復誤後淳熙本史作吏亦非

經八年

所以同獎王室　閩本監本毛本獎作奬

天子之臣不與諸侯同盟　宋本同作共

亦無貶責　閩本監本毛本亦作又

於時諸侯輯睦　閩本監本毛本輯作新按廿九年杜注作輯

止言乞盟　閩本乞作與非也

傳八年

而後王定位　宋本淳熙本岳本足利本作位定不誤

期年狄必至　北宋刻釋文云期本或作基注同也按基古文假借字亦見儀禮

明期年之言驗　纂圖本閩本監本毛本脫驗字

不祔于姑　釋文亦作祔閩本監本毛本作附非也

經九年

則爲殯廟赴同祔姑　淳熙本則誤前

十九年于鄄　宋本鄄作郵不誤○今訂作郵

宰周公文承其後　監本毛本文作又

知此葵邱與彼異者　閩本監本毛本脫知此葵邱四字

既葬而除之　宋本除作降非也

甲子晉侯佹諸卒　纂圖本監本閩本毛本佹作詭案穀梁釋文云左氏作佹諸則作佹爲是

開崩日以甲寅告　監本毛本寅誤子

冬晉里奚克殺其君之子奚齊　各本無上奚字是也山井鼎引足利本里下有其字即奚字之誤

傳九年

小童者童蒙幼末之稱　纂圖本閩本監本毛本末作穉非正義同

子者繼父之辭　各本作繼按正義作繫

非諸夏所得書　宋本岳本足利本夏作下不誤

蒙謂闇昧也　毛本昧作暗非也

曹羈出奔陳　監本毛本羈作羇按莊廿四年經作羈閩本作奇非也

非諸下所得書　閩本毛本下作王誤也

不云地祇及礿祠者　宋本祗作祇是也○今正

亦言而言之　宋本監本毛本上言字作連不誤○今依訂正

胙祭肉　案周禮大宗伯職疏引作膰肉

注天子至伯舅　宋本以下正義五節揔入下拜登受注下

以伯舅耋老　石經宋本淳熙本岳本纂圖本毛本耋作耊是也釋文同

涉級聚足 案禮記曲禮涉作拾鄭注拾當爲涉聲之誤孔氏因改爲涉

是進一等 閩本監本毛本等作級非

中婦人手長八寸謂之咫 重修監本中改申非也

隕越顛墜也 宋本淳熙本足利本墜作隊是正字釋文亦作隊下同

月堂下受胙於堂上 纂圖本閩本監本毛本月作自亦非宋本淳熙本岳本足利本作拜不誤

○秋齊侯盟諸侯于葵邱 監本○誤注字毛本誤傳字

諸侯欲求會葵邱 宋本岳本纂圖本監本毛本諸作晉求會宋本淳熙本監本毛本作來會不誤

言或向東 纂圖本監本毛本或作復非

君務靖亂無勤於行 李注文選三國名臣序贊引靖作靜勤作懃

送死事生兩無疑恨 纂圖本閩本監本毛本疑作猜

能欲復言而愛身乎 宋本此節正義在將焉辟之句下

言此言之玷 宋本玷作闕陳樹華云史記正義引作玷字按說文玷缺也引詩白圭之玷

高梁晉地在平陽縣西南 案二十四年注縣上有楊氏二字案釋地作楊縣氏亦衍文晉書地里志楊縣屬平陽郡可證也

經十年

卑以免喪 宋本淳熙本岳本足利本以作已

北伐山戎 宋本淳熙本纂圖本監本毛本伐作戎不誤○今依訂正

傳十年

子弒二君 宋本纂圖本弒作殺字按宋本是也實舉其事故曰殺二君與一大夫

言欲加已罪 宋本岳本已作己淳熙本作以非也

欲加至辭乎 宋本此節正義在臣聞命矣節注下

注下國曲沃新城 宋本以下正義五節摠入及期而往注下

天豈不達此事 閩本監本毛本天作夫非也

乏祀爲無主祭也 考文引足利本有此七字在君其圖之句下盧文弨校本爲疑謂

十四年君之家祀其替乎 閩本監本毛本家作冢誤也

三子至之幣 宋本以下正義二節摠入後出君注下

冬秦伯使泠至報問 毛本泠作冷誤注同

上軍之輿帥七人 陳樹華云上字當作下前申生將上軍句上亦當作下也按閔二年傳云公將上軍大子申生將下軍陳樹華所訂是也

經十有一年

晉殺其大夫丕鄭父 公羊疏云左氏經無父字然則今諸本有父者衍文也

傳十一年

受玉惰 案說文憜字下云不敬引春秋傳曰執玉憜

其何繼之有 纂圖本閩本監本毛本其誤而

孔晁云 毛本晁作鼂亦非

伊雒之戎 宋本此節正義在同伐京師句下

經十二年

傳十二年

不單言衞楚邱者 宋本楚上有而言衞三字

夏楚滅黃 石經初刻楚人滅黃後刊去人字

應乃懿德　惠棟云應讀曰膺膺受女匡輔之美德也古人皆以應爲膺

君子至宜哉　宋本以下正義二節揔入管氏之世祀也注下

詩曰愷悌君子　釋文愷作凱注同云本亦作愷悌本亦作弟

傳稱楚曰公殺齊管脩　宋本曰作白是也

經十三年

傳十三年

秋爲戎難故　監本秋上○誤注淳熙本故誤致

致諸侯戍卒于周　葉抄釋文戍作戎

晉荐饑　宋本以下正義二節揔入篇末

注從水運入河汾也　宋本閩本監本毛本水上有渭字是

經十四年

季姬及鄫子遇于防　釋文云鄫本或作繒案公羊穀梁作繒

鄫國今琅邪鄫縣　毛本邪改琊非

平陽元城縣東有沙鹿土山在晉地　案晉書地里志元城屬陽平郡此本及諸本並誤作平陽二十三年傳出於五鹿注亦云陽平元城縣

林屬於山爲鹿沙山名也　閩本監本毛本鹿沙誤倒

傳十四年

公怒止之　顧炎武云石經止誤上案石經此處闕炎武所據乃謬刻閩本亦誤作上

則云山有朽壤而自崩　宋本閩本監本毛本朽作朽不誤壤閩本監本毛本誤作壞

猶無皮而施毛　宋本毛本下有也字

比

附釋音春秋左傳注疏卷第十四　僖十五年盡二十一年

杜氏注　孔穎達疏

經十有五年春王正月公如齊無傳諸侯五年再相朝禮也例在文十五年〔疏〕注諸侯至五年○正義曰文十五年曹伯來朝傳曰禮也諸侯五年再相朝以脩王命古之制也杜云十一年曹伯來朝雖至此乃來亦五年也此十年公如齊至此則六年非五年再朝之事杜引之者以去朝歲亦五年故引證之劉炫云杜云禮者謂文十五年傳爲禮此仍非禮也○楚人伐徐○三月公會齊侯宋公陳侯衞侯鄭伯許男曹伯盟于牡丘牡丘地名闕○牡茂后反遂次于匡匡衞地在陳留長垣縣西南公孫敖帥師及諸侯之大夫救徐公孫敖慶父之子諸侯既盟次匡皆遣大夫將兵救徐故不復具列國别也○復扶又反○夏五月日有食之○秋七月

齊師曹師伐厲厲楚與國義陽隨縣北有厲鄉八月螽無傳爲災○螽音終本亦作蟓○九月公至自會無傳○季姬歸于鄫無傳來寧不書此書者以明中絕○中丁仲反又如字○己卯晦震夷伯之廟夷伯魯大夫展氏之祖父夷謚伯字震者雷電擊之大夫既卒書字○晦音悔〔疏〕注夷伯至書字○正義曰公羊穀梁傳皆以晦爲冥謂晝日闇冥也杜以長厤推己卯晦九月三十日春秋值朔書朔值晦書晦無義例也傳稱於是展氏有隱慝焉知此夷伯展氏之祖父也大夫之謚多連字稱之不知夷伯其名爲何又不知今之展氏其人是誰故漫言祖父耳謚法安人好靜曰夷是夷爲謚也伯是其字也說文云震劈歷振物者電陰陽激曜也然則震是劈歷而言雷電擊之者劈歷有聲有光雷電之大者耳故言雷電以明之玉藻云士於君所言大夫沒矣則稱謚若字是大夫既沒禮書其字也○冬宋人伐曹楚人敗徐于婁林婁林徐地下邳僮縣東南有婁亭○婁力侯反邳蒲悲反○十有一月壬戌晉侯及秦伯戰于韓獲晉侯例得大夫曰獲晉侯背施無親愎諫違卜故貶絕下從衆臣之例而不言以歸不書敗績晉師不大崩○愎皮逼反〔疏〕注例得至大崩○正義曰諸侯與大夫因戰而被殺者昭二十三年傳例君死曰滅大夫死曰獲其被囚虜者大夫生死同名皆稱爲獲國君生獲則曰以歸蔡侯獻舞沈子嘉胡子豹之類皆是也今此晉侯稱獲故解之不書敗績晉侯之車還濘而被執耳其師不大崩也

傳十五年春楚人伐徐徐即諸夏故也三月盟于牡丘尋葵丘之盟且救徐也葵丘盟在九年○夏戶雅反下注同孟穆伯帥師及諸侯之師救徐諸侯次于匡以待之○夏五月日有食之不書朔與日官失之也〔疏〕夏五月至失之○正義曰桓十七年已有例此重發者沈氏云彼直不書日今朔日皆不書故重發之○秋伐厲以救徐也○晉侯之入也秦

穆姬屬賈君焉晉侯入在九年穆姬申生姊秦穆夫人賈君晉獻公次妃賈女也○屬音燭〔疏〕注晉侯至女也○正義曰莊二十八年傳曰晉獻公娶于賈無子烝於齊姜生秦穆夫人及大子申生先言穆姬後言申生知是申生姊也言娶于賈則是正妃杜言次妃者蓋杜别有所見也晉世家云申生母齊桓女也同母女弟爲秦穆夫人夷吾母重耳母女弟也案傳申生之母本是武公之妾武公末年齊桓始立不得爲齊桓女也虢射惠公之舅狐偃文公之舅二母不得爲姊妹也皆馬遷之妄耳且曰盡納羣公子羣公子晉武獻之族宣二年傳曰驪姬之亂詛無畜羣公子○詛莊據反晉侯烝於賈君又不納羣公子是以穆姬怨之晉侯許賂中大夫中大夫國內執政里丕等○烝之承反〔疏〕注中大至丕等○正義曰晉語稱夷吾謂秦公子縶曰中大夫里克與我矣吾命之以汾陽之田百萬丕鄭與我矣吾命之以負蔡之田七十萬此外猶應更有賂也既而背之賂秦伯以河外列城五東盡虢略

南及華山內及解梁城既而不與河外河南也東盡虢略從河南而東盡虢界也解梁城今河東解縣也華山在弘農華陰縣西南○解音蟹注及下注同【疏】注河外至西南○正義曰河自龍門而南至華陰而東晉在西河之東南河之北以河北爲內河南爲外虢略虢之竟界也獻公滅虢而有之今許以賂秦列城五者自華山而東盡虢之東界其間有五城也傳稱許君焦瑕盡焦瑕是其二其餘三城不可知也列城猶列國言是城之大者解梁城則在河北非此河外五城之數也晉饑秦輸之粟在十三年秦饑晉閉之糴在十四年故秦伯伐晉卜徒父筮之吉徒父秦之掌龜卜者卜人而用筮不能通三易之占故據其所見雜占而言之【疏】注徒父至言之○正義曰徒父以卜冠名知是掌龜卜者卜人當卜而今用筮知其本非所掌不能通三易之占其卦遇蠱不引易文是據其所見雜占而言之劉炫云案成十六年筮卦遇復云南國蹙射其元王中厥目亦是雜占則筮法亦用雜占不必皆取易辭而云不能通三易之占者今刪定以爲此云涉河侯車敗又云千乘三去獲其雄狐了无周易片意又云卜徒父筮之

是卜人掌筮故杜云不能通三易而成十六年非卜人爲筮且南國蹙雖非是辭還是周易之象不與此同劉君以彼難此而規杜過非也涉河侯車敗詰之秦伯之軍涉河則晉侯車敗也秦伯不解謂敗在己故詰之○詰起吉反【疏】注秦伯至詰之○正義曰如杜此意則下千乘三去謂晉侯之乘車三度敗壞而去三去之後而獲晉君也劉炫以爲侯者五等摠名國君大號以涉河侯車敗爲秦伯車敗又云韓戰之前秦晉未有交兵何得言晉侯車有三敗以爲秦伯車三敗也今刪定知不然者以秦是伯爵晉實是侯爵既云侯車敗故知是晉侯車敗秦伯作間車敗謂敗在己不達其旨故致詰問也又以韓戰之前秦晉未有交兵何得言晉侯車有三敗者此謂車有敗壞非兵敗也劉君數生異見以規杜非也對曰乃大吉也三敗必獲晉君其卦遇蠱䷑巽下艮上蠱○蠱音古【疏】注巽下艮上蠱○正義曰艮剛巽柔剛上而柔下巽順艮止既順而止無所爭競可以有事故曰蠱序卦曰蠱者事也曰千乘三去三去之餘獲其雄狐夫狐蠱必其君也於周易利涉大川往有事也亦秦勝晉之卦也今此所言蓋卜筮書雜辭以狐蠱爲君其義欲以喻晉惠公其象未聞○乘繩證反去起居反又起據反一音起呂反下同【疏】注於周至未聞○正義曰筮者若取周易則其事可推此不引易意不可知故杜舍此傳文而以周易言之蠱卦象云利涉大川往有事也秦晉隔河往而有事亦是秦勝晉之卦也今此所言不出於易蓋卜筮之書別有雜辭此雜辭不出周易無可據而推求故云其象未聞蠱之貞風也其悔山也內卦爲貞外卦爲悔巽爲風秦象艮爲山晉象【疏】注內卦至晉象○正義曰筮之畫卦從下而始故以下爲內上爲外此言貞風悔山知內爲貞外爲悔洪範論筮云曰貞曰悔是筮之二體有貞悔之名也貞正也筮者先爲下體而以上卦重之是內爲正也乾之上九稱亢龍有悔從下而上物極則悔是外爲悔也凡筮者先爲其內後爲其外內卦爲己身外卦爲他人故巽爲秦象艮爲晉象歲云秋矣我落其實而取其材所以克也周九月夏之七月孟秋也艮爲山山有木今歲已秋風吹落山木之實則材爲人所取實落材亡不敗何待三敗及韓晉侯車三壞

【疏】注晉侯車三壞○正義曰謂晉之車乘三度與秦戰而敗壞非謂晉侯親乘之車也杜言晉侯車壞者成上侯車敗之文故也且晉之車摠屬晉侯亦得云晉侯車也劉炫云此一句是史家序事充卜人之語言秦伯之車三經敗壞乃至於韓而晉始懼晉侯謂慶鄭曰寇深矣若之何對曰君實深之可若何公曰不孫卜右慶鄭吉弗使惡其不孫不以爲車右此夷吾之多忌○孫音遜注同惡烏路反步揚御戎家僕徒爲右步揚郤犨之父乘小駟鄭入也鄭所獻馬名小駟○駟音士慶鄭曰古者大事必乘其產生其水土而知其人心安其教訓而服習其道唯所納之無不如志今乘異產以從戎事及懼而變將與人易變易人意亂氣狡憤陰血周作張脈僨興外

彊中乾狡戾也憤動也氣狡憤於外則血脉必周身而作隨氣張動外雖有彊形而內實乾竭○狡古卯反憤扶粉反張中亮反注同脉音麥憤方問反〔疏〕注亂氣至中乾○正義曰言馬之亂氣狡戾而憤滿陰血徧身而動作張脉動起外雖有彊形內實乾竭外爲陽內爲陰血在膚內故稱陰血血既動作脉必張起故言張脉也氣憤於外內必乾燥內血爲力故內潤則彊內乾則弱言乾竭者竭盡也內乾則力盡進退不可周旋不能君必悔之弗聽九月晉侯逆秦師使韓簡視師韓簡晉大夫韓萬之孫復曰師少於我鬭士倍我公曰何故對曰出因其資謂奔梁求秦入用其寵爲秦所納饑食其粟三施而無報是以來也今又擊之我怠秦奮倍猶未也公曰一夫不可狃況國乎狃忕也言辟秦則使忕來○施式氏反年末注同狃女九反忕時世反又時設反遂使請戰曰寡人不佞能合其衆而不能離也君若不還無所逃命秦伯使公孫枝對曰君之未入寡人懼之入而未定列猶吾憂也列位也苟列定矣敢不承命韓簡退曰吾幸而得囚得囚爲幸言必敗壬戌戰于韓原九月十三日〔疏〕注九月十三日○正義曰以經書十一月壬戌恐與經壬戌相亂故顯言之下注云十一月壬戌十四日是也晉戎馬還濘而止濘泥也還便旋也小駟不調故隋泥中○濘乃定反隋大果反公號慶鄭慶鄭曰愎諫違卜愎戾也○號戶刀反又戶報反固敗是求又何逃焉遂去之梁由靡御韓簡虢射爲右輅秦伯將止之輅迎也止獲也○輅五嫁反鄭以救公誤之遂失秦伯秦獲

晉侯以歸經書十一月壬戌十四日經從赴晉大夫反首拔舍從之反首亂頭髮下垂也拔草舍止壞形毀服○拔蒲末反注皆同秦伯使辭焉曰二三子何其慼也寡人之從君而西也亦晉之妖夢是踐豈敢以至狐突不寐而與神言故謂之妖夢申生言帝許罰有罪今將晉君而西以厭息此語踐厭也○厭於冉反一音於甲反又於輒反下同晉大夫三拜稽首曰君履后土而戴皇天皇天后土實聞君之言羣臣敢在下風穆姬聞晉侯將至以大子罃弘與女簡璧登臺而履薪焉罃康公名弘其母弟也簡璧罃弘姊妹古之宮閉者皆居之臺以抗絕之穆姬欲自罪故登臺而荐之以薪左右上下者皆履柴乃得通○罃於耕反履如字徐本作屨九具反抗苦浪反荐在薦反上時掌反〔疏〕注罃康至得通○正義曰文十八年秦伯罃卒即此康公也罃弘連文則言與女簡璧知弘是罃弟簡璧是其姊妹也劉向列女傳說此事云與大子罃公子弘與女簡璧亦以簡璧爲女也此言登臺履薪是自囚之事哀八年傳稱邾子又無道吳子囚諸樓臺栫之以棘以此二文知古之宮閉者皆居之於臺以抗絕之俗本作屨者屨是在足之服故踐者亦稱屨是以誤爲定本作履薪使以免服衰絰逆且告免衰絰遭喪之服令行人服此服迎秦伯且告將以恥辱自殺○免音問又作絻音同衰七雷反絰大結反令力呈反下同〔疏〕注免衰至自殺○正義曰初死則有免服成則衰絰皆爲遭喪之服傳文於此或有曰上天降災使我兩君相見不以玉帛而以興戎若晉君朝以入則婢子夕以死夕以入則朝以死唯君裁之左傳本無此言後人妄增之耳何以知其然二十二年傳曰寡君之使婢子侍執巾櫛杜云婢子婦人之卑稱若此有婢子不當舍此而注彼也又此注云且告夫人將以恥辱自殺若有此文此辭不煩彼注彼注服虔解誼其文甚煩傳本若有此文服虔必應多解何由四十餘字不解一言亦至二十二年始解婢子明是本無之也今定本亦無曰上天降災使我兩君匪以玉帛相見而以興戎若晉

君朝以入則婢子夕以死夕以入則朝以死唯君裁之乃舍諸靈臺在京兆鄠縣周之故臺亦所以抗絶令不得通外內。自曰上天降災此凡四十七字檢古本皆無晁杜注亦不得有有是後人加也鄠音戶大夫請以入若將公曰獲晉侯以厚歸也既而喪歸焉用之晉侯入則夫人或自殺。焉於虔反大夫其何有焉何有猶何得且晉人慼憂以重我謂反首拔舍天地以要我不圖晉憂重其怒也我食吾言背天地也食消也。要於遙反重直用反下同重怒難任背天不祥必歸晉君任當也。任音壬注及下同公子縶曰不如殺之無聚慝焉公子縶秦大夫恐夷吾歸復相聚爲惡。縶張執反又丁立反慝他得反後同復扶又反子桑曰歸之而質其大子必得大成晉未可滅而殺其君祇以成惡祇適也。質音置下注質秦同祇音支且史佚有言曰無始禍史佚周武王時大史名佚。佚音逸大音泰無怙亂恃人亂爲己利。怙音戶無重怒重怒難任陵人不祥乃許晉平晉侯使郤乞告瑕呂飴甥且名之郤乞晉大夫也瑕呂飴甥即呂甥也蓋姓瑕呂名飴甥字子金晉侯聞秦將許之平故告呂甥名使迎己。飴音怡子金教之言曰朝國人而以君命賞恐國人不從故先賞之於朝且告之曰孤雖歸辱社稷矣其卜貳圉也貳代也圉惠公大子懷公衆皆哭哀君不還國晉於是乎作爰田分公田之稅應入公者爰之於所賞之衆。爰于元反〔疏〕注作爰田。正義曰服虔孔晁皆云爰易也賞衆以田易其疆畔杜言爰之於所賞之衆則亦以爰爲易謂舊入公者今改易與所賞之衆呂甥

曰君亡之不恤而羣臣是憂惠之至也將若君何衆曰何爲而可對曰征繕以輔孺子征賦也繕治也孺子大子圉。孺如喻反諸侯聞之喪君有君羣臣輯睦甲兵益多好我者勸惡我者懼庶有益乎衆說晉於是乎作州兵五黨爲州州二千五百家也因此又使州長各繕甲兵。○喪息浪反後同輯音集又七入反好呼報反惡烏路反說音悅長丁丈反下長男同〔疏〕注作州兵。正義曰周禮鄉大夫以歲時登其夫家之衆寡辨其可任者州長則否今以州長管人既少督察易精故使州長治之初晉獻公筮嫁伯姬於秦遇歸妹䷵之睽䷥兌下震上歸妹兌下離上睽歸妹上六變而爲睽。睽苦圭反徐音圭〔疏〕遇歸妹之睽。正義曰兌下震上爲歸妹震爲長男兌爲少女兌說也震動也少陰而承長陽說以動是嫁妹之象婦人謂嫁爲歸故名此卦爲歸妹兌下離上爲睽兌爲澤離爲火火動而上澤動而下乖離之象故名此卦爲睽睽乖也史蘇占之曰不吉史蘇晉卜筮之史。〔疏〕史蘇至之史。正義曰易歸妹上六爻辭女承筐無實士刲羊無血無攸利此引彼文而以血爲衁實爲貺唯倒其句改兩字而加二亦耳其意亦不異也二句以外皆史蘇自行卦意而爲之辭非易文也易之爻辭亦名爲繇故云其繇曰刲刺也貺賜也刺所以求血士刲羊亦無血筐所以承賜女承筐亦無賜皆所求無獲是不吉之象西方鄰國有責讓之言不可報償也嫁妹者欲其與夫和親而其爻變爲睽歸妹之值睽爻既嫁而更乖張猶如無助者也言夫不助妻故乖離也震變爲離離還變爲震震爲雷離爲火震變爲離是雷變爲火以其雷爲火爲此嬴敗姬言秦將敗晉也震爲車上六爻在震體則無其應是爲車則脫其輹離爲火上九爻在離體則失其位是爲火則焚其車敗其旗焚是不利於行師若其行師則敗於宗族之丘邑也以其變睽卦復就睽卦求之睽卦則上九孤絶失位是乖離而孤獨也孤獨無助遇寇難則張之弧弧弓也遇寇張弓怖懼警備亦是不吉之象姪其從姑言兄子其當從至姑家與同處也在姑家六年其將逋亡逃歸其本國而棄遺其家室言將棄妻而獨歸也歸家之明年其將死於高梁之虛筮嫁女而得

此卦是不吉之象。**其繇曰：士刲羊，亦無衁也；女承筐，亦無貺也。**周易歸妹上六爻辭也。衁，血也。貺，賜也。刲羊，士之功；承筐，女之職。上六無應，所求不獲，故下刲無血，上承無實，不吉之象也。離爲中女，震爲長男，故稱士女。○繇，直救反。刲，苦圭反，刲，割也。衁音荒。筐，曲方反。貺音況，本亦作況。應，應對之應，下無應同。中，丁仲反。【疏】注周易至士女○正義曰：易之爻辭無二亦字，傳文加之，言男亦猶女，女亦猶男，其意同也。易言血而此言衁，知衁是血也。貺，賜，釋詁文。刲，刺也。虧宰，男子之事，故刲羊士之功也。筐篚，婦人所掌，故承筐女之職也。上爻與三，其位相値，一陰一陽乃爲相應。上三俱是陰爻，是爲無應，動而無人應之，所求無獲，故下刲無血，上承無實，是不吉之象。上爻變則是震爲離，離爲中女，故稱女承筐。震爲長男，男稱士，故爲士刲羊。王弼以兊爲羊，羊謂三也。上六處卦之窮，仰無所承，下又無應，爲女而上承則虛筐而莫之與，爲士而下命則刲羊而無血，不應所命也。言士發命而莫之應，女承筐而莫之與，是不吉之象。服虔以離爲戈兵，兊爲羊，震變爲離，是用兵刺羊之象也。三至五有坎象，坎爲血，血在羊上，故刺無血也。震爲竹，竹爲筐，震變爲離，離爲火，火動而上，其施不下，故筐無實也。此士刲羊女承筐，是歸妹上六爻辭，直據上六之一爻，故杜云上六無應，所求不獲，故下刲無血，上承無實，與王輔嗣同，則不須變爲離卦，自有士女之義。今杜云離爲中女，便是據變之後始有女承筐之象。既爲離卦，則上九有應，所以與易說卦不同者，但易之所論，當卦爲義，此既用筮法，震變爲離，故以離震雜說其理，與易不同，故服虔亦稱離爲戈兵，用變爲說也。

西鄰責言，不可償也。將嫁女於西，而遇不吉之卦，故知有責讓之言，不可報償。○責，側介反，又如字。償，市亮反，又音常。【疏】注將嫁至報償○正義曰：如杜此言，直以遇卦不吉，則知言不可償，不知其象何所出也。服虔以爲三至五爲坎，坎爲月，月生西方，故爲西鄰。坎爲水，兊爲澤，澤聚水，故坎責之澤，澤償水則竭，故責言不可償。此取象甚迂，杜言虛而不經，謂此類也。**歸妹之睽，猶無相也。**歸妹，女嫁之卦，睽，乖離之象，故曰無相。相，助也。○相，息亮反，注同。【疏】注歸妹至助也○正義曰：杜意嫁女而遇睽離之爻，卽是無相助也。不知其象所出。服虔云：兊爲金，離爲火，金火相遇而相害，故無助也。**震之離，亦離之震，**二卦變而氣相通。【疏】注二卦至相通○正義曰：爲震與離通也，震既與離通，則離亦與震通。言此二卦相通者，與下張本。震爲雷，雷是動，離爲火，震之離是動來適火，離之震是火往適動，欲明火之動熾之意。**爲雷爲火，爲嬴敗姬。**嬴，秦姓；姬，晉姓。震爲雷，離爲火，火動熾而害其母，女嫁反害其家之象，故曰爲嬴敗姬。○嬴音盈。【疏】注嬴秦至敗姬○正義曰：震爲雷，離爲火，說卦文。服虔云：離爲日，爲火，秦嬴姓，水位，三至五有坎象，水勝火，故爲嬴敗姬。**車說其輹，火焚其旗，不利行師，敗于宗丘。**輹，車下縛也。丘猶邑也。震爲車，離爲火，上六爻在震則無應，故車脫輹；在離則失位，故火焚旗。言皆失車火之用也。車敗旗焚，故不利行師。火還害母，故敗不出國，近在宗邑。○說，吐活反，注同。輹音福，又音服。案車旁著畐音福，老子所云三十輻共一轂是也；車旁著复音服，是車下伏菟。縛如字，又扶臥反。【疏】注輹車至宗邑○正義曰：子夏易傳云：輹，車下伏兔也，今人謂之車屐，形如伏兔，以繩縛於軸，因名縛也。丘之高者曰丘，衆之所聚爲邑，故丘猶邑也。晉語：震爲車也。說卦：離爲火。上爻在震則無應，故車脫輹，三亦陰爻，是無應也。在離則失位，故火焚其旗，初三五奇爲陽位，二四上耦爲陰位，在離則變爲陽而居陰位，是失位也。師行必乘車而建旗，車敗旗焚，故不利行師也。火還害母，故敗不出國，近在宗邑也。服虔云：五至三有坎爲水象，震爲車，車得水而脫其輹也。震爲龍，龍爲諸侯旗，離之震，故火焚其旗也。震東方木，兊西方金，木遇金必敗，韓有先君之宗廟，故曰宗丘。**歸妹睽孤，寇張之弧，**此睽上九爻辭也。處睽之極，故曰睽孤。失位孤絕，故遇寇難而有弓矢之警，皆不吉之象。○難，乃旦反。警音景。【疏】注此睽至之象○正義曰：睽卦上九云：上九，睽孤，見豕負塗，載鬼一車，先張之弧，後說之弧，匪寇昏媾，往遇雨則吉。彼文甚多，此略取之。先張之弧，謂見寇而張弓，故曰遇寇難而有弓矢之警，皆不吉之象。服虔云：坎爲寇，爲弓，故曰寇張之弧。**姪其從姑，**震爲木，離爲火，火從木生，離爲震妹，於火爲姑，謂我姪者，我謂之姑。謂子圉質秦。○姪，待結反，字林丈一反。【疏】注震爲至質秦○正義曰：釋親云：父之姊妹爲姑，女子謂昆弟之子爲姪，是謂我姪者，我謂之姑。**六年其逋，逃歸其國，而棄其家，**逋，亡也。家謂子圉婦懷嬴。○逋，補吾反。【疏】注逋亡至懷嬴○正義曰：桓十八年傳曰：女有家，男有室，室家通言耳，夫謂妻爲家，棄其家謂棄其妻，故爲懷嬴也。子圉以十七年質于秦，二十二年逃歸，是六年乃逋也。**明年其**

死於高梁之虛惠公死之明年文公入殺懷公于高梁高梁晉地在平陽楊氏縣西南凡筮者用周易則其象可推非此而往則臨時占者或取於象或取於氣或取於時日王相以成其占若盡附會以爻象則構虛而不經故略言其歸趣他皆放此○虛去魚反王于況反相息亮反構本又作講各依字讀【疏】注惠公至放此○正義曰圍以二十二年歸二十三年惠公死二十四年二月殺懷公于高梁是爲惠公死之明年也此筮之意言六年逋明年死則是逃歸之明年而云惠公死之明年者以二月即死據夏正言之猶是逃歸之明年也但周正已改故以惠公證之耳春秋筮事既多此占最少其象故杜因而明之云用周易則其象可推非周易則不可得知本意所取不在周易若盡皆附會爻象以求其事則象非其類事非其實今構虛而不經故略言歸趣而已不能盡得其象也陰陽書以爲春則爲木王火相土死金囚水休時日王相謂此也及惠公在秦曰先君若從史蘇之占吾不及此夫韓簡侍曰龜象也筮數也物生而後有象象而後有滋滋而後有數先君之敗德及可數乎史蘇是占勿從何益言龜以象示筮以數告象數相因而生然後有占占所以知吉凶不能變吉凶故先君敗德非筮數所生雖復不從史蘇不能益禍○夫音扶先君之敗德及絶句可數乎一讀及可數乎數色主反復扶又反【疏】韓簡至何益○正義曰卜之用龜灼以出兆是龜以金木水火土之象而告人筮之用蓍揲以爲卦是筮以陰陽蓍策之數而告人也凡是動植飛走之物物既生訖而後有其形象既爲形象而後滋多滋多而後始有頭數其意言龜以象而示人筮以數而告人惠公之意以先君若從史蘇之占不嫁伯姬於秦己便不及此禍尤先君不從卜筮也韓簡之意以爲惠公及禍自由先君獻公廢適立庶之敗德不由卜筮故云先君之敗德既定致公今及此禍可由筮數始生之乎敗德有其象數龜筮從後而知因嫁女於秦見於筮兆故云史蘇是占縱使當時不從何能加益此禍明禍敗既定龜筮知之從之不能損不從不能益也○注言龜至益禍○正義曰謂象生而後有數是數因象而生也若易之卦象則因數而生故先揲蓍而後得卦是象從數生也上云龜象筮數下直言數不言象者上總論卜筮故龜筮並言當時唯筮伯姬故下直舉數耳詩曰下民之孽匪降自天僔沓背憎職競由人詩小雅言民之有邪惡非天所降僔沓面語背相憎疾皆人競所主作因以諷諫惠公有以名此禍也○孽魚列反僔尊本反沓徒合反邪似嗟反諷方鳳反【疏】詩曰至由人○正義曰詩小雅十月之交篇也下民之有邪惡妖孽非是下自上天今小人僔僔沓沓相對譚語背則相憎主於競逐爲惡者由人耳因以諷諫惠公言善惡由公耳

○震夷伯之廟罪之也於是展氏有隱慝焉隱惡非法所得尊貴罪所不加是以聖人因天地之變自然之妖以感動之知達之主則識先聖之情以自厲中下之主亦信妖祥以不妄神道助敎唯此爲深○知音智【疏】注隱慝至爲深○正義曰慝訓惡也隱蔽之惡不見於外非法令所得繩也其人尊貴非刑罰所能加也忽有震破其廟乃是幽冥加罪聖人因天地之變自然之妖故章其事以感動穢行之人使自懲肅也知達之主則識先聖之情知此欲以懼愚人也中下之主亦信此妖祥之事謂身爲惡行神必加禍以此不妄動作易稱聖人以神道設敎故云神道助敎唯此事爲深因此遂汎解春秋諸有妖祥之事皆爲此也

○冬宋人伐曹討舊怨也莊十四年曹與諸侯伐宋○楚敗徐于婁林徐恃救也恃齊救○十月晉陰飴甥會秦伯盟于王城陰飴甥即呂甥也食采於陰故曰陰飴甥王城秦地馮翊臨晉縣東有三城今名武鄉秦伯曰晉國和乎對曰不和小人恥失其君而悼喪其親痛其親爲秦所殺不憚征繕以立圉也曰必報讎寧事戎狄君子愛其君而知其罪不憚征繕以待秦命曰必報德有死無二以此不和秦伯曰國謂君何對曰小人慼謂之不免君子恕以爲必歸小人曰我毒秦秦豈歸君毒謂三施不報○憚徒旦反君子曰我知罪矣秦必歸

君貳而執之，服而舍之，德莫厚焉，刑莫威焉。服者懷德，貳者畏刑，此一役也，言還惠公使諸侯威服，復可當一事之功。舍如字，又音捨。還音環。〔疏〕注言還至之功。正義曰：服虔云「一役者，謂韓戰之役」。知不然者，呂甥之言勸秦伯而納晉侯，假稱君子之意，若納晉君，可以更當一役之功，欲深勸秦伯。若直論韓戰之役，於秦未有深利，何肯納也？故杜別爲其說。劉炫以服義規之，雖於理亦通，未爲殊絶。秦可以霸。納而不定，廢而不立，以德爲怨，秦不其然。」秦伯曰：「是吾心也。」改館晉侯，饋七牢焉。牛羊豕各一爲一牢。饋其位反。

蛾析謂慶鄭曰：「盍行乎？」蛾析，晉大夫也。蛾，魚綺反，本或作蟻，一音五何反。析，星厤反，本或作晳。盍，戸臘反。對曰：「陷君於敗，謂呼不往諫，晉師失秦伯。敗而不死，又使失刑，非人臣也。臣而不臣，行將焉入？」十一月，晉侯歸。丁丑，殺慶鄭而後入。丁丑，月二十九日。焉，於虔反。是歲，晉又饑，秦伯又餼之粟，曰：「吾怨其君而矜其民。且吾聞唐叔之封也，箕子曰：『其後必大。』晉其庸可冀乎！」唐叔，晉始封之君，武王之子。箕子，殷王帝乙之子，紂之庶兄。餼，許氣反。〔疏〕注唐叔至庶兄。正義曰：唐叔，晉始封之君，晉世家文也。宋世家云「箕子者，紂親戚也」。止云親戚，不知爲父也，兄也。鄭玄、王肅皆以箕子爲紂之諸父。服、杜以爲紂之庶兄。旣無正文，各以其意言耳。歷檢諸書，不見箕子之名。唯司馬彪注莊子云「胥餘，箕子名」，不知其然否。姑樹德焉，以待能者。」於是秦始征晉河東，置官司焉。征，賦也。

經十有六年春王正月戊申朔，隕石于宋五。隕，落也。聞其隕，視之石，數之五，各隨其聞見先後而記之。莊七年星隕如雨，見星之隕而隊於四遠，若山若水，不見在地之驗；此則見在地之驗，而不見始隕之星，史各據事而書。隕，丁敏反。數，色主反。隊，直類反。〔疏〕注隕落至而書。正義曰：隕，落，釋詁文。公羊傳曰：「曷爲先言霣而後言石？霣石記聞，聞其磌然，視之則石，察之則五。」是隨聞見先後而記之也。傳稱「隕星也」，則石亦是星，而與星隕文倒，故解之。彼見星之隕，不見在地之驗；此見在地之石，不見始隕之星。史各據事而書，故文異也。三十三年書「隕霜」者，亦見在地之霜，不見在天之驗，故霜上言隕，與此同也。星、石、霜言隕，雪、雹、螽言雨者，其狀似雨者稱雨，不似雨者卽稱隕也。是月，六鷁退飛過宋都。是月，隕石之月。重言是月，嫌同日。鷁，水鳥，高飛遇風而退。宋人以爲災，告於諸侯，故書。是月，本或作是日。鷁，五歷反，本或作鶂，音同。六，其數也。過，古禾反，傳注同。重，直用反，傳注同。〔疏〕注是月至故書。正義曰：月令諸言是月，皆是前事之月，知此是隕石之月也。石隕、鷁退，俱是宋事，事相類而同時告，故重言是月，嫌同日也。告者不以鷁退之日告，故言是月以異之。鷁，水鳥者，相傳爲然。春秋考異郵云：「鷁者，毛羽之蟲，生陰而屬於陽。」洪範五行傳曰：「鷁者，陽禽。」鷁字或作鶂。廣志云：「鷁，古退飛者，今以其首爲舩頭。」莊子云：「鷁之相視，眸子不運而風化。」博物志云：「雄雌相視則孕。或曰雄鳴上風，雌承下風，則亦孕。」是也。鳥

飛不能自退，傳言風也，是鳥高飛遇風而退却也。公羊傳曰：「視之則六，察之則鷁，徐而察之則退飛。」是亦隨見先後而書之。魯史而記宋事，知其宋人以爲災，告於諸侯，故書。〇三月壬申，公子季友卒。無傳。稱字者，貴之。公與小斂，故書日。與音預。斂，力驗反。公與小斂，本亦公與斂。〔疏〕注稱字至書日。正義曰：季是其字，友是其名，猶如仲遂、叔肸之類，皆名字雙舉。劉炫以季爲氏，而規杜過，非也。炫云：「季友、仲遂皆生賜族，非字也。」〇夏四月丙申，鄫季姬卒。無傳。鄫，似陵反。〇秋七月甲子，公孫茲卒。無傳。〇冬十有二月，公會齊侯、宋公、陳侯、衛侯、鄭伯、許男、邢侯、曹伯于淮。臨淮郡左右。邢音刑。淮音懷。〔疏〕注臨淮郡左右。正義曰：淮水發源入海，其路甚長，會于淮者，必是會于水旁，不得會于水內。杜欲指其處，無以可明，故云臨淮郡左右。

傳十六年春，隕石于宋五，隕星也。但言星，則嫌星使石隕，故

重言隕星〔疏〕注但言至隕星。正義曰下云風也是風使鷁退此若直言星也則嫌是星使石隕故重言隕星以明所隕之石即是星也易稱在天成象在地成形則星之在上其形不可知也古今之說星隕至地皆言爲石經書在地之驗故言隕石傳本在天之時故言隕星不知星之在上其形本是石也爲當既隕始變爲石聖賢不說難得而知

六鷁退飛過宋都風也六鷁遇迅風而退飛風高不爲物害故不記風之異。迅音信又音峻疾也**周內史叔興聘于宋宋襄公問焉曰是何祥也吉凶焉在**祥吉凶之先見者襄公以爲石隕鷁退能爲禍福之始故問其所在。焉於虔反見賢遍反又如字〔疏〕注祥吉至所在。正義曰中庸云國家將興必有禎祥國家將亡必有妖孽則事之先見善惡異名吉之先見謂之祥凶之先見謂之妖此摠云祥者彼對文耳書序云亳有祥桑穀共生于朝五行傳云青祥白祥之類惡事亦稱爲祥祥是摠名公問是何祥也吉凶焉在故杜幷以吉凶解之言吉凶先見皆爲祥也襄公以爲石隕鷁退能爲禍福之始故問其所在蓋當慮其在己故問之**對曰今茲魯多大喪**今茲此歲**明年齊有亂君將得諸侯而不終**魯喪齊亂宋襄公。不終別以政刑吉凶他占知之〔疏〕注魯喪至知之。正義曰此三者叔興止言其事不說知之所由或觀政教刑法或他事別有占驗故云別以政刑他占知之言知之不由石鷁也劉炫云政者若周大夫入陳竟見官職不脩君臣南冠如夏氏知簡叏將亂子貢見公執玉卑知其替死也刑者若叏吾忌克多怨君子知其不終也吉凶有二陰陽調序四海玉燭時吉也陰陽錯逆寒暑失度民多癘疫五穀不登時凶也父慈子孝君義臣忠人吉也父不父子不子君不君臣不臣人凶也**退而告人曰君失問是陰陽之事非吉凶所生也**言石隕鷁退陰陽錯逆所爲非人所生襄公不知陰陽而問人事故曰君失問叔興自以對非其實恐爲有識所譏故退而告人。錯七落反〔疏〕注言石至告人。正義曰劉炫云言是陰陽之事也則知事由陰陽若陰陽順序則物皆得性必無妖異故云陰陽錯逆所爲非人吉凶所生也傳稱天反時爲災地反物爲妖人反德爲亂亂則妖災生洪範咎徵曰狂恒雨若之類皆言人有愆失乃致陰陽錯逆而云陰陽錯逆非人

所生者石隕鷁飛事由陰陽錯逆陰陽錯逆乃是人行所致襄公不問己行何失致有此異乃謂既有此異將來始有吉凶故荅云是乃陰陽之事非將來吉凶所生言將來若有吉凶協此石鷁之異耳非始從石鷁而出也襄公不知陰陽錯逆爲既往之咎乃謂將來吉凶出石鷁之問是不知陰陽而妄問人事故云君失問也叔興若以實對當云由君德失致有此異今乃別以政刑他占橫說齊亂魯喪自以對非其實恐爲有識所譏故退而告人以此言也服虔云鷁退風咎君行所致非吉凶所從生襄公不問己行何失而致此變但問吉凶焉在以爲石隕鷁退吉凶何從而生故云君失問是劉炫用服義爲說也今刪定以杜注云石鷁陰陽錯逆所爲非人所生則陰陽錯逆自然有此非由人事之失致此錯逆又吉凶不由石鷁所生故傳云是陰陽之事非吉凶所生是吉凶不由石鷁石鷁不由於人則吉凶之來別由人行得失耳故釋例云或異而無感或感而不可知如此之類是也其傳云亂則妖災生洪範曰狂恒雨若此皆假之陰陽以爲勸戒神道助教非實辭也但聖賢之說未知孰是故兩載其義以俟後賢**吉凶由人吾不敢逆君故也**積善餘慶積惡餘殃故曰吉凶由人君問吉凶不敢逆之故假他占以對。殃於良反〔疏〕注積善至以對。正義曰積善餘慶積惡餘殃易文言文也言將來吉凶由人行所致行善則有吉行惡則有凶吉凶自由於君不從石鷁而出吾不敢逆君之心故假他占以告之

○**夏齊伐厲不克救徐而還**十五年齊伐厲以救徐

○**秋狄侵晉取狐廚受鐸涉汾及昆都因晉敗也**狐廚受鐸昆都晉三邑平陽臨汾縣西北有狐谷亭汾水出太原南入河。狐音胡廚直誅反鐸徒各反汾扶云反水名大原音泰〔疏〕注狐廚至入河。正義曰汾水從平陽南流折而西入于河臨汾縣在汾水北狐谷疑是狐廚乃在縣之西北則狐廚受鐸皆在汾北狄自北而侵南涉汾水至于昆都昆都在汾南也

○**王以戎難告于齊齊徵諸侯而戍周**十一年戎伐京師以來遂爲王室難。難乃旦反注同

○**冬十一月乙卯鄭殺子華**終管仲之言事在七年

○**十二月會于淮謀鄫且東略也**鄫爲淮夷所病故。爲于僞反**城鄫役人病有夜**

登丘而呼曰齊有亂不果城而還役人遇厲氣不堪久駐故作妖言。呼火故反還音旋

經十有七年春齊人徐人伐英氏。英於京反○夏滅項項國今汝陰項縣公在會別遣師滅項不言師諱之。項胡講反國名魯滅之也二傳以爲齊滅【疏】注項國至諱之。正義曰知非師少不言師而言諱之者沈云襄十三年傳云用大師焉曰滅此既稱滅故知用大師劉炫云案傳齊人以爲討討其滅國非討用師既不諱滅何以諱師炫謂將卑師少稱人不可自言魯人故不稱師炫不達此旨以爲將卑師少以規杜過非也○秋夫人姜氏會齊侯于卞卞今魯國卞縣。卞皮彥反【疏】夫人至于卞。正義曰婦人送迎不出門見兄弟不踰閾今出會齊侯無譏文者凡夫人之行得禮失禮直書其事善惡自明故於文悉無褒貶此時公爲齊人所止夫人會以釋之縱使違禮不合貶責○九月公至自會公既見執于齊猶以會致者諱之○冬十有二

月乙亥齊侯小白卒與僖公入同盟赴以名【疏】注與僖至以名。正義曰元年盟于犖三年公子友如齊涖盟五年于首止七年于甯母八年于洮九年于葵丘十五年于牡丘四年與屈完盟于召陵諸侯皆在公亦與焉故爲八也同盟相赴以名主謂當時兩君但與其父盟亦得以名赴其子耳與僖盟既多故不復通數莊閔也

傳十七年春齊人爲徐伐英氏以報婁林之役也英氏楚與國婁林役在十五年。爲于僞反○夏晉大子圉爲質於秦秦歸河東而妻之秦征河東置官司在十五年。圉魚呂反質音致下同妻七計反下同惠公之在梁也梁伯妻之梁嬴孕過期過十月不產懷子曰孕。嬴音盈下同孕以證反過古禾反【疏】注過十至曰孕。正義曰十月而產婦人大期又家語云人十月而生故知過期過十月也易稱婦孕不育說文云孕懷子也卜招父與

其子卜之卜招父梁大卜。招上遙反大音泰。其子曰將生一男一女招曰然男爲人臣女爲人妾故名男曰圉女曰妾圉養馬者不聘曰妾【疏】注圉養至曰妾。正義曰昭七年傳曰馬有圉牛有牧內則云聘則爲妻奔則爲妾是也及子圉西質妾爲宦女焉宦事秦爲妾。宦音患○師滅項師魯師淮之會公有諸侯之事未歸而取項淮會在前年冬諸侯之事會同講禮之事齊人以爲討而止公內諱執皆言止○秋聲姜以公故會齊侯于卞聲姜僖公夫人齊女九月公至書曰至自會猶有諸侯之事焉且諱之也恥見執故託會以告廟【疏】猶有至諱之也。正義曰實無諸侯之事而言至自會者尚以有諸侯之事焉○齊侯之夫人三王姬徐嬴蔡姬皆無子

齊侯好內多內寵內嬖如夫人者六人長衛姬生武孟武孟公子無虧。好呼報反嬖必計反長丁丈反下注同少衛姬生惠公公子元。少詩照反鄭姬生孝公公子昭葛嬴生昭公公子潘。潘判丹反密姬生懿公公子商人宋華子生公子雍華氏之女子姓。華戶化反公與管仲屬孝公於宋襄公以爲大子雍巫有寵於衛共姬因寺人貂以薦羞於公雍巫雍人名巫即易牙。屬音燭共音恭本亦作恭貂音彫易音亦【疏】注雍巫至易牙。正義曰周禮掌食之官有內雍外雍此人爲雍官名巫而字易牙也亦有寵公許之立武孟易牙既有寵於公爲長衛姬請立武孟。爲于僞反管仲卒五公子皆求立冬十月乙亥齊桓公卒乙亥十月八日易牙入

與寺人貂因內寵以殺羣吏，內寵，內官之有權寵者。而立公子無虧。孝公奔宋。十二月乙亥赴。辛巳夜殯。六十七日乃殯。○殯，必刃反。

經十有八年春王正月，宋公、曹伯、衛人、邾人伐齊。納孝公。○夏，師救齊。無傳。○五月戊寅，宋師及齊師戰于甗，齊師敗績。無虧既死，曹、衛、邾先去，魯亦罷歸，故宋師獨與齊戰。不稱宋公，不親戰也。大崩曰敗績。甗，齊地。○甗，魚免反，又魚偃反，又音言，一音彥。○狄救齊。無傳。救四公子之徒。○秋八月丁亥，葬齊桓公。十一月而葬，亂故。八月無丁亥，日誤。○冬，邢人、狄人伐衛。狄稱人者，史異辭，傳無義例。疏注「狄稱」至「義例」。○正義曰：決上狄救齊不稱人也。於例，將卑師衆稱師，將卑師少稱人，謂中夏諸侯之例。此稱邢人，是將卑師少者。夷狄既無爵命，非有君臣之別，文多稱戎稱狄，今君臣同文，或單稱狄，或稱狄人，是時史異辭，非褒貶也。穀梁傳曰：「狄其稱人何也？善累而後進之。伐衛，所以救齊也。」其意以爲上已救齊，今復伐衛救齊，故進之稱人。左氏無此義，故爲史異辭。

傳十八年春，宋襄公以諸侯伐齊。三月，齊人殺無虧。以說宋。○說音悅，又如字。○鄭伯始朝于楚，中國無霸故。楚子賜之金，既而悔之，與之盟曰：「無以鑄兵。」楚金利故。○鑄，之樹反。疏注「楚金利」。○正義曰：考工記云「吳越之劒」是也。故以鑄三鐘。古者以銅爲兵。傳言楚無霸者遠略。○齊人將立孝公，不勝，四公子之徒遂與宋人戰。無虧已死，故曰四公子。○勝音升，又升證反。夏五月，宋敗齊師于甗，立孝公而還。孝公立而後得葬。○秋八月，葬齊桓公。○冬，邢人、狄人伐衛，圍菟圃。衛侯以

國讓父兄子弟及朝衆，曰：「苟能治之，燬請從焉。」燬，衛文公名。○菟音徒。圃，布古反，又音布。燬，吁委反。衆不可，不聽衛侯讓。而從師于訾婁。陳師訾婁。訾婁，衛邑。○訾，子斯反。婁，郎句反，又郎鉤反。狄師還。獨言狄還，則邢留距衛。言邢所以終爲衛所滅。○梁伯益其國而不能實也，多築城邑而無民以實之。命曰新里，秦取之。

經十有九年春王三月，宋人執滕子嬰齊。稱人以執，宋以罪及民告，例在成十五年。傳例不以名爲義，書名及不書名，皆從赴。○嬰，於盈反。疏注「稱人」至「從赴」。○正義曰：此云宋人執滕子，下云邾人執鄫子，二君於傳無不道之狀，而皆稱人以執，是宋公欲重其罪，以罪及民告，故史從而書之，以示虛實。釋例曰：「凡諸侯無加民之惡而稱人以執，皆時之赴告欲重其罪，以加民爲辭。國史承之，書之於策，而簡牘之記具存，夫子因示虛實，故傳隨而著其本狀，以明得失也。滕子、鄫子皆稱人見執，宋欲重二國之罪，故以不道赴。或名或不名，從所告之文也。傳具載子魚之辭，以虐二國之君，見義明非罪也。」杜言書名從赴者，諸侯被執，其罪與不罪，直以執者稱人稱侯爲異。傳例不以書名爲義，釋例曰：「諸見執者已在罪賤之地，書名與否，非例所加，故但言執某侯也。」其意言被執已是罪賤，書名更無可加，故不復以名爲義。既不以爲義，而被執者有名與不名，知其皆從赴也。○夏六月，宋公、曹人、邾人盟于曹南。無傳。曹雖與盟，而猶不服，不肯致饟，無地主之禮，故不以國地，而曰曹南，所以及秋而見圍。○與音預，下亦與同。饟，許氣反。疏注「曹雖」至「見圍」。○正義曰：哀十二年傳曰：「諸侯之會，侯伯致禮，地主歸饟。」桓十四年「公會鄭伯于曹」，傳曰：「曹人致饟，禮也。」春秋諸會於國都者，即以國都名爲會地，地主不序於列。此會地於曹南，則在曹之都也。在曹之都而曹人在列，是曹雖與盟，而心猶不服。秋，宋人圍曹，傳曰「討不服也」。以不服而被圍，知此地以曹南，即是不服之狀，明是不肯致饟，無地主之禮，以此故不以國地而曰曹南，所以及秋而見圍。以秋見圍，知此時不服，故注言之。鄫子會盟于邾。不及曹南之盟，諸侯既罷，鄫乃會之於邾，故不言如會。疏注「不及」至「如會」。○正義曰：諸侯盟于曹南，鄫子欲往

會之未至於曹諸侯旣罷以邾會盟訖故如邾會之本意欲往會盟未至於曹諸侯已去其實至於邾國故書會盟于邾言其意欲盟也二十八年踐土盟下云陳侯如會彼謂往至會所此不至會所故書其所至而不言如會襄七年鄬之會下鄭伯髡頑如會未見諸侯丙戌卒于鄵亦不至會所而云如會者其意欲會而在道身喪故亦書其所至義與此同但卒執事異故文異耳鄫子不及曹南而至於邾國蓋宋公知其在邾故使邾子執之

己酉，邾人執鄫子用之。稱人以執宋以罪及民告也鄫雖失大國會盟之信然宋用之爲罰已虐故直書用之言若用畜產也不書社赴不及也不書宋使邾而以邾自用爲文南面之君善惡自專不得託之於他命。畜許又反

疏注稱人至他命○正義曰昭十一年楚執蔡世子友用之與此執鄫子用之皆惡其無道直書用之言其若用畜牲所以惡楚宋也惡宋而以邾自用爲文者南面之君善惡自專不得託之他命事實惡宋亦所以惡邾也傳稱用之于社而經不書于社故云赴不及也劉炫規過云執蔡世子友用之不言岡山此何須云于社今刪定知不然者以莊二十五年鼓用牲于社今鄫子旣同畜牲而用當云邾人用鄫子于社今不云于社故知赴不及則昭十一年執蔡世子友用之亦赴不及也

○秋，宋人圍曹。衞人伐邢。伐邢在圍曹前經書在後從赴○冬，會陳人、蔡人、楚人、鄭人盟于齊。地於齊齊亦與盟

疏注地於至與盟○正義曰地於齊者言卽以齊爲所盟之地也傳稱陳穆公請脩桓公之好而爲此盟明是齊亦與盟地於齊而齊不序諸盟會以國都而地主不列於序者地主亦與盟會皆以此而知之耳

○梁亡。以自亡爲文非取者之罪所以惡梁○惡烏路反

疏注以自至惡梁○正義曰諸侯受命天子分地建國無相滅之理此以自亡爲文不書所取之國以爲梁國自亡非復取者之罪所以深惡梁耳非言秦得滅人國也釋例曰作事不時則怨讟動於民彼梁伯者虛輿無虞之功詐稱無害之寇遂溝其宮以盡百姓之心開大國之志是妖釁之先徵自亡之實應故不言秦滅梁而以自亡爲文

傳十九年春，遂城而居之。承前年傳取新里故不復言秦也爲此冬梁亡傳○復扶又反

○宋人執滕宣公。○夏，宋公使邾文公用鄫子于次睢之社，欲以屬東夷。睢水受汴東經陳留梁譙沛彭城縣入泗此水次有妖神東夷皆社祠之蓋殺人而用祭○睢音雖屬朱欲反譙在消反沛音貝泗音四祠音辭或音祀

疏傳欲以屬東夷○正義曰屬訓聚也殺鄫子以懼東夷使東夷聚來歸己也齊桓以德屬諸侯諸侯聚歸齊桓○注睢水至用祭○正義曰釋例曰汴水自滎陽受河睢水受汴東經陳留梁國譙郡沛國至彭城縣入泗凡水首從水出謂之受流歸他水謂之入漢書之例爲然言汴從河出睢從汴出也次謂水旁也下云用諸淫昏之鬼則此祀不在祀典故云此水次有妖神妖神而謂之社傳言以屬東夷則此是東夷之神故言東夷皆社祠之劉炫云案昭十年季平子伐莒獻俘始用人於亳社彼亳社舊不用人杜何以知此社殺人而用祭乎今知不然者彼傳云始用人於亳社故知舊來不用此云使邾文公用鄫子于次睢之社既不言始明知舊俗用之劉取彼而規杜過非也

司馬子魚曰：「古者六畜不相爲用，司馬子魚公子目夷也六畜不相爲用謂若祭馬先不用馬○畜許又反注同爲于僞反下爲人同又如字注放此

疏注司馬至用馬○正義曰爾雅釋畜馬牛羊豕犬雞謂之六畜周禮謂之六牲養之曰畜用之曰牲其實一物也此云六畜不相爲用昭十一年傳曰五牲不相爲用彼注不云馬而以其餘當之明其俱爲祭祀所用彼此同也周禮校人春祭馬祖鄭玄云馬祖天駟也孝經說曰房爲龍馬六畜之言先祖者唯此一文而已以外牛羊之等其祖不知爲何神也謂若祭馬先不用馬略舉一隅據有文者言之耳沈氏云春秋說天苑主牛又有天雞天狗天豕以馬祖類之此等各有其祖

小事不用大牲，

疏小事不用大牲○正義曰雜記言釁廟用羊門夾室皆用雞隱十一年傳稱鄭伯之詛使卒出豭行出犬雞如此之類皆是不用大牲也

而況敢用人乎？祭祀以爲人也。民，神之主也。用人，其誰饗之？齊桓公存三亡國以屬諸侯，三亡國魯衞邢

疏注三亡國魯衞邢○正義曰齊語云魯有夫人慶父之亂二君弒死國絕無嗣桓公使高子存之狄人攻邢桓公築夷儀以封之狄人攻衞衞人出廬于曹桓公城楚丘以封之是也衞則狄滅之矣魯邢不滅而言亡者美大齊桓之功耳

義士猶曰薄德，謂欲因亂取魯緩救邢衞

今一會而虐二國之君宋公三月以會召諸侯執滕子六月而會盟其月二十二日執鄫子故云一會而虐二國之君又用諸淫昏之鬼非周社故將以求霸不亦難乎得死爲幸恐其亡國○秋衛人伐邢以報菟圃之役邢不速退所以獨見伐於是衛大旱卜有事於山川不吉有事祭也甯莊子曰昔周饑克殷而年豐今邢方無道諸侯無伯伯長也○伯長丁丈反天其或者欲使衛討邢乎從之師興而雨○宋人圍曹討不服也曹南盟不脩地主之禮故子魚言於宋公曰文王聞崇德亂而伐之軍三旬而不降崇崇侯虎○降戶江反下同退脩教而復伐之因壘而降復往攻之備不改前而崇自服○復扶又反注同一本作而復伐之伐衍字也壘力軌反軍壘詩曰刑于寡妻至于兄弟以御于家邦詩大雅言文王之教自近及遠寡妻嫡妻謂大姒也刑法也○御如字治也詩音五嫁反迎也嫡或作適丁歷反大姒音泰姒音似今君德無乃猶有所闕而以伐人若之何盍姑內省德乎無闕而後動○盍胡臘反○陳穆公請脩好於諸侯以無忘齊桓之德冬盟于齊脩桓公之好也宋襄暴虐故思齊桓○好呼報反下同○梁亡不書其主自取之也不書取梁者主名

初梁伯好土功亟城而弗處民罷而弗堪則曰某寇將至乃溝公宮溝塹○亟欺冀反罷音皮塹七豔反曰秦將襲我民懼而潰秦遂取梁○潰戶外反

經二十年春新作南門魯城南門也本名稷門僖公更高大之今猶不與諸門同改名高門也言新以易舊言作以興事皆更造之文也

疏注魯城至文也○正義曰魯城南門本名稷門今新作者新脩彼稷門更令高大因改名高門此事非有所據魯人相傳云然今時魯人其言猶如此也新者易舊之意作者興事之辭皆是更造之文也劉賈先儒皆云言新有故木言作有新木故爲此言以異之釋例曰言新意所起言作以興事通謂興起功役之事摠而言之不復分別因舊與造新也

○夏郜子來朝無傳郜姬姓國○郜古報反字林工竺反

疏注郜姬姓國○正義曰二十四年傳富辰所云郜之初封文王之子聃季之弟以後更無所聞唯此年一見而已無時君謚號不知誰滅之

○五月乙巳西宮災無傳西宮公別宮也天火曰災例在宣十六年

疏注西宮至六年○正義曰穀梁以西宮爲閔公之廟禮宗廟在左不得稱西宮也公羊傳曰西宮者何小寢也小寢則曷爲謂之西宮有西宮則有東宮矣此注取公羊爲說故云公別宮也

○鄭人入滑入例在襄十三年○滑于八反○秋齊人狄人盟于邢○冬楚人伐隨

傳二十年春新作南門書不時也失土功之時凡啓塞從時門戶道橋謂之啓城郭牆塹謂之塞皆官民之開閉不可一日而闕故特隨壞時而治之今僖公脩飾城門非開閉之急故以土功之制譏之傳嫌啓塞皆從土功之時故別起從時之例○塞素則反

疏注門戶至之例○正義曰傳唯言啓塞從時不知啓塞之言意何所謂服虔云闔扇所以開鍵閉所以塞月令仲春脩闔扇孟冬脩鍵閉從時從此時也僖既云作門不時更發從時之例則啓塞之事當是城門之類安得以爲闔扇鍵閉細小之物乎若是仲春孟冬傳何以不言春冬而直云從時知從何時豈上明作傳不了待月令而後明哉故杜更爲別說雖杜之言亦無明證正以門戶道橋所以開人行路故以爲啓城郭牆塹所以障蔽往來故以爲塞雖言無所據而理在可通此二事者皆官民之所開閉終當須之不可一日而闕言從時者特從壞時而脩之不得拘以土功時月也此新作南門者當時不是傾壞僖公欲脩飾使高大耳非開閉之急得待土功間月今以日至之後興造此門故以土功之制譏之

云書不時也傳既譏傳公作門不時嫌門戶牆塹之類交急之事亦待土功之月故別起從時之例言啓塞不須待時其新作門須待時耳杜云城郭謂之塞亦得從壞時而治之所以春秋築城每云書不時者謂非因破壞而輒脩理故謂之不時釋例曰門戶道橋城郭牆塹官民之開閉不可一日闕者也故特隨壞時而脩之皆當其時而訖不必用土功之常時也故傳既曰書不時又曰啓塞從時重發以明二義其他急事亦包之也魯城南面三門隱公元年開一門故今南有四門僖公意更繕治高大稷門非啓塞之義而以日至之後興功故經書春傳曰書不時言失土功之時也啓塞之事猶得從宜而脩之○滑人叛鄭而服於衛夏鄭公子士洩堵寇帥師入滑公子士鄭文公子洩堵寇鄭大夫○洩息列反堵丁古反王又音者○秋齊狄盟于邢爲邢謀衛難也於是衛方病邢○爲于僞反難乃旦反○隨以漢東諸侯叛楚冬楚鬬穀於菟帥師伐隨取成而還君子曰隨之見伐

不量力也量力而動其過鮮矣善敗由己而由人乎哉詩曰豈不夙夜謂行多露詩召南言豈不欲早暮而行懼多露之濡已以喻違禮而行必有汙辱是亦量宜相時而動之義○穀奴口反於音烏菟音徒鮮息淺反下同召上照反暮本亦作莫音暮汙汙穢之汙一音烏路反相息亮反○宋襄公欲合諸侯臧文仲聞之曰以欲從人則可屈己之欲從衆之善以人從欲鮮濟爲明年鹿上盟傳

經二十有一年春狄侵衛無傳爲邢故○爲于僞反下爲邾同○宋人齊人楚人盟于鹿上鹿上宋地汝陰有原鹿縣宋爲盟主故在齊人上○○夏大旱雩不獲雨故書旱自夏及秋五稼皆不收〔疏〕注雩不至不收○正義曰春秋之例旱則脩雩雩必爲旱而經或書雩或書旱者雩而得雨喜雩有益書雩不書旱雩不得雨則書旱明災成此時雩不獲雨故書旱也周之夏即今之二月三月四月也於時方欲下種此月不雨未能成災而書夏大旱者此後雖得少雨而終是不堪生殖從夏及秋五稼悉皆不收不收之後擇最旱之月而書之故書夏大旱也劉炫云大旱而不書饑者傳云是歲也饑而不書故不書饑○秋宋公楚子陳侯蔡侯鄭伯許男曹伯會于盂盂宋地楚始與中國行會禮故稱爵○盂音于執宋公以伐宋不言楚執宋公者宋無德而爭盟爲諸侯所疾故揔見衆國共執之文○見賢遍反○冬公伐邾無傳爲邾滅須句故○句其俱反傳同○楚人使宜申來獻捷無傳獻宋捷也不言宋者秋伐宋冬來獻捷事不異年從可知不稱楚子使來不稱君命行禮○獻軒建反捷在接反○十有二月癸丑公會諸侯盟于薄釋宋公諸侯既與楚共伐宋宋服故爲薄盟以釋之公本無會期聞盟而往故書公會諸侯○薄如字〔疏〕注諸侯至諸侯○正義曰諸侯之被執者皆不書其釋釋而公不與又不告故魯史不得書之此由公往與盟見其得釋故書之耳文七年公

會諸侯晉大夫盟于扈傳曰公後至故不書所會凡會諸侯不書所會後也後至不書其國辟不敏也此盟亦揔言諸侯不書其國似是公之後期故解之魯先不屬楚公本無會期聞盟而往故書公會諸侯非後期也公非後期而揔書諸侯者此則會盂之諸侯也一事而再見者前目而後凡自謂前已歷序故後揔言耳非爲魯公變文也

傳二十一年春宋人爲鹿上之盟以求諸侯於楚楚人許之公子目夷曰小國爭盟禍也宋其亡乎幸而後敗謂軍敗○夏大旱公欲焚巫尫巫尫女巫也主祈禱請雨者或以爲尫非巫也瘠病之人其面上向俗謂天哀其病恐雨入其鼻故爲之旱是以公欲焚之○尫烏黃反禱丁老反或丁報反瘠在亦反向本亦作嚮許亮反故爲于僞反〔疏〕注巫尫至焚之○正義曰周禮女巫職云旱暵則舞雩此以爲旱欲焚之故知巫尫女巫也并以巫尫爲女巫則尫是劣弱之稱當以女巫尫弱故稱尫也或以爲尫非巫也巫是禱神之人尫是瘠病之人二者非一物也尫是病人天恐雨入其鼻俗有

此說不出傳記義或當然故雨解之也檀弓云歲旱穆公召縣子而問焉曰天久不雨吾欲暴尫而奚若曰天則不雨而暴人之疾子虐無乃不可與鄭玄云尫者面鄉天覬天哀而雨之又曰然則吾欲暴巫而奚若鄭玄云巫主接神亦覬天哀而雨之彼欲暴人疾而求雨故鄭玄以爲覬天哀而下雨此欲燒殺以求雨故杜以爲天哀之而不雨意異故解異也禮記既言暴尫又別言暴巫巫尫非一物記言暴人之疾則尫是病人或說是也 臧文仲曰非旱備也脩城郭貶食省用務穡勸分穡儉也勸分有無相濟○貶彼檢反省所景反 疏 注穡儉也○正義曰穡是愛惜之義故爲儉也襄二十四年穀梁傳曰五穀不升謂之大侵大侵之禮君食不兼味臺榭不塗弛侯廷道不除百官布而不制鬼神禱而不祀曲禮云歲凶年穀不登君膳不祭肺馬不食穀如此之類皆是務爲儉也務爲儉穡而脩城郭者服虔云國家凶荒則無道之國乘而加兵故脩城郭爲守備也 此其務也巫尫何爲天欲殺之則如勿生若能爲旱焚之滋甚公從之是歲也饑而不害不傷害民○秋諸侯會宋公于盂子魚曰禍其在此乎君欲已甚其何以堪之於是楚執宋公以伐宋冬會于薄以釋之子魚曰禍猶未也未足以懲君爲二十二年戰泓傳○懲直升反泓烏宏反 任宿須句顓臾風姓也實司大皞與有濟之祀司主也大皞伏羲四國伏羲之後故主其祀任今任城縣也顓臾在泰山南武陽縣東北須句在東平須昌縣西北四國封近於濟故世祀之○任音壬注同顓音專臾羊朱反風姓也本或作皆風姓大音泰皞胡老反濟子禮反注及下注同義本或作戲許宜反近附近之近 以服事諸夏與諸夏同服王事○夏戶雅反注及下同 邾人滅須句須句子來奔因成風也須句成風家 成風爲之言於公曰崇明祀保小寡周禮也明祀大皞有濟之祀保安也○爲于僞反 蠻夷猾夏周禍也此邾滅須句而曰蠻夷昭二十三年叔孫豹曰邾又夷也然則邾雖曹姓之國迫近諸戎雜用夷禮故極言之猾夏亂諸夏○猾于八反叔孫豹百教反案杜注所引是叔孫婼語今傳本多作豹恐是傳寫誤也宜爲婼婼音勑若反 疏 注此邾至諸夏○正義曰蠻夷猾夏舜典文猾訓爲亂故云亂諸夏也此注引昭二十三年傳當云叔孫婼曰徧檢古本皆作豹字蓋注後卽寫誤 若封須句是崇皞濟而脩祀紓禍也紓解也爲明年伐邾傳○紓音舒

附釋音春秋左傳注疏卷第十四

江西南昌府學栞

春秋左傳注疏卷十四校勘記　阮元撰盧宣旬摘録

附釋音春秋左傳注疏卷第十四　僖十五年盡廿一年

經十五年

此仍非禮也　閩本監本毛本非誤爲

八月螽　釋文螽本亦作蝝案公羊作蝝

說文云震劈歷振物者　宋本亦作劈歷下同閩本監本毛本作霹靂非也

禮書其字也　宋本禮下有當字

今此晉侯稱獲　監本毛本稱作生非也

傳十五年

注晉侯至女也　宋本以下正義三節摠入既而皆背之節注下

皆馬遷之妄耳　閩本監本毛本耳作也非

晉侯烝於賈君　纂圖本閩本監本毛本於改于非也

蓋焦瑕是其二　閩本監本毛本脫焦瑕二字

言是城之大者　閩本監本毛本是作其非

注秦伯至詰之　宋本以下正義五節入注文晉侯車三壞之下

千乘三去　惠士奇云上林賦江河爲阹注云遮禽獸爲阹阹即去實一字

變化人意　宋本岳本化作易不誤。今依訂正

狃忕也　淳熙本岳本纂圖本閩本忕作伏非釋文亦作忕案毛氏六經正誤云忕从大小之大非从犬瘷之犬也按字从心大聲說文本有此字見詩釋文正義今說文作愧非也

得因爲幸言必敗　纂圖本閩本監本毛本爲作謂非也

九月十三日　宋本此節正義在注文故隋泥中之下

輅秦伯　顧炎武云石經輅誤轄案石經不誤

反首亂頭髮下垂也　宋本淳熙本足利本下上有反字

登臺而履薪焉　釋文履云徐本作屨正義云俗本作屨定本作履

注罃康至得通　宋本以下正義二節摠入注文將以辱自殺之下

使以免服衰絰逆　釋文免作絻云又作免案當作免

不當舍此而注彼也　閩本監本毛本注作往非

不煩彼注　宋本彼作此

曰上天降災使我兩君匪以玉帛相見而以興戎若晉君朝以入則婢子夕以死夕以入則朝以死惟君裁之　案正義云左傳本無此言後人妄增之今定本亦無葉抄釋文云此凡四十二字檢古本皆無尋杜注亦不得有有是後人加也正義作使我兩君兩見不以玉帛與諸本亦異

亦所以杜絕　宋本淳熙本岳本纂圖本足利本杜作抗不誤

自曰上天降災　案自曰以下三十字乃釋文閩本監本毛本誤入注宋本淳熙本岳本所無

若將晉侯入　岳本若誤君翻岳本仍改作若

祗以成惡也　釋文亦作祗石經宋本淳熙本監本毛本作祇是也纂圖本誤祗段玉裁云凡古祇適也如詩亦祇以異祇攪我心之類皆从衣从氏石經廣韻不誤。今訂正

且召之　顧炎武云且誤圖案石經此處顧炎武所據非唐刻也

作爰田　宋本以下正義二節摠入注文又使州長各繕甲兵之下

乃改易與所賞之衆　宋本乃作今不誤。今依作乃

羣臣輯睦　案郭璞爾雅注引作百姓輯睦邢昺云案傳十五年及成十六年皆云羣臣輯睦其是乎

辨其可任者　閩本監本毛本辨作辯按周禮作辨

遇歸妹之睽　宋本以下正義十二節摠入明年其死于高梁之虛注下

是嫁妹之象　閩本監本毛本嫁作歸非

而以血爲衁　宋本衁作衁不誤。今依訂正

以其雷爲火爲此嬴敗姬　監本毛本其下衍爲字此上脫爲字

上爻與二　宋本二作三不誤

始有女承筐之象　監本毛本始誤如宋本女作此

故車脫輹　案傳文脫作說釋文同又云注同則此亦當作說也

說卦離爲火　宋本火下有也字

後說之弧　閩本監本毛本說作脫非也

匪寇昏媾　閩本監本毛本昏作婚

於火爲姑　諸本作火洮形云當作兌

家謂子圉婦懷嬴　宋本婦作歸非

明年其死於高梁之虛　宋本纂圖本閩本監本毛本於作于非

或取于時日旺相　補各本旺作王案釋文出王于況反是讀作旺字當作王

則搆虛而不經　宋本構作構乃慶元合刻時避宋高宗諱釋文作講云本亦作構依字讀

他皆放此　監本毛本放改倣正義至放此同

若盡皆附會爻象以求其事　閩本監本毛本若誤者

全構虛而不經　監本毛本全誤今宋本構作搆

陰陽書以爲春則爲木王　宋本則下無爲字

韓簡至何益　宋本以下正義三節摠入詩曰節注下

龜筮從後而知　閩本監本毛本龜筮誤倒

背則相憎　重修監本憎誤僧

雖此爲深　纂圖本閩本監本毛本雖改惟。案此本雖閩監毛本皆改作惟

蛾析謂慶鄭曰　釋文蛾本或作蟻析作晳本或作析案惠棟云婁壽曰古蛾與蟻通漢書白蛾羣飛扶服蛾伏陳球後碑蜂聚蛾動仲秋下旬碑蛾附皆與蟻同陳樹華云禮記蛾子時術之蛾音蟻後漢書皇甫嵩傳時人謂之黄巾亦名爲蛾賊注云蛾音魚綺反即蟻字也

注唐叔至庶兄　宋本此節正義在姑樹德焉節注下

經十六年　宋本春秋正義卷第十二石經春秋經傳集解僖中第六岳本中上有公字並盡廿六年

隕石于宋五　案周禮大司樂正義引左傳作霣石說文引作碩石

見星之隕而隊於四遠　淳熙本纂圖本閩本監本毛本隊作墜俗字

曷爲先言霣而後言石霣石記聞　宋本毛本霣作賈按公羊作霣

不似雨者即稱隕也　宋本無也字

是月六鷁退飛過宋都　石經月下旁增也字是後人妄加案公羊穀梁六鷁作六鶂釋文云本或作鶂說文引傳亦作鶂史記宋微子世家索隱引同然則三傳經文本皆作鶂字按說文作鶃引六鶃退飛無鷁字

鷁水鳥　李善注文選西都賦引作鶂水鳥也

公與小斂　釋文無小字云本亦作公與小斂

傳十六年

魯喪齊亂宋襄公不終　淳熙本脫宋字襄誤喪宋本足利本無公字

齊徵諸侯而戍周　石經無而字

經十七年

傳十七年

多內寵　案漢書五行志注李善注文選范蔚宗後漢書皇后紀論引無內字陳樹華云上有齊后好內下有內嬖如夫人者六人之文則此句內字似贅疑涉後因內寵之文而衍且杜氏不應舍此句而注下句也

此人爲雍官　閩本監本毛本官作宜非也按作雍者饔之省

經十八年

乙亥月八日　閩本監本毛本亥下衍十字

傳十八年

注楚金利　宋本此節正義在故以鑄三鍾注下

故以鑄三鍾　石經宋本淳熙本岳本纂圖本閩本監本毛本鍾作鐘

而從師于訾婁　石經宋本淳熙本岳本足利本從作後是也

經十九年

注地於至與盟　毛本於下衍齊齊亦三字

傳十九年

夏宋公使邾文公　石經宋下有襄字乃後人所增非原刊也

用鄫子于次睢之社　淳熙本纂圖本監本毛本睢作雎非也

東夷皆社祠之　閩本纂圖本監本毛本作祀之非也

雜記言釁廟用羊　毛本記作紀非也

皆是不用大牲也　監本毛本不作以誤也

用人其誰饗之　案風俗通義引作用人其誰享之

退脩教而復伐之　釋文云一本作而復伐之伐衍字也宋本無案襄十一年注引此文有伐字詩皇矣篇正義引同李善注文選陳琳爲曹洪與魏文帝書引作退而脩德復伐之蓋以意增損也

溝壍　岳本壍作塹釋文亦作塹按玉篇引注作塹

經二十年

改名高門也　案水經泗水注引作故名南門也

言新有故木　監本毛本木誤在

言作有新在　宋本在作木不誤

傳二十年

城郭牆壍謂之塞　宋本淳熙本岳本壍作塹是也○今訂正

城郭牆塹　閩本毛本塹作壍非下同

經二十一年

故揔見衆國共執之文　淳熙本見作○非也

公會諸侯晉大夫盟于扈　監本毛本晉作及非也

傳二十一年

公欲焚巫尫　石經宋本岳本尫作尪葉抄釋文亦作尪下準此

穆公召縣子而問焉　宋本焉作然案檀弓作然

尫者面鄉天　閩本監本毛本鄉作嚮檀弓注作鄉

又曰然則吾欲暴巫而奚若　宋本閩本監本毛本脫然則二字

務穡　案論衡明雩篇李善注冊魏公九錫文並作務嗇

實司大皞與有濟之祀　案玉篇口部皞字注云大皞蒼精之君伏羲氏也廣韻亦作大皞五經文字云皞古帝號皆從日月之日從白者誤石經宋本作皞下同釋文同

叔孫豹曰　釋文云豹宜爲婼今傳本多作豹恐是傳寫誤也案正義亦云當云叔孫婼曰徧檢古本皆作豹字

附釋音春秋左傳注疏卷第十四

春秋左傳注疏卷十四校勘記

附釋音春秋左傳注疏卷第十五 僖二十二年盡二十四年

杜氏注　孔穎達疏

經二十有二年春公伐邾取須句 須句雖別國而削弱不能自通爲魯私屬若顓臾之比魯謂之社稷之臣故滅奔及反其君皆略不備書惟書伐邾取須句。比必二反 疏 注須句至須句。正義曰上傳云須句子則須句子爵故云雖別國而不能自通爲魯私屬若襄公之世鄫國屬魯故知如顓臾之比略不備書也 ○夏宋公衛侯許男滕子伐鄭○秋八月丁未及邾人戰于升陘 升陘魯地邾人縣公冑于魚門故深恥之不言公又不言師敗績。陘音刑縣音玄冑直救反 ○冬十有一月己巳朔宋公及楚人戰于泓宋師敗績 泓水名宋伐鄭楚救之故戰也楚告命不以主帥人數故略稱人。帥所類反

春秋疏十五卷　一

傳二十二年春伐邾取須句反其君焉禮也 得恤寡小之禮 ○三月鄭伯如楚○夏宋公伐鄭子魚曰所謂禍在此矣 怨鄭至楚故伐之爲下泓戰起 ○初平王之東遷也 周幽王爲犬戎所滅平王嗣位故東遷洛邑 辛有適伊川見被髮而祭於野者 辛有周大夫伊川周地伊水也。被皮寄反下注同 曰不及百年此其戎乎其禮先亡矣 被髮而祭有象夷狄 疏 其禮先亡矣。正義曰其中國之禮先亡矣 秋秦晉遷陸渾之戎于伊川 允姓之戎居陸渾在秦晉西北二國誘而徙之伊川遂從戎號至今爲陸渾縣也計此去辛有過百年而云不及百年傳舉其事驗不必其年信。渾戶門反一音胡困反 疏 注允姓至年信。正義曰昭九年傳曰先王居檮杌于四裔故允姓之姦居于瓜州伯父惠公歸自秦而誘以來是此戎爲允姓也彼注云瓜州今敦煌則陸渾是敦煌之地名也徙之伊川復以陸渾爲名故至今爲陸渾縣十一年傳稱伊洛之戎同伐京師則伊洛先有戎矣而以今始遷戎爲辛有言驗者蓋今之遷戎始居被髮祭野之處故耳 ○晉大子圉爲質於秦將逃歸謂嬴氏曰與子歸乎 嬴氏秦所妻子圉懷嬴也。質音致妻七計反 對曰子晉大子而辱於秦子之欲歸不亦宜乎寡君之使婢子侍執巾櫛 婢子婦人之卑稱也。櫛側乙反稱尺證反下之稱同 疏 注婢子婦人之卑稱。正義曰曲禮云夫人自稱於其君曰小童世婦以下自稱曰婢子是婢子爲婦人之卑稱 以固子也從子而歸弃君命也不敢從亦不敢言遂逃歸 傳終史蘇之占 ○富辰言於王曰請召大叔 富辰周大夫大叔王子帶十二年奔齊。大叔音泰注同 詩曰協比其鄰昏姻孔云 詩小雅言王者爲政先和協近親則昏姻甚相歸附也鄰猶近也孔甚也云旋也。比毗志反 疏 詩曰至孔云。正義曰詩小雅正月之篇也毛傳云洽合鄰近云旋也言王者和合親比其近親則昏姻甚迴旋而相歸附其詩之意欲令王親親以及遠 吾兄弟之不協焉能怨諸侯之不睦王說王子帶自齊復歸于京師王召之也 傳終仲孫湫之言也爲二十四年天王出居于鄭起。焉於虔反說音悅湫子小反 ○邾人以須句故出師公卑邾不設備而禦之 卑小也。禦本亦作御音魚呂反 臧文仲曰國無小不可易也無備雖衆不可恃也詩曰戰戰兢兢如臨深淵如履薄冰 詩小雅言常戒懼。易以豉反下同兢居陵反本或作矜 又曰敬之敬之天惟顯思 顯明也思猶辭也 命不易哉 周頌言有國宜敬戒天明臨下奉承其命甚難 疏 敬之至易哉。正義曰詩周頌羣臣進戒成王之辭言爲國君者宜敬之哉敬之哉天之道唯

春秋疏十五卷　二

明見思言天之臨下善惡必察奉承天命不易哉言其承天命甚爲難先王之明德猶無不難也無不懼也況我小國乎君其無謂邾小蠭蠆有毒【疏】蠭蠆有毒。正義曰說文云蠭飛蟲螫人者也蠆毒蟲也方言云燕趙謂蠭爲蠓螉其小者謂之蠮螉通俗文云蠆長尾謂之蠍蠍毒傷人曰蛆張列反字或作蜇而況國乎弗聽八月丁未公及邾師戰于升陘我師敗績邾人獲公冑縣諸魚門冑兜鍪魚門邾城門。蠭芳容反本又作蠭俗作蜂皆同蠆勑邁反一音勑戒反字林作蠆丑介反又他割反升陘本亦作登陘縣音玄兜丁侯反鍪莫侯反【疏】注冑兜鍪。正義曰說文云冑兜鍪首鎧也書傳皆云冑無兜鍪之文言兜鍪舉今以曉古蓋秦漢以來語○楚人伐宋以救鄭宋公將戰大司馬固諫曰天之弃商久矣君將興之弗可赦也已大司馬固莊公之孫公孫固也言君興天所弃必不可不如赦楚勿與戰弗聽○冬十一月己巳朔宋公及楚人戰于泓宋人既成列楚人未既濟未盡渡泓水司馬曰子魚也彼衆我寡及其未既濟也請擊之公曰不可既濟而未成列又以告公曰未可既陳而後擊之宋師敗績公傷股門官殲焉門官守門者師行則在君左右殲盡也。陳直覲反殲子廉反【疏】注門官至盡也。正義曰周禮虎賁氏掌先後王而趨以卒伍軍旅會同亦如之舍則守王閑王在國則守王宮國有大故則守王門諸侯之禮亡其官屬不可得而知此門官蓋亦天子虎賁氏之類故在國則守門師行則在君左右近公故盡死也殲盡釋詁文舍人云殲衆之盡也國人皆咎公公曰君子不重傷不禽二毛二毛頭白有二色。咎其九反重直用反下同古之爲軍也不以

阻隘也不因阻隘以求勝。隘於賣反寡人雖亡國之餘宋商紂之後不鼓不成列恥以詐勝【疏】不鼓不成列。正義曰軍法鳴鼓以戰因謂交戰爲鼓彼不成列而鼓以擊之是詐以求勝故注云恥以詐勝子魚曰君未知戰勍敵之人隘而不列天贊我也勍強也言楚在險隘不得陳列天所以佐宋。勍其京反阻而鼓之不亦可乎猶有懼焉雖因阻擊之猶恐不勝且今之勍者皆吾敵也【疏】且今至吾敵也。正義曰用兵之法前敵無問彊弱不可遺留且復若留彊者還爲己害故曰且今之陳上不被損傷材力彊者皆能與吾相敵若其不殺還來害我是以雖及胡耇獲則取之何有恩義於二毛之人雖及胡耇【疏】雖及胡耇。正義曰謚法保民耆艾曰胡胡是老之稱也釋詁云耇壽也舍人曰耇觀也血氣精華觀竭言色赤黑如狗矣孫炎曰耇面如凍梨色似浮垢老人壽徵也獲則取之何有於二毛今之勍者謂與吾競者胡耇元老之稱。耇音苟明恥教戰求殺敵也明殺刑戮以恥不果傷未及死如何勿重言尚能害己若愛重傷則如勿傷愛其二毛則如服焉言苟不欲傷殺敵人則本可不須鬭【疏】若愛至服焉。正義曰如猶不如古人之語然猶似敢卽不敢若愛彼重傷則不如本勿傷之若愛其二毛不欲傷害則不如早服從之何須與戰三軍以利用也爲利與。爲于僞反金鼓以聲氣也鼓以佐士衆之聲氣【疏】金鼓以至聲氣。正義曰言金鼓以聲氣謂金鼓佐士衆之聲氣下文聲盛致志者謂士衆由聞金鼓聲氣滿盛能致勇武之志以擊前敵爲此前敵儳巖未陳鼓而擊之可也注不言金當以金有止衆之時不是盡以聲氣故也周禮鼓人掌教六鼓四金之音聲以節聲樂以和軍旅以正田役以金錞和鼓以金鐲節鼓以金鐃止鼓以金鐸通鼓是錞鐲鐸皆助鼓以聲氣其鐃則鳴之以止鼓大司馬教戰法亦云三刺之後乃鼓退鳴鐃且却哀十一年傳。書曰此行也吾聞鼓而已不聞金矣杜云鼓以進軍金以退軍不聞金言將死也是金有止鼓之時非盡用以聲氣注不言金見此意也利

而用之阻隘可也聲盛致志鼓儳可也儳，巖未整陳。儳仕銜反又仕減反陳直覲反又如字○丙子晨鄭文夫人芈氏姜氏勞楚子於柯澤楚子還過鄭鄭文公夫人芈氏楚女姜氏齊女也柯澤鄭地。芈彌爾反楚姓也勞力報反柯音哥〔疏〕注楚子至鄭地。正義曰以芈是楚姓姜是齊姓故云楚女齊女耳亦無明文言之二者共以夫人冠之蓋俱是夫人禮無二適而有兩夫人者當時僭恣不如禮也楚子使師縉示之俘馘師縉楚樂師也俘所得囚馘所截耳。縉音晉俘芳扶反囚也馘古獲反戰所獲〔疏〕注師縉至截耳。正義曰書傳所言師曠師曹。鐲師觸之類皆是樂師知此師縉亦樂師也釋詁云俘取也馘獲也李巡云囚敵曰俘代執之曰取郭璞云今以獲賊耳爲馘毛詩傳曰殺而獻其耳曰馘鄭箋云馘所格者左耳也然則俘者生執囚之馘者殺其人截取其左耳欲以計功也君子曰非禮也婦人送迎不出門見兄弟不踰閾閾門限。閾音域一音況域反〔疏〕注閾

門限。正義曰釋宮云柣謂之閾孫炎曰柣門限也經傳諸注皆以閾爲門限謂門下橫木爲外內之限也戎事不邇女器邇近也器物也言俘馘非近婦人之物。近如字又附近之近下同丁丑楚子入饗于鄭爲鄭所饗。爲于偽反九獻用上公之禮九獻酒而禮畢〔疏〕注用上至禮畢。正義曰周禮大行人云上公九獻侯伯七獻子男五獻案儀禮主人酌以獻賓賓酢主人主人又酌以酧賓乃成一獻之禮九獻者九爲獻酬而禮始畢也楚賓子爵以霸主自許故鄭以極禮待之庭實旅百庭中所陳品數百也〔疏〕注庭中至百也。正義曰饗禮既亡庭實所有及所加籩豆無以言之然鄭注周禮享禮亦燕禮食禮與飧禮略同掌客云饔餼之禮其死牢如飧之陳上公飧五牢飪一牢陳在西階之前正鼎九牛一羊二豕三魚四腊五腸胃六膚七鮮魚八鮮腊九從北南陳又有陪鼎三膷鼎一在牛鼎之後臐鼎一在羊鼎之後膮鼎一在豕鼎之後腥鼎四牢陳於東階之前牢引。九鼎無陪鼎也侯伯飧四牢飪一牢腥三牢子男飧二牢飪一牢腥二牢其陳列皆如上公又上公醯六十罋從陳於庭碑東醢六十罋從陳於碑西侯伯醯醢百罋子男八十罋其陳如上公又上公米百有二十筥橫陳於醯醢之間侯伯百筥子男八十筥陳如上公此飧禮庭實之物饔餼亦然掌客上公豆四十侯伯三十二子男二十四鄭注云公四十豆堂上十六西夾東夾各十二侯伯三十二豆堂上十二西夾東夾各十子男二十四豆堂上十二西夾東夾各六然籩數亦然其籩豆之物者周禮籩人掌四籩之實朝事之籩其實麷蕡白黑形鹽膴鮑魚鱐饋食之籩其實棗栗桃乾穈榛實加籩之實菱芡栗脯羞籩之實糗餌粉食。醢人掌四豆之實朝事之豆其實韭菹醓醢昌本麋臡菁菹鹿臡茆菹麋臡饋食之豆其實葵菹蠃醢脾析蠯醢蜃蚳醢豚拍魚醢加豆之實芹菹兔醢深蒲醓醢箈菹鴈醢筍菹魚醢羞豆之實酏食糝食此等所陳雖爲祭祀下云賓客亦如之是賓客與祭祀不異故三十年饗有昌歜白黑形鹽公食大夫禮亦有昌本之屬此云加籩豆六品必是此等之物但傳文不具無以言之加籩豆六品食物六品加於籩豆。籩豆禮食器饗畢夜出文芈送于軍取鄭二姬以歸二姬文芈女也叔詹曰楚王其不沒乎不以壽終。詹章廉反沒門忽反爲禮卒於無別無別不可謂禮

將何以沒諸侯是以知其不遂霸也言楚子所以師敗城濮終爲商臣所弒。卒子恤反別彼列反下同濮音卜弒音試

經二十有三年春齊侯伐宋圍緡緡宋邑高平昌邑縣東南有東緡城。緡亡巾反○夏五月庚寅宋公茲父卒三同盟〔疏〕注三同盟。正義曰茲父以九年即位其年盟于葵丘十五年于牡丘雖與魯同此二盟而已而云三者并數盟于薄釋宋公也案經盟于薄始云釋宋公則盟薄之時宋公未得與盟而數之者以凡盟之法皆舍其前惡結其後好故宣十五年楚人圍宋圍後始盟及城下之盟皆是其事今釋宣公之後恐楚人伐宋宋公恨楚故盟以結之若未釋宋公之前何須盟誓但經文欲顯公會之事故盟在釋前劉炫以宋公不與薄盟而規杜云非也○秋楚人伐陳〔疏〕楚人伐陳。正義曰傳稱楚成得臣帥師伐陳則是楚之貴卿也而稱人者釋例曰楚之君臣最多混錯此乃楚之初興未閑周之典禮告命之書自生異同猶秦之僻陋不與中國準故成三年以上春秋未以入例也如杜彼

言楚不以得臣名告故稱人耳。○冬十有一月杞子卒。傳例曰不書名未同盟也。杞入春秋稱侯，莊二十七年絀稱伯，至此用夷禮貶稱子。○絀本又黜，勑律反。

傳二十三年春，齊侯伐宋，圍緡，以討其不與盟于齊也。十九年盟于齊，以無忘桓公之德，而宋獨不會，復召齊人共盟鹿上，故今討之。○與音預，復扶又反，下不復成嫁同。○夏五月，宋襄公卒，傷於泓故也。終子魚之言得死爲幸。○秋，楚成得臣帥師伐陳，討其貳於宋也。成得臣，子玉也。遂取焦、夷，城頓而還。焦，今譙縣也。夷一名城父，今譙郡城父縣。二地皆陳邑。頓國，今汝陰南頓縣。○焦，子消反。子文以爲之功，使爲令尹。叔伯曰：「子若國何？」叔伯，楚大夫薳呂臣也。以爲子玉不任令尹。○薳，爲彼反，不任音壬。對曰：「吾以靖國也。夫有大功而無貴仕，貴仕，貴位。○靖音靜。其人能靖者與有幾？」言必矜功爲亂，不可不賞。○其人能靖者與絕句，與音餘，幾，居宜反。○九月，晉惠公卒。經在明年，從赴。懷公命無從亡人。懷公，子圉。亡人，重耳。○重，直龍反。期，期而不至，無赦。狐突之子毛及偃從重耳在秦，弗召。偃，子犯也。○期期，上如字，下音基，下亦作朞，下注未期亦音基。從，才用反，後皆同。冬，懷公執狐突，曰：「子來則免。」未期而執突，以不召子故。對曰：「子之能仕，父教之忠，古之制也。策名委質，貳乃辟也。名書於所臣之策，屈膝而君事之，則不可以貳，辟罪也。○質如字，辟，婢亦反，注同。膝，星歷反。疏注「名書」至「罪也」。○正義曰：策，簡策也。質，形體也。古之仕者於所臣之人，書已名於策，以明繫屬之也。拜則屈膝而委身體於地，以明敬奉之也。名繫於彼所事之君，則不可以貳心。辟，罪，釋詁文。今臣之子名在重耳有年數矣，若又召

之，教之貳也。父教子貳，何以事君？刑之不濫，君之明也，臣之願也。淫刑以逞，誰則無罪？臣聞命矣。」乃殺之。卜偃稱疾不出，曰：「周書有之：『乃大明服。』周書，康誥。言君能大明，則民服。○濫，力暫反。己則不明而殺人以逞，不亦難乎？民不見德而唯戮是聞，其何後之有？」言懷公必無後於晉，爲二十四年殺懷公張本。○逞，勑景反，本亦作逞之。○十一月，杞成公卒。書曰「子」，杞，夷也。成公始行夷禮以終其身，故於卒貶之。杞實稱伯，仲尼以文貶稱子，故傳言書曰子以明之。疏注「成公」至「明之」。○正義曰：何休膏肓難左氏云：杞子卒，豈當用夷禮死乎？故解之。此杞成公始行夷禮以終其身，故於卒貶之。卒者，人之終。於終貶之，見其終身行夷禮也。於時杞實稱伯，唯此獨稱子，是仲尼以文貶之。稱子貶之而曰子者，曲禮曰：「其在東夷、北狄、西戎、南蠻，雖大曰子。」四夷之君，爵不過子，故貶之爲子，言如夷狄之大國耳。不書名，未同盟也。凡諸侯同盟，死則赴以名，禮也。隱七年已見，今重發不書名者，疑降爵故也。此凡又爲國史承告而書例。○見，賢遍反。重，直用反，下重詳同。又爲，如僞反，又如字。赴以名，則亦書之，謂未同盟。不然則否，謂同盟而不以名告。辟不敏也。敏猶審也。同盟然後告名，赴者之禮也。承赴然後書策，史官之制也。內外之宜不同，故傳重詳其義。疏「不書」至「敏也」。○正義曰：隱七年已有例矣，今重發者，釋例曰：杞侯降爵，嫌有異同，盟傳重發不書之例，又更發凡者，以明雖薨赴有法，若或違之，國史亦承告而書，不必改正也。赴以名則亦書之者，謂諸侯雖不同盟，或以名赴也。不然則否，辟不敏者，謂雖同盟而赴不以名，則亦不書名，以審違謬也。○晉公子重耳之及於難也，晉人伐諸蒲城。事在五年。○難，乃旦反。蒲城人欲戰，重耳不可，曰：「保君父之命而享其生祿，享，受也。保，猶恃也。○疏

享其生祿○正義曰人以祿生故謂之生祿○於是乎得人以祿致衆有人而校罪莫大焉校報也○校音教吾其奔也遂奔狄從者狐偃趙衰衰趙夙弟○衰初危反顛頡魏武子武子魏犨○頡戶結反犨尺由反○司空季子胥臣臼季也時狐毛賈佗皆從而獨舉此五人賢而有大功○臼其九反佗徒何反〔疏〕胥臣至大功○正義曰胥氏也臣名也晉有臼邑蓋食采於臼邑字季子而爲司空之官故名氏互見也不言狐毛賈佗而獨舉此五人者賢而有大功故也顛頡歸晉時即被戮而言大功者當爲從亡之時有大功也晉語稱公子長事賈佗佗非不賢蓋傳文意之所在便即言之未必五人皆賢於賈佗狄人伐廧咎如廧咎如赤狄之別種也隗姓○廧在良反咎古刀反隗五罪反下文皆同〔疏〕注廧咎至隗姓○正義曰成二年晉郤克衛孫良夫伐廧咎如傳曰討赤狄之餘焉彼言赤狄之餘知是赤狄之別種也女曰叔隗季隗知爲隗姓也獲其二女叔隗季隗納諸公子公子取季隗生

伯儵叔劉以叔隗妻趙衰生盾盾趙宣子○儵直由反妻七計反下同盾徒本反將適齊謂季隗曰待我二十五年不來而後嫁對曰我二十五年矣又如是而嫁則就木焉言將死入木不復成嫁○請待子處狄十二年而行以五年奔狄至十六年而去○請待子絕句○過衛衛文公不禮焉出於五鹿五鹿衛地今衛縣西北有地名五鹿陽平元城縣東亦有五鹿乞食於野人野人與之塊公子怒欲鞭之子犯曰天賜也得土有國之祥故以爲天賜○塊苦對反又苦怪反稽首受而載之〔疏〕乞食至載之○正義曰晉語云過五鹿乞食於野人野人舉塊以與之公子怒將鞭之子犯曰天賜也民以土服又何求焉天事必象十二年必獲此土二三子志之歲在壽星及鶉尾其有此土乎天以命矣復於壽星獲於諸侯天之道也由是始之有此其以戊申乎所以申土也再拜稽首受而載之○及齊齊桓公妻之有馬二十乘四馬爲乘八十匹也○乘繩證反注及下皆同公子安之從者以爲不可將行謀於桑下齊桓既卒知孝公不可恃故○蠶妾在其上以告姜氏姜氏殺之姜氏重耳妻恐孝公怒其去故殺妾以滅口○〔疏〕及齊至殺之○正義曰晉語云齊侯妻之甚善焉有馬二十乘將死於齊而已曰民生安樂孰知其他桓公卒孝公即位諸侯叛齊子犯知齊之不可以動而知文公之安齊有終焉之心欲行而患之與從者謀於桑下蠶妾在焉莫知其在也妾告姜氏姜氏殺之而謂公子曰子有四方之志其聞之者吾殺之矣公子曰無之姜曰行也懷與安實敗名公子不可姜與子犯謀醉而遣之醒以戈逐子犯無去志故怒○敗必邁反醒星頂反〔疏〕醒以戈逐子犯○正

義曰晉語云逐子犯曰若無所濟吾食舅氏肉其知饜乎舅犯走且對曰若無所濟吾未知死所誰能與豺狼爭食若克有成公子無亦晉之柔嘉是以甘食偃之肉腥臊將焉用之遂行○及曹曹共公聞其駢脅欲觀其裸浴薄而觀之薄迫也駢脅合脅○共音恭聞其駢幹絕句駢薄賢反脅許業反說文云駢脅并也廣雅云脅幹謂之肋通俗云腋下謂之脅欲觀如字絕句一讀至裸字絕句裸力果反又戶化反浴音欲薄如字國語云薄簾也幹古旦反○〔疏〕及曹至觀之○正義曰斷其裸以上爲句裸謂赤體無衣也駢脅非裸不見故欲觀其裸伺其浴乃逼迫以觀之晉語云曹共公聞其駢脅欲觀其狀止其舍諜其將浴設微薄而觀之孔晁云諜候也微蔽也○注薄迫也駢脅合幹○正義曰薄者逼近之意故爲迫也說文云駢脅并幹也肋脅骨也廣雅云脅幹謂之肋孔晁云聞公子脅幹是一骨故欲觀之通俗文曰腋下謂之脅如此諸說則脅是腋下之名其骨謂之肋幹是肋之別名駢訓比也骨相比迫若一骨然僖負羈之妻曰吾觀晉公子之從者皆足以相國若以相若遂以爲傳相○

紀宜反相息亮反下及注同夫子必反其國。反其國，必得志於諸侯。得志於諸侯，而誅無禮，曹其首也。子盍蚤自貳焉。自貳，自別異於曹。○盍，戶臘反。蚤音早。別，彼列反。乃饋盤飧，寘璧焉。臣無竟外之交，故用盤藏璧飧中，不欲令人見。○饋，其貴反，遺也。飧音孫。說文云：餔也。字林云：水澆飯也。寘，之豉反。竟音境。令，力呈反。公子受飧反璧。及宋，宋襄公贈之以馬二十乘。贈，送也。及鄭，鄭文公亦不禮焉。叔詹諫曰：「臣聞天之所啓，疏天之所啓。○正義曰：啓，開也。凡是天開道者，非人所能及，欲令鄭伯禮之。人弗及也。啓，開也。晉公子有三焉，天其或者疏天其或者。○正義曰：天意不可必知，或言或者，謂天意或當然也。將建諸君，其禮焉。男女同姓，其生不蕃。蕃，息也。○蕃音煩，注同。

疏男女至不蕃。○正義曰：禮，取妻不取同姓，辟違禮而取，故其生子不能蕃息昌盛也。晉語曰：「同姓不昏，懼不殖也。」又曰：「異姓則異德，異德則異類，異類雖近，男女相及，以生民也。同姓則同德，同德則同心，同心則同志，同志雖遠，男女不相及，畏黷故也。黷則生怨，怨亂育災，災育滅姓。是故取妻辟同姓，畏亂災也。」周禮不得取同姓，彼遂演說其意耳，未必取同姓者皆滅姓也。晉公子，姬出也，而至于今，一也。犬戎狐姬之子，故曰姬出。離外之患，出奔在外。而天不靖晉國，殆將啓之，二也。有三士足以上人而從之，三也。國語：狐偃、趙衰、賈佗三人皆卿才。○從，如字，一音才用反。疏注國語至卿才。○正義曰：晉語云：僖負羈言於曹伯曰：「晉公子生十七年而亡，卿才三人從之，可謂賢乎？」宋公孫固言於襄公曰：「晉公子好善不厭，父事狐偃，師事趙衰，而長事賈佗。此三人者，實左右之。公子居則下之，動則諮焉。」僖負羈言有卿才，公孫固說其名氏，知是一物，故并引之。晉、鄭同儕，儕，等也。○儕，士皆反。其過子弟，固將禮焉，況天之所

啓乎？」弗聽。及楚，楚子饗之，曰：「公子若反晉國，則何以報不穀？」對曰：「子女玉帛則君有之，羽毛齒革則君地生焉。其波及晉國者，君之餘也，其何以報君？」曰：「雖然，何以報我？」對曰：「若以君之靈，得反晉國，晉、楚治兵，遇於中原，其辟君三舍。若不獲命，三退不得楚止命也。○過王古禾反其左執鞭弭，右屬櫜鞬，以與君周旋。」弭，弓末無緣者。櫜以受箭，鞬以受弓。屬，著也。周旋，相追逐也。○弭，莫爾反。爾雅云：弓有緣者謂之弓，無緣者謂之弭。屬音燭，注同。櫜，古刀反，受箭器。鞬，九言反，弓衣。緣，悅絹反。疏注弭弓至逐也。○正義曰：釋器云：「弓有緣者謂之弓，無緣者謂之弭。」李巡曰：「骨飾兩頭曰弓，不以骨飾兩頭曰弭。」孫炎曰：「緣，謂繳束而漆之。弭，謂不以繳束，骨飾兩頭者也。」二說雖反，俱以弭爲弓末也。詩云「載櫜弓矢」，則弓矢所

藏俱名櫜也。昭元年傳伍舉請垂櫜而入，注云「示無弓」，則櫜亦受弓之物。方言云：「弓藏謂之鞬。」此櫜鞬二物，必一弓一矢，以鞬是受弓，故云櫜以受箭，因對文而分之耳。孔晁云：「馬鞭及弓分在兩手，欲辟右帶櫜鞬之文，故云左執。」子玉請殺之。畏其志大。楚子曰：「晉公子廣而儉，志廣而體儉。文而有禮。其從者肅而寬，肅，敬也。忠而能力。疏廣而至能力。○正義曰：廣大者失於奢僭，故美其能儉也。文華者失於傲慢，故美其能有禮也。能敬者失於褊急，故美其能寬容也。忠誠者未必有力，故美其能勤也。此四者每兩事相反，而美其能兼有之。晉侯無親，外內惡之。晉侯，惠公也。○惡，烏路反。吾聞姬姓，唐叔之後，其後衰者也，其將由晉公子乎！天將興之，誰能廢之？違天必有大咎。」乃送諸秦。秦伯納女五人，懷嬴與焉。懷嬴，子圉妻。子圉謚懷公，故號爲懷嬴。○咎，其九反。與音預。奉匜沃盥，既

而揮之匜沃盥器也揮湔也○奉芳勇反匜以支反一音以紙反說文云似羹魁柄中有道可注水盥古緩反揮許韋反湔音薦王音贊一音箭又音牋疏注匜沃至湔也○正義曰說文云匜似羹魁柄中有道可以注水盥澡手也從臼水臨皿然則匜者盛水器也盥謂洗手也沃謂澆水也懷嬴奉匜盛水爲公子澆水令公子洗手既而以濕手揮之使水湔汚其衣故云揮湔也怒曰秦晉匹也何以卑我匹敵也公子懼降服而囚去上服自拘囚以謝之○去起呂反拘音俱疏注去上至謝之○正義曰晉語說此事云公子欲辭司空季子子犯子餘勸取之乃歸女而納幣且逆孔晁云歸懷嬴更以貴妻禮迎之也服虔云申意於楚子伸於知己降服於懷嬴屈於不知己他日公享之子犯曰吾不如衰之文也有文辭也○衰初危反下同請使衰從公子賦河水河水逸詩義取河水朝宗于海海喻秦公賦六月六月詩小雅道尹吉甫佐宣王征伐喻公子還晉必能匡王國古者禮會因古詩以見意故言賦詩斷章也其全稱詩篇者多取首章之

義他皆放此○見賢遍反斷端緩反疏注六月至放此○正義曰杜言全引詩篇者多取首章之義劉炫規過云案春秋賦詩有雖舉篇名不取首章之義者故襄二十七年公孫段賦桑扈趙孟曰匪交匪敖乃是卒章又昭元年云令尹賦大明之首章既特言首章明知舉篇名者不是首章今刪定知不然者以文四年賦湛露云天子當陽又文十三年文子賦四月是皆取首章若取餘章者傳皆指言其事則賦載馳之四章綠衣之卒章是也所以令尹特言大明首章者令尹意特取首章明德故傳指言首章與餘別也杜言多取首章言多則非是摠皆如此劉以春秋賦詩有不取首章以規杜氏非也趙衰曰重耳拜賜公子降拜稽首公降一級而辭焉下階一級辭公子稽首○級音急衰曰君稱所以佐天子者命重耳重耳敢不拜詩首章言匡王國次章言佐天子故趙衰因通言之爲明年秦伯納之張本

經二十有四年春王正月○夏狄伐鄭○秋七月○冬天王出居于鄭襄王也天子以天下爲家故所在稱居天子無外而書出者譏王蔽於匹夫之孝不顧天下之重因其辟母弟之難書出言其自絕於周○蔽必世反難乃旦反疏天王出居于鄭○正義曰出居實出奔也出謂出畿內居若移居然天子以天下爲家所在皆得安居故爲天子別立此名釋例曰天子以天下爲家故傳曰凡自周無出今以出居爲名而不書奔殊之於別國晉侯夷吾卒文公定位而後告未同盟而赴以名

傳二十四年春王正月秦伯納之不書不告入也納重耳也及河子犯以璧授公子曰臣負羈紲從君巡於天下羈馬羈紲馬韁○羈紀宜反說文云馬絡頭也紲息列反說文云繫也從才用反又如字韁居良反疏注羈馬羈紲馬韁○正義曰說文云羈馬絡頭也又曰馬紲紲係也少儀云犬則執紲牛則執紖馬則執靮服虔云一曰犬韁曰紲古者行則有犬杜今正以紲爲馬韁者紲是係之別名係馬係狗皆得稱

紲彼對文耳散則可以通巡於天下用馬爲多故主於馬耳臣之罪甚多矣臣猶知之而況君乎請由此亡公子曰所不與舅氏同心者有如白水子犯重耳舅也言與舅氏同心之明如此白水猶詩言謂予不信有如皦日○皦古了反疏注子犯至皦日○正義曰諸言有如皆是誓辭有如日有如河有如皦日有如白水皆取明白之義言心之明白如日如水也有如上帝有如先君言上帝先君明見其心意亦同也投其璧于河質信於河○質音致濟河圍令狐入桑泉取臼衰桑泉在河東解縣西解縣東南有臼城○令力丁反衰初危反解戶買反二月甲午晉師軍于廬柳懷公遣軍距重耳○廬力居反柳力久反秦伯使公子縶如晉師師退軍于郇解縣西北有郇城○縶張立反郇音荀辛丑狐偃及秦晉之大夫盟于郇壬寅公子入于

晉師丙午入于曲沃丁未朝于武宮文公之祖武公廟戊申使殺懷公于高梁不書亦不告也懷公奔高梁高梁在平陽楊縣西南再發不告者言外諸侯入及見殺亦皆須告乃書于策呂郤畏偪呂甥郤芮惠公舊臣故畏爲文公所偪害○偪音逼爲于僞反將焚公宮而弒晉侯寺人披請見公使讓之且辭焉辭不見○弒音試又作殺寺本又作侍披普皮反請見賢遍反曰蒲城之役在五年君命一宿女即至即日至○女音汝下皆同其後余從狄君以田渭濱田獵○渭音謂水名濱音賓女爲惠公來求殺余命女三宿女中宿至雖有君命何其速也夫袪猶在披所斬文公衣袂也○爲于僞反中丁仲反下注中鉤同女中宿至或無至字袪起魚反袂滅制反（疏）夫袪猶在○正義曰夫辭也彼時斬袪之恨今日猶在女其行乎對曰臣謂君之入也其知之矣知君人之道若猶未也又將及難君命無二古之制也除君之惡唯力是視蒲人狄人余何有焉當二君世君爲蒲狄之人於我有何義○難乃旦反下及注皆同今君即位其無蒲狄乎（疏）蒲人至狄乎○正義曰言獻公之時君爲蒲邑人惠公之時君爲狄國人余未事君何有恩義於君爲今君即位其無蒲狄乎言有人在蒲在狄爲君猶是也齊桓公置射鉤而使管仲相乾時之役管仲射桓公中帶鉤○射食亦反注同相息亮反君若易之何辱命焉言若反齊桓己將自去不須辱君命行者甚衆豈唯刑臣披奄人故稱刑臣○甚衆一本甚作其（疏）行者至刑臣○正義曰公言女其行乎欲使之出奔也公若反齊桓念舊惡則出奔者甚衆多矣豈唯刑臣一人乎言畏罪者皆將去公見之以

難告告呂郤欲焚公宮三月晉侯潛會秦伯于王城己丑晦公宮火瑕甥郤芮不獲公乃如河上秦伯誘而殺之晉侯逆夫人嬴氏以歸秦穆公女文嬴也秦伯送衛於晉三千人實紀綱之僕新有呂郤之難國未輯睦故以兵衛文公諸門戶僕隸之事皆秦卒共之爲之紀綱○輯音集又七入反本亦作集卒子忽反共音恭本亦作供（疏）注新有至紀綱○正義曰新有呂郤之難國未輯睦恐晉人情不可信故秦伯以兵衛文公也說文云綱維紘繩也紀絲別也則綱是維之大繩紀者別理絲縷諸門戶僕隸之事皆使秦卒共之與晉人爲紀綱謂爲之首領主帥也初晉侯之豎頭須守藏者也頭須一曰里鳧須豎左右小吏○豎上主反藏才浪反下同里鳧須房乎反韓詩外傳云晉文公亡過曹里鳧須從因盜重耳資而亡重耳無糧餒不能行介子推割股以食重耳然後能行（疏）注頭須至小吏○正義曰一曰里鳧須者史記謂之里鳧須與傳文不同必有一謬故辨出其別不敢正之鄭玄周禮注云豎未冠者之官名其出也竊藏以逃文公出時盡用以求納之求納文公○盡津忍反及入求見公辭焉以沐謂僕人曰沐則心覆（疏）沐則心覆○正義曰韋昭云沐則低頭故心反覆也心覆則圖反宜吾不得見也居者爲社稷之守行者爲羈紲之僕其亦可也何必罪居者國君而讎匹夫懼者甚衆矣僕人以告公遽見之言弃小怨所以能安衆○求見賢遍反下得見同覆芳服反下同守手又反又如字甚衆本或作其衆遽其據反狄人歸季隗于晉而請其二子二子伯儵叔劉文公妻趙衰生原同屏括樓嬰原屏樓三子之邑○妻七計反屏步平反括古活反趙姬請逆盾與其母趙姬文公女也盾狄

女叔隗之子子餘辭子餘趙衰字姬曰得寵而忘舊何以使人必逆之固請許之來以盾爲才固請于公以爲嫡子而使其三子下之以叔隗爲內子而已下之卿之嫡妻爲內子皆非此年事蓋因狄人歸季隗遂終言叔隗○嫡本亦作適丁歷反注下遐嫁反下同○晉侯賞從亡者介之推不言祿祿亦弗及介推文公微臣之語助○從才用反介音界推昌誰反推曰獻公之子九人唯君在矣惠懷無親外內棄之天未絕晉必將有主主晉祀者非君而誰天實置之而二三子以爲己力不亦誣乎竊人之財猶謂之盜況貪天之功以爲己力乎下義其罪上賞其姦上下相蒙蒙欺也難與處矣疏下義至處矣○正義曰在下者以貪天之功爲立君之義是下義其罪也在上者以立君之勳賞盜天之罪是上賞其姦也居下者義其罪是下欺上也居上者賞其姦是上欺下也如此上下相欺蒙難可與並居處矣其母曰盍亦求之以死誰懟對曰尤而效之罪又甚焉且出怨言不食其食怨言謂上下相蒙難與處○盍戶臘反懟直類反其母曰亦使知之若何既不求之且欲令推達言於文公○令力呈反對曰言身之文也身將隱焉用文之是求顯也其母曰能如是乎與女偕隱偕俱也○焉於虔反女音汝遂隱而死晉侯求之不獲以緜上爲之田曰以志吾過且旌善人旌表也西河界休縣南有地名緜上○鄭之入滑也滑人

聽命入滑在二十一年師還又即衛鄭公子士洩堵俞彌帥師伐滑堵俞彌鄭大夫○俞羊朱反彌亡皮反王使伯服游孫伯如鄭請滑二子周大夫鄭伯怨惠王之入而不與厲公爵也事在莊二十一年又怨襄王之與衛滑也怨王助衛爲滑請○爲于僞反故不聽王命而執二子王怒將以狄伐鄭富辰諫曰不可臣聞之大上以德撫民無親疏也○聽吐鄭反而執二子本或作而執其二子其衍字也大音泰其次親親以相及也先親以及疏推恩以行義疏大上至及也○正義曰曲禮云大上貴德其次務施報鄭玄以大上爲帝皇之世其次謂三王以來則以大上其次爲世代之先後也襄二十四年傳曰大上立德其次立功其次立言杜以立德謂黃帝堯舜立功謂禹稷立言謂史佚周任則以人之賢愚爲上次非復年代之先後也然則大上謂人之最大上上聖之人也以德撫民唯能是用不簡親疏也其次聖之人則親其所親以漸相及而至於遠人爲下周公親親之事張本也周公亦是上聖不以德而先親者制法爲後不獨爲身聖人之身不恃親也昔周公弔二叔之不咸故封建親戚以蕃屏周。弔傷也咸同也周公傷夏殷之叔世疏其親戚以至滅亡故廣封其兄弟○蕃方元反管蔡郕霍魯衛毛聃郜雍曹滕畢原酆郇文之昭也十六國皆文王子也管國在滎陽京縣東北雍國在河內山陽縣西畢國在長安縣西北酆國在始平鄠縣東○郕音成聃乃甘反雍於用反注同酆音豐郇音荀邘晉應韓武之穆也四國皆武王子應國在襄陽城父縣西韓國在河東郡界河內野王縣西北有邘城○邘音于凡蔣邢茅胙祭周公之胤也胤嗣也蔣在弋陽期思縣高平昌邑縣西有茅鄉東郡燕縣西南有胙亭○蔣將丈反茅亡交反胙才故反下注祭胙同祭則界反疏昔周至胤也○正義曰伯仲叔季長幼之次也故通謂國衰爲叔世將亡爲季世昔周公傷彼夏殷二國叔世疏其親戚令使宗族之不同心以相匡輔至於滅亡故封之親戚爲諸侯之君以爲蕃籬屏蔽周室言封此以下文武周公之子孫爲二十六國也此二十六國武王克商之後下及成康之世乃可封建畢矣非是一時封建非盡周公所爲富辰盡以其事屬周公者以武王克殷周公爲輔又攝政制禮成一代大法雖非悉周公所爲皆是周公之法故歸之於周公耳昭二十八年傳曰昔武王克商光有天下兄弟之國十有五人姬姓之國四十人彼言由其克商乃得封建兄弟歸功於武王耳亦非武王之時已建五十五國其後不復封人也昭二十六年傳曰昔武王克殷成王靖四方康王息民並建母弟以蕃屏周昭九年傳曰文武成康之建母弟以蕃屏周則康王之世尚有封國非獨周公時也且見於經傳者管叔蔡叔霍叔周公攝政之初以流言見黜則三叔之國已是武王封矣尚書康誥之篇周公營洛之時始封康叔于衛洛誥之篇周公致政之月始封伯禽于魯晉傳稱成王削桐葉爲珪以封唐叔如此之類不得爲武王封也凡蔣邢茅胙祭周公之胤也豈周公自封哉固當成王即政之後或至康王之時始封之耳。注弔傷至兄弟。正義曰弔傷俱是悼往之辭咸訓爲皆故爲同也昭六年傳曰夏有亂政而作禹刑商有亂政而作湯刑周有亂政而作九刑三

辟之興皆叔世也彼叔世爲三代之末世知此二叔亦二代之末世也二代之末疏其親戚以至滅亡周公創其如此故制禮設法親其所親廣封兄弟以自蕃衞也蕃屏者分地以建諸侯使與京師作蕃籬屏扞也鄭衆賈逵皆以二叔爲管叔蔡叔傷其不和睦而流言作亂故封建親戚鄭玄詩箋亦然案其封建之中方有管蔡豈傷其作亂始封建之馬融以爲夏殷叔世故杜同之。注十六至縣東。正義曰文之昭者自后稷以後一昭一穆文王於次爲穆故文子爲昭武子爲穆昭二十八年傳稱武王兄弟之國十五人此十六彼十五者人異故說異耳非武王時十五而周公加一也此十六國所在之地蔡郕魯衞郜曹滕七國當時皆在已經解訖霍在閔元年原在隱十一年郇在此年春亦已解訖其毛聃闕故唯解管雍畢酆也武穆四國晉時見在故唯解應韓邘也周公之胤邢國見在隱五年解訖凡祭闕故唯解蔣茅胙也

召穆公思周德之不類故糾合宗族于成周而作詩類善也糾收也召穆公周卿士名虎召采地扶風雍縣東南有召亭周厲王之時周德衰微兄弟道缺召穆公于東都收會宗族特作此周公之樂歌常棣詩屬小雅。召上照反注同糾居黝反棣大計反字林大內反。

曰常棣之華鄂不韡韡常棣棣也鄂鄂然華外發不韡韡言韡韡以喻兄弟和睦則強盛而有光輝韡韡然。鄂五各反不方九反韡韋鬼反。凡今之人莫如兄弟言致韡韡之盛莫如親兄弟。其四章曰兄弟鬩于牆外禦其侮鬩訟爭貌言內雖不和猶宜外扞異族之侵侮。鬩呼歷反毛詩傳云狠也禦魚呂反下同侮亡甫反詩作務爭爭鬭之爭本又作諍扞戶旦反

【疏】召穆至其侮。正義曰常棣之詩周公所作故周語說此事云周文公之詩曰即明是周公作也召穆公厲王時人於時周德既衰兄弟道缺召穆公思周德之不善致使兄弟之恩缺收合宗族於成周爲設燕會而作此周公樂歌之詩曰常棣之木華鄂鄂然外發之時豈不韡韡而光明乎以衆華俱外發實韡韡而光明以喻兄弟衆多而相和睦豈不彊盛而有光輝乎言兄弟和睦實彊盛而有光輝兄弟和睦則彊盛如是然則凡今日天下之人欲致此韡韡之盛莫如兄弟之相親也其四章曰兄弟或有自不相善可爭訟于牆內若有他人侵之則同心合意外禦其他人之侵侮也。注類善至小雅。正義曰類善釋詁文糾者聚合之意故爲收也召穆公厲王

宣王之臣詩江漢序云命召公平淮夷經曰王命召虎是也思周德之不善故知是厲王之時周德衰微兄弟道缺也召穆公於東都會宗族蓋當宣王之時若當厲王之時天子疏之召公雖則聚會不能使之親也於會之上作此周公之樂歌欲感切宗族使相親也劉炫云杜云常棣詩屬小雅明是周公所作也。注常棣至韡然。正義曰常棣棣釋木文也舍人曰常棣一名棣郭璞曰今關西山中有棣樹子似櫻桃可啖鄂鄂然華外發者華聚而發於外鄂鄂然而光明也不韡韡乎言其實韡韡也古之人語有聲而倒者詩文多有此類。注鬩訟爭貌。正義曰釋言云鬩很也孫炎云相很戾也李巡本作恨注云相怨恨以心相怨恨而爲鬩是爲爭訟貌也

如是則兄弟雖有小忿不廢懿親懿美也今天子不忍小忿以棄鄭親其若之何庸勳親親暱近尊賢德之大者也庸用也暱親也。暱女乙反即聾從昧與頑用嚚姦之大者也

【疏】庸勳至姦之大。正義曰親暱尊是愛敬之辭也即從與是依就之意也其庸即用也用其有功勳

者親其親族親者暱其道路近者尊其有賢行者此四事是德之大者也卽訓就也就其耳聾者從其目昧者與其心頑者用其口嚚者此四事是姦之大者也動親近賢據事上爲名聾昧頑嚚據身上爲名以狄無他事故於耳目心口之上爲惡名耳下文名以四事覆之唯棄嬖寵而用三良是言鄭伯之賢與上文倒隨便言耳杜言三良叔詹堵叔師叔所謂尊賢如杜此注則謂鄭伯尊賢與上文尊賢乖者能用三良則是鄭伯之賢王則當尊此鄭伯但杜注省略耳棄德崇姦禍之大者也崇聚也○聾鹿工反昧音妹嚚魚巾反鄭有平惠之勳平王東遷晉鄭是依惠王出奔虢鄭納之是其勳也又有厲宣之親鄭始封之祖桓公友周厲王之子宣王之母弟棄嬖寵而用三良七年殺嬖臣申侯十六年殺寵子子華也三良叔詹堵叔師叔所謂尊賢○堵丁古反又音者於諸姬爲近道近當暱之四德具矣耳不聽五聲之和爲聾目不別五色之章爲昧心不則德義之經爲頑口不道忠信之言爲嚚狄皆則之四姦具矣周之有懿德也猶曰莫如兄弟故封建之當周公時故言周之有懿德○其懷柔天下也猶懼有外侮扞禦侮者莫如親親故以親屏周召穆公亦云周公作詩召公歌之故言亦云今周德既衰於是乎又渝周召以從諸姦無乃不可乎變周召親兄弟之道○渝羊朱反變也民未忘禍王又興之前有子頹之亂中有叔帶召狄故曰民未忘禍○頹徒回反其若文武何言將廢文武之功業王弗聽使頹叔桃子出狄師二子周大夫○桃如字本或作姚亦宜音桃○夏狄伐鄭取櫟王德狄人疏○王德狄人正義曰荷其恩者謂之爲德古人有此語也將以其女爲后富辰諫曰

不可臣聞之曰報者倦矣施者未厭施功勞也有勞則望報過甚○櫟力狄反施如字注同厭於豔反又於鹽反狄固貪惏疏狄固貪惏○正義曰方言云殺人取財曰惏王又啓之女德無極婦怨無終婦女之志近之則不知止足遠之則忿怨無已終猶已也○惏力南反方言云殺人而取其財曰惏近附近之近遠于萬反狄必爲患王又弗聽初甘昭公有寵於惠后甘昭公王子帶也食邑於甘河南縣西南有甘水惠后將立之未及而卒昭公奔齊奔齊在十二年王復之在二十二年又通於隗氏隗氏王所立狄后王替隗氏替廢也○替他計反頹叔桃子曰我實使狄狄其怨我遂奉大叔以狄師攻王王御士將禦之周禮王之御士十二人疏注周禮至二人○正義曰周禮無御士之官唯夏官大僕之屬有御僕下士十有二人掌王之燕令鄭玄云燕居時之令以親近王故欲爲王禦寇王曰先后其謂我何先后惠后也誅大叔恐違先后志寧使諸侯圖之王遂出及坎欿國人納之坎欿周地在河南鞏縣東○坎苦感反欿大感反鞏九勇反秋頹叔桃子奉大叔以狄師伐周大敗周師獲周公忌父原伯毛伯富辰原毛皆采邑○疏注原毛皆采邑正義曰此原伯毛伯蓋是文王之子原毛之後世爲王臣仍爲伯爵或本封絕滅食采畿內故云皆采邑也王出適鄭處于氾鄭南氾也在襄城縣南○氾音凡後皆同疏注鄭南至縣南○正義曰南氾是襄城縣南則鄭之西南之竟南近於楚西近於周故王處于氾及楚伐鄭師于氾皆以爲南氾其東氾在中牟縣南去鄭城既近三十年秦晉圍鄭秦軍氾南故爲東氾各隨其所近而言也大叔以隗氏居于溫○鄭子華之弟子臧出奔宋十六年殺子華故○

好聚鷸冠鷸鳥名聚鷸羽以爲冠非法之服○好呼報反鷸尹橘反翠鳥也疏注鷸鳥至之服○正義曰釋鳥云翠鷸李巡曰鷸一名爲翠其羽可以爲飾樊光云青羽出交州郭璞云似燕紺色生鬱林說文云翠青羽雀也案漢書尉佗獻文帝翠鳥毛然則鷸羽可以飾器物聚此鷸羽以爲冠也鄭伯聞而惡之惡其服非法○惡烏路反使盜誘之八月盜殺之于陳宋之間君子曰服之不衷身之災也衷猶適也○衷音忠一音丁仲反注同詩曰彼己之子不稱其服詩曹風刺小人在位言彼人之德不稱其服○己音記稱尺證反注及下同刺七賜反子臧之服不稱也夫詩曰自詒伊慼其子臧之謂矣詩小雅詒遺也慼憂也取其自遺憂○之服一本作之及夫音扶詒以支反遺唯季反下同夏書曰地平天成稱也夏書逸書地平其化天成其施上下相稱爲宜○夏戶雅反後夏書皆放此施始豉反疏注夏書至爲宜○正義曰此是大禹謨之文以說禹事故傳通以其篇爲夏書彼孔安國云水土治曰平五行序曰成水土既治是地平其化五行既序是天成其施杜雖不見孔傳於義亦不相違也○宋及楚平宋成公如楚還入於鄭鄭伯將享之問禮於皇武子皇武子鄭卿對曰宋先代之後也於周爲客天子有事膰焉有事祭宗廟也膰祭肉尊之故賜以祭胙○膰符袁反周禮又作鐇字音義皆同有喪拜焉宋弔周喪王特拜謝之疏注宋弔至謝之○正義曰禮弔喪之法皆主人拜其弔者謝其勤勞弔者不荅拜以其爲事而來不自同於賓客此皆據弔及主人敵禮以上若其臣下來弔則主人不拜宋是先代之後王以敵禮待之故拜其來弔其餘諸侯則否豐厚可也鄭伯從之享宋公有加禮也禮物事事加厚善鄭能尊先代○享宋公有加絕句禮也一本無也字讀則揔爲句○冬王使來告難曰不穀不德得罪于母弟之寵子帶鄙在鄭地氾鄙野也○難乃旦反下同敢告叔父天子謂同姓諸侯曰叔父臧文仲對曰天子蒙塵于外敢不奔問官守官守王之羣臣○守手又反注及下同王使簡師父告于晉使左鄢父告于秦二子周大夫○鄢於晩反天子無出書曰天王出居于鄭辟母弟之難也叔帶襄王同母弟天子凶服降名禮也凶服素服降名稱不穀○鄭伯與孔將鉏石甲父侯宣多省視官具于氾三子鄭大夫省官司具器用○鉏仕居反疏省視官具○正義曰鄭伯與三大夫每日親自省視當國官司令具其器用送之于氾而後聽其私政也而後聽其私政禮也得先君後已之禮○聽吐定反○衞人將伐邢禮至曰不得其守國不可得也禮至衞大夫守謂邢正卿國子我請昆弟仕焉乃往得仕爲明年滅邢傳

附釋音春秋左傳注疏卷第十五

江西南昌府學栞

春秋左傳注疏卷十五校勘記　阮元撰盧宣旬摘録

附釋音春秋左傳注疏卷第十五　僖二十二年盡二十四年

經二十二年

須句雖別國　山井鼎云別國諸本皆然唯宋板改作列國不知據何本也

唯書伐邾取須句　纂圖本閩本監本毛本唯作惟

傳二十二年

平王嗣位　宋本淳熙本岳本足利本位作立

婢子婦人之卑稱也　宋本淳熙本足利本無也字

詩小雅言常戒懼　宋本常作甞

天惟顯思　岳本惟作維非

蠭蠆有毒　釋文蠭本又作蠡俗作蜂蠆字林作蠇

張列反字或作蜇　宋本張列反三字作雙行

公及邾師戰于升陘　釋文升作登云本亦作升陘案玉篇陘胡經切鄉名在高密引傳作戰於升陘

隘而不列　李善注魏都賦辨亡論顏延年陽給事誄陸士衡弔魏武帝文引作隘而不成列今諸本無成字

前敵無問彊弱　閩本問誤間毛本弱作焉亦非

書傳所言師曠師曹鐲師觸之類　閩本毛本曠誤曠宋本曹下有師字

書曰此行也　宋本書上有陳字是也

柣謂之閾　閩本監本毛本柣誤柣

丁丑楚子入饗于鄭　宋本淳熙本足利本饗作享石經此處闕下饗畢作享畢此亦當作享也

爲鄭所饗　足利本饗作享

主人又酌以酧賓　宋本監本毛本酧作酬

楚賓子辭　各本賓作實

庭實旅百　足利本百作伯注同

兼燕禮食禮與飧禮略同　毛本飧誤餐下如飧公飧侯伯飧子男飧此飧並誤作餐案當作飧

膷鼎一　閩本監本毛本膷作腳非也

牛引九鼎無陪鼎也　宋本監本毛本引作別字按當作列

茆菹麇臡　宋本麇作麋是也

豚拍魚醢　毛本拍誤柏

箈菹鴈醢　毛本箈字墨釘

荀菹魚醢　宋本監本毛本作筍此本誤荀

經二十三年

春齊侯伐宋圍緡　釋文亦作緍石經經傳皆作緍避唐太宗諱

而規杜云非也　宋本云作氏不誤

傳二十三年

淫刑以逞　釋文逞作呈云本或作逞按作呈字是古文假借

嫌有異同盟傳重發不書之例　宋本監本毛本盟作故

字季子而爲司空之官　宋本閩本監本毛本作季此本誤乎今訂正

狄人伐廧咎如　石經廧作廧釋文亦作廧毛氏六經正誤以作廧爲非案九經字樣云廧音牆左傳廧咎如

請待子　請上石經旁增然字，非唐刻也。

懷其安實敗名　石經、宋本、岳本「其」作「與」。案：岳珂《九經三傳沿革例》云：建本及諸俗本多作「懷其安」，今從監本、蜀本及諸善本作「與」字是也。○今依訂正。

醉而遣之　石經「醉」字上有「飲之酒」三字，乃後人所增也。

欲觀其裸　宋本、岳本、纂圖本、毛本「裸」作「祼」，《釋文》亦作「祼」。○今訂作「裸」。

注薄迫也駢脅合幹　宋本作「注薄迫至合幹」。

僖負羈之妻曰　纂圖本、閩本、監本、毛本「羈」作「羇」，俗字。

臣聞天之所啓　監本「啓」下誤衍「注」字。

正義曰天意不可必知　宋本此節正義在「將建諸」句下。

辟違禮而取　《考文》「辟」作「譬」，盧文弨挍本亦作「譬」。

晉語曰同姓不昏　監本、毛本「昏」作「婚」。

犬戎狐姬之子　宋本、淳熙本、岳本、足利本「犬」作「大」。

而天下不靖晉國　石經、宋本、淳熙本、岳本、纂圖本、閩本、監本、毛本無「下」字，此本誤衍。

國語狐偃趙衰賈佗三人皆卿才　淳熙本「衰」誤「裹」。

其過子弟　盧文弨挍本「過」下增「王」字，非也。

三退不得楚止命也　閩本「止」作「王」，非也。

晉侯惠公也　岳本脱「也」字。

沃謂澆水也　毛本「水」作「手」，非。

既而以濕手揮之　毛本「濕」作「溼」。案：經典多以「濕」爲「溼」。

伸於知已　宋本「伸」作「申」，「已」作「己」。

經二十四年

殊之於別國　閩本、監本、毛本「別」作「列」。

傳二十四年

春王正月　石經此行十一字，初刻似脱「王」字。

臣負羈紲　案：《説文》引作「臣負羈緤」，《水經注》四亦引作「紲」。石經避廟諱偏傍作「絏」，閩本、監本、毛本「羈」作「羇」。

馬則執靮　宋本「靮」作「勒」，不誤，與《少儀》合。○今依訂正。

係馬係狗　監本、毛本「狗」誤「駒」。

所不與舅氏同心者　《禮記·檀弓》正義引傳「所」下有「反國」二字。案：誓詞多云「所不」，襄二十五年傳「所不與崔慶者」，《論語》「予所不者」是也。《檀弓》正義「反國」二字疑後人妄加。

有如皦日　宋本作「皦」，注及正義同。

高粱在平陽楊縣西南　監本、毛本「楊」作「揚」，非也。

呂甥郤芮　宋本、岳本、纂圖本、毛本「芮」作「芮」，不誤。淳熙本、監本作「苪」，亦非。○今訂作「芮」。

將焚公宫而弑晉侯　《釋文》「弑」作「殺」。案：李善《幽通賦》注引《傳》作「殺」，《後漢書·宦者傳論》注引同。

蒲城之役　宋本「役」作「伇」。《説文》云：古文「役」从人。

彼時斬袪之恨今日猶在　監本、毛本脱「今日猶在」四字。

余未事君何有恩義於君爲　毛本「爲」誤「焉」。

言若反齊桓　岳本「若」誤「君」。

秦穆公女文嬴也　淳熙本「文」作「之」，非。

國未輯睦　《釋文》「輯」本亦作「集」。案：「集」「輯」古多通用。

屏括摟嬰　「摟」，石經、宋本、淳熙本、岳本、足利本作「樓」，不誤，注同。

入滑在二十一年　宋本淳熙本岳本纂圖本足利本作二十年是也

推恩以行義　宋本淳熙本岳本足利本行作成

以藩屏周　李善注文選曹子建求通親親表任彥升齊竟陵文宣王行狀並作以藩屏周室

應國在襄陽城父縣西　宋本淳熙本岳本足利本西下有南字段玉裁挍作襄城父城縣西南是也

馬平昌邑縣西有茅鄉　宋本淳熙本岳本纂圖本監本毛本馬作高不誤案惠棟挍本西下增南字蓋據後漢書郡國志

文武成康之建母弟　監本毛本文武誤武王

封康叔于南　補各本南作衛是也今依訂正

周當成王即政之後　宋本周作固是也

彼叔世爲三代之末世　宋本爲作謂

非武王時十五而周公加一也　毛本一作之誤

周公之允　監本毛本允誤亂

隱七年解詁　段玉裁校本七作五是也

鄂不韡韡　石經宋本淳熙本岳本纂圖本足利本韡韡作韡韡注同釋文亦作韡韡

豈不韡韡而光明乎　宋本韡韡作韡韡下同

暱近　李善注宣德皇后令引作昵近案昵爲暱之或體

庸勳至姦之大　宋本此節正義在注崇聚也之下

心不則德義之經爲頑　淳熙本德義誤倒

王德狄人　宋本此節正義在將以其女爲后之下

狄固貪惏　宋本此節正義在王又啟之句下

下士十有二人　毛本下作卜非也

處于氾　石經作氾岳本作汜釋文亦作汜盧文弨云當從釋文下同○今從釋文

郭璞云似燕紺色　閩本監本毛本紺作組非也

案漢書尉他獻文帝翠鳥毛　閩本監本毛本他作佗毛宋本作千與漢書南粵傳合

天子有事膰焉　釋文云周禮作鐇字音義皆同案說文鐇字下云宗廟火孰肉从炙番聲春秋傳曰天子有事鐇焉

得罪于母弟之寵子帶　宋本無弟字考文提要據僖五年正義弟作氏是也

附釋音春秋注疏卷第十五

春秋左傳注疏卷十五校勘記

附釋音春秋左傳注疏卷第十六 僖二十五年盡二十八年

杜氏注　孔穎達疏

經二十有五年春王正月丙午衛侯燬滅邢衛邢同姬姓惡其親親相滅故稱名罪之。燬況委反惡烏路反［疏］注衛邢至罪之。正義曰曲禮曰諸侯不生名滅同姓名傳云同姓也故名然則諸侯位貴居尊故不斥其名書名則是罪絕之事故云罪之也。○夏四月癸酉衛侯燬卒無傳五同盟。［疏］注五同盟。正義曰燬以元年即位四年盟于召陵五年于首止八年于洮九年于葵丘十五年于牡丘皆魯衛俱在是五同盟也。○宋蕩伯姬來逆婦無傳伯姬魯女爲宋大夫蕩氏妻也自爲其子來逆稱婦姑存之辭婦人越竟逆婦非禮故書。爲于僞反越竟音境。［疏］注伯姬至故書。正義曰伯姬魯女而以宋蕩寇之知爲宋大夫蕩氏妻也婦者對姑之文姑即伯姬故知自爲子來逆婦公羊傳曰宋蕩伯姬者何蕩氏之母也其稱婦何有姑之辭也穀梁傳曰婦人既

嫁不踰竟是婦人越竟逆婦非禮也以非禮故書之紀裂繻來逆女此云逆婦者姑自來逆故即稱婦也宋有蕩氏者宋桓公生公子蕩蕩生公孫壽壽生蕩意諸意諸之後以蕩爲氏則此人字蕩也故云蕩氏妻。○宋殺其大夫無傳其事則未聞於例爲大夫無罪故不稱名○秋楚人圍陳納頓子于頓頓迫於陳而出奔楚故楚圍陳以納頓子不言遂明一事也子玉稱人從告頓子不言歸與師見納故。［疏］注頓迫至納故。正義曰圍陳而納頓子明頓子迫於陳而出奔也楚人納之知其出奔楚也公羊傳曰何以不言遂兩之也一舉兵而行此兩意非因前生後故不言遂明此圍陳納頓子正是一事釋例曰傳稱諸侯納之曰歸今經諸稱納者皆有與師見納之事不待例而自明故但言納不復言歸納不須兩見故云頓子不言歸與師見納故。○葬衛文公無傳○冬十有二月癸亥公會衛子莒慶盟于洮洮魯地衛文公既葬成公不稱爵者述父之志降名從未成君故書子以善之莒慶不稱氏未賜族。○洮吐刀反。［疏］注洮魯至賜族。正義曰八年盟于洮杜云曹地三十一年魯始得曹田此時不得爲魯地注誤耳禮先君既葬則嗣子成君此文公既葬成公不稱爵者釋例曰文公欲平莒於魯未終而薨故衛子尋父之志魯人由此亦脩文公之好此孝子之至感而人情之所篤故成公雖已免喪至於此盟會降以在喪自名猶武王伐紂稱太子發故經隨而書子傳從而釋之曰脩文公之好也是說書子善之事

傳二十五年春衛人伐邢二禮從國子巡城掖以赴外殺之［疏］掖以赴外。正義曰說文云掖持臂也謂執持其臂投之城外也掖本持臂之名遂謂臂下脅上爲掖是因名轉而相生也。○正月丙午衛侯燬滅邢同姓也故名禮至爲銘曰余掖殺國子莫余敢止惡其不知恥詐以滅同姓而反銘功於器。掖音亦說文云以手持人臂曰掖惡烏路反○秦伯師于河上將納王狐偃言於晉侯曰求諸侯莫如勤王勤納王也諸侯信之且大義也繼文

之業［疏］繼文之業。正義曰言欲繼文侯之功業而使信義宣布於諸侯今日納王是爲可矣。而信宣於諸侯今爲可矣晉文侯仇爲平王侯伯匡輔周室。○仇音求。使卜偃卜之曰吉遇黃帝戰于阪泉之兆黃帝與神農之後姜氏戰于阪泉之野勝之今得其兆故以爲吉。［疏］注黃帝至爲吉。正義曰大戴禮五帝德曰黃帝與赤帝戰于阪泉之野晉語云昔少典娶於有蟜氏生黃帝炎帝黃帝爲姬炎帝爲姜二帝用師以相濟也韋昭注云濟當爲擠擠滅也史記稱黃帝伐炎帝之後于阪泉之野炎帝即神農也黃帝將戰卜得吉兆今卜復得彼兆故以爲吉也。○公曰吾不堪也文公自以爲已當此兆故曰不堪。對曰周禮未改今之王古之帝也言周德雖衰其命未改今之周王自當帝兆不謂晉公曰筮之筮之遇大有䷍乾下離上大有之睽䷥兌下離上睽大有九三變而爲睽。曰吉遇公用享于天子之卦也大有九三爻辭也三

爲三公而得位變而爲兑兑爲說得位而說故能爲王所宴饗戰克而王饗〔疏〕。戰克而王饗。正義曰卜遇黃帝吉兆是戰克也筮得大有是王享也吉孰大焉言卜筮協吉且是卦也方更揔言二卦之義不繫於一爻天爲澤以當日天子降心以逆公不亦可乎乾爲天兑爲澤乾變爲兑而上當離離爲日日之在天垂曜在澤天子在上說心在下是降心逆公之象大有去睽而復亦其所也言去睽卦還論大有亦有天子降心之象乾尊離卑降尊下卑亦其義也。下遐嫁反晉侯辭秦師而下辭讓秦師使還順流故曰下三月甲辰次于陽樊右師圍溫大叔在溫故左師逆王。夏四月丁巳王入于王城取大叔于溫殺之于隰城戊午晉侯朝王王饗醴命之宥既行饗禮而設醴酒又加之以幣帛以助歡也宥助也。隰音習醴音禮宥音又請隧弗許闕地通路曰隧王之葬禮也諸侯皆縣柩而下。隧音遂今之延道闕其月反縣音玄柩其九反〔疏〕注闕地至而下。正義曰隱元年傳曰闕地及泉隧而相見是闕地通路曰隧也天子之葬棺重禮大尤須謹慎去壙遠而闕地通路從遠地而漸邪下之諸侯以下棺輕禮小臨壙上而直縣下之故隧爲王之葬禮諸侯皆縣柩而下故不得用隧晉侯請隧者欲請以王禮葬也曰王章也章顯王者與諸侯異未有代德而有二王亦叔父之所惡也與之陽樊溫原欑茅之田晉於是始起南陽在晉山南河北故曰南陽。惡烏路反欑才官反陽樊不服圍之蒼葛呼曰蒼葛樊陽人。呼喚故反德以柔中國刑以威四夷宜吾不敢服也此誰非王之親姻其俘之也乃出其民取其土而已。俘芳扶反○秋秦晉伐鄀鄀本在商密秦楚界上小國其後遷於南郡鄀縣。鄀音若國名字林云楚邑楮所反〔疏〕注鄀本至鄀縣。正義曰言本在商密者據在後移鄀稱舊鄀以爲本耳其實此時在商密後始遷於鄀縣國至彼縣而滅故彼縣專得鄀名當此秦晉伐鄀之時國名爲鄀所都之邑名商密楚以申息之師戍商密者正謂戍鄀國也析是鄀之別邑戍人居析地爲商密之援楚鬬克屈禦寇以申息之師戍商密鬬克申公子儀屈禦寇息公子邊商密鄀別邑今南鄉丹水縣戍守也二子屯兵於析以爲商密援。禦魚呂反屯徒門反援于眷反秦人過析隈入而係輿人以圍商密昏而傅焉析楚邑一名白羽今南鄉析縣隈隱蔽之處係縛輿人詐爲克析得其囚俘者昏而傳城不欲令商密知囚非析人。過古臥反王音戈析星歷反俗作枅隈烏回反係音計輿音餘傅音附注同處昌慮反令力呈反宵坎血加書僞與子儀子邊盟者掘地爲坎以埋盟之餘血加盟書其上。掘其勿反又其月反本又作闕其月反商密人懼曰秦取析矣戍人反矣乃降秦師。囚申公子儀息公子邊以歸商密既降析戍亦敗故得囚二子。降戶江反後除注降名皆同楚令尹子玉追秦師弗及不復言晉者秦爲兵主。復扶又反遂圍陳納頓子于頓爲頓圍陳。爲于僞反○冬晉侯圍原命三日之糧原不降命去之諜出諜間也。諜音牒間間廁之間曰原將降矣軍吏曰請待之公曰信國之寶也民之所庇也得原失信何以庇之所亡滋多退一舍而原降遷原伯貫于冀伯貫周守原大夫也。庇必利反又音祕貫古亂反趙衰爲原大夫狐溱爲溫大夫狐溱狐毛之子。溱側巾反○衛人平莒于我十二月盟于洮脩衛文公之好且及莒平也莒以元年酈之役怨魯衛文公將平之未及而卒成公追成父志降名以行事故曰脩文公之好○好呼報反注同鄗力知反○晉侯問原守於寺人勃鞮勃鞮披也○守手又反勃步忽反鞮丁兮反對曰昔趙衰以壺飧從徑餒而弗食言其廉且仁不忘君也徑猶行也○飧音孫從才用反舊如字徑古定反一讀以壺飧從絕句讀徑爲經連下句乖於杜意餒如罪反餓也○【疏】注言其至行也○正義曰杜以徑猶行者以傳文爲徑故釋爲行上讀爲義劉炫改徑爲經謂經歷飢餒下屬爲句輒改其字以規杜氏非也故使處原從披言也衰雖有大功猶簡小善以進之示不遺勞○披普皮反○

經二十有六年春王正月己未公會莒子衛甯速盟于向向莒地甯速衛大夫莊子也○向舒亮反○齊人侵我西鄙公追齊師至酅不及公逐齊師遠至齊地故書之濟北穀城縣西有地名酅下○酅本又作巂戶圭反注同一音以轉反【疏】齊人至弗及○正義曰於例將卑師少稱人將卑師衆稱師此來去

春秋疏卷十六　五

一也而師人異文者穀梁傳曰其侵也曰人其追也曰師以公之弗及大之也此傳無解或如穀梁之言美公能逐其師若言追大師然變文以美公猶嘉季子之獲而書莒拏也公追戎于濟西不言所至此言至酅者美公遠追能追至齊地故書之也桓十年齊侯衛侯鄭伯來戰于郎傳曰不書侵伐我有辭也此齊人侵我討洮向二盟與莒和好我亦無罪而書侵者於時晉文初起諸侯無伯齊侯是桓公之子欲以盟主自居魯不告齊而私爲此盟非有正禮可辭齊侯容得侵伐故從本文○○夏齊人伐我北鄙孝公未入魯竟先使微者伐之○竟音境傳同○衛人伐齊○公子遂如楚乞師公子遂魯卿也乞不保得之辭【疏】注公子至之辭○正義曰公子遂名書於經則是卿也而云大夫者大夫是總辭也今定本爲魯卿乞則自我之心得否在於彼國乞者執謙之意不保必得之辭釋例曰凡乞者深求過理之辭執謙以偪成其計故雖小國之乞大國大國之乞小國亦皆從不與謀之例臧宣叔郤錡乞師是也然則與謀者彼此合計同謀共行乞師者取彼之力我獨用之故不從與謀之例公羊傳曰乞者何卑辭也曷爲內外同辭重師也曷爲重師師出不正反戰不正勝穀梁亦同其意以爲兵

凶器戰危事用師必有死傷不可必全得歸本不可謂之假借故皆以乞爲名○秋楚人滅夔以夔子歸夔楚同姓國今建平秭歸縣夔有不祀之罪故不譏楚滅同姓○夔求龜反秭音姊○冬楚人伐宋圍緡公以楚師伐齊取穀傳例曰師能左右之曰以○緡亡巾反○公至自伐齊無傳

傳二十六年春王正月公會莒茲丕公茲丕時君之號莒夷無謚以號爲稱○丕普悲反稱尺證反○甯莊子盟于向尋洮之盟也洮盟在前年○○齊師侵我西鄙討是二盟也○夏齊孝公伐我北鄙衛人伐齊洮之盟故也公使展喜犒師勞齊師○犒苦報反勞也勞力報反下文同○【疏】注勞齊師○正義曰犒者以酒食餉饋軍師之名也服虔云以師枯槁故饋之飲食勞苦謂之勞也魯語云使展喜以膏沐犒師○使受

春秋疏卷十六　六

命于展禽柳下惠○【疏】注柳下惠○正義曰魯語展禽對臧文仲云獲聞之是其人氏展名獲字禽柳下是其所食之邑名謚曰惠列女傳柳下惠死門人將謚之妻曰夫子之謚宜爲惠乎門人從以爲謚莊子云柳下季者季是五十字禽是二十字齊侯未入竟展喜從之曰寡君聞君親舉玉趾將辱於敝邑使下臣犒執事言執事不敢斥尊○趾音止足也齊侯曰魯人恐乎對曰小人恐矣君子則否齊侯曰室如懸罄野無青草何恃而不恐如而也時夏四月今之二月野物未成故言居室而資糧縣盡在野則無蔬食之物所以當恐○恐丘勇反下及注皆同縣音玄注同罄亦作磬盡也○【疏】注如而至當恐○正義曰服虔云言室屋皆發撤椽椽在如縣罄孔晁曰縣罄但有桷無覆蓋杜以下云野無青草言在野無青草可食明此在室無資糧可噉故改如爲而言居室而資糧縣盡劉炫云如罄在縣下無粟帛炫乃以服義規杜非也對曰恃先王之命

昔周公大公股肱周室夾輔成王成王勞之而賜之盟曰世世子孫無相害也載在盟府載藏書也。大音泰下及注同夾古洽反舊音古協反。大師職之職主也大公爲大師兼主司盟之官桓公是以糾合諸侯而謀其不協彌縫其闕而匡救其災昭舊職也及君卽位諸侯之望曰其率桓之功率循也。縫扶容反我敝邑用不敢保聚用此舊盟故不聚衆保守曰豈其嗣世九年而弃命廢職其若先君何君必不然恃此以不恐齊侯乃還

○東門襄仲臧文仲如楚乞師襄仲居東門故以爲氏臧文仲爲襄仲副使故不書。使所吏反。臧孫見子玉而道之伐齊宋以其不臣也言其不臣事周室可以此罪責而伐之。道音導。

○夔子不祀祝融與鬻熊祝融高辛氏之火正楚之遠祖也鬻熊祝融之十二世孫夔楚之別封故亦世紹其祀。融餘忠反鬻音育。〔疏〕祝融至其祀。正義曰楚世家云楚之先出自帝顓頊高陽高陽生稱稱生卷章卷章生重黎黎爲高辛氏火正帝嚳命曰祝融帝誅重黎而以其弟吳回居火正爲祝融吳回生陸終陸終生季連季連芊姓楚其後也其後中微或在中國或在蠻夷不能紀其世周文王之時季連之苗裔曰鬻熊事文王曾孫熊繹成王封於楚是祝融鬻熊皆爲楚之遠祖也自祝融至鬻熊司馬遷不能紀其世杜言十二世不知出何書故劉炫規杜云計其間出有一千二百年略而言之則百年爲一世計父子爲十二世何以得近千二百年乎今刪定知不然者以其間或兄弟伯叔相及皆爲君故年多而世少或可轉寫誤劉更無別文以意而規杜氏未爲得也。楚人讓之對曰我先王熊摯有疾鬼神弗赦而自竄于夔熊摯楚嫡子有疾不得嗣位故別封爲夔子。摯音至竄七亂反字林又千外反嫡丁歷反。〔疏〕注熊摯至夔子。正義曰傳言熊摯有疾是以失楚明是適子有疾不得嗣位楚世家無其事不知熊摯是何君之適何時封夔案鄭語孔晁注云熊繹玄孫曰熊摯有疾楚人廢之立其弟熊延熊摯自棄於夔子孫有功王命爲夔子亦不知何所據也。吾是以失楚又何祀焉廢其常祀而飾辭文過。秋楚成得臣鬭宜申帥師滅夔以夔子歸成得臣令尹子玉也鬭宜申司馬子西也

○宋以其善於晉侯也重耳之出也宋襄公贈馬二十乘。乘繩證反叛楚卽晉冬楚令尹子玉司馬子西帥師伐宋圍緡公以楚師伐齊取穀凡師能左右之曰以左右謂進退在己。左右並如字〔疏〕凡師至曰以。正義曰能左右者謂欲左則左欲右則右故注云謂進退在己釋例曰凡師能左右之曰以謂求助於諸侯而專制其用征伐進退帥意而行故變會及之文而曰以施於匹敵相用者若伯主之命則上行於下非例所及也吳雖大國順蔡侯之請自將其衆唯蔡侯之命故亦言以吳子也傳例

稱師則諸不言師者皆不用以爲例也以之於言所涉甚多劉賈許穎既不守例爲斷又亦不能盡通諸以唯雜取晉人執季孫以歸劉子單子以王猛居于皇尹氏毛伯以王子朝奔楚隨示以義數事而已又云諸稱以皆小以大下以上非其宜也尋案晉侯以季孫歸又非下以上也荆以蔡侯歸亦非小以大也寘桓公子雍於穀易牙奉之以爲魯援雍本與孝公爭立故使居穀以偪齊。寘之豉反援于眷反。楚申公叔侯戍之爲二十八年楚子使申叔去穀張本桓公之子七人爲七大夫於楚言孝公不能撫公族

經二十有七年春杞子來朝。夏六月庚寅齊侯昭卒十九年與魯大夫盟于齊。秋八月乙未葬齊孝公無傳三月而葬速乙巳公子遂帥師入杞弗地曰入八月無乙巳乙巳九月六日。冬楚人陳侯蔡侯鄭伯許男圍宋傳言楚子

使子玉去宋經書人者恥不得志以微者告猶序諸侯之上楚主兵故。【疏】注傳言至兵故○正義曰此年傳云楚子及諸侯圍宋則是楚子親自來也十二月公會諸侯盟于宋公爲楚子在宋而往會之明與楚子共盟也明年傳晉侯執曹伯分曹衞之田以畀宋人其下始云楚子入居于申使子玉去宋由此而言楚子初來圍宋必親至宋國使子玉主兵明年見晉之盛身始去之獨留子玉於宋耳杜以諸侯之敗不至稱人今言楚人不得爲楚子之身也子玉楚之正卿宜書其名今書曰楚人非子玉也故以恥不得志以微者告也若然莊二十八年齊人伐衞杜云齊侯稱人者諱取賂而還以賤者告二十二年宋公及楚人戰于泓杜云楚告命不以主帥人數故略稱人則以彼二解義亦得通但傳有子玉在宋之文故據子玉解之所以弘通其義也初圍宋在此年冬楚子入居于申乃是明年三月圍至明年不克始是不得志耳非是初圍之時爲不得志也杜意當以此爲明年始告告以今冬圍耳下句卽有公會諸侯于宋楚未來告而公得往會之者公傳聞卽往非待告也其書圍宋之事必待專使來告傳聞行言不得書也然若成十三年公會諸侯伐秦傳稱戰于麻隧秦師敗績而經無戰敗之事杜云時公在師復不須告蓋經文闕漏傳文獨存卽如彼言公見其事不復

須告此時公會諸侯于宋卽是親見宋圍何以不卽書之而云待楚告者案檢上下襄十一年公會晉侯云云伐鄭傳稱鄭人行成下言晉趙武入盟鄭伯鄭子展出盟晉侯杜云二盟不書不告二十五年公會晉侯云云于夷儀傳稱伐齊齊人使隰鉏請成慶封如師杜云慶封獨使於晉不通諸侯故不書二十六年傳六月公會晉趙武宋向戌鄭良霄曹人于澶淵晉人執甯喜以歸杜云歸晉而後告諸侯故經書在秋此三事者公雖在會不告不書所言不須告者皆謂公親行其事麻隧公親在戰故云不復須告此時公往與盟不與圍宋故圍宋之事必待告乃書旣以微者來告猶序諸侯之上者春秋之例會同以國大小爲序征伐則以主兵在前此序諸侯之上由楚主兵故也○

十有二月甲戌公會諸侯盟于宋無傳諸侯伐宋公與楚有好而往會之非後期宋方見圍無嫌於與盟故直以宋地○好呼報反與音預【疏】注諸侯至宋地○正義曰陳蔡鄭許皆是楚之屬國楚子帥而與之圍宋往年公使公子遂如楚乞師始與之通和好魯非楚之屬國圍宋之事公不與謀直聞其在宋往會之耳非是楚來召公公自往會之非後期也言此者文七年扈之盟爲公後期不序其國而揔曰諸侯此亦揔曰諸侯有後期之嫌故明之非爲後期而揔稱諸侯卽上圍宋之諸侯也一事而再見者前目而後凡常例也圍稱楚人以微者告魯此與諸侯盟會必是楚子親之不復別言楚子者上已歷序諸侯遂令楚子當楚人之處卽從揔文故不復曲序之也凡盟會以國爲地者必國主與其盟會此時宋方見圍無嫌與盟故直以宋地也○

傳二十七年春杞桓公來朝用夷禮故曰子杞先代之後而迫於東夷風俗雜壞言語衣服有時而夷故杞子卒傳言其夷也今稱朝者始於朝禮終而不全異於介葛盧故唯貶其爵○公卑杞杞不共也杞用夷禮故賤之○共音恭本亦作恭下注同○夏齊孝公卒有齊怨前年齊再伐魯不廢喪紀【疏】不廢喪紀正義曰周禮小司徒掌喪紀之禁令庖人掌喪紀之庶羞樂記曰衰麻哭泣所以節喪紀也言喪紀者多矣喪紀者喪事之揔名諸侯相於唯有弔贈故注云弔贈之數不有廢也禮也弔贈之數不有廢○秋入杞責無禮也責不共也○責無禮也本或作責禮也○楚子將圍宋使子

文治兵於睽子文時不爲令尹故云使治兵習號令也睽楚邑○睽苦圭反又音圭○終朝而畢不戮一人終朝自旦及食時也子文欲委重於子玉故略其事○朝如字注同戮音六○子玉復治兵於蔿子玉爲令尹故蔿楚邑○復扶又反蔿于委反終日而畢鞭七人貫三人耳【疏】貫三人耳○正義曰耳助包也國老皆賀子文【疏】國老皆賀○正義曰王制云有虞氏養國老於上庠養庶老於下庠然則國老者國之卿大夫士之致仕者也子文飲之酒賀子玉堪其事○貫音官又古亂反飲於鴆反蔿賈尚幼後至不賀蔿賈伯嬴孫叔敖之父幼少也○嬴音盈少詩照反下同子文問之對曰不知所賀子之傳政於子玉曰以靖國也【疏】子之至國也○正義曰二十三年子玉伐陳城頓而還子文使爲令尹叔伯曰子若國何對曰吾以靖國也夫有大功而無貴仕其人能靖者與有幾子文恐子玉矜功爲亂故授令尹冀以靖國家此舉其

前言以丼之靖諸內而敗諸外所獲幾何子玉之敗子之舉也舉以敗國將何賀焉子玉剛而無禮不可以治民過三百乘其不能以入矣〔疏〕過三至入矣。正義曰若使爲帥過三百乘其必不能入前敵矣苟入而賀何後之有三百乘二萬二千五百人。傳直專反幾居豈反乘繩證反下同◦冬楚子及諸侯圍宋宋公孫固如晉告急公孫固宋莊公孫先軫曰報施救患取威定霸於是乎在矣先軫晉下軍之佐原軫也報宋贈馬之施。軫之忍反施式氏反注同〔疏〕注先軫至之施。正義曰劉炫云下蒐于被廬先軫始佐下軍此時未爲下軍之佐以規杜氏知不然者以方欲救宋卽蒐被廬先軫此語與蒐相近不知未蒐之前先軫身作何官故以蒐後下軍之佐明之然先軫後年亦爲中軍帥不云中軍帥者相去既遠又隔下軍之佐故杜不言之狐偃

曰楚始得曹而新昏於衛若伐曹衛楚必救之則齊宋免矣前年楚使申叔侯戍穀以偪齊於是乎蒐于被廬晉常以春蒐禮改政令敬其始也被廬晉地。蒐所求反被皮義反廬力居反作三軍閔元年晉獻公作二軍今復大國之禮謀元帥中軍帥。帥所類反注同〔疏〕謀元帥。正義曰元長也謂將帥之長軍行則重者居中故晉以中軍爲尊而上軍次之其二軍則上軍爲尊故閔元年晉侯作二軍公將上軍趙衰曰郤縠可臣亟聞其言矣說禮樂而敦詩書詩書義之府也禮樂德之則也德義利之本也〔疏〕說禮至本也。正義曰說謂愛樂之敦謂厚重之詩之大旨勸善懲惡書之爲訓尊賢伐罪奉上以道禁民爲非之謂義詩書義之府藏也禮者謙卑恭謹行歸於敬樂者欣喜歡娛事合於愛揆度於內舉措得中之謂德禮樂者德之法則也心說禮樂志重詩書遵禮以布德習詩書以行義有德有義利民之本也晉語云文公問元帥於趙衰對曰郤縠可年五十矣守學彌惇夫好先王之法者德義之府也夫德義生民之本也能敦篤不忘百姓請使郤縠公從之夏書曰賦納以言明試以功車服以庸尚書虞夏書也賦納以言觀其志也明試以功考其事也車服以庸報其勞也賦猶取也庸功也。縠本又作穀同胡木反亟欺冀反數也說音悅君其試之〔疏〕夏書至試之。正義曰夏書言用臣之法賦取也取人納用以其言察其言觀其志也分明試用以其功考其功觀其能也而賜之車服以報其庸庸亦功也知其有功乃賜之古人之法如此君其試用之。注尚書至功也。正義曰此古文虞書益稷之篇漢魏諸儒不見古文因伏生之謬從堯典至徂征凡二十篇揔名曰虞夏書以與禹對言故傳通謂大禹謨以下皆爲夏書也古本作敷納以言明庶以功敷作賦庶作試師受不同古字改易耳賦稅者取受之義故爲取也庸功釋詁文舜典云敷奏以言明試以功車服以庸文雖略同此引夏書非舜典也乃使郤縠將中軍郤溱佐之使狐偃將上軍讓於狐毛而佐之狐毛偃之兄。將子匠反下將上將皆同溱側巾反〔疏〕

注狐毛偃之兄。正義曰晉語偃辭曰毛之知賢於臣其齒又長毛也不在位不敢聞命命趙衰爲卿讓於欒枝先軫欒枝貞子也欒賓之孫。欒魯官反使欒枝將下軍先軫佐之荀林父御戎魏犫爲右荀林父中行桓子。行戶剛反晉侯始入而教其民二年欲用之二十四年入子犯曰民未知義未安其居無義則苟生〔疏〕注無義則苟生。正義曰未知君臣之義不作長久之圖苟且爲生以過朝夕是未安其居於是乎出定襄王二十五年定襄王以示事君之義入務利民民懷生矣〔疏〕入務至生矣。正義曰利民之事非止一塗晉語說文公爲政云棄責薄斂施舍分災救乏振滯匡困資無輕關易道通賈寬農務穡勸分省用足財利器明德以厚民性皆是利民之事民懷生者謂有懷義之心不復苟且劉炫云生既厚民皆懷戀居處將用之子犯曰民未知信未宣其用宣明

也未明於見用之信〔疏〕注未明於見用之信。正義曰信是人之所用若未伐原示信民未明於信是人用故傳云未宣其用云見用者言信見爲人所用**於是乎伐原以示之信**伐原在二十五年**民易資者不求豐焉**不詐以求多**明徵其辭**重言信。**公曰可矣乎子犯曰民未知禮未生其共於是乎大蒐以示之禮**蒐順少長明貴賤。長丁丈反**作執秩以正其官**執秩主爵秩之官。秩直乙反**民聽不惑而後用之出穀戍釋宋圍**楚子使申叔去穀子玉去宋**一戰而霸文之教也**謂明年戰城濮〔疏〕文之教也。正義曰論語云上好禮則民莫敢不敬上好義則民莫敢不服上好信則民莫敢不用情今晉侯以義信禮教民然後用之是文德之教也明年傳君子謂晉於是役也能以德攻注云以文德教民而後用之謂此役也

經二十有八年春晉侯侵曹晉侯伐衛再舉晉侯者曹衛兩來告**○公子買戍衛不卒戍刺之**公子買魯大夫子叢也內殺大夫皆書刺言用周禮三刺之法示不枉濫也公實畏晉殺子叢而誣叢以廢戍之罪恐不爲遠近所信故顯書其罪。刺七賜反殺也叢似東反枉紆往反〔疏〕注公子至其罪。正義曰經言買傳言叢蓋名買字叢或字相似而一謬也周禮司刺掌三刺之法以贊司寇聽獄訟一刺曰訊羣臣再刺曰訊羣吏三刺曰訊萬民鄭玄云刺殺也訊而有罪則殺之訊言也內殺大夫此及成十六年刺公子偃皆書刺者若云用彼三刺之法言問臣吏萬民皆言合殺乃始殺之以示不枉濫也此三刺之法位在外朝庫門之外皋門之內故小司寇掌外朝之政三公及州長百姓北面羣臣西面羣吏東面如此訊之也魯史獨設此名所以異於外也公羊以爲內諱殺大夫謂之刺以爲諸侯不得專殺故諱言刺之其意小異於此公實畏晉殺子叢以說晉言戍衛者叢之所爲又歸罪於叢言不終戍事故殺之恐不爲遠近所信故顯書子叢之罪也然魯殺子叢本有兩意謂楚云不卒戍謂晉云叢欲戍衛今經之所書書謂楚之辭不書謂晉之辭者以魯先與楚

同好恐楚疑之故顯書不卒戍之罪以告屬楚諸侯心實畏晉未敢宣露故經不書告晉之辭蘇云公子買不卒戍者告晉楚之辭也謂晉云公子買比來戍衛今不使終其戍事是以殺之謂楚云比令公子買楚戍衛其買不終戍事是以殺之**楚人救衛○三月丙午晉侯入曹執曹伯畀宋人**畀與也執諸侯當以歸京師晉欲怒楚使戰故以與宋所謂譎而不正。畀必利反注同譎古穴反〔疏〕注畀與也。正義曰劉炫云公羊傳曰畀者何與也其言以畀宋人何與使聽之何休云宋稱人者明聽訟必師斷與其師衆共之穀梁傳曰畀與也其曰人何也不與晉侯畀宋公也注云畀上與下之辭故不以侯畀公案傳執曹伯分曹衛之田以畀宋人則田亦稱人非爲斷獄故云人也若不使晉侯與宋公自可改其畀名何以名之爲畀而使義不得與也若與宋人豈宋國卑賤之人得獨受曹伯而治之乎二傳之言皆不得合左氏當以人爲衆辭舉國而稱之耳**○夏四月己巳晉侯齊師宋師秦師及楚人戰于城濮楚師敗績**宋公齊國歸父秦小子慭既次城濮以師屬晉不與戰也子玉及陳蔡之師不書楚人恥敗告文略也大崩曰敗績。濮音卜慭魚覲反下與音預〔疏〕注宋公至敗績。正義曰於例將卑師衆稱師此齊宋秦皆又稱師則將非尊者傳云宋公齊國歸父秦小子慭次于城濮及其交戰唯言晉師陳于莘北。說晉之將帥與楚相敵都不言齊宋公卿知其既次城濮以師屬晉不與戰也沈氏云定四年戰于柏舉傳稱蔡侯吳子唐侯伐楚杜云唐侯不書兵屬於吳蔡今宋齊秦屬晉而書之者彼柏舉之戰唐師共屬吳蔡與之同陳故不書此齊宋師等雖屬晉猶異陳故得書之傳稱子玉及陳蔡之師皆在於陳而不書者楚人恥敗告辭略故史不得書之劉炫規過以爲晉人告略今知不然者但於此戰時魯猶屬楚凡禍福相告必同好之國故知楚人來告也楚人來告不言陳蔡者耻其諸國皆在不能敵晉故略言楚人而已若其晉告則應矜其勝事以少敗多何肯略其陳蔡而不告也劉以爲晉人來告而規杜氏非也**楚殺其大夫得臣**子玉違其君命以取敗稱名以殺罪之**○衛侯出奔楚○五月癸丑公會晉侯齊侯宋公蔡侯鄭伯衛子莒子盟于踐土**踐土鄭地王子虎臨盟不

同歃故不書衞侯出奔其弟叔武攝位受盟非王命所加從未成君之禮故稱子而序鄭伯之下經書癸丑月十八日也傳書癸亥月二十八日經傳必有誤。踐以淺反土如字或一音杜歃所治反本又作喢【疏】注踐土至有誤。正義曰傳稱王子虎盟諸侯于王庭而不書子虎知子虎臨盟不與歃定四年傳稱踐土之盟其載書云王若曰晉重魯申衞武蔡甲午鄭捷齊潘宋王臣莒期其次與會不同者會之班次以國大小爲序及其盟也王臣臨之異姓爲後故載書之次與會異也定四年召陵之會傳稱祝佗言於萇弘曰踐土之盟衞成公不在夷叔其母弟也猶先蔡萇弘說告劉子乃長衞侯於盟如彼傳文則踐土召陵二盟衞皆先蔡而經書諸國之序二會皆蔡在衞先者釋例曰周之宗盟異姓爲後故踐土載書齊宋雖大降於鄭衞斥周而言止謂王官之宰臨盟者也其餘雜盟未必皆然踐土召陵二會蔡在衞上時國次也王盟乃正其高下者敬恭明神本其始也是言盟會異次之意也如釋例之言王官之宰臨盟乃以異姓爲後則二十九年翟泉之盟王子虎在焉宣七年黑壤之盟王叔桓公臨之彼二盟亦當異姓爲後與會異次也八年洮之盟王人在列杜指王官之宰則卑者未必能別同姓異姓若無王官之伯則以大小爲序襄二十七年宋之盟晉楚爭先是

其餘雜盟不先同姓之文也周禮典命云諸侯之適子誓於天子攝其君則下其君一等未誓則以皮帛繼子男叔武是衞侯之弟未得從世子之法攝位受盟舊無正禮其班位高下出於主會之意以其非王命所加使從未成君之禮故稱子而序於鄭伯之下蓋晉文之意使然 陳侯如會 無傳陳本與楚楚敗懼而屬晉來不及盟故曰如會【疏】陳侯如會。正義曰沈氏云八年鄭伯云乞盟此直云如會者彼及其盟故云乞盟此則不及其盟又陳侯不乞故與彼文異 公朝于王所 無傳王在踐土非京師故曰王所【疏】注王在至王所。正義曰穀梁傳曰朝不言所言所者非其所也是其由非京師故稱王所也公羊傳曰曷爲不言公如京師天子在是也曷爲不言天子在是不與致天子也其意言晉文公召王來踐土左傳於此無召王之事直云作王宮于踐土杜云襄王聞戰勝自往勞之故爲作宮則以王意自往非晉召之不同公羊說也 ○六月衞侯鄭自楚復歸于衞 復其位曰復歸晉人感叔武之賢而復衞侯衞侯之入由于叔武故以國逆爲文例在成十八年 衞元咺出奔晉 元咺衞大夫雖爲叔武訟訴失君臣之節故無賢文奔例在宣十年。咺況晚反爲于僞反下爲共同訴本又作愬蘇路反【疏】注元咺至十年。正義曰宣十年齊崔氏出奔衞傳曰書曰崔氏非其罪也文八年宋司城來奔傳言司城效節於府人而出故書以官貴之也然書官及氏爲貴則書名不是賢文以元咺訴君於晉所訴雖直令君陷罪失君臣之節故無賢文書其名從本文也 ○陳侯款卒 無傳凡四同盟【疏】注凡四同盟。正義曰款以十三年即位十五年盟于牡丘十九年于齊二十一年于薄二十七年于宋魯陳俱在是四同盟也 ○秋杞伯姬來 無傳莊公女歸寧曰來 ○公子遂如齊 無傳聘也 ○冬公會晉侯齊侯宋公蔡侯鄭伯陳子莒子邾人秦人于溫 陳共公稱子先君未葬例在九年宋襄公稱子自在本班陳共公稱子降在鄭下陳懷公稱子而在鄭上傳無義例蓋主會所次非褒貶也。共音恭下同【疏】注陳共至貶也。正義曰陳侯款經不書葬正以共公稱子知其先君未葬也宋襄稱子九年葵丘會也陳懷公稱子定四年召陵會也其班次上下傳無義例故疑主會所次非褒貶也桓十六年公會宋公衞侯陳侯蔡侯伐鄭杜云蔡常在衞上今序陳下蓋後至

公衞侯陳侯蔡侯伐鄭杜云蔡常在衞上今序陳下蓋後至二十九年翟泉之盟秦人在陳蔡之下傳歷序諸侯之卿而有秦小子慭杜云秦小子慭在蔡下者若宋向戌之後會彼二事班失其次杜以後至釋之知此陳共公稱子降在鄭下非後至者杜以後至爲說亦無明文正以國之大小班序先定今乃退在小國之下因向戌有後至之譏故取以爲說耳未成君者例無定式不知所由故言蓋爲疑辭疑主會之意亦未必不由後至而降之禮雜記云君薨大子號稱子待猶君也然則待之如君在本班者爲得禮也降其班者出自主會之意 ○天王狩于河陽 晉地今河內有河陽縣晉實召王爲其辭逆而意順故經以王狩爲辭。狩本又作守音同 壬申公朝于王所 日而無月史闕文 ○晉人執衞侯歸之于京師 稱人以執罪及民也例在成十五年諸侯不得相治故歸之京師【疏】晉人至京師。正義曰成十五年晉侯執曹伯歸于京師彼不言之此言之者公羊傳曰歸之于者罪已定矣歸于者罪未定也左氏無此義正是史異辭耳 衞元咺自晉復歸于衞 元咺與衞侯訟得勝而歸從國逆例者明

衛侯無道於民國人與元咺□諸侯遂圍許會溫諸侯也許比再會不至故因會共伐之。比如字王俾利反曹伯襄復歸于曹晉感侯獳之言而復曹伯故從國逆例。獳乃侯反【疏】注晉感至之例。正義曰侯獳愛君以請此曹伯從國逆之例成十六年曹人再請於晉乃釋成公而云曹伯歸自京師從外納之文者彼國人請君自是恒事此侯獳貨筮史致其誠心晉侯感其言而特釋之所以顯侯獳故從國逆例也遂會諸侯圍許言遂得復而行不歸國也

傳二十八年春晉侯將伐曹假道于衛曹在衛東故衛人弗許還自河南濟從汲郡南渡出衛南而東。汲音急侵曹伐衛正月戊申取五鹿五鹿衛地二月晉郤縠卒原軫將中軍胥臣佐下軍上德也先軫以下軍佐超將中軍故曰上德胥臣司空季子。將子匠反注同胥思徐反晉侯齊侯盟于斂盂斂盂衛地。斂

徐音廉又力撿反盂音于衛侯請盟晉人弗許衛侯欲與楚國人不欲故出其君以說于晉衛侯出居于襄牛襄牛衛地。說音悅或如字□公子買戍衛晉伐衛衛楚之昏姻魯欲與楚故戍衛楚人救衛不克公懼於晉殺子叢以說焉召子叢而殺之以謝晉。說音悅謂楚人曰不卒戍也謂告楚人言子叢不終戍事而歸故殺之殺子叢在楚救衛下經在上者救衛赴晚至□晉侯圍曹門焉多死攻曹城門曹人尸諸城上磔晉死人於城上。磔張宅反晉侯患之聽輿人之謀曰稱舍於墓輿衆也舍墓爲將發冢。輿音餘爲如字又于僞反【疏】輿人至於墓。正義曰此謀字或作誦涉下文而誤耳其云誦者音韻如詩賦此稱舍於墓直是計謀之言不得爲誦今定本作謀師遷焉曹人兇懼遷至曹人墓兇兇恐懼聲。兇凶勇反恐丘勇反爲

其所得者棺而出之因其兇也而攻之三月丙午入曹數之以其不用僖負羈而乘軒者三百人也且曰獻狀軒大夫車言其無德居位者多故責其功狀。棺古患反一音官軒許言反令無入僖負羈之宮而免其族報施也報飧璧之施。施始豉反注同飧音孫魏犨顛頡怒曰勞之不圖報於何有二子各有從亡之勞。顛胡詰反從才用反【疏】勞之至何有。正義曰二子有從行之勞未得厚賞故言勞苦之大不嘗圖謀共報此小惠於何有義恨公忘已而念彼也爇僖負羈氏爇燒也。爇如悅反魏犨傷於胸公欲殺之而愛其材才力使問且視之病將殺之魏犨束胸見使者曰以君之靈不有寧也言不以病故自安寧。見賢遍反使所吏反距躍

三百曲踊三百距躍超越也曲踊跳踊也百猶勵也。距音巨躍羊略反三如字又息暫反百音陌下放此跳徒彫反勵音邁【疏】注距躍至勵也。正義曰詩稱魚躍易言龍躍則躍是舉身向上之名禮記婦人踊不絕地則踊亦向上之名詩云踊躍用兵則踊躍二事勢相類也說文云躍迅也踊跳也然則躍以疾生名故以距躍爲超越言距地向前跳而越物過也曲踊以曲爲言則謂向上跳而折復下故以曲踊爲跳踊耳言直上向下而已以傷病之人而再言三百不可爲六百跳也杜言百猶勵亦不知勵何所謂蓋復訓勵爲勉言每跳皆勉力爲之乃舍之殺顛頡以徇于師立舟之僑以爲戎右舟之僑故虢臣閔二年奔晉以代魏犨爲先歸張本。舍如字又音捨下同徇似俊反宋人使門尹般如晉師告急門尹般宋大夫。般音班公曰宋人告急舍之則絕與晉絕告楚不許我欲戰矣齊秦未可若之何未肯戰先軫曰使宋舍我而賂齊秦求救於齊

秦。舍音捨藉之告楚假借齊秦使爲宋請。藉在亦反借也爲于僞反我執曹君而分曹衞之田以賜宋人楚愛曹衞必不許也不許齊秦之請喜賂怒頑能無戰乎言齊秦喜得宋賂而怒楚之頑必自戰也不可告請故曰頑公說執曹伯分曹衞之田以畀宋人楚子入居于申申在方城內故曰入。說音悅畀必利反使申叔去穀二十六年申叔戍穀使子玉去宋曰無從晉師晉侯在外十九年矣而果得晉國晉侯生十七年而亡亡十九年而反凡三十六年至此四十矣險阻艱難備嘗之矣民之情僞盡知之矣天假之年獻公之子九人唯文公在故曰天假之年而除其害除惠懷呂郤天之所置其可廢乎軍志曰允當則歸無求

過分軍志兵書。當丁浪反分扶問反又曰知難而退又曰有德不可敵此三志者晉之謂矣謂今與晉遇當用此三志疏軍志至謂矣。正義曰允當則歸謂信當分理則須歸還無求過分決戰取勝也知難而退謂知前敵之難則須退辟也有德不可敵謂必知敵彊不須與競也此三志者與晉相遇之謂矣劉炫云此志三云者情有淺深允當則歸謂彼雖可勝得當則還言前人弱於已也知難而退謂勝不可必早自斂言前人與已敵也有德不可敵謂必知彼彊不須與競言前人彊於已也三者從弱至彊揔言晉之謂矣指言晉彊於已也子玉使伯棼請戰伯棼子越椒也鬬伯比之孫。棼扶云反王扶粉反曰非敢必有功也願以間執讒慝之口間執猶塞也讒慝若蒍賈之言謂子玉不能以三百乘入。間間廁之間注同慝吐得反乘繩證反王怒少與之師唯西廣東宮與若敖之六卒實從之楚子還申遣此兵以就前圍宋之衆楚有左右廣又太子有宮甲分取以給之若敖楚武王之祖父葬若敖者子玉之祖也六卒子玉宗人之兵六百人言不悉師以益之。廣古曠反注同卒子忽反注同疏楚子至益之。正義曰宣十二年傳欒武子說楚事云其君之戎分爲二廣廣有一卒卒偏之兩是楚有左右廣也周禮車僕掌戎路之萃廣車之萃鄭玄云廣車橫陳之車襄十一年鄭人賂晉侯以廣車葢兵車之名名之爲廣因即以車表兵謂屬西廣之兵也文元年商臣以宮甲圍成王是東宮兵也周禮司馬凡制軍百人爲卒知六卒六百人也子玉使宛春告於晉師曰請復衞侯而封曹臣亦釋宋之圍衞侯未出竟曹伯見執在宋已失位故言復衞封曹。宛於元反又於阮反竟音境子犯曰子玉無禮哉君取一臣取二君取一以釋宋圍惠晉侯臣取二復曹衞爲已功不可失矣言可伐先軫曰子與之疏先軫曰子與之。正義曰以子犯言爲無理故先言子與之欲令子犯與子玉復衞封曹既言此以荅子犯然後復言其不可之理更別爲之立計使私許復曹衞以攜之定人之謂禮楚一言而定

三國我一言而亡之我則無禮何以戰乎不許楚言是棄宋也救而棄之謂諸侯何言將爲諸侯所怪楚有三施我有三怨怨讎已多將何以戰不如私許復曹衞以攜之私許二國使告絕于楚而後復之攜離也。施始豉反執宛春以怒楚既戰而後圖之須勝負決乃定計公說乃拘宛春於衞且私許復曹衞曹衞告絕於楚子玉怒從晉師晉師退軍吏曰以君辟臣辱也且楚師老矣何故退子犯曰師直爲壯曲爲老豈在久矣微楚之惠不及此重耳過楚楚成王有贈送之惠。說音悅拘音俱過古禾反退三舍辟之所以報也一舍

三十里初楚子云若反國何以報我故以退三舍爲報背惠食言【疏】背惠食言正義曰釋詁云食僞也孫炎云食言之爲僞尚書湯誓云爾無不信朕不食言孔安國云食盡其言僞不實也哀二十五年傳孟武伯惡郭重曰何肥也公曰是食言多矣能無肥乎然則食言者言而不行如食之消散後終不行則前言爲僞通謂僞言爲食言故爾雅訓食爲僞也以亢其讎亢猶當也讎謂楚也。背音佩下及注同亢苦浪反我曲楚直其衆素飽不可謂老直氣盈飽【疏】注直氣盈飽。正義曰素訓爲空忿怒之深空腹不食直氣盈飽也我退而楚還我將何求若其不還君退臣犯曲在彼矣退三舍楚衆欲止子玉不可夏四月戊辰晉侯宋公齊國歸父崔夭秦小子憖次于城濮國歸父崔夭齊大夫也小子憖秦穆公子也城濮衛地。夭於表反楚師背酅而舍酅丘陵險阻名。酅戶圭反【疏】注酅丘陵險阻名。正義曰兵法右背山陵前左水澤楚師背酅而舍知其背丘陵也蓋所舍之處有丘陵名酅其處有險阻也晉侯患之聽輿人之誦恐衆畏險故聽其歌誦曰原田每每舍其舊而新是謀高平曰原喻晉軍美盛若原田之草每每然可以謀立新功不足念舊惠。每亡回反又梅對反舍音捨公疑焉疑衆謂己背舊謀新子犯曰戰也戰而捷必得諸侯若其不捷表裏山河必無害也晉國外河而內山公曰若楚惠何欒貞子曰漢陽諸姬楚實盡之貞子欒枝也水北曰陽姬姓之國在漢北者楚盡滅之思小惠而忘大恥不如戰也晉侯夢與楚子搏搏手搏。搏音博楚子伏己而盬其腦盬唼也。盬音古腦乃老反唼子荅反又所荅反又子甲反【疏】注盬唼也。正義曰盬之爲唼未見正訓蓋相傳爲然服虔云如俗語相罵云唼女腦矣是以懼

子犯曰吉我得天楚伏其罪吾且柔之矣晉侯上向故得天楚子下向地故伏其罪腦所以柔物子犯審見事宜故權言以荅夢。向或作嚮許亮反下同子玉使鬭勃請戰鬭勃楚大夫曰請與君之士戲君馮軾而觀之得臣與寓目焉寓寄也。馮皮冰反軾音式與音預寓音遇晉侯使欒枝對曰寡君聞命矣楚君之惠未之敢忘是以在此爲大夫退其敢當君乎既不獲命矣不獲止命。爲于僞反敢煩大夫謂二三子煩鬭勃令戒敕子玉子西之屬。令力呈反戒爾車乘敬爾君事詰朝將見詰朝平旦。乘繩證反下及注皆同詰起吉反朝如字注同見如字又賢遍反晉車七百乘韅靷鞅靽五萬二千五百人在背曰韅在胷曰靷在腹曰鞅在後曰靽言駕乘脩備。韅許見反王又去見反說文作韅云著掖皮靷以刃反說文云軸也鞅於杖反說文云頸皮也靽音半一云縶也背如字【疏】注五萬至脩備正義曰說文云韅著掖皮也靷引軸也鞅頸皮也此注與說文不同蓋以時驗而爲解也驂馬挽車有皮在背者有約胷者有在腹爲帶者有縶絆其足者從馬上而下次之在後正謂在足是也傳唯舉四事文無所結舉其小事皆具言其駕乘脩備明諸事皆備也晉侯登有莘之虛以觀師曰少長有禮其可用也有莘故國名少長猶言大小。莘所巾反虛丘魚反少詩照反注同長丁丈反注同遂伐其木以益其兵伐木以益攻戰之具輿曳柴亦是也。攻如字又音貢已巳晉師陳于莘北胥臣以下軍之佐當陳蔡子玉以若敖之六卒將中軍曰今日必無晉矣子西將左子上將右子西鬭宜申子上鬭勃。陳于直覲反卒子忽反下同將子匠反下及注同胥臣蒙馬以虎皮先犯陳蔡陳蔡

奔楚右師潰。陳蔡屬楚右師。○潰，戶內反 狐毛設二旆而退之，旆，大旗也。又建二旆而退，使若大將稍却。○旆，蒲具反 欒枝使輿曳柴而僞遁，曳柴起塵，詐爲衆走。○遁，徒困反 楚師馳之，原軫、郤溱以中軍公族橫擊之，公族，公所率之軍 狐毛、狐偃以上軍夾攻子西，楚左師潰。楚師敗績。子玉收其卒而止，故不敗。三軍唯中軍完，是大崩。○夾，古洽反，又音頰 晉師三日館穀，館，舍也。食楚軍穀三日 及癸酉而還。甲午，至于衡雍，作王宮于踐土。衡雍，鄭地，今滎陽卷縣。襄王聞晉戰勝，自往勞之，故爲作宮。○雍，於用反。卷音權，又丘權反。勞，力報反。故爲，于僞反，下文同 鄉役之三月，鄉猶屬也。城濮役之前三月。○鄉，許亮反，本又作嚮，同。屬音燭 鄭伯如楚致其師，爲楚師既敗而懼。【疏】注「鄭伯」至「而懼」。○正義曰：致其師者，致其鄭國之師，許以佐楚也。戰時雖無鄭師，要本心佐楚，故既敗而懼。

使子人九行成于晉。子人氏，九名。○爲，于僞反 【疏】注「子人氏九名」。○正義曰：桓十四年鄭伯使其弟語來盟，傳稱子人來盟，杜云子人即弟語也。其後爲子人氏。七年傳子華云：泄氏、孔氏、子人氏三族實違君命。今子人九必是語之後也。杜譜以九爲雜人，謬矣。 晉欒枝入盟鄭伯。五月丙午，晉侯及鄭伯盟于衡雍。【疏】「晉欒」至「衡雍」。○正義曰：此二盟及上文晉侯、齊侯盟于斂盂，皆不書者，皆不告也。 丁未，獻楚俘于王：駟介百乘，徒兵千。駟介，四馬被甲。徒兵，步卒。○駟音四。介音界。被，皮義反。卒，子忽反 鄭伯傅王，用平禮也。傅，相也。以周平王享晉文侯仇之禮享晉侯。○相，息亮反 己酉，王享醴，命晉侯宥。既饗，又命晉侯助以束帛，以將厚意。 王命尹氏及王子虎、內史叔興父策命晉侯爲侯伯，以策書命晉侯爲伯也。周禮：九命作伯。尹氏、王子虎皆王卿士也。叔興父，大夫也。三官命之，以寵晉。【疏】注「以策」至「寵晉」。○正義曰：周語稱晉文公初立，襄王使大宰文公及內史叔興賜文公命。注國語者皆以爲大宰文公卽王子虎也。今尹氏又在王子虎之上，故以爲皆卿士。唯叔興是大夫。或云皆大夫，皆字妄耳。九命者，大宗伯云：一命受職，再命受服，三命受位，四命受器，五命賜則，六命賜官，七命賜國，八命作牧，九命作伯。 賜之大輅之服、戎輅之服，大輅，金輅。戎輅，戎車。二輅各有服。○輅音路 【疏】注「大輅」至「有服」。○正義曰：周禮巾車：金路，鉤，樊纓九就，建大旂，以賓，同姓以封。革路，龍勒，條纓五就，建大白，以卽戎。金路以封同姓，知大輅是金輅也。革路以卽戎，言戎輅，戎車卽周禮之革路。二輅各有服者，周禮司服侯伯之服，自鷩冕而下，凡兵事韋弁服。金輅，祭祀所乘，其大輅之服當謂鷩冕之服；戎輅之服當謂韋弁服也。 彤弓一，彤矢百，玈弓矢千，彤，赤弓。玈，黑弓。弓一矢百，則矢千弓十矣。諸侯賜弓矢然後專征伐。○彤，徒冬反。玈音盧，本或作旅，字非也。矢千，本或作玈弓十玈矢十，後人專輒加也。【疏】注「彤赤」至「征伐」。○正義曰：彤赤、玈黑，舊說皆然。說文彤從丹，玈從玄，是赤黑之別也。周禮司弓矢掌六弓：王弓、弧弓以授射甲

革椹質者，夾弓、庾弓以授射豻侯鳥獸者，唐弓、大弓以授學射者、使者、勞者。鄭玄云：勞者，勤勞王事，若晉文侯、文公受王弓矢之賜者。考工記弓人云：往體多，來體寡，謂之夾庾之屬；往體寡，來體多，謂之王弓之屬；往體來體若一，謂之唐弓之屬。然則唐大是弓彊弱之名，彤玈是弓所漆之色。王弧則合九而成規，唐大合七而成規，夾庾合五而成規。司弓矢又有八矢：枉矢、絜矢利火射，用諸守城車戰；殺矢、鍭矢用諸近射田獵；矰矢、茀矢用諸弋射；恆矢、庳矢用諸散射。鄭注約考工記云：枉矢之屬五分，二在前，三在後；殺矢之屬三分，一在前，二在後；矰矢之屬七分，三在前，四在後；恆矢之屬，軒輖中。其枉、殺、矰、恆，弓所用；絜、鍭、茀、庳，弩所用。彼司弓矢既云枉矢、絜矢用諸守城車戰，此天子賜諸侯弓矢，使用之以戰，則彤矢玈矢當彼枉矢也。但弓矢相配，彊弓用重矢，弱弓用輕矢。既唐弓大弓彊弱中，其恆矢軒輖亦中。又司弓矢云：恆矢、庳矢用諸散射。鄭玄云：散射，謂禮射及習射也。此賜弓矢則禮樂之事，彤矢玈矢或當恆矢也。玈弓矢千，具於彤而略於玈，準之則矢千弓十也。諸侯賜弓矢然後專征伐，王制文。 秬鬯一卣，秬，黑黍。鬯，香酒，所以降神。卣，器名。○秬音巨。鬯，勑亮反。卣音酉，又音由。爾雅云：卣，中尊也。【疏】注「秬黑」至「器名」。○正義曰：秬，黑黍，釋草文。李巡云：黑黍一名秬

黍周禮鬯人掌共秬鬯而飾之鄭玄云鬯釀秬爲酒芬香條暢於上下也鬱人掌祼器凡祭祀之祼事和鬱鬯以實彝而陳之禮祭祀必先祼是用之以降神也釋器云彝卣罍器也李巡曰卣鬯之罇也孫炎曰罇彝爲上罍爲下卣居中也詩江漢篇述宣王賜召穆公云秬鬯一卣告于文人鄭箋云賜之使祭其宗廟告其先祖也當賜之時實之於卣其祭則陳之於彝也虎賁三百人〔疏〕虎賁三百。正義曰國語云天子有虎賁習武訓諸侯有旅賁禦災害大夫有貳車備承事士有陪乘告奔走周禮司馬之屬虎賁氏下大夫二人虎士八百人掌先後王而趨以卒伍車旅會同亦如之舍則守王閑曰王謂叔父敬服王命以綏四國糾逖王慝逖遠也有惡於王者糾而遠之。賁音奔逖物歷反慝他得反惡也〔疏〕注逖遠至遠之。正義曰逖遠釋詁文糾者繩治之名有惡於王者敢繩治之而使遠於王也晉侯三辭從命曰重耳敢再拜稽首奉揚天子之丕顯休命稽首首至地丕大也休美也。三息暫反又如字從例放此丕普悲反休許蚪反注同受策以出

出入三覲出入猶去來也從來至去凡三見王。見賢遍反〇衞侯聞楚師敗懼出奔楚遂適陳自襄牛出使元咺奉叔武以受盟奉使攝君事。使攝君事並如字或讀連上奉字爲句使音所吏反非也癸亥王子虎盟諸侯于王庭踐土宮之庭書踐土別於京師。別彼列反要言曰皆奬王室無相害也有渝此盟明神殛之俾隊其師無克祚國奬助也渝變也殛誅也俾使也隊隕也克能也。奬將丈反渝羊朱反殛紀力反本亦作極下是殛同俾本亦作卑必爾反隊直類反祚才故反隕于敏反。〔疏〕注奬助至能也。正義曰勸奬者佐助之意故爲助也餘皆釋言文注。及其玄孫無有老幼君子謂是盟也信合義信謂晉於是役也能以德攻以文德教民而後用之。攻如字一音公送反初楚子玉自爲瓊弁玉纓未之服也弁以鹿子皮爲之瓊玉之別名次之以飾弁及纓詩云會弁如星。瓊求營反說文云赤玉弁本又作玣皮彥反會本又作璯古外反又戸外反〔疏〕注弁以至如星。正義曰禮稱皮弁明其用皮也知以鹿子皮者相傳爲然至今仍用之詩毛傳云瓊玉之美者則瓊亦玉也選美者飾弁以惡者飾纓耳周禮弁師掌玉之皮弁會五采玉璂鄭玄云會縫中也璂讀如綦綦結也皮弁之縫中每貫結五采玉以爲飾謂之綦又諸侯及孤卿大夫之皮弁各以其等爲之鄭玄云孤則璂飾四三命之卿璂飾三再命之大夫璂飾二是諸侯之臣其皮弁得以玉爲飾也弁師又云王五采諸侯三采鄭玄云王璂飾十二上公九侯伯七子男五卿大夫皆二采璂飾各如其命數鄭又云三采朱白蒼二采朱綠其纓之飾則無以言之蓋以玉飾纓之朱耳詩云會弁如星衛風淇澳篇也鄭箋云會謂弁之縫中飾之以玉皪皪而處狀似星也。先戰夢河神謂己曰畀余余賜女孟諸之麋孟諸宋藪澤水草之交曰麋。先如字又悉薦反畀必利反與也女音汝麋亡皮反藪素口反〔疏〕注孟諸至曰麋。正義曰釋地云十藪宋有孟諸郭璞云今在梁國睢陽縣東北周禮職方氏正東曰青州其澤藪曰望

諸禹貢豫州導菏澤被孟豬明皆是一物而字改易耳釋水云水草交爲湄李巡曰水中有草木交會曰湄古字皆得通用故此作麋耳弗致也大心與子西使榮黃諫大心子玉之子子西子玉之族子玉剛愎故因榮黃榮黃榮季也。愎皮逼反弗聽榮季曰死而利國猶或爲之況瓊玉乎是糞土也而可以濟師將何愛焉因神之欲以附百姓之願濟師之理。糞弗問反〔疏〕注因神至之理正義曰劉炫云神道冥昧與人不交楚師之敗未必由此但於時戰在河旁河神許助若子玉從神所求不惜瓊玉則國人以爲神得所欲必將助己自當三軍用命戰士爭先亦既不遂神心人謂神必不助則衆意皆阻莫不畏敵且兵凶戰危必有傷殺三軍之命在茲一舉猶尚愛惜此物是無恤民之心在軍之士誰肯競勸故云因神之欲以附百姓之願是濟師之理也禆竈請用瓘斝玉瓚火非神所求若從而與之則驚動民意且災不可免徒長妖妄故子產不與異於此也弗聽出告二子曰非神敗令尹令尹其不勤民實

自敗也 盡心盡力無所愛惜爲勤。盡並津忍反 既敗王使謂之曰大夫若入其若申息之老何 申息二邑子弟皆從子玉而死言何以見其父老。從如字又才用反 子西孫伯曰得臣將死二臣止之曰君其將以爲戮 孫伯即大心子玉子也二子以此荅王使言欲令子玉往就君戮。使所吏反下前使同令力呈反 及連穀而死 至連穀王無赦命故自殺也文十年傳曰城濮之役王使止子玉曰無死不及子西亦自殺縊而縣絕故得不死王時別遣追前使連穀楚地殺得臣經在踐土盟上傳在下者說晉事畢而次及楚屬文之宜。穀胡木反縊一賜反又於計反縣音玄屬音燭 晉侯聞之而後喜可知也。喜見於顏色。見賢遍反 曰莫余毒也已蔿呂臣實爲令尹奉己而已不在民矣 言其自守無大志 ○或訴元咺於衛侯曰立叔武矣其子角從公公使殺之 角元咺子。○從才用反又如字 咺不廢命奉夷叔以入守 夷謚。○守手又反 疏 注夷謚。○正義曰謚法安民好靖曰夷 六月晉人復衛侯 以叔武受盟於踐土故聽衛侯歸。○聽吐丁反 甯武子與衛人盟于宛濮 武子甯俞也陳留長垣縣西南有宛亭近濮水。○宛於阮反俞羊朱反近附近之近 曰天禍衛國君臣不協以及此憂也 衛侯欲與楚國人不欲故不和也 今天誘其衷 衷中也。○衷音忠或丁仲反下同 使皆降心以相從也不有居者誰守社稷不有行者誰扞牧圉 牛曰牧馬曰圉。○扞戶旦反牧音木養牛曰牧養馬曰圉 不協之故用昭乞盟于爾大神以誘天衷自今日以往既盟之後行者無保其力居者無懼其罪有渝此盟以相及也 以惡相及

明神先君是糾是殛國人聞此盟也而後不貳 傳言叔武之賢甯武之忠衛侯所以書復歸 衛侯先期入 不信叔武。先悉薦反 甯子先長牂守門以爲使也與之乘而入 長牂衛大夫甯子患公之欲速故先入欲安喻國人。牂子郎反使所吏反 公子歂犬華仲前驅 衛侯遂驅掩甯子未備二子衛大夫。歂市專反華戶化反又如字 叔孫將沐聞君至喜捉髮走出前驅射而殺之公知其無罪也枕之股而哭之 公以叔武尸枕其股。射食亦反下注同枕支鴆反注同 歂犬走出 手射叔武故 公使殺之元咺出奔晉 元咺以衛侯驅入殺叔武故至晉愬之。 ○城濮之戰晉中軍風于澤 牛馬因風而走皆失之 疏 注牛馬至失之。正義曰劉炫規過以爲放牛馬於澤遺失大旆左旆不失牛馬今刪定知不然者若不失牛馬唯亡左旆罪未至重何須殺之以徇牛馬是軍之要用於事尤重故費誓云馬牛其風臣妾逋逃則有常刑今既亡左旆又失牛馬爲罪至重故殺之以徇若牛馬不失又大旆在軍何得因放牛馬而亡左旆故知風於澤者爲別失馬牛又於軍中亡失大旆之左旆故杜云掌此二事而不脩理劉以爲不失牛馬而規杜過非也 亡大旆之左旆。大旆旗名繫旐曰旆通帛曰旃。旃章然反爾雅云因章曰旃 疏 注大旆至曰旃。正義曰釋天云縿廣充幅長尋曰旐繼旐曰旆則旆是旗之尾也今別名大旆則此旆有異於常故以大旆爲旗名上云狐毛設二旆而退之亦此類也通帛爲旜周禮司常文也鄭炫云通帛謂大赤從周正色無飾釋天云因章曰旃孫炎曰因其繒色以爲旗章不畫之是也謂之左旆蓋是左軍所建者此亦於事難明不可強說 祁瞞奸命 掌此三事而不脩爲奸軍令。○瞞莫干反奸音干 司馬殺之以徇于諸侯使茅茷代之師還壬午濟河舟之僑先歸士會攝右 權代舟之僑也士會隨武子士蔿之孫。○茷扶廢反僑其驕反 秋七月丙申振旅愷

以入于晉愷樂也。○愷，開在反。樂音洛。【疏】注愷樂也。○正義曰：大司馬云：若師有功，則左執律，右秉鉞，以先愷樂獻于社。注云：律所以聽軍聲，鉞所以為將威。兵樂曰愷。司馬注曰：得意則愷樂，愷歌示喜也。獻俘授馘，飲至大賞，授數也。獻楚俘於廟。○馘，古獲反。數，色主反。徵會討貳。徵召諸侯，將冬會于溫。殺舟之僑以徇于國，民於是大服。君子謂文公其能刑矣，三罪而民服。三罪：顛頡、祁瞞、舟之僑。詩云「惠此中國，以綏四方」，不失賞刑之謂也。詩大雅。言賞刑不失，則中國受惠，四方安靖。○冬，會于溫，討不服也。討衛、許。○衛侯與元咺訟，爭殺叔武事。甯武子為輔，鍼莊子為坐，士榮為大士。大士，治獄官也。周禮，命夫命婦不躬坐獄訟。元咺又不宜與其君對坐，故使叔鍼莊子為主，又使衛之忠臣及其獄官質正元咺。傳曰：王叔之宰與伯輿之大夫坐獄於王庭。各不身親，蓋令長吏有罪

先驗吏卒之義。○鍼，其廉反。坐如字，或一音才臥反。長，丁丈反。卒，子忽反。【疏】注大士至之義。○正義曰：周禮獄官多以士為名，鄭玄云：士，察也，主察獄訟之事者。周禮命夫命婦不躬坐獄訟，小司寇職文也。鄭玄云：為治獄吏褻尊者也。躬，身也。不身坐，必使其屬若子弟也。喪服傳曰：命夫者，其男子之為大夫者；命婦者，其婦人之為大夫妻者。凡斷獄訟，皆令競者坐而受其辭，故云不躬坐也。大司寇云：以兩造禁民訟，以兩劑禁民獄。鄭玄云：訟謂以財貨相告者，獄謂相告以罪名者。對文則小別，散則可以通，獄訟皆爭罪之事也。元咺不宜與君對坐，故使鍼莊子代衛侯為坐獄之主。甯子為輔，輔莊子也。以甯子位高，故先言之。士榮亦輔莊子，舉其官名，以其主獄事，故亦使輔之，與晉之獄官對理，質正元咺也。所引傳曰，在襄十年。衛侯不勝，三子辭屈。殺士榮，刖鍼莊子，謂甯俞忠而免之。執衛侯，歸之于京師，寘諸深室。深室，別為囚室。○刖音月，又五割反。寘，之豉反。甯子職納槖饘焉。甯俞以君在幽隘，故親以衣食為已職。槖，衣囊。饘，糜也。言其忠至所慮者深。○槖音託。饘，之然反。隘，於賣反。囊，乃郎反。糜，亡皮反。

【疏】注甯俞至者深。○正義曰：甯俞親以衣食為已職者，慮君飢渴，且防酖毒也。詩毛傳曰：小曰槖，大曰囊。囊槖所以盛衣，亦可以盛食。宣二年傳曰：為之簞食與肉，寘諸槖以與之，是也。釋言曰：餬，饘也；鬻，糜也。郭璞曰：饘，糜也。孫炎曰：鬻，淖糜也。然則糜之與鬻，稠淖之異名耳。元咺歸于衛，立公子瑕。瑕，謂公子適也。○適，丁歷反。○是會也，晉侯召王，以諸侯見，且使王狩。晉侯大合諸侯，而欲尊事天子以為名義，自嫌彊大，不敢朝周，喻王出狩，因得盡羣臣之禮，皆譎而不正之事。○見，賢遍反。【疏】注晉侯至之事。○正義曰：晉侯本意止欲大合諸侯之師，共尊事天子，以為臣之名義，實無覲覲之心。但於時周室既衰，天子微弱，忽然帥九國之師，將數十萬衆入京師以臨天子，似有篡奪之謀，恐為天子拒逆，或復天子怖懼，棄位出奔，則晉侯心實盡誠，無辭可解，故自嫌彊大，不敢朝王，故召諸侯來會于溫。溫去京師路近，因加諷諭，令王就會受朝。天子不可以受朝為辭，故令假稱出狩，若言王自出狩，諸侯因會遇王，遂共朝王，得盡君臣之禮，皆孔子所謂譎而不正之事。穀梁傳曰：全天王之行也，為若將狩而遇諸侯之朝也，為天王諱也。是使王狩之意也。公羊以為

踐土與此皆是晉侯召王。何休云：時晉文公年老，恐霸功不成，故上白天子曰：諸侯不可卒致，願王居踐土。下謂諸侯曰：天子在是，不可不朝。迫使正君臣，明王法。案溫去京師路無百里，晉侯已能致之於溫，何故不能致之於洛？何休妄造其辭，事非晉侯之意，故杜氏正之：自嫌彊大，不敢朝周耳。仲尼曰：「以臣召君，不可以訓。」故書曰「天王狩于河陽」，言非其地也，使若天王自狩以失地，故書河陽，實以屬晉，非王狩地。○【疏】注使若至狩地。○正義曰：此傳稱仲尼之語，即云書曰，明是仲尼新意，非舊文也。杜以書曰為仲尼新意，亦以此而知之。聖人作法，所以貽訓後世。以臣召君，不可以為教訓，故改正舊史。舊史當依實而書，言晉侯召王，且使王狩。仲尼書曰天王狩于河陽，言天王自來狩獵于河陽之地，使若獵失其地，故書之以譏王。然釋例曰：天子諸侯田獵，皆於其封內，不越國而取諸人。河陽實以屬晉，非王狩所，故言非其地，且明德也。義在隱其召君之闕，是說改史之意也。計天王之狩失地不書，因此實非王地，借之以改舊史，若譏王狩然，實不譏王也。穀梁傳曰：水北為陽，山南為陽。溫，河陽也。會于溫，言小諸侯；以河陽言之，大天子也。然河陽與溫止是一地，天子來

就諸侯假辭以稱狩耳，左氏無此義。但會指所在之地，故言溫狩，是田獵之所，故廣言其地。蘇氏云：明晉侯之德，沒其召君，書天子之狩，顯其失也。便是襃諸侯貶天子，所以然者，此亦假其失地之文，欲明王狩所在，非實貶也。若隱其召君，則全沒不書，於義爲可，必書天王非地之狩者，若全沒其文，無以明晉侯尊崇天子之德，故書天子出狩，諸侯往朝。且明德也。隱其召君之闕，欲以明晉之功德。河陽之狩，趙盾之弒，泄冶之罪，皆違凡變例，以起大義危疑之理，故特稱仲尼以明之。○弒音試。泄，息列反。冶音也。危疑如字，一本危作佹，九委反。【疏】注「隱其」至「明之」。○正義曰：晉侯所以召王，志在尊崇天子，故改舊史，隱其召君之闕，以明晉侯之功德。功德謂尊事天子是也。丘明爲傳，所以寫仲尼之意。凡所改易，皆是仲尼。而於河陽之狩、趙盾之弒、泄冶之罪，此三事特稱仲尼曰者，史策所書，皆書實事。晉侯召王使狩，而作自狩之文，是言不實也。凡例弒君稱君，君無道。靈公不君，而稱臣以弒，似君無過也。大夫無罪見殺，不書其名。泄冶忠諫而被殺，書名，乃罪合死也。此三事皆違凡典，變舊例，以起大義危疑之理，恐人不信，須聖言以爲證，故特稱仲尼以明之。

壬申，公朝于王所。執衛侯，經在朝王下，傳在上者，告執晚。【疏】壬申公朝于王所。○正義曰：傳之上下，例不虛舉經文，此虛舉經者，終上晉侯召王以諸侯見之事。

丁丑，諸侯圍許。十月十五日，有日無月。晉侯有疾，曹伯之豎侯獳貨筮史，豎，掌通內外者。史，晉史。使曰：以曹爲解。以滅曹爲解故。○解，戶賣反，注同，又古買反。齊桓公爲會而封異姓，封邢、衛。今君爲會而滅同姓。曹叔振鐸，文之昭也；叔振鐸，曹始封君，文王之子。○鐸，待洛反。先君唐叔，武之穆也。且合諸侯而滅兄弟，非禮也；與衛偕命，私許復曹、衛。而不與偕復，非信也；同罪異罰，非刑也。衛已復故。禮以行義，信以守禮，刑以正邪，舍此三者，君將若之何？公說，復曹伯，遂會諸侯于許。晉侯作三行以禦狄，荀林父將中行，屠擊將右行，先蔑將左行。晉置上、中、下三軍，今復增置三行，以辟天子六軍之名。三行無佐，疑大夫帥。○邪，似嗟反。舍音捨。說音悅。行，戶郎反，下及注同。將，子匠反。屠音徒。擊，古狄反，又音計。蔑，亡結反。復，扶又反。

附釋音春秋左傳注疏卷第十六

南昌盧氏宣旬校字

大清嘉慶二十年重栞宋本用文選樓藏本校

江西南昌府學栞

春秋左傳注疏卷十六挍勘記　阮元撰盧宣旬摘錄

附釋音春秋左傳注疏卷第十六　僖廿五年至廿八年

經二十五年

自爲其子來逆　閩本逆誤道

則此人字蕩也　浦鏜挍云字作氏

故但言納不復言歸句　宋本重歸字是也案歸字下屬爲句

三十一年魯始得曹田　閩本始誤殆

傳二十五年

掖以赴外　詩衡門篇正義引作持以赴外謂持其臂而投之城外也案說文掖持臂也詩正義作持以意改段玉裁云赴當作仆字之誤謂兩持其臂脅自城上投諸城下也作赴則義未顯

遂謂臂下脅上爲掖　閩本實闕下脅上三字

繼文之業　宋本此節正義在注匡輔周室之下

遇公用亨于天子之卦也　石經淳化本岳本纂圖本監本毛本無也字

故能爲王所宴饗　岳本饗下有也字

戰克而王饗　宋本此節正義在注言卜筮協吉之下

筮得大有是王亨也　閩本監本毛本亨作饗

晉侯朝王王饗醴　石經宋本淳熙本足利本饗作享釋文亦作享云注同國語晉語作饗詩彤弓正義引同劉向新序引作享案作享爲正字作饗爲同音假借左氏多用正字說詳成十二年

闕地通路曰隧　山井鼎云禮喪大記疏引此注闕作闕誤也案李善思元賦注引作掘亦非不知古穿地謂之闕地如闕地及泉其一也○今訂正

與之陽樊温原欑茅之田　淳熙本監本閩本毛本欑作攢釋文亦作攢非也

晉於是始起南陽　石經宋本淳熙本岳本足利本起作啟不誤

蒼葛呼曰　石經宋本淳熙本岳本蒼作倉注同

蒼葛樊陽人　宋本淳熙本岳本足利本樊陽作陽樊不誤

昏而傳焉　顧炎武云石經傳誤傳案石經此處闕炎武所據乃謬刻也

掘地爲坎　釋文亦作掘云本又作闕字按此掘字必淺人所改

乃降秦師囚申公子儀息公子邊以歸　石經宋本淳熙本岳本重秦師二字

昔趙衰以壺飧從徑餒而弗食　閩本壺誤壺石經宋本殘作飧注同岳本作飧閩本監本毛本作餐案飧字當從夕從食正義曰劉炫改徑爲經謂經歷饑餒下屬爲句案經徑古多通用如楚詞招魂經堂入奧注經一作徑史記高祖本紀夜徑索隱曰舊音經隸辨徐氏紀產碑雖直徑營即經營也

謂經歷飢餒　閩本監本毛本飢作饑非

經二十六年

不及　石經宋本淳熙本岳本纂圖本監本毛本不作弗不誤

齊人至弗及　閩本弗作不非也

而書莒挐也　閩本監本毛本挐作拏非也

公子遂如楚乞師　案惠棟云遂世本作述述與遂古字通秦大夫西乞術本亦作遂是也

魯卿也　正義本卿作大夫云今定本爲魯卿

凡乞者○求過理之辭　閩本監本毛本○作有誤宋本作深○今訂從宋本

傳二十六年

執謙以逼成其討　宋本討作計與釋例合下合計同○今依討正

門人從以爲謚　閩本監本毛本謚作悳非宋本謚作謚案當作謚

室如縣罄　釋文罄亦作磬盡也石經此處闕諸本作罄程瑤田通藝錄云左傳室如縣罄字从缶从缶與从石同意罄有房室中空之象室無資糧故曰如縣罄也國語作縣罄韋注言魯府藏空虛但有榱梁如縣罄也假借之凡器中空皆謂之罄如詩云瓶之罄矣是也空則有盡義故又謂盡爲罄詩云罄無不宜是也

我敝邑用不敢保聚也　案石經不字上後人旁增是字非唐刻

明是適子有疾　宋本閩本監本毛本適作嫡

立其弟熊延　閩本監本毛本延誤廷

左右謂進退在巳　宋本岳本巳作己不誤正義同

能左右者謂欲左則左　宋本謂作爲

劉賈許潁既不守例爲斷　閩本監本毛本潁作穎非也

經二十七年　宋本春秋正義卷第十三石經春秋經傳集解僖下第七岳本纂圖本僖下有公字並盡三十二年

杜意當以此爲明年始告　監本毛本告作來

然若成十三年公會諸侯伐秦　宋本亦作若閩本監本毛本誤作則

齊人使隰鉏請成　監本毛本鉏誤鉅

傳二十七年

不廢喪紀　宋本此節正義在禮也注下

弔贈之數不有廢　足利本有作可

樂記曰　監本毛本記作紀非也

責無禮也　釋文作責禮也本或作責無禮者非顧炎武云石經責誤青案石經此處闕炎武所據乃謬刻

貫三人耳　宋本以下正義四節在何後之有注下

謀元帥　宋本以下正義二節總入德義利之本也之下

郤穀可　釋文穀作縠云本又作穀同顧炎武云石經誤作縠案炎武所據乃謬刻

遵禮以布德　補案禮下脫樂字當據宋本閩本監本毛本

狐毛偃之兄　宋本以下正義二節總入未安其居注下

魏犨爲右　補各本犨作犫下並同

入務至生矣　宋本以下正義二節總入未宜其用注下

不詐以求多　纂圖本多下有也字非下句注同

公曰可矣乎　石經乎字旁增蓋初刊時脫去覆勘增正也

謂明年戰城濮　纂圖本閩本監本毛本謂作爲非也

經二十八年

如此許之也　宋本如作於是也

然魯殺之叢　補毛本之叢作子叢是也今依訂正

比令公子買楚戍衞　宋本楚上有爲字毛本脫爲楚二字

唯言晉師陳于莘北　毛本北作比非宋本作此屬下句

稱君以殺罪之　宋本淳熙本岳本足利本君作名不誤

時國亥也　閩本監本毛本也誤之

則以大小爲序　監本毛本爲作無非也

杜云襄王聞戰勝　宋本聞下有晉字與傳注合

傳言司城效節於府人而出　閩本監本效作効案文年傳作效

邾人秦人于温　石經岳本邾人作邾子與穀梁同公羊作邾婁子按石經是也

若宋向戌之後會　宋本戌作戍是也下同

許比再會不至　宋本比作此非也

故因會共伐之　足利本無會字

故從國逆例　宋本足利逆下有之字

注晉感至之例　毛本之誤逆此節正義宋本在遂會諸侯圍許注下

傳二十八年

謂楚人曰　石經宋本無曰字

謂告楚人言子叢不終成事而歸　宋本岳本足利本謂作詐

輿人至於墓　宋本此節正義在師遷焉注下

皆韻如詩賦　閩本監本毛本皆作音

今定本作謀　監本毛本定作先非也

言其無德居位者多　淳熙本居作車非也

百猶勵也　宋本岳本勵作勱釋文亦作勱字正義同按勵者厲之俗說文所無勱音邁百音陌雙聲也

注距躍至勵也　宋本此節正義在以徇于師句下

說文云躍迅也　閩本監本毛本迅作退非也

報借齊秦　宋本淳熙本岳本足利本報作假是也

凡二十六年　宋本足利本二作三是也

則須退避也　宋本辟作避

早自也斂　閩本監本毛本也作退亦非宋本作收

子玉使伯棼請戰　淳熙本玉誤欲石經此處闕宋本淳熙本岳本纂圖本足利本棼作芬不誤釋文亦作芬注同

先軫曰子與之　宋本以下正義三節揔入退三舍句下

豈在久矣　石經宋本淳熙本岳本足利本矣作乎是也

食言之爲　宋本閩本監本毛本爲作僞

孟武伯惡郭重曰　宋本郭作郭是也

通謂僞言爲食言　宋本謂作爲非

素訓爲上　宋本上作空是也

鄭邱陵險阻名　宋本以下正義二節揔入吾且柔之矣注下

前左水澤　浦鏜按本左作阻字按史記淮陰侯列傳曰兵法右倍山陵前左水澤倍古背字背猶後也

原田每每　案李善注魏都賦作莓莓賈昌朝羣經音辨引作𦬊𦬊實一字也

腧晉君美盛　宋本淳熙本足利本君作單是也

姬姓之國在漢北者　山井鼎引足利本之作諸

子犯審見事宜　淳熙本子作也非也

令戒勑子玉子西之屬　宋本毛本勑作敕不誤案說文勑勞也從力來聲陸德明云來旁作力俗以爲約勑字是也

韅靷鞅靽　釋文云韅說文作㬎惠棟云案㬎古文以爲顯故傳作韅韅從古文省

靷宏軸也　案當作引軸

有約督者　閩本實闕約字

使若大將稍却　纂圖本閩本監本毛本却作郤乃卻之譌

是大崩　淳熙本纂圖本是上衍不字

鄉役之三月　釋文鄉本又作鼏案說文引傳作鼏今傳作鄉古文假借

鄭伯至而懼之下　宋本以下正義二節總入注子人氏九名

傳相也　纂圖本相誤規

命晉侯宥　纂圖本閩本監本毛本宥作侑案周禮多用宥爲侑古文假借字也

尹氏王子虎　淳熙本尹作奚非也

注以策至寵晉　宋本以下正義一節入戎輅之服注下

賜之大輅之服　石經宋本岳本纂圖本閩本監本毛本作大輅案後漢書袁紹傳注引作路是也輅乃俗字耳

玈弓矢千　監本毛本玈誤玆釋文云玈本或作旅字非也段玉裁云古音旅盧無魚模斂侈之别如盧卽盧聲可證古字假旅爲驢魏三體石經遺字之存於洪氏者文侯之命篇有旅荒寧等字而誤系之春秋傳其驢旅二文一篆一隸卽盧弓盧矢之盧字也魏時邯鄲淳衞敬侯諸家去漢未遠根據尚精蓋左氏取多古文音義云玈本或作旅此正古本之善小雅彤弓音義亦云玈或作旅字者非此皆陸之疏爾玈之字魏人石經隸體不用則起於魏以後昧於假旅之指而改從元旁也說文無玈字石經矢千上後人據別本旁增十玈二字釋文云本或作玈弓十玈矢千後人專輒加也案詩小雅彤弓正義云傳文直云玈弓矢千定本亦然故服虔云矢千則弓十是本無十玈二字俗本有者誤也

彤赤弓玈黑弓　段玉裁挍本弓並作也是也

注彤赤至征伐　宋本以下正義四節總入王靨注下

以服射甲革椹質者　宋本服作授是也

以授射豻侯鳥獸者　宋本豻作豻是也毛本侯誤猴

見諸近射田獵　宋本毛本見作用是也

秬鬯一卣　淳熙本卣誤卤注同

掌先後王而趨以卒伍　閩本監本伍作五非也

重耳敢再拜稽首　此本拜稽二字誤作小字注今訂正

自襄牛出　監本自字上〇應作注

皆奬王室　釋文亦作弊淳熙本岳本纂圖本閩本監本毛本作奬

明神殛之　釋文殛本又作極誅也下是糾是殛同爾雅殛誅也小雅菀柳魯頌閟宮正義引並作極是極與殛通也

俾隊其師　釋文俾作毕云本亦作俾

注弊助至能也　宋本此節正義入能以德攻注下

餘皆釋言文注　案注字衍宋本無

及其元孫也　石經宋本淳熙本岳本纂圖本足利本其作而是

初楚子玉自爲瓊弁玉纓　案說文引作璚弁玉纓張衡集引同釋文弁作弁云本又作弁

弁以鹿子皮爲之　監本子誤孟

瓊玉之别名　淳熙本瓊作璚案璚與瓊同

侯伯七　閩本監本侯誤諸宋本毛本侯上衍諸字

衞風淇奧篇也　閩本監本毛本奧作澳非也

余賜女孟諸之麋　案禹貢作孟豬正義云左傳爾雅作孟諸周禮作望諸聲轉字異正是一地也

注孟諸至曰麋　宋本此節正義在弗致也之下

導荷澤　宋本荷作菏

水草交爲湄　監本水誤氷

則衆意皆阻　宋本阻作沮

禪竈請用瓘斝玉瓚火　監本毛本斝作斚非也閩本作斚

無所愛惜爲勁　宋本淳熙本岳本纂圖本閩本監本毛本勁作勤不誤

王時別遣追前使　淳熙本遣誤遺

注夷謚　宋本此節正義在亡大旆之左旃注下非是

武子甯俞也　葉抄釋文俞作渝

有渝此盟以相及也　監本有誤者

奄甯子未備　纂圖本閩本監本毛本奄作掩是也

聞君至　纂圖本閩本監本毛本君作公非也

捉髮走出　淳熙本髮誤髮

注牛馬至失之　宋本以下正義摠入亡大旆之左旃節注夷謚䟽後

爲別失馬牛　閩本監本毛本作失牛馬

掌此三事而不脩　宋本淳熙本岳本足利本三作二是也

注愷樂也　宋本此節正義入討不服也注下

故使叔鍼莊子爲主也　宋本淳熙本岳本足利本無叔字是

先驗吏卒之義　岳本義下有也字

爲治獄吏褻尊者也　閩本監本毛本褻作䙝非也

深室別爲囚室　纂圖本監本毛本別作則非也

橐衣饘　宋本衣下有之字

饘糜也　宋本岳本足利本作糜也不誤正義同

言其忠至所慮者深　宋本至作主

注甯俞至者深　宋本此節正義在立公子瑕注下

注晉侯至之事注下　宋本以下正義二節摠入言其非地也

故自嫌彊大　閩本監本毛本彊作强與注合

此亦假其失地之文　監本毛本亦誤一

泄治之罪　此處泄字宋本淳熙本岳本纂圖本閩本監本毛本並不作洩此本字之僅存者

故改舊史　閩本監本毛改作解非

有日無月　纂圖本監本毛本無誤有

今復增置三行　纂圖本監本毛本今誤合

附釋音春秋左注疏卷第十六

春秋左傳注䟽卷十六挍勘記

附釋音春秋左傳注疏卷第十七 起二十九年盡三十三年

杜氏注　孔穎達疏

經二十有九年春，介葛盧來。介東夷國也，在城陽黔陬縣。葛盧，介君名也。不稱朝，不見公，且不能行朝禮。雖不見公，國賓禮之，故〇書。〇介音界，國名。黔，巨廉反，又音琴。陬，子侯反，又側留反。

公至自圍許。無傳。〇夏六月，會王人、晉人、宋人、齊人、陳人、蔡人、秦人盟于翟泉。翟泉，今洛陽城內大倉西南池水也。魯侯諱盟天子大夫，諸侯大夫又違禮盟公侯，王子虎違禮下盟，故不言公會，又皆稱人。〇翟，直歷反。大倉音泰。

【疏】注翟泉至稱人〇正義曰：傳曰「卿不書，罪之也。在禮，卿不會公侯」，唯言諸侯之卿會魯君罪耳，不言罪魯侯與子虎，知其亦有罪者，襄二十六年公會晉人、鄭良霄、宋人、曹人于澶淵，彼爲趙武敵公，貶之稱人，而文不沒公。此沒公不書，明公別有罪。五年公及齊侯、宋公云云會王世子于首止，王世子不盟也。九年公會宰周公云云于葵丘，宰周公不盟也。往年踐土之會，王子虎盟諸侯于王庭。宣七年黑壤之會，王叔桓公臨之。王之公卿皆不與諸侯共盟，則知諸侯不合盟王臣，王臣不合與於盟。今王子虎亦貶稱人，知魯侯諱盟天子大夫，故沒公不書也。王子虎違禮下盟，故貶稱人。

〇秋，大雨雹。〇雨，于付反，傳同。雹，蒲學反。〇冬，介葛盧來。

傳二十九年春，介葛盧來朝，舍于昌衍之上。魯縣東南有昌平城。〇衍，以善反。公在會，饋之芻米，禮也。嫌公行，不當致饋，故曰禮也。〇饋，其媿反。芻，初俱反。

【疏】饋之芻米〇正義曰：周禮掌客，天子待諸侯之禮，上公饔餼九牢，饔五牢，餼四牢，車禾視死牢，牢十車，則禾五十車；車米視生牢，牢十車，則米四十車。侯伯饔餼七牢，禾四十車，米三十車。子男饔餼五牢，禾三十車，米二十車。芻薪皆倍禾也。聘禮卿饔餼五牢，禾米與子男同。其附庸執帛與公之孤同，則饔餼亦五牢，禾三十車，米二十車，薪芻倍禾，則此饋之芻米，芻六十車，米二十車。

〇夏，公會王子虎、晉狐偃、宋公孫固、齊國歸父、陳轅濤塗、秦小子慭盟于翟泉，尋踐土之盟，且謀伐鄭也。經書蔡人而傳無名氏，即微者。秦小子慭在蔡下者，若宋向戌之後會。〇轅音袁。濤音桃。慭，魚覲反。向，式亮反。

【疏】且謀伐鄭〇正義曰：晉侯受命，鄭伯傳王，踐土與溫二會咸在，鄭無叛晉之狀，而此會謀伐鄭者，文公昔嘗過鄭，鄭不禮焉。城濮戰前，鄭復如楚。雖以楚敗之後，畏威來會，晉侯以大義受之，內實懷恨。此會鄭人不至，必有背晉之心，故謀伐之也。晉語城濮戰下稱文公誅觀狀以伐鄭，及其陴。鄭人以名寶行成，公不許，得叔詹，將亨而舍之。左傳無伐鄭之事，蓋溫會以後已嘗伐鄭，鄭至今未服，故此會謀伐。明年遂與秦圍之。傳曰「且貳於楚也」，楚鄭自知負晉，故有貳心也。〇注經書至後會〇正義曰：經若貶卿稱人，傳則言其名氏。若傳無名氏，則本是微人。此經書蔡人而傳無名氏，此是實蔡之微者。秦是大國，小子慭名見於傳，而在蔡微者之後，若宋向戌之後會也。襄二十六年公會晉人、鄭良霄、宋人、曹人于澶淵，傳曰「趙武不書，尊公也。向戌不書，後也。鄭先宋，不失所也」。宋是大國，常在鄭先，向戌既以會公貶，又以後至退其班，使在鄭下。此小子慭既以會公貶，又退之在蔡下，若彼宋向戌之後會也。然向戌後會，傳爲發之經書良霄以駮向戌之後。今小子慭既是後會，傳不爲發，又不書蔡人之名以駮之者，但秦辟陋西戎，未同中國，蔡人又蔡之微者，不合書名，故傳不發之，經不貶責也。公孫固序在齊上者，蓋爲大司馬，尊於歸父。歸父雖執齊政，不廢身非上卿，如管仲之類，猶文十七年陳公孫寧、襄二十七年陳孔奐皆序在衞下，杜云非上卿，即此類也。

卿不書，罪之也。晉侯始霸，翼戴天子，諸侯輯睦，王室無虞，而王子虎下盟列國，以瀆大典；諸侯大夫上敵公侯，虧禮傷教，故貶諸大夫，諱公與盟。〇輯音集，又七入反。瀆，徒木反。上，時掌反，又如字。與音預。在禮，卿不會公侯，會伯子男可也。大國之卿當小國之君，故可以會伯子男。諸卿之見貶，亦兼有此闕，故傳重發之。〇重，直用反。

【疏】注大國至發之〇正義曰：昭二十三年傳叔孫婼曰「列國之卿當小國之君，固周制也」，是其可以會伯子男也。諸卿見貶兼有此闕，謂諸卿既上盟天子大夫，又上敵公侯，故云兼。案杜上注經云「諸侯大夫違禮盟公侯」，又注傳云「諸侯大夫上敵公侯」，則是唯責諸侯大夫上敵公侯，不責上盟天子之使，而言兼有此闕者，以魯君上盟天子之使已諱而不書，則諸侯之臣罪在可恶，故傳云「卿不書，罪之」，略言其事，故杜經傳二注唯言敵公侯，不云盟王使，以其可知故也。劉炫以爲直責其敵公侯不責其盟王使以規杜氏必如劉義則是君盟王使乃爲有罪豈盟王使疑無貶責便是君臣易位尊卑失序聖人垂訓豈若是乎○秋大雨雹爲災也○冬介葛盧來以未見公故復來朝禮之加燕好燕燕禮也好好貨也一歲再來故加之○復扶又反好呼報反下同介葛盧聞牛鳴曰是生三犧皆用之矣其音云問之而信傳言人聽或通鳥獸之情○犧許宜反【疏】注傳言至之情○正義曰周禮夷隸掌與鳥獸言鄭司農云夷狄之人或曉鳥獸之言鄭玄云夷隸征東夷所獲貉隸征東北夷所獲然則介葛盧是東夷之國其土俗有知者故介葛盧曉之

經三十年春王正月○夏狄侵齊○秋衞殺其大夫元咺及公子瑕咺見殺稱名者訟君求直又先歸立公子瑕非國人所與罪之也瑕立經年未會諸侯故不稱君【疏】注咺見至稱君○正義曰咺既稱名故知以訟君立瑕爲咺之罪狀

春秋之世諸侯雖簒弑而立已列於會雖復見弑即成爲君齊商人蔡侯班之屬是也瑕立雖已經年未會諸侯故不稱君既不成君即與元咺同爲國討之辭元咺先死故稱及也瑕若成君當據周歂治廑爲文書曰衞弑其君瑕衞侯鄭歸于衞魯爲之請故從諸侯納之例例在成十八年○爲于僞反○晉人秦人圍鄭晉軍函陵秦軍氾南各使微者圍鄭故稱人○函音咸氾音凡傳同介人侵蕭無傳冬天王使宰周公來聘周公天子三公兼冢宰也○兼如字又經念反公子遂如京師遂如晉如京師報宰周公

傳三十年春晉人侵鄭以觀其可攻與否狄間晉之有鄭虞也○間間廁之間夏狄侵齊齊晉與國○晉侯使醫衍酖衞侯衍醫名晉侯實怨衞侯欲殺而罪不及死故使醫因治疾而加酖毒○衍以善反酖音鴆【疏】注衍醫至酖毒○正義曰周禮大司馬以九伐之法正邦國賊殺其親則正之鄭玄云正之者執而治其罪王霸記曰正殺之也春秋僖二十八年晉人執衞侯歸之於京師坐殺其弟叔武如鄭彼言則衞侯合死而云罪不及死者衞侯之心疑叔武耳前驅歂犬卜君意而殺之非衞侯命殺也公知其無罪枕股而哭又命殺歂犬是則殺非公意也故不至死若然則是衞侯無罪而往年衞侯與元咺訟衞侯不勝殺士榮刖鍼莊子者用讒殺賢弟渝盟先期入是衞侯之罪也罪不合死而晉侯心怨欲得殺之故使醫因治疾而加酖毒若不治疾不得使醫故知因治疾也魯語云晉人執衞成公歸之于周使醫酖之不死醫亦不誅臧文仲言於僖公曰夫衞君殆無罪矣今晉侯酖衞侯而不死亦不討其使者諱而惡殺之也是罪不合死之事也甯俞貨醫使薄其酖不死甯俞視衞侯衣食故得知之公爲之請納玉於王與晉侯皆十瑴王許之雙玉曰瑴公本與衞同好故爲之請○公爲于僞反注同瑴音角好呼報反秋乃釋衞侯○衞侯使賂周歂治廑曰苟能納我吾使爾爲卿恐元咺距己故賂周治○歂市專反冶音也廑音覲又音謹人名也

漢書音義云音勤字也鄭氏音勤周治殺元咺及子適子儀子儀瑕母弟不書殺賤也○適丁歷反公入祀先君周治旣服將命服卿服將入廟受命【疏】注服卿至受命○正義曰言祀先君而服將命知其將入廟也必入廟者祭統云古者明君爵有德而祿有功必賜爵祿於大廟示不敢專也命臣必在廟而王制云爵人於朝者朝上謝於衆人位定然後入廟受命今世受官猶然周歂先入及門遇疾而死治廑辭卿見周歂死而懼○九月甲午晉侯秦伯圍鄭以其無禮於晉文公亡過鄭鄭不禮之○過古禾反且貳於楚也晉軍函陵秦軍氾南此東氾也在滎陽中牟縣南【疏】注此東氾○正義曰劉炫云二十四年王出適鄭處于氾注云鄭南氾也釋例土地名僖二十四年氾下云此南氾也周王出居于氾楚伐鄭師于氾襄城縣南氾城是也此年氾下云此東氾也秦軍氾南晉伐鄭師于氾滎陽中牟縣南氾澤是也杜考校既精當不從爾尋討傳文未見杜意佚之狐言

於鄭伯曰：「國危矣，若使燭之武見秦君，師必退。」佚之狐、燭之武，皆鄭大夫。○佚音逸。公從之。辭曰：「臣之壯也，猶不如人；今老矣，無能爲也已。」公曰：「吾不能早用子，今急而求子，是寡人之過也。然鄭亡，子亦有不利焉。」許之，夜縋而出。縋，縣城而下。○縋，丈僞反。縣音玄。見秦伯曰：「秦、晉圍鄭，鄭既知亡矣。若亡鄭而有益於君，敢以煩執事。執事亦謂秦。越國以鄙遠，君知其難也，設得鄭以爲秦邊邑，則越晉而難保。焉用亡鄭以倍鄰？倍，益也。○焉，於虔反，下焉取之同。倍，蒲回反。鄰之厚，君之薄也。若舍鄭以爲東道主，行李之往來，共其乏困，行李，使人。○舍音捨，又如字。共音恭，本亦作供。【疏】注「行李使人」。○正義曰：襄八年傳云「一介行李」，杜云「行李，行人也」。昭十三年傳云「行理之命」，杜云「行理，使人」。李、理字異，爲注則同，都不解理字。周語「行理以節逆之」，賈逵云「理，吏也，小行人也」。孔晁注國語，其本亦作李字，注云「行李，行人之官也」。然則兩字通用，本多作理，訓之爲吏，故爲行人使人也。君亦無所害。且君嘗爲晉君賜矣，許君焦、瑕，朝濟而夕設版焉，君之所知也。晉君謂惠公也。焦、瑕，晉河外五城之二邑。朝濟河而夕設版築以距秦，言背秦之速。○朝如字，注同。版音板。背音佩。夫晉何厭之有？既東封鄭，又欲肆其西封，封，疆也。肆，申也。○厭，於鹽反。疆，居良反。若不闕秦，將焉取之？【疏】不闕秦焉取之。○正義曰：沈云「不闕秦家更何處取之，言有心取秦，先謀取鄭，言減秦以將利晉，益大疆土」。闕秦以利晉，唯君圖之。」秦伯說，與鄭人盟。使杞子、逢孫、楊孫戍之，乃還。三子，秦大夫，反爲鄭守。○說音悅。爲，于僞反。

子犯請擊之。公曰：「不可。微夫人之力不及此。請擊秦也。夫人謂秦穆公。○夫音扶，注同。因人之力而敝之，不仁；失其所與，不知；以亂易整，不武。秦、晉和整，而還相攻，更爲亂也。○知音智。吾其還也。」亦去之。○初，鄭公子蘭出奔晉，蘭，鄭穆公。從於晉侯伐鄭，請無與圍鄭。許之，使待命于東。晉東界。○與音預。鄭石甲父、侯宣多逆以爲大子，以求成于晉，晉人許之。二子，鄭大夫。言穆公所以立。○冬，王使周公閱來聘，饗有昌歜、白、黑、形鹽。昌歜，昌蒲菹。白，熬稻。黑，熬黍。形鹽，鹽形象虎。○閱音悅。歜，在感反。菹，莊居反。熬，五刀反。【疏】注「昌歜」至「象虎」。○正義曰：昌歜饗賓之所設，必是籩豆之實。周禮醢人「朝事之豆，其實有昌本、麋臡」，鄭玄云「昌本，昌蒲根，切之四寸爲菹」。彼昌本可以爲菹，知此昌歜即是昌蒲菹也。齊有鄭歜，魯有公甫歜，其音爲觸。說文云「歜，盛氣怒也。從欠，蜀聲」。此昌歜之音，相傳爲在感反，不知其字與彼爲同爲異。徧檢書傳，昌蒲之草無此別名，未知其所由也。此云白黑，下云嘉穀，穀之白黑，唯稻黍爲然。下云鹽虎形，知其形象虎也。辭曰：「國君，文足昭也，武可畏也，則有備物之饗，以象其德；薦五味，羞嘉穀，鹽虎形，嘉穀，熬稻黍也。以象其文也。鹽虎形，以象武也。以獻其功。吾何以堪之？」【疏】辭曰至堪之。○正義曰：周禮掌客「王巡守，百官從者，所過之國，共其積膳。三公眡上公之禮，卿眡侯伯之禮，大夫眡子男之禮」。宰周公是天子三公，其主國待之，當尊於國君，但周公自謙，不敢當此國君耳。既云備物之饗以象其德，及說備物之下，即云以獻其功，功德互見之耳。獻其功者，獻謂呈見進奉之也。備設以象德，薦獻以見功，故象、獻分配爲文。○東門襄仲將聘于周，遂初聘于晉。公既命襄仲聘周，未行，故曰將。又命自周聘晉，故曰遂。自入春秋，魯始聘晉，故曰初。【疏】注「公既」至「曰初」。○正義曰：經書實行之事，傳說

將命之初故云命之將聘于周未行又命之遂聘于晉令其從周即去更不廻也賈服不曉傳意解爲先聘晉後聘周故杜詳說之

經三十有一年春取濟西田晉分曹田以賜魯故不繫曹不用師徒故曰取〔疏〕注晉分至曰取。正義曰濟西之田實是曹地晉文分以賜魯故不繫於曹不繫晉者晉本意賜諸侯不爲已有故亦不繫晉也昭四年傳例曰凡克邑不用師徒曰取取田取邑義亦同也。公子遂如晉

。夏四月四卜郊不從乃免牲龜曰卜不從不吉也卜郊不吉故免牲免猶縱也〔疏〕注龜曰至縱也。正義曰龜曰卜曲禮文也洪範稽疑云龜從筮從謂從人之心也人心欲吉不從是不吉也卜郊不吉不復爲郊牲無所用故免牲免猶縱放不殺之也穀梁傳曰免牲者爲之緇衣纁裳有司玄端奉送至于南郊免牛亦然左傳無說其事或然也桓五年傳例曰凡祀啓蟄而郊啓蟄周之三月也今於夏四月卜郊者傳舉節氣有前有却但使春分未過仍得爲郊故四月得卜郊也故釋例曰凡十二月而節氣有二十四共通三百六十六日分爲四時間之以閏月故節不必得恆在其月初而中氣亦不得恆在其月之半是以傳舉天宿氣節爲文而不以月爲正僖公襄公夏四月卜郊但譏其非所宜卜而不譏其四月不可郊也孟獻子曰啓蟄而郊郊而後耕耕謂春分也言得啓蟄當卜郊不得過春分耳是言四月得郊也周禮大宰職云祀五帝前期十日帥執事而卜日然則將祭必十日之前豫卜之也言四卜郊者蓋三月每旬一卜至四月上旬更一卜乃成爲四卜也此言四卜郊不從襄七年三卜郊不從公羊傳曰曷爲或言三卜或言四卜三卜禮也四卜非禮也三卜何以禮求吉之道三今左傳以爲禮不卜常祀則一卜亦非不云四非而三是異於公羊說

猶三望三望分野之星國中山川皆郊祀望而祭之魯廢郊天而脩其小祀故曰猶猶者可止之辭○分扶問反〔疏〕注三望至之辭○正義曰公羊傳曰三望者何望祭也然則曷祭泰山河海鄭玄以爲望者祭山川之名諸侯之祭山川在其地則祭之非其地則不祭且魯竟不及於河禹貢海岱及淮惟徐州徐卽魯也三望謂淮海岱也賈逵服虔以爲三望分野之星國中山川今杜亦從之以襄九年傳曰陶唐氏之火正閼伯居商丘祀大火相土因之故商主大火昭元年傳云辰爲商星參爲晉星楚語云天子徧祀羣神品物諸侯二王後祀天地三辰及其土地之山川注國語者皆云諸侯二王後祀天地三辰日月星也非二王後祀分野星辰山川也以此知三望分野之星國内山川其義是也昭七年夏四月甲辰朔日有食之於時夏之二月日在降婁傳稱去衞地如魯地於十二次豕韋衞地降婁魯地魯祭分野之星其祭奎婁之神也此三望者因郊祀天而望祭之於法不獨祭也魯既廢郊天而獨脩小祀故曰猶公羊穀梁皆云猶者可止之辭

。秋七月。冬杞伯姬來求婦無傳自爲其子成昏○爲于僞反

。狄圍衞十有二月衞遷于帝丘辟狄難也帝丘今東郡濮陽縣故帝顓頊之虛故曰帝丘○難乃旦反顓音專頊許玉反虛起魚反〔疏〕注辟狄至帝丘○正義曰傳稱狄圍衞衞遷于帝丘蓋有阻險可以辟狄難也釋例曰帝丘故帝顓頊之虛故曰帝丘昆吾氏因之故曰昆吾之虛東郡濮陽縣是也

傳三十一年春取濟西田分曹地也二十八年晉文討曹分其地竟界未定至是乃以賜諸侯○竟音境使臧文仲往宿於重館高平方與縣西北有重鄉城○重直龍反注同方音房與音預重館人告曰晉新得諸侯必親其共不速行將無及也從之分曹地自洮以南東傅于濟盡曹地也文仲不書請田而已非聘享會同也濟水自滎陽東過魯之西至樂安入海○洮吐刀反傅音附盡津忍反樂音洛〔疏〕重館至曹地也正義曰魯語說此事云獲地於諸侯爲多臧文仲反既復命爲之請曰地之多重館人之力也臣聞之曰善有章雖賤賞也今一言而辟竟其章大矣請賞之乃出而爵之

襄仲如晉拜曹田也。夏四月四卜郊不從乃免牲非禮也諸侯不得郊天魯以周公故得用天子禮樂故郊爲魯常祀〔疏〕注諸侯至常祀。正義曰明堂位稱成王幼弱周公踐天子之位以治天下制禮作樂七年致政於成王成王以周公爲有勳勞於天下命魯公世世祀周公以天子之禮樂是以魯君孟春乘大路載弧韣旂十有二旒日月之章祀帝于郊配以后稷天子之禮也是魯以周公之故得用天子禮樂天子命之則爲常祀故郊爲魯之

常祀也記言正月謂周正建子之月與傳啓蟄而郊其月不同禮記是後儒所作不可以難左傳猶三望亦非禮也禮不卜常祀必其時而卜其牲日卜牲與日知吉凶牛卜日曰牲既得吉日則牛改名曰牲〔疏〕注既得至曰牲○正義曰上云卜其牲日則牲之與日俱卜之也必當先卜牲而後卜日卜得吉日則改牛爲牲然則牛雖卜吉未得稱牲牲是成用之名不可改名爲牲更卜吉凶明知卜牛在卜日之前也此言免牲是已得吉日牲既成矣成七年乃免牛是未得吉日牲未成也牲成而卜郊上怠慢也怠於古典慢瀆龜策望郊之細也不郊亦無望可也○秋晉蒐于清原作五軍以禦狄二十八年晉作三行令罷之更爲上下新軍河東聞喜縣北有清原○行戶郎反趙衰爲卿二十七年命趙衰爲卿讓於欒枝今始登原大夫爲新軍帥○帥所類反〔疏〕趙衰爲卿○正義曰晉語云文公命趙衰爲卿讓於欒枝先軫後又使爲卿讓於狐偃狐毛卒又使爲卿讓於先且居公曰趙衰三讓其

所讓皆社稷之衛也廢讓是廢德也以趙衰故蒐于清原作五軍使趙衰將新上軍箕鄭佐之胥嬰將下軍先都佐之如彼文止謂趙衰作五軍故特言趙衰爲卿以見之於時舊三軍之將佐先軫將中軍郤溱佐之先且居將上軍狐偃佐之欒枝將下軍胥臣佐之國語有其文也○冬狄圍衛衛遷于帝丘卜曰三百年〔疏〕卜曰三百年○正義曰案史記衛世家及年表衛從此年以後歷十九君積四百三十年衛元君乃徙于野王元君卒子角代立秦滅衛廢角爲庶人衛成公夢康叔曰相奪予享相夏后啓之孫居帝丘享祭也○上曰音越或人實反非也相息亮反注及下同夏戶雅反下同〔疏〕注相夏至祭也○正義曰夏本紀禹生啓啓生太康及仲康仲康生相是爲啓之孫也周禮祭人鬼曰享公命祀相甯武子不可曰鬼神非其族類不歆其祀歆猶饗也○歆許金反杞鄫何事言杞鄫夏後自當祀相相之不享於此久矣非衛之罪也言帝丘久不祀相非衛所絕不可以

間成王周公之命祀諸侯受命各有常祀○間間廁之間請改祀命改祀相之命〔疏〕注改祀相之命○正義曰昭七年傳稱晉居夏虛祀鯀而晉侯疾夢此衛居帝丘而不合祀相者祭法云鯀障洪水而殛死載在祀典傳稱實爲夏郊三代祀之周室既衰晉爲盟主當代天子祭絕祀之神故祭鯀爲得禮相無功德於民惟當子孫自祭故稱杞鄫何事非衛之罪與鯀異也○鄭洩駕惡公子瑕鄭伯亦惡之故公子瑕出奔楚瑕文公子傳爲納瑕張本洩駕亦鄭大夫隱五年洩駕距此九十年疑非一人○惡烏路反下同

經三十有二年春王正月○夏四月己丑鄭伯捷卒無傳文公也三同盟○捷在妾反〔疏〕注文公也三同盟○正義曰經無其葬故言其謚也捷以莊二十二年即位至此與魯十餘同盟言三同盟者但杜數同盟不例若同盟少者數先君之盟或數大夫之盟或數經不書盟而傳載盟者若同盟多者唯數今君或就今君之中數其大會盟之顯著者此言三同盟者皆據王臣臨盟則八

年盟于洮九年于葵丘二十八年于踐土是也劉炫不尋杜意而規其謬非也○衛人侵狄報前年狄圍衛○秋衛人及狄盟不地者就狄盧帳盟○盧力於反帳張亮反〔疏〕注不地至帳盟○正義曰會狄于櫕函言地今不言地故云就盧帳盟盧帳即是狄人所居之處上云衛人侵狄及狄盟猶若公如晉及晉侯盟是指其所居之處故不言地也劉炫云春秋時戎狄錯居中國此狄無國都處所直云及狄盟盟於狄之處也以狄俗逐水草無城郭宮室故云就盧帳盟○冬十有二月己卯晉侯重耳卒同盟踐土翟泉

傳三十二年春楚鬭章請平于晉晉陽處父報之晉楚始通陽處父晉大夫晉楚自春秋以來始交使命爲和同○使所吏反○夏狄有亂衛人侵狄狄請平焉○秋衛人及狄盟○冬晉文公卒庚辰將殯于曲沃殯斂棺也曲沃有舊

官焉○窆彼驗反一本作塗【疏】注殯窆至官焉○正義曰周禮鄉師職云大喪及葬與匠師御柩及窆執斧以涖匠師昭十二年傳曰日中而堋禮記皆作封封堋窆聲相近而字改易耳皆謂葬時下棺之名也殯則横置於西序亦是下棺於地故殯爲窆棺也晉武公自曲沃而兼晉國曲沃有舊時宮廟故公卒而往殯焉禮諸侯五日而殯案經文以己卯卒庚辰是卒之明日即將殯者以曲沃路遠故早行耳禮在牀曰尸在棺曰柩下云棺有聲明是斂於棺而後行也

出絳柩有聲如牛如牛响聲○柩其救反禮云在牀曰尸在棺曰柩响呼口反卜偃使大夫拜曰君命大事將有西師過軼我擊之必大捷焉聲自柩出故曰君命大事戎事也卜偃聞秦密謀故因柩聲以正衆心○過古禾反又古臥反軼直結反又音逸

杞子自鄭使告于秦三十年秦使大夫杞子戍鄭曰鄭人使我掌其北門之管管籥也○籥餘若反若潛師以來國可得也穆公訪諸蹇叔蹇叔曰勞

師以襲遠非所聞也蹇叔秦大夫○蹇紀輦反師勞力竭遠主備之無乃不可乎師之所爲鄭必知之勤而無所必有悖心將害良善○悖必內反且行千里其誰不知公辭焉辭不受其言召孟明西乞白乙使出師於東門之外孟明百里孟明視西乞西乞術白乙白乙丙【疏】注孟明至乙丙○正義曰世族譜以百里孟明視爲百里奚之子則姓百里名視字孟明也古人之言名字者皆先字後名而連言之其術丙必是名西乞白乙或字或氏不可明也譜云或以爲西乞術白乙丙爲蹇叔子案傳稱蹇叔之子與師言其在師中而已若是西乞白乙則爲將帥不得云與也或說必妄記異聞耳

蹇叔哭之曰孟子吾見師之出而不見其入也公使謂之曰爾何知中壽【疏】中壽○正義曰上壽百二十歲中壽百下壽八十爾墓之木拱矣合手曰拱言其過老悖不可用○孟子本或作孟兮壽音受又如字拱九勇反

蹇叔之子與師哭而送之曰晉人禦師必於殽殽在弘農澠池縣西○殽本又作崤戶交反劉昌宗音豪澠綿善反繩忍反與羊恕反殽有二陵焉大阜曰陵【疏】注大阜曰陵○正義曰釋地云高平曰陸大陸曰阜大阜曰陵李巡曰高平謂土地豐正名爲陸大陸謂土地高大名曰阜阜最高大爲陵其南陵夏后皋之墓也皋夏桀之祖父○夏戶雅反注同皋古刀反【疏】注皋夏桀之祖父○正義曰夏本紀文桀父名發發名履癸其北陵文王之所辟風雨也此道在二殽之間南谷中谷深委曲兩山相嶔故可以辟風雨古道由此魏武帝西討巴漢惡其險而更開北山高道○辟音避谷古木反又音欲嶔許金反又音欽本或作嵚力含反惡烏路反【疏】注此道至高道○正義曰此道見在殽是山名俗呼爲土殽石殽其阸道在兩殽之間山高而曲兩山參差相映其下雨所不及故可以辟風雨也公羊傳曰蹇叔送其子而戒之曰爾即死必於殽之嶔巖是文王之所辟風雨者也此注言兩山相嶔故

可以辟風雨者杜氏此言或取公羊之意嶔字益從山但嶔巖是山之貌而云相嶔文亦不順未能審杜意也何休云其處險阻隘勢一人可要百故文王過之驅驅常若辟風雨必死是間以其深險故余收爾骨焉秦師遂東爲明年晉敗秦于殽傳○爲于僞反

經三十有三年春王二月秦人入滑滅而書入不能有其地○齊侯使國歸父來聘○夏四月辛巳晉人及姜戎敗秦師于殽晉侯諱背喪用兵故通以賤者告姜戎姜姓之戎居晉南鄙戎子駒支之先也晉人角之諸戎掎之不同陳故言及○背音佩掎居綺反陳直覲反【疏】注晉侯至言及○正義曰杜以諸侯之敗不至稱人故知諱在喪用兵以賤者告也襄十四年傳戎子駒支自陳此事云謂我諸戎四嶽之裔胄且此云姜戎知是姜姓之戎也角之掎之皆彼傳文耳彼云晉禦其上戎亢其下是不同陳故言及也諸戰之陳共用師不言及者皆同陳也○癸巳葬晉文公○狄侵齊○公伐

邾取訾婁○秋公子遂帥師伐邾○晉人敗狄于箕太原陽邑縣南有箕城郤缺稱人者未爲卿○訾子斯反【疏】注太原至爲卿○正義曰劉炫云案傳晉侯親兵先軫死敵則將帥非郤缺也而稱人者皆諱而以微人告今知不然者以戰子殺文公未葬故諱其背殯用兵此則文公既葬之後於禮得從戎事又敗狄有功又何恥諱而以微者告故杜云郤缺稱人未爲卿劉以晉侯稱人同於殺諱而規杜氏非也○冬十月公如齊十有二月公至自齊○乙巳公薨于小寢小寢內寢也乙巳十一月十二日經書十二月誤○隕霜不殺草李梅實無傳書時失也周十一月今九月霜當微而重重而不能殺草所以爲災○隕于敏反○【疏】注書時至爲災○正義曰此在十二月下杜以長麻校之乙巳是十一月十二日謂經十二月爲誤遂以此經四事皆爲十一月夏之九月霜不應重重又不能殺草所以爲災也此云隕霜不殺草定元年冬十月隕霜殺菽穀梁傳曰未可以殺而殺舉重可殺而不殺舉輕其意言菽重草輕也○晉人陳人鄭人伐許

傳三十三年春晉秦師過周北門左右免胄而下王城之北門冑兜鍪兵車非大將御者在中故左右下御不下○冑直救反兜丁侯反鍪亡侯反將子匠反【疏】注王城至不下○正義曰成二年傳稱晉解張御郤克鄭丘緩爲右張侯曰矢貫予手及肘左輪朱殷傷手而血染左輪是御者在左大將居中也宣十二年傳稱楚許伯御樂伯攝叔爲右樂伯云射左以菆是射在左而御在中也鄭玄詩箋云兵車之法左人持弓右人持矛中人御車故左右下御不下超乘者三百乘

王孫滿尚幼觀之言於王曰秦師輕而無禮必敗謂過天子門不卷甲束兵超乘示勇○乘繩證反下及注皆同輕遣政反下同【疏】注謂過至示勇正義曰服虔云無禮謂過天子門不櫜甲束兵而但免冑呂氏春秋說此事云師行過周王孫滿曰過天子之城宜櫜甲束兵左右皆下然則過天子門當卷甲束兵以古有此禮或出司馬兵法其書既亡未見其本輕則寡謀無禮則脫脫易也○脫他活反易以豉反入險而脫又不能謀能無敗乎及滑鄭商人弦高將市於周遇之以乘韋先牛十二犒師商行賈也乘四韋先韋乃入牛古者將獻遺於人必有以先之○先悉薦反注有以先之同犒苦報反賈音古遺唯季反【疏】注商行至先之○正義曰周禮大宰以九職任萬民六曰商賈阜通貨賄鄭玄云行曰商處曰賈易云商旅不行是商行賈坐而言行賈者相形以曉人也乘市必駕四馬因以乘爲四名禮言乘矢謂四矢此言乘韋謂四韋也遺人之物必以輕先重後故先韋乃入牛老子云雖有拱璧以先四馬不如坐進此道是古者將獻饋必有以先之曰寡君聞吾子將步師出於敝邑敢犒從者不腆敝邑爲從者之淹居則具一日之積腆厚也淹久也積芻米菜薪○步師步猶行也從才用反下同腆他典反爲于僞反下爲吾子同積子賜反下同【疏】注腆厚至菜薪○正義曰腆厚淹久經傳常訓也周禮大行人云王待諸侯之禮上公五積侯伯四積子男三積積皆謂米禾芻薪知此亦然案掌客上公五積皆視飧牽鄭注云飧牽謂牽牲以往不殺也亦有米禾芻薪鄭又注云上公飧五牢米二十車禾三十車侯伯四牢米禾皆二十車子男三牢米十車禾二十車芻薪皆倍其禾積既視飧則米禾芻薪與飧同行則備一夕之衛且使遽告于鄭遽傳車○遽其據反傳張戀反【疏】注遽傳車○正義曰釋言云馹遽傳也孫炎曰傳車驛馬也則束載厲兵秣馬矣嚴兵待秦師○秣音末穀馬也說文作䬴云食馬穀也使皇武子辭焉曰吾子淹久於敝邑唯是脯資餼牽竭矣資糧也生曰餼牽謂牛羊豕○餼許氣反牲腥曰餼牲生曰牽【疏】注資糧至羊豕○正義曰聘禮歸饔餼五牢飪一牢腥一牢餼一牢以飪是熟肉腥是生肉知餼是未殺故云生曰餼牛羊豕也牽行故云牽謂牛羊豕也爲吾子之將行也示知其情鄭之有原圃猶秦之有具囿也原圃具囿皆囿名○圃布古反【疏】注原圃具囿皆

圃名○正義曰下注云中牟縣西有圃田澤則原圃地名以其地爲圃知與具圃皆圃名也圃者所以養禽獸故令自取其麋鹿焉天子曰苑諸侯曰囿吾子取其麋鹿以閒敝邑若何使秦戍自取麋鹿以爲行資令敝邑得閒暇若何猶如何熒陽中牟縣西有圃田澤○麋亡悲反閒音閑注同令力呈反杞子奔齊逢孫揚孫奔宋孟明曰鄭有備矣不可冀也攻之不克圍之不繼吾其還也滅滑而還○齊國莊子來聘自郊勞至于贈賄禮成而加之以敏迎來曰郊勞送去曰贈賄敏審當於事○勞力報反注同賄呼罪反當丁浪反又如字【疏】注迎來至於事○正義曰聘禮賓至于近郊君使卿朝服用束帛勞及聘事皆畢乃去賓遂行舍於郊公使卿贈如覲幣是來有郊勞去有贈賄也臧文仲言於公曰國子爲政齊猶有禮君其朝焉臣聞之服於有禮

社稷之衞也爲公如齊傳○晉原軫曰秦違蹇叔而以貪勤民天奉我也奉與也○奉扶用反注及下同奉不可失敵不可縱縱敵患生違天不祥必伐秦師欒枝曰未報秦施而伐其師其爲死君乎言以君死故忘秦施○縱子用反下同施始豉反注及下同先軫曰秦不哀吾喪而伐吾同姓秦則無禮何施之爲言秦以無禮加已施不足顧吾聞之一日縱敵數世之患也謀及子孫可謂死君乎言不可謂背君○數所主反背音佩遂發命遽興姜戎子墨衰絰晉文公未葬故襄公稱子以凶服從戎故墨之○衰七雷反絰直結反梁弘御戎萊駒爲右萊音來○夏四月辛巳敗秦師于殽獲百

里孟明視西乞術白乙丙以歸遂墨以葬文公晉於是始墨後遂常以爲俗記禮所由變文嬴請三帥文嬴晉文公始適秦秦穆公所妻夫人襄公嫡母三帥孟明等○嬴音盈帥所類反注同妻七計反嫡丁歷反曰彼實構吾二君寡君若得而食之不厭君何辱討焉使歸就戮于秦以逞寡君之志若何公許之先軫朝問秦囚公曰夫人請之吾舍之矣先軫怒曰武夫力而拘諸原婦人暫而免諸國暫猶卒也○厭於豔反又於鹽反戮音六逞勑領反拘音俱卒寸忽反墮軍實而長寇讎亡無日矣墮毀也○墮許規反長丁丈反不顧而唾公使陽處父追之及諸河則在舟中矣釋左驂以公

命贈孟明欲使還拜謝因而執之○唾他臥反驂七南反孟明稽首曰君之惠不以纍臣釁鼓纍囚繫也殺人以血塗鼓謂之釁鼓○纍力追反釁許覲反使歸就戮于秦寡君之以爲戮死且不朽若從君惠而免之三年將拜君賜意欲報伐晉秦伯素服郊次待之於郊鄉師而哭曰孤違蹇叔以辱二三子孤之罪也不替孟明孤之過也大夫何罪且吾不以一眚掩大德眚過也○鄉許亮反替他計反眚所景反掩於檢反○狄侵齊因晉喪也○公伐邾取訾婁以報升陘之役在二十二年邾人不設備秋襄仲復伐邾亦因晉喪以陵小國○復扶又反○狄伐晉及箕八月戊子晉侯敗狄

于箕郤缺獲白狄子白狄狄別種也故西河郡有白部胡。箕音基種章勇反〔疏〕注郤缺獲白狄子。正義曰宣十五年晉師滅赤狄潞氏以潞子嬰兒歸彼書於經而此不書者蓋略賤之不以告也先軫曰匹夫逞志於君謂不顧而唾。而無討敢不自討乎免冑入狄師死焉狄人歸其元元首面如生言其有異於人初臼季使過冀見冀缺耨其妻饁之臼季胥臣也冀晉邑耨鋤也野饋曰饁。臼其九反使所吏反過古禾反又古臥反耨乃豆反鉏田也饁于輒反字林于劫反鋤本又作鉏仕居反饋其位反餉也〔疏〕注臼季至曰饁。正義曰世本云垂作耨釋器云斪斸謂之定李巡曰鋤也廣雅云定謂之耨呂氏春秋云耨柄尺此其度也其耨六寸所以間稼也高誘注云耨耘苗也六寸所以入苗間也釋名云耨鋤嫗耨禾也釋詁云饁饋也孫炎曰饁野之饋也敬相待如賓與之歸言諸文公曰敬德之聚也能敬必有德德以治民

君請用之臣聞之出門如賓如見大賓承事如祭常謹敬也仁之則也公曰其父有罪可乎缺父冀芮欲殺文公在二十四年。芮如銳反殺音試或如字對曰舜之罪也殛鯀其舉也興禹禹鯀子。殛紀力反誅也鯀古本反禹父也管敬仲桓之賊也實相以濟康誥曰父不慈子不祗兄不友弟不共不相及也康誥周書祗敬。○實相息亮反不共音恭〔疏〕康誥至及也。正義曰此雖言康誥曰直引康誥之意耳非康誥之全文也彼云子弗祗服厥父事大傷厥考心于父不能字厥子乃疾厥子于弟弗念天顯乃弗克恭厥兄兄亦不念鞠子哀大不友于弟曰乃其速由文王作罰刑茲無赦其意言不慈不祗不友不恭各用文王之法刑之不是罪子又罪父刑弟復刑兄是其不相及也詩曰采葑采菲無以下體君取節焉可也詩國風也葑菲之菜上善下惡食之者不以其惡而棄其善言可取其善節。葑芳逢反菲芳匪反〔疏〕注詩國至善節。正義曰彼毛傳曰葑須也菲芴也釋草云須葑孫炎曰須一名葑鄭玄坊記注云葑蔓菁也釋草又云菲芴也孫炎曰葍類也陸機毛詩義疏云葑蔓菁幽州人或謂之芥也菲似葍莖麤葉厚而長有毛三月中蒸鬻為茹滑美又可以為羹是也此二菜其根有惡詩故云上善下惡食之者取善節也文公以為下軍大夫反自箕襄公以三命命先且居將中軍且居先軫之子其父死敵故進之。且子徐反將子匠反〔疏〕注且居至進之。正義曰且居父在之時已將上軍以父死敵故進之以再命命先茅之縣賞胥臣曰舉郤缺子之功也先茅絕後故取其縣以賞胥臣以一命命郤缺為卿復與之冀還其父故邑。復扶又反又音服亦未有軍行雖登卿位未有軍列。行戶剛反。冬公如齊朝且弔有狄師也反薨于小寢即安也小寢夫人寢也譏公就所安不終于路寢。晉

陳鄭伐許討其貳於楚也楚令尹子上侵陳蔡陳蔡成遂伐鄭將納公子瑕三十一年瑕奔楚。門于桔柣之門瑕覆于周氏之汪車傾覆池水中。桔戶結反柣大結反覆芳服反注同汪烏黃反外僕髡屯禽之以獻殺瑕以獻鄭伯。髡苦門反屯徒門反文夫人斂而葬之鄶城之下鄭文公夫人也鄶城故鄶國在滎陽密縣東北傳言穆公所以遂有國。斂力豔反鄶古外反。晉陽處父侵蔡楚子上救之與晉師夾泜而軍泜水出魯陽縣東經襄城定陵入汝。夾古洽反一音古協反泜音雉又直里反王又徒死反陽子患之使謂子上曰吾聞之文不犯順武不違敵子若欲戰則吾退舍子濟而陳欲辟楚使渡成陳而後戰。陳直覲反注同遲速唯命不

然紓我紓，緩也。○紓音舒，一音直呂反老師費財亦無益也師久爲老。○費，芳味反乃駕以待子上欲涉大孫伯曰不可晉人無信半涉而薄我悔敗何及不如紓之乃退舍楚退欲使晉渡陽子宣言曰楚師遁矣遂歸楚師亦歸大子商臣譖子上曰受晉賂而辟之楚之恥也罪莫大焉王殺子上商臣怨子上止王立己，故譖之。○遁，徒困反

○葬僖公緩文公元年經書四月葬僖公，僖公實以今年十一月薨，并閏七月乃葬，故傳云緩。自此以下遂因說作主祭祀之事，文相次也，皆當次在經葬僖公下，今在此，簡編倒錯。○編，必連反，又布千反。倒，丁老反

［疏］注「文公」至「倒錯」。○正義曰：經書十二月下云乙巳公薨，杜以長厤推之，十一月十二日有乙巳，乙巳非十二月。文元年傳曰於是閏三月，非禮也，故至四月并閏爲七月。禮當五月而葬，今乃七月始葬，故傳曰緩也。左氏爲傳，凡有譏者，皆先言所譏，乃復述其事。自此以下，不論葬緩。既言葬之緩，遂因說作主祭祀之事，皆事與葬連，故文相次耳。僖公葬在明年，而此年有傳，知其當在明年經葬僖公下，今在此者，簡編倒錯，故爾。杜以此年空說葬事，而其上無經文；元年空舉經而其下無傳，故謂此年之傳當在彼經之下，於理誠爲順序。於文失於重疊，此云葬僖公，彼又云葬僖公，重生文者，亦既錯謬，必乖其本，或由編絕之處，三字分簡，彼有葬無公，此有公無葬，後人並添足之，致使彼此共剩一文耳。若其不然，不知所以謬也。

作主非禮也文二年乃作主，遂因葬文通譏之

凡君薨，卒哭而祔，祔而作主，特祀於主既葬反虞則免喪，故曰卒哭。哭止也，以新死者之神祔之於祖，尸柩已遠，孝子思慕，故造木主立几筵焉，特用喪禮祭祀於寢，不同之於宗廟。言凡君者，謂諸侯以上，不通於卿大夫。○祔音附烝嘗禘於廟冬祭曰烝，秋祭曰嘗。新主既特祀於寢，則宗廟四時常祀自如舊也。三年禮畢，又大禘，乃皆同於吉。○烝，之承反。禘，大計反

［疏］「凡君」至「於廟」。○正義曰：釋例云：此諸侯之禮，故稱君。君既葬反虞，則免喪，故曰卒哭。哭止也，以新死者之神祔之於祖，尸柩既已遠矣，神形又不可得而見矣，孝子之思慕彌篤，徬徨求索，不知所至，故造木主立几筵，特用喪禮祭祀於寢，不同之於宗廟。宗廟則復用四時烝嘗之禮也。三年喪畢，致新死者之主以進於廟，廟之遠主當遷入祧，於是乃大祭於大廟，以審定昭穆，謂之禘。此皆自諸侯上達天子之制也。其意與此注同，文少詳耳。劉炫云：既言作主非禮，因言作主祭祀吉凶之節。凡諸侯之薨，葬日而虞，從是以後間日一虞，七虞之後，明日而爲卒哭之祭。卒哭之明日而作祔祭，以新死之神祔於祖父，於此祔祭而作木主，以依神，其主在寢，特用喪禮祭祀於在寢之主。其四時常祭，礿祠烝嘗及三年喪畢爲大祀禘祭，並行之於廟，正禮當如是耳。今以葬僖公後積十月始作僖公木主，是作主大緩，故爲非禮也。○注「既葬」至「大夫」。○正義曰：檀弓曰：既封，有司以几筵舍奠於墓左，反，日中而虞。葬日虞，弗忍一日離也。雜記曰：士三虞，大夫五，諸侯七。士虞記曰：始虞用柔日，再虞皆如初，三虞卒哭，用剛日。如士虞之禮，諸侯七虞，其六虞用柔日，最後虞改用剛日，間一日乃卒哭。卒哭亦用剛日，則諸侯卒哭在葬後十四日也。然始免喪與葬不得相遠，共在一月之內，故杜每云既葬卒哭，衰麻除。是其不甚相遠，然喪事先遠日，則葬在月半之後，葬後行虞，虞後卒哭，所以得同月者，但卜葬雖先遠日，但葬是喪之大事，又有虞祔之祭，當應及早爲之，使得容其虞祔。禮云喪事先遠日，謂練祥禫除之屬。晉平公之喪，大夫欲見新君，王與文伯宴，樽以魯壺，皆是既葬之後，未卒哭之前。雜記曰：天子七月而葬，九月而卒哭；諸侯五月而葬，七月而卒哭。釋例云：禮記後人所作，不與春秋同，是七虞九虞杜所不用。或云杜亦同之，解云此注言虞則免喪者，謂七虞皆畢，乃免喪，免喪後日而卒哭也。理亦通耳。檀弓曰：葬日虞，是日也，以虞易奠。卒哭曰成事，是日也，以吉祭易喪祭。是葬前奠而不祭，至虞乃爲喪祭，卒哭乃爲吉祭也。自初死至於卒哭，晝夜哭無時，謂之卒哭者，卒此無時之哭，自此以後唯朝夕哭耳。天子諸侯則於此除喪，全不復哭也。檀弓於卒哭之下云：明日祔於祖父。士虞記亦云：卒哭，明日以其班祔。是以新死之神祔之於祖也。於此之時，葬已多日，尸柩既已遠矣，孝子思慕彌篤，徬徨不知所至，故造木主立几筵以依神也。作主致之於寢，特用喪祭之禮，祭之於寢，不同祭之於宗廟也。大夫以下不得稱君，此言凡君者，謂諸侯以上耳，不得通於卿大夫也。文二年公羊傳曰：主者曷用？虞主用桑，練主用栗。鄭玄注禮用公羊之說，以爲虞已有主，此傳稱祔而作主者，虞而作主，禮本無文，不可以公羊而疑左氏也。○注「冬祭」至「於吉」。○正義曰：周禮、禮記諸文皆有之也。新主既特祀於寢，則其餘宗廟四時常祀自如舊，不廢也。三年喪畢，新主

入廟廟之遠主當遷入祧乃爲大祭於大廟以審昭穆謂之爲禘於是新死者乃得同於吉也釋例曰舊說以爲諸侯喪三年之後乃烝嘗案傳襄公十五年冬十一月晉侯周卒十六年春葬晉悼公改服脩官烝於曲沃會于溴梁其冬穆叔如晉且言齊故晉人荅以寡君之未禘祀其後晉人徵朝于鄭鄭公孫僑云溴梁之明年公孫夏從寡君以朝于君見於嘗酎與執膰焉此皆春秋之明證也是言知諸侯卒哭以後時祭不廢之事也釋例又曰凡三年喪畢然後禘於是遂以三年爲節仍計除喪卽吉之月卜日而後行事無復常月也是以經書禘及大事傳唯見莊公之速他無非時之譏也如例所言除喪卽吉禘遂以三年爲常則新君卽位二年而禘五年又禘八年又禘僖八年禘於大廟宣八年有事于大廟定八年從祀先公皆得三年之常期也案元年夫人姜氏薨當以三年喪畢而禘再經三年則九年乃可禘耳而得八年禘者哀姜喪畢不爲作禘八年因禘祭乃致之故計閟公之喪數之耳昭十五年有事於武宮計非禘年而爲禘者釋例曰禘於大廟禮之常也各於其宮時之爲也雖非三年大祭而書禘用禘禮也昭二十五年傳曰將禘於襄公亦其義也三年之禘自國之常常事不書故唯書此數事祭雖得常亦記仲遂叔弓之非常也如杜此言昭十五年雖非禘年用禘禮故稱禘也鄭玄解禮三年一祫五年一禘杜解左傳都不言祫者以左傳無祫語則祫禘正是一祭故杜以審諦昭穆謂之爲禘明其更無祫也古禮多亡未知孰是且使禮傳各從其家而爲之說耳劉炫云以正經無祫文也唯禮記毛詩有祫字耳釋天文禘大祭也則祭無大於禘者若祫大於禘禘焉得稱大乎

附釋音春秋左傳注疏卷第十七

江西南昌府學栞

春秋左傳注疏卷十七校勘記　阮元撰盧宣旬摘錄

附釋音春秋左傳注疏卷第十七　僖二十九年盡三十三年

經二十九年

玉子虎違禮下盟　宋本淳熙本岳本纂圖本閩本監本毛本玉作王是也

會王世子于首止　宋本閩本監本毛本正作止不誤

傳二十九年

春葛盧來朝　石經宋本淳熙本岳本纂圖本監本毛本春下有介字是也

及其陴　浦鏜正誤及作反案國語作反

將亨而舍之　宋本亨作烹與國語晉語合

故有貳心也　宋本監本毛本貳作二

兼有此闕　宋本闕下有者字

冬介葛盧來以未見公　閩本監本以下誤增其字

經三十年

傳三十年

皆十穀　岳本穀作穀非

注服卿至受命　宋本此節正義在辭卿注下

秦軍氾南　石經氾作汜釋文作汜音凡翻岳本同是也

在熒陽中牟縣南　閩本監本毛本脫南字熒誤滎宋本作滎按宋本最善不應亦作滎陽蓋廢元重刻時淺人所改也

尋討傳文　閩本監本毛本文作云非也段玉裁云此疏有脫誤

然鄭亡子亦有不利焉　石經然上有雖字案碑文乃唐人重刻增入必有所據

焉用亡鄭以倍鄰　石經宋本淳熙本岳本足利本倍作陪宋本釋文亦作陪案錢大昕云从自爲正

陪益也　閩本監本毛本陪作倍非

若舍鄭以爲東道主　補諸本作舍鄭此誤作鄰今訂正

注行李使人　宋本此節正義在君亦無所害句下

訓之爲吏　監本毛本訓誤順

肆申也　宋本申作由非

若不闕秦將焉取之　石經作不闕秦焉取之後人于不字上旁增若字焉字上旁增將字刻本輒據石經續補之字妄增雖宋本不誤考文提要同案正義本無若將二字

不闕秦焉取之　宋本此節正義在鄭人盟句下

使杞子逢孫楊孫戍之　石經宋本淳熙本岳本楊作揚下同

微夫人力不及此　石經宋本淳熙本岳本纂圖本監本毛本本上有之字是也

昌歜昌蒲葅　葉抄釋文葅作菹宋本正義同是也

昌本昌蒲根　各本作根此本誤作相今改正

齊有郈歜　閩本歜誤鄹

經三十一年

取田取邑義亦同也　重脩監本田作曰非也

爲之緇衣熏裳　宋本閩本監本毛本熏作纁考穀梁傳作熏裳按據儀禮則熏古文纁今文也

皆郊祀望而祭之　宋本淳熙本岳本足利本皆下有因字

魯廢郊天而脩其小祀　岳本前後並作脩惟此處作修

國中山川　監本毛本中誤之

因郊祀天而望祭之　監本毛本祀作祭非

蓋有阻險可以避狄難也　閩本監本毛本阻險作險阻

傳三十一年

晉新得諸侯　顧炎武云石經新誤親案石經此處闕所據乃謬刻也

東傳于濟　顧炎武云石經傳誤傅所據亦謬刻

重館至曹地也　宋本無也字非也

注諸侯至常祀　宋本以下正義二節總入可也句下

是以魯君孟春乘大路載弧韣　閩本監本毛本路作輅韣作韥按作路作韣是也

不可改名爲姓　閩本監本毛本可改名三字誤作吉日不此本修板誤同姓誤性○今改正

慢瀆龜策　監本毛本慢作漫非也

卜曰三百年　宋本以下正義二節總入相奪予享注下

相奪予享　岳本予作子翻本仍作予不誤宋本亦誤子

非衞所絶　纂圖本毛本絶作滅非

經三十二年

故言其謚也　案謚當作諡宋本多作諡者必是慶元重刻時所改

而規其謬非也　宋本謬作繆

會狄于欑函　閩本監本毛本欑作攢非也

故不言地也　閩本監本毛本脱也字

以狄俗逐水草　閩本監本毛本以作此非也

傳三十二年

殯窆棺也　釋文窆一本作塗字按塗是也殯用塗不可云窆葬乃云窆

執斧以涖匠師　閩本監本毛本涖作蒞

殯則横置於西序　閩本監本毛本横作攢字按禮記喪大記从木作横从手者非也說文無攢

中壽　宋本以下正義四節揔入余收爾骨焉節注下

晉人禦師必於殽　釋文殽本又作崤案後漢書龐參傳云孟明視喪師於崤

殽有二陵焉　毛本有誤在案李善注西都賦引傳作崤

其阸道在兩殽之間　監本毛本阸作阨誤應作阸

是文王之所避風雨者也　閩本監本毛本亦作也與公羊合宋本作故屬下讀

經三十三年

晉侯韓背喪用兵　宋本岳本纂圖本閩本監本毛本韓作諱案正義亦作諱淳熙本作韡非也

戎子駒友之先也　宋本淳熙本岳本纂圖本閩本監本毛本友作支是也

諸戎掎之　釋文亦作掎纂圖本毛本掎誤犄

晉諱而以微人告　浦鏜正誤入作者

又何恥諱而以微者告　浦鏜正誤又作有

傳三十三年

春晉秦師過周北門　案晉字衍石經宋本淳熙本岳本纂圖本監本毛本並無

故左右下御不下　閩本上下字誤不

入險而脫　顧炎武云石經入誤人案碑入字右邊闕炎武所據乃謬刻也

故先韋乃入牛　宋本牛下有也字

爲從者之淹　顧炎武云石經淹誤流案石經此處闕炎武所據亦謬刻也

注腆厚至菜薪　宋本以下正義二節揔入且使遽告于鄭注下

皆視飱牽　毛本飱作餐亦非宋本作飧下同○今並改作飧後不悉出

馹遽傳也　閩本監本毛本馹作驛非也

鄭穆公使視客館　視秦三大夫之舍○案傳文七字注文七字此本閩本並脫據石經宋本淳熙本岳本纂圖本監本毛本有此傳注

則束載厲兵秣馬矣　釋文云秣說文作䬴云食馬穀也閩本監本誤作抹

注資糧至羊豕　宋本以下正義二節揔入杞子奔齊節下

歸飧餼五牢　毛本飱作餐非宋本作飧從夕不從歹

猶秦之有具囿也　山井鼎云宋本囿作圃考文所謂宋本即此本也此本初刊似作圃後改從囿盧文弨鍾山札記云宋時本是具圃今本作具囿引初學記水經注高誘呂氏春秋注並作具圃爲是案唐石經宋本淳熙本岳本及諸刻本皆作囿

以閒敝邑若何　石經初刻閒誤閑重刻正

逢孫揚孫奔宋　纂圖本閩本監本毛本揚作楊

孟明曰　淳熙本曰誤白

注迎來至於事　宋本此節正義在注文爲公如齊傳下

曰彼實構吾二君　石經初刻作構是也後改從才旁宋本監本毛本作搆

○狄侵齊因晉喪也　監本○誤注字

郤缺獲白狄子　宋本以下正義五節揔入亦未有單行注下

𦔵枘尺此其度也　宋本枘作柄案呂氏春秋任地篇作柄○今訂作柄

欲殺文公　纂圖本閩本監本毛本殺作𢧜

舜之罪也殛鯀　石經鯀字改刻初刻似作鮌

祗敬字　宋本淳熙本岳本纂圖本閩本監本毛本敬下有也

詩曰采葑采菲　宋本曰作云石經此處闕

莖麤葉厚而長　宋本麤作𪋻案麤俗𪋻字

三月中烝煑爲茹　宋本烝作蒸

詩故云上善下惡　閩本詩作時是誤字按詩故謂詩之訓故

外僕髡屯禽之以獻　石經宋本凡髡字皆作髠是也○今依訂正

注文公至倒錯　宋本此節正義入非禮也注下

乙巳非十二月　山井鼎云宋板無二字案此本二字擠增

致使彼此共剩一文耳　宋本剩作乘

新主既立特祀於寢　宋本岳本足利本無立字與正義合

徬徨求索　宋本徬作彷

文少詳耳　閩本監本毛本少作小非也

礿祠烝嘗　監本毛本祠作祀非也

卒哭明日　浦鏜云案士虞禮無卒哭二字當作既夕也　案浦鏜說大誤士虞記明日以其班祔注云卒哭之明日也

作主致之於寢　閩本監本毛本致作置

則其餘宗廟四時常祀　閩本監本毛本則誤而

附釋音春秋左傳注疏卷第十七

春秋左傳注疏卷十七校勘記

附釋音春秋左傳注疏卷第十八　文元年盡四年

杜氏注　孔穎達疏

文公 陸曰文公名興僖公子母聲姜諡法慈惠愛民曰文忠信接禮曰文〔疏〕正義曰魯世家文公名興
僖公之子夫人聲姜所生以襄王二十六年即位諡法慈惠愛民曰文是歲歲在降婁

經元年春王正月公即位 無傳先君未葬而公即位不可曠年無君〔疏〕注先君至無君。正義曰諸侯之禮既葬成君先君雖則未
葬既踰年矣而君即位者不可曠年無君故也即位必於歲
首若歲首不行此禮餘月不得行之便是曠年無君故雖則
未葬亦即行之釋例曰遭喪繼立者每新年正月必改元正
位百官以序故國史書即位於策以表之文公成公先君之
喪未葬而書即位因三正之始明繼嗣之正表朝儀以同百
姓之心此乃國君明分制之大禮譬周康王麻冕黼裳以行
事事畢然後反喪服也雖踰年行即位之禮名通於國內必
須既葬卒哭乃免喪古之制也且引顧命康王之事以譬此
者彼是既殯此是踰年雖時不同取其暫服吉服事相似耳

康王之誥云王義嗣德荅拜彼始殯訖即呼爲王知諸侯既
殯臣子亦呼爲公既尸其位名號即成但先君未葬事猶聽
於冢宰未得即成爲君八年八月天王崩九年春毛伯來求
金傳曰不書王命未葬也是踰年未葬不得命臣出使必待
卒哭乃免喪也 ○二月癸亥日有食之 無傳癸亥月一日不書朔官失之 ○天
王使叔服來會葬 叔氏服字諸侯喪天子使大夫會葬禮也〔疏〕注叔氏至禮也
正義曰四年風氏薨五年王使榮叔歸含且賵召昭公來會
葬傳曰禮也夫人之喪會葬爲禮知諸侯之喪天子使大夫
會葬爲得也蘇氏云外卿來會葬不書此書者尊王使故特
書之傳稱內史叔服內史於周禮爲中大夫大子大夫例書
字知叔氏服字也 ○夏四月丁巳葬我君僖公 七月而葬緩 ○天
王使毛伯來錫公命 毛國伯爵諸侯爲王卿士者諸侯即位天子賜以命圭合瑞爲
信僖十一年王賜晉侯命亦其比也 ○錫星歷反比必利反例也又如字〔疏〕注毛國至比也。正義曰僖二十四
年傳有原伯毛伯杜云原毛皆采邑此毛與彼討是一人而
注不同者此毛當是文王之子封爲畿外之國於時諸侯無

復有毛或是世事王朝本封絕滅從此以後常稱毛伯國名
尚存仍爲伯爵必受得采邑爲畿內諸侯故注彼云采邑此
云國也封爵既存故云諸侯爲王卿士者周禮大宗伯以玉
作六瑞以等邦國王執鎮圭公執桓圭侯執信圭伯執躬圭
子執穀璧男執蒲璧冬官玉人桓圭以下皆謂之命圭是用
之以命諸侯也諸侯即位天子賜之以命圭魯是侯爵當賜
之以信圭也玉人又云天子執冒四寸以朝諸侯其冒邪刻
其下與圭頭相合諸侯執圭以朝天子天子執冒以冒之觀
其相當以否所以合瑞爲信也僖十一年晉惠公新立王賜
之命此亦新立是其比也傳稱晉侯受玉情於此知賜命必
有玉也公羊傳曰錫者何賜也命者何加我服也唐風無衣
之篇晉人爲其君請命於天子之使以無衣爲辭則賜命亦
有服杜不言服者主於玉而略之耳 ○晉侯伐衛 晉襄公先告諸侯而伐衛雖大夫親伐而稱晉侯從
告辭也 ○叔孫得臣如京師 得臣叔牙之孫 ○衛人伐晉 衛孔達爲
政不共盟主興兵鄰國受討喪邑故貶稱人。喪息亮反 ○秋公孫敖會晉侯于
戚 戚衛邑在頓丘衛縣西禮卿不會公侯而春秋魯大夫皆不貶者體例已舉故據用魯史成文而已內稱公卒

稱薨皆用魯史〔疏〕注戚衛至魯史。正義曰僖二十九年翟泉之盟諸侯之卿爲會魯侯故貶稱人則魯卿會他
諸侯亦合貶而春秋魯大夫皆不貶者貶他國之卿已成體
例體例已舉於魯不須加貶理足可明故據用魯史成文不
復改易也他國君書卒及爵內常稱公稱薨亦體例已舉皆用魯史也 ○冬十月丁未楚
世子商臣弑其君頵 商臣穆王也弑君例在宜四年。頵憂倫反又巨倫反 ○
公孫敖如齊 傳例曰始聘焉禮也

傳元年春王使內史叔服來會葬公孫敖聞
其能相人也 公孫敖魯大夫慶父之子。相息亮反 見其二子焉叔
服曰穀也食子難也收子 穀文伯難惠叔食子奉祭祀供養者也收子葬
子身也。見賢遍反下注狐見同食音嗣注同難乃旦反又如字供俱用反養餘亮反 穀也豐下
必有後於魯國 豐下蓋面方爲八年公孫敖奔莒傳 ○於是閏三月

非禮也（於厤法閏當在僖公末年誤於今年三月置閏蓋時達厤者所譏）先王之正時也履端於始舉正於中歸餘於終（步厤之始以爲術之端首朞之日三百六十有六日日月之行又有遲速而必分爲十二月舉中氣以正月有餘日則歸之於終積而爲閏故言歸餘於終○朞居其反）履端於始序則不愆（四時無愆過○愆起虔反）舉正於中民則不惑（斗建不失其次寒暑不失其常故無疑惑）歸餘於終事則不悖（四時得所則事無悖亂○悖必內反）【疏】於是至不悖○正義曰閏三月非禮也言於禮置閏不當在此月也因論置閏之法先王之正時也履端於始履步也謂推步厤之初始以爲術厤之端首舉月之正半在於中氣歸其餘分置於終末言於終末乃置閏也更復申之履端於始序則不愆謂四時之序不愆過也舉正於中民視瞻則不疑惑也歸餘於終於時事則不悖亂也此年不合置閏而置閏則不是歸餘於終故爲非禮也○注於厤至所譏○正義曰古今厤法推閏月之術皆以閏餘減章歲餘以歲中乘之章閏而一所得爲積月命起天

正筭外閏所在也其有進退以中氣定之無中氣則閏月也古厤十九年爲一章章有七閏入章三年閏九月六年閏六月九年閏三月十一年閏十一月十四年閏八月十七年閏四月十九年閏十二月此據元首初章若於後漸積餘分大率三十二月則置閏不必恒同初章閏月傳五年正月辛亥朔日南至治厤者皆以彼爲章首之歲漢書律厤志云文公元年距傳五年辛亥二十九歲是歲閏餘十三閏當在十一月後而在三月故傳曰非禮也志之所言閏當在此年十一月後今三月已即置閏是嫌閏月大近前也杜以爲僖三十年閏九月文二年閏正月故言於厤法閏當在僖公末年誤於今年置閏嫌置閏大近後也杜爲長厤置閏疏數無復定準凡爲厤者閏前之月中氣在晦閏後之月中氣在朔僖五年正月朔旦冬至則四年當閏十二月也杜長厤僖元年閏十一月五年閏十二月與常厤不同者杜以襄二十七年再失閏司厤過昭二十年二月己丑日南至哀十二年十二月螽云火猶西流司厤過則春秋之世厤法錯失所置閏月或先或後不與常同杜唯勘經傳上下日月以爲長厤若日月同者則數年不置閏月若日月不同須置閏乃同者則未滿三十二月頻置閏所以異於常厤故釋例云春秋日有頻月而食者有曠年不食者理不得一一如筭以守恒數故厤無

有不失也始失於毫毛尚未可覺積而成多以失弦望朔晦則不得不改憲以順之書所謂欽若昊天厤象日月星辰易所謂治厤明時言當順天以求合非苟合以驗天者也故當脩經傳日月以考晦朔以推時驗下又云據經傳微旨考日辰晦朔以相發明爲經傳長厤未必得天蓋春秋當時之厤也是杜自言不與常厤同○注步厤至於終○正義曰日月轉運於天猶如人之行步故推厤謂之步厤步厤之始以爲術之端首謂厤之上元必以日月全數爲始於前更無餘分以此日爲術之端首故言履端於始也朞之日三百六十有六日謂從冬至至冬至必滿此數乃周天也日月之行有遲有速日行遲月行速凡二十九日過半月行及日謂之一月過半者謂一日於厤法分爲九百四十分月行及日必四百九十九分是過半二十九分今一歲氣周有三百六十五日四分日之一其十二月一周唯三百五十四日是少十一日四分日之一未得氣周細而言之一歲止少十一日所以然者一月有餘分二十九一年十二月有餘分三百四十八是一歲既得三百五十四日又得餘分三百四十八其四分日之一日爲九百四十分則四分日之一爲二百三十五分今於餘分二百四十八內取二百三十五以當卻四分日之一餘分仍有一百一十三其整日唯有十一日又以餘分

一百一十三減其一日九百四十分唯有八百二十七分是一年有餘十日八百二十七分少一百一十三分不成十一日也劉炫云則一歲爲十二月猶有十一日有餘未得周也分一周之日爲十二月則每月常三十日餘計月及日爲一月則每月唯二十九日餘前朔後朔相去二十九日餘前氣後氣相去三十日餘每月參差氣漸不正但觀中氣所在以爲此月之正取中氣以正月故言舉正於中也月朔之與月節每月剩一日有餘所有餘日歸之於終積成一月則置之爲閏故言歸餘於終○注斗建至疑惑○正義曰閏後之月中氣在朔則斗柄月初已指所建之辰閏前之月中氣在晦則斗柄月末方指所建之辰故舉月之正在於中氣則斗柄常不失其所指之次如是乃得寒暑不失其常○夏四月丁巳葬僖公（傳皆不虛載經文而此經孤見知僖公末年傳宜在此下）○王使毛伯衞來錫公命（衞毛伯字○一本作毛伯衞來錫公命一本作天王使）【疏】注衞毛伯字○正義曰知是字者以天子公卿例書爵不言名大夫稱字故毛伯雖卿或稱字案僖九年公會宰周公云云杜云三公不字明卿或書字　叔孫得臣如周拜（謝賜命）○晉文公

之季年諸侯朝晉衛成公不朝使孔達侵鄭伐緜訾及匡孔達衛大夫匡在潁川新汲縣東北○訾子斯反汲居及反晉襄公既祥諸侯諒闇亦因祥祭爲位而哭○諒音良又音亮疏注晉襄公既祥○正義曰禮朞而小祥晉文公以僖三十二年十二月卒則三十三年十二月爲小祥此云既祥謂小祥也使告于諸侯而伐衛及南陽今河內地先且居曰效尤禍也尤衛不朝故伐今不朝王是效衛致禍時王在温故勸之○且子餘反請君朝王臣從師晉侯朝王于温先且居胥臣伐衛五月辛酉朔晉師圍戚六月戊戌取之獲孫昭子昭子衛大夫食戚邑衛人使告于陳陳共公曰更伐之我辭之見伐求和不競大甚故使報伐示已力足以距晉○共音恭更古孟反又音庚大音泰又如字衛孔達帥師伐

秋疏十八　五

晉君子以爲古古者越國而謀合古之道而失今事霸主之禮故國失其邑身見執辱疏注合古至執辱○正義曰釋例云衛孔達爲政不共盟主興兵於鄰國受討喪邑窘而告陳雖從陳之謀僅得自定以謀而濟故君子但言合古而不釋其尤也劉炫云春秋之時天子微弱霸主秉德刑以長諸侯諸侯從時命以事霸主大字小小事大所以相保持也晉之與衛小大不同而恥於受屈望以彊獲免明王在上理在可然度時之宜則非善謀君子以爲合古之道失當今之宜亦不言其謀全非禮也○秋晉侯疆戚田故公孫敖會之晉取衛田正其疆界○疆居良反注同○初楚子將以商臣爲大子訪諸令尹子上子上曰君之齒未也齒年也言尚少○少詩照反下文同而又多愛黜乃亂也楚國之舉恒在少者舉立也且是人也蠭目而豺聲忍人也能忍行不義○蠭本又作蜂芳逢反豺仕皆反不可立也弗聽既

又欲立王子職而黜大子商臣職商臣庶弟也商臣聞之而未察告其師潘崇曰若之何而察之潘崇曰享江芊而勿敬也江芊成王妹嫁於江○芊亡氏反史記以爲成王妾從之江芊怒曰呼役夫呼發聲也役夫賤者稱○呼數賀反注同役夫如字[illegible]讃反宜君王之欲殺女而立職也告潘崇曰信矣潘崇曰能事諸乎問能事職不○女音汝曰不能能行乎曰不能能行大事乎曰能大事謂弑君○弑申志反一本無此注冬十月以宮甲圍成王大子宮甲僖二十八年王以東宮卒從子玉蓋取此宮甲○卒子忽反從如字又才用反王請食熊蹯而死熊掌難熟冀久將有外救○蹯音煩弗聽丁未王縊諡之曰靈不瞑曰成乃瞑言其忍甚未斂

秋疏十八　六

而加惡諡○瞑亡丁反又亡干反斂力驗反疏注言甚至惡諡○正義曰既見其不瞑目則是未斂於棺故知未斂也禮葬乃加諡未斂而加惡諡言其忍之甚也冤枉之人衆矣未有能見其靈此事特爲商臣忍甚耳桓譚以爲自縊而死其目未合尸冷乃瞑非由諡之善惡也亂而不損曰靈安民立政曰成穆王立以其爲大子之室與潘崇疏爲大子之室○正義曰商臣今既爲王以其爲大子之時所居室內財物僕妾盡以與潘崇非與其所居之宮室也使爲大師且掌環列之尹環列之尹宮衛之官列兵而環王宮○大音泰環如字又音患○穆伯如齊始聘焉禮也穆伯公孫敖凡君即位卿出並聘疏凡君至並聘○正義曰即位者既除喪即成君之吉位也唯以既葬爲限不以踰年爲斷八年八月天王崩九年春毛伯來求金傳曰不書王命未葬也是未葬雖踰年不得命臣出使也宣十年夏四月齊侯元卒六月葬齊惠公冬齊侯使國佐來聘是既葬未踰年得命臣出使也何休膏肓以爲三年之喪使卿出聘於義左氏爲短鄭康成箴云周禮諸侯邦交歲相問殷相聘世相朝左氏合古

猶何以難之踐脩舊好要結外援踐猶履行也○好呼報反下及注同要於遥反援于眷反好事鄰國以衛社稷忠信卑讓之道也忠德之正也信德之固也卑讓德之基也傳因此發凡以明諸侯諒闇則國事皆用吉禮○殽之役在僖三十三年晉人既歸秦帥秦大夫及左右皆言於秦伯曰是敗也孟明之罪也必殺之秦伯曰是孤之罪也周芮良夫之詩曰大風有隧貪人敗類詩大雅隧蹊徑也周大夫芮伯刺厲王言貪人之敗善類若大風之行毀壞衆物所在成蹊徑○帥所類反芮如鋭反詩大雅桑柔篇隧音遂道也敗必邁反注同蹊音兮徑古定反聽言則對誦言如醉言昏亂之君不好典誦之言聞之若醉得道聽塗說之言則喜而荅對○誦似用反昏本亦作惽音昏匪用其良覆俾我

悖覆反也俾使也不用良臣之言反使我爲悖亂○覆芳服反俾本亦作卑必爾反注同是貪故也孤之謂矣孤實貪以禍夫子夫子何罪復使爲政爲明年秦晉戰彭衙傳○復扶又反

經二年春王二月甲子晉侯及秦師戰于彭衙秦師敗績孟明名氏不見非命卿也大崩曰敗績馮翊郃陽縣西北有彭衙城○衙音牙見賢遍反郃戶納反【疏】注孟明至衙城○正義曰於例將卑師衆稱師今稱秦師知將非尊者故云孟明名氏不見非命卿也傳稱秦伯不廢孟明復使爲政則孟明秦之執政之卿也而言非卿者成二年注云曹大夫常不書而書公子首者首命於國備於禮成爲卿故也然則備卿禮乃成爲卿禮不備則不書秦是辟陋之國不以卿禮成孟明不言孟明非執政也此年晉士穀與其事故名書於垂隴襄二十九年鄭公孫段攝卿以行名見於城杞況此眞卿而不書者以秦辟陋在戎異於中國禮命不足故云非命卿也○丁丑作僖公主主者殷人以栢周人以栗三年喪終則遷入於廟【疏】注主者至於廟○正義曰主所用木經無正文公羊傳曰主者曷用虞主用桑練主用栗左傳唯言祔而作主主一而已非虞練再從公羊之言不可通於此也論語哀公問主於宰我宰我對曰夏后氏以松殷人以柏周人以栗先儒舊解或有以爲宗廟主者故杜依用之案古論語及孔鄭皆以爲社主社主爲木主者古論不行於世且社主周禮謂之田主無單稱主者以張包周等並爲廟主故杜所依用劉炫就此以規杜過未爲得也○三月乙巳及晉處父盟處父爲晉正卿不能匡君以禮而親與公盟故貶其族族去則非卿故以微人常稱爲耦以直厭不直地者盟晉都○去起呂反稱尺證反厭於涉反【疏】注處父至晉都正義曰春秋卿則書名氏賤者則稱人外卿之貶例皆稱人魯卿之貶乃去其族去族以稱人相類即是不爲卿也處父爲晉正卿不能匡君以禮君使盟魯即從君命親與公盟故貶去其族若言處父是晉之賤人則不復書公直言及晉處父盟若言魯之賤人往與之盟也魯之賤人不合書名舉其所爲之事而已言及不言名是微人之常稱也以微人常稱與處父爲偶若處父亦賤人也魯以微人敵微人直也晉以卿敵公不直也如此書經者以魯之直厭晉之不直也然則

不貶處父稱人者貶之稱人則惡名不見貶其族留其名所以惡處父也釋例曰隨此稱人則所罪之名不章故特書處父也翟泉澶淵亦會公侯所以稱人者以其衆卿非一依例揔貶不地者盟於晉之都也諸侯會聚盟於他國之都者即以國名爲盟地魯之君臣獨往他國而與之盟者不復舉國地三年冬公如晉十二月公及晉侯盟是也○夏六月公孫敖會宋公陳侯鄭伯晉士穀盟于垂隴垂隴鄭地滎陽縣東有隴城士穀出盟諸侯受成於衛故貴而書名氏○穀戶木反本亦作穀同隴力勇反○自十有二月不雨至于秋七月無傳周七月今五月也不雨足爲災不書旱五穀猶有收○收如字又手又反○八月丁卯大事于大廟躋僖公大事禘也躋升也僖公閔公庶兄繼閔而立廟坐宜次閔下今升在閔上故書而譏之時未應吉禘而於大廟行之其譏已明徒以逆祀故特大其事異其文○大廟音泰注及傳大廟同躋子兮反坐才臥反又如字【疏】注大事至其文○正義曰昭十五年有事于武宮傳稱禘于武宮有事是禘則知大事亦是禘也躋升也釋詁文公羊傳

曰躋者何升也禘祭之禮審諦昭穆諸廟已毀未毀之主皆於太祖廟中以昭穆爲次序父爲昭子爲穆太祖東向昭南向穆北向孫從王父以次而下祭畢則復其廟其兄弟相代則昭穆同班近據春秋以來惠公與莊公當同南面西上隱桓與閔僖亦同北面西上僖是閔之庶兄繼閔而立昭穆雖同位次閔下今升在閔上故書而譏之僖公以其三十三年十一月薨至此年十一月喪服始畢今始八月時未應吉禘而於大廟行之與閔公二年吉禘于莊公其違禮同也彼書吉禘其譏已明則此亦從譏可知不復更譏其速也徒猶空也空以逆祀之故亂國大典故特大其事謂之大事譏逆祀也釋例曰文公二年僖公之喪未終未應行吉禘之禮而於大廟行之其譏已明徒以躋僖而退閔故特大其事異其文定八年亦特書順祀皆所以起非常也有事于武宫及順祀傳皆稱禘則知大事有事于大廟亦禘也

○冬，晉人宋人陳人鄭人伐秦。四人皆卿秦穆悔過終用孟明故貶四國大夫以尊秦伯

〔疏〕注四人至尊秦○正義曰四國大夫傳皆稱名氏是四人皆卿也秦穆悔過終用孟明仲尼特善其事無辭可以寄文故貶四國大夫稱人所以尊崇秦德以諸侯之名無所可加貶大夫以尊秦大夫非有罪也襄八年邢丘之

秋疏十八　九

會晉悼霸功既就德立刑行貶諸侯之卿以尊晉侯其事與此同也釋例曰秦伯終用孟明而致敗敗而罪已赦其闕而養其志孟明增修其德以霸西戎夫子嘉之故於伐秦之役貶四國大夫四國大夫奉君命而行今以一義變例故稱尊秦謂之崇德明罪不在四國大夫也

○公子遂如齊納幣。傳曰禮也僖公喪終此年十一月則納幣在十二月也士昏六禮其一納采納徵始有玄纁束帛諸侯則謂之納幣其禮與士禮不同蓋公爲太子時已行昏禮也○纁詩云反

〔疏〕注傳曰至昏禮○正義曰公羊傳曰此何以書譏何譏爾譏喪娶也娶在三年之外則何譏乎喪娶三年之內不圖昏其意謂此喪服未畢而行昏禮也何休據此作膏肓以左氏爲短今左氏傳謂之禮也必是喪服已終杜以長麻推之知僖公以其三十三年十一月薨至此年十一月喪已畢矣納幣雖則無月以傳言禮則知納在十二月也士昏六禮其一納采次有問名納吉至納徵始有玄纁束帛士謂之納徵諸侯則謂之納幣以其幣帛多其禮大與士禮不同故異其名也案士之昏禮納采問名同日行事納采者納其采擇之禮主人既許賓即問名將歸卜其吉凶也卜而得吉又遣使納吉如納采之禮納吉之後方始納徵徵成也使使納幣以成昏禮也此納幣以前已有三禮須再度遣使一月之内不容三遣適齊蓋公爲大子時已行昏禮疑在僖公之世已行納采納吉今續而成之也杜言其一納采欲明納徵之前更有昏禮納幣非昏禮之始豫爲下句公爲大子時已行昏禮張本也大子昏禮自不書雖則公昏唯書納幣其納采納吉亦不書也釋例曰諸侯昏禮亡以士昏禮準之不得唯也。於納幣逆女逆女納幣二事皆必使卿行卿行則書之他禮非卿則不書也宋公使華元來聘聘不應使卿故傳但言聘共姬也使公孫壽來納幣納幣應使卿故傳明言得禮也。君之昏亦唯存納幣逆女此其義。

傳二年春，秦孟明視帥師伐晉，以報殽之役。二月，晉侯禦之。先且居將中軍，趙衰佐之。代郤溱。禦魚呂反將子匠反衰初危反溱側巾反王官無地御戎，代梁弘狐鞫居爲右。鞫居續簡伯鞫九六反甲子，及秦師戰于彭衙，秦師敗績。晉人謂秦拜賜之師。以孟明言三年將拜君賜故嗤之。嗤尺之反

秋疏十八　十

戰于殽也，晉梁弘御戎，萊駒爲右。戰之明日，晉襄公縛秦囚，使萊駒以戈斬之。囚呼，萊駒失戈，狼瞫取戈以斬囚，禽之以從公乘，遂以爲右。箕之役，箕役在僖三十三年。呼火故反瞫尺其反字林式衽反乘繩證反先軫黜之而立續簡伯。

〔疏〕箕之至黜之○正義曰御與車右雖有常負必臨戰更選定之韓之戰上右慶鄭吉是其事也自殽戰之後狼瞫爲右箕之役將戰選右先軫黜之箕戰先軫死爲非既戰乃黜之也

狼瞫怒。其友曰：「盍死之？」瞫曰：「吾未獲死所。」未得可死處。○盍戶臘反處昌慮反其友曰：「吾與女爲難。」欲共殺先軫。女音汝難乃旦反瞫曰：「周志有之：『勇則害上，不登於明堂。』周志周書也明堂祖廟也所以策功序德故不義之士不得升死而不義，非勇也。共用

之謂勇共川死國用。共音恭，注同。吾以勇求右，無勇而黜，亦其所也。言今死而不義，更成無勇，宜見退。謂上不我知，黜而宜，乃知我矣。言今見黜而合宜，則吾不得復言上不我知。○復，扶又反。子姑待之。【疏】注「周志至待之」。○正義曰：周之志記有之曰：有勇以害在上，則爲不義之人，不得升於明堂。若殺先軫，則必死，死而不義，非勇也。如以死共國家之用，是之謂勇。吾自以有勇之故求爲車右，若殺先軫，則是無勇。無勇而被黜退，亦是得其所也。吾復安得爲恨？吾今恨者，謂在上不我知也。言其不知我有勇也。若殺先軫，即是成爲無勇。無勇被黜退，則黜而合其宜也，乃是在上知我矣。不得言在上不我知也。子且待之。○注「周志至得升」。○正義曰：志者，記也。謂之周志，明是周世之書，不知其書何所名也。鄭玄以爲明堂在國之陽，與祖廟别處。左氏舊說及賈逵、盧植、蔡邕、服虔等皆以祖廟與明堂爲一，故杜同之。祭統云：古者明君必賜爵祿於大廟。傳稱公行還告廟，舍爵策勳，是明堂之中所以策功序德，故不義之人不得升之也。害上即是不義，故不得登明堂也。及彭衙，既陳，以其屬馳秦師，

死焉。屬，屬己兵。○陳，直覲反。晉師從之，大敗秦師。君子謂狼瞫於是乎君子。詩曰：「君子如怒，亂庶遄沮。」詩小雅。言君子之怒必以止亂。遄，疾也。沮，止也。○遄，市專反。沮，在汝反。又曰：「王赫斯怒，爰整其旅。」詩大雅。言文王赫然奮怒，則整師旅以討亂。○赫，火百反。怒不作亂，而以從師，可謂君子矣。○秦伯猶用孟明。孟明增脩國政，重施於民。趙成子言於諸大夫曰：成子，趙衰。○施，式豉反。「秦師又至，將必辟之，懼而增德，不可當也。詩曰：『毋念爾祖，聿脩厥德。』詩大雅。言念其祖考，則宜述脩其德以顯之。毋念，念也。○辟音避。毋音無，注同。孟明念之矣，念德不怠，其可敵乎？」爲明年秦人伐晉傳。○丁丑，作僖公主，書不時也。過葬十月，故曰不時。例在僖三十三年。【疏】注「過葬至三年」。○正義曰：僖三十三年傳已發例，言作主非禮，此復云書不時者，彼因葬緩，遂通譏作主之失，未辯失之所由，於此又言不時，以明失禮之狀，接成彼義也。○晉人以公不朝來討，公如晉。夏四月己巳，晉人使陽處父盟公以恥之。使大夫盟公，欲以恥辱魯也。經書三月乙巳，經傳必有誤。書曰「及晉處父盟」，以厭之也。厭猶損也。晉以非禮盟公，故文厭之以示譏。○厭，於涉反，注同。適晉不書，諱之也。不書公如晉。○公未至，六月，穆伯會諸侯【疏】注「公未至諸侯」。○正義曰：沈云：非公命不書。此穆伯會諸侯，公未至而書者，此公既在外，命正卿守國，故守國之臣亦合告廟而行，故得書之也。及晉司空士縠盟于垂隴，晉討衞故也。討元年衞人伐晉。士縠，士蔿子。○蔿，于委反。書士縠，堪其事也。晉司空非卿也，以士縠能堪卿事，故書。○書士縠，或作書晉士縠。【疏】注「晉司至故書」。○正義曰：

傳舉司空之官，云堪其事乃書之，明本不當書，故知非卿也。成二年傳稱魯賜晉三帥三命之服，司空、亞旅皆受一命之服，是其知司空非卿之文也。陳侯爲衞請成于晉，執孔達以說。陳始與衞謀，謂可以強得免。今晉不聽，故更執孔達以苟免也。○爲，于僞反。○秋八月丁卯，大事于大廟，躋僖公，逆祀也。僖是閔兄，不得爲父子。嘗爲臣，位應在下，令居閔上，故曰逆祀。○令，力呈反。閔上，時掌反。一本無上字。【疏】注「僖是至逆祀」。○正義曰：禮，父子異昭穆，兄弟昭穆故同。僖、閔不得爲父子，同爲穆耳。當閔在僖上，今升僖先閔，故云逆祀。二公位次之逆，非昭穆亂也。魯語云：將躋僖公，宗有司曰：非昭穆也。弗忌曰：我爲宗伯，明者爲昭，其次爲穆，何常之有？如彼所言，似閔、僖異昭穆者，位次之逆如昭穆之亂，假昭穆以言之，非謂異昭穆也。若兄弟相代即異昭穆，設令兄弟四人皆立爲君，則祖父之廟即已從毁，知其理必不然，故先儒無作此說。於是夏父弗忌爲宗伯，宗伯掌宗廟昭穆之禮。○夏，戶雅反。昭，上遙反。後昭穆之例放此。【疏】注「宗伯至之禮」。○正義曰：周禮大宗伯掌建邦之天神、人鬼、地

祇之禮小宗伯掌建國之神位辯廟祧之昭穆諸侯之官所掌亦當然也**尊僖公且明見曰吾見新鬼大故鬼小**新鬼僖公既爲兄死時年又長故鬼閔公死時年少弗忌明言其所見。長丁丈反少詩照反　疏　注新鬼至所見。正義曰且明見者既尊崇僖公且明言其意之所見見其順大小升聖賢也劉炫以爲直據兄弟大小爲義不須云死之長幼以規杜氏今删定知不然者以傳云新鬼大故鬼小則大小之語揔該諸事非直獨據兄弟明知亦據年時也**先大後小順也躋聖賢明也**又以僖公爲聖賢**明順禮也君子以爲失禮**　疏　君子以爲失禮。正義曰傳有評論皆託之君子此下盡先姑以來皆是一君子之辭耳引詩二文於詩之下各言君子者君子謂作詩之人此論事君子又引彼作詩君子以爲證耳僖公薨後始作魯頌爲傳之時乃設此辭非當時君子有此言也弗忌之意以先大後小爲順故言明順禮也君子之意以臣不先君爲順故云禮無不順各言其順順不同也魯語展禽云夏父弗忌必有天殃其葬也焚煙達于上孔晁云已葬而柩焚煙達椁外**禮無不順祀國**

之大事也而逆之可謂禮乎子雖齊聖不先父食久矣齊肅也臣繼君猶子繼父。先悉薦反下不先皆同**故禹不先鯀湯不先契**鯀禹父契湯十三世祖。鯀古本反契息列反殷始封之君　疏　注鯀父至世祖。正義曰鯀禹父夏本紀文也契湯十三世祖殷本紀文契生昭明昭明生相土相土生昌若昌若生曹圉曹圉生冥冥生振振生微微生報丁報丁生報乙報乙生報丙報丙生主壬主壬生主癸主癸生天乙天乙即湯也下注云不窋后稷子周本紀文服虔云周家祖后稷以配天明不可先也故言不先不窋禹湯異代之王故言不先鯀契也然則文武大聖后稷賢耳非是不可先也下句引詩皇祖后稷不欲重文故舉不窋以辟之**文武不先不窋**不窋后稷子。窋知律反**宋祖帝乙鄭祖厲王猶上祖也**帝乙微子父厲王鄭桓公父二國不以帝乙厲王不肖而猶尊尚之。肖悉召反　疏　注帝乙至尚之。正義曰帝乙微子父宋世家文厲王鄭桓公父鄭世家文微子桓公宋鄭始祖也言宋祖帝乙鄭祖厲王則二國立其廟而祖祀之微子不先帝乙桓公不先厲王猶上祖也言不以不肖猶尊尚之也宋爲王者之後得祀殷之先王帝乙之廟不毁者盡以爲其所出故特存焉周制王子有功德出封者得廟祀所出之王魯以周公之故得立文王之廟襄十一年傳稱魯爲諸姬臨於周廟周廟文王廟也鄭之桓武世有大功故得立厲王之廟昭十八年傳稱鄭人救火使祝史徙主祏於周廟周廟厲王廟也**是以魯頌曰春秋匪解享祀不忒皇皇后帝皇祖后稷**忒差也皇皇美也后帝天也詩頌僖公郊祭上天配以后稷。解戶賣反忒他得反差二也　疏　魯頌至后稷。正義曰魯頌閟宮之篇美僖公之德也上皇皇爲美下皇爲君言僖公春秋祭祀非有懈倦其所享祀不有差忒所祀之神有皇皇之美者爲君之上天配之以君祖后稷也**君子曰禮謂其后稷親而先帝也**先稱帝也**詩曰問我諸姑遂及伯姊**詩邶風也衛女思歸而不得故願致問於姑姊。邶音佩**君子曰禮謂其姊親而先姑也**僖親文公父夏父弗忌欲阿時君先其所親故傳以此二詩深責其意**仲**

尼曰臧文仲其不仁者三不知者三下展禽展禽柳下惠也文仲知柳下惠之賢而使在下位己欲立而立人。不知音智下同**廢六關**塞關陽關之屬凡六關所以禁絶。末遊而廢之塞悉再反**妾織蒲三不仁也**家人販席言其與民爭利。販甫萬反**作虛器**謂居蔡山節藻梲也有其器而無其位故曰虛。梲章悅反**縱逆祀**聽夏父躋僖公**祀爰居三不知也**海鳥曰爰居止於魯東門外文仲以爲神命國人祀之。爰居爾雅一名雜縣樊光云似鳳皇爰居事見國語莊子云魯侯御而觴之于廟　疏　仲尼至知也。正義曰魯臣多矣而獨譏文仲者以文仲執國之政有大知之名爲不知之事故特譏之其餘則不足責矣論語稱仁者愛人知者不惑故以害於物者爲不仁闇於事者爲不知卑下展禽而不肯舉薦廢去六關而不設防禁妾織蒲席而與民爭利此三事爲不仁也無其位而作虛器不知禮而縱逆祀不識鳥而祀爰居此三事爲不知也。注展禽至立人。正義曰論語云臧文仲其竊位者與知柳下惠之賢而不與立也又曰仁者己欲立而立人知賢不舉是無恕心故爲不仁也。注塞關至廢之。○正義曰：昭五年傳稱孟丙仲壬之子殺豎牛於塞關之外，襄十七年傳稱師自陽關逆臧孫，二關見於傳，如此之屬凡有六也。民以田農爲本，商賈爲末，農民力以自食，商民遊以求食。漢書賈誼說上曰：今敺民而歸之農，皆著其本，各食其力，末伎遊食之民轉而緣南畝，則畜積足矣。杜稱末遊者，謂此末伎遊食之民也。周禮司關司貨賄之出入，掌其治禁，是所以禁絶末遊者，令其出入有度。今而廢之，使末遊之人無所禁約，損害農民，是不仁也。○注家人至爭利。○正義曰：家語說此事作妾織蒲，知織蒲是爲席以販賣之也。大學云：食祿之家不與民爭利，故以此爲不仁也。○注謂居至曰虛。○正義曰：論語云：子曰臧文仲居蔡，山節藻梲，何如其知也。鄭玄云：節，栭也，刻之爲山；梲，梁上楹也，畫以藻文。蔡謂國君之守龜。山藻節梲，天子之廟飾，皆非文仲所當有之。有其器而無其位，故曰虛。君子下不僭上，其居奢如此，是不知也。○海鳥至祀之。○正義曰：魯語云：海鳥曰爰居，止於魯東門之外三日，臧文仲命國人祭之。展禽曰：越哉臧孫之爲政也！夫祀，國之大節也；節，政之所成也。故制祭祀以爲國典。今無故而加典，非政之宜也。今海鳥至，已不知而祀之，以爲國典，難以言仁且知矣。無功而祀之，非仁也；弗知而不問，非知也。今玆海其有災乎？夫廣川之鳥獸皆知辟其災。是歲海多大風，冬暖。

○冬，晉先且居、宋公子成、陳轅選、鄭公子歸生伐秦，取汪及彭衙而還，以報彭衙之役。卿不書，爲穆公故，尊秦也，謂之崇德。○成音城，本或作戍，音恤。選，息兗反。汪，烏黃反。爲，于僞反。

○襄仲如齊納幣，禮也。凡君即位，好舅甥，脩昏姻，娶元妃以奉粢盛，孝也。謂諒闇既終，嘉好之事通于外內，外內之禮始備，此除凶之即位也。於是遣卿申好舅甥之國，修禮以昏姻也。元妃，嫡夫人，奉粢盛，供祭祀。○好，呼報反，注同。娶，七住反。妃，芳非反。粢音咨。盛音成。嫡，丁厤反。共音恭。孝，禮之始也。

經三年春王正月，叔孫得臣會晉人、宋人、陳人、衞人、鄭人伐沈，沈潰。傳例曰：民逃其上曰潰。沈，國名也，汝南平輿縣北有沈亭。○沈，尸甚反。潰，戶內反。輿音餘，一音預。

○夏五月，王子虎卒。不書爵者，天王赴也。翟泉之盟，雖輒假王命，周王因以同盟之例爲赴。○爲，于僞反，又如字，本或作來赴。〔疏〕注不書至爲赴。○正義曰：王子虎即王叔文公也，謚之爲文，必當有爵，不書爵者，畿內之國不得外交諸侯，其臣不敢赴魯，必天子爲之赴，赴以王子爲親，不復言其爵也。翟泉之盟，子虎在列而貶之稱人，若王使來盟，不應貶責，不假王命則不得與盟，故知於時輒假王命，周王遂以同盟之禮爲之赴。魯傳稱來赴弔如同盟，禮也，是其來赴往弔皆如同盟之禮。

○秦人伐晉。晉人恥不出，以微者告。

○秋，楚人圍江。○雨螽于宋。自上而隋，有似於雨。宋人以其死爲得天祐，喜而來告，故書。○雨，于付反，注及傳同。螽音終。隋，徒火反，傳注同。祐音又。

○冬，公如晉。十有二月己巳，公及晉侯盟。○晉陽處父帥師伐楚以救江。

傳三年春，莊叔會諸侯之師伐沈，以其服於

楚也。沈潰。凡民逃其上曰潰，在上曰逃。潰，衆散流移，若積水之潰，自壞之象也。國君輕走，羣臣不知其謀，與匹夫逃竄無異，是以在衆曰潰，在上曰逃，各以類言之。○輕，如字，又遣政反。竄，七亂反。〔疏〕凡夫至曰逃。○正義曰：公羊傳曰：潰者何？下叛上也。國曰潰，邑曰叛。釋例曰：衆保於城，城保於德，言上能以德附衆，以功庇下，民信其德，恃其固，故能交相依懷，以衛社稷。苟無固志，盈城之衆一朝而散，加積水之敗，故曰潰。潰者，衆散流遁之辭也。國君而逃，師棄盟違，其典儀棄其車服，羣臣不知其謀，社稷不保其安，此與匹夫逃竄無異，是以在衆爲潰，在君爲逃，以別上下之名，無取於別國邑也。賈、穎以爲舉國曰潰，一邑曰叛。案左氏無此義也。傳曰陳侯如楚，慶氏以陳叛，此則舉國不必言潰也。叛者，舉城而屬他，非民潰之謂也。是解潰逃之義也。僖五年首止之盟，鄭伯逃歸；襄七年鄬之會，陳侯逃歸，皆書於經。十年傳厥貉之會，麇子逃歸，不書者，於時楚會諸侯，魯不與，楚不告，故不書也。襄十六年溴梁之會，傳稱高厚逃歸，不書於經者，釋例云：例之潰逃，指爲一國一軍一邑，君民相須爲用，變文以別之也。鄭詹見囚於齊，自齊逃來，此爲逃囚，無下可逃。春秋指事而書，所謂民逃，非在上之逃也，而賈氏復申以入例，亦不安也如例所言高厚之逃縱有師衆止同逃因之限非是逃例然鄭詹書而高厚不書者鄭詹爲逃來向魯故書高厚不別赴故不書○衛侯如陳拜晉成也二年陳侯爲衛請成于晉。爲于僞反○夏四月乙亥王叔文公卒來赴弔如同盟禮也王子虎與僖公同盟於翟泉文公是同盟之子故赴以名傳因王子虎異於諸侯王叔又未與文公盟故於此顯示體例也經書五月又不書日從赴也【疏】注王子至赴也○正義曰隱七年傳例曰凡諸侯同盟於是稱名故薨則赴以名者指謂同盟之二君耳不言與其父盟得以名赴其子但同盟稱名則兩君相知君既知之則國內皆知故彼父雖卒得以名赴其子此理雖爾凡例未明王子虎與僖同盟文公是其同盟之子今乃以名赴文是其於禮合赴此頗多矣傳因王子虎天子之臣異於諸侯王叔又未與文公同盟故於此顯示體例則其餘從可知也○秦伯伐晉濟河焚舟示必死也取王官及郊王官晉地如晉人不出遂自茅津濟封殽尸而還茅津在河東大陽縣西封

埋藏之。大音泰遂霸西戎用孟明也君子是以知秦穆公之爲君也舉人之周也周備也不偏以一惡棄其善與人之壹也壹無二心孟明之臣也其不解也能懼思也子桑之忠也其知人也能舉善也子桑公孫枝舉孟明者。解佳買反下同詩曰于以采蘩于沼于沚于以用之公侯之事秦穆有焉詩國風言沼沚之蘩至薄猶采以共公侯以喻秦穆不遺小善。蘩音煩沼之紹反沚音止共音恭夙夜匪解以事一人孟明有焉詩大雅美仲山甫也一人天子也詒厥孫謀以燕翼子子桑有焉詒遺也燕安也翼成也詩大雅美武王能遺其子孫善謀以安成子孫言子桑有舉善之謀。詒以之反遺唯季反【疏】注詒遺至之謀○正義曰詒遺釋詁文燕之爲安常訓也翼者贊成之義故爲成也詩大雅文王有聲之篇美武王之事言子桑有此義也○秋雨螽于宋隊而死也螽飛至宋隊地而死若雨。隊直類反○楚師圍江晉先僕伐楚以救江晉救江在雨螽下故使圍江之經隨在雨螽下【疏】注晉救至螽下。正義曰先僕救江經無其事但實在雨螽之後不進救江於前而退圍江於下欲令下與處父救江相接故也○冬晉以江故告于周欲假天子之威以伐楚王叔桓公晉陽處父伐楚以救江桓公周卿士王叔文公之子桓公不書示威名不親伐【疏】注桓公至親伐。正義曰王叔文公不知何王之子字叔遂以叔爲氏桓公是其子王叔陳生是其後也衛有公叔文子此人蓋以王叔爲氏也門于方城遇息公子朱而還子朱楚大夫伐江之師也聞晉師起而江兵解故晉亦還。師所類反解音蟹又佳買反晉人懼其無禮於公也請改盟改二年處父之盟公如晉及晉侯盟晉侯饗公賦菁菁者莪菁菁者莪

詩小雅取其既見君子樂且有儀。菁子丁反莪五多反樂音洛下文何樂小國之樂同莊叔以公降拜謝其以公比君子也曰小國受命於大國敢不慎儀君既之以大禮何樂如之抑小國之樂大國之惠也晉侯降辭降階辭讓公登成拜俱還上成拜禮。上時掌反又如字【疏】注俱還上成拜禮。正義曰燕禮賓降階再拜稽首公命小臣辭賓升成拜鄭玄云升成拜復再拜稽首也先時君辭之以禮若未成然此莊叔以公降拜晉侯。辭之禮未成故更登成拜是賓主俱還上成拜禮也公賦嘉樂嘉樂詩大雅義取其顯顯令德宜民宜人受祿于天。嘉戶嫁反樂如字注同

經四年春公至自晉無傳○夏逆婦姜于齊稱婦有姑之辭【疏】逆婦姜于齊。正義曰桓三年齊侯送姜氏于讙注云已去齊國故不言女未至于魯故不稱夫人然則往逆當稱逆女入國當稱夫人此時逆則卿不行入復不告至其禮輕略異於常文徒以有姑故稱婦以齊女則稱姜直

云逆婦姜于齊，略賤之文也。○狄侵齊。傳無。○秋，楚人滅江。滅例在文十五年。【疏】注滅例在十五年。正義曰：案莊十年齊師滅譚，注云滅例在文十五年。滅弦、滅黃、滅夔皆不注，獨更於此言者，沈氏云：滅譚爲入春秋之初，故須指其例；弦、黃、夔等傳皆載其見滅所由，今滅江傳無事跡，恐異於餘滅，故更引滅例云在十五年。○晉侯伐秦。○衛侯使甯俞來聘。○俞，羊朱反。

冬，十有一月壬寅，夫人風氏薨。僖公母風姓也。赴同祔姑，故稱夫人。祔音附。【疏】注僖公至夫人。正義曰：杜言此者，以成風本是莊公之妾，嫌其不成夫人，故明之也。釋例曰：凡妾子爲君，其母猶爲夫人，雖先君不命其母，母以子貴，其適夫人薨，則尊得加於臣子，內外之禮皆如夫人矣。故姒氏之喪，責以小君不成；成風之喪，王使會葬，傳曰禮也。是言適夫人既死，妾母於法得成夫人也。

傳四年春，晉人歸孔達于衛，以爲衛之良也，故免之。二年衛執孔達以說晉。○夏，衛侯如晉拜。謝歸孔達。曹伯如晉會正。會受貢賦之政也。傳言襄公能繼文之業，而諸侯服從。○逆婦姜于齊，卿不行，非禮也。禮，諸侯有故，則使卿逆。君子是以知出姜之不允於魯也。允，信也。始來不見尊貴，故終不爲國人所敬信也。文公薨而見出，故曰出姜。曰：貴聘而賤逆之，公子遂納幣，是貴聘也。君而卑之，立而廢之，君，小君也。不以夫人禮迎，是卑廢之。棄信而壞其主，在國必亂，在家必亡。主，內主也。○壞音怪。不允宜哉。詩曰：「畏天之威，于時保之。」敬主之謂也。詩頌，言畏天威，於是保福祿。○秋，晉侯伐秦，圍邧、新城，以報王官之役。邧、新城，秦邑也。王官役在前年。○邧，願晚反，一音元。○楚人滅江，秦伯爲之降服，出次，不舉，過數。降服，素服也。出次，辟正寢。不舉，去盛饌。鄰國之禮有數，今秦伯過之。○爲，于僞反，下文注爲賦爲歌皆同。去，起呂反。饌，仕眷反。【疏】注降服至過之。正義曰：僖三十三年傳曰秦伯素服郊次，意與此同，知此降服爲素服也。出次，出於官而別次舍，故云辟正寢也。殺牲盛饌曰舉，知不舉去盛饌也。鄰國之禮有數，不知其數幾何。以言過數，知其必有數耳。哀十年傳稱齊人弒悼公，公哭之於師，吳子三日哭於軍門之外，鄰國之數三日也。大夫諫，公曰：「同盟滅，雖不能救，敢不矜乎？吾自懼也。」秦、江同盟，不告，故不書。○矜，居陵反。君子曰：「詩云：『惟彼二國，其政不獲；惟此四國，爰究爰度。』其秦穆之謂矣。」詩大雅。言夏商之君政不得人心，故四方諸侯皆懼而謀度其政事也。言秦穆亦能感江之滅，懼而思政。爰，於也。究度，能謀也。○究音救。度，待洛反，注同。【疏】君子至謂矣。正義曰：徧檢諸本，君子曰下皆無詩云，則傳文本自略也。詩意言維彼夏商二國，其政不得民心，致使國家喪滅。維此四方之國，見其亡滅，於是自謀，於是自虞其政事，自懼己之滅亡也。此詩所言，其秦穆之謂也。此詩大雅皇矣之篇。

○衛甯武子來聘，公與之宴，爲賦湛露及彤弓。非禮之常，公特命樂人以示意，故言爲賦。湛露、彤弓，詩小雅。○湛，直減反。彤，徒冬反。【疏】注非禮至小雅。正義曰：諸自賦詩以表己志者，斷章以取義，意不限詩之尊卑。若使工人作樂，則有常禮。穆叔所云肆夏、樊遏、渠，天子所以享元侯也；文王、大明、緜，則兩君相見之樂也。燕禮者，諸侯燕其羣臣及燕聘問之賓禮也，歌鹿鳴、四牡、皇皇者華。如彼所云，蓋尊卑之常禮也。自賦者或全取一篇，或止歌一章，未有頓賦兩篇者也。其使工人歌樂，各以二篇爲斷，此其所以異也。此時武子來聘，魯公燕之，於法當賦鹿鳴之三，今賦湛露、彤弓，非是禮之常法。傳特云爲賦，知公特命樂人歌此二篇以示意也。此二篇天子燕諸侯之詩，公非天子，賓非諸侯，不知歌此欲示何意，蓋以武子有令名，歌此擬是試之耳。不辭，又不荅賦。使行人私焉。私問之。對曰：「臣以爲肄業及之也。肄，習也。魯人失所賦，甯武子佯不知，此其愚不可及。○肄字又作肆，以二反，注同。佯音陽，一音祥。【疏】注肄習至可及。正義曰：說文肆訓爲陳，字從長聿聲；肄訓爲習，字從聿豸聲。古書經傳所作字皆同耳。臣以爲工人自習詩業，以及此篇，非謂歌之以爲己也。魯人失於所賦辭則章主之失答則已當其寵故不辭又不荅佯若不知其所爲如愚人然論語云甯武子其知可及其愚不可及此亦是愚之一事也案燕禮無答賦之法而怪其不荅賦者非常之賦宜有對荅故也昔諸侯朝正於王朝而受政教也王宴樂之於是乎賦湛露則天子當陽【疏】天子當陽。正義曰湛露詩云湛湛露斯匪陽不晞陽謂日也言天子當日諸侯當露也諸侯用命也湛露曰湛湛露斯匪陽不晞晞乾也言露見日而乾猶諸侯稟天子命而行。樂音洛下注宴樂同晞音希諸侯敵王所愾而獻其功敵猶當也愾恨怒也。愾苦愛反【疏】諸侯至其功。正義曰敵者相當之言愾是恨怒之意當王所怒謂往征伐之勝而獻其功也彤弓序云天子賜有功諸侯也王於是乎賜之彤弓一彤矢百玈弓矢千以覺報宴覺明也謂諸侯有四夷之功王賜之弓矢又爲歌彤弓以明報功宴樂。玈音盧覺音角【疏】注覺明宴樂。正義曰覺者悟知之意故爲明也使諸侯明已心也莊三十一年傳

曰諸侯有四夷之功則獻于王中國則否禮諸侯賜弓矢然後專征伐故有功則賜之以弓矢又歌此彤弓之詩以明天子之心知是報功宴樂也詩言一朝饗之則是爲設饗禮此云宴者明其爲宴樂耳非言設宴禮也今陪臣來繼舊好方論天子之樂故自稱陪臣。好呼報反君辱貺之其敢干大禮以自取戾貺賜也干犯也戾罪也。貺音況戾力計反〇冬成風薨爲明年王使來含賵傳

附釋音春秋左傳注疏卷第十八

盧宣旬校

嘉慶二十年重刊宋本　用文選樓藏本校定

江西南昌府學栞

春秋左傳注疏卷十八校勘記　阮元撰盧宣旬摘錄

附釋音春秋左傳注疏卷第十八　文元年盡四年宋本春秋正義卷第十四石經春秋經傳集解文上第八岳本纂圖本文字下增公字並盡十年

【文公】

【經元年】

釋例曰　宋本曰作云

名號即成　毛本即誤既

王使榮叔歸含且贈　宋本毛本贈作賵是也

天子使大夫會葬爲得也　宋本得下有禮字

本是紀滅　宋本作本封絕滅不誤。今依訂正

【傳元年】

食子奉祭祀供養者也　宋本供作共釋文供俱用反陳樹華云釋文著本作供無煩音切且傳注前後多作共此乃傳寫之誤

歸餘於終　案史記厤書餘作邪注云邪音餘

事則不悖　漢書律厤志引傳悖作誖

章有七閏入章三年閏九月　閩本監本毛本入作八非

必以日月全數爲始　宋本月下有之字是也

一歲止少弱十一日　閩本監本毛本止作只

今於餘分三百四十八　毛本今作令

內取二百三十五　毛本三十作二十

王使毛伯衛來賜公命　釋文賜作錫淳熙本纂圖本閩本監本毛本同顧炎武云石經錫誤賜漢書五行志作毛伯賜命案經與傳文往往不同顧炎武以作賜爲誤非是釋文無王使二字云一本作王使一本作天王使

注衛毛伯字　宋本此節正義在注謝賜命之下

晉襄公既祥　宋本以下正義二節惣入注身見執辱之下

以謀而濟　監本濟作齊非也

大字小小事大　監本毛本字作事非也

則非善計　毛本計誤可

職商臣庶弟也　宋本淳熙本岳本纂圖本足利本無也字

享江芊而勿敬也　淳熙本芊作芉亦非顧炎武云石經誤作芉所據乃謬刻宋本岳本纂圖本毛本作芊不誤注同○今訂正

宜君王之欲殺女而立職也　案韓非子作廢女劉知幾史通言語篇引同陳樹華云上云黜商臣似作廢字爲是然江芊怒故甚其辭讀者正不必泥也

王以東宮卒從子玉　纂圖本子誤乎

言其忍甚　纂圖本忍誤忽

冤枉之人衆矣　閩本監本毛本冤作寃非也

爲大子之室　宋本此節正義在注文列兵而環王宮之下

凡君至並聘　宋本此節正義在注文皆用吉禮之下

則國事皆用吉禮　纂圖本毛本吉誤古

經二年

馮翊郃陽縣西北有彭衙城　宋本淳熙本岳本足利本部作郃不誤○今訂正

左傳唯言祔而作主　閩本監本毛本祔誤袝

劉炫就所以規杜過　仁和梁履繩云所下脫見字非宋本所作此是也○今正

不雨足爲災　毛本足誤是

五穀猶有收　宋本收下有也字

時未應吉禘　重脩監本吉作告非也

釋詁文　閩本　本毛本誤云

故貶四國大夫以尊秦伯　宋本岳本足利本無伯字

四人至尊秦　閩本監本毛本作至秦伯非也

納徵始有元纁束帛　監本毛本始誤如

蓋公爲大子時已行昏禮也　宋本岳本足利本無也字

不得唯止於納幣逆女　閩本監本毛本止作只

君之昏　宋本君上有魯字是也

此其義　宋本義下有也字

傳二年

狐鞫居爲右　葉抄釋文鞫作鞠

故嗤之　葉抄釋文嗤作蚩

先軫死焉　宋本焉作爲屬下讀

欲共殺先軫　纂圖本共作其非也

公未至諸侯之下　宋本以下正義二節惣入注文以苟免也

士穀士蔿子　宋本淳熙本岳本纂圖本閩本監本毛本穀並作穀

令居閔上　宋本令作今非釋文一本無上字陳樹華云釋文無上字當作無閔字與文義方合

注僖是至逆祀　宋本以下正義三節揔入故鬼小注下

兄弟昭穆故同僖閔不得爲父子　閩本監本毛本故同作同故

似閔僖異昭穆者　宋本似作以

知其理必不然　監本毛本理作禮

明順禮也　毛本禮誤理

昭明生相土相土生昌若　閩本監本土誤士昭監本作相亦非

不欲重文　監本毛本文誤耳

故特存焉　宋本焉作爲屬下讀

使祝史從主祏於周廟　閩本監本毛本主誤王

非有懈惓　宋本惓作倦

僖親文公父　纂圖本文誤父

夏父弗忌欲阿時君　陳樹華云欲一本作從

已欲立而立人　宋本岳本已作己不誤足利本後人記云立人下異本有仁字非也

廢六關　顧炎武云石經關誤闕碑文此處闕炎武所據乃謬刻案家語曰置六關王肅云六關關名魯本無此關文仲置之以稅行者故爲不仁傳曰廢六關非也惠棟云廢與置古字通公羊傳去其有聲者廢其無聲者鄭氏若張逸曰廢置也以廢爲置猶以亂爲治徂爲存故爲今曩爲曏苦爲快臭爲香藏爲去郭璞所謂詁訓義有反覆旁通美惡不嫌同名杜注云六關所以禁絕末遊而廢之非也陳樹華云莊子徐無鬼於是乎爲之調琴廢一於堂廢一於室亦廢訓置之明證

所以禁絕末遊　纂圖本末誤未案依正義則絕當作約

今敺民而歸之農　閩本監本毛本敺作毆宋本作歐誤

是所以禁絕末遊者　宋本絕作約是也

經三年

海多大風冬暖　宋本作冬煖

汝南平輿縣北有沈亭　案史記管蔡世家正義引沈亭作郲亭

不應貶責　宋本不上有則字是也

自上而隋　毛氏六經正誤云潭本釋文作惰古字借用本作墮作隋者後人妄改宋本作隊蓋因傳文而誤案當作惰爲惰之省文

喜而來告故書　閩本監本毛本脫喜字

傳三年

各以類言之　宋本言作常非也

無下可逃　宋本下作不

王叔又未與文公同盟　宋本叔作子非也

封埋藏之　宋本埋作理非也

君子是以知秦穆公之爲君也　石經無公字之爲二字重刻足利本亦無公字案下文云秦穆有焉四年傳其秦穆之謂矣六年傳秦穆之不爲盟主也宜哉皆無公字諸刻本有者疑衍文

壹無二心　閩本監本毛本二作貳

夙夜匪解　足利本解作懈

言子桑有舉善之謀　纂圖本監本毛本舉善誤倒淳熙本舉誤小

釋詁文　閩本監本毛本文誤云

翼者贊成之義故爲成也　監本毛本爲誤有

隊而死也　石經隊作墜俗字漢書五行志引傳同

欲令下與處父救江相接故也　閩本監本毛本下誤不

聞晉師起而江兵解　纂圖本師作帥非

晉侯辭之禮未成　宋本侯下有降字之作以不誤

義取其顯顯令德　宋本無義字陳樹華云以上注例之不當有也

經四年

異於常文　宋本閩本監本毛本作文此本誤叉今改正

滅例在文十五年　宋本無文字是也

赴同祔姑　纂圖本閩本監本毛本祔作祔非也

責以小君不成　閩本監本毛本責作貴案隱三年正義所引釋例亦作責貴字誤

傳四年

君子曰詩云惟彼二國　石經云字闕正義云徧撿諸本君子曰下皆無詩云此二字自屬衍文然不經既有未敢遽删

君子至謂也　宋本毛本也作矣不誤○今改正

爲賦湛露及彤弓　石經湛字皆作湛避唐敬宗諱此湛字不缺筆爲後人妄加也

各以三篇爲斷　宋本三作二不誤

臣以爲肄業及之也　釋文作肄業以二反習也注同依字作肄石經及宋本皆作肄

說文肄訓爲陳　宋本肆作肄非

肄訓爲習字從聿豸聲　浦鏜云隸誤肄聿希誤聿豸

天子當陽　宋本此節正義在諸侯用命也注下

諸侯敵王所愾而獻其功　說文引傳愾作鎎

玈弓矢千　石經弓字下旁有千玈二字諸刻本所無此後人妄增也

注覺明宴樂　宋本閩本監本毛本明下有至字是也

附釋音春秋左傳注疏卷第十八　止

春秋左傳注疏卷十八挍勘記

附釋音春秋左傳注疏卷第十九上　文五年盡十年

杜氏注　孔穎達疏

經五年春王正月，王使榮叔歸含且賵。珠玉曰含，含口實。車馬曰賵。○含本亦作唅，戶暗反，説文作琀，云送終口中玉。賵，芳鳳反。疏「王使至且賵」。○正義曰：公羊傳曰：「其言歸含且賵何？兼之。兼之，非禮也。」賈、服云：含、賵當異人，今一人兼兩使，故書且以譏之。案禮雜記：諸侯相弔之禮，含、襚、賵、臨同日而畢，與介代有事焉，不言遺異使也。諸侯相於，則唯遺一使，而責天子於諸侯必當異人，禮何所出，而非責王也？春秋之世，風教陵遲，吉凶賀弔，罕能如禮。王之崩葬，魯多不行；魯之有喪，寧能盡至？全無所譏，不含又無貶責，既含且賵，便責兼之，不可是禮備不如不備，行禮不如不行，豈有如此之理哉？左傳舉來含且賵、會葬二事，乃云禮也，則二事俱是得禮，無譏兼之意也。言且者，見有二禮而已。宰咺言來歸，此不言來者，穀梁傳曰：「其不言來者，不周事之用也。賵以早，而含以晚。」其意以爲含者所以實口，當及未殯而至，以其至晚，故不言來，以責王也。案雜記：含者執璧將命，坐委于殯東南，有葦席；既葬，蒲席。然則含、襚者，所以助喪盡恩，示其有禮而已。既葬猶尚致之，不必以濟其用。天子之與鄰國，莫不道路長遠，赴者猶尚不至，責其未殯而來，此是理之不通也。且來者，自外之文，非是襃貶之意。九年「秦人來歸僖公成風之襚」，襚衣是斂之所用，彼最晚矣，何以復言來乎？言來與不言來，史異文耳。宰咺、秦人，歸之既晚，故舉其所爲之人；此夫人新薨，言歸含賵，爲夫人可知，故不言歸夫人含也。何休膏肓以爲禮尊不含卑，又不兼二禮，左氏以爲禮，於義爲短。鄭康成箴云：禮，天子於二王後之喪，含爲先，襚次之，賵次之，賻次之；於諸侯，含之，賵之；小君亦如之；於諸侯臣，襚之。諸侯相於，如天子於二王後；於卿大夫，如天子於諸侯；於士，如天子於諸侯臣。何休云尊不含卑，是違禮非經意。其一人兼歸二禮，亦是爲譏。如康成言，尊不含卑，禮無其事，康成以爲譏一人兼二事者，非左氏意也。○注「珠玉至曰賵」。○正義曰：周禮玉府：「大喪，共含玉。」穀梁傳曰：「貝玉曰含。」士喪禮含用米貝。莊子説發冢之事云：「徐徐破其頰，無傷口中珠。」是含有用珠者也，故云珠玉曰含。何休云天子以珠，周禮大喪共玉不共珠也，莊子所言發冢，未必發天子冢也。雜記云諸侯相含以璧，未知何人用珠耳。公羊傳曰：「含者何？口實也。」孝子不忍虛其親之口，故以米貝珠玉實之，謂之飯含。檀弓曰：「飯用米貝，弗忍虛也。不以食道，用美焉爾。」士喪禮用

生稻米，是不以食道也。車馬曰賵，公羊傳文。○三月辛亥，葬我小君成風。無傳。反哭成喪，故曰葬我小君。王使召伯來會葬。召伯，天子卿也。召，采地；伯，爵也。來不及葬，不譏者，不失五月之內。○召，上照反。○夏，公孫敖如晉。無傳。○秦人入鄀。入例在十五年。○鄀音若。○秋，楚人滅六。六國，今廬江六縣。○廬，力居反。○冬十月甲申，許男業卒。無傳。與僖公六同盟。疏注「與僖公六同盟」。○正義曰：業以僖五年即位，其年盟于首止，八年于洮，九年于葵丘，十五年于牡丘，二十一年于薄，二十七年于宋，魯、許俱在，是六同盟也。

傳五年春，王使榮叔來含且賵，召昭公來會葬，禮也。成風，莊公之妾，天子以夫人禮賵之，明母以子貴，故曰禮。疏注「成風至曰禮」。○正義曰：傳舉二事，以一禮結之，則含、賵、會葬皆得禮也。釋例稱賵、賻、襚、含，總謂之贈，言以夫人禮賵之，指爲賵含也。○初，鄀

叛楚即秦，又貳於楚。夏，秦人入鄀。○六人叛楚即東夷。秋，楚成大心、仲歸帥師滅六。仲歸，子家。○冬，楚子燮滅蓼。蓼國，今安豐蓼縣。○燮，息列反。蓼音了，字或作鄝，音同。臧文仲聞六與蓼滅，曰：「皋陶、庭堅不祀忽諸。德之不建，民之無援，哀哉！」蓼與六皆皋陶後也。傷二國之君不能建德結援大國，忽然而亡。○陶音遙。○晉陽處父聘于衛，反過甯，甯嬴從之。甯，晉邑，汲郡脩武縣也。嬴，逆旅大夫。○嬴音盈。疏○注「甯晉至大夫」。○正義曰：晉語説此事云舍於逆旅甯嬴氏，注國語者賈逵、孔晁皆以甯嬴爲掌逆旅之大夫，故杜亦同之。劉炫以甯嬴直是逆旅之主，非大夫。今刪定知不然者，若是逆旅之主，則身爲匹庶，是卑賤之人，猶如重館人告文仲、重丘人罵孫蒯，止應稱人而已，何得名氏見傳？杜以傳載名氏，故爲逆旅大夫。劉炫以爲客舍主人而規杜氏，非也。及溫而還。其妻問之，嬴

曰以剛商書曰沈漸剛克高明柔克沈漸猶滯溺也高明猶亢爽也言各當以剛柔勝己本性乃能成全也此在洪範今謂之周書。○漸似廉反注沈滯溺一本作滯弱亢古浪反

疏注沈漸至周書。○正義曰此傳引周書是洪範之三德也彼說人之三德乃以此言覆之孔安國以此二句爲天地之德故注云沈漸謂地雖柔亦有剛能出金石高明謂天言天爲剛德亦有柔克不干四時杜以傳證人性即以人事解之沈漸謂人性之沈滯濡溺也高明謂人性之高亢明爽也滯溺者當以剛勝其本性亢爽者當以柔勝其本性必自屈矯己乃能成全不然則沈漸失於弱高明失於剛不能保其身也此文在洪範今謂之周書箕子商人所說故傳謂之商書

夫子壹之其不沒乎陽子性純剛天爲剛德猶不干時寒暑相順況在人乎且華而不實怨之所聚也言過其行。○行下孟反犯而聚怨不可以定身剛則犯人余懼不獲其利而離其難是以去之爲八年晉殺處父傳。○難乃旦反

晉趙成子欒貞子霍伯臼季皆卒成子趙衰新上軍帥中軍佐也貞子欒枝下軍帥也霍伯先且居中軍帥也臼季胥臣下軍佐也爲六年蒐於夷傳。○帥所類反下同蒐所求反

疏注成子至夷傳。○正義曰城濮之戰先軫郤溱將中軍狐毛狐偃將上軍欒枝胥臣將下軍晉語云狐毛卒先且居將上軍清原之蒐三軍如故趙衰箕鄭將新上軍胥嬰先都將新下軍箕之役先軫死先且居將中軍不知誰代且居將上軍也此言趙衰新上軍帥中軍佐并舉二官二年彭衙之役云先且居將中軍趙衰佐之注云代郤溱是趙衰新上軍帥中軍佐也

經六年春葬許僖公無傳○夏季孫行父如陳行父季友孫○秋季孫行父如晉○八月乙亥晉侯驩卒再同盟。○驩喚官反

疏注再同盟。○正義曰二年及晉處父盟三年公及晉侯盟是再同盟也

○冬十月公子遂如晉葬晉襄公卿共葬事文襄之制也三月而葬速。○共音恭

疏注卿共至葬速。○正義曰昭三十年傳曰先王之制諸侯之喪士弔大夫送葬昭三年傳曰昔

文襄之霸也其務不煩諸侯君薨大夫弔卿共葬事是也晉殺其大夫陽處父處父侵官宜爲國討故不言賈季殺○晉狐射姑出奔狄射姑狐偃子賈季也奔例在宣十年。○射音亦一音夜○閏月不告月猶朝于廟諸侯每月必告朔聽政因朝宗廟文公以閏非常月故闕不告朔怠慢政事雖朝于廟則如勿朝故曰猶猶者可止之辭。○不告月月或作朔誤也不告朔本或作告月

疏注諸侯至之辭。○正義曰周禮大史頒告朔于邦國鄭玄云天子頒朔于諸侯諸侯藏之祖廟至朔朝于廟告而受行之論語云子貢欲去告朔之餼羊是用特羊告于廟謂之告朔人君即以此日聽視此朔之政謂之視朔十六年公四不視朔僖五年傳曰公既視朔是也視朔者聽治此月之政亦謂之聽朔玉藻云天子聽朔於南門之外是也其日又以禮祭於宗廟謂之朝廟周禮謂之朝享司尊彝云追享朝享是也其歲首爲之則謂之朝正襄二十九年正月公在楚傳曰釋不朝正于廟是也告朔視朔聽朔朝廟朝享朝正二禮各有三名同日而爲之也文公以閏非常月故闕不告朔告朔之禮大朝廟之禮小文公怠慢政事既不告朔雖朝于廟則如勿朝故書猶朝于廟言猶以譏之必於月朔爲此吉朔聽朔之禮者釋例曰人君者設官分職以爲民極遠細事以全委任之責縱諸下以盡知力之用揔成敗以效能否執八柄以明誅賞故自非機事皆委心焉誠信足以相感事實盡而不擁故受位居職者思効忠善日夜自進而無所顧忌也天下之細事無數一日二日萬端人君之明有所不照人君之力有所不堪則不得不借問近習有時而用之如此則六鄉六遂之長雖躬履此事躬造此官當皆移聽於內官迴心於左右政之粃亂恒必由此聖人知其不可故簡其節敬其事因月朔朝。遷坐正位會羣吏而聽大政考其所行而決其煩疑非徒議將然也乃所以考已然又惡其密聽之亂公也故顯衆以斷之是以上下交泰官人以理萬民以察天下以治也文公謂閏非常月緣以闕禮傳因所闕而明言典制雖朝于廟則如勿朝故經稱猶朝于廟也經稱告月傳言告朔明告月必以朔也每月之朔必朝于廟因聽政事事敬而禮成故告以特羊然則朝廟朝正告朔視朔皆同日之事所從言之異耳是言聽朔朝廟之義也玉藻說天子之禮云聽朔於南門之外諸侯皮弁聽朔於大廟鄭玄以爲明堂在國之陽南門之外謂明堂也諸侯告朔以特羊則天子以特牛與天子用特牛告其帝及其神配以文王武王諸侯用特羊告大祖而已杜以明堂與祖廟爲一但明

堂是祭天之處天子告朔雖杜之義亦應告人帝朝享即月祭是也祭法云王立七廟曰考廟王考廟皇考廟顯考廟祖考廟皆月祭之二祧享嘗乃止諸侯立五廟曰考廟王考廟皇考廟皆月祭之顯考廟祖考廟享嘗乃止然則天子告朔於明堂朝享於五廟諸侯告朔於大廟朝享自皇考以下三廟耳皆先告朔後朝廟朝廟小於告朔文公廢其大而行其小故云猶朝于廟公羊傳曰猶者可止之辭也天子玄冕以視朔皮弁以日視朝諸侯皮弁以聽朔朝服以日視朝其閏月則聽朔於明堂闔門左扉立於其中聽政於路寢門終月故於文王在門爲閏

傳六年春晉蒐于夷舍二軍 僖三十一年晉蒐清原作五軍今舍二軍復三軍之制夷晉地前年四卿卒故蒐以謀軍帥。舍音捨注同帥所類反下同 疏 注僖三至軍師。正義曰清原之蒐五軍十卿有先軫郤溱先且居狐偃欒枝胥臣趙衰箕鄭胥嬰先都箕之役先軫死往歲趙衰欒枝先且居胥臣卒八年傳說此蒐之事云晉侯將登箕鄭父先都則郤溱狐偃胥嬰亦先卒矣清原十卿唯有箕鄭先都在耳故蒐以謀軍帥服虔云使射姑代先且居趙盾代趙衰也箕鄭將上軍林父佐也先蔑將下軍先都佐也改蒐于董趙盾將中軍射姑奔狄先克代佐中軍耳 使狐射姑將中軍 代先且居。將子匠反 趙盾佐之 代趙衰也盾趙衰子。盾徒本反 陽處父至自溫 往年聘衛過溫今始至。過古禾反 改蒐于董易中軍 易以趙盾爲帥射姑佐之河東汾陰縣有董亭 陽子成季之屬也 處父嘗爲趙衰屬大夫 疏 注處父至大夫。正義曰僖三十一年清原之蒐衰始爲卿三十三年處父已專帥侵蔡則處父之屬成子未有多年蓋情素相親而黨於趙氏耳非專以嘗爲其屬也 故黨於趙氏且謂趙盾能曰使能國之利也是以上之宣子於是乎始爲國政 宣子趙盾諡 制事典 典常也 正法罪 輕重當。當丁浪反 辟刑獄 辟猶理也。辟婢亦反後同者更不音 董逋逃 董督也。逋補吾反 由質要 由用也質要券契也 治舊洿 治理洿穢。洿音烏本又作汙同 本秩禮 貴賤不失其本 續常職 修廢官 出滯

淹 拔賢能也 既成以授大傅陽子與大師賈佗使行諸晉國以爲常法 賈佗以公族從文公而不在五人之數。大音泰下同佗徒何反從才用反 疏 宣子至常法。正義曰制事典者正國之百事使有常也正法罪者準所犯輕重豫爲之法使在後依用之也辟獄刑者有事在官未決斷者令於今理治之也董逋逃者舊有逋逃負罪播越者督察追捕之也由質要者謂斷爭財之獄用券契正定之也治舊洿者國之舊政洿穢不絜理治改正之也本秩禮者時有僭踰貴賤相濫本其次秩使如舊也續常職者職有廢闕任賢使能令續故常也出滯淹者賢能之人沈滯田里拔出而官爵之也此謂所爲制作法式者豫爲將來使案而遵行臨時決斷者將爲故事使後人放習故得行諸晉國以爲常法也。注辟猶理也。正義曰辟訓爲法依法斷決是理治之也此與上句所以爲異者正法罪謂準狀制罪爲將來之法若今之造律令也辟獄刑謂有獄未決斷當時之罪若昭十四年韓宣子命斷舊獄之類是也。注董督也。正義曰釋詁云董督正也俱訓爲正是董得爲督督謂督察之也。注由用也質要契券。正義曰周禮小宰以官府之八成經邦治四曰聽稱責以傅別六曰聽取予以書契七曰聽賣買以質劑鄭衆云稱責謂貸予也傳別謂券書也聽訟責者以券書決之傳傳著約束於文書也別別爲兩兩家各得一也鄭玄云傳別謂爲大手書於一札中字別之書契謂出予受入之凡要也質劑謂兩書一札同而別之長曰質短曰劑傳別質劑皆今之券書也事異其名耳如彼禮文知質要是契券也。注治理洿穢。正義曰洿者穢之別名不絜之稱也法有不便於民事有不利於國是爲政之洿穢也治理改正使絜清也。注賈佗至之數。正義曰晉語宋公孫固云晉公子長事賈佗又曰賈佗公族也而多識以共敬公子居則下之動則咨焉是以公族從文公也尚書周官大師大傅大保天子三公也宣十六年傳晉侯請于王命士會將中軍且爲大傅則大傅尊於中軍之將與大師皆爲孤卿也周禮上公之國有孤一人王制諸侯三卿晉侯爵也而有三軍六卿復有孤一人者晉爲霸主多置羣官共時所須不能如禮孤尊於卿法由在上故宣子法成授二孤使行之 ○臧文仲以陳衞之睦也欲求好於陳夏季文子聘于陳且娶焉 臣非君命不越竟故因聘而自爲娶。好呼報反娶七住反竟音境爲于僞反 ○秦伯任

好卒任好秦穆公名○任音壬以子車氏之三子奄息仲行鍼虎爲殉子車秦大夫氏也以人從葬爲殉○車音居仲本亦作中音仲行戶郎反鍼其廉反殉似俊反殺人從死曰殉字林弋絢反皆秦之良也國人哀之爲之賦黄鳥黄鳥詩秦風義取黄鳥止于棘桑往來得其所傷三良不然○爲于僞反下注爲立聲教爲作善言同君子曰秦穆之不爲盟主也宜哉死而弃民先王違世猶詒之法而況奪之善人乎詩曰人之云亡邦國殄瘁詩大雅言善人亡則國瘁病○詒以之反瘁似醉反無善人之謂若之何奪之古之王者知命之不長疏古之至不長○正義曰知命之不長知其必將有死不得長生久視故制法度以遺後人非獨爲當己之世設善法也並建聖哲以下即位便爲之非臨死始爲此也下云衆隸賴之而後即命言其施行此事功成乃就死耳非

謂設此法以擬死也是以並建聖哲建立聖知以司牧民○王如字一音于況反聖知音智疏注建立至牧民○正義曰此說王者之事或封爲諸侯或置之羣官聖哲是人之儁者故摠言之耳樹之風聲因土地風俗爲立聲教之法疏注因土至之法○正義曰漢書地理志云凡民性有剛柔緩急聲音不同繫水土之風氣故謂之風好惡取舍動靜無常隨君上之情欲故謂之俗王制云廣谷大川異制民生其間者異俗器械異制衣服異宜脩其教不易其俗齊其政不易其宜故聖王爲教因其土地風俗爲立善聲教也聲教人之所立故言樹之今杜云因土地風俗爲立聲教之法如杜此言惟樹以聲而傳云樹之風聲而風亦樹者其實風俗亦是人君教化故孝經云移風易俗孔注尚書云立其善風揚其善聲是也分之采物旌旗衣服各有分制○分扶問反注同疏注旌旗至分制○正義曰采物謂采章物色旌旗衣服尊卑不同名位高下各有品制天子所有分而與之故云分之定四年傳稱分魯公以大路大旂之類皆是也著之話言話善也爲作善言遺戒○話戶快反疏注話善至遺戒○正義曰著之話言爲作善言遺戒著於竹帛故言著之也爲

之律度鍾律度量所以治厤明時○量音亮疏注鍾律至明時○正義曰周語云先王之制鍾也律度量衡於是乎生小大器用於是乎出又曰古之神瞽考中聲而量之以制度律均鍾百官軌儀其意言度律之聲以爲鍾之均於鍾律取法爲度量衡也故漢書律厤志云推厤主律莫不用焉度量衡皆出於黄鍾之律也度者分寸尺丈引所以度長短也本起於黄鍾之長以子穀秬黍之中者一黍之廣度之九十黄鍾之長一黍爲一分十分爲寸十寸爲尺十尺爲丈十丈爲引而五度審矣量者龠合升斗斛所以量多少也本起於黄鍾之龠以子穀秬黍中者千有二百實其龠合龠爲合十合爲升十升爲斗十斗爲斛而五量嘉矣權者銖兩斤鈞石所以稱輕重也本起黄鍾之重一龠容千二百黍重十二銖兩之爲兩十六兩爲斤三十斤爲鈞四鈞爲石而五衡謹矣權衡一物衡平也權重也稱上謂之衡稱鍾謂之權所從言之異耳其鍾者亦起於律故服虔云鳧氏爲鍾各自計律倍而半之黄鍾之管長九寸則黄鍾之鍾長二尺二寸半餘鍾亦各自計律倍而半之度量衡其本俱出於律傳言律度注言度量其言不及衡者文雖不足理實兼之易革卦象云君子以治厤明時此律度量衡皆推歷爲之爲此法以教天下使之明四時也陳之藝

極藝準也極中也貢獻多少之法傳曰貢之無藝又曰貢獻無極疏注藝準至無極○正義曰藝是準限極是中正制貢賦多少之法立其準限中正使不多不少陳之以示民故言陳之所引傳曰及又曰皆昭十三年子產辭也引之表儀引道也表儀猶威儀○道音導下同疏注引道至威儀○正義曰引謂在前故爲道也表章儀飾故猶威儀也威儀禮則王者制之以道民言引之道之不用重文故異之也予之法制告之訓典訓典先王之書疏注訓典先王之書○正義曰訓典先王之書教訓之典取其言以語之故言告之法制謂王者身自制作己之所有故言予之教之防利防惡興利疏注防惡興利○正義曰防者防使勿然故爲防惡利者務生此利故爲興利傳言防利於文不足互見以曉人也此最爲急故特言教之委之常秩委任也常秩官司之常職疏注委任至常職○正義曰設官分職當委任責成故言委之常秩謂職掌位次故爲官司之常職道之以禮則使毋失其土宜衆隸賴之而後即命即就也聖王同之今

縱無法以遺後嗣，而又收其良以死，難以在上矣。君子是以知秦之不復東征也。[不能復征討東方諸侯爲霸主。○遺，唯季反。復，扶又反，注同。]○秋，季文子將聘於晉，使求遭喪之禮以行。[季文子，季孫行父也。聞晉侯疾故。]（疏）○注「季文」至「疾故」。○正義曰：劉炫以爲聘使之法，自須造遭喪之禮而行，防其未然也，非是聞晉侯有疾。今知不然者，依聘禮，出使唯以幣物而行，無别齎遭喪之禮，若主國有凶，則臨時辦備。今文子聘晉，特求遭喪之禮者，聘之後晉侯遂卒，考其情氣，有異尋常，聞晉侯之疾，何爲不可？劉炫以不聞晉侯之疾而規杜氏，恐非其義也。其人曰：「將焉用之？」[其人，從者。○焉，於虔反。從，才用反。]文子曰：「備豫不虞，古之善教也。求而無之，實難。[難卒得。○卒，寸忽反。]過求何害？」[所謂文子三思。○三，息暫反。]○八月乙亥，晉襄公卒。靈公少，晉人以難故，欲立長君。[立少君恐有難。○少，詩照反，注同。難，乃旦反，注及下皆同。長，丁丈反，下皆同。]趙孟曰：「立公子雍。[趙孟，趙盾也。公子雍，文公子，襄公庶弟，杜祁之子。]好善而長，先君愛之，且近於秦。秦，舊好也。置善則固，事長則順，立愛則孝，結舊則安。爲難故，故欲立長君。有此四德者，難必抒矣。」[抒，除也。○好，呼報反，下皆同。近，附近之近。抒，直呂反，又時呂反。]（疏）注「抒除也」。○正義曰：字有聲相近而爲訓者，鬼之爲言歸也，春之爲言蠢也，其類多矣。抒聲近除，故爲除也。服虔作紓，紓，緩也。賈季曰：「不如立公子樂。[樂，文公子。○樂，音岳，一音洛。]辰嬴嬖於二君，[辰嬴，懷嬴也。二君，懷公、文公也。○嬖，必計反。]立其子，民必安之。」趙孟曰：「辰嬴賤，班在九人，[班，位也。]其子何震之有？[震，威也。]且爲二嬖，淫也。爲先君子，不能求

大而出在小國，辟也。母淫子辟，無威；陳小而遠，無援。將何安焉？杜祁以君故，讓偪姞而上之；[杜祁，杜伯之後，祁姓也。偪姞，姞姓之女，生襄公爲世子，故杜祁讓使在己上。○辟，匹亦反，又作辟，下同。祁，巨之反。偪，彼力反。姞，其吉反，又其乙反。]（疏）偪姞。○正義曰：譜以偪爲國名，地闕，不知所在。以狄故，讓季隗而己次之，故班在四。[以季隗是文公託狄時妻，故復讓之。然則杜祁本班在二。○隗，五罪反。復，扶又反，下「將復怨」同。]先君是以愛其子而仕諸秦，爲亞卿焉。[亞，次也。言其賢，故位尊。○亞，於嫁反。]秦大而近，足以爲援；母義子愛，足以威民。立之，不亦可乎？」使先蔑、士會如秦逆公子雍。[先蔑，士伯也。士會，隨季也。]賈季亦使召公子樂于陳，趙孟使殺諸郫。[郫，晉地。○郫，婢支反。]賈季怨陽子之易其班也，[本中軍帥，易以爲佐。○帥，所類反，下「命帥」同。]而知其無援於晉也，[少族多怨。]九月，賈季使續鞫居殺陽處父。[鞫居，狐氏之族。]書曰「晉殺其大夫」，侵官也。[君已命帥，處父易之，故曰侵官。]○冬十月，襄仲如晉葬襄公。○十一月丙寅，晉殺續簡伯。[簡伯，續鞫居。十一月無丙寅，丙寅，十二月八日也。日月必有誤。]賈季奔狄。宣子使臾駢送其帑。[帑，妻子也。宣子以賈季中軍之佐，同官故。○臾，羊朱反。駢，蒲賢反，又蒲丁反。帑，音奴。]（疏）注「帑妻子也」。○正義曰：詩云「樂爾妻帑」，文已有妻，故毛傳以帑爲子。此傳無妻，故杜并妻言之。帑者，細弱之號，妻子俱得稱之。傳稱「以害鳥帑」，鳥尾猶尙稱帑，況妻子也。說文云：「帑，金幣所藏。」字書帑從子，經傳妻帑亦從巾。夷之蒐，賈季戮臾駢，臾駢之人欲盡殺賈氏以報焉。臾駢曰：「不可。吾聞前志

有之曰敵惠敵怨不在後嗣忠之道也敵猶對也若及子孫則爲非對非對則爲遷怨○盡津忍反【疏】敵惠至之道○正義曰敵惠謂有惠於彼不可望彼人之子報敵怨謂有怨於彼不可讎彼人之子父祖受人之惠子孫自可不忘要有恩於其父祖不可求報於彼子孫子孫或時不知乃是更復長怨故惠怨皆不在後是爲忠恕之道也夫子禮於賈季我以其寵報私怨無乃不可乎言己蒙宣子寵位介人之寵非勇也介因也○介音界損怨益仇非知也殺季家欲以除怨宣子將復怨己是益仇○知音智以私害公非忠也釋此三者何以事夫子盡具其帑與其器用財賄親帥扞之送致諸竟扞衛也○扞戶旦反竟音境○閏月不告朔非禮也經稱告月傳稱告朔明告月必以朔閏以正時四時漸差則致閏以正之時以作事順時命事

事以厚生事不失時則年豐生民之道於是乎在矣不告閏朔弃時政也何以爲民○爲民如字治也或音于僞反非也

經七年春公伐邾○三月甲戌取須句須句魯之封內屬國也僖公反其君之後邾復滅之書取易也例在襄十三年○須句其俱反復扶又反易以豉反遂城郚無傳因伐邾師以城郚郚魯邑卞縣南有郚城備邾難○郚音吾難乃旦反○夏四月宋公王臣卒二年與魯大夫盟於垂隴○王如字又往方反【疏】注二年至垂隴○正義曰王臣以僖二十四年即位與僖盟于踐土翟泉今唯言垂隴據與文同盟言之杜注或兼取前世或止取時君不爲例也○宋人殺其大夫宋人攻昭公并殺二大夫故以非罪書○戊子晉人及秦人戰于令狐趙盾廢嫡而外求君故貶稱人晉諱背先蔑而夜薄秦師以戰告○令力呈反嫡本又作適丁歷反背音佩○晉先蔑奔秦不言出在外奔○狄侵我西鄙○秋八月公會諸侯晉大夫盟于扈扈鄭地滎陽卷縣西北有扈亭不分別書會人惣言諸侯晉大夫盟者公後會而分其盟○扈音戶卷音權又丘權反别彼列反○冬徐伐莒不書將帥徐夷告辭略○將子匠反帥所類反公孫敖如莒涖盟○涖音利又音類

傳七年春公伐邾間晉難也公因霸國有難而侵小○間間廁之間或如字難乃旦反注同○三月甲戌取須句寘文公子焉非禮也邾文公子叛在魯故公使爲守須句大夫也絕大皞之祀以與鄰國叛臣故曰非禮○寘之豉反下同大音泰皞戶老反○夏四月宋成公卒於是公子成爲右師莊公子公孫友爲左師目夷子樂豫爲司馬戴公玄孫鱗矔爲司徒桓公孫○矔古亂反【疏】注戴公玄孫鱗矔桓公孫○正義曰世本戴公生樂甫術術生碩甫澤澤

生季甫甫生子僕伊與樂豫是也世本又云桓公生公鱗鱗生東鄉矔是也公子蕩爲司城桓公子也以武公名廢司空爲司城華御事爲司寇華元父也傳言六卿皆公族昭公不親信之所以致亂○御魚呂反本又作禦音同昭公將去羣公子樂豫曰不可公族公室之枝葉也若去之則本根無所庇陰矣葛藟猶能庇其本根葛之能藟蔓繁滋者以本枝廕庥之多○去起呂反下及注同庇必利反又悲位反下同廕本又作蔭於鴆反藟本或作虆力軌反蔓音萬庥許求反又作庇虆類龜反故君子以爲比謂詩人取以喻九族兄弟○比必爾反【疏】葛藟至爲比○正義曰此引葛藟王風葛藟之篇也彼毛傳以之爲興此云君子以爲比者但比之隱者謂之興興之顯者謂之比比之與興深淺爲異耳此傳近取庇根理淺故以爲比毛意遠取河潤義深故以爲興由意不同故比興異耳況國君乎此諺所謂庇焉而縱尋斧焉者也縱放也必

不可君其圖之親之以德皆股肱也誰敢攜貳若之何去之不聽穆襄之族率國人以攻公穆公襄公之子孫昭公所欲去者殺公孫固公孫鄭于公宮二子在公宮故爲亂兵所殺。疏注二子至所殺○正義曰經書宋人殺其大夫傳言不稱名非其罪則此二子名氏當見於經亦卿官也僖二十二年傳稱大司馬固於時又有司馬子魚上文樂豫爲司馬下云六卿和公室六卿之外有此二子蓋是孤卿之官也宋是上公禮得有孤且春秋之時不必如禮六卿和公室樂豫舍司馬以讓公子卬卬昭公弟○舍音捨下同卬五郎反昭公即位而葬書曰宋人殺其大夫不稱名衆也且言非其罪也不稱殺者及死者名殺者衆故名不可知死者無罪則例不稱名。疏注不稱至稱名○正義曰傳云不稱名恠殺者死者並不名也又言衆也解殺者不名言殺者衆多其名不可知也且言非其罪也解死者不名言死者無罪則於例不稱名也此傳言書曰是仲尼新意殺大夫有例無凡故每言書曰所謂曲而暢之也此言死者無罪故不稱名則被殺書名皆爲有罪故諸是大夫被殺書名者杜皆言其罪狀止以此傳爲例故也釋例曰大臣相殺死者無罪則兩稱名氏以示殺者之罪王札子殺召伯毛伯是也若死者有罪則不稱殺者名氏晉殺其大夫陽處父是也若爲賊者衆因亂而殺則亦稱國人殺者主名不分故也主名不分死者雖名氏可知亦隨而去之嫌於罪死者也士殺大夫則書曰盜盜殺鄭公子騑公子發公孫輒是也若然宋之穆襄之族既非六卿於例名氏不見亦應書盜而不言盜者彼殺鄭卿者知是尉止司臣之類故書盜以惡其人此則不得主名書盜不知所惡故不書其盜耳若知其人則亦書盜也○秦康公送公子雍于晉曰文公之入也無衞故有呂郤之難僖二十四年文公入○難乃旦反乃多與之徒衞穆嬴日抱大子以啼于朝曰先君何罪其嗣亦何罪舍適嗣不立而外求君將焉寘此穆嬴襄公夫人靈公母也○嬴音盈適本又作嫡同丁歷反將焉於虔反下焉用同出朝則抱以適趙氏頓首於宣子曰先君奉此子也而屬諸子曰此子也才吾受子之賜不才吾唯子之怨欲使宣子教訓之○屬音燭○今君雖終言猶在耳在宣子之耳而弃之若何宣子與諸大夫皆患穆嬴且畏偪畏國人以大義來偪已○偪彼力反乃背先蔑而立靈公以禦秦師箕鄭居守趙盾將中軍先克佐之克先且居子代狐射姑○背音佩箕音基守手又反下注同將子匠反下注同荀林父佐上軍箕鄭將上軍居守故佐獨行先蔑將下軍先都佐之步招御戎戎津爲右及堇陰先蔑士會逆公子雍前還晉晉人始以逆雍出軍卒然變計立靈公故車右戎御猶在職堇陰晉地○招上遥反堇音謹一音靳卒寸忽反。疏注先蔑至晉地○正義曰諸言御戎爲右皆是君之御右知此步招戎津始以逆雍出軍此擬爲雍之御右也改立靈公故御右猶在職也十二年河曲之戰傳稱范無恤御戎注云代步招晉君不行有御戎者成二年楚令尹子重爲楊橋之役王卒盡行彭名御戎注云王卒盡行故王戎車亦行然則河曲之戰亦公卒盡行公之戎車亦行故御戎在職也此時未至令狐令狐猶是晉地知堇陰亦是晉地也宣子曰我若受秦秦則賓也不受寇也既不受矣而復緩師秦將生心先人有奪人之心奪敵之戰心也○復扶又反先悉薦反奪人之心本或此下有後人待其反誤有軍之善謀也逐寇如追逃軍之善政也訓卒利兵秣馬蓐食潛師夜起蓐食早食於寢蓐也○卒子忽反秣音末蓐音辱戊子敗秦師于令狐至于刳首己丑先蔑奔秦士會從之從刎首去也令狐在河東當與刎首相接。刎苦胡反先蔑之使也荀林父止之曰夫人大子猶在而外求君此必不行子以疾辭若何不然將及禍將及己。使所吏反攝卿以往可也何必子同官爲寮吾嘗同寮敢不盡心乎弗聽爲賦板之三章板詩大雅其三章義取芻蕘之言猶不可忽況同寮乎僖二十八年林父將中行先蔑將左行。寮本又作僚力彫反爲于僞反下爲同寮同芻初俱反蕘音饒行戶郎反下同又弗聽及亡荀伯盡送其帑及其器用財賄於秦曰爲同寮故也荀伯林父士會在秦三年不見士伯士伯先蔑其人曰能亡人於國言能與人俱亡於晉國不能見於此焉用之何用如此士季曰吾與之同罪俱有迎公子雍之罪非義之也將何見焉言己非慕先蔑之義而從之及歸遂不見責先蔑爲正卿而不匡諫且俱出奔惡有黨也士會歸在十三年。惡烏路反

○狄侵我西鄙公使告于晉趙宣子使因賈季問酆舒且讓之酆舒狄相讓其伐魯。酆芳忠反相息亮反酆舒問於賈季曰趙衰趙盾孰賢對曰趙衰冬日之日也趙盾夏日之日也冬日可愛夏日可畏

○秋八月齊侯宋公衞侯鄭伯許男曹伯會晉趙盾盟于扈晉侯立故也公後至故不書所會凡會諸侯不書所會後也不書所會謂不具列公侯及卿大夫後至不書其國辟不敏也此傳還自釋凡例之意

【疏】凡會至不敏。正義曰：僖十四年諸侯城緣陵傳曰不書其人有闕也十五年諸侯盟于扈傳曰書曰諸侯無能爲也十七年諸侯會于扈傳曰書曰諸侯無功也然則摠稱諸侯皆是罪諸侯也此摠稱諸侯不稱所會爲公後也傳還自釋凡例云後至不書其國者辟不敏也不敏猶不達也諸國皆在公獨後至是公不達於事辟公之不達於事諱公罪而歸責於諸侯者若言諸侯無功然故取諸侯而摠之所以辟公恥也

○穆伯娶于莒曰戴己生文伯其娣聲己生惠叔穆伯公孫敖也文伯穀也惠叔難也。己音紀一音祀娣大計反難乃多反戴己卒又聘于莒莒人以聲己辭則爲襄仲聘焉襄仲公孫敖從父昆弟。爲于僞反下且爲自爲同

○冬徐伐莒莒人來請盟見伐故欲結援穆伯如莒涖盟且爲仲逆及鄢陵登城見之美鄢陵莒邑。鄢於晚反自爲娶之仲請攻之公將許之叔仲惠伯諫惠伯叔牙孫曰臣聞之兵作於內爲亂於外爲寇寇猶及人亂自及也今臣作亂而君不禁以啓寇讎若之何公止之惠伯成之平二子使仲舍之舍不娶。舍音捨注同公孫敖反之還莒女復爲兄弟如初從之爲明年公孫敖奔莒傳。復音服又扶又反

○晉郤缺言於趙宣子曰日衞不睦故取其地日往日取衞地在元年今已睦矣可以歸之叛而不討何以示威服而不柔何以示懷柔安也非威非懷何以示德無德何以主盟子爲正卿以主諸侯而不務德將若之何夏書曰逸書戒之用休有休則戒之以勿休。休許虯反注同董之用威董督也有罪則督之以威刑勸之

以九歌勿使壞九功之德皆可歌也謂之九歌六府三事【疏】夏書至三事○正義曰此虞書大禹謨之文也以其夏禹之言故傳謂之夏書勿使壞以上皆彼正文唯彼言俾勿壞俾亦使也一字別耳彼上文云水火金木土穀惟修正德利用厚生惟和九功惟敘九敘惟歌乃次此辭下云帝曰六府三事允治郤缺令宣子脩德行禮使人歌樂故先引勸之以九歌然後郤言六府三事謂之九功水火金木土穀謂之六府正德利用厚生謂之三事義而行之謂之德禮德正德也禮以制財用之節又以厚生民之命無禮不樂所由叛也【疏】無禮至叛也○正義曰在上爲政無禮則民不樂是叛之所由若吾子之德莫可歌也其誰來之來猶歸也○樂音洛盍使睦者歌吾子乎宣子說之爲明年晉歸鄭衛田張本○盍戶臘反【疏】注爲明至張本○正義曰鄭往前侵衛田今晉令鄭歸還衛田也言歸鄭衛田者謂晉歸以鄭所取衛田故杜下注云匡本衛邑中屬鄭令鄭還衛是也然晉亦還衛田獨言鄭還衛田者以鄭歸衛田爲主遂略之劉炫以爲歸鄭及歸衛田經傳文歸衛不歸鄭而規杜氏非也

經八年春王正月○夏四月○秋八月戊申天王崩○冬十月壬午公子遂會晉趙盾盟于衡雍壬午月五日○雍於用反○乙酉公子遂會雒戎盟于暴乙酉月八日也暴鄭地公子遂不受命而盟宜去族善其解國患故稱公子以貴之○會雒戎本或作伊雒之戎此後人妄取傳文加耳雒音洛去起呂反【疏】注乙酉至貴之○正義曰以壬午乙酉相去四日其間不容報君見其專命之意故注詳其日也衡雍鄭地知暴亦鄭地臣無專命之義故舉溺皆去其族此公子遂不受君命因事遂行輒與戎盟宜去其族傳言書曰公子遂珍之是善其解國患故稱公子以貴之也釋例曰人臣受命不受辭出竟有可以利社稷者專之可也故襄仲始盟趙盾遂盟伊洛之戎四日之間經再書公子不可以遂事常辭顯之也○公孫敖如京師不至而復丙戌奔莒不言出受命而出自外行○冬無傳爲後故書○宋人殺其大夫司馬宋司城來奔司馬死不舍節司城奉身而退故皆書官而不名貴之○舍音捨

傳八年春晉侯使解揚歸匡戚之田于衛匡本衛邑中屬鄭孔達伐不能克今晉令鄭還衛及取戚田皆見元年○解音蟹中丁仲反令鄭力呈反見賢遍反且復致公壻池之封自申至于虎牢之竟公壻池晉君女壻又取衛地以封之今并還衛也申鄭地傳言趙盾所以能相幼主而盟諸侯○復扶又反壻音細俗作婿竟音境下注同相息亮反【疏】注公壻至諸侯○正義曰釋親云女子子之夫爲壻傳稱公壻知是晉君之女壻池其名也杜以上言歸匡戚之田于衛又言且復致則晉亦致于衛故言又取衛地以封之今并還衛也劉炫云服虔以爲致之于鄭以服言是規杜已釋之○夏秦人伐晉取武城以報令狐之役令狐役在七年○秋襄王崩爲公孫敖如周弔傳○晉人以扈之盟來討前年盟扈公後至○冬襄仲會晉趙孟盟于衡雍報扈之盟也遂會伊雒之戎伊洛之戎將伐魯公子遂不及復君故專命與之盟書曰公子遂珍之也珍貴也大夫出竟有可以安社稷利國家者專之可也○【疏】注珍貴至之可○正義曰傳多言貴之而此言珍之事同而文異故以珍爲貴也大夫出竟以下皆莊十九年公羊傳文○穆伯如周弔喪不至以幣奔莒從己氏焉己氏莒女○宋襄夫人襄王之姊也昭公不禮焉昭公適祖母○適丁歷反夫人因戴氏之族華樂皇皆戴族以殺襄公之孫孔叔公孫鍾離及大司馬公子卬皆昭公之黨也司馬握節以死故書以官節國之符

信也握之以死示不廢命 疏 注節國至廢命。正義曰：周禮掌節掌守邦節而辨其用，守邦國者用玉節，守都鄙者用角節。鄭玄云玉節有五，則典瑞云穀圭以和難以聘女，牙璋以起軍旅以治兵守，珍圭以徵守以恤凶荒，琬圭以治德以結好，琰圭以易行以除慝。其角節，鄭注云未聞。此司馬司城以事在官，蓋執此等之玉節。小行人云守都鄙者用管節，此司馬司城或食采地，即都鄙之主，此節或是管節也。掌節又云山國用虎節，土國用人節，澤國用龍節。鄭注云鑄金爲之，謂王使之使於土國之等。掌節又云門關用符節，貨賄用璽節，道路用旌節。鄭玄云門關者謂司門司關也，道路者謂天子之鄉遂大夫也。其諸侯之國及門關鄉遂亦有節。小行人云山國用虎節，土國用人節，澤國用龍節，謂己是山澤之國出使用龍虎之節。小行人又云道路用旌節，門關用符節，都鄙用管節。鄭注云道路謂諸侯鄉遂及諸侯司門司關都鄙之等也。今之爲官授以此節，今握節以死，示己不廢命也。此夫人殺而經書宋人殺其大夫者，夫人與君共有國家，尊與君同，不得爲兩下相殺，故同國討之文。雖同國討稱人，實非國討之例，以其死者不稱名，無罪故也。

司城蕩意諸來奔，效節於府人而出。效猶致也。意諸，公子蕩之孫。○效，戶教反。公以其官逆之，皆復之，亦書以官，皆貴之也。卿違從大夫，公賢其效節，故以本官逆之。

疏 注卿違至皆復。○正義曰：卿違從大夫，昭七年傳文也。效節於府人然後出奔，示已解任而退，不敢帶官而逃，公賢其效節，故以本官逆之。爲是書宋司城來奔，善其人，故書其官也。請宋復之事在十一年，一人不得言皆，知司城官屬悉與皆復也。

○夷之蒐，晉侯將登箕鄭父、先都，登之於上軍也。夷蒐在六年。

疏 注登之至六年。○正義曰：清原之蒐，箕鄭佐新上軍，先都佐新下軍，二人先爲卿矣，而復欲登之，知登於上軍也。然則七年令狐之戰，傳歷言諸軍將佐，箕鄭將上軍，先都佐下軍。先都不登，容可怨恨，箕鄭不失其登，而亦共作亂者，蓋先克之薦狐、趙，并亦請退箕鄭、先都，於時即佐下軍，箕鄭雖得不退，因此意望以成小憾。及狐射姑出奔，箕鄭位次宜佐中軍，而先克代射姑，箕鄭守其故職，蓋以此而恨也。

而使士穀、梁益耳將中軍。士穀本司空。○穀，戶木反。將，子匠反。先克曰："狐、趙之勳不可廢也。"從之。狐偃、趙衰有從亡之勳。○從亡，才用反。先克奪蒯得田于堇陰。七年晉禦秦師於堇陰，以軍事奪其田也。先克，中軍佐。○蒯，苦瞶反。故箕鄭父、先都、士穀、梁益耳、蒯得作亂。爲明年殺先克張本。○爲，于僞反。

【經】九年春，毛伯來求金。求金以共葬事，雖踰年而未葬，故不稱王使。○共音恭，本亦作供，下同。○夫人姜氏如齊。無傳。歸寧。○二月，叔孫得臣如京師。辛丑，葬襄王。卿共葬事，禮也。

疏 注卿共葬事禮也。○正義曰：言禮者，以明天子之喪，卿弔卿會葬，諸侯不親行也。釋例曰：萬國之數至衆，封疆之守至重，故天王之喪，諸侯不得越竟而奔，脩服於其國，卿共弔送之禮，既葬卒哭而除凶。魯侯無故而穆伯如周弔，爲此天子崩，諸侯遣卿弔送之經傳也。杜以往年穆伯弔喪，今令會葬，二事傳無譏文，知其禮當然也。昭三十年傳鄭游吉云靈王之喪，我先君簡公在楚，以不在楚，卿當親行，而言禮不親者，彼言由君在楚，上卿守國，故使少卿印段往耳。言君當親行也。

○晉人殺其大夫先都。下軍佐也。以作亂討，故書名。○三月，夫人姜氏至自齊。無傳。告于廟。

疏 夫人至自齊。○正義曰：蘇氏云夫人歸寧書至，唯有此耳。餘不書者，或禮儀不備，或淫縱不告廟也。

○晉人殺其大夫士穀及箕鄭父。與先都同罪也。○楚人伐鄭。楚子師於狼淵，不親伐。○公子遂會晉人、宋人、衛人、許人救鄭。○夏，狄侵齊。無傳。○秋八月，曹伯襄卒。無傳。七年同盟于扈。

疏 注七年同盟于扈。○正義曰：襄以僖八年即位，其年盟于洮，九年于葵丘，十五年于牡丘，二十一年于薄，今唯言于扈，據文公言之。

○九月癸酉，地震。無傳。地道安靜，以動爲異，故書。

疏 注地道至故書。○正義曰：穀梁傳曰："震，動也。"公羊傳曰："震者何？動地也。"何休云傳先言動者，喻若物之動地以曉人也。周語伯陽父曰："陽伏而不能出，陰迫而不能烝，遂於是有地震。"孔晁云：陽氣伏於陰下，見迫於陰，故不能升，以至於地動。是地道安靜，以動爲異也。

○冬，楚子使椒來聘。稱君以使

大夫其禮辭與中國同椒不書氏史略文【疏】注稱君至略文○正義曰莊二十三年荆人來聘不稱楚子使某至某此稱君以使大夫其禮與中國同其禮既同椒亦宜書其氏今不書氏傳無貶文知是史辭自略無義例也釋例曰楚殺得臣與宜申賈氏皆以爲陋案楚殺大夫公子側成熊之等六七人皆稱氏族無爲獨於此二人陋也斯蓋非史策舊法故無凡例當時諸國以意而赴其自來聘使者辭有詳略仲尼脩春秋因𥙷以示義義之所起則刊而正之不者即而示之不皆刊正也諸侯之卿當以名氏備書於經其加貶損則直稱人若有褒異則或稱官或但稱氏若無褒無貶傳所不發者則皆就舊文或未賜族或時有詳略也推尋經文自莊公以上諸弑君者皆不書氏閔公以下皆書氏亦不足以明時史之同異非仲尼所皆貶也

秦人來歸僖公成風之襚。衣服曰襚秦辟陋故不稱使不稱夫人從來者辭○隧音遂說文作裞云贈終者衣被曰裞以此隧爲衣死人衣辟匹亦反【疏】注衣服至者辭○正義曰隱元年公羊傳曰衣被曰隧穀梁傳曰衣衾曰襚禮稱襚者君使臣致服故云衣服曰襚也秦處西戎其國辟陋故不稱君使猶楚在莊世稱荆人來聘也成風夫人也來者不言夫人從者之辭也先言僖公僖公先薨也不言及并致之者

○葬曹共公。無傳○共音恭

傳九年春王正月己酉使賊殺先克箕鄭等所使也亂殺先克不赴故不書乙丑晉人殺先都梁益耳乙丑正月十九日死書二月從告○毛伯衛來求金非禮也天子不私求財故曰非禮不書王命未葬也○二月莊叔如周葬襄王【疏】莊叔如周葬襄王○正義曰虛舉此經者嫌莊叔別以他事使周葬王更使人會故明之○三月甲戌晉人殺箕鄭父士縠蒯得梁益耳蒯得不書皆非卿【疏】注梁益至非卿○正義曰士縠春經則是卿也七年令狐之戰三軍將佐無士縠十二年河曲之戰三軍將佐杜注無代士縠者而士縠得爲卿者先蔑奔秦傳無其代十二年欒盾將下軍注云代先蔑者據傳成文言之耳未必不是士縠代先蔑欒盾代士縠也箕鄭上軍將也傳文先箕鄭後士縠士縠若將下軍則是位之次也其事似然或者晉於將佐之外猶別有散位從卿若郤缺趙穿之類也傳箕鄭先士縠經士縠先箕鄭者經以殺之先後傳以位次序列傳蒯得居下知其以位次也賈逵云箕鄭稱及非首謀案襄二十三年陳殺其大夫慶虎及慶寅杜云言及史異辭無義例則此亦然也○范山言於楚子曰晉君少不在諸侯北方可圖也范山楚大夫○少詩照反下注同楚子師于狼淵以伐鄭陳師狼淵爲伐鄭援也潁川潁陰縣西有狼陂○陂彼皮反四公子堅公子尨及樂耳三子鄭大夫○尨莫江反鄭及楚平○公子遂會晉趙盾宋華耦衛孔達許大夫救鄭不及楚師卿不書緩也以懲不恪華耦華父督曾孫公子遂獨不在貶者諸魯事自非指爲其國褒貶則皆從國史不同之於他國此春秋大意他皆放此○懲直升反恪苦各反爲于僞反【疏】注華耦至放此○正義曰在禮卿不會公侯會公侯會則貶之稱人元年公孫敖會晉侯于戚文無所貶此公子遂與諸國同行諸卿皆貶遂獨不貶諸如此類莫不盡然知諸於魯事自非指爲其國褒貶皆從魯史以其體例已舉不假改正故也○夏楚侵陳克壺丘壺丘陳邑以其服於晉也○秋楚公子朱自東夷伐陳子朱息公也陳人敗之獲公子茷陳懼乃及楚平以小勝大故懼而請平也傳言晉君少楚陵中國明年所以有厥貉之會○茷扶廢反貉武百反○冬楚子越椒來聘執幣傲子越椒令尹子文從子傲不敬○傲五報反注下同從才用反叔仲惠伯曰是必滅若敖氏之宗傲其先君神弗福也十二年傳曰先君之敝器使下臣致諸執事明奉使皆告廟故言傲其先君也爲宣四年楚滅若敖氏張本○敖五刀反使所吏反○秦人來歸僖公成風之襚禮也秦慕諸夏欲通敬於魯因有翟泉之盟故追贈僖公并及成風本非魯方嶽同盟無相赴弔之制故不譏其緩而以接好爲禮○夏戶雅反嶽音岳好呼報反下文注同諸侯相弔賀也雖不

當事苟有禮焉書也以無忘舊好送死不及尸故曰不當事書者書於典策垂示子孫使無忘過厚之好〔疏〕諸侯至舊好○正義曰此雖廣言諸侯主爲秦人發傳隱元年王使來賵尙譏其緩若是同盟之國必譏其緩可知釋例曰秦之與魯本非方嶽同盟僖公薨不赴秦秦不賵魯自是其常也僖穆二公雖有同盟之義二君已卒則二子不得用同盟之禮也今秦康公遠慕諸華欲通敬於魯無以爲辭因翟泉有盟追贈僖公并及成風假弔禮而行故曰禮也送死不及尸謂不當其事書者書之於策垂之子孫以示過厚之好也是言此傳主爲秦也僖公成風服除久矣今始來弔贈當以變禮待之檀弓曰衛將軍文子之喪既除喪而後越人來弔主人深衣練冠待於廟垂涕洟子游曰將軍文氏之子其庶幾乎亡於禮者之禮也其動也中是古有以服終來弔者也何休膏肓云禮主於敬一使兼二喪又於禮既緩而左氏以之爲禮非也鄭箴云若以爲緩案禮衞將軍文子之喪既除喪而越人來弔子游何得善之是鄭不非其緩也若譏一使兼二禮雜記諸侯弔禮有含襚賵臨可以一使兼行知休言非也

經十年春王三月辛卯臧孫辰卒無傳公與小斂故書日○與音預斂力驗反○夏秦伐晉不稱將帥告辭略○將子匠反帥所類反○楚殺其大夫宜申宜申子西也謀弒君故書名○自正月不雨至于秋七月無傳義與二年同○及蘇子盟于女栗女栗地名闕蘇子周卿士頃王新立故與魯盟親諸侯也○女音汝一音如字頃音傾○冬狄侵宋無傳○楚子蔡侯次于厥貉厥貉地名闕將伐宋而未行故書次

傳十年春晉人伐秦取少梁少梁馮翊夏陽縣○少詩照反下注同夏戶雅反夏秦伯伐晉取北徵報少梁○徵如字三蒼云縣屬馮翊音懲一音張里反○初楚范巫矞似矞似范邑之巫○矞尹必反謂成王與子玉子西曰三君皆將強死〔疏〕皆將強死○正義曰強健也無病而死謂被殺也城濮之役王思之故使止子玉曰毋死不及止子西子西縊而縣絕在僖二十八年○強其丈反濮音卜毋音無縊一豉反縣音玄王使適至遂止之使爲商公商楚邑今上雒商縣○王使所吏反沿漢泝江將入郢沿順流泝逆流○沿悅專反泝息路反郢以井反又以政反〔疏〕注沿順流泝逆流○正義曰商在漢水北漢水東流而南入江子西既至商邑聞譏不敢居商縣沿漢水順流而下至江乃泝流逆上渚宮當郢都之南故王在渚宮下見之也下注云小洲曰渚釋水文渚宮小洲曰渚○渚章呂反水中可居者曰洲洲音州下見之懼而辭曰臣免於死又有讒言謂臣將逃臣歸死於司敗也陳楚名司寇爲司敗子西畏讒言不敢之商縣〔疏〕注陳楚名司寇爲司敗○正義曰言歸死於司敗主刑之官司寇是也論語有陳司敗知陳楚同此名也王使爲工尹掌百工之官又

與子家謀弒穆王穆王聞之五月殺鬭宜申及仲歸仲歸子家不書非卿秋七月及蘇子盟于女栗頃王立故也僖十年狄滅溫蘇子奔衞今復見蓋王復之○復扶又反見賢遍反○陳侯鄭伯會楚子于息冬遂及蔡侯次于厥貉陳鄭及宋麇子不書者宋鄭執卑苟免爲楚僕任受役於司馬麇子恥之遂逃而歸三君失位降爵故不列於諸侯宋鄭猶然則陳侯不同也○麇九倫反〔疏〕注陳鄭至同也○正義曰杜以陳鄭會楚子于息遂與蔡侯次于厥貉則陳鄭當在次也傳稱厥貉之會麇子逃歸則麇子當在也宋公逆楚子則宋公亦在也獨書楚子蔡侯不言陳鄭宋麇故迹其事而爲之說言宋陳鄭三君降爵麇子逃歸故不書也劉炫以爲告文略故不書陳鄭宋今知不然者此楚會諸侯必是楚人來告若楚人來告當以得諸侯爲榮何以略其宋鄭陳乎麇子不會傳云逃歸宋鄭二國爲楚僕役猶如許蔡二君降乘楚車許蔡既不書於經故知宋鄭失位不見此乃傳事分明故杜爲此解劉炫有以告文略以規杜氏非也將以伐

宋宋華御事曰楚欲弱我也先爲之弱乎何必使誘我我實不能民何罪乃逆楚子勞且聽命時楚欲誘呼宋共戰御事華元父○勞力報反遂道以田孟諸孟諸宋大藪也在梁國睢陽縣東北○道音導藪素口反睢音綏宋公爲右盂鄭伯爲左盂于田獵陳名○盂音于陳直覲反期思公復遂爲右司馬復遂楚期思邑公今弋陽期思縣○弋以職反子朱及文之無畏爲左司馬將獵張兩甄故置二左司馬然則右司馬一人當中央○甄吉然反〔疏〕注將獵至中央○正義曰宋公爲右盂無畏爲左司馬而誅宋公之僕自謂當官而行明無畏當右子朱當左是其張兩甄故置二左司馬使各掌一甄自然右司馬一人當中央也命夙駕載燧燧取火者○命眉病反燧音遂本又作㸂宋公違命不夙駕載燧無畏抶其僕以徇或謂子舟曰國君不可戮也子舟曰當官而行何彊之有子舟無畏字○抶恥乙反徇似俊反舟音州詩曰剛亦不吐柔亦不茹詩大雅美仲山甫不辟彊禦○茹如呂反毋縱詭隨以謹罔極詩大雅詭人隨人無正心者謹猶慎也罔無也極中也○詭九委反〔疏〕毋縱至罔極○正義曰無從此詭人隨人無正心者以謹勑彼無中正之人言小罪尚不赦則大罪不敢爲也是亦非辟彊也敢愛死以亂官乎爲宣十四年宋人殺子舟張本○厥貉之會麇子逃歸爲明年楚子伐麇傳

附釋音春秋左傳注疏卷第十九上

江西南昌府學栞

春秋左傳注疏卷十九上挍勘記　阮元撰盧宣旬摘錄

附釋音春秋左傳注疏卷第十九上　文五年盡十年

經五年

王使榮叔歸含且賵　釋文含本亦作唅說文作琀

含襚賵臨　此本下文作隧亦非宋本閩本作襚不誤

寧能盡至全無所譏　宋本盡至下有王歸含賵二事而已宰咺又賵而不含不至十七字

傳五年

天子以夫人禮賵之　宋本作贈之案正義本作贈

冬楚子燮滅蓼　石經宋本岳本足利本楚下有公字釋文同　釋文蓼音了字或作鄝音同

蓼國今委豐蓼縣　宋本淳熙本岳本纂圖本閩本監本毛本足利本委作安不誤

沈漸剛克　案古文尚書作沈潛段玉裁云漢書谷永傳曰忘湛漸之義湛漸即沈潛也蓋今文尚書作漸與左氏合

注甯晉至大夫　宋本以下正義二節揔入注文今謂之周書之下

不干四時　閩本監本毛本干誤于

爲六年蒐於夷傳　釋文於作于與下傳文合

經六年

諸侯每月必告朔聽政　重脩監本諸誤謂

縱諸下以盡知力之用　監本毛本縱作從

思効忠善　毛本効作效

則六鄉六遂之長　閩本監本毛本鄉誤卿

因月朔朝 宋本朝下有廟字是也

朝服以日視朝 毛本日誤月

傳六年

晉侯將登鄭父先都 宋本登下有箕字與下傳合

先克代佐中軍耳 監本毛本脫耳字

輕重當 釋文作當也案上下文注應有也字

辟刑獄 石經宋本岳本纂圖本足利本作辟獄刑考文提要同與正義合釋文作辟獄是亦獄字在上也

質要劵契也 各本劵作券亦非宋本作劵字从刀非从力是也正義同案正義劵契倒作契劵

治理洿穢 監本洿上脫注字

質要契劵 閩本監本毛本作劵契非也

復有孤二人者 二字此本闕據宋本補閩本監本毛本作一人

以子車氏之三子奄息仲行鍼虎爲殉 案詩黄鳥正義曰左傳作子輿氏今傳文作車與孔氏所據本不同釋文仲作中云本亦作仲 紀亦作子輿氏史記秦本

無善人之謂 纂圖本人誤大

古之至不長 宋本以下正義十一節揔入聖王同之節注下

聖哲是人之儁者 閩本監本毛本儁作雋

故聖王爲敎 毛本敎作政非也

注鐘律至明時 閩本監本毛本鐘作鍾下同

一黍之廣度之九十黄鍾之長一黍爲一分 毛本十下有分字爲上無黍字據漢書律厤志改也案隋志引此文作度之九十黍爲黄鍾之長一黍爲一分毛本依漢志删黍字

亦非

利者務生此利 毛本者誤故

道之以禮則使毋失其土宜 宋本淳熙本岳本纂圖本閩本監本毛本並衍以字石經以字乃後人據本别旁增則字屬下句非是

注季文至疾故 宋本此節正義在注所謂文子三思之下

考其情氣有異尋常 宋本氣作事

難必抒矣 案抒釋文抒作杼正義引服虔本作紓字按說文紓緩也紓爲正字抒爲假借字

注抒除也 宋本以下正義二節揔入注文鄍晉地之下

服虔作紓紓緩也 閩本監本毛本紓作舒

讓季隗而已次之 石經宋本岳本已作已不誤

注狢妻子也 宋本以下正義二節揔入注扞衞也之下

父祖受人之惠 宋本祖父上有是字

子孫或時不知 監本毛本時作有

言以蒙宣子寵位 監本毛本以作巳亦非宋本岳本作已不誤

何以事夫子 石經磨去夫子二字重刊子字似未足據

時以作事 隋書經籍志引作時以序事

生民之道 鄭氏注周禮大史引作生民之本

經七年

因伐邾師以城郚 監本師作帥

夏四月宋公王臣卒 釋文云王臣本或作壬臣案穀梁作壬臣石經仍作王臣係改刻

趙盾廢嫡而外求君　釋文廢誤殷嫡作適本亦作嫡

公後會而分其盟　宋本淳熙本岳本纂圖本毛本分作及不誤

傳七年

寘文公子焉　顧炎武云石經焉誤曰案碑焉字全存所據乃謬刻也

絶大皞之祀　釋文皞作皥各本從白非也

桓公孫　宋本孫下有矔字

注戴公元孫鱗矔桓公孫　宋本此節正義在注所以致亂之下

華御事爲司寇　釋文御作禦云本又作御

若去之則本根無所庇陰矣　石經宋本淳熙本岳本纂圖本監本毛本陰作廕釋文亦作廕云本又作蔭

葛藟至爲比　宋本以下正義三節摠入非其罪也之下

若爲賊者衆因亂而殺　宋本衆作多

公孫軓是也　閩本監本軓誤輈

楚令尹子重爲楊橋之役　監本毛本楊作陽宋本作陽是也

訓卒利兵　論語必先利其器漢書梅福傳作厲其器陳樹華云古利厲通用

至于刳首　顧炎武云水經注引闞駰曰令狐即猗氏刳首在西三十里後漢衛敬侯碑陰文城惟解梁地即郇首山對靈足俗當猗口刳字作郀玉篇郀口狐切秦地在河東

同官爲寮　釋文寮本又作僚案作僚用假借字

狄侵我西鄙　監本狄上誤衍注字下秋八月上同

齊侯宋公衛侯鄭伯許男曹伯　補各本衛侯下有陳侯此本誤脫

十七年諸侯會于扈　毛本七作六非也

夏書至三事　宋本以下正義三節摠入宣子說之注下

義而行之謂之德禮　纂圖本閩本監本毛本德誤得

匡本衛邑中蜀鄭令鄭還衛是也　各本作中屬此本作蜀非宋本令字上有今晉二字與八年傳注合

經八年

劉炫以爲歸鄭及歸衛田　宋本以作謂

公子遂會雒戎盟于暴　釋文本或作伊雒之戎此後人妄取傳文加耳案公羊作伊雒戎

故畺溺皆去其族　閩本監本毛本族下增也字

傳八年

女子子之夫爲壻　閩本監本毛本脫子字

專之可也　岳本足利本無也字案六經正誤引興國本同此本疏作珍貴至之可各本作至可也是也

握之以使示不廢命　毛本示上有人字衍文也

使於土國之等　毛本土作上非也

今之爲官授以此節　毛本今作令

不稱名無罪故也　監本名作人

知司城官屬悉與皆復也　宋本屬下有悉與來奔還五字

注登之至六年　宋本此節正義在注文爲明年殺先克張本之下

二人先爲卿矣　監本矣作也非

箕鄭守其故職蓋以此而恨也　宋本職蓋作機整誤也

經九年

即當親行 監本即作卿非也

言君當親行也 宋本言上有非字

夏狄侵齊 石經齊字初刊誤鄭後即改正

何休云 宋本云作曰

椒亦宜書其某氏 宋本無某字是也

智是史辭自略 閩本監本毛本智作皆非宋本作知是也○今訂從宋本

或時有詳畧也 浦鏜正誤時作辭

亦不足以明時史之同異 宋本無不字與隱四年莊十二年正義合

秦人來歸僖公成風之襚 宋本岳本纂圖本毛本襚作禭石經此處闕釋文亦作禭云衣服曰禭說文作祱云贈終者衣被曰祱以此禭爲衣死人衣

注衣服至者辭 宋本此節正義在葬曹共公注下

來者不言夫人從者之辭也 從字下宋本閩本監本毛本有來字辭毛本誤引

先言僖公 毛本先誤元

不言及幷致之者 毛本致作來非宋本者作也

傳九年

經書二月從告 監本二誤三毛本從誤役

則是位之次也 宋本則作即

楚子師于狼淵以伐鄭 石經凡淵字皆作渁避唐高祖諱

公子尨 纂圖尨誤厖

冬楚子越椒來聘 石經每行十字此行九字越椒來三字改刻初刊子下似有使字漢書五行志引傳文作楚使越椒來聘今諸本皆無使字無使者是也五行志使字疑子字之譌又按子越椒三字連讀宣四年傳云楚司馬子良生子越椒下文雖或言子越或言椒或言伯棼要之伯棼是楚則合子越椒三字爲名傳文非楚子連讀也

執幣傲 惠棟云石經初刻作敖後改從人旁下傲其先君同各本作傲宋本釋文同云本又作傲

送死不及尸 纂圖本尸作戶

主爲秦人發傳 監本主誤王

經十年

公與小斂 釋文作公與斂

傳十年

皆將強死 宋本以下正義三節揔入注文不書非卿之下

無病而死 山井鼎云宋板無作不非也

曰毋死 石經此處闕淳熙本閩本監本毛本毋誤母

臣歸死於司敗也王使爲工尹 石經也王使三字重刊蓋初刻脫去王字也

子西畏讒言 纂圖本讒作士非

言歸死於司敗 宋本司敗下有知司敗三字

陳鄭及宋麇子不書者 重脩監本陳作東

注陳鄭至同也 宋本以下正節三節揔入以亂官乎注之下

劉炫有以告文略以規杜氏非也 閩本監本毛本亦誤作有宋本作直是也

今弋陽期思縣 纂圖本弋誤戈

而誅宋公之僕 宋誅作抶是也

無從此詭人隨人無正心者　宋本從作縱不誤

麇子逃歸　案惠棟云麇亦作麕注不釋其地所在案盛宏之荆州記云當陽本楚之舊左氏傳云楚潘崇代麕至于錫穴潁容釋例云麕在當陽

附釋音春秋左傳注疏卷第十九上

春秋左傳注疏卷十九上挍勘記

附釋音春秋左傳注疏卷第十九下（文十一年盡十五年）

杜氏注　孔穎達疏

經十有一年春，楚子伐麇。討前年逃厥貉之會。○麇九倫反。○夏，叔仲彭生會晉郤缺于承筐。承筐，宋地，在陳留襄邑縣西。彭生，叔仲惠伯。郤缺，冀缺。○叔仲彭生，叔又作尗，本或作叔彭生，仲衍字。缺，丘悅反。○秋，曹伯來朝。○公子遂如宋。○狄侵齊。○冬十月甲午，叔孫得臣敗狄于鹹。鹹，魯地。○鹹音咸。

傳十一年春，楚子伐麇，成大心敗麇師於防渚。成大心，子玉之子大孫伯也。防渚，麇地。潘崇復伐麇，至于錫穴。錫穴，麇地。○復扶又反。鍚音羊，或作錫，星歷反。○夏，叔仲惠伯會晉郤缺于承筐，謀諸侯之從於楚者。九年陳、鄭及楚平，十年宋聽楚命。○秋，曹文公來朝，即位而來見也。○見，賢遍反。○襄仲聘于宋，且言司城蕩意諸而復之，八年意諸來奔，歸不書，史失之。〔疏〕注八年至失之。○正義曰：諸侯之卿出奔而復歸者，宋華元、衛孫林父之徒皆書其歸，則蕩意諸之歸亦當書之。服虔云：「反不書者，施而不德。」衛冀隆亦同服義，而難杜云：「襄二十九年樂氏施而不德，春秋所善，不書意諸之歸，則是施而不德。」凡經所不書，傳即發文，史失之即不書，日史失之之類是也。此既無傳，何知史失？杜必以為史失者，案衛侯鄭之歸于衛也，僖公納賂而請之；衛侯朔之入于衛也，莊公與師而納之；歸邾子益于邾，自我而歸之，皆受魯施，並書於經，何獨意諸施而不德？若意諸施而不德，彼何故施而德之？春秋公侯大夫失位出奔，得人力而反者多矣，若皆施而不德，不應赴告諸侯。魯以不書為是，則書者為非，何以無貶責之文？定人之謂禮，存亡之謂義，未有禮義在可諱之竟，故杜以為史官失之，故不書於策。因賀楚師之不害也。往年楚次厥貉，將以伐宋。○

鄋瞞侵齊，鄋瞞，狄國名，防風之後，漆姓。○鄋，所求反，說文作鄋，云北方長狄國也，在夏為防風氏，殷為汪芒氏。字林鄋一音先牢反。瞞，莫干反。漆音七。〔疏〕注鄋瞞至漆姓。○正義曰：狄是北夷大號，鄋瞞是其國名。魯語云：吳伐越，墮會稽，獲骨節專車。吳子使來聘問之仲尼。仲尼賓之，客執骨而問曰：「敢問骨何為大？」仲尼曰：「昔禹致羣臣於會稽之山，防風氏後至，禹殺而戮之，其骨節專車，此為大矣。」客曰：「防風氏何守？」仲尼曰：「汪芒氏之君，守封隅之山者也，為漆姓。在虞、夏、商為汪芒氏，於周為長狄氏，今曰大人。」客曰：「人長之極幾何？」仲尼曰：「僬僥氏長三尺，短之至也；長者不過十之，數之極也。」此言長狄之長者，彼言於周為長狄，知鄋瞞即是防風氏之後，故以國語為說。服云「伐我不書，諱之」。遂伐我。公卜使叔孫得臣追之，吉。侯叔夏御莊叔，莊叔，得臣。○夏，戶雅反。緜房甥為右，富父終甥駟乘。駟乘，四人共車。○乘，繩證反，注及下皆同。○冬十月甲午，敗狄于鹹，獲長狄僑如。僑如，鄋瞞國之君，蓋長三丈。獲僑如不書，賤夷狄也。○僑本作喬，其驕反。長如字，又直亮反。〔疏〕注僑如至狄也。○正義曰：經書敗狄于鹹，即是敗一國也。敗其國而獲此人，傳不言是其將帥，知是其國之君也。穀梁傳曰：「長狄，瓦石不能害。叔孫得臣，最善射者也，射其目，身橫九畝，斷其首而載之，眉見於軾。」何休云「蓋長百尺」。魯語仲尼所云，此十倍僬僥氏之長者，故云蓋長三丈。魯語言「不過十之」，是疑之言，故云蓋也。宣十五年晉師滅赤狄潞氏，以潞子嬰兒歸，彼獲嬰兒歸書之，此獲僑如不書者，潞國大，其君貴，故書之；此國小，僑如賤，不書，賤夷狄也。富父終甥摏其喉以戈殺之，摏猶衝也。○摏，舒容反。喉音侯。戈，古禾反。〔疏〕摏其喉以戈殺之。○正義曰：考工記戈之長六尺六寸耳，得及長狄之喉者，兵車之法，皆三人共乘，魯、宋與長狄之戰車皆四乘，改其乘，必長其兵，謂之戈，蓋形如戈也。埋其首於子駒之門，子駒，魯郭門。骨節非常，恐後世怪之，故詳其處。○處，昌呂反。以命宣伯。得臣待事而名其三子，因名宣伯曰僑如，以旌其功。○名如字，或亡政反。〔疏〕注得臣至其功。○正義曰：襄三十年傳說此事云：「叔孫莊叔敗狄于鹹，獲長狄僑如及虺也、豹也，皆以名其子。」定八年傳稱魯苦越生子，將待事而名之，陽州之役獲焉，故名之曰陽州。知得臣亦待事以名其三子以旌章其功也此三子未必同年而生或生訖待事或事後始生欲以章己功取彼名而名之也。○初宋武公之世鄋瞞伐宋在春秋前〔疏〕注在春秋前。正義曰史記十二諸侯年表宋武公即位十八年以魯惠公二十一年卒卒在春秋前二十六年不知鄋瞞以何年伐宋也司徒皇父帥師禦之耏班御皇父充石皇父戴公子充石皇父名。禦本亦作御魚吕反耏音而〔疏〕注皇父至父名。正義曰皇父戴公子世本文古人連言名字者皆先字後名且此人子孫以皇爲氏知皇父字充石名公子穀甥爲右司寇牛父駟乘以敗狄于長丘長丘宋地獲長狄緣斯緣斯僑如之先〔疏〕注獲長狄緣斯。正義曰服虔云不言所埋埋其身首同處於戰地可知皇父之二子死焉皇父與穀甥及牛父皆死故耏班獨受賞〔疏〕注皇父至受賞。正義曰賈逵云皇父與穀甥牛父三子皆死鄭衆以爲穀甥牛父二人死耳皇父不死馬融以爲皇父之二子從父在軍爲敵所殺名不見者方道二子死故得勝之如今皆死

誰殺緣斯服虔云殺緣斯者未必三子之手士卒獲之耳下言宋公以門賞耏班班爲皇父御而有賞三子不見賞疑皆死賈君爲近之如馬之言於傳文爲順但班獨受賞知三子皆死故杜亦同之宋公於是以門賞耏班使食其征門關門征稅也。稅舒銳反〔疏〕注門關門征稅也。正義曰禮惟關門有征知門是關門也周禮司關司貨賄之出入掌其治禁與其征廛國凶札則無關門之征鄭玄云征廛者貨賄之稅孟子曰關幾而不征則天下行旅皆說而願出於其塗矣如彼文知出入關者必有征稅但不知幾而稅一也然據禮文城門亦有征必知關門者以關門征稅其數既多故昭二十年偪介之關暴征其私是關禁之重異於城門此云食其征稅故知關稅也謂之耏門晉之滅潞也在宣十五年。潞音路獲僑如之弟焚如齊襄公之二年魯桓之十六年鄋瞞伐齊齊王子成父獲其弟榮如榮如焚如之弟焚如後死而先說者欲其兄弟伯季相次榮如以魯桓十八年死至宣十五年一百三歲其兄猶在傳言既長且壽有異於人王子成父齊大夫。

且壽如字一音授埋其首於周首之北門周首齊邑濟北穀城縣東北有周首亭衛人獲其季弟簡如伐齊退走至衛見獲鄋瞞由是遂亡長狄之種絕。種章勇反〔疏〕注長狄之種絕。正義曰此時長狄種絕仲尼猶云今日大人者言當時呼往前長狄爲大人未必其時有之若當時猶有其種與人不應怪其骨也但如此傳文長狄有種種類相生當有支屬睢獲數人云其種遂絕深可疑之命守封隅之山賜之以漆爲姓則是出爲國主縣歷四代安得更無支屬唯有四人且君爲民心方以類聚不應獨立三丈之君使牧八尺之民又三丈之人誰爲匹配豈有三丈之妻爲之生產乎人情度之深可惑也國語仲尼之談左傳丘明所說通賢大聖立此格言不可論其是非實疑之久矣蘇氏云國語稱今目大人但逆居夷狄不在中國故云遂亡公羊穀梁並云長狄兄弟三人一之齊一之魯一之晉何以書記異猶如史記所云秦時大人見於臨洮○郕大子朱儒自安於夫鍾安處也夫鍾郕邑。郕音成儒如朱反夫音扶國人弗徇徇順也爲明年郕伯來奔傳。徇似俊反

經十有二年春王正月郕伯來奔稱爵見公以諸侯禮迎之。見賢遍反〔疏〕注稱爵至迎之。正義曰此實大子公以諸侯禮迎之公既尊之爲君史遂從公之意成十年晉侯有疾立大子州蒲爲君會諸侯伐鄭經即書爲晉侯史官不可反公之心追言世子從君所稱史是其實故也。杞伯來朝復稱伯舍夷禮。復扶又反一音服舍音捨。○二月庚子子叔姬卒既嫁成人雖見出弃猶以恩錄其卒〔疏〕既嫁至其卒。正義曰天子諸侯絕期嫁女於諸侯則尊同恩成於敵體其禮不爲降卒則服大功九月叔姬既爲杞之夫人雖見出弃猶以恩錄其卒喪服女子既嫁而反在父母之室從本服爲之齊衰期此既書其卒當服其本服杜譜不知此叔姬是何公之女要姑與姊妹皆服期也釋例曰出弃之女反在父母之室則與既笄成人者同故亦書卒也杞叔姬卒穀梁以爲公母姊妹謂同母姊妹○夏楚人圍巢巢吳楚間小國廬江六縣東有居巢城○秋滕子來朝秦伯使術來聘術不稱氏史略文○冬十有二月戊午晉

人秦人戰于河曲不書敗績交綏而退不大崩也稱人秦晉無功以微者告也皆陳曰戰例在莊十一年河曲在河東蒲坂縣南。蒲直覲反坂音反○季孫行父帥師城諸及鄆鄆莒魯所爭者城陽姑幕縣南有員亭員即鄆也以其遠偪外國故帥師城之。鄆音軍幕音莫員音云一音運本又作鄆音同

傳十二年春郕伯卒郕人立君太子自安於外邑故大子以夫鍾與郕邽來奔。郕邽亦邑邽音圭公以諸侯逆之非禮也非公寵叛人故書曰郕伯來奔不書地尊諸侯也既尊以爲諸侯故不復見其竊邑之罪。復扶又反見賢遍反○杞桓公來朝始朝公也公即位始來朝疏傳始朝公也。正義曰劉炫云魯公新立鄰國及時來朝則曰公即位而來朝晚則云始朝公也諸侯自新立來及時者則云即位而來見晚則云始見霸王即位魯公往朝則曰朝嗣君魯君新立往朝大國則曰即位而往見也且請絕叔姬而無絕昏公許之不絕昏立其娣以爲夫人不書大歸未笄而卒。笄古今反疏注不絕至而卒。正義曰傳言請無絕昏成五年有杞叔姬來歸故知其娣爲夫人也其娣亦字叔者周之法稱叔也釋例曰杞桓公以僖二十三年即位襄六年卒凡在位七十一年文成之世經書叔姬二人卒一人出皆杞桓公夫人也傳例出曰來歸不書來歸未歸而卒也既歸而卒亦當書之成五年杞叔姬來歸八年書卒是也宜十六年郯伯姬來歸後不書卒者或更嫁於大夫故不書卒耳二月叔姬卒不言杞絕也既許其絕故不言杞書叔姬言非女也女未笄而卒不書○楚令尹大孫伯卒成嘉爲令尹若敖曾孫子孔羣舒叛楚羣舒偃姓舒庸舒鳩之屬今廬江南有舒城舒城西南有龍舒疏注羣舒至龍舒。正義曰世本偃姓舒庸舒蓼舒鳩舒龍舒鮑舒龔以其非一故言屬以包之夏子孔執舒子平及宗子遂圍巢平舒君名宗巢二國羣舒之屬○秋滕昭公來朝亦始朝公也○秦伯使西乞術來聘且言將伐晉襄仲辭玉曰君不忘先君之好照臨魯國鎮撫其社稷重之以大器寡君敢辭玉大器圭璋也不欲與秦爲好故辭玉。好呼報反注及下同重直用反璋音章疏大器至辭玉。正義曰聘君用圭享用璧聘夫人用璋享用琮聘禮記曰凡四器者唯其所寶以聘可也故知所言大器是圭璋也考工記玉人云瑑圭璋八寸璧琮八寸以覜聘聘禮記云所以朝天子圭與繅皆九寸問諸侯朱綠繅八寸鄭玄云於天子曰朝於諸侯曰問記之於聘文互相備言互相備者朝諸侯與天子同聘天子與諸侯同也所言朝圭九寸聘圭八寸謂上公禮也使臣出聘降君一等故八寸則侯伯之使當瑑圭六寸子男之使當瑑璧四寸也聘義曰以圭璋聘重禮也已聘而還圭璋此輕財而重禮之義也然則玉必還其來使而下云致諸執事以爲瑞節及襄仲辭之者禮聘終雖復得還玉初聘之時其意欲致與主國但主之且襄仲辭之者爲不欲與秦爲好國謙退禮終還對曰不腆敝器不足辭也腆厚也。腆他典反主人三辭賓客曰寡君願徼福于周公魯公以事君徼要也魯公伯禽也言願事君以并蒙先君之福。徼古堯反要於堯反下同不腆先君之敝器使下臣致諸執事以爲瑞節節信也出聘必告廟故稱先君之器。瑞垂僞反要結好命所以藉寡君之命結二國之好藉薦也。藉在夜反注同疏注藉薦也正義曰聘禮執圭所以致君命君命致藉玉而後通若坐之有薦席然故以藉爲薦也是以敢致之襄仲曰不有君子其能國乎國無陋矣厚賄之賄贈送也。賄呼罪反○秦爲令狐之役故爲于僞反冬秦伯伐晉取羈馬令狐役在七年羈馬晉邑。令力丁反晉人禦之趙盾將中軍荀林父佐之林父代先克。將子匠反下皆同郤

缺將上軍代箕鄭臾駢佐之代林父。駢步邊反欒盾將下軍欒枝子代先蔑。欒力官反盾徒本反胥甲佐之胥臣子代先都范無恤御戎代步昭。昭上遥反以從秦師于河曲臾駢曰秦不能久請深壘固軍以待之從之秦人欲戰秦伯謂士會曰若何而戰晉士會七年奔秦。壘力軌反疏深壘固軍。正義曰壘壁也軍營所處築土自衛謂之爲壘深者高也高其壘以爲軍之阻固案覲禮說爲壇深四尺鄭注云深高也是其義也對曰趙氏新出其屬曰臾駢必實爲此謀將以老我師也臾駢趙盾屬大夫新出佐上軍趙有側室曰穿晉君之壻也側室支子穿趙夙庶孫。穿音川疏注側室至庶孫。正義曰文王世子云公若有出疆之政庶子守公宮正室守大廟鄭玄云正室適子也正室是適子知側室是支子言在適子之側也世族譜穿趙夙之孫則是趙盾從父昆弟之子也盾爲正室故謂穿爲側室穿別爲邯鄲氏趙旃趙勝邯鄲午是其後也有寵而弱不在軍事弱年少也又未嘗涉知軍事。少詩照反好勇而狂且惡臾駢之佐上軍也若使輕者肆焉其可肆暫往而退也。惡烏路反輕遣政反肆音四秦伯以璧祈戰于河禱求勝。禱丁老反一音丁報反十二月戊午秦軍掩晉上軍趙穿追之不及上軍不動趙穿獨追之反怒曰裹糧坐甲固敵是求敵至不擊將何俟焉軍吏曰將有待也待可擊。裹音果疏裹糧坐甲。正義曰甲者所以制禦非常臨敵則被之於身未戰且坐之於地穿曰我不知謀將獨出乃以其屬出宣子曰秦獲穿也獲一卿矣僖三十二年晉侯以一命命郤缺爲卿不在軍帥之數然則晉自有散位從卿者。帥所類反散悉但反秦以勝歸我何以報乃皆出戰交綏司馬法曰逐奔不遠從綏不及逐奔不遠則難誘從綏不及則難陷然則古名退軍爲綏秦晉志未能堅戰短兵未至爭而兩退故曰交綏。爭爭鬭之爭疏注司馬至兩退。正義曰魏武全引司馬法云將軍死綏舊說綏卻也言軍卻將當死綏必是退軍之名綏訓爲安蓋兵書務在進取恥言其退以安行即爲大罪故以綏爲名焉秦行人夜戒晉師曰兩君之士皆未憖也明日請相見也憖缺也。憖魚覲反又魚轄反方言云傷也字林云問也牛吝反疏注憖缺也。正義曰憖者缺之貌今人猶謂缺爲憖也沈氏云方言云憖傷傷即缺也下云死傷未收則是已有死者但未至大崩未甚喪敗故爲皆未缺耳臾駢曰使者目動而言肆懼我也目動心不安言肆聲放失常節。使所吏反將遁矣薄諸河必敗之薄迫也。遁徒困反薄蒲莫反下同敗卑賣反胥甲趙穿當軍門呼曰死傷未收而弃之不惠也不待期而薄人於險無勇也乃止晉師止爲宣元年放胥甲傳秦師夜遁復侵晉入瑕。復扶又反○城諸及鄆書時也

經十有三年春王正月○夏五月壬午陳侯朔卒無傳再同盟疏注再同盟。正義曰朔以僖二十九年即位其年盟于翟泉文二年于垂隴七年于扈云再同盟者據文公言之○邾子蘧蒢卒未同盟而赴以名。蘧其居反蒢丈居反疏注未同盟而赴以名。正義曰蘧蒢邾子瑣之子也莊二十九年即位僖元年與魯盟于犖而云未同盟蓋據文公爲言故云未同盟劉炫以犖盟規之非也○自正月不雨至于秋七月無傳義與二年同○大室屋壞大廟之室。大音泰注及傳同疏注大廟之室。正義曰傳稱書不共則於此室當共知大廟之室也明堂位曰祀周公於大廟此周公之廟壞也不直言大廟壞而

云大室屋壞者大廟之制其簷四阿而下當其室中又拔出爲重屋明堂位云大廟天子明堂復廟重檐天子之廟飾鄭云復廟重屋也是天子之廟上爲重屋此是大廟當中之室其上之屋壞非大廟全壞也公羊作世室傳曰世室者何魯公之廟也周公稱大廟魯公稱世室羣公稱宫此魯公之廟也曷爲謂之世室世室猶世世不毁也左傳不辨此是何公之廟而經謂之大室則此室是室之最大者故知是周公之廟非魯公也明堂位曰魯公之廟文世室也武公之廟武世室也不毁則稱世室世室非一君廟名若是伯禽之廟則宜舉其號謚且左氏經爲大室不作世室故左氏先師賈服等皆以爲大廟之室也壞必更作書其壞而不書作者隨即脩之故不書也定二年五月雉門及兩觀災十月新作雉門及兩觀啓塞從時譏其緩作故別書之耳

○冬公如晉衞侯會公于沓 沓地闕。沓徒荅反

○狄侵衞 無傳

○十有二月己丑公及晉侯盟 十二月無己丑己丑十一月十一日

○公還自晉鄭伯會公于棐 棐鄭地。棐芳味反又非尾反

傳十三年春晉侯使詹嘉處瑕以守桃林之塞 詹嘉晉大夫賜其瑕邑令帥衆守桃林以備秦桃林在弘農華陰縣東潼關。詹章廉反塞悉代反令力呈反華戶化反潼音童 〔疏〕注詹嘉至潼關。正義曰桃林之塞在南河之南遠處晉之南竟從秦適周乃由此路使詹嘉守此塞者以秦與東方諸侯遠結恩好及西乞聘魯亦應更交餘國慮其要結外援東西圖己故使守此阨塞欲斷其來往也 晉人患秦之用士會也夏六卿相見於諸浮 諸浮晉地 〔疏〕六卿相見於諸浮。正義曰六卿在朝旦夕聚集而特云相見於諸浮者將欲密謀慮其漏泄故出就外野屏人私議諸浮當是城外之近地耳 趙宣子曰隨會在秦賈季在狄難日至矣若之何 六年賈季奔狄。難乃旦反日人實反 中行桓子曰請復賈季 中行桓子荀林父也僖二十八年始將中行故以爲氏。行戶郎反注同將子匠反 能外事且由舊勳 有狐偃之舊勳 〔疏〕能外事。正義曰賈季是狐突之孫狐偃之子本是狄人能知外竟之事謂知狄之情得豫爲之備 郤成子曰賈季亂且罪大 殺陽處父故 不如隨會能賤而有恥柔而不犯 不可犯以不義 〔疏〕能賤而有恥。正義曰服虔云謂能處賤且又知恥言不可汙辱 其知足使也且無罪乃使魏壽餘僞以魏叛者以誘士會執其帑於晉使夜逸 魏壽餘畢萬之後帑壽餘子。知音智帑音奴 〔疏〕注魏壽至之後。正義曰閔元年晉侯賜畢萬魏魏犨者萬之孫爲魏之世適壽餘爲魏邑之主當是犨之近親故云畢萬之後 請自歸于秦秦伯許之 許受其邑 履士會之足於朝 躡士會足欲使行。躡女涉反 秦伯師于河西 將取魏 魏人在東 今河北縣於秦爲在河之東 壽餘曰請東人之能與夫二三有司言者吾與之先 欲與晉人在秦者共先告喻魏有司。夫音扶 〔疏〕請東至之先。正義曰請舊是東方之人并有才能堪與彼魏邑二三有司說歸秦之言者吾與先行 使士會士會辭曰晉人虎狼也若背其言臣死妻子爲戮無益於君不可悔也 辭行示己無去心。背音佩下同 〔疏〕臣死至悔也。正義曰言身拘死於晉妻爲戮於秦必無益於君不可改悔 秦伯曰若背其言所不歸爾帑者有如河 言必歸其妻子明白如河 乃行繞朝贈之以策 策馬檛臨別授之馬檛並示己所策以展情繞朝秦大夫。朝如字又張遙反策本又作筴初革反檛張瓜反馬杖也王鄒華反字林作築云箠也竹瓜反 〔疏〕注策馬檛。正義曰服虔云繞朝以策書贈士會杜不然者壽餘請訖士會即行不暇書策爲辭且事既密不宜以簡贈人傳稱以書相與皆云與書此獨不宜云贈之以策知是馬檛檛杖也 曰子無謂秦無人吾謀適不用也 示己覺其情 既濟魏人譟而

還喜得士會。譟素報反還音旋秦人歸其帑其處者爲劉氏士會堯後劉累之胤別族復累之姓。累劣彼反〔疏〕其處者爲劉氏。正義曰伍員屬其子於齊使爲王孫氏者知己將死豫令改族其傳又爲而發之士會之帑在秦不顯於會之身復無所辟傳說處秦爲劉氏未知何意言此討尋上下其文不類深疑此句或非本旨蓋以爲漢室初興損棄古學左氏不顯於世先儒無以自申劉氏從秦從魏其源本出劉累插注此辭將以媚於世明帝時賈逵上疏云五經皆無證圖讖明劉氏爲堯後者而左氏獨有明文竊謂前世藉此以求道通故後引之以爲證耳。注士會至之姓。正義曰昭二十九年傳稱陶唐氏既衰其後曰劉累能飲食龍夏王孔甲賜氏曰御龍襄二十四年傳范宣子云匄之祖自虞以上爲陶唐氏在夏爲御龍氏在商爲豕韋氏在周爲唐杜氏晉主夏盟爲范氏晉語云昔隰叔子違周難於晉生子輿爲司空世及武子佐文襄輔成景是以受隨范賈逵云隰叔杜伯之子周宣王殺杜伯其子逃奔晉子輿士蔿也武子蔿之孫即士會也又世本士蔿生士伯缺缺生士會會生士燮會是蔿之孫是爲堯後也會子在秦不被賜族故自復累之姓爲劉氏秦滅魏劉氏從大梁漢高祖之祖爲豐公又從沛故高祖爲沛人

○邾文公卜遷于繹繹邾邑魯國鄒縣北有繹山。繹音亦鄒側留反〔疏〕注繹邾至繹山。正義曰邾都本在鄒縣鄒縣北有繹山徙都於彼山旁山旁當有舊邑故曰繹邾邑也邾既遷都於此竟內別有繹邑宣十年公孫歸父帥師伐邾取繹取彼之別邑不取邾之國都也但邾是小國彼繹邑亦取繹山爲名應近邾之都耳史曰利於民而不利於君邾子曰苟利於民孤之利也天生民而樹之君以利之也民既利矣孤必與焉左右曰命可長也君何弗爲邾子曰命在養民死之短長時也民苟利矣遷也吉莫如之左右以一人之命爲言文公以百姓之命爲主一人之命各有短長不可如何百姓之命乃傳世無窮故徙之。與音預傳直專反〔疏〕注左右至徙之。正義曰史明卜筮知國遷君必死不知君命自當卒也左右之意謂不遷命可長左右勸君勿遷以一人之命爲言也文公之意人君之命在於養民遷則民利志在必遷以百姓之命爲主也一人之命各有短長長短先定不遷亦死是不可如何百姓之命利在水土遷就善居則民安樂乃傳世無窮也晉遷新田十世之利衞遷帝丘卜曰三百年是傳世也遂遷于繹五月邾文公卒君子曰知命〔疏〕君子曰知命。正義曰俗人見其早卒謂其由遷而死死之短長有時不遷至期亦卒傳言君子曰知命所以證俗人之惑邾文公以莊二十九年即位至今五十一年享國久矣命非短折也○秋七月大室之屋壞書不共也簡慢宗廟使至傾頹故書以見臣子不共。頹大回反見賢遍反〔疏〕書不共。正義曰釋例曰大室之屋國之所尊朽而不繕久旱遇雨乃遂傾頹不共之甚故特書之○冬公如晉朝且尋盟衞侯會公于沓請平于晉公還鄭伯會公于棐亦請平于晉公皆成之鄭衞貳于楚畏晉故因公請平鄭伯與公宴于棐子家賦鴻鴈子家鄭大夫公子歸

生也鴻鴈詩小雅義取侯伯哀恤鰥寡有征行之勞言鄭國寡弱欲使魯侯還晉恤之。鰥古頑反〔疏〕注子家至恤之。正義曰鴻鴈美宣王勞來諸侯之詩也首章云之子于征劬勞于野爰及矜人哀此鰥寡之子侯伯卿士也存省諸侯劬勞外野爰曰也矜憐也王命之曰當及此可憐之人謂貧窮者又當哀此鰥夫寡婦當收斂之使有依附子家言鄭寡弱欲使魯侯遠行還晉存恤之也季文子曰寡君未免於此言亦同有微弱之憂文子賦四月四月詩小雅義取行役踰時思歸祭祀不欲爲還晉。爲于僞反下皆同〔疏〕注四月至還晉。正義曰四月大夫行役之怨詩也首章云四月維夏六月徂暑先祖匪人胡寧忍予大夫言己四月初夏而行至六月往暑矣寒暑易節尚不得歸我之先祖非人乎王者何當施忍於我不使得祭祀也文子言己思歸祭祀不欲更復還晉子家賦載馳之四章載馳詩鄘風四章以下義取小國有急欲引大國以救助。鄘音容〔疏〕注載馳至救助。正義曰載馳許穆夫人閔衞之滅思歸唁兄之詩也其四章曰陟彼阿丘言采其蝱女子善懷亦各有行許人尤之衆穉且狂其五章曰我行其野芃芃其麥控于大邦誰因誰極大

夫君子無我有九百爾所思不如我所之此義取小國有急控告大國文在五章而傳言四章故云四章以下言其并賦五章。文子賦采薇之四章 采薇詩小雅取其豈敢定居一月三捷許爲鄭還不敢安居。三息暫反又如字捷在接反 疏 注一月三捷。正義曰捷勝也三者謂侵也伐也戰也 鄭伯拜 謝公爲行 公荅拜

經十有四年春王正月公至自晉 無傳告於廟 ○邾人伐我南鄙叔彭生帥師伐邾○夏五月乙亥齊侯潘卒 七年盟于扈乙亥四月二十九日書五月從赴。潘判于反 疏 注七年至從赴。正義曰齊世家孝公卒弟潘殺孝公子而立是爲昭公昭公則以僖二十八年即位其年盟于踐土據文公言之唯同扈之盟耳杜以長歷校之知乙亥是四月二十九日書五月從赴者蓋赴以五月到唯言卒日不言其月即書其所至之月 ○六月公會宋公陳侯衛侯鄭伯許男曹伯晉趙盾癸酉同盟于新城 新城宋地在梁國穀熟縣西 ○秋七月有星孛入于北斗 孛彗也既見而移入北斗非常所有故書之。孛音佩徐無憒反嵇康音渤海字彗嵇似歲反一音雖遂反見賢遍反 疏 注孛彗至書之。正義曰公羊傳曰孛者何彗星也其言入于北斗何北斗有中也何以書記異也穀梁傳曰孛之爲言猶茀也其曰入北斗斗有環域也釋天云彗星爲欃槍郭璞曰妖星也亦謂之孛言其形孛孛似歸彗也經言入于北斗則從他處而入是既見而移入北斗也彗星長有尾入于北斗杓中妖星非常所有故書 ○公至自會 無傳 ○晉人納捷菑于邾弗克納 邾有成君晉趙盾不度於義而大興諸侯之師涉邾之竟見辭而退雖有服義之善所興者廣所害者衆故貶稱人。菑側其反度待各反竟音境 疏 納捷菑于邾。正義曰捷菑不言邾者下有于邾之文莊公伐齊納子糾不言齊者上有伐齊之文與此同也僖二十五年楚人圍陳納頓子于頓昭十二年齊高偃納北燕伯于陽彼舊是國君故稱其國哀二年晉趙鞅納衛世子蒯聵于戚世子之尊以名體國上下又無衛文故亦稱國

與此異也齊小白齊陽生許叔蔡季之屬經無納文又復得國與此不同也劉炫云已去邾國又非邾君故不稱邾捷菑也得國爲君皆舉國言之齊小白入于齊是也○九月甲申公孫敖卒于齊 既許復之故從大夫例書卒 疏 注既許至書卒。正義曰傳稱請葬不許明年傳云葬視共仲則是不得從大夫禮葬而得從大夫例書卒者卒葬異禮事不相連隱公書薨不書葬不成喪不以君禮成其葬也不以君禮猶得書公薨故雖不以卿禮葬既許其復得從例書卒 齊公子商人弒其君舍 舍未踰年而稱君者先君既葬舍已即位弒君例在宣四年 疏 注舍未至四年。正義曰公羊之例既葬稱子踰年稱公左氏則不然僖九年九月晉侯詭諸卒冬晉里克殺其君之子奚齊傳曰書曰殺其君之子未葬也荀息立公子卓以葬十一月里克殺公子卓于朝經書里克弒其君卓是未葬稱子既葬稱君不待踰年始稱君也此稱弒其君舍舍已成君故云未踰年而稱君者先君既葬舍已即位也傳云五月昭公卒舍即位後七月爲商人所弒經傳無葬昭公之文又齊侯以五月而卒傳稱七月弒舍時未合葬知已葬者正以舍已稱君決知既葬春秋之世多不如禮葬之早晚時有遲速雖復違禮而葬後君葬訖即成成君非計禮之葬日始成君也宣十年夏四月齊侯元卒六月葬齊惠公冬齊侯使國佐來聘是葬速成君之文也杜以成君在於既葬不以踰年爲限此言未踰年者意在排舊說也○宋子哀來奔 大夫奔例書名氏貴之故書字 疏 注大夫至書字。正義曰崔杼無罪書崔氏出奔此貴子哀書其字云於例字貴於名故儀父女叔之徒皆書其字則書字是貴之常例也崔氏傳曰且告以族故因稱氏唯以不名爲義 ○冬單伯如齊 單伯周卿士爲魯如齊故書。單音善爲于僞反。○齊人執單伯 諸侯無執王使之義故不依行人例使所吏反 疏 注諸侯至人例。正義曰諸侯執諸侯之大夫無罪則稱行人以見無罪之義王者之使不問有罪無罪諸侯皆不得執之執之則爲不臣以諸侯無執王使之義故單伯不依行人例言單伯身雖無罪不依使例故不稱行人也諸侯不得執王使而諸侯之史得貶王使者史之所書周公定法已君有過猶尚書之王使有愆亦得貶也 ○齊人執子叔姬 叔姬魯女齊侯舍之母不稱夫人自魯錄之父母辭 疏 注叔姬至母辭。正義曰傳稱子叔姬妃齊昭公知舍之

母也不稱夫人自魯錄之父母辭亦不知是何公之女魯是其父母家不言文公是其父稱子叔姬者服云子殺身執閔之故言子爲在室辭十二年子叔姬卒已被杞絕是並在室也

傳十四年春頃王崩周公閱與王孫蘇爭政故不赴凡崩薨不赴則不書禍福不告亦不書奔亡禍也歸復福也。頃音傾閱音悅【疏】注奔亡至福也。正義曰因崩薨而言禍福則禍亦崩薨之類福是反禍者也福莫大於享國有家禍莫甚於亡家喪國禍亦崩薨之類相次之物且奔亡歸復其事多矣雖有出人之例未見不告之義此傳於崩薨之末言之故知奔亡是禍歸復是福也懲不敬也欲使怠慢者戒。懲直升反○邾文公之卒也在前年公使弔焉不敬邾人來討伐我南鄙故惠伯伐邾○子叔姬妃齊昭公生舍叔姬無寵舍無威公子商人驟施於國驟數也商人桓公子。妃音配本亦作配驟仕救反施式豉反數音朔而多聚士盡其家貸於公有司以繼之家財盡從公及國之有司富者貸。盡津忍反貸音特又音忒注同夏五月昭公卒舍即位○邾文公元妃齊姜生定公二妃晉姬生捷菑文公卒邾人立定公捷菑奔晉○六月同盟于新城從於楚者服從楚者陳鄭宋且謀邾也謀納捷菑○秋七月乙卯夜齊商人弒舍而讓元元商人兄齊惠公也書九月從告七月無乙卯日誤。弒音試本又作殺元曰爾求之久矣我能事爾爾不可使多蓄憾不爲君則恨多。蓄勑六反本又作畜憾本又作感戶暗反恨也將免我乎爾爲之言將復殺我。復扶又反【疏】將免我乎。正義曰言爾已殺君矣我若爲君爾將肯放免我乎言將復殺我劉炫云爾將免我爲君之事乎○有星孛入于北斗周內史叔服曰不出七年宋齊晉之君皆將死亂後三年宋弒昭公五年齊弒懿公七年晉弒靈公史服但言事徵而不論其占固非末學所得詳言。弒音試下同【疏】注後三至詳言。正義曰昭十七年傳申須云彗所以除舊布新也天事恆象又二十六年傳晏子曰天之有彗也以除穢也宋齊晉三國之君並爲無道皆有穢德今彗出而彼死是除穢之事但未測何以知此三君當之史服但言事徵不言其占非末學所得詳言故言其驗而不推其義○晉趙盾以諸侯之師八百乘納捷菑于邾八百乘六萬人言力有餘。乘繩證反注同邾人辭曰齊出貜且長貜且定公。貜俱縛反徐居碧反且子餘反長丁丈反下注同宣子曰辭順而弗從不祥乃還立適以長故曰辭順。適丁歷反○周公將與王孫蘇訟于晉王叛王孫蘇匡王叛不與而使尹氏與聃啓訟周公于晉訟理之尹氏周卿士聃啓周大夫。聃乃甘反趙宣子平王室而復之復使和親○楚莊王立穆王子也子孔潘崇將襲羣舒使公子燮與子儀守而伐舒蓼即羣舒。燮昔協反守手又反蓼音了二子作亂城郢而使賊殺子孔不克而還八月二子以楚子出將如商密國語曰楚莊王幼弱子儀爲師王子燮爲傅。還音旋【疏】注國語至爲傅。正義曰楚語蔡聲子云楚莊王方弱申公子儀父爲師王子燮爲傅使潘崇子孔帥師以伐舒燮及儀父施二帥而分其室師還至則以王如廬廬戢黎殺二子而復王廬戢黎及叔麇誘之遂殺鬬克及公子燮廬今襄陽中廬縣戢黎廬大夫叔麇其佐鬬克子儀也。廬力於反又音盧注同戢側立反麇九倫反初鬬克囚于秦在僖二十五年秦有殽之敗在十三年而使歸求成成而不得志傳言無賞報也公子燮求令尹而不得故二子作亂楚莊幼弱國內亂所以不能與晉競穆伯之從己氏也在八年○己音紀又音祀魯人立文伯穆伯之子穀也穆伯生二子於莒而求復文伯以爲請襄仲使無朝聽命復而不出不得使與聽政事終寢於家故出入不書○爲請如字又于僞反下以爲請同十五年亦放此與音預二年而盡室以復適莒文伯疾而請曰穀之子弱子孟獻子年尚少○盡津忍反復扶又反少詩照反請立難也難穀弟○難乃多反又如字許之文伯卒立惠叔穆伯請重賂以求復惠叔以爲請許之將來九月卒于齊告喪請葬弗許請以御禮葬○宋高哀爲蕭封人以爲卿蕭宋附庸仕附庸還升爲卿○〔疏〕注蕭宋至爲卿○正義曰蕭本宋邑莊十二年宋萬弒閔公蕭叔大心者宋蕭邑之大夫也平宋亂立桓公宋人賞其勞以蕭邑封叔爲附庸莊二十三年蕭叔朝公是爲附庸故稱朝附庸宋國故云宋附庸也宣十二年楚子滅蕭此時蕭國仍在高哀仕於蕭國遂被拔擢升爲宋卿不義宋公而出遂來奔出而待放從放所來故曰遂書曰宋子哀來奔貴之也貴其不食汙君之祿辟禍速也○汙汙辱之也○齊人定懿公使來告難故書以九月齊人不服故三月而後定書以九月明經日月皆從赴○難乃旦反〔疏〕注齊人至從赴○正義曰商人實以七月弒舍取其位而齊人未服三月而後定定訖始來告不舍死之月唯言商人弒舍魯史以其九月來告即書之於九月如此傳文告以九月即書九月明經之日月皆從赴而書非褒貶詳略也杜言此者排先儒言日月有褒貶之義齊公子元不順懿公之爲政也終不曰公

曰夫己氏猶言某甲○夫音扶己音紀〔疏〕注猶言某甲○正義曰必惡其政不以爲公凡與人言欲稱君者終不謂之爲公曰夫己氏斥懿公之名也劉云甲己俱是名故云猶言某甲○襄仲使告于王請以王寵求昭姬于齊昭姬子叔姬曰殺其子焉用其母請受而罪之○焉於虔反冬單伯如齊請子叔姬齊人執之恨魯恃王勢以求女故又執子叔姬欲以恥辱魯

經十有五年春季孫行父如晉○三月宋司馬華孫來盟華孫奉使鄰國能臨事制宜至魯而後定盟故不稱使其官皆從故書司馬○華戶化反使所吏反從才用反〔疏〕注華孫至司馬○正義曰成三年晉侯使荀庚來聘衞侯使孫良夫來聘丙午及荀庚盟丁未及孫良夫盟彼先以君命行聘禮既而別與之盟故書聘又書盟此雖使來聘魯不令結盟故書盟未稱使也僖四年楚屈完來盟于師即其比也諸侯之卿例書名氏以華耦能率其屬官備禮盡儀故貴其人書其官也八年宋人殺其大夫司馬宋司城來奔唯言其官不言氏族此既書司馬復曰華孫者劉炫云或以爲華耦貴之既深故特書族案傳華耦魯人以爲敏則君子不許是魯貴之不深盡史有文質故辭有詳略○夏曹伯來朝○齊人歸公孫敖之喪大夫喪還不書善魯感子以赦父敦公族之恩崇仁孝之教故特錄敖喪歸以示義〔疏〕注大夫至示義○正義曰桓十八年公之喪至自齊僖元年夫人氏之喪至自齊二注皆云告於廟也是公與夫人薨于外竟皆啓廟告至例書於策宣八年仲遂卒于垂成十七年公孫嬰齊卒于貍脤皆不書喪至是大夫喪還例不書此獨書齊人歸公孫敖之喪者釋例曰公孫敖縱情棄命既已絕位非大夫也而備書於經者惠叔毀請於朝感子以赦父敦公族之恩崇仁孝之教故曰爲孟氏且國故是也不言來者魯人取之齊人送之非有專使特來故不言來哀八年齊人歸讙及闡注云不言來命歸之無指使此亦彼之類也○六月辛丑朔日有食之鼓用牲于社傳例曰非禮也○單伯至

自齊。○晉郤缺帥師伐蔡。戊申，入蔡。傳例曰：獲大城曰入。○齊人侵我西鄙。○季孫行父如晉。○冬，十有一月，諸侯盟于扈。將伐齊，晉侯受賂而止，故揔曰諸侯，言不足序列。○十有二月，齊人來歸子叔姬。齊人以王故來送子叔姬，故與直出者異文。

疏注「齊人」至「異文」。○正義曰：傳例出曰來歸，是直出之文也。齊人以王之故來送叔姬，故與直出異文也。使者卑微，不可言齊侯使人，故云齊人。九年秦人來歸僖公成風之襚，定十年齊人來歸鄆、讙、龜陰之田，成九年晉人來媵之類，皆是來者微賤，不得稱君命，故舉國稱人。

齊侯侵我西鄙，遂伐曹，入其郛。郛，郭也。○郛音孚。

傳十五年春，季文子如晉，爲單伯與子叔姬故也。因晉請齊。○爲，于僞反，下「爲孟」及下注「爲惠叔」皆同。○三月，宋華耦來盟，其官皆從之。書曰「宋司馬華孫」，貴之也。古之盟會，必備儀崇贄幣，賓主以成禮爲敬，故傳曰卿行旅從，春秋時率多不能備儀，華孫能率其屬以從古典，所以敬事而自重，使重而事敬，則魯尊而禮篤，故貴而不名。○皆從，才用反，注旅從同，又音如字。贄音至。率，所類反，又音律。使，所吏反。

疏注「古之」至「不名」。○正義曰：杜檢傳文，諸言書曰者，皆是仲尼新意。此云其官皆從，即云書曰司馬，貴之，明是貴其官從，故書其官也。聘禮之文，有上介、衆介，至所聘之國，誓于其竟，則史讀書，司馬執策，賈人拭玉，有司展幣，其從羣官多矣。詩緜之篇言大臣出行，徵臣隨從，傳稱卿行旅從，昭六年楚公子棄疾聘晉，至於鄭，竟而誓，知其從人多矣。盟會禮重於聘，知古人盟會必備威儀崇贄幣，賓之與主以成禮爲敬，故傳云其官皆從，貴之也。春秋之時率多不能備威儀，故傳每言一个行李是也。華孫今獨能率其官屬以從古典，所以敬其君事而自鎮重也。使人既重而承事恭敬，則魯被尊而賓禮篤也。奉使鄰國能尊主厚禮，是可貴之事，故仲尼貴而不名。至宴無故揚其先祖之罪，爲己謙辭，是不敏之極，魯人以爲敏，明君子所不與。言仲尼貴其官從，君子嗤其失辭，有善有惡，傳兩舉之也。釋例曰：古之盟會，必備禮儀，示等威，明貴賤，各以成禮爲節，節制兼備，則名位不愆。華孫居擾攘之世，而能率由古典，所以敬事而自重，使重而事敬，則魯尊而禮篤，故貴之也。至於宴會，追稱先人之罪，爲己謙辭，謙以失辭，故傳云魯人以爲敏，明君子所不與也。是言善惡兩舉之事也。襄五年傳曰：楚殺其大夫公子壬夫，貪也。君子謂楚共王於是不刑，言貪也罪壬夫，不刑責共王，亦是兩舉之文。其事類於楚也。服虔云：華耦爲卿，侈而不度，以君命脩好結盟，舉其官屬從之，空官廢職，魯人不知其非，反尊貴之，其意以爲貴之者，魯人貴之，非君子貴之。案經儀父與魯結好，子哀不義宋公，司城效節來奔，單伯自齊致命，傳皆言書曰貴之，實善而貴之也。此亦云書曰司馬華孫貴之，何故惡而貴之也？劉炫又難云：此爲不知其非，儀父豈亦魯不知其非而貴之乎？孔子脩春秋，裁其得失，定其褒貶，善惡章於其篇，臧否示於來世。若魯人所善亦善之，所惡亦惡之，已無心於抑揚，遂魯人之善惡，削筆之勞何所施用？約之以理，豈其然哉？其皆從，謂共聘之官無闕，當有留治政者，豈舉朝盡行而責其空官也？若以官從即責空官，聘禮官屬不少，豈周公妄制禮乎？

公與之宴，辭曰：「君之先臣督得罪於宋殤公，名在諸侯之策。臣承其祀，其敢辱君？耦，華督曾孫也。督弒殤公在桓二年。耦自以罪人子孫，故不敢屈辱魯君對共宴會。請承命於亞旅。」亞旅，上大夫也。○亞，於嫁反。

疏注「亞旅，上大夫也」。○正義曰：尚書牧誓武王呼羣官而誓，曰司徒、司馬、司空、亞旅。孔安國云：亞，次也；旅，衆也。衆大夫，其位次卿。成二年傳魯賜晉三帥三命之服，候正、亞旅受一命之服，皆卿後即次亞旅，知是上大夫也。華孫不敢當君請，受上大夫之宴。

魯人以爲敏。無故揚其先祖之罪，是不敏。魯人以爲敏，明君子所不與也。

疏魯人。○正義曰：魯人，魯鈍之人。

○夏，曹伯來朝，禮也。諸侯五年再相朝，以脩王命，古之制也。十一年曹伯來朝，雖至此乃來，亦五年。傳爲冬齊侯伐曹張本。

疏「諸侯」至「制也」。○正義曰：周禮大行人云：凡諸侯之邦交，歲相問也，殷相聘也，世相朝也。鄭玄云：父死子立曰世。凡諸侯相朝，皆小國朝於大國，或敵國相爲賓，或彼君新立，此往朝焉，或此君新即位，自往朝彼，皆是世相朝也。襄元年邾子來朝，傳曰：凡諸侯即位，小國朝之。是此新立而彼朝之也。文九年曹伯襄卒，十一年曹伯來朝，傳曰：即位而來見也。是彼新立而朝此也則知春秋之時猶有世相朝法與周禮合也周禮諸侯邦交唯有此法無五年再朝之制此云古之制也必是古有此法但禮文殘缺未知古是何時鄭玄云古者據今而述前代之言夏殷之時天子蓋六年一巡狩諸侯間而朝天子其不朝者朝罷朝五年再相朝者似如此然則古者據今時而道前世自不必皆道前代傳稱古者越國而謀非謂前代之人有此謀也古人有言非謂前代之人有此言也詩云我思古人非思夏殷之人也此云古者亦非必夏殷鄭言夏殷禮非也僖十五年公如齊杜云諸侯五年再相朝禮也引此證彼則是當時正法非謂前代禮也或人見僖公朝齊杜引此爲證遂言五年再相朝是事霸主之法然則魯非霸主曹伯何以朝之曹豈推魯爲霸主而屈己以朝之也且云古之制也即是古之聖王制爲此法天子不衰諸侯無霸明德天子豈慮世衰霸主威權不行而爲之制此法敺諸侯以朝之此不達理之言耳然則諸侯之邦交者將以協近鄰結恩好安社稷息民人土宇相望竟界連接一世一朝疎闊大甚其於閒暇之年必有相朝之法周禮言世相朝者以其一舊一新彼此未狎於此之際必須往朝舉其禮之大者不言唯有此事五年再相朝正是周禮之制周禮文不具耳文襄之霸其務不煩諸侯以五年再朝往來大數更制三年一聘五年一朝所以說諸侯也五年一朝者亦謂朝大國耳且彼因說弔葬非獨霸主之喪明使諸侯相共行此禮也霸主遭時制宜非能創制改物諸侯或從時令或率舊章此在文襄之後仍守舊制故五年再相朝也傳言古之制以文襄已改故也昭十三年歲聘間朝是周之諸侯朝天子之法故釋例引之云明王之制歲聘以志業以解朝聘之數尚書周官六年五服一朝孔傳云一朝會京師是再朝而會周之下禮也若然大行人云侯服一歲一見甸服二歲一見男服三歲一見采服四歲一見衞服五歲一見要服六歲一見何於服數朝者大行人所云謂貢物而見或君自至或遣臣來除此貢物之外別有朝會之禮沈氏以爲諸侯五年再相朝及昭十三年皆爲朝牧伯之法以間朝以講禮與再朝而會是三歲之朝與六年之朝大率言之是五年之內再相朝也但魯非曹之伯國而沈云朝牧伯之禮又昭十三年朝盟主之法亦無明證沈氏之言未可從也

○**齊人或爲孟氏謀**孟氏公孫敖家慶父爲長庶故或稱孟氏○長丁丈反

【疏】注孟氏至孟氏○正義曰公孫敖慶父之子杜以慶父與莊公異母庶長稱孟雖強同於適自稱爲仲以其實是長庶故時人或稱孟氏

曰魯爾親也飾棺寘諸堂阜堂阜齊魯竟上地飾棺不殯示無所歸○寘之豉反竟音境殯必刃反

【疏】注堂阜至所歸○正義曰喪大記云飾棺君龍帷黼荒火三列黻三列素錦褚加帷荒纁紐六大夫畫帷畫荒火三列黻三列素錦褚纁紐二玄紐二鄭玄云飾棺者以華道路及壙中不欲使衆惡其親也荒蒙也在旁曰帷在上曰荒皆所以衣柳也士布帷布荒君大夫加文章焉黼荒緣邊爲黼文畫荒緣邊爲雲氣火黻爲列於其中耳褚以襯覆棺乃加帷荒於其上紐所以連結帷荒者也禮之飾棺唯有此耳齊人教之飾棺蓋依此大夫之制而爲之飾置諸堂阜故爲不殯示無所歸冀魯人哀之也沈氏云飾棺即雜記云諸侯死於道其輤有裧緇布裳帷素錦以爲屋而行大夫死於道以布爲輤而行義或當然

魯必取之從之卞人以告卞人魯卞邑大夫○卞皮彥反

【疏】注卞人魯卞邑大夫○正義曰治邑大夫例呼爲人孔子父爲鄹邑大夫謂之鄹人知此卞人是卞邑大夫其邑近堂阜故見之而告魯君

惠叔猶毀以爲請敖卒則惠叔請之至今期年而猶未已毀過喪禮○期居其反

【疏】注敖卒至喪禮○正義曰敖卒已向周年猶尚毀以爲請知敖卒即請至今未已也傳言猶毀是不復應毀故知毀過喪禮也劉炫云敖去年九月卒至今年夏據月未帀不得稱期年今知非者杜以傳云惠叔猶毀據日月之久欲盛言其遠故云期年但首尾二年亦得爲期年之義劉以未周十二月而規杜氏非也

立於朝以待命許之取而殯之殯於孟氏之寢終叔服之言

齊人送之書曰齊人歸公孫敖之喪爲孟氏且國故也爲惠叔毀請且國之公族故聽其歸殯而書之○爲于僞反

葬視共仲制如慶父皆以罪降○共音恭

聲己不視帷堂而哭聲己惠叔母怨敖從莒女故帷堂○己音紀

【疏】帷堂○正義曰檀弓云尸未設飾故帷堂小斂而徹帷至大斂之節又帷堂以至於殯恒帷堂雜記云朝夕哭則不帷今聲己哭穆伯敬朝夕哭仍帷堂檀弓又云帷殯非古自敬姜之哭穆伯始也與此相類也敬姜者穆伯妻文伯歜之母也穆伯季悼子之子公甫靖與敖非一人

襄仲欲勿哭怨敖取其妻

惠伯曰喪親之終也惠伯叔彭生

雖不能始善終可也史佚有

言曰兄弟致美各盡其美義乃終。佚音逸救乏賀善弔災祭敬喪哀情雖不同毋絕其愛親之道也子無失道何怨於人襄仲說帥兄弟以哭之他年其二子來敖在莒所生。毋音無說音悅〔疏〕祭敬至道也。正義曰祭敬者謂助祭於兄弟之家盡其敬也喪哀者謂兄弟死喪之事竭其哀也情雖不同謂內相怨恨情雖不能和同當無絕其愛是相親之道也孟獻子愛之聞於國獻子穀之子仲孫蔑。聞音問或如字下同蔑亡結反。或譖之曰將殺子獻子以告季文子二子曰夫子以愛我聞我以將殺子聞不亦遠於禮乎遠禮不如死一人門于句鼆一人門于戾丘皆死句鼆戾丘魯邑有寇攻門二子禦之而死。遠于萬反下同句七侯反鼆又作黽莫幸反戾力計反

〔疏〕注句鼆至而死。正義曰句鼆戾丘有寇攻門不書者服虔云魯國中小寇非異國侵伐故不書也○六月辛丑朔日有食之鼓用牲于社非禮也得常鼓之月而於社用牲爲非禮〔疏〕注得常至非禮。正義曰此與莊二十五年經文正同彼傳云非常此傳云非禮者彼失常鼓之月言鼓之爲非常此得常鼓之月而用牲爲非禮彼云六月實是七月傳因日月之變以起時厤之誤故釋例曰文十五年與莊二十五年經文皆同而更復發傳曰非禮者明前傳欲以審正陽之月後傳發例欲以明諸侯之禮而用牲爲非禮也此乃聖賢之微旨而先儒所未喻也是解二傳不同之意日有食之天子不舉去盛饌。去起呂反饌仕眷反〔疏〕注去盛饌。正義曰周禮膳夫掌王之食飲膳羞以養王及后世子王日一舉鼎十有二物皆有俎天地有災則不舉鄭玄云殺牲盛饌曰舉今云天子不舉是去盛饌貶膳食也伐鼓于社責羣陰。伐猶擊也〔疏〕注責羣陰伐猶擊也。正義曰郊特牲云社祭土而主陰氣也君南鄉於北墉下荅陰之義也論語云鳴鼓而攻之伐鼓者是攻責之事故云責羣陰也日食者陰侵陽故責陰以救日孔安國尚書傳云凡日食天子伐鼓于社責上公然則社以上公配食天子伐鼓責羣陰亦以責上公也諸侯用幣于社請上公亦以請羣陰也互相備也諸侯用幣于社社尊於諸侯故請救而不敢責之。〔疏〕注社尊至責之。正義曰昭二十九年傳曰封爲上公祀爲貴神社稷五祀是尊是奉是社爲上公之神尊於諸侯禮用幣者皆是告請神明之事以社尊故用幣請救而不敢攻責也陰侵陽而請陰者請止而勿侵陽也伐鼓于朝退自責以昭事神訓民事君天子不舉諸侯用幣所以事神尊卑異制所以訓民〔疏〕注天子至訓民。正義曰天子不舉自貶食耳而以爲事神者畏敬神明乃自貶損徹膳不舉亦是事神之義故通以不舉爲事神也亦有等威古之道也等威威儀之等差。差初佳反又初宜反○齊人許單伯請而赦之使來致命以單伯執節不移且畏晉故許之書曰單伯至自齊貴之也單伯爲魯拘執既免而不廢禮終來致命故貴而告廟。爲于僞反下似爲同拘音俱○新城之盟

在前年蔡人不與不會盟。與音預下同晉郤缺以上軍下軍伐蔡兼帥二軍曰弱不可以怠怠解也。解佳賣反戊申入蔡以城下之盟而還凡勝國曰滅之勝國絕其社稷有其土地。還音旋獲大城焉曰入之得大都而不有〔疏〕凡勝至入之。正義曰此傳已發凡例襄十三年復發傳云用大師曰滅弗地曰入再發例者兵之所加不可細舉故舉舊策之典以例而言用大師起大衆重力以陷敵因而有之故曰勝國通以滅爲文也以成師重力雖獲大城得而弗有故直以出入爲辭曰入之而已城不包地國不通邑滅邑必主大師是故再發例也○秋齊人侵我西鄙故季文子告于晉○冬十一月晉侯宋公衞侯蔡侯鄭伯許男曹伯盟于扈尋新城之盟且謀伐齊也齊執王使且數伐魯。使所吏反下王使同數音朔齊人賂晉侯故

不克而還於是有齊難是以公不會明今不序諸侯不以公不會故。難乃旦反下注同書曰諸侯盟于扈無能爲故也惡其受賂不能討齊。惡烏路反凡諸侯會公不與不書諱君惡也諱國無難不會義事故爲惡不書謂不國別序諸侯與而不書後也諱後期也今貶諸侯似爲公諱故傳發例以明之。爲于僞反【疏】凡諸侯至後也。正義曰七年公會諸侯晉大夫盟于扈傳曰公後至故不書所會因發例云凡會諸侯不書所會後也後至不書其國辟不敏也彼乃義事而公後期諱君之惡故摠稱諸侯此亦摠稱諸侯不會非公之罪而經文相似傳辯其嫌故更復發例而以善形惡凡諸侯爲義事聚會而公不與則不歷書諸國諱君惡也若公實與會而亦不書諸國爲公後期也即七年扈之盟是也今於此會受賂舍罪致使魯有齊患公雖不與非公之罪經與後期文同似爲公諱故傳發例以明之此會公雖不與非公惡也。齊人來歸子叔姬王故也單伯雖見執能守節不移終達王命使叔姬得歸。齊侯侵我西鄙謂諸侯不能也不能討己遂伐曹入其郛討其來朝也此年夏朝季文子曰齊侯其不免乎己則無禮執王使而伐無罪。己音紀使所吏反而討於有禮者曰女何故行禮禮以順天天之道也己則反天而又以討人難以免矣詩曰胡不相畏不畏于天詩小雅。女音汝相息亮反又如字【疏】曰女至道也。正義曰言曰者原齊侯之意而爲之辭也責曹曰女何故行禮謂責於朝魯也天道以卑承尊人道以小事大禮者自卑而尊人朝者謙順以行禮行禮以順天是天之道也。詩曰至于天。正義曰此詩小雅雨無正之篇胡何也詩人責朝廷之臣女羣臣上下何以不相畏乎女上下不相畏乃是不畏于天也君子之不虐幼賤畏于天也在周頌曰畏天之威于時保之詩周頌言畏天威于是保福祿不畏于天將何能保以亂取國奉禮以守猶懼不終多行無禮弗能在矣爲十八年齊弒商人傳。守手又反

附釋音春秋左傳注疏卷第十九下

春秋左傳注疏卷十九下校勘記　阮元撰盧宣旬摘録

附釋音春秋左傳注疏卷第十九下文十一年盡十五年宋本春秋正義卷第十五石經春秋經傳集解文下第九岳本纂圖本文字下增公字並盡十八年

經十一年

夏叔仲彭生會晉郤缺于承筐　釋文作叔彭生叔又作狀本或作叔仲彭生仲衍字石經宋本無仲字案漢書五行志水經陰溝水注並引作夏叔彭生會晉郤缺于承匡石經宋本岳本筐作匡傳文同即襄三十年傳會郤成子于承匡之歲也是也

承筐宋地　宋本岳本筐作匡

傳十一年

成大心子玉之子　重脩監本子玉作于玉非也

至于錫穴　石經岳本纂圖本錫作錫與釋文合案漢書地理志錫縣屬漢中郡應劭曰音陽師古曰即春秋所謂錫穴而後漢書郡國志又云沔陽有鐵安陽有錫春秋時曰錫穴釋文又曰錫本或作錫星歷反劉昭郡國志補注引傳文亦作錫穴似作錫字為當

注八年至失之　宋本此節正義在因賀楚師之不害也注下

未有禮義在可諱之竟　閩本監本毛本竟作意

防風之後漆姓　案史記孔子世家漆作釐說苑亦作釐世本無漆姓此漆字當為淶之譌襄二十一年邾庶其以漆閭丘來奔釋文云漆本或作淶淶釐聲相近

注鄋瞞至漆姓　宋本此節正義在注駟乘四人共車之下

昔禹致羣臣於會稽之山　盧文弨挍本臣作神依國語史記改案說苑家語博物志並作羣臣

僬僥氏　宋本閩本監本毛本僬作僬不誤閩本監本僥誤堯

長者不過十之　閩本監本之作尺山井鼎云當作尺非也案宋本國語無之字非下正義云魯語言不過十之是也

駟乘四人共車　纂圖本車作乘非

故云蓋長三丈　宋本閩本監本毛本作云此本誤一今訂正

魯語言不過十之　閩本監本之作尺非也

摏其喉以戈殺之　宋本以下正義二節揔入以命宣伯句注下

恐後世怪之故詳其處　纂圖本閩本監本毛本怪作恠俗體也淳熙本作桂尤謬

傳稱魯苦越生子　宋本毛本苦作苫與定八年傳合

故名之曰陽州　浦鏜云故衍字按定八年傳無故字

注在春秋前　宋本以下正義四節揔入皇父之二子死焉注下

耏班御皇父充石　閩本監本毛本班作斑非下同

司寇牛父駟乘　監本牛誤中

皇父與穀甥牛父三子皆死　宋本閩本監本毛本作甥此本誤生下同今訂正

如今皆死　宋本毛本今作令

班為皇父御而有賞　毛本御作禦非

注門關門征稅也　毛本門征二字作至非也宋本此節正義在謂之耏門之下

禮惟關門有征　宋本惟作唯

關幾而不征　閩本監本毛本關下衍市字諸本幾作譏

欲其兄弟伯季相次　足利本伯作仲

但逆居夷狄 宋本閩本監本毛本夷狄作四夷

經十二年

此實大子公以諸侯禮迎之 宋本迎作逆

其禮不爲降 宋本爲作用

謂同母姊妹 宋本脱妹字

術不稱氏史略文 毛本足利本術誤衞足利本文作之亦非

傳十二年

大子以夫鍾與郕邽來奔 顧炎武云石經邽誤封案石經此處鈸炎武所據乃謬刻也又按惠士奇曰服虔以郕邽爲郕邦之家寶圭大子以其國寶與地夫鍾來奔也然則邽不从邑服説見太平御覽一百四十六

傳始朝公也 宋本毛本無傳字

魯公往朝 閩本監本毛本亦作公宋本作君是也

不書大歸未笄而卒 閩本監本毛本大作來宋本岳本笄下作歸不誤案閩本監本毛本此注下載釋文笄古兮反四字正義曰傳例出曰來歸不書來歸未歸而卒也陳樹華云據此則大歸可作來歸未笄作未歸爲順初未敢遽定復取釋文閱之始悟笄古兮反四字乃爲下注中女未笄而卒笄字作音設無釋文單行之本何以正一字之差貽誤匪淺采摘分附此弊起於南宋

故知立其娣爲夫人也 毛本脱立字

一人卒一人出 閩本監本毛本卒出二字互倒

注羣舒至龍舒 宋本此節正義在注文羣舒之屬下

凡四器者 宋本者作圭案作者與聘禮記合

於天子曰朝 閩本監本毛本亦作朝與鄭注聘禮記合宋本作聘

其意欲致與主國但主之且 宋本但主下有國謙退禮終還六字閩本監本毛本亦誤在爲不欲與秦爲好句之下浦鏜云且當耳字誤非也

賓客曰 石經宋本淳熙本岳本足利本客作答是也

寡君願徼福于周公魯公以事君 釋文徼作儌是也注同

代步昭 宋本淳熙本岳本足利本昭作招釋文亦作昭是也

深壘固軍 宋本此節正義在上從之句下

將何俟焉 石經初刻焉誤矣後勘正纂圖本俟誤侯

裹糧坐甲 宋本此節正義在將何俟焉句下

僖三十二年 宋本淳熙本岳本纂圖本足利本二作三案當作三

不在軍帥之數 宋本淳熙本岳本足利本同毛本在作有誤

司馬法曰 岳本法作灋

逐奔不遠 纂圖本毛本逐誤遂

短兵未至爭而兩退 宋本岳本足利本至作致

舊説綏部也 宋本部作郤是也按李善注文選奏彈曹景宗引司馬法作郤〇今改正

但未至大崩 宋本未作不

故爲皆未缺耳 閩本監本毛本耳作也

經十三年

邾子蘧蒢卒 釋文亦作蘧蒢石經初刻作蘧蒢後磨去廾頭未知所據公羊穀梁二字並從竹

蘧蒢邾子瑣之子也 宋本瑣作瑣是也毛本誤今訂正

而下當其室中 閩本監本毛本作室當其中

天子之廟飾　宋本同與禮記明堂位合閩本監本毛本飾誤飭

公羊作世室　宋本公羊下有經字

世室猶世世不毀也　宋本同與公羊合閩本監本毛本脫世室二字

言此室是室之最大者　宋本言作則是也

且左氏經爲大室　閩本監本毛本且作案氏作傳非也

皆以爲大廟之室也　閩本監本脫大字

十有二月巳丑　石經宋本岳本巳作已不誤

傳十三年

欲斷其來往也　宋本往下有故字

有狐偃之舊動　監本脫動字

能賤而有恥　宋本此節正義在能賤而有恥句下

郤壽餘子　足利本子上有妻字非

請東人之能與夫二三有司言者　石經宋本淳熙本岳本閩本監本亦作請纂圖本毛本誤作謂

言身拘死於晉　監本毛本拘誤徇

妻爲戮於秦　宋本妻下有子字

繞朝贈之以策　釋文策作筴云本又作策

注策馬檛　宋本以下正義三節揔入注文別族復累之姓下

漢高祖之祖爲豐公　宋本漢上有又字

故高祖爲沛人　宋本人下有也字

魯國騶縣北有繹山　今本水經注廿五引作嶧山非也

注繹邾至繹山　宋本以下正義三節揔入君子曰知命句下

左右勸君勿遷　閩本監本毛本勿改弗

謂其由遷而死　閩本監本毛本脫其字

注子家至恤之　宋本以下正義四節揔入公荅拜句下

至六月往暑矣　閩本監本毛本往作徂非

我之先祖非人乎　監本毛本非作匪

經十四年

十有四年　纂圖本毛本脫有字

既見而移入北斗　岳本移作後非也

言其形孛孛似埽彗也　宋本閩本監本埽作掃是毛本誤作星

晉人納捷菑于邾　晉人左傳以爲趙盾公羊以爲郤缺穀梁郤缺兩見穀梁作郤克陳樹華云下十五年至宣九年郤克乃傳寫之誤

不以君禮成其葬也　宋本葬作喪是也

晉侯詭諸卒　毛本詭作佹與僖九年經合

經書里克弑其君卓　閩本監本毛本弑作殺

後君葬訖即成成君　閩本監本脫一成字

是葬速成君之文也　監本毛本速作惠非也

例書名氏　纂圖本脫氏字

書其字云　閩本監本毛本亦作云非也宋本作者

傳十四年

注奔亡至禍也　宋本此節正義在懲不敬也注下

欲使怠慢者戒也　宋本淳熙本岳本足利本者下有自字是

子叔姬齊昭公　石經宋本淳熙本岳本纂圖本閩本監本毛本姬下並有妃字是也釋文同音配云本亦作配

從楚者陳鄭宋　重脩監本宋誤米

齊商人弑舍而讓元　釋文弑作殺音試按傳文直書其事作殺是也

爾不可使多蓄憾　石經作畜後加艹頭釋文作畜云本亦作蓄憾本又作感按作感者古字

非末學所得詳言　纂圖本末誤未

復使和親　纂圖本閩本監本毛本復使誤倒

盧戢黎及叔麇誘之　岳本足利本黎作棃注同案石經此處缺下十六年傳作使盧戢棃侵庸則此處亦當作棃也

二年而盡室以復適莒　石經宋本淳熙本岳本足利本二作三是也

年尚少　宋本少作幼

注蕭宋至爲卿　宋本此節正義在書曰節注下

辟禍速也　宋本速作遠

注齊人至從赴　宋本以下正義二節揔入公曰夫己氏注下

凡與人言　毛本人作夫非也

夫己氏斤懿公之名也　宋本閩本監本斤作斥是也

焉用其母　閩本監本脱其字

經十五年

故書司馬　閩本監本毛本書誤稱

故書盟未稱使也　宋本未作不是也

故辭有詳略　宋本略下有也字

命歸之無指使　案哀八年經注指作旨浦鏜正誤作官非也

齊人侵我西鄙　石經宋本淳熙本岳本足利本齊人上有秋字

傳十五年

賓主以成禮爲敬　宋本主作空非也

所以敬事而自重　纂圖本而作互非也

使重而事敬　宋本淳熙本岳本纂圖本閩本監本足利本作事毛本誤自

注古之至不名　宋本以下正義三節揔入魯人以爲敏注下

知古人盟會　宋本人作之是也

故傳每言一个行李是也　宋本个作箇毛本作介

是言善惡兩舉之事也　閩本監本言誤故

善惡章於其篇　監本毛本章作彰

故不敢屈辱魯君　閩本監本毛本君誤公

候正亞旅　監本候作侯非也

自不必皆道前代　宋本自作耳屬上句

是事霸主之法　監本毛本事誤時

豈慮世衰　宋本衰作事

疏闕太甚　宋本疏作疏

周禮文不具耳　宋本文作之

或率舊章　宋本率作奉

歲聘以志業　宋釋例亦作歲與左傳正文合宋本作朝誤也

是再朝而會周之正禮也　宋本而作甸非

注孟氏至孟氏之下　宋本以下正義四節揔入葬視共仲注

不欲使衆惡其親也　按今本喪大記注脱使字

帷堂　宋本此節正義在善終可也句下

小斂而徹帷　宋本帷作作非也

各盡其美義乃紀　閩本監本毛本紀作繼非宋本淳熙本岳本足利本作終是也○今訂作終

祭敬至道也　宋本此節正義在帥兄弟以哭之句下

君南鄉於北墉下　監本毛本墉誤牖閩本作牖亦非

晉侯宋公衞侯蔡侯鄭伯許男曹伯盟于扈　石經宋本淳熙本岳本纂圖本足利本蔡侯下有陳侯二字

惎受其賂　宋本淳熙本岳本作惡其受賂不誤

不會議事　宋本淳熙本岳本毛本議作義是也

彼乃議事而公後期　宋本毛本議作義下同而公閩本監本毛本誤而君

女何故行禮　足利本女作汝

疏曰女至道也　宋本此節正義在天之道也句下

○詩云至于天　此節正義宋本在注文詩小雅句下閩本監本毛本作○宋本作疏字

弗能在矣　山井鼎云譝宋足利本後人記云在異本作存字按異本非也在者存也古經典二字通用

春秋左傳注疏卷十九下校勘記

附釋音春秋左傳注疏卷第二十 文十六年盡十八年

杜氏注　孔穎達疏

經十有六年春季孫行父會齊侯于陽穀齊侯弗及盟及與也○夏五月公四不視朔諸侯每月必告朔聽政因朝於廟今公以疾闕不得視二月三月四月五月朔也春秋十二公以疾不視朔非一也義無所取故特舉此以表行事因明公之實有疾非詐齊〔疏〕○注諸侯至詐齊○正義曰天子頒朔於諸侯諸侯受而藏之於祖廟每月之朔以特羊告廟受而施行之遂聽治此月之政謂之視朔因以其日又以朝享之禮祭皇考以下謂之朝廟此年公疾自二月至於五月已經四月不得視朔故書公四不視朔傳稱正月及齊平公有疾使季文子會齊侯則正月公初疾不得視二月朔至五月而四故知不得視二月三月四月五月朔也春秋十二公二百四十二年計有三千餘月公以疾不視朔當非一也餘皆不書而此獨書者公身有疾不得視朔國事不廢義無所取因此齊侯疑公故特舉此以表行事餘皆從可知也釋例曰魯之羣公以疾不視朔多矣因有事而見一比猶釋不朝王之義是其事也又於時齊侯不信公實有疾書此者且明公實有疾非詐齊也史之所書當書其始不於二月書之而以五月書者二月公始有疾未知來月瘳否不得豫書其數至六月公瘳乃積前數之闕故以五月書四也昭二十三年公如晉至河有疾乃復彼書有疾此不言有疾者在道而還容有他故昭十二年十三年公如晉至河乃復皆爲晉人辭公而還非爲疾也故須言有疾以辯之公不視朔唯有疾耳無所分辯故不書疾也告朔謂告於祖廟視朔謂聽治月政視朔由公疾而廢其告朔或有司告之不必廢也論語云子貢欲去告朔之餼羊必是廢其禮而羊在蓋從是以後更有不告朔者故欲去其羊耳六年閏月不告所書經以譏之在後君不告朔不復書之者蓋以閏月不告其譏已明故於後不復譏之閔二年吉禘于莊公已譏其速文二年大事于大廟不復譏之當亦如彼之類不重譏也○六月戊辰公子遂及齊侯盟于郪丘信公疾且以賂故郪丘齊地○郪音西又七西反○秋八月辛未夫人姜氏薨僖公夫人文公母也○毀泉臺泉臺臺名毀壞之也○壞音怪○楚人秦人巴人滅庸○巴必麻反○冬十有一月宋人弒其君杵臼稱君君無道也例在宣四年○杵昌呂反臼強柳反

傳十六年春王正月及齊平齊前年再伐魯魯爲受弱故平○爲于僞反公有疾使季文子會齊侯于陽穀請盟齊侯不肯曰請俟君間間疾瘳○間如字瘳勑周反差也○夏五月公四不視朔疾也公使襄仲納賂于齊侯故盟于郪丘○有蛇自泉宮出入于國如先君之數伯禽至僖公十七君○伯禽至僖公十七君史記魯世家魯公伯禽子考公酋弟煬公熙子幽公宰弟魏公費子厲公擢子獻公具子順公濞弟武公敖子懿公獻弟孝公稱子惠公弗皇子隱公息姑弟桓公允子莊公同子閔公開兄僖公申十七也魏公世本作徽公順公一作慎公〔疏〕○注伯禽至七君○正義曰魯世家魯公伯禽子考公酋弟煬公熙子幽公圉弟微公濆子厲公擢弟獻公具子順公濞弟武公敖子懿公戲弟孝公稱子惠公弗皇子隱公息姑弟桓公允子莊公同子閔公開兄僖公申周公不之魯從魯公數之爲十七君也秋八月辛未聲姜薨毀泉臺魯人以爲蛇妖所出而聲姜薨故壞之○壞音怪〔疏〕毀泉臺○正義曰蛇自宮出而毀其臺則臺在宮內人見從宮而出毀臺并毀其宮也○注魯公至壞之○正義曰人見蛇出而姜薨以爲臺是妖之穴仍謂此處有妖更將爲害毀之所以絕其源安民意也故釋例曰衆蛇自泉臺出如先君之數入於國聲姜之薨適與妖會而國以爲災遂毀泉臺書毀而不變文以示義者君人之心一國之俗須此爲安故不譏也以不變文知不譏也不書蛇入國者鸜鵒非魯國之有故書其所無蛇是魯地所有姜薨不由此蛇凡物不爲災則不書也○楚大饑戎伐其西南至于阜山師于大林又伐其東南至于陽丘以侵訾枝戎山夷也大林陽丘訾枝皆楚邑○饑音飢一音機訾子斯反〔疏〕○注戎山夷也○正義曰四夷之名隨方定稱則曰東夷西戎南蠻北狄其當處

立名則各從方號故北戎病燕齊侯伐山戎北方得有戎故楚西亦有戎戎是山間之民夷爲四方揔號故云戎山夷也
庸人帥羣蠻以叛楚庸今上庸縣屬楚之小國麇人率百濮
聚於選將伐楚選楚地百濮夷也○麇九倫反濮音卜選息兖反又息戀反【疏】注選楚地百濮夷也○正義曰將欲伐楚聚於此地故知是楚地也牧誓武王伐紂有庸濮從之孔安國云庸濮在江漢之南是濮爲西南夷也釋例曰建寧郡南有濮夷濮夷無君長揔統各以邑落自聚故稱百濮也下云各走其邑是無君長統之
於是申息之北門不啓備中國【疏】申息之北門不啓○正義曰申息北接中國有寇比從北來故一邑北門不敢開也
楚人謀徙於阪高楚險地○阪音反一音扶板反
蔿賈曰不可我能往寇亦能往不如
伐庸夫麇與百濮謂我饑不能師故伐我也
若我出師必懼而歸百濮離居將各走其邑

春秋疏卷二十　三

誰暇謀人乃出師旬有五日百濮乃罷濮夷無屯聚見難則散歸○蔿于委反屯徒門反聚才住反又如字難乃旦反又如字
自廬以往振廩同食往往伐庸也振發也廩倉也同食上下無異饌也○廬力於反又音廬廩力甚反
次于句澨楚西界也○句古侯反澨市世反
使廬戢黎侵庸戢黎廬大夫
及庸方城方城庸地上庸縣東有方城亭
庸人逐之囚子揚窻窻戢黎官屬○窻初江反
三宿而逸曰庸師衆羣蠻聚焉不如復大師還復句筮師
且起王卒合而後進師叔曰不可師叔楚大夫潘尫也○卒子忽反尫烏黃反
姑又與之遇以驕之彼驕我怒而後可克先君蚡冒所以服陘隰也蚡冒楚武王父陘隰地名○可克或作可擊蚡扶粉反冒莫報反史記楚世家云蚡冒卒弟熊達殺蚡冒子而代立是爲楚武王與杜異陘音刑隰音習【疏】注蚡冒至地名○正義曰劉炫云案楚世家蚡冒卒弟熊達殺蚡冒子而代立是爲楚武王則蚡冒是兄不得爲父今知不然者以世家之文多有紕繆與經傳異者非是一條杜氏非不見其文但見而不用耳劉以世家而規杜非也言服陘隰則陘隰本是他國蚡冒始服之也釋例陘隰與僖四年次于陘爲一地潁川召陵縣南有陘亭楚自武王始居江漢之間則蚡冒之時未至中土不應已能越申息服潁川之邑疑非也

又與之遇七遇皆北軍走曰北○北如字一音佩○
唯裨鯈魚人實逐之裨鯈魚庸三邑魚魚復縣今巴東永安縣輕楚故但使三邑人逐之○裨婢支反鯈直留反
庸人曰楚不足與戰矣遂不設備楚子
乘馹會師于臨品馹傳車也臨品地名○馹人實反傳下戀反【疏】注馹傳車也○正義曰釋言云馹傳也舍人曰馹尊者之傳也郭璞曰傳車驛馬之名也
分爲二隊隊部也兩道攻之○隊徒對反注同
子越自石溪子貝自仞以伐庸子越鬬椒也石溪仞人庸道○溪苦兮反本又作谿仞貝浦蓋反今俗本多作貞音云仞人憤反

春秋疏卷二十　四

秦人巴人從楚師羣蠻從楚子盟蠻見楚强故
遂滅庸傳言楚有謀臣所以興
宋公子鮑禮於國人鮑昭公庶弟文公也○鮑步卯反
宋饑竭其粟而貸之年自七十以上無不饋詒也時加羞珍異羞進也○上時掌反饋其媿反詒以支反又以志反遺也
無日不數於六卿之門數不疏○數音朔注同
國之材人無不事也有賢材者
親自桓以下無不恤也桓鮑之曾祖【疏】○宋公至恤也○正義曰禮於國人揔言接待之也竭其粟而貸與國之饑民也禮與人物曰饋詒遺也饋詒皆是與人物之名也民年七十以上無有不饋遺以飲食也珍異謂非常美食羞進也時加進珍異者謂四時初出珍異之物也無有一日不數數於六卿之門言參請不絕也國之賢材之人無不事公子皆事之也其族親自桓公以下子孫無不恤公子皆賑恤之

也公子鮑美而豔襄夫人欲通之鮑適祖母○豔以驗反適丁歷反而不可以禮防閑夫人助之施昭公無道國人奉公子鮑以因夫人於是華元爲右師華元督曾孫代公子成○施式豉反【疏】注華元督曾孫○正義曰世本云華督生世子家家生華孫御事事生華元右師是也公孫友爲左師華耦爲司馬代公子卬鱗鱹爲司徒蕩意諸爲司城公子朝爲司寇代華御事○鱹古亂反朝如字初司城蕩卒公孫壽辭司城壽蕩之子請使意諸爲之意諸壽之子既而告人曰君無道吾官近懼及焉禍及已棄官則族無所庇子身之貳也姑紓死焉姑且也紓緩也○庇必利反又悲位反紓音舒雖亡子猶不亡族已在故也

既夫人將使公田孟諸而殺之公知之盡以寶行蕩意諸曰盍適諸侯公曰不能其大夫至于君祖母以及國人君祖母諸侯祖母之稱謂襄夫人○盍戶臘反稱尺證反【疏】注君祖至夫人○正義曰哀十六年傳蒯聵告周云蒯聵得罪于君父君母謂母爲君母則祖母爲君祖母矣故云君祖母者諸侯祖母之稱也昭公成公之子襄公之孫故襄夫人是其祖母也諸侯誰納我且既爲人君而又爲人臣不如死盡以其寶賜左右以使行行去也夫人使謂司城去公對曰臣之而逃其難若後君何言無以事後君○難乃旦反○冬十一月甲寅宋昭公將田孟諸未至夫人王姬使帥甸攻而殺之襄夫人周襄王姊故稱王姬帥甸郊甸之帥○甸徒近反【疏】注襄夫至之師○正義曰周禮載師云以宅田士田賈田任近郊之地以官田牛田賞田牧田任遠郊之地以公邑之田任甸地以家邑之田任稍地以小都之田任縣地以大都之田任畺地凡任地近郊十一遠郊二十而三甸稍縣都皆無過十二彼從國都而出計遠近節級而別爲之名鄭玄引司馬法王國百里爲郊二百里爲州甸三百里爲野稍四百里爲縣五百里爲都諸侯之與天子竟雖不同亦當近國爲郊郊外爲甸天子之甸爲公邑之田則諸侯之甸亦公邑也帥甸者甸地之帥當是公邑之大夫也獨言帥甸無以相明故舉類言之云郊甸之帥其實正是甸地之帥非郊地之帥也蕩意諸死之不書不告書曰宋人弒其君杵臼君無道也始例發於臣之罪今稱國人故重明君罪○重直用反【疏】注始例至君罪○正義曰宣四年傳例曰凡弒君稱君君無道也稱臣臣之罪也彼是弒君大例經下注云例在宣四年指彼例也彼雖在此之後乃是例之初始故謂彼爲始例彼因歸生弒君而發傳例是始例發於臣之罪也此稱宋人弒其君文異於彼故重明君罪謂與彼例爲重也釋例曰鄭靈宋昭文異而例同重發以同之

文公即位使母弟須爲司城代意諸華耦卒而使蕩虺爲司馬虺意諸之弟○虺況鬼反

經十有七年春晉人衛人陳人鄭人伐宋自閔僖已下終於春秋陳侯常在衛侯上今大夫會在衛下傳不言陳公孫寧後至則寧位非上卿故也【疏】注自閔至故也○正義曰釋例班序譜自隱至莊十四年四十二歲衛與陳凡四會衛在陳上莊十五年盡僖十七年三十五歲凡八會陳在衛上莊十六年幽盟之下注云齊桓始霸楚亦始彊陳侯介於二大國之間而爲三恪之宮故齊桓因而進之遂班在衛上終於春秋但齊桓升陳於衛上乃在莊之中年不得以莊爲始故云自閔僖以下終於春秋陳侯常在衛上也今此大夫會伐宋貶之稱人而陳在衛下襄二十六年澶淵之會傳稱宋向戌後至退在鄭良霄之下此傳具歷序大夫之名不言公孫寧以後至被退成三年傳曰次國之上卿當大國之中中當其下下當其上上大夫彼言大夫位有尊卑次序以之升降則公孫寧位非上卿故降在衛下也檢春秋上下亦有後至無傳而杜云後至者則秦小子慭是也案彼

則公孫寧未必非後至但杜弘通兩解故云非上卿耳○夏四月癸亥葬我小君聲姜○齊侯伐我西鄙。西當爲北蓋經誤西當作北出注〔疏〕注西當爲北蓋經誤○正義曰經言西鄙傳言北鄙服虔以爲再來伐魯西鄙書北鄙不書諱仍見伐案經十五年秋齊人侵我西鄙冬齊侯侵我西鄙僖二十六年春齊人侵我西鄙夏齊人伐我北鄙皆仍見侵伐書而不諱此何獨諱而不書凡言諱者諱國惡也齊侯無道而伐我我非有惡而可諱何以諱其仍伐故知正是一事經文誤耳知非傳誤者魯求與平卽盟于穀穀是濟北穀城縣也穀在魯北知北鄙是也六月癸未公及齊侯盟于穀○諸侯會于扈昭公雖以無道見弒而文公猶宜以弒君受討故林父伐宋以失所稱人晉侯平宋以無功不序明君雖不君臣不可不臣所以督大教○弒本或作弑音試下同〔疏〕注昭公至大教○正義曰弒君稱君君之罪者欲以懲創人君使爲鑒戒不書弒者之名以見君亦合死其君雖則合死要非臣所得弒故文公宜以弒君受討林父稱人諸侯不○序責死者罪弒者所以督大教大教謂尊君卑臣之教也

秋公至自穀無傳○冬公子遂如齊

傳十七年春晉荀林父衛孔達陳公孫寧鄭石楚伐宋討曰何故弒君猶立文公而還卿不書失其所也卿不書謂稱人○夏四月癸亥葬聲姜有齊難是以緩過五月之例○難乃旦反下及注皆同○齊侯伐我北鄙襄仲請盟六月盟于穀晉不能救魯故請服○晉侯蒐于黃父一名黑壤晉地○父音甫壤如丈反遂復合諸侯于扈平宋也傳不列諸國而言復合則如上十五年會扈之諸侯可知也○復扶又反注同公不與會齊難故也書曰諸侯無功也刺欲平宋而復不能○與音預於是晉侯不見鄭伯以爲貳於楚也鄭子家使執訊而與之書以告趙宣子執訊通訊問之官爲書與宣子○訊音信曰寡君〔疏〕。使執訊而與之書○正義曰使執訊使之行適晉也與之書與此執訊書令持以告宣子卽位三年魯文二年召蔡侯而與之事君九月蔡侯入于敝邑以行行朝晉也敝邑以侯宣多之難寡君是以不得與蔡侯偕宣多既立穆公恃寵專權○偕音皆十一月克減侯宣多而隨蔡侯以朝于執事減損也難未盡而行言汲汲于朝晉○汲音急十二年六月歸生佐寡君之嫡夷歸生子家名夷大子名○嫡丁歷反以請陳侯于楚而朝諸君請陳于楚與俱朝晉十四年七月寡君又朝以蕆陳事蕆勑也勑成前好○蕆勑展反前好呼報反一本作䔵〔疏〕注蕆勑也○正義曰蕆之爲勑無正訓也先儒相傳爲然賈服皆云蕆勑

也

十五年五月陳侯自敝邑往朝于君往年正月燭之武往朝夷也將夷往朝晉○八月寡君又往朝以陳蔡之密邇於楚而不敢貳焉則敝邑之故也密邇比近也○比毗志反雖敝邑之事君何以不免免免罪也在位之中一朝于襄襄公○朝直遥反而再見于君君靈公也○見賢遍反〔疏〕一朝至于君○正義曰鄭穆公以僖三十三年卽位晉襄公以文公六年卒一朝于襄三年十一月也再見於君十四年七月往年八月也或者十四年七月寡君又朝勑成陳事再見于君謂往年正月燭之武往朝夷八月寡君又朝是也夷與孤之二三臣相及於絳孤之二三臣謂燭之武歸生自謂也絳晉國都〔疏〕孤之二三臣○正義曰禮諸侯與臣民言自謂寡人小國之君自稱曰孤臣與他國之人言稱己君爲寡君此歸生對晉稱己君當云寡君之二三臣昭十九年子產對晉人云寡君之

二三臣札瘥天昏是其事也此言孤者蓋鄭伯身自對晉或自稱孤歸生因卽以孤言其君也雖我小國則蔑以過之矣今大國曰爾未逞吾志敝邑有亡無以加焉古人有言曰畏首畏尾身其餘幾言首尾有畏則身中不畏者少○幾居豈反又曰鹿死不擇音音所茠蔭之處古字聲同皆相假借○茠虛求反蔭於鴆反疏注音所至假借○正義曰釋言云庇庥蔭也舍人曰庇蔭也茠依止也郭璞曰今俗呼樹蔭爲茠杜意言本當作蔭古字聲同皆相假借故傳作音言鹿死不擇庇蔭之處喻已不擇所從之國欲從楚也服虔云鹿得美草呦呦相呼至於困迫將死不暇復擇善音急之至也劉炫從服說以爲音聲謂不擇音聲而出之而難杜今知不然者以傳云鋌而走險急何能擇言走險論其依止之處以其怖急得險則停不能選擇寬靜茠蔭之所傳文所論止言其出處所在不論音聲好惡故杜不依服義劉以爲音聲而規杜非也小國之事大國也德則其人也以德加已則以人道相事不德則其鹿也鋌而走險急何能擇鋌疾走貌言急則欲蔭茠於楚如麕赴險○鋌他頂反芘必利反又悲位反本或作茠疏注鋌疾走貌○正義曰鋌文連走故爲疾走貌命之罔極亦知亡矣言晉命無極將悉敝賦以待於鯈○唯執事命之鯈晉鄭之竟言欲以兵距晉○鯈直留反竟音境文公二年六月壬申朝于齊鄭文二年六月壬申魯莊二十三年六月二十四日四年二月壬戌爲齊侵蔡魯莊二十五年二月無壬戌壬戌三月二十日○爲于僞反○亦獲成於楚鄭與楚成居大國之間而從於强令豈其罪也令號令也大國若弗圖無所逃命晉鞏朔行成於鄭趙穿公壻池爲質焉趙穿卿也公壻池晉侯女壻○鞏九勇反質音致下同○秋周甘歜敗戎于邥垂乘其飲

酒也歜周大夫邥垂周地河南新城縣北有垂亭爲成元年晉侯平戎于王張本○歜昌欲反邥音審○冬十月鄭大子夷石楚爲質于晉夷靈公也石楚鄭大夫○襄仲如齊拜穀之盟復曰臣聞齊人將食魯之麥以臣觀之將不能齊君之語偷臧文仲有言曰民主偷必死偷猶苟且偷他侯反

經十有八年春王二月丁丑公薨于臺下○秦伯罃卒無傳未同盟而赴以名○罃於耕反○夏五月戊戌齊人弒其君商人不稱盜罪商人疏注不稱盜罪商人○正義曰弒君稱臣臣之罪賤臣弒君則稱盜哀四年盜殺蔡侯申是也盜字當臣名之處以賤不得書名變文謂之盜耳此弒商人者邴歜閻職亦應書盜不稱盜弒者邴商人令從弒君稱君之例也○六月癸酉葬我君文公○秋公子遂叔孫得臣如齊書二卿以兩事行非相爲介○介音界○疏注書二至爲界○正義曰卿爲卿介則書使不書介僖二十六年公子遂臧孫辰如楚乞師書介遂不書辰是其正也襄十四年季孫宿叔老並書之者晉人敬之自爾以後晉人輕魯幣而益敬其使故特兩書之於法不應書也此傳稱惠公立故且拜葬是以兩事行非相爲介故並書之耳定六年季孫斯仲孫何忌如晉傳稱桓子獻鄭俘孟孫報夫人之幣亦以兩事行故並書之但彼非是同時受命經應各自爲文但以晉人輕之故不各自別書與此意少異也○冬十月子卒先君既葬不稱君者魯人諱弒以未成君書之子在喪之稱○弒申志反本又作殺之稱尺證反疏注先君至之稱○正義曰齊公子商人弒其君舍以先君既葬故稱君也此亦先君既葬不稱君者魯人諱弒成君以未成君書之也子者葬前在喪之稱也若言猶在喪而自卒然諱之也釋例曰公子惡魯之正適嗣位免喪則魯君也襄仲欲倚齊而弒之國以爲諱故不稱君若言君之子也○夫人姜氏歸于齊○季孫行父如齊無傳○莒弒其君庶其

稱君無道也。疏注稱君君無道也○正義曰楚世子商臣弒君言臣子此傳稱大子僕因國人以弒紀公不稱世子而稱臣者以見君無道傳言多行無禮於國是其無道之狀十六年宋人弒其君杵臼稱國又稱人此直云莒弒其君庶其不稱人者釋例曰劉賈許穎以為君惡及國朝則稱國以弒君惡及國人則稱人以弒案傳鄭靈宋昭經文異而例同故重發以同之子弒其父又嫌異於他臣亦重明其不異既不碎辯國之與人而傳云莒紀公多行無禮於國大子僕因國人以弒之經但稱國不稱人知國之與人雖言別而事同也

傳十八年春齊侯戒師期將以伐魯而有疾醫曰不及秋將死公聞之卜曰尚無及期尚庶幾也欲令先師期死○令力呈反先悉薦反下同惠伯令龜以卜事告龜疏注以卜事告龜○正義曰周禮大卜大祭祀則視高命龜鄭玄云命龜告龜以所卜之事士喪禮卜葬命龜云哀子某來日某卜葬其父某甫考降無有近悔如此之類是令龜之辭也令者告令使知其意與命同也卜楚丘占之曰齊

侯不及期非疾也君亦不聞言君先齊侯終令龜有咎言令龜者亦有凶咎見於卜兆為惠伯死張本○見賢遍反二月丁丑公薨○齊懿公之為公子也與邴歜之父爭田弗勝及即位乃掘而刖之斷其尸足○邴音丙又彼病反歜昌欲反掘其勿反又其月反刖音月又五刮反斷丁管反而使歜僕僕御也納閻職之妻而使職驂乘驂乘陪乘○驂七南反乘繩證反注同○夏五月公游于申池齊南城西門名申門齊城無池唯此門左右有池疑此則是二人浴于池歜以扑抶職撲箠也抶擊也欲以相感激○扑普卜反字宜從手作木邊非也抶勑乙反箠市棨反又之棨反激古歷反職怒歜曰人奪女妻而不怒一抶女庸何傷職曰與刖其父而弗能病者何如言不

以父刖為病恨○女音汝乃謀弒懿公納諸竹中歸舍爵而行飲酒訖乃去言齊人惡懿公二人無所畏○舍音赦置也惡烏路反齊人立公子元桓公子惠公○六月葬文公○秋襄仲莊叔如齊惠公立故且拜葬也襄仲賀惠公立莊叔謝齊來會葬○文公二妃敬嬴生宣公敬嬴嬖而私事襄仲宣公長而屬諸襄仲襄仲欲立之叔仲不可叔仲惠伯○嬴音盈嬖必計反長丁丈反屬音燭仲見于齊侯而請之齊侯新立而欲親魯許之○見賢遍反疏注襄仲至許之○正義曰惡是齊甥齊侯許廢惡者惡以世適嗣立不受齊恩宣以非分得國荷恩必厚齊侯新立欲親魯為援故許之○冬十月仲殺惡及視而立宣公惡大子視其母弟殺視不書賤之書曰子卒諱之

也仲以君命召惠伯詐以子惡命疏注詐以子惡命○正義曰傳因殺惡之下即云而立宣公其實宣公之立當在惠伯死後惡雖已死未告外人故詐以子惡之命召惠伯使入公冉務人疑其宮內有變謂非子惡之命故云入必死耳亦未是審知惡已死也其宰公冉務人止之曰入必死叔仲曰死君命可也公冉務人曰若君命可死非君命何聽弗聽乃入殺而埋之馬矢之中惠伯死不書者史畏襄仲不敢書殺惠伯○聽吐定反公冉務人奉其帑以奔蔡既而復叔仲氏不絕其後○夫人姜氏歸于齊大歸也惡視之母出姜也嫌與有罪出者異故復發傳○復扶又反將行哭而過市曰天乎仲為不道殺適立庶市人皆哭魯人謂之哀姜所謂出姜不允於魯○過古禾反又

古臥反適丁歷反 ○莒紀公生大子僕又生季佗愛季佗而黜僕且多行無禮於國紀號也莒夷無謚故有別號。佗徒何反 僕因國人以弒紀公以其寶玉來奔納諸宣公公命與之邑曰今日必授季文子使司寇出諸竟曰今日必達未見公而文子出之故來不書。竟音境 公問其故季文子使大史克對曰先大夫臧文仲教行父事君之禮行父奉以周旋弗敢失隊曰見有禮於其君者事之如孝子之養父母也見無禮於其君者誅之如鷹鸇之逐鳥雀也先君周公制周禮曰則以觀德則法也合法則爲吉德。大史

音泰隊直類反養餘亮反鷹於陵反鸇之然反說文止仙反字林巳仙反 【疏】如鷹鸇之逐鳥雀。○正義曰釋鳥云鷹來鳩郭璞曰來當爲爽字之誤耳左傳作爽鳩是也又云晨風鸇舍人曰晨風名鸇鸇摯鳥名郭璞曰鷂屬也 德以處事處猶制也 事以度功度量也。度待洛反注及下同 功以食民食養也。食音嗣注同 作誓命曰毀則爲賊誓要信也毀則壞法也。壞音怪 掩賊爲藏掩匿也。匿女乙反 竊賄爲盜賄財也 盜器爲姦器國用也 主藏之名以掩賊爲名 賴姦之用用姦器也 爲大凶德有常無赦刑有常 在九刑不忘誓命以下皆九刑之書九刑之書今亡 【疏】先君至不忘。○正義曰言制周禮曰作誓命曰謂制禮之時有此語爲此誓耳此非周禮之文亦無誓命之書在後作九刑者記其誓命之言著於九刑之書耳德者得也自得於心心之所得有惡有善欲知善惡以法觀之合法則爲吉德不合法則爲凶德故曰則以觀德也既有善德乃能制斷事宜故曰德以處事也既爲其事務求成功度量功勳必功成乃善故曰事以度功也民不自治立君牧養作事成功所以養食下民故曰功以食民也其意言在上位者必有法則乃爲養民之主將言莒僕無可法則故言此以張本也又作要信誓命以戒後人曰有人毀法則者是爲賊言其賊敗法也掩匿賊人是爲藏言其藏罪人也竊人財賄謂之爲盜盜人器用謂之爲姦主爲藏匿罪人之名恃賴姦人所盜之用爲極大之凶德有常刑無赦其事在九刑之書不遺忘也以宣公容納莒僕爲主藏受其寶玉爲賴姦故舉此以極諫也。注誓命至今亡。正義曰昭六年傳曰夏有亂政而作禹刑商有亂政而作湯刑周有亂政而作九刑三辟之興皆叔世也叔世謂衰世世衰民慢作嚴刑以督之稱其創制聖王以爲所作之法夏作禹刑商作湯刑則周作九刑作周公之刑也此云周公作誓命其事在九刑知自誓命以下皆九刑之書所載也謂之九刑必其諸法有九而九刑之書今亡不知九者何謂服虔云正刑一議刑八卽引小司寇八議議親故賢能功貴勤賓之辟此八議者載於司寇之章周公已制之矣後世更作何所復加且所議八等之人就其所犯正刑議其可赦以否八者所議其刑一也安得謂之八刑杜知其不可故不解之 行父還觀莒僕莫可則也還猶

周旋。還音旋 孝敬忠信爲吉德盜賊藏姦爲凶德夫莒僕則其孝敬則弒君父矣則其忠信則竊寶玉矣其人則盜賊也其器則姦兆也兆域也 保而利之則主藏也以訓則昏民無則焉不度於善度居也 而皆在於凶德是以去之昔高陽氏有才子八人高陽帝顓頊之號八人其苗裔。○去起呂反顓音專頊許玉反裔以制反 【疏】注高陽氏至苗裔。○正義曰先儒舊說及譙周考史皆以顓頊帝嚳爲帝之身號高陽高辛皆國氏土地之號高陽次少昊高辛次高陽堯承高辛之後孔子之錄尚書自堯爲始史籍之說皇帝其言不經大戴禮五帝德司馬遷五帝紀皆言顓頊帝嚳代別一人春秋緯命歷序顓頊傳九世帝嚳傳八世典籍散亡無以取信要二帝子孫至舜時始用必非帝之親子其八人者不能知其出生本系枝派遠近故略言其苗裔耳 蒼舒隤敳檮戭大

臨龙降庭堅仲容叔達此即垂益禹皋陶之倫庭堅即皋陶字。隤徒回反敳五才反一音五回反韋昭音瓌檮直由反韋昭音桃戭以善反漢書作敳韋昭已震反尨莫江反降下江反陶音遙○【疏】注此即至陶字○正義曰司馬遷采帝系世本以爲史記其夏本紀稱禹是顓頊之後秦本紀稱皋陶是顓頊之後伯益則皋陶之子垂之所出史無其文舊說相傳亦出顓頊故云此即垂益禹皋陶之倫也服虔云八人禹垂之屬也六年傳臧文仲聞六與蓼滅云皋陶庭堅不祀忽諸知庭堅皋陶爲一人其餘則不知誰爲禹誰爲益故云之倫之屬不敢斥言也班固漢書有古今人表銓量古人爲九等之次雖知禹益必在八愷稷契必在八元不能識知其人不得自相分配故八元八愷與皋陶禹稷並不出其名亦爲不知故也鄭玄注論語云皋陶爲士師號曰庭堅杜云庭堅皋陶字者古人名之與字難得審知言字者明其是一人也齊聖廣淵明允篤誠天下之民謂之八愷齊中也淵深也允信也篤厚也愷和也○愷開在反【疏】齊聖至八愷○正義曰此并序八人揔言其德或原其心或據其行一字爲一事其義亦更相通齊者中也率心由道舉措皆中也

聖者通也博達衆務庶事盡通也廣者寬也器宇宏大度量寬弘也淵者深也知能周備思慮深遠也明者達也曉解事務照見幽微也允者信也終始不愆言行相副也篤者厚也志性良謹交遊款密也誠者實也秉心純直布行貞實也以其德行如是天下之民爲其美目謂之八愷愷和也言其和於物也孟子曰伊尹聖人之和者也○注齊中至和也○正義曰齊中釋言文允信篤厚釋詁文愷訓爲樂樂亦和也深水謂之淵故淵爲深也高辛氏有才子八人高辛帝嚳之號八人亦其苗裔○嚳苦毒反伯奮仲堪叔獻季仲伯虎仲熊叔豹季貍此即稷契朱虎熊羆之倫○奮甫問反熊音雄貍力之反契息列反依字當作契古文作卨羆彼皮反【疏】注此即至之倫○正義曰契後爲殷稷後爲周史記殷周皆爲帝嚳之後也此言伯虎仲熊尚書有朱虎熊羆二者其字相類知此即稷契朱虎熊羆之倫也尚書更有夔龍之徒亦應有在元愷之內者但更無明證名字又殊不知與誰爲一故不復言之史記稷契皆爲帝嚳之子而上劉注云其苗裔者史記堯亦帝嚳之子則稷契堯之親弟以堯之聖有大德之弟久而不知舜始舉用以情而測理必不然且云世濟

其美其間必應累世不容高辛之下即至其身馬遷傳聞於人未必盡得其實世族譜取史記之說又從而譏之云案縣則舜之五世從祖父也而及舜共爲堯臣堯則舜之三從高祖而妻其女此史記之疑者然則以其不可悉信故言苗裔以該之忠肅共懿宣慈惠和天下之民謂之八元肅敬也懿美也宣徧也元善也○徧音遍【疏】忠肅至八元○正義曰此亦揔言其德於義亦得相通忠者與人無隱盡心奉上也肅者敬也應機敏達臨事恪勤也共者治身克謹當官理治也懿者美也保己精粹立行純厚也宣者徧也應受多方知思周徧也慈者愛出於心恩被於物也惠者性多哀矜好拯窮匱也和者體度寬簡物無乖爭也以其德行如是天下之民爲之美目謂之八元元善也言其善於事也論語曰善人爲邦百年亦可以勝殘去殺矣○注肅敬至善也○正義曰肅敬釋訓文懿美釋詁文宜徧釋言文易文言曰元者善之長也此十六族也世濟其美不隕其名濟成也隕隊也○隕于敏反隊直類反【疏】此十六至其名○正義曰此十六人耳而謂之族者以其各有親屬故稱族也世濟其美後世承前世之美不隕其名不隊前世之

美名言其世有賢人積善而至其身也劉炫云各有大功皆賜氏族故稱族以至於堯堯不能舉舜臣堯舉八愷使主后土后土地官禹作司空平水土即主地之官【疏】注后土至之官○正義曰后訓君也天稱皇天故地稱后土舜典云伯禹作司空呂刑云禹平水土則禹是主地之官故云主后土也以揆百事莫不時序地平天成揆度也成亦平也○揆葵癸反【疏】以揆至天成○正義曰用禹爲土后土之官令以揆度百事百事無不揆度於是皆有次序得地平其化天成其施言有成功也○注揆度至平也○正義曰揆度釋言文度百事者令之豫自籌度爲之數量法制事成則平其可否使之揔衆務也地平天成大禹謨之文孔安國云水土治曰平五行敘曰成釋詁云成平也是成亦爲平其義一也舉八元使布五教于四方契作司徒五教在寬故知契在八元之中○契斯列反【疏】注契作至之中○正義曰舜典云帝曰契百姓不親五品不遜汝作司徒敬敷五教在寬尚書契敷五教此云舉八元使布五教以此故知契在八元中也然則尚書禹作司空此云舉八愷使主后土以此

亦知禹在八愷中也但不知八愷之中何者是禹八元之中何者是契耳主后土布五教是事之大者故舉以爲言非是各令八人共主一事故主土唯禹主教唯契餘當別有所主或助而爲之尚書稱益佐禹治水是其助之事也**父義母慈兄友弟共子孝內平外成**內諸夏外夷狄○夏戶雅反

疏父義至外成。○正義曰一家之內父母兄弟子尊卑有五品父不義母不慈兄不友弟不共子不孝是五品不遜順也故使契爲司徒布五教於四方教父以義教母以慈教兄以友教弟以共教子以孝是之謂五教此五教可常行又謂之五典也諸夏夷狄皆從其教是爲內平外成所云五典克從即此內平外成之謂也

昔帝鴻氏有不才子帝鴻黃帝**掩義隱賊好行凶德醜類惡物頑嚚不友是與比周**醜亦惡也比近也周密也○好呼報反嚚魚巾反心不則德義之經爲頑口不道忠信之言爲嚚比毗志反**天下之民謂之渾敦**謂驩兜渾敦不開通之貌○渾戶本反敦徒本反驩呼端反兜都侯反

疏掩義至渾敦○正義曰掩蓋義事而

不行隱蔽其外而陰爲賊害也其有凶醜之類穢惡之物心頑而不則德義之經口嚚而不道忠信之言如此惡人不可與之親友者此不才子於是與之相附近相親密言惡人所愛愛同已者也以其爲惡如是故天下之民爲之惡目謂之渾敦渾敦不開通之貌言其無所知也服虔用山海經以爲驩兜人面馬喙渾敦亦爲獸名○注醜亦至密也○正義曰醜亦惡也物亦類也指謂惡人等輩重復而言之耳比是相近也周是親密也雖是親愛之義非爲善惡之名論語云君子周而不比小人比而不周以君子小人相對故鄭玄云忠信爲周阿黨爲比觀文爲說也○注謂驩至之貌○正義曰此傳所言說虞書之事彼云四罪謂共工驩兜三苗鯀也此傳四凶乃謂之渾敦窮奇檮杌饕餮檢其事以識其人堯典帝言共工之行云靖言庸違傳說窮奇之惡云靖譖庸回二文正同知窮奇是共工也堯典帝求賢人驩兜舉共工應帝是與共工相比傳說渾敦之惡云醜類惡物是與比周知渾敦是驩兜也堯典帝言鯀行云咈哉方命圮族傳說檮杌之罪云告頑舍嚚傲很明德即是咈戾圮族之狀且鯀是顓頊之後知檮杌是鯀也尚書無三苗罪狀既甄去三凶自然饕餮是三苗矣先儒盡然更無異說皆以行狀驗而知之也莊子稱南方之神其名爲儵北方之神其名爲忽中央之神其名爲混沌混沌無七竅儵忽爲鑿之一日爲一竅七日而混沌死混沌與渾敦字之異耳莊子雖則寓言要以無竅爲混沌是渾敦爲不開通之貌此四凶者渾敦檮杌以狀貌爲之名窮奇饕餮以義理爲之名古人之意自異耳服虔案神異經云檮杌狀似虎毫長二尺人面虎足豬牙尾長丈八尺能鬬不退饕餮獸名身如牛人面目在腋下食人

少皞氏有不才子少皞金天氏之號次黃帝。○少詩照反注同皞胡老反

疏注少皞至黃帝。○正義曰金天國號少皞身號譙周云金天氏能脩大皞之法故曰少皞也其次黃帝則昭十七年傳有其事。

毀信廢忠崇飾惡言靖譖庸回服讒蒐慝以誣盛德。崇聚也靖安也庸用也回邪也服行也蒐隱也慝惡也盛德賢人也。○蒐所留反慝他得反邪似嗟反

疏毀信至盛德。○正義曰毀信者謂信不足行毀壞之也廢忠者謂忠爲無益廢棄之也以惡言爲善尊崇脩飾之安於讒譖信用回邪常行讒疾陰慝爲惡以誣罔盛德之賢人也天下之民謂之窮奇言其行窮困所好奇異也○注崇聚至人也。○正義曰釋詁云崇充也舍人曰威大充盛大亦集聚之義故崇爲聚也庸用靖安回邪慝惡常訓也

服從是奉行之義也蒐索隱伏是蒐得爲隱也服虔亦以蒐爲隱隱慝謂陰隱爲惡也成德謂成就之德故爲賢人也定本成德爲盛德**天下之民謂之窮奇。**謂共工其行窮其好奇○奇其宜反共音恭行下孟反好呼報反

疏注謂共至好奇。○正義曰孔安國云共工官稱也其人爲此官故尚書舉其官也行惡終必窮故云其行窮也好惡言好讒慝是所好奇異於人也

顓頊有不才子不可教訓不知話言話善也。○話戶快反**告之則頑**德義不入心**舍之則嚚。**不道忠信。○舍音赦**傲很明德以亂天常天下之民謂之檮杌。**謂鯀檮杌頑凶無儔匹之貌。○傲五報反很戶懇反檮徒刀反杌五忽反鯀古本反**此三族也世濟其凶增其惡名以至于堯堯不能去**方以宣公比堯行父比舜故言堯亦不能去須賢臣而除之。○去起呂反注及下皆同

疏注方以至除之。○正義曰宣公不能去莒僕而行父能去之恐宣公以不去之爲恥行父以去之爲專史克方以宣公比堯行

父比舜，故言堯朝有四凶，堯亦不能去，須賢臣而除之，所以彰宣公不去之恥，解行父專擅之失也。然則聖主莫過於堯，任賢王政所急，大聖之朝不才總萃，雖曰帝其難之，且復何其甚也？此四凶之人，才實中品，雖行有不善，未有大惡，故能仕於聖世，致位大官。自非聖舜登庸，大禹致力，則滔天之害未或可平。以舜禹之成功，見此徒之多罪，勳業既謝，徵釁自生，爲聖所誅，其咎益大。且虞史欲盛章舜德，歸罪惡於前人；史克以宣公比堯，同四凶於莒僕。此等並非下愚，未有大惡，其爲不善，唯帝所知。尚書將言求舜，以見帝之知人；此傳安慰宣公，故言堯不能去。辭各有爲，情頗增甚，學者當以意達，文不可即以爲實。

縉雲氏有不才子，縉雲黃帝時官名。【疏】注縉雲至官名○正義曰：昭十七年傳稱黃帝以雲名官，故知縉雲黃帝時官名。字書：縉，赤繒也。服虔云：夏官爲縉雲氏。

貪于飲食，冒于貨賄，侵欲崇侈，不可盈厭，聚斂積實，不知紀極，不分孤寡，不恤窮匱，冒亦貪也。盈，滿也。實，財也。○厭，於豔反。匱，其媿反。【疏】貨賄○正義曰：鄭注周禮云：金玉曰貨，布帛曰賄。

天下之民以比三凶，非帝王子孫，故別以比三凶。謂之饕餮。貪財爲饕，貪食爲餮。○饕，他刀反。餮，他結反。【疏】注貪財至爲餮○正義曰：此無正文，先儒賈、服等相傳爲然。

舜臣堯，爲堯臣。【疏】注爲堯臣○正義曰：昭七年傳稱王臣公，公臣大夫，謂王以公爲臣，公以大夫爲臣，皆是上臣下也。而此云舜臣堯，謂爲臣以事堯，乃是下臣上也。文同義異，意足相顧，故辯之云爲堯臣。

賓于四門，闢四門，達四聰，以賓禮衆賢。○闢，婢亦反。聰，本亦作聰，七工反。【疏】注闢四至衆賢○正義曰：賓于四門，是禮賢之事，而舜典下文云闢四門，明四目，達四聰，言開闢四方之門，未開者廣視聽於四方，使天下無壅塞，亦是賓禮衆賢之事，意同於上，故引以解之。○

流四凶族，案四凶罪狀而流放之。渾敦、窮奇、檮杌、饕餮，

投諸四裔，以禦螭魅。投，弃也。裔，遠也。放之四遠，使當螭魅之災。螭魅，山林異氣所生，爲人害者。○禦，魚呂反。螭，勑知反，山神，獸形。魅，亡備反，說文作彪，云：老精物也。彪或從未。【疏】注投弃至害者○正義曰：投者，擲去，故爲弃也。舜典云：流共工于幽洲，放驩兜于崇山，竄三苗于三危，殛鯀于羽山，四罪而天下咸服。孔安國云：幽洲，北裔；崇山，南裔；三危，西裔；羽山，東裔，在海中。是放之四方之遠處。螭魅若欲害人，則使此四者當彼螭魅之災，令代善人受害也。宣三年傳王孫滿說九鼎云：鑄鼎象物，百物而爲之備，民入川澤山林，不逢不若，螭魅罔兩，莫能逢之。知螭魅是山林異氣所生，爲人害者也。

是以堯崩而天下如一，同心戴舜，以爲天子，以其舉十六相，去四凶也。故虞書數舜之功，曰「愼徽五典，五典克從」，無違教也。徽，美也。典，常也。此八元之功。○戴，多代反。相，息亮反，下注同。去，起呂反。數，色主反。徽，許歸反。曰「納于百揆，百揆時序」，無廢事也。此八愷之功。曰「賓于四門，四門穆穆」，無凶人也。流四凶。【疏】故虞至人也○正義曰：此虞書舜典之篇也。三事六句，舜典本文，其云無違教也、無廢事也、無凶人也，是史克解虞書之意也。每引一事，以一句解之，故每事言曰。

舜有大功二十而爲天子，舉十六相，去四凶也。今行父雖未獲一吉人，去一凶矣，於舜之功，二十之一也，庶幾免於戾乎！」史克激稱以辯宣公之惑，釋行父之志，故其言美惡有過辭，蓋事宜也。○激，古歷反。【疏】注史克至宜也○正義曰：宣公貪寶玉而受莒僕，爲惑已大；行父違君命而逐出之，其專已甚。故史克激揚而言舜之事堯，以辯宣公之惑，以解行父之志。方欲盛談善惡，說事必當增甚，故其言美惡有大過之辭。言美則大美，言惡則大惡。禹則鯀之子也，說禹則云世濟其美，言鯀則云世濟其凶，明其餘亦有大過，非其實也。蓋事勢宜然耳。何休以爲孔子云：「蕩蕩乎！堯之爲君，唯天爲大，唯堯則之。」今如左氏，堯在位數十年，久抑元愷而不能舉，養育凶人以爲民害而不能去，則孔子稱堯虛言也。桀紂爲惡一世則誅，四凶歷數千歲而無誅放，易云「積不善之家，必有餘殃」，虛言也。左氏爲短。但堯之爲君，能舉十六相，去四凶，四凶之人未必世濟其惡。但史克欲明行父之志，欲辨宣公之惑，故美惡過辭，具於此注，何休之難不足疑也。

○宋武氏之族道昭公子，將奉司城須以作亂。文公弑昭公，故武族欲因其子以作亂。司城須，文公弟。○宋武

氏之族本或作武穆之族者後人取下文妄加也道音導十二月宋公殺母弟須及昭公子使戴莊桓之族攻武氏於司馬子伯之館戴族華樂也莊族公孫師也桓族向魚鱗蕩也司馬子伯華耦也○向舒亮反遂出武穆之族穆族黨於武氏故使公孫師爲司城公孫師莊公之孫公子朝卒使樂呂爲司寇以靖國人樂呂戴公之曾孫爲宣三年宋師圍曹傳【疏】注樂呂戴公曾孫○正義曰世本云戴公生樂甫術術生碩甫澤澤生夷父須須生大司寇呂今云曾孫誤也

附釋音春秋左傳注疏卷第二十

江西南昌府學栞

春秋左傳注疏卷二十挍勘記　阮元撰盧宣旬摘録

附釋音春秋左傳注疏卷第二十　文十六年盡十八年

經十六年

十有六年春　石經脫春字後旁增

不得視二月三月四月五月朔也　足利本無得字

非許齊　宋本淳熙本岳本纂圖本閩本監本毛本許作詐不誤○今依訂正

比猶釋不朝王之義也　閩本監本比作此宋本正作王是

故須言有疾以辯之　監本毛本言作書

唯有候耳　宋本候作疾不誤○今依訂正

閏月不告月書經以譏之　【補】案不告月月當朔字之譌書經當是經書誤倒

傳十六年

閒疾瘳　釋文瘳下有也字

注伯禽至七君　宋本以下正義三節摠入秋八月節注後

子幽公圉　史記魯世家圉作宰索隱云系本作圉

以示義者　監本者誤曰

楚大饑　釋文云亦作飢音機案穀不熟謂之饑飢乃飢餓字

至于阜山　纂圖本阜誤鳥

注戎山夷也　宋本以下正義五節摠入遂滅庸注下

有寇比從北來　宋本比作必

使廬戢黎侵庸　石經宋本岳本纂圖本閩本監本毛本作棃

蚡冒楚武王父 釋文引注父下有也字又引史記楚世家云蚡冒卒弟熊達殺蚡冒子而代立是爲楚武王與杜異

服潁川之邑疑非也 宋本服上有遠字

唯裨儵魚人實逐之 淳熙本儵作儵注亦作儵釋文同

楚子乘馹會師于臨品 閩本監本毛本馹作驛案馹訓傳車當从日正義同

馹傳車也 宋本閩本監本毛本馹誤驛

宋公至恤也 宋本以下正義三節摠入注文甩意諸之弟之下

以禮防閑 宋本淳熙本岳本足利本禮下有自字是也

夫人助之施 石經宋本淳熙本岳本纂圖本足利本作乃助之施不誤

代公子卬 岳本卬作印纂圖本作卯非也

鱗鱹爲司徒 石經宋本岳本鱹作矔釋文同是也

公知之盡以寶行蕩意諸曰 宋石經此行自知至諸只九字陳樹華云蓋初刻以字下有其字也

盡以其寶賜左右以使行 石經宋本淳熙本岳本足利本右以作右而是也

周襄王姊 閩本監本毛本姊作妹非案八年傳云宋襄夫人襄王之姊也是也

郊甸之師 淳熙本纂圖本足利本帥作師

注襄夫至之帥 宋本以下正義二節摠接上疏注君祖至夫人之下

以大都之田任彊地 宋本閩本彊作疆案周禮作畺

經十七年

自閔僖已下 閩本監本毛本已作以

而爲三恪之宫 監本毛本宫作官亦非宋本作客與莊十六年注合

諱國惡地〔補〕毛本地作也今依訂正

傳十七年

遂復合諸侯于扈 此本脫于扈二字依石經宋本淳熙本岳本閩本監本毛本補

使執訊而與之書 宋本以下正義六節摠入注文晉侯女壻之下

令持以告宣子 閩本監本毛本持誤特

蕆勑也勑成前好 纂圖本毛本勑作敕案玉篇引作敕方言云蕆敕廣雅釋詁亦云蕆敕也釋文云好一本作事

謂不擇音聲而出之而難杜 閩本監本無下而字

言急則欲蔭茠於楚 閩本監本毛本茠作茷從釋文改也釋文又云本或作庥字按說文休息止也从人依木或作庥凡作茠者俗字

魯莊二十三年六月二十四日 宋本無四字纂圖本魯誤會

而從於强令 宋本岳本强作彊

經十八年

注不稱盜畀商人 宋本以下正義四節摠入莒弑其君庶其句下

邴商人今從弑君稱君之例也 宋本毛本邴作畀浦鏜云今當令字誤

書不遂不書辰 宋本閩本監本毛本無上不字此本衍

襄仲舒倚齊而弑之 宋本無舒字是也

楚世子商臣弑君言臣子 宋本閩本監本毛本下臣字作世

而稱臣者 監本毛本同○案臣當君字之譌

劉賈許潁以爲君惡及國朝監本毛本潁作穎亦非宋本作潁是也○今依訂正

傳十八年

注以卜事告龜宋本此節正義在二月丁丑公薨句下

歜以扑抶職釋文亦作扑云字宜從手作木邊非也段玉裁云扑者說文攴字之變才即又也擊之曰扑因名其器亦曰扑

扑箠也葉抄釋文箠作菙非

襄仲至許之宋本以下正義二節揔入謂之哀姜注下

不允放魯補毛本放作於今依訂正

莒紀公子生大子僕上子字衍文石經宋本淳熙本岳本纂圖本閩本監本毛本不誤

弗敢失隊石經凡隊字皆作墜此處獨作隊

如鷹鸇之逐鳥雀宋本自此節正義至注史克至宜也共卅二節揔入注蓋事宜也之下

鶻摯鳥名監本毛本摯作鷙按摯爲鷙之假借字

無赦在九刑不忘行父石經此行計九字行父二字疏陳樹華云蓋行字上多今字改刊去也

王刑一議刑八宋本閩本監本毛本王作正不誤○今依訂正

檮戭大臨尨降監本檮作擣與今本說文引傳合纂圖本尨誤厖案釋文云漢書戭作歒

不杞忽諸宋本閩本監本毛本杞作祀是也○今依訂正

並不出其名案不字衍文

明允篤誠石經篤作萬非

伊尹聖人之和者也案伊尹當作柳下惠

此即稷契朱虎熊羆之倫釋文云契依字當作偰古文作卨

有大德之弟宋本德作賢

保巳精粹宋本巳作已是也

天下之民爲之美目閩本監本毛本之美作其美

以至於堯石經淳熙本於作于

何者是契耳閩本監本耳作矣非

尊卑有五品宋本卑作平非也

更無異說監本毛本更作蓋非也

其名爲忽宋本忽作怱非

虎足猪牙宋本猪作豬是正字

身如牛人面閩本監本毛本同宋本作羊

少皞氏有不才子石經宋本皞作皥釋文亦作皥是也

靖譖庸回案尚書撰異云即靖言庸違也回邪也古回違通用

以誣盛德正義引定本成德爲盛德服虔云成德爲成就之德是服虔所見本盛作成也陳樹華云成盛古字通公羊皆以盛爲成

顓頊有不才子石經宋本淳熙本岳本纂圖本頊下有氏字

傲很明德石經宋本淳熙本岳本纂圖本監本毛本作傲很釋文同

檮杌案說文引傳作檮柮

謂鯀葉抄釋文鯀作鮌

頑凶無儔匹之貌案孟子離婁疏引注頑誤嚚儔作疇足利本亦作疇

故言堯亦不能去須賢臣而除之監本去誤立

非帝王子孫故別以比三凶　岳本作非帝者子孫足利本無王字宋本同

達四聰　釋文聰作窻云本亦作聰段玉裁云或疑不應作窻考風俗通十反篇云蓋人君者闢門開窻號咷博求此亦用堯典也蓋古文尚書本作囱窗者囱之或字窻又窗之俗體聰又囱之同音字作囱而或如字或讀爲聰猶之台可讀爲怡尼可讀爲昵庸可讀爲鏞也

以禦螭魅　釋文引說文魅作鬽云老精物也鬽或從未宋詩菀柳正義爾雅釋詁疏引作以禦魑魅

使當螭魅之災　岳本螭作魑

投者鄭去　宋本閩本監本毛本鄭作擲是也。今依訂正

流共工于幽洲　閩本監本毛本洲作州

竄三苗于三危　孟子竄作殺案殺非殺戮即竄之假借也

繹行父之志　宋本淳熙本岳本纂圖本閩本監本毛本繹作釋是也。今依訂正

四凶歷數千歲　(補)案千當十字之譌

春秋左傳注疏卷二十校勘記

附釋音春秋左傳注疏卷第二十一 宣元年盡四年

杜氏注　孔穎達疏

春秋經傳集解宣公 ○陸曰宣公名倭一名接又作委文公子母敬嬴諡法善問周達曰宣〔疏〕正義曰魯世家云宣公名倭或作接文公之子敬嬴所生以匡王五年即位是歲歲在壽星諡法善問周達曰宣

經元年春王正月公即位無傳 ○公子遂如齊逆女不議喪娶者不待貶責而自明也卿爲君逆例在文四年○娶七喻反爲于僞反〔疏〕不議至四年○正義曰文公喪未期此時已娶違禮不議者此事甚惡言不待貶責而其惡自明也昭元年公羊傳曰春秋不待貶絕而罪惡見者不貶絕以見罪惡貶絕然後罪惡見者貶絕以見罪惡是其義也文四年逆婦姜于齊傳云卿不行非禮也是卿爲君逆之例也

三月遂以夫人婦姜至自齊稱婦有姑之辭不書氏史闕文〔疏〕注稱婦至闕文○正義曰宣公母敬嬴在是有姑也夫人以姜爲姓舉姓而稱姜氏去氏稱姜則不成文義知不稱氏者史闕文也傳言新作延廄而經無作字是作傳之時經猶未闕於後經始闕耳此文傳亦無氏知是本史先闕故云史闕文而不云經闕文也史文既闕仲尼不正之者以無所褒貶故因其詳略也諸經所闕者或史文先闕仲尼不改或仲尼具文在後始闕公羊穀梁漢初始爲其傳見其闕文妄爲之說非其實也公羊傳曰夫人何以不稱姜氏貶曷爲貶譏喪娶喪娶者公也則曷爲貶夫人內無貶于公之道內無貶于公之道則曷爲貶夫人夫人與公一體也穀梁之意亦然先儒取以爲說服虔云古者一禮不備貞女不從故詩云雖速我訟亦不女從宣公既以喪娶夫人從亦非禮故不稱氏見略賤之也杜不然者女之出嫁事由父母夫來取之父母許之豈得問禮具否拒逆昏姻之命從夫喪娶父母之咎自可罪其父母何以貶責夫人若其貶責夫人當去夫人之號減一氏字復何所明夫人之稱姜氏猶遂之稱公子也舍遂之族而去子稱公可乎亦知遂不可去子稱公夫人復安可以去氏稱姜也逆婦姜于齊以卿不行變文略賤此經貶遂不稱公子以成夫人之尊非略賤之事也詩責彊暴之男行不由禮陳其爭訟之辭述其守貞之意此豈是宣公淫掠而欲令齊女守貞哉

○夏季孫行父如齊 ○晉放其大夫胥甲父于衞放者受罪黜免宥之以遠○宥音又〔疏〕注放者至以遠○正義曰舜典云流宥五刑孔安國云以流放之法寬五刑是放者有罪當刑而不忍刑之寬其罪而放棄之也三諫不從待放而去者彼雖無罪君不用其言任令自去亦是放棄之義放之與奔俱是去國而去情小異釋例曰奔者迫窘而去逃死四鄰不以禮出也放者受罪黜免宥之以遠也臣之事君三諫不從有待放之禮故傳曰義則進否則奉身而退迫窘而出奔及以禮見放俱去其國故傳通以進爲文仲尼脩春秋又以所稱爲優劣也言優劣者放者君舍其罪緩步而出是其優也奔者止則懼死奔馳而去是其劣也昭八年楚人執陳公子招放之于越哀三年蔡人放其大夫公孫獵于吳與此胥甲父等皆甘心受罪黜其官位宥之以適遠方是實放而書放也襄二十九年傳稱齊公孫蠆公孫竈放其大夫高止於北燕書曰出奔罪高止也高止好以事自爲功且專故難及之彼罪高止故實放而書奔也然則文十四年傳稱宋高哀不義宋公而出遂來奔高哀無罪亦改放而書奔者放者緣遣者之意爲義奔者指去國之人立文據其所往之處皆是從外來耳高哀身來至魯自魯而稱來奔不書宋人之意故不得言放此乃外內之文異耳叛者以地適他稱叛入魯則稱來奔亦此之類也

○公會齊侯于平州平州齊地在泰山牟縣西○牟亡侯反

○公子遂如齊 ○六月齊人取濟西田魯以賂齊齊人不用師徒故曰取

○秋邾子來朝無傳

○楚子鄭人侵陳遂侵宋晉趙盾帥師救陳傳言救陳宋經無宋字蓋闕○盾徒本反〔疏〕注傳言至蓋闕○正義曰陳宋俱被楚侵明其並救二國傳稱救陳宋而經無宋字故設疑云蓋闕也服虔云趙盾既救陳而楚師侵宋趙盾欲救宋而楚師解去案經傳皆言侵陳遂侵宋陳在宋南是先侵陳去陳乃侵宋也若趙盾越宋而南救陳猶及楚師北迴救宋安得不及楚也若言欲救宋而楚師解去則救陳之時楚師已向宋矣何以書救陳也蓋以陳既被侵方始告晉晉人起師救陳楚又移師侵宋晉師比至於鄭楚師既已去矣故諸國會于棐林同共伐鄭棐林鄭地明晉始至鄭不得與楚相遇故竟無戰事言救陳宋者皆是致其意耳

宋公

陳侯衛侯曹伯會晉師于棐林伐鄭晉師救陳宋四國君往會之共伐鄭也不言會趙盾取於兵會非好會也棐林〔疏〕鄭地滎陽宛陵縣東南有林鄉○棐芳尾反好呼報反晉師至林鄉○正義曰晉本興師爲救陳宋但楚師已去故四國之君往會晉師與共伐鄭言于棐林者行會禮然後伐桓十五年公會宋公衛侯陳侯于袲伐鄭亦行會禮乃伐與此同也晉師趙盾爲將不言會趙盾而言晉師者取於兵會非好會言所會會其兵非會其人故稱師案定八年公會晉師于瓦注云卿不書禮不敵公知此非爲趙盾不敵公侯稱師者沈氏云此會有宋公陳侯等猶成二年會于蜀有蔡許之君故知此非爲趙盾不得敵諸侯但取於兵會彼會于瓦唯有公故知與此異耳○冬晉趙穿帥師侵崇○崇本亦作宗○晉人宋人伐鄭

傳元年春王正月公子遂如齊逆女尊君命也諸侯之卿出入稱名氏所以尊君命也傳於此發者與還文不同故釋之〔疏〕注諸侯至釋之○正義曰氏者位尊乃賜是臣之寵號具名氏所以尊君命言君命重故貴臣行行人貴則君命尊也諸侯之卿出入稱名氏者若宋華元衛元咺之類是也如魯卿公孫敖喪歸尚稱氏明生歸亦然其歸父意如叔孫婼不稱氏者名有所爲與常例不同也會盟征伐具名氏者皆是尊君命也傳獨於此發者爲其與還文不同故於此釋之釋例曰昏禮雖奉時君之命其言必稱先君以爲禮辭故公子翬逆女傳曰脩先君之好公子遂逆女傳稱曰尊君命互發其義也三月遂以夫人婦姜至自齊尊夫人也遂不言公子替其尊稱所以成小君之尊也公子當時之寵號非族也故傳不言舍族釋例論之備矣○稱尺證反舍音捨〔疏〕注遂不至備矣○正義曰公子亦是寵號其事與族相似魯臣有罪則貶去其族族去則非卿今遂與夫人俱至物無兩大人不並尊若從夫人者尊則夫人卑矣故替其尊稱令從夫人者卑則夫人尊矣釋例曰往必稱族以示其重還雖在塗必舍族以替之所以成小君之尊是其義也成十四年叔孫僑如逆女及以夫人至其文與此正同彼傳云稱族尊君命舍族尊夫人此傳不言稱族舍族者釋例曰傳云公子遂如齊逆女尊君命也遂以夫人婦姜至自齊尊夫人也叔孫僑如逆女則往曰稱族還曰舍族然則公子公孫繫公之常言非族也是言公子非族故與彼異文公子雖則非族稱舍亦與族同故其言尊君命尊夫人與彼亦不異也所以異者族必君賜乃稱之公子公孫繫公之常言不須待賜乃稱之耳○夏季文子如齊納賂以請會宣公簒立未列於會故以賂請之○簒初患反○晉人討不用命者放胥甲父于衛胥甲下軍佐文十二年戰河曲不肯薄秦於險〔疏〕注胥甲至於險○正義曰案彼傳胥甲與趙穿同罪放胥甲而舍趙穿者於時趙盾爲政穿見晉君之壻或本罪輕於胥甲故得无咎而立胥克克胥甲之子先辛奔齊辛甲之屬大夫○會于平州以定公位簒立者諸侯既與之會則不得復討臣子殺之與弑君同故公與齊會而位定○復扶又反〔疏〕注簒立至位定○正義曰春秋之世王政不行諸侯自相推戴廢立不由天子簒弑而立則鄰國討之若與之會則序之於列成其爲君諸侯既已爲會則臣子不得復討若其殺之則與弑君罪同宣公殺子惡而取國常畏魯人討己心不自安納賂請會故既與齊會而公位乃定成十五年戚之會討曹成公成公得列于會後曹人請于晉曰先君無乃有罪乎若有罪則君列諸會矣是列會則位定也○東門襄仲如齊拜成謝得會也○六月齊人取濟西之田爲立公故以賂齊也濟西故曹地僖三十一年晉文以分魯○爲于僞反○宋人之弑昭公也在文十六年晉荀林父以諸侯之師伐宋宋及晉平宋文公受盟于晉又會諸侯于扈將爲魯討齊皆取賂而還文十五年十七年二扈之盟皆受賂〔疏〕注文十至受賂○正義曰杜以傳言皆取賂而還必有二事乃得稱皆故指二扈之盟以充皆義劉炫云案傳數晉罪近發宋弑昭公前扈之盟文所不及何當虛指其事言皆取賂故謂宋及晉平取宋賂爲魯討齊取齊賂也案此言會諸侯于扈文承宋人之弑昭公下知非十七年會于扈既取宋賂又取齊賂而稱皆必爲十七年十五年二扈之盟者案十七年會于扈尋檢經傳全無魯討齊之事豈得違背經傳妄指十七年乎但宋弑昭公

其罪既大故先言之爲魯討齊其失小故後言之劉炫以傳文先後顛倒又以會于扈爲十七年之事違背經傳而規杜非也取賂而還書本或云取齊賂而還檢勘古本及杜注意並無齊字文十七年宋及晉平唯受宋賂十五年會扈受齊賂耳傳言皆者皆齊宋也故知皆取齊賂者非也鄭穆公曰晉不足與也遂受盟于楚陳共公之卒楚人不禮焉卒在文十三年○共音恭陳靈公受盟于晉秋楚子侵陳遂侵宋晉趙盾帥師救陳宋會于棐林以伐鄭也楚蔿賈救鄭遇于北林與晉師相遇滎陽中牟縣西南有林亭在鄭北囚晉解揚晉人乃還解揚晉大夫○解音蟹○晉欲求成於秦趙穿曰我侵崇秦急崇必救之崇秦之與國○秦急崇絶句本或作崇急秦必救之是後人改耳〔疏〕秦急崇○正義曰崇是秦之與國故秦人急於援崇吾以求成

焉冬趙穿侵崇秦弗與成○晉人伐鄭以報北林之役報四年解揚於是晉侯侈趙宣子爲政驟諫而不入故不競於楚競強也爲明年鄭伐宋張本○侈昌氏反又尸氏反驟仕救反

經二年春王二月壬子宋華元帥師及鄭公子歸生帥師戰于大棘宋師敗績獲宋華元得大夫生死皆曰獲例在昭二十三年大棘在陳留襄邑縣南〔疏〕宋華至生帥師○正義曰此華元歸生及哀二年趙鞅罕達容主各言帥師者皆是將尊師衆故並具其文或於歸生之下無帥師之字脫耳○注得大至縣南○正義曰此獲華元生也哀十一年獲齊國書死也以此知生死皆曰獲昭二十三年傳云書曰胡子髡沈子逞滅獲陳夏齧君臣之辭也傳言書曰是仲尼變例也○秦師伐晉○夏晉人宋人衛人陳人侵鄭鄭爲楚伐宋獲其大夫晉趙盾與諸侯之師將爲宋報恥畏楚而還失霸者之義故貶稱人○爲鄭于爲反下同〔疏〕注鄭爲至稱人○正義曰諸經貶諸侯之卿稱人者傳皆言其名氏此傳唯稱趙盾及諸侯之師侵鄭諸侯之將不言名氏則實是微者非貶之也趙盾畏楚而還故貶之稱人釋例曰鄭受楚命伐宋大敗宋師獲其二卿此晉之不競也晉於是申命衆國大起其衆將以雪宋之恥取威定霸趙盾爲政而畏越椒之盛不敢遂其所志託辭班師失宋之心孤諸侯之望所以致貶也○秋九月乙丑晉趙盾弑其君夷皋靈公不君而稱臣以弑者以示良史之法深責執政之臣例在四年○皋古刀反〔疏〕注靈公至四年○正義曰釋例曰經書趙盾弑君而傳云靈公不君又以明於例此弑宜稱君也弑非趙盾而經不變文者以示良史之意深責執政之臣傳故特見仲尼曰越竟乃免明盾亦應受罪也雖原其本心而春秋不赦其罪蓋爲教之遠防○冬十月乙亥天王崩無傳

傳二年春鄭公子歸生受命于楚伐宋受楚命也○受命于楚本或作命于楚宋華元樂呂御之二月壬子戰

于大棘宋師敗績囚華元獲樂呂樂呂司寇獲不書非元帥也獲生死通名經言獲華元故傳特護之曰囚明其生獲故得見贖而還○帥所類反贖食欲反及甲車四百六十乘俘二百五十人馘百人狂狡輅鄭人鄭人入于井狂狡宋大夫輅迎也○乘繩證反下同俘芳夫反馘古獲反馘百人或馘百者人衍字狡古卯反輅五嫁反倒戟而出之獲狂狡君子曰失禮違命宜其爲禽也戎昭果毅以聽之之謂禮聽謂常存於耳著於心想聞其政令○倒丁老反宜其爲禽一本作宜其禽也毅魚既反著直略反殺敵爲果致果爲毅易之戮也易反易○〔疏〕君子至戮也○正義曰軍法以殺敵爲上將軍臨戰必三令五申之狂狡失卽戎之禮違元帥之命曲法以拯鄭人宜其爲禽也昭明也兵戎之事明此果毅以聽之之謂禮能殺敵人是名爲果言能果敢以除賊致此果敢乃名爲毅言能彊毅以立功易之戮也

反易此道則合刑戮也。昭謂明曉此禮，致謂達之於敵，殺彊也。能致用此意，乃爲彊人。言在軍對敵，必須殺也。尚書成湯數桀之罪以誓衆云：「爾尚輔予一人，致天之罰，予其大賚汝。爾不從誓言，予則孥戮汝。」武王數紂之罪以誓衆云：「勗哉夫子，尚桓桓，如虎如貔，如熊如羆，于商郊。爾所不勗，其于爾躬有戮。」二王以至聖伐至惡，尚誓衆使多殺，是軍法務在多殺。殺敵乃爲禮也。公羊善宋襄公不鼓不成列，以爲文王之戰亦不過此。武王之戰既知不然，文王之戰豈當若是？審如公羊之言，文王未曉戰法，其不能身定天下，豈爲此乎？

將戰，華元殺羊食士，其御羊斟不與。及戰，曰：「疇昔之羊，子爲政，疇昔猶前日也。○食音嗣。斟之金反。不與音預。〔疏〕注「疇昔猶前日也」。○正義曰：禮記檀弓云孔子謂子貢曰：「吾疇昔之夜，夢坐奠於兩楹之間。」鄭玄云：「疇昔猶前日也。」是相傳爲然。今日之事，我爲政。」與入鄭師，故敗。君子謂「羊斟非人也，以其私憾，敗國殄民。憾，恨也。殄，盡也。○憾本亦作感，戶暗反，注同。敗，必邁反，又如字。殄，大典反。於是刑孰大焉。詩所謂『人之無良』者，詩小雅。義取不良之人相怨以亡。○其羊斟之謂乎，殘民以逞。」

宋人以兵車百乘、文馬百駟畫馬爲文，四百匹。○逞，勑領反。〔疏〕注「畫馬爲文」。○正義曰：謂文飾雕畫之，若朱其尾鬣之類也。○以贖華元于鄭。半入，華元逃歸，立于門外，告而入。告宋城門而後入，言不苟。見叔牂，曰：「子之馬然也。」叔牂，羊斟也。卑賤得先歸。華元見而慰之。○牂，子郎反。對曰：「非馬也，其人也。」叔牂知前言以顯，故不敢讓罪。既合而來奔。叔牂言畢，遂奔魯。合猶荅也。〔疏〕「見叔」至「來奔」。○正義曰：叔牂卑賤，故得先歸。華元見而安慰之，曰往奔入鄭軍者，子之馬自然，非子之罪。叔牂自知前言已顯，不敢隱諱，乃對元曰：「非馬也，其人也。」言是已爲之。叔牂既荅華元，而即來奔魯耳。服虔載三說，皆以「子之馬然」爲叔牂之語，「對曰」以下爲華元之辭。賈逵云：叔牂，宋守門大夫。華元既見叔牂，牂謂華元曰：「子見獲於鄭者，是由子之馬使然也。」華元對曰：「非

馬自奔也，其人爲之也。」謂羊斟驅入鄭也。奔，走也。言宋人贖我之事既和合，而我即來奔耳。鄭衆云：叔牂即羊斟也，在先得歸。華元見叔牂，牂即誣之曰：「奔入鄭軍者，子之馬然也，非我也。」華元對曰：「非馬也，其人也。」言是女驅之耳。叔牂既與華元合語，而即來奔魯。又一說：叔牂，宋人，見宋以馬贖華元，謂元以贖得歸，謂元曰：「子之得來，當以馬贖故然。」華元曰：「非馬也，其人也。」言已不由馬贖，自以人事來耳。贖事既合，而我即來奔。杜以傳文見叔牂而即言曰，則「曰」下皆當爲華元之語，不得爲叔牂之辭。且以華元與賤人交語，而稱「對曰」，謂歸國而來奔，皆於文不順。又羊斟與叔牂當是名字相配，故不從三家而別爲之說，采鄭氏「來奔」爲奔魯耳。「合」是聚合言語，故云「合猶荅也」。

宋城，華元爲植，巡功。植，將主也。○植，直吏反，注同。將，子匠反。〔疏〕注「植將主也」。○正義曰：周禮大司馬「大役屬其植」，鄭司農云：「植謂部曲將吏。」故宋城華元爲植巡功，是植謂將領主帥監作者也。巡功謂巡城檢作功也。城者謳曰：「睅其目，皤其腹，棄甲而復。睅，出目。皤，大腹。棄甲，謂亡師。○謳，烏侯反。睅，戶板反。說文、字林云大目也。蘇林云寢視不安貌。孟康云猶分然也。皤，步何反。○〔疏〕注「睅出目皤大腹」。○正義

曰：說文云：「睅，大目也。」目大則出見，故云出目也。皤是腹之狀，腹以大爲異，故爲大腹也。○于思于思，棄甲復來。」于思，多鬚之貌。○于思如字，又西才反。多鬚貌。賈逵云白頭貌。復，扶又反。來，力知反，又如字，以協上韻。鬚，俗于反，字又作鬚。○〔疏〕注「于思多鬚之貌」。○正義曰：賈逵以爲白頭貌。成十五年華元爲右師，距此三十二年，計未得頭白，故杜以爲多鬚貌，亦是以意言之耳。使其驂乘謂之曰：「牛則有皮，犀兕尚多，棄甲則那？」那猶何也。○驂，七南反。犀音西。兕，徐履反。那，乃多反。〔疏〕「犀兕尚多」。○正義曰：釋獸云：「犀似豕。」郭璞曰：「形似水牛，豬頭，大腹，痺腳，腳有三蹄，黑色。三角：一在頂上，一在額上，一在鼻上。鼻上者，食角也，小而不橢，好食棘。亦有一角者。」劉歆期交州記曰：「犀出九德，毛似豕，蹄有甲，頭似馬。」吳錄地理志云：「武陵沅南縣以南皆有犀。」釋獸云：「兕似牛。」郭璞云：「一角，青色，重千斤。」說文云：「兕如野牛，青毛，其皮堅厚，可制鎧。」交州記曰：「兕出九德，有一角，角長三尺餘，形如馬鞭柄。」徧檢書傳，犀兕二獸並出南方，非宋所有。假令波及宋國，必不能多。言尚多者，苟以荅謳者耳。役人曰：「從其有皮，丹漆若何？」

華元曰：去之夫其口衆我寡。傳言華元不吝其咎寬而容衆。漆音七吝力刃反咎其九反○秦師伐晉以報崇也。伐崇在元年遂圍焦。焦晉河外邑夏晉趙盾救焦遂自陰地及諸侯之師侵鄭。陰地晉河南山北自上洛以東至陸渾。渾戶昏反以報大棘之役。楚鬬椒救鄭曰能欲諸侯而惡其難乎遂次于鄭以待晉師。趙盾曰彼宗競于楚殆將斃矣。競強也鬬椒若敖之族自子文以來世爲令尹。惡烏路反難乃旦反斃婢世反姑益其疾乃去之。欲示弱以驕之傳言趙盾所以稱人且爲四年楚滅若敖氏張本○晉靈公不君。失君道也以明於例應稱國以弑。弑申志反厚斂以彫牆。彫畫也。斂力驗反彫本亦作雕牆在良反從臺上彈人而觀其辟丸也。

宰夫胹熊蹯不熟殺之寘諸畚使婦人載以過朝。畚以草索爲之筥屬。彈徒丹反胹音而煑也蹯扶元反寘之豉反畚音本草器也索素各反筥九呂反

【疏】宰夫胹熊蹯。正義曰字書過熟曰胹命此宰夫胹熊蹯其蹯不至於熟以其違命故殺之。注畚以至筥屬。正義曰周禮挈壺氏挈畚以令軍糧鄭衆云縣畚于廩假之處畚所以盛糧之器故以畚表廩說文云畚蒲器可以盛糧韓詩外傳云鮑焦挈畚采蔬遇子貢於道是畚可以盛糧盛菜以草索爲之今人猶有此器形制似筥故爲筥屬過朝以示人令衆懼己

趙盾士季見其手問其故而患之將諫士季曰諫而不入則莫之繼也會請先不入則子繼之三進及溜而後視之。士季隨會也。三進三伏公不省而又前也公知欲諫故佯不視。其手一本作首溜力救反屋霤也

【疏】將諫至繼之。正義曰言二人將欲相隨入諫士季謂盾曰子是尊卿今與子俱諫而不入則莫之能繼續爲諫會是卑卿請先往諫不入則子繼之。三進及溜。正義曰溜謂簷下水溜之處入門伏而不省起而更進三進而及於君之屋溜言迫於公之前也

曰吾知所過矣將改之稽首而對曰人誰無過過而能改善莫大焉詩曰靡不有初鮮克有終。詩大雅也。鮮息淺反少也下同夫如是則能補過者鮮矣君能有終則社稷之固也豈惟羣臣賴之又曰袞職有闕惟仲山甫補之能補過也。詩大雅也袞君之上服闕過也言服袞者有過則仲山甫能補之。袞古本反君能補過袞不廢矣。常服袞也猶不改宣子驟諫公患之使鉏麑賊之。鉏麑晉力士。鉏仕俱反麑音迷一音五兮反晨往寢門闢矣盛服將朝尚早坐而假寐。不解衣冠而睡。闢婢亦反盛音成本或作成睡垂僞反麑退歎

而言曰不忘恭敬民之主也賊民之主不忠棄君之命不信有一於此不如死也觸槐而死。槐趙盾庭樹。槐音懷又音回○秋九月晉侯飲趙盾酒伏甲將攻之其右提彌明知之。右車右。飲於鴆反提本又作祗上支反彌面皮反趨登曰臣侍君宴過三爵非禮也遂扶以下。公嗾夫獒焉明搏而殺之。獒猛犬也。遂扶扶舊本皆扶房手反服虔注作跣先典反云徒跣也今杜注本往往有跣者嗾素口反說文云使犬也服本作噉夫音扶獒五羔反尚書傳云大犬也爾雅云狗四尺爲獒說文云犬知人心可使者搏音博

【疏】趨登至非禮也。正義曰此言飲趙盾酒是小飲酒耳非正燕禮燕禮獻酬之後方脫屨升堂行無筭爵非止三爵而已其侍君小飲則三爵而退玉藻云君子之飲酒也受一爵而色洒如也二爵而言言斯禮已三爵而油油以退鄭玄云禮飲過三爵則敬殺可以去矣是三爵禮訖

自當退也提彌明言此之時未必已過三爵假此辭以悟趙盾耳。遂扶至棃焉。正義曰服虔本扶作跣注云趙盾徒跣而下走禮脱屨而升堂降階乃納屨堂上無屨跣則是堂何須云遂跣而下且遂者因上生下之言提彌明言訖而遂不得爲趙盾遂也杜本作扶言扶盾下階也服虔云嗾嗾也夫語辭獒犬名公乃嗾夫獒使之噬盾也釋畜云狗四尺爲獒是大犬之名以其使之嗾盾故云獒猛犬也盾曰弃人用犬雖猛何爲責公不養士而更以犬爲己用鬬且出提彌明死之初宣子田於首山舍于翳桑田獵也翳桑桑之多蔭翳者首山在河東蒲坂縣東南。翳於計反蔭音陰又於鴆反見靈輒餓問其病靈輒晉人曰不食三日矣食之舍其半問之曰宦三年矣宦學也。食之音嗣下同舍其音捨〔疏〕注宦學也。正義曰曲禮云宦學事師則二者俱是學也但宦者學仕宦學者學經藝以此爲異耳未知母之存否今近焉去家近請以遺之使盡

之而爲之簞食與肉簞笥也。遺唯季反下注同簞音丹笥思嗣反〔疏〕注簞笥也。正義曰鄭玄曲禮注云圓曰簞方曰笥然則俱是竹器方圓異名耳故以簞爲笥鄭玄論語注亦云簞笥也寘諸橐以與之既而與爲公介靈輒爲公甲士。橐他洛反而與音預公介音界倒戟以禦公徒而免之問何故對曰翳桑之餓人也問其名居問所居不告而退不望報也遂自亡也輒亦去乙丑趙穿攻靈公於桃園穿趙盾之從父昆弟子乙丑九月二十七日。攻如字本或作弒〔疏〕注穿趙至弟子。正義曰晉語云趙衰趙夙之弟世族譜盾是衰子穿是夙孫是穿爲盾之從父昆弟之子也世本夙爲衰祖穿爲夙之曾孫世本轉寫多誤其本未必然也宣子未出山而復晉竟之山也盾出奔聞公弒而還。竟音境下文注同弒申志反大史書曰趙盾弒其君以示於朝宣子曰不然對曰子爲正卿亡不越竟反不討賊非子而誰宣子曰烏呼我之懷矣自詒伊慼其我之謂矣逸詩也言人多所懷戀則自遺憂。大音泰。孔子曰董狐古之良史也書法不隱不隱盾之罪。趙宣子古之良大夫也爲法受惡善其爲法受屈。爲于僞反注同惜也越竟乃免越竟則君臣之義絶可以不討賊。〔疏〕注越竟至討賊。正義曰哀八年傳公山不狃云君子違不適讎國未臣而有伐之奔命焉死之可也注云未臣所適之國則可還奔命死其難如彼傳文雖則出奔臣義未絶此注云越竟則君臣之義絶者以仲尼云越竟乃免出竟則免責明其義已絶也襄三十年鄭人殺良霄傳曰不稱大夫言自外入也去國不稱大夫是爲義絶之驗且受君之命乃得爲臣今君欲殺己逃奔他國君之於臣既已絶矣臣之於君能無絶乎董狐云子爲正卿反不討賊明其威足討賊卿位猶在故責之耳我以君寵得爲國卿仗君之威故羣下用命

亦既失位出奔國人不復畏我國內自有賊亂非我所能禁之故越竟得免由義絶故也不狃之言謂已以他故出奔非是君欲殺己閔其宗國宜還救之昭二十一年宋公子城以晉師救宋是其事也襄二十七年傳曰崔氏之亂申鮮虞來奔僕賃於野以喪莊公彼是公之寵臣去國而行君服豈復責無罪而將見殺逃竄而行免死者皆令反服君乎禮檀弓曰穆公問於子思曰爲舊君反服古與子思曰古之君子進人以禮退人以禮故有舊君反服之禮也今之君子進人若將加諸膝退人若將隊諸淵無爲戎首不亦善乎又何反服之禮之有是言去國雖同本情有異不可以一槩論也宣子使趙穿逆公子黑臀于周而立之黑臀晉文公子。臀徒門反〔疏〕注黑臀晉文公子。正義曰周語單襄公云吾聞成公之生也其母夢神規其臀以黑曰使有晉國故命之曰黑臀晉世家成公者文公少子其母周女也。壬申朝于武宮壬申十月五日既有日而無月冬又在壬申下明傳文無較例。較音角○初麗姬之亂詛無畜羣公子詛盟誓。麗力知反詛側慮反〔疏〕注初麗至公子。正義曰服虔云麗姬與獻公及諸大夫詛

無畜羣公子欲令其二子專國杜雖不注義似不然若驪姬身爲此詛姬死即應復常何得比至於今國無公族豈復文襄之霸遂踵驪姬法乎蓋爲奚齊卓子以庶篡適晉國創其爲亂不用復畜公子案檢傳文及國語文公之子雍在秦樂在陳黑臀在周襄公之孫談在周則是晉之公子悉皆出在他國是其因行而不改成公今始革之故傳本其初也則是國內因驪姬之亂乃設此詛非驪姬自爲詛也若驪姬爲詛不須言驪姬之亂以言之亂知其創驪姬也自此之後雖立公族而顯者亦少雖有悼公之弟揚干悼公之子憖二人名見於傳昭十八年鄭人救火子產辭晉公子公孫於東門以外更無其人良由偏於六卿不被任用故耳

自是晉無公族　無公子故廢公族之官

疏　注無公至之官。正義曰不畜羣公子故無公族是公族之官掌教公之子弟也下注云餘子適子之母弟亦治餘子之政。子屬餘子之官則適子屬公族之官也孔晁注國語云公族大夫掌公族及卿大夫子弟之官是卿之適子屬公族也晉語云欒伯請公族悼公曰荀家惇惠荀會文敏黶也果敢無忌慎靖使茲四人者爲之膏粱之性難正也故使惇惠者教之文敏者道之果敢者諗之慎靖者脩之使茲四人者爲公族大夫是公族主教誨也

及成公即位乃宦卿之適子而爲之田以爲公族　宦仕也爲置田邑以爲公族大夫。適本又作嫡丁歷反下注同爲置于僞反

又宦其餘子亦爲餘子　餘子嫡子之母弟也亦治餘子之政

疏　注餘子至之政。正義曰下庶子爲妾子知餘子則是適子之母弟也言亦爲餘子則知餘子之官亦治餘子之政今主教卿大夫適妻之次子也下云庶子爲公行掌率公之戎車則公行不教庶子然則卿大夫之妾子亦是餘子之官教之矣

其庶子爲公行　庶子妾子也掌率公戎行。行戶郎反注及下同

疏　注庶子至戎行。正義曰下句趙盾自以爲庶爲旄車之族則旄車之族即公行也掌車而謂之公行知其掌率公戎車之行列也

晉於是有公族餘子公行　皆官名

疏　晉於至公行。正義曰此晉有公族餘子公行詩魏風有公族公路公行其公族公行既同公路似此餘子但餘子不主路車公路非餘子也當與公行爲一以其主君路車謂之公路主車行列謂之公行其實正是一官詩人變文以韻句耳周禮無此三官之名夏官有諸子下大夫二人掌國子之倅事與公族同也春官有巾車下大夫二人掌王之五路事與公行同也無餘子同者天子諸侯禮異耳。

趙盾請以括爲公族　括趙盾異母弟趙姬之中子屏季也。括古活反中如字又丁仲反屏步丁反

曰君姬氏之愛子也　趙姬文公女成公姊也

微君姬氏則臣狄人也　盾狄外孫也姬氏逆之以爲適事見僖二十四年。見賢遍反

公許之

冬趙盾爲旄車之族　旄車公行之官盾本卿適其子當爲公族辟屏季故更掌旄車。旄音毛一本作軞

疏　注旄車至旄車。正義曰主公車行列謂之公行車皆建旄謂之旄車之族詩云孑孑干旄又曰建旐設旄是公車必建旄也周禮主車之官謂之巾車巾者衣也主衣飾之車謂之巾車此掌建旄之車謂之旄車之族盾本卿之適子其子世承正適當爲公族使辟屏季故更爲旄車之族自以身爲妾子故使其子爲妾子之官知非盾身自爲旄車之族而云使其子者旄車之族賤官耳盾身既爲正卿無容退掌賤職六年經稱晉趙盾衞孫免侵陳仍書於經非身退位故知使其子耳原同長而使趙括者沈氏云以其君姬氏之愛子故使之非正適也

使屏季以其故族爲公族大夫　盾以其故官屬與屏季使爲衰之適。衰初危反

疏　注盾以至之適。正義曰族即屬也故官屬者父時舊官屬也將父時官屬盡與屏季使季爲衰之正適也盾之此意欲令身死之後使屏季承其父後爲趙氏宗主但晉人以盾之忠更使其子朔承盾後耳

經三年春王正月郊牛之口傷改卜牛牛死乃不郊　牛不稱牲未卜日

猶三望　○**葬匡王**　無傳四月而葬速

○**楚子伐陸渾之戎**　○**夏楚人侵鄭**　○**秋赤狄侵齊**　無傳

○**宋師圍曹**　○**冬十月丙戌鄭伯蘭卒**　再與文同盟

疏　注再與文同盟。正義曰蘭以僖三十三年即位文二年盟于垂隴七年于扈十四年于新城會鄭俱在當言三同盟而云再者以扈之盟經文不序諸侯故不數劉炫規之非也

○**葬鄭穆公**　無傳

傳三年春不郊而望皆非禮也言牛雖傷死當更改卜取其吉者郊不可廢也前年冬天王崩未葬而郊者不以王事廢天事禮記曾子問天子崩未殯五祀不行既殯而祭自啓至于反哭五祀之祭不行已葬而祭。〔疏〕注言牛至而祭。正義曰案經牛死在正月郊當用三月其間足得養牛牛雖一傷死當更改卜取其吉者郊天之禮不可廢也牛死而遂不郊故爲非禮也不郊非禮則於禮得郊禮諸侯爲天子斬衰天王崩未葬而得郊者不以王事廢天事也引曾子問者舉動輕以明重也初死以至於殯啓殯以至反哭於此之間五祀之祭不行耳既殯之後啓殯以前五祀之祭猶尚不廢郊天必不廢矣故鄭注云郊社亦然王制云喪三年不祭唯祭天地社稷爲越紼而行事鄭玄云不敢以卑廢尊紼輴車索禮天子殯於西序攢輴車而塗之繫紼以備火災言越紼而行事是在殯得祭也案曾子問既殯而祭其祭也尸入三飯不侑酳不酢而已矣謂尸唯三飯祝不侑勸其食食罷主人酌酒酳尸尸不酢主人曾子問又云已葬而祭祝畢獻而已謂尸飯而侑勸訖酳尸尸酢主人酢訖又布祝席祝坐主人酌酒以獻祝獻畢而止故鄭注云既葬彌吉畢獻祝而後止是也鄭又注彼云天子七祀言五者關中言之案禮記祭法云

王爲羣姓立七祀曰司命曰中霤曰國門曰國行曰泰厲曰戶曰竈王自爲立七祀諸侯爲國立五祀曰司命曰中霤曰國門曰國行曰公厲諸侯自爲立五祀大夫立三祀曰族厲曰行適士立二祀曰門曰行庶士庶人立一祀或立戶或立竈是其義也望郊之屬也不郊亦無望可也已有例在僖三十一年復發傳者嫌牛死與卜不從異。復扶又反○晉侯伐鄭及郔鄭及晉平士會入盟郔鄭地爲夏楚侵鄭傳。郔音延○楚子伐陸渾之戎遂至於雒觀兵于周疆雒水出上雒冢領山至河南鞏縣入河。疆居良反定王使王孫滿勞楚子王孫滿周大夫。勞力報反楚子問鼎之大小輕重焉示欲偪周取天下。對曰在德不在鼎昔夏之方有德也禹之世。夏戶雅反遠方圖物圖畫山川奇異之物而獻之貢金九牧使九州之牧貢金。鑄鼎象物象所圖物著之於鼎。鑄之樹反著張慮反舊直略反百物而爲之備使民知神姦圖鬼神百物之形使民逆備之故民入川澤山林不逢不若若順也螭魅罔兩螭山神獸形魅怪物罔兩水神。螭勑知反魅亡備反本又作鬽罔亡丈反兩本又作蜽音同說文云罔兩山川之精物也。〔疏〕注螭山至水神。正義曰螭山神獸形魅怪物先儒相傳爲然魯語仲尼云木石之怪夔罔兩水之怪龍罔象則罔兩是木石之神杜以爲水神者魯語賈逵注云罔兩罔象言有夔龍之形而無實體然則罔兩罔象皆是虛無當總彼之意非神名也上句言山林川澤則螭魅罔兩四神文十八年注螭魅山林異氣所生爲山林之神則罔兩宜爲川澤之神故以爲水神也莫能逢之逢遇也用能協于上下以承天休民無災害則上下和而受天祐。休許虯反下同祐音右桀有昏德鼎遷于商載祀六百載祀皆年。載祀爾雅云商曰祀唐虞曰載周曰年夏曰歲。〔疏〕注載祀皆年。正義曰釋天云唐虞曰載商曰祀周曰年孫炎云載取物終更始祀取四時祭祀一訖年取年

穀一熟是載祀皆年之別名複言之耳律歷志云商三十一王六百二十九年商紂暴虐鼎遷于周德之休明雖小重也不可遷。紂直九反其姦回昏亂雖大輕也言可移天祚明德有所厎止厎致也。祚才故反厎音旨。成王定鼎于郟鄏郟鄏今河南也武王遷之成王定之。郟古洽反鄏音辱卜世三十卜年七百天所命也周德雖衰天命未改鼎之輕重未可問也〔疏〕卜世至七百。正義曰律歷志云周三十六王八百六十七年過卜數也○夏楚人侵鄭鄭即晉故也○宋文公卽位三年殺母弟須及昭公子武氏之謀也武氏謀奉母弟須及昭公子以作亂事在文十八年使戴桓之族攻武氏於司馬子伯之館盡逐武穆之

族武穆之族以曹師伐宋秋宋師圍曹報武氏之亂也○冬鄭穆公卒初鄭文公有賤妾曰燕姞姞南燕姓○姞其乙反又其吉反夢天使與己蘭蘭香草【疏】夢天使與己蘭○正義曰夢言天者皆非天也此既言天使與己蘭即云余爲伯鯈鯈即非天也伯鯈不得自稱爲天天不得變爲伯鯈明是夢者恍惚之言耳成五年晉趙嬰夢天使謂己祭余余福女上天之神聰明正直寧當就淫亂之人降福以求食乎昭四年叔孫穆子夢天壓己弗勝號豎牛助而勝之若是上天之神寧當與豎牛爭力而不勝也明皆恍惚之言或别有邪神者不識而妄稱天耳夢曰余爲伯鯈余而祖也伯鯈南燕祖○鯈直留反以是爲而子以蘭爲女子名○女音汝以蘭有國香人服媚之如是媚愛也欲令人愛之如蘭○媚亡冀反令力呈反旣而文公見之與之蘭而御之辭曰妾不才幸而有子將不信敢徵蘭乎懼將不見信故欲計所賜蘭爲懷子月數公曰諾生穆公名之曰蘭文公報鄭子之妃曰陳嬀鄭子文公叔父子儀也漢律淫季父之妻曰報○嬀九危反生子華子臧子臧得罪而出出奔宋○臧作郎反誘子華而殺之南里在僖十六年南里鄭地使盜殺子臧於陳宋之間在僖二十四年又娶于江生公子士朝于楚楚人酖之及葉而死葉楚地今南陽葉縣○酖直蔭反葉式涉反【疏】朝于楚○正義曰諸侯大子攝行父事稱朝此公子士非大子亦稱朝者以大子稱朝故傳亦通言之其實合稱聘耳又娶于蘇生子瑕子俞彌俞彌早卒洩駕惡瑕文公亦惡之故不立也洩駕鄭大夫○俞音愉惡烏路反下同公逐羣公子公子蘭奔晉從晉文公伐鄭在僖三十年○如字又才用反石癸曰吾聞姬姞耦其子孫必蕃姞姓宜爲姬配耦○癸居揆反蕃音煩下同姞吉人也后稷之元妃也姞姓之女爲后稷妃周是以興故曰吉人今公子蘭姞甥也天或啓之必將爲君其後必蕃先納之可以亢寵亢極也○亢苦浪反與孔將鉏侯宣多納之盟于大宮而立之大宮鄭祖廟○鉏仕俱反大音泰注同以與晉平穆公有疾曰蘭死吾其死乎吾所以生也刈蘭而卒傳言穆氏所以大興於鄭天所啓也○刈魚廢反

經四年春王正月公及齊侯平莒及郯莒人不肯公伐莒取向莒郯二國相怨故公與齊侯共平之向莒邑東海承縣東南有向城遠疑也○郯音談向舒亮反承尋昭之甑反一作丞又音拯○秦伯稻卒無傳未同盟○稻徒老反○夏六月乙酉鄭公子歸生弑其君夷傳例曰稱臣臣之罪也子公實弑而書子家罪其權不足也○赤狄侵齊無傳○秋公如齊公至自齊無傳告于廟例在桓二年○冬楚子伐鄭

傳四年春公及齊侯平莒及郯莒人不肯公伐莒取向非禮也平國以禮不以亂伐而不治亂也責公不先以禮治之而用伐○不治直吏反以亂平亂何治之有無治何以行禮○楚人獻黿於鄭靈公靈公穆公大子夷也○黿音元公子宋與子家將見宋子公也子家歸生○見賢遍反子公之食指動第二指也【疏】第二指○正義曰大射禮云右巨指鉤弦鄭玄云右巨指右手

大擘也。又曰設決朱極三，鄭玄云極猶放也，所以韜指利放弦也，以朱韋爲之，三者食指將指無名指，小指短不用。然則手之五指之名曰巨指、食指、將指、無名指、小指也。定十四年傳闔閭傷將指，取其一屨，注云其足大指見斬，遂失屨，謂大指爲將指者，將者言其將領諸指也。足之用力大指爲多，手之取物中指最長，故足以大指爲將指，手以中指爲將指。其食指者食所偏用，服虔云俗所謂啑鹽指也。以示子家曰：他日我如此，必嘗異味。及入，宰夫將解黿，相視而笑。公問之，問所笑。○解如字，一音蟹。【疏】黿○正義曰：說文云黿，大鼈也。玄中要記曰千歲之黿能與人語。子家以告。及食大夫黿，召子公而弗與也。欲使指動無效。○食音嗣。子公怒，染指於鼎，嘗之而出。公怒，欲殺子公。子公與子家謀先。先公爲難。○染如琰反，先悉薦反，難乃旦反。子家曰：畜老猶憚殺之，六畜。○畜許又反，注同，王許六反，憚徒旦反，難也。而況

君乎？反譖子家，子家懼而從之。譖子家於公。夏，弒靈公。書曰鄭公子歸生弒其君夷，權不足也。子家權不足以禦亂，懼譖而從弒君，故書以首惡。○禦魚呂反。君子曰：仁而不武，無能達也。初稱畜老，仁也；不討子公，是不武也；故不能自通於仁道，而陷弒君之罪。凡弒君，稱君，君無道也；稱臣，臣之罪也。稱君謂唯書君名而稱國以弒，言衆所共絕也。稱臣者謂書弒者之名以示來世，終爲不義。改殺稱弒，辟其惡名，取有漸也。書弒之義，釋例論之備矣。

【疏】凡弒至之罪○正義曰：晉語云趙宣子曰大者天地，其次君臣，則君臣之交猶父子也。君無可弒之理而云弒君稱君君無道者，弒君之人固爲大罪，欲見君之無道，罪亦合弒，所以懲創將來之君，兩見其義，非赦弒君之人以弒之爲無罪也。釋例曰：天生民而樹之君，使司牧之，羣物所以繫命，故戴之如天，親之如父母，仰之如日月，事之如神明。其或受雪霜之嚴、雷電之威，則奉身歸命，有死無貳。故傳曰君天也，天可逃乎？此人臣所執之常也。然本無父子自然之恩，未無家人習翫之愛，高下之隔縣殊，壅塞之否萬端，是以居上者降心以察下，表誠以感之，然後能相親也。若亢高自肆，羣下絕望，情義圯隔，是謂路人，非君臣也。人心苟離，則位號雖有，無以自固。故傳例曰：凡弒君稱君，君無道；稱臣，臣之罪。稱君者，惟書君名而稱國稱人以弒，言衆之所共絕也。稱臣者，謂書弒者主名以垂來世，終爲不義而不可赦也。然君雖不君，臣不可以不臣，故宋昭之惡，罪及國人，晉荀林父討宋曰何故弒君，猶立文公而還，深見貶削。懷諸賊亂以爲心者，固不容於誅也。若鄭之歸生、齊之陳乞、楚之公子比，雖本無其心，春秋之義亦同大罪，是以君子慎所以立也。諸侯不受先君之命而篡立，得與諸侯會者，則以成君書之，齊商人、蔡侯班之屬是也。若未得接於諸侯，則不稱爵，楚公子棄疾殺公子比，莒人殺陳佗，齊人殺無知，衞人殺州吁、公子瑕之屬是也。諸侯篡立，雖以會諸侯爲正，此列國之制也。至於國內策名委質，即君臣之分已定，故殺不成君者亦與成君同義。傳曰會于平州以定公位，又云若有罪則君列諸會矣，此以會爲斷也。經書趙盾弒君，而傳云靈公不君，又以明於例此弒宜稱君也。弒非趙盾，而經不變文者，以示良史之意，深責執政之臣。傳特見仲尼曰越竟乃免，明盾亦應受罪也。醫不三世，不服其藥，古之愼戒也。人子之孝，當盡心嘗禱而已，藥物

之齊非所習也。許止身爲國嗣，國非無醫，而輕果進藥，故罪同於弒。二者雖原其本心，而春秋不赦，蓋爲教之遠防也。楚靈無道於民，於例當稱國以弒，公子比首兵自立，楚衆散歸，而靈王縊死，故以比爲弒王也。比既得國，國人驚亂，棄疾從而扇之，比懼自殺，皆棄疾之由，故書公子棄疾殺公子比也。左氏義例止此而已，其餘小異，皆從赴也。劉、賈、許、潁以爲君惡及國朝則稱國以弒，君惡及國人則稱人以弒。案傳鄭靈、宋昭經文異而例同，故重發以同之。子弒其父，又嫌異於他臣，亦重明其不異，既不碎別國之與人。而傳云莒紀公多行無禮於國，大子僕因國人以弒之，經但稱國不稱人，知國之與人雖言別而事一也。杜言小異從赴者，宋之蒙澤、楚之乾谿俱是國內，而弒捷不書蒙澤，齊商人、衞州吁俱是公子，而州吁不稱公子，諸如此類所有不同，皆從赴也。此弒君之例有君罪臣罪之異，而諸侯出奔皆不書逐君之人以罪臣者，以君之見弒未必皆爲無道，故立臣罪之文以見君有無罪死者。國君而被臣逐，悉是不能固位，其罪皆在於君。故杜諸侯出奔例云：諸侯奔者，皆迫逐而苟免，非自出也。仲尼之經，更沒逐者主名，以自奔爲文者，責其不能自安自固，所犯非徒所逐之臣也。蔡侯宋雖無罪，據其失位出奔，亦其咎也。是說逐君無罪臣之文意也。鄭人立子良。

穆公庶子辭曰以賢則去疾不足去疾子良名。去起呂反下皆同以順則公子堅長乃立襄公襄公堅也。長丁丈反襄公將去穆氏逐羣兄弟而舍子良以其讓己。舍音赦下同子良不可曰穆氏宜存則固願也若將亡之則亦皆亡去疾何爲何爲獨留乃舍之皆爲大夫〇初楚司馬子良生子越椒子文曰必殺之子文子良之兄是子也熊虎之狀而豺狼之聲弗殺必滅若敖氏矣諺曰狼子野心是乃狼也其可畜乎子良不可子文以爲大慼及將死聚其族曰椒也知政乃速行矣無及於難且泣曰鬼猶求

食若敖氏之鬼不其餒而而語助言必餒。難乃旦反餒奴罪反餓也及令尹子文卒鬬般爲令尹般子文之子子揚。般音班子越爲司馬蔿賈爲工正譖子揚而殺之子越爲令尹己爲司馬賈爲椒譖子揚而已得椒處。蔿于委反賈爲于僞反處昌慮反子越又惡之惡賈。惡烏路反注同乃以若敖氏之族圄伯嬴於轑陽而殺之圄囚也伯嬴蔿賈也轑陽楚邑。圄魚呂反嬴音盈轑音遼遂處烝野將攻王王以三王之子爲質焉弗受烝野楚邑三王文成穆。烝之承反質音致師于漳澨漳澨漳水邊。漳音章澨市制反

【疏】注漳澨漳水邊〇正義曰釋例云漳水出新城沶鄉縣南至荆山東南經襄陽南郡當陽縣入沮爾雅水邊之名唯有厓涘岸滸無以澨爲水邊者但此云漳澨成十五年云決睢澨睢漳皆水名舉水名而言澨知澨是水邊也

秋七月戊戌楚子與若敖氏戰于皐滸皐滸楚地。滸呼五反〇伯棼射王汏輈及鼓跗著於丁寧伯棼越椒也輈車轅汏過也箭過車轅上丁寧鉦也。棼扶云反射食亦反下同汏他來反輈陟留反跗芳扶反著直畧反鉦音正

【疏】及鼓跗著于丁寧〇正義曰車上不得置鐘鼓以縣鼓故爲作跗若殷之楹鼓也言著於丁寧則丁寧是器晉語云伐備鐘鼓聲其罪也戰以淳于丁寧儆其民也是丁寧戰之用也周禮鼓人以金錞和鼓鄭玄云錞淳于也其形圓如碓頭以金鐲節鼓鄭玄云鐲鉦也形如小鍾軍行鳴之以爲鼓節是錞即淳于鐲即丁寧故先儒皆以鐲爲鉦之别名丁寧即是鉦也

又射汏輈以貫笠轂兵車無蓋尊者則邊人執笠依轂而立以禦寒暑名曰笠轂此言箭過車轅及王之蓋。貫古亂反笠音立轂古木反

【疏】注兵車至之蓋〇正義曰服虔云笠轂轂之蓋如笠所以蔽轂上以禦矢也一曰車轂上鐵也或曰兵車旁幔輪謂之笠轂杜以彼爲不安故改之而爲此說亦是以意而言差於人情爲允耳

師懼退王使巡師曰吾先君文王克息獲三

矢焉伯棼竊其二盡於是矣鼓而進之遂滅若敖氏初若敖娶於䢵䢵國名。䢵本又作鄖音云

【疏】王使至是矣〇正義曰此是彊軍人之小耳息有此矢矢當有法不得無人學作唯三而已且射中王車由射之工不由矢善若其由矢王國猶有一矢何不一發以取越椒

生鬬伯比若敖卒從其母畜於䢵畜養。畜許六反淫於䢵子之女生子文焉䢵夫人使弃諸夢中夢澤名江夏安陸縣城東南有雲夢城。夢音蒙又亡貢反虎乳之䢵子田見之懼而歸以告告女私通所生。乳如主反遂使收之楚人謂乳穀。謂虎於菟故命之曰鬬穀於菟以其女妻伯比伯比所淫者。穀如口反於音烏菟音徒妻七計反實爲令尹子文鬬氏始自子文爲令尹其

孫箴尹克黄（箴尹官名克黄子揚之子。箴之金反）使於齊還及宋聞亂其人曰不可以入矣箴尹曰弃君之命獨誰受之君天也天可逃乎遂歸復命而自拘於司敗王思子文之治楚國也曰子文無後何以勸善使復其所改命曰生（易其名也。○使於所吏反）拘音俱

【疏】注易其名。○正義曰言越椒之亂合誅絶其族今更存立故命曰生言應死而重生

○冬楚子伐鄭鄭未服也（前年楚侵鄭不獲成故曰未服）

附釋音春秋左傳注疏卷第二十一

江西南昌府學栞

春秋左傳注疏卷二十一挍勘記　阮元撰盧宣旬摘録

附釋音春秋左傳注疏卷第二十一　宣元年盡四年宋本春秋正義卷第十六石經春秋經傳集解宣上第十岳本宣字下增公字並盡十一年

【宣公】宋本閩本監本毛本作宣公此本宣字上有春秋經傳集解六字從單注本誤增也顧炎武云石經文公宣公卷字更濫惡而成城字皆缺末筆案成城字文公卷不缺筆字亦有法炎武誤唯宣公卷字迹甚劣乃朱梁所補全忠祖名信父名誠故信作信成城作厅圠避嫌名也所存唐刻僅三之一凡唐諱皆如前卷

【經元年】

不貶絶以見罪　宋本罪下有惡字與昭元年公羊傳合

傳言新作延廄　監本廄作廐是俗字

内無貶于公之道　閩本監本毛本道下有也字從公羊傳增也

楚人執陳公子柖　【補】案各本柖作招與昭八年經傳合

六月齊人取濟西田　朱梁補刊石經濟誤齊

晉趙盾帥師救陳　補刊石經盾誤眉傳文同

冬晉趙穿帥師侵崇　補刊石經穿作穼誤崇公羊傳作柳釋文作崈云本亦作崇

【傳元年】

注諸侯至釋之　宋本以下正義二節揔入注文釋例論之備矣之下

遂不言公子替其尊稱　淳熙本公誤君替宋本岳本作朁正義同

與彼亦不異也　宋本不作使是也

注胥甲至於險　宋本此節正義在先辛奔齊注下

皆取賂而還　正義云取賂而還書本或云取齊賂而還檢勘古本及杜注意並無齊字挍或云非是

注文十至受賂　宋本此節正義在遂受盟於楚下

檢經傳全無魯討齊之事　宋本魯上有爲字是也

晉不足與也　補刊石經與誤与

楚人不禮焉　補刊石經禮改作礼

卒在文十二年　宋本岳本足利本二作三是也○今訂正

楚蔿賈救鄭　補刊石經救作救誤

囚晉解揚　補刊石經誤作解楊

秦急崇　宋本此節正義在吾以求成焉節之下

吾以求成焉　補刊石經誤作以求

以報北林之役　補刊石經役誤役

故不競於楚　補刊石經競誤竸

經二年

得大夫生死皆曰獲例在昭二十三年　案僖元年注無得字例上有獲字餘並同

傳二年

趙盾弒其君夷皋　顧炎武云石經弒誤作殺案石經此處乃朱梁補刻不足依據

春鄭公子歸生受命于楚　補刊石經脫春字釋文作命於楚云本或作受命于楚非也案高注呂覽察微篇引作受命于楚釋文于作於臧琳云陸氏非之是也傳本無受字故注云受楚命若傳本作受命于楚則文義已明杜可無庸注矣

故傳特譏之曰囚　纂圖本毛本特誤時

鹹百人　補刊石經鹹誤醎

戎昭果毅以聽之之謂禮　補刊石經毅誤作毅下文不誤

致果爲毅　補刊石經致誤殺

君子至戮也　宋本以下正義八節揔入役人曰節注下

致謂達之於赦殺彊也　宋本閩本監本毛本赦殺作敵毅是也

爾尚輔于一人　宋本毛本于作予不誤

與入鄭師　閩本監本與作與非也

以其私憾　石經此處缺釋文憾作感云本文作憾注同按釋文作感是也

文馬百駟　案今本說文引傳作駁馬百駟

叔牂如前言以顯　宋本淳熙本岳本足利本如作知不誤浦鏜正誤以作已案已以古多通用

謂歸國而來奔　宋本而下有言字是也盧文弨挍本作而曰來奔

于思多鬢之貌　釋文鬢又作鬚案惠棟云賈逵曰頭白貌毛詩瓠葉云有兔斯首鄭箋云斯白也今俗語斯白之字作鮮齊魯之間聲近斯正義曰服虔以于思爲白頭貌字雖異蓋亦以思聲近鮮故爲白頭也後漢書朱儁傳賊多髭者號于氏根注引杜注爲證案此則于爲須思爲白于思爲白須也

庳腳腳有三蹄　閩本監本毛本庳作痺腳腳毛本作脚脚乃俗字

黑色三角　監本三誤二

劉歆期交州記曰　宋本歆作欣記杭世駿改作志

去之夫其口衆我寡　陳樹華云林堯叟注云言此役夫然夫讀如字似未安一以去之二字爲句夫字屬下亦未妥不如三字連文夫作助語辭爲允也按以下六字爲句者是左傳凡云夫己氏夫先自敗也已言夫者皆指其人言也

世爲號令尹　宋本淳熙本岳本纂圖本足利本作世爲令尹無號字是也

失君道也　案後漢書王符傳注引注文失字上有不君二字以意增

厚斂以彫牆　釋文亦作彫云本亦作雕閩本監本毛本同注同案亦作雕用假借字

宰夫胹熊蹯不熟　案呂覽過理篇作臑熊蹯李善注魏文帝名都篇亦引作臑枚乘七發云熊蹯之臑注引傳文亦同然說文云洏爰孰也則作胹者俗字作臑則更俗矣內則作濡亦是洏之誤熟岳本作孰宋本正義亦作孰是也

筥屬　宋本淳熙本翻岳本纂圖本閩本監本毛本岳本筥作莒非也

宰夫臑熊蹯　宋本以下正義十八節摠入爲公族大夫注下

寢門闢矣　補刊石經閩本監本毛本寢作寑非也

不忘恭敬民之主也　補刊石經恭作共民仍避唐諱缺筆

其右提彌明知之　釋文提作祇云本又作提後漢書郡國志引同案史記晉世家作示眯明索隱曰鄒誕生音示眯爲祁彌即左傳之提彌明蓋字異而音同

遂扶以下　釋文云舊本皆作扶房孚反服虔注作跣先典反云徒跣也今杜注本往往有作跣者正義亦云服虔本扶作跣注云趙盾徒跣而下走杜本作扶言扶盾下階也盧文弨云服本是也襄三年傳晉悼公懼魏絳之死亦跣而出皆是急迫不及納屨使然趙盾飲未至醉何假於扶明扶字誤也

公嗾夫獒焉　釋文云嗾服本作㖩正義曰服虔云嗾㖩也臧琳云依正義則服本亦作嗾但訓嗾爲㖩耳㖩字說文玉篇皆無至集韻始收毛本注疏作取不從口非也獒史記作敖

言扶盾下階也　閩本監本毛本盾上衍趙字監本毛本也誤跣

服虔云嗾㖩也　閩本監本毛本㖩作取段玉裁云此段宋本誤正義當云服虔本嗾作取注云取嗾也公乃嗾夫獒使之噬盾也

公乃㖩夫獒使之噬盾也　監本毛本㖩作嗾不誤

初宣子田於首山　案李善注叔元爲幽州牧與彭寵書引傳田作畋

舍于翳桑見靈輒餓　閩本監本毛本于作於餓作饑並非

今近焉　淳熙本今誤令

翳桑之餓人也　閩本監本餓誤饑

以示於朝　纂圖本閩本監本毛本示作視合於古文

烏呼我之懷矣　纂圖本閩本監本毛本足利本烏作嗚非也

自詒伊慼　惠棟云王肅曰此邶風雄雉之詩案今詩慼作阻惟小明詩作慼而上句又異王子雍或見三家之詩據以爲衛詩伊段玉裁校本作緊

書法不隱　宋本法作灋下爲法受惡同

公山不狧云　宋本狧作狃是也○今訂正

杖君之威　監本毛本杖作仗俗字

僕責於野以喪莊公　閩本監本責作貴亦非宋本毛本作債是也○今訂正

其母夢神規其臀以黑曰　案宋本國語黑作墨

初麗姬之亂　釋文亦作麗閩本監本毛本作驪案麗驪字一耳

唯有悼公之弟揚干　毛本干作于非也

良由偪於六卿　毛本偪作逼案偪與逼同

子屬餘子之官　宋本子上有餘字

乃宦卿之適子而爲之田　此本初刊無子字後剜擠補刊石經宋本岳本亦無案昭廿八年正義詩汾沮洳正義並引作宦卿之適以爲公族亦無子字適釋文云又作嫡

餘子嫡子之母弟也　宋本淳熙本岳本嫡作適

下句趙盾　浦鏜正誤句作文

爲旄車之族則旄車之族即公行也　閩本監本毛本則旄車之族五字並脫

無餘子同者　宋本無下有與字

冬趙盾爲旄車之族　釋文亦作旄云一本作軞案詩汾沮洳箋作軞詩正義引傳亦作軞字按說文無軞字正義說以孑孑干旄建旄設旄則知孔本未嘗作軞也

經三年

傳三年

言牛至而祭　宋本此節正義在望郊之屬也節注下

舉動輕以明重也　宋本監本毛本無動字是也

郊之屬也　補刊石經屬作屬非

及郔鄭及晉平　補刊石經宋本郔作延案說文郔字注云鄭地顧炎武云石經誤作延是也

郔鄭地　宋本郔作延非也

雒水出上雒冢領山　毛氏六經正誤引建本亦作上雒是也又云注疏及興國本作上洛足利本同按作洛者非古本也

楚子問鼎之大小輕重焉　補刊石經輕誤輕

不逢不若　惠棟云張平子西京賦云禁禦不若爾雅釋詁云若善也郭景純注引左傳曰禁禦不若今左傳作不逢不若案下傳云莫能逢之杜云逢遇也既云不逢又云莫逢文既重出且杜氏不應舍上句注下句此晉以後傳寫之譌案惠棟說是也

螭魅罔兩　釋文魅本又作鬽兩本又作魎鄭氏注周禮彖宗人引作螭鬽魍魎說文禼字下引作螭魅蝄蜽段玉裁云螭者轉寫之譌字說文此字在厹部作离云山神獸形

螭山至水神　宋本以下正義三節揔入未可問也之下

莫能逢之　李善西京賦注引之作旃

民無災害　淳熙本災作灾

載祀皆年　釋文引注年下有也字

年取年穀一熟　宋本熟作孰

商紂暴虐　顧炎武云石經紂誤討案此乃明王堯惠謬刻也

有所厎止　補刊石經此處缺纂圖本閩本監本毛本厎作底顧炎武云五經無底字皆是厎字今說文本作厎字下有一畫誤字當從氏段玉裁云此說非也凡氏聲之字在古音弟十六支佳部凡氐聲之字在古音弟十五脂微皆

灰部厎本訓柔石經傳多借訓爲致凡字書韻書皆無作厎少下畫者惟唐開成石經五經文字广部底誤作底厂部厎致也不誤

武王遷之　武字上史記正義後漢書逸民傳注引杜注並有河南縣西有郟鄏陌八字又案水經注十五引杜氏釋地曰縣西南有郟鄏陌

武氏謀奉母弟須　宋本脫母字

夢天使與己蘭　宋本以下正義二節揔入刈蘭而卒注下已作己下同

余爲伯鯈　宋本鯈作儵釋文亦作儵非也案說文姞字注引作百鯈云黃帝之後姞姓

將不信　補刊石經此處信字未缺筆蓋書丹時偶忘避也

故欲討所賜蘭也　宋本淳熙本岳本纂圖本毛本討作計是也閩本監本作託亦誤○今訂正

生子瑕　陳樹華云瑕史記作瀩徐廣云一作瑕索隱曰音戠左傳作瑕

經四年

東海承縣東南有向城　段玉裁依釋文承改丞

秋公如齊　顧炎武云秋誤作利案此處如齊下石經係補刊宋本岳本足利本有注文無傳二字諸本皆脫

在桓三年　宋本淳熙本岳本足利本三作二不誤○今訂正

傳四年

第二指　宋本以下正義三節揔入皆爲大夫之下

相視而笑　岳本纂圖本閩本監本毛本笑作笑案石經凡笑字俱从竹从犬

權不足也　補刊石經權誤擢

未無家人習翫之愛　宋本閩本毛本未作末是也○今訂正

謂書弒者主名　臧禮堂據注及隱四年正義改主作之是也

藥物之齊非所習也　閩本監本毛本齊作劑

故以比爲弒王也　段玉裁挍本王作主

既不碎別國之與人　閩本監本毛本碎作辭

而傳云甚杞公多行無禮於國　宋本杞作紀是也○今依訂正

般子文之子子揚　閩本揚作楊非也

賁爲椒譖子揚　閩本監本爲作蔿非也

注漳澨漳水邊　宋本以下正義五節揔入注文易其名也之下

汰輈及鼓跗　補刊石經宋本岳本作汏下同釋文亦作汏是也鼓毛本作皷字正義同按汲古閣作皷字皆从攴與說文從攴與鼓同意者合今本說文篆體譌誤詳段玉裁說文讀

其形圓如碓頭　閩本監本毛本碓作確誤也

又射汰輈以貫笠轂　六經正誤云汰作洪轂作轂誤案洪字亦誤說見上轂說文云輻所湊也从車殸聲釋文及石經各本並從隸省

尊者則邊人執笠　纂圖本閩本監本毛本邊作籩誤

差於人情爲允耳　閩本監本毛本允作近

從其母畜於䢵　釋文於作于

䢵夫人使弃諸夢中　宋漢書班固敘傳作瞢中師古曰瞢雲瞢澤也引左傳作瞢中又云瞢與夢同

江夏安陸縣城東南　案後漢書郡國志注引注文縣下無城字

楚人謂乳穀謂虎於菟　閩本監本毛本謂作爲非補刊石經誤作楚人謂乳爲穀謂虎爲於菟惠棟以爲唐石經非也云漢書敘傳菟作檡如淳曰穀音構牛羊乳汁曰構師古曰穀讀如本字又音乃苟反檡或作菟並音塗廣雅作於䖘案穀當作㝅說文子部云㝅乳也說詳莊卅年釋文挍勘記

春秋左傳注疏卷二十一挍勘記

附釋音春秋左傳注疏卷第二十二 宣公五年盡十一年

杜氏注　孔穎達疏

經五年春公如齊○夏公至自齊○秋九月齊高固來逆叔姬高固齊大夫不書女歸降於諸侯［疏］注高固至諸侯○正義曰傳五年公孫茲如牟注云娶於牟也卿非君命不越竟故奉公命聘於牟因自爲逆然則此高固亦是因來聘而自逆也經書公孫茲如牟是以聘爲文此高固以逆爲文不言聘者此二者皆以非君之命不得越竟請君行聘而因自逆妻本意爲逆不爲聘也從魯而出私娶輕而君命重故書聘不書逆自外而來則嫁女重而受聘輕故書逆不書聘內外之異文耳諸侯嫁女於大夫則使大夫爲之主而書於經者行禮爲尊卑不敵故使大夫爲主耳其女適他族以先公遺體許人必告於廟故書之耳嫁於諸侯者皆書其歸此不書歸者差降於諸侯也非齊夫人不得言歸於齊若言歸於齊高氏則下嫁於大夫非公之敵故不得書其歸也○叔孫得臣卒無傳不書日公不與小斂○不與音預斂力驗反○冬齊高固及子叔姬來叔姬寧固反馬［疏］注叔姬寧固反馬○正義曰傳言來反馬也據高固爲文耳嫌叔姬亦爲反馬故辯之二者各有所爲而且相隨行耳女既適人當稱夫族宋蕩伯姬是其事也叔姬已適高氏而猶言子叔姬者以其新歸於夫反馬乃成爲婦今始來反馬故以父母之辭言之○楚人伐鄭

傳五年春公如齊高固使齊侯止公請叔姬焉留公強成昏○強其丈反○夏公至自齊書過也公既見止連昏於鄰國之臣厭尊毁列累其先君而於廟行飲至之禮故書以示過○厭於涉反累劣僞反［疏］注公既至示過○正義曰凡公行還書至者往反無咎喜之而告廟也公如齊見止求與高固爲昏方始得歸當以恥而不告亦復告廟飲至故依常書之以示過釋例曰凡反行飲至必以嘉會昭告祖禰有功則舍爵策勳無勳無勞告事而已若夫執止之辱厭尊毁列所以累其先君忝其社稷故當克躬罪已不以嘉禮自眇宣公如齊既已見止連昏於鄰國之臣而行飲至之禮故傳曰書過也言書過者書之以示公過也○秋九月齊高固來逆女自爲也故書曰逆叔姬卽自逆也適諸侯稱女適大夫稱字所以別尊卑也此春秋新例故稱書曰而不言凡也不於莊二十七年發例者嫌見逼而成昏因明之○自爲於僞反別彼列反［疏］注適諸至明之○正義曰俱是外來逆女適諸侯諸侯遣臣來逆則稱逆女紀裂繻來逆女是也適大夫大夫自來逆則稱所逆之字此高固來逆叔姬是也二文不同所以別尊卑也傳言卿自逆者別其與君逆也莊二十七年莒慶來逆叔姬文與此同不於彼發例者嫌此高固見迫而成昏與常例或異故因此以明其不異也○冬來反馬也禮送女留其送馬謙不敢自安三月廟見遣使反馬高固遂與叔姬俱寧故經傳具見以示譏○廟見賢遍反下同使所吏反［疏］注禮送至示譏○正義曰禮送女適於夫氏留其所送之馬謙不敢自安於夫若被出棄則將乘之以歸故留之也至三月廟見夫婦之情既固則夫家遣使反其所留之馬以示與之偕老不復歸也法當遣使不合親行高固因叔姬歸寧遂親自反馬與之俱來故經傳具見其事以示譏也儀禮昏禮者士之禮也其禮無反馬故何休據之作膏肓以難左氏言禮無反馬之法鄭玄荅之曰冠義云無大夫冠禮而有其昏禮則昏禮者天子諸侯大夫皆異也士昏禮云主人爵弁纁裳緇衣乘墨車從車二乘婦車亦如之此婦車出於夫家則士妻始嫁乘夫家之車也詩鵲巢云之子于歸百兩御之又曰之子于歸百兩將之將送也國君之禮夫人始嫁自乘其家之車也則天子諸侯嫁女留其乘車可知也高固大夫也來反馬則大夫亦留其車也禮雖散亡以詩之義論之大夫以上其嫁皆有留車反馬之禮留車妻之道也反馬壻之義也高固以秋九月來逆叔姬冬來反馬則婦入三月祭行乃反馬禮也是說禮有反馬之法唯高固不宜親行耳杜言三月廟見謂無舅姑者士昏禮婦至其夕成昏質明贊見婦於舅姑若舅姑既沒則婦入三月乃奠菜鄭玄云奠菜者祭菜也又記曰婦入三月然後祭行鄭玄云謂助祭也曾子問篇端稱孔子曰三月而廟見稱來婦也擇日而祭於禰成婦之義也鄭玄云謂舅姑沒者也是舅姑沒者以三月而祭因以三月爲反馬之節舅姑存者亦當以三月反馬也士昏禮又稱若不親迎則婦入三月然後壻見於妻之父母此高固親迎則不須更見故譏其親反馬也案杜注經云叔姬寧固反馬傳唯舉反馬不言寧者以寧是常事唯反馬非禮故傳舉其非禮者○

○楚子伐鄭陳及楚平晉荀林父救鄭伐陳爲明年晉衛侵陳傳

經六年春晉趙盾衛孫免侵陳○夏四月○秋八月螽無傳○冬十月

傳六年春晉衛侵陳陳即楚故也○夏定王使子服求后于齊子服周大夫○秋赤狄伐晉圍懷及邢丘邢丘今河內平皋縣晉侯欲伐之中行桓子曰使疾其民驕則數戰爲民所疾○數所角反以盈其貫將可殪也殪盡也貫猶習也○貫古患反注同殪於計反疏注殪盡至習也○正義曰釋詁云殪盡也殪死也言其死盡故以殪爲盡盈其貫者杜以爲盈滿其心使貫習來伐劉炫云案尚書泰誓武王數紂之惡云商罪貫盈言紂之爲惡如物在繩

索之貫不得爲習也今知不然者以詩稱射則貫兮先儒亦以爲習故杜用焉義得兩通劉直以尚書之文而規杜過恐非也周書曰殪戎殷周書康誥也義取周武王以兵伐殷盡滅之疏周書曰殪戎殷○正義曰如杜所注戎訓爲兵謂以兵伐殷而殪盡也殪字宜在下以周書本文故其字在上此類之謂也爲十五年晉滅狄傳○爲于僞反下注同○冬召桓公逆王后于齊召桓公王卿士事不關魯故不書爲成二年王甥舅張本○召上照反○楚人伐鄭取成而還九年十一年傳所稱厲之役蓋如此○鄭公子曼滿與王子伯廖語欲爲卿二子鄭大夫○曼音萬廖力彫反伯廖告人曰無德而貪其在周易豐☲☳離下震上豐之離☲☲豐上六變而爲純離也周易論變故雖不筮必以變言其義豐上六曰豐其屋蔀其家闚其戶闃其無人三歲不覿凶義取無德而大其屋不過三歲必滅亡○蔀步口反又普口反闚古規反闃苦鵙反覿徒歷反疏注豐上至滅亡○正義曰豐卦震上離下震爲動離爲明動而益明豐大之義豐卦上六變而爲純離之卦故爲豐之離也杜以筮得此卦爻變而爲彼卦可言遇觀之否遇坤之比耳此直口語不是揲蓍而亦言豐之離者周易論變爲義故雖不筮論易者必以變言其義故言豐之離也杜又引豐上六至不覿凶皆周易之文也王弼以爲上六以陰處極而最在外不復於位深自幽隱絕跡深藏者也蔀者覆鄣之物也豐大其屋又鄣蔽其家闇之甚也以甚闇而處大屋不能久享其利其屋雖大其室將空故窺其戶而闃然無人也經三歲而不能顯見則凶伯廖引此者義取無德而居乃屋不過三歲必滅亡○弗過之矣不過三年間一歲鄭人殺之○間間廁之間

經七年春衛侯使孫良夫來盟○夏公會齊侯伐萊傳例曰不與謀也萊國今東萊黃縣○萊音來不與音預疏衛侯至來盟○正義曰文二年晉人以公不朝使陽處父盟公以恥之書曰及晉處父盟去其族以厭恥也然則公與大夫對盟則爲恥辱此良夫來盟無貶責者彼公親朝晉晉侯不與公盟故遣大夫敵公是爲恥辱此不貶責者其君不得親來遣臣來與公盟不對彼

君非爲恥也○秋公至自伐萊無傳○大旱無傳書旱而不雩雩無功或不雩○冬公會晉侯宋公衛侯鄭伯曹伯于黑壤○壤如丈反

傳七年春衛孫桓子來盟始通且謀會晉也公即位衛始脩好○好呼報反○夏公會齊侯伐萊不與謀也凡師出與謀曰及不與謀曰會與謀者謂同志之國相與講議利害計成而行之故以相連及爲文若不獲已應命而出則以外合爲文皆據魯而言師者國之大事存亡之所由故詳其舉動以例別之○不與音預下及注與謀同年末不與放此應應對之應別彼列反下注同疏凡師至曰會○正義曰釋例曰與謀者同志之國彼我之計未定相與共謀講議利害計成而後行之故以相連及爲文不與謀而出師者謂不得已而應命故以外合爲文皆據魯而言之也公親會齊侯伐萊而傳以師出示例所以通卿大夫帥師者也魯既春會于

曹以謀伐鄭夏遂起師而更從不與謀之文者厲公篡大子忽之位謀而納之非正故諱不與謀之例若夫盟主之令則上行乎下非匹敵和成之類故雖或先謀皆從不與謀之例成八年晉士燮來聘且言將伐郯下云會伐郯是也凡乞師者深求過理之辭執謙以偪成其計故雖小國乞之於大國大國乞之於小國亦皆不從與謀之例臧宣叔郤錡是也傳以師出爲例是唯繫於戰伐而劉賈許潁濫以經諸及字爲義本不在例今欲強合之所以多相錯伐也杜言小乞大大乞小者僖二十六年公子遂如楚乞師成二年臧宣叔如晉乞師是小國乞於大國也成十三年郤錡來乞師十六年欒黶來乞師十七年荀罃來乞師十八年士魴來乞師是大國乞於小國也與謀者心俱欲伐彼此同謀乞師者非彼所欲乞來爲已也我乞彼者彼不與我謀彼乞我者我不與彼謀是故凡言乞者皆從不與謀之例宣叔是小乞大郤錡是大乞小除晉乞魯以外更無大乞小者故舉郤錡以辯乞小之事耳晉是盟主自是上行乎下例無與謀之文不由郤錡乞師乃從不與謀之例

○赤狄侵晉取向陰之禾此無秋字蓋闕文晉用桓子謀故縱狄○向舒亮反 疏注此無秋字蓋闕文。○正義曰苗秀乃名爲禾夏則無禾可取知此取必在秋此無秋字蓋闕文

○鄭及晉平公子宋之謀也故相鄭伯以會冬盟于黑壤王叔桓公臨之以謀不睦王叔桓公周卿士銜天子之命以監臨諸侯不同歃者尊卑之別也。○相息亮反歃所洽反又所甲反監古銜反 ○晉侯之立也在二年公不朝焉又不使大夫聘晉人止公于會盟于黃父公不與盟以賂免黃父卽黑壤故黑壤之盟不書諱之也慢盟主以取執止之辱故諱之

疏注慢盟主諱之。○正義曰昭十三年公會劉子晉侯云于平丘八月甲戌同盟於平丘公不與盟於時晉以譏愍弘多不與公盟公不得與非國之恥故書其同盟而顯言不與此時公實有罪爲晉所執不得與盟是公之恥故諱而不書其盟若言諸侯實不盟公無所可與然

經八年春公至自會無傳義與五年書過同 疏注義與五年書過同。○正義曰被執不以爲恥而亦告廟飲至故書之以示過也故杜云義與五年書過同 ○夏六月公子遂如齊至黃乃復無傳蓋有疾而還大夫受命而出雖死以尸將事遂以疾還非禮也 疏注蓋有至禮也。○正義曰下言其卒故疑有疾而還也聘禮曰賓入竟而死遂也若賓死未將命則既斂于棺造于朝介將命哀十五年傳曰有朝聘而終以尸將事之禮是入所聘之竟則當遂行黃是齊竟遂以疾還非禮也

○辛巳有事于大廟仲遂卒于垂有事祭也仲遂卒與祭同日略書有事爲繹張本不言公子因上行還間無異事省文從可知也稱字時君所嘉無義例也垂齊地非魯竟故書地。○大音泰傳同爲于僞反省所景反竟音境。 疏注有事至書地。○正義曰有事祭也者謂禘祭也釋例以昭十五年有事于武宮傳稱禘于武公則知此言有事亦是禘也祭之日仲遂卒不言禘而略言有事者禘事得常不主書禘爲下繹祭張本耳上言公子遂如齊此言仲遂卒不言公子者此書有事爲仲遂卒而書之與上相連猶是一事因上行還間無異事省公子之文從可知也衞氏難杜云其間有辛巳有事于大廟何得爲間無異事秦氏釋云有事于大廟是爲仲遂卒起文止是一事故云間無異事也既不書。公子而稱仲遂者時君所嘉寵故稱其字非義例也定五年傳季平子行東野卒于房房是魯地卒於竟內故不書其地垂是齊地非魯竟故書地也

壬午猶繹萬入去籥繹又祭陳昨日之禮所以賓尸萬舞名籥管也猶者可止之辭魯人知卿佐之喪不宜作樂而不知廢繹故內舞去籥惡其聲聞。○去起呂反注及傳同籥羊略反管音館惡烏路反聲聞音問又如字 疏注繹又至聲聞。○正義曰繹又祭釋天文孫炎云祭之明日尋繹復祭也公羊傳曰繹者何祭之明日也穀梁傳云繹者祭之旦日之享賓也天子諸侯謂之爲繹少牢饋食大夫之禮也謂之賓尸釋詁云繹陳也是陳昨日之禮以賓敬此尸也公羊傳曰萬者何干舞也籥者何籥舞也其言萬入去籥何去其有聲者廢其無聲者知其不可而爲之也猶者何通可以已也是萬爲舞名禮明堂位曰朱干玉戚冕而舞大武干楯也戚斧也此舞者左手執楯右手執斧故謂之武舞言王者以萬人服天下故以萬爲名詩言碩人之舞云左手執籥右手秉翟鄭玄云籥如管六孔何休云吹之以節舞也故吹籥而舞謂之文舞魯人知卿佐之喪不宜作樂故去其有聲而不知廢繹納舞去籥惡其聲聞也尋杜注意直云萬舞

名又注隱五年亦直云萬舞也干羽數則萬是舞之大名不取公羊萬是干舞之義則執羽吹籥是爲萬舞故杜云納舞去籥惡其聲聞是無干舞籥舞之別名也沈氏云案曾子問嘗禘郊社簠簋既陳天子崩后之喪廢則卿喪不廢正祭繹是又祭爲輕故當廢之○戊子夫人嬴氏薨無傳宣公母也○晉師白狄伐秦○楚人滅舒蓼○秋七月甲子日有食之既無傳月三十日食○冬十月己丑葬我小君敬嬴敬謚嬴姓也反哭成喪故稱葬小君疏注敬謚。正義曰謚法夙夜敬事曰敬雨不克葬庚寅日中而克葬克成也疏雨不至克葬。正義曰定十五年九月丁巳葬我君定公雨不克葬戊午日下昃乃克葬彼云乃此云而者公羊傳曰而者何難也乃者何難也曷爲或言而或言乃乃難乎而也何休云難者臣子重難不得以正日葬其君言乃者內而深言而者外而淺下昃日昳久故言乃左氏無傳杜又不說或如公羊之言或是史家異辭○城平陽今泰山有平陽縣○楚師伐陳

傳八年春白狄及晉平夏會晉伐秦經在仲遂卒下從赴晉人獲秦諜殺諸絳市六日而蘇蓋記異也。諜徒協反間也今謂之細作絳古巷反○有事于大廟襄仲卒而繹非禮也○楚爲衆舒叛故伐舒蓼滅之舒蓼二國名。爲于僞反疏注舒蓼二國名。正義曰舒蓼二國名者蓋轉寫誤當云一國名案釋例土地名有舒羣舒舒蓼舒庸舒鳩以爲五名則與文五年滅蓼同蓋蓼滅後更復故楚今更滅之劉炫以杜爲一國而規之非也楚子疆之正其界也。疆居良反○及滑汭滑水名。滑于八反汭如蛻反一音如悅反盟吳越而還吳國今吳郡越國今會稽山陰縣也傳言楚疆吳越服從。會古外反稽古兮反疆其良反疏盟吳越而還。正義曰譜云吳姬姓周大王之子大伯仲雍之後大伯仲雍讓其弟季歷而去之荊蠻自號句吳句或爲

春秋疏卷二十二　七

工夷言發聲也大伯無子而卒仲雍嗣之當武王克殷而因封其曾孫周章於吳爲吳子又別封章弟虞仲於虞自大伯五世而得封十二世而晉滅虞虞滅而吳始大至壽夢而稱王壽夢以上世數可知而不紀其年壽夢元年魯成公之六年也夫差十五年獲麟之歲也二十三年魯哀公之二十二年而越滅吳越姒姓其先夏后少康之庶子也封於會稽自號於越於者夷言發聲也濵在南海不與中國通後二十餘世至於允常魯定公五年始伐吳允常卒子句踐立是爲越王越王元年魯定公之十四年也魯哀公二十二年句踐滅吳霸中國卒春秋後七世大爲楚所破遂微弱矣外傳曰芊姓歸越是越本楚之別封也或非夏后之後也○晉胥克有蠱疾惑以喪志。蠱音古喪息浪反郤缺爲政代趙盾秋廢胥克使趙朔佐下軍朔盾之子代胥克爲成十七年胥童怨郤氏張本○冬葬敬嬴旱無麻始用葛茀記禮變之所由茀所以引柩殯則有之以備火葬則以下柩。茀方勿反引棺索也柩其又反疏注記禮至下柩。正義曰禮記諸言自某始者皆由後人爲始此云始用葛茀則自此以後常用葛故云記禮變之所由茀字禮或作紼或作綍繩之別名也周禮遂人大喪屬六紼天子用六也喪大記君葬用四紼大夫士葬用二紼是紼者所以引柩也於殯則已有之繫於輴車以備火災有災則引柩以辟火及葬則用之以下柩也雨不克葬禮也禮卜葬先遠日辟不懷也懷思也疏雨不至懷也。正義曰曲禮云凡卜筮日旬之外曰遠某日旬之內曰近某日喪事先遠日吉事先近日鄭玄云喪事葬與練祥也吉事祭祀冠取之屬也然則遠近日先卜上旬不吉卜次旬又不吉卜下旬喪事則先卜下旬卜葬先卜遠日辟不思念其親似欲汲汲而早葬之也今若冒雨而葬亦是不思其親欲得早葬故舉卜葬先遠日以證爲雨而止禮也王制云庶人葬不爲雨止者鄭玄云雖雨猶葬禮儀少也○城平陽書時也○陳及晉平楚師伐陳取成而還言晉楚爭強

經九年春王正月公如齊無傳公至自齊無傳○夏仲孫蔑如京師○齊侯伐萊無傳○秋取根

春秋疏卷二十二　八

牟根牟東夷國也今琅邪陽都縣東有牟鄉○八月滕子卒未同盟○九月晉侯宋公衛侯鄭伯曹伯會于扈○晉荀林父帥師伐陳○辛酉晉侯黑臀卒于扈卒於竟外故書地四與文同盟九月無辛酉日誤。竟音境〔疏〕注卒於至日誤。正義曰釋例扈是鄭地故云卒於竟外黑臀以二年始立而云四與文同盟者杜注春秋又爲釋例前後經傳勘當備盡豈晉侯二年始立不于文公之世而云四與文同盟必是後寫之誤蘇氏亦以爲然劉炫以此規杜非也其君卒或書地或不書地皆從赴今云卒於竟外故書地者。晉侯實在竟外卒非以爲例也劉炫云襄七年鄭伯髡頑卒於鄵昭二十五年宋公佐卒于曲棘竟內亦書地非竟外九月無辛酉者下有十月癸酉杜以長厤推之癸酉是十月十六日辛酉在前十二日耳故云九月無辛酉上有八月下有十月非月誤也

○冬十月癸酉衛侯鄭卒無傳三與文同盟〔疏〕注三與文同盟。正義曰鄭父燬以僖二十五年卒鄭代立其年盟于洮二十六年于向二十八年于踐土文七年于扈十四年於新城唯二與文同盟云三者以二三字體相近轉寫之誤耳若其不然杜無容不委劉炫以此規杜非也○

宋人圍滕○楚子伐鄭○晉郤缺帥師救鄭

○陳殺其大夫洩冶洩冶直諫於淫亂之朝以取死故不爲春秋所貴而書名。洩息列反冶音也〔疏〕注洩冶至書名。正義曰文八年宋人殺其大夫司馬貴之而不名此書洩冶之名是不爲春秋所貴故書名傳稱臣者所以治煩去惑是以伏死而爭則直諫者臣之盡忠之事洩冶忠諫而死不爲春秋所貴者釋例曰魯哀之可諫者甚衆未聞仲尼之苦言至於陳恒弒其君孔子沐浴而朝告於哀公求討不義顯事施舍足以致益者固人臣之所當造膝也若乃情色之惑君不能得之於臣父不能得之於子臣子而欲顯直於其君父適所以益謗而致罪也陳靈公宣淫悖德亂倫志同禽獸非盡言所救洩冶進無匡濟遠策退不危行言孫安昏亂之朝慕匹夫之直忘蘧氏可卷之德死而無益故經同罪賤之文傳特稱仲尼以明之忠爲令德非其人猶不可況不令乎此其義也是說不貴洩冶之意也然則比干諫紂而死孔子稱殷有三仁焉善比干者家語云子貢曰陳靈公君臣宣淫於朝洩冶諫而殺

之是與比干諫死同可謂仁乎孔子曰比干於紂親則諸父官則少師忠款之心在於存宗廟而已固當以必死爭之冀身死之後紂當悔悟本志存於仁者也洩冶之於靈公位在大夫無骨肉之親懷寵不去仕於亂朝以區區之身欲止一國之淫昏死而無益可謂狷矣詩云民之多辟無自立辟其洩冶之謂乎是言洩冶之行不得同於比干之意也

傳九年春王使來徵聘徵召也言周徵也徵聘不書徵加諷諭不指斥。諷芳鳳反夏孟獻子聘於周王以爲有禮厚賄之。賄呼罪反字林音悔○秋取根牟言易也。易以豉反○滕昭公卒爲宋圍滕傳○會于扈討不睦也謀齊陳陳侯不會前年與楚成故晉荀林父以諸侯之師伐陳不書諸侯師林父帥之無將帥。將子匠反帥所類反〔疏〕注不書至將帥。正義曰僖二十八年晉侯齊師宋師秦師及楚人戰於城濮彼注云宋公齊國歸父秦小子憖既次城濮以師屬晉不與戰也彼以師屬晉而經書其師此全不書者彼雖公卿不行仍有大夫帥之將卑師衆故稱師耳此則全無將帥以兵付晉并入晉軍林父獨自帥之故唯書林父伐陳也晉侯卒于扈乃還○冬宋人圍滕因其喪也○陳靈公與孔寧儀行父通於夏姬皆衷其衵服以戲于朝二子陳卿夏姬鄭穆公女陳大夫御叔妻衷懷也衵服近身衣。夏戶雅反衷音忠王丁仲反衵女乙反一音汝栗反說文云日日所衣裳也字林同又云婦人近身內衣也仁一反御如字一音魚呂反近附近之近洩冶諫曰公卿宣淫民無効焉宣示也。効戶教反且聞不令君其納之納藏衵服。聞如字一音問公曰吾能改矣公告二子二子請殺之公弗禁遂殺洩冶孔子曰詩云民之多辟無自立辟其洩冶之謂乎辟邪也辟法也詩大雅言邪辟之世不可立法國無道危行言孫。禁居鴆反又音金多辟本又作僻匹

亦反注同立辟婢亦反注同邪似嗟反下同行下孟反孫音遜○楚子爲厲之役故伐鄭六年楚伐鄭取成於厲既成鄭伯逃歸事見十一年。爲于僞反見賢遍反○晉郤缺救鄭鄭伯敗楚師于柳棼柳棼鄭地。柳力手反棼扶云反國人皆喜唯子良憂曰是國之災也吾死無日矣自是晉楚交兵伐鄭十二年卒有楚子入鄭之禍

經十年春公如齊公至自齊無傳○齊人歸我濟西田元年以賂齊也不言來公如齊因受之。濟子禮反○夏四月丙辰日有食之無傳不書朔官失之○己巳齊侯元卒未同盟而赴以名○齊崔氏出奔衛齊略見舉族出因其告辭以見無罪。見賢遍反下同〔疏〕注齊略至無罪。正義曰崔杼有寵於惠公惠公既薨高國二家恐其藉前世之寵又有寵於新君故畏其偪已因君薨而逐之崔杼未

有罪也齊人疑其事故不言其名略言崔氏見其舉族出奔耳及仲尼脩之大夫出奔無罪不名不名卽因無罪故因告稱氏而書氏次見無罪若貴之或稱官或稱字如司城子哀之類是也○公如齊五月公至自齊無傳○癸巳陳夏徵舒弑其君平國徵舒陳大夫也靈公惡不加民故稱臣以弑。夏戶雅反○六月宋師伐滕○公孫歸父如齊○葬齊惠公無傳歸父襄仲之子晉人宋人衛人曹人伐鄭鄭及楚平故○秋天王使王季子來聘王季子者公羊以爲天王之母弟然則字季子天子大夫稱字〔疏〕注王季至稱字。正義曰公羊傳曰王季子者何天子之大夫也其稱王季子何貴也其貴奈何母弟也是公羊以爲天王之母弟也母弟而稱季子然則字季子也天子大夫例稱字襄三十年天王殺其弟佞夫母弟稱弟此不言王弟者釋例云朝聘盟會嘉好之事此兄弟之篤睦非義例之所興故仍舊史之策或稱弟或稱公子是由義無所見故因其舊文其相殺害乃稱弟以示義耳

○公孫歸父帥師伐邾取繹繹邾邑魯國鄒縣北有繹山。繹音亦〔疏〕注繹邾至繹山。正義曰文十三年傳稱邾遷于繹則繹爲邾之都矣更別有繹邑今魯伐取之非取邾之都也亦因繹山爲名蓋近在邾都之旁耳○大水無傳○季孫行父如齊○冬公孫歸父如齊齊侯使國佐來聘既葬成君故稱君命使也○饑無傳有水災嘉穀不成楚子伐鄭

傳十年春公如齊齊侯以我服故歸濟西之田公比年朝齊故○夏齊惠公卒崔杼有寵於惠公高國畏其偪也高國二家齊正卿。杼直呂反偪彼力反公卒而逐之奔衛書曰崔氏非其罪也且告以族不以名典策之法告者皆當書以名今齊特以族告夫子因而存之以示無罪又言且告以族不以名者明春秋有因

而用之不皆改舊史。〔疏〕注典策至改舊。正義曰傳言且告以族不以名知法當以名告而齊人諛以族告也釋例云若乃稱司城以貴效節於府人書歸父之還以善復命於介因齊人告辭以著其無罪蓋隨事以示襃貶也傳既云書曰崔氏以明非罪復云且告以族不以名知典策之書舊當以名通也齊國雖繆以族告適合仲尼新襃之實因而不革以示無罪且明春秋之作或因仍舊史成文不必皆有改也何休膏肓以爲公羊譏世卿世卿而難左氏蘇氏釋云崔杼祖父名不見經則知非世卿且春秋之時諸侯擅相征伐猶尚不譏世卿雖曰非禮夫子何由獨責又鄭駁異義引尚書世選爾勞又引詩刺幽王絕功臣之世然則興滅繼絕王者之常譏世卿之文其義何在凡諸侯之大夫違違奔放也〔疏〕注違奔放也。正義曰釋例曰迫窘而奔及以禮見放俱去其國故傳通以違爲文是言違兼奔放也告於諸侯曰某氏之守臣某上某氏者姓下某名。守手又反〔疏〕注上某至某名。正義曰若言崔氏之守臣杼也大夫受氏常世守宗廟故謂之守臣言守宗廟之臣也僖十二年管仲云天子之二守高國在彼謂天子命之爲守國之臣與此異也知此異於彼者豈天子命

者出奔乃得告於諸侯餘臣出奔不得告也且下句云失守宗廟如守臣謂守宗廟之臣非守國也天子賜姓諸侯賜族對文則姓與族別散文則可以通禮謂族人爲庶姓故云上某出者姓其實正是族也失守宗廟敢告所有玉帛之使者則告玉帛之使謂聘。○之使所吏反〔疏〕注玉帛之使謂聘。○正義曰聘禮執玉致命執帛致享故云玉帛之使謂聘也下注云恩好不接故亦不告又昭二十年曹公孫會自鄭出奔宋注云嘗有玉帛之使來告故書則杜意以爲奔者之身嘗有玉帛之使於彼國已經相接則告之若奔者未嘗往聘恩好不接則不告唯告奔者嘗聘之國餘不告也劉炫以爲玉帛之使謂國家有交好之國皆告非指奔者之一身不然則否恩好不接故亦不告。○好呼報反○公如齊奔喪公親奔喪非禮也公出朝會奔喪會葬皆書如不言其事史之常也○陳靈公與孔寧儀行父飲酒於夏氏公謂行父曰徵舒似女對曰亦似君徵舒病之靈公卽位於今十五年徵舒已爲卿年大無嫌

是公子蓋以夏姬淫放故謂其子爲似以爲戲。○夏戶雅反女音汝公出自其廄射而殺之二子奔楚○廄居又反射食亦反○滕人恃晉而不事宋六月宋師伐滕○鄭及楚平前年敗楚師恐楚深怨故與之平諸侯之師伐鄭取成而還○秋劉康公來報聘報孟獻子之聘卽王季子也其後食采於劉○師伐邾取繹爲子家如齊傳○季文子初聘于齊齊侯初卽位○冬子家如齊伐邾故也魯侵小恐爲齊所討故往謝國武子來報聘報文子也○楚子伐鄭晉士會救鄭逐楚師于頴北頴水出河南陽城至下蔡入淮〔疏〕注頴水至入淮。○正義曰釋例曰頴水出河南陽城縣陽乾山東南經頴川汝陰至淮南下蔡縣入淮也諸侯之師戍鄭鄭子家卒鄭人討幽

公之亂斲子家之棺而逐其族以四年弑君故也斲薄其棺不使從卿禮。○斲竹角反〔疏〕注以四至卿禮。○正義曰喪大記云君大棺八寸屬六寸椑四寸上大夫大棺八寸屬六寸下大夫大棺六寸屬四寸士棺六寸然則子家上大夫棺當八寸今斲薄其棺不使從卿禮耳不知斲薄之使從何禮也改葬幽公謚之曰靈〔疏〕幽公。○正義曰謚法動靜亂常曰幽

經十有一年春王正月○夏楚子陳侯鄭伯盟于辰陵楚復伐鄭故受盟也辰陵陳地頴川長平縣東南有辰亭。○復扶又反下復封陳同○公孫歸父會齊人伐莒無傳○秋晉侯會狄于欑函晉侯往會之故以狄爲會主欑函狄地。○欑才端反函音咸〔疏〕注晉侯至狄地。○正義曰凡諸諸聚會魯不與者皆歷序諸國云會于某地上盟于辰陵卽其事也狄從諸夏序列亦然僖三十年齊人狄人盟于邢是也此異於彼而云晉侯會狄是狄在彼地晉往會之故傳說晉大夫欲召狄郤成子勸其勤是晉侯自往故以狄爲會主

成十五年會吳于鍾離襄十年會吳于柤其意與此同○冬十月楚人殺陳夏徵舒不言楚子而稱人討賊辭也〔疏〕注不言至辭也。○正義曰討賊辭者言弑君之賊人人皆欲殺之作舉國共殺之文故不言楚子也襄二十七年衛殺其大夫甯喜亦是討賊但衛人自殺其臣故稱大夫徵舒非楚之臣不得言殺其大夫諸放殺及執他國之臣皆不言某國大夫者以人臣卑賤故沒其爵號而空書名氏○丁亥楚子入陳楚子先殺徵舒而欲縣陳後得申叔時諫乃復封陳不有其地故書入在殺徵舒之後〔疏〕注楚子至之後。○正義曰案傳楚子爲陳討夏氏亂遂入陳殺夏徵舒轘諸栗門此經先書殺夏徵舒後書入陳者據先後事實爲文故杜注云楚子先殺徵舒而欲縣陳後得申叔時諫乃復封陳不有其地故書入在殺徵舒之後是其事也劉炫云楚子入陳乃殺徵舒經先書殺徵舒後言入陳者以楚子本意止欲討賊無心滅陳及殺徵舒滅陳爲縣後得申叔時諫乃復封陳於例不有其地故云入陳言楚人旣殺徵舒楚子乃復入陳納二子於陳入陳之文爲下納張本傳云書曰入陳納公孫寧儀行父于陳書有禮也入納連文是入爲納也昭八年楚師滅陳執公子招放于越

殺陳孔奐彼心欲滅陳此則王爲討賊無心滅陳而復封之君子善其自悔故退入陳於下隱其縣陳之過若其不然當云楚子入陳殺夏徵舒如此則楚子本爲入陳因入乃討陳賊則是惡楚子故書入在殺徵舒之後 納公孫寧儀行父于陳 二子淫昏亂人也君弑之後能外託楚以求報君之讎内結强援於國故楚莊得平步而討陳除弑君之賊於時陳成公播蕩於晉定亡君之嗣靈公成喪賊討國復功足以補過故君子善楚復之○播，補賀反蕩如字 〔疏〕注二子至復之○正義曰二子與君淫昏致使君死國亂實罪人也今楚子入陳而納之乃是納罪人也例應罪楚子而傳言書曰入陳納公孫寧儀行父于陳書有禮也既善楚子有禮則是恕彼之過故杜迹其合恕之由言賊討國復是二子之力其功足以補過故君子善楚復之賈逵云二子不繫之陳絶於陳也惡其與君淫故絶之善楚有禮也案子糾捷菑皆不繫國自是例之常賈説非也釋例云賈氏依放穀梁云稱納者内難之辭納公孫寧儀行父于陳言書有禮不可言内難也陳縣而見復上下交驩二人雖有淫縱之闕今道楚匡陳賊討君葬威權方盛傳稱其禮理無所難此先儒説之不安也杜言於時陳成公播蕩於晉者此傳云陳侯在晉襄二十五年傳云夏氏之亂成公播蕩是也

傳十一年春楚子伐鄭及櫟子良曰晉楚不務德而兵爭與其來者可也晉楚無信我焉得有信乃從楚夏楚盟于辰陵陳鄭服也 傳言楚與晉狎主盟○櫟力狄反爭爭鬬之爭焉於虔反夏楚盟本或作楚子 ○楚左尹子重侵宋 子重公子嬰齊莊王弟 王待諸郔 郔楚地○郔音延 ○令尹蔿艾獵城沂 艾獵孫叔敖也沂楚邑○艾五蓋反獵力涉反沂魚依反 〔疏〕注艾獵孫叔敖○正義曰服虔亦云艾獵爲賈之子孫叔敖也此年云令尹蔿艾獵明年云令尹孫叔敖明一人也世本艾獵爲叔敖之兄世本多誤本不必然 使封人慮事 封人其時主築城者慮事謀慮計功○慮如字一音力於反廣雅云無慮都邑也 〔疏〕注封人至計功○正義曰周禮封人凡封國封其四疆造都邑之封域者亦如之大司馬大役與慮事受其要以待考而賞誅鄭玄云慮事者封人也於有役司馬與之屬賦丈尺與其用人數也是封人主造城邑計度人數此云使封人故云其時主築城者慮事者謀慮城築之事無則慮之訖則計功也史書多有無慮之語皆謂揆度前事也 以授司徒 司徒掌役 量功命日 命作日數 分財用 財用築作具 平板榦 榦楨也○榦古旦反亦作幹楨音貞 〔疏〕注榦楨也○正義曰釋詁云楨翰榦也舍人曰楨正也築牆所立兩木也翰所以當牆兩邊鄣土者也彼楨爲榦故謂榦爲楨謂牆之兩頭立木也板在兩旁鄣土者即彼文榦也平板榦者等其高下使城齊也 稱畚築 量輕重畚盛土器○畚音本盛音成 程土物 爲作程限○爲于僞反又如字 〔疏〕稱畚築程土物○正義曰畚者盛土之器築者築土之杵司馬法輂車所載二築是也稱畚築者量其輕重均負土與築者之力也程土物謂鍬钁畚輂之屬爲作程限備豫也 議遠邇 均勞逸 略基趾 趾城足略行也○趾音止行下孟反 具餱糧 餱乾食也○餱音侯糧音良乾食如字一音嗣本或作乾飯 度有司 謀監主○度待洛反監古銜反 事三

旬而成 十日爲旬 不愆于素 不過素所慮之期也傳言叔敖之能使民○愆起虔反 ○晉郤成子求成于衆狄衆狄疾赤狄之役遂服于晉 赤狄潞氏最强故服役衆狄○潞音路 秋會于欑函衆狄服也是行也諸大夫欲召狄郤成子曰吾聞之非德莫如勤非勤何以求人能勤有繼其從之也 勤則功繼之 詩曰文王既勤止 詩頌文王勤以創業○創初亮反 文王猶勤況寡德乎○冬楚子爲陳夏氏亂故伐陳 十年夏徵舒弑君○爲于僞反 謂陳人無動將討於少西氏 少西徵舒之祖子夏之名○少詩照反 〔疏〕注少西至之名○正義曰禮以王父字爲氏徵舒以夏爲氏知子夏是字少西是名言少西氏者氏猶家也言將討少西之家 遂入陳殺

夏徵舒轘諸栗門轘車裂也栗門陳城門○轘音患因縣陳滅陳以爲楚縣陳侯在晉靈公子成公午申叔時使於齊反復命而退王使讓之曰夏徵舒爲不道弒其君寡人以諸侯討而戮之諸侯縣公皆慶寡人楚縣大夫皆僭稱公○使所吏反僭子念反【疏】以諸侯討而戮之○正義曰經無諸侯而云以諸侯討之諸侯皆慶者時有楚之屬國從行也十二年邲之戰經不書唐而傳云唐侯爲左拒昭十七年長岸之戰經不書隨而傳言使隨人守舟明此時亦有諸侯但爲楚私屬不以告耳女獨不慶寡人何故對曰猶可辭乎王曰可哉曰夏徵舒弒其君其罪大矣討而戮之君之義也抑人亦有言曰牽牛以蹊人之田抑辭也蹊徑也○女音汝蹊音兮徑古定反而奪之牛

牽牛以蹊者信有罪矣而奪之牛罰已重矣諸侯之從也曰討有罪也今縣陳貪其富也以討召諸侯而以貪歸之無乃不可乎王曰善哉吾未之聞也反之可乎對曰吾儕小人所謂取諸其懷而與之也叔時謙言小人意淺謂譬如取人物於其懷而還之爲愈於不還○儕士皆反輩也乃復封陳鄉取一人焉以歸謂之夏州州鄉屬示討夏氏所獲也○復扶又反夏戶雅反【疏】謂之夏州○正義曰謂之夏州者討夏氏鄉取一人以歸楚而成一州故謂之夏州故書曰楚子入陳納公孫寧儀行父于陳書有禮也沒其縣陳本意全以討亂存國爲文善其復禮【疏】注沒其至復禮○正義曰言入陳納人爲有禮也直言入陳納人是沒其縣陳本意言陳國見存入而納此人耳是全以討亂存國爲文所以善其得禮○厲之役鄭伯逃歸蓋在六年自是楚未得志焉鄭既受盟于辰陵又徼事于晉爲明年楚圍鄭傳十年鄭及楚平既無其事辰陵盟後鄭徼事晉又無端跡傳皆特發以明經也自厲之役鄭南北兩屬故未得志九年楚子伐鄭不以黑壤與伐遠稱厲之役者志恨在厲役此皆傳上下相包通之義也○徼古堯反【疏】注爲明至義也○正義曰十年鄭及楚平既無其事謂經無之也鄭徼事晉文無端跡亦謂經所無也傳若不發此語不知楚以何故明年忽然圍鄭爲此特發此傳以明後年圍鄭之經也自厲役以來鄭南北兩屬不專心於楚故楚未得志而明年圍之七年晉爲黑壤之會鄭伯在焉厲役在黑壤之前九年傳言楚子爲厲之役故伐鄭事在黑壤之役而彼傳不以黑壤與伐而遠稱厲之役者楚子之志所恨在於厲役逃歸不爲黑壤會晉故也上指厲下指辰陵中包黑壤此皆傳上下相包通之義也

附釋音春秋左傳注疏卷第二十二

江西南昌府學栞

春秋左傳注疏卷二十二挍勘記　阮元撰盧宣旬摘録

附釋音春秋左傳注疏卷第二十二宣公五年盡十一年

經五年

以先公遺體許人　宋本公下有之字

叔孫得臣卒　淳熙本得誤傳

而且相隨行耳　宋本無且字

傳五年

連昏於鄰國之臣　纂圖本毛本鄰作隣，俗字，正義同

故書曰逆叔姬即自逆也　補刊石經、宋本、岳本、纂圖本、閩本、監本、毛本即作卿，是也

嫌見逼而成昏　宋本、淳熙本逼作迫

不於彼發例者　閩本缺於字

三月廟見　淳熙本作庿，古廟字

鄭元荅之云　盧文弨荅作答，是也

緇衣　浦鏜正誤衣作袘，案儀禮作袘

乃奠菜鄭元云　閩本、監本、毛本乃奠菜鄭作然後祭行，非也

擇日而祭於禰　毛本於作于，案曾子問作於

經六年

傳六年

注殣盡至習也　宋本以下正義二節揔入此類之謂也注下

冬召桓公逆王后于齊　補刊石經桓誤蘇

九年十一年傳所稱屬之役　纂圖本、閩本、監本、毛本屬作厲，亦非，宋本、淳熙本、岳本、足利本作厲，是也

其在周易豐之離　顧炎武云石經離卦誤晝作同人，案碑乃宋梁補刊，非唐刻也

注豐上至滅亡　宋本此節正義在鄭人殺之句下

故窺其戶　宋本、閩本、監本、毛本窺作闚，不誤

經七年

衛侯至來盟　宋本此節正義在衛侯使孫良夫來盟句下

使陽處父父盟公以恥之　宋本、閩本、監本、毛本父字不重

傳七年

衛孫桓子來盟　毛本孫誤宋

厲公篡大子忽之位　閩本大作太，案古太子字皆作大

故諱不與謀之例　宋本諱下有從字，是也

臧宣叔郤錡是也　閩本、監本臧誤滅，下同；毛本郤作郤，亦非，下同

所以多相錯伐也　閩本、監本、毛本伐作亂，案伐疑代字之誤

公會劉子晉侯云于平邱　宋本重云字，山井鼎云當作云云，是也

經八年

若賓死未將命　毛本賓作實，誤

有事至書地　宋本以下正義二節揔入去籥注下

既不書公子而稱仲遂者　宋本、閩本、監本、毛本書作稱

敬謚　宋本、岳本、毛本謚作謐，注、正義同，案當作謚，說見前

敬謚　宋本此條正義在注文克成也之下

謚法夙夜敬事曰敬　宋本敬事作勤事是也

戊午日下昃乃克葬　宋本昃作吳是也閩本監本作昃毛本作昃下並同○今訂作吳

傳八年

晉人獲秦諜殺諸絳市　顧炎武云絳誤絳宋石經此處乃朱梁補刊

有事于太廟　補刊石經宋本淳熙本岳本足利本太作大是也石經空于字書丹時失寫也

舒蓼二國名　諸本作二睦粲云羅泌曰蓼與舒蓼別舒蓼臯陶之後偃姓若舒又是一國僖之三年滅矣杜氏分舒蓼爲二國名孔氏遂以爲即文五年楚所滅之蓼皆臆說也按睦粲云是

舒蓼二國名　宋本以下正義二節揔入盟吳越而還注下

羣舒舒蓼　閩本監本毛本羣舒下空一字非也

劉炫以杜爲一國而規之非也　宋本一作二

郤缺爲政　毛本郤作御非下同

胡盾之子代胥克　監本代作伐誤

注記禮至下柩　宋本以下正義二節揔入注文壞忌也之下

禮或作紼　監本紼作茀非

經九年

夏仲孫蔑如京師　宋本淳熙本岳本纂圖本蔑作蔑不誤補刊石經作蔑非

九月晉侯宋公衞侯鄭伯曹伯會于扈　補刊石經九月下有公會二字衍文

晉侯實在竟外卒　宋本晉上有據字

則少師忠款之心　閩本監本毛本款作欵是俗字

傳九年

言周徵也　淳熙本周作問非

夏孟獻子聘於周　石經宋本於作于

厚賄之　閩本監本賄誤賂

不書至將帥　宋本此節正義在乃還句下

秦小子憖　宋本憖作憗與說文合此本子誤七今訂正

陳靈公與孔寧儀行父通於夏姬　宋鄭氏注禮運賈氏疏士喪禮引傳寧作甯補刊石經宋本於並作于是也下以戲于朝字唯纂圖本毛本作於

民無効焉　補刊石經宋本淳熙本岳本効作效是也釋文作傚

十二年卒有楚子入鄭之禍　淳熙本十二誤土字

經十年

已巳齊侯元卒　石經宋本淳熙本岳本纂圖本已巳作己巳是也○今訂正

靈公惡不加民　淳熙本民作氏

今魯伐取之　監本毛本伐作仍非也

傳十年

不皆改舊史　宋本無史字案正義摘注作典策至改舊是無史字之明證

注典策至改舊　宋本以下正義四節揔入不然則否注下

仲尼新褎之實　宋本新作所是也

凡諸侯之大夫違　石經宋本淳熙本岳本監本毛本並作侯此本閩本誤作使今訂正

上某氏者姓下某名　宋本氏作出下某下有出者二字案正義曰故云上某出者姓似從宋本

爲得也

豈天子命者出奔　閩本監本毛本豈作蓋非也

如守臣謂守宗廟之臣　宋本如作知是也盧文弨挍本作則依考文改

飲酒於夏氏　補刊石經宋本於作于

公出自其廄　纂圖本監本毛本廄作廐俗字

注潁水至入淮　宋本此節正義在諸侯之師戍鄭句下

諸侯之師戍鄭鄭子家卒　毛本空上七字纂圖本同何焯云宋本無諸侯之師戍鄭句今宋本皆有何焯所據似纂圖本也

注以四至卿禮　宋本此節正義在改葬幽公謚之曰靈句下

經十一年

潁川長平縣東南有辰亭　宋惠棟云酈氏曰今此亭在長平城西北長平縣在東南或杜氏不謬傳寫誤耳

故以狄爲會主　淳熙本狄誤秋

櫕函狄地　毛本櫕作攢非也

皆歷序諸國　宋本毛本歷作列

傳云書曰入陳　閩本監本毛本云作言

因入乃討陳賊　宋本閩本作乃監本毛本作方非

定亡君之嗣　淳熙本亡作二非也

傳十一年

傳言楚與晉狎主盟　纂圖本監本毛本主誤王

注艾獵孫叔敖　宋本以下正義四節揔入不下

本不必然　閩本監本毛本不必作必不

慮事謀慮計功　宋本岳本足利本謀作無挍正義當作無

財用築作具　閩本監本作作用

平板榦　釋文榦作幹云本亦作榦是也

楨幹楨也　宋本幹楨作榦榦是也案莊廿九年成二年皆作榦榦○今訂正

臥鄗土者　宋本作臥是也此本作郎謬閩本監本毛本作即亦非○今從宋本

即彼文榦也　宋本毛本作文閩本監本誤丈榦宋本作榦

謀監主　宋本主作正

注少西至之名　宋本以下正義四節揔入書有禮也注下

夏徵舒爲不道弒其君　監本毛本弒改殺其

反之可乎對曰吾儕小人　閩本監本毛本脫對字

全以討亂存國爲大是也　宋本淳熙本岳本監本毛本大作文

善其復禮　岳本監本毛本復作得與正義合

注沒其至復禮　監本毛本復作得

又徼事于晉　釋文徼作儌

上指厲　宋本厲下有役字

春秋左傳注疏卷二十二挍勘記

附釋音春秋左傳注疏卷第二十三 宣十二年

杜氏注　孔穎達疏

經十有二年春，葬陳靈公。無傳。賊討國復，二十一月然後得葬。○夏六月乙卯，晉

楚子圍鄭。前年盟辰陵而又徼事晉故。○徼，古堯反。

荀林父帥師及楚子戰于邲，晉師敗績。晉上軍成陳，故書戰。邲，鄭地。○邲，扶必反，一音弼。陳，直覲反。〔疏〕注晉上至鄭地。○正義曰：此一軍成陳，兩軍不成陳，成陳者雖少，以戰爲文。案昭二十三年雞父之戰，六國成陳而楚不成陳，成陳者多而以敗爲文者，六國雖衆，楚爲兵主，楚既未陳，故以獨敗爲文，與此異也。○秋七月。○冬十有二月戊寅，楚

子滅蕭。蕭，宋附庸國。十二月無戊寅，戊寅，十一月九日。〔疏〕注蕭宋至九日。○正義曰：莊十二年宋萬弑閔公，蕭叔大心者，宋蕭邑之大夫也，平宋亂，立桓公，宋人嘉之，以蕭邑封叔爲附庸。莊二十三年蕭叔朝公，是其事也。

此年楚子滅蕭，定十一年宋公之弟辰入于蕭以叛，則此後復爲宋邑也。杜以長厤校之，十二月無戊寅，戊寅乃是十一月九日。此不言月，誤。長厤云日月必有誤者，案傳稱師人多寒，若是十一月，則今之九月，未是寒時，當月是而日誤也。

○晉人、宋人、衛人、曹人同盟于清丘。晉衛背盟，故大夫稱人。宋華椒承羣僞之言以誤其國，宋雖有守信之善，而椒猶不免譏。清丘，衛地，今在濮陽縣東南。○背，蒲對反，下注同。〔疏〕注晉衛至東南。○正義曰：傳云盟曰恤病討貳。陳貳於楚而宋伐之，衛救陳，不討貳也；楚伐宋而晉衛不救，不恤病也。是晉衛背盟，故貶其大夫而稱人。曹是小國，貶與不貶俱當稱人，故不言曹也。明年傳稱君子曰清丘之盟唯宋可以免，則宋不違盟而亦貶宋卿者，彼晉衛曹並皆僞妄，華椒承羣僞之言以誤其國，致使宋爲盟故伐陳，衛人救之，楚人討之，伐陳怒楚，被伐無救。宋雖有守信之善，而椒猶不免譏者，爲諸國失信而累及椒也。晉衛不信，乃在盟後，非是心欲不信而妄作此盟。當盟之時，未有不信之狀，在後違約，不可豫知，而亦并責椒者，君子結交，當擇善而從之，所與不善，必將敗德。椒與不信約盟，則是不信之黨，雖獨守信，并亦貶之，戒後之人使擇交也。宋師伐陳，衛

人救陳。背清丘之盟。

傳十二年春，楚子圍鄭。旬有七日，鄭人卜行成，不吉；卜臨于大宮，臨，哭也。大宮，鄭祖廟。○臨，力鴆反，下注同。大宮音泰，注同。〔疏〕注臨哭至祖廟。○正義曰：案雜記，客致含賵，說請臨。襄十二年傳：吳子壽夢卒，臨于周廟，故云臨，哭也。宮即廟也。象其尊貌，則謂之爲廟；言其牆屋，則稱之爲宮。大宮，宮之大者。鄭祖廟者，謂鄭大祖之廟也。且巷出車，吉。出車於巷，示將見遷，不得安居。國人大臨，守陴者皆哭。陴，城上俾倪。皆哭所以告楚窮也。○陴，婢支反，徐扶移反。俾，普計反。倪，五計反。〔疏〕注陴城上俾倪。○正義曰：陴，城上小牆。俾倪者，看視之名。襄六年晏弱圍萊，堙之環城，傅於堞，注云：堞，女牆也。又二十五年吳子門于巢，巢牛臣隱於短牆以射之。二十七年盧蒲嫳攻崔氏，崔氏堞其宮而守之，注云：堞，短垣也。則堞、俾倪、短牆、短垣、女牆皆一物也。說文云：堞，城上女垣也。廣雅云：俾倪，女牆也。釋名云：城上垣曰陴，於其孔中俾倪非常，亦言陴，益也，助城之高也。或曰女牆，言其卑小，比之於城，如女子之於丈夫也。

楚子退師，鄭人脩城，進復圍之，三月克之。哀其窮哭，故爲退師；而猶不服，故復圍之，九十日。○復，扶又反，注同。故爲，于僞反。〔疏〕注哀其至十日。○正義曰：杜以三月克之，謂圍經三月方始克之，故云九十日也。知非季春克之者，下云六月晉師救鄭，及河，聞鄭既及楚平，桓子欲還，是將欲至河，鄭猶未敗，至河聞敗，猶欲還師。在國聞敗，師必不發。若是季春克之，不應此至六月而晉人不聞。以此知三月非季春也。經傳皆言春圍鄭，不知圍以何月爲始。圍經旬有七日，爲之退師，聞其脩城，乃復更進圍。三月方始克之，則從初以至於克，凡經一百二十許日。蓋以三月始圍，至六月乃克也。入自皇門，至于逵路。塗方九軌曰逵。○逵，求龜反。爾雅云：九達謂之逵。說文作馗，云九達道，似龜背，故謂之馗。逵或馗字。鄭伯肉袒牽羊以逆，肉袒牽羊，示服爲臣僕。○袒，徒旱反。曰：「孤不天，不爲天所佑。○佑音又。不能事君，使君懷怒以及敝邑，孤之罪也。敢不唯命是聽？其俘諸江南，以實海

濵亦唯命其翦以賜諸侯使臣妾之亦唯命翦削也○俘方夫反囚也濵音賓翦子淺反若惠顧前好楚鄭世有盟誓之好○好呼報反注同徼福於厲宣桓武不泯其社稷周厲王宣王鄭之所自出也鄭桓公武公始封之賢君也願楚要福于此四君使社稷不滅泯猶滅也○厲宣鄭桓公友周厲王之子宣王之母弟桓武鄭武公名滑突桓公之子泯彌忍反徐亡軫反要於遙反（疏）注周厲至滅也○正義曰鄭桓公是周厲王之子宣王母弟又宣王封之故僖二十四年及此皆厲宣並言之桓公始封西鄭武公始居東鄭二公是始封之賢君若其存鄭則四君祐楚故願楚要福於此四君使社稷不滅泯滅也釋詁文使改事君夷於九縣楚滅九國以爲縣願得比之○九縣莊十四年滅息十六年滅鄧僖五年滅弦十二年滅黃二十六年滅夔文四年滅江五年滅六滅蓼十六年滅庸傳稱楚武王克權使鬭緡尹之又稱文王縣申息此十一國不知何以言九（疏）注楚滅至比之○正義曰楚滅諸國見於傳者哀十七年稱文王縣申息莊六年稱楚滅鄧十八年稱武王克權僖五年

滅弦十二年滅黃二十六年滅夔文四年滅江五年滅六又滅蓼十六年滅庸凡十一國見於傳僖二十八年傳曰漢陽諸姬楚實盡之則楚之滅國多矣言九縣者申息定是其二餘不知所謂蘇氏沈氏以權是小國庸先屬楚自外爲九也君之惠也孤之願也非所敢望也敢布腹心君實圖之左右曰不可許也得國無赦王曰其君能下人必能信用其民矣庸可幾乎退三十里而許之平退一舍以禮鄭○下遐嫁反幾音冀（疏）庸可幾乎○正義曰庸用也幾讀如冀言用可冀幸而得之乎何必滅其國潘尩入盟子良出質潘尩楚大夫子良鄭伯弟○尩烏黃反質音致〇夏六月晉師救鄭荀林父將中軍代郤缺○將子匠反下及注並同下尹將將左將右皆放此先縠佐之彘季代林父○縠戶木反本又作穀音同彘直例反（疏）注彘季代林父○正義曰服虔云食采於彘或當然也文十二年河曲之

戰荀林父佐中軍臾駢佐上軍欒盾將下軍自爾以來傳無其代知先縠代林父郤克代臾駢趙朔代欒盾也八年傳趙朔佐下軍知欒書代趙朔也案傳文皆稱彘子今注云彘季者勘譜亦以彘子彘季爲一人則杜君別有所據書傳殘缺不可得而知也劉炫云傳文皆稱彘子何以知是彘季以縠非彘季以規杜今知非者杜以子爲男子之稱季是幼小之辭季之與子是得通稱子路或爲季路舉其常稱謂之子論其字謂之季故公子友或稱季友而劉以傳唯稱彘子無彘季而規杜非也士會將上軍河曲之役郤缺將上軍宣八年代趙盾爲政將中軍士會代將上軍郤克佐之郤缺之子代臾駢○臾滋朱反駢蒲邊反趙朔將下軍代欒盾欒書佐之欒盾之子代趙朔趙括趙嬰齊爲中軍大夫括嬰齊皆趙盾異母弟鞏朔韓穿爲上軍大夫荀首趙同爲下軍大夫荀首林父弟趙同趙嬰兄○鞏九勇反韓厥爲司馬韓萬玄孫（疏）注韓萬玄孫○正義曰韓世家云韓之先事晉得封韓原曰韓武子後三世有韓厥世本云桓叔生子萬萬生求伯求伯生子輿子輿生獻子厥

史記所云武子蓋韓萬也如彼二文厥是萬之曾孫而服虔杜預皆言厥韓萬玄孫不知何所據也及河聞鄭既及楚平桓子欲還曰無及於鄭而勦民焉用之桓子林父勦勞也○勦初交反徐又子小反焉於虔反楚歸而動不後動兵伐鄭隨武子曰善武子士會會聞用師觀釁而動釁罪也○釁許靳反服云間也（疏）注釁罪也○正義曰釁訓爲罪者釁是間隙之名今人謂瓦裂龜裂皆爲釁既有間隙故爲得罪也德刑政事典禮不易不可敵也不爲是征言征伐爲有罪不爲有禮○爲于僞反注同（疏）德刑至是征○正義曰既言觀釁而動更說無釁之事德刑政事典禮此六事行之不變易者不可與之敵也聖王之制征伐者爲有罪者耳不爲是六事不易行征伐也此舉六事之目下文歷說楚不易六事以充之楚軍討鄭怒其貳而哀其卑叛而伐

之服而舍之德刑成矣伐叛刑也柔服德也二者立矣昔歲入陳討徵舒今茲入鄭民不罷勞君無怨讟讟謗也。罷音皮讟徒木反〔疏〕君無怨讟。正義曰讟謗也政有常則民不恨故國君無人怨無人謗擊鼓怨州吁鄭人謗子產是有怨謗也政有經矣經常也荆尸而舉荆楚也尸陳也楚武王始更爲此陳法遂以爲名。○此陳直覲反下同商農工賈不敗其業而卒乘輯睦步曰卒車曰乘。○賈音古卒子忽反注同乘繩證反注皆同輯音集又七入反〔疏〕商農至其業。○正義曰齊語云公曰成民之事若何管子對曰四民者勿使雜處公曰處士工商農若何管子對曰昔聖王之制也處士就間燕處工就官府處商就市井處農就田野彼四民謂士農工商此數亦四無士而有賈者此武子意言舉兵動衆四者不敗其業發兵則以士從征不容復就間燕故不云士而分商賈爲二行曰商坐曰賈雖同是販賣而行坐異業發兵征伐四者悉皆不與故總云不敗其業也事不奸矣奸犯也。○奸音干蔿敖爲宰擇楚國之令典宰令尹蔿敖孫叔敖。○蔿于委反〔疏〕注宰令至叔敖。○正義曰周禮六卿大宰爲長遂以宰爲上卿之號楚臣令尹爲長故從他國論之謂令尹爲宰楚國仍別有大宰之官但位任卑耳傳稱大宰伯州犂是也楚國名上卿爲令尹者釋詁云令善也釋言云尹正也言用善人正此官也楚官多以尹爲名皆取其正直也軍行右轅左追蓐在車之右者挾轅爲戰備在左者追求草蓐爲宿備傳曰令尹南轅又曰改乘轅楚陳以轅爲主。○蓐音辱挾胡牒反又古洽反一音古協反〔疏〕注在車至爲主。○正義曰司馬法兵車一乘有甲士三人步卒七十二人甲士在車不共碎役所言左右者分步卒爲左右也兵車一轅服馬夾之而言挾轅者步卒被分在右者當軍行之時又分之使在兩廂挾轅以爲戰備楚陳以轅爲主故以轅表車正是挾車嚴兵以備不虞也其應在左者使之追求草蓐令離道求草不近兵車也蓐謂臥止之草故云爲宿備也此是在道時然故云軍行右轅左追蓐至於對陳之時則各在車之左右故豫定左右之分在道分使之耳前茅慮無慮無如今軍行前有斥候蹋伏皆持以絳及白爲幡

見騎賊舉絳幡見步賊舉白幡備慮有無也茅明也或曰時楚以茅爲旌識。○蹋徒臘反幡芳元反騎其寄反識申志反又音志〔疏〕注慮無至旌識。○正義曰茅明也在前者明爲思慮其所無之事恐其卒有非常當預告軍中兵衆使知而爲之備也如今軍行謂當杜之時行軍有此法也前有斥候蹋伏者令人遠在軍前斥度候望慮有伏兵使蹋行之持以絳及白爲幡與軍人爲私號也曲禮曰前有水則載青旌前有塵埃則載鳴鳶前有車騎則載飛鴻前有士師則載虎皮前有摯獸則載貔貅其事與此見賊舉幡相似也茅明釋言文舍人曰茅昧之明也中權後勁中軍制謀後以精兵爲殿。○勁吉政反殿丁練反百官象物而動軍政不戒而備物猶類也戒勑令〔疏〕注物猶至勑令。○正義曰類謂旌旗畫物類也百官尊卑不同所建各有其物象其所建之物而行動軍之政教不待約勑號令而自備辦也周禮大司馬中秋教治兵辨旗物之用王載大常諸侯載旂軍吏載旗師都載旜鄉遂載物郊野載旐百官載旟鄭玄云軍吏諸軍帥也師都遂大夫也鄉遂鄉大夫也或載旜或載物衆屬軍吏無所將也郊謂鄉遂之州長縣正以下野謂公邑大夫載旐者以其將羡卒也百官卿大夫也載旟者以其屬衞王也凡旌旗有軍衆者畫異物無者帛而已是其尊卑所建各有物類也案春官司常職云及國之大閱贊司馬頒旗物王建大常諸侯建旂孤卿建旜大夫士建物師都建旗州里建旟縣鄙建旐道車載旞斿車建旌俱是周禮而所建不同者大司馬所云中秋教治兵之法司常所云中冬教大閱之法鄭玄云凡頒旗物以出軍之旗則如秋以尊卑之常建則如冬大閱備軍禮旌旗不如出軍時空辟實也是爲時不同故所建異此云象物而動謂軍行之時當指治兵之法也能用典矣其君之舉也內姓選於親外姓選於舊言親疎並用舉不失德賞不失勞老有加惠賜老則不計勞旅有施舍旅客來者施之以惠舍不勞役〔疏〕其君至施舍。○正義曰內姓謂同姓也其君之舉用人也於同姓則選之於親於外姓則選之於舊於親內選賢言唯賢是任不以親以舊便即用之所舉不失有德所賞不失有勞必有德乃舉有勞乃賞言不賞無勞不舉無德臣民年老有加增恩惠外來旅客有施舍常法謂羇旅之臣以其新來施以恩惠舍不勞役也。○注賜老則不計勞。○正義曰老有加

惠當謂年老有加增恩惠，不論有勞與無勞也。劉炫云：老者當有恩惠之賜，非勞役之限，但恩惠則賞賜之，以文連賞不失勞之下，故杜云賜老則不計勞。劉炫以不計勞之文而規杜氏，一何煩碎。**君子小人物有服章**，尊卑別也。○別，彼列反。**貴有常尊，賤有等威**，威儀有等差。○差，初佳反，又初宜反。【疏】注威儀有等差。○正義曰：言貴有常尊，則當云賤有常卑，而云賤有等威者，威儀等差，文兼貴賤，既屬常尊於貴，遂屬等威於賤，使互相發明耳。**禮不逆矣。德立，刑行，政成，事時，典從，禮順，若之何敵之？見可而進，知難而退，軍之善政也。兼弱攻昧，武之善經也。**昧，昏亂。經，法也。○昧音妹。【疏】德立至敵之。○正義曰：功德苦其不立，刑威苦其不行，政以成就為上，事以得時為善，典貴其從，禮惡其逆，故云德立、刑行、政成、事時、典從、禮順，各以義理相配為文，皆不易之事。既歷序此事，乃云若之何敵之，副上德刑政事典禮不易，不可敵也。**子姑整軍而經武乎，**姑，且也。**猶有弱而昧者，何必楚？仲虺有言曰：取亂侮亡，兼弱也。**仲虺，湯左相，薛之祖奚仲之後。○虺，許鬼反。侮，亡呂反。相，息亮反。【疏】注仲虺至之後。○正義曰：取亂侮亡，尚書仲虺之誥文也。定元年傳薛宰曰：薛之皇祖奚仲居薛，以為夏車正；仲虺居薛，以為湯左相。二人皆是薛祖，是仲虺為奚仲之後。**汋曰：於鑠王師，遵養時晦。**汋，詩頌篇名。鑠，美也。言美武王能遵天之道，須暗昧者惡積而後取之。○汋，章略反。於音烏。鑠，舒若反。【疏】注汋詩至取之。○正義曰：汋，詩經無汋字。序云：言能汋先祖之道以養天下，故以汋為名焉。鑠，美，釋詁文。於，歎辭也。時，是也。晦，昧也。言於美乎哉，武王之用師也，能遵天之道，養是闇昧之君，待闇昧者惡積而後取之。言遵天之道者，上天誅紂之期未至，武王靖以待之，是其遵天之道也。**耆昧也。**耆，致也，致討於昧。○耆音旨，徐其夷反，老也。注及下同。【疏】注耆致至於昧。○正義曰：耆音指，指、致聲相近，故為致也。致討於昧者，言養之使昧，然後可討之。上句云兼弱攻昧，引仲虺之言以證兼弱，引武王之事以證攻昧，此不言攻昧而言耆昧者，以汋詩之意，言養紂而不言伐紂，不得謂之攻昧，故綠詩之意

言致之於昧，然後攻之。**武曰：無競惟烈。**武，詩頌篇名。烈，業也。言武王兼弱攻昧，故成無疆之業。○疆，居良反。【疏】注武詩至之業。○正義曰：烈，業也，釋詁文。競，彊也。詩意言無彊乎，唯武王之功業。言克商功業實無彊也。此引武詩承兼弱攻昧之下，故杜以傳意解之，言武王兼弱取昧，故成此無疆之業。此詩汋、武二篇並無兼弱之事，因傳上文連言之。**撫弱耆昧，以務烈所，可也。**言當務從武王之功業，撫而取之。○以務烈所絕句。【疏】撫弱至可也。○正義曰：上言兼弱，此云撫弱，言其撫養而取之，未必皆攻伐以求之也。此撫弱即覆上仲虺有言兼弱也，耆昧即覆上汋曰於鑠王師者昧也，以務烈所覆上武曰無競惟烈。士會言不須敵楚，兼撫餘諸侯弱者，致討諸侯昧者，以務武王烈業之所可也。**彘子曰：不可。**彘子，先縠。**晉所以霸，師武臣力也。今失諸侯，不可謂力。有敵而不從，不可謂武。由我失霸，不如死。且成師以出，聞敵彊而退，非夫也。**非丈夫。**命有軍師，而卒以非夫，唯羣子能，我弗為也。以中軍佐濟。**佐，彘子所帥也。濟，渡河。○帥，所類反。下及注有帥、元帥、三帥同。【疏】晉所至佐濟。○正義曰：言晉之所以得為霸主者，由軍師之武、羣臣有力。以有武力，成此霸功。今失諸侯，不可謂之為力；見敵不能從，不可謂之為武。命為軍師者，三軍將佐皆受君命，為軍之主帥。以中軍佐濟，謂一軍之內，將佐分之，各有所帥，故注云佐，彘子所帥也。僖二十八年胥臣以下軍之佐，與此同也。**知莊子曰：此師殆哉。**莊子，荀首。○知音智。【疏】知莊子至大咎。○正義曰：莊子見彘子逆命，必當有禍，乃論其事云：此師之行，甚危殆哉。周易之書而有此事，師之初六變而為臨，初六爻辭云：軍師之出，當須以法，若不善，則致其凶。既引易文，以人從律令者，師出乃以律從人，則有不臧之凶。又覆解不臧之義云：執事上下相順和成則為臧，若相違逆則為不臧。既釋不臧之事，又釋以律之意：坎為衆，今變為兌，兌為柔弱，是衆散為弱；坎為川，今變為兌，兌為澤，是川壅為澤；坎為法象，今為衆則弱，為川則壅，是法律破壞，從人之象，故曰律否臧，以釋易文律否臧之義。否臧，易注云：為師之始，齊師者也。齊衆以律，失律則散，故師出以律，律不可失，失

律而臧何異於否失令有功法所不赦故師出不以律否臧皆凶釋否臧既了又釋凶之一字故云且律竭言法律竭盡也川水當盈而以竭盡且又被夭塞不得整流似法當嚴整而以破壞被人違逆不得施行所以致此凶禍解釋凶義既了以盡易意然後論彘子之惡當此初六之禍故云水之不行是謂臨矣彘子有帥不從欲論不行之臨事誰甚於彘子周易所言是彘子之謂若能違辟前敵於事猶可若果敢遇敵必致禍敗也此禍敗之事彘子主受之雖在敵免死而歸必尸咎也師坎爲水坤爲衆衆行如水師出之象故名其卦爲師服虔云坎爲水坤爲衆又互體震震爲雷雷鼓類又爲長子長子帥衆鳴鼓巡水而行行師之象也臨兌爲澤坤爲地居地而俯視於澤臨下之義故名爲臨**周易有之在師䷆**坎下坤上師**之臨䷒**兌下坤上臨師初六變而之臨**曰師出以律否臧凶**此師卦初六爻辭律法否不也。臧子郎反**執事順成爲臧逆爲否**今彘子逆命不順成故應否臧之凶。應應對之應**衆散爲弱**坎爲衆今變爲兌兌柔弱〔疏〕注坎爲至柔弱。正義曰晉語文公筮尚有晉國司空季子占之曰震雷

也車也坎水也衆也主雷與車而尚水與衆是坎爲衆也易說卦兌爲少女故爲柔弱衆聚則彊散則弱坎變爲兌是衆散爲弱也**川壅爲澤**坎爲川今變爲兌兌爲澤是川見壅。壅於勇反本又作雍注皆同〔疏〕注坎爲至見壅。正義曰說卦坎爲溝瀆溝瀆即是川也說卦兌爲澤川是流水今變爲澤是川見壅也**有律以如己也**如從也法行則人從法法敗則法從人坎爲法象今爲衆則散爲川則壅是失法之用從人之象〔疏〕注如從至之象。正義曰釋詁云如往也往是相從之義故訓爲從也法行則人從之率人以從法也法敗則法從人人各有心棄法不用法從人也釋言云坎律銓也樊光曰坎卦水也水性平律亦平銓亦平也郭璞曰易坎卦主法法律皆所以銓量輕重是坎爲法象也今坎變爲兌爲衆則散而爲弱爲川則壅而爲澤是失法之所用法敗從人之象也**故曰律否臧且律竭也**竭敗也坎變爲兌是法敗〔疏〕注竭敗至法敗。正義曰竭是水涸之名坎爲水爲法水之竭似法之敗故云竭敗也坎變爲兌則爲水不流則爲法不行失爲坎之用是法敗之象**盈而以竭夭且不整所以凶也**水遇夭塞

不得整流則竭涸也。夭於表反〔疏〕注水遇至涸也。正義曰哀九年傳曰如川之滿不可游也水當盈川而以壅故竭是水遇夭塞不得整流則竭涸也夭遏是壅塞之義故云遇夭塞也**不行謂之臨**水變爲澤乃成臨卦澤不行之物**有帥而不從臨孰甚焉此之謂矣**譬彘子之違命亦不可行**果遇必敗**遇敵**彘子尸之**主此禍〔疏〕注主此禍。正義曰釋言訓尸爲主故云主此禍也服虔亦云此禍也又引易師卦六五長子帥師弟子輿尸凶長子帥師以中行也弟子輿尸使不當也佐之於元帥弟子也而專以師濟使不當也軍必破敗而輿尸案下句云雖免而歸則謂彘子當在陳而死師卦有輿尸之語其言尸之或容有此意但尸字不可兩解故杜略去之**雖免而歸必有大咎**爲明年晉殺先縠傳。咎其九反**韓獻子謂桓子**獻子韓厥**曰彘子以偏師陷子罪大矣子爲元帥師不用命誰之罪也失屬亡師爲罪已重不如**

進也今鄭屬楚故曰失屬彘子以偏師陷故曰亡師。令力呈反**事之不捷惡有所分**捷成也**與其專罪六人同之不猶愈乎**三軍皆敗則六卿同罪不得獨責元帥**師遂濟楚子北師次於郔**郔鄭北地。郔音筵**沈尹將中軍**沈或作寢寢縣也今汝陰固始縣。沈音審〔疏〕注沈或至始縣。正義曰楚官多名爲尹沈者或是邑名而其字或作寢哀十八年有寢尹吳由于因解寢爲縣名不言寢是而沈非也**子重將左子反將右將飲馬於河而歸**子反公子側。飲於鴆反**聞晉師既濟王欲還嬖人伍參欲戰**參伍奢之祖父。嬖必計反徐甫詣反字林方豉反參七南反**令尹孫叔敖弗欲曰昔歲入陳今茲入鄭不無事矣戰而不捷參之肉其足食乎參曰若事之捷孫叔爲無謀矣不**

捷參之肉將在晉軍可得食乎令尹南轅反旆迴車南鄉。旆軍前大旗。○旆蒲具反鄉本又作嚮同許亮反伍參言於王曰晉之從政者新未能行令其佐先縠剛愎不仁未肯用命愎很也。○愎皮逼反很胡懇反其三帥者專行不獲欲專其所行而不得聽而無上衆誰適從聽彘子趙同趙括則爲軍无上令衆不知所從。○適丁歷反此行也晉師必敗且君而逃臣若社稷何王病之告令尹改乘轅而北之次于管以待之晉師在敖鄗之閒熒陽京縣東北有管城敖鄗二山在熒陽縣西北。○乘繩證反管古緩反管城管叔所封也本或作菅古顏反非也敖五刀反鄗苦交反疏次于管。○正義曰土地名熒陽京縣東北有管城古管國也鄭皇戌使如晉師曰

鄭之從楚社稷之故也未有貳心楚師驟勝而驕其師老矣而不設備子擊之鄭師爲承承繼也。○皇戌雖律反使所吏反驟仕救反楚師必敗彘子曰敗楚服鄭於此在矣必許之欒武子曰武子欒書。○敗必邁反楚自克庸以來在文十六年其君無日不討國人而訓之討治也于民生之不易禍至之無日戒懼之不可以怠于曰也。○易以豉反在軍無日不討軍實而申儆之軍實軍器。○儆敬領反于勝之不可保紂之百克而卒無後訓之以若敖蚡冒篳路藍縷以啓山林若敖蚡冒皆楚之先君篳路柴車藍縷敝衣言此二君勤儉以啓土。○紂直九反蚡扶粉反冒莫報反篳音必藍力甘反縷力主反疏注若敖至啓土。○正義曰楚世家云熊咢卒子熊儀立是爲若敖若敖卒子霄敖立霄敖卒子熊眴立是爲蚡冒蚡冒卒弟熊達立是爲楚武王案杜注文十六年傳蚡冒楚武王父不從史記也以荊竹織門謂之篳門則篳路亦以荊竹編車故謂篳路爲柴車方言云楚謂凡人貧衣破醜敝爲藍縷藍縷謂敝衣也服虔云言其縷破藍藍然箴之曰民生在勤勤則不匱不可謂驕箴誡。○箴章金反匱其位反先大夫子犯有言曰師直爲壯曲爲老我則不德而徼怨于楚我曲楚直不可謂老不得謂以力爭諸侯徼要也。○要一遙反其君之戎分爲二廣君之親兵。○廣古曠反下及注皆同廣有一卒卒偏之兩十五乘爲一廣司馬法百人爲卒二十五人爲兩車十五乘爲大偏今廣十五乘亦用舊偏法復以二十五人爲承副疏廣有至之兩。○正義曰兩廣之別各有一卒卒之兵百人也一卒之外復有十五乘之偏并二十五人之兩既言一卒又云

卒偏之兩言卒之者成辭婉句耳或解云兩屬於偏云偏之兩者謂偏家之兩知不然者案成七年以兩之一卒亦云之字豈又是兩家之卒且杜注云十五乘爲大偏今楚亦用舊偏法此一廣之中實有此偏非是偏名爲兩而出一卒別復有偏之一兩二十五人從之劉炫云兩廣之別各有一卒百人一卒外復有偏一兩二十五人兵法十五乘爲偏偏有一兩從之兩是偏家之物故謂比爲偏之兩其實一廣十五乘有一百二十五人從之。○注十五至承副。○正義曰下云楚子爲乘廣三十乘分爲左右知十五乘爲一廣也史記稱齊景公時有司馬田穰苴善用兵至六國時齊威王使大夫追論古者司馬兵法附穰苴於其中凡二百五十篇號曰司馬法百人爲卒二十五人爲兩十五乘爲偏皆司馬法之文百人爲卒二十五人爲兩周禮亦有此文但周禮無偏故杜并引司馬法耳此云大偏對成七年九乘爲小偏故此爲大偏也桓五年二十五乘爲偏戰時臨陳所用不同不可與此相對爲大小杜注多少皆望文也言亦用舊偏法者謂楚雖荊尸而舉仍用舊偏舊於穰苴前已有則應周禮有文但以亡沒者多故禮文不具右廣初駕數及日中左則受之以至于昏內官序當其夜

內官近官序次也。序當其夜一本作序當其次〔疏〕右廣至其夜。正義曰右廣雞鳴初駕數及日中則左廣受而代之以至於昏此晝日事也其內官親近王者爲次序以當其夜若今宿直遞持更也以待不虞不可謂無備子良鄭之良也師叔楚之崇也師叔潘尫爲楚人所崇貴師叔入盟子良在楚楚鄭親矣來勸我戰我克則來不克遂往以我卜也鄭不可從趙括趙同曰率師以來唯敵是求克敵得屬又何俟必從彘子得屬服鄭〔疏〕以我卜也。正義曰將我背戰之勝負卜其遂來遂往猶人揲著看卦善惡而卜其去之與住也知季曰原屏咎之徒也知季莊子也原趙同屏趙括徒黨也。知季音智荀首後爲智氏屏步丁反趙莊子曰欒伯善哉莊子趙朔欒伯武子實其言必長晉國實猶充也言欒書之身行能充此言則當執晉國之政也。長徐丁丈反行下孟反楚少宰如晉師少宰官名。少詩照反注及下同曰寡君少遭閔凶不能文閔憂也聞二先君之出入此行也二先君楚成王穆王〔疏〕注二先至穆王。正義曰莊十六年楚始伐鄭文王之世也二十八年子元伐鄭成王之初也僖五年首止之會鄭伯逃歸自是以後鄭始時復從楚成王以前鄭未屬楚故出入此行唯成穆耳今之莊王成王孫穆王子出入此行猶往來於鄭將鄭是訓定豈敢求罪于晉二三子無淹久淹留也隨季對曰昔平王命我先君文侯曰與鄭夾輔周室毋廢王命今鄭不率率遵也。夾古洽反舊古協反毋音無寡君使羣臣問諸鄭豈敢辱候人候人謂伺候望敵者。候音戶豆反伺音司又音息嗣反敢拜君命之辱彘子以爲諂使趙括

從而更之曰行人失辭言誤對。諂勑檢反寡君使羣臣遷大國之迹於鄭遷徙也曰無辟敵羣臣無所逃命楚子又使求成于晉晉人許之盟有日矣有期日楚許伯御樂伯攝叔爲右以致晉師單車挑戰又示不欲崇和以疑晉之羣師。單音丹挑徒了反下文同帥所類反〔疏〕注單車至羣師。正義曰周禮環人掌致師鄭玄云致師致其必戰之志則致師者致已欲戰之意於敵人故單車揚威武以挑之下云趙旃請挑戰是也挑彼晉師故言以致晉師也楚子既求成而又令挑戰示其不欲崇和以疑誤晉之羣師許伯曰吾聞致師者御靡旌摩壘而還靡旌驅疾也摩近也。摩末多反壘力軌反近附近之近樂伯曰吾聞致師者左射以菆左車左也菆矢之善者。射食亦反下注音同菆側留反〔疏〕注左車至善者。正義曰兵車自非元帥皆射者在左御在中央故云左車左樂伯居左故稱左也下云莊子抽矢菆納諸厨子之房選好矢而留之知菆是矢之善者代御執轡御下兩馬掉鞅而還兩飾也掉正也示閒暇。兩馬徐云或作掚皆力掌反或音亮掉徒弔反徐乃較反鞅於丈反閒音閑〔疏〕注兩飾至閒暇。正義曰兩飾掉正皆無明訓服虔亦云是相傳爲然也飾馬者謂隨宜刷刮馬又正其鞅以示閒暇攝叔曰吾聞致師者右入壘折馘折馘斷耳。折之設反注同馘古獲反斷音短執俘而還皆行其所聞而復晉人逐之左右角之張兩角從旁夾攻之樂伯左射馬而右射人角不能進矢一而已麋興於前射麋麗龜麗著也龜背之隆高當心。麋亡悲反著直略反〔疏〕注麗著至心者。正義曰易離卦彖云離麗也日月麗乎天百穀草木麗乎土是麗爲著之義龜之形背高而前後下此射麋麗龜謂著其高處故杜以龜爲背之隆高當心者服虔亦然是相傳爲此說也晉鮑癸

當其後使攝叔奉麋獻焉曰以歲之非時獻禽之未至敢膳諸從者鮑癸止之曰其左善射其右有辭君子也既免 止不復逐。從才用反下從者同 〔疏〕以歲至從者。正義曰周禮獸人冬獻狼夏獻麋春秋獻獸物者謂獻之以共王之膳耳非能徧及於百官也禮冬獵曰狩言圍守而取之獲禽多也於時虞人所獻或頒及羣臣故言歲之非時獻禽之未至以爲語之辭耳 晉魏錡求公族未得。 錡魏犨子欲爲公族大夫錡魚綺反犨尺周反 〔疏〕注錡魏犨子。正義曰服虔亦以爲犨子世本以爲犨孫世本多誤未必然也 而怒欲敗晉師請致師弗許請使許之遂往請戰而還楚潘黨逐之及熒澤見六麋射一麋以顧獻曰子有軍事獸人無乃不給於鮮敢獻於從者 熒澤在熒陽縣東新殺爲鮮見六得一言其不如楚。敗必邁反又如字使所吏反熒戶扃反射食亦反鮮音仙注同 叔黨命去之 叔黨潘黨潘尫之子 趙旃求卿未得 旃趙穿子 且怒於失楚之致師者請挑戰弗許請召盟許之與魏錡皆命而往郤獻子曰二憾往矣 獻子郤克。憾胡暗反 。弗備必敗彘子曰鄭人勸戰弗敢從也楚人求成弗能好也師無成命多備何爲士季曰備之善若二子怒楚楚人乘我喪師無日矣 乘猶登也。好呼報反下同喪息浪反 不如備之楚之無惡除備而盟何損於好若以惡來有備不敗且雖諸侯相見軍衞不徹警也 徹去也。警音景去起呂反 彘子不可 不肯

設備 士季使鞏朔韓穿帥七覆于敖前 帥將也覆爲伏兵七處。覆扶又反注同帥如字將子匠反處昌慮反 故上軍不敗趙嬰齊使其徒先具舟于河故敗而先濟潘黨既逐魏錡 言魏錡見逐而退 趙旃夜至於楚軍 二人雖俱受命而行不相隨趙旃在後至 席於軍門之外使其徒入之 布席坐示无所畏也 〔疏〕使其徒入之。正義曰使己從人入壘以取俘馘也 楚子爲乘廣三十乘分爲左右右廣雞鳴而駕日中而說 說舍也。乘繩證反下三十乘十乘并注皆同說舒銳反注及下同 左則受之日入而說許偃御右廣養由基爲右彭名御左廣屈蕩爲右 楚王更迭載之故各有御右。屈居勿反更音庚迭直結反 乙卯王乘左廣以逐趙旃趙旃弃車而走林屈蕩搏之得其甲裳 下曰裳。搏音博 晉人懼二子之怒楚師也使軘車逆之 軘車兵車名。軘徒溫反 〔疏〕注軘車兵車名。正義曰襄十一年鄭人賂晉侯以廣車軘車淳十五乘甲兵備甲兵從之是兵車明矣鄭玄云廣車橫陳之車服虔云軘車屯守之車古名難得而知其義或當然矣 潘黨望其塵使騁而告曰晉師至矣楚人亦懼王之入晉軍也遂出陳孫叔曰進之寧我薄人無人薄我詩云元戎十乘以先啟行先人也 元戎戎車在前也詩小雅言王者軍行必有戎車十乘在前開道先人爲備。騁勑景反陳直覲反下注皆同先人悉薦反注及下同 〔疏〕注元戎至爲備。正義曰元大也戎車也詩小雅六月之篇言王者軍行必有大車十乘常在軍前以開道諸軍從行所以先人爲備也詩毛傳云夏后氏曰鉤車先正也殷曰寅車先疾也周曰元戎先良也三代行車皆前有此車其名同焉

法之文也其先正先疾先艮毛解其名鄭玄又釋其意鉤車備設鉤般其行曲直有正故曰先正寅進也此車能進取遠道故曰先疾元戎大車之善者故曰先艮也軍志曰先人有奪人之心薄之也奪敵戰心遂疾進師車馳卒奔乘晉軍桓子不知所爲鼓於軍中曰先濟者有賞中軍下軍爭舟舟中之指可掬也兩手曰掬○卒子忽反下及注並同掬九六反晉師右移上軍未動言餘軍皆移去唯上軍在經所以書戰言猶有陳〔疏〕晉師至未動○正義曰晉之三軍上軍在左中軍在中下軍在右言晉之中軍下軍敗走在上軍之右者皆移唯上軍未動故杜云餘軍皆移去唯上軍在工尹齊將右拒卒以逐下軍工尹齊楚大夫右拒陳名○拒音矩本亦作矩下同楚子使唐狡與蔡鳩居告唐惠侯二子楚大夫唐屬楚之小國義陽安昌縣東南有上唐鄉○狡古卯反〔疏〕告唐惠侯

○正義曰此未戰之前告經不書唐侯者爲楚私屬故不見也曰不穀不德而貪以遇大敵不穀之罪也然楚不克君之羞也敢藉君靈以濟楚師藉猶假借也使潘黨率游闕四十乘游車補闕者○乘繩證反下之乘并注易乘同〔疏〕注游車補闕者○正義曰周禮車僕有闕車之倅鄭玄云闕車所用補闕之車也此言游闕知游車以擬補闕今使從唐侯是補闕也從唐侯以爲左拒以從上軍駒伯曰待諸乎駒伯郤克上軍佐也隨季曰楚師方壯若萃於我吾師必盡萃集也○萃似醉反不如收而去之分謗生民不亦可乎同奔爲分謗不戰爲生民殿其卒而退不敗以其所將卒爲軍後殿○殿多練反注同王見右廣將從之乘屈蕩尸之曰君以此始亦必以終尸止○軍中易乘則恐軍人識自是楚之乘廣先左以乘左得勝故〔疏〕注以乘左得勝故○正義曰桓八年傳云楚人尚左君必左者謂置車尚左故君在左此言先左謂乘廣先左耳上文且云右廣初駕日中乃授左廣則舊法先乘右廣今楚王偶然乘左廣以逐趙旃因是而得戰勝以爲宜乘左廣自是以後乘廣先左以乘左得勝故也晉人或以廣隊不能進廣兵車○隊直類反〔疏〕注廣兵車○正義曰襄十一年鄭人賂晉侯以廣車定四年史皇以乘廣死是兵車稱廣也此言晉人廣隊下云拔旆投衡軍行則旆在軍前不是晉車皆有旆也此蓋是晉人在軍之前載旆之車楚人惎之脫扃惎教也扃車上兵闌○惎其器反扃古熒反徐公冥反服云扃橫木校輪間一曰車前橫木也西京賦云旗不脫扃薛綜云扃所以止旗也〔疏〕注惎教至兵闌○正義曰脫扃拔旆皆是教人之語知惎爲教也服虔云扃橫木有橫木投於輪間一曰扃車前橫木張衡西京賦云旗不脫扃薛綜注云扃所以止旗今杜以扃爲車上兵闌各以意言皆無明證而禮扛鼎之木其名曰扃則扃是橫木之名教之脫扃則扃是可脫之物杜云兵闌蓋橫木車前以約

車上之兵器慮其落也隊坑則橫木有礙故不能進少進馬還又惎之拔旆投衡乃出還便旋不進旆大旗也拔旆投衡上使不帆風差輕○帆凡劒反又作帊普霸反差於賣反〔疏〕注還便至差輕○正義曰旆扇風重故馬便旋而不能進釋天云繼廣充幅長尋曰旐繼旐曰旆郭璞曰帛續旐末爲燕尾者此旆能扇風使重令馬不能進則其制必大矣故云旆大旗也城濮之役亡大旆之左旃此之類也旆縣於竿插之車上衡是馬頸上橫木故拔取旗竿投於衡上臥之使不帆風則於車差輕故得出坑也帆是扇風之名今人船上張布以鄣風名之曰帆顧曰吾不如大國之數奔也趙旃以其良馬二濟其兄與叔父以他馬反遇敵不能去弃車而走林逢大夫與其二子乘逢氏○數所角反乘繩證反謂其二子無顧不欲見趙旃顧曰趙傁在後傁老稱也○傁素口反稱尺證反怒之使下指木曰尸女

於是授趙旃綏以免明日以表尸之表所指木取其尸○女音汝皆重獲在木下○兄弟累尸而死〔疏〕注兄弟累尸而死○正義曰獲者被殺之名並皆被殺唯當言皆獲耳欲見尸相重累之皆獲故杜辨之云兄弟累尸而死累即傳之重也楚熊負羈囚知罃知莊子以其族反之負羈楚大夫知罃知莊子之子族家兵反還戰○罃於耕反還音環廚武子御武子魏錡廚直誅反○下軍之士多從之知莊子下軍大夫故每射抽矢菆納諸廚子之房抽擢也菆好箭房箭舍○射食夜切又食亦反擢直角反廚子怒曰非子之求而蒲之愛蒲楊柳可以為箭董澤之蒲可勝既乎董澤澤名河東聞喜縣東北有董池陂既盡也○勝音升陂彼宜反〔疏〕可勝既乎○正義曰重物不可舉者謂之不勝用之不可盡者亦言不勝史傳多有其事今人無復此語故少難解耳既盡也可勝盡乎言用之不可盡也

知季曰不以人子吾子其可得乎吾不可以苟射故也射連尹襄老獲之遂載其尸射公子穀臣囚之以二者還穀臣楚王子○射食亦反下同〔疏〕不以至故也○正義曰言我不以好箭射楚貴人之子而質之吾之子其可得乎吾為此計者不可用惡箭苟且為射故也及昏楚師軍於邲晉之餘師不能軍不能成營屯宵濟亦終夜有聲言其兵衆將不能用○將子匠反丙辰楚重至於邲重輜重也○重直勇反又直用反注上重字同輜側其反重也直用反〔疏〕注重輜重也○正義曰輜重載物之車也說文云輜一名軿前後蔽也蔽前後以載物謂之輜車載物必重謂之重車人挽以行謂之輦輜重輦一物也襄十年傳稱秦堇父輦重如役挽此車也輜重載器物糧食常在軍後故乙卯日戰丙辰始至於邲也周禮鄉師大軍旅會同正治其徒役與其輂輦鄭玄云輂駕馬輦人輓行所以載任器也止以為蕃營司馬法曰夏后氏謂輂曰余車殷曰胡奴車周曰輜輦輂一斧一斤一鑿一梩一鋤周輦加二版二築又曰夏后氏二十人而輦殷十八人而輦周十五人而輦說者以為夏出師不踰時殷踰時周歷時故前世輂少而後世輦多遂次于衡雍潘黨曰君盍築武軍築軍營以章武功○雍於用反盍戶臘反而收晉尸以為京觀積尸封土其上謂之京觀○觀古亂反注及下京觀同臣聞克敵必示子孫以無忘武功楚子曰非爾所知也夫文止戈為武文字武王克商作頌曰載戢干戈載櫜弓矢戢藏也櫜韜也詩美武王能誅滅暴亂而息兵○戢側立反櫜古刀反韜他刀反我求懿德肆于時夏允王保之肆遂也夏大也言武王既息兵又能求美德故遂大而信王保天下○夏戶雅反注同〔疏〕武王至保之○正義曰昔武王克商周公為之作頌曰武王誅紂之後則戢藏其干戈則櫜韜其弓矢言既誅暴亂則無復所用故韜藏之懿美也

肆遂也時是也夏大也允信也武王以天下既定又能求美德之士而任用之故於是功業遂大信哉唯我武王保之美武王能保天下也○注戢藏至息兵○正義曰戢訓為斂聚斂藏之義故為藏也櫜一名韜盛弓矢之衣也干戈弓矢藏而不復用是美武王能誅滅暴亂而息兵也此所引者周頌時邁之篇也詩序云頌者以其成功告於神明則頌詩功成乃成乃作此傳言武王克商作頌者武王克商後世追為作頌頌其克商之功非克商之作也國語引此云周文公之頌曰則此周公所作也傳言克商作頌者包下三篇皆述武王之事○注肆遂至天下○正義曰肆之為遂相傳為此訓也夏大釋詁文求美德謂求而任用之遂大者功業遂大也又作武其卒章曰耆定爾功武頌篇名耆致也言武王誅紂致定其功○耆音旨注同〔疏〕又作至爾功○正義曰既作時邁又作武篇也頌皆一章言其卒章者謂終章之句也言武王誅紂致定爾武之大功也其三曰鋪時繹思我徂維求定其三三篇鋪布也繹陳也時是也思辭也頌美武王能布政陳教使天下歸往求安定○鋪普吳反徐音敷繹音亦〔疏〕其三至求定○正義曰其三周頌賚之篇也鋪布也繹陳也徂

徂也，言武王能布陳政教，故其時之民歸武王者，皆云我徂惟自求安定，美武王能安民，故民歸之也。○注其三至安定○正義曰：鋪是布散之義，故爲布也。繹陳繹詁文。思是語之辭，不爲義也。其六曰：綏萬邦，屢豐年。其六篇。綏，安也。屢，數也。言武王既安天下，數致豐年。此三六之數與今詩頌篇次不同，蓋楚樂歌之次第。○屢，力住反，注同。數，所角反，下數致同。〔疏〕其六曰至豐年○正義曰：其六，周頌桓之篇也。綏，安也。屢，數也。言武王伐紂，安天下萬國，數有豐孰之年，美武王能和衆國、豐民財也。○注其六篇至次第○正義曰：綏安，釋詁文。屢數，常訓也。杜以其三其六與今詩頌篇次不同，故爲疑辭，蓋楚樂歌之第，言楚之樂人歌周頌者別爲次第，故賚第三，桓第六也。劉炫以爲其三其六者，是楚子第三引鋪時繹思，第六引綏萬邦。今刪定知非者，此傳若是舊文及傳家敘事，容可言楚子第三引鋪時繹思，第六引綏萬邦。此既引楚子之言，明知先有三六之語，故楚子引之，得云其三其六。若楚子始第三引詩，第六引詩，豈得自言其三曰、其六曰？劉以其三其六爲楚子引詩次第，以規杜過，何辟之甚？沈氏難云：襄二十九年季札觀樂，篇次不同，杜云仲尼未刪定，此亦不同，而云楚樂歌之次者，襄二十九年雖少有篇次不同，大畧不甚乖越，故云仲尼未刪定以前。此之三六全與詩次不同，故云楚樂歌之第。今頌篇次桓第八，賚第九也。

夫武，禁暴、戢兵、保大、定功、安民、和衆、豐財者也。此武七德。〔疏〕夫武至財者也○正義曰：楚子既引四篇，乃陳七德，則四篇之內有此七者之義。戢干戈，櫜弓矢，禁暴戢兵也。時夏保之，保大也。耆定爾功，定功也。我徂求定，安民也。綏萬邦，和衆也。屢豐年，豐財也。我徂求定，是能安民，故往求定也。綏萬國由德能和衆，故萬國安也。故使子孫無忘其章。著之篇章，使子孫不忘。〔疏〕注著之至不忘○正義曰：杜以不忘其章，謂子孫不忘上四篇之詩，故云著之篇章，使子孫不忘。必知然者，以文承武王克商作頌之後，文連四篇詩義，故以爲著之篇章。劉炫云能有七德，故子孫不忘章明功業，橫取下文京觀爲無忘其章明武功，以規杜失，非也。今我使二國暴骨，暴矣；觀兵以威諸侯，兵不戢矣。暴而不戢，安能保大？猶有晉在，焉得定功？所違民欲猶多，民何安焉？無

德而強爭諸侯，何以和衆？利人之幾，幾，危也。○暴骨，蒲卜反，本或作曝。焉得，於虔反。強，其丈反。而安人之亂，以爲己榮，何以豐財？兵動則年荒。武有七德，我無一焉，何以示子孫？其爲先君宮，告成事而已。祀先君，告戰勝。〔疏〕注祀先君告戰勝○正義曰：禮記曾子問稱古者師行，必以遷廟主行，載于齊車，言必有尊也。尚書甘誓云：用命賞于祖。謂遷廟之祖主也。爲先君宮，爲此遷主作宮，於此祀之，告成事，告戰勝也。禮大傳記云：牧之野，武王之大事也，既事而奠於牧室。亦是新作室而奠祭也。曾子問又曰：無遷主則何主？孔子曰：天子諸侯將出，必以幣帛皮圭告于祖禰，遂奉以出，載于齊車以行，每舍奠焉而後就舍。武非吾功也。古者明王伐不敬，取其鯨鯢而封之，以爲大戮，於是乎有京觀，以懲淫慝。鯨鯢，大魚名，以喻不義之人吞食小國。○鯨，直京反。鯢，五兮反。懲，直升反。慝，他得反。〔疏〕注鯨鯢大魚名○正義曰：裴淵廣州記云：鯨鯢長百尺，雄曰鯨，雌曰鯢，目即明月珠也，故死即不見眼睛也。周處風土記云：鯨鯢，海中大魚也。俗說出入穴即爲潮水。

今罪無所，晉罪無所犯也。而民皆盡忠以死君命，又何以爲京觀乎？祀于河，作先君宮，告成事而還。傳言楚莊有禮，所以遂興。○是役也，鄭石制實入楚師，將以分鄭而立公子魚臣。辛未，鄭殺僕叔及子服。僕叔，魚臣也。子服，石制也。〔疏〕是役至魚臣○正義曰：入楚師，言入此楚師於鄭國。服虔云：入楚師，使楚師來入鄭是也。此石制引楚師入鄭，將以分鄭國，以半與楚，取半立公子魚臣爲鄭君，已欲擅其寵也。君子曰：史佚所謂毋怙亂者，謂是類也。言恃人之亂以要利。○佚音逸。毋音無。怙音戶。要，一遙反。詩曰：亂離瘼矣，爰其適歸。詩小雅。離，憂也。瘼，病也。爰，於也。言禍亂憂病，於何所歸乎？歎之。○瘼音莫。〔疏〕注詩小至歎之○正義曰：

詩小雅四月之篇也離憂瘼病爰於皆釋詁文言時世禍亂必有憂病者於何其所適歸乎歎此禍亂不知將何以歸也歸於怙亂者也夫恃禍則禍歸之○夫音扶鄭伯許男如楚爲十四年晉伐鄭傳秋晉師歸桓子請死晉侯欲許之士貞子諫曰不可貞子士渥濁○渥於角反〔疏〕桓子請死○正義曰檀弓云謀人之軍師敗則死之謀人之邦邑危則亡之今桓子將軍師敗故請死城濮之役晉師三日穀在傳二十八年○濮音卜文公猶有憂色左右曰有喜而憂如有憂而喜乎言憂喜失時公曰得臣猶在憂未歇也歇盡也○歇許竭反困獸猶鬭況國相乎及楚殺子玉子玉得臣○相息亮反下熊相同公喜而後可知也喜見於顏色○見賢遍反曰莫余毒也已是晉再克而楚再

敗也楚是以再世不競成王至穆王○競其敬反今天或者大警晉也警戒也而又殺林父以重楚勝其無乃久不競乎林父之事君也進思盡忠退思補過社稷之衞也若之何殺之夫其敗也如日月之食焉何損於明晉侯使復其位言晉景所以不失霸○重直用反〔疏〕進思至補過○正義曰孝經有此二句孔安國云進見於君則必竭其忠貞之節以圖國事直道正辭有犯無隱退還所職思其事宜獻可替否以補王過此孔意進謂見君退謂還私職也或當以此二句據臣心爲文文既據臣君在其上施之於君則稱進內省其身則稱退盡忠者盡已之心以進獻於君補過者內脩已心以補君從失故以盡忠爲進補過爲退耳非謂進見與退還也○冬楚子伐蕭宋華椒以蔡人救蕭蕭人囚熊相宜僚及公子丙

王曰勿殺吾退蕭人殺之王怒遂圍蕭蕭潰申公巫臣曰師人多寒王巡三軍拊而勉之拊撫慰勉之○僚子彫反潰戶內反拊芳甫反〔疏〕蕭潰○正義曰實未潰史以實王之意故言潰知者下云明日蕭潰是也三軍之士皆如挾纊纊綿也言說以忘寒○挾戶牒反纊音曠說音悅〔疏〕注纊綿也○正義曰玉藻云纊爲繭緼爲袍鄭玄云纊新綿也遂傳於蕭還無社與司馬卯言號申叔展還無社蕭大夫司馬卯申叔展皆楚大夫也無社素識叔展故因卯呼之○傳音附還音旋卯馬鮑反號徐戶到反一音戶刀反呼也叔展曰有麥麴乎曰無有山鞠窮乎曰無麥麴鞠窮所以禦溼欲使無社逃泥水中無社不解故曰無軍中不敢正言故謬語○麴去六反鞠起弓反禦魚呂反下同解音蟹下同〔疏〕注麥麴至謬語○正義曰麥麴鞠窮所以禦溼賈逵有此言則相傳爲此說也尚書說命云若作酒醴爾惟麴糵則麥麴作酒之物本草有芎藭者是藥草之名觀傳文勢欲使無社逃於泥水中而問有此物以否知是禦溼所用但不知若爲用之耳

河魚腹疾奈何叔展言無禦溼藥將病曰目於眢井而拯之無社意解欲入井故使叔展視虛廢井而求拯已出溺爲拯○眢烏九反眢井廢井也字林云井無水也一皮反拯拯救之拯注同〔疏〕河魚至拯之○正義曰上句是叔展之言曰下是無社對語無社頻荅言無叔展乃言必須入水故以水厄告之云如似河中之魚久在水內則生腹疾無此二物其奈溼何無社乃解其意告叔展云當目視於眢井而拯出之出溺爲拯方言文若爲茅絰哭井則已叔展又教結茅以表井須哭乃應以爲信○絰直結反已音紀簪音以應應對之應〔疏〕若爲至則已○正義曰此亦叔展之言也無社既解其意令展視井拯己但廢井必多不可知處故教無社令結茅爲絰置於井上又恐無社錯應他人更教之云若號哭向井則是我之已身己展叔自謂也明日蕭潰申叔視其井則茅絰存馬號而出之號哭也傳言蕭人無守心號戶刀反注同守手又反○○晉原穀

宋華椒衛孔達曹人同盟于清丘原穀先穀〔疏〕注原穀先穀○正義曰杜譜以爲雜人則不知誰之子也案傳先軫或稱原軫此蓋先軫之後也傳有名號之異杜譜皆並言之先穀之下不言原穀是杜脫也上文稱爲彘子服虔以爲食菜於彘今復稱原原其上世所食也於時趙氏有原同蓋分原邑而共食之也曰恤病討貳於是卿不書不實其言也宋伐陳衛救之不討貳也楚伐宋晉不救不恤病也宋爲盟故伐陳陳貳於楚故○爲于僞反衛人救之孔達曰先君有約言焉若大國討我則死之衛成公與陳共公有舊好故孔達欲背盟救陳而以死謝晉爲十四年衛殺孔達傳○約於妙反又如字共公音恭好呼報反背音佩十四年經注同

附釋音春秋左傳注疏卷第二十三

江西南昌府學栞

春秋左傳注疏卷二十三校勘記　阮元撰盧宣旬摘錄

附釋音春秋左傳注疏卷第二十三　宣十二年宋本春秋正義卷第十七石經春秋經傳集解宣下第十一岳本宣字下增公字並盡十八年

〔經十二年〕

而又徼事晉故　釋文徼作傲

蕭叔人心者　宋本監本毛本人作大是也

戊寅乃是十一月九日　閩本監本毛本脫戊寅二字

〔傳十二年〕

臨哭至祖廟　宋本以下正義六節揔入子良出質注下

陴城上僻倪　宋本僻作俾是也案說文云陴城上女牆俾倪也釋名作睥睨言於其孔中睥睨非常也廣雅作埤堄云女牆也○今依宋本作俾倪疏內並同

巢牛臣隱於短牆以射之　宋本毛本臣誤城

陴倪女牆也　宋本作陴俾倪女牆也案今本廣雅作埤堄

不應此至六月而晉人不聞　宋本閩本監本毛本此作比

圍三月　宋本圍上有進字

不泯其社稷　各本作泯補刊石經作泜依石經避唐太宗嫌名

願楚要福于此四君　纂圖本毛本于作於與傳文同

皆厲宣並言之　閩本並誤竝

先穀佐之　補刊石經此處缺釋文云穀本又作穀

注彘季代林父　宋本自此以下至注鯨鯢大魚名正義揔入告成事而還句注下

隨武子曰善 石經宋本淳熙本岳本纂圖本隨作隨

覿釁而動 李善注班孟堅述高帝紀引傳文釁作舋俗字也

不易行征伐也 宋本不易下有者字

楚軍討鄭 石經宋本淳熙本足利本軍作君是也

服而舍之 李善注文選辨亡論引作赦之

傳稱大宰伯州犂是也 宋本犂作黎

不共碎役 閩本監本毛本倅作卒非也

前有斥候蹹伏 案爾雅釋言疏引亦作蹹岳本足利本作蹋是也釋文同案說文無蹹字○今訂正

而自備辨也 宋本辨作辦

以其屬衛王也 閩本監本毛本王作士誤也

言唯賢是任 宋本言上有於舊內選賢五字

皆不易之事 宋本皆下有是字

嗣上德 閩本監本嗣誤嗣

序云言能汋先祖之道以養天下故以汋爲名焉 案詩序汋作酌

耆音指指致聲相近 閩本監本毛本指指改旨旨

闖敵彊而退 閩本監本彊作疆

命有軍師 補各本有作以師作帥與釋文正義合此本誤也

必當有禍 監本毛本禍誤過

似法當嚴整 閩本監本毛本似作以非

必大咎也 宋本必下有有字是也

故應否臧之凶 宋本岳本足利本否作不

川壅爲澤 釋文云壅本又作雍注皆同案說文巛字注引作雝澤字下多凶字

乘法不用○今依宋本 閩本監本毛本乘作乖亦非宋本作棄是也

法從人也 宋本法上有是字是也

故曰律否臧 補刊石經否作不

則爲法不行 宋本則上有水不流三字

澤不行之物 纂圖本監本毛本澤誤釋

此禍也 宋本此上有主字是也

爲明年晉殺先縠傳 宋本淳熙本晉下有人字

六人同之 補刊石經六誤作立改刊加兩點遂成亦字謬

三軍皆敗 毛本皆作既

楚子北師次於郔 釋文亦作郔監本毛本誤作郔注同

令尹叔孫敖弗欲曰 補刊石經宋本淳熙本岳本叔孫作孫叔是也○今訂正

令尹南轅反旆 補刊石經宋本岳本旆作旆不誤注同○今訂正

迴車南鄉 宋本纂圖本毛本迴作迴釋文云鄉本又作嚮案後漢書袁紹傳注引作回軍南向按鄉是正字

次于管以待之 釋文于作於又云管本或作菅案管字是也管即管叔所封之國見僖二十四年杜於彼注亦云管國在滎陽京縣東北

晉師在敖鄗之閒 顧炎武云石經師誤帥案石經不誤所據乃王堯惠刻也

鄭皇戌使如晉師曰　宋本岳本閩本監本戌作戍是也釋文亦作戍浦鏜云凡人名除定十三年公叔戍外並從戍亥之戌○挍不悉出

在軍　宋本軍誤君

子熊煦立　浦鏜正誤煦作眗按浦鏜挍亦非玉篇口部呴字云史記曰楚先有熊呴是爲蚡冒則呴當从口

凡人貧衣破醜敝爲藍縷　考文破作被非

多少皆望文也　宋本望作妄字按疏謂三處偏字皆各望文爲訓耳望是也

舊於穰苴前已有　宋本舊下有偏字

又何俟　補刊石經俟字下後人旁增焉字非也

實猶充也　監本毛本充誤克下同

毋廢王命　纂圖本閩本監本毛本毋誤母

遷徙也　淳熙本纂圖本閩本毛本徙作徒非也

靡旌驅疾也　宋本旌作族非

御下兩馬　案惠棟云鄭注周禮塚人引作掚馬釋文引徐先民云或作掚案此則兩本掚字故服杜訓爲飾古文省作兩

龜背之隆高當心　宋本淳熙本岳本足利本心下有者字

非能徧及於百官也　毛本徧作偏非

及熒澤　岳本纂圖本熒作滎非注同案後漢書郡國志注引傳文脫澤字

與魏錡皆命而往　石經皆下旁有受字後人妄加也

二憾往矣　釋文憾作感石經宋本亦作感石經改刊加小旁不可從也

右廣雞鳴而駕　纂圖本閩本監本毛本雞作鷄

養由基爲右　毛本由作甴避所諱後漢書班彪傳作游文選東都賦同

屈蕩搏之　閩本監本毛本搏作摶誤

備設鉤盤　案鞶字當作般說詳毛詩挍勘記

敢藉君靈　石經初刻藉誤从竹改从卄

使潘黨率游闕四十乘　鄭氏注周禮車僕引傳文率作帥游作斿

屈蕩尸之曰　石經宋本淳熙本岳本尸作戶是也案漢書王嘉傳注李善文選范蔚宗宦者傳論注引並同錢大昕跋余仁仲挍刻左傳本云家藏淳熙九經及長平游御史本巾箱小本俱作戶字

亦必以終　李善注范蔚宗宦者論引作必以此終

尸止　宋本淳熙本岳本足利本尸作戶止下有也字是也

軍中易乘　宋本淳熙本軍字脫

上文且則右廣初駕　閩本監本毛本則作云盧文弨挍本且則作則云亦非宋本且作且

今楚王偶然乘左廣以逐趙旃　宋本監本毛本廣作車非

此言晉人廣隊　閩本此作比非也

楚人惎之脫扃　惠棟云說文引作楚人畁之云舉也黃顥說廣車陷楚人爲舉之案此則惎當爲畁杜氏所據本與許所據不同也

扃車上兵闌　宋本岳本闌作蘭案管子小匡篇注云蘭錡兵架也

注惎教至兵蘭　閩本監本毛本蘭作闌非

今杜以扃爲車上兵闌　宋本闌作蘭下同

逢大夫與其二子乘　閩本逢作逄岳本有注云逄音龐蜀本作逄此七字挍刊時誤入案逄从夆是

也从年者誤

趙傁在後　惠棟云傁與叟同見無極山碑說文作姿云姿或作傁案五經文字云傁素口反與叟同見春秋傳

抽矢菆　惠棟云鄭注既夕禮云古文菆作騶漢書鼂錯傳云材官騶發矢道同的如淳曰騶矢也小顔曰騶謂善矢左氏傳作菆字其音同耳則知古菆字作騶也按騶自是假借字作菆是正字

與其蕃薆　監本蕃作蕐非也

止以爲蕃營　閩本監本毛本蕃作藩

築軍營以章武功　淳熙本岳本足利本章作彰

載戢干戈　監本毛本干誤于

則頌詩功成乃成乃作　案乃成二字衍文宋本無

夏大釋詁文　宋本閩本監本毛本大誤八

鋪時繹思　案詩周頌正義引作敷時繹思

我徂維求定　石經宋本淳熙本岳本維作惟案傳引詩書多從小旁

我往惟自求安定　閩本監本毛本往作徂毛本惟作維

屢豐年　案惠棟云說文無屢字當從毛詩作婁今詩亦有作屢者俗作之

謚楚樂歌之次第　依正義及宋本標起止皆云之第則次字衍也

注其六六篇至次第　宋本無篇至二字次作之字按疏云故楚樂歌之第是注古本無次字也

季札觀樂　宋本札作扎非也

今頌篇次　宋本今下有㓝字是也

取其鯨鯢而封之　惠棟云說文引作鱷鯢云海大魚也或从京漢書薛宣傳曰古者明王伐不敬取其鱷鯢小顔曰鱷古鯨字

又何以爲京觀乎　宋本淳熙本岳本足利本何作可石經無觀字後旁增于京字下爾雅疏引亦脫

子服石制也　淳熙本子作予誤

是役至魚臣　宋本以下正義二節揔入注恃亂則禍歸之之下

桓子請死　宋本以下正義二節揔入使復其位注下

晉師三日穀　石經日字下旁增館字此後人據僖廿八年傳妄加也

今天或者大警晉也　淳熙本大誤天正德本作夫亦非

遂圍蕭蕭潰　顧炎武云下有明日蕭潰之文此處疑衍若此云蕭潰下便不得言遂傳于蕭也炎武說是也

拊而勉之　文選李善注潘安仁馬汧督誄引拊作撫

蕭潰　宋本以下正義五節揔入明日蕭潰節注下

皆如挾纊　說文引亦作皆如挾纊云或從光作絖水經作廿二如作同非是

纊綿也　宋本綿作緜正義同按緜綿正俗字

遂傳於蕭　補刊石經蕭下有城字非也

有山鞠窮乎　羣經音辨引作鞠藭

鞠窮所以禦濕　纂圖本毛本濕作溼

奈何　淳熙本岳本奈作柰按柰正字○今訂正

眢井則巳　補刊石經宋本岳本巳作已是也○今訂正

巳展叔自謂也　浦鏜正誤作叔展是也

注原穀先穀　宋本此節正義在衞人救之節注下

於是卿不書　補刊石經作於是乎卿不書

春秋左傳注疏卷第二十三挍勘記止

附釋音春秋左傳注疏卷第二十四 宣十三年至十八年

杜氏注　孔穎達疏

經十有三年春齊師伐莒○夏楚子伐宋○秋螽無傳爲災故書冬晉殺其大夫先縠書名以罪討

傳十三年春齊師伐莒莒恃晉而不事齊故也○夏楚子伐宋以其救蕭也救蕭在前年君子曰清丘之盟唯宋可以免焉宋討陳之貳今宋見伐晉衛不顧盟以恤宋而經同貶宋大夫傳嫌華椒之罪累及其國故曰唯宋可以免○累劣僞反【疏】注宋討至以免○正義曰往年清丘之盟宋卿亦貶傳稱不實其言此年宋被楚伐而晉衛不救即是不實之狀於此發傳言唯宋可以免者意在責諸國耳嫌華椒之罪累及其國恐言宋亦有罪宜其不救但盟之不信唯椒身合貶宋國無罪言惟宋可以免見諸國皆合責也○秋赤狄伐晉及清先縠召之也邲戰不得志故召狄欲爲變清一名清原○冬晉人討邲之敗與清之師歸罪於先縠而殺之盡滅其族君子曰惡之來也已則取之其先縠之謂乎盡滅其族爲誅已甚故曰惡之來也【疏】注盡滅至來也○正義曰先縠之罪不合滅族盡滅其族爲誅已甚亦是晉刑大過是爲大惡君子旣嫌晉刑大過又尤先縠自招故曰惡之來也已自取之惡之來也言大惡之事來先縠之家○清丘之盟晉以衛之救陳也討焉尋清丘之盟以責衛使人弗去曰罪無所歸將加而師孔達曰苟利社稷請以我說欲自殺以說晉○使所吏反我說如字又音悅以說音悅又如字罪我之由我則爲政而亢大國之討將以誰任亢禦也謂禦宋討陳也○亢苦浪反任音壬我則死之爲明年殺孔達傳

經十有四年春衛殺其大夫孔達書名背盟于大國罪之夏五月壬申曹伯壽卒無傳文十四年盟新城○晉侯伐鄭○秋九月楚子圍宋○葬曹文公無傳○冬公孫歸父會齊侯于穀

傳十四年春孔達縊而死衛人以說于晉而免以殺告故免于伐○縊一賜反遂告于諸侯曰寡君有不令之臣達構我敝邑于大國旣伏其罪矣敢告諸殺大夫亦皆告衛人以爲成勞復室其子以有平國之功復以女妻之○復扶又反妻七計反【疏】注以有至妻之○正義曰釋詁以平爲成則成亦平也男子謂妻爲室故杜以爲衛人以其父有平定國家之勞復以女妻之言衛侯以女妻之也劉炫以爲傳文無衛侯之女爲孔達之妻復室其子謂復以室家還其子謂達旣被誅家當沒入官復以孔達財物家室還其子今知非者案檢傳文上孔達云苟利社稷請以我說是孔達忠於衛國本實無罪所以告於諸侯祇欲虛以說晉衛人荷其功力何得沒其家資男子謂妻爲室則室者對夫之言故傳云女有家男有室今若以孔達之妻而還其子便則以母還子不得云復室其子又諸國大夫之妻傳皆不載其氏姓何得獨責孔達之妻須言衛侯之女旣言復室其子明孔達之妻則衛侯之女可知劉以孔達之妻爲衛侯之女於傳無文以規杜過於義非也使復其位襲父祿位○夏晉侯伐鄭爲邲故也晉敗於邲鄭遂屬楚○爲于僞反告於諸侯蒐焉而還蒐簡閱車馬○蒐所留反閱音悅中行桓子之謀也曰示之以整使謀而來鄭人懼使子張代子良于楚十二年子良質於楚子張穆公孫○行戶郎反質音致鄭伯如楚謀晉故也鄭

以子良爲有禮故召之有讓國之禮。○楚子使申舟聘于齊曰無假道于宋申舟無畏亦使公子馮聘于晉不假道于鄭申舟以孟諸之役惡宋文十年楚子田孟諸無畏抶宋公僕。○馮皮冰反惡烏路反抶勑乙反曰鄭昭宋聾昭明也聾闇也。○聾力工反〔疏〕注昭明也聾闇也。○正義曰人之聽視聰明唯在耳目而已鄭昭言其目明則宋不明也宋聾言其耳闇則鄭不闇也耳目各舉一事而對以相反言宋不解事必殺我也晉使不害我則必死王曰殺女我伐之見犀而行犀申舟子以子託王示必死。○使所吏反使者同女音汝見賢遍反及宋宋人止之華元曰過我而不假道鄙我也鄙我亡也以我比其邊鄙是與亡國同。○過古臥反又古禾反殺其使者必伐我伐我亦亡也亡一也乃殺之楚子聞之投袂而起投振也袂袖也。袂面世反袖徐又反屨及於窒皇窒皇寢門闕。○屨九具反窒直結反〔疏〕注窒皇寢門闕。○正義曰下云劒及於寢門之外則屨之所及未至於外故以窒皇爲寢門之闕謂至門遂及也莊十九年鬻拳葬於經皇注云經皇家前闕者亦以此而知也經傳通謂兩觀爲闕唯指雉門高大爲縣舊章而使民觀之故雉門之觀特得闕名名爲闕者以其在門兩旁而中央闕然爲道雖則小門亦如此耳故杜於寢門冢門皆以闕言之此作窒彼作經字異音同未知孰是其名爲窒皇及市名蒲胥其義皆未聞劒及於寢門之外車及於蒲胥之市秋九月楚子圍宋。○冬公孫歸父會齊侯于穀見晏桓子與之言魯樂桓子告高宣子桓子晏嬰父宣子高固。○樂音洛〔疏〕與之言魯樂。○正義曰樂謂樂居高位也曰子家其亡乎懷於魯矣子家歸父字懷思也懷必貪貪

必謀人謀人人亦謀己一國謀之何以不亡爲十八年歸父奔齊傳〔疏〕懷於至不亡。○正義曰懷思也謂思高位於魯也既思高位必貪貪必計謀。他人既謀去他人他人亦謀去己一國之人謀去之何以不至亡也。○孟獻子言於公曰臣聞小國之免於大國也聘而獻物物玉帛皮幣也〔疏〕孟獻至公說。○正義曰臣聞小國之免罪於大國也使卿往聘大國而獻其玉帛皮幣之物於是主人亦禮待之庭前所實籩豆醯醢有百品也君自親朝於牧伯之國而獻其治國之功若征伐之功於是主人敬以待之主人之身有威儀容貌車服之飾有物采文章嘉淑皆善也有善言辭善稱讚燕而送賓有加增賄貨言賓往既共則主報亦厚禮使小國如此朝聘大國者謀其不免於罪也若不往朝聘待其被誅責而始薦賄貨則無及於好事矣今楚子在宋君其圖之勸君使往聘也劉炫以爲皆是實事聘而獻物謂獻其國內之物於是所獻之物庭中實之有百品謂聘享之禮龜金竹箭之屬有百品也朝而獻功言治國有功故土饒物產於是玄纁璣組羽毛齒革乃得爲容貌之物采文章嘉淑謂美善之物加貨謂賄賂之多多獻賄賂以謀其不免於罪也。○注物玉帛皮幣也。○正義曰聘禮賓執圭以致命享用束帛加璧夫人聘用璋享用玄纁束帛加琮其享幣又有皮馬是聘所獻物有玉帛皮幣也於是有庭實旅百主人亦設籩豆百品實於庭以荅賓〔疏〕注主人至荅賓。○正義曰聘禮君使卿韋弁服歸饔餼五牢有司入陳鼎豆簠鉶醯醢百甕米百筥黍稷稻粱皆設於中庭是主人設籩豆百品實於庭以荅賓也劉炫謂治國有功土饒云云炫以杜注莊二十二年庭實旅百奉之以玉帛諸侯朝王陳贄幣之象則朝聘陳幣亦實百品於庭非獨主人也朝而獻功獻其治國若征伐之功於牧伯於是有容貌采章嘉淑而有加貨容貌威儀容顏也采章車服文章也嘉淑令辭稱讚也加貨命宥幣帛也言往共則來報亦備〔疏〕注容貌至亦備。○正義曰杜謂於是有者皆主人之事故以容貌爲威儀容顏當謂善爲威儀容顏以接賓也采章車服文章謂主人陳設物采文章以接賓周禮車逆之類也嘉淑皆訓爲善容貌采章以外別言善善故以爲令辭稱讚謂接賓之時善言辭善稱讚也加貨謂好貨加增於常若僖二十九年介葛盧來朝禮之加燕好成十三

年孟獻子爲介王重賄之之類故以加貨爲命宥幣帛也劉炫云案此勸君行聘唯當論聘之義深不宜言主之禮備豈慮楚不禮而言此也君之威儀無時可舍豈待朝聘賓至乃始審威儀正顏色無賓客則驕容儀容儀非報賓之物何言報禮備又獻其治國劉炫云傳稱朝以正班爵之儀率長幼之序則不名獻功成二年王禮鞏伯如侯伯克敵使大夫告慶之禮則侯伯克敵祇合使大夫告王征伐之功何故親朝獻牧伯禮小朝大小國不合專征復有何功可獻炫謂采章加貨則聘享獻國所有玄纁璣組羽毛齒革皆充衣服旌旗之飾可以爲容貌物采文章嘉淑謂美善之物加貨言賄賂之多皆賓所獻亦庭實也於聘揔言庭實於朝指其所有詳於君畧於臣也案莊二十二年傳庭實旅百則朝者庭實又成二年傳云侯伯克敵使大夫告慶之禮據此文則聘賓有庭實又庭實旅百與容貌采章相對杜何知庭實容貌之等非是賓之所有必爲主人之物又君無獻征伐之功何以知獻功於牧伯今知劉說非者僖二十二年楚子入享于鄭庭實旅百加籩豆六品又昭五年燕有好貨飧有陪鼎僖二十九年葛盧來朝禮之加燕好此傳云嘉淑而有加貨故知加貨庭實之等皆是主人待賓之物禮傳賓之於主無加貨之文故杜爲此解襄八年鄭伯親獻蔡捷于邢丘是獻征伐之

功於牧伯也劉苟違杜義以爲庭實旅百及容貌采章嘉淑加貨之等竝爲賓物又以諸侯親朝無獻征伐之功以規杜氏違經背傳於義非也

謀其不免也誅而薦賄則無及也薦進也見責而往則不足解罪○賄呼罪反今楚在宋君其圖之公說爲明年歸父會楚子傳○說音悅

經十有五年春公孫歸父會楚子于宋○夏五月宋人及楚人平平者揔言二國和故不書其人【疏】注平者至其人○正義曰平者和也言其先不平而今始平小服大弱下彊之意昭七年暨齊平燕與齊平也定十年及齊平十一年及鄭平魯與平也諸言平者皆舉國言平揔言二國和同之意故不書其人謂不書公卿也燕暨齊平不言人此言宋人楚人史異辭耳穀梁傳曰人者衆辭也平稱衆上下欲之也賈逵云稱人衆辭善其與衆同欲然則彼不稱人者豈唯國君欲平而在下不欲平乎傳載盟辭則此平有盟不書盟者釋例曰宋人及楚人平實盟書平從赴辭也○六月

癸卯晉師滅赤狄潞氏以潞子嬰兒歸潞赤狄之別種潞氏國故稱氏子爵也林父稱師從告○潞音路種章勇反【疏】注潞赤至從告○正義曰狄有赤狄白狄○就其赤白之間各自別有種類此潞是國名赤狄之內別種一國東狄祖其雄豪者子孫則稱豪名爲種若中國之始封君也謂之赤白其義未聞蓋其俗尚赤衣白衣也傳稱天子建德因生以賜姓胙之土而命之氏者即以國名爲氏但華夏不須言夏國名不以氏配赤狄既須言狄單國不復成文故以氏配之潞氏甲氏皐落氏皆是也杜言氏國故稱氏雖指解此狄而中國亦然劉炫云狄稱種者周禮內宰上春生穜稑之種賤之同之草木故稱種林父尊卿當稱帥師今從將卑師衆之例直稱師者從告也○秦人伐晉無傳○王札子殺召伯毛伯稱殺者名兩下相殺之辭兩下相殺則殺者有罪王札子王子札也蓋經文倒札字○札側八反徐又側乙反名上照反倒丁老反【疏】注稱殺至札字○正義曰穀梁傳曰不言其兩下相殺也言兩臣下自相殺非君殺臣不得言其大夫也釋例曰大臣相殺死者無罪則兩稱名氏以示殺者之罪王札子殺召伯毛伯是也若死者有罪不

稱殺者名氏晉殺其大夫陽處父是也傳稱此人爲王子捷捷札一人而札在子上故疑經文倒札字也公羊傳曰王札子者何長庶之號也何休云天子之庶兄也左傳言札爲王孫蘇所使非是尊貴不得爲王之庶兄故譜以爲雜人不知何王之子○秋螽無傳螽音終○仲孫蔑會齊高固于無婁無傳無婁杞邑○初稅畝公田之法十取其一今又履其餘畝復十收其一故哀公曰二吾猶不足遂以爲常故曰初○稅始鋭反復扶又反【疏】注公田至曰初○正義曰公羊傳曰古者什一而藉古者曷爲什一而藉什一者天下之中正也多乎什一大桀小桀寡乎什一大貉小貉什一者天下之中正也什一行而頌聲作矣何休云多取於民比於桀蠻貉無百官制度之費稅薄穀梁傳亦云古什一而藉孟子云夏后氏五十而貢殷人七十而助周人百畝而徹其實皆什一也趙岐注云民耕五十畝者貢上五畝耕七十畝者以七畝助公家耕百畝者徹取十畝以爲賦雖異名而多少同故云皆什一也書傳言十一者多矣故杜言古者公田之法十取其一謂十畝內取一舊法既已十畝取一矣今又履其餘畝更復十收其一乃是十取其二故論語云哀公曰二吾猶不足謂十內稅二猶尚不足則

從此之後遂以十二爲常故曰初言初稅十二自此始也而諸書皆言十一而周禮載師云凡任地近郊十一遠郊二十而三旬稍縣都皆無過十二漆林之征二十而五者彼謂王畿之內所共多故賦稅重諸書所言十一皆謂畿外之國故鄭玄云十一而稅謂之徹徹通也爲天下之通法言天下皆十一耳不言畿內亦十一也孟子又曰方里爲井井九百畝其中爲公田八家皆私百畝同養公田公事畢然後敢治私事漢書食貨志取彼意而爲之文云井方一里是爲九夫八家共之各受私田百畝公田十畝是爲八百八十畝餘二十畝爲廬舍諸儒多用彼爲義如彼所言則家別一百一十畝是爲十一外稅一也鄭玄詩箋云井稅一夫其田百畝則九稅一其意異於漢書不以志爲說也又孟子對滕文公云請野九一而助國中什一使自賦鄭玄周禮匠人注引孟子此言乃云是邦國亦異外內之法則鄭玄以爲諸侯郊外郊內其法不同故鄭玄又云諸侯謂之徹者通其率以十一爲正而稅二故郊內十一使自賦其一郊外九而助一是爲二十郊內郊外相通其率爲十稅一也杜今直云十取其一則又異於鄭唯謂一夫百畝以十畝歸公今又履其餘畝稅之更十取一耳履畝穀粲傳文也趙岐不解夏五十殷七十之意蓋古者人多田少一夫唯得五十七十畝耳五十而貢貢五畝七十而助助七畝好惡於此鄭注考工記云周人畿內用夏之貢法邦國用殷之助法。○**冬蝝生**。螽子以冬生遇寒而死故不成螽。○蝝悅全反字林尹絹反劉歆云蚍蜉子也董仲舒云蝗子【疏】注螽子至成螽。○正義曰釋蟲云草螽負蠜蜇螽蚣蝑李巡云皆分別蝗子異方之語也釋蟲又云蝝蝮蜪李巡云蝮蜪一名蝝蝝蝗子也郭璞云蝗子未有翅者劉歆以爲蚍蜉有翅者非也如李郭之說是蝝爲螽子也上云秋螽秋而生子於地至冬其子復生遇寒而死故不成災傳稱凡物不爲災不書此不爲災而書之者傳云幸之也此年既飢若使蝝早生更爲民害則其困甚矣喜其冬生以爲國家之幸故喜而書之公羊傳亦云蝝生不書此何以書幸之也。○**饑**。風雨不和五稼不豐。【疏】注風雨至不豐。○正義曰此年秋螽知不爲螽而饑者春秋書螽多矣有螽之年皆不書饑而此獨書饑知年饑不專爲螽故云風雨不和五穀不豐也

傳十五年春公孫歸父會楚子于宋終前年傳○**宋人使樂嬰齊告急于晉晉侯欲救之伯宗曰**

不可伯宗晉大夫**古人有言曰雖鞭之長不及馬腹**言非所擊**天方授楚未可與爭雖晉之彊能違天乎諺曰高下在心**度時制宜。○度待洛反**川澤納汙**受汙濁。○汙音烏注同**山藪藏疾**山之有林藪毒害者居之。○藪素口反【疏】川澤至藏疾。○正義曰周禮虞之官有大澤大藪小澤小藪爾雅十藪皆是大澤則藪是澤類鄭玄周禮注云澤水所鍾也水希曰藪是藪者澤之少水之名也川澤山藪相配爲文者川是流水澤是委水俱是水故揔云納汙言其納汙濁也山有木藪有草毒螫之蟲在草在木故俱云藏疾言其藏毒害也藪是澤類而杜云山之有林藪者藪雖澤類傳文與山相連藪是草木積聚之處近山近澤皆得稱藪上既有川澤之文下別云山藪之事此藪近山故杜云山之有林藪也劉炫以爲澤旁之藪以規杜氏非也**瑾瑜匿瑕**匿亦藏也雖美玉之質亦或居藏瑕穢。○瑾其靳反瑜羊朱反匿女力反【疏】注匿亦至瑕穢。○正義曰瑾瑜玉之美名聘義曰瑕不揜瑜瑜不揜瑕鄭玄云瑕玉之病也瑜其中間美者玉之性善惡不相揜此云匿瑕似以美匿惡故云匿亦藏也言玉質雖美亦瑕藏其中不言瑜能揜蓋瑕也**國君含垢**忍垢恥。○垢古口反本或作詬音同**天之道也**晉侯恥不救宋故伯宗爲說小惡不損大德之喻。○爲于僞反**君其待之**待楚衰**乃止使解揚如宋使無降楚曰晉師悉起將至矣鄭人囚而獻諸楚楚子厚賂之使反其言**反言晉不救。○解音蟹降戶江反**不許三而許之登諸樓車使呼宋而告之**樓車車上望櫓。○櫓音魯**遂致其君命楚子將殺之使與之言曰爾既許不穀而反之何故非我無信女則弃之速卽爾刑對曰臣聞之君能制命爲義臣能承命爲信信載義而行之爲利謀不失利**

以衛社稷民之主也義無二信欲爲義者不行兩信○女音汝下注而女也同信無二命欲行信者不受二命君之賂臣不知命也受命以出有死無霣霣廢隊也○霣于敏反隊直類反又可賂乎臣之許君以成命也成其君命死而成命臣之祿也寡君有信臣已不廢命下臣獲考考成也死又何求楚子舍之以歸○夏五月楚師將去宋在宋積九月不能服宋故申犀稽首於王之馬前曰毋畏知死而不敢廢王命王弃言焉王不能荅未服宋而去故曰弃言○申叔時僕僕御也曰築室反耕者宋必聽命從之築室於宋分兵歸田示無去志王從其言宋人懼使華元夜入楚師登子反之牀起之曰寡君使元以病告兵法因其鄉人而用之必先知其守將左右謁者門者舍人之姓名因而利道之華元蓋用此術得以自通○守手又反將子匠反道音導曰敝邑易子而食析骸以爨爨炊也○析思歷反骸戶皆反本又作骨公羊傳作骸何休注云骸骨也爨七亂反雖然城下之盟有以國斃不能從也寧以國斃不從城下盟○斃婢世反去我三十里唯命是聽子反懼與之盟而告王退三十里宋及楚平華元爲質盟曰我無爾詐爾無我虞楚不詐宋宋不備楚盟不書不告○質音致【疏】子反懼與之盟○正義曰服虔云與華元私盟許爲退師若孟任割臂與魯莊公盟下云盟曰是兩國平後共盟而楚人爲此辭耳非此華元子反私盟之辭也○潞子嬰兒之夫人晉景公之姊也酆舒爲政而殺之

又傷潞子之目酆舒潞相○酆芳忠反相息亮反晉侯將伐之諸大夫皆曰不可酆舒有三儁才儁絕異也言有才藝勝人者三○儁音俊【疏】注儁絕至者三○正義曰辨名記云倍人曰茂十人曰選倍選曰儁千人曰英倍英曰賢萬人曰桀倍桀曰聖是儁爲絕異之稱也有三儁才知其有才藝勝人者三事耳不知三者何事也不如待後之人伯宗曰必伐之狄有五罪儁才雖多何補焉不祀一也耆酒二也弃仲章而奪黎氏地三也仲章潞賢人也黎氏黎侯國上黨壺關縣有黎亭○耆市志反黎禮兮反國名虐我伯姬四也傷其君目五也【疏】不祀至五也○正義曰此五者從輕至重祀雖爲大罪廢祀未是害物故先言之耆酒則廢亂政事有害於民故次之弃賢人而侵鄰國其害已大又次之殺夫人傷君目罪之大者故後言之棄仲章而奪黎氏地是爲二事而并數爲一者俱是爲政之惡故并數之奪黎氏地已盡奪之使黎侯失位故下云立黎侯而還更復其國也怙其儁才而不以茂德茲益罪也後之人或者將敬奉德義以事神人而申固其命審其政令若之何待之不討有罪曰將待後後有辭而討焉毋乃不可乎夫恃才與衆亡之道也商紂由之故滅由用也【疏】商紂由之故滅○正義曰史記殷本紀云紂資辯捷疾聞見甚敏材力過人手格猛獸知足以距諫飾是非之端矜人臣以能高天下以聲以爲皆出已之下武王伐滅之是由恃才儁故滅也天反時爲災寒暑易節地反物爲妖羣物失性民反德爲亂亂則妖災生故文反正爲乏文字【疏】天反至災生○正義曰據其害物謂之災言其怪異謂之妖時由天物在地故屬災於天屬妖於地其實民有亂德感動天地天地爲之見變妖災因民而生天地共爲之耳非獨天爲災而地爲妖民謂人

也感動天地皆是人君感之非庶民也昭七年傳曰國無政不用善則自取讁於日月之災言以政取讁是其由君不由民以民表人故釋例引此即改民爲人是其民謂人也傳言天災地妖民亂歷序以尊卑爲次更言亂則妖災生明妖災由民起妖災亦通言耳天雖四時氣唯寒暑故杜以反時爲寒暑易節物則其數無窮故揔云羣物失性反其常性即是妖也釋例曰物者雜而言之則昆蟲草木之類也大而言之則歲時日月星辰之謂也歲者水旱饑饉也時者寒暑風雨雷電雪霜也日月者薄食夜明也星辰者彗孛實錯失其次也山崩地震者陽伏而不能出陰迫而不能升也凡天反其時地反其物以害其物性皆爲妖災是言妖災皆通天地共爲之也此傳地反物者唯言妖耳洪範五行傳則有妖孽禍痾眚祥六者之名以積漸爲義漢書五行志說此六名云凡草物之類謂之妖妖猶天胎言尚微也蟲豸之類謂之孽孽則牙孽矣及六畜謂之禍言其著也及人謂之痾痾病類言浸深也甚則異物生謂之眚自外來謂之祥是六名以漸爲稱唯眚祥有外內之異耳大旨皆是妖也○故文反正爲乏○正義曰許愼說文序云蒼頡之初作書蓋依類象形謂之文其後形聲相益謂之字文者物象之本字者孳乳而生是文謂之字也制字之體文反正爲乏服虔云言人反正者皆

乏絶之道也人反德則妖災生妖災生則國滅亡是乏絶之道也盡在狄矣晉侯從之六月癸卯晉荀林父敗赤狄于曲梁辛亥滅潞曲梁今廣平曲梁縣也書癸卯從赴〔疏〕盡在狄矣○正義曰言盡在狄矣則狄皆有之其反德爲亂則五罪是也天地災妖傳不指斥不知於時潞國有何災何妖也酆舒奔衛衛人歸諸晉晉人殺之○王孫蘇與召氏毛氏爭政三人皆王卿士使王子捷殺召戴公及毛伯衛王子捷即王札子卒立召襄襄召戴公之子〔疏〕卒立召襄○正義曰卒終也謂後終立之非此時即立毛氏後亦不滅但傳不言之耳○秋七月秦桓公伐晉次于輔氏晉地壬午晉侯治兵于稷以畧狄土畧取也稷晉地河東聞喜縣西有稷山壬午七月二十九日晉時新破狄土地未安權秦師之弱故别遣魏顆距秦而東行定狄也○顆苦果反立黎

侯而還狄奪其地故晉復立之○復扶又反及雒魏顆敗秦師于輔氏晉侯還及雒也雒晉地○雒音洛獲杜回秦之力人也初魏武子有嬖妾無子武子疾命顆曰必嫁是武子魏犨顆之父○嬖必計反疾病則曰必以爲殉及卒顆嫁之曰疾病則亂吾從其治也及輔氏之役顆見老人結草以亢杜回亢禦也○殉似俊反本或作以殉治直吏反下治命同亢苦浪反杜回躓而顛故獲之夜夢之曰余而所嫁婦人之父也而女也○躓陟吏反徐又丁四反爾用先人之治命余是以報傳舉此以示教○晉侯賞桓子狄臣千室千家亦賞士伯以瓜衍之縣士伯士貞子○瓜古華反衍以善反曰

吾獲狄土子之功也微子吾喪伯氏矣伯桓子字郯之敗晉侯將殺林父士伯諫而止○喪息浪反羊舌職說是賞也職叔向父○說音悅向香丈反曰周書所謂庸庸祗祗者謂此物也夫周書康誥庸用也祗敬也物事也言文王能用可用敬可敬○夫音扶士伯庸中行伯言中行伯可用君信之亦庸士伯此之謂明德矣文王所以造周不是過也故詩曰陳錫哉周能施也錫賜也詩大雅言文王布陳大利以賜天下故能載行周道福流子孫○施式豉反率是道也其何不濟○晉侯使趙同獻狄俘于周不敬劉康公曰不及十年原叔必有大咎劉康公王季子也原叔趙同也○俘芳扶反不敬一本作而傲天奪之魄矣心之精爽是謂魂魄爲成八年晉殺

趙同傳○魄普白反〔疏〕注心之至同傳○正義曰心之精爽是謂魂魄魂魄去之何以能久昭二十五年傳文

○初稅畝非禮也穀出不過藉周法民耕百畝公田十畝借民力而治之稅不過此以豐財也〔疏〕初稅至財也○正義曰藉者借也民之田穀出共公者不過取所借之田欲以豐民之財故不多稅也既譏其稅畝言非禮乃舉正禮言穀出不過藉則知所稅畝者是藉外更稅故杜氏爲十一外更十取一且以哀公之言驗之知十二而稅自此始也○冬蝝生饑幸之也蝝未爲災而書之者幸其冬生不爲物害時歲雖饑猶喜而書之〔疏〕冬蝝生饑幸之也○正義曰幸之者爲幸蝝冬生不幸饑也而傳以饑連蝝生乃云幸之者以歲饑而復有災則民彌益其困出饑之故乃以爲幸故傳連饑釋之

經十有六年春王正月晉人滅赤狄甲氏及留吁甲氏留吁赤狄别種晉既滅潞氏今又并盡其餘黨士會稱人從告○吁況于反種章勇反并必政反一音如字○夏成周宣榭火傳例曰人火之也成周洛陽宣榭講武屋别在洛陽者爾雅曰無室曰榭謂屋歇前○榭本又作謝音同〔疏〕注傳例至歇前○正義曰楚語云先王之爲臺榭也榭不過講軍實臺不過望氛祥知榭是講武屋也名之曰宣則其義未聞服虔云宣揚威武之處義或當然也成周周之下都此榭别在洛陽講習武事則往就之爾雅釋宫云無室曰榭又云闍謂之臺有木者謂之榭李巡曰臺積土爲之所以觀望臺上有屋謂之榭則榭是臺上之屋居臺而臨觀講武故無室而歇前歇前者無壁也如今廳是也公羊以爲宣宫之榭謂宣王之廟也以其中興其廟不毁與左氏異也○秋郯伯姬來歸○冬大有年無傳○郯音談

傳十六年春晉士會帥師滅赤狄甲氏及留吁鐸辰鐸辰不書留吁之屬○鐸待洛反三月獻狄俘獻于王也晉侯請于王戊申以黻冕命士會將中軍且爲大傅代林父將中軍且加以大傅之官黻冕命卿之服大傅孤卿○黻音弗將子匠反大音泰注同〔疏〕注代林至孤卿○正義曰晉之中軍之將執政之上卿也大傅又尊於上卿且加大傅以褒顯之禮命臣者皆賜之以服使服而受命傳言以黻冕者黻冕是命孤卿之服故以之命士會也論語稱禹惡衣服而致美乎黻冕鄭玄云黻祭服之衣冕其冠也此云黻冕亦當然也黻蔽膝也祭服謂之黻其他服謂之韠俱以韋爲之制同而色異韠各從裳色黻則其色皆赤尊卑以深淺爲異天子純朱諸侯黄朱大夫赤而已大夫以上冕服悉皆有黻故禹言黻冕此亦云黻冕但冕服自有尊卑耳周禮司服孤之服自希冕而下此士會黻冕當是希冕也天子大傅三公之官也諸侯大傅孤卿之官也周禮典命云公之孤四命鄭衆云九命上公得置孤卿一人春秋時晉爲霸王侯亦置孤卿文六年有大傅陽子大師賈佗則晉嘗置二孤於是晉國之盜逃奔于秦羊舌職曰吾聞之禹稱善人稱舉也不善人遠此之謂也夫詩曰戰戰兢兢如臨深淵如履薄冰善人在上也言善人居位則無不戒懼○遠于萬反夫音扶兢居陵反本亦作矜善人在上則國無幸民諺曰民之多幸國之不幸也是無善人之謂也○諺音彦○夏成周宣榭火人火之也凡火人火曰火天火曰災〔疏〕凡火至曰災○正義曰人火從人而起人失火而爲害本其火之所來故指火體而謂之爲火天火則自然而起不能本其火體故以其所害言之謂之爲災聖人重天變故異其名春秋天變多矣雖此言火耳○秋郯伯姬來歸出也○爲毛召之難故王室復亂毛召難在前年○爲于僞反難乃旦反注同復扶又反王孫蘇奔晉晉人復之毛召之黨欲討蘇氏故出奔○冬晉侯使士會平王室定王享之原襄公相禮原襄公周大夫相佐也○相息亮反注同殽烝烝升也升殽於俎○殽戶交反烝之承反〔疏〕注烝升也升殽於俎○正

義曰：禮升殽於俎皆謂之烝，故烝爲升也。鄭玄詩箋云：凡非殽而食之曰殽，則殽是可食之名。切肉爲殽，乃升於俎，故謂之殽烝。**武子私問其故**。享當體薦而殽烝，故怪問之。武士會謚季，其字。〔疏〕注「享當」至「其字」。○正義曰：若公侯來朝，王爲設享，則當有體薦，薦其半體，亦謂之房烝。武子謂巳被王享，亦當房烝，今乃殽烝，故怪而問之。**王聞之，名武子曰：季氏，而弗聞乎？王享有體薦**，享則半解其體而薦之，所以示共儉。〔疏〕注「享則」至「共儉」。○正義曰：王爲公侯設享，則半解其體而薦之，爲不食，故不解折，所以示其儉也。示其儉與下示慈惠，成十二年傳文。**宴有折俎**，體解節折，升之於俎，物皆可食，所以示慈惠也。○折之設反，注同。〔疏〕注「體解」至「惠也」。○正義曰：王爲公侯設宴禮，體解節折，升之於俎，即殽烝是也。其物解折，使皆可食，共食噉之，所以示慈惠也。其宴飲殽烝，其數無文。若祭祀體解，案特牲饋食禮有九體，則肩一、臂二、臑三、肫四、胳五、正脊六、橫脊七、長脇八、短脇九，此謂士禮也。若大夫禮則十一體，加脡脊、代脅。其諸侯天子無文，或同十一。**公當享，卿當宴，王室之禮也**。公謂諸侯。

〔疏〕注「公謂諸侯」。○正義曰：五等諸侯摠名爲公，故云「公謂諸侯」。言諸侯親來，則爲之設享，又設燕也。享用體薦，燕用折俎。若使卿來，雖爲設享，仍用公之燕法，亦用折俎，是王室待賓之禮也。周語說此甚詳，王召士季曰：子弗聞乎？禘郊之事則有全烝，王公立飫則有房烝，親戚宴享則有殽烝。今叔父使士季實來，唯是先王之宴禮，欲以貽爾，體解節折而共飲食之，於是乎有折俎，以示容合好，將安用全烝？注國語者皆云：禘祭宗廟，郊祭天地，則有全其牲體而升於俎，謂之全烝。王公立飫，即享禮也，禮之立成者名爲飫，半解其體而升於俎，謂之房烝。傳言體薦，即房烝也。親戚宴享，則宴享禮同，皆體解節折，乃升於俎，謂之殽烝。此傳畧而爲文，猶是彼意，故注皆取彼解之。**武子歸而講求典禮，以脩晉國之法**。傳言典禮之廢久。

經十有七年春王正月庚子，許男錫我卒。無傳。再與文同盟。〔疏〕注「再與文同盟」。○正義曰：錫我以文六年即位，七年盟于扈，十四年于新城，曾許俱在，是再同盟也。**丁未，蔡侯申卒**。無傳。未同盟而赴以名。丁未，二月四日。○**夏，葬許昭公**。無傳。**葬蔡文公**。無傳。○**六月癸卯，日有食之**。無傳。不書朔，官失之。○**己未，公會晉侯、衛侯、曹伯、邾子，同盟于斷道**。斷道，晉地。○斷，直管反，一音短。○**秋，公至自會**。無傳。○**冬十有一月壬午，公弟叔肸卒**。傳例曰：公母弟。○肸，許乙反。

傳十七年春，晉侯使郤克徵會于齊。徵，召也。欲爲斷道會。**齊頃公帷婦人使觀之**。**郤子登，婦人笑於房**。跛而登階，故笑之。○頃音傾。跛，波可反。〔疏〕注「跛而登階」。○正義曰：沈氏引穀梁傳云：魯行父禿，晉郤克跛，衛孫良夫眇，曹公子首傴，故婦人笑之。是以知郤克跛也。穀梁傳定本作郤克眇，衛孫良夫跛。**獻子怒，出而誓曰：所不此報，無能涉河**。不復度河而東。○復，扶又反。**獻子先歸，使欒京廬待命于齊，曰：不得齊事，無復命矣**。欒京廬，郤克之介，使得齊之罪乃復命。○廬音盧，又力於反。**郤子至，請伐齊，晉侯弗許；請以其私屬，又弗許**。私屬，家衆也。爲成二年戰于鞌傳。○鞌音安。

齊侯使高固、晏弱、蔡朝、南郭偃會。晏弱，桓子。○朝如字。**及斂盂，高固逃歸**。聞郤克怒故。○斂，徐音廉，一音力漸反。盂音于。**夏，會于斷道，討貳也。盟于卷楚**，卷楚即斷道。○卷音權，一音居免反。**辭齊人。晉人執晏弱于野王，執蔡朝于原，執南郭偃于溫**。執三子不書，非卿。野王縣，今屬河內。**苗賁皇使，見晏桓子**。賁皇，楚鬬椒之子，楚滅鬬氏而奔晉，食邑于苗地。晏弱時在野王，故因使而見之。○賁，扶云反。使，所吏反，注及下同。**歸言於晉侯曰：夫晏子何罪？昔者諸侯事吾先君，皆如不逮**，言汲汲也。○逮音代，或大計反。汲音急。**舉言羣**

臣不信諸侯，皆有貳志。舉亦皆也齊君恐不得禮不見禮待故不出而使四子來左右或沮之。沮止也。沮在呂反曰君不出必執吾使故高子及斂盂而逃夫三子者曰若絕君好寧歸死焉爲是犯難而來吾若善逆彼彼齊三人。好呼報反爲于僞反難乃旦反以懷來者吾又執之以信齊沮吾不旣過矣乎過而不改而又久之以成其悔何利之有焉使反者得辭反者高固謂得不當來之辭【疏】以信齊沮。正義曰使沮者之言信也。而又至有焉。正義曰晏桓子等懼晉之命不得已而來恨齊侯之使也今晉不以禮待之而又久執之以成其悔恨言本恨齊今又恨晉齊侯見晉如此將有背晉之心齊若叛晉何利之有言此者勸晉侯免之耳而害來者以懼

諸侯將焉用之晉人緩之逸緩不拘執使得逃去也傳言晉不能脩禮諸侯所以貳。焉於虔反拘九于反。秋八月晉師還。范武子將老老致仕初受隨故曰隨武子後更受范復爲范武子。復扶又反召文子曰燮乎吾聞之喜怒以類者鮮文子士會之子燮其名。燮素協反鮮息淺反易者實多易遷怒也詩曰君子如怒亂庶遄沮君子如祉亂庶遄已詩小雅也遄速也沮止也祉福也。遄市專反祉音恥君子之喜怒以已亂也弗已者必益之郤子其或者欲已亂於齊乎不然余懼其益之也余將老使郤子逞其志庶有豸乎豸解也欲使郤子從政快志以止亂。豸本又作鳩直是反或音居牛反非也解音蟹此訓見方言【疏】注豸解也。正義曰方言文爾從二三子唯敬

二三子晉諸大夫乃請老郤獻子爲政。冬公弟叔肸卒公母弟也凡大子之母弟公在曰公子不在曰弟以兄爲尊凡稱弟皆母弟也此策書之通例也庶弟不得稱公弟而母弟或稱公子若嘉好之事則仍舊史之文惟相殺害然後據例以示義所以篤親親之恩崇友于之好釋例論之備矣。好呼報反【疏】凡大至弟也。正義曰此例再言凡者前凡明稱母弟之人適子及妾子之等後凡明策書稱弟者皆母弟之義公之母弟見經者鄭段魯公子友衞叔武實母弟而不稱弟陳公子招昭元年稱公子八年稱弟釋例曰弟之寵異於衆弟蓋緣自然之情以養母氏之志公在雖俱稱公子其兄爲君則特稱弟殊而異之親而睦之旣以隆友于之恩亦以獎爲人弟之敬成相親之益也通庶子爲君故不言夫人之子而曰母弟母弟之見於經者二十而傳之所發六條而已凡稱弟皆母弟此策書之通例也庶弟不得稱弟而母弟得稱公子故傳之所發隨而釋之諸稱弟者不言皆必稱弟也秦伯之弟鍼適晉女叔齊曰秦公子必歸此公子亦國之常言得兩通之證也仲尼因母弟之例據例以

與義鄭伯懷害弟之心天王縱羣臣以殺其弟夫子探書其志故顯稱二兄以首惡佞夫稱弟不聞反謀也鄭段去弟身爲謀首也然則兄而害弟稱弟以章兄罪弟又害兄則去弟以罪弟身也推此以觀其餘秦伯之弟鍼陳侯之弟黃衞侯之弟鱄出奔皆是兄害其弟也秦伯有千乘之國而不能容其母弟傳曰罪秦伯歸罪秦伯則鍼罪輕也陳侯不能制禦臣下使逐其弟傳曰非罪非黃之罪則罪在陳侯此互舉之文也至於陳招殺兄之子宋辰率羣卿以背宗國披大邑以成叛逆然不推刃於其兄故以首惡稱弟稱名從兩下相殺也統論其義兄弟二人交相殺害各有曲直存弟則示兄曲也鄭伯既云失教若依例存弟則嫌善段故特去弟兩見其義也若夫朝聘盟會嘉好之事此乃兄弟之篤睦非義例之所興故仍舊史之策或稱弟或稱公子踐土之盟叔武不稱弟此其義也莒挐非卿非卿則不應書今嘉獲故特書特書猶不稱弟明諸書弟者皆卿也先儒說母弟善惡褒貶既多相錯涉又云稱弟皆謂公子不爲大夫者得以君爲尊案傳莒挐非卿乃法所不書書而不言弟非得以君爲尊也凡聘享嘉好之事於是使卿故夷仲年之聘皆以卿稱弟而行此例所謂兄稱弟皆母弟左傳明文而自違之穎氏又曰臣無竟外之交故云弟以貶季友子招樂憂故去弟以懲過鄭段

母弟唯以名通故謂之貶今此二人皆稱公子公子者名號之美稱又非貶所也劉炫云再言凡者前凡據適妻子爲文後凡據妾子爲君母弟不得稱弟故更言凡也

經十有八年春晉侯衛世子臧伐齊。臧子郎反〇公伐杞。無傳〇夏四月。〇秋七月邾人戕鄫子于鄫。傳例曰自外曰戕邾大夫就鄫殺鄫子戕在良反徐又在精反鄫才陵反〔疏〕注傳例至鄫子。正義曰杜以會盟之例卿則書名氏大夫則稱人此稱邾人故云邾大夫耳賈逵亦云邾使大夫往殘賊之〇甲戌楚子旅卒。未同盟而赴以名吳楚之葬僭而不典故絶而不書同之夷蠻以懲求名之僞。僭子念反懲直升反止也又作徵如字明也〔疏〕注未同至之僞。正義曰諸侯之葬魯不會則不書知吳楚之葬爲僭不書者襄二十九年傳稱葬楚康王公親送葬經亦不書故知其不爲魯不會也禮坊記曰天無二日國無二土示民有君臣之別春秋不稱楚越之王喪恐民之惑也鄭玄云楚越之君僭號稱王不稱其喪謂不書葬也公羊傳曰吳楚之

君不書葬辟其號也辟其號者五等諸侯死則稱爵書卒及葬則從彼臣子之辭皆稱爲公若書楚葬亦宜從彼所稱當云葬楚王以此僭而不典不得稱王故遂絶之而不書其葬同之蠻夷言其不足紀録以懲創自求名號之僞同之蠻夷者蠻夷卒亦不書言其不書似之也〇公孫歸父如晉〇冬十月壬戌公薨于路寢〇歸父還自晉至笙遂奔齊大夫還不書春秋之常也今書歸父還奔善其能以禮退不書族者非常所及今特書畧之笙魯竟也故不言出。笙音生徐又勑貞反云本又作檉亦作村案徐後音是依二傳文竟音境

傳十八年春晉侯衛大子臧伐齊至于陽穀齊侯會晉侯盟于繒以公子彊爲質于晉晉師還蔡朝南郭偃逃歸晉既與齊盟守者解緩故得逃。繒才陵反質音致解佳賣反〇夏公使如楚乞師欲以伐齊公不事齊齊與晉盟故懼而乞師于楚不書徵者行〇秋邾人戕鄫子于鄫凡自虐其君曰弒自外曰戕弒戕皆殺也所以別內外之名弒者積微而起所以枱測量非一朝一夕之漸戕者卒暴之名。弒音試注同弒字從式殺字從殳他皆放此別彼列反一朝如字卒寸忽反〔疏〕注弒戕至之名。〇正義曰弒者試也言臣下伺候間隙試犯其君戕者殘也言外人卒暴而來殘賊殺害也弒戕皆是殺也所以別內外之名耳釋例曰列國之君而受害於臣子其所由者積微而起所以相測量非一朝一夕之漸故改殺爲弒戕者卒暴之名有國之君當重門設險而輕近暴客變起倉卒亦因事而見戒也臣弒其君子弒其父世之惡逆君子難言故春秋諸自內虐其君者通以弒爲文也春秋弒君多矣其戕唯此一事自弒其君足明無道臣罪之例戕者外人所殺爲無防被害皆是君自招之縱使君或無道其惡不加外國不得從弒君之例也若戰死則書滅此謂在國見殺耳〇楚莊王卒楚師不出既而用晉師成二年戰于鞌是楚於是乎有蜀之役在成二年冬蜀魯地泰山博縣西北有蜀亭〇公孫

歸父以襄仲之立公也有寵歸父襄仲子欲去三桓以張公室時三桓強公室弱故欲去之以張大公室。去起呂反下注將去並同張如字一音陟亮反與公謀而聘于晉欲以晉人去之冬公薨季文子言於朝曰使我殺適立庶以失大援者仲也夫適謂子惡齊外甥襄仲殺之而立宣公南通於楚既不能固又不能堅事齊晉故云失大援也。適丁歷反注同援于眷反夫音扶臧宣叔怒曰當其時不能治也後之人何罪子欲去之許請去之宣叔文仲子武仲父許其名也時爲司寇主行刑言子自以歸父害已欲去者許請爲子去。請爲于僞反遂逐東門氏襄仲居東門故曰東門氏子家還及笙子家歸父字壇帷復命於介除地爲壇而張帷介副也將去使介反命於君。壇音善介音界〔疏〕復命於介。正義曰聘禮

復命之禮云公南鄉使者執圭反命曰以君命聘于某君某君受幣于某宮某君再拜以享某君某君再拜若聘君薨于後歸執圭復命于殯升自西階不升堂子即位不哭辯復命如聘子臣皆哭與介入北鄉哭出袒括髮入門右即位踊是君之存亡皆有復命之禮今身將出奔不得親自復命故立介於位介當南面歸父於介前北面執圭復命既復命之後北面哭乃退括髮訖前即位北面哭三踊而出　既復命以復命之語語介使知命介以此言告於殯也　袒括髮以麻爲髮。袒音但括古活反　即位哭三踊而出依在國喪禮設哭位公薨故　遂奔齊書曰歸父還自晉善之也

附釋音春秋左傳注疏卷第二十四

江西南昌府學栞

春秋左傳注疏卷二十四校勘記　阮元撰盧宣旬摘錄

附釋音春秋左傳注疏卷第二十四　宣十三年至十八年

經十三年

傳十三年

已則取之　石經此處缺宋本岳本纂圖本巳作已不誤今從之

亦是晉刑大過　閩本監本毛本大作太下同

爲明年殺孔達傳　閩本監本毛本爲上不加注字舊式也

經十四年

冬公孫歸父會齊侯于穀　毛本于作丁誤

傳十四年

構我敝邑于大國　石經初刻構作搆改從木旁是也閩本監本毛本作搆

注以有至妻之　宋本此節正義在使復其位注下

復以女妻之　閩本監本毛本復作故按作復是也

晉敗於邲鄭遂屬楚　纂圖本毛本於作于屬作服誤也

蒐簡閱車馬　足利本作軍馬

鄭伯如楚　閩本鄭誤鄖

楚子使申舟聘于齊　呂氏春秋行論篇注引舟作周案舟周古字通石經此處缺

注昭明也聾闇也　宋本以下正義二節揔入楚子圍宋之下

屨及於窒皇　惠棟云高誘呂覽行論篇注引傳作經皇與莊十九年經皇一也

謂至門逐及也　閩本監本毛本逐作遂非也

唯指雉門高大　宋本高字上有以雉門三字是也

與之言魯樂　宋本以下正義二節揔入何以不亡注下

貪必計謀他人　宋本謀下有去字

孟獻至公說　宋本以下正義三節揔入注文爲明年歸父會楚子傳之下

於是元纁璣組　宋本是下有有字

享用秉帛加璧　補毛本秉作束秉字誤也今正

則朝聘陳幣亦實百品於庭非獨主人也　浦鏜正誤朝作此獨作謂云從傳士凱注解辨誤挍

而有加貨　淳熙本加誤嘉注同

容貌文章以外　浦鏜正誤文作采是○今依改

葛盧來朝　宋本葛上有介字是也

經十五年

潞赤狄之別種潞氏國　宋本足利本無下潞字案正義引注云杜言氏國故稱氏足證潞字爲衍文

而中國亦然　按各本同依上文則亦字當作不字

更復十收其一　監本毛本收作取

趙岐不解夏五十殷七十之意　宋本岐作歧俗字

一夫唯得五十七十畝耳讀　閩本監本毛本耳誤且屬下

好惡於此　閩本監本毛本惡於作異如

蚳蝝蚣蜎　監本毛本蚳作蚔蚣作蚳並誤閩本亦作蚳○

至冬其子復生　宋本冬作今

五稼不豐　纂圖本毛本稼作穀非也

五穀不豐也　宋本閩本監本毛本穀作稼不誤

傳十五年

雖晉之彊　閩本監本彊作疆

山藪藏疾　漢書路溫舒傳引傳藏疾作臧疾案藏古作臧

川澤至藏疾　宋本以下正義三節揔入去我三十里節注下

周禮虞之官　宋本禮下有澤字是也

是藪者澤之少水之名也　閩本監本少作小非也

瑜能揜蓋瑕也　毛本揜作掩同監本作掄非

國君含垢　釋文云垢本或作詬案漢書路溫舒傳引作詬

晉侯恥不救宋　監本毛本恥作耻俗字

毋畏知死而不敢廢王命　纂圖本監本毛本毋作無非也

必先知其守將左右謁者門者　淳熙本者下增守字非也

析骸以爨　釋文云骸本又作骨案史記宋世家楚世家呂氏春秋引作骨何休注公羊云骸骨也

酆舒有三儁才　宋本淳熙本岳本足利本儁作儁石經此處缺案下文作儁才則此處亦當作儁

儁絶至者三　宋本以下正義六節揔入晉人殺之句下

辨名記　閩本監本辨作辦形相近而誤案辨名又作別名見白虎通聖人篇

倍人曰戎　宋本戎作茂不誤浦鏜正誤倍作五是也

倍選曰儁　閩本監本毛本儁作雋下同

上蔡壺關縣有黎亭　監本壺作壷

祀雖爲大罪　宋本祀上有不字是也

紂賢辯捷疾　浦鏜正誤賢作資依史記殷本紀改也

飾是非之端　案殷本紀作言足以飾非

地反物爲妖　案說文䄏字注云地反物爲䄏

天地爲之見變　宋本爲作謂

時者寒暑風雨靁電雪霜也　宋本靁作震

凡草物之類謂之妖　宋本閩本監本毛本物作木案漢書五行志作物

及人謂之痾　監本及作反非也

痾病類言浸深也　案漢書五行志類作貌浸作寖

壬午十月二十九日　宋本淳熙本岳本足利本十作七不誤

權秦師之弱　淳熙本師作帥

而東行定狄也　宋本淳熙本岳本纂圖本足利本也作地

狄奪其地　纂圖本毛本狄作欲非也

晉侯還及雒也　淳熙本也誤地

必以爲殉　閩本殉作徇釋文無爲字云本或作必以爲徇案論衡死僞篇引作必以是爲殉則爲字當有也

而女也　宋本纂圖本閩本監本毛本女作汝

爾用先人之治命　石經用字下有而字案漢書張衡傳注論衡死僞篇引傳無而字顧炎武九經誤字云監本脫當依石經補此處石經乃朱梁補刊也

吾獲狄土也　顧炎武云石經土誤士案炎武所據乃王堯惠刻

曰周書所謂庸庸祗祗者　淳熙本謂誤得

故詩曰陳錫哉周　石經宋本纂圖本監本毛本哉作載案詩傳訓哉爲載正義曰哉與載古字通

故杜氏爲十一外更十取一　宋本氏作以

故傳連幾釋之　宋本毛本幾作譏非也

經十六年

成周宣榭火　釋文榭作謝云本又作榭案惠棟云說文無謝字周郙敦銘曰王格于宣射古文榭字作射

冬大有年　案說文秊字注引作大有秊从禾千聲云穀孰也

傳十六年

注代林至孤卿　宋本此節正義在善人在上節之下

以韋爲之祭　宋本閩本監本毛本祭作制屬下讀是也○今依改

但皃服自有尊卑耳　毛本脫服字但下衍徵字

有太傅陽子　宋本太作大下同

禹稱善人　玉篇引作禹偁善人云與稱同

戢戢兢兢　釋文云兢兢本亦作矜矜纂圖本閩本監本毛本作競競非也

春秋天變多矣　宋本天變作眚災是也

毛召難在前年　纂圖本閩本監本毛本召誤伯下注同

注蒸升也升肴於俎　宋本以下正義五節揔入以脩晉國之難注下

武子私問其故　宋本子作季石經此處缺山井鼎云今本後人武子上補足季字所校諸本皆無檢杜注武士會謚季其字不爲無據也陳樹華云杜氏爲下傳文季氏而出此注且內外傳文間稱士季無有稱季武子者山井鼎說非也

王享有體薦　詩伐木正義禮三制正義引享作饗

宴有折俎　詩伐木正義引作燕以折俎

正義曰五等諸侯揔名　閩本監本毛本脱正義曰三字

以脩晉國之法　宋本法作灋

經十七年

傳例曰父母弟　纂圖本閩本監本毛本父作同亦非宋本淳熙本岳本足利本作公是也○今改正

傳十七年

不復度河而東　補各本度作渡

注跛而登階下　宋本以下正義三節揔入而害來者節注

討貳也　閩本貳作弍非

盟于卷楚　顧炎武云石經誤作巷案此處石經乃補刊

將有背晉之心　宋本毛本將作當

郤子其或者欲已亂於齊乎　顧炎武云石經乎誤平案石經不誤炎武所據乃王堯惠刻考文引宋板作欲已於亂乎非也

庶有豸乎　唐石經初刻豸作鳩後改豸釋文亦作鳩注同案羣經音辨引作庶有鳩乎云今文作豸集韻四紙引同云徐邈讀通作豸與釋文合

注豸解也　宋本此節正義在乃請老郤獻子爲政句下

前凡明稱母弟之人　閩本監本毛本人作文

釋例曰弟之寵　宋本弟上有母字

見於經者二十　毛本於作于十誤千

衛侯之弟鱄出奔　宋本閩本監本毛本鱄作鱄不誤

皆是兄害其弟也　宋本也上有者字

則鍼罪輕也　閩本監本毛本則誤見

傳言非罪　閩本監本毛本言作曰

存弟則示兄曲也　襄廿七年正義引作書弟非也

則嫌善段　閩本監本毛本善作書非

莒挐非卿　閩本監本毛本挐作拏非下同

又非貶所也　閩本監本毛本貶所作所貶

經十八年

邾人戕鄫子于鄫　纂圖本閩本監本毛本戕誤戕注同○案傳並同

國無二王　宋本國作土與坊記合

當云葬楚王　宋本楚下有莊字是也

歸父還自晉至笙　釋文云笙本作檉亦作朾案公羊穀梁作檉

笙魯竟也　宋本岳本足利本也作外

傳十八年

欲以伐齊　石經欲作將下空一字

凡自虐其君曰弒　石經自下有内字案周禮大司馬之職正義李善魏都賦注引傳並有内字顧炎武云虐上多内字誤也

弒戕皆是殺也　毛本戕誤君

故春秋諸自内虐其君者　閩本監本毛本諸誤謂

楚於是乎有蜀之役 淳熙本乎誤平

時三桓强 閩本監本作彊非纂圖本毛本作疆

許請爲子去 宋本淳熙本岳本纂圖本監本毛本去下有之字

子家歸父字 宋本無字字

復命於介 宋本此節正義在遂奔齊節之下

某君受幣于某官 宋本官作宫與聘禮合○今依訂正

辯復命 宋本辯作辨案聘禮作辯

皆有復命之禮 宋本禮作法

今身將出奔 閩本監本毛本今誤若將出誤在外○今改正

袒括髮 石經初刻脱袒字改刻增袒括二字案惠棟云士喪禮曰主人髺髮袒鄭注云古文髺作括爲古文髺也

附釋音春秋左傳注疏卷第二十四

春秋左傳注疏卷二十四挍勘記

附釋音春秋左傳注疏卷第二十五 成元年至三年

杜氏注　孔穎達疏

成公○陸曰成公名黑肱宣公子謚法安民立政曰成〔疏〕正義曰魯世家云成公名黑肱宣公之子穆姜所生以定王十七年即位謚法安民立政曰成釋例曰計公衡之年成公又非穆姜所生不知其母何氏也案宣元年夫人婦姜至自齊即穆姜也至此始十八年耳二年傳稱公衡爲質於楚公衡成公子也既堪爲質則其年已長成公若是穆姜之子未得有成長之男

經元年春王正月公即位無傳○二月辛酉葬我君宣公無傳○無冰無傳周二月今之十二月而無冰書冬溫〔疏〕注周二至冬溫○正義曰襄二十八年春無冰彼春無月則是竟春無冰此亦應竟春無冰而書在二月下者以盛寒之月書之也穀梁傳曰終時無冰則志此未終時而言無冰何也終無冰矣加之寒之辭也其意言此月寒最甚此月無冰則終無冰矣杜言今之十二月者見此意也冬而無冰是時之失故書之記冬溫也○三月作丘甲周禮九夫爲井四井爲邑四邑爲丘丘十六井出戎馬一匹牛三頭四丘爲甸甸六十四井出長轂一乘戎馬四匹牛十二頭甲士三人步卒七十二人此甸所賦今魯使丘出之譏重斂故書○甸徒練反一音繩證反乘繩證反卒尊忽反斂力驗反〔疏〕周禮至故書○正義曰周禮九夫爲井四井爲邑四邑爲丘四丘爲甸小司徒職文也司馬法六尺爲步步百爲畝畝百爲夫夫三爲屋屋三爲井井四爲邑四邑爲丘丘有戎馬一匹牛三頭是曰匹馬丘牛四丘爲甸甸六十四井出長轂一乘馬四匹牛十二頭甲士三人步卒七十二人戈楯具謂之乘馬然則杜之此注多是司馬法文而獨以周禮冠之者以司馬法祖述周禮其所陳者即是周法言此是周之禮法耳不言周禮有此文也鄭注論語云司馬法成方十里出革車一乘與此不同者鄭注小司徒云方十里爲成緣邊一里治溝洫實出稅者方八里八十四井案鄭注小司徒又引司馬法云成出革車一乘甲士十人徒二十人十成爲終千井革車十乘甲士百人徒二百人十終爲同萬井革車百乘甲士千人徒二千人與此車一乘甲士三人步卒七十二人不同者小司徒辨畿內都鄙之地域鄭所引士十人徒二十人者謂公卿大夫畿內采地之制此之所謂諸侯邦國出軍之法故不同也古者用兵天子先用六鄉六鄉不足取六遂六遂不足取公卿采邑及諸侯邦國若諸侯出兵先盡三鄉三遂鄉遂不足然後揔徵竟內之兵案此一車甲士步卒揔七十五人周禮大司馬五人爲伍五伍爲兩四兩爲卒五卒爲旅五旅爲師五師爲軍大賦不同者大司馬所云謂鄉遂出軍及臨時對敵布陳用兵之法此甲士三人步卒七十二人謂徵課邦國出兵之時所徵之兵既至臨陳還同鄉遂之法必知臨敵用鄉遂法者以桓五年戰于繻葛先偏後伍又宣十二年廣有一卒卒偏之兩及尚書牧誓云千夫長百夫長是臨時對敵皆用卒兩師旅也長轂馬牛甲兵戈楯皆一甸之民同共此物若鄉遂所用車馬甲兵之屬皆國家所共知者以一鄉出一軍則是家出一人其物不可私備故也此言四丘爲甸並據上地言之若以上中下地相通則二甸共出長轂一乘耳甸即乘也六十四井出車一乘是故以甸爲名此一乘甲兵甸之所賦今魯使丘出甸賦乃四倍於常譏其重斂故書之也穀梁傳曰作爲也丘爲甲也丘甲國之事也丘作甲非正也古者立國家百官具農工皆有職以事上古者有四民有士民有商民有農民有工民丘作甲非正也其意以爲四邑爲丘使一丘農民皆作甲以農爲工失其本業故譏之今左氏經傳並言作丘甲耳重斂之事傳無明文而知必異穀梁以爲丘作甸甲者以傳云爲齊難故作丘甲以慮有齊難而多作甲兵知使丘爲甸甲而倍作之也士卒牛馬悉倍於常而獨言甲者甲是新作之物其餘斂充之耳非作之也譏其新作故舉甲言之初稅畝言初此不言初者此備齊難暫爲之耳非是終用故不言初然則築城備難非時不譏此亦備難而譏之者魯是大國甲兵先多僖公之世頌云公車千乘昭公之蒐傳稱革車千乘此時不應然也其甲足以拒敵而又加之重斂故譏之○夏臧孫許及晉侯盟于赤棘晉地○秋王師敗績于茅戎茅戎別種也不言戰王者至尊天下莫之得校故以自敗爲文不書敗地而書茅戎明爲茅戎所敗書秋從告○茅戎亡交反史記及三傳皆作貿戎種章勇反○冬十月

傳元年春晉侯使瑕嘉平戎于王平文十七年邥垂之役詹嘉處瑕故謂之瑕嘉○邥音審詹之廉反單襄公如晉拜成單襄公王卿士謝晉爲平

戎○單音善爲于僞反下文同**劉康公徼戎將遂伐之**康公王季子也戎平還欲要其無備○徼古堯反要也要一遥反【疏】注康公至無備○正義曰宣十年經書王季子來聘傳言劉康公知卽王季子也傳言平戎于王戎必遣使詣周受平但康公要戎者非要戎平還之使單使來平不足伐也欲伐其國耳以未平之日設備禦周今既平矣戎必無備要其無備將遂往伐之故下云遂伐茅戎起兵伐其國也**叔服曰背盟而欺大國此必敗**叔服周內史○背音佩下音同**背盟不祥欺大國不義神人弗助將何以勝不聽遂伐茅戎三月癸未敗績于徐吾氏**徐吾氏茅戎之別也【疏】敗績于徐吾氏○正義曰敗于徐吾之地也茅戎已是戎內之別徐吾又是茅戎之內聚落之名王師與茅戎戰之處**○爲齊難故作丘甲**前年魯乞師於楚欲以伐齊楚師不出故懼而作丘甲○難乃旦反下同**○聞齊將出楚師夏盟于赤棘**與晉盟懼齊楚**○秋王人來告敗**解經所以秋乃書**○冬臧宣叔令脩賦繕完**治完城郭○繕完市戰反下和端反**具守備曰齊楚結好我新與晉盟晉楚爭盟齊師必至雖晉人伐齊楚必救之是齊楚同我也**同共也○守手又反好呼報反**知難而有備乃可以逞**逞解也爲二年齊侯伐我傳○解音蟹

經二年春齊侯伐我北鄙○夏四月丙戌衛孫良夫帥師及齊師戰于新築衛師敗績新築衛地皆陳曰戰大崩曰敗績四月無丙戌丙戌五月一日○築音竹陳直覲反**○六月癸酉季孫行父臧孫許叔孫僑如公孫嬰齊帥師會晉郤克衛孫良夫曹公子首及齊侯戰于鞌齊師敗績**魯乞師於晉而不以與謀之例者從盟主之令上行於下非匹敵和成之類例在宣七年曹大夫常不書而書公子首者首命於國備於禮成爲卿故也鞌齊地○僑其驕反注同郤去逆反鞌音安與音預敵如字本或作適亦音敵【疏】注魯乞至齊地○正義曰此云盟主之令故不從與謀釋例云乞師不得從與謀所以不同者以事得兩通故互言之魯於聘與盟會雖二卿並行止書一使至於行師用兵則並書諸將此書四卿昭定之世或書三卿或書二卿皆謂重兵故書之其他國唯書元帥詳內略外也書曹公子首者釋例曰公侯伯子男及卿大夫士命數周官具有等差當春秋時漸以變改是故仲尼以明據時之宜從而然之不復與周官同也命者其君正爵命之於朝其宮室車旗衣服禮義各如其命數皆以卿禮書於經衛之於晉不得比次國則邾莒杞鄫之屬固以微矣此等諸國當時附隨大國不得列於會者甚衆及其得列上不能自通於天子下無服於備禮成制故與於盟會戰伐甚多唯曹公子首得見經其餘或命而禮儀不備或未加命數故皆不書之是言首成爲卿故書**○秋七月齊侯使國佐如師己酉及國佐盟于袁婁**穀梁曰鞌去齊五百里袁婁去齊五十里【疏】注穀梁至十里○正義曰齊之四竟不應過遠且鞌已是齊地未必竟上之邑豈得去齊有五百里乎穀梁又云壹戰緜地五百里則是甚言之耳釋例土地名鞌與袁婁並闕不知其處遠近無以驗之**○八月壬午宋公鮑卒**未同盟而赴以名○鮑步卯反**○庚寅衛侯速卒**宣十七年盟于斷道據傳庚寅九月七日**○取汶陽田**晉使齊還魯故書取不以好得故不言歸○汶音問好呼報反【疏】注晉使至言歸○正義曰晉使齊還魯魯不用力故直書取哀八年齊人歸讙及闡此不言齊人歸者不以好得非齊歸我故不言歸**○冬楚師鄭師侵衛**子重不書不親伐【疏】注子重不書不親伐○正義曰僖二十五年楚人圍陳注云子玉稱人從告此云子重不書不親伐者彼以路遠或當不以實告此傳言侵衛遂侵我道路既近告當以實經傳皆言楚師例是將卑師衆故以爲子重不親伐所以弘通其義也**○十有一月公會楚公子嬰齊于蜀**公與大夫會不貶嬰齊者時有許蔡之君故【疏】注公與至君故○正義曰傳稱在禮卿不

會公侯會公侯則貶之而稱人翟泉之盟是也此嬰齊會公乃稱公予而不貶者爲其會有蔡許之君蔡侯許男與公相敵嬰齊不與公敵故不貶也傳稱孟孫賂楚楚人許平卽云十一月公及楚公子嬰齊蔡侯許男秦右大夫說宋華元陳公孫寧衞孫良夫鄭公子去疾及齊國之大夫盟于蜀凡會盟觀者必先會而後盟盟時蔡許在列會時必亦在焉以二君乘楚車謂之失位經雖抑而不書會時其身實在且二君與楚同行無容不列於會故知二君在會嬰齊不敵公也或以爲於時兵將嬰齊爲主蔡許爲王左右隸屬嬰齊則二君卑於嬰齊何由得與公敵斯不然矣征伐以主兵爲先盟會以尊卑爲序春秋之常也僖二十七年楚人陳侯蔡侯鄭伯許男圍宋楚既稱人必非貴者爲其主兵猶序於上文七年公會諸侯晉大夫盟于扈傳曰齊侯宋公衞侯陳侯鄭伯許男曹伯會晉趙盾盟于扈於時晉爲盟主召諸侯使集會而趙盾猶序於下文不先諸侯則知此時行兵楚爲其主會則蔡許在先故二君自敵公明嬰齊不敵公也襄二十六年公會晉人鄭良霄宋人曹人于澶淵傳曰公會晉趙武宋向戌鄭良霄曹人于澶淵趙武不書尊公也於是衞侯會之然則時有衞侯猶貶趙武者於時衞侯雖往晉將執之不得與會而趙武敵公故貶之也彼傳又曰晉人執甯喜北宮遺使女

齊以先歸衞侯如晉晉人執之於會巳執其卿衞侯如晉晉卿執之明其不得與會公無所敵故趙武敵公與此異也○

丙申公及楚人秦人宋人陳人衞人鄭人齊人曹人邾人薛人鄫人盟于蜀齊在鄭下非卿傳曰卿不書匱盟也然則楚卿於是始與中國準自此以下楚卿不書皆貶惡也○匱其位反

疏注齊在至惡也○正義曰諸會盟同地而間無他事者例不重序其人此會盟序者前會之時唯公會楚耳蔡許從楚而行唯應蔡許在列秦宋以下諸國未至會盟人別故別序也諸征伐會盟實卿而貶稱人者傳皆言其名氏實是大夫而本合稱人者則傳皆言大夫此傳鄭公子去疾以上言其名氏則皆是卿也齊國之大夫則實是大夫故齊在鄭下爲非卿故也傳曰卿不書匱盟也謂匱盟之故并貶楚卿楚卿於是盟上始與中國相準釋例曰楚之君臣最多混錯舊說亦隨文強生善惡之狀混濆無已其不能得辭則皆言惡蠻夷得志然當齊桓之盛而經以屈完敵之若必有褒貶非抑楚也此乃楚之初與未閑周之典禮告命之書自生同異猶秦之辟陋不與中國準故春秋抑秦以存例也楚之熊繹始封於楚辟在荆山蓽路藍縷以居俗奇及武王熊達始居江漢之間然未能自同於列國故經稱荆敗蔡師荆人來聘從其所居之稱而摠其君臣至於魯僖始稱楚人而班次在於蔡下僖二十一年當楚成王之世能遂其業內列於公侯會於盂楚之君爵始與中國列然其臣名氏猶多參錯至魯成二年楚公子嬰齊始乃具列傳曰卿不書匱盟也兼爲楚臣示例也自此以上春秋未以入例自此以下褒貶之義可得而論之也杜言兼爲楚臣示例者解傳言匱盟之意傳言卿不書者非獨言諸侯之卿不書兼言楚卿亦不書是兼爲楚卿示例

傳二年春齊侯伐我北鄙圍龍龍魯邑在泰山博縣西南頃公之嬖人盧蒲就魁門焉攻龍門也○頃音傾嬖必計反魁苦回反龍人囚之齊侯曰勿殺吾與而盟無入而封封竟○竟音境弗聽殺而膊諸城上膊磔也○膊普各反磔陟百反

疏注膊磔也○正義曰周禮掌戮掌斬殺賊諜而膊之鄭玄云膊當爲膊諸城上之膊字之誤也膊謂去衣磔之方言云膊曝也

齊侯親鼓士陵城三日取龍遂南侵及巢丘取龍侵巢丘不書其義未聞

疏注取龍至未聞○正義曰外取內邑非魯之罪無所可諱而此獨不書故杜云其義未聞賈逵云殺盧蒲就魁不與齊盟以亡其邑故諱不書耳案楚子滅蕭嬰齊入莒皆殺楚人而經不變文以加罪此何當改文以諱惡也哀八年齊人取讙及闡以淫女見取猶尚書之此殺敵見取何以當諱知諱義不通故不從也

○衞侯使孫良夫石稷甯相向禽將侵齊與齊師遇齊伐魯還相遇於衞也良夫孫林父之父石稷石碏四世孫甯相甯俞子○相息亮反向舒亮反碏七略反俞羊朱反石子欲還孫子曰不可以師伐人遇其師而還將謂君何言無以荅君若知不能則如無出今既遇矣不如戰也夏有闕文失新築戰事石成子曰師敗矣子不少須衆懼盡成子石稷也衞師巳敗而孫良

夫復欲戰故成子欲使須救。復扶又反子喪師徒何以復命皆不對
又曰子國卿也隕子辱矣隕見禽獲。喪息浪反隕于敏反〔疏〕
皆不對。正義曰子者指斥孫子其言並告諸將言皆不對
者孫子與甯相向禽皆不對又曰子國卿也乃專與孫子言
耳子以衆退我此乃止我於此止禦齊師。禦魚呂反且告車來
甚衆新築人救孫桓子故並告令軍中齊師乃止次于鞫居鞫居衛地
。鞫居六反新築人仲叔于奚救孫桓子桓子是
以免于奚守新築大夫〔疏〕注于奚守新築大夫。正義曰大夫守邑以邑冠之呼爲某人孔子父鄹
邑大夫傳稱鄹人紇論語謂孔子爲鄹人之子即此類也既衛人賞之以邑賞于奚
辭請曲縣軒縣也周禮天子樂宮縣四面諸侯軒縣闕南方。縣音玄注同〔疏〕注軒縣至
南方。正義曰周禮小胥正樂縣之位王宮縣諸侯軒縣大
夫判縣士特縣鄭衆云宮縣四面縣軒縣去其一面判縣又

去一面特縣又去一面四面象宮室四面有牆故謂之宮縣
軒縣三面其形曲故春秋傳曰請曲縣繁纓以朝諸侯之禮
也鄭玄云樂縣謂鍾磬之屬縣於筍虡者軒縣去南面辟王
也判縣左右之合又空北面特縣縣於東方或於階間而已
是先儒皆以闕南方故曲也家語說此事云請曲縣之樂繁纓以朝王肅云軒縣闕一面故謂之曲縣繁纓
以朝許之繁纓馬飾皆諸侯之服。繁步干反注同〔疏〕注繁纓至之服。正義曰周禮巾車
掌王之五路玉路樊纓十有再就以祀金路樊纓九就同姓
以封象路樊纓七就異姓以封革路條纓五就以封四衛木
路前樊鵠纓以封蕃國鄭玄云樊讀如鞶帶之鞶謂今馬大
帶也纓今馬鞅也玉路金路象路其樊及纓皆以五彩罽飾
之就成也玉路十二成金路九成象路七成革路樊纓以條
絲飾之而五成木路以淺黑飾韋爲樊鵠色飾韋爲纓亦五
成是言天子諸侯樊纓之飾繁即鞶也字之異耳巾車又云
孤乘夏篆卿乘夏縵大夫乘墨車士乘棧車其飾皆無樊纓
是繁纓爲馬之飾皆諸侯之服也案儀禮既夕士薦馬纓三
就又諸侯之卿有受革輅木輅之賜皆有繁纓而云諸侯之
服者以與曲縣相對又于奚所請故云諸侯之服且諸侯之
卿特賜乃有大輅士喪禮爲送葬設盛服耳皆非正法所有

仲尼聞之曰惜也不如多與之邑唯器與名
不可以假人器車服名爵號君之所司也名以出信
名位不愆爲民所信。愆起虔反信以守器動不失信則車服可保器以藏
禮車服所以表尊卑禮以行義尊卑有禮各得其宜義以生利得其
宜則利生利以平民政之大節也若以假人與人政
也政亡則國家從之弗可止也已〔疏〕仲尼至止也已
。正義曰仲尼在後聞之曰此曲縣繁纓可惜也不如多與
之邑唯車服之器與爵號之名不可以借人也此名號車服
是君之所主也名位不愆則爲下民所信此名所以出信也
動不失信然後車服可保此信所以守車服之器也禮明尊
卑之別車服以表尊卑車服之器其中所以藏禮言禮藏於
車服之中也義者宜也尊卑各有其禮上下乃得其宜此禮
所以行其物宜也物皆得宜然則是利生焉此義所以生利
益也利益所以成民此乃政教之大節也若以名器借人則

是與人政也政教既亡則國家從之而亡不復可救止也已
言利以平民者平成也每事有利所以成就下民使國益民
皆是利也此以曲縣繁纓與人假人器耳名器俱是可重故并言也孫桓子還於新築
不入不入國遂如晉乞師。臧宣叔亦如晉乞
師皆主郤獻子宣十七年郤克至齊爲婦人所笑遂怒故魯衛因之孫桓子臧宣叔皆不
以國命各自詣郤克故不書晉侯許之七百乘。五萬二千五百人。乘繩證反下同郤
子曰此城濮之賦也城濮在僖二十八年。濮音卜有先君之明
與先大夫之肅故捷克於先大夫無能爲役
無能爲之役使請八百乘許之六萬人郤克將中軍士燮
將上軍。范文子代荀庚。將子匠反〔疏〕注范文子代荀庚。正義曰宣十二年邲之戰傳稱荀林
父將中軍先縠佐之士會將上軍郤克佐之趙朔將下軍欒
書佐之十三年晉殺先縠當是士會佐中軍郤克將上軍不

知誰代郤克佐上軍疑是荀首爲之十六年士會將中軍則林父卒矣當是郤克佐中軍疑是荀首將上軍荀庚佐之十七年士會請老郤克將中軍當是荀首佐中軍荀庚將上軍所以知者此年傳稱楚屈巫對莊王云知罃之父中行伯之季弟也新佐中軍則荀首於莊王之世已佐中軍明士會老後郤克遷而荀首代也首於邲戰尚爲大夫不應宣之末年得佐中軍故疑先縠死後代郤克佐上軍也明年荀庚來聘傳稱中行伯之於晉也其位在三則此時荀庚將上軍矣林父卒來已久不應始用荀庚故疑林父卒後荀庚即佐上軍士會老後荀庚轉將上軍故杜以爲士燮伐荀庚也邲戰以來趙朔無代今欒書將下軍則趙朔卒矣故知欒書代趙朔不知此時誰代欒書佐下軍也欒書將下軍代趙朔韓厥爲司馬以救魯衛臧宣叔逆晉師且道之季文子帥師會之及衛地韓獻子將斬人郤獻子馳將救之至則既斬之矣郤子使速以徇告其僕曰吾以分謗也不欲使韓氏獨受謗○道音導徇似俊反師從齊師于莘莘齊地○莘所巾反六月壬申師至于靡笄之下靡笄山名○靡笄如字又音摩笄音雞齊侯使請戰曰子以君師辱於敝邑不腆敝賦詰朝請見詰朝平旦○腆他典反詰起吉反朝如字注及下朝夕朝食同見賢遍反對曰晉與魯衛兄弟也來告曰大國朝夕釋憾於敝邑之地大國謂齊敝邑魯衛自稱○憾胡暗反本又作感寡君不忍使羣臣請於大國無令輿師淹於君地輿衆也淹久也○令力呈反師如字下無令輿師同一音所類反能進不能退君無所辱命言自欲戰不復須君命○復扶又反齊侯曰大夫之許寡人之願也若其不許亦將見也齊高固入晉師桀石以投

人桀擔也○擔丁甘反禽之而乘其車既獲其人因釋己車而載所獲者車繫桑本焉以徇齊壘將至齊壘以桑樹繫車而走欲自異○壘力軌反曰欲勇者賈余餘勇賈賣也言己勇有餘欲賣之○賈音古注同賣摩懈反癸酉師陳于鞌邴夏御齊侯逢丑父爲右晉解張御郤克鄭丘緩爲右齊侯曰余姑翦滅此而朝食姑且也翦盡也○陳直覲反邴音丙又彼命反夏戶雅反解張音蟹下如字一音直亮反不介馬而馳之介甲也郤克傷於矢流血及屨未絕鼓音中軍將自執旗鼓故雖傷而擊鼓不息○將子匠反下將在左同〔疏〕注中軍至不息○正義曰以郤克爲中軍之將言已之傷而未絕鼓音明是法當自執旗鼓也周禮大僕軍旅田役贊王鼓鄭玄云王通鼓佐擊其餘面上云齊侯親鼓則天子諸侯自將兵者亦親執旗鼓以令衆曰余病矣張侯曰自始合而矢貫余手及肘余折以御左輪朱殷豈敢言病吾子忍之張侯解張也朱血色血色久則殷殷音近烟今人謂赤黑爲殷色言血多汙車輪御猶不敢息○貫古亂反下注同肘竹九反折之設反殷於閑反余於辰反注同近附近之近汙汙穢之汙字林一故反緩曰自始合苟有險余必下推車子豈識之然子病矣以其不識已推車○推昌誰反又他回反注及下推車同張侯曰師之耳目在吾旗鼓進退從之此車一人殿之可以集事殿鎮也集成也○殿多練反注同若之何其以病絕句○敗君之大事也擐甲執兵固即死也擐貫也即就也○擐音患〔疏〕若之至事也○正義曰郤克云余病矣言已不堪擊鼓欲有退軍之意故責之云如之何其以身病之故欲喪敗君之大事也病未及死吾子勉之左

并轡右援枹而鼓馬逸不能止師從之晉師從御克車○并必政反徐方聘反援音爰枹音浮鼓槌也字林云擊鼓柄也本亦作桴〔疏〕援桴而鼓。○正義曰說文云援引也枹擊鼓杖也援枹而鼓謂引杖以擊之齊師敗績逐之三周華不注華不注山名。○華如字又戶化反注之住反韓厥夢子輿謂己曰子輿韓厥父且辟左右故中御而從齊侯居中代御者自非元帥御者皆在中將在左。○帥所類反〔疏〕注居中至在左。○正義曰韓厥爲司馬亦是軍之諸將也以夢之故乃居中爲御明其本不當中先非御者若御不在中又不須云代御以此知自非元帥其餘軍之諸將皆御者在中將在左邴夏曰射其御者君子也公曰謂之君子而射之非禮也齊侯不知戎禮。○射食亦反下并注皆同〔疏〕注齊侯不知戎禮。○正義曰僖二十二年傳曰雖及胡耇獲則取之明恥教戰求殺敵也宣二年傳曰戎昭果毅以聽之之謂禮殺敵爲果致果爲毅是

戎事以殺敵爲禮齊侯謂射君子爲非禮者乃是齊侯不知戎禮也射其左越于車下越隊也。○隊直類反射其右斃于車中綦毋張喪車從韓厥曰請寓乘綦毋張晉大夫寓寄也。○綦毋音其下音無喪息浪反乘繩證反從左右皆肘之使立於後以左右皆死不欲使立其處。○處昌慮反〔疏〕皆肘之。○正義曰說文云肘臂節也謂左右爲凶處故以肘排退之韓厥俛定其右俛俯也右被射仆車中故俯安隱之。○俛音勉仆音赴又蒲北反〔疏〕韓厥俛定其右。○正義曰言此者爲下丑父與公易位由厥之俯故不覺其易綦毋張蓋助厥定右故並不見之逢丑父與公易位居公處將及華泉驂絓於木而止驂馬絓也。○華戶化反絓戶卦反一音卦驂七南反丑父寢於轏中轏士車。○轏生産反又士板反字林仕諫反云臥車也〔疏〕注轏士車。○正義曰周禮巾車士乘棧車鄭玄云棧車不革鞔而漆之考工記輿人云棧車欲弇鄭玄云爲其無革鞔不堅易坼壞然則

弇者謂上狹下闊也轏與棧字異音義同耳蛇出於其下以肱擊之傷而匿之故不能推車而及爲韓厥所及丑父欲爲右故匿其傷。○肱古弘反匿女力反注同韓厥執縶馬前縶馬絆也執之示脩臣僕之職。○縶張立反絆音半再拜稽首奉觴加璧以進進觴璧亦以示敬。○觴式羊反〔疏〕韓厥至以進。○正義曰襄二十五年鄭公孫舍之帥師入陳傳曰陳侯免擁社子展執縶而見再拜稽首承飲而進獻事與此同雖無璧耳蓋古者有此禮彼雖敗績猶是國君故戰勝之將示之以臣禮事之不忍即加屈辱所以申貴賤之義晉語云靡笄之役郤獻子伐齊齊侯來獻之以得殞命之禮也服虔引司馬法其有殞命以行禮如會所用儀也若殞命則左結旗司馬授飲右持苞壺左承飲以進杜不引之者蓋彼此不甚相當故也曰寡君使羣臣爲魯衛請曰無令輿師陷入君地本但爲二國救請不欲乃過入君地謙辭。○爲于僞反注同令力呈反下臣不幸屬當戎行無所逃隱

屬適也。○屬音燭注同行下郎反且懼奔辟而忝兩君臣辱戎士若奔辟則爲辱晉君并爲齊侯羞故言二君此蓋韓厥自處臣僕謙敬之飾言。○辟音避注同徐扶臂反服氏扶赤反敢告不敏攝官承乏言欲以己不敏攝承空乏從君俱還。○從才用反又如字丑父使公下如華泉取飲鄭周父御佐車宛茷爲右載齊侯以免佐車副車。○宛紆元反茷扶廢反韓厥獻丑父郤獻子將戮之呼曰自今無有代其君任患者有一於此將爲戮乎郤子曰人不難以死免其君我戮之不祥赦之以勸事君者乃免之齊侯免求丑父三入三出重其待己故三入晉軍求之。○呼火故反任音壬難乃旦反〔疏〕注重其至求之。○正義曰劉炫以齊侯三入齊軍又三出齊軍以求丑父每出之時

齊之將帥敗而怖懼以師而退不待齊侯致使齊侯入于狄卒今知不然者以傳文三入在前三出在後若用此説齊侯先在晉軍今入齊軍得以三入在前今齊侯既先在齊軍欲出求丑父應先出後入不應先入後出且初時二出容有二入在後之出遂入狄卒有出無入何得云三入又以傳文師師兩字分明故杜以爲齊侯每出齊師以帥厲退者每出之文別自爲義不計上之三出劉君不達此旨妄規杜失非也

每出齊師以帥退入于狄卒齊師大敗皆有退心故齊侯輕出其衆以帥厲退者遂迸入狄卒狄卒者狄人從晉討齊者。卒子忽反注及下同輕遣政反迸補諍反狄卒皆抽戈楯冒之以入于衞師衞師免之狄衞畏齊之强故不敢害齊侯皆共免護之。楯食準反又音允冒亡報反遂自徐關入齊侯見保者曰勉之齊師敗矣所過城邑皆勉厲其守者。守手又反辟女子使辟君也齊侯單還故婦人不辟之。辟音避注皆同一音扶赤反單音丹女子曰君免乎曰免矣曰鋭司徒免乎曰免矣鋭司徒主鋭兵者。鋭悦歲反曰苟君與吾父免矣可若何言餘人不可復如何。復扶又反乃奔走辟君齊侯以爲有禮先問君後問父故也既而問之辟司徒之妻也辟司徒主壘壁者。辟音壁必覓反注同徐甫亦反予之石窌石窌邑名濟北盧縣東有地名石窌。窌力救反一音力到反晉師從齊師入自丘輿擊馬陘丘輿馬陘皆齊邑。陘音刑齊侯使賓媚人賂以紀甗玉磬與地媚人國佐也甗玉甑皆滅紀所得。媚美冀反賂音路甗魚輦反徐音彥又音言字林牛健反甑子孕反又慈陵反

疏注媚人至所得。正義曰經書齊侯使國佐如師故知賓媚人即國佐也杜譜云國佐賓媚人武子三事互見於經傳不知賓媚人是何等名號也鄭衆注考工記云甗無底甑方言云甑自關而東謂之甗知甗是甑也下云子得其國寶知甗亦以玉爲之傳文玉在甗磬之間明二者皆是玉也莊四年紀侯大去其國不言齊滅而云滅紀所得者紀侯被偪而去後齊侯收其民人又取其國寶此則與滅無異故爲此解

不可則聽客之所爲賓媚人致賂晉人不可曰必以蕭同叔子爲質同叔蕭君之字齊侯外祖父子女也難斥言其母故遠言之。質音致下同難乃旦反而使齊之封内盡東其畝使壟畝東西行。盡津忍反壟力勇反行戶郎反又如字對曰蕭同叔子非他寡君之母也若以匹敵則亦晉君之母也吾子布大命於諸侯而曰必質其母以爲信其若王命何言違王命且是以不孝令也詩曰孝子不匱永錫爾類詩大雅言孝心不乏者又能以孝道長賜其志類若以不孝令於諸侯其無乃非德類也乎不以孝德賜同類

疏蕭同至類也乎。正義曰蕭同叔子非他人是寡君之母也若以匹敵言之則亦晉君之母也吾子布大命於諸侯而曰必質其諸侯之母以爲信其若王命何先王之命諸侯也使之孝於母親其類今輕慢其母不愛同類即是違王命也柰此王命何乎今輕齊侯之母亦是輕晉侯之母自輕其母即是不孝且告吾諸侯云以母爲質是此者以不孝之事令諸侯也詩之意言孝子所以行孝不爲匱乏之道故以孝道長賜女之族類諸侯皆晉侯之類晉侯皆以孝德賜同類若以不孝之事號令諸侯其無乃非是以孝德賜同類乎責其違孝道也所引詩者大雅既醉之篇

先王疆理天下物土之宜而布其利疆界也理正也物土之宜播殖之物各從土宜。疆居良反注下皆同故詩曰我疆我理南東其畝詩小雅或南或東從其土宜

疏詩曰至其畝。正義曰此詩小雅信南山之篇

今吾子疆理諸侯而曰盡東其畝而已唯吾子戎車是利晉之伐齊循壟東行易。易以豉反無顧土宜其無乃非先王之命也乎反先王則不義何以爲盟主其

晉實有闕闕失四王之王也禹湯文武。之王于況反樹德而濟同欲焉樹立也濟成也五伯之霸也夏伯昆吾商伯大彭豕韋周伯齊桓晉文。或曰齊桓晉文宋襄秦穆楚莊〔疏〕注夏伯至晉文。正義曰鄭語云祝融能昭顯天地之光明其後八姓昆吾爲夏伯矣大彭豕韋爲商伯論語云管仲相桓公霸諸侯昭九年傳曰文之伯也豈能改物是三代有伍伯矣伯者長也言爲諸侯之長也鄭玄云天子衰諸侯興故曰霸霸把也言把持王者之政教故其字或作伯或作霸也勤而撫之以役王命役事也今吾子求合諸侯以逞無疆之欲疆竟也。竟如字又音境〔疏〕四王至之欲。正義曰禹湯文武四王之王天下也立德於民而成其同欲民有所欲上即同之東畝南畝皆順民意五伯之霸諸侯也雖勤勞其功而撫順之以奉事王命而已不敢王之制度也吾子求合諸侯以快其無疆畔之欲止求自快已欲不與民同是違王霸之政也詩曰布政優優百祿是遒詩頌殷湯布政優和故百祿來聚遒聚也。遒在由反徐子由反

子實不優而棄百祿諸侯何害焉言不能爲諸侯害〔疏〕詩曰至害焉。正義曰詩商頌言成湯布政優優然而寬故百種福祿於是聚歸之子實不能優寬而自棄福祿於諸侯何害言不能爲諸侯害也所引詩者商頌長發之篇不然不見許寡君之命使臣則有辭矣曰子以君師辱於敝邑不腆敝賦以犒從者戰而曰犒爲孫辭。使所吏反犒苦報反從才用反〔疏〕注戰而曰犒爲孫辭。正義曰士卒之勞於外師衆枯槁以酒食勞之謂之犒師此以師拒戰非犒勞之義而亦稱犒者言以此師衆往當待之如以酒食犒之然爲孫順之辭耳畏君之震師徒橈敗。震動橈曲也橈乃教反吾子惠徼齊國之福不泯其社稷使繼舊好唯是先君之敝器土地不敢愛子又不許請收合餘燼燼火餘木。泯彌忍反好呼報反合如字一音閤燼似刃反背城借一欲於城下復借一戰。背音佩復扶又反敝邑之幸亦云從也況其不幸敢不唯命是聽言完全之時尚不敢違晉今若不幸則從命〔疏〕注言完至從命。正義曰言於先完全福幸之時尚不違晉故言亦云從也是指其實事劉炫以爲齊人請戰言敝邑脫或有幸戰勝亦云從也虛擬未然之事乖違文勢上下苟異杜氏而規其過非也魯衞諫曰齊疾我矣諫郤克也其死亡者皆親暱也子若不許讎我必甚唯子則又何求子得其國寶謂甗磬。暱女乙反我亦得地齊歸所侵而紓於難齊服則難緩。紓音紓緩也一音直呂反難乃旦反下同其榮多矣齊晉亦唯天所授豈必晉晉人許之對曰羣臣帥賦輿賦輿猶兵車以爲魯衞請若苟有以藉口而復於寡君藉薦復白也。爲于爲反藉在夜反注同〔疏〕注藉薦復白也。正義曰禮承玉之物名爲繅藉藉是承薦之言故爲薦也復者報命於君故爲白也言無物則空口以爲報少有所得則與口爲藉故曰藉口服虔云今河南俗語治生求利少有所得皆言可用藉手矣

君之惠也敢不唯命是聽禽鄭自師逆公禽鄭魯大夫歸逆公會晉師秋七月晉師及齊國佐盟于爰婁使齊人歸我汶陽之田公會晉師于上鄍上鄍地闕公會晉師不書史闕。鄍覓經反〔疏〕注上鄍至史闕。正義曰定八年經書公會晉師于瓦此獨不書故云史闕謂舊史先闕故仲尼脩經無之賜三帥先路三命之服三帥郤克士燮欒書已嘗受王先路之賜今改而易新并此車所建所服之物。帥所類反注及下同〔疏〕賜三至之服。正義曰周禮典士命公之孤四命其卿三命其大夫再命其士一命侯伯之卿大夫士亦如之此二帥皆卿也本國三命故魯賜以三命之服司馬司空輿帥侯正亞旅皆大夫本國一命故皆受一命之服於卿言賜於大夫言受互相足也周禮大夫再命此司馬司空等皆一命

者春秋之時其事已異於周禮故大夫一命○注三帥至之物○正義曰三卿皆統一軍故揔稱三帥魯君之賜晉臣正可知其法所得服改新以與之耳不得特命他臣發初賜以此物且彼若先無此物則無由敢受魯賜故杜以爲此三帥已嘗受王先路之賜今改而易新并此車所建之旌旗所著之衣服皆賜之也案釋例先路者革路若木路或云先或云大蓋以就數爲差其受之於王則稱大杜言革路若木路者或用革或用木也知受之於王則稱大者鄭子蟜叔孫穆子受之於王皆稱大是也革木是卿大夫車之尊者故云大路金路是諸侯車之尊者亦稱大則定四年大路大旂是也玉路天子車之尊者亦稱大故顧命云大路在賓階面是也言所建所服之物者周禮巾車革路建大白以即戎司服云凡兵事韋弁服巾車又云木路建大麾以田司服又云凡田冠弁服然則此車所建或是大白大麾所服或是韋弁冠弁劉炫以爲既言先路則是晉君之賜杜云受王先路之賜非其義也今知不然者杜以穆叔子蟜嘗受王路故杜據而言之釋例應云受王大路之賜言先路者順傳先路之文故也劉以爲嘗受晉君賜而規杜氏非也

司馬司空輿帥候正亞旅皆受一命之服晉司馬司空皆大夫輿帥主兵車候正主斥候亞旅亦大夫也皆魯侯賜〔疏〕注晉司至侯賜○正義曰司馬司空本是卿官之名但晉之諸卿皆以三軍將佐爲號其司馬司空皆爲大夫之官仍有爲卿之嫌故云晉司馬司空皆大夫也明他國以爲卿晉以爲大夫也輿帥至於亞旅本是大夫官名故又云亦大夫也軍行有此大夫從者司馬主甲兵司空主營壘輿帥主兵車候正主斥候亞旅次於卿是衆大夫也無專職掌散共軍事故後言之直言受服嫌非魯賜故云皆魯侯賜

○八月宋文公卒始厚葬用蜃炭益車馬始用殉燒蛤爲炭以瘞壙多埋車馬用人從葬○蜃市忍反蛤也炭吐旦反殉似浚反蛤古荅反瘞於例反壙苦晃反一音曠〔疏〕注燒蛤至從葬○正義曰晉語云雀入于海爲蛤雉入于淮爲蜃月令孟冬雉入大水爲蜃鄭玄云大水謂淮也大蛤曰蜃則蜃者蛤之類也周禮掌蜃掌斂互物蜃物以共闉壙之蜃鄭玄云互物蚌蛤之屬闉猶塞也將并椁先塞下以蜃禦濕也是用蜃以瘞壙也禮檀弓記曰塗車芻靈自古有之鄭玄云芻靈束茅爲人馬謂之靈者神之類也不解塗車當是用泥爲車也傳言益車馬者謂用此塗車茅馬益多於常故云多埋車馬也鄭玄云殺人以衛死者曰殉言殉遶其左右

也言始用殉則自此以後宋君葬常用殉故謂此爲始也劉炫以爲用蜃炭者用蜃復用炭知不然者杜以傳用蜃炭共文故知燒蛤爲炭又且炭亦灰之類雖灰亦得稱炭劉君以爲用蜃復用炭而規杜氏非也

重器備重猶多也○重直恭反注同〔疏〕注重猶多也○正義曰重謂重疊故猶多多爲皿器也言器備者士喪禮下篇陳明器云用器弓矢耒耜敦杅槃匜役器甲胄干笮燕器杖笠翣其器有共用之器有備禦之器故言器備

椁有四阿棺有翰檜四阿四注椁也翰旁飾檜上飾皆王禮○椁音郭翰戶旦反一音韓檜古外反徐音會〔疏〕注四阿至王禮○正義曰周禮匠人云殷人四阿重屋鄭玄云阿棟也四角設棟也是爲四注椁也士喪禮下篇陳明器云抗木橫三縮二謂於椁之上設此木從二橫三以負土則士之椁上平也今此椁上四注而下則其上方而尖也禮天子椁題湊諸侯不題湊不題湊則無四阿釋詁云楨翰榦也舍人曰楨正也築牆所立兩木也翰所以當牆兩邊障土者也翰在牆之旁則知此翰亦在旁也詩云會弁如星鄭玄云會謂弁之縫中言其際會之處也會在弁之上知此檜亦在上棺有此物明是其飾故以爲旁飾上飾也言椁有棺有則是本不當有言其厚葬譏其奢僭宋公所僭必僭天子明此四阿翰檜皆是王之禮也蜃炭言用亦本不當用其蜃炭蓋亦王之禮也車馬器備法得有之言益言重但譏其多耳殉則本不得然非譏其僭

君子謂華元樂舉於是乎不臣臣治煩去惑者也是以伏死而爭今二子者君生則縱其惑謂文十八年殺母弟須○去起呂反下去之同爭爭鬬之爭**死又益其侈是棄君於惡也何臣之爲**若言何用爲臣○侈昌氏反又式氏反〔疏〕注若言何用爲臣○正義曰言何用爲臣是不成臣也言雖有若無劉君還以爲不成臣與杜義無別而規杜氏非也

○九月衛穆公卒晉三子自役弔焉哭於大門之外師還過衛故因弔之未復命故不敢成禮○過古禾反又古臥反**衛人逆之**逆於門外設喪位**婦人哭於門內**喪位婦人哭於堂賓在門外故移在門內**送亦如之遂常以葬**至葬行此禮

【疏】哭於至以葬○正義曰哭於大門之外謂大門外之西東面衞人逆之謂大門外之東西面各從賓主之位婦人哭於門內謂門內之西東面以堂上在西東面故也至於三子之去衞人送之其位亦如之自此有鄭國弔者常行此禮以至於葬沈氏云雜記弔者即位于門西東面主孤西面楹者受命曰孤某使請事客曰寡君使某如何不淑相者入告出曰孤某須矣弔者入主人升堂西面弔者升自西階東面致命此臣奉君命行弔之禮今三子師行經衞竟不敢成禮故於大門之外○注喪位至於堂○正義曰喪大記云君之喪夫人坐于西方內命婦姑姊妹子姓立于西方外命婦率外宗哭於堂上北面又曰婦人迎客送客不下堂是喪位婦人哭於堂○楚之討陳夏氏也在宣十二年○夏戶雅反下同莊王欲納夏姬申公巫臣曰不可君召諸侯以討罪也今納夏姬貪其色也貪色爲淫淫爲大罰周書曰明德慎罰周書康誥文王所以造周也明德務崇之之謂也慎

罰務去之之謂也【疏】周書至謂也○正義曰周書康誥之篇周公述文王之事以告康叔云惟乃丕顯考文王克明德慎罰巫臣既引其言乃申其意言文王能爲此行故所以造周國也務崇之謂務欲崇益道德務去之謂務欲去其刑罰若與諸侯以取大罰非慎之也君其圖之王乃止子反欲取之巫臣曰是不祥人也是天子蠻子蠻鄭靈公夏姬之兄殺死無後○殺申志反下文殺靈侯同殺御叔御叔夏姬之夫亦早死○御魚據反【疏】天子蠻殺御叔○正義曰子蠻御叔自以短命死耳似天鍾美於是致使物無兩大故以二事爲夏姬之罪弑靈侯陳靈公也戮夏南夏姬子徵舒出孔儀孔寧儀行父喪陳國楚滅陳○喪息浪反下注而喪同何不祥如是人生實難其有不獲死乎言死易得無爲取夏姬以速之○易以豉反天下多美婦人何必是子反乃止王以

予連尹襄老襄老死於邲不獲其尸邲戰在宣十二年其子黑要烝焉黑要襄老子○要一遥反烝之承反巫臣使道焉曰歸吾聘女道夏姬使歸鄭○道音導注同聘女匹政反下音汝【疏】歸吾聘女○正義曰禮記內則云聘則爲妻奔則爲妾道之云女歸鄭國吾依禮聘女以爲妻也又使自鄭召之曰尸可得也襄老尸必來逆之姬以告王王問諸屈巫屈巫巫臣○屈居勿反對曰其信知罃之父成公之嬖也而中行伯之季弟也知罃父荀首也中行伯荀林父也邲之戰楚人囚知罃○知罃音智下於耕反新佐中軍而善鄭皇戌甚愛此子愛知罃也其必因鄭而歸王子與襄老之尸以求之王子楚公子穀臣也邲之戰以荀首囚也鄭人懼於邲之役而欲

求媚於晉其必許之王遣夏姬歸將行謂送者曰不得尸吾不反矣巫臣聘諸鄭鄭伯許之聘夏姬及共王即位將爲陽橋之役楚伐魯至陽橋在此年冬○共音恭使屈巫聘于齊且告師期巫臣盡室以行室家盡去申叔跪從其父將適郢遇之叔跪申叔時之子○跪其委反一音居委反從才用反郢以井反又以政反曰異哉夫子有三軍之懼而又有桑中之喜宜將竊妻以逃者也桑中衞風淫奔之詩及鄭使介反幣而以夏姬行介副也幣聘物○介音界將奔齊齊師新敗曰吾不處不勝之國遂奔晉而因郤至至郤克族子【疏】注至郤克族子○正義曰世本郤豹生冀芮芮生缺缺生克又

云豹生義義生北揚揚生蒲城鵲居居生至如世本克是豹之曾孫至是豹之玄孫於克爲二從兄弟子以臣於晉晉人使爲邢大夫邢晉邑邢音刑○子反請以重幣錮之禁錮勿令仕○錮音固令力呈反疏注禁錮勿令仕○正義曰說文云錮鑄塞也鐵器穿穴者鑄鐵以塞之使不漏禁人使不得仕宦者其事亦似之故謂之禁錮今世猶然王曰止其自爲謀也則過矣其爲吾先君謀也則忠忠社稷之固也所蓋多矣蓋覆也○自爲于僞反又如字爲吾于僞反且彼若能利國家雖重幣晉將可乎言不許若無益於晉晉將弃之何勞錮焉爲七年楚滅巫臣族晉南通吳張本○晉師歸范文子後入武子曰無爲吾望爾也乎武子士會文子之父對曰師有功國人喜以逆之先入必屬

耳目焉是代帥受名也故不敢武子曰吾知免矣知其不益已○屬章欲反後同帥所類反下注稱帥軍帥將帥同吾知一本無知字郤伯見公曰子之力也夫對曰君之訓也二三子之力也臣何力之有焉郤伯郤克○見賢遍反下同夫音扶范叔見勞之如郤伯對曰庚所命也克之制也燮何力之有焉荀庚將上軍時不出范文子上軍佐代行故稱帥以讓○勞力報反將子匠反下同欒伯見公亦如之對曰燮之詔也士用命也書何力之有焉詔告也欒書下軍帥故推功上軍傳言晉將帥克讓所以能勝齊○宣公使求好于楚莊王卒宣公薨不克作好在位十八年○好呼報反下同公卽位受盟于晉元年盟赤棘會晉伐

齊衛人不行使于楚不聘楚○使所吏反而亦受盟于晉從於伐齊故楚令尹子重爲陽橋之役以救齊將起師子重曰君弱傳曰寡人生十年而喪先君共王卽位至是二年蓋年十二三矣羣臣不如先大夫師衆而後可詩曰濟濟多士文王以寧詩大雅言文王以衆士安○濟子禮反夫文王猶用衆況吾儕乎儕等○儕仕皆反且先君莊王屬之曰無德以及遠方莫如惠恤其民而善用之乃大戶閱民戶口○閱音悅已責弃逋責○逋補吾反逮鰥施及老鰥○鰥古頑反施始豉反救乏赦罪悉師王卒盡行彭名御戎蔡景公爲左許靈公爲右王卒盡行故王戎車亦行雖無楚王令二君當左右之位○卒子忽

反注同令力呈反疏注王卒至之位○正義曰諸言御戎皆御君之戎車此云彭名御戎知王戎車亦行也若君親在軍則君當車中御者在左勇力之士在右故御戎戎右常連言之此王車雖行王身不在故不立戎右使御者在中令蔡許二君居王車上當左右之位若夾衛王然下注云乘楚王車爲左右是二君皆在車之上也二君弱皆強冠之冬楚師侵衛遂侵我師于蜀公略之而退故不書侵○強其丈反冠古亂反使臧孫往臧孫宣叔也辭曰楚遠而久固將退矣無功而受名臣不敢不敢虛受退楚名楚侵及陽橋陽橋魯地孟孫請往賂之楚侵遂深故孟孫請以賂往孟孫獻子也以執斲執鍼織紝執斲匠人執鍼女工織紝織繒布者○斲竹角反鍼之林反紝女金反徐而鴆反皆百人公衡爲質公衡成公子○質音致以請盟楚人許平十一月公及楚公子嬰齊蔡侯

許男、秦右大夫説、宋華元、陳公孫寧、衛孫良夫、鄭公子去疾及齊國之大夫盟于蜀。齊大夫不書其名，非卿也。説音悦，去起呂反。〔疏〕注齊大至卿也。正義曰：諸大夫盟會，經貶之稱人，或揔言大夫，若實是國卿本合書名者，傳卽顯其名氏；若本是大夫不合書名者，傳直言其大夫，見其貶與不貶俱當稱人，故不復言其名氏。此傳言齊國之大夫，傳不顯其名，爲非卿故也。襄十六年溴梁之會，經書戊寅大夫盟，傳云於是叔孫豹、晉荀偃、宋向戌、衛甯殖、鄭公孫蠆、小邾之大夫盟。於時會上鄭之下有曹、莒、邾、薛、杞，而小邾之大夫最處其下，舉小邾而上包之。此盟鄭人之下有齊、曹、邾、薛、鄫，俱是大夫，最在上，舉齊而下揔之。止爲齊若是卿則合言名氏，此會非卿，故舉齊也。

卿不書，匱盟也。於是乎畏晉而竊與楚盟，故曰匱盟。匱，乏也。〔疏〕注匱乏之也。正義曰：私竊爲盟，盟終不固，此盟是匱乏之道也。傳既言匱盟以解經，又自解名曰匱盟之意，於是乎畏晉而竊與楚盟，故曰此是匱乏之盟也。諸侯之卿竊與楚盟，而仲尼貶之，言其不應背晉，故責之也。責諸侯之背晉，是成晉爲盟主也。哀十二年公會吳于橐皐，吳子請盟，公不欲，使子貢辭之，而私與衛侯、宋皇瑗盟，彼畏吳而竊相與盟，不貶者，不與吳爲盟主，言其私盟可許。但魯自畏吳，不書其盟，其情無可責也。釋例曰：諸侯畏晉而竊與楚盟，書盟而貶其卿，此所以成晉爲盟主也。吳之匱大，始於會鄫，終於黃池，凡三會三伐三盟，惟書會伐而不書盟者，吳以盟主自居，而行其夷禮，禮儀不典，則盟神不蠲，非所以結信義、昭明德，故不錄其盟，不與其成爲盟主也。既不與吳之爲盟主，則宋、魯、衛三國私盟可許，故無貶文是也。若然，僖二十一年公會諸侯盟于薄，二十七年公會諸侯盟于宋，彼二者皆顯與楚盟，並無貶責，此竊與楚盟而貶之者，當僖公之時，齊桓既卒，晉文未興，中國無伯，雖彊是與，雖遠共楚盟，無所可責。此時晉爲盟主，堪率諸侯，私竊爲盟，心實畏晉，故貶之耳。然諸侯之卿畏晉，容可貶之；楚之彊盛，恒與晉敵，非是畏晉，卿亦貶者，楚既彊盛，應顯然作盟，今私竊受盟，不敢宣露，非是畏晉之義，且成晉爲伯，事須貶楚。

蔡侯、許男不書，乘楚車也，謂之失位。乘楚王車，爲左右，則失位也。卿不書則稱人，諸侯不書皆不見經，君臣之別。見賢遍反。別彼列反。〔疏〕注乘楚至之別。正義曰：小國之從大國，其征伐也，皆自乘其車，自率其軍，至戰陳之時與同出力耳。此二君棄己之車，乘楚之乘，乃爲楚王左右，則是失位。既失其位，非復國君，故侵與盟會並皆不序。經書楚師、鄭師侵衛，於時蔡、許在矣；公會楚公子嬰齊于蜀，蔡、許亦在也；及盟，又蔡、許之君在焉。侵也，會也，盟也，三事並失其位，經悉不書，故傳於盟下釋之，明上侵衛、會蜀皆失位也。舊說諸侯之貶亦書爲人，杜意謂諸侯之貶不至於人，故因此而又明之。卿不書則稱人，諸侯不書則全不見經，此是君臣之別，明貶諸侯無稱人之法也。

君子曰：位其不可不愼也乎！蔡、許之君，一失其位，不得列於諸侯，況其下乎？詩曰：不解于位，民之攸塈。詩大雅。言在上者勤正其位，則國安而民息也。攸，所也。塈，息也。○解佳賣反。塈許器反。〔疏〕詩曰至攸塈。正義曰：此大雅假樂之篇。其是之謂矣。○

楚師及宋，公衡逃歸。臧宣叔曰：衛父不忍數年之不宴，宴，樂也。○數所主反。樂音洛。以棄魯國，國將若之何？誰居？後之人必有任是夫！國棄矣。居，辭也。言後人必有當此患。○居音基。任音壬。夫音扶。

是行也，晉辟楚，畏其衆也。君子曰：衆之不可已也。大夫爲政，猶以衆克，況明君而善用其衆乎？大誓所謂商兆民離，周十人同者，衆也。大誓，周書。萬億曰兆。民離則弱，合則成衆。言殷以散亡，周以衆興。〔疏〕大誓至衆也。正義曰：泰誓云：受有億兆夷人，離心離德；予有亂臣十人，同心同德。此言大誓所謂者，引其意，非本文也。○

晉侯使鞏朔獻齊捷于周，王弗見，使單襄公辭焉，曰：蠻夷戎狄，不式王命，式，用也。○捷在妾反。淫湎毁常，王命伐之，則有獻捷，王親受而勞之，所以懲不敬、勸有功也。兄弟甥舅，侵敗王略，兄弟，同姓。

國甥舅異姓國略經略法度。湎面善反勞力報反敗必邁反王命伐之告事而已不獻其功所以敬親暱告伐事而不獻囚俘。暱女乙反禁淫慝也淫慝謂虣掠百姓取囚俘也。慝他得反虣本又作暴薄報反掠音亮今叔父克遂有功于齊克能也而不使命卿鎮撫王室所使來撫余一人而鞏伯實來未有職司於王室鞏朔上軍大夫非命卿名位不達於王室又奸先王之禮。謂獻齊捷。奸音干余雖欲於鞏伯欲受其獻其敢廢舊典以忝叔父夫齊甥舅之國也而大師之後也齊世與周昏故曰甥舅。大音泰寧不亦淫從其欲以怒叔父抑豈不可諫誨士莊伯不能對莊伯鞏朔。從子用反本亦作縱王使委於三吏委屬也三吏三公也。三公者天子之吏也疏。注三吏三公也。正義曰曲禮云五官之長曰伯其擯於天子也曰天子之吏鄭玄云謂三公也是三公稱吏故知三吏三公也禮之如侯伯克敵使大夫告慶之禮降於卿禮一等王以鞏伯宴而私賄之使相告之曰非禮也勿籍相相禮者籍書也王畏晉故私宴賄以慰鞏朔。相息亮反注同疏禮之至一等。正義曰如侯伯克敵使大夫告慶之禮則不得依獻捷之禮其獻捷之禮王待之必重於告慶之禮鞏朔晉之上軍大夫也縱使得如獻捷之禮亦當降卿禮一等傳言降於卿禮一等以見下待鞏朔不失常也

附釋音春秋左傳注疏卷第二十五

江西南昌府學栞

春秋左傳注疏卷二十五挍勘記　阮元撰盧宣旬摘錄

附釋音春秋左傳注疏卷第二十五　成元年盡二年宋本春秋正義卷第十八石經春秋經傳集解成上第十二淳熙本岳本成字下增公字並盡十年

成公

經元年

無傳　毛本傳下有注字誤衍

書冬溫　重脩監本冬誤多

彼春無月　毛本月誤冰

此亦應竟春無冰　閩本監本脫此字

大敗不同者　監本毛本敗作致亦非宋本作數是也

士卒牛馬　閩本監本毛本作馬牛

此時不應然也　宋本不作亦是也

秋王師敗績于茅戎　釋文云茅戎史記及二傳皆作貿戎也按茅貿古音皆讀如矛

茅戎別種也　六經正誤引建本同宋本淳熙本纂圖本監本毛本重戎字宋本無種字與正誤所引注疏及臨川本合毛氏云戎別也欠種字誤釋文別種音章勇反無種字者誤也岳本脫也字

傳元年

晉侯使瑕嘉平戎于王　周禮典瑞釋文引作段嘉惠棟云古文止作段讀為遐

劉康公徼戎　石經徼作儌

注康公至無備　宋本以下正義二節揔入背盟不祥節注下

是齊楚同我也　此本楚同二字誤作小字注文今訂正

經二年

夏四月丙戌　石經宋本岳本纂圖本戊作戌是也下同

及齊師戰于新築　石經師下半字缺顧炎武云師誤侯所據乃王堯惠刊也

例在宣七年　纂圖本正德本閩本監本毛本作十年誤也

莘去齊五百里袁婁去齊五十里　案穀梁二齊字並作國陳樹華云杜氏引據恐不明日改作齊也

且鞍巳是齊地　宋本監本毛本鞍作鞌案鞌鞍正俗字

取汶陽田　石經陽下後人妄增之字

此云子重不書不親伐者　閩本親誤稱下同

乃稱公子　宋本作計亦應貶考文作言亦應貶

春秋左傳注疏卷二十五校勘記　二

八會盟觀者　宋本無觀字盟上有且字是也

許男圍宋　宋本閩本監本毛本作圍此本誤爲今訂正

文七年　監本毛本七誤作十

衛侯如晉人執之　宋本閩本監本毛本人字上重晉字與襄廿六年傳合

此會盟序者　宋本序上有別字是也

唯應蔡許在列　閩本監本毛本應誤慮

故春秋抑秦以存例也　宋本抑秦作亦未

以居俗裔　宋本毛本作以居草莽是也

及武王熊逵　宋本毛本逵作達監本作通依史記楚世家改也杜氏世族譜文十六年宣十二年昭廿二年正義及釋文引世家並作熊達漢地理志淮南子土衛訓注亦俱作逵困學紀聞十一引史同宋本是也

傳二年

圍龍　案史記魯世家晉世家龍並作隆索隱曰劉氏云隆即龍也

盧蒲就魁門焉　石經就作就非

殺而膊諸城上　閩本監本膊誤膞正義同

注膊磔也　宋本以下正義七節揔入弗可止也己下

齊侯親鼓　石經纂圖本閩本監本毛本鼓字作鼓按說文支部鼓字之録切宋人誤用爲工戶切最爲謬誤

三日　毛本日誤百

相遇於衞也　宋本淳熙本岳本纂圖本足利本也作地是也

隕子辱矣　說文引傳隕作抎

春秋左傳注疏卷二十五校勘記　三

我於此止禦齊師　纂圖本監本毛本我於誤倒釋文禦作御

奔于鞫居　石經鞫字右半言字模糊葉抄釋文作鞫

周禮天子樂宮縣四面　宋本淳熙本岳本面作周案周禮小胥鄭司農注云宮縣四面家語正論解王肅注云禮天子宮懸四周

大夫判縣　宋本大夫上有卿字與周禮同

請曲縣繁纓以朝　毛本請誤語繁語於

軒縣闕一面　毛本闕誤曲

謂金馬大帶也　宋本毛本金作今是也下同

士薦馬纓三就　閩本監本毛本就作薦非也

皆非正法所有　宋本有下有也字

故并言也　宋本也作名是也

孫栢子還於新築　石經宋本淳熙本岳本纂圖本毛本作桓此本誤作栢閩本同今訂正

無能爲之役使　宋本淳熙本岳本足利同無能作不中

士燮將上軍　石經宋本淳熙本岳本足利本將作佐是也案四年傳尚云士燮佐上軍至十三年傳始云士燮將上軍此時不得爲將明矣

注范文子代荀庚　宋本以下正義廿四節揔入司馬司空節注之下

郤子使速以徇　監本毛本徇誤狥

大國朝夕釋憾於敝邑之地　宋本憾作感石經初刊同後人妄加小旁釋文亦作感是也云本亦作憾

買賣也　岳本足利本賣作買非也

逢丑父　閩本逄作逢非也段玉裁云字从夅逢丑父逄伯陵逄蒙皆薄紅反東轉爲江乃薄江反宋人廣韻改字从夅薄江切殊謬不可不正

余姑翦滅此而朝食　此本而後二字誤作小注石經宋本淳熙本岳本足利本無後字是也今依訂正案說文繫傳引翦滅作揃搣似不可爲典要

中軍將自執旗鼓　纂圖本閩本監本毛本脫軍字

然子病矣　淳熙本子誤予

○絕句　此二字釋文也閩本監本毛本誤作注

右援枹而鼓　釋文枹作桴云鼓槌也案李善注孫子荆爲石仲容與孫皓書引作桴禮記云蕢桴而土鼓元應書引詔定古文官書云枹桴二字同體說詳釋文校勘記

援桴而鼓　宋本閩本監本毛本桴作枹

且辟左右　石經宋本且作旦顧炎武云石經誤非也案錢大昕云夢必在夜則作旦義爲長

綦母張喪車　石經宋本淳熙本岳本母作毋不誤注同

從左右皆肘之　淳熙本纂圖本肘作射非也

周禮中車　宋本毛本中作巾是也

棧車不韋鞔而漆之　朱本韋作革與周禮巾車注合鞔宋本作輓非是

易坼壞　閩本監本毛本坼作拆非也

韓厥執縶馬前　石經縶字上半缺案說文引傳作韓厥執馽前讀若輒縶馽或从糸執臧琳云古文左氏本作韓厥執馽前馽即縶正字今本訛爲馬又別出縶字縶當爲衍文

郤獻子伐齊侯來　宋本侯上重齊字是也

狄卒皆抽戈楯冒之　諸本作戈此本誤弋今訂正

遂自徐關入　案作徐即十七年傳云國佐以穀畔齊侯與之盟於徐關纂圖本閩本監本毛本作齊非也

齊侯見保者曰　石經初刻脫侯字後增

辟女子　案惠棟云下云乃奔則辟當讀爲趩與五年伯宗辟重同周禮大司寇云使其屬蹕康成曰故書蹕作避杜子春云避當爲辟謂辟除姦人者也按謂蹕止行也古蹕字有作辟注訓爲避非也

可若何　毛本何誤乎

晉師從齊師　閩本監本毛本晉師誤晉侯

擊馬陘　案史記齊世家陘作陵徐廣曰一作陘賈逵曰馬陘齊地也

又取其國寶　宋本國作珍

使齊畝東西行　案史記集解引服虔注無西字朱鶴齡亦云西字衍文然西非衍字注謂作由西達東之路耳

乎今轄齊侯之母　閩本乎作子是也監本此處模糊

且告吾諸侯云　宋本吾作語

注夏伯至晉文　宋本此節正義在四王至之欲之下

詩曰布政優優　案詩作敷政鄭氏儀禮聘禮注云今文布作敷

故百種福禄　宋本閩本監本毛本作百此本誤首今訂正

師徒橈敗　石經几橈字偏旁皆改刻此正從木是也

謂甗磬　淳熙本甗誤獻

若苟有以藉口而復於寡君　閩本監本藉下衍於字陳樹華云一本無若字宜作一本無於字也

則與口爲藉　閩本監本毛本與作於非

注上鄭至史闕　毛本鄭字下增地闕二字

周禮與士命　宋本無士字是也

司馬司空輿帥　閩本帥作師非也

玉路天子車之尊者　閩本監本毛本玉作王

輿帥　閩本監本毛本帥作師非注及正義同

用蜃炭　釋文蜃作蜄案説文虫部無蜄字作蜄非也

注燒蛤至從葬　宋本以下正義四節揔入何臣之爲注下

多爲皿器也　閩本監本亦誤作皿宋本毛本作明

敦打槃匜　宋本毛本打作杅是也

是爲四注椁也　閩本監本毛本作槨也

譏其奢僭　監本毛本僭作侈

言雖有若無　毛本言誤亦

晉二子自役弔焉　石經宋本淳熙本岳本足利本二作三林氏直解云三子謂郤克士燮欒書也

至於三子之去　閩本監本毛本三作二非也

楹者受命曰　宋本閩本監本毛本楹作相是也

孤某使某請事　閩本監本毛本亦脱次某字據宋本補

在宣十二年　宋本淳熙本岳本纂圖本足利本二作一不誤

周書至謂也　宋本以下正義五節揔入若無益於晉節注下

亦早死　毛本早誤單

殺鬷侯　石經宋本殺作弑

邲之戰以荀首囚也　宋本岳本足利本無以字也作之淳熙本亦作之是也

禁人使不得仕官者　陳樹華云官疑宦是也

在位十八年也　宋本淳熙本岳本纂圖本足利本位作宣是

共王即位至是二年　岳本足利本二作三陳樹華云楚莊王卒於宣十八年之秋當依岳本作三山井鼎云或云作三年非蓋未之審耳閩本即誤郎

而善用之　纂圖本閩本監本毛本善下衍其字

注王卒至之位　宋本以下正義六節揔入是行也節注下

公略之而退　宋本淳熙本岳本足利本略作賂不誤

以執斲執鍼織紝　釋文紝作絍案説文云紝或从任作絍李善注東都賦引杜注云織絍織繒布也

最在上　宋本最上有齊字是也

然諸侯之卿 重脩監本卿誤鄉

非是畏晉之義 宋本非作亦

民之攸塈 毛本誤作攸暨注及正義同

衆之不可已也 石經宋本淳熙本岳本足利本可下有以字

謂虣掠百姓 釋文虣作暴云本亦作虣案李善注蕪城賦引字書云虣古文暴字

三公者天子之吏也 此入字乃釋文岳本混入注中

注三吏三公也 宋本以下正義二節揔入非禮也勿籍注下

王待之必重於告慶之禮 閩本待誤作侍

附釋音春秋左傳注疏卷第二十五 止

春秋左傳注疏卷第二十五挍勘記

附釋音春秋左傳注疏卷第二十六 成三年盡十年

杜氏注　孔穎達疏

經三年春王正月公會晉侯宋公衛侯曹伯伐鄭 宋衛未葬而稱爵以接鄰國非禮也 疏 注宋衛至禮也○正義曰僖九年傳曰宋桓公卒未葬而襄公會諸侯故曰子凡在喪公侯曰子傳因未葬而發在喪之例是先君未葬嗣君不得稱爵以會諸侯也知非踰年得成君者文八年八月天王崩九年春毛伯來求金傳曰不書王命未葬也彼王既踰年矣猶不得稱王命臣知諸侯雖則踰年但是未葬不得稱爵以接鄰國正以王不命臣明知其非禮也 ○辛亥葬衛穆公 無傳 ○二月公至自伐鄭 無傳 ○甲子新宮災三日哭 無傳三年喪畢宣公神主新入廟故謂之新宮書三日哭善得禮宗廟親之神靈所馮居而遇災故哀而哭之 ○馮皮冰反 疏 注三年至哭之○正義曰公羊傳曰新宮者何宣公之宮也宣宮則曷爲謂之新宮不忍言也其言三日哭何廟災三日哭禮也穀梁傳曰新宮者禰宮也三日哭哀也其哀禮也迫近不敢稱謚恭也二傳皆以新宮爲宣宮三日哭爲得禮故杜依用之宣公以其十八年冬十月薨至二年十月而大祥祥而禘祭神主新始入廟故謂之新宮禮檀弓記曰有焚其先人之室則三日哭故曰新宮火亦三日哭鄭玄云謂人燒其宗廟新宮火人火也記稱新宮火者指此新宮災耳傳例曰天火曰災人火曰火三家經傳有五字皆爲災鄭玄以爲人火雖非其義要天火人火其哭皆當三日是其善得禮也哀三年桓宮僖宮災不言哭而此言三日哭者釋例曰新宮者宣公之廟父廟也諒闇始闋而遇天災故感而哭之以致哀異於餘廟也 ○乙亥葬宋文公 無傳七月而葬緩 ○夏公如晉○鄭公子去疾帥師伐許○公至自晉 無傳 ○秋叔孫僑如帥師圍棘 棘汶陽田之邑在齊北蛇丘縣○蛇以支反一音如字 ○大雩 無傳以過時書 ○晉郤克衛孫良夫伐廧咎如 赤狄別種○廧在良反咎古刀反種章勇反 ○冬十有一

月晉侯使荀庚來聘○衛侯使孫良夫來聘○丙午及荀庚盟 疏。及荀庚盟○正義曰隱元年及宋人盟于宿魯之微者及之也此言及荀庚盟及孫良夫盟十一年及郤犨盟皆是公自及之非臣及之也知者僖二十八年傳晉欒枝入盟鄭伯襄十一年傳晉趙武入盟鄭伯鄭子展出盟晉侯臣對君者皆君自與盟知此使來亦公自與盟也上言來聘盟又不地盟於國都公親可知故不言公 ○丁未及孫良夫盟 先晉後衛尊霸主 ○鄭伐許 無傳不書將帥告辭略○將子匠反帥所類反 疏 傳不書至辭略○正義曰直舉國名傳無其說知是告辭略故也異文耳賈逵云鄭小國與大國爭諸侯仍伐許不稱將帥夷狄之刺無知也此年夏鄭公子去疾帥師伐許明年冬鄭伯伐許先後並無貶責何獨此伐偏刺之

傳三年春諸侯伐鄭次于伯牛討邲之役也 伯牛鄭地邲役在宣十二年 遂東侵鄭 晉潛軍深入 鄭公子偃帥師禦之 偃穆公子 使東鄙覆諸鄤 覆伏兵也○覆扶又反注同鄤亡袁反又莫干反徐武旦反一音萬 敗諸丘輿 鄭丘輿皆鄭地晉偏軍爲鄭所敗故不書 皇戌如楚獻捷○夏公如晉拜汶陽之田 前年晉使齊歸魯汶陽田故 ○許恃楚而不事鄭鄭子良伐許○晉人歸楚公子穀臣與連尹襄老之尸于楚以求知罃 邲之戰楚獲知罃 於是荀首佐中軍矣 荀首知罃父 故楚人許之王送知罃曰子其怨我乎對曰二國治戎臣不才不勝其任以爲俘馘執事不以釁鼓 以血塗鼓爲釁鼓○勝音升下注同俘芳夫反馘古獲反釁許覲反 疏 注以血至釁鼓○正義曰說文釁血祭也禮雜記釁廟之禮云雍人舉羊升屋自中中屋南面刲羊血流于前乃降釁廟以血塗廟知釁鼓以血塗鼓也 使

歸即戮君之惠也臣實不才又誰敢怨王曰然則德我乎【疏】然則德我乎○正義曰德加於彼彼荷其恩故謂荷恩爲德論語以德報德傳稱王德狄人皆是也對曰二國圖其社稷而求紓其民紓緩也○紓音舒各懲其忿以相宥也宥赦也○懲直升反宥音又兩釋纍囚以成其好纍繫也○纍力誰反好呼報反下同二國有好臣不與及其誰敢德言二國本不爲己○與音預爲于僞反王曰子歸何以報我對曰臣不任受怨君亦不任受德無怨無德不知所報王曰雖然必告不穀對曰以君之靈纍臣得歸骨於晉寡君之以爲戮死且不朽戮其不勝任○任音壬下亦不任同【疏】死且不朽○正義曰懷荷君恩身雖死而朽腐此恩不朽腐也死尙不朽以示其至死不忘也若從君之惠而免之以賜君之外臣首稱於異國君曰外臣首其請於寡君而以戮於宗亦死且不朽若不獲命君不許戮而使嗣宗職嗣其祖宗之位職次及於事而帥偏師以脩封疆雖遇執事遇楚將帥○疆居良反將子亮反帥所類反其弗敢違違辟也其竭力致死無有二心以盡臣禮所以報也王曰晉未可與爭重爲之禮而歸之○秋叔孫僑如圍棘取汶陽之田棘不服故圍之僑如叔孫得臣子○晉郤克衛孫良夫伐廧咎如討赤狄之餘焉宣十五年晉滅赤狄潞氏其餘民散入廧咎如故討之【疏】注宣十至討之○正

義曰謂赤狄餘民散入咎如之內今伐咎如者來就咎如之內討彼赤狄餘黨然廧咎如容赤狄餘民則咎如亦赤狄矣劉炫以爲廧咎如之國即是赤狄之餘今知不然者以赤狄之國種類極多潞氏甲氏鐸辰皐落氏等皆是其類並爲建國假令路氏甲氏鐸辰皐落雖滅自外猶存則是不滅者多止應言討赤狄之類不得稱餘且伐者聲其鐘鼓討者責其罪狀以廧咎如容受赤狄餘黨故伐而討責若以廧咎如即是赤狄之餘應取土地興兵絕滅何當唯伐討而已劉以廧咎如即是赤狄之餘而規杜非也廧咎如潰上失民也此傳釋經之文而經無廧咎如潰蓋經闕此四字○潰戶內反【疏】注此傳至四字○正義曰傳言上失民也釋經潰文若經無潰文則傳無所解故疑經闕此四字釋例曰傳文廧咎如潰上失民也今經但言伐廧咎如無廧咎如潰之文若經本無此文則上明爲横益經文而加失民之傳也是言知經闕之意也三年潰逃已有例矣復發傳者嫌夷狄異於中國故重發也○冬十一月晉侯使荀庚來聘且尋盟尋元年赤棘盟荀庚林父之子衛侯使孫良夫來聘且尋盟尋宣七年盟公問諸臧宣叔曰仲行伯之於晉也其位在三下卿【疏】其位在三○正義曰於時郤克將中軍荀首佐之荀庚將上軍是其位在三也注云下卿者傳稱小國之上卿當大國之下卿又言衛在晉不得爲次國則以衛爲小國荀庚若是中卿自然當先晉矣乃云晉爲盟主其將先之直以盟主先晉明是二人位等以此知荀庚是下卿也晉立三軍將佐有六第三猶爲下卿則其餘皆下卿也蓋以諸侯之禮唯合三卿三是其正故定以三人爲上中下餘皆從下卿也卿有上下往年賜晉三帥皆以三命之服者侯伯之卿禮皆三命上卿下卿命不異也孫子之於衛也位爲上卿將誰先對曰次國之上卿當大國之中中當其下下當其上大夫降一等小國之上卿當大國之下卿中當其上大夫下當其下大夫降大國二等上下如是古之制也古制公爲大國侯伯爲次國子男爲小國衛在晉不得爲

次國春秋時以強弱爲大小故衛雖侯爵猶爲小國【疏】注春秋至小國○正義曰古制公爲大國侯伯爲次國子男爲小國以土地之大小命數爲等差也春秋之世彊陵弱大吞小爵雖不能自改地則以力升降諸侯聚會彊者爲雄史書時事大小爲序此事不可改易仲尼卽而用之宋公在齊侯之下許男在曹伯之上不復計爵之尊卑故衛雖侯爵猶爲小國以地狹小故也襄二十五年傳子產語晉曰今大國多數圻矣圻方千里是晉有方千里者三四也昭五年十三年傳皆言晉有革車四千乘計衛比於晉不過當丑六分之一耳故不得爲次國其爲次國者當齊秦乎晉爲盟主其將先之計等則二人位敵以盟主故先晉丙午盟晉丁未盟衛禮也○十二月甲戌晉作六軍爲六軍僭王也萬二千五百人爲軍○僭子念反韓厥趙括鞏朔韓穿荀騅趙旃皆爲卿賞鞌之功也韓厥爲新中軍趙括佐之鞏朔爲新上軍韓穿佐之荀騅爲新下軍趙旃佐之晉舊自有三軍今增此故爲六軍○騅音隹【疏】注韓厥至六軍○正義曰杜知

春秋疏卷二十六　五

韓厥爲新中軍及上下新軍將佐者以下六年傳云韓厥將新中軍且爲僕大夫時晉更增置新中上下三軍韓厥將新中軍名居其首故杜依名配其將佐○齊侯朝于晉將授玉行朝禮【疏】將授玉○正義曰玉謂所執之圭也凡諸侯相朝升堂授玉於兩楹之間於此時郤克趨進故記之也史記齊世家曰頃公十一年晉初置六軍頃公朝晉欲尊王晉景公景公不敢當○晉世家云景公十二年齊頃公如晉欲上尊景公爲王景公讓不敢然此時天子雖微諸侯並盛晉文不敢請隧楚莊不敢問鼎又齊弱於晉所較不多豈爲一戰而勝便卽以王相許準時度勢理必不然竊原馬遷之意所以有此說者當讀此傳將授玉以爲將授王遂節成爲此謬辭耳郤克趨進曰此行也君爲婦人之笑辱也寡君未之敢任言齊侯之來以謝婦人之笑非爲脩好故云晉君不任當此惠○君爲于僞反下爲兩君同任音壬晉侯享齊侯齊侯視韓厥韓厥曰君知厥也乎齊侯曰服改矣戎朝異服也言服改明識其人【疏】注戎朝異服○正義曰周禮司服凡兵事韋弁服禮玉藻記云諸侯皮弁以聽朔朝服以日視朝聘禮賓皮弁聘公皮弁迎賓迎聘客倘以皮弁迎朝賓必皮弁矣在朝君臣同服公當皮弁則韓厥於時亦皮弁也鄭玄云韋弁以韎韋爲弁又以爲衣裳春秋傳曰晉郤至衣韎韋之跗注是也皮弁之服十五升白布衣素積以爲裳是戎朝異服也韓厥登舉爵曰臣之不敢愛死爲兩君之在此堂也○荀罃之在楚也鄭賈人有將寘諸褚中以出既謀之未行而楚人歸之賈人如晉荀罃善視之如實出己賈人曰吾無其功敢有其實乎吾小人不可以厚誣君子遂適齊傳言知罃之賢○賈音古下同寘之豉反褚中呂反

經四年春宋公使華元來聘○三月壬申鄭

春秋疏卷二十六　六

伯堅卒無傳二年大夫盟于蜀壬申二月二十八日○杞伯來朝○夏四月甲寅臧孫許卒無傳○公如晉○葬鄭襄公無傳○秋公至自晉○冬城鄆無傳公欲叛晉故城而爲備○鄆音運【疏】冬城鄆○正義曰釋例土地名魯有二鄆文十二年城諸及鄆杜云此東鄆莒魯所爭者城陽姑幕縣南有員亭或曰鄆卽員也成十六年傳晉人執季文子公待于鄆杜云此西鄆昭公所出居者東郡廩丘縣東有鄆城然則此爲公欲叛晉故城鄆以爲備當西鄆也○鄭伯伐許

傳四年春宋華元來聘通嗣君也宋共公卽位○共音恭【疏】通嗣君也○正義曰文元年公孫敖如齊傳曰始聘焉禮也凡君卽位卿出並聘踐脩舊好要結外援好事鄰國以衛社稷忠信卑讓之道也其事與此一也謂君初卽位聘鄰國耳在魯而出謂之始聘自外而來謂之通嗣君言彼君嗣位以來未與魯通於此始通之也○杞伯來朝歸叔姬故也

將出叔姬先脩禮親魯言其故○夏公如晉晉侯見公不敬季文子曰晉侯必不免言將不能壽終也後十年陷廁而死詩曰敬之敬之天惟顯思命不易哉詩頌言天道顯明受其命甚難不可不敬以奉之○易以豉反夫晉侯之命在諸侯矣可不敬乎則得天命○秋公至自晉欲求成于楚而叛晉季文子曰不可晉雖無道未可叛也國大臣睦而邇於我邇近也諸侯聽焉未可以貳聽服也史佚之志有之周文王大史○大音泰曰非我族類其心必異楚雖大非吾族也與魯異姓其肯字我乎字愛也公乃止○冬十一月鄭公孫申帥師疆許田前年鄭伐許侵其田今正其界○疆居良反○許人敗諸展陂鄭伯伐許取鉏任泠敦之田展陂亦許地○陂彼皮反鉏仕居反任音壬泠力丁反○晉欒書將中軍代郤克○將子匠反荀首佐之士燮佐上軍以救許伐鄭取汜祭汜祭鄭地成皐縣東有汜水○汜音凡注同或音祀祭側介反【疏】注汜祭至汜水○正義曰杜注滎陽中牟縣有東汜襄城縣有西汜知此汜祭非彼二汜而以成皐縣東有汜水者以傳爲晉伐鄭取汜祭既爲晉人所取當是鄭之西北界即今之汜水也字書水旁巳爲汜水旁已爲汜字相亂也漢書音義亦爲汜今汜水上源謂汜谷楚子反救鄭鄭伯與許男訟焉於子反前爭曲直皇戌攝鄭伯之辭代之對子反不能決也曰君若辱在寡君寡君與其二三臣共聽兩君之所欲成其可知也欲使自屈在楚子前決之不然側不足以知二國之成側子反名爲明年許愬鄭於楚張本○愬音素○晉趙嬰通于趙莊姬趙嬰趙盾弟莊姬趙朔妻朔盾之子

經五年春王正月杞叔姬來歸出也傳在前年【疏】杞叔姬來歸○正義曰杞既出之猶稱杞者雜記曰諸侯出夫人夫人比至于國以夫人之禮行至以夫人入鄭玄云行道以夫人之禮者棄妻致命其家乃義絕不用此爲始○仲孫蔑如宋○夏叔孫僑如會晉荀首于穀穀齊地○梁山崩記異也梁山在馮翊夏陽縣北【疏】注記異也○正義曰公羊傳曰梁山崩何以書記異也公羊以爲非常爲異害物爲災此山崩無所害故爲異也○秋大水無傳○冬十有一月己酉天王崩○十有二月己丑公會晉侯齊侯宋公衛侯鄭伯曹伯邾子杞伯同盟于蟲牢蟲牢鄭地陳留封丘縣北有桐牢

傳五年春原屏放諸齊放趙嬰也原同屏季嬰之兄○屏步丁反嬰曰我在故欒氏不作我亡吾二昆其憂哉且人各有能有不能言己雖淫而能令莊姬護趙氏○令力丁反舍我何害弗聽嬰夢天使謂己祭余余福女使問諸士貞伯貞伯曰不識也既而告其人自告貞伯從人○舍音捨又音赦聽吐丁反女音汝從才用反【疏】注自告貞伯從人○正義曰嫌告趙嬰使人故云自告貞伯從人也若告趙嬰使人不得云神福仁而禍淫曰神福仁而禍淫淫而無罰福也祭其得亡乎以得放遺爲福祭之之明日而亡爲八年晉殺趙同趙括傳○孟獻子如宋報華元也前年宋華元來聘○夏晉荀首如齊逆女故宣伯餫諸穀野饋曰餫運糧饋之敬大國也○餫

音鄆。饋，其媿反。〔疏〕注野饋至大國。正義曰：釋詁云：「饁，饋也。」孫炎曰：「饁，野之饋也。」彼言野饋，饋田農在野之人，此言野饋，饋在野行路之人，俱是在野。言之謂之餫者，言其運糧饋之。彼自逆女而往饋之者，敬大國也。○梁

山崩，晉侯以傳召伯宗。傳，驛。○傳，中戀反，注及下同。驛音亦。伯宗辟

重，曰：「辟傳！」重，載之車。○辟，匹亦反，徐甫赤反，本又作僻。曰辟，音避。重人曰：「待

我，不如捷之速也。」捷，邪出。○捷，在妾反。邪，似嗟反。〔疏〕注捷邪出。正義曰：捷亦

速也。方行則遲，邪出則速。楚辭謂邪行小道爲捷徑，是捷爲邪出。問其所，曰：「絳人也。」

問絳事焉，曰：「梁山崩，將召伯宗謀之。」問將若

之何，曰：「山有朽壤而崩，可若何？國主山川，主謂

所主祭。○絳，古巷反。壤，如丈反。故山崩川竭，君爲之不舉，去盛饌。○爲，于

僞反。去，起呂反。饌，仕戀反。降服，損盛服。乘縵，車無文。○縵，武旦反，又莫半反。〔疏〕注車無文。

正義曰：周禮巾車掌王之五路，皆不言車有文飾。其下服車五乘：孤乘夏篆，卿乘夏縵，大夫乘墨車。鄭玄云：「夏篆，五采畫

轂約也。夏縵亦五采畫，無瑑耳。墨車不畫也。」孤之車尚有瑑約，明諸侯之車必有瑑約，詩所謂「約軧錯衡」是其事也。乘縵

車無文，蓋乘大夫墨車也。覲禮侯氏乘墨車乃朝，鄭玄云：「墨車，大夫制也。乘之者，入天子之國，車服不可盡同也。」彼爲適

王尚乘墨車，明此山崩降服亦乘墨車也。徹樂，息八音。出次，舍於郊。〔疏〕注舍於郊。正

義曰：僖三十三年傳秦伯以師敗于殽，素服郊次。此言出次，降服，明亦次於郊也。文四年傳楚人滅江，秦伯爲之降服出

次，注云「辟正寢」，與此文互相見也。祝幣，陳玉帛。史辭，自罪責。以禮焉。禮山川。

其如此而已。雖伯宗，若之何？」伯宗請見之，見之

於晉君。○見，賢遍反，注皆同。不可。不肯見。遂以告而從之。從重人言。○

許靈公愬鄭伯于楚。前此年鄭伐楚故。六月，鄭悼公如

楚，訟，不勝。楚人執皇戌及子國。以鄭伯不直故也。子國，鄭穆公子。

故鄭伯歸，使公子偃請成于晉。秋八月，鄭伯

及晉趙同盟于垂棘。垂棘，晉地。○宋公子圍龜爲

質于楚而歸，圍龜，文公子。○質音致，下注同。華元享之。請鼓譟

以出，鼓譟以復入，出入輒擊鼓。○譟，素報反。復，扶又反，下同。曰：「習攻華

氏。」宋公殺之。蓋宣十五年宋楚平後，華元使圍龜代已爲質，故怨而欲攻華氏。○冬，

同盟于蟲牢，鄭服也。諸侯謀復會，宋公使向

爲人辭以子靈之難。子靈，圍龜也。宋公不欲會，以新誅子靈爲辭。爲明年侵宋傳。○

向，舒亮反。難，乃旦反。一本無「之難」二字。「子靈爲辭」，一本無「爲辭」二字。○十一月己酉，定王

崩。經在蟲牢盟上，傳在下月，倒錯。衆家傳悉無此八字，或衍文。○倒，丁老反。〔疏〕注經在至衍文。正義曰：

傳不虛舉經文，此無所明，又上下倒錯，諸家之傳又悉無此言，必是衍文。此杜以疑事毋質，不敢輒去之耳。

經六年春王正月，公至自會。無傳。○二月辛巳，

立武宮。魯人自鞌之功至今無患，故築武軍，又作先君武公宮，以告成事，欲以示後世。〔疏〕注魯人至

後世。正義曰：杜以傳稱季文子以鞌之功立武宮，故云魯人自鞌之功至今無患，追思鞌戰，以爲已功，故築武軍，又作

先君武公之廟，以告戰勝之事，欲以章示後世，明已之功也。其意言築爲武軍，又作武公之廟。公羊傳曰：「武宮者何？武公

之宮也。」是立宮爲武公廟也。武公是成公九世之祖，其廟毀已久矣，今復立之，以爲不毀之廟。禮明堂位曰：「魯公之廟，文

世室也；武公之廟，武世室也。」世室，言其世世不毀。劉炫以爲直立武公之宮，不築武軍。今知不然者，以下傳云「聽於人以

救其難，不可以立武。立武由已，非由人也」，是已明譏魯立武以章武功，明非徒築宮而已。又宣十二年潘黨請築武軍，楚

子云：「武有七德，我無一焉。武非吾功。」遂不敢築武軍以明武功。此則已明譏魯章武功，明亦築武軍也。若其唯築武宮，傳

應云不可以立武宮，不得單稱武也。劉以爲唯築武公之宮而規杜，非也。○取鄟。鄟，附庸國也。○鄟，徐音專，又

徒戀反。○衛孫良夫帥師侵宋。○夏六月，邾子來

朝[無傳]○公孫嬰齊如晉[嬰齊，叔肸子]○壬申，鄭伯費卒[前年同盟蟲牢。○費音祕]○秋，仲孫蔑、叔孫僑如帥師侵宋。○楚公子嬰齊帥師伐鄭。○冬，季孫行父如晉。○晉欒書帥師救鄭。

傳六年春，鄭伯如晉拜成[謝前年再盟]子游相[子游，公子偃。○相，息亮反，下寳相同]授玉于東楹之東[禮，授玉兩楹之間。鄭伯行疾，故東過]【疏】注禮授玉東過。○正義曰：聘禮云：公受玉于中堂與東楹之間。鄭玄云：中堂，南北之中也。入堂之深，尊賓事也。東楹之間，亦以君行一，臣行二也。聘禮大夫奉命來聘，君臣不敵，故授玉于東楹之間。國君來朝，尊卑禮敵，傳言東楹之東，以譏鄭伯行速，明禮當授玉于兩楹之間。士貞伯曰：「鄭伯其死乎！自弃也已。視流而行速，不安其位，宜不能久。」[視流不端諦。○諦音帝]

○二月，季文子以鞌之功立武宮，非禮也。[宣十二年，潘黨勸楚子立武軍，楚子荅以武有七德，非已所堪，其爲先君宮，告成事而已。今魯倚晉之功，又非霸主，而立武宮，故譏之。○倚，於綺反]【疏】注宣十至譏之。○正義曰：服虔云：鞌之戰，禱武公以求勝，故立其宮。案定元年傳，昭公出故，季平子禱于煬公，立煬宮。此若爲禱而立，何以不言禱也？无驗之說，故不可從。聽於人以救其難，不可以立武。立武由己，非由人也。[言請人救難，勝非已功。○難，乃旦反，注同]○取鄟，言易也。[○易，以豉反]○三月，晉伯宗、夏陽說、衛孫良夫、甯相、鄭人、伊雒之戎、陸渾、蠻氏侵宋[夏陽說，晉大夫。蠻氏，戎別種也。河南新城縣東南有蠻城。經唯書衛孫良夫，獨衛告也。○夏，戶雅反。說，音悅，下文注同。渾，戶門反。種，章勇反]以其辭會也。[辭會在前年]師于鍼，衛人不保。[不守備。○鍼，其廉反，一音針]說欲襲衛，曰：「雖不可入，多俘而歸，有罪不及死。」伯宗曰：「不可。衛唯信晉，故師在其郊而不設備。若襲之，是弃信也。雖多衛俘，而晉無信，何以求諸侯？」乃止。師還，衛人登陴。[聞說謀故。○陴，婢支反]晉人謀去故絳。[晉復命新田爲絳，故謂此故絳。○復，扶又反]諸大夫皆曰：「必居郇瑕氏之地，[郇瑕，古國名。河東解縣西北有郇城。○郇音荀。解音蟹]沃饒而近盬，[盬，鹽也。猗氏縣盬池是。○近，附近之近，下及注近寳皆同。盬音古。猗，於宜反]【疏】注沃饒至失也。○正義曰：土田良沃，五穀饒多，民豐則國利，財多則君樂，其處不可失也。○注盬鹽至池是。○正義曰：說文云：盬，河東盬池，袤五十一里，廣七里，周百一十六里。字從鹽省，古聲。然則盬是鹽之名。鹽雖是盬，唯此池之鹽獨名爲盬，餘鹽不名盬也。國利君樂，不可失也。」韓獻子將新中軍，且爲僕大夫。[兼大

僕。○樂音洛，下謂樂同。將，子匠反，下注將軍同。大僕音泰]公揖而入。獻子從公立於寢庭。[路寢之庭]【疏】注路寢之庭。○正義曰：禮玉藻云：君日出而視朝，退適路寢聽政。知寢庭是路寢之庭也。沈氏云：大僕職云：王視燕朝，則正位，掌擯相。鄭注云：燕朝，朝於路寢之庭。韓獻子既爲僕大夫，故知寢庭路寢之庭也。其路門之外朝，則司士掌焉，故司士掌治朝之儀。治朝則路門之外，每日治朝事之朝也。其庫門之外朝，則朝士掌焉，故朝士云掌外朝之法，此是詢衆庶問罪人之處也。凡人君內朝二，外朝一。內朝二者，路門內外之朝也。外朝一者，庫門外之朝也。若諸侯三門，皐應路，外朝則在應門外。魯之三門，庫雉路，則外朝在雉門外。謂獻子曰：「何如？」[問諸大夫言是非]對曰：「不可。郇瑕氏土薄水淺，[土薄地下]其惡易覯。[惡，疾疢。覯，成也。○易，以豉反，下注同。覯，古豆反。疢，勑覲反，本或作疾，同]【疏】注惡疾疢覯成也。○正義曰：下云土厚水深，居之不疾，此云土薄水淺，必居之多疾，以此知惡是疾疢也。爾雅訓覯爲見，杜以惡爲疾疢，疢非難見之物，唯苦其病成耳，故訓覯爲成，言其病易成，由水土惡故也。易覯則

民愁民愁則墊隘墊隘羸困也。墊丁念反隘於賣反羸劣僞反【疏】易覯至墊隘。正義曰疾疢易成則下民愁苦民既愁苦則必羸困羸困而謂之墊隘者方言云墊下也地之下濕狹隘猶人之羸瘦困苦故杜以墊隘爲羸困也於是乎有沈溺重腿之疾沈溺濕疾重腿足腫。溺乃歷反腿治僞反一音直槌反足腫章勇反一音常勇反不如新田今平陽絳邑縣是土厚水深居之不疢高燥故有汾澮以流其惡汾水出大原經絳北西南入河澮水出平陽絳縣南西入汾惡垢穢。汾扶云反澮古外反垢古口反且民從教无災患十世之利也【疏】且民至利也。正義曰民有災患則不暇從上无災患則從教化十者數之小成故云十世之利也夫山澤林鹽國之寶也國饒則民驕佚財易致則民驕侈。佚音逸【疏】注財易至驕侈。正義曰魯語敬姜云昔者聖王之處民也擇瘠土而居之勞其民而用之故長王天下夫民勞則思思則善心生逸則淫淫則忘善忘善則惡心生沃土之民不材逸也瘠土之民莫不向義勞也敬姜此語自是激發之辭未必聖王盡然要亦有此理也大史公書稱武王克殷患殷民富侈大史公曰奢侈厚葬以破其產爲其富而驕佚故設法以貧之也管子曰倉廩實而知禮節衣食足而知榮辱讓生於有餘爭生於不足論語稱孔子適衞欲先富而後教爲其貧而無恥欲營生以富之也此皆觀民設教故其理不同若遷都近鹽則民皆商販則富者彌富驕侈而難治貧者益貧饑寒而犯法且貧者資富而致貧富者削貧而爲富惡民之富乃是惡民之貧欲使貧富均而勞逸等也近寶公室乃貧不可謂樂近寶則民不務本【疏】注近寶則民不務本。正義曰農業人之本也商販事之末也若民居近寶則棄本逐末廢農爲商則貧富兼并若貧富兼并則貧多富少貧者無財以共官富者不可以倍稅賦稅少則公室貧也公說從之夏四月丁丑晉遷于新田爲季孫如晉傳。說音悅○六月鄭悼公卒終士貞伯之言○子叔聲伯如晉命伐宋晉人命聲伯秋孟獻子叔孫宣伯侵宋

晉命也○楚子重伐鄭鄭從晉故也前年楚晉盟。○冬季文子如晉賀遷也○晉欒書救鄭與楚師遇於繞角繞角鄭地楚師還晉師遂侵蔡楚公子申公子成以申息之師救蔡申息楚二縣成音城。禦諸桑隧汝南朗陵縣東有桑里在上蔡西南。禦魚呂反隧音遂趙同趙括欲戰請於武子武子將許之武子欒書知莊子荀首中軍佐。范文子士燮上軍佐。韓獻子韓厥新中軍將諫曰不可吾來救鄭楚師去我吾遂至於此此蔡地。是遷戮也戮而不已又怒楚師戰必不克遷戮不義怒敵難當故不克。雖克不令成師以出而敗楚之二縣何榮之有焉六軍悉出故曰成師以大勝小不足爲榮若不能敗爲辱已甚不如還也乃遂還於是軍帥之欲戰者衆或謂欒武子曰聖人與衆同欲是以濟事子盍從衆盍何不也。帥所類反下注同盍戶臘反子爲大政中軍元帥將酌於民者也酌取民心以爲政。子之佐十一人六軍之卿佐。【疏】子之佐十一人。正義曰服虔云是時欒書將中軍荀首佐之荀庚將上軍士燮佐之郤錡將下軍趙同佐之韓厥將新中軍趙括佐之鞏朔將新上軍韓穿佐之荀騅將新下軍趙旃佐之其不欲戰者三人而已知范韓也欲戰者可謂衆矣商書曰三人占從二人衆故也商書洪範【疏】注商書洪範。正義曰武王克殷始作洪範今見在周書傳謂之商書者以箕子商人所陳故也。武子曰善鈞從衆鈞等也。夫善衆之

主也二卿爲主可謂衆矣三卿皆晉之賢人。從之不亦可乎傳善欒書得從衆之義且爲八年晉侵蔡傳。

經七年春王正月鼷鼠食郊牛角改卜牛鼷鼠又食其角乃免牛无傳。稱牛未卜日免放也。免牛可也不郊非禮也。鼷音兮。

疏鼷鼠至免牛。正義曰：釋獸鼷鼠。李巡曰：鼷鼠一名鼷鼠。孫炎曰：有螫毒者，蓋如今鼠狼。改卜牛下重言鼷鼠又食其角，不重言牛者，何休云：言角，牛可知。後食牛者未必故鼠，故重言鼠。改卜被食角者，言乃免牛，則前食角者亦免之矣，從下免省文也。注稱牛至禮也。正義曰：僖三十一年傳曰：牛卜日曰牲。今稱牛，是未卜日也。免，放也，放不殺，遂不郊也。

○吳伐郯。郯音談。○夏五月曹伯來朝○不郊猶三望无傳。書不郊間有事三望非禮。○秋楚公子嬰齊帥師伐鄭○公會晉侯齊侯宋公衞侯曹伯莒子邾子杞伯救鄭八月戊辰同盟于馬陵馬陵衞地陽平元城縣東南有地名馬陵。公至自會无傳。○吳入州來州來楚邑淮南下蔡縣是也。○冬大雩無傳書過。○衞孫林父出奔晉

傳七年春吳伐郯郯成季文子曰中國不振旅蠻夷入伐而莫之或恤振整也旅衆也。無弔者也夫言中國不能相恤故夷狄內侵。夫音扶。詩曰不弔昊天亂靡有定其此之謂乎詩小雅刺在上者不能弔愍下民故號天告亂。昊戶老反號戶刀反。

疏詩曰至有定。正義曰：此詩小雅節南山之篇。

有上不弔其誰不受亂上謂霸主。吾亡無日矣君子曰知懼如是斯不亡矣○鄭子良相成公以如晉見且拜師謝前年晉救鄭之師爲楚伐鄭張本。相息亮反見賢遍反。○夏曹宣公來朝

疏曹宣公來朝。正義曰：此文及八年傳召桓公來賜公命並无所解釋而虛載經文者，釋例曰：其經傳事同而文異者，或告命之辭有差異，或氏族名號當須互見，此蓋須互見名號故舉之也。

○秋楚子重伐鄭師于氾氾鄭地在襄城縣南。氾音凡。諸侯救鄭鄭共仲侯羽軍楚師二子鄭大夫。共音恭。囚鄖公鍾儀獻諸晉八月同盟于馬陵尋蟲牢之盟且莒服故也蟲牢盟在五年。莒本屬齊齊服故莒從之。鄖本亦作貟音云邑名。○晉人以鍾儀歸囚諸軍府軍藏府也爲九年晉侯見鍾儀張本。藏才浪反。○楚圍宋之役在宣十四年。師還子重請取於申呂以爲賞田王許之分申呂之田以自賞。申公巫臣曰不可此申呂所以邑也是以爲

賦以御北方若取之是無申呂也言申呂賴此田成邑耳不得此田則无以出兵賦而二邑壞也。所以邑也一本作所邑也御魚呂反。晉鄭必至于漢王乃止子重是以怨巫臣子反欲取夏姬巫臣止之遂取以行子反亦怨之及共王即位楚共王以魯成公元年即位。共音恭。子重子反殺巫臣之族子閻子蕩及清尹弗忌皆巫臣之族。閻音鹽。及襄老之子黑要以夏姬故并怨黑要。要一遙反。而分其室子重取子閻之室使沈尹與王子罷分子蕩之室子反取黑要與清尹之室巫臣自晉遺二子書子重子反。罷音皮下同遺唯季反。曰爾以讒慝貪惏事君而多殺不辜余

必使爾罷於奔命以死。巫臣請使於吳，晉侯許之。吳子壽夢說之，乃通吳于晉。壽夢，季札父。○慝他得反，惏力含反，請使所吏反，夢莫公反，說音悅，札側八反。以兩之一卒適吳，舍偏兩之一焉，司馬法百人爲卒，二十五人爲兩，車九乘爲小偏，十五乘爲大偏。蓋留九乘車及一兩二十五人，令吳習之。○卒子忽反，注同。舍音赦，舊音捨。乘繩證反，下注同。令力呈反。

〔疏〕以兩至一焉。○正義曰：以兩之一，謂將二十五人也。又言卒，謂更將百人也。言之者，婉句耳。凡一將一百二十五人適吳也。舍偏，謂舍一偏之車九乘也。兩之一焉，又舍二十五人也。凡舍九乘車二十五人與吳矣。發首言兩之一者，爲舍此兩之一，故先言之。又言卒者，見巫臣所將非唯有一兩也。司馬法車九乘爲小偏，十五乘爲大偏。傳言偏，不言大，當是留九乘車矣。唯言留一偏，不見元將車數，不知去時幾乘車去也。丘明爲傳，辭皆易解，此獨蹇澁，或誤本文。藝氏云：舍九乘車，以六乘車還，則以去時十五乘車。傳不言者，以舍既備偏，明去時有車可知，從省文也。沈氏云：聘使未有將兵車者，今此特將兵車，爲方欲教吳戰陳，故與常不同。

與其射御，教吳乘車，教之戰陳，教之叛楚，前是吳常屬楚。○戰陳直覲反。寘其子狐庸焉，使爲行人於吳。吳始伐楚，伐巢，伐徐，巢、徐，楚屬國。○寘之豉反。子重奔命。救徐巢。馬陵之會，吳入州來，子重自鄭奔命。因伐鄭而行。子重、子反於是乎一歲七奔命。蠻夷屬於楚者，吳盡取之，是以始大，通吳於上國。上國，諸夏。○夏戶雅反。○衛定公惡孫林父。冬，孫林父出奔晉。林父，孫良夫之子。○惡烏路反。衛侯如晉，晉反戚焉。戚，林父邑。林父出奔，戚隨屬晉。○戚七狄反。

〔疏〕戚林至屬晉。○正義曰：傳言晉反戚焉，則戚已屬晉。襄二十六年衛孫林父入于戚以叛，此不言叛，故解之。戚是孫氏世所食邑，林父出奔之後，戚自從隨而屬晉，非林父入而將去，故不言叛也。

經八年春，晉侯使韓穿來言汶陽之田，歸之于齊。齊服事晉，故晉來語魯，使還二年所取田。○語魚據反。○晉欒書帥師侵蔡。○公孫嬰齊如莒。○宋公使華元來聘。○夏，宋公使公孫壽來納幣。昏聘不使卿，今華元將命，故特書之。宋公無主昏者，自命之，故稱使也。公孫壽，蕩意諸之父。

〔疏〕注昏聘至之父。○正義曰：傳於華元來聘之下云聘共姬也，則華元新始告魯欲圖爲昏。昏禮發首云：昏禮下達，乃言納采。鄭玄云：達，通也。將欲與彼合昏姻，必先使媒氏通其言，女氏許之，乃後使人納其采擇之禮。此華元來聘，則彼昏禮所謂下達者也。士禮使媒，諸侯不可求媒於其國，自使臣行，則亦媒之義。昏有六禮，下達之後，初有納采，擇之禮既行，納采，其日即行問名，問女之名，將歸卜其吉凶也。歸既卜得吉，又使使者往告，謂之納吉，納吉則昏禮定矣。復遣納徵，徵，成也，納幣以成昏禮。士禮納徵有玄纁束帛儷皮，其諸侯謂之納幣，以其幣多，故指幣言之。納幣以後，又有請期、親迎，是之謂六禮也。計華元來聘之後，當有納采、納吉二使，二使之後乃次納幣。今唯書納幣者，納采、納吉其使非卿，故不書也。釋例曰：諸侯昏禮亡，以士昏禮準之，不得唯止於納幣、逆女。納幣、逆女二事，皆必使卿行，卿行則書之，他禮非卿則不書也。宋公使華元來聘，聘不應使卿，故傳但言聘共姬也。使公孫壽來納幣，納幣應使卿，故傳明言得禮也。魯君之昏，唯存納幣、逆女，此其義也。是言聘女不應使卿，今華元以卿將命，故特書之也。隱二年公羊傳曰：昏禮不稱主人。宋公使公孫壽來納幣，則其稱主人何？辭窮也。辭窮者何？無母也。禮，有母則母命之。宋公無主昏者，宋公自命之，故稱宋公使公孫壽來也。公孫壽，蕩意諸之父者，文十六年傳文。○晉殺其大夫趙同、趙括。傳曰原屏咎之徒也，明本不以德義自居，宜其見討，故從告辭而稱名。

〔疏〕注傳曰至稱名。○正義曰：傳稱莊姬譖之，則是同、括無罪。大夫無罪見殺，例不書名，此並書名，故解之。宣十二年傳曰原屏咎之徒也，明本不以德義自居，而妄叨高位，宜其見討。今雖實不作亂，從告而稱其名。言從告者，凡殺大夫，必以其實有罪告，不肯言其無罪，魯史詳其曲直，乃立其文，故所書或從或否耳。○秋七月，天子使召伯來賜公命。諸侯即位，天子賜以命圭，與之合瑞。八年乃來，緩也。天子、天王，王者之通稱。通稱尺證反。〔疏〕注諸侯至通稱。正義曰：天子賜諸侯之命，書傳亦無正禮，唯文元年天王使毛伯來錫公命，僖十一年傳王賜晉惠公命，周語王賜晉文公命，皆是卽位而賜之，又賜之以圭，擬朝而合瑞。諸侯卽位，禮必朝王，明當卽位卽賜之命。今八年乃來，是緩也。隱元年宰咺來歸，爲其緩，書名以譏之。此亦緩也，而不譏之者，彼賵死不及尸，弔生不及哀，子氏未薨而豫凶事，所失者大，故特譏之。春秋之時，賜命禮廢，唯文公卽位而賜，成公八年乃賜，桓公死後追賜，其餘皆不得賜。苟以得之爲榮，故不復譏其緩也。且賜之以圭者，爲朝而合瑞，魯尙不朝天子，不宜譏天子賜緩也。天子之見經者三十有二，稱天王者二十五，稱王者八，稱天子者一，卽此事是也。三稱並行，傳無異說，故知天子、天王、王者之通稱也。其不同者，史異辭耳。公羊傳曰：其稱天子何？元年春王正月，正也。其餘皆通矣。杜用彼說也。賈逵云：諸夏稱天王，畿內曰王，夷狄曰天子。王使榮叔歸含且賵，以恩深加禮，妾母恩同畿內，故稱王；成公八年乃得賜命，與夷狄同，故稱天子。左氏無此義，故杜不從之。

○冬十月癸卯，杞叔姬卒。前五年來歸者。女歸。適人，雖見出弃，猶以成人禮書之，終爲杞伯所葬，故稱杞叔姬。

○晉侯使士燮來聘。

○叔孫僑如會晉士燮、齊人、邾人伐郯。先謀而稱會，盟主之命，不同之於列國。

○衞人來媵。古者諸侯取適夫人及左右媵，各有姪娣，皆同姓之國，國三人，凡九女，所以廣繼嗣也。魯將嫁伯姬於宋，故衞來媵之。○媵，以證反，又繩證反。適，丁歷反。姪，大結反，字林丈一反。娣，大計反。〔疏〕注古者至媵之。正義曰：莊十九年公羊傳曰：媵者何？諸侯娶一國，則二國往媵之，以姪娣從。姪者何？兄之子也。娣者何？弟也。諸侯一聘九女。是諸侯娶適夫人及左右媵，各有姪娣也。傳曰：同姓媵之，異姓則否。是夫人與媵皆同姓之國也。魯、衞同姓，故來媵之。釋例曰：古者諸侯之娶，適夫人及左右媵各有姪娣，皆同姓之國，國三人，凡九女，參骨肉至親，所以息陰訟。陰訟息，所以廣繼嗣也。當時雖無其人，必待年而送之，所以絕望求，塞非常也。辭稱憃愚不敎，故遣大夫隨之，亦謂之媵臣，所以將謙敬之資也。夫人薨，不更聘，必以姪娣媵繼室。一與之醮，則終身不二，所以重婚姻，固人倫。人倫之義旣固，上足以奉宗廟，下足以繼後世，此夫婦之義也。

傳八年春，晉侯使韓穿來言汶陽之田，歸之于齊。季文子餞之。餞，送行飲酒。○餞，錢淺反。說文云：送去食也。字林子扇反。毛詩箋云：祖而舍軷，飲酒於其側曰餞。〔疏〕注餞送行飲酒。正義曰：詩大雅韓奕篇云：韓侯出祖，出宿于屠，顯父餞之，淸酒百壺。是餞爲送行飲酒也。私焉，私與之言。曰：大國制義以爲盟主，〔疏〕大國至盟主。正義曰：義者，宜也。事得其宜謂之爲義。汶陽之田，宜其歸魯，是歸魯爲義，歸齊不義。大國當制其義事，以爲諸侯之盟主。是以諸侯懷德畏討，無有貳心。謂汶陽之田，敝邑之舊也，而用師於齊，使歸諸敝邑。用師，鞌之戰。今有二命，曰歸諸齊。信以行義，義以成命，小國所望而懷也。信不可知，義無所立，四方諸侯，其誰不解體？言不復肅敬於晉。○復，扶又反。〔疏〕信以至解體。正義曰：言之有信，義事乃行，是信以行義事；必以義命乃成就，故義以成命也。杖信以行義事，以義而命

諸侯，故以小國所望而歸之懷歸也。言而無信，則信不可知；所命非義，則義無所立。如是，則四方諸侯，其誰不解體，謂事晉之心皆疏慢也。詩曰：女也不爽，士貳其行。士也罔極，二三其德。爽，差也。極，中也。詩衞風。婦人怨丈夫不一其行，喻魯事晉猶女之事夫，不敢過差，而晉有罔極之心，反二三其德。○行，下孟反，注同。差，初賣反，又初佳反。〔疏〕詩曰至其德。正義曰：衞風氓之篇。七年之中，一與一奪，二三孰甚焉！士之二三，猶喪妃耦，而況霸主？霸主將德是以，以，用也。○喪，息浪反。妃音配。耦，苦口反。而二三之，其何以長有諸侯乎？詩曰：猶之未遠，是用大簡。猶，圖也。簡，諫也。詩大雅。言王者圖事不遠，故用大道諫之。○長，音如字，一音丁丈反。行父懼晉之不遠猶而失諸侯也，是以敢私言之。〔疏〕詩曰至言之。正義曰：詩大雅板之篇也。言王者之所圖謀其事，未能長

遠我以是故用大道諫王行父今亦懼晉之不能遠圖而因此以失諸侯是以敢私言之私布此言卽是大諫也。○晉欒書侵蔡六年未得志故遂侵楚獲申驪申驪楚大夫。驪力馳反楚師之還也謂六年遇於繞角時〔疏〕楚師之還也。正義曰遂在六年不於彼言者因其今獲申驪追言六年侵沈述欒書得從善之功故於此幷言之晉侵沈獲沈子揖初從知范韓也繞角之役欒書從知莊子范文子韓獻子之言不與楚戰自是常從其謀師出有功故傳善之沈國今汝南平輿縣。揖徐音集又於立反與音餘一音預。君子曰從善如流宜哉宜有功也如流喻速詩曰愷悌君子遐不作人遐遠也作用也詩大雅言文王能遠用善人不語助。愷開在反樂也悌徒禮反易也。〔疏〕詩曰至作人。正義曰大雅旱麓之篇。求善也夫作人斯有功績矣是行也鄭伯將會晉師會伐蔡之師。夫音扶。門于許東門大獲焉過許見其無備因攻之。過古禾反○聲伯如莒逆也自爲逆婦而書者因聘而逆。爲于僞反下文爲趙嬰同○宋華元來聘聘共姬也穆姜之女成公姊妹爲宋共公夫人聘不應使卿故傳發其事而已。共音恭〔疏〕注穆姜之女。正義曰明年季文子如宋致女還稱宋土之樂穆姜出拜謝之知是穆姜所生之女也。夏宋公使公孫壽來納幣禮也納幣應使卿。○晉趙莊姬爲趙嬰之亡故譖之于晉侯趙嬰亡在五年曰原屏將爲亂欒郤爲徵欒氏郤氏亦徵其爲亂。六月晉討趙同趙括武從姬氏畜于公宮趙武莊姬之子莊姬晉成公女畜養也。〔疏〕注趙武至養也。正義曰史記趙世家云趙朔娶晉成公姊爲夫人案傳趙衰適妻是文公之女若朔妻成公之姊則亦文公之女父之從母不可以爲妻且文公之卒距此四十六年莊姬此時尚少不得爲成公姊也賈服先儒皆以爲成公之女故杜從之

史記又稱有屠岸賈者有寵於靈公此時爲司寇追論趙盾弑君之事誅趙氏殺趙朔趙同趙括而滅其族案二年傳欒書將下軍則於時朔已死矣同括爲莊姬所譖此年見殺趙朔不得與同括俱死也於時晉君明諸臣彊無容有屠岸賈輒廁其間得如此專恣又說云公孫杵臼取他兒代武死程嬰匿武於山中居十五年因晉侯有疾韓厥乃請立武爲趙氏後與左傳皆違。馬遷妄說不可從也。以其田與祁奚韓厥言於晉侯曰成季之勳宣孟之忠成季趙衰宣孟趙盾。祁巨之反字林上尸反衰初危反盾徒本反而無後爲善者其懼矣三代之令王皆數百年保天之祿夫豈無辟王賴前哲以免也言三代亦有邪辟之君但賴其先人以免禍耳。數所主反辟匹亦反注及下同哲陟列反邪似嗟反。〔疏〕夫豈至免也。正義曰此趙同趙括謂天祿之父祖若桀紂之輩雖邪辟子孫賴禹湯之功而食天祿。周書曰不敢侮鰥寡所以明德也周書康誥言文王不侮鰥寡而德益明欲使晉侯之法文王。侮亡甫反鰥古頑反乃立武而反其田焉○秋召桓公來賜公命召桓公周卿士○晉侯使申公巫臣如吳假道于莒與渠丘公立於池上渠丘公莒子朱也池城池也渠丘邑名莒縣有蘧里。蘧其居反。〔疏〕注渠丘至蘧里。正義曰十四年莒子朱卒知渠丘公卽是朱也渠丘莒之邑名夷不當有謚或作別號此朱以邑名爲號不知其故何也。曰城已惡莒子曰辟陋在夷其孰以我爲虞虞度也。已惡如字已猶大也本或作城已惡矣。度待洛反。對曰夫狡焉狡猾之人。狡交卯反猾于八反。思啓封疆以利社稷者何國蔑有唯然故多大國矣唯或思或縱也世有思開封疆者有縱其暴掠者莒人當唯此爲命。疆居良反注同唯然音維本或作雖後人改也掠音亮〔疏〕唯然。正義曰俗本唯作雖今定本作唯勇夫重閉況

國乎。爲明年莒潰傳。重直龍反又直勇反閉補計反又補結反一音戶旦反○冬杞叔姬卒來歸自杞故書愍其見出來歸故書卒也若更適大夫則不復書卒。復扶又反。○晉士燮來聘言伐郯也以其事吳故七年郯與吳成公賂之請緩師文子不可文子士燮曰君命無貳失信不立禮無加貨事無二成公私不兩成。君後諸侯是寡君不得事君也欲與魯絕。後如字徐音胡豆反。燮將復之季孫懼使宣伯帥師會伐郯○衞人來媵共姬禮也凡諸侯嫁女同姓媵之異姓則否必以同姓者參骨肉至親所以息陰訟。〔疏〕衞人至則否。正義曰膏肓以爲媵不必同姓所以博異氣今左傳異姓則否十年齊人來媵何以無貶刺之文左氏爲短鄭箴云禮稱納女於天子云備百姓於國君云備酒漿不得云百姓是不博異氣也齊是大國今來媵我得之爲榮不得貶也

經九年春王正月杞伯來逆叔姬之喪以歸○公會晉侯齊侯宋公衞侯鄭伯曹伯莒子杞伯同盟于蒲蒲衞地在長垣縣西南。公至自會無傳○二月伯姬歸于宋宋不使卿逆非禮。○夏季孫行父如宋致女女嫁三月又使大夫隨加聘問謂之致女所以致成婦禮篤昏姻之好。好呼報反〔疏〕注女嫁至之好。正義曰桓三年九月夫人姜氏至自齊冬齊侯使其弟年來聘傳曰齊仲年來聘致夫人也此二月伯姬歸于宋夏季孫行父如宋致女二者其間並近三月禮婦入三月廟見知致女必以三月蓋廟見之後婦禮既成使大夫聘問謂之致女。其成婦之禮存謙敬序殷勤所以篤昏姻之好也仲年行父俱是致女而彼言聘者在魯而出則曰致女在他國而來則但言聘外內之異文也以彼言聘而實是致女故二注皆言使大夫隨加聘問爲此也晉人來

媵媵伯姬也。○秋七月丙子齊侯無野卒無傳五同盟丙子六月一日書七月從赴〔疏〕注五同盟。正義曰無野以宣十年即位此二年及國佐盟于袁婁又盟于蜀五年于蟲牢七年于馬陵此年于蒲皆魯齊俱在是五同盟也○晉人執鄭伯鄭伯既受盟于蒲又受楚賂會於鄧故晉執之稱人者晉以無道於民告諸侯例在十五年晉欒書帥師伐鄭○冬十有一月葬齊頃公無傳。頃音傾。○楚公子嬰齊帥師伐莒庚申莒潰民逃其上曰潰楚人入鄆鄆莒別邑也楚偏師入鄆故稱人○秦人白狄伐晉○鄭人圍許城中城魯邑也在東海廩丘縣西南此閏月城在十一月之後十二月之前故傳曰書時。〔疏〕注魯邑至書時。正義曰長歷推此年閏十一月傳城中城文在十二月上而云書時也即是閏月城之閏月半後即是十二月節故水昏已正而城之是得時也

傳九年春杞桓公來逆叔姬之喪請之也叔姬已絕於杞魯復強請杞使還取葬。復扶又反下同強其丈反杞叔姬卒爲杞故也還爲杞婦故卒稱杞。爲于僞反下注爲魯下文爲歸汶陽同逆叔姬爲我也既弃而復逆其喪明爲魯故。逆叔姬絕句爲我也本或無爲字○爲歸汶陽之田故諸侯貳於晉歸田在前年晉人懼會於蒲以尋馬陵之盟馬陵在七年。季文子謂范文子曰德則不競尋盟何爲競強也范文子曰勤以撫之寬以待之堅彊以御之明神以要之柔服而伐貳德之次也是行也將始會吳吳人不至爲十五年會鍾離傳御魚呂反要一遥反○二月伯姬歸于宋爲致女復命起○楚人以重賂

求鄭鄭伯會楚公子成于鄧爲晉人執鄭伯傳○夏季文子如宋致女復命公享之賦韓奕之五章韓奕詩大雅篇名其五章言蹶父嫁女於韓侯爲女相所居莫如韓樂文子喻魯侯有蹶父之德宋公如韓侯宋土如韓樂。蹶九衞反爲于僞反相息亮反樂音洛下同穆姜出于房再拜曰大夫勤辱不忘先君以及嗣君施及未亡人穆姜伯姬母聞文子言宋樂喜而出謝其行勞婦人夫死自稱未亡人。施以豉反先君猶有望也言先君亦望文子之若此敢拜大夫之重勤又賦綠衣之卒章而入綠衣詩邶風也取其我思古人實獲我心喻文子言得已意。重直勇反又直用反綠如字本又作禒吐亂反注同邶音邶又作鄁○晉人來媵禮也同姓故○秋鄭伯如晉晉人討其貳於楚也執諸銅鞮銅鞮晉別縣在上黨。鞮丁兮反欒書伐鄭鄭人使伯蠲行成晉人殺之非禮也兵交使在其間可也明殺行人例。蠲古玄反又音圭使在所吏反楚子重侵陳以救鄭陳與晉故晉侯觀于軍府見鍾儀問之曰南冠而縶者誰也南冠楚冠縶拘執。縶中立反拘九于反〔疏〕注南冠楚冠。正義曰應劭漢官儀云法冠一曰柱後冠左傳南冠而縶則楚冠也秦滅楚以其冠賜近臣御史服之卽今解豸冠也古有解豸獸觸不直者故執憲以其用形爲冠令觸人也有司對曰鄭人所獻楚四也使稅之鄭獻鍾儀在七年稅解也。稅吐活反徐始銳反注同召而弔之再拜稽首問其族對曰泠人也泠人樂官。泠力丁反依字作伶〔疏〕注泠人樂官。正義曰詩簡兮序云衞之賢者仕於泠官鄭玄云泠官樂官也泠氏世掌樂官而善焉故後世多號樂官爲泠官呂氏春秋稱黃帝使泠倫自大夏之西崑崙之陰取竹斷兩節而

吹之以爲黃鍾之宮昭三十一年傳景王鑄無射泠州鳩其之是泠氏世掌樂官也周語云景王鑄鍾成泠人告和魯語云泠簫詠歌及鹿鳴之三此稱泠人詩稱泠官是泠爲樂官之名也公曰能樂乎對曰先父之職官也敢有二事言不敢學他事使與之琴操南音南音楚聲。操七刀反下同公曰君王何如對曰非小人之所得知也固問之對曰其爲大子也師保奉之以朝于嬰齊而夕于側也嬰齊令尹子重側司馬子反言其尊卿敬老不知其他公語范文子文子曰楚囚君子也言稱先職不背本也樂操土風不忘舊也稱大子抑無私也舍其近事而遠稱少小以示性所自然明至誠。語魚據反背音佩下同舍音捨少詩照反〔疏〕注舍其至至誠。正義曰楚王旣爲君矣不言爲君時事而遠稱大子者若言爲君時事嫌爲君隱惡或疑已在君位矯情爲善舍其當時近事遠稱大子少小者未爲君時不須隱蔽以示王性自然言其從小如此以明己之至誠無所私也禮君前臣名字則貴於名此道二卿之名不言字是尊晉君也名其二卿尊君也尊晉君也不背本仁也不忘舊信也無私忠也尊君敏也敏達也。仁以接事信以守之忠以成之敏以行之事雖大必濟言有此四德必能成大事君盍歸之使合晉楚之成公從之重爲之禮使歸求成爲下十二月晉楚結成張本。盍戶臘反○冬十一月楚子重自陳伐莒圍渠丘渠丘城惡衆潰奔莒戊申楚入渠丘月六日莒人囚楚公子平楚人曰勿殺吾歸而俘莒人殺之楚師圍莒

莒城亦惡庚申莒潰月十八日楚遂入鄆莒無備故也終巫臣之言君子曰恃陋而不備罪之大者也備豫不虞善之大者也莒恃其陋而不脩城郭浹辰之間而楚克其三都無備也夫浹辰十二日也。浹子協反徐又音子答反夫音扶〔疏〕注浹辰十二日也。正義曰浹爲周匝也從甲至癸爲十日從子至亥爲十二辰周禮縣治象浹日而斂之謂周甲癸十日此言浹辰謂周子亥十二辰故爲十二日也詩曰雖有絲麻無棄菅蒯雖有姬姜無棄蕉萃凡百君子莫不代匱言備之不可以已也逸詩也姬姜大國之女蕉萃陋賤之人。菅古顔反蒯苦怪反蕉在遥反萃在醉反匱其位反。〔疏〕無棄菅蒯。正義曰釋草云白華野菅郭璞曰菅茅屬陸璣毛詩疏曰菅似茅滑澤無毛肕宜爲索漚及曝尤善蒯與菅連亦菅之類喪服疏屨者傳曰藨蒯之菲也可以爲屨明肕如菅並可代絲麻之乏故云無棄也○秦人白狄伐晉諸侯貳故也○鄭人圍許示晉不急君也此秋晉執鄭伯是則公孫申謀之曰我出師以圍許示不畏晉爲將改立君者而紓晉使紓緩也勿亟遣使請晉示欲更立君。爲將並如字或于爲反非也本或作僞將紓音舒使所吏反注及下同亟紀力反急也或欺異反數也晉必歸君爲明年晉侯歸鄭伯張本○城中城書時也○十二月楚子使公子辰如晉報鍾儀之使請脩好結成鍾儀奉晉命歸故楚報之。好呼報反

經十年春衛侯之弟黑背帥師侵鄭○夏四月五卜郊不從乃不郊無傳卜常祀不郊皆非禮故書〔疏〕注卜常至故書正義曰曲禮論卜筮云旬之外曰遠某日旬之内曰近某日則卜者每旬一卜傳稱啓蟄而郊則周之三月郊之大期此云五卜者當是三月三卜四月又二卜皆不吉乃止也僖三十一年傳云禮不卜常祀不應卜而卜以不吉而不郊皆非禮也○五月公會晉侯齊侯宋公衛侯曹伯伐鄭晉侯太子州蒲也稱爵見其生代父居位失人子之禮。見賢遍反〔疏〕注晉侯至之禮。正義曰如傳文知晉侯是大子也漢末有汝南應劭作舊名諱議云昔者周穆王名滿晉厲公名州滿又有王孫滿是同名不諱則此爲州滿或兩州蒲誤耳今定本作蒲傳無譏文知譏其生代父位失人子之禮者傳稱凡在喪公侯曰子父喪代位尚不稱君生代父位不譏之必矣傳言立大子以爲君若其不譏則不須此傳是顯其譏之意○齊人來媵無傳媵伯姬也異姓來媵非禮也○丙午晉侯獳卒六同盟據傳丙午六月七日有日無月。獳乃侯反〔疏〕注六同盟。正義曰獳以宣九年即位十七年盟于斷道元年于赤棘二年于袁婁五年于蟲牢七年于馬陵九年于蒲皆魯晉俱在是六同盟也○秋七月公如晉○冬十月。

傳十年春晉侯使糴茷如楚糴茷晉大夫。糴徐徒弔反一音杜敖反又土弔反茷扶廢反一音蒲發反又蒲艾反報大宰子商之使也子商楚公子辰使在前年。大音泰使所吏反下及注使在同○衛子叔黑背侵鄭晉命也晉命衛使侵鄭○鄭公子班聞叔申之謀改立君之謀三月子如立公子繻子如公子班。繻音須夏四月鄭人殺繻立髡頑子如奔許髡頑鄭成公大子。髡苦門反頑如字徐五班反欒武子曰鄭人立君我執一人焉何益不如伐鄭而歸其君以求成焉晉侯有疾五月晉立大子州蒲以爲君而會諸侯伐鄭生立子爲君此父不父子不子經因書晉侯其惡明。州蒲本或作州滿鄭子罕賂以襄鍾子罕穆公子襄鍾鄭襄公

之廟鍾○子然盟于脩澤子駟爲質子然子垂皆穆公子熒陽卷縣東有脩武亭○質音致卷音權字林丘權反如淳漢書同音辛巳鄭伯歸鄭伯歸不書鄭不告入

○晉侯夢大厲被髮及地搏膺而踊曰殺余孫不義厲鬼也趙氏之先祖也八年晉侯殺趙同趙括故怒○被皮寄反搏音博踊音勇【疏】注厲鬼至故怒○正義曰鬼怒言殺余孫不義必是枉死者之祖也景公即位以來唯有殺趙同趙括故知是趙氏之先祖趙氏先祖其人非一鬼不自言其名未知誰之鬼世本云公明生趙夙晉語云趙衰趙夙之弟則括之祖公明是也服虔又以爲公明之鬼凡爲疫厲之鬼皆妖邪之氣未必真是彼人故杜不復指斥余得請於帝矣壞大門及寢門而入公懼入于室又壞戶公覺召桑田巫桑田巫邑○壞音怪下同及寢門一本無及字覺古孝反巫言如夢巫云鬼怒如公所夢公曰何如曰不食新矣言公不得及食新麥公疾

病求醫于秦秦伯使醫緩爲之緩醫名爲猶治也○醫於其反未至公夢疾爲二豎子曰彼良醫也懼傷我焉逃之其一曰居肓之上膏之下若我何肓鬲也心下爲膏○懼傷我絕句焉徐於虔反一讀如字屬上句逃之絕句肓徐音荒說文云心下鬲上也鬲音革【疏】注肓鬲至爲膏○正義曰此賈逵之言杜依用之古今傳文皆以爲膏之下賈服何休諸儒等亦皆以爲膏雖凝者爲脂釋者爲膏其實凝者亦曰膏故內則云小切狼臅膏則此膏謂連心脂膏也劉炫以爲釋首者爲膏連心之脂不得稱膏以爲膏當爲鬲改易傳文而規杜氏非也醫至曰疾不可爲也在肓之上膏之下攻之不可達之不及藥不至焉不可爲也達針○攻音工公曰良醫也厚爲之禮而歸之六月丙午晉侯欲麥周六月今四月麥始熟使甸人獻麥甸人主爲公田者○甸徒練反饋人爲之召桑田巫示而殺之將食張如廁陷而卒張腹滿也○饋其媿反爲如字張中亮反注同小臣有晨夢負公以登天及日中負晉侯出諸廁遂以爲殉傳言巫以明術見殺小臣以言夢自禍○鄭伯討立君者戊申殺叔申叔禽叔禽叔申弟○【疏】注叔禽叔申弟○正義曰此無文也以禽與申俱死當是坐其兄弟知是弟也君子曰忠爲令德非其人猶不可況不令乎言叔申爲忠不得其人還害身【疏】忠爲至令乎○正義曰言叔申忠誠爲此令善之德施之於鄭伯施非得其善人猶尚不可何況不有令德者乎言令德者往年公孫申曰我出師以圍許爲將改立君者而紓晉使晉必歸君是也○秋公如晉晉人止公使送葬親弔非禮於是糴茷未反是春晉使糴茷至楚結成晉謂魯二於楚故留公須糴茷還驗其虛實冬

葬晉景公公送葬諸侯莫在魯人辱之故不書諱之也諱不書晉葬也

附釋音春秋左傳注疏卷第二十六

春秋左傳注疏卷二十六挍勘記　阮元撰盧宣旬摘錄

附釋音春秋左傳注疏卷第二十六　成三年盡十年

經三年

三家經傳有五字　監本毛本五作火

乙亥葬宋文公　淳熙本脫宋字

晉郤克衞孫良夫伐廧咎如　石經宋本淳熙本作廧俗字省筆耳

及荀庚盟　宋本此節正義在冬十有一月節注下

傳三年

覆伏兵也　釋文注亦作兵也宋本淳熙本脫也字

臯戌如楚獻捷　石經宋本岳本戌作戍不誤

以爲俘馘　案說文聝字注引作以爲俘聝从耳或聲云或从首作馘

注以血至釁鼓　宋本以下正義三節揔入其竭力致死節下

正義曰　宋本曰字空缺

亦死且不朽　閩本朽誤杇

注宣十三至討之　宋本以下正義二節揔入上失民也注下

則傳無所解　閩本監本毛本所作此非

釋例曰傳文　宋本文作云

三年濆逃已有例矣　宋本三上有文字是也

其位在三　宋本以下正義二節揔入丙午節之下

子產語晉曰　宋本語作論

十二月甲戌　石經宋本岳本纂圖本閩本毛本戌作戍是也

將授玉　案惠士奇云授玉古文左傳作授王詳左傳補注然玉王二字篆體分別甚微此處自因太史公誤認玉爲王正義所言是也

將授玉　宋本以下正義二節揔入在此堂也之下

景公不敢當　案史記當作受

以爲將授王　毛本王作玉非也

遂節成爲此謬辭耳　補各本節作飾

君爲婦人之笑辱也　石經初刻作御後改作婦

非爲脩好　淳熙本好誤子下句故云謀文云

故云晉君不任當此惠　宋本無惠字

迎聘客倘以皮弁　監本毛本客作賓

如賓出巳　石經宋本岳本巳作已是也

經四年

傳四年

陷廁而死　淳熙本而誤師岳本廁作廁不誤

取鉏任冷敦之田　閩本冷誤泠

取氾祭　石經氾作氾岳本纂圖本毛本作氾是也釋文亦作氾音凡注同或音祀案正義引字書云水旁巳爲氾水旁巳爲氾字相亂也

注氾祭至氾水　宋本此節正義在不然節注下

襄城縣有南氾　閩本監本毛本南作西按作南與僖廿四年注合

字書水旁巳爲汜案巳當作巳

今汜水上源爲汜谷宋本爲作謂

欲使自屈在楚子前決之岳本在作於監本毛本作于山井鼎引考異亦作于楚子下多之字

經五年

夫人比至于國宋本國上有其字與禮記雜記合毛本于誤干

傳五年

注自告貞伯從人宋本此節正義在祭之之明日而亡注下

俱是在野言之宋本言上有皆以野三字

謂之餫者閩本監本毛本餫作饋非也

彼自遊女閩本監本毛本自作晉非也

注捷邪出宋本以下正義三節揔入遂以告而從之注下

山有朽壤而崩閩本朽誤柝

前此年鄭伐楚故宋本足利本此作比楚作許與三年經合淳熙本岳本纂圖本亦作許

經六年

故云魯人自寧之功宋本故云上有案在二年今始立武宮九字

傳六年

注禮授至東過宋本此節正義在士貞伯曰節注下

傳言東楹之東宋本傳字上有且字

注宣十至譏之宋本此節正義在聽於人節注下

何以不言禱也宋本何作可

經唯書衛孫良夫岳本唯作惟宋本無衛字

乃止淳熙本止誤上

沃饒至失也宋本以下正義八節揔入公說從之節注下

君日出而視朝宋本日下有出字是也

惡疾疢監本毛本疢作疢正義同釋文亦作疢云本或作疢同也按當云本或作疹俗譌从尔

地之下濕狹隘毛本濕作溼下文注亦作溼

汾水出大原淳熙本岳本纂圖本大作太按太泰字古皆作大

飢寒而犯法閩本監本毛本飢誤饑法作灋

而勞逸等也宋本閩本監本毛本逸作佚

前年楚晉盟宋本淳熙本足利本楚作從不誤

汝南朗陵縣東有桑里案後漢書郡國志引注作桑里亭

子之佐十一人宋本以下正義二節揔入從之不亦可乎注下

今見在周書宋本閩本監本毛本作令此本誤令今改正

經七年

釋獸宋本獸下有云字是也

鄉音談此釋文也閩本監本並誤作注

陽平元城縣案郡國志引注作平陽誤也

傳七年

詩曰至有定宋本此節正義在斯不亡矣之下

尋蟲牢之盟　石經亦作蟲顧炎武云誤作盎所據乃王堯惠刻也

軍藏府也　淳熙本軍誤車

軍九乘爲小偏　宋本淳熙本岳本纂圖本監本毛本軍作車是也

以兩至一焉　宋本此節正義在子重子反節注下

以舍既備偏　宋本備作稱

今此特將兵車　宋本閩本監本毛本作今此本誤令今改正

林父出奔　監本脫出字

戚自從隨而屬晉　閩本監本毛本而上衍之字

經八年

必先使媒氏通其言　宋本通上有下字

諸侯不可求媒於其國　宋本毛本其作他

晉殺其大夫趙同趙括　閩本括誤栝

天子使召伯來賜公命　案曲禮正義引作來錫公命公羊穀梁亦作錫

八年乃來綏也　重脩監本綏誤作緩

天子天王　監本王誤作主

天王使毛伯來錫公命　閩本監本毛本王誤作子

三十有二　浦鏜正誤二作四盧文弨云是也

稱王者八　宋本八作六不誤

畿内曰王　宋本王作主

女歸適人也　宋本淳熙本岳本纂圖本監本毛本歸作既是也重脩監本女誤作文

傳八年

注餞送行飲酒　宋本以下正義五節揔入是以敢私言之句下

信以至解體　宋本閩本監本毛本作信以此本誤倒今訂正

猶女之事夫　宋本脫事夫二字

是用大簡　案詩作大諫杜云簡諫也古義本通

楚師之還也　宋本無也字以下正義二節揔入門于許東門之下

今汝南平輿縣　閩本監本毛本輿作與釋文亦作與字按釋文當作與字故曰音餘一音預宋本作平與則作與者古本也

注穆姜之女　宋本此節正義在禮也注下

注趙武至養也　宋本以下正義二節揔入尸立武而反其田焉之下

與左傳皆違　閩本監本毛本皆作背

以其田與祁奚　纂圖本祁作祈非也

夫豈無辟王賴前哲以免也　釋文辟作僻哲作喆

謂天祿之父祖　齊召南校本謂作嗣

秋召桓公來賜公命　閩本賜作錫

莒縣有蘧里　郡國志引注蘧下有邱字

渠邱至蘧里　宋本以下正義二節揔入勇夫重閉節注下

夫狡焉思啟封疆　陸粲附注云狡焉當屬下爲句李善潘岳關中詩注引傳封上有其字

唯然　釋文云唯音維本或作雖後人改也正義曰俗本唯作雖今定本作唯

君命無貳　纂圖本無誤不

是寡君不得事君也　閩本脫也字

經九年

在長垣縣西南　毛本垣作咺非也

篤昏姻之好　纂圖本昏作婚

注女嫁至之好　宋本此節正義入晉人來媵注下

桓三年九月　監本毛本三誤二

其成婦之禮　宋本其上有致字

在東海廩邱縣西南　宋本岳本纂圖本監本毛本廩作廪案晉書地理志東海郡屬有厚邱無廩邱而劉昭注續漢書郡國志于東海郡厚邱條下引杜云縣西南有中鄉城又水經沭水注云又南逕東海厚邱縣則廩當是厚字之誤

傳九年

使還取葬　閩本還誤之

馬陵在七年　宋本淳熙本足利本陵下有盟字

堅疆以御之　石經宋本淳熙本岳本閩本監本毛本疆作彊是也

又賦緑衣之卒章而入　釋文云緑本又作禒案詩緑衣箋云緑當爲禒字之誤陸氏又作之說從鄭箋也

詩邶風也　纂圖本閩本監本毛本邶誤邲釋文亦作邶云又作鄁

注南冠楚冠　宋本以下正義三節揔入君盡歸之節注下

即今解豸冠也　閩本監本解作獬毛本作獬豸作廌案字林亦作廌

故執憲以其用形爲冠　宋本用作爲不誤監本毛本作以其形用非也

泠人也　釋文云泠依字作伶案作伶非也五經文字云泠樂官或作伶訛

吕氏春秋稱黃帝使泠倫　宋本泠作伶

以爲黃鍾之宮　宋本閩本監本毛本鍾作鐘下鑄鍾同

泠州鳩其之也　閩本監本毛本其作臧亦誤宋本作非是

樂操土風　操字閩本誤作橾

備豫不虞　石經凡豫字皆缺筆避代宗諱此處誤作豫

注浹辰十二日也　宋本以下正義二節揔入詩曰節注下

浹爲周匝也　宋本匝作帀按帀正俗字

無弃菅蒯　案玉篇蔽字注引作無棄菅蔽蒯字注云同上

無弃蕉萃　漢書文帝紀注引亦作蕉萃案詩東門之池正義引作憔悴後漢應劭傳注云蕉萃憔悴古通用

陸璣毛詩疏曰　案璣當作機

肋宜爲菼　宋本肋作肕从刃是也下同按詩白華正義爾雅疏並作勒

勿亟遣使請晉　宋本淳熙本岳本纂圖本監本毛本請作詣不誤

請脩好結成　監本毛本請作謂誤

經十年

晉侯大子州蒲也　宋本淳熙本岳本纂圖本閩本監本毛本亦作蒲正義引應劭諱議云周穆王名滿晉厲公名州滿又有王孫滿則此爲州滿定本亦作滿釋文云州蒲本或作州滿劉氏史通雜駁篇以蒲爲誤案史記又作壽曼梁玉繩云曼滿音相近壽州字相通

見其生代父居位　釋文無其字

應劭作舊名諱議云　宋本名作君是也監本諱誤緯

或兩州蒲誤耳　閩本監本毛本亦誤作兩宋本作爲

冬十月　浦鏜云案禮記中庸正義成十年不書冬十月此有者當是後人妄增耳

傳十年

晉立大子州蒲以爲君　釋文云本或作州滿案定本作滿說見經

鄭子罕賂以襄鍾　宋本淳熙本岳本足利本鍾作鐘與石經合注同

熒陽卷縣東有脩武亭　淳熙本監本毛本熒作滎非也案水經濟水注引脩武作武脩方輿紀要云原武縣有武脩亭故卷城在今原武縣北宋本卷作巷誤也

注厲鬼至故怒　宋本以下正義二節揔入小臣節注下

唯有殺趙同趙括　閩本監本毛本在作有亦非宋本作在是也

則括之祖　浦鏜云括上當脱同字

凡爲疫厲之鬼　閩本監本毛本厲誤癘

桑田巫邑也　宋本淳熙本岳本纂圖本監本毛本巫作晉是

懼傷我焉逃之　岳本我字絕句釋文云焉於虔反一讀如字屬上句逃之絕句

肓鬲也心下爲膏　閩本監本毛本作肓鬲至爲膏非

劉炫以爲釋首者　宋本無首字

達針　釋文作鍼也音針

麥始孰　宋本淳熙本岳本纂圖本閩本監本毛本孰作熟

張如廁　玉篇脹字注引作脹如廁案脹乃俗字釋文亦作張

注叔禽叔申弟之下　宋本以下正義二節揔入君子曰節注

況不令乎　高注吕覽至忠篇引作況不令之尤者乎是所見本有異也

於是羅茷未及　淳熙本羅作鑼非監本注文茷誤作茂

晉謂魯二於楚　岳本閩本監本毛本二作貳

附釋音春秋左傳注疏卷第二十六

春秋左傳注疏卷二十六挍勘記

附釋音春秋左傳注疏卷第二十七 成十一年盡十五年

杜氏注　孔穎達疏

經十有一年春王三月公至自晉正月公在晉不書諱見止

疏注正月至見止○正義曰襄二十九年正月公在楚傳曰釋不朝正于廟也彼以踰年故書正月公在楚此亦踰年不書正月公在晉者爲諱見止故正月不以告廟案春秋上下公之在晉諱與不諱悉皆不書此言諱見止者以此兼有諱義故詳之也宣五年傳公如齊高固使齊侯止公請叔姬焉夏公至自齊書過也注云公既見止連昏於鄰國之臣厭尊毁列累其先君而於廟行飲至之禮故書以示過宣七年公會晉侯云云于黑壤傳稱晉侯以公不朝又不聘止公于會不與公盟八年公至自晉注云義與五年書過同此亦見止還而告至杜不言義與書過同者公實不貳於楚晉以無罪止公非所當諱故依法告至然則正月諱不告者正月公猶被執守臣若其告廟當云公被晉執故諱而不告公還不以爲恥故告至耳○晉侯使郤犫來聘己丑及郤犫盟郤犫郤克從父兄弟○犫尺由反○

疏注郤犫至兄弟○正義曰案世本郤豹生冀芮芮生缺缺生克也又云豹生義義生步揚揚生州州郤犫也如彼文則犫與克俱是豹之曾孫者爲從祖昆弟服虔以爲從祖昆弟杜云從父昆弟或父當是祖字誤耳○夏季孫行父如晉○秋叔孫僑如如齊○僑其驕反○○冬十月

傳十一年春王三月公至自晉晉人以公爲貳於楚故止公公請受盟而後使歸前年七月公如晉弔至是乃得歸○郤犫來聘且涖盟公請受盟故使大夫來臨之○涖音利又音類○聲伯之母不聘聲伯之母叔肸之妻不聘無媒禮○聘本亦作娉四政反肸許乙反媒亡回反穆姜曰吾不以妾爲姒昆弟之妻相謂爲姒穆姜宣公夫人宣公叔肸同母昆弟○姒音似

疏注昆弟之妻相謂爲姒○正義曰世人多疑娣姒之名皆以爲兄妻呼弟妻爲娣弟妻呼兄妻爲姒因卽惑於傳文不知何以爲說今謂母婦之號隨夫尊卑娣姒之名從身長幼以其俱來夫族其夫班秩既同尊卑無以相加遂從身之少長喪服小功章曰娣姒婦報傳曰娣姒婦者弟長也以弟長解娣姒言娣是弟姒是長也公羊傳亦云娣者何弟也是其以弟解娣自然以長解姒長謂身之年長非夫之年長也釋親云長婦謂稚婦爲娣婦娣婦謂長婦爲姒婦止言婦之長稚不言夫之大小今穆姜謂聲伯之母爲姒昭二十八年傳叔向之嫂謂叔向之妻爲姒二者皆呼夫弟之妻爲姒豈計夫之長幼乎釋親又云女子同出謂先生爲姒後生爲娣孫炎云同出謂俱嫁事一夫也事一夫者以己生先後爲娣姒則知娣姒以己之年非夫之年也故賈逵鄭玄及此注皆云兄弟之妻相謂爲姒言兩人相謂謂長者爲姒知娣姒之名不計夫之長幼也生聲伯而出之嫁於齊管于奚生二子而寡以歸聲伯聲伯以其外弟爲大夫外弟管于奚之子爲魯大夫○而嫁其外妹於施孝叔孝叔魯惠公五世孫郤犫來聘求婦於聲伯聲伯奪施氏婦以與之婦人曰鳥獸猶不失儷儷耦也○儷力計反

疏注儷耦也○正義曰禮謂兩皮爲儷皮儷兩也故爲耦子將若何曰吾不能死亡言不與郤犫婦懼能忿致禍○婦人遂行生二子於郤氏郤氏亡晉人歸之施氏施氏逆諸河沈其二子沈之於河○沈徐蔭反注同一音如婦人怒曰已不能庇其伉儷而亡之伉敵也○已音以又音紀庇必利反又音祕伉苦浪反

疏注伉敵也○正義曰伉者相當之言故爲敵也伉儷者言是相敵之匹耦又不能字人之孤而殺之字愛也將何以終遂誓施氏約誓不復爲之婦也傳言郤犫淫縱所以亡也○復扶又反下文注復出皆同○夏季文子如晉報聘且涖盟也郤犫文子交盟魯晉之君其意一也故但書來盟舉重略輕

疏注郤犫至略輕○正義曰晉臣來盟

於魯魯臣往盟於晉俱是相要其意一也意既同矣可書一以包二宜舉重而略輕遣使爲輕君親爲重故郤犨書聘又書盟文子直書如晉略言其聘而已衞冀隆華以爲他卿來敵魯君春秋所諱魯卿出敵他國顯書名氏則應郤犨來盟爲輕行父盟晉爲重今書郤犨之盟則是舉輕略重何得云舉重略輕蘇氏釋云所言輕重者自謂魯之君臣臣盟爲輕君盟爲重二國各稟君命奉使而行非關敵公之義其意不同不得相難○周公楚惡惠襄之偪也惠王襄王之族○惡烏路反且與伯與爭政伯與周卿士○伯與音餘本亦作與不勝怒而出及陽樊陽樊晉地王使劉子復之盟于鄄而入三日復出奔晉王既復之而復出所以自絕於周爲明年周公出奔傳鄄周邑○鄄音絹○秋宣伯聘于齊以脩前好謇以前之好○好呼報反注同○晉郤至與周爭鄇田鄇溫別邑今河內懷縣西南有鄇人亭○鄇音侯字林音侯鄇人本又作候人如字王命劉康公單襄公訟諸

晉郤至曰溫吾故也故不敢失言溫郤氏舊邑○單音善疏注言溫郤氏舊邑○正義曰鄇是溫之別邑本從溫內分出溫屬晉鄇屬周溫是郤氏舊邑郤氏既已得溫則謂從溫而分出者亦宜從溫而屬郤氏故郤至爭之其劉子單子之言襄王勞文公而賜之溫於時鄇已分矣賜晉以溫不賜以鄇也狐氏陽氏先處溫邑於時亦不得鄇鄇本未嘗屬晉故爲王官之邑○劉子單子曰昔周克商使諸侯撫封各撫有其封內之地蘇忿生以溫爲司寇與檀伯達封于河蘇忿生周武王司寇蘇公也與檀伯達俱封於河內○檀徒丹反○疏注蘇忿至公也○正義曰尚書立政云周公若曰大史司寇蘇公此傳與彼俱言蘇公爲司寇明是一人此言克商即爲司寇是爲武王司寇蘇氏即狄又不能於狄而奔衞事在僖十年襄王勞文公而賜之溫在僖二十五年○勞力報反狐氏陽氏先處之狐溱陽處父先食溫地○溱側巾反而後及子若治其

故則王官之邑也子安得之晉侯使郤至勿敢爭傳言郤至貪所以亡○宋華元善於令尹子重又善於欒武子聞楚人既許晉糴茷成而使歸復命矣在往年華戶化反○冬華元如楚遂如晉合晉楚之成爲明年盟宋西門外張本○秦晉爲成將會于令狐晉侯先至焉秦伯不肯涉河次于王城使史顆盟晉侯于河東史顆秦大夫○令力丁反顆苦果反晉郤犨盟秦伯于河西就盟王城范文子曰是盟也何益齊盟所以質信也齊一心質成也會所信之始也始之不從其何質乎秦伯歸而背晉成爲十三年伐秦傳○背音佩卷內皆同

經十有二年春周公出奔晉○夏公會晉侯衞侯于瑣澤瑣澤地闕○瑣素果反依字宜作璅○秋晉人敗狄于交剛交剛地闕○冬十月

傳十二年春王使以周公之難來告周公奔在前年○難乃旦反○書曰周公出奔晉凡自周無出周公自出故也天子無外故奔者不言出周公爲王所復而自絕於周故書出以非之疏注天子至非之○正義曰凡言出者謂出其封內天子以天下爲家本無出封之理以無外之故雖有出奔之人史策皆不言出昭二十六年尹氏召伯毛伯以王子朝奔楚實出而不言出是其事也襄王蔽於匹夫之孝不顧天下之重故書云出居于鄭此周公王既復之而又自出故書云出奔是不應言出而言出皆所以罪責之也鄭玄荅孫皓曰凡自周無出者周無放臣之法罪大者刑之小則宥之以爲實無出法案書流宥五刑則宥者流之非不出也舜放四罪投之四裔安得不出幾乎若如

周禮無流放之文，即云周無放臣之法。禮三諫不從，待放於郊，然則周臣三諫不從，終是不業，王放欲令諫者何所措身？左傳發凡自是書策之例，因即以爲周制，謂其實無出者，執文害意，爲蔽何甚。○宋華元克合晉楚之成，終前年事。夏五月，晉士燮會楚公子罷、許偃。二子楚大夫。○罷音皮。癸亥，盟于宋西門之外，曰：「凡晉楚無相加戎，好惡同之，同恤菑危，備救凶患。若有害楚，則晉伐之；在晉，楚亦如之。交贄往來，道路無壅。贄，幣也。○好惡並如字，又上呼報反，下烏路反。菑音災。贄本又作摯，之二反。壅，於勇反。【疏】注「贄幣也」。○正義曰：傳言交贄往來，謂聘使來去也。聘禮賓執圭以通命，執幣以致享，故知贄是幣，謂聘享之幣也。謀其不協，而討不庭。討背叛不來在王庭者。有渝此盟，明神殛之，殛，誅也。○渝，羊朱反。殛本又作極，紀力反，注同。俾隊其師，無克胙國。」俾，使也。隊，失也。○俾本亦作卑，必爾反。隊，直類反，注同。胙，才故反。鄭伯如晉聽成，聽猶受也。晉楚既成，鄭往受命。會于瑣澤，成故也。晉既與楚成，合諸侯以申成好。○好，呼報反，盡年皆同。○狄人間宋之盟以侵晉，而不設備。○間宋，間廁之間。秋，晉人敗狄于交剛。○晉郤至如楚聘，且涖盟。楚子享之，子反相，爲地室而縣焉。縣鐘鼓也。○相，息亮反。縣音玄，注同。郤至將登，登堂。金奏作於下，擊鐘而奏樂。【疏】注「擊鐘而奏樂」。○正義曰：作樂謂之奏，奏樂先擊鐘，故周禮大司樂、樂師每事皆云令奏鐘鼓，以鐘先擊，故先言鐘也。鐘以金爲之，謂之金奏，故鍾師掌金奏。鄭玄云：「金奏，擊金以爲奏樂之節。金謂鐘及鎛也。」鄭玄燕禮注云：「以鐘鎛播之，鼓磬應之，所謂金奏也。」是金爲奏節之初，故傳言金奏作於下。作樂先擊鐘，故注云擊鐘而奏樂也。禮記仲尼燕居云：「兩君相見，入門而縣興，升堂而樂闋。」郊特牲曰：「賓入大門而奏肆夏，示易以敬也。」鄭玄云：「賓，朝聘者。」朝聘連言之，則燕享朝賓聘客皆入門即奏樂矣。其實朝賓入門而奏樂，聘客則至庭乃奏樂。此郤至將登堂始奏樂者，縣當在庭，而楚之爲地室而縣，待客將登乃奏，皆所以見異，故欲以驚賓矣。燕享聘客，皆當入門奏肆夏。若燕己之羣臣，則有王事之勞者乃得以樂納賓，其常燕唯有升歌間合而已，無納賓之樂也。故燕禮記云：「若以樂納賓，則賓及庭奏肆夏。」鄭玄云：「卿大夫有王事之勞者，則奏此樂焉。」是燕己之臣無王事之勞者，不以樂納賓也。驚而走出。子反曰：「日云莫矣，寡君須矣，吾子其入也！」賓曰：「君不忘先君之好，施及下臣，貺之以大禮，重之以備樂。貺，賜也。○莫音暮，本亦作暮。施，以豉反。重，直用反。【疏】驚而至備樂。○正義曰：卒聞地下鍾聲，出其不意，故驚而走出。其出實爲驚怖，因即飾辭，辭樂言己不敢當大禮，匿其驚走之意。○如天之福，兩君相見，何以代此。下臣不敢。」言此兩君相見之禮。【疏】注「言此至之禮」。○正義曰：仲尼燕居云「兩君相見，入門而縣興」，是賓入門作樂爲兩君相見之禮也。而燕禮兼聘問之賓，以燕己臣爲主，而云「若以樂納賓」，燕己之臣尚有以樂納賓之法，則燕享聘客必以樂納賓矣。故鄭玄郊特牲注云「賓，朝聘者」，朝聘並言，則君臣同樂。郤至不敢同君，故以之爲辭耳，非謂禮不得也。子反曰：「如天之福，兩君相見，無亦唯是一矢以相加遺，焉用樂？言兩君戰乃相見，無用此樂。○遺，唯季反。焉，於虔反。【疏】注「言兩至此樂」。○正義曰：子反意言晉楚並是大國，不肯相朝，唯戰乃相見，其相見之時，唯當用是一矢以相加陵、相遺與耳，無爲用此樂也。寡君須矣，吾子其入也！」賓曰：傳諸交讓得賓主辭者，多曰賓、主以明之。【疏】注「傳諸至明之」。○正義曰：知傳諸交讓得賓主辭多曰賓、主者，此傳每稱郤至爲賓，文十二年傳稱西乞術爲賓，并稱主人曰之類是也。「若讓之以一矢，禍之大者，其何福之爲？世之治也，諸侯間於天子之事，則相朝也，王事間缺，則脩私好。○治，直吏反，下注治世同。間音閑，注同。○於是乎有享宴之禮。享以訓共儉享有體薦設几而不倚爵盈而不飲肴乾而不食所以訓共儉○享許丈反舊又許亮反本亦作饗宴於見反徐於顯反倚於綺反【疏】注享有至共儉○正義曰享有體薦宣十六年傳文也設几而不倚爵盈而不飲昭五年傳文也禮聘義記曰聘之禮至大禮也酒清人渴而不敢飲也肉乾人飢而不敢食也彼言聘禮卽是享聘賓之禮此事皆所以教訓恭儉也宴以示慈惠宴則折俎相與共食○折之設反○【疏】注宴則至共食○正義曰宣十六年傳云宴有折俎宴則節折其肉升之於俎相與共啗食之所以表示慈惠也○共儉以行禮而慈惠以布政政以禮成民是以息百官承事朝而不夕不夕言無事○朝直遙反朝日朝徐音朝旦之朝【疏】朝而不夕○正義曰旦見君謂之朝莫見君謂之夕哀十四年傳稱子我夕晉語稱叔向夕皆謂夕見君也人息事少故百官承奉職事皆朝朝而莫不夕不夕言無事也○此公侯之所以扞城其民也扞蔽也言享宴結好鄰國所以蔽扞其民○扞戶旦反○【疏】注扞蔽至其民○正義曰扞者扞禦寇難故爲蔽也言燕享結好與鄰國通和甲兵不興人得安息所以蔽扞其民若如城然故云所以扞城其民也○故詩曰赳赳武夫公侯干城詩周南之風赳赳武貌干扞也言公侯之以武夫止于扞難而已○赳居黝反一音居醜反難乃旦反干戶旦反本亦作扞又如字下同【疏】注詩周至而已○正義曰詩周南兔罝之篇言兔罝之人亦是賢者其人乃是赳赳然雄武之夫與公侯共扞城其民也引詩之意言世治無事公侯之與武夫設共儉慈惠之禮與人扞難而已不侵伐他國也干扞釋言文○及其亂也諸侯貪冒侵欲不忌爭尋常以盡其民八尺曰尋倍尋曰常言爭尺丈之地以相攻伐○冒莫報反又亡北反○【疏】注八尺至攻伐○正義曰周禮考工記云人長八尺殳長尋有四尺崇於人四尺車戟常崇於殳四尺是八尺曰尋倍尋曰常喩其少故言爭尺丈之地以相攻伐盡殺其民孟子曰爭城以戰殺人盈城爭地以戰殺人盈野是謂盡殺其民也略其武夫以爲己腹心股肱爪牙略取也言世亂則公侯制禦武夫以從己志使侵害鄰國爲搏噬之用無已○搏音博噬市制反【疏】注略取至無已○正義曰武夫有武能爲人之扞蔽世治則公侯同於武夫同其腹心相與扞己民而已不侵犯他人也世亂則使武夫同於公侯其公侯欲得拓竟寬土則制禦武夫以從己志使武夫爲己腹心股肱爪牙令之侵害鄰國搏擊也噬齧也犬能搏噬譬之於大爲搏噬之用無已時也故詩曰赳赳武夫公侯腹心舉詩之正以駁亂義詩言治世則武夫能合德公侯外爲扞城內制其腹心○駁邦角反【疏】注舉詩至腹心○正義曰此亦兔罝之篇美賢人之事而引之以證世亂故解之此舉詩之正以駁世亂之義詩言治世則武夫能合德公侯外則扞城其民內則制其腹心也以其人心則本貪縱之則害物矣美公侯能以武夫制己腹心自守扞難而已不害人也天下有道則公侯能爲民干城而制其腹心亂則反之略其武夫以爲己腹心爪牙○能爲于僞反又如字【疏】天下至反之○正義曰天下有道之時則公侯能爲扞城禦難而使武夫制其已之腹心不侵犯他國也亂則反之不復扞蔽己民乃以武夫從己腹心將武夫爲股肱爪牙以侵害他國是反治世也晉楚世爲仇敵常有相害之心子反言一矢相加仍懷戰鬬之意故郤至言世治則自守世亂則相侵害荅上一矢之言冀得久爲和好故說此也今吾子之言亂之道也不可以爲法然吾子主也至敢不從遂入卒事歸以語范文子文子曰無禮必食言吾死無日矣夫言晉楚不能久和必復相伐爲十六年鄢陵戰張本○語魚據反夫音扶本亦無此字復扶又反鄢謁晚反漢書音義一建反【疏】注無禮至矣夫○正義曰以一矢爲辭是無禮也食言是其將背盟也背盟必相伐故爲死亡無日矣冬楚公子罷如晉聘且涖盟報郤至十二月晉侯及楚公子罷盟于赤棘晉地

經十有三年春晉侯使郤錡來乞師將伐秦也侯伯當召兵而乞師謙辭○錡魚綺反【疏】注將伐至諸辭○正義曰晉雖是侯伯恐魯不與若言召兵或容辭說言乞則

不得不與釋例曰乞師者深求過理之辭執謙以逼成其計是解乞爲謙意○三月公如京師伐秦道過京師因朝王○過古禾反又古卧反【疏】注伐秦至朝王○正義曰公本爲伐秦道過京師因往朝王不稱朝而言公如京師者以明公朝于王所王不在京師故指言王所據王言之不得不稱朝此則王在京師京師是國之摠號不斥王身不可稱朝故依尋常朝聘鄰國之文稱如而已劉炫云魯朝聘皆言如不果彼國必成其禮或在道而還如者書其始發言往而已言公朝王所者發國不爲朝王至彼遇王朝之朝訖乃書故稱朝也此過京師亦宜稱朝言如者發雖主爲伐秦即有朝王之意書其初發故言如也○夏五月公自京師遂會晉侯齊侯宋公衛侯鄭伯曹伯邾人滕人伐秦○曹伯盧卒于師五同盟○盧本亦作盧力吳反【疏】注五同盟○正義曰盧以宣十五年即位十七年盟于斷道成二年于袁婁又于蜀五年于蟲牢七年于馬陵九年于蒲凡六同盟不數宣公斷道爲五○秋七月公至自伐秦無傳○冬葬曹

宣公

傳十三年春晉侯使郤錡來乞師將事不敬將事致君命孟獻子曰郤氏其亡乎禮身之幹也敬身之基也郤子無基【疏】禮身至無基○正義曰幹以樹木爲喻基以墻屋爲喻樹木以本根爲幹有幹故枝葉茂焉墻屋以下土爲基有基乃墻屋成焉人身以禮敬爲本必有禮敬身乃得存郤子無基則亦無幹但言有所局不復得言幹耳且先君之嗣卿也受命以求師將社稷是衛而惰弃君命也不亡何爲郤錡郤克子故曰嗣卿爲十七年晉殺郤錡傳○惰徒卧反○三月公如京師宣伯欲賜欲王賜己請先使王以行人之禮禮焉不加厚○使所吏反孟獻子從王以爲介而重賄之介輔相威儀者獻子相公以禮故王重賄之○從才用反介音界相息亮反下同○【疏】宣伯至賄之○正義曰周語云簡王八年魯成公來朝使叔孫僑如先聘且告見王孫說與之語說言於王曰魯叔孫之來有異焉其幣薄而言諂殆請之也若請之必欲賜也且其狀方上而銳下宜觸冒人王其勿賜若貪陵之人來而盈願是不賞善也且財不給王使私問諸魯魯人云請之也王遂不賜禮如行人孔晁云行人使人也以使人之禮禮之不從聘者之賜禮也又曰魯侯至仲孫蔑爲介王孫說與之語說讓說以語王王厚賄之公及諸侯朝王遂從劉康公成肅公會晉侯伐秦劉康公王季子劉成二公不書兵不加秦成子受脤于社不敬脤宜社之肉也盛以脤器故曰脤宜出兵祭社之名○脤市軫反盛音成【疏】注脤宜至之名○正義曰宜者祭社之名脤是盛肉之器受脤于社受祭社之胙肉也周禮掌蜃祭祀共蜃器之蜃鄭玄云飾祭器之蜃也春秋定十四年秋天王使石尚來歸蜃蜃之器以蜃飾因名焉鄭衆云蜃可以白器令色白是盛以脤器故曰脤也既言宜社又自解宜名釋天云起大事動大衆必先有事乎社而後出謂之宜孫炎曰有事祭也宜求見祐也是宜者出兵祭社之名

劉子曰吾聞之民受天地之中以生所謂命也是以有動作禮義威儀之則以定命也能者養之以福養威儀以致福不能者敗以取禍是故君子勤禮小人盡力勤禮莫如致敬盡力莫如敦篤敬在養神篤在守業國之大事在祀與戎祀有執膰膰祭肉○盡津忍反下同膰音煩○【疏】注膰祭肉○正義曰詩詠祭祀之禮云爲俎孔碩或膰或炙又曰旨酒欣欣燔炙芬芬毛傳云傳火曰燔祭肉有燔而薦者因謂祭肉爲膰也戎有受脤神之大節也交神之大節今成子惰弃其命矣惰則失中和之氣其不反乎爲成肅公卒于瑕張本【疏】民受至反乎○正義曰天地之中謂中和之氣也民者人也言人受此天地中和之氣以得生育所謂命也命者教命之意若有所稟受之辭

故孝經說云命者人之所稟受度是也命雖受之天地短長有本順理則壽考逆理則夭折是以有動作禮義威儀之法則以定此命言有法則命之長短得定無法則夭折無恒也故人有能者養其威儀禮法以往適於福或本分之外更得延長也不能者敗其威儀禮法而身自取禍或本分之內仍有減割也爲其求福畏禍之故君子勤禮以臨下小人盡力以事上勤禮莫如臨事致敬盡力莫如用心敦篤敬之所施在於養神朝廷百官事神必敬篤在守業草野四民勿使失業也國之大事在祀與戎宗廟之祀則有執膰兵戎之祭則有受脤此是交神之大節也今成子受脤而惰是自棄其命矣死必在近此行其不得反乎爾之往也養之以福謂將身向福也敗以取禍謂禍及身也福則人之所欲作往就之辭也禍則人之所惡作自來之語也敬則所施有處故言致敬也厚則唯在已身無所可致故重言敦篤也執膰受脤俱是於祭末受而執之互相見也劉炫云命者冥也言其生育之性得之於冥兆也○夏四月戊午，晉侯使呂相絕秦，呂相魏錡子蓋口宣己命○相息亮反注同曰：昔逮我獻公及穆公晉獻公秦穆公○逮音代一音大計反相好戮力。同心申之以盟誓重之以昏姻穆公夫人獻公之女○好呼報反六同戮力相承音六稽康力幽反呂靜字韻與飂同字林音遼〔疏〕戮力同心○正義曰孔安國以戮力爲陳力以論語有陳力就列故也戮力猶言勉力努力耳天禍晉國文公如齊惠公如秦辟驪姬也不言狄梁舉所恃大國○辟音避驪力知反無祿獻公即世穆公不忘舊德俾我惠公用能奉祀于晉僖十年秦納惠公○俾本或作卑必爾反下及注同又不能成大勳而爲韓之師僖十五年秦伐晉獲惠公〔疏〕又不至之師○正義曰言秦既納惠公又不能遂成大功而復伐晉爲此韓之師也下云亦悔于厥心謂秦悔伐晉也亦悔于厥心用集我文公集成也是穆之成也成功於晉文公躬擐甲冑跋履山川草行爲跋○擐音患冑直又反跋蒲末反踰越險阻征東之諸

侯虞夏商周之胤而朝諸秦則亦既報舊德矣鄭人怒君之疆埸我文公帥諸侯及秦圍鄭晉自以鄭貳於楚故圍之鄭非侵秦也晉以此誣秦事在僖三十年○疆居良反埸音亦秦大夫不詢于我寡君擅及鄭盟詢謀也盟者秦伯諱言大夫○詢思巡反擅市戰反諸侯疾之將致命于秦致死命而討秦時無諸侯蓋諸侯遥致此意○〔疏〕注致死至此意○正義曰劉炫以爲誣秦今知不然者凡誣秦者謂加之罪傳辭少略者可得稱誣今傳云諸侯疾之將致命于秦文公恐懼綏靜諸侯又云我有大造于西傳文既詳明諸侯實有此意若無諸侯何得稱爲大造且秦師襲鄭鄭亦疾秦此則諸侯之義也劉以爲實無諸侯而規杜過非也文公恐懼綏靜諸侯秦師克還無害則是我有大造于西也造成也言晉有成功於秦○恐曲勇反無祿文公即世穆爲不弔不見弔傷〔疏〕注不見弔傷○正義曰曲禮云知生者弔知死者傷知生而不知死弔而不傷知死而不知生傷而不弔鄭玄云人恩各施於所知弔傷皆謂致命辭也雜記諸侯使人弔辭曰寡君聞君之喪寡君使某如何不淑此施於生者傷辭未聞也說者有衍弔辭云皇天降災子遭罹之如何不淑此施於死者蓋傷辭畢退皆哭是弔傷之事蔑死我君寡我襄公寡弱也○死我君本或以我字在死上〔疏〕蔑死至襄公○正義曰輕蔑文公以爲死無知矣謂襄公寡弱而陵忽之迭我殽地奸絕我好伐我保城殄滅我費滑伐保城誣之費滑滑國都於費今緱氏縣○迭直結反徐音逸殽戶交反奸音干費扶味反滑于八反緱古侯反〔疏〕奸絕我好○正義曰奸亂斷絕不復與我和好也○注伐保至氏縣○正義曰伐我涑川俘我王官傳皆無文獨謂此爲誣者於時輕行襲鄭不得在道用兵故知此伐保城是誣之也春秋之時更無費國秦惟滅滑不滅費知費即滑也國都於費國邑並舉以圓文耳散離我兄弟撓亂我同盟滑晉同姓○撓乃卯反徐許高反傾覆我國家

我襄公未忘君之舊勳納文公之勳。覆孚服反下同而懼社稷之隕是以有殽之師在僖三十三年。隕于敏反下同猶願赦罪于穆公晉欲求解於秦穆公弗聽而即楚謀我天誘其衷成王隕命秦使鬭克歸楚求成事見文十四年文元年楚弑成王○見賢遍反〔疏〕注秦使至成王○正義曰文十四年傳云初鬭克囚于秦秦有殽之敗使歸求成僖三十三年秦敗于殽文元年楚弑成王故謀不成也穆公是以不克逞志于我逞快也○逞勑景反穆襄即世康靈即位文六年晉襄秦穆皆卒○康公我之自出晉外甥○又欲闕翦我公室傾覆我社稷帥我蝥賊以來蕩搖我邊疆蝥賊食禾稼蟲名謂秦納公子雍○闕其月反徐如字蝥賊莫侯反爾雅蟲食苗爲蝥食節爲賊〔疏〕注蝥賊至蟲名○正義曰釋蟲云食根蟊食節賊是食禾稼之蟲也

納雍害晉若蟲食禾然彼晉自召雍非秦罪也我是以有令狐之役在文十年康猶不悛入我河曲悛改也○悛七全反伐我涑川俘我王官涑水出河東聞喜縣西南至蒲坂縣入河○涑徐息錄反又音速字林同俘芳夫反翦我羈馬我是以有河曲之戰在文十二年東道之不通則是康公絕我好也言康公自絕故不復東通晉○復扶又反及君之嗣也君秦桓公我君景公引領西望曰庶撫我乎望秦撫恤晉○君亦不惠稱盟不肯稱晉望而共盟○稱尺證反注同利吾有狄難謂晉滅潞氏時○難乃旦反入我河縣焚我箕郜芟夷我農功夷傷也○箕音基一音其郜古報反芟所銜反夷本亦作痍音夷虔劉我邊陲虔劉皆殺也○〔疏〕注虔劉皆殺也○正義曰劉殺釋詁文方言云虔殺也重言殺者亦闕文耳我是以有輔氏之聚聚衆也在宣十五年○聚才喻反注同〔疏〕注聚衆也○正義曰謂聚衆以拒秦也以上有殽之師令狐之役河曲之戰不用重文故變文言聚古人爲文亦有辟耳君亦悔禍之延延長也而欲徼福于先君獻穆晉獻秦穆○徼古堯反使伯車來命我景公伯車秦桓公子曰吾與女同好棄惡復脩舊德以追念前勳言誓未就景公即世我寡君是以有令狐之會令狐會在十一年申厲公之命宜言寡人稱君誤也○女音汝下文皆同好呼報反一音如字復音服又扶又反寡君讀者亦作寡人〔疏〕注令狐至誤也○正義曰劉炫以爲臣之出使自稱己君皆曰寡君今呂相雖奉君兼有己語稱寡君正是其理杜何知宜爲寡人稱君爲誤今稱定知劉說非者以呂相奉厲公之命而往絕秦則皆是厲公之言不得兼有己語案隱十一年鄭伯告許大夫云假手于我寡人今呂相稱厲公之命還與自稱無異亦當云我寡人故知稱君爲誤劉以稱寡君爲是以規杜過非也君

又不祥祥善也背棄盟誓白狄及君同州及與也〔疏〕注白狄及君同州○正義曰周禮職方氏正西曰雍州其川涇汭其浸渭洛皆秦地也正北曰幷州其澤藪曰昭餘祁其川虖池嘔夷皆晉地也是秦屬雍而晉屬幷白狄蓋狄之西偏屬雍州也君之仇讎而我之昬姻也季隗廧咎如赤狄之女也白狄伐而獲之納諸文公○隗五罪反廧在良反咎音羔〔疏〕注季隗至文公○正義曰三年晉衞伐廧咎如傳曰討赤狄之餘焉知咎如是赤狄也文公所奔之狄不言赤白以其伐赤不應赤自相伐知白狄伐之也其女雖是赤狄之種而由白狄以納文公得以白狄爲昬姻也且此辭多誣欲親狄以曲秦故引狄爲昬姻耳晉人自數伐狄寧復顧昬姻也杜以傳有季隗之事引之以證昬姻未必晉於白狄處無昬姻君來賜命曰吾與女伐狄寡君不敢顧昬姻畏君之威而受命于吏君有二心於狄曰晉將伐女狄應且憎是用告我言狄雖應荅秦而心實憎秦無信○應應對之應注

同楚人惡君之二三其德也亦來告我曰秦背令狐之盟而來求盟于我昭告昊天上帝秦三公楚三王三公穆康共三王成穆莊○惡烏路反下同昊戶老反共音恭〔疏〕昭告昊天上帝。○正義曰禮諸侯不得祭天其盟不主天神鄭玄覲禮注云巡守之盟其神主日諸侯之盟其神主山川襄十一年亳城北之盟其載書云司慎司盟名山名川注云二司天神唯告天之別神不告昊天上帝此秦楚爲盟告天帝者春秋之時不能如禮且此辭多誣未必是實晉與諸國結盟皆不告昊天上帝何由秦楚獨敢告之蓋欲示楚人恨秦之深言其所告處重耳曰余雖與晉出入出入猶往來余唯利是視不穀惡其無成德是用宣之以懲不壹諸侯備聞此言斯是用痛心疾首暱就寡人疾亦痛也暱親也○懲直升反暱女乙反〔疏〕以懲不壹。○正義曰楚道秦人用心不壹其盟不足與固宣示諸侯以懲創不壹之人寡人帥以聽命唯好是求君若惠顧諸侯矜哀寡人而賜之盟則寡人之願也其承寧諸侯以退承君之意以寧靜諸侯豈敢徼亂徼要也○要一遥反君若不施大惠寡人不佞其不能諸侯退矣敢盡布之執事俾執事實圖利之俾使也〔疏〕寡人不佞。○正義曰服虔云佞才也不才者自謙之辭也論語云焉用佞禦人以口給屢憎於人則佞非善事而以不佞爲謙者佞是口才捷利之名本非善惡之稱但爲佞有善有惡耳爲善敏捷是善佞爲惡敏捷是惡佞但君子欲訥於言而敏於行言之雖多情或不信故云焉用佞耳秦桓公既與晉厲公爲令狐之盟而又召狄與楚欲道以伐晉諸侯是以睦於晉晉辭多誣秦故傳據此三事以正秦罪○道音導晉欒書將中軍荀庚佐之庚代荀首○將子匠反凡將某軍者放此以意求之士燮將上軍代荀庚郤錡佐之代士燮韓厥將下軍代郤錡荀罃佐之代趙同趙旃將新軍代韓厥旃之然反郤至佐之代趙括郤毅御戎欒鍼爲右郤毅郤至弟欒鍼欒書子○鍼其廉反孟獻子曰晉帥乘和師必有大功帥軍帥乘車士○帥所類反乘繩證反注同五月丁亥晉師以諸侯之師及秦師戰于麻隧秦師敗績獲秦成差及不更女父不更秦爵戰敗績不書以爲晉直秦曲則韓役書戰時公在師復不須告克獲有功亦無所諱蓋經文闕漏傳文獨存○隧音遂差初佳反徐初宜反更音庚女音汝復扶又反〔疏〕注不更至獨存。○正義曰秦之官爵有此不更之名知女父是人之名字不更是官爵之號漢書稱商君爲法於秦戰斬一首者賜爵一級其爵名一爲公士二上造三簪褭四不更五大夫六公大夫七官大夫八公乘九五大夫十左庶長十一右庶長十二左更十三中更十四右更十五少上造十六大上造十七駟車庶長十八大庶長十九關內侯二十徹侯商君者商鞅也秦孝公之相封於商號爲商君案傳此有不更女父襄十一年有庶長鮑庶長武春秋之世已有此名蓋後世以漸增之商君定爲二十非是商君盡新作也其名之義難得而知耳傳言戰敗而經不書杜以意測之不知其故欲以爲秦曲晉直不以曲者敵直故不書戰則僖十五年韓之戰秦直晉曲書戰于韓也欲以爲不告故不書當時公親在師復不須告也欲以爲無功諱負則克獲有功亦無所諱也再三揆度不識所以故云蓋經文闕漏傳文獨存也經文依史官策書策書所無故經文遂闕也傳文采於簡牘簡牘先有故傳文獨存也曹宣公卒于師師遂濟涇及侯麗而還涇水出安定東南徑扶風京兆高陸縣入渭也○徑音經麗力馳反〔疏〕注涇水至渭也。○正義曰釋例曰涇水出安定朝那縣西東南經新平扶風至京兆高陸縣入渭迓晉侯于新楚迓迎也既戰晉侯止新楚故師還過迎之麻隧侯麗新楚皆秦地○迓本又作訝五嫁反〔疏〕注迓迎至秦地。○正義曰經書公會晉侯齊侯宋公衛侯鄭伯曹伯邾人滕人伐秦是伐時諸侯親行也傳云晉師以諸侯之師及秦師戰則知諸侯不親行也蓋皆別次以待之新楚當是晉侯次之處也以傳不言其次晉侯或聞戰勝而移處故云止新楚也成肅公卒于瑕終劉子之言瑕晉地○六月丁卯夜鄭公子班自訾求入于大宮不能殺子印子羽訾鄭地大宮鄭祖廟十年班出奔許今欲還爲亂子印子羽皆穆公子○班本亦作般同訾子斯反大音泰下同印一刃反反軍于市巳巳子駟帥國人盟于大宮子駟穆公子遂從而盡焚之焚燒也殺子如子駹孫叔孫知子如公子班子駹班弟孫叔子如子孫知子駹子○駹武邦反【疏】注子如至駹子○正義曰子如即是子班據傳可知以外無文見其同時被殺必是近親相傳爲此說耳○曹人使公子負芻守使公子欣時逆曹伯之喪二子皆曹宣公庶子○芻初俱反守手又反欣時如字徐云或作款亦音欣案

公羊傳作喜時宜音忻秋負芻殺其大子而自立也宣公大子諸侯乃請討之晉人以其役之勞請俟他年冬葬曹宣公既葬子臧將亡子臧公子欣時國人皆將從之不義負芻故成公乃懼成公負芻告罪且請焉請留子臧乃反而致其邑還邑於成公爲十五年執曹伯傳

經十有四年春王正月莒子朱卒無傳九年盟于蒲○夏衞孫林父自晉歸于衞晉納之故曰歸○秋叔孫僑如如齊逆女成公逆夫人最爲得禮而經無納幣者文闕絕也【疏】注成公至絕也○正義曰釋例曰成公逆女及夫人至最爲得禮故詳其文以明謂之微而顯婉而成章也然則杜以傳文詳知其最得禮也釋例又云成公娶夫人而不納幣此經文闕也貴聘而賤逆失禮之微者傳猶詳之言其不終若實不納幣非所略也是言闕之意也闕絕者闕而文斷絕蓋疑仲尼脩定後其文始闕若脩時已闕傳應言其故也○鄭公子喜帥師伐許○九月僑如以夫人婦姜氏至自齊○冬十月庚寅衞侯臧卒五同盟【疏】注五同盟○正義曰臧父速以二年八月卒而臧代立其年十一月衞大夫與公盟于蜀三年孫良夫來盟五年于蟲牢七年于馬陵九年于蒲皆魯衞俱在是五同盟也○秦伯卒无傳二年大夫盟於蜀而不赴以名例在隱七年

傳十四年春衞侯如晉晉侯強見孫林父焉林父以七年奔晉強見欲歸之○強其丈反注同見賢遍反注強見下而見之同定公不可夏衞侯既歸晉侯使郤犨送孫林父而見之衞侯欲辭定姜曰不可定姜定公夫人是先君宗卿之嗣也同姓之卿【疏】注同姓之卿○正義曰世本孫氏出於衞武公至林父八世是同姓也大國

又以爲請不許將亡雖惡之不猶愈於亡乎君其忍之違大國必見伐故亡○爲如字或于僞反惡烏路反安民而宥宗卿不亦可乎衞侯見而復之復林父位○宥音又衞侯饗苦成叔成叔郤犨甯惠子相相佐禮惠子甯殖○相息亮反注同苦成叔傲○甯子曰苦成家其亡乎古之爲享食也以觀威儀省禍福也故詩曰兕觥其觩旨酒思柔詩小雅言君子好禮飲酒皆思柔德雖設兕觥觩然不用以兕角爲觥所以罰不敬觩陳設之貌○傲五報反本又作敖音同下同食音嗣兕徐辭姊反觥古橫反觩徐音虯又巨虯反一音巨秋反好呼報反【疏】注詩小至之貌○正義曰詩小雅桑扈之章言設爵不用之意君子好禮與於燕者皆思柔順之德无過可罰故雖設觵爵不用之也兕是獸名觵是爵稱知兕觵以兕角爲觵也周禮小胥職云觵其不敬者是所以罰不敬也異義韓詩說觵五升所以

罰不敬也觵廓也著明之貌君子有過廓然明著詩毛傳說觵大七升許慎云觵罰有過一飲七升爲過多當謂五升是也詩頍弁云有觩其角則觩是角貌此詩之意指其角貌言陳設不用故云陳設之貌彼交匪傲萬福來求彼之交於事而不惰傲乃萬福之所求疏詩曰至來求○正義曰兕觵罰酒之爵言古之王者與羣臣燕飲無失禮者用兕觵之爵其觩然空陳設之無所可罰在席飲美酒者皆能思柔順中和故不用也彼飲燕君子與人交接非有傲慢之心故萬種福祿來求歸之今夫子傲取禍之道也爲十七年郤氏亡○秋宣伯如齊逆女稱族尊君命也疏稱族尊君命○正義曰宣元年已發尊君命尊夫人之例今復發者彼以喪娶嫌非正禮且公子非族故重明之何休膏肓難左氏叔孫僑如舍族爲尊夫人案襄二十七年豹及諸侯之大夫盟復何所尊而亦舍族春秋之例一事再見者亦以省文耳左氏爲短鄭箴云左氏以豹違命故貶之而去族今僑如無罪而亦去族故以爲尊夫人也春秋有事異文同則此類也○八月鄭子罕伐許敗焉爲許所敗○敗必邁反下同戊戌鄭伯復伐許庚子入其郛郛郭也○復扶又反許人平以叔申之封四年鄭公孫申疆許田許人敗之不得定其封疆今許以是所封田求和於鄭○疆居良反下同○九月僑如以夫人婦姜氏至自齊舍族尊夫人也舍族謂不稱叔孫○舍音捨注同故君子曰春秋之稱微而顯辭微而義顯○稱尺證反志而晦志記也晦亦微也謂約言以記事事敘而文微○晦呼內反婉而成章婉曲也謂曲屈其辭有所辟諱以示大順而成篇章○婉紆晚反盡而不汙謂直言其事盡其事實無所汙曲○汙憂于反注同懲惡而勸善善名必書惡名不滅所以爲懲勸○懲直升反非聖人誰能脩之脩史策成此五者○衛侯有疾使孔成子甯惠子立敬姒之子衎以爲大子成子孔達之孫敬姒定公妾衎獻公○衎徐苦旦反冬

十月衛定公卒夫人姜氏既哭而息見大子之不哀也不內酌飲歎曰是夫也將不唯衛國之敗其必始於未亡人定姜言獻公行無禮必從己始下言暴妾使余是也○內如字徐音納酌市略反又章略反烏呼天禍衛國也夫吾不獲鱄也使主社稷鱄衎之母弟○夫音扶鱄徐市戀反一音專大夫聞之無不聳懼孫文子自是不敢舍其重器於衛寶器○聳息勇反舍音赦或音捨盡寘諸戚寘置也戚孫氏邑○寘之豉反而甚善晉大夫備亂起欲以爲援爲襄十四年衛侯出奔傳

經十有五年春王二月葬衛定公無傳○三月乙巳仲嬰齊卒無傳襄仲子公孫歸父弟宣十八年逐東門氏既而又使嬰齊紹其後曰仲氏疏注襄仲至仲氏○正義曰公羊穀梁皆以嬰齊爲仲遂之子歸父之弟也以爲歸父之弟則同其言稱仲之意則異公羊以爲弟無後兄之義使嬰齊爲歸父之子則爲仲遂之孫故以王父字爲氏穀梁以爲宣八年仲遂卒者爲殺子赤疎之不使稱公子父既見疎不得稱公子故其子由父亦疎之不得稱公孫故別言仲氏杜之此注其言不明當以爲襄仲歸父本以東門爲氏及命嬰齊紹歸父之後改之曰仲氏也劉炫云仲遂受賜爲仲氏故其子孫稱仲氏耳○癸丑公會晉侯衛侯鄭伯曹伯宋世子成齊國佐邾人同盟于戚○成音城晉侯執曹伯歸于京師不稱人以執者曹伯罪不及民歸之京師禮也疏注不稱至禮也○正義曰諸傳於其事之下發凡例者杜皆於經之下引傳而言傳例曰今傳因曹伯發凡杜不引傳例者據稱人以執爲例却云不然則否曹伯稱侯以執從不然之例故杜不得引之也不稱人以執者曹伯罪不及民其稱人之例於義爲然也諸侯不得相治故歸之京師使天子治之是禮也釋例曰執諸侯當歸于京師而或以歸或歸于諸侯皆失其所從實而寘之義可知也公

至自會無傳○夏六月宋公固卒四同盟〔疏〕注四同盟。正義曰：固父鮑以二年八月卒而固代立，其年十一月宋大夫與公盟于蜀，五年于蟲牢，七年于馬陵，九年于蒲，皆魯宋俱在，是四同盟。○楚子伐鄭○秋八月庚辰葬宋共公三月而葬速。○共音恭○宋華元出奔晉宋華元自晉歸于宋華元欲挾晉以自重，故以外納告。○挾音協〔疏〕注華元至納告○正義曰：案傳華元奔晉，魚石即議止之，魚石自止華元于河上，元始至河，本未至晉，既書奔晉，又書自晉歸者，華元既出宋，即來告，華元既歸宋，復來告。十八年傳例曰：凡去其國，國逆而立之曰入，復其位曰復歸，諸侯納之曰歸。此是魚石止之，宜從國逆之例，而爲諸侯納之文，書曰自晉歸者，華元與欒書相善，布懼桓族，欲挾晉以自重，以晉納告于諸侯，春秋從而書之，以示元之本情故也。宋殺其大夫山不書氏，明背其族。宋魚石出奔楚公子目夷之曾孫。○冬十有一月叔孫僑如會晉士燮、齊高無咎、宋華元、衞孫林父、鄭公子鰌、邾人會吳于鍾離吳夷未嘗與中國會，今始來通，晉帥諸侯大夫而會之，故殊會，明本非同好。鍾離，楚邑，淮南縣。○燮息協反，咎其九反，鰌音秋，好呼報反。○許遷于葉許畏鄭，南依楚，故以自遷爲文。葉，今南陽葉縣也。○葉舒涉反

傳十五年春，會于戚，討曹成公也。討其殺大子而自立，事在十三年。執而歸諸京師。書曰「晉侯執曹伯」，不及其民也。惡不及民。凡君不道於其民，諸侯討而執之，則曰「某人執某侯」。稱人示衆所欲執。不然則否。謂身犯不義者。〔疏〕凡君至則否○正義曰：春秋執諸侯多矣，或名或否，此例不言之者，釋例曰：諸侯見執者，已在罪賤之地，名與否非例所加，故但書執某侯也。天生民而樹之君，使司牧之，勿使失性。若乃肆於民上，人懷怨讎，諸侯致討，則稱某人執某侯，衆討之文也。諸侯雖身犯不義，而惡不及民，則不稱人以執之，晉人執曹伯是也。諸無加民之惡而稱人以執，皆時之赴告欲重其罪，以加民爲辭，國史承以書策，而簡牘之記具存，夫子因示虛實，傳隨而著其本狀，以明得失也。諸侯將見子臧於王而立之，子臧辭曰：「前志有之曰：『聖達節，聖人應天命，不拘常禮。○見賢遍反，應應對之應，拘九于反。次守節，謂賢者。下失節。』愚者妄動。爲君非吾節也。雖不能聖，敢失守乎？」遂逃，奔宋。〔疏〕聖達至守乎○正義曰：節猶分也。人生天地之間，性命各有其分。聖人達於天命，識已知分，若以厤數在已，則當奉承靈命，不復拘君臣之交、上下之禮，舜禹受終，湯武革命，是言達節者也。若自知已分不合高位，得而不取，與而不受，子臧、季札、衞公子郢、楚公子閭，如此之類，皆守節者也。下愚之人不識已分，僞張妄作，取非其理，干紀亂常，如此之輩，古今多矣，州吁、無知之等，皆失節者也。子臧自以身是庶子，不合有國，故言爲君非吾節也，雖不能爲聖，敢失其守節者乎。

○夏六月，宋共公卒。爲下宋亂起。○楚將北師。侵鄭衞。子囊曰：「新與晉盟而背之，無乃不可乎？」子反曰：「敵利則進，何盟之有？」晉楚盟在十二年。子囊，莊王子公子貞。○囊乃郎反申叔時老矣，在申，老歸本邑。聞之，曰：「子反必不免。信以守禮，禮以庇身，信禮之亡，欲免得乎？」言不得免。○庇必利反，又音秘。楚子侵鄭，及暴隧，遂侵衞，及首止。鄭子罕侵楚，取新石。新石，楚邑。○隧音遂。欒武子欲報楚，韓獻子曰：「無庸，庸，用也。使重其罪，民將叛之。背盟數戰，罪也。○數所角反。無民，孰戰？」爲明年晉敗楚於鄢陵傳。○秋八月，葬宋共公。於是華元爲右師，魚石爲左師，蕩澤爲司馬，蕩澤，公孫壽之孫。〔疏〕注蕩澤公孫壽之孫

正義曰世本云公孫壽生大司馬𢓨𢓨生司馬澤也華喜督之玄孫者又云督生世子家家生季老老生司徒鄭鄭生司徒喜也公孫師莊公之孫者又云莊公生右師戌戌生司城師也鱗朱鱗矔孫者又云桓公生公子鱗鱗生東鄉矔矔生司徒文文生大司寇子奏奏生小司寇朱也向戌桓公曾孫者又云桓公生向父盻盻生司城訾守守生小司寇鱣及合左師左師即向戌也華喜爲司徒華父督之玄孫公孫師爲司城莊公孫向爲人爲大司寇鱗朱爲少司寇鱗矔孫。少詩照反向帶。爲大宰魚府爲少宰蕩澤弱公室下同。矔古亂反殺公子肥輕公室以爲弱故殺其枝黨肥文公子。帶音帶本又作帶大音泰華元曰我爲右師君臣之訓師所司也今公室卑而不能正不能討蕩澤吾罪大矣不能治官敢賴寵乎乃出奔晉二華戴族也華元華喜司城莊族也六官者皆桓族也魚石蕩澤向爲人鱗朱向帶魚府皆出桓公魚石將止華元魚府曰右師反必討是無桓氏也恐華元還討蕩澤并及六族魚石曰右師苟獲反雖許之討必不敢言畏桓族強且多大功國人與之不反懼桓氏之無祀於宋也華元大功克合晉楚之成劫子反以免宋圍右師討猶有戌在向戌桓公曾孫言其賢華元必不討。戌音恤桓氏雖亡必偏偏不盡魚石自止華元于河上請討許之乃反使華喜公孫師帥國人攻蕩氏殺子山喜師非桓族故使攻之書曰宋殺大夫山言背其族也蕩氏宋公族還害公室故去族以示其罪。去起呂反魚石向爲人鱗朱向帶魚府出舍於睢上睢水名五大夫畏同族罪及將出奔。睢音雖徐許惟反又音綏華元使止之不可冬十月華元自止之不可乃反五子不止華元還魚府曰今不從不得入矣不得復入宋。復扶又反右師視速而言疾有異志焉若不我納今將馳矣登丘而望之則馳騁而從之五子亦馳逐之。登丘而望之則馳絕句騁勑景反則決睢澨澨水涯決壞也。澨市利反涯本又作崖魚佳反一音宜壞音怪閉門登陴矣左師二司寇二宰遂出奔楚四大夫不書獨魚石告。陴毗支反

〔疏〕注四大至石告。正義曰襄元年傳謂此五人爲五大夫故除去魚石謂之四大夫也彼四大夫所以不書者宋人獨以魚石告不以四人告也服虔云魚石卿故書以爲四人非卿故不書杜不然者案文七年傳云宋成公卒於是公子成爲右師公孫友爲左師樂豫爲司馬鱗矔爲司徒公子蕩爲司城華御事爲司寇六卿和公室哀二十六年傳宋景公無子於是皇緩爲右師皇非我爲大司馬皇懷爲司徒靈不緩爲左師樂茷爲司城樂朱鉏爲大司寇六卿三族降聽政據彼二文則向爲人爲大司寇亦是卿也若五人皆告爲卿則書向爲人亦當書之何以獨書魚石杜言獨以魚石告正爲向爲人不書故也或少司寇二宰等六卿之外亦是卿官合書名氏猶如魯之三卿外別有公孫嬰齊臧孫許但非如六卿等世掌國政也

華元使向戌爲左師老佐爲司馬樂裔爲司寇以靖國人老佐戴公五世孫。裔以制反。晉三郤害伯宗譖而殺之及欒弗忌欒弗忌晉賢大夫伯州犂奔楚伯宗子。犂力兮反韓獻子曰郤氏其不免乎善人天地之紀也而驟絕之不亡何待既殺伯宗又及弗忌故曰驟也爲十七年晉殺三郤傳。驟仕救反初伯宗每朝其妻必戒之曰盜憎主人民惡其上子好直言必及於難傳見雖婦人之言不可廢。惡

烏路反好呼報反難乃旦反見賢遍反〇十一月會吳于鍾離始通吳也始與中國接〇許靈公畏偪于鄭請遷于楚辛丑楚公子申遷許于葉

附釋音春秋左傳注疏卷第二十七

江西南昌府學栞

春秋左傳注疏卷二十七校勘記　阮元撰盧宣旬摘錄

附釋音春秋左傳注疏卷第二十七成十一年盡十五年宋本春秋正義卷第十九石經春秋經傳集解成下第十三岳本成字下增公字並盡十八年

經十一年

公至自晉　監本毛本晉作會與宣八年經合

晉侯使郤犨來聘　監本郤誤郤下同

己丑及郤犨盟　閩本監本毛本己誤巳

郤犨郤克從父兄弟　案正義引注兄作昆又云服虔以爲從祖昆弟或父當爲祖字誤耳非也此條注文當正爲從祖昆弟以儀禮稱爲昆弟兄弟晝然不同言之則定當作昆也

或父當是祖字誤耳　宋本是作爲

傳十一年

聲伯之母不聘　釋文作不娉云本亦作聘字按作娉與說文合

長婦謂稚婦爲娣婦　宋本毛本下重娣婦二字是也

儷鵃也　李善鸚鵡賦注引作偶也

今河內懷縣西南有郇人亭　釋文郇作郈云本又郈字按說文邑部引傳爭郈田

其劉子單子之言　閩本監本其作則

經十二年

傳十二年

晉士燮會楚公子罷許偃　閩本監本燮作爕

二子楚大夫　纂圖本子楚作　公之非也

交贄往來道路無壅釋文贄本又作摯石經宋本足利本壅作雍案周禮秋官有雍氏惠棟云古壅字皆作雍無從土者說文作雝

俾隊其師釋文俾作卑云本亦作俾諸本作俾石經左邊缺

縣鍾鼓也宋本岳本纂圖本閩本監本毛本鍾作鐘疏內並同

享以訓共儉賈公彥儀禮燕禮疏引享作饗共作恭詩卷耳正義同按依左傳字例作享周禮儀禮字例作饗二禮疏引傳宜作享而申明之曰享與饗同如李善之注文選則善矣輒改左傳文爲饗未合也

肉乾人飢而不敢食也監本毛本飢誤饑

皆所以教訓恭儉也宋本恭作共

共儉以行禮而慈惠以布政政以禮成石經行字起禮字止計十一字蓋書丹時失去而字後復增入也

入得○安息宋本閩本監本毛本作入得安息此本○誤增也

止于扞難而已毛本于誤干

言爭尺丈之地岳本丈作寸非也

則公侯能爲扞城禦難宋本爲下有民字是也

世亂則相侵害閩本監本毛本脫害字

經十三年

若言召兵監本言作能非

以明公朝于王所閩本于誤子

傳十三年

公自京師石經公下有至字衍文也

禮身至無基宋本此節正義在不亡何爲注下

但言有所局監本局作拘

故王重賄之宋本淳熙本岳本纂圖本足利本賄作賜

宜觸冒人王閩本監本王作主按國語周禮作王

是不賞善也閩本監本毛本不賞誤倒

成子受脤于社詩緜正義引傳作受蜃

盛以脤器故曰脤段玉裁校本以脤作以蜃按說文云盛以蜃故謂之祳

天王使石尚來歸蜃按作蜃與周禮掌蜃注合今春秋定十四年經作脤

䐜可以白器宋本監本毛本䐜作脤按鄭司農注周禮作蜃是也又按正義大致蜃䐜同字而轉寫又不無訛誤

是以有動作禮義威儀之則案漢書律麻志五行志引傳禮義在動作二字上律麻志以作故義作誼是所據本不同也

能者養之以福各本並作之以惟漢書五行志律麻志漢酸棗令劉熊碑均作以之惠棟云杜注養威儀以致福則當如漢書所引作養以之福與下敗以取禍文正相對案顏氏注漢志云之往也往就福也段玉裁云作養以之福謂將身向福也亦與漢志合

盡力莫如敦篤漢書五行志引作惇篤案惇通作敦

注膰祭肉此節正義宋本在民受至反乎之後攙入其不反乎注下

燔炙芬芬宋本閩本監本毛本燔作膰案詩作燔

其不反乎漢書五行志引乎作虖案虖古乎字

養之以福段玉裁校改作以之

戮力同心 石經宋本戮作勠釋文亦作勠案說文勠并力也从力翏聲惠棟說詳補注○疏內並同

辟驪姬也 釋文驪作麗同

俾我惠公 釋文俾作卑云本亦作俾石經此處缺

晉自以鄭貳於楚 閩本監本毛本改作二於非

則是我有大造于西也 李善注陸機弔魏武帝文引傳于作乎石經此處缺

虔死我君 石經初刊作虔我先君後于我字之上改死字先字改我字釋文云本或以我字在死字上非也

迭我殽地 閩本作送我誤字也按迭者軼之假借凡侵突而過曰軼

奸絕我好 石經好字上旁增同字非唐刻也

奸絕我好 宋本此節正義在奸絕我好之下

疏注伐保至氏縣 閩本監本毛本疏亦作○依宋本改此二節正義宋本在上注今緱氏縣之下

銅謂此爲誣者 閩本監本毛本銅作今亦誤宋本作獨是也○今從宋本

撓亂我同盟 宋本撓作橈六經正誤云撓作橈誤建本從才非從木旁也按毛說是也說文撓擾也與木旁之橈義別且从手之字上聲从木之字去聲釋文云乃卯反即唐韻之奴巧切也

又欲闕翦我公室 纂圖本監本毛本翦作剪俗字

闕翦我公室 正義曰闕謂缺損翦謂滅削言欲損害

晉之公室 宋本以上二十四字在傾覆我社稷句下閩本監本毛本亦脫

俘我王官 葉抄釋文俘作浮

則是康公絕我好也 石經公字下後人旁增弃字我字下正增同字非唐刻也

謂晉滅路氏時 宋本閩本監本毛本同淳熙本潞誤作路

芟夷我農功 釋文夷作痍云本又作夷

虔劉我邊陲 石經宋本淳熙本岳本纂圖本足利本作我邊垂是也按說文垂遠邊也陲危也其義各別

而欲徼福於先君獻穆 釋文徼作徼是也

我寡君是以有令狐之會 釋文云讀者亦作寡人陸粲云杜注云宜言寡人稱君誤也今案上文我是以有令狐之役我是以有河曲之戰我是以有輔氏之聚此準上例疑寡君當爲衍字

今呂相雖奉君 閩本監本毛本作今此本誤令今改正宋本今下有命字諸本脫

而我之昏姻也 宋本淳熙本岳本無之字與石經合此本初刊亦無後擠增纂圖本閩本監本毛本作而我之昏姻也皆仍此本之誤

巡守之盟 宋本巡上有王字與覲禮注合

暱就寡人 釋文暱作昵案昵爲暱之或字

以懲不壹 宋本此節正義在以懲不壹句下

其不能諸侯退矣 宋本淳熙本岳本閩本監本毛本能下有以字與石經合

寡人不佞 宋本此節正義在其不能以諸侯退矣句下

帥軍帥乘車士 纂圖本毛本帥作師非

三簪褭 段玉裁按漢書百官公卿表七上褭作裊

六公大夫七官大夫 浦鏜云公官字互誤是也

襄十一年有庶長鮑 閩本監本毛本鮑誤飽

東南徑扶風京兆高陸縣人渭也 宋本岳本足利本徑作經

迓晉侯于新楚 釋文迓本又作訝石經及諸本皆作訝

使公子欣時逆曹伯之喪 釋文云欣徐云或作款亦音欣公羊傳作喜時宜音忻案漢書古今

人表作曹制府顏師古注云即曹欣時也

經十四年

傳十四年

衛侯既歸　淳熙本脱侯字

同之卿　宋本監本毛本同下有姓字

衛侯饗苦成叔　漢書五行志引饗作享字按左傳多作享此作饗爲僅見

苦成叔傲　釋文云傲本又作敖音同下同漢書五行志引作敖師古曰敖讀曰傲則此字古本當作敖石經家字上旁增叔字與初學記所引合然

苦成家其亡乎　非唐刻未敢從也乎五行志引作虖

兕觥其觩　釋文亦作觵石經此處缺宋本淳熙本岳本纂圖本監本毛本作觵案說文觵字注云兕牛角可以飲者也从角黄聲其狀觵觵故謂之觵觥字注云俗觵從光據此當以觵爲正也說文引詩觩作斛

觩陳設之貌　淳熙本貌誤象

注詩小至之貌　宋本此節正義在詩曰至來求之下

詩曰至來求　宋本此節正義在今夫子節注下

求來歸之　毛本求來誤倒

左氏以豹違命故貶之　閩本監本毛本違誤遺

謂屈曲其辭　淳熙本岳本纂圖本閩本監本毛本屈曲二字誤倒

經十五年

據稱人以執爲例　宋本據上有傳字

故歸之京師　閩本監本故作欲非也

公子目夷之曾孫　淳熙本曾作魯非也

吴夷未嘗與中國會　閩本監本未作昧非也

傳十五年

名與否　宋本名上有書字

愚者妄動　纂圖本愚誤作遇

不復拘君臣之交　毛本交誤文

敢失其守節者乎　毛本守誤安

注蕩澤公孫壽之孫　宋本作注蕩澤云云此節正義在猶有戍在句注之下

家生季老　閩本監本毛本季作秀非此據宋本改

鱗朱鱗矔孫者　宋本監本毛本宋作朱是也。今訂正

鱗生東鄉矔　宋本鄉作卿非案文七年正義引世本作鄉段玉裁云鄉即向也

守生小司寇鱣　毛本守誤安

向帶爲大宰　宋本淳熙本岳本足利本帶作帶與石經合釋文云本又作帶案說文無帶字而經典帶字時有如此作者

今公室卑而不能正　毛本公誤宮

書曰宋殺大夫山　宋本淳熙本岳本足利本殺下有其字石經此處缺依字數而論亦當有其字也

左師二司寇二宰遂出奔楚　閩本二司作三司誤也

樂豫爲司馬　閩本樂誤欒

向戌　石經宋本岳本閩本監本戌作戌是也

十一月會吴于鍾離　閩本監本毛本脱于字

春秋左傳注疏卷二十七挍勘記

附釋音春秋左傳注疏卷第二十八 成十六年盡十八年

杜氏注　孔穎達疏

經十有六年春王正月雨木冰 無傳記寒過節冰封著樹○雨木冰如字公羊傳曰雨而木冰也舊子付反著直畧反 [疏]正月雨木冰○正義曰正月今之仲冬時猶有雨未是盛寒雨下即著樹爲冰記寒甚之過其節度公羊穀梁皆云雨而木冰是冰封著樹也今世時有之皆寒甚所致也○夏四月辛未滕子卒 不書名未同盟 ○鄭公子喜帥師侵宋 喜穆公子子罕也 ○六月丙寅朔日有食之 無傳 ○晉侯使欒黶來乞師 將伐鄭黶欒書子○黶於斬反徐於玷反 [疏]注黶欒書子○正義曰十八年悼公之入黶尚爲公族大夫此時欒書尚在黶未爲卿而得名見經者襄二十九年鄭公孫段未爲卿而見經杜云蓋以攝卿行然則此亦當以攝卿故書 ○甲午晦晉侯及楚

子鄭伯戰于鄢陵楚子鄭師敗績 楚師未大崩楚子傷目而退故曰楚子敗績鄢陵鄭地今屬潁川郡○鄢謁晩反又於建反 [疏]注楚師至敗績○正義曰此戰楚師未至於敗而楚子身傷故書楚子敗績也泓之戰宋公傷股師亦敗績故書師敗而不書宋公敗也君將不言帥師以君重於師也戰陳以師相敵死亡既多舉師爲重故師敗君傷者唯書師敗而已不復書君身敗也劉炫又云若君將被殺獲者爲重既書師敗又書殺獲即韓之戰獲晉侯大棘之戰獲華元雞父之戰獲胡沈之君是也 楚殺其大夫公子側 側子反背盟無禮卒以敗師故書名 ○秋公會晉侯齊侯衛侯宋華元邾人于沙隨 沙隨宋地梁國寧陵縣北有沙隨亭 不見公 不及鄢陵戰故不諱者恥輕於執止 [疏]注不及至執止○正義曰諸公被執者皆諱不書執此會晉侯不肯見公不諱之者公爲國內有故不及戰期雖不見公非公之罪是爲恥輕於執止故直書之以示諫公之意冀公改過無後犯及歸書公至自會以無罪不諱故依法告廟也 公至自會 無傳 ○公會尹

子晉侯齊國佐邾人伐鄭 尹子王卿士子爵 ○曹伯歸自京師 爲晉侯所赦故書歸諸侯歸國或書名或不書名或言歸自某或言自某歸無傳義例從告辭 ○九月晉人執季孫行父舍之于苕丘 苕丘晉地舍之苕丘明不以歸不稱行人非使人○苕音條使所吏反 [疏]注苕丘至使人○正義曰昭十三年晉人執季孫意如以歸此言舍之苕丘明其不以歸也大夫因使被執無罪者則書行人以見無罪於時行父從公伐鄭在軍見執雖則無罪不稱行人以其非使人故也季孫意如得釋而歸書意如至自晉此行父得釋不書至者釋例曰賈氏以爲書執行父舍于苕丘言失其所不書至者刺晉聽讒執之示已無罪也案傳四之苕丘以別晉都無義例也公待于鄆與行父俱歸厭於公尊故不書行父至耳若欲示無罪則宜於執見義今既直書其執處絶不書至乃所以示終於見執非示無罪也穀梁以行父至不致者爲公在故與杜義合也 冬十月乙亥叔孫僑如出奔齊 公未歸命國人逐之 ○十有二月乙丑季孫行父及

晉郤犨盟于扈 晉許魯平故盟 ○公至自會 無傳伐而以會致史異文 ○乙酉刺公子偃 魯殺大夫皆言刺義取於周禮三刺之法○刺本又作刺七賜反爾雅云刺殺也

傳十六年春楚子自武城使公子成以汝陰之田求成于鄭 汝水之南近鄭地○近附近之近 鄭叛晉子駟從楚子盟于武城 爲晉伐鄭起 ○夏四月滕文公卒○鄭子罕伐宋 滕宋之與國鄭因滕有喪而伐宋故傳舉滕侯卒侵伐經傳異文經從告傳言實他皆放此 宋將鉏樂懼敗諸汋陂 敗鄭師也樂懼戴公六世孫將鉏樂氏族○鉏仕魚反徐音在魚反汋七藥反徐音酌一音市藥反陂彼宜反 [疏]注樂懼至氏族○正義曰樂懼是戴公六世孫世本有文也將鉏爲樂氏之族不知所出杜譜於樂氏之下樂鉏將鉏爲一人傳無樂鉏之文不知其故何也 退

舍於夫渠不儆宋師不儆備。夫音扶儆京領反鄭人覆之敗諸汋陵獲將鉏樂懼宋恃勝也汋陵夫渠汋陵皆宋地。覆徐敷目反一音扶又反又芳又反○衛侯伐鄭至于鳴鴈爲晉故也鳴鴈在陳留雍丘縣西北。爲于僞反○晉侯將伐鄭范文子曰若逞吾願諸侯皆叛晉可以逞逞快也晉厲公無道三郤驕故欲使諸侯叛冀其懼而思德若唯鄭叛晉國之憂可立俟也欒武子曰不可以當吾世而失諸侯必伐鄭乃興師欒書將中軍士燮佐之代荀庚【疏】欒書至燮佐之○正義曰晉語云鄢陵之役晉伐鄭荆救之欒武子將上軍范文子將下軍與此異者彼孔晁注云上下中軍之上下也傳曰欒書將中軍士燮佐之又曰欒范以其族夾公行引此爲正是彼謂分中軍爲二將將上而佐將下郤錡將上軍代士燮荀偃佐之代郤錡偃荀庚子韓厥將下軍郤至佐新軍荀罃居守荀罃下軍佐於是郤犨代趙旃將新軍新上下軍罷矣。守手又反【疏】注荀罃至罷矣○正義曰十三年傳云韓厥將下軍荀罃佐之又此年末傳云知武子將下軍郤犨將新軍是其文也三年作六軍其新三軍將佐六人皆賞鞌之功死亡不復存至此唯有韓厥在耳郤至佐新軍不言中下是新軍唯一知新上下軍於是罷矣郤犨如衛遂如齊皆乞師焉欒黶來乞師孟獻子曰有勝矣卑讓有禮故知其將勝楚戊寅晉師起鄭人聞有晉師使告于楚姚句耳與往句耳鄭大夫與往非使也爲先歸張本○句古侯反與音預使所吏反楚子救鄭司馬將中軍子反令尹將左子重右尹子辛將右公子壬夫過申子反入見申叔時叔時老在申○過古禾反曰師其何如

對曰德刑詳義禮信戰之器也器猶用也德以施惠刑以正邪詳以事神義以建利禮以順時信以守物民生厚而德正財足則思無邪○邪似嗟反注皆同用利而事節動不失利則事得其節時順而物成羣生得所上下和睦周旋不逆動順理求無不具下應上○應應對之應各知其極無二心故詩曰立我烝民莫匪爾極烝衆也極中也詩頌言先王立其衆民無不得中正○烝之承反注同【疏】注烝衆至中正○正義曰烝衆釋詁文極中常訓也詩頌思文之篇美后稷之德周語云昔我先王世后稷故杜以先王言之言先王后稷立其衆人無不得其中正也當堯之末洪水滔天人不粒食皆失其正性后稷教人耕稼以養之各復本性故無不得中正也是以神降之福時無災害民生敦厖和同以聽敦厚也厖大也○厖莫降反【疏】注敦厚厖大也○正義曰皆釋詁文也言人之生計若財物足皆豐厚而多大管子曰倉廩實而知禮節衣食足而知榮辱讓生於有餘爭生於不足是其人生厚大則心和而聽上命也莫不盡力以從上命致死以補其闕闕戰死者此戰之所由克也今楚內棄其民不施惠而外絕其好義不建利○好呼報反瀆齊盟不詳事神○瀆徒木反而食話言信不守物○話戶快反奸時以動禮不順時周四月今二月妨農業○奸音干本或作干【疏】注禮不至農業○正義曰沈氏云晉亦奸時所以無天殃者以鄭既有罪晉人討之楚黨有罪之鄭故獨謂之奸時而疲民以逞刑不正邪而苟快意○疲本亦作罷音皮下注同【疏】注刑不至快意○正義曰魯語曰大刑用甲兵其次用斧鉞故大者陳之原野小者致之朝市則征伐之刑刑之大者刑不正邪而苟快意正謂伐晉是也此六句言楚無上六事隨便而言故與上不次服虔以外絕其好爲刑不正邪也食話言爲義不建利也疲民以逞爲信不守物也杜以食話言

是言之不信也快意征伐是刑之失所也故不從舊說。**民不知信進退罪也人恤所底。其誰致死**底至也。底徐音旨又之履反〔疏〕注底至也。正義曰底聲近至故爲至也在上之信不著於人號令無常動情恣意或乍東乍西或欲遲欲速每事如此不可測量人不知信進退獲罪人人各憂其身不知性命所至誰肯致死戰也**子其勉之吾不復見子矣**言其必敗不反。復見一本無復字復扶又反〔疏〕對曰至子矣。正義曰叔時此對首尾相成先舉六名云戰之器也言有此六事乃可以戰若器用然也自德以施惠至信以守物辨六事施用之處也自民生厚至所由克言能用六事得戰勝之意也自今楚內棄其民至疲民以逞言楚不行六事也民不知信以下言楚必敗之意也德者得也自得於心美行之大名有大德者以德撫人是德用之以施恩惠也有姦邪者斷以刑罰是刑用之以正邪辟也詳者祥也古字同耳釋詁云祥善也李巡曰祥福之善也事神得福乃名爲祥是祥用之以事神也義者宜也物皆得宜利乃生焉故義所以生立利益也禮者履也其所踐履當識時要故禮所以順時事也言而無信物將散矣故信所以守羣物也人君用此道以撫下民民之生計豐厚財用足則民之德皆正矣德謂人之性行論語云民德歸厚矣即是正也此一句覆上德以施惠由上施恩惠故民生計豐厚也財用有利益而每事得節飢則有食寒則有衣其事皆得節矣此一句覆上義以建利也政不擾民時節皆順春種夏耨而物得成矣此一句覆上禮以順時也自上及下和睦相親周旋運轉不有違逆上之所求下無不具下民自知其中無復二心故詩美先王成立我之衆民無不於女先王得其中正言先王善養下民使得中也自上下和睦以下至莫匪爾極揔論在上德義禮三事以教於下則在下之人皆無邪惡以信自守即包上刑以正邪信以守物二句也聖王先成於民而後致力於神民旣如此是以明神下之福祐時無水旱災害此覆上詳以事神也故下民生計皆豐厚而多大人皆和同其心以聽進止無不盡己之力以從上命戰陳之上有被殺傷者皆致其死命以補其空闕之處此戰之所由得而勝也今楚內棄其國內之民不行施惠是無德也外絕其鄰國之好不得其利是無義也與晉結盟而復背之貫瀆齊同之盟是無詳也與人要言今背其語食消善言是無信也夏之二月農事正煩奸犯時節而動兵伐人是無禮也晉人無罪苟欲伐之疲勞下民以快己欲是無刑也六事皆無是無器也無器而戰其可

勝乎上若有信民知所適上既無信不知所從從前言則違後令從後令則背前言人既不知在上之信其進與退皆得罪也人人憂其所至不知已之性命將至何處其誰肯致死而戰也子其勉力爲之此行也必敗吾不復得見子矣知其必死與之長訣也**姚句耳先歸子駟問焉對曰其行速過險而不整速則失志**不思慮也**不整喪列志失列喪將何以戰楚懼不可用也五月晉師濟河聞楚師將至范文子欲反曰我僞逃楚可以紓憂**紓緩也。喪息浪反下同紓音舒**夫合諸侯非吾所能也以遺能者我若羣臣輯睦以事君多矣武子曰不可六月晉楚遇於鄢陵范文子不欲戰郤至曰韓之戰惠公不振旅**衆散敗也在僖十五年。遺唯季反下注問遺也同輯又作集音同亦七入反**箕之役先軫不反命**死於狄也在僖三十三年**邲之師荀伯不復從**荀林父奔走不復故道在宣十二年。從徐子容反音或如字**皆晉之恥也子亦見先君之事矣**見先君成敗之事**今我辟楚又益恥也文子曰吾先君之亟戰也有故**亟數也。亟去吏反數所角反**秦狄齊楚皆彊不盡力子孫將弱今三彊服矣**齊秦狄**敵楚而已唯聖人能外內無患自非聖人外寧必有內憂**驕亢則憂患生也。亢苦浪反**盍釋楚以爲外懼乎甲午晦楚晨壓晉軍而陳**壓笮其未備。盍戶臘反壓於甲反徐於輒反陳直覲反下及注皆同笮側百反**軍吏患之范匄趨進**匄士燮子。匄本又作丐古害反**曰塞井夷**

竈，陳於軍中而疏行首（疏行首者，當陳前決開營壘爲戰道。○行，戶郎反，一音如字，注同。壘，力軌反。）。晉、楚唯天所授，何患焉？」文子執戈逐之，曰：「國之存亡，天也，童子何知焉？」欒書曰：「楚師輕窕，固壘而待之，三日必退。退而擊之，必獲勝焉。」郤至曰：「楚有六間，不可失也。其二卿相惡（子重、子反。○窕，勑彫反，又勑弔反。惡，如字，又烏路反。），王卒以舊（罷老不代。○卒，子忽反，下皆同。），鄭陳而不整（不整列。），蠻軍而不陳（蠻夷從楚者不結陳。），陳不違晦（晦，月終，陰之盡。故兵家以爲忌。〔疏〕注「晦月至忌」。○正義曰：日爲陽精，月爲陰精。兵尚殺害，陰之道也。行兵貴月盛之時，晦是月終，陰之盡也，故兵家以晦爲忌，不用晦日陳兵也。昭二十三年七月戊辰晦，吳敗楚師于雞父，吳犯兵忌而戰勝者，杜云「違兵忌，晦戰，擊楚所不意」，彼知楚有可敗之機，晦是兵家所忌，原楚之情，必以吳爲不動，故以晦日掩之，擊楚不備故也。），在陳而囂（囂，喧嘩也。○囂，許驕反，徐讀曰嗷，五高反，注及後同。喧，本又作諠，況元反。嘩，本又作譁，音華。），合而加囂（陳合宜靜而益有聲。），各顧其後，莫有鬭心（人恤其所底。），舊不必良，以犯天忌，我必克之。」

楚子登巢車以望晉軍（巢車，車上爲櫓。○巢，說文作轈，云兵車高如巢以望敵也。字林同。櫓音魯。〔疏〕注「巢車，車上爲櫓」。○正義曰：說文云：「轈，兵高車，加巢以望敵也。」櫓，澤中守草樓也。是巢與櫓俱是樓之別名。）。子重使大宰伯州犁侍于王後（州犁，晉伯宗子，前年奔楚。○大宰音泰，官名大者多同，以意求之。）。王曰：「騁而左右，何也？」（騁，走也。）曰：「召軍吏也。」「皆聚於中軍矣。」曰：「合謀也。」「張幕矣。」曰：「虔卜於先君也。」（虔，敬也。○幕音莫。）「徹幕矣。」曰：「將發命也。」「甚囂，且塵上矣。」曰：「將塞

十六　春秋疏卷二十八　七

井夷竈而爲行也。」（夷，平也。○上，時掌反。行，戶郎反，下夾公行同。）「皆乘矣，左右執兵而下矣。」曰：「聽誓也。」（左，將帥。右，車右。○乘，繩證反，下同。將，子匠反，下去將同。帥，所類反，下元帥同。〔疏〕注「左將帥，右車右」。○正義曰：兵車爲元帥，在中，御者在左也。其餘將帥皆御者在中，將帥在左也。左右執兵而下，唯御者持車不下耳。）「戰乎？」曰：「未可知也。」「乘而左右皆下矣。」曰：「戰禱也。」（禱，請於鬼神。○禱，丁老反，或丁報反。）伯州犁以公卒告王（公，晉侯。）。苗賁皇在晉侯之側，亦以王卒告（賁皇，楚鬬椒子，宣四年奔晉。○賁，扶云反。）。皆曰：「國士在，且厚，不可當也。」（晉侯左右皆以伯州犁在楚，知晉之情，且謂楚衆多，故憚合戰，與苗賁皇意異。○憚，徒旦反。〔疏〕注「晉侯至意異」。○正義曰：服虔以此「皆曰」之文在州犁、賁皇之下，解云：「賁皇、州犁皆言曰晉、楚之士皆在君側，且陳厚，不可當。」以爲州犁言晉彊，賁皇言楚彊，故云皆曰也。若如服言，賁皇既言楚不可當，何故復請分良以擊其左右？故杜不用其說，晉侯左右皆爲此言，以憚伯州犁耳。）苗賁皇言於晉侯曰：「楚之良在其中軍王族而已，請分良以擊其左右，而三軍萃於王卒（萃，集也。○萃，似醉反。），必大敗之。」公筮之，史曰：「吉。其卦遇復䷗（震下坤上，復。無變。〔疏〕注「震下至無變」。○正義曰：說卦震爲雷，坤爲地。復象曰：「雷在地中，復。」服虔云：「復，反也。陰盛於上，陽動於下，以喻小人作亂於上，聖人興道於下，萬物復萌，制度復理，故曰復也。」其筮六爻無變者，故言其所遇之卦而已。），曰『南國蹙，射其元王，中厥目』。（此卜者辭也。復，陽長之卦，陽氣起子，南行推陰，故曰南國蹙也。南國勢蹙，離受其咎，離爲諸侯，又爲目，陽氣激南，飛矢之象，故曰射其元王中厥目。○蹙，子六反。射，食亦反，注及下射之同。中，丁仲反，注同。長，丁丈反。激，古狄反。〔疏〕注「此卜至厥目」。○正義曰：此實筮也，而言卜者，卜筮通言耳。此既不用周易而別爲之辭，蓋卜筮之書更有此類，筮者據而言耳。服虔以爲陽氣觸地射出爲射之象，杜以陽氣激南爲飛矢之象，二者無所依馮，各以意說

春秋疏卷二十八　八

得失終於無驗，是非無以可明，今以杜言離爲諸侯者，案禮器云「大明生於東，君西酌犧象」，鄭玄云「象日出東方而西行也」。詩邶柏舟鄭箋云「日，君象也」。說卦「離爲日」，故爲諸侯。

國蹴王傷，不敗何待？」公從之。從其言而戰。有淖於前，淖，泥也。淖乃孝反，徐徒較反。乃皆左右相違於淖。違辟也。步毅御晉厲公，欒鍼爲右。步毅即郤毅。彭名御楚共王，潘黨爲右。石首御鄭成公，唐苟爲右。欒、范以其族夾公行，二族強，故在公左右。共音恭。夾古洽反。疏注「二族至左右」。正義曰：劉炫云：「族者，屬也。屬謂中軍，以中軍夾公耳，非謂宗族之兵。」今知非者，杜云「二族」者，順傳之文，無明言宗族之事，劉誣杜以爲宗族，妄規其過，非也。陷於淖。欒書將載晉侯，鍼曰：「書退！國有大任，焉得專之？在君前，故子名其父。大任謂元帥之職。焉於虔反。疏「國有至專之」。正義曰：言國有元帥之大任，何得專意廢之而爲御也。注「在君至其父」。正義曰：曲禮曰「父前子名，君前臣名」，鄭玄云「對至尊無大小皆相名」。以君至尊，爲在君前，故子名其父。且侵官，冒也；載公爲侵官。冒，莫報反，徐莫北反。失官，慢也；去將而御，失官也。離局，姦也。遠其部曲爲離局。離，力志反，注同。遠，于萬反。有三罪焉，不可犯也。」乃掀公以出於淖。掀，舉也。掀，徐許言反，云捧轂舉之，則公軒起也。一曰掀，引也，胡根反，一音虛斤反，字林云舉出也，火氣也，又丘近反。疏注「掀舉也」。正義曰：說文云「掀，舉出也」。公在於淖，知掀當訓爲舉也。癸巳，潘尫之黨與養由基蹲甲而射之，徹七札焉。黨，潘尫之子。蹲，聚也。一發達七札，言其能陷堅。尫，烏黃反。之黨，一本作潘尫之子黨，案注云「黨，潘尫之子」也，則傳文不得有子字，古本此及襄二十三年申鮮虞之傳摯皆無子字。蹲，在尊反，徐又在損反，一音才官反。札，側入反，徐側乙反。疏「潘尫之黨」。正義曰：潘尫之子其名爲黨，襄二十三年「申鮮虞之傳摯」，辭與此同，古人爲文略言耳。以示王，曰：「君有二臣如此，何憂於

戰？」二子以射夸王。夸，苦瓜反。王怒曰：「大辱國。賤其不尚知謀。知音智。詰朝爾射，死藝。」言女以射自多，必當以藝死也。詰朝猶明朝，是戰日。朝如字，注同。女音汝。呂錡夢射月，中之，退入於泥。呂錡，魏錡。射，食亦反，下至使射呂錡皆同。占之，曰：「姬姓，日也；周世姬姓尊。異姓，月也，異姓卑。必楚王也。射而中之，退入於泥，亦必死矣。」錡自入泥，亦死象。中，丁仲反，下及注皆同。及戰，射共王，中目。王召養由基，與之兩矢，使射呂錡，中項，伏弢。弢，弓衣。項，戶講反。弢，他刀反。以一矢復命。言一發而中。郤至三遇楚子之卒，見楚子，必下，免胄而趨風。疾如風。楚子使工尹襄問之以弓，問，遺也。疏注「問，遺也」。正義曰：遺人以物謂之爲問。問弦多以琴，問子貢以弓，論語云「問人於他邦」，皆是也。曰：「方事之殷也，殷，盛也。有韎韋之跗注，君子也。韎，赤色。跗注，戎服，若袴而屬於跗，與袴連。韎，莫拜反，又音妹，徐莫蓋反。跗，方于反。注之樹反。袴，苦故反。屬，章玉反。疏注「韎赤至袴連」。正義曰：鄭玄詩箋云：「韎，茅蒐染也。韎，聲也。」韋昭云：「茅蒐，今絳草也。急疾呼茅蒐成韎也。」茅蒐即今之蒨也。賈逵云：「一染曰韎。」釋器云：「一染謂之縓。」謂一入赤，爲淺赤色也。跗注，兵戎之服，自要以下而注於脚跗，謂屬袴於下與跗相連。周禮司服：「凡兵事，韋弁服。」鄭玄云：「韋弁以韎韋爲弁，又以爲衣裳。晉郤至衣韎韋之跗注是也。」鄭以跗當爲幅，謂裁韋若布帛之幅，相縫屬。鄭言以爲衣裳，則衣裳不連。聘禮「君使卿韋弁歸饔餼」，鄭玄云：「其服蓋韎布以爲衣而素裳。」鄭以彼非戎事，當爲素裳，明衣裳不連。跗，杜言連者，謂要脚連耳。若然，在軍之服，其色皆同耳，謂「均服振振」，上下同色。郤至與衆同服，所以獨見識者，禮法雖有此服，軍士未必盡然，郤至服必鮮華，故楚王偏識之。識見不穀而趨，無乃傷乎？」恐其傷。郤至見客，免胄承命，曰：「君之外臣至從寡君之戎事，以君之靈，

間蒙甲冑，間猶近也。近如字，一本或作與，音預。不敢拜命。介者不拜。介音界。〔疏〕注介者不拜。正義曰：曲禮云：介者不拜，爲其拜而蓌拜。鄭玄云：蓌則失容節，蓌猶笮也，慮其笮甲折。敢告不寧君命之辱，以君辱賜命，故不敢自安。〔疏〕注以君至自安。正義曰：劉炫以爲楚王云無乃傷乎，恐其傷也，答云敢告不寧，告其身不傷耳。魏犨云不有寧也，以傷爲寧，此與魏犨相似。今知不然者，案傳二十八年魏犨云以君之靈不有寧也，謂不有被傷以自寧也。知不與彼同者，以彼云不有寧，謂不有損傷，此直云不寧，既無有字，又先無被傷之狀，與魏犨不同也。案檢杜注，敢告不寧君命之辱，宜連讀之。若敢告不寧別自爲句，則君命之辱一句零行，無所依附，故知與彼不同。劉君不尋此意，以爲與魏犨相似而規杜，非也。爲事之故，敢肅使者。言君辱命來問，以有軍事不得答，故肅使者。肅，手至地，若今撎。爲，于僞反。使，所吏反，注及下同。撎，伊志反，揖也。字林云：擧首下手也。〔疏〕注言君至今撎。正義曰：周禮大祝辨九拜，九曰肅拜。鄭司農云：肅拜，但俯下手，今時撎是也。說文云：撎，擧首下手也。其勢如今揖之小別。晉宋儀注：貴人待賤人，賤人拜，貴人撎。

三肅使者而退。晉韓厥從鄭伯，從，逐也。其御杜溷羅曰：「速從之！其御屢顧，不在馬，可及也。」韓厥曰：「不可以再辱國君。」乃止。二年鞌戰，韓厥已辱齊侯。溷，戶昏、戶本二反。郤至從鄭伯，其右茀翰胡曰：「諜輅之，余從之乘而俘以下。」從遣輕兵單進以距鄭伯車前，而自後登其車以執之。茀，府勿反。翰，徐音韓。諜音牒。輅，五嫁反。乘，繩證反。輕，遣政反，又如字。〔疏〕注欲遣至執之。正義曰：說文云：諜，軍中反間也。兵書有反間之法，謂詐爲敵國之人，入其軍中，伺候間隙，以反告己軍，今謂之細作人也。此欲令諜迎鄭伯，則非一人細作。於時鄭伯退走，故杜以爲輕兵單進，遶鄭伯之前，遮距鄭伯，使鄭伯前視輕兵，不復顧後，得自後登其車以執之也。鄭軍亂走，輕兵獨出其間，亦諜之類，故翰胡得以諜言之。郤至曰：「傷國君有刑。」亦止。石首曰：「衞懿公唯不去其旗，是以敗於熒。」乃內

旌於熒中。熒戰在閔二年。去，起呂反。熒，戶扃反。旌音精。〔疏〕內旌於熒中。正義曰：旌謂鄭伯所建之旗。熒是盛旌之囊也。周禮全羽爲旞，析羽爲旌，謂空建鳥羽者也。但九旗竿首皆有析羽，故旌爲之總名。故此傳鄭伯與子重所建皆以旌言之。其鄭伯所建當是交龍之旂，子重所建當是熊虎之旗。周禮中秋教治兵，辨旗物，諸侯載旂，軍吏載旗。鄭玄云：軍吏，諸軍帥也。凡旌旗，有軍衆者畫異物，無者帛而已。子重爲將，自然當建熊虎之旗。唐苟謂石首曰：「子在君側，敗者壹大。我不如子，子以君免，我請止。」乃死。敗者壹大，謂軍大崩也。言石首亦君之親臣，而就御與車右不同，故首當御君以退，己當死戰。楚師薄於險，薄，迫也。叔山冉謂養由基曰：「雖君有命，爲國故，子必射。」王有死藝命。冉，如炎反。爲，于僞反。射，食亦反。乃射，再發，盡殪。叔山冉搏人以投，中車，折軾。晉師乃止。言二子皆有過人之能。發如字，徐音廢。殪，於計反。搏音博。中，丁仲

反。所之設反，又市制反。軾音式。囚楚公子茷。爲郤至見譖張本。茷，扶廢反。〔疏〕四楚公子茷。正義曰：晉語謂之王子發鉤，蓋一名一字也。欒鍼見子重之旌，請曰：「楚人謂夫旌，子重之麾也。彼其子重也。日臣之使於楚也，子重問晉國之勇，臣對曰：『好以衆整。』曰：『又何如？』又問其餘。夫音扶。麾，許危反。日，人實反。使，所吏反，下免使者同。好，呼報反，下及注皆同。臣對曰：『好以暇。』暇，閒暇。閒音閑。今兩國治戎，行人不使，不可謂整；臨事而食言，不可謂暇。食好整之言。使，所吏反，又如字。請攝飲焉。」攝，持也。持飲往飲子重。往飲，於鴆反。公許之。使行人執榼承飲，造于子重，承，奉也。榼，苦臘反。造，七報反。曰：「寡君乏使，使鍼御持矛。御，侍也。是以不得犒從

者使某攝飲于重曰夫子嘗與吾言於楚必是故也不亦識乎。知其以往言好暇故致飲。犒苦報反從才用反受而飲之免使者而復鼓免脫也。復扶又反注及下同旦而戰見星未已子反命軍吏察夷傷夷亦傷也【疏】注夷亦傷也。正義曰服虔云金創爲夷杜以戰用五兵唯殳無刃所言傷者皆刃傷也何須於此獨辨金木故知夷亦傷也復言之耳補卒乘補死亡。乘繩證反下同繕甲兵繕治也展車馬展陳也。陳如字雞鳴而食唯命是聽復欲戰晉人患之苗賁皇徇曰蒐乘補卒蒐閱也。徇似俊反蒐所留反秣馬利兵秣穀馬也。秣音末脩陳固列固堅也。陳直覲反又如字蓐食申禱申重也。蓐音辱重直用反明日復戰乃逸楚囚逸縱也。縱子用反王聞之召子反謀

穀陽豎獻飲於子反子反醉而不能見穀陽子反內豎。見賢遍反【疏】注穀陽子反內豎。正義曰鄭玄云豎未冠者之名故杜以爲內豎也案呂氏春秋云荊共王與晉厲公戰于鄢陵荊師敗共王傷臨戰司馬子反渴而求飲豎陽穀操酒而進之子反曰却酒也豎陽穀曰非酒也子反曰却酒也豎陽穀又曰非酒也子反受而飲之子反之爲人也嗜酒甘而不能絕於口醉戰既罷共王欲復戰而謀使召司馬子反子反辭以心疾共王駕往視之入幄中聞酒臭而還曰今日之戰不穀親傷所恃者司馬也而司馬又若此不穀無與復戰矣於是遂罷師去之斬司馬子反以爲戮與此不同者傳依簡牘本紀彼采傳聞異辭所說既殊其文亦異王曰天敗楚也夫余不可以待乃宵遁晉入楚軍三日穀食楚粟三日也。夫音扶三日穀本或作三日館穀誤也范文子立於戎馬之前曰君幼諸臣不佞佞才也。君幼本或作君幼弱何以及此君其戒之戒勿驕周書曰惟命不于常有

德之謂周書康誥言勝無常命唯德是與【疏】注周書至是與。正義曰周公稱成王之命告康叔以此言也唯上天之命不常於一人也言善則得之惡則失之唯有德者於是與之楚師還及瑕瑕楚地王使謂子反曰先大夫之覆師徒者君不在謂子玉敗城濮時王不在軍。覆芳服反子無以爲過不穀之罪也子反再拜稽首曰君賜臣死死且不朽王引過亦所以責子反臣之卒實奔臣之罪也子重復謂子反曰初隕師徒者而亦聞之矣盍圖之聞子玉自殺終二卿相惡。卒從此已前皆子忽反隕于敏反盍戶臘反對曰雖微先大夫有之大夫命側側敢不義言以義命已不敢不受【疏】雖微至不義。正義曰微無也縱使雖無先大夫有此舊事今大夫將義命已敢不以爲之義乎側亡君師敢忘其

死王使止之弗及而卒戰之日齊國佐高無咎至于師無咎高固子衛侯出于衛公出于壞隤壞隤魯邑齊衛皆後非獨魯明晉以衛如故不見公。壞戶怪反徐音懷隤徒回反【疏】衛侯至壞隤。正義曰出于衛者已出衛竟也公出於壞隤始從壞隤而出猶未出魯竟下云公待於壞隤設守而後行是出國止於壞隤更從壞隤而出宣伯通於穆姜穆姜成公母欲去季孟而取其室季文子孟獻子。去起呂反將行穆姜送公而使逐二子公以晉難告會晉伐鄭。難乃旦反曰請反而聽命姜怒公子偃公子鉏趨過二子公庶弟。鉏仕居反【疏】注二子公庶弟。正義曰沈氏云以刺公子偃不云弟故也指之曰女不可是皆君也言欲廢公更立君。女音汝公待於壞隤申宮儆備申勑宮備。儆京領反設

守而後行是以後。後晉楚戰期守手又反使孟獻子守于公宮秋會于沙隨謀伐鄭也鄭伯未服宣伯使告郤犨曰魯侯待于壞隤以待勝者觀晉楚之勝負郤犨將新軍且爲公族大夫以主東諸侯主齊魯之屬取貨于宣伯而訴公于晉侯訴譖也晉侯不見公○曹人請于晉曰自我先君宣公即位在十三年國人曰若之何憂猶未弭弭息也既葬國人皆將從子臧所謂憂未息○弭亡氏反而又討我寡君前年晉侯執曹伯以亡曹國社稷之鎮公子謂子臧逃奔宋是大泯曹也泯滅也先君無乃有罪乎言今君無罪而見討得無以先君故若有罪則君列諸會矣諸侯雖有篡弑之罪侯伯已與之會則不復討前年會于戚曹伯在列盟畢乃執之故曹人以爲無罪○篡初患反弑音試復扶又反下及下文復請同【疏】注諸侯至無罪○正義曰諸侯篡立當由天子但春秋之世王政不行若篡弑而立則侯伯既列於會便是已成爲君臣人○得殺之鄰國不得復討往年爲戚之會主爲討曹但晉侯既列於會盟畢乃始執之故曹人以爲無罪也宣元年會于平州以定公位齊非侯伯而得公位定者縱非侯伯乃是彊鄰既得與會即爲黨援晉若討魯齊必救之於是晉國竟不伐魯是由會齊而公位遂定也君唯不遺德刑遺失也多以伯諸侯豈獨遺諸敝邑敢私布之爲曹伯歸不以名告傳○伯如字又音霸【疏】注爲曹至告傳○正義曰諸侯被執及歸或名或否雖從告辭傳不爲例但諸侯尊貴不斥其名曲禮曰諸侯不生名諸侯失地名滅同姓名是諸侯稱名者是罪責之事彼告者亦量其事之善否惡之則以名告故釋例曰蔡侯般弑父自立楚子欲顯行刑誅以章伯業誘而殺之蔡人深怨故稱名以告春秋從而書之是告者謂其有罪則稱名以告謂其無罪則告不以名此曹人訴君無罪晉侯從而釋之言其無罪而歸故晉人不以名告下云晉

侯謂子臧反吾歸而君是晉人告其歸也此傳說曹伯無罪是爲經不以名告之傳也○七月公會尹武公及諸侯伐鄭將行姜又命公如初復欲使公逐季孟公又申守而行諸侯之師次于鄭西我師次于督揚不敢過鄭督揚鄭東地○守手又反下注同過古臥反又古禾反○子叔聲伯使叔孫豹請逆于晉師豹叔孫僑如弟也僑如於是遂作亂豹因奔齊【疏】注豹叔至奔齊○正義曰此時七月也至十月而僑如奔齊昭四年傳稱穆子去叔孫氏及庚宗遇婦人使私爲食而宿焉後生豎牛適齊娶於國氏生孟丙仲壬乃云宣伯奔齊穆子饋之則似豹在齊多年僑如始往故服虔以爲叔孫豹先在齊矣此時從國佐在師聲伯令人就齊師使豹豹不忘宗國聞白國佐爲魯請逆杜不然者若豹以前在齊則非復魯臣聲伯正可因之以請不得云聲伯使豹聲伯安得專使背叛之臣也又聲伯豈無魯人可使而崎嶇艱險遠使他國之人乎今傳言聲伯使豹明在魯軍得爲聲伯使耳下云聲伯食使者而後食不言食豹而言食

使者明豹因請逆遂即不還還者豹之介耳於時魯師在鄭從鄭向齊塗出於魯豹必過魯乃去故得宿於庚宗彼傳因言宿於庚宗遂說娶於國氏生二子耳二子之生必在僑如奔後豹之還魯雖無歸年而襄二年始見於經豎牛已能奉雉故杜以爲此年去彼年歸故下注云傳因言其終爲食於鄭郊師逆以至聲伯戒叔孫以必須所逆晉師至乃食聲伯四日不食以待之食使者使者豹之介○食使音嗣使所吏反注同介音界下文敢介大國同而後食。言其忠也○而後食一本作聲伯而後食○諸侯遷于制田滎陽宛陵縣東有制澤知武子佐下軍武子荀罃以諸侯之師侵陳至于鳴鹿陳國武平縣西南有鹿邑遂侵蔡未反侵陳蔡不書公不與○與音預諸侯遷于潁上戊午鄭子罕宵軍之宋齊衛皆失軍將主與軍相失宋衛不書後也○將子匠反【疏】注將主至後也○正義曰服虔以失軍爲失其軍壘傳稱諸侯遷于潁上子罕宵軍

之則軍諸侯之管不軍其輜重安得爲失軍權也故杜以爲將主與軍相失謂夜裏逆散相失耳此諸侯即伐鄭之諸侯也經書公會尹子晉侯齊國佐邾人伐鄭不書宋衛傳言宋衛皆失軍則宋衛在矣在而不書後至故也 曹人復請于晉晉侯謂子臧反吾歸而君以曹人重子臧故 子臧反曹伯歸子臧自宋還 子臧盡致其邑與卿而不出不出仕 ○宣伯使告郤犨曰魯之有季孟猶晉之有欒范也政令於是乎成今其謀曰晉政多門不可從也政不由君 寧事齊楚有亡而已蔑從晉矣蔑無也 若欲得志於魯請止行父而殺之行父季文子也 我斃蔑也蔑孟獻子時留守公宮○斃婢世反 而事晉蔑有貳矣魯不貳小國必睦不然歸必叛矣

九月晉人執季文子于苕丘公還待于鄆鄆魯西邑東郡廩丘縣東有鄆城○廩力甚反 使子叔聲伯請季孫于晉郤犨曰苟去仲孫蔑而止季孫行父吾與子國親於公室親魯甚於晉公室○去起呂反下同 對曰僑如之情子必聞之矣聞其淫慝情○慝吐得反下文同 若去蔑與行父是大棄魯國而罪寡君也若猶不棄而惠徼周公之福使寡君得事晉君則夫二人者魯國社稷之臣也若朝亡之魯必夕亡以魯之密邇仇讎仇讎謂齊楚○夫音扶朝如字 疏若朝至夕亡○正義曰朝亡之謂朝失蔑與行父也魯必夕亡謂亡屬他國也下云亡而爲讎是欲棄晉而屬齊楚 亡而爲讎治之何及言魯屬齊楚則還爲晉讎 郤犨曰吾爲子請邑對曰嬰齊魯之常隸也隸賤官○爲于僞反 敢介大國以求厚焉介因也 承寡君之命以請承奉也 若得所請吾子之賜多矣又何求范文子謂欒武子曰季孫於魯相二君矣二君宣成○相息亮反 妾不衣帛馬不食粟可不謂忠乎信讒慝而棄忠良若諸侯何子叔嬰齊奉君命無私不受郤犨請邑○衣於既反食舊如字對上句應作嗣音 謀國家不貳謂四日不食以堅事晉 圖其身不忘其君辭邑不食皆先君而後身 若虛其請是棄善人也子其圖之乃許魯平赦季孫冬十月出叔孫僑如而盟之僑如奔齊諸大夫共盟以僑如爲戒

十二月季孫及郤犨盟于扈歸刺公子偃偃與鉏俱爲姜所指而獨殺偃○偃與與音預 召叔孫豹于齊而立之近此七月聲伯使豹請逆於晉聞魯人將討僑如豹乃辟其難先奔齊生二子而魯乃召之故襄二年豹始見經傳於此因言其終○難乃旦反見賢遍反 ○齊聲孟子通僑如聲孟子齊靈公母宋女 使立於高國之閒位比二卿 僑如曰不可以再罪奔衛亦閒於卿傳亦終言僑如之佞○閒徐音閒廁之閒讀者或如字 ○晉侯使郤至獻楚捷于周與單襄公語驟稱其伐伐功也 疏晉侯至其伐○正義曰周語稱郤至見召桓公與之語召桓公與告單襄公非郤至自與襄公語也襄公論郤至將死荅召桓公語耳非語諸大夫也其文與此小異其意與此大同周語詳而此傳略先賢或以爲國語非丘明所作爲其或有與傳不同故也驟稱其伐謂數數自伐其功周語說郤至自伐之言多矣其辭不可具載

單子語諸大夫曰温季其亡乎温季郤至。語魚據反〔疏〕温季其亡乎。正義曰周語單襄公答召桓公云人有言曰兵在頸者其郤至之謂乎郤至之失乃曰以吾觀之兵在其頸不可久也位於七人之下佐新軍位八人〔疏〕位於七人之下。正義曰此時欒書將中軍士燮佐之郤錡將上軍荀偃佐之韓厥將下軍荀罃佐之郤犫將新軍郤至佐之是位在七人之下。而求掩其上稱己之伐掩上功。〔疏〕注稱己至上功。正義曰周語曰郤至自稱已有大功欲求晉國之政召桓公謂之曰吾子則賢矣晉國之舉不失其次吾懼政之未及子也至謂召桓公曰何次之有先大夫荀伯以下軍之佐以爲政趙宣子未有軍行而以爲政今變伯自下軍往是三子也吾又過之無不及也若佐新軍而以之爲政不亦可乎將必求之是掩上功。怨之所聚亂之本也多怨而階亂何以在位怨爲亂階夏書曰怨豈在明不見是圖逸書也不見細微也。見賢遍反又如字注同〔疏〕夏書至可乎。正義曰夏書五子之歌第一章也其

爲人所怨者豈必在明白之處乎其於人所不見當於是圖謀之此書之言將謂愼其細小之事者也今乃明明言之道己欲掩其上此事甚明其可乎言必不可也杜不見古文故云逸書將愼其細也今而明之其可乎言郤至顯稱己功所以明怨咎

經十有七年春衞北宮括帥師侵鄭括成公曾孫。括古活反○夏公會尹子單子晉侯齊侯宋公衞侯曹伯邾人伐鄭晉未能服鄭故假天子威周使二卿會之晉爲兵主而猶先尹單尊王命也單伯稱子蓋降爵○六月乙酉同盟于柯陵柯陵鄭西地。柯古河反○秋公至自會無傳○齊高無咎出奔莒○九月辛丑用郊無傳九月郊祭非禮明矣書用郊從史文〔疏〕注九月至史文。正義曰傳例啓蟄而郊今九月郊祀是非禮明矣公羊傳曰用者何用者不宜用也九月非所用郊也穀梁傳曰夏之始可以承春以秋之末承春之始蓋不可矣九月用郊用者不宜用也賈逵以二傳爲說諸書用者不宜用也釋例曰辛丑用郊文異而且明不發傳因時史之辭非聖賢意也劉賈以爲諸言用皆不宜用反於禮者也施之用郊似若有義至於用幣用鄫子諸若此此皆當須書用以別所用者也若不言用則事敘不明所謂辭窮非聖人故造此用以示義也且諸過祀三望之類奚獨皆不書用邪案左氏傳用幣于社傳曰得禮冉有用矛於齊師孔子以爲義無不宜用之例也且明云我師豈欺我哉

○晉侯使荀罃來乞師無傳將伐鄭。○冬公會單子晉侯宋公衞侯曹伯齊人邾人伐鄭鄭猶未服故也○十有一月公至自伐鄭無傳○壬申公孫嬰卒于貍脤十一月無壬申日誤也貍脤闕。貍力之反脤市軫反。〔疏〕注十一至脤闕。正義曰杜長麻推十一月丁亥朔六日壬辰十六日壬寅二十六日壬子十日丙申二十二日戊申不知壬申二字何者爲誤長麻云公羊穀梁傳及諸儒皆以爲十月十五日也十月庚午圍鄭十三日也推至壬申誠在十五日然據傳曰十一

月諸侯還自鄭壬申至于貍脤而卒此非十月分明誤在日也又杜於土地之篇凡有地名二十六所不知所在之國貍脤即是其一不知是何國之地故直云闕也杜又稱舊說曰壬申十月十五日貍脤魯地也傳曰十月庚午圍鄭則二日未得及魯竟也釋例又曰魯大夫卒其竟內則不書地傳稱季平子行東野卒于房是也以此益明貍脤非魯地矣以下有十二月丁巳朔逆而推之故諸舊說皆以壬申爲十月十五日也公羊穀梁傳以爲待公至然後卒大夫故十月之日書在十一月之下於左傳則不通故杜以爲日誤。十有二月丁巳朔日有食之無傳○邾子貜且卒無傳五同盟。貜俱縛反徐居碧反且子餘反〔疏〕注五同盟。正義曰貜且以文十四年即位宣十七年盟于斷道成二年于蜀五年于蟲牢七年于馬陵九年于蒲十五年于戚此年于柯陵凡七同盟而云五者沈以杜數同盟之例但有君盟者不數大夫之盟此二年盟蜀十七年盟柯陵皆邾之大夫故不數之劉炫幷數二盟而規其過非也○晉殺其大夫郤錡郤犫郤至○楚人滅舒庸

傳十七年春王正月鄭子駟侵晉虛滑〔虛滑晉二邑滑故滑國爲秦所滅時屬晉後屬周○虛起居反〕疏 注虛滑至屬周○正義曰傳三十三年秦人滅滑經書入則是滅而不有不知滅後屬何國也此言侵晉知此時屬晉耳襄十八年傳楚公子格侵費滑胥靡注云胥靡鄭邑不言費滑杜意當以費滑爲周邑也然則若是周邑當言侵周以別之定六年傳稱鄭伐周馮滑胥靡爾時胥靡亦爲周邑蓋費滑胥靡周鄭之間襄時屬鄭定時屬周衞北宮括救晉侵鄭至于高氏〔不書救以侵告高氏在陽翟縣西南〕夏五月鄭大子髡頑侯獳爲質於楚〔侯獳鄭大夫○髡苦門反獳乃侯反質音致〕楚公子成公子寅戍鄭○公會尹武公單襄公及諸侯伐鄭自戲童至于曲洧〔今新汲縣治曲洧城臨洧水○戲許宜反洧于軌反治直吏反〕疏 注洧水○正義曰釋例云洧水出滎陽密縣西北陽城山東南至潁川長平縣入潁○晉范文子反自鄢陵〔前年鄢陵戰還〕使其祝宗祈死〔祝宗主祭祀祈禱者〕曰君驕侈而克敵是天益其疾也難將作矣愛我者惟祝我使我速死無及於難范氏之福也六月戊辰士燮卒〔傳言厲公無道故賢臣憂懼因禱自裁○侈尺氏反又尸氏反難乃旦反下同祝之又反〕疏 注傳言至自裁○正義曰劉炫以爲士燮及昭子之卒適與死會非自殺今知非者以傳云使祝宗祈死又云祝我使我速死無及於難是其欲死之意叔孫昭子心懷憂懼亦與此同身皆並卒故知自裁若其二人之死適與死會春秋之内唯有兩人願死何得身死皆與相當故杜斟酌傳文以爲自殺劉以爲偶然而死以規杜失非也何休膏肓以爲人生有三命有壽命以保度有隨命以督行有遺命以摘暴未聞死可祈也故杜以爲因禱自裁也傳記此事者欲見厲公無道賢臣憂懼○乙酉同盟于柯陵尋戚之盟也〔戚盟在十五年〕○楚子重救鄭師于首止諸侯還〔畏楚强〕○齊慶克通于聲孟子與婦人蒙衣乘輦而入于閎〔慶克慶封父蒙衣亦爲婦人服與婦人相冒閎巷門○輿如字徐音預閎音宏冒亡報反〕疏 于閎○正義曰釋宮云宮中衖謂之壼衖門謂之閎孫炎曰衖舍間道也李巡曰閎衖頭門也鮑牽見之以告國武子〔鮑牽鮑叔牙曾孫○〕武子召慶克而謂之慶克久不出〔慙臥於家夫人所以怪之〕而告夫人曰國子讁我〔讁譴責也○讁直革反譴遣戰反○〕夫人怒國子相靈公以會〔會伐鄭○相息亮反下相施氏同〕高鮑處守〔高無咎鮑牽○守手又反〕及還將至閉門而索客〔蒐索備姦人○索所白反注同〕孟子訴之曰高鮑將不納君而立公子角國子知之〔角頃公子○頃音傾〕秋七月壬寅刖鮑牽而逐高無咎無咎奔莒高弱以盧叛〔弱無咎子盧高氏邑刖音月又五刮反〕齊人來召鮑國而立之〔國牽之弟文子〕初鮑國去鮑氏而來爲施孝叔臣施氏卜宰匡句須吉〔卜立家宰○句其俱反〕施氏之宰有百室之邑與匡句須邑使爲宰以讓鮑國而致邑焉施孝叔曰子實吉對曰能與忠良吉孰大焉鮑國相施氏忠故齊人取以爲鮑氏後仲尼曰鮑莊子之知不如葵葵猶能衞其足〔葵傾葉向日以蔽其根言鮑牽居亂不能危行言孫○知音智向許亮反本又作嚮行下孟反〕○冬諸侯伐鄭〔前夏未得志故〕十月庚午圍鄭楚公子申救鄭師于汝上十一月諸侯還〔不書圍畏楚救不成〕

圍而還〔疏〕汝上。正義曰：釋例云汝水出南陽魯縣大蓋山，東北至河南梁縣，東南經襄城、潁川、汝南，至汝陰褒信縣入淮。○初，聲伯夢涉洹，洹水出汲郡林慮縣，東北至魏郡長樂縣入清水。洹音桓，一音恒，今上俗音表慮力於反，樂音洛，下樂平同。或與已瓊瑰食之，瓊，玉。瑰，珠也。食珠玉，含象。瓊，求營反。瑰，古回反。含，戶暗反，本亦作唅。〔疏〕注瓊玉至含象。正義曰：瓊是玉之美者。廣雅云：玫瑰，珠也。吕靖韻集云：玫瑰，火齊珠也。含者或用玉，或用珠，故夢食珠玉爲含象也。詩毛傳云：瓊瑰，石而次玉。禮緯：天子含用珠，諸侯用玉，大夫用碧。此聲伯得有瓊瑰者，案周禮天子含用玉，則禮緯之文未可全依，或可珠玉兼有，故釋例云珠玉曰含。泣而爲瓊瑰，盈其懷，淚下化爲珠玉滿其懷。從而歌之曰：「濟洹之水，贈我以瓊瑰。歸乎歸乎，瓊瑰盈吾懷乎！」從，就也。夢中爲此歌。懼不敢占也。還自鄭，壬申，至于貍脤而占之，曰：「余恐死，故不敢占也。

今衆繁而從余三年矣，無傷也。」言之，之莫而卒。繁猶多也。傳戒數占夢。○莫音暮。數，所角反。〔疏〕今衆至傷也。正義曰：聲伯之意，以初得此夢謂凶在已，懼不敢占。今衆既繁多而從余三年，余之此夢凶災散在衆人，不在已也，故云無傷。○齊侯使崔杼爲大夫，使慶克佐之，帥師圍盧。討高弱。杼，直吕反。國佐從諸侯圍鄭，以難請而歸。請於諸侯。難，乃旦反，下及注同。遂如盧師，殺慶克，以穀叛。疾克淫亂，故殺之。齊侯與之盟于徐關而復之。十二月，盧降。使國勝告難于晉，待命于清。勝，國佐子。使以高氏難告晉，齊欲討國佐，故留其子於外。清，陽平樂縣。是爲明年殺國佐傳。○降，下江反。〔疏〕待命于清。正義曰：欲遣國勝告難，故令待進止之命在于清地，非是使還待命。○晉厲公侈，多外嬖。外嬖，愛幸大夫。○嬖，必計反。反自鄢陵，欲盡去羣大夫，而立其左右。終如士燮言。○反自鄢陵，本作自鄢陵。去，起吕反。胥童以胥克之廢也，怨郤氏，童，胥克之子。宣八年，郤缺廢胥克。而嬖於厲公。郤錡奪夷陽五田，五亦嬖於厲公。郤犨與長魚矯爭田，執而梏之，梏，械也。○矯，居表反。梏，古毒反。械，戶戒反。與其父母妻子同一轅。繫之車轅。既，矯亦嬖於厲公。欒書怨郤至，以其不從已而敗楚師也，欲廢之。鄢陵戰，欒書欲固壘，郤至言楚有六間以取勝也。使楚公子茷告公曰：「此戰也，郤至實召寡君。鄢陵戰，晉囚公子茷以歸。以東師之未至也，齊、魯、衛之師。與軍帥之不具也，曰『此必敗』，荀罃佐下軍居守，郤犨將新軍乞師，故言不具。○帥，所類反。守，手又反。吾

因奉孫周以事君。」孫周，晉襄公曾孫悼公。君，楚王也。〔疏〕注孫周至悼公。正義曰：晉世家云：悼公周者，其先祖父捷，晉襄公少子也，不得立，號爲桓叔。桓叔生惠伯談，談生悼公周。是周爲襄公曾孫也。公告欒書，書曰：「其有焉。不然，豈其死之不恤，而受敵使乎？謂鄢陵戰時楚子問郤至以弓。○使，所吏反。君盍嘗使諸周而察之。」嘗，試也。○盍，戶臘反。使，所吏反，又如字。郤至聘于周，欒書使孫周見之。公使覘之，信。覘，伺也。○覘，勑廉反。伺音司，又絲嗣反。遂怨郤至。厲公田，與婦人先殺而飲酒，後使大夫殺。傳言厲公無道，先婦人而後卿佐。郤至奉豕，進之於公。寺人孟張奪之，寺人，奄士。郤至射而殺之。公曰：「季子欺余。」季子，郤至。公反以爲郤至奪孟張豕。○射，食亦反。厲公將作難，胥童曰：「必

先三郤族大多怨去大族不偪不偪公室。偪彼力反下同敵多怨有庸討多怨者易有功。易以豉反公曰然郤氏聞之郤錡欲攻公曰雖死君必危郤至曰人所以立信知勇也信不叛君知不害民勇不作亂失兹三者其誰與我死而多怨將安用之言俱死無用多其怨咎。知音智下同君實有臣而殺之其謂君何我之有罪吾死後矣若殺不辜將失其民欲安得乎言不得安君位待命而已受君之祿是以聚黨有黨而爭命爭死命也罪孰大焉傳言郤至無反心壬午胥童夷羊五帥甲八百將攻郤氏八百人也長魚矯請

無用衆公使清沸魋助之沸魋亦嬖人。沸甫味反魋徒回反抽戈結衽衽裳際。衽而甚反徐音而鴆反而僞訟者僞與清沸魋訟三郤將謀於榭榭講武堂【疏】注榭講武堂。正義曰楚語云榭不過講軍實焉是榭爲講武堂傳言將謀於榭似仍未至榭猶在塗也下云殺駒伯苦成叔於其位位所坐之處則已至榭矣三郤處公殺已謀欲自安未及謀而已死故云將耳非謂未至榭也或可將謀於榭是未至榭故杜云位所坐處也謂當時隨便所坐之處故長魚矯得僞訟而殺之若已至榭不應就榭僞訟矯以戈殺駒伯苦成叔於其位位所坐處也駒伯郤錡苦成叔郤犨。處昌慮反溫季曰逃威也遂趨郤至本意欲稟君命而死今矯等不以君命而來故欲逃凶賊爲害故曰威言可畏也或曰畏當爲藏矯及諸其車以戈殺之皆尸諸朝陳其尸於朝胥童以甲劫欒書中行偃於朝矯曰不殺二子憂必及君

公曰一朝而尸三卿余不忍益也對曰人將忍君人謂書與偃。一朝如字【疏】一朝而尸三卿。正義曰一朝謂一旦也晉語說此事一旦而尸三卿不可益也臣聞亂在外爲姦在內爲軌御姦以德德綏遠。軌本又作宄音同御魚呂反下同御軌以刑刑治近也不施而殺不可謂德臣偪而不討不可謂刑德刑不立姦軌並至臣請行遂出奔狄行去也。施如字或式豉反公使辭於二子辭謝書與偃也曰寡人有討於郤氏郤氏既伏其辜矣大夫無辱其復職位胥童劫而執之故云辱也皆再拜稽首曰君討有罪而免臣於死君之惠也二臣雖死敢忘君德乃皆歸公使胥童

爲卿公遊于匠麗氏匠麗嬖大夫家欒書中行偃遂執公焉召士匄士匄辭辭不往也召韓厥韓厥辭曰昔吾畜於趙氏孟姬之讒吾能違兵畜養也違去也韓厥少爲趙盾所待養及孟姬之亂晉將討趙氏而厥去其兵示不與黨言此者明己無所偏助孟姬亂在八年。去起呂反下同少詩照反古人有言曰殺老牛莫之敢尸而況君乎二三子不能事君焉用厥也尸主也。焉於虔反○舒庸人以楚師之敗也敗於鄢陵舒庸東夷國。道吳人圍巢伐駕圍釐虺巢駕釐虺楚四邑。道音導下及注同駕如字一音加釐力之反虺許鬼反遂恃吳而不設備楚公子橐師襲舒庸滅之○閏月乙卯晦欒書中行偃殺胥童以其劫己

故○橐他洛反民不與郤氏胥童道君爲亂故皆書曰晉殺其大夫厲公以私欲殺三郤而三郤死不以無罪書偃以家怨害胥童而胥童受國討文明郤氏失民胥童道亂宜其爲國戮〔疏〕注厲公至國戮○正義曰厲公以私欲殺三郤則三郤無罪經應直云晉殺其大夫不應稱名也又胥童爲欒書中行偃所殺乃直是兩下相殺今經書二者並爲國討之文故傳解之言民不與郤氏郤氏有罪也胥童道君爲亂胥童有罪也故皆書曰晉殺其大夫以二者據其死狀皆非國討故傳正其二者之罪解其並爲國討之意劉炫云杜言三郤不以無罪書正謂不書盜書盜即無罪也胥童之死本非國家所殺故特言胥童受國討文其實傳意并論郤氏受國討故云皆書曰晉殺其大夫也杜又云郤氏失民胥童道亂乃總釋傳並言二者皆爲國討之意也

經十有八年春王正月晉殺其大夫胥童傳在前年經在今春從告○庚申晉弒其君州蒲不稱臣君無道○齊殺

其大夫國佐國武子也○公如晉○夏楚子鄭伯伐宋宋魚石復入于彭城傳例曰以惡入也彭城宋邑今彭城縣○復扶又反○公至自晉○晉侯使士匄來聘○秋杞伯來朝○八月邾子來朝○築鹿囿築墻爲鹿苑○囿音又○己丑公薨于路寢○冬楚人鄭人侵宋子重先遣輕軍侵宋故稱人而不言伐○輕遣政反○晉侯使士魴來乞師○魴音房○十有二月仲孫蔑會晉侯宋公衞侯邾子齊崔杼同盟于虛朾虛朾地闕○虛起居反朾他丁反○丁未葬我君成公

傳十八年春王正月庚申晉欒書中行偃使程滑弒厲公程滑晉大夫葬之于翼東門之外以車一乘言不以君禮葬諸侯葬車七乘○乘繩證反注同也〔疏〕注言不至七乘○正義曰周禮大行人上公貳車九乘侯伯七乘子男五乘謂生時副貳之車也其送葬亦當如之今唯一乘是不以君禮葬也以晉是侯爵故指言侯禮七乘耳諸侯各依命數不是皆七乘也襄二十五年傳齊人葬莊公下車七乘杜以特言七乘明七非舊制故彼注云齊舊依上公禮九乘以齊嘗爲侯伯因而用九九非侯之正法故此以正言之使荀罃士魴逆周子于京師而立之悼公周也生十四年矣大夫逆于清原周子曰孤始願不及此雖及此豈非天乎言有命也抑人之求君使出命也立而不從將安用君二三子用我今日否亦今日共而從君神之所福也傳言其少有才所以能自固○少詩照反對曰

羣臣之願也敢不唯命是聽庚午盟而入與諸大夫盟館于伯子同氏晉大夫家館舍也辛巳朝于武宮武宮曲沃始命君〔疏〕辛巳朝于武宮○正義曰服虔本作辛未晉語亦作辛巳孔晁云以辛未盟入國辛巳朝祖廟取其新也案晉語稱庚午大夫逆于清原傳云庚午盟而入逆日即盟非辛未也傳與晉語皆言辛巳朝于武宮服本自誤耳孔晁強欲合之非也逐不臣者七人夷羊五之屬也周子有兄而無慧不能辨菽麥故不可立菽大豆也豆麥殊形易別故以爲癡者之候不慧蓋世所謂白癡○菽音叔易以豉反別彼列反癡勑疑反○齊爲慶氏之難前年國佐殺慶克○爲于僞反難乃旦反故甲申晦齊侯使士華免以戈殺國佐于內宮之朝華免齊大夫內宮夫人宮〔疏〕注華免齊大夫至人宮○正義曰杜世族譜於齊國雜人之中有華免而無士字此注以華免爲大夫則士者爲士官也○官掌刑故

故使殺國佐也於夫人之宫有朝羣妾之處故云內宫之朝蓋齊侯召入與語而殺之 師逃于夫人之宫伏兵內宫恐不勝 書曰齊殺其大夫國佐棄命專殺以穀叛故也國佐本疾淫亂殺慶克齊以是討之嫌其罪不及死故傳明言其三罪之 使清人殺國勝勝國佐子前年待命于清者 國弱來奔弱勝之弟 王湫奔萊湫國佐黨○湫子小反徐子鳥反萊音來 慶封爲大夫慶佐爲司寇封佐皆慶克子 既齊侯反國弱使嗣國氏禮也佐之罪不及不祀 ○二月乙酉朔晉侯悼公即位于朝朝廟五日而即位也厲公殺絕故悼公不以嗣子居喪○殺音試 疏 注朝廟至居喪○正義曰辛巳距乙酉五日先定所脩之政待朔旦而後施之故五日也晉語云正月乙酉公即位孔晁云二月即位言正月者記者誤也厲公被殺而嗣絕故悼公自外而入即位之日即命百官施布政教與居喪即位其禮不同釋例曰厲公見殺悼

公自外紹立本非君臣無喪制也若然禮喪服小記云與諸侯爲兄弟者服斬鄭玄云謂卿大夫以下也與尊者爲親不敢以輕服服之言諸侯者明雖在異國猶來爲三年也計厲是文公之曾孫悼。文公之玄孫有緦麻之親法當服斬而云無喪制者悼之父祖去晉適周與本親隔絕無往來恩義厲旣見殺悼即被迎迎之以爲晉君即與厲公體敵且葬厲公以車一乘國內尚不以爲君不可責悼公服斬也縱使當爲之斬絕而別立亦非嗣矣 始命百官始爲政 施舍已責施恩惠舍勞役止逋責○施舍如字一音始豉反逋布吳反 逮鰥寡惠及微○鰥古頑反 振廢滯起舊德 匡乏困救災患匡亦救也 禁淫慝薄賦斂宥罪戾宥寬也○慝他得反斂力驗反宥音又戾力計反 節器用節省也○省所景反下同 時用民使民以時 欲無犯時不縱私欲○縱本亦作從子用反 使魏相士魴魏頡趙武爲卿相魏錡子魴士會子頡魏顆子武趙朔子此四人其父祖皆有勞於晉國○相息亮反頡戶結反顆苦果反 疏 注相魏至晉國○正義曰晉語云使呂宣子佐下軍曰邲之役呂錡佐知莊子於下軍獲楚公子穀臣與連尹襄老以免其子鄢陵之役親射楚王而敗楚師以定晉國而無後其子不可不崇也使彘共子將新軍曰武子季文子之母弟也武子宣法以定晉國文子勤身以定諸侯二子之德其可忘乎故以彘季屏其宗使令狐文子佐之曰昔克潞之役秦來圖敗晉功魏顆以身退秦。于輔氏親止杜回其勳銘于景鍾至于今不忘其子不可不興也彼言呂宣子魏相也彘共子士魴也令狐文子魏頡也又曰呂宣子卒公以趙文子能恤大事使佐下。軍趙武父祖功名顯著故不復序之是四人父祖皆有勞於晉國 荀家荀會欒黶韓無忌爲公族大夫使訓卿之子弟共儉孝弟無忌韓厥子○孝弟音悌本亦作悌 疏 荀家至孝弟○正義曰晉語云欒伯請公族大夫公曰荀家惇惠荀會文敏黶也果敢無忌鎮靖膏粱之性難正也故使惇惠者教之文敏者道之果敢者諗之鎮靖者修之使茲四人者爲公族大夫也公族大夫職掌教誨故使訓卿之子弟令之共儉孝悌也晉語云韓獻子老使公族穆子受事于朝辭曰厲公之亂無忌備公族弗能死孔晁云備公族大夫則韓無忌先爲公族大

夫今言使爲之者悼公始命百官更改新授之 使士渥濁爲大傅使脩范武子之法渥濁士貞子武子爲景公大傅○渥於角反 疏 使士渥至時使○正義曰晉語云君知士貞子之帥志博聞而宣惠於教也使爲大傅知右行辛之能以數宜物定功也使爲司空知欒糾之能御以和於政也使爲戎御知荀賓之有功力而不暴也使爲戎右是四人者皆公知其能而使之耳范武子爲大傅孤也士蔿爲司空卿也皆前世能者其法可遵故使二大夫居其官而脩其法也二人皆是大夫非孤卿也 右行辛爲司空使脩士蔿之法辛將右行因以爲氏士蔿獻公司空也○行戶郎反蔿于委反將子匠反下軍將同 疏 注辛將至爲氏○正義曰傳二十八年晉作三行三十一年即罷之以爲五軍其置三行無多年歲彼云屠擊將右行未知此人即屠擊之子孫也爲是其祖代屠擊也正以荀林父將中行遂以中行爲氏故謂此人之先將右行因以爲氏耳 弁糾御戎校正屬焉弁糾欒糾也校正主馬官○弁皮彥反本又作卞同糾居黝反校戶孝反注同 疏 注弁糾至馬官○正義曰以晉語知是欒糾也周禮大御御官

之長別有戎僕掌御戎車春秋征伐之世以御戎爲重此御戎當是御之尊者校正當周禮校人校人掌王馬之政襄九年傳曰命校正出馬知是主馬之官也周禮校人不屬大御此蓋諸侯兼官或是悼公新法此傳所言諸官皆不得與周禮同也。**使訓諸御知義**，戎士尚節義也。疏注戎士尚節義。正義曰此訓諸御謂諸是御車之人設令國有千乘乘有一御皆令此官教之戎士尚節義故訓之使知義如羊斟之徒是不知義也周禮校人主養馬耳不知御車此言校正屬焉乃云訓御蓋令校正助御戎訓御。**荀賓爲右司士屬焉**，司士車右之官。疏注司士車右之官。正義曰周禮司士掌羣臣之版以詔王治其職非車右之類不得屬車右也周禮有司右上士也掌羣右之政凡國之勇力之士能用五兵者屬焉其下更有戎右中大夫齊右下大夫道右上士此三右或官尊於司右而司右掌其政令春秋之世車右爲尊此司士蓋周禮司右之類爲車右屬官服虔以爲司士主右之官謂司右也。**使訓勇力之士時使**，勇力皆車右也勇力多不順命故訓之以共時之使。共音恭本亦作供下文同。疏注勇力至之使。正義曰所訓勇力之士皆謂爲車

右者也設令國有千乘乘有一右摠使此官訓之勇力之士失於遲暴如魏犨之徒不順上命故訓之使共時之使不犯法也。**卿無共御立軍尉以攝之**，省卿戎御令軍尉攝御而已。省所景反令力呈反。疏卿無至攝之。正義曰卿謂軍之諸將也若梁餘子養御罕夷解張御郤克之類往前恒有定員掌共卿御今始省其常員唯立軍尉之官臨有軍事使兼攝之令軍尉兼卿御也。**祁奚爲中軍尉羊舌職佐之魏絳爲司馬**，魏犨子也。**張老爲候奄鐸遏寇爲上軍尉籍偃爲之司馬**，偃籍談父爲上軍司馬。鐸待洛反遏於葛反徐音謁。**使訓卒乘親以聽命**。相親以聽上命。卒子忽反乘繩證反下及注皆同。**程鄭爲乘馬御六騶屬焉使訓羣騶知禮**。程鄭荀氏別族乘馬御乘車之僕也六騶六閑之騶周禮諸侯有六閑馬乘車尚禮容故訓羣騶使知禮。騶側留反。疏祁奚至知禮。正義曰晉語云公知祁奚之果而不淫也使爲元尉知羊舌職之聰敏肅給也

使佐之知魏絳之勇而不亂也使爲元司馬知張老之知而不詐也使爲元候知鐸遏寇之共敬而信彊也使爲輿尉知籍偃之惇帥舊職而共儉也使爲輿司馬知程鄭端而不淫且好諫而不隱也使爲贊僕晉語皆稱其才而用之善公之知人也言元尉元司馬元候者此皆中軍之官元大也中軍尊故稱大也輿尉輿司馬者皆上軍官也輿衆也官與諸軍同故稱衆也從車者爲卒在車者爲乘使此中軍與上軍尉司馬各教其軍之士卒使相親以聽在上之命。注程鄭至知禮。正義曰荀氏別族世本有文周禮齊僕下大夫掌馭金路以賓朝覲宗遇饗食皆乘金路杜言乘馬御乘車之僕則當彼齊僕也晉語謂之贊僕當時之官名耳周禮掌馬之官無名騶者襄二十三年傳稱豐點爲孟氏之御騶則騶亦御之類月令季秋天子乃教田獵命僕夫七騶咸駕載旌旐則騶是主駕之官也鄭玄云七騶謂趣馬主爲諸官駕說者也周禮趣馬下士掌駕說之頒是騶爲主駕之官駕車以共御者程鄭爲乘馬御御之貴者故令掌駕之官亦屬之校人職云良馬三乘爲皁皁一趣馬趣馬下士三皁爲繫繫一馭夫馭夫中士六繫爲廄廄一僕夫僕夫上士天子十有二閑邦國六閑鄭玄云每廄爲一閑閑有二百一十六匹如彼計之每廄有趣馬十八人六閑之騶有一百八人皆屬程

鄭而使總領之也戎車貴彊力乘車尚禮容故訓羣騶使知禮令教馬進退使合禮法也校人乘馬一師四圉三乘爲皁皁一趣馬三皁爲繫繫一馭夫六繫爲廄廄一僕夫六廄成校校有左右天子十二閑馬六種邦國六閑馬四種家四閑馬二種鄭玄云每廄爲一閑二百二十六匹易乾爲馬此應乾之策也校有左右則天子良馬五種各有四百三十二匹合一千二百六十匹駑馬三之四百三十二匹則千二百九十六匹合三千四百五十六匹詩云騋牝三千舉大數也玉路駕種馬戎路駕戎馬金路駕齊馬象路駕道馬田路駕田馬駑馬給宮中之役邦國六閑四種去種戎其齊道田各用一閑駑馬三之則千二百九十六匹大夫四閑二種去齊道田馬一閑駑馬三之則八百六十四匹四匹一師也十二匹一趣馬也三十六匹一馭夫也二百一十六匹一僕夫也。**凡六官之長皆民譽也**。大國三卿晉時置六卿爲軍帥故摠舉六官則知羣官無非其人。長丁丈反帥所類反下之帥爲帥皆同也。疏凡六至譽也。正義曰上已歷言諸官特爲公所知者更復摠言所任皆得其人於時晉立六卿卿名下名有統領羣官非一凡六官之在民上爲長者皆是有德有能之人是民所褒譽者也使魏相以下至程鄭爲乘馬御以上凡有八條之官魏相等

為卿一也荀家等為公族大夫二也士渥濁為大傅三也右行辛為司空四也弁糾為御戎五也荀賓為右六也祁奚為中軍尉至籍偃為司馬七也程鄭為乘馬御八也自公族大夫以下七條各云使為某事而卿下不云使者以卿摠攝羣職非偏主一事故也公族大傅司空不云某官屬焉者以其當官自主更無餘官來屬其祁奚為中軍尉及羊舌職張老魏絳鐸遏寇籍偃雖是數官摠為一條使訓卒乘親以聽命此唯有中軍上軍無下軍之官者蓋時下軍無闕不別立其官故也其卿無共御立軍尉以攝之一句為下祁奚為中軍尉肩緒也大略所敎皆尊官在前卑官在後○注大國至其人○正義曰大國三卿是正法當時晉置六卿為三軍之將佐皆是帥也於是晉又更置新軍凡有四軍八卿但新軍或置或廢故傳不數之耳六官之長非獨卿身乃謂其下凡為人之長者皆有民之美譽故摠舉六官則知羣官無非其人者也舉不失職官不易方官守其業無相踰易疏○舉不至易方○正義曰所舉用者皆堪其官不有失職者也文任文官武任武官其用為官各守其業不踰易其方也若文人為武武人為文則違方易務不能守其業矣爵不踰德量德授爵師不陵正旅不偪

師正軍將命卿也師二千五百人之帥也旅五百人之帥也言上下有禮不相陵偪疏注正軍至陵偪正義曰傳言不陵不偪者皆謂下不陵偪其上旅卑於師師卑於正知正是軍將命卿也唯舉師旅不相陵偪言上下有禮皆不相陵偪也民無謗言所以復霸也此以上通言悼公所行未必皆在即位之年○復扶又反下及注復入皆同上時掌反疏所以復霸○正義曰霸者把也把持王政鄭玄云天子衰諸侯興故曰霸夏有昆吾商有豕韋大彭周有齊桓晉文此最彊者也故書傳通謂彼五人為五霸耳但霸是彊國為之天子既衰諸侯無主若有彊者即營霸業其數無定限也而何休以霸不過五不許悼公為霸以鄉曲之學足以忩人傳稱文襄之霸襄承文後紹繼其業以後漸弱至悼乃彊故云復霸○公如晉朝嗣君也○夏六月鄭伯侵宋及曹門外曹門宋城門也遂會楚子伐宋取朝郟楚子辛鄭皇辰侵城郜取幽丘同伐彭城朝郟城郜幽丘皆宋邑○取朝如字郟古洽反郜古報反納宋魚石向為人鱗朱向帶魚府焉五子以十五年出奔楚獨書魚石為師告以三百乘戍之而還書曰復入惡其依阻大國以兵威還故書復入○乘繩證反惡烏路反凡去其國國逆而立之曰入謂本無位紹繼而立復其位曰復歸亦國逆○復歸音服一音夫又反諸侯納之曰歸謂諸侯以言語告請而納之有位無位皆曰歸以惡曰復入謂身為戎首稱兵入伐害國殄民者也此四條所以明外內之援辨逆順之辭通君臣取國有家之大例○以惡本或作以惡入曰復入疏凡去至復入○正義曰釋例曰凡去其國者通謂君臣及公子母弟也國逆而立之本無位則稱入本有位則稱復歸齊小白入于齊無位也衛侯鄭復歸于衛復其位也諸侯納之有位無位皆曰歸衛孫林父蔡季是也身為戎首則曰復入晉欒盈是也此所以明外內之援辨逆順之辭故經正魚石衛衎以表舊制傳稱凡例摠而明之也衛人逆公子晉于邢宜稱入善其得衆公子友忠於社稷國人所思焉故閔公為落姑之盟以復之夫衛公子晉絕位而在邢魯之

季子勢弱而出奔咸得民望享國有家是以聖人貴之殊其文也莊六年五國諸侯犯逆王命以納衛朔大其事故字王人謂之子突朔懼有違衆之犯而以國逆告華元實國逆欲挾晉以自助故以外納赴春秋從而書之以示二子之情也韓魏有稱國之彊陳蔡有復國之端故晉趙鞅楚公子比皆稱歸從諸侯納之例言非晉楚之所能制也侯獳愛君以請故曹伯有國逆之辭許始復國故許叔有國逆之文此皆時史因周典以起時事之情也傳例稱諸侯納之曰歸今檢經諸稱納者皆有興師見納之事不須例而自明故但言納而不復言歸也衛侯鄭曹伯負芻皆見執在周晉魯請而復之鄭書歸于衛負芻稱歸自京師所發事同而文異者例意本在於歸不以他文為義也賈氏又以為諸歸國稱所自之國所自之國有力也案楚公子比去晉而不送是無援於外而經書自晉陳侯吳蔡侯廬皆平王所封可謂有力而不言自楚此既明證又春秋稱入其例有二施於師旅則曰不地在於歸復則曰國逆。又以立為例逆而不立則皆非例所以鄭之良霄以寇而入入即見殺而復例之例稱凡去其國明非夫子之制也周敬王王子猛不書出而書入襄王書出而不書入凡自周無出故非春秋舊例也諸在例外稱入直是自外入內記事者常辭義無所取而賈氏雖夫人姜氏之入皆以爲例如此甚多又依放穀梁云稱納者內難之辭因附會諸納爲義至于納北燕伯于陽傳稱因其衆窮不能通乃云時陽守距難故稱納此又無證經書楚人圍陳納頓子于頓則頓國之所欲也北燕伯傳有因衆之文不可言內難也又書納公孫寧儀行父于陳陳縣而見復上下交驩二人雖有淫縱之闕今道楚臣陳賊討君葬威權方盛傳稱有禮理無有難此皆先說之不安也沈氏云國逆而立之曰入唯謂國君知不兼臣者以臣而無位本賤不書故知臣無國逆之例也其復入唯謂臣知者以君雖不君臣不可不臣君若入國臣無違拒之法且杜云身爲戎首稱兵入伐是戎首指臣爲文故知不得兼君也杜所以云四條者通君臣取國有家之大例即是事通君臣者此據大略而言不復曲細爲別也

宋人患之西鉏吾曰何也西鉏吾宋大夫○鉏仕居反徐在居反吾音魚西鉏吾人名也若楚人與吾同惡以德於我吾固事之也不敢貳矣惡謂魚石大國無厭。鄙我猶憾言已事之則以我爲鄙邑猶恨不足此吾患也○厭於鹽反憾戶暗反不然而收吾憎使贊其

政謂不同惡魚石而用之使佐政以間吾釁亦吾患也今將崇諸侯之姦而披其地崇長也謂楚今取彭城以封魚石披猶分也○間如字又間廁之間釁許靳反披普彼反注同長丁丈反疏○不然至吾患○正義曰不然謂不與吾同惡也而收取吾之所憎謂魚石是也使佐其楚國之政以伺間吾之釁隙而侵伐我如此則亦是吾之所患若晉用楚材皆爲楚國之患焉是也以塞夷庚夷庚吳晉往來之要道楚封魚石於彭城欲以絕吳晉之道疏注夷庚至之道○正義曰夷平也詩序云由庚萬物得由其道是以庚爲道也此云以塞夷庚下云而懼吳晉知謂塞吳晉往來之要道也吳晉往來路由彭城楚取彭城以封魚石欲以斷絕吳晉往來之道使其不得往來故吳晉所以懼耳若其不然何其獨云懼吳晉也夷庚止謂吳晉往來之平道耳非山川險難之名故杜土地名不得指其所在逞姦而攜服毒諸侯而懼吳晉隔吳晉之道故懼攜離也疏逞姦而攜服○正義曰逞快也封魚石爲快姦人也攜離也諸侯見楚助賊服從者其心皆離是離其服從者之心吾庸多

矣非吾憂也且事晉何爲晉必恤之言宋常事晉何爲顧有此患難○難乃旦反○公至自晉。晉范宣子來聘且拜朝也拜謝公朝君子謂晉於是乎有禮有卑讓之禮也○秋杞桓公來朝勞公且問晉故公以晉君語之語其德政○勞力報反語魚據反注同杞伯於是驟朝于晉而請爲昏爲平公不徹樂張本疏驟朝于晉○正義曰詩云載驟駸駸○驟是疾行之名從魯即疾朝于晉也○七月宋老佐華喜圍彭城老佐卒焉言所以不克彭城八月邾宣公來朝即位而來見也○見賢遍反○築鹿囿書不時也非土功時○己丑公薨于路寢言道也在路寢得君薨之道疏言道也○正義曰喪大記云君夫人卒於路寢是在路寢得君薨之道也○冬

十一月楚子重救彭城伐宋使偏師與鄭人侵宋子重爲後鎮宋華元如晉告急韓獻子爲政於是欒書卒韓厥代將中軍曰欲求得人必先勤之勤恤其急成霸安彊自宋始矣晉侯師于台谷以救宋台谷地闕○台勑才反一音臺疏成霸安彊○正義曰謂文公成霸安彊自宋爲始言今宋有患不可不救也遇楚師于靡角之谷楚師還畏晉強也靡角宋地晉士魴來乞師將救宋也季文子問師數於臧武仲武仲宣叔之子對曰伐鄭之役知伯實來下軍之佐也知伯荀罃今彘季亦佐下軍彘季士魴○彘直例反如伐鄭可也伐鄭在十七年事大國無失班爵而加敬焉禮也從之從武仲言○十二月

孟獻子會于虛朾謀救宋也宋人辭諸侯而請師以圍彭城不敢煩諸侯故但請其師爲襄元年圍彭城傳孟獻子請于諸侯而先歸會葬○丁未葬我君成公書順也薨于路寢五月而葬國家安靜世適承嗣故曰書順也○適丁歷反

疏書順也○正義曰自此以前莊宣薨于路寢桓莊僖文宣皆書葬矣今於此公薨之下言道也於葬之下言書順也獨發傳者隱桓閔皆爲人所殺僖公薨于小寢文公薨于臺下皆其薨不得道也莊宣雖薨于路寢莊則子般見殺宣則歸父出奔家國不安非是得道順禮唯成公耳故傳於此發之釋例曰魯君薨葬多不順制唯成公薨于路寢五月而葬國家安靜世適承嗣故傳見莊之緩舉成書順以包之是也

附釋音春秋左傳注疏卷第二十八

江西南昌府學栞

春秋左傳注疏卷二十八挍勘記　阮元撰盧宣旬摘録

附釋音春秋左傳注疏卷第二十八成十六年盡十八年

經十六年

雨木冰淳熙本木誤大

喜穆公子子罕也淳熙本穆誤穆

故曰楚子敗績纂圖本子作師非也

若君將被殺獲者爲重宋本爲字上有復以殺獲者五字是也

無傳義例宋本淳熙本天放菴翻岳本足利本作傳無義例是也

於時行父從公伐鄭毛本時誤是

與行父俱歸監本俱誤但

叔孫僑如出奔齊漢書五行志引作喬如

刺公子偃釋文刺作刾云依字作刺案刾俗刺字

傳十六年

敗諸汋陂石經宋本岳本汋作勺釋文同

至于鳴鴈毛本于作於鴈作雁注同

晉侯將伐鄭毛

郤錡將上軍纂圖本毛本郤作郄誤下同

死亡不復存宋本存作補

有勝矣有字上石經旁增晉字此後人妄加也

時順而物成淳熙本物誤物

求無不具　淳熙本具誤吴

注忝衆至中正　以下正義五節在對曰至子矣正義之後宋本揔入子其勉之節注下

昔我先王世后稷　浦鏜云先下誤衍王字據俗本國語云也

敦厚也　宋本無也字與孔疏摘注合

瀆齊盟　惠棟云崔憬易注云瀆古黷字傳皆以瀆爲黷

食話言爲義　毛本話作語宋本義作並皆非也

人恤所底　宋本岳本底作厎與石經合注及正義並同

動靖慆意　閩本監本毛本靖作情非也

有好邪者　盧文弨云好當作姦

詳則祥也　閩本監本毛本則作者是也

財用有科益　閩本財作則亦非宋本監本毛本科作利是也○今改作利

和睦相親　宋本睦下有而字

以補其空闕之處　毛本補作備非

外絶其鄰國之好　毛本鄰作隣俗字

民知所適　毛本知作之誤

人既不知在上之信　宋本閩本監本毛本作上此本誤七今訂正

我若羣臣輯睦以事君多矣　石經若字下旁增退字多矣下旁增又何求三字皆非唐刻惠棟云當是晁公武據蜀石經益之案惠說未確釋文輯作集云又作輯案輯與集同

荀林父奔走　淳熙本奔走誤作三反

范匄趨進　釋文云匄本又作丐史記晉世家注作范丐

注晦月至忌　宋本至下有爲字是也

晦是月終陰之盡也　監本毛本盡作盛非也

在陳而囂　纂圖本監本毛本囂作嚻下同

囂喧嘩也　岳本嘩作譁釋文作諠譁云本又作喧嘩

楚子登巢車以望晉軍　說文引傳作轈車

伯州犁以公卒告王　淳熙本王誤玉

必大敗矣　石經宋本淳熙本岳本纂圖本監本毛本矣作之是也

服虔云復反也　監本服虔云誤作虔云云

爲飛矢之象　毛本矢誤失

是非無以可明　毛本可字空缺

潘黨爲右石首御鄭成公　淳熙本右石二字誤倒

陷於淖　石經陷字上旁有公字乃後人妄增非唐刻也

與養由基　漢書班固東都賦作游基

申鮮虞之傳摯　宋本毛本傳作傅是也

鄭元詩注云　浦鏜云注當作箋是也○今訂正

韎韐也　段玉裁校本韎字上增茅蒐二字是也爾齊人急疾呼茅蒐成韎也

謂要脚連耳　毛本謂作爲非也

識見不穀而趨　案惠棟云識當爲適外傳作屬訓爲適

爲其拜而蓌拜　監本毛本其誤共

又先無被傷之狀　閩本被誤彼

三肅使者而退　淳熙本三作二，非也。

其右茀翰胡曰　按：韋昭國語周語注引作"右弗"，宋庠云：古字通。

周禮全羽爲旞　閩本、監本、毛本旞作旞，非。宋本作旞。○今從宋本。

但九旗竿首　監本、毛本九作凡，誤也。

故旌爲之摠名　毛本爲作謂，非。

已當死戰　宋本、岳本已作已，是也。纂圖本"死戰"二字誤倒。

好以暇　石經初刻無"以"字，後重刊入，故此行十一字。

造于子重　纂圖本、毛本于作於，非。

曰寡君乏使　閩本乏誤之。

注夷亦傷也　宋本無"也"字。

苗賁皇徇曰　閩本、監本徇誤狥。

蓐食申禱　岳本禱作禱，非也。

申重也　監本重誤童。

穀陽豎　史記晉楚世家、呂氏春秋權勳篇、淮南子人間訓作陽穀，與今本異。

晉人楚軍三日穀　監本三誤二。石經"日"字下後人旁加"館"字。注引作"晉師三日館穀"。釋文云：本或作"三日館穀"，誤。國語晉語韋注引作"館"，即釋文所謂或作之本，而"館"從舍作"舘"，尤爲俗劣。

不常於一人也　重修監本一誤明。

亦所以責子反　閩本、監本、毛本"反"下有"也"字，非。

聞子玉自殺　毛本玉作二，非。

申宮儆備　李善注陸士衡豪士賦序引儆作警，說下"儆"下引傳儆宮，文異。

申勑宮備　毛本勑作勅，纂圖本作敕。

是大泯曹也　淳熙本亦作泯，仍石經避諱而改。宋本、岳本、纂圖本、閩本、監本、毛本作泯，是也。注同。○今訂正。

臣人得殺之　閩本殺誤投。宋本"人"下有"不"字。

乃是彊鄰　閩本、監本、毛本彊作疆，非也。

君唯不遺德刑　毛本遺作以，誤。

注爲曹至告傳　閩本脫"注"字。

子叔聲伯　纂圖本、毛本聲作申，非也。

聲伯戒叔孫　監本戒誤臧。

歸必叛矣　顔師古漢書朱博傳注引作畔矣。

待于鄆　惠棟云：京相璠曰：公羊作運。字今東郡廩邱縣東入十里有故運城，即此城也。

使子叔聲伯請季孫于晉　淳熙本孫誤叔。

又何求　石經"求"字改刊，"求"字下後人旁增"焉"字。

赦季孫　石經"赦"字上後人旁增"而"字。

使立於高國之閒　毛本於作于，國作固，並非。

奔衛亦閒於卿　石經"奔"字上有"遂"字，乃後人所增。惠棟云：今本皆脫"遂"字，非確論也。

夏書至可乎　宋本此節正義在"將慎其細也"節注下。

經十七年

曹伯邾人伐鄭　補各本曹師作曹伯，此本誤師，今訂正。

十一月無壬申日誤也　淳熙本誤作許，非也。

六日壬辰　毛本辰誤申。

十月庚午圍鄭　毛本午下重午字非也

貍脤即是其一　毛本是誤知

傳十七年

君驕侈而克敵　李善注于寶晉紀摠論引作君無禮而克敵非

是天益其疾也　纂圖本天作大誤

惟祝我　宋本淳熙本岳本惟作唯與石經合

因禱自裁　纂圖本裁誤言

若其二人之死　閩本監本毛本死作卒

與婦人相冒　毛本冒作肴閩本監本作冐並非

慙臥於家　岳本慙作慚

國牽之弟文子　纂圖本文誤父

卜立冢宰　宋本足利本冢作家是也顧炎武云此施氏之宰家臣也如論語仲弓爲季氏宰之宰解冢宰非炎武未見舊本故也纂圖本卜作下誤○冢今改作家

葵傾葉向日　釋文向作嚮云本亦作向皆俗鄉字

食珠玉含象　釋文云含本亦作唅纂圖本玉誤王

廣雅云政瑰珠也　毛本政作玫亦誤宋本監本作玟是也下同○政今改玟

瓊瑰石而次玉　毛本石誤食

濟洹之水　各本作濟毛本誤齊

言之之莫而卒　詩秦風渭陽正義引作言之至莫而卒毛本莫誤莫

討萇若　宋本淳熙本岳本纂圖本監本毛本若作弱

反自鄢陵　石經反字一行十一字疑初刻無反字釋文云一本又作自鄢陵

爭死命也　宋本淳熙本岳本纂圖本足利本無也字

八百人也　宋本淳熙本岳本纂圖本足利本無也字

或曰畏當爲藏　宋本畏作威是也

一朝而尸三卿　惠棟云韓子載厲公語曰吾一朝而夷三卿鄭注周禮夌人云夷之言尸也是夷與尸古字通又古夷字作𡰥與尸相近故或從尸或從𡰥也

余不忍益也　韓子益作盡

在內爲軌　釋文云軌本又作宄書盤庚正義引作宄漢書元帝紀注軌與宄同也按宄者正字也軌者假借字也

刑治近也　宋本岳本纂圖本足利本無也字淳熙本作刑治也非

辭謝書與偃也　宋本淳熙本岳本纂圖本足利本無也字下故云辱也辭不往也同

公遊于匠麗氏　盧文弨校本云大戴禮記保傅篇作匠黎史記作匠驪則麗當讀平聲案國語周語韋注引作鄗

孟姬之讒　閩本讒誤纔

舒庸東夷國人　宋本淳熙本岳本纂圖本足利本無人字是也

楚公子橐師襲舒庸　纂圖本閩本監本毛本橐誤橐顧炎武云石經橐誤作橐非也案橐師乃楚公子名石經橐字下旁有師字乃後人妄增淳熙本子誤于

經十八年

晉弒其君州蒲　案蒲字當作滿石刻及諸本作蒲

己丑公薨于路寢　纂圖本閩本監本毛本己誤巳

傳十八年

使程滑弒厲公　李善注劉孝標辨命論引弒作殺

悼公周也　宋本淳熙本岳本纂圖本無也字下言有會也注同

辛巳朝于武宮　正義曰服虔本作辛未晉語亦作辛巳孔晁云以辛未盟入國辛巳朝祖廟取其新也案晉語稱庚午大夫逆于清原傳云庚午盟而入逆日即盟非辛未也傳與晉語皆云辛巳朝于武宮服本自誤耳孔晁强欲合之非也案臧琳云庚午既盟而人故明日辛未即朝於始祖廟服本是也若作辛巳則與盟而入之日相去十有二日久入而不朝何也故知國語作巳字誤而杜本左傳同之何邪據孔注國語知孔氏所見左傳與服本同作辛未特孔氏不知國語巳字爲誤而强欲通之爲非耳正義誚逆日即盟此說是也至以服本爲誤則偏袒之失

夷羊五之屬也　宋本淳熙本岳本纂圖本無也字

周子有兄而無慧　諸本作慧李善注劉孝標辨命論引作惠古字通

齊爲慶氏之難前年國佐殺慶克故甲申晦　陳樹華云注當入故字之下案宋本淳熙本岳本皆以難字爲句非也

官掌刑故　閩本監本毛本故作政亦非宋本官上有士字無故字是也

悼文公之元孫　宋本文上有是字

薄賦歛　宋本岳本歛作斂與石經合

武子季　宋本子下有之字與晉語合

魏顆以身退秦于輔氏　宋本身上有其字浦鏜挍本于上增師字並與晉語合也

至于今不忘　監本忘作育是也按韋注云育遂也

使佐下軍　宋本監本毛本下作新與國語合

公曰苟家惇惠　宋本閩本監本毛本苟作荀是也

無忌愼靖　監本毛本愼作鎭下同按明道本國語作鎭靜韋注云鎭重也靜安也

膏梁之性難正也　浦鏜挍梁作粱是也

使脩范武子之法　石經此處脩作脩非

使士渥至時使　宋本以下正義六節揔入使訓勇力之士時使注下

知荀賓之有功力而不暴也　宋本閩本有功字監本初刻亦有後刓去毛本無按明道本國語無功字

以晉語知是欒糾也　重脩監本欒誤欒

掌王馬之政　閩本監本王誤主非也

設令國有千乘　閩本監本毛本千作十

爲車右屬官　宋本爲上有故字

失於彊暴　宋本彊作强閩本監本作疆非也

魏絳爲司馬　監本絳作綘非也

程鄭荀氏別族　淳熙本作苟氏非

知程鄭爲端而不淫　宋本閩本監本毛本作端此本誤瑞今訂正浦鏜正誤云爲字衍文是也

輿司馬者　重脩監本輿誤與

掌馬之官　閩本監本毛本焉作駕宋本作馬是也○今從宋本

命僕夫七騶咸駕　案夫當作及乃與月令合

載旌旗　宋本旗作旐與月令合

六騶爲廄　毛本爲作馬非也

天子十有二閑　毛本閑作閒非下六閑同

校人乘馬　此本校誤枝據宋本閩本訂正監本作教亦誤

二百二十六匹　宋本二十作一十與鄭注校人合

各有四百三十二匹　毛本二誤三

十二匹一趣馬也　重脩監本趣誤起

晉時置六卿爲軍師　重脩監本置誤蓋

更復揔言所任　宋本閩本監本毛本作任此本誤住今訂正

卿各下名有統領　宋本無各字名作各是也閩本監本毛本卿下衍名字

不能守其業矣　監本毛本業作職非也

量德授爵　纂圖本毛本授作受非也

曹門宋城門也　宋本淳熙本岳本纂圖本足利本無也字

爲師告　宋本淳熙本岳本纂圖本足利本師作帥

朔懼有違衆之犯　閩本監本毛本違作逆非

華元實國迎　監本毛本迎作逆

侯獳愛君以請　監本毛本獳作孺非也

案楚公子比去晉而不送　閩本監本毛本送作返非也

又以立爲例　宋本又上重國逆二字與襄廿五年昭廿一年正義合

則皆非例所入　宋本入作及是也監本誤作人下文而入即入並誤作人

明非夫子之制也　監本毛本夫誤天

大國無厭　釋文厭作猒字按古書猒字淺人多改爲厭不知其義不同也如此條正當作猒

郤我猶憾　石經凡憾字皆作感後人加小此處正作憾疑轉寫之譌

不然至吾患　宋本此節正義在亦吾患也句下

故杜土地名　監本土誤上

有甲讓之禮也　宋本淳熙本岳本纂圖本足利本無也字

且問晉故　淳熙本問誤間

語其德政　足利本政作也非

非土功時　淳熙本土作此誤

成霸安彊　宋本淳熙本纂圖本閩本監本毛本彊作疆與石經合

成霸安疆　宋本此節正義在自宋始矣句下

麇角宋地　重脩監本宋誤朱

將救宋也　宋本淳熙本岳本纂圖本足利本無也字

唯成公耳　宋本唯字上有得道順禮四字是也

附釋音春秋左傳注疏卷第二十八

春秋左傳注疏卷二十八挍勘記

附釋音春秋左傳注疏卷第二十九 襄元年盡四年

杜氏注　孔穎達疏

襄公○陸曰襄公名午成公子母定姒謚法因事有功曰襄辟土有德曰襄〔疏〕正義曰魯世家云襄公名午成公之子定姒所生以簡王十四年即位謚法因事有功曰襄是歲歲在壽星

經元年春王正月公即位無傳於是公年四歲〔疏〕注於是公年四歲○正義曰九年傳曰會于沙隨之歲寡君以生晉侯曰十二年矣知於是公年四歲○仲孫蔑會晉欒黶宋華元衛甯殖曹人莒人邾人滕人薛人圍宋彭城魯與謀於虛朾而書會者稟命霸主非匹敵故○魯與音預○夏晉韓厥帥師伐鄭○仲孫蔑會齊崔杼曹人邾人杞人次于鄫鄫鄭地在陳留襄邑縣東南書次兵不加鄭次鄫以待晉師○鄫才陵反〔疏〕注鄫鄭至晉師○正義曰釋例曰兵未有所加所次則書之以示遲速既書兵所加則不書其所次此書次于鄫者爲此魯齊曹邾杞其兵皆不加鄭故書次也傳曰於是東諸侯之師次于鄫以待晉師是韓厥伐鄭此次以待之○秋楚公子壬夫帥師侵宋○九月辛酉天王崩無傳辛酉九月十五日〔疏〕注辛酉九月十五日○正義曰顯書此日者欲明下冬聘是十月之初爲王崩日近赴人未至故也○邾子來朝○冬衛侯使公孫剽來聘剽子叔黑背子○剽匹妙反字林匹召反○晉侯使荀罃來聘冬者十月初也王崩赴未至皆未聞喪故各得行朝聘之禮而傳善之〔疏〕注冬者至善之○正義曰禮記曾子問曰諸侯相見揖讓入門不得終禮廢者幾孔子曰六天子崩大廟火日食后夫人之喪雨霑服失容則廢是王崩當廢禮也今傳釋此朝聘皆云禮也知此冬者是十月之初崩赴未至由其俱未聞喪故得以吉行禮而傳善之

傳元年春己亥圍宋彭城下有二月則此己亥爲正月正月無己亥日誤〔疏〕注下有至日誤○正義曰長厤推此年正月庚戌朔其月無己亥圍宋彭城經在正月之下傳文下有二月則己亥必是正月月不容誤知是日誤非宋地追書也成十八年楚取彭城以封魚石故曰非宋地夫子治春秋追書繫之宋〔疏〕注成十至之宋○正義曰公羊傳曰宋華元曷爲與諸侯圍宋彭城爲宋誅也其爲宋誅奈何魚石走之楚楚爲之伐宋取彭城以封魚石成十八年傳曰楚伐彭城納魚石焉以三百乘戍之而還西鉏吾曰崇諸侯之姦而披其地不言取爲去邑而云披地長奸是左氏之意亦爲楚以彭城封魚石爲國故注言封魚石也既列爲國非復宋地傳言追書是仲尼新意故云夫子治春秋追書繫之宋也言追書者其地已非宋有追來使屬宋耳非謂夫子在後追書前事若以追爲在後追前則仲尼新意皆是追書前事非獨此爲追書也於是爲宋討魚石故稱宋且不登叛人也登成也不與其專邑叛君故使彭城還繫宋○爲于僞反〔疏〕注登成至繫宋○正義曰登成釋詁文不與其專邑叛君不與楚得取邑封人故使彭城還繫於宋也釋例曰楚人棄君助臣取宋彭城以封叛者削正與僞雖非復宋地故追書繫宋不與楚之所得是其義也言不登叛人則叛罪重矣不書魚石以彭城叛者孫林父將戚而出故得書云孫林父入于戚以叛此則因楚之力取彭城與宋交爭非欲出附他國故言復入也若摠而言之俱是背叛於君故云不登叛人也謂之宋志稱宋亦以成宋志〔疏〕注於是至宋志○正義曰魚石舊是宋人今還取宋地以自封若其不繫於宋則成此魚石爲一國之君夫子追繫於宋乃有二意於是爲宋討魚石宜繫於宋且又不成此爲叛人使得取君之邑以爲一國之主有此二意故繫之於宋謂之宋志者言宋人志在攻取彭城故以魚石繫之於宋成此宋人之志○注稱宋至宋志○正義曰此與隱元年謂之鄭志義勢同也鄭伯實不獲段而經書克謂之鄭志言鄭伯志於殺雖實不克段而書之爲克見鄭伯之志也此彭城實非宋地而經書爲宋謂之宋志言宋人志在取之雖實非宋地而繫之於宋成宋人之志也夫子脩春秋而傳於此二條特言謂之宋志謂之鄭志者夫子所脩春秋或襃或貶皆是夫子之志非取國人之心此宋志鄭志者以其雖是夫子所脩還取二國本志故也案下十年戍鄭虎牢傳云非鄭地也言將歸焉杜云繫之于鄭以見晉志卽此類也於此三事傳例已明故彼不云謂之晉志也彭城降晉晉人以宋五

大夫在彭城者歸寘諸瓠丘。彭城降不書，賤略之。瓠丘，晉地，河東東垣縣東南有壺丘。五大夫，魚石、向爲人、鱗朱、向帶、魚府。○降，戶江反，注同。寘，之豉反。瓠，徐侯吳反，一音戶故反。垣音袁。〔疏〕注「彭城」至「略之」。○正義曰：案莊八年郕降于齊師，既書於經，則知彭城之降亦合書也。今不書者，但以其賤，故略之也。晉欒盈復入于晉，下云「晉人殺欒盈」而書於經。此彭城降所以賤略不書者，彼以殺之爲重，來告故書；此以降事爲輕，故爲賤略。

齊人不會彭城，晉人以爲討。二月，齊大子光爲質於晉。光，齊靈公大子。○質音致。○夏五月，晉韓厥、荀偃帥諸侯之師伐鄭，入其郛，荀偃不書，非元帥。○郛，芳夫反。元帥，所類反。〔疏〕「韓厥」至「其郛」。○正義曰：傳唯言諸侯之師，不見諸侯之國，未知諸侯之師是何國師也。於是東諸侯之師次于鄫以待晉師，則次鄫之師皆不與伐鄭。此諸侯之師，其中必無齊、魯、曹、邾也。案上圍彭城，除此五國以外，猶有宋、衛、莒、滕、薛。下云「晉侯、衛侯次于戚，以爲之援」，則衛師從伐明矣。明年戚之會，知武子云「滕、薛、小邾之不至，皆齊故」，於戚之會

始怪滕、薛不來，明此時伐鄭，滕、薛在矣。東諸侯皆次于鄫，莒在齊、魯之東，若其在此，當與東人同次。前圍彭城亦無小邾，此時或無莒與小邾耳。諸侯之師當是宋、衛、滕、薛也。賈逵云：「韓厥、荀偃帥諸侯之師，謂帥宋、衛、滕、薛伐鄭。齊、魯、曹、邾、杞次于鄫，故諸侯之師不序也。」入郛不書者，晉人先以鄭罪令於諸侯，故書伐鄭；入郛既敗鄭，不復告，故不書。○注「荀偃不書，非元帥」。○正義曰：魯師出征，並舉諸將；他國之師，唯書元帥。詳內略外，春秋之常，故杜爲注，復時一言之耳。

敗其徒兵於洧上。徒兵，步兵。洧水出密縣東南，至長平入潁。○洧，于軌反。〔疏〕注「徒兵，步兵」。○正義曰：論語云「以吾從大夫之後，不可徒行」。徒猶空也，謂無車空行也。步行謂之徒行，故步兵謂之徒兵也。隱四年傳云「敗鄭徒兵」，注云「時鄭不車戰」，則此亦然也。

於是東諸侯之師次于鄫，以待晉師。齊、魯、曹、邾、杞。晉師自鄭以鄫之師侵楚焦夷及陳。於是孟獻子自鄫先歸，不與侵陳、楚，故不書。○焦如字，徐在堯反。不與音預。〔疏〕注「於是」至「不書」。○正義曰：獻子先歸，傳無其事，正以不書侵楚、侵陳，知其必先歸矣。若獻子從師，則書不待告。以獻子先歸，晉不告魯，故侵陳、楚皆不書也。然不知獻子何以先歸，傳既不言，未測其故也。今贊云則先歸者，以前年虛朾會，獻子先歸會葬；今公雖即位，年又幼小，君既新立，故獻子先歸。晉侯、衛侯次于戚，以爲之援。爲韓厥援。○秋，楚子辛救鄭，侵宋呂、留。呂、留二縣，今屬彭城郡。鄭子然侵宋，取犬丘。譙國酇縣東北有犬丘城，迂迴疑。○酇，才汗反，又子旦反。迂音于。○九月，邾子來朝，禮也。邾宣公。○冬，衛子叔、晉知武子來聘，禮也。凡諸侯即位，小國朝之，小事大。大國聘焉，大字小。以繼好結信，謀事補闕，禮之大者也。闕猶過也。禮以安國家、利民人爲大。○好，呼報反。

經二年春王正月，葬簡王。無傳。五月而葬，速。○鄭師伐宋。書伐，從告。○夏五月庚寅，夫人姜氏薨。○六月

庚辰，鄭伯睔卒。未與襄同盟而赴以名。庚辰，七月九日，書六月，經誤。○睔，古困反，徐又胡忖反。〔疏〕注「未與」至「經誤」。○正義曰：睔以成六年即位，九年盟于蒲，十五年于戚，又七年楚子重伐鄭，諸侯救鄭而楚退，同盟于馬陵。諸侯雖不重序，明亦與鄭同盟，則是與成三同盟矣。與其父盟，於法得以名赴其子。此云未與襄同盟而赴以名者，言其嘗與成同盟，於法得以名赴襄也。此類多矣，注皆云與其父同盟而已。此注特言未與襄同盟者，以此時鄭說從楚，嫌其已背前盟，不合更以名赴，故明之也。此經云「六月庚辰，鄭伯睔卒」，傳言「七月庚辰，鄭伯睔卒」，經傳必有誤者。杜以長厤校之，此年六月壬寅朔，其月無庚辰；七月壬申朔，九日得庚辰，則傳與厤合，知傳是而經誤也。此經六月、七日，其文皆具，所言誤者，非徒字誤而已，乃是書經爲誤，七月之事錯書以爲六月，故長厤云「書於六月，經誤」，言元本書之誤，非字誤也。○晉師、宋師、衛甯殖侵鄭。宋雖非卿，師重，故敘衛上。○殖，市力反。〔疏〕注「宋雖」至「衛上」。○正義曰：於例，將卑師眾稱師，將尊師少稱將。此晉、宋稱師，不書將，非卿也；衛甯殖書將，不稱師，師少也。晉爲兵主，故當先書；宋雖非卿，以師爲重，故序甯殖之上。○秋七月，仲孫蔑

會晉荀罃宋華元衞孫林父曹人邾人于戚

己丑葬我小君齊姜齊謚也三月而葬速○齊如字謚法執心克莊曰齊或音側皆反非〔疏〕注齊謚至葬速○正義曰謚法執心克莊曰齊是齊爲謚也葬而舉謚禮之常也此特云齊謚者以謚齊者少且齊齊同字夫人齊女嫌齊非謚晉大子申生之母稱齊姜者齊女姓姜氏彼齊非謚故此須明之○

叔孫豹如宋豹於此始自齊還爲卿

○冬仲孫蔑會晉荀罃齊崔杼宋華元衞孫林父曹人邾人滕人薛人小邾人于戚遂城虎牢以逼鄭〔疏〕遂城虎牢○正義曰虎牢是鄭舊邑此時屬晉而不繫晉者莊三十二年注云大都以名通者則不繫國此以名通故不繫晉也十年戍鄭虎牢繫於鄭者傳曰非鄭地也言將歸焉彼爲將歸鄭而繫之鄭也或當虎牢雖已屬晉晉人新得不爲己有故不繫晉也

○楚殺其大夫公子申

傳二年春鄭師侵宋楚令也以彭城故○齊侯伐萊萊人使正輿子賂夙沙衞以索馬牛皆百匹夙沙衞齊寺人索簡擇好者○萊音來輿音餘本亦作與索所白反〔疏〕馬牛皆百匹○正義曰司馬法丘出馬一匹牛三頭則牛當稱頭而亦云匹者因馬而名牛曰匹并言之耳經傳之文此類多矣易繫辭云潤之以風雨論語云沽酒市脯不食玉藻云大夫不得造車馬皆從一而省文也齊師乃還君子是以知齊靈公之爲靈也謚法亂而不損曰靈言謚應其行○應應對之應年末同行下孟反

○夏齊姜薨初穆姜使擇美檟檟梓之屬○檟古雅反木名〔疏〕注檟梓之屬○正義曰釋木云槐小葉曰檟郭璞曰槐當爲楸楸細葉者爲檟又云大而皵楸小而皵檟樊光云大老也皵楷皮也皮老而麤楷者爲楸小少也少而皵楷者爲檟又云椅梓郭璞曰卽楸也如彼所云楸梓皆檟之小別故云梓之屬也以自爲櫬與頌琴櫬棺也頌琴琴名猶言雅琴皆欲以送終○櫬初覲反〔疏〕注櫬棺至送終○正義曰以論死者言櫬知櫬是棺也四年注云櫬親身棺也以親近其身故以櫬爲名焉禮記檀弓曰天子之棺四重水兕革棺一杝棺一梓棺二鄭玄云杝椵也所謂椵棺也梓棺二所謂屬與大棺也記文從內向外水兕革棺最近尸也次椑以椵爲之次屬與大棺乃以梓爲之檀弓又云君卽位而爲椑鄭玄云椑謂杝棺親尸者椑堅著之言也天子椑內又有水兕革棺喪大記云君大棺八寸屬六寸椑四寸如彼記文諸侯之棺三重親身之棺名之爲椑椑卽櫬是也其椑用椵爲之屬與大棺乃用梓耳此以梓爲櫬者名之曰櫬其內必無棺也擇櫝爲櫬其櫬必用梓也記唯言卽位爲椑不言擇所用木鄭玄據天子之棺其椑用杝卽云椑謂杝棺也天子之椑自用杝則諸侯不必然據此傳文諸侯之椑必用梓也頌琴者詩爲樂章琴瑟必以歌詩詩有雅頌故以頌爲琴名猶如言雅琴也櫬琴同文知皆欲以送終也季文子取以葬君子曰非禮也

禮無所逆婦養姑者也虧姑以成婦逆莫大焉穆姜成公母齊姜成公婦○養徐余亮反詩曰其惟哲人告之話言順德之行詩大雅哲知也話善也言知者行事無不順○話戶快反知音致下同季孫於是爲不哲矣言逆德○爲不哲矣一本作不爲哲矣〔疏〕詩曰至哲矣○正義曰詩大雅抑之篇也其惟有知之人告之以善言則服從之爲美德之行矣言之者行事無有不順從者今季孫逆之於是爲不知矣哲知釋言文也且姜氏君之妣也襄公適母故曰君之妣○妣必履反適丁歷反本又作嫡〔疏〕注襄公至之妣○正義曰曲禮曰生曰父曰母死曰考曰妣襄公是成公之妾定姒所生齊姜是其適母故曰君之妣也詩曰爲酒爲醴烝畀祖妣以洽百禮降福孔偕詩周頌烝進也畀與也偕偏也言敬事祖妣則鬼神降福季孫葬姜氏不以禮是不敬祖妣○烝之承反畀必利反注同洽戶夾反偕音皆偏音遍〔疏〕詩曰至孔偕○正義曰詩周頌豐年之篇也豐有之年多稻多黍釀之爲酒爲醴以進與祖妣以洽百種之禮爲烝嘗之祭鬼神享之則下與福祐甚周偏言今事妣失禮神將不福祐之也烝進畀與皆釋詁文偕訓爲俱俱亦偏之義也釋言云孔甚也

○齊侯使諸

姜宗婦來送葬宗婦同姓大夫之婦婦人越疆送葬非禮○疆居良反〔疏〕注宗婦至非禮○正義曰諸姜同姓之女也宗婦同姓之婦也夫人齊姜是齊國之女故使其宗親之婦女來會葬也齊爲姜姓歷世多矣不可姜姓之女姜姓之婦今其皆來魯國莊二十四年大夫宗婦覿用幣者宗婦是同姓大夫之婦知此宗婦亦是同姓大夫之婦然則諸姜是齊同姓之女嫁與齊大夫之爲妻者也禮記檀弓云婦人不越疆而弔人是越疆送葬非禮也召萊子萊子不會故晏弱城東陽以偪之爲六年滅萊傳東陽齊竟上邑○竟音境〔疏〕召萊子萊子不會○正義曰世族譜不知萊國之姓齊侯召萊子者不爲其姓姜也以其比鄰小國意陵蔑之故召之欲使從送諸姜宗婦來向魯耳萊子以其輕侮故不肯會○鄭成公疾子駟請息肩於晉欲辟楚役以負擔喻○擔都暫反公曰楚君以鄭故親集矢於其目謂鄢陵戰晉射楚王目○射食亦反非異人任寡人也言楚子在此患不爲他人蓋在己○非異人在絕句任音壬一讀至人字絕句爲于僞反若背之是棄力與言其誰暱我言盟誓之言○背音佩棄力服本作棄功暱本又作昵女乙反徐乃吉反免寡人唯二三子〔疏〕集矢至三子○正義曰說文云鳥之短尾者總名爲隹隹在木上爲集集是鳥止之名矢有羽似鳥故亦稱集也楚君被射目者非是爲異人也任此患者爲寡人也今若背之棄其助鄭之力與盟誓之言他人其誰肯親我乎免寡人此棄力背言之責唯二三子耳○秋七月庚辰鄭伯睔卒於是子罕當國攝君事〔疏〕子罕當國○正義曰禮君薨聽於冢宰不須攝行君事此令子罕當國者鄭國聞於晉楚國家多難喪代之際或致傾危蓋成公顧命使之當國非常法也子駟爲政已是正卿知當國者爲攝君事矣沈氏云魯襄四歲國家無虞今僖公年雖長大爲偪於晉楚故令子罕當國也子駟爲政爲政卿子國爲司馬晉師侵衞晉伐喪非禮諸大夫欲從晉子駟曰官命未改成公未葬嗣君未免喪故言未改不欲違先君意〔疏〕官命未改○正義曰先君既葬嗣君正位乃得建官命臣十六年晉侯改服脩官是其事也先君未葬皆因舊事不得建官命臣故云官命未改庶事恐皆未改不可即違先君言此者不用從晉之意故也會于戚謀鄭故也鄭久叛晉謀討之孟獻子曰請城虎牢以偪鄭虎牢舊鄭邑今屬晉知武子曰善鄫之會吾子聞崔子之言今不來矣元年孟獻子與齊崔杼次于鄫崔杼有不服晉之言獻子以告知武子〔疏〕注元年至武子○正義曰元年伐鄭次于鄫唯有韓厥荀偃於時武子未必在軍當是此會始告之耳滕薛小邾之不至皆齊故也三國齊之屬寡君之憂不唯鄭言復憂齊叛○復扶又反下文將復復會同罃將復於寡君而請於齊以城事白晉君而請齊會之欲以觀齊志得請而告吾子之功也得請謂齊人應命告諸侯會築虎牢若不得請事將在齊將伐齊吾子之請諸侯之福也城虎牢足以服鄭息征伐豈唯寡君賴之傳言荀罃能用善謀○穆叔聘于宋通嗣君也○冬復會于戚齊崔武子及滕薛小邾之大夫皆會知武子之言故也武子言事將在齊齊人懼帥小國而會之遂城虎牢鄭人乃成如孟獻子之謀○楚公子申爲右司馬多受小國之賂以偪子重子辛偪奪其權勢楚人殺之故書曰楚殺其大夫公子申言所以致國討之文

經三年春楚公子嬰齊帥師伐吳公如晉○夏四月壬戌公及晉侯盟于長樗晉侯出其國都與公盟于外○樗勑居反〔疏〕注晉侯至于外○正義曰文三年公如晉公及晉侯盟盟不書地在晉都也此時晉侯出其國都與公盟

于長樗蓋近城之地盟訖還入於晉故公歸書曰公至自晉也文三年盟于晉都此盟出城外者出與不出皆由晉侯意耳此或是悼公謙以待人不敢使國君就已出盟于外若似相就然故出城也

公至自晉無傳不以長樗至本非會【疏】注不以至非會○正義曰假令公朝於晉更與晉侯餘處別會即從會所而歸亦得書曰公至自晉何則一行而有二事者或以始致或以終致出自當時之意書其所告之事而已所告先後無定例也但此盟于長樗晉侯爲盟之故暫出城耳本非刻期聚會之處唯得以自晉告廟不得以長樗告也注言本非會解其必不得以長樗致之意也

○六月公會單子晉侯宋公衛侯鄭伯莒子邾子齊世子光己未同盟于雞澤雞澤在廣平曲梁縣西南周靈王新即位使王官伯出與諸侯盟以安王室故無譏○單音善【疏】注雞澤至無譏○正義曰諸侯不得盟天子之臣天子之臣不得與諸侯聚盟盟則加以貶責僖二十九年翟泉之盟貶王子虎稱人是其事也僖八年洮之盟王人在列傳曰謀王室也諸侯共謀王室不譏王人在盟是由襄王新立命遣與盟故耳此盟單子在列於經亦無譏文靈王以往年新立明是王新即位使王官之伯出與諸侯結盟以安王室故無所譏與洮之盟同也釋例曰未有臣而盟君臣而盟君是子可盟父故春秋王世子以下會諸侯者皆同會而不同盟洮之盟王室有子帶之難襄王懼不得立告難于齊遣王人與諸侯盟故傳釋之曰謀王室以明王勑其來盟非諸侯所敢與也踐土之盟王子虎臨諸侯而不與同歃故經但列諸侯而傳具載其實此實聖賢之垂意以爲將來之永法也一年之間諸侯輯睦翼戴天子而翟泉之盟子虎在列君子以爲非天子之命虧上下常節故不存魯侯而人子虎以示篤戒也今雞澤之會單子與盟亦王所命也杜言王使盟者傳無其文正以經無貶責知是命使盟也

陳侯使袁僑如會陳疾楚政而來屬晉本非召會而自來故言如會○僑其驕反【疏】注陳疾至如會○正義曰凡盟主召其同好之國刻期而與結盟來不及期則加貶責他國後期則沒其國而不序於列魯君後期則揔稱諸侯不復國別歷序文七年公會諸侯晉大夫盟于扈是也僖二十八年踐土之盟陳侯如會此袁僑如會皆本非同好慕義而來喜其來而不責其晚故言陳疾楚政而來屬晉本非召會而袁僑自來故言如會解其後至特書而不貶之意也七年鄭治兇頑如會自是被召而來其人未見諸侯在道而卒故書如會爲卒張本與此異也

戊寅叔孫豹及諸侯之大夫及陳袁僑盟諸侯既盟袁僑乃至故使大夫別與之盟言諸侯之大夫則在雞澤之諸侯也殊袁僑者明諸侯大夫所以盟盟袁僑也據傳盟在秋長歷推戊寅七月十三日經誤【疏】注諸侯至經誤○正義曰諸侯盟會歷序國君其下云某人某人皆是大夫也若卿來則書卿名氏文十四年公會宋公陳侯衛侯鄭伯許男曹伯晉趙盾于新城如此之類其事多矣此袁僑來若及盟即序於列當在世子光下今諸侯既盟袁僑乃至不可特爲袁僑更復重盟若其不與之盟則又逆陳來意以袁僑是大夫故使大夫盟之若其陳侯自來諸侯雖則盟訖亦當更與之盟不得使大夫也凡諸侯盟會皆先目後凡上文雞澤之會既以具序諸侯此揔言諸侯大夫則雞澤諸侯足以明矣故不復具序諸國從省文耳諸侯大夫既以揔書而獨見叔孫豹者經據魯史魯史所記詳內略外僖十五年牡丘之盟下公孫敖帥師及諸侯之大夫救徐獨書魯臣亦此類也言諸侯之大夫其內可以兼袁僑而殊袁僑言及陳袁僑盟者明此諸侯之大夫所以爲此盟者止爲盟陳袁僑耳且上文雞澤之會其內未有陳侯直言諸侯之大夫則不得包陳袁僑故殊之也

○秋公至自會無傳○冬晉荀罃帥師伐許

傳三年春楚子重伐吳爲簡之師簡選練克鳩茲至于衡山鳩茲吳邑在丹陽蕪湖縣東今皐夷也衡山在吳興烏程縣南使鄧廖帥組甲三百被練三千組甲被練皆戰備也組甲漆甲成組文被練練袍○廖力彫反組音祖下皆同被皮義反徐扶僞反注及下同【疏】注組甲至練袍○正義曰賈逵云組甲以組綴甲車士服之被練帛也以帛綴甲步卒服之凡甲所以爲固者以盈竅也帛盈竅而任力者半卑者所服組盈竅而盡任力尊者所服馬融云組甲以組爲甲裏公族所服被練以練爲甲裏卑者所服然則甲貴牢固組練俱用絲也練若不固宜皆用組何當造不牢之甲而令步卒服之豈欲其被傷故使甲不牢也若練以綴甲何以謂之被也又組是條繩不可以爲衣服安得以爲甲裏杜言組甲漆甲成組文今時漆甲有爲文者被練文不言甲必非甲名被是被覆衣著之名故以爲練袍

被於身上，雖並無明證而杜要極人情以侵吳。吳人要而擊之，獲鄧廖。其能免者組甲八十、被練三百而已。子重歸，既飲至三日，吳人伐楚，取駕。駕，良邑也。鄧廖，亦楚之良也。君子謂子重於是役也，所獲不如所亡。當時君子。要於遥反〔疏〕注當時君子。正義曰：傳言君子多矣，獨此言當時君子者，諸言君子論議往事，多是丘明自言，託之君子。此傳君子謂子重亡多於獲，楚人以君子之言咎責子重，不得爲後世君子，故云當時君子。楚人以是咎子重。子重病之，遂遇心病而卒。憂恚故成心疾。咎其凡反。恚一端反。公如晉，始朝也。公即位而朝。夏，盟于長樗。孟獻子相，公稽首。相儀也。稽首首至地。相息亮反，注同。〔疏〕注稽首首至地。正義曰：周禮九拜，一曰稽首，諸侯事天子之禮也。知武

子曰：「天子在，而君辱稽首，寡君懼矣。」稽首事天子之禮。孟獻子曰：「以敝邑介在東表，密邇仇讎，仇讎謂齊、楚，與晉爭。介音界。爭，爭鬭之爭。寡君將君是望，敢不稽首？」傳言獻子能固事盟主。晉爲鄭服故，且欲脩吳好，鄭服在前年。爲于僞反。好呼報反。將合諸侯。使士匄告于齊曰：「寡君使匄，以歲之不易，不虞之不戒，寡君願與一二兄弟相見，不易，多難也。虞，度也。戒，備也。列國之君相謂兄弟。易以豉反，注同。難乃旦反，年內同。度待洛反。以謀不協，請君臨之，使匄乞盟。」齊侯欲勿許，而難爲不協，乃盟於耏外。與士匄盟耏水外。耏音而。〔疏〕盟於耏外。正義曰：此是士匄適齊，齊侯與盟，其盟不離城之左右，若是地名也，名不得有外內之異。爾雅云：「厓內爲隩，外爲隈。」李巡曰：

「厓內近水爲隩，外爲隈。」孫炎曰：「內曲裏也，外曲表也。」是水有內外之異，知此耏爲水名，其水蓋曲而近城，故稱耏外。讎也。正義曰：讎者，相負挾怨之名，奚負狐、狐負奚皆謂之讎，此是奚負狐也。不是舉之以解怨，故下云「稱其讎不爲諂也」。祁奚請老，故致仕。晉侯問嗣焉。嗣續其職者。稱解狐，其讎也。將立之而卒。解狐卒。解音蟹。又問焉。對曰：「午也可。」午，祁奚子。於是羊舌職死矣，晉侯曰：「孰可以代之？」對曰：「赤也可。」赤，職之子伯華。於是使祁午爲中軍尉，羊舌赤佐之。各代其父。君子謂祁奚於是能舉善矣。稱其讎，不爲諂；立其子，不爲比；舉其偏，不爲黨。諂，媚也。偏，屬也。諂他檢反。比毗志反。〔疏〕稱其至爲黨。正義曰：設令他人稱其讎，則諂以求媚也；立其子，則心在親比也；舉其偏，則情相阿黨也。今祁奚以其人實善，故舉薦之，人見彼善，知奚不諂、

不比、不黨也。諂者，阿順曲從以求彼意，故以諂爲媚，媚，愛也，言爲諂以求愛也。偏者，半廂之名，故傳多云東偏、西偏，軍師屬己分之別行謂之偏師。傳云「彘子以偏師陷」，是偏爲廂屬之名也。祁奚爲中軍尉，羊舌職佐之，職屬祁奚，復舉其子，是舉其偏屬也。商書曰：「無偏無黨，王道蕩蕩。」商書，洪範也。蕩蕩，平正無私。其祁奚之謂矣。解狐得舉，未得位，故曰得舉。祁午得位，伯華得官，建一官而三物成，一官，軍尉。物，事也。〔疏〕建一官而三物成。正義曰：尉、佐同掌一事，故爲建一官也。三事成者，成其得舉、得位、得官也。官、位一也，變文相辟耳。服虔云：所舉三賢各能成其職事。案解狐得舉而死，身未居職，何成事之有？能舉善也。夫唯善，故能舉其類。詩云：「惟其有之，是以似之。」祁奚有焉。詩小雅。言唯有德之人能舉似己者。也夫音扶，絕句。一讀以夫爲下句首。〔疏〕詩云至似之。正義曰：此小雅裳裳者華之篇也。其卒章云：「右之右之，君子有之。維其有之，是以似之。」六月，公

會單頃公及諸侯。己未，同盟于雞澤。單頃公，王卿士。○頃音傾。晉侯使荀會逆吳子于淮上，吳子不至。道遠多難。○楚子辛爲令尹，侵欲於小國。陳成公使袁僑如會求成。患楚侵欲。袁僑，濤塗四世孫。疏侵欲於小國。○正義曰：多有所欲，求索无厭，侵害小國，故小國怨也。晉侯使和組父告于諸侯。告陳服。秋，叔孫豹及諸侯之大夫及陳袁僑盟，陳請服也。其君不來，使大夫盟之，匹敵之宜。○晉侯之弟揚干亂行於曲梁，行，陳次。○行，戶郎反，注同。陳，直覲反。魏絳戮其僕。僕，御也。疏魏絳戮其僕。○正義曰：以車亂行，是御者之罪，故戮其僕也。周禮司寇之屬有掌戮之官，鄭玄云：「戮猶辱也，既斬殺，又辱之。」其職云：「掌斬殺賊諜而膊之。凡殺其親者，焚之；殺王之親者，辜之；殺人者，踣諸市，肆之三日。」鄭玄云：「膊謂去衣磔之，焚，燒也，辜謂磔之，踣，僵尸也，肆猶申也，陳也。」彼膊、焚、辜、肆，皆謂陳以示人。然則此言戮者，非徒殺之而已，乃殺之以徇諸軍。昭四年，楚戮慶封，負之斧鉞，以徇於諸侯，先徇乃殺之也。成二年，韓獻子既斬人，郤子使速以徇，是殺之而後徇也。此戮卽彼徇之謂也。文十年，楚申舟抶宋公之僕以徇，或曰：「國君不可戮也。」彼抶以徇，亦稱爲戮。下云「至於用鉞」，當是殺之乃以徇也。晉侯怒，謂羊舌赤曰：「合諸侯以爲榮也，揚干爲戮，何辱如之？必殺魏絳，無失也！」對曰：「絳無貳志，事君不辟難，有罪不逃刑，其將來辭，何辱命焉？」言終，魏絳至，授僕人書，僕人，晉侯御僕。疏事君至不逃刑。○正義曰：此言絳之宿心舊行耳，非獨爲此事而言也。服虔云：「謂敢斬揚干之僕，是不辟獲死之難。」然則斬僕信依法也，豈是絳之罪，而得謂之有罪不逃刑乎？不逃不辟，此事自亦是矣，要本其宿心，非是專爲此事也。將伏劍。士魴、張老止之。公讀其書，曰：「日君乏使，使臣斯司馬。斯，此也。疏將伏劍。○正義曰：謂仰劍刃，身伏其上而取死也。臣聞師衆以順爲武，順莫敢違。軍事有死無犯爲敬，守官行法，雖死不敢有違。君合諸侯，臣敢不敬？君師不武，執事不敬，罪莫大焉。臣懼其死，以及揚干，無所逃罪。懼自犯不武不敬之罪。不能致訓，至於用鉞，用鉞斬揚干之僕。○鉞音越。疏臣聞至用鉞。○正義曰：臣聞師旅兵衆，順從上命，莫敢違逆，是爲威武，此據在軍之衆也。軍旅之事，守官行法，欲討罪人，雖有死難，不敢辟死，犯違法令而從舍罪人，是爲共敬也。君命既合諸侯，臣豈敢畏懼死罪，放舍罪人，不爲共敬也。今君之師衆違命亂行，既已不武，謂揚干也。執事之臣畏懼其死，罪不戮罪人，是爲不敬，魏絳自謂也。不武不敬，罪莫大焉，是揚干與己皆有大罪。臣若不討，非直臣有死罪，揚干亦合有死罪。臣懼身之死罪連及揚干，是臣罪更重，無所逃辟重罪也。不能以禮漸致教訓，至於用鉞以斬其僕，是臣之罪重也。臣之罪重，敢有不從，以怒君心？言不敢不從戮。請歸死於司寇。」致尸於司寇，使戮之。公跣而出，曰：「寡人之言，親愛也；吾子之討，軍禮也。寡人有弟，弗能教訓，使干大命，寡人之過也。子無重寡人之過，聽絳死，爲重過。○跣，先典反。重，直用反，注同。敢以爲請。」請使無死。晉侯以魏絳爲能以刑佐民矣，反役，與之禮食，使佐新軍。羣臣旅會，今欲顯絳，故特爲設禮食。○食音嗣，注同，又如字。特爲，于僞反。疏與之禮食。○正義曰：與之禮食者，若公食大夫禮，以大夫爲賓，公親爲之特設禮食。○使佐新軍。○正義曰：服虔云：「於是魏頡卒矣，使趙武將新軍，代魏頡，升魏絳佐新軍，代趙武也。」世族譜：魏顆、魏絳俱是魏犨之子，顆長，生頡，則絳是頡之叔父，顆別爲令狐氏，絳爲魏氏，益顆長而庶，絳幼而適故也。魏世家：武子生悼子，悼子生絳，則絳是犨孫，計其年世，孫應是也。先儒悉皆不然，未知何故。張老爲中軍司馬，

代魏絳士富爲侯奄代張老士富士會別族。楚司馬公子何忌侵陳陳叛故也。許靈公事楚不會于雞澤冬晉知武子帥師代許

經四年春王三月己酉陳侯午卒前年大夫盟雞澤三月無己酉日誤。夏叔孫豹如晉。秋七月戊子夫人姒氏薨成公妾襄公母姒杞姓

疏注成公至杞姓。正義曰二年齊姜薨葬者是成公夫人故此爲成公之妾也據傳匠慶之言知是襄公之母以子既爲君故得稱夫人而言薨也於時諸國杞鄫之徒皆姒姓據大者言之故云姒杞姓疑是杞女而未審故也

葬陳成公無傳八月辛亥葬我小君定姒無傳定謚也赴同祔姑反哭成喪皆以正夫人禮母以子貴踰月而葬速

疏注定謚至葬速。正義曰謚法純行不爽曰定舊説妾子爲君其母不得成爲夫人故杜詳言之於例亦同稱薨也祔姑稱小君也反哭成喪書葬也今定姒三禮皆具薨葬備文皆以正夫人之禮者由母以子貴故也釋例曰凡妾子爲君其母猶爲夫人雖先君不命其母母以子貴其適夫人薨則尊得加於臣子而內外之禮皆如夫人矣故姒氏之喪責以小君不成成風之喪主使來會葬傳曰禮也夫人姒氏薨葬皆以禮備爲文明季子雖議從畧賤聞匠慶之言懼而備禮殯葬無闕也禮公子爲其母練冠縓緣既葬除之及其嗣位爲君非復公子適母薨則申其母尊而先儒同之公子亦謬矣是杜言妾母得爲夫人之意也季孫初議欲不成定姒之喪匠慶以君長懼之乃畧取季孫之木君子謂之多行無禮必自及也則季孫初議是無禮也既季孫議爲無禮明知於禮得成是知妾母成尊是爲正法但尊無二上適母若在君尚不得成盡禮於其母臣民豈得以夫人之禮事之哉適母既薨則君得盡禮君既盡夫人之禮事其母臣民豈得以妾意過之哉故適母薨則妾母尊也哀姜既薨成風乃正出姜既出敬嬴乃正齊姜既薨定姒乃正襄公一世無娶夫人之文故齊歸得正也鄭玄以爲正夫人有以罪廢妾母得成爲夫人也哀姜雖被齊殺僖公請而葬之案經薨葬備文安得以罪黜也又齊姜非以罪黜定姒薨葬成尊成風定姒並無譏文知其法得成也。冬公如晉。陳人圍頓

傳四年春楚師爲陳叛故猶在繁陽前年何忌之師侵陳今猶未還繁陽楚地在汝南鮦陽縣南。爲于僞反鮦孟康音紂直又反一音童或音直勇反非韓獻子患之言於朝曰文王帥殷之叛國以事紂唯知時也知時未可爭今我易之難哉晉力未能服楚愛陳爲非時三月陳成公卒楚人將伐陳聞喪乃止軍禮不伐喪

疏注軍禮不伐喪。正義曰十九年晉士匄侵齊至穀聞齊侯卒乃還傳曰聞喪而還禮也是軍禮不伐喪

陳人不聽命不聽楚命臧武仲聞之曰陳不服於楚必亡大國行禮焉而不服在大猶有咎而況小乎夏楚彭名侵陳陳無禮故也爲下陳圍頓傳。咎其九反下同

穆叔如晉報知武子之聘也武子聘在元年晉侯享之金奏肆夏之三不拜肆夏樂曲名周禮以鍾鼓奏九夏其二曰肆夏一名樊三曰韶夏一名遏四曰納夏一名渠蓋擊鍾而奏此三夏曲。肆夏戶雅反注及下同九夏一曰王夏二曰肆夏三曰韶夏四曰納夏五曰章夏六曰齊夏七曰族夏八曰祴夏九曰驁夏肆夏一名樊國語云金奏肆夏樊遏渠杜遂分爲三夏之別名呂叔玉云肆夏時邁也樊遏執競也渠思文也韶上招反遏於葛反納夏本或爲夏納誤渠其居反工歌文王之三又不拜工樂人也文王之三大雅之首文王大明緜歌鹿鳴之三三拜小雅之首鹿鳴四杜皇皇者華

疏金奏至三拜。正義曰奏謂作樂也作樂先擊鍾鍾是金也故稱金奏周禮鍾師掌金奏鄭玄云金奏擊金以爲奏樂之節金謂鍾及鎛也又燕禮注云以鍾鎛播之鼓磬應之所謂金奏也此晉人作樂先歌肆夏肆夏是作樂之初故於肆夏先言金奏也次工歌文王樂已先作非復以金爲始故言工歌也於文王已言工歌鹿鳴又畧不言工互見以從省耳其實金奏四夏亦是工

人歌之工歌文王擊金仍亦不息其歌鹿鳴亦是工歌之耳○注肆夏至夏曲○正義曰周禮鍾師凡樂事以鍾鼓奏九夏王夏肆夏昭夏納夏章夏齊夏族夏陔夏驁夏言以鍾鼓奏之也又以文王類之知是樂曲名也杜子春云王出入奏王夏尸出入奏肆夏牲出入奏昭夏四方賓來奏納夏臣有功奏章夏夫人祭奏齊夏族人侍奏族夏賓醉而出奏陔夏公出入奏驁夏定本納夏爲夏納此傳直言之三不朝其三之名魯語同說此事而云金奏肆夏繁遏渠天子所以享元侯也文王大明緜則兩君相見之樂也文王之三盡文王大明緜以文王爲首并取其次二篇以爲三則知肆夏之三亦以肆夏爲首亦并取其次二夏以爲三也且下云三夏天子所以享元侯也三者皆名爲夏知是其次二夏并肆夏爲三也周禮謂之肆昭納魯語謂之繁遏渠故杜以爲每夏而有二名肆夏一名樊昭夏一名遏納夏一名渠先儒所說義多不同周禮注載杜子春云肆夏與文王鹿鳴俱稱三謂其三章也以此知肆夏詩也呂叔玉云肆夏繁遏渠皆周頌也肆夏時邁也繁遏執競也渠思文也肆遂也夏大也言遂於天位也故時邁曰肆于時夏允王保之繁多也遏止也言福祿止於周之多也故執競曰降福穰穰降福簡簡福祿來反渠大也言以后稷配天王道之大也故思文曰思文后稷克配彼天鄭玄云以文王鹿鳴言之則九夏皆詩篇名頌之族類也此歌之大者載在樂章樂崩亦從而亡是以頌不能具數家之說各以意言經典散亡无以取正劉炫云杜爲此解頗允三夏之名而分字配篇不甚愜當何則文王之三即文王是其一大明緜是其二鹿鳴之三則鹿鳴是其一四牡皇皇者華是其二然則肆夏之三亦當肆夏是其一樊遏渠是其二安得復以樊爲肆夏之別名也若樊即是肆夏何須重舉二名雖恥習前蹤亦未踰先哲今刪定知不然者以此文云肆夏之三是自肆夏以下有三故爲韶夏納夏凡爲三夏但此三夏各有別名故國語謂之繁遏渠是一字以當一夏若國語直云金奏繁遏渠則三夏之名沒而不顯故於繁字之上特以肆夏冠之云肆夏繁樊既是肆夏明遏是韶夏渠是納夏也國語舉其難明以會左氏三夏之義劉不曉杜之深意遂欲妄從先儒先儒二說何所憑準先儒以樊遏二字共爲執競以渠之一字獨爲思文分字既无定限文句多少任意則杜以樊共肆夏爲句何爲不可劉君乃輿奪恣情不顧曲直妄規杜過於義深非也

韓獻子使行人子員問之（行人通使之官○員音云徐于貧反使所吏反下注及文皆同）

【疏】注行人通使之官○正義曰周禮大行人掌大賓之禮大客之儀小行人掌使適四方協賓客之禮諸侯行人當亦通掌此事故爲通使之官也此言韓獻子使行人問魯語云晉侯使行人問者彼孔晁注云韓獻子白晉侯使行人問也

曰子以君命辱於敝邑先君之禮藉之以樂以辱吾子（藉薦也○藉在夜反）吾子舍其大而重拜其細敢問何禮也對曰三夏天子所以享元侯也使臣弗敢與聞（元侯牧伯○舍音捨重直用反下皆同敢與音預下及與同牧徐音目）

【疏】注元侯牧伯○正義曰周禮大宗伯云八命作牧九命作伯鄭玄云牧謂侯伯有功德者加命得專征伐於諸侯也伯謂上公有功德者加命爲二伯得征五侯九伯者也鄭司農云牧一州之牧也伯長諸侯爲方伯也然則牧是州長伯是二伯雖命數不同俱是諸侯之長也元長也謂之長侯明是牧伯

文王兩君相見之樂也臣不敢及（及與也文王之三皆稱文王之德受命作周故諸侯會同以相樂○相樂音洛）

【疏】注及與相樂○正義曰及與也釋詁文言不敢與在其間而聞之魯語并陳兩事乃揔云皆昭令德以合好非使臣之所敢聞彼俱不敢聞此分之爲等級耳詩序文王言文王受命作周大明言文王有明德故天復命武王伐紂緜言文王之興本由大王是文王之三皆稱文王之德能受天命造立周國故諸侯會同歌此以相燕樂也朝而設享是亦二君聚會故以會同言之肆夏既亡不知其篇之義故唯取詩意以解文王鹿鳴耳詩是樂章樂歌詩篇聖王因其尊卑定其差等詩有四始風也小雅也大雅也頌也鄭玄以肆夏爲頌之族類其差與頌同矣天子享元侯歌肆夏則於其餘諸侯不得用肆夏矣當歌文王與兩君相見同也然則兩元侯相見與天子享之禮同亦歌肆夏之類仲尼燕居兩君相見升歌清廟謂元侯也不歌肆夏辟天子也諸侯來朝乃歌文王遣臣來聘必不得同矣當歌鹿鳴也傳言文王兩君相見之樂則其臣來聘不得與其君同亦當歌鹿鳴也燕禮雖以己臣爲主兼燕四方之賓其樂歌鹿鳴是其定差也燕禮升歌訖乃爲笙歌三篇堂下吹笙以播詩也笙歌訖乃爲間歌六篇堂上歌一篇堂下吹一篇相間代也故燕禮云乃間歌魚麗笙由庚歌南有嘉魚笙崇丘歌南山有臺笙由儀是也間歌訖遂合鄉樂周南關雎葛覃卷耳召南鵲巢采蘩采蘋合樂謂堂上堂下合作樂也鄉樂者風詩也燕禮歌小雅而合鄉樂以

合卑於歌一等則知諸所歌者其合樂用詩皆卑於升歌一等故鄭玄詩譜云天子享元侯歌肆夏合文王於諸侯歌文王合鹿鳴諸侯於鄰國之君與天子於諸侯同天子諸侯燕其羣臣及聘問之賓皆歌鹿鳴合鄉樂笙閒所用則鄭玄云未聞也燕禮升歌小雅笙歌閒歌亦用小雅則笙閒用詩與升歌差同而云未聞者升歌合樂其用風雅皆用發首二篇笙用南陔閒用魚麗不復更用其首篇者未聞者未知其用何篇也此傳言三夏天子所以享元侯則文王兩君相見之樂亦謂享也雖不言燕燕亦當然此傳晉侯享穆叔爲歌鹿鳴穆叔以己所當得三拜而受燕禮也工歌鹿鳴則是享燕同樂明享之與燕用樂各自同矣若然肆夏之爲樂章樂之最尊者兩君相見尤尚不得用之而燕禮者諸侯燕己羣臣之禮而記云若以樂納賓則賓及庭奏肆夏鄭玄云卿大夫有王事之勞者則奏此樂所以得用之者彼謂納賓之樂郊特牲云賓入大門而奏肆夏示易以敬也鄭玄云賓朝聘者是朝賓聘客俱得用之與此升歌異也

鹿鳴君所以嘉寡君也敢不拜嘉晉以叔孫爲嘉賓故歌鹿鳴之詩取其我有嘉賓叔孫奉君命而來嘉叔孫乃所以嘉魯君

〔疏〕注晉以至魯君○正義曰詩序言鹿鳴燕羣臣嘉賓正謂燕己之臣以己臣爲嘉賓耳叔孫以晉歌此篇者以己爲嘉賓故拜受之也燕禮記云若與四方之賓燕則公迎之于大門內鄭玄云四方之賓謂來聘者也是燕聘客唯君迎爲異餘悉與己臣同也

四牡君所以勞使臣也敢不重拜詩言使臣乘四牡騑騑然行不止勤勞也晉以叔孫來聘故以此勞之○以勞力報反注勞之同騑芳非反

〔疏〕注詩言至勞之○正義曰詩序曰四牡勞使臣之來謂遣臣出使來歸乃勞之也叔孫以晉歌此篇勞己來聘故重拜受之也魯語云四牡君之所以章臣之觀也敢不拜章

皇皇者華君教使臣曰必諮於周皇皇者華君遣使臣之詩言忠臣奉使能光輝君命如華之皇皇然又當諮于忠信以補己不及忠信爲周其詩曰周爰諮諏周爰諮謀周爰諮度周爰諮詢言必於忠信之人諮此四事○諏子須反度待洛反下文注同詢音荀

〔疏〕注皇皇至四事○正義曰此詩本意文王教出使之臣使遠而有光華又當諮問善道於忠信之人今晉君歌此以寵穆叔穆叔執謙以爲晉侯所教故云君教使臣下云臣獲五善敢不重拜與詩本意異也忠信爲周魯語文也爰於也若遇忠信之人於是訪問詢度諏謀等四事也魯語云皇皇者華君教使臣曰每懷靡及諏謀度詢必咨於周敢不拜教

臣聞之訪問於善爲咨問善道咨親爲詢問親戚之義咨禮爲度問禮宜咨事爲諏問政事咨難爲謀問患難○難乃旦反注同

〔疏〕咨親至爲謀○正義曰魯語言此四事唯咨親爲詢與此文同其餘咨材爲諏咨事爲謀咨義爲度三者與此皆異韋昭改從此傳注云材當爲事事難爲難孔晁注云材謂政幹也

臣獲五善敢不重拜五善謂諮詢度諏謀

〔疏〕臣獲五善○正義曰教之咨人即得一善故并咨爲五魯語云君既使臣以大禮重之以六德孔晁云既有五善又自謂无及成爲六德言自謂知所无及懷靡謙以問知者此亦即是一德故爲六德也皆是受君之教乃知如此亦是君之所賜故云臣獲也

○秋定姒薨不殯于廟無櫬不虞櫬親身棺季孫以定姒本賤既无器備議其喪制欲殯不過廟又不反哭○過古禾反

〔疏〕注櫬親至反哭○正義曰櫬者親身之棺初死即當有之將葬以殯過廟葬訖乃爲虞祭今定姒初薨匠慶以君長櫬之乃始作櫬知此是季孫以定姒本賤素无器備議其喪制欲如此耳非是終久遂无之也檀弓曰君即位而爲椑夫人尊與君同亦當生已有櫬今議欲不爲是素无器備故始議之也檀弓又曰喪之朝也順死者之孝心也其哀離其室也故至于祖考之廟而後行殷朝而殯於祖周朝而遂葬士喪禮朝而遂葬與記正同知周法不殯于廟而此及僖八年傳皆云不殯于廟以爲非禮知其將葬之時不以殯過廟耳非是殯尸於廟中也葬訖日中反虞於正寢謂之反哭今故不虞有欲不爲反哭也

匠慶謂季文子匠慶魯大匠曰子爲正卿而小君之喪不成謂如季孫所議則爲夫人禮不成不終君也慢其母是不終事君之道君長誰受其咎言襄公長將責季孫○長丁丈反注同

初季孫爲己樹六檟於蒲圃東門之外蒲圃場圃名季文子樹檟欲自爲櫬○爲于僞反下注爲定姒爲言卜爲執事同圃布古反場直良反

〔疏〕注蒲圃至爲櫬○正義曰詩云九月築場圃毛傳云春夏爲圃秋冬爲場樹菜蔬爲圃治禾黍爲場場圃同地耳故杜以場明圃圃名蒲也檟是爲櫬之木知季孫樹之欲自爲櫬

也。匠慶請木，爲定姒作櫬。季孫曰略。不以道取爲略。匠慶用蒲圃之檟，季孫不御。御，止也。傳曰遂得成禮，故經無異文。○御，魚呂反，注同。疏注御止至異文○正義曰：止寇謂之禦，御即禦也，故訓爲止。季孫本議欲無櫬，不虞。今傳唯言取木爲櫬而已，尚不知得殯廟虞祭以否。不虞即是不反哭，不反則不得書葬。今定姒薨葬備文，則因匠慶之言，遂得每事成禮，是故經無異文。君子曰：志所謂多行無禮必自及也，其是之謂乎！疏季孫至謂乎○正義曰：不以道取爲略，今律略人略賣人是也。季孫言略，令匠慶略他木也。官非無木可用，意欲不成其喪，謂木不順其意，怒慶此請，令略木爲之也。匠慶又忿季孫未必無木可用，故取季孫之檟，其意言遣我略人，我止略女。季孫令之爲略，匠慶奉命而略，雖自被略，不得止之。季孫此議自是無禮也，被匠慶略木是自及也。君子言古之志記所謂多行無禮必自及者，其季孫之謂乎。而釋例論此云議從略賤，彼自是解正義之語，與此不以道取爲略別也。○冬，公如晉聽政，受貢賦多少之政。晉侯享公。公請屬鄫，鄫，小國也。欲得使屬魯，如須句、顓臾之比，使助魯出貢賦。公時年七歲，蓋相者爲之言。鄫，今琅邪鄫縣。○句，其俱反。顓音專。臾，羊朱反。比，必二反。相，息亮反。疏注鄫小至鄫縣○正義曰：附庸附大國耳。鄫乃子爵，而欲得屬魯者，春秋之世，小國不能自通，多附於大國。二十七年，齊人請邾，宋人請滕，邾、滕猶尚附人，況鄫又小也。故杜譬之如須句、顓臾之比。須句亦子爵，使助魯出貢賦耳。時公年七歲，未能自謀，蓋國內共爲此計，使相者代公言之。晉侯不許。孟獻子曰：以寡君之密邇於仇讎，而願固事君，無失官命。晉官徵發之命。疏注晉官徵發之命○正義曰：二年鄭子駟以君初喪，云官命未改。此魯以國小賦重，恐失官命。二者官命雖同，而主意有異，故杜彼以未葬解之，此以徵發解之，觀文爲說。鄫無賦於司馬，晉司馬又掌諸侯之賦。爲執事朝夕之命，敝邑敝邑褊小，闕而爲罪，闕，不共也。○朝夕，如字。褊，必淺反。共音恭。寡君是以願借助焉。借鄫以自助。○借，子亦反，注同。晉侯許之。爲明年叔孫豹、鄫世子巫如晉傳。○楚人使頓間陳而侵伐之，故陳人圍頓。間，伺間缺。○間陳，間廁之間。伺音司。間音閑，又間廁之間，又如字。○無終子嘉父使孟樂如晉，無終，山戎國名。孟樂，其使臣。○使臣，所吏反。因魏莊子納虎豹之皮，以請和諸戎。欲戎與晉和。莊子，魏絳。晉侯曰：戎狄無親而貪，不如伐之。魏絳曰：諸侯新服，陳新來和，將觀於我，我德則睦，否則攜貳。勞師於戎，而楚伐陳，必弗能救，是棄陳也，諸華必叛。諸華，中國。戎，禽獸也。獲戎失華，無乃不可乎？夏訓有之曰：有窮后羿——夏訓，夏書。有窮，國名。后，君也。羿，有窮君之號。○夏，戶雅反，下注皆同。羿音詣。疏注夏訓至之號○正義曰：夏書五子之歌云太康尸位，以逸豫故于有洛之表，十旬弗反。有窮后羿因民弗忍，距于河。厥弟五人御其母以從，五子咸怨，述大禹之戒以作歌。其一曰皇祖有訓，是大禹立言以訓後，故傳謂此書爲夏訓也。羿居窮石之地，故以窮爲國號，以有配之，猶言有周、有夏也。后，君也。窮國之君曰羿，羿是有窮君之號。公曰：后羿何如？怪其言不次，故問之。對曰：昔有夏之方衰也，后羿自鉏遷于窮石，因夏民以代夏政。禹孫大康淫放失國，夏人立其弟仲康，仲康亦微弱。仲康卒，子相立，羿遂代相，號曰有窮。鉏，羿本國名。○鉏，仕居反。大音泰。相，息亮反，下及注同。疏注禹孫至國名○正義曰：夏本紀禹生啟，啟生大康，是禹孫也。爲羿所距，書序云大康失邦，是爲淫放失國也。本紀又云大康崩，弟仲康立。尚書胤征云惟仲康肇位四海。孔安國云羿廢大康而立其弟仲康爲天子，則仲康，羿之所立，但羿握其權，仲康不能除去之耳。哀元年傳稱有過澆殺斟灌以滅后相，相依斟灌，故澆滅之。是相立爲天子，乃出依斟灌，則相之立也，蓋亦羿立之矣。此傳言羿代夏政，云不脩民事，寒浞殺羿，言取其國家，則羿必自立爲天子也。當是逐出后相，羿乃自立。相依斟灌、斟尋，夏祚猶尚未滅，蓋與羿並稱王也及寒浞殺羿因羿室而生澆豷已長大自能用師始滅后相相死之後始生少康少康生杼杼又年長已堪誘豷方始滅浞而立少康計大康失邦及少康紹國向有百載乃滅有窮據此傳文夏亂甚矣而夏本紀云仲康崩子相立相崩子少康立都不言羿浞之事是馬遷說之疎也恃其射也羿善射〔疏〕注羿善射○正義曰尚書云大康尸位以逸豫有窮后羿因民弗忍距于河孔安國云羿諸侯名杜云有窮君之號則與孔不同也羿善射論語文也說文云羿帝嚳射官也賈逵云羿之先祖世爲先王射官故帝嚳賜羿弓矢使司射淮南子云堯時十日並出堯使羿射九日而落之楚辭天問云羿彈日烏焉解羽歸藏易亦云羿彃十日也言雖不經難以取信要言嚳時有羿堯時有羿則羿是善射之號非復人之名字信如彼言則不知此羿名爲何也不脩民事而淫于原獸淫放原野棄武羅伯因熊髡尨圉四子皆羿之賢臣○髡苦門反尨莫邦反圉魚呂反而用寒浞寒浞伯明氏之讒子弟也寒國北海平壽縣東有寒亭伯明其君名○浞仕角反徐在角反伯明后

寒棄之夷羿收之夷氏信而使之以爲己相浞行媚于內內宮人〔疏〕伯明后寒棄之○正義曰寒是國名伯明寒君之名也后君也伯明君此寒國之時而棄不收采也○注夷氏○正義曰此傳再言夷羿故以夷爲氏也而施賂于外愚弄其民欺罔之而虞羿于田樂之以遊田○樂音洛下樂安同樹之詐慝以取其國家樹立也○慝他得反後同外內咸服信浞詐羿猶不悛悛改也○悛七全反將歸自田羿獵還家眾殺而亨之以食其子食羿子○亨普彭反煑也食音嗣注同〔疏〕家眾殺而亨之○正義曰家眾謂羿之家眾人反羿以從浞爲浞而殺羿也孟子云逢蒙學射於羿盡羿之道思天下唯羿爲愈己於是殺羿則殺羿者逢蒙也其子不忍食諸死于窮門殺之於國門靡奔有鬲氏靡夏遺臣事羿者有鬲國名今平原鬲縣○鬲音革浞因羿室就其

妃妾生澆及豷恃其讒慝詐僞而不德于民使澆用師滅斟灌及斟尋氏二國夏同姓諸侯仲康之子后相所依樂安壽光縣東南有灌亭北海平壽縣東南有斟亭○澆五弔反豷許器反斟之林反灌古亂反〔疏〕注二國夏同姓諸侯○正義曰世本文也處澆于過處豷于戈過戈皆國名東萊掖縣北有過鄉戈在宋鄭之間○過古禾反注及下同戈古禾反掖音亦漢書作夜孟康音掖〔疏〕注戈在宋鄭之間○正義曰哀十二年傳曰宋鄭之間有隙地焉曰嵒戈錫是也靡自有鬲氏收二國之燼燼遺民○燼才刃反〔疏〕注燼遺民○正義曰樵燭既燒之餘名之曰燼二國之燼謂燒之所殺死亡之餘遺脫之民也思報父兄之讎故靡得收而用之以滅浞而立少康少康夏后相之子○少詩照反注及下同少康滅澆于過后杼滅豷于戈后杼少康子○杼直呂反〔疏〕注后杼少康子○正義曰夏本紀少康崩子帝杼立是也有窮由是遂

亡失人故也浞因羿室故不改有窮之號〔疏〕有窮至故也○正義曰有窮遂亡謂浞亡也武羅伯因熊髡尨圉本羿棄之浞亦不用失人是國之大患故言之以規悼公也昔周辛甲之爲大史也命百官官箴王闕辛甲周武王太史闕過也使百官各爲箴辭戒王過○箴之林反〔疏〕注辛甲至王過○正義曰晉稱文王訪于辛尹賈逵以爲辛甲尹佚則辛甲文王之臣而下及武王但文王之時天命未改不得命百官官箴王闕故以爲武王時太史也闕謂過失也大史號令百官每官各爲箴辭虞人掌獵故以獵爲箴也漢成帝時楊雄爰虞箴遂依放之作十二州二十五官箴後亡失九篇後漢崔駰駰子瑗瑗子寔世補其闕及臨邑侯劉騊駼大傅胡廣各有所增凡四十八篇廣乃次而題之署曰百官箴皆放此虞箴爲之於虞人之箴虞人掌田獵〔疏〕注虞人掌田獵○正義曰周禮山虞大田獵則萊山田之野澤虞大田獵則萊澤野萊謂芟其草萊以爲殺圍之處詩毛傳云大芟草以爲防是也曰芒芒禹迹畫爲九州芒芒遠貌畫分也○芒莫郎反畫乎麥反〔疏〕注芒芒至分也○正義曰畫分

者言畫地分之以爲竟也。禹貢唯冀州帝都不言竟界，以餘州所至，則冀州可知也。八州各言竟界，云濟河惟兗州，海岱惟青州，海岱及淮惟徐州，淮海惟楊州，荊及衡陽惟荊州，荊河惟豫州，華陽黑水惟梁州，黑水西河惟雍州，是禹所畫分也。**經啓九道，**啓開九州之道。【疏】注啓開九州之道。正義曰：既分海內以爲九州，遂皆以九言之。禹貢云九州攸同，九山刊旅，九川滌源，九澤既陂，故此亦言九道。言禹開通九州之道也。**民有寢廟，獸有茂草，各有攸處，德用不擾。**人神各有所歸，故德不亂。○攸處，如字，本或作攸家。擾，如小反，亂也。**在帝夷羿，冒于原獸，**冒，貪也。○冒，莫報反，又音亡北反。【疏】在帝夷羿。正義曰：帝王之號，當時所稱。三代稱王，自以德劣於前，謙而不稱爲帝。其統天下，實與帝同，所謂今之王，古之帝也。後人之稱先代，或以王言帝，或以帝言王。史記於夏殷諸王皆稱爲帝，此羿篡立爲王，故以帝稱焉。**忘其國恤，而思其麀牡。**言但念獵。○麀音憂，鹿牡也。牡，茂后反。**武不可重，**重猶數也。○重，直用反，注同。數，所角反。【疏】注重猶數也。正義曰：杜讀爲重累之重，故爲數也。服虔云：重猶大也，言武事不可大任。**用不恢于夏家。**羿以好武，雖有夏家而不能恢大之。○恢，苦回反。**獸臣司原，敢告僕夫。**獸臣，虞人。告僕夫，不敢斥尊。**虞箴如是，可不懲乎？」於是晉侯好田，故魏絳及之。**及后羿事。○好，呼報反，下文同。懲，直升反。【疏】於是至及之。○正義曰：魏絳本意主勸和戎，忽云有窮后羿，以開公問，遂說羿事，以及虞箴，乃與初言不相應會，故傳爲此二句，以解魏絳之意。**公曰：「然則莫如和戎乎？」對曰：「和戎有五利焉：戎狄荐居，貴貨易土，**荐，聚也。易猶輕也。○荐，在薦反，又才遜反，或云草也。易，以豉反，徐神豉反，注同。【疏】注荐聚也。正義曰：釋言云：荐，再也。孫炎曰：荐，草生之再也。即荐是聚也。服虔云：荐，草也，言狄人逐水草而居，徙無常處。劉炫案莊子云麋鹿食荐，即荐是草也，服言是。**土可賈焉，一也。邊鄙不聳，民狎其野，穡人成功，二也。**聳，懼。狎，習也。○賈音古。聳，息勇反。**戎狄事晉，四鄰振動，諸侯威懷，三也。以德綏戎，師徒不勤，甲兵不頓，四也。**頓，壞也。【疏】注頓壞也。○正義曰：頓謂挫傷所壞，今俗語云委頓是也。**鑒于后羿，而用德度，**以后羿爲鑒戒。**遠至邇安，五也。君其圖之！」公說，使魏絳盟諸戎，脩民事，田以時。**傳言晉侯能用善謀。○說音悅。

○冬十月，邾人、莒人伐鄫，臧紇救鄫，侵邾，敗于狐駘。臧紇，武仲也。鄫屬魯，故救之。狐駘，邾也。魯國蕃縣東南有目台亭。○紇，恨發反。駘，徒來反，徐勑才反。蕃，本又作藩，應劭音皮，一音方袁反。白褒魯國記云：陳子遊爲魯相，蕃子也，國人爲諱，改曰皮也。台，吐才反。【疏】注蕃縣。○正義曰：魯國地理志曰：蕃讀如藩屏之藩，言魯國南藩也。汝南陳子游爲魯相，子游者，藩之子也，國人辟諱，遂改皮音，而爲蕃字，因而不改也。**國人逆喪者皆髽，魯於是乎始髽。**髽，麻髮合結也。遭喪者多，故不能備凶服，髽而已。○髽，側瓜反。合結，音計，本義作髻，又作紒，音同。【疏】注髽麻至而已。○正義曰：髽之形制，禮無明文，先世儒者各以意說。鄭衆以爲枲麻與髮相半結之，馬融以爲屈布爲巾，高四寸，著於顙上，鄭玄以爲去纚而紒。案檀弓記稱南宮縚之妻，孔子之兄女也，縚母喪，孔子誨之髽，曰：「爾毋從從爾，爾毋扈扈爾。」鄭玄云：從從謂大高，扈扈謂大廣。若布高四寸，則有定制，何當慮其從從扈扈而誨之哉？如鄭玄去纚而空露其紒，則髮上本無服矣。喪服女子在室爲父髽衰三年，空露紒髮，安得與衰共文而謂之髽衰也？魯人逆喪皆髽，豈直露紒迎喪哉？凶服以麻，麻表髽字從髟，是髮之服也。杜以鄭衆爲長，故用其說，言麻髮合結，亦當麻髮半也。於時魯師大敗，遭喪者多，婦人迎子迎夫，不能備其凶服，唯髽而已。同路迎喪，以髽相弔。傳言魯於是始髽者，自此以後，遂以髽爲弔服，雖有吉者，亦髽以弔人。檀弓曰：「魯婦人之髽而弔也，自敗於臺鮐始也。」鄭玄云：時家家有喪，髽而相弔。知於是始髽者，始用髽相弔也。髽者依喪服，婦人爲斬衰三年者髽，故喪服云：女子子在室，笄髽衰三年，是也。其齊衰期亦髽，故檀弓云：南宮縚之妻之姑之喪，夫子誨之髽，是也。其婦人弔服，則鄭注檀弓云：大夫之妻錫衰，士之妻則疑衰，皆吉笄無首，素總也。**國人誦之曰：「臧之狐裘，**

敗我於狐駘臧紇時服狐裘我君小子朱儒是使朱儒朱儒使我敗於邾襄公幼弱故曰小子臧紇短故曰朱儒敗不書魯人諱之。朱本或作侏亦音朱

附釋音春秋注疏卷第二十九

江西南昌府學栞

春秋疏卷二十九

春秋左傳注疏卷二十九校勘記　阮元撰盧宣旬摘錄

附釋音春秋左傳注疏卷第二十九襄元年盡四年宋本春秋正義卷第二十石經春秋經傳集解襄元第十四淳熙本襄下有公字岳本元作一並盡九年

襄公

經元年

秋楚公子壬夫帥師侵宋顏氏匡謬正俗云楚公子壬夫字子辛今之學者以其字子辛遂改王夫爲壬夫同是日辰名字相配也案楚有公子午字子庚是十榦午是十支法有相配辛壬同在十榦此與庚午不相類固當依本字讀爲王夫不宜穿鑿改爲壬案顏說非也石經以下皆作壬漢書古今人表亦作公子壬夫陸氏穀梁音義壬音而林反

注辛酉九月十五日監本毛本辛酉誤作無傳

傳元年

追書前事閩本監本毛本書作恩非也

注登成至繫宋宋本此節正義在於是至宋志之下

於是至宋志此節及登城至繫宋節注稱宋至宋志節宋本總入謂之宋志注下

乃有二意毛本二作三非也

言鄭伯志於殺宋本志下有在字

非取國人之心閩本監本毛本心作志

瓠丘晉地纂圖本毛本地誤城

河東東垣縣東南有壺丘宋本壺作瓠水經注河水篇云清水又東南逕陽壺城東即垣縣之壺丘亭郡國志河東郡有壺丘亭注引注云縣東南有壺丘亭宋本作瓠丘非也又按河東有垣縣無東垣縣

周禮注說文及此杜注皆衍東字宜刪

於戚之會　毛本於作與非也

敗其徒兵於洧上　宋本纂圖本閩本監本毛本於作于

徒兵步兵　案僖二十八年注云徒兵步卒

至長平入頻　案頻字是也毛本足利本誤穎

故步兵謂之徒兵也　重脩監本下兵誤與

今公雖即位　監本公作歸非也

經二年

小國朝之　鄭氏周禮大行人注引作大國朝焉小國聘焉賈疏同王制正義引鄭氏周禮注同孔自引左傳仍作小國朝之儀禮聘禮賈疏凡兩見俱作小國朝焉

又七年楚子重伐鄭　監本毛本又誤文

以冨鄭　纂圖本閩本監本毛本冨作逼宋本淳熙本岳本足利本作偪案偪逼古今字

傳二年

二年春鄭師侵宋楚令也　纂圖本閩本監本毛本師誤伯

萊人使正輿子　釋文云輿本或作與惠士奇曰荀子云萊不用子馬而齊并之楊倞云或曰正輿氏字子馬

穆姜使擇美檟　郭注爾雅釋木引作使擇美檟

皮老而麤楷者爲楸　宋本麄作麤是正字浦鏜正誤楷作散與爾雅疏引樊注合下同

櫬親身棺也　宋本親作儭非也案四年注作親

所謂椵棺也　宋本椵作椑與檀弓注合

頌琴者　重脩監本琴誤琹

言之者行事　宋本之作知

偕徧也　纂圖本毛本徧作偏非也釋文亦作徧

則下與福祐甚周徧　宋本閩本監本毛本祐作佑

今其皆來魯國　宋本今作令是也

婦人不越疆而弔人　宋本閩本監本毛本作弔此本誤弟今訂正

是棄力與言其誰暱我　釋文云棄力服本又作棄功暱本又作昵案臧林云當從服本作棄功言楚有功于鄭也

此棄力背言之責　毛本力言二字誤倒

成公未葬　宋本淳熙本岳本纂圖本閩本監本毛本作未此本誤宋今訂正

鄭人叛晉謀討之　宋本岳本足利本人作久是也

經三年

諸侯共謀王室　毛本共誤不

不譏王人　毛本不誤共

以明王勑其來盟　宋本毛本勑作敕

故經但列諸侯　案釋例但作唯

止爲盟陳袁僑耳　宋本閩本監本毛本作耳此本誤作且今改正

傳三年

在丹陽蕪湖縣東　淳熙本蕪誤莬宋本足利本作無此本丹誤月今據各本訂正

今皐吏也　宋本淳熙本岳本監本毛本吏作夷是也

託之君子此傳君子　閩本監本毛本脫此傳君子四字

乃盟於彤外　石經纂圖本毛本於作于釋文亦作于

讐也○正義曰讎者　此節正義宋本閩本監本毛本在注文解狐卒句下此本與盟於彤外正義合爲一節非是

於是羊舌職死矣　淳熙本羊舌二字誤作善

商書洪範也　纂圖本閩本監本毛本脱也字

能舉似已者○也　監本○在也字之下岳本纂圖本毛本並作者也宋本淳熙本作能舉似已者是也

維其有之　宋本閩本監本毛本維作惟

單頃公王卿士　淳熙本脱王字纂圖本毛本作正亦非

事君不辟難　纂圖本毛本不作必非也

事君至不逃刑　宋本無不字閩本監本毛本作至不逃非

然則斬僕信依法也　宋本信依作依軍不誤閩本監本毛本法作灋

非是專爲此事也　宋本也作耳

軍事有死無犯爲敬　纂圖本毛本事誤仕

而從舍罪人　毛本從作放

經四年

注定謚至葬速　毛本至誤之

於例亦同稱薨也　宋本監本毛本亦作赴是也

明季子雖議從略賤　宋本季下有文字是也

殯葬無闕也　閩本監本毛本闕作闕亦非宋本作闕是也○今依宋本

豈得以妾意遇之哉　閩本監本毛本意作毋非也

鄭元以爲正夫人有以罪廢　閩本監本毛本有以二字誤倒

傳四年

晉士匄侵奪齊至穀　宋本無奪字與十九年經合

周禮以鐘鼓奏九夏　淳熙本岳本鐘作鍾

一名樊　閩本監本樊作縶案國語作繁

金謂鍾及鎛也　宋本鎛作鏄下同

昭夏納夏　昭閩本監本毛本昭作韶下同案周禮鍾師作昭

此傳直言之三不朝其三之名　閩本監本毛本朝作拜亦非宋本作辨

文王之三盡文王大明緜　閩本監本毛本盡作葢

并取其次三篇　宋本閩本監本毛本三作二是也

呂叔王云　宋本王作玉不誤

言遂於天位也　宋本天作大位字下有謂王位三字是也

降福穰穰　閩本監本毛本穰穰作禳禳非

云肆夏繁樊既是肆夏　閩本監本毛本樊作縶既作即非

何所馮準　閩本監本馮作憑非後同者不更出

先儒以樊遏二字共爲執競　閩本監本毛本樊作繁非

彼孔晁注云　毛本晁誤詔

韓獻子白　宋本閩本監本毛本白作曰

加命爲二伯　毛本脱二字

伯長諸侯爲方伯也　重脩監本伯長誤自長

注及與相樂　宋本閩本監本毛本與下有至字是也

彼俱不敢聞　閩本監本毛本俱誤懼宋本聞作閒

定其差等　閩本監本毛本差等誤倒

堂下吹一籥　監本吹誤次

筐由庚　閩本監本毛本庚誤賡

不復更用其首篇者　宋本無者字

尤尚不得用之　宋本尤作猶

所以章臣之覲也　宋本覲作勤是也案國語臣上有使字

能光輝君命　毛本命誤君案盧文弨挍本輝作煇陳樹華云如廿年公賦南山有臺注能爲國光暉宋本作煇字是也按說文有暉煇無輝煇者煇之俗說文煇暉皆解曰光也

周爰諮諏　釋文諮作咨與毛詩合

必咨於周　閩本監本毛本咨作諮

事難爲難　宋本事難作事當是也

言自謂知所無及　按所無當作無所乃與詩傳箋合

懷靡謙以問知者　宋本無靡字

今故不虞有欲不爲反哭也　宋本故作欲有作者是也

匠慶魯大匠　纂圖本毛本大匠誤大夫

言襄公長將責季孫　淳熙本責誤費重脩監本誤貴

傳曰遂得成禮　宋本淳熙本岳本曰作言

注禦止至異文　此節正義宋本揔入季孫至謂乎之後

御即禦也　監本毛本即誤猶

謂木不順其意　宋本監本毛本謂作請

我止略女　宋本閩本監本毛本止作只非也

小國不能自通　監本毛本能作得

晉司馬又掌諸侯之賦　毛本晉作吾非也

羿居窮石之地　毛本石誤不

羿遂伐相　宋本淳熙本岳本伐作代

惟仲康肇位四海　宋本肇作肈

夏祚猶尚未滅　宋本亦作猶尚閩本監本毛本二字誤倒

杜云有窮君之號　監本毛本杜誤此

羿彈日　段玉裁挍本作羿焉彈日與楚辭合

羿彈十日也　段玉裁挍本彈作彃是也浦鏜據尚書及論語疏日字下增說文云彃者射六字

堯時有羿　宋本時下有亦字是也

棄武羅伯因　石經宋本淳熙本岳本纂圖本監本毛本作伯因是案漢書古今人表作栢因史記正義作伯姻

北海平壽縣東有寒亭　監本東作有毛本作東並非

伯明后寒棄之　宋本此節正義在注文夷氏之下

樂之以游田　淳熙本岳本足利本游作遊

信浞許　纂圖本毛本許作計宋本淳熙本岳本監本作詐山井鼎云當作詐是也

則殺羿者逢蒙也　宋本閩本毛本作逢此本誤逄監本作逄亦非

生澆及豷　案惠棟云澆說文引作敖論語作奡管子云若敖之在堯說文引論語奡湯舟是敖與奡通今傳作澆者敖澆聲相近師古讀各異故也陳樹華云古今人表作奡師古曰音五到反楚詞所謂澆者也顏氏不引左傳而引楚詞失之論語疏亦云澆即奡也

東萊掖縣北有過鄉　釋文云掖漢書作夜孟康音掖

曰鉏戈錫是也　浦鏜正誤錫作鍚案哀十二年傳作錫

晉稱文王訪于辛尹　宋本晉下有語字是也

每官各爲箴辭　宋本此下有以戒王若箴之療疾故名箴焉言官箴者各以其官所掌而爲箴辭二十六字各本並脫又閩本監本毛本各爲誤作各以

大艾草以爲防是也　監本毛本艾誤芟

淮海惟揚州　閩本監本揚作楊案郭忠恕佩觿曰楊柳也亦州名

人神各有所歸　沈彤云人神當作人獸

雖有夏家而不能恢大之　此本之誤反宋本淳熙本岳本足利本反作之不誤案太平御覽引同今依訂正纂圖本毛本作也閩本監本作而不能恢也並非

麐鹿食荐　案莊子麐作麋荐作薦翻宋本麋字實缺

四鄰振動　纂圖本監本毛本鄰作隣俗字

魯國蕃縣東南有目台亭　宋本淳熙本纂圖本監本毛本足利本蕃作番釋文亦作番云本又作蕃閩本目誤月

於時魯師大敗　宋本毛本時作是非監本大作夫不誤

自敗於壺終始也　閩本壺誤壼監本毛本作臺依檀弓改也宋本監本毛本終作駘山井鼎云駘作駘與禮記合閩本亦誤終

敗我於狐駘　石經敗我於狐四字重刻蓋初刻脫我字也

襄公幼弱　纂圖本閩本監本毛本脫襄字

附釋音春秋左傳注疏卷第二十九止

春秋左傳注疏卷二十九挍勘記

附釋音春秋左傳注疏卷第三十 襄五年盡九年

杜氏注　孔穎達疏

經五年春公至自晉○夏鄭伯使公子發來聘發子產父○叔孫豹鄫世子巫如晉比魯大夫故書巫如晉○巫亡扶反○仲孫蔑衛孫林父會吳于善道魯衛俱受命於晉故不言及吳先在善道二大夫往會之故曰會吳善道地闕

疏注魯衛至地闕○正義曰諸言及者皆魯君命之使與彼行故稱及彼此傳稱晉將爲吳合諸侯使魯衛先會之魯衛俱受命於晉非是魯君命蔑使與林父會吳故不言及也下文戚之會序吳於列書公會晉侯云云吳人鄫人于戚此不序吳於林父之下而別云會吳者爲吳人先在善道蔑與林父往彼會之故云會吳也十年會吳于柤成十五年會吳于鍾離皆是吳在彼地往彼會之故殊會吳也公羊以爲外吳言春秋內其國而外諸夏內諸夏而外夷狄故殊會以外之左氏無此義杜不從公羊故皆云吳在彼也下戚會不殊吳者來會于戚故與諸國同序列也

○秋大雩○楚殺其大夫公子壬夫書名罪其貪○公會晉侯宋公陳侯衛侯鄭伯曹伯莒子邾子滕子薛伯齊世子光吳人鄫人于戚穆叔使鄫人聽命於會故鄫見經不復殊吳者吳來會于戚○見賢遍反復扶又反下同公至自會無傳○冬戍陳諸侯在戚會皆受命戍陳各還國遣戍不復有告命故獨書魯戍

疏注諸侯至魯戍○正義曰此戍陳及十年戍鄭虎牢僖二年城楚丘案傳皆諸國同行而經獨書魯者城楚丘傳云不書所會後也彼爲魯人後期諸侯已散故作獨城之文此則於戚之會受命戍陳十年諸侯伐鄭於伐鄭受命戍鄭虎牢還國各自遣戍更無告命故獨書魯戍也

○楚公子貞帥師伐陳公會晉侯宋公衛侯鄭伯曹伯齊世子光救陳十有二月公至自救陳無傳○辛未季孫行父卒

傳五年春公至自晉公在晉既聽屬鄫聞其見伐遙命臧紇出救故傳稱經公至以明之○王使王叔陳生愬戎于晉王叔周卿士也戎陵虣周室故告愬於盟主○愬悉路反虣白報反晉人執之士魴如京師言王叔之貳於戎也王叔反有二心於戎失奉使之義故晉執之○使所吏反○夏鄭子國來聘通嗣君也鄭僖公初即位○穆叔覿鄫大子于晉以成屬鄫覿見也前年請屬鄫故將鄫大子巫如晉以成之○覿直歷反見賢遍反書曰叔孫豹鄫大子巫如晉言比諸魯大夫也

疏注覿見至成之○正義曰覿見釋詁文也前年魯請屬鄫雖被晉許而鄫人未知故將巫至晉以成之

豹與巫俱受命於魯故經不書及比之魯大夫

疏豹與至大夫○正義曰巫若自受鄫命則豹當言及今巫來至魯魯侯命之命與豹同行與豹俱受魯命故經不言及比之魯大夫也魯大夫兩人同行皆不言及文十八年公子遂叔孫得臣如齊定六年季孫斯仲孫何忌如晉其類皆是也

○吳子使壽越如晉壽越吳大夫辭不會于雞澤之故三年會雞澤吳不至今來謝之且請聽諸侯之好更請會○好呼報反晉人將爲之合諸侯使魯衛先會吳且告會期以其道遠故使魯衛先告期○將爲于僞反故孟獻子孫文子會吳于善道二子皆受晉命而行○秋大雩旱也雩夏祭所以祈甘雨若旱則又脩其禮故雖秋雩非書過也然經與過雩同文是以傳每釋之曰旱也雩而獲雨故書雩而不書旱

疏注雩夏至書旱○正義曰例稱龍見而雩是夏祭常禮所以祈甘雨也過時則書若值歲旱則又脩此雩禮而爲祈禱故雖秋雩非書過也此是爲旱而雩非常雩過時也但經書大雩則過雩旱雩無以相別故爲旱而雩傳皆言旱以釋之釋例曰始夏而雩者爲純陽用事防有旱災而祈之也至於四時之旱又因用此禮而

求雨故亦曰雩經書雩而傳不以旱釋之者皆過雩也經書過雩則與旱雩不別故傳皆發之是解發傳言旱之意也雩爲旱禱而不書旱者雩而獲雨故書雩而不書旱雩不得雨則書旱以明災成僖二十一年夏大旱是也雩而獲雨則書雩穀梁傳文也○楚人討陳叛故討治也曰由令尹子辛實侵欲焉乃殺之書曰楚殺其大夫公子壬夫貪也君子謂楚共王於是不刑陳之叛楚罪在子辛共王既不能素明法教陳叛之日又不能嚴斷威刑以謝小國而擁其罪人興兵致討加禮於陳而陳恨彌篤乃怨而歸罪子辛子辛之貪雖足以取死然共王用刑爲失其節故言不刑○共音恭斷丁亂反疏注陳之至不刑○正義曰釋例曰陳之叛楚罪在子辛共王既不能明法示教以肅大臣陳叛之日又不能嚴斷威刑以謝小國而擁其罪人以興兵致討暴師經年加禮於陳陳恨彌篤乃愠而歸罪子辛子辛之貪雖足以取死然共王用刑爲失其節故君子論之以爲不刑也加禮於陳者謂四年楚將伐陳聞喪乃止是也不刑者言不得用刑之道也詩曰周道

挺挺我心局局講事不令集人來定逸詩也挺挺正直也局局明察也講謀也言謀事不善當聚致賢人以定之○挺挺他頂反局局工迥反徐孔穎反己則無信而殺人以逞不亦難乎共王伐宋封魚石背盟敗于鄢陵殺子反公子申及壬夫八年之中戮殺三卿欲以屬諸侯故君子以爲不可○背音佩疏注共王至不可○正義曰釋例以君子此言止爲殺公子申與壬夫三人而已此注又兼言殺子反者傳言己則無信九共王也背盟而敗于鄢陵及殺子反皆是共王無信之事故追言之也殺此三卿欲令諸侯息忿還來屬己故言欲以屬諸侯以屬諸侯者僖十九年傳文也逞謂解也共王殺此三人望解己意而諸侯不從意竟不解故云殺人以逞不亦難乎夏書曰成允成功亦逸書也允信也言信成然後有成功疏注亦逸至成功○正義曰此虞書大禹謨之文禹是夏王故傳稱夏書杜不見古文故稱逸書亦亦前逸詩也彼舜謂禹能成聲教之信成治水之功爲二事此傳引之言共王無信故無成功杜順傳意言信成然後有成功爲一事也○九月丙午盟于戚

會吳且命戍陳也公及其會而不書盟非公後會蓋不以盟告廟疏注公及至告廟○正義曰凡諸侯會而盟者皆先會而後盟非先盟而後會既及其會知非後盟釋例曰盟于鄬盟於舉盟于戚公既在會而不書其盟者以理推之會在盟前知非後盟也蓋公還告會而不告盟也穆叔以屬鄫爲不利使鄫大夫聽命于會鄫近魯竟故欲以爲屬國既而與莒有忿魯不能救恐致譴責故復乞還之傳言鄫人所以見於戚會○近附近之近下文陳近同竟音境譴棄戰反復扶又反見賢遍反○楚子囊爲令尹公子貞○囊乃郎反范宣子曰我喪陳矣楚人討貳而立子囊必改行改子辛所行○喪息浪反行如字徐下孟反而疾討陳疾急也陳近于楚民朝夕急能無往乎有陳非吾事也無之而後可言晉力不能及陳故七年陳侯逃歸○朝夕如字冬諸侯戍陳備楚子囊伐陳

十一月甲午會于城棣以救之公及救陳而不及會故不書城棣城棣鄭地陳留酸棗縣西南有棣城○棣力計反一音徒妹反疏注公及至棣城○正義曰桓十五年公會宋公衛侯陳侯于袲伐鄭既會而伐并會書之計此亦當書會故解之公及救陳而不及其會故不書會○季文子卒大夫入斂公在位在阼階西鄉○斂力艷反鄉許亮反疏注在阼階西鄉○正義曰喪大記云大夫之喪將大斂既鋪絞紟衾衣君至主人迎先入門右巫止于門外君釋菜祝先入升堂君卽位于序端士喪禮君若有賜焉則視斂既布衣君至君升自阼階西鄉以君臨士喪西鄉知臨大夫之喪卽位于序端者亦西鄉也鄭玄士冠禮注云阼猶酢也東階所以荅酢賓客也堂東西牆謂之序劉炫又引記云君既卽位于序端卿大夫卽位于堂廉楹西北面東上主人房外南面主婦尸西東面遷尸卒斂宰告主人降北面于堂下君撫之主人拜稽顙君降升主人馮之命主婦馮之士之喪將大斂君不在其餘禮猶大夫也宰庀家器爲葬備庀具也○庀匹婢反無衣帛之妾無食粟之馬無藏

金玉無重器備器備謂珍寶甲兵之物。○衣於既反無食如字又音嗣重如字又直龍反君子是以知季文子之忠於公室也相三君矣而無私積可不謂忠乎積子賜反○相息亮反疏注相三君矣○正義曰季孫行父以文六年見經則爲卿久矣宣公之初襄仲執政宣八年仲遂卒後始文子得政故至今爲相三君也

經六年春王三月壬午杞伯姑容卒○夏宋華弱來奔華椒孫○秋葬杞桓公無傳○滕子來朝○莒人滅鄫○冬叔孫豹如邾○季孫宿如晉行父之子○十有二月齊侯滅萊書十二月從告

傳六年春杞桓公卒始赴以名同盟故也杞入春秋未嘗書名桓公三與成同盟故赴以名疏注杞入至以名○正義曰杞入春秋以來唯僖二十三年杞成公卒用夷禮書杞子卒未嘗書杞君之名也世本杞桓公是成公之弟成公卒而桓公立至此七十一年唯成五年盟于蟲牢七年于馬陵九年于蒲杞俱在未嘗與襄同盟嫌其不合以名赴故傳發之釋例曰杞伯姑容未與襄同盟而事遠其父用同盟之禮蓋敦好之義也嫌於赴非所盟之君故傳曰始赴以名同盟故也

宋華弱與樂轡少相狎長相優又相謗也狎親習也優調戲也○少詩照反狎戶甲反長丁丈反調徒弔反疏注狎親至戲也○正義曰論語云雖狎必變曲禮云賢者狎而敬之狎是相褻慢相貫習之名也二十八年傳稱慶氏之徒觀優至於魚里是優爲戲名也晉語有優施史記滑稽傳有優孟優旃皆善爲優優遂以優著名是優爲調戲也子蕩怒以弓梏華弱于朝子蕩樂轡也張弓以貫其頸若械之在手故曰梏○梏古毒反貫古亂反疏注子蕩至曰梏○正義曰貫者穿也張弓以貫沓其頸穿於弓之中故曰貫其頸周禮掌囚有梏桎在手曰梏在足曰桎頸貫於弓若手在梏故云以弓梏也桎梏俱名爲械釋名云械者戒也戒止人使不得遊行也平公見之曰司武而梏於朝難以勝矣司武司馬言其懦弱不足以勝敵○懦乃亂反又乃臥反遂逐之夏宋華弱來奔司城子罕曰同罪異罰非刑也專戮於朝罪孰大焉亦逐子蕩子蕩射子罕之門曰幾日而不我從言我射女門女亦當以不勝任見逐○射食亦反注同幾居豈反女音汝勝音升子罕善之如初言子罕雖見辱不追忿所以得安疏司城至如初○正義曰子罕以華弱奔後而發此言蓋以告諸大夫非告君也亦逐子蕩一句亦是子罕之語說子蕩之罪言亦宜逐子蕩也子蕩恐即被逐故射子罕之門宋亦不復逐之子蕩作彼逐之意故云幾日而不我從也宋人不復更逐故子罕善之如初不恨其射門也或當實逐子蕩故子蕩云幾日而不我從理亦通也○注言子至得安○正義曰服虔云言子罕不阿同族亦逐樂轡以正國法忠之至也及樂轡射其門畏從華弱之罰復善樂轡如初是爲茹柔吐剛喪其志矣尊故舉之明春秋之義善惡俱見杜以春秋之世君弱臣強苟欲不益失掩罪以相忍爲國向戌欲益華臣子罕不怨樂轡皆忍忿求安之事不足以爲大尤知傳載此言是善其得安非尤其從惡故異於服也

○秋滕成公來朝始朝公也○莒人滅鄫鄫恃賂也鄫有貢賦之賂在魯恃之而慢莒故滅之○冬穆叔如邾聘且脩平平四年狐駘戰○晉人以鄫故來討曰何故亡鄫鄫屬魯恃賂而慢莒魯不致力輔助無何以還晉尋便見滅故晉責魯季武子如晉見且聽命始代父爲卿見大國且謝亡鄫聽命受罪○見賢遍反注同疏注始代至受罪○正義曰昭二年晉韓宣子來聘傳曰告爲政而來見也大國正卿尚來見小國知此傳言見者是始代父爲政卿往見於大國也○十一月齊侯滅萊萊恃謀也賂夙沙衛之謀也事在二年於鄭子國之來聘也四月晏弱城東陽而遂圍萊子國聘在五年二年晏弱城東陽至五年四月復託治城因遂圍萊○復扶又反甲寅堙之環

城傳於堞堞女墻也堙土山也周城爲土山及女墻○堙音因環戸關反又音患傳音附堞音牒一名傳亦謂之俾倪徐養涉反【疏】注堞女至女墻○正義曰兵書攻城有爲堙之法宣十五年公羊傳曰子反乘堙而窺宋城是堙爲土山使高與城等而攻之也言環城是環遶其城知周币其城爲土山也及杞桓公卒之月此年三月乙未王湫帥師及正輿子棠人軍齊師王湫故齊人成十八年奔萊正輿子萊大夫棠萊邑也北海卽墨縣有棠鄉三人帥別邑兵來解圍○湫子小反徐子鳥反齊師大敗之敗湫等丁未入萊萊共公浮柔奔棠正輿子王湫奔莒莒人殺之

四月陳無宇獻萊宗器于襄宮無宇桓子陳完玄孫襄宮齊襄公廟○共音恭晏弱圍棠十一月丙辰而滅之遷萊于郳遷萊子于郳國○遷萊于郳五兮反本或作遷于郳萊衍字【疏】遷萊于郳○正義曰郳卽小邾也二

年傳曰滕薛小邾之不至皆齊故也小邾附屬於齊故滅萊國而遷其君於小邾使之寄居以終身也高厚崔杼定其田定其疆界高厚高固子○疆居良反

經七年春郯子來朝○夏四月三卜郊不從乃免牲稱牲既卜日也卜郊又非禮也○郯音談【疏】夏四月至免牲○正義曰周禮大宰職云祀五帝前期十日帥執事而卜日然則將祭十日之前預卜之蓋一旬一卜也例稱啓蟄而郊建寅之月也此四月三卜蓋三月二卜四月又一卜也春分之前猶是啓蟄節內於法仍可以郊據傳獻子之言三卜在春分之後則初卜卽已大晚故三卜而涉於春分也人心欲其吉不吉是不從不從則不郊故免牲而不殺也○注稱牲至禮也○正義曰僖三十一年夏四月四卜郊不從乃免牲傳曰禮不卜常祀而卜其牲日牛卜日曰牲牲成而卜郊上怠慢此經與彼正同唯四卜三卜爲異耳彼言其非則此亦非也牛巳稱牲是既卜日矣牲既成矣而又卜郊與僖同譏故云又非禮也○小邾子來朝○城費南遺假事難而城之○費音祕難乃旦反【疏】注南遺至城之○正義曰此傳唯說南遺請城之由不言時與不時則知南遺假託言有事難而請城之○秋季孫宿如衛○八月螽無傳爲災故書○冬十月衛侯使孫林父來聘壬戌及孫林父盟楚公子貞帥師圍陳○十有二月公會晉侯宋公陳侯衛侯曹伯莒子邾子于鄬謀救陳陳侯逃歸不成救故不書救也鄬鄭地○鄬于軌反字林几吹反【疏】注謀救至鄭地○正義曰楚既圍陳而陳侯亦列於會者當是圍之不密故陳侯得出會求救也陳侯逃歸陳遂屬楚諸侯不與楚戰各自罷歸不成爲救故不書救也鄭伯髡頑如會未見諸侯丙戌卒于鄵實爲子駟所弒以瘧疾赴故不書弒稱名爲書卒同盟故也如會會於鄵也未見諸侯未至會所而死鄵鄭地不欲再稱鄭伯故約文上其名於會上○鄵七報反又采南反字林千消反弒音試下同爲書于僞反上其時掌反【疏】注實爲至會上○正義曰魯之隱閔實被弒而書薨諱而不言弒則亦不以被

弒赴諸侯此鄭伯實爲子駟所弒而以瘧疾赴於諸侯亦如隱閔之類諱而不言弒故魯史不得書弒也穀梁傳曰禮諸侯不生名此其生名何也卒之名也卒之名則何爲加之如會之上見以如會卒也是言書名爲書卒而稱之也三年盟于雞澤五年盟于戚魯鄭俱在同盟故赴以名法當書名故進名於上其名本爲下卒非是生名之也如會者會諸侯於鄵欲往赴其會也公羊傳曰未見諸侯其言如會何致其意也原其意本欲往會故書之也未見諸侯言其未至會所而死非至會而不見也書卒于鄵者赴以所卒之地故書之陳侯逃歸畏楚逃晉而歸

傳七年春郯子來朝始朝公也○夏四月三卜郊不從乃免牲孟獻子曰吾乃今而後知有卜筮夫郊祀后稷以祈農事也郊祀后稷以配天后稷周始祖能播殖者【疏】注郊祀至殖者○正義曰言后稷周之始祖能播殖者辨知后稷是何人不爲能播殖故祀以祈農事自謂郊天以祈農耳案孝經云孝莫大於嚴父嚴父莫大於配天則周公其人也昔者周公郊祀后稷以配天宗

祀文王於明堂以配上帝，止云配天而祀之，不言祈農也。郊特牲說郊天之義曰：萬物本乎天，人本乎祖，此所以配上帝也。郊之祭也，大報本反始也。宣三年公羊傳曰：郊則曷爲必祭稷？王者必以其祖配。王者則曷爲必以其祖配？自內出者無匹不行，自外至者無主不止。何休云：天道闇昧，故推人道以接之。不以文王配者，重本尊始之義也。據此諸文，則郊祭天者，爲物本於天，故祭天以報本，神必須配，故推祖以配天，止報生成之恩，非求未來之福。此傳專言郊祀社稷主爲祈農事者，斯有旨矣。祭祀者，爲報已往，非求將來之福也。但祭爲明神所享，神以將來致福，將來而獲多福，乃由祭以得之。禮器稱君子曰：祭祀不祈。祭者意雖不祈，其實福以祭降，以祭獲福，卽祈之義也。宗廟之祭，緣生事死，盡其孝順之心，非求耕稼之利。少牢饋食者，大夫之祭禮也，其祭之末，尸嘏主人使女受福于天，宜稼于田，彼豈爲田而祭哉？神以宜田福之耳。郊天之義亦由是也。神以人爲主，人以穀爲命，人以精意事天，天以宜稼祐人，以此謂之祈農，本意非祈農也。詩噫嘻序曰：春夏祈穀于上帝。禮、孟春之月，月令曰：是月也，天子乃以元日祈穀于上帝。卽是郊天之祭也。其下卽云：乃擇元辰，天子親載耒耜，躬耕帝籍。是郊而後耕也。獻子此言，正與禮合。孝經止言尊嚴其父，祖述孝子之志，本意不說郊天之祭，無由得有祈穀之言。何休膏肓執彼難此，追而想之，亦可以歎息也。

是故啓蟄而郊，郊而後耕。今既耕而卜郊，宜其不從也。啓蟄，夏正建寅之月。耕謂春分。○蟄，直立反。夏，戶雅反。

疏 注啓蟄至春分。○正義曰：釋例曰：麻法，正月節立春，啓蟄爲中氣；二月節雨水，春分爲中氣。是啓蟄爲夏正建寅之月中氣也。月令：祈穀之後，卽擇日而耕，初耕亦在正月。傳言既耕而卜郊，宜其不從，是此卜之時已涉春分之節，時過不復可郊，故言耕謂春分，指釋獻子言耕是春分之節，不謂春分始可耕也。釋例又曰：僖公、襄公夏四月卜郊，但譏其非所宜卜，不譏其四月不可郊也。孟獻子曰：啓蟄而郊，郊而後耕，耕謂春分也。言得啓蟄卽當卜郊，不得過春分也。是言此卜在春分之後，故獻子譏之。據傳獻子此言，郊天之禮必用周之三月，而雜記云：孟獻子曰：正月日至，可以有事於上帝；七月日至，可以有事於祖。七月而禘，獻子爲之也。此與禮記俱稱獻子，二文不同，必有一謬。禮記後人所錄，左傳當得其真。若七月而禘，獻子爲之，則當獻子之時應有七月禘者，烝嘗過則書，禘過亦宜書，何以獻子之時不書七月禘也？足知禮記之言非獻子矣。

○南遺爲費宰。費，季氏邑。叔仲昭伯爲隧正，隧正主役徒。昭伯，叔仲惠伯之孫。○隧音遂。

疏 注隧正至役徒。○正義曰：九年注云：隧正，官名，五縣爲隧，則隧正當周禮之遂人也。掌諸遂之政令徒役，出諸遂之民，故爲主役徒者。

欲善季氏而求媚於南遺，謂遺：「請城費，吾多與而役。」遺使請城。故季氏城費。傳言祿去公室，季氏所以強。○小邾穆公來朝，亦始朝公也。亦如邾子也。○秋，季武子如衛，報子叔之聘，且辭緩報，非貳也。子叔聘在元年。言國家多難，故不時報。○難，乃旦反。○冬十月，晉韓獻子告老。公族穆子有廢疾，穆子，韓厥長子成，十八年爲公族大夫。○長，丁丈反，下師長同。將立之，辭曰：「詩曰：『豈不夙夜，謂行多露。』詩言雖欲早夜而行，懼多露之濡己，義取非禮不可妄行。

疏 詩曰至多露。○正義曰：詩國風召南行露之首章也。言人行者豈不欲早夜而行乎？謂早夜而行則多露濡己，義取非禮不可以妄行。穆子引之，言非其才，不可以妄居官位。

又曰：『弗躬弗親，庶民弗信。』詩小雅。言誠在位者不躬親政事，則庶民不奉信其命。言己有疾，不能躬親政事。

疏 弗躬至弗信。○正義曰：此詩小雅節南山之篇。詩注云：言王之政不躬而親之，則恩澤不信於衆民矣。

無忌不才，讓其可乎？請立起也。無忌，穆子名。起，無忌弟宣子也。與田蘇游，而曰好仁。田蘇，晉賢人。蘇言起好仁。○好，呼報反，注及下同。詩曰：『靖共爾位，好是正直。神之聽之，介爾景福。』靖，安也。介，助也。景，大也。詩小雅。言君子當思不出其位，求正直之人與之並立。如是則神明順之，致大福也。○共音恭，下注同。介音界，下及注同。

疏 注介助也景大也。○正義曰：定本介、景皆爲大也。

恤民爲德，靖共其位，所以恤民。

疏 注靖共至恤民。○正義曰：天生烝民，立君以牧之。君不獨治，爲臣以佐之。君之與臣，皆爲恤民而設之也。能安靖共敬在其職位，是其所以憂民也。

正直爲正，正己心。正曲爲直，正人

曲參和爲仁德正直三者備乃爲仁。參七南反或音三如是則神聽之介福降之立之不亦可乎言起有此三德故可立疏詩曰至可乎。正義曰詩小雅小明之篇言人能安靖共敬以居爾之職位愛好正直之人與之共處於朝則神明聽順之當助女以大福也既引詩文又述其意能憂念下民是爲德也正直己心是爲正也能以己正正人之曲是爲直也此德也正也直也三者和備是爲仁也人能如是則神明聽順之大福降與之田蘇是知人者也田蘇言起好仁起必備有此行立之不亦可乎

庚戌使宣子朝遂老韓厥致仕晉侯謂韓無忌仁使掌公族大夫爲之師長疏注爲之師長。正義曰無忌先爲公族大夫今言使掌是與諸公族大夫爲師長也

○衞孫文子來聘且拜武子之言緩報非貳之言而尋孫桓子之盟盟在成三年公登亦登禮登階臣後君一等。後胡豆反下文不後寡君同疏注禮登至一等。正義曰聘禮公迎賓于大門內及廟門公揖入立于中庭納賓賓入三揖至于階三讓公升二等鄭玄云先賓升二等亦欲君行一臣行二言君先升二等然後臣始升一等是禮登階臣當後君一等叔孫穆子相趨進曰諸侯之會寡君未嘗後衞君敵體並登。相息亮反下駟相同嘗後如字徐胡豆反今吾子不後寡君寡君未知所過吾子其少安安徐也孫子無辭亦無悛容悛改也。悛七全反穆叔曰孫子必亡爲臣而君過而不悛亡之本也詩曰退食自公委蛇委蛇委蛇順貌詩召南言人臣自公門入私門無不順禮。委於危反蛇以支反下同召上照反謂從者也從順也衡而委蛇必折衡橫也橫不順道必毀折爲十四年林父逐君起本疏詩曰至必折。正義曰詩國風召南羔羊之篇言大夫賢者退朝而食從公門入私門委蛇委蛇然委蛇順從之貌詩之此意謂順者也今孫子爲臣而君自處是橫不順道以橫道而爲委蛇其人必將毀折不得終其職位

○楚子囊圍陳會于鄬以救之晉會諸侯○鄭僖公之爲大子也於成之十六年魯成公。疏注魯成公。正義曰杜必言魯成公者欲明非鄭成公也知非者以鄭成公成七年即位至襄二年卒唯十四年無十六年故也與子罕適晉不禮焉又與子豐適楚亦不禮焉子豐穆公子及其元年朝于晉鄭僖元年魯襄三年子豐欲愬諸晉而廢之子罕止之及將會于鄬子駟相又不禮焉侍者諫不聽又諫殺之及鄵子駟使賊夜弒僖公而以瘧疾赴于諸侯傳言經所以不書弒簡公生五年奉而立之僖公子○陳人患楚楚圍陳故慶虎慶寅謂楚人曰吾使公子黃往而執之二慶陳執政大夫公子黃哀公弟疏使公子黃往。正義曰於時楚師圍陳使公子黃往入楚軍也楚人從之爲執黃。爲而僞反二慶使告陳侯于會鄬之會曰楚人執公子黃矣君若不來羣臣不忍社稷宗廟懼有二圖背君屬楚。背音佩陳侯逃歸鄬會所以不書故

經八年春王正月公如晉○夏葬鄭僖公無傳○鄭人侵蔡獲蔡公子燮鄭子國稱人刺其無故侵蔡以生國患燮蔡莊公子。燮息協反疏注鄭子至公子。正義曰此洩舍之入陳鄭有宿怨此時與蔡無怨晉復無命使侵無故興師以生國患以其動而無謀故貶之釋例曰陳蔡楚之與國鄭欲求親於晉故伐而入之晉士莊伯詰其使小且問陳之罪子產荅以東門之役故免於譏及其侵蔡既無晉令又無直辭君死主少興師以求媚於晉不能以德懷親以直報

怨故二大夫畏於子產也陳之見伐本以助晉晉不逆勞而以法詰之得盟主遠理故仲尼曰晉爲伯鄭入陳非文辭不爲功善之也　○季孫宿會晉侯鄭伯齊人宋人衛人邾人于邢丘時公在晉晉悼難勞諸侯唯使大夫聽命故季孫在會而公先歸○邢徐音刑難乃旦反【疏】注時公至先歸○正義曰公以正月如晉此會之下始云公至則晉侯遍會公乃歸魯季孫蓋從公朝晉鄭從晉赴會故季孫在會而公先歸　○公至自晉無傳　○莒人伐我東鄙　○秋九月大雩　○冬楚公子貞帥師伐鄭　○晉侯使士匄來聘

傳八年春公如晉朝且聽朝聘之數晉悼復脩霸業故朝而稟其多少○復扶又反霸本亦作伯音霸又如字【疏】注晉悼至多少○正義曰昭三年鄭子大叔云文襄之霸也令諸侯三歲而聘五歲而朝自襄以後晉德少衰諸侯朝聘無復定準今晉悼復脩霸業更合諸侯故公朝晉而稟其多少如公朝者蓋亦非一晉侯謙不敢在國約束故出外合之又難煩諸侯使大夫聽命政爲邢丘之會以命朝聘之數數之多少傳亦無文據子太叔之言不說悼公之法而遠陳文襄之令則悼公此命還同文襄耳非復別制法也○

○鄭羣公子以僖公之死也謀子駟子駟先之夏四月庚辰辟殺子狐子熙子侯子丁辟罪也加罪以戮之○先悉薦反又如字辟婢亦反注同熙許其反徐音怡○【疏】注辟罪至戮之○正義曰辟罪釋詁文也不直言殺而云辟殺明是加誣以罪而殺之子駟知其謀已不以罪殺恐動衆心故加誣以罪言其罪自當死非爲已討所以自解說也孫擊孫惡出奔衛二孫子狐之子【疏】注二孫子狐之子○正義曰賈逵云然未必有文可據相傳爲此說也○庚寅鄭子國子耳侵蔡獲蔡司馬公子燮鄭侵蔡欲以求媚於晉子耳子良之子不言敗唯以獲告【疏】注鄭侵至獲告○正義曰於時鄭無蔡怨又無晉令鄭自發心侵蔡知欲求媚於晉也獲其將必與之戰戰敗乃獲之不言敗者唯以獲告不告敗也鄭人皆喜唯子產不順子產子國子不順衆而喜曰小國無文德而有武功禍莫大焉楚人來討能勿從乎從之晉師必至晉楚伐鄭自今鄭國不四五年弗得寧矣子國怒之曰爾何知國有大命而有正卿童子言焉將爲戮矣大命起師行軍之命

○五月甲辰會于邢丘以命朝聘之數使諸侯之大夫聽命季孫宿齊高厚宋向戌衛甯殖邾大夫會之晉難重煩諸侯故使大夫聽命鄭伯獻捷于會故親聽命獻蔡捷也大夫不書尊晉侯也晉悼復文襄之業制朝聘之節儉而有禮德義可尊故退諸侯大夫以崇之【疏】注晉悼至崇之○正義曰禮卿不會公侯會則貶之稱人自是常例而云尊晉侯者此有鄭伯在會自與晉侯相敵諸卿不敵晉侯無罪不合貶也但欲尊晉侯無辭以見之故貶大夫以尊之大夫非有罪也文二年晉宋陳鄭四國之卿伐秦皆貶稱人尊秦謂之崇德其意與此同也諸侯之卿皆貶而獨不貶季孫宿者文元年公孫敖會晉侯于戚注云禮卿不會公侯而春秋魯大夫皆不貶者體例已舉故據用魯史成文是其義也言儉而有禮德義可尊者難煩諸侯使大夫聽命亦是有禮之事也○莒人伐我東鄙以疆鄫田莒既滅鄫魯侵其西界故伐魯東鄙以正其封疆○疆居良反注同○秋九月大雩旱也○冬楚子囊伐鄭討其侵蔡也子駟子國子耳欲從楚子孔子蟜子展欲待晉待晉來救子孔穆公子子蟜子游子子展子罕子○蟜居表反子駟曰周詩有之曰俟河之清人壽幾何逸詩也言人壽促而河清遲喻晉之不可待○壽音授或如字注同幾居豈反兆云詢多職競作羅

兆卜詢謀也。職，主也。言既卜且謀，多則競作羅網之難，無成功。○難，乃旦反。〔疏〕兆云詢多。○正義曰：杜云兆卜詢謀也，既卜且謀多，如杜此言，則云是語辭。謀之多族，民之多違，族，家也。事滋無成。滋，益也。民急矣，姑從楚以紓吾民。晉師至，吾又從之。敬共幣帛，以待來者，小國之道也。犧牲玉帛，待於二竟，二竟，晉楚界上。○紓音舒，共音恭，竟音境，注同。以待彊者而庇民焉。寇不爲害，民不罷病，不亦可乎？」子展曰：「小所以事大，信也。小國無信，兵亂日至，亡無日矣。五會之信，謂三年會雞澤，五年會戚，又會城棣，七年會鄬，八年會邢丘。○庇，必利反，又音祕，下同。罷音皮。〔疏〕注謂三至邢丘。○正義曰：鄬之會，鄭伯未至而卒，亦數之者，鄭伯雖身死，耳共會與鄭同謀，故數之。今將背之，雖楚救我，將安用之？言失信得楚，不足貴。○背音佩，至卷末皆同。親我無成，晉親鄭。鄙我是欲，楚欲以鄭爲鄙邑，而反欲與成。不可從也。言子駟不可從。不如待晉。晉君方明，四軍無闕，八卿和睦，必不棄鄭。四軍謂上中下新軍也，軍有二卿。〔疏〕八卿和睦。○正義曰：八卿者，據九年傳，荀罃將中軍，士匄佐之；荀偃將上軍，韓起佐之；欒黶將下軍，士魴佐之；趙武將新軍，魏絳佐之。楚師遼遠，糧食將盡，必將速歸，何患焉？舍之聞之：舍之，子展名。杖莫如信。完守以老楚，杖信以待晉，不亦可乎？」子駟曰：「《詩》云：『謀夫孔多，是用不集。詩小雅。孔，甚也。集，就也。言人欲爲政，是非相亂而不成。○杖，直亮反，下同。守，手又反，或如字，下守官并注同。發言盈庭，誰敢執其咎？言謀者多，若有不善，無適受其咎。○咎，其九反，下同。適，丁歷反，下同。如匪行邁謀，是用

不得于道。』匪，彼也。行邁謀，謀於路人也。不得于道，衆無適從。〔疏〕詩云至于道。○正義曰：《詩》小雅小旻之三章也。言謀事之夫甚多，是非相奪，無可適從，爲是之故，其事用此益不成也。發言詾詾而盈滿於庭，無能決當是非，事若不成，誰敢執其咎責者？如彼道上行人，每得人即與之謀，意無所從，爲是之故，用此不得于正道也。○注匪彼至適從。○正義曰：鄭玄以匪爲非，如非行邁之謀，言止而不行，坐圖遠近也。杜以如者，如似他物，故以匪爲彼，言如彼行人逢値岐路，問其所從也。鄭以行爲道，邁爲行，言道上行人，杜亦當然。請從楚，騑也受其咎。」騑，子駟名。○騑，芳非反。乃及楚平。使王子伯騈告于晉，伯騈，鄭大夫。○騈，扶賢反，又扶經反。曰：「君命敝邑：『脩而車賦，儆而師徒，以討亂略。』蔡人不從，敝邑之人不敢寧處，悉索敝賦，索，盡也。○儆，居領反。索，悉各反，注同，一音所百反。以討于蔡，獲司馬燮，獻于邢丘。今楚來討曰：『女何故稱兵于蔡？』稱，舉也。○女音汝。焚我郊保，郭外曰郊。保，守也。馮陵我城郭。馮，迫也。○馮，皮冰反，注同。敝邑之衆，夫婦男女，不遑啓處，以相救也。遑，暇也。啓，跪也。○跪，其委反。〔疏〕注遑暇也啓跪也。○正義曰：皆釋言文也。舍人曰：「閒暇無事也。」李巡曰：「啓，小跪也。」翦焉傾覆，無所控告。翦，盡也。控，引也。○覆，芳服反。控，苦貢反。民死亡者，非其父兄，即其子弟，夫人愁痛，夫人，猶人人也。○夫音扶，注同。不知所庇。民知窮困，而受盟于楚，孤也與其二三臣不能禁止。孤，鄭伯。不敢不告。」知武子使行人子貟對之曰：「君有楚命，見討之命。亦不使一介行李告于寡君，一介，獨使也。行李，行人也。○介，古賀反，注同。獨使，所吏反。而即安于楚。君之所欲也，誰敢

違君寡君將帥諸侯以見于城下唯君圖之爲明年晉伐鄭傳。見賢遍反或如字晉范宣子來聘且拜公之辱謝公此春朝告將用師于鄭公享之宣子賦摽有梅摽有梅詩召南摽落也梅盛極則落詩人以興女色盛則有衰衆士求之宜及其時宣子欲魯及時共討鄭取其汲汲相赴。摽徐扶妙反又扶表反與許膺反季武子曰誰敢哉言誰敢不從命今譬於草木寡君在君君之臭味也言同類。譬本亦作辟音譬後放此歡以承命何時之有遲速無時武子賦角弓角弓詩小雅取其兄弟婚姻無相遠也賓將出武子賦彤弓彤弓天子賜有功諸侯之詩欲使晉君繼文之業復受彤弓於王。彤徒冬反復扶又反宣子曰城濮之役在僖二十八年。濮音卜我先君文公獻功于衡雍受彤弓于襄王以爲子孫藏藏之以示子孫。雍於用反藏如字徐才浪反匄也先君守官之嗣也敢不承命言己嗣其父祖爲先君守官不敢廢命欲匡晉君君子以爲知禮彤弓之義義在晉君故范匄受之所謂知禮〔疏〕注彤弓至知禮。正義曰文四年甯俞來聘爲賦彤弓甯俞不敢當此賦彤弓而宣子受之故解其意彼以彤弓當甯俞故甯俞不敢受此賦彤弓其義在於晉君非當范匄故范匄受之而爲知禮也

經九年春宋災天火曰災來告故書〔疏〕注天火至故書。正義曰得告則書史之常例於此須言告者公羊傳曰外災不書此何以書爲王者之後記災也曷爲或言災或言火大者曰災小者曰火然則內何以不言火內不言火者甚之也公羊此言不可通於左氏故杜明爲此注以異之○夏季孫宿如晉。五月辛酉夫人姜氏薨成公母。秋八月癸未葬我小君穆姜無傳四月而葬速。冬公會晉侯宋公衞侯曹伯莒子邾子滕子薛伯杞伯小邾子齊世子光伐鄭十有二月己亥同盟于戲伐鄭而書同盟則鄭受盟可知傳言十有二月己亥以長厤推之十二月無己亥經誤戲鄭地。戲許宜反〔疏〕注伐鄭至鄭地。正義曰成十七年夏公會尹子云云伐鄭六月乙酉同盟于柯陵於時鄭實不服諸侯自同盟耳鄭不與盟也此注云伐鄭而書同盟則鄭受盟可知者此盟鄭與傳文分明不是準約同盟之文始知鄭與盟也杜言此解經於盟不書鄭伯之意耳經若重序諸侯必當鄭伯在列但經已前目諸侯不復重序鄭伯不見故特解之以其伐鄭而書同盟則鄭與盟可知同盟之文足以包鄭故不復見鄭伯耳非謂因伐而同盟者所伐之國必與也柯陵之盟鄭實不服諸侯自相與盟非同鄭也文同事異不可執彼以難此十一年諸侯伐鄭同盟于亳城北其文與此同矣此經書十二月己亥同盟于戲傳言十一月己亥同盟于戲經傳不同必有一誤而傳於戲盟之下更言十二月癸亥門其三門己亥在癸亥之前二十四日杜以長厤推之十一月庚寅朔十日得己亥十二月己未朔五日得癸亥故長厤參校上下己亥在十一月十日又十二月五日有癸亥則其月不得有己亥經書十二月誤也此誤者唯以一字誤爲二非書經誤也楚子伐鄭

傳九年春宋災樂喜爲司城以爲政樂喜子罕也爲政卿知將有火災素戒爲備火之政〔疏〕注樂喜至之政。正義曰文七年及成十五年二傳言宋六卿之次皆云右師左師司馬司徒司城司寇其右師最貴故華元曰我爲右師君臣之訓師所司也然則宋國之法當右師爲政卿今言司城爲政卿者蓋宋以華閱是華元之子以元有大功使閱繼其父耳子罕賢知故特使爲政齊任管夷吾魯任叔孫婼皆位卑而執國政此亦當然也此傳言以爲政者以爲救火之政耳但從此以後歷檢傳文鄭人討賊宋人獻玉扶築臺之謳削向戌之賞皆是政卿之任故言爲政卿也下晉侯云宋災於是乎知有天道是宋人自知天道當有火災故子罕素相戒勑爲備火之政也自伯氏司里以下巷伯儆官以上皆是子罕素戒之也其享祀之事是政卿命之非子罕也使伯氏司里伯氏宋大夫司里里宰〔疏〕注伯氏至里宰。正義曰釋言云里邑也李巡

云里居之邑也是里爲邑居之名也周禮五鄰爲里以五鄰必同居故以里爲名里長謂之宰周禮里宰每里下士一人謂六遂之內二十五家之長也此言司里謂司城內之民若今城內之坊里也里必有長不知其官之名周禮有里宰故以宰言之非是郊外之民二十五家之長也使伯氏司此城內諸里之長令各率里內之民表火道以來皆使此伯氏率里民爲之火所未至徹小屋塗大屋大屋難徹就塗之陳畚。挶具綆缶畚簣籠挶土轝綆汲索缶汲器。畚音本草器也挶九録反綆古杏反汲水索缶方九反汲水瓦器簣其位反籠力東反轝音預汲音急索悉各反【疏】注畚簣至汲器。正義曰說文云畚蒲器所以盛糧也宣二年注云畚以草索爲之其器可以盛糧又可以盛土也論語稱爲山用簣是簣爲盛土之器故以畚爲簣籠也說文云挶戟持也戟持者執持此轝其臂如戟形故也其字從手謂以手持物也與畚共文畚是盛土之器則挶是轝土之物也綆者汲水之索儀禮謂之繘方言云自關而東周洛韓魏之間謂之綆關西謂之繘釋器云盎謂之缶說文云缶瓦器所以盛酒漿亦謂之罌罌可以汲水故云汲器也易井卦亦謂取井水爲汲也備水器盆鑒之屬。鑒

戸暫反【疏】注盆鑒之屬。正義曰周禮凌人春始治鑑鄭玄云鑑如甀大口以盛冰則鑑是盛水之器知備水器者備盆鑒之屬量輕重。計人力所任。任音壬蓄水潦積土塗巡丈城繕守備巡行也丈度也繕治也行度守備之處恐因災有亂。蓄本又作畜勑六反潦音老守手又反注守備同巡行下孟反下同度待洛反下同處昌慮反【疏】巡丈城。正義曰十尺爲丈巡行其城以丈度之故云丈城表火道火起則從其所趣標表之。標必遙反使華臣具正徒華臣華元子爲司徒正徒役徒也司徒之所主也【疏】注華臣至主也。正義曰周禮大司徒掌徒庶之政令小司徒凡用衆庶則掌其政教凡國之大事致民是司徒掌役徒也言具正徒司里所使遂正所納皆是臨時調民而役之若今之夫役也司徒所具正徒者常共官役若今之正丁也令隧正納郊保奔火所隧正官名也五縣爲隧納聚郊野保守之民使隨火所起往救之。隧音遂【疏】注隧正至救之。正義曰此隧正當天子之遂大夫故遂大夫職云各掌其遂之正令遂人職云五家爲鄰五鄰爲里四里爲酇五

酇爲鄙五鄙爲縣五縣爲遂鄭司農云王國百里內爲六鄉外爲六遂鄭玄云郊內比閭族黨州鄉郊外鄰里酇鄙縣遂異其名者示相變耳尙書費誓云魯人三郊三遂然則諸侯之有鄉遂亦以郊內郊外別之也郊內屬鄉者近於國都司徒自率之以入城矣郊外屬遂者是郊野保守之民不可全離所守司徒令遂正量其多少納之於國隨火所起而奔往救之華臣直言具正徒不言其事者以是郊內之民共救火百役即上蓄水潦積土塗之類非唯救火而已若郊保之民既遠故使隨火所起奔往救之直救火而已使華閱討右官官庀其司亦華元子代元爲右師討治也庀具也使具其官屬。閱音悅庀芳婢反注同向戌討左亦如之向戌左師使樂遄庀刑器亦如之樂遄司寇刑器刑書。遄市專反【疏】注樂遄至刑書。正義曰此人掌具刑器知其爲司寇也恐其爲火所焚當是國之所重必非刑器爲刑書也哀三年魯人救火云出禮書御書書不名器此言刑器必載於器物鄭鑄刑書而叔向責之晉鑄刑鼎而仲尼譏之彼鑄之於鼎以示下民故識其使民知之此言刑器必不在鼎當書於器物官府自掌之不知其在何器也或書之於版號此

版爲刑器耳使皇鄖命校正出馬工正出車備甲兵庀武守皇鄖皇父充石之後校正主馬工正主車使各備其官。鄖音云本亦作員音同校戸教反注同出馬如字徐尺遂反下同守手又反下同【疏】注皇鄖至其官。正義曰服虔云皇鄖皇父充石之後十世宗卿爲人之子大司馬椒也車馬甲兵司馬之職使皇鄖掌此事皇鄖必是司馬也校正主馬於周禮爲校人是司馬之屬官也周禮司馬之屬無主車之官巾車車僕職皆掌車乃爲宗伯之屬昭四年傳云夫子爲司馬與工正書服是諸侯之官司馬之屬有工正主車也國有火災恐致姦寇故使司馬命此二官出車馬備甲兵以防非常也傳言庀武守者甲兵器械藏於府庫若今武庫使具其守守此武庫也此事輕於車馬故後言之使西鉏吾庀府守鉏吾大宰也府六官之典。鉏吾音魚【疏】注鉏吾至之典。正義曰鉏吾大宰傳無其文賈逵云然相傳說耳不知其本何所出也周禮大宰之職掌建邦之六典以佐主治邦國一曰治典二曰教典三曰禮典四曰政典五曰刑典六曰事典六官之典謂此也杜以府爲六官之典當謂六官之典其事載之於書故使具其守劉炫以爲府守

謂府庫中藏今知不然者以百司府藏已屬左右二師上華閲討右官庀其司向戌討左亦如之則是府庫之物二師揔令羣官所主案哀三年魯遭火災出禮書御書藏象魏皆以典籍爲重明此府守是六官之典若以爲府庫財物便是不重六典唯貴財物劉以爲府庫而規杜非也

令司官巷伯儆宮司宮奄臣巷伯寺人皆掌宮內之事○儆音景【疏】注司宮至之事○正義曰昭五年傳楚子欲以羊舌肸爲司宮欲加宮刑以此知司宮奄臣謂奄人爲臣主司宮內周禮無司宮巷伯之官唯有內小臣奄上士四人掌王后之命正其服位鄭玄云奄稱士者異其賢也奄人之官此最爲長則司宮當天子之內小臣也周禮又云寺人主之正內五人鄭玄云正內路寢也釋宮云宮中巷謂之壼孫炎曰巷舍間道也王肅云今後宮稱永巷是巷者宮內道名伯長也是宮內門巷之長也周禮內小臣其次即有寺人故知巷伯是寺人也又以詩篇名巷伯經云寺人孟子作爲此詩故知巷伯寺人一也鄭以巷伯爲內小臣既無明文各以意說

二師令四鄉正敬享二師左右師也鄉正鄉大夫享祀也【疏】注二師至祀也○正義曰周禮大司徒云五家爲比五比爲閭四閭爲族五族爲黨五黨爲州五州爲鄉鄉大夫每鄉卿一人天子六鄉即以卿爲之長此傳云二師命四鄉正則別立鄉正非卿典之但其所職掌當天子之鄉大夫耳周禮鄉大夫各掌其鄉之政教正月之吉受教法于司徒退而頒之于其鄉則鄉正當屬司徒此傳言二師命之者上文右師討右左師討左則宋國之法二師分掌其方左右各掌其二鄉并言其事故云二師命四鄉正也費誓云魯人三郊三遂則魯立三鄉此云命四鄉正則宋立四鄉也周禮鄉爲一軍大國三軍宋是大國不過三軍而有四鄉者當時所立非正法也於是宋置六卿況四鄉乎周禮祭人鬼曰享故享爲祀也此令敬享不知所享何神周禮大祝國有天災彌祀社稷禱祠鄭玄云天災疫癘水旱也彌猶徧也徧祀社稷及諸所禱又大司徒以荒政十有二聚萬民其十有一曰索鬼神鄭衆云索鬼神求廢祀而脩之雲漢之詩所謂靡神不舉靡愛斯牲者也彼凶荒之年水旱之災尚索鬼神而祭之此過天火爲災亦當徧祀羣神其所合祭皆應祭之也蓋火起始命之祭耳

祝宗用馬于四墉祀盤庚于西門之外祝大祝宗宗人墉城也用馬祭于四城以禳火盤庚殷王宋之遠祖城積陰之氣故祀之凡天災有幣無牲用馬祀盤庚皆非禮○墉本又作庸音同盤字亦作般步干反禳如羊反【疏】注祝大至非禮○正義曰周禮大祝掌六祝之辭以事鬼神祇祈福祥小宗伯掌建國之神位特牲少牢士大夫之祭祀也皆宗人掌其事然則諸是祭神言辭大祝掌之禮儀宗人掌之故所有祭祀皆祝宗同行此事別命大祝宗使奉此祭非鄉正所爲也文承二師命下亦是二師命之不復言命者亦從上省文也用馬者以馬爲牲祭於四面之城以禳火也禳卻也卻火使滅也盤庚湯之九世孫殷之第十九王也自盤庚之紂又十二王而殷滅盤庚弟小乙是宋微子之八世祖也盤庚之爲殷王無大功德而祀盤庚者當時之意不知何故特祀之也祀盤庚不別言牲明其祀亦用馬也城以積土爲之土積則爲陰積陰之氣或能制火故祭城以禳火禮亦無此法也莊二十五年傳例曰凡天災有幣無牲用馬祀盤庚皆非禮言用馬祭城祭盤庚皆非禮也此備火災所使羣官急者在前緩者在後故先伯氏司里華臣具正徒次到隧正納郊保然後二師揔庀羣官先右後左尊卑之次也以刑器車馬甲兵典法國之所重故特命三官庀具其物先外官備具救火然後及內故次司宮巷伯人事既畢乃祭享鬼神故次敬享祀盤庚之事也

晉侯問於士弱弱士渥濁之子莊子○渥於角反**曰吾聞之宋災於是乎知有天道何故**問宋何故自知天道將災**對曰古之火正或食於心或食於咮以出內火是故咮爲鶉火心爲大火**謂火正之官配食於火星建辰之月鶉火星昏在南方則令民放火建戌之月大火星伏在日下夜不得見則令民內火禁放火○咮竹又反徐丁遘反出如字徐尺遂反內如字徐音納鶉音純見如字又賢遍反【疏】注謂火至放火○正義曰昭二十九年傳五行之官有木正火正金正水正土正立此五官各掌其職封爲上公祀爲貴神謂能其事者後世祀之火正之官居職有功祀火星之時以此火正之神配食也五行之官每歲五時祀之謂之五祀月令云其神句芒祝融后土蓐收玄冥配五帝而食其神矣而火正又配食於火星者以其於火有功祭火星又祭之后稷得配天又配稷火正何故不得配帝又配星也有天下者祭百神天子祭天之時因祭四方之星諸侯祭其分野之星其祭火星皆以正配食也火正配火星而食有此傳文其金木水土之正不知配何神而食經典散亡不可知也周禮司爟掌行火之政令季春出火民咸從之季秋內火民亦如之鄭玄云火所以用陶冶民隨國而

爲之鄭司農云以三月本時昏心星見於辰上使民出火九月本黃昏心星伏在戌上使民内火故春秋傳曰以出内火周禮所言皆據夏正故杜以周禮之意解其心味爲火之由建辰之月卽月令季春之月日在胃昏七星中南方七星有井鬼柳星張翼軫七者共爲朱鳥之宿星卽七星也味謂柳也春秋緯文耀鉤云味謂鳥陽七星爲頸宋均注云陽猶首也柳謂之味味鳥首也七星爲朱鳥頸也味與頸共在於午者鳥之正宿口屈在頸七星與味體相接連故也鶉火星昏而在南方於此之時令民放火味星爲火之候故於十二次味爲鶉火也建戌之月卽月令季秋之月日在房東方七宿角亢氐房心尾箕七者共爲蒼龍之宿釋天云大辰房心尾也大火謂之大辰孫炎曰龍星明者以爲時候大火心也在中最明故時候主焉以是故此傳心爲大火九月日體在房房心相近與日俱出俱沒伏在日下不得出見故令民内火禁放火也火官合配其人蓋多不知誰食於心誰食於味也此傳鶉火大火共爲出火之候周禮之注不言味者以味非内火之候故唯指大火以解出内之文故其言不及味也

陶唐氏之火正閼伯居商丘

陶唐堯有天下號閼伯高辛氏之子傳曰遷閼伯於商丘主辰辰大火也今爲宋星然則商丘在宋地○閼於葛反

【疏】注陶唐至宋地○正義曰史記五帝本紀云帝堯爲陶唐氏是堯有天下以陶唐爲代號也氏猶家也古言高辛氏陶唐氏猶言周家夏家也閼伯高辛氏之子遷閼伯于商丘主辰皆昭元年傳文也爾雅以大火爲大辰是辰爲大火也昭十七年傳云宋大辰之虛是大火爲宋星也閼伯已居商丘祀大火今大火爲宋星則知宋亦居商丘以此明之故云然則商丘在宋地也釋例云宋商商丘三名一地梁國睢陽縣也傳曰陶唐氏之火正閼伯居商丘祀大火又曰宋大辰之虛也然則商丘在宋或以爲漳水之南故殷虛爲商丘非也是由商丘所在不明故釋例與此注俱以閼伯明之

祀大火而火紀時焉

謂出内火時

相土因之故商主大火

相土契孫商之祖也始代閼伯之後居商丘祀大火○相息亮反注同契息列反

【疏】祀大火至大火○正義曰祀大火者閼伯祀此大火之星居商丘而祀火星也相土因之復主大火是商丘之地屬大火也然則在地之土各有上天之分周禮保章氏以星土辯九州之地所封封域皆有分星鄭玄云星土星所主土也封猶界也大界則曰九州州中諸國之封域於星亦有分焉其書亡矣今其存可言者十二次之分也星紀吳越也玄枵齊也娵訾衞也降婁魯也大梁趙也實沈晉也鶉首秦也鶉火周也鶉尾楚也壽星鄭也大火宋也析木燕也是言地屬於天各有其分之事也鄭唯云其存可言不知存者本是誰說其見於傳記者則此云商主大火昭元年傳云參爲晉星二十八年傳云龍宋鄭之星則蒼龍之方有宋鄭之分也又曰以害鳥帑周楚惡之則朱鳥之方有周楚之分也昭七年四月日食傳稱魯衞惡之去衞地如魯地則春分之日在魯衞之分也又十年傳曰今茲歲在顓頊之虛姜氏任氏實守其地則於時歲星在齊薛之分也又三十二年傳曰越得歲而吳伐之凶則於時歲星在吳越之分也晉語云實沈之虛晉人是居周語云歲在鶉火我有周之分野是有分野之言也天有十二次地有九州以此九州當彼十二次周禮雖云皆有分星不知其分誰分之也何必所分能當天地星紀在於東北吳越實在東南魯衞東方諸侯遙屬戌亥之次又三家分晉方始有趙而韓魏無分趙獨有之漢書地理志分郡國以配諸次其地分或多或少鶉首極多鶉火甚狹徒以相傳爲說其源不可得而聞之於其分野或有妖祥而爲占者多得其効蓋古之聖哲有以度知非後人所能測也○注相土至大火○正義曰殷本紀契生昭明昭明生相土相土是契孫也本紀云帝舜封契於商鄭玄云商國在大華之陽皇甫謐云今上洛商縣是也如鄭玄意契居上洛之商至相土而遷於宋之商及湯有天下遂取契所封商以爲一代大號服虔云相土居商丘故湯以爲天下號王肅書序注云契孫相土居商丘故湯以爲國號案詩述后稷云卽有邰家室述契云天命玄鳥降而生商卽稷封邰而契封商也若契之居商卽是商丘則契已居之不得云相土因閼伯也若別有商地則湯之爲商不是因相土矣且經傳言商未有稱商丘者釋例云宋之先契佐唐虞封於商武王封微子啓爲宋公都商丘是同鄭玄說也傳言商主大火商謂宋也宋主大火耳成湯不主火也宋是商後謂宋爲商昭八年傳曰自根牟至于商衞是名宋爲商之驗釋例曰商宋一地謂此商也相土商之祖者是湯之祖亦宋之祖也堯封閼伯於商丘比及相土應歷數世故云代閼伯之後居商丘祀大火也

商人閱其禍敗之釁必始於火是以日知其有天道也

閱猶數也商人數所更歷恒多火災宋是殷商之後故知天道之災必火○釁許靳反數所主反下同更音庚

【疏】商人至道也○正義曰閱猶數也釁謂間隙也商人謂殷商之人爲王之時數其禍敗之釁隙必始於火言其政教有失將欲致禍旣閱禍敗之釁必有火災應之也今宋是

商後亦如商世欲有亂敗必初始於火是以言曰知其有天道也然殷商不居商丘必有火者以商是相土子孫相土居商丘祀火之故故火之爲災連及殷商之世也傳唯言此而已亦不知爾時宋有何失而致此災

公曰可必乎對曰在道國亂無象不可知也言國無道則災變亦殊故不可必知疏公曰至知也○正義曰公曰此事可必乎但有徵失必致火乎對曰在其君之所行道耳若時政小失天未棄之或下災異冀其覺悟或可常有火災也若國家昏亂無復常象不可知也象謂妖祥有所象似以戒人也國若無道災變亦殊既無所象故不可必知也

○夏季武子如晉報宣子之聘也宣子聘在八年

○穆姜薨於東宮太子宮也穆姜淫僑如欲廢成公故徙居東宮事在成十六年始往而筮之遇艮之八☶☶艮下艮上○周禮太卜掌三易然則雜用連山歸藏周易二易皆以七八爲占故言遇艮之八○艮古根反疏注艮下至之八○正義曰周禮大卜掌三易之法二曰連山二曰歸藏三曰周易鄭玄云易者揲蓍變易之數可占者也名曰連山似山之出內雲氣也歸藏者萬物莫不歸而藏於其中也洪範言卜筮之法三人占則從二人之言孔安國云夏殷周卜筮各異三法並卜從二人之言是言筮用三易之事也大卜周官而職掌三易然則周世之卜雜用連山歸藏周易也周易之爻唯有九六此筮乃言遇艮之八二易皆以七八爲占故此筮遇八謂艮之第二爻不變者是八也揲蓍求爻繫辭有法其揲所得有七八九六說者謂七爲少陽八爲少陰其爻不變也九爲老陽六爲老陰其爻皆變也周易以變爲占占九六之爻傳之諸筮皆是占變爻也其連山歸藏以不變爲占占七八之爻二易並亡不知實然以否世有歸藏易者僞妄之書非殷易也假令二易俱占七八亦不知此筮爲用連山爲用歸藏所云遇艮之八不知意何所道以爲先代之易其言亦無所據賈鄭先儒相傳云耳先儒爲此意者此言遇艮之八下文穆姜云是於周易晉語公子重耳筮得貞屯悔豫皆八其下司空季子云是在周易並於遇八之下別言周易知此遇八非周易也

史曰是謂艮之隨☳☱震下兌上隨史疑古易遇八爲不利故更以周易占變爻得隨卦而論之疏注震下至論之○正義曰震爲雷兌爲澤象曰澤中有雷隨鄭玄云震動也兌說也內動之以德外說之以言則天下之民慕其行而隨從之故謂之隨也史疑古易遇八者爲不利故更以周易占變變其爻乃得隨卦而論之所以說姜意也

隨其出也史謂隨非閉固之卦君必速出姜曰亡亡猶無也○亡如字讀者或音無是於周易曰隨元亨利貞无咎易筮皆以變者占遇一爻變義異則論彖故姜亦以彖爲占也史據周易故指言周易以折之○亨許庚反下同彖吐亂反折之設反疏注易筮至折之○正義曰易筮皆以變者爲占傳之諸筮皆是也若一爻獨變則得指論此爻遇一爻變以上或二爻三爻皆變則每爻義異不知所從則當總論彖辭故姜亦以彖爲占此元亨利貞无咎是隨卦之彖辭也史言是謂艮之隨者據周易而言故姜亦指言周易以折之也周易卦下之辭謂之爲彖彖者統論一卦之體明其所由之主隨象云元亨利貞无咎元者元長也長亦大也亨通也貞正也隨卦震下兌上以剛下柔動而適說故物皆隨之而不能大通於事逆於時也相隨而不爲利正共適邪淫則災之道也必有此元亨利貞四德乃得无咎過耳無此四德則不免於咎

元體之長也亨嘉之會也利義之和也貞事之幹也體仁足以長人嘉德足以合禮利物足以和義貞固足以幹事然故不可誣也是以雖隨无咎言不誣四德乃遇隨无咎明無四德者則爲淫而相隨非吉事○長丁丈反下同嘉德易作嘉會疏注言不至吉事○正義曰不誣四德者四德實有於身不可誣罔以無爲有也如是乃遇隨卦可得身无咎耳明其無此四德而遇隨卦者乃是淫而相隨非是善事故得隨必有咎也穆姜自以身無四德遇隨爲惡其意謂隨爲惡卦故云雖隨无咎

今我婦人而與於亂固在下位婦人卑於丈夫○與音預而有不仁不可謂元不靖國家不可謂亨作而害身不可謂利弃位而姣不可謂利弃位而姣姣淫之別名○姣戶交反注同徐又如字服氏同嵇叔夜音效疏淫姣淫之別名○正義曰服虔讀姣爲放效之效言效小人爲淫淫自出於心非效人也今時俗語謂淫爲姣故以姣爲淫之別名不可謂貞有四德者隨而無

咎我皆無之豈隨也哉我則取惡能無咎乎必死於此弗得出矣傳言穆姜辯而不德疏元體至出矣○正義曰自幹事以上與周易文言正同彼云元者善之長此云體之長彼云嘉會足以合禮此云嘉德唯二字異耳其意亦不異也元者始也長也物得其始爲衆善之長於人則謂首爲元元是體之長以善爲體知亦善之長也亨通也嘉善也物無不通則爲衆善之會故通者善之會也物得義成乃名爲義義理和協乃得其利故利者義之和也貞正也物得其正乃成幹用故正者事之幹也體仁以仁爲體也君子體是仁人堪得與人爲長體仁足以長人也身有美德動與禮合嘉德足以合禮也以已利物義事和協利物足以和義也正而牢固事得幹濟身固足以幹事也此四德者在身必然固不可誣罔也是以雖得隨卦而其身无咎今我婦人也而與於僑如之亂婦人卑於男子固在下位而有不仁之行不可謂之元也不安靖國家欲除去季孟不可謂之亨也作爲亂事而自害其身使放於東宮不可謂之利也棄夫人之德佐而與僑如淫姣不可謂之貞也有此元亨利貞四德乃得隨而无咎四德我皆無之豈當隨卦也哉我則自取此惡其身能无咎乎必

死於此宮不能出矣○秦景公使士雃乞師于楚將以伐晉楚子許之子囊曰不可當今吾不能與晉爭晉君類能而使之隨所能○雃苦田反舉不失選得所選○選息戀反注同官不易方方猶宜也其卿讓於善讓勝己者其大夫不失守各任其職其士競於教奉上命其庶人力於農穡種曰農收曰穡疏注種曰農收曰穡○正義曰農是力田之名詩毛傳云種之曰稼斂之曰穡稼者言如嫁女之有所生也穡愛也言愛惜而收斂之也此文穡無所對故以農爲種名其實農是營田之名種曰稼也○商工皁隸不知遷業四民不雜疏注四民不雜○正義曰齊語四民者士農工商此傳言其士競於教是說士也庶人力於農穡是說農也士農已訖唯有士商在耳故以皁隸賤官足成其句杜言四民不雜通上士庶爲四非以皁隸工商爲四也○韓厥老矣知罃稟焉以爲

政代將中軍范匄少於中行偃而上之使佐中軍使匄佐中軍偃將上軍○少詩照反下同中行戶郎反韓起少於欒黶而欒黶士魴上之使佐上軍黶魴讓起起佐上軍黶將下軍魴佐之○黶於斬反魏絳多功以趙武爲賢而爲之佐武新軍將將子匠反君明臣忠上讓下競尊官相讓勞職力競當是時也晉不可敵事之而後可君其圖之王曰吾既許之矣雖不及晉必將出師秋楚子師于武城以爲秦援秦人侵晉晉饑弗能報也爲十年晉伐秦傳○饑音飢又音幾○冬十月諸侯伐鄭鄭從楚也庚午季武子齊崔杼宋皇鄖從荀罃士匄門于鄟門鄟城門也三國從中

軍○鄟音專本亦作專衛北宮括曹人邾人從荀偃韓起門于師之梁師之梁亦鄭城門三國從上軍滕人薛人從欒黶士魴門于北門二國從下軍○杞人郳人從趙武魏絳斬行栗二國從新軍行栗表道樹○行栗如字行道也疏斬行栗○正義曰行道也謂之行栗必是道上之栗周語云列樹以表道知此行栗是表道之樹甲戌師于氾衆軍還聚氾氾鄭地東氾○氾音凡令於諸侯曰脩器備兵器戰備盛餱糧餱乾食○盛音成餱音侯歸老幼示將久師居疾于虎牢諸侯已取鄭虎牢故使諸軍疾病息其中肆眚圍鄭肆緩也眚過也不書圍鄭逆服不成圍○眚生領反徐所幸反疏注肆緩至成圍○正義曰肆訓爲緩緩從罪人謂放赦之也將求民力開恩赦罪赦諸侯之軍內犯法者服虔以爲放鄭囚案傳未與鄭戰無囚可放設使有囚可放鄭人以戰而獲非有所犯不得謂之肆眚也不書圍鄭者此肆眚圍鄭是號令之辭耳鄭人聞而逆服

不成圍故也。鄭人恐乃行成與晉成也○恐丘勇反。中行獻子曰：遂圍之以待楚人之救也而與之戰不然無成獻子荀偃也恐楚救鄭鄭復屬之○復扶又反。知武子曰：許之盟而還師以敝楚人敝罷也○罷音皮。吾三分四軍分四軍爲三部

疏注分四軍爲三部。○正義曰：賈逵以爲三分四軍爲十二部，鄭衆以爲分四軍爲三部。杜以分爲十二則一部人少不足亢敵，故從鄭說分四軍爲三部，晉各一動而楚三來，欲罷楚使不能也。

與諸侯之銳以逆來者來者楚也於我未病楚不能矣晉各一動而楚三來故曰不能猶愈於戰勝聚戰暴骨以逞不可以爭言爭當以謀不可以暴骨○暴蒲卜反注同徐扶沃反爭爭鬭之爭注同又如字大勞未艾君子勞心小人勞力先王之制也艾息也言當從勞心之勞○艾魚廢反又五蓋反注同諸

侯皆不欲戰乃許鄭成十一月己亥同盟于戲鄭服也鄭服故言同盟○將盟鄭六卿公子騑子駟公子發子國公子嘉子孔公孫輒子耳公孫蠆子蟜○蠆勑邁反公孫舍之子展及其大夫門子皆從鄭伯門子卿之適子○從才用反適丁歷反

疏注門子卿之適子。○正義曰：周禮小宗伯掌三族之別以辯親疏，其正室皆謂之門子。鄭玄云：正室適子也，將代父當門者也。是卿之適子爲門子也。

晉士莊子爲載書莊子士弱載書盟曰：自今日既盟之後，鄭國而不唯晉命是聽而或有異志者有如此盟如違盟之罰公子騑趨進曰：天禍鄭國使介居二大國之間介猶間也○介音界注同猶間音間廁之間又如字大國不加德音而亂以要之謂以兵亂之力強要鄭○要一遙反注強要下要人要盟皆同強其丈反使其鬼神不獲歆其禋祀其民人不獲享其土利夫婦辛苦墊隘無所底告墊隘猶委頓底至也○歆許今反墊丁念反隘於懈反底音旨自今日既盟之後鄭國而不唯有禮與彊可以庇民者是從而敢有異志者亦如之亦如此盟○庇必利反荀偃曰：改載書子駟亦以所言載於策故欲改之公孫舍之曰：昭大神要言焉要誓以告神若可改也大國亦可叛也。知武子謂獻子曰：我實不德而要人以盟豈禮也哉非禮何以主盟姑盟而退脩德息師而來終必獲鄭何必今日我之不德民將棄

我豈唯鄭若能休和遠人將至何恃於鄭乃盟而還遂兩用載書○休許虯反○晉人不得志於鄭以諸侯復伐之十二月癸亥門其三門三門鄭門師之梁北門也癸亥月五日晉果三分其軍各攻一門○復扶又反閏月戊寅濟于陰阪侵鄭以長厤參校上下此年不得有閏月戊寅戊寅是十二月二十日疑閏月當爲門五日五字上與門合爲閏則後學者自然轉日爲月晉人三番四軍更攻鄭門門各五日晉各一攻鄭三受敵欲以苦之癸亥去戊寅十六日以癸亥始攻攻輒五日凡十五日鄭故不服而去明日戊寅濟于陰阪復侵鄭外邑陰阪洧津○閏月依注讀爲門五日阪音反又扶板反番芳元反更音庚復扶又反洧于軌反

疏注以長至洧津。○正義曰：杜以長厤推之，此年無閏，故知此閏字當爲門五，又月當爲日也。晉人分四軍爲三番，以二番爲待楚之備，一番以攻鄭之門，一番一門，以癸亥初攻，每門五日，積十五日，欲以苦鄭而來楚也。楚不敢來，鄭猶不服，至明日戊寅，濟于陰阪，復侵鄭外邑而後歸也。鄭都洧水之旁，故知陰阪洧

津也衛氏難云案昭二十年朔旦冬至其年云閏月戊辰殺宣姜又二十二年云閏月取前城並不應有閏而傳稱閏是史之錯失不必皆在應閏之限杜豈得云此年不得有閏而改爲門五日也若然閏月殺宣姜閏月取前城皆爲門五日乎秦氏釋云以傳云三分四軍又云十二月癸亥門其三門既言三分則三番攻門計癸亥至戊寅十六日番别攻門五日三五十五日明日戊寅濟于陰阪上下符合故杜爲此解蘇氏又云案長歷襄十年十一月丁未是二十四日十一年四月己亥是十九日據丁未至己亥一百七十三日計十月十一月之後十一年四月之前除兩箇殘月唯置四箇整月用日不盡尚餘二十九日故杜爲長厤於十年十一月後置閏既十年有閏明九年無閏也 次于陰口而還 陰口鄭地名 子孔曰晉師可擊也師老而勞且有歸志必大克之子展曰不可 傳言子展能守信 ○公送晉侯晉侯以公宴于河上問公年季武子對曰會于沙隨之歲寡君以生 沙隨在成十六年 晉侯曰十二年矣是謂一終一星終也 歲星十二歲而一周天 【疏】注歲星至周天。正義曰直言一星終知是歲星者以古今歷書推步五星金水日行一度土三百七十七日行星十二度火七百八十日行星四百一十五度四者皆不得十二年而一終唯木三百九十八日行星三十三度十二年而彊一周舉其大數十二年而一終故知是歲星 國君十五而生子冠而生子禮也 冠成人之服故必冠而後生子。冠古亂反注下皆同 君可以冠矣大夫盍爲冠具武子對曰君冠必以祼享之禮行之 祼謂灌鬯酒也享祭先君也。盍戸臘反祼古亂反灌古亂反 【疏】注祼謂至祭先君也。正義曰周禮大宗伯以肆獻祼享先王鬱人凡祭祀之祼事和鬱鬯以實彝而陳之鄭玄云鬱鬱金香草也鬯釀秬爲酒芬香條暢於上下也築鬱金煑之以和鬯酒鄭特牲云灌用鬯臭鄭玄云灌謂以圭瓚酌鬯始獻神也然則祼卽灌也故云祼謂灌鬯酒也祼是祭初之禮故舉之以表祭也周禮祭人鬼曰享故云享祭先君也劉炫云冠是大禮當徧羣廟 以

金石之樂節之 以鍾磬爲舉動之節 以先君之祧處之 諸侯以始祖之廟爲祧。祧他彫反 【疏】君冠至處之。正義曰冠是嘉禮之大者當祭以告神故有祼享之禮以祭祀也國君無故不徹縣故有金石之樂行冠禮之時爲舉動之節也冠必在廟故先君之祧處之也旣行祼享祭必有樂所言金石節之謂冠時之樂非祭祀之樂也諸侯之冠禮亡唯有士冠禮在耳其禮亦行事於廟而不爲祭祀士無樂可設而唯處祧同耳士冠必三加始加緇布冠次加皮弁次加爵弁公則四大戴禮公冠篇於士三冠後更加玄冕是也案此傳文則諸侯十二加冠也文王十三生伯邑考則十二加冠親迎于渭用天子禮則天子十二冠也晉語柯陵會趙武冠見范文子冠時年十六七則大夫十六冠也士庶則二十而冠故曲禮云二十曰弱冠是也。注諸侯至爲祧。正義曰祭法云遠廟爲祧天子有二祧鄭玄云祧之言超也超上去意也諸侯無祧聘禮云不腆先君之祧是謂始祖廟也聘禮注云天子七廟文武爲祧諸侯五廟則祧始祖也是亦廟也言祧者祧尊而廟親待賓客者上尊者然則彼以始祖之尊故特言祧耳昭元年傳云敢愛豐氏之祧大夫之廟亦以祧言之是尊之意也不待至魯而假於衛者及諸侯賓客未散故也 今寡君在行未可具也請及兄弟之國而假備焉晉侯曰諾公還及衛冠于成公之廟 成公今衛獻公之曾祖從衛所處 【疏】注成公至所處。正義曰成公是獻公曾祖衛世家文也服虔以成公是衛之曾祖卽云祧謂曾祖之廟也曾祖之廟何以獨有祧名王制大夫三廟一昭一穆與太祖之廟爲三鄭之豐氏豈得立曾祖之廟乎而亦謂之祧也杜言從衛所處意在排舊說也以晉悼欲速故寄衛廟而假鍾磬其祼享之禮歸魯乃祭耳 假鍾磬焉禮也○楚子伐鄭 與晉成故 子駟將及楚平子孔子蟜曰與大國盟口血未乾而背之可乎子駟子展曰吾盟固云唯彊是從今楚師至晉不我救則楚彊矣盟誓之言豈敢背之且要盟無質神弗臨也 質主也 【疏】注質主也。正義曰

質之爲主以意言耳無正訓也晉云唯晉命是聽鄭云唯彊是從二辭俱以告神是其無定主也服虔云質誠也無忠誠之信故神弗臨也。所臨唯信信者言之瑞也瑞符也。善之主也是故臨之神臨之明神不蠲要盟蠲絜也。背之可也乃及楚平公子罷戎入盟同盟于中分中分鄭城中里名罷戎楚大夫。罷音皮【疏】注中分鄭城中里徐音彼中分並如字徐音丁仲反。名。正義曰言入盟是入城盟也入城而言盟地知是城內里名楚莊夫人卒共王母王未能定鄭而歸。晉侯歸謀所以息民魏絳請施舍施恩惠舍勞役輸積聚以貸輸盡也。積子賜反下同聚才住反貸他代反自公以下苟有積者盡出之國無滯積散在民亦無困人公無禁利與民共。亦無貪民禮讓行。祈以幣更不匱乏。賓以特牲不用牲。器用不作務崇省。省所景反車服因仍舊。從給足給事也行之期年國乃有節三駕而楚不能與爭三駕三興師謂十年師於牛首十一年師於向其秋觀兵於鄭東門自是鄭遂服。期音基本亦作朞向舒亮反

附釋音春秋注疏卷第三十

江西南昌府學栞

春秋左傳注疏卷三十校勘記　阮元撰盧宣旬摘録

附釋音春秋左傳注疏卷第三十　襄五年盡九年

經五年

此魯大夫故書巫如晉　宋本淳熙本岳本足利本此作比字按作比是也謂比鄫世子於魯大夫。今訂正

仲孫蔑衛孫林父會吳于善道　纂圖本毛本仲誤叔

楚殺其大夫公子壬夫　匡謬正俗云壬夫當爲王夫非也說見經元年

穆叔使鄫人聽命於會　宋本淳熙本岳本足利本於作于

傳五年

戎陵虣周室　釋文陵作淩

故告愬於盟主　纂圖本毛本於作于宋本淳熙本無於字足利本同

言王叔之貳於戎也　纂圖本毛本於作于非也

王叔反有二心於戎　毛本於作于

巫若自受鄫命　毛本自誤坐

故孟獻子孫文子會吳于善道　纂圖本毛本吳于誤吳子

防有旱災而祈之也　閩本監本毛本旱災誤災旱

又因用此禮而求雨　監本又因作又則非案杜氏釋例作則又

九共王也　毛本共誤工

故追言之也　此本言之二字闕今據宋本閩本監本毛本補正

欲令諸侯息忿　閩本欲改故非也

亦亦前逸詩也　監本毛本亦亦作亦逸非也

經六年

季孫宿如晉　宿外傳作夙鄭氏檀弓注亦作夙正義引世本云行父生夙案宿乃古文夙字

傳六年

蓋斷好之義也　毛本作善斷亦非宋本斷作繼

恃之而慢言　宋本淳熙本岳本纂圖本監本毛本言作莒是也

告爲政而來見也　盧文弨挍本見下增禮字據昭二十年傳文也

十二月　案經作十二月者杜以爲從告也

甲寅堙之環城傅於堞　案玉篇垔字下引杜注云土山也又堙字注同垔杜注作垔傳文可知蓋顧野王所見本作垔也石經堞作堞避唐太宗諱

知周市其城爲土山也　宋本閩本監本市作帀毛本亦誤市山誤城

乙未王湫帥師及正輿子棠人軍齊師　閩本脫帥字

遷萊于郳　釋文無萊字云本或作遷萊于郳萊衍字案石經萊字下改刊此行十一字蓋初刻時本無萊字也

經七年

夏四月至免牲　閩本監本毛本至誤乃

則初卜即已大晚　毛本已作以案已以古通用

而卜其牲曰　宋本監本曰作日是也

如會會於鄬也　纂圖本於作于非也

故約文上其名於會上　纂圖本閩本監本毛本上誤作書釋文亦作上其名與正義合是也

足利本上改作正非

傳七年

郊則曷爲必祭稷　宋本閩本監本毛本作祭此本誤祭今訂正

非求未來之福　宋本閩本監本毛本作未此本誤云今訂正

此傳專言郊祀社稷　宋本毛本社作后與傳合

詩噫嘻序曰　閩本噫誤意

躬耕帝籍　案月令籍作藉

孝經止言尊嚴其父　閩本監本毛本止誤只

今既耕而卜郊　石經而下有後字疑衍文案正義及曲禮正義應邵風俗通義引傳文皆無後字

二月節驚蟄　沈彤驚蟄改作雨水按沈彤改是也與古厤合不然驚蟄即啓蟄不當重復。今正

故爲主役徒者　宋本閩本監本毛本役徒誤倒

公族穆子有廢疾　石經宋本岳本廢作癈是也案說文癈固病也與廢興字有別凡經典癈疾字宋後俗本多作廢

言議在位者　宋本無言字

則庶民不奉信其命　淳熙本奉誤秦

介助也景大也　正義引定本介景皆爲大也

靖共至恤民　宋本此節正義在詩曰至可乎正義之下

三者和備　毛本三作二非也

公迎賓于大門內　宋本監本亦作于下立于至于同毛本並誤作於

賓父三揖　監本毛本父作又宋本作入與聘禮合

亦欲君行一臣行一　宋本作臣行二是也

委蛇委蛇石經初刻作委委蛇蛇案詩羔羊釋文云沈讀作委委蛇蛇是沈氏所見本作兩重文也下衡而委蛇石經初亦作蛇

從順行宋本淳熙本足利本行作也是也

謂順者也毛本謂作爲非也

經八年

獲蔡公子燮淳熙本閩本監本燮改燮案穀梁作濕陸氏音義曰濕本又作隰左氏作燮

得盟主遠理閩本監本毛本遠作道

邾人于邢丘足利本邢誤刑山井鼎云下傳注皆同非也

傳八年

晉悼復脩霸業足利本霸作伯釋文亦作伯音霸又如字云本亦作霸

使大夫聽命政宋本監本毛本政作故屬下句

以命朝聘之數毛本命作明非也

童子言焉石經子下旁增何字後人據俗刻妄加也

亦是有禮之事也宋本亦上有即字

以待彊者而庇民焉毛本庇作庀非也

無適受其告淳熙本無作无者文補遺告下有也字

謀於路人也纂圖本毛本於作于

逢值歧路閩本監本歧作岐字按歧路字即岐山字也後人妄别爲歧字非也

儆而師徒毛本師作司非也

索盡也釋文亦作索陸粲附注云既云悉則不得重言盡矣廣雅釋詁索取也悉索蓋言盡取以行也或疑索當爲率據國語云悉帥敝賦率與索通謂爲索耳陳樹華云索訓爲取固是或説則非

不遑啓處石經宋本岳本遑作皇注皇暇也毛本作遑

亦不使一介行李告于寡君石經宋本淳熙本足利本介作个注同釋文亦作个

今譬於草木釋文作今辟案羣經音辨引傳亦作今辟於艸木云今本作譬

取其兄弟婚姻宋本婚作昏

彤弓天子賜有功諸侯之詩重脩監本彤誤形

以爲子孫藏釋文藏作臧案懷藏字古皆作臧

經九年

傳言十有二月己亥淳熙本無有字宋本翻岳本作十一月不誤足利本同

經以長厤推之宋本經作杜是也

傳九年

齊任管夷吾宋本毛本任作用

鄭人討賊宋本討作請非也

扶築臺之謳毛本扶作扶非也

是政卿命之宋本政作二

非子罕也閩本監本罕作產非也

釋言氏宋本氏作云是也

毋里下士一人毛本毋作五非也

謂司城内之民閩本監本内之誤倒

不知其官之名毛本名誤民

陳畚挶　挶字石經初刻从才改刊从木惠棟云唐石經作梮正義曰其字从手此臆説也漢書引此傳作輂輂音菊與梮同音史記河渠書云山行則梮韋昭曰梮木器如今轝牀人轝以行也然則輂與梮音義皆同案説文有梮字無挶字正義云其字從手謂以手持物與畚共文畚是盛土之器則挶是轝土之物是孔沖遠所據之本从才不从木必以爲梮是挶非未可也

畚簣籠　正義本亦作簣釋文作蕢

挶土轝　釋文轝作輿

盆罋之屬　閩本監本毛本罋誤罌正義同

周禮凌人春始治鑑　閩本監本毛本鑑作罌非案周禮作鑑説文鑑大盆也凌閩本監本誤淩

罋如甀大口以盛冰　監本毛本冰誤水

蓄水潦　釋文蓄作畜本又作蓄漢書五行志引傳作畜顏師古云蓄讀曰畜

巡丈城　各本作丈此本誤文注及正義同今並訂正

使華臣具正徒　案漢書五行志引作備正徒

遂正所納　山井鼎云遂恐隧誤

此隧正當天子之遂　毛本天作大非也

注樂遄至刑書　毛本改作樂遄司寇刑器刑書非也

必非刑器爲刑書也　宋本必非下有刑人之器故以六字

使皇鄖命校正出馬　釋文鄖本亦作負音同山井鼎云上下諸文崇禎本皆作挍今不悉記當以意求也案毛本作挍避所諱

皇鄖至其官　毛本鄖下增皇父二字非舊式也

與工正書服　閩本監本書誤義

杜以府爲六官之典　閩本監本府誤此

故使具其守　監本毛本其作官

謂奄人爲臣　毛本爲作謂非也

寺人王之王内五人　閩本監本毛本作主之主内亦誤宋本下王字作正是也

二師令四鄉正敬享　石經初刻亦作令改刊作命案正義引傳文並作命是孔氏所據本作命也

此傳云二師令四鄉正　閩本此處闕宋本令作命是也〇今依作命

故云二師命四鄉正也　閩本監本毛本命作令非

周禮大祝　閩本此處闕監本毛本禮誤神

祀盤庚于西門之外　釋文盤作般字亦作盤案洪氏隸釋載蔡邕石經殘碑於盤庚下篇首句作般則知盤本作般也

以出内火　漢書五行志引傳作以出入火惠棟云周毛伯鄭敦云毛伯内門立中庭内讀爲入立讀爲位古文春秋經公即位爲公即立出入火爲出内火皆古文也尚書九江納錫大龜史記内作入是古入字皆作内

皆以正配食也　宋本以下有火字是也

以三月本時昏　監本三作二非也

傳曰遷閼伯於商邱　宋本淳熙本岳本纂圖本於作于宋本正義亦作于監本曰誤日

祀大火　閩本監本毛本祀作祝非也

相土因之　惠棟云汲郡古文曰帝相十五年商侯相土作乘馬鄭氏周禮校人注引世本亦云相土作乘馬古文土士相亂如盄和鐘以土爲士牧敎以士爲土士又與杜通故荀子云杜作乘馬

娠皆衛也　毛本娠作[illegible]非也

分郡國以配諸次　閩本監本郡誤羣

多得其効　浦鏜正誤効作效

今上洛商縣是也　監本上作止非也

釋例云　監本釋誤則

謂宋爲昭商　宋本無昭字是也

穆姜薨於東宮　石經宋本於作于

遇艮之八　石經艮上體畫作巺卦非也

艮下艮上　宋本淳熙本岳本足利本上字下有艮字是也

周禮大卜　宋本大卜作大十謬

連山似山之出內雲氣也　監本出誤山

三人占　宋本三上有云字

澤中有雷隨　閩本此處缺重脩監本雷誤當

史謂隨非閉固之卦　足利本謂作爲非

姜曰亡是於周易曰　諸本亡字絕句何焯云當以是字絕句言必亡是理也按亡句絕言無速出之事是於周易言此艮之入在周易則隨也

隨元亨利貞無咎　纂圖本無作无下同案洪氏容齋三筆云今易書无咎无妄多作无失之其實非也

然故不可誣也　石經宋本岳本纂圖本毛本足利本作故監本閩本誤作固

注言不至吉事　此節正義宋本在元體至出矣之下姣滛至別名之上

於人則謂首爲元　閩本監本毛本謂作爲非也

秦景公使士雅乞師于楚　釋文亦作雅監本誤作雅閩本作雅案說文雅字注云春秋時秦有士雅

于　纂圖本毛本改作於非也

甲戌師于氾　石經宋本岳本纂圖本作甲戌是也閩本監本氾作氾注同石經作氾非也

盛餱糧　葉抄釋文餱作糇案糇本作餱說文云餱乾食也徐鍇傳云今人謂飯乾爲餱詩小雅伐木篇云乾餱以愆大雅公劉篇云乃裹餱糧是也

鄭服故言同盟　宋本無盟字案文章正宗引注亦無盟字

公子發　閩本監本脫公字

注門子卿之適子　毛本卿之二字改作至字

謂以兵亂之力強要鄭　纂圖本毛本力作功山井鼎云功當作力是也

無所底告　石經宋本岳本底作厎注同釋文亦作厎是也說詳宣三年

我實不德而要人以盟豈禮也哉非禮何以主盟　案石經德字起非字止爲一行計十一字陳樹華云疑初刻次句無而字或無以字

更改鄭門　宋本岳本纂圖本閩本監本毛本改作攻是也

陰阪有津　宋本淳熙本岳本纂圖本閩本監本毛本有作洧不誤

以癸亥初攻　毛本攻作文誤也

又二十二年　閩本監本毛本二年誤三年

門其三門　閩本三作二非也

則三番攻門　閩本監本番作分非也

火七百八十日行星四百一十五度　毛本四一二字誤倒李銳云漢書三統術曰火一見七百八十日千五百六十八萬九千七百分凡行星四百一十五度八百二十一萬八千五分

國君十五而生子　淳熙本生誤孟

注祼謂至祭先君也宋本無祭先二字此節正義在君冠至處之之下諸侯至爲祧之上

然則祼即灌也監本祼誤灌

冠是大禮當徧羣廟宋本徧下有告字是也

以鍾磬爲舉動之節宋本淳熙本纂圖本閩本監本毛本鍾作鐘

親迎于渭毛本于作於

一昭一穆監本下一字脱毛本作二非

杜言從衛所處閩本監本毛本言作意

故寄衛庿而假鍾磬宋本閩本監本毛本庿作廟案庿古廟字鍾宋本閩本監本毛本作鐘

假鍾磬爲禮也石經宋本岳本纂圖本閩本監本毛本鍾作鐘

質誠也閩本監本誠作成案王應麟困學紀聞引作誠

蠲絜也纂圖本閩本監本毛本絜作潔並俗字宋本作絜

附釋音春秋左傳注疏卷第三十　止

春秋左傳注疏卷三十校勘記

附釋音春秋左傳注疏卷第三十一（襄十年盡十二年○）

杜氏注　孔穎達疏

經十年春公會晉侯宋公衛侯曹伯莒子邾子滕子薛伯杞伯小邾子齊世子光會吳于柤（吳子在柤晉以諸侯往會之故曰會吳吳不稱子從所稱也柤楚地○柤莊加反○）【疏】注吳子至楚地○正義曰成十五年諸侯大夫會吳于鍾離五年魯衛會吳于善道皆大夫來也此傳云會吳子壽夢則吳子自來也五年戚之會吳序鄫上此殊吳者亦如鍾離善道晉以諸侯往彼會之故曰會吳也哀十三年公會晉侯及吳子于黃池彼稱吳子此不稱子者從其所稱也蘇氏云謂諸侯直稱之曰吳故從諸侯之所稱也至於黃池之會自去其僭號而稱子以告令諸侯故諸侯亦從而稱之也劉炫云從所稱者諸侯盟會會則必自言其爵盟則自言其名故盟得以名告神會得以爵書策吳是東夷之君未閑諸夏之禮於此自稱爲吳不知以爵告衆故從所稱書吳也故釋例云吳晚通上國故其君臣朝會不同於例亦猶楚之初始是言吳未知稱爵也○夏五月甲午遂滅偪陽（偪陽妘姓國今彭城傳陽縣也因柤會而滅之故曰遂○偪徐甫目反又彼力反本或作逼妘音云）【疏】注偪陽至曰遂○正義曰偪陽妘姓傳文也鄭語云妘姓鄔鄶路偪陽也遂者因上事生下事之辭此因柤會而遂滅偪陽雖復隔以日月文猶繫於會柤因會柤而始謀滅之故言遂也○公至自會（無傳）○楚公子貞鄭公孫輒帥師伐宋○晉師伐秦（荀罃不書不親兵也）【疏】注荀罃至兵也○正義曰傳稱荀罃伐秦而經不書罃知罃不親兵以師告也○秋莒人伐我東鄙○公會晉侯宋公衛侯曹伯莒子邾子齊世子光滕子薛伯杞伯小邾子伐鄭（齊世子光先至於師爲盟主所尊故在滕上○）【疏】注齊世至滕上○正義曰周禮典命諸侯之適子誓於天子攝其君則下其君之禮一等未誓則以皮帛繼子男鄭玄云誓猶命也言誓者用天子既命以爲之嗣也十九年傳云光之立也列於諸侯矣則光是未誓者也法當繼於子男之下柤之會列於小邾之下是其正也於此伐也傳稱崔杼使大子光先至于師故長於滕晉悼以齊是大國光復先至心善其共遂進其班爲盟主所尊故在滕上言其非正法也○冬盜殺鄭公子騑公子發公孫輒（非國討當兩稱名氏殺者非卿故稱盜以盜爲文故不得言其大夫）【疏】注非國至大夫○正義曰若國家討而殺之則舉國名言殺其大夫若非國討兩下相殺則兩書名氏王札子殺召伯毛伯是也此非國討亦當兩書名氏但殺之者尉止司臣之徒皆非卿也非卿則名氏不合見經故稱之爲盜凡言其者是其所有也君是臣之君故書弒其君臣是君之臣故書殺其大夫盜者寇賊之名賤之不繫於國被殺者非盜之所有既以盜爲文故不得言其大夫若如他物殺之然哀四年盜殺蔡侯申注云賤者故稱盜不言弒其君賤盜也文十六年公羊傳曰大夫弒君稱名氏賤者窮諸人大夫相殺稱人賤者窮諸盜其義雖不可通於左氏其言賤盜之意則同○戍鄭虎牢（伐鄭諸侯各受晉命戍虎牢不復爲告命故獨書魯戍而不敘諸侯○復扶又反）○楚公子貞帥師救鄭○公至自伐鄭（無傳）

傳十年春會于柤會吳子壽夢也（壽夢吳子乘○夢莫公反）【疏】注壽夢吳子乘○正義曰十二年吳子乘卒是也服虔云壽夢發聲吳蠻夷言多發聲數語共成一言壽夢一言也經言乘傳言壽夢欲使學者知之也然壽夢與乘聲小相涉服以經傳之異即欲使同之然則餘祭戴吳豈復同聲也當是名字之異故未言之

三月癸丑齊高厚相大子光以先會諸侯于鍾離不敬（吳子未至光從東道與東諸侯會遇非本期地故不書會高厚高固子也癸丑月二十六日○相息亮反下同）【疏】注吳子至六日○正義曰言先會諸侯則是會期未到故知吳子未至而諸侯自會也柤與鍾離相近地在宋之東南知光從東道與東方諸侯遇蓋邾莒滕薛之徒自相會遇也本非期會之地會亦不以告魯故不書也如杜此注則吳子未至亦未赴於柤而上注云吳子在柤諸侯往會之者吳子元遣告晉言已至柤而已非晉侯自期於柤召吳子使赴也戚之會則吳子在善道召使赴戚故與諸國同序於列也杜明言

癸丑是三月二十六日下四月戊午云月一日五月庚寅云月四日甲午云月八日所以明言日者欲證前九年閏月爲門五日於上下日月相當故杜備言其日也劉炫曰杜言癸丑二十六日者見與下四月一日會相近知非二會也士莊子曰高子相大子以會諸侯將社稷是衛而皆不敬厚與光俱不敬棄社稷也其將不免乎爲十九年齊殺高厚二十五年弑其君光傳夏四月戊午會于柤經書春書始行也戊午月一日

〔疏〕注經書春書始行○正義曰傳言夏會而經書春知經書始行傳言會日也諸赴盟會者初去告行而已盟會必行還乃書何則初去之時未知所會幾國豈得即書會也明其皆是行還告廟乃書之耳但所書者或追記發國之初或即書所會之日此會柤以其經傳不同乃知春行夏會其餘傳無會日亦應有如此者如此之類是追記初行也二十年六月庚申公會晉侯云云于澶淵成五年十二月己丑公會晉侯云云于蟲牢如此之類是即書會日也此蓋舊無定法史官不同故立文異耳

○晉荀偃士匄請伐偪陽而封宋向

戌焉以宋常事晉而向戌有賢行故欲封之爲附庸○行下孟反荀罃曰城小而固勝之不武弗勝爲笑固請丙寅圍之弗克丙寅四月九日孟氏之臣秦堇父輦重如役堇父孟獻子家臣步挽重車以從師○堇徐音謹挽音晚

〔疏〕輦重如役○正義曰重者車名也載物必重謂之重人挽以行謂之輦軍行以載器物此則以爲藩營此人挽此重車以從役也宣十二年解已具之

偪陽人啓門諸侯之士門焉見門開故攻之縣門發郰人紇抉之以出門者門者諸侯之士在門内者也紇郰邑大夫仲尼父叔梁紇也郰邑魯縣東南莝城是也言紇多力抉舉縣門出在内者○縣音玄注及下同郰側留反紇恨發反抉烏穴反徐又古穴反出如字一音屈遂反

〔疏〕縣門至門者○正義曰縣門者編版廣長如門施關機以縣門上有寇則發機而下之諸侯之士攻偪陽之門已有入者縣門乃發郰人紇抉而舉之以出門者門者謂攻門者也紇爲郰邑大夫公邑大夫皆以邑名冠之呼爲某人孔子之父名紇字叔梁古人名字並言者皆先字而後名故史記孔子世家稱爲叔梁紇也服虔云抉撅也謂以木撅抉縣門使舉令下容人出也門者下屬爲句

狄虒彌建大車之輪而蒙之以甲以爲櫓狄虒彌魯人也蒙覆也櫓大楯○虒音斯彌徐音彌一音武婢反櫓音魯楯常尹反又音尹左執之右拔戟以成一隊百人爲隊○隊徒對反徐徒猥反

〔疏〕狄虒至一隊○正義曰鄭玄云大車平地載任之車也考工記車人爲車柯長三尺大車轂長半柯輪崇三柯是輪高九尺其車罔圍周二丈七尺建立也立此大車之輪而覆之以甲以爲櫓也考工記殳長尋有四尺車戟常崇於殳四尺八尺曰尋倍尋曰常則戟長一丈六尺也隊是行列之名百人爲隊相傳爲然成一隊者言其當百人也

○孟獻子曰詩所謂有力如虎者也詩邶風也○邶音佩主人縣布堇父登之及堞而絕之偪陽人縣布以試外勇者○堞音牒徐養涉反隊則又縣之蘇而復上者三主人辭焉乃退主人嘉其勇故

辭謝不復縣布○隊直類反復扶又反注同上時掌反三息暫反又如字

〔疏〕蘇而復上○正義曰宣八年傳曰晉人獲秦諜殺諸絳市六日而蘇則蘇者死而更生之名也堇父隊而悶絕似若死然得蘇悟而復緣布上

帶其斷以徇於軍三日帶其斷布以示勇○斷徒亂反徇似俊反諸侯之師久於偪陽荀偃士匄請於荀罃曰水潦將降懼不能歸向夏恐有久雨從丙寅至庚寅二十五日故曰久○潦音老請班師班還也知伯怒知伯荀罃○知音智投之以机出於其間出偃匄之間○机本又作几同曰女成二事而後告余二事伐偪陽封向戌○女音汝下及注皆同余恐亂命以不女違既成改之爲亂命女既勤君而興諸侯牽帥老夫以至于此既無武守無武功可執守而又欲易余罪曰是實班師不然克矣謂偃匄將言爾

余羸老也可重任乎不任受女此責。羸劣危反重直用反任音壬注同七日不克必爾乎取之言當取女以謝不克之罪五月庚寅月四日荀偃士匄帥卒攻偪陽親受矢石躬在矢石間。卒音子忽反【疏】注躬在矢石間。正義曰服虔云古者以石爲箭鏑引國語有隼集於陳侯之庭楛矢貫之石砮以證石爲箭鏃若石是箭鏃則猶是矢也何須矢石並言杜言在矢石間則不以石爲矢也周禮職金凡國有大故而用金石則掌其令鄭玄云用金石者作槍雷之屬雷即礧也兵法守城用礧石以擊攻者陳思王征蜀論云下礧成雷榛殘木碎是也。甲午滅之月八日書曰遂滅偪陽言自會也言其因會以滅國非之也【疏】注言其至之也。正義曰僖四年公會齊侯云云侵蔡蔡潰遂伐楚二十三年齊侯伐衛遂伐晉如此之類一行而有二事者法當言遂遂非善惡之名而此傳特云書曰遂滅偪陽言自會也則知此言遂者有非之之意所以然者彼因伐遂伐本謀伐行兵容可一舉而伐兩國會非征伐之事荀偃士匄於會始請則偪陽無大罪諸侯無宿謀因會滅人情在可責傳稱言自會也是尤其從會行也釋例云會以訓上下叙德刑遂滅偪陽言滅生於會非本意也是言因會以滅國非之之事也書曰者是重尼新意則舊史不然本蓋別書諸侯滅偪陽仲尼改之而言遂耳以與向戌向戌辭曰君若猶辱鎮撫宋國而以偪陽光啓寡君羣臣安矣其何貺如之言見賜之厚無過此。貺音況賜也【疏】光啓寡君。正義曰光昭宋國開其疆竟以賜寡君若專賜臣是臣興諸侯以自封也其何罪大焉敢以死請乃予宋公。宋公享晉侯于楚丘請以桑林桑林殷天子之樂名【疏】注桑林至樂名。正義曰若非天子之樂則宋人不當請荀罃不須辭以宋人請而荀罃辭明其非常樂也宋是殷後得用殷樂知桑林是殷天子之樂名也經典言樂殷爲大護而此復云桑林者蓋殷家本有二樂如周之大武象舞也名爲大護則傳記有說湯以寬政治民除其邪虐言能覆護下民使得其所故名其樂爲大護

其曰桑林先儒無說唯書傳言湯伐桀之後大旱七年史卜曰當以人爲禱湯乃翦髮斷爪自以爲牲而禱於桑林之社而雨大至方數千里或可禱桑林以得雨遂以桑林名其樂也皇甫謐云殷樂一名桑林以桑林爲大護別名無文可馮未能察也荀罃辭辭讓之荀偃士匄曰諸侯宋魯於是觀禮宋王者後魯以周公故皆用天子禮樂故可觀魯有禘樂賓祭用之禘三年大祭則作四代之樂別祭羣公則用諸侯樂。禘大計反【疏】注禘三年大祭則作四代之樂別至樂侯。正義曰明堂位云季夏六月以禘禮祀周公於大廟朱干玉戚冕而舞大武皮弁素積裼而舞大夏彼禘祭唯用大武大夏而不言韶護以二十九年魯爲季札舞四代之樂知四代之樂魯皆有之明堂位云凡四代之服器魯兼用之禘是三年大祭禮無過者知禘祭於大廟則作四代之樂也禮唯周公之廟得用天子之禮知其別祭羣公則用諸侯之樂諸侯之樂謂時王所制之樂大武是也然則禘是禮之大者羣公不得與同而於賓得同禘者禘者敬鄰國之賓故得用大祭之樂也其天子享諸侯亦同祭樂故大司樂云大祭祀王出入奏王夏尸出入奏肆夏牲出入奏昭夏大饗不入牲其他如祭祀鄭注云不入牲不奏昭夏王出入賓出入亦奏王夏奏肆夏又禮記祭統云大嘗禘升歌清廟下管象仲尼燕居云兩君相見亦升歌清廟下而管象是祭與享賓用樂同也而荀罃云我辭禮矣沈氏云嘉樂不野合故也魯之禘祭用四代樂則天子禘用六代樂也鄭康成義以爲禘祫各異祫大禘小天子祫用六代之樂禘用四代之樂魯有禘樂謂有周之禘祭之樂非左氏義也劉炫云禘是大禮賓得與同者享賓用樂禮傳無文但賓禮既輕必異於禘魯以享賓當時之失用之已久遂以爲常荀偃士匄引過謬之事以謟晉侯使聽宋耳魯以禘樂享賓猶以十一牢爲士鞅吳以引徵百牢亦非正也宋以桑林享君不亦可乎言其天子樂也舞師題以旌夏師樂師也旌夏大旌也題識也以大旌表識其行列。題大兮反夏戶雅反注同識申志反又如字下同行戶郎反【疏】舞師題以旌夏。正義曰舞師樂人之師主陳設樂事者也謂舞初入之時舞師建旌夏以引舞人而入以題識其舞人之首故晉侯卒見懼而退入于房也謂之旌夏蓋形制大而別爲之名也晉侯懼而退入于房旌夏非常卒見之人心偶有所畏。卒寸忽反去旌卒

享而還及著雍疾晉侯疾也著雍晉地。去起呂反著徐都慮反一音除慮反雍於用
反卜桑林見祟見於卜兆。見賢遍反注同祟息遂反荀偃士匄欲奔請
禱焉奔走還宋禱謝。禱丁老反荀罃不可曰我辭禮矣彼
則以之以用之猶有鬼神於彼加之言自當加罪於宋晉
侯有間間疾差也。差初賣反以偪陽子歸獻于武宮謂
之夷俘諱俘中國故謂之夷俘。俘芳夫反〔疏〕謂之夷俘。正義曰昭十七年晉荀吳滅陸渾之戎
獻俘于文宮不言謂之夷俘彼真是戎也此言謂之夷俘明
非夷而謂之夷知其諱俘中國政名之也莊三十一年傳例
曰凡諸侯有四夷之功則獻于王中國則否中國之俘既不
合獻王故獻廟亦諱知其無罪內慙於心故諱之謂之夷俘
偪陽妘姓也使周內史選其族嗣納諸霍人
禮也霍晉邑內史掌爵祿廢置者使選偪陽宗族賢者令
居霍奉妘姓之祀善不滅姓故曰禮也使周史者示

春秋疏卷三十一　七

有王命。令力呈反下令在勸令同〔疏〕注霍晉至王命。正義曰霍是舊國閔元年晉獻公滅之以爲晉邑也內
史掌爵祿廢置周禮內史職文也禮天子不滅國諸侯不滅
姓其身有罪宜廢者選其親而賢者更紹立之論語所云興
滅國繼絶世者謂此也晉侯以偪陽之罪不合絶祀故歸諸
天子使周內史選偪陽宗族賢者繼嗣偪陽之後令居晉之
霍邑以奉妘姓之祀依鄭語及世本皆云偪陽妘姓是祝融
之孫陸終第四子求言之後虞夏以來世祀不絶今復繼之
善其不滅姓故曰禮也晉侯不自選其人而使周內史者諸
侯不得專封示有王命不自專也言納諸霍人者此霍邑或
稱霍人猶如晉邑謂之柏人也必知霍人爲霍邑者班固漢
書樊噲傳云攻霍人是霍人邑名也劉炫云霍晉邑人掌邑
大夫猶鄒邑大夫稱鄒人紇蓋使爲晉附庸也師歸孟獻子以秦堇父爲
右嘉其勇力生秦丕茲事仲尼言丕父以力相尚子事仲尼以德相高。秦丕
茲一本作秦不茲。六月楚子囊鄭子耳伐宋師于訾
毋宋地。訾子斯反毋音無庚午圍宋門于桐門不成圍而攻其城門。

晉荀罃伐秦報其侵也侵在九年。衞侯救宋師于
襄牛鄭子展曰必伐衞不然是不與楚也得
罪於晉又得罪於楚國將若之何子駟曰國
病矣師數出疲病也。數所角反疲音皮子展曰得罪於二大國必
亡病不猶愈於亡乎諸大夫皆以爲然故鄭
皇耳帥師侵衞楚令也亦兼受楚之勑命皇耳皇戌子孫文子
卜追之獻兆於定姜姜氏問繇繇兆辭。繇直救反〔疏〕注繇
兆辭。正義曰周禮大卜掌三兆之法一曰玉兆二曰瓦兆
三曰原兆其經兆之體皆百有二十其頌皆千有二百鄭玄
云頌謂繇也是言灼龜得兆其兆各有繇辭即下三句是也
此傳唯言兆有此辭不知卜得何兆但知舊有此辭故卜者
得據以荅姜耳其千有二百皆此類也此繇辭皆韻古人
讀雄與陵爲韻詩無羊正月皆以雄韻蒸韻陵是其事也曰

春秋疏卷三十一　八

兆如山陵有夫出征而喪其雄姜氏曰征者
喪雄禦寇之利也大夫圖之衞人追之孫蒯
獲鄭皇耳于犬丘蒯孫林父子。喪息浪反下同禦魚呂反蒯苦怪反。秋
七月楚子囊鄭子耳伐我西鄙於魯無所恥諱而不書其義未
聞〔疏〕注於魯至未聞。正義曰服虔云不書諱從晉不能服鄭鄭旋復爲楚鄭所伐恥而諱之也杜以從盟主而
不能服叛國於魯未足爲恥被伐無所可諱故云其義未聞還圍蕭八月丙寅克
之蕭宋邑九月子耳侵宋北鄙孟獻子曰鄭其有
災乎師競已甚競爭競也。爭爭鬬之爭下文有之爭同周猶不堪競
況鄭乎周謂天王有災其執政之三士乎鄭簡公幼少子駟子國子耳秉政故知三士任其禍也。爲下盜殺三大夫傳。少詩照反任音壬。莒人間諸侯

之有事也故伐我東鄙諸侯有討鄭之事○閒閒廁之閒○諸侯伐鄭齊崔杼使大子光先至于師故長於滕○大夫宜賓之以上卿而今晉悼以一時之宜令在滕侯上故傳從而釋之○長丁丈反己酉師于牛首鄭地○初子駟與尉止有爭將禦諸侯之師而黜其車禦牛首師也黜減損尉止獲又與之爭獲四俘子駟抑尉止曰爾車非禮也言女車猶多過制○疏注言女至過制正義曰前已減損其車復云爾車非禮明是仍嫌車多言其過制大夫之制不知車當幾乘從軍之車未必制有定限子駟心惛尉止嫌其豪富本意不爲過禮制也遂弗使獻不使獻所獲初子駟爲田洫司氏堵氏侯氏子師氏皆喪田焉洫田畔溝也子駟爲田洫以正封疆而侵四族田○洫況域反堵音者或丁古反喪息浪反下同疆居良反疏注洫田至族田

正義曰考工記匠人爲溝洫耜廣五寸二耜爲耦一耦之伐廣尺深尺謂之畎田首倍之廣二尺深二尺謂之遂九夫爲井井間廣四尺深四尺謂之溝方十里爲成成間廣八尺深八尺謂之洫方百里爲同同間廣二尋深二仞謂之澮然則溝洫俱是通水之路相對大小爲異耳皆於田畔爲之故云田畔溝也爲田造洫故稱田洫此四族皆是富家占田過制子駟爲此田洫正其封疆於分有剩則減給他人故正封疆而侵四族田也小司徒云九夫爲井四井爲邑四邑爲丘四丘爲甸四甸爲縣四縣爲都注云此謂都鄙采地之制也故五族聚羣不逞之人因公子之徒以作亂八年子駟所殺公子嬰等之黨○嬰許其反本亦作熙又音怡於是子駟當國攝君事也子國爲司馬子耳爲司空子孔爲司徒冬十月戊辰尉止司臣侯晉堵女父子師僕帥賊以入晨攻執政于西宮之朝公宮殺子駟子國子耳刦鄭伯以如北宮

子孔知之故不死子孔公子嘉也知難不告利得其處也爲十九年殺公子嘉傳○難乃旦反處昌慮反書曰盜言無大夫焉尉止等五人皆士也大夫謂卿子西聞盜不儆而出子西公孫夏子駟子○儆音景夏戶雅反尸而追盜先臨尸而追盜盜入於北宮乃歸授甲臣妾多逃器用多喪子產聞盜子國子爲門者置守門庀羣司具衆官○庀匹婢反閉府庫愼閉藏完守備成列而後出兵車十七乘千二百七十五人○藏才浪反又如字守手又反乘繩證反尸而攻盜於北宮子蟜帥國人助之殺尉止子師僕盜衆盡死侯晉奔晉堵女父司臣尉翩司齊奔宋尉翩尉止子司齊司臣子○翩音篇子孔當國代子駟爲載書以位序聽

政辟自羣卿諸司各守其職位以受執政之法不得與朝政○辟婢亦反與音預下魯不與同疏注自羣至朝政○正義曰於時鄭伯幼弱政在諸卿國事相與議之不得一人獨決子孔性好專權自以身既當國望其一聽於已新經禍亂與大夫設盟爲盟載之書曰自羣卿諸司以下皆以位之次序一聽執政之法悉皆稟受成旨不得干與朝政令其權柄在已也大夫諸司門子不順子產謂之專欲難成謂此也服虔云鄭舊世卿父死子代今子孔欲擅改之使以次先爲士大夫乃至卿也若如服言唯當門子恨耳何由大夫諸司亦不順也子孔若爲此法卽是自害其子子孔之子亦當恨何獨他家門子乎焚書倉門則還依舊法舊法若父死子代子產卽應代父何由十九年始立爲卿大夫諸司門子弗順將誅之子孔欲誅不順者○子產止之請爲之焚書旣止子孔又勸令燒除載書○爲于僞反子孔不可曰爲書以定國衆怒而焚之是衆爲政也國不亦難乎難以至治○治直吏反子產曰衆怒難犯專欲難成

合二難以安國危之道也不如焚書以安衆子得所欲欲爲政也衆亦得安不亦可乎專欲無成犯衆興禍子必從之乃焚書於倉門之外衆而後定不於朝内燒欲使遠近見所燒。諸侯之師城虎牢而戍之晉師城梧及制欲以偪鄭也不書城魯不與也梧制皆鄭舊地。梧音吾士魴魏絳戍之書曰戍鄭虎牢非鄭地也言將歸焉二年晉城虎牢而居之今鄭復叛故脩其城而置戍鄭服則欲以還鄭故夫子追書繫之于鄭以見晉志。復扶又反見賢遍反下同。疏諸侯至歸焉。正義曰如此傳文諸侯戍虎牢士魴魏絳戍梧與制耳其虎牢之内亦應更有晉戍也二年晉城虎牢則虎牢久已屬晉非復鄭有今繫鄭者晉侯之意鄭人若服將歸之焉善晉侯故探其心而繫之鄭也釋例曰虎牢鄭之邲竟晉人既有之矣又城而居之將以偪鄭鄭畏而強服遇楚而復叛八年之間一南一北至於數四晉悼慮其未已故大城置戍先以示威鄭服之日釋戍而歸之德立刑行故能終有鄭國春秋探書其本心善之也鄭及晉平。楚子囊救鄭十一月諸侯之師還鄭而南至於陽陵還繞也陽陵鄭地。還本亦作環戶關反徐音患注同楚師不退知武子欲退曰今我逃楚楚必驕驕則可與戰矣武子荀罃欒黶曰逃楚晉之恥也合諸侯以益恥不如死我將獨進師遂進己亥與楚師夾潁而軍潁水出城陽至下蔡入淮。潁音穎子蟜曰諸侯既有成行必不戰矣言有成去之志從之將退不從亦退從猶服也退楚必圍我猶將退也不如從楚亦以退之以退楚。宵涉潁與楚人盟夜渡畏晉知之欒黶

欲伐鄭師伐涉潁者荀罃不可曰我實不能禦楚又不能庇鄭鄭何罪不如致怨焉而還致怨爲後伐之資。禦魚呂反庇必利反今伐其師楚必救之戰而不克爲諸侯笑克不可命勝負難要不可命以必克。要一遙反不如還也丁未諸侯之師還侵鄭北鄙而歸欲以致怨楚人亦還鄭服故也。王叔陳生與伯輿爭政二子王卿士。輿本又作與音同王右伯輿右助。右音又注同王叔陳生怒而出奔及河王復之欲奔晉殺史狡以說焉說王叔也。狡古卯反說音悅注同又如字不入遂處之處叔河上晉侯使士匄平王室王叔與伯輿訟焉爭曲直王叔之宰宰家臣與伯輿之大夫瑕禽瑕禽伯輿屬大夫坐獄於王庭獄訟也周禮命夫命婦不躬坐獄訟故使宰與屬大夫對爭曲直士匄聽之王叔之宰曰篳門閨竇之人而皆陵其上其難爲上矣篳門柴門閨竇小戶穿壁爲戶上銳下方狀如圭也言伯輿微賤之家。篳音必閨音圭本亦作圭竇音豆瑕禽曰昔平王東遷吾七姓從王牲用備具王賴之而賜之騂旄之盟平王從時大臣從者有七姓伯輿之祖皆在其中主爲王備犧牲共祭祀王恃其用故與之盟使世守其職騂旄赤牛也舉騂旄者言得重盟不以犬雞。從才用反注同又如字騂息營反字林許營反旄音毛爲于僞反共音恭疏注平王至犬雞。正義曰七姓從王從王之大臣有七姓也瑕禽言伯輿之祖是七從之一言其世貴也其祖爲王主備犧牲以共祭祀王家牲用備具王恃賴之言其世有功也平王初遷國家未定故與大臣結盟令使世掌其職也周禮牧人陽祀用騂牲檀弓云周人尚赤牲用騂尚書洛誥云文王騂牛一武王騂牛一諸言騂皆是赤牛

則知此騂旄是赤牛也。旄謂尾也。其旌旗之用，故其字從㫃。㫃者，旌旗行而從風偃也。曰：世世無失職。若篳門閨竇，其能來東底乎？且王何賴焉？言我若貧賤，何能來東使王恃其用而與之盟邪？底，至也。○底音旨。今自王叔之相也，政以賄成，隨財制政。而刑放於寵。寵臣專刑，不任法。疏刑放於寵。正義曰：刑罰放赦之事在於寵臣。官之師旅，不勝其富，師旅之長皆受賂。吾能無篳門閨竇乎？言王叔之屬富，故使吾貧。疏不勝其富。○正義曰：勝訓堪也。言財多，故不可用盡，不能堪此富。唯大國圖之！圖猶議也。下而無直，則何謂正矣？正者不失下之直。○何或作可，誤也。疏下而至正矣。○正義曰：凡在上正定在下，須明在下曲直。瑕禽自云已有直理，不被上知，則是使下無直，在上何謂正矣，故云正者不失下之直也。劉炫云：七年傳云「正直爲正，正曲爲直」。晉斷王朝之獄，乃以下正上，宣子若在下而無直心，何以謂之爲正也，勸宣子使心正矣。范宣子曰：天子所右，寡君亦右之；所左，亦左之。宣子知伯輿直，不欲自專，故推之於王。○右音又，下同。左音佐，下同。疏天子至左之。○正義曰：人有左右，右便而左不便，故以所助者爲右，不助者爲左。宣子知伯輿直，故從王之所助也。使王叔氏與伯輿合要，合要辭。王叔氏不能舉其契。要契之辭。○契，苦計反，注同。疏使王至其契。○正義曰：周禮鄉士職云「辯其獄訟，異其死刑之罪而要之」，鄭玄云：「要之爲其罪辭，如今劾矣。」彼謂官人略取罪狀，爲其要約之辭，如今斷事也。漢世名斷獄爲劾，故云如今劾矣。此言要辭，亦是辭之要約，如今辯荅也。合要者，使其各爲要約言語，兩相辯荅。伯輿辭直，王叔無以應之，故不能舉其要約之辭也。王叔奔晉。不書，不告也。單靖公爲卿士，以相王室。代王室。

經十有一年春王正月，作三軍。增立中軍。萬二千五百人爲軍。疏注增立至爲軍。○正義曰：昭五年云舍中軍，明此年作而彼年舍，故知舊有二軍，今增立中軍也。然則正是作中軍耳，而云作三軍者，傳言三子各毁其乘，則舊時屬己之乘毁之，以足成三軍，是舊軍盡廢而全改作之，故云作三軍也。杜見其以三改二，復據彼中軍之文，故言增立中軍耳。萬二千五百人爲軍，周禮夏官序文。○夏四月，四卜郊，不從，乃不郊。無傳。疏夏四至不郊。○正義曰：此四月四卜，與僖三十一年文同，蓋亦三月三卜而四月又一卜也。止言不郊，不言免牲，免牛蓋不以其禮，免直使歸其本牧而已，故不書也。○鄭公孫舍之帥師侵宋。○公會晉侯、宋公、衞侯、曹伯、齊世子光、莒子、邾子、滕子、薛伯、杞伯、小邾子伐鄭。世子光至復在莒子之先，故晉悼亦進之。○復，扶又反。疏注世子至進之。○正義曰：劉炫以爲序莒上者，直是先至，非爲先莒。今知不然者，往年傳云齊大子光先至于師，故長於滕，是前經爲先滕至，序在滕子之上。今經序在莒子之先，明知亦先莒而至也。若非先莒而至，唯當還序滕子上耳。劉炫先所依馮，直云先至更長之，而規杜氏，非也。○秋七月己未，同盟于亳城北。亳城，鄭地。伐鄭而書同盟，鄭與盟可知。○亳，薄洛反，徐扶各反。與音預。○公至自伐鄭。無傳。○楚子、鄭伯伐宋。○公會晉侯、宋公、衞侯、曹伯、齊世子光、莒子、邾子、滕子、薛伯、杞伯、小邾子伐鄭，晉遂尊光。會于蕭魚。鄭服而諸侯會。蕭魚，鄭地。公至自會。無傳。以會至者，觀兵而不果侵伐。疏注以會至侵伐。○正義曰：劉炫云：杜釋例自言事勢相接，或以始至，或以終致，是時史異辭。何爲此注而云不果侵伐？今知劉說非者，凡云或以始致，或以終致，皆據實有伐事。今據傳文，去觀兵于鄭東門，是則實無伐事，故云不果侵伐。劉不達此意而規杜，非也。○楚人執鄭行人良霄。良霄，公孫輒子伯有也。○霄音消。○冬，秦人伐晉。

傳十一年春，季武子將作三軍，魯本無中軍，唯上下二軍，皆屬於上。有事，三卿更帥以征伐。季氏欲專其民人，故假立中軍，因以改作。○更音庚。疏注魯本至改作。○正義曰：以昭五年舍中軍知此時作者作中軍是魯本无中軍也以閔元年晉侯作二軍謂之上軍下軍知魯有二軍亦名上下軍也此言請爲三軍各征其軍知往前二軍皆屬公也明其有事則三卿更互帥之以征伐耳三卿不得專其民也此時襄公幼弱季氏世秉魯政因公之少欲專其民故假立中軍因以改作也禮明堂位云成王封周公於曲阜地方七百里其時必有三軍也詩魯頌閟宫頌僖公能復周公之宇云公徒三萬鄭玄云大國三軍合三萬七千五百人言三萬者舉成數也則僖公復古制亦三軍矣蓋自文公以來霸主之令軍多則貢重自減爲二軍耳非是魯衆不滿三軍也若然昭五年舍中軍書之於經往前若減一軍亦應書之而經不書者作三軍與舍中軍皆是變故改常卑弱公室季氏秉國權專擅改作故史特書之耳若國家自量彊弱其軍或減或益國史不須書也何則僖公復古始有三萬則以前无三萬矣僖公作亦不書何怪舍不書也蘇氏亦云僖公之時實有三軍自文以後舍其一軍不書者非是故有所舍故不書蘇氏又云鄭注詩公徒三萬以爲三軍鄭荅臨碩之問云公徒三萬爲二軍者鄭隨問而荅當以詩箋爲正蘇氏又云蒐于紅革車千乘所以今不滿三軍者以當時采地衆多公邑民少故不能滿三軍三子各毁其乘以足之與前解異也周禮小司徒云凡起徒役无過家一人是家出一人故鄉爲一軍天子六軍出自六鄉則大國三軍出自三鄉其餘公邑采地之民不在三軍之數季武子今爲三軍則異於是矣以魯國屬公之民皆分爲三亦謂之三軍其軍之民不啻一萬二千五百家也何則魯國合竟之民屬公者豈唯有三萬七千五百家乎明其決不然矣由此言之此作三軍與禮之三軍名同而實異也春秋之世兵革遞興出軍多少量敵彊弱勍寇未息卒士盡行士卒之數无復定準成二年鞌之戰晉車八百乘計有六萬人唯三卿帥之昭十三年平丘之會晉叔向云寡君有甲車四千乘在計四千士卒成二十四軍爾時晉國唯立三軍則中車四千屬三軍耳其軍豈止一萬二千五百人乎昭八年魯蒐于紅傳稱革車千乘千乘之衆充三軍之數明知此分合竟之民以爲三軍軍之所統其數異於禮也膏肓何休以爲左氏說云尊公室休以爲與舍中軍義同於義左氏爲短鄭康成箴云左氏傳云作三軍三分公室各有其一謂三家始專兵甲卑公室云左氏說者尊公室失左氏意遠矣義符杜說也

告叔孫穆子曰請爲三軍各征其軍征賦稅也三家各征其軍之家屬○稅舒鋭反【疏】注征賦至家屬○正義曰周禮大司徒以土均之法制天下之地征

王制云市廛而不稅關譏而不征經典之文通謂賦稅爲征故云征賦稅也往前民皆屬公公稅其民以分賜羣臣今武子欲令民卽屬己已所應得自稅取之恐穆子不從故先言之請分國內之民以爲三軍三家各自征稅其軍之家屬冀望穆子亦便於己而從其計也言軍之家屬者丁壯從軍者官無所稅其家屬不入軍者乃稅之耳**穆子曰政將及子子必不能**政者霸國之政令禮大國三軍魯次國而爲大國之制貢賦必重故憂不能堪【疏】注政者至能堪○正義曰於時天子衰微政在霸主霸主量國大小責其貢賦若爲三軍則是次國若作三軍則爲大國大國之制貢賦必重故云霸主重貢之政將及於子子必不能堪之憂其不能堪之言三軍不可爲也魯爲三軍二軍國之大小同耳但作三軍則自同大國自同大國則霸主必依大國責其貢重也**武子固請之穆子曰然則盟諸**穆子知季氏將復變易故盟之○復扶又反**乃盟諸僖閎**僖公之門○閎音宏【疏】注僖宮之門○正義曰釋宮云衖門謂之閎孫炎曰巷舍間道也李巡曰閎巷頭門也以此知僖閎是僖公之廟門也**詛諸五父之衢**五父衢道名在魯國東南詛以禍福之言相要○詛側慮反父音甫衢其俱反要一遙反

正月作三軍三分公室而各有其一三分國民衆**三子各毁其乘**壞其軍乘分以足成三軍○乘繩證反注及下並同壞音怪足將住反亦如字【疏】注壞其至三軍○正義曰往前民皆屬公國家自有二軍若非征伐不屬三子故三子自以采邑之民以爲己之私乘如子産出兵車十七乘之類是其私家車乘也今旣三分公室所分得者卽是己有不須更立私乘故三子各自毁壞舊時車乘部伍分以足成三軍也壞者壞其部伍將領也令使各自屬其軍不復立私乘故也**季氏使其乘之人以其役邑入者無征**使軍乘之人率其邑役入季氏者无公征**不入者倍征**不入季氏者則使公家倍征之設利病欲驅使入己故昭五年傳曰季氏盡征之民辟倍征故盡屬季氏【疏】季氏至倍征○正義曰其乘之人卽所分得者國內三分有一之人也役謂共官力役則今之丁也邑謂賦稅若今之租調也以其役之與邑皆來入季氏者則无公征也若不以入季氏者則使公家倍征之當輸一而責其二也設利害以懼民毆之使入己

耳民畏倍征故盡歸季氏所分得者無一入公也知邑是賦稅者以言役邑入則役之與邑皆從民而入官也從民入官唯在力役與賦稅耳故知邑是賦稅也賦稅而謂之邑者賦稅所入若私邑然故以邑言之 孟氏使半爲臣若子若弟 取其子弟之半也四分其乘之人以三歸公而取其一 叔孫氏使盡爲臣 盡取子弟以其父兄歸公 疏 孟氏至爲臣。正義曰昭五年傳追說此事云季氏盡征之叔孫氏臣其子弟孟氏取其半焉叔孫氏臣其子弟不臣父兄謂取二分而二歸公也孟氏取其半又如叔孫所取其中更取其半又以半歸公謂取一分而三歸公也彼傳順序此文顛倒傳意以叔孫爲主而先說孟氏言孟氏如叔孫所得使其半爲己之臣叔孫所得子與弟也此孟氏若子若弟是子弟中課取其一又分半以歸公也叔孫使子弟盡爲己臣唯以父兄歸公耳 不然不舍 制軍分民不如是則三家不舍其故而改作也此蓋三家盟詛之本言。舍音捨 疏 注制軍至未言。正義曰如上所分三家所得又各分爲四季氏盡取四分叔孫取二分而二分歸公孟氏取一分而三分歸公分國民以爲十二三家得七公得五也舍謂舍故也制三軍分國民若不如是則三家不肯舍其故法而別改作也使盡爲臣以上是序事之辭不然不舍一句是要契之語故云此蓋三家盟詛之本言盟詛本言必應詳具但史家略取其意而爲之立文不復如本辭耳 ○鄭人患晉楚之故諸大夫曰不從晉國幾亡 幾近也。幾音機注同徐音畿 楚弱於晉晉不吾疾也 疾急也 晉疾楚將辟之何爲而使晉師致死於我 言當作何計 楚弗敢敵而後可固與也 固與晉也 子展曰與宋爲惡諸侯必至吾從之盟楚師至吾又從之則晉怒甚矣晉能驟來楚將不能吾乃固與晉大夫說之使疆場之司惡於宋 使守疆場之吏侵犯宋。說音悅彊居良反注同場音亦注同 宋向戌侵鄭大獲子展曰師而伐宋可矣若我伐宋諸侯之伐我必疾吾乃聽命焉且告於楚楚師至吾乃與之盟而重賂晉師乃免矣 言如此乃免於晉楚之難。難乃旦反 夏鄭子展侵宋 欲以致諸侯 ○四月諸侯伐鄭己亥齊太子光宋向戌先至于鄭門于東門 傳釋齊太子光所以序莒上也向戌不書宋公在會故 其莫晉荀罃至于西郊東侵舊許 許之舊國鄭新邑。莫音暮 疏 東侵舊許。正義曰昭十二年傳楚子云我伯父昆吾舊許是宅鄭人貪賴其田而不我與是舊許爲鄭邑也謂之舊許明是許之舊國許南遷而鄭得之 衛孫林父侵其北鄙六月諸侯會于北林師于向 向地在潁川長社縣東北。向舒亮反 右還次于瑣 北行而西爲右還滎陽宛陵縣西有瑣侯亭。瑣素果反宛於阮反又於元反 圍鄭觀兵于南門 觀示也 西濟于濟隧 濟隧水名。濟隧上子禮反下音遂 鄭人懼乃行成秋七月同盟于亳范宣子曰不慎必失諸侯 慎敬威儀謹辭令 諸侯道敝而無成能無貳乎 數伐鄭皆罷於道路。數所角反罷音皮 乃盟載書曰凡我同盟毋薀年 薀積年穀而不分災。毋音無下皆同薀紆粉反 毋壅利 專山川之利。壅於勇反 毋保姦 藏罪人 毋留慝 速去惡。慝他得反下同去起呂反 救災患恤禍亂同好惡獎王室 獎助也。好惡並如字或讀上呼報反下惡路反獎將丈反 或間茲命司慎司盟名山名川 二司天神。間間廁之間茲命本或作茲盟誤 疏 注二司天神。正義曰盟告諸神而先稱二司知其是天神也覲禮諸侯覲于天子爲宮方三百步壇十有二尋深四尺加方明于其上方明者木也方四尺設六色青赤白黑玄黃設六玉圭璋琥璜璧琮公侯伯子南皆就其旂而立天子祀方明禮日月四瀆山川丘陵彼方。雖不言盟其所陳設盟之禮也鄭玄云方明者上下四方神明之象也會同而盟明神監之則謂之天之司盟有象者猶宗廟之有主乎天子巡守之盟其神主日諸侯之盟其神主山川王官之伯會諸侯而盟其神主月是言盟之所告告天神也鄭云神。監之謂之司盟司盟非一神也其司愼亦不知指斥何神但在山川之上知其是天神耳名山山之有名者謂五嶽四鎮也名川謂四瀆也**羣神羣祀**羣祀在祀典者**先王先公**先王諸侯之大祖宋祖帝乙鄭祖厲王之比也先公始封君。大音泰凡大祖大廟大宮皆放此比必利反**七姓十二國之祖**七姓晉魯衛鄭曹滕姬姓邾小邾曹姓宋子姓齊姜姓莒巳姓杞姒姓薛任姓實十三國言十二誤也。巳音紀或音杞任音壬

〔疏〕注七姓至誤也。正義曰十三國爲七姓世本世家文也姬即次曹意及則言不以大小爲次也實十三國而言十二服虔云晉主盟不自數知不然者案定四年祝佗稱踐土之盟云晉重魯申於是晉爲盟主自在盟內何因晉今主盟乃不自數故知字誤也劉炫難服虔云案宣子恐失諸侯謹愼辭令告神要人身不自數已不在盟彼叛必速豈有如此理哉

明神殛之殛誅也。殛紀力反注同**俾失其民隊命亡氏踣其國家**踣斃也。俾本又作卑必爾反隊直類反踣蒲北反徐又敷豆反斃婢世反○**楚子囊乞旅于秦**乞師旅於秦**秦右大夫詹帥師從楚子將以伐鄭鄭伯逆之丙子伐宋**鄭逆服故更伐宋也秦師不書不與伐宋而還。詹之廉反與音預○**九月諸侯悉師以復伐鄭**此夏諸侯皆復來故曰悉師。復扶又反注同**鄭人使良霄大宰石㚟如楚告將服于晉曰孤以社稷之故不能懷君君若能以玉帛綏晉不然則武震以攝威之孤之願也楚人執之書曰行人言使人也**書行人言非使人之罪古者兵交使在其閒所以通命示整或執殺之皆以爲譏也既成而後告故書在蕭魚下石㚟爲介故不書。㚟勑略反攝如字又之涉反使所吏反注同介音界

〔疏〕注書行至不書。正義曰釋例曰使以行言言以接事信令之要於是乎在舉不以怒則刑不濫刑不濫則兩國之情得通兵有不交而解者皆行人之勲也是以雖飛矢在上走驛在下及其末節不統大理遷怒肆忿快意於行人譬諸豺狼求食而已傳曰鄭人使伯蠲行成晉人殺之非禮也兵交使在其閒可也故夫子特顯行人之文行人有六而傳發其三者因良霄以顯其稱行人之事因下徵師以示其非罪因叔孫婼以同外內大夫則餘三人皆隨例而爲義也諸以行人爲名通及外內以卿出使義取於非其罪也若濤塗寘喜之屬罪在其身鄭叔詹魯行父之等以執政受罪本非使出故不稱行人從實而書皆以罪之也鄭祭仲之如宋也非會非聘與於見誘而以行人應命不能死節挾僞以篡其君故經不稱行人以罪之也是言罪之故不稱行人則稱行人者皆無罪也鄭人先遣告楚乃從諸侯故傳在會先也經在會後既成而後告執故書執在蕭魚會下

○**諸侯之師觀兵于鄭東門鄭人使王子伯駢行成甲戌晉趙武入盟鄭伯冬十月丁亥鄭子展出盟晉侯**二盟不書不告**十二月戊寅會于蕭魚**經書秋史失之

〔疏〕注經書秋史失之。正義曰會于蕭魚經雖無月但會下有冬故以爲會在秋也傳言日月次第分明是經繆史官失之也

庚辰赦鄭囚皆禮而歸之納斥候不相備也。斥徐音尺一音昌夜反**禁侵掠晉侯使叔肸告于諸侯**叔肸叔向也告諸侯亦使赦鄭囚。掠音亮肸許乙反向許丈反**公使臧孫紇對曰凡我同盟小國有罪大國致討苟有以藉手鮮不赦宥寡君聞命矣**言晉討小國有藉手之功則赦其罪人德義如是不敢不承命。藉在夜反注同鮮息淺反宥音又○**鄭人賂晉侯以師悝師觸師蠲**悝觸蠲皆樂師名。悝苦回反蠲古玄反又音圭

〔疏〕注悝觸蠲皆樂師名。正義曰樂師稱師下稱賂以樂知此三人皆樂師悝觸蠲是其名也服虔見下有鐘鎛師磬即云三師鐘師鎛磬師謂悝能鐘觸能鎛蠲能磬也然則鄭人以師茂師慧賂宋者又能

鐘乎能鎛乎三師必是能鐘磬者要不可卽以名次配言之

廣車軘車淳十五乘甲兵備 廣車軘車皆兵車名淳耦也○廣古曠反軘徒溫反淳述倫反徐又之倫反乘繩證反下及注同

〔疏〕注廣車至耦也○正義曰皆是兵車而別爲之名蓋其形制殊用處異也鄭玄云廣車橫陳之車也服虔云軘車屯守之車也或可因所用遂爲名及其用之亦無常也射禮數射筭二筭爲純一筭爲奇是淳爲耦也

凡兵車百乘 他兵車及廣軘共百乘

〔疏〕注他兵至百乘○正義曰徧見服本皆云淳十五乘則凡兵車百乘者更合言軘廣或軘廣之外別有百乘杜本軘十五乘更以他兵車七十乘增軘廣共爲百乘耳知非軘廣之外更有百乘而云兼軘廣者以上既言廣車軘車下云凡兵車百乘言凡是揔攝之辭故知揔上軘廣也若然直言兵車百乘於理自足上別云廣車軘車者以廣車軘車甲兵備足自外之車甲兵不備又別有車名非軘廣也

歌鐘二肆 肆列也縣鐘十六爲一肆二肆三十二枚○肆音四縣音玄

〔疏〕注肆列至一枚○正義曰以肆爲列者鐘磬皆編縣之在簨虡而各有行列也周禮小胥云凡縣鐘磬半爲堵全爲肆鄭玄云鐘磬者編縣之二八十六枚而在一虡謂之堵鐘一堵磬一堵謂之肆半之者謂諸侯之卿大夫士也諸侯之卿大夫半天子之卿大夫西縣鐘東縣磬士亦半天子之士縣磬而已如鄭彼言鐘與磬全乃成爲肆此傳於鐘卽言肆者十六枚而在一虡古今皆同其虡不同分也虡不可分而云有全有半明如鄭言鐘磬相對肆爲全單爲半此傳言歌鐘二肆則兼有磬矣若其無磬不得成肆杜以傳唯云歌鐘故但解鐘數云三十二枚其磬數亦同矣此二肆皆爲編縣也下云及其鎛磬者鎛是大鐘磬是大磬皆特縣之非編縣也據鄭玄禮圖如此也言歌鐘者歌必先金奏故鐘以歌名之晉語孔晁注云歌鐘鐘以節歌也劉炫云傳言歌鐘二肆及其鎛磬則鎛磬亦二肆肆之爲名實由鐘磬相對但傳於磬下不復更言其數於鐘則言二肆明鎛磬數與之同乃成肆若磬無二肆則半賜魏絳無磬矣安得有金石也知邑別各三十二枚也歌必先云云同

及其鎛磬 鎛磬皆樂器○鎛音博 女樂二八 十六人 晉侯以樂之半賜魏絳曰子教寡人和諸戎狄以正諸華八年之中九合諸侯 在四年 如樂之和

〔疏〕八年至之和○正義曰服虔云八年從四年以來至十一年也九合諸侯者五年會于戚一也其年又會于城棣救陳二也七年會于鄬三也八年會于邢丘四也九年會于戲五也十年會于柤六也又戍鄭虎牢七也十一年同盟于亳城北八也又會于蕭魚九也晉語說此事云於今八年七合諸侯孔晁云不數救陳與戍鄭虎牢餘爲七也如樂之和謂諸侯和同如樂之相應和也

無所不諧 諧亦和也○九合諸侯謂五年會戚又會城棣救陳七年會鄬八年會邢丘九年盟于戲十年會柤又伐鄭戍虎牢十一年同盟亳城北又會蕭魚 請與子樂之 共此樂○樂音洛一音岳注同

辭曰夫和戎狄國之福也八年之中九合諸侯諸侯無慝君之靈也二三子之勞也臣何力之有焉抑臣願君安其樂而思其終也詩曰樂只君子殿天子之邦 詩小雅也謂諸侯有樂美之德可以鎮撫天子之邦殿鎮也○殿都遍反注及下同 樂只君子福祿攸同 攸所也 便蕃左右亦是帥從 便蕃數也言遠人相帥來服從便蕃然在左右○蕃音煩注同數所角反

〔疏〕詩曰至帥從○正義曰詩小雅采菽之篇也旨美也言樂美之德君子以有樂美之德可以鎮撫天子之邦國也以有樂美之德政故爲福祿之所同歸也旣能鎮邦國受福祿雖復疏遠之人便蕃然數來在其左右亦於是相帥而來從之也

夫樂以安德 和其心也 義以處之 處位以義 禮以行之 行教令 信以守之 守所行 仁以厲之 厲風俗 而後可以殿邦國同福祿來遠人所謂樂也 言五德皆備乃爲樂非但金石 書曰居安思危 逸書 思則有備有備無患敢以此規 規正公 公曰子之教敢不承命抑微子寡人無以待戎 待遇接納 不能濟河 渡河南服鄭 夫賞國之典也藏在盟府 司盟之府有賞功之制

〔疏〕注司盟至之制○正義曰周禮司盟會同

則掌其盟約之載既盟則貳之貳之者寫兩本盟書一埋盟處一藏盟府也唯言會同之盟不掌功勳之事而得有賞功之制者僖五年傳曰虢仲虢叔爲文王卿士勳在王室藏於盟府是司盟之府掌藏功勳典策故有賞功之制也不可廢也子其受之魏絳於是乎始有金石之樂禮也禮大夫有功則賜樂【疏】注禮大至賜樂○正義曰以魏絳蒙賜始有金石之樂知未賜不得有也賜之而云禮也知禮法得賜之也周禮小胥云大夫判縣士特縣鄉飲酒禮云笙入堂下磬南北面鄉射禮云縣于洗東北西面喪大記云疾病君大夫徹縣是大夫得有鍾磬之樂有功乃賜之正禮也唯言魏絳有金石之樂不言女樂女樂房中私宴之樂或不以賜之○秦庶長鮑庶長武帥師伐晉以救鄭庶長秦爵也不書救鄭已屬晉無所救○長丁丈反下及注同鮑步卯反鮑先入晉地士魴御之少秦師而弗設備壬午武濟自輔氏從輔氏渡河○御魚呂反後放此與鮑交伐晉師己丑秦晉

戰于櫟晉師敗績易秦故也不書敗績晉恥易秦而敗故不告也櫟晉地○櫟力的反徐失灼反易以豉反

經十有二年春王二月莒人伐我東鄙圍台琅邪費縣南有台亭○台勑才反又音臺一音翼之反季孫宿帥師救台遂入鄆鄆莒邑○鄆音運○夏晉侯使士魴來聘○秋九月吳子乘卒五年會於戚公不與盟而赴以名○與音預【疏】注五年至以名○正義曰劉炫云杜於五年注以爲公及其盟還而不以盟告廟也今注云會於戚公不與盟而赴以名何爲兩注自相矛楯今知劉難非者以戚盟經既不書公之與否又傳無其事杜弘通其義故爲兩解劉不尋杜旨而規其過非也○冬楚公子貞帥師侵宋○公如晉

傳十二年春莒人伐我東鄙圍台季武子救台遂入鄆乘勝入鄆報見伐○取其鍾以爲公盤○夏晉士魴來聘且拜師謝前年伐鄭師○秋吳子壽夢卒壽夢吳子之號臨於周廟禮也周廟文王廟也周公出文王故魯立其廟吳始通故曰禮○臨力蔭反下同【疏】注周廟至曰禮○正義曰杜以下文周廟尊於周公之廟知是文王廟也以鄭祖厲王立所出王廟知爲周公出文王故魯立其廟也哀二年蒯聵禱云敢昭告皇祖文王衞亦立文王廟也郊特牲曰諸侯不敢祖天子大夫不敢祖諸侯而公廟之設於私家非禮也而諸侯得立王廟者彼謂無功德非王命而輒自立之則爲非禮魯衞有大功德王命立之是其正也鄭祖厲王亦然此是常禮特於吳子而傳發例者以吳始通公能體禮故於此言禮也○凡諸侯之喪異姓臨於外於城外向其國○向或作嚮許亮反【疏】注於城外向其國○正義曰禮奔喪之記云哭父之黨於廟母妻之黨於寢師於廟門外朋友於寢門外所識於野張帷此傳言於外與彼於野同於城外向其國張帷而哭之耳同姓於宗廟所出王之廟【疏】同姓於宗廟○正義曰此即周廟也但發大例意通古今故不復斥言周耳其實於周之世亦周廟也異姓之國無所出王之廟者其哭同姓必不得同諸異姓亦當於祖廟同宗於祖廟始封君之廟○同族於禰廟父廟也同族謂高祖以下○禰乃禮反○是故魯爲諸姬臨於周廟諸姬同姓國○爲于僞反下皆同○爲邢凡蔣茅胙祭臨於周公之廟卽祖廟也六國皆周公之支子別封爲國共祖周公○邢音刑蔣將丈反案富辰所稱邢在蔣下今傳在凡上未知何者爲是茅亡交反胙才故反祭側界反徐又如字○冬楚子囊秦庶長無地伐宋師于楊梁以報晉之取鄭也取鄭在前年梁國睢陽縣東有地名楊梁○長丁丈反下同○靈王求后于齊齊侯問對於晏桓子桓子對曰先王之禮辭有之天子求后於諸侯諸侯對曰夫婦所生若而人不敢

譽亦不敢毀故曰若如人○譽音餘又如字○妾婦之子若而人言非適世○也適丁歷反無女而有姊妹及姑姊妹疏及姑姊妹○正義曰釋親云父之姊妹曰姑樊光曰春秋傳云姑姊妹然則古人謂姑爲姑姊妹蓋父之姊爲姑姊父之妹爲姑妹列女傳梁有節姑姊妹入火而救兄子是謂父妹爲姑妹也後人從省故單稱爲姑也古人稱祖父近世單稱祖亦此類也則曰先守某公之遺女若而人齊侯許昏王使陰里逆之陰里周大夫結成也爲十五年劉夏逆王后傳○守手又反夏戶雅反○公如晉朝且拜士魴之辱禮也士魴聘在此年夏嫌君臣不敢故曰禮之○秦嬴歸于楚秦景公妹爲楚共王夫人○嬴音盈楚司馬子庚聘于秦爲夫人寧禮也子庚莊王子午也諸侯夫人父母既沒歸寧使卿故曰禮疏秦嬴至禮也○正義曰此事不見於經而傳自廣記備言以明禮之事耳楚共王以成元年卽位秦嬴歸楚蓋應多年傳因子庚之聘發其歸楚非此年歸而卽使歸寧案昭元年秦鍼奔晉傳云其母曰弗去懼選鍼則景公之弟昭元年其母猶在此注云父母既沒歸寧使卿者父母並在則身自歸寧若父沒母存身不自歸則亦使卿寧也杜云父母既沒連言之耳

附釋音春秋左傳注疏卷第三十一

江西南昌府學栞

春秋左傳注疏卷三十一挍勘記　阮元撰盧宣旬摘錄

附釋音春秋左傳注疏卷第三十一　襄十年盡十二年石經春秋經傳集解襄二第十五岳本襄字下增公字並盡十五年

經十年

柤楚地　淳熙本柤誤相惠棟云柤是宋地非楚地也晉楚方爭而與諸侯會於其地必無是理也案京相璠云柤宋地今彭城偪陽縣西北有柤水溝去偪陽八十里東南流逕偪陽縣故城東北又南亂於沂而注於沭謂之柤口城此云楚地乃轉寫之誤或以昭六年注柤鄭地當之其說更非

遂滅偪陽　釋文云偪徐仙民音甫目反本或作逼惠棟云徐音是也漢書古今人表有福陽子案注云妘姓師古曰卽偪陽也穀梁作傅陽郡國志云傅陽有柤水引經文亦作福並音之轉耳石經及諸刻本皆作偪

今彭城傳陽縣也　宋本岳本纂圖本監本毛本傳作傅不誤閩本作偪

鄅鄫路偪陽也　毛本鄫誤鄶

齊世至滕上　閩本監本毛本世下增子字

用天子既命以爲之嗣也　宋本用作明與鄭注合

爲盟主所尊　監本主作王非也

戍鄭虎牢　監本戍誤戊石經虎作虍避所諱

各受晉命戍虎牢　淳熙本各誤名監本戍作戊亦非下同

傳十年

光從東道與東諸侯會遇　纂圖本監本毛本光作先非也

士莊子曰　惠棟云服虔本作士莊伯見太平御覽石經及宋刊本皆作子

郰人紇扶之　惠棟云鄹元引作鄹人論語同案郰字古或省文从耴說文曰郰魯下邑孔子鄉从邑耴聲

百人爲隊　文選東都賦注引作百人爲一隊案各本無一字李注以意增也

庫人爲車　宋本監本毛本庫作車

隊則又縣之　石經隊作墜案碑土字後加

余恐亂命　淳熙本余誤命

牽帥老夫　文選李注謝宣遠荅靈運詩引帥作率案帥率字通

言其因會以滅國　監本滅作威誤

本謀氏行兵　閩本氏作戌監本作戊毛本作戍並形相近而誤宋本作伐是也。今從宋本

是九其從會行也　監本毛本九作究亦非宋本作九不誤。今從宋本

經典言樂殷爲大護　盧文弨挍本樂殷作殷樂

或可禱桑林以得雨　儀禮經傳通解引亦作可閩本監本毛本作曰非是

注禘三年大祭則作四代之樂別至樂侯　宋本無年大祭則作四代之樂別十字樂侯監本毛本作侯樂與注文合宋本同

禘者敬鄰國之賓　宋本無禘者二字齊召南亦以二字爲衍文是也

下管象　閩本監本毛本管上有而字與祭統合

言具天子樂也　宋本淳熙本岳本監本足利本具作俱是也

師樂師也　宋本淳熙本作師帥也與釋文正義皆合案鄭注周禮地官云師之言帥也是也

旌夏大旌也　案後漢書馬融傳廣成頌注引大旌作大旗

舞師樂人之帥　閩本監本毛本帥作師非也

以偪陽子歸獻于武宮　淳熙本于作於

謂之柏人也　閩本監本柏作栢

掌邑大夫　宋本掌下有霍字

生秦丕茲　釋文云一本作秦不茲家語秦商字不慈案丕不經典中每多互用

言二父以力相尚　宋本纂圖本監本毛本二作堇段玉裁曰作二者是也下文秦丕茲仲尼爲二子則秦堇父郰人紇爲二父二父以力相尚事見上文韓文公書張中丞傳後云兩家子弟才智下不能通知二父志亦爲妄人改作二賢

以德相高　纂圖本閩本監本毛本高誤尚

楚子囊鄭子耳伐我西鄙　石經宋本淳熙本岳本伐作侵不誤

大夫宜賓之以上卿　宋本淳熙本岳本纂圖本監本毛本夫作子是也

已西師于牛首　宋本纂圖本閩本監本毛本于作於石經淳熙本作于

爾車非禮也　石經車下旁增多字惠棟云案注當有多字也按云非禮故注以猶多釋之非傳文本有多字也凡石經旁增之字皆淺人或於俗本所爲

公子婜　釋文云婜本亦作熈宋本淳熙本足利本作熈字按婜字見說文女部說樂也

先臨尸而追盜　淳熙本作追賊宋本作逐賊案陳樹華云上傳云帥賊以入盜即賊也傳言追盜故注以逐賊釋之宋本是也

還鄭而南　釋文曰還本又作環惠棟云案鄭注士喪禮云古文環作還哀三年傳道還公宮同公羊傳云以地還之也又云師還齊侯按還環古今字

子矯曰　案石經此處刓缺顧炎武云蟜誤矯所據乃王堯惠謬刻也諸本前後皆作蟜是也

霄涉頴　石經宋本岳本纂圖本監本毛本霄作宵案張猛龍碑宵作霄蓋字形之小誤後遂因宵而譌作霄岳氏之九經三傳沿革例曾辨霄字之譌而未詳其致誤之由

我實不能禦楚　釋文作能御淳熙本重我字非也

又不能庇鄭〔補〕各本庇作庇

今伐其師　顧炎武云石經今誤令案石經此處缺所據乃謬刻也

右助　宋本淳熙本岳本足利本助下有也字

篳門閨竇之人　釋文閩本亦作圭案文選李注謝元暉拜中軍記室辭隨王牋引作篳門圭竇玉篇云篳亦作篳惠棟云說文引作篳門圭窬康成禮記注篳門荆竹織門也圭窬門旁窬也穿墻爲之如圭矣玉篇亦引作窬窬竇古音同部字

使世守其職　淳熙本脱守字

是七從之於　宋本從作姓不誤

故其字從旌旗者　宋本旌旗作㫃㫃是也

其能來東底乎　石經宋本岳本作厎乎釋文同

不勝其富　此節正義宋本在注文師旅之長皆受賂句下

則何謂正矣　石經何字殘缺釋文云何或作可誤也陳樹華云古文可爲何字之省文按古人語急可謂猶言何可謂也

正者不失下之直　閩本監本此七字誤作正義正上脱注字

所左亦左之　石經上左字殘缺淳熙本作右非也

周禮卿士職云　宋本卿作鄉是也

經十一年

杜見其以三改二　閩本監本毛本改作以二改三按以三改二謂以今之三改昔之二亦通

此四月四卜　宋本閩本監本毛本並作卜此本誤十今訂正

巳未同盟于亳城北　石經宋本岳本巳作己是也公羊穀梁經亳作京公羊疏云穀梁與此同左傳經作亳城北服氏之經亦作京城北乃與此傳同之也惠棟云案亳城當依服氏作京京鄭地在滎陽隱元年傳謂之京城是也

傳十一年

軍多則貢事　監本毛本事下衍多字閩本初刻亦無後擠增宋本事作重不誤

膏肓何休以爲左氏說云　監本毛本肓作盲非案膏肓何休當作何休膏肓各本誤倒

故先言之　宋本言作告是也

若爲三軍　閩本毛本若下衍不字三字宋本作二是也

是僖公之廟門也　宋本之廟作廟之是也

壞其軍乘　纂圖本閩本監本毛本軍誤車

欲駈使入己　岳本纂圖本足利本駈作驅按駈俗驅字古文作敺

唯在力役　宋本在作有是也

吾乃與之盟〔補〕各本乃誤又

毋蘊年　釋文亦作薀石經蘊字改刊初刻作藴非也

奬王室　岳本纂圖本毛本奬作獎注同

名山名川　石經初刻作大川改刻名

彼方雖不言盟　宋本方作文不誤

鄭云神監之　宋本云下有明字是也

於是晉爲盟主　盧文弨挍本是作時

乃不自數　毛本自誤目

俾失其氏　釋文云俾本又作卑陳樹華云釋文前以卑爲正以俾爲一作之字此又以卑爲一作之字疑傳寫之誤

隊命亡氏　石經隊作墜

則稱行人者　宋本者作若

是經繆　監本毛本繆改謬

服虔見下有鍾鎛師磬　宋本監本毛本無師字是也

鍾師鎛磬師　宋本鎛下有師字不誤

然則鄭人以師茂師慧賂宋者　宋本茂作茷是也

數射筭　毛本筭作算下並同按說文作筭者今之筭籌也作算者數也用字之例當於具數字作算筭籌字作筭而唐石宋槧多用筭少用算者音同而義近之故也近刻則多用算

杜本軏十五乘　臧禮堂云杜訓淳爲耦耦爲十五則三十乘故下云更以他兵車七十乘共爲百乘是杜本當作淳不作軏也

歌鐘二肆　岳本鐘作鍾注同注內懸鐘鐘字釋文作鍾陳樹華云今傳文依石經注依宋本俱作鍾字前後一例也

單爲半此　宋本此作也是也

故但解鐘數　監本毛本數作磬非也

各三十二枚也　閩本監本各作名非也

鎛磬皆樂器　纂圖本毛本器作名非也

八年至之和　宋本此節正義在無所不諧注下

九年會于戲五也　浦鏜正誤會作盟是也

諸亦和也　此句下閩本監本有。毛本無。而九合諸侯至會蕭魚五十二字皆以釋文譌作注

樂只君子　淳熙本閩本足利本亦作只與詩合下同石經宋本岳本纂圖本監本毛本作旨

書曰居安思危　惠棟云周書程典作於安思危楚策虞卿謂春申君曰臣聞之春秋於安思危所謂春秋即左傳也虞卿傳左氏春秋於鐸椒轉授荀卿然則傳文居安當作於安案居於音相近

公曰子之教敢不承命抑微子　石經子之子字起微子微字止此行只九字初刻似尚多一字

禮大夫有功則賜樂　監本此節注下脫疏字

士魴禦之　淳熙本岳本禦作御釋文亦作御

經十二年

春王二月　石經宋本淳熙本岳本足利本二作三不誤

夏晉侯使士魴來聘　公羊魴作彭何休解云考諸正本皆作士魴作彭者誤矣

秋九月吳子乘卒　案傳作吳子壽夢卒十年正義引服虔云壽夢發聲吳蠻夷言多發聲數語共成一言壽夢一言也經言乘傳言壽夢欲使學者知之也錢大昕云乘壽皆齒音當讀如疇與乘爲雙聲夢古音莫登切與乘爲疊韵併兩字爲一言孫炎制反切蓋萌芽於此

傳十二年

公能休禮　閩本監本毛本休作體亦誤宋本作依是也。今訂從宋本

張帷而哭之耳　監本帷誤帳

同族於禰廟　淳熙本廟作朝誤也

爲邢凡蔣茅胙祭　釋文云案富辰所稱邢在蔣下今傳在凡上未知何者爲是

師于楊梁　石經宋本淳熙本楊作揚注同郡國志梁國下有陽梁聚引傳文作楊案廣雅云楊揚也詩王風揚

之水釋文云或作陽二字古多通用

故曰若如人　齊召南云而訛作如案而如也注正以如釋而

言非適世也　宋本淳熙本岳本纂圖本監本毛本無世字是也

及姑姊妹　此節正義宋本在先守某公之遺女若而人下

父之姊妹曰姑　姊妹曰三字模糊依閩本監本毛本補宋本曰作爲與釋親合

然則古人謂姑爲姑姊妹若父之姊爲姑姊　妹若父三字模糊依閩本監本毛本補宋本若作蓋是也

梁有節姑妹　案下文取其兄子則姑妹是矣而列女傳妹作姊疑今列女傳誤釋隸載武梁祠堂畫像亦作姑姊

王使陰里逆之　補　毛本逆作結是也案十行本初刻是結字後改誤逆

附釋音春秋左傳注疏卷第三十一

春秋左傳注疏卷三十一　校勘記

附釋音春秋左傳注疏卷第三十二 襄十三年盡十五年

杜氏注　孔穎達疏

經十有三年春公至自晉○夏取邿 邿小國也任城亢父縣有邿亭傳例曰書取言易也○邿音詩任音壬亢苦浪反又音剛父音甫易以豉反傳同 ○秋九月庚辰楚子審卒 共王也成二年大夫盟于蜀 ○冬城防

傳十三年春公至自晉孟獻子書勞于廟禮也 書勳勞於策也桓二年傳曰公至自唐告於廟也凡公行告於宗廟反行飲至舍爵策勳焉禮也桓十六年傳又曰公至自伐鄭以飲至之禮也然則還告廟及飲至及書勞三事偏行一禮則亦書至悉闕乃不書至傳因獻子之事以發明凡例釋例詳之○舍如字又音捨 【疏】注書勳至詳之○正義曰其書勞之與策勳一也周禮王功曰勳事功曰勞對則勳大而勞小故傳變文以包之注云書勳勞於策明其不異也桓二年傳發凡例有告廟也飲至也策勳也桓十六年傳言飲至此年傳言書勞二者各舉其一所以反覆凡例以此知三事偏行一禮則亦書至悉闕乃不書至耳所云偏行一禮謂偏行告至其飲至策勳則不可偏行也何則告廟因行飲至舍爵而卽策勳策勳飲至並行之於廟豈得不告至而在廟聚飲乎不告至而入廟書勞乎明其決不然矣但告至已後或飲至而不書勞或書勞而不飲至二事或有闕其一者傳因獻子書勞復言禮也所以發明凡例釋例釋之於盟釋告廟嫌他例不通故復揔云凡公行告于宗廟反行飲至舍爵策勳焉禮也此以明公之出竟當無不告及其反也則必飲至有功成。策勳故公至自伐鄭傳重言以飲至之禮孟獻子書勞于廟傳復云禮所以反覆凡例也公朝於晉而獻子書勞知策勳非唯討伐之功雖或常行有以定國安民亦書功於廟也然則凡反行飲至必以嘉會昭告祖禰有功則舍爵策勳無勞告事而已○夏邿亂分爲三 國分爲三部志力各異 師救邿遂取之 魯師也經不稱師不滿二千五百人傳通言之 【疏】注魯師至言之○正義曰莊八年師及齊師圍郕彼是大夫將滿師故稱師此亦大夫將所將不滿二千五百人故直言取邿而不得言師也傳言師者師是衆人揔。名雖少亦通言之 凡書取言易也 不用師徒及用師徒而不勞雖國亦曰取 【疏】注不用至曰取○正義曰宣九年取根牟傳曰言易也昭四年取鄫傳曰言易也莒亂著丘公立而不撫鄫鄫叛而來故曰取凡克邑不用師徒曰取與此四發取例傳皆云言易也取鄫之下又發凡例云克邑不用師徒曰取者不用師徒卽是易得之狀所以覆明凡例也若用而不勞則與不用相似故杜云用而不勞亦曰取也凡例克邑邿乃是國知雖國亦曰取釋例曰取者乘其衰亂或受其潰叛或用小師而不頓兵勞力則直言取如取如攜言其易也傳四發取例者邿以師徒鄫叛而來根牟東夷鄟附庸國名各不同故也邿爲小國非邑非夷故以凡例附之 用大師焉曰滅 敵人距戰斬獲俘馘用力難重雖邑亦曰滅○馘古獲反 【疏】注敵人至曰滅○正義曰國大邑小嫌邑易國難滅取止見難易不由國邑大小故注辯之上云易則雖國亦曰取此取邿邿是國也此言用力難重則雖邑亦曰滅傳二年虞師晉師滅下陽昭十三年吳滅州來皆邑而言滅是也 弗地曰入 謂勝其國邑不有其地 【疏】謂勝至其地○正義曰入謂入其都邑制其民人當入之日與滅亦同但尋卽去之不爲己有故云勝其國邑不卽有其土地如此之類謂之爲入國邑雖舉者國邑皆稱入也文十五年晉郤缺入蔡是入國也成七年吳入州來九年楚人入鄆是入邑也若然閔二年狄入衛哀八年宋公入曹二者傳皆言滅而經書入者釋例曰狄滅衛而書入者狄無文告衛之君臣死盡齊桓存之以告諸侯言狄已去不能有其土地也曹背晉而奸宋是以致討宋公旣還而不忍褚師之詬怒而反兵一舉滅曹滅非本志故以入告也○荀罃士魴卒晉侯蒐于緜上以治兵 爲將命軍帥也必蒐而命之所以與衆共○爲于僞反帥所類反 使士匄將中軍辭曰伯游長 伯游荀偃○長丁丈反 昔臣習於知伯是以佐之非能賢也 七年韓厥老知罃代將中軍士匄佐之匄今將讓故謂爾時之舉不以己賢事見九年○見賢遍反 請從伯游荀偃將中軍 代荀罃 士匄佐之 位如故 使韓起將上軍辭以趙武又使欒黶 以武位卑故不聽更命黶 辭曰臣不如韓起韓起願上趙武君其聽之使趙武將上軍武自新軍超四等代荀偃韓起佐之位如故欒黶將下軍魏絳佐之黶亦如故絳自新軍佐超一等代士魴。新軍無帥將佐皆遷。將子匠反晉侯難其人使其什吏率其卒乘官屬以從於下軍禮也得愼舉之禮。難乃旦反或如字什音十卒子忽反乘繩證反〔疏〕晉侯至禮也。正義曰什吏謂十人長也從車曰卒在車曰乘新軍將佐皆遷晉侯選賢未得難用其人使其軍內十人之長率其步卒車士與其新軍官屬軍尉司馬之類以從於下軍令下軍將佐兼領之得愼舉之禮也周禮夏官序云凡制軍萬有二千五百人爲軍軍將皆命卿二千有五百人爲師師帥皆中大夫五百人爲旅旅帥皆下大夫百人爲卒卒長皆上士二十五人爲兩兩司馬皆中士五人爲伍伍皆有長不言十人有長而此傳云什吏者夏官所云周禮之正法耳其最時制事未必盡然尚書牧誓有千夫長百夫長齊語管子設法五人爲伍五十人爲小戎二百人爲卒二千人爲旅萬人爲軍吳語王

孫雄設法百人爲行十行一旌十旌一將軍引司馬法云十人之帥執鈴百人之帥執鐸千人之帥執鼓萬人之將執大鼓三者數人置帥皆以什計之異於周禮則晉人爲軍或十人置吏也。晉國之民是以大和諸侯遂睦君子曰讓禮之主也范宣子讓其下皆讓欒黶爲汰。弗敢違也晉國以平數世賴之刑善也夫刑法也。汰音泰數所主反夫音扶一人刑善百姓休和可不務乎書曰一人有慶兆民賴之其寧惟永其是之謂乎周書呂刑也一人天子也寧安也永長也義取上有好善之慶則下賴其福。休許糾反好呼報反周之興也其詩曰儀刑文王萬邦作孚詩大雅言文王善用法故能爲萬國所信孚信也言興善也〔疏〕詩曰至善也。正義曰此大雅文王之篇儀善也刑法也孚信也善用法者文王也言文王善用法故能爲萬國所信言文王

之法善也及其衰也其詩曰大夫不均我從事獨賢詩小雅刺幽王役使不均故從事者怨恨稱己之勞以爲獨賢無讓心。言不讓也〔疏〕詩曰至讓也。正義曰詩小雅北山之篇刺幽王役使不均平被使之人自稱己之功勞我所以特從王事者在上獨以我爲賢自云己賢是不讓也。世之治也君子尚能而讓其下能者在下位則貴尚而讓之。治直吏反小人農力以事其上是以上下有禮而讒慝黜遠由不爭也謂之懿德及其亂也君子稱其功以加小人加陵也君子在位者。慝他得反遠于萬反又如字爭爭鬭之爭。小人伐其技以馮君子馮亦陵也自稱其能爲伐。技其綺反馮皮冰反是以上下無禮亂虐並生由爭善也爭自善也謂之昏德國家之敝恒必由之傳言晉之所以

興。楚子疾告大夫曰不穀不德少主社稷生十年而喪先君未及習師保之教訓而應受多福多福謂爲君。少詩照反喪息浪反是以不德而亡師于鄢鄢在成十六年。鄢音偃以辱社稷爲大夫憂其弘多矣弘大也若以大夫之靈獲保首領以殁。於地唯是春秋窀穸之事窀厚也穸夜也厚夜猶長夜春秋謂祭祀長夜謂葬埋。殁音没窀張倫反一音徒門反穸音夕〔疏〕注窀厚至葬埋。正義曰晉語云窀厚也說文云夕暮也從月半見夜字從夕知是以夕爲夜也厚長意同故厚夜猶長夜也孝經云春秋祭祀以時思之故春秋謂祭祀也長夜者言夜不復明死不復生故長夜謂葬埋也以其事施於葬故今字皆從穴王意自貶祭之與葬皆不敢從先君之禮所以從先君於禰廟者從先君代爲禰廟〔疏〕注從先至禰廟。正義曰祭法云諸侯立五廟曰考廟王考廟皇考

廟顯考廟祖考廟此云禰廟卽彼考廟也曲禮云生曰父死曰考考成也言有成德也禰近也於諸廟父最爲近也禮三年之喪畢則以遷新主入廟是從先君代爲禰廟也計昭穆之次昭次入昭廟穆次入穆廟皆代爲祖廟而言代爲禰廟者是從先君之近也請爲靈若厲欲受惡謚以歸先君也亂而不損曰靈戮殺不辜曰厲大夫擇焉莫對及五命乃許秋楚共王卒子囊謀謚大夫曰君有命矣子囊曰君命以共若之何毁之赫赫楚國而君臨之撫有蠻夷奄征南海以屬諸夏而知其過可不謂共乎請謚之共大夫從之傳言子囊之善○共音恭下同夏戶雅反○吳侵楚養由基奔命子庚以師繼之子庚楚司馬○養叔曰吳乘我喪謂我不能師也養叔養由基也必易我而不戒戒備也○易以豉反子爲三覆以待我覆伏兵○覆扶又反○我請誘之子庚從之戰于庸浦庸浦楚地○浦判五反大敗吳師獲公子黨君子以吳爲不弔不用天道相弔恤詩曰不弔昊天亂靡有定言不爲昊天所恤則致罪也○爲明年會向傳○昊胡老反【疏】不弔至有定○正義曰詩小雅節南山之篇○冬城防書事時也土功雖有常節通以事間爲時【疏】注土功至爲時○正義曰莊二十九年傳例曰凡土功龍見而畢務戒事也火見而致用水昏正而栽是土功之常節也本設此節以爲農事既間故以此時興土功今此冬城防經傳皆不言月當在火見致用之前此歲農收差早雖天象未至而民事已間故云土功雖有常節通以事間爲時言時節未是時而事以得時故言書事時也釋例曰冬城防臧武仲請畢農事故傳曰書事時也言興作出火見致用之前亦得兼以事時而禮之於是將早城臧武仲請俟畢農事禮也○鄭良

霄大宰石㚟猶在楚十一年楚人執之至今石㚟言於子囊曰先王卜征五年先征五年而卜吉凶也征謂巡守征行○先征悉薦反守手又反注同○注先征至征行○正義曰先征五年而卜其吉凶也者以謂征前五年而預卜之也征訓行也先王之行謹愼而卜必是禮之大者大禮遠行莫過巡守故知征謂巡守也征行釋言文也傳言卜征五年未知何代之禮案尚書舜典云五載一巡守孔安國云堯舜同道舜攝則然堯又可知周禮大行人云十有二歲王巡守殷國王制云天子五年一巡守鄭玄云天子以海内爲家時一巡省之五年者虞夏之制也周則十二歲一巡守如孔鄭之言唐虞及夏皆五年一巡守然則卜征五年虞夏法也在周之世而遠陳虞夏法者蓋重古而言之或周之巡守不必十二年也周十二年一巡守法歲星行天一周也虞夏五年一巡守取五行遞王而徧也而歲習其祥祥習則行五年五卜皆同吉乃巡狩【疏】而歲至則行○正義曰禮記云卜筮不相襲鄭玄云襲因也釋詁云祥善也歲因其善謂去年吉今年又吉也善因則行謂五年五吉善善相因襲則先王然後行巡守也傳稱卜不習吉而得五年五卜者卜不習吉謂不可一時再卜耳此則每年一卜非相習也不習則增脩德而改卜不習謂卜不吉○不習則增絕句一本無增字則連下揔爲句【疏】注不習謂卜不吉○正義曰其善不因往年是謂不習吉也脩德改卜更以卜吉爲始又得五吉乃行也今楚實不競行人何罪不能脩德與晉競止鄭一卿以除其偪一卿謂良霄使睦而疾楚以固於晉焉用之位不偪則大臣睦怨疾楚則事晉固○焉用之本或作何用之於虔反【疏】止鄭至用之○正義曰貴者多則勢相偪今止鄭一卿於楚以除其國内相偪之患位不偪則大臣和睦使鄭在家之人和睦而疾楚以牢固事於晉焉用之何須用此良霄留之於楚使歸而廢其所行而見執於楚鄭又遂堅事晉是鄭廢本見使之意○其使所吏反注同怨其君以疾其大夫而相牽引也不猶愈乎楚人歸之【疏】使歸至愈乎○正義曰往者鄭使良霄向楚其意欲得楚執良霄鄭得堅事晉國是鄭本遣良霄其意如

此今若放良霄使歸於鄭則鄭不得堅事晉國是廢其本使之意蘇氏之說亦然也良霄被執久留在楚今若歸之則怨恨其君以憎疾其大夫而相牽引令鄭國大臣不和則事晉之心不固不猶少差乎方言云病差謂之愈後年注以愈爲差此亦當爲差也服虔云愈猶病愈是愈爲差之義也鄭玄論語注云愈猶勝也

經十有四年春王正月季孫宿叔老會晉士匄齊人宋人衛人鄭公孫蠆曹人莒人邾人滕人薛人杞人小邾人會吳于向（叔老聲伯子也魯使二卿會晉敬事霸國晉人自是輕魯幣而益敬其使故叔老雖介亦列於會也齊崔杼宋華閱衞北宮括在會惰慢不攝故貶稱人蓋欲以督率諸侯奬成霸功也吳來在向諸侯會之故曰會吳向鄭地○其使所吏反介音界惰徒臥反）

疏十四年注叔老至鄭地○正義曰叔老聲伯子叔肹孫故以叔爲氏也卿出聘使及盟會皆以大夫爲介禮之常也此會魯使季孫宿與叔老二卿會晉敬事霸國故以卿爲介於例唯征戰重兵詳內畧外魯師出征伐則諸將並書其聘與會唯書使主其介不合書也晉人自是輕魯幣而益敬其使叔老雖則爲介而晉爲盟主亦列之於會魯人以其並列於會故並書之也傳稱宋華閱仲江會伐秦向之會亦如之則此會宋亦二卿華閱猶尚被貶仲江固不在列若二卿並敬其事俱得列會亦當並書於策何則盟主列之於會魯史無容略之也故傳言崔杼華閱會伐秦不書惰也向之會亦如之北宮括不書於向書於伐秦攝也是齊宋衞三國之卿於此會也惰慢不自整攝故貶稱人罪其身故去名氏猶序鄭卿之上從其大小舊次也在會惰慢未是大尤即加貶責者此是仲尼新意蓋欲督率諸侯奬成晉悼霸功故也以吳來在向諸侯就向會之故不序吳於列而云會吳于向與鍾離善道同也

○二月乙未朔日有食之（無傳）○夏四月叔孫豹會晉荀偃齊人宋人衞北宮括鄭公孫蠆曹人莒人邾人滕人薛人杞人小邾人伐秦（齊宋大夫不書義與向同）○己未衞侯出奔齊（諸侯之策書孫甯逐衞侯春秋以其自取奔亡之禍以諸侯失國者皆不書逐君之賊也不書名從告）

疏注諸侯至從告○正義曰二十年甯子疾召悼子曰諸侯之策云云甯殖自爲此言明知諸國策書皆云孫林父甯殖逐衞侯不言衞侯自出奔也仲尼脩春秋以其自取奔亡之禍故諸失國者皆是被臣逐之悉非其君自出仲尼尤其不能自安皆不書逐君之賊所以責其君也北燕伯款出奔齊蔡侯朱出奔楚並書名此不書名從告也釋例曰諸侯奔亡皆迫逐而茍免非自出也傳稱孫林父甯殖出其君名在諸侯之策此以臣名赴告之文也仲尼之經更沒逐者之名主以自奔爲文責其君不能自安自固所犯非徒所逐之臣也衞赴不以名而燕赴以名各隨赴而書之義在於彼不在此也杜言在彼不在此者義在自出爲罪不在名與不名以其失國已足罪賤不假復以名責故史記隨赴而書仲尼依舊爲定也曲禮云諸侯失地名滅同姓名記之所言當據春秋爲義滅同姓名春秋既依用之則失地書名亦是大例而杜云名與不名無義例者案經書衞侯燬滅邢傳云同姓也故名其言與記符同左氏本有此例也失地書名則傳無其事且記言失地者謂國被人奪非棄位出奔者也州公如曹紀侯大去皆是失地之君經不書名亦不發傳知失地之君不以名爲貶也穀伯綏鄧侯吾離來朝公羊傳皆云何以名失地之君也則禮記之文或據公羊之義不可通於左氏故杜不爲此說

○莒人侵我東鄙（無傳報入鄆）○秋楚公子貞帥師伐吳○冬季孫宿會晉士匄宋華閱衞孫林父鄭公孫蠆莒人邾人于戚

傳十四年春吳告敗于晉（前年爲楚所敗）會于向爲吳謀楚故也（謀爲吳伐楚○爲于僞反注爲吳卒不爲同）范宣子數吳之不德也以退吳人（吳伐楚喪故以爲不德數而遣之卒不爲伐楚）執莒公子務婁（在會不書非卿○務徐莫侯反又音如字婁力侯反或力俱反）以其通楚使也（莒貳於楚故比年伐魯○使所吏反）將執戎子駒支（駒支戎子名）范宣子親數諸朝（行之所在亦設朝位）曰來姜戎氏昔秦人迫逐乃祖吾離于瓜州（四嶽之後皆姓姜又別爲允姓瓜州地在今燉煌○迫音

百瓜古華反燉徒門反煌音皇

【疏】傳注四嶽至燉煌。正義曰：周語稱堯遭洪水，使禹治之，共之從孫四嶽佐之，胙四嶽國，命爲侯伯，賜姓曰姜。賈逵云：共，共工也。從孫，同姓末嗣之孫。四嶽，官名，大嶽也，主四嶽之祭焉。姜，炎帝之姓，其後變易，至於四嶽，帝復賜之祖姓，以紹炎帝之後，是四嶽爲姜姓也。下傳云「謂我諸戎，四嶽之裔胄」，是姜戎爲四嶽之後姜姓，故稱姜戎也。昭九年傳云「先王居檮杌于四裔，故允姓之姦居于瓜州。伯父惠公歸自秦，而誘以來」，同說此事，而云允姓，知姜姓之後又別爲允姓也。其姜姓是帝堯所賜，允姓不知誰賜之也。周語云「胙四嶽國，爲侯伯」，謂爲諸侯之長。下注云「四嶽，堯時方伯」，據彼文而知之。

乃祖吾離被苫蓋，蓋，苫之別名。被，普支反。苫，式占反。蓋，戶臘反。爾雅曰：白蓋謂之苫。蒙荊棘以來歸我先君，蒙，冒也。冒，莫報反。

【疏】注蓋苫之別名。正義曰：釋器云：「白蓋謂之苫。」孫炎曰：「白蓋，茅苫也。」郭璞曰：「白茅苫也。今江東呼爲蓋。」○被苫蓋蒙荊棘。○正義曰：被苫蓋，言無布帛可衣，唯衣草也。蒙荊棘，言無道路可從，冒榛藪也。說其窮困之極耳。

我先君惠公有不腆之田，腆，厚也。○腆，他典反。與女剖分而食之。中分爲剖。○女音汝，下同。剖，普口反。中，丁仲反，又如字。今諸侯之事我寡君不如昔者，蓋言語漏洩，則職女之由。職，主也。○洩，息列反，徐音以世反。詰朝之事，爾無與焉。詰朝，明旦。不使復得與會事。○詰，起吉反。朝如字，注同。與音預，注及下同。復，扶又反。與將執女。對曰：昔秦人負恃其衆，貪于土地，逐我諸戎。惠公蠲其大德，蠲，明也。

【疏】昔秦至諸戎。○正義曰：僖二十二年傳云「秦晉遷陸渾之戎于伊川」，則秦晉共遷之也。昭九年傳云「惠公歸自秦，而誘以來」，又似晉侯獨誘之也。此云秦人逐之，惠公與田，乃是被秦逐而自歸晉也。三文不同者，此戎本處瓜州，明遠在秦之西北，秦貪其土，晉貪其人，二國共誘而使遷。僖傳是其實也。昭傳王專責晉，故指言晉耳。此傳宣子施恩於戎，故言被逐歸晉。駒支順宣子之言，故云秦貪土地逐我諸戎。秦本貪其土地而遷也。

謂我諸戎，是四嶽之裔胄也，四嶽，堯時方伯，姜姓也。裔，遠也。胄，後也。○裔，以制反。胄，直又反。毋是翦棄。翦，削也。○毋音無。賜我南鄙之田，狐貍所居，豺狼所嗥。我諸戎除翦其荊棘，驅其狐貍豺狼，以爲先君不侵不叛之臣，至于今不貳。不內侵，亦不外叛。○貍，力之反，又作狸，同。豺，仕皆反。嗥，戶羔反。昔文公與秦伐鄭，秦人竊與鄭盟而舍戍焉，在僖三十年。於是乎有殽之師。在僖三十三年。○殽，戶交反。晉禦其上，戎亢其下，亢猶當也。○亢，若浪反。秦師不復，我諸戎實然。譬如捕鹿，晉人角之，諸戎掎之，掎其足也。○捕音步，徐又音賦。掎，居綺反。與晉踣之。踣，僵也。○踣，蒲北反，又蒲豆反。僵，居良反。

【疏】譬如至踣之。○正義曰：角之，謂執其角也。掎之言戾其足也。前覆謂之踣，言與晉共倒之。

戎何以不免？自是以來，晉之百役，與我諸戎相繼于時，言給晉役不曠時。以從執政，猶殽志也，意常如殽，無中二也。豈敢離逷？今官之師旅，無乃實有所闕，以攜諸侯，而罪我諸戎。我諸戎飲食衣服不與華同，贄幣不通，言語不達，何惡之能爲？不與於會，亦無瞢焉。瞢，悶也。○逷，他歷反。贄音至。不與音預。瞢，莫贈反，徐又武登反，一音武忠反。賦青蠅而退。青蠅，詩小雅。取其愷悌君子，無信讒言。○蠅，似仍反。愷，開在反。悌，徒禮反。下文及注同。宣子辭焉，辭，謝。使即事於會，成愷悌也。成愷悌，不信讒也。不書者，戎爲晉屬，不得特達。於是子叔齊子爲季武子介以會，自是晉人輕魯幣而益敬其使。齊子，叔老字。○言晉敬魯使，經所以並書二卿。○介音界。使，所吏反，注同。○吳子諸樊既除喪，諸樊，吳子乘之長子也乘卒至此春十七月既葬而除喪。長丁丈反 將立季札〔札諸樊少弟。札則八反少詩照反〕季札辭曰曹宣公之卒也諸侯與曹人不義曹君〔曹君公子負芻也殺太子而自立事在成十三年〕將立子臧子臧去之遂弗爲也以成曹君君子曰能守節君義嗣也〔諸樊適子故曰義嗣。適丁歷反〕誰敢奸君有國非吾節也札雖不才願附於子臧以無失節固立之棄其室而耕乃舍之〔傳言季札之讓且明吳兄弟相傳。奸音干傳直專反〕○夏諸侯之大夫從晉侯伐秦以報櫟之役也〔櫟役在十一年〕晉侯待于竟使六卿帥諸侯之師以進〔言經所以不稱晉侯。竟音境〕及涇不濟〔諸侯之師不肯渡也涇水出安定朝那縣至京兆高陸縣入渭。朝如字如淳音株那乃多反〕叔向見叔孫穆子穆子賦匏有苦葉〔詩邶風也義取於深則厲淺則揭言已志在於必濟。匏白交反揭起例反〕疏注詩邶至必濟。正義曰此詩本文云匏有苦葉濟有深涉深則厲淺則揭釋水全引下三句而釋之云揭者揭衣也以衣涉水爲厲繇膝以下爲揭繇膝以上爲涉繇帶以上爲厲李巡云濟渡也水深則厲水淺則揭衣渡也不解衣而渡水曰厲孫炎曰揭褰衣褰也以衣涉水濡褌也詩意言遇水深淺期之必渡穆子賦此詩言已志在於必濟也魯語云叔向見叔孫穆子穆子曰豹之業在匏有苦葉矣叔向退召舟虞與司馬曰夫苦匏不材於人共濟而已魯叔孫賦匏有苦葉必將涉矣彼叔向之意取匏有苦葉爲義此注取深厲淺揭爲義者穆子止賦此詩不言所取之意未必叔向曲得其情杜以厲揭爲義切於取匏有苦葉故不從國語而別爲此解 叔向退而具舟魯人莒人先濟鄭子蟜見衛北宮懿子曰與人而不固取惡莫甚焉若社稷何懿子說二子見諸侯之師

而勸之濟濟涇而次〔傳言北宮括所以書於伐秦。說音悅〕秦人毒涇上流師人多死〔飲毒水故〕鄭司馬子蟜帥鄭師以進師皆從之至于棫林〔棫林秦地。棫位逼反徐于目反一音於鞠反〕不獲成焉〔秦不服〕疏不獲成焉。正義曰此役止爲報櫟之敗非欲求與秦成而云不獲成者凡興師伐國彼若服罪謝過卽當相與和平故注解其意不獲成焉者止謂秦不服也服虔云不得成戰陳之事案傳諸伐國者皆服之而已不是皆成戰陳之事此何以獨云不獲成戰也 荀偃令曰雞鳴而駕塞井夷竈〔示不反〕唯余馬首是瞻〔言進退從己〕欒黶曰晉國之命未是有也余馬首欲東乃歸〔黶惡偃自專故棄之歸。惡烏路反〕下軍從之左史謂魏莊子曰不待中行伯乎〔中行伯荀偃也莊子魏絳也左史晉大夫〕莊子曰夫子命從帥〔夫子謂荀偃。帥所類反下及注皆同。〕欒伯吾帥也吾將從之從帥所以待夫子也〔以從命爲待也欒黶下軍帥莊子爲佐故曰吾帥〕伯游曰吾令實過悔之何及多遺秦禽〔軍師不和恐多爲秦所禽獲。遺唯季反〕乃命大還晉人謂之遷延之役〔遷延却退〕欒鍼曰此役也報櫟之敗也役又無功晉之恥也吾有二位於戎路〔欒鍼欒黶弟也二位謂黶將下軍鍼爲戎右〕敢不恥乎與士鞅馳秦師死焉士鞅反〔鞅士匄子〕欒黶謂士匄曰余弟不欲往而子召之余弟死而子來是而子殺余之弟也弗逐余亦將殺之士鞅奔秦〔欒黶汰侈誣逐士鞅也而女也。侈昌氏反本或作奓又尺氏反女音汝〕疏注欒黶至女也。正義曰

欒鍼自以家有二位，耻其無功，與士鞅共馳秦師，非鞅召之，是誣丞士鞅也於是齊崔杼、宋華閱、仲江會伐秦，不書，惰也。臨事惰慢不脩也。仲江，宋公孫師之子向之會亦如之。衛北宫括不書於向，亦惰書於伐秦，攝也。能自攝整，從鄭子蟜俱濟涇秦伯問於士鞅曰：「晉大夫其誰先亡？」對曰：「其欒氏乎！」秦伯曰：「以其汰乎？」對曰：「然。欒黶汰虐已甚，猶可以免，其在盈乎！」盈，黶之子秦伯曰：「何故？」對曰：「武子之德在民，如周人之思召公焉，愛其甘棠，況其子乎？武子，欒書，黶之父也。召公奭聽訟於甘棠之下，周人思之，不害其樹而作勿伐之詩，在召南。○召，上照反，注同。奭，詩亦反欒黶死，盈之善未能及人，武子所施没矣，而黶之怨實章，將於是乎在。」秦伯以爲知言，爲之請於晉而復之。爲傳二十一年晉滅欒氏張本。○施，如字，又始豉反。爲之，于僞反○衛獻公戒孫文子、甯惠子食，勑戒二子，欲共宴食〔疏〕注勑戒至宴食。○正義曰：君之於臣，有禮食、宴食。儀禮公食大夫禮者，主國之君食聘賓之禮也，其食己之大夫，亦當放之，而迎送荅拜之儀有差降耳。曲禮云「凡進食之禮，左殽右胾」，鄭玄云：「此大夫士與賓客燕食之禮，其禮食則宜放公食大夫禮也。」如鄭之言，大夫與客禮食，尚放公食大夫禮，明知國君與臣禮食亦當放之。公食大夫之禮，其禮甚大，衛侯雖則無道，不應與臣禮食而得棄之射鴻，知是公自勑戒二子，欲共爲宴食。宴食者，閑燕無事，召臣與之共食耳。皆服而朝，命於朝服朝服待〔疏〕注服朝服。○正義曰：言服而朝，明朝服也。諸侯每日視朝，其君與臣皆服玄冠、緇布衣、素積以爲裳，禮通謂此服爲朝服。宴食雖非大禮，要是以禮見君，故服朝服。公食大夫之禮，賓朝服，則臣於君，雖非禮食，亦當服朝服也。日旰不召，旰，晏也。○旰，古旦反○而射鴻於囿。二子

從之，從公於囿。○射，食亦反。囿，音又不釋皮冠而與之言。皮冠，田獵之冠也。既不釋冠，又不與食〔疏〕注皮冠至與食。○正義曰：此公射鴻於囿而冠皮冠，明皮冠是田獵之冠也。且虞人掌獵，昭二十年傳曰「皮冠以招虞人」，又十二年傳言「雨雪，楚子皮冠以出」，出田獵也，是諸侯之禮，皮冠以田獵。周禮司服云：「凡甸，冠弁服。」鄭玄云：「甸，田獵也。冠弁，委貌也。其服緇布衣，素積以爲裳。」是服諸侯視朝之服也。彼天子之禮，故以諸侯朝服而田，異於此也。昭十二年傳又云「右尹子革夕，王見之，去皮冠」。杜云「敬大臣」，是君敬大臣宜釋皮冠。既不釋皮冠，又不與食，二子所以怒也二子怒。孫文子如戚，戚，孫文子邑孫蒯入使。孫蒯，孫文子之子。使，所吏反，又如字○公飲之酒，使大師歌巧言之卒章。巧言，詩小雅。其卒章曰：「彼何人斯？居河之麋。無拳無勇，職爲亂階。」戚，衛河上邑。公欲以喻文子居河上而爲亂。大師，掌樂大夫。○飲，於引反。麋，亡悲反，本或作湄。拳，音權大師辭，師曹請爲之。辭以爲不可。師曹，樂人初，公有嬖妾，使師曹誨之琴，誨，教也。○嬖，必計反師曹鞭之。公怒，鞭師曹三百。故師曹欲歌之，以怒孫子以報公。公使歌之，遂誦之。恐孫蒯不解，故○解，音蟹蒯懼，告文子。文子曰：「君忌我矣，弗先，必死。」欲先公作亂。○欲先，息薦反○并帑於戚，帑，子也。○并，必政反。帑，音奴〔疏〕并帑於戚。○正義曰：孫子，衛朝大臣，食邑於戚，其子先分兩處，將欲作亂，慮禍及其子，故令并帑處於戚而入見蘧伯玉，曰：「君之暴虐，子所知也。大懼社稷之傾覆，將若之何？」伯玉，蘧瑗。○蘧，其居反。覆，芳服反。瑗，于眷反對曰：「君制其國，臣敢奸之？奸，猶犯也雖奸之，庸知愈乎？」言逐君更立，未知當差否。○愈，羊主反。愈，差也。差，初賣反遂行，從近關出。懼難作，欲速出竟。○難，乃旦反。竟，音境，下文皆同〔疏〕從近關出。○正義曰：聘禮「及竟，謁關人」，鄭玄云：「古者竟上爲關，以譏異服，識異言。」又周禮司關注云：

關界上之門也衞都不當竟中其界有遠有近欲速出竟故從近關出也公使子蟜子伯子皮與孫子盟于丘宮孫子皆殺之三子衞羣公子疑孫子故盟之丘宮近戚地。○蟜古表反近附近之近四月己未子展奔齊子展衞獻公弟公如鄄鄄衞地。○鄄音絹使子行於孫子孫子又殺之使往請和也子行羣公子公出奔齊孫氏追之敗公徒于河澤濟北東阿縣西南有大澤鄄人執之公徒因敗散還故爲公執之。○爲于僞反下爲孫氏同疏注公徒至執之。○正義曰服虔云執追公徒者公如鄄故鄄人爲公執之計孫氏追公徒衆必盛鄄人爲公可言與之戰耳不得言執之也且文承敗公徒下豈敗公徒之後乃執之乎下文方說二子追公豈復是鄄人執二子也故杜以爲公徒因敗而散亡鄄人爲公執散走者初尹公佗學射於庾公差庾公差學射於公孫丁二子追公二子佗與差爲孫氏逐公。○佗徒何反差初佳反徐初宜反公孫丁御公爲公御也子魚曰射爲背師不射爲戮射爲禮乎子魚庾公差禮射不求中。○射食亦反下及注除禮射一字皆同或一讀射而禮乎食夜反背音佩中丁仲反射兩軥而還軥車軛卷者。○軥其俱反徐又古豆反軛於革反卷音權又起權反尹公佗曰子爲師我則遠矣乃反之佗不從丁學故言遠始與公差俱退悔而獨還射丁公孫丁授公轡而射之貫臂貫佗臂。○貫古亂反一音官注同疏初尹至貫臂。○正義曰孟子云鄭人使子濯孺子侵衞衞使庾公之斯追之子濯孺子疾作庾公之斯至曰夫子何爲不執弓曰今日我疾作不可以執弓庾公之斯曰小子學射於尹公之佗尹公之佗學射於夫子我不忍以夫子之道反害夫子雖然今日之事君事也我不敢廢抽矢叩輪去其金發乘矢而後反其姓名與此略同行義與此正反不應一人之身有此二行孟子辯士之說或當假爲之辭此傳應是實也。○注軥車軛。○正義曰說文云軥車軛下曲者服虔云車軛兩邊叉馬頸者子鮮從公子鮮公母弟及竟公使祝宗告亡且告無罪告宗廟定姜曰無神何告若有不可誣也誣欺也定姜公適母。○適丁歷反有罪若何告無舍大臣而與小臣謀一罪也先君有冢卿以爲師保而蔑之二罪也謂不釋皮冠之比○舍音捨比必二反也余以巾櫛事先君而暴妾使余三罪也告亡而已無告無罪時姜在國故不使得告無罪。○櫛側乙反疏暴妾使余。○正義曰言暴虐使余如妾公使厚成叔弔于衞曰寡君使瘠聞君不撫社稷而越在他竟越遠也瘠厚成叔名。○厚本或作郈音同弔于衞本或作弔于衞侯侯衍字也瘠在亦反若之何不弔以同盟之故使瘠敢私於執事執事衞諸大夫曰有君不弔弔恤也有臣不敏敏達也疏有臣不敏。○正義曰不敏不達於禮也君不赦宥臣亦不帥職增淫發洩其若之何衞人使大叔儀對大叔儀衞大夫。○洩息列反大音泰曰羣臣不佞得罪於寡君寡君不以即刑而悼棄之以爲君憂君不忘先君之好辱弔羣臣又重恤之重恤謂愍其不達也。○好呼報反重直用反注及下同敢拜君命之辱重拜大貺謝重恤之賜厚孫歸復命語臧武仲曰衞君其必歸乎有大叔儀以守守於國。○語魚據反守手又反有母弟鱄以出或撫其內或營其外能無歸乎齊人以郲寄衞侯郲齊所滅郲國。○鱄徐市轉反又音專郲音來及其復也以郲糧歸言其貪右宰穀從而逃歸衛人將殺之穀衛大夫也以其從君故欲殺之○從才用反又如字注同辭曰余不說初矣言初從君非說之不獲已耳○說音悅注及下同〔疏〕余不說初矣○正義曰言余之不說於君初卽然矣不得已而從之出耳非是愛君而從在道始悔而反也余狐裘而羔袖言一身盡善唯少有惡喻已雖從君出其罪不多○袖本又作褎在又反〔疏〕狐裘而羔袖○正義曰玉藻云君衣狐白裘錦衣以裼之又曰錦衣狐裘諸侯之服也是裘之用皮狐貴於羔也乃赦之衛人立公孫剽剽穆公孫○剽匹妙反一音甫遙反字林父召反孫林父甯殖相之以聽命於諸侯聽盟會之命○相息亮反衛侯在郲臧紇如齊唁衛侯。與之言虐退而告其人曰衛侯其不得入矣其言糞土也亡而不變何以復國武仲不書未爲卿○唁魚變反徐作殆音唁弔失國曰唁糞方問反子展子鮮聞之見臧紇與之言道順道理臧孫說謂其人曰衛君必入夫二子者或輓之或推之欲無入得乎爲二十六年衛侯歸傳○輓音晚推如字又他回反○師歸自伐秦晉侯舍新軍禮也成國不過半天子之軍成國大國○舍音捨下及注同〔疏〕注成國大國○正義曰周禮大宗伯以九義之命正邦國之位五命賜則七命賜國鄭玄云則地未成國之名王之下大夫四命出封加一等五命賜之以方百里二百里三百里之地者方四百里以上爲成國如鄭之言成國者唯公與侯耳伯雖與侯同命地方三百里未得爲成國也成國乃得半天子之軍未成則不得也夏官序云大國三軍次國二軍小國一軍當以公侯爲大國伯爲次國子男爲小國也諸侯五等唯有三等之命伯之命數可以同於侯其軍則計地大小故伯國之軍不得同於侯也此據禮正法耳春秋之世鄭置六、卿未必不爲三軍周爲六軍諸侯之大者三軍可也於

是知朔生盈而死朔知罃之長子盈朔弟也盈生而朔死○知音智長丁丈反盈生六年而武子卒彘裘亦幼皆未可立也新軍無帥故舍之裘士魴子也十三年荀罃士魴卒其子皆幼未任爲卿故新軍無帥遂舍之○彘直例反帥所類反注同任音壬師曠侍於晉侯師曠晉樂大師子野晉侯曰衛人出其君不亦甚乎對曰或者其君實甚良君將賞善而刑淫養民如子蓋之如天容之如地民奉其君愛之如父母仰之如日月敬之如神明畏之如雷霆其可出乎夫君神之主也。民之望也若困民之主。匱神乏祀百姓絕望社稷無主將安用之弗去何爲天生民而立之君使司牧之勿使失性有君而爲之貳貳卿佐○出如字徐音黜仰本亦作卬音仰霆徒丁反又音挺本又作電匱其位反乏之祀本或作之祀誤也去起呂反使師保之勿使過度是故天子有公諸侯有卿卿置側室側室支子之官大夫有貳宗貳宗宗子之副貳者士有朋友庶人工商皁隸牧圉皆有親暱以相輔佐也善則賞之賞謂宣揚○暱女乙反〔疏〕注賞謂宣揚○正義曰賞者善善之名也但上之善下則賜之以財故遂以賞爲賜財之號此言天子以下皆有臣僕以輔佐其上而下之賞上不得奉以貨財唯當延其譽耳故知賞謂宣揚也過則匡之匡正也患則救之救其難也○難乃旦反失則革之革更也自王以下各有父兄子弟以補察其政補其愆過察其得失史爲書謂大史君舉則書〔疏〕

注謂大至則書。正義曰周禮有大史小史内史外史御史史官有五名知此史謂大史者以傳稱齊崔杼弑其君云大史書之知君舉則書皆大史書也。

瞽爲詩 瞽盲者爲詩以風刺。瞽音古盲莫庚反風芳鳳反

【疏】注瞽盲至風刺。正義曰周禮樂官大師之屬有瞽矇之職鄭玄云凡樂之歌必使瞽矇爲焉命其賢知者以爲大師小師鄭衆云無目眹謂之瞽有目眹而無見謂之矇無目是盲者也詩者民之所作采得民詩乃使瞽人爲歌以風刺非瞽人自爲詩也周語云天子聽政公卿至於列士獻詩瞽獻曲韋昭云公以下至上士各獻諷諫之詩瞽陳樂曲獻之於王是言瞽爲歌詩之事。

工誦箴諫。 工樂人也誦箴諫之辭。箴之林反

【疏】注工樂至之辭。正義曰儀禮通謂樂人爲工工亦瞽也詩辭自是箴諫而箴諫之辭或有非詩者如虞箴之類其文似詩而別且諫者萬端非獨詩箴而已詩必播之於樂餘或直誦其言與歌誦小別故使工瞽異文也周語云師箴瞍賦矇誦亦是因事而異文耳

大夫規誨 規正諫誨其君

【疏】注規正諫誨其君。正義曰規亦諫也鄭玄詩箋云規者正圓之器以恩親正君曰規然則物有不圓者規之使圓行有不周者正之使備猶規正物然故云規正諫誨其君也。

士傳言 士卑不得徑達聞君過失傳告大夫。傳直專反注同

庶人謗 庶人不與政聞君過則誹謗。與音預非如字本或作誹音亦同又甫味反

【疏】注庶人至誹謗。正義曰庶人卑賤不與政教聞君過失不得諫爭得在外誹謗之謗謂言其過失使在上聞之而自改亦是諫之類也。昭四年傳鄭人謗子產周語厲王虐國人謗王皆是言其實事謂之爲謗但傳聞之事有實有虛或有妄謗人者今世遂以謗爲誣類是俗易而意異也周語云庶人傳語是庶人亦得傳言以諫上也此有士傳言故別云庶人謗爲等差耳

商旅于市 旅陳也陳其貨物以示時所貴尚

【疏】注旅陳至貴尚。正義曰旅陳釋詁文也商旅于市謂商人見君政惡陳其不正之物以諫君也易云商旅不行旅亦是商此云陳者彼云商旅不行故以旅爲商此文連于市若以旅爲商且云商旅于市則文不成義故以旅爲陳也劉炫云王制言巡守之事云命市納賈以觀民之所好惡志淫好辟鄭玄云市典市者賈謂物貴賤厚薄也質則用物貴淫則侈物貴此亦彼類彼上觀民此民觀上商陳此物自爲求利并欲諫君但觀所陳則貴尚可見在上審而察之其過足以自改故亦爲諫類則齊屨踊之比是也

百工獻藝 獻其技藝以喻政事。技其綺反

【疏】百工獻藝。正義曰周禮考工記云審曲面勢以飭五材以辨民器謂之百工鄭玄云五材各有工言百衆言之也則工是巧人能用五材金木水火土者也此百事之工各自獻其藝能以其所能譬喻以事因獻所造之器取喻以諫上卽夏書所云工執藝事以諫是也

故夏書曰遒人以木鐸徇于路 逸書遒人行人之官也木鐸木舌金鈴徇於路求歌謠之言。遒在由反徐又在幽反又子由反鐸待洛反徇似俊反鈴力丁反

【疏】注逸書至之言。正義曰此在胤征之篇其本文云每歲孟春遒人以木鐸徇于路官師相規工執藝事以諫其或不共邦有常刑此傳引彼略去每歲孟春直引遒人以下乃以正月孟春結之殷勤以示歲首恒必然也孔安國云遒人宣令之官木鐸金鈴木舌所以振文教也周禮無遒人之官彼云其或不共邦有常刑是號令羣臣百工使之諫也木鐸徇路是號令之事孔言宣令之官杜必以爲行人之官者以其云徇於道路故以爲行人之官采訪詞謠者與孔宣令之官其事不異劉炫以爲杜不見古文以道人爲宣令之官徇路求諫而規杜氏不見古文誠如劉說然杜之所解於義自通苟生異見其義非也

官師相規 官師大夫自相規正。

【疏】注官師至規正。正義曰杜意謂師爲長故以官師爲大夫言大夫是羣官之長大夫自相規正案孔安國云官衆衆官也更相規闕其意以師爲衆杜必知官師是大夫者此云官師相規上云大夫規誨規文既同故以爲大夫尚書文無所對故孔云官衆衆官也

工執藝事以諫 所謂獻藝

正月孟春於是乎有之諫失常也 有遒人徇路之事

天之愛民甚矣豈其使一人肆於民上 肆放也

以從其淫而棄天地之性必不然矣 傳善師曠能因問盡言。從子用反本或作縱

。秋楚子爲庸浦之役故 在前年。爲于僞反

子囊師于棠以伐吳吳不出而還子囊殿 殿軍後。殿多練反

以吳爲不能而弗儆吳人自皋舟之隘要而擊之 皋舟吳險阸之道。儆音景隘於懈反要一遙反阸於賣反

楚人不能

相救吳人敗之獲楚公子宜穀傳言不備不可以師。王使劉定公賜齊侯命將昏於齊故也定公劉夏位賤以能而使之傳稱謚舉其終。曰昔伯舅大公右我先王股肱周室師保萬民世胙大師以表東海胙報也表顯也謂顯封東海以報大師之功。右音又胙才故反。疏師保萬民。正義曰師法也保安也言大公與民爲法而民得以安也尚書泰誓武王數紂之罪云放黜師保孔安國云可法以安者反放退之是謂良臣爲民之師保也。王室之不壞緊伯舅是賴緊發聲。壞如字服本作懷緊烏兮反。疏王室至是賴。正義曰服虔本壞作懷解云懷柔也緊蒙也賴恃也王室之不懷柔諸侯恃蒙齊桓之匡正也孫毓云案舊本及賈氏皆作壞杜雖不注當謂王室之不傾壞者唯伯舅大公是賴也上文不言桓公不得爲賴桓公也今余命女環環齊靈公名。女音汝環戶關反也茲率舅氏之典纂乃祖考無忝乃舊敬之哉無廢朕命纂繼也因昏而加褒顯傳言王室不能命有功。晉侯問衞故於中行獻子問衞逐君當討否獻子荀偃。對曰不如因而定之衞有君矣謂剽已立伐之未可以得志而勤諸侯史佚有言曰因重而撫之重不可移就撫安之○佚音逸仲虺有言曰亡者侮之亂者取之推亡固存國之道也仲虺湯左相。虺許鬼反侮亡浦反相息亮反疏仲虺至道也。正義曰尚書仲虺之誥云兼弱攻昧取亂侮亡推亡固存邦乃其昌孔安國云弱則兼之闇則攻之亂則取之有亡形則侮之有亡道則推而亡之有存道則輔而固之王者如此國乃昌盛此傳取彼之意而改爲之辭其言非本文也。君其定衞以待時乎待其昏亂之時乃伐之。冬會于戚謀定衞也定立剽。○范宣子假羽毛於齊而弗歸齊人始貳析羽爲旌王者游車之所建齊私有之因謂之羽毛宣子聞而借觀之。析星歷反疏注析羽至觀之。正義曰周禮司常掌九旗之物名全羽爲旞析羽爲旌道車載旞游車載旌鄭玄云全羽析羽皆五采繫之於旞旌之上所謂注旄於干首也凡九旗之帛皆用絳道車象路也王以朝夕燕出入游車木路也王以田以鄙是其析羽爲旌王者游車之所建也鄭玄唯言全羽析羽有五采耳猶不辯羽是何羽周禮有夏采之官鄭玄云夏采夏翟羽色禹貢徐州貢夏翟之羽有虞氏以爲緌後世或無故染鳥羽象而用之謂之夏采其職云掌大喪以乘車建緌復于四郊鄭玄云明堂位曰有虞氏之旂夏后氏之綏則旌旗有是綏者或以旄牛尾爲之綴於橦上所謂注旄於干首者釋文云注旄首曰旌李巡曰以旄牛尾著旌首者也孫炎曰析五采羽注旌上也下亦有旌繸據彼諸文言之則羽旌者有五色鳥羽又有旄牛尾也言全羽析羽者蓋有全取其翅或析取其翮故有全析二名也繫此鳥羽牛尾而於干首猶自別有絳爲旐縿縣之於干今之旗䎃尚然也此傳直言羽耳注不引全羽而以析羽解之者以全羽尊於析羽齊人建以赴會當是羽之賤者故以爲析羽不然則無以知之計羽毛所用其費無多晉人自應有之而此年范宣子假羽毛於齊定四年晉人假羽旄於鄭皆假之他國者或當制作巧異故聞而借觀之。楚子囊還自伐吳卒將死遺言謂子庚必城郢楚徙都郢未有城郭公子燮公子儀因築城爲亂事未得訖子囊欲訖而未暇故遺言見意。見賢遍反君子謂子囊忠君薨不忘增其名謂前年謚君爲共。將死不忘衞社稷可不謂忠乎忠民之望也詩曰行歸于周萬民所望忠也詩小雅忠信爲周言德行歸於忠信卽爲萬民所瞻望。行下孟反注同疏行歸于周。正義曰此詩小雅都人士之篇也。注云城郭之域曰都言都人之士所行要歸於忠信其餘萬民寡識者咸瞻望而法傚之

經十有五年春宋公使向戌來聘二月己亥及向戌盟于劉疏十五年及向戌盟于劉。正義曰荀庚孫良夫郤犨等來聘且尋盟皆直云及某盟不言地者由在國與之盟也此言盟于劉者出國與盟故書其盟地猶如晉侯與公出盟于長樗也釋例

劉地闕蓋魯城外之近地也○劉夏逆王后于齊劉采地夏名也天子卿書字劉夏非卿故書名天子無外所命則成故不言逆女〔疏〕注劉采至逆女○正義曰宣十年天王使王季子來聘傳稱劉康公來聘是王季子食采於劉遂爲劉氏此劉夏當是康公之子即前年傳稱劉定公是也釋例曰天子公卿書爵此言天子卿書字又云劉夏非卿其實非大夫而云非卿者以名相配以劉夏非卿稱名故云天子卿書字以決之傳稱卿不行故云劉夏非卿以對之皆望經傳爲義也或以爲無爵卿書字杜何意於此獨舉無爵之卿也諸侯之娶言逆女此與桓八年皆言逆王后者天子無外所命則已成后矣故不言逆女也劉炫云例云天子公卿書爵此言卿書字者以其有爵則書爵無則書字傳稱官師即此劉夏釋例以夏爲士則夏此時似未有爵若夏是卿當書字傳言卿不行非禮則此禮本當使卿故以卿決之卿當書字夏非卿故書名例稱天子大夫書字但此禮不使大夫故不以大夫決之○夏齊侯伐我北鄙圍成公救成至遇無傳遇魯地書至遇公畏齊不敢至成○季孫宿叔孫豹帥師城成郛備齊故夏城非例所譏

○秋八月丁巳日有食之無傳八月無丁巳丁巳七月一日也日月必有誤○邾人伐我南鄙○冬十有一月癸亥晉侯周卒四同盟〔疏〕注四同盟○正義曰周以成十八年即位其年盟于虛朾襄三年于雞澤五年于戚九年于戲十一年于亳城北凡五同盟言四者唯數襄公盟也

傳十五年春宋向戌來聘且尋盟報二年豹之聘尋十一年亳之盟見孟獻子尤其室尤責過也曰子有令聞而美其室非所望也對曰我在晉吾兄爲之毀之重勞且不敢閒傳言獻子友于兄且不隱其實閒音問重直用反閒閒廁之閒○〔疏〕傳注傳言至其實○正義曰閒非也不敢非兄是友于兄也不隱其實者謂恕情實言無無所隱諱也故云不隱其實也○官師從單靖公逆王后于齊卿不行非禮也官師劉夏也天子官師非卿也劉夏獨過魯告昏故不書單靖公天子不親昏使上卿逆而公監之故曰卿不行非禮○過古禾反監工銜反〔疏〕注官師至非禮○正義曰祭法云官師一廟鄭玄云官師中士下士也釋例云元士中士稱名劉夏石尚是也下士稱人公會王人于洮是也是天子之官師非卿故劉夏從單靖公而譏卿不行也桓八年祭公來遂逆王后于紀經書祭公此云官師從單靖公唯書劉夏知劉夏獨過魯告昏靖公不至魯也祭公言來遂逆此劉夏不言來遂逆者彼祭公命魯主昏則是因來遂逆此不命魯主昏直過魯告耳故不言來遂也公羊穀梁亦皆直云過我也此公既行矣雖譏卿之不行不譏王不親逆是知於禮天子不親昏使上卿逆而公臨之故雖言卿不行非禮也釋例據此傳知天子當使公卿天子不親逆也○楚公子午爲令尹代子囊○公子罷戎爲右尹蔿子馮爲大司馬子馮叔敖從子○罷音皮又戸買反蔿于委反馮皮冰反從才用反〔疏〕注子馮叔敖從子○正義曰案世本蔿艾獵是孫叔敖之兄馮是艾獵之子則馮是叔敖兄之子也杜集解及釋例皆以蔿艾獵叔敖爲一人馮是叔敖之子世本轉寫多誤杜當考得其眞

公子櫜師爲右司馬公子成爲左司馬屈到爲莫敖屈到屈蕩子○櫜音託成音城屈居勿反公子追舒爲箴尹追舒莊王子子南○箴之林反屈蕩爲連尹養由基爲宮廄尹以靖國人君子謂楚於是乎能官人官人國之急也能官人則民無覦心無覬覦以求幸○廄徐音救覦羊朱反徐音喻覬音冀○〔疏〕屈蕩爲連尹○正義曰服虔云連尹射官言射相連屬也若是主射當使養由基爲之何以使由基爲宮廄尹棄能不用豈得爲能官人也官名臨時所作莫敖之徒並不可解故杜皆不解之詩云嗟我懷人寘彼周行能官人也詩周南也寘置也行列也周偏也詩人嗟嘆言我思得賢人置之偏於列位是后妃之志以官人爲急○寘之豉反下同行戸郎反注及下同偏音遍下同〔疏〕注詩周至爲急○正義曰周南卷耳之篇也序云后妃之志又當輔佐君子求賢審官故詩人述其意后妃嗟

冀言我思得賢人置之使徧於列位是后妃之志以官人爲急故嗟嘆思之王及公侯伯子男甸采衛大夫各居其列所謂周行也言自王以下諸侯大夫各任其職則是詩人周行之志也甸采衛五服之名也天子所居千里曰圻其外曰侯服次曰甸服次曰男服次曰采服次曰衛服五百里爲一服不言侯男略舉也○任音壬圻音祈〔疏〕王及至行也○正義曰后妃之志志在輔王求賢置之於公卿以下之位耳非欲更別求賢置之於王位也但公卿以下尚欲使之皆賢豈欲王之不賢乎雖不欲他賢代王而欲所王行益賢也以周訓爲徧言徧在列位故自王以下及六服之內大夫以上皆言之各以賢能居其列位是詩人所謂周行者也計后妃之意亦下及士但傳以士卑故指言大夫耳詩傳以周行謂周之列位此注云周徧者斷章爲義與詩說不同也此云能官人者謂能官用賢人爲公侯以下王則天之所命非人所用兼言王者王居天位脩行善政則是爲能官人故杜云自王以下各任其職○鄭尉氏司氏之亂其餘盜在宋亂在十年鄭人以子西伯有子產之故納賂于宋三子之父皆爲尉氏所殺故以馬四十乘百六十匹○乘繩證反下千乘同與師茷師慧樂師也茷慧其名○茷扶廢反徐音伐三月公孫黑爲質焉公孫黑子晳○質音致晳星歷反司城子罕以堵女父尉翩司齊與之良司臣而逸之賢而放之○女音汝託諸季武子武子寘諸卞子罕以司臣託季氏○卞皮彥反鄭人醢之三人也三人堵女父尉翩司齊○〔疏〕鄭人醢之三人○正義曰以文承司臣之下嫌其亦醢司臣故言之三人師慧過宋朝將私焉私小便其相曰朝也相師者○相息亮反注及下同慧曰無人焉相曰朝也何故無人慧曰必無人焉若猶有人豈其以千乘之相易淫樂之矇必無人焉故也千乘相謂子產等也

言不爲子產殺三盜得賂而歸之是重淫樂而輕國相○易以豉反輕也矇音蒙爲子僞反下文爲之攻之同子罕聞之固請而歸之言子罕能改過○夏齊侯圍成貳於晉故也不畏霸主故敢伐魯於是乎城成郛郛郭也○秋邾人伐我南鄙亦貳於晉故使告于晉晉將爲會以討邾莒十二年十四年莒人伐魯未之討也晉侯有疾乃止冬晉悼公卒遂不克會爲明年會溴梁傳○溴古歷反○鄭公孫夏如晉奔喪子蟜送葬夏子西也言諸侯畏晉故卿共葬○共音恭○宋人或得玉獻諸子罕子罕弗受獻玉者曰以示玉人玉人能治玉者玉人以爲寶也故敢獻之子罕曰我以不貪爲寶爾以玉爲寶若以與我皆喪寶也不若人有其寶〔疏〕不若有其寶○正義曰我得不貪女得其玉是我女二人各有其寶稽首而告曰小人懷璧不可以越鄉言必爲盜所害○喪息浪反納此以請死也請免死子罕寘諸其里使玉人爲之攻之攻治也富而後使復其所賣玉得富○十二月鄭人奪堵狗之妻而歸諸范氏堵狗堵女父之族狗娶於晉范氏鄭人既誅女父畏狗因范氏而作亂故奪其妻歸范氏先絕之傳言鄭之有謀○堵音者狗本或作苟娶七住反

附釋音春秋左傳注疏卷第三十二

春秋左傳注疏卷三十二挍勘記　阮元撰盧宣旬摘録

附釋音春秋左傳注疏卷第三十二　襄十三年盡十五年春秋正義卷第二十二

經十三年

傳十三年

桓二年傳曰　淳熙本桓作相避所諱

有功成策勳　宋本成作則案儀禮經傳通解引亦作則

注魯師至言之　宋本以下正義四節揔入弗地曰入注下

師是衆人揔名　宋本人下有之字是也

或用小師　閩本監本毛本小作少

與滅亦同　毛本同作名非也

昔臣習於知伯　纂圖本毛本知作智非

以從於下軍　石經以從於下四字是改刻疑初刻脫一字

晉侯至禮也　宋本以下正義三節揔入恒必由之注下

欒黶爲汰　石經宋本汰作汏是也與葉抄釋文合

言文王之法善也　毛本之作用

小人農力以事其上　石經初刻作展力後改農陳樹華云魏了翁讀書襍抄曰農力乃農用八政之農厚是也按古文鴻範農用八政鄭云農讀曰醲

獲保首領以殁於地　釋文亦作殁音没石經宋本岳本足利本作没案傳文前後多作没

注窀厚至葬埋　宋本以下正義二節揔入大夫從之注下

窀厚也　宋本窀作屯與晉語合

從月半見　宋本見作是非也

夜字從夕　宋本夜作夛是也

禮三年之喪畢　宋本無之字

則以遷新主入廟　宋本則以二字作逮祖遞三字各本作主此本誤十今訂正

是從先君之近也　宋本作謂與見在生者爲禰廟

赫赫楚國　石經楚字改刊

則致罪也　陸粲附注云罪字誤當作亂字

詩小雅南山之篇　宋本雅下有節字

注土功至爲時　宋本此節正義在禮也句下

水昬正而栽　水昬正而四字此本實缺據宋本補閩本監本毛本栽作裁非也

故以此時與土功　以此時與四字此本實缺據宋本補閩本監本毛本以此時與作得用力於非也

當在火見致用之前此歲農收差早　之前此歲四字此本實缺據宋本補閩本監本毛本此歲誤作當時此本農作震亦非

故云土功雖有常節通以事閒爲時　有常節通四字此本實缺據宋本閩本監本毛本補

言時節未是時　此本是字實缺據宋本閩本監本毛本補

故言書事時也釋例曰　事時也釋四字此本實缺據宋本閩本監本毛本補閩監毛釋誤經

書事時也言與作出火　時也言與四字此本實缺據宋本補閩本監本毛本言與作此

字非也

於是將早城　諸本作早此本誤早今訂正

征謂巡守征行　各本作守釋文云下同本又作狩

注先征至征行　此本注上脫疏字宋本以下正義五節揔入楚人歸之句下

而卜其吉凶也者以謂征前五年而預卜之也　也者以三字宋本無此本作墨釘之也上卜字誤小依宋本閩本監本毛本改正

先王之行謹慎而卜必是禮之大者　慎而卜必是五字此本實缺據宋本補閩本監本毛本慎而卜必作敬之至況非也

征謂巡守也征行釋言文也　也征行釋言五字此本實缺據宋本補閩本監本毛本脫上也字釋言誤作之禮

案尚書舜典云五載一巡守　典云五載一五字此本實缺據宋本補閩本監本毛本典誤時脫云字

堯又可知周禮大行人云　周禮大行人五字此本實缺據宋本補閩本監本毛本知下衍矣字禮大行人誤作官又

天子五年一巡守鄭元云　巡守鄭元四字此本實缺據宋本補閩本監本毛本鄭元二字誤傳字

虞夏之制也周則十二歲一巡守　制也周則十五字此本實缺據宋本補閩本監本毛本脫也字

一巡守然則卜征五年　巡守然則卜五字此本實缺據宋本補閩本監本毛本然則作是字非也

蓋重古而言之　蓋重古而言五字此本及閩本實缺依宋本監本毛本補

周十二年一巡守法歲星行天一周也　守法歲星行五字此本實缺據宋本補閩本監本毛本法誤者脫行字

虞夏五年一巡守取五行遞王而徧也　年一巡守取五字此本實缺據宋本補閩本監本毛本守誤者王誤主脫取字

而歲習其祥祥習則行　鄭注禮記表記周禮大卜正義引傳習作襲案習古文襲字

五年五卜　此本下五字實缺據宋本岳本足利本補淳熙本作王纂圖本閩本監本毛本作習亦非

祥善也歲因其善謂去年吉　也歲因其善五字此本實缺據宋本補閩本監本毛本脫因字歲作習善作祥並非

謂五年五吉善善相因　善善相因四字此本實缺據宋本補閩本監本毛本善善相因作歲歲因襲非也

而得五年五卜者卜不習吉　年五卜者卜五字此本實缺據宋本補閩本監本毛本五卜誤吉字下卜字誤彼

謂不可一時再卜耳此則每年一卜　再卜耳此則五字此本實缺據宋本補閩本監本毛本再卜誤重吉脫耳字

不習則增脩德而改卜　石經脩字下後人旁增其字非唐刻也毛本脩作修

不習謂卜不吉　習字此本空闕據各本補

其善不因往年　善不因往年五字此本實缺據宋本補閩本監本毛本善作曰因往作習者並誤年字亦脫

脩德改卜更以卜吉爲始　卜更以卜吉五字此本實缺據宋本補閩本監本毛本上

卜字誤行脫更字卜吉誤六年

不能脩德與晉競　不字與字此本實缺能誤龍據宋本淳熙本岳本閩本監本補正纂圖本毛本脩作修

貴者多則勢相偪　毛本貴誤責

位不偪則大臣和睦　位不偪則四字此本實缺據宋本補閩本監本毛本脫位字

以牢固事於晉　以牢固事四字此本實缺據宋本補閩本監本毛本牢固二字誤作堅

使歸至愈乎　使字此本實缺據各本補

其意欲得楚執良霄　得字此本實缺據宋本補閩本監本毛本作使

經十四年

十四年注叔老至鄭地　宋本無十四年三字

故諸失國者　閩本監本毛本諸下有侯字宋本同脫失字

傳十四年

故比年伐魯　宋本比作此字按此字非是十年秋莒人伐我東鄙十二年春莒人伐我東鄙圍台十四年夏莒人侵我東鄙故曰比年伐魯

四嶽之後皆姓姜　宋本淳熙本岳本足利本姓姜作姜姓是也

傳注四嶽至敦煌　宋本無傳字以下正義五節揔入而益敬其使注下

被苫蓋蒙荆棘　宋本此節正義在蓋苫之別名條前

蓋言語漏洩　淳熙本洩作泄是也李善注文選贈文叔良詩任彦昇奏彈曹景宗引作漏渫

秦本實其土地而遷也　宋本實下有貪字也上有之字閩本監本毛本脫實字

裔遠也　岳本脫也字

狐貍所居狸　岳本依釋文作狸案說文無狸字陸氏云本又作

無中二也　纂圖本毛本中作有非也

取其愷悌君子　釋文愷作凱下及注同案下文石經及各本並作愷淳熙本作愷謬

齊子叔老字也　顧炎武云齊子叔老謚也注作字蓋傳寫之誤

曹君公子負芻也　毛本君誤召

詩邶至必濟　宋本以下正義三節揔入爲之請於晉而復之注下

縣帶以上爲厲　閩本監本上作止非也

左史晉大夫　宋本岳本足利本夫作史

故曰吾帥　淳熙本帥作師非也

吾今實過　宋本岳本監本足利本今作令與石經合

士鞅反　顧炎武云石經反誤及案石經此處刓缺所據乃王堯惠刻也

欒黶汰侈　宋本汰作汏淳熙本作去

秦伯問於士鞅曰　淳熙本問誤門

召公奭聽訟於甘棠之下　宋本足利本訟下有舍字淳熙本甘誤世

勑戒至宴食　宋本以下正義十二節揔入欲無入得乎注下

明皮冠是田獵之冠也　毛本明作昭非也

王見之去皮冠　案昭十二年傳作去冠被

所以怒也　毛本怒誤忘

公如鄄　閩本監本如作于非也

使子行於孫子　石經子行二字改刊此行只九字初刻尚有一字山井鼎云足利本後人記云子行下異

本有請字然則石經刊去之字即請字也

敗公徒于河澤　石經宋本淳熙本岳本纂圖本監本毛本河作河不誤案水經河水注引傳作柯澤

射爲禮乎　石經爲字改刊釋文云或一讀射而禮乎疑石經爲字初刻乃而字也

孟子辯士之說　閩本監本毛本辯作辨

輈車軶下曲者　宋本無車字與今說文同

告宗廟　宋本淳熙本岳本足利本廟下有也字

公使厚成叔弔于衞　釋文厚本或作郈弔于衞本或作弔于衞侯侯衍字也宋李注文選嵇康哀憤詩引作郈成叔惠棟云呂氏春秋有郈成子與右宰穀同時以傳考之即厚成叔也厚與郈通世本作厚外傳作郈禮記作后左氏或作厚或作郈字異而實同

余狐裘而羔袖　石經余下後人旁增猶字非也

臧紇如齊唁衞侯　釋文云唁徐作殰字按殰字古書少有

與之言　淳熙本岳本與之上有衞侯二字與石經合

注成國大國　宋本此節正義在故舍之注下

賜之以方百里二百里三百里之地者方四百里以上爲成國　按此與今周禮注不同而不可據改

敬之如神明　石經初刻作明神改刻神明

夫君神之主也民之望也　宋本淳熙本岳本上也字作而與石經合

若困民之主匱神乏祀　釋文亦作乏云本或作之祀誤也沈形云主當作生乏當作之按國語亦有比文

注賞謂宣揚　宋本以下正義十節揔入必不然矣注下

各有父兄子弟　淳熙本兄子二字誤倒

無目眹謂之瞽　宋本眹作眹下文同按眹乃俗字說文有眹無眹眹之言縫也

是言瞽爲歌詩之事　宋本事下有也字

以歌誦小別　閩本監本毛本以作與

以恩親正君曰規　此本恩字模糊依宋本正德本閩本改正監本毛本恩親作愚見非也

聞君過則誹謗　宋本足利本則作得陳樹華云玩正義中聞君過失不得諫爭得在外誹謗之之文則諸本作則者非也釋文誹作非云本或作誹

昭四年　閩本監本毛本昭上誤增○

遒人以木鐸徇于路　淳熙本于作於與石經合釋文亦作於注內徇於路於字纂圖本監本毛本作于非閩本監本毛本徇作狥亦誤正義及下注同

木舌金鈴　釋文鈴下有也字

天之愛民甚矣　淳熙本天誤夫

殿軍後　纂圖本監本毛本軍後互倒

右我先王　詩伐木正義引作佐我先王

師保萬民　宋本以下正義二節揔入無廢朕命注下

王室之不壞　釋文云服本壞作懷

無忝乃舊　纂圖本監本毛本舊作舅非也

仲虺至道也　宋本以下正義二節揔入齊人始貳注下

有亡形則侮之　宋作形與譌孔傳合毛本形作刑非也

假羽毛於齊而弗歸　案毛乃旄之誤當改正注同經典旄誤爲毛者不止此一處也

王者游車之所建　宋本孟子梁惠王疏引注文作斿車

游車載旌　宋本周禮游作斿

所謂注旄於干首也　閩本監本旄作毛非也

則旌旗有是綏者　毛本綏作緌非也段玉裁周禮漢讀考云是綏乃徒綏之誤

綴於幢上　宋本幢作橦是也

所謂注旄於干首者　閩本監本旄作旌非毛本干誤于

釋天云　閩本監本毛本天誤文

子囊欲訖而未暇　淳熙本暇作假非也

言德行歸於忠信　纂圖本監本毛本於作于

〇注云城郭之域曰都　宋本毛本無〇是也浦鏜正誤云注當作箋是也

經十五年

十五年及向戌盟于劉　宋本無十五年三字以下正義一節摠入夏逆王后于齊注下

皆望經傳為義也　閩本監本毛本傳下衍以字

傳十五年

尤責過也　纂圖本毛本責誤貴

無所隱諱也　宋本無也字

劉夏右尚是也　宋本閩本監本毛本右作石

此公既行矣　閩本監本既作就非

子馮叔敖從子　宋本以下正義四節摠入所謂周行也注下

杜集解及釋例　毛本解作云非也

詩人嗟嘆　宋本淳熙本岳本嘆作歎

甸采衞五服之名也　纂圖本閩本監本毛本脫也字

詩注以周行　浦鏜云注當作傳是也

三月公孫黑為質焉　宋本三作二

公孫黑子晳　纂圖本閩本監本毛本晳誤皙後同

三人堵女父尉翩司齊　毛本堵誤者山井鼎云當作堵

鄭人醢之三人　宋本此節正義在子罕聞之節注下

故言之三人　宋本無之字

豈其以千乘之相　宋本作豈以其誤

是重淫樂而輕相國　宋本足利本相國作國相是也

為明年會溴梁傳　宋本淳熙本岳本纂圖本溴作湨

不若有其寶　宋本若下有人字是也此節正義在富而

是我女二人各有其寶　宋本女上有與字

鄭人既誅女父　淳熙本誅誤詵

附釋音春秋左傳注疏卷第三十二止

春秋左傳注疏卷三十二挍勘記

附釋音春秋左傳注疏卷第三十三 襄十六年盡十八年

杜氏注　孔穎達疏

經十有六年春王正月葬晉悼公踰月而葬速也〔疏〕十六年注踰月而葬速○正義曰四年七月夫人姒氏薨八月葬我小君定姒纔踰月耳杜云踰月而葬速也今晉悼往年十一月卒此年正月葬積三月也杜亦云踰月而葬者踰越也所越有多有少俱是踰越之義故杜弘通兩解之○

三月公會晉侯宋公衛侯鄭伯曹伯莒子邾子薛伯杞伯小邾子于溴梁不書高厚逃歸故也溴水出河內軹縣東南至溫入河○溴古闃反徐公壁反軹之氏反韋昭音枳〔疏〕注不書至故也○正義曰傳於會溴梁之下晉侯與諸侯宴乃言高厚逃歸則高厚會訖乃逃也於會不書齊者以高厚逃歸晉人怒之諸侯卽有伐齊之志不與高厚得爲來會公歸告廟歷告所會不告高厚故不書也

戊寅大夫盟諸大夫本欲盟高厚高厚逃歸故遂自共盟雞澤會重序諸侯今此間無異事卽上諸侯大夫可知○重直用反〔疏〕注諸大至可知○正義曰公羊以爲溴梁之盟君若贅旒然穀梁云不曰諸侯之大夫大夫不臣也皆以爲此時諸侯微弱權在大夫諸侯皆在而大夫自盟政教約信在於大夫其事不由君也不曰諸侯之大夫者刺大夫不臣也賈服取以爲說言惡大夫專而君失權也案傳荀偃怒使諸侯大夫盟高厚以君臣不敵故使大夫盟之君使之盟非自專也以齊人既有二心高厚歌詩不類知小國必有從齊者也諸侯大夫本意欲盟高厚高厚雖已逃歸仍恐餘國有二故大夫遂自共盟使同會之國皆一其志也雞澤之會又隔袁僑如會故重言諸侯之大夫今此間無異事直言大夫卽是上會諸侯之大夫不言諸侯以可知故也○

晉人執莒子邾子以歸邾莒二國數侵魯又無道於其民故稱人以執不以歸京師非禮也○數所角反〔疏〕注邾莒至禮也○正義曰十二年莒人伐我東鄙十四年莒人侵我東鄙十五年邾人伐我南鄙是邾莒二國數侵伐魯也凡例云君不道於其民則稱人以執知此二國君又皆無道於民故稱人以執之也諸侯不得相治故成十五年晉侯執曹伯僖二十八年晉人執衛侯皆書歸于京師此言以歸乃是自歸晉國故非禮也

○齊侯伐我北鄙無傳齊貳晉故○夏公至自會無傳○

五月甲子地震無傳○叔老會鄭伯晉荀偃衛甯殖宋人伐許荀偃主兵當序鄭上方示叔老可以會鄭伯故荀偃在下〔疏〕注荀偃至在下○正義曰春秋之例征伐則主兵者爲先雖大夫爲將諸侯從之亦以主兵爲先僖二十七年楚人陳侯蔡侯鄭伯許男圍宋取其事也但禮卿不會公侯會伯子男可也方示叔老可以會鄭伯故退荀偃於下所以特見此義故發傳云爲夷故也宋大於衛稱人而在衛下宋使大夫爲將故也○

秋齊侯伐我北鄙圍郕○郕音成○大雩無傳書過○冬叔孫豹如晉

傳十六年春葬晉悼公平公卽位○平公悼公子彪彪彼蚪反○

羊舌肸爲傅肸叔向也代士渥濁○肸許乙反向許丈反〔疏〕傳羊舌肸爲傅○正義曰成十八年傳士渥濁爲大傅此代士渥濁亦當爲大傅也○宣十六年士會將中軍且爲大傅注云大傅孤卿彼以中軍

之將兼之故知是孤卿也士渥濁以大夫居之今此復代渥濁亦是大夫也昭五年傳楚子稱叔向爲上大夫明此以上大夫爲傅也諸侯之有孤卿猶天子之有三公無人則闕故隨其本官高下而兼攝之也而衛冀隆不達此意以士渥濁叔何等皆爲卿故爲大傅若是大夫何得居孤卿之任妄以難杜於義非也○

張君臣爲中軍司馬張老子代其父祁奚韓襄欒盈士鞅爲公族大夫祁奚去中軍尉爲公族大夫去劇職就閒官韓襄無忌子也○閒音閑也虞丘書爲乘馬御代程鄭○乘繩證反改服脩官烝于曲沃既葬改喪服脩官選賢能曲沃晉祖廟烝冬祭也諸侯五月而葬既葬卒哭作主然後烝嘗於廟今晉踰月葬作主而烝祭傳言晉將有溴梁之會故速葬○烝之承反

警守而下會于溴梁順河東行故曰下○警居領反守手又反

命歸侵田諸侯相侵取之田○以我故執邾宣公莒犁比公犁比莒子號也十二年十四年莒人侵魯前年邾人伐魯晉將爲魯討之悼公卒不克會故平公終其事

○犂徐力私反一音力兮反此音眦注同爲于僞反下文爲夷同且曰通齊楚之使郲莒在齊楚往來道中故并以此責之經書執在大夫盟下既盟而後告○使所吏反晉侯與諸侯宴于温使諸大夫舞曰歌詩必類歌古詩當使各從義類○齊高厚之詩不類齊有二心故○〔疏〕注齊有二心故○正義曰歌古詩各從其恩好之義類高厚所歌之詩獨不取恩好之義類故云齊有二心劉炫云歌詩不類知有二心者不服晉故違其令違其令是有二心也荀偃怒且曰諸侯有異志矣使諸大夫盟高厚高厚逃歸齊爲大國高厚若此知小國必當有從者〔疏〕注齊爲至從者○正義曰荀偃不言齊有異志而云諸侯有異志故解之以高厚若此故知小國必當有從者摠疑諸侯有異志不獨疑齊故高厚雖逃猶自諸國共盟也於是叔孫豹晉荀偃宋向戌衛甯殖鄭公孫蠆小邾之大夫盟曰同討不庭

自曹以下大夫不書故傳舉小邾以包之○向舒亮反戌音恤蠆勑邁反○許男請遷于晉許欲叛楚諸侯遂遷許許大夫不可晉人歸諸侯唯以其師討許之不肯遷鄭子蟜聞將伐許遂相鄭伯以從諸侯之師鄭與許有宿怨故其君親行○蟜居表反相息亮反穆叔從公從公歸○從才用反又如字注同齊子帥師會晉荀偃書曰會鄭伯爲夷故也夷平也春秋於魯事所記不與外事同者客主之言所以爲文固當異也魯卿每會公侯春秋無譏故於此示例不先書主兵之荀偃而書後至之鄭伯時皆諸侯大夫義取皆平故得會鄭伯○〔疏〕注夷平至鄭伯○正義曰春秋於魯事所記不與外事同者於外則依實而言於魯則言不以實不實者魯國大小是宋衛之匹其常會序列當在宋下衛上及其書策皆云公會某侯雖會霸主亦魯在其上大夫出會魯亦在先如此者客主之言所以爲文其言固當有異耳以主客之故先魯而後他國魯非實在先也傳稱在禮卿不會公侯而魯卿每會公侯春秋無譏文元

年公孫敖會晉侯于戚是也杜云體例已舉據用魯史成文是春秋無譏既常不譏無以示可否之義故於此變文以示例特言書曰是仲尼新意舊史當書荀偃在前今仲尼改之不先書主兵之荀偃而書後至之鄭伯以當時共伐許者皆是諸侯之大夫義取與鄭伯尊卑皆平得會鄭伯故也言後至之鄭伯者三月會于溴梁夏公至自會則鄭伯亦已歸矣五月之下始書伐許鄭伯聞將伐許乃從諸侯之師是諸侯謀伐已定鄭伯始來從之故杜言後至也夏六月次于棫林庚寅伐許次于函氏棫林函氏皆許地○棫爲逼反徐于月反函音咸○晉荀偃欒黶帥師伐楚以報宋揚梁之役晉師獨進揚梁役在十二年○黶其斬反楚公子格帥師及晉師戰于湛阪襄城昆陽縣北有湛水東入汝○格古核反湛直林反徐又丈林反一音直斬反阪音反徐或扶板反楚師敗績晉師遂侵方城之外不書不告復伐許而還許未遷故○復扶又反○秋齊侯圍郕郕魯孟氏

邑貳晉故伐魯孟孺子速徼之孟獻子之子莊子速也徼要也○孺本作孺如住反速本亦作遫音同徼古堯反要一遥反齊侯曰是好勇去之以爲之名速遂塞海陘而還海陘魯隘道○好呼報反陘音刑徐古定反隘於懈反○冬穆叔如晉聘且言齊故言齊再伐魯晉人曰以寡君之未禘祀禘祀三年喪畢之吉祭○禘大計反〔疏〕注禘祀至吉祭○正義曰僖三十三年傳云凡君薨卒哭而祔祔而作主特祀於主烝嘗禘於廟如彼傳文則既祔之後可以爲烝嘗也閔二年五月吉禘于莊公以其時未可吉書吉以譏之此年正月晉已烝于曲沃仍云未得禘祀知其禘祀是三年喪畢之吉祭也與民之未息新伐許及楚不然不敢忘穆叔曰以齊人之朝夕釋憾於敝邑之地是以大請敝邑之急朝不及夕引領西望曰庶幾乎庶幾晉來救○朝夕如字下同憾本

亦作感戶暗反比執事之間恐無及也見中行獻子賦圻父圻父詩小雅周司馬掌封畿之兵甲故謂之圻父詩人責圻父爲王爪牙不脩其職使百姓受困苦之憂而無所止居○比必利反間音閑行戶郎反圻其依反父音甫注同〔疏〕圻父○正義曰此詩小雅篇刺宣王也云圻父予王之爪牙胡轉予于恤靡所止居注云宣王之末司馬職廢此勇力之士責司馬云我乃王之爪牙之士當爲王閑守之衛女何移我於憂使我無所止居乎謂見使從軍與姜戎戰于千畝而敗之時也獻子曰偃知罪矣敢不從執事以同恤社稷而使魯及此及此憂見范宣子賦鴻鴈之卒章鴻鴈詩小雅卒章曰鴻鴈于飛哀鳴嗸嗸唯此哲人謂我劬勞言魯憂困嗸嗸然若鴻鴈之失所大曰鴻小曰鴈○嗸五刀反劬求于反宣子曰匄在此敢使魯無鳩乎鳩集也○匄古害反鳩居牛反〔疏〕注鳩集也○正義曰釋詁云鳩聚也聚亦集之義國有兵寇則民人不得集聚也

經十有七年春王二月庚午邾子牼卒無傳宣公也四同盟○牼苦耕反又戶耕反〔疏〕十七年注宣公也四同盟○正義曰經不書葬故詳言其謚牼以成十八年即位其年盟于虛朾襄三年于雞澤五年于戚九年于戲十一年于亳城北十六年于溴梁皆魯邾俱在凡六同盟沈氏云去虛朾之盟又不數溴梁故爲四劉炫以爲杜氏誤非也○宋人伐陳○夏衞石買帥師伐曹買石稷子○秋齊侯伐我北鄙圍桃○高厚帥師伐我北鄙圍防弁縣東南有桃虛○虛起居反○九月大雩無傳書過○宋華臣出奔陳暴亂宗室懼而出奔實以冬出書秋者以始作亂時來告○華戶化反〔疏〕注暴亂至來告○正義曰傳說此事文在冬不知其實以冬出經書在秋故知追以秋告實冬出而告以秋明以華臣始作亂時來告也但傳因華臣之出本其懼罪之由故於冬之下追言華閱卒耳其實華閱之卒或在九月之前華臣弱其室殺其宰不在九月內耳○冬邾人伐我南鄙

傳十七年春宋莊朝伐陳獲司徒卬卑宋也司徒卬陳大夫卑宋不設備○朝如字凡人名字皆放此卬五郎反注同○衞孫蒯田于曹隧越竟而獵孫蒯林父之子。蒯苦怪反隧音遂竟音境飲馬于重丘重丘曹邑○飲於鴆反重直龍反○毀其瓶重丘人閉門而詢之詢罵也○瓶步經反詢呼豆反罵馬嫁反曰親逐而君爾父爲厲厲惡鬼林父逐君在十四年○〔疏〕傳親逐至爲厲○正義曰蒯與其父共逐其君則是身親爲惡故言親逐而君爾父爲厲者父爲惡首故以惡鬼厲之○是之不憂而何以田爲夏衞石買孫蒯伐曹取重丘孫蒯不書非卿〔疏〕注孫蒯不書非卿○正義曰經書他國征伐例書元帥而已此經已書石買縱蒯是卿亦不書杜爲此注者蘇氏云孫氏世爲上卿蒯若是上卿應書蒯不書石買故云非卿也或可事由孫蒯故決之曹人愬于晉爲明年晉人執石買傳○愬悉路反齊人以

其未得志于我故前年圍成辟孟孺子秋齊侯伐我北鄙圍桃高厚圍臧紇于防防臧紇邑紇恨發反○師自陽關逆臧孫至于旅松陽關在泰山鉅平縣東旅松近防地也魯師畏齊不敢至防○近附近之近下居近同○郰叔紇臧疇臧賈帥甲三百宵犯齊師送之而復郰叔紇叔梁紇臧疇臧賈臧紇之昆弟也三子與臧紇共在防故夜送臧紇於旅松而復還守防○郰側留反復還扶又反○齊師去之失臧紇故齊人獲臧堅堅臧紇之族○齊侯使夙沙衞唁之且曰無死使無自殺○唁音彥堅稽首曰拜命之辱抑君賜不終姑又使其刑臣禮於士以杙抉其傷而死言使賤人來唁已是惠賜不終也夙沙衞奄人故謂之刑臣○杙羊職反抉烏穴反徐又古穴反傷如字一本作瘍音羊〔疏〕君賜不終

正義曰：來唁是君之恩賜，使賤者唁，是爲惠不終也。服虔云：言君義已，故來唁之，是惠賜也。謂已無死，不以義望已，是不終也。○冬，邾人伐我南鄙，爲齊故也。齊未得志於魯，故邾助之。○爲于僞反。○宋華閱卒。華臣弱皋比之室，臣，閱之弟。皋比，閱之子。弱，侵易之。○比音毗。易以豉反。使賊殺其宰華吳。賊六人以鈹殺諸盧門合左師之後。盧門，宋城門。合，向戌邑。後，屋後。○鈹普皮反。左師懼曰：老夫無罪。賊曰：皋比私有討於吳。遂幽其妻，幽吳妻也。曰：畀余而大璧。畀，與也。○畀必利反，注同。宋公聞之，曰：臣也不唯其宗室是暴，大亂宋國之政，必逐之。左師曰：臣也，亦卿也。大臣不順，國之恥也。不如蓋之。乃舍之。左師爲已短策，苟過華臣之

門，必騁。惡之。○騁勑領反。惡烏路反，年末注同。【疏】注不如蓋之。○正義曰：服虔云：蓋，覆蓋之言。左師無鷹鸇之志，而蓋不義之人，故九之。此未必然，正是左師諱國惡，恥鬬於外，故蓋之耳，非是畏華臣也。○爲已短策。○正義曰：服虔云：策，馬捶也。自爲短策，過華臣之門，助御者擊馬而馳，惡之甚也。必爲短策者，私助御者，不欲使人知也。十一月甲午，國人逐瘈狗，瘈狗入於華臣氏，國人從之。華臣懼，遂奔陳。華臣心不自安，見逐狗而驚走。○瘈徐居世反，一音制。字林作狾，九世反，云狂犬也。○宋皇國父爲大宰，爲平公築臺，妨於農功。周十一月，今九月，收斂時。○大音泰，後放此。爲平于僞反。妨音芳。收如字，又手又反。子罕請俟農功之畢，公弗許。築者謳曰：澤門之皙，實興我役。澤門，宋東城南門也。皇國父白皙而居近澤門。○謳烏侯反。澤門本或作皐門者，誤也。皙星歷反，徐思益反。邑中之黔，實慰我心。子罕黑色而居邑中。○黔徐音琴，一音其廉反。子罕聞之，親執扑，扑，杖。○扑普卜反。以行築者，而抶其不勉者，曰：吾儕小人皆有闔廬以辟燥溼寒暑。闔謂門戶閉塞。○行下孟反。抶音恥乙反。儕仕皆反。闔戶臘反。廬力居反。【疏】注闔謂門戶閉塞。○正義曰：月令仲春脩闔扇，鄭玄云：用木曰闔，用竹葦曰扇。是闔爲門扇，所以閉塞廬舍之門戶也。今君爲一臺而不速成，何以爲役？役事也。謳者乃止。或問其故，子罕曰：宋國區區，而有詛有祝，禍之本也。傳善子罕分謗。○區丘于反。詛莊慮反。祝之又反。○齊晏桓子卒。晏嬰父也。晏嬰麤縗斬，斬不緝之也。縗在胸前。麤，三升布。○麤本又作麁。縗本又作衰，七雷反，注同。緝七入反。○【疏】注斬不至升布。○正義曰：喪服斬衰裳，傳曰：斬者何？不緝也。馬融云：不緝，不緶也。謂斬布用之，不緶其端也。衰用布爲之，廣四寸，長六寸，當心，故云在胸前也。喪服傳曰：衰三升。鄭玄云：布八十縷爲升。然則傳以三升之布，布之最麤

故謂之麤也。以麤布爲衰而斬之，故以麤縗斬爲文之次。苴絰、帶、杖、菅屨，苴麻之有子者，取甚麤也。杖，竹杖。菅屨，草屨。○苴七徐反。絰直結反。以苴麻爲絰及帶。杖，禮記云苴杖竹也。菅古顏反。屨九具反。【疏】苴絰帶杖菅屨。○正義曰：喪服云苴絰、杖、絞帶。此傳帶不言絞，亦當爲絞帶也。若要帶則謂之絰，故喪服注云：麻在首、在要皆曰絰。喪服傳曰：苴絰者，麻之有蕡者也。杖，竹杖也。絞帶者，繩帶也。馬融云：蕡者，枲實。枲麻之有子者，其色麤惡，故用之。苴者，麻之色。鄭玄士喪禮注云：苴麻者，其貌苴，服重者尚麤惡。喪服及此傳經、帶、杖三者皆在苴下，言其色皆苴也。絰帶用麻，杖用竹，麻竹雖異，而其苴則同，故三者共蒙苴也。鄭玄云：麻在首、在要皆曰絰。此言絰者，謂首絰也。凡喪服冠、纓、帶、屨皆象吉時常服，但變之使麤惡耳。其衰與絰是新造，以明義，故特爲立其名。衰之言摧也，絰之言實也，明孝子之心實摧痛，故制此服，立此名也。衰當心，絰在首，獨立名於心首者，心是發哀之主，首是四體所先，故制服以表之。要絰之下又有絞帶。絰殺首絰五分之一，絞帶殺要絰亦然。雖大小有三等，而同用苴麻。喪服杖在帶上，此傳杖在帶下者，喪服具明其服，故杖在上，然後言絞帶、冠、繩纓。此傳略言其體，欲明帶與絰俱用麻，故杖在帶下。喪服傳云：菅屨者，菅菲也。菲者

屨之別名，故杜注云草屨也。**食鬻，居倚廬，寢苫，枕草。**此禮與士喪禮略同，其異唯枕草耳。然枕凷亦非喪服正文。○鬻，之六反，一音羊六反，謂朝一溢米，暮一溢米。倚廬，於綺反，廬倚東牆而爲之，故曰倚廬。苫，傷廉反，編草也。枕，之鴆反，注同。王儉云：夏枕凷，冬枕草。凷音苦對反，一音苦怪反。

［疏］注「此禮與士喪禮」至「正文」。○正義曰：喪服傳文及士喪禮記皆云「居倚廬，寢苫枕凷，歠粥，朝一溢米，夕一溢米」，是此禮與士喪禮畧同，其異者唯彼言枕凷，此言枕草耳。然枕凷者乃是禮記及喪服傳耳，亦非喪服正文，杜意言古禮未必無枕草之法也。居倚廬，寢苫者，鄭玄云：「倚木爲廬，在中門外東方，北戶。苫，編稾也。」此初喪爲然，其既虞之後則每事有變，具於禮文。鄭玄云：「二十兩曰溢，爲米一升二十四分升之一。」知者，古者一斛百二十斤，一斗十二斤，十二斤百九十二兩，一升十九兩二分，少八分，未充二十兩，更取一升分作百九十二分，二十四分取一，得八分，添前十九兩二分，是爲二十兩也。

其老曰：「非大夫之禮也。」時之所行，士及大夫縗服各有不同，晏子爲大夫而行士禮，其家臣不解，故譏之。○解音蟹，也。

［疏］注「時之」至「譏之」。○正義曰：雜記云：「大夫爲其父母兄弟之未爲大夫者之喪服如士服，士爲其父母兄弟之爲大夫者之喪服如士服。」如彼記文，則大夫與士喪服不同。記是後人所記，記當時之事。今此晏子之老亦譏晏子所爲非大夫之禮，是時之所行，士及大夫喪服各有不同也。晏子實爲大夫，而行當時之士禮，晏子反時以從正，其家老不解，謂晏子爲失，故據時所行而譏之也。晏子其父始卒，則晏子未爲大夫，言晏子爲大夫者，禮喪服大夫之子行從大夫之法。

曰：「唯卿爲大夫。」晏子惡直已以斥時失禮，故孫辭畧荅家老。○

［疏］注「晏子」至「家老」。○正義曰：檀弓云：魯穆公之母卒，使人問於曾申，曾申對曰：「哭泣之哀，齊斬之情，饘粥之食，自天子達。」然則天子以下，其服父母尊卑皆同，無大夫士之異，晏子所行是正禮也。言唯卿得服大夫服，我是大夫，得服士服。又言已位卑，不得從大夫之法者，是惡其直已以斥時之失禮，故孫辭畧荅家老也。家語曾子問此事，孔子云：「晏平仲可謂能辟害也，不以已是而駮人之非，孫辭以辟咎，義也夫。」家語雖未必是孔子之言，要其辭合理，故王肅與杜皆爲此說。鄭玄注雜記引此傳言晏子云「唯卿爲大夫」，此平仲之謙也。言喪服，服布麄衰。斬衰三升，義服斬衰三升半，爲母服齊衰四升，正服齊衰五升，義服齊衰六升，降服大功七升，正服大功八升，義服大功九升，降服小功十升，正服小功十一升，義服小功十二升，緦麻十五升去其半。鄭注雜記云：「士爲父斬衰縗如三升半，而三升不緝。言縗之精麄如三升半成布而縷三升，故云麄衰，在齊斬之閒。」鄭又云：「士爲母衰五升縷而四升，爲兄弟衰六升縷而五升。」鄭玄以雜記之文，士爲父母兄弟之服不得與大夫同，皆縷細降一等，其縷數與大夫同。但雜記之文記當時之制，以當時大夫與士有異，故爲此解，非杜義也。

經十有八年春，白狄來。不言朝，不能行朝禮。**○夏，晉人執衛行人石買。**石買卽是伐曹者，宜卽懲治本罪，而晉因其爲行人之使執之，故書行人以罪晉。○使，所吏反。**○秋，齊師伐我北鄙。**不書齊侯，齊侯不入竟。○竟音境。**○冬十月，公會晉侯、宋公、衛侯、鄭伯、曹伯、莒子、邾子、滕子、薛伯、杞伯、小邾子同圍齊。**齊數行不義，諸侯同心俱圍之。○數，所角反。**曹伯負芻卒于師。**無傳。禮當與許男同。三同盟。○芻，初俱反。

［疏］十八年注「禮當」至「同盟」。○正義曰：僖四年「許男新臣卒」，傳曰：「葬之以侯禮也。凡諸侯薨于朝會，加一等。」諸侯命有三等，男加一等，葬之以侯禮。此曹是伯爵，與許男同，當葬以公禮也。彼許男之卒不書于師，此言卒于師者，釋例曰：「若卒于朝會，或書師，或書地者，史之成文，非義例所存也。」負芻以成十四年卽位，十五年盟于戚，十七年于柯陵，襄五年于戚，九年于戲，十一年于亳城北，十六年于溴梁，凡六同盟。不數成公之盟，溴梁是大夫，去之，是爲三。劉炫以杜爲誤，非也。

○楚公子午帥師伐鄭。

傳十八年春，白狄始來。白狄，狄之別名，未嘗與魯接，故曰始。**○夏，晉人執衛行人石買于長子，執孫蒯于純留，**長子、純留二縣，今皆屬上黨郡。孫蒯不書，父在位，蒯非卿。○長，丁丈反，或如字。純，徒溫反，或如字，地理志作屯。**爲曹故也。**前年衞伐曹。○爲，于僞反。**○秋，齊侯伐我北鄙。中行獻子將伐齊，夢與厲公訟，弗勝，**厲公，獻子所弒者。○弒，申志反。**公**

以戈擊之首隊於前跪而戴之奉之以走見梗陽之巫皐梗陽晉邑在太原晉陽縣南皐巫名也夢并見之。隊直位反跪其委反奉芳勇反梗古杏反皐古刀反他日見諸道與之言同巫亦夢見獻子與厲公訟巫曰今茲主必死若有事於東方則可以逞巫知獻子有死徵故勸使快意伐齊獻子許諾晉侯伐齊將濟河獻子以朱絲係玉二瑴。雙玉曰瑴。瑴古學反而禱曰齊環怙恃其險負其衆庶環齊靈公名負依也。禱丁老反一音丁報反怙音戶棄好背盟陵虐神主神主民也謂數伐魯殘民人。好呼報反背音佩數所角反曾臣彪將率諸侯以討焉彪晉平公名稱臣者明上有天子以謙告神曾臣猶末臣

【疏】傳注彪晉至末臣。正義曰王制云五嶽視三公四瀆視諸侯則諸侯於河神其辭不得稱臣故解其意稱臣者以明上有天子言已是天子之臣以謙告神也曾祖曾孫者曾爲重義諸侯之於天子無所可重曾臣猶末臣謙卑之意耳

其官臣偃實先後之守官之臣偃獻子名。先悉薦反後戶豆反守手又反又如字茍捷有功無作神羞羞恥也官臣偃無敢復濟偃信巫言故以死自誓。復扶又反下注復與同唯爾有神裁之沈玉而濟。冬十月會于魯濟尋溴梁之言同伐齊溴梁在十六年盟曰同討不庭。沈音鴆或如字濟子禮反齊侯禦諸平陰塹防門而守之廣里平陰城在濟北盧縣東北其城南有防防有門於門外作塹橫行廣一里故經書圍。禦魚呂反塹七豔反廣古曠反注同

【疏】注平陰至書圍。正義曰平陰城南有防者形猶在杜觀其跡而知之也言塹防門而守之明是齊人自於門外作塹以固守也此平陰齊邑而言圍齊者沈氏云君在故稱圍劉炫云案下傳范鞅門于雍門又門于揚門州綽門于東閭旣門其三門卽是圍事杜何知不以門于三門爲圍必以禦諸平陰爲圍乎今删定知不然者案上九年諸侯伐鄭傳稱門其三門而經不稱圍則攻門非圍也此傳云塹防門而守之則是彼圍之道劉以門其三門爲圍而規杜氏非也

夙沙衞曰不能戰莫如守險謂防門不足爲險弗聽諸侯之士門焉齊人多死范宣子告析文子析文子齊大夫子家。析星歷反曰吾知子敢匿情乎魯人莒人皆請以車千乘自其鄉入旣許之矣若入君必失國子盍圖之子家以告公公恐晏嬰聞之曰君固無勇而又聞是弗能久矣不能久敵晉。匿女力反乘繩證反盍戶臘反恐曲勇反齊侯登巫山以望晉師巫山在盧縣東北晉人使司馬斥山澤之險雖所不至必旆而疏陳之斥候也旆建旌旗以爲陳示衆也。斥音尺一音昌夜反旆步葢反陳直覲反注同使乘車者左實右僞以旆先僞以衣服爲人形也建旆以先驅輿曳柴而從之以揚塵齊侯見之畏其衆也乃脫歸脫不張旗幟。脫勑括反注同一音他外反幟申志反一音赤志反丙寅晦齊師夜遁師曠告晉侯曰烏烏之聲樂齊師其遁烏鳥得空營故樂也。遁徒困反樂音洛注同邢伯告中行伯邢伯晉大夫邢侯也中行伯獻子曰有班馬之聲夜遁馬不相見故鳴班別也。別彼列反齊師其遁叔向告晉侯曰城上有烏齊師其遁十一月丁卯朔入平陰遂從齊師夙沙衞連大車以塞隧而殿此衞所欲守險。連大並如字隧者道也殿都練反下及注同殖綽郭最曰子殿國師齊

之辱也楚人殿師故以爲辱。○殿徐子會反子姑先乎乃代之殿衛殺馬於隘以塞道恨二子故塞其道欲使晉得之。○隘於懈反晉州綽及之射殖綽中肩兩矢夾脰脰頸也。○射食亦反下注同中丁仲反夾古洽反或古協反脰音豆【疏】注脰頸也。○正義曰說文云脰項也考工記云以脰鳴者又曰大體短脰數目顧脰公羊傳稱宋萬搏閔公絕其脰鄭玄何休皆以脰爲頸頸之與項亦一物也曰止將爲三軍獲不止將取其衷不止復欲射兩矢中央。○衷音忠顧曰爲私誓州綽曰有如日言必不殺女明如日。○女音汝乃弛弓而自後縛之反縛之。○弛式氏反本又作施音同其右具丙州綽之右亦舍兵而縛郭最皆衿甲而縛衿甲不解甲。○舍音捨衿其鴆反【疏】乃弛弓。○正義曰下云其右具丙亦舍兵則此是州綽弛弓也坐于中軍之鼓下晉人欲逐歸者魯衛請攻險險固城守者。○守手又反己卯荀偃士匄以中軍克京茲在平陰城東南乙酉魏絳欒盈以下軍克邿欒黶死其子盈佐下軍平陰西有邿山。邿音詩趙武韓起以上軍圍盧弗克十二月戊戌及秦周伐雍門之萩秦周魯大夫趙武及之共伐萩也雍門齊城門。○雍於用反萩音秋本又作秋范鞅門于雍門其御追喜以戈殺犬于門中殺犬示閒暇。○閒音閑孟莊子斬其橁以爲公琴莊子獳子速也橁木名。○橁勑倫反又扣倫反己亥焚雍門及西郭南郭劉難士弱率諸侯之師焚申池之竹木二子晉大夫。○難乃多反又如字壬寅焚東郭北郭范鞅門于揚門齊西門州綽門于東

閭齊東門左驂迫還于東門中以枚數闔枚馬檛也闔門扇也數其枚示不恐。○驂七南反迫音百還音旋一音患枚莫回反數所主反注同闔戶臘反檛陟瓜反恐曲勇反齊侯駕將走郵棠郵棠齊邑○郵音尤大子與郭榮扣馬大子光也榮齊大夫。○扣音口曰師速而疾略也言欲略行其地無久攻意。○行下孟反將退矣君何懼焉且社稷之主不可以輕輕則失眾君必待之將犯之大子抽劍斷鞅乃止甲辰東侵及濰南及沂濰水在東莞東北至北海都昌縣入海沂水出東莞蓋縣至下邳入泗。○輕遣政反下同斷音短濰本又作維音同沂魚依反莞音官蓋古害反邳蒲悲反泗音四○鄭子孔欲去諸大夫欲專權。○去起呂反下同將叛晉而起楚師以去之使告子庚子庚弗許子庚楚令尹公子午楚子聞之使楊豚尹宜告子庚曰國人謂不穀主社稷而不出師死不從禮不能承先君之業死將不能先君之禮。○豚徒門反不穀即位於今五年師徒不出人其以不穀爲自逸而忘先君之業矣謂己未嘗統師自出大夫圖之其若之何子庚歎曰君王其謂午懷安乎吾以利社稷也見使者稽首而對曰諸侯方睦於晉臣請嘗之嘗試其難易也。○使所吏反易以豉反若可君而繼之不可收師而退可以無害君亦無辱子庚帥師治兵於汾襄城縣東北有汾丘城。○汾扶云反於是子蟜伯有子張從鄭伯伐齊子張公孫黑肱子孔子展

子西守二子知子孔之謀二子子展子西。○守手又反下完守同完守入保完城郭內保守子孔不敢會楚師楚師伐鄭次於魚陵魚陵魚齒山也在南陽犨縣北鄭地。○犨尺由反右師城上棘遂涉潁次于旃然將涉潁故於水邊權築小城以爲進退之備旃然水出滎陽城皐縣東入汴。○旃之然反汴皮彥反蔿子馮公子格率銳師侵費滑胥靡獻于雍梁胥靡獻于雍梁皆鄭邑河南陽翟縣東北有雍氏城。○蔿本又作薳于委反馮皮冰反費扶味反滑于八反雍於用反右回梅山在滎陽密縣東北。○回如字徐胡猥反侵鄭東北至于蟲牢而反子庚門于純門信于城下而還信再宿也。○牢力刀反純如字一音市荀反涉於魚齒之下魚齒山之下有滍水故言涉。○滍音雉甚雨及之楚師多凍役徒幾盡

晉人聞有楚師師曠曰不害吾驟歌北風又歌南風南風不競歌者吹律以詠八風南風音微故曰不競也師曠唯歌南北風者聽晉楚之強弱。○涑丁弄反幾音祈驟仕救反【疏】甚雨及之○正義曰楚師南行有大雨從北而南逐及楚師。○注歌者至彊弱。○正義曰律呂雖有十二其風有八八風者乾風不周坎風廣莫艮風調震風明庶巽風清明離風景坤風涼兌風閶闔八方之風風別先有音曲揔吹律呂以詠八方音曲今師曠以律呂歌南風音曲南風音微不與律聲相應故云不競服虔以爲卯西以北律呂爲北風以南爲南風與杜八風義違非杜義也多死聲楚必無功董叔曰天道多在西北歲在豕韋月又建亥故曰多在西北南師不時必無功不時謂觸歲月叔向曰在其君之德也言天時地利不如人和【疏】多死聲。○正義曰服虔云南風律氣不至故聲多死。○注歲在至西北。○正義曰歲君右行於天大率一歲行一次二十八年歲在星紀距此十一年御而數之此年在豕韋豕韋一名娵訾當亥之次也周十二月夏之十月其月又建亥故曰多在西北。○注言天至人和。○正義曰孟子云天時不如地利地利不如人和

附釋音春秋左傳注疏卷第三十三

南昌盧氏宣旬校刊

大清嘉慶二十年重刊宋本用文選樓藏本校

江西南昌府學栞

春秋左傳注疏卷三十三校勘記　阮元撰盧宣旬摘録

附釋音春秋左傳注疏卷第三十三 襄十六年盡十八年石經春秋經傳集解襄三 案十六岳本襄字下增公字並盡二十二年

經十六年

十六年注踰月而葬速 宋本無十六年三字

故杜宏通兩解之 宋本之作也

三月公會晉侯至湨梁 石經宋本岳本湨作溴下同釋文同案湨聲與狊聲迥别陸氏公羊音義云狊本又作湨今公羊亦作湨

不書至故也 宋本以下正義二節揔入大夫盟注之下

又隔袁僑如會 宋本又作文

十五年邾人伐我南鄙 毛本邾作莒非也

乃是自歸晉國 毛本晉作于非也

取其事也 宋本取作是不誤

圍郕 宋本岳本郕作成與石經合傳同案公羊穀梁皆作成

傳十六年

悼公子彪 釋文彪下有也字諸本脱

傳羊舌肸爲傳 監本傳作注非也宋本毛本脱傳字宋本以下正義四節揔入速遂塞海陘而還注下

士渥濁爲大傳 閩本亦誤作傳下同宋本監本毛本作傅是也今改正

○宣十六年 宋本○無浦鏜正誤云宣上當脱注代士渥濁五字

無邑子也 宋本足利本無也字

晉人歸諸侯 淳熙本人作候非也

故得會鄭伯 宋本足利本脱故字

以報宋揚梁之役 足利本揚作楊注同石經初刻從木後改从才説詳十二年

秋齊侯圍郕 監本郕作成是也注同

貳晉故伐魯 淳熙本貳作二非

注禘祀至吉祭 宋本以下正義三節揔入宣子曰節注下

知其禘祀 宋本其作此與續儀禮經傳通解引合

以齊人之朝夕釋憾於敝邑之地 釋文憾作感云本亦作憾案羣經音辨云感恨也動也戶暗切春秋傳朝夕釋感於敝邑

哀鳴嗸嗸 此本下嗸字作嗷今改正

謂我劬勞 淳熙本謂作爲非是

經十七年

弁縣東南有桃虚 閩本監本毛本此注入圍桃下

不知其實以冬出 宋本不作下屬上句讀

不在九月内耳 宋本不作當

傳十七年

傳十七年 石經宋本淳熙本岳本纂圖本足利本作七此本誤一今正

飲馬于重丘 釋文飲上有遂字

重丘大閉門而詢之 宋本閉誤閑

親逐至爲厲　宋本以下正義二節揔入注文晉人執石買傳下

或可事由孫蒯故決之　閩本監本毛本可作曰

齊人以其未得志于我故　淳熙本纂圖本于作於非也

前年圍成倖孟孺子　毛本成改郕

郰叔紇　岳本郰作鄹釋文同

抑君賜不終姑又使其刑臣禮於士　石經此行君字起刑字止此行只九字非初刻也

以杙抉其傷而死　釋文云傷一本作瘍○〔補〕案此本瘍誤蕩今正

日昇余而大璧　閩本監本璧誤壁

苟過華臣之門必騁　顧炎武云石經騁誤聘案石經此處不誤炎武非也

不如蓋之　宋本以下正義二節揔入遂奔陳注之下

左師經鷹鸇之志　宋本毛本經作無是也今正監本無字改刊

國人逐瘈狗瘈狗入於華臣氏　釋文云瘈字林作狾案說文狾字下引春秋傳曰狾犬入華臣氏之門漢書五行志引亦作狾是左傳古文本作狾也諸本無之門字惟論衡感類篇引與說文同

妨於農功　石經宋本淳熙本岳本纂圖本足利本功作收釋文同

澤門之皙　纂圖本閩本監本毛本皙作晳注同案晳乃明晳之晳从日析聲與此从白析聲異也石經及各本作澤門釋文云本或作皐者誤案詩大明緜正義引作皐門之晳惠棟云古皐澤字相同孫叔敖碑云收九睪之利婁壽以爲澤字但皐字白下本羍爲四下夲未一字漢碑从四下羊者誤上林賦云亭皐十里服虔注云皐澤也詩鶴鳴于九皐王仲任薛夫子皆以爲九折之澤諸侯本有皐門何獨宋不然也

親執扑　釋文亦作扑足利本作朴石經初作朴後唐元度挍正從才是也

注闔謂門戶閉塞　宋本此節正義在注文傳善子罕分謗之下

晏嬰麤縗斬　釋文麤作麄云本又作麤縗作衰云本又作縗案說文無麄字鄭注禮記雜記後漢書東海恭王傳注李善注文選解嘲注齊竟陵文宣王行狀引傳文並作麤斬衰陸氏以縗爲又作之字服正字而經典多假衰爲之

注斬不至升布　宋本以下正義五節揔入曰唯卿爲大夫節注下

故云有習前也　宋本毛本有作在有字誤也今正

布之最麄　宋本麄作麤下同

取甚麤也　宋本淳熙本岳本纂圖本足利本甚作其不誤

杖竹杖也　宋本杖上有苴字按喪服傳作苴杖竹也

絞帶兮繩帶也　監本毛本兮作弓亦非宋本作者與喪服傳合

首是四體所先　閩本監本毛本所作之

又有絞帶　宋本帶下有要字

食鬻　案鄭注禮記雜記漢書東海恭王傳引作食粥

注此禮與士喪禮至正文　宋本無與士喪禮四字

同木爲廬　閩本監本毛本同作用亦非宋本作倚是也今依改

詩之所行　宋本淳熙本岳本纂圖本監本毛本詩作時不誤今依改

行從大夫之法　宋本行作得是也

義服齊服六升　宋本下服字作衰是也今依改

經十八年

十七年于阿陵　〔補〕諸本阿作柯

傳十八

厲公獻子所弒者　釋文弒作殺淳熙本脫者字

首隊於前　石經隊作墜俗字

獻子以朱絲係玉二瑴　岳本瑴作瑴與釋文合

齊環怙恃其險　石經齊下後人旁增侯字

注彪晉至末臣　宋本此節正義在南及沂注下

平陰城在濟北盧縣東北　陳樹華云案酈道元水經注入引注文縣下有故城二字

平陰至書圍　宋本以下正義三節總入注文彪晉至末臣節之後

形猶在　宋本形上有地字是也

又門于場門　宋本場作揚是也

僞以衣服爲人形也　宋本足利本服作物淳熙本作旆非

以揚塵　淳熙本揚作楊非

齊師其遁　淳熙本其誤之

曰有班馬之聲　郭注爾雅釋言引作般馬之聲案班般古字通

乃代之殿　淳熙本代誤伐

欲使晉得之心　宋本淳熙本岳本足利本無心字纂圖本作也亦非此本心下有監於懈反四字乃釋文而誤入者○補案心字當改○

數目頭脰　宋本頭作顧不誤

稱宋萬愽閔公　宋本毛本愽作搏不誤閩本監本作搏非也

乃弛弓而自後縛之　釋文云弛本又作施音同閩本監本縛作縛非也下同

反縛之　岳本之作也

平陰西有郝山　淳熙本山誤出此本山下有郝音詩三字乃釋文而誤入者○今刪○

及秦周伐雍門之萩　惠士奇云呂氏春秋慎大篇曰齊達子率其餘卒以軍於秦周高誘注曰秦周齊城門名也案秦周當是齊地名杜注以爲魯大夫失之閩本萩誤荻釋文云本又作秋按萩者楸之假借字如史漢貨殖傳千樹萩即千樹楸也

孟莊子斬其橁以爲公琴　淳熙本橁誤椿注同監本琴誤雍惠棟云公琴頌琴也頌與公古字通按惠棟語非

范鞅門于揚門　石經初刻揚字木旁後改才

左驂迫還于東門中　石經宋本淳熙本岳本足利本無東字是也傳之門即上文之東閭

數其枚示不恐　宋本淳熙本岳本枚作板是也

東侵及濰　各本作濰葉抄釋文作維云本亦作濰

使楊豚尹宜　石經宋本淳熙本岳本足利本楊作揚釋文同

死將不能先君之禮　宋本淳熙本岳本足利本作死將不得從先君之禮

旃然水出滎陽城皋縣　宋本纂圖本監本城皋作成皋按水經注引同

蔿子馮　釋文蔿作薳云本又作蔿案二字同張參五經文字序例云蔿薳同姓春秋互出是也

在滎陽密縣東北　案劉昭郡國志引東北作西北

甚雨及之　案惠棟云甚古文湛字見詛楚文莊子天下篇云沐甚雨節疾風崔譔本甚作湛音淫湛雨猶久雨也或云檀弓云雨甚至甚當讀如字亦通也按後說是

楚師多凍　石經淳熙本凍作涷案毛氏六經正誤云作涷誤涷音東夏月暴雨曰涷非凍冱之凍凍從冫冫與冰同

故曰不競也師也　宋本淳熙本岳本足利本無師也二字

甚雨及之　宋本以下正義五節總入叔向曰節注下

逐及楚師　閩本監本毛本逐作遂

歲君右行於天　宋本監本毛本君作星是也

附釋音春秋左傳注疏卷第三十三止

春秋左傳注疏卷三十三校勘記

附釋音春秋左傳注疏卷第三十四 襄十九年盡二十一年

杜氏注　孔穎達疏

經十有九年春王正月，諸侯盟于祝柯。前年圍齊之諸侯也。祝柯縣今屬濟南郡。○柯，古多反。晉人執邾子。稱人以執，惡及民也。公至自伐齊。無傳。〔疏〕十九年公至自伐齊。○正義曰：往年圍齊，今以伐致，傳既不說，杜亦不解。公羊傳曰：此同圍齊也，何以致伐？未圍齊也。未圍齊則其言圍齊何？抑齊也。曷為抑齊？為其亟伐也。其意言往年同圍齊者實非圍齊，故以伐致。案傳攻平陰，齊侯塹防門而守之，則是兵實圍齊，不得如公羊說也。賈逵云：圍齊而致伐，以策伐勳也。伐者加兵之名，圍則伐內之別，圍伐終是一事，不得各有其勳，何言策伐勳也？但圍是伐內之別，此言至自伐齊，僖二十九年言至自圍許，史異辭，無義例。取邾田自漷水。取邾田，以漷水為界也。漷水出東海合鄉縣，西南經魯國，至高平湖陸縣入泗。○漷，好虢反，徐音郭，又虎伯反，字林口郭、口獲二反。○季孫宿如晉。葬曹成公。無傳。○夏，衛孫林父帥師伐齊。○秋七月辛卯，齊侯環卒。世子光三與魯同盟。〔疏〕注世子至同盟。○正義曰：環以成十年即位，十五年國佐盟于戚，十七年自盟于柯陵，十八年崔杼于虛朾，襄三年世子光于雞澤，五年世子光于戚，九年世子光于戲，十一年世子光于亳城北。不數成公之世，世子光猶四同盟，言三者，襄五年戚盟不書經，故杜不數。劉炫以為杜誤，非也。○晉士匄帥師侵齊，至穀，聞齊侯卒，乃還。詳錄所至及還者，善得禮。○八月丙辰，仲孫蔑卒。無傳。○齊殺其大夫高厚。○鄭殺其大夫公子嘉。○冬，葬齊靈公。無傳。○城西郛。魯西郭。○郛，芳夫反。○叔孫豹會晉士匄于柯。魏郡內黃縣東北有柯城。○城武城。泰山南武城縣。

傳十九年春，諸侯還自沂上，盟于督揚，曰：「大毋侵小。」督揚即祝柯也。○督，丁毒反。毋音無。執邾悼公，以其伐我故。伐魯在十七年。○遂次于泗上，疆我田。正邾魯之界也。泗，水名。○疆，居良反。取邾田，自漷水歸之于我。邾田在漷水北，今更以漷為界，故曰取邾田。〔疏〕傳注邾田至邾田。○正義曰：邾在魯南，田在漷水北，今更以漷水為界，取邾漷北之田歸于魯也。十六年命歸侵田，此年正邾魯之界，則此田舊是魯界，邾人取以為己有，今日使之歸魯，故曰取邾田也。公羊傳曰：其言自漷水何？以漷為竟也。何言乎以漷為竟？漷移也。其意言邾魯以漷水為竟，漷水移入邾界，魯隨而有之。賈、服取以為說，言刺晉偏而魯貪。案傳晉命歸侵田，此田邾先侵魯，追令反本，何晉偏而魯貪？公羊之說，不可通也。晉侯先歸。公享晉六卿于蒲圃，六卿過魯。○圃，布古反。過，古禾反。賜之三命之服。軍尉、司馬、司空、輿尉、候奄皆受一命之服。如鞌戰還之賜，唯無先輅。○鞌音安。賄荀偃束錦，加璧，乘馬，先吳壽夢之鼎。荀偃，中軍元帥，故特賄之。五匹為束，四馬為乘。壽夢，吳子乘也。獻鼎於魯，因以為名。古之獻物必有以先，今以璧馬為鼎之先。○賄，呼罪反。乘，繩證反，注四馬為乘同。先吳，悉薦反，又如字。夢，莫公反。帥，所類反。〔疏〕注荀偃至之先。○正義曰：雜記云：納幣一束，束五兩，兩五尋。鄭玄云：納幣謂昏禮納徵也。十箇為束，貴成數。兩兩者合其卷，是謂五兩。八尺曰尋，一兩五尋，則每卷二丈也，合之則四十尺，今謂之匹，猶匹偶之云。彼雖主說昏幣，但經傳所言束帛束錦者，其束多少皆與彼同，故云五匹為束也。吳子乘以十二年卒，乘獻此鼎於魯，魯人因以其人名之，謂之吳壽夢之鼎，今以此鼎賄荀偃也。古之獻物必有以先之，老子云：雖有拱抱之璧以先駟馬，謂以璧為馬先也。僖三十三年鄭商人弦高以乘韋先牛十二犒師，謂以韋為牛先也。二十六年鄭伯賜子展先路三命之服，先八邑，謂以車服為邑之先也。皆以輕物先重物，此錦璧可執，馬可牽行，皆輕於鼎，故以璧馬為鼎之先，以輕先重，非以賤先貴，鼎價未必貴於璧馬也。荀偃癉疽，生瘍於頭。癉疽，惡創。○癉，丁但反，徐音旦。疽，七徐反。瘍音羊。創，初良反。○〔疏〕癉疽生瘍於頭。○正義曰：說文云：癉，勞病也。疽，癰也。癰，腫也。瘍，頭創也。然則傳言荀偃病此疽，腫潰遂生創。

於頭。杜云癉疽惡創，略言其病創耳。濟河及著雍病，目出。大夫先歸者皆反。士匄請見，弗內。請後，曰：「鄭甥可。」士匄中軍佐，故問後也。鄭甥，荀吳，其母鄭女。○著張慮反，又直慮反。雍於用反。見賢遍反。二月甲寅，卒，而視，不可含。目開口噤。○視如字，徐市至反，下同。含戶暗反，本亦作唅，下同。噤其蔭反。宣子盥而撫之，曰：「事吳敢不如事主？」猶視。大夫稱主。○盥音管。欒懷子曰：「其爲未卒事於齊故也乎？」懷子，欒盈。○爲于僞反，下注爲懷子同。乃復撫之曰：「主苟終，所不嗣事于齊者，有如河！」乃瞑，受含。嗣，續也。○復扶又反。瞑亡丁反，一音亡平反。桓譚以爲荀偃病而目出，初死其目未合，尸冷乃合，非其有所知也。傳因其異而記之耳。宣子出，曰：「吾淺之爲丈夫也。」自恨以私待人。○晉欒魴帥師從衞孫文

子伐齊。爲懷子之言故也。欒魴，欒氏族。不書，兵并林父，不別告也。經書夏，從告。○并如字，又必政反。季武子如晉拜師，謝討齊。晉侯享之。范宣子爲政，代荀偃將中軍。○將子匠反，後放此。賦黍苗。黍苗，詩小雅。美召伯勞來諸侯，如陰雨之長黍苗也。喻晉君憂勞魯國，猶召伯。○召上照反，下同。勞力報反。來力代反。長丁丈反。季武子興，再拜稽首，曰：「小國之仰大國也，如百穀之仰膏雨焉。若常膏之，其天下輯睦，豈唯敝邑？」賦六月。六月，尹吉甫佐天子征伐之詩。以晉侯比吉甫，出征以匡王國。○仰如字，徐五亮反，下同。膏雨如字，徐古報反。常膏古報反，又如字。輯音集，本又作集。季武子以所得於齊之兵作林鍾而銘魯功焉。林鍾，律名。鑄鍾，聲應林鍾，因以爲名。○鑄之樹反。應應對之應。

〔疏〕注林鍾律名鑄鍾聲應林鍾因以爲名。○正義曰：月令季夏律中林鍾，是林鍾六月之律名也。周語云：景王將鑄無射，問律於泠州鳩，對曰：「律所以立均出度也。古之神瞽考中聲而量之以制，度律均鍾，百官軌儀。」賈逵云：「律謂六律六呂，以均鍾大小清濁也。考，成也。成，平也。平中和之聲，度律呂之長短，以立均鍾，以成和平之聲，而百官之道得象而儀之。」是言度律呂長短，然後鑄鍾。鍾聲應律，遂以律名鍾。此鍾聲應林鍾，故以林鍾爲名。

臧武仲謂季孫曰：「非禮也。夫銘，天子令德，天子銘德，不銘功。諸侯言時計功，舉得時，動有功，則可銘也。大夫稱伐。銘其功伐之勞。今稱伐則下等也，從大夫，故。

〔疏〕今稱伐則下等也。○正義曰：諸侯之銘當言時計功。時計功，魯之伐齊也，借人之力，功非己有，妨民農務，不可謂時。二者既無可稱，唯有從行征伐，可得稱伐勞耳。伐雖可稱，若稱伐則從大夫之例，於三者爲下等，不足爲功美也。

計功則借人也，借晉力也。○借如字，一音情亦反。言時則妨民多矣，何以爲銘？且夫大伐小，取其所得以作彝器，彝，常也。謂鍾鼎爲宗廟之常器。○夫音扶。彝以之反。銘

其功烈以示子孫，昭明德而懲無禮也。今將借人之力以救其死，若之何銘之？小國幸於大國，以勝大國爲幸。○懲直升反。而昭所獲焉以怒之，亡之道也。」爲城西郛、武城傳。○齊侯娶于魯，曰顏懿姬，無子。其姪鬷聲姬生光，以爲大子。兄子曰姪。顏、鬷皆二姬母姓，因以爲號。懿、聲皆謚。○娶子住反。姪直結反。鬷子公反。諸子仲子、戎子，戎子嬖。諸子，諸妾，姓子者。二子皆宋女。○仲本亦作中，音仲，下皆放此。嬖必計反。仲子生牙，屬諸戎子。屬，託之。○屬音之蜀反，注同。戎子請以爲大子，許之。齊侯許之。仲子曰：「不可。廢常，不祥；廢立嫡之常。○嫡本或作適，丁歷反。間諸侯，難。事難成也。○間間廁之間。光之立也，列於諸侯矣。列諸侯之會。今無故

而廢之，是專黜諸侯，謂光已有諸侯之尊。而以難犯不祥也，君必悔之。」公曰：「在我而已。」遂東大子光。而廢徙之東鄙。使高厚傅牙，以爲大子，夙沙衛爲少傅。

齊侯疾，崔杼微逆光。疾病而立之。光殺戎子，終言之。○少，詩照反，下注「公猶少」同。杼，直呂反。【疏】注「終言之」。○正義曰：知終言之者，以云尸諸朝非禮，下始云五月齊靈公卒，莊公即位，若非即位之後，豈得尸戎子於朝？故傳終言之。尸諸朝，非禮也。婦人無刑，無黥刖之刑。○黥，其京反。刖音月，又五刮反。【疏】注「無黥刖之刑」。○正義曰：婦人淫則閉之於宮，犯死不得不殺，而云婦人無刑，知其於五刑之中無三等刑耳。三等，墨、劓、刖也。三等之刑，墨輕刖重，故舉其輕重而略其劓也。周禮謂之墨，尚書謂之黥，黥、墨爲一，故依尚書言黥也。服虔云：婦人從人者也，故不爲制刑，及犯惡，從男子之刑也。若與男子俱受黥刖劓，亦是婦人刑矣，何獨生男子而婦人從之也？劉難服云：犯淫則男子割勢，婦人閉宮，豈得從男子乎？雖有刑，不在朝市。謂犯死刑者，猶不暴尸。○暴，蒲卜反。

夏五月壬辰晦，齊靈公卒。經書七月辛卯，光定位而後赴。莊公即位，太子光也。執公子牙於句瀆之丘。以夙沙衛易己，衛奔高唐以叛。光謂衛教公易己。高唐在祝柯縣西北。○句，古侯反。瀆音豆。

○晉士匄侵齊，及穀，聞喪而還，禮也。禮之常，不必待君命。【疏】注「禮之」至「君命」。○正義曰：傳言禮也，則兵不伐喪，必有常禮，禮有此法，故聞喪即還。公羊傳曰：「還者何？善辭也。何善爾？大其不伐喪也。此受命乎君而伐齊，則何大乎其不伐喪？大夫以君命出，進退在大夫也。」何休云：「禮，兵不從中御外，臨事制宜，唯義所在，故善之。」是與左氏同也。穀梁傳曰：「還者，事未畢之辭也。不伐喪，善之也。善之則何爲未畢也？君不尸小事，臣不專大名。善則稱君，過則稱己，則民作讓矣。士匄外專君命，故非之也。然則爲士匄者宜奈何？宜墠帷而歸命乎介。」其意言待命乃還，故杜言不必待君命，所以排穀梁也。

○於四月丁未，於此年四月。鄭公孫蠆卒，赴於晉大夫。范宣子言於晉侯，以其善於伐秦也。十四年晉伐秦，子蟜見諸侯師而勸之濟涇。六月，晉侯請於王，王追賜之大路，使以行禮也。大路，天子所賜車之總名，以行葬禮。傳言大夫有功則賜服路。【疏】注「大路」至「服路」。○正義曰：二十四年穆叔如周，王嘉其有禮，賜之大路，與此並賜諸侯之卿，其文皆云大路，知大路天子所賜車之總名也。周禮巾車，王之五路，有玉路、金路、象路、革路、木路，又有服車五乘：孤乘夏篆，卿乘夏縵，大夫乘墨車，士乘棧車，庶人乘役車。又曰：凡良車散車不在等者，其用無常。周禮有此文耳。其封諸侯，賜之以車，則同姓以金路，異姓以象路，四衛以革路，蕃國以木路。其賜諸侯之卿則無文。釋例曰：「周官王之五路及卿大夫士服車，各有名，又有良車散車不在等者，其用無常。」謂此上五路之良散，當以出賜，故言其用無常也。傳通稱玉路、金路爲大路，及賜魯穆叔、鄭子蟜，當是革路若木路，所以封四衛及蕃國之君也，而亦曰大路者，據受王之殊錫，皆舉其總名。或云先，或云次，當各自以就數爲差也。杜言當是革路若木路者，雖疑不敢質，謂當是此二路也。必疑然者，以服車稱車不稱路，王若賜之夏篆、夏縵，不應謂之爲大路。名之曰大路，必在五路之中矣。金路、象路乃賜同姓、異姓之國君，不可以賜其臣，而傳稱列國之卿當小國之君，固周制也。位當小國之君，則車亦可以同之，故疑是革路若木路也。革路、木路之卑，或者亦稱大路者，以受王殊賜，皆舉其總名也。若受之於君，或稱先，或稱次。杜云以就數爲差者，三命之卿就數三，再命之卿就數二，故鄭賜子展先路三命之服，子產次路再命之服，是也。若其不然，王賜叔孫穆子其車，若是夏篆、夏縵，即與常車無異，何故生弗敢乘，及死乃請以葬也？鄉飲酒禮者，大夫之禮也。工人卒歌，主人獻工，大師則爲之洗。鄭玄云：「大夫若君賜之樂，謂之大師，爲之洗，尊之也。」彼尊君賜樂，謂工師爲太師，此尊王賜車，謂王車爲大路，其意類於彼也。賁育何休以天子車稱大路，諸侯車稱路車，大夫稱車，今鄭子蟜諸侯之大夫耳，當與天子士同，賜其車而名之曰大路，非正也。孔子曰：「唯器與名，不可以假人。」名不正則言不順，於義左氏爲短。案周禮天子袞冕，上公亦稱袞冕；天子析羽爲旌，諸侯及大夫亦稱旌；又天子樂官稱大師，鄉飲酒禮君賜樂亦稱大師。此皆名同於上，則卿大夫大路，何獨不可同之於天子大路之名乎？何休之難非也。

○秋八月，齊崔杼殺高厚於灑藍而

兼其室灑藍齊地。○灑色買反徐所綺反藍力甘反書曰齊殺其大夫從君於昬也傳解經不言崔杼殺而爲國討文○鄭子孔之爲政也專專權國人患之乃討西宮之難十年尉止等作難西宮子孔知而不言○難乃旦反注及下同與純門之師前年子孔召楚師至純門子孔當罪以其甲及子革子良氏之甲守以自守也○守手反下守備同甲辰子展子西率國人伐之殺子孔而分其室書曰鄭殺其大夫專也亦以國討爲文子然子孔宋子之子也子然子革父士子孔圭嬀之子也宋子圭嬀皆鄭穆公妾士子孔子良父○嬀居危反圭嬀之班亞宋子而相親也亞次也○亞於嫁反士子孔亦相親也僖之四年子然卒鄭僖四年魯襄六年簡之元年士子孔卒魯襄八年司徒孔實相子革子良之室司徒孔與二父相親故相助其子○相息亮反注同三室如一言同心故及於難故二子并及難子革子良出奔楚子革爲右尹子革即鄭丹鄭人使子展當國子西聽政立子産爲卿簡公猶幼故大夫當國○齊慶封圍高唐弗克夙沙衛以叛故圍之冬十一月齊侯圍之見衛在城上號之乃下衛下與齊侯語○號徐胡報反召也一音戶刀反問守備焉以無備告揖之乃登齊侯以衛告誠揖而禮之欲生之也衛志於戰死故不順齊侯之揖而還登城〔疏〕見衛至乃登○正義曰杜於此注皆用賈逵之說服虔引彭仲博云齊欲誅衛呼而下與之言固可取之無爲揖之復令登城仲博以爲齊侯號衛衛愬而下云問守備焉問衛之守高唐者衛無恩信故今守者

以無備告齊侯善其言故揖之乃命士卒登城服虔謂此說近之案傳之次第衛在城上號之乃下是衛下也問守備焉問衛也若其別問餘人當云問其守者不得云問守備也若齊侯揖之而命士卒登城則士於此時已登矣何故下文方曰殖綽工僂會夜縋納師也衛已下城齊侯不即執取者或有所隔礙不得取之漢末曹操與馬超對語徐晃與關羽對語皆警欬交言而不能相取亦何怪古之人乎聞師將傅食高唐人殖綽工僂會夜縋納師因其會食二子齊大夫○傅音附食音嗣僂力侯反縋直僞反醢衛于軍○醢音海〔疏〕夜縋納師○正義曰二子因其無備先往城上乃從城上縣繩納師○城西郛懼齊也前年與晉伐齊又鑄其器爲鍾故懼○齊及晉平盟于大隧大隧地闕○隧音遂故穆叔會范宣子于柯齊晉平魯懼齊故爲柯會以自固穆叔見叔向賦載馳之四章四章曰控于大邦誰因誰極控引也取其欲引大國以自救助○控苦貢反〔疏〕注四章至救助○正義曰控于大邦乃是載馳五章而云四章者文十三年鄭子家賦載馳之四章義取控于大邦意在五章而并賦四章彼注已云四章以下故於此略之詩注云極至也今衛侯欲求援引之力助於大國之諸侯亦誰因乎由誰至乎閔之故欲歸問之叔向曰敢不承命叔向度齊未肯以盟服故許救魯○度待洛反穆叔曰齊猶未也不可以不懼乃城武城○衛石共子卒石買○共音恭悼子不哀買之子石惡孔成子曰是謂蹷其本蹷猶拔也○蹷求月反一音居月反又居衛反〔疏〕注蹷猶拔也○正義曰蹷者倒也樹倒必拔根故云蹷猶拔也父是親之極孝爲德之本於父尚猶不哀必是不能愛人也已不愛人人亦不愛已已人皆不愛必將喪家知其不能保有宗嗣也必不有其宗爲二十八年石惡出奔傳

經二十年春王正月辛亥仲孫速會莒人盟于向向莒邑○向舒亮反○夏六月庚申公會晉侯齊侯

宋公衞侯鄭伯曹伯莒子邾子滕子薛伯杞伯小邾子盟于澶淵澶淵在頓丘縣南今名繁汙此衞地又近戚田○澶市然反汙音紆近附近之近秋公至自會無傳○仲孫速帥師伐邾○蔡殺其大夫公子燮莊公子○燮息協反蔡公子履出奔楚燮母弟也○陳侯之弟黃出奔楚稱弟明無罪也〔疏〕二十年注稱弟明無罪也○正義曰傳言非其罪也則無罪之文明矣而云稱弟明無罪者賈逵以爲稱名罪其偪杜以鄭段有罪去弟以罪段今此存弟非是罪黃之文也言此以排賈氏也叔老如齊○冬十月丙辰朔日有食之無傳季孫宿如宋

傳二十年春及莒平孟莊子會莒人盟于向督揚之盟故也莒數伐魯前年諸侯盟督揚以和解之故二國自復共盟結其好○數所角反

下同解古買反又戶買反復扶又反下始復同好呼報反下皆同〔疏〕傳盟于至故也○正義曰於經服異則稱同盟此齊成而盟不言同者往年齊與晉平盟于大隧是齊已服於晉矣非於此始服故不言同也晉以齊既平和而召諸侯以爲此會傳解其爲盟之意故云齊成也○夏盟于澶淵齊成故也齊與晉平○邾人驟至以諸侯之事弗能報也驟數也謂十五年十七年伐魯秋孟莊子伐邾以報之既盟而又伐之非○蔡公子燮欲以蔡之晉背楚○背音佩蔡人殺之公子履其母弟也故出奔楚與兄同謀故○陳慶虎慶寅畏公子黃之偪二慶陳卿恐黃偪奪其政○偪彼力反愬諸楚曰與蔡司馬同謀同欲之晉楚人以爲討討責陳公子黃出奔楚奔楚自理初蔡文侯欲事晉曰先君與於踐土之盟

先君文侯父莊侯甲午也踐土盟在僖二十八年○與音預晉不可棄且兄弟也畏楚不能行而卒宣十七年文侯卒楚人使蔡無常徵發無準公子燮求從先君以利蔡不能而死書曰蔡殺其大夫公子燮言不與民同欲也罪其違衆陳侯之弟黃出奔楚言非其罪也稱弟罪陳侯及二慶〔疏〕注稱弟至二慶○正義曰稱弟者止爲罪陳侯但陳侯之罪罪在信二慶故杜兼言二慶耳稱弟不爲罪二慶也釋例曰兄而害弟者稱弟以章兄罪弟又害兄則去弟以罪弟身推此以觀其餘秦伯之弟鍼陳侯之弟黃皆是兄害其弟者也秦伯有千乘之國而不能容其母弟傳曰罪秦伯也歸罪秦伯則鍼罪輕也陳侯不能制禦臣下使逐其弟傳曰言非其罪也非黃之罪則罪在陳侯示互舉之文也公子黃將出奔呼於國曰慶氏無道求專陳國暴蔑其君而去其親五年

不滅是無天也爲二十三年陳殺二慶傳○呼好故反去起呂反○齊子初聘于齊禮也齊魯有怨朝聘禮絕今始復通故曰初繼好息民故曰禮○冬季武子如宋報向戌之聘也向戌聘在十五年褚師段逆之以受享段共公子子石也逆以入國受享禮○褚張呂反段徐徒亂反共音恭賦常棣之七章以卒武子賦也七章以卒盡八章取其妻子好合如鼓瑟琴宜爾室家樂爾妻帑言二國好合宜其室家相親如兄弟○棣大計反樂音洛帑音奴宋人重賄之歸復命公享之賦魚麗之卒章魚麗詩小雅卒章曰物其有矣維其時矣喻聘宋得其時○麗力馳反〔疏〕賦魚麗之卒章○正義曰魚麗詩小雅物其有矣者謂言魚有鱨鯊魴鯉并有旨酒也維其時矣者注云太平而後微物衆多取之有時用之有道則萬物莫不多也公賦南山有臺南山有臺詩小雅取其樂只君子邦家之基邦家之光喻武子奉使能爲國光輝○只之氏反本亦作旨使所吏反武

子去所曰臣不堪也去所，辟席。○衛甯惠子疾，召悼子悼子，甯喜。曰：「吾得罪於君，悔而無及也。名藏在諸侯之策，曰『孫林父、甯殖出其君』。君入則掩之掩惡名。○策，初革反。出，如字，徐音黜。若能掩之，則吾子也。若不能，猶有鬼神，吾有餒而已，不來食矣。」餒，餓也。○餒，奴罪反。悼子許諾，惠子遂卒。爲二十六年衛侯歸傳。

經二十有一年春王正月，公如晉。○邾庶其以漆、閭丘來奔。二邑在高平南平陽縣，東北有漆鄉，西北有顯閭亭。以邑出爲叛，適魯而言來奔，內外之辭。○漆，本或作柒，徐音七。閭，力於反。[疏]注「二邑」至「之辭」。○正義曰：杜《解地》邑自爲其例，言在者，指知其處；言有者，以示不審。此言二邑在高平者，知其在高平郡界耳；又言有者，並不審其處也。《釋例》曰：漆，高平南平陽縣東北有漆鄉；閭丘，高平南平陽縣西北有顯閭亭。是二邑知在高平而不審其地，故言有也。諸侯之臣入其私邑而以之出奔者，皆書爲叛，衛孫林父、宋華亥、宋公之弟辰、趙鞅、荀寅等皆書爲叛。叛者，背其本國之大辭也。此及莒牟夷、邾黑肱亦以邑叛本國，但叛來歸魯，據其至魯爲奔而言來奔，內外之辭言俱是叛而辭異耳。且傳謂庶其等爲三叛人，明其來是叛也。○夏，公至自晉。無傳。○秋，晉欒盈出奔楚。盈不能防閑其母，以取奔亡，稱名，罪之。[疏]注「盈不」至「罪之」。○正義曰：宣十年「齊崔氏出奔衛」，書其族也。文八年「宋司城來奔」，舉其官也。又十四年「宋子哀來奔」，稱其字也。皆爲無罪，不書其名，則書名爲罪之文。據傳，盈無大罪，故辨之：不能防閑其母以取奔亡，稱其名，罪之也。不能防閑其母，詩序文也。《周禮·虎賁氏》「舍則守王閑」，又《校人》謂馬廄爲閑，則閑是欄衛禁防之名也。禮之防失，若彼閑然。《論語》云「大德不踰閑」，閑謂禮法，言不能以禮法禁防母也。○九月庚戌朔，日有食之。無傳。○冬十月庚辰朔，日有食之。無傳。○曹伯來朝。○公會晉侯、齊侯、宋公、衛侯、鄭伯、曹伯、莒子、邾子于商任。商任，地闕。○任，音壬。

傳二十一年春，公如晉，拜師及取邾田也。謝十八年伐齊之師、漷水之田。○邾庶其以漆、閭丘來奔。庶其，邾大夫。季武子以公姑姊妻之，計公年不得有未嫁姑姊，蓋寡者二人。○公姑姊，杜以公之姑及姊是二人也。或曰：《列女傳》稱梁有節姑妹，謂父之妹也。此云姑姊，是父之姊也，一人耳。以杜氏爲誤。案成二年，楚侵及陽橋，孟孫往賂以公衡，以公衡爲質。杜云：衛成公子也。楚師及宋，公衡逃歸。臧宣叔云：「衡父不忍數年之不晏，以棄魯國。」則公衡之年下計猶十七八，成公是其父，固當三十有餘矣。成二年至此三十八歲，姑又成公之姊，則年近七十矣。假令公衡非成公之子，猶是成公之弟。成九年伯姬歸于宋，伯者長稱，九年始嫁，則爲成公之妹，成公不得有姊矣。若成公別有庶長之姊，以成公、公衡之年推之，亦不復堪嫁，故知二人也。唯公羊以成公即位年幼，據《左氏》成四年傳云「公如晉，晉侯見公不敬，公歸，欲求成于楚，得季文子諫而止」，此非年幼也。反覆推之，杜氏不誤。妻，七計反，下同。[疏]注「計公」至「二人」。○正義曰：杜以姑爲父之女昆弟，姊是己之女昆，故計公之年，以爲寡者二人。劉炫云：案十二年傳云「無女而有姊妹及姑姊妹」，則古人謂姑爲姑姊妹也，而知此姑姊是襄公父之姊，止一人耳，不得云寡者二人。今知不然者，以襄公，成公之子，成公即位二年，已令大子公衡爲質於楚，及宋逃歸，則公衡年十五六矣。成公即位之初已三十有餘，計至於今七十許歲，其姊雖存，年極老矣，安可以妻庶期？劉以爲成公之姊而規杜氏，非也。皆有賜於其從者。於是魯多盜。季孫謂臧武仲曰：「子盍詰盜？」詰，治也。○從，才用反，下同。盍，胡臘反，下盍反同。詰，起吉反。[疏]「子盍」。○正義曰：鄭玄、服虔皆以盍爲何不也。武仲曰：「不可詰也，紇又不能。」季孫曰：「我有四封，而詰其盜，何故不可？子爲司寇，將盜是務去，若之何不能？」武仲曰：「子召外盜而大禮焉，何以止吾盜？吾謂國中。○去，起呂反，下皆同。子爲正卿而來外盜，使紇去之將何以能庶其竊邑於邾以來子以姬氏妻之而與之邑使食漆閭丘其從者皆有賜焉若大盜禮焉以君之姑姊與其大邑其次皁牧輿馬給其賤役從皁至牧凡八等之人。皁在早反凡八等之人謂皁輿隸僚僕臺圉牧也疏注給其至之人。正義曰昭七年傳曰皁臣輿輿臣隸隸臣僚僚臣僕僕臣臺馬有圉牛有牧自皁至牧有八等也其次謂庶其從者魯給之以八等之人其小者衣裳劍帶是賞盜也賞而去之其或難焉紇也聞之在上位者洒濯其心壹以待人軌度其信可明徵也徵驗也。洒西禮反濯直角反度待洛反疏軌度至徵也。正義曰謂使其臣信有軌則法度可明以爲徵驗也劉炫云軌法也行依法度而言有信也而後可以治人夫上之所爲民之歸也上所不爲而民或爲之是以加刑罰焉而莫敢不懲若上之所爲而民亦爲之乃其所也又可禁乎夏書曰念茲在茲逸書也茲此也謂行此事當念使可施之於此。不懲直升反釋茲在茲釋除也謂欲有所治除於人亦當顧已得無亦有之名言茲在茲名此事言此事亦皆當令可施於此。令力呈反允出茲在茲允信也信出於此則善亦在此惟帝念功言帝念功則功成也將謂由已壹也信由已壹而後功可念也言非但意念而已當須信已誠至疏夏書至念也。正義曰念茲在茲謂念此所行之事欲施於他得可施之在於此身然後行之釋茲在茲釋除也謂有所除治於此前人之上亦當在此身無有罪過然後除之名言茲在茲謂名此事言此事亦皆當令可施於此猶若名此除盜言此除盜已能除盜是除盜之事可施於此若已不能除盜追人除盜是不可施於此也允出茲在茲允信也謂誠信之心出於此身則善亦誠在此身也信由已壹謂信實由已專壹然後善功可念此斷章爲義故與尚書本文稍殊也

庶其非卿也以地來雖賤必書重地也重地故書其人其人書則惡名彰以懲不義疏庶其非卿也。正義曰公羊穀梁皆以邾莒之徒小國不合有卿釋例曰公侯伯子男及其卿大夫士命數周官具有等差當春秋時漸已變改是以仲尼丘明據時之宜仍其行事從而然之不復與周官同而先儒考合周官禮記各致異端今詳推經傳國之大小皆據當時土地人民不復依爵故書秦楚之卿而略於滕薛也諸侯大國之卿皆必有命固無所疑其摠名亦曰大夫也故經傳卿大夫之文相涉晉殺三卿而經書大夫邢丘之會傳稱大夫亦皆卿也蜀之盟齊國之大夫溴梁之盟小邾之大夫此不命一命之大夫故不書也命者謂其君正爵命之於朝其官室車旗衣服禮儀各如其命數則皆以卿禮書之於經衞之於晉不得比次國則邾莒杞鄫之屬固以微矣此等諸國當時附隨大國不得列於會者甚眾及其得列上不能自通於天子下無暇於備禮成制故與於會盟戰伐甚多唯曹之公子首得見於經其餘或命而禮儀不備或未加命數故皆不書之也邾畀我之等其奔亡亦多所書唯數人而已知其合制者少也又邾庶其等傳皆言非卿以地來雖賤必書紀裂繻來逆女傳曰卿爲君逆知此等微國亦應有卿有卿則應書於經徒以卑陋制不合禮失禮之例杞降爲夷華耦具官君子貴之至於此等卿而不備禮亦所以見其略賤也諸儒以爲邾莒無命卿既自違傳劉賈又云春秋之序三命以上乃書於經穎氏以爲再命稱人傳曰叔孫昭子三命踰父兄昭公十年昭子始加三命而先此叔孫皆自見經知所書皆再命也是杜大明春秋書卿名氏之例以邾莒自當有卿若有再命則書名氏其不書於經皆爲禮不備故庶其非卿謂非再命之卿也

○齊侯使慶佐爲大夫慶佐崔杼黨復討公子牙之黨執公子買于句瀆之丘公子鉏來奔叔孫還奔燕三子齊公族言莊公斥逐親戚以成崔慶之勢終有弒殺之禍。○復扶又反鉏仕居反還音旋殺之申志反又如字

○夏楚子庚卒楚子使薳子馮爲令尹訪於申叔豫叔豫叔時孫叔豫曰國多寵而王弱弱政教微而貴臣強國

不可爲也。遂以疾辭。方暑，闕地，下冰而牀焉，重繭衣裘，鮮食而寢。繭緜衣。○闕，求月反。繭，古典反，禮記云纊爲繭。衣裘，於旣反。鮮，息淺反，少也。下鮮過并注同。〔疏〕注繭緜衣。○正義曰：玉藻曰「纊爲繭，緼爲袍」。鄭玄云「衣有著之異名也。纊謂今之新緜，緼謂今纊及舊絮也」。然則繭是袍之別名，謂新緜著袍，故云緜衣也。置冰牀下，使有寒氣，其上加緜衣，暑月多衣，所以示疾。楚子使醫視之，復曰：「瘠則甚矣，瘠，瘦也。○瘠，在亦反。瘦，所又反。而血氣未動。」言無疾。乃使子南爲令尹。子南，公子追舒也。爲二十二年殺追舒傳。○欒桓子娶於范宣子，生懷子。桓子，欒黶。懷子，欒盈也。范鞅以其亡也，怨欒氏，十四年欒黶彊逐范鞅使奔秦。○彊，其丈反。故與欒盈爲公族大夫而不相能。桓子卒，欒祁與其老州賓通，欒祁，桓子妻，范宣子女，盈之母也。范氏，堯後，祁姓。○相能，如字，徐乃代反。幾亡室矣。言亂甚。○幾，其依反。懷子患之。祁懼其討也，愬諸宣子曰：「盈將爲亂，以范氏爲死桓主而專政矣，桓主，欒黶。〔疏〕○以范至政矣。○正義曰：桓是黶之謚。大夫稱主。誣欒盈言盈以范氏爲死桓主，道范氏之意，以桓主已死，其家衰弱，故陵侮欒氏而專晉國之政矣。曰：『吾父逐鞅也，不怒而以寵報之，謂宣子不爲黶責怒鞅，而反與鞅寵位。○爲，于僞反，下文吾爲同。又與吾同官而專之，同爲公族大夫，而鞅專其權勢。吾父死而益富。死吾父而專於國，有死而已，吾蔑從之矣。』言宣子專政，盈欲以死作難。○難，乃旦反。其謀如是，懼害於主，吾不敢不言。」范鞅爲之徵。證其有此。懷子好施，士多歸之。宣子畏其多也，信之。懷子爲下卿，下軍

佐。○好，呼報反。施，式豉反。宣子使城著而遂逐之。著，晉邑。在外易逐。○著，直豫反，又張慮反。易，以豉反。秋，欒盈出奔楚。宣子殺箕遺、黃淵、嘉父、司空靖、邴豫、董叔、邴師、申書、羊舌虎、叔羆。十子皆晉大夫，欒盈之黨也。羊舌虎，叔向弟。○邴，音丙。羆，彼皮反。〔疏〕秋欒至叔羆。○正義曰：如此傳文，則欒盈出奔之後，宣子始殺十子也。晉語云：平公六年，箕遺及黃淵、嘉父作亂，不克而死。公乃問陽畢，陽畢對曰：論遂志而虧君以亂國者之後而去之，是遂威而遠權也。欒氏之誣晉國久矣，欒書實覆宗，殺厲公以厚其家，若滅欒氏，則民威矣。公許諾，盡逐羣賊，而使祁午及陽畢適曲沃逐欒盈。如國語，則先殺十子，後逐欒盈，與此異者，賈逵云：十子皆欒盈之黨，知范氏將害欒氏，故先爲之作難，討范氏，不克而死。然則欒盈城著，十子在國謀殺宣子，不克，宣子先殺之，乃使適著逐欒盈。此傳先言欒盈，後言其黨耳，非是欒盈旣奔之後殺十子也。此傳言城著而遂逐之，則是就著逐欒盈。國語言適曲沃逐欒盈者，曲沃是欒氏之采邑，蓋就著逐其身，適曲沃逐其家也。囚伯華、叔向、籍偃。籍偃，上軍司馬。人謂叔向曰：「子離於罪，其爲不知乎。」譏其受囚而不能去。○知，音智，下及注同。叔向曰：「與其死亡若何？言雖囚，何若於死亡。詩曰：『優哉游哉，聊以卒歲。』知也。」詩小雅。言君子優游於衰世，所以辟害，卒其壽，是亦知也。○詩小雅，案今小雅無此全句，唯采菽詩云：優哉游哉，亦是戾矣。〔疏〕優哉游哉。○正義曰：此小雅采菽之篇。案彼詩云：優哉游哉，亦是戾矣。與此不同者，蓋師讀有異。樂王鮒見叔向曰：「吾爲子請。」叔向弗應。出，不拜。樂王鮒，晉大夫樂桓子。○鮒，音附。應，應對之應，下注同。一本作不應。其人皆咎叔向。叔向曰：「必祁大夫。」祁大夫，祁奚也。食邑於祁，因以爲氏。祁縣今屬太原。○咎，其九反。室老聞之，曰：「樂王鮒言於君無不行，其言皆得行。求赦吾子，吾子不許。謂不應，出不拜。祁大夫所不能也，不能動君。而

曰：必由之。何也？叔向曰：樂王鮒，從君者也，何能行？祁大夫外舉不棄讎，內舉不失親，其獨遺我乎？詩曰：有覺德行，四國順之。詩大雅。言德行直，則天下順之。○行，下孟反，注同。夫子，覺者也。覺，較然正直。○較音角。晉侯問叔向之罪於樂王鮒，對曰：不棄其親，其有焉。言叔向篤親親，必與叔虎同謀。於是祁奚老矣，老，去公族大夫。聞之，乘馹而見宣子，曰：詩曰：惠我無疆，子孫保之。詩周頌也。言文武有惠訓之德，加於百姓，故子孫保賴之。○馹，人實反，傳也。疆，居良反，下注同。書曰：聖有謨勳，明徵定保。逸書。謨，謀也。勳，功也。言聖哲有謀功者，當明定安之。○謨，莫胡反。勳，如字，書作訓。〔疏〕有覺至順之。○正義曰：此詩大雅抑之篇。○惠我至保之。○正義曰：此詩周頌烈文之篇。○注逸書至安之。○正義曰：此引書曰，夏書胤征之文也。彼作聖有謨訓，此云惠訓不倦，行本當作訓。但杜以傳作聖有謨勳，故順傳文解之。劉背傳文而規杜氏，非也。夫謀而鮮過，惠訓不倦者，叔向有焉，謀鮮過，有謨勳也。惠訓不倦，惠我無疆也。社稷之固也，猶將十世宥之，以勸能者。今壹不免其身，壹以弟故。○宥音又。以棄社稷，不亦惑乎？鯀殛而禹興，言不以父罪廢其子。○鯀，古本反。殛，紀力反。〔疏〕鯀殛而禹興。○正義曰：尚書稱堯使鯀治水，九載，績用不成，乃求得舜而徵用之，歷試三年，乃禪以位。舜典美舜之功，象以典刑之下，始云流共工于幽州，放驩兜于崇山，竄三苗于三危，殛鯀于羽山，四罪而天下咸服。孔安國云：作者敘典刑而連引四罪，明皆徵用所行，於此揔見之。是言舜初被徵用，先誅鯀而後舉禹，故言鯀殛而禹興。傳三十三年傳曰：舜之罪也殛鯀，其舉也興禹。洪範云：鯀則殛死，禹乃嗣興。皆言誅鯀乃舉禹。而鄭玄注尚書，以爲禹治水既畢，乃流四凶，言其先舉禹而後誅鯀，既違經傳之文，且復於理不當。故王肅難云：禹治水而後以鯀爲無功而殛之，是爲用人子之功而流放其父，則爲禹之勤勞適使父殛，舜失五典克從之義，爲陷三子莫大之罪，進退無據，迂亦甚哉。伊尹放大甲而相之，卒無怨色；太甲，湯孫也，荒淫失度，伊尹放之桐宮。三年改悔而復之，而無恨心。言不以一怨妨大德。○大音泰。相，息亮反。〔疏〕注太甲至大德。○正義曰：太甲，湯孫，世本紀文也。書序云：太甲既立，不明，伊尹放諸桐宮，三年復歸于亳，思庸。伊尹作太甲三篇。是太甲能自改悔，伊尹復之之事也。管蔡爲戮，周公右王。言兄弟罪不相及。○右王，音又。若之何其以虎也棄社稷？子爲善，誰敢不勉？多殺何爲？宣子說，與之乘，以言諸公而免之。共載入見公。○說音悅。乘，繩證反。見，公賢遍反，下文始見并注同。不見叔向而歸，言爲國，非私叔向也。○爲，于僞反，下不爲己亦爲子皆同。叔向亦不告免焉而朝。不告謝之，明不爲己。初，叔向之母妬叔虎之母美而不使，不使見叔向父。○妬，丁故反。其子皆諫其母。其母曰：深山大澤，實生龍蛇。言非常之地多生非常之物。彼美，余懼其生龍蛇以禍女。女，敝族也，敝，衰壞也。龍蛇喻奇怪。○女音汝，下同。國多大寵，六卿專權。不仁人間之，不亦難乎？余何愛焉？使往視寢，生叔虎，美而有勇力，欒懷子嬖之，故羊舌氏之族及於難。欒盈過於周，周西鄙掠之。劫掠財物。○間，間廁之間。於難，乃旦反。掠音亮。辭於行人，王行人也。曰：天子陪臣盈，諸侯之臣稱於天子曰陪臣。得罪於王之守臣，范宣子爲王所命，故曰守臣。○守，手又反，注同。將逃罪。罪重於郊甸，重得罪於郊甸，謂爲郊甸所侵掠也。郭外曰郊，郊外曰甸。○罪重，直用反，注同。甸，徒練反。無所伏竄，敢布其死。布，陳也。○竄，七亂反。昔陪臣書能輸力於王室，王施惠焉。（輸力謂輔相晉國以翼戴天子。○相，息亮反）其子黶不能保任其父之勞，大君若不棄書之力，亡臣猶有所逃。（大君謂天王。○任音壬）〔疏〕注「大君謂天王」。○正義曰：進言於王而稱大君，知大君謂天王也。大君，君之大者，故以爲天子。易云「大君有命」，亦謂天子也。若棄書之力，而思黶之罪，臣戮餘也，（罪戮之餘）將歸死於尉氏，（尉氏，討姦之官）不敢還矣。敢布四體，唯大君命焉。」（布四體，言無所隱）〔疏〕注「尉氏討姦之官」。○正義曰：歸死尉氏，猶言歸死於司敗。明尉氏主刑人，故爲討姦之官。周禮司寇之屬無尉氏之官，蓋周室既衰，官名改易，於時有此官耳。其司敗亦非周禮之官名也。王曰：「尤而效之，其又甚焉。」（尤晉逐盈而自掠之，是效尤。○效，或作傚，戶教反）使司徒禁掠欒氏者，歸所取焉。使候出諸轘轅。（候，送迎賓客之官也。轘轅關在緱氏縣東南。○轘音袁）〔疏〕「使司至氏者」。○正義曰：周官司寇掌詰姦慝、刑暴亂，當使司寇，而此云司徒者，以司徒掌會萬民之卒伍以起徒役，以此追胥，以此追寇盜，是其所掌。獲得罪人，乃使司寇刑之耳。

○冬，曹武公來朝，始見也。（即位三年，始來見公）○會於商任，錮欒氏也。（禁錮欒盈，使諸侯不得受。○錮音固）齊侯、衛侯不敬。叔向曰：「二君者必不免。會朝，禮之經也；禮，政之輿也；（政須禮而行）政，身之守也。（政存則身安）怠禮失政，失政不立，是以亂也。」（爲二十五年齊弒光、二十六年衛弒剽傳。○弒，申志反，下同。剽，匹妙反）〔疏〕「會朝至亂也」。○正義曰：經，訓常也，法也。會以訓上下之則，朝以正班爵之義，是會朝爲禮之常法也。政待禮而行，猶人須車以載，禮是政之車輿也。禮運云「政者，君之所以藏身也」，言政行於外，身藏其中，政是身之所守也。怠慢於禮，則政無車，無車則政不行，是失政也。君既失政，則身無所守，失政則身不立，是其所以亂也。○知起、中行喜、州綽、邢蒯出奔齊，（四子，晉大夫。○知音智。行，戶郎反。蒯，苦怪反）〔疏〕注「四子晉大夫」。○正義曰：國語陽畢對公，公許諾，盡逐羣賊，此謂也。皆欒氏之黨也。樂王鮒謂范宣子曰：「盍反州綽、邢蒯？勇士也。」宣子曰：「彼欒氏之勇也，余何獲焉？」（言不爲已用）王鮒曰：「子爲彼欒氏，乃亦子之勇也。」（言子待之如欒氏，亦爲子用也）〔疏〕「子爲至勇也」。○正義曰：子斥宣子也。子能爲彼欒氏待遇其人，如欒氏，彼荷子之恩，乃亦爲子之勇矣。○齊莊公朝，指殖綽、郭最曰：「是寡人之雄也。」州綽曰：「君以爲雄，誰敢不雄？然臣不敏，平陰之役，先二子鳴。」（十八年晉伐齊，及平陰，州綽獲殖綽、郭最，故自比於雞鬭勝而先鳴。○先，悉薦反）莊公爲勇爵。（設爵位以命勇士）殖綽、郭最欲與焉。（自以爲勇。○欲與音預，下同）

州綽曰：「東閭之役，臣左驂迫，還於門中，識其枚數。（識門版數。亦在十八年。○枚，本亦作板）〔疏〕「識其枚數」。○正義曰：十八年傳云「以枚數闔」，枚謂馬撾，以馬撾數門扇之板。此云識其枚數，枚謂門扇之枚。彼時數得其數，則二枚不同。今人數物猶云一枚、二枚也。其可以與於此乎？」公曰：「子爲晉君也。」對曰：「臣爲隸新。（言但爲僕隸，尚新耳。○子爲，于僞反）然二子者，譬於禽獸，臣食其肉而寢處其皮矣。」（言嘗射得之。○射，食亦反）

附釋音春秋左傳注疏卷第三十四

江西南昌府學栞

春秋左傳注疏卷三十四挍勘記　阮元撰盧宣旬摘録

附釋音春秋左傳注疏卷第三十四襄十九年盡二十一年

經十九年

十九年公至自伐齊　宋本無十九年三字

爲其亟伐　宋本伐下有也字

以郭水爲界也　宋本淳熙本岳本纂圖本閩本監本毛本郭作漷是也

漷水出東海合鄉縣　各本作海宋本誤作北

十七年自盟于柯陵　閩本監本毛本自作同是也

泰山南武城縣　錢大昕云續漢志宋齊隨志皆作南城晉書列傳中亦無武字唯志有之係誤衍杜注哀十四年傳作南城劉昭注續漢志引注文亦是南城此武字必後人誤加也

傳十九年

督揚即祝柯也　淳熙本揚作楊非也

傳注邿田至邿田　宋本無傳字以下正義三節揔入賦六月注下

唯無完略　宋本淳熙本岳本纂圖本毛本完作先

荀偃癉疽　案玉篇疽字下引左氏傳云荀偃疽疽生瘍於頭疽疽惡創也亦作癉

不可含　顧炎武云石經含誤作舍案石經此處刓缺所據乃王堯惠刻也釋文云含本亦作唅下同論衡死僞篇李注文選潘安仁馬汧督誄引並作唅字案唅乃俗字含乃古字許氏說文則作琀

其爲未卒事於齊故也乎　石經也字起一行計十二字惜碑刓缺不可考矣

所不嗣事于齊者　顧炎武云石經事誤是案石經事字上半尚存炎武誤

其天下輯睦　釋文云輯本又作集李注文選王元長永明十一年策秀才文引傳作集睦案集輯古字通○

按此節注下有百穀○正義曰穀之種類極多言百舉成數也疏文一段宋本誤在上節正義略言其病創耳之下各本皆脫

作林鍾而銘魯功焉　石經宋本淳熙本岳本纂圖本閩本監本毛本鍾作鐘注同

注林鍾律名鑄鍾聲應林鍾因以爲名　各本鍾作鐘下同宋本律名鑄鐘聲應林鐘因以十字作至字以下正義二節揔入亡之道也注下

古之神瞽　宋本瞽作瞽與國語合

天子令德　顧炎武云石經天誤夫案石經此處刓缺所據乃謬刻也

當言時既功時計功　案時既功三字衍文宋本監本毛本無

亡之道也　石經之字下後人旁增之字非也

鬷聲姬　纂圖本監本毛本鬷作鬷非也

遂專大子光　補諸本專作東專字誤也今改正

廢而徙之東鄙　淳熙本徙誤徒

注終言之　宋本以下正義三節揔入禮也注下

故傳終言之　宋本故下有知字

還若事未畢之辭也　浦鏜正誤若作者考文同與穀梁合

宜樿帷而歸命于　宋本閩本監本毛本樿作墠是也

范宣子言於晉侯　各本作於詩周頌臣工正義引作言諸晉侯

而勸之濟涇　宋本濟字空缺

與比並賜諸侯之卿　閩本亦作比宋本監本毛本作此是也今正

故言其用無常也　宋本無作非

膏肓何休以天子車稱大路也　案一本改作何休膏肓是

守手反　補諸本手下有又字

士子孔亦相親也　石經宋本士作二不誤

司徒孔實相子革子良之室也　石經徒字下後人旁增子字非

司徒孔與三父相親　宋本淳熙本岳本纂圖本毛本三作二是也監本二字模糊今依改

見衞至乃登　宋本以下正義二節揔入臨衞于軍句下

服虔引彭仲博云　閩本監本毛本博云作傳文非也

仲博以爲齊侯號衞　閩本監本毛本博誤傳

徐晃與關羽對語　毛本晃作晃非也

又鑄其器爲鍾　宋本淳熙本岳本纂圖本閩本監本毛本鍾作鐘

注四章至救助　宋本此節正義在乃城武城句下

文一十三年　宋本無一字是也

穆叔曰　石經宋本淳熙本岳本纂圖本足利本叔下有歸字是也

注魘猶拔也　宋本此節正義在必不有其宗注下

己人皆不愛　宋本無己字是也

經二十年

今名繁汙　水經注五引注文作繁淵云澶淵即繁淵也

二十年注稱弟明無罪也　宋本無二十年三字

傳二十年

叔孫如齊　補明監本毛本叔孫作叔老孫字誤也今改正

傳盟于至故也　宋本無傳字毛本于下有向字此節正義宋本在齊成故也注下

恐黃偪奪其政　淳熙本奪作達非也

先君與於踐土之盟　石經先字上後人旁加吾字非也

徵發無準　宋本準作准非也

注稱弟至二慶　宋本此節正義在是無天也注下

齊子初聘于齊禮也　淳熙本于作於非也

賦常棣之七章以卒　釋文亦作常石經此處刓缺淳熙本作棠非

樂爾妻帑　岳本帑作孥淳熙本樂上衍故字

賦魚麗之卒章　宋本此節正義在臣不堪也注下

喻武子奉使能爲國光煇　岳本煇作暉淳熙本纂圖本閩本監本毛本煇作輝

若不能　石經能字下後人旁加掩字非也

不來食矣　足利本閩本監本矣誤也

經二十一年

邾庶其以漆閭丘來奔　釋文云漆本或作涞○補釋文挍勘記盧文弨本涞作洡攷證云舊作涞案梁仲子云韓勑禮器碑洡不水解洡亦漆字知作涞爲誤案引韓勑碑非也陸氏因桼來字相混已久正謂或從來作涞也○案盧本洡作洡上從亡不從土是也

二邑在高平南陽至之辭　毛本作二邑在高至內外之辭宋本無在高平高陽五字

以並不審　宋本監本毛本並作示是也○補案此因下行並不審其處相涉而誤也今依改正

趙鞅　浦鏜正誤趙上增晉字是也

據其至魯爲奔　宋本奔作文是也

明其來是叛也　宋本來作來亦不誤

文八年　監本毛本文誤又

庚辰朔日有食之　此本脫日字據石經宋本淳熙本岳本纂圖本閩本監本毛本補

傳二十五年

成二年至此二十八歲　補案二十當作三十諸本皆不誤今依改

成九年　監本毛本九作元非也

傳注計公至二人　毛本無傳字公下有年字宋本作注計公至二人以下正義六節摠入重地也注下

安可以妻庶期　宋本閩本監本毛本期作其案漢書地理志作郗庶期

吾謂國中　纂圖本監本毛本國中誤倒

衣裳劍帶　纂圖本毛本劍作劒

民之歸也　足利本記云歸上異本有所字非也

言帝念也　宋本淳熙本岳本纂圖本毛本也作功是也今依正

故與尚書本文稍殊也　宋本無也字

其人書則惡名彰　足利本彰作章

公侯伯子男　宋本閩本監本毛本作伯此本誤侯今訂正

周官具有等差　毛本具誤其

諸侯大國之卿　閩本監本國誤夫

則郲莒杞鄫之屬　宋本鄫作鄶

郲卑我之等　閩本監本卑作畀

終有弒殺之禍　盧文弨云弒殺不成文當本是見殺而後人注弒字於殺字旁傳寫者誤以改見爲弒也釋文殺音申志反陳樹華以釋文爲或有誤非也

重繭衣裘　案爾雅釋言袍襺也郭注引作重襺衣裘說文襺字注春秋傳曰盛夏重襺

繭緜衣　淳熙本緜作綿俗字此本作錦尤誤今正

注繭緜衣　宋本此節正義在乃使子南爲令尹注下

纊謂今之新緜縕謂今纊及舊絮也　毛本謂並作爲非也閩本監本下謂字亦作爲

十四年欒黶彊逐范鞅使奔秦　宋本足利本彊作强淳熙本閩本監本作疆非也

以范至政矣　宋本以下正義十一節摠入使候出諸轘轅注下

其家衰弱　閩本監本毛本衰作喪宋本作衰

秋欒盈出奔楚　閩本監本亦脫秋字據石經宋本淳熙本岳本纂圖本毛本補

叔羆　石經及諸本作羆監本作罷釋文同

論逞志而虧君以亂國者之後而去之　浦鏜正誤論作掄案晉語作掄

而使祁午　宋本閩本監本毛本祁作祈非也

有覺德行　禮記緇衣引詩作有梏德行鄭注云梏大也

聖有謨勳　釋文云勳書作訓

當明定安之　宋本淳熙本岳本足利本明下有信字是也

行本當作訓　宋本行作則是也

流共工于幽州　宋本州作洲非案文十八年正義及孟子萬章篇禮記射義注引書皆作州段玉裁云今尚書作洲者衞包以俗字改也

孔安國云作者敘典刑　宋本者下有先字

皆言誅鯀乃舉禹　閩本監本毛本乃作而

故王肅雖云　宋本雖作難是也

改悔而復之　宋本淳熙本岳本纂圖本閩本監本毛本悔作侮不誤

卅本紀文也　閩本監本毛本紀作記

叔向之母妬叔虎之母美而不使　毛本妬作妒案說文妒字注婦妒夫也干祿字書以妒爲正非也今石經及諸本並作妬石經使字下旁增視寢二字按視寢二字依王充論衡言毒篇所引增入不足爲據也

實生龍蛇　石經初刻虵後改蛇下同

不仁人間之　石經不字上後人旁加而字

欒盈過於周　石經過字上有奔楚二字盈字下旁有出字案周禮候人正義引作晉欒盈出奔楚過周此出字似非後人所加也

周西鄙掠之　石經鄙字下後人旁加人字非也

大君君之大者　毛本下大字誤太

官名改易　閩本監本改易誤倒

以此追胥　宋本此作比是也

政侍禮而行　宋本侍作待不誤閩本監本毛本作恃

身藏其忠　宋本監本毛本忠作中是也

注四子晉大夫注下　宋本以下正義三節揔入寢處其皮矣

此謂也　宋本作謂此也

晉伐齊及平陰　宋本淳熙本岳本纂圖本監本毛本並作及此本及閩本作反今訂正

識門版數　淳熙本岳本版作板

以馬枚數門扇之板此云識其枚數枚謂門扇之板　閩本監本毛本脫此云識其枚數枚謂門扇之板十二字

附釋音春秋左傳注疏卷第三十四　止

春秋左傳注疏卷三十四校勘記

附釋音春秋左傳注疏卷第三十五 襄二十二年盡二十四年

杜氏注　孔穎達疏

經二十有二年春王正月公至自會無傳○夏四月○秋七月辛酉叔老卒無傳子叔齊子○冬公會晉侯齊侯宋公衞侯鄭伯曹伯莒子邾子薛伯杞伯小邾子于沙隨公至自會無傳○楚殺其大夫公子追舒書名者寵近小人貪而多馬爲國所患○近附近之近

傳二十二年春臧武仲如晉公頻與晉侯外會今各將罷還魯之守卿遣武仲爲公謝不敏故不書○守手又反爲公于僞反〔疏〕注頻與晉侯外會至故不書○正義曰經書正月公至自會則武仲初發公仍未至傳言武仲如晉正爲御叔傲使不論聘晉之意故杜原公之未歸而遣使使又不書於經知是魯之守臣使適晉也二十六年鄭伯朝晉而歸使公孫夏謝不敏知此亦是爲公謝不敏非公命故不書也服虔云武仲非卿故不書前年傳武仲爲司寇後年出奔書於經此年不得云非卿也雨過御叔御叔在其邑將飲酒御叔魯御邑大夫○過古禾反御叔魚呂反又魚據反曰焉用聖人武仲多知時人謂之聖○焉於虔反知音智又如字〔疏〕注武仲至之聖○正義曰周禮大司徒以鄉三物教萬民一曰六德知仁聖義忠和鄭玄云聖通而先識也尚書洪範云睿作聖者通識之名時人見其多知故以聖人言之非爲武仲實是大聖也尚書稱惟狂克念作聖惟聖罔念作狂詩稱人之齊聖皇父孔聖毋氏聖善皆非大聖也我將飲酒而已雨行何以聖爲穆叔聞之曰不可使也而傲使人言御叔不任使四方○傲三報反使人所吏反注同任音壬國之蠹也令倍其賦古者家有國邑故以重賦爲罰傳言穆叔能用教○蠹丁故反〔疏〕注古者至用教○正義曰周禮大司徒云凡建邦國諸公之地方五百里其食者半諸侯之地方四百里諸伯之地方三百里其食者三之一諸子之地方二百里諸男之地方百里其食四之一鄭玄云其食者半三之一四之一者土均均邦國地貢輕重之等必足其國禮俗喪紀祭祀之用乃貢其餘大國貢重正之也小國貢輕字之也此是諸侯之國貢王之差也司勳職云凡頒賞地三之一食鄭玄云賞地之稅三分計稅王食其一二全入於臣此采邑貢王之數也然則諸侯之臣受其采邑者亦當三分之一而歸於公故云古者家其國邑言以國邑爲己之家有貢於公者是滅已而貢之故以重賦爲罰言重倍其賦當以三分而二入公也○夏晉人徵朝于鄭召鄭使朝鄭人使少正公孫僑對少正鄭卿官也公孫僑子產○少詩照反注及下少年同僑其驕反〔疏〕注少正鄭卿官也○正義曰十九年傳云立子產爲卿知少正是鄭之卿官名也春秋之時官名變改周禮無此名也曰在晉先君悼公九年我寡君於是即位魯襄八年即位八月即位年之八月而我先大夫子駟從寡君以朝于執事執事不禮於寡君言朝執事謙不敢斥晉侯寡君懼因是行也我二年六月朝于楚因朝晉不見禮生朝楚心晉是以有戲之役在九年○戲許宜反楚人猶競而申禮於敝邑敝邑欲從執事而懼爲大尤曰晉其謂我不共有禮是以不敢攜貳於楚我四年三月先大夫子蟜又從寡君以觀釁於楚實朝言觀釁飾辭也言欲往視楚知可去否○共音恭下共祀同釁許勤反晉於是乎有蕭魚之役在十一年謂我敝邑邇在晉國譬諸草木吾臭味也晉鄭同姓故而何敢差池差池不齊一○差初宜反又初佳反一音七河反注同池徐本作沱直知反一音徒何反注同楚亦不競寡君盡其土實土地所有重之以宗器宗廟禮樂之器鍾磬之屬○重

直用反以受齊盟，齊同也遂帥羣臣隨于執事以會歲終。朝正【疏】注朝正也。○正義曰：言以會歲終，則歲事終以至正月朝正也。朝正，二十九年傳文也。貳於楚者子侯、石盂，歸而討之。石盂，石臭。○盂音于，臭勑畧反湨梁之明年，湨梁在十六年子蟜老矣，公孫夏從寡君以朝于君，見於嘗酎，酒之新熟重者爲酎，嘗新飲酒爲嘗酎。○夏，戶雅反，下同。見，賢遍反，又如字。酎，直又反【疏】注酒之至嘗酎。○正義曰：月令孟夏，天子飲酎，用禮樂。鄭玄云：酎之言醇也，謂重釀之酒也。春酒至此始成，與羣臣以禮樂飲之於朝，正尊卑也。彼言飲酎，當是夏祭之後。此言嘗酎，謂見於夏祭，故云與執膰焉，謂祭末受胙肉也。與執燔焉。助祭。○與音預。燔又作膰，音煩，祭肉也間二年，聞君將靖東夏，謂二十年澶淵盟。○間，間厠之間，又如字四月又朝，以聽事期。先澶淵二月往朝以聽會期。○先，悉薦反不朝之間，無歲

不聘，無役不從。以大國政令之無常，國家罷病，不虞荐至，荐，仍也。○罷音皮。荐，在薦反無日不惕，豈敢忘職？惕，懼也。○惕，他歷反大國若安定之，其朝夕在庭，何辱命焉？言自將往，不須來召。○朝如字若不恤其患，而以爲口實，口實，但有其言而已【疏】注口實至而已。○正義曰：但有徵責之言，實出於口也。服虔云：實謂譴讓也其無乃不堪任命，而翦爲仇讎，翦，削也。謂見剝削，不堪命則成仇讎敝邑是懼。其敢忘君命？委諸執事，執事實重圖之。傳言子產有辭，所以免大國之討○秋，欒盈自楚適齊。晏平仲言於齊侯曰：商任之會，受命於晉。受錮欒氏之命今納欒氏，將安用之？小所以事大，信也。失信

不立，君其圖之。弗聽。退告陳文子曰：君人執信，臣人執共，忠、信、篤、敬，上下同之，天之道也。君自棄也，弗能久矣。爲二十五年齊弒其君光傳○九月，鄭公孫黑肱有疾，歸邑于公。黑肱，子張。○肱，古宏反召室老、宗人立段，段，子石，黑肱子而使黜官、薄祭。黜官，無多受職祭以特羊，殷以少牢。四時祀以一羊，三年盛祭以羊豕。殷，盛也【疏】注四時至盛也。○正義曰：少牢饋食禮者，諸侯之大夫時祭之禮也。是時祭用少牢。今公孫黑肱使黜官薄祭，故時祭用特羊，殷祭乃少牢。諸侯之大夫止用少牢，而禮器云：君子大牢而祭謂之禮，匹士大牢而祭謂之攘。鄭玄云：君子謂大夫以上。是大夫之祭有用大牢時也。又雜記云：上大夫之虞也少牢，卒哭成事、祔皆大牢。據此二文，大夫得用大牢者，禮器之文據天子大夫故也。雜記據喪祭，故進用。等士喪禮士遣奠用少牢是也。大夫無禘祫，而云殷三年祭者，禮記言大夫有善於君，祫及五世，是大夫

有功或得禘祫也。劉炫云：禮器云：君子大牢而祭謂之禮，匹士大牢而祭謂之攘。鄭玄云：君子謂大夫以上。是大夫祭有用大牢時也。雜記云：大夫之虞也皆少牢，卒哭與祔皆大牢。喪祭有大牢，明吉祭亦有也。此言特羊，必是時祭；殷以少牢，明是三年一爲大祭，猶天子諸侯禘也。禮，大夫時祭少牢，大祭大牢。今黑肱全減之盛也足以共祀，盡歸其餘邑。曰：吾聞之，生於亂世，貴而能貧，民無求焉，可以後亡。敬共事君與二三子。生在敬戒，不在富也。己巳，伯張卒。君子曰：善戒。詩曰：愼爾侯度，用戒不虞。鄭子張其有焉。詩大雅。侯，維也。義取愼法度，戒未然。○盡，津忍反。凡此例可求，故特音之【疏】詩曰至有焉。○正義曰：詩大雅抑之篇。侯，維也。言謹愼爾身，唯在依法度，用此以戒不億度之事。鄭子張其有此詩之義焉。言生在敬戒，是愼法度也；貴而能貧，是戒不虞也○冬，會于沙隨，復錮欒氏也。晉知欒盈在齊，故復錮也。○復

扶又反注同下復使下注復生不復行皆同欒盈猶在齊晏子曰禍將作矣齊將伐晉不可以不懼為明年齊伐晉傳○楚觀起有寵於令尹子南未益祿而有馬數十乘言子南偏寵觀起令富。數所主反乘繩證反令力呈反楚人患之王將討焉子南之子棄疾為王御士御王車者王每見之必泣棄疾曰君三泣臣矣敢問誰之罪也王曰令尹之不能爾所知也國將討焉爾其居乎問能止事我否對曰父戮子居君焉用之洩命重刑臣亦不為漏泄君命罪之重。焉於虔反下焉入同泄息列反又以制反王遂殺子南於朝轘觀起於四竟轘車裂以徇。轘音患竟音境下同子南之臣謂

棄疾請徙子尸於朝欲犯命取殯。殯必刃反曰君臣有禮唯二三子不欲犯命移尸三日棄疾請尸王許之既葬其徒曰行乎行去也曰吾與殺吾父行將焉入曰然則臣王乎曰棄父事讎吾弗忍也於事是讎於實是君故雖讎而不敢報。與音預殺如字一音試遂縊而死傳譏康王與人子謀其父失君臣之義。縊一賜反復使薳子馮為令尹公子齮為司馬屈建為莫敖屈建子木也。齮五綺反屈居忽反有寵於薳子者八人皆無祿而多馬他日朝與申叔豫言弗應而退從之入於人中申叔辟薳子不欲與語。應應對之應又從之遂歸退朝見之薳子就申叔家見之曰子三困我於朝吾懼不敢不見吾過子姑告我何疾我也對曰吾不免是懼何敢告子言恐與子并罪故不敢與子語。不見賢遍反曰何故對曰昔觀起有寵於子南子南得罪觀起車裂何故不懼自御而歸不能當道薳子惶懼意不在御至謂八人者曰吾見申叔夫子所謂生死而肉骨也已死復生白骨更肉知我者如夫子則可夫子謂申叔也如夫子謂以義匡己不然請止止不相知辭八人者而後王安之辭遣之○十二月鄭游眅將歸晉游眅。公孫蠆子。眅普板反未出竟遭逆妻者奪之以館于邑舍止其邑不復行丁巳其夫攻子明殺之以其妻行十二月無丁巳丁巳十一月十四日也子展廢

良而立大叔良游眅子大叔眅弟。大音泰曰國卿君之貳也民之主也不可以苟請舍子明之類子明有罪而良又不賢故。舍音捨求亡妻者使復其所使游氏勿怨鄭國不討專殺之人所以抑強扶弱臨時之宜曰無昭惡也交怨則父之不脩益明也疏注交怨至明也。正義曰若游氏報殺此人則人知其父被殺其父所以見殺為奪人妻故也報殺則人知其父是父之行不脩益明也

經二十有三年春王二月癸酉朔日有食之無傳○三月己巳杞伯匄卒五同盟。匄古害反疏二十三年注五同盟○正義曰匄以十年即位九年盟于戲十一年于亳城北十六年于溴梁十九年于祝柯二十年于澶淵皆與杞俱在是五同盟○夏邾畀我來奔無傳畀我是庶其之黨同有竊邑叛君之罪來奔故書。畀必

利反。【疏】注「畀我至故書」。正義曰：杜從賈說，以爲庶其之黨同有竊邑叛君之罪。劉炫規過云：杜此注云庶其之黨，庶其奔魯三年，若是其黨，邾人即應討之，何因至今始奔？庶其以邑奔魯，魯人還以賜之，畀我不得彼邑，竊邑之狀復何在焉？釋例又曰：小國之卿，或命而禮儀不備，或未加命數，故不書之。邾畀我之等，其奔亡亦多，所書唯數人而已，知其合制者少也。如彼所說，又以畀我是卿，何爲兩說自相矛楯乎？炫以爲釋例是集解非，今刪定知不然者，原杜之意，以二十一年邾庶其竊邑來奔，去此既近，邾更無事，今畀我來奔，必是庶其之黨同有竊邑叛君之罪。春秋之例，命卿有罪出奔皆書名，畀我書名，罪其與庶其同黨，非謂畀我非命卿，與釋例不違。劉不曉杜旨，妄爲規非也。○葬杞孝公。無傳。○陳殺其大夫慶虎及慶寅。書名，皆罪其專國叛君。言及，使異辭，無義例。【疏】注「書名至義例」。正義曰：被殺書名是罪之文，故以專國叛君爲二慶罪狀。成十七年晉殺其大夫郤錡、郤犨、郤至，哀四年蔡殺其大夫公孫姓、公孫霍，皆不言及；文九年晉殺其大夫士縠及箕鄭父，與此並言及，傳無其說，知是史異辭，無義例也。○陳侯之弟黃自楚歸于陳。諸侯納之曰歸。黃至楚自理，得直，欲爲楚所納。○晉欒盈復入于晉，以惡入曰復入。復，扶又反，注同。入于曲沃。兵敗奔曲沃，據曲沃衆還與君爭，非欲出附他國，故不言叛。還，戶關反。爭，爭鬬之爭。【疏】注「兵敗至言叛」。正義曰：案傳，欒盈潛入曲沃之甲以入晉都，及敗又入于曲沃。潛入之時晉人不覺，及敗後更入，晉人以其狀告，故先書復入于晉，後言入于曲沃，謂其後入，故云兵敗奔曲沃也。不言叛者，叛謂以邑叛屬他國，欒盈既入曲沃，據曲沃之衆與君戰爭，兵敗而死，終亦不附他國，故不言叛也。然則昭二十一年宋華亥入于宋南里以叛，定十一年宋公之弟辰入于蕭以叛，十三年晉趙鞅入于晉陽以叛，荀寅入于朝歌以叛，皆非叛屬他國，而並書叛者，彼皆與國相距，不勝而即出奔，得歸乃言復國，皆有叛屬他國之意，故本國皆以叛告。此欒盈與君爭勝，不勝即死，未有叛屬他國之意，故晉人不以叛告也。○秋，齊侯伐衛，遂伐晉。兩事，故言遂。【疏】注「兩事故言遂」。正義曰：遂者，因上事上下事之辭，是兩事，故曰遂。僖二十八年晉侯侵曹，晉侯伐衛，亦是一舉而爲兩事，不言遂者，於彼注云：再舉晉侯者，曹、衛兩來告。然則此言遂者，齊人來告，以齊告爲文，故乃言遂也。

○八月，叔孫豹帥師救晉，次于雍榆。豹救晉，待命于雍榆，故書次。雍榆，晉地，汲郡朝歌縣東有雍城。雍，於用反。朝，如字。○己卯，仲孫速卒。孟莊子也。○冬十月乙亥，臧孫紇出奔邾。書名者，阿順季氏，爲之廢長立少，以此奔亡，罪之。爲，于僞反。長，丁丈反。少，詩照反。【疏】注「書名至罪之」。正義曰：書名是罪之文。案傳，紇爲孟氏所譖，其奔非紇之罪，故杜以阿順季氏廢長立少爲紇之罪狀也。○晉人殺欒盈。○齊侯襲莒。輕行掩其不備曰襲。因伐晉還襲莒，不言遂者，間有事。輕，遣政反。【疏】注「輕行掩其不備曰襲因伐晉還至有事」。正義曰：莊二十九年傳例曰：凡師有鍾鼓曰伐，無曰侵，輕曰襲。是輕者舍其輜重，倍道輕行，掩其不備曰襲。傳言齊侯還自晉，不入，遂襲莒，經不言遂者，間有他事故也。若然，僖六年夏公會齊侯云云伐鄭，秋楚人圍許，諸侯遂救許；二十八年公會晉侯云云于溫，天王狩于河陽，云云諸侯遂圍許，彼亦間有他事而言遂者，兩事言遂，取其省文，彼二者公皆親在事，不待告，故遂承上事揔言諸侯遂行。此書齊事，雖告稱遂行襲莒，亦不可書遂，爲間有數事，與前文隔絕故也。

傳二十三年春，杞孝公卒，晉悼夫人喪之。悼夫人，晉平公母，杞孝公姊妹。喪，如字，徐息浪反。平公不徹樂，非禮也。徹，去也。去，起呂反。禮爲鄰國闕。禮，諸侯絕期，故以鄰國責之。爲，于僞反，下注爲召、下而爲注同。期，居其反。【疏】傳注「禮諸侯至責之」。正義曰：杞孝公，晉平公之舅也，尊同則相爲不降。平公於禮爲舅當服緦麻三月，但緦服既輕，其恩不過鄰國，故傳言禮爲鄰國闕也。杜言諸侯絕期者，據禮之正法，言諸侯尊降其親，雖有本服，賜者亦當爲之闕，故以鄰國責之。禮，父在爲母服期，喪絕旁期，非母也。○陳侯如楚。朝也。公子黃愬二慶於楚，楚人召之。二慶，虎及寅也。二十年，二慶譖黃，黃奔楚自理，今陳侯往楚，乃信黃，爲召二慶。愬，息路反。使慶樂往殺之。慶樂，二慶之族。二慶畏誅，故不敢自往。使慶樂往，絕句。慶氏以陳叛。因陳侯在楚而叛之。不書叛，不以告。夏，屈建從陳侯圍陳陳人城治城以距君屆建楚莫敖。從才用反又如字板隊而殺人役人相命各殺其長慶氏忿其板隊遂殺築人故役人怒而作亂。隊直類反注同長丁丈反遂殺慶虎慶寅楚人納公子黃君子謂慶氏不義不可肆也肆放也故書曰惟命不于常周書康誥言有義則存無義則亡〔疏〕君子至于常。正義曰杜言慶氏以陳叛叛不書不以告則傳載君子之言其意不爲經也君子自論慶氏之罪所爲不義不可放肆以爲宜其誅滅故引尚書康誥言天命之不于常有義則存無義則亡慶氏族有二卿爲不義之故而並喪亡故君子論其事傷之也服虔以爲傳發此言爲不書慶氏以陳叛爲楚所圍稱國以殺不成惡人肆其志也服意見元年圍宋彭城追書繫宋不登叛人謂此亦宜然故爲此解然叛是大罪若書爲叛其惡益明何當匿其罪名謂之不可肆也若慶氏不可放肆故不書其叛則林父華亥趙鞅荀寅之徒豈皆可使放肆而書其叛乎且傳文不言書經之意知之不爲經也故杜以爲叛不告故不書耳〇

晉將嫁女于吳齊侯使析歸父媵之以藩載欒盈及其士藩車之有障蔽者使若媵妾在其中。析星歷反媵以證反又繩證反藩方元反注同障之亮反又音章〔疏〕晉將至媵之。正義曰晉將嫁女爲吳之夫人齊以女爲媵使析歸父送媵女於晉令與適俱行也禮媵同姓適異姓今晉嫁女於同姓齊以異姓爲媵皆非禮也而不言非禮者但傳本主說欒盈不言事之可否納諸曲沃欒盈邑也欒盈夜見胥午而告之胥午守曲沃大夫對曰不可天之所廢誰能興之子必不免吾非愛死也知不集也集成也。知音智又如字盈曰雖然因子而死吾無悔矣我實不天子無咎焉言我雖不爲天所祐子無大咎故可因。咎其九反祐音又許諾伏之而觴曲沃人胥午匿盈而飲其衆。觴式羊反匿女力反飲於鴆反樂作午言曰今也得欒孺子何如孺子欒盈對曰得主而爲之死猶不死也皆歎有泣者爵行又言皆曰得主何貳之有盈出徧拜之謝衆之忠已四月欒盈帥曲沃之甲因魏獻子以晝入絳獻子魏舒絳晉國都初欒盈佐魏莊子於下軍莊子魏絳獻子之父獻子私焉故因之私相親愛趙氏以原屏之難怨欒氏成八年莊姬譖之欒郤爲徵。屏薄輕反難乃旦反韓趙方睦韓起讓趙武故和睦中行氏以伐秦之役怨欒氏十四年晉伐秦欒黶違荀偃命曰余馬首欲東而固與范氏和親范宣子佐中行偃於中軍知悼子少而聽於中行氏悼子知罃之子荀盈也少年十七知氏中行氏同祖故相聽從。知音智少詩照反注同〔疏〕注悼子至聽從。正義曰十三年傳云荀罃卒十四年傳言盈生六年而武子卒是其少也知悼子荀首之孫中行吳荀林父之曾孫首是林父之弟首爲知氏林父爲中行氏是同祖也悼子是荀吳二從叔父故相聽從計悼子年十六不得爲十七是故沈氏云後人傳寫誤劉炫以此而規杜氏非也程鄭嬖於公鄭亦荀氏宗。嬖必計反〔疏〕程鄭嬖於公。正義曰鄭雖非卿亦是彊族言嬖於公見其不助欒氏唯魏氏及七輿大夫與之七輿官名。輿音餘〔疏〕注七輿官名。正義曰僖十年傳言七輿大夫杜云侯伯七命副車七乘謂副車每車有一大夫主之則此七輿大夫亦爲主副車之官也劉炫云君是主公車則當情親於公不應曲附欒氏服虔云下軍輿帥七人炫謂服言是樂王鮒侍坐於范宣子或告曰欒氏至矣宣子懼桓子曰奉君以走固宮必無害也桓子樂王鮒。鮒音附坐如字一音才臥反走如字一音奏且欒氏多怨子爲政欒氏自外子在位其利多矣既有利權又執民柄賞罰爲民柄。柄彼

命反〔疏〕且欒至民柄。正義曰欒氏多怨言易克既有爲利之權又執民之八柄也。注賞罰爲民柄。正義曰
周禮大宰以八柄詔王馭羣臣一曰爵二曰祿三曰予四曰置五曰生六曰奪七曰廢八曰誅此八者爵祿予置生是賞
也奪廢誅是罰也賞罰二事分爲八名此時臨與敵戰唯賞罰而已故以賞罰言之鄭玄云柄所秉執以起事者也然則
柄以器物爲喻若用斧之執其柄也將何懼焉欒氏所得其唯魏氏
乎而可強取也夫克亂在權子無懈矣。公有
姻喪夫人有杞喪。強其丈反下注強取同懈佳賣反〔疏〕注夫人有杞喪。正義曰隱元年傳說葬
之節云士踰月外姻至則姻是外親之揔名杞孝公卒夫人有兄弟之服是有杞喪也傳言公有姻喪注言夫人有杞喪
者下文欒王鮒使宣子墨縗冒經詐爲夫人故也案經葬杞孝公之下始書欒盈復入于晉則欒盈之入在孝公葬後杜
解諸侯既葬除服而夫人猶有服者葬杞孝公書魯使去之日欒盈入晉當在葬杞孝公之前故夫人猶有服故得詐爲
之也王鮒使宣子墨縗冒經。晉自殽戰還遂常墨縗縗七雷反本又作衰

同冒莫報反經直結反冒經以經冒其首也一云縗冒經三者皆墨之〔疏〕墨縗冒經。正義曰夫人爲其兄弟
當大功喪服大功布衰裳牡麻經冒經者言以經冒其首也欒王鮒使宣子詐爲夫人孝服也二婦人
輦以如公恐欒氏有內應距之故爲婦人服而入奉公以如固宮
固宮宮之有臺觀備守者。觀古喚反守手又反〔疏〕奉公以如固宮。正義曰晉語云范宣子以公入于襄公
之宮蓋襄公有別宮牢固故謂之固宮范鞅逆魏舒用王鮒計欲強取之則成列
既乘將逆欒氏矣趨進曰欒氏帥賊以入鞅
之父與二三子在君所矣二三子諸大夫。乘繩證反下驂乘超乘并注
同使鞅逆吾子鞅請驂乘持帶驂乘必持帶備隋隊。隋徒果
反隊直類反遂超乘跳上獻子車。跳他彫反上時掌反右撫劍左援帶劫之
。援音袁命驅之出僕請請所至鞅曰之公宣子逆諸

階逆獻子也執其手賂之以曲沃恐不與已同心初斐豹隸
也著於丹書。蓋犯罪沒爲官奴以丹書其罪。斐音非一音芳匪反〔疏〕注蓋犯至其罪
正義曰周禮司厲職云其奴男子入于罪隸女子入于舂槀鄭玄云奴從坐而沒入縣官者男女同名杜用鄭說以無正
文故云蓋以斐豹請焚丹書知以丹書其籍近世魏律緣坐配沒爲工樂雜戶者皆用赤紙爲籍其卷以鉛爲軸此亦古
人丹書之遺法欒氏之力臣曰督戎國人懼之斐豹謂
宣子曰苟焚丹書我殺督戎宣子喜曰而殺
之所不請於君焚丹書者有如日言不負要盟如日。督丁毒反
乃出豹而閉之閉著門外。著陟畧反督戎從之踰隱而
待之隱短牆也督戎踰入豹自後擊而殺之范氏
之徒在臺後公臺之後欒氏乘公門乘登也宣子謂

鞅曰矢及君屋死之鞅用劍以帥卒用短劍。兵接敵欲致
死。卒子忽反欒氏退攝車從之鞅攝宣子戎車遇欒樂樂盈之族
曰樂免之死將訟女於天言雖死猶不舍女罪。女音汝注同樂
射之不中又注注屬矢於弦也。射食亦反中丁仲反注之住反注同屬之玉反則
乘槐本而覆欒樂車轢槐而覆。槐音懷覆芳服反注同轢音歷或以戟鉤
之斷肘而死欒魴傷欒盈奔曲沃晉人圍之
魴欒氏族。斷音短肘張九反〔疏〕注魴欒氏族。正義曰服虔云魴盈之子俱無文也計欒盈宣子之外孫胥午
謂爲孺子未得有子已堪戰十九年欒魴已帥師伐齊必非欒盈子故杜以爲欒氏族世族譜欒魴爲欒氏族以欒樂爲
雜人不知杜意何故也○秋齊侯伐衛先驅穀榮御王孫
揮召揚爲右先驅前鋒軍。揮許韋反召上照反申驅成秩御莒

恒申鮮虞之傳摯爲右申驪次前軍傳摯申鮮虞之子。鮮音仙之傳摯音至本或作申鮮虞之子傳摯。〔疏〕申鮮虞之傳摯爲右。正義曰俗本多云申鮮虞之子今案注云傳摯申鮮虞之子若傳先有子字無煩此注故今定本皆無曹開御戎晏父戎爲右公御右也。晏父音甫。貳廣上之登御邢公盧蒲癸爲右貳廣公副車。廣古曠反注同邢音刑。啓牢成御襄罷師狼蘧疏爲右左翼曰啓。牢魯刀反一本作罕成罷音皮徐音彼一音皮買反狼音郎蘧其居反〔疏〕注左翼曰啓。正義曰左翼曰啓右翼曰胠賈逵以爲此言或當有成文也且此傳上下先驅申驅是前軍也大殿是後軍也明啓胠是在旁之軍說文云胠掖下也胠是在旁明矣凡言左右以左爲先知啓是左也名之曰啓或使之先行詩云以先啓行服虔引司馬法謀帥篇曰大前驅啓乘車大晨倅車屬焉大晨大殿也音相似如服言古人有名軍爲啓者胠商子車御侯朝桓跳爲右右翼曰胠。胠起居反徐又音脅或起業反朝如字

一音直遥反跳徒彫反大殿商子游御夏之御寇崔如爲右大殿後軍。殿都練反注同夏戶雅反御魚呂反燭庸之越駟乘四人共乘殿車也傳具載此言莊公廢舊臣任武力。駟乘繩證反自衛將遂伐晉晏平仲曰君恃勇力以伐盟主若不濟國之福也不德而有功憂必及君崔杼諫曰不可臣聞之小國間大國之敗而毀焉必受其咎君其圖之弗聽陳文子見崔武子文子陳完之孫須無武子崔杼也。間間廁之間又如字咎其九反曰將如君何武子曰吾言於君君弗聽也以爲盟主而利其難羣臣若急君於何有言有急不能顧君欲弒之以說晉。難乃且反弒申志反下同說音悅一音如字子姑止之文

子退告其人曰崔子將死乎謂君甚而又過之弒君之惡過於背盟主。背音佩不得其死過君以義猶自抑也況以惡乎自抑損齊侯遂伐晉取朝歌朝歌今屬汲郡爲二隊入孟門登大行二隊分兵爲二部孟門晉隘道大行山在河內郡北。隊徒對反徐徒猥反大音泰行徐戶郎反一音如字隘於解反張武軍於熒庭張武軍謂築壘壁熒庭晉地。熒戶扃反庭音庭本亦作廷壘力軌反壁亦作辟音壁〔疏〕注張武至壘壁。正義曰宣十二年傳稱楚既戰勝潘黨請築武軍昭十三年傳子干師陳蔡之師入楚陳蔡請爲武軍蔡公曰欲速且役病矣請藩而已乃藩爲軍以此知武軍謂築壘壁也張謂張設築作之具服虔云張設旗鼓也戍郫邵取晉邑而守之。郫婢支反封少水封晉尸於少水以爲京觀。少詩照反地名下注孟氏之少立少同觀官喚反以報平陰之役乃還平陰役在十八年趙勝帥東陽

之師以追之獲晏氂趙勝趙旃之子東陽晉之山東魏郡廣平以北晏氂齊大夫。勝音升一音申證反氂力之反徐音來〔疏〕注趙勝至大夫。正義曰昭二十二年傳曰荀吳畧東陽遂襲鼓滅之鼓在鉅鹿居山之東山東曰朝陽知東陽是寬大之語摠謂晉之山東故爲魏郡廣平以北二年齊晏弱城東陽以偪萊哀八年吳伐魯克東陽而晉齊魯皆有東陽名同而實異服虔以東陽爲魯邑繆之甚矣東陽之師謂下文叔孫豹所帥者也八月叔孫豹帥師救晉次于雍榆禮也救盟主故曰禮。〔疏〕注救盟主故曰禮。正義曰公羊傳曰曷爲先言救而後言次先通君命也僖元年齊師宋師曹師次于聶北救邢公羊傳曰曷爲先言次而後言救君也其意言君則進止自由故先次後救臣則先通君命故先救後次賈氏取以爲說謂此傳云禮者言其先救後次爲得禮也釋例曰所記或次在事前次以成事也或次在事後事成而次也告隨事實無義例也叔孫豹次于雍榆傳曰禮者善其宗助盟主非以次爲禮也齊桓次于聶北救邢亦存邢具其器用師人無私見善不在次也杜以此故言救盟主故曰禮所以明異舊說也○季武子無適

子公彌長而愛悼子，欲立之。公彌，公鉏。悼子，紇也。適丁歷反，長丁丈反，下皆同。鉏仕居反，紇恨發反。訪於申豐曰：「彌與紇，吾皆愛之，欲擇才焉而立之。」申豐趨退，歸，盡室將行。申豐，季氏屬大夫。他日，又訪焉，對曰：「其然，將具敝車而行。」其然，猶必爾。敝婢世反，徐扶滅反。乃止。止不立紇。訪於臧紇，臧紇曰：「飲我酒，吾爲子立之。」季氏飲大夫酒，臧紇爲客。爲上賓。飲於鴆反，下皆同。吾爲于僞反，下注爲定、爲公鉏同。既獻，已獻酒。臧孫命北面重席，新樽絜之。酒樽既新，復絜澡之。重直恭反，樽音尊，本亦作尊。復扶又反，下非復下文復戰同。澡音早。召悼子，降，逆之。大夫皆起。臧孫下迎悼子。及旅，而召公鉏。獻酬禮畢，通行爲旅。【疏】注「獻酬至爲旅」。○正義曰：案鄉飲酒禮，主人席於阼

階上西面，賓席於堂戶西南面，介席於西階上東面，衆賓席於上賓之西南面。初，賓、介及衆賓至，立於門外東面，主人出迎于門外西面，主人延賓入，及介、衆賓等立於西階下。主人揖賓升，主人酌酒於阼階上拜獻賓，賓西階上拜受，飲卒爵，酌酒以酢主人，主人阼階上飲卒爵，又酌酒先自飲以酬賓，賓拜受酬酒，奠于薦東。賓降，主人又酌酒於西階上獻介，介於西階上受爵飲，卒爵，酌以酢主人，主人於西階上受爵飲，卒爵。介降，主人又酌酒於西階上獻衆賓，衆賓飲訖降。引樂工入歌詩，主人獻樂工。又引笙入，立於堂下，主人獻笙師。訖，主人及賓、介、衆賓等皆升就席，乃立相者爲司正，使弟子一人舉觶於賓，賓酬主人，主人酬介，介酬衆賓，是爲旅也。杜言獻酬禮畢者，謂獻酬賓、介及衆賓禮畢也。言通行爲旅者，謂一人舉觶於賓，旅衆相酬，通至於下。案鄉飲酒禮，未旅以前，賓、介皆立。此傳云大夫皆起，則季氏飲大夫酒，未必純如鄉飲酒禮，則獻酬事訖，大夫皆坐。然則既獻召悼子者，謂獻臧紇及大夫訖而召悼子，至旅酬之時而召公鉏。使與之齒。使從庶子之禮，列在悼子之下。季孫失色。恐公鉏不從。季氏以公鉏爲馬正，馬正，家司馬。慍而不出。閔子馬見之，閔子馬，閔馬父。慍紆運反，怨也，怒也。曰：「子無然。禍福無門，唯人所召。爲人子者，患不孝，不患無所。所，位處。處昌慮反。敬共父命，何常之有？言廢置在父，無常位也。若能孝敬，富倍季氏可也。父寵之，則可富。【疏】「若能至氏可也」。○正義曰：悼子既爲適子，將承季氏之後，故謂悼子爲季氏。下言爲孟孫，其意亦然。富倍季氏，言可過悼子也。姦回不軌，更獲罪戾，非徒貧賤而已，是爲倍下民，故杜云禍甚於貧賤也。姦回不軌，禍倍下民可也。」禍甚於貧賤。公鉏然之，敬共朝夕，恪居官次。次，舍也。朝如字。恪苦各反。季孫喜，使飲己酒，而以具往，盡舍旃。具，饗燕之具。舍音捨。故公鉏氏富，又出爲公左宰。出季氏家，臣仕於公。孟孫惡臧孫，不相善。惡烏路反，下之惡、子之惡、我君所惡皆同。季孫愛之。愛其成己志。孟氏之御騶豐

點好羯也，羯，孟莊子之庶子，孺子秩之弟孝伯也。騶側留反，點都簟反，又之廉反，好呼報反，羯居竭反。曰：「從余言，必爲孟孫。」爲孟孫後。【疏】「孟氏之御騶」。○正義曰：成十八年傳曰「程鄭爲乘馬御，六騶屬焉，使訓羣騶知禮」，注云：「六騶，六閑之騶。」則騶是掌馬之官，蓋兼掌御事，謂之御騶。再三云，羯從之。孟莊子疾，豐點謂公鉏：「苟立羯，請讎臧氏。」使孟氏與公鉏共憎臧孫。公鉏謂季孫曰：「孺子秩固其所也。固自當立。若羯立，則季氏信有力於臧氏矣。」臧氏因季孫之欲而爲定之，猶爲有力。今若專立孟氏之少，則季氏有力過於臧氏。【疏】「信有力於臧氏矣」。○正義曰：不應得而得之，則彼荷其恩，故功力多也。弗應。己卯，孟孫卒。公鉏奉羯立于戶側。戶側，喪主。應，應對之應。【疏】「立于戶側」。○正義曰：喪大記云「大夫之喪，主人坐于東方」，此立于戶側，則在室戶之東西面立也。禮記云坐，此云立者，以季孫來，故立耳。季孫

至入哭而出曰秩焉在公鉏曰羯在此矣季孫曰孺子長公鉏曰何長之有唯其才也季孫愛鉏立紇云欲擇才故以此荅之。爲在於虔反且夫子之命也遂誣孟孫遂立羯秩奔邾臧孫入哭甚哀多涕出其御曰孟孫之惡子也而哀如是季孫若死其若之何臧孫曰季孫之愛我疾疢也常志相順從身之害。疢恥刃反孟孫之惡我藥石也常志相違戾猶藥石之療疾〔疏〕孟孫至石也。正義曰治病藥分用石本草所云鍾乳礬磁石之類多矣美疢不如惡石夫石猶生我愈己疾也〔疏〕夫石猶生我。正義曰服虔云夫謂孟孫也桓十三年傳夫固謂君夫豈不知服虔云夫謂鬬伯比也二十六年傳夫不惡女乎服杜並云夫謂大子也其年又曰夫獨無族姻乎杜云夫謂晉也三十一年傳夫亦愈知治矣杜云夫謂尹何皆謂所斥前人爲夫此言之類也

疢之美其毒滋多孟孫死吾亡無日矣孟氏閉門告於季孫曰臧氏將爲亂不使我葬欲爲公鉏讐臧氏季孫不信臧孫聞之戒戒爲備也冬十月孟氏將辟藉除於臧氏辟穿藏也於臧氏借人除葬道。辟婢亦反徐甫亦反注同藉徐音借又如字藉亦借也藏才浪反臧孫使正夫助之正夫隧正。隧音遂下文之隧同〔疏〕注正夫遂正。正義曰七年傳稱叔仲昭伯爲隧正謂南遺請城費吾多與而役是役夫遂正所主知此正夫是遂正也遂正當屬司徒臧氏爲司寇而借之於臧氏者蓋當時臧氏兼主掌之除於東門甲從已而視之畏孟氏故從甲士視作者。從才用反注同一音如字孟氏又告季孫季孫怒命攻臧氏見其有甲故乙亥臧紇斬鹿門之關以出奔邾魯南城東門〔疏〕注魯南城東門。正義曰蓋舊名猶在相傳如此也且邾在魯之東南奔邾出此門以爲便。

初臧宣叔娶于鑄生賈及爲而死鑄國濟北蛇丘縣所治。娶七住反鑄之樹反蛇音移治直吏反繼室以其姪女子謂兄弟之子爲姪。姪大結反又丈一反穆姜之姨子也姪穆姜姨母之子與穆姜爲姨昆弟〔疏〕注姪穆至昆弟。正義曰釋親云妻之姊妹同出爲姨孫炎曰同出俱已嫁也然則據父言之謂之姨據子言之當謂之從母但子效父語亦呼爲姨姨子昆弟即喪服從母昆弟是也故曰姨昆弟生紇長於公宮姜氏愛之故立之立爲宣叔嗣臧賈臧爲出在鑄還舅氏也臧武仲自邾使告臧賈且致大蔡焉大蔡大龜。大蔡龜名也一云龜出蔡地因以爲名〔疏〕注大蔡大龜。正義曰漢書食貨志云元龜爲蔡論語云臧文仲居蔡家語稱漆彫平對孔子云臧氏有守龜其名曰蔡文仲三年而爲一兆武仲三年而爲二兆是大蔡爲大龜蔡是龜之名耳鄭玄云出

蔡地因以爲名焉非也曰紇不佞失守宗祧遠祖廟爲祧。祧他彫反敢告不弔不爲天所弔恤紇之罪不及不祀言應有後〔疏〕注言應有後。正義曰禮天子封諸侯以國諸侯賜大夫以族天子不滅國諸侯不滅族有小罪則廢其身擇立次賢使紹其先祀論語云興滅國繼絕世謂此也必有大罪乃得滅之周禮大司馬云外內亂鳥獸行則滅之是也武仲自言罪輕不及於不祀言其應有後也子以大蔡納請其可請爲先人立後。請爲于僞反下爲已請自爲請爲其先人下文遂自爲也皆同賈曰是家之禍也非子之過也賈聞命矣再拜受龜使爲以納請賈使爲爲已請遂自爲也爲自爲請臧孫如防防臧孫邑使來告曰紇非能害也知不足也言使甲從已但慮事淺耳。知音智非敢私請爲其先人請也苟守先祀無廢二勳二勳文仲宣叔〔疏〕注二勳文仲宣叔。正義曰哀二十

四年傳曰晉侯將伐齊使來乞師曰昔臧文仲以楚師伐齊取穀臧宣叔以晉師伐齊取汶陽寡君欲徼福於周公願乞靈於臧氏是二勳謂文仲宣叔也敢不辟邑據邑請後故孔子以爲要君。要一遙反下同乃立臧爲臧紇致防而奔齊其人曰其盟我乎謂陳其罪惡盟諸大夫以爲戒臧孫曰無辭廢長立少季孫所忌故謂無辭以罪已將盟臧氏季孫召外史掌惡臣而問盟首焉惡臣謂奔亡者盟首載書之章首【疏】季孫召外史。正義曰周禮外史掌書外令掌四方之志今季孫召外史蓋曾亦立此官也對曰盟東門氏也曰毋或如東門遂不聽公命殺適立庶文公命立子惡公子遂殺之立宣公。毋音無聽吐定反適丁歷反盟叔孫氏也曰毋或如叔孫僑如欲廢國常蕩覆公室謂譖公與季孟於晉。覆芳服反季孫曰臧孫之罪皆不及此孟椒曰盍以其犯門斬關季孫用之乃盟臧氏曰無或如臧孫紇干國之紀犯門斬關干亦犯也。盍戶臘反臧孫聞之曰國有人焉誰居其孟椒乎孟椒孟獻子之孫子服惠伯居猶與也。居音基與音餘○晉人克欒盈于曲沃盡殺欒氏之族黨欒魴出奔宋書曰晉人殺欒盈不言大夫言自外也自外犯君而入非復晉大夫○齊侯還自晉不入不入國遂襲莒門于且于且于莒邑。且子餘反傷股而退齊侯傷明日將復戰期于壽舒壽舒莒地杞殖華還載甲夜入且于之隧宿於莒郊二子齊大夫且于隧狹路。殖市力反華胡化反還音旋狹戶夾反【疏】夜入且于之隧。正義曰既入而又得出宿知所入非城邑也故杜以爲狹道檀弓說此事云齊莊公襲莒于奪杞梁死焉言于奪則當爲地名鄭玄引此傳云隧奪聲相近言其與此一事則此亦爲地名若是地名不得云且于之隧即如記文蓋當且于之旁別有奪地非此且于之隧也明日先遇莒子於蒲侯氏蒲侯氏近莒之邑。近附近之近莒子重賂之使無死曰請有盟欲以盟要二子無致死戰華周對曰貪貨棄命亦君所惡也華周即華還昏而受命日未中而棄之何以事君莒子親鼓之從而伐之獲杞梁杞梁即杞殖莒人行成勝大國益懼故行成齊侯歸遇杞梁之妻於郊梁戰死妻行迎喪使弔之辭曰殖之有罪何辱命焉言若有罪不足弔若免於罪猶有先人之敝廬在下妾不得與郊弔婦人無外事故下猶賤也。廬力居反與音預【疏】注婦人至賤也。正義曰檀弓云哀公使人弔蕢尚遇諸道辟於路畫宮而受弔焉曾子曰蕢尚不如杞梁之妻之知禮也鄭玄云行弔禮於野非也然則男子亦不得受野弔而言婦人無外事者檀弓云君遇柩於路必使人弔之鄭玄云君於民臣有父母之恩是男子從柩在野則得野受弔婦人無外事雖從柩亦不得野受弔耳若男子得受野弔曾子非蕢尚者以蕢尚在朝顯著故宜弔於其家若君遇柩於路使人弔之者謂庶人及微小之臣也檀弓因蕢尚而說此事云杞梁死其妻迎其柩於路而哭之哀則杞梁之妻於時從杞梁柩雖從柩而辭不受弔是由異於男子故也服虔以下從上讀言敝廬在下禮記無下知下猶賤謙言賤妾也齊侯弔諸其室傳善婦人有禮○齊侯將爲臧紇田與之田邑臧孫聞之見齊侯與之言伐晉齊侯自道伐晉之功。臧孫聞之見賢遍反齊侯絕句一讀以見字絕句齊侯向下讀對曰多則多矣抑君似鼠夫鼠晝伏夜動不穴於寢廟畏人故也今君聞晉之亂而後作焉作起兵也〔疏〕不穴於寢廟正義曰一解鼠不敢穿寢廟墉以爲穴者即畏人故也但寢則近人廟則幽靜鼠不穿廟豈是畏人故知寢廟閒雅鼠不即以爲穴必須穿壁始敢安處止爲畏人故也計燕巢鼠穴自是其常假喻言之不可執此爲難也寧將事之非鼠如何乃弗與田臧孫知齊侯將敗不欲受其邑故以比鼠欲使怒而止仲尼曰知之難也有臧武仲之知○謂能辟齊禍知之音智而不容於魯國抑有由也作不順而施不恕也夏書曰念茲在茲逸書也念此事在此身言行事當常念如在己身也〔疏〕作不至恕也○正義曰服虔云不順謂阿季氏廢長立少也不恕謂惡孟氏立庶也然則作而不順當如服言傳無惡孟氏之事故不取當謂知其不可而爲之是不恕也順事恕施也

經二十有四年春叔孫豹如晉賀克欒氏○仲孫羯帥師侵齊○夏楚子伐吳○秋七月甲子朔日有食之既無傳〔疏〕秋七至之既○正義曰漢書律厤志載劉歆三統之術以爲五月二十二。分月之二十乃爲一交以爲交在望前朔則日食望則月食交在望後望則月食後月朔則日食交正在朔則日食既前後望不食交正在望則月食既前後朔不食而二十一年九月十月頻月日食此年七月八月。日食凡交前十五度交後十五度並是食竟去交遠則日食漸少去交近則日食漸多正當交則日食既若前月在交初一度日食則至後月之朔日猶在交之末度未出食竟月行天既帀來及於日或可更食若前月日在交初二度以後則後月復食無理今七月日食既而八月又食於推步之術必無此理蓋古書磨滅致有錯誤劉炫云漢末以來八百餘載考其注記莫不皆爾都無頻月日食之事計天道轉運古今一也後世既無其事前世理亦當然而今有頻食於術不得有交之所在日月必食日食在朔月食在望日月共盡一體日食少則月食多日食多則月食少日食盡則前後望月不食月食盡則前後朔日不食以其交道既不復其。相掩故也此與二十一年頻月日食理必不然但其字則變古爲篆改篆爲隸書則隸以代簡紙以代繼多厤世代年數遥遠喪亂或轉寫誤失其本真先儒因循莫敢改易執文求義理必不通後之學者宜知此意也○齊崔杼帥師伐莒○大水無傳○八月癸巳朔日有食之無傳○公會晉侯宋公衛侯鄭伯曹伯莒子邾子滕子薛伯杞伯小邾子于夷儀○冬楚子蔡侯陳侯許男伐鄭○公至自會無傳○陳鍼宜咎出奔楚陳鍼子八世孫慶氏之黨書名惡之也○鍼其兼反咎其九反惡烏路反〔疏〕注陳鍼子八世孫正義曰世本文也○叔孫豹如京師○大饑無傳

傳二十四年春穆叔如晉范宣子逆之問焉曰古人有言曰死而不朽何謂也穆叔未對宣子曰昔匄之祖自虞以上爲陶唐氏陶唐堯所治地大原晉陽縣也終虞之世以爲號故曰自虞以上○上時掌反注同治直吏反〔疏〕注陶唐至以上正義曰如杜此注陶唐共爲一名即是晉陽縣也釋例云晉大鹵大原大夏參虛晉陽六名大原晉陽縣也唯載六名而言不及唐釋例又別記小國所都唐大原晉陽縣也亦云唐是晉陽而言不及陶則以陶與唐別不是共爲一名也史記云帝堯爲陶唐氏韋昭云陶唐皆國名猶湯稱殷商也案經傳契居商故湯以商爲國號后盤庚遷殷故殷商雙舉歷檢書傳未聞帝堯居陶而以陶冠唐蓋地以二字爲名所稱或單或複也張晏云堯爲唐侯國於中山唐縣然則唐是中山縣名非晉陽也堯自唐侯而升爲天子既爲天子乃治於晉陽故杜於晉陽六名言不及唐記其諸國之都乃云唐是晉陽言堯爲天子號曰陶唐其治在晉陽耳唐非晉陽縣內之地名也舜受堯禪封堯子丹朱爲王者之后猶稱爲唐其名不易終虞之世以陶唐爲號故曰自虞以上也在夏爲御龍氏謂劉累也事見昭二十九年○見賢遍反〔疏〕注謂劉至九年○正義曰昭二十九年傳曰陶唐氏既衰其后有劉累學擾龍于豢龍氏以事孔甲夏后加之賜氏曰御龍在商爲豕韋氏豕韋國名東郡白馬縣東南有韋城〔疏〕注豕韋至韋城○正

義曰鄭語云祝融之後八姓大彭豕韋爲商伯矣又曰彭姓彭祖豕韋則商滅之矣賈逵云大彭豕韋爲商伯其後世失道殷德復興而滅之然則商之初豕韋國君爲彭姓也其後乃以劉累之後代之亦不知殷之何王滅彭姓而封累後也昭二十九年傳稱夏王孔甲嘉劉累賜氏曰御龍以更豕韋之後則賜劉累身封豕韋而此云在商爲豕韋氏者杜於彼注云劉累代彭姓之豕韋累尋遷魯縣豕韋復國至商而滅累之後世復承其國爲豕韋氏是杜解劉累及其後世再封豕韋之事**在周爲唐杜氏**唐杜二國名殷末豕韋國於唐周成王滅唐遷之於杜爲杜伯杜伯之子隰叔奔晉四世及士會食邑於范氏杜今京兆杜縣〇隰徐入反復扶又反下同

【疏】注唐杜至杜縣〇正義曰以國語杜伯文不連唐知唐杜二國名又以豕韋爲一嫌唐杜亦一故辨之也昭元年傳稱堯遷實沈于大夏唐人是因以服事夏商其季世曰唐叔虞及成王滅唐而封大叔是言周成王滅唐也周語曰周之衰也杜伯射宣王於鎬是周有杜國故杜以爲成王滅唐遷之於杜爲杜伯也晉語訾祏對范宣子云昔隰叔子違周難奔於晉生子輿爲司空世及武子佐文襄爲卿以輔成景後之人可則是以受隨范賈逵云宣王殺杜伯其子逃而奔晉子輿士蔿字武子士會也會士蔿之孫是隰叔四世及士會食邑於范爲范氏也劉炫云案杜於昭元年注云唐人若劉累之等累遷魯縣此在大夏即如彼言則居唐之人非累之裔此注何云豕韋國於唐也又據何文知初封於唐後封於杜乎今知劉說非者彼注雖似有異其義與此不殊後傳云唐人是因杜以唐人非一人之稱故云劉累之等謂累之子孫故云之等也累遷魯縣傳云唐人是因因居大夏則累之子孫遷居大夏也杜知殷末封之於唐者以周成王滅唐故也知後封於杜者以宣王時有杜伯故也是成王之時有唐無杜宣王之時有杜無唐故杜爲此解劉炫又規云唐非豕韋之胄杜亦未必是後安知滅唐遷於杜也賈逵注國語云武王封堯後爲唐杜二國以爲並時爲國非滅唐封杜劉以爲唐非劉累之後又取賈逵注國語武王封堯後爲唐杜二國以爲二國並封而規杜氏非也炫謂宣子歷言已之宗族於上世有國有家未必繼體相承炫於處秦爲劉謂非丘明之筆豕韋唐杜不信元愷之言已之遠祖數自譏訐或聞此義必將見嗤但傳言於人懼誤後學意之所見不敢有隱唯賢者裁之

晉主夏盟爲范氏其是之謂乎晉爲諸夏盟主范氏復爲之佐言已世爲興家〇夏戶雅反注同**穆叔曰以豹所聞此之謂世祿非不朽也魯有先大夫曰臧文仲既沒其言立**立謂不廢絕〇既沒其言立今俗本皆作其言立於世檢元熙以前本則無於世二字**其是之謂乎豹聞之大上有立德**黃帝堯舜〇大音泰**其次有立功**禹稷**其次有立言**史佚周任臧文仲〇佚音逸任音壬

【疏】大上至立言〇正義曰大上其次以人之才知淺深爲上次也大上謂人之最上者上聖之人也其次次聖者謂大賢之人也其次又次大賢者也立德謂創制垂法博施濟衆聖德立於上代惠澤被於無窮故服以伏羲神農杜以黃帝堯舜當之言如此之類乃是立德也禮運稱禹湯文武成王周公後代人主之選計成王非聖但欲言周公不得不言成王耳禹湯文武周公與孔子皆可謂立德者也立功謂拯厄除難功濟於時故服杜皆以禹稷當之言如此之類乃是立功也祭法云聖王之制祭祀也法施於民則祀之以死勤事則祀之以勞定國則祀之能禦大菑則祀之能捍大患則祀之法施於民乃謂上聖當是立德之人其餘勤民定國禦災捍患皆是立功者也立言謂言得其要理足可傳記傳稱史逸有言論語稱周任有言及此臧文仲既沒其言存立於世皆其身既沒其言尚存故服杜皆以史佚周任臧文仲當之言如此之類乃是立言也老莊荀孟管晏楊墨孫吳之徒制作子書屈原宋玉賈逵楊雄馬遷班固以後撰集史傳及制作文章使後世學習皆是立言者也此三者雖經世代當不朽腐故穆子歷言之

雖久不廢此之謂不朽若夫保姓受氏以守宗祊祊廟門〇祊布彭反注同

【疏】注祊廟門〇正義曰釋宮云祊謂之門李巡曰祊故廟門名也孫炎曰詩云祝祭於祊謂廟門也

世不絕祀無國無之祿之大者不可謂不朽傳善穆叔之知言**〇范宣子爲政諸侯之幣重鄭人病之二月鄭伯如晉子產寓書於子西以告宣子**寓寄也〇寓音遇**曰子爲晉國四鄰諸侯不聞令德而聞重幣僑也惑之僑聞君子長**

國家者非無賄之患而無令名之難夫諸侯之賄聚於公室則諸侯貳貳離也。長丁丈反難如字又乃旦反賄呼罪反若吾子賴之則晉國貳賴恃用之諸侯貳則晉國壞晉國貳則子之家壞何沒沒也沒沒沈滅之言。沒沒如字一音妹沈溺也將焉用賄夫令名德之輿也德須令名以遠聞。焉於虔反聞音問又如字德國家之基也有基無壞無亦是務乎有德則樂樂則能久詩云樂只君子邦家之基有令德也夫詩小雅言君子樂美其道爲邦家之基所以濟令德。樂樂並音洛夫音扶下也夫同上帝臨女無貳爾心有令名也夫詩大雅言武王爲天所臨不敢懷貳心所以濟令名。女音汝【疏】詩云至名也夫。正義曰詩小雅南山有臺之篇旨美也言有樂美之德君子以有樂美之德故爲邦家之基本也此詩所言此君子有令德也夫又引詩大雅大明之篇詩人謂武王云上天之意臨視女武王矣言武王爲天所臨不敢懷貳於女之心此詩所言言武王有令名也夫樂美君子者言君子有可樂可美之德也劉炫云詩人謂武王云上天之意臨視女武王故在下臣民無懷貳於女之心也恕思以明德則令名載而行之是以遠至邇安毋寧使人謂子子實生我無寧寧也。毋音無而謂子浚我以生乎浚取也言取我財以自生。浚思俊反【疏】毋寧至生乎。正義曰無寧寧也言人等作二事爲不取人財寧使人謂子實能生養我民也爲多取人財使人言子不能自活而須我民財以生活乎此二者孰勝也象有齒以焚其身賄也焚斃也。焚扶云反服云焚讀曰僨僨僵也斃婢世反【疏】注焚斃也。正義曰焚是燒也象不燒死故訓爲斃服虔云焚讀曰僨僨僵也爲生齒牙僵仆其身宣子說乃輕幣是行也鄭伯朝晉爲重幣

故且請伐陳也鄭伯稽首宣子辭子西相曰以陳國之介恃大國而陵虐於敝邑介因也大國楚也。說音悅爲于僞反下注會爲同相息亮反介音戒注及下同寡君是以請罪焉請得罪施陳也。是以請罪焉一本作是以請請罪焉請並七井反徐上請字音情敢不稽首爲明年鄭入陳傳○孟孝伯侵齊晉故也前年齊伐晉魯爲晉報侵○夏楚子爲舟師以伐吳舟師水軍不爲軍政不設賞罰之差無功而還爲下吳召舒鳩起本○齊侯既伐晉而懼將欲見楚子楚子使薳啓彊如齊聘且請期請會期。彊其良反又居良反齊社蒐軍實使客觀之祭社因閱數軍器以示薳啓彊。蒐所求反閱音決數所主反陳文子曰齊將有寇吾聞之兵不戢必取其族戢藏也族類也取其族還自害也。戢側立反○秋齊侯聞將有晉師夷儀之師使陳無宇從薳啓彊如楚辭且乞師辭有晉師未得相見崔杼帥師送之遂伐莒侵介根介根莒邑今城陽黔陬縣東北計基城是也齊既與莒平因兵出侵之言無信也。黔其廉反又其令反如淳音耿弇反陬側留反又子侯反韋昭音諏基本又作其音基又如字漢書作斤如淳斤音基會于夷儀將以伐齊水不克晉合諸侯以報前年見伐○冬楚子伐鄭以救齊門于東門次于棘澤以齊無宇乞師故也諸侯還救鄭夷儀諸侯晉侯使張骼輔躒致楚師求御于鄭欲得鄭人自御知其地利故也。骼庚百反一音古洛反躒力狄反徐音洛鄭人卜宛射犬吉射犬鄭公孫。宛於元反射食亦反徐神石反子大叔戒之曰大國之人不

可與也言不可與等也欲使畀下之大叔游吉。大叔音泰下遐嫁反對曰無有衆寡其上一也言在巳上者有常分無大小國之異。分扶問反【疏】無有至一也。正義曰射犬之意言成與彼俱是大夫無有國士大小人民衆寡之異其在我上彼此一也其意言我下鄭卿亦下晉卿彼若是卿我當下之彼是大夫我不下之大叔曰不然部婁無松柏部婁小阜松柏大木喩小國異於大國。部蒲口反徐扶苟反婁本或作樓路口反徐力侯反阜扶有反【疏】注部婁至大國。正義曰釋地云大陸曰阜大阜曰陵李巡曰大陸謂土地高大名曰阜阜最大爲陵則阜地之高者是丘陵之類也部婁小阜相傳爲然大山有松柏小阜無松柏小阜異於大山喩小國異於大國不得與大國之人等也服虔云喩小國無賢材知勇之人而與大國等也二子在幄坐射犬于外二子張骼輔躒。幄帳也。幄於角反既食而後食之使御廣車而行。廣車兵車後食音嗣廣古曠反注同已皆乘乘車乘車安車。下乘字繩證反注及下皆同將及楚

師而後從之乘皆踞轉而鼓琴轉衣裝。踞居慮反轉張戀反注及下同一音張臠反裝側良反一本作櫜【疏】注轉衣裝。正義曰踞謂坐其上也戰車所有可坐其上明是衣櫜耳當是盛衣甲之櫜也下云取冑於櫜當別有小櫜盛冑定本作衣裝近不告而馳之射犬恨故近敵不告而馳皆取冑於櫜而冑入壘皆下搏人以投收禽挾囚禽獲也。冑直救反櫜古毛反壘力軌反搏音博徐甫各反挾音協弗待而出射犬又不待二子皆超乘抽弓而射既免復踞轉。而鼓琴曰公孫同乘兄弟也言同乘義如兄弟。復扶又反下復討同故再不謀謂不告而馳不待而出對曰曩者志入而已今則怯也皆笑曰公孫之亟也亟急也言其性急不能受屈。曩奴黨反鄉也怯去業反亟居力反注同【疏】曩者至怯也。正義曰曩猶向也向者志入前敵而馳馳入遇怯而出非是故不告也○楚子自棘澤還使薳啓彊帥師送陳無宇傳言齊楚固相結也○吳人爲楚舟師之役故在此年夏。爲于僞反下注同召舒鳩人舒鳩人叛楚舒鳩楚屬國召欲與共伐楚楚子師于荒浦。荒浦舒鳩地浦判五反使沈尹壽與師祁犂讓之二子楚大夫。犂力兮反又利之反舒鳩子敬逆二子而告無之且請受盟二子復命王欲伐之薳子曰不可令尹薳子馮彼告不叛且請受盟而又伐之伐無罪也姑歸息民以待其卒卒終也卒而不貳吾又何求若猶叛我無辭有庸乃還彼無辭我有功爲明年楚滅舒鳩傳○陳人復討慶氏之黨鍼

宜咎出奔楚言宜咎所以稱名○齊人城郟郟王城也於是穀雒鬬毀王宮齊叛晉欲求媚於天子故爲王城之。郟古洽反【疏】注郟王至城之。正義曰傳稱成王定鼎于郟鄏周公就而營之謂之洛邑亦名王城其地舊名爲郟故以郟爲城名周語云靈王二十二年穀洛鬬毀王宮計靈王以二年即位往年爲二十二年往年毀壞其城故齊人今歲爲王城之也穆叔如周聘且賀城王嘉其有禮也賜之大路大路天子所賜車之揔名爲昭四年叔孫以所賜路葬張本○晉侯嬖程鄭使佐下軍代欒盈也鄭行人公孫揮如晉聘揮子羽也。揮許韋反程鄭問焉曰敢問降階何由問自降下之道。下遐嫁反又如字【疏】注問自降下之道。正義曰下注階猶道也知問降階者問自降下之道程鄭既得爲卿以卿是高位欲降意下人故問自降下之道子羽不能對歸以語然明然明鬷蔑。語魚據反鬷子公反然明曰是將死

矣不然將亡貴而知懼懼而思降乃得其階階猶道也下人而已又何問焉言易知。下戶嫁反易以豉反且夫既登而求降階者知人也不在程鄭其有亡釁乎不然其有惑疾將死而憂也言鄭本小人爲明年程鄭卒張本。夫音扶知音智釁許覲反【疏】其有至憂也。○正義曰程鄭忽問降階然明議其將死故云此程鄭身有罪禍懼奔亡之釁而輒問降階也若不然則有迷惑之疾將死而憂乎何休難此云善言者君子所尚有小人道之輒爲死徵是善言不可出口此未得傳之意也然明者鄭之知人知程鄭以佞媚變幸得升卿位非有謙退止足之心今忽問降階是改其常度以其改常知其將死故疑其知將有亡釁惑疾而憂故能出此語耳善言非其常所以知其將死非謂口出善言即當死也趙文子賢人也將死其語偷程鄭小人也將死其言善俱是失常無所恠惑也

附釋音春秋左傳注疏卷第三十五

春秋左傳注疏卷三十五校勘記　阮元撰盧宣旬摘錄

附釋音春秋左傳注疏卷第三十五　襄二十二年盡二十四年

經二十二年

注頻與晉侯外會至故不書　毛本作注公頻與至不書宋本作公頻至不書無與字以下正義三節宋本揔入令倍其賦注下

傳二十二年

雨過御叔御叔在其邑　閩本監本御叔字不重非也

知仁聖義忠和　監本毛本忠作中

者通識之名　宋本者上有是聖二字

非爲武仲實是大聖也　宋本也上有人字浦鏜云爲當謂字誤

古者家有國邑　宋本足利本有作其案正義作其

注少正鄭卿官也　宋本以下正義四節揔入執事實重圖之注下

鍾磬之屬　宋本纂圖本監本毛本鍾作鐘

注朝正也　宋本無也字

天子飲酎　監本子字模糊

謂祭未受胙肉也　浦鏜正誤未作末是也。○今依作末

與執燔焉　釋文云燔本有作膰案惠棟云傳廿四年傳及成十三年傳皆作膰說文曰鐇宗廟火孰肉从炙番聲春秋傳曰天子有事鐇焉以饋同姓諸侯此傳燔字當作鐇轉寫誤爲燔耳

實謂謹讓也　宋本實上有日字是也

歸邑于公　淳熙本于作於非

注四時至盛也 宋本以下正義二節摠入鄭子䆮其有焉注下

故進用等 宋本用下有一字

大夫無禘祫而而云殷三年祭者 案上而字衍文宋本所無閩本毛本誤作

一閩本塈釘

今黑肱全滅之盛也 宋本無盛字

用此以戒不億度之事 閩本監本億作憶誤

洩命重刑 釋文洩作泄陳樹華云注內漏泄君命泄字唯宋本作洩此外諸本皆作泄與釋文合此刻本本字

之僅存者

十二月鄭游販將歸晉 纂圖本監本毛本販作販亦非宋本淳熙本岳本作販歸作如與石經合案北宋刊本釋文亦作眅山井鼎云从目爲是說文眅多白眼也从目反聲春秋傳曰鄭游眅字子明普班反

以館于邑 淳熙本于誤子

舍止其邑不復行 纂圖本監本毛本舍誤令

是父之行不脩益明也 宋本是上有非字

經二十三年 宋本春秋正義卷第二十三石經春秋經傳集解襄四第十七岳本襄下增公字淳熙本無集解二字襄下亦增公字並盡廿五年

二十三年注五同盟 宋本無二十三年四字

夏邾畀我來奔 宋本畀我作畀我石經亦作畀我按釋文几在六脂畀字皆云必利反以音理言之畀在五支畀不可代畀音必利反石經始譌而宋本仍之非也

妄爲規非也 宋本非上有過字是也

注書名至義例下 宋本此節正義在注文故爲楚所納句

之甲以入晉 宋本之上有乃率曲沃四字

謂其後入 宋本其下有敗而二字

注兩事故言遂 宋本此節正義在注文東有雍城之下

故乃言遂也 宋本無乃字

以取奔亡罪之 閩本監本毛本取作此非也

注輕行掩其不備曰襲因伐晉還至有事 宋本無掩其至晉還十字

倍道輕行 宋本倍作信非

傳二十三年

杞孝公姊姝 宋本淳熙本岳本纂圖本閩本監本毛本姝作妹是也淳熙本姊誤姝○今改正

傳注禮諸侯至責之 宋本毛本無傳字宋本作注禮諸至責之

雖有本服賜者 宋本賜作期

慶樂二慶之族 淳熙本誤作之祑

板隊而殺人 石經隊作墜

知之不爲經也 宋本之作其

藩車之有障蔽者 釋文障作鄣按說文障隔也从𨸏章聲

晉將至滕之下 宋本以下正義十一節摠入晉人圍之注

又執民之八柄也 宋本無也字

子無懈矣 石經宋本懈作解與釋文合

王鮒使宣子墨縗冒至 石經宋本淳熙本岳本纂圖本閩本監本毛本至作絰是也釋文云縗本

又作衰

故爲婦人服而入　淳熙本入下有之字

固宮宮之有臺觀備守者　宋本上宮字誤言

劫之　纂圖本閩本監本毛本劫作刼非也

逆獻子也　岳本脫也字

斐豹　廣韻斐字注姓左傳晉有斐豹是斐本又作棐也

蓋犯罪沒爲官奴　漢書袁衡傳注引注文犯上有豹字

踰隱而待之　毛本踰誤踰

男女同名　宋本女作于非也

用短劒兵接敵　宋本淳熙本岳本纂圖本毛本足利本短劒作劒短

欒樂車櫟槐而覆　閩本櫟作擽亦非宋本淳熙本作轢與釋文合

申鮮虞之傳摯爲右　釋文云本或作申鮮虞之子傳摯卽正義所謂俗本是也定本亦無子字

申鮮虞之傳摯爲右　宋本以下正義二節揔入注文自抑損之下

若傳先有子字　監本傳作傳非也

大殿後軍　纂圖本後軍誤從車

燭庸之越駟乘　淳熙本庸誤戎

謂築壘壁　釋文作辟也音壁各本脫也字

注張武至壘壁　宋本至字作軍謂築三字正義三節揔入八月節注下

子干帥陳蔡之師入楚　重脩監本毛本干作于非也

張設旗鼓也　宋本鼓作此非

獲晏氂　石經氂作犛岳本作氂釋文同云徐音來宋惠棟云外傳作萊古字通徐音是也毛本誤作氂注同

趙勝趙旃之子　淳熙本旃作同非也

亦存邢　宋本亦下有以字是也

新樽絜之　釋文云樽本或作尊是也案五經文字有尊無樽使尊不誤惠棟云案曹憲文字指歸云檢字無此從缶從木音說文曰字从酋寸酒官法度也今之尊卑從此得名故尊亦爲君父之稱

獻酬禮畢通行爲旅　宋本淳熙本岳本足利本通上有而字

注獻酬至爲旅　宋本以下正義十四節揔入其孟椒乎注下

富倍季氏可也　淳熙本可誤何

具饔燕之具　纂圖本監本毛本饔燕誤倒

孺子秩　淳熙本秩誤疾

尸側喪主　淳熙本主作之非也

吾亡無日矣　淳熙本日誤自

孟氏閉門　淳熙本氏作天誤也

戒爲備也　淳熙本爲作僞非是

耤除於臧氏　石經耤初刻从竹改从廾

正夫隧正　宋本淳熙本隧作遂

注正夫遂正　閩本監本毛本遂作隧

是役夫遂正所主　宋本閩本監本毛本遂作隧下同山井鼎云此疏有四遂正但最上隧正同今本也

奔邾出此門以爲便　宋本無以字

與穆姜爲姨昆弟　淳熙本昆作兄非也

惡臣謂奔亡者　淳熙本足利本謂作諸

盟首載書之章首　淳熙本章誤卓

謂譖公與季孟於晉　淳熙本季作香誤也

無或如臧孫紇　石經此處刓缺釋文無作毋音無下同案上文作毋此則不應獨異釋文是也

杞殖華還　案李注文選洞簫賦引作芑梁殖云芑與杞同孟子告子正義引還作旋

夜入且于之隧　宋本以下正義二節揔入弔諸其室注下

則此亦爲地名　宋本此上有謂字

莒子親鼓之　淳熙本鼓作豉誤

齊侯弔諸其室齊侯將爲臧紇田　石經侯字起紇字止計十一字刓缺無考

抑君似鼠　淳熙本似作以非也

不穴於寢廟　宋本以下正義二節揔入順事恕施也之下

即畏人故也　重脩監本即作自非也

非鼠何如　石經宋本岳本作如何是也如何即而何。此本誤作何如今訂正

經二十四年

注賀克欒氏　此叔孫豹如晉注監本脫

以爲五月二十二分月之二十　宋本二分作三分與律厤志合

此年七月八月日食　宋本日字上有頻月二字

月行天既帀　毛本帀作而非也

既不復其相掩故也　宋本無其字是也

宜知此意也　宋本無也字

傳二十四年

自虞以上爲陶唐氏　李注文選謝元暉齊敬皇后哀策文引作已上

注陶唐至以上　宋本以下正義六節揔入不可謂不朽注下

其后有劉累　考文云后作後

至商而滅　監本滅字模糊重脩監本誤作成

遷之於杜爲杜伯杜伯之子　閩本監本脫下杜伯二字

食邑於范氏　宋本淳熙本岳本纂圖本足利本氏上有復爲范三字

故辯之也　宋本辯作辨

訾祏對范宣子云　監本作袥毛本作祐並非

昔隰叔子違周雖　宋本雖作難與晉語合

不信元愷之言　宋本愷作凱

既沒其言立　案禮記禮器正義引作其言立於後世釋文云今俗本皆作其言立於世檢元熙以前本則無於世二字禮疏所引疑即陸氏所謂俗本而增損之

立功謂拯厄除難　閩本監本毛本厄作危

故服杜皆以史佚周任臧文仲當之　毛本任作佚非也

賈逵　段玉裁校本逵作逵

祊故廟門名也　浦鏜正誤云故字衍

則子之家壞　惠棟云石經改刻則子家壞無之字

沒沒沈滅之言　淳熙本沈作滅

樂只君子　石經宋本岳本只作旨案十一年傳昭十三年傳引詩並作旨

詩云至名也夫　宋本以下正義三節揔入敢不稽首注下

寡君是以請罪焉　釋文作是以請請罪焉請並七井反徐上請字音情案石經罪焉二字刓缺不重請字脫文也而各本仍其誤

請得罪於陳也　宋本於作施是也施陳猶言加兵於陳。今從宋本

計基城是也　釋文基作其音基又如字云漢書作斤如淳斤音基段玉裁云斤當作亓音基作斤是誤字

諸侯還救鄭　此本救鄭二字實缺脩板無救字閩本同據石經及各本補正

輔皪　諸本作躒說文引春秋傳作輔𨍭

大叔游吉　淳熙本脫大字

無有至一也　宋本以下正義四節揔入公孫之亟也注下

部婁無松柏　閩本監本柏作栢案說文附字注云附婁小土山也引傳作附婁無松柏部與附蓋古字通北宋刻釋文婁本或作塿應邵風俗通義李注文選魏都賦引並作培塿周伯琦六書正譌云俗用培塿非也

喻小國異於大國　重脩監本下國字誤山

張骼輔躒　淳熙本躒作轢非也

使御廣車而行　纂圖本御作銜非

皆踞轉而鼓琴　惠棟云踞當作居傳氏辨誤云轉字從車與衣裝何與此必軫字之譌詩小戎俴收注云收軫也謂車前後兩端橫木踞之可以鼓琴且下文云取冑於櫜而冑則櫜固爲衣裝矣又何衣裝之有也按惠棟語當更詳之杜意謂轉即縛之假借字也二十五年傳申鮮虞以帷縛其妻縛直轉反即衣裝之義也

轉衣裝　正義本作衣囊即釋文以爲一作之本也

故再不謀　石經宋本淳熙本岳本纂圖本監本毛本故作胡是也

求媚於天子　淳熙本於誤旋

郟王至城之　宋本此節正義在賜之大路注下

故齊人今歲爲王城之也　重脩監本王城誤正成

注問自降下之道　宋本以下正義二節揔入篇末

附釋音春秋左傳注疏卷第三十五

春秋左傳注疏卷三十五挍勘記

附釋音春秋左傳注疏卷第三十六　襄二十五年盡二十五年

杜氏注　孔穎達疏

經二十有五年春，齊崔杼帥師伐我北鄙。○夏五月乙亥，齊崔杼弑其君光。齊侯雖背盟主，未有無道於民，故書臣罪崔杼也。○背音佩。○公會晉侯、宋公、衛侯、鄭伯、曹伯、莒子、邾子、滕子、薛伯、杞伯、小邾子于夷儀。○六月壬子，鄭公孫舍之帥師入陳。子產之言陳以不義見入，故舍之無譏。釋例詳之。疏 注子產至詳之。○正義曰：釋例曰：陳、蔡，楚之與國，鄭欲求親於晉，故伐而入之。晉士莊伯詰其侵小，問陳之罪，子產荅以東門之役，故免於譏。及其侵蔡，既無晉命，又無直辭，君死主少，輿師以求媚於晉，義取亂略，不能以德懷親，又不能以直報怨，故二大夫異於子產也。陳之見伐，本以助晉，晉不逆勞，而以法詰之，得盟主道理，故仲尼曰：晉爲伯，鄭入陳，非文辭不爲功，善之也。○秋八月己巳，諸侯同盟于重丘。夷儀之諸侯也。重丘，齊地。己巳，七月十二日，經誤。○重，直龍反。疏 注夷儀至經誤。○正義曰：僖五年公及齊侯云云會王世子于首止，秋八月，諸侯盟于首止。公羊傳曰：諸侯何以不序？一事而再見者，前目而後凡也。是言前序後揔，取省文之義，故此直言諸侯，猶是上夷儀之諸侯也。劉炫云：定四年公會劉子云云于召陵，五月，公及諸侯盟于皐鼬，杜云復稱公者，會盟異處，故此亦異處而不言公者，炫謂史異辭。於彼有規。傳云七月，經言八月，杜以長厤校之，七月十二日有己巳，知是經誤也。公至自會。無傳。○衛侯入于夷儀。夷儀本邢地，衛滅邢而爲衛邑。晉愍衛衎失國，使衛分之一邑。書入者，自外而入之辭，非國逆之例。○衎，苦旦反。疏 注夷儀至之例。○正義曰：僖元年邢遷于夷儀，是夷儀是邢地。僖二十五年衛滅邢而有之，還名其地爲夷儀，故爲衛之邑也。釋例曰：春秋稱入，其例有二：施於師旅則曰不地；在於歸復則曰國逆。國逆又以立爲例，逆而不入，則皆非例所及。諸在例外稱入，直是自外入內，記事者常辭，義無所取。而賈氏雖夫人姜氏之入，皆以爲例，如此甚多。是杜以先儒妄以入例，故顯言非國逆也。於時剽爲衛君，非國逆，又不得位，而稱侯者，晉人稱爲衛侯以告魯，故書侯也。桓十五年鄭伯突入于櫟，與此同也。○楚屈建帥師滅舒鳩。傳在衛侯入夷儀上，經在下，從告。○冬，鄭公孫夏帥師伐陳。陳猶未服。○十有二月，吳子遏伐楚，門于巢，卒。遏，諸樊也。爲巢牛臣所殺，不書滅者，楚人不獲其尸。吳以卒告，未同盟而赴以名。○遏，於葛反，徐音謁。疏 吳子至巢卒。○正義曰：諸侯不生名，此吳子名在伐楚上者，爲卒書名，上之以省文，猶鄭伯髡頑如會，丙戌卒于鄵也。

傳二十五年春，齊崔杼帥師伐我北鄙，以報孝伯之師也。前年魯使孟孝伯爲晉伐齊。○爲，于僞反，下「爲己娶」同。公患之，使告于晉。孟公綽曰：崔子將有大志，志在弑君。孟公綽，魯大夫。○綽，昌若反，徐本作卓，音同。不在病我，必速歸，何患焉？其來也不寇，不爲寇害。使民不嚴，欲得民心。異於他日。齊師徒歸。徒，空也。○齊棠公之妻，東郭偃之姊也。棠公，齊棠邑大夫。疏 注棠公至大夫。○正義曰：楚僭號稱王，故縣尹稱公。齊不僭號，亦邑長稱公者，蓋其家臣僕呼之曰公，傳即因而言之，猶伯有之臣云吾公在壑谷也。東郭偃臣崔武子。棠公死，偃御武子以弔焉。見棠姜而美之，美其色也。使偃取之。爲己取也。○取，如字，又七住反，注同。注或作娶字。偃曰：男女辨姓，辨，別也。○別，彼列反。今君出自丁，齊丁公，崔杼之祖。疏 注丁公。○正義曰：謚法：遠義不克曰丁。臣出自桓，齊桓公小白，東郭偃之祖。同姜姓，故不可昏。不可。武子筮之，遇困䷮坎下兌上，困。○坎，苦敢反。兌，徒外反。之大過䷛，巽下兌上，大過。困六三變爲大過。○巽音孫。疏 遇困之大過。○正義曰：坎下兌上爲困，兌爲澤，坎爲水，水在澤下，則澤中無水也。易困象曰澤無水困澤以鍾水潤生萬物今澤無水則萬物困病故名其卦爲困也巽下兊上爲大過彖曰大過大者過也陽大陰小二陰而夾四陽大者過也史皆曰吉阿崔子【疏】史皆曰吉。正義曰史者筮人也史有多人皆言爲吉阿崔子之意也服虔云皆二卦妄也示陳文子文子曰夫從風坎爲中男故曰夫變而爲巽故曰從風。中丁仲反風隕妻不可娶也風能隕落物者變而隕落故曰妻不可娶。隕于敏反娶亦作取七住反注同且其繇曰困于石據于蒺梨入于其宮不見其妻凶困六三爻辭。繇直又反蒺音疾梨力利反困于石往不濟也坎爲險爲水水之險者石不可以動也【疏】注坎爲至以動。正義曰坎彖云習坎重險也說卦坎爲水水之險者爲石也石不可動往而遇石是往不濟也據于蒺梨所恃傷也坎爲險兊爲澤澤之生物而險者蒺梨恃之則傷。【疏】注坎爲至則傷。正義曰兊爲澤說卦文也釋草云茨蒺藜郭璞曰布地蔓生細葉子有三角刺人蒺藜有刺

春秋疏卷三十六　三

是草之險者踐之則被刺故恃之則傷也入于其宮不見其妻凶無所歸也易曰非所困而困名必辱非所據而據身必危既辱且危死期將至妻其可得見邪今卜昏而遇此卦六三失位無應則喪其妻失其所歸也。應應對之應喪息浪反【疏】注易曰至所歸。正義曰所引易曰易下繫辭文也孔子引此爻之辭而以此言述之非所困而困者謂六三是坎坎爲水水之險者爲石遇石當須辟之非合所困而困之故名必辱也非所據而據謂六三在坎之上澤之下於蒺藜之間應當辟之非合所據而乃據之故身必危也石未即害身之物所以云名必辱蒺藜害體之物故云身必危既有困辱且復傾危此死時其將至矣妻其可得見乎孔子述此爻之義如是今卜昏而遇此卦是不吉之象也六三以陰居陽位是失位也三應在上上亦陰爻是無應也動而無應是喪失所歸故不見其妻也劉炫云困卦六三上承九四四非三應而三欲附之附之不入自取其困不應爲此困而爲之名必辱也六三失位而下乘九二以柔乘剛非安身之道不應據而據之身必危也崔子曰嫠也何害先夫當之矣寡婦曰嫠言棠公已當此凶。嫠本又作釐力之反遂

取之莊公通焉驟如崔氏以崔子之冠賜人侍者曰不可公曰不爲崔子其無冠乎言雖不爲崔子猶自應有冠。驟愁又反徐在遘反【疏】不爲至冠乎。正義曰公意言冠易得不足惜縱使餘人不爲崔子者其可無冠乎況崔子富貴其當自有冠也劉炫云冠是首服之大名周禮司服卿玄冕此崔子之冠蓋玄冕也今知非者以禮運云冕弁兵革藏於私家非禮也崔子冕在公府非助君祭不得用之將以賜人人非是卿何處施用案傳云驟如崔氏以崔子之冠賜人當謂就崔子家以崔子冠賜人當是玄冠也或冠模制作有異故以賜人崔子因是因是怒公又以其間伐晉也間晉之難而伐之。間間廁之間注同難乃旦反曰晉必將報欲弒公以說于晉而不獲間公鞭侍人賈舉而又近之乃爲崔子間公伺公間隙。弒申志反說音悅又如字近附近之近下近於公宮并注同爲于僞反下莒爲下注爲崔子同夏五

春秋疏卷三十六　四

月莒爲且于之役故莒子朝于齊且于役在二十三年。且子餘反甲戌饗諸北郭崔子稱疾不視事欲使公來乙亥公問崔子問疾遂從姜氏姜入于室與崔子自側戶出公拊楹而歌歌以命姜。拊芳甫反拍也楹音盈侍人賈舉止衆從者而入閉門爲崔子閉公也重言侍人者別下賈舉。從才用反重直用反別彼列反甲興公登臺而請弗許請免請盟弗許請自刃於廟勿許求還廟自殺也皆曰君之臣杼疾病不能聽命不能親聽公命近於公宮言崔子宮近公宮或淫者詐稱公陪臣干掫有淫者不知二命干掫行夜言行夜得淫人受崔子命討之不知它命。陪臣干徐云讀曰犴胡旦反注同服音如字掫側柳反徐又子俱反一音作侯反說文云掫夜戒

有所擊也從手取聲字林同音子侯反服本作諏子須反謀也今傳本或作諏猶依諏音行夜音下孟反下同

疏注干掫至他命。正義曰昭二十年傳說齊公孫青聘衞之事云賓將掫主人辭賓曰若不獲扞外役是不有寡君也乃親執鐸終夕與於燎燎卽是掫之事扞外役卽是干之義也故先儒相傳皆以干掫爲行夜說文云掫夜戒守有所擊從手取夜扞寇盜手有所擊故以干掫爲行夜官名也服虔云一曰干扞也掫謀也言受崔子命扞禦謀淫之人有此謬說故掫字或誤從言也今定本作干掫受崔子之命又受公命是爲二命故云受崔子命討之不知他命也

公踰牆又射之中股反隊遂弒之賈舉州綽邴師公孫敖封具鐸父襄伊僂堙皆死八子皆齊勇力之臣爲公所嬖者與公共死於崔子之宮。射食亦反中丁仲反股音古隊直類反具求付反鐸待洛反僂力侯反堙音因

疏又射之中股。正義曰上未有射公之文而云又射之者以公未踰牆必已射公但射公不中傳文不載以踰牆射之中股故傳言其事而云又也

祝佗父祭於高唐高唐有齊別廟也。佗徒河反至

復命不說弁而死於崔氏爵弁祭服。說他活反弁皮彥反申蒯侍漁者侍漁監取魚之官。蒯若怪反監古銜反退謂其宰曰爾以帑免帑宰之妻子。帑音奴我將死其宰曰免是反子之義也與之皆死反死君之義崔氏殺鬷蔑于平陰鬷蔑平陰大夫公外嬖傳言莊公所養非國士故其死難皆嬖寵之人。鬷子公反難乃旦反下皆同晏子立於崔氏之門外闢難而來其人曰死乎曰獨吾君也乎哉吾死也言已與衆臣無異曰行乎曰吾罪也乎哉吾亡也自謂無罪曰歸乎曰君死安歸言安可以歸君民者豈以陵民社稷是主臣君者豈爲其口實社稷是養言君不徒居民上臣不徒求祿皆爲社稷。爲于僞反注皆爲及下文同故君爲社稷死則死之爲社稷亡則亡之謂以公義死亡若爲己死而爲己亡非其私暱誰敢任之私暱所親愛也非所親愛無爲當其禍。暱女乙反任音壬當也且人有君而弒之吾焉得死之而焉得亡之言己非正卿見待無異於衆臣故不得死其難也。弒申志反焉於虔反下同將庸何歸將用死亡之義何所歸趣門啓而入枕尸股而哭以公尸枕己股。枕之鴆反注同興三踊而出人謂崔子必殺之崔子曰民之望也舍之得民舍置也。踊羊寵反盧蒲癸奔晉王何奔莒二子莊公黨爲三十八年殺慶舍張本叔孫宣伯之在齊也宣伯魯叔孫僑如成十六年奔齊叔孫還納其女於靈公嬖生景公還齊羣公子納宣伯女於靈公。還音旋丁

丑崔杼立而相之慶封爲左相盟國人於大宮大宮大公廟。相息亮反下同大音泰注同曰所不與崔慶者晏子仰天歎曰嬰所不唯忠於君利社稷者是與有如上帝乃歃盟書云所不與崔慶者有如上帝讀書未終晏子抄荅易其辭因自歃。曰所不與崔慶者本或此下有有如此盟四字者後人妄加歃所洽反又所甲反辛巳公與大夫及莒子盟莒子朝齊遇崔杼作亂未去故復與景公盟。復扶又反大史書曰崔杼弒其君崔子殺之其弟嗣書而死者二人嗣續也并前有三人死其弟又書乃舍之南史氏聞大史盡死執簡以往聞既書矣乃還傳言齊有直史崔杼之罪所以聞閭丘嬰以帷縛其妻而載之與申鮮虞

乘而出二子莊公近臣。帷位悲反，縛直轉反，乘繩證反。鮮虞推而下之下嬰妻也。推如字，又他回反。曰：「君昏不能匡，危不能救，死不能死，而知匿其暱，匿，藏也。暱，親也。匿女力反，暱女乙反。其誰納之？」行及弇中，將舍，弇中，狹道。弇於檢反，又於廉反。狹音洽。嬰曰：「崔、慶其追我。」鮮虞曰：「一與一，誰能懼我？」言道狹，雖衆無所用。遂舍，枕轡而寢，恐失馬也。枕，之鴆反。食馬而食，駕而行，出弇中，謂嬰曰：「速驅之，崔、慶之衆不可當也。」遂來奔。道廣衆得用，故不可當。食馬音嗣。崔氏側莊公于北郭。側，瘞埋之，不殯於廟。瘞於滯反，埋無皆反。丁亥，葬諸士孫之里，士孫，人姓，因名里。死十三日便葬，不待五月。四翣，喪車之飾，諸侯六翣。翣所甲反。

〔疏〕注「喪車」至「六翣」。正義曰：周禮縫人掌衣翣柳之材，鄭玄云：必先纏衣其木，乃以張飾也。喪大記云：飾棺，君黼翣二，黻翣二，畫翣二。鄭玄云：漢禮翣以木爲筐，廣三尺。四寸方，兩角高，衣以白布，畫者畫雲氣，其餘各如其象，柄長五尺，車行使人持之而從，既窆，樹於壙中。檀弓曰：周人牆置翣，是也。是說翣之制也。方言云：自關而東謂扇爲翣，則翣是扇之類也。禮器云：天子八翣，諸侯六翣，大夫四翣。鄭玄云：八翣者，加龍翣二。

不蹕，蹕，止行人。蹕音必。下車七乘，不以兵甲。下車，送葬之車。齊舊依上公禮九乘，又有甲兵，今皆降損。乘，繩證反，注及下七百乘同。

〔疏〕不蹕。正義曰：禮，喪車乘人專道而行，無貴賤一也。蹕者，止行人也。此不止行人，略賤之。注「下車」至「降損」。正義曰：服虔云：下車，遣車也。雜記云：遣車視牢具。鄭玄云：言車多少各如所包遣奠牲體之數也。然則遣車載所包遣奠而藏之者與？遣奠，天子大牢包九个，諸侯亦大牢包七个，大夫亦大牢包五个，士少牢包三个。大夫以上乃有遣車。如鄭之所言，遣車者乃是明器，塗車芻靈，載所包遣奠，藏之於壙中。下車若是明器，則甲兵亦是明器，當云無甲兵，不得云不以甲兵也。杜言送葬之車，則謂此爲貳車，非遣車也。言下車者，蓋謂麤惡之車，非良車也。周禮大行人云：上公貳車九乘，侯伯貳車七乘，子男貳車五乘。則齊是侯爵，法當是七乘耳。今傳舉七乘，言其不依舊法，知齊舊依上公之禮貳車九乘。其送葬又有甲兵，今皆降損也。用甲兵者，葬是送終大禮，法當備列軍陳。若漢葬霍光，發材官輕車北軍伍校士軍陳至茂陵以送其葬，所以榮之也。

○晉侯濟自泮，泮，闕。泮，普半反。會于夷儀，伐齊，以報朝歌之役。朝歌役在二十三年。不書伐齊，齊人逆服，兵不加。齊人以莊公說，以弑莊公說晉也。說如字，又音悅，注同。

〔疏〕注「以弑莊公說晉也」。正義曰：劉炫云：杜意晉謀伐齊，齊人乃弑莊公以說晉也。炫謂莊公死後，晉始謀伐齊。齊人以莊公伐晉，晉欲報伐莊公。既以此說晉，言晉雖既死，今新君服從晉也。

使隰鉏請成。慶封如師。慶封獨使於晉，不通諸侯，故不書。鉏，隰朋之曾孫。鉏，仕居反。使，所吏反。男女以班。賂晉侯以宗器、樂器。宗器，祭祀之器。樂器，鐘磬之屬。

〔疏〕男女以班。正義曰：劉炫云：哀元年「蔡人男女以辨」，與此同。杜意男女分別，將以賂晉也。炫謂男女分別，示晉以恐懼服罪，非以爲賂也。

自六正、三軍之六卿。五吏、三十帥，五吏，文職。三十帥，武職。皆軍卿之屬官。帥，所類反，注及下注將帥同。

〔疏〕注「五吏」至「屬官」。正義曰：此齊以晉將來伐，就會賂之，則五吏、三十帥皆軍內之官也。三軍將佐有六，與六正數同，故以六正爲六卿也。其五吏、三十帥，皆是軍內之官，以三軍與六正數同，必是在軍之官，但軍官不復可知。下句言三軍之大夫、百官之正長，則軍內羣官足包之矣。於大夫之上言五吏、三十帥，此吏、帥未必貴於大夫，當以有所掌，故先言之耳。以吏者，治也，故爲文職；帥者，有所率領，故爲武職。杜氏以意而解，不能審悉，故云皆軍卿之屬官，略言之耳。既以帥爲武職，則帥是大帥。下句復云師旅，明當小於此帥，故杜以下師旅爲小將帥。董遇云：五吏，謂一正有五吏，爲三十二師之長，亦以意言之耳。俗本三十帥爲三十師，非也。

三軍之大夫、百官之正長、師旅百官正長，羣有司也。師旅，小將帥。長，丁丈反，注同。及處守者，皆有賂。皆以男女爲賂。處守，守國者。處守，手反，注處守同。守國，如字，或手又反。

〔疏〕注「皆以男女爲賂」。正義曰：杜以上句男女以班與賂連文，故云皆以男女爲賂。劉炫以爲男女以班示降服，於晉有賂者，皆有貨財賂之，非以男女爲賂，與杜異也。

晉侯許之。晉侯受賂，還不

議者齊有喪師自宜退〔疏〕注晉侯至宜退。正義曰案傳會于夷儀伐齊以報朝歌之役齊人以莊公說則晉初伐齊之日未知莊公已死齊人以說方始知之齊既有喪師自須退縱令受賂未合致譏故杜爲此解而劉以爲齊弒君之後晉始來伐而規杜氏非也使叔向告於諸侯告齊服公使子服惠伯對曰君舍有罪以靖小國君之惠也寡君聞命矣○晉侯使魏舒宛沒逆衛侯衛獻公以十四年奔齊。宛於元反將使衛與之夷儀崔子止其帑以求五鹿崔杼欲得衛之五鹿故留衛侯妻子於齊以質之〔疏〕崔子至五鹿。正義曰衛侯本以妻子奔齊今衛侯將入夷儀崔子止其帑於齊所以止之以求五鹿故也衛侯若得衛國望以五鹿與齊故止其妻子以質之也○初陳侯會楚子伐鄭在前年當陳隧者井堙木刋隧徑也堙塞也刋除也。隧音遂徐又徒猥反下同堙音因刋苦干反徑古定反鄭人怨之

六月鄭子展子產帥車七百乘伐陳宵突陳城突穿也遂入之陳侯扶其大子偃師奔墓欲逃冢閒遇司馬桓子曰載余陳之司馬曰將巡城不欲載公以巡城辭遇賈獲賈獲陳大夫載其母妻下之而授公車公曰舍而母辭曰不祥雖急猶不欲男女无別。別彼列反下文同與其妻扶其母以奔墓亦免子展命師無入公宮與子產親御諸門欲服之而已故禁侵掠。御魚呂反掠音亮陳侯使司馬桓子賂以宗器陳侯免擁社免喪服擁社抱社主示服。免音問注同徐音方喪冠也擁於勇反使其眾男女別而纍以待於朝纍自囚係以待命。纍類悲反一音呂執反〔疏〕。注纍自至待命。正義曰宣十二年楚子入鄭鄭伯肉袒牽羊所以不別以男女囚繫以待命者此雖降服猶望國存故以囚繫男女擬爲鄭之僕隸彼則恐其遂滅請俘江南國已亡滅男女非已之有故與此不同子展執縶而見見陳侯。縶陟立反見賢遍反再拜稽首承飲而進獻承飲奉觴示不失臣敬子美入數俘而出子美子產也但數其所獲人數不將以歸。數俘所主反注但數同下方夫反祝祓社司徒致民司馬致節司空致地乃還祓除也節兵符陳亂故正其眾官脩其所職以安定之乃還也。祓方弗反徐音沸〔疏〕注祓除至還也。正義曰周禮女巫掌歲時祓除釁浴鄭玄云歲時祓除如今三月上巳如水上之類釁浴謂以香薰草藥沐浴彼言祓除知此祓社是祓除也其祓除之事當如鄭之言也周禮有掌節之官節爲兵符若今之銅虎符竹使符也陳國既亂致使官司廢闕民人分散符節失亡故令陳之司徒招致民人司馬集致符節司空檢致土地使各依其舊師乃迴還也劉炫云陳國既亂民節與地非復陳有子展子產心不滅陳各使已之官屬各依其職事致之於陳使民依職領受具其眾官備其所職以

安定之乃還也諸官皆鄭人在軍有此官者蓋權使攝爲之未必是正官服虔以爲祝與司徒算皆是陳人各致其所主於子產案傳陳侯擁社自抱以逆又何須祝祓之子美數俘獲尚不取何當取其民地使陳致之既致乃還則是滅矣何以云入陳也○秋七月己巳同盟于重丘齊成故也伐齊而稱同盟以明齊亦同盟〔疏〕注伐齊至同盟。正義曰杜以經言同盟傳言伐齊直書諸侯同盟齊人不序於列故據同盟之言以明齊亦與盟劉炫以爲齊直遣慶封如師齊侯不與盟今知非者以五月齊弒莊公之後即立景公及七月始盟傳言齊成故也明齊侯在魯莊十六年同盟于幽傳云鄭成也二十七年同盟于幽傳云鄭成也二十七年同盟于幽傳云陳鄭服也並與此文同又傳稱重丘之盟未可忘也故知齊亦同盟劉以爲齊侯不與盟而規杜氏非也○趙文子爲政趙武代范匄令薄諸侯之幣而重其禮以重禮待諸侯穆叔見之謂穆叔曰自今以往兵其少弭矣弭止也。弭亡氏反齊崔慶新得政將求善於

諸侯，武也，知楚令尹，[令尹屈建] 〔疏〕注令尹屈建。○正義曰：趙文子初始爲政，與令尹相知，望其在後兵息，知是新令尹也。下文始言屈建爲令尹者，因伐舒鳩而追序之，其實蔿子馮卒在此盟前，故服、杜皆以令尹爲屈建也。若敬行其禮，道之以文辭，以靖諸侯，兵可以弭。[爲二十七年晉楚盟于宋傳。○道音導] ○楚蔿子馮卒，屈建爲令尹，[屈建，子木] 屈蕩爲莫敖。[代屈建。宣十二年邲之役，楚有屈蕩爲左廣之右，世本屈蕩，屈建之祖父，今此屈蕩與之同姓名。○邲，扶必反。廣，古曠反] 舒鳩人卒叛楚，[前年辭楚不叛] 令尹子木伐之，及離城。[離城，舒鳩城] 吳人救之，子木遽以右師先，[先至舒鳩。○遽，其據反] 子彊、息桓、子捷、子駢、子盂帥左師以退。[五人不及子木，與吳相遇而退。○捷，在接反。駢，蒲賢反，又蒲丁反。盂音于] 吳人居其間七日。[居楚兩軍之間] 子彊曰：久將墊隘，隘乃禽也，不如速戰。[墊隘，處水雨。○墊，丁念反。方言云：下也。隘，於懈反] 〔疏〕注墊隘處水雨。○正義曰：成六年注云：墊隘，羸困也。方言云：墊，下也。吳地下溼，久駐於此，處水雨，大至，民將困病，故恐爲人所禽制也。請以其私卒誘之，簡師陳以待我。[簡閱精兵，駐後爲陳。○卒，子忽反，下同。陳，直覲反，注同。駐，張住反] 我克則進，奔則亦視之，[視其形勢而救助之] 乃可以免，不然必爲吳禽。從之。五人以其私卒先擊吳師，吳師奔，登山以望，見楚師不繼，復逐之，傅諸其軍。[吳還逐五子，至其本軍。○復，扶又反，下復伐陳同。傅音附] 簡師會之，吳師大敗，遂圍舒鳩，舒鳩潰。[五子既敗吳，子遂前，及子木共圍滅舒鳩。○潰，戶內反] 八月，楚滅舒鳩。○衛獻公入于夷儀。[爲下自夷儀與甯喜言張本] ○鄭子產獻捷于晉，[獻入陳之功，而不獻其俘] 〔疏〕注獻入至其俘。○正義曰：上云數俘而出，不將以歸，知其空獻功，不獻俘也。戎服將事。[戎服，軍旅之衣，異於朝服] 〔疏〕注戎服至朝服。○正義曰：周禮司服云：凡兵事，韋弁服。鄭玄云：韋弁，以韎韋爲弁，又以爲衣裳也。諸侯之朝服，玄冠，緇布衣，素積以爲裳。是戎服異於朝服也。晉人問陳之罪，對曰：昔虞閼父爲周陶正，[閼父，舜之後，當周之興，閼父爲武王陶正。○閼，於葛反] 以服事我先王。我先王賴其利器用也，與其神明之後也，[舜聖，故謂之神明] 庸以元女大姬配胡公，[庸，用也。元女，武王之長女。胡公，閼父之子滿也。○大音泰。配亦作妃，音配。長，丁丈反] 〔疏〕注庸用至滿也。○正義曰：庸聲近用，故爲用也。史記陳世家云：陳胡公滿者，虞帝舜之後也。舜傳禹，而舜子商均爲封國。夏后之時，或失或續。周武王克殷，求舜後，得嬀滿，封之於陳，以奉帝舜祀，是爲胡公。而封諸陳，以備三恪。[周得天下，封夏殷二王後，又封舜後，謂之恪，并二王後爲一國，其禮轉降，示敬而已，故曰三恪。○恪，若洛反] 〔疏〕注周得至三恪。○正義曰：樂記云：武王克殷，未及下車而封黃帝之後於薊，封帝堯之後於祝，封帝舜之後於陳。下車而封夏后氏之後於杞，投殷之後於宋。郊特牲云：天子存二代之後，猶尊賢也。尊賢不過二代。鄭玄以此謂杞、宋爲二代之後，薊、祝、陳爲三恪。杜今以周封夏殷之後爲二王後，又封陳，并二王後爲三恪。杜意以此傳言以備三恪，則以陳備三恪而已。若遠取薊、祝，則陳近矣，何以言備？以其稱備，知其通二代而備其數耳。二代之後則各自行其正朔，用其禮樂，王者尊之深也。舜在二代之前，其禮轉降，恪敬也，封其後示敬而已，故曰恪。恪雖通二代爲三，其二代不假稱恪，唯陳爲恪耳。則我周之自出，至于今是賴。[言陳周之甥，至今賴周德] 桓公之亂，蔡人欲立其出。[陳桓公鮑卒，於是陳亂，事在魯桓五年。蔡出，桓公之子厲公也] 我先君莊公奉五父而立之，[五父，佗，桓公弟，殺大子免而代之。鄭莊公因就定其位。○佗，徒何反] 蔡人殺之。[欲立其出故] 我又與蔡人奉戴厲公，[奉戴，猶奉事] 至於莊宣皆我之自立陳莊公宣公皆厲公子夏氏之亂成公播蕩又我之自入君所知也播蕩流移失所宣十一年陳夏徵舒弑靈公靈公之子成公奔晉自晉因鄭而入也。夏戶雅反播補賀反今陳忘周之大德蔑我大惠棄我姻親介恃楚衆以憑陵我敝邑不可億逞億度也逞盡也。介音戒憑皮冰反億於力反逞勑景反度待洛反我是以有往年之告謂鄭伯稽首告晉請伐陳未獲成命未得伐陳命則有我東門之役前年陳從楚伐鄭東門當陳隧者井堙木刊敝邑大懼不競而恥大姬上辱大姬之靈天誘其衷啓敝邑之心啓開也開道其心故得勝。衷音忠陳知其罪授手于我用敢獻功晉人曰何故侵小對曰先王之命唯罪所在各致其辟辟誅也。辟婢亦反注同

【疏】何故侵小。正義曰陳大於鄭而謂之侵小者言陳對晉爲小不言小於鄭也子展伐陳此言侵謂侵陵之非用兵之侵也

且昔天子之地一圻方千里。圻音祈列國一同方百里

【疏】列國一同。正義曰周法大國五百里此爲一同者引夏殷時國小以譏晉國之寬大權以拒晉耳

自是以衰衰差降。衰初危反注同

【疏】衰差降。正義曰中國七十小國五十是降差

今大國多數圻矣若無侵小何以至焉晉人曰何故戎服對曰我先君武莊爲平桓卿士鄭武公莊公爲周平王桓王卿士。數色主反下數甲兵數疆僚各并注同城濮之役文公布命曰各復舊職晉文公。濮音卜命我文公戎服輔王以授楚捷不敢廢王命故也城濮在僖二十八年士莊伯不能詰。士莊伯士弱也。詰起吉反復於趙文子文子曰其辭順犯順不祥乃受之冬十月子展相鄭伯如晉拜陳之功。謝晉受其功。相息亮反子西復伐陳陳及鄭平前雖入陳服之而已故更伐以結成仲尼曰志有之志古書言以足志文以足言足猶成也。足將住反又如字下及注同不言誰知其志言之無文行而不遠雖得行猶不能及遠晉爲伯鄭入陳非文辭不爲功愼辭也樞機之發榮辱之主

【疏】注樞機至之主。正義曰易繫辭文也鄭玄云樞戶樞也機弩牙也戶樞之發或明或闇弩牙之發或中或否以譬言語之發有榮有辱傳言子產善爲文辭於鄭有榮也

○楚蔿掩爲司馬蔿子馮之子子木使庀賦庀治。庀匹婢反

【疏】注庀治。正義曰庀訓爲具而言治者以下說治賦之事治之使具故以庀爲治也

數甲兵閱數甲午蔿掩書土田書土地之所宜度山林度量山林之材以共國用。度待洛反注及下注同共音恭鳩藪澤鳩聚也聚成藪澤使民不得焚燎壞之欲以備田獵之處。藪素口反燎力召反處昌慮反

【疏】注鳩聚至之處。正義曰鳩聚釋詁文也釋地有十藪李巡曰藪澤之別名也周禮澤虞有大澤大藪小澤小藪鄭玄云澤水所鍾也水希曰藪其職云若大田獵則萊澤野是藪爲田獵之處或焚其草則散失澤藪之用故聚成使不得焚燎之也

辨京陵辨別也絕高曰京大阜曰陵別之以爲冢墓之地。別彼列反下同

【疏】注辨別至之地。正義曰釋丘云絕高爲之京非人爲之丘李巡曰丘高大者爲京也孫炎曰爲之人所作也則京爲丘類人力所作也釋地云大陸曰阜大阜曰陵李巡曰大陸謂土地高大名曰阜阜最大爲陵也檀弓稱趙文子與叔譽觀于九原觀晉諸大夫之墓也僖三十二年傳云殽有二陵焉其南陵夏后皋之墓也故知別丘陵以爲葬墓之地

表淳鹵淳鹵埆薄之地表異輕其賦稅。淳音純鹵音魯說文鹵西方鹹也埆音學云

【疏】注淳鹵至賦稅。正義曰賈逵云淳鹹也說文云鹵西方鹹地

也從西省象鹽形安定有鹵縣東方謂之斥西方謂之鹵呂氏春秋稱魏文侯時吳起爲鄴令引漳水以灌田民歌之曰決漳水以灌鄴旁終古斥鹵生稻粱是鹹薄之地名爲斥鹵禹貢云海濱廣斥是也渟鹵地薄收穫常少故表之輕其賦稅

數疆潦疆界有流潦者計數減其租入。疆居良反注同賈又其兩反潦音老。疏注疆界至租入。正義曰賈逵以疆爲疆埸之地鄭眾以爲疆界內有水潦者案周禮草人凡糞種彊檗用蕡鄭玄云彊檗彊堅者則疆地猶堪種植非水潦之類故從鄭眾之說數其疆界有水潦者計數減其租稅也孫毓讀爲疆潦注云砂礫之田也

規偃豬偃豬下濕之地規度其受水多少。偃於建反又一音如字豬陟魚反尚書傳云停水曰豬疏注偃豬至多少。正義曰禹貢徐州大野既豬孔安國云水所停曰豬檀弓云有弒其父者洿其宮而豬焉是豬者停水之名偃豬謂偃水爲豬故爲下溼之地規度其地受水多少得使田中之水注之

町原防廣平曰原防隄也隄防間地不得方正如井田別爲小頃町。町徒頂反隄丁兮反頃苦穎反疏注廣平至頃町。正義曰廣平曰原釋地文李巡曰謂土地寬博而平正名曰原釋丘云墳大防孫炎曰謂隄也隄防之間或有平地不得平

正以爲井田取其可耕之處別爲小頃町也說文云町田踐處曰町史遊急就篇云頃町界畝是町亦頃類故連言之也謂廣平爲原者因爾雅之文其實此原謂隄防之間也劉炫云廣平曰原土地寬平當與隰相配非是不得爲井田也釋地於陸阜陵阿之下云可食者曰原孫炎曰可食謂有井田也陸阿山田可種穀者亦曰原也謂彼陵阿之間可食之地非廣平也

牧隰皋隰皋水岸下濕爲芻牧之地。牧州牧之牧疏注隰皋至之地。正義曰釋地云下溼曰隰李巡曰下溼謂土地窊下名爲隰也詩云鶴鳴于九皋毛鄭皆以皋爲澤澤之坎是皋爲水岸也下溼與水岸不任耕作故使牧牛馬於中以爲芻牧之地

井衍沃衍沃平美之地則如周禮制以爲井田六尺爲步步百爲畝畝百爲夫九夫爲井。衍以善反賈云下平曰衍有流曰沃疏注衍沃至爲井。正義曰周禮大司徒以土會之法辨五地之物生四曰墳衍五曰原隰衍地高於原傳稱郇瑕氏之地沃饒魯語云沃土之民逸則衍沃俱是平美之地衍是高平而美者沃是下平而美者二者並是良田故如周禮之法制之以爲井田賈逵云下平曰衍有溉曰沃所指雖異俱謂良美之田也六尺爲步以下皆司馬法之文自度山林以下至此有九事賈逵以爲賦稅差品其注云山林之地九夫爲度九度而當一井也藪澤之地九夫爲鳩八鳩而當一井也京陵之地九夫爲辨七辨而當一井也淳鹵之地九夫爲表六表而當一井也疆潦之地九夫爲數五數而當一井也偃豬之地九夫爲規四規而當一井也原防之地九夫爲町三町而當一井也隰皋之地九夫爲牧二牧而當一井也衍沃之地畝百爲夫九夫爲井周禮小司徒云乃經土地而井牧其田野鄭玄云隰皋之地九夫爲牧二牧而當一井今造都鄙授民田有不易有一易有再易通率二而當一是之謂井牧是鄭賈同此說也案周禮所授民田不過再易唯有三當一耳不得以九當一也山林藪澤京陵偃豬本非可食之地不在授民之限雖九倍與之何以充稅而使之當一井也且以度鳩之等皆爲九夫之名經傳未有此目故杜不云其說

量入脩賦量九土之所入而治理其賦稅。量音良又音亮注同疏量入脩賦。正義曰量其九土所宜觀其收入多少乃準其所入脩其賦稅其九土之內偃豬京陵無物可入而言九土之所入者揔言之

賦車籍馬籍疏其毛色歲齒以備軍用疏賦車籍馬。正義曰賦與籍俱是稅也稅民之財使備車馬因車馬之異故別爲其文

賦車兵車兵甲士徒卒。步卒。卒子忽反疏賦車兵徒卒。正義曰車兵者甲士也徒兵者步卒也知非兵器者上云數甲兵下云甲楯之數故知此兵謂人也劉炫云兵者戰器車上甲士與步卒所執兵各異也司兵掌五兵鄭眾云五兵者戈殳戟酋矛夷矛又曰軍事建車之五兵鄭玄云車之五兵鄭司農所云者是也步卒之五兵無夷矛而有弓矢事或當然

甲楯之數使器杖有常數。楯食準反又音尹杖直亮反既成以授子木禮也得治國之禮傳言楚之所以興。○十二月吳子諸樊伐楚以報舟師之役舟師在二十四年也門于巢攻巢門巢牛臣曰吳王勇而輕若啓之將親門啓開門也。輕遣政反我獲射之必殪殪死也。射食亦反下同殪於計反是君也死彊其少安從之吳子門焉牛臣隱於短牆以射之卒。彊居良反○楚子以滅舒鳩賞子木辭曰先大夫蔿子之功也

以與蔿掩往年楚子將伐舒鳩蔿子馮請退師以須其叛楚子從之卒獲舒鳩故子木辭賞以與其子。○晉程鄭卒子產始知然明前年然明謂程鄭將死今如其言故知之問爲政焉對曰視民如子見不仁者誅之如鷹鸇之逐鳥雀也子產喜以語子大叔且曰他日吾見蔑之面而已蔑然明名。○鷹於陵反鸇之然反徐又居延反語魚據反今吾見其心矣子大叔問政於子產子產曰政如農功日夜思之思其始而成其終朝夕而行之行無越思思而後行如農之有畔言有次。○衛獻公自夷儀使與甯喜言甯喜許之復舉國也大叔文子聞之大叔儀也曰烏呼詩所謂我躬不說皇恤我後者甯子可謂不恤其後矣皇暇也詩小雅言今我不能自容說何暇念其後乎謂甯子必身受禍不得恤其後也。○說音悅注同詩作閱容也【疏】注我躬至我後。○正義曰詩小雅小弁之篇將可乎哉殆必不可君子之行思其終也思使終可成思其復也思其可復書曰慎始而敬終終以不困逸書【疏】書曰至不困。○正義曰尚書蔡仲之命云慎厥初惟厥終終以不困此所引者蓋是彼文學者各傳所聞而字有改易或引其意而不全其文故不同也詩曰夙夜匪解以事一人一人以喻君。○解佳賣反今甯子視君不如弈棋弈圍棋也。○弈音亦棋音其【疏】注弈圍棋。○正義曰方言云圍棋謂之弈自關東齊魯之間皆謂之弈蓋此戲名之曰弈故說文弈從廾言竦兩手而執之孟子稱弈秋善弈秋人自以善弈而著名也棋者所執之子故云弈者舉棋不定不勝其耦謂舉子下之不定則不勝其耦是棋爲子也以子圍而相殺故

謂之圍棋沈氏云圍棋稱弈者取其落弈之義也其何以免乎弈者舉棋不定不勝其耦而況置君而弗定乎必不免矣九世之卿族一舉而滅之可哀也哉甯氏出自衛武公及喜九世也

傳會于夷儀之歲齊人城郟在二十四年不直言會夷儀者別二十五年夷儀會。○此傳本爲後年修成當續前卷二十五年之傳後簡編爛脫後人傳寫因以在此耳郟音古洽反別彼列反【疏】注在二至儀會。○正義曰凡傳却言前事者皆舉時事爲驗二十四年二十五年頻年會于夷儀恐其事無以相別故復言齊人城郟以明秦晉爲成在二十四年也不直言齊人城郟者以其非經故也此已連經舉之故下文烏餘奔晉直舉城郟之歲不言會于夷儀其五月秦晉爲成晉韓起如秦涖盟秦伯車如晉涖盟伯車秦伯之弟鍼也。○涖音利又音類車音居鍼其廉反成而不結不結固也傳爲後年脩成起本當繼前年之末而特跳此者傳寫失之。○爲于僞反跳直彫反傳寫直專反一本作轉【疏】注不結至失之。○正義曰漢書藝文志云左氏傳三十卷則丘明自分爲三十也丘明作傳使文勢相接爲後年之事而年前發端者多矣文十年傳云厥貉之會麇子逃歸十一年云楚子伐麇宣十一年傳云厲之役鄭伯逃歸十二年而云楚子圍鄭皆傳在前卷之末豫爲後卷之始此爲後年修成發其前成不結其事與彼相類不宜獨載卷首知其當繼前年之末也而特跳出在於此卷之首者是傳寫失之也學者以此語字多欲今與下相接故輒斷彼末寫於此首後人因循不敢改易故失之言失其本真也說文云跳躍也謂足絕地而高舉也魏晉儀注寫章表別起行頭者謂之跳出故杜以跳言之

附釋音春秋左傳注疏卷第三十六

江西南昌府學栞

春秋左傳注疏卷三十六校勘記　阮元撰盧宣旬摘録

附釋音春秋左傳注疏卷第三十六　襄二十五年盡二十五年

經二十五年

齊侯雖背盟主　淳熙本侯誤俟

問陳之罪　浦鏜正誤云問上脫且字

己巳七月十二日經誤　岳本二作一非也

楚人不獲其尸　淳熙本人作不誤也

傳二十五年

孟公綽曰　釋文云綽徐本作卓案漢成陽令唐扶頌曰朝有公卓家有參鶱洪适曰公卓即孟公綽也

注棠公至大夫　注下宋本以下正義十三節揔入不以甲兵

使偃取之　淳熙本取誤作敢

故不可昏　淳熙本昏作婚

澤以鐘水　浦鏜正誤云鐘當作鍾

不可以動也　宋本淳熙本岳本足利本無也字

據于蒺蔾　石經纂圖本閩本亦作蔾下及注同岳本監本毛本作藜與釋文合宋本作蔾從易本文也淳熙本誤黎

釋草云　毛本草作艸下同

茨蒺藜　監本毛本作蒺藜下正義同

死其將至　浦鏜正誤其作期是也

非合所困而困之　宋本而下有乃字

身必危也　毛本危作安非也

衰也何害先夫當之矣　顧炎武云石經夫誤天案石經此處模糊唯夫字尚可辨炎武非也

或冠模制作有異　毛本模誤摸

故以賜人　宋本人下有也字

欲弒公以說于晉　釋文弒作殺云申志反按杼但知欲殺公耳豈自知爲弒哉弒者定其罪之辭也凡若此等可以意求之

伺公間隙　淳熙本伺作間非也

姜入于室　石經初刻作姜氏入于室改刊去氏字故此行九字

陪臣干掫有淫者　正義引定本亦作掫案史記作陪臣爭趣有淫者徐廣曰爭一作扞索隱曰左傳作扞趣陳樹華云于扞本字也掫趣古字通

扞掫行夜　釋文夜下有也字諸本脫

說文曰掫夜戒守有所擊從手取　宋本取下有聲字段玉裁云此有守字從上無也字與徐鉉本合

掫謀也　宋本掫作諏不誤服本作諏見釋文

公踰牆　岳本牆作墻非也

中股反隊　石經隊作墜

豈以陵民　淳熙本豈作可非也

且人有君而弒之　石經此處刓缺式字上半可辨

枕尸股而哭　淳熙本哭下衍之字

殺慶舍張本　淳熙本舍作苷

曰所不與崔慶者　石經崔慶者下多有如上帝四字陳樹華云石經涉下文而誤衍也按晏子春秋作所不與崔慶者晏子晏子仰天歎曰此淺人妄增晏子字耳語未終而晏子擭越說之必無是也

閭丘嬰以帷縛其妻而載之　石經宋本岳本閩本監本縛作縛不誤○今訂正

出弇中　石經此行十一字中字覆按時補刊案上文注云弇中狹道哀十四年失道於弇中即此是也

側瘞埋之　淳熙本埋誤理

四𩬅　案周禮縫人鄭司農注羣經音辨引並作四翣不蹕翣爲𩬅之假借字也

必先纏衣其本　浦鏜正誤木作材按宋板周禮注作木

廣三尺四寸　宋本四上有高二尺三字與鄭注喪大記合

又有甲兵　岳本作兵甲案正義當作甲兵岳氏誤倒

注以弒莊公說晉也　宋本以下正義五節揔入寡君聞命矣句下

樂器鍾磬之屬　宋本淳熙本纂圖本閩本監本毛本鍾作鐘

三十帥　石經三十作卅正義云俗本三十帥爲三十師非也按唐人書帥爲師師乃帥之俗字或遂譌爲師見五經文字及干祿字書

注縣自至待命　宋本以下正義二節揔入乃還注下

二十七年同盟于幽傳云鄭成也　補案此十三字誤衍各本並無

注令尹屈建　宋本此節正義在兵可以弭注下

子彊　閩本監本毛本彊作疆非也下同

注墊隘慮水雨　宋本此節正義在楚滅舒鳩注下

駐後爲陳　釋文作後駐

注獻入至其俘　宋本此節以下正義八節揔入慎辭哉注下

閼父爲武王陶正　淳熙本閼誤於

舜聖故謂之神明　閩本監本聖作賢非也

庸以元女大姬配胡公　釋文配作妃云本亦作配

或失續　宋本失下有或字是也

以備三恪　說文引作以陳備三愙徐鉉等曰今俗作恪按惠棟云義雲章亦以愙爲恪

而封黃帝之後於薊　監本毛本而作乃誤也

投殷之後於宋　宋本投作封與樂記合

至於莊宣　石經宋本於作于

宣十一年陳夏徵舒弒靈公　諸本並衍一字山井鼎云宋板十字下闕後人補入二字非也徵舒弒靈公在宣十年諸本作十一年誤也

以憑陵我敝邑　宋本淳熙本岳本憑作馮與釋文合

當陳隧者井堙木刊　顧炎武云石經堙誤煙案炎武所據乃謬刻家語洪範正義引並作井堙周禮稻人正義作井闉

授手于我　案家語作授首于我惠棟云手古首字儀禮大射儀士喪禮並以手爲古文首字沈彤云手當爲首聲同而誤非也

辟誅也　淳熙本誅誤除

且昔天子之地一圻　纂圖本監本毛本昔誤夫案周禮鄭司農注引傳圻作畿古字同

方千里圻音祈　下三字乃釋文閩本監本誤入注

何以至焉　足利本後人記云至下異本有大字非也

注尨治　宋本以下正義十二節揔入禮也注下

使民不得焚燎壞之浦鏜正誤云壞衍字以續通解校案正義無壞字

淳鹹也浦鏜正誤也

吳起爲鄴令案高誘注呂氏春秋樂成篇云西門豹文侯用爲鄴令史起亞之吳乃史字之誤

賈逵以疆爲彊緊境埆之地宋本爲彊作爲彊閩本監本毛本緊作檕亦非下同

宋本作檕是也

彊檕彊堅者閩本監本毛本彊作疆非宋本下彊字作强

偃豬下濕之地纂圖本監本毛本濕作溼

寬平當與隰相配毛本隰作陘非

陸阿山田宋本陸作陵是也

衍地高於原宋本原下有也字

賦車兵徒卒石經宋本岳本監本卒作兵顧炎武云石經卒誤作兵非也梁履繩云杜於徒兵下注云步卒釋文卒子忽反若傳文爲徒卒則杜不須注陸氏何不舉傳文而標注字邪

賦車兵徒卒宋本監本卒作兵

徒兵者毛本兵誤卒

使器杖有常數宋本作仗是正字陳樹華云作仗非誤也

彊其少安宋本淳熙本岳本纂圖本閩本監本毛本彊作彊釋文同居良反石經本作彊後加土

子大叔問政於子産淳熙本子誤乎

言有次纂圖本監本毛本有誤其

曰烏乎石經宋本淳熙本乎作呼是也

詩所謂我躬不說石經初刻作閱後改說釋文云詩作閱

我躬至我後宋本以下正義二節揔入篇末

不如弈棊纂圖本監本毛本弈作奕按說文作弈云圍棊也从廾亦聲

弈圍棊也纂圖本監本毛本弈誤奕正義同

故說文弈從其宋本其作廾是也

秋人自以善弈而著名也浦鏜正誤云人疑蓋字誤

〔傳〕春秋正義卷第二十四石經春秋經傳集解襄五第十八岳本五上增公字並盡二十八年按宋殘本此卷起會于夷儀之歲閩本監本毛本亦在卅六卷之末皆仍十行本之誤

此傳本爲後年至以在此耳案此三十二字乃釋文淳熙本誤作注

注在二至儀會宋本以下正義二節揔入篇末

傳寫失之諸本作傳釋文云一本作轉

麇子逃歸毛本麇誤麋下伐麇同

欲今與下相接宋本今作令是也監本毛本作合並非

涖音利至廉反案此十三字及釋文淳熙本誤入注

附釋音春秋左傳注疏卷第三十六止

春秋左傳注疏卷三十六挍勘記

附釋音春秋左傳注疏卷第三十七 襄二十六年盡二十六年

杜氏注　孔穎達疏

經二十有六年春王二月辛卯，衛甯喜弒其君剽。○剽，匹妙反。衛孫林父入于戚以叛。衎雖未居位，林父專邑背國，猶爲叛也。○背音佩。【疏】注「衎雖」至「叛也」。○正義曰：叛者，背君之名，嫌無君不得爲叛，故注明之。林父畏衎入，殺己，以邑先叛。故衎今雖未居位，林父以背國之故，猶爲叛也。甲午，衛侯衎復歸于衛。復其位曰復歸。名與不名，傳無義例。【疏】注「復其」至「義例」。○正義曰：復其位曰復歸，成十八年傳例也。僖二十八年衛侯鄭復歸于衛，曹伯襄復歸于曹，與此衛侯衎皆書其名。成十六年曹伯歸自京師，不書名。俱是歸國，立文不同，傳無義例，史異辭也。○夏，晉侯使荀吳來聘。吳，荀偃子。○公會晉人、鄭良霄、宋人、曹人于澶淵。卿會公侯，皆應貶。方責宋向戌後期，故書良霄以駮之。若皆稱人，則嫌向戌直以會公貶之。○澶，市延反。駮，邦角反。【疏】注「卿會」至「貶之」。○正義曰：僖二十九年傳曰：「在禮，卿不會公侯，會伯子男可也。」是卿會公侯皆合貶，良霄亦當貶也。但向戌會公，已自當貶，而又有後期之責。仲尼書經，方責向戌後期，故書良霄以駮之。書良霄所以責向戌，非是舍霄罪也。若良霄與晉、宋皆貶稱人，則嫌向戌直以會公被貶，其後期之責不見，故書良霄名，退宋班，明向戌有二罪也。案春秋諸國之會，後至者多，唯退班在下，不褒進先至之人。此直退宋人在鄭人之下，於文自足，必特書良霄以駮向戌者，以向戌宋之執政上卿，魯公親自在會，後期而至，惰慢之甚，故特書良霄，深責向戌，異於他例也。○秋，宋公殺其世子痤。稱君以殺，惡其父子相殘害。○痤，才何反。惡，烏路反。○晉人執衛甯喜。○八月壬午，許男甯卒于楚。未同盟而赴以名。【疏】注「未同盟而赴」以名。○正義曰：宣十七年許男錫我卒，甯即錫我之子，嗣立以來，未與魯會盟，而赴以名也。○冬，楚子、蔡侯、陳侯伐鄭。○葬許靈公。

傳二十六年春，秦伯之弟鍼如晉脩成，脩會夷儀歲之成。叔向命召行人子員。欲使荅秦命。○員音云。行人子朱曰：「朱也當御。」御，進也。言次當行。【疏】注「御進」至「當行」。○正義曰：言當進待君，受君命也。行人非一，遞進御，此日次朱當御，次而不使，是黜之也。三云，叔向不應。子朱怒，曰：「班爵同，同爲大夫。應，應對之應。○何以黜朱於朝？」黜，退也。撫劒從之。從叔向也。叔向曰：「秦、晉不和久矣！今日之事，幸而集，集，成。晉國賴之。不集，三軍暴骨。子員道二國之言無私，子常易之。姦以事君者，吾所能御也。」拂衣從之。拂衣，褰裳也。○暴，蒲卜反，徐扶沃反。道音導。御，魚呂反。拂，芳弗反。褰，起虔反，本或作𡰞，音雖同，義非也。說文云：「褰，袴也。」【疏】注「拂衣，褰裳也」。○正義曰：拂者，披迅之義。以其將鬬，知拂衣卽褰裳也。對則上衣下裳，散則可以相通，故以褰裳解拂衣。人救之。平公曰：「晉其庶乎！」庶幾於治。○治，直吏反。○吾臣之所爭者大。」師曠曰：「公室懼卑。臣不心競而力爭，謂二子不心競爲忠，而撫劒拂衣。○爭，爭鬬之爭。不務德而爭善，爭謂所行爲善。私欲已侈，能無卑乎？」私欲侈，則公義廢。○侈，昌氏反，又尺氏反。【疏】「平公」至「卑乎」。○正義曰：平公見其臣鬬而言其庶乎者，以其臣爭爲國，國事必興，故庶幾於治也。劉炫云：「不心競而力爭，不務德而爭善，皆道子朱之心，非叔向之罪。杜言二子不心競，似亦并責叔向者，以鬬雖一曲一直，乃是兩人爭理，故以二子言之，據其鬬而言。力爭則叔向亦爭，爭善則叔向无之。叔向以子員無私，欲令應客，亦非叔向无可爭。杜云『爭謂所行爲善』，唯言子朱之心也。」○衛獻公使子鮮爲復，使爲己求反國。○鮮音仙。爲，于僞反，注同。辭。辭不能。敬姒強命之。敬姒，獻公及子鮮之母。○姒音似。強，其丈反。對曰：「君無信，臣懼不免敬姒曰：雖然以吾故也許諾初獻公使與甯喜言言復國甯喜曰必子鮮在不然必敗子鮮賢國人信之必欲使在其間故公使子鮮子鮮不獲命於敬姒不得止命以公命與甯喜言曰苟反政由甯氏祭則寡人甯喜告蘧伯玉伯玉曰瑗不得聞君之出敢聞其入十四年孫氏欲逐獻公瑗走從近關出○蘧居其反瑗于眷反又于萬反遂行從近關出告右宰穀衛大夫右宰穀曰不可獲罪於兩君前出獻公今弑剽○弑申志反天下誰畜之畜猶容也○畜許六反注同一音勑六反悼子曰吾受命於先人不可以貳悼子甯喜也受命在二十年穀曰我請使焉而觀之觀知可還否○使所吏反還音環遂見公於夷儀反曰君淹恤在外十二年矣淹久也○見賢遍反一音如字淹於廉反徐於嚴反而無憂色亦無寬言猶夫人也言其爲人猶如故○夫人音扶若不已死無日矣已止也悼子曰子鮮在右宰穀曰子鮮在何益多而能亡於我何爲言子鮮爲義多不過亡出悼子曰雖然不可以已孫文子在戚孫嘉聘於齊孫襄居守二子孫文子之子○守手又反二月庚寅甯喜右宰穀伐孫氏不克伯國傷伯國孫襄也父兄皆不在故乘弱攻之甯子出舍於郊欲奔伯國死孫氏夜哭國人召甯子甯子復攻孫氏克之辛卯殺子叔及大子角子叔衛侯剽言子叔剽無謚故○復扶又反下復懟同

【疏】○辛卯角殺子叔及大子角○正義曰服虔云殺大子角不書舉重者案晉侯宋公殺其世子及陳侯之弟招殺陳世子皆書經則世子不輕於大夫也孔父荀息之徒弑君之下并亦言大夫大夫既書於經則弑君并殺世子世子亦當書不得爲舉重也杜既不解當以不告故耳○注子叔至謚故○正義曰此剽是穆公之孫黑背之子於獻公爲從父昆弟成十年衛侯之弟黑背帥師侵鄭傳云衛子叔黑背侵鄭是黑背字子叔即以子叔爲族也元年衛侯使公孫剽來聘傳云衛子叔來聘是舉族而稱之也今云殺子叔亦是舉其族爲剽無謚故稱族也書曰甯喜弑其君剽言罪之在甯氏也嫌受父命納舊君無罪故發之孫林父以戚如晉以邑屬晉書曰入于戚以叛罪孫氏也臣之祿君實有之義則進否則奉身而退專祿以周旋戮也林父事剽而衎入義可以退唯以專邑自隨爲罪故傳發之

【疏】書曰至戮也○正義曰春秋書叛者有此孫林父與宋華亥宋公之弟辰晉趙鞅晉荀寅五者經皆書叛邾庶其莒牟夷邾黑肱皆以地來奔雖文不稱叛傳謂此三人爲三叛人則三者亦是叛也所言叛者或據邑而拒其君或竊地他國皆爲有地隨已故稱爲叛昭二十二年宋華亥向寧華定自宋南里出奔楚定十四年宋公之弟辰自蕭來奔地不隨已則不稱叛是叛雖反背之辭皆由地以生名也叛者判也欲分君之地以從他國故以叛爲名焉叛無凡例傳言書曰是仲尼書爲叛也人君賜臣以邑以爲祿食臣之祿謂所食邑也君實有之言其不得專以爲已有也君臣有義而合義則進以事君受此祿食否則奉身而退當身奔他國而以祿歸君專君之祿以周旋從已於法爲罪戮之人故書入於戚以叛罪孫氏也釋例曰古之大夫或錫之田邑或分之都城故有千室之邑百乘之家君之祿義則進否則奉身而退若專祿以周旋雖無危國害主之實皆書曰叛叛者反背之辭也庶賤之人不齒於列故雖有善惡不章顯名氏若乃披邑害國則以地重必書其名且終顯其惡也適魯則書地曰來奔來奔則叛可知蓋記事外內之辭也劉賈說三叛人以地來奔不書叛謂不能專也此直外內之辭既以地來妻公之姑姊還其大邑不得復言不能專也是杜以庶其之等皆爲叛也專祿者謂專君之祿以爲已有東西隨已謂之

爲專。服虔云：專禄謂以戚叛也。既叛衛，亦不臣於晉，自謂若小國，是爲專禄。其意言專獨有之，不屬人也。若不屬晉，何爲被衛侵而愬於晉？地若不入晉，晉復何以戍之？傳言言以戚如晉，服言不臣於晉，是反正明以解傳也。甲午，衛侯入。書曰「復歸」，國納之也。本晉納之夷儀，今從夷儀入國，嫌若晉所納，故發國納之例。言國之所納而復其位。大夫逆於竟者，執其手而與之言；道逆者，自車揖之；逆於門者，頷之而已。頷，搖其頭。言衎驕心易生。○竟音境。頷戶感反，本又作頷。易以豉反。公至，使讓大叔文子曰：「寡人淹恤在外，二三子皆使寡人朝夕聞衛國之言，二三子，諸大夫。○大音泰。朝如字。吾子獨不在寡人。在，存問之。公聞文子荅甯喜之言，故怨之。〔疏〕注公聞至之言。○正義曰：沈氏云：大叔文子聞甯喜許公之言而發歎，本非面荅甯喜之言，而云荅者，時聞甯喜之言，遂自評論不許於甯子，與對面相荅無異，故言荅也。古人

春秋疏卷三十七　五

有言曰：『非所怨勿怨。』寡人怨矣。」所怨在親親。對曰：「臣知罪矣。臣不佞，不能負羈絏以從扞牧圉，臣之罪一也。有出者，有居者，出謂衎，居謂剽也。○羈居宜反。絏息列反。扞戶幹反。圉魚呂反，下同。臣不能貳，通外內之言以事君，臣之罪二也。有二罪，敢忘其死？」乃行，從近關出。公使止之。傳言衛侯不能安和大臣。○衛人侵戚東鄙，以林父叛故。孫氏愬于晉，晉戍茅氏。茅氏，戚東鄙。○愬悉路反，下同。殖綽伐茅氏，殺晉戍三百人。殖綽，齊人，今來在衛。孫蒯追之，弗敢擊。文子曰：「厲之不如。」厲，惡鬼也。遂從衛師，敗之圉。蒯感父言，更還逐殖綽。圉，衛地。雍鉏獲殖綽。雍鉏，孫氏臣。復愬于晉。爲下

晉討衛張本。○鄭伯賞入陳之功。入陳在前年。三月甲寅朔，享子展，賜之先路三命之服，先路、次路，皆王所賜車之摠名，蓋請之於王。○路本亦作輅，音路。〔疏〕注先路至於王。○正義曰：周禮巾車云服車五乘，孤乘夏篆，卿乘夏縵，大夫乘墨車，則禮於卿大夫所當乘者名車，不名路也。而傳稱王賜叔孫豹、鄭子蟜者，皆云大路。知此先路、次路，皆王所賜車之摠名也。賜車稱路，從王賜之名，必是稟王之命，故云蓋請之於王也。宣十六年傳云：晉侯請于王，以黻冕命士會。知諸侯命臣有請王之法，故云蓋也。先八邑。以路及命服爲邑先。八邑，三十二井。○先，徐悉薦反，下同，或如字。〔疏〕注以路至二井。○正義曰：禮，遺人以物，皆以輕先重後，故以路及命服爲邑之先也。周禮小司徒四井爲邑，故杜以八邑爲三十二井。劉炫云：案論語有十室之邑，又杜注免餘邑爲一乘之邑，又宋鄭之間六邑嵒戈錫等，杜何以知此邑非彼等之邑，必以爲四井之邑？今知不然者，邑之爲名，大小無定。子展、子產爲卿日久，先有采邑，今以入陳有功加賜田土，不應更以八个大邑。而又與之至於免餘辭邑，云唯卿備百邑，故杜以爲一乘之邑，合論語百乘之家，其實

春秋疏卷三十七　六

一乘稱邑，文無所出。周禮稱四井爲邑，杜以正邑解之，故云三十二井，得爲漸賜土田之義。又八邑、六邑爲節級之差，劉以爲大邑而規杜氏，非也。賜子產次路再命之服，先六邑。子產辭邑，曰：「自上以下，隆殺以兩，禮也。臣之位在四，上卿子展，次卿子西。十一年良霄見經，十九年乃立子產爲卿，故位在四。○殺所界反。見賢遍反。〔疏〕注上卿至在四。○正義曰：十五年傳云：鄭人以子西、伯有、子產之故，納賂于宋，是伯有在子西之下也。十九年傳云：子展當國，子西聽政。當國謂攝君事，聽政謂爲上卿，是子西次子展，故此注以子西爲二，良霄爲三。二十七年鄭伯享趙孟于垂隴，子展、伯有、子西、子產、子大叔、二子石從，如彼文次，伯有在子西之上。二十九年裨諶論子產位次云：天又除之，奪伯有魄，子西即世，政焉辟之。先言伯有，後言子西，又是子西在伯有之下者，據十九年傳，子西必在伯有之上，蓋其後更有進退，杜據傳上文以次之。且子展之功也，臣不敢及賞禮，請辭邑。」賞禮，以禮見賞，謂六邑也。公固予之，乃受三邑。位次當受二邑，以公

罔與之故受三邑公孫揮曰子產其將知政矣知國政讓不失禮○晉人爲孫氏故召諸侯將以討衛也夏中行穆子來聘召公也召公爲澶淵會○爲于僞反○楚子秦人侵吳及雩婁聞吳有備而還雩婁今屬安豐郡○雩音于徐況于反如淳同韋昭音虛或一呼反婁如字徐力俱反如淳音樓遂侵鄭五月至于城麇鄭皇頡戍之○皇頡鄭大夫守城麇之邑○麇九倫反頡戶結反出與楚師戰敗穿封戌囚皇頡公子圍與之爭之公子圍共王子靈王也○戌音恤正於伯州犁正曲直也伯州犁曰請問於囚乃立囚伯州犁曰所爭君子也其何不知言王子圍及穿封戌皆非細人易別識也○易以豉反別彼列反上其手曰

夫子爲王子圍寡君之貴介弟也介大也○上時掌反下注同介音界下其手曰此子爲穿封戌方城外之縣尹也誰獲子上下手以道囚意○道音導囚曰頡遇王子弱焉弱敗也言爲王子所得戌怒抽戈逐王子圍弗及楚人以皇頡歸印堇父與皇頡戍城麇印堇父鄭大夫○抽勑留反印一刃反堇音謹楚人囚之以獻於秦鄭人取貨於印氏以請之子大叔爲令正主作辭令之正以爲請子產曰不獲謂大叔辭以貨請堇父必不得○爲于僞反又如字受楚之功而取貨於鄭不可謂國秦不其然受楚獻功大名也以貨免之小利故謂秦不爾〔疏〕秦其不然○正義曰秦不肯其如是也若曰拜君之勤鄭國微君之惠楚師其猶在敝邑之城下其可辭如此堇父可得弗從遂行秦人不予更幣從子產而後獲之更遣使執幣用子產辭乃得堇父傳稱子產之善○使所吏反○六月公會晉趙武宋向戌鄭良霄曹人于澶淵以討衛疆戚田正戚之封疆○疆居良反注同取衛西鄙懿氏六十以與孫氏戚城西北五十里有懿城因姓以名城取田六十井也〔疏〕注戚城至井也○正義曰傳言西鄙懿氏則西鄙之地以懿氏爲名也謂之懿氏則以懿爲氏族之名蓋上世有大夫姓懿氏食邑於此地因以其姓名其城也杜以懿氏既爲邑名而云取其六十故以爲取田六十井服虔云六十邑劉炫以服言爲是今知非者此六十之文揔屬懿氏懿氏不見經傳則卑細可知既非卿大夫何得廣有土地分六十之邑而與孫氏且直言六十本無邑文故杜以爲六十井劉從服說以規杜氏非也趙武不書尊公也罪武會公侯向戌不書後也

後會期鄭先宋不失所也如期至〔疏〕趙武至所也○正義曰僖二十九年諸侯之卿會公于翟泉皆貶之稱人傳曰卿不書罪之也八年諸侯之卿會晉侯于邢丘亦貶稱人傳曰大夫不書尊晉侯也然則尊公侯罪大夫其義一也傳文互相見耳此言趙武不書尊公也亦是罪武也故杜云罪武會公侯也其會公侯之罪向戌良霄與趙武亦同但爲別有見義不貶良霄不得揔云卿不書罪之故特言趙武不書尊公明良霄向戌亦爲尊公不應書也向戌不書後也言既爲會諸侯復爲後會期故不得如良霄書名氏也會之班次以國大小爲序諸會鄭在宋後此會鄭先於宋爲鄭依期而至不失所也如不失其所自是常事非有善可褒而得進其班者鄭班常在衛下此會齊衛不至無常班宋自當次晉此直退宋耳非進鄭也言其不失所直是不失常班亦非褒文也計良霄會公亦應合貶所以得書名者方責向戌後期故書良霄以駮向戌非爲舍霄罪也釋例曰澶淵之會趙武向戌良霄以大夫而會魯侯違在禮之制其罪一也戌加後會之尤霄有不失所之進文不得並言卿不書罪之故特言尊公明公尊非三人之所敵三人之罪既正而二人獨以他義別敍也以是杜言良霄會公亦合貶也言霄有不失所之進者正謂不使與宋俱退得進

復其本班耳，非有升進異於常也。宋以後至退班，不在曹人下者，宋是大國，退居鄭下，足以爲責，故令仍在曹上。此會曹國最小，其班正當居末。曹人非後至也。案翟泉之盟，諸卿敵公則沒公。此亦諸卿敵公，不沒公者，翟泉之盟，杜注云「魯侯諱盟天子大夫，是以沒公」，然則此大夫敵公，非公有罪，是以不沒公也。**於是衛侯會之，**晉將執之，不得與會，故不書。與會，音預。〔疏〕注「晉將」至「不書」。正義曰：下云衛侯如晉，晉人執而囚之，是於此會爲將執之，不得與會也。不得與會而傳云衛侯會之，言其至會所耳。**晉人執甯喜、北宮遺，使女齊以先歸。**討其弒君伐孫氏也。遺，北宮括之子。女齊，司馬侯。歸晉而後告諸侯，故經書在秋。女，音汝。**衛侯如晉，晉人執而囚之於士弱氏。**士弱，晉主獄大夫。

秋七月，齊侯、鄭伯爲衛侯故如晉。欲共請之。爲，于僞反，下「爲臣」、注「爲林父」「爲臣」皆同。**晉侯兼享之。晉侯賦嘉樂。**嘉樂，詩大雅。取其「嘉樂君子，顯顯令德，宜民宜人，受祿于天」。嘉，戶嫁反，注同。〔疏〕注「嘉樂」至「于天」。正義曰：「嘉樂君子」以下皆詩之文也。晉侯賦此，言己嘉樂二君也。二君以晉侯樂己之故，故齊賦蓼蕭，言澤及於己；鄭賦緇衣，言不敢遠晉，所以荅嘉樂也。服虔云晉侯自嘉樂，愚之甚也。**國景子相齊侯，**景子，國弱。相，息亮反。**賦蓼蕭。**蓼蕭，詩小雅。言太平澤及遠，若露之在蕭，以喻晉君恩澤及諸侯。蓼，音六。大，音泰。**子展相鄭伯，賦緇衣。**緇衣，詩鄭風。義取「適子之館兮，還予授子之粲兮」，言不敢違遠於晉。緇，側其反。粲，七旦反。遠，于萬反。**叔向命晉侯拜二君曰：「寡君敢拜齊君之安我先君之宗祧也，敢拜鄭君之不貳也。」**蓼蕭、緇衣二詩所趣各不同，故拜二君辭異。祧，他彫反。〔疏〕「叔向」至「貳也」。正義曰：沈氏云賦蓼蕭，喻晉侯德澤及諸侯，言晉侯有德，是安我宗廟也。其言與注合。緇衣首章云：「緇衣之宜兮，敝予又改爲兮。適子之館兮，還予授子之粲兮。」欲常進衣服，獻飲食，是其不二心也。劉炫云：蓼蕭首章云：「既見君子，燕笑語兮，是以有譽處兮。」言晉侯有聲譽，常處位，是得宗廟安也。**國子使晏平仲私於叔向，**私與叔向語。**曰：**

「晉君宣其明德於諸侯，恤其患而補其闕，正其違而治其煩，所以爲盟主也。今爲臣執君，若之何？」謂晉爲林父執衛侯。**叔向告趙文子，文子以告晉侯。晉侯言衛侯之罪，使叔向告二君。**言自以殺晉戍三百人爲罪，不以林父故。**國子賦轡之柔矣，**逸詩，見周書。義取寬政以安諸侯，若柔轡之御剛馬。見，賢遍反。〔疏〕注「逸詩」至「剛馬」。正義曰：漢書藝文志有周書篇目，其書今在。或云是孔子刪尚書之餘。案其文，非尚書之類。彼引詩云：「馬之剛矣，轡之柔矣，馬亦不剛，轡亦不柔，志氣麃麃，取與不疑。」此詩餘無所見，故謂彼文是也。**子展賦將仲子兮。**將仲子，詩鄭風。義取衆言可畏，衛侯雖別有罪，而衆人猶謂晉爲臣執君。將仲子兮，將，七羊反，注同。本亦無「兮」字，此依詩序。**晉侯乃許歸衛侯。叔向曰：「鄭七穆，罕氏其後亡者也。子展儉而壹。」**子展，鄭子罕之子。居身儉而用心壹。鄭穆公十一子，子然、二子孔三族已亡，子羽不爲卿，故唯言七穆。鄭七穆，謂子展公孫舍之罕氏也，子西公孫夏駟氏也，子產公孫僑國氏也，伯有良霄良氏也，子大叔游吉游氏也，子石公孫段豐氏也，伯石印段印氏也。穆公十一子，謂子良公子去疾也，子罕公子喜也，子駟公子騑也，國公子發也，子孔公子嘉也，子游公子偃也，子豐也，子印也，子羽也，子然也，士子孔也。子然、二子孔已亡，子羽不爲卿，故止七也。〔疏〕注「子展」至「七穆」。正義曰：居身儉而用心壹，叔向自以察貌觀言而知之，其知不由賦詩也。子然、二子孔三族已亡，十九年傳文也。子羽不爲卿者，案成十三年鄭公子班自訾求入于大宮，不能殺子印、子羽，不書於經，故知不爲卿也。杜注彼云「皆穆公子也」。又世族譜云：「子羽，穆公子，其後爲羽氏，即羽師頡是其孫。」此非行人子羽公孫揮也，世族譜以公孫揮爲雜人。自外唯有罕、駟、豐、游、印、國、良七族，見於經傳，皆出穆公，故稱七穆也。

○**初，宋芮司徒生女子，**芮司徒，宋大夫。芮，如銳反。**赤而毛，棄諸堤下。共姬之妾取以入，**共姬，宋伯姬也。堤，亦作隄，徐丁兮反，沈直兮反。共，音恭。**名之曰棄。長而**

美平公入夕。平公共姬子也。長丁丈反 共姬與之食公見棄也而視之尤九甚也 姬納諸御嬖生佐佐元公 惡而婉。佐貌惡而心順。婉於阮反 大子痤美而很。貌美而心很戾。很胡懇反 合左師畏而惡之合左師向戌。惡烏路反下皆同 寺人惠牆伊戾爲大子內師而無寵惠牆氏伊戾名。牆或作牆音牆戾力計反 〔疏〕注惠牆氏伊戾名。正義曰服虔云惠伊皆發聲實爲牆戾杜以下文單稱伊戾是舍族稱名故以惠牆爲氏伊戾爲名也內師者身爲寺人之官公使之監知大子內事爲在內人之長也 秋楚客聘於晉過宋上已有秋復發傳者中間有初不言秋則嫌楚客過在他年。復扶又反 大子知之請野享之公使往伊戾請從之公曰夫不惡女乎夫謂大子也。夫音扶注同女音汝 〔疏〕大子知之。正義曰知之謂與楚客舊相知故請野享之

對曰小人之事君子也惡之不敢遠好之不敢近敬以待命敢有貳心乎縱有共其外莫共其內伊戾爲大子內師不行恐內侍廢闕。遠于万反好呼報反近附近之近共音恭本又作供下同 臣請往也遣之至則欿用牲加書徵之詐作盟處爲大子反徵驗也。欿口感反處昌慮反 而騁告公騁馳也。騁敕景反 曰大子將爲亂既與楚客盟矣公曰爲我子又何求對曰欲速言欲速得公位 公使視之則信有焉有盟徵焉 問諸夫人與左師夫人佐母棄也 則皆曰固聞之公囚大子大子曰唯佐也能免我以其婉也 召而使請曰日中不來吾知死矣左師聞之聒而與之語聒讙也欲使佐失期。聒古活反下同讙呼端反 〔疏〕注聒讙也。正義曰聲亂耳謂之聒多爲言語讙譁亂其耳故聒爲讙也 過期乃縊而死佐爲大子公徐聞其無罪也乃亨伊戾左師見夫人之步馬者步馬習馬。縊一賜反亨普彭反 問之對曰君夫人氏也左師曰誰爲君夫人余胡弗知圉人歸以告夫人夫人使饋之錦與馬先之以玉以玉爲錦馬之先。饋其位反先悉薦反又如字 曰君之妾棄使某獻左師改命曰君夫人而後再拜稽首受之左師令使者改命也傳言宋公闇左師諛大子所以無罪而死。令力呈反使所吏反下文遄使同諛羊朱反 〔疏〕左師至受之。正義曰夫人氏者氏猶家也言夫人家之馬也痤死佐爲大子棄卽正爲夫人步馬之時夫人名已定矣故對云君夫人氏也但棄本是妾左師欲令夫人重已故佯不知之

夫人聞之懼已不得爲夫人故自稱爲妾饋之錦馬也左師喜得其賜故令使者改命曰君夫人而後拜受之使棄成爲夫人傳言左師之諛也 ○鄭伯歸自晉請衞侯歸 使子西如晉聘辭曰寡君來煩執事懼不免於戾言自懼失敬於大國而得罪 使夏謝不敏夏子西名。夏戶雅反 君子曰善事大國將求於人必先下之言鄭所以能自安。下遐嫁反 ○初楚伍參與蔡太師子朝友其子伍舉與聲子相善也聲子子朝之子伍舉子胥祖父椒舉也。朝如字 〔疏〕注聲子至舉也。正義曰聲子則經傳所云蔡公孫歸生是也傳言其子伍舉足明舉爲參之子聲子文不繫朝故云子朝之子以辨明之 伍舉娶於王子牟王子牟爲申公而亡獲罪出奔。娶七住反牟亡侯反爲申如字舊于僞反 楚人曰伍舉實送之。伍舉奔鄭將遂奔晉聲子將如晉

遇之於鄭郊，班荆相與食，而言復故。班，布也。布荆坐地，共議歸楚事。朋友世親。〔疏〕伍舉至復故○正義曰：楚語云，椒舉將奔晉，蔡聲子遇之於鄭郊，饗之以璧，曰：「子尚良食，尚能事晉君以爲諸侯主。」辭曰：「非所願也。若得歸骨於楚，死且不朽。」聲子曰：「子尚良食，吾歸子。」故椒舉降三拜，納其乘馬，聲子受之。是杜所云共議歸楚之事，傳云言復故，謂此也。聲子曰：「子行也，吾必復子。」及宋向戌將平晉楚，平在明年。〔疏〕注平在明年○正義曰：明年聲子始說子木，傳於此言之者，蓋伍舉以此年去楚，故傳記之於此年也。聲子通使於晉，爲國通平事。○爲，于僞反。還如楚。令尹子木與之語，問晉故焉，故，事。且曰：「晉大夫與楚孰賢？」對曰：「晉卿不如楚，其大夫則賢，皆卿材也。如杞梓、皮革，自楚往也。杞梓皆木名。○杞梓，徐上音起，下音子。雖楚有材，晉實用之。」言楚亡臣多在晉。子木曰：「夫獨無族姻乎？」夫，謂晉。對曰：「雖有，而用楚材實多。歸生聞之：歸生，聲子名。善爲國者，賞不僭而刑不濫。賞僭則懼及淫人，刑濫則懼及善人。若不幸而過，寧僭無濫。與其失善，寧其利淫。無善人，則國從之。從之亡也。○僭，子念反，下皆同。濫，力暫反。〔疏〕賞不僭而刑不濫○正義曰：僭謂僭差，濫謂濫佚。賞不僭，所賞必有功，不僭差也。刑不濫，所刑必得罪，不濫佚也。詩曰：『人之云亡，邦國殄瘁。』無善人之謂也。詩大雅。殄，盡也。瘁，病也。○殄，徒典反。瘁，在醉反。〔疏〕詩曰至謂也○正義曰：詩大雅瞻卬之篇也。言國內賢人之既云已喪亡矣，則邦國盡皆困病。此詩之意，言無善人之謂也。故夏書曰：『與其殺不辜，寧失不經。』懼失善也。逸書也。不經，不用常法。〔疏〕故夏至善也○正義曰：此在大禹謨之篇，皐陶論用刑之法也。經，常也。言若用刑錯失，等與其殺不罪之人，寧失於不常之罪，謂實有罪而失於妄免也。此書之意，懼失善也。商頌有之曰：『不僭不濫，不敢怠皇，命于下國，封建厥福。』詩商頌。言殷湯賞不僭差，刑不濫溢，不敢怠解自寬暇，則能爲下國所命，爲天子。○解，佳賣反。〔疏〕注爲下至天子○正義曰：此商頌殷武之篇。詩注謂天命湯於在下之國，此云爲下國所命，謂下國諸侯推命湯爲天子。則商書云「東征西夷怨，南征北狄怨」，又云「室家相慶，曰后來其蘇」是也。此湯所以獲天福也。古之治民者，勸賞而畏刑，樂行賞而憚用刑。恤民不倦。賞以春夏，刑以秋冬。順天時。是以將賞，爲之加膳，加膳則飫賜，飫，饜也。酒食賜下，无不饜足，所謂加膳也。○爲之，于僞反，下爲之不舉同。飫，於據反。饜，本亦作厭，於豔反，下同。此以知其勸賞也。將刑，爲之不舉，不舉則徹樂，不舉盛饌。○饌，士眷反。〔疏〕將刑至徹樂○正義曰：周禮膳夫職云：「王日一舉，鼎十有二，物皆有俎，以樂侑食。」鄭玄云：「殺牲盛饌曰舉。」又曰：「大喪則不舉，大荒則不舉，大札則不舉，天地有災則不舉，邦有大故則不舉。」鄭衆云：「大故，刑殺也。」莊二十年傳曰：「司寇行戮，君爲之不舉。」是禮法將刑爲之不舉也。舉則以樂勸食，不舉故徹去樂縣。大司樂云：「大札、大凶、大災、大臣死，國之大憂，令弛縣。」鄭玄云：「弛，釋下之。」釋下即是徹縣也。大司樂弛縣之內不言刑殺大故，文不具耳。此以知其畏刑也。夙興夜寐，朝夕臨政，此以知其恤民也。三者，禮之大節也。有禮無敗。今楚多淫刑，其大夫逃死於四方，而爲之謀主，以害楚國，不可救療，所謂不能也。療，治也。所謂楚人不能用其材也。○朝，如字。療，力召反。子儀之亂，析公奔晉，在文十四年。○析，星歷反。晉人寘諸戎車之殿，以爲謀主。殿，後軍。○寘，之豉反。殿，多練反，注同。繞角之役，晉將遁矣析公曰楚師輕窕易震蕩也若多鼓鈞聲以夜軍之鈞同其聲○遁徒困反窕徐敕堯反又通弔反易以豉反鈞音均徐居旬反楚師必遁晉人從之楚師宵潰晉遂侵蔡襲沈獲其君敗申息之師於桑隧獲申麗而還成六年晉欒書救鄭與楚師遇於繞角楚師還晉侵沈獲沈子八年復侵楚敗申息獲申麗○潰戶內反隧音遂麗力馳反復扶又反鄭於是不敢南面楚失華夏則析公之爲也雍子之父兄譖雍子君與大夫不善是也不是其曲直○夏戶雅反雍子奔晉晉人與之鄐鄐晉邑○鄐許六反徐又超六反以爲謀主彭城之役晉楚遇於靡角之谷在成十八年晉將遁矣雍子發命於軍

曰歸老幼反孤疾二人役歸一人簡兵蒐乘簡擇蒐閱○蒐所留反乘繩證反閱音悅秣馬蓐食師陳焚次次舍也焚舍示必死○秣音末蓐音辱陳直覲反明日將戰行歸者而逸楚囚欲使楚知之楚師宵潰晉降彭城而歸諸宋以魚石歸在元年○降戶江反楚失東夷子辛死之則雍子之爲也楚東小國及陳見楚不能救彭城皆叛五年楚人討陳叛故殺令尹子辛子反與子靈爭夏姬子靈巫臣而雍害其事子反亦雍害巫臣不使得取夏姬○雍於勇反注同子靈奔晉晉人與之邢邢晉邑○邢音刑以爲謀主扞禦北狄通吳於晉教吳叛楚教之乘車射御驅侵使其子狐庸爲吳行人焉吳於是

伐巢取駕克棘入州來駕棘皆楚邑譙國酇縣東北有棘亭○譙在遙反酇才多反又子旦反或作贊〔疏〕射御驅侵○正義曰教之驅車侵伐人也楚罷於奔命至今爲患則子靈之爲也事見成七年○罷音皮見賢遍反若敖之亂伯賁之子賁皇奔晉晉人與之苗若敖亂在宣四年苗晉邑○賁扶云反下同以爲謀主鄢陵之役在成十六年○鄢音偃楚晨壓晉軍而陳晉將遁矣苗賁皇曰楚師之良在其中軍王族而已言楚之精卒唯在中軍○壓本又作厭於甲反徐於輒反而陳直覲反下成陳并注同卒子忽反若塞井夷竈成陳以當之塞井夷竈以爲陳〔疏〕注塞井至爲陳○正義曰成十六年傳說此事云范匄趨進曰塞井夷竈陳於軍中則此謀范匄所爲今以爲苗賁皇之計者鄭衆云此范匄所言苗賁皇亦言之故聲子引以爲喻欒范

易行以誘之欒書時將中軍范燮佐之易行謂簡易兵備欲令楚貪己不復顧二穆之兵○易以豉反注及下易成同賈音亦行戶郎反注及下同賈音衡令力呈反下同復扶又反下復注同〔疏〕欒范易行以誘之○正義曰賈逵鄭衆皆讀易爲變易之易賈以行爲道也欒爲將范爲佐二人分中軍別將之欲使欒與范易道令范先誘楚欒以良卒從而擊之鄭謂易行中軍與下軍易卒伍也計設謀之時軍既未動道未定分何以言改道也將卒相附繫屬久矣无容臨戰而改易將卒且言易行行非卒伍之名安得爲易卒伍也二者之說皆不可通以傳言誘之則謂羸師毀軍示弱以誘敵故讀易爲簡易之易謂簡易行陳少其兵備令楚貪己不復顧二穆之兵使中行二郤得克二穆也楚語說此事云雍子謂欒書曰楚師可料也在中軍王族而已若易中下楚必歆之韋昭云中下中軍之上下也歆猶貪也簡易欒范之行示之弱以誑楚也是韋昭已讀爲簡易之易故杜從之也此與楚語俱述聲子之言傳言鄢陵之敗苗賁皇之爲楚語亦論鄢陵之役而云雍子之爲二文不同或丘明傳聞兩說兩記之也劉炫以爲國語非丘明所作爲有此類往往與左傳不同故也中行二郤必克二穆郤錡時將上軍中行偃佐之郤

至佐新軍令此三人分良以攻二穆之兵楚子重子辛皆出穆王故曰二穆。錡魚綺反吾乃四萃於其王族必大敗之四萃四面集攻之。萃在醉反〔疏〕注四萃至攻之。正義曰楚語云三萃以攻其王族必大敗之韋昭云時晉有四軍言三集者中軍見入而上下及新軍乃三集以致攻之韋昭見彼爲三字故說之使通耳蓋二文不同必有一誤晉人從之楚師大敗王夷師熸夷傷也吳楚之間謂火滅爲熸。熸子潛反〔疏〕注夷傷至爲熸。正義曰月令云瞻夷察傷知夷亦傷也於時呂錡射王中目是王傷也吳楚之間謂火滅爲熸相傳有此語也言軍師之敗若火滅然子反死之鄭叛吳興楚失諸侯則苗賁皇之爲也子木曰是皆然矣聲子曰今又有甚於此椒舉娶於申公子牟子牟得戾而亡君大夫謂椒舉女實遣之懼而奔鄭引領南望曰庶幾赦余亦弗圖也言楚亦不以爲意。娶本又作取七住反女音汝今在晉矣晉人將與之縣以比叔向以舉材能比叔向彼若謀害楚國豈不爲患子木懼言諸王益其祿爵而復之聲子使椒鳴逆之椒鳴伍舉子傳言聲子有辭伍舉所以得反子孫復任於楚〔疏〕子木至逆之。正義曰楚語說此事云子木慨然曰夫子何如召之其來乎對曰亡人得復何爲不來子木曰不來則若之何對曰賁東陽之盜殺之其可乎子木曰不可我爲楚卿而賂盜以賊一夫於晉非義也子爲我召之吾倍其室乃使椒鳴召其父而復之○許靈公如楚請伐鄭十六年晉伐許他國皆大夫獨鄭伯自行故許恚欲報之。恚一睡反曰師不興孤不歸矣八月卒于楚楚子曰不伐鄭何以求諸侯冬〻十月楚子伐鄭爲許。爲于僞反下爲國同鄭人將禦之

子產曰晉楚將平諸侯將和和在明年楚王是故昧於一來昧猶貪冒。昧音妹冒亡報反又亡北反不如使逞而歸乃易成也逞快也夫小人之性釁於勇嗇於禍以足其性而求名焉者非國家之利也若何從之釁動也嗇貪也言鄭之欲與楚戰者皆釁勇貪名之人非能爲國計慮久利不可從也。釁許覲反足子住反又如字〔疏〕夫小至從之。正義曰於時鄭國勇夫皆貪欲禦寇敗楚以成已名故子產爲此言以破之夫此鄭國欲得戰者小人之性奮動於勇貪於禍亂冀得戰鬬以足滿其性而自求成武勇之名焉欲得禦寇者皆自爲其身非國家之利也若何得從之言禦寇之計不可從也。注釁動至從也。正義曰賈鄭先儒皆以釁爲動也王肅云釁謂自矜奮以夸人王延壽魯靈光殿賦云佐奮釁以軒鬐是釁爲奮動之意也嗇是吝惜之名故爲貪也詩云民之貪亂寧爲荼毒是小人之性貪禍亂也言鄭人欲得與楚戰者皆是奮動於勇貪求名譽之人欲望因有禍亂以成已名非能爲國家計慮希長久之利不可從也定本云嗇養也非也子展說不禦寇十二月乙酉入南里墮其城南里鄭邑。說音悅下注同禦魚呂反墮許規反涉於樂氏樂氏津名門于師之梁鄭城門縣門發獲九人焉涉于氾而歸於氾城下涉汝水南歸。縣音玄氾音凡徐扶嚴反〔疏〕注於氾至南歸。正義曰杜檢氾是地名非水名而云涉于氾是於氾地涉水耳釋例土地名云楚伐鄭師于氾襄城縣南氾城是也汝水出南陽魯縣東南經襄城是知於氾城下涉汝水而南歸也而後葬許靈公卒靈公之志而後葬之○衞人歸衞姬于晉乃釋衞侯衞侯以女說晉而後得免君子是以知平公之失政也傳言晉之衰○晉韓宣子聘于周王使請事問何事來聘對曰晉士起將歸時事於宰旅無他事矣起宣子名禮諸侯大夫入天子國稱士時事四時貢職宰旅冢

宰之下士言獻職貢於宰旅不敢斥尊[疏]注起宜至斥尊。正義曰周禮太宰國之卿三命天子上士亦三命曲禮云列國之大夫入天子之國曰某士是諸侯大夫入天子之國禮法當稱士也以其人官卑故下士獨得旅稱周禮大宰之屬官有旅下士三十有二人是知宰旅爲冢宰之下士也劉炫云知時事四時貢職者小行人云春入貢秋獻功王親受之鄭玄云貢謂六服所貢功謂考績之功是諸侯大夫貢時事之義也王聞之曰韓氏其昌阜於晉乎辭不失舊阜大也傳言周衰諸侯莫能如禮唯韓起不失舊

○齊人城郟之歲在二十四年其夏齊烏餘以廩丘奔晉烏餘齊大夫廩丘今東郡廩丘縣故城是。廩力甚反[疏]注烏餘至城是。正義曰釋例土地名以廩丘爲齊地案廩丘地在東郡則是衛之邦域齊竟不至此也羊角高魚皆在東郡廩丘與之相近齊不得別有廩丘烏餘齊之大夫得以廩丘奔晉者蓋齊人往前取得衛邑以賜烏餘如鄭公孫段之得州宋樂大心之有原也宋鄭大夫得以晉地爲采邑是知齊大夫得以衛地爲采邑杜見齊人以之奔晉故釋例以爲齊地明年討烏餘皆取其邑而歸諸侯蓋以廩丘歸齊也襲衛羊角取之今廩丘縣所治羊角城是。治直吏反遂襲我高魚高魚城在廩丘縣東北有大雨自其竇入雨故水竇開。竇音豆介于其庫入高魚庫而介其甲。介音界以登其城克而取之取魯高魚无所諱而不書其義未聞[疏]注取魯至未聞。正義曰服虔云取魯高魚及反之皆不書蓋諱之杜以被人取邑无所可諱故云其義未聞莊十八年公追戎于濟西傳云不言其來諱之也戎來不覺國以爲諱盜竊魯邑而云無可諱者所言諱者諱國惡禮也侯不在疆戎來不覺是國無政令故諱之此守高魚者不覺介於其庫直是守者罪耳非國之恥故諸被伐取魯邑皆不諱也昭二十五年齊侯取鄆書而不諱知失邑無可諱也此亦戰于麻隧之類蓋經文脫漏耳又取邑于宋於是范宣子卒宣子范匄諸侯弗能治也及趙文子爲政乃卒治之文子言於晉侯曰晉爲盟主諸侯或相侵也則討之使歸其地今烏餘之邑皆討類也言於比類宜見討。比必利反[疏]於是至治之。正義曰烏餘以二十四年奔晉二十五年范宣子卒趙文子代之爲政至明年始討烏餘故云乃卒治之傳先言治之下乃述其治之事也而貪之是無以爲盟主也請歸之公曰諾孰可使也對曰胥梁帶能無用師晉侯使往胥梁帶晉大夫能無用師言有權謀

附釋音春秋左傳注疏卷第三十七

春秋左傳注疏卷三十七挍勘記　阮元撰盧宣旬摘録

附釋音春秋左傳注疏卷第三十七 襄二十六年盡二十六年

經二十六年

經二十有六年 石經二十作廿岳本脱有字

注衎雖至叛也下 宋本以下正義二節揔入復歸于衛注

公會晉侯 宋本宋殘本淳熙本岳本足利本侯作人不誤石經此處刓缺○今依訂正

傳二十六年

注御進至當行下 宋本以下正義三節揔入能無卑乎注

遞進御 宋本遞上有更字是也

集成 淳熙本二字誤作傳文

拂衣褰裳也 釋文作騫裳云本或作褰音雖同義非也按依說文攐摳衣也此爲正字騫褰皆假借字褰絝也

拂衣披迅之義 宋本衣作者不誤監本毛本披作振宋本亦作振重修監本作張非也

叔向以子員無私欲令應客亦非叔向無可爭 宋本毛本應客下有縱子員應客五字亦非下有叔向爭善四字監本此九字刓擠

唯言子朱之心也 閩本監本毛本唯作惟言子二字監本模糊

敬姒强命之 宋殘本敬字缺末筆下同

苟反 李善注文選豪士賦引作苟反國非也

吾受命於先人 纂圖本吾作善非也

觀知可還否 淳熙本脱還字

辛卯角殺子叔及太子角 閩本亦誤衍上角字宋本監本毛本太作大是也宋本標起止無上三字以下正義四節宋本揔入復愬于晉注下

唯以專邑自隨爲罪 纂圖本監本毛本唯誤徒

必書其名 監本毛本必作以非

傳言以戚如晉 此本以上衍言字據宋本閩本監本毛本刪

頷之而已 毛本頷作頟誤葉抄釋文作頷云本又作顉案惠棟云說文引作顉云低頭也玉篇引杜氏注亦作顉又音欽曲頤也列子云巧夫顉其頤而歌合律張湛注云顉猶搖頭也以顉爲頷此古文假借耳

遂自評論 考文云評作討

蒯感父言 淳熙本父作之非也

雍鉏孫氏臣 閩本監本毛本臣下衍也字

賜之先路三命之服 釋文作輅云本亦作路案輅俗路字經傳多作路釋名云路亦車也儀禮注君所乘車曰路是也

注先路至於王下 宋本以下正義三節揔入讓不失禮句

不應更以八个大邑而又與之 宋本个作箇

隆殺以兩 石經宋殘本宋本纂圖本監本毛本隆作降案漢書韋元成傳引傳作降殺

子西即世政焉辟之 諸本作政按傳作將

杜據傳上文以次之 案宋本之下有耳字

雩婁今屬安豐郡 閩本空闕安字宋本宋殘本淳熙本足利本今上有縣字是也

夫子爲王子圍 淳熙本脱下子字

主作辭令之正 監本毛本正作止誤也

秦不其然 纂圖本閩本監本毛本不其誤倒

秦其不然 宋本作秦不其然此節正義在而後獲之注下

傳稱子産之善 宋本宋殘本稱作積非也

有懿城 淳熙本城作成誤也

注戚城至井也 宋本以下正義七節揔入子展儉而壹注下

懿氏不見經傳 閩本監本毛本脱懿氏二字

使女齊以先歸 淳熙本使誤傳

衛侯如晉晉人執而四之於士弱氏 宋殘本不重晉字非也

受禄于天 宋殘本宋本于作於

注嘉樂至于天 宋本于作於

言自以殺晉戍三百人爲罪 監本毛本戍誤成

國子賦轡之柔矣 毛本子誤之

衛侯雖别有罪 宋本宋殘本淳熙本足利本衞上有言字

而衆人猶謂晉爲臣執君 足利本無人字重脩監本謂誤請

子然二子孔三族已亡 閩本二誤七

故稱七穆也 監本毛本穆作族非也

芮司徒宋大夫 淳熙本司作同誤

棄諸堤下 釋文堤作隄漢書五行志引作棄之隄下

佐元公 宋本宋殘本淳熙本岳本纂圖本監本毛本作佐元公此本誤作佐公元佐下空缺一字今據各本訂正閩本作佐元公名

大子痤美而很 痤淳熙本誤座

寺人惠牆伊戾 諸本作牆葉抄釋文作廧云或作牆石經牆字改刊疑初刻亦作廧

注惠牆氏伊戾名 宋本以下正義四節揔入而後再拜稽首受之注下

則嫌楚客過在他年 纂圖本則誤别

尹戾請從之 石經宋本宋殘本岳本閩本監本毛本尹作伊是也

伊戾爲大子内師 纂圖本監本毛本大作太非淳熙本師誤帥

有盟徵焉 纂圖本監本毛本盟作明非宋本宋殘本淳熙本岳本足利本焉作也是也

聒讙也 李注文選嵇叔夜絶交書引作聒諠也

聲亂耳謂之聒 此本耳字模糊依宋本補閩本監本毛本誤作叫

左師令使者改命也 閩本令誤合淳熙本者誤首

初楚伍參與蔡太師子朝友 石經初刻伍作五後加亻下同宋本宋殘本淳熙本岳本太作大與石經合

其子伍舉與聲子相善也 毛本下子字誤予

注聲子至舉也 宋本以下正義十四節揔入彼若謀害節注下

伍舉實送之 臧琳云下文聲子曰子牟得戾而亡君大夫謂椒舉女實遣之又國語楚語上子牟有罪而亡康王以淑舉爲遣之又子牟得罪而亡執政弗是謂淑舉曰女實遣之則伍舉實送之送乃遣字之譌楚之君臣以子牟出奔爲伍舉遣之行將罪及於起謀者故伍舉亦懼禍出奔若但送子牟之行則伍舉罪輕當不至於出奔也

饗之以璧賄曰 宋本賄作侑與楚語合

故椒舉降三拜 浦鏜云故衍字按明道本國語無故字

明年聲子始説子木 宋本木作氏

詩大雅瞻卬之篇也　毛本卬作仰非

故能爲下國所命爲天子　此本故字實缺據宋本宋殘本淳熙本岳本纂圖本足利本補正閩本監本毛本故作則非也

古之治民者　淳熙本者誤也

恤民不倦　纂圖本倦誤僭

飫饜也　釋文云饜本亦作厭案李注文選王仲宣從軍詩引作厭依說文則當作猒

國之大憂　宋本國上有凡字與周禮合

若多鼓鈞聲　毛本作多皷是也宋殘本作多皷

君與夫人不善是也　宋本宋殘本岳本夫人作大夫與石經合

晉楚遇於靡角之谷　閩本監本毛本楚遇二字誤倒

譙國酇縣　諸本作鄼釋文或作贊

注塞井至爲陳　宋本至字作夷竈以三字

以傳言誘之　宋本以上有杜字是也

苗賁皇之爲　監本毛本賁作奔非也

中行二郤　石經宋本宋殘本淳熙本岳本纂圖本閩本毛本郤作郄下同是也

中軍見人　監本毛本見作先按韋注作先

瞻夷察傷　閩本監本瞻作瞻按月令作瞻傷察創依說文夷當作痍傷也

今又有甚於此　石經此下旁增者字非唐刻也

椒舉娶於申公子牟　釋文云娶本又作取石經及諸本作娶

逞快也　宋殘本怏誤快

釁於勇嗇於禍以足其性而求名焉者　石經此行勇字起而字止比九字初刻似多一字此重刊也

夫小至從之　宋本以下正義三節揔入而後葬許靈公注下

佐舊釁以軒轄　案文選釁作舋李善引杜注亦作舋俗字

對曰晉士起　禮記曲禮正義引作擯者曰晉士起與今本異

注起宣至斥尊　宋本此節正義在辭不失舊注下

注烏餘至城是　宋本以下正義三節揔入而貪之節注下

如鄭公孫段之得用　正德本閩本用字空缺監本誤川宋本毛本作州是○今訂作州

取魯高魚　淳熙本魯作會非也

宣子范匄　諸本作宣淳熙本誤入

附釋音春秋左傳注疏卷第三十七止

春秋左傳注疏卷三十七校勘記

附釋音春秋左氏注疏卷第三十八 起二十七年盡二十八年

杜氏注　孔穎達疏

經二十有七年春齊侯使慶封來聘景公卽位通嗣君也

○夏叔孫豹會晉趙武楚屈建蔡公孫歸生衛石惡陳孔奐鄭良霄許人曹人于宋案傳會者十四國齊秦不交相見邾滕爲私屬皆不與盟宋爲主人地於宋則與盟可知故經唯序九國大夫楚先晉歃而書先晉貴信也陳于晉會常在衛上孔奐非上卿故在石惡下○奐呼亂反與音預下同先悉薦反又如字歃所洽反○疏注案傳至惡下○正義曰案傳諸國大夫及諸侯之身至宋者有晉楚齊秦魯衛陳蔡鄭許曹邾滕并宋爲主人凡十四國也齊秦不交相見邾滕爲人私屬皆不與於盟爲盟而爲此會故不盟者會亦不序也宋爲地主法當不序於列故經唯序九國大夫也案傳楚先晉歃則當先書楚傳言書先晉晉有信也是仲尼貴晉有信故先書趙武也釋例班序譜晉合諸侯二十國起僖二十八年盡哀十四年大率皆陳後次蔡蔡後次衛是陳于晉會常在衛上也今孔奐乃降於蔡衛在石惡之下故知奐非上卿故也成三年傳曰次國之上卿當大國之中中當其下是計卿位爲班也知非奐後至者以傳稱與蔡公孫歸生同至故也案傳七月之下乃云庚辰子木等至自陳陳孔奐蔡公孫歸生至則諸侯大夫七月始集於宋而此會書在夏者事雖在秋行還乃告追以叔孫豹發時書之十年夏會于柤而經書在春注云經書春書始行此亦彼之類也

○衛殺其大夫甯喜甯喜弑剽立衎衎今雖不以弑剽致討於大義宜追討之故經以國討爲文書名也書在宋會下從赴疏注甯喜至從赴○正義曰大夫見殺書名者皆是罪之文案此殺喜之傳乃爲專而殺之喜之於衎未爲罪當死也故杜跡其應死之狀弑君之賊於當誅衎雖不以弑剽致討其於大義宜追討之故雖非國人討賊因其被殺亦以國討爲文書其名以罪喜也不以弑君之罪討之故言追也

○衛侯之弟鱄出奔晉衛侯始者云政由甯氏祭則寡人而今復患其專緩苔免餘既負其前信且不能友于賢弟使至出奔故書弟以罪兄○鱄市轉反又音專復扶又反疏注衛侯至罪兄○正義曰

釋例曰仲尼因母弟之例以興義鄭伯懷害弟之心天王縱羣臣以殺其弟夫子探書其志故顯書二兄以首惡佞夫稱弟不聞反謀也鄭段去弟身爲謀首也然則兄而害弟者稱弟以章兄罪弟又害兄則去弟以罪弟身也推此以觀其餘秦伯之弟鍼陳侯之弟黃衛侯之弟鱄皆是兄害其弟者也統論其義兄弟二人交相殺害各有曲直書弟則示兄曲也是杜以鱄之出奔非鱄之罪故跡其事以爲衛侯罪狀也衛侯始者使鱄與甯喜言云苟得反國政由甯氏祭則寡人如是則甯喜專權未爲負約而今公患其專政故免餘請殺公復緩苔免餘任令殺喜既負其言信又不能友于賢弟使至出奔故書其弟以罪兄也昭元年秦伯之弟鍼出奔晉傳曰罪秦伯知此亦罪衛侯也

○秋七月辛巳豹及諸侯之大夫盟于宋夏會之大夫也豹不倚順以顯弱命之君而辨小是以自從故以違命貶之釋例論之備矣○倚於綺反疏注夏會至備矣○正義曰杜云夏會之大夫者因經書在夏故云夏會其實會在秋耳諸國朝會而因有他事者皆前目而後凡故此不復序而揔云諸侯之大夫還是夏會之大夫也豹去叔孫者傳言季孫以公命命豹使視邾滕而叔孫不從不書其族言違公命故貶之也從公之命於理順也不視邾滕其是小也順君之命其禮大不視邾滕爲是小豹不倚此順道以顯弱命之君而辨小是以自從故以違命貶之也於時魯國君弱臣彊政令出於季氏魯君不得有命臣之理臣之小者季氏以己意命之皆不敢不從也叔孫豹秉心彊直季氏所懼恐不從己意故假以公命命之諸傳言以公命者實非公命而假稱公耳其時魯君未嘗有命此稱公命是假可知豹雖心知是假若其即以爲眞共敬從命則國內義士皆將生心必相告云豹是國之大賢我等仰以取法聞是公命雖非亦從則知公之所命悉不可違豈不使季氏懼而公室尊也從公之命是爲順也如此雖實非公命豹但倚此順道以從公命則弱命之君命得顯矣尊君卑臣在此一舉比視邾滕未爲大失豹乃辨其小是以從己心違君之命故貶之釋例曰季氏專魯祿之去公室三世矣制命出於私門非國所知也叔孫豹魯之賢臣欲匡難以矯時故季孫憚之不敢以己意假公命以敦叔孫也邾滕之班不列於會豹不登朝固請受命而行邾滕降次事非機危既不馳請又不辭會而率意改命失命之甚其君眠食於深宮今一出命共命之使所宜崇長雖有小失遂而伸之國內固知我君之命不可以違則季氏有懼而義士生心君子以豹不倚順以顯弱命之君而辨小是以自從故以違命貶之也杜言

辨小是者豹云宋衛吾匹不視邾滕於理是也但比於申弱君之命使臣卑而君尊此爲小耳○冬十有二月乙卯朔日有食之今長厤推十一月朔非十二月傳曰辰在申再失閏若是十二月則爲三失閏故知經誤【疏】注今長至經誤○正義曰此經言十二月而傳言十一月今杜以長厤推之乙亥是十一月朔非十二月也傳曰辰在申再失閏矣若是十二月當爲辰在亥以申爲亥則是三失閏非再失也推厤與傳合知傳是而經誤也

傳二十七年春胥梁帶使諸喪邑者具車徒以受地必周諸喪邑謂齊魯宋也周密也必密來勿以受地爲名○喪息浪反注同使烏餘具車徒以受封烏餘以地來故詐許封之【疏】傳使烏餘具車徒○正義曰必使烏餘具車徒者以三國皆具車徒若不使亦具車徒恐其驚而覺也且烏餘竊邑諸侯不能治之則烏餘之衆彊也慮其迸散欲聚以執之下云盡獲之是也烏餘以衆出出受封也使諸侯僞效烏餘之封者效致也使齊魯宋僞若致邑封烏餘者而遂執之盡獲之皆獲其徒衆皆取其邑而歸諸侯諸侯是以睦於晉傳言趙文子賢故平公雖失政而諸侯猶睦【疏】皆取至於晉○正義曰古本亦有不重言諸侯今定之本重有諸侯若重言諸侯則天下諸侯以此事故皆睦於晉也劉炫云晉宋古本皆不重言諸侯則唯謂齊魯宋三國睦耳不重是也○齊慶封來聘其車美孟孫謂叔孫曰慶季之車不亦美乎季慶封字叔孫曰豹聞之服美不稱必以惡終美車何爲叔孫與慶封食不敬爲賦相鼠亦不知也相鼠詩鄘風曰相鼠有皮人而無儀人而無儀不死何爲慶封不知此詩爲己言其闇甚爲明年慶封來奔傳○稱尺證反爲賦于僞反注同相息亮反注同鄘音容○衞甯喜專公患之公孫免餘請殺之免餘衞大夫公曰微甯子不及此及此反國也吾與之言矣言政由甯氏事未可知恐伐之未必勝祇成惡名止也祇適也○祇音支注同對曰臣殺之君勿與知乃與公孫無地公孫臣謀二公孫衞大夫○勿與音預使攻甯氏弗克皆死無地及臣皆死公曰臣也無罪父子死余矣獻公出時公孫臣之父爲孫氏所殺【疏】注獻公所殺○正義曰十四年傳曰公使子蟜子伯子皮與孫子盟于丘宮孫子皆殺之彼所殺者皆是公子而此臣是公孫公言臣也無罪父子死余知是爾時死耳亦不知彼所殺者誰是臣之父也夏免餘復攻甯氏殺甯喜及右宰穀尸諸朝穀不書非卿也○復扶又反石惡將會宋之盟受命而出衣其尸枕之股而哭之欲斂以亡懼不免且曰受命矣乃行行會于宋爲明年石惡奔傳○衣於旣反枕之鴆反斂力驗反子鮮曰逐我者出謂孫林父納我者死謂甯喜○納本又作內音納賞罰無章何以沮勸君失其信而國無刑不亦難乎難以治國○沮在呂反【疏】子鮮至難乎○正義曰逐我者應死而得生出納我者有功而更身死章明也沮止也罰有罪所以止人爲惡賞有功所以勸人爲善今賞罰旣無章明何以得爲止勸乎刑法也君失其信違信而殺甯喜而國無法賞罰無所章明以此爲國不亦難乎言治國難也且鱄實使之使甯喜納君遂出奔晉公使止之不可不肯留及河又使止之止使者而盟於河誓不還○使者所吏反託於木門木門晉邑不鄉衞國而坐怨之深也○鄉許亮反本亦作嚮木門大夫勸之仕不可曰仕而廢其事罪也從之昭吾所以出也

將誰懟乎從之謂治其事也事治則明已出欲仕無所自懟。懟息路反吾不可以立於人之朝矣終身不仕自誓不仕終身【疏】注自誓不仕終身。正義曰終身不仕敘事辭也言自誓不仕以終其身故傳言終身不仕也此終身者子鮮之身終也下云公喪之終身者獻公之身終也獻公以二十九年夏卒其子鮮之卒蓋差在獻公之前耳故公喪服以終身也公喪之如稅服終身稅即總也喪服總縗裳縷細而希非五服之常本無月數痛愍子鮮故特爲此服此服無月數而獻公尋薨故言終身。喪息郎反又息浪反稅徐云讀總音歲注同服音吐外反縗本亦作衰音七雷反【疏】注稅即至言終身。正義曰傳云公喪之者言公爲之服喪服也禮無稅服之名如稅服者不知何服也服虔云衰麻已除日月已過乃聞喪而服是爲稅服服。之輕者案禮記過而追服實名爲稅以聞凶之日爲服喪之始其服追過而服之衰麻不爲有異何云服之輕者公若依彼稅服法其兄弟之服則還是齊衰期耳何以得云如也杜以其義不過故云稅即總也當是聲相近而字改易耳喪服有總衰裳牡麻絰既葬除之其章唯有諸侯大夫爲天子以外無人服此服也喪服傳曰總衰者小功之總也鄭玄云治縷如小功而成布四升半細其縷者以恩輕升數少者以服至尊凡布細而疏者謂之總是總者縷細而希疏也喪服之文在大功之下小功之上是非五服之常也既葬除之是本無月數也禮天子諸侯絕旁期計公於子鮮不應爲之服獻公痛愍子鮮特爲服此服也此服既無月數獻公服之不自云幾月當止獻公尋自身薨至死未釋此服故云終身也兄弟之服本服期耳獻公驕淫之君不應過其常月杜言獻公尋薨謂此子鮮之卒差在獻公前耳公與免餘邑六十辭曰唯卿備百邑臣六十矣下有上祿亂也此一乘之邑非四井之邑論語稱十室又云千室明通稱。乘繩證反【疏】注此一至通稱。正義曰司馬法成方十里出革車一乘此一乘之邑每邑方十里也論語云百乘之家大夫稱家邑有百乘是百乘爲采邑之極此云唯卿備百邑知所言邑者皆是一乘之邑非四井之邑也杜以一乘名邑書傳無文故引論語千室十室明其大小通稱邑也臣弗敢聞且甯子唯多邑故死臣懼死之速及也公固與之

受其半以爲少師公使爲卿辭曰大叔儀不貳能贊大事贊佐也。少詩照反君其命之乃使文子爲卿文子大叔儀○宋向戌善於趙文子又善於令尹子木欲弭諸侯之兵以爲名欲獲息民之名。弭徐武婢反如晉告趙孟趙孟謀於諸大夫韓宣子曰兵民之殘也財用之蠹蠹害物之蟲。蠹本又作蠧丁故反【疏】注蠹害物之蟲。正義曰釋蟲云蝎桑蠹李巡云蝎木蠹也穆天子傳云天子蠹書於羽陵攝去書內簡中之蟲是蟲在木中謂之爲蠹昭三年傳云公聚朽蠹則在諸物之中皆名爲蠹故云害物之蟲也害物之蟲既名爲蠹故害於物者皆以蠹言之孫子兵書云興師十萬日費千金是兵爲財用之蠹也小國之大菑也將或弭之雖曰不可必將許之言雖知兵不得久弭今不可不許。菑音災弗許楚將許之以召諸侯則我失爲盟主矣晉人許之如楚楚亦許之如齊齊人難之陳文子曰晉楚許之我焉得已且人曰弭兵而我弗許則固攜吾民矣將焉用之齊人許之告於秦秦亦許之皆告於小國爲會於宋五月甲辰晉趙武至於宋丙午鄭良霄至六月丁未朔宋人享趙文子叔向爲介司馬置折俎禮也折俎體解節折升之於俎合卿享宴之禮故曰禮也周禮司馬掌會同之事。難之乃旦反下懼難同焉於虔反下將焉用焉能皆同介音界後注同折之設反注同徐又音制俎莊呂反【疏】注折俎至之事。正義曰折俎謂體解節折升之於俎周語文也宣十六年傳曰王享有體薦宴有折俎公當享卿當宴王室之禮也彼傳之意言享公

當依享法有體薦也享卿當如宴法有折俎也彼王自言之故云王室禮耳其諸侯之待公卿禮法亦當然也故此享趙孟而置折俎合卿享宴之禮故曰禮也周禮大司馬云大會同則帥士庶子而掌其政令大祭祀饗食羞牲魚是司馬掌會同薦羞之事故宋人此享令司馬置折俎也仲尼使舉是禮也以爲多文辭宋向戌自美弭兵之意敬逆趙武趙武叔向因享宴之會展賓主之辭故仲尼以爲多文辭。使舉是禮也沈云舉謂記録之也〔疏〕仲尼至文辭。正義曰此文甚畧本意難知蓋於此享也賓主多有言辭時人跡而記之仲尼見其事善其言使弟子舉是宋享趙孟之禮以爲後人之法已明述其意仲尼所以特舉此禮者以爲此享多文辭以文辭可爲法故特舉而施用之。注宋向至文辭。正義曰杜以賓主之辭禮有定式於此享也何以獨多故解其多辭之意服虔云以其多文辭故特舉而用之後世謂之孔氏聘辭以孔氏有其辭故傳不復載也所言孔氏聘辭不知事何所出賓享禮而謂之爲聘舉舊辭而目曰孔氏事亦不必然也戊申叔孫豹齊慶封陳須無衞石惡至須無陳文子甲寅晉荀盈從趙武至趙武命盈追已故言從趙武後武遣盈如楚〔疏〕注趙武命盈追已。正義曰沈氏曰知非晉侯命者若是晉侯應云甲寅荀盈至今云從武至故知趙武命也杜云後武遣盈如楚見此意耳丙辰邾悼公至小國故君自來壬戌楚公子黑肱先至成言於晉時令尹子木止陳遣黑肱就晉大夫成盟載之言兩相然可。肱古弘反丁卯宋戌如陳從子木成言於楚就於陳成楚之要言戊辰滕成公至亦小國君自來子木謂向戌請晉楚之從交相見也使諸侯從晉楚者更相朝見。更音庚見賢遍反庚午向戌復於趙孟趙孟曰晉楚齊秦匹也晉之不能於齊猶楚之不能於秦也不能服而使之楚君若能使秦君辱於敝邑寡君敢不固請於齊請齊使朝楚壬申左師復言

於子木子木使馹謁諸王馹傳也謁告也。馹人實反傳陟戀反王曰釋齊秦他國請相見也經所以不書齊秦秋七月戊寅左師至從陳還是夜也趙孟及子皙盟以齊言子皙公子黑肱素要齊其辭至盟時不得復訟爭。皙星歷反復扶又反庚辰子木至自陳陳孔奐蔡公孫歸生至二國大夫與子木俱至曹許之大夫皆至以藩爲軍示不相忌。藩方元反〔疏〕以藩爲軍。正義曰古人行兵止則築爲壘塹以備不虞此藩籬爲軍者方欲弭兵以示不相忌也晉楚各處其偏晉處北楚處南伯夙謂趙孟伯夙荀盈〔疏〕注伯夙荀盈。正義曰伯夙即是荀盈於傳亦無明據未測何以知之服虔云伯夙晉大夫其意以爲別有伯夙非荀盈也曰楚氛甚惡懼難。氛氣也言楚有襲晉之氣。氛芳云反徐扶云反趙孟曰吾左還入於宋若我何營在宋北東頭爲上故晉營在東有急可左迴入宋東門辛巳將盟於宋西門之外楚人衷甲甲在衣中欲因會擊晉。衷音忠徐丁仲反伯州犂曰合諸侯之師以爲不信無乃不可乎夫諸侯望信於楚是以來服若不信是棄其所以服諸侯也固請釋甲子木曰晉楚無信久矣事利而已苟得志焉焉用有信大宰退大宰伯州犂告人曰令尹將死矣不及三年求逞志而棄信志將逞乎志以發言言以出信信以立志參以定之志言信三者具而後身安存信亡何以及三爲明年子木死起本〔疏〕志將至三及。正義曰志將逞乎言其不得逞也在心爲志出口爲言志

有所之言乃出口故志以發言也與人爲信必言以告之故言以出信也於人有信志乃得立故信以立志也人之處身於世常恐不得安定參即三也言也信也志也三者俱備然後身得安定欲安其身用此三者以定之信亡則志不立失志必死不久何以得及三年

趙孟患楚衷甲以告叔向叔向曰何害也匹夫一爲不信猶不可單斃其死單盡也斃踣也。單音丹注同斃婢世反踣蒲北反〔疏〕匹夫至其死。正義曰匹夫謂賤人也賤人一爲不信猶尚不可況國卿也不信之人盡踣其死言無得生者前覆曰踣謂倒地死也

若合諸侯之卿以爲不信必不捷矣食言者不病不病者單斃於死〔疏〕食言者不病。正義曰不病者不唯病害而已必至於死也言之不用若食之消散故謂無信爲食言也

非子之患也楚食言當死晉不食言故無患夫以信召人而以僭濟之濟成也。僭子念反不信也必莫之與也安能害我且吾

因宋以守病爲楚所病則欲入宋城則夫能致死與宋致死雖倍楚可也宋爲地主致死助我則力可倍楚。夫如字或音扶子何懼焉又不及是曰弭兵以召諸侯而稱兵以害我稱舉也〔疏〕夫能至及是。正義曰夫謂宋也宋能致死助我今晉師與宋致死不但唯敵於楚雖更力倍於楚可也子何須懼焉又恐楚人之情不應及是之惡

吾庸多矣非所患也晉獨取信故其功多

季武子使謂叔孫以公命曰視邾滕兩事晉楚則貢賦重故欲比小國武子恐叔孫不從其言故假公命以敦之〔疏〕注兩事至敦之。正義曰案傳上文六月戊申叔孫豹至丁卯向戌如陳從子木成言於楚子木乃請晉楚之從交相見則叔孫發魯之時未有此交相見之議也子木既有此請季孫在國聞之季孫使謂叔孫者使人就宋謂之也於時季氏專魯國之利害季孫所量自慮兩屬貢賦必重疑邾滕將爲人之私故令豹比視小國此直季孫意耳非公意也若是餘人爲使季孫以己意命之無敢違者但叔孫濡直季孫所懼告以己意恐不見從故假稱公命以敦勸之望其敬公命而遂己志也長曆丁卯是六月二十一日也辛巳是七月五日也丁卯已有此議辛巳方始結盟則叔孫既得公命其去盟日猶遠反魯覆請足得往來但叔孫知非公命不復更請臨盟則率己之意自從所欲故釋例云豹不登朝固請受命而行邾滕降次事非機危既不馳請又不辭會率意改命失命之甚是言其間足得反請而叔孫不請故責之也

既而齊人請邾宋人請滕皆不與盟私屬二國故。與音預

叔孫曰邾滕人之私也我列國也何故視之宋衛吾匹也乃盟故不書其族言違命也季孫專政於國魯君非得有命今君唯以此命告豹豹宜崇大順以顯弱命之君而遂其小是故貶之〔疏〕注季孫至貶之。正義曰季孫專政於國魯君非得有命此以公命非公可知叔孫亦知非公命故不肯從之其實叔孫違命止違季孫意耳但季孫假以公命謂之叔孫雖內知非公而其辭稱公即須從命叔孫既得此命宜應內自思省我君由來無命今君唯以此命命我事雖非理亦宜聽從如是則敬君之情深矣豹宜崇此大順之道以顯弱命之君而乃按討公言是非不肯同於小國遂其小是以忘大順故貶之此義至妙唯杜始得之矣賈逵云叔孫義也魯疾之非也服虔云叔孫欲尊魯國不爲人私雖以違命見貶其於尊國之義得之案經去其族是文貶也傳言違命是實惡也賈服違經反傳背左氏異孔子孔子貶之賈逵賞之丘明言其違命服虔善其尊國是不以丘明之言解左傳不以孔子之意說春秋也

晉楚爭先爭先歃血

晉人曰晉固爲諸侯盟主未有先晉者也

楚人曰子言晉楚匹也若晉常先是楚弱也

且晉楚狎主諸侯之盟也久矣狎更也。先悉薦反或如字狎戶甲反更音庚〔疏〕且晉至久矣。正義曰陳蔡鄭許作南作北成二年楚公子嬰齊爲蜀之盟諸夏之國大夫皆在是晉楚更代主諸侯之盟實久也

豈專在晉叔向謂趙孟曰諸侯歸晉之德只只辭。只之氏反非歸其尸盟也尸主也子

務德無爭先且諸侯盟小國固必有尸盟者小國主辨具。辨皮莧反〔疏〕注小國主辨具。正義曰盟實大國爲主而此云小國主盟知其主辨具也哀十七年公會齊侯盟于蒙孟武伯問於高柴曰諸侯盟誰執牛耳季羔曰鄫衍之役吳公子姑曹發陽之役衛石魋武伯曰然則彘也所言主辨具者如彼執牛耳之類皆小國主備之法當小國執牛耳鄫衍吳公子執之者於時吳爲盟主夷不知禮故自使其人執之也盟法大國制其言小國尸其事此盟爭先歃不爭主備叔向以小國主盟爲言者叔向以久爭不決或將戰鬭因盟時小國有所主欲令趙孟下楚假此以勸之耳楚爲晉細不亦可乎欲推使楚主盟乃先楚人書先晉晉有信也蓋孔子追正之壬午宋公兼享晉楚之大夫趙孟爲客客一坐所尊故季孫飲大夫酒臧紇爲客。坐才臥反飲於鴆反〔疏〕注客一至爲客。正義曰享宴之禮賓旅雖多特以一人爲客燕禮者諸侯燕臣之禮也經云小臣納卿大夫卿大夫皆入門右北面東上乃云射人請賓公曰命某爲賓賓出立于門外更使射人納賓公降一等揖之賓即客也是客一坐所尊也季孫飲大夫酒臧紇爲客二十三年傳也魯語云公父文伯飲南宮敬叔酒路堵父爲客羞鼈小堵父怒相延食鼈辭曰將使鼈長而食之遂出文伯母聞之怒曰吾聞之先子曰祭養上尸享養上賓鼈於何有而使夫人怒也是一坐所尊敬之事也案燕禮記曰公與燕則大夫爲賓與大夫燕亦大夫爲賓又聘禮燕聘賓則以上介爲賓此宋公享大夫以趙孟爲客者燕禮謂與已之臣子燕嫌卿敵公故以大夫爲賓聘禮據特來聘者敬其使人故使介爲賓此則兼享晉楚大夫異於常禮以尊敬霸主之國故令趙孟爲客服虔云楚君恒以大夫爲賓者大夫卑雖尊之猶遠君也楚先歃爲盟主故尊趙孟爲客案此享宋爲主非楚爲主服之妄也劉炫云兼享晉楚之大夫不以屈建爲賓者賓唯一人出自當時意耳子木與之言弗能對使叔向侍言焉子木亦不能對也乙酉宋公及諸侯之大夫盟于蒙門之外前盟諸大夫不敢敵公禮也今宋公以近在其國故謙而重盟重盟故不書蒙門宋城門。重直用反下二字同〔疏〕子木至對也。

正義曰上云晉卿不如楚其大夫則賢是也子木問於趙孟曰范武子之德何如士會賢聞於諸侯故問之。聞音問又如字對曰夫子之家事治言於晉國無隱情其祝史陳信於鬼神無愧辭祝陳馨香德足副之故不愧。治直吏反愧九位反子木歸以語王王曰尚矣哉尚上也。語魚據反下同能歆神人歆享也使神享其祭人懷其德。歆所金反宜其光輔五君以爲盟主也五君謂文襄靈成景〔疏〕注五君謂文襄靈成景。正義曰晉語訾祏對范宣子曰武子佐文襄諸侯無二心爲卿以輔成景軍無敗政及爲元帥居大傅國無姦民是以受隨范是其光輔五君也服虔云文公爲戎右襄靈爲大夫成公爲卿景公爲大傅也子木又語王曰宜晉之伯也有叔向以佐其卿楚無以當之不可與爭晉荀寅遂如楚涖盟重結晉楚之好。好呼報反○鄭伯享趙孟于垂隴自宋還過鄭。壠力勇反子展伯有子西子產子大叔二子石從二子石印段公孫段。從才用反趙孟曰七子從君以寵武也請皆賦以卒君貺武亦以觀七子之志詩以言志子展賦草蟲草蟲詩召南曰未見君子憂心忡忡亦既見止亦既覯止我心則降以趙孟爲君子。蟲直忠反召上照反下同忡勑忠反覯古豆反降戶江反又如字下注同趙孟曰善哉民之主也在上不忘降故可以主民抑武也不足以當之辭君子伯有賦鶉之賁賁鶉之賁賁詩鄘風衛人刺其君淫亂鶉鵲之不若義取人之無良我以爲兄我以爲君也。鶉順倫反賁音奔〔疏〕注鶉之至君也。正義曰伯有賦此詩者義取人之無善行者我以此爲君是有嫌君之意於時鄭簡公是穆公之玄孫良霄是穆公之曾孫君非良霄之兄杜言并取人之無良我以爲兄者因詩戒文故連言之劉君以爲弃兄而規杜非也趙孟曰牀笫之言不踰閾況在野乎非使人之所得聞也笫簀也此詩刺淫亂故云牀笫之言閾門限使人趙孟自謂。笫側里反閾音域徐況逼反使所吏反注同簀音責【疏】注笫簀也。正義曰釋器云簀謂之笫孫炎曰牀也郭璞曰牀版也然則牀是大名簀是牀版檀弓云大夫之簀與簀名亦得統牀故孫炎以爲牀也子西賦黍苗之四章黍苗詩小雅四章曰肅肅謝功召伯營之烈烈征師召伯成之比趙孟於召伯趙孟曰寡君在武何能焉推善於其君子產賦隰桑隰桑詩小雅義取思見君子盡心以事之曰旣見君子其樂如何。盡津忍反樂音洛下注及文至樂以安民並同趙孟曰武請受其卒章卒章曰心乎愛矣遐不謂矣中心藏之何日忘之趙武欲子產之見規誨子大叔賦野有蔓草野有蔓草詩鄭風取其邂逅相遇適我願兮。蔓音萬邂戶賣反逅戶豆反趙孟曰吾子之惠

也大叔喜於相遇故趙孟受其惠印段賦蟋蟀蟋蟀詩唐風曰無以大康職思其居好樂無荒良士瞿瞿言瞿瞿然顧禮儀。印一刃反蟀所律反大康音泰居音據好呼報反下同瞿瞿居什反趙孟曰善哉保家之主也吾有望矣能戒懼不荒所以保家【疏】保家之主也。正義曰大夫稱主言是守家之主不亡族也下云數世之主亦然公孫段賦桑扈桑扈詩小雅義取君子有禮文故能受天之祜。祜音戶趙孟曰匪交匪敖福將焉往此桑扈詩卒章趙孟因以取義。敖五報反焉於虔反下政其焉往同若保是言也欲辭福祿得乎卒享文子告叔向曰伯有將爲戮矣詩以言志志誣其上而公怨之以爲賓榮言誣則鄭伯未有其實趙孟倡賦詩以自寵故言公怨之以爲賓榮。倡昌亮反【疏】詩以至賓榮。正義曰在心爲志發言爲詩是詩所以言人之志意也鄭君實未有罪伯有稱人之無良是誣其上也但伯有不臣被公之所怨以公怨怨當自須掩蓋而賦詩道公無良反將公之所怨以爲賓之榮寵劉炫云而公顯然將比來之怨以爲對賓之榮樂也其能久乎幸而後亡言必先亡叔向曰然已侈所謂不及五稔者夫子之謂矣稔年也爲三十年鄭殺良霄傳。侈昌氏反又戶氏反字林充豉反稔而甚反熟也穀一熟故爲一年文子曰其餘皆數世之主也子展其後亡者也在上不忘降謂賦草蟲曰我心則降。數所主反印氏其次也樂而不荒謂賦蟋蟀曰好樂無荒樂以安民不淫以使之後亡不亦可乎。宋左師請賞曰請免死之邑欲宋君稱功加厚賞故。謙言免死之邑也【疏】樂以至可乎。正義曰印段賦蟋蟀義取好樂無荒即不淫也好樂則用樂以安民也其使民也又不淫以使之民皆愛之守位必固在人後亡不亦可乎。注欲宋君稱功無之邑也。正義曰

服虔云向戌自以止兵民不戰鬬自矜其功故求免死之賞也如服此言免死謂止兵不鬬民免死也杜以爲謙則向戌自以爲已免死也若使計謀不當則罪合死自矜其功言己得免死故請賞邑也公與之邑六十以示子罕子罕曰凡諸侯小國晉楚所以兵威之畏而後上下慈和慈和而後能安靖其國家以事大國所以存也無威則驕驕則亂生亂生必滅所以亡也天生五材金木水火土也民並用之廢一不可誰能去兵兵之設久矣所以威不軌而昭文德也聖人以興謂湯武。去起呂反下皆同亂人以廢謂桀紂。廢興存亡昏明之術皆兵之由也而子求之不亦誣乎以誣道蔽諸侯

罪莫大焉。縱無大討，而又求賞，無厭之甚也。削而投之。削賞左師之書。敝，必世反，徐亡世反。服虔、王肅、董遇並作弊，婢世反，云踣也。厭，於鹽反，徐於廉反。（疏）廢興至諸侯。○正義曰：言之術者，謂德刑禮義是興存盛明之法術也，驕淫殘虐是廢亡昏闇之法術也。皆兵之由者，謂皆畏懼此兵，行善不行惡，畏之則興，不畏則亡，故云皆兵之由也。言不亦誣乎者，謂廢興存亡悉皆由兵，向戌之意以廢興存亡不須用兵，是實須而誣罔云不須，故云不亦誣乎。服虔曰：「斃，踣也。一曰罷也。」則知服本作弊。王肅、董遇本皆作蔽，蔽謂以誣人之道掩諸侯也。杜本作蔽，當如王、董為蔽掩之也。○削而投之。○正義曰：宋公賞邑，書之於札，向戌執之以示子罕，子罕削其字而又投之於地也。向戌初謀此事，子罕不即止之，而至此始怒者，蓋初謀子罕不知，或子罕初亦不覺，久思乃知其非也。左師辭邑。向氏欲攻司城，司城子罕。左師曰：「我將亡，夫子存我，德莫大焉，又可攻乎？」君子曰：「『彼已之子，邦之司直』，詩鄭風。司，主也。○已音記。樂喜之謂乎！樂喜，子罕也。善其不阿向戌。『何以恤我，我其收之』，逸詩。恤，憂也。收，取也。向戌之謂乎！」善向戌能知其過。○齊崔杼生成及彊而寡，偏喪曰寡。寡，特也。○喪，息浪反。娶東郭姜，生明。東郭姜以孤入，曰棠無咎，無咎，棠公之子。○娶，七住反。無咎音無，本亦作无，咎，其九反。與東郭偃相崔氏。東郭偃，姜之弟。○相，息亮反。崔成有病，而廢之，有惡疾也。（疏）注有惡疾也。○正義曰：若非惡疾，猶堪為後。以疾而廢，明是惡疾。疾之惡者也，不知其何疾也。論語稱伯牛有疾，不欲見人，淮南子云伯牛癩。此崔成猶能作亂，未必是癩也。彊無病亦不得立者，愛後妻欲立明故也。而立明。成請老于崔，崔，濟南東朝陽縣西北有崔氏城。成欲居崔邑以終老。○朝如字，一音直遥反。崔子許之。偃與无咎弗予，曰：「崔，宗邑也，必在宗主。」宗邑，宗廟所在。宗主謂崔明。成與彊怒，將

殺之。告慶封曰：「夫子之身亦子所知也，唯无咎與偃是從，父兄莫得進矣。大恐害夫子，敢以告。」夫子謂崔杼。（疏）父兄莫得進矣。○正義曰：成、彊是崔杼之子，而云父兄者，成、彊之意以崔杼任无咎與偃，棄遠宗族，不可自斥於己，故舉宗族父兄也。慶封曰：「子姑退，吾圖之。」告盧蒲嫳。嫳，慶封屬大夫。封以成、彊之言告嫳。○嫳，普結反，徐敷結反。盧蒲嫳曰：「彼，君之讎也。天或者將棄彼矣。彼實家亂，子何病焉？君謂齊莊公，為崔杼所弑。崔之薄，慶之厚也。」崔敗則慶專權。他日又告。成、彊復告。○復，扶又反。慶封曰：「苟利夫子，必去之。難，吾助女。」九月庚辰，崔成、崔彊殺東郭偃、棠无咎於崔氏之朝。崔子怒而出，其衆皆逃，求人使駕，不得。使圉人駕，寺人御而出，圉人，養馬者。寺人，奄士。○難，乃旦反。女音汝。圉，魚呂反。且曰：「崔氏有福，止余猶可。」恐滅家，禍不止其身。遂見慶封。慶封曰：「崔、慶一也。言如一家。是何敢然？請為子討之。」使盧蒲嫳帥甲以攻崔氏。崔氏堞其宮而守之，堞，短垣。使其衆居短垣內以守。○請為，于偽反，下注「嫳為」、「為齊莊」同。堞音牒，徐養涉反。（疏）崔氏堞其宮。○正義曰：謂新築女牆而守之。弗克。使國人助之，遂滅崔氏，殺成與彊，而盡俘其家。其妻縊。妻，東郭姜。嫳復命於崔子，且御而歸之。嫳為崔子御。至則無歸矣，乃縊。終入於其宮，不見其妻凶。崔明夜辟諸大墓。開先人之冢以藏之。○辟，婢亦反，徐出亦反。辛巳，崔明來奔。慶

封當國當國秉政。○楚薳罷如晉涖盟罷令尹子蕩報荀盈也○罷音皮晉侯享之將出賦既醉既醉詩大雅曰既醉以酒既飽以德君子萬年介爾景福以美晉侯比之太平君子也叔向曰薳氏之有後於楚國也宜哉承君命不忘敏子蕩將知政矣敏以事君必能養民政其焉往言政必歸之○崔氏之亂在二十五年申鮮虞來奔僕賃於野以喪莊公爲齊莊公服喪○賃女鴆反以喪如字又息浪反冬楚人召之遂如楚爲右尹傳言楚能用賢○十一月乙亥朔日有食之辰在申司厤過也再失閏矣謂斗建指申周十一月今之九月斗當建戌而在申故知再失閏也文十一年三月甲子至今年七十一歲應有二十六閏今長厤推得二十四閏通計少再閏釋例言之詳矣〔疏〕注謂斗至詳矣○正義曰斗建從甲至癸十者謂之日從子至亥十二者謂之辰傳言辰在申者謂其日昬時斗柄所指於十二辰爲在申也九月當建戌而建申故爲再失閏也文十一年三月至今七十一歲應有二十六閏者厤法十九年爲一章章有七閏從文十一年至襄十三年凡五十七年已成三章當有二十一閏又從襄十四年至今爲十四年又當有五閏故爲應有二十六閏也長厤推得二十四閏者杜以長厤實於其閒分置二十四閏釋例云閏者會集數年餘日因宜以安之故閒月無中氣斗建斜指兩辰之閒也魯之司厤漸失其閏至此年日食之月以儀審望知斗建之在申斗建在申乃是周家九月也而其時厤稱十一月故知再失閏也於是始覺其謬遂頓置兩閏以應天正以敘事期然則前閏月爲建酉後閏月爲建戌十二月爲建亥而歲終焉是故明年經書春無氷傳以爲時災也若不復頓置二閏則明年春是今之九月十月十一月也今之九月十月十一月無氷非天時之異無緣總書春也尋案今世所謂魯厤者不與春秋相符殆來世好事者爲之非眞也今俱不知其法術具依春秋經傳反覆其終始以求之近得其實矣杜言以儀審望者大史鑄銅作渾天儀列二十八宿之度設機關候望以測七曜所在故於彼鑄銅儀而審望之知此月斗建申也長厤稱大凡經傳有七百七十九日漢末宋仲子集七厤以考春秋魯厤得五百二十九日失二百五十日是其不與春秋相符也劉炫云遠取文十一年三月甲子者以三十年絳縣老人云臣生之歲正月甲子朔以全日故又云言通計者若據前閏以來短計不得有再失之理今遠從文十一年以來計之是爲通計也

經二十有八年春無冰前年知其再失閏頓置兩閏以應天正故此年正月建子得以無冰爲災而書○應應對之應○夏衞石惡出奔晉甯喜之黨書名惡之○惡烏路反○邾子來朝○秋八月大雩○仲孫羯如晉告將朝楚○羯居謁反○冬齊慶封來奔崔杼之黨耆酒荒淫而出書名罪之自魯奔吳不書以絕位不爲卿○耆市志反○十有一月公如楚爲宋之盟故朝楚○爲于僞反○十有二月甲寅天王崩靈王也○乙未楚子昭卒康王也十二月無乙未日誤〔疏〕注十二至日誤○正義曰甲寅之後四十二日始得乙未則甲寅乙未不得同月長厤推此年十二月戊戌朔甲寅是十七日其月無乙未也經有十一月十二月月不容誤知日誤也

傳二十八年春無冰梓慎曰今茲宋鄭其饑乎梓慎魯大夫今年鄭游吉宋向戌言之明年饑甚傳乃詳其事○梓音予〔疏〕注梓慎至其事○正義曰此年傳鄭游吉云歲之不易宋向戌云飢寒之不恤是今年言之也明年傳云鄭饑子皮餼國人粟於是宋亦饑子罕請於平公出公粟以貸是詳其事也歲在星紀而淫於玄枵歲歲星也星紀在丑斗牛之次玄枵在子虛危之次十八年晉董叔曰天道多在西北是歲歲星在亥至此年十一歲故在星紀明年乃當在玄枵今已在玄枵淫行失次○枵許驕反〔疏〕注歲歲至失次○正義曰左傳及國語所云歲在者皆謂歲星所在故云歲歲星也五星者五行之精也厤書稱木精曰歲星火精曰熒惑土精曰鎭星金精曰大白水精曰辰星此五者皆右行於天二十八宿則著天不動故謂二十八宿爲經五星爲緯言若織之經緯然也天有十二次地有十二辰丑

子亥北方之辰也次之與辰上下相值故云星紀在丑玄枵在子釋天云星紀斗牽牛也玄枵虛也孫炎曰星紀日月五星之所終始也故謂之星紀虛在正北北方色玄故曰玄枵枵之言秏秏虛之意也漢書律厤志云星紀初斗十二度終於婺女七度玄枵初婺女八度終於危十五度是星紀爲斗牛之次玄枵爲虛危之次也九年傳稱晉侯問公生歲乃曰十二年矣是謂一終一星終也言歲星大率十二年而一周天也十八年晉董叔曰天道多在西北是言其年歲星在亥也歲星右行於天至此年十一年耳行未及周故此年歲星常法當在星紀明年乃當在玄枵今年已在玄枵是其淫行失次也漢書律厤志載劉歆三統厤歆以爲歲星一百四十四年行天一百四十五次。一千七百二十八年爲歲星歲數言數滿此年剩得行天一周也三統之厤以庚戌爲上元此年距上元積十四萬二千六百八十六歲置此歲數以歲星歲數一千七百二十八除之得積終八十二去之歲餘九百九十以一百四十五乘歲餘得十四萬三千五百五十以一百四十四除之得九百九十六爲積次不盡一百二十六爲次餘以十二除之得八十三去之盡是爲此年更發初在星紀也欲知入次度者以次餘一百二十六乘一次三十度以百四十四除之得二十六度餘是歲星本平行此年之初已

入星紀之次二十六度餘當在婺女四度於法未入於玄枵也傳言淫於玄枵未知已在玄枵幾度此舉其大率耳而五星之次行有遲有疾有留伏逆順於厤法更自别有推步之術此不可詳也

以有時菑陰不堪陽時菑無冰也盛陰用事而溫無冰是陰不勝陽地氣發洩○菑音災注同洩息列反下同

〔疏〕注時菑至發洩○正義曰傳先言無冰乃載梓慎之語則梓慎之語爲無冰而發知時菑謂春無冰也言以有時菑者以此歲星淫行之年而有天時溫煖之菑四時之序冬月當寒故溫則爲菑害也冬月盛陰用事陰寒在地當遏陽使不出時應寒而溫無冰是陰陽相競陰氣不能勝陽故陽氣出地地氣發洩而使時溫無冰也歲星自淫行天時自溫暖其溫不由歲星梓慎以其年有二事而揔言其占耳服虔云歲爲陽玄枵爲陰歲乘陰進至玄枵陰不勝陽故溫無冰按下云蛇乘龍乃謂玄枵乘歲星非歲星乘玄枵也若必以此無冰謂歲乘玄枵所致則成元年春無冰者豈謂歲星乘玄枵乎成十六年雨木冰者復是玄枵乘歲星也

蛇乘龍蛇玄武之宿虛危之星龍歲星歲星木也木爲青龍失次出虛危下爲蛇所乘○宿音秀下同

〔疏〕注蛇玄至所乘○正義曰蟲獸在地而有象在天二十八宿分在四方方有七宿共成一象東方爲青龍之象西方爲白虎之象皆南首北尾也南方爲朱鳥之象北方爲玄武之象皆西首東尾也曲禮說軍陳象物云行前朱鳥後玄武左青龍右白虎是玄武在北方也龜蛇二蟲共爲玄武故蛇是玄武之宿虛危之星也七星共爲玄武但歲星淫行在虛危之分故特指虛危言之耳傳言蛇乘龍龍即歲星也歲星木精木位在東方東方之宿爲青龍之象故歲星亦以龍爲名焉龍行疾而失次出於虛危宿下龍在下而蛇在上是龍爲蛇所乘也歲星天之貴神福德之星今被乘勢屈是不能祐其本國之象故知宋鄭饑也

龍宋鄭之星也歲星本位在東方東方房心爲宋角亢爲鄭故以龍爲宋鄭之星○亢音剛又若浪反

〔疏〕注歲星至之星○正義曰歲星屬木木位在東方東方之次皆是龍分天之分野卯爲大火辰爲壽星大火房心爲宋分壽星角亢爲鄭分故龍爲宋鄭之星也然則寅爲析木之津析木燕之分野梓慎言不及燕別當有以知之非吾徒所能測也

宋鄭必饑玄枵虛中也玄枵三宿虛星在其中枵秏名也土虛而民秏不饑何爲歲爲宋鄭之星今失常淫入虛秏之次時復無冰地氣發洩故曰土虛民秏○秏呼報反復扶又反

〔疏〕枵秏至何爲○正義曰枵聲近秏故枵是秏之名也次有三宿虛爲其中土虛不實而人民秏損不饑何爲也地氣發洩而使時溫無冰即是土虛之事也於時魯國無冰是魯亦地氣發洩下子服惠伯云飢寒之不恤是魯亦饑矣經不書饑饑當差於宋鄭故梓慎唯言宋鄭饑耳

○夏齊侯陳侯蔡侯北燕伯杞伯胡子沈子白狄朝于晉宋之盟故也陳侯蔡侯胡子沈子楚屬也宋盟曰晉楚之從交相見故朝晉燕國今薊縣○燕烏賢反薊音計

〔疏〕注陳侯至薊縣○正義曰傳言宋之盟故雖文在諸國之下止爲楚屬發傳故杜明之陳蔡胡沈爲宋盟朝晉其齊燕杞狄先非楚屬其朝不爲宋之盟也譜云北燕姬姓召公奭之後也周武王封之於燕居漁陽薊縣其國辟小不通諸夏自召公至簡公款二十九世始見經簡公子獻公十二年獲麟之歲也獻公子孝公七年春秋之傳終矣孝公立十五年卒孝公以下六世始大稱王十二世二百二十五年秦滅之

齊侯將行慶封曰我不與盟何爲於晉以宋盟釋齊秦○與音預下同陳文子曰

先事後賄禮也事大國當先從其政事而後薦賄以副已心○賄呼罪反小事大

未獲事焉從之如志禮也言當從大國請事以順其志〔疏〕小事至禮也○正義曰言小國之事太國也當每事順從若未獲大國所命之事但如其志之所欲即不待彼命逆即從之如其志意禮也禮者自卑而尊人故先承意志是事大之禮也雖不與盟敢叛晉乎重

丘之盟未可忘也子其勸行重丘盟在二十五年○重直龍反○

衛人討甯氏之黨故石惡出奔晉衛人立其

從子圃以守石氏之祀禮也石惡之先石碏有大功於衛國惡之罪不及不祀故曰禮○從子才用反圃布古反碏七略反○邾悼公來朝時事也傳言來朝非宋盟宋盟唯施於朝晉楚○秋八月大雩旱也○蔡侯歸自

晉入于鄭鄭伯享之不敬子產曰蔡侯其不

免乎不免禍日其過此也往日至晉時○日人實反過古禾古臥二反君

使子展廷勞於東門之外而傲廷往也○廷于況反後同勞力報反

吾曰猶將更之今還受享而惰乃其心也

君小國事大國而惰傲以爲已心將得死乎

若不免必由其子其爲君也淫而不父通大子班之妻○傲五報反下同惰徒臥反君小國事大國古本无小字〔疏〕君小國事大國○正義曰晉宋古本及王肅注其文皆如此君國謂爲國君言其爲君之難也今定本作小國僑聞之如是者恒有

子禍爲三十年蔡世子班弒其君傳○孟孝伯如晉告將爲宋

之盟故如楚也魯晉屬故告晉而行○將爲于僞反蔡侯之如晉

也鄭伯使游吉如楚及漢楚人還之曰宋之

盟君實親辱君謂鄭伯○還音環今吾子來寡君謂吾

子姑還吾將使馹奔問諸晉而以告問鄭君應來朝否○馹人實反

子大叔曰宋之盟君命將利小國而亦

使安定其社稷鎮撫其民人以禮承天之休休福祿也○休許虬反注同

此君之憲令而小國之望也憲法也

寡君是故使吉奉其皮幣聘用乘皮束帛○乘繩證反以歲

之不易聘於下執事言歲有饑荒之難故鄭伯不得自朝楚○易以豉反難乃旦反

今執事有命曰女何與政令之有必使而君

棄而封守跋涉山川蒙犯霜露以逞君心小

國將君是望敢不唯命是聽無乃非盟載之

言以闕君德而執事有不利焉小國是懼不

然其何勞之敢憚〔疏〕今執至敢憚○正義曰執事謂楚也楚人詰大叔唯有止還之語耳令游吉還使鄭伯來故游吉原其意爲此辭作甚之言耳而執事有不利焉違盟言闕君德是於楚爲不利也小國是懼懼楚不利耳不敢自憚勞也子大叔歸復命告子展曰楚

子將死矣不脩其政德而貪昧於諸侯以逞

其願欲久得乎周易有之在復䷗震下坤上復○女音汝何與音預跋涉白木反草行爲跋水行爲涉憚徒旦反之頤䷚震下艮上頤復上六變得頤○頤以之反

曰迷復凶復上六爻辭也復反也極陰反陽之卦上處極位迷而復反失道已遠遠而無應故凶○應應對之應〔疏〕注復上至故凶○正義曰卦從下起從下而畫陰爻至上六爲純坤又將從下變之故復爲極陰反陽之卦也上處極位位極更无所往故爲迷也既迷而後反本從下積而至迷是爲失道已遠上應在三三亦陰爻遠而

無應故凶也復易注云復反也還也陰氣侵陽陽失其位至此始還反起於初故謂之復陽君象君失國而還反道德更興也頤養也易注云頤者口車輔之名震動於下艮止於上口車動而上因輔爵物以養人故謂頤爲養也其楚子之謂乎欲復其願謂欲得鄭朝以復其願〔疏〕注謂欲至其願○正義曰楚子本意願鄭伯來朝全不顧道理唯欲復其本願而棄其本不脩德復歸無所是謂迷復失道已遠又无所歸能無凶乎君其往也送葬而歸以快楚心言楚子必死君往當送其葬楚不幾十年未能恤諸侯也幾近也言失道遠者復之亦難○幾居依反又音祈〔疏〕注幾近至亦難○正義曰幾近釋詁文也十者數之小成言失道遠者復之亦難故舉成數以言之周易復卦上六爻云迷復凶有災眚用行師終有大敗以其國君凶至于十年不克征是易有十年之語故游吉期之以十年服虔云此行也楚康王卒至昭四年楚靈王合諸侯于申距今八年故曰不幾十年是謂十年不克征也吾乃休吾民矣休息也言楚不能復爲害○復扶又反下復顧同裨竈曰今茲周王及楚子皆將死裨竈鄭大夫○裨避支反歲棄其次而旅於明年之次以害鳥帑周楚惡之旅客處也歲星棄星紀之次客在玄枵歲星所在其國有福失次於此禍衝在南南爲朱鳥鳥尾曰帑鶉火鶉尾周楚之分故周王楚子受其咎俱論歲星過次梓慎則曰宋鄭饑裨竈則曰周楚王死傳故備舉以示卜占惟人所在○帑音奴惡如字一音烏路反衝尺容反分扶問反〔疏〕注旅客至所在○正義曰易有旅卦傳言羇旅旅皆是客故爲客處也歲星常行之度此年當在星紀星紀是其所居之次也今歲星棄其所居星紀之次乃客處在於明年所居之次言其未應往而往向彼玄枵之次爲客寄也昭三十二年傳云越得歲而吳伐之必受其凶是歲星所在其國有福當禍之衝其國有禍今失次於北故禍衝在南子午之位南北相衝淫於玄枵衝當鶉火南方爲朱鳥之宿帑者細弱之名於人則妻子爲帑於鳥則鳥尾曰帑妻子爲人之後鳥尾亦鳥之後故俱以帑爲言也天之分野鶉火周分鶉尾楚分歲星之衝當此周楚之分故周王楚子受其咎也歲星客在玄枵惟衝鶉火而鶉尾亦有咎者蓋以歲星漸西衝則漸東尾之於鳥猶是一身故衝其身而及其尾此則裨竈能知亦非吾徒所測也此與上文俱論歲星過次所占不同其事俱驗而丘明兩載之是傳故備舉以示卜占效驗惟人所在言其知之在於人各自有意見也○九月鄭游吉如晉告將朝于楚以從宋之盟子產相鄭伯以如楚舍不爲壇至敵國郊除地封土爲壇以受郊勞○相鄭息亮反下同壇徒丹反勞力報反〔疏〕注至敵至郊勞○正義曰聘禮賓至于近郊君使卿用束帛勞无設壇之法下云先君適四國未嘗不爲壇蓋以朝禮君親行事重故有之也禮有壇墠者先儒以爲除地曰墠封土曰壇此并言除地封土者尚書金縢云三壇同墠是作壇在除地之內故除地封土并言之服虔本作墠解云除地爲墠王肅本作壇而解云除地坦坦者則壇爲墠也按下云作壇以昭其功昭其禍若是除地草穢尋生不足以昭示後人杜言壇是也下言草舍者不爲壇則不除地故爲草舍耳外僕言曰昔先大夫相先君適四國未嘗不爲壇外僕掌次舍者自是至今亦皆循之今子草舍無乃不可乎子產曰大適小則爲壇小適大苟舍而已焉用壇僑聞之大適小有五美宥其罪戾赦其過失救其菑患賞其德刑刑法也○焉用於虔反下焉用作壇焉辟之又焉用盟皆同宥音又菑音災〔疏〕亦皆循之○正義曰因循不廢也教其不及小國不困懷服如歸是故作壇以昭其功宣告後人無怠於德怠解也○解佳賣反小適大有五惡說其罪戾自解說也請其不足行其政事奉行大國之政共其職貢從其時命從朝會之命○共音恭不然則重其幣帛以賀其福而弔其凶皆小國之禍也焉用作壇以昭其

禍所以告子孫無昭禍焉可也無昭禍以告子孫。齊慶封好田而耆酒與慶舍政舍慶封子。慶封當國不自爲政以付舍。好呼報反耆市志反則以其内實遷于盧蒲嫳氏易内而飲酒内實寶物妻妾也移而居嫳家數日國遷朝焉就於盧蒲氏朝見封。數所主反見賢遍反〔疏〕國遷朝焉。正義曰慶封雖與舍政使舍知政事耳封猶有當國之重故國之卿大夫皆遷就嫳家朝焉。使諸亡人得賊者以告而反之亡人辟崔氏難出奔者。難乃旦反〔疏〕使諸至反之。正義曰崔氏之亂但是莊公之黨崔氏以之爲賊當時辟難並悉出奔崔氏既亡慶封召令還國故言使諸逃亡之人得賊名而出者以已情告而悉反之故反盧蒲癸癸臣子之子之慶舍有寵妻之子之以其女妻癸。妻七計反注及下注皆同慶舍之士謂盧蒲癸曰男女辨姓子不辟宗何也辨別也別姓而後可相取慶氏盧蒲氏皆姜姓。別彼列反下同相取七住反本亦作娶曰宗不余辟言舍欲妻已〔疏〕宗不余辟。正義曰男女辨姓則妻亦辟宗癸謂慶舍爲宗言彼宗不於處相辟也余獨焉辟之賦詩斷章余取所求焉惡識宗言已苟欲有求於慶氏不能復顧禮譬如賦詩者取其一章而已。斷音短惡音烏安也注同癸言王何而反之二人皆嬖二子皆莊公黨二十五年崔氏弑莊公癸何出奔今還來寵於慶氏欲爲莊公報讎。嬖必計反下同欲爲于僞反使執寢戈而先後之寢戈親近兵杖。先悉薦反後戶豆反近附近之近杖直亮反公膳日雙雞卿大夫之膳食。膳市戰反謂公家供卿大夫之常膳〔疏〕公膳日雙雞。正義曰按禮記玉藻云天子日食少牢朔月大牢諸侯日食特牲朔月少牢其大夫則日食特豚朔月特牲今膳日雙雞者齊國臨時之事不如禮也饔人竊更之以鶩御者知之則去其肉而以其洎饋御進

食者饔人御者欲使諸大夫怨慶氏減其膳蓋盧蒲癸王何之謀。鶩音木鴨也去起呂反藏也洎其器反肉汁也説文云洎灌釜也字林已涖反饋其位反〔疏〕更之以鶩。正義曰釋鳥云舒鳧鶩舍人曰鳧野名也鶩家名也李巡曰野曰鳧家曰鶩郭璞曰鴨也然則謂之舒者舒遲也家養馴不畏人故飛行遲以遲別野名耳其爲鴨一也。而以其洎饋。正義曰説文云洎灌釜也周禮士師職云祀五帝則洎鑊水鄭玄云洎謂增其沃汁也然則洎者添釜之名添水以爲肉汁遂名肉汁爲洎去肉而空以汁饋欲其怨之深也子雅子尾怒二子皆惠公孫〔疏〕注二子皆惠公孫。正義曰昭三年傳云二惠競爽猶可又十年傳曰齊惠欒高氏皆耆酒是知皆惠公孫也慶封告盧蒲嫳以二子怒告嫳盧蒲嫳曰譬之如禽獸吾寢處之矣言能殺而席其皮使析歸父告晏平仲欲與共謀子雅子尾平仲曰嬰之衆不足用也知無能謀也言弗敢出不敢洩謀。知音智有盟可也子家曰子之言云子家析歸父又焉用盟告北郭子車子車齊大夫子車曰人各有以事君非佐之所能也佐子車名陳文子謂桓子桓子文子之子無宇曰禍將作矣吾其何得對曰得慶氏之木百車於莊慶封時有此木積於六軌之道〔疏〕注慶封至之道。正義曰釋宮云六達謂之莊注爾雅者皆以爲六道旁出杜以九達並九軌故亦以莊爲六軌也文子曰可慎守也已善其不志於貨財盧蒲癸王何卜攻慶氏示子之兆龜兆曰或卜攻讎敢獻其兆子之曰克見血冬十月慶封田于萊陳無宇從丙辰文子使召之請曰無宇之母疾病請歸慶季卜之季慶封。萊音來從才用反示之兆曰死奉

龜而泣 無宇泣。奉芳勇反 乃使歸慶嗣聞之 嗣慶封之族。慶嗣繼嗣之嗣本或作慶嗣誤 曰禍將作矣謂子家速歸 子家慶封字 禍作必於嘗 嘗秋祭 歸猶可及也子家弗聽亦無悛志 悛改痡也。悛七全反痡五故反 子息曰亡矣幸而獲在吳越 子息慶嗣 陳無宇濟水而戕舟發梁 戕殘壞也不欲慶封得救難。戕在羊反難乃旦反下外難同 盧蒲姜謂癸曰有事而不告我必不捷矣 姜癸妻慶舍女 癸告之 告欲殺慶舍 姜曰夫子愎莫之止將不出我請止之。夫子謂慶舍。愎皮逼反 癸曰諾十一月乙亥嘗于大公之廟慶舍涖事 臨祭事。大音泰 盧蒲姜告之且止之弗聽曰誰敢者

遂如公 至公所 麻嬰爲尸 爲祭尸 慶奊爲上獻 上獻先獻者。奊戶結反〔疏〕慶奊爲上獻。正義曰祭祀之禮主人先獻下文慶舍死公懼而歸則於時公親在矣又此祭慶舍涖事公與慶舍不爲上獻而奊爲上獻者慶舍使爲之不可以禮責也奊即繩也爲下殺慶繩張本 盧蒲癸王何執寢戈慶氏以其甲環公宮 廟在宮內。環如字徐音患 陳氏鮑氏之圉人爲優 優俳。優於求反俳皮皆反。〔疏〕注優俳。正義曰優者戲名也晉語有優施史記滑稽傳有優孟優旃皆善爲優戲而以優著名史游急就篇云倡優俳笑是優俳一物而二名也今之散樂戲爲可笑之語而令人之笑是也宋大尉袁淑取古之文章令人笑者次而題之名曰俳諧集 慶氏之馬善驚士皆釋甲束馬 束絆之也。絆音半〔疏〕慶氏之馬善驚。正義曰善驚謂數驚古人有此語今人謂數驚爲好驚好亦善之意也 而飲酒且觀優至於魚里 魚里里名優在魚里就觀之〔疏〕注魚里至觀之。正義曰杜以優在魚里士往觀之劉炫以爲國人從旁爲優引行以至魚里以規杜氏但傳文不顯古事難知劉輒以爲規一何煩碎 欒高陳鮑之徒介慶氏之甲 欒子雅高子尾陳陳須無鮑鮑國。介音界 子尾抽桷擊扉三 桷椽也扉門闔也以桷擊扉爲期。桷音角扉音非門扇也椽直專反闔戶榼反 盧蒲癸自後刺子之王何以戈擊之解其左肩猶援廟桷動於甍 甍屋棟。刺七亦反援音爰甍亡耕反字林亡成反〔疏〕注甍至棟。正義曰先儒相傳爲然也張衡西京賦曰甍宇齊平言諸屋棟簷高下等也說文云甍棟梁也是又名爲梁此是屋上之長材椽所以馮依者也今俗謂之屋脊 以俎壺投殺人而後死 言其多力 遂殺慶繩麻嬰 慶繩慶奊 公懼鮑國曰羣臣爲君故也 言欲尊公室非爲亂。爲君于僞反下爲之誦同 陳須無以公歸稅服而如內宮 言公懼於外難。稅吐活反一音如

字 慶封歸遇告亂者丁亥伐西門弗克還伐北門克之入伐內宮 陳鮑在公所故 弗克反陳于嶽 嶽里名。陳直覲反嶽五角反 請戰弗許遂來奔獻車於季武子美澤可以鑑 光鑑形也。鑑古暫反 展莊叔見之 魯大夫 曰車甚澤人必瘁宜其亡也叔孫穆子食慶封慶封氾祭 禮食有祭示有所先也氾祭遠散所祭不共。瘁在醉反本或作萃同食慶音嗣氾芳劒反〔疏〕注禮食至不共。正義曰禮法食必先祭祭古之先食以示有所先也公食大夫禮云賓升席坐取韭菹以徧擩于醢上豆之間祭又言祭鉶羹於上鉶之間祭飲酒於上豆之間是祭食之禮各有其處論語云汎愛衆汎是寬博之語故知汎祭爲遠散所祭言其不共也 穆子不說使工爲之誦茅鴟 工樂師茅鴟逸詩刺不敬。說音悅茅亡交反鴟尺之反刺七賜反 亦不知既而齊人

來讓讓魯受慶封奔吳吳句餘子之朱方句餘吳子夷末也朱方吳邑○句古侯反下句瀆同〔疏〕注句餘至吳邑○正義曰此時吳君是餘祭也明年餘祭死乃夷末代立昭十五年吳子夷末卒是也服虔以句餘爲餘祭杜以爲夷末者以慶封此年之末始來奔魯齊人來讓方更奔吳明年五月而閽弒餘祭計其間未得賜慶封以邑故以句餘爲夷末也聚其族焉而居之富於其舊子服惠伯謂叔孫曰天殆富淫人慶封又富矣穆子曰善人富謂之賞淫人富謂之殃天其殃之也其將聚而殲旃殲盡也旃之也爲昭四年殺慶封傳○殲子潛反○癸巳天王崩未來赴亦未書禮也嫌時已聞喪當書故發例○崔氏之亂喪羣公子故鉏在魯叔孫還在燕賈在句瀆之丘在襄二十一年○喪息浪反故鉏仕居反公子

鉏也本或作故公鉏者非瀆音豆及慶氏亡皆召之具其器用而反其邑焉反還也與晏子邶殿其鄙六十邶殿齊別都以邶殿邊鄙六十邑與晏嬰○邶蒲對反殿多薦反又如字注及下同〔疏〕注六十邑○正義曰傳直言六十杜知六十邑者下云與北郭佐邑六十則此亦是六十邑也弗受子尾曰富人之所欲也何獨弗欲對曰慶氏之邑足欲故亡吾邑不足欲也益之以邶殿乃足欲足欲亡無日矣在外不得宰吾一邑不受邶殿非惡富也恐失富也且夫富如布帛之有幅焉爲之制度使無遷也遷移也○惡烏路反且夫音扶幅音福〔疏〕外不得宰○正義曰外猶以外宰猶益也以邶殿爲外也言吾先有邑更不得益邶殿耳夫民生厚而用利於

是乎正德以幅之言厚利皆人之所欲唯正德可以爲之幅〔疏〕夫民至幅之○正義曰人皆欲生計重厚而多財用利益心既無厭於是子用正德以幅之言用正德以爲邊幅使有度也使無黜嫚黜猶放也○黜勑律反嫚徐音慢謂之幅利利過則爲敗吾不敢貪多所謂幅也與北郭佐邑六十受之與子雅邑辭多受少與子尾邑受而稍致之致還公公以爲忠故有寵釋盧蒲嫳于北竟釋放也竟音境求崔杼之尸將戮之不得叔孫穆子曰必得之武王有亂臣十人亂治也○治直吏反〔疏〕武王有亂臣十人○正義曰尚書泰誓文也亂治也以武王自言我有治理政事者十人鄭玄論語注云十人謂文母周公大公召公畢公榮公大顛閎夭散宜生南宮适崔杼其有乎不十人不足

以葬葬必須十人崔氏不能合十人同心故必得○合力呈反〔疏〕不十人不足以葬○正義曰案武王有亂臣十人而得天下崔子若有十人唯得葬者武王聖人十人皆大德故有天下崔子是罪人又有十人是凡人故唯可以葬也所引武王十人者雖取同心之義既崔氏之臣曰與我其拱璧崔氏大璧○拱居勇反徐音恭〔疏〕與我其拱璧○正義曰其者其崔杼也故云崔氏大璧拱謂合兩手也此璧兩手拱抱之故爲大璧吾獻其柩於是得之十二月乙亥朔齊人遷莊公殯于大寢更殯之於路寢也十二月戊戌朔乙亥誤○柩其救反以其棺尸崔杼於市崔氏弒莊公又葬不如禮故以莊公棺著崔杼尸邊以章其罪○著丁略反國人猶知之皆曰崔子也始求崔杼之尸不得故傳云國人皆知之〔疏〕注始求至知之○正義曰始求崔杼尸不得嫌以他尸代之傳言國人猶知之皆曰崔子言猶尚識其形知是眞崔子也○爲宋之盟故公及宋公陳侯鄭伯許

男如楚。公過鄭，鄭伯不在。已在楚。○爲，于僞反。過，古禾反。伯有廷勞於黃崖，不敬。滎陽宛陵縣西有黃水，西南至新鄭城西入洧。○勞，力報反。崖本又作涯，魚佳反。穆叔曰：「伯有無戾於鄭，鄭必有大咎。伯有不受戮，必還爲鄭國害。敬，民之主也，而棄之，何以承守？言無以承先祖，守其家。鄭人不討，必受其辜。濟澤之阿，言薄土。○濟，子禮反。行潦之蘋藻，言賤菜。○潦音老。蘋音頻。藻音早。寘諸宗室，薦宗廟。○寘，之豉反。季蘭尸之，敬也。言取蘋藻之菜於阿澤之中，使服蘭之女而爲之主，神猶享之，以其敬也。

疏濟澤至尸之敬也。○正義曰：此意取采蘋之詩也。詩云「于以采蘋，南澗之濱。于以采藻，于彼行潦。于以奠之，宗室牖下。誰其尸之，有齊季女」。彼詩采蘋於澗，采藻於潦，此并言行潦之蘋藻，又別言濟澤之阿者，以其亦是出菜之處，故先言之也。獨言濟者，以濟在魯國，故穆叔舉所見而言也。女將行嫁，就宗子之家教之以四德，三月教成，設祭於宗子之廟。此詩述教成之祭，寘諸宗室，謂薦於宗子之家廟也。詩言季女，而此言季蘭，謂季女服蘭草也。案宣三年傳曰「蘭有國香，人服媚之如是」，女之服蘭也。

敬可棄乎？」爲三十年鄭殺良霄傳。及漢，楚康王卒。公欲反，叔仲昭伯曰：「我楚國之爲，豈爲一人？行也。」昭伯，叔仲帶。○爲，于僞反。下除而爲之備一字並反。子服惠伯曰：「君子有遠慮，小人從邇。邇，近也。飢寒之不恤，誰遑其後？遑，暇。不如姑歸也。」叔孫穆子曰：「叔仲子專之矣，言足專任。子服子始學者也。」言未識遠。榮成伯曰：「遠圖者，忠也。」成伯，榮駕鵞。○駕音加。鵞，五河反。公遂行。從昭伯謀。宋向戌曰：「我一人之爲，非爲楚也。飢寒之不恤，誰能恤楚？姑歸而息民，待其立君而爲之備。」宋公遂反。

疏向戌至楚也。○正義曰：魯、宋俱是朝楚，向戌與叔仲昭伯言不同者，二者並爲楚是大國，故朝其君。昭伯欲令公行，故以國大勸公，言大國可畏也。向戌欲令公還，故以君身規公，言君死宜反也。意異，故言異耳。

○楚屈建卒。趙文子喪之如同盟，禮也。宋盟有衷甲之隙，不以此廢好，故曰禮。○喪，如字，又息浪反。隙，去逆反，本或作郤。好，呼報反。○王人來告喪，問崩日，以甲寅告，故書之，以徵過也。徵，審也。此緩告，非有事宜，直臣子怠慢，故以此發例。○徵，張陵反，本或作懲，誤。

疏注徵審至發例。○正義曰：昭三十年傳云「非公且徵過」，杜云「徵，明也」，則此徵之訓亦爲明。明審此緩告者，非有事故宜緩，直是臣子怠慢耳。杜序以故書爲新意，故於此發新例，以明諸無事故而緩來告者，皆是譏其怠慢也。

附釋音春秋左傳注疏卷第三十八

江西南昌府學栞

春秋左傳注疏卷三十八校勘記　阮元撰盧宣旬摘録

附釋音春秋左傳注疏卷第三十八起二十七年盡二十八年

經二十七年

宋爲主人　淳熙本人作故非也

故經唯序九國大夫　淳熙本唯誤進

陳于晉會常在衞上　足利本後人記云晉會異本作盟會

甯喜至從赴下　宋本以下正義二節揔入衞侯之弟節注

於當誅　宋本於下有法字是也

不以弑君之罪討之故言追也　浦鏜正誤云罪當時字誤

書弟則示兄曲也　閩本監本毛本示作是

其君民食於深官　補案民當作眠

宋衞吾匹不視邾滕　閩本監本視作是非也

冬十有二月乙卯朔　石經宋本宋殘本淳熙本岳本足利本卯作亥不誤

非十二月也　毛本十作一非也

傳二十七年

傳使烏餘具車徒　宋本毛本無傳字以下正義二節宋本揔入諸侯是以睦於晉注下

烏餘以衆出　石經宋本宋殘本淳熙本岳本纂圖本監本毛本足利本以下有其字是也

皆取其邑而歸諸侯是以睦於晉　案劉炫云晉宋古文皆不重言諸侯正義曰定本重有諸侯今石經及諸本皆重諸侯二字細玩傳文當以使諸侯至皆取其邑而歸爲句下文諸侯是以睦於晉爲句若此處重諸侯字則文理有碍然則晉宋古本是定本非也

祇成惡名止也　宋殘本祇作祗纂圖本監本毛本作祗亦非宋本作祇與石經及宋刻釋文合

祇適也　淳熙本誤入上注恐伐之未必勝之句下按唐人祇適也其字衣旁廣韻玉篇皆然

父子死余矣　顧炎武云石經余誤餘按石經不誤

注獻公所殺　宋本監本毛本公下有至字以下正義五節宋本揔入乃使文子爲卿注下

夏免餘復攻甯氏　顧炎武云石經餘誤余案石經此處刓缺所據乃謬刻也

納我者死　釋文納作内云本又作納

注稅即至言終身　宋本監本毛本無言字

服之輕者　宋本服上重稅服二字

杜以言義不通　宋本言作其是也

大夫稼家　閩本監本毛本稼作之亦非宋本作稱是也

財用之蠹　葉抄釋文蠹作螙云本亦作蠹注及正義同

蠹害物之虫　宋本宋殘本淳熙本岳本虫作蟲不誤正義放此

注蠹害物之虫　宋本以下正義十七節揔入盟于蒙門之外注下

蝎木蟲也　宋本木下有中字

楚亦許之如齊齊人難之陳文子曰晉楚許之　石經楚字起之字止分作二行行九字初刻似齊下多一字晉楚二字之間亦多一字

則固攜吾民矣　石經宋殘本岳本攜作擕

以爲此享多文辭　宋本閩本監本毛本作文此本誤人今訂正

禮有定式　監本毛本定作足誤也

丁卯宋戌如陳　宋本宋殘本淳熙本岳本纂圖本監本毛本宋下有向字是也石經初刻向上有宋字後

刊去故向字一行九字案錢大昕云上文已書向戌此不當更言宋石經刊去是也

不能服而使之　纂圖本服作復非也

子木使馹謁諸王　石經此處刓缺閩本監本毛本馹作驛非也注文同

戊寅左師至　淳熙本左誤反

陳孔奐蔡公孫歸生至　石經及諸本作奐毛本誤渙

此藩籬爲軍者　宋本此下有以字是也

是棄其所以服諸侯也　石經及諸刻本作所淳熙本誤信

與宋致死之　岳本無此四字沈彤云此疑因疏文誤增舊本無

晉獨取信　淳熙本取作旺誤

則貢賦重　淳熙本貢作真非是

但叔孫彊直　閩本監本彊作疆非也

辛巳芀始結盟　閩本監本毛本芀作乃亦非宋本作方是也○今從宋本

反魯復請　宋本復作覆

而乃校計公言是非　毛本校作較

楚爲晉細　淳熙本纂圖本監本毛本爲作謂非也

欲推使楚主盟　淳熙本纂圖本欲作故非也

路堵父爲客　浦鏜正誤路作露與國語合

公與燕　宋本與下有卿字是也

無愧辭　釋文愧作媿按依說文則當作媿

注五君謂文襄靈成景　宋本此節正義在不可與爭句下

晉語訾祏對范宣子曰　閩本監本祏作祐非也

諸侯無二心　監本二字脫上畫考文云二作貳按明道本國語作二

及爲元師　宋本閩本監本毛本師作帥按作師是也國語作及爲成師唐固注云爲成公君師此元字亦當爲成字之誤

晉荀寅遂如楚涖盟　閩本監本毛本亦誤作寅宋本宋殘本淳熙本岳本纂圖本足利本作盈與石經合

鄭伯享趙孟于垂隴　淳熙本于作子非也

請皆賦以卒君貺　李善注荅東阿王書請下有詩字似以意增也

注鶉之至君也　宋本以下正義五節揔入不亦可乎句下

牀笫之言　淳熙本笫作第並非下同

曰既見君子　山井鼎云足利本後人曰上補又字非也

中心藏之　山井鼎云一本後人改藏作臧案作臧是也

不亡族也　閩本監本毛本亡作忘非也

故能受天之祜　宋殘本閩本祜作祐按釋文作祜

匪交匪敖　山井鼎云後人改匪交作彼交不知據何本案王念孫云匪即彼也說詳廣雅疏證五下

謂賦蟋蟀曰　纂圖本曰上衍詩字

即不淫也　宋本即不上重無荒二字

民皆愛之　皆字此本空闕據宋本閩本監本毛本補

宋左師請賞　宋本閩本監本毛本此節經文及注在正義不亦可乎之後

注欲宋君稱功無之邑也　閩本無作至宋本監本毛本作欲宋至邑也以下正義三

節宋本捴入向戌之謂乎注下

自以爲巳免死也　宋本巳作已下同

而子求之　石經宋本宋殘本淳熙本岳本纂圖本監本毛本求下有去字閩本初刻無後刓擠

以誣道蔽諸侯　石經及諸本作蔽釋文云服虔王肅董遇並作弊案正義云董遇王肅本皆作蔽謂以誣人之道掩諸侯也與陸氏異惠棟云敝與弊通昭十四年傳云叔魚蔽罪邢侯周禮大司寇職云以邦成弊之鄭衆曰弊之斷其獄訟也服虔又作斃字異而音義實同也

服虔曰斃踣也一曰罷也則知服本作斃　閩本監本毛本上斃字改敝下改弊案斃踣也本爾雅釋詁文

左師辭邑　淳熙本師作帥

何以恤我我其收之　石經初刻收誤牧後改刊惠棟云頌云假以溢我說文及廣韻引詩云誐以謐我誐與何音相近伏生尚書云惟刑之謐哉古文作恤恤慎也故毛傳亦訓溢爲慎今傳作恤與毛傳義合或古謐溢字通鄭氏訓爲盈溢失之杜氏訓恤爲憂尤誤說文云誐嘉善也毛傳訓假爲嘉義亦同案段玉裁云莊子書以言其老洫也陸德明云洫本亦作溢同音逸然則恤與謐洫皆同部相假借

收取也　岳本也誤之

東郭姜以孤入　纂圖本監本毛本姜作彊誤也

曰棠無咎　石經宋本宋殘本無作无與釋文合惠棟云无見衞宏古文奇字今易无咎字皆從此

注有惡疾也　宋本以下正義三節捴入慶封當國注下

疾之惡者也　宋本疾字上重惡疾二字

苟利夫子必去之　考文云宋板之作也非是

使盧蒲嫳帥甲以攻崔氏　足利本帥作率

終入於其宮　宋本宮誤言

間先人之冢以藏之　間諸本作開此本誤宋本宋殘本岳本冢作冢是也淳熙本誤家

必能養民　毛本必誤以

申鮮虞來奔　纂圖本申作中

以應大止　宋本閩本監本毛本大止作天正是也

具依春秋經傳　監本閩本毛本具作俱

大凡經傳有七百七十九日　監本毛本七十作九十李銳云晉書志作七十宋本是也

經二十八年

以絕位不爲卿　淳熙本卿作罪非也

楚子昭卒　案史記論衡吉驗篇昭作招

傳二十八年

注梓慎至其事　宋本以下正義六節捴入不饑何爲注下

飢寒之不恤　監本飢作饑非也

枵之言耗耗虛之意也　宋本耗作秏是也○今從宋本

一千七百二十八年　浦鏜正誤云一上脫計字從昭卅二年疏挍

以十一除之　宋本一作二是也李銳云漢書三統術日積次盈十二除去之○今改作二

而溫無冰　淳熙本冰誤凩

而有天時溫煖之蓄　宋本煖作暖

歲星自淫行天時自溫暖　監本行天二字誤倒

虵乘龍　石經初刻虵後改蛇

木位在東方　宋本木誤末

枵耗名也　石經宋本宋殘本淳熙本閩本耗作秏與釋文合注及正義並同○今訂作秏

虛爲其中　監本毛本爲作危非也

飢寒之不恤　監本毛本飢作饑非

夏齊侯陳侯蔡侯北燕伯　淳熙本脫陳侯二字伯誤地

楚屬也　淳熙本屬誤子

今薊縣　淳熙本薊誤蘇

注陳侯至薊縣　宋本以下正義二節摠入子其勸行注下

從之如志　此本如志二字誤作注今訂正

未可忘也　顧炎武云石經忘誤志案石經此處刓缺所據乃補刻也

入于鄭鄭伯享之　石經此處刓缺淳熙本不重鄭字非也

君使子展廷勞於東門之外而傲　案漢書五行志引廷勞作往勞傲作敖下隋敖同釋文於作于

君小國事大國　案漢書五行志引傳亦作君小國釋文云古皆如此君國謂爲國君言其爲君之難也今定本作小國案臧琳云案正義知孔本作君國事大國晉宋古本及王肅本並同蓋君國猶言君人正義云君國謂爲國君是也唐定本因君國字古因改君字爲小陸氏更參合古今作君小國事大國則愈改而愈失其眞猶幸有古本無小字一言考之正義爲合而陸氏參合之迹亦不求而自見矣正義標起至君小國小字亦因釋文誤衍也

君小國事大國　宋本此節正義在恒有子禍注下

爲三十年蔡世子班弑其君傳　淳熙本纂圖本三作二非　案班經文作般

吾將使馹奔問諸晉而以告　閩本監本毛本馹作驛非也

跋涉山川　案儀禮聘禮注云詩傳曰軷道祭也謂祭道路之神春秋傳曰軷涉山川○宋殘本自必使而君君字起至知無能謀也謀字止缺兩葉

今執至敢憚　宋本以下正義五節摠入周楚惡之注下

輔爵物以養人　宋本毛本爵作嚼

吾乃休吾民矣　淳熙本足利本矣作也

裨竈曰　石經宋本岳本裨作禆是也

舍不爲壇　石經舍上有草字乃重刊增入也正義曰服虔本作墠惠士奇云墠壇二字俱從土而單亶爲聲似古通用案三家詩今文作東門之墠毛詩古文作東門之壇左氏亦古文當作壇爲正

注至敵至郊勞　宋本以下正義二節摠入無昭禍焉可也注下

昭其禍　宋本昭上有以字是也

因循不廢也　宋本因上有言字

宣告後人無怠於德　石經後字起一行計十一字人無怠三字改刊

奉行大國之政　淳熙本行作其非也

國遷朝焉　宋本以下正義十五節摠入其將聚而殲旃注下

則女亦辟宗　閩本監本毛本女作妻非

言彼宗不於處相辟也　宋本於下有我字

寢戈親近兵杖　淳熙本近作迫

而以其洎饋　宋本無而字

子雅子尾怒宋惠棟云韓非子云子夏子尾者景公之二弟也夏與雅古字通

使析歸父告晏平仲顧炎武云石經晏誤宴案石經日字上半猶存炎武非也

不敢洩謀淳熙本洩作淺誤也

文子使召之顧炎武云石經召誤君案石經此處刓缺炎武所據謬刻也

子家慶封字岳本字誤子

幸而獲在吳越毛本在作其誤也

十一月乙亥嘗于大公之廟慶舍涖事盧蒲姜告之且止之石經一字起一行舍字起一行每行計十一字

慶奊宋本宋殘本奊作㚒是也案說文云頭衺骫奊態也從夨圭聲

又此祭慶舍涖事宋本閩本監本毛本作涖此本誤位今訂正

慶氏之馬善驚顧炎武云石經馬誤焉案馬字石經尚存一半炎武所據補刊本也

士皆釋甲束馬監本馬誤焉

國人從旁爲優毛本旁作傍非也

劉軌以爲規閩本監本毛本無劉字

桷椽也宋殘本作椽也非也

盧蒲癸自後刺子之宋本宋殘本岳本刺作刺是也

猶援廟桷動於甍閩本監本甍誤甍淳熙本作薨尢非注同石經初刻亦誤作薨後改正

此是屋上之長林宋本林作材是也

以俎壺投殺人而後死石經初刻人誤之後改正

羣臣爲君故也石經初刻脫也後旁增入异也

言欲尊公室宋本宋殘本淳熙本纂圖本閩本監本毛本作室此本誤宝今訂正

人必瘁石經作庳誤也

慶封汜祭岳本作氾釋文同芳劒反案周禮大僕注窆讀如慶封汜祭之汜

取韭菹以偏擩于醢宋本偏作徧按儀禮作㨎段玉裁校本擩作㨎云古音耎聲在十四部需聲在四部其音畫然分別後人乃或淆亂其偏旁本从耎者譌而爲需而音由是亂矣說詳說文注

祭飲酒於上豆之間宋本酒作食

穆子不說石經宋本作弗說與釋文合

吳句餘予之朱方淳熙本句作勾宋殘本予作子並非

子服惠伯謂叔孫曰石經叔孫誤倒

善人富謂之賞後漢書方術傳注引作善人富謂之幸

賈在句瀆之丘案二十一年傳云公執子買于句瀆之邱此作賈未知孰是

在襄二十一年宋本宋殘本淳熙本足利本無襄字宋殘本宋本岳本足利本一誤五

與晏子邶殿石經宋本宋殘本淳熙本岳本纂圖本毛本邶作邶不誤下同○今並訂正

注六十邑宋本以下正義七節揔入皆曰崔子也注下

下云與北郭佐邑六十諸本作云此本誤文今訂正

受而稍致之淳熙本稍誤梢

武王有亂臣十人宋本宋殘本淳熙本岳本足利本無臣字與石經合案石經此行止九字蓋初刻有臣字後改正也惠棟云石經論語亦然又昭廿四年傳引大誓亦無臣字後人皆據晉時所出古文大誓以益之非也顧炎武云石經脫臣字失之

崔氏大璧宋殘本大作之

注始求而知之　閩本亦誤作而宋本監本毛本作至是也

伯有廷勞於黃崖　釋文云崖本又作涯石經及諸本皆作崖

伯有無㺲於鄭　諸本作伯纂圖本誤苟

濟澤至尸之敬也　宋本無尸之二字以下正義二節摠入宋公遂反句下

南澗之濱　宋本閩本監本毛本間作澗是也

如是女之服蘭也　閩本監本毛本如誤知宋本重是字之作子

飢寒之不恤　監本飢作饑非下同

成伯榮駕鵞　宋本駕作駕北宋刻釋文同說詳定元年

不以此廢好　纂圖本此廢誤比發

非有事宜　纂圖本宜誤且

故以此廢例　纂圖本亦作以例誤列諸本廢作發淳熙本亦誤廢○案毛本以作於義長

附釋音春秋左傳注疏卷第三十八　止

春秋左傳注疏卷三十八挍勘記

附釋音春秋左傳注疏卷第三十九 起二十九年盡二十九年

杜氏注　孔穎達疏

經二十有九年春王正月公在楚公在外闕朝正之禮甚多而唯書此一年者魯公如楚既非常此公又踰年故發此一事以明常〔疏〕注公在至明常○正義曰僖十六年冬公會諸侯于淮十七年秋九月公至自會宣七年冬公會諸侯于黑壤八年春公至自會成十年秋公如晉十一年春公至自晉十二年冬公如晉十三年春公至自晉此等正月公皆不在其類多矣是公在外闕朝正之禮甚多而皆不書唯書此一年者魯公如楚云云釋例曰襄二十九年春正月公在楚凡公之行始則書所如還則書公至今中復書公在楚者明國之守臣每月亦以公不朝之故告於廟也每月必告而特於正月釋之者蓋歲之正也月之正也日之正也三始之正嘉禮所重人理所以自新故特顯以通他月也公之在外所以闕朝正之禮甚多唯書此一年釋此一事者斯禮有常非義例所急故因公遠出踰年存此一事以示法也○夏五月公至自楚○庚午衞侯衎卒無傳四同盟○衎苦旦反〔疏〕注四同盟○正義曰衎以成十五年即位其年盟于戚十七年于柯陵十八年于虛朾襄三年于雞澤五年于戚七年及孫林父盟九年于戲十一年于亳城北二十七年于宋衎自前即位及後復歸凡與魯九同盟劉炫以爲杜云四同盟者誤今知不然者以其與成公三盟不數五年盟戚經不書不數七年林父是大夫又特共魯盟亦不數故爲四同盟也劉不尋此理而規杜過非也○閽弑吳子餘祭閽守門者下賤非士故不言盜○閽音昏弑申志反祭側界反〔疏〕注閽守至言盜正義曰周禮閽人王宮每門四人鄭玄云閽人司昏晨以啓閉者刑人墨者使守門既服墨刑使之守門是下賤人也哀四年盜殺蔡侯申此爲下賤非士故不言盜也穀梁傳曰不稱名姓閽不得齊於人不稱其君閽不得君其君也○仲孫羯會晉荀盈齊高止宋華定衞世叔儀鄭公孫段曹人莒人滕人薛人小邾人城杞公孫段伯石也三十年伯有死乃命爲卿今蓋以攝卿行○羯居謁反〔疏〕注公孫至卿行○正義曰公孫段即伯石也據三十年傳伯有死始命伯石爲卿則此時未爲卿矣未爲卿而得書其名故疑之云蓋以攝卿行也以隱公攝位爲君而國人君之諸侯與之知攝位爲卿者諸侯亦即以爲卿序之於列故史得以卿書也文七年傳稱晉使先蔑如秦逆公子雍荀林父謂蔑曰攝卿以往可也何必子是知有使大夫攝卿之法也○晉侯使士鞅來聘○杞子來盟杞復稱子用夷禮也○復扶又反〔疏〕注杞復至禮也正義曰杞人春秋書爵稱侯又稱伯僖二十三年二十七年稱子傳曰用夷禮故曰子自爾以來常稱爲伯今復稱子傳云書曰子賤之也明爲用夷禮故賤之知杞復稱子用夷禮也○吳子使札來聘吳子餘祭既遣札聘上國而後死札以六月到魯未聞喪也不稱公子其禮未同於上國○札側八反〔疏〕注吳子至上國○正義曰上云閽弑吳子此言吳子使聘傳曰其出聘也通嗣君也不知通嗣君通誰嗣也賈逵服虔皆以爲夷末新即位使來通聘案隱三年武氏子來求賻文九年毛伯來求金並不言王使傳皆云王未葬也是知先君未葬嗣君不得命臣此與閽弑吳子文不隔月吳魯相去經塗至遠豈以君死之月即命臣乎而得書吳子使也且傳稱季札至魯徧

觀周樂至戚聞鐘聲譏孫文子云君又在殯而可以樂乎自請觀樂譏人聽樂曠世大賢豈當若是故杜以爲通嗣君通餘祭嗣也二十五年遏爲巢牛臣所殺餘祭嗣立至此始使札通上國吳子未死之前命札出使既遣札聘而後身死札以六月到魯未及聞喪故每事皆行吉禮也經傳皆無札至之月知以六月到者以城杞在五月之下城杞既訖乃有士鞅來聘杞子來盟若共在月中則不容此事下文有秋知札以六月至也札去之後吳始告喪告以五月被弑故追書在聘上耳札賓公子不書公子者吳是東夷其禮未同於上國故使不書氏以札是卿故書其名耳釋例曰吳晚通上國故其君臣朝會不同於例亦猶楚之初始也昭二十七年傳稱延州來季子聘于上國是吳謂諸夏爲上國也○秋九月葬衞獻公無傳○齊高止出奔北燕止高厚之子燕音烟○冬仲孫羯如晉

傳二十九年春王正月公在楚釋不朝正于廟也釋解也告廟在楚解公所以不朝正〔疏〕注釋至朝正○正義曰公本在國每月之朔常以朝享之

禮親自祭廟今以在外之故闕於此禮國之守臣於此朔日告廟云公在楚史官因書於策傳解其告廟之意告云公在楚者解釋公所以不得親自朝正也楚人使公親襚諸侯有遺使賵襚之禮今楚欲遣使之比○襚音遂說文云衣死人衣遺使所吏反下同賵芳鳳反一本作賵比必利反〔疏〕楚人使公親襚正義曰檀弓云襄公朝于荆康王卒荆人曰必請襲魯人曰非禮也荆人強之巫先拂柩荆人悔之記之所言即是此事所異者此言請襚彼言請襲此言祓殯彼言拂柩雖俱說此事先後不同禮死而沐浴即襲襲後始小斂大斂乃殯案往年傳公及漢聞康王卒公欲反則康王之卒公未至楚楚人使公親襚傳在此年言之則此年始令公親襚襚不得為襲也卒已踰月不得柩仍在地足知殯是而柩非記虛而傳實也然則襚衣所以衣尸既殯而使公襚者致襚所以結恩好其衣不必充用雜記記致襚之禮云委衣于殯東是既殯猶致襚也文九年秦人來歸僖公成風之襚僖薨十年猶致之況既殯也○注諸侯至之比○正義曰雜記云弔者含襚賵臨是諸侯之臣使於鄰國之禮也楚人以諸侯相於有遣使賵襚之禮今以公身既在意在輕魯欲以公依遣使之比使公親行之也公患之穆叔曰祓殯而襚則布幣也先使巫祓除殯之凶邪而行襚禮與朝而布幣無異○祓音拂徐音廢邪似嗟反〔疏〕祓殯至幣也○正義曰案雜記諸侯使臣致襚之禮云委衣於殯東今楚人以公身在意欲輕魯公依遣使之比公以楚人輕己所以患之故穆叔云若使巫人先往祓殯則是君臨臣喪之禮祓除既了而行襚禮布陳衣物與行朝之時布陳幣帛無異有何可患劉炫云朝禮兩君相見先授玉然後致享乃布陳幣帛於庭也祓殯者君臨臣喪之禮先使祓殯行臨喪之禮然後致襚則全是布幣之禮言與朝而布幣無異也君臨臣喪者由先見臣故以祓殯比行朝禮自然致襚似布幣楚以親襚屈魯魯以祓殯自尊今○贊曰疏云以殯有凶邪畏惡患之不肯親襚穆叔云先使巫人祓除殯之凶邪既無而行襚禮布陳衣物與行朝之時布陳幣帛無異言俱無咎有何可患乃使巫以桃茢先祓殯茢黍穰○茢音列徐音側穰如羊反鄭注周禮云茢苕帚〔疏〕乃使至祓殯○正義曰巫者接神之官周禮男巫王弔則與祝前檀弓云君臨臣喪以巫祝桃茢執戈惡之也鄭玄云為有凶邪之氣在側桃鬼所惡茢萑苕可埽不祥君臨臣喪禮有此法故使巫以桃茢先祓殯若以楚子為臣然所以屈楚也茢是帚蓋桃為棒

也毛詩傳曰葦為萑萑苕謂葦穗也杜云茢黍穰者今世所謂苕帚者或用葦穗或用黍穰是二者皆得為之也楚人弗禁既而悔之禮君臨臣喪乃祓殯故楚悔之○二月癸卯齊人葬莊公於北郭兵死不入兆域故葬北郭〔疏〕注兵死至北郭○正義曰周禮冢人掌公墓之地辨其兆域凡死於兵者不入兆域○夏四月葬楚康王公及陳侯鄭伯許男送葬至於西門之外諸侯之大夫皆至于墓楚郟敖即位郟敖康王子熊麇也王子圍為令尹圍康王弟鄭行人子羽曰是謂不宜必代之昌松柏之下其草不殖言楚君弱令尹強物不兩盛為昭元年圍弒郟敖起本公還及方城季武子取卞取卞邑以自益使公冶問問公起居公冶季氏屬大夫璽書追而與之璽印也〔疏〕注璽印也○正義曰蔡邕獨斷云璽印也信也天子璽白玉螭虎紐古者尊卑共之月令曰周封璽季武子使公冶問璽書此諸侯大夫印稱璽也衛宏云秦以前民皆以金玉為印唯其所好自秦以來唯天子之印獨稱璽又以玉羣臣莫敢用也案周禮掌節貨賄用璽節鄭玄云今之印章也則周時印已名璽但上下通用曰聞守卞者將叛臣帥徒以討之既得之矣敢告公冶致使而退致季氏使命及舍而後聞取卞發書乃聞之公曰欲之而言叛祇見疏也言季氏欲得卞而欺我言叛益疏我〔疏〕公曰至疏也○正義曰武子書云聞卞將叛則是叛形未著故公猜之言武子自欲得之而誣言其叛多見疏外我也多見疏猶論語云多見其不知量也服虔本作祇見疏解云祇適也晉宋杜本皆作多古人多祇同音張衡西京賦云炎炮夥清酤多皇恩溥洪德施施與多為韻此類衆矣公謂公冶曰吾可以入乎以季氏疏已故不敢入對曰君實有國誰敢違君公與公冶冕服以卿服玄冕賞之〔疏〕注以卿至賞之○正義曰公冶先為大夫公今

以恩加賜知以卿服玄冕賞之也周禮司服云卿大夫之服自玄冕而下是卿與大夫同服玄冕也其旒當以命數爲異耳固辭強之而後受公欲無入榮成伯賦式微乃歸式微詩邶風曰式微式微胡不歸式用也義取寄寓之微陋勸公歸也五月公至自楚公冶致其邑於季氏本從季氏得邑故還之而終不入焉不入季孫家曰欺其君何必使余季孫見之則言季氏如他日不見則終不言季氏及疾聚其臣大夫家臣曰我死必無以冕服斂非德賞也言公畏季氏而賞其使非以我有德○斂力驗反且無使季氏葬我○葬靈王不書魯不會鄭上卿有事子展使印段往伯有曰弱不可印段年少官卑○少詩照反〔疏〕注葬靈至段往○正義曰鄭之上卿即子展

也有事謂君適楚而代守國也計於時鄭卿在國猶有子西伯有不使彼行而使印段者蓋別有所掌共子展守國故不得行也子展曰與其莫往弱不猶愈乎詩云王事靡盬不遑啓處詩小雅盬不堅固也啓跪也言王事無不堅固故不暇跪處○盬音古跪其委反〔疏〕注詩小至跪處○正義曰小雅四牡之章盬亦蠱也昭元年傳曰於文皿蟲爲蠱穀之飛亦爲蠱蠱是蟲之害物故爲不牢固也釋言云皇暇也啓跪也李巡曰皇間暇也啓小跪也言王事無有不牢固已當牢固之故不得間暇而跪處也東西南北誰敢寧處謂上卿堅事晉楚以蕃王室也言我固事晉楚乃所以蕃屏王室○蕃芳元反王事無曠何常之有遂使印段如周傳言周衰卑於晉楚○吳人伐楚獲俘焉以爲閽使守舟吳子餘祭觀舟閽以刀弒之言以刀明近刑人○近附近之近○鄭子展卒子皮即位

子皮代父爲上卿於是鄭饑而未及麥民病子皮以子展之命餼國人粟戶一鍾在喪故以父命也六斛四斗曰鍾○餼許氣反是以得鄭國〔疏〕以子展之命○正義曰蓋死日近死時民已饑故假其生時之遺命也之民故罕氏常掌國政以爲上卿宋司城子罕聞之曰鄰於善民之望也民亦望君爲善〔疏〕鄰於善民之望也○正義曰鄰近也近於善民亦望君爲善也宋亦饑請於平公出公粟以貸使大夫皆貸司城氏貸而不書施而不德○貸他代反下同施始豉反下文同爲大夫之無者貸宋無饑人叔向聞之曰鄭之罕宋之樂其後亡者也二者其皆得國乎得掌國政○向許丈反民之歸也施而不德樂

氏加焉其以宋升降乎升降隨宋盛衰○晉平公杞出也故治杞治理其地脩其城〔疏〕注治理至其城○正義曰經書城杞謂築杞城耳下使女叔侯來治杞田知治杞之地非獨脩其城也六月知悼子合諸侯之大夫以城杞孟孝伯會之鄭子大叔與伯石往大叔不書不親事○知音智大叔音泰下同子大叔見大叔文子文子衛大叔儀與之語文子曰甚乎其城杞也子大叔曰若之何哉晉國不恤周宗之闕而夏肄是屏周宗諸姬也夏肄杞也肄餘也屏城也○夏戶雅反注下皆倣此肄以二反詩傳云斬而復生曰肄方言云枿餘也秦晉之間曰肄〔疏〕夏肄是屏○正義曰方言云肄枿餘也秦晉之間曰肄鄭玄云斬而復生曰肄杞是夏後滅而復存猶木之枿生小栽也其弃諸姬亦可知也已諸姬是弃其誰歸之吉

也聞之弃同即異是謂離德詩曰協比其鄰昏姻孔云詩小雅言王者和協近親則昏姻甚歸附也○比毗志反晉不鄰矣其誰云之云猶旋旋歸之○齊高子容與宋司徒見知伯女齊相禮子容高止也司徒華定也知伯荀盈也女齊司馬侯也相禮侍威儀也○女音汝相息亮反賓出司馬侯言於知伯曰二子皆將不免子容專專自是也司徒侈皆亡家之主也知伯曰何如對曰專則速及速及禍也○侈昌氏反又尸氏反侈將以其力斃力盡而自斃○斃婢世反專則人實斃之將及矣爲此秋高止出奔燕昭二十年華定出奔陳傳○專則人實斃之絕句將及矣本或作侈將及矣者非○范獻子來聘拜城杞也謝魯爲杞城○爲于僞反下文爲之歌皆同公享之展莊

叔執幣公將以酬賓射者三耦二人爲耦○耦五口反疏射者三耦正義曰燕禮云若射則大射正爲司射如鄉射之禮是燕有爲射之時也此云公享之則享法亦有射也周禮射人云諸侯之射以四耦此三耦者彼是畿內諸侯故四耦此及儀禮大射畿外諸侯故三耦或當臣與君異也公臣不足取於家臣家臣展瑕展玉父爲一耦公臣公巫召伯仲顏莊叔爲一耦鄫鼓父黨叔爲一耦言公室卑微公臣不能備於三耦○召上照反鄫才陵反黨音掌○晉侯使司馬女叔侯來治杞田使魯歸前侵杞田所歸少故不書弗盡歸也晉悼夫人慍曰齊也取貨夫人平公母杞女也謂叔侯取貨於魯故不盡歸杞田○慍紆運反怒也怨也先君若有知也不尚取之不尚叔侯之取貨疏注不尚至取貨○正義曰服虔云不尚尚也尚當取女叔侯殺之下叔侯云先君而有知也毋寧夫人而焉用老臣服虔云毋寧寧也寧自取夫人將焉用老臣乎杜以其言大悖無復君臣之禮故改之以爲夫人云不尚取之者先君不高尚此叔侯之取貨也毋寧夫人謂先君當怪夫人之所爲也劉炫以夫人慍而出辭則其言當悖直言不尚此事所譏大輕淺非是慍之意昭八年穿封戌云若此君之及此追恨不殺靈王其意乃悖於此蓋古者不諱之言服虔之說未必非也公告叔侯叔侯曰虞虢焦滑霍揚韓魏皆姬姓也八國皆晉所滅焦在陝縣揚屬平陽郡○虢瓜百反焦子消反滑乎八反晉是以大若非侵小將何所取武獻以下兼國多矣武公獻公晉始盛之君誰得治之杞夏餘也而即東夷行夷禮魯周公之後也而睦於晉以杞封魯猶可而何有焉何有盡歸之魯之於晉也職貢不乏玩好時至公卿大夫相繼於朝史不絕書書魯之朝聘○好呼報反

下好善同府無虛月無月不受魯貢如是可矣可必瘠魯以肥杞且先君而有知也毋寧夫人而焉用老臣言先君毋寧怪夫人之所爲無用責我○瘠在亦反毋音無焉用於虔反○杞文公來盟魯歸其田故來盟書曰子賤之也賤其用夷禮○吳公子札來聘見叔孫穆子說之謂穆子曰子其不得死乎不得以壽終○說音悅壽音授好善而不能擇人吾聞君子務在擇人吾子爲魯宗卿而任其大政不慎舉何以堪之禍必及子爲昭四年豎牛作亂起本疏好善而不能擇人○正義曰昔有當塗貴邳國公蘇威嘗問曰知人是善然後好之何以言其不能擇人有曰好善仁擇人鑒雖有仁心鑒不周物故好而不能擇也劉炫以此言亦有所切於彼請觀於周樂魯以周公故有天子禮樂

【疏】注魯以至禮樂○正義曰明堂位云成王以周公爲有勳勞於天下是以封周公於曲阜命魯公世世祀周公以天子之禮樂又曰凡四代之服器魯兼用之是魯以周公故有天子之禮樂也

使工爲之歌周南召南此皆各依其本國歌所常用聲曲○召上照反本或作邵

【疏】歌周南召南○正義曰歌周南召南之詩而以樂音爲之節也周南召南皆文王之詩也周召者岐山之陽地名周之先公曰大王者自豳始遷焉而脩德建王業大王生王季王季生文王於時雍梁荆豫徐揚之民皆歸文王文王三分天下有其二以服事殷文王改都於豐乃分岐邦周召之地賜周公旦召公奭以爲采邑使此二公施教於已所職之國爲文王行先公賢化與已聖化使二公雜而施行之但南土感化有深有淺其作詩也或感聖化或感賢化及武王伐紂定天下巡狩述職陳諸國之詩以觀民風俗其六州所作詩其得聖人之化者謂之周南其得仁賢之化者謂之召南其實皆是文王之化而分繫周召二公耳必分繫者文王以諸侯之身行王者之化詩人述其本志爲作聖賢之風此詩體實是風不可以雅名之文王身有王號不可以風繫之名無所繫詩不可棄因二公爲王行化是故繫之二公周公聖以聖化繫之召公賢以賢化繫之周南十一篇召南十四篇季札此時徧觀周樂詩篇三百不可歌盡或每詩歌一篇兩篇以示意耳未必盡歌之也劉炫云不直言周召者以其實非二公身化也言南者詩序云言化自北而南也謂從岐周南被江漢也○注此皆至聲曲○正義曰詩人觀時政善惡而發憤作詩其所作文辭皆準其樂音令宫商相和使成歌曲樂人采其詩辭以爲樂章述其詩之本音以爲樂之定聲其聲既定其法可傳雖多歷年世而其音不改今此爲季札歌者各依其本國歌所常用聲曲也由其各有聲曲故季札聽而識之言本國者變風諸國之音各異也

曰美哉美其聲

【疏】注美其聲○正義曰先儒以爲季札所言觀其詩辭而知故杜顯而異之季札所云美哉者皆美其聲也詩序稱詩者志之所之也在心爲志發言爲詩情動於中而形於言言之不足故嗟歎之長歌以申意也及其八音俱作取詩爲章則人之情意更復發見於樂之音聲出言爲詩各述已情聲能寫情情皆可見聽音而知治亂觀樂而曉盛衰神瞽大賢師曠季札之徒其當有以知其趣也

始基之矣周南召南王化之基**猶未也**猶有商紂未盡善也盡津忍反**然勤而不怨矣**未能安樂然其音不怨怒○樂音洛下和樂聲下文樂而不荒同

【疏】注未能至怨怒○正義曰詩序云治世之音安以樂亂世之音怨以怒此作周召之詩其時猶有紂存音雖未能安樂已得不怨怒矣

爲之歌邶鄘衛武王伐紂分其地爲三監三監叛周公滅之更封康叔并三監之地故三國盡被康叔之化○鄘音容被皮義反

【疏】注武王伐紂分其地三監○正義曰邶鄘衛者商紂畿内之地名也漢書地理志云周既滅殷分其畿内爲三國詩風邶鄘衛國是也邶以封紂子武庚鄘管叔尹之衛蔡叔尹之以監殷民謂之三監故書序曰武王崩三監叛周公誅之盡以其地封弟康叔故邶鄘衛三國之詩相與同風此注取漢志爲說也漢世大儒孔安國賈逵馬融之徒皆以爲然故杜亦同之鄭玄詩譜云武王伐紂以其京師封紂子武庚爲殷後庶殷頑民被紂化日久未可以建諸侯乃三分其地置三監管叔蔡叔霍叔使尹而監教之自紂城而北謂之邶南謂之鄘東謂之衛武王崩後五年周公居攝三監導武庚叛成王既黜殷命殺武庚復伐三監更於此三國建諸侯以殷餘民封康叔於衛使爲之長後世子孫稍彊兼并彼二國混其地而名之先儒唯鄭言然康叔以後七世至頃侯仁人不遇邶人作柏舟之詩以刺之以後繼作十九篇爲邶風十篇爲鄘風十篇爲衛風皆美刺衛君而分爲三耳此三國之風實同是衛詩而必爲三者鄭玄云作者各有所傷從其本國分而異之故爲邶鄘衛之詩焉其意以爲邶鄘衛各是大國土風不同作者雖俱有美刺而各述土風故大師各從其本分而異之

曰美哉淵乎憂而不困者也淵深也亡國之音哀以思其民困衛康叔武公德化深遠雖遭宣公淫亂懿公滅亡民猶秉義不至於困○思息嗣反下憂思反**吾聞衛康叔武公之德如是是其衛風乎**康叔周公弟武公康叔九世孫皆衛之令德君也聽聲以爲別故有疑言○別彼列反

【疏】注康叔至疑言○正義曰康叔周公弟武公康叔九世孫世本世家文也魯爲季札作樂爲之歌聲曲耳不告季札以所歌之樂名也札言吾聞康叔武公之德如是是先聞其善今聲合其意雖不知其名而疑是衛風也言是其衛風乎疑之辭也直聽聲以爲別不因名而後知故有疑言焉

爲之歌王王黍離也幽王遇西戎之禍平王東遷王政不行於天下風俗下與諸侯同故不爲雅

【疏】注王黍離至爲雅○正義曰王詩黍離爲首王非國名故舉首篇以表之王者周東都王城畿内方六百里之地也始武王作邑于鎬是爲西

都周公攝政營洛邑謂之王城是爲東都成王既居洛邑復還歸西都十一世至幽王遇西戎之禍平王東遷王城於時王政不行於天下其風俗下同諸侯王畿内之人怨刺者以其政同諸侯皆作風詩不復爲雅其音既是風體故大師别之謂之王國之變風也謂之王者以王當國猶春秋之王人天命未改尚尊之故不言周也**曰美哉思而不懼其周之東乎**宗周隕滅故憂思猶有先王之遺風故不懼**爲之歌鄭**詩第七【疏】爲之歌鄭。○正義曰周宣王封母弟友於西都畿内是爲鄭桓公於漢則京兆郡鄭縣是其都也幽王之時桓公爲大司徒見幽王政荒問於史伯曰王室多故余懼及焉其何所可以逃死史伯教之濟洛河潁之間有虢鄶之國取而守之唯是可以少固及幽王爲犬戎所殺桓公死之其子武公與晉文侯定平王於東都王城卒取史伯所云虢鄶之地而居之於漢則河南郡新鄭縣是其都也武公入作卿士國人作緇衣之篇以美之以後凡二十一篇皆鄭風也**曰美哉其細已甚民弗堪也是其先亡乎**美其有治政之音譏其煩碎知不能久【疏】曰美至亡乎。○正義曰樂歌詩篇情見於聲美哉者美其政治

之音有所善也鄭君政教煩碎情見於詩以樂播詩見於聲内言其細碎已甚矣下民不能堪也民不堪命國不可久是國其將在先亡乎居上者寬則得衆爲政細密庶事煩碎故民不能堪也**爲之歌齊**詩第八【疏】爲之歌齊。○正義曰齊者古少皞之世爽鳩氏之虛也武王伐紂封大師呂望於齊是爲齊大公其封域在禹貢青州岱山之陰濰淄之野於漢則齊郡臨淄縣是其都也大公後五世哀公荒淫怠慢國人作鷄鳴之詩以刺之。後凡十一篇皆齊風也**曰美哉泱泱乎大風也哉**泱泱弘大之聲。泱於良反韋昭於康反**表東海者其大公乎**大公封齊爲東海之表式。大音泰**國未可量也**言其或將復興。復扶又反下不復讓同**爲之歌豳**詩第十五豳周之舊國在新平漆縣東北。豳彼貧反【疏】爲之歌豳。○正義曰豳者禹貢雍州岐山之北原隰之野其地西近戎北近狄豳是彼土之地名於漢則扶風郡栒邑縣是其都也周室之先后稷之曾孫曰公劉者自邰而遷彼焉由能脩后稷之業教民以農桑民咸歸之而成國積九世至大王乃入處於岐山世世脩德卒成王業武王崩成王幼周公攝政管叔流言云公

將不利於孺子周公於是舉兵東伐之乃陳后稷先公風化之所由致王業之艱難作七月之詩以表志大師以其主意於先公在豳時之事故别其詩以爲豳國之變風凡七篇皆是周公之事也**曰美哉蕩乎樂而不淫其周公之東乎**蕩乎蕩然也樂而不淫言有節周公遭管蔡之變東征三年爲成王陳后稷先公不敢荒淫以成王業故言其周公之東乎。樂而不淫音岳又音洛注同下而又何樂而可以樂倣此爲成于僞反王業如字又于況反【疏】曰美至東乎。○正義曰美哉亦美其聲也蕩蕩寬大之意好樂不已則近於荒淫故美其樂而不淫也先聞周公之德此聲同於所聞故疑之云其周公之在東乎言在東之時爲此聲也**爲之歌秦**詩第十一後仲尼刪定故不同。刪所姦反【疏】爲之歌秦。○正義曰秦者隴西山谷之名於漢則隴西郡秦亭秦谷是也堯時有伯益者佐禹治水有功帝舜賜之姓曰嬴氏其後世之孫曰非子事周孝王孝王使之養馬於汧渭之間封之爲附庸邑之於秦谷非子曾孫秦仲宣王又命以爲大夫始有車馬禮樂射御之好國人作車鄰之詩以美之秦仲之孫襄公平王之初興兵討西戎以救周王既東遷乃以岐豐之地賜之始列爲諸侯

更有駟驖以下凡十篇皆秦風也。注詩第至不同。○正義曰此爲季札歌詩風有十五國其名皆與詩同唯其次第異耳則仲尼以前篇目先具其所刪削蓋亦無多記傳引詩亡逸甚少知本先不多也史記孔子世家云古者詩三千餘篇孔子去其重取三百五篇蓋馬遷之謬耳**曰此之謂夏聲夫能夏則大大之至也其周之舊乎**秦本在西戎汧隴之西秦仲始有車馬禮樂去戎狄之音而有諸夏之聲故謂之夏聲及襄公佐周平王東遷而受其地故曰周之舊。汧苦賢反去起呂反又如字**爲之歌魏**詩第九魏姬姓國閔元年晉獻公滅之【疏】爲之歌魏。○正義曰魏者虞舜夏禹所都之地在禹貢冀州雷首之北析城之西於漢則河東郡河北縣是其都也周以封同姓世本無魏君名謚不知始封之君何所名也鄭玄以爲周王平桓之世魏君儉嗇且褊急不務施德國人作葛屨之詩以刺之後凡七篇皆魏風也**曰美哉渢渢乎大而婉險而易行以德輔此則明主也**渢渢中庸之聲婉約也險當爲儉字之誤也大而約則儉節易行惜其國小無明君也。渢扶弓反

徐敷劒反韋昭音凡婏紆阮反險依注音儉易以豉反注同**爲之歌唐**詩第十唐晉詩〔疏〕爲之歌唐。正義曰唐者帝堯舊都之地於漢則大原郡晉陽縣是也周成王封母弟叔虞於堯之故虛曰唐侯其地南有晉水虞子燮父改爲晉侯燮父後六世至僖侯甚嗇愛物儉不中禮國人閔之作蟋蟀之詩以刺之以後凡十二篇皆唐風也詩序云此晉也而謂之唐本其風俗憂深思遠有堯之遺風又叔虞初國亦以唐爲名故名其詩爲唐風**曰思深哉其有陶唐氏之遺民乎不然何憂之遠也**晉本唐國故有堯之遺風憂深思遠情發於聲。思息嗣反**非令德之後誰能若是爲之歌陳**詩第十二〔疏〕曰思深哉至能若是。正義曰陶唐之化遺法猶在作歌之民與唐世民同故察此歌曰思慮深遠哉見其思深故疑之云其有陶唐氏之遺民乎若其不是唐民何其憂思之遠也非承令德之後誰能如此深慮也令德謂唐堯也。爲之歌陳。正義曰陳者大皞伏羲氏之虛也於漢則淮陽郡陳縣是其都也帝舜之胄有虞遏父者爲周武王陶正武王賴其利器用又以其人是聖舜神明之後乃封其子

滿於陳使奉虞舜之祀賜姓曰嬀是爲陳胡公後五世洷幽公荒淫無度國人作宛丘之詩以刺之以後凡十篇皆陳風也**曰國無主其能久乎**淫聲放蕩無所畏忌故曰國無主**自鄶以下無譏焉**鄶第十三曹第十四言季子聞此二國歌不復譏論之以其微也。鄶古外反〔疏〕注鄶第至微也。正義曰言以下知兼有曹也鄶者古高辛氏火正祝融之虛也國在禹貢豫州外方之北滎波之南居溱洧之間於漢則河南郡密縣竟內有其都也祝融之後分爲八姓雅有妘姓爲鄶國者處祝融之故地焉鄶是小國世本無其號謚不知其君何所名也鄭玄以爲周王夷厲之時鄶公不務政事而好衣服大夫作羔裘之詩以刺之凡四篇皆鄶風也其後鄭武公滅其國而處之曹者禹貢兗州陶丘之地名於漢則濟陰郡定陶縣是其都也周武王封其弟叔振鐸於曹後十一世當周惠王時昭公好奢而任小人國人作蜉蝣之詩以刺之以後凡四篇皆曹風也鄶曹二國皆國小政狹季子不復譏之以其微細故也**爲之歌小雅**小雅小正亦樂歌之常〔疏〕爲之歌小雅。正義曰詩序云言天下之事形四方之風謂之雅雅者正也政有小大故有小雅焉有大雅焉然則小雅大雅

皆天子之詩也立政所以正下故詩序訓雅爲正又以政解之天子以政教齊正天下故民述天子之政還以齊正而爲名故謂之雅也王者政教有大有小詩人述之亦有大小故有小雅大雅焉據詩以小雅所陳有飲食賓客賞勞羣臣燕賜以懷諸侯征伐以彊中國樂得賢者長育人材於天子之政皆小事也大雅所陳有受命作周代殷繼伐受先王之福祿尊祖考以配天醉酒飽德官人用士澤被昆蟲仁及草木於天子之政皆大事也詩人歌其大事制爲大體述其小事制爲小體體有大小故分爲二焉詩體既異樂音亦殊其音既定其法可傳後之作者各從其舊二雅正經述小政爲小雅述大政爲大雅既有小雅之體亦有小雅大雅之音王道既衰變雅並作取小雅之音歌其政事之變者謂之變小雅取大雅之音歌其政事之變者謂之變大雅故變雅之美刺皆由音制有大小不復由政事之大小也風述諸侯之政非無大小但化止一國不足分別頌則功成乃作歸美報神皆是大事無復小體故風頌不分雅則分爲二也周自文王受命發跡肇基武王伐紂功成業就及成王周公而治致升平頌聲乃作此功成之頌本由此風雅而來故錄周南召南之風鹿鳴文王之雅以爲詩之正經計周南召南之風鹿鳴文王之雅所述文王之事亦有同時者也但文王實是諸侯而

有天子之政詩人所作立意不同述諸侯之政則爲之作風述天子之政則爲之作雅就雅之內又爲大小二體是由體制異非時節異也詩見積漸之義小雅先於大雅故魯爲季札亦先歌小雅**曰美哉思而不貳**思文武之德無貳叛之心**怨而不言**有哀音**其周德之衰乎**衰小也**猶有先王之遺民焉**謂有殷王餘俗故未大衰〔疏〕曰美至民焉。正義曰杜以此言皆歎正小雅也言其時之民思文武之德不有二心也雖怨時政而能忍而不言其是周德衰小之時乎猶有殷先王之遺民故使周德未得大也服虔以爲此歎變小雅也其意言思上世之明聖而不貳於當時之王怨當時之政而不有背叛之志也其周德之衰微乎疑其幽厲之政也劉炫以服言爲是而謂杜解錯謬今知不然者以小雅大雅二詩相對今歌大雅云其文王之德乎是歌其善者以大雅準之明知歌小雅亦歌其善者也若其不然何意大雅歌善小雅歌不善且魯爲季札歌詩不應揚先王之惡以示遠夷劉不達此旨以服意而規杜非也。注衰小也。正義曰衰者差也九章筭術謂差分爲衰分言從大漸差而小故杜以衰爲小也服虔讀爲衰微之衰謂幽厲之時

也。爲之歌大雅，大雅陳文王之德，以正天下。疏注大雅至天下。○正義曰：大雅亦有武王成王之詩，杜雅言文王者，以下云其文王之德乎故也。曰：廣哉熙熙乎！熙熙，和樂聲。曲而有直體，論其聲。其文王之德乎！雅頌所以詠盛德形容，故但歌其美者，不皆歌變雅。爲之歌頌，頌者，以其成功告於神明。疏注頌者至神明。○正義曰：鄭玄云：頌之言容也。天子之德光被四表，格于上下，無不覆燾，無不持載，此謂之容也。詩序云：頌者，美盛德之形容，以其成功告於神明者也。言天子盛德有形容可美，可美之形容謂道教周備也。成功者，營造之功畢也。天之所營在於命聖，聖之所營在於任賢，賢之所營在於養民，民安而財豐，衆和而事濟，如是則司牧之功畢矣，故告於神明也。劉炫又云：干戈既戢，夷狄來賓，嘉瑞悉臻，遠近咸服，羣生遂其性，萬物得其所，即功成之驗也。萬物本於天，人本於祖，天之所命者牧人，祖之所本者成業，人安業就，告神明使知。雖社稷山川四嶽河海，皆以民爲主，欲民安樂，故作詩歌其成功，徧告神明，所以報神明恩也。王者政有興廢，未嘗不祭羣神祖廟，政未大平則神無恩力，故大平德洽，始報神功也。頌詩止法

祭祀之狀，不言德神之力者，美其祭祀是報德可知，言其降福是荷恩可知。幽王小雅云：先祖匪人，胡寧忍予。則於時之意，豈復美其祭乎？故美其祭則報情顯，以成功告神明之意如此。止謂周頌也。其商頌則異，雖是祭祀之歌，祭先祖王廟，述其生時之功，乃是死後頌德，非以成功告神，意同大雅，與周頌異。魯則止頌僖公，纔如變風之美者，文體類小雅，又與商頌異也。此當是歌周頌，杜解盛德所同，兼殷魯三頌皆歌也。曰：至矣哉！言道備。○至矣哉，一本無矣字。直而不倨，倨傲。○倨音豫，徐音居傲，五報反。曲而不屈，屈橈。○橈乃孝反。邇而不偪，謙退。○偪彼力反。遠而不攜，攜貳。遷而不淫，淫過蕩。復而不厭，常日新。○厭於豔反，徐於贍反。哀而不愁，知命。樂而不荒，節之以禮。用而不匱，德弘大。○匱其位反。廣而不宣，不自顯。施而不費，因民所利而利之。○施始豉反，費芳味反。取而不貪，義然後取。處而不底，守之以道。○底丁禮反。行而不流，制之以義。

五聲和，宮商角徵羽謂之五聲。○徵張里反。八風平，八方之氣謂之八風。節有度，八音克諧，節有度也。守有序，無相奪倫，守有序也。盛德之所同也。頌有殷魯，故曰盛德之所同。疏曰至至同也。○正義曰：至矣哉，言其美之至也。以王道周備，故爲至美也。自直而不倨至行而不流，凡十四事，皆音有此意，明王者之德。季札或取於人，或取於物，以形見此德，每句皆下字破上字，而美其能不然也。人性直者失於倨傲，此直而能不倨也，謂王者體性質直，雖富有四海，而不倨傲慢易。在下物有曲者失於屈橈，此曲而能不屈也，謂王者曲降情意以尊接下，恒守尊嚴，不有屈橈。相去近者失於相偪，此邇而能不偪也，謂王者雖爲在下與之親近，能執謙退，不陵偪在下。相去遠者失於乖離，此遠而能不攜也，謂王者雖爲在下與之疏遠，而能不有攜離。僻疑在下數遷徙者失於淫佚，此遷而能不淫也，謂王者雖有遷動流去，能以德自守，不至淫蕩。去而覆反，則爲人所厭，此復而能使不厭也，謂王者政教日新，雖反覆而行，不爲下之厭薄。哀者近於憂愁，此哀而能不愁也，謂王者雖遇凶災，知運命如此，不有憂愁。樂者失於荒廢，此樂而能不荒廢也。用之不已，物將匱乏，此用而不可匱也。志寬大者多自宣揚，

此雖廣而不自宣揚也。好施與者皆費財物，此能施而不費損也。取人之物失於貪多，此雖取而不爲貪多也。處而不動則失於留滯也，雖久處而能不底滯也，謂王者相時而動，時未可行，雖復止處，而不底滯。行而不已則失於流放，此雖常行而能不流放也，謂王者量時可行，施布政教，能制之以義，不妄流移。五等之宣皆和，八方之風皆平，八音之作有節，其節皆有常度，音之所守有分，其守各有次序。周魯與商皆有盛德，此上諸事，盛德之所同也。注八音至序也。○正義曰：八音克諧，無相奪倫，舜典文也。倫，理也。言八音能和諧，是其音有節度也。八音不相奪道理，是音各守其分有次序也。○注頌有至所同。○正義曰：杜以爲之歌頌，言其亦歌商魯，故以盛德之所同，謂商魯與周其德俱盛也。劉炫以爲魯頌只美僖公之德，本非德洽之歌，何知不直據周頌，而云頌有商魯乎？今知不然者，但頌之大體，皆述其大平祭祀告神之事。魯頌雖非大平，經稱皇皇后帝，皇祖后稷，又云周公皇祖，亦其福女，美其祭神獲福，與周頌相似。且季文子請周作頌，取其美名。又季札至魯，欲褒崇魯德，取其一善，故云盛德所同。若直歌周頌，宜加周字，不得唯云歌頌，故杜爲此解。劉以爲魯頌不得與周頌同而規杜氏，非也。見舞象箾南籥者，象箾，舞所執。南籥，以籥舞也。皆

文王之樂○箾音朔籥羊畧反【疏】見舞象箾南籥者○正義曰樂之爲樂有歌有舞歌則詠其辭而以聲播之舞則動其容而以曲隨之歌者樂器同而辭不一聲隨辭變曲盡更歌故云爲之歌風爲之歌雅及其舞則每樂別舞其舞不同季札請觀周樂魯人以次而舞每見一舞各有所歎故以見舞爲文不言爲之舞也且歌則聽其聲舞則觀其容歌以主人爲文故言爲歌也舞以季札爲文故言見舞也樂有音聲唯言舞者樂以舞爲主周禮大司樂云以樂舞教國子舞雲門大卷大咸大磬大夏大濩大武又云乃分樂而序之以祭以享以祀舞雲門以祀天神舞咸池以祭地祇舞大部以祀四望舞大夏以祭山川舞大濩以享先妣舞大武以享先祖凡六樂者文之以五聲播之以八音鄭玄云播之言被也是其以舞爲主而被以音聲故魯作諸樂於季札皆云見舞也禮法歌在堂而舞在庭故郊特牲云歌者在上匏竹在下貴人聲也以貴人聲樂必先歌後舞故魯爲季札先歌諸詩而後舞諸樂其實舞時堂上歌其舞曲也○注象箾至之樂○正義曰賈逵云箾舞曲名言天下樂箾去無道杜云箾舞者所執二者俱無所據各以意言之耳詩邶碩人之善舞云左手執籥右手秉翟籥是舞者所執則箾亦舞者所執杜說當得其實但不知箾是何等器耳杜云皆文王之樂則象

箾與南籥各是一舞南籥既是文舞則象箾當是武舞也詩云維清奏象舞則此象箾之舞故鄭玄注詩云象用兵時刺伐之舞是武舞可知其名之曰南其義未聞也知是武王制者以爲人子者貴其成父之事文王既有大功武王無容不述於周公之時已象伐紂之功作大武之樂不應復象文王之伐制爲別樂故知此舞是武王制焉王者之作禮樂必太平乃得爲之武王未及大平而得作此樂者一代大典須待大平此象文王之功非爲易代大法故雖未制禮亦得爲之周公大平雖作大武尊重文王之功留播之以爲別樂故六代之樂不數此象也周禮分樂而序之象舞不以祭祀或當祈告所用故魯今亦有之劉炫云知是文王樂者詩云維清緝熙文王之典此象樂之所舞故知是文王樂也鄭玄注象又云此樂名象而已以其象事有舞音故詩序謂之象舞舞非此樂名故此直言舞也其箾籥是可執之物司馬相如上林賦曰拂鷖鳥捎鳳凰則捎亦拂之類今人謂拂爲拂捎此必傳於古其箾捎字同也杜不解南劉炫謂南如周南之意南在箾籥之間蓋二者共有南義

曰美哉猶有憾義哉美其容也文王恨不及己致大平○憾本亦作感胡暗反大平音泰【疏】注美哉至大平○正義曰歌聽聲而舞觀形故知美者美其容也歌詩由口而出樂音以詩爲章人歌君德情見於音聽聲知政容或可爾計聖人之德非舞容可象而季札觀舞皆知其德者聖人之作樂也各象當時之事時事見於舞故觀之可以知也樂記稱賓牟賈問大武之樂云敢問遲之遲而又久何也子曰夫樂者象成者也揔干而山立武王之事也發揚蹈厲大公之志也武亂皆坐周召之治也且夫武始而北出再成而滅商三成而南四成而南國是疆五成而分周公左召公右六成復綴以崇天子夾振之而四伐盛威於中國也分夾而進事早濟也久立於綴以待諸侯之至也彼言大武之舞是象武王之事則知諸樂之舞皆象時王功德也聖王功德見於舞動之容故觀其舞容各知其德也

見舞大武者武王樂【疏】見舞大舞者○正義曰鄭玄周禮注云大武武王樂也武王伐紂以除其害言其德能成武功也比舞四代之樂從後代而稍前也象是文王之樂事在大武之先先舞象而後舞武者以象非一代大樂故先舞之

曰美哉周之盛也其若此乎見舞韶濩者殷湯樂○韶上昭反本或作招濩音護又戶郭反【疏】見舞韶濩者○正義曰周禮謂之大濩鄭玄云大濩湯樂也湯以寬治民而除其邪言其德能使天下得其所也然則以

其防濩下民故稱濩也此言韶濩不解韶之義韶亦紹也言其能紹繼大禹也

曰聖人之弘也而猶有慙德聖人之難也慙於始伐

見舞大夏者禹之樂【疏】見舞大夏者○正義曰樂記解此樂名夏大也鄭玄云言禹能大堯舜之德又周禮注云禹治水敷土言其德能大中國也季札見此舞歎禹勤苦爲民而不以爲恩德則鄭周禮注是也

曰美哉勤而不德非禹其誰能脩之盡力溝洫勤也○洫況域反

見舞韶箾者舜樂○韶箾音簫【疏】見舞韶箾者○正義曰樂記解此樂名云韶繼也鄭玄云韶之言紹也言舜能繼紹堯之德杜不解箾義箾即簫也尚書曰簫韶九成鳳凰來儀此云韶箾即彼簫韶是也孔安國云言簫見細器之備也蓋韶樂兼簫爲名簫字或上或下耳

曰德至矣哉大矣如天之無不幬也幬覆也○幬徒報反**如地之無不載也雖甚盛德其蔑以加於此矣觀止矣若有他**

樂吾不敢請已魯用四代之樂故及韶箾而季子知其終也季札賢明才博在吳雖已涉見此樂歌之文然未聞中國雅聲故請作周樂欲聽其聲然後依聲以參時政知其興衰也聞秦詩謂之夏聲聞頌曰五聲和八風平皆論聲以參政也舞畢知其樂終是素知其篇數〔疏〕注魯用至篇數。正義曰明堂位云四代之服器官魯兼用之是魯之所用四代而已雖用四代之樂不得用雲門大咸故舞及韶箾而季札知其終也先儒以爲季札在吳未嘗經見此樂爲歌諸詩其所歎美皆以詩辭之内求所歎之意故杜辨之在吳雖已見此樂歌之文但未聞中國雅聲其所言者皆聽聲而知非察其文辭故取傳文證之明是素知其篇數也其出聘也通嗣君也吳子餘祭嗣立故遂聘于齊說晏平仲謂之曰子速納邑與政納歸之公。說音悅下皆同無邑無政乃免於難齊國之政將有所歸未獲所歸難未歇也歇盡也。難乃旦反下皆同歇許謁反故晏子因陳桓子以納

春秋疏卷三十九　十九

政與邑是以免於欒高之難難在昭八年聘於鄭見子產如舊相識與之縞帶子產獻紵衣焉大帶也吳地貴縞鄭地貴紵故各獻己所貴示損己而不爲彼貨利。縞古老反徐古到反繒也紵直呂反〔疏〕注大帶至貨利。正義曰玉藻說大帶之制大夫以素爲帶禅其垂三尺者外以玄内以華居士錦帶弟子縞帶季札吳卿也而以縞帶與子產者是其當時之所有耳吳始通上國未必服章依禮也杜以縞是中國所有紵是南邊之物非土所有各是其貴知其示損己耳不爲彼貨利也若其不然傳不須載明其有此意也孔安國云縞白繒也鄭玄禮記注云白經赤緯曰縞黑經白緯曰纖謂子產曰鄭之執政侈難將至矣政必及子子爲政愼之以禮不然鄭國將敗侈謂伯有〔疏〕注侈謂伯有。正義曰據二十七年傳伯有次子展之下此年子展卒故伯有執政也上文云子展卒子皮爲政者蓋鄭人以子展有大功使子皮代父爲上卿耳其父始卒國政猶在伯有下云伯有使公孫黑

如楚是伯有執政之事也適衛說蘧瑗蘧伯玉。蘧其居反瑗于眷反史狗史朝之子文子。史朝如字下文公子朝同史鰌史魚。鰌音秋公子荊公叔發公叔文子公子朝曰衛多君子未有患也自衛如晉將宿於戚戚孫文子之邑聞鍾聲焉曰異哉吾聞之也辯而不德必加於戮辯猶爭也。爭爭鬭之爭夫子獲罪於君以在此孫文子以戚叛懼猶不足而又何樂夫子之在此也猶燕之巢於幕上言至危。幕音莫君又在殯而可以樂乎獻公卒未葬遂去之不止宿文子聞之終身不聽琴瑟聞義能改適晉說趙文子韓宣子魏獻子曰晉國其萃於三族乎言晉國之

春秋疏卷三十九　二十

政將集於三家。萃在醉反集也說叔向將行謂叔向曰吾子勉之君侈而多良大夫皆富政將在家富必厚施故政在家。施式豉反〔疏〕君侈而多良。正義曰謂多以惡人爲良而善之吾子好直必思自免於難○秋九月齊公孫蠆公孫竈放其大夫高止於北燕蠆子尾竈子雅放者宥之以遠。蠆勑邁反宥音又乙未出書曰出奔罪高止也待放書奔所以示罪〔疏〕注實放至示罪正義曰釋例云奔者迫窘而去逃死四鄰不以禮出也放者受罪黜免宥之以遠也迫窘而奔及以禮見放俱去其國故傳通以爲文仲尼脩春秋又以所稱爲優劣也夫立功立事者國之厚益而身之表的也表高的明雖婦人猶欲彎弓而況當塗之士是以君子愼之道家貴善行者無轍迹功遂而身退高止既犯其始又專以終之免死爲幸斯乃聖賢之篤戒故變放言奔又致其罪以示過胥甲之放命陳招之首惡矯厲以篤敎也杜以高止之罪輕於陳招胥甲而變放言奔

以止爲重故原聖意欲以申之高止好以事自爲功且專故難及之○好呼報反。○冬孟孝伯如晉報范叔也范叔士鞅也此年夏來聘爲高氏之難故高豎以盧叛豎高止子。爲于僞反下注爲子産同豎上主反十月庚寅閭丘嬰帥師圍盧高豎曰苟請高氏有後請致邑還邑於君齊人立敬仲之曾孫酀敬仲高傒。酀於顯反傒音兮良敬仲也良猶賢也

【疏】齊人至仲也。正義曰依世本敬仲生莊子莊子生傾子傾子生宣子宣子生厚厚生止止是敬仲玄孫之子也世本又云敬仲生莊子莊子生傾子傾子之孫武子偃據世本則偃爲敬仲玄孫今傳云玄孫必有一誤也此酀即後所云高偃是也世族譜以高武子爲酀偃爲一人蓋酀偃聲相近而字爲二耳董遇注此亦作偃劉炫云據世本高止敬仲玄孫之子不立止近親遠取敬仲曾孫者齊人賢敬仲故繫之言敬仲曾孫則此人祖父皆非正適今別立之遠繼敬仲後高止祖父皆絕其祀也

十一月乙卯高豎致盧而出奔晉晉人城緜而寘旃晉人善其致邑。緜音緜寘之豉反旃之然反○鄭伯有使公孫黑如楚黑子晳。晳星厤反辭曰楚鄭方惡而使余往是殺余也伯有曰世行也言女世爲行人。女音汝子晳曰可則往難則已何世之有伯有將強使之子晳怒將伐伯有氏大夫和之十二月已巳鄭大夫盟於伯有氏裨諶曰是盟也其與幾何言不能久也裨諶鄭大夫。強其丈反裨婢之反諶本亦作湛其與如字或音預幾居豈反詩曰君子屢盟亂是用長今是長亂之道也禍未歇也必三年而後能紓紓解也。屢力住反長丁丈反下同紓直吕反徐音舒解音蟹然明曰政將焉往裨諶曰善之代不善天命也其焉辟子産言政必歸子産。將焉於虔反下同舉不踰等則位班也子産位班次應知政擇善而舉則世隆也世所高也天又除之奪伯有魄喪其精神爲子産驅除。喪息浪反除並如字驅一讀上音丘具反下直據反子西即世將焉辟之天禍鄭久矣其必使子産息之乃猶可以戾戾定也不然將亡矣

【疏】裨諶曰善之代不善云云。正義曰案傳伯有死後子皮授子産政云虎帥以聽命則子皮於時位在子産上也此裨諶論鄭卿位次其言不及子皮者蓋以子皮非舊卿雖繼父而居高位民望政次未之許也及伯有既死子西亦卒子皮位爲上卿故鄭人使知政耳

附釋音春秋左傳注疏卷第三十九

江西南昌府學栞

春秋左傳注疏卷三十九挍勘記　阮元撰盧宣旬摘錄

附釋音春秋左傳注疏卷第三十九 起二十九年盡二十九年宋本春秋正義卷第二十五召經春秋經傳集解襄第十九翻刻岳本襄下增公字並盡三十一年〇案岳本此卷缺今以明翻本校

經二十九年

十一年春 毛本一作二非也

閽弑吳子餘祭 釋文弑作殺申志反禮記曲禮刑人不在君側正義引同

令蓋以攝卿行 宋本纂圖本翻岳本閩本毛本令作今是也監本今字模糊

賈逵服虔皆以爲夷末新即位 宋本閩本毛本末作未是也

傳二十九年

注釋至朝正 宋本釋下有解字以下正義五節揔入既而悔之注下

楚人使公親襚 宋說文引傳作楚使公親襚

令楚欲遣使之此 諸本令作今此作比宋本淳熙本岳本纂圖本足利本欲下有依字是也

諸侯至之此 宋本閩本監本毛本此作比不誤

楚人以諸侯相於 閩本監本毛本於作好非也

祓殯而襚 岳本閩本監本祓誤袚注及正義同

先使巫祓除殯之凶邪 閩本監本毛本脫除字

公依遣使之比 宋本公上有令字

然後致亨 宋本閩本監本毛本亨作享

自然致襚似布幣 毛本似作以

令贊曰疏云 宋本令作今

既無而行襚禮 宋本既無上有凶邪二字

葪是箒 宋本箒作帚是也

今世所謂苕帚者 閩本監本毛本帚作箒非

周禮家人 宋本閩本監本毛本家作冢不誤

卞其兆域 閩本監本毛本卞作下宋本作辨是也

言楚君弱 淳熙本弱作郭誤也

璽書追而與之 石經宋本與作予案外傳亦作予

注璽印也 宋本以下正義三節揔入且無使季氏葬我句下

璽印也信也 浦鏜正誤云信上脫印字是也

周封璽 段玉裁挍本周作固按今月令作固封疆

又以玉 今本獨斷以上有獨字

欲之而言叛 石經初刊脫叛字即增言字下

祇見疏也 宋本祇作祗正義引服虔本亦作祗釋文同石經作祗是也凡唐石經廣韻皆作祗从衣从氏適也毛誼父六經正誤云祇作祗誤祇音低祇裯短衣案祗之祗見方言從氐不從氏釋文云本又作多正義云晉宋杜本皆作多古人多祗同音惠棟云疏當爲誆字之誤也呂覽知接篇云無由接而言見誆高誘曰誆讀誣妄之誣下云欺其君何必使余朗誆爲誣欲之而言叛非誣乎陳樹華云杜氏好改古文故古文古義存者少矣誆呼光切見說文

公謂公冶曰 翻岳本謂誤問

固辭強之而後受 石經固辭二字誤倒

勸公歸也 宋本足利本無也字

注葬靈至段往 宋本正義無注字以下正義二節在遂使印段如周注下

蓋別有所掌兵子展守國　宋本兵作共閩本監本毛本作矣非也

不遑啓處　石經宋本遑作皇

皇暇也　宋本皇下有閒字按今本爾雅作偟暇也

以子展之命注　宋本以下正義二節揔入其以宋升降乎注下

注治理至其城　宋本以下正義四節揔入子駿之也注下

知治杞之地　宋本重治杞二字是也

周宗諸姬也　諸本作諸此本誤譜今訂正

夏肄杞也　岳本脫也字

鄭元云　案當作毛傳云

則昏姻甚歸附也　宋本足利本無也字

齊高子容　石經本有齊字後磨去改刊高子容三字故此行九字案錢大昕云此齊字後人妄加石經磨改本是也傳於列國諸卿或書國或不書國皆有義例如此篇大叔文子不書衞高子容不書齊已見經文故也經不書游吉故子大叔稱鄭以別之華定書官不書族故稱宋以別于他國左氏傳不可增損一字如此

相禮侍威儀也　淳熙本侍誤特

侈將以其力斃專則人實斃之將及矣　石經此行九字斃字起及字止將及二字改刊疑初作侈將及矣釋文所云本或作侈將及矣者非是也案漢書五行志引傳文斃作敝

爲此秋高止出奔燕　淳熙本纂圖本止誤正

展玉父　宋本翻岳本玉作王與石經合

公巫召伯仲　釋文召作邵案唐韻云魯有仲顏莊叔是仲當連下

下叔侯云　宋本下下有文字是也

杜以其言大悖無復君臣之禮　宋本悖無作爵欲非也

先君不高尚此叔侯之取貨也　閩本監本毛本作尚此本模糊據以補正宋本此作地非也

追恨不殺靈王　宋本恨作欲非也

霍揚韓魏　諸本作揚石經初刻楊後改從才段玉裁云初刻作揚是也

焦在陝縣　淳熙本陝作郟非

何有盡歸之　淳熙本有誤存

書魯之朝聘　岳本脫之字

言先君毋寧怪夫人之所爲　淳熙本君誤若

不得以壽終　宋本明翻岳本終作死

爲昭四年豎牛作亂起本　閩本監本毛本豎誤堅

好善而不能擇人　宋本正義自此節起至君侈而多良節止揔入自免於難句下

文王改都於豐　宋本閩本監本毛本豐作豊

故嗟嘆之　宋本嘆作歎

取詩爲章　宋本取作歌

爲之歌邶鄘衞　諸本作邶監本誤邶下同

兼并彼一國　宋本一作二是也

而必爲三者　宋本必下有分字是也

注王黍離至爲雅　宋本無離字

於漢則京兆郡鄭縣　齊召南云西漢京兆稱尹不稱郡鄭氏詩譜本無郡字河南郡同扶

風下亦衍郡字

與晉文侯定平王於東都王城　監本與誤爲

後凡十一篇皆齊風也　宋本後上有以字是也

爲之歌豳　毛本作豳與說文合

美哉亦美其聲也　監本毛本亦作又非也

而受其地　宋本淳熙本明翻岳本其下有故字是也

魏姬姓國　宋本淳熙本纂圖本明翻岳本閩本監本毛本作姓此本誤往今訂正

魏君儉嗇目褊急　閩本目作㠯亦非宋本監本毛本作且是也監毛褊誤偏

險而易行　注云險當爲儉字之誤也惠士奇云險史記作儉古文也古文易云動乎險中又云儉德辟難皆讀爲險險而易行即易之易以知險杜云當爲儉誤是也惠棟云漢劉脩碑云動乎儉中今易作險案文選張載魏都賦注引傳作儉是也釋文依注音儉

則險節易行　宋本明翻岳本監本毛本險作儉是也上文曰當爲儉矣則竟易爲儉字此漢人注經之例也

周成王封母弟叔虞於堯之故虛　宋本閩本監本毛本虛作墟案墟虛古今字

其有陶唐氏之遺民乎　案漢書地理志引亦作遺民杜注云晉本唐國故有堯之遺風詩唐風正義史記吳世家引傳作遺風

何憂之遠也　石經何下有其字案詩唐風正義引傳作何其憂之遠也之遠上石經旁加思字非唐刻也

陳者大皞伏犧氏之虛也　閩本監本毛本犧作羲

帝舜之胄　毛本舜誤堯

言季子聞此二國歌　淳熙本二作一非纂圖本閩本監本毛本作三亦誤

而好衣服　浦鏜云好下脫絜字從詩譜增

曹者禹貢兖州陶邱之地名　浦鏜云之下脫北字從詩譜增也

代殷繼伐　宋本監本毛本作伐殷繼代閩本惟上伐字作代按詩序皇矣是代殷之詩文王有聲是繼伐之詩此本是也

既有小雅之體　補案小雅下當有大雅二字

無復小體　浦鏜正誤小作別

本由此風雅而來　宋本此作比

思文武之德　監本武作王毛本作工並非

謂有殷王餘俗故未大衰　宋本淳熙本無衰字史記集解引注文同正義云故使周德未得大也亦無衰字

以其成功告於神明可也　閩本亦作可宋本監本毛本作者

未嘗不祭羣神祖廟　浦鏜正誤祖廟二字作但字屬下讀

頌詩止法祭祀之狀　宋本監本毛本法作述

纔如變風之美者　閩本監本毛本如作知

曲而不屈　史記屈作詘案作詘是正字古人言詰詘猶今人言屈曲也

處而不底　石經底作底非案說文底山居也下也从广氐聲玉篇同廣韻云底下也止也

倩疑在下　宋本監本毛本倩作猜

象箾舞所執　足利本舞下有者字李善注文選長笛賦引同

言天下樂箾去無道也　段玉裁云箾當作削此以削訓箾

詩云維清奏象舞則此象箾之舞 浦鏜云詩下脫序字則疑即字誤

不應復象文王之伐 浦鏜正誤應作言

故此直言舞也 浦鏜正誤舞作象

捎鳳凰 宋本凰作皇是也

其箾拍字同也 宋本監本毛本拍作捎

四成而南國是彊 宋本彊作疆浦鏜云禮記正義云象武王伐紂之後南方之國於是疆理也

言其德能成武功也 閩本監本毛本脫也字

以象以一代大樂 閩本監本毛本下以字作爲亦誤宋本作非是也。今從宋本

見舞韶濩者 諸本作韶釋文云本或作招

韶亦紹也 浦鏜正誤亦作言

聖人之宏也 蔡邕注典引引作聖人之治也

樂記解此樂名 宋本名下有云字

言簫見細器之備也 宋本閩本監本毛本作也此本誤他今改正

如天之無不幬也 案後漢書宋穆傳注引作如天之無不燾史記同是二字古多通用

在吳雖已涉見此樂歌之文 淳熙本涉誤步

公叔發 案禮記檀弓注云文子衞獻公之孫名拔或作發正義曰案世本衞獻公生成子當當生文子拔是獻公孫也或作發者以春秋左氏傳傳作發故云或作發

言晉國之政 諸本作政史記正義引作祚

故政在家 案史記正義引作故政在三家也

放其大夫高止於於北燕 諸本不重於字此衍文也

注實放至示罪 宋本此節正義在故難及之句下

故傳通以違文 閩本監本毛本違作爲宋本作以違爲文是也

齊人至仲也 宋本此節正義在注文晉人善其致邑句下

裨諶曰 惠棟云漢書古今人表作卑湛師古曰卑音脾湛音北池大守杜改卑爲裨俗又改湛爲諶古文盡亡矣釋文猶作湛云本亦作諶段玉裁云裨諶之名蓋本是煁字煁者烓也烓者行竈也故裨諶之字曰竈

不然將亡矣 石經將亡二字改刊初刻脫將字後增正也

故鄭人使知政耳 宋本無耳字

附釋音春秋左傳注疏卷第三十九

春秋左傳注疏卷三十九挍勘記

附釋音春秋左傳注疏卷第四十 襄三十年盡三十一年

杜氏注　孔穎達疏

經三十年春王正月楚子使薳罷來聘。罷音皮○夏四月蔡世子般弒其君固。般音班○五月甲午宋災天火曰災○宋伯姬卒○天王殺其弟佞夫稱弟以惡王殘骨肉。○佞乃定反惡烏路反下惡宋同一音如字疏注稱弟至骨肉○正義曰傳言罪在王知稱弟以惡王也○王子瑕奔晉不言出奔周無外○秋七月叔弓如宋葬宋共姬共姬從夫謚也叔弓叔老之子卿共葬事禮過厚三月而葬速。○共音恭注皆同傳亦倣此疏注共姬至過厚。○正義曰公羊傳曰其稱謚何賢也杜以共非夫人之謚故注顯而異之夫謚爲共從夫謚而稱之耳共非夫人之身行也昭三十年傳曰先王之制諸侯之喪士弔大夫送葬則夫人之喪不得過之

也昭三年傳云文襄之霸也君薨大夫弔卿共葬事夫人士弔大夫送葬是法皆不使卿也伯姬魯女以災而死魯人愍之故使卿共葬事禮過厚也○鄭良霄出奔許耆酒荒淫書名罪之。○耆市志反疏注耆酒至罪之。○正義曰據傳子晳伐伯有而伯有非有罪也春秋出奔書名皆是罪之之文故杜跡其罪狀耆酒荒淫故書名也自許入于鄭不言復入獨還無兵。○復扶又反疏注不言至無兵正義曰成十八年傳例曰以惡曰復入謂還而以兵害國爲惡事而入若魚石以楚師伐宋取其彭城欒盈帥曲沃之甲以入于絳如是乃爲惡入也良霄獨還無兵入國始爲惡非是以惡入故不得書復入直言入者自外而入內耳非彼例也成十五年宋華元出奔晉宋華元自晉歸于宋奔之與歸再書名氏此良霄不重書名氏者彼宋再告此鄭一告故連書之鄭人殺良霄○冬十月葬蔡景公無傳○晉人齊人宋人衛人鄭人曹人莒人邾人滕人薛人杞人小邾人會于澶淵宋災故會未有言其事者此言宋災故以惡宋人不克已自責而出會求財○澶市然反字林云丈仙反澶水在宋疏注會未至求財○正義曰案桓二年會于稷以成宋亂則是會言其事而此言會未有言其事義相違者彼言以成宋亂直連言所會之事與桓十五年會于袲伐鄭相似經不明言事之意故今此言宋災故是丁寧之辭不與彼同按傳責諸侯之卿并及宋人杜此注何以唯言惡宋人不克已自責不兼爲諸侯卿者以傳云書曰某人某人宋災故尤之也是宋災之文獨繫向戌稱人故知宋災特惡宋也

傳三十年春王正月楚子使薳罷來聘通嗣君也郟敖即位穆叔問王子之爲政何如王子圍爲令尹○問王子之爲政一本作問王子圍之爲政服虔王肅本同疏傳王子之爲政○正義曰傳無圍字故杜云王子圍爲令尹也服虔云王子楚令尹王子圍也王肅云王子楚令尹圍也對曰吾儕小人食而聽事猶懼不給命而不免於戾焉與知政

國問焉不告穆叔告大夫曰楚令尹將有大事子蕩將與焉子蕩薳罷○儕仕皆反焉與上於虔反下音預下將與與於食同助之匿其情矣子圍素貴郟敖微弱諸侯皆知其將爲亂故穆叔問之○匿女力反○子產相鄭伯以如晉叔向問鄭國之政焉對曰吾得見與否在此歲也駟良方爭未知所成駟氏子晳也良氏伯有也○相息亮反爭爭直之爭下注駟良爭同若有所成吾得見乃可知也叔向曰不既和矣乎對曰伯有侈而愎愎很也○愎彼力反很胡懇反子晳好在人上莫能相下也雖其和也猶相積惡也惡至無日矣爲此年秋良霄出奔傳○好呼報反下遐反○二月癸未晉悼夫人食輿人

之城杞者。輿衆也城杞在往年○食音似輿音餘 絳縣人或年長矣無子而往與於食有與疑年使之年 使言其年○長丁丈反 疏 有與至之年○正義曰有與同食者問此老人之年不告以實疑其年也使之年者更使言其真年也 曰臣小人也不知紀年臣生之歲正月甲子朔四百有四十五甲子矣其季於今三之一也 所稱正月謂夏正月也三分六甲之一得甲子甲戌盡癸未○夏戶雅反 吏走問諸朝 皆不知故問之○吏走一本作使走如字速疾之意也一曰走使之人也服虔王肅本作吏云吏不知厤者 疏 吏走問諸朝○正義曰俗本吏作使服虔云吏不知厤數故走問於卿大夫王肅云吏不知厤也 師曠曰魯叔仲惠伯會郤成子于承匡之歲也 在文十一年 疏 師曠至歲也○正義曰劉炫云傳之敘事自可以魯爲主若載人語則當如其本言此師曠晉人自道晉事當云郤成子會魯叔仲惠伯所以云叔仲惠伯會郤成子于承匡之歲者上明意在以魯爲主遂使此言反耳上明尚不免於此況後解說者乎今知非者凡魯史所記云公卿會某侯者皆據公卿往會他若他來會我則以他爲文若衞侯會公于沓鄭伯會公于棐是也今郤成子在承匡魯往會之以晉爲主晉人之言正是其宜劉炫以爲晉人不當稱叔仲惠伯會郤成子以爲上明之誤恐非也 是歲也狄伐魯叔孫莊叔於是乎敗狄于鹹獲長狄僑如及虺也豹也而皆以名其子七十三年矣 叔孫僑如叔孫豹皆取長狄名○鹹音咸僑其驕反虺虛鬼反 疏 是歲至年矣○正義曰敗狄于鹹事在彼歲未必其年頓生三子當是欲表其功雖在後生子追以前事名之 史趙曰亥有二首六身 史趙晉大史亥字二畫在上併三六爲身如算之六○畫音獲下同 下二如身是其日數也 下亥上二畫豎置身旁 疏 史趙至數也○正義曰二畫爲首六畫爲身下首之二畫豎之使如其身旁則是生來日數也因亥

畫似算位故假之以爲言其本作亥字不爲此也案字書古之亥字體殊不然蓋春秋之時亥字有二六之體異於古制其說文是小篆之書又異於此說文云亥荄也十月微陽起接盛陰從二二古文上字一人男一人女也從乙象懷子咳咳之形也 士文伯曰然則二萬六千六百有六旬也 疏 士文至旬也○正義曰文十一年至此年爲七十四年而上云七十三年案文十一年正月甲子朔爲夏之正月是其年三月也此年之二月癸未是夏之十二月計爲七十三年猶尚年未終也假作全年算之置七十三年以全日三百六十五日乘之已得二萬六千六百四十五日也每年有四分日之一是四年而成一日以四除七十三年又得十八日并全日爲二萬六千六百六十三日計終此十二月盡有二萬六千六百六十三日四分日之一今除去三日四分日之一整取六旬合當十二月二十七日今杜長厤云二十三日癸未是少四日所以不與常厤同者盡杜爲長厤約準春秋日月以爲長厤與常厤不同故置閏遠近不定蓋七十三年之內於常厤校四个大月而剩用四日故癸未爲二十三日若依常厤是二十七日也劉炫云所以少三日者文十一年非首章年其間閏有前卻故長厤此月辛酉朔二十三日得癸未來月庚寅朔計至朔長二日長厤去年閏八月由閏近故也 趙孟問其縣大夫則其屬也 武屬趙 疏 趙孟至屬也○正義曰諸是守邑之長公邑稱大夫私邑則稱宰此言問其縣大夫問絳縣之大夫也絳非趙武私邑而云則其屬者蓋諸是公邑國卿分掌之而此邑屬趙武也 召之而謝過焉曰武不才任君之大事以晉國之多虞不能由吾子 由用也 使吾子辱在泥塗久矣武之罪也敢謝不才遂仕之使助爲政辭以老與之田使爲君復陶 復陶主衣服之官○復音服 疏 注復陶至之官○正義曰昭十二年傳說楚子出獵云皮冠秦復陶翠被豹舄執鞭以出復陶之文在冠屨之間知復陶是衣也此言君復陶知是主君衣服之官也衣服之名復陶其義未聞 以爲絳縣師 縣師掌地域辨其夫家人民 疏 以爲絳縣師○正義曰既使爲主衣服之官又以爲絳邑之縣師也周禮縣師上士二人

其職掌邦國都鄙稍甸郊里之地域而辨其夫家人民田萊之數及其六畜車輦之稽凡造都邑量其地而制其域以歲時徵野之賦貢天子之縣師掌此諸事則諸侯之縣師亦當然故杜略引周禮以解之據如周禮則縣師是王朝之官而此言絳縣師者絳是晉國所都之邑蓋以居在絳邑故繫絳以言之而廢其輿尉以役孤老故【疏】而廢其輿尉○正義曰服虔云輿尉軍尉主發衆使民於時趙武將中軍若是軍尉當是中軍尉也○注以役孤老故○正義曰知者上云無子是孤年七十三是老也於是魯使者在晉歸以語諸大夫季武子曰晉未可媮也媮薄也○使所吏反語魚據反媮它侯反有趙孟以爲大夫有伯瑕以爲佐伯瑕士文伯有史趙師曠而咨度焉有叔向女齊以師保其君其朝多君子其庸可媮乎勉事之而後可傳言晉所以強不失諸侯且明歷也○度待洛反○夏四月己亥鄭

伯及其大夫盟駟良爭故君子是以知鄭難之不已也鄭伯微弱不能制其臣下君臣詛盟故曰亂未已○難乃旦反詛側慮反○蔡景侯爲大子般娶于楚通焉大子弑景侯終子產言有子禍也○爲于僞反娶七住反○初王儋季卒儋季周靈王弟○儋丁甘反其子括將見王而歎括除服見靈王入朝而歎○括古活反見賢遍反注同單公子愆期爲靈王御士過諸廷愆期行過王廷○單音善愆起虔反下同廷音庭注同聞其歎而言曰烏乎必有此夫欲有此朝廷之權○烏乎本又作嗚呼音同夫音扶入以告王且曰必殺之不慼而願大視躁而足高心在他矣不殺必害王曰童子何知及靈王崩儋括欲立王子佞夫佞夫靈王子景王弟○躁早報反佞夫弗知戊子儋括圍蔿逐成愆成愆蔿邑大夫○蔿于委反成愆奔平畤平畤周邑○畤音止又音市本或作疇五月癸巳尹言多劉毅單蔑甘過鞏成殺佞夫五子周大夫○過音戈鞏力男反括瑕廖奔晉括廖不書賤也○廖力彫反一音勑留反書曰天王殺其弟佞夫罪在王也佞夫不知故經書在宋災下從赴○或叫于宋大廟叫呼也○叫古弔反大廟音泰一本無大字呼火故反曰譆譆出出譆譆熱也出出戒伯姬○譆許其反出如字鄭注周禮引此作詘詘劉昌宗亦音出鳥鳴于亳社殷社○亳步各反【疏】鳥鳴于亳社○正義曰哀四年亳社災穀梁傳曰亳社者亳之社也亳亡國也亡國之社以爲廟屏戒也然則此亳社是殷社也殷都於亳武王伐紂而頒其社於諸侯以爲亡國之戒此鳥鳴于魯國之亳社也服虔云殷宋之祖也故鳴其社伯姬魯女欲使魯往悟伯姬也如曰譆譆皆火

妖也甲午宋大災宋伯姬卒待姆也姆女師○姆徐音茂字林音亡又反一音母【疏】宋大災○正義曰莊二十年齊大災杜云來告以大故書此不書大告者不言大也服虔云不書大非災火及人伯姬坐而待之耳然則昭十八年衛宋陳鄭災災皆及人何以不言大也○注姆女師○正義曰鄭玄昏禮注云姆婦人年五十無子出而不復嫁能以婦道教人者若今時乳母矣何休云選老大夫妻爲姆也大夫之妻當在夫室安得從女而嫁也若言既爲夫人選大夫之妻爲之則禮言女未嫁而有姆非至夫家始選也君子謂宋共姬女而不婦女待人待人而行婦義事也義從宜也伯姬時年六十左右【疏】注義從至左右○正義曰義者宜也從宜宜辟火也成九年伯姬歸于宋至此四十年故爲六十左右也○六月鄭子產如陳莅盟歸復命告大夫曰陳亡國也不可與也不可與結好○好呼報反聚禾粟繕城郭恃此二者而不撫其民其

君弱植公子侈大子卑大夫敖政多門政不由一人○繕上戰反植徐直吏反一音時力反敖五報反本亦作傲服本作放云淫放也〔疏〕其君弱植○正義曰周禮謂草木爲植物植爲樹立君志弱不樹立也○大夫敖○正義曰言大夫驕敖也服虔云言大夫淫放則服本爲大夫放矣故今俗本多爲放字以介於大國介間也○介音界能無亡乎不過十年矣爲昭八年楚滅陳傳○秋七月叔弓如宋葬共姬也傷伯姬之遇災故使卿共葬○共音泰○鄭伯有耆酒爲窟室窟室地室○耆市志反窟口忽反而夜飲酒擊鍾焉朝至未已朝者曰公焉在家臣故謂伯有爲公○焉於虔反其人曰吾公在壑谷壑谷窟室○壑呼洛反皆自朝布路而罷布路分散○罷皮買反徐扶彼反既而朝伯有朝鄭君則又將使子皙如楚歸而飲酒

庚子子皙以駟氏之甲伐而焚之伯有奔雍梁雍梁鄭地○雍於用反醒而後知之遂奔許大夫聚謀子皮曰仲虺之志仲虺湯左相○醒星頂反相息亮反云亂者取之亡者侮之推亡固存國之利也罕駟豐同生罕子皮駟子皙豐公孫段也三家本同母兄弟○侮亡甫反伯有汰侈故不免三家同出而伯有孤特又汰侈所以亡○汰音泰人謂子產就直助彊時謂子皙直三家彊子產曰豈爲我徒徒黨也言不以駟良爲黨國之禍難誰知所儆或主彊直難乃不生言能彊能直則可弭難今三家未能伯有方爭○難乃旦反下及注同弭彌氏反爭爭鬬之爭姑成吾所欲以無所附著爲所○著直略反辛丑子產斂伯有氏之死者而殯之不及謀

而遂行不與於國謀○斂力豔反下同不與音預下文不與同印段從之義子產子皮止之衆曰人不我順何止焉子皮曰夫子禮於死者況生者乎遂自止之壬寅子產入癸卯子石入子石印段皆受盟于子皙氏乙巳鄭伯及其大夫盟于大宮大宮祖廟盟國人于師之梁之外師之梁鄭城門伯有聞鄭人之盟己也怒聞子皮之甲不與攻己也喜曰子皮與我矣癸丑晨自墓門之瀆入墓門鄭城門○瀆徐音豆因馬師頡介于襄庫以伐舊北門馬師頡子羽孫○頡戶結反介音界下文同駟帶率國人以伐之駟帶子西之子子皙之宗主皆召子產

駟氏伯有俱召子產曰兄弟而及此吾從天所與兄弟恩等故無所偏助伯有死於羊肆羊肆市列子產襚之枕之股而哭之斂而殯諸伯有之臣在市側者既而葬諸斗城斗城鄭地名○襚音遂枕之鴆反股音古子駟氏欲攻子產子皮怒之曰禮國之幹也殺有禮禍莫大焉乃止斂葬伯有爲有禮於是游吉如晉還聞難不入懼禍并及○難乃旦反復命于介八月甲子奔晉駟帶追之及酸棗與子上盟用兩珪質于河子上駟帶也沈珪於河爲信也酸棗陳留縣○與子上用兩珪質于河質如字一音致一本作與子上絶句用兩珪質于河別爲一句也沈音鴆又如字使公孫肸入盟大夫己巳復歸游吉歸也○肸

許乙反書曰鄭人殺良霄不稱大夫言自外入也旣出位絶非復鄭大夫。復扶又反於子蟜之卒也子蟜公孫蠆卒在十九年。蟜居表反將葬公孫揮與裨竈晨會事焉會葬事。揮許韋反過伯有氏其門上生莠子羽曰其莠猶在乎子羽公孫揮以莠喻伯有伯有侈知其不能久存。莠羊九反草也於是歲在降婁降婁旦而中降婁奎婁也周七月今五月降婁中而天明。降戶江反下及注同奎吉圭反疏注降婁至天明。正義曰降婁奎婁釋天文也孫炎曰降下也奎爲溝瀆故稱降也杜以周七月今五月降婁中而天明劉炫以爲五月降婁未中而規杜失今知非者以二月諸星復位合昏奎婁在戌以衡反之平旦在辰又三月日體在胃平旦之時奎婁在胃昴之前亦當在辰旣三月平旦在辰則四月在巳五月在午月令旦危中者據夜有長短及星度有廣狹是細計之數杜據大暑而言故與月令不同劉以月令之文而規杜氏非也裨竈指之曰猶

可以終歲指降婁也歲星十二年而一終歲不及此次也已不及降婁及其亡也歲在娵訾之口娵訾營室東壁二十八年歲星淫在玄枵今三十年在娵訾是歲星停在玄枵二年。娵子須反訾子斯反壁音璧枵許驕反疏注娵訾至二年。正義曰釋天云娵觜之口營室東壁也李巡曰娵觜玄武宿也營室東壁北方宿名孫炎曰娵觜之歎則口開方營室東壁四方似口故因名云十二次子爲玄枵亥爲娵訾二十八年傳稱歲在星紀而淫於玄枵二十八年巳在玄枵今三十年始在娵訾三年始移一次是歲星住在玄枵二年也其明年乃及降婁僕展從伯有與之皆死僕展鄭大夫伯有黨羽頡出奔晉爲任大夫羽頡馬師頡任晉縣今屬廣平郡。任音任雞澤之會在三年鄭樂成奔楚遂適晉羽頡因之與之比而事趙文子言伐鄭之說焉以宋之盟故不可宋盟約弭兵故。比毗志反

子皮以公孫鉏爲馬師鉏子罕之子代羽頡。鉏仕居反〇楚公子圍殺大司馬蔿掩而取其室蔿掩二十五年爲大司馬申無宇曰王子必不免無宇芋尹。芋干付反善人國之主也王子相楚國將善是封殖而虐之是禍國也且司馬令尹之偏偏佐也。相息亮反下善相之同而王之四體也俱股肱也絶民之主去身之偏艾王之體以禍其國無不祥大焉何以得免爲昭十三年楚弑靈王傳。去起呂反艾魚廢反〇爲宋災故諸侯之大夫會以謀歸宋財冬十月叔孫豹會晉趙武齊公孫蠆宋向戌衛北宫佗佗北宫之子。佗徒河反鄭罕虎虎子皮及小

邾之大夫會于澶淵旣而無歸於宋故不書其人君子曰信其不可不愼乎澶淵之會卿不書不信也夫諸侯之上卿會而不信寵名皆弃不信之不可也如是寵謂族也。不信也夫音扶一讀以夫爲下句首。詩曰文王陟降在帝左右信之謂也詩大雅言文王所以能上接天下接人動順帝者唯以信又曰淑愼爾止無載爾僞不信之謂也逸詩也言當善愼舉止無載行詐僞書曰某人某人會于澶淵宋災故尤之也傳云旣而無歸所以釋諸侯大夫之不書也又云宋災故尤之所以釋向戌之并貶也戌爲正卿深致火災燒殺其夫人未閔克己之意而以求財合諸侯故與不歸財者同文疏注傳云至同文。正義曰諸侯不歸宋財諸國大夫合貶耳向戌不合貶也而向戌亦貶稱人故傳明經所由杜又釋傳

之意傳云既而無歸者是釋上傳之文故不書其人是也經又別言宋災故者此一句見向戌之并貶釋此傳書曰某人某人之文也向戌若不求財當顯書名氏今貶稱某人與諸國某人同故云所以釋向戌之并貶與不歸財者同文也

不書魯大夫諱之也向戌既以災求財諸大夫許而不歸客主皆貶君子以尊尊之義也君親有隱故畧不書魯大夫以示例○鄭子皮授子產政伯有死子皮知政以子產賢故讓之辭曰國小而偪偪近大國。偪彼力反近附近之近族大寵多不可爲也爲猶治也子皮曰虎帥以聽誰敢犯子子善相之國無小言在治政。治直吏反小能事大國乃寬爲大所恤故也子產爲政有事伯石賂與之邑伯石公孫段有事欲使之子大叔曰國皆其國也奚獨賂焉言鄭大夫共憂鄭國事何爲獨賂之子產曰無欲實難言人不能無欲皆得其欲以從其事而要其成非我有成其在人乎言成猶在我非在他也。○要一遥反下注同何愛於邑邑將焉往言猶在國。○焉於虔反子大叔曰若四國何恐爲四鄰所笑子產曰非相違也而相從也言賂以邑欲爲和順四國何尤焉鄭書有之鄭國史書曰安定國家必大焉先先和大族而後國家安。○必大焉先並如字姑先安大以待其所歸要其成也既伯石懼而歸邑卒與之卒終也伯有既死使大史命伯石爲卿辭大史退則請命焉請大史更命已復命之又辭如是三乃受策入拜子產是以惡其爲人也惡其虛飾。○復扶又反三息暫反又如字策初革反惡烏路反注同使次已位畏其作亂

故寵之子產使都鄙有章國都及邊鄙車服尊卑各有分部。○分扶運反上下有服公卿大夫服不相踰田有封洫封疆也洫溝也。○洫況域反疆居良反廬井有伍廬舍也九夫爲井使五家相保大人之忠儉者謂卿大夫。○大人之忠儉者本或作大夫者非從而與之泰侈者因而斃之因其罪而斃踣之。○踣蒲比反豐卷將祭請田焉弗許田獵也。○卷眷勉反徐居阮反曰唯君用鮮鮮野獸眾給而已眾臣祭以芻豢爲足。○芻初俱反豢音患牛羊曰芻犬豕曰豢子張怒子張豐卷退而徵役召兵欲攻子產子產奔晉子皮止之而逐豐卷豐卷奔晉子產請其田里請於公不役人三年而復之反其田里及其入焉田里所收入從政一年輿人誦之曰取我衣冠而褚之褚畜也奢侈者畏法故畜藏。○褚張呂反畜勑六反又許六反本又作稸同取我田疇並畔爲疇。○並蒲杏反又蒲頂反而伍之孰殺子產吾其與之及三年又誦之曰我有子弟子產誨之我有田疇子產殖之殖生也。○殖時力反徐是吏反此協下韻子產而死誰其嗣之嗣續也傳言鄭所以興

經三十有一年春王正月○夏六月辛巳公薨于楚宮公不居先君之路寢而安所樂失其所也。○樂音洛一音岳又一音五教反○秋九月癸巳子野卒不書葬未成君○己亥仲孫羯卒○冬十月滕子來會葬諸侯會葬非禮○癸酉葬我君襄公○十有一月莒人弒其君密州不稱弒者主名君無道也。○弒申志反

傳三十一年春王正月穆叔至自會澶淵會還見孟孝伯語之曰趙孟將死矣其語偷不似民主偷苟且。語之魚據反下吾語諸同偷他侯反且年未盈五十而諄諄焉如八九十者弗能久矣成二年戰於鞌趙朔已死於是趙文子始生至襄三十年會澶淵蓋年四十七八故言未盈五十。諄徐之閏反或一音之純反若趙孟死爲政者其韓子乎韓子韓起吾子盍與季孫言之可以樹善君子也言韓起有君子之德今方知政可素往立善。盍戶獵反晉君將失政矣若不樹焉使早備魯使韓子早爲魯備既而政在大夫韓子懦弱大夫多貪求欲無厭齊楚未足與也魯其懼哉孝伯曰人生幾何誰能無偷朝不及夕將安用樹穆叔出而告人曰孟孫將死矣吾語諸趙孟之偷也而又甚焉言朝不及夕偷之甚也。懦乃亂反厭於鹽反人生幾何居豈反本或作民生无幾何朝如字注同又與季孫語晉故如與孟孫言季孫不從及趙文子卒在昭元年晉公室卑政在侈家韓宣子爲政不能圖諸侯魯不堪晉求讒慝弘多是以有平丘之會平丘會在昭十三年晉人執季孫意如。慝他得反○齊子尾害閭丘嬰欲殺之使帥師以伐陽州陽州魯地我問師故魯以師往問齊何故伐我夏五月子尾殺閭丘嬰以說于我師言伐魯者嬰所爲也伐陽州不書不成伐。說如字工僂灑渻竈孔虺賈寅出奔莒

四子嬰之黨。僂力侯反灑所蟹反舊所綺反渻生領反徐本作省所幸反一音息井反一音銷虺許鬼反出羣公子爲昭十年欒高之難復羣公子起本。難乃旦反○公作楚宮適楚好其宮歸而作之。好呼報反穆叔曰大誓云民之所欲天必從之今尚書大誓亦無此文故諸儒疑之。大音泰本亦作泰〔疏〕注今尚至疑之。正義曰今尚書大誓謂漢魏諸儒馬融鄭玄王肅等所注者也自秦焚詩書漢初求之尚書唯得二十八篇故大常孔臧與孔安國書云尚書二十八篇前杜以爲放二十八宿都不知尚書有百篇也在後又得僞大誓一篇通爲二十九篇漢魏以來未立於學官馬融尚書傳序云大誓後得案其文似若淺露又春秋引大誓曰民之所欲天必從之國語引大誓曰朕夢協朕卜襲于休祥戎商必克孟子引大誓曰我武惟揚侵于之疆則取于凶殘我伐用張于湯有光孫卿引大誓曰獨夫紂禮記引大誓曰予克紂非予武惟朕文考無罪紂克予非朕文考有罪惟予小子無良今之大誓皆無此言吾見書傳多矣所引大誓而不在大誓者甚衆不復悉記畧舉五事以明之亦可知已王肅亦云大誓近非本經是諸儒疑之也杜氏在晉之初亦未見眞本及江東晉元帝時其豫章内史梅賾始獻孔安國所注古文尚書其内有泰誓三篇記傳所引大誓其文悉皆有之君欲楚也夫故作其宮若不復適楚必死是宮也六月辛巳公薨于楚宮叔仲帶竊其拱璧拱璧公大璧。夫音扶復扶又反拱九勇反以與御人納諸其懷而從取之由是得罪得罪諸魯人薄之故子孫不得志於魯立胡女敬歸之子子野胡歸姓之國敬歸襄公妾次于季氏秋九月癸巳卒毀也過哀毀瘠以致滅性。瘠在亦反○己亥孟孝伯卒終穆叔言立敬歸之娣齊歸之子公子裯齊謚裯昭公名。娣大計反齊歸如字注同裯直由反穆叔不欲曰大子死有母弟則立之無則長立立庶子則以年。長丁丈反年鈞擇賢義鈞則卜古

之道也先人事後卜筮也義鈞謂賢等非適嗣何必娣之子言子野非適嗣。適丁歷反且是人也居喪而不哀在慼而有嘉容是謂不度不度之人鮮不爲患若果立之必爲季氏憂武子不聽卒立之比及葬三易衰衰衽如故衰言其嬉戲無度。鮮息淺反比及必利反一本無及字三如字又息暫反衰本又作縗亦作榱同七雷反下同衽而甚反徐而鴆反裳下也嬉許其反【疏】衽。正義曰喪服注云衽爲兩燕尾凡用布三尺五寸上正一尺兩燕尾衰褏裁二尺五寸下廣四寸綴於身旁所以掩裳際也於是昭公十九年矣猶有童心君子是以知其不能終也爲昭二十五年公孫於齊傳○冬十月滕成公來會葬惰而多涕惰不敬也。惰徒卧反涕他禮反子服惠伯曰滕君將死矣怠於其位而哀已甚兆於死所矣有死兆能無從乎爲昭三年滕子卒傳○癸酉葬襄公公薨之月子產相鄭伯以如晉晉侯以我喪故未之見也子產使盡壞其館之垣而納車馬焉士文伯讓之曰敝邑以政刑之不脩寇盜充斥充滿斥見言其多。無相息亮反盡子忍反壞音怪下皆同館古亂反字從食字林云容舍也旁作舍非垣音袁牆也斥見賢遍反若諸侯之屬辱在寡君者何是以令吏人完客所館館舍也。令力呈反下注同完音丸高其閈閎閎門也。閈戶旦反說文云閭也汝南平輿縣里門曰閈沈云閉也閎獲耕反杜云門也爾雅云衖門謂之閎是也爾雅又云所以止扉謂之閎然爾雅本止扉之名或作閣字讀者因改左傳皆作各音案下文云門不容車此云高其閈閎俱謂門耳於義自通無爲穿鑿

【疏】高其閈閎。正義曰說文云閈門也汝南平輿里門曰閈。釋宮云衖門謂之閎李巡曰衖頭門也然則閈閎皆門名言高爲其門耳厚其牆垣以無憂客使。無令客使憂寇盜。使所吏反注同今吾子壞之雖從者能戒其若異客何以敝邑之爲盟主繕完葺牆葺覆也。從才用反下賓從同葺侵入反徐音集一音子入反謂以草覆牆【疏】繕完葺牆。正義曰周禮匠人有葺屋茨屋茨屋以茨覆葺屋以草覆此云葺牆謂草覆牆也以待賓客若皆毀之其何以共命寡君使匄請命請問毀垣之命。共音恭匄本作丐古害反士文伯名也今傳本皆作匄字或作丐字釋例亦然解者云士伯是范氏之族不應與范宣子同名作丐是也案士文伯字伯瑕又春秋時人名字皆相配楚令尹陽丐字子瑕即與文伯名字正同又鄭有駟乞字子瑕匄與乞義同則作匄者是又案魯有仲嬰齊是莊公之孫又有公孫嬰齊是文公之孫仲嬰齊於公孫嬰齊爲從祖同時同名鄭有公孫段字子石又云伯石印段字伯石傳又謂之二子石然印段即公孫段從父兄弟之子尚同名字伯瑕與宣子何嫌同乎【疏】寡君使匄。正義曰匄士文伯名也晉宋古本及釋例皆作丐俗本作匄此士文伯是范氏之別族不宜與范宣子同名今定本作匄恐非對曰以敝邑褊小介於大國介間也誅求無時誅責也是以不敢寧居悉索敝賦以來會時事隨時來朝會。索所白反一音悉各反逢執事之不間而未得見又不獲聞命未知見時不敢輸幣亦不敢暴露其輸之則君之府實也非薦陳之不敢輸也薦陳猶獻見也。間音閑見賢遍反下及注同暴步卜反下同其暴露之則恐燥濕之不時而朽蠹以重敝邑之罪僑聞文公之爲盟主也僑子產名文公晉重耳。燥素早反蠹丁故反蠹敗也以重直用反下重罪同僑其驕反重耳直龍反宮室卑

庫無觀臺榭以崇大諸侯之館館如公寢庫廄繕脩司空以時平易道路易治也。庫音婢亦音卑觀古亂反榭音謝本亦作謝土高曰臺有木曰榭廄九又反易以豉反注同〔疏〕無觀臺榭。正義曰釋宮云四方而高曰臺有木者謂之榭李巡曰臺上有屋謂之榭然則臺榭皆高可升之以觀望言無觀望之臺榭也。館如宮寢。正義曰言往前文公之客館如今日晉君之路寢也圬人以時塓館公室圬人塗者塓塗也。圬本作污同音烏塓莫歷反〔疏〕圬人至宮室。正義曰釋宮云鏝謂之杇李巡曰鏝一名杇塗工作具也郭璞云泥鏝也然則圬是塗之所用因謂泥牆屋之人爲圬人塓亦泥也使此泥屋之人以時泥塗客館之宮室也諸侯賓至甸設庭燎庭燎設火於庭。甸徒遍反燎力妙反徐力遙反一音力弔反庭燎大燭〔疏〕庭燎。正義曰郊特牲云庭燎之百由齊桓公始也鄭玄云僭天子也庭燎之差公蓋五十侯伯子男皆三十僕人巡宮巡宮行夜。行下孟反下巡行同車馬有所有所處賓從有代代客役巾車脂轄巾車主車之官。巾車如字劉昌宗周禮音居覲反轄戶瞎反隸人牧圉各瞻其事瞻視客所當得。瞻之廉反百官之屬各展其物展陳也謂羣官各陳其物以待賓公不留賓而亦無廢事賓得速去則事不廢憂樂同之事則巡之巡行也。樂音洛教其不知而恤其不足賓至如歸無寧菑患言見遇如此寧當復有菑患邪無寧寧也。菑音災復扶又反不畏寇盜而亦不患燥溼今銅鞮之宮數里銅鞮晉離宮。鞮丁兮反數所主反而諸侯舍於隸人舍如隸人舍門不容車而不可踰越門庭之內迫迮又有牆垣之限。迮側百反〔疏〕注門庭之內迫迮。正義曰知非館門卑小不得容車而云門庭之內迫迮者以傳稱舍於隸人明院宇迮小也盜賊公行而天厲不戒厲猶災也言水潦無時。潦音老。賓見無時命不可知若又勿壞是無所藏幣以重罪也敢請執事將何以命之問晉命己所止之宜。見賢遍反雖君之有魯喪亦敝邑之憂也言鄭與魯亦有同姓之憂若獲薦幣薦進也脩垣而行行去也君之惠也敢憚勤勞文伯復命反命於晉君趙文子曰信信如子產言我實不德而以隸人之垣以贏諸侯贏受也。贏音盈〔疏〕注贏受也。正義曰賈服王杜皆讀爲盈盈是滿也故皆訓爲受是吾罪也使士文伯謝不敏焉晉侯見鄭伯有加禮禮加敬厚其宴好而歸之乃築諸侯之館叔向曰辭之不可以已也如是夫子產有辭諸侯賴之若之何其釋辭也詩曰辭之輯矣民之協矣辭之繹矣民之莫矣詩大雅言辭輯睦則民協同辭說繹則民安定莫猶定也。好呼報反如是夫音扶讀者亦以夫爲下句首輯音集又七入反繹本又作懌音亦說音悅其知之矣謂詩人知辭之有益○鄭子皮使印段如楚以適晉告禮也得事大國之禮○莒犂比公生去疾及展輿犂比莒子密州之號。犂力私反或音力兮反比音毗去起呂反輿音餘本又作與音同既立展輿立以爲世子又廢之犂比公虐國人患之十一月展輿因國人以攻莒子弒之乃立展輿立爲君。弒之乃立弒音試本或作乃自立者誤去疾奔齊齊出也母齊女也展輿吳出也爲明年奔吳傳書曰莒人弒其君買朱鉏買朱鉏密州之字。鉏仕居反言罪之在也罪在鉏也。傳始例申明君臣書弒，今者父子，故復重明例。復扶又反，重直用反○吴子使屈狐庸聘于晉，狐庸，巫臣之子也，成十年適吴爲行人。屈君勿反，狐音胡通路也。通吴晉之路趙文子問焉，曰：「延州來季子其果立乎？」延州來，季札邑。疏延州來季札邑。○正義曰：釋例土地名延州來闕，不知其處，則杜謂延州來三字共爲一邑。服虔云：「延，延陵也。州來，邑名。季子讓王位，升延陵爲大夫，食邑州來。傳家通言之。」案傳文謂之延陵季子，則是延陵與州來必不得爲一，但不知何以呼爲延陵耳。或延陵亦是邑名，蓋並食二邑，故連言之。巢隕諸樊，在二十五年。○隕于敏反闔戕戴吴，在二十五年。戴吴，餘祭。○闔音昏，戕在良反，祭側界反天似啓之，何如？」對曰：「不立。是二王之命也，非啓季子也。若天所啓，其在今嗣君乎！嗣君謂夷昧甚德而度，德不失民，民歸德度不失

事，審事情民親而事有序，其天所啓也。有吴國者，必此君之子孫實終之。季子，守節者也，雖有國不立。」言其三兄雖欲傳國與之，終不肯立。○傳直專反○十二月，北宮文子相衛襄公以如楚，文子，北宮佗。襄公，獻公子。○相息亮反宋之盟故也。晉楚之從交相見也過鄭，印段迋勞于棐林，如聘禮而以勞辭。用聘禮而用郊勞之辭。○過五禾反，迋于況反，勞力報反，下及注同，棐芳尾反，本又作斐文子入聘。報印段子羽爲行人，馮簡子與子大叔逆客。逆文子事畢而出，言於衛侯曰：「鄭有禮，其數世之福也，其無大國之討乎！詩云：『誰能執熱，逝不以濯。』詩大雅。濯以水濯手。○數所主反，濯直角反禮之於政，

如熱之有濯也。濯以救熱，何患之有？」此以上文子辭。○上時掌反子産之從政也，擇能而使之。馮簡子能斷大事，子大叔美秀而文，其貌美，其才秀。○斷丁亂反，下同公孫揮能知四國之爲，知諸侯所欲爲而辨於其大夫之族姓、班位、貴賤、能否，而又善爲辭令。裨諶能謀，謀於野則獲，得所謀也。○裨婢支反，諶布林反謀於邑則否。此才性之敝鄭國將有諸侯之事，子産乃問四國之爲於子羽，且使多爲辭令；與裨諶乘以適野，使謀可否；而告馮簡子使斷之；事成，乃授子大叔使行之，以應對賓客。是以鮮有敗

事。北宮文子所謂有禮也。傳跡子産行事，以明北宮文子之言。○乘繩證反，鮮息淺反○鄭人游于鄉校，鄉之學校。○校戶孝反，下同。鄭國謂學爲校以論執政。論其得失然明謂子産曰：「毀鄉校，何如？」患人於中謗議國政。○謗布浪反疏鄉校。○正義曰：詩序云「子衿，刺學校廢」，是校爲學之別名。子産曰：「何爲？夫人朝夕退而游焉，以議執政之善否。其所善者，吾則行之；其所惡者，吾則改之。是吾師也，若之何毀之？我聞忠善以損怨，爲忠善則怨謗息。○夫音扶，下并注同。朝直遥反。惡烏路反，又如字不聞作威以防怨。欲毀鄉校即作威豈不遽止？然猶防川。遽，畏懼也。○遽其據反大決所犯，傷人必多，吾不克救也。不如小決使道，道，通也。○道音

導注同。不如吾聞而藥之也（以爲己藥石）。【疏】不如至之也○正義曰：言不如不毀鄉校，使人游處其中，聞謗我之政者而即改焉，以爲我之藥石也。然明曰：蔑也今而後知吾子之信可事也，小人實不才。若果行此，其鄭國實賴之，豈唯二三臣？仲尼聞是語也，曰：以是觀之，人謂子産不仁，吾不信也。（仲尼以二十二年生，於是十歲，長而後聞之。○長，丁丈反。）【疏】注仲尼至聞之○正義曰：公羊傳於二十一年下云「十有一月庚子孔子生」，穀梁傳於二十一年十月之下云「庚子孔子生」。二十一年，賈逵注經云：此言仲尼生，哀十六年夏四月己丑卒，七十三年。昭二十四年服虔載賈逵語云：是歲孟僖子卒，屬其子使事仲尼，仲尼時年三十五。定以孔子爲襄二十一年生也。孔子世家云：魯襄公二十二年而孔子生，年七十三，魯哀公十六年夏四月己丑卒。杜此注從史記也。

○子皮欲使尹何爲邑（爲邑大夫）。子産曰：少，未知可否。（尹何年少。○少，詩照反，注同。）子皮曰：愿，吾愛之，不吾叛也（愿，謹善也。○愿音願）。【疏】不吾叛也○正義曰：謂尹何也。劉炫云：叛，違也。欲令子産不於我有違，得使尹何爲邑也。使夫往而學焉，夫亦愈知治矣（夫謂尹何。○治，直吏反，下注之治同）。【疏】夫亦愈知治矣○正義曰：病差謂之愈。言不能之病，愈知治必速也。劉炫云：尹何比未解治邑，以爲已病，今君遣往學治邑之病差，自然以後知治邑矣。子産曰：不可。人之愛人，求利之也。今吾子愛人則以政（以政與之），猶未能操刀而使割也，其傷實多（多自傷。○操，七刀反。其傷實多，一本作其傷多）。子之愛人，傷之而已，其誰敢求愛於子？子於鄭國，棟也。棟折榱崩，僑將厭焉，敢不盡言？子有美錦，不使人學製焉（製，裁也。○棟，丁弄反。榱，所追反，椽也。厭，本又作壓，於甲反，徐於輒反，下同。製音制）。大官、大邑，身之所庇也，而使學者製焉。其爲美錦，不亦多乎？（言官邑之重多於美錦。○所庇，必利反，又音祕。）僑聞學而後入政，未聞以政學者也。若果行此，必有所害。譬如田獵，射御貫則能獲禽（貫，習也。○貫，古患反），若未嘗登車射御，則敗績厭覆是懼，何暇思獲？子皮曰：善哉！虎不敏。吾聞君子務知大者、遠者，小人務知小者、近者。我，小人也。衣服附在吾身，我知而慎之；大官、大邑所以庇身也，我遠而慢之（慢，易也。○覆，芳服反。易，以豉反）。微子之言，吾不知也。他日我曰：子爲鄭國，我爲吾家，以庇焉，其可也。今而後知不足（自知謀慮不足謀其家）。自今請雖吾家，聽子而行。子産曰：人心之不同，如其面焉。吾豈敢謂子面如吾面乎？抑心所謂危，亦以告也。子皮以爲忠，故委政焉。子産是以能爲鄭國（傳言子産之治，乃子皮之力）。

○衛侯在楚，北宮文子見令尹圍之威儀，言於衛侯曰：令尹似君矣，將有他志（言語瞻視，行步不常）。【疏】令尹似君矣○正義曰：言令尹威儀已是國君之容矣。服虔云：言令尹動作以君儀，故云以君矣。服言以君儀者，明年傳云「二執戈者前矣」，是用君儀也。俗本作似君，若云似君，不須言矣。今定本亦作似君，恐非。雖獲其志，不能終也。詩云：靡不有初，鮮克有終。終之實難，令尹其將不免。公曰：子何以知之？對曰詩云敬慎威儀惟民之則令尹無威儀民無則焉民所不則以在民上不可以終公曰善哉何謂威儀對曰有威而可畏謂之威有儀而可象謂之儀君有君之威儀其臣畏而愛之則而象之故能有其國家令聞長世臣有臣之威儀其下畏而愛之故能守其官職保族宜家順是以下皆如是是以上下能相固也衛詩曰威儀棣棣不可選也詩邶風棣棣富而閑也選數也○鮮息淺反令聞音問本亦作問衛詩此邶詩刺衛頃公故曰衛詩棣棣本又作逮直待反選息兖反注同數所主反下文同言君臣上下父子兄弟內外大小皆有威儀也周詩曰朋友攸攝攝以威儀詩大雅攸所也攝佐也言朋友之道必相教訓以威儀也周書數文王之德逸書曰大國畏其力小國懷其德言畏而愛之也詩云不識不知順帝之則言則而象之也大雅又言文王行事無所斟酌唯在則象上天○斟之林反【疏】曰大至其德○正義曰尚書武成篇曰大國以威加小國以德撫故大畏力小懷德也○不識至之也○正義曰不識不知謂不妄斟酌以爲識知唯順天之法則是言則而象之謂文王法則放象上天而行下傳覆此謂天下則象文王不同者謂文王能則象於天故天下亦則象文王也紂囚文王七年諸侯皆從之囚紂於是乎懼而歸之可謂愛之文王伐崇再駕而降爲臣文王聞崇德亂而伐之三旬不降退脩教而復伐之因壘而降○降戶江反復扶又反【疏】紂囚文王七年○正義曰傳言囚文王七年文王必七年爲囚矣尚書無逸云文王受命惟中身厥享國五十年則文王在位歷年多矣未知何時被囚也周本紀稱紂囚西伯於羑里閎夭之徒求美女美寶而獻之紂紂大說乃赦西伯賜之弓矢使之得征伐其下乃云虞芮爭獄俱讓而去諸侯聞之曰西伯受命之君也如馬遷所云虞芮質獄之前被囚也尚書傳稱文王一年質虞芮二年伐邘三年伐密須四年伐犬夷紂乃囚之四友獻寶乃得免於虎口出而伐耆鄭玄尚書注據書傳爲說云紂聞文王斷虞芮之訟後又三伐皆勝始畏而惡之拘於羑里紂得散宜生等獻寶而釋文王文王釋而伐黎以爲囚四年四之五年釋之即如所言被囚不盈一年此傳不得言紂囚文王七年也文王既已改元而又專伐諸國是則反形已露雖紂之愚非寶貨所能釋也馬遷之言當得其實在質虞芮之前囚之故囚之得七年也蠻夷帥服可謂畏之文王之功天下誦而歌舞之可謂則之文王之行至今爲法可謂象之有威儀也故君子在位可畏施舍可愛進退可度周旋可則容止可觀作事可法德行可象聲氣可樂動作有文言語有章以臨其下謂之有威儀也○行下孟反下同樂音洛又音岳

附釋音春秋左傳注疏卷第四十

江西南昌府學栞

春秋左傳注疏卷四十挍勘記　阮元撰盧宣旬摘録

附釋音春秋左傳注疏卷第四十　襄三十年盡三十一年

【經三十年】

天火曰灾　宋本淳熙本纂圖本明翻岳本閩本監本毛本灾作災

共姬從夫謚也　宋本明翻岳本毛本謚作諡非

據傳子晳伐伯有　閩本監本毛本晳誤哲

宋灾故　石經宋本淳熙本纂圖本明翻岳本毛本灾作災石經故下後人增也字非也

杜此注故以唯言惡宋人　宋本監本毛本故作何是也

以傳云書曰某人某人　浦鏜正誤云某人下脫會于澶淵四字山井鼎云某作厶俗字也

【傳三十年】

穆叔問王子之爲政何如　釋文作問王子圍之爲政云一本無圍字案石經此行重刻疑初刊有圍字也

王子之爲政　宋本此節正義在注文故穆叔問之下

子蕩將與焉　石經宋本淳熙本纂圖本明翻岳本閩本監本毛本作蕩此本誤湯今訂正

三月癸未　石經宋本淳熙本明翻岳本足利本三作二不悮

有與疑年　石經有與一行九字初刻有字下有兩字後刊去刻與字

有與至之年　宋本此節正義起至注以役孤老故止揔入勉事之而後可注下

得甲子甲戌　纂圖本閩本監本毛本戌作戊亦非宋本淳熙本明翻岳本作戌是也

吏走問諸朝　釋文作使案正義曰俗本吏作使

魯叔仲惠伯會郤成子于承匡之歲也　石經仲字起承字止此行九字惠伯會郤四字係改刊

晉人之言　宋本之作所

併三六爲身　閩本監本毛本六誤八

然則二萬二千六百有六旬也　淳熙本明翻岳本足利本二千作六千與石經合按正義本同

爲一十四年　宋本閩本監本毛本一作七是也

得二萬六千一百四十五日也　宋本閩本監本毛本一作六不誤

所以少三日者　宋本三作二

辯其夫家人民　淳熙本明翻岳本辯作辨案周禮作辨

田來之數　宋本來作萊不誤閩本監本毛本作畝非也

蓋以居在絳邑　閩本監本毛本居作車非是

其庸可媮乎　纂圖本媮誤偷

蔡景侯爲大子般娶于楚　石經此處刓缺顧炎武云娶誤作聚所據謬刻也釋文于作於

單公子愆期爲靈王御士　石經期誤旗

烏乎必有此夫　石經宋本淳熙本乎作呼釋文作嗚呼云本又作烏乎

不殺必害　石經必下有爲字非也

或叫于宋大廟曰譆譆出出　宋本明翻岳本叫作叫釋文同石經作叫惠棟云叫說文引作訆云大呼也傳遜曰說文云譆痛也案說文誒可惡之辭引傳云誒誒出出从言矣聲譆痛也从言喜聲蓋許意謂左作誒誒即譆譆之假借字也其所見左氏作誒與他家作譆者異耳鄭氏周禮注引作譆譆詘詘釋文云一本無大字

烏鳴于亳社　宋本以下正義四節摠入婦義事也注下

大及人　閩本監本毛本大作火

鄭元昏禮注云　宋本元作云

聚禾粟　石經及諸本作禾此本誤木今訂正

大夫敖　釋文云敖本亦作傲服本作放案正義云言大夫驕敖也服虔云言大夫淫放則服本爲大夫放矣故今俗本多爲放字

其君弱植　宋本以下正義二節摠入能無亡乎節注下

植爲樹立　宋本爲作謂

則又將使子晳如楚　閩本監本晳作皙非也下同

伯有汏侈故不免　石經此處刓鈌宋本淳熙本明翻岳本汏作汰是也注同釋文亦作汰

就直助彊　閩本監本彊作疆非也下及注同

今三家未能伯有方爭　宋本淳熙本纂圖本明翻岳本足利本能下有則字

壬寅子產入　淳熙本入誤人

聞子皮之甲不與攻己也　淳熙本甲誤申

子皮與伐矣　石經宋本淳熙本纂圖本明翻岳本閩本監本毛本伐作我是也

駟帶追之　石經駟作四顧炎武云石經駟誤四是也

注降婁至天阴　宋本以下正義二節摠入子皮以公孫鉏爲馬師注下

而規杜失　毛本失誤矣監本初亦作矣後刊去厶

以衡反之　宋本閩本監本毛本作衡此本誤衜今改正

歲星十二年而一歲　宋本淳熙本纂圖本明翻岳本足利本一歲作一終是也

娵訾營室東壁　宋本淳熙本纂圖本明翻岳本閩本監本毛本壁作壁是也

故因名云　宋本云下有也字

楚公子圍殺大司馬蔿掩而取其室　石經宋本蔿作薳

蔿掩二十五年爲大司馬　宋本蔿作薳

佗北宮之子　纂圖本監本毛本宮下有結字閩本初刻無後擠刊宋本淳熙本明翻岳本足利本結作括是也

又曰淑愼爾止無載爾僞　注云逸詩案陳樹華云又曰二字即承上而言似皆屬大雅之文梁履繩云廿一年傳詩曰優哉游哉聊以卒歲杜云詩小雅正義曰此采菽之篇彼詩云優哉游哉亦是戾矣與此不同者蓋師讀有異是可取以爲證

宋災故尤之也　石經宋災上有爲字按此左氏援引聖經斷不妄增一字石經凡若此等皆唐時濫惡之本名儒所不窺者而板本轉相傳不誤也

戌爲正卿　宋本正作政

而以求才合諸侯　宋本淳熙本纂圖本明翻岳本閩本監本毛本才作財是也下同

注傳云至同文　宋本此節正義在譁之也注下監本云作文非也

諸侯不歸宋才　宋本閩本監本毛本才作財不誤

諸大夫許而不歸　足利本諸下有侯字非

言戚猶在我非在他也　宋本淳熙本無也字

乃受策入拜　石經淳熙本策作筴釋文作筴

使次已位　石經宋本明翻岳本已作己是也

大人之忠儉者　石經初刻夫後改人釋文云本或作大夫者非

因其罪而蹩踣之　宋本淳熙本纂圖本明翻岳本足利本其下有有字是也

請於公不役入　明翻岳本足利本役作没陳樹華云十一年傳云以其役邑入者無征可證閩本監本毛本入作人非也

取我衣冠而褚之　案呂覽樂成篇作貯之元應書引同盧文弨云周禮廛人注賭藏釋文云賭本作貯又作褚

褚畜也　纂圖本畜作蓄釋文作稸云本又作畜同

子產而死誰其嗣之　案呂覽樂成篇而作若李善東都賦注潘安仁關中詩注褚淵碑文注引並作若

經三十一年

莒人殺其君密州　案傳作買朱鉏段玉裁云與密州音相同左傳經自作買朱鉏疑後人以公穀之經易此

傳三十一年

人生幾何　漢書引傳作民生幾何釋文同云本或作民生無幾何案臧琳云陸本與漢志正同當從之本或作無幾何無衍字也

消蠹　諸本作消釋文云徐本作省

大誓云　釋文云大本亦作泰案尚書撰異云大誓與大誥之大同音泰者非據正義引顧彪說則作泰誓尙在彪以前非衛包始改

注今尙至疑之　宋本此節正義在由是得罪注下

戎商必克　閩本監本毛本戎作伐誤也

略舉五事以明之　閩本監本毛本舉改引

大誓近非本經　段玉裁據書正義近下增得字非下增其字

而從取之　石經初刻而從誤倒後改正

胡歸姓之國　淳熙本姓作子

年鈞擇賢義鈞則卜　閩本監本毛本鈞誤均注同

非適嗣　釋文亦作適石經初刻作嫡後改從適纂圖本閩本監本毛本作嫡非也

三易⿴衣衰衰衽如故衰　史記漢書五行志引亦作衰石經初刻並作⿰衤衰後改衰釋文作⿰衤衰云本又作縗亦作衰字按縗正字也衰假借字也⿰衤衰俗字也

衽　宋本此節正義在於是昭公十九年矣注下

公孫於齊傅　閩本監本傅誤傳

子產使盡壞其館之垣　釋文云館字從食字林云客舍也旁或作舍非

高其閈閎　釋文云閎或作閣字案爾雅釋宮郭注引作高其閈閣釋文云云即郭氏所據本也今本爾雅注作閎者乃後人所改

高其閈閎　宋本以下正義九節總入其知之矣注下

閎門也　後漢書馬援傳注引杜氏左傳注閈閭門也此但解閎疑有脫

然則閈閎皆門名　宋本皆下有是字是也

繕完葺牆　李涪刊誤云繕完葺三字於文爲繁當是繕字葺牆以書之峻宇雕牆爲比段玉裁云古三字重疊者時有安可以今人文法繩之下文無觀臺榭豈非三字重疊耶況此篇因壞垣屬辭士文伯誚垣之好不應見毀添設字字則無謂矣

寡君使匄請命　明翻岳本匄作匃釋文作丐正義云晉宋古本及釋例皆作丐俗本作匄此士文伯是范氏之別族不宜與范宣子同名今定本作匄恐非據此則正義本作丐字也

皆作丏　宋本丏字則作丐字按作丏則當彌兖切作匃則古代切而丏則匃之俗體耳

宮室卑庳　纂圖本庳誤痺張載魏都賦注引作埤案說文庳中伏舍从广卑聲一曰屋庳或讀若逋則此當作庳爲正

圬人以時塓館宮室　張載魏都賦注引塓作幂按廣雅作摸而塓摸幂皆說文所無說文祇有塓字

圬人塗塈義出於此釋文圬作汚云本又作圬

由齊相公始也　宋本監本毛本相作桓按作相避諱也

今銅鞮之官數里　纂圖本今誤令鞮誤鍉閩本監本毛本亦誤作鍉注同

而天厲不戒　石經宋本淳熙本纂圖本明翻岳本天厲作天癘毛誼父六經正誤云天癘不戒注疏及臨川本作天地之天興國本監本作夭閼之夭案杜氏注云癘猶災也言氷潦無時據此義則當作天地之天然經有言癘疫夭札則夭癘亦不爲非陸粲附注云夭厲者夭之厲氣猶周官司救所謂天患陳樹華云毛氏未見石經故不能遽定哀元年傳云天有菑癘更是一證又按凡經典癘疾癘鬼字皆从壯而轉寫傳刻多譌爲厲正之不可勝正

賈服王注　宋本注作杜是也

辭之繹矣　釋文繹本亦作懌案詩作懌俗字

展與立爲君　諸本作與此作興因釋文又作之字而誤改也。今訂正

莒人弒其君買朱鉏　監本鉏誤組注同

成七年適吳爲行人　纂圖本監本毛本七誤十閩本作卜亦非

延州來季札邑　毛本延上有注字宋本此節正義在雖有國不立注下

在二十五年　宋本淳熙本纂圖本明翻岳本足利本五作九是也

嗣君謂夷昧　宋本明翻岳本昧作末字按依宋本作末則作昧之本亦當是左日右末非左日右未也

文子托官佗　毛本佗誤陀

印段廷勞于棐林　釋文棐本又作斐石經此行改刊計九字

此才性之敝　明翻岳本足利本敝作蔽

鄉校　宋本以下正義三節揔入吾不信也注下

夫人朝夕退而游焉　石經初刻脫朝字重刊增入此行計十一字纂圖本游作遊

十有一月庚子　孫志祖云案公羊經上文云十月庚辰朔則庚子爲十月二十一日十一月不得有庚子也釋文庚子孔子生傳文上有十月庚辰此亦十月也據此則古本公羊無十有一月四字有者後人妄增穀梁亦作十月蓋孔子以周之十月夏正八月二十一日生此作十有一月孔沖遠所據本已誤

蜀其子使事仲尼　宋本閩本監本毛本蜀作屬是也

愿吾愛之　石經初刻似作願改刊作愿

不吾叛也　宋本以下正義二節揔入子產是以能爲鄭國注下

猶未能操刀而使割也　纂圖本未誤夫

令尹似君矣　石經宋本淳熙本纂圖本明翻岳本閩本監本毛本作似漢書五行志引傳亦作似正義曰服虔云言令尹動作以君儀故云以君矣俗本作似君矣按此條孔本作似君而正義詳引服注明當作以君極爲明晰

令尹似君矣之下　宋本以下正義四節揔入謂之有威儀也

言令尹動作以君儀故云以君矣　王應麟引亦作以閩本監本毛本誤似

今定本亦作以之恐非　閩本監本毛本之作字宋本作似君恐非是也

令聞長世　釋文聞本亦作問李善魏都賦注景福殿賦注引並作問

威儀棣棣　釋文棣棣本又作逮逮案禮記孔子閒居作威儀逮逮

富而閑也　毛本閑作閒字按閒即嫺字之假借說文嫺雅也按毛傳作棣棣富而閒習也

尙書武成篇曰　宋本曰作也

大本紀　宋本大作厲不誤山井鼎云恐又字誤非也

二年伐邘　宋本毛本邗作邘是也閩本作邪監本作刊

四年伐犬夷　閩本監本毛本犬誤大

附釋音春秋左傳注疏卷第四十　止

春秋左傳注疏卷四十校勘記　止

附釋音春秋左傳注疏卷第四十一 起元年盡元年

杜氏注　孔穎達疏

昭公○陸曰昭公名裯襄公子母齊歸在位二十五年遜于齊在外八年凡三十三年薨于乾侯謚法威儀恭明曰昭 疏 正義曰魯世家昭公名稠襄公之子齊歸所生以周景王四年卽位謚法威儀共明曰昭是歲歲在大梁

經元年春王正月公卽位無傳○叔孫豹會晉趙武楚公子圍齊國弱宋向戌衞齊惡陳公子招蔡公孫歸生鄭罕虎許人曹人于虢招實陳侯母弟不稱弟者義與莊二十五年公子友同今讀舊書則楚當先晉而先書趙武者亦取宋盟貴武之信故尚之也衞在陳蔡上先至於魯○招常遙反虢瓜百反當先悉薦反 疏 注招實至於魯○正義曰八年經書陳侯之弟招故知是陳侯母弟也不稱弟云云莊二十五年注云公子友莊公之母弟稱公子者史策之通言母弟至親異於他臣其相

殺害則稱弟以示義至於嘉好之事兄弟篤睦非例所興或稱弟或稱公子仍舊史之文也八年招殺世子故稱弟以章招罪此奉使以會諸國非義例之所興舊史書爲公子而仲尼因之也公羊傳曰此陳侯之弟招也何以不稱弟貶曷爲貶殺世子偃師貶大夫相殺稱人此其稱名氏以殺何言將自是弑君也然則曷爲不於其弑焉貶以親者弑然後其罪惡甚春秋不待貶絕而罪惡見者不貶絕以見罪惡也貶絕然後罪惡見者貶絕以見罪惡也今招之罪已重矣曷爲復貶乎此著招之有罪也何著乎招之有罪言楚之託乎討招以滅陳也其意言八年楚託討於招以滅陳著招之罪重故於此預貶之先儒或取公羊爲說釋例云頴氏曰臣無竟外之交故去弟以貶季友子招樂憂故去弟以懲過鄭段去弟唯以名通故謂之貶今此二人皆書公子公子者名號之美稱非貶所也是解招不稱弟之意也春秋之初衞在陳上莊十六年幽之盟衞在陳下自爾以來常在陳下莊十六年注云陳國小每盟會皆在衞下齊桓始霸楚亦始彊陳侯介於二大國之間而爲三恪之客故齊桓因而進之遂班在衞上終於春秋是衞之班次常在陳下今衞乃在蔡之上必有其故也襄十年諸侯伐鄭齊世子光序在滕子之上傳曰齊崔杼使大子光先至于師故長於滕是先至有進班之理故謂此爲先至於會故也○三月取鄆不稱將帥將卑師少書取言易也○鄆音運將子匠反下同帥所類反易以豉反 疏 注不稱至易也○正義曰將卑師少例當稱人魯史不得自言魯人直書所爲之事明其有人取之也若將卑師衆則言師取某襄十三年傳例云凡書取言易也故杜以此爲易耳賈逵云楚以伐莒來討故諱伐不諱取劉炫以賈說爲是故又規之云案傳武子伐莒知非將卑師少也稱伐則是非易也杜何得以爲易將卑師少乎今刪定知不然者以諸稱取傳皆以易釋之此取文與彼同故以爲易也若以武子伐而取之則致力難重當以滅爲文與滅項同也案滅項被討不諱滅此亦被討何以諱滅而言取若必有所諱當傳有其事今傳云莒魯爭鄆爲日久矣魯無大罪亦何所諱也傳云武子伐莒者武子爲伐莒之主耳別遣小將而行故不書武子猶如成二年傳言楚子重侵衞經書楚師杜云子重不書不親兵之類是也不書伐者以兵未加鄆鄆人逆服與襄九年傳稱諸侯圍鄭鄭經不書杜云鄭人逆服不成圍相似劉以賈氏之注而規杜氏非也○夏秦伯之弟鍼出奔晉稱弟罪秦伯○鍼其廉反○六月丁巳邾子華卒無傳三同盟 疏 注三同盟

正義曰華以襄十八年卽位十九年盟于祝柯二十年于澶淵二十五年于重丘皆邾魯俱在是三同盟○晉荀吳帥師敗狄于大鹵大鹵大原晉陽縣○大鹵大如字徐音泰鹵音魯穀梁傳云中國曰大原夷狄曰大鹵○秋莒去疾自齊入于莒國逆而立之曰入○去起呂反莒展輿出奔吳弑君賊未會諸侯故不稱爵○莒展輿出奔吳一本莒展出奔吳 疏 注弑君至稱爵○正義曰釋例云諸侯不受先君之命而篡立得與諸侯會者則以成君書之若未得接於諸侯則不稱爵傳曰會于平州以定公位又云先君若有罪則君列諸會矣此以會爲斷也是杜據彼傳之二文知此爲未會諸侯不稱爵○叔弓帥師疆鄆田○春取鄆今正其封疆○疆居良反注同葬邾悼公無傳○冬十有一月己酉楚子麇卒楚以瘧疾赴故不書弑○麇九倫反以瘧音虐書弑申志反或作殺音同 疏 注楚以至書弑○正義曰傳稱縊而弑之而經書卒者襄七年鄭子駟使賊夜弑僖公而以瘧疾赴于諸侯而經書爲卒知此亦以瘧疾赴故不書弑○

公子比出奔晉書名罪之。疏注書名罪之。正義曰：齊崔氏、宋司城無罪書氏，書官，此傳無罪狀，直以不能自固其位耳。出奔又無可善，無可善卽是罪，未必犯大罪也。

傳元年春，楚公子圍聘于鄭，且娶於公孫段氏，伍舉爲介。伍舉，椒舉。介，副也。○娶，七住反。介音界，注同。將入館，就客舍。鄭人惡之，知楚懷詐。○惡，烏路反。使行人子羽與之言，乃館於外。舍城外。既聘，將以衆逆。以兵入逆婦。子産患之，使子羽辭曰："以敝邑褊小，不足以容從者，請墠聽命。"欲於城外除地爲墠，行昏禮。○褊，必淺反，下同。從，才用反。墠音善。令尹命大宰伯州犂對曰："君辱貺寡大夫圍，謂圍：'將使豐氏撫有而室。'豐氏，公孫段。○貺音況。圍布几筵，告於莊、共之廟而來。莊王，圍之祖。共王，圍之父。○几，本亦作機。筵音延。共音恭。疏圍布至而來。正義曰：聘禮，臣奉君命聘於鄰國，猶尚釋幣于禰乃行，況昏是嘉禮之重，故圍自布几筵，告父祖之廟而來也。文王世子曰："五廟之孫，祖廟未毁，雖爲庶人，冠、取妻必告。"鄭玄云："告於君也。"亦既告君，必須告廟，君尊不主臣昏，故圍自告也。若野賜之，是委君貺於草莽也，是寡大夫不得列於諸卿也。言不得從卿禮。○莽，莫蕩反。疏若野至卿也。正義曰：言我若受野賜之禮，則是委頓我君之命，得貺於草莽之中，則是寡大夫不得列於諸卿之位也。不寧唯是，又使圍蒙其先君，蒙，欺也。告先君而來，不得成禮於女氏之廟，故以爲欺先君。疏不寧至先君。正義曰：不寧，寧也。言寧有唯是之事，又使圍蒙其先君，連讀爲義也。告廟云將向豐氏之家取妻，若使受之於野，不至豐氏之家，是欺先君也。言又者，既辱今君，又辱先君，故云又也。將不得爲寡君老，大臣稱老。懼辱命而黜退。其蔑以復矣。唯大夫圖之！"子羽曰："小國無罪，恃實其罪。恃大國而無備，則是罪。將恃大國之安靖己，而無乃包藏禍心以圖之？小國失恃，而懲諸侯，使莫不憾者，距違君命，而有所壅塞不行是懼。言已失所恃，則諸侯懲恨，以距君命，壅塞不行，所懼唯此。○懲，直升反。憾，戶暗反。壅，本又作雍，於勇反，注及下注同。不然，敝邑，館人之屬也，館人，守舍人也。其敢愛豐氏之祧？"祧，遠祖廟。○祧，他彫反。疏注祧遠祖廟。正義曰：祭法云："遠廟爲祧。"鄭玄云："祧之言超也，超上去意也。"以祧是尊遠之意，故以祧言廟耳。此公孫段是穆公之孫、子豐之子，其家唯有子豐之廟，君若特賜，或得立穆公之廟耳，其家無遠祖廟也。杜言遠祖廟者，順傳文，且據正法言之。伍舉知其有備也，請垂櫜而入。垂櫜，示無弓。○櫜，古刀反，弓衣也。許之。正月乙未，入，逆而出，遂會於虢，虢，鄭地。尋宋之盟也。宋盟在襄二十七年。祁午謂趙文子曰："宋之盟，楚人得志於晉。得志，謂先歃。午，祁奚子。○歃，所洽反。今令尹之不信，諸侯之所聞也，子弗戒，懼又如宋。恐楚復得志。○復，扶又反，下雖復同。子木之信稱於諸侯，猶詐晉而駕焉，駕猶陵也。詐謂衷甲。○駕，如字，又音加，注及下同。衷音忠。況不信之尤者乎？尤，甚也。楚重得志於晉，晉之恥也。子相晉國以爲盟主，於今七年矣！襄二十五年始爲政，以春言，故云七年。○重，直用反。相，息亮反。疏於今七年。正義曰：襄二十五年傳云"趙文子爲政"，至此八年也，而云七年者，殷周雖改正朔，常以夏正爲言，此春正月，故爲七年。年末醫和則云八年。再合諸侯，襄二十五年會夷儀，二十六年會澶淵。疏再合諸侯。正義曰：襄二十六年經書"公會晉人、鄭良霄、宋人、曹人于澶淵"，晉人卽趙武也。時有魯公在會，雖則唯公一人，卽是諸侯，不得謂之大夫也，故知再會諸侯數澶淵也。三合大夫襄二十七年會于宋三十年會澶淵及今會虢也服齊狄寧東夏襄二十八年齊侯白狄朝晉○夏戶雅反平秦亂襄二十六年秦晉爲成城淳于襄二十九年城杞之淳于杞遷都○淳音純師徒不頓國家不罷民無謗讟讟誹也○罷音皮讟音獨誹芳畏反〔疏〕注讟誹也○正義曰說文云謗毀也誹謗也然則謗讟誹其義同皆是非毀人古人重言之猶險阻艱難也諸侯無怨天無大災子之力也有令名矣而終之以恥午也是懼吾子其不可以不戒文子曰武受賜矣受午言然宋之盟子木有禍人之心武有仁人之心是楚所以駕於晉也今武猶是心也楚又行僭僭不信○僭子念反下同非所害也武將信以爲本循而行之譬如農夫是穮是蔉穮耘也壅苗爲蔉○穮彼驕反蔉古本反耘音云除草也〔疏〕注穮耘至爲蔉○正義曰漢書殖貨志云后稷始甽田以二耜爲耦廣尺深尺曰甽長終一畝一畝三甽一夫三百甽而播種於甽中苗生三葉以上稍壯耨壟草因隤其土以附苗根故其詩云或耘或耔黍稷薿薿耘除草也耔附根也言苗稍壯每耨輒附其根比至盛暑壟盡平而根深能風與旱故薿薿而盛也此言穮蔉卽詩之耘耔也故知穮是耨以土壅苗根爲蔉也耨定本耘○雖有饑饉必有豐年言耕鉏不以水旱息必獲豐年之收○饉其靳反鉏仕居反收手又反又如字〔疏〕雖有至豐年○正義曰言耕鉏不息必有豐年之收以喻禮信不愆必爲諸侯之長也且吾聞之能信不爲人下吾未能也自恐未能信也詩曰不僭不賊鮮不爲則信也詩大雅僭不信賊害人也○鮮息淺反能爲人則者不爲人下矣吾不能是難楚不爲患楚令尹圍請用牲讀舊書加于牲上而

已舊書宋之盟書楚恐晉先歃故欲從舊書加于牲上不歃血經所以不書盟○難乃旦反下注並同晉人許之三月甲辰盟楚公子圍設服離衛設君服二人執戈陳於前以自衛離陳也〔疏〕注設君至陳也○正義曰穆子言似君知設服設君服也唯譏執戈不言衣服則君服卽二戈是也離衛之語必爲執戈發端但語畧難明服虔云二人執戈在前在國居君離宮陳衛在門然則執戈在前國君行時之衛非在家守門之衛也守門之衛其兵必多非徒二戈而已縱使在國居君之離宮卽明宮門之衛以爲離衛其言大不辭矣故杜以離衛卽執戈是也言二人執戈陳列於前以自防衛也離之爲陳雖無正訓兩人一左一右相離而行故稱離衛離亦陳之義叔孫穆子曰楚公子美矣君美服似君鄭子皮曰二執戈者前矣禮國君行有二執戈者在前〔疏〕注禮國至在前○正義曰士喪禮言君臨臣喪之禮云小臣二人執戈先二人後是知國君之行常有二執戈者在前也國君亦有二戈在後子皮唯言前有二戈者當是公子圍不設後戈故也蔡子家曰蒲宮有前不亦可乎公子圍在會特緝蒲爲王殿屋屏蔽以自殊異言既造王宮而居之雖服君服無所怵也○緝七入反〔疏〕注公子至怪也○正義曰服虔云蒲宮楚君離宮言令尹在國已居君之宮出有前戈不亦可乎令尹居君離宮事無所出且諸侯大夫見其在會之儀不譏在國所居伯州犂云此行也辭而假之寡君言行而借戈以衛非在國借宮以居也故杜以爲公子圍在會特緝蒲爲王殿屋以自殊異此亦無所案據要愜人情楚伯州犂曰此行也辭而假之寡君聞諸大夫譏之故言假以飾令尹過鄭行人揮曰假不反矣言將遂爲君伯州犂曰子姑憂子晳之欲背誕也襄三十年鄭子晳殺伯有背命放誕將爲國難言子且自憂此無爲憂令尹不反戈○背音佩注同誕音但子羽曰當璧猶在假而不反子其無憂乎子羽行人揮當璧謂棄疾事在昭十三年言棄疾有當璧之命圍雖取國猶將有難不無憂也齊國子曰吾代二子愍矣國子

國弱也二子謂王子圍及伯州犁圍此冬便篡位不能自終州犁亦尋爲圍所殺故言可愍。篡初患反【疏】注國子至可愍。正義曰服虔云愍憂也代伯州犁憂公子圍代子羽憂子晳劉炫從服言而規杜失今知不然者以圍不能自終伯州犁尋爲圍所殺是皆遇凶害故云吾代二子愍矣若以二子爲伯州犁子羽子羽則卒無禍害又何可愍而代之乎劉以服意而規杜過非也。小旻之卒章。正義曰小旻詩小雅刺幽王也陳公子招曰不憂何成二子樂矣言以憂生事事成而樂。樂音洛注及下樂憂而樂同衛齊子曰苟或知之雖憂何害齊子齊惡言先知爲備雖有憂難無所損害宋合左師曰大國令小國共吾知共而已共承大國命不能知其禍福。共音恭下及注同晉樂王鮒曰小旻之卒章善矣吾從之小旻詩小雅其卒章義取非唯暴虎馮河之可畏也不敬小人亦危殆王鮒從斯義故不敢譏議公子圍。鮒音附旻亡巾反馮皮冰反退會子羽謂子皮曰叔

春秋疏卷四十一　七

孫絞而婉絞切也譏其似君反謂之美故曰婉。絞古卯反婉紆阮反注同宋左師簡而禮無所臧否故曰簡共事大國故曰禮。否悲矣反舊方九反樂王鮒字而敬字愛也不犯凶人所以自愛敬子與子家持之子子皮子家蔡公孫歸生持之言無所取與。持如字本或作恃誤【疏】注子子至取與。正義曰持謂執持之也子皮直云二執戈者前矣雖意知不可而辭無譏切子家云蒲宮有前不亦可乎意雖并譏蒲宮言乃謂之爲可不如子羽之譏評不同伯州犁之飾辭持其兩端無所取與是持之也弈棋謂不能相害爲持意亦同於此也皆保世之主也齊衛陳大夫其不免乎國子代人憂子招樂憂齊子雖憂弗害夫弗及而憂與可憂而樂與憂而弗害皆取憂之道也憂必及之大誓曰民之所欲天必從之逸書三大夫兆憂能無至乎

開憂兆也言以知物其是之謂矣物類也察言以知禍福之類八年陳招殺大子國弱齊惡當身各無患。當丁浪反○季武子伐莒取鄆兵未加莒而鄆服故書取而不言伐莒人告於會楚告於晉曰尋盟未退尋弭兵之盟而魯伐莒瀆齊盟瀆慢也。瀆待木反請戮其使時叔孫豹在會欲戮之。使所吏反下注其使出使下召使者同樂桓子相趙文子桓子樂王鮒相佐也。相息亮反注同欲求貨於叔孫而爲之請使請帶焉難指求貨故以帶爲辭。而爲于僞反下注爲諸侯同弗與梁其踁曰貨以藩身子何愛焉踁叔孫家臣。踁戶定反藩方元反叔孫曰諸侯之會衛社稷也我以貨免魯必受師言不戮其使必伐其國【疏】注言不至其國。正義曰晉語趙文子謂叔孫曰子盍逃之對曰豹也受命於君以從諸侯之盟爲

春秋疏卷四十一　八

社稷也若魯有罪受盟者逃魯必不免是吾出而絕之也若爲諸侯戮魯誅盡矣必不加請爲戮也是言不戮其使必伐其國也是禍之也何衛之爲人之有牆以蔽惡也喻已爲國衛如牆爲人蔽牆之隙壞誰之咎也咎在牆。隙去逆反咎其九反注同衛而惡之吾又甚焉罪甚牆雖怨季孫魯國何罪怨季孫之伐莒叔出季處有自來矣吾又誰怨季孫守國叔孫出使所從來久今遇此戮無所怨也【疏】注季孫至怨也。正義曰歷檢上世以來季孫出使不少於叔孫而云叔出季處從來久者季孫世爲上卿法當上卿守國次卿出使以此爲從來久耳必須使上卿者上卿非不使也然鮒也賄弗與不已召使者裂裳帛而與之曰帶其褊矣言帶褊盡故裂裳示不相逆。賄呼罪反趙孟聞之曰臨患不忘國忠也謂言魯國何罪思難不越官信也謂言叔出

季處。難乃旦反下同圖國忘死貞也謂不以貨免謀主三者義也三者忠信貞有是四者又可戮乎并義而四乃請諸楚曰魯雖有罪其執事不辟難執事謂叔孫畏威而敬命矣謂不敢辟戮子若免之以勸左右可也若子之羣吏處不辟汚汚勞事。汚音烏注及下同【疏】注汚勞事正義曰處國之所辟者唯有辟勞事耳故以汚爲勞事也言事之勞身若穢之汚物也出不逃難不苟免其何患之有患之所生汚而不治難而不守所由來也能是二者又何患焉不靖其能其誰從之安靖賢能則衆附從魯叔孫豹可謂能矣請免之以靖能者子會而赦有罪不伐魯又賞其賢

赦叔孫諸侯其誰不欣焉望楚而歸之視遠如邇疆埸之邑一彼一此何常之有言今衰世疆埸無定主。疆居良反注及下至莒之疆事同埸音亦注同王伯之令也言三王五伯有令德時【疏】注言三王至德時。正義曰以傳言王伯故言三王下云虞有三苗則帝時亦有非獨三王也但王亦帝也故傳通言其王耳引其封疆引正也正封界而樹之官樹立也立官以守國舉之表旗旌旗以表貴賤。旗音其【疏】舉之表旗。正義曰舉立也爲立表貴賤之旌旗也故杜云旌旗以表貴賤而著之制令爲諸侯作制度法令使不得相侵犯過則有刑猶不可壹於是乎虞有三苗三苗饕餮放三危者饕吐刀反餮吐結反夏有觀扈觀國今頓丘衛縣扈在始平鄠縣書序曰啓與有扈戰于甘之野。夏戶雅反觀音館舊音官扈音戶鄠音于商有姺邳二國商諸侯邳今下邳縣。姺西典反又西禮反邳皮悲反周有徐奄二國皆嬴姓書序曰成王伐淮夷遂踐奄徐即淮夷。嬴音盈自無令王諸侯逐進逐猶競也狎主齊盟其又可壹乎彊弱無常故更主盟。狎戶甲反更音更恤大舍小足以爲盟主大謂篡弑滅亡之禍又焉用之焉用治小事。焉於虔反注同封疆之削何國蔑有主齊盟者誰能辯焉辯治也【疏】注二國至淮夷。正義曰二國皆嬴姓世本文也書序曰成王伐淮夷遂踐奄淮夷與奄同時伐之此徐奄連文故以爲徐即淮夷賈逵亦然是相傳說也服虔云一曰魯公所伐徐戎也案費誓云淮夷徐戎並興孔安國云淮浦之夷徐州之戎並起爲寇則徐亦非國名此徐是國名當謂淮浦之夷其國名徐書序幷其大號此傳言其國名也僖公時楚人伐徐杜云下邳僮縣東南有大徐城彼近淮旁成王時徐蓋亦在彼地也此傳所云四代有罪之國其三苗與有扈徐奄尙書略有其事其觀與姺邳則史傳無文傳言王伯之令猶尙有此輩則此輩皆是王道盛明時諸侯也。封疆至辯焉。正義曰言封疆之削相侵削何國無有此乃常事主領齊盟者誰能一一治之吴

濮有釁楚之執事豈其顧盟吴在東濮在南今建寧郡南有濮夷釁過也。濮音卜釁許靳反莒之疆事楚勿與知諸侯無煩不亦可乎莒魯爭鄆爲日久矣苟無大害於其社稷可無亢也亢禦。○與音預亢苦浪反徐又音剛禦魚呂反去煩宥善莫不競勸子其圖之固請諸楚楚人許之乃免叔孫令尹享趙孟賦大明之首章大明詩大雅首章言文王明明照於下故能赫赫盛於上令尹意在首章故特稱首章以自光大。去起呂反宥音又【疏】去煩至競勸。正義曰不往討魯諸侯無煩是去煩也叔孫賢人今若赦之是宥善也德義如是餘人莫不競力勸慕爲善矣趙孟賦小宛之二章小宛詩小雅二章取其各敬爾儀天命一去不可復還以戒令尹。宛紆阮反復扶又反【疏】注小宛至復還。正義曰詩序云大夫刺幽王也其二章云人之齊聖飲酒溫克彼昏不知壹

醉日富各敬爾儀天命不又注又復也今女君臣各敬慎威儀天命一去不復來也事畢趙孟謂叔向曰令尹自以爲王矣何如問將能成否對曰王弱令尹彊其可哉言可成雖可不終趙孟曰何故對曰彊以克弱而安之彊不義也安於勝君是彊而不義不義而彊其斃必速詩曰赫赫宗周褒姒滅之彊不義也詩小雅褒姒周幽王后幽王惑焉而行不義遂至滅亡言雖赫赫盛彊不義足以滅之○姒音似滅如字詩作威音呼悅反令尹爲王必求諸侯晉少懦矣懦弱也○懦乃亂反諸侯將往若獲諸侯其虐滋甚滋益民弗堪也將何以終夫以彊取取不以道不義也而克必以爲道以不義爲道道以淫虐弗可久已矣爲十三年楚弒靈王傳

〔疏〕道以至已矣○正義曰以不義謂之爲道而淫虐爲之民所不堪不可久矣○

夏四月趙孟叔孫豹曹大夫入于鄭會罷過鄭○過古禾反鄭伯兼享之子皮戒趙孟戒享期禮終趙孟賦瓠葉受所戒禮畢而賦詩瓠葉詩小雅義取古人不以微薄廢禮雖瓠葉兎首猶與賓客享之○瓠戶故反客享之許丈反又普庚反子皮遂戒穆叔且告之告以趙孟賦瓠葉穆叔曰趙孟欲一獻瓠葉詩義取薄物而以獻酬知其一獻子其從之子皮曰敢乎言不敢穆叔曰夫人之所欲也又何不敢夫人趙孟○夫音扶注同及享具五獻之籩豆於幕下朝聘之制大國之卿五獻○幕武博反

〔疏〕注朝聘至五獻○正義曰周禮大行人稱上公饗餼九牢饗禮九獻侯伯七獻子男五獻皆獻數各同饔餼之數也案聘禮卿聘饔餼五牢故卿皆五獻至春秋之時大國之卿乃得從卿禮若大國之卿依大國大夫之制唯三獻耳故杜此注云大國之卿五獻又昭六年傳注云大夫三獻是也

趙孟辭趙孟自以今非聘鄭故辭五獻私於子產私語曰武請於冢宰矣冢宰子皮請謂賦瓠葉乃用一獻趙孟爲客禮終乃宴卿會公侯享宴皆折俎不體薦○折之設反

〔疏〕注卿會至體薦○正義曰傳言禮終乃宴謂之享禮既終即因而爲宴不待異日也杜解享宴禮異所以得相因者以其俎同故也宣十六年傳云王享有體薦宴有折俎公當享卿當宴王室之禮也彼傳之意言享公當依享法有體薦也享卿當如宴法有折俎也彼王自言之故云王室禮耳其實諸侯之待公卿禮亦當然以卿會公侯享宴皆折俎不體薦享宴俎同故得因行禮也

穆叔賦鵲巢鵲巢詩召南言鵲有巢而鳩居之喻晉君有國趙孟治之趙孟曰武不堪也又賦采蘩亦詩召南義取蘩菜薄物可以薦公侯享其信不求其厚○蘩音煩曰小國爲蘩大國省穡而用之其何實非命穆叔言小國微薄猶蘩菜大國能省

愛用之而不棄則何敢不從命穡愛也○省所景反徐所幸反注同子皮賦野有死麕之卒章野有死麕詩召南卒章曰舒而脫脫兮無感我帨兮無使尨也吠脫脫安徐帨佩巾義取君子徐以禮來無使我失節而使狗驚吠喻趙孟以義撫諸侯無以非禮相加陵○麕亦作麏九倫反脫吐外反帨始銳反尨武江反吠扶廢反趙孟賦常棣常棣詩小雅取其凡今之人莫如兄弟言欲親兄弟之國○常棣直計反且曰吾兄弟比以安尨也可使無吠受子皮之詩○比毗志反下注德比同穆叔子皮及曹大夫興拜三大夫皆兄弟國興起也舉兕爵曰小國賴子知免於戾矣兕爵所以罰不敬言小國蒙趙孟德比以安自知免此罰戮○兕徐履反戾力計反注同飲酒樂趙孟出曰吾不復此矣不復見此樂○樂音洛注同復扶又反注及下不復年并注同天王使劉定公勞趙孟於潁館於雒汭王周景王定公劉夏潁水出陽

成縣雒汭在河南鞏縣南水曲流爲汭。勞力報反下以勞之同潁管井反汭如銳反夏戶雅反劉子曰美哉禹功見河雒而思禹功明德遠矣微禹吾其魚乎吾與子弁冕端委以治民臨諸侯禹之力也弁冕冠也端委禮衣言今得共服冠冕有國家者皆由禹之力。弁冕端委本亦作弁端委〔疏〕注弁冕至之力。正義曰冠者首服之揔名弁冕冠中之小別弁冕是首服端委是身服吉弁冕端委揔舉冠衣而言非謂定公趙孟身所自衣也哀七年傳云大伯端委以治周禮仲雍嗣之斷髮文身以文身從彼之俗知端委是依禮之衣杜直言端委禮衣不知是何衣也名曰端委又無所說周禮司服於士服之下云其齊服有玄端素端鄭玄云謂之端者取其正也謂士之衣袂皆二尺二寸而屬幅是廣袤等也其袪尺二寸大夫以上侈之侈之者蓋半而益一焉半而益一則其袂三尺三寸袪尺八寸如鄭此言唯士服當端制大夫以上不復端也服虔云禮衣端正無殺故曰端文德之衣尚褒長故曰委案論語鄉黨非帷裳必殺之鄭康成云帷裳謂朝祭之服其制正幅如帷非帷裳者謂深衣削其幅縫齊倍要禮記深衣制短不見膚長不被土然則朝祭之服當曳地服言是也子盍亦遠績禹功而大庇民乎勸趙孟使纂禹功。子盍戶臘反何不也亦遠績禹功本或作亦遠績功庇必利反又音祕〔疏〕遠績禹功。正義曰績亦功也重其言耳遠績禹功者勸之爲大功使遠及後世若大禹也謂勸武何不遠慕大禹之績而立大功以庇民也對曰老夫罪戾是懼焉能恤遠吾儕偷食朝不謀夕何其長也言欲苟免目前不能念長久。焉於虔反下焉用焉能同儕仕皆反朝如字下同〔疏〕吾儕偷食。正義曰儕等也言吾等於彼卑賤苟且飲食之人也劉子歸以語王曰諺所謂老將知而耄及之者八十曰耄耄亂也。語魚據反知音智耄莫報反其趙孟之謂乎爲晉正卿以主諸侯而儕於隸人朝不謀夕言其自比於賤人而無恤民之心〔疏〕注言其至之心。正義曰趙孟自言吾儕偷食是自比於隸役賤人也在上位者當憂勞百姓卑賤之人勞身而已自比賤人是無憂民之心也棄神人矣民爲神主不恤民故神人皆去神怒民叛何以能久趙孟不復年矣言將死不復見明年神怒不歆其祀民叛不即其事祀事不從又何以年爲此冬趙孟卒起本○叔孫歸號曾歸曾夭御季孫以勞之旦及日中不出恨季孫伐莒使已幾被戮曾夭謂曾阜曾阜叔孫家臣曰旦及日中吾知罪矣魯以相忍爲國也忍其外不忍其內焉用之欲受楚戮是忍其外日中不出是不忍其內阜曰數月於外言叔孫勞役在外數月。數所主反注同一旦於是庸何傷賈而欲贏而惡囂乎言譬如商賈求贏利者不得惡諠囂之聲。賈音古注同贏音盈注同惡烏路反注及下同囂許驕反徐五高反注同諠或作讙呼端反〔疏〕注言譬至之聲。正義曰言已伐莒求利而不得惡日中不出譬如商賈求利不得惡諠囂之聲以商賈在市市人多諠囂之聲阜謂叔孫曰可以出矣叔孫指楹曰雖惡是其可去乎乃出見之楹柱也以諭魯有季孫猶屋有柱。楹音盈去起呂反○鄭徐吾犯之妹美犯鄭大夫公孫楚聘之矣楚子南穆公孫公孫黑又使強委禽焉禽鴈也納采用鴈。強其丈反犯懼告子產子產曰是國無政非子之患也唯所欲與犯請於二子請使女擇焉皆許之子皙盛飾入布幣而出布陳贄幣子皙公孫黑。贄音至子南戎服入左右射超乘而出女自房觀之曰子皙信美矣抑子南夫也言丈夫。乘繩證反夫夫婦婦所謂順也。適子南氏。子皙怒，既而櫜甲以見子南，欲殺之而取其妻。子南知之，執戈逐之，及衝，擊之以戈。衝，交道。○櫜，古刀反，本或作衷，丁隆反。衝，尺容反。【疏】夫夫至順也○正義曰：夫如夫道，當剛强也；婦如婦節，當柔弱也。如是所謂順也。曹大家女誡曰：生男如狼，猶恐其尫；生女如鼠，猶懼其武。是男欲剛而女欲柔也。子皙傷而歸，告大夫曰：「我好見之，不知其有異志也，故傷。」大夫皆謀之。子產曰：「直鈞，幼賤有罪，罪在楚也。」先聘子南，直也。子南用戈，子皙直也。子產力未能討，故鈞其事，歸罪於楚。○好，如字，一音呼報反。直鈞，音均，絕句。乃執子南而數之，曰：「國之大節有五，女皆奸之。奸，犯也。○女音汝，下皆同。奸音干。畏君之威，聽其政，尊其貴，事其長，養其親，五者所以爲國也。今君在國，女用兵焉，不畏威也。奸國之紀，不聽政也。奸國之紀，謂傷人。○長，丁丈反，下同。蓋，如字，下同。子皙，上大夫，女，嬖大夫，而弗下之，不尊貴也。幼而不忌，不事長也。忌，畏也。○嬖，必計反，下戶嫁反。兵其從兄，不養親也。君曰：『余不女忍殺，宥女以遠。』勉，速行乎，無重而罪！」五月庚辰，鄭放游楚於吳。將行子南，子產咨於大叔。大叔，游楚之兄子。○從兄，如字，又才用反。重，直用反，又直勇反。大叔曰：「吉不能亢身，焉能亢宗？亢，蔽也。○亢，苦浪反。彼國政也，非私難也。子圖鄭國，利則行之，又何疑焉？周公殺管叔而蔡蔡叔，蔡，放也。○難，乃旦反。而蔡蔡叔，上蔡字音素葛反，說文作⿱殺米，音同，字從殺下米，云揺⿱殺米散之也。會杜義。下蔡叔如字。【疏】殺管叔至蔡叔○正義曰：說文云：⿱殺米，散之也。從米，殺聲。然則⿱殺米字殺下米也。⿱殺米爲放散之義，故訓爲放也。隸書改作，巳失本體，⿱殺米字不復可識，寫者全類蔡字，至有重爲一蔡字，重點以讀之者。尚書蔡仲之命云：周公乃致辟管叔于商，囚蔡叔于郭鄰，以車七乘。孔安國云：囚謂制其出入，郭鄰，中國之外地名。是放蔡叔之事也。孔唯言中國之外地，不知在何方也。夫豈不愛？王室故也。吉若獲戾，子將行之，何有於諸游？」爲二年鄭殺公孫黑傳。○夫音扶。【疏】夫豈至故也○正義曰：夫謂周公也。夫此周公豈不愛管蔡乎？所以⿱殺米放之，爲王室故也。○秦后子有寵於桓，如二君於景。后子，秦桓公子，景公母弟鍼也。其權寵如兩君。其母曰：「弗去，懼選。」選，數也。恐景公數其罪而加戮。○選，息轉反，徐素短反，注及下同。數，所主反，注及下文數卅同。癸卯，鍼適晉，其車千乘。書曰「秦伯之弟鍼出奔晉」，罪秦伯也。罪失教。○乘，繩證反，下及注同。【疏】癸卯至伯也○正義曰：釋例曰：秦伯有千乘之國，不能容其母弟。傳曰罪秦伯，則鍼罪輕也。言其對兄爲輕耳，非無罪也。公羊以爲仕諸晉，謂之奔者，譏秦伯有千乘之國，不能容其母弟，故謂之出奔也。劉炫云：奔者，迫窘而去，逃死四鄰，不以禮出也。今鍼適晉，乃與母計議，緩步而出，實非奔也。仲尼既書爲奔，傳釋云罪秦伯。秦伯不豫敎誡其弟，不能早爲之所，致奢富過度，懼而去國，罪其失兄之敎。鍼不自知度，亦是其罪，歸罪秦伯，言兄罪耳。例曰以下同也。后子享晉侯，爲晉侯設享禮。○爲，于僞反。造舟于河，造舟爲梁，通秦晉之道。○造，七報反，注同。李巡注爾雅云：比其船而度也。郭云：併舟爲橋。【疏】造舟于河○正義曰：詩云：造舟爲梁。是比舟以爲橋也。釋文云：天子造舟。李巡曰：比其舟而渡曰造。孫炎曰：造舟爲梁。郭璞曰：比船爲橋。皆不解造義。蓋造爲至義，言船相至而並比也。十里舍車，一舍八乘，爲八反之備。【疏】注一舍至之備○正義曰：直言十里舍車，不知每舍幾車，以下言八反，知一舍八乘，爲八反之具也。自雍及絳。雍、絳相去千里，用車八百乘。○雍，於用反。歸取酬幣，備九獻之義，始禮自齊其一，故續送其八酬酒幣。○齊，子分反，本又作齎。【疏】注備九至酒幣○正義曰：

僖二十二年鄭享楚子爲九獻知此備九獻之儀也每一獻酒必有幣車以隨之后子從始自齊其一以爲初獻故續送其八也飲酒之禮主人初獻於賓賓酢主人主人受賓之酢禮飲訖又飲乃酌以酬賓如是乃成爲一獻於酬之時始有幣以勸飲故以爲酬酒幣也終事八反每十里以八乘車各以次載幣相授而還不徑至故言八反千里用車八百乘其二百乘以自隨故言千乘傳言秦鍼之出極奢富以成禮欲盡敬於所赴○還音環徑古定反

【疏】注每十至所赴○正義曰服虔以爲每於十里置幣車一乘千里百乘以次相授車率皆日行一百六十里謂從絳向雍去而復還一享之間八度至也然則千里之路往還八反車率日行一百六十里計則一萬六千里雖追風逐日之足猶將不逮於此后子之馬一何駛乎縱令如此纔可以章馬疾未足以明車多司馬侯何以怪其車多而發問也杜以反者爲車反復其故處耳每於十里置車八乘后子初發幣則續行自齊其一以爲初獻餘則以次續至至則車反此至享終八車皆反以此謂之八反非言反至雍也此幣發雍計已多日故設享之初此八車之幣去絳不過一二十里耳使之相續而來每獻皆到以示己之豪富故令漸送之也如杜此言則后子預前約束使幣早發而來非臨享始取而

云歸取酬幣者后子必適晉多日然後設享非初至即享君也爲享之具酒食之屬皆在絳備之其幣亦應於絳備之乃遣還取秦國之幣故言歸取不言設享之日始歸取也上云其車千乘下司馬侯問其車多則是見車多而發問也故杜辨其事之所在千里用車八百乘其二百乘以自隨故言千乘也傳說此車多之事者言秦鍼之出極奢富以成禮盡敬於所赴之國故爲此以示豪也司馬侯問焉曰子之車盡於此而已乎對曰此之謂多矣若能少此吾何以得見言已坐車多故出奔見賢遍反坐才臥反○女叔齊以告公叔齊司馬侯○女音汝且曰秦公子必歸臣聞君子能知其過必有令圖令圖天所贊也后子見趙孟趙孟曰吾子其曷歸問何時當歸對曰鍼懼選於寡君是以在此將待嗣君趙孟曰秦君何如對曰無道趙孟曰亡乎對曰何爲一世無道國未艾也艾絕也○艾魚廢反注同國於天地有與立焉言欲輔助之者多不數世淫弗能斃也趙孟曰天乎對曰有焉趙孟曰其幾何對曰鍼聞之國無道而年穀和熟天贊之也贊佐助也○幾居豈反下同鮮不五稔鮮少也少尚當歷五年多則不啻○稔而甚反啻始豉反

【疏】國無至五稔○正義曰國無道而歲又饑則君或早夭年穀和熟則天佐助之故少猶五年多或不啻也期之五年者后子之意耳襄二十七年傳云所謂不及五稔蓋古有此言也

趙孟視蔭曰朝夕不相及誰能待五蔭日景也趙孟意衰以日景自喻故言朝夕不相及誰能待五○蔭於金反本亦作陰朝夕如字景如字又於領反

【疏】趙孟至待五○正義曰趙孟自比於日景此景朝夕尚移不能相及人命流去與此相似既無常定誰能待五

后子出而告人

曰趙孟將死矣主民翫歲而愒日翫愒皆貪也○翫五喚反說文云習猒也字又作玩愒苦蓋反其與幾何言不能久○與如字又音預○鄭爲游楚亂故游楚子南○爲于僞反六月丁巳鄭伯及其大夫盟于公孫段氏罕虎公孫僑公孫段印段游吉駟帶私盟于閨門之外實薰隧閨門鄭城門薰隧門外道各實之者爲明年子產數子晳罪稱薰隧盟起本○閨音圭薰許云反隧音遂數色主反又色具反公孫黑強與於盟使大史書其名且曰七子自欲同於六卿故曰七子○強其丈反與音預子產弗討子晳強討之恐亂國○晉中行穆子敗無終及羣狄于大原卽大鹵也無終山戎○大原音泰

【疏】晉中至大原正義曰釋例土地名以北戎山戎無終三名爲一北平有無終縣大原卽大原郡晉陽縣是也計無終在大原東北二千許里遠就大

原來與晉戰不知其何故也蓋與諸戎近晉者相率而共來也襄四年無終子遣使如晉請和諸戎則無終是其大者故顯言其國名也崇卒也崇聚也。卒子忽反下及注皆同將戰魏舒曰彼徒我車所遇又阨地險不便車。阨委又作隘於懈反便婢面反以什共車必克更增十人以當一車之用。○什音十共音恭【疏】以什共車必克。○正義曰周禮十人爲什以一什之人共一車之地故必克也困諸阨又克車每困於阨道今去車故爲必克。○去起呂反下皆同請皆卒去車爲步卒自我始乃毀車以爲行魏舒先自毀其屬車爲步陳。行戶郎反陳直覲反下文五陳未陳同五乘爲三伍乘車者車三人五乘十五人今改去車更以五人爲伍分爲三伍。○五乘繩證反注五乘同荀吳之嬖人不肯卽卒斬以徇魏舒輒斬之荀吳不恨所能立功。○徇辭俊反爲五陳以相離兩於前伍於後專爲右角參爲左角

偏爲前拒皆臨時處置之名。○拒九甫反【疏】爲五至前拒。○正義曰五陳者卽兩伍專參偏是也相離者布置使相遠也服虔引司馬法云五十乘爲兩百二十乘爲伍八十一乘爲專二十九乘爲參二十五乘爲偏彼皆準車數多少以爲別名此傳去車用卒而有此名則此名不以車數爲別也杜云皆臨時處置之名其意不同服說則名與人數不可得知也周禮則五人爲伍二十五人爲兩無專參偏之名也以誘之翟人笑之笑其失常未陳而薄之大敗之傳言荀吳能用善謀○莒展輿立而奪羣公子秩公子召去疾于齊秋齊公子鉏納去疾齊雖納去疾莒人先召之故從國逆例書入去疾奔齊在襄三十一年展輿奔吳吳外孫叔弓帥師疆鄆田因莒亂也此春取鄆今正其疆界。○疆居良反注同於是莒務婁瞀胡及公子滅明以大厖與常儀靡奔齊三子展輿黨大厖常儀靡莒二邑。○務婁並如字務又音謀一音無瞀徐音茂又音謀厖武江反君子曰莒展之不立棄人也夫奪羣公子秩是棄人。○夫音扶人可棄乎詩曰無競維人善矣詩周頌言惟得人則國家彊【疏】詩曰至善矣。○正義曰周頌烈文之篇也彼注云競彊也無彊乎維得賢人也得賢人則國家彊矣故天下諸侯順其所爲也○晉侯有疾鄭伯使公孫僑如晉聘且問疾叔向問焉曰寡君之疾病卜人曰實沈臺駘爲祟史莫之知敢問此何神也子產曰昔高辛氏有二子伯曰閼伯季曰實沈高辛帝嚳。○駘他才反祟息遂反閼烏葛反嚳苦毒反居于曠林不相能也曠林地闕。○能如字又奴代反日尋干戈以相征討尋用也后帝不臧后帝堯也臧善也【疏】注后帝至堯也。○正義曰襄九年

傳稱閼伯爲陶唐氏之火正知后帝是堯也遷閼伯于商丘主辰商丘宋地主祀辰星辰大火也商人是因故辰爲商星商人湯先相土封商丘因閼伯故國祀辰星。○相息亮反【疏】注商人至辰星。○正義曰殷本紀稱相土契孫是湯之先也襄九年傳云閼伯居商丘祀大火相土因之故商主大火辰卽大火星也故商大祀辰星商謂宋也宋商後故稱商人也遷實沈于大夏主參大夏今晉陽縣。○夏戶雅反注及下同參所林反注及下同唐人是因以服事夏商唐人若劉累之等累遷魯縣此在大夏【疏】注唐人至大夏。○正義曰謂之唐人當是陶唐之後二十九年傳云陶唐氏旣衰其後有劉累知此唐人是彼劉累之等類也言等類者謂劉累後世子孫累雖遷魯縣子孫仍在大夏故歷夏及商也劉炫云彼稱累事孔甲下云遷于魯縣此云唐人是因以服事夏商則此居於大夏子孫終商不滅非累子孫是其同族等類耳服虔以唐人卽是劉累故杜顯而異之云累遷魯縣此在大夏其季世曰唐叔虞唐人之季世其君曰叔虞【疏】注唐人至叔虞。○正義曰服虔以

爲唐叔虞卽下句邑姜所生者也杜以傳説唐人卽云季世明季世是唐人之末世叔虞卽唐人之末君矣邑姜之子叔虞乃是晉之始祖豈得以後世始封之君謂之前代之末世也故云唐人之季世其君曰叔虞帝命邑姜之子曰虞者將以唐國與之取唐君之名以爲名耳**當武王邑姜方震大叔**邑姜武王后齊大公之女懷胎爲震大叔成王之弟叔虞。震本又作娠之愼反又音申懷妊也大音泰注及下同胎他來反〔疏〕注邑姜至叔虞。正義曰傳言武王邑姜繫之武王知是武王后也十二年傳稱吕級王舅級是齊大公之子丁公也級爲王舅知邑姜是大公之女也説文云娠女妊身動也從女辰聲是懷胎爲震震取動義字書以是女事故今字從女耳叔虞成王母弟晉世家文也**夢帝謂己余命而子曰虞**帝天取唐君之名**將與之唐屬諸參而蕃育其子孫及生有文在其手曰虞遂以命之及成王滅唐而封大叔焉故參爲晉星**叔虞封唐是爲晉侯。屬之玉反蕃音煩叔虞封唐是爲晉侯案史記叔虞封唐侯叔虞之子燮父改爲晉侯〔疏〕夢帝至曰虞。正義曰晉世家云初武王之與叔虞母會時夢天謂武王曰余命女生子名虞謂此夢爲武王之夢也若是武王之夢此傳直云武王方生大叔其文足矣何以須言邑姜方震也邑姜方震而夢明是邑姜夢矣安得以爲武王夢也薄姬之夢龍據其心燕姞之夢蘭爲己子彼皆夢發於母此何以夢發於父是馬遷之妄言耳服解此云己武王也是晉非而逐迷者也。注叔虞至晉侯。正義曰晉世家云唐叔子燮是爲晉侯杜譜亦云燮父改爲晉侯則叔虞之身不稱晉也叔虞爲晉之祖故言爲晉侯也**由是觀之則實沈參神也昔金天氏有裔子曰昧爲玄冥師生允格臺駘**金天氏帝少皞裔遠也玄冥水官昧爲水官之長。裔以制反昧音妹爲玄冥師師長也爲官之長皞戶老反長丁丈反〔疏〕注金天至之長。正義曰金天氏帝少皞帝系世本文也金天代號少皞身號月令於冬云其神玄冥是玄冥爲水官也昧爲玄冥師師訓長也故云昧爲水官之長二十九年傳云少皞氏有四叔脩及熙爲玄冥昧爲金天裔子當是脩熙之後釋例曰脩及熙皆爲玄冥未知昧爲誰之子或是其子孫也**臺駘能業其官**纂昧之業。纂子管反**宣汾洮**宣猶通也汾洮二水名。〔疏〕宣汾洮。正義曰釋例曰汾水出大原故汾陽縣至河東汾陰縣入河其洮水闕不知所在當亦是晉地之水後世謝堙無其處耳**障大澤**陂障之**以處大原**大原晉陽也臺駘之所居**帝用嘉之封諸汾川**帝顓頊〔疏〕注帝顓頊。正義曰顓頊爲帝承金天之後臺駘是金天裔孫爲臣宜當顓頊故以帝用嘉之爲顓頊嘉耳昧於金天已云裔子臺駘又是昧之所生則去少皞遠矣而帝系世本皆云少皞是黃帝之子顓頊是黃帝之孫臣世多而帝世少史籍散亡無可檢勘此事未必然也釋例云案繇則舜之五世從祖父也而及舜共爲堯臣堯則舜之三從高祖而妻其女此史記之可疑者也是皆疑不能決因舊説耳**沈姒蓐黃實守其祀**四國臺駘之後**今晉主汾而滅之矣**滅四國**由是觀之則臺駘汾神也抑此二者不及君身山川之神則水旱癘疫之災於是乎禜之**有水旱之災則禜祭山川之神若臺駘者周禮四曰禜祭爲營攢用幣以祈福祥。癘音例疫音役禜音詠徐又音營**日月星辰之神則雪霜風雨之不時於是乎禜之**星辰之神若實沈者〔疏〕山川至禜之。正義曰水旱癘疫在地之災山川帶地故祭山川之神也雪霜風雨天氣所降日月麗天故祭日月星辰之神也此因其所在分繫之耳其實水旱癘疫亦是天氣所致雪霜風雨亦是在地之災耳雨之不時而致水旱水旱與雨不甚爲異而分言之者據其雨不下而霖不止是雨不時也據其苗稼生死則爲水與旱也禜是祈禱之小祭耳若大旱而雩則徧祭天地百神不復別其日月與山川者也。注有水至福祥。正義曰水旱癘疫俱祭山川杜畧癘疫而不言之耳杜言山川之神若臺駘者下云星辰之神若實沈者言此禜祭祭其先世主山川主星辰者之神耳非獨祭此山川星辰之神也計日月無其主之者以與星辰俱是天神連言之耳周禮大祝掌六祈以同鬼示一曰類二曰造三曰禬四曰禜五曰攻六曰説鄭玄云禜日月星辰山川之祭也鄭玄云禜告之以時有災變也禜如日食以朱絲禜社也玄之此言取公羊爲説莊二十五年公羊傳曰日食以朱絲禜社或曰脅之或曰爲闇恐人犯之故營之然社有形質故可朱絲營繞日月山川非可營之物不得以此解禜也賈逵以爲營攢用幣杜依用之日月山川之神其祭非有常處故臨時營其地立攢表用幣告之以祈福祥也攢聚也聚草木爲祭處耳癘疫謂害氣流行歲多疾病然則君身有病亦是癘氣而云不及君身者陳思王以爲癘疫之氣止害貧賤其富貴之人攝生厚者癘氣所不及其事或當然也且子產知晉君之病不在於此故言二者不及君身以病非癘疫故不須祭臺駘等也

若君身則亦出入飲食哀樂之事也山川星辰之神又何爲焉言實沈臺駘不爲君疾○樂音洛

疏若君至事也○正義曰家語孔子云飲食不時逸勞過度者病共殺之此云出入卽逸勞也據國君之身則朝以聽政晝以訪問是出也夕以脩令夜以安身是入也

僑聞之君子有四時朝以聽政聽國政○朝如字晝以訪問問可否夕以脩令念所施夜以安身於是乎節宣其氣宣散也

疏節宣其氣○正義曰以時節宣散其氣也節卽四時是也凡人形神有限不可久用神久用則竭形大勞則敝不可以久勞也神不用則鈍形不用則痿不可以久逸也固當勞逸更遞以宣散其氣朝以聽政久則疲疲則易之以訪問訪問久則倦倦則易之以脩令脩令久則怠怠則易之以安身安身久則滯滯則易之以聽政以後事改前心則亦所以散其氣也

勿使有所壅閉湫底以露其體湫集也底滯也露羸也壹之則血氣集滯而體羸露○壅於勇反湫子小反徐音秋又在酒反服云著也底丁禮反服云止也羸劣危反注同

疏勿使至其體○正義曰壅謂障而不使行若土壅水也閉謂塞而不得出若閉門戶也湫謂氣聚底謂氣止四者皆是不散之意也氣不散則食不消食不消則食少食少則肌膚瘦肌膚瘦則骸骨露也言人之養身當須宣散其氣勿使氣有壅閉集滯以羸露其形骸也○注湫集至羸露○正義曰服虔云湫著也底止也杜云湫集也底滯也皆是以意訓耳壅閉言其不得散出故以湫底爲集滯言氣聚集而停滯也若以湫爲著則與止同義故易之以爲集其止滯亦同義也上文所云四時之事若其壹之則血氣集滯使不得宣散氣不散則骨羸露也肥則膚肉厚骨不見瘦則肌膚薄故體羸露羸露是露骨之名其義與倮相近倮露形也羸露骨也瘦必羸羸亦瘦之別名今晉侯壹之者唯謂安身親近婦人四時皆爾以恒安身不動故使氣集滯也

茲心不爽而昏亂百度茲此也爽明也百度百事之節

疏茲心至百度○正義曰形之與神相隨而有形以神爲主神以形爲宅形彊則神彊形弱則神弱神常隨形而盛衰也既露其體則神識亦弱致使此心不明照察失宜而昏亂百事之節度也

今無乃壹之同四時也則生疾矣僑又聞之內官不及同姓○內官嬪御○嬪婢人反其生不殖殖長也美先盡矣則相生疾同姓之相與先美矣美極則盡盡則生疾

疏其生至生疾○正義曰此僑重述不及同姓之意言內官若取同姓則夫婦所以生疾性命不得殖長何者以其同姓相與先美今既爲夫妻又相寵愛美之至極在先盡矣乃相厭患而生疾病非直美極惡生疾病而已又美極驕寵更生妬害也故晉語云異姓則異德異德則異類異類雖近男女相及以生民也同姓則同德同德則同心同心則同志同志雖遠男女不相及畏黷故也黷則生怨怨亂育災災育滅性是故取女辟同姓畏亂災也○禮記大傳云百世而昏姻不通者周道然也然則周法始如此耳前代則不然也蓋以前代敬簡未設禁防周人以其慢瀆故立法以禁之劉炫云違禮而娶則人神不祐故所生不長也晉文姬出而霸諸侯同姓未必皆不殖此以禮法爲言勸勵人耳○注同姓至生疾○正義曰劉炫云人之本心自然有愛愛之所及先及近親同姓是親之近者其愛之美必深是同姓之相與先自美矣若使又爲夫妻則相愛之美尤極極則美先盡矣美盡必有惡生故美盡則生疾此以禮爲防推致此意耳晉語云云同

君子是以惡之故志曰買妾不知其姓則卜之違此二者古之所慎也壹四時取同姓二者古人所慎○惡如字又烏路反取七住反

疏買妾至卜之○正義曰曲禮云娶妻不取同姓故買妾不知其姓則卜之鄭玄云爲其近禽獸也妾賤或時非媵取於賤者世無本繫也

男女辨姓禮之大司也辨別也○別彼列反今君內實有四姬焉同姓姬四人其無乃是也乎若由是二者弗可爲也已爲治也四

姬有省猶可無則必生疾矣擇異姓去同姓故言省○省所景反徐所幸反注同去起呂反〔疏〕四姬至疾矣○正義曰子産云四姬之外若有異姓之女接御於公減省公之寵愛於四姬之事如此猶可若無異姓之女減省公情專愛四姬則必由此故以生疾矣劉炫云子産言若於同姓不深病猶可差若於四姬有此省相見稀接御則此病猶尚可如無稀省既之過度則必生疾叔向曰善哉肸未之聞也此皆然矣叔向出行人揮送之送叔向叔向問鄭故焉且問子晳對曰其與幾何言將敗不久○與如字又音預幾居豈反無禮而好陵人怙富而卑其上弗能久矣爲明年鄭殺公孫黑傳○好呼報反怙音戶晉侯聞子産之言曰博物君子也重賄之晉侯求醫於秦秦伯使醫和視之曰疾不可爲也是謂近女室疾如蠱蠱惑疾○近附近之近蠱音古〔疏〕是謂至如蠱○正義曰女在房室故以室言之是謂近女室説此病之由由近女室爲此病也又言疾如蠱言此疾似蠱疾也蠱者心志惑亂之疾若今昏狂失性其疾名之爲蠱公惑於女色失其常性如彼惑蠱之疾也蠱是惑疾公心既惑是蠱疾而云如蠱者蠱是失志之疾名志之所失不獨爲女宣八年傳晉充有蠱疾者直是病而失性不由近女爲之此公淫而失志未全爲蠱故云如蠱○注蠱惑疾正義曰和言公疾如蠱下云惑以喪志知蠱是心志惑亂之疾非鬼非食惑以喪志惑女色而失志○喪息浪反〔疏〕非鬼至喪志○正義曰此説公病之狀病有鬼爲之者有食爲之者此病非鬼非食淫於女色情性惑亂以喪失志意也良臣將死天命不祐良臣不匡救君過故將死而不爲天所祐○祐音右公曰女不可近乎對曰節之先王之樂所以節百事也故有五節五聲之節遲速本末以相及中聲以降五降之後不容彈矣此謂先王之樂得中聲聲成五降而息也降罷退○降音絳下及注同或音戶江反彈徒丹反又徒旦反〔疏〕先王至彈矣○正義曰女之爲節不可得説故以樂譬之先王之爲此樂也所以限節百種之事故爲樂有五聲之節爲聲有遲有速從本至末緩急相及使得中和之聲其曲既了以此罷退五聲既成中和罷退之後謂爲曲已了不容更復彈作以爲煩手淫聲鄭衛之曲也劉炫云言五降而息罷退者五聲一周聲下而息前聲罷退以待後聲非作樂息也樂曲成乃息非五聲一周得息也又傳於是至弗聽劉云此説降後不彈之意也五聲皆降則聲一成曲既未成當從上始不以後聲未接前聲而容手妄彈擊是爲煩手此手所擊非復正聲是爲淫聲淫聲之慢塞人心耳乃使人忘失平和之性故君子不聽也於是有煩手淫聲慆堙心耳乃忘平和君子弗聽也五降而不息則雜聲並奏所謂鄭衛之聲○慆他刀反下同堙音因〔疏〕注五降至之聲○正義曰五降不息則非復正聲手煩不已則雜聲並奏記傳所謂鄭衛之聲謂此也樂記云鄭衛之音亂世之音也又曰鄭音好濫淫志衛音趨數煩志是言鄭衛之聲是煩手雜聲也物亦如之言百事皆如樂不可失節至於煩乃舍也已無以生疾煩不舍則生疾○舍音捨注同君子之近琴瑟以儀節也非以慆心也爲心之節儀使動不過度天有六氣謂陰陽風雨晦明也降生五味謂金味辛木味酸水味鹹火味苦土味甘皆由陰陽風雨而生〔疏〕注謂金至而生○正義曰尚書洪範云五行一曰水二曰火三曰木四曰金五曰土水曰潤下火曰炎上木曰曲直金曰從革土爰稼穡潤下作鹹炎上作苦曲直作酸從革作辛稼穡作甘孔安國云鹹水鹵所生也苦焦氣之味也酸木實之性也辛金之氣味也甘味生於百穀也是五味爲五行之味也以五者並行於天地之間故洛書謂之五行物皆有本本自天來故言五者皆由陰陽風雨而生也是陰陽風雨晦明合雜共生五味若先儒以爲雨爲木味風爲土味晦爲水味明爲火味陽爲金味而陰氣屬天不爲五味之主此杜所不用也洪範本文以生數爲次水火木金土大禹謨六府之次水火金木土穀月令於四時之次木火土金水杜數五味之次金木水火土以五行相循更互相代其次不以爲常隨便言耳此注所言五味五色五聲配五行者經傳多有之洪範是其本月令沈分

明杜所解者皆依月令文也。發爲五色。辛色白，酸色青，鹹色黑，苦色赤，甘色黃。發見也○見賢徧反。徵爲五聲。白聲商，青聲角，黑聲羽，赤聲徵，黃聲宮。徵驗也○聲徵張里反。淫生六疾。淫過也。滋味聲色所以養人，然過則生害。〔疏〕天有至六疾○正義曰：上既以樂譬女，乃云物亦如之，至煩乃舍，言用之有節也。此又本諸上天，言物皆不得過度也。氣皆由天，故言天有六氣也。五味在地，故云降生五味也。五味是五行之味，六氣共生五行，故杜解五味皆由陰陽風雨晦明而生，是言六氣共生之，非言一氣生一行也。味則嘗而可知，未有形色，可視發見而爲五色也。色既不同，其聲亦異，徵驗而爲五聲也。此味聲色也，皆本諸上天所以養人，用之大過則生六種之疾。○注淫過至生害○正義曰：此淫生六疾，承氣味色聲之下，則謂四者之過皆生疾也。但醫和將說晦淫惑疾，故下句特舉六氣之淫，其言不及味與聲色，故杜解以備之，言滋味聲色所以養人，然過則生疾，以見淫生六疾非獨六氣生疾也。但晉侯不以味聲色生疾，故醫和不言之耳。六氣曰陰陽風雨晦明也，分爲四時，序爲五節。六氣之化，分而序之，則成四時，得五行之節。〔疏〕注六氣至之節○正義曰：六氣並行，無時止息，但氣有溫暑涼寒，分爲四時，春夏秋冬也。序此四時以爲五行之節，計一年有三百六十五日，序之爲五行，每行得七十二日有餘。土無定方，分主四季，故每季之末有十八日爲土正主日也。過則爲菑：陰淫寒疾，寒過則爲冷○菑音災，下同。陽淫熱疾，熱過則喘渴○喘昌兗反。風淫末疾，末四支也，風爲緩急。雨淫腹疾，雨濕之氣爲洩注○洩息列反，下如字。晦淫惑疾，晦夜也，爲宴寢過節則心惑亂。明淫心疾。明晝也，思慮煩多，心勞生疾○思息利反。〔疏〕過則至心疾○正義曰：上云淫生六疾，揔謂氣味聲色，此云過則爲菑，獨謂六氣過耳。過即淫也，故歷言六氣之淫各生疾也。此六者，陰陽風雨有多時有少時，晦明則天有常度，無多少時也。今言淫者，謂人受用此氣有過度者也。陰過則冷，陽過則熱，風多則四支緩急，雨多則腹腸泄注。此四者雖各以其氣與人爲病，若其能自防護，受之不多，則得無此病也。其晦明亦是天氣，不以病人，但人用晦明過度，則人亦爲病。晦是夜也，夜當安身，女以宣氣，近女過度則心惑亂也。明是晝也，晝以營務，營務當用心，思慮煩多則心勞散也。陰陽風雨當受之有節，晦明當用之有限，無節無限，必爲菑害，故過則爲菑也。○注末四至緩急○正義曰：人之身體，頭爲元首，四支爲末，故以末爲四支，謂手足也。風氣入身，則四支有緩急。賈逵以末疾爲首疾，謂風眩也。女，陽物而晦時，淫則生內熱惑蠱之疾。女常隨男，故言陽物。家道當在夜，故言晦時。〔疏〕女陽至之疾○正義曰：男爲陽，女爲陰，女常隨男，則女是陽家之物也。而晦夜之時用之，若用之淫過，則生內熱惑蠱之疾。以女陽物，故內熱；以晦時，惑蠱也。晉語云：文子問醫和曰：「君其幾何？」對曰：「若諸侯服不過三年，不服不過十年，過是晉之殃也。」孔晁云：人雖有命，荒淫者必損壽，無外患則并心於內，故三年死；諸侯不服，則思外患，損其內情，故十年。無道之君久在民上，實國之殃也。今君不節不時，能無及此乎？出，告趙孟。趙孟曰：「誰當良臣？」對曰：「主是謂矣。主相晉國，於今八年，晉國無亂，諸侯無闕，可謂良矣。和聞之，國之大臣，榮其寵祿，任其寵節，有菑禍興而無改焉，改改行以救菑○相息亮反，行下孟反。必受其咎。今君至於淫以生疾，將不能圖恤社稷，禍孰大焉！主不能禦，吾是以云也。」云主將死○咎其九反，禦本亦作御，魚呂反。趙孟曰：「何謂蠱？」對曰：「淫溺惑亂之所生也。溺沈沒於嗜欲○溺乃狄反，嗜時志反。〔疏〕淫溺至生也○正義曰：此淫謂淫於女也。沒水謂之溺，沒於嗜欲與溺水相似，故淫溺連言之。此論晉侯將蠱疾，故言淫溺惑亂之所生耳。人自有無故失志，志性恍惚，不自知者，其疾名爲蠱。蠱非盡由淫也，以毒藥藥人，令人不自知者，今律謂之蠱毒。於文，皿蟲爲蠱，文字也。皿器也，器受蠱害者爲蠱○皿命景反，說文讀若猛，字林音猛。穀之飛亦爲蠱。穀久積則變爲飛蟲，名曰蠱。在周易，女惑男、風落山謂之蠱䷑。巽下艮上，蠱。巽爲長女，爲風；艮爲少男，爲山。少男而說長女，非匹，故惑。山木得風而落○巽音遜，艮古恨反長丁丈反下同少詩照反下同說音悅皆同物也物猶類也趙孟曰良醫也厚其禮而歸之賄贈之禮○楚公子圍使公子黑肱伯州犂城犨櫟郟黑肱王子圍之弟子晳也犨縣屬南陽郟縣屬襄城櫟今河南陽翟縣三邑本鄭地。犨尺州反櫟音歷徐失灼反郟古洽反鄭人懼子產曰不害令尹將行大事謂將弒君而先除二子也二子謂黑肱伯州犂禍不及鄭何患焉冬楚公子圍將聘于鄭伍舉爲介未出竟聞王有疾而還伍舉遂聘十一月己酉公子圍至入問王疾縊而弒之縊絞也孫卿曰以冠纓絞之長歷推己酉十二月六日經傳皆言十一月月誤也。介音界竟音境縊一豉反弒申志反絞古卯反〔疏〕注縊絞至誤也。正義曰孫卿姓荀名況著書一部名荀卿子漢宣帝諱詢故轉爲孫也下有十二

月甲辰朔甲辰後五日得己酉故杜以長歷推己酉是十二月六日而此郟敖之卒經傳皆云十一月己酉杜謂十一月誤者止謂十一月不得有己酉以己酉爲誤十一月非誤也必知然者若以爲十二月己酉則六日己酉子干奔晉至晉猶見趙孟七日庚戌趙孟卒便是日相切迫無相見之理故知十一月爲是己酉爲誤劉炫以爲杜云誤者以十一月爲誤當云十二月而規杜氏非也劉炫規云杜言十一月誤當爲十二月案下文趙孟庚戌卒後是郟敖今日死趙孟明日卒則子干奔晉不得見趙孟而議其祿故謂十一月是己酉字誤也遂殺其二子幕及平夏皆郟敖子。幕音莫夏戶雅反右尹子干出奔晉子干王子比宮廄尹子晳出奔鄭因築城而去。廄居又反殺大宰伯州犂于郟葬王于郟謂之郟敖郟敖楚子麇使赴于鄭伍舉問應爲後之辭焉問赴者對曰寡大夫圍伍舉更之曰共王之子圍爲長伍舉更赴辭使從禮此告終稱嗣不以篡弒赴諸侯

。共王音恭長丁丈反子干奔晉從車五乘叔向使與秦公子同食食祿同。從才用反乘繩證反下同皆百人之餼百人一卒也其祿足百人。餼許氣反卒子忽反〔疏〕注百人至百人。正義曰百人爲卒周禮司馬序官文也祿足百人謂與之田取稅以共食足爲百人餼也晉語稱秦后子楚公子干來仕叔向爲大傅實賦祿韓宣子問二公子之祿焉對曰大國之卿祿一旅之田上大夫一卒之田夫二公子者上大夫皆一卒可也。趙文子曰秦公子富謂秦鍼富強秩祿不宜與子干同叔向曰底祿以德底致也底音旨○德鈞以年年同以尊公子以國不聞以富且夫以千乘去其國彊禦已甚詩曰不侮鰥寡不畏彊禦詩大雅侮陵也。夫音扶侮亡甫反鰥古頑反〔疏〕底祿至以尊。正義曰德大則官高官高則祿厚故致祿以德之小大爲差也年同以尊謂以官爲之尊卑也秦楚匹也使

后子與子干齒以年齒爲高下而坐辭曰鍼懼選楚公子不獲是以皆來亦唯命不獲不得自安言俱奔事有優劣唯主人命所處謙辭且臣與羈齒無乃不可乎后子先來仕欲自同於晉臣爲主人子干後來奔以爲羈旅之客史佚有言曰非羈何忌忌敬也欲謙以自別。佚音逸別彼列反〔疏〕非羈何忌。正義曰忌敬也史佚有言云非是羈客何須敬之言子干是客當須敬之我不敢與同是謙以自別也楚靈王即位薳罷爲令尹薳啓彊爲大宰靈王公子圍也即位易名熊虔。罷音皮彊其良反又居良反鄭游吉如楚葬郟敖且聘立君歸謂子產曰具行器矣行器謂備楚王汏侈而自說其事必合諸侯吾往無日矣子產曰不數年未能也爲四年會申傳。汏音泰說徐音悅音始悅反

數所主反十二月，晉既烝，烝，冬祭也。烝，之承反趙孟適南陽，將會孟子餘。孟子餘，趙衰，趙武之曾祖，其廟在晉之南陽溫縣，往會祭之。衰，初危反〔疏〕注孟子餘趙衰。正義曰：服虔以孟爲趙盾，子餘爲趙衰。若其必然，當先衰後盾，何以先言孟也？杜以孟、子餘是趙衰一人，蓋子餘是字，孟是長幼之字也。甲辰朔，烝于溫。趙氏烝祭。甲辰，十二月朔。晉既烝，趙孟乃烝其家廟，則晉烝當作甲辰之前，傳言十二月，月誤。〔疏〕注趙氏至月誤。正義曰：杜以十二月晉既烝，趙孟始適南陽，則趙孟初行已是十二月也。此句乃云甲辰朔烝于溫，案文言之，則是來年正月朔也。服虔云甲辰朔，夏十一月朔也。若是夏十一月朔，當於明年言之，而此年說之何也？杜以服言不適，故爲此解，云晉既烝，趙孟乃烝其家廟，則晉烝當在甲辰之前，當言十一月，傳言十二月，月誤也。劉炫以爲晉烝及趙孟適南陽並在十一月之前，文繫十二月者，欲見烝後即行，先公後私。十二月之文，爲下甲辰朔起本，舉月遙屬下，明晉烝猶在朔前，十二月非誤也。若必如劉言，傳當云晉既烝，趙孟適南陽，將會孟子餘，十二月甲辰朔，烝于溫，足明先公後私之義，何須虛張十二月於上，遙爲甲辰朔起本？傳文上下未有此例，劉炫之言非也。庚戌，卒。十二月七日。終劉定公、秦后子之言鄭伯如晉弔，及雍乃復。弔趙氏。蓋趙氏辭之而還。傳言大夫彊，諸侯畏而弔之。○及雍，於用反

附釋音春秋左傳注疏卷第四十一

江西南昌府學栞

春秋左傳注疏卷四十一校勘記　阮元撰盧宣旬摘錄

附釋音春秋左傳注疏卷第四十一　起元年盡元年。宋本春秋正義卷第二十六。石經春秋經傳集解昭元第廿。淳熙本、纂圖本、明翻岳本廿作二十。釋文及下卷同。淳熙本昭下有公字。明翻岳本作昭公一，並盡三年。

昭公

昭公名裯　杜氏釋例、史記十二諸侯年表、漢書古今人表、律麻志、世本並作稠。徐廣云又作袑。宋本作裯，魯世家同，與襄公三十一年、昭公廿五年傳文合。閩本、監本、毛本改稠。

經元年

元年　淳熙本元誤六。

先至於魯　宋本、淳熙本、纂圖本、明翻岳本、監本、毛本魯作會。宋監毛正義標起訖同，是也。

殺世子偃師貶　宋本殺上有爲字，與公羊合。

非貶所也　監本、毛本所作詞。

案傳武子伐莒　宋本傳下有季字。

晉荀吳師師敗狄于大鹵　石經、宋本、淳熙本、纂圖本、明翻岳本、閩本、監本、毛本師師作帥師，是也。

莒展輿出奔吳　釋文無輿字，云一本作莒展輿。案公羊、穀梁皆無輿字。

不稱爵　宋本不上有故字。

楚子麇卒　閩本、監本作麋，乃麇之誤。案史記楚世家作員，索隱曰左傳作麏。陳氏云麏與麇通。

傳稱縊而弒之　毛本縊誤謚。閩本、監本弒作殺，非。

公子比出奔晉　石經、宋本、淳熙本、纂圖本、明翻岳本、足利本公上有楚字，是也。

傳元年

伍舉爲介 石經此伍字係原刻已下伍字皆初刻作五後加人旁惠棟云孫叔敖碑作五舉案唐石經初刻亦作五後改從人非也

以敝邑褊小 石經宋本明翻岳本褊作福與釋文合

行昏禮 閩本監本毛本昏作婚䟽並同

令尹命大宰伯州犂對曰 監本毛本州誤氏

圍布几筵 釋文几本亦作机案机者几之俗

圍布至而來 宋本以下正義四節在入逆而出句下

猶倚釋幣于禰乃行 閩本監本毛本脫釋字

告父祖之廟而來也 閩本監本毛本作告祖父母之廟而來也誤也

春秋左傳注疏卷四十一校勘記　昭公　二

而無乃包藏禍心以圖之 李善注文選阮瑀爲曹公作書與孫權引傳包作苞案作苞是也說詳僖四年注

而有所壅塞不行是懼 諸本作壅釋文作雍云本又作壅注及下注同

子木之信 淳熙本木誤才

以春言故云七年 山井鼎云足利本後人記云言異本作立按作立者非也

於今七年 宋本以下正義十一節總入其是之謂矣注下

年未醫和則云八年 宋本年下有也字閩本監本未誤末

宋人曹于澶淵 宋本閩本監本毛本于上有人是也

武有仁人之心 諸本作仁此本誤何今訂正

今武猶是心也 顧炎武云石經今誤作令案石經此處模糊炎武所據乃謬刻

武將信以爲本 閩本監本毛本武誤我

是穮是蓘 石經穮字初刊作藨後改正案李善注文選張茂先勵志詩穮作藨引注文同然說文穮下引春秋傳則作是穮是衮衮字不从艸

漢書殖貨志 案漢書殖當作食

后稷始畊田 宋本畊作甽與漢書食貨志合

廣尺深尺曰甽 閩本監本毛本甽作畎

苗生三葉以上 段玉裁云漢書無三字

因僓其士以附苗根 閩本僓作潰監本毛本作壝宋本作隤與漢志合各本士作土是也

耨定本耘 宋本本下有作字是也

即明宮門之衞以爲離衞 宋本明作名是也

春秋左傳注疏卷四十一校勘記　昭公　三

其言大不辭矣 閩本監本毛本辭作侔

吾代二子愍矣 石經愍作慜石經凡從民字皆改從氏避太宗諱也案漢書五行志引作閔

小旻之卒章 補案此標注連正義當在晉樂王鮒節下誤置此處

子與子家持之 釋文云持本或作恃按持當作恃十九年音義云本或作恃怙之恃非也

不如子羽之譏訐 監本毛本訐作評閩本作詳

三大夫兆憂能無至乎 石經宋本淳熙本纂圖本明翻岳本監本毛本重憂字是也案漢書五行志引下憂字作矣矣蓋憂之譌

注言不至其國 宋本以下正義八節總入乃免叔孫句下

是吾出而絕之也 監本毛本絕作危與明道本國語合

必不加請爲戮也 宋本閩本監本毛本加下有師字請閩本作靖非也

吾又誰怨　纂圖本怨誤恐

出不逃難　石經初刻作不出逃難後改正

所由來也　諸本作由此本誤田今訂正

疆場之邑　纂圖本閩本監本毛本埸作場非也注同

故傳通言其王耳　宋本無其字

故三危者　宋本淳熙本纂圖本明翻岳本監本毛本故作放是也

扈在始平鄠縣　宋本淳熙本纂圖本明翻岳本閩本毛本鄠作鄠不誤

啓與有扈戰于甘之野　諸本作于宋本作於

注二國至淮夷注下　監本毛本此段正義在上文周有徐奄

誰能一一治之　宋本之下有焉字

各敬爾儀大命一去　宋本淳熙本纂圖本明翻岳本監本毛本儀字下有天命不又言五字大各本作天是也

注小宛至復還注下　宋本以下正義二節揔入弗可久已矣

注又復也　宋本注下有云字

天命所去不復來也　閩本監本毛本所作一

令尹自以爲王矣　諸本作王此本誤去今訂正

王弱令尹彊　閩本監本彊作疆非下同

是疆而不義　宋本淳熙本纂圖本明翻岳本監本毛本疆作彊不誤

褒姒滅之　釋文云滅詩作威案說文威字注云滅也从火戌火死於戌陽氣至戌而盡引詩曰褒姒威之漢書谷永傳引詩同

爲十二年楚弒靈王傳也　宋本明翻岳本足利本二作三是

猶與賓客享之　諸本作客此本誤各今改正

知其一獻　宋本淳熙本纂圖本明翻岳本監本毛本其作欲足利本獻下有之禮二字

注朝聘至五獻注下　宋本以下正義二節揔入吾不復此矣

皆獻數不同饔餼之數也　閩本監本毛本不作各宋本無數不二字是也

禮終乃宴　詩彤弓正義引作禮終乃燕

謂之享禮既終　宋本無之字

言享公當依享法　宋本閩本監本毛本作言此本誤三今訂正

享宴俎同　宋本閩本監本毛本作同此本誤司今訂正

不求其厚　岳本厚下有也字

子皮賦野有死麕之卒章　纂圖本監本毛本麕作麢非釋文作麏所據之本不同也

無使尨也吠　宋本明翻岳本足利本尨作尨不誤

尨也可使無吠　纂圖本閩本監本毛本尨作尨非也

雒汭在河南鞏縣南　毛本雒作洛非也下同

微禹吾其魚乎　周禮大司徒疏引作吾其爲魚乎爲字係別本所增

吾與子弁冕端委以治民臨諸侯　毛本作纂端委云本亦作弁冕端委案石經此行十一字似初刻無冕字後增入也

弁冕冠也　惠棟云說文元覍冕也故杜訓爲冕冠弁冕之冕衍文也案周禮大司徒疏引有冕字非善本也

注弁冕至之力注下　宋本以下正義四節揔入又何以年注

禮記深衣制宋本衣下有之字是也

予盍亦遠績禹功北宋刻釋文無禹字云本或作亦遠績禹功案周禮大司徒疏李善注文選袁彥伯三國名臣序贊陸士衡五等論引傳無亦字疑釋文亦無亦字非無禹字也本或作亦遠績禹功石經予盍亦一行十一字似亦字亦初刻所無北宋刻釋文績作續說詳校勘記

勸趙孟使篹禹功淳熙本亦誤作篹宋本纂圖本明翻岳本閩本監本毛本作纂是也

謂勸武何不遠慕大禹之績閩本監本毛本慕誤篹何不監毛作何以亦非

齊等也宋本閩本監本毛本齊作儕是也

言吾等於彼卑賤苟且飲食之人也宋本飲作求

不得惡謯䣛之聲釋文謯作讙云或作諠按說文讙譁也从言雚聲釋文本作讙與說文合

注言譬至之聲宋本此節正義在乃出見之注下

犯鄭大夫纂圖本閩本監本毛本大夫誤作夫人

既而櫜甲以見子南毛本南誤男櫜釋文云本或作衷案鄭司農攷工記函人注引作櫜甲而見子南賈疏同

夫夫至順也宋本自此以下正義三節總入何有於諸游注下

猶恐其尫閩本尫作尩非監本毛本作𡯄亦誤

猶懼其武宋武本作虎避諱改也

五者所以爲國也纂圖本重以字非也

宥女以遠勉速行乎淳熙本脫勉字

周公殺管仲而蔡蔡叔釋文云上蔡字音素葛反放也說文作𥻆音同字從殺下米案禹貢云二百里蔡鄭氏云蔡之言殺減殺其賦古音蔡同殺張參五經文字云𥻆春秋傳多借蔡字爲之

殺管叔至蔡叔宋本無上叔字

癸卯至伯也宋本以下正義七節總入其與幾何注下

比舩爲橋閩本橋誤朁宋本舩作船下同

必有幣隨之此本幣下空缺二字正德本閩本作車以監本毛本作帛以並誤宋本作必有幣隨之今訂正

服虔以爲每於十里置車一乘此本車上空缺一字閩本監本毛本作幣非也

一何駛乎閩本監本毛本駛誤駃

后子頃前約束閩本監本束誤速毛本作東亦非

故杜辨其車之所在閩本監本毛本辨作辯車作事並非

趙孟曰天乎石經作天乎漢書五行志引作天虖按錢大昕云與上文亡乎相對謂國既不亡則君當天折

也

翫歲而愒日諸本作翫葉鈔釋文云又作忨是也案說文心部忨字注云貪也从心元聲引傳作忨歲而㵭日外傳作忨日而㵭歲韋昭云忨偷也㵭遲也漢書五行志亦作忨歲

公孫黑強與於盟淳熙本強作彊注同

晉中至大原宋本以下正義三節總入大敗之注下

所遇又阨釋文云阨本又作隘

皆臨時處置之名監本毛本處誤取

公子召去疾于齊石經于作於

叔弓帥師疆鄆田石經及諸本作帥此本誤師今訂正

棄人也夫淳熙本脫夫字

詩曰無競維人善矣　石經宋本淳熙本明翻岳本維作惟

居于曠林　纂圖本監本毛本于作於非也

注后帝至堯也　宋本無至字以下正義廿一節揔入重賦之句下

故稱商人也　宋本無也字

主參　釋文云所林反注及下同案注文無參字

二十九年傳云　閩本監本毛本二作三非也

其季世曰唐叔虞　李善注文選曹子建與吳季重書引作季葉改世作葉避所諱

當武王邑姜方震大叔　釋文云震本又作娠案史記鄭世家漢書高帝紀應劭注呂覽重言篇高誘注引傳並作娠正義引說文云娠女妊身動也是懷胎爲震震取動義字書以是女事故今字從女耳陳樹華云邑姜方震自爲震動之字不作娠

十二年傳稱呂級王舅　監本毛本級作伋下同

夢帝謂已　石經宋本明翻岳本已作己是也

余命而子曰虞　漢書地理志引作余名案說文云名自命也史記天官書兔七命索隱云謂兔星凡有七名也祭法黃帝正名百物國語魯語作成命百物是名命二字古同聲同義

及成王滅唐而封大叔焉　惠棟云史記鄭世家封作國案尚書序云武王既勝殷邦諸侯又康誥序云以殷餘民邦康叔孔氏云國康叔爲衛侯此傳依史記當云邦大叔古字邦封同覡鱹漢諱邦改曰國故曰國大叔也論語邦域之中今作封域是字同之驗下文封諸汾川同

余命女生子名虞　閩本監本毛本命女作命汝

薄姬之夢龍據其心　宋本閩本監本毛本心作身是也

纂昧之業　淳熙本纂作篹非

臺驗是金天裔孫　宋本閩本監本毛本驗作駘是也

昧於金天　宋本閩本監本毛本作昧此本誤味今訂正

則臺駘汾神也　案史記鄭世家作汾洮神也水經注引傳作汾洮之神也

山川之神則水旱癘疫之災於是乎禜之日月星辰之神則雪霜風雨之不時於是乎禜之　惠棟云鄭氏注周禮譽人引傳云日月星辰之神則雪霜風雨之不時於是乎禜之山川之神則水旱癘疫之不時謏禜於是乎禜之賈公彥云鄭君所讀春秋先日月與賈服傳不同故也彼無不時此有之者鄭氏以義增之非傳文

爲營攢用幣　監本攢字模糊正德本閩本作攅毛本作儹並非下同

不復別其日月與山川者也　宋本無者字

計日月無其主之者　監本毛本脫之字

掌六祈以同鬼神示　諸本作祈此本誤析今改閩本亦脫神字據宋本監本毛本補

以朱絲禜社也　閩本監本毛本禜作營下同按周禮大祝注作禜公羊傳作以朱絲營社釋文云一傾反又如字本亦作禜同營禜皆謂規其外

以此解禜也　宋本閩本監本毛本作禜此本誤榮今改正

癘氣所不及　閩本監本毛本癘誤疫

久則疲　宋本久上重聽政二字

勿使有所壅閉湫底　石經底作底葉鈔釋文同少下畫非是

底滯也　淳熙本也誤少

以羸露其形骸也　宋本骸作體是也

底止也　宋本閩本監本毛本底作底按訓止則字當从广爾雅釋詁云底止也

則骨羸露也　宋本骨作體是也

瘦必羸　宋本瘦下有者字是也

神常隨形而盛衰也　監本毛本常作長

此向重述不及同姓之意　宋本閩本監本毛本向作嚮是也

畏瀆故也　監本毛本故作敬與國語晉語合

是謂近女室疾如蠱　王念孫云室乃生之誤近女爲句生疾如蠱爲句女蠱爲韻下文食志祜爲韻

是謂至如蠱　宋本以下正義十三節揔入厚其禮而歸之注下

是蠱疾　宋本是上有即字

蠱是失志之疾名　宋本疾作病

先王之樂　案漢書藝文志引樂上有作字非正義本也

當從上始　宋本當下有更字是也

不以後聲未接前聲　宋本閩本監本毛本未作來

淫聲之慢　宋本監本毛本慢作漫

衞音從速煩志　閩本監本毛本從速作趨數宋本作促速案從當作促鄭氏注樂記趨數讀爲促速

月令尤分明　分字此本空缺依宋本補閩本監本毛本作

天有至六疾　宋本此節正義在注五降至之聲之前

爲驗而爲五聲也　宋本爲作徵是也

注淫過至生害　宋本此節正義在謂金至而生之下

六氣並行　監本毛本並作共

爲土正主日也　補案主當作王音旺

末四支也　毛本支字作肢正義同按說文胑體四胑也从肉只聲肢或从支

雨濕之氣爲溲注　纂圖本毛本濕作溼淳熙本溲作戌

謂風肱也　閩本監本肱作胘亦非宋本毛本作眩是也

則女是陽家之物也　監本毛本家作象

惑蠱也　宋本惑上有故字

損其內指　宋本閩本監本毛本指作情是也

任其寵節　石經宋本淳熙本纂圖本明翻岳本閩本監本毛本寵作大不誤

溺沈沒於嗜欲　纂圖本閩本監本毛本沈作沉案沉俗沈字淳熙本沒誤沿宋本嗜作耆與釋文合正義同

此論晉侯將蠱疾　宋本將下有爲字

人自有無故失志　閩本監本毛本無作欲

器受蠱書者爲蠱　宋本淳熙本纂圖本明翻岳本閩本監本毛本蠱書作蠱害也

伍舉爲介　石經伍初刻作五人旁後加

注縊絞至誤也　宋本以下正義四節揔入不數年未能也注下

姓荀名說　段玉裁挍本說作況是也

彼是郟敖今日死　宋本彼作便是也

郟敖楚子麇　宋本淳熙本纂圖本明翻岳本毛本麇作麇是也

此告終稱嗣　盧文弨云此字衍裴駰注史記引注無

底祿以德　石經宋本明翻岳本底作厎不誤注同

彊禦已甚纂圖本閩本監本毛本彊作疆非是下及啓彊同

行器譁備宋本淳熙本明翻岳本監本毛本譁作嘩

楚王汰侈而自說其事石經宋本明翻岳本汰作汏不誤釋文亦作汏

注孟子餘趙衰注下宋本以下正義二節揔入鄭伯如晉節

並在十一月之前宋本一作二不誤

春秋左傳注疏卷四十一校勘記止

附釋音春秋左傳注疏卷第四十二 昭二年盡四年

杜氏注　孔穎達疏

經二年春，晉侯使韓起來聘。○夏，叔弓如晉。叔弓，叔老子。○秋，鄭殺其大夫公孫黑。書名，惡之。薰隧盟，子產不討，遂以爲卿，故書之。○惡，烏路反。

疏書名至書之。○正義曰：傳稱子產數其罪，是書名爲惡之也。往年傳云子晳上大夫也，則非卿。非卿則不合書。薰隧之盟，子晳強與卿列，子產不討，即以爲卿，故書之。

○冬，公如晉，至河乃復。弔少安也。晉人辭之，故還。○少，詩照反，傳放此。○季孫宿如晉。致襚服也。公實以秋行，冬還乃書。○致襚，音遂。

疏注致襚至乃書。○正義曰：傳稱季孫宿遂致服焉，知其致襚服也。傳說此事文正在冬上，而經書在冬，知公實以秋行，至冬還乃書，即書還時日月，不復追言秋，故文在冬也。

傳二年春，晉侯使韓宣子來聘，公即位故。

疏注公即位故。○正義曰：傳言且告爲政而來見，則其來非獨爲爲政，故知主爲公即位故也。襄元年傳曰：凡諸侯即位，小國朝之，大國聘焉，是也。

且告爲政而來見，禮也。代趙武爲政。雖盟主而脩好同盟，故曰禮。○見，賢遍反。好，呼報反。

疏注代趙武爲政。○正義曰：五年傳曰韓起之下有趙成、中行吳、魏舒、范鞅、知盈，則六者三軍之將佐也。韓起代趙武將中軍，趙成繼父爲卿，代韓起也。

觀書於大史氏，見易象與魯春秋，曰：「周禮盡在魯矣。易象，上下經之象辭。魯春秋，史記之策書。春秋遵周公之典以序事，故曰周禮盡在魯矣。

疏觀書至王也。○正義曰：大史之官，職掌書籍，必有藏書之處，若今之秘閣也。觀書於大史氏者，氏猶家也，就其所司之處觀其書也。見易象，易象魯無增改，故不言魯易象。其春秋用周公之法書魯國之事，故言魯春秋也。魯國寶文王之書，遵周公之典，故云周禮盡在魯矣。文王、周公能制此典，因見此書而追歎周德，吾乃於今日始知周公之德，以周公制春秋之法故也；與周之所以得王天下之由，由文王以聖德能作易象故也。此二書晉國亦應有之，韓子舊應經見，而至魯始歎之，乃云今知者，因味其義而善其人，非爲素不見也。

吾乃今知周公之德與周之所以王也。」易象、春秋，文王、周公之制。當此時，儒道廢，諸國多闕，唯魯備，故宣子適魯而說之。○以王，于況反。周弘正依字讀。說，音悅。

疏注易象至魯矣。○正義曰：易有六十四卦，分爲上下二篇。及孔子又作易傳十篇以翼成之。後世謂孔子所作爲傳，謂本文爲經，故云上下經也。易文推演爻卦，象物而爲之辭，故易繫辭云：「八卦成列，象在其中。」又云：「易者，象也。」是故謂之易象。孔子述卦下揔辭謂之爲彖，述爻下別辭謂之爲象，以其無所分別，故別立二名以辨之，其實卦下之語亦是象物爲辭，故二者俱爲象也。定四年傳稱分魯公以備物典策，所言典策則史官書策之法，若發凡言例，皆是周公制之。周衰之後，諸國典策各違舊章，唯魯春秋遵此周公之典以序時事，故云周禮盡在魯矣。○注易象春秋文王至而說之。○正義曰：易象文王所作，春秋周公垂法，故杜雙舉釋之，云易象、春秋，文王、周公之所制也。易繫辭云：「易之興也，其當殷之末世，周之盛德邪？當文王與紂之事邪？」鄭玄云：據此言以易是文王所作，斷可知矣。且史傳讖緯皆言文王演易，演謂爲其辭以演說之，易經必是文王作也。但易之爻辭有「箕子之明夷，利貞」，箕子明傷乃在武王之世，文王不得言之。又云「王用亨于岐山」，又云「東鄰殺牛，不如西鄰之禴祭，實受其福」，二者之意皆斥文王。若是文王作經，無容自伐其德，故先代大儒鄭衆、賈逵等或以爲卦下之彖辭文王所作，爻下之象辭周公所作。雖復紛競大久，無能決當是非。杜今雙舉並釋，以同鄭說也。然據傳先言易象，後言春秋，則應先云周之所以王，與周公之德也。今傳乃先云周公之德者，易象諸國同有，其春秋獨遵周公典法，韓子美周禮在魯，故先云周公之德。

公享之。季武子賦緜之卒章。緜，詩大雅。卒章取文王有四臣，故能以緜緜致興盛。以晉侯比文王，以韓子比四輔。○四臣：大顛、閎夭、散宜生、南宮适。四輔，謂先後、奔走、疏附、禦侮。

疏注文王有四臣。○正義曰：緜詩云：「予曰有疏附，予曰有先後，予曰有奔奏，予曰有禦侮。」注云：率下親上曰疏附，相道前後曰先後，喻德宣譽曰奔奏，武臣折衝曰禦侮。

韓子賦角弓。角弓，詩小雅。取其兄弟昏姻無胥遠矣，言兄弟之國宜相親。季武子拜，曰：「敢拜子之彌縫敝邑，寡君有望矣。」彌縫猶補合也。謂以兄弟之義。○縫，扶恭反。合，如字，一音閤。武子賦節之卒章。節，詩小雅。卒章取「式訛爾心，以畜萬邦」，以言晉德可以畜萬邦。○節才結反，徐又如字，訛五禾反。既享，宴于季氏。有嘉樹焉，宣子譽之。譽其好也。○譽音餘，注同。【疏】注譽其好也。○正義曰：服虔云：「譽，游也。宣子游其樹下。夏諺曰：『一游一豫，爲諸侯度。』」所引夏諺，孟子文也。若是游於其下，宣子本自無言，武子何以輒對？故杜以爲譽其美好也。武子曰：「宿敢不封殖此樹，以無忘角弓。」封，厚也。殖，長也。○長丁丈反。遂賦甘棠。甘棠，詩召南。召伯息於甘棠之下，詩人思之，而愛其樹。武子欲封殖嘉樹如甘棠，以宣子比召公。○召上照反，下同。宣子曰：「起不堪也，無以及召公。」宣子遂如齊納幣。爲平公聘少姜。○爲于僞反，下爲之請同。見子雅。子雅召子旗，子旗，子雅之子。使見宣子。宣子曰：「非保家之主也，不臣。」志氣亢。○見賢遍反，下見彊同。亢苦浪反。見子尾。子尾見彊，彊，子尾之子。宣子謂之如子旗。亦不臣。大夫多笑之，唯晏子信之，曰：「夫子，君子也。夫子，韓起。君子有信，其有以知之矣。」爲十年齊欒施、高彊來奔張本。自齊聘於衛。衛侯享之，北宮文子賦淇澳。淇澳，詩衛風，美武公也。言宣子有武公之德。○淇音其，澳於六反。宣子賦木瓜。木瓜亦衛風，義取於欲厚報以爲好。○好呼報反，後文注皆同。夏四月，韓須如齊逆女。須，韓起之子，逆少姜。齊陳無宇送女，致少姜。少姜有寵於晉侯，晉侯謂之少齊。爲立別號，所以寵異之。○少詩照反。【疏】注爲立至異之。○正義曰：婦人稱姓，姜其常盡，以其齊女，故以齊爲別號，所以寵異之。言少姜、少齊，蓋本字爲少也。服虔云：所以寵異，不與齊衆女字等，言齊國如此好女甚少。謂陳無宇非卿，欲使齊以適夫人禮送少姜。○適丁歷反。執諸中都。中都，晉邑，在西河界休縣東南。○界音介，休許虯反。少姜爲之請，曰：「送從逆班。班列也。【疏】送從逆班。○正義曰：昏禮，諸侯以下法當親迎，有故得使卿，明是使上卿也。桓三年傳例云：「凡公女嫁于敵國，姊妹則上卿送之，以禮於先君；公子則下卿送之。於大國，雖公子亦上卿送之。」是送者與逆者俱爲上卿，是送者依逆者班列。若公子嫁於敵國及姊妹嫁於小國，皆下卿送之，是降逆者一等。公子嫁於小國，上大夫送之，是降逆者二等也。若晉以少姜爲夫人，當以上卿逆，齊當以上卿送，是亦送逆同班。少姜據多言之，故云送從逆班。或可晉使公族大夫逆，少姜元不以夫人之禮，則同妾媵之屬，送者皆從者班次，不與桓三年逆夫人之禮同，少姜據此而言，故云送從逆班也。劉炫云：昏禮，諸侯以下法當親迎，有故得使卿，明是使上卿也。凡例云：「凡公女嫁于敵國，姊妹則上卿送之；公子則下卿送之。」是送卑於逆者一等，故云送者從逆者之班次，言當卑於逆者也。畏大國也，猶有所易，是以亂作。」韓須，公族大夫。陳無宇，上大夫。言齊畏晉，改易禮制，使上大夫送，遂致此執辱之罪。蓋少姜謙以示讓。○叔弓聘于晉，報宣子也。此春韓宣子來聘。晉侯使郊勞。聘禮，賓至近郊，君使卿勞之。○勞力報反，注皆同。辭曰：「寡君使弓來繼舊好，固曰：『女無敢爲賓。』徹命於執事，敝邑弘矣。徹，達也。○女音汝，下及注皆同。敢辱郊使？請辭。」辭郊勞。○使所吏反，下同。致館，辭曰：「寡君命下臣來繼舊好，好合使成，臣之祿也。得通君命，則於己爲榮祿。敢辱大館？」敢不敢。叔向曰：「子叔子知禮哉！吾聞之曰：『忠信，禮之器也。卑讓，禮之宗也。』宗猶主也。辭不忘國，忠信也。謂稱舊好。先國後己，卑讓也。始稱敝邑之弘，先國也。次稱臣之祿，後己也。詩曰：『敬慎威儀，以近有德。』夫子近德矣。」詩大雅。○近附近之近，下同。○秋，鄭公孫黑將作亂，欲去游氏而代其位。游氏，大叔之族。黑爲游楚所傷，故欲害其族。○去起呂反。傷疾作而不果。前年游楚所擊創。○創初良反。駟氏與諸大夫欲殺之駟氏黑之族子産在鄙聞之懼弗及乘遽而至遽傳驛。遽其據反爾雅云馹遽傳也孫炎注云傳車驛馬傳中戀反驛音亦【疏】注據傳驛。正義曰釋言云馹遽傳也孫炎曰傳車驛馬也使吏數之責數其罪曰伯有之亂在襄三十年以大國之事而未爾討也務共大國之命不暇治女罪。共音恭下文注皆同爾有亂心無厭國不女堪專伐伯有而罪一也昆弟爭室而罪二也謂爭徐吾犯之妹。厭於鹽反薰隧之盟女矯君位而罪三也謂使大史書七子。矯居表反有死罪三何以堪之不速死大刑將至再拜稽首辭曰死在朝夕無助天爲虐子産曰人誰不死凶人不終命也作凶

事爲凶人不助天其助凶人乎請以印爲褚師印子晳之子褚師市官。朝如字下同印一刃反褚張呂反注同【疏】注死在至爲虐。正義曰言我創疾見作死在朝夕之間天已虐我無更助天爲虐也。注褚師市官。正義曰蓋相傳說也子産曰印也若才君將任之不才將朝夕從女女罪之不恤而又何請焉不速死司寇將至七月壬寅縊尸諸周氏之衢衢道也。衢其于反加木焉書其罪於木以加尸上〇晉少姜卒公如晉及河晉侯使士文伯來辭曰非伉儷也晉侯溺於所幸爲少姜行夫人之服故諸侯弔不敢以私煩諸侯故止之。伉苦浪反儷力計反【疏】非伉儷也。正義曰成十一年注云伉敵也儷耦也言少姜是妾非敵身對耦之人也少姜是妾杜言晉侯爲少姜行夫人之服者以明年傳云寡君在縗絰之中知其爲之服也請君無

辱公還季孫宿遂致服焉致少姜之襚服公以末秋行始冬還乃書之故經在冬叔向言陳無宇於晉侯曰彼何罪彼無宇君使公族逆之齊使上大夫送之猶曰不共君求以貪國則不共逆卑於送是晉國不共而執其使君刑已頗何以爲盟主頗不平。使所吏反頗普多反且少姜有辭謂請無宇之辭冬十月陳無宇歸晉侯赦之〇十一月鄭印段如晉弔弔少姜

經三年春王正月丁未滕子原卒襄二十五年盟重丘。重直恭反【疏】注襄二至重丘。正義曰杜世族譜滕成公是文公之子成十六年滕子卒自爾以來襄五年盟于戚九年于戲十一年于亳城北十九年于祝柯二十年于澶淵二十五年于重丘皆與滕俱在凡六同盟但經傳更無明

文未知皆是滕成公以否杜氏之意疑故指重丘近者而言劉炫以爲皆是滕成公而規杜氏非也〇夏叔弓如滕〇五月葬滕成公卿共小國之葬禮過厚葬襄公滕子來會故魯厚報之。共音恭傳倣此〇秋小邾子來朝〇八月大雩〇冬大雨雹無傳記災。雨于付反雹蒲學反〇北燕伯款出奔齊不書大夫逐之而言奔罪之也書名從告【疏】注不書至從告。正義曰傳稱燕大夫比以殺公之外嬖公懼奔齊是被逐而出非自去也傳又云書曰北燕伯款出奔罪之也釋例曰諸侯奔亡皆迫逐而苟免非自出也傳稱孫林父甯殖出其君名在諸侯之策此以臣名赴告之文也仲尼之經更沒逐者主名以自奔文責其君不能自安自固所犯非徒所逐之臣也衞赴不以名而燕赴以名各隨赴而書之義在彼不在此也傳不發於蔡朱衞衎而發於燕款者款罪輕於衞衎而重於蔡朱故舉中示例以兼通上下也晉悼感衞衎而發問師曠恃其目盲因問以極言且明君不能君故臣亦不能臣罪不純在臣也杜言在彼不在此者書其出奔已是罪賤不假書名以見罪

故名與不名皆從本赴不復更見義也

傳三年春王正月鄭游吉如晉送少姜之葬梁丙與張趯見之。二子晉大夫。趯他歷反梁丙曰甚矣哉子之爲此來也卿共妾葬過禮甚。爲于僞反子大叔曰將得已乎言不得止昔文襄之霸也晉文公襄公【疏】文襄至霸也。正義曰襄是文公子能繼父業故連言之其命朝聘之之。數弔葬之使皆文公令之非襄公也其務不煩諸侯令諸侯三歲而聘五歲而朝有事而會不協而盟明王之制歲聘間朝在十三年今簡之。間間廁之門【疏】注明王至簡之。正義曰十三年傳云明王之制使諸侯歲聘以志業間朝以講禮再朝而會以示威再會而盟以顯昭明彼謂諸侯於天子朝聘會盟之數計十二年而有八聘四朝再會一盟此說文襄之霸令諸侯朝聘霸主大國之法也諸侯朝天子因朝而爲盟會所以同好惡獎王室霸主之合諸侯不得令其同盟以獎已故令有事而會不協而盟不復設年限之期周室既衰政在霸主霸主不可自同天子以明王舊制大煩諸侯不敢依用故設此制以簡之君薨大夫弔卿共葬事夫人士弔大夫送葬先王之制諸侯之喪士弔大夫送葬在三十年蓋時俗過制故文襄雖節之猶過於古足以昭禮命事謀闕而已朝聘以昭禮盟會以謀闕無加命矣命有常今嬖寵之喪不敢擇位而數於守適不敢以其位卑而令禮數如守適夫人然則時適夫人之喪弔送之禮以過文襄之制。而數所具反徐所主反適丁歷反注同本或作嫡下同令力呈反【疏】今嬖至守適。正義曰今嬖寵賤妾之喪不敢計擇妾位卑賤而令禮數即同於守適夫人也言守適者夫守外職妻守內職言夫人守內官之適長故以守適言夫人也文襄之制夫人喪士弔大夫送葬今游吉卿也而云同於守適則於時適夫人喪已令卿送葬矣故杜云然則時適夫人之喪弔送之禮以過文襄之制也劉炫云不敢擇取使人於卑賤之位而禮數同於守內官之適夫人也唯懼獲戾豈敢憚煩少姜有寵而死齊必繼室繼室復薦女。復扶又反下不出者皆同今茲吾又將來賀不唯此行也張趯曰善哉吾得聞此數也然自今子其無事矣譬如火焉火心星火中寒暑乃退心以季夏昏中而暑退季冬旦中而寒退【疏】注心以至寒退。正義曰月令季夏之月月在柳昏心中旦奎中季冬之月月在婺女昏婁中旦氐後卯次房心是季冬旦火中也此其極也能無退乎晉將失諸侯諸侯求煩不獲言將不能復煩諸侯二大夫退子大叔告人曰張趯有知其猶在君子之後乎譏其無隱諱。知音智

〇丁未滕子原卒同盟故書名同盟於襄之世亦應從同盟之禮故傳發之【疏】注同盟至發之。正義曰文三年王子虎卒傳曰弔如同盟禮也杜云王子虎與僖公同盟于翟泉文公是同盟之子故赴以名然則與其父盟得以名赴其子於子虎之卒既已發傳而此復發者以子虎非諸侯又滕入春秋以來未嘗書滕子名故於此重發傳也

〇齊侯使晏嬰請繼室於晉復以女繼少姜曰寡君使嬰曰寡人願事君朝夕不倦將奉質幣以無失時則國家多難是以不獲不得自來。朝如字質徐之一反又音如字難乃旦反不腆先君之適謂少姜。腆他典反以備內官焜燿寡人之望則又無祿早世隕命寡人失望君若不忘先君之好惠顧齊國辱收寡人徼福於大公丁公徼要也二公齊先君言收恤寡人則先君與之福也。焜胡本反又音昆服云明也燿羊照反服云照也隕于敏反好呼報反徼古堯反大公音泰要一遙反【疏】焜燿寡人之望。正義曰服虔云燿照也焜明也言得備妃嬪之列照明己之意望

也照臨敝邑，鎮撫其社稷，則猶有先君之適適夫人之女及遺姑姊妹遺，餘也。【疏】及遺姑姊妹。正義曰：姑姊妹亦先君之女也。上云先君之適，謂適夫人所生；及遺姑姊妹，謂非夫人所生者也。若而人言如常人，不敢譽。○譽音餘。君若不棄敝邑，而辱使董振擇之，以備嬪嬙寡人之望也董，正也。振，整也。嬪嬙，婦官。○振，之刃反，一音眞，注同。嬙本又作廧，在良反。【疏】注董正至婦官。正義曰：董，正，釋詁文也。振爲整理之意，言正整選擇，示精審也。周禮天子有九嬪，嬪是婦官，知嬙亦婦官。哀元年傳說夫差宿有妃嬙嬪御焉，蓋周末婦官有此名。漢成帝時，匈奴來朝，詔以掖庭王嬙賜之，是名因於古也。韓宣子使叔向對曰：寡君之願也。寡君不能獨任其社稷之事，未有伉儷，在縗絰之中，是以未敢請制夫人之服，則葬訖君臣乃釋服。○任音壬。縗本亦作衰，七雷反。絰，直結反。【疏】

未有伉儷。正義曰：少姜本非正夫人，而云未有伉儷者，蓋晉侯當時無正夫人，其繼室者使韓起上卿逆之，鄭罕虎如晉賀之，則後娶者爲夫人也。君有辱命，惠莫大焉。若惠顧敝邑，撫有晉國，賜之內主，豈惟寡君，舉羣臣實受其貺，其自唐叔以下實寵嘉之唐叔，晉之祖。○貺音況。【疏】舉羣臣。○正義曰：舉亦皆之義，言舉朝羣臣也。既成昏許昏成。晏子受禮受賓享之禮。叔向從之宴，相與語。叔向曰：齊其何如問興衰。晏子曰：此季世也，吾弗知，齊其爲陳氏矣不知其他，唯知齊將爲陳氏。○吾弗知絕句。公棄其民，而歸於陳氏棄民不恤。齊舊四量，豆、區、釜、鍾。四升爲豆，各自其四，以登於釜四豆爲區，區斗六升。四區爲釜，釜六斗四升。登，成也。○量音亮，下及注同。區，烏侯反，注及下皆同。釜

十則鍾六斛四斗。陳氏三量皆登一焉，鍾乃大矣登，加也。加一，謂加舊量之一也。以五升爲豆，五豆爲區，五區爲釜，則區二斗，釜八斗，鍾八斛。○舊本以五升爲豆，四豆爲區，四區爲釜，直加豆爲五升，而區釜自大，故杜云區二斗，釜八斗，是也。本或作五豆爲區，五區爲釜者，爲加舊豆區爲五，亦與杜注相會，非於五升之豆又五五而加也。【疏】鍾乃大矣。○正義曰：陳氏三量各登其一，則釜爲八斗，陳氏亦自依釜數，釜十爲鍾，比於齊之舊鍾，不言四而加一，故云鍾乃大矣，言其大於齊鍾，明亦自十其釜也。以家量貸，而以公量收之貸厚而收薄。○貸，他代反。山木如市，弗加於山；魚鹽蜃蛤，弗加於海賈如在山海，不加貴。○蜃，食軫反。蛤，古荅反。賈音嫁。【疏】山木至於海。○正義曰：如，訓往也。言將山木往至市也。於木既云如市，魚鹽蜃蛤亦如市，可知蒙上文也。民參其力，二入於公，而衣食其一言公重賦斂。○參，七南反，又音三。斂，力驗反。公聚朽蠹，而三老凍餒三老，謂上壽、中壽、下壽，皆八十已上，不見養遇。○聚，徐在喻反，

一音在主反。蠹，丁故反。三老，服云工老、商老、農老也。凍，丁貢反。餒，奴罪反。壽音授，下同。上，時掌反。【疏】注三老至養遇。○正義曰：服虔云：三老者，工老、商老、農老。案民有四民，其老無別，不宜以三種之民爲三老。且士之老者亦應須恤，不當獨遺士也。故杜以爲上中下壽，言皆八十以上，則上壽百年以上，中壽九十以上，下壽八十以上。此亦以意言之，釋此文耳，不通於餘文也。若秦伯謂蹇叔云：中壽，爾墓之木拱矣。不言九十而死，木已拱矣。國之諸市，屨賤踊貴踊，刖足者屨。言刖多。○屨，九具反。踊音勇，刖足者之屨也。刖音月，又五刮反。民人痛疾，而或燠休之燠休，痛念之聲，謂陳氏也。○燠，於喻反，徐音憂，又於到反，一音於六反。休，虛喻反，徐許留反。賈云：燠，厚也；休，美也。【疏】注燠休至氏也。○正義曰：賈逵云：燠，厚也；休，美也。服虔云：燠休，痛其痛而念之，若今時小兒痛，父母以口就之曰燠休，代其痛也。杜氏燠休，痛念之聲，其意如服言也。此民人痛疾，承踊貴之下，以其傳文相連，無所分別，故言謂陳氏也。其愛之如父母，而歸之如流水，欲無獲民，將焉辟之？箕伯、直柄、虞遂、

伯戲四人皆舜後陳氏之先○焉於虔反戲許宜反〔疏〕注四人至之先○正義曰論陳氏而言此四人知四人皆陳氏之先也八年傳云舜重之以明德寘德於遂遂世守之及胡公不淫遂在舜之後知四人皆舜之後世數遠近不可復知也其相胡公大姬已在齊矣胡公四人之後周始封陳之祖大姬其妃也言陳氏雖爲人臣然將有國其先祖鬼神已與胡公共在齊○相息亮反服如字大姬音泰〔疏〕其相至齊矣○正義曰杜不解相服虔云相隨也蓋相訓爲助不爲隨也言箕伯四人其皆助胡公大姬神靈已在齊矣神之在否不可測度而晏子爲此言者以陳氏必興姜姓必滅示已審見其事故言先神歸之其實神歸以否非晏子所能知也今定本相作祖叔向曰然雖吾公室今亦季世也戎馬不駕卿無軍行言晉衰弱不能征討救諸侯○行戶郎反公乘無人卒列無長百人爲卒言人皆非其人非其長○乘繩證反卒子忽反注同長丁丈反注同庶民罷敝而宮室滋侈滋益也○罷音皮侈尺氏反又昌氏反道殣相望餓死爲殣○殣音覲說文云道中死者人所覆也毛詩作墐傳云墐路冢也而女富溢尤女嬖寵之家民聞公命如逃寇讎欒郤胥原狐續慶伯降在皁隸八姓晉舊臣之族也皁隸賤官○郤去逆反皁才早反隸力計反〔疏〕注八姓至賤官○正義曰此八姓之先欒郤胥原狐皆卿也續簡伯慶鄭伯宗○亦見於傳先皆大夫也政在家門大夫專政民無所依君日不悛以樂慆憂慆藏也悛改也○悛七全反樂音洛又音岳慆他刀反〔疏〕以樂慆憂○正義曰劉炫云慆慢也好音樂而慢易憂禍也杜以慆爲藏當讀如弓韜之韜言以音樂樂身埋藏憂愁於樂中猶古詩云埋憂地下也公室之卑其何日之有言今至讒鼎之銘讒鼎名也○讒仕咸反服云疾讒之鼎也〔疏〕注讒鼎名也○正義曰服虔云讒鼎疾讒之鼎明堂位所云崇鼎是也一云讒地名禹鑄九鼎於甘讒之地故曰讒鼎二者並無案據其名不可審知故杜直云鼎名而已曰昧旦丕顯後世猶怠昧旦早起也丕大也言夙興以務大顯後世猶解怠○昧音妹丕普悲反解佳賣反況日不悛其能久乎晏子曰子將若何問何以免此難○況日人實反難乃旦反叔向曰晉之公族盡矣肸聞之公室將卑其宗族枝葉先落則公從之肸之宗十一族同祖爲宗○肸許乙反〔疏〕肸之宗十一族○正義曰世族譜云羊舌氏晉之公族也羊舌其所食邑名唯言晉之公族不知出何公也杜云同祖爲宗謂同出一公有十一族也譜又云或曰羊舌氏姓李名果有人盜羊而遺其頭不敢不受而埋之後盜羊事發辭連李氏李氏掘羊頭示之以明己不食唯識其舌存得免號曰羊舌氏杜言或曰蓋舊有此說杜所不從記異聞耳唯羊舌氏在而已肸又無子無賢子公室無度無法度幸而得死言得以壽終爲幸豈其獲祀言必不得祀初景公欲更晏子之宅曰子之宅近市湫隘囂塵不可以居湫下隘小囂聲塵土○近附近之近下同湫子小反徐音秋又在酒反下同隘於賣反囂許驕反一音五高反請更諸爽塏者爽明塏燥○塏苦代反燥素刀反〔疏〕注爽明塏燥○正義曰塏高地故爲燥也以所居下濕塵埃故欲更於明燥之處晏子春秋云將更於豫章之圃豫章之圃高燥之地也辭曰君之先臣容焉先臣晏子之先人臣不足以嗣之於臣侈矣侈奢也且小人近市朝夕得所求小人之利也敢煩里旅旅衆也不敢勞衆爲己宅○朝如字下朝夕同公笑曰子近市識貴賤乎對曰既利之敢不識乎公曰何貴何賤於是景公繁於刑繁多也有鬻踊者故對曰踊貴屨賤既已告於君故與叔向語而稱之傳護晏子令不與張趯同譏○鬻羊六反賣也令力呈反〔疏〕注傳護晏

子。正義曰傳護晏子故爲發此傳而叔向亦言已國傳雖無譏蓋亦嘗以諫君故無譏也景公爲是省於刑君子曰仁人之言其利博哉晏子一言而齊侯省刑詩曰君子如祉亂庶遄已詩小雅如行也祉福也遄疾也言君子行福則庶幾亂疾止也。爲是于僞反省所景反下同祉音恥遄市專反其是之謂乎及晏子如晉公更其宅反則成矣既拜拜謝新宅乃毁之而爲里室皆如其舊本壞里室以大晏子之宅故復之。壞音怪復音服下卒復爲其復欲復之同則使宅人反之還其故宅。還音環且諺曰非宅是卜唯鄰是卜卜良鄰諺音彥。二三子先卜鄰矣二三子謂鄰人違卜不祥君子不犯非禮去儉即奢爲非禮小人不犯不祥古之制也吾敢違諸乎

卒復其舊宅公弗許因陳桓子以請乃許之傳言齊晉之衰賢臣懷憂且言陳氏之興○夏四月鄭伯如晉公孫段相甚敬而卑禮無違者晉侯嘉焉授之以策策賜命之書。相息亮反策初革反曰子豐有勞於晉國子豐段之父【疏】子豐至晉國。正義曰服虔云鄭僖公之爲大子。豐與之俱適晉計從大子一朝於晉不足以爲勞也或當別有功勞事無所見故杜不解之余聞而弗忘賜女州田州縣今屬河内郡。女音汝以胙乃舊勳伯石再拜稽首受策以出君子曰禮其人之急也乎伯石之汰也汰驕也。胙十路反汰音泰一爲禮於晉猶荷其祿況以禮終始乎詩曰人而無禮胡不遄死其是之謂乎初州縣欒豹之邑也豹欒盈族。荷戶可反任也又音可及欒氏亡范宣子趙文子韓宣子皆欲之文子曰温吾縣也州本屬温温趙氏邑二宣子曰自郤稱以別三傳矣郤稱晉大夫始受州自是州與温別至今傳三家。稱尺證反以別絶句三傳直專反注同晉之別縣不唯州誰獲治之言縣邑既別甚多無有得追而治取之文子病之乃舍之二子曰吾不可以正議而自與也皆舍之及文子爲政趙獲曰可以取州矣獲趙文子之子。乃舍音赦又音捨下同文子曰退使獲退也二子之言義也二子二宣子也違義禍也余不能治余縣又焉用州其以徼禍也君子曰弗知實難患不知禍所起。焉於虔反知而弗從禍莫大焉

有言州必死豐氏故主韓氏故猶舊也豐氏至晉舊以韓氏爲主人伯石之獲州也韓宣子爲之請之爲其復取之之故後若還晉因自欲取之爲七年豐氏歸州張本。爲之于僞反下爲其復爲少姜下注爲之辟仇爲平公遊皆同○五月叔弓如滕葬滕成公子服椒爲介及郊遇懿伯之忌敬子不入忌怨也懿伯椒之叔父敬子叔弓也叔弓禮椒爲之辟仇。介音界辟音避【疏】五月至成公。正義曰經書夏叔弓如滕五月葬滕公今傳文叔弓如滕亦在五月之下杜於桓十六年注引此事以爲本事異兩書之故或言月或言時事異故文異其實叔弓亦以五月行也劉炫云叔弓以四月發魯滕以五月葬君叔弓書始行之月滕書實葬之月故書經異文也傳述遇讎之事并就葬月言耳。子服至不入。正義曰檀弓下云滕成公之喪使子叔敬叔弔進書子服惠伯爲介及郊爲懿伯之忌不入惠伯曰政也不可以叔父之私不將公事遂入敬叔即此敬子也懿伯是惠伯之叔父爲人所殺及滕郊遇懿伯之忌逢其讎

也敬叔不入以禮惠伯欲使惠伯報叔父之讎殺彼人也惠伯以公義不可先入受館記文雖字有小異意與傳同而鄭玄注云敬叔有怨於懿伯難惠伯故不入又云敬叔於昭穆以懿伯爲叔父其言差錯不可顯解是鄭之謬也○注忌怨至辟仇○正義曰記云不可以叔父之私知懿伯是椒之叔父也叔弓不入者禮椒也爲椒有辟仇之恥禮之欲使殺之

惠伯曰公事有公利無私忌椒請先入乃先受館敬子從之惠伯子服椒也傳言叔弓之有禮

疏惠伯至從之○正義曰檀弓云子夏請問居昆弟之仇如之何曰仕不與共國銜君命而使雖遇之不鬬鄭玄云爲負而廢君命也叔父之與昆弟親疏同耳故有公利無私忌辟仇非恥故椒請先入也

○晉韓起如齊逆女爲平公逆公孫蠆爲少姜之有寵也以其子更公女而嫁公子更嫁公女。蠆敕邁反○人謂宣子子尾欺晉晉胡受之宣子曰我欲得齊而遠其寵寵將來乎寵謂子尾

○遠于萬反○秋七月鄭罕虎如晉賀夫人且告曰楚人日徵敝邑以不朝立王之故楚靈王新立敝邑之往則畏執事其謂寡君而固有外心其不往則宋之盟云云交相見進退罪也寡君使虎布之布陳也宣子使叔向對曰君若辱有寡君在楚何害脩宋盟也君苟思盟寡君乃知免於戾矣君若不有寡君雖朝夕辱於敝邑寡君猜焉猜疑也○猜七才反君實有心何辱命焉言若有事晉心至楚可不須告君其往也苟有寡君在楚猶在晉也張趯使謂大叔曰自子之歸也歸在此年春小人糞除先人之敝廬曰子其將來今子皮實來小人失望大叔曰吉賤不獲來賤非上卿○糞甫問反

疏吉賤不獲來○正義曰張趯自晉使告大叔大叔在鄭遙報趯語而云不獲來者敎使者報趯作至晉時語故云不獲來今人之語猶然也

畏大國尊夫人也且孟曰而將無事吉庶幾焉孟張趯也庶幾如趯言○小邾穆公來朝季武子欲卑之不欲以諸侯禮待之穆叔曰不可曹滕二邾實不忘我好敬以逆之猶懼其貳又卑一睦焉一睦謂小邾○實不忘我好絕句一讀以好字向下好呼報反下文羣好同音

疏注一睦謂小邾○正義曰睦親也言曹滕二邾皆親魯小邾是親魯者之一國也

逆羣好也其如舊而加敬焉志曰能敬無災又曰敬逆來者天所福也季孫從之

○八月大雩旱也○齊侯田於莒莒齊東竟○竟音境下同盧蒲嫳見泣且請曰余髮如此種種余奚能爲嫳慶封之黨襄二十八年放之於竟種種短也自言衰老不能復爲害○嫳普結反又匹舌反見賢遍反種本亦作董董章勇反公曰諾吾告二子二子子雅子尾歸而告之子尾欲復之子雅不可曰彼其髮短而心甚長其或寢處我矣言不可信九月子雅放盧蒲嫳于北燕恐其復作亂

疏放盧至北燕○正義曰前已在竟今復徙之遠國也

燕簡公多嬖寵欲去諸大夫而立其寵人冬燕大夫比以殺公之外嬖比相親比○嬖起呂反比毗志反注同公懼奔齊書曰北燕伯款出奔齊罪之也款罪輕於衛衎重於蔡朱故舉中示例○

衎苦旦反○十月，鄭伯如楚，子産相。楚子享之，賦吉日。吉日，詩小雅，宣王田獵之詩。楚王欲與鄭伯共田，故賦之。○相，息亮反。既享，子産乃具田備，王以田江南之夢。楚之雲夢跨江南北。○夢，如字，徐莫公反，注同。○齊公孫竈卒。竈，子雅。司馬竈見晏子，司馬竈，齊大夫。曰：「又喪子雅矣。」晏子曰：「惜也，子旗不免，殆哉！以其不臣。○喪，息浪反。姜族弱矣，而嬀將始昌。嬀，陳氏。○嬀，九危反。二惠競爽猶可，子雅、子尾皆齊惠公之孫也。競，彊也。爽，明也。又弱一个焉，姜其危哉！」○个，古賀反。

經四年春王正月，大雨雹。當雪而雹，故以爲災而書之。○雨，于付反，傳文雨雹同。雹，蒲學反。○夏，楚子、蔡侯、陳侯、鄭伯、許男、徐子、滕子、頓子、胡子、沈子、小邾子、宋世子佐、淮夷會于申。楚靈王始會諸侯。○沈音審。○楚人執徐子。稱人以執，以不道於其民告。○秋七月，楚子、蔡侯、陳侯、許男、頓子、胡子、沈子、淮夷伐吳。因申會以伐吳，不言諸侯者，鄭、徐、滕、小邾、宋不在故也。胡國，汝陰縣西北有胡城。

【疏】「楚子至于申」。○正義曰：釋例班序譜稱齊桓既沒，宋、楚爭盟，起僖十八年，盡二十七年，陳與蔡凡三會，在蔡上。楚合諸侯，蔡與陳凡六會，其五在陳上。莊十六年注云「陳國小，每盟會皆在衛下，齊桓始霸，楚亦始彊，陳侯介於二大國之間，而爲三恪之客，故齊桓因而進之，遂班在衛上，終於春秋」。然則陳實小於蔡，衛桓公進陳班耳。楚以大小爲序，不進陳班，故蔡多在陳上。○注「因申至胡城」。○正義曰：傳稱楚子以諸侯伐吳，則因會而遂行。春秋一事而再見者，皆前目而後凡。計此當云「諸侯遂伐吳」，不言諸侯者，以屬晉之國鄭、徐、滕、小邾、宋皆不在行，不得揔言諸侯，故別序之也。傳稱宋華費遂、鄭大夫從，則宋、鄭在行，亦不序者，楚既慰遣，彼自義從，楚人成已意遣，不以告也。

執齊慶封，殺之。楚子欲行霸，爲齊討慶封，故稱齊。○爲，于僞反。遂滅賴。○九月，取鄫。鄫，莒邑。傳例曰：克邑不用師徒曰取。○鄫，才陵反。○冬十有二月乙卯，叔孫豹卒。

傳四年春王正月，許男如楚，楚子止之，欲與俱田。遂止鄭伯，復田江南，許男與焉。前年楚子已與鄭伯田江南，故言復。○復，扶又反，注同。與音預。使椒舉如晉求諸侯，二君待之。二君，鄭、許。椒舉致命曰：「寡君使舉曰：日君有惠，賜盟于宋，宋盟在襄二十七年。曰：晉、楚之從，交相見也。以歲之不易，不易，言有難。○易，以豉反，注同。難，乃旦反，下文注同。寡人願結驩於二三君，欲得諸侯謀事補闕。○驩，喚端反。使舉請間。君若苟無四方之虞，虞，度也。○請間，徐音閑，一音如字。度，待洛反。則願假寵以請於諸侯。」欲借君之威寵以致諸侯。晉侯欲勿許。司馬侯曰：「不可。楚王方侈，天或者欲逞其心，以厚其毒而降之罰，未可知也。其使能終，亦未可知也。晉、楚唯天所相，相，助也。○侈，昌氏反，又尺氏反。逞，敕景反。相，息亮反，注同。不可與爭。君其許之，而脩德以待其歸。若歸於德，吾猶將事之，況諸侯乎？若適淫虐，楚將棄之，棄不以爲君。吾又誰與爭？」曰：「晉有三不殆，其何敵之有？殆，危也。○殆，直改反。國險而多馬，齊、楚多難，多簒弑之難。○簒，初患反。弑，申志反。有是三者，何鄉而不濟？」對曰：「恃險與馬，而虞鄰

國之難是三殆也四嶽東嶽岱西嶽華南嶽衡北嶽恒○鄉許亮反本又作嚮
音岳岱音代在兖州華如字又胡化反在雍州衡如字在荆
州恒如字或作常在冀州案作恒者是也北嶽本名恒山漢
爲文帝諱改作常耳疏四嶽○正義曰釋山云河南華河東岱河北恒江南衡李巡曰華西嶽華山也岱東嶽泰
山也恒北嶽恒山也衡南嶽衡山也釋例土地名云東岳泰
山奉高縣泰山也南岳長沙湘南縣衡山也西岳弘農華陰
縣西南華山也北岳中山曲陽縣西北恒山也郭璞注恒山
名常山辟漢文帝諱耳爾雅於釋山發首言此四山明其卽
是四嶽故注者皆以嶽解之且諸書史傳讖緯皆以岱衡華
恒爲四嶽四嶽必是此四山也釋山又云泰山爲東嶽華山
爲西嶽霍山爲南岳恒山爲北嶽岱泰衡霍二文不同者此
二嶽者皆一山而二名也白虎通云嶽者何嶽之爲言桷也
桷功德也應劭風俗通云嶽桷也桷考功德黜陟也然則四
方方有一山天子巡狩至其下桷考諸侯功德而黜陟之故
謂之嶽也風俗通又云泰山山之尊者一曰岱宗岱始也宗
長也萬物之始陰陽交代故爲五嶽長王者受命恒封禪之
衡山一名霍山言萬物霍然大也華變也萬物成變由於西
方也恒常也萬物伏北方有常也是解衡之與霍泰之與岱

皆一山有二名也張揖云天柱謂之靈山漢書地理志云天
柱在盧江灊縣風俗通亦云靈山廟在盧江灊縣如彼所云
則霍山在江北而得與江南衡山爲一者本江南衡山一名
霍山漢武帝移嶽神於天柱又名天柱爲霍山故漢魏以來
衡霍別耳郭璞注爾雅云霍山今盧江灊縣灊水出焉别名
天柱山漢武帝以衡山遼曠故移其神於此今其土俗人皆
呼之爲南嶽嶽本自以兩山爲名非從近來也而學者多以
霍山不得爲南嶽又云從漢武帝來始有名卽如此言爲武
帝在爾雅之前乎斯不然也是解衡霍二名之山也書傳多
云五岳此傳云四嶽者中岳嵩高卽大室是也下别言之故
此云四岳也三塗在河南陸渾縣南○三塗山名大行轘轅崤澠也渾戶昏反又戶困反疏三塗
正義曰服虔云三塗大行轘轅崤澠也謂三塗爲三處道也
杜云在河南陸渾縣南則以三塗爲一釋例土地名云三塗
河南陸渾縣南山名或曰三塗伊闕大谷轘轅三道也傳曰
晉將伐陸渾而先有事於洛與三塗先祭山川也謂三道皆
非也是杜據彼十七年傳文知三塗是山非三道也陽城在陽城縣東北疏陽城○正義曰陽城山名
也土地名云河南陽城縣東北山淆水所出也大室在河南陽城縣西北○太室音泰下文大室同大室卽中

嶽嵩高山也在豫州疏大室○正義曰大室卽嵩高也釋山云嵩高爲中岳郭璞云大室山也别名外方今在河
南陽城縣西北土地名云大室河南陽城縣西嵩高山中嶽
也地理志云武帝置嵩高縣以奉大室之山是爲中嶽又有
少室在大室之西也荆山在新城沶鄉縣南○沶音市又音爾漢書音義音稺或一音隸則當水旁作示恐非
本或作渫字誤也。中南在始平武功縣南九州之險也是不一姓
雖是天下至險無德則滅亡冀之北土燕代○燕烏賢反馬之所生無
興國焉恃險與馬不可以爲固也從古以然
是以先王務脩德音以亨神人亨通也○亨許庚反注同疏注亨通也○正義曰易文言云亨者嘉之會也嘉會禮通謂之亨是亨爲通也言治民事神使人神通說故云以亨神人
也不聞其務險與馬也鄰國之難不可虞也
或多難以固其國啓其疆土或無難以喪其

國失其守宇於國則四垂爲宇○疆居良反喪息浪反下同疏注於國至爲宇○正義曰
易稱上棟下宇宇謂屋簷也於屋則簷邊爲宇也於國則四垂爲宇也四垂謂四竟邊垂若何虞難
齊有仲孫之難而獲桓公至今賴之仲孫公孫無知事在
莊九年晉有里丕之難而獲文公是以爲盟主
里克丕鄭事在僖九年○丕普悲反衞邢無難敵亦喪之閔二年狄滅衞僖二十五
年衞滅邢○邢音刑故人之難不可虞也恃此三者而不
脩政德亡於不暇又何能濟君其許之紂作
淫虐文王惠和殷是以隕周是以興夫豈爭
諸侯乃許楚使使叔向對曰寡君有社稷之
事是以不獲春秋時見言不得自往謙辭○紂直救反隕于敏反楚使所吏反向

許丈反，見賢遍反。下注朝見、昏見同。諸侯君實有之，何辱命焉？椒舉遂請昏，蓋楚子遣舉時兼使求昏。晉侯許之。楚子問於子產曰：「晉其許我諸侯乎？」對曰：「許君。晉君少安不在諸侯，安於小，小不能遠圖。○少安如字。其大夫多求，貪也。莫匡其君。在宋之盟又曰如一，晉楚同也。〔疏〕莫匡其君。正義曰：釋言云：「匡，正也。」孝經云：「君子之事上也，將順其美，匡救其惡。」若不許君，將焉用之？」焉用宋盟。○焉，於虔反，注同。王曰：「諸侯其來乎？」對曰：「必來。從宋之盟，承君之歡，不畏大國，大國，晉也。何故不來？不來者，其魯、衞、曹、邾乎！曹畏宋，邾畏魯，魯、衞偪於齊而親於晉，唯是不來。其餘，君之所及也，

誰敢不至？」言楚威力所能及。○偪，彼力反。〔疏〕其餘至不至。正義曰：言其餘諸侯，君之威力所能及，誰敢不來至楚者也。王曰：「然則吾所求者，無不可乎？」對曰：「求逞於人，不可；逞，快也。求人以快意，人必違之。與人同欲，盡濟。」爲下會申傳。○大雨雹。季武子問於申豐曰：「雹可禦乎？」禦，止也。申豐，魯大夫。對曰：「聖人在上，無雹；雖有，不爲災。古者日在北陸而藏冰，陸，道也。謂夏十二月日在虛危，冰堅而藏之。〔疏〕聖人至爲災。○正義曰：無雹復云雖有不爲災者，言有相形之勢也。聖人在上，無雹，言必無；雖有不爲災，復見無雹之意。猶論語「祭肉不出三日，出三日不食之矣」。○注陸道至藏之。○正義曰：釋天云：「北陸，虛也。西陸，昴也。」孫炎云：「陸，中也。北方之宿，虛爲中也。西方之宿，昴爲中也。」彼以陸爲中，杜以陸爲道者，陸之爲中、爲道，皆無正訓，各以意言耳。杜以西陸朝覿謂奎星朝見，昴爲西方中宿，則昴未得見宿，是日行之道。爾雅言平曰陸，高平是道路之處，故以陸爲道也。日在北陸，爲夏之十二月也。十二月日在玄枵之次，小寒節，大寒中。漢書律厤志載劉歆三統厤云：「玄枵之初，日在婺女八度爲小寒節，在危初度爲大寒中，終於危十五度。」是夏之十二月日在虛危也。於是之時，寒極冰厚，故取而藏之也。周禮凌人：「正歲十有二月，令斬冰。」詩云：「二之日鑿冰沖沖。」月令：「季冬，冰盛水腹，命取冰。」鄭玄云：「腹，厚也。」以此知日在北陸謂夏之十二月也。

西陸朝覿而出之。謂夏三月日在昴畢，蟄蟲出而用冰。春分之中，奎星朝見東方。〔疏〕西陸朝覿而出之。○正義曰：覿，見也。西道之宿有星朝見者，於是而出之，謂奎星晨見而出冰也。○注謂夏至東方。○正義曰：杜以西陸爲三月日在大梁之次，清明節，穀雨中。三統厤云：「大梁之初，日在胃七度爲清明節，在昴八度爲穀雨中，終於畢十一度。」是夏之三月日在昴畢。於是之時，蟄蟲已出，有溫暑臭穢，宜當用冰，故以時出之也。厤法，星去日半次則得朝見。三統厤春分日在婁四度，宿分奎有十六度，乃次婁，則春分之日，奎之初度去日已二十度矣，故春分之中得早朝見東方也。西方凡有七宿，傳言西陸朝覿，於傳之文，未知何宿覿也。服虔以爲二月日在婁四度，春分之中，奎始朝見東方，以是時出冰，月令「仲春，天子乃獻羔啓冰」是也。服虔又以此言出之，即是仲春啓冰，故爲此說。案下句再言其藏，

其出覆此藏出之文，言「其出之也，朝之祿位，賓食喪祭，於是乎用之」，即是班冰之事，非初啓也，安得以出之爲啓冰也？如鄭玄荅其弟子孫皓問云：「西陸朝覿，謂四月立夏之時，周禮『夏班冰』是也。」與杜說異，理亦通也。劉炫云：「春分奎星已見，杜以夏三月仍云奎始朝見，非其義也。杜、鄭及服三說，鄭爲近之。」今知非者，杜以西陸朝覿實是春分二月，故杜此注云「春分之中，奎星朝見東方」，及下「獻羔啓之」注云「謂二月春分，獻羔祭韭」是也。皆據初出其冰，公始用之時也。所以杜又注云「謂夏之三月日在昴畢，蟄蟲出而用冰」者，以此傳云「西陸朝覿而出之」，下傳覆之云「其出之也，朝之祿位，賓食喪祭，於是乎用之」，既云朝之祿位冰食喪祭，則是普賜羣臣，故杜云謂夏三月。又下注云「言不獨其公」，是據普班之時也。故下傳又云「火出而畢賦」是也。然冰之初出在西陸始朝覿之時，冰之普出在西陸朝覿之後，揔而言之，亦得稱西陸朝覿而出之也。劉炫不細觀杜意，以爲杜既言春分朝見，又言謂夏三月，以規杜失，非也。其藏冰也，深山窮谷，固陰沍寒，於是乎取之。沍，閉也。必取積陰之冰，所以道遠其氣，使不爲災。〔疏〕其藏至取之。○正義曰：此傳再言其藏、其出者，上言取之用之之事，下言藏之出之之禮也。山則遠

而難窮故言深山也谷則近而易盡故言窮谷也固牢也沍閉也牢陰閉寒言其不得見日寒甚之處於是乎取之。注沍閉至爲穴。正義曰周禮鼈人掌互物鄭司農云互物謂龜鼈有甲蒴胡是沍爲閉也深山窮谷之冰至夏猶未釋陽氣起於下隔於冰伏積而不能出憤發或散而爲雹藏冰必取此山谷之内積陰之冰所以道達其氣使不爲災也藏冰凌室所藏不多積陰之冰不可取盡不取川池之冰以示道達陽氣耳未必陽氣皆待此而達也　其出之也朝之祿位賓食喪祭於是乎用之 言不獨共公 疏 其出至用之。正義曰此謂公家用之也朝廷之臣食祿在位大夫以上皆當賜之冰也其公家有賓客享食公家有喪有祭於是乎用之言其不獨共公身所用也周禮凌人云春始治鑑凡内外饔之膳羞鑑焉凡酒漿之酒醴亦如之祭祀共冰鑑賓客共冰大喪共夷槃冰是公家所用冰也。　其藏之也黑牡秬黍以享司寒 黑牡黑牲也秬黑黍也司寒玄冥北方之神故物皆用黑有事於冰故祭其神。牡茂后反秬音巨冥亡丁反 疏 注黑牡至其神。正義曰此祭玄冥之神非大神且非正祭計應不用大牲杜言黑牡黑牲當是黑牡羊也秬黑黍釋草文也啓冰唯獻羔祭韭藏冰則祭用牲黍者啓唯告而已藏則設享祭之禮祭禮大而告禮小故也月令於冬云其神玄冥故知司寒是玄冥也北方之神故物皆用黑從其方色也有事於冰故祭其寒神　其出之也桃弧棘矢以除其災 桃弓棘箭所以禳除凶邪將御至尊故。弧音胡禳如羊反邪似嗟反 疏 注桃弓至尊故。正義曰說文云弧木弓也謂空用木無骨飾也服虔云桃所以逃凶也棘矢者棘赤有箴取其名也蓋出冰之時置此弓矢於淩室之戶所以禳除凶邪將御至尊故慎其事爲此禮也此傳言其出之也雖覆上文出之之文其實此出之謂二月初出之時公將用之故設弓矢也劉炫云此言出之覆上西陸朝覿知是火出時事二月已啓此方用弓矢者二月啓冰始薦宗廟此公將用之故設弓矢也　其出入也時食肉之祿冰皆與焉 食肉之祿謂在朝廷治其職事就官食者。與音預 疏 注食肉至食者。正義曰在官治事官皆給食大夫以上食乃有肉故魯人謂曹劌曰肉食者謀之又說子雅子尾之食云公膳日雙雞是大夫得食肉也傳言食肉之祿祿卽此肉是也若依禮常所合食案玉藻云天子日食少牢諸侯日食特牲大夫特豕士特豚則士亦食肉但彼是在家之禮非公朝常食也杜言謂在朝廷治其職事就官食者以明在官之食有冰耳下云自命夫命婦無不受冰謂賜之冰受以歸在家用之也　大夫命婦喪浴用冰 命婦大夫妻。浴音欲 疏 大夫至用冰。正義曰喪服傳曰大夫弔於命婦錫衰命婦弔於大夫亦錫衰此傳與彼命婦之文皆與大夫相對故杜知是大夫妻也喪大記云君設大盤造冰焉大夫設夷盤造冰焉士併瓦盤無冰鄭玄云禮自仲春之後尸既襲既小斂先内冰盤中乃設牀於其上不施席而遷尸焉秋涼而止士喪禮君賜冰亦用夷盤是當喪之時特賜之冰浴說乃設故云喪浴用冰　祭寒而藏之 享司寒。祭寒而藏之本或作祭司寒者非 獻羔而啓之 謂二月春分獻羔祭韭。開冰室。韭音九 疏 祭寒至啓之。正義曰上巳云其藏冰也黑牡秬黍以享司寒今復云祭寒而藏之與上一事而重其文者欲明獻羔而啓之還是獻之於寒神故更使藏之啓之文相對也。注謂二至冰室。正義曰詩云四之日其蚤獻羔祭韭四之日卽夏之二月也告神而始開冰室始薦宗廟薦神之後公遂用之俱在春分之月　公始用之 公先用優尊

火出而畢賦 火星昏見東方謂三月四月中 疏 注火星至月中。正義曰十七年傳云火出於夏爲三月於商爲四月於周爲五月此云火出而畢賦謂以火出而後賦之以火出爲始也周禮云夏頒冰爲正歲之夏卽四月是也故杜兼言四月　自命夫命婦至於老疾無不受冰 老致仕在家者 山人取之縣人傳之 山人虞官縣人遂屬。傳直專反 輿人納之隸人藏之 輿隸皆賤官。輿音餘 疏 注山人至遂屬。正義曰周禮山虞掌山林之政令知山人虞官也周禮五縣爲遂是縣爲遂之屬也　夫冰以風壯 冰因風寒而堅。壯側亮反 而以風出 順春風而散用 其藏之也周 周密也 其用之也偏 及老疾。偏音遍 則冬無愆陽 愆過也謂冬溫。愆起虔反 夏無伏陰 伏陰謂夏寒 春無淒風 淒寒也。淒七西反 秋無苦雨 霖雨爲人所患苦。霖音林 疏 注霖雨爲人所患苦。正義曰詩云以祈甘雨此云苦雨雨水

一也味無甘苦之異養物爲甘害物爲苦耳月令云孟夏行秋令則苦雨數來五穀不滋是霖雨爲人所患謂之苦也鄭玄云申之氣乘之苦雨白露之類時物得而傷也。雷出不震震霆也。霆音亭又音挺又亭佞反【疏】注震霆也。正義曰說文云震劈歷震物者釋天云疾雷爲霆霓郭璞云雷之急激者謂劈歷則霆是震之別名雷出不震言有雷而不爲霹靂也下云雷不發而震言無雷而有霹靂也 無菑霜雹癘疾不降癘惡氣也。菑音災下同癘音例【疏】無菑至不降。正義曰霜雹卽是菑言無此菑害之霜雹也寒暑失時則民多癘疾癘疾天氣爲之故云降也 民不夭札短折爲夭夭死爲札。札側八反一音截字林作壯列反【疏】注短折至爲札。正義曰洪範六極一曰凶短折孔安國曰短未六十折未三十是短折爲少夭之名也周禮膳夫大札則不舉鄭玄云大札疫癘也謂遭疫癘而夭死也癘疾謂民病夭札謂人死故云夭死爲札 今藏川池之冰棄而不用既不藏深山窮谷之冰又火出不畢賦有餘則棄之 風不越而殺雷不發而震越散也言陰陽失序雷風爲害

。殺如字又色界反徐色例反【疏】風不至而震。正義曰風不以理舒散而暴疾殺物雷不徐緩動發而震擊爲害 雹之爲菑誰能禦之七月之卒章藏冰之道也七月詩豳風卒章曰二之日鑿冰沖沖謂十二月鑿而取之三之日納于凌陰凌陰冰室也四之日其蚤獻羔祭韭謂二月春分蚤開冰室以薦宗廟。豳彼貧反鑿在洛反沖沖直忠反凌陵證反一音陵蚤音早【疏】注七月至宗廟。正義曰凌人十二月令斬冰月令十二月令取冰當是卽以其月納於凌室也詩言三之日納于凌陰卽是正月矣不以鑿冰之月卽納之者鄭玄云豳土晚寒可以正月納冰言由晚寒故也上言將欲頒賦公始用之知蚤開冰室唯薦宗廟何休膏肓難此云春秋書雹以爲政之所致非由冰也若今朝廷藏冰亦不於深山窮谷何故或無雹天下郡縣皆不藏冰何故或不雹若言有之於古者必有驗於今此其不合於義失天下相與之意鄭玄箴之曰雨雹政失之所致是固然也國之失政君子知其大者其次知其小者藏冰之禮凌人掌之月令載之豳詩歌之此獨非政與故其小者耳夫深山窮谷固陰沍寒極陰之處冰凍所聚不取其冰則氣畜不泄結滯而爲伏陰凡雨水陽也雪雹陰也雨

水而伏陰薄之則合而爲霰申豐見時失藏冰之禮而有雹推之陰陽知此伏陰所致亦聖人之寓言也詳載其言者以著藏冰之禮不可廢耳炫謂鄭言是也申豐寄言於此以諫失政其雹不是盡由冰也

。夏諸侯如楚魯衛曹邾不會曹邾辭以難公辭以時祭衛侯辭以疾如子產言。難乃旦反【疏】注邾不會。正義曰宋之盟邾滕爲私屬不許交相見而楚召邾滕使從會者邾滕自欲辟役不在宋盟又晉合諸侯常列於會襄二十九年城杞三十年會于澶淵邾滕皆在楚知其事故使召之此申之會滕至而邾不至 鄭伯先待于申自楚先至會地 六月丙午楚子合諸侯于申椒舉言於楚子曰臣聞諸侯無歸禮以爲歸今君始得諸侯其愼禮矣霸之濟否在此會也夏啓有鈞臺之享啓禹子也河南陽翟縣南有鈞臺陂蓋啓享諸侯於此。夏啓戶雅反注

倣此鈞音均陂彼宜反 商湯有景亳之命河南鞏縣西南有湯亭或言亳卽偃師。亳步各反鞏九勇反 周武有孟津之誓將伐紂也。孟本又作盟音孟 成有岐陽之蒐周成王歸自奄大蒐於岐山之陽岐山在扶風美陽縣西北。岐其宜反蒐所求反 康有酆宮之朝酆在始平鄠縣東有靈臺康王於是朝諸侯。酆芳弓反 穆有塗山之會周穆王會諸侯於塗山塗山在壽春東北【疏】夏啓至之會。正義曰此六王之事唯周武王孟津之誓尚書有其事武王伐殷作泰誓三篇是也其餘五者皆書傳無文不能知其本末。注周成至西北。正義曰書序云成王歸自奄在宗周誥庶邦作多方其經云告爾四國多方則於時諸侯大集故謂岐陽之蒐在此時也 齊桓有召陵之師在僖四年。召上照反 晉文有踐土之盟在僖二十八年 君其何用宋向戌鄭公孫僑在諸侯之良也君其選焉選擇所用。向舒亮反戌音恤僑其驕反 王曰吾用

齊桓用會召陵之禮疏吾用齊桓○正義曰用會召陵之禮出自王意也服虔云召陵之役齊桓退舍
以禮楚靈王今感其意是以用之王使問禮於左師與子產左師
曰小國習之六國用之敢不薦聞言所聞謙示所未行獻
公合諸侯之禮六其禮六儀也宋爵公故獻公禮疏注其禮六儀○正義曰以言
禮六故言其禮六儀當是會上有此六儀不知六者何謂也子產曰小國共職敢
不薦守獻伯子男會公之禮六鄭伯爵故獻伯子男會公之禮其禮
同所從言之異○共音恭守手又反疏注鄭伯至之異○正義曰杜知其禮同所從言之異者以左師獻公合諸侯
之禮六子產獻伯子男會公之禮六若其各異凡十二禮下椒舉云禮吾所未見者六焉故知其禮同也於公言之云合
諸侯之禮於伯子男言之云會公之禮是所從言之異君子謂合左師善守先
代子產善相小國王使椒舉侍於後以規過

規正二子之過○相息亮反卒事不規王問其故對曰禮吾未
見者有六焉又何以規左師子產所獻六禮楚皆未嘗行宋大子
佐後至王田於武城久而弗見椒舉請辭焉
請王辭謝之王使往曰屬有宗祧之事於武城言爲宗廟
田獵○屬章玉反適也祧他彫反爲于僞反疏武城○正義曰土地名楚之武城在南陽宛縣北也魯之武城
在泰山南武城縣也有澹臺子羽冢寡君將墮幣焉敢謝後見恨其後至
故言將因諸侯會布幣乃相見經并書宋太子佐知此言在會前○墮許規反布也服云輸也見如字又賢遍反疏
將墮幣焉○正義曰杜唯云將因諸侯會布幣乃相見不解墮之義案隱六年公羊傳鄭人來輸平輸平者何輸平猶墮
成也然則墮是輸之義也朝聘之禮客必致幣於主據主則爲受據客則爲輸襄三十一年傳子產論幣云其輸之則君
之府實也非薦陳之不敢輸也是謂布幣爲輸幣也言將待輸幣之時乃相見見既在後故遣我來敢謝後見也服虔云

墮輸也言將輸受宋之幣於宗廟案禮之享幣皆令宰受不以薦宗廟雖訓爲輸義不當也徐子吳
出也以爲貳焉故執諸申言楚子以疑罪執諸侯楚子示
諸侯侈自奢侈椒舉曰夫六王二公之事六王啓湯武成康穆
也二公齊桓晉文皆所以示諸侯禮也諸侯所由用命
也夏桀爲仍之會有緡叛之仍緡皆國名○仍而承反緡亡巾反商
紂爲黎之蒐東夷叛之黎東夷國名○力兮反周幽爲大
室之盟戎狄叛之大室中嶽皆所以示諸侯汏也
諸侯所由弃命也今君以汏無乃不濟乎王
弗聽子產見左師曰吾不患楚矣汏而愎諫
愎很也○汏音泰愎皮逼反很胡懇反不過十年左師曰然不十年

侈其惡不遠遠惡而後棄惡及遠方則人弃之善亦如
之德遠而後興爲十三年楚弒其君傳○秋七月楚子以
諸侯伐吳宋大子鄭伯先歸經所以更敘諸侯也時晉之屬國皆歸獨
言三國者鄭伯久於楚宋大子不得時見故慰遣之○見賢遍反又如字宋華費遂鄭大
夫從從伐吳以荅見慰○費扶味反從才用反注同使屈申圍朱方朱方吳邑
齊慶封所封也屈申屈蕩之子○屈居忽反八月甲申克之執齊慶封
而盡滅其族慶封以襄二十八年奔吳八月無甲申日誤疏八月甲申○正義曰長歷
推此年七月己未朔二十六日得甲申八月己丑朔其月無甲申而傳上有七月下有九月月不容誤故知日誤將
戮慶封椒舉曰臣聞無瑕者可以戮人慶封
惟逆命是以在此逆命謂性不恭順其肯從於戮乎言不肯默

而從戮播於諸侯焉用之播揚也○播波佐反徐云字或作嶓數袁反焉於虔反王弗聽負之斧鉞以徇於諸侯使言曰無或如齊慶封弒其君弱其孤以盟其大夫齊崔杼弒君慶封其黨也故以弒君罪責之○鉞音越徇似俊反杼直呂反

〔疏〕弱其孤○正義曰崔杼弒莊公立其弟景公孤謂景公也以其幼小輕弱之

慶封曰無或如楚共王之庶子圍弒其君兄之子麇而代之以盟諸侯王使速殺之遂以諸侯滅賴賴子面縛銜璧士袒輿櫬從之造於中軍中軍王所將○共音恭麇九倫反袒音但輿櫬所覲反棺也造七報反將子匠反下將帥同

〔疏〕以盟諸侯○正義曰靈王即位以來經傳不見與諸侯盟事蓋楚子自與屬楚諸侯私盟不告魯而慶封知之

王問諸椒舉對曰成王克許在僖六年許僖公如是王親釋其縛受其璧焚其櫬王從之從舉言○縛如字舊扶臥反遷賴於鄢鄢楚邑○鄢於晚反又於建反楚子欲遷許於賴使鬬韋龜與公子弃疾城之而還為許城也韋龜子文之玄孫○為于偽反申無宇曰楚禍之首將在此矣召諸侯而來伐國而克城竟莫校謂築城於外竟諸侯無與爭○竟音境注同爭爭鬬之爭王心不違民其居乎言將有事不得安也民之不處其誰堪之不堪王命乃禍亂也○

九月取鄫言易也莒亂著丘公立而不撫鄫鄫叛而來故曰取凡克邑不用師徒曰取著丘公去疾也不書奔者潰散而來將帥微也重發例者以通叛而自來○易以豉反著直居反徐直據反去起呂反潰戶對反帥所類反重直用反

○鄭子產作丘賦丘十六井當出馬一匹牛三頭今子產別賦其田如魯之田賦

〔疏〕注丘十至一年○正義曰丘之十六井當出馬一匹牛三頭司馬法之文也服虔以為子產作丘賦之法不行久矣今子產復脩古法民以為貪故謗之案春秋之世兵革數興鄭在晉楚之間尤當其劇正當重於古不應廢古法也若往前不脩此法豈得全無賦乎故杜以為今子產於牛馬之外別賦其田如魯之田賦田賦在哀十一年彼注云丘賦之法因其田財通出馬一匹牛三頭今欲別其田及家財各為一賦故言田賦然則此與彼同賦斂家資使出牛馬又別賦其田使之出粟若今輸租更出馬一疋牛三頭是一丘出兩丘之稅案周禮有夫征家征夫征謂出稅家征謂出車徒給傜役此牛馬之屬則周禮之家征也其夫征什一而稅是與家征別也

國人謗之謗毀也曰其父死於路謂子國為尉氏所殺已為蠆尾謂子產重賦毒害百姓○蠆敕邁反以令於國國將若之何子寬以告子寬鄭大夫子產曰何害苟利社稷死生以之以用也且吾聞為善者不改其度故能有濟也民不可逞度不可改度法也詩曰禮義不愆何恤於人言逸詩子產自以為權制濟國於禮義無愆吾不遷矣遷移也渾罕曰國氏其先亡乎渾罕子寬○渾戶温反罕徐許但反君子作法於涼其敝猶貪涼薄也○音良徐音亮作法於貪敝將若之何言不可久行姬在列者在列國也蔡及曹滕其先亡乎偪而無禮蔡偪楚曹滕偪宋鄭先衞亡偪而無法偪晉楚

〔疏〕姬在至衞亡○正義曰渾罕意識子產將言鄭之先亡故遂博言諸國亡之先後杜據世本史記作世族譜說諸國滅亡之年此下十一年楚滅蔡十三年蔡復封春秋後二世十八年而楚滅蔡也哀八年宋滅曹也滕以春秋後六世而齊滅之鄭在春秋後五世九十一年韓滅鄭衞在春秋後十一世二百五十八

年而秦滅衞也據蔡之前亡則渾罕之言終亦驗矣政不率法而制於心民各有心何上之有子產權時救急渾罕譏之正道○冬吳伐楚入棘櫟麻棘櫟麻皆楚東鄙邑譙國酇縣東北有棘亭汝陰新蔡縣東北有櫟亭○櫟力狄反徐又失灼反酇才旰反【疏】注棘櫟至櫟亭○正義曰吳來伐楚入此三邑知此三邑皆楚之東鄙故疑新蔡縣東北有櫟亭者是此櫟亭也鄭有櫟邑者則河南陽翟縣也以報朱方之役朱方役在此年秋楚沈尹射奔命於夏汭夏汭漢水曲入江今夏口也吳兵在東北楚盛兵在東南以絕其後○尹射食夜反又食亦反一音夜夏戶雅反夏汭如銳反咸尹宜咎城鍾離宜咎本陳大夫襄二十四年奔楚○咸之林反咎其九反薳啓彊城巢然丹城州來然丹鄭穆公孫襄十九年奔楚○薳于委反彊其良反又居良反東國水不可以城彭生罷賴之師彭生楚大夫罷鬭韋龜城賴之師○罷皮買反徐甫綺反○初穆子

去叔孫氏及庚宗成十六年辟僑如之難奔齊庚宗魯地○難乃旦反遇婦人使私爲食而宿焉問其行告之故哭而送之婦人聞而哭之適齊娶於國氏國氏齊正卿姜姓○娶七住反生孟丙仲壬夢天壓己弗勝穆子夢也○壓於甲反又於輒反勝音升下同顧而見人黑而上僂上僂肩傴○僂力主反傴紆甫反深目而豭喙口象猪○豭音加喙許穢反號之曰牛助余乃勝之旦而皆召其徒無之徒從者○號胡到反一音戶刀反下同從才用反且曰志之志識也○識申志反音式及宣伯奔齊饋之宣伯僑如穆子之兄成十六年奔齊穆子饋宣伯○饋求位反餉也宣伯曰魯以先子之故先子宣伯先人將存吾宗必召女召女何如對曰願之久矣言兄始爲亂已則有今日

之願蓋忿言○女音汝下同魯人召之不告而歸既立在齊生孟丙仲壬魯召之立爲卿襄二年始見經○見賢遍反下接見同所宿庚宗之婦人獻以雉獻穆子問其姓問有子否○問其姓女生曰姓姓謂子也對曰余子長矣能奉雉而從我矣襄二年豎牛五六歲○長丁丈反下同奉芳勇反【疏】襄二至六歲○正義曰穆子還魯傳無歸歲襄二年始見於經疑是其年新還也成十六年傳云子叔聲伯使叔孫豹請逆于晉師於時豹猶在魯疑其因使而遂奔齊蓋自鄭過魯而去故得宿於庚宗成十六年出奔襄二年始還凡經五年故豎牛五六歲能奉雉也計豎牛至襄二年四歲也杜言五六歲者豎牛見穆子未必即以還年見之召而見之則所夢也未問其名號之曰牛曰唯皆召其徒使視之遂使爲豎豎小臣也傳言從夢未必吉○唯維癸反徐以水反唯應辭猶吹也豎上注反【疏】曰唯○正義曰曲禮云父召無諾先生召無諾唯而起鄭玄云應辭唯恭於諾

有寵長使爲政爲家政公孫明知叔孫於齊公孫明齊大夫子明也與叔孫相親知歸未逆國姜子明取之國姜孟仲母○取七住反又如字故怒其子長而後使逆之子孟丙仲壬【疏】故怒至逆之○正義曰怒者怒其妻也忿其母遂及其子其子在齊成長而後逆之歸魯非謂逆其妻也田於丘蕕丘蕕地名○蕕音由遂遇疾焉豎牛欲亂其室而有之強與孟盟不可欲使從己孟不肯○強其丈反下同【疏】強與孟盟○正義曰孟雖適妻之子叔孫未立爲嗣豎牛欲亂其室望已有之未應即欲爲適使孟事己強與盟者欲其與己同心使己得專恣耳叔孫爲孟鍾曰爾未際際接也孟未與諸大夫相接見○爲于僞反又如字【疏】注際接至接見○正義曰釋詁云際接捷也郭璞曰捷謂相接續也大夫將立適子必須接見同寮季武子立紇飲大夫酒是其事也孟丙未與大夫交接故爲之作鍾因落鍾令與相見饗大夫以落之以豭猪血

釁鍾曰落。釁許覲反（疏）注以豭至曰落。○正義曰：說文云釁血祭也。雜記釁廟之禮云雍人舉羊升屋自中，中屋南面刲羊，血流于前，是釁祭之法以血澆落之，知落之即是釁也。雜記又曰凡宗廟之器其名者成則釁之以豭豚，是知以豭豬之血也。記稱宗廟之器成乃釁以豭豚，此叔孫爲孟作鍾，非是宗廟之器，亦釁之者，周禮小子職曰釁邦器及軍器，鄭玄云邦器謂禮樂之器及祭器之屬，此鍾是禮樂之器，故釁也。既具，具饗禮。使豎牛請日。請饗日。（疏）使豎牛。○正義曰：孟不自請使豎牛者，內則云由命士以上父子皆異宮，鄭玄云異宮者崇敬也，以其異宮，故使豎牛。入弗謁，謁白也。出命之日。詐命日。及賓至，聞鍾聲。牛曰：孟有北婦人之客。北婦人國姜也。客謂公孫明。怒，將往，牛止之。賓出，使拘而殺諸外。殺孟丙。拘音俱。牛又強與仲盟，不可。仲與公御萊書觀於公，萊書，公御士名。仲與之私遊觀於公宮。○萊書音來，人姓名。觀古亂反，注同，又如字。公與之環。賜玉環。使牛入示之。示叔孫。入，不示。出，命佩之。牛謂叔孫：見仲而何？而何，如何。○見賢遍反，下及注杜泄見同。叔孫曰：何爲？帷牛言。曰：不見，既自見矣。言仲己自往見公。公與之環而佩之矣。遂逐之，奔齊。疾急，命召仲，牛許而不召。杜洩見，告之飢渴，授之戈。杜洩，叔孫氏宰也。牛不食叔孫，叔孫怒，欲使杜洩殺之。○洩息列反。食音嗣。對曰：求之而至，又何去焉？言求食可得，無爲去。豎牛蓋杜洩力不能去，設辭以免。○去起呂反，注及下同。豎牛曰：夫子疾病，不欲見人。使寘饋于个而退。寘，置也。个，東西廂。○寘之豉反，本或作奠。个古賀反，謂廂屋。廂本作箱，息羊反。（疏）牛謂至見矣。○正義曰：而、如同是語辭，故注云而何，如何。牛謂叔孫曰：以仲見君何？問何故以仲見君也。叔孫怪其語，故曰何爲？牛曰：不將仲見君乎？若不將見，則既自見君矣。言不待父命，所以

怒叔孫也。大夫立子爲適，必自見之於君。宣十四年申舟見犀而行，定六年樂祁見溷而行，是其事也。式曰：豎牛謂叔孫，以曰令將仲見君，其事如何？叔孫以己見病，故怪之，曰何爲？以不同。○注寘置至西廂。○正義曰：禮置器物於地皆謂之寘，是寘爲置也。月令天子居左个、右个，是个爲東西廂也。牛弗進，則置虛，命徹。寫器令空，示若叔孫已食，命去之。○令力呈反。十二月癸丑，叔孫不食。乙卯，卒。三日絕糧。牛立昭子而相之。昭子，豹之庶子叔孫婼也。○相息亮反。婼敕畧反。公使杜洩葬叔孫。豎牛賂叔仲昭子與南遺，昭子，叔仲帶也。南遺，季氏家臣。○賂音路。使惡杜洩於季孫而去之。惛洩不與己同志。○惡烏路反。杜洩將以路葬，且盡卿禮。路，王所賜叔孫車。南遺謂季孫曰：叔孫未乘路，葬焉用之？且冢卿無路，介卿以葬，不亦左乎？冢卿謂季孫。介，次也。左，不便。○葬焉於虔反，下將焉用同。介音界。左如字，注同，舊音佐。便婢面反。季孫曰：然。使杜洩舍路。舍，置也。○舍式夜反，注同，或音捨。不可，曰：夫子受命於朝，而聘于王。在襄二十四年。夫子謂叔孫。王思舊勳而賜之路。感其有禮，以念其先人。復命而致之君。豹不敢自乘。君不敢逆王命而復賜之，使三官書之。吾子爲司徒，實書名；謂季孫也。書名定位號。○復扶又反。夫子爲司馬，與工正書服；謂叔孫也。服，車服之器。工正所書。孟孫爲司空以書勳。勳，功也。（疏）吾子至書勳。○正義曰：杜泄是叔孫家臣，故稱己君爲夫子。工正是司馬之屬官也。季孟亦有屬官共書其事，但季孟身在，不假言屬，以叔孫已亡，取屬官爲徵，故兼言之。所以司徒書名者，周禮大司徒掌十二教，十有一曰以賢制爵，十有二曰以庸制祿，故司徒書名定位號也。司馬與工正書服者，周禮夏官司馬，其屬有司士，掌羣臣之政，亦以德詔爵，以功詔祿。工正雖不屬司馬，掌作車服，故與司馬書

服也案周禮司勳屬夏官今司空書勳者春秋之時又是諸侯之法不可盡與禮同今死而弗以是弃君命也書在公府而弗以是廢三官也若命服生弗敢服死又不以將焉用之乃使以葬季孫謀去中軍豎牛曰夫子固欲去之誣叔孫以媚季孫〇媚眉冀反【疏】注誣叔至季孫〇正義曰季孫因叔孫之弱欲四分公室已取其二故謀去中軍豎牛云夫子固欲去之是誣叔孫以媚季孫

附釋音春秋左傳注卷第四十二

江西南昌府學栞

春秋左傳注疏卷四十二校勘記　阮元撰盧宣旬摘錄

附釋音春秋左傳注疏卷第四十二　昭二年盡四年

【經二年】

傳說此事文王在冬上　宋本無王字閩本監本毛本王作正亦衍文冬作秋非也

【傳二年】

注公即位故　宋本以下正義七節揔入無以及召公句下

弁國寶文王之書逸周公之典　宋本監本毛本逸作遵是也

各爲舊章　宋本監本毛本爲作違是也

〇注易象春秋文王至而說之　此本脫〇宋本無春秋文王而五字

周之盛德邪　監本毛本邪作耶閩本初刻作邪後改耶下同

皆斥文王　宋本斥作斥是也

以同鄭說也　宋本監本毛本以作似

故先云周公之德　宋本云作言

取文王有四臣　宋本淳熙本明翻岳本足利本取上有義字

宣子譽之　惠棟云服虔曰譽游也宣子游其下夏諺曰一游一譽爲諸侯度今孟子作豫趙岐章句曰豫亦遊也春秋傳曰魯季氏有嘉樹宣子譽焉周易序卦曰豫必有隨鄭氏注引孟子吾君不豫以爲證則知此傳譽字本作豫故服趙互引爲證孫子兵法曰人效死而上能用之雖優游暇譽令猶行也外傳作暇豫李善曰譽與豫古字通

爲諸侯所引　宋本監本毛本侯下有虔字是也閩本初刻亦脫後擠刻助字非

子尾見彊　石經見下後人旁增子字

注爲立王巽之下　宋本以下正義二節揔入是以亂作注下

婦人稱姓姜其嘗　宋本監本毛本姜下有是字當作常不誤

在西河界休縣東南　諸本作界郡國志引注同釋文作介

送者皆從者班次　宋本監本毛本從下有逆字閩本初刻亦脫後擠刻補入

使上大夫送　淳熙本送誤迭

注遽傳驛　宋本以下正義三節揔入加木焉注下

在襄三十一年　淳熙本纂圖本明翻岳本監本毛本無一字是也

務共大國之命　岳本脫之字

請以印爲褚師　石經宋本明翻岳本纂圖本褚作褚與釋文合

無更助天爲爲虐也　宋本爲字不重是也

晉侯使士文伯來辭曰　淳熙本辭誤聘

非伉儷也　宋本此節正義在如晉弔注下

始冬還乃書之　淳熙本明翻岳本足利本重還字是也宋本還上空一字亦當作還字也

叔向言陳無宇於晉侯曰　淳熙本宇誤咎

齊使上大夫送之　顧炎武云石經送誤迎案石經此處缺炎武所據乃謬刻也

逆甲於宋　宋本明翻岳本監本毛本宋作送是也

經三年

襄二十五年盟重邱　足利本五誤三

十一年于亳城北　諸本作北此本誤此今改正監本亳作毫非也

冬大雨雹　諸本作雹此本誤電今改正

杜氏之意　宋本無之字

以自奔文　宋本毛本奔下有爲字是也監本初刻亦脫後擠刻

傳三年

文襄至霸也　宋本至作之是以下正義四節揔入注文譏其無隱諱之下

其命朝聘之之數　補案二之字誤重

令諸侯朝聘霸主大國之法也　宋本令上有令諸侯者謂五字

弊王室　毛本弊作獘此本下弊字亦作獘毛本同

以過文襄之制　明翻岳本監本毛本以作巳按以巳古多通用

以過文襄之制也　監本毛本以作巳

少姜有寵而死　石經宋本淳熙本姜作齊顧炎武以石經爲誤陳樹華云晉侯寵異少姜謂之少齊大叔從而尊稱曰少齊耳何得以爲誤或少齊一本作少姜故傳本有異今定作齊字按陳說是也

火中寒暑乃退　石經此處缺案詩豳風正義禮記檀弓正義李善注文選閒居賦引作火星中而寒暑乃退鄭氏周禮淩人注作火星中而寒暑退或一本有星字而字也

旦氏後即次房心　宋本氏下有中氏二字是也

寡君使嬰曰寡人願事君　岳本脫使嬰曰寡人五字

將奉質幣　石經質字係改刊

焜燿寡人之望　宋本以下正義十七節揔入乃許之注下

以備嬪嬙　釋文嬙作廧云本又作嬙監本誤作嫱注同也按以作廧爲近正廧即牆之或體嬪嬙敘列如牆然故謂之牆

注董正至婦官　諸本作董此本誤量今訂正

振爲整理之意　宋本毛本意作義

宿有妃嬙婦御焉　宋本婦作嬪

蓋周末婦官有此名　宋本名下有也字

在纕經之中　諸本作纕石經此處缺釋文作襄云本亦作纕

豈惟寡君　石經宋本淳熙本明翻岳本惟作唯

豆區釜鍾　石經宋本明翻岳本閩本監本釜作釜按釜依說文宜作釜从金父聲索靖所書急就篇章艸正如此今字乃隸省淳熙本明翻岳本鍾作鐘下同

以五升爲豆五豆爲區五區爲釜　釋文下二五字皆作四云舊本如此直加豆爲五升而區釜自大故杜云區二斗釜八斗是也本或作五豆爲區五區爲釜者爲加舊豆區爲五亦與杜注相合非於五升之豆又五五而加也

貸其而收薄　宋本淳熙本纂圖本明翻岳本閩本監本毛本其作厚不誤監毛貸字上○乃注字之誤

春秋左傳注疏卷四十二校勘記　昭公　四

而三老凍餒　石經凍作涷案涷乃暴雨名石經非也

言刖多　釋文亦作刖是也足利本刖作刑

而或燠休之　釋文亦作休宋本明翻岳本休作伏非注同毛詛父六經正誤云休皆作休誤休从人从芝术之术从木者音虛尤反休息也从术者音吁句反係廟諱嫌名案毛說非也

燠休代其痛也　宋本閩本監本毛本作代此本誤氏今改正

杜氏燠休痛念之聲　宋本氏作云是也燠字閩本空缺

其相胡公大姬已在齊矣　諸本作相正義引定本作祖案沈形云胡公爲周始封陳之祖則相乃祖字之誤定本相作祖按宋本作祖非是若作祖則文理欠順

而女富溢尤　淳熙本溢誤謚

欒郤胥原狐皆卿也　諸本作狐此本誤孤宋本皆上有先字

續簡伯慶鄭伯宗○　案○衍宋本毛本無

慆藏也慘改也　明翻岳本無上也字盧文弨挍本云當作慘改慆藏也

讒鼎名也　足利本後人記云一本作讒鼎鼎之名也

一云讒地名　諸本作云此本誤六今訂正

昧旦丕顯　釋文亦作丕纂圖本閩本監本毛本作丕石經初作丕後人加末筆殆未知丕丕本無二字中一直或長或短隸體小變耳中直本無二筆也

丕大也　纂圖本監本毛本丕作丕

不敢不受而埋之　宋本重受字是也

幸而得死　石經死字改刊初刻似誤免字

爽明塏燥　宋本燥作㷋正義同毛詛父正誤云燥作㷋誤興國本建本皆作燥潭本釋文作燥也當作燥

春秋左傳注疏卷四十二校勘記　五

亦當有也字案毛說是也今釋文有也字

注爽明塏㷋　閩本監本毛本㷋作燥下同

塏高地故爲燥也　宋本高下有是字

則使宅人反之且諺曰　陳樹華曰朱氏日鈔云且字文義不接或疑上有闕文又疑曰字之誤諺曰以下皆晏子使宅人反故室辭

子豐至晉國　宋本此節正義在爲其復取之之故注下

鄭僖公之爲大子豐與之偕適晉　監本毛本大誤太下同宋本重子字是也

伯石之汏也　淳熙本纂圖本明翻岳本閩本監本毛本汏作汰注同釋文亦作汏非也石經宋本作汏

猶荷其祿　惠棟云荷當作何

溫吾縣也二宣子曰自郤稱以別三傳矣晉之別縣不唯州

石經吾字起一行稱字起一行皆九字宋自郤二字至二傳二字似改刊

二子曰　石經二字下後人旁增宣字

知而弗從　毛本弗誤復石經此處缺顧炎武云石經復誤作弗所據乃謬刊也

敬子不入　禮記檀弓鄭注引作敬叔不入

五月至成公　宋本以下正義四節揔入敬子從之注下

五月葬滕公　宋本滕下有成字是也

吉賤不獲來　宋本此節正義在畏大國尊夫人也節注下

實不忘我好　宋本以好字絕句釋文云一讀以好字向下

注一睦謂小邾　宋本此節正義在季孫從之之下

余髮如此種種　釋文云徐本作董董賈氏羣經音辨引同云今本作種

彼其髮短而心甚長　石經短上後人增雖字非也

放盧至北燕　宋本至作蒲嬖于三字

以殺公之外嬖　纂圖本殺誤救

齊公孫竈卒　監本作竈卒非

又弱一个焉　監本个作介非

經四年　宋本春秋正義卷第二十七石經春秋經傳集解昭二第廿一淳熙本岳本昭下增公字並盡七年

楚靈王始會諸侯　宋本淳熙本纂圖本明翻岳本足利本會作合是也

胡國汝陰縣西北有胡城　史記楚世家正義引陰作南無有字

楚子至于申　宋本此節正義在會于申之下

○注因申至胡城　宋本○作疏字是也

波自義從　宋本閩本監本毛本波作彼是也

傳四年

賜盟于宋　石經于字改刊

天或者欲逞其心　案劉向新序引作欲盈盈逞古多通用

曰晉有三不殆　石經宋本淳熙本毛本曰上有公字監本初刻亦無後擠刊是也

何鄉而不濟　諸本作鄉釋文云本又作嚮新序引傳亦作嚮俗鄉字

北嶽恒　釋文云恒如字本或作常在冀州案作恒者是也北岳本名恒山漢爲文帝諱改作常耳

四嶽　宋本以下正義八節揔入與人同欲盡濟注下

嶽本自以兩山爲名　段玉裁挍本嶽上有南字是也

是解衡霍二名之由也　宋本閩本監本毛本由作山

書傳多云五岳　宋本岳作嶽

故此云四岳也　宋本監本毛本岳作嶽宋本無也字

在河南陽城縣西北　宋本淳熙本岳本北作南

武帝置嵩高縣　段玉裁挍本嵩作崈

在新城泲鄉縣南　釋文云泲音市又音尒漢書音義音稺或一音隷則當水旁作氵恐非本或作濼字誤也

中南　案新序作終南水經注云地理志曰縣有大一山古文以爲終南杜預以爲中南也陳樹華云左傳本作終杜氏改作中也

恃險與馬不可以爲固也　顧炎武云石經馬誤焉案石經不誤陳樹華云馬字模糊亦非劉向新序引不可作不足

啓其疆土　閩本監本疆作彊非也

魯衞偪於齊而親於晉　諸本作偪石經初刊作逼後改偪

聖人至爲災　宋本以下正義二十節摠入雹之爲菑節注下

正義曰無雹　宋本曰下有無雹謂無害物之雹雖有依時小雹不與物爲災也劉炫云既云二十五字案儀禮續通解引同

復見無雹之意　宋本復作覆

爲夏之十二月也　宋本爲作謂

二之日鑿冰冲冲　宋本冲作沖按冲俗沖字

有星朝見者　宋本星作早與儀禮經傳通解引合

三統厤在　閩本亦誤作在宋本監本毛本作云是也

故以時出之也　宋本毛本時上有是字監本初刻無後擠刊

奎始溫見東方　閩本監本毛本溫作朝宋本作晨

言不獨其公　閩本監本毛本其作是亦非宋本作共

固陰沍寒　釋文沍作冱字按說文無沍字古祇作互

沍閉也　諸本作沍此本作互今改正淳熙本閉誤門

其藏至取之　此本五字並模糊依宋本閩本監本毛本補

上言取之用之之處下言藏之　此本言取之用之之處下八字模糊依宋本補

閩本監本毛本處作事

掌元物　宋本監本毛本元作互不誤下同

皆待此而達也　宋本無也字

棘赤有箴　宋本閩本監本毛本箴作箴是也

則士亦食肉　宋本作肉食

祭寒而藏之　鄭氏豳風箋引作祭司寒而藏之正義曰箋引彼文加司字者彼文上句云以享司寒下句重述其事略其司字箋以經有藏冰獻羔二事故略引下句以當之不引上句故取上句之意加司字以足之初學記引亦有司字釋文云本或作祭司寒者非是也

開冰室也　宋本淳熙本岳本纂圖本足利本開上有始字是也

祭寒至啓之　宋本閩本監本毛本作寒此本誤寔今改正

爲正歲之夏即四月是也　宋本爲作謂

春無淒風　石經宋本凄作淒與釋文合注同按淒字从水者見說文从冫者俗字

震辟歷震物者　宋本辟歷作霹靂下同是也

夭死爲札　宋本夭作大不誤

大札則不舉　閩本監本毛本大誤夭

夭札疫癘也　宋本夭作大下同

二之日鑿冰冲冲　諸本作二此及閩本誤三今改正監本冰誤水宋本岳本冲作沖是也

謂二月春分　閩本監本毛本分作風是也

可以正月納冰　宋本可上有故字是也

亦聖人之寓言也　宋本閩本監本毛本作寓此本誤寓今改正

邾不會　宋本以下正義十一節摠入乃禍亂也句下

夏啟有鈞臺之享　石經此行十一字夏啟有鈞臺五字似重刊

啓禹子也　岳本脫也字

周武有孟津之誓　釋文孟作盟音孟案孟明古音同用惠棟云禹貢正義曰杜預云孟津河內河陽縣南孟津也案鈞臺景亳岐縣酆宮塗山皆有注盟津獨無自是轉寫脫卻此條應補入

時伐紂也　宋本淳熙本岳本纂圖本足利本時作將不誤

周成王歸自奄　岳本脫周字

杜知其禮周　宋本監本毛本周作同是也

凡十三禮　宋本監本毛本三作二是也

王使椒舉待於後以規過　石經宋本淳熙本岳本纂圖本監本毛本待作侍是也

禮吾未見者有六焉　宋本淳熙本纂圖本吾下有所字與石經合

寡君將墮幣焉　諸本作墮詩小雅正月正義引傳作隳乃俗字也

六王啓湯武成康穆王　宋本淳熙本岳本纂圖本監本毛本王作也不誤

皆所以示諸侯汏也　淳熙本纂圖本監本毛本汏作汰非

八月甲申克之執齊慶封　石經此行十一字甲申克之執五字改刊

而盡滅夷狄　石經宋本淳熙本岳本纂圖本監本毛本夷狄作其族是也今改正

注邱十至一年　宋本以下正義二節揔入政不率法節注下

邱之十六井　宋本監本毛本無之字是也

給徭役　宋本徭作傜是也

是與家征別也　宋本無也字

逸詩　宋本淳熙本詩下有也字

子產自以爲權制濟國　淳熙本濟誤齊

韓滅鄭　宋本韓上有而字

棘櫟至櫟亭　宋本此節正義在東國水節注下

是此櫟亭也　宋本無亭字

則河南陽翟縣也　宋本也上有是字

咸尹宜咎城鍾離　淳熙本纂圖本毛本咸作箴亦非石經宋本岳本足利本作葴與釋文合

生孟丙仲壬　諸本作壬石經初刻任後改壬

深目而豭喙　釋文豭作猳按說文豭牡豕也从豕叚聲

注襄二至六歲　宋本以下正義十一節揔入注文謚叔孫以媚季孫之下

齊大夫子明之也　宋本淳熙本岳本纂圖本監本毛本之作也是也

田於丘蕕　李善注文選運命論引作田於蒲邱

叔孫爲孟鍾　宋本岳本鍾作鐘與石經合正義及下注同

以血澆落之　宋本閩本監本毛本作血此本誤而今改正

異官者樂敬也　宋本樂作崇是也

謁日也　宋本淳熙本岳本足利本日作白是也

聞鍾聲　淳熙本岳本纂圖本毛本鍾作鐘

怒將往　重脩監本往誤住

萊書公卿士名　宋本淳熙本岳本纂圖本足利本卿作御不誤淳熙本士誤主

杜洩見　釋文作泄是也賈公彥疏儀禮聘禮引作杜泄

告之飢渴　纂圖本閩本監本毛本飢作饑非也

使寘饋于个而退　釋文云寘本或作奠李善注文選思元賦運命論引傳个作介非

个東西廂　釋文廂下有也字諸本脫又云本又作箱字按廂俗字箱正字

則置虛命徹　重脩監本置誤直

示若叔孫已食　淳熙本若誤君

乙卯卒　監本毛本乙誤已

吾子爲司徒實書名　重脩監本名誤石

夫子爲司馬與工正書服　監本工誤王

亦以德爵　宋本作亦以德詔爵監本、毛本脫亦字

春秋左傳注疏卷四十二挍勘記止

附釋音春秋左傳注疏卷第四十三 昭五年盡六年

杜氏　孔穎達疏

經五年春王正月舍中軍襄十一年始立中軍○舍音捨傳同○楚殺其大夫屈申書名罪之○公如晉○夏莒牟夷以牟婁及防茲來奔城陽平昌縣西南有防亭姑幕縣東北有茲亭○牟亡侯反幕亡博反○秋七月公至自晉○戊辰叔弓帥師敗莒師于蚡泉蚡泉魯地○蚡扶粉反○秦伯卒無傳不書名未同盟○冬楚子蔡侯陳侯許男頓子沈子徐人越人伐吳

傳五年春王正月舍中軍卑公室也罷中軍季孫稱左師孟氏稱右師叔孫氏則自以叔孫爲軍名〔疏〕舍中軍卑公室也○正義曰襄十一年初作三軍十二分其國民三家得七公得五國民不盡屬公公室已是卑矣今舍中軍四分公室三家自取其稅減已稅以貢於公國民不復屬於公公室彌益卑矣是舍中軍者三家所以卑弱公室也作中軍卑公室之漸舍中軍卑公室之極初作云作三軍今不云舍三軍者初云作者舊有二軍今更增一軍人數不足故揔渾破各毀其乘足成三軍故云作三軍此則唯舍中軍之衆屬上下二軍其上下二軍依舊不動故唯云舍中軍也劉炫云四分公室制法別耳還作三軍不得言舍三軍○注罷中至軍名○正義曰魯之軍名傳無其號晉作三軍爲上中下則魯之三軍亦當然也其廢中軍之後上下二軍分爲四分哀十一年齊師伐魯傳稱孟孺子泄帥右師冉求帥左師冉求季氏宰也又言叔孫武叔退而蒐乘更無別稱知自以叔孫爲軍名也毀中軍于施氏成諸臧氏季孫不欲親其議故二家會諸大夫發毀置之計又取其令名○臧子郎反〔疏〕注取其令名○正義曰取其令名者季孫實欲自專令諸大夫議論似若已之不與取其令善廉絜之名也劉炫以爲施者舍也臧者善也成諸臧氏取其令名也其二家謂叔孟非謂施臧二氏也初作中軍三分公室而各有其一三家各有一軍家屬季氏盡征之無所入於公叔孫氏臣其子弟以父兄歸公孟氏取其半焉復以子弟之半歸公○復扶又反〔疏〕初作至半焉○正義曰將述其舍倒本其初初作中軍謂襄十一年也三分公室而各有其一民皆分屬三家就中減以與公令公自稅取也季氏盡征之不減一入於公令盡屬於已也叔孫氏臣其子弟明其更有父兄以一家之內有此四品叔孫氏則以父兄之稅入公子弟之稅入已揔率所屬之人悉皆如此若揔計父兄之數不足以子弟添父兄若子弟不足以父兄添子弟大率半屬於已以父兄歸公者尊公室也孟氏則於子弟之中而取其半於一家之內或取其子或取其弟大率而言三分歸公一分入已也或以爲其軍分爲四分假以父兄子弟四分託之恭以假託爲言何得云若子若弟直云叔孫氏兩分歸公兩分入已孟氏三分歸公一分入已於文簡畧其事易知何須以父兄子弟虛爲假託故知不然也魯之三卿季彊孟弱縱使如此差之季氏猶應以一分歸公言盡征之者季氏專恣也及其舍之也四分公室季氏擇二簡擇取二分○分扶運反或如字〔疏〕及其至擇二○正義曰季氏因叔孫家禍退之使同於孟孫獨取其半爲專已甚又擇取善者是專之極故傳言擇二以見之二子各一皆盡征之而貢于公國人盡屬三家三家隨時獻公而已以書使杜洩告於殯告叔孫之柩○殯必刃反柩其又反曰子固欲毀中軍既毀之矣故告杜洩曰夫子唯不欲毀也故盟諸僖閎詛諸五父之衢皆在襄十一年○閎音宏詛側慮反衢其俱反受其書而投之投擲也○擲直亦反帥士而哭之痛叔孫之見誣叔仲子謂季孫曰帶受命於子叔孫曰葬鮮者自西門不以壽終爲鮮西門非魯朝正門○鮮音仙徐息淺反注同壽音授〔疏〕注不以至正門○正義曰叔孫餓死而帶言葬鮮知不得以壽終者名之爲鮮言年命鮮少也叔仲帶得以此言告季孫則季孫知豎牛餓殺叔孫矣而不討者季孫利其禍而已得專故舍之而不討也杜洩云卿喪自朝知西門非正門季孫命杜洩命使從西

門杜洩曰卿喪自朝魯禮也從生存朝覲之正路〔疏〕注從生至正路○正義曰服虔云言卿葬三辭於朝從朝出正門卿佐國之楨榦君之股肱必過於朝重之也案檀弓云君爲大夫將葬弔於宮及出命引之三步則止如是三君退是君當就家視之無造君朝之禮且杜洩不欲從西門所競道路耳假令自朝而去猶得更從西門不須言自朝也故杜以自朝爲從生存朝覲之正路蓋以西門幽辟故欲從正路而出南門吾子爲國政未改禮而又遷之遷易也羣臣懼死不敢自也自從也既葬而行善杜洩能辟禍仲至自齊聞喪而來季孫欲立之南遺曰叔孫氏厚則季氏薄彼實家亂子勿與知不亦可乎南遺使國入助豎牛以攻諸大庫之庭攻仲壬也魯城內有大庭氏之虛於其上作庫○與音預虛起居反〔疏〕大庫之庭○正義曰十八年傳梓慎登大庭氏之庫是魯城內有大庭氏之虛於其上作

庫謂之大庭氏之庫此言大庫明是彼也此言之庭庭是堂前地名仲壬在此庫之庭前豎牛就攻之此庭非大庭也司宮射之中目而死豎牛取東鄙三十邑以與南遺取叔孫氏邑○射食亦反中丁仲反昭子即位朝其家衆曰豎牛禍叔孫氏使亂大從使從於亂○使亂大從如字服云使亂大和順之道也〔疏〕使亂大從○正義曰杜云使從於亂服虔云使亂大和順之道殺適立庶又披其邑將以赦罪披析也謂以邑與南遺昭子不知豎牛餓殺其父故但言其見罪○適丁歷反本又作嫡披普皮反析星歷反見賢遍反〔疏〕注披析至見罪○正義曰昭子若知豎牛餓殺其父則當顯加誅戮不應宜以殺適立庶爲大罪也若昭子知雖不殺則昭子有大罪矣仲尼不宜善其不以立己爲功勞也是昭子不知豎牛餓殺其父但言見罪仲尼又據其見言而善之罪莫大焉必速殺之豎牛懼奔齊孟仲之子殺諸塞關之外齊魯界上關○塞悉

代反投其首於寧風之棘上寧風齊地仲尼曰叔孫昭子之不勞不可能也不以立己爲功勞據其所言善之時魯人不以餓死語昭子○語魚據反周任有言曰爲政者不賞私勞不罰私怨詩云有覺德行四國順之詩大雅覺直也言德行直則四方順從之○任音壬行下孟反注同初穆子之生也莊叔以周易筮之莊叔穆子父得臣也遇明夷䷣離下坤上明夷○坤若門反之謙䷎艮下坤上謙明夷初九變爲謙○艮古根反〔疏〕遇明夷之謙○正義曰離下坤上爲明夷離爲日坤爲地彖曰明入地中明夷夷者傷也日在地中光不外發則爲明傷也艮下坤上爲謙艮爲山彖曰地中有山謙以高下下謙虛之義以示卜楚丘楚丘卜人姓名曰是將行行出奔而歸爲子祀奉祭祀以讒人入其名曰牛卒以餒死明夷

日也離爲日夷傷也日明傷○餒奴罪反餓也日之數十甲至癸故有十時亦當十位自王已下其二爲公其三爲卿日中當王食時當公平旦爲卿雞鳴爲士夜半爲皁人定爲輿黃昏爲隸日入爲僚晡時爲僕日昳爲臺隅中日出闕不在第尊王公曠其位○皁才早反輿音餘僚力彫反晡布吳反昳田結反隅遇俱反〔疏〕楚丘至餒死○正義曰此先畧言卦意有此四事也是者是此子也將出奔而歸爲國卿奉子叔孫之祭祀也并以讒人入而其名曰牛然此子終以餓死也牛在國生云以入者去時未有來而有之以讒人入其家非從外國人既已畧論此意乃復具釋爻辭云明夷于飛垂其翼君子于行三日不食有攸往主人有言此三辭之間無爲祀之意但卦名明夷故先推卦名求爲祀之義也先行後歸始得爲祀然後推演爻辭得其行去之象又論不食讒言之事爻辭之內亦無名牛故別於離卦以求牛名推演爻之三辭既訖乃復更推卦體以終爲祀之言故曰其爲子後以揔結前言也○注日中至其位○正義曰七年傳曰王有十日人有十等彼卻歷言從王至臺十等之日此傳既云十時十位位以王公卿爲三日以中食旦爲三日上其中知

從中而右旋配之也晡謂食也晡時謂日西食時也日昳謂蹉跌而下也隅謂東南隅也過隅未中故爲隅中也若據時之先後則從旦至食乃至於中宜以左旋爲炎今傳以配十位從中而右旋者以人之道高以下爲基貴以賤爲本欲從賤而漸至於貴也若從中左旋則位乃漸退非進長之義故右旋也日上其中日中盛明故以當王食日爲二公位旦日爲三卿位明夷之謙明而未融其當旦乎融朗也離在坤下日在地中之象又變爲謙謙道卑退故曰明而未融日明未融故曰其當旦乎〔疏〕注融朗至旦乎○正義曰明而未融則融是大明故爲朗也釋言云明朗也樊光云詩云高朗令終日月光明是朗爲大明也據卦離下坤上日在地中之象又爻變爲謙謙是卑退之意日未出而又卑故曰明而未融日明未融故曰其當旦也若於易之明夷據日入之後故明夷象云初登于天照四國也後入于地失則也此傳明夷據日未出前者以日未出與日已入皆日在地下其明不見故各取象爲義故曰爲子祀莊叔卿也卜豹爲卿故知爲子祀日之謙當鳥故曰明夷于飛離爲日爲鳥離變爲謙日光不足故當鳥鳥飛行故曰于飛〔疏〕注離爲至于飛○正義曰說卦離爲日爲雉雉爲鳥也離之一卦爲日爲鳥日爲高明鳥爲微細今日之謙退不得高明下當爲細是日光不足故當鳥也明之未融故曰垂其翼於日爲未融於鳥爲垂翼象日之動故曰君子于行明夷初九得位有應君子象也在明傷之世居謙下之位故將辟難而行○應應對之應謙下如字又遐嫁反難乃旦反〔疏〕注明夷至而行○正義曰卦有六位初三五奇數爲陽位也二四上耦數爲陰位也初與四二與五三與上位相値爲相應陽之所求者陰陰之所求者陽陽陰相値爲有應陰還値陰陽還値陽爲無應明夷初九陽爻在奇是得位也所應在四四爲陰爻是有應也居得位而物應之是君子象也初九在明傷之世有大難也居謙下之位宜卑退也以此知將辟難而行也當三在旦故曰三日不食旦位在三又非食時故曰三日不食〔疏〕注旦位至不食○正義曰位當三而時在旦是三日象也旦又未至食時非食時則無可食故曰三日不食也離火也艮山也離爲火火

焚山山敗離艮合體故○敗必邁反又如字注同於人爲言艮爲言〔疏〕注艮爲言○正義曰說卦云成言乎艮故艮爲言也敗言爲讒爲離所焚故言敗故曰有攸往主人有言言必讒也離變爲艮故言有所往往而見燒故主人有言言而見敗故必讒言○攸音由純離爲牛易離上離下離畜牝牛吉故言純離爲牛○牝頻忍反舊扶死反〔疏〕注易離至爲牛○正義曰純離者言上體下體皆是離也易離卦云畜牝牛吉故言純離爲牛明夷初九無此牛象但明夷初卦下體是離故轉於純離之卦求牛象也世亂讒勝勝將適離故曰其名曰牛離焚山則離勝譬世亂則讒勝山焚則離獨存故知名牛也豎牛非牝牛故不吉謙不足飛不翔謙道沖退故飛不遠翔垂不峻翼不廣峻高也翼垂下故不能廣遠故曰其爲子後乎不遠翔故知不遠去〔疏〕謙不至後乎○正義曰其爻辭唯云君子于行無還之義故復推此爻於鳥爲飛不用翼不大知其不能遠去行必當歸故曰其爲子後乎吾子亞卿也抑少不終旦日正卿之位莊叔父子世爲亞卿位不足以終盡卦體蓋引而致之○楚子以屈伸爲貳於吳乃殺之造生貳心以屈生爲莫敖屈生建子使與令尹子蕩如晉逆女過鄭鄭伯勞子蕩于氾勞屈生于菟氏氾菟氏皆鄭地○過古禾反勞力報反後皆同氾徐扶嚴反菟大胡反晉侯送女于邢丘子產相鄭伯會晉侯于邢丘傳言楚強諸侯畏敬其使○相息亮反使所吏反〔疏〕注傳言至其使○正義曰聘禮云若過邦至于竟使次介假道束帛將命于朝下大夫取以入告出許饟之以其禮上賓大牢積惟芻禾如彼禮文唯當饟之而已今鄭伯親勞是鄭畏楚也桓三年傳例云凡公女嫁于敵國公子則下卿送之於天子則諸卿皆行尙公不自送昏禮父母送女不下堂今晉侯親送女至邢丘是敬楚也此兼顧上文故云諸侯畏敬其使○公如晉卽位而往見○見賢遍反自郊

勞至于贈賄往有郊勞去有贈賄。○賄呼罪反。【疏】注往有至贈賄○正義曰聘禮賓至于近郊君使卿朝服用束帛勞及聘事皆畢乃云賓遂行舍于郊公使卿贈如覲幣聘既如此朝亦當然其朝據大行人上公三勞主國使下大夫勞于畿卿勞于遠郊主君自勞于近郊其去贈賄無文聘尚有賄明朝亦然但禮文不具耳其文據公去言故云往有也贈據晉言故云去有也無失禮揖讓之禮晉侯謂女叔齊曰魯侯不亦善於禮乎對曰魯侯焉知禮公曰何爲自郊勞至于贈賄禮無違者何故不知對曰是儀也不可謂禮禮所以守其國行其政令無失其民者也今政令在家在大夫○女音汝焉於虔反不能取也有子家羈弗能用也羈莊公玄孫懿伯也○羈居宜反奸大國之盟陵虐小國謂伐莒取鄆○奸音干鄆音運利人之難謂往年莒亂而取鄆○難乃旦反下及注並同不知其私不自知有私難公室四分民食於他他謂三家也言魯君與民無異【疏】民食於他○正義曰言公如民然求食於他也其時四分公室民皆屬三家三家稅以貢公公仰給食自無食也思莫在公不圖其終無爲公謀終始者○思息吏反謂羣臣慮也一音如字爲于僞反【疏】思莫至其終○正義曰羣臣思慮無在公者不爲公圖謀其終言其終必禍敗無爲謀者爲國君難將及身不恤其所禮之本末將於此乎在在恤民與憂國而屑屑焉習儀以亟言以習儀爲急○屑屑先結反亟紀力反急也言善於禮不亦遠乎君子謂叔侯於是乎知禮時晉侯亦失政叔齊以此諷諫○諷芳鳳反本亦作風音同○晉韓宣子如楚送女叔向爲介鄭子皮子大叔勞諸索氏河南成皐縣東有大索城○介音界大叔音泰索悉洛反大叔謂叔向曰楚王汏侈已甚子其戒之叔向曰汏侈已甚身之災也焉能及人若奉吾幣帛慎吾威儀守之以信行之以禮敬始而思終終無不復事皆可復行○焉於虔反從而不失儀從順也敬而不失威道之以訓辭奉之以舊法考之以先王以先王之禮成其好○道音導好呼報反度之以二國度晉楚之勢而行之○度待洛反注同【疏】奉吾至二國○正義曰朝聘之禮享用幣帛致國之所有送女雖則非聘亦以幣帛通意故云奉吾幣帛慎吾威儀也信當守而無失故云守之以信也禮當勉力履行故云行之以禮也禮無不敬故以敬爲始也始敬則終亦敬終恐其情故云思終也思終亦思始終始無有不可復行之事行必得禮使皆可復行也曲從則失儀從而不失儀不曲從也過敬則無威敬而不失威不妄敬也聖人教訓之辭用之以通意故言道之也聘使舊故之法奉承以致命故言奉之也用先王之禮以成其交好故言考之也量二國形勢以傳通時事故言度之也皆準事爲文雖汏侈若我何及楚楚子朝其大夫曰晉吾仇敵也苟得志焉無恤其他今其來者上卿上大夫也若吾以韓起爲閽刖足使守門○仇音求閽音昏刖音月又五刮反【疏】注刖足使守門○正義曰周禮掌戮云墨者使守門劓者使守關宮者使守內刖者使守囿髡者使守積則守門者當以墨也知不以韓起爲墨者楚子意在辱晉必將加之重罪墨是刑之輕者知其必非墨也且欲以叔向爲宮刑明起刑亦次宮也莊十九年傳稱鬻拳自刖楚人以爲大閽知此亦是刖也欲以叔向爲司宮爲奄官之長則韓起爲閽亦欲令爲門官之長刑若鬻拳故以鬻拳之刑解之以羊舌肸爲司宮加宮刑○肸許乙反足以辱晉吾亦得志矣可乎大夫莫對薳啓彊曰可苟有其備何故不可恥匹夫不可以無備，況恥國乎。是以聖王務行禮，不求恥人。朝聘有珪，珪以爲信。【疏】朝聘有珪○正義曰：周禮典瑞云：公執桓圭，侯執信圭，伯執躬圭，子執穀璧，男執蒲璧，以朝覲宗遇會同于王，諸侯相見亦如之，是朝有珪也。又曰：瑑圭璋璧琮以覜聘，是聘有珪也。聘用圭璧，其飾雖與君同，其長降君一等。聘禮記曰：所以朝天子，圭與繅皆九寸；問諸侯，朱綠繅八寸。問卽聘也。鄭玄云：九寸，上公之圭也。於天子曰朝，於諸侯曰問，記之於聘，文互相備。鄭云互相備者，言諸侯相朝與朝天子同也，遣使聘天子與諸侯同也。彼典瑞及聘禮記聘圭八寸，據上公爲文耳。公之使既降公一等，知侯伯之使當瑑圭六寸，子男之使當瑑璧四寸。考工記玉人云：瑑圭璋八寸，璧琮八寸，以覜聘，亦謂上公之聘也。其實子男君臣用璧，云朝聘有圭者，據公侯伯言之。○注珪以爲信○正義曰：鄭玄典瑞注云：人執以見曰瑞，禮神曰器。瑞，符信也。用珪朝聘，所以爲信，故執之。

享覜有璋，享，饗也。覜，見也。既朝聘而享見也。臣爲君使，執璋。○覜，他弔反，徐他彫反。璋音章。享饗並許丈反，鄭服皆以享爲獻。耳見，賢遍反，下同。臣爲，于僞反。使，所吏反。【疏】享覜有璋正義曰：鄭氏先儒以爲朝聘之禮，使執玉以授主國之君，乃行享禮，獻國之所有。覜，見也，謂行享禮以見主國之君也。案小行人合六幣：圭以馬，璋以皮，璧以帛，琮以錦，琥以繡，璜以黼。鄭玄云：上公享王圭以馬，享后璋以皮；侯伯子男享王璧以帛，享后琮以錦；公侯伯於諸侯則享用璧琮，子男於大國享君琥以繡，於夫人璜以黼。此云享覜有璋者，據上公享后言之。所以特舉享后者，舉璋與圭相對，其實享禮圭與璧琮琥璜皆有。今檢杜注意義則不然，謂王國設酒食以饗賓，賓則執璋以行禮。故杜云享覜有璋，注云享，饗也，破享獻之享爲饗食之饗。杜必然者，以此傳下云設机而不倚，爵盈而不飲，宴有好貨，飧有陪鼎，皆論饗禮及饗宴之事，故破享爲饗，卽大行人三饗三食三宴之類是也。但饗禮既亡，執璋無文耳。故杜云臣爲君使執璋，則詩云奉璋峨峨，尙書大保秉璋以酢之類是也。

小有述職，諸侯適天子曰述職。○述職，述其所治國之功職也。【疏】注諸侯至述職○正義曰：孟子云：天子適諸侯曰巡狩，巡狩者，巡所守也；諸侯朝天子曰述職，述職者，述所職也。其意言諸侯職在治國家以事天子，以時入朝，述脩其所職也；天子職在立諸侯、撫下民，以時巡狩，省視其功勞也。

大有巡功，天子巡守曰巡功。○巡功，巡所守之功績。巡守，手又反。

設机而不倚，爵盈而不飲，言務行禮。○机音几。倚，於綺反。【疏】設机至不飲○正義曰：朝聘之禮有設几進爵之時，朝禮雖亡，而聘禮有其畧也。聘義曰：聘射之禮，至大禮也。質明而始行事，日幾中而後禮成，非強有力者弗能行也。酒清，人渴而不敢飲也；肉乾，人飢而不敢食也。是言務在行禮，不敢倚机，不敢飲酒也。

宴有好貨，宴飲以貨爲好，衣服車馬在客所無。○好，呼報反，注及下同。【疏】注宴飲至所無○正義曰：謂主國宴賓，以貨才爲恩好，謂衣服車馬在客所無者與之也。明年晉享季武子，重其好貨；僖二十九年介葛盧來，禮之加宴好。詩序云：鹿鳴，燕羣臣嘉賓也。既飲食之，又實幣帛筐篚以將其厚意是也。

飧有陪鼎，熟食爲飧。陪，加也。加鼎所以厚殷勤。○飧音孫。陪，薄回反，徐扶杯反。【疏】注熟食至殷勤○正義曰：聘禮賓始入館，宰夫朝服設飧，餁一牢，在西鼎九，羞鼎三。鄭玄云：食不備禮曰飧。餁，熟也。其鼎實如饔餼。羞鼎則陪鼎也，以其實言之則曰羞，以其陳言之則曰陪。是飧有陪鼎。鄭以飧禮小，饔餼大，故云食不備禮曰飧，言饔餼備而飧不備也。杜以餼生而飧熟，故云熟食爲飧。聘禮又云：君使卿韋弁歸饔餼五牢，餁一牢，鼎九，設于西階前，陪鼎當內廉。鄭玄云：陪鼎，三牲臛膷臐膮也。陪之，庶羞加也。服虔云：陪，牛羊豕鼎，故云陪鼎。周禮掌客云：凡諸侯之禮，上公飧五牢，饔餼九牢；侯伯飧四牢，饔餼二牢；子男飧三牢，饔餼五牢。是朝聘皆有飧也。案聘禮歸饔餼五牢於賓館，餼一牢，鼎九，設于西階前，牛鼎一，羊鼎一，豕鼎一，魚鼎一，腊鼎一，腸胃鼎一，膚鼎一，鮮魚鼎一，鮮腊鼎一。凡九鼎，從北向南而陳。又有陪鼎三，其一曰膷鼎，牛臛也，在牛鼎之西；其一曰臐鼎，羊臛也，在羊鼎之西；其一曰膮鼎，豕臛也，在豕鼎之西。其陪所設，當西階之內廉。腥二牢，陳于東階之前，南陳，牢別七鼎，無鮮魚鮮腊也。并上餁一牢，所謂死牢三。又餼二牢，陳于門內之西。是卿之饔餼五牢。案鄭注掌客，其予男饔餼五牢，與卿同，其腥鼎加鮮魚鮮腊，牢別有九也。其陳設如卿之禮。侯伯饔餼七牢，死牢四，餁一牢在西，腥二牢在東，餼三牢在門西，其陳設如子男之禮。上公饔餼九牢，死五牢，餁七牢在西，腥四牢在東，餼四牢陳于門西，其陳皆如侯伯之禮也。大行人注云：爵卿也，則飧二牢，饔餼五牢；爵大夫也，則飧大牢，饔餼二牢。

入有郊勞，賓至，逆勞之於郊。出有贈賄，去則贈之以貨賄。禮之至也。國家之敗，失之道也，則禍亂興。失朝聘宴好之道。城濮之役在僖二十八年。濮音卜晉無楚備以敗於邲，在宣十二年。言兵禍始於城濮。邲，皮必反邲之役楚無晉備以敗於鄢。在成十六年。鄢，於晚反【疏】以敗於鄢。正義曰：以上文類之，當注云言兵禍始於邲，而不注者，從可知也。自鄢以來，晉不失備，而加之以禮，重之以睦，君臣和也。重，直用反是以楚弗能報而求親焉。既獲姻親，又欲恥之，以召寇讎，備之若何。言何以爲備。姻音因誰其重此？言怨重若有其人，恥之可也。謂有賢人以敵晉，則可恥之若其未有，君亦圖之。晉之事君，臣曰可矣。求諸侯而麇至，麇，羣也。麇音隕反，又其郎反，注同求昏而薦女，薦，進也君親送之，上卿及上大夫致之。猶欲恥之，君其亦有

備矣。不然，奈何？韓起之下，趙成、中行吳、魏舒、范鞅、知盈，五卿位在韓起之下，皆三軍之將佐也。成，趙武之子。吳，荀偃之子。行，戶郎反。鞅，於丈反。知音智。將，子匠反羊舌肸之下，祁午、張趯、籍談、女齊、梁丙、張骼、輔躒、苗賁皇，皆諸侯之選也。言非凡人。趯，他歷反。骼，古百反，或音各。躒，力狄反，又力各反，本又作轢，同。賁，扶云反。選，息戀反韓襄爲公族大夫，韓須受命而使矣。襄，韓無忌子也，爲公族大夫。須，起之門子，年雖幼，已任出使。使，所吏反，注及下注同。任音壬【疏】韓須受命而使。正義曰：三年傳云韓須如齊逆少姜，是受命出使之事。箕襄、邢帶，二人，韓氏族叔禽、叔椒、子羽，皆韓起庶子【疏】注皆韓起庶子。正義曰：賈逵云然，杜依用之。杜以上箕襄、邢帶食邑於箕、邢，故爲韓氏之族；叔禽、叔椒皆連叔，爲文；羽又稱子，事似兄弟，故云皆韓起庶子。劉炫以爲叔禽等亦是韓起之族，既無明證而妄規杜氏，非也。皆大家

也。韓賦七邑，皆成縣也。成縣，賦百乘也。韓賦七邑，韓襄，起之兄子。箕襄、邢帶二人，韓氏族。韓須、叔禽、叔椒、子羽四人，皆韓起子。凡七人，人一邑。乘，繩證反，下皆同羊舌四族，皆彊家也。四族，銅鞮伯華、叔向、叔魚、叔虎，兄弟四人。鞮，丁兮反【疏】注四族至四人。正義曰：家語孔子曰：「銅鞮伯華不死，天下其定矣。」其人名赤，字伯華，食邑於銅鞮。叔魚名鮒，見於十三年傳。叔虎見於襄二十一年傳，於時虎已死，今得數叔虎者，雖身死，其族猶在，故傳不言羊舌四人而云四族，明指其族也。據傳文，叔向兄弟四人，有叔虎。案世本，叔向兄弟有季夙，疑季夙即是虎也，故服氏數伯華、叔向、叔魚、季夙。劉炫以爲叔虎於時已死，別有季夙，而規杜氏，非也。晉人若喪韓起、楊肸，五卿、八大夫五卿，趙成以下。八大夫，祁午以下。喪，息浪反。楊肸，叔向。本羊舌氏，食菜於楊，故又號楊肸也輔韓須、楊石，石，叔向子食我也。食音嗣因其十家九縣，韓氏七，羊舌氏四，而言十家，舉大數也。羊舌四家共二縣，故但言彊家【疏】注韓氏至彊家。正義曰：杜以家縣爲一，故并韓賦七邑與羊舌四族，乃爲

十一，而言十家，舉大數也。羊舌四族，族有一縣，則又大多，故以爲四家共二縣也。劉炫以爲韓須是起之門子，不別更稱家，去韓須之外，韓氏唯有六家，并羊舌四族，故爲十家也。今知不然者，以傳歷序韓襄爲公族大夫，韓須受命而使，即云箕襄以下皆大家，故知韓須在其內也。又韓賦七邑，則韓須有邑，既有其邑，自然稱家。哀二年傳曰「上大夫受縣」，論語云「百乘之家」，家即縣也。劉以爲韓須不得爲家，家不得稱縣，以爲韓氏六家，羊舌四家，爲十家，而規杜氏，非也。長轂九百，長轂，戎車也。縣百乘。轂，古木反【疏】長轂。正義曰：考工記車人云：兵車、乘車輪崇六尺六寸，田車輪崇六尺三寸，兵車轂長三尺三寸。又云大車半柯，長尺半，是短也。其餘四十縣，遺守四千，計遺守國者，尚有四千乘。遺，唯季反奮其武怒，以報其大恥。伯華謀之，伯華，叔向兄中行伯、魏舒帥之，伯仲行吳其蔑不濟矣。君將以親易怨，失婚姻之親實無禮以速寇，而未有其備，使羣臣往遺之禽，以逞君

心何不可之有王曰不穀之過也大夫無辱
謝薳啟彊〔疏〕何不可之有○正義曰啟彊發首言可此云何不可之有言其可也紹上可之言服虔云何不可之
有如是大不識文勢厚爲韓子禮王欲敖叔向以其所不
知而不能言叔向之多知○敖五報反叔向以其所不知絕句多知如字一音智〔疏〕王欲
至不能○正義曰王欲謂叔向以爲敖樂以其所不知不解之處試之而竟不能王之所爲叔向悉解故杜云叔向之多
知亦厚其禮韓起反鄭伯勞諸圉圉鄭地名辭不
敢見禮也奉使君命未反故○見賢遍反○鄭罕虎如齊娶於
子尾氏自爲逆也○娶七住反爲于僞反晏子驟見之陳桓子問
其故對曰能用善人民之主也謂授子產政○驟仕救反○夏
莒牟夷以牟婁及防茲來奔牟夷非卿而書

尊地也尊重也重地故書以名其人終爲不義莒人愬于晉愬魯受牟夷○愬悉
路反晉侯欲止公范獻子曰不可人朝而執之
誘也討不以師而誘以成之惰也爲盟主而
犯此二者無乃不可乎請歸之間而以師討
焉間暇也○誘音酉惰徒臥反間音閑注同又如字又歸公秋七月公至
自晉莒人來討討受牟夷不設備戊辰叔弓敗諸蚡
泉莒未陳也嫌君臣異故重發例○陳直覲反重直用反○冬十月楚
子以諸侯及東夷伐吳以報棘櫟麻之役役在
四年薳射以繁揚之師會於夏汭會楚子○射食夜反又食亦反越
大夫常壽過帥師會楚子于瑣瑣楚地○過古禾反瑣索果反聞

吳師出薳啟彊帥師從之從吳師也遽不設備吳人
敗諸鵲岸廬江舒縣有鵲尾渚○遽其據反岸五旦反楚子以馹至於羅
汭馹傳也羅水名○馹人實反傳中戀反吳子使其弟蹶由犒師
犒勞○蹶居衞反犒苦報反楚人執之將以釁鼓王使問焉
曰女卜來吉乎對曰吉寡君聞君將治兵於
敝邑卜之以守龜曰余亟使人犒師請行以
觀王怒之疾徐而爲之備尚克知之言吳令龜如此○釁
許覲反女音汝守手又反下同亟紀力反龜兆告吉曰克可知也君若
驩焉好逆使臣滋敝邑休殆休解也○好呼報反使所吏反下同解佳賣
反而忘其死亡無日矣今君奮焉震電馮怒

馮盛也○馮皮冰反徐敷求反注同虐執使臣將以釁鼓則吳知所
備矣敝邑雖羸若早脩完完器備○羸力危反完音九〔疏〕今君
至釁鼓○正義曰言今君奮起威嚴如天震電盛爲瞋怒虐執云云是也其可以息師息楚之師
難易有備可謂吉矣且吳社稷是卜豈爲一
人使臣獲釁軍鼓而敝邑知備以禦不虞其
爲吉孰大焉國之守龜其何事不卜言常卜○易以豉反
豈爲于僞反禦魚呂反〔疏〕難易有備○正義曰言知楚爲患難則吳易有防備也○且吳社稷是卜○正義曰
恐楚王言女既云吉何故今欲被殺故言此以塞之○國之守龜○正義曰又恐王言龜既言吉而使人被殺則是龜不
信故又言此以荅之一臧一否其誰能常之城濮之兆其
報在邲城濮戰楚卜吉其効乃在邲○否悲矣反舊方有反今此行也其庸

有報志言吳有報楚意乃弗殺楚師濟於羅汭沈尹赤會楚子次於萊山薳射帥繁揚之師先入南懷楚師從之及汝清南懷汝清皆楚界○萊音來吳不可入有備楚子遂觀兵於坻箕之山觀示也○觀舊音官讀爾雅者皆官喚反注同坻直夷反是行也吳早設備楚無功而還以蹶由歸楚子懼吳使沈尹射待命于巢薳啟彊待命于雩婁禮也善有備○雩音于徐況于反如淳同韋昭音虛婁力侯反徐力俱反如淳音樓○秦后子復歸於秦元年奔晉景公卒故也終五稔之言○五稔而甚反

經六年春王正月杞伯益姑卒再同盟〔疏〕注再同盟○正

義曰益姑以襄二十四年即位二十五年盟于重丘魯杞俱在二十九年又杞子來盟是再同盟○葬秦景公○夏季孫宿如晉葬杞文公無傳○宋華合比出奔衛合比事君不以道自取奔亡書名罪之○華戶化反比如字又毗志反〔疏〕注合比至罪之○正義曰寺人柳有寵大子佐惡之合比請殺之求媚於大子而欲殺君之寵臣是事君不以道也以此而自取奔亡故書名以罪之○秋九月大雩○楚薳罷帥師伐吳罷音皮○冬叔弓如楚○齊侯伐北燕

傳六年春王正月杞文公卒弔如同盟禮也魯怨杞因晉取其田而今不廢喪紀故禮之大夫如秦葬景公禮也合先王士弔大夫送葬之禮〔疏〕注合先至之禮○正義曰先王之制諸侯之喪士弔大夫送葬三十年傳文也釋例曰先王之制諸侯之喪士弔大夫送葬及其失也禮過於重文襄之伯因而抑之諸侯之喪大夫弔卿共喪事夫人之喪士弔大夫送葬猶過古制故公子遂如晉葬襄公傳不言禮葬秦景公傳曰大夫如秦葬景公特稱禮也一以示古制二以示書他國之葬必須魯會三以示奉使非卿則不書於經此皆丘明之微文也○三月鄭人鑄刑書鑄刑書於鼎以為國之常法○鑄之樹反〔疏〕注鑄刑書於鼎○正義曰傳直言鑄刑書知鑄之於鼎者二十九年傳云晉趙鞅荀寅賦晉國一鼓鐵以鑄刑鼎著范宣子所為刑書焉彼是鑄之於鼎知此亦是鼎也叔向使詒子產書詒遺也○詒以之反遺唯季反曰始吾有虞於子虞度也言準度子產以為已法○度待洛反下同今則已矣已止也昔先王議事以制不為刑辟懼民之有爭心也臨事制刑不豫設法也法豫設則民知爭端○辟婢亦反下皆同爭爭鬬之爭注及下注同〔疏〕注臨事至爭端○正義曰尚書伊訓云先王肇修人紀制官刑儆于有位又穆王命呂侯訓夏贖刑作呂刑之篇其經云墨罰之屬千劓罰之屬千剕罰之屬五百宮罰之屬三百大辟之屬二百五刑之屬三千周禮司刑掌五刑之法以麗萬民之罪墨罪五百劓罪五百宮罪五

百刖罪五百殺罪五百據此二文雖王者相變條數不同皆是豫制刑矣而云臨事制刑不豫設法者聖王雖制刑法舉其大綱但共犯一法情有淺深或輕而難原或重而可恕臨其時事議其重輕雖依準舊條而斷有出入不豫設定法告示下民令不測其淺深常畏威而懼罪也法之所以不可豫定者於小罪之間或情有大惡盡皆致之極刑則本非應重之罪悉令從其輕比又不足以創小人也於大罪之間或情有可恕盡加大辟則枉害良善輕致其罰則脫漏重辜以此之故不得不臨時議之準狀加罪令鄭鑄之於鼎以章示下民亦既示民即為定法民有所犯依法而斷設令情有可恕不敢曲法以矜之罪實難原不得違制以入之法既豫定民皆先知於是倚公法以展私情附輕刑而犯大惡是無所忌而起爭端也漢魏以來班律於民懼其如此制為比例入罪者舉輕以明重出罪者舉重以明輕因小事而別有大罪者則云所為重以重論皆不可一定故也猶不可禁禦是故閑之以義閑防也糾之以政糾舉也行之以禮守之以信奉之以仁奉養也制為祿位以勸其從勸從教嚴斷刑

罰以威其淫，淫放也。〔疏〕閑之至其淫。○正義曰：義者宜也，合於事宜。閑謂防衞也。閑之以義，曰衞之使合於事宜者也。政者正也，齊正在下，糾謂舉治也，糾之以政，舉治之使從於齊正也。禮當勉力履行，故行之以禮也。信當守而勿失，故守之以信也。仁心所以養物，故奉之以仁也。位以序德，祿以酬勤，有德能勤則居官食祿，制爲祿位以勸其從順教令也。其有犯罪則制之刑罰，故嚴斷刑罰以威其驕淫放佚也。嚴斷言其不放舍也。對文則加罪爲刑，收贖爲罰，散則刑罰通也。閑之以下，皆言在上位者行此事治民也。懼其未也，故誨之以忠，聳之以行，聳懼也。○聳，息勇反。行，下孟反。教之以務，時所急。使之以和，說以使民。○說音悅。臨之以敬，涖之以彊，施之於事爲涖。○涖音利，又音類。斷之以剛，義斷恩。〔疏〕懼其至以剛。○正義曰：此上言行事，此又言用心，言雖行上事，懼其未從教也，故復勞心以撫之。於文中心爲忠，如心爲恕，謂如其己心也。事親事君，遠及諸物，宜恕以待之，不得虛詐，忠是萬事之本，故陳忠恕之事以訓誨之。行善得善，行惡得惡，舉善惡之行以恐懼之。時之所急，民或不知，故教示

之以當時之務。居上位者失於以威迫人，故使之以和，當和說以使之。臨、涖一也，臨謂位居其上，俯臨其下；涖謂有所施爲，臨撫其事。臨謂平常之時，涖謂當事之時。居上位者失於驕慢，臨之以敬，言常共敬以臨之。其監於行事者失於解倦，涖之以彊，言當彊力以臨之。柔而少決，爲政之病，故斷之以剛。彊此云斷之以剛，即上嚴斷之義。嚴謂威可畏，剛謂情無私，此皆論心，故重言之。○注聳懼也。○正義曰：釋詁文也。彼作竦，音義同。○注施之於事爲涖。○正義曰：涖亦臨也，而與臨别文，故解之。周禮肆師稱涖卜，曲禮云涖官，春秋書涖盟，皆謂當其事而臨之，故云施之於事爲涖，則臨謂平常，涖謂當事，以此爲異，故别文也。若散而言之，涖亦臨也，故論語云「不莊以涖之，則民不敬」是也。○注義斷恩。○正義曰：喪服四制云「門内之治恩揜義，門外之治義斷恩」。尚書胤征云「威克厥愛，允濟；愛克厥威，允罔功」。是斷獄者皆當義斷恩。猶求聖哲之上、明察之官，上，公王也。官，卿大夫也。忠信之長、慈惠之師，民於是乎可任使也，而不生禍亂。民知有辟，則不忌於上，權移於法，故民不畏上。○長，丁丈反。〔疏〕猶求至使也。○

正義曰：以剛以上，雖率意教人，猶爲未善，更求聖哲王公之上、明察大夫之官、忠誠信著之長，則慈愛溫惠之師，教用此四法以教民，民於是乎可任使也。○注權移至畏上。○正義曰：刑不可知，威不可測，則民畏上也。今制法以定之，勒鼎以示之，民知在上不敢越法以罪已，又不能曲法以施恩，則權柄移於法，故民皆不畏上。並有爭心，以徵於書，而徼幸以成之，因危文以生爭，緣徼幸以成其巧僞。○徼，本又作邀，古堯反。巧如字，又苦孝反。〔疏〕注因危至巧僞。○正義曰：法之設文有限，民之犯罪無窮，爲法立文，不能網羅諸罪，民之所犯，不必正與法同，自然有危疑之理。因此危文以生與上爭罪之心，緣徼幸以成其巧僞，將有實罪而獲免者也。弗可爲矣，爲治也。夏有亂政而作禹刑，商有亂政而作湯刑，夏商之亂，著禹湯之法，言不能議事以制。○夏，戶雅反。〔疏〕注夏商至以制。○正義曰：夏商之有亂政，在位多非賢哲，察獄或失其實，斷罪不得其中，至有以私亂公，以貨枉法，其事不可復治，乃遠取創業聖王當時所斷之獄，因其故事，制爲定法，亦如鄭鼎所鑄，遵舊施行，言不能臨時議事以制刑罪

也。周有亂政而作九刑，周之衰亦爲刑書，謂之九刑。〔疏〕注周之至九刑。○正義曰：準夏商所作，當爲文武周公之制，不以聖王名刑，而謂之九刑者，蓋周公别爲此名，故稱之耳。三辟之興，皆叔世也。言刑書不起於始盛之世。〔疏〕注言刑至之世。○正義曰：三辟謂禹刑、湯刑、九刑也。辟，罪也。三者斷罪之書，故爲刑書，皆是叔世所爲。言刑書不起於始盛之世。議事制罪，叔世不復能然，采取上世決事之比，作書以爲後法，其事是始盛之世，作書於衰亂之時。服虔云：政衰爲叔世，叔世踰於季世，季世不能作辟也。今吾子相鄭國，作封洫，在襄三十年。○相，息亮反。洫，況域反。立謗政，作丘賦在四年。○謗，布浪反。制參辟，鑄刑書，制參辟，謂用三代之末法。○參，七南反，一音三。〔疏〕注制參至末法。○正義曰：制參辟、鑄刑書是一事也，爲其文是制參辟，勒於鼎是鑄刑書也。三代之辟皆取前世故事，制以爲法，子產亦取上世故事，已謂之制參辟，言其所制用三代之末法，非謂子產所作還寫三代之書也。子產蓋亦采取上世所聞見斷獄善者以爲書也。將以靖民，不亦難乎？詩曰：儀

式刑文王之德日靖四方詩頌言文王以德爲儀式故能日有安靖四方之功刑法也〔疏〕詩曰至四方。正義曰周頌我將之篇祀文王之樂歌也杜言文王以德爲儀式刑法也則儀式刑三者皆爲法也言以德爲儀式法者是文王之德也由其以德爲法故能日日有安靖四方之功也服虔云儀善式用刑法靖謀也言善用法文王之德日日謀安四方此解於文便於杜也又曰儀刑文王萬邦作孚詩大雅言文王作儀法爲天下所信。〔疏〕又曰至作孚。正義曰大雅文王之篇也服虔云儀善也刑法也善用法者文王也言文王善用其法故能爲萬國所信也亦便於杜如是何辟之有言詩唯以德與信不以刑也民知爭端矣將棄禮而徵於書以刑書爲徵〔疏〕民知至於書。正義曰端謂本也今鑄鼎示民則民知爭罪之本在於刑書矣制禮以爲民則作書以防民罪違禮之愆非刑書所禁故民將棄禮而取徵驗於書也刑書無違禮之罪民必棄禮而不用矣錐刀之末將盡爭之錐刀末喻小事亂獄滋豐賄賂並行

終子之世鄭其敗乎肸聞之國將亡必多制數改法〔疏〕終子至敗乎。正義曰子產鑄刑書而叔向責之趙鞅鑄刑鼎而仲尼譏之如此傳文則刑之輕重不可使民知也而李悝作法蕭何造律頒於天下懸示兆民秦漢以來莫之能革以今觀之不可一日而無律也爲當吏不及古民僞於昔爲是聖人作法不能經遠古今之政何以異乎斯有旨矣古者分地建國作邑命家諸侯則奕世相承大夫亦子孫不絕皆知國爲我土衆實我民自有愛吝之心不生殘賊之意故得設法以待刑臨事而議罪不須豫以告民自令常懷怖懼故仲尼叔向所以譏其鑄刑書也秦漢以來天下爲一長吏以時遷代其民非復己有懦弱則爲殿負彊猛則爲稱職且疆域闊遠戶口滋多大郡竟餘千里上縣數以萬計豪橫者陵蹈邦邑桀健者雄張閭里故漢世酷吏專任刑誅或乃肆情好殺成其不橈之威違衆用己以表難測之知至有積骸滿穽流血丹野郅都被蒼鷹之號延年受屠伯之名者復信其殺伐任其縱舍必將喜怒變常愛憎改竟。不得不作法以齊之宜衆以令之所犯當條則斷之以律疑不能決則讞之上府故得萬民以察天下以治聖人制法非不善也古不可施於今今人所作非能聖也足以周於用所。覯

民設教隨時制宜謂此道也其此之謂乎復書曰若吾子之言復報也〔疏〕若吾子之言。正義曰若如也誠如吾子之言也僑不才不能及子孫吾以救世也旣不承命敢忘大惠以見箴戒爲惠〔疏〕吾以救世也。正義曰當時鄭國大夫邑長蓋有斷獄不平輕重失中故作此書以令之所以救當世士文伯曰火見鄭其火乎火心星也周五月昏見火未出而作火以鑄刑器刑器鼎也藏爭辟焉火如象之不火何爲象類也同氣相求火未出而用火相感而致災〔疏〕注象類至致災。正義曰作刑書以示民教民使爭罪故謂之爭辟火出而象之象類也謂以類相感而致災也同氣相求易文言文也周禮司爟云季春出火民咸從之季秋內火民亦如之鄭玄云火所以用陶冶民隨國而爲之是火星未出不得用火今鄭火未出而用火以鑄鼎及火星出則相感以致災服虔云鑄鼎藏爭辟故今出火與五行之火爭明故爲災在器故稱藏也夏季

孫宿如晉拜莒田也謝前年受牟夷邑不見討晉侯享之有加籩籩豆之數多於常禮武子退使行人告曰小國之事大國也苟免於討不敢求貺貺賜也得貺不過三獻周禮大夫三獻〔疏〕注周禮大夫三獻。正義曰周禮卿五獻大夫三獻故鄭注掌客爵卿也饔餼五牢爵大夫也饔餼三牢獻視饔餼之數故言大夫三獻也若依古禮大小國之卿皆五獻大夫三獻故聘禮侯伯之卿出聘饔餼五牢獻同饔餼之數至春秋之時唯大國得從古禮故昭元年鄭人享趙孟注云朝聘之制大國之卿五獻其次國以下卿則從大夫之禮故今武子云得貺不過三獻周禮無此文大行人云上公九獻侯伯七獻子男五獻獻各如其命數典命云公侯伯之卿皆三命知其當三獻也大夫卿之揔名故注云三獻也今豆有加下臣弗堪無乃戾也懼以不堪爲罪〔疏〕今豆有加。正義曰上言加籩此言豆者籩豆並加互舉其一也韓宣子曰寡君以爲驩也以加禮致驩對曰

寡君猶未敢未敢當此加也。【疏】寡君猶未敢。正義曰：魯侯爵禮當七獻，上文唯言享有加籩，止知加於常禮，不知幾獻。籩豆未必過七獻也。言寡君猶未敢當此者，謙耳。況下臣君之隸也，敢聞加貺？」固請徹加而後卒事。晉人以爲知禮，重其好貨。宴好之貨。○宋寺人柳有寵，有寵於平公。○寺本又作侍。柳，良九反，寺人名。大子佐惡之。欲以求媚大子。○惡，烏路反。華合比曰：「我殺之。」柳聞之，乃坎用牲埋書，詐爲盟處。○處，昌慮反，下同。而告公曰：「合比將納亡人之族，亡人，華臣也。襄十七年奔衞。既盟于北郭矣。」公使視之，有焉，遂逐華合比。合比奔衞。於是華亥欲代右師，亥，合比弟，欲得合比處。乃與寺人柳比，從爲之徵，曰：「聞之久矣。」聞合比欲納華臣。○柳比，毗志反。公使代之，代合比爲右師。見於左師。左師向戌。○見，賢遍反，又如字。左師曰：「女夫也必亡。夫謂華亥。○女音汝，下并注同。夫，方于反，注同。女喪而宗室，於人何有？人亦於女何有？言人亦不能愛女。○喪，息浪反。詩曰：『宗子維城，毋俾城壞，毋獨斯畏。』詩大雅。言宗子之固若城。俾，使也。○俾，必爾反。【疏】詩曰至斯畏。○正義曰：大雅板之篇，凡伯刺厲王之詩也。言宗子之固，惟若城也。卽謂宗子爲城。言宗人當固之，毋使此城傾壞，傾壞則女獨矣。女既獨，此必有所畏懼也。女其畏哉！」爲二十年華亥出奔傳。○六月丙戌，鄭災。終士文伯之言。○楚公子棄疾如晉，報韓子也。報前年送女。過鄭，鄭罕虎、公孫僑、游吉從鄭伯以勞諸柤，辭不敢見，不敢當國君之勞。柤，鄭地。○過，地卧反，又古禾反。從，才用反，或如字。勞，力報反，注及下同。柤，側加反。見，賢遍反，下見王、注見鄭伯、如見楚王、私見鄭伯同。固請見之。見，如見王。見鄭伯如見楚王，言弃疾共而有禮。【疏】注共而有禮。○正義曰：見如見王，是共也；解不敢見，是禮也。以其乘馬八匹私面，私見鄭伯。○乘，繩證反。見子皮如上卿，如見楚卿。以馬六匹；見子產以馬四匹；見子大叔以馬二匹。降殺以兩。○殺，所界反。禁芻牧採樵，不入田，不犯田種。○芻，初俱反。樵，似遙反，下同。不樵樹，不采蓺，蓺，種也。【疏】不樵樹不采蓺。○正義曰：不樵樹，不伐樹以爲樵。不采蓺，不采所種之菜果。不抽屋，不強匄。誓曰：「有犯命者，君子廢，小人降。」君子則廢黜，不得居位。小人則退給下劇也。○抽，敕留反。強，其丈反，又其良反。匄，本或作丐，音蓋，乞也。說文作匄，逯安說：亡人爲匄。黜，敕律反。【疏】不抽屋不強匄。○正義曰：服虔云：抽，裂也。言不毀裂所舍之屋也。匄，乞也。不就人強乞也。舍不爲暴，主不慁賓。慁，患也。○慁，戶困反。往來如是。鄭三卿皆知其將爲王也。三卿，罕虎、公孫僑、游吉。韓宣子之適楚也，楚人弗逆。公子棄疾及晉竟，晉侯將亦弗逆。叔向曰：「楚辟我衷，辟，邪也。衷，正也。○竟音境，下注同。辟，匹亦反，注及下同。衷音忠。邪，似嗟反。若何效辟？詩曰：『爾之教矣，民胥效矣。』詩小雅。言上教下效。○效，戶孝反，下同。從我而已，焉用效人之辟？書曰：『聖作則。』逸書。則，法也。○焉，於虔反。無寧以善人爲則，無寧，寧也。而則人之辟乎？匹夫爲善，民猶則之，況國君乎？」晉侯說，傳言叔向知禮。○說音悅。乃逆之。○秋九月，大雩，旱也。○徐儀楚聘于楚。儀楚，徐大夫。楚子執之，逃歸。懼其叛也，使薳洩伐徐。薳洩，楚大夫。○洩，息列反。吳人救之。令尹子蕩帥師伐吴師于豫章而次于乾谿乾谿在譙國城父縣南楚東竟。谿苦兮反父音甫吴人敗其師於房鍾房鍾吴地獲宫廄尹棄疾鬭韋龜之父。廄九又反子蕩歸罪於薳洩而殺之歸罪於薳洩不以敗告故不書○冬叔弓如楚聘且弔敗也弔爲吴所敗【疏】且弔敗也。○正義曰如上注不以敗告故不書而得弔敗者本自爲聘聞敗因弔之故言且也○

十一月齊侯如晉請伐北燕也告盟主士匄相士鞅逆諸河禮也士匄晉大夫相爲介得敬逆來者之禮。○匄古害反本或作丐相息亮反注同士鞅於丈反今傳本皆作士匄相士鞅古本士匄或作王正董遇王肅本同學者皆以士匄是范宣子即士鞅之父不應取其父同姓名人以爲介今傳本誤也依王正爲是王元規云古人質口不言之耳何妨爲介也案士文伯是士鞅之族亦名匄無妨今相范鞅即文伯也然士文伯名古本或有作正者解見前卷襄三十一年介音界【疏】士匄相士鞅。○正義曰世族譜以王正爲雜人諸本及王肅董遇注皆作王正俗本或誤爲士匄此人不當與士鞅之父同姓名而爲之介也

晉侯許之十二月齊侯遂伐北燕將納簡公簡公北燕伯三年出奔齊晏子曰不入燕有君矣民不貳吾君賄左右諂諛作大事不以信未嘗可也爲明年暨齊平傳。○諂敕檢反諛羊朱反

附釋音春秋左傳注疏卷第四十三

江西南昌府學栞

春秋左傳注疏卷四十三挍勘記　阮元撰盧宣旬摘錄

附釋音春秋左傳注疏卷第四十三　昭五年盡六年

經五年

蔡侯　淳熙本蔡誤祭

傳五年

舍中軍卑公室也　宋本以下正義二十節揔入吾子亞卿也節注下

此則唯舍中軍之衆　宋本之上有分中軍三字

傳稱孟子孺泄帥右師　宋本子孺作孺子是也

季孫不欲親其議　纂圖本毛本欲誤用

勑二家會諸大夫　宋本毛本勑作敕

孟氏取其牛焉及其舍之也四分公室　石經氏字起一行計十一字

民皆分屬三家　毛本民字空缺

大率半屬於公半屬於己　閩本監本毛本亦脫於公半屬四字據宋本補

以書使杜洩告於殯　纂圖本毛本於改于

投擲也　宋本淳熙本足利本也作地與釋文合

得以此言告季叔　補各本叔作孫案叔字誤今訂正

從生至正路　宋本閩本監本毛本作生此本誤主今改正

君爲大夫　宋本爲作於

如是三　宋本三上有者字是也

大庫之庭　閩本監本庫下有至字

梓損登大庭氏之庫　補各本損作慎案損字誤今訂正淳熙本子誤于石經宋本也毛本二于字並改於

昭子不知豎牛餓殺其父　諸本作牛此本誤半今改正淳熙本豎作竪非也

詩云　諸本作云石經初刻作曰後改正

曰是將行　石經行下後人旁增乎字非也

卒以餒死　毛本卒誤足

離爲明　宋本淳熙本岳本纂圖本明作日是也

自王已下　毛本已作以

日昳爲臺　補釋文校勘記昳由結反北宋本葉抄本眣作跌由作田按皆是也古書日昳字皆作跌田結反後人始造昳字以改古書

闕不在第　諸本作闕此本誤闞今改正

乃復具釋爻辭云　宋本重爻辭二字

故曰其爲○後　宋本○作子不誤閩本監本毛本脱子字

從王至臺十等之目　閩本監本目誤日

日未出而又早　宋本早下有退字是也

故曰其當旦也　浦鏜正誤也作乎

故各取象爲義　宋本義下有也字

明之未融　宋本淳熙本岳本纂圖本足利本之作而與石經合

當三在旦　石經初刻三在誤倒後改正

故轉於純離之卦求牛象也　閩本監本毛本轉作傳非宋本無也字

楚子以屈伸爲貳於吳　石經宋本淳熙本岳本足利本伸作申

鄭伯勞子蕩于汜勞屈生于菟氏　淳熙本子誤于石經宋本汜作氾岳本閩本作汜是也毛本二于字並改於

子產相鄭伯　淳熙本產誤隆

注往有至賄　宋本以下正義三節惣入言善於禮節注下

及聘事皆畢乃云　監本毛本云作去

主國使下大夫勞于畿　閩本監本毛本于作王非也

晉侯謂女叔齊曰　諸本作晉纂圖本毛本誤齊

有子家羈　公羊穀梁羈作駒漢書五行志同

謂往年莒亂而取鄫　閩本監本毛本鄫誤鄆淳熙本作賄尤非

不知其私　宋本其誤莒

公仰給食　宋本仰下有仚字

奉吾至二國　宋本以下正義十七節惣入辭不敢見節注之下

送女雖則弗聘　宋本弗作非是也

禮當勉力復行　宋本復作複是也

故云思故也　宋本閩本監本毛本故作終是也

行必得理　閩本監本毛本理作禮是也

吾亦得志矣　毛本亦誤以

薳啓彊曰　纂圖本閩本監本毛本彊作疆非也

朝聘有珪　惠棟云説文珪古文圭

考功記玉人云　浦鏜正誤功作工是也重脩監本玉誤王

所以時舉享后者　宋本監本毛本時作特是也

即大行人三饗三食三宴之類是也　宋本閩本監本毛本作三饗此本誤作二饗今改正

天子巡守曰巡功　諸本作守宋本作狩

設机而不倚　閩本監本机作機誤案賈氏儀禮燕禮疏引作几

曰幾中而後禮成　宋本監本毛本曰作日是也

以貨財爲恩好　宋本閩本監本毛本作財此本誤才今改正

性臛膷膮曉也　宋本作牲臛膷膮曉也閩本同監本毛本臛作朧考文作臛與鄭注合下同

其一曰膷鼎牢臛也　宋本監本毛本牢作牛是也膷閩本誤鄉

在羊鼎之西　毛本鼎作臛非也

其一曰曉鼎　宋本監本毛本曉作膮不誤

上公饔餼九牢　監本牢誤牛

飪一牢　監本毛本一作七是也

大行人注云　浦鏜云注見掌客云大行人誤是也

去則贈之以貨賄　毛本賄誤財

求諸侯而麇至　李善注文選顏延年應詔讌曲水詩注引作麕至引杜注同

背彊家也　石經此處缺諸本作彊閩本監本作疆非也

見于襄二十一年傳　補兩一字誤重

楊肸　石經此處剜缺宋本淳熙本楊作揚段玉裁云羊舌肸食采於楊故亦偁楊肸其子食我亦偁楊石漢書地理志河東郡楊縣應仲遠謂即楊侯國案宋本淳熙本作揚非是

韓氏七　賈公彥周禮縣師疏引七下有邑字

故以爲四家共二縣也　諸本作家此本誤豕今改正

不別更稼家　宋本監本毛本稼作稱是也宋本毛本別誤必

考工記　宋本毛本工誤功

伯仲行吳　宋本淳熙本岳本纂圖本監本毛本仲作中案作中者是

失婚姻之親　宋本婚作昏

娶於子尾氏　顧炎武云石經娶誤作聚案石經娶字不誤

會於夏汭　石經此處缺纂圖本監本毛本於作于非也

越大夫常壽過帥師會楚子于瑣　諸本作于釋文作於

廬江舒縣有鵲尾渚　纂圖本閩本監本毛本廬誤盧

君若驩焉　顧炎武云石經若誤苦案石經不誤

滋敝邑休殆　石經宋本淳熙本岳本纂圖本監本毛本殆作怠

今君至釁鼓　宋本以下正義四節揔入注文善有備之下

薳射帥繁揚之師　淳熙本揚作楊石經作陽與襄四年傳合

經六年

傳六年

則不書於經　閩本監本毛本脫則字

鑄刑書於鼎　宋本以下正義二十一節揔入藏爭辟焉節注下

趙歎　宋本閩本監本毛本歎作歎不誤○今訂正

語遺也　宋本淳熙本岳本纂圖本監本毛本語作詒不誤○今正

掌五刑之法宋本閩本監本毛本作五此本誤王今改正

則䍐五百閩本監本毛本則作𠟭宋本作刖與周禮合

令鄭鑄之於鼎宋本監本毛本令誤今

是故閑之以義漢書刑法志引作以誼案誼義古今字

曰衞之使合於事宜者也宋本曰作防無者字

聳之以行諸本作聳漢書刑法志引作㥄晉灼曰古竦字

涖之以彊閩本監本毛本彊作疆漢書刑法志引涖作莅與釋文同

喪服四制云諸本作云此本誤三今訂正

上公王也惠棟云公王當作公侯正義曰更求聖哲王公之上制然則公王乃王公之誤倒

動鼎以示之宋本監本毛本動作勑是也

而徼幸以成之釋文徼作儌云本又作邀監本幸作㚔非也

因危文以生爭諸本作文此本誤乂今改正

緣徼倖以成其巧僞淳熙本岳本纂圖本閩本監本倖作幸

周之衰亦爲刑書監本爲誤謂毛本謂下增之字尤非

議事制罪宋本議上重始盛之世四字是也

作書於衰亂之時宋本時下有也字

勤於鼎宋本監本毛本勤作勒不誤

言其所制閩本監本毛本脫制字

爲天下所信宋本淳熙本岳本監本毛本信下有乎信也三字纂圖本乎上衍釋字

賄賂並行漢書刑法志引作貨賂並行

其民非復巳有宋本巳作己下用己同

愛憎改竟宋本閩本監本毛本竟作意

所觀民設教宋本所下有謂字是也

若吾子之言足利本脫吾字

以見箴戒爲惠諸本作箴釋文作鍼

所以救當世宋本世下有也字

火心星也岳本脫也字

火未出而作火案禮記郊特牲正義引作用火

火如象之漢書五行志引作火而象之古如而字通用

注周禮大夫三獻注下宋本以下正義三節揔入況下臣節

則從大夫之禮宋本從下有大國二字

故今武子云諸本作今此本誤令今改正

獻各如其命數閩本監本毛本脫獻字

故注云三獻也毛本獻作卿非也

寡君以爲驩也惠棟云左傳懽字皆作驩此古文之異者高誘注戰國策云懽猶合也

以加禮致驩宋本淳熙本岳本纂圖本足利本驩下有心字

亡知加於常禮閩本監本毛本亡作巳宋本作止是也

欲以求媚大子淳熙本求誤東監本毛本大作太非也

襄十七年奔衞宋本淳熙本岳本纂圖本閩本監本毛本衞作衛陳樹華挍作陳是也

宗子維城石經此處缺宋本維作惟

俾使此宋本淳熙本岳本纂圖本閩本監本毛本此作也是也

詩曰至斯畏宋本此節正義在女其畏也之下

不敢當國君之勞淳熙本脱君字

共而有禮宋本以下正義三節揔入而則人之辟乎節注下

禁芻牧採樵不入田宋本採作采與釋文合

不采蓺宋本淳熙本岳本蓺作蓺注同石經作藝

遊吉宋本淳熙本岳本纂圖本閩本監本毛本遊作游

楚辟我衷釋文辟作僻注及下效辟亦皆作僻

而則人之辟乎石經辟字改刊

徐儀楚聘于楚案說文作徐鄦楚云鄦臨淮徐地

使薳洩伐徐諸本作洩釋文作泄是也

士勾相士鞅逆諸河釋文云今傳本皆作士勾古本或作王正董遇王肅本亦作王正陸德明孔穎達皆以王正爲是穎達以釋例作王正爲證然則杜注當本是王正晉大夫也

士勾相士鞅宋本此節正義在未嘗可也句注下

此人不當與士鞅之父同姓名而爲之介也監本毛本與誤取

左右謟諛石經此處缺宋本纂圖本監本毛本謟作諂是也釋文同

春秋左傳注疏卷四十三校勘記止

附釋音春秋左傳注疏卷第四十四 昭七年盡八年

杜氏注　孔穎達疏

經七年春王正月暨齊平暨與也燕與齊平前年冬齊伐燕間無異事故不重言燕從可知○暨其器反傳同重直用反〔疏〕暨與至可知○正義曰暨與釋詁文也此直言暨齊平不知誰與齊平穀梁傳云以外及內曰暨謂此爲魯與齊平賈逵何休亦以爲魯與齊平許惠卿以爲燕與齊平服虔云襄二十四年仲孫羯侵齊二十五年崔杼伐我自爾以來齊魯不相侵伐且齊是大國無爲求與魯平此六年冬齊侯伐北燕將納簡公齊侯貪賄而與之平故傳言齊求之也齊次于虢燕人行成其文相比許君近之案經例卽燕與齊平當書燕魯與諸侯平皆言暨下三月公如楚叔孫婼如齊涖盟公不在國故齊無來者據經言之賈君爲得杜則從許說也故兩載其說意從賈解其所疑云前年冬齊伐燕文接此春間無異事故不云燕省文也又此年稱齊暨燕平之月傳所舉經文知此是燕與齊平也釋例曰昭六年冬齊侯伐北燕七年春而平冬春相接間無異事省文故不重言燕猶桓五年冬州公如曹六年春因書寔來也傳以其不分明故起見齊燕平之月以正之也○三月公如楚

○叔孫婼如齊涖盟無傳公將遠適楚故叔孫如齊尋舊好○婼敕略反徐又音釋好呼報反〔疏〕注公將至舊好○正義曰魯與齊鄰公遠適楚慮其或來侵伐遣使與之盟尋舊好也案經婼之如齊在公如楚下杜言將適楚者叔孫婼非公命則不得書經明是公未發時命之公發後始去杜言將見此意夏

四月甲辰朔日有食之○秋八月戊辰衛侯惡卒元年大夫盟于虢〔疏〕衛侯惡卒○正義曰穀梁傳曰鄉曰衛齊惡今曰衛侯惡此何爲君臣同名也君子不奪人名不奪人親之所名重其所以來也王父名子也注云不奪人名明臣雖欲改君不當聽也君不聽臣易名者欲使人重父命也父受名于王父王父卒則稱王父之命名之曲禮云卒哭乃諱鄭玄云敬鬼神之名也生者不相辟名衛侯名惡大夫有石惡君臣同名春秋不非謂此事也然則此君卒哭之後臣當辟其諱曲禮云君子已孤不更名當舍名而稱字○注元年大夫盟于虢○正義曰虢會不盟而言盟者令尹圍請讀舊書加于牲上雖不爲載書亦以名告神與盟同也○九月公至自楚○冬十有一月癸未季孫宿卒○十有二月癸亥葬衛襄公

傳七年春王正月暨齊平齊求之也齊伐燕燕人賂之反從求平如晏子言〔疏〕齊求之也○正義曰傳云齊求之自言其平之意下云盟于濡上是其平之事也下言齊侯次于虢燕人行成則是燕先發意而言齊求之者齊若志在伐燕不當在竟久次久次而不行卽是求之之狀也燕必知其音意乃成耳癸巳齊侯次于虢虢燕竟○虢瓜百反竟音境燕人行成曰敝邑知罪敢不聽命先君之敝器請以謝罪敝器瑤甕玉櫝之屬○瑤音遙甕烏送反徐於容反櫝徒木反公孫晳曰受服而退俟釁而動可也晳齊大夫○晳星歷反徐思益反釁許覲反二月戊午盟于濡上濡水出高陽縣東北至河間鄚縣入易水○濡徐音須說文女于反一音而又反又而于反鄚音莫本又作莫〔疏〕注濡水至易水○正義曰今案高陽無此水也水源皆出於山其出平地皆是山中平地燕趙之界無泉出者未知杜言何所案據燕人歸燕姬嫁女與齊侯賂以瑤甕玉櫝斝耳不克而還瑤玉也櫝匱也斝耳玉爵○斝古雅反一音嫁禮記夏曰醆殷曰斝周曰爵說文斝從斗匱其位反〔疏〕注瑤玉至玉爵○正義曰孔安國尚書傳云瑤美石此云瑤甕玉櫝與玉別文亦似非玉杜以瑤爲玉者詩毛傳云瓊瑤美玉則瑤之爲物在石之間與玉小別故或以爲石或以爲玉瓊是玉之美名詩以瓊瑤爲玉故毛言美玉耳周禮醢人王舉則共醢六十甕以齊醢菹醢實之則甕是小器當以瓦爲之以瑤爲甕故爲寶也論語云龜玉毀於櫝中是櫝爲盛物之匱也明堂位云爵夏后氏以琖殷以斝周以爵鄭玄云斝畫禾稼也斝是爵名文承玉櫝之下明亦以玉爲之言耳者蓋此器旁有耳若今之杯故名耳楚子之爲令尹也爲王旌以田析羽爲旌王旌游至於軫○旌音旌析星歷反游音留軫之忍反〔疏〕注析羽至於軫○正義曰析羽爲旌周禮司常文也鄭玄云析羽皆五采繫之於旞

旌之上所謂注旄於干首也凡九旗之帛皆用絳然則干首有羽羽爲旌名遂以旌爲旗稱其垂至軫者謂游至軫非羽至軫也禮緯稽命徵云禮天子旗九刃曳地諸侯七刃齊軫大夫五刃齊較士三刃齊首周禮節服氏衮冕六人維王之大常鄭玄云王旌十二旒兩兩以纓綴連旁三人持之禮天子旌曳地杜以楚雖僭號稱王未必卽如天子不應建大常旌曳地故以諸侯解之言王旌游至於軫謂楚王旌也蓋建交龍之旗而游至軫耳然諸侯之旌短於王旌二刃大夫之旌亦短於諸侯之旌二刃案周禮軫去地四尺較去軫並五尺五寸而禮緯云諸侯齊軫大夫齊較於事爲疑不可知也芋尹無宇斷之曰一國兩君其誰堪之及即位爲章華之宮納亡人以實之章華南郡華容縣○芋于付反斷音短疏芋尹○正義曰芋是草名哀十七年陳有芋尹蓋皆以草名官不知其故無宇之閽入焉有罪亡入章華宮無宇執之有司弗與王有司也曰執人於王宮其罪大矣執而謁諸王執無宇也

王將飲酒過其歡也無宇辭曰天子經畧經營天下畧有四海故曰經畧諸侯正封封疆有定分○疆居良反下同分扶問反疏天子至正封○正義曰莊二十一年注云畧界也則此畧亦爲界也經營天下以四海爲界界內皆爲己有故言畧有四海謂有四海之內也天子界內天子自經營之故言經畧也諸侯封內受之天子非己自營故言正封謂不侵人不與人正之使有定分古之制也封畧之內何非君土食土之毛誰非君臣毛草也故詩曰普天之下莫非王土率土之濱莫非王臣詩小雅濱涯也○普本或作溥音同毛傳云大也濱音賓涯五佳反疏詩曰至王臣○正義曰北山大夫刺幽王也役使不均云溥天之下云云鄭箋云此言王之土地廣矣王之臣又衆矣何求而不得何使而不行率土之濱者地之形勢水多於土民居水畔故云循土之涯也天有十日甲至癸人有十等王至臺下所以事上上所以共神也故

王臣公公臣大夫大夫臣士士臣皁皁臣輿輿臣隸隸臣僚僚臣僕僕臣臺馬有圉牛有牧養馬曰圉養牛曰牧○共音恭圉魚呂反疏王臣至臣臺○正義曰文十八年傳云舜臣堯者謂舜爲臣以事堯也此云王臣公者謂上以下爲臣文同而意異也公者五等諸侯之摠名環齊要略云自營爲厶八厶爲公言正無私也大夫者之言扶也大能扶成人也士者事也言能理庶事也服虔云皁造也造成事也輿衆也佐皁舉衆事也隸隸屬於吏也僚勞也共勞事也僕僕豎主藏者也臺給臺下微名也此皆以意言之循名求義不必得本故杜皆略而不說以待百事今有司曰女胡執人於王宮將焉執之周文王之法曰有亡荒閱荒大也閱蒐也有亡人當大蒐其衆○女音汝焉於虔反閱音悅蒐所由反所以得天下也吾先君文王楚文王作僕區之法僕區刑書名○僕區烏侯反徐如字服云僕隱也區匿也爲隱

匿亡人之法也疏注僕區刑書名○正義曰引其言戒刑法知是刑書名也名曰僕區未知其義服虔云僕隱也區匿也爲隱亡人之法也曰盜所隱器隱盜所得器與盜同罪所以封汝也行善法故能啓疆北至汝水疏注行善至汝水○正義曰文王之法所以得天下言行善法所以得爲天子也僕區之法所以封汝言去盜賊所以大啓封疆也哀十七年傳曰彭仲爽申俘也文王以爲令尹實縣申息朝陳蔡封畛於汝是文王啓疆至汝水若從有司是無所執逃臣也逃而舍之是無陪臺也言皆將逃王事無乃闕乎昔武王數紂之罪以告諸侯曰紂爲天下逋逃主萃淵藪萃集也天下逋逃悉以紂爲淵藪澤而歸之○數色具反又色主反逋布吳反萃在醉反藪素口反疏昔武至淵藪○正義曰此在尚書武成篇也武王旣克殷歸至于豐乃陳伐紂之事告於諸侯言將伐之時以商之罪告于皇天后土所過名山大川曰今商王受無道暴殄天物害虐烝民爲天下逋逃主萃淵

藪是言天下罪人逋逃者以紂爲主集而歸之如魚入深淵獸奔藪澤也故夫致死焉人欲致死討紂。夫音扶又方于反君王始求諸侯而則紂無乃不可乎若以二文之法取之盜有所在矣言王亦爲盜王曰取而臣以往往去之盜有寵未可得也盜有寵王自謂爲葬靈王張本遂赦之赦無字○楚子成章華之臺願以諸侯落之宮室始成祭之爲落臺今在華容城內〔疏〕。注宮室至城內。正義曰雜記云成廟則釁之路寢成則考之而不釁釁屋者交神明之道也鄭玄云言露寢生人所居不釁者不神之也考之者設盛食以落之爾檀弓曰晉獻文子成室諸大夫發焉是也然則不釁似無祭而杜言宮室始成祭之爲落者以其言落必是以酒澆落之雖不如廟以血塗其上當祭中霤之神以安之大宰薳啓彊曰臣能得魯侯薳啓彊來召公辭曰昔先君成公命我先

大夫嬰齊曰吾不忘先君之好將使衡父照臨楚國鎮撫其社稷以輯寧爾民嬰齊受命于蜀蜀盟在成二年衡父公衡。好呼報反輯音集又七入反奉承以來弗敢失隕而致諸宗祧。言奉成公此語以告宗廟隕于敏反祧他彫反曰我先君共王引領北望日月以冀冀魯朝。共音恭〔疏〕日我至北望。正義曰日謂往日也嬰齊與魯盟于蜀事在成二年共王之初共王卽望魯朝故言往耳我先君共王引領北望也董遇注無日字諡法旣過能改曰共傳序相授於今四王矣四王共康郟敖及靈王。傳直專反郟古洽反嘉惠未至唯襄公之辱臨我喪襄公二十八年如楚臨康王喪孤與其二三臣悼心失圖在哀喪故社稷之不皇況能懷思君德皇暇也言有大喪多不暇今君若步玉趾辱見寡君趾足也寵靈楚國以信蜀之役致君之嘉惠是寡君既受貺矣何蜀之敢望言但欲使君來不敢望如蜀復有質子。復扶又反質音致又如字〔疏〕寵靈至貺矣。正義曰言開其恩寵賜以威靈以及楚國以明受命于蜀之事不虛致令君之嘉惠於楚卽是寡君受貺矣其先君鬼神實嘉賴之豈唯寡君君若不來使臣請問行期問魯見伐之期。使所吏反寡君將承質幣而見于蜀以請先君之貺請問也。質音致徐之二反又如字見賢遍反公將往夢襄公祖祖祭道神〔疏〕注祖祭道神。正義曰詩云韓侯出祖仲山甫出祖是出行必爲祖也曾子問曰諸侯適天子與諸侯相見皆云道而出是祖與道爲一知祖是祭道神也周禮大馭掌馭玉路以祀及犯軷王自左馭馭下祝登受轡犯軷遂驅之鄭玄云行山曰軷犯之者封土爲山象以菩芻棘柏爲神主既祭以車轢之而去

喻無險難也又聘禮記云出祖釋軷祭酒脯乃飲酒于其側鄭玄云祖始也行出國門止陳車騎釋酒脯之奠於軷爲行始也詩傳曰軷道祭也謂祭道路之神春秋傳曰軷涉山川然則軷山行之名也道路以險阻爲難是以委土爲山或伏牲其上使者爲軷祭酒脯祈告也卿大夫處者於是餞之飲酒於其側禮畢乘車轢之而遂行是說祖軷之事也詩云取羝以軷謂諸侯也天子則以犬故犬人云伏瘞亦如之鄭司農云伏謂伏犬以王車轢之是也大夫用酒脯梓慎曰君不果行襄公之適楚也夢周公祖而行今襄公實祖君其不行子服惠伯曰行先君未嘗適楚故周公祖以道之襄公適楚矣而祖以道君不行何之三月公如楚鄭伯勞于師之梁鄭城門。道之音導下同勞力報反下同孟僖子爲介不能相儀僖子仲孫貜。介音界相息亮反貜俱縛反又俱碧反及楚不能荅郊

勞為下僖子病不能相禮張本。夏四月甲辰朔日有食之
晉侯問於士文伯曰誰將當日食對曰魯衞
惡之受其凶惡。惡之如字或烏路反非也衞大魯小公曰何故對
曰去衞地如魯地衞地豕韋也魯地降婁也日食於豕韋之末及降婁之始乃息故禍
在衞大在魯小也周四月今二月故日在降婁。降戶江反下同〔疏〕注衞地至降婁。正義曰周禮保章氏以
星土辨九州之地所封封域皆有分星是在地封域必當天
星之分但古書亡失鄭注保章氏引堪輿云寅析木燕也卯
大火宋也辰壽星鄭也巳鶉尾楚也午鶉火周也未鶉首秦
也申實沈晉也酉大梁趙也戌降婁魯也亥娵訾衞也子玄
枵齊也丑星紀吳越也秦漢以來地分天次娵訾衞也降婁
魯也娵訾之次一名豕韋故云衞地豕韋也三統厤娵訾初
日在危十六度立春節在營室十四度雨水中終於奎四度
也降婁初日在奎五度驚蟄節在婁四度春分中終於胃六
度也此時周四月今二月故日在降婁但閏有前卻不知
日在何度而食也言去衞地如魯地蓋始入降婁之初耳於

是有災魯實受之災發於衞而魯受其餘禍其大咎其衞君
乎魯將上卿八月衞侯卒十一月季孫宿卒。咎其九反公曰詩所謂
彼日而食于何不臧者何也感日食而問詩〔疏〕詩所至不臧。
正義曰十月之交大夫刺幽王也十月之交朔月辛卯日有
食之亦孔之醜注云日為君辰為臣辛金也卯木也又以卯
侵辛故甚惡也又云彼月而食則為其常此日
而食于何不臧詩作此此云彼者師讀不同也對曰不
善政之謂也國無政不用善則自取讁于日
月之災讁譴也。讁直革反譴遣戰反〔疏〕對曰至之災。正義曰士文伯緣公之問設勸戒之辭言
人君為政不善可以感動上天則自取譴責於日月之災以
日食之災由君行之所致也昏義云天子聽男教后聽女順
天子治陽道后治陰德是故男教不修陽事不得適見於天
日為之食婦順不脩陰教不得適見於天月為之食此傳彼
記皆是勸戒辭耳日月之會自有常數每於一百七十三日
有餘則日月之道一交交則日月必食雖千歲之日食豫筭

而盡知寧復由教不脩而政不善也此時周室微弱王政不
行非復能動天也設有天變由與天下為災何獨衞君魯卿
當其咎也若日食在其分次其國即當有咎則每於日食必
有君死豈日食之歲常有一君死乎足明士文伯言衞君魯
卿之死不由日食而知矣人君者位貴居尊志移心溢或活
恣情慾壞亂天下聖人假之神靈作為鑒戒夫以昭昭大明
照臨下土忽爾殲亡俾晝作夜其為怪異莫斯之甚故鳴之
以鼓柝射之以弓矢庶人奔走以相從嗇夫馳騁以告衆降
物辟寢以哀之祝幣史辭以禮之立貶食去樂之數制入門
廢朝之典示之以罪己之宜教之脩德之法所以重天變警
人君也天道深遠有時而驗或亦人之禍釁偶與相逢故聖
人得因其變常假為勸戒知達之士識先聖之幽情中下之
主信妖祥以自懼但神道可以助教不可專以為教神之則
惑衆去之則害宜故其言若有若無其事若信若不信期於
大通而已世之學者宜知其趣焉故政不可不慎也務三而已一
曰擇人擇賢人二曰因民因民所利而利之三曰從時順四時之所務
。晉人來治杞田前汝叔侯不盡歸今公適楚晉人恨故復來治杞田。復扶又反下復伐
同〔疏〕注前汝至杞田。正義曰下云君之在楚於晉罪也
知晉人以此故復來治杞田也宋之盟云晉楚之從
交相見今復恨者於時不免楚意為此盟耳私心不
欲諸侯向楚又無辭可以禁之故內懷恨而治其田季孫
將以成與之成孟氏邑本杞田謝息為孟孫守不可謝息
僖子家臣。為于僞反注及下為杞同守手又反下守臣同曰人有言曰雖有挈
缾之知守不假器禮也挈缾汲者喻小知為人守器猶知不以借人。挈苦結反
缾蒲丁反之知音智注小知同汲音急借子夜反夫子從君而守臣喪邑夫子
謂孟僖子從公如楚。喪息浪反雖吾子亦有猜焉言季孫亦將疑我不忠。猜七
才反季孫曰君之在楚於晉罪也言晉罪君之爭楚又不
聽晉魯罪重矣晉師必至吾無以待之不如
與之間晉而取諸杞候晉間隙可復伐杞取之。間如字注同吾與子

桃魯國卞縣東南有桃虛○虛起居反成反誰敢有之是得二成
也魯無憂而孟孫益邑子何病焉辭以無山
與之萊柞萊柞二山○萊音來柞子洛反又音昨乃遷于桃遷也謝息晉
人爲杞取成不書非公命○楚子享公于新臺章華臺也使
長鬣者相鬣鬚也欲光夸魯侯○鬣力輒反相息亮反鬚音須夸苦華反【疏】使長鬣者相○
正義曰吳楚之人少鬚故選長鬣者相禮也好以大屈○宴好之賜大屈弓名好呼報反注同屈
居勿反大屈弓名服同又云大曲也賈云寶金可以爲劍出大屈也【疏】注大屈弓名○正義曰賈逵云大屈寶金
可以爲劍大屈金所生地名服虔云一曰大屈弓名魯連書曰楚子享魯侯於章華之臺與大曲之弓既而悔之蒍啟彊
見魯侯魯侯歸之大屈卽大曲也既而悔之薳啟彊聞之見公公
語之拜賀公曰何賀對曰齊與晉越欲此久

矣寡君無適與也而傳諸君君其備禦三鄰
言齊晉越將伐魯而取之○見賢遍反語魚據反適丁歷反傳直專反愼守寶矣敢不
賀乎公懼乃反之傳言楚靈不信所以不終○鄭子產聘于晉
晉侯疾韓宣子逆客私焉私語曰寡君寢疾
於今三月矣並走羣望晉所望祀山川皆走往祈禱○禱丁老反又丁報反有
加而無瘳今夢黃熊入于寢門其何厲鬼也
對曰以君之明子爲大政其何厲之有昔堯
殛鯀于羽山羽山在東海祝其縣西南○瘳敕留反黃熊音雄獸名亦作能如字一音奴來反三
足鼈也解者云獸非入水之物故是鼈也一曰既爲神何妨是獸案說文及字林皆云能熊屬足似鹿然則能既熊屬又
爲鼈類今本作能者勝也東海人祭禹廟不用熊白及鼈爲膳斯豈鯀化爲二物乎殛紀力反誅也本又作極音義同鯀

古本反下注同【疏】今夢至寢門○正義曰諸本皆作熊字賈逵云熊獸也說文云熊獸似豕山居冬蟄釋獸云羆
如熊黃白文孫炎曰書云如熊如羆則熊似羆似豕之獸卽
今之所謂熊是也釋獸又云熊虎醜其子狗李巡曰熊虎之
類其子名狗則熊獸似虎非熊也又釋魚云鼈三足能樊光
曰鼈皆四足今三足故記之彼是鼈之異狀張衡東京賦云
能鼈三趾梁王云鮌之所化是能鼈也若是熊獸何以能入
羽淵但以神之所化不可以常而言之若是能鼈何以得入
寢門先儒既以爲獸今亦以爲熊獸是也汲冢書瑣語云晉
平公夢見赤熊闚屏惡之而有疾使問子產言闚屏糟必是
獸也張叔皮論云賓爵下革田鼠上騰牛哀虎變鮌化爲熊
久血爲燐積灰生蠅傳玄潛通賦云聲伯忌瓊瑰而弗占兮
晝言諸而暮終嬴正沈璧以祈福兮鬼告凶而命窮黃母化
而黿兮鯀殛變而成能二者所韻不同或疑張叔爲能著作
郎王劭云古人讀雄與熊者皆于陵反張叔用舊音傳玄用
新音張叔亦作能也案詩無羊與正月及襄十年衛卜禦寇
之繇皆以雄韻陵劭言是也其神化爲黃熊以入于羽淵實
爲夏郊三代祀之鯀禹父夏家郊祭之歷殷周二代又通在羣神之數并見祀○夏戶

雅反注夏下同【疏】注鯀禹至見祀○正義曰祭法云夏后氏禘黃帝而郊鯀言郊祭天而以鯀配是夏家郊祭之
也殷周二代自以其祖配天雖復不以鯀配郊鯀有治水之功又通在羣神之數并亦見祀通夏世爲三代祀之也祭法
又曰夫聖王之制祀也能禦大菑則祀之能捍大患則祀之鯀鄣鴻水而殛死禹能脩鯀之功非此族也不在祀典是言
鯀有大功而歷代祀之也祭法又云有虞氏禘黃帝而郊嚳祖顓頊而宗堯夏后氏亦禘黃帝而郊鯀祖顓頊而宗禹殷
人禘嚳而郊冥祖契而宗湯周人禘嚳而郊稷祖文王而宗武王家語子羔問曰周人祖文王而宗武王虞夏祖宗異代
者孔子曰殷周祖宗其廟可以不毀則其他所祖宗者功德不殊雖在異代亦可以無疑矣周人愛召公猶敬其樹況祖
宗其功德而可以不尊奉其廟哉晉爲盟主其或者未之祀也乎
言周衰晉爲盟主得佐天子祀羣神【疏】注言周至羣神○正義曰祭法曰有天下者祭百神諸侯在其地則祭之
亡其地則不祭然則鯀非晉地之神晉人不合祭之也但周室既衰晉爲盟主得佐助天子祭祀羣神故不祀鯀而鯀爲
祟也晉語說此事云昔者鯀違帝命殛之于羽山化爲黃能以入于羽淵實爲夏郊三代舉之夫鬼神之所及非其族類

則紹其同位今周室少卑晉實繼之其或者未舉夏郊邪宜子以告祀夏郊董伯爲尸五日晉侯疾間是言晉當繼周得佐天子祀羣神也僖三十一年傳云相之不享於此久矣非衛之罪也杞鄫何事然則杞是夏後自當祀相衛不祀相而晉祀鯀者相無功唯子孫當祀鯀則列在祀典天子祀之故晉繼周祀鯀也 韓子祀夏郊祀鯀 晉侯有間間差也○差初賣反 〔疏〕祀夏郊○正義曰言祀夏家所郊者故注云祀鯀

賜子產莒之二方鼎方鼎莒所貢 〔疏〕方鼎○正義曰服虔云鼎三足則圓四足則方

子產爲豐施歸州田於韓宣子豐施鄭公孫段之子三年晉以州田賜段○爲于僞反下爲初言同 曰日君以夫公孫段爲能任其事而賜之州田今無祿早世不獲久享君德其子弗敢有不敢以聞於君私致諸子此年正月公孫段卒○夫音扶任音壬下同 宣子辭子產曰古人有言曰

其父析薪其子弗克負荷荷擔也以微薄喻貴重○析星歷反荷本亦作何河可反又音荷擔丁甘反 施將懼不能任其先人之祿其況能任大國之賜縱吾子爲政而可後之人若屬有疆埸之言敝邑獲戾恐後代宣子者將以鄭取晉邑罪鄭○若屬音燭彊居良反埸音亦 而豐氏受其大討吾子取州是免敝邑於戾而建置豐氏也敢以爲請傳言子產貞而不諒

〔疏〕注傳言至不諒○正義曰貞而不諒論語文也貞正也諒信也段受晉邑卒而歸之正也知宣子欲之而言畏懼後禍是不信也

宣子受之以告晉侯晉侯以與宣子宣子爲初言病有之初言謂與趙文子爭州田 以易原縣於樂大心樂大心宋大夫原晉邑以賜樂大心也 ○鄭人相驚以伯有曰伯有至矣則皆走不知所往襄三十年鄭人殺伯有言其鬼至 鑄刑書之歲二月在前年 或夢伯有介而行介甲也介音界 曰壬子余將殺帶也駟帶助子晳殺伯有壬子六年三月三日 明年壬寅余又將殺段也公孫段豐氏黨壬寅此年正月二十八日

〔疏〕注公孫段豐氏黨○正義曰劉炫云段即豐氏當言駟氏黨字之誤以規杜氏今知非者段爲豐氏傳有明文杜既注傳無容不委蓋後人轉寫之誤劉君雖規未必是杜之失

及壬子駟帶卒國人益懼齊燕平之月此年正月 壬寅公孫段卒國人愈懼其明月子產立公孫洩及良止以撫之乃止公孫洩子孔之子也襄十九年鄭殺子孔良止伯有子也立以爲大夫使有宗廟○洩息列反 子大叔問其故子產曰鬼有所歸乃不爲厲吾爲之歸也大叔曰公孫

洩何爲子孔不爲厲問何爲復立洩○復扶又反 子產曰說也爲身無義而圖說伯有無義以妖鬼故立之恐惑民并立洩使若自以大義存誅絕之後者以解說民心○說如字下及注同徐始銳反

〔疏〕子產至圖說○正義曰言立公孫泄者所以解說民心也伯有作亂而死不應立其後祀今立良止民必怪之爲伯有之身無義立後而圖謀自解說於民也解說者以子孔良霄俱被誅殺今并立二人言若國家自以大義存誅絕之後不爲妖鬼立良止也以此解說民心

從政有所反之以取媚也民不可使知之故治政或當反道以求媚於民○治直吏反

〔疏〕從政至媚也○正義曰反之謂反正道也媚愛也從其政事治國家者有所反於正道以取民愛也反正道者子孔誅絕於道理不合立公孫泄今既立良止恐民以鬼神爲惑故反違正道兼立公孫泄以取媚於民令民不惑也段與帶之卒自當命盡而終耳未必良霄所能殺也但良霄爲厲因此恐民民心不安義須止過故立祀止厲所以安下民也何休膏肓難此言孔子不語怪力亂神以鬼神爲政必惑衆故不言也今左氏以此令後世信其然廢仁義而祈福於鬼神此大亂之道也子產雖立

良止以託繼絕此以鬼賞罰要不免於惑衆豈當述之以示季末鄭玄荅之曰伯有惡人也其死爲厲鬼厲者陰陽之氣相乘不和之名尚書五行傳六癘是也人死體魄則降知氣在上有尚德者附和氣而興利孟夏之月令雩祀百辟卿士有益于民者由此也爲厲者因害氣而施災故謂之厲鬼月令民多厲疾五行傳有禦六厲之禮禮天子立七祀有大厲諸侯立五祀有國厲欲以安鬼神弭其害也子產立良止使祀伯有以弭害乃禮與洪範之事也子所不語怪力亂神謂虛陳靈象於今無驗也伯有爲厲鬼著明若此而何不語乎子產固爲衆愚將惑故并立公孫泄云從政有所反之以取媚也孔子曰民可使由之不可使知之子產達於此也不媚不信說而後信之。說音悅不信民不從也及子產適晉趙景子問焉景子晉中軍佐趙成曰伯有猶能爲鬼乎子產曰能人生始化曰魄魄形也。魄普白反既生魄陽曰魂陽神氣也〔疏〕人生至曰魂。正義曰人稟五常以生感陰陽以靈有身體之質名之曰形有噓吸之動謂之爲氣形氣合而爲用知力以此而彊故得

成爲人也此將說淫厲故遠本其初人之生也始變化爲形形之靈者名之曰魄也既生魄矣魄內自有陽氣氣之神者名之曰魂也魂魄神靈之名本從形氣而有形氣既殊魂魄亦異附形之靈爲魄附氣之神爲魂也附形之靈者謂初生之時耳目心識手足運動啼呼爲聲此則魄之靈也附氣之神者謂精神性識漸有所知此則附氣之神也是魄在於前而魂在於後故云既生魄陽曰魂魂魄雖俱是性靈但魄識少而魂識多孝經說曰魄白也魂芸也白明白也芸芸動也形有體質取明白爲名氣唯噓吸取芸動爲義鄭玄祭義注云氣謂噓吸出入者也耳目之聰明爲魄是言魄附形而魂附氣也人之生也魄盛魂強及其死也形消氣滅郊特牲曰魂氣歸于天形魄歸于地以魂本附氣氣必上浮故言魂氣歸于天魄本歸形形既入土故言形魄歸于地聖王緣生事死制其祭祀存亡既異別爲作名改生之魂曰神改生之魄曰鬼祭義曰氣也者神之盛也魄也者鬼之盛也合鬼與神教之至也死必歸土此之謂鬼其氣發揚于上神之著也是故魂魄之名爲鬼神也檀弓記延陵季子之哭其子云骨肉歸復于土命也若魂氣則無不之也爾雅釋訓云鬼之爲言歸也易係辭曰陰陽不測之謂神以骨肉必歸于土故以歸言之魂氣無所不適故以不測名之其實鬼神之本則魂魄

是也劉炫云人之受生形必有氣氣形相合義無先後而此云始化曰魄陽曰魂是則先形而後氣先魄而後魂魂魄之生有先後者以形有質而氣無質尋形以知氣故先魄而後魂其實並生無先後也。注陽神氣也。正義曰以形有質故爲陰魂無形故爲陽既以化表形故以陽見氣氣爲陽知形爲陰互相見也用物精多則魂魄強物權勢〔疏〕用物至魄強。正義曰魂既附氣氣又附形形彊則氣彊形弱則氣弱魂以氣彊魄以形強若其居高官而任權勢奉養厚則魂氣強故用物精而多則魂魄強也。注物權勢。正義曰物非權勢之名而以物爲權勢者言有權勢則物備物謂奉養之物衣食所資之摠名也是以有精爽至於神明爽明也〔疏〕是以至神明。正義曰此言從微而至著耳精亦神也爽亦明也精是神之未著爽是明之未昭言權勢重用物多養此精爽至於神明也匹夫匹婦強死其魂魄猶能馮依於人以爲淫厲強死不病也人謂匹夫匹婦賤身。強其丈反況良霄我先君穆公之胄子良之孫子耳之子

敝邑之卿從政三世矣鄭雖無腆腆厚也。胄直又反從政三世矣子良公子去疾生子耳公孫輒輒生伯有良霄三世爲鄭卿腆他典反〔疏〕從政三世。正義曰子良子耳良霄三世皆爲卿抑諺曰蕞爾國蕞小貌。蕞在最反而三世執其政柄其用物也弘矣其取精也多矣其族又大所馮厚矣良霄魂魄所馮者貴重。柄彼命反而強死能爲鬼不亦宜乎傳言子產之博敏。子皮之族飲酒無度相尚以奢相困以酒〔疏〕注相尚至以酒。正義曰相尚以奢食無度也相困以酒飲無度也故馬師氏與子皮氏有惡馬師氏公孫鉏之子罕朔也襄三十年馬師頡出奔公孫鉏代之爲馬師與子皮俱同一族。鉏仕居反頡戶結反齊師還自燕之月在此年二月罕朔殺罕魋魋子皮弟。魋徒回反〔疏〕罕朔殺罕魋。正義曰公孫鉏子展之弟展生子皮鉏生罕朔朔是

子罕之孫禮謂之從父昆弟罕朔奔晉韓宣子問其位於子產問朔可使在何位子產曰君之羈臣苟得容以逃死何位之敢擇卿違從大夫之位謂以禮去者降位一等罪人以其罪降罪重則降多古之制也朔於敝邑亞大夫也其官馬師也大夫位馬師職獲戾而逃唯執政所寘之得免其死爲惠大矣又敢求位宣子爲子產之敏也使從嬖大夫爲子產故使降等不以罪降。爲子于僞反注同嬖必計反〔疏〕使從嬖大夫。正義曰子產數游楚云子晳上大夫女嬖大夫不尊貴也則晉之嬖大夫亦是下大夫子產云朔亞大夫也今晉侯使朔爲下大夫故杜云爲子產故使降一等不以罪降○秋八月衛襄公卒晉大夫言於范獻子曰衛事晉爲睦睦和也晉不禮焉庇其賊人而取其地賊人孫林父其地戚也。庇必利反又音祕故諸侯貳詩曰鶺鴒在原兄弟急難詩小雅鶺鴒鶺渠也飛則鳴行則搖喻兄弟相救於急難不可自舍。鶺本又作即精亦反鴒本又作令力丁反難如字又乃旦反注同搖音遙又以照反〔疏〕詩曰至急難。正義曰小雅棠棣之篇也以鶺鴒之在原喻兄弟之急難也鶺鴒水鳥也今而在原失其常處飛則鳴行則搖不能自舍也喻人當居平安之世今有兄弟在急難相救之情亦不能自舍也但鳥有飛行可言人之不能自舍無狀可言耳。注鶺鴒鶺渠。正義曰釋鳥文郭璞曰雀屬又曰死喪之威兄弟孔懷威畏也言有死喪則兄弟宜相懷思兄弟之不睦於是乎不弔不相弔恤況遠人誰敢歸之今又不禮於衛之嗣嗣新君也衛必叛我是絕諸侯也獻子以告韓宣子宣子說使獻子如衛弔且反戚田。傳言戚田所由還衛說音悅還音環衛齊惡告喪于周且請命王使臣簡公如衛弔簡公王卿士也且追命襄公曰叔父陟恪在我先王之左右以佐事上帝陟登也恪敬也帝天也叔父謂襄公命如今之哀策。恪苦各反〔疏〕注陟登至哀策。正義曰陟登恪敬釋詁文也周禮所云上帝皆是天也如今之哀策者漢魏以來賢臣既卒或賜以本官印綬近世或更贈以高官褒德敘哀載之於策將葬賜其家以告柩如今之哀策謂此也余敢忘高圉亞圉二圉周之先也爲殷諸侯亦受殷王追命者。圉魚呂反〔疏〕注二圉至命者。正義曰案周本紀高圉是公劉玄孫之孫高圉生亞圉亞圉大王亶父之祖也並爲殷之諸侯今王追命襄公而云不忘二圉知其亦是受殷王追命此杜以意言耳二圉之受追命無文也○九月公至自楚孟僖子病不能相禮不能相儀荅郊勞以此爲己病。病不能相禮本或作病不能禮相息亮反注相儀同勞力報反乃講學之講習也苟能禮者從之及其將死也二十四年孟僖子卒傳終言之召其大夫僖子屬大夫曰禮人之幹也無禮無以立吾聞將有達者曰孔丘僖子卒時孔丘年三十五〔疏〕注孔丘年三十五。正義曰當言三十四而云五蓋相傳誤耳聖人之後也聖人殷湯而滅於宋孔子六代祖孔父嘉爲宋督所殺其子奔魯〔疏〕注孔子六代祖。正義曰家語本姓篇云宋泯公熙生弗父何何生宋父周周生世子勝勝生正考父考父生孔父嘉其後以孔爲氏也孔父生木金父金父生皐夷父皐夷父生防叔防叔辟華氏之偪而奔魯生伯夏伯夏卽生梁紇梁紇卽生孔子其祖弗父何以有宋而授厲公弗父何孔父嘉之高祖宋閔公之子厲公之兄何適嗣當立以讓厲公。適丁歷反及正考父弗父何之曾孫佐戴武宣三人皆宋君三命茲益共三命上卿也言位高益共故其鼎銘云考父廟之鼎一命而僂再命而傴三命而俯俯共於傴傴共於僂○僂力主反傴紆甫反循牆而走言不敢安行亦莫余敢侮其共如是亦不敢侮慢之○侮亡甫反饘於是鬻於是以餬余口於是鼎中為饘鬻饘鬻餬屬言至儉○饘之然反爾雅餬饘也鬻之六反孫炎云淖糜也餬音胡〔疏〕饘於至余口○正義曰釋言云餬饘也郭璞云糜也又云鬻糜也孫炎曰淖糜也然則餬饘鬻糜相類之物稠者曰糜淖者曰鬻餬饘是其祔名將糜向口故曰以餬余口猶今人以粥向帛黏使相著謂之餬帛其共也如是臧孫紇有言紇武仲也曰聖人有明德者若不當世其後必有達人聖人之後有明德而不當大位謂正考父〔疏〕注聖人至考父○正義曰聖人謂殷湯也不當世謂不得在位為國君也上文其言考父之德知此聖人之後有明德而不得在世當大位者止謂正考父也既是聖人之後而又有明德身無貴位必慶隆子孫故言其後必有達人謂知能通達之人於夫子身為大夫

乃稱夫子此時仲尼未仕不得稱為夫子以未仕之時為仕後之語是丘明竟尊之而失事實陳恒未死言謚亦此類也今其將在孔丘乎我若獲沒得以壽終必屬說與何忌於夫子使事之說南宮敬叔何忌孟懿子皆僖子之子○屬音燭說音悅而學禮焉以定其位知禮則位安〔疏〕注南宮至敬叔○正義曰說南宮氏也敬謚也叔字也又字容也字括也名說一名縚故孟懿子與南宮敬叔師事仲尼仲尼曰能補過者君子也詩曰君子是則是效詩小雅孟僖子可則效已矣○單獻公弃親用羈獻公周卿士單靖公之子頃公之孫羈寄客也○單音善○冬十月辛酉襄頃之族殺獻公而立成公襄公頃公之父成公獻公弟○頃音傾十一月季武子卒晉侯謂伯瑕伯瑕士文伯曰

吾所問日食從矣可常乎衛侯武子皆卒故對曰不可六物不同各異時民心不壹政教殊事序不類有變易官職不則治官居職非一法則同始異終胡可常也詩曰或燕燕居息或憔悴事國詩小雅言不同○憔在遙反詩作盡瘁在醉反〔疏〕詩曰至事國○正義曰小雅北山大夫刺幽王也役使不均已勞於從事而不得養其父母焉或燕燕居息燕燕安息貌或盡瘁事國盡力勞病以從國事此作憔悴蓋師讀不同其異終也如是公曰何謂六物對曰歲時日月星辰是謂也公曰多語寡人辰而莫同何謂辰對曰日月之會是謂辰一歲日月十二會所會謂之辰○語魚據反〔疏〕歲時日月星辰○正義曰釋天云載歲也夏曰歲周曰年李巡曰載一歲莫不覆載也孫炎曰四時一終曰歲取歲星行一次也年取年穀一熟是

言歲即年也時謂四時春夏秋冬也日謂十日從甲至癸也月從正月至十二月也星二十八宿也辰謂日月所會一歲十二會從子至亥也周禮馮相氏掌十有二歲十有二月十有二辰十日二十有八星之位謂此六物也大歲所在十二年始帀故為十二歲○辰而莫同○正義曰東南隅有辰也大火謂之辰也又有日月之會辰也又北方有辰星也日月會謂之辰者辰時也言日月聚會有時也故以配日謂以子丑配甲乙〔疏〕故以配日○正義曰言辰無常所分在十二以十幹配之明非一所也○衛襄公夫人姜氏無子姜氏宣姜嬖人婤姶生孟縶孔成子夢康叔謂已立元成子衛卿孔達之孫烝鉏也元孟縶弟夢時元未生○婤音周又直周反徐敕周反姶烏荅反縶張立反烝之承反〔疏〕注夢時元未生○正義曰知者傳曰婤姶生孟縶卽云成子夢若已生訖當云婤姶生孟縶及元然云孔成子夢且說夢已下乃云晉韓宣子聘歲生元明未生也余使羈之孫圉與史苟相之羈烝鉏子苟史朝子○羈居宜反相息亮反下同朝如字史朝亦夢

康叔謂已余將命而子苟與孔烝鉏之曾孫圉相元史朝見成子告之夢夢協協合也晉韓宣子爲政聘于諸侯之歲在二年。婤始生子名之曰元孟縶之足不良能行跛也。○跛，波我反【疏】之足不良 正義曰：當斷不良爲句，能行向下讀之。知者，案二十年杜注云"縶足不良，故以官邑還豹"是也。孔成子以周易筮之曰元尚享衛國主其社稷令著辭遇屯䷂震下坎上屯。○屯，張倫反又曰余尚立縶尚克嘉之嘉善也遇屯䷂之比䷇坤下坎上比屯初九爻變。○比，毗志反，注同【疏】之比 ○正義曰：所以上屯無變者，皆遇少爻故也以示史朝史朝曰元亨又何疑焉周易曰屯元亨。○亨，許庚反，注元亨皆同成子曰非長之謂乎言屯之元亨謂年長，非謂名元。○長，丁丈反，注同對曰康叔名之可謂長矣善之長也。○名如字，徐武政反孟非人也將不列於宗不可謂長足跛非全人，不○可列爲宗主且其繇曰利建侯繇，卦辭。○繇，直又反嗣吉何建建非嗣也嗣子有常位，故無所卜，又無所建。今以位不定，卜嗣得吉，則當從吉而建之也。○言何建，本或作可建二卦皆云謂再得屯卦，皆有建侯之文【疏】二卦皆云 ○正義曰：謂前卜元之二卦，非謂後卜縶之卦也子其建之康叔命之二卦告之筮襲於夢武王所用也弗從何爲外傳云：大誓曰"朕夢協朕卜，襲於休祥，戎商必克"，此武王辭【疏】注外傳云 ○正義曰：外傳云者，國語引大誓也。古文尚書大誓具有此文，此傳之意取大誓也。杜不見古文，故引外傳解之弱足者居跛則偏弱，居其家，不能行侯主社稷臨祭祀奉民人事鬼神從會朝又焉得居各以所利不亦可乎孟跛利居，元吉利建。○焉，於虔反故孔成子立靈公十二月癸亥葬衛襄公靈公元也

經八年春陳侯之弟招殺陳世子偃師以首惡從殺例，故稱弟又稱世子。○招，常遙反【疏】注以首至世子。○正義曰：招與公子過共殺偃師而立公子留，及楚殺徵師，留出奔鄭，招乃歸罪於過而使陳人殺之。及楚師來討，又推過爲首，得免重責，不死而放之於越。是以招爲從罪也。若其從招之詐，如楚之意，則宜書過殺偃師。由是仲尼知其實狀，以招爲首。傳言書曰"陳侯之弟招殺陳世子偃師"，罪在招也，是仲尼新意以招爲首惡也。從殺例者，從兩下相殺之例也。釋例曰："大臣相殺，死者無罪，則兩稱名氏以示殺者之罪，王札子殺召伯、毛伯是也。若死者有罪，則不稱殺者名氏，晉殺其大夫陽處父是也。"然則世子雖是副主，猶是人臣，從此人臣相殺之例，故稱弟以見殺者之罪也。又稱世子以見世子亦人臣也。鄭段去弟，陳招不去弟者，釋例云"陳招殺兄之子，然不推刃於其兄，故以首惡稱弟，稱名從兩下相殺也"。是言招罪輕於害兄，故存弟也夏四月辛丑陳侯溺卒襄二十七年大夫盟于宋。○溺，乃歷反【疏】注襄二至于宋。○正義曰：溺以襄五年即位，爾來陳常從楚，唯有襄二十七年大夫與魯同盟于宋。劉炫云："往年衛侯惡卒，杜云元年大夫盟于虢，此不數虢，以杜爲上下自相反。"今知不然者，以盟于宋經有明文，故指之。虢盟文不見經，故不數也。其衛侯惡更無盟處，唯有虢盟，故數之。劉不尋杜意而規其過，非也○叔弓如晉○楚人執陳行人干徵師殺之稱行人，明非行人罪。○干，古丹反陳公子留出奔鄭留爲招所立，未成君而出奔○秋蒐于紅革車千乘，不言大者，經文闕也。紅，魯地。沛國蕭縣西有紅亭，遠疑。○蒐，所求反。紅，戶東反。乘，繩證反。沛音貝【疏】注革車至闕也。○正義曰：傳稱革車千乘，是大蒐也。十二年大蒐于比蒲，三十二年大蒐于昌間，定十三年、十四年大蒐于比蒲，皆云大蒐，此不云大，知經闕文也。釋例云："紅之蒐，傳言革車千乘，所以示大蒐也，而經不書大，諸事同而文異，傳不曲言經義者，直是時史之闕畧，仲尼畧而從之。春秋不可錯綜經文，此之類也。"劉、賈、潁云："蒐于紅，不言大者，言公大失權在三家也。"十一年蒐于比蒲，經書大蒐

復云書大者言大衆盡在三家隨文造意以非例爲例不復知其自違也。陳人殺其大夫公子過與招共殺偃師書名罪之。過古禾反○大雩無傳不旱而秋雩過也○冬十月壬午楚師滅陳不稱將帥不以告壬午月十八日。將子匠反執陳公子招放之于越無傳復稱公子兄已卒。復扶又反殺陳孔奐無傳招之黨楚殺之。奐呼亂反〔疏〕注招之黨楚殺之。正義曰孔奐之爲招黨傳無其文正以殺稱名氏是有罪之文知其是招黨也文七年宋人殺其大夫傳曰不稱名衆也且言非其罪也無罪不稱名知稱名爲有罪矣若使孔奐無罪仲尼必當變文但此非常例先無定制不知其將何所稱也執招殺奐皆是楚人爲之承上楚師滅陳之下是楚可知不復每文書楚杜以注文隔故言楚殺以明之不言殺陳大夫者殺他國之臣例不書爵宣十一年楚人殺陳夏徵舒是其類也此執招殺奐皆滅陳乃爲之故依次而書書在滅陳之下○葬陳哀公嬖人袁克葬之魯往會故書。嬖必計反〔疏〕注嬖人至故書。正義曰賈服以葬哀公之文在殺孔奐之下以爲楚葬哀公故杜辯之袁克葬之案傳克欲殺馬毀玉楚人將欲殺克不得爲楚葬之若是楚葬宜云楚人葬陳哀公當如齊侯葬紀伯姬不得直言葬也且諸言葬某公者皆是魯往會葬之文大夫不得書名言其所爲之事而已故云魯往會故書也案傳袁克之葬乃是私竊葬之而魯得會者諸侯之卒告卒不告葬但葬有常期知卒即往會之未必得以禮從赴也

傳八年春石言于晉魏榆魏榆晉地。魏榆服云魏邑也榆州里名。〔疏〕注魏榆晉地。正義曰服虔云魏邑榆州里名襄二十三年叔孫豹次于雍榆雍榆地名知魏榆亦地名也晉侯問於師曠曰石何故言對曰石不能言或馮焉謂有精神馮依石而言。馮皮冰反注同不然民聽濫也濫失也。濫力暫反下注同〔疏〕民聽濫。正義曰或民聽濫失實無言而妄稱有言也抑臣又聞之抑疑辭曰作事不時怨讟動于民則有非言之物而言今宮室崇侈民力彫盡彫傷也。讟徒木反侈昌氏反又尺氏反怨讟並作莫保其性性命也民不敢自保其性命石言不亦宜乎於是晉侯方築虒祁之宮虒祁地名在絳西四十里臨汾水。虒音斯本又作[illegible]同祁巨之反又音臣之反汾扶云反叔向曰子野子野師曠字之言君子哉君子之言信而有徵故怨遠於其身怨咎遠其身也。遠于萬反注同咎其九反下文同小人之言僭而無徵故怨咎及之詩曰哀哉不能言匪舌是出唯躬是瘁詩小雅也不能言謂不知言理以僭言見退者其言非不從舌出以僭而無信自取瘁病故哀之。僭子念反注同不信也出如字又尺遂反瘁在醉反哿矣能言巧言如流俾躬處休其是之謂乎哿嘉也巧言如流謂非正言而順敘以聽言見荅者言其可嘉以信而有徵自取安逸師曠此言緣問流轉終歸于諫故以比巧言如流也當叔向時詩義如此故與今説詩者小異。哿古可反毛詩傳云可也俾必耳反本又作卑休許虯反美也〔疏〕詩曰至謂乎。正義曰小雅雨無正之篇也可哀慭哉彼不能言之人其所言者非不從舌是出但其言僭而無徵惟於已身是病以不能言而自病其身是可哀也可嘉美矣彼能言者巧爲言語如水之轉流然其言信而有徵自使其身處休美之地以言能而自處其美地故可嘉也此能言處休者其是子野之謂乎。注哿嘉至小異。正義曰詩毛傳云哿可也哿無正訓以其字從加從可故各以意訓耳此詩上文云聽言則荅僭言則退然後次此哀哉故杜以哀哉不能言覆上僭言見退謂言而不見信被黜退者也哿矣能言覆上聽言則荅謂言可聽用見應荅者也以其言可嘉善信而有徵故自取安逸處休美也師曠因公之問其言流轉終歸于諫其言實巧故以比巧言如流也據今毛鄭解詩哀哉不能言者賢人不能言也不能以其正道曲從君心故身見困病哿矣能言乃指時世所謂能言者巧言從俗如轉流矣阿諛順旨不依正法得使身居休美與此所引意異故言當叔向時詩義如此與今説詩者小異隱元年注云詩人之作各以情言君子論之不以文害意故春秋傳引詩不皆與今説詩者同他皆放此然則引詩斷章取義得異於本而云叔向時詩義如此者但叔向

此言在孔子刪詩之前與刪詩之後其義或異故云叔向時詩義如此隱元年論詩者君子之言君子卽丘明也其言則刪詩之後乃與詩說不同故云引詩斷章此杜大畧而言其實未脩之前有引詩亦有斷章者是宫也成諸侯必叛君必有咎夫子知之矣爲十年晉侯彪卒傳○陳哀公元妃鄭姬生悼大子偃師元妃夫人也二妃生公子留下妃生公子勝二妃嬖留有寵屬諸徒招與公子過招及過皆哀公弟也哀公有廢疾○廢甫肺反三月甲申公子招公子過殺悼大子偃師而立公子留○夏四月辛亥哀公縊憂恚自殺經書辛丑從赴○縊一豉反恚一睡反〔疏〕注經書辛丑從赴○正義曰經云辛丑傳言辛亥經傳異者多是傳實經虛故言從赴長厤四月戊戌朔四日辛丑十四日辛亥一月之內有此二日故不云日誤干徵師赴于楚干徵師陳大夫且告有立君公子勝愬之于楚以招過殺偃師告愬也楚人執而殺之殺干徵師公子留奔鄭書曰陳侯之弟招殺陳世子偃師罪在招也楚人執陳行人干徵師殺之罪不在行人也嫌爲招赴楚當同罪故重發之○爲于僞反下爲子良立宰爲之立宰同重直用反〔疏〕注疑爲至發之○正義曰襄十一年楚人執鄭行人良霄傳稱書曰行人言使人也此復發傳故言重發之也釋例曰行人有六而發傳有三者因良霄以顯其稱行人因干徵師以示其非罪因魯叔孫婼以同外內大夫則餘三人皆隨例而爲義也○叔弓如晉賀虒祁也賀宫成游吉相鄭伯以如晉亦賀虒祁也史趙見子大叔曰甚哉其相蒙也蒙欺也○相息亮反下而相吾室同可弔也而又賀之子大叔曰若何弔也其

非唯我賀將天下實賀言諸侯畏晉非獨鄭○若何弔也本或作若何弔也○秋大蒐于紅自根牟至于商衛革車千乘大蒐數軍實簡車馬也根牟魯東界琅邪陽都縣有牟鄉商宋地魯西竟接宋衛也言千乘明大蒐且見魯衆之大數也○乘繩證反注同數色主反竟音境見賢遍反○七月甲戌齊子尾卒子旗欲治其室子旗欒施也欲幷治子尾之家政丁丑殺梁嬰梁嬰子尾家宰八月庚戌逐子成子工子車三子齊大夫子尾之屬子成頃公子固也子工成之弟鑄也子車頃公之孫捷也頃音傾下文並同鑄之樹反捷在接反○皆來奔不書非卿而立子良氏之宰子良子尾之子高彊也子旗爲子良立宰其臣曰孺子長矣孺子謂子良○孺而樹反本亦作孺長丁丈反而相吾室欲兼我也兼幷也授甲將攻之陳桓子善於子尾亦授甲將助之或告子旗子旗不信則數人告將往又數人告於道遂如陳氏桓子將出矣聞之而還聞子旗至○數色主反下同〔疏〕將往至陳氏○正義曰將往子良之家也又數人告不復敢向子良之家遂如陳氏服虔云將往者欲往到陳氏問助子良攻我意謬甚也游服而逆之去戎備著常游戲之服○去起呂反著張略反請命問桓子所至對曰聞彊氏授甲將攻子子聞諸曰弗聞子盍亦授甲無宇請從無宇桓子名○盍胡臘反下同從才用反子旗曰子胡然彼孺子也吾誨之猶懼其不濟吾又寵秩之謂爲之立宰其若先人何子盍謂之謂之使无攻我周書曰惠不惠茂不茂周書康誥也言當施惠於不惠者勸勉於不勉者茂勉也康叔所

以服弘大也服行也桓子稽顙曰頃靈福子頃公靈公欒氏所事之君○稽音啓顙素黨反〔疏〕注周書至勉也○正義曰周公戒康叔當施惠於不肯施惠者勸勉其不能勉力者今子旣不能勉力爲善欲令桓子勸勉之故引此書也茂勉也釋詁文○頃○正義曰謚法祗勤追懼曰頃吾猶有望望子旗惠及已遂和之如初和欒高二家陳公子招歸罪於公子過而殺之言招所以不死而得放九月楚公子弃疾帥師奉孫吳圍陳孫吳悼大子偃師之子惠公宋戴惡會之戴惡宋大夫冬十一月壬午滅陳壬午十月十八日傳言十一月誤〔疏〕注壬午至月誤○正義曰杜以長厤校之十月乙丑朔十八日得壬午也十一月無壬午經書十月厤與經合知傳言十一月者誤也輿嬖袁克殺馬毀玉以葬輿衆也袁克嬖人之貴者欲以非禮厚葬哀公〔疏〕注輿衆至哀公○正義曰就衆嬖之內特舉袁克之名知克是嬖人之貴者也葬無殺馬毀玉之法知欲以非禮厚葬哀公也服虔云一曰馬陳侯所乘馬玉陳侯所佩玉故殺馬毀玉不欲使楚得之事亦有似知不然者楚旣滅陳則爲已有克不能私藏馬玉欲殘毀之故不從楚人將殺之請寘之置馬玉○寘之豉反旣又請私私盡君臣恩私於幄加絰於顙而逃幄帳也逃不欲爲楚臣○幄於角反絰直結反使穿封戍爲陳公戍楚之大夫滅陳爲縣使戍爲縣公○穿音川戍音恤曰城麇之役不諂成麇役在襄二十六年戍與靈王爭皇頡○麇九倫反注同諂勑檢反頡戶結反侍飲酒於王王曰城麇之役女知寡人之及此女其辟寡人乎及此謂爲王女音汝下同○對曰若知君之及此臣必致死禮以息楚息寧靜也晉侯問於史趙曰陳其遂亡乎對曰未也公曰何故對曰陳

顓頊之族也陳祖舜舜出顓頊○顓音專頊許玉反歲在鶉火是以卒滅陳將如之顓頊氏以歲在鶉火而滅火盛而水滅○鶉市春反〔疏〕對曰至楚國○正義曰致死禮者欲爲郟敖致死殺靈王也穿封戍旣臣事靈王而爲此悖言追恨不殺君者以明在君爲君之義見已事忠直若如今日有人欲謀靈王已必致死殺之此對是諂非悖也○注顓頊至水滅○正義曰顓頊崩年歲星在鶉火之次於時猶有書專言之故史趙得而知也歲星天之貴神所在必昌鶉火得歲而火益盛火盛而水滅顓頊水德故以此年終也陳是顓頊之族故知滅將如之亦當歲在鶉火陳乃滅也史趙別有以知假此而爲言耳不可一準此言以驗國之興滅今在析木之津猶將復由箕斗之間有天漢故謂之析木之津由用也○析星歷反復扶又反一音服〔疏〕注箕斗至用也○正義曰析木之津於十二次爲位在寅也釋天云析木之津箕斗之間漢津也孫炎曰析別水木以箕斗之間是天漢之津也劉炫謂是天漢卽天河也天河在箕斗二星之間箕在東方木位斗在北方水位分析水木以箕星爲隔隔河須津梁以渡故謂此次爲析木之津也不言析水而言析木者此次自南而盡北故依此次而名析木也襄三十年傳稱歲星在娵訾之口其明年乃及降婁歲星歲行一次降婁距此九年故此年歲在析木之津也由用釋詁文言將用是而更興且陳氏得政于齊而後陳卒亡物莫能兩盛自幕至于瞽瞍無違命幕舜之先瞽瞍舜父從幕至瞽瞍間無違天命廢絕者○幕音莫瞽音古瞍素口反〔疏〕注幕舜至絕者○正義曰魯語云幕能師顓頊者也有虞氏報焉孔晁云幕能修道功不及祖德不及宗故每於歲之大烝而祭焉謂之報言虞舜祭幕明幕是舜先不知去舜遠近也帝系云顓頊生窮蟬窮蟬生敬康敬康生句芒句芒生蟜牛蟜牛生瞽瞍亦不知幕於蟜牛以前是誰名字之異也從幕至瞽瞍無違天命廢絕言其不絕世繼嗣相傳以至舜也觀傳此文瞽瞍以前似有國土而尚書序云虞舜側微孔安國云爲庶人故微賤經云有鰥在下曰虞舜明是下賤矣蓋至瞽瞍始失國耳此久遠之事不可知也舜重之以明德寘德於遂遂舜後蓋殷之興存舜之後而封遂言舜德乃至於遂○重直用反〔疏〕注遂舜至於遂○正義曰三年傳云箕伯直柄虞遂伯戲則遂在直柄之後故

云蓋殷興存舜之後而封之也言舜有明聖之德其德流及於遂故言𡨋德於遂𡨋置也置此德於遂身令使遂有德也

遂世守之及胡公不淫故周賜之姓使祀虞帝 胡公滿遂之後也事周武王賜姓曰嬀封諸陳紹舜後○嬀九危反 【疏】注胡公至舜後○正義曰胡公封陳之由襄二十五年傳已具之矣世本舜姓姚氏哀元年傳稱夏后少康奔虞虞思妻之以二姚虞思猶姓姚也至胡公周乃賜姓爲嬀耳因昔虞舜居嬀水故周賜以嬀爲姓也陳世家言舜居嬀汭其後因姓嬀氏謂胡公之前已姓嬀矣是馬遷之妄也

臣聞盛德必百世祀虞之世數未也繼守將在齊其兆既存矣 言陳氏興盛於齊形兆已見○見賢遍反 【疏】其兆既存矣○正義曰陳氏世世益賢而位漸高有恩德而得民意其有國之徵兆既存在矣言可知也

附釋音春秋左傳注疏卷四十四

江西南昌府學栞

春秋左傳注疏卷四十四校勘記　阮元撰盧宣旬摘錄

附釋音春秋左傳注疏卷第四十四 昭七年盡八年

【經七年】

即燕與齊平 監本毛本即誤既

傳以其不分明 閩本監本毛本不誤下

杜言將適楚者 重脩監本杜誤持

鄉曰衛齊惡 監本毛本鄉作卿非也

不奪親之所名 浦鏜正誤奪下有人字據穀梁增也

【傳七年】

齊求之也 宋本以下正義三節揔入注文竿耳玉爵之下

燕必知其音意乃成耳 正德本閩本音作旨宋本監本毛本無音字乃下有行字

至河間鄚縣入易水 釋文云鄚本又作莫宋本誤鄭

賂以瑤罋 石經初刻罋從瓦後改從缶

注析羽至於軫 宋本以下正義入節揔入遂赦之注下

繫之於旞 閩本監本毛本旞作旞非也

所以注旌於干首也 宋本監本毛本以作謂是也諸本作旌宋本作旄閩本干誤千

亦短於諸侯之旌二刃 此本旌字下空闕二字今據宋本閩本監本毛本補正

執無宇也 諸本作宇此本誤字今改正

普天之下 釋文普作溥云今之左氏傳本或作普陳樹華云毛詩作溥孟子引詩亦作普據釋文則左傳舊作溥也

故王臣公　石經臣字改刊案後漢書濟南安王傳注袁紹傳注引此句下有公臣卿句下阜臣輿誤作阜臣隸脫輿臣隸句

言正無私也　宋本言下有公字

之言扶也　宋本閩本監本毛本之上有夫字是也

末知其義　宋本閩本監本毛本末作未是也

爲隱亡人之法也　案釋文引服注亡上有匿字

行善法故能啓疆　諸本作疆淳熙本作彊

以紂爲上　宋本監本毛本上作主是也

取而臣以往　淳熙本取誤敢

往去之　宋本淳熙本纂圖本監本毛本之作也

今在華容城內　淳熙本城誤戎

注宮室至城內　宋本以下正義四節揔入及楚不能荅郊勞注下

言露寢生人所居　浦鏜正誤露作路按鄭注作路

以血塗其十　監本十作卜宋本毛本作上是也

大宰薳啓彊　纂圖本閩本監本毛本彊作疆是也下同

奉承以來　毛本奉承誤倒

日我先君共王　淳熙本纂圖本日作曰案正義云日謂往日也董遇注無日字毛誼父六經正誤以作日月之日爲誤非也岳本此處缺

日月以巽　補各本巽作冀注同

何蜀之敢望　石經此處刓缺纂圖本毛本敢作告非也

君若不求　石經此處缺宋本淳熙本纂圖本監本毛本求作來是也

既祭以車轢之　考文既祭二字誤作前監本毛本轢作櫟非監本下轢字不誤

孟僖子爲介　諸本作介石經初刻誤个後改正

誰將當目食　石經宋本淳熙本岳本纂圖本監本毛本目作日是也

故禍在衞大在魯小也　岳本脫也字

注衞地至降婁　宋本以下正義三節揔入三日從時注下

是在地封域　宋本無是字

引堪餘云　監本毛本餘作輿是也

戌降婁魯也　宋本閩本監本毛本作戌此本誤成今改正

詩所謂彼日而食于何不臧者　案陳樹華云詩作此日而食漢書五行志引亦作此日引傳無者字

朔月辛卯　案今本毛詩月誤日

豫筭而盡知　宋本豫上有皆字筭作算是也毛本同

當其各也　閩本各作名亦誤宋本監本毛本作咎

照臨下上　閩本上作士亦非宋本監本毛本作土是也

故鳴之以鼓折　閩本折作拆亦非宋本監本毛本作柝不誤

教之脩德之去　宋本毛本之下有以字監本初刻亦脫後擠刊

晉人來治祀田　淳熙本來誤作求石經宋本岳本纂圖本閩本監本毛本祀作杞是也

前汝叔侯不盡歸　宋本岳本汝作女正義同

前女至杞田　宋本此節正義在注文不書非公命之下

成孟氏邑本杞田　淳熙本田誤山

言季孫亦將疑我不忠　淳熙本我誤戎

吳無以待之　石經宋本岳本纂圖本監本毛本吳作吾是也

魯國汴縣東南有桃虛　宋本岳本纂圖本監本毛本汴作卞是也

使長𩣡者相　案說文引傳作儠是儠爲正字𩣡爲假借字

欲先夸魯侯　宋本淳熙本先作光是也葉鈔釋文亦作光

使長𩣡者相　宋本以下正義二節總入愼守寶矣節注下

薳啟彊見魯侯　宋本薳作蔿閩本監本毛本彊作疆

薳啓彊聞之　纂圖本閩本監本毛本彊作疆

言齊晉越將伐魯而取之　淳熙本脫而字

竝走羣望　臧琳云當作竝趣羣望字之壞也詩棫樸左右趣之傳趣趨也箋云文王臨祭祀其容濟濟然故左右之諸臣皆促疾於事謂相助積薪望祀山川雖不積薪然諸臣之促疾祀事則同也古趣字多有誤作走者如玉篇趣下引詩來朝趣馬今詩作走馬是趣譌走之一證也

今夢黃熊入于寢門　石經此處刓缺宋本岳本于作於正義曰諸本皆作熊釋文作能又云今本作能者勝案陸說是也

昔堯殛鯀于羽山　釋文云殛本又作極段玉裁云極窮也孟子言極之於所往是也凡作殛者皆極字之假借也

今夢至寢門　宋本以下正義五節總入賜子產莒之二方鼎注下

孫炎曰書云　宋本曰作引是也

則熊似羆似豕之獸　宋本無似羆二字

張叔皮論云　案錢大昕云李善注文選卷六卷四十三引張升反論卷三十一卷四十引張叔及論卷五十五引張升反論語與春秋疏所引本是一篇而篇名或云反論或云反論語或云及論或云皮論其人名或云叔或云升攷後漢書文苑傳有張升字彥眞陳留尉氏人著賦誄頌碑書凡六十篇梁七錄有外黃令張升集二卷反論殆升所撰之一篇如解嘲釋譏之類曰皮曰及皆字形相涉而譌叔與升亦字形相涉也

賓爵下革　宋本閩本監本毛本革誤華據潛揅堂文集所引改正

故晉繼周祀鯀也　宋本無也字下有當字

子產爲豐施歸州田於韓宣子　毛本於改于

豐施　淳熙本施字空缺

荷擔也以微薄喻貴重　釋文亦作擔宋本作儋毛誼父六經正誤云擔作檐誤當作擔案毛誼父云誤非也依說文當作儋古書多假檐爲之擔俗字　貴重宋本誤倒作重貴

若屬有疆埸之言　纂圖本閩本毛本埸誤場

而豐氏受其大討　毛本受誤愛

傳信子產也　宋本淳熙本岳本纂圖本監本毛本信作言是也

注傳言至不諒　宋本此節正義在以易原縣於樂大心注下

貞而不諒　重脩監本貞誤眞

以賜樂大心也　岳本脫也字

鄭人殺伯有　岳本脫人字

注公孫段豐氏黨　宋本以下正義九節總入不亦宜乎注下

何休膏盲　宋本盲作肓是也

子產雖立艮止　宋本閩本監本毛本艮作良不誤下同

介雩祀百辛即士有益于民者　宋本閩本監本毛本辛即作辟卿是也

既生魄陽曰魂　纂圖本毛本魂作魄非也

惑陰陽以靈　宋本閩本監本毛本惑作感不誤

魄盛魂強　宋本強作彊

形既入士　宋本監本毛本士作土是也

則魂魄強　宋本淳熙本纂圖本毛本強作彊與石經合

用物至魄強　宋本毛本強作彊下魄強同

則物備　宋本物下有能字

此言從微而至著耳　耳字依宋本改此本誤斗閩本監本毛本作蓋亦非

注相尚至以酒　宋本以下正義三節揔入使從變大夫注下

君之羈臣　石經此處缺淳化本羈作覊

以其罪降　補監本毛本降作降注同

詩曰至急難　宋本以下正義四節揔入余敢忘高圉亞圉注下

喻人當居平守之世　宋本監本毛本守作安是也

漢魏以來　毛本漢字實缺

孟僖子病不能相禮　諸本有相字論語季氏篇疏引傳文同釋文無相字云本或作病不能相禮惠棟云今本禮上有相字下云苟能禮者從之則相字衍盍襲上文相儀之誤當從釋文

孔某年三十五　諸本作孔某此本作孔立形相近而誤毛本作子非正義曰當言三十四而云五蓋相傳誤耳

孔某年三十五　宋本以下正義五節揔入孟僖子可則效已矣之下

家吾本姓篇云　宋本監本毛本吾作語是也

宋佊公熙　毛本佊作泯是也泯與杜注閔同今本家語作襄公大誤

金父生皐夷父　浦鏜正誤皐作睪

伯夏即生梁紇　宋本無即字是也

即生孔子　宋本子下有也字

其祖弗父何以有宋而授厲公　毛本授誤受

三命茲益共　後漢書馬援傳注引作三命滋益恭

亦不敢侮慢之　宋本岳本纂圖本監本毛本亦上有人字岳監毛三本脫慢字

注南宮至敬叔　宋本監本毛本無至字是也

單獻公弃親用羈　宋本岳本羈作覊與石經合

治官居職非一法則　宋本淳熙本纂圖本岳本監本毛本無則字是也

同始異終　淳熙本異誤易

或燕燕居息或憔悴事國　石經居字事字上旁並有以字後人所妄加也

詩曰至事國　宋本以下正義四節揔入故以配日注下

十二年始市也　閩本市作布亦非宋本監本毛本作币是

變人婣始生孟縶　閩本始誤始正義及下同纂圖本下婣始生子亦誤始

孔成子夢康叔謂已立元　毛本元誤兀

夢時元未生　監本元作至非也宋本以下正義五節揔入故孔成子節注下

且說夢已下　宋本已作以

孟縶之足不良能行　石經此處缺監本毛本能作弱按不良能行猶言不善於能行也正義欲於不

艮斷句非也

能行向下讀之 監本作弱行向下讀之毛本作弱向下行誤

今誓辭 宋本岳本監本今作令是也

嗣吉何建 釋文云何本或作可建陳樹華云可乃古何字

得吉則當從吉而建之也 諸本作吉淳熙本誤言

大誓曰 纂圖本大作泰非也

襲於休祥 淳熙本襲作聚

經八年 宋本春秋正義卷第二十八石經春秋經傳集解昭三第廿二岳本昭下有公字並盡十二年

招與公子過共殺偃師 重脩監本共作其非也

又推過爲首 宋本又上有招字是也

以招爲首惡也 監本毛本首惡誤倒

楚人執陳行人干徵師殺之 宋殘本干誤于

劉賈穎曰 宋本穎作潁是也

注變人至故書 閩本監本毛本脫注字

傳八年

注魏榆晉地 宋本以下正義四節揔入是宮也節注下

知魏榆亦地名也 宋本無也字

石不能言或馮焉 案漢書五行志言下有神字蓋後人依杜注增之耳不可信也

怨讟動于民 石經此處缺宋本宋殘本淳熙本足利本于作於

莫保其性 石經此處缺宋本宋殘本保作信案漢書五行志引同師古曰信猶保也一說信讀爲申

俾躬處休 石經此處缺釋文俾作卑云本又作俾

以言能而自處其美地 宋本言能作能言是也

與刪詩之後 毛本與誤則

元配夫人也 宋本宋殘本淳熙本岳本纂圖本監本毛本配下有嫡字是也釋文作適云本又作嫡

屬諸徒招 石經宋本宋殘本淳熙本岳本纂圖本閩本監本毛本諸下有司字是也案史記管蔡世家索隱曰招或作苕或作昭

哀公有癈疾 北宋刻釋文亦作癈纂圖本閩本監本毛本誤作廢案說文云癈固疾也在疒部毛誼父六經正誤云與國本作廢非也

注經書辛丑從赴 宋本以下正義二節揔入公子留奔鄭節注下

楚人執而殺之 諸本作而此本誤弓今改正

楚人執陳行人干徵師殺之 纂圖本監本毛本作楚子誤

故重發之 諸本作發此本誤廢今改正

而發傳有三者 案襄十一年正義作而傳發其三者

因艮霄以顯其稱行人 案襄十一年正義人下有之事二字

賀虒郊也 石經宋本宋殘本淳熙本岳本纂圖本監本毛本郊作祁是也

自根牟至于商衞 宋殘本商作商非也

琅邪陽都縣有牟鄉 淳熙本纂圖本監本毛本邪作琊字案宋殘本以下缺五葉

子成頃公子固也 毛本頃誤逐

亦授甲將助之 毛本授誤受

又數人告於道 石經宋本纂圖本毛本於作于

將往至陳氏下 宋本以下正義三節揔入遂和之如初注下

聞彊氏授甲將攻子 監本彊誤殭

茂不茂 陳樹華云茂書作懋案茂懋字異而音義並同也

服行也 監本服上脫注字

諡法祗勤追懼曰頃 監本毛本諡作謚祗作祇非毛本曰誤民

奉孫吳圍陳 纂圖本圍誤闈

注壬午至月誤 宋本以下正義九節揔入臣聞盛德節注下

麻與經合 此本合字實缺據宋本閩本監本毛本補

戊楚之大夫 宋本淳熙本岳本纂圖本監本毛本足利本無之字是也

臣必致死禮以息楚 宋本淳熙本毛本足利本楚下有國字監本初刻亦脫後擠增案石經此處缺

以字數計之當有國字

陳顓頊之族也 宋本族作後

對曰至楚國 監本毛本楚國作息楚非是

於時猶有書專言之 宋本監本毛本專作傳

析木之津 浦鏜正誤木下補謂字按謂字不當有爾雅邢昺疏可證也

慕能師顓頊者也 宋本師作帥與外傳合

顓頊生窮蟬 閩本監本蟬誤燀下同

蟜牛生瞽叟 閩本監本毛本叟作瞍下同

虞之世數未也 毛本數作文誤也

春秋左傳注疏卷四十四校勘記止

附釋音春秋左傳注疏卷第四十五 昭九年盡十二

經九年春叔弓會楚子于陳以事往非行會禮【疏】注以事會禮。正義曰此與宣十五年公孫歸父會楚子于宋其事同也楚子在彼魯敬大國自往會之非楚子召使會自以小國事大國之禮往○**許遷于夷**許畏鄭欲遷故以自遷爲文【疏】注許畏至爲文正義曰許自楚莊王以來世屬於楚常與鄭爲仇敵今畏鄭欲遷都近楚楚從其意而遷之故以許自遷爲文若許不欲遷而楚強遷之則當云楚人遷許如宋人遷宿齊人遷陽○**夏四月陳災**天火曰災陳既已滅降爲楚縣而書陳災者猶晉之梁山沙鹿崩不書晉災言繫於所災所害故以所在爲名【疏】注天火至爲名。正義曰天火曰災宣十六年傳例也公羊穀梁經皆作陳火公羊傳曰陳已滅矣其言陳火何存陳也穀梁傳曰國曰災邑曰火火不志此何以志閔陳而存之也賈服取彼爲說言愍陳不與楚故存陳而書之言陳尚爲國也杜以左氏無此義故辯而異之云陳既已滅降爲楚縣不言楚陳災而直書陳災者猶如晉之梁山沙鹿崩不書晉也以彼不繫晉知此自不當繫楚非是存陳如舊國也凡災害所及繫於所災所害之處故以所在爲名不復繫其本國大都以名通例不繫國陳是楚之大都無緣當繫於楚二傳妄說故杜不從所災所害者所災謂陳災是也所害謂梁山沙鹿崩是也然災害繫於所災所害而宣十六年不直云宣榭火而以宣榭繫成周者以宣榭其名不顯若不繫成周不知何處宣榭與此別也○**秋仲孫貜如齊**。貜俱縛反○**冬築郎囿**。囿音又苑也於郎地築苑

傳九年春叔弓宋華亥鄭游吉衛趙黶會楚子于陳楚子在陳故四國大夫往非盟主所召不行會禮故不揔書。黶於減反【疏】注楚子至揔書正義曰往年楚公子弃疾帥師圍陳楚子不親行也既滅陳以爲縣楚子自往巡行鎮撫之魯宋鄭衛聞其在陳畏威加敬各遣大夫往彼會之非是盟主所召至亦不行會禮故魯史獨書已使不復揔書諸國也傳因叔弓所見故歷序四國大夫以見諸國皆行非獨魯也十年叔孫婼如晉葬晉平公傳因歷序諸國大夫此意與彼同也服虔以爲此會宋鄭衛之大夫不書叔弓後也服見文七年公會諸侯晉大夫盟于扈傳歷序諸國乃云公後至故不書所會凡會諸侯不書所

會後也後至不書其國辟不敏也服意準彼爲義故云叔弓後耳彼爲盟主所召故諱後期此則楚非盟主何以當諱春秋之意豈欲魯弃晉而從楚乃爲之諱其會楚遲也且彼不書所會乃揔書諸侯此若是會經何以不揔書叔弓會諸侯之大夫傳何以不言叔弓會楚子宋華亥鄭游吉衛趙黶于陳也今傳以四國大夫共會楚子義非區類足以可明且叔弓若後傳當言之傳不言後而服以爲後是欲代丘明爲傳非解之也故杜顯而異之言不行會禮故不揔書見此意

○**二月庚申楚公子弃疾遷許于夷實城父**此時改城父爲夷故傳實之城父縣屬譙郡【疏】注此時至譙郡。正義曰杜以爲名有改易也傳不言實則以爲二名並存也所言實者皆舉舊以實新此地舊名城父此時新改爲夷然言城父是舊名故傳以實明之。凡有二義。經書未改之名。傳以所改實之。則昭十八年許遷于白羽傳云許遷於析實白羽定十年公會齊侯于夾谷傳云會于祝其實夾谷是也若經書已改之名則傳亦舉其已改實其未改之號即此許遷于夷傳云遷許于夷實城父定十三年齊侯衛侯次于垂葭傳云次于垂葭實郹氏是也此四者或經書未改或經書已改傳皆上句舉其已改之名下句實其未改之號凡一地前後二名者非謂經時爲未改之名傳時爲已改之名乃於經傳以前上世之時已有所改前後之名夫子集史記而爲經丘明采簡牘而作傳史記或書其舊名者即白羽夾谷是也或史記書其後名者即夷與垂葭是也丘明據簡牘爲傳以所改後名而實之故僖二十五年秦取析矣襄二十六年聲子云析公之亂皆舉白羽改爲析之後但簡牘稱析故杜云於傳時白羽改爲析止謂簡牘之時非丘明作傳時也若其不然孔子脩經丘明作傳事相連接時日不遠豈可脩經時爲白羽作傳即改爲析故杜云此四者皆爲所在之地舊名絕於當時史記有遺者也劉炫不審思杜意怪僖公襄公之世已有析名而規杜氏非也

取州來淮北之田以益之益許田【疏】注取州至益之。正義曰釋例云州來淮南下蔡縣汝水之南也淮北之田淮水北田則州來邑在淮南邑民有田在淮北也許國盡遷于夷夷田少故取以益之

伍舉授許男田然丹遷城父人於陳以夷濮西田益之以夷田在濮水西者與城父人。濮音卜**遷方城外人**

於許成十五年許遷於葉因謂之許今許遷於夷故以方城外人實其處傳言靈王使民不安。葉始涉反處昌慮反○周甘人與晉閻嘉爭閻田甘人甘大夫襄也閻嘉晉閻縣大夫。閻以廉反〔疏〕注甘人至大夫。正義曰孔子父叔梁紇爲鄹邑之長論語謂孔子爲鄹人之子是典邑大夫法當以邑名冠之而稱人知此甘人即是下文甘大夫襄也甘人是甘縣大夫知閻嘉是晉之閻縣大夫名嘉也甘閻接竟田或相侵故共爭之晉梁丙張趯率陰戎伐潁陰戎陸渾之戎潁周邑。趯他歷反王使詹桓伯辭於晉辭責讓之桓伯周大夫。詹之廉反曰我自夏以后稷魏駘芮岐畢吾西土也在夏世以后稷功受此五國爲西土之長駘在始平武功縣所治釐城岐在扶風美陽縣西北。夏戸雅反注同駘他來反依字應作邰芮如銳反岐其宜反長丁丈反下師長同治直吏反釐本又作斄他來反又音來一音力之反〔疏〕注在夏至西北。正義曰周語云昔我先世后稷以服事虞夏及夏之衰也弃稷弗務我先王不窋用失其官案本紀不

窋是后稷之子繼其父業世爲大國故受此五國爲西土之長也釋例土地名云魏河東河北縣也芮馮翊臨晉縣芮鄉是也畢在京兆長安縣西北駘在武功岐在美陽今案其地芮在魏之西南百餘里耳岐在駘之西北無百里也詩稱后稷封邰與岐畢相近爲之長可矣計魏在邰東六百餘里可令邰國與魏爲長道路太遙公劉居豳又在岐西北四百餘里此傳極言遠竟而辭不及豳並不知其故及武王克商蒲姑商奄吾東土也樂安博昌縣北有蒲姑城。蒲如字又音薄奄於撿反樂音洛〔疏〕及武至東土。正義曰武王克商光有天下外薄四海皆爲周地上文既言西土故以下雖說三方其實西方所至過於上文自岐以西猶是周竟但不復重言之耳服虔云蒲姑商奄濱東海者也蒲姑齊也商奄魯也二十年傳曰蒲姑氏因之定四年傳曰因商奄之民命以伯禽巴濮楚鄧吾南土也肅慎燕亳吾北土也肅慎北夷在玄菟北三千餘里。巴必加反燕於賢反亳步各反〔疏〕巴濮至北土。正義曰土地名云巴巴郡江州縣也楚南郡江陵縣也鄧義陽鄧縣也建寧郡南有濮夷地然則巴楚鄧中夏之國唯濮爲遠夷耳土地

名又云燕國薊縣也亳是小國闕不知所在盡與燕相近亦是中國也唯肅慎爲遠夷。注肅愼至餘里。正義曰書序云成王既伐東夷肅愼來賀魯語云武王克商肅愼氏貢楛矢韋昭云肅愼東北夷之國去扶餘千里晉之玄菟郎在遼東。北杜言玄菟北三千里是北夷之近東者故杜言北夷韋言東北夷吾何邇封之有邇近也〔疏〕吾何邇封之有。正義曰言我之封疆何近之有邇近也文武成康之建母弟以蕃屏周亦其廢隊是爲爲後世廢隊兄弟之國當救濟之。蕃方元反屏必井反隊直類反注同爲于僞反注同〔疏〕文武至是爲。正義曰傳稱號仲號叔王季之穆是文王母弟也管蔡郕霍魯衞毛聃史記以爲武王之母弟也唐叔成王之母弟也其康王之母弟則書傳無文文王周之始王故言文王文王未得封諸侯也弟以同母爲親故言母弟耳所封非同母者亦多矣建爲國君所以爲藩籬屏蔽周室使與天子禦患難亦其慮後世子孫或有廢隊王命望諸侯共救濟之是爲此也豈如弁髦而因以敝之童子垂髦始冠必三加冠成禮而弃其始冠故言弁髦因以敝之。弁皮彦反本又

作卞髦音毛始冠古亂反〔疏〕豈如至敝之。正義曰豈如弁髦因以敝之者弁謂緇布冠髦謂童子垂髦凡加冠之禮先用緇布之冠皴括垂髦三加之後去緇布之冠不復更用故云因以敝之今王自比豈得將王室如緇布冠加髦之後不須復用因以敝之猶言以我王家封建晉國之後因卽弃而不事之也。注童子至冠也。正義曰案禮未髻之時必垂髦故云童子垂髦也士冠禮始冠緇布冠次加皮弁次加爵弁是始冠必三加冠也其記冠義云始冠緇布之冠冠而敝之可也玉藻亦云始冠緇布冠自諸侯下達冠而敝之。可也鄭玄云本大古耳非時王之法服也是言本古而暫冠既加而卽弃是禮成而弃其始冠故云弁髦而因以敝之也弁有爵弁皮弁緇布之冠不得名弁故云弁亦冠也周禮弁師掌冕是弁爲大名也劉炫以爲弁髦二物以童子垂髦爲髦彼兩髦又云因以敝之者謂親没不髦案禮加冠以後親没以前身既成人猶自垂髦何得云童子垂髦髦既親没乃弃杜注何以不言親没也若三加之後弃弁不弃髦杜注何得云弃其始冠故言弁髦因以敝之既連髦而言明非親没之髦也髦之形像鄭注士喪禮云未聞先王居檮杌于四裔以禦螭魅言檮杌略舉四凶之一下言四裔則三苗在其

中。檮徒刀反杌五忽反裔以制反禦魚呂反螭勑知反魅本又作彫武冀反【疏】注言檮至其中○正義曰文十八年傳稱舜臣堯流四凶族渾敦窮奇檮杌饕餮投諸四裔以禦螭魅先儒皆以爲渾敦驩兜也窮奇共工也檮杌鯀也饕餮三苗也此傳以晉率陰戎伐潁止須言饕餮耳而云檮杌者略舉四凶之一耳下言四裔則三苗在其中可知也若直說鯀當言居檮杌于羽山不須言四裔也**故允姓之姦居于瓜州**允姓陰戎之祖與三苗俱放三危者瓜州今敦煌。姦古顏反瓜古華反敦都門反煌音皇【疏】注允姓至敦煌○正義曰此言主責陰戎知允姓陰戎之祖也言允姓之姦者謂其姦邪之人惡言之也尚書云竄三苗于三危此言允姓居于瓜州時同而人別知與三苗俱放於三危也**伯父惠公歸自秦而誘以來**僖十十五年晉惠公自秦歸二十二年秦晉遷陸渾之戎於伊川**使偪我諸姬入我郊甸則戎焉取之**邑外爲郊郊外爲甸言戎取周郊甸之地。偪彼力反甸徒遍反焉於虔反又如字【疏】則戎焉取之。正義曰焉猶何也若不由晉則戎何得取周之地也。注邑外至之地。正義曰釋地云

邑外謂之郊周禮載師掌任土之法具敍王畿之內遠近之次自國中以外有近郊遠郊次甸次稍次縣次都是郊外爲甸也陸渾之戎居伊洛之間是取周郊甸之地**戎有中國誰之咎也**咎在晉。咎其九反**后稷封殖天下今戎制之不亦難乎**后稷修封疆殖五穀今戎得之唯以畜牧。殖時力反疆居良反畜許又反一音許六反牧音目又音茂**伯父圖之我在伯父猶衣服之有冠冕木水之有本原民人之有謀主也**民人謀主宗族之師長【疏】我在至主也。正義曰言我周存在於伯父有益如衣服云云**伯父若裂冠毀冕拔本塞原專弃謀主雖戎狄其何有余一人**伯父猶然則雖戎狄無所可責晉率陰戎伐周邑故云然【疏】雖戎至一人。正義曰言伯父我親猶自如此則雖戎狄其何有恩義於我一人既無恩親侵我亦無可責**叔向謂宣子曰文之伯也豈能改物**言文公雖霸未能改正朔易服色。伯如字又音霸**翼戴天子而加之以共**翼佐也**自文以來世有衰德而暴滅宗周**宗周天子**以宣示其侈諸侯之貳不亦宜乎且王辭直子其圖之宣子說王有姻喪**外親之喪。說音悅【疏】王有姻喪。正義曰隱元年傳云士踰月外姻至姻是外親故杜云外親之喪也服虔云婦之父曰姻王之后喪父於王亦有服義故往弔案妻父爲姻雖有此稱王之納后必取諸侯之女后之父母不得身在京師往弔可耳何以得致襚也以致襚言之知是外親之喪耳不知外親喪是誰死**使趙成如周弔且致閻田與襚**襚送死衣。襚音遂贈死衣服**反潁俘王亦使賓滑執甘大夫襄以說於晉晉人禮而歸之**賓滑周大夫。俘方夫反滑乎八反又于八反說如字又音悅

○夏四月陳災鄭裨竈曰五年陳將復封封五十二年而遂亡子產問其故對曰陳水屬也陳顓頊之後故爲水屬。復扶又反下注復封皆同【疏】陳水屬。正義曰陳顓頊之後顓頊以水德王天下故爲水屬也陳是舜後舜爲土德不近言土屬而遠繫顓頊爲水屬者蓋裨竈知陳將欲復興須取水爲占驗假此以爲言耳未必帝王子孫永與所承同德楚之先世嘗爲火官即以火爲楚象豈復五行之官後世皆依其行乎此皆賢哲有以知之非吾徒所測**火水妃也**火畏水故爲之妃。妃方非反一音配注同【疏】注火畏至之妃。正義曰陰陽之書有五行妃合之說甲乙木也丙丁火也戊己土也庚辛金也壬癸水也木克土土克水水克火火克金金克木木畏金金以乙爲庚妃也金畏火火以辛爲丙妃也火畏水以丁爲壬妃也水畏土以癸爲戊妃也土畏木以己爲甲妃也杜用此說故云火畏水故爲之妃也服虔云火離也水坎也易卦離爲中女坎爲中男故火爲水妃**而楚所相也**相治也楚之先祝融爲高辛氏火正主治火事。相息亮反注同【疏】注相治至火事。正義曰相訓助也主火而助君爲治故以爲治也二十九年傳曰火正曰祝融顓頊氏有子曰犂爲祝融楚世家云高陽

生稱稱生卷章卷章生犂。犂爲高辛氏火正甚有功能光融天下帝嚳命曰祝融共工作亂帝使黎誅之而不盡帝誅黎而以其弟吳回爲後復居火正爲祝融回生陸終陸終生子六人六曰季連楚其後也是楚之先爲火正治火事

今火出而火陳 火心星也火出於周爲五月而以四月出者以長厤推前年誤置閏

疏 注火心至置閏。正義曰襄九年傳曰心爲大火十七年傳曰火出於周爲五月今經書四月陳災傳言火出而火陳火得以四月出者長厤云閏當在此年五月後而在前年故火以四月出也長厤以爲前年閏入月則此年四月五日得中氣二十日得五月節故四月得火見

逐楚而建陳也 水得妃而興陳興則楚衰故曰逐楚而建陳

疏 注水得至建陳。正義曰杜以陳爲楚邑楚人在陳陳興則楚衰故曰逐楚而建陳當謂逐去楚人之在陳者若穿封戌爲陳公者也但毆逐楚國之人於義甚通劉炫乃畋逐爲遁言火逃遁去楚而建立陳國而規杜非也

妃以五成故曰五年 妃合也五行各相妃合得五而成故五歲而陳復封爲十三年陳侯吳歸于陳傳。妃音配注妃並同

疏 注妃合至陳傳。正義曰妃合釋詁文也易繫辭云天一地二天三地四天五地六天七地八天九地十天數五地數五五位相得而各有合鄭玄云天地之氣各有五五行之次一曰水天數也二曰火地數也三曰木天數也四曰金地數也五曰土天數也此五者陰無匹陽無耦故又合之地六爲天一匹也天七爲地二耦也地八爲天三匹也天九爲地四耦也地十爲天五匹也二五陰陽各有合然後氣相得施化行也是言五行各相妃合生數以上皆得五而成故云五歲而陳將復封

歲五及鶉火而後陳卒亡楚克有之天之道也故曰五十二年 是歲歲在星紀五歲及大梁而陳復封自大梁四歲而及鶉火後四周四十八歲凡五及鶉火五十二年天數以五爲紀故五及鶉火火盛水衰

疏 注是歲至水衰。正義曰如杜所注歲星每年而行一次至昭三十二年則歲星在寅未至於丑其傳云越得歲而吳伐之故服氏以爲有事于武宮之歲龍度天門謂十五年歲星從申越未而至午歷家以周天十二次次別爲百四十四分歲星每年行一百四十五分是歲星行一次外剩行一分積一百四十四年乃剩行一次故昭十五年得超一辰今杜氏既無此義而三十二年歲星得在丑者但歲星之行天之常數超辰之義不言自顯故杜不注若然楚卒滅陳在哀十七年則歲星當踰鶉火至鶉尾而云五及鶉火者以顓頊歲在鶉火而滅故神竈舉大暑而言云五及鶉火不復細言殘數雖至鶉尾亦經由鶉火天有五星又大微宮中有五帝坐又四方中央亦有五是天數以五爲紀故五及鶉火也歲星天之貴神所在之國必昌歲在鶉火火得歲星之助火既盛而水則衰

○晉荀盈如齊逆女 自爲逆。爲于僞反

還六月卒于戲陽 魏郡內黃縣北有戲陽城。戲許宜反

殯于絳未葬晉侯飲酒樂膳宰屠蒯趨入請佐公使尊 公之使人執尊酌酒請爲之佐。樂音洛屠音徒禮記作杜蒯苦怪反使尊如字亦所吏反

許之 公許之

而遂酌以飲工 工樂師師曠也。飲於鴆反下又飲同

疏 注工樂師師曠也。正義曰禮記檀弓說此事云知悼子卒未葬平公飲酒師曠李調侍知工即師曠也外嬖叔即李調也

曰女爲君耳將司聰也 樂所以聰耳。女音汝下耳皆同

疏 注樂所以聰耳。正義曰樂以和心聲從耳入故樂者所以聰耳大師掌樂務使君聰故爲君耳將司聰也

辰在子卯謂之疾日 疾惡也紂以甲子喪桀以乙卯亡故國君以爲忌日。喪息浪反

疏 注疾惡至忌日。正義曰訓疾爲惡言王者惡此日不以舉吉事也尚書武成篇云時甲子昧爽受率其旅若林會于牧野罔有敵于我師前徒倒戈攻于後以北血流漂杵是紂以甲子喪也詩云韋顧既伐昆吾夏桀言昆吾與桀同時死也十八年傳二月乙卯周毛得殺毛伯過而代之萇弘曰毛得必亡是昆吾稔之日也昆吾之死與桀同日知桀以乙卯亡也以此二王之亡爲天誅之日故國君以爲忌日惡此日也檀弓云君子有終身之憂故忌日不樂鄭玄云諱死日也彼謂親亡之日至此日而念親故此日不用舉吉事非是惡此日也此與忌日名同意異

君徹宴樂學人舍業爲疾故也君之卿佐是謂股肱股肱或虧何痛如之 言痛疾過於忌日。舍音捨爲于僞反下爲是同

女弗聞而樂是不聰也 不聞是義而作樂

又飲外嬖嬖叔 外都大夫之嬖者

疏 注外都至嬖者。正義曰此言外嬖嬖叔即李調是也禮記云調也君之褻臣

也既云褻臣而謂之外嬖知是外都大夫之嬖者猶晉獻公時有外嬖梁伍東關嬖伍曰女爲君目將司明也職在外故主視服以旌禮旌表禮也禮以行事事政令事有其物物類也物有其容容貌也今君之容非其物也有卿佐之喪而作樂歡會故曰非其物而女不見是不明也亦自飲也曰味以行氣氣以實志氣和則志充〔疏〕服以至不明○正義曰吉有弁冕凶有衰麻禮有吉凶之異作衣服以表之如此之類是服以旌禮也周禮司服六冕以祭祀皮弁以視朝韋弁以即戎冠弁以田獵如此之類是禮以行事也傳稱哀有哭泣樂有歌舞如此之類是事有其物言行事各有其物類也記稱衰麻則有哀色端冕則有敬色介冑則有不可犯之色周禮保氏教國子六儀一曰祭祀之容二曰賓客之容三曰朝廷之容四曰喪紀之容五曰軍旅之容六曰車馬之容少儀曰言語之美穆穆皇皇朝廷之美濟濟翔翔祭祀之美齊齊皇皇車馬之美騑騑翼翼鸞和之美肅肅雍雍如此之類是物有其容也

君有卿佐之喪宜有悲哀之貌而與羣臣飲酒作樂今君之容貌非其類也而女不見是不明也志以定言在心爲志發口爲言言以出令臣實司味二御失官而君弗命臣之罪也工與嬖叔侍御君者失官不聰明〔疏〕味以至罪也○正義曰調和飲食之味以養人所以行人氣也氣得和順所以充人志也志意充滿慮之於心所以定言語也詳審言語宣之於口所以出號令也臣實主掌食味今工師不聰叔也不明二侍御者並失其官而君不出令以罪之必是食味失宜是臣之罪也公說徹酒初公欲廢知氏而立其外嬖爲是悛而止○說音悅知音智下同悛七全反〔疏〕公說至而止○正義曰公心欲廢知氏故輕悼子之喪不廢飲酒得蒯以禮責之乃知君臣義重其禮不可輒廢爲是悛而止悛改也改革前意也禮記記此事飲酒事同而其言盡別記是傳聞故與此異二者必有一謬當傳實而記虛也秋八月使荀躒佐下軍以說焉躒荀盈之子知文子也佐下軍代父也說自解說○躒本又作躒力狄反徐音洛○孟僖子如齊殷聘禮也自叔老聘齊至今二十年禮意久曠今脩盛聘以無忘舊好故曰禮○好呼報反〔疏〕注自叔至曰禮○正義曰襄二十年叔老聘齊至今二十年更不遣聘是邦交禮意久曠絕也殷訓盛也今脩盛聘以無忘舊好故禮之也聘禮云小聘曰問不享有獻不及夫人主人不延几不郊勞然則聘禮經之所言是大聘也王制云諸侯之於天子也比年一小聘三年一大聘鄭玄云小聘使大夫大聘使卿聘禮既是大聘使卿矣殷聘又當盛於大聘不知以何爲盛或當享禮之物多矣○冬築郎囿書時也季平子欲其速成也叔孫昭子曰詩曰經始勿亟庶民子來詩大雅言文王始經營靈臺非急疾之衆民自以子義來勸樂爲之○亟紀力反樂如字又五教反一音洛〔疏〕詩曰至子來○正義曰大雅靈臺之篇也言文王經始靈臺之基趾其意勿使急成之但其衆民自以子成父事而來勸樂而早成之耳子成父事不待督帥故云子來以示民樂之意焉用速成其以勦民也勦勞也○焉於虔反勦初交反又子

小反無囿猶可無民其可乎

經十年春王正月○夏齊欒施來奔耆酒好內以取敗亡故書名○耆市志反傳同好呼報反○秋七月季孫意如叔弓仲孫貜帥師伐莒三大夫皆卿故書之季孫爲主二子從之〔疏〕注三大至從之○正義曰成二年鞌之戰魯四卿並書此三卿皆書重兵詳內故備書之其他國行兵唯書元帥而已略外也傳云平子伐莒取郠平子又獨見執明是季孫爲伐莒之主二子從之○戊子晉侯彪卒五同盟○彪彼虯反○九月叔孫婼如晉○葬晉平公三月而葬速○十有二月甲子宋公成卒十一同盟也無冬史闕文○成音城何休音恤〔疏〕注五同盟○正義曰彪以襄十六年即位其年盟于溴梁十九年于祝柯二十年于澶淵二十五年于重丘二十七年于宋不數元年號會是五同盟○注十一同盟○正義曰成以成十六年即位十七年盟于柯陵十八年于虛朾襄三年于雞澤五年于

歲九年于戲十一年于亳城北十五年及向戌盟于劉十六年于溴梁十九年于祝柯二十年于澶淵二十五年于重丘二十七年于宋元年于虢皆會宋俱在凡十三同盟杜意盟數多者不數特盟襄十五年向戌盟于劉及虢盟不數故十一劉炫并數以規杜過非也如此數盟不同者或由轉寫誤

傳十年春王正月有星出于婺女客星也不書非孛。婺武付反孛滿對反鄭裨竈言於子產曰七月戊子晉君將死今茲歲在顓頊之虛歲歲星也顓頊之虛謂亥枵。裨婢支反虛起魚反注同枵許驕反〔疏〕注歲歲至亥枵。正義曰釋天云亥枵虛也顓頊之虛虛也郭璞曰虛在正北顓頊水德位在北方當以北方三次以亥枵爲中亥枵次有三宿又虛在其中以水位在北顓頊居之故謂亥枵虛星爲顓頊之虛也姜氏任氏實守其地姜齊姓任薛姓齊薛二國守亥枵之地。任音壬注同居其維首而有妖星焉告邑姜也客星居亥枵之維首邑姜齊大公女晉唐叔之母星占婺女爲既嫁之女織女爲處女邑姜齊之既嫁女妖星在婺女齊得歲故知禍歸邑姜。大音泰〔疏〕居其至姜也。正義曰維者綱也亥枵次有三宿女爲其初女是次之綱維也居其維首謂星居之也其亥枵維首而有妖異之星焉以將死之妖告邑姜也邑姜齊女告邑姜言其子孫當死也邑姜晉之妣也天以七紀二十八宿面七。妣必履反宿音秀〔疏〕邑姜晉之妣也。正義曰曲禮云生曰母死曰妣鄭亥云妣之言媲媲於考也邑姜唐叔之母故爲晉之妣也邑姜亦是成王之母而於周無災任姜共守其地而不告薛女此則裨竈自知非吾徒所能測戊子逢公以登星斯於是乎出逢公殷諸侯居齊地者逢公將死妖星出婺女時非歲星所在故齊自當禍而以戊子日卒〔疏〕戊子至乎出。正義曰昔戊子之日逢公死其神以此日登天於時有星是此星也於是婺女乎出爾時妖星出於婺女而戊子逢公死今此星亦出婺女知戊子晉君當死也逢公死日星出婺女當時猶有書記故裨竈得而知之。注逢公至日卒。正義曰二十年晏子說齊地云有逢伯陵因之則陵是逢君之始祖也周語說亥枵之次云我皇妣大姜之姪伯陵之後逢公之所馮神也孔晁云大姜大王之妃王季之母也女子謂昆弟之子曰姪伯陵大姜之祖逢公大姜之姪伯陵之後逢公殷諸侯也然則伯陵之後世爲逢君皆是逢公未知戊子卒者何名號也逢公死時妖星亦出婺女於時歲星不在齊分故齊地之君自當其禍此時歲在齊分故外孫當之吾是以譏之爲晉侯彪卒傳

○齊惠欒高氏皆耆酒欒高二族皆出惠公信內多怨說婦人言故多怨。說音悅彊於陳鮑氏而惡之惡陳鮑。惡烏路反注同夏有告陳桓子曰子旗子良將攻陳鮑亦告鮑氏桓子授甲而如鮑氏遭子良醉而騁欲及子良醉故騁告鮑文子。騁勑領反遂見文子文子鮑國則亦授甲矣使視二子二子子旗子良則皆從飲酒桓子曰彼雖不信彼傳言者。傳直專反聞我授甲則必逐我及其飲酒也先伐諸陳鮑方睦遂伐欒高氏子良曰先得公陳鮑焉往欲以公自輔助。先伐諸一本無伐字焉於虔反下焉歸同遂伐虎門欲入公不聽故伐公門〔疏〕○齊惠欒高氏。正義曰齊惠公生子欒公子高高生子尾尾生子良欒生子雅雅生子旗旗生是欒孫良是高孫以王父字爲氏皆出惠公故曰惠欒高氏也。遂伐虎門。正義曰周禮師氏掌以美詔王居虎門之左司王朝鄭亥云虎門路寢門也王日視朝於路寢門外畫虎焉以明勇猛於守宜也司猶察也察王之視朝若有善道可行者則當前以詔王彼師氏察王得失明其近王故以虎門爲路寢門此亦當然或以虎門非路寢門當是宮之外門不與周禮同晏平仲端委立于虎門之外端委朝服〔疏〕注端委朝服。正義曰元年傳劉定公謂趙文子云吾與子弁冕端委哀七年傳曰大伯端委以治周禮則端委是在公之服故云朝服鄭亥云諸侯與其臣皮弁以視朔朝服以視朝其朝服亥冠緇布衣素積以爲裳也四族召之無所往四族欒高陳鮑其徒曰助陳鮑

乎曰何善焉言無善義可助助欒高乎曰庸愈乎異惡不差於陳鮑○差初賣反然則歸乎曰君伐焉歸公召之而後入公卜使王黑以靈姑銔率吉請斷三尺焉而用之王黑齊大夫靈姑銔公旗名斷三尺不敢與君同。銔扶眉反又音不率所律反徐所類反斷丁管反注同【疏】公卜至用之○正義曰公卜卜與欒高戰也靈姑銔者齊侯旗之名卜使王黑以此靈姑銔之旗率人以戰得吉也禮諸侯當建交龍之旂此靈姑銔蓋是交龍之旂當時爲之名其義不可知也知是旗者以請斷三尺而用之故知是旗五月庚辰戰于稷。稷祀后稷之處○稷地名六國時齊有稷下館處昌慮反欒高敗又敗諸莊莊六軌之道【疏】注莊六軌之道○正義曰釋宮云六達謂之莊舊說皆云六道旁出杜皆以一達爲一軌國人追之又敗諸鹿門鹿門齊城門欒施高彊來奔高彊不書非卿陳鮑分其室晏子謂桓子必致諸公讓德之主也謂懿德凡有血氣皆有爭心故利不可強不可強取。爭爭鬬之爭強其丈反注同思義爲愈義利之本也蘊利生孽姑使無蘊乎蘊畜也孽妖害也。蘊紆粉反孽魚列反畜勑六反可以滋長桓子盡致諸公而請老于莒莒齊邑。長丁丈反桓子召子山子山子商子周襄三十一年子尾所逐羣公子私具幄幕器用從者之衣屨私具不告公。幄於角反幕音莫從才用反屨九具反而反棘焉棘子山故邑齊國西安縣東有戟里亭子商亦如之而反其邑子周亦如之而與之夫于子周本無邑故更與之濟南於陵縣西北有于亭反子城子公公孫捷三子八年子旗所逐而皆益其祿凡公子公孫之無祿者私分之邑桓子以己邑分之國之貧約孤寡者私與之粟曰詩云陳錫載周能施也詩大雅言文王能布陳大利以賜天下行之周徧。載如字詩作哉毛云哉載也鄭云始也施始豉反下注同徧音遍桓公是以霸齊桓公亦能施以致霸【疏】曰詩云至桓公是以霸○正義曰曰者桓子辭也既私施與又言已施之意大雅文王之篇錫賜載行周徧也言文王能布陳大利以賜天下行之周徧此言文王之能施也桓公亦用此能○霸諸侯焉得不務施乎言已多施爲此也公與桓子莒之旁邑辭讓不受穆孟姬爲之請高唐陳氏始大穆孟姬景公母傳言陳氏所以興○爲于僞反○秋七月平子伐莒取郠郠莒邑取郠不書公見討平丘魯諱之○郠古杏反獻俘始用人於亳社以人祭殷社○俘芳夫反亳步洛反臧武仲在齊聞之曰周公其不饗魯祭乎周公饗義魯無義詩曰德音孔昭視民不佻詩小雅佻偷也言明德君子必愛民○視如字詩作示佻他彫反佻之謂甚矣而壹用之將誰福哉壹同也同人於畜牲○畜許又反【疏】詩曰至福哉○正義曰小雅鹿鳴之篇也孔甚昭明佻偷也言君子之人爲賓客德音甚明其視下民不偷薄苟且也偷之已謂甚矣而一同畜牲用之將誰肯福祐之哉佻偷釋言文李巡曰佻偷薄之偷也孫炎曰偷苟且也○戊子晉平公卒如裨竈之言鄭伯如晉及河晉人辭之游吉遂如晉禮諸侯不相弔故辭九月叔孫婼齊國弱宋華定衛北宮喜鄭罕虎許人曹人莒人邾人薛人杞人小邾人如晉葬平公也經不書諸侯大夫者非盟會鄭子皮將以幣行見新君之贄○見賢遍反下不得見下文因見同贄音至子產曰喪焉用幣用幣必百兩載幣用車百乘。焉於虔反乘繩證反〔疏〕百兩。正義曰尚書武王戎車三百兩孔安國云兵車稱兩百兩必千人千人至將不行行用也不行必盡用之不得見新君將自費用盡。費芳味反下同幾千人而國不亡言千人之費不可數。幾居豈反數所角反子皮固請以行既葬諸侯之大夫欲因見新君叔孫昭子曰非禮也弗聽叔向辭之曰大夫之事畢矣送葬禮畢而又命孤孤斬焉在衰絰之中既葬未卒哭故猶服斬衰。衰七雷反絰直結反其以嘉服見則喪禮未畢其以喪服見是重受弔也大夫將若之何皆無辭以見子皮盡用其幣歸謂子羽曰

非知之實難將在行之言不患不知患不能行。嘉服見如字又賢遍反下同重直用反以見賢遍反下同夫子知之矣我則不足言已出子產之戒既知其不可而遂行之是我之不足〔疏〕非知至不足。正義曰尚書說命云非知之艱行之惟艱此言出彼意也非知之實為難將在行之為難也言子產語已已既知之知而不行所以自悔夫子子產知之矣知喪不用幣也我則知不足矣書曰欲敗度縱敗禮逸書。敗必邁反下同〔疏〕書曰至敗禮正義曰尚書太甲篇也孔傳云言已放縱情欲毀敗禮儀法度我之謂矣夫子知度與禮矣我實縱欲而不能自克也欲因喪以慶新君故縱而行之不能自勝。勝音升昭子至自晉大夫皆見高彊見而退高彊子良昭子語諸大夫曰為人子不可不慎也哉昔慶封亡子尾多受邑而稍致諸君君以為

忠而甚寵之將死疾于公宮在公宮被疾。語魚據反輦而歸君親推之推其車而送之。推如字又他回反注同其子不能任是以在此忠為令德其子弗能任罪猶及之難不慎也喪夫人之力弃德曠宗以及其身不害乎夫人謂子尾曠空也。任音壬下同喪息浪反夫音扶注同〔疏〕難不慎。正義曰言人居身難可不謹慎詩曰不自我先不自我後其是之謂乎詩小雅言禍亂不在他正當已身以喻高彊身自取此禍○冬十二月宋平公卒初元公惡寺人柳欲殺之元公平公大子佐也。惡烏路反寺又作侍〔疏〕詩曰至我後。正義曰正月大夫刺幽王也云父母生我胡俾我瘉不自我先不自我後注云父母謂文武也天使父母生我何故不長遂我而使我遭此暴虐之政而病此何不出我之前居我之後窮苦之情苟欲免身。平○正義曰謚法內外賓服曰平。元正義曰謚法好建國都曰元及喪柳熾炭于位以溫地。熾尺志反炭吐旦反將至則去之使公坐其處。去起呂反惡烏路反比葬又有寵言元公好惡無常。比必利反好呼報反惡烏路反

經十有一年春王二月叔弓如宋○葬宋平公○夏四月丁巳楚子虔誘蔡侯般殺之于申蔡侯雖弒父而立楚子誘而殺之刑其羣士蔡大夫深怨故以楚子名告。虔其連反般音班弒申志反傳放此〔疏〕注蔡侯至名告。正義曰蔡侯雖弒父而立實宜受討但立為君於蔡已十三年楚子誘而殺之又刑其羣士不以弒父之罪討之蔡大夫深怨楚子故以楚子名赴告禮諸侯不生名書名是罪絕之事以其名告欲使諸國之史書名以罪絕之也若是楚告不當自罪其君知是蔡人告也公子圍殺君取國改名曰虔楚公子弃疾帥師圍蔡○五月甲申夫人歸氏薨昭公

母胡女歸姓。○大蒐于比蒲。○仲孫貜會邾子盟于祲祥。祲祥地闕。比音毗，徐扶夷反。祲子鴆反，徐又七林反。○秋，季孫意如會晉韓起、齊國弱、宋華亥、衞北宮佗、鄭罕虎、曹人、杞人于厥慭。厥慭地闕。佗徒何反。慭魚靳反，徐五巾反，一音五轄反。○九月己亥，葬我小君齊歸。齊諡。齊如字。○冬十有一月丁酉，楚師滅蔡，執蔡世子有以歸，用之。用之，殺以祭山。

疏 蔡世子。正義曰：父既死矣，猶稱世子者，君死而國被圍，未暇以禮即位，故國以世子告。

傳十一年春王二月，叔弓如宋，葬平公也。嫌以聘事行，故傳具之。○景王問於萇弘曰：「今茲諸侯何實吉？何實凶？」萇弘，周大夫。○萇直良反。對曰：「蔡凶。此蔡侯般弑其君之歲也，歲在豕韋，襄三十年，蔡世子般弑其君，歲在豕韋，至今十三歲，歲復在豕韋。般即靈侯也。○復扶又反，下歲復在同。弗過此矣。言蔡凶不過此年。楚將有之，然壅也。蔡近楚，故知楚將有之。楚無德而享大利，所以壅積其惡。○壅於勇反，注及後同。近，附近之近，下同。歲及大梁，蔡復，楚凶，天之道也。」楚靈王弑立之歲，歲在大梁，到昭十三年，歲復在大梁。美惡周必復，故知楚凶。楚子在申，召蔡靈侯。靈侯將往，蔡大夫曰：「王貪而無信，唯蔡於感。蔡近楚之大國，故楚常恨其不服順。○於感，戶暗反。今幣重而言甘，誘我也，不如無往。」蔡侯不可。五月丙申，楚子伏甲而饗蔡侯於申，醉而執之。夏四月丁巳，殺之，刑其士七十人。公子弃疾帥師圍蔡。傳言楚子無道。○重直用反。

韓宣子問於叔向曰：「楚其克乎？」對曰：「克哉！蔡侯獲罪於其君，謂弑父而立。而不能其民，不能施德。天將假手於楚以斃之，借楚手以討蔡。○斃婢世反。何故不克？然肸聞之，不信以幸，不可再也。楚王奉孫吳以討於陳，曰：『將定而國。』陳人聽命，而遂縣之。事在八年。今又誘蔡而殺其君，以圍其國，雖幸而克，必受其咎，弗能久矣。桀克有緡以喪其國，紂克東夷而隕其身。紂為黎之蒐，東夷叛之。桀為仍之會，有緡叛之，故伐而克之。○緡武巾反。喪息浪反，下且喪君同。隕于敏反。

疏 桀克至其身。正義曰：桀身奔南巢，故云喪國也。紂首縣白旗，故云隕身也。

楚小位下，而亟暴於二王，能無咎乎？天之假助不善，非祚之也，厚其凶惡而降之罰也。且譬之如天，其有五材而將用之，力盡而敝之，是以無拯，不可沒振。」金木水火土五者為物用，久則必有敝盡，盡則弃捐，故言無拯。拯猶救助也。不可沒振，猶沒不可復振。○亟欺冀反，數也。咎其又反，下同。祚本又作酢，在路反。拯，拯濟之拯，注同。振之慎反。捐以專反。救本亦作捄，音救。不可復振，扶又反，本或作沒振。

疏 楚小至咎乎。正義曰：亟，數也。比於桀紂，則楚小位下，而數行暴虐，甚於桀紂二王，能無咎惡乎？○是以至沒振。正義曰：拯音烝之上聲也。方言云：出溺為拯。拯是救助之義。天之用楚，如人用五材，力盡而敝，敝則棄之，是以無救助之者。拯是救溺之名，遂以救溺為喻也。不可沈沒之後，復振救之。振亦救也。言楚如沒水，不可救也。○注金至弃捐。正義曰：金木水火土五者之材，皆為物用，用久則必敝盡，敝盡則弃捐之。捐亦弃也。言天之用楚亦如此也。

○五月，齊歸薨，大蒐于比蒲，非禮也。○孟僖子會邾莊公，盟于祲祥脩好禮也蒐非存亡之由故臨喪不宜爲之盟會以安社稷故喪盟謂之禮。好呼報反泉丘人有女夢以其帷幕孟氏之廟。泉丘魯邑。夢以其帷位悲反一本作夢以帷幕音莫遂奔僖子其僚從之鄰女爲僚友者隨而奔僖子。僚力彫反盟于清丘之社曰有子無相弃也二女自共盟僖子使助薳氏之簉。簉副倅也薳氏之女爲僖子副妾別居在外故僖子納泉丘人女令副助之。薳爲彼反本又作蔿簉本又作造初又反說文簉從卄倅七對反令力呈反〔疏〕注簉副至助之。正義曰禮有副車倅車皆謂副貳之車也簉亦副倅之意妻爲正適妾爲副貳薳氏之女先爲副貳別居在外故使泉丘人女與之聚居令副助而爲對偶之反自祲祥宿于薳氏生懿子及南宮敬叔於泉丘人其僚無子使字敬叔字養也似雙生。生如字或一音所敬反〔疏〕於泉丘人。正義曰以傳直云宿於薳氏即連言生懿子及南宮敬叔氏薳氏所生故傳顯云生懿子及南宮敬叔於泉丘人於泉人宜上讀爲句〇楚師在蔡向四月之師。向本又作鄉亦作向同許亮反晉荀吳謂韓宣子曰不能救陳又不能救蔡物以無親物事也〔疏〕物以無親。正義曰物事也事事如此以是故無人肯親我晉國晉之不能亦可知也已爲盟主而不恤亡國將焉用之。將焉於虔反〇秋會于厥慭謀救蔡也不書救蔡不果救蔡鄭子皮將行子產曰行不遠不能救蔡也蔡小而不順楚大而不德天將弃蔡以壅楚盈而罰之盈楚惡蔡必亡矣且喪君而能守者鮮矣三年王其有咎乎美惡周必復王惡周矣元年楚子弒君而立歲在大梁後三年十三歲歲星周復於大梁。鮮息淺反復於扶反一本又作復在晉人使狐父請蔡于楚弗許。狐父晉大夫。狐音胡〇單子會韓宣子于戚單子單成公視下言徐叔向曰單子其將死乎朝有著定著定朝內列位常處謂之表著。著張慮反徐治居反注及下同處昌慮反〔疏〕注著定至表著。正義曰著定謂佇立定處故謂朝內列位常處也周禮司士正朝儀之位辨其貴賤之等王南鄉三公北面東上孤東面北上卿大夫西面北上王族故士虎士在路門之右南面東上大僕大右大僕從者在路門之左南面西上鄭玄云此王日視朝事於路門外之位此是朝上之位貴賤有定處也會有表亦是位之定處但著下言定則表亦是定故直言會有表耳俗本表下有旗謬也野會設表爲位亦當有物記處如今之位版也謂之表著者杜意當以下文表著之位謂此也劉炫謂下文有著有表二文不同以著定爲朝有著不得謂之表著而規杜氏今知非者杜意當以下文會朝之言必聞於表著故於朝有著之文并採下文會有表以配著故云謂之表著所以覆結下文非謂著之一字即名表著也劉炫不達杜旨而爲規過非也會有表野會設表以爲位〔疏〕注野會至爲位。正義曰禮諸侯建旂設旂以爲表也周禮司儀云將合諸侯則令爲壇三成宮旁一門覲禮云諸侯覲于天子爲宮方三百步四門壇十有二尋深四尺上介皆奉其君之旂置于宮尚左公侯伯子男皆就其旂而立鄭玄云置于宮者建之豫爲其君見王之位也諸公中階之前北面東上諸侯東階之東西面北上諸伯西階之西東面北上諸子門東北面東上諸男門西北面東上尚左者建旂公東上侯先伯伯先子子先男而位皆上東方也諸侯入壝門或左或右各就其旂而立王降階南鄉見之是天子於野會諸侯設表以爲位也周禮大司馬中冬教大閱門立四表是以設表爲位也盟主之會諸侯必亦旂表位大夫聚會亦應有以表位但無文以言耳衣有禬帶有結。禬領會結帶結也。禬古外反說文云帶所結也會朝之言必聞于表著之位所以昭事序也視不過結禬之中所以道容貌也言以命之容貌以明之失則有闕今單子爲王官伯而命事於會視不登帶言不過步貌不道容而言不昭矣不道不共不昭不從貌正曰共言順曰從○道音導下同〔疏〕言不過步○正義曰言聲所聞不過一步○注貌正曰從○正義曰洪範五事貌曰恭言曰從其意云容貌當恭恪言是則可從是貌正曰共言順曰從無守氣矣為此年冬單子卒起本〔疏〕無守氣○正義曰言無守身之氣將必死○九月葬齊歸公不慼晉士之送葬者歸以語史趙史趙曰必為魯郊言昭公必出在郊野不能有國○語魚據反〔疏〕○晉士至魯郊○正義曰傳稱文襄之制夫人喪士弔大夫送葬此言晉士送葬者蓋大夫來而士為介未必士獨行也此士以公不慼語史趙故特言士耳必為魯郊言昭公必為魯人所逐而出在郊侍者曰何故曰歸姓也不思親祖不歸也姓生也言不思親則不為祖考所歸祐○祐音又叔向曰魯公室其卑

乎君有大喪國不廢蒐謂蒐比蒲有三年之喪而無一日之慼國不恤喪不忌君也忌畏也君無慼容不顧親也國不忌君君不顧親能無卑乎殆其失國為二十五年公孫於齊傳○冬十一月楚子滅蔡用隱大子于岡山蔡靈公之大子蔡侯廬之父○岡音剛廬力吳反〔疏〕○用隱大子于岡山○正義曰此時楚以畜牲用之無人為之作謚必是蔡侯廬歸國乃追謚其父為隱耳釋例土地名岡山闕不知其處經言以歸用之必是楚地山也申無宇曰不祥五牲不相為用況用諸侯乎五牲牛羊豕犬雞○為于偽反或如字〔疏〕○況用諸侯○正義曰世子雖未即位以其父既死則當君處故以諸侯言之甚之也○注五牲至犬雞○正義曰爾雅以此五者并馬為六畜周禮謂之六牲但馬非常祭所用故去馬而以此五者當之王必悔之悔為暴虐○十二月

單成公卒終叔向之言○楚子城陳蔡不羹襄城縣東南有不羹城定陵西北有不羹亭○羹舊音郎漢書地理志作更字〔疏〕○不羹○正義曰古者羹臛之字音亦為郎故魯頌閟宮楚辭招魂與史游急就篇羹與房漿糠為韻但近世以來獨以此地音為郎耳使弃疾為蔡公王問於申無宇曰弃疾在蔡何如對曰擇子莫如父擇臣莫如君鄭莊公城櫟而寘子元焉使昭公不立子元鄭公子莊公寘子元於櫟桓十五年厲公因之以殺櫟大夫檀伯遂居櫟卒使昭公不安位而見殺○櫟力狄反〔疏〕○注子元至見殺○正義曰杜以子元為鄭公子曼伯與檀伯為一人莊公城櫟而置子元又使檀伯為櫟邑大夫故厲公得因子元而殺檀伯劉炫以為傳言城櫟以置子元當謂賜元以櫟則以元為櫟邑之長若其別有大夫子元寄居於櫟便是城櫟以置檀伯何言置子元也若厲公因子元以殺檀伯則子元是櫟邑之一夫耳豈是莊公城櫟之咎乎且桓十五年傳云鄭伯因櫟人殺檀伯不言因子元也子元

鄭之公子不得為櫟人也鄭衆云子元即檀伯也厲公殺檀伯居櫟因櫟之衆偪弱昭公使至殺死案桓五年傳云子元請為左拒即云曼伯為右拒則曼伯子元近是為一以規杜氏今知劉說非者案晉封桓叔于曲沃而以欒賓傳之鄭使許叔居許而以公孫獲為佐楚使大子建居城父而以奮揚助之並是一邑之內而有二人則莊城櫟而置子元別有檀伯居櫟何為不可子元共櫟邑之人而納厲公但此因棄疾在蔡故特指子元桓十五年直明厲公之入故總言櫟人辭有彼此不可為怪劉子元為曼伯案隱五年傳云曼伯與子元潛軍軍其後又下云鄭二公子敗燕師于北制是子元非曼伯也劉妄規杜非也齊桓公城穀而寘管仲焉至于今賴之城穀在莊三十二年臣聞五大不在邊五細不在庭上古金木水火土謂之五官玄鳥氏丹鳥氏亦有五又以五鳩鳩民五雉為五工正蓋立官之本也末世隨事施職是以官無常數今無宇稱習古言故云五大也言五官之長專盛過節則不可居邊細弱不勝任亦不可居朝廷〔疏〕注上古至朝廷○正義曰二十九年傳曰有五行之官是謂五官木正曰句芒火正曰祝融金正曰蓐收水正曰玄冥土

正曰后土是上古金木水火土謂之五官也十七年傳云少皡氏紀於鳥爲鳥師而鳥名鳳鳥氏厤正也玄鳥氏司分者也伯趙氏司至者也青鳥氏司啓者也丹鳥氏司閉者也是玄鳥丹鳥亦有五也彼傳又云五鳩鳩民者也五雉爲五工正數皆有五蓋古立官之本以五爲常末世隨事施職是以官無常數不復以五耳今無宇稱耆古言故云三大也言五官之長其人大專盛過節則不可居邊城或將據邊城以陵本國也五官之長大細弱則不勝其任不能使威行於下將爲人所陵亦不可居朝廷也賈逵云五大謂大子母弟貴寵公子公孫累世正卿也鄭衆云大子晉申生居曲沃是也母弟鄭共叔段居京是也貴寵公子若弃疾在蔡是也貴寵公孫若無知食渠丘是也累世正卿衛甯殖居蒲孫氏居戚是也五細賤妨貴少陵長遠間親新間舊小加大也不在庭不當使居朝廷爲政也此五大五細無宇唯言五耳不知五者何謂故先儒各自以意言之雖杜之言亦無明證正以彼不必通故改之耳**親不在外羈不在內今弃疾在外鄭丹在內**襄十九年丹奔楚**君其少戒王曰國有大城何如對曰鄭京櫟實殺曼伯**曼伯檀伯也厲公得櫟又并京。曼音萬〔疏〕注又并京。正義曰厲公并京傳無其事正以京櫟連言故云又并京**宋蕭亳實殺子游**在莊十二年**齊渠丘實殺無知**在莊九年渠丘今齊國西安縣也齊大夫雍廩邑〔疏〕注在莊至廩邑。正義曰渠丘爲雍廩之邑傳無其文以彼傳言雍廩殺無知此云齊渠丘實殺無知以此知渠丘是雍廩邑也鄭衆以渠丘爲無知之邑無知不坐邑死何以言渠丘殺無知蕭亳非子游之邑渠丘不得爲無知邑**衛蒲戚實出獻公**蒲甯殖邑戚孫林父邑出獻公在襄十四年。出如字徐音黜**若由是觀之則害於國末大必折**折其本**尾大不掉君所知也**爲十三年陳蔡作亂傳。掉徒弔反〔疏〕則害至不掉。正義曰宋殺子游齊殺無知乃是賴得大邑以討篡賊而謂之害於國者以其能專廢置則是國害天子之建諸侯欲令蕃屏王室諸侯之有城邑欲令指揮從已不得使下邑制國都故大城爲國害也末大必折以樹木喻也尾大不掉以畜獸喻也楚語說此事云制城邑若體性焉自首領股肱至於拇指毛脉大能掉小故變而不勤。夫邊境者國之尾也譬之如牛馬處暑之既至䖟𧖴之既多而不能掉其尾臣懼之

經十有二年春齊高偃帥師納北燕伯于陽三年燕伯出奔齊高偃高傒玄孫齊大夫陽即唐燕別邑中山有唐縣不言于燕未得國都。傒音奚〔疏〕注三年至國都。正義曰劉炫云杜譜以偃與鄭爲一亦云高傒玄孫案襄二十九年傳云敬仲曾孫酀非玄孫也今知非者案世本敬仲生莊子莊子生傾子傾子之孫酀是偃爲敬仲玄孫也經言于陽傳言于唐知陽即唐也不言于燕未得國都與哀二年納蒯聵于戚同**○三月壬申鄭伯嘉卒**五同盟〔疏〕注五同盟。正義曰嘉以襄九年即位其年盟于戲十一年于亳城北十六年于溴梁二十年于澶淵二十五年于重丘二十七年于宋元年于虢皆魯鄭俱在凡七云五者杜以其盟既多故皆據君在盟會而言之襄二十七年是大夫之盟元年虢會讀舊書二者不數故爲五也或可轉寫錯誤**夏宋公使華定來聘**定華椒孫**○公如晉至河乃復**晉人以莒故辭公**○五月葬鄭簡公**三月而葬速**楚殺其大夫成熊**傳在葬簡公上經從赴。熊音雄**○秋七月○冬十月公子慭出奔齊。**書名謀亂故也慭魚覲反一讀爲整工領反**○楚子伐徐**不書圍以乾谿師告〔疏〕注不書至師告。正義曰傳稱使蕩侯潘子司馬督囂尹午陵尹喜帥師圍徐以懼吳楚子次于乾谿以爲之援如傳文則實圍徐也不書圍者不以所圍之師告以乾谿援師告也**○晉伐鮮虞**不書將帥史闕文。將子匠反帥所類反〔疏〕注不書至闕文。正義曰十五年晉荀吳帥師伐鮮虞定四年晉士鞅衛孔圉帥師伐鮮虞二者皆書將帥此獨不書將帥知是史闕或是告辭畧史闕不得書亦得言史闕文也穀梁曰其曰晉狄之也不正其與夷狄交伐中國故狄稱之也賈服取以爲說左氏無貶中國從夷狄之法傳曰亡者侮之亂者取之又曰間攜貳覆昏亂霸王之器也鮮虞夷狄也近居中山不式王命不共諸夏不事盟主伐而取之唯恐知力不足焉有以夏討夷反狄中國從此以後用師多矣何以不常狄晉更復書其將也杜以其言不通故顯而異之

傳十二年春齊高偃納北燕伯款于唐因其衆也言因唐衆欲納之故得先入唐○三月鄭簡公卒將爲葬除除葬道。爲于僞反及游氏之廟游氏子大叔族將毁焉子大叔使其除徒執用以立而無庸毁用毁廟具【疏】執用至庸毁。正義曰用謂毁廟之具若今鍬钁之類也庸亦用也教其除道之徒執所用作具以佇立而無用即毁廟也曰子産過女而問何故不毁乃曰不忍廟也諾將毁矣教毁廟者之辭。女音汝既如是子産乃使辟之司墓之室有當道者簡公別營葬地不在鄭先公舊墓故道有臨時迳直也司墓之室鄭之掌公墓大夫徒屬之家○迂音于一音於【疏】司墓之室。正義曰周禮墓大夫下大夫二人中士八人掌凡邦墓之地域爲之圖令國民族葬鄭之司墓亦當如彼此是掌公墓大夫也言之室有當道者則非司墓自家之室故注以爲徒屬之家猶尚書注云玄孫之親言之以見高祖曾祖之弟皆親親相似毁之則朝而堋。堋下棺。朝如字堋北鄧反徐甫贈反禮家作窆徐驗反義同【疏】注堋下棺。正義曰周禮作窆禮記作封此作堋皆是葬時下棺於壙之事而其字不同是聲相近經篆隸而字轉易耳弗毁則日中而堋

子大叔請毁之曰無若諸侯之賓何不欲久留賓子産曰諸侯之賓能來會吾喪豈憚日中無損於賓而民不害何故不爲遂弗毁日中而葬君子謂子産於是乎知禮禮無毁人以自成也○憚待旦反○夏宋華定來聘通嗣君也宋元公新即位享之爲賦蓼蕭弗知又不荅賦蓼蕭詩小雅義取燕笑語兮是以有譽處兮樂與華定燕語也又曰既見君子爲龍爲光欲以寵光賓也又曰宜兄宜弟令德壽凱言賓有令德可以壽樂也又曰和鸞雍雍萬福攸同言欲與賓同福祿也○爲于僞反蓼音六樂音洛【疏】爲賦蓼蕭。正義曰享燕之禮自有常樂今特云爲賦蓼蕭者文四年衛甯武子來聘公與之宴爲賦湛露及彤弓注云非禮之常公特命樂人以示意則知此亦特命樂人所以嘗試華定昭子曰必亡宴語之不懷懷思也寵光之不宣宣揚也令德之不知同福之不受將何以在爲二十年華定出奔傳。【疏】昭子至不受。正義曰不懷不宣不知不受皆據華定爲文也詩云燕笑語兮言定當思此笑語與主相對也詩云爲龍爲光定當應此寵光宣揚之也詩云令德壽凱定當知己有德與否須辭謝之也詩云萬福攸同定當受同福荷君恩也各準事而爲之文○齊侯衛侯鄭伯如晉朝嗣君也晉昭公新立○公如晉亦欲朝嗣君。至河乃復取郠之役在十年莒人愬于晉晉有平公之喪未之治也故辭公公子慭遂如晉

慭魯大夫如晉不書還不復會而奔故史不書於策【疏】注慭魯至於策。正義曰此經書公子慭出奔齊名見於經則慭是卿也出奔既書於策如晉亦應書之今不書者杜以宣十八年書公孫歸父如晉歸父還自晉至笙遂奔齊傳稱歸父還至笙聞公薨乃壇帷復命於介然後出奔書曰歸父還自晉善之也彼善之故書其去又書其還此慭知己謀泄逃介而先不復命於君而還出奔故史不書於策言其爲此故不書其如晉也劉炫云杜以慭還不復命於介而奔止可不書其還何故如晉亦不書也此蓋謂君使臣聘必當告廟告廟乃得書於策公歸告復不告使慭故不書如晉今刪定以爲慭初欲謀亂魯國而往聘晉魯人責其謀亂不復命故賤而不錄其聘也出奔書者榮其罪人斯得故顯而書之也劉以爲出聘不告廟故不書而規杜氏案不復命而奔傳有其事公子慭不告廟傳無其文以無文之事妄規杜氏非也○晉侯享諸侯子産相鄭伯辭於享請免喪而後聽命簡公未葬。相息亮反下同【疏】子産至於享。正義曰僖九年宋桓公卒未葬襄公會諸侯故曰子是先君未葬有從會之禮也鄭偪於楚以固事晉故父雖未葬朝晉嗣君不得已而行於情可許也

諸侯相享事必有樂未葬不可以從吉故辭享爲得禮晉人許之禮也善晉不奪孝子之情

晉侯以齊侯宴中行穆子相穆子荀吳投壺晉侯先穆子曰有酒如淮有肉如坻淮水名坻山名○淮舊如字四瀆水也學者皆以淮坻之韻不切云淮當爲濰濰齊地水名下稱澠亦是齊國水也案澠是齊水齊侯稱之荀吳既非齊人不應遠舉濰水古韻緩作淮足得無勞改也坻直疑反徐直夷反詩云宛在水中坻坻水中高地也【疏】注投壺正義曰禮記有投壺之禮其文無相者呪辭此中行穆子與齊侯皆有言辭者投之中否似若有神故設爲此語或可投時皆有言語禮自不載之耳伯瑕責穆子唯言壺何爲焉其以中爲儁責其失辭不云法不言是投壺皆有言也凡宴不射即爲投壺投壺之禮壺去席二矢半司射執八筭東面投壺如射三而止其矢室中五扶堂上七扶庭中九扶鋪四指曰扶扶四寸也筭長尺二寸壺頸脩七寸腹脩五寸口徑二寸半容斗五升壺中實小豆爲其矢之躍而出也小豆取滑且堅矢以柘若棘毋去其皮取其堅且重也舊說矢大七分○注淮水名坻山名○正義曰杜以淮爲水名當謂四瀆之淮也劉炫以爲淮坻非韻淮當作濰又以坻爲水中之地以規杜氏今知不然者以古之爲韻不甚要切故詩云汎彼柏舟在彼中河髧彼兩髦實維我儀又云爲絺爲綌服之無斁河儀綌斁尚得爲韻淮坻相韻何故不可此若齊侯之語容可舉齊地濰水此是穆子在晉何意舉齊地水乎又酒肉相對多少相似案爾雅小洲曰渚小渚曰沚小沚曰坻何得以坻之小地對淮之大水故杜以坻爲山名劉炫又以山無名坻者案楚子觀兵於坻箕之山坻非山乎劉以此規杜失非也

寡君中此爲諸侯師中之齊侯舉矢曰有酒如澠有肉如陵澠水出齊國臨淄縣北入時水陵大阜也○中丁仲反下及注同澠音繩時如字本或作澠音同【疏】注澠水至阜也○正義曰釋例云澠水出齊國臨淄縣北經樂安博昌縣南界西入時水釋地云大阜曰陵寡人中此與君代興代更也○更音庚亦中之伯瑕謂穆子伯瑕士文伯曰子失辭吾固師諸侯矣壺何爲焉其以中儁也言投壺中不足爲儁異齊君弱吾君歸弗來矣欲與晉君代興是弱之○齊君弱吾君輕吾君以爲弱也穆子曰吾軍帥彊禦卒乘競勸今猶古也齊將何事言晉德不衰於古齊不事晉將無所事○帥所類反禦魚呂反卒子忽反乘繩證反公孫傁趨進曰日旰君勤可以出矣以齊侯出傁齊大夫傳言晉之衰○傁素口反徐又所流反旰古旦反

○楚子謂成虎若敖之餘也遂殺之成虎令尹子玉之孫與鬭氏同出於若敖宣四年鬭椒作亂今楚子信譖而討若敖之餘【疏】成虎○正義曰經書熊傳言虎者此人名熊字虎傳言其字經書其名名字相覆猶鮪魚名鱣或譖成虎於楚子成虎知之而不能行書曰楚殺其大夫成虎懷寵也解經所以書名

○六月葬鄭簡公傳終子產辭享明既葬則爲免喪經書五月誤

○晉荀吳僞會齊師者假道於鮮虞遂入昔陽鮮虞白狄別種在中山新市縣昔陽肥國都樂平沾縣東有昔陽城○種章勇反沾他廉反又張廉反【疏】注鮮虞至陽城○正義曰宣十五年晉師滅赤狄潞氏十六年晉人滅赤狄甲氏及留吁成三年晉郤克衛孫良夫伐廧咎如傳曰討赤狄之餘焉是赤狄已滅盡矣知鮮虞與肥皆白狄之別種也杜以昔陽爲肥國之都樂平沾縣東有昔陽城疑此爲都也下注云鉅鹿下曲陽縣西南有肥累城復疑肥國取彼爲名也劉炫以爲若在晉東僞會齊師當自晉而東行也假道鮮虞遂入昔陽則昔陽當在鮮虞之東也今案樂平沾縣在中山新市西南五百餘里何當假道於東北之鮮虞而反入西南之昔陽也既入昔陽而別言滅肥則肥與昔陽不得爲一安得以昔陽爲肥國之都也昔陽即是肥都何以復言鉅鹿下曲陽有肥累之城疑是肥名取於彼也肥爲小國竟不必遠豈肥名取鉅鹿之城建都於樂平之縣也十五年荀吳伐鮮虞圍鼓杜云鼓白狄之別鉅鹿下曲陽縣有鼓聚炫謂肥鼓並在鉅鹿昔陽即是鼓都在鮮虞之東南也二十二年傳云晉荀吳使師僞糴者負甲以息於昔陽之門外遂襲鼓滅之則昔陽之爲鼓都斷可知矣今杜以昔陽爲肥國都是者以傳云遂入昔陽卽云壬午滅肥是因入而

滅之故云昔陽肥國都也昔陽既在樂平沾縣而杜又云鉅鹿下曲陽縣西南有肥累城相去遠者以肥是本封之名後遷於昔陽猶若杞國本都陳留後遷緣陵鄭本都京兆後遷號鄶與此何異且昔陽今屬廉州去下曲陽道路非遠在中山南二百許里劉炫自云肥之與鼓俱在曲陽足知肥累城與昔陽不甚懸絕劉意欲破杜乃云樂平沾縣在中山新市西南五百餘里又自云昔陽鼓國都與肥相近在中山東南是自相矛楯也然鮮虞在北昔陽在南所以得假道鮮虞遂入昔陽者苟吳意欲滅肥恐肥國防備故從晉之北竟僞欲東南而行往會齊師故先廻路假道鮮虞南入昔陽如湯之伐桀迂路從陑出其不意故也且杜君土地例稱有者皆疑辭故杜云樂平沾縣東有昔陽是疑而不定又且都縣移動古今不一則晉時樂平沾縣何知不是今之昔陽但肥都昔陽與鼓相近晉既滅得肥國故二十二年息昔陽之門外遂襲鼓而取之昔陽非鼓都也劉意好異聞妄規杜過非也 秋八月壬午滅肥以肥子緜皋歸肥白狄也緜皋其君名鉅鹿下曲陽縣西有肥累城爲下晉伐鮮虞起○皋古刀反累劣彼反又力軌反○周原伯絞虐其輿臣使曹逃原伯絞周大夫原公也輿衆也曹羣也○絞古卯反〔疏〕○注原伯絞周大夫○正義曰杜以原伯絞爲周大夫甘簡公爲周卿士此無明據以意言耳 冬十月壬申朔原輿人逐絞而立公子跪尋跪尋絞弟○跪求委反又音詭絞奔郊郊周地○甘簡公無子立其弟過甘簡公周卿士○過古禾反下之子過反過將去成景之族成公景公皆過之先君○去起呂反成景之族賂劉獻公欲使殺過劉獻公亦周卿士劉定公子○丙申殺甘悼公悼公即過而立成公之孫鰌鰌平公○鰌音秋○丁酉殺獻太子之傅庾皮之子過過劉獻公太子之傅殺瑕辛于市及宮嬖綽王孫沒劉州鳩陰忌老陽子六子周大夫及庾過皆甘悼公之黨傳言周衰原甘二族所以遂微○季平子立而不禮於南蒯蒯南遺之子季氏費邑宰○蒯苦怪反費音秘南蒯謂子仲子仲公子慭吾出季氏而歸其室於公室季氏家財子更其位更代也○更音庚注同我以費爲公臣子仲許之南蒯語叔仲穆子且告之故穆子叔仲帶之子叔仲小也語以欲出季氏以不見禮故○語魚據反注同季悼子之卒也叔孫昭子以再命爲卿悼子季武子之子平子父也傳言叔孫之見命乃在平子爲卿之前及平子伐莒克之更受三命十年平子伐莒以功加三命昭子不伐莒亦以例加爲三命〔疏〕○季悼至爲卿○正義曰悼子之卒不書於經則是未爲卿也其卒當在武子之前平子以孫繼祖武子卒後即平子立也傳言悼子卒者欲見昭子爲卿遠在平子之先○注十年至三命○正義曰十年平子伐莒名書於經即平子於時已爲卿矣釋例曰魯之叔孫父兄再命而書於經晉司空亞旅一命而經不書推此知諸侯之卿大夫再命以上皆書於經自一命以下大夫及士經皆稱人名氏不得見也劉賈云春秋之序三命以上乃書於經穎氏以爲再命稱人傳云叔孫昭子三命踰父兄昭公十年昭子始加三命先此叔孫皆自見經知所書皆再命也是杜檢傳文知再命書名平子伐莒書名知其已再命矣平子伐莒克之昭子不伐莒也昭子無功而更受三命知平子以功加三命昭子以例加爲三命也叔仲子欲構二家欲構使相憎謂平子曰三命踰父兄非禮也言昭子受三命自踰其先人〔疏〕注言昭至先人○正義曰禮記文王世子云其朝于公內朝庶子治之雖有三命不踰父兄鄭玄云治之治公族之禮也唯於內朝則然其餘會聚之事則與庶姓同一命齒于鄉里再命齒于父族三命不齒不齒者不在父兄行列中也彼言三命不踰父兄者自謂在公內朝位在父兄下耳非謂不得受三命踰父兄也叔仲子欲構二家因禮有三命不踰父兄之法遂言昭子受二命自踰其先人以此爲非禮也平子初得其言不甚曉解故使昭子令自貶黜見昭子不服乃自知其非故懼而歸罪於叔仲子也昭子無兄叔仲子引禮法連言之耳平子曰然故使昭子使昭子自貶黜昭子曰叔孫氏有家禍殺適立庶故婼也及

此禍在四年。適丁歷反。若因禍以斃之則聞命矣言因亂討己不敢辭若不廢君命則固有著矣著位次昭子朝而命吏曰婼將與季氏訟書辭無頗頗偏也。頗普何反季孫懼而歸罪於叔仲子故叔仲小南蒯公子慭謀季氏慭子仲慭告公而遂從公如晉南蒯懼不克以費叛如齊子仲還及衞聞亂逃介而先介副使也。介音界使所吏反及郊聞費叛遂奔齊言及郊解經所以書出【疏】注言及至書出。正義曰凡言出奔皆自內而出文七年晉先蔑奔秦先在秦地因即奔秦故不言出也歸父還自晉至笙遂奔齊笙在魯之竟外故不言出也此言及郊已入魯竟傳言及郊解經所以書出南蒯之將叛也其鄉人或知之過之而歎鄉人過蒯而歎且言曰恤恤乎湫乎攸乎恤恤憂患湫愁隘攸懸危之貌。湫子小反徐又在酒反一音秋攸如字徐以帚反隘於賣反懸音玄本又作縣【疏】注恤恤至之貌。正義曰釋詁云恤憂也故以恤恤爲憂患之意也湫是湫隘故以湫爲愁隘之意也詩云攸攸旆旌故以攸爲懸之貌也言南蒯之心若此深思而淺謀邇身而遠志家臣而君圖家臣而圖人君之事故言思深而謀淺身近而志遠。思息嗣反注同【疏】深思至君圖。正義曰深思而淺謀思慮深而知計淺言其知小而謀大也邇身而遠志身卑近而志高遠言其越分以求通也家臣而君圖爲家臣而謀君事言其非己所當爲也上二句言其心下一句指其事爲下句而發上句故注倒言之有人矣哉言今有此人微以戒之南蒯枚筮之不指其事汎卜吉凶。枚武回反汎芳劍反【疏】南蒯枚筮之。正義曰禮有銜枚所銜之木大如箸也今人數物云一枚兩枚是籌之名也尚書大禹謨舜禪禹禹讓不受請帝枚卜功臣惟吉之從孔安國云枚謂歷卜之而從其吉彼謂人下一籌使歷卜之也此則不告筮者以所筮之事空下一籌而使之筮故杜云不指其事汎卜吉凶也或以爲杜云汎卜吉凶謂枚雷揔卜曲禮云無雷同是揔衆之辭也今俗語云枚雷則其義理或然也遇坤䷁坤上坤下坤。坤苦門反之比䷇坤下坎上比坤六五爻變。比毗志反注同曰黃裳元吉坤六五爻辭以爲大吉也示子服惠伯曰即欲有事何如惠伯曰吾嘗學此矣忠信之事則可不然必敗外彊內溫忠也坎險故彊坤順故溫彊而能溫所以爲忠【疏】以爲大吉。正義曰筮遇比爻而辭云黃裳元吉南蒯自以爲所謀之事必大吉。注坎險至爲忠。正義曰坎象云習坎重險是坎爲險也說卦云坤順也六五爻變則上體爲坎坎有險難故爲剛彊也坤道和順故爲溫柔也剛彊以禦難柔順以事主故外彊而能內溫所以爲忠也和以率貞信也水和而土安正和正信之本也故曰黃裳元吉黃中之色也裳下之飾也元善之長也中不忠不得其色言非黃。長丁丈反【疏】注水和至本也。正義曰坎爲水水性和柔坤爲土土性安正率循也貞正也用和柔之性以循安正道既和且正信之本故爲信也。故曰黃裳元吉。正義曰天下之事雖則萬端揔之諸法大歸忠信而已能忠能信無施不可以有忠信故曰黃裳元吉解此爻辭之意下不共不得其飾不爲裳事不善不得其極失中德【疏】注失中德。正義曰極訓爲中不得其忠言其失中德也此文以上二句類之當云善不極不得爲長文不然者惠伯之語雖反覆相疊不可字字相對隨便而言故與上不類外內倡和爲忠。不相違也倡昌亮反和戶臥反率事以信爲共率猶行也【疏】注率猶行也。正義曰率訓循循而行故率猶行也供養三德爲善三德謂正直剛克柔克也。供九用反養餘亮反【疏】注三德至克也。正義曰洪範三德一曰正直二曰剛克三曰柔克孔安國云正直者能正人之曲直剛克者剛能立事柔克者和柔能治三者皆人之性也剛則失之於彊柔則失之於弱故貴其能剛能柔謂剛不苛酷柔不滯溺也供養三德爲善者剛則抑之柔則進之以志意供給長養之使合於中道各成其德乃爲善也董遇注本爲共養解云盡共所以養成三德也○非此三者弗當非忠信善不當此卦○當如字注同或下浪反〔疏〕黃中至弗當○正義曰既言爻爲此辭之意又解此辭所言之義也五方則爲五色黃是中央之色也衣裳所以飾身裳是在下之飾也元者始也首也於物爲初始於人爲頭首元是諸善之長也五方之中猶人之心中心中不忠則不得其黃之色也身體之下猶名位之下爲下不共則不得其裳之飾也舉事不善則不得其善之中言爲事不中則非善之長也更覆言忠共善三者之義外內倡和爲忠言君在內臣在外君倡臣和不相乖違是名爲忠也行事以信無有虛詐是名爲共也人之爲德有正直剛柔供養此三者之德使其德無愆乃名爲善也非此三者忠也共也善也則於此卦不當也不當此卦雖吉不可○且夫易不可以占險將何事也且可飾乎夫易猶此易謂黃裳元吉之卦問其何事欲令從下之飾○夫音扶注同令力呈反〔疏〕且夫至未也○正義曰且夫易謂此黃裳元吉之易也唯可以占忠信之事不可以占危險之事也問南蒯今將欲爲何事也且可飾乎言此易所占唯且可爲在下之飾乎不可爲餘事也中美能黃忠則黃也上美爲元善則元也下美則裳共則裳也忠善共三者皆成可如此筮之言吉也三者猶有所闕筮雖吉未可用也○注夫易至之飾○正義曰惠伯指論此卦而言夫易非是漫言易故知夫易猶言此易謂此黃裳元吉之易卦也險謂危險言此卦不可以占危險之事必疑南蒯事險故問將何事也且可爲下之飾也欲令南蒯從下之飾爲共中美能黃上美爲元下美則裳參成可筮參美盡備吉可如筮○參七南反又音三猶有闕也筮雖吉未也有闕謂不參成將適費飲鄉人酒南蒯自其家遷適費○飲於鴆反鄉人或歌之曰我有圃生之杞乎言南蒯在費欲爲亂如杞生於圃圃非宜也杞世所謂枸杞也○圃布古反杞音紀枸音苟本又作狗○從我者子乎子男子之通稱言從己可不失今之尊○稱尺證反去我者鄙乎倍其鄰者恥乎鄰猶親也○倍音佩已乎已乎非吾黨之士乎已乎已乎言自遂不改〔疏〕鄉人至士乎○正義曰鄉人以南蒯季氏家臣而欲反害季氏故爲歌以感切之也圃者所以殖菜蔬也杞非可食之物我有圃生之杞以喻南蒯在費欲爲亂也若能從我之言不爲亂者是爲子也子者男子之美稱不失尊貴得爲子也去我而背叛者鄙賤之行也倍其鄰近者恥惡之事也若已乎已乎自遂其心不肯改者則不復是吾黨之士乎釋木云杞枸檵舍人曰枸杞也○注已乎至不改○正義曰杜此解原南蒯之意蒯君云此事已乎已乎自遂其心如不肯改則此南蒯非復是吾黨之士也服虔云已乎決絕之辭則謂歌者自言己意可已乎已乎此南蒯今已非是吾黨之士平子欲使昭子逐叔仲小欲以自解說小聞之不敢朝昭子命吏謂小待政於朝曰吾不爲怨府言不能爲季氏逐小生怨禍之聚爲明年叔弓圍費傳○爲季于僞反下同○楚子狩于州來狩冬獵也○狩本亦作守同手又反注同次于潁尾潁水之尾在下蔡○使蕩侯潘子司馬督囂尹午陵尹喜帥師圍徐以懼吳五子楚大夫徐吳與國故圍之以偪吳○潘普干反督音篤本亦作[illegible]囂五刀反徐許驕反楚子次于乾谿在譙國城父縣南以爲之援○援于眷反雨雪王皮冠秦復陶秦所遺羽衣也○雨于付反王皮冠一本作楚子皮冠復音服一音福陶徒刀反遺唯季反〔疏〕注秦所遺羽衣○正義曰文在冠下舄上知是衣也目之以秦明是秦所遺也冒雪服之知是毛羽之衣可以禦雨雪也翠被以翠羽飾被○被普義反注及下同豹舄以豹皮爲履○舄音昔執鞭以出執鞭以教令○鞭必緜反注或革旁作更者五孟反非也僕析父從楚大夫○析星歷反從才用反〔疏〕翠被○正義曰釋鳥云翠鷸樊光云青出交州李巡曰其羽可以飾物郭璞曰似燕紺色生鬱林鄭子臧好鷸冠以此鳥之羽飾冠○僕析父從○正義曰劉炫以爲僕析父從右尹子革夕見於王爲下與革語張本以規杜今知不然者若僕析父共子革二人同時見王王與之語則二人並在子革獨對傳應云子革對曰不得直云對故杜以爲右尹子革將夕故下即云對事理分明劉妄規杜過非也右尹

子革夕子革鄭丹夕莫見。莫音暮見賢遍反王見之去冠被舍鞭敬大臣。去起呂反舍音捨與之語曰昔我先王熊繹楚始封君。繹音亦【疏】注楚始封君。正義曰此與呂級王孫牟燮父禽父杜所注者皆是世家文也燮父禽父亦王孫傳於牟言王孫燮禽亦蒙之與呂級齊太公之子丁公。級音急本亦作伋王孫牟衞康叔子康伯燮父晉唐叔之子。燮素協反父音甫下同禽父周公子伯禽並事康王康王成王子四國皆有分我獨無有四國齊晉魯衛分珍寶之器。分扶問反下及注皆同【疏】注四國至之器。正義曰書序云武王既勝殷邦諸侯班宗彝作分器旅獒云明王慎德四夷咸賓無有遠邇畢獻方物惟服食器用王乃昭德之致于異姓之邦無替厥服分寶玉于伯叔之國時庸展親魯語云古者分同姓以珍玉展親也分異姓以遠方之職貢使無忘服也是言諸侯皆得天子之分器也定四年傳稱分魯公以夏后氏之璜封父之繁弱分康叔以大呂分唐叔以密須之鼓闕鞏之甲沽洗之鍾其齊之所得則無以言之今吾使人於周求鼎以為分王其與我乎對曰與君王哉昔我先王熊繹辟在荊山在新城沶鄉縣南。辟匹亦反沶音市又音示篳路藍縷以處草莽跋涉山林以事天子唯是桃弧棘矢以共禦王事桃弧棘矢以禦不祥言楚在山林少所出有。篳音必藍力甘反縷力主反莽武黨反跋蒲末反共音恭禦魚呂反齊王舅也成王母齊大公女晉及魯衛王母弟也楚是以無分而彼皆有今周與四國服事君王將唯命是從豈其愛鼎王曰昔我皇祖伯父昆吾舊許是宅陸終氏生六子長曰昆吾少曰季連季連楚之祖故謂昆吾為伯父昆吾嘗居許地故曰舊許是宅。長丁丈反少詩照反嘗一本作曾才能反【疏】注陸終至是宅。正義曰楚世家云陸終生子六人坼剖而產焉一曰昆吾二曰參胡三曰彭祖四曰會人五曰曹姓六曰季連季連芊姓楚其後也昆吾是楚之遠祖之兄也舊許是宅昆吾嘗居許地許既南遷故云舊許是宅其地此時屬鄭故云鄭人貪賴其田而不我與哀十七年傳衞侯夢見人登昆吾之觀北面而譟曰登此昆吾之虛杜云今在濮陽城中蓋昆吾居此二處未知孰為先後也今鄭人貪賴其田而不我與我若求之其與我乎對曰與君王哉周不愛鼎鄭敢愛田王曰昔諸侯遠我而畏晉今我大城陳蔡不羹賦皆千乘子與有勞焉諸侯其畏我乎對曰畏君王哉是四國者專足畏也四國陳蔡二不羹。遠于萬反羹音郎乘繩證反與音預【疏】注四國至不羹。正義曰劉炫以為楚語云靈王城陳蔡不羹使僕夫子皙問於范無宇曰今吾城三國賦皆千乘亦當晉矣諸侯其來乎對曰是三城者豈不使諸侯之惕焉彼再言三城無四國也縱使不羹有二或當前後遷焉非是並有二也炫謂古四字積畫四當為三以規杜過今知不然者以三之與四古雖積畫錯否難知但今諸儒所注春秋傳本並云四國無作三者國語是不傳之書何可執以為眞而攻左氏劉雖有所規未可從也又加之以楚敢不畏君王哉工尹路請曰君王命剝圭以為鏚柲鏚斧也柲柄也破圭玉以飾斧柄。剝邦角反鏚音戚柲音祕【疏】破圭玉以飾斧柄。正義曰斧柯長三尺和氏之玉長一尺二寸圭玉非為斧柄之物故知破之為飾敢請命請制度之命王入視之析父謂子革吾子楚國之望也今與王言如響國其若之何譏其順王心如響應聲。響許丈反應應對之應子革曰摩厲以須王出吾刃將斬矣以己喻鋒刃欲自摩厲以斬王之淫慝。慝他得反王出復語左史倚相趨過倚相楚史名。復扶又反倚於綺反徐其綺反相息亮反王曰是良史也子善視之是能讀三墳五典八索九丘。皆古書名。○墳，扶云反。索，所白反，本又作素。〔疏〕注皆古書名。○正義曰：孔安國尚書序云：「伏犧、神農、黃帝之書謂之三墳，言大道也。少昊、顓頊、高辛、唐、虞之書謂之五典，言常道也。八卦之說謂之八索，求其義也。九州之志謂之九丘。丘，聚也，言九州所有土地所生風氣所宜，皆聚此書也。」楚左史倚相能讀三墳五典八索九丘，即謂上世帝王遺書也。周禮外史掌三皇五帝之書，鄭玄云：「楚靈王所謂三墳五典是也。」賈逵云：「三墳，三王之書。五典，五帝之典。八索，八王之法。九丘，九州亡國之戒。」延篤言張平子說：「三墳，三禮，禮為大防。爾雅曰：墳，大防也。書曰：誰能典朕三禮？三禮，天地人之禮也。五典，五帝之常道也。八索，周禮八議之刑。索，空，空設之。九丘，周禮之九刑。丘，空也，亦空設之。」馬融說：「三墳，三氣，陰陽始生，天地人之氣也。五典，五行也。八索，八卦。九丘，九州之數也。」此諸家者各以意言，無正驗，杜所不信，故云皆古書名。對曰：臣嘗問焉。昔穆王欲肆其心，周穆王。肆，極也。周行天下，將皆必有車轍馬跡焉。祭公謀父作祈招之詩以止王心。謀父，周卿士。祈父，周司馬，世掌甲兵之職，招其名。祭公方諫遊行，故指司馬官而言。此詩逸。○周行，如字，又下孟反。轍，直列反。祭，側界反。招，常遙反，又音昭。父音甫。〔疏〕注謀父至詩逸。○正義曰：尚書酒誥云「若疇圻父」，是祈父為官名也。詩小雅有祈父之篇，其詩云：「祈父，予王之爪牙，胡轉予于恤？」毛傳云：「祈父，司馬也，職掌封圻之甲兵。」鄭箋云：「此司馬也，時人以其職號之，故曰祈父。」杜用彼說，故云祈父，司馬，世掌甲兵之職也。祈既是官，故以招為其名，謂穆王之時有司馬之官，其名曰招也。祭公方諫遊行，故指司馬官而為言也。賈逵云：「祈，求也。昭，明也。言求明德也。」馬融以圻為王圻千里，王者遊戲不過圻內。昭，明也。言千里之內足明德。王是以獲沒於祇宮。獲沒，不見篡弒。○祇音支，又音祁。篡，初患反。弒，申志反。〔疏〕祇宮。○正義曰：馬融云：「圻內遊觀之宮也。」杜不解，蓋以為王離宮之名也。臣問其詩而不知也，若問遠焉，其焉能知之？王曰：子能乎？對曰：能。其詩曰：祈招之愔愔，式昭德音。愔愔，安和貌。式，用也。昭，明也。○焉能，於虔反。愔愔，一心反，徐於林反。思我王度，式如玉，式如金。金玉，取其堅重。形民之力，而無醉飽之心。言國之用民，當隨其力任，如金冶之器，隨器而制形，故言形民之力，去其醉飽過盈之心。○冶音也。去，起呂反。〔疏〕其詩至之心。○正義曰：穆王之時，有祈父官名招，即是司馬官也，職掌兵甲，常從王行。祭公諫王遊行，設言以戒司馬也。言祈招之愔愔，美其志性安和愔愔然也。女當用此職掌以明我王之德音也。思使我王之德度用如玉然，用如金然，使之堅而且重，可寶愛也。若用民力，當隨其所能而制其形模，依此形模用民之力，而無有醉飽盈溢之心也。以王之遊行必勞損民力，故令依法用之。○注言國至之心。○正義曰：言國之用民，當隨其力任，量其力之所堪而任用之，不使勞役過其所堪也。如金冶之器隨器而制形者，鑄冶之家將作器而制其模，謂之為形，今代猶名為用民之力，依模用之，故言形民之力也。食充其腹謂之飽，酒卒其量謂之醉。醉飽者，是酒食饜足過度之名也。穆王用民之力不知饜足，故令去其醉飽過盈之心。王揖而入，饋不食，寢不寐，數日，深感子革之言。○饋，其位反。數，所主反。不能自克，以及於難。克，勝也。○難，乃旦反。勝，升證反，又音升。仲尼曰：古也有志，克己復禮，仁也。信善哉！楚靈王若能如是，豈其辱於乾谿？○晉伐鮮虞，因肥之役也。肥役在此年。〔疏〕克己復禮仁也。○正義曰：劉炫云：「克訓勝也。己謂身也。有嗜慾，當以禮義齊之。嗜慾與禮義交戰，使禮義勝其嗜慾，身得歸復於禮，如是乃為仁也。復，反也。言情為嗜慾所逼，己離禮而更歸復之。」今刊定云：克訓勝也，己謂身也，謂身能勝去嗜慾，反復於禮也。

昭十二

附釋音春秋左傳注疏卷第四十五

江西南昌府學栞

春秋左傳注疏卷四十五校勘記　阮元撰盧宣旬摘錄

附釋音春秋左傳注疏卷第四十五 昭九年盡十二年

經九年

注以事會禮 宋本監本毛本事下有至字

則當云楚人遷許 宋本云作爲

而書陳災者 淳熙本災誤少

災言繫於所災所害 宋本岳本監本毛本言作害是也

不書也 宋本書下有晉字是也

傳九年

楚公子弃疾遷許于夷 石經于字缺

此時至譙郡之下 宋本以下正義二節總入注文使民不安

故傳以實明之 閩本監本毛本明作名

傳以所改實之 監本實下有名字毛本作明字並衍文

凡有二義經書未改之名傳以所改實之 補案此十六字誤衍上文

傳云許遷於析 毛本於改于

次于垂葭實郹氏是也 閩本監本毛本郹作郥非

已有所改前後之名 毛本已作亦

夫子集史記而爲經 毛本夫誤父段玉裁挍本作孔

析公之亂 臧禮堂云案傳云子儀之亂析公奔晉此作析公之亂蓋孔沖遠誤憶耳

汝水之南也 宋本也作地

然丹遷城父人於陳 纂圖本毛本於作于下於許同並非

許遷於葉 釋文亦作於纂圖本毛本作于非

甘人至大夫 宋本以下正義十六節總入注文實滑周大夫之下

晉梁丙張趯率陰戎伐潁 石經初刻誤穎後改正下歸潁俘潁同

桓伯周大夫 淳熙本桓作相

駘 釋文云依字應作邰顧炎武云駘作邰

百餘里耳 監本百字實缺

肅慎北夷 淳熙本北誤伯

在元菟北三千餘里 諸本作北此本誤此今改正

即在遼東北 宋本重東字此本誤脫

亦其廢隊是爲 石經隊初刊作墜後磨去土字是也

故言弁髦因以敝之 宋本淳熙本岳本纂圖本足利本之字下有弁亦冠也四字與正義合

冠而敝可也 宋本可上有之字是也

爲髮彼兩髦 閩本監本毛本彼作被非也

止須言饗養耳 閩本監本毛本止誤正

而云檮杌者 毛本云改言

僖十十五年 補案十字誤重

二十二年 纂圖本下二字作三非也

邑外謂之郊 宋本毛本謂誤爲

后稷脩封疆 岳本前後並作脩此處作修

木水之有本原纂圖本原改源

雖戎狄其何有余一人淳熙本戎誤戍

而暴滅宗周石經宋本滅作蔑

陳水屬宋本以下正義七節揔入故曰五十二年句注下

火水妃也陸粲附注云下注妃合音配則此亦同音大元注引傳作火水娶也娶古妃字

土畏木以已爲甲妃也宋本監本毛本木作水非也

故火爲水妃毛本妃作也非也

卷章生犂宋本犂作黎

帝使黎誅之監本毛本黎作犂下同

當謂逐去楚人之在陳者閩本監本毛本謂作爲非也

故昭十五年得超一辰宋本閩本監本毛本作超此本誤招今訂正

若然楚卒滅陳此本滅字模糊依宋本補正閩本監本毛本作城非也

則歲星當偷鶉火至鶉尾閩本監本毛本偷作逾亦非宋本作踰○今從宋本

卒于戲陽案後漢書光武紀作䈥陽注引左傳文云戲與䈥同又按說文我部云巍郡有䈥陽縣

膳宰屠蒯趨入纂圖本監本毛本膳作饍案饍俗膳字諸本作屠蒯禮記作杜蕢鄭注云杜蕢或作屠蒯

工樂師師曠也閩本監本曠作矌非也正義同毛本正義亦誤矌

工樂師師曠也宋本以下正義七節揔入公說徹酒節注下

將司聰也纂圖本毛本司作師非毛本正義亦誤

故此日不用舉吉事宋本故下有忌字是也

是謂股肱石經此處殘缺纂圖本閩本監本毛本謂作爲非也

職在外故主視監本毛本在誤爲

其禮不可輒廢毛本輒作徹非也

使荀躒佐下軍以說焉釋文云躒本又作櫟軍字監本空缺

主人不延几浦鏜正誤延作筵與聘禮合

詩曰至子來宋本此節正義在無囿猶可節下

無囿猶可顧炎武云石經囿誤宥案石經不誤炎武非也

經十年

耆酒好內淳熙本纂圖本閩本監本毛本耆作嗜閩本內誤肉

三月而葬速淳熙本月誤日

宋公成卒釋文云成音城何休音恤案公羊作戌釋文云宋戌讀左傳者音城何云向恤與君同名則宜音恤

注五同盟宋本此節正義在九月節注下注十一同盟節正義在十有二月節注下

十八年于虛朾監本朾誤村

十六年于臭梁閩本監本毛本臭作溴亦非宋本作湨是也○今從宋本

傳十年

注歲歲至元枵宋本以下正義五節揔入吾是以譏之注下

實守其地韋昭周語注引作其祀

客星居元枵之維首宋本元作女非也

織女爲處女纂圖本毛本爲作謂非是

則陵是逢君之始祖也宋本則下有伯字是也

未知戊子卒者何名號也宋本閩本監本毛本剛何下宋本有所字

齊惠欒高氏皆耆酒　宋本脫皆字石經此處殘缺

故駟告鮑文子　淳熙本岳本纂圖本駟作騶

則皆從飲酒　石經宋本淳熙本岳本纂圖本監本毛本從作將是也

欲以公自輔助　淳熙本纂圖本足利本助作佐

齊惠欒高氏　宋本以下正義六節揔入穆孟姬節注下

齊惠公生子欒　毛本齊誤晉宋本生下有公字是也

旗生是欒孫　宋本無生字是也

孫以王父字王父字爲氏　宋本王父字不重是也

彼師氏察王得失　毛本師誤司

晏平仲端委立于虎門之外　宋殘本此句起

端委朝服　案九年注作端委禮服

公卜使王黑以靈姑銔率　宋殘本王字模糊

王黑齊大夫　宋殘本大字模糊

斷三尺不敢與君同　宋殘本斷三不三字模糊

欒高敗　宋殘本敗作師

欒施高彊來奔　纂圖本毛本彊作強非也

謂懿德　宋本淳熙本岳本纂圖本閩本監本毛本謂上有讓之二字是也石經讓字殘缺

蘊利生孽　石經宋本宋殘本淳熙本岳本足利本蘊作薀下及注同與北宋刻釋文合說文薀字注引春秋傳亦作薀利生孽案蘊俗薀字岳本孽作孼釋文作孽說文無孽字

蘊畜也孽妖害也　淳熙本妖誤疾宋殘本淳熙本岳本纂圖本注文七字在姑使無蘊乎句下與此本同

子山子商　宋殘本商誤啇

陳錫載周　諸本作載周語國語引詩同釋文云詩作哉毛傳云哉載也

曰詩云至桓公是以霸　監本毛本無桓公二字宋本作曰詩至以霸

桓公亦用此能霸諸侯　宋本能下有施是以三字

鄍莒邑　重脩監本鄍誤鄭

魯無義　石經義字下後人旁增矣字

視民不佻　釋文云詩作示案詩亦作視

邾人薛人　石經宋本宋殘本淳熙本岳本纂圖本足利本邾人下有滕人二字

百兩　宋本以下正義三節揔入而不能自克也注下

孤斬焉在衰絰之中　釋文云衰本又作縗字石經此處正作衰字足以正前此改刊之不誤

大夫將若之何　毛本若作知非也

我則知不足矣　宋本無矣字

高彊見而退　閩本監本彊作疆非也

昭子語諸大夫曰　案石經夫字以下一行十一字自爲字起皆改刊初刻似多一字改從定本故次行僅九字也

其子弗能任罪猶及之難不慎也　石經子字起慎字止此行計十一字自之字以下刓缺

不害乎　石經宋本淳熙本宋殘本岳本纂圖本閩本監本毛本不下有亦字是也

難不慎　宋本以下正義二節揔入詩曰不自我先節注下

言人居身難　此本身字模糊據宋本補閩本監本作之毛本作其皆非也

詩曰至我後　宋本閩本監本毛本正義在冬十二月節之前

○平○正義曰　此節正義閩本毛本監本在注文平公大子佐也之下與此本同宋本在注文言元公好惡無常之下

經十年

內外寬服曰平　梁玉繩云逸書謚法解平謚有三而內外賓服乃正也孔氏誤

好建國都曰元　案逸周書謚法解好作始

春王二月　石經此處殘缺傳文亦作二月公羊作正月

但立爲君於蔡　毛本於作于

仲孫　纂圖本仲誤季

厥慭　釋文慭徐五巾反惠棟云案公羊作屈銀是慭讀爲銀徐音是也說文云慭从心猌聲又犬部云猌從犬來聲讀又若銀是古音皆以慭爲銀

傳十一年

歲復在大梁　毛本梁誤楚

唯蔡於感　諸本作感釋文云戶暗反石經亦不加小旁此古字之僅存者

五月丙申　石經宋本宋殘本淳熙本岳本纂圖本足利本五作三是也

不可再也　淳熙本可作阿毛本再作討並誤

桀克有緡以喪其國　自桀字以下宋殘本缺一葉

桀克至其身　宋本以下正義四節揔入注文猶没不可復振之下

非祚之也　釋文祚作胙云本又作祚陳樹華云當作胙爲正

猶没不可復振　釋文云本亦無復字

○水木至弃捐　宋本水作注金二字是也

僖子使助薳氏之簉　釋文云薳本又作蔿簉本又作造說文簉從艸案五經文字艸部簉字注云又又反倅也春秋傳從竹

簉副至助之　宋本以下正義二節揔入注文似雙生之下

似雙生　纂圖本似誤以

物以無親　宋本此節正義在注文狐父晉大夫之下

亦可知也已爲盟主而不恤亡國將焉用之　岳本已作已石經此處刓缺此行也字起將字止計十一字案陳樹華云宋本及明刻諸本並作已止之已岳本作人己之己惜釋文無音石經又缺以文義論之當作已止之已又案惠棟讀本以已字屬上是作已不作已也

○秋會于厥慭　宋本無○

不果救蔡　宋本淳熙本岳本纂圖本足利本無蔡字是也

三年王其有咎乎　宋殘本自王字以下起

歲在大梁　監本毛本在誤爲釋文云本或作於

單子其將死乎　臧琳云漢書五行志無將字乎作虖虖古乎字

注著定至表著　宋本以下正義五節揔入無守氣矣注下

必聞於表著　宋本於作于

會有表　正義云俗本表下有旗謬也

侯先伯　毛本伯誤西

是以設表爲位也　宋本是下有亦字

必亦旃表位 宋本亦下有以字

衣有襘 釋文亦作禬閩本誤禬監本誤繪下結禬並同按説文衣部有襘字帶所結也禮記作袷注云交領也此傳云視不過結襘之中即曲禮天子視不上於袷不下於帶也然則杜釋襘爲領會可正許氏之誤

注貌正曰從 宋本正下有至字

其意云 監本毛本云作曰

晉士至魯郊 宋本此節正義在君無感容節注下

則不爲祖考所歸祐 岳本祐作佑此本所誤所閩本遂作聽今據諸改正

忌畏也 宋殘本此處模糊纂圖本閩本監本毛本忌畏誤倒

蔡侯盧之父 釋文亦作廬纂圖本作盧非

用隱大子于山岡 宋本以下正義三節摠入王必悔之注下山岡字誤倒

楚子城陳蔡不羹 諸本作羹釋文云漢書地理志作更字

不羹 宋本以下正義六節摠入尾大不掉節注下

與檀伯爲一人 補案一當作二諸本並誤今改正

則莊城櫟而置子元 宋本莊下有公字

不可爲性 閩本性作悻尤非宋本監本毛本作怪是也

劉子元爲曼伯 補宋本毛本劉下有又以二字監本初刻無後擠補閩本亦脱又字

又下云 閩本監本毛本云作文非

亦不可居朝廷 閩本監本廷作庭非

羈不在内 石經宋本宋殘本岳本羈作覊

國有大臣 石經宋本宋殘本淳熙本岳本纂圖本閩本監本毛本臣作城是也○今訂正

在襄生四年 閩本監本生作公亦誤宋本宋殘本淳熙本岳本纂圖本毛本生作十是也○今訂正

欲令蕃屏王室 毛本蕃作藩按説文蕃艸茂也从艸番聲藩屏也从艸潘聲毛本是

若體牲焉 案國語楚語牲作性

故變而不勤 閩本監本毛本勤作動

蝱蠁之既多 案國語楚語蠁作蠁當攷

臣懼之 宋本臣下有亦字與楚語合

十三年

或可轉寫錯誤 閩本監本毛本轉作傳○案可當作由

以乾谿師告 淳熙本師誤帥

何以不常狄晉而復之其人也 閩本監本毛本之作舉宋本作書而作更人作將是也○今從宋本

傳十二年

言因唐衆欲納之 毛本言因誤倒

執用至庸毀 宋本以下正義三節摠入以自成也之下

故道有臨時迂直也 釋文亦作迂宋本宋殘本作迃毛本時誤在

則朝而塴 石經此處缺釋文云塴禮家作窆正義曰周禮作窆禮記作封此作窆其字不同是聲相近經篆隸而字轉易耳案説文作堋字注引春秋傳曰朝而堋

享之 岳本享上增公字非也

言賓有令德 宋本賓作實

爲賦蓼蕭 宋本以下正義二節摠入注文華定出奔傳下

令德受凱　補案受當作壽毛本亦誤

定當受同福　宋本受下有此字

注𢡟曾至於策　宋本以下正義五節揔入以齊侯出句注下

死在水中曰紙　補案曰字誤衍

或可投時皆有言語　閩本監本毛本可作作非

即爲投壺　閩本監本毛本即作是非

服之无斁　宋本无作無

吾軍帥彊禦　纂圖本毛本帥誤師釋文彊作强

日旰君勤　石經君字下缺說文旰字注引春秋傳曰日旰君勞

成虎　宋本此節正義在注文解經所以書名之下

注鮮虞至陽城　宋本此節正義在注文爲下晉伐鮮虞起之下

晉郤克衞孫良夫伐墻咎如　宋本墻作廧

杜以昔陽爲肥國之都　正德本閩本監本昔作晉非毛本作者尤誤

昔陽即是肥都　宋本昔上有若字

後遷號鄗　此本號字模糊據宋本補閩本毛本作號監本作虢並非

與此何異且　宋本異且作異且且字屬下讀是也○補案此本且作川不成字今改從宋本

去下曲陽道路非遠　毛本遠作遠非是

在中山南二百許里　閩本監本毛本許作餘

如湯之伐桀　監本毛本伐作放按書序作伐桀史記殷本紀亦云湯伐桀

鉅鹿下曲陽縣西有肥纍城　宋本宋殘本淳熙本岳本足利本西下有南字案郡國志

引注亦作西南

原伯絞周大夫　宋本此節正義在注文郊周地之下

過將去成景之族　閩本監本景下衍公字是也

以功加三命　毛本功誤至

季悼子至命爲卿　宋本以下正義十九節揔入小聞之節注下

著位次　宋本宋殘本淳熙本岳本纂圖本閩本監本毛本作著此本誤者今改正宋殘本位作仁非也

故以攸爲懸之貌也　宋本之上有危字是也

遡身而遠志　宋殘本遠作速非也

微以感之　閩本監本感誤戒

汎卜吉凶　淳熙本卜吉二字誤作旨纂圖本作下亦非

是籌之名也　宋本是上有則枚二字是也

今俗該云　閩本監本毛本該作語亦非宋本作諺是也○今從宋本

坤上坤下坤　宋本宋殘本淳熙本岳本纂圖本足利本作坤下坤上坤不誤

外彊內温忠也　纂圖本閩本監本毛本彊作强注及正義並同

筮遇比爻　閩本監本毛本比作此

既和且正信之本　毛本信作性非

解此爻辭之意　閩本監本毛本意下衍也字

循而行　宋本循下有道字是也

供養三德爲善　正義引董遇注本爲共養解云盡共所以養成三德也案惠棟云古供字作共董季直本是也訓爲盡共恐未然三德謂黃裳元也注亦誤

黄中至弗當　宋本此節在失中德正義之前

可如此筮之言吉也　閩本監本如作知

南蒯目其家遷適費　宋本宋殘本淳熙本岳本足利本遷作還不誤

杞世所謂狗杞也　此本狗字模糊據宋本補淳熙本岳本纂圖本閩本監本毛本作枸

子男子之通稱　沈彤云通當作美

言從已可不失今之節　宋本宋殘本岳本已作已不誤

杞枸檵　閩本監本檵誤樴

蒯君云　宋本監本毛本君誤若

服虔云已乎　閩本監本乎誤矣宋本已乎重與傳文合

穎水之尾在下蔡　宋本宋殘本淳熙本岳本纂圖本蔡下有西字

司馬督　宋殘本淳熙本督作督石經督字下半殘缺釋文作裻云本亦作督案五經文字云裻音督則石經必作督不作裻也惠棟云裻與督通說文云裻背縫莊子養生主云緣督以爲經亦謂背縫也方言云繞𦁐謂之襬裗郭氏云衣督脊也

注秦所遺羽衣　宋本以下正義十四節揔入仲尼曰節之下

冒雪服之　閩本監本毛本冒作冐非服閩本誤復監本誤腹毛本誤羽

執鞭以出　諸本作鞭釋文云或革旁作更者五孟反非也

青出交州　宋本青下有羽字是也

似燕紺色　宋本燕作鷰字按唐人作燕鳥字多如此

子革鄭丹　監本革誤革

王見之去冠被　按襄十四年正義引作去皮冠以意增字耳

與呂級　釋文云級本又作汲岳本足利本作伋案六經正誤云呂級興國本作汲尚書作伋姑兩存之

姑洗之鐘　宋本閩本監本毛本鐘作鍾

篳路藍縷　纂圖本毛本足利本藍作籃案史記作篳露藍蔞徐廣曰案服虔云篳露柴車素大路也藍蔞言衣敝壞其蔞藍藍然也是徐廣所見服氏本亦作藍山井鼎云作藍恐非誤也

以事天子　宋殘本事字以下全缺

一曰昆吾　宋本閩本監本毛本有一字此本空缺今據補

登此昆吾之虛　閩本監本毛本虛作墟

使僕夫子晳問於范無宇曰　閩本晳誤晢諸本作問此本誤門今訂正

豈不使諸侯之心惕焉　案國語楚語之下有心惕二字

但古今諸儒　古字據宋本補閩本監本毛本亦脫

工尹路請曰　石經初刊有工字後磨去故此行九字

君王命剝圭以爲鏚柲　釋文亦作柲閩本監本毛本誤秘閩監本注同毛本注作柄尤非又按鏚者戚之俗字戚者戉也戉者大斧也

斧柯長三尺　毛本柯誤何

析父謂子革　石經析字磨改革字以下一行計九字

以斬王之淫慝　足利本斬作斷與釋文合

三墳三王之書　宋本王作皇

各以意言無正驗　宋本言下有皆字

故云皆古書名　監本毛本名下衍耳字

昔穆王欲肆其心　案家語作昔周穆王李善注赭白馬賦引無昔字有周字陳樹華云疑作昔周穆王

蓋楚亦有穆王子革對楚子言故加周字此非引書者以意增改也

祭公謀父作祈招之詩　正義曰賈逵云祈求也昭明也馬融以圻爲王圻千里據此則賈逵本作祈昭馬融本作圻昭也

王是以獲沒於祗宮　釋文沒作歿祗宮家語作支宮祗宮在南鄭見竹書紀年顧炎武惠棟並引之也按祗與支音同古音之十六部今音之五支也傳作祗語作支正是一字

形民之力　家語形作刑惠棟云古刑字皆作形段玉裁云形也同型型法也謂爲之程法以用民之力而不太過杜注得之型古通作刑亦作形正義云作器而制其模謂之爲形正謂形即型也

去其醉飽過盈之心　正義亦作盈毛本誤淫

常從王行　毛本常誤當

依此形模　監本毛本此作其

謂之爲形今代猶名焉　此本形今誤彤令據宋本閩本監本毛本訂正

有嗜慾當以禮義齊之　宋本有上有身字嗜作耆下同

今刊定云　閩本監本毛本刊誤劉

附釋音春秋左傳注疏卷第四十五

春秋左傳注疏卷四十五挍勘記　止

附釋音春秋左傳注疏卷第四十六 昭十三年

杜氏注　孔穎達疏

經十有三年春叔弓帥師圍費不書南蒯以費叛不以告廟○費音秘【疏】注不書至告廟○正義曰定八年傳云陽虎入于讙陽關以叛注云叛不書略家臣則此亦爲略家臣故不告廟也以不告廟故史不得書二注互相備○夏四月楚公子比自晉歸于楚弑其君虔于乾谿比去晉而不送書歸者依陳蔡以入言陳蔡猶列國也比歸而靈王死故書弑其君靈王無道而弑稱臣比非首謀而反書弑比雖脅立猶以罪加也靈王死在五月又不在乾谿楚人生失靈王故本其始禍以赴之○谿苦兮反【疏】注比去至赴之○正義曰傳稱依陳蔡人以國許復其國而藉其力故書爲歸言是陳蔡納之釋例曰韓魏有耦國之彊陳蔡有復國之端故晉趙鞅楚公子比皆稱歸從諸侯納之例言非晉楚之所能制是其義也計靈王無道於國其弑不應稱臣又比爲觀從所誑廹脅而立非是弑君首謀而反書比弑君者比歸而王死故書比弑其君比雖被脅而立靈王爲比而死雖非比弑猶以弑君之罪加比哀六年注云楚比劫立陳乞流涕子家憚老皆疑於免罪故春秋明而書之以爲弑主釋例曰若鄭之歸生齊之陳乞楚公子比雖本無其心春秋之義亦同大罪是以君子慎所以立也其意以爲弑君之惡惡之大者雖則本無其心君實由之而死若舍而不責則下無所忌故書其名成其罪所以示來世厲後人爲教之遠防也靈王見弑實由無道但欲見比罪故稱臣名非言靈王爲有道猶如宣二年晉趙盾弑其君夷皐釋例曰傳言靈公不君又以明於例此弑宜稱君也弑非趙盾而經不變文者以示良史之意深責執政之臣彼爲章盾之罪稱臣名此亦爲章比之罪稱臣名非言靈王不合弑稱君也又傳稱五月王縊于芋尹申亥氏他年申亥以王柩告則靈王死在五月其死又不在乾谿而經書四月比弑其君虔于乾谿者楚人生失靈王告時未知死否但以乾谿之地失王以爲王必死矣本其始禍故以四月弑君赴也劉炫云比以四月歸既歸而王死故以云云同楚公子棄疾殺公子比比雖爲君而未列於諸侯故不稱爵殺不稱人罪棄疾【疏】注比雖至棄疾○正義曰釋例曰諸侯不受先君之命而篡立得與諸侯會者則以成君書之齊商人蔡侯般之屬是也若未得接於諸侯則不稱爵楚公子棄疾殺公子比蔡人殺陳佗齊人殺無知衛人殺州吁公子瑕之屬是也諸侯篡立雖以會諸侯爲正此列國之制也至於國內策名委質即君臣之分已定故諸殺不稱君亦與成君同義也傳曰會于州以定公位又云若有罪則君列諸會矣此以會爲斷也衛州吁齊無知皆弑君自立其死稱人以殺此比亦弑君而立不稱人以殺而云棄疾殺者棄疾利比之位而殺之其意不得爲討賊不稱人所以罪棄疾也釋例云比既得國國人驚亂棄疾從而扇之比懼自殺皆棄疾之由故書公子棄疾殺公子比是言不稱弑其君又說罪棄疾之意也○秋公會劉子晉侯齊侯宋公衛侯鄭伯曹伯莒子邾子滕子薛伯杞伯小邾子于平丘平丘在陳留長垣縣西南○垣音袁八月甲戌同盟于平丘書同齊服故公不與盟魯不堪晉求讒慝弘多公不與盟非國惡故不諱○與音預注同慝他得反【疏】注魯不至不諱○正義曰宣七年公會晉侯云云于黑壤傳曰晉侯之立也公不朝焉又不使大夫聘晉人止公于會盟于黃父公不與盟以賂免故黑壤之盟不書諱之也彼公不與盟諱而不書此書之者彼不相朝聘公實有罪諱國之惡故不書其盟此時公實無罪非是國惡故書而不諱襄三十二年傳曰晉公室卑政在侈家韓宣子爲政不能圖諸侯魯不堪晉求讒慝弘多是以有平丘之會此年傳云邾人莒人愬于晉曰魯朝夕伐我幾亡矣注云自昭公即位邾魯同好又不朝夕伐莒無故怨愬晉人信之所謂讒慝弘多是言晉受讒言公無罪非國惡故不諱也晉人執季孫意如以歸公至自會無傳○蔡侯廬歸于蔡○廬音盧又力居反陳侯吳歸于陳陳蔡皆受封于楚故稱爵諸侯納之曰歸【疏】注陳蔡至曰歸○正義曰公羊傳曰此皆滅國也其言歸何不與諸侯專封也其意言諸侯不得專封不與楚封陳蔡使若陳蔡之君自有國而歸之然以是故稱爵言歸若言各自有爵非由楚也杜以傳言平王封陳蔡又二君之歸再言禮也則興滅繼絕是爲得禮無有不與楚封之事也二者皆是舊國立君紹其先祀襲其封爵爵是先世之爵非楚今始立之故言陳蔡皆受封于楚已立爲侯故稱爵以歸國非入國始爲君也禮諸侯不生

名二君皆書名者稱爵以其受封于楚書名以其未成爲君稱名稱爵兩見之也諸侯納之曰歸成十八年傳例○冬十月葬蔡靈公蔡復而後以君禮葬之○公如晉至河乃復晉人辭公○吳滅州來州來楚邑用大師焉曰滅【疏】注州來至曰滅○正義曰州來楚邑不繫楚者大都以名通者例皆不繫國用大師焉曰滅襄十三年傳例

傳十三年春叔弓圍費弗克敗焉爲費人所敗不書諱之平子怒令見費人執之以爲囚俘冶區夫曰非也區夫魯大夫○俘芳夫反冶音也區烏侯反一音丘于反【疏】非也○正義曰非三代服叛之道也若見費人寒者衣之飢者食之爲之令主而共其乏困費來如歸南氏亡矣民將叛之誰與居邑若憚之以威懼之以怒民疾而叛爲之聚也若諸侯皆然費人無歸不親南氏將焉入矣平子從之費人叛南氏費叛南氏在明年傳善區夫之謀終言其效○衣於既反食音嗣共音恭憚待旦反爲之聚也于僞反焉于虔反效戶孝反【疏】民疾至聚也○正義曰季氏既執費人人皆憎疾季氏而叛之爲南氏之積聚也○楚子之爲令尹也殺大司馬薳掩而取其室在襄三十年○薳于委反掩於檢反及即位奪薳居田居掩之族言薳氏所以怨遷許而質許圍遷許在九年圍許大夫○質音致蔡洧有寵於王王之滅蔡也其父死焉楚滅蔡在十一年洧仕楚其父在國故死○洧于軌反王使與於守而行使洧守國王行至乾谿○與音預守手又反【疏】楚子至而行○正義曰易稱善不積不足以成名惡不積不足以滅身小人以小善爲無益而弗爲以小惡爲無傷而弗去也故惡積而不可揜罪大而不可解至於滅身也申之會越大夫戮焉申會在四年【疏】申之至戮焉○正義曰王肅云越大夫常壽過也申之會經書淮夷而不書越者以常壽過有罪不得列會故不書越也戮者陳其罪惡以徇諸軍言將殺之終亦不殺過至今在楚故怨而作亂王奪鬭韋龜中犫韋龜令尹子文玄孫中犫邑名○犫尺州反又奪成然邑而使爲郊尹成然韋龜子郊尹治郊竟大夫○竟音境蔓成然故事蔡公蔡公棄疾也故猶舊也韋龜以棄疾有當璧之命故使成然事之○蔓音萬故薳氏之族及薳居許圍蔡洧蔓成然皆王所不禮也因羣喪職之族啓越大夫常壽過作亂常壽過申會所戮者○喪息浪反過古禾反【疏】故薳至成然○正義曰言族者以掩既被殺唯有族存故言族也韋龜成然皆被奪邑所以不數韋龜而獨數成然者以是時韋龜已死故不言之上言奪邑者積王之惡見成然怨恨之深猶父子被奪故也圍固城克息舟城而居之息舟楚邑城之堅固者【疏】圍固至居之○正義曰圍固城城之固者克息舟息舟卽是其一也以圍時有所毀故更城而居之觀起之死也其子從在蔡事朝吳觀起死在襄二十二年朝吳故蔡大夫聲子之子○從如字朝如字【疏】注故蔡大夫聲子之子○正義曰言故蔡大夫者此時蔡滅見爲楚縣吳今在蔡其父先爲蔡國大夫故云故蔡大夫聲子之子也曰今不封蔡蔡不封矣我請試之觀從以父死怨楚故欲試作亂以蔡公之命召子干子晳二子皆靈王弟元年子干奔晉子晳奔鄭○晳星厤反及郊而告之情告以蔡公不知謀強與之盟入襲蔡蔡公將食見之而逃不知其故驚起辟之○強其丈反【疏】強與之盟○正義曰二子聞非蔡公之命欲還故觀從強與之盟遂入襲蔡觀從使子干食坎用牲加書而速行使子干居蔡公之牒食蔡公之食並僞與蔡公盟之徵驗以示

衆已徇於蔡已觀從也○已音紀徇似俊反曰蔡公召二子將納之與之盟而遣之矣將師而從之詐言蔡公將以師助二子蔡人聚將執之執觀從辭曰失賊成軍而殺余何益乃釋之賊謂子干子晳也言蔡公已成軍殺已不解罪朝吳曰二三子若能死亡則如違之以待所濟言若能爲靈王死亡則可違蔡公之命以待成敗所在○爲于僞反若求安定則如與之以濟所欲言與蔡公則可得安定且違上何適而可言不可違上也上謂蔡公衆曰與之乃奉蔡公召二子而盟于鄧潁川召陵縣西南有鄧城二子子干子晳依陳蔡人以國國陳蔡而依之疏依陳蔡人以國正義曰二子更無兵衆唯依倚陳蔡人耳以國者許爲復其國以此招慰之楚公子比子干公子黑肱子晳○肱古弘反公子棄疾蔡公蔓成然蔡朝吳帥陳蔡不羹許葉之師因四族之徒四族薳氏許圍蔡洧蔓成然○羹音郎葉始涉反以入楚及郊陳蔡欲爲名故請爲武軍欲築壘壁以示後人爲復讎之名○壘力軌反壁本亦作辟音璧蔡公知之曰欲速且役病矣請藩而已乃藩爲軍藩籬也○藩方元反注同籬也依字應作籬今作離假借也力知反疏蔡公至而已○正義曰蔡公知之知陳蔡人之情也蔡公楚之公子猶尚吝惜本國恥有報讎之名築壘以示後世故請藩而已蔡公使須務牟與史猈先入因正僕人殺大子祿及公子罷敵須務牟史猈楚大夫蔡公之黨也正僕大子之近官○牟亡侯反猈皮皆反徐扶蟹反又扶移反或扶贈反本或作獐音同罷音皮徐甫綺反一音蒲買反疏正僕人○正義曰大僕也周禮下大夫二人公子

比爲王公子黑肱爲令尹次于魚陂竟陵縣城西北有甘魚陂○陂彼宜反公子弃疾爲司馬先除王宮使觀從從師于乾谿而遂告之從乾谿之師告使叛靈王且曰先歸復所後者劓劓截鼻○劓魚器反截鼻之刑師及訾梁而潰靈王還至訾梁而衆散○訾子斯反注同潰戶內反王聞羣公子之死也自投于車下曰人之愛其子也亦如余乎侍者曰甚焉小人老而無子知擠于溝壑矣擠隊也○擠子細反說文云排也一音子禮反壑許各反隊直類反王曰余殺人子多矣能無及此乎右尹子革曰請待于郊以聽國人聽國人之所與王曰衆怒不可犯也曰若入於大都而乞師於諸侯王曰皆叛矣曰若亡於諸侯以聽大國之圖君也王曰大福不再祇取辱焉然丹乃歸于楚然丹子革弃王而歸楚○祇音支王沿夏將欲入鄢夏漢別名順流爲沿順漢水南至鄢○沿以全反夏戶雅反漢水也鄢徐於建反一音於晚反入本又作至芋尹無宇之子申亥曰吾父再奸王命謂斷王旌執人於章華宮○芋于付反徐又音羽奸音干斷丁管反王弗誅惠孰大焉君不可忍惠不可弃吾其從王乃求王遇諸棘圍以歸棘里名闈門也○棘闈音韋孔晁云棘楚邑闈巷門疏注棘里名闈門也○正義曰吳語云昔楚靈王不君其臣箴諫不入其民不忍飢勞之殃三軍叛王於乾谿王獨行屏營彷徨於山林之中三日乃見其涓人疇王呼之曰余不食三日矣疇趨而進王枕其股以寢於地王寐疇枕王以塊而去之王覺而無見也乃匍匐將入於棘闈棘闈不

納乃入芋尹申亥氏焉。孔晁曰：棘，楚邑。闕門也。案襄二十六年傳言吳伐楚克棘，四年傳言吳伐楚入棘，以棘爲邑，或是也。夏五月癸亥，王縊于芋尹申亥氏。癸亥，五月二十六日，皆在乙卯丙辰後，傳終言之。經書四月，誤。○縊，於豉反。疏注癸亥至月誤。○正義曰：此癸亥之日實在乙卯丙辰之後，傳先言之者，因申亥求王，遂言王縊，是傳終言之也。旣以五月統癸亥之日，而乙卯丙辰亦是五月之日，雖則言有顚倒，卽令蒙此五月之文也。劉炫云：杜此注經書四月誤。案上經注云靈王實以五月死，楚人生失靈王，本其始禍以赴，兩注不同，以爲杜非。今知不然者，以其生失靈王，不知死在五月，遂以四月始禍言靈王之死，是其錯誤之事，於文似異，義實一也。劉以爲二注文異而規杜氏，非也。申亥以其二女殉而葬之。觀從謂子干曰：○殉，似俊反。謂子干，本或作謂子干曰。不殺弃疾，雖得國，猶受禍也。子干曰：余不忍也。子玉曰：人將忍子，子玉，觀從。吾不忍俟也。乃行。國每夜駭曰：王入矣。相恐以靈王也。○駭，戸楷反。恐，丘勇反。下同。乙卯夜，弃疾使周走而呼曰：王至矣。周，徧也。乙卯，十八日。○呼，好故反。下同。徧音遍。國人大驚。使蔓成然走告子干、子皙曰：王至矣。國人殺君司馬，將來矣。司馬謂弃疾也。言司馬見殺，以恐子干。君若早自圖也，可以無辱。衆怒如水火焉，不可爲謀。又有呼而走至者曰：衆至矣。二子皆自殺。不書弒君，位未定也。○弒，申志反。丙辰，弃疾卽位，名曰熊居。葬子干于訾，實訾敖。不成君無號謚者，楚皆謂之敖。○熊音雄。疏注不成至之敖。○正義曰：郟敖與此訾敖皆不成君，無號謚也。元年傳云葬王于郟，謂之郟敖，此云葬子干于訾，實訾敖，並以地名冠敖，未知其故。又世家楚之先君有若敖、霄敖，皆在位多年，亦稱爲敖，不知敖是何義。殺囚，衣之王服而流諸漢，乃取而葬之，以靖國人。使子旗爲令尹。子旗，蔓成然。○衣，於旣反。旗音其。楚師還自徐。前年圍徐之師。疏楚師還自徐。○正義曰：上云師及訾梁而潰，此又云楚師還自徐者，上所云者是乾谿援師，此謂蕩侯等五子伐徐師，故杜云前年圍徐之師。吳人敗諸豫章，獲其五帥。定二年楚人伐吳師于豫章，吳人見舟于豫章而潛師于巢，以軍楚師於豫章。又柏舉之役，吳人舍舟于淮汭而自豫章與楚夾漢，此皆當在江北淮水南，蓋後徙在江南豫章。○五帥，所類反，謂蕩侯、潘子、司馬督、囂尹午、陵尹喜五人。見，賢遍反。汭，如銳反。平王封陳、蔡，復遷邑，復九年所遷邑。疏注復九年所遷邑。○正義曰：成十五年許遷于葉，九年傳云遷城父人於陳，遷方城外人於許，今復遷邑，則許還復葉，方城外與城父人各復其本。致羣賂，始舉事時所貨賂。○賂音路。施舍寬民，宥罪舉職。舉職，脩廢官。○宥音又。召觀從。王曰：唯爾所欲。觀從教子干殺弃疾，今召用之，明在君爲君之義。○爲，于僞反。對曰：臣之先佐開卜。乃使爲卜尹。佐卜人開龜兆。使枝如子躬聘于鄭，且致犫櫟之田。犫櫟本鄭邑，楚中取之，平王新立，故還以賂鄭。○櫟，力狄反。事畢弗致。知鄭自說服，不復須賂故。○說音悅。復，扶又反。下將復使同。鄭人請曰：聞諸道路，將命寡君以犫櫟，敢請命。對曰：臣未聞命。旣復，王問犫櫟，降服而對，降服，如今解冠也。謝違命。曰：臣過失命，未之致也。王執其手曰：子毋勤。姑歸，不穀有事，其告子也。王善其有權，有事將復使之。○毋音無。疏臣過至致也。○正義曰：言臣罪過漏失君命，遺忘之，未之致與也。○子毋勤。○正義曰：言子毋以見使爲勤勞。他年芋尹申亥以王柩告，乃改葬之。初，靈王卜曰：余尚得天下。尚，庶幾。○柩，其久反。疏尚得天下。○正義曰：謂得爲天子也不吉投龜詬天而呼曰是區區者而不余畀區區小天下。詬本又作詢，呼互反，徐許右反。呼火故反。畀必利反，徐甫至反，與也。余必自取之民患王之無厭也故從亂如歸初共王無冢適冢大也。厭於鹽反，共音恭，適丁歷反，下無適音同。有寵子五人無適立焉乃大有事于羣望羣望星辰山川。【疏】注羣望星辰山川。正義曰：楚語云：天子徧祀羣神，諸侯祀天地三辰及其土之山川。孔晁云：三辰，日月星也。祀天地，謂二王後也。非二王後，祭分野山川而已。又元年傳云：辰爲商星，參爲晉星。是諸侯得祭分野之星。知此羣望是星辰山川也。於十二次，鶉尾爲楚，當祀翼軫之星，及其國內山川。哀六年傳曰：江漢雎漳，楚之望也。其山蓋荊山衡山之類。而祈曰請神擇於五人者使主社稷乃徧以璧見於羣望曰當璧而拜者神所立也誰敢違之既乃與

巴姬密埋璧於大室之庭。巴姬，共王妾。大室，祖廟。徧音遍，見賢遍反，下注微見同。巴必加反。埋亡皆反。大室音泰。【疏】徧以璧。正義曰：謂以一璧徧見諸神，若神各一璧，乃多明，無不當其上。○注巴姬共王妾。正義曰：知者，襄十二年傳云：楚司馬子庚聘于秦，爲夫人寧，禮也。彼秦女是夫人，明巴姬是妾。使五人齊而長入拜從長幼以次拜。齊側皆反，本又作齋。長丁丈反，注及下同。康王跨之過其上也。跨苦化反。靈王肘加焉子干子晳皆遠之平王弱抱而入再拜皆厭紐微見璧紐，以爲審識。○肘中九反。遠于萬反。厭於甲反，徐又於輒反。紐女九反。識申志反，又如字。鬭韋龜屬成然焉知其將立，故託其子。○屬音燭。且曰弃禮違命楚其危哉弃立長之禮，違當璧之命，終致靈王之亂。子干歸韓宣子問於叔向曰子干其濟乎對曰難宣子曰同惡相求如市賈

焉何難宣子謂弃疾親特子干，共同好惡，故言如市賈，同利以相求。○賈音古。好惡並如字，又上呼報反，下烏路反，下皆倣此。對曰無與同好誰與同惡言弃疾本不與子干同好，則亦不得同惡。取國有五難有寵而無人一也寵須賢人而固。有人而無主二也雖有賢人，當須內主爲應。○應，應對之應。有主而無謀三也謀，策謀也。有謀而無民四也民，衆。有民而無德五也四者既備，當以德成。子干在晉十三年矣晉楚之從不聞達者可謂無人晉楚之士從子干游，皆非達人。族盡親叛可謂無主無親族在楚。無釁而動可謂無謀召子干時，楚未有大釁。○釁許靳反。爲羈終世可謂無民終身羈客在晉，是無民。亡無愛徵可謂無德楚人無愛念之者。【疏】亡無愛徵。正義曰：子干之亡，楚人無愛念之

徵驗也。王虐而不忌靈王暴虐，無所畏忌，將自亡。楚君子干涉五難以弒舊君誰能濟之言楚借君子干以弒靈王，終無能成。有楚國者其弃疾乎君陳蔡城外屬焉城，方城也。時穿封戌既死，弃疾并領陳事。苛慝不作盜賊伏隱私欲不違不以私欲違民事。○苛音何，本或作荷，音同。下同。慝他得反。民無怨心先神命之先神謂羣望。【疏】先神命之。正義曰：楚國既封，卽有三望。三望起於先代，文曰先神。國民信之芈姓有亂必季實立楚之常也獲神一也當璧拜。○芈彌爾反。有民二也民信之。令德三也無苛慝。寵貴四也貴妃子。居常五也弃疾季。有五利以去五難誰能害之子干之官則右尹也數其貴寵則庶子也以神所

命則又遠之其貴亡矣[位不尊。去起呂反數所主反遠于萬反亡矣音無又如字]其寵弃矣[父既沒故]〔疏〕[其貴至棄矣。正義曰亡無也其貴位則無矣其寵愛之者又棄矣然則父死棄疾寵亦棄獨言子干者以子干母賤唯恃父寵寵又棄矣則無恃託故專屬子干]民無懷焉[非令德]國無與焉[無內主]將何以立宣子曰齊桓晉文不亦是乎[皆庶賤]對曰齊桓衛姬之子也有寵於僖[衛姬齊僖公妾]有鮑叔牙賓須無隰朋以爲輔佐有莒衛以爲外主[齊桓出奔莒衛有舅氏之助]有國高以爲內主[國氏高氏齊上卿]〔疏〕[注國氏高氏。正義曰僖十二年傳管仲云有天子之二守國高在是也]從善如流[言其疾也]下善齊肅[齊嚴也肅敬也。下遐嫁反齊側皆反注同]不藏賄[清也。賄呼罪反]不從欲[儉也。從子用反]施舍不倦[施舍猶言布恩德]求善不厭是以有國不亦宜乎

我先君文公狐季姬之子也有寵於獻好學而不貳[言篤志。厭於艷反好呼報反]生十七年有士五人[狐偃趙衰顛頡魏武子司空季子五士從出。衰初危反頡戶結反從才用反]有先大夫子餘子犯以爲腹心[子餘趙衰子犯狐偃]有魏犨賈佗以爲股肱[魏犨魏武子也稱五人而說四士賈佗又不在本數蓋叔向所賢。佗徒何反]〔疏〕[注魏犨至所賢。正義曰上言五人直舉其數下說四士獨據有賢也五人內不數賈佗者佗以公族從文公不在五人之數也蓋叔向言之意所將爲賢卽言之]有齊宋秦楚以爲外主[齊妻以女宋贈以馬楚王享之秦伯納之。妻七計反]有欒郤狐先以爲內主[謂欒枝郤縠狐突先軫也。欒魯官反郤去逆反縠戶木反]亡十九年守志彌篤惠懷弃民[惠公懷公不恤民也]民從而與之獻無異親民無異望[獻公之子九人唯文公在]天方相晉將何以代文此二君者異於子干共有寵子國有奧主[謂弃疾也。相息亮反下同共音恭奧烏報反]〔疏〕[國有奧主。正義曰室內西南隅謂之奧奧是內之義奧主國內之主故謂弃疾也]無施於民無援於外去晉而不送歸楚而不逆何以冀國[傳言子干所以蒙弑君之名弃疾所以得國。施式豉反]○晉成虒祁[在八年。虒音斯]諸侯朝而歸者皆有貳心[賤其奢也]爲取郠故[取郠在十年。爲于僞反郠古杏反]晉將以諸侯來討叔向曰諸侯不可以不示威[知晉德薄欲以威服之]乃並徵會告于吳秋晉侯會吳子于良[下邳有良城縣。邳皮悲反]水道不可

吳子辭乃還[辭不會]〔疏〕[注水道不可。正義曰吳地水行故謂水道不可謂水路不通吳子既辭晉侯乃遂向平丘之會]七月丙寅治兵于邾南甲車四千乘[三十萬人。乘繩證反下及注皆同]羊舌鮒攝司馬[鮒叔向弟也攝兼官。鮒音附]遂合諸侯于平丘子產子大叔相鄭伯以會子產以幄幕九張行[幄幕軍旅之帳。幄於角反幕音莫四合象宮室曰幄在上曰幕]〔疏〕[幄幕九張。正義曰周禮幕人掌帷幕幄帟綬之事鄭玄云王出宮則有是事在旁曰帷在上曰幕皆以布爲之四合象宮室曰幄王所居之帳也帟王在幕若幄中坐上承塵幄帟皆以繒爲之凡四物者以綬連繫焉然則幕與幄異幕大可幄小幄在幕下張之幄幕九張蓋九幄九幕也]子大叔以四十既而悔之每舍損焉及會亦如之[亦九張也傳言子產之適宜大叔之從善]次于衛地叔鮒求貨於衛淫芻蕘者[欲使

衞患之而致貨。芻初俱反說文云刈草也蕘如遙反飼牲曰芻草薪曰蕘〔疏〕芻蕘。正義曰周禮充人掌繫祭祀之牲牷祀五帝則繫于牢芻之三月說文云蕘薪也從升然則芻者飼牛馬之草也蕘者共燃火之草也衞人使屠伯饋叔向羹與一篋錦屠伯衞大夫。屠音徒饋其位反篋苦協反曰諸侯事晉未敢攜貳況衞在君之宇下屋宇之下喻近也而敢有異志芻蕘者異於他日敢請之請止之叔向受羹反錦受羹示不逆其意且非貨曰晉有羊舌鮒者瀆貨無厭瀆數也。瀆徒木反厭於鹽反數音朔亦將及矣將及禍爲此役也役事也。爲如字或于僞反〔疏〕爲此役。正義曰言叔鮒爲此淫芻蕘之事也子若以君命賜之其已客從之未退而禁之禁芻蕘者晉人將尋盟齊人不可有貳心故晉侯使

叔向告劉獻公獻公王卿士劉子曰抑齊人不盟若之何對曰盟以厎信厎致也。厎音旨君苟有信諸侯不貳何患焉告之以文辭董之以武師雖齊不許君庸多矣董督也庸功也討之有辭故功多也〔疏〕董督至多也正義曰釋詁云董督正也是董爲督也又云庸勞勞亦功也討之有辭則前敵易克故功多也天子之老請帥王賦元戎十乘以先啓行天子大夫稱老元戎戎車在前者啓開也行道也〔疏〕天子之老。正義曰上注云獻公王卿士此注云天子大夫稱老老者是大夫之摠名詩云方叔元老毛傳云方叔卿士命而爲將是卿士稱老也曲禮云五官之長曰伯自稱於諸侯曰天子之老彼謂三公也如彼文則三公乃得稱天子之老卿亦得稱老者彼說三公之事言三公之自稱耳不言卿之自稱不得同三公也曲禮又云諸侯使人於諸侯使者曰寡君之老諸侯之使尚得稱老明知天子之卿得稱天子之老也。元戎至啓行。正義曰詩小雅六月之篇也元大也大戎戎車之大在軍前者也啓開行道常訓耳遲速唯君欲佐晉討齊叔向告于齊曰諸侯求盟已在此矣今君弗利寡君以爲請對曰諸侯討貳則有尋盟若皆用命何盟之尋託用命以拒晉叔向曰國家之敗有事而無業事則不經業貢賦之業有業而無禮經則不序須禮而有次序有禮而無威序則不共禮須威嚴而後共有威而不昭共則不明威須昭告神明而後信義著不明弃共百事不終所由傾覆也信義不明則弃威不威弃禮無禮無經無經無業故百事不成。覆芳服反是故明王之制使諸侯歲聘以志業志識也歲聘以脩其職業間朝以講禮三年而一朝正班爵之義率長幼之序。間間

廁之間長丁丈反再朝而會以示威六年而一會以訓上下之則制財用之節再會而盟以顯昭明十二年而一盟所以昭信義也凡八聘四朝再會主一巡守盟于方嶽之下。守手又反嶽音岳志業於好聘也。好呼報反下注同好同講禮於等朝也示威於衆會也昭明於神盟也自古以來未之或失也存亡之道恒由是興晉禮主盟依先王先公舊禮主諸侯盟懼有不治奉承齊犧齊盟之犧牲。治直吏反舊如字犧許宜反而布諸君求終事也終竟也君曰余必廢之何齊之有唯君圖之寡君聞命矣齊人懼對曰小國言之大國制之敢不聽從既聞命矣敬共以往遲速唯君叔向曰諸侯有間矣間隙也

【疏】叔向至命矣。○正義曰：叔向此言論聘朝會盟四事，意在言盟，并說會朝聘爲次序耳。國家之所以敗也，有交好之事而無貢賦之業，交好之事不得常矣；有貢賦之常而無上下之禮，事雖有常，則不次序矣；有上下之禮而無可畏之威，雖有次序，則不共敬矣；有可畏之威而不昭告神明，雖爲共敬，則不明著矣。信義不明，棄共敬也。承事不共敬，棄次序也。班位不序，棄常度也。徵命不常，棄事宜也。事既棄矣，則百事不終，國家所由傾覆，只爲此也。聖人知其不可，是故明王之制，使諸侯每歲令大夫一聘天子，以志識貢賦之業，間一歲，諸侯親自入朝，以講習上下之禮，天子於諸侯再朝而一大會，以示可畏之威，再會而一爲盟誓，以顯諸侯之昭明者也。志識貢賦之業在於交好，故使聘也；講習上下之禮在於等差，故使朝也；示可畏之威在於衆聚，故爲會也；昭明德之信在於告神，故爲盟也。自古以來，遵行此法，未之有失也。國家存亡之道，恒由是興，爲之則存，廢之則亡，存亡起於此也。今晉以先王之禮主諸侯之盟，懼諸侯之事有不治理者，奉承齊盟，所用之犧牲以來至此而布，請齊君求終竟盟約之事也。君言曰「余必廢之，何齊盟之有」，必如此語，唯君自圖謀之。寡君聞君之命矣，言晉知齊必背盟，卽欲與之戰。○注業貢賦之業。○正義曰：下句覆述此事云「歲聘以志業」，每

年聘者所以共貢賦耳。知此業者是貢賦之業也。下又云「志業於好」，說聘事而謂之好，則好謂交好，諸侯、天子雖尊卑不同，亦是交好，然則有事者謂有交好之事也。不經者，經訓常也，謂交好不常也。或聘不以時，或貢賦不充，是不常也。○注威須至義著。○正義曰：昭亦明也，昭爲昭告神祇，明謂信義明著。言會雖示威，威猶未著，必須昭告神明以要束其心，而後天子信義始得明著於天下矣。○注信義至不成。○正義曰：杜以信義不明，威無可畏，則是棄威也；不畏威則禮不行，是棄禮也。無禮則無經，無經則無業，故百事所以不成。劉炫以此傳四文皆緣上事而致下事，其上則事業禮威所致，則經序共明。傳既言不明棄共，自然當云不共棄序，不序棄經，不經棄事。今杜云不明則棄威，不威棄禮，無禮無經，無經無業，以杜違背傳文而規杜失。今知劉義非者，杜以不明棄共，不共棄序，不序棄經，不經棄事，自是傳文分明，但傳云百事不終，明知非徒棄共、棄序，其威禮亦棄也。杜與傳共爲表裏，非是違傳。劉不解杜意，妄爲規過，謬矣。○注志識至職業。○正義曰：志是記識，故爲識也。歲歲使於天子，所以獻其貢賦，令諸國各自記其職貢，是脩其職業也。○注三年至之序。○正義曰：間朝者，據聘爲言也。既云歲聘，因從聘歲爲始，更間一年乃朝，故知間朝是三年而一朝也。朝以正班爵之義，率

長幼之序，與下注「會以訓上下之則，制財用之節」，皆莊二十三年傳文也。○注十二至之下。○正義曰：顯、昭、明三字皆爲明也。十二年而爲一盟者，大明黜陟之法，諸侯之有明德者表顯升進之於此盟，以光顯諸侯有昭明之德者，告誓神明，所以昭明王之信義，以示黜陟必有信也。計此十二年間，凡八聘、四朝、再會、一盟，方嶽之下也。尚書周官曰「六年，五服一朝。又六年，王乃時巡，考制度于四岳，諸侯各朝于方岳，大明黜陟」。如彼文，六年五服諸侯一時朝王，卽此再朝而會是也。此傳之文與尚書正合。杜言巡守盟于方嶽，闇與彼義符同，明此是周典之舊法也，而周禮之文不載此法。大行人云「侯服歲壹見，其貢祀物；甸服二歲壹見，其貢嬪物；男服三歲壹見，其貢器物；采服四歲壹見，其貢服物；衛服五歲壹見，其貢材物；要服六歲壹見，其貢貨物」。先儒說周禮者皆以彼爲六服諸侯各以服數來朝，與此傳文無由得合。先達通儒未有解者。古書亡滅，不可備知。然則尚書周官是成王號令之辭，尚書之言定是正法。左氏復與彼合，言必不虛。周禮又是明文，不得不信。蓋周公、成王之時卽自有此二法也。又周禮每歲壹見，唯言貢物，何必見者卽是親朝，各計道路短長，或當遣使貢耳。先儒謂彼爲朝，未有明據。大行人又云「十有二歲，王巡守殷國」，巡守之歲周禮同於尚書六年一朝，尚書何以

逮禮。又大宗伯云「時見曰會，殷見曰同」，鄭玄以爲時見無常期也。諸侯有不順服者，王將有征討之事，合諸侯而命事焉。十二歲王如不巡守，則六服盡朝，謂之殷見。鄭以時見無常期者，出自鄭之意耳，非有明文可據也。殷見是此再會而盟，時見當此再朝而會，未必卽如鄭說，時見爲無常期也。蓋此傳及尚書是正禮也，大行人歲壹見者是遣使貢物，非親朝也。今此上聘朝會雖以爲諸侯於天子之禮，然諸侯相朝亦當然也。故云志業於好，講禮於等，示威於衆，其昭明於神，雖天子於諸侯之禮然，王官之伯及霸主亦得與諸侯爲盟，故晉爲盟主，以此告齊，令齊受盟也。必知此朝聘文兼諸侯者，以釋例引明王之制八聘四朝云，文襄之制因而簡之，三歲而聘，五歲而朝，以諸侯爲文。明歲聘間朝兼諸侯相朝也。知盟年朝會俱行者，以傳云再朝而會云云，故知盟年朝會不廢也。又云歲聘以志業，不言再聘以行朝，故知朝年不行聘禮，但以朝聘君臣不等，盟會敵禮相當，故朝年不行聘，盟年得有朝會，知有盟者，傳云同盟至故也。○小國言之。○正義曰：仲上不用尋盟之意也，其意是小國言之，可不可則大國制之也。大國謂其須盟，言已不敢違也。**不可以不示衆。八月辛未，治兵，**習戰。**建而不旆。**建立旌旗，不曳其旆。

旆游也。旆步貝反。〔疏〕注建立至游也。○正義曰：釋天云：緇廣充幅長尋曰旐，繼旐曰旆。郭璞曰：帛續旐末爲燕尾者。然則旐謂旆身，旆謂旆尾，旆綴於旐，本是相連之物，非別體也。而不曳其旆，當纏繼於干頭，蓋如禮記所云德車結旌也。釋天又云：練旆九。周禮所謂九游、七游，游即是旆，故云旆游也。然郭氏既云旆繼於旐，今之燕尾，即旆是旐末。然天子十有二游，并屬於一幅之廣，於理不可。蓋游數多者旁綴於縿，如今之旗是也。其軍前之旆，如郭璞之說。壬申，復旆之，諸侯畏之。軍將戰則旆，故曳旆以恐之。○復扶又反，恐上勇反，下並同。〔疏〕注軍將至恐之。○正義曰：本作旆者，爲舒而曳之以爲容飾，結之爲非常，曳之爲得常。復旆之者，曳之爲復常也。軍法戰則舒旆，晉人舒旆，似其將戰，故曳旆以恐之，諸侯見其曳旆而皆畏之。邾人、莒人愬于晉曰：魯朝夕伐我，幾亡矣。自昭公即位，邾、魯同好，又不朝夕伐莒，無故怨愬，晉人信之，所謂讒慝弘多。○愬音素。朝夕如字，注同。幾音祈。〔疏〕注自昭至伐莒。○正義曰：三年傳穆子云：曹、滕、二邾實不忘我好。又無相伐之事，是昭公即位，邾、魯同好也。不朝夕伐莒者，案元年、十年再伐莒耳，是不朝夕伐也。

我之不共，魯故之以。不共晉貢，以魯故也。○共音恭，注及下注同。晉侯不見公，使叔向來辭曰：諸侯將以甲戌盟，寡君知不得事君矣，請君無勤。託謙辭以絕魯。子服惠伯對曰：君信蠻夷之訴，蠻夷謂邾、莒。以絕兄弟之國，弃周公之後，亦惟君。寡君聞命矣。叔向曰：寡君有甲車四千乘在，雖以無道行之，必可畏也。況其率道，其何敵之有？牛雖瘠，僨於豚上，其畏不死？僨，仆也。○瘠在亦反。僨方問反。仆音付，一音蒲北反。〔疏〕注僨仆也。○正義曰：前覆曰仆。言牛倒豚上，豚必死也。言牛雖瘠者，謂魯以晉爲無德，輕之，故以瘦牛自喻。南蒯、子仲之憂，其庸可弃乎？弃猶忘也。若奉晉之衆，用諸侯之師，

因邾、莒、杞、鄫之怒，四國近魯，數以小事相忿。鄫已滅，其民猶存，故并以恐魯。○鄫才陵反。近附近之近。數音朔。以討魯罪，間其二憂，因南蒯、子仲二憂爲間隙。何求而弗克？魯人懼，聽命。不敢與盟。○與音預，下文不與同。甲戌，同盟于平丘，齊服也。經所以稱同。令諸侯日中造于除。除地爲壇，盟會處。○造七報反。壇本或作墠，音善。處昌慮反。癸酉，退朝。先盟朝晉。○先悉薦反。子產命外僕速張於除，張帷幕。子大叔止之，使待明日。及夕，子產聞其未張也，使速往，乃無所張矣。地已滿也。傳言子產每事敏於大叔。及盟，子產爭承。承貢賦之次。〔疏〕注承貢賦之次。○正義曰：承者，奉上之語，後承前，下承上，故以承爲次。爭貢賦之次，言所出貢賦多少之次，當承何國之下，故言爭承也。鄭衆云：爭所爲承次貢賦之輕。曰：昔天子班貢，

輕重以列，列位也。列尊貢重，周之制也。公侯地廣，故所貢者多。〔疏〕注公侯至者多。○正義曰：周禮大司徒云：公地方五百里，其食者半；侯地方四百里，伯地方三百里，其食者參之一；子地方二百里，男地方百里，其食者四之一。鄭康成注云：食者，必足其國禮俗、喪紀、祭祀之用，乃貢其餘。上公之地以一易，侯伯之地以再易，子男之地以三易，是上公優饒其半以爲荒萊之地，侯伯優饒其三分之二，子男優饒其四分之三，是大國優饒少而出貢多，小國優饒多而出貢少。假令大國、小國其地美惡一種，則地多者貢多，地少者貢少。故杜云公侯地廣，所貢者多是也。卑而貢重者，甸服也。甸服謂天子畿內共職貢者。〔疏〕注甸服至貢者。○正義曰：禹貢云：五百里甸服。孔安國云：規方千里之內謂之甸服，爲天子服治田，去王城面五百里。王制云：千里之內曰甸。鄭玄云：服治田出穀稅。是甸服謂天子畿內也。畿內於京師路近，令其共正職貢，故貢重也。言卑而貢重者，畿內有公卿大夫之采邑，公八命，卿六命，大夫四命，其列位卑於畿外公侯伯子男也。周禮小司徒鄭注云：井田之法備於一同，今止於都者，采地食者皆四之一，其制三等，百里之國凡四都，一都之田稅入於王；五十

里之國凡四縣，一縣之田稅入於王，二十五里之國凡四甸，一甸之田稅入於王，食采者卑與尊同，故云卑而貢重也。畿外之國則卑者貢輕，尊者貢重。**鄭伯男也，而使從公侯之貢，**言鄭國在甸服外，爵列伯子男，不應出公侯之貢。【疏】注「言鄭」至「之貢」。○正義曰：鄭伯男也，舊有多說。鄭衆、服虔云：鄭伯爵在男服也。周禮男服在三距王城千五百里，鄭去京師不容此數。賈逵云：男當作南，謂南面之君也。子產爭國小貢重，輙言鄭伯爲南面之君，復何所益？南而君者豈貢得輕乎？鄭志云：男謂子男也。周之舊俗，雖爲侯伯，皆食子男之地。鄭之此言不知所出。鄭食子男之地，不知復在何時。武公既遷東鄭，并十邑爲國，不得食子男之地。若西鄭之時食子男之地，則今爲大國，自當貢重，子產不得遠言上世國小，以距今之貢重。晉之朝士焉肯受屈，而自日中以爭至于昏乎？原此諸說，悉皆不通。周語云：鄭伯男也，王而卑之，是不尊貴也。王肅注此與彼，皆云鄭伯爵而連男言之，猶言曰公侯，足句辭也。杜用王說，言鄭國在甸服之外，其爵列於伯子男，言已爵卑國小，不應出公侯之貢也。今使從公侯之貢，懼弗給也。諸侯地有五等，命有三等，伯居五等之中，與侯同受七命。據地小大分爲三等，則侯同於公，伯同子男。僖九年在喪之例云：公侯曰子，言不及伯，是不得同於侯也。僖二十九年大夫會國君之例云：在禮，卿不會公侯，會伯子男可也。是伯國下同子男也。子產自言其君爵卑，下引子男爲例，故云鄭伯男也。**懼弗給也，敢以爲請。諸侯靖兵，好以爲事，**靖，息也。○好，呼報反。**行理之命，**行理，使人通聘問者。○使，所吏反。**無月不至，貢之無藝，**藝，法制。【疏】「行理」至「不至」。○正義曰：言晉國使人來責貢賦之命，無月不至於鄭，每月皆來也。○注「藝，法制」。○正義曰：服虔云：藝，極也。一曰常也。二者並非正訓。杜以藝爲經藝，故爲法制也。貢有法制定數，徵求無限，則不可共也。**小國有闕，所以得罪也。諸侯脩盟，存小國也。貢獻無極，亡可待也。存亡之制，將在今矣。」自日中以爭，至于昏，晉人許之。既盟，子大叔咎之曰：「諸侯若討，其可瀆乎？」**瀆，易也。○咎，其九反。易，以豉反。【疏】「貢獻無極」。○正義曰：極謂限極，無極謂無已時。○「諸侯至

瀆乎」。○正義曰：言諸侯若來討鄭，其可不由子輕易晉乎？**子產曰：「晉政多門，**政不出一家。**貳偷之不暇，何暇討？**貳，不壹。偷，苟且。【疏】「貳偷」至「暇討」。○正義曰：政出多門，則其情不一，情既不一，則各懷苟且，各自苟且，免於目前，無人爲國遠慮也。爲此二心，爲此苟且，不有閒暇，何暇求討鄭乎？**國不競亦陵，何國之爲？」**不競爭則爲人所侵陵，不成爲國。○爭，爭鬬之爭，下爭競同。**公不與盟。**信邾莒之訴，欲討魯故。**晉人執季孫意如，以幕蒙之，**蒙，裹也。○裹音果。**使狄人守之。司鐸射**魯大夫。○鐸，待洛反。射，食亦反，又食夜反。【疏】「使狄人守之」。○正義曰：有北狄之人從晉師來會，故使狄人守囚，猶如長岸之戰，楚使隨人守舟。**懷錦，奉壺飲冰，以蒲伏焉。守者御之，乃與之錦而入。**蒲伏，竊往飲季孫冰。箭，箭蓋，可以取飲。○奉，芳勇反。蒲，本又作匍，同，步都反，又音扶，本亦作扶。伏，本又作匐，同，蒲北反，又音服。守，手又反，又如字。御，魚呂反。飲，於鴆反。箭音童，又音勇。【疏】注「蒲伏」至「取飲」。○正義曰：蒲伏，卽匍匐也。說文：匍，手行也。匐，伏地也。詩陳后稷之初生云「誕實匍匐」。今司鐸射竊往飲季孫之所，似小兒伏地而手行。冰是箭。箭之蓋，相傳爲然，本作此器以蓋箭，箭脫而用之，可以取飲。此以壺盛飲，用此冰以飲之。**晉人以平子歸。子服湫從，**湫，子服惠伯。從至晉。○湫，子小反，徐音椒，又子鳥反。案子服湫，又作子服椒，此一人耳。從，才用反，注同。**子產歸，未至，聞子皮卒，哭，且曰：「吾已，**已猶決竟。**無爲爲善矣，唯夫子知我。」**言子皮知已之善。【疏】「無爲爲善矣」。○正義曰：子產言我此日行善，唯子皮知之。今子皮既卒，無人知我之善，故云無爲更須爲善矣。**仲尼謂「子產於是行也，足以爲國基矣。詩曰『樂只君子，邦家之基』，**詩小雅。言樂與君子爲治，乃國家之基本。○治，直吏反。**子產，君子之求樂者也。」且曰：「合諸侯，藝貢事，禮也。」**嫌爭競不順，故以禮明之。【疏】「詩曰」至「禮也」。○正義曰：此詩小雅南山有臺之篇。詩

云樂只君子以其能爲邦家之基也今子產是君子之人所求樂者也仲尼且復言曰盟主會合諸侯限禁貢賦之事使貢賦有常是爲禮也盟主制定貢賦是爲得禮則子產爭之不爲有失嫌爭競無禮故以禮明之

○鮮虞人聞晉師之悉起也五年傳曰遺守四千今甲車四千乘故爲悉起而不警邊且不脩備。言夷狄無謀。警音景晉荀吳自著雍以上軍侵鮮虞及中人驅衝競中山望都縣西北有中人城驅衝車與狄爭逐疏晉荀至鮮虞。正義曰上云悉起得有上軍在者晉侯從平丘會還行至著雍聞鮮虞不警遂使荀吳侵之非從本國而去故云自著雍以上軍侵鮮虞也大獲而歸爲十五年晉伐鮮虞起

○楚之滅蔡也靈王遷許胡沈道房申於荊焉平王即位既封陳蔡而皆復之禮也滅蔡在十一年許胡沈小國也道房申皆故諸侯楚滅以爲邑荊荊山也傳言平王得安民之禮汝南有吳防縣即防國疏注得安民之禮。正義曰此乃遷動而云安者以狐死首丘人生戀舊往彼靈王偪從元情悉眷故居平王今復從其所欲民心獲安故云得安民之禮也隱大子之子廬歸于蔡禮也隱大子大子有也廬蔡平侯悼大子之子吳歸于陳禮也悼大子偃師也吳陳惠公

○冬十月葬蔡靈公禮也國復成禮以葬也此陳蔡事傳皆言禮嫌楚所封不得比諸侯故明之

○公如晉荀吳謂韓宣子曰諸侯相朝講舊好也執其卿而朝其君有不好焉不如辭之乃使士景伯辭公于河景伯士文伯之子彌牟也。舊好呼報反

○吳滅州來令尹子期請伐吳王弗許曰吾未撫民人未事鬼神未脩守備未定國家而用民力敗不可悔州來在吳猶在楚也子姑待之傳言平王所以能有國。守手又反

○季孫猶在晉子服惠伯私於中行穆子私與之語曰魯事晉何以不如夷之小國魯兄弟也土地猶大所命能具若爲夷弃之使事齊楚其何瘳於晉瘳差也。爲于僞反下爲夷將爲同瘳勑留反差初賣反親親與大賞共罰否所以爲盟主也子其圖之諺曰臣一主二言一臣必有二主道不合得去事他國。諺音彥吾豈無大國言非獨晉可事穆子告韓宣子且曰楚滅陳蔡不能救而爲夷執親將焉用之乃歸季孫惠伯曰寡君未知其罪合諸侯而執其老老尊卿稱。焉於虔反稱尺證反若猶有罪死命可也死晉命也若曰無罪而惠免之諸侯不聞是逃命也何免之爲請從君惠於會欲得盟會見遣不欲私去宣子患之謂叔向曰子能歸季孫乎對曰不能鮒也能鮒叔魚乃使叔魚叔魚見季孫曰昔鮒也得罪於晉君自歸於魯君蓋襄二十一年坐叔虎與欒氏黨并得罪。坐才臥反微武子之賜不至於今武子季平子祖父雖獲歸骨於晉猶子則肉之敢不盡情歸子而不歸鮒也聞諸吏將爲子除館於西河西使近河。近附近之近其若之何且泣泣以信其言平子懼先歸惠伯待禮待見遣之禮

附釋音春秋左傳注疏卷第四十六

春秋左傳注疏卷四十六校勘記　阮元撰盧宣旬摘錄

附釋音春秋左傳注疏卷第四十六 昭十六年宋本春秋正義卷第二十九石經春秋經傳集解昭四第廿三淳熙本纂圖本岳本昭下有公字並盡十七年

經十六年

比去晉而不送 諸本作去此本誤云今改正宋本岳本纂圖本監本毛本亦作送淳熙本誤迭閩本作還

韓魏有耦國之彊 監本彊作疆

猶如宣二年 閩本監本毛本脫如字

會于州以定公位 諸本州上有平字此本脫閩本監本毛本脫于字

使若陳蔡之君 宋本脫使若陳蔡四字

故言陳蔡 毛本言誤其

傳十六年

非也 宋本以下正義二節揔入注文終言其效之下

飢者食之 纂圖本監本毛本飢作饑非也

費人無歸 毛本無誤南

平子從之 自平字以上宋殘本鈌

王行至乾谿 宋本宋殘本淳熙本岳本纂圖本監本毛本作王此本及閩本作三今改正

楚子至而行 宋本以下正義十二節揔入使子旗爲令尹注下

故怨積而不可揜 毛本揜作掩按說文作掩又云自關以東謂取日揜一曰覆也从手弇聲

辛黿以棄疾有當璧之命 淳熙本璧誤壁宋殘本作辱繆

猶父子被奪故也 監本毛本猶作由

息舟楚邑城之堅固者 纂圖本毛本舟作州

即是其〇也 閩本監本毛本〇作邑亦非宋本作一是也〇今從宋本

注故蔡大夫聲子之子 毛本大夫聲子四字改作至字

子晳 石經宋本宋殘本晳作晳釋文同

二子聞非蔡公之命 宋本聞作開

並僞與蔡公盟之徵驗以示衆 毛本徵作懲非也

以待成敗所在 岳本纂圖本閩本監本毛本所在作如何非是

二子更無兵衆 閩本監本毛本兵作賓非宋本二誤三

蓬氏 淳熙本蓬誤還

欲築壘壁 釋文壁作辟云本亦作壁宋本壘誤愚

藩籬也 釋文籬作離云依字應作籬今作離假借也案說文無籬字當作離後人據陸氏加竹非也

須務牟 諸本作牟石經作牟

次于魚陂 毛本于誤干

靈王還至訾梁而衆散 淳熙本還誤遠

知擠于溝壑矣 諸本作擠書微子篇正義引傳作隮按說文擠排也躋登也躋亦作隮訓登亦訓墜義之相反而相成者也此傳宜依尚書正義作隮

祇取辱焉 宋殘本淳熙本祇作柢石經作柢是也

弃王而歸楚 宋本宋殘本淳熙本岳本無而楚二字是也足利本楚字亦無

王沿夏 諸本作沿案說文沿字注引傳作沿

謂斷王旌　足利本王作其非也

遇諸棘圍以歸　石經宋殘本宋本岳本圍作闈是也釋文同

其民不忍飢勞之殃　監本飢作饑非也

皆在乙卯丙辰後　淳熙本纂圖本皆作歲非也

劉以爲二注文異　注字據宋本補此本空缺閩本監本毛本亦脫

觀從謂子干曰　石經曰字後人旁增釋文云謂子干本或作謂子干曰

有若敖宵敖　宋本宵作宵按世家作霄○今從宋本

楚師還自徐　宋本此節正義在獲其五帥注下

注復九年所遷邑下　宋本以下正義三節入乃改葬之句下

今召用之也　宋本宋殘本岳本足利本今上重弃疾二字是也

知鄭自說服　纂圖本知誤如

降服如今解冠也　纂圖本毛本服誤復宋殘本冠作疑亦非

未之致也　淳熙本未作末非也

子毋勤　淳熙本纂圖本閩本監本毛本毋作母釋文亦作母音無宋本正義同案正義本當作毋釋文本當作母故云音無釋文必不爲毋字作音也

尙得天下　宋本以下正義四節入楚其危哉注下

三辰日月星辰也　毛本作三星誤也

若神各一壁乃多　監本若誤君宋本乃上有其壁二字

使五人齊而長入拜　釋文云齊本又作齋案史記作召五公子齋而入

且曰弃禮違命　毛本違作韋非也

民衆　陳樹華云史記正義引杜注有也字

當以德成　淳熙本作土入德戎誤史記正義引注成下有之字亦以意增也

終身羈客在晉　淳熙本纂圖本毛本羈作羇非

亡無愛徵　宋本以下正義六節揔入何以冀國注下

君陳蔡　李善注文選阮嗣宗爲鄭沖勸晉王牋引作君居陳蔡非也

苛慝不作　案惠棟云古苛字本作荷檀弓泰山婦人曰無苛政釋文曰苛本亦作荷毛詩序云哀刑政之苛今本作苛漢張表碑亦以荷爲苛陳樹華云師古注漢書酈食其傳亦云荷與苛同

不以私欲違民事　纂圖本事誤命

芊姓有亂　淳熙本芊誤芋

故專屬子干　諸本作千此本誤二今訂正

衛姬齊僖公妾　毛本僖誤桓

稱五人而說四士　淳熙本士誤土

異於子干　宋殘本干誤于

傳言子干　監本干誤于

下邳有良城縣　纂圖本城作成

水道不可　宋本以下正義四節揔入未退而禁之注下

攝兼官也　宋本宋殘本淳熙本岳本纂圖本足利本無也字此本此句下有紨音附三字乃釋文而誤入注者○今訂正

帝王在幕也　浦鏜正誤王作圭乃依今俗本注疏改之非也

則繫于牢　毛本于作干非也

獻公主卿士劉子宋本宋殘本淳熙本岳本纂圖本閩本監本毛本主作王是也。今訂正

盟以底信石經宋本宋殘本淳熙本岳本底作厎是也說詳宣三年。今訂正

董督至多也宋本上有注字自此以下正義至詩云至禮也止捴入注文故以禮明之句下

是大夫之捴名宋本夫下有公卿二字

凡八聘四朝再會重脩監本入誤入

盟于方嶽之下此本方字空缺據宋本岳本閩本監本毛本補

未之或失也毛本之誤知

以示可畏之威重脩監本威誤成

下又云宋本毛本又作文

昭爲昭告神祇閩本監本祇作祗非

是脩其職業也毛本是作自非

左氏復與彼合毛本氏作傳

不得不信監本上不字誤來

各計道路短長閩本監本毛本短長誤倒

未必即如鄭說監本毛本即誤既

亦得與諸侯爲盟監本毛本與誤於

盟會敵禮相當盧文弨挍本禮作體

帛續旐末爲燕尾者閩本毛本末誤未下旐末此本亦誤旐未

當纏繼於干頭段玉裁挍本繼誤結

寡君知不得事君矣淳熙本事下衍見字

亦惟君石經宋本宋殘本淳熙本岳本足利本惟作唯

鄶已滅其民猶存宋本存作在案在即存也

故并以恐魯淳熙本并誤弃

經所以稱同山井鼎云宋板足利本同下後人補足盟字恐非

子産命外僕速張於除監本僕速二字誤倒

傳言子産每事敏於大叔諸本作每宋殘本誤母

子産爭承諸本作承陳華樹曰禮記經解正義引作丞

爭所爲承次貢賦之輕宋本作爭所當奉承貢賦之輕重

其食者參之一毛本參作三

令其貢正職貢宋本正作王

今止於都者諸本作今此本誤令今改正

食采者卑與尊同諸本作采此本誤宋今訂正

鄭伯男也正義引賈逵云男當作南謂南面之君也又周語曰鄭伯南也

舊有多說閩本監本毛本有作自非

焉肯受屈監本毛本肯作有非也

周語云鄭伯男也按今周語男作南王肅注伯男猶言公侯亦見家語注

王肅注毛本注誤至

故云鄭伯男也宋本閩本監本毛本作男也此本男字上有○今刪正

行理使人通聘問者淳熙本者誤行

政不出一家監本一誤二

不競爭則爲人所侵陵　淳熙本所誤川

故使狄人守囚　閩本監本毛本囚作之亦誤宋本作囚是也○今從宋本

以蒲伏焉　釋文云蒲伏本又作匍匐案正義曰蒲伏即匍匐也

說文匍手行也　宋本文下有云字

似小兒伏地而手行　宋本行下有也字

子服湫從　釋文云湫徐音椒又作子服椒止一人耳案惠棟云湫本與椒同音說文湫从水秋聲荀子引詩曰鳳皇秋秋其翼若干其聲若簫秋與簫協韻明秋亦有椒音惠伯名椒獨此作湫者聲之誤也晉以下唯徐仙民識古音諸儒皆不及也按惠說誤古音椒如揫簫如修

詩曰樂只君子　宋殘本宋本曰作云石經此處殘缺宋本岳本只作旨案王氏詩攷引亦作旨淳熙本亦作旨

言樂與君子爲治　纂圖本閩本監本毛本與誤只

乃國家之基本　監本毛本本字誤入音義

詩曰至禮也　宋本曰作云

晉荀至鮮虞　宋本此節正義在大獲而歸注下

汝南有吳防縣即防國　段玉裁校本云前後漢志及晉志皆作吳房案防與房古通用宣防亦作宣房其明徵也

得安民之禮　宋本此節正義在冬十月注下

隱大子之子廬歸于蔡禮也　顧炎武云石經廬誤盧案石經廬字完善炎武非也

悼大子之吳歸于陳禮也　石經宋本宋殘本宋本淳熙本岳本纂圖本閩本監本毛本之下有子字是也○今據補正

令尹子期請伐吳　石經宋本宋殘本淳熙本岳本足利本期作旗淳熙本伐誤戎

老嘗卿稱　纂圖本閩本監本毛本卿作鄉誤也

春秋左傳注疏卷四十六校勘記

附釋音春秋左傳注疏卷第四十七 昭十四年盡十六年

杜氏注　孔穎達疏

經十有四年春意如至自晉書至，喜得免。○三月曹伯滕卒無傳。四同盟。疏注四同盟。○正義曰：曹伯負芻以襄十八年冬十月卒，則武公立十九年盟于祝柯，二十年于澶淵，二十五年于重丘，二十七年于宋，皆魯曹俱在，是四同盟也。○夏四月無傳。○秋葬曹武公無傳。○八月莒子去疾卒未同盟。去，起呂反。○冬莒殺其公子意恢以禍亂告，不必繫於爲卿，故雖公子亦書。意恢與亂君爲黨，故書名惡之。恢，苦回反。惡，烏路反。疏注以禍至惡之。○正義曰：莒是小國，其卿多不備禮，唯莊僖之世有莒慶見經，爾來唯牟夷以竊地故書，此外更無見者。今意恢非卿亦書，故解其意。云云。釋例曰：福莫大於享國有家，禍莫甚於骨肉相殘。故公子取國及爲亂見殺者亦皆書之，不必繫於爲卿。故公子糾、意恢以公子見書於經，是解非卿而書之意也。諸公子大夫被殺而書名，皆是惡之文。意恢與亂君爲黨，故書名惡之。

傳十四年春，意如至自晉，尊晉罪己也。以舍族爲尊晉罪己。舍音捨。疏傳注以舍至罪己。○正義曰：一命大夫，經書爲人，以卿之貴得備名氏。若有罪過宜貶黜者，他國之卿則稱某人，魯卿不得自稱魯人，有罪則貶去其族。族去則非卿。此舍意如之族，是爲罪己也。季孫本實伐莒，晉人討而執之，放令歸魯，荷晉恩德，罪己亦以尊晉，故云尊晉罪己也。文二年晉人、宋人、陳人、鄭人伐秦。稱晉先且居、宋公子成、陳袁選、鄭公子歸生伐秦，卿不書，爲穆公故，尊秦也，謂之崇德。注云：秦穆悔過，終用孟明，故貶四國大夫以尊秦也。此貶意如以尊晉，其事與彼同也。此意如至自晉，傳言尊晉罪己；二十四年婼至自晉，傳直云尊晉，不言罪己。俱是去族，傳文不同者，釋例曰：意如至自晉，傳言尊晉罪己；婼至自晉，傳復重發，但言尊晉者，意如以罪見執，宜在罪己；婼本使人，不應見執，故尊晉而已。內大夫行還皆不書至，異於公也。今此二人執而見釋，更以書至見義也。若然，季孫見執，爲魯有罪矣。而往年公不與盟，注云非國惡，故不諱者，魯實伐莒取郠，若以伐莒責魯，辭則無辭，而兼受邾人之訴，妄稱朝夕伐我，爲此不與公盟，故言非國之惡。其執季孫，不是無罪也。子服惠伯云：寡君未知其罪而執其老者，拒晉之怨辭耳。尊晉罪己，禮也。禮脩己而不責人。○南蒯之將叛也，盟費人。司徒老祁、慮癸二人南蒯家臣。祁，巨夷反，字林音上尺反。疏注二人南蒯家臣。○正義曰：世族譜司徒老祁爲一人，慮癸爲一人。服虔云：司徒，姓也；老祁，字也。慮癸亦姓字也。二子季氏家臣也。杜以下句請於南蒯曰臣願受盟，知是南蒯家臣。僞廢疾，使請於南蒯曰：臣願受盟而疾興，若以君靈不死，請待間而盟。間，差也。差音初賣反。許之。二子因民之欲叛也，請朝衆而盟。欲因合衆以作亂。遂劫南蒯曰：羣臣不忘其君，君謂季氏。劫，居業反。疏注君謂季氏。○正義曰：費是季氏之邑，南蒯邑是季氏家臣，此南蒯之下羣臣還欲歸邑季氏，知君謂季氏。畏子以及今三年，聽命矣。子若弗圖，費人不忍其君，將不能畏子矣。不能復畏子。○畏子以及今絕句。復，扶又反。子何所不逞欲？請送子。送使出奔。請期五日。南蒯請期，冀有變。遂奔齊。侍飲酒於景公，公曰：叛夫。戲之。對曰：臣欲張公室也。張，強也。子韓皙曰：齊大夫。皙音星麻反。家臣而欲張公室，罪莫大焉。言越職。司徒老祁、慮癸來歸費，歸魯。齊侯使鮑文子致之。南蒯雖叛，費人不從，未專屬齊。二子逐蒯而復其舊，故經不書歸費。齊使文子致邑，欲以假好，非事實也。○好，呼報反。疏注南蒯至非事實也。○正義曰：經書叔弓圍費，則歸費亦應書經。經不書歸，故解其意也。南蒯雖以費叛降齊，費人不從，未專屬齊。叔弓圍費，齊人不救，是其未專屬齊也。二子逐蒯而費復其舊，便是本未去魯，故經不書歸費。是二子自以費歸，非齊人來歸也。齊人因其自歸而使文子致邑，施恩於魯，欲以假好，非事實也。○夏楚子使然丹簡上國之兵於宗丘且撫其民上國在國都之西西方居上流故謂之上國宗丘楚地分貧振窮分與也振救也。分如字徐甫問反長孤幼養老疾收介特介特單身民也收聚不使流散。長丁丈反收介音界又古賀反注同單音丹救災患宥孤寡寬其賦稅。宥音又稅始銳反赦罪戾詰姦慝詰責問也。戾力計反詰起吉反慝他得反舉淹滯淹滯有才德而未敘者禮新敘舊新羈旅也祿勳合親勳功也親九族任良物官物事也【疏】。夏楚子至物官。正義曰周禮司兵掌五兵鄭衆云五兵者戈殳戟酋矛夷矛鄭玄云步卒之五兵則無夷矛而有弓矢然則兵者戰器之名戰必令人執兵因即名人爲兵也此簡上國之兵謂料簡人丁之彊弱於宗丘之地集而簡之且卽慰撫其民也大體貧窮相類細言窮困於貧貧者家少貨財窮謂全無生業分財貨以與貧者授生業以救窮者孤弱幼少無父母有賜與以長成之老疾乏於藥膳有饋餼以養育之孤介特獨者收斂之不使流散有水火。災寇盜之患者救助之孤子寡妻寬其賦稅雖有罪戾原情可恕者赦放之姦邪慝惡爲民害者詰治之賢才淹滯未蒙任用者舉用之外人新來者禮待之舊人未用者進敘之施祿於功勳使有功必得祿也和合其親戚使宗族皆相親也任賢良以職事使野無遺賢準事能以任官皆令才職相當不使遠方易務此皆撫民之事也。注上國至楚地。正義曰下云簡東國之兵亦如之知此是簡西國之兵也西國東國皆是楚人在國之東西者以水皆東流西方居上流故謂之上國西爲上則東爲下下言東則此是西互相見也。注分與也振救也。正義曰分減富者之財以與貧者則分爲施與之名故分爲與也窮者全無生業或授之田宅賜之器物以救濟之。注介特至流散。正義曰傳稱一介行李逢澤有介麋焉則介亦特之義也介特謂單身特立無兄弟妻子者無所附著或將轉移收聚之令有附依不使流散。注寬其賦稅。正義曰服虔以宥爲寬赦其罪杜以下云赦罪戾則此宥非寬罪故以爲寬其賦稅也王制云少而無父謂之孤老而無子謂之獨老而無妻謂之矜老而無夫謂之寡此四者天民之窮而無告者也皆有常餼然則孤寡常有餼賜本無賦稅而云寬賦稅者正以不責賦稅卽是寬之也孤寡之貧者有餼賜能自給者免賦稅文雖不言鰥獨宥與

孤寡必同。注物事也。正義曰任良謂選賢而任之也物官謂量事而官之也賈逵云物官量能授官也鄭衆云物官相其才之所宜而官之是也使屈罷簡東國之兵於召陵兵在國都之東者。罷音皮召上照反亦如之如然丹好於邊疆結好四鄰。好呼報反注同疆居良反息民五年而後用師禮也○秋八月莒著丘公卒郊公不慼郊公著丘公子。著直居反徐直據反【疏】。息民五年。正義曰謂從此簡兵之後息民不征既滿五年而後用師征伐是爲禮也卽十九年城州來以挑吳是也案十七年與吳戰于長岸未滿五年而云息民五年者平王之意息民五年長岸之戰吳來伐楚被伐不可不戰雖戰非王本心也國人弗順欲立著丘公之弟庚與。庚與莒共公。與音餘本亦作與下同共音恭蒲餘侯惡公子意恢而善於庚與蒲餘侯莒大夫茲夫也意恢莒羣公子。惡烏路反下同郊公惡公子鐸而善於意恢鐸亦羣公子。鐸待洛反公子鐸因蒲餘侯而與之謀曰爾殺意恢我出君而納庚與許之爲下冬殺意恢傳○楚令尹子旗有德於王不知度有佐立之德與養氏比而求無厭養氏子旗之黨養由基之後。比毗志反厭於鹽反本又作饜下注同王患之九月甲午楚子殺鬭成然而滅養氏之族使鬭辛居鄖以無忘舊勳辛子旗之子鄖公辛。鄖音云○冬十二月蒲餘侯茲夫殺莒公子意恢郊公奔齊公子鐸逆庚與於齊齊隰黨公子鉏送之有賂田莒賂齊以田。鉏仕居反○晉邢侯與雍子爭鄐田邢侯楚申公巫臣之子也雍子亦故楚人。鄐許六反又超六反【疏】。注邢侯至楚人。正義曰巫人雍

子皆故楚人也襄二十六年傳稱巫臣奔晉晉人與之邢雍奔晉晉人與之鄐則鄐是雍子之田也邢侯巫臣之子而得與之爭鄐者孔晁注晉語云邢與鄐比爭疆界久而無成士景伯如楚士景伯晉理官叔魚攝理攝代景伯疏叔魚攝理。正義曰晉語云士景伯如楚叔魚爲贊理孔晁云景伯晉理官叔魚佐之景伯聘楚叔魚專斷韓宣子命斷舊獄罪在雍子雍子納其女於叔魚叔魚蔽罪邢侯蔽斷也。命斷丁亂反注同蔽必世反注同徐甫世反士補弟反疏注蔽斷也。正義曰周禮大司寇云凡庶民之獄訟以邦成蔽之鄭衆云蔽之斷其獄訟也尚書康誥云服念五六日至于旬時丕蔽要囚孔安國云服膺思念五六日至於十日至于三月乃大斷之皆以蔽爲斷是相傳爲說邢侯怒殺叔魚與雍子於朝宣子問其罪於叔向叔向曰三人同罪施生戮死可也施行罪也雍子自知其罪而賂以

買直鮒也鬻獄邢侯專殺其罪一也已惡而掠美爲昏掠取也昏亂也。鬻羊六反賣也掠音亮貪以敗官爲墨墨不絜之稱。敗必邁反又如字稱尺證反殺人不忌爲賊忌畏也夏書曰昏墨賊殺逸書三者皆死刑皐陶之刑也請從之乃施邢侯而尸雍子與叔魚於市仲尼曰叔向古之遺直也言叔向之直有古人遺風。陶音遙乃施如字服云施罪於邢侯也孔晁注國語云廢也尸氏反疏乃施至於市。正義曰晉語說此事云叔向既對宣子邢侯聞之而逃遂施邢侯氏孔晁云廢其族也則國語讀爲弛訓之爲廢家語說此事亦爲弛王肅注云弛宜爲施施行也服虔云施罪於邢侯施猶劾也邢侯亡故劾之杜無注當從施也成十七年晉殺三郤皆尸於朝此尸於市者以其賤故也治國制刑不隱於親謂國之大問已所荅當也至於他事則宜有隱。當丁浪反三數叔魚之惡不爲末減末薄也減輕也以正言之。數色主反又色具反下同爲于僞反末武葛反疏三數至末減。正義曰三度數叔魚之惡不爲薄輕言皆重厚極言之也三者卽下云數其賄也稱其詐也言其貪也是也服虔讀減爲咸下屬爲句不爲末者不爲末黎隱蔽之也咸曰義也言人皆曰叔向是義妄也曰義也夫可謂直矣於義未安直則有之。夫舊音扶一讀芳于反下同平丘之會數其賄也謂言賣貨無厭以寬衞國晉不爲暴歸魯季孫稱其詐也謂言鮒也能以寬魯國晉不爲虐邢侯之獄言其貪也以正刑書晉不爲頗三言而除三惡加三利三惡暴虐頗也三惡除則三利加。頗普何反疏注三惡暴虐頗。正義曰尚書武王數紂之罪泰誓云敢行暴虐牧誓云俾暴虐于百姓武成云暴殄天物害虐烝民然則暴是亂下之稱虐是殺害之名大同而小異殺親益榮榮名益已猶義也夫

三罪唯荅宣子問不可以不正其餘則以直傷義故重疑之。重直用反疏注三罪至疑之。正義曰杜讀此文言猶義也夫言不是義也故言以直傷義謂叔向非是義也劉炫云直則是義而規杜氏今知不然者義者於事合宜所爲得理直者唯無阿曲未能圓通故書云直而溫若直而無溫則非德非義是義之與直二者不同故上傳云義也夫此傳云猶義也夫於義之下並云夫夫是疑怪之辭故杜以爲非義哉可謂之直矣故仲尼云叔向古之遺直不云遺義是直與義別劉以直義爲一而規杜氏非也

經十有五年春王正月吳子夷末卒無傳未同盟○二月癸酉有事于武宮籥入叔弓卒去樂卒事略書有事爲叔弓卒起也武宮魯武公廟成六年復立之。籥羊略反去起呂反爲于僞反復扶又反疏有事至卒事。正義曰有事謂有祭事于武公之宮廟也祭必有樂樂有文舞武舞文執羽籥武執干鍼其入廟也必先文而後武當籥始入叔弓暴卒故於是去樂不用而終卒祭事也叔弓之卒當籥入之時故舉籥入也及其去之則諸樂

皆去，故云去樂。鐘鼓管磬悉皆去之，非獨去籥舞也。祭禮鼎俎既陳，籩豆既設，然後舞樂始入。緣先祖之心，以大臣之卒必聞樂不樂，又孝子之心不忍徹已設之饌，故去樂卒事。○注略書至立之。○正義曰：閔二年吉禘于莊公，僖八年禘于大廟，彼皆書禘。此傳言禘于武公，則亦是禘，不書爲禘而言有事者，此經所書不論禘祭是非，略書有祭事者，本爲叔弓卒起也。止爲叔弓之卒，須道當祭之時，所書不爲禘也。釋例曰：三年之禘自國之常，常事不書，故唯書此數事。祭雖得常，亦記仲遂、叔弓之非常也。是言叔弓之卒非常，故書之也。釋例亦云：凡三年喪畢，然後禘於是遂以三年爲節，當仍計除喪即吉之月，卜日而後行事，無復常月也。是以經書禘及大事，傳唯見莊公之速，他無非時之譏也。即如例言三年一禘，若計襄公之薨，則禘當在二年、五年、八年、十一年、十四年，此年非禘年也；若計齊歸之薨，則禘當在十三年、十六年，此年亦非禘年也。而云祭雖得常者，釋例曰：禘于大廟，禮之常也；各于其宮，時之爲也。雖非三年大祭，而書禘用禘禮也。昭二十五年傳曰「將禘於襄公」，亦其義也。是言于武宮者，時之所爲，實非禘年，用禘禮，此實非常，但經之所書唯譏莊公之速，其餘不復譏耳。既不以爲譏，即是得常，故云祭雖得常。叔弓爲非常也。武宮者，魯武公廟，毀已久矣，成六年復立之，遂即不毀。明堂位云：「魯公之廟，文世室也；武公之廟，武世室也。」鄭玄云：「此二廟象周有文武之廟也。世室者，不毀之名。」是魯以武公爲不毀之廟，故禘于其宮，不于大廟，亦非常也。

〇夏，蔡朝吳出奔鄭。朝吳不遠讒人，所以見逐，而書名。○遠，于萬反。〇六月丁巳朔，日有食之。無傳。〇秋，晉荀吳帥師伐鮮虞。〇冬，公如晉。

傳十五年春，將禘于武公，戒百官。齊戒。○禘，大計反。齊，側皆反。〔疏〕戒百官。○正義曰：周禮大宰：「祀五帝，前期十日，帥執事而卜日，遂戒。享先王亦如之。」鄭玄云：「前期，前所諏之日也。十日，容散齊七日，致齊三日也。執事，宗伯、大卜之屬。既卜，又戒百官以始齊。」此戒百官，亦謂戒之令齊，故杜云齊戒，言是齊之戒也。祭統云：「及時將祭，君子乃齊。齊之爲言齊也，齊不齊以致齊也。是故君子之齊也，專致其精明之德也。故散齊七日以定之，致齊三日以齊之。定之之謂齊，齊者精明之至也。」是將祭必齊，祭前豫戒之也。梓愼曰：禘之日其有咎乎！吾見赤黑之祲，非祭祥也，喪氛也。祲，妖氛也。蓋見於宗廟，故以爲非祭祥也。氛，惡氣也。○咎，其九反。祲，子鴆反。氛，芳云反，徐侯云反。蓋見，賢遍反。〔疏〕注祲妖至氣也。○正義曰：周禮有眡祲之官，鄭玄云：「祲，陰陽氣相侵漸成祥者。」其職掌十煇之法，一曰祲，二曰象。鄭衆云：「煇，爲日光氣也。」然則祲是陰陽之氣相侵之名，日光之氣有名爲祲。祲之所見非獨見於日光，故直云祲，妖氛也。梓愼唯言見祲，不言祲之所在，爲祭而言，故疑云蓋見於宗廟，故以爲非祭祥也。月令云「氛霧冥冥」，則氛亦氣也。以言喪氛，故以氛爲惡氣也。見赤黑之祲，以爲喪氛，則赤黑是喪象，梓愼有以知之。服虔云：「水黑火赤，水火相遇。」云云。其在涖事乎！涖，臨也。○涖，音利。〔疏〕其在涖事乎。○正義曰：既見喪氛，又言喪之所在，其在涖事之人乎，意疑涖事者當其咎也。二月癸酉，禘。叔弓涖事，籥入而卒。去樂，卒事，禮也。大臣卒，故爲之去樂。○去，起呂反，注及下同。爲，于僞反。〇楚費無極害朝吳之在蔡也，朝吳，蔡大夫，有功於楚平王，故無極恐其有寵，疾害之。○費，扶味反。欲去之，乃謂之曰：「王唯信子，故處子於蔡。子亦長矣，而在下位，辱。必求之，吾助子請。」請求上位。○長，丁丈反。〔疏〕在下位辱。○正義曰：言在下位可恥辱也。服虔以辱從下讀，訓之爲欲，欲必求之，吾助子請，妄也。又謂其上之人蔡人在上位者。曰：「王唯信吳，故處諸蔡，二三子莫之如也，而在其上，不亦難乎！弗圖，必及於難。」夏，蔡人逐朝吳，朝吳出奔鄭。王怒，曰：「余唯信吳，故寘諸蔡。且微吳，吾不及此。女何故去之？」無極對曰：「臣豈不欲吳？非不欲善吳。○於難，乃旦反。寘，之豉反。女，音汝。〔疏〕二三子莫之如也。○正義曰：言二三子無如吳之見信。然而前知其爲人之異也。言其多權謀。〔疏〕然而至異也。○正義曰：然此朝吳於事必豫前知，其爲人之有異於餘人也。吳在蔡，蔡必速飛。去吳，所以翦其翼也以鳥喻也言吳在蔡必能使蔡速強而背楚○背音佩○六月乙丑王大子壽卒周景王子○秋八月戊寅王穆后崩大子壽之母也傳爲晉荀躒如周葬穆后起○晉荀吳帥師伐鮮虞圍鼓鼓白狄之別鉅鹿下曲陽縣有鼓聚○聚才喻反鼓人或請以城叛穆子弗許左右曰師徒不勤而可以獲城何故不爲穆子曰吾聞諸叔向曰好惡不愆民知所適事無不濟愆過也適歸也○好呼報反惡烏路反或並依字讀下及注皆同愆起虔反〔疏〕好惡至所適○正義曰所好必善所惡必惡在上者所好所惡不有愆過則下民知所適歸言皆知歸於善也或以吾城叛吾所甚惡也人以城來吾獨何好焉賞所甚惡若所好何無以復加所好○復扶又反若其弗賞是失信也何以庇民力能則進否則退量力而行吾不可以欲城而邇姦所喪滋多使鼓人殺叛人而繕守備圍鼓三月鼓人或請降使其民見曰猶有食色姑脩而城軍吏曰獲城而弗取勤民而頓兵何以事君穆子曰吾以事君也獲一邑而教民怠將焉用邑邑以賈怠不如完舊完猶保守○庇必利反又音祕喪息浪反繕市戰反守手又反降戶江反見賢遍反焉於虔反賈音古下同〔疏〕獲一邑而教民怠○正義曰若不受其降民皆一心事其本國不敢怠惰以叛其主今若受其降人便是許其叛主則是教我國人令其外叛是雖獲一邑而教民怠惰不守死事君是所得少所失多賈怠無卒卒終也弃舊不祥鼓人能

事其君我亦能事吾君率義不爽爽差也〔疏〕鼓人至吾君○正義曰言今不聽降叛使鼓人能事其君也教民不怠是我亦能事吾君也好惡不愆城可獲而民知義所知義所在也荀吳必其能獲故因以示義〔疏〕注知義至示義○正義曰知義所在在於事君不怠惰不苟求生也十七年荀吳詐祭于雒以滅六渾二十二年負甲僞糴以入昔陽而此時獨得降而不納者此時荀吳自度己力必其能獲故因以示義有死命而無二心不亦可乎鼓人告食竭力盡而後取之克鼓而反不戮一人以鼓子鳶鞮歸鳶鞮鼓君名○鳶本又作鳶悅全反鞮丁兮反○冬公如晉平丘之會故也平丘會公不與盟季孫見執今既得免故往謝之○與音預○十二月晉荀躒如周葬穆后籍談爲介既葬除喪以文伯宴樽以魯壺文伯荀躒也魯壺魯所獻壺樽○躒力狄反本又作樂同介音界樽本或作尊又作罇並同〔疏〕注魯壺魯所獻壺樽○正義曰周禮司尊彝云秋嘗冬烝其饋獻用兩壺罇鄭玄云壺者以壺爲尊燕禮云司宮尊于東楹之西兩方壺左玄酒是禮法有以壺爲樽王曰伯氏諸侯皆有以鎮撫王室晉獨無有何也感魯壺而言也鎮撫王室謂貢獻之物文伯揖籍談文伯無辭揖籍談使對對曰諸侯之封也皆受明器於王室謂明德之分器○分扶問反內同以鎮撫其社稷故能薦彝器於王薦獻也彝常也謂可常寶之器若魯壺之屬○彝以之反晉居深山戎狄之與鄰而遠於王室王靈不及拜戎不暇言王寵靈不見及故數爲戎所加陵○遠于萬反又如字數音朔〔疏〕拜戎不暇○正義曰數爲戎所侵陵拜謝戎師不有閒暇其何以獻器王曰叔氏而忘諸乎叔籍談字叔父唐叔

成王之母弟也其反無分乎密須之鼓與其大路文所以大蒐也密須姞姓國也在安定陰密縣文王伐之得其鼓路以蒐○蒐所求反姞其吉反又其乙反闕鞏之甲武所以克商也闕鞏國所出鎧○鞏九勇反鎧開代反唐叔受之以處參虛匡有戎狄參虛實沈之次晉之分野○參所金反注同【疏】注參虛至分野○正義曰實沈之次晉之分野上繫參之虛域故云參虛其後襄之二路周襄王所賜晉文公大路戎路鏚鉞秬鬯鏚斧也鉞金鉞秬黑黍鬯香酒○鏚音戚鉞音越秬音巨鬯音暢【疏】注鏚斧至香酒○正義曰廣雅云鏚鉞斧也俱是斧也蓋鉞大而斧小大公六韜云大柯斧重八斤一名天鉞是鉞大於斧也尚書牧誓云武王左杖黃鉞孔安國云以黃金飾斧是鉞以金飾也秬黑黍釋草文也周禮有鬯人之官鄭玄云鬯釀秬爲酒芬香條暢於上下也是鬯爲香酒也賜之鏚鉞者使之專殺戮也賜之秬鬯者使之祭先祖也王制云諸侯賜弓矢然後征賜鈇鉞然後殺賜圭瓚然後爲鬯詩陳宣王賜召

穆公云秬鬯一卣告于文人是也彤弓虎賁文公受之以有南陽之田事在僖二十八年○彤徒冬反賁音奔撫征東夏非分而何夫有勳而不廢加重賞○夏戶雅反【疏】撫征東夏○正義曰服者撫之叛者征之晉於諸夏國差近西故令主東夏有績而載書功於策奉之以土田有南陽撫之以彝器弓鉞之屬旌之以車服襄之二路明之以文章旌旗子孫不忘所謂福也福祚之不登叔父焉在言福祚不在叔父當在誰邪○福祚之不登叔父絶句焉於虔反下將焉用之同【疏】福祚至焉在○正義曰言福祚之不在叔父此福祚更焉所在乎言其不在他也登陟即是在之義也且昔而高祖孫伯黶司晉之典籍以爲大政故曰籍氏孫伯黶晉正卿籍談九世祖○黶以斬反【疏】注孫伯至世祖○正義曰孫伯黶爲晉之正卿世掌典籍有功故曰

籍氏是籍談九世祖也其九世之次世本云黶生司空頡頡生南里叔子子生叔正官伯伯生司徒公公生曲沃正少襄襄生司功大伯伯生侯季子子生籍游游生談談生秦是也九世之祖稱高祖者言是高遠之祖也鄭子以少皞爲高祖意與此同及辛有之二子董之晉於是乎有董史辛有周人也其二子適晉爲大史籍黶與之共董督晉典因爲董氏董狐其後【疏】注辛有至其後○正義曰僖二十二年傳曰平王之東遷也辛有適伊川則辛有平王時人也此王因籍談董言晉國唯有籍董二族世掌典籍女司典之後也何故忘之籍談不能對賓出王曰籍父其無後乎數典而忘其祖忘祖業○女音汝數色主反【疏】籍父其無後乎○正義曰定十四年晉人敗范中行氏之師於潞獲籍秦秦即談之子是無後籍談歸以告叔向叔向曰王其不終乎吾聞之所樂必卒焉今王樂憂若卒以憂不可謂終

王一歲而有三年之喪二焉天子絶期唯服三年故后雖期通謂之三年喪○樂音洛下文注皆同期居其反下同【疏】王其至未終○正義曰言王其不得以壽終乎言將天命而橫死也吾聞之心之所樂必卒於此焉今王在憂而樂是爲樂憂也亦旣樂憂必以憂卒若性命之卒以憂而死不可謂之終也言以憂死是不終其天年也○注天子至年喪○正義曰喪服斬衰三年章內有父爲長子傳曰何以三年也正體於上又乃將所傳重也齊衰杖期章內有夫爲妻傳曰爲妻何以期也妻至親也服問曰君所主夫人妻大子適婦鄭玄云言妻見大夫以下亦爲此三人爲喪主記言君者主謂諸侯而天子亦與妻爲喪主也然則妻服齊衰期耳而傳以后崩大子卒爲三年之喪二者喪服杖期章內有父在爲母傳曰何以期屈也至尊在不敢申其私親也父必三年然後娶達子之志也父以其子有三年之戚爲之三年不娶則失之於妻有三年之義故可通謂之三年之喪於是乎以喪賓宴又求彝器樂憂甚矣且非禮也彝器之來嘉功之由非由喪也三年之喪雖貴

遂服禮也。天子諸侯除喪當在卒哭今王既葬而除故譏其不遂王雖弗遂宴樂以早亦非禮也言今雖不能遂服猶當嘿而便宴樂又失禮也○嘿亡北反本或作默同〔疏〕於是至喪也○正義曰弔喪送葬之賓不合與之宴樂王於是乎以喪賓共宴樂又求常寶之器在憂而爲此樂其爲樂憂甚矣且求器又非禮也諸侯有常器之來獻王者乃爲嘉功之由諸侯自有善功乃作常器以獻其功獻非由喪也言王不可責喪賓獻器也○三年至非禮○正義曰遂由申也竟也其意言三年之喪雖貴爲天子由當申遂其服使終日月乃是禮也除喪大速是非禮也王雖不能遂竟其服猶當靜嘿而已不宜宴樂而宴樂以早亦非禮也○注天子至不遂○正義曰禮葬日爲虞既虞之後乃爲卒哭之祭喪服傳稱成服之後晝夜哭無時既虞之後朝夕各一哭而已卒哭者謂卒此無時之哭故鄭玄士喪禮注云卒哭虞後祭名始者朝夕之閒哀至即哭至此祭止唯朝夕哭而已傳稱既葬除喪譏王不遂其服知天子諸侯除喪當在卒哭今王既葬而除故譏其不遂也杜云卒止也止哭與鄭不同若如此言除喪當在卒哭而上下杜注多云既葬除喪者以葬日即虞虞即卒哭卒哭去葬相去不遠共在一月葬是大禮事書於經故成君以否皆舉葬言之○注言今至禮也○正義曰王不能遂服乃與喪賓宴又失禮也以其喪服將終早除猶可宴事必不可也襄十六年葬晉悼公平公即位會于溴梁與諸侯宴于溫又九年八月葬我小君穆姜其年十二月晉侯以公宴于河上傳皆無譏則卒哭之後得宴樂禮王之大經也一動而失二禮無大經矣失二禮謂既不遂服又設宴樂〔疏〕禮王之大經○正義曰經者綱紀之言也傳稱經國家經德義詩序云經夫婦中庸云凡爲天下國家有九經言禮是王之大經紀也服虔曰經常也常所當行也言以考典考成也典以志經忘經而多言舉典將焉用之爲二十二年王室亂傳〔疏〕言以至用之○正義曰人之出言所以成典法也典法所以記禮經也王一動而失二禮忘已大經矣而多爲言語舉先王分器之典將焉用之

經十有六年春齊侯伐徐○楚子誘戎蠻子殺之○誘音酉〔疏〕楚子至殺之○正義曰四夷之名在西曰戎春秋之時錯居中國杜言河南新城縣東南有蠻城則是內地之戎在楚北也戎是種號蠻是國名子爵也十一年楚子虔誘蔡侯般殺之彼書楚子之名此不書楚子名者彼注云蔡大夫深怨故以楚子名告此非蠻人所告蓋楚人不以其君名告故不得書其名也公羊傳曰楚子何以不名夷狄相誘君子不疾也曷爲不疾若不疾乃疾之也言其不足疾更是深責之也賈逵云楚子不名以立其子二說異於杜也蔡侯般書名蠻子不名者釋例曰諸見執者已在罪賤之地書名與否非例所加或名不名從所赴之文○夏公至自晉○秋八月己亥晉侯夷卒未同盟○九月大雩○雩音于○季孫意如如晉○冬十月葬晉昭公三月而葬速

傳十六年春王正月公在晉晉人止公不書諱之也猶以取鄭故也公爲晉人所執止故諱不書〔疏〕公在至之也○正禮曰禮君不在國則守國之臣每月告廟云公在某處釋君不得親自朝廟之意若於歲首不在則或史書之於策襄二十九年春王正月公在楚傳曰釋不朝正於廟是也此年正月公在晉計亦應告廟書策但爲晉人執止公不以被執告廟故史不書諱之○齊侯伐徐楚子聞蠻氏之亂也與蠻子之無質也質信也○質之實反或音致使然丹誘戎蠻子嘉殺之遂取蠻氏既而復立其子焉禮也詐之非也立其子禮也河南新城縣東南有蠻城○復扶又反〔疏〕齊侯伐徐○正義曰虛舉經文者經在楚誘戎蠻上傳依經文故先舉之下有徐人行成之事非虛舉但行成在誘蠻後故先依次舉經於上爲下徐人行成起本也不下此經文就徐人者出自史意○楚子至禮也○正義曰蠻子雖與楚替交元無誠信故云與蠻子之無信也誘而殺之誠爲不可楚能復立其子大勝遂滅其國嫌其殺父立子猶爲非禮故禮之也大舜之刑也鯀殛而禹興周公之誅也放蔡叔而立蔡仲是立子爲得禮二月丙申齊師至于蒲隧蒲隧徐地下邳取慮縣東有蒲如陂○隧音遂邳普悲反取慮上音秋下力居反如淳取音陬訾之陬慮音郲婁之婁如陂彼皮反徐人行成

徐子及郯人莒人會齊侯盟于蒲隧賂以甲
父之鼎甲父古國名高平昌邑縣東南有甲父亭徐人得甲父鼎以賂齊。郯音談父音甫叔孫
昭子曰諸侯之無伯害哉為小國害齊君之無道
也興師而伐遠方會之有成而還莫之亢也
無亢禦。亢苦浪反無伯也夫詩曰宗周既滅靡所止戾
正大夫離居莫知我肄詩小雅。戾定也。肄勞也。言周舊為天下宗今乃衰滅
亂無息定執政大夫離居異心無有念民勞者也。也夫音扶肄以制反徐又以自反下同其是之謂
乎傳言晉之衰疏詩曰至謂乎。正義曰詩小雅雨無正之篇也周家舊為天下所宗今既衰滅矣其
亂無所止定也執政大夫離散其居處人各異心無有知我民之勞苦者其是此事之謂乎言今晉衰微不能止亂晉之
諸卿異心不憂民之勞苦如詩人之所云○二月晉韓起聘于鄭鄭伯

享之子產戒曰苟有位於朝無有不共恪孔
張後至立於客間孔張子孔之孫。恪苦各反執政禦之執政
掌位列者禦止也。禦魚呂反注及下同適客後又禦之適縣間縣樂肆。縣音
玄注同疏孔張至縣間。正義曰諸侯享賓之禮亡唯有公食大夫禮存耳其禮云大夫納賓賓入門左鄭玄
云左西方賓位也又云及廟門公揖入賓入三揖至于階三讓公升二等賓升大夫立于東夾南面北上士立于門東北
面西上鄭玄云自卿大夫至此不先即位從君而入者明助君饗食賓自無事也饗食事俱在廟鄭玄饗食並言則享位
亦當然也孔張後至蓋賓入廟門乃始來至當從大夫適東夾之南西面位也張乃立於客間賓入未升階立于西方孔
張入客行間也執政禦之適客後張乃移立于客之西也又禦之適縣間適鐘磬樂肆之間也大射禮者亦諸侯之禮也
樂人宿縣于阼階東笙磬西面其南笙鐘其南鑮皆南陳西階之西頌磬東面其南鐘其南鑮皆南陳張初立客間已在
西方被禦適客後又益西也又被禦適縣間蓋又復益西入於頌磬鐘鑮之間也客從而笑之

事畢富子諫富子鄭大夫諫子產也曰夫大國之人不可
不慎也幾為之笑而不陵我言數見笑則心陵侮我。幾若豈反服音
機近也數音朔侮亡甫反疏幾為至陵我。正義曰幾度之為笑而不於我加陵言數被笑必陵侮我也服虔云
幾近也孔張失位近為所笑近者未至之辭客已笑訖何言近也我皆有禮夫猶鄙
我鄙賤也。夫音扶國而無禮何以求榮孔張失位吾
子之恥也子產怒曰發命之不衷衷當也。衷丁仲反又音
忠當丁浪反或如字出令之不信刑之頗類緣事類以成偏頗。頗普多反類如
字一音力對反徐又力猥反疏注緣事至偏頗。正義曰事有相類真偽難明緣此事類以致偏頗雖非故心
亦為罪也服虔讀類為類解云頗偏也類不平也獄之放紛放縱也紛亂也。紛音芳云反縱音
子用反會朝之不敬謂國無禮敬之心疏會朝之不敬。正義曰此孔張失位則是

於朝不敬而子產不以為恥者此謂出外會朝大國非謂在本國故注云謂無禮敬大國之心使命之不
聽下不從上命疏使命之不聽。正義曰謂若伯有使子皙如楚不肯行是也取陵於
大國罷民而無功罪及而弗知僑之恥也孔
張君之昆孫子孔之後也昆兄也子孔鄭襄公兄孔張之祖父。罷
音皮執政之嗣也子孔嘗執鄭國之政疏注子孔嘗執鄭國之政。正義曰襄十年盜殺鄭
公子騑公子發公孫輒傳曰子孔當國至十九年鄭殺子孔為嗣大夫承命以使
周於諸侯國人所尊諸侯所知立於朝而祀
於家卿得自立廟於家。使音所吏反下以使同疏注卿得自立廟於家。正義曰士以上皆得立
廟則孔張雖是大夫亦得立廟而云卿得立廟者以子孔是卿故以卿言之服虔云祀其所自出之君於家以為大祖案
禮記郊特牲曰諸侯不敢祖天子大夫不敢祖諸侯而公廟之設於私家非禮也安得祀所出之君為大祖乎有

祿於國受祿邑有賦於軍軍出卿賦百乘。乘繩證反喪祭有職有所主受脤歸脤受脤謂君祭以肉賜大夫歸脤謂大夫祭歸肉於公皆社之戎祭也。脤市軫反〔疏〕注受脤謂君祭以肉賜大夫至祭也。正義曰周禮掌蜃云祭祀共蜃器之蜃鄭玄云蜃大蛤飾祭器之屬也蜃之器以蜃飾因名焉鄭衆云蜃可以白器令色白是蜃爲器名祭肉盛之脤器以獻遺人因名祭肉爲脤孔張是大夫也而云受脤歸故知受脤爲君祭以肉賜大夫歸脤謂大夫祭以肉歸於公也故周禮祭僕凡祭祀致福者展而受之是在下之祭有歸脤之義又傳有成子受脤于社前代諸儒皆以脤爲祭社之肉故云皆社之戎祭也劉炫故違傳證以破先儒以爲脤亦祭廟之肉以規杜氏文無所出其義非也然大夫不得私自出軍自祭私社而得歸脤於公者謂大夫奉君命以戎事攝祭於社故社資言祭歸肉於公亦不謂家祭也其祭在廟已有著位在位數世世守其業而忘其所僑焉得恥之其祭在廟謂助君祭。數色主反焉於虔反下焉用同〔疏〕注其祭至君祭。正義曰謂鄭伯其祭在先君之廟孔張有助祭著位在廟中以有事爲業言其所掌有常也服虔以爲其祭在廟謂孔張先祖配廟食案周禮司勳云凡有功者銘書於王之大常祭於大烝司勳詔之則配廟食者皆是有功之臣子孔作亂而死公孫洩因妖鬼而立不得有配食在廟辟邪之人而皆及執政是先王無刑罰也言爲過謬者自應用刑罰。辟匹亦反邪似嗟反子寧以他規我規正也宣子有環其一在鄭商玉環同工共朴自共爲雙。朴普角反〔疏〕注玉環至爲雙。正義曰下云韓子奉命以使而求玉焉知環是玉環也釋器云肉倍好謂之瑗肉好若一謂之環李巡云好孔也肉倍好邊肉大其孔小也好倍肉其孔大邊肉小也肉好若一其孔及邊肉大小適等曰環是環亦璧之類也言其一在鄭商則其一在韓子知其同工共朴相與爲雙故韓子欲得而雙之宣子謁諸鄭伯謁請也子產弗與曰非官府之守器也寡君不知子大叔子羽謂子產曰韓子亦無幾求言所

求少。守手又反幾居豈反晉國亦未可以貳晉國韓子不可偷也偷薄也。偷他侯反若屬有讒人交鬭其間鬼神而助之以興其凶怒悔之何及吾子何愛於一環其以取憎於大國也盍求而與之子產曰吾非偷晉而有二心將終事之是以弗與忠信故也僑聞君子非無賄之難立而無令名之患僑聞爲國非不能事大字小之難無禮以定其位之患夫大國之人令於小國而皆獲其求將何以給之一共一否爲罪滋大滋益也。屬音燭盍戸臘反難乃旦反下同又如字共音恭下而共無藝同〔疏〕僑聞至之患。正義曰僑聞君子非無賄之難家貧無賄不爲難立於職位而無善名是爲身之大患言韓子當患無令名不宜患家無賄也僑聞爲國家者非不能事大字小之難事大國愛小國不爲難也無禮以定其位是國之大患言鄭當患位不定不宜患事晉之難也下句自大國之人至則失位矣此覆無禮定位也自若韓子至獨非罪乎此復無令名也此辭一爲韓子一爲鄭國故再言僑聞服虔斷字小之難以下爲義解云字養也言事大國易養小國難然則鄭人豈憂養小國乎尚未能離經辨句復何須注述大典且字爲愛不爲養也大國之求無禮以斥之何饜之有吾且爲鄙邑則失位矣不復成國。饜於鹽反復扶又反下不敢復并同〔疏〕注吾且至位矣。正義曰若晉之大夫求無不得則鄭國乃爲晉之邊鄙之邑不復成國謂失國君之位矣若韓子奉命以使而求玉焉貪淫甚矣獨非罪乎出一玉以起二罪吾又失位韓子成貪將焉用之且吾以玉賈罪不亦銳乎銳細小也。賈音古

下無強賈銳悅歲反〔疏〕出一玉以起二罪○正義曰一共一否爲鄭國之罪也貪淫爲韓子之罪也○注銳細小○正義曰銳是鋒芒不得爲折韓子買諸賈人既成賈矣商人曰必告君大夫韓子請諸子產曰日起請夫環執政弗義弗敢復也復重求也○成賈音嫁本或作價請夫音扶重直用反今買諸商人商人曰必以聞敢以爲請子產對曰昔我先君桓公與商人皆出自周鄭本在周畿內桓公東遷并與商人俱〔疏〕買諸至商人○正義曰賈人即商人也行曰商坐曰賈對文雖別散則不殊故商賈並言之○注鄭本至人俱○正義曰世本云鄭桓公封棫林即漢之京兆鄭縣是也本在周之西都畿內也鄭語稱史伯爲桓公謀使桓公寄帑與賄於虢鄶之國桓公從之其子武公遂滅虢鄶而國之當桓公東遷帑賄之時并與商人俱來也庸次比耦庸用也用次更相從耦耕○比毗志反更音庚以艾殺此

地斬之蓬蒿藜藋而共處之世有盟誓以相信也曰爾無我叛我無強賈無強市其物○艾魚廢反蓬蒲東反蒿呼高反藜力兮反藋徒弔反強其丈反下強奪同又其良反注放此毋或匄奪爾有利市寶賄我勿與知恃此質誓故能相保以至于今今吾子以好來辱而謂敝邑強奪商人是教敝邑背盟誓也毋乃不可乎吾子得玉而失諸侯必不爲也若大國令而共無藝藝法也○毋音無下同匄古害反又姑末反乞也賄呼罪反或作貨與音預好呼報反下及注並同背音佩〔疏〕毋或匄奪○正義曰六年傳稱楚公子棄疾之過鄭也不強匄則匄是乞也乞則可也唯不得強耳此言毋或匄奪亦謂不得強匄乞奪取也乞之與乞一字也取則入聲與則去聲也此匄亦有取與此傳言匄謂取也詔書稱祖調匄民謂與民○

強奪商人○正義曰上云買諸賈人則是和買而子產謂之強奪者韓子以威偪之其賈必賤故商人欲得告君大夫子產知其非和買故云然也鄭鄙邑也亦弗爲也不欲爲鄙邑之事僑若獻玉不知所成敢私布之布陳也韓子辭玉曰起不敏敢求玉以徼二罪敢辭之傳言子產知禮宣子能改過○徼古堯反〔疏〕徼二罪○正義曰謂晉失諸侯鄭爲邊邑○夏四月鄭六卿餞宣子於郊餞送行飲酒○餞賤淺反字林子扇反〔疏〕注餞送行飲酒○正義曰詩云飲餞于禰毛傳云祖而舍軷飲酒於其側曰餞宣子曰二三君子請皆賦起亦以知鄭志詩言志也子齹賦野有蔓草子齹子皮之子嬰齊也野有蔓草詩鄭風取其邂逅相遇適我願兮○齹才何反字林才可反又士知反說文作齹云齒差跌也在河千多二反蔓音萬邂戶賣反逅戶豆反〔疏〕野有蔓草○正義曰野有蔓草思遇時也君之澤不下流民窮於兵革男女失時思不期而會

焉其詩云野有蔓草零露溥兮有美一人清揚婉兮邂逅相遇適我願兮注云青揚眉目之間婉然美好邂逅不期而會適其時願宣子曰孺子善哉吾有望矣君子相願已所望也○孺如住反子產賦鄭之羔裘言鄭別於唐羔裘也取其彼己之子舍命不渝邦之彥兮以美韓子○別彼列反己音記舍音赦又音捨渝羊朱反〔疏〕注言鄭至韓子○正義曰羔裘刺朝也言古之君子以風其朝焉釋訓云之子者是子也斥韓子也鄭玄云已語辭也舍猶處也渝變也處命不變謂守死善道見危授命之類也釋訓云美士爲彥言一邦之美士以美韓子也宣子曰起不堪也不堪國之司直子大叔賦褰裳褰裳詩曰子惠思我褰裳涉溱子不我思豈無他人言宣子思己將有褰裳之志如不我思亦豈無他人○褰起虔反溱側巾反〔疏〕褰裳至他人○正義曰褰裳思見正也狂童恣行國人思大國之正己也其詩云子惠思我褰裳涉溱注云子者斥大國之正卿子若愛而思我我國有突篡國之事而可征而正之我則揭衣涉溱水往告難也又云子不思我豈無他人注云言他人者先鄉齊晉宋衛後之荊楚宣子曰起

在此敢勤子至於他人乎言已今崇好在此不復令子適他人。復扶又反令力呈反下同子大叔拜謝宣子之有鄭宣子曰善哉子之言是是褰裳〔疏〕注是褰裳。正義曰是猶此也子之言此褰裳之詩也不有是告他人之事其能終相善乎不有是事其能終乎韓起不欲令鄭求他人子大叔拜以答之所以晉鄭終善子游賦風雨子游駟帶之子駟偃也風雨詩取其既見君子云胡不夷〔疏〕風雨。正義曰風雨思君子也亂世則思君子不改其度焉其詩云風雨淒淒雞鳴喈喈注云風且雨淒淒然雞猶守時而鳴喈喈然喻君子雖居亂世不變改其節度又云既見君子云胡不夷注云胡何也夷說也思而見之云何而心不說子旗賦有女同車子旗公孫段之子豐施也有女同車取其洵美且都愛樂宣子之志。樂音洛又五孝反〔疏〕注洵美且都。正義曰洵信也都閑也言信美好且閑習於威儀是愛樂宣子之志子柳賦蘀兮子柳印段之子印癸也蘀兮詩取其倡予和女言宣子倡己將和從之。蘀他洛反印一刃反倡昌亮反本或作唱同和戶臥反下注同女音汝〔疏〕蘀兮。正義曰蘀兮刺忽也君弱臣強不倡而和也其詩云蘀兮蘀兮風其吹女注云蘀槁也槁謂木葉也木葉槁待風乃落喻君有政教臣乃行之言此者刺今不然又云叔兮伯兮倡予和女注云叔伯言羣臣長幼也羣臣無其君而行自以強弱相服女倡矣我則將和之言此者刺其自專也宣子喜曰鄭其庶乎庶幾於興盛二三君子以君命貺起賦不出鄭志六詩皆鄭風故曰不出鄭志。貺音況皆昵燕好也昵親也賦不出其國以示親好。昵女乙反二三君子數世之主也可以無懼矣宣子皆獻馬焉而賦我將我將詩頌取其日靖四方我其夙夜畏天之威言志在靖亂畏懼天威。數色主反〔疏〕我將。正義曰我將祀文王於明堂也云儀式刑文王之典日靖四方我其夙夜畏天之威于時保之注云早夜敬天於是得安文王之道子產拜使五卿皆拜曰吾子靖亂敢不拜德宣子

私覲於子產以玉與馬曰子命起舍夫玉是賜我玉而免吾死也敢藉手以拜以玉藉手拜謝子產。覲其靳反舍音捨夫音扶藉在夜反注同○公至自晉晉人聽公得歸子服昭伯語季平子昭伯惠伯之子子服回也隨公從晉還。語魚據反曰晉之公室其將遂卑矣君幼弱六卿彊而奢傲將因是以習習實爲常能無卑乎平子曰爾幼惡識國昭伯尚少平子不信其言。傲五報反惡烏路反少詩照反〔疏〕將因至卑乎。正義曰言將因是君幼弱以習奢傲之事既習奢傲實以爲常常行輕君之禮能無卑乎○秋八月晉昭公卒爲下平子如晉葬起○九月大雩旱也鄭大旱使屠擊祝款豎柎有事於桑山三子鄭大夫有事祭也。屠音徒柎音附又方于反斬其木不雨子產曰有事於山蓺山林也蓺養護令繁殖。蓺音藝令力呈反而斬其木其罪大矣奪之官邑○冬十月季平子如晉葬昭公平子曰子服回之言猶信自往見之乃信回言子服氏有子哉有賢子也

附釋音春秋左傳注疏卷第四十七

江西南昌府學栞

春秋左傳注疏卷四十七校勘記　阮元撰盧宣旬摘錄

附釋音春秋左傳注疏卷第四十七　昭十四年盡十六年

經十四年

以襄十八年冬十月卒　監本八誤人

傳十四年

注以舍至罪已　宋本此節正義在注文禮脩已而不責人下

稱晉先且居宋公子成陳袁選鄭公子歸生伐秦　監本袁作轅與文二年傳合宋本稱上有傳字是也

注二人南蒯家臣　宋本以下正義三節摠入齊侯使鮑文子致之注下

僞廢疾　宋本宋殘本淳熙本岳本廢作癈與石經合

遂劫南蒯曰　淳熙本劫改刼非

張强也　纂圖本閩本監本毛本强作彊

子韓晳曰　石經宋本岳本晳作晳與釋文合

言越職　淳熙本職誤反

司徒老祁慮癸來歸費　閩本監本祁作祁非也

歸魯　淳熙本歸作在非也

故經不書歸費　淳熙本歸誤以

注南蒯至非事實也　閩本注字空闕宋本無非事二字

是其未專屬齊也　閩本監本毛本其作費

夏楚子使然丹簡上國之兵於宗丘　宋本宋殘本岳本簡作簡與石經合石經宗誤宋

上國在國都之西　淳熙本國誤同纂圖本都誤郡

收聚不使流散　岳本聚作養非也

新羈旅也　宋本宋殘本岳本羈作羇不誤淳熙本作敘非也

夏楚子至物官　宋本以下正義七節摠入息民五年節下

老疾乏於藥膳　閩本監本毛本乏譌之

有水火災　宋本毛本火下有之字監本初刻亦脫後擠刊

故謂之上國　閩本監本故作皆非

老而無妻謂之矜　監本毛本矜作鰥

息民五年　閩本監本毛本此節正義在息民五年節之下宋本在注物事也正義之後

雖戰非王本心也　重脩監本心作尢非也

欲立著丘公之弟庚與　宋本宋殘本淳熙本纂圖本閩本監本足利本與作輿下及注同石經此處殘缺下文皆作輿北宋刻釋文同云本亦作與此本作輿乃釋文亦作之字案漢書古今人表正作輿是也

與養氏比　諸本作比此本誤北今改正

養氏子旗之黨　監本脫養氏子三字

公子鐸逆庚與於齊　石經初刻與誤餘後改正

注邢侯至楚人　毛本邢誤刑宋本以下正義七節摠入猶義也夫注下

巫人雍子　宋本作巫臣山井鼎亦云巫人當作巫臣

雍奔晉　正德本閩本雍誤襄宋本雍下有子字是也

蔽斷也　淳熙本斷作乱非

乃施邢侯　纂圖本毛本邢誤刑

以正言之　宋本宋殘本淳熙本岳本足利本以上有皆字是也

郎下云數其賄也　閩本監本毛本云作文

曰義也夫　王引之云曰當爲由字之脱誤下文猶義也夫猶讀爲由字之假借也

其餘則以直傷義　宋殘本餘作除非也

經十五年

武執干鏚　宋本監本毛本作干此本誤于閩本同今改正監本鏚字模糊閩本誤鋮毛本誤鉞

鐘鼓管磬　監本鐘作鍾

釋例亦云　宋本亦作又是也

傳十五年

齊戒　足利本齊作齋

戒百官　宋本以下正義三節揔入二月癸酉注下

禘之日其有咎乎　宋殘本日誤月

相侵之名　宋本侵作祲非

費無極　史記楚世家極作忌索隱曰左傳作無極極忌聲相近伍子胥傳同

故處子於蔡子亦長矣而在下位辱必求之吾助子請　請求上位

又謂其上之人　蔡人在上位者

曰王唯信吳故處諸蔡二三子莫之如也　淳熙本此處誤倒作故處子請求上位又謂其上之人蔡人在上位者曰王唯信吳故處諸於蔡子亦長矣而在下位辱必求之吾助子請蔡二三子莫之如也

在下位辱　宋本以下正義二節揔入吳在蔡節注下

周禮有圉人之官　閩本監本毛本官誤宫

故令主東夏　閩本監本令誤今非也

有南陽　淳熙本南誤尚

襄生司功大伯　宋本功作攻

伯生侯季子　閩本監本毛本侯作候

忘祖業　宋殘本忘誤亡

於是乎以喪賓宴　漢書五行志引宴作燕下宴樂同

彛器之來　石經宋本淳熙本岳本纂圖本毛本彛作彝是也宋殘本來誤求○案彛俗彝字今訂正

經十六年

春齊侯伐徐　監本齊作晉非也

傳十六年

猶以取鄭故也　宋本淳熙本岳本纂圖本閩本監本毛本鄭作鄭不誤宋殘本作鄭亦非○今訂正

齊侯伐徐　閩本監本毛本此節正義在齊侯伐徐句下

下邳取慮縣東有蒲如陂　監本閩本蒲作滿非也諸本作蒲如釋文亦作如劉昭續漢書郡國志作蒲姑注引杜說同

爲小國害　纂圖本小誤人

無有念民勞者也　宋本宋殘本足利本無也字

孔張至縣間　宋本自此節以下正義至我將節止揔入敢不藉手以拜注下

面北上　宋本面上有西字

適鐘磬樂肆之間也　閩本監本鐘作鍾下同

則心陵侮我　纂圖本閩本監本毛本心誤必

幾度之爲笑　宋本之爲作爲之是也

刑之頗類　顧炎武云類當作纇案正義引服虔讀爲纇解云纇偏也纇不平也是經假類爲纇也

謂國無禮敬之心　正義作謂無禮敬大國之心

注子孔嘗執鄭國之政　宋本嘗執鄭國作至字

立於朝而祀於家　諸本作立於此本誤立于今改正山井鼎云足利本後人記云朝異本作廟非也

注卿得自立廟於家　宋本自立廟作至字

安得祀所出之君爲大祖乎　宋本乎作也

注受脤謂君祭以肉賜大夫至祭祀也　宋本作受脤至祭也

而云受脤歸　宋本歸下有脤字是也

巳有著位　諸本作巳宋本作已爲長

公孫泄因妖鬼而立　閩本監本毛本泄作洩

玉環也工共朴　宋本宋殘本淳熙本岳本纂圖本監本毛本也作同是也按朴當作樸俗作璞

肉倍好謂之瑗　宋本毛本謂之下有璧好倍肉謂之六字監本初刻亦脫後擠刊

好倍肉其孔大邊肉小也　監本下肉字誤內

尚未能離經辨句　閩本監本毛本辨作辯

吾有至位矣　毛本作有吾亦非宋本作吾且不誤

求無不得　宋本得作獲

正義曰銳是鋒芒　諸本作銳此本誤說今改正宋本正義曰下有說文云銳芒也鋒芒尖故爲細小言得利小也服虔云銳折也共廿四字今各本脫

謀使桓公寄帑與賄於虢鄶之國　毛本鄶作鄫非也下同

乞之與乞一字也　毛本下乞字作匄甚誤

子齹　諸本作齹案說文齹字下云春秋傳曰鄭有子齹

零露漙兮　閩本監本毛本漙誤溥

後之荆楚　監本毛本之誤至

云胡不夷　岳本胡作乎非也

風且雨淒淒然　監本毛本淒作凄非也下同

雞猶守時而鳴　監本雞作鷄

取其洵美且都　宋本宋殘本淳熙本足利本洵作詢正義同

都閑也　毛本閑作閒字按當爲嫺

子柳賦擇兮　淳熙本賦誤則

不倡而和也　閩本監本毛本倡作唱下倡予同

叔兮伯兮　毛本伯亦作叔非也

庶幾於興盛　足利本庶上有言鄭二字以意改也

早夜敬天　閩本監本毛本早作蚤

敢藉手以拜　石經宋本宋殘本淳熙本岳本纂圖本毛本敢下有不字是也監本初刻亦脫後擠刊

以玉藉手拜謝子產　宋本宋殘本淳熙本岳本纂圖本毛本玉下有馬字是也監本初刻亦脫後擠刊手字模糊淳熙本手誤作乎宋殘本藉誤籍岳本脫子產二字

晉人聽公得歸　岳本脫人字得字

六卿彊而奢傲　監本彊作疆非也

昭伯尚少　閩本監本毛本少作幼

豎柎　石經宋本宋殘本岳本豎作豎釋文亦作豎是也

埶山林也　宋本岳本埶作蓺釋文同石經初刻作藝後刊去云字

自往見之　宋本自作身

春秋左傳注疏卷四十七挍勘記

附釋音春秋左傳注疏卷第四十八 昭十七年盡十九年

杜氏注　孔穎達疏

經十有七年春小邾子來朝○夏六月甲戌朔日有食之○秋郯子來朝○八月晉荀吳帥師滅陸渾之戎○渾戶門反○冬有星孛于大辰大辰房心尾也妖變非常故書○孛音佩一音勃 疏 注大辰至故書○正義曰釋天云大辰房心尾也大火謂之大辰李巡云大辰蒼龍宿之體最爲明故曰房心尾也大火蒼龍宿心以候四時故曰辰孫炎曰龍星明者以爲時候故曰大辰大火也心在中最明故時候主焉公羊傳曰孛者何彗星也彗爲箒也言其狀似掃箒光芒孛孛然妖變之星非常所有故書之傳稱孛于大辰西經直書于大辰者雖在其星之西仍在大辰分度之內故直云于大辰○楚人及吳戰于長岸吳楚兩敗莫肯告負故但書戰而不書敗也長岸楚地○岸五旦反 疏 注吳楚至楚地○正義曰傳稱大敗吳師又云大敗楚師是兩皆大敗也縱使兩皆來告無肯自云負敗者故但書戰而不書敗也傳稱令尹陽匄則是楚之貴臣而云楚人者楚人恥其敗以賤者告也

傳十七年春小邾穆公來朝公與之燕季平子賦采叔采叔詩小雅取其君子來朝何錫與之以穆公喻君子 疏 采叔○正義曰采叔刺幽王慢諸侯也云采叔采叔筐之筥之君子來朝何錫予之雖無予之路車乘馬注云賜諸侯以車馬言雖無予之尚以爲薄穆公賦菁菁者莪菁菁者莪亦詩小雅取其既見君子樂且有儀以荅采叔○菁子丁反莪五河反樂音洛 疏 菁菁者莪○正義曰菁菁者莪云既見君子樂且有儀既見君子者官爵之而得見也見則心既喜樂又以禮儀見接昭子曰不有以國其能久乎嘉其能荅賦言其賢故能久有國 疏 不有至久乎○正義曰言不有學問之人以治其國能長久乎○夏六月甲戌朔日有食之祝史請所用幣禮正陽之月日食當用幣於社故請之 疏 注禮正至請之○正義曰陰陽之氣運行於天一消一息周而復始十一月建子爲陽始五月建午爲陰始以易爻卦言之從建子之後每月一陽息一陰消至四月建巳六陰消盡六陽並盛是爲純乾之月正陽之月也從建午之後每月一陰息一陽消至十月建亥六陽消盡六陰並盛是爲純坤之卦正陰之月也此年六月日食是夏之四月正陽之月也禮正陽之月日食諸侯當用幣於社故魯之祝史依禮法請所用之幣昭子曰日有食之天子不舉不舉盛饌饌仕眷反○伐鼓於社責羣陰諸侯用幣於社請上公伐鼓於朝退自責禮也平子禦之禦禁也○禦之魚呂反注同曰止也唯正月朔慝未作日有食之於是乎有伐鼓用幣禮也其餘則否大史曰在此月也正月謂建巳正陽之月也於周爲六月於夏爲四月慝陰氣也四月純陽用事陰氣未動而侵陽災重故有伐鼓用幣之禮也平子以爲六月非正月故大史荅言在此月也○正音政慝他得反夏戶雅反下文當夏注當夏並同 疏 昭子至禮也○正義曰昭子雖不言正月而云日食之禮明此月即是正月也文十五年傳與此昭子之言正同是正法有此禮也殺牲盛饌曰舉故天子不舉謂去盛饌也郊特牲云社所以神地之道也祭土而主陰氣也則社是羣陰所聚論語云鳴鼓而攻之伐鼓者是攻責之事故爲責羣陰亦以責上公也二十九年傳曰封爲上公祀爲貴神社稷五祀是尊是奉是社爲上公之神尊於諸侯故諸侯用幣於社請上公亦所以請羣陰請令勿侵陽也然伐鼓於社云責羣陰用幣於社云請上公社文是一二注不同者以天子之尊無所不責故云責羣陰也諸侯南面之君於諸侯之內唯請上公故云請上公也○平子至則否○正義曰平子聞有此禮而不知正月是周之六月故止其請幣仍說正禮慝惡也人情愛陽而惡陰故謂陰爲慝五月陰始生故四月陰未作也平子亦不識慝爲陰義故語雖得禮而心不肯從平子蓋以正月爲歲首之月故云其餘則否○大史曰在此月也○正義曰大史以平子不識正月故爲辨之所言慝未作所以行伐鼓用幣之禮正當在此月也因爲說日食之禮引夏書以證之曰過分而未至過春分而未夏至三辰有災三辰

日月星也日月相侵又犯是宿故三辰皆爲災○宿音秀於是乎百官降物降物素服〔疏〕注降物素服○正義曰降物謂減其物采也昬義曰日食則天子素服知百官降物亦素服也古之素服禮無明文蓋象朝服而用素爲之如今之單衣也近世儀注日食則擊鼓於大社天子單衣介幘辟正殿坐東西堂百官白服坐本司大常率官屬繞大廟過時乃罷君不舉辟移時辟正寢過日食時樂奏鼓伐鼓〔疏〕樂奏鼓○正義曰樂奏鼓與下瞽奏鼓一也樂謂作樂之人卽瞽矇也奏謂進也孔安國尚書傳云瞽樂官樂官進鼓則伐之故杜云伐鼓也其日食王或有至社親伐鼓之時故周禮大僕云凡軍旅田役贊王鼓救日月食亦如之鄭玄云王通鼓佐擊其餘面則日食王有親鼓之時也祝用幣用幣於社史用辭用辭以自責故夏書曰辰不集于房逸書也集安也房舍也日月不安其舍則食瞽奏鼓瞽樂師瞽音古○嗇夫馳庶人走車馬曰馳步曰走爲救日食備也○嗇音色〔疏〕故夏至人走○正義曰此尚書胤征文也彼云乃季秋月朔辰弗集于房彼季秋日食亦以此禮救之傳言唯正月朔日食乃有伐鼓用幣餘月則否引夏書而與夏書違者蓋先代尚質凡有日食皆用鼓幣周禮極文周家禮法見事有差降唯正陽之月特用鼓幣餘月則否○注逸書至則食○正義曰杜以鳥止謂之集故訓集爲安也孔安國云房所舍之次集合也不合則日食可知與杜少異○注車馬至備也○正義曰杜以馳是馬疾行故云車馬曰馳步曰走孔安國云嗇夫主幣之官馳取幣禮天神嗇夫於周禮無文鄭注覲禮云嗇夫蓋司空之屬也則官屬司空庶人在官若胥徒之屬使之取幣而禮天神也衆人走共救日食之百役也嗇夫取幣未必馳車蓋馳走相對變其文耳言禮天神者謂天子禮傳無天子禮天神之事文不具此月朔之謂也當夏四月是謂孟夏言此六月當夏家之四月平子弗從昭子退曰夫子將有異志不君君矣安君之災故曰有異志〔疏〕不君君矣○正義曰日食陰侵陽臣侵君之象救日食所以助君抑臣也平子不肯救日食乃是不君事其事也劉炫云乃是不復以君爲君矣○秋郯子來朝公與之宴昭子

問焉曰少皡氏鳥名官何故也少皡金天氏黃帝之子己姓之祖也問何故以鳥名官○少詩照反皡胡老反己音紀又音祀〔疏〕注少皡至名官○正義曰帝系云黃帝生玄囂也史記云黃帝正妃生二子其後皆有天下其一曰玄囂是爲青陽降居江水言降居江水謂不爲帝也此傳言其以鳥名官則是爲帝明矣故世本及春秋緯皆言青陽卽是少皡黃帝之子代黃帝而有天下號曰金天氏少皡氏身號金天氏代號也晉語稱青陽與黃帝同德故爲姬姓黃帝之子十四人爲十二姓其十二有姬有己青陽旣爲姬姓則己姓非青陽之後而世本己姓出自少皡非青陽也事遠書亡不可委悉耳郯子曰吾祖也我知之昔者黃帝氏以雲紀故爲雲師而雲名黃帝軒轅氏姬姓之祖也黃帝受命有雲瑞故以雲紀事百官師長皆以雲爲名號縉雲氏蓋其一官也○長丁丈反縉音進〔疏〕注黃帝至官也○正義曰史記云黃帝者少典之子名曰軒轅爲天子代神農氏是爲黃帝晉語云黃帝以姬水成爲姬姓是姬姓之祖也以少皡之立有鳳鳥之瑞而以鳥紀事黃帝以雲紀事明其初受天命有雲瑞也雲之爲瑞未能審也史記天官書曰若煙非煙若雲非雲郁郁紛紛蕭索輪囷是謂卿雲或作慶雲或作景雲孝經援神契曰德至山陵則景雲出服虔云黃帝受命得景雲之瑞故以雲紀事黃帝雲瑞或當是景雲也百官師長皆以雲爲名號卽是以雲紀綱諸事也雲爲官名更無所出唯文十八年傳云縉雲氏有不才子疑是黃帝時官故云縉雲氏蓋其一官也炎帝氏以火紀故爲火師而火名炎帝神農氏姜姓之祖也亦有火瑞以火紀事名百官〔疏〕注炎帝至百官○正義曰帝系世本皆爲炎帝卽神農氏炎帝身號神農代號也譙周考古史以爲炎帝與神農各爲一人非杜義晉語云炎帝以姜水成爲姜姓是爲姜姓之祖也火之爲瑞亦未審也共工氏以水紀故爲水師而水名共工以諸侯霸有九州者在神農前大皡後亦受水瑞以水名官○共音恭大音泰下大皡同〔疏〕注共工至名官○正義曰共工氏霸有九州祭法文也此傳從黃帝向上逆陳之知共工在神農前大皡後也水之爲瑞亦未審也大皡氏以龍紀故爲龍師而龍名大皡伏犧氏風姓之祖也有龍瑞故以龍爲官〔疏〕

注大皞至命官○正義曰月令孟春云其帝大皞易下繫云包犧氏之王天下也即大皞身號伏羲代號也僖二十一年傳云任宿須句風姓也實司大皞知大皞是風姓之祖也龍之爲瑞亦未審也此黃帝以上四代用雲火水龍紀事其官之名必用雲火水龍爲之但書典散亡更無文紀其名不可復知故杜不須委說唯有縉雲見傳疑是黃帝官耳服虔云黃帝以雲名官蓋春官爲青雲氏夏官爲縉雲氏秋官爲白雲氏冬官爲黑雲氏中官爲黃雲氏炎帝以火名官春官爲大火夏官爲鶉火秋官爲西火冬官爲北火中官爲中火共工以水名官春官爲東水夏官爲南水秋官爲西水冬官爲北水中官爲中水大皞以龍名官春官爲青龍氏夏官爲赤龍氏秋官爲白龍氏冬官爲黑龍氏中官爲黃龍氏此皆事無所見苟出胸腸少皞鳥紀不以五方名官焉知彼四代者皆以四時五方名官乎以縉爲赤色則云夏官爲縉雲焉知餘方不更爲之目而直指青黃爲名也以天文有大火鶉火即云春爲大火夏爲鶉火其餘何故直以西北名火也此皆虛而不經故不可采用

我高祖少皞摯之立也鳳鳥適至故紀於鳥爲鳥師而鳥名鳳鳥氏歷正也鳳鳥知天時故以名歷正之官○摯音至【疏】注鳳鳥至之官○正義曰釋鳥云鶠鳳其雌皇則此鳥雄曰鳳雌曰皇說文云鳳神鳥也山海經云丹穴之山有鳥焉其狀如鶴五采而文名曰鳳皇見則天下大安寧運斗樞云天樞德見則鳳皇翔中候握河紀云堯即政七十年鳳皇止庭伯禹拜曰昔帝軒提象鳳巢阿閣白虎通云黃帝時鳳皇蔽日而至止於東園終身不去諸書皆言君有聖德鳳皇乃來是鳳皇知天時也歷正主治歷數正天時之官故名其官爲鳳鳥氏也當時名官直爲鳥名而已其所職掌與後代名官所司事同所言歷正以下及司徒司寇工農之屬皆以後代之官所掌之事託言之言爾時鳥名如今之此官也

玄鳥氏司分者也玄鳥燕也以春分來秋分去○燕於見反【疏】注玄鳥至分去○正義曰說文云燕玄鳥也釋鳥云燕燕鳦郭璞曰詩云燕燕于飛一名玄鳥齊人呼鳦詩云天命玄鳥月令云玄鳥至之日是一名玄鳥也或單呼爲燕或重名燕燕異方語也此鳥以春分來秋分去故以名官使之主二分

伯趙氏司至者也伯趙伯勞也以夏至鳴冬至止【疏】注伯趙至至止○正義曰釋鳥云鶪伯勞也樊光曰春秋云伯趙氏司至伯趙鶪也以夏至來冬至去郭璞曰似鶷鶡而大此鳥以夏至來○冬至止去故以名官使之主二至也月令仲夏之月鶪始鳴蔡邕云鶪伯勞也一曰伯趙應時而鳴爲陰候也詩云七月鳴鶪者鄭玄云豳地晚寒鳥物之候從其氣焉王肅云七當爲五古文五字似七故誤

青鳥氏司啓者也青鳥鶬鴳也以立春鳴立夏止○鶬音倉鴳亦作鷃於諫反【疏】注青鳥至夏止○正義曰青鳥鶬鴳爾雅無文先儒相說耳立春立夏謂之啓此鳥以立春鳴立夏止故以名官使之主立春立夏

丹鳥氏司閉者也丹鳥鷩雉也以立秋來立冬去入大水爲蜃上四鳥皆歷正之屬官○鷩必滅反蜃市軫反【疏】注丹鳥至屬官○正義曰釋鳥雉之類有鷩雉樊光曰丹雉也少皞氏以鳥名官丹鳥氏司閉以立秋來立冬去入水爲蜃周禮王亨先公服鷩冕郭璞曰似山雞而小冠背毛黃腹下赤項綠色鮮明是解丹鳥爲鷩雉也立秋立冬謂之閉此鳥以秋來冬去故以名官使之主立秋立冬也分至啓閉立四官使主之鳳皇氏爲之長故云四鳥皆歷正之屬官也

祝鳩氏司徒也祝鳩鷦鳩也鷦鳩孝故爲司徒主敎民○鷦音焦本又作焦本或作鷦子遙反又子堯反【疏】注祝鳩至敎民○正義曰釋鳥云隹其鳺鴀舍人云隹一名夫不今楚鳩也樊光曰春秋云祝鳩氏司徒祝鳩即隹其夫不孝故爲司徒郭璞曰今鵓鳩也詩云翩翩者隹毛傳云鵻夫不也一宿之鳥鄭玄云一宿者一意於其所宿之木又云夫不鳥之慤謹者人皆愛之則此是謹慤孝順之鳥故名司徒之官敎人使之孝也

鴡鳩氏司馬也鴡鳩王鴡也鷙而有別故爲司馬主法制○鴡本又作雎七徐反鷙音至本亦作摯下同別彼列反【疏】注鴡鳩至法制○正義曰釋鳥云鴡鳩王鴡李巡云王鴡一名鴡鳩郭璞云鵰類今江東呼之爲鶚好在江渚山邊食魚毛詩傳曰鳥鷙而有別則鴡鳩是鷙擊之鳥又能雄雌有別也司馬主兵又主法制擊伐又當法制分明故以此鳥名官使主司馬之職

鳲鳩氏司空也鳲鳩鴶鵴也鳲鳩平均故爲司空平水土○鴶本亦作秸簡八反又音吉鵴本亦作鞠居六反【疏】注鳲鳩至水土正義曰釋鳥云鳲鳩鴶鵴樊光曰春秋云鳲鳩氏司空心平均故爲司空郭璞曰今之布穀也孫炎曰方言云鳲鳩自關而東謂之戴勝陸機毛詩義疏云今梁宋之間謂布穀爲鴶鵴則布穀是鳲鳩明矣而楊雄云鳲鳩是戴勝也今戴勝自生穴中不巢生雄言非也詩云鳲鳩在桑其子七兮毛傳云鳲鳩之養其子朝從上下莫從上下平均如一是鳲鳩平均

故爲司空尚書舜典云伯禹作司空帝曰禹汝平水土惟時懋哉是司空主平水土也**爽鳩氏司寇也**爽鳩鷹也鷙故爲司寇主盜賊○爽所丈反 疏 注爽鳩至盜賊○正義曰釋鳥云鷹鶆鳩樊光曰來鳩爽鳩也春秋曰爽鳩氏司寇鷹鷙故爲司寇郭璞曰鶆當爲爽字之誤耳左傳作爽鳩是也鷹是鷙擊之鳥司寇主擊盜賊故爲司寇**鶻鳩氏司事也**鶻鳩鶻鵰也春來冬去故爲司事○鵰陟交反又陟留反又音彫 疏 注鶻鳩至司事○正義曰釋鳥云鶌鳩鶻鵃舍人曰鶌鳩一名鶻鵃今之班鳩也樊光曰春秋云鶻鳩氏司事春來冬去孫炎曰鶻鳩一名鳴鳩月令云鳴鳩拂其羽郭璞云今江東亦呼爲鶻鵃似山鵲而小短尾青黑色多聲即是此也舊說及廣雅皆云班鳩非也所論班鳩鳴鳩雖有異同其言春來冬去舊有此說國家營事繕治器物一年之間無時暫止故以此鳥名司事之官也司事謂營造之事於六官皆屬司空此司空司事各爲一官者古今代異猶如舜典司空與共工各爲一官也**五鳩鳩民者也**鳩聚也治民上聚故以鳩爲名 疏 注鳩聚至爲民○正義曰鳩聚釋詁文也治民尚其集聚惡其流散故以鳩爲官名欲其聚斂民也**五雉爲**

五工正五雉雉有五種西方曰鷷雉東方曰鶅雉南方曰翟雉北方曰鵗雉伊洛之南曰翬雉○種章勇反下同鷷音存又音遵本或作蹲鶅側其反翟音狄又音濁鵗本又作希如字一音丁里反翬許韋反 疏 注五雉至翬雉○正義曰釋鳥雉之屬十有四其說四方之雉西方曰鷷東方曰鶅南方曰翟北方曰鵗舍人曰釋四方之雉名也杜言四方之雉唯南方不同也釋鳥又云鸐山雉樊光曰其羽可持而舞詩云右手秉翟郭璞云長尾者爾雅之文翟與鸐別而賈逵亦云南方曰翟雉則先儒相傳爲說杜從之也釋鳥又云伊洛而南素質五采皆備成章曰翬李巡曰素質五采備具文章鮮明曰翬孫炎曰翬雉白質五采爲文也傳言五雉必取五方伊洛土之中區明其取翬雉與四方之雉爲五也賈逵云西方曰鷷雉攻木之工也東方曰鶅雉摶埴之工也南方曰翬雉攻金之工也北方曰鵗雉攻皮之工也伊洛而南曰翟雉設五色之工也樊光注爾雅四方之雉配工亦與賈同唯翬雉不配工耳案賈樊所言之工出於考工記耳而考工記更有刮摩之工凡有六工非唯五也且記是後世之書少皡時工未必如記所說又以工配雉無所馮據不可采用故杜不言**利器用正度量夷民者也**夷平也○量音亮 疏 利器至民者○正義曰雉聲近夷雉訓夷夷爲平故以雉名工正之官使其利便民之器用正丈尺之度斗斛之量所以平均下民也樊光服虔云雉者夷也夷平也使度量器用平也**九扈爲九農正**扈有九種也春扈鳻鶞夏扈竊玄秋扈竊藍冬扈竊黃棘扈竊丹行扈唶唶宵扈嘖嘖桑扈竊脂老扈鴳鴳以九扈爲九農之號各隨其宜以教民事○扈音戶鳻扶云反又如字鶞勑倫反唶側百反又子夜反又助額反嘖音責又音賾 疏 注扈有至民事○正義曰釋鳥自春鳸鳻鶞至宵鳸嘖嘖凡七鳸其文相次與此注正同李巡揔釋之云諸鳸別春夏秋冬四時之名唶唶嘖嘖鳥聲貌也郭璞曰諸鳸皆因其毛色音聲以爲名竊藍青色釋鳥又云鴳鳸老鳸鴳桑鳸竊脂注爾雅者舍人李巡孫炎郭璞皆斷老上屬鳸下屬解云鴳一名鴳老鴳一名鳸雀也唯樊光斷鴳鳸爲句以老下屬注云春秋云九扈爲九農正九扈者春扈夏扈秋扈冬扈棘扈行扈宵扈桑扈老扈是以老爲下屬唯鴳不重耳李巡云竊脂一名桑扈郭璞曰俗謂之青雀觜曲食肉好盜脂膏因名云鄭玄詩箋云竊脂肉食陸機毛詩義疏云竊脂青雀也好竊人脯肉及筩中膏故以名竊脂也諸儒說竊脂皆謂盜人脂膏也即如此言竊玄竊黃者豈復盜竊玄黃乎○爾雅釋獸云虎

竊毛謂之虦貓魋如小熊竊毛而黃竊毛皆謂淺毛竊即古之淺字但此鳥其色不純竊玄淺黑也竊藍淺青也竊黃淺黃也竊丹淺赤也四色皆具則竊脂爲淺白也其唶唶嘖嘖則聲音爲之名矣其春扈鳻鶞樊光云鳻鶞言分循也春扈分循五土之宜乃以人事名鳥其義未必然也爾雅老扈鴳字不重賈服皆云鴳鴳亦聲音爲名也賈逵云春扈分循相五土之宜趣民耕種者也夏扈竊玄趣民耘苗者也秋扈竊藍趣民收斂者也冬扈竊黃趣民蓋藏者也棘扈竊爲果驅鳥者也行扈唶唶晝爲民驅鳥者也宵扈嘖嘖夜爲農驅獸者也桑扈竊脂爲蠶驅雀者也老扈鴳鴳趣民收麥令不得晏起者也舍人樊光注爾雅其言亦與賈同其意皆謂以扈爲官遂令依此諸扈而動作也然則趣民耕耘及收斂蓋藏其事可得召民使聚而揔號令之其爲果驅鳥爲蠶驅雀豈得多置官方使之就果樹入蠶室爲民驅之哉又晝驅鳥夜驅獸不可竟日通宵常在田野溥天之下何以可周且其言不經難可據信也杜云以九扈爲九農之號各隨其宜以教民事以舊說不可采用又不能知其職掌故未言之**扈民無淫者也**扈止也止民使不淫放**自顓頊以來不能紀遠乃紀於近爲民師**

而命以民事則不能故也顓頊氏代少皞者德不能致遠瑞而以民事命官○顓音專頊許玉反〔疏〕自顓至故也○正義曰傳言少皞摯之立也鳳鳥適至則鳳鳥以初立時至也因其初立而有此瑞鳥遂卽以鳥紀事雲火水龍亦以初立而有此瑞用之以紀庶事自顓頊以來初立之時既無遠瑞不能紀於遠而乃紀於近天瑞遠民事近爲民之師長而命其官以民事則爲不能致遠瑞故仲尼聞之見於郯子而學之於是仲尼年二十八〔疏〕注年二十八○正義曰沈文何云襄三十一年注云仲尼年十歲計至此年二十七今云二十八誤旣而告人曰吾聞之天子失官學在四夷猶信失官官不脩其職也傳言聖人無常師〔疏〕失官學在四夷○正義曰王肅云郯中國也故吳伐郯季文子歎曰中國不振旅蠻夷入伐吾亡無日矣孔子稱學在四夷疾時學廢也郯少皞之後以其後則遠以其國則小矣魯周公之後以其世則近以其國則大矣然其禮不如郯故孔子發此言也失官爲所居之官不脩其職也仲尼學樂於萇弘問官於郯子是聖人無常師○晉侯使

屠蒯如周請有事於雒與三塗屠蒯晉侯之膳宰也以忠諫見進雒雒水也三塗山名在陸渾南○蒯苦怪反雒音洛萇弘謂劉子曰客容猛非祭也其伐戎乎陸渾氏甚睦於楚必是故也君其備之乃警戒備警戒以備戎也欲因晉以合勢○警音景九月丁卯晉荀吳帥師涉自棘津河岸名使祭史先用牲于雒陸渾人弗知師從之庚午遂滅陸渾數之以其貳於楚也陸渾子奔楚其衆奔甘鹿甘鹿周地周大獲先警戒備故獲宣子夢文公攜荀吳而授之陸渾故使穆子帥師獻俘于文宮欲以應夢○俘芳夫反應應對之應○冬有星孛于大辰西及漢夏之八月辰星見在天漢西今孛星出辰西光芒東及天漢○夏戶雅反下文同見賢遍反〔疏〕注夏之至天漢○正義曰星孛文在冬下經傳皆無其月但冬以十月爲初故以夏之八月解之也月令仲秋之月日在角昏牽牛中大辰是房心尾也其星處於東方之時在角星之北故以八月之昏角星與日俱沒大辰見於西方也天漢在箕斗之間於是時天漢西南東北邪列於天大辰之星見在天漢之西也今孛星又出於大辰之西而尾東指光芒歷辰星而東及天漢也申須曰彗所以除舊布新也申須魯大夫○彗似銳反又音息遂反〔疏〕彗所至新也○正義曰彗帚箒也其形似彗故名焉箒所以埽去塵彗星象之故所以除舊布新也言此星見必有除舊之事天事恒象天道恒以象類告示人今除於火火出必布焉諸侯其有火災乎今火句伏故知當須火出乃布散爲災○句許亮反又作嚮梓愼曰往年吾見之是其徵也徵始有形象而微也火出而見前年火出時○見賢遍反下及注竝同今茲火出而章

必火入而伏隨火沒也〔疏〕今茲至而伏○正義曰梓愼云往年吾見之是其徵也當時火出之時而彗星已見是隨火而行也今年火星之出而彗星章明是彗漸益長未卽消滅必當火入之時與火俱伏也服虔注木火出而章必火火入而伏重火別句孫毓云賈氏舊文無重火字其居火也久矣歷二年其與不然乎言必然也○與如字又音預火出於夏爲三月謂昏見於商爲四月於周爲五月夏數得天得天正〔疏〕注得天正○正義曰斗柄所指一歲十二月分爲四時夏以建寅爲正則斗柄東指爲春南指爲夏是爲得天四時之正也若殷周之正則不得正若火作其四國當之在宋衞陳鄭乎宋大辰之虛也大辰大火宋分野○虛起居反下同分扶問反〔疏〕宋大辰之虛○正義曰虛者舊居之處也陳爲大皞之虛鄭爲祝融之虛衞爲顓頊之虛皆先王先公嘗居此地謂之虛可矣大辰星名非人居也而亦謂之虛者以天之十二次地之十二域大辰爲大火之次是宋之區域故

謂宋爲大辰之虚猶謂晉地爲參虚陳大皞之虚也大皞居陳木火所自出鄭祝融之虚也祝融高辛氏之火正居鄭皆火房也房舍也星孛。天漢漢水祥也天漢水也衞顓頊之虚也故爲帝丘衞今濮陽縣昔帝顓頊居之其城内有顓頊冢○濮音卜其星爲大水衞星營室營室水也水火之牡也牡雄也○牡茂后反〔疏〕水火之牡○正義曰獸曰牝牡牡是雄也陰陽之書有五行嫁娶之法火畏水故以丁爲壬妃是水爲火之雄其以丙子若壬午作乎水火所以合也丙午火壬子水水火合而相薄水少而火多故水不勝火○薄本又作搏音博〔疏〕注丙午至勝火○正義曰丙是火日午是火位壬是水日子是水位故丙午爲火壬子爲水水火合而相薄則是夫妻合而相親親則將行其意或水火從水但彗在大辰爲多及漢爲少水少而火多故水不勝火火行其意永必助水故此丙子壬午之日當有火災若火入而伏必以壬午尚未知今孛星當復隨火星俱伏不故言若○復扶又反〔疏〕若火至壬午○正義曰劉炫云丙子壬午雖俱是水火合日但二字之内先言。彊若火入而伏則連秋至春歷大陰水用事雖同其欲水當先火故疑火入而伏則必以壬午也劉炫雖爲此釋杜既無注其壬午之事理則未詳不過其見之月火見周之五月鄭裨竈言於子産曰宋衞陳鄭將同日火若我用瓘斝玉瓚鄭必不火瓘珪也斝玉爵也瓚勺也欲以禳火○裨婢支反瓘古亂反斝古雅反瓚才旦反勺上若反禳本亦作攘如羊反下同○〔疏〕注瓘珪至禳火○正義曰瓘是玉名此傳所云皆是成就之器故知瓘是珪也斝是爵名玉字在斝瓚之間知斝亦以玉爲之故云斝玉爵也周禮典瑞云祼圭有瓚鄭司農云於圭頭爲器可以挹鬯祼祭謂之瓚國語謂之鬯瓚鄭玄云漢禮瓚槃大五升口徑八寸下有槃口徑一尺考工記玉人云祼圭尺有二寸有瓚以祀廟鄭玄云瓚如槃其柄用圭有流前注鄭玄詩箋云圭瓚之狀以圭爲柄黄金爲勺青金爲外朱中央是瓚爲勺共祭祀之器也裨竈欲用此三物以禳火子産弗與以爲天災流行

非禳所息故也爲明年宋衞陳鄭災傳○吳伐楚陽匄爲令尹卜戰不吉陽匄穆王曾孫令尹子瑕○匄古害反〔疏〕。卜戰不吉○正義曰陽匄心不決死戰必殺將將死是不吉也司馬子魚志在必死不以將死爲凶故卜之得吉敗吳之後吳人敗之終是不吉○注穆王曾孫○正義曰依世本穆王生王子揚揚生尹尹生令尹匄司馬子魚曰我得上流何故不吉子魚公子魴也順江而下易用勝敵○魴音房易以豉反且楚故司馬令龜我請改卜令曰魴也以其屬死之楚師繼之尚大克之吉得吉兆戰于長岸子魚先死楚師繼之大敗吳師獲其乘舟餘皇餘皇舟名○乘如字又繩證反下同使隨人與後至者守之環而塹之及泉環周也○環如字又音患塹七豔反盈其隧炭陳以待命隧出入道○隧音遂下同炭吐旦反〔疏〕注隧出入道○正義曰守舟者雖環而塹之塹猶不合有出入之路故滿路置火以防吳人也吳公子光光諸樊子闔廬○闔戸臘反廬力居反請於其衆曰喪先王之乘舟豈唯光之罪衆亦有焉請藉取之以救死藉衆之力以取舟○喪息浪反衆許之使長鬣者三人長鬣多髭鬣與吳人異形狀詐爲楚人○鬣力輒反髭子斯反鬚音須潛伏於舟側曰我呼。皇則對師夜從之師吳師也○呼呼路反又如字下同三呼皆迭對迭更也○迭待結反又音弟更音庚楚人從而殺之楚師亂吳人大敗之取餘皇以歸傳言吳光有謀

經十有八年春王三月曹伯須卒未同盟而赴以名○

夏五月壬午宋衞陳鄭災來告故書天火曰災〔疏〕注來告至曰災

正義曰：專稱皆來告火，知是來告，故書也。春秋書他國之災，皆是來告而書。公羊傳曰：宋、衛、陳、鄭災，何以書？記異也。何異爾？異其同日而俱災，外異不書，此何以書？爲天下記異也。穀梁亦云其志以同日也。杜因此傳有來告之文，故顯而異之。天火曰災，宣十六年傳例也。

○六月，鄅人入鄅。鄅國，今琅邪開陽縣。鄅音禹，許愼、郭璞皆音矩，國名。琅音郎，本或作郎。

○秋，葬曹平公。○冬，許遷于白羽。自葉遷也。畏鄭而樂遷，故以自遷爲文。○葉，始葉反。

【疏】注自葉至爲文。○正義曰：成十五年許遷于葉，自是以後許常以葉爲都。九年許遷于夷，是自葉遷于夷也。十三年傳曰：楚之滅蔡也，靈王遷許、胡、沈、道、房、申於荆焉。平王卽位，既封陳、蔡，而皆復之，禮也。注云：荆，荆山也。滅蔡在十一年，許又從夷遷於荆山，平王復之，復其本國，許又歸於葉也。故知此年遷于白羽，是其自葉遷也。且傳云葉在楚方城外之蔽，明其欲遷之時許在葉也。案傳王子勝言於楚子，使之遷許，則是楚人遷許，非許自遷。楚雖發意遷許，許亦畏鄭樂遷，故以自遷爲文。若許不樂遷，楚強遷之，當云楚人遷許，如宋人遷宿、齊人遷陽之類，不得云許遷于白羽。以其自遷爲文，知許人自樂遷也。

傳十八年春王二月乙卯，周毛得殺毛伯過，毛伯過，周大夫。得，過之族。○過，古禾反。而代之。代居其位。

【疏】注代居其位。○正義曰：毛氏世有采地，爲畿內之國。於時天子微弱，故自殺自代，不能禁之。

萇弘曰：「毛得必亡。是昆吾稔之日也，侈故之以。昆吾，夏伯也。稔，熟也。侈惡積熟，以乙卯日與桀同誅。○萇，直良反。稔，而審反。侈，昌氏反，又尸氏反。夏，戶雅反。而毛得以濟侈於王都，不亡何待？」毛伯奔楚，傳爲二十六年。

【疏】是昆至何待。○正義曰：是乙卯者，昆吾之君惡熟之日也。由其侈故，以此日死也。而毛得以此日成其侈惡於王都，不亡何待？○注昆吾至同誅。○正義曰：鄭語云：黎爲高辛氏火正，命之曰祝融，其後八姓，昆吾爲夏伯。楚世家云：顓頊生稱，稱生卷章，卷章生黎，黎爲高辛氏火正。共工氏作亂，帝使黎誅之而不盡，帝誅黎，使其弟吳回居火正，爲祝融。回生陸終，終生子六人，坼剖而產焉，其長曰昆吾。虞翻曰：昆吾爲己姓，封昆吾。世本云：昆吾者，衛是也。然則昆吾，國名。言昆吾爲夏伯者，以表昆吾國君其上世嘗爲夏伯，其惡熟誅者，非此爲伯之身，當是後世之孫。以詩云「韋顧既伐，昆吾夏桀」，共桀同文，又傳云乙卯，云知以乙卯日與桀同時誅。

○三月，曹平公卒。爲下會葬見。原伯起本。

○夏五月，火始昏見。火，心星。○見，賢遍反。丙子，風。梓愼曰：「是謂融風，火之始也。東北曰融風。融風，木也。木，火母，故曰火之始。

【疏】注東北至之始。○正義曰：東北曰融風，易緯作調風，俱是東北風，一風有二名。東北，木之始，故融風爲木也。木是火之母，火得風而盛，故融爲火之始。

七日，其火作乎！」從丙子至壬午七日。壬午，水火合之日，故知當火作。戊寅，風甚。壬午，大甚。

【疏】戊寅至大甚。○正義曰：甚者，益盛之言也。丙子初風，遠日不息，至戊寅而風益甚，至壬午而風又大甚。初言融風，是東北風也。蓋自丙子至壬午，風不迴而稍益盛。傳雖主言魯國之風，彼四國亦當然也。

宋、衛、陳、鄭皆火。梓愼登大庭氏之庫以望之，大庭氏，古國名，在魯城內，魯於其處作庫，高顯，故登以望氣，參近占以審前年之言。○大甚，本或作火甚。處，昌慮反，下祭處同。故登以望氣，本或作以望氛氣。

【疏】注大庭至之言。○正義曰：大庭氏，古天子之國名也。先儒舊說皆云炎帝號神農氏，一曰大庭氏。服虔云在黃帝前。鄭玄詩譜云大庭在軒轅之前，亦以大庭爲炎帝也。對文則藏馬曰廄，藏車曰庫。曲禮云：在府言府，在庫言庫。鄭玄云：府謂寶藏貨賄之處，庫謂車馬兵甲之處。又大學云：未有府庫財非其財者。則庫亦藏財貨，非獨車馬甲兵也。古之大庭當都於魯，其虛在魯城內，魯於其處作庫，而其地高顯，故梓愼登之以望氣，參驗近占，以審已前年之言信也。梓愼所望，望天氣耳，非能望見火也。而何休難云：宋、衛、陳、鄭去魯皆數千里，爲登高以見其火，豈實事哉？劉炫云：案左傳不言望火，何以言見其火？玄卿以爲孔子登泰山，見吳門之白馬；離婁覩千里之毫末。梓愼旣非常人，何知不見數百里之煙火？孔子在陳知桓、僖災者，豈復望見之乎？若見火知災，則人皆知之矣，何所貴乎梓愼，左氏傳而編記之哉？且四國去魯幾數百里，而何休云數千里，雖意欲其遠，亦虛妄之極。梓愼所望，自當有以知之，不知見何氣知其災也。服虔云：四國次有火氣也。梓愼不言夜望，安知望次？陳獨無次，何所望哉？今以爲服解義或然也。

曰：「宋、衛、陳、鄭也。」數日，皆來告火。言經所以書。○數，所主反。裨竈曰不用吾言鄭又將火前年裨竈欲用瓘斝禳火子產不聽今復請用之。禳如羊反復扶又反下同鄭人請用之信竈言子產不可子大叔曰寶以保民也若有火國幾亡可以救亡子何愛焉子產曰天道遠人道邇非所及也何以知之竈焉知天道是亦多言矣豈不或信多言者或時有中。幾音祈又音機下同竈焉於虔反中丁仲反遂不與亦不復火傳言天道難明雖裨竈猶不足以盡知之鄭之未災也里析告子產曰將有大祥里析鄭大夫祥變異之氣。析星歷反大祥或作火祥非也〔疏〕將有大祥。正義曰祥者善惡之徵中庸云國家將興必有禎祥祥則吉祥也國家將亡必有妖孽孽則凶祥也則祥是善事而析里以民動國亡爲大祥者彼對文言耳書序云亳有祥桑穀共生于朝五行傳云時有青眚青祥白眚白祥之類皆以惡徵爲

祥是祥有善有惡故杜云祥變異之氣民震動國幾亡吾身泯焉弗良及也言將先災死。泯面忍反先悉薦反〔疏〕弗良及也。正義曰良是語辭史傳多云良所未悟良有以也是古今共有此語也而服虔云弗良及者不能及也良能也能非良之訓妄言耳國遷其可乎子產曰雖可吾不足以定遷矣子產。天災不可逃非遷所免故託以知不足。知音智及火里析死矣未葬子產使輿三十人遷其柩以其常與已言故。輿音餘柩其又反火作子產辭晉公子公孫于東門晉人新來未入故辭不使前也〔疏〕注晉人至前也。正義曰下云出新客禁舊客勿出於宮此辭於東門明是晉人新來未入故辭之不使前也此新來蓋聘使也晉人往因麗姬之難詛無畜羣公子故文襄之世公子皆出在他國自成公更立公族國內始有公子故使之來聘也自晉適鄭當入西門而辭之東門者鄭城西臨洧水其西無門蓋從東門入爲便故辭于東門使司寇出新客

新來聘者禁舊客勿出於宮爲其知國情不欲令去。爲于僞反令力呈反使子寬子上巡羣屏攝至于大宮二子鄭大夫屏攝祭祀之位大宮鄭祖廟巡行宗廟不得使火及之。行下孟反下文行火下注履行同〔疏〕注二子至之位。正義曰子寬游吉之子世族譜子寬與游遬渾罕爲一人駟帶字子上六年死矣此別有子上非駟帶也世族譜雜人內有子上無子寬明子寬與渾罕爲一人也楚語說事神之禮云使名姓之後能知犧牲之物彝器之量屏攝之位壇場之所而心率舊典者爲之宗知屏攝是祭祀之位也鄭衆云攝攝束茅以爲屏蔽其事或當然使公孫登徙大龜登開卜大夫使祝史徙主祏於周廟告於先君祏廟主石函周廟厲王廟也有大災故合羣主於祖廟易救護。祏音石函音咸易以豉反〔疏〕注祏廟至救護。正義曰每廟木主皆以石函盛之當祭則出之事畢則納於函藏於廟之北壁之內所以辟火災也文二年傳云鄭祖厲王故知鄭之周廟是厲王廟也既有火災皆須防守故合羣主就於祖王廟易救護也衛次仲云右主八寸左主七寸廣

厚三寸穿中央達四方也范甯云天子主長尺二寸諸侯主長一尺也白虎通云納之西壁使府人庫人各儆其事儆備火也。儆音景〔疏〕使府人庫人各儆其事。正義曰曲禮云在府言府在庫言庫皆是藏財賄之處故使其人各自儆守以防火也周官有大府內府外府天府玉府泉府而無掌庫之官蓋府庫通言庫亦謂之府也諸侯國異政殊故府庫竝言也商成公儆司宮商成公鄭大夫司宮巷伯寺人之官出舊宮人寘諸火所不及舊宮人先公宮女。寘之豉反司馬司寇列居火道備非常也行火所焮焮炙也。焮許靳反城下之人伍列登城爲部伍登城備姦也〔疏〕行火至登城。正義曰此承司馬司寇之下亦是二官使之行火所炙欲令人救之也言城下之人爲部伍行列以登城亦是司馬司寇之人備姦寇也明日使野司寇各保其徵野司寇縣士也火之明日四方乃聞災故戒保所徵役之人〔疏〕注野司至之人。正義曰傳言野司寇則司寇之官在野周禮司寇屬官有縣士掌

野知野司寇是縣士也鄭玄縣士注云地距王城二百里以外至三百里曰野三百里以外至四百里曰縣四百里以外至五百里曰都都縣野之地其邑非王子弟公卿大夫之采地則皆公邑也謂之縣縣士掌其獄焉言掌野者郊外曰野大摠言之也獄居近野之縣獄在二百里上縣之獄在三百里上都之縣獄在四百里上如鄭此言采邑之民有獄則采地之官長各自斷之若公邑之民有獄則縣士斷之縣士司寇屬官所掌在野故此傳謂之野司寇也縣士職曰各掌其縣之民數而聽其獄訟若邦有大役聚衆庶則各掌其縣之禁令則諸侯縣士亦當然也縣士分在四方不聞火火之明日四方乃聞有災故戒使各保其所應受徵役之人皆令具備以待上命慮有所須當徵之 郊人助祝史除於國北爲祭處於國北者就大陰禳火 疏 郊人至國北○正義曰周禮鄉在郊內遂在郊外諸侯亦當然郊人當謂郊內鄉之人也祝史掌祭祀之官也使此鄉人助祝史除地在城之北作壇場爲祭處也就國北者南爲陽北爲陰就大陰禳火也 禳火于玄冥回祿玄冥水神回祿火神○冥亡丁反 疏 注玄冥至火神○正義曰月令冬云其神玄冥知玄冥水神也周語云夏之亡也回祿信於聆隧先

儒注左傳及國語者皆云回祿火神或當有所見也二十九年傳脩及熙爲玄冥則玄冥祭脩熙不知回祿祭何人楚之先吳回爲祝融或云回祿即吳回也祭水神欲令水抑火祭火神欲令火自止禳其餘災慮更火也 祈于四鄘鄘城也城積土陰氣所聚故祈祭之以禳火之餘災○鄘音容 書焚室而寬其征與之材征賦稅也○稅始銳反○三日哭國不市示憂戚不會市 使行人告於諸侯宋衛皆如是陳不救火許不弔災君子是以知陳許之先亡也不義所以亡 疏 陳許之先亡也○正義曰哀十七年楚滅陳也定六年鄭游速帥師滅許其後復立許悼公之孫成是爲元公其子結元年獲麟之歲也當戰國首爲楚所滅○六月鄅人藉稻鄅妘姓國也其君自出藉稻蓋履行之○妘音云 疏 注鄅妘至行之○正義曰鄅爲妘姓世本文也周之六月夏之四月種稻之時其君自出觀行之藉猶藉蹈藉踐履之義故爲履行之服虔云藉耕種於藉田也 邾人襲鄅鄅人將

閉門邾人羊羅攝其首焉斬得閉門者頭 疏 攝其首焉○正義曰攝訓爲持也斬得閉門者首而持其頭 遂入之盡俘以歸鄅子曰余無歸矣從帑於邾邾莊公反鄅夫人而舍其女爲明年宋伐邾起○俘芳夫反帑音奴 疏 而舍其女○正義曰言止舍其女而留之○秋葬曹平公往者見周原伯魯焉原伯魯周大夫 與之語不說學歸以語閔子馬閔子馬曰周其亂乎夫必多有是說而後及其大人國亂俗壞言者遒多漸以及大人大人在位者○說學音悅以語魚據反 大人患失而惑又曰可以無學無學不害患有學而失道者以惑其意 不害而不學則苟而可以爲無害遂不學則皆懷苟且 於是乎下陵上替能無亂乎夫學

殖也不學將落原氏其亡乎殖生長也言學之進德如農之殖苗日新日益○替他計反殖特力反長丁丈反 疏 周其至亡乎○正義曰周室其將亂乎夫其國內之人必多有是不說學問之說也國內多有此言而後流傳及其在位之大人大人謂公卿大夫也大人患其國內有多學而失其道者而疑惑於此言謂此言有道理也大人於是又爲言曰其實可以無學無學不爲害也以爲無害而遂不學則苟且而可也一國之人皆懷苟且不識上下之序不知尊卑之義於是在下者陵侮其上在上者替廢其位上下失分能無亂乎夫學如殖草木也令人日長日進猶草木之生枝葉也不學則才知日退將如草木之隊落枝葉也原氏其亡滅乎○七月鄭子產爲火故大爲社爲治也○爲火故于僞反下將爲蒐同 祓禳於四方振除火災禮也振弃也○祓芳佛反徐音廢 疏 大爲至禮也○正義曰祭社有常而云大爲社者此非常祭之月而爲火特祭蓋君臣肅共禮物備具求於常祭故稱大也周禮女巫掌祓除釁浴祓禳皆除凶之祭徧於四方之神如尚書咸秩無文祈可祭者悉皆祭之所以振訊除去火災禮也

嫌多祭非禮故禮之乃簡兵大蒐將爲蒐除治兵於廟城內地迫故除廣之子大叔之廟在道南其寢在道北其庭小庭蒐塲也。塲直長反〔疏〕子大至道北。正義曰鄭簡公之卒將爲葬除亦欲毀游氏之廟則游吉宅近大路故數將徹毀也其廟當在宅內以其居處狹隘故廟在道南寢在道北也寢卽游吉所居宅也過期三日處小不得一時畢。處昌慮反〔疏〕過期三日。正義曰此量其庭之大小而豫計之以庭小之故當過期三日欲除道使闕望及期得了亦不知本期當幾日也使除徒陳於道南廟北曰子產過女而命速除乃毀於而鄉而女也毀女所鄉。女音汝注同鄉許亮反本又作向注同子產朝朝君過而怒之怒不毀除者南毀子產及衝使從者止之曰毀於北方言子產仁不忍毀人廟。衝昌容反從才用反火之作也子產授兵登陴子

春秋疏卷四十八　十九

大叔曰晉無乃討乎辭晉公子公孫而授兵似若叛晉。陴婢支反子產曰吾聞之小國忘守則危況有災乎國之不可小有備故也既晉之邊吏讓鄭曰鄭國有災晉君大夫不敢寧居卜筮走望不愛牲玉鄭之有災寡君之憂也今執事撊然授兵登陴撊然勁忿貌。守手又反一音如字撊遐板反勁吉政反〔疏〕卜筮至牲玉。正義曰言爲鄭卜筮何故有災宜禱何神奔走而望祭之祭山川故爲望也莊二十五年傳云天災有幣無牲而云不愛牲玉者天之見異非求人飲食隨時告請則有幣無牲若祭求弭災者則當有牲雲漢之詩美宣王爲旱禱神云靡愛斯牲圭璧既卒亦是用牲玉也。注撊然勁忿貌。正義曰服虔云撊然猛貌也方言云撊猛也晉魏之間曰撊杜言勁忿貌亦是猛也但述晉人責鄭之意故以勁忿解之將以誰罪邊人恐懼不敢不告子

產對曰若吾子之言敝邑之災君之憂也敝邑失政天降之災又懼讒慝之間謀之以啓貪人荐爲敝邑不利荐重也。恐丘勇反慝他得反間間廁之間荐在遍反重直用反下文同〔疏〕將以誰罪。正義曰將以誰爲罪而欲授兵疑其畏晉襲之欲禦晉擊之以重君之憂幸而不亡猶可說也說解也不幸而亡君雖憂之亦無及也鄭有他竟望走在晉言鄭雖與他國爲竟每瞻望晉歸赴之。竟音境〔疏〕望走在晉。正義曰其所瞻望奔走而歸之者唯在晉耳既事晉矣其敢有二心傳言子產有備〔疏〕注傳言子產有備。正義曰國有火災懼被人襲登陴遷守是有備也。楚左尹王子勝言於楚子曰許於鄭仇敵也而居楚地以不禮於鄭十三年平王復遷邑許自夷遷居葉

春秋疏卷四十八　二十

恃楚而不事鄭〔疏〕而居楚地。正義曰當時許都於葉釋例土地名葉在楚界許本偪於鄭請遷近楚楚以葉與之故爲居楚地。十三至居葉。正義曰案十三年云楚之滅蔡也靈王遷許胡沈道房申於荆則許從夷遷向荆也平王復之當從荆卻向夷自夷向葉注不言自荆還葉者蓋以許遷於夷見經故據以爲言其實自荆遷也晉鄭方睦鄭若伐許而晉助之楚喪地矣君盍遷許許不專於楚自以舊國不專心事楚。喪息浪反盍戶臘反〔疏〕注自以至事楚。正義曰劉炫云當時許之於楚更無異望非敢恃舊國不事楚當以畏鄭之故外設備禦不得專心事楚耳今杜必以爲舊國不專心事楚者以此傳許謂鄭人云余舊國許畏於鄭尚以舊國不肯事鄭明以舊國亦不專心事楚劉以爲畏鄭不專心事楚苟背傳文而規杜氏非也鄭方有令政許曰余舊國也許先鄭封。先悉薦反鄭曰余俘邑也隱十一年鄭滅許而復存之故曰我俘邑。復扶又反葉在楚國方城外之蔽也爲方城外之蔽障。障章亮反

土不可易(易，輕也。易，以豉反)。國不可小(謂鄭)。許不可俘，讎不可啓。君其圖之。」楚子說(說音悅)。冬，楚子使王子勝遷許於析，實白羽(於傳時白羽改爲析。○析，星歷反)。

經十有九年春，宋公伐邾(爲鄅。○爲，于僞反)。○夏五月戊辰，許世子止弒其君買(加弒者，責止不舍藥物。○弒音試，舍音捨)。〔疏〕注加弒至藥物。○正義曰：案傳許君飲止之藥而卒，耳實非止弒也。言書曰弒其君，則仲尼新意書弒也。實非弒而加弒者，責止事父不舍其藥物。言藥當信醫，不須已自爲也。釋例曰：醫非三世，不服其藥，古之慎戒也。人子之孝，當盡心嘗禱而已，藥物之齊非所習也。許止身爲國嗣，國非無醫，而輕果進藥，故罪同於弒。雖原其本心，而春秋不赦其罪，蓋爲教之遠防也。○己卯，地震(無傳)。○秋，齊高發帥師伐莒。○冬，葬許悼公(無傳)。

傳十九年春，楚工尹赤遷陰于下陰(陰縣今屬南鄉郡)。令尹子瑕城郟。叔孫昭子曰：「楚不在諸侯矣，其僅自完也，以持其世而已(遷陰、城郟，皆欲以自完守。○郟，古洽反。僅音覲。持如字，本或作恃，怙之字，非也)。」○楚子之在蔡也(蓋爲大夫時往聘蔡)。〔疏〕注蓋爲至聘蔡。○正義曰：賈逵云：楚子在蔡爲蔡公時也。杜以楚子十一年爲蔡公，十三年而卽位，若在蔡生子，唯一二歲耳，未堪立師傅也。至今七年，未得云建可室矣，故疑爲大夫時聘蔡也。郹陽封人之女奔之，生大子建(郹陽，蔡邑。○郹，古闃反)。及卽位，使伍奢爲之師(伍奢，伍舉之子，伍員之父。○員音云)。費無極爲少師，無寵焉，欲譖諸王曰：「建可室矣(室，妻也。○少，詩照反)。」王爲之聘於秦，無極與逆，勸王取之。正月，楚夫人嬴氏至自秦(王自取之，故稱夫人至。爲下拜夫人起。○王爲，于僞反，注同。與音預。嬴音盈)。○鄅夫人，宋向戌之女也，故向寧請師(寧，向戌子也。請於宋公伐邾。○向，傷亮反。戌音恤)。二月，宋公伐邾，圍蟲。三月，取之(蟲，邾邑。不書圍、取，不以告。○蟲，直中反)。〔疏〕注蟲邾至以告。○正義曰：隱四年，莒人伐杞，取牟婁。傳二十三年，齊侯伐宋，圍緡。伐國而圍邑、取邑，皆書於經。知此不書圍、取，不以告也。乃盡歸鄅俘。○夏，許悼公瘧。五月戊辰，飲大子止之藥卒(止獨進藥，不由醫。○瘧，魚略反，病也)。〔疏〕注止獨至由醫。○正義曰：言飲大子止之藥，專以止爲藥主，是止獨進藥不由醫也。大子奔晉。書曰：「弒其君。」君子曰：「盡心力以事君，舍藥物可也(藥物有毒，當由醫，非凡人所知。譏止不舍藥物，所以加弒君之名。○舍音捨，下注舍子同)。」〔疏〕君子至可也。○正義曰：此君子論止之罪也。言爲人臣子盡心盡力以事君父，如禮記文王世子之爲，卽自足矣。如此則舍去藥物已不干知於禮可也。此許世子不舍藥物，致令君死，是違人子之道，故春秋書其弒君，解經書弒君之意也。○邾人、郳人、徐人會宋公。乙亥，同盟于蟲(終宋公伐邾事。○郳，五兮反)。○楚子爲舟師以伐濮(濮，南夷也。○濮音卜)。〔疏〕楚子至伐濮。○正義曰：費無極因此生意，令王收南方，使大子居城父，舉此爲發端。費無極言於楚子曰：「晉之伯也，邇於諸夏，而楚辟陋，故弗能與爭。若大城城父而寘大子焉(城父，今襄城城父縣。○伯音霸，又如字。夏，戶雅反。辟，匹亦反。父音甫。寘，之豉反)，以通北方，王收南方，是得天下也。」王說，從之。故太子建居于城父。令尹子瑕聘于秦，拜夫人也(爲明年譖大子張本。故以爲夫人遺謝秦。○說音悅)。○秋，齊高發帥師伐莒(莒不事齊故)。莒子奔紀鄣(紀鄣，莒邑也。東海贛榆縣東北有紀城。鄣音章贑古弄反如淳音貢贑榆音俞使孫書伐之孫書陳無宇之子子占也初莒有婦人莒子殺其夫已爲嫠婦寡婦爲嫠。嫠力之反本又作釐及老託於紀鄣紡焉以度而去之因紡纑連所紡以度城而藏之以待外攻者欲報讎。紡芳往反度待洛反注同去起呂反裴松之注魏志云古人謂藏爲去案今關中猶有此音纑力吳反麻縷也【疏】及老至去之。正義曰紡謂紡麻作纑也此婦人以麻纑度城高下令長與城等而去藏之去即藏也字書去作弆羌莒反謂掌物也今關西仍呼爲弆東人輕言爲去音莒。劉炫云紡謂紡麻作纑爲布作纑之法有小繩紀其升縷纑既爲布繩無所用婦人不肯棄之積而畱之以此小繩度城而去之。注因紡至報讎正義曰連所紡者謂連所紡之纑以爲繩故下云投繩城外或解以連紀纑之繩然紀纑之繩其物細小而短何可以度城婦人意欲報讎故藏纑以爲繩故杜云連所紡所紡即纑也及師至則投諸外投繩城外隨之而出【疏】注投繩至而出。正義曰傳言投諸外者當是繫繩城上而投其所垂於外婦人則隨之而出劉炫

云唯投繩城外婦人不出今知不然者婦人既託於紀鄣則是愛惜身命若投繩不去身則交死若唯繫繩城上則身不離城何得言獻諸子占明知將此婦人而獻之子占師則因繩在城而夜縋登焉劉以爲唯投城外而規杜氏非也或獻諸子占子占使師夜縋而登緣繩登城。縋直僞反登者六十人縋絕師鼓譟城上之人亦譟莒共公懼啓西門而出七月丙子齊師入紀傳言怨不在大○譟素報反城上之人亦譟一本作上之人亦譟共音恭【疏】入紀。正義曰此紀即上紀鄣也釋例土地名於莒地有紀鄣紀二名東海贑榆縣東北有紀城○是歲也鄭駟偃卒子游娶於晉大夫生絲弱子游駟偃也絲幼少。少詩照反其父兄立子瑕子瑕子游叔父駟乞【疏】注子瑕子游叔父。正義曰案世本子游子瑕並公孫夏之子杜云叔父未詳子產憎其爲人也憎子瑕且以爲不順舍子立叔不順

禮也弗許亦弗止許之爲違禮止之爲違衆故立之駟氏聳聳懼也。聳息勇反【疏】注聳懼也。正義曰釋詁云竦懼也竦與聳音義同他日絲以告其舅冬晉人使以幣如鄭問駟乞之立故駟氏懼駟乞欲逃子產弗遣請龜以卜亦弗予大夫謀對子產不待而對客曰鄭國不天不獲天福寡君之二三臣札瘥夭昏大死曰札小疫曰瘥短折曰夭未名曰昏。札側八反一音截字林作𣧛壯列反云夭死也瘥才何反字林作瘥天於表反昏如字疫音役【疏】注大死至曰昏。正義曰此皆賈逵言也周禮大司樂云大札令弛縣鄭玄云札疫癘也是札大疫死也爾雅云瘥病也以此說死事而與札相對故解爲小疫也成二年傳說鄭靈公早死云夭子蠻是夭爲少死也尚書六極一曰凶短折孔安國云短未六十折未三十是短折爲早死之名故爲夭也子生三月父名之未名之曰昏謂未三月而死也未名不得爲臣總說諸死連言之耳今

又喪我先大夫偃其子幼弱其一二父兄懼隊宗主私族於謀而立長親於私族之謀宜立親之長者。喪息亮反隊直類反長丁丈反注同【疏】懼隊宗主。正義曰大夫繼世爲一宗之主恐隊失之也服虔云祏主藏於宗廟故曰宗主少牢饋食大夫禮也大夫無主何所隊乎寡君與其二三老曰抑天實剝亂是吾何知焉言天自欲亂駟氏非國所知。剝邦角反【疏】二三老。正義曰二三老者鄭之卿大夫也服虔云二三老駟偃家臣上言私族於謀而立長親豈得家臣不知也諺曰無過亂門民有亂兵猶憚過之而況敢知天之所亂今大夫將問其故抑寡君實不敢知其誰實知之平丘之會在十三年。諺音彥過古禾反下同一音古臥反憚待旦反君尋舊盟曰無或失職若寡君之二三

臣其卽世者晉大夫而專制其位是晉之縣鄙也何國之爲辭客幣而報其使晉人舍之遣人報晉使。使所吏反注同○楚人城州來沈尹戌曰楚人必敗十三年吳縣州來今就城而取之戌莊王曾孫葉公諸梁父也。戌音恤葉始涉反昔吳滅州來在十三年子旗請伐之王曰吾未撫吾民今亦如之而城州來以挑吳能無敗乎侍者曰王施舍不倦息民五年可謂撫之矣戌曰吾聞撫民者節用於內而樹德於外民樂其性而無寇讎今宮室無量民人日駭勞罷死轉轉遷徙也。旗音其挑徙了反樂音洛罷音皮本或作疲疏息民五年。正義曰平王以十三年五月始卽位其年兵亂未息今歲又役民城州來其間唯有五年則民樂其性正義曰性生也兵革竝起則民不樂生國家和平則樂生忘寢與食非撫之也傳言平王所以不能霸○鄭大水龍鬬于時門之外洧淵時門鄭城門也洧水出熒陽密縣東南至潁川長平入潁。洧于軌反國人請爲禜焉子產弗許曰我鬬龍不我覿也覿見也。禜爲命反覿大歷反見賢遍反疏禜焉。正義曰禜祭名元年傳曰山川之神則水旱癘疫之不時於是乎禜之龍鬬我獨何覿焉禳之則彼其室也淵龍之室吾無求於龍龍亦無求於我乃止也傳言子產之知。知音智疏禳之至止也。正義曰言禳之則彼淵是其室也其室既近禳之不難但吾無求於龍龍亦無求於我乃止也言其不復祭○令尹子瑕言蹶由於楚子蹶由吳王弟五年靈王執以歸。蹶九衛反曰彼何罪諺所謂室於怒

市於色者楚之謂矣言靈王怒吳子而執其弟猶人忿於室家而作色於市人疏室於怒市於色。正義曰室內於自家相瞋怒市於他人作色忿舍前之忿可也乃歸蹶由言楚子能用善言○舍音捨又音赦

附釋音春秋左傳注疏卷第四十八

江西南昌府學栞

春秋左傳注疏卷四十八挍勘記　阮元撰盧宣旬摘録

附釋音春秋左傳注疏卷第四十八　昭十七年盡十九年

經十七年

故曰大辰大火也心在中最明　段玉裁據爾雅挍本也心作心也

吳楚兩敗　此本楚字模糊據宋本宋殘本淳熙本岳本纂圖本補閩本作人非也

傳十七年

釆叔　宋本以下正義三節揔入昭子曰節注下

能長久乎　宋本能上重其國二字是也

禮正陽之月日食　纂圖本禮下衍也字

注禮正至請之　宋本以下正義十節揔入平子弗從節注下

請上公　宋本請誤謂淳熙本作責亦非

太史曰　石經宋本宋殘本岳本太作大是也○今訂正

人情愛陽而惡陰　諸本作情此本誤猜今改正

謂天子禮　宋本子下有之字是也

不君君矣　淳熙本作不君矣非也

注少皞至名官　宋本以下正義廿二節揔入既而告人曰節注下

以少皞之立　宋本皞下有氏字是也

大皞伏犧氏　宋本宋殘本犧作羲案賈公彥周禮正義序引注亦作羲

用雲火水龍紀事　監本毛本雲火誤倒

其狀而鶴　宋本作如鶴監本毛本作如雞非也○今從宋本

見則天下大安寧　監本見字模糊重脩監本作兒誤也

故名其官爲鳳鳥氏也　毛本氏誤是

此鳥以夏至來　宋本來下有鳴字是也

冬至止去　浦鏜云止疑衍字

青鳥鶬鴳也　釋文亦作鴳云本亦作鷃宋本宋殘本淳熙本纂圖本作鷃正義同

先儒相説耳　閩本監本毛本相作傳宋本作相傳説耳是也

祝鳩鷦鳩也　北宋刻釋文鷦作鵻本又作隹本或作鵻宋本宋殘本淳熙本作鵻説文雖字注云祝鳩也从鳥隹聲按當作雖鷦乃桃蟲非作鳩也

隹其鳺鴀　閩本監本毛本隹誤佳宋本監本毛本鴀作鴀是也○今訂正

鵻夫不也　宋本亦作鵻監本毛本作鷦非

鴡鳩王鴡也　纂圖本閩本監本毛本王鴡作王鳩非也

鷙而有別　釋文鷙本亦作摯古字同

陸璣毛詩義疏云　錢大昕云璣當作機説見前○今訂正

而揚雄云　閩本監本揚作楊不誤段玉裁有辨詳尚書撰異○今訂正

鳲鳩是戴勝　宋本鳲作鳴下引孫炎曰同

鶻鳩鶻鵰　爾雅釋鳥疏引鵰作鵃岳本下有也字

鶻鳩一名鳲鳩　重脩監本鶻誤鶻

治民尚其集聚　監本毛本尚作上非也

南方曰翟　宋本翟作鬲

宵扈嘖嘖　纂圖本毛本宵誤霄監本作宵

至宵扈嘖嘖監本宵作宵毛本誤霄下同宋本扈作鳸上下文並同

鵲白食肉宋本白作曲是也○今從宋本

陸璣毛詩義疏云監本毛本璣作機是也

爾雅釋獸云宋本爾上有案字

棘扈竊宋本監本毛本竊下有丹字是也

晝爲民驅鳥者也宋本閩本監本毛本作晝山井鼎云晝作畫非也

不可竟日逼宵監本毛本可作免

乃警戎備毛本警誤驚

獻俘于文宮纂圖本監本毛本宮作公非也

注夏之至天漢宋本以下正義九節揔入鄭必不火注下

邪列於天監本毛本邪作斜

篲所以埽去塵毛本埽作掃非

必火入而伏正義曰服虔注本火出而章必火火入而伏重火別句孫毓云賈氏舊本無重火字臧琳云當從服氏本有重火字爲是梓慎以火彗之隱顯占諸侯之有災下云其居火也久矣其與不然乎言彗星隨火行已二年矣諸侯之有火災必然而無疑也若作必火入而伏爲火星入而彗伏則下文其與不然何所指乎賈景伯不重火字與漢志同

在宋衛陳鄭乎淳熙本鄭誤定石經在字上旁增六物之占四字案惠棟云當是晁公武據蜀石經增入御覽所引亦有此四字蜀時賈服左氏猶存此蓋據賈服本也按范成大石經始末記有此一條然則惠云據蜀石經者是也

木火所自出淳熙本木誤禾閩本誤大

星孛天漢石經宋本宋殘本淳熙本岳本纂圖本足利本天作及是也

尚未知今孛星當復隨火星俱伏不淳熙本未誤禾監本孛誤字閩本不作下亦非

先言彊監本彊誤殭宋本言下有者字

裸圭有瓚監本毛本裸誤祼

卜戰不吉宋本以下正義三節揔入楚人從節注下

且楚故司馬令龜石經馬字以下一行計九字

魴也以其屬死之諸本作魴鄭氏周禮大卜注引作鮒周禮音義云鮒左傳作魴

獲其乘舟餘皇李善注文選江賦引傳文及注並作艅艎用俗字

長鬣多髯鬚宋本宋殘本髯作頷鬚作須是也

我呼皇則對諸本皇下有餘字此本誤脫

經十八年宋本春秋正義卷三十石經春秋經傳集解昭五第廿四岳本昭下有公字並盡廿二年

春王三月監本毛本三誤正

以其自還爲文閩本監本毛本以其作其以非也自毛本誤目

傳十八年

注代居其位宋本以下正義三節揔入注文毛伯奔楚傳之下

故自殺自代毛本代誤伐

坼剖而產焉閩本毛本坼作圻非也

爲下曾葬見原伯起本毛本下誤不

注東北至之始宋本以下正義十四節揔入注又下義所以亡之下

故知當火作 毛本火誤大監本作人亦非

壬午大甚 閩本大甚作火甚從釋文或作之字非也陳樹華云漢書五行志引作大甚師古曰大甚者又更甚也

至戊寅而風益盛 宋本盛作甚是也

至壬午而風又大盛 宋本盛作甚

梓慎登大庭氏之庫以望之 纂圖本監本毛本庭作廷非宋殘本脱氏字

爲登高以見其火 閩本高字實缺

何知不見數百里之煙火 毛本煙作烟盧文弨挍本同

今復請用之 淳熙本請誤謂

祥者善惡之徵 重脩監本徵誤微

吾身泯焉 石經初刻亦作泯後改泯避諱也

弗良及者 宋本者作也是

以其常與已言故 宋本宋殘本岳本足利本常作嘗

是厲主廟也 監本毛本王下衍之字

既有火災 監本毛本脱火字

使府人庫人各儆其事 宋本作使府至其事

周官有十府 宋本監本毛本十作大是也

故府庫並言也 宋本無也字

行火所焮 石經焮字重刊

知野司寇 宋本脱知字

縣之獄 宋本之下有縣字與周禮注合

皆令具備 監本毛本具作俱非

回祿信於黔隧 盧文弨挍本云國語作於聆

注鄅妘至行之 宋本以下正義三節揔入注文爲明年宋伐邾起下

邾莊公反鄅夫人而舍其女 淳熙本夫誤走

閔子馬曰 諸本作馬今本後漢書袁紹傳注引作騫乃轉寫之誤

日新日益 纂圖本閩本監本毛本下日字誤月

大爲至禮也 宋本以下正義八節揔入既事晉矣注交之下

過期三日 石經此處缺監本毛本三作二非也毛本正義亦誤

乃毀於而鄉 石經宋本宋殘本小字宋本淳熙本纂圖本足利本鄉作向注同釋文云本亦作向案向俗字鄉古向字

小國忘守則危 周禮宮正鄭衆注引作必危賈公彥曰彼爲則先鄭云必讀字不同也

今執事撊然授兵登陴 錢大昕云撊當爲僩字之譌說文僩武貌荀子榮辱篇陋者俄且僩楊倞注僩與憪同猛也方言晉魏之間謂猛爲僩今本方言亦從手旁

對曰若吾子之言敝邑之災 宋殘本曰若吾子之言敝七字空缺

荐爲敝邑不利 釋文亦作荐毛本作薦注同非也

十五年平王復遷邑 宋殘本宋本小字宋本淳熙本足利本五作三不誤諸本作十此本誤上今改正

而居楚地 宋本以下正義三節揔入許不可節注下

十五至居葉 毛本五至作五年非宋本作三至是也

案十三年云　監本三字模糊

楚之滅蔡也　此本楚下空缺閩本監本毛本作師亦衍文宋本無是也

鄖曰余俘邑也　淳熙本邑誤色

君其圖之　淳熙本君誤若

冬楚子使王子勝遷許於析　諸本作析案水經注丹水篇引作於淅

經十九年

傳十九年

以持其世而已　釋文亦作持云本或作恃怙之恃非也

蓋爲大夫時往聘蔡　此本初刻爲誤亦

注蓋爲至聘蔡　宋本此節正義在至自秦注下

唯一二歲耳　監本一字模糊毛本一誤十

鄖陽封人之女奔之　石經宋本宋殘本岳本鄖作郹與釋文合是也注同說文从邑狊聲○今訂正

注蟲郲至以告　宋本此節正義在乃盡歸郹俘之下

注止獨至由醫　宋本以下正義二節揔入注文所以加弑君之名句下

楚子至伐濮　宋本此節正義在故大子建居于城父句下

城父今襄城城父縣　宋本宋殘本淳熙本岳本纂圖本閩本監本毛本並作城父縣段玉裁挍本作父城縣云元和郡縣志引左傳大城父城使太子建居之是李吉甫所據左傳文作父城也惟左氏本作父城故漢地理志有潁川父城縣淺人但知有城父不知有父城則將史記漢書說文之父城字皆倒之是當正者也

故以爲夫人遣謝秦　宋本宋殘本淳熙本岳本足利本故作改改者改子婦爲己夫人也

莒子奔紀障　石經宋本宋殘本淳熙本岳本障作鄣是也與石經合注同案說文鄣紀邑也○今改正

孫書陳無宇之子子占也　諸本作宇此本誤字今改正

巳爲嫠婦　石經宋本宋殘本小字宋本岳本巳作已不誤釋文嫠作釐云依字作嫠案李善注文選張景陽七命引作釐引注亦同

欲報讎　宋本宋殘本淳熙本岳本欲下有以字

及老至去之　宋本以下正義四節揔入注文傳言怨不在吠之下

字書去作弆羌莒反　諸本作去此本誤云今改正羌莒反三字宋本作雙行閩本羌作羗繆監本作羗體誤

東人輕言爲去音莒　宋本音莒二字作雙行

或解以連紀纑之繩　宋本以下有爲字

婦人既託於縋登　宋本縋登作紀鄣是也

劉以爲唯投城外　宋本城上有繩字是也

城上之人亦譟　釋文無城字云一本作城上之人亦譟與水經注淮水篇引傳文同

注子瑕子游叔父　宋本以下正義五節揔入注文遣人報晉使之下

駟氏聳　諸本作聳說文慫字注引傳作慫張載注魏都賦引同段玉裁云作聳後人所易也

大死曰札　岳本大作夭非也

懼隊宗主　石經作墜俗隊字

民有亂兵　宋本宋殘本淳熙本岳本纂圖本監本毛本亂兵作兵亂石經此處殘缺

勞罷死轉　諸本作罷釋文云本或作疲

息民五年　宋本以下正義二節揔入忘寢與食節注下

則民樂其性　毛本則作○性字下亦有○監本此句改刊作則亦非

國家和平則樂生宋本則作乃

禜焉宋本以下正義二節總入乃止也句注下

諺所謂室於怒市於色者石經初刻作怒於室而色於市者後改刊案戰國策云語云怒於室者色於市與石經初刻同杜注云猶人忿于室家而作色於市人按室於怒市於色乃左傳原文倒之者作注之體若國策之文則不必與左同

附釋音春秋左傳注疏卷第四十八止

春秋左傳注疏卷第四十八校勘記

附釋音春秋左傳注疏卷第四十九 昭公二十年

杜氏注　孔穎達疏

經二十年春王正月○夏曹公孫會自鄸出奔宋無傳嘗有玉帛之使來告故書鄸曹邑○鄸莫公反一音亡增反字林音夢案夢字字林亡忠反使所吏反〔疏〕注嘗有玉曹邑○正義曰宣十年傳例曰凡諸侯之大夫違告於諸侯曰某氏之守臣某失守宗廟敢告所有玉帛之使者則告不然則否注云玉帛之使謂聘恩好不接故不告如杜之意此爲奔者之身嘗有玉帛之使於彼國已經相接則告若奔者未嘗往聘恩好不接則不告唯告奔者嘗聘之國餘不告也曹會會來聘魯故云嘗有玉帛之使來告故書也此以二十二年宋華亥向寧華定自宋南里出奔楚其文正同彼華亥等入南里以叛又從南里出奔則此亦應然賈逵云前此以鄸叛也叛便從鄸而出叛不告故不書是言既以鄸叛又從鄸而出也南里繫宋此鄸不繫曹者鄸是大都得以名通南里是宋都之里非別邑故繫於宋此鄸及定十一年蕭皆是別邑故不繫國也曹是小國其臣書名者少此會書名蓋備於禮成爲卿也釋例曰小國之卿或命而禮儀不備或未加命數故不書之邾庶其等其奔亡亦多所書唯數人而已知其合制者少也杜言數人謂此公孫會與邾快邾庶我也是杜意以會備禮成卿故書名也劉炫云春秋未嘗書曹人來聘非徒會不見經炫謂玉帛之使謂國家所有交好皆告之非奔者之身嘗聘也今賈又云所以華亥向寧射姑等不見有玉帛來聘者以其時未爲卿也○秋盜殺衛侯之兄縶齊豹作而不義故書曰盜所謂求名而不得○縶張立反〔疏〕注齊豹至不得○正義曰襄十年鄭尉止司臣等殺子駟子國書曰盜殺鄭公子騑公子發尉止之徒皆士書之爲盜釋例曰士殺大夫則書曰盜則此書盜貶之使同於士也三十一年傳說春秋褒貶之義云或求名而不得或欲蓋而名章懲不義也齊豹爲衛司寇守嗣大夫作而不義其書爲盜又曰春秋書齊豹曰盜懲不義也宣十七年傳例曰凡稱弟皆母弟公羊傳曰母兄稱兄此縶與衛侯同母故稱兄○冬十月宋華亥向寧華定出奔陳與君爭而出皆書名惡之○華戶化反爭爭鬭之爭惡烏路反○十有一月辛卯蔡侯盧卒無傳未同盟而赴以名○盧力烏反本又作廬力於反

傳二十年春王二月己丑日南至是歲朔旦冬至之歲也當言正月己丑朔日南至時史失閏閏更在二月後故經因史而書正月傳更具於二月記南至日以正歷也○〔疏〕注是歲至歷也○正義曰歷法十九年爲一章章首之歲必周之正月朔旦冬至僖五年正月辛亥朔日南至是章首之歲年也計僖五年至往年合一百三十三年是爲七章今年復爲章首故云是歲朔日冬至之歲也朔日冬至謂正月之朔當言正月己丑朔日南至今傳乃云二月己丑日南至是錯名正月爲二月也歷之正法往年十二月後宜置閏月即此年正月當是往年閏月此年二月乃是正月故朔日己丑日南至也時史失閏往年錯不置閏閏更在二月之後傳於八月之下乃云閏月戊辰殺宣姜是閏在二月後也不言在八月後而云在二月後者以正月之前當置閏二月之後即不可故據二月言之時史謂閏月爲正月故經因史而書正月從其誤而書之傳以經之正月實非正月更具於二月記南至之日以正歷之失也日南至者謂冬至也冬至者周之正月之中氣歷法閏月無中氣中氣必在前月之內時史誤以閏月爲正月而置冬至於二月之朔既不曉歷數故閏月之與冬至悉皆錯也杜下注云時魯侯不行登臺之禮使梓慎望氣是杜意以爲時魯之君臣知此己丑是冬至之日但不知其不合在二月耳服虔云梓慎知失閏二月冬至故獨以二月望氣則服意以爲當時魯人置冬至於正月之內獨梓慎知二月己丑是眞冬至耳其義或當然也梓慎望氛氛氣也時魯侯不行登臺之禮使梓慎望氣○氛芳云反曰今茲宋有亂國幾亡三年而後弭蔡有大喪爲宋華向出奔蔡侯卒傳○幾音祈又音機弭彌爾反叔孫昭子曰然則戴桓也戴族華氏桓族向氏汏侈無禮已甚亂所在也傳言妖由人興○汏音泰○費無極言於楚子曰建與伍奢將以方城之外叛自以爲猶宋鄭也齊晉又交輔之將以害楚其事集矣王信之問伍奢伍奢對曰君一過

多矣一過納建妻何信於讒王執伍奢忿奢切言使城父司馬奮揚殺大子未至而使遣之知大子寃故遣令去○奮方問反寃於元反令力呈反三月大子建奔宋王召奮揚奮揚使城父人執已以至【疏】城父人○正義曰服虔云城父人城父大夫也王曰言出於余口入於爾耳誰告建也對曰臣告之君王命臣曰事建如事余臣不佞佞才也不能苟貳奉初以還奉初命以周旋不忍後命故遣之既而悔之亦無及已王曰而敢來何也對曰使而失命召而不來是再奸也奸犯也○使而所吏反又如字奸音干逃無所入王曰歸從政如他日善其言舍使還○還音環下還豹同

無極曰奢之子材若在吳必憂楚國盍以免其父召之彼仁必來不然將爲患王使召之曰來吾免而父棠君尚謂其弟員棠君奢之長子尚也爲棠邑大夫員尚弟子胥○盍戶臘反棠君尚君或作尹員音云長丁丈反曰爾適吳我將歸死吾知不逮自以知不及員○知音智注及下知也同一音如字逮音代一音大計反我能死爾能報聞免父之命不可以莫之奔也親戚爲戮不可以莫之報也奔死免父孝也度功而行仁也仁者貴成功○度待洛反擇任而往知也員任報讎○任音壬注同知死不辟勇也尚爲勇父不可弃俱去爲弃父名不可廢俱死爲廢名爾其勉之相從爲愈

愈差也○差初賣反【疏】爾其至爲愈○正義曰勉謂努力爾其勉之今勉力報讎比於相從俱死爲愈也病差謂之愈言其勝共死也服虔云相從愈於共死則服意相從使員從其言也語法兩人交互乃得稱相獨使員從己語不得爲相從也伍尚歸奢聞員不來曰楚君大夫其旰食乎將有吳憂不得早食○旰古旦反楚人皆殺之員如吳言伐楚之利於州于州于吳子僚○僚力彫反公子光曰是宗爲戮而欲反其讎不可從也光吳公子闔廬也反復也員曰彼將有他志光欲弑僚不利員用事故破其議而員亦知之余姑爲之求士而鄙以待之計未得用故進勇士以求入於光退居邊鄙○姑爲于僞反乃見鱄設諸焉鱄諸勇士○見賢遍反鱄音專【疏】乃見鱄設諸焉○正義曰見謂爲之紹介使之見光下文齊豹見宗魯於公孟亦然猶論語云門人見之也而耕於鄙爲二十七年吳弑僚傳○

弑申志反○宋元公無信多私而惡華向華定華亥與向寧謀曰亡愈於死先諸恐元公殺己欲先作亂○惡音惡路反華亥僞有疾以誘羣公子公子問之則執之夏六月丙申殺公子寅公子御戎公子朱公子固公孫援公孫丁拘向勝向行於其廩八子皆公黨○御魚呂反又如字援于養反拘九于反廩力甚反遂劫之劫公【疏】公如華氏請焉○正義曰公未知諸人巳死故猶往請之公如華氏請焉弗許癸卯取大子欒與母弟辰公子地以爲質欒景公也辰及地皆元公弟○欒力官反質音致下同辰及地皆元公弟案公子辰是景公之母弟地是辰兄皆當爲元公之子今注皆作元公弟誤耳【疏】注欒景至公弟○正義曰定十年經書宋公之弟辰當景公之世辰及弟不得爲元公弟也世族譜辰地皆云

元公子諸本皆云元公弟當時轉寫誤耳公亦取華亥之子無慼向寧之子羅華定之子啓與華氏盟以爲質爲此冬華向出奔傳。○慼千歷反〇衛公孟縶狎齊豹公孟靈公兄也齊豹齊惡之子爲衛司寇狎輕也。狎戶甲反奪之司寇與鄄鄄豹邑。鄄音絹有役則反之無則取之縶足不良故有役則以官邑還豹使行公孟惡北宮喜褚師圃欲去之喜貞子。惡烏路反褚中呂反圃布五反去起呂反公子朝通于襄夫人宣姜宣姜靈公嫡母。朝如字嫡丁歷反本又作適懼而欲以作亂故齊豹北宮喜褚師圃公子朝作亂初齊豹見宗魯於公孟薦達也。見賢遍反爲驂乘焉爲公孟驂乘。驂七南反乘繩證反注及下驂乘與乘一乘駟乘就公乘皆同將作亂而謂之曰公孟之不善子所知也勿與乘吾將殺之對曰吾由子事公孟子假吾名焉故不吾遠也言子借我以善名故公孟親近我。與音預又如字遠于萬反借子夜反近附近之近雖其不善吾亦知之抑以利故不能去是吾過也今聞難而逃是僭子也使子言不信也。難乃旦反僭子念反子行事乎吾將死之以周事子周猶終竟也〔疏〕注周猶終竟也　正義曰杜意終不拙子言是終事子即謂殺公孟之言而歸死於公孟其可也丙辰衛侯在平壽平壽衛下邑公孟有事於蓋獲之門外有事祭也蓋獲衛郭門齊子氏帷於門外而伏甲焉齊豹之家使祝鼃寘戈於車薪以當門要其前也。鼃烏媧反寘之豉反要

一遙反使一乘從公孟以出亦如前車寘戈於薪尋其後。從如字又才用反使華齊御公孟宗魯驂乘及閎中閎曲門中。○華戶化反下同閎音宏〔疏〕使華齊御公孟。正義曰諸本皆華上有使字計華齊是公孟之臣自爲公孟之御非齊氏所當使必不得有使字學者以上文有使祝鼃使一乘下有使華寅乘貳車使華寅執蓋以此妄加使字今定本有使非也齊氏用戈擊公孟宗魯以背蔽之斷肱以中公孟之肩皆殺之公聞亂乘驅自閱門入慶比御公公南楚驂乘使華寅乘貳車公副車。○斷丁管反肱古弘反中丁仲反下中南楚同乘驅如字又繩證反閱音悅比如字又毗志反〔疏〕乘驅自閱門。正義曰乘驅者乘車而疾驅也閱門者衛城門蓋偏側之門其路遠齊氏及公宮鴻駵魋駟乘于公鴻駵魋復就公乘一車四人。駵音留魋徒回反復扶又反公載寶以出褚師子申遇公于馬路之衢遂從從公出。衢其俱反從才用反注及下注同過齊氏使華寅肉袒執蓋以當其闕肉袒示不敢與齊氏爭執蓋蔽公而去闕空也以蓋當侍從空闕之處。○袒徒旱反爭爭鬭之爭處昌慮反齊氏射公中南楚之背公遂出寅閉郭門不欲令追者出。射食亦反令力呈反踰而從公踰郭出。從才用反又如字下從公同公如死鳥死鳥衛地析朱鉏宵從竇出徒行從公朱鉏成子黑背孫。析星歷反鉏仕居反竇音豆齊侯使公孫青聘于衛青頃公之孫。頃音傾既出聞衛亂使請所聘公曰猶在竟內則衛君也乃將事焉將事行聘事。竟音境遂從諸死鳥請將事辭曰亡人不佞失守社稷越在草莽吾子無

所辱君命賓曰寡君命下臣於朝曰阿下執事阿比也命己使比衞臣下。莽莫蕩反臣不敢貳二違命也主人曰君若惠顧先君之好昭臨敝邑鎮撫其社稷則有宗祧在言受聘當在宗廟也。好呼報反祧他彫反乃止止不行聘事衞侯固請見之欲以靑相見不獲命以其良馬見以爲相見之禮。馬見賢遍反下注容禮見同爲未致使故也未致使故不敢以客禮見。爲于僞反使所吏反注同〔疏〕注未致至禮見。正義曰客禮見者若已致君命則享有庭實復有私覿私面之禮今爲未致使故但以良馬見也衞侯以爲乘馬賓其敬已故貴其物。乘繩證反又如字賓將掫掫行夜。掫側九反又祖侯反行下孟反〔疏〕注掫行夜。正義曰下云終夕與於燎故知掫是行夜也說文云掫夜戒有所擊也從手取聲主人辭曰亡人之憂不可以及吾

子草莽之中不足以辱從者敢辭賓曰寡君之下臣君之牧圉也若不獲扞外役是不有寡君也有相親有。從才用反圉魚呂反扞戶旦反臣懼不免於戾請以除死親執鐸終夕與於燎設火燎以備守。鐸待洛反與音預下不與聞謀與於青之賞同燎九召反又力弔反一本作終夕與於燎齊氏之宰渠子召北宮子北宮喜也北宮氏之宰不與聞謀殺渠子遂伐齊氏滅之丁巳晦公入與北宮喜盟于彭水之上喜本與齊氏同謀故公先與喜盟〔疏〕丁巳晦。正義曰丙辰丁巳乃是頻日其事既多不應二日之中幷爲此事今杜不云日誤者以誤在可知故杜不言且宣二年壬申朝于武宮注云壬申十月五日旣有日而無月冬又在壬申下明傳文無較例又注哀十二年傳云此事經在十二月發上今倒在下更具列其月以爲別者上明本不以爲義例故不皆齊同如杜此言或傳因簡牘之辭不復具顯其日月劉炫以爲日誤而規杜氏非也秋七月戊午朔遂盟國人八月辛亥公子朝褚師圃子玉霄子高魴出奔晉皆齊氏黨閏月戊辰殺宣姜與公子朝通謀故衞侯賜北宮喜謚曰貞子。滅齊氏故〔疏〕貞子。正義曰謚法外內用情曰貞賜析朱鉏謚曰成子霄從公故而以齊氏之墓予之皆未死而賜謚及墓田傳終而言之衞侯告寧于齊且言子石子石公孫靑言其有禮〔疏〕注子石公孫靑。正義曰案世本傾公生子夏勝勝生子石靑是也齊侯將飲酒徧賜大夫曰二三子之教也喜靑敬衞侯。徧音遍苑何忌辭曰與於靑之賞必及于其罰何忌齊大夫言靑若有罪亦當幷受其罰。苑於元反在康誥曰

父子兄弟罪不相及尚書康誥〔疏〕在康至相及。正義曰此非康誥之全文引其意而言之其本文云子弗祗服厥父事大傷厥考心于父不能字厥子乃疾厥子于弟弗念天顯乃弗克恭厥兄兄亦不念鞠子哀大不友于弟惟弔茲不于我政人得罪孔安國云至此不孝不慈弗友不恭不於我執政之人得罪乎道教不至所致又曰文王作罰刑茲無赦言刑此不孝不慈之人無赦也刑不慈者不可刑其父又刑其子刑不孝者不可刑其子又刑其父是爲父子兄弟罪不相及況在羣臣臣敢貪君賜以干先王言受賜則犯康誥之義琴張聞宗魯死琴張孔子弟子字子開名牢。牢力刀反〔疏〕注琴張至名牢。正義曰家語云孔子弟子琴張與宗魯友七十子篇云琴牢衞人字子開一字子張則以字配姓爲琴張卽牢曰子云是也賈逵鄭衆皆以爲子張卽顓孫師服虔云案七十子傳云子張少孔子四十餘歲孔子是時四十一未有子張鄭賈之說不知所出將往弔之仲尼曰齊豹之盜而孟縶之賊女何弔焉言齊豹所以爲盜孟縶所以見賊皆由宗

魯。女音汝君子不食姦如公孟不善而受其祿是食姦也不受亂許豹行事是受亂也不爲利疚於回疚病回邪也以利故不能去是病身於邪。爲于僞反疚居又反邪似嗟反下同不以回待人知難不告是以邪待人。難乃旦反下同不蓋不義以周事豹是蓋不義不犯非禮以二心事縶是非禮○宋華向之亂公子城平公子公孫忌樂舍樂舍喜孫司馬彊向宜向鄭向宜鄭皆向戌子楚建楚平王之亡大子郳甲小邾穆公子○郳五兮反出奔鄭八子宋大夫皆公黨辟難出其徒與華氏戰于鬼閻八子之徒衆也潁川長平縣西北有閻亭。閻似廉反又似冉反敗子城子城適晉子城爲華氏所敗別走至晉爲明年子城以晉師至起本〔疏〕。子城適晉。正義曰上云八子奔鄭而此又云適晉者子城本意與七子同心奔鄭故上云奔鄭及其敗後遂率意適晉以請師華亥與其妻必盥而食所

質公子者而後食公與夫人每日必適華氏食公子而後歸華亥患之欲歸公子向寧曰唯不信故質其子若又歸之死無日矣公請於華費遂將攻華氏費遂大司馬華氏族。盥古緩反而食音嗣下食公子同質音致下同費扶味反對曰臣不敢愛死無乃求去憂而滋長乎恐殺大子憂益長。去起呂反長丁丈反注及下同臣是以懼敢不聽命公曰子死亡有命余不忍其詬詬恥也。詬許候反本或作詬同〔疏〕子死至其詬。正義曰言我子死亡自有天命天命欲盡非人所免我不忍其恥欲喪子以伐之冬十月公殺華向之質而攻之戊辰華向奔陳華登奔吳登費遂之子黨華向者向寧欲殺大子華亥

曰干君而出又殺其子其誰納我且歸之有庸可以爲功善使少司寇牼以歸以三公子歸公也牼華亥庶兄。少詩照反下注少皥同牼苦耕反曰子之齒長矣不能事人以三公子爲質必免質信也送公子歸可以自明不欺之信。質如字注同〔疏〕不能事人。正義曰言年齒既長不能他國事人爲臣公子既入華牼將自門行從公門去公遽見之執其手曰余知而無罪也入復而所而女也所所居官。遽其據反女音汝。○齊侯疥遂痁痁瘧疾。疥舊音戒梁元帝音該依字則當作痎說文云兩日一發之瘧也痎音皆後學之徒僉以疥字爲誤案傳例因事曰遂若痎已是瘧疾何爲復言遂痁乎痁失廉反〔疏〕。齊侯疥遂痁。正義曰後魏之世嘗使李繪聘梁梁人袁狎與繪言及春秋說此事云疥當爲痎痎是小瘧痁是大瘧広患積久以小致大非疥也甲之所言梁王之誇也身說文疥搔也瘧熱寒休作

痁有熱瘧痎二日一發瘧今人瘧有二日一發亦有頻日發者俗人仍呼二日一發久不差者爲痎瘧則梁王之言信而有徵也是齊侯之瘧初二日一發後遂頻日熱發故曰疥遂痁以此久不差故諸侯之賓問疾者多在齊也若其不然疥搔小患與瘧不類何云疥遂痁乎徐仙民音作疥是先儒舊說皆爲疥遂痁初疥後瘧耳今定本亦作疥期而不瘳諸侯之賓問疾者多在多在齊。期音基瘳勑留反〔疏〕期而。正義曰期三百有六旬又六日法天數三百六十五度四分度之一帝言閏從全數故言三百六十又六日合三百六十五日又四分度之一分欠三分不成六日大月却還天朞十度小月不盡置閏梁丘據與裔款二子齊嬖大夫。裔以制反嬖必計反言於公曰吾事鬼神豐於先君有加矣今君疾病爲諸侯憂是祝史之罪也諸侯不知其謂我不敬君盍誅於祝固史嚚以辭賓欲殺嚚固以辭謝來問疾之賓。盍戶臘反嚚魚巾反〔疏〕注欲

殺嚚固。○正義曰：服虔云祝固齊大祝，史嚚大史也。謂祝史之固陋嚚闇，不能盡禮薦美，至於鬼神怒也。其意以爲請誅祝史之嚚闇固陋者。嚚固非人名也。案莊三十二年神降於莘，虢公使祝應、宗區、史嚚享焉。彼是人名，則此亦名也。世族譜齊雜人內有祝固、史嚚，此云欲殺嚚固，是杜必以爲人名也。公說，告晏子。晏子曰：日宋之盟，日，往日也。宋盟在襄二十七年。○說音悅。屈建問范會之德於趙武，趙武曰：夫子之家事治，言於晉國，竭情無私。其祝史祭祀，陳信不愧。其家事無猜，其祝史不祈。家無猜疑之事，故祝史無求於鬼神。○屈居勿反。治直吏反。愧九位反，本又作媿。猜七才反。【疏】晏子曰至不祈。○正義曰：彼傳趙武對曰：夫子之家事治，言於晉國無隱情，其祝史陳信於鬼神無愧辭。此晏子言之，其辭微多於彼，其意亦不異也。建以語康王，楚王。○語魚據反。康王曰：神人無怨，宜夫子之光輔五君，以爲諸侯主也。五君，文、襄、靈、成、景。【疏】光輔五君。○正義曰：文公爲戎右，襄、靈爲大夫，成公爲卿，景公爲大傅。公曰：據與欵謂寡人能事鬼神，故欲誅于祝史，子稱是語，何故？對曰：若有德之君，外內不廢，無廢事。上下無怨，動無違事，其祝史薦信，無愧心矣。君有功德，祝史陳說之，無所愧。【疏】上下無怨。○正義曰：此猶如孝經上下無怨也。言人臣及民上下無相怨耳。服虔云：上下謂人神無怨。郎如服言，下云上下怨疾，復是人與神相怨疾也。是以鬼神用饗，國受其福，祝史與焉。與受國福。○與焉音預，注同，下祝史與爲亦同。其所以蕃祉老壽者，爲信君使也，其言忠信於鬼神。其適遇淫君，外內頗邪，上下怨疾，動作辟違，從欲厭私，使私情厭足。○蕃音煩。祉音恥。爲于僞反，又如字，下爲暴君使同。頗普何反。邪似嗟反。辟匹亦反。從子用反，下淫從同，或音如字。厭於豔反，注同。高臺深池，撞鍾舞女，斬刈民力，輸掠其聚，掠，奪取也。○撞直江反。刈本又作艾，魚廢反。掠音亮。聚才住反，又如字。【疏】輸掠其聚。○正義曰：輸，墮也。故爲墮毀奪其所聚之物。以成其違，不恤後人，暴虐淫從，肆行非度，無所還忌，還猶顧也。【疏】肆行非度。○正義曰：肆，縱恣也。恣意行非法度之事也。不思謗讟，不憚鬼神，神怒民痛，無悛於心。其祝史薦信，是言罪也。以實白神，是爲言君之罪。○讟徒木反。悛七全反。【疏】不思謗讟。○正義曰：俗本作畏，定本作思。其蓋失數美，是矯誣也。蓋，掩也。○數所主反。矯居表反。【疏】其蓋至誣也。○正義曰：掩蓋愆失，妄數美善，是矯詐誣罔也。進退無辭，則虛以求媚，作虛辭以求媚於神。○媚眉記反。是以鬼神不饗其國以禍之，祝史與焉。所以夭昏孤疾者，爲暴君使也，其言僭嫚於鬼神。公曰：然則若之何？對曰：不可爲也。言非誅祝史所能治。○僭子念反，下僭令同。嫚武諫反。山林之木，衡鹿守之；澤之萑蒲，舟鮫守之；藪之薪蒸，虞候守之；海之鹽蜃，祈望守之。衡鹿、舟鮫、虞候、祈望，皆官名也。言公專守山澤之利，不與民共。○萑音丸。鮫音交。藪素口反。蒸之丞反，麤曰薪，細曰蒸。蜃市軫反。【疏】注衡鹿至民共。○正義曰：周禮司徒之屬有林衡之官，掌巡林麓之禁。鄭玄云：衡，平也。平林麓之大小及所生者。竹木生平地曰林，山足曰麓。此置衡鹿之官守山林之木，是其宜也。舟是行水之器，鮫是大魚之名，澤中有水有魚，故以舟鮫爲官名也。周禮山澤之官皆名爲虞，每大澤大藪中士四人。鄭玄云：虞，度也。度知山之大小及所生者。澤，水所鍾也。水希曰藪，則藪是少水之澤，立官使之候望，故以虞候爲名也。海是水之大神，有時祈望祭之，因以祈望爲主海之官也。此皆齊自立名，故與周禮不同。山澤之利當與民共之言公立此官使之守掌專山澤之利不與民共故鬼神怒而加病也縣鄙之人入從其政偪介之關暴征其私介隔也迫近國都之關言邊鄙既入服政役又爲近關所征稅相暴奪其私物○其政如字一音征偪彼力反介音界近附近之近〔疏〕注介隔至私物○正義曰聘禮及竟謁關人鄭玄云古者竟上爲關又周禮司關注云關界上之門然則禮之正法國之竟界之上乃有關耳自竟至國更無關也齊於竟內更復置關不與常禮同以隔外內故注介爲隔也迫近國都爲關以隔邊鄙之人縣鄙之人入從國之政役近關又征稅奪其私物而使民困也承嗣大夫強易其賄承嗣大夫世位者○強其丈反賄呼罪反布常無藝藝法制也言布政無法制〔疏〕布常無藝正義曰布其尋常之政無準藝徵斂無度宮室日更淫樂不違違去也內寵之妾肆奪於市肆放也外寵之臣僭令於鄙詐爲教令於邊鄙私欲養求不給則應養長也所求不給則應之以罪○應應對之應注同長丁丈反〔疏〕私欲至則應○正義曰言此嬖寵之臣私有所欲長養其情求物共之民不共給則應之以罪民人苦病夫婦皆詛祝有益也詛亦有損聊攝以東聊攝齊西界也平原聊城縣東北有攝城○詛莊慮反祝之又反下善祝同姑尤以西姑尤齊東界也姑水尤水皆在城陽郡東南入海〔疏〕聊攝至以西○正義曰聊攝姑尤皆是邑也管仲令楚言其竟界所至故遠舉河海也晏子言其人多故唯舉屬邑言之也其爲人也多矣雖其善祝豈能勝億兆人之詛萬萬曰億萬億曰兆○億於力反君若欲誅於祝史脩德而後可公說使有司寬政毀關去禁薄斂已責除逋責○說音悅去起呂反下以去其否同斂力驗反責本又作債同逋布胡反○十二月齊侯田于沛言疾愈行獵沛澤名○沛音貝招虞人以弓不進虞人掌山澤之官公使執

之辭曰昔我先君之田也旃以招大夫弓以招士皮冠以招虞人臣不見皮冠故不敢進乃舍之仲尼曰守道不如守官君招當往道之常也非物不進官之制也○旃之然反〔疏〕旃以至虞人○正義曰周禮孤卿建旃大夫尊故麾旃以招之也逸詩翹翹車乘招我以弓古者聘士以弓故弓以招士也諸侯服皮冠以田虞人掌田獵故皮冠以招虞人也君子韙之韙是也○韙于鬼反齊侯至自田晏子侍于遄臺子猶馳而造焉子猶梁丘據○田本亦作佃音同遄市專反造七報反公曰唯據與我和夫晏子對曰據亦同也焉得爲和公曰和與同異乎對曰異和如羹焉水火醯醢鹽梅以烹魚肉燀之以薪燀炊也○夫音扶焉於虔反羹音庚舊音衡醯呼兮反醢音海烹普庚反煑也燀章善反燃也炊昌垂反〔疏〕醯醢鹽梅○正義曰醯酢也醢肉醬也梅果實似杏而醋禮記內則炮豚之法云調之以醯醢尚書說命云若作和羹爾惟鹽梅是古人調鼎用梅醯也此說和羹而不言豉古人未有豉也禮記內則楚辭招魂備論飲食而言不及豉史游急就篇乃有蕪荑鹽豉蓋秦漢以來始爲之耳宰夫和之齊之以味濟其不及以洩其過齊益也洩減也○齊才細反又如字洩息列反〔疏〕齊之至其過○正義曰齊之者使酸鹹適中濟益其味不足者洩減其味大過者君子食之以平其心君臣亦然亦如羹君所謂可而有否焉否不可也臣獻其否以成其可獻君之否以成君可君所謂否而有可焉臣獻其可以去其否是以政平而不干民無爭心故詩曰亦有和羹既戒既平詩頌殷中宗言中宗能與賢者和齊可否其政如羹敬戒且平和羹備五味異於大羹○

爭，爭鬭之爭。和齊並如字，一讀上戶臥反，下才細反。鬷嘏無言，時靡有爭。鬷，總也。嘏，大也。言總大政能使上下皆如和羹。○鬷，子工反。嘏，古雅反。總音揔。〔疏〕詩曰至有爭○正義曰：詩言殷王中宗非徒身自賢明，亦有和羹之臣，臣與其君可否相濟，如宰夫之和齊羹也。此臣既敬戒其事矣，既志性和平矣，中宗總齊大政，自上及下，無怨恨之言，時民無有相爭鬭訟者也。言其上下悉如和羹。○注詩頌至大羹○正義曰：詩商頌列祖之篇，祀中宗之詩也。中宗，殷王大戊，湯之玄孫也。有桑穀之異，懼而脩德，殷道復興，故表顯之，號爲中宗。殷人祭其廟，述其德而歌此詩也。言亦有者，臣能諫君，君能改悔，亦者，兩相須之意也。言中宗能與臣之賢者和齊可否，其爲政教，如宰夫和齊羹之味也。敬戒且平，言此賢臣之性行也。樂記云：大羹不和。鄭玄云：大羹，肉湆，不調以鹽菜。桓二年傳云：大羹不致。注云：大羹，肉汁，不致五味。和羹備五味，異於大羹也。○注鬷總至和羹○正義曰：鬷，總；嘏，大，詩毛傳文也。言中宗爲天子，總大政，能使上下皆如和羹焉。傳引此詩證民無爭心，則以時靡有爭謂時無有爭也。先王之濟五味，濟，成也。和五聲也，以平其心，成其政也。聲

亦如味，一氣，須氣以動。○一氣，杜解以爲人氣也，服云歌氣也。〔疏〕一氣○正義曰：服虔云歌氣也。杜言須氣以動，則一氣不主爲歌。吹人以氣生動，皆由氣；彈絲擊石，莫不用氣；氣是作樂之主，故先言之。人作諸樂皆須氣以動，則與服不異。二體，舞者有文武。〔疏〕二體○正義曰：樂之動身體者，唯有舞耳。文舞執羽籥，武舞執干戚，舞者有文武之二體。三類，風雅頌。〔疏〕三類○正義曰：樂以歌詩爲主，詩有風雅頌，其類各別。知三類是風雅頌也。一國之事，諸侯之詩爲風；天下之事，天子之詩爲雅；成功告神爲頌。是三者類別各不同。四物，雜用四方之物以成器。〔疏〕四物○正義曰：樂之所用八音之器，金石絲竹匏土革木，其物非一處能備，故雜用四方之物以成器。五聲，宮商角徵羽。○五聲，宮爲君，商爲臣，角爲民，徵爲事，羽爲物。徵，張里反。〔疏〕五聲○正義曰：漢書律厤志云：五聲者，宮商角徵羽也，所以作樂者，諧八音，蕩滌人之邪志，令其正性，移風易俗也。五聲和，八音諧，而樂成。商之爲言章也，物成熟可章度也。角，觸也，物觸地而出，戴芒角也。宮，中也，居中央暢四方，唱始生爲四聲綱也。徵，祉也，物盛大而蕃祉也。羽，宇也，物聚宇而覆之也。夫聲者，中於宮，觸於角，祉於徵，章於商，

宇於羽，故四聲爲宮紀也。是五聲之名義也。聲之清濁，凡有五品，自然之理也。聖人配於五方，宮居其中，商角徵羽分配四方，四時之物，春生、夏長、秋成、冬聚，取其事而爲之名也。志又云：五聲之本，生黃鍾之律，九寸爲宮，或損或益，以定商角徵羽，九六相生，陰陽之應也。樂記云：宮爲君，商爲臣，角爲民，徵爲事，羽爲物。月令春其音角，夏其音徵，中央土其音宮，秋其音商，冬其音羽。鄭玄云：聲始於宮，宮數八十一，屬土，以其最濁，君之象也。三分宮去一以生徵，徵數五十四，屬火，以其微清，事之象也。三分徵益一以生商，商數七十二，屬金，以其濁次宮，臣之象也。三分商去一以生羽，羽數四十八，屬水，以爲最清，物之象也。三分羽益一以生角，角數六十四，屬木，以其清濁中，民之象也。志言或損或益者，下生三分損一，上生三分益一。九六相生者，以九生六，是三損一也；以六生九，是三益一也。損益之數，清濁之差，無可以相準況，以黃鍾九寸自乘爲九九八十一，定之爲宮數，因宮而損益以定商角徵羽之差，言其相校如此數也。唯相準況耳，非言實有此數可用之也。六律，黃鍾、大蔟、姑洗、蕤賓、夷則、無射也。陽聲爲律，陰聲爲呂，此十二月氣。○大音泰。蔟，七豆反。蕤，人誰反。射音亦。〔疏〕六律○正義曰：周禮大師掌六律六呂以合陰陽之聲。陽聲黃鍾、大蔟、姑洗、蕤賓、夷則、無射；陰

聲大呂、應鍾、南呂、林鍾、小呂、夾鍾。月令以小呂爲仲呂。律歷志云：律有十二，陽六爲律，陰六爲呂。黃帝之所作也。黃帝使伶倫自大夏之西，崑崙之陰，取竹之竅厚均者，斷兩節間而吹之，以爲黃鍾之宮。制十二筩以聽鳳皇之鳴，其雄鳴爲六，雌鳴亦六，以比黃鍾之宮，是爲律本。黃鍾：黃者，中之色也；鍾者，種也。天之中數五，五爲聲，聲上宮，五聲莫大焉。地之中數六，六爲律，律有形有色，色上黃，五色莫盛焉。故陽氣施種於黃泉，滋萌萬物，爲六氣元也。以黃色名元氣律者，著宮聲也。始於子，在十一月。大呂：呂，旅也，言陰大旅助黃鍾宣氣而牙物也。位於丑，在十二月。大蔟：蔟，奏也，言陽氣大奏地而達物也。位於寅，在正月。夾鍾，言陰氣夾助大蔟，宣四方之氣而出種物也。位於卯，在二月。姑洗：洗，絜也，言陽氣洗物辜絜之也。彼注云：辜，必也。位於辰，在三月。仲呂，言微陰始起未成，著於其中，旅助姑洗宣氣齊物也。位於巳，在四月。蕤賓：蕤，繼也；賓，道也。言陽氣始道陰氣使繼養物也。位於午，在五月。林鍾：林，君也，言陰氣受任，助蕤賓君主種物，使長大茂盛也。位於未，在六月。夷則：則，法也，言陽氣正法度而使陰氣夷當傷之位也。位於申，在七月。南呂：南，任也，言陰氣旅助夷則任成萬物也。位於酉，在八月。無射：射，厭也，言陽氣究物而使陰氣畢剝落之，終而復始，無厭已也。位於戌，在九月。應鍾，言陰氣應無射，該

藏萬物而雜陽閡種也彼注云外閉曰閡位於亥在十月是解六律六呂之名義也如志之言初爲律者以竹爲之吹其聲也其後則用銅爲之以候氣後漢書章帝時零陵文學奚景於泠道舜祠下得白玉管是古人或以玉爲管也續漢書云候氣之法爲土室三重戸閉塗釁必周密布緹縵於室中以木爲案每律各一內庳外高從其方位加律其上以葭莩灰實其端案曆而候之其月氣至則灰飛而管通蓋音聲之道與天地之氣通故取律以候氣月令正月律中大蔟鄭玄云律者候氣之管以竹爲之中猶應也正月氣至則大蔟之律應應謂吹灰也是其舊說然也其律呂相生鄭注周禮大師職云黃鍾之初九下生林鍾之初六林鍾又上生大蔟之九二大蔟又下生南呂之六二南呂又上生姑洗之九三沽洗又下生應鍾之六三應鍾又上生蕤賓之九四蕤賓又上生大呂之六四大呂又下生夷則之九五夷則又上生夾鍾之六五夾鍾又下生無射之上九無射又上生中呂之上六同位者象夫妻異位者象子母所謂律取妻而呂生子也子午以東爲上生子午以西爲下生五下六上乃一終矣鄭玄云同位象夫妻者黃鍾初九林鍾初六及大蔟九二南呂六二之類同在初二之位故象夫妻異位象子母者謂林鍾初六生大蔟九二初之與二其數不同故爲異位象子母律生於呂是爲同位故云律取妻呂生於律則爲異位故云呂生子言五下者謂夷則林鍾南呂無射應鍾皆是子午以東之管下而生之故云下生六上者謂大呂大蔟夾鍾姑洗仲呂蕤賓皆是子午以西之管上而生之故云上生黃鍾爲律之首不是餘管所生不入其數上生者三分益一下生者三分減一皆左旋隔八而相生

七音　周武王伐紂自午及子凡七日王因此以數合之以聲昭之故以七同其數以律和其聲謂之七音○七音宮商角徵羽變宮變徵也

〔疏〕七音○正義曰聲之清濁數不過五而得有七音者終五以外更變爲之也賈逵注周語云周有七音謂七律謂七器音也黃鍾爲宮太蔟爲商沽洗爲角林鍾爲徵南呂爲羽應鍾爲變宮蕤賓爲變徵是五聲以外更加變宮變徵爲七音也周語云景王將鑄無射問律於伶州鳩對曰律所以立均出度也古之神瞽考中聲而量之以制度律均鍾百官軌儀故先王貴之王曰七律者何對曰昔武王伐殷歲在鶉火月在天駟日在析木之津辰在斗柄星在天黿星與辰之位皆在北維我姬氏出自天黿則我皇妣大姜之姪逄公之所馮神也歲之所在則我周之分野也月之所在辰馬農祥我大祖后稷之所經緯也王欲合是五位三所而用之自鶉及駟七列也南北之揆七同也凡神人以數合之以聲昭之數合聲和然後可同也故以七同其數而以律和其聲於是乎有七律也是言周樂有七音之意也五位者歲月日辰星之位也三所者星與日辰之位是一所也歲之所在是二所也月之所在武王以殷之十二月二十八日戊午發師其年歲星在鶉火之次也其日月合宿於房五度房卽天駟之星也日在箕七度箕於次分在析木之津也日月之會謂之辰斗柄斗前也戊午後三日得周二月辛酉朔日月合宿於箕十度在斗前一度是爲辰在斗柄也星在天黿者星於五星爲水星辰星是也天黿卽玄枵次之別名也於是辰星在婺女之宿其分在天黿之宿次也鶉是張星也駟是房星也天宿以右旋爲次張翼軫角亢氐房凡七宿是自鶉火至駟爲七列宿有七也鶉火在午天黿在子斗柄所建月移一次是自午至子爲南北之揆七同也揆度也度量星之有七同也武王既見天時如此因此以數比合之其數有七也以聲昭明之聲亦宜有七也故以七同其數五聲之外加以變宮變徵也此二變者舊樂無之聲或不會而以律和其聲調和其聲使與五音諧會謂之七音由此也武王始加二變周樂有七音耳以前未有七杜言武王伐紂自午及子凡七日者尚書泰誓云戊午王次于河朔又牧誓云時甲子昧爽王朝至于商郊牧野乃誓又武成云戊午師逾孟津癸亥陳于商

郊甲子受率其旅若林前徒倒戈攻于後以北血流漂杵一戎衣天下大定是自戊午至甲子七日也劉炫云杜既取國語之文以七同其數以律和其聲何爲又云自午及子凡七日乎是杜意以武王爲七日之故而作樂用七音也違國語之文是杜說謬今知不然者以尚書國語俱有七義事得兩通故杜兼而取之劉以爲杜背國語之文而規杜過非也

八風　八方之風○八風易緯通卦驗云東北曰條風東方曰明庶風東南曰清明風南方曰景風西南曰涼風西風曰閶闔風西北曰不周風北方曰廣莫風條風又名融風景風一名凱風

〔疏〕八風○正義曰易緯通卦驗云立春調風至春分明庶風至立夏清明風至夏至景風至立秋涼風至秋分閶闔風至立冬不周風至冬至廣莫風至調風一名融風十八年傳云是謂融風是調融同也此八方之風以八節而至但八方風氣寒暑不同樂能調陰陽和節氣隱五年傳曰舞所以節八音而行八風故樂以八風相成也八節之風亦與八卦八音相配賈逵云兌爲金爲閶闔風也乾爲石爲不周風也坎爲革爲廣莫風也艮爲匏爲融風也震爲竹爲明庶風也巽爲木爲清明風也離爲絲爲景風也坤爲土爲涼風也是先儒依易緯配八風也

九歌　九功之德皆可歌也六府三事謂之九功○六府水火金

木土穀三事正德利用厚生也【疏】九歌○正義曰九歌之事尚書大禹謨與文七年傳具有其文以相成也言此九者合然後相成爲和樂清濁大小短長疾徐哀樂剛柔遲速高下出入周疏以相濟也周密也○哀樂音洛下及注皆同周疏傳本皆作流然此五句皆相對不應獨作周流古本有作疏者案注訓周爲密則與疏相對宜爲疏耳【疏】清濁小大長短至出入周疏○正義曰周疏以上凡十事皆兩字相對其義相反乃言樂聲如此相反以成音曲猶羹之水火相反人之和而不同也杜訓周爲密則疏爲希亦相反也俗本疏作流易繫辭云周流六虛仲尼燕居云周流無不徧也涉彼文而誤耳杜既以周爲密則流當爲疏今定本作流非也君子聽之以平其心心平德和故詩曰德音不瑕詩豳風也義取心平則德音無瑕闕○豳彼貧反【疏】詩曰德音不瑕○正義曰詩豳風狼跋美周公攝政遠則四國流言近則成王不知周大夫美其不失其聖也云公孫碩膚德音不瑕鄭玄云不瑕言不可疵瑕也今據不然君所謂可據亦曰可君所謂否據亦曰否若以水濟水誰能食之若琴瑟之專壹誰能聽之同之不可也如是飲酒樂公曰古而無死其樂若何晏子對曰古而無死則古之樂也君何得焉昔爽鳩氏始居此地爽鳩氏少皞氏之司寇也○專如字董遇本作摶音同季荝因之季荝虞夏諸侯代爽鳩氏者○荝仕側反夏戶雅反【疏】注季荝至氏者正義曰此相傳說也以逢伯是殷之諸侯此在逢伯之前故以爲虞夏時也爽鳩在少皞之世至虞夏歷代多矣未必其間更無他姓據晏之言云代爽鳩氏○有逢伯陵因之逢伯陵殷諸侯姜姓蒲姑氏因之蒲姑氏殷周之間代逢公者而後大公因之古者無死爽鳩氏之樂非君所願也齊侯甘於所樂志於不死晏子稱古以節其情

願○大音泰爽鳩氏之樂一本作樂之【疏】古者至願也○正義曰自古者其無死爽鳩至今猶存則此齊地是爽鳩氏得而樂也君不得爲齊君不死之事此樂爽鳩氏之有非君所願樂也晏子以爽鳩氏爲始故言爽鳩之樂計爽鳩以前處齊地者猶應代有人矣○鄭子產有疾謂子大叔曰我死子必爲政唯有德者能以寬服民其次莫如猛夫火烈民望而畏之故鮮死焉水懦弱民狎而翫之狎輕也○鮮息淺反懦乃亂乃臥二反一音儒狎戶甲反翫五亂反則多死焉故寬難難以治○治直吏反疾數月而卒大叔爲政不忍猛而寬鄭國多盜取人於萑苻之澤萑苻澤名於澤中劫人○劫所主反萑音丸苻音蒲又如字大叔悔之曰吾早從夫子不及此興徒兵以攻萑苻之盜盡殺之盜少止仲尼曰善哉政寬則民慢慢則糾之以猛糾猶攝也○盡殺之本或作盡之殺衍字糾居黝反【疏】盡殺之盜少止○正義曰既言盡殺之復云盜少止者盡謂盡萑苻之內盜也少止謂鄭國餘處之盜由此少止猛則民殘殘則施之以寬寬以濟猛猛以濟寬政是以和詩曰民亦勞止汔可小康惠此中國以綏四方施之以寬也詩大雅汔其也康綏皆安也周厲王暴虐民勞於苛政故詩人刺之欲其施之以寬○汔許乙反苛音何毋從詭隨詭人隨人無正心不可從○毋本又作無從子又反注同詭九委反以謹無良謹勑愼也式遏寇虐慘不畏明糾之以猛也式用也遏止也慘曾也言爲寇虐曾不畏明法者亦當用猛政糾治之○遏於葛反慘七感反柔遠能邇以定我王平之以和也柔安也邇近也遠者懷附近者各以能進

則王室定【疏】詩曰至和也○正義曰此詩大雅民勞之篇刺厲王之詩也其下十句詩之文也仲尼分爲三段每以一句釋之汔其也康綏皆安也止辭也於是厲王以苛政勞民故言當今之民亦大疲勞止其可以小息之中國京師也四方諸夏也施惠於此京師中國以綏彼諸夏之民此四句者欲其施之以寬也詭隨謂詭人爲善隨人小惡此雖惡之小者其事不可舍從也毋得從此詭隨之人以謹勑彼無善之人無善之惡大於詭隨詭隨不從則無善息止是謹勑之也寇虐之惡人又大於無善式用也遏止也憯曾也王當嚴爲刑威用止臣民之間有爲寇盜苛虐曾不畏明白之刑者此四句者欲其糾之以猛也柔安也邇近也能謂才能也王者當以寬政安慰遠人使之懷附則各以才能自進者是近人也遠者懷而歸近者以能自進用此以定我爲王之功此二句者言平之以和也○注詩大雅云云○正義曰釋詁云汔幾也杜以幾其同聲故以汔爲其也康綏皆安及下注遏止皆釋詁文也式用憯曾釋言文也又曰不競不絿不剛不柔詩殷頌言湯政得中和競彊也絿急也○絿音求布政優優百祿是遒優優和也遒聚也○遒在由反又子由反和之至也

及子產卒仲尼聞之出涕曰古之遺愛也子產見愛有古人之遺風【疏】又曰至至也○正義曰詩商頌長發之篇述成湯之德也湯之爲政不大強不大急不大剛不大柔布行政教優優然和緩百種福祿於是聚而歸之言其和之至也競強釋言文也絿急遒聚毛傳文也○及子至聞之○正義曰案上子大叔悔後已云仲尼曰善哉今方言及子產卒聞之者上所云先美子大叔之善法政用子產生時法也此出涕重美子產身之賢故傳云及子產卒欲顯仲尼美之意也

附釋音春秋左傳注疏卷第四十九　盧宣旬校

江西南昌府學栞

春秋左傳注疏卷四十九挍勘記　阮元撰盧宣旬摘錄

附釋音春秋左傳注疏卷第四十九　昭公二十年

經二十年

或欲蓋而名章　監本毛本章作彰

蔡侯盧卒　釋文亦作盧云本又作廬宋本宋殘本小字宋本淳熙本岳本足利本作廬與石經合

傳二十年

是歲至歷也　宋本此節正義在注文傳言妖由人興句下

時魯之君臣　宋本時上有當字是也

使梓慎望氛　宋本宋殘本小字宋本岳本氛作氣是也

伍奢　陳樹華云此伍字及下伍尚伍員字形微小疑初刻作五重磨刻伍案碑不似重刻五奢廣韻引作五奢呂覽孟冬紀伍員作五員是也

城父人　宋本以下正義三節揔入而耕於鄖注下

善其言舍使還　閩本監本舍作令非也

棠君尚　釋文君或作尹惠棟云風俗通作堂案堂與棠古多通用如魯峻碑嚴訢碑皆以棠爲堂字案廣韻引風俗通堂楚邑大夫五尚爲之其後氏焉又於棠下引左傳齊大夫棠無咎是堂與棠之別也

州于吳子僚　釋文僚下有也字諸本脫

乃見鱄設諸焉　諸本作鱄陳樹華云史記索隱云左傳作鱄設諸是也公羊史記吳越春秋賈子作專諸索隱又云專或作剸漢書文選司馬相如子虛賦並作剸諸

門人見之也　浦鏜云門人當作從者

公如華氏請焉　宋本以下正義二節揔入公亦取節注下

辰及地皆元公弟　釋文云案公子辰是景公之母弟地是辰兄皆當爲元公之子今注皆作元公弟誤耳案正義引世族譜云辰地皆云元公子此及諸本云元公弟當是轉寫誤耳

當景公之世　宋本當上有時字

當時轉寫誤耳　段玉裁挍作當是閩本監本毛本轉作傳非

公孟靈公兄也　足利本孟誤子

而謂之曰　石經之字以下計九字

注周猶終竟也　宋本以下正義十節揔入不犯非禮節注下

使華齊御公孟　正義云諸本皆華上有使字計華齊是公孟之臣自爲公孟之御非齊氏所當使必不得有使字今定本有使非也

諸本皆華上有使子　宋本監本毛本子作字不誤

宗魯以背蔽之　諸本作背此本誤皆今改正

乘驅自閱門入　石經初刊閱誤閔後改正

鴻駵魋駟乘于公　石經宋本岳本駵作駠注同與釋文合段玉裁挍本云駟當作四

鴻駠復就公乘　宋本宋殘本淳熙本岳本足利本駠下有魋字是也

使華寅肉袒執蓋以當其闕　宋殘本淳熙本袒誤祖

析朱鉏宵從竇出　宋殘本宵作霄說詳下

朱鉏成子黑背孫　淳熙本子誤于

二違命也　宋本宋殘本淳熙本岳本纂圖本監本毛本二作貳不誤

昭臨敝邑　石經亦作昭宋本淳熙本岳本昭作照案毛詛父六經正誤云照作昭誤注疏及興國本皆作照

賓將掫　說文手部掫字注引同案周禮掌固杜子春注引作趣鎛師注引作趣周禮音義云趣左傳作掫段玉裁云古音同在尤侯類也惠棟云子春受學于劉歆歆傳左氏春秋以趣爲掫必有依據

下云終夕與於燎　閩本監本毛本云作文

草莽之中　毛本草作艸

終夕與於燎　釋文無於字云一本作終夕與於燎惠棟云古本無於字杜子春注周禮可據也按見夏官掌固

設火燎以備守　淳熙本火誤大

故公先與喜盟　淳熙本盟下衍也字

其事既多　監本毛本其誤共

今倒在下　宋本倒作例

霄從公故　宋本小字宋本淳熙本岳本纂圖本閩本監本毛本並作霄岳氏九經三傳沿革例云詳考傳文本末時齊豹殺衛侯之兄縶衛侯出如死鳥析朱鉏宵從竇出徒行從公公入而賜之謚注云宵從公故蓋以其宵自竇出徒行從公而賜謚宵夜也其字當作宵則注與傳上文合今諸本於注皆作霄誤也案岳氏知霄字之誤而未得誤之所由宋殘本宵從竇出作霄從竇出宋刻書籍多從唐碑如張猛龍碑宵作宵蓋字形之譌俗宋殘本亦遂作宵後又因霄而譌爲霄也

皆未死而賜謚及墓田傳終而言之　宋本宋殘本足利本無未字而字不誤案困學紀聞云衛侯賜北宮喜謚曰貞子賜析朱鉏謚曰成子是人臣生而謚也王氏亦沿襲誤刻而有此論後人往往承之何焯所謂不全宋槧本即此殘本也段玉裁曰杜云終言之則其上文爲死而賜謚無可疑者或添未字則下不得云終言之矣

苑何忌辭曰　案廣韻二十阮苑字注云左傳齊大夫苑何忌賈氏羣經音辨云苑姓也於阮反春秋傳有苑何忌

不干我政人得罪　宋本監本毛本干作于是也

道教不至所致　監本毛本道作導

臣敢貪君賜以干先王　毛本干誤于

琴張聞宗魯死　宋殘本聞作開非也

子開一字張　浦鏜正誤字下有子字

孔子是時四十之　正德本閩本亦誤之監本毛本改作知宋本作一按據公羊穀梁傳並云孔子生于襄公二十一年宋本是也

郠申　石經宋本宋殘本淳熙本岳本足利本申作甲不誤釋文同

辟難出　閩本監本出誤去

潁川長平縣　纂圖本閩本監本毛本川作州非也

子城適晉　宋本以下正義三節揔入公遽見之節注下

公與夫人　纂圖本夫人誤大夫

余不忍其詢　釋文云詢本或作詬同李善注文選報任少卿書引傳作詬顧炎武云石經誤詢案石經不誤說文作詬云詬謑詬恥也从言后聲或从句

纂殺向者　宋本宋殘本淳熙本岳本纂圖本監本毛本殺作華不誤

齊侯疥遂痁　顏氏家訓書證篇引作齊侯痎遂痁又云世間傳本多以痎爲疥杜征南亦無解釋徐仙民音介俗儒就爲通云病疥令人惡寒變而成痁此臆說也正義引袁狎云疥當爲痎釋文云疥舊音戒梁元帝音該依字則當作痎說文云兩日一發之瘧也痎又音皆後學之徒僉以疥字爲誤案傳例因事曰遂若痎已是瘧疾何爲復言遂痁乎諸本及定本作疥是也說文引傳亦作疥段玉裁曰仙民之音孔沖遠之說是也凡改疥爲痎者皆所謂無事而自擾

齊侯疥遂痁　宋本以下正義十五節揔入注文除道責之下

瘧熱寒休作　監本毛本休作弁非

今定本亦作疥　閩本今定二字實缺

大月郤還天碁十度　閩本碁字實缺

謂祝史之固陋　閩本史字實缺段玉裁云謂字上當有一日二字

公說告晏子　足利本告下多於字

撞鐘舞女　石經宋本宋殘本岳本鍾作鐘

不思謗讟　諸本作思定本同正義云俗本作畏

澤之萑蒲舟鮫守之　案陳樹華云風俗通義引作莞蒲莊述祖云鮫當作魰魰即篽字說文引澤之自篽自乃舟之誤或以自篽爲萑蒲之異文誤也

入從其政　山井鼎云足利本入下補國字不足據

暴征其私　足利本後人記云征異本作刑非也

平原聊城縣　郡國志聊作蓼誤

旃以至虞人　宋本以下正義十九節揔入而後大公因之節注下

故麾旃以招之也　宋本麾作摩非若依說文則當作麾

以烹魚肉　石經宋本烹作亨與釋文合石經亨字下四心係補刊其跡顯然必王堯惠輩所爲也

史游急就篇　宋本史誤牛

齊盈也　宋本宋殘本淳熙本岳本足利本齊作濟不誤

是以政平而不干　淳熙本干誤乎

言中宗能與賢者　宋殘本言作君非也

敬戒且平　宋本且作既按詩烈祖作既戒既平

則一氣不主爲歌吹　監本毛本主作止非

則與服不異　監本毛本不作少非也

蕩滌人之邪志令其正性　浦鏜正誤云今漢書律麻志志作意令作全

唱姓生　宋本監本毛本姓作始浦鏜云案漢志生上有施字

生黃鍾之律　宋本鍾作鐘下同

黃鍾　宋殘本淳熙本小字宋本岳本纂圖本閩本監本毛本鍾作鐘正義同

大蔟　釋文亦作蔟是也宋本閩本監本作簇非

以聽鳳皇之鳴　宋本閩本監本毛本皇作凰俗字

而牙物也　監本毛本牙作芽案漢書律麻志作牙牙芽古今字

洗絜也　閩本監本毛本絜改潔

雩陵大學奚景　宋本監本毛本大作文

內庳外高　宋本監本毛本作內庫

子午以東爲上生　諸本作午此本誤年今改正案周禮注以作巳

周有七音謂七律謂七器音也　段玉裁挍本無上謂字器音作音器

星與辰之位　案國語周語星下有日字

辰馬農祥　宋本監本毛本馬作爲非也

月之所在　宋本在字下有是三所也劉歆三統之術筭此五位所在十六字

前徒倒戈　諸本作戈此本誤戊今改正

九歌之事　閩本監本毛本事作書非也

出入周䟽以相濟也　定本䟽作流釋文云傳本皆作流正義所謂俗本是也陸氏又云古本有作䟽者陳樹華云案注訓周爲密則與䟽相對宜爲䟽耳

清濁小大長短至出入周䟽　宋本作清濁至周䟽

若琴瑟之專壹　諸本作專釋文引董遇本作摶音同案盧文弨鍾山札記云史記秦始皇本紀摶心揖志索隱云摶古專字引傳如琴瑟之摶壹以證之正用董遇本也惠棟云史記樂書管子內業篇皆以摶爲專

少皞氏之司寇也　淳熙本少作之非也

據晏之言云代爽鳩氏　宋本晏下有子字氏下有耳字是也

古者無死　石經宋本宋殘本淳熙本小字宋本岳本者作若是也宋本正義不誤

猶應大有人矣　監本大作代是也毛本誤伐

取人於萑苻之澤　石經初刻作萑蒲後改作萑苻惠棟云韓非子內儲說引此事作藿詩小弁曰萑葦淠淠韓詩外傳作藿古字通也顧炎武云石經苻誤符非也

於澤中劫人　淳熙本纂圖本毛本劫改刧

盡殺之　釋文無殺字云本或作盡殺之殺衍字案臧琳云正義曰既言盡殺之復云盜少止者盡謂盡萑苻之內盜也少止謂鄭國餘處之盜由此少止知孔本亦作盡之無殺字與陸本同既言盡殺之當作既言盡之標起至盡殺之盜少止當作盡之盜少止此二殺字皆後人所增

盡殺之盜少止　宋本以下正義五節揔入和之至也節注下

盡謂盡萑苻之內盜也　宋本作盡謂是也

少止　宋本少上有盜字

汔其也　諸本作其正義亦是其字詩大雅民勞正義爾雅釋詁幾汔也疏引並作期

毋從詭隨　釋文毋作無云本又作毋按今本詩作無

又大於無善　毛本大作九非也

遠者懷而歸　宋本懷下有德字

詩大雅云云　宋本云云作至以寬

故以汔爲其也　監本其作幾非也

競强也　宋殘本强作彊

附釋音春秋左傳注疏卷第四十九　止

春秋左傳注疏卷四十九挍勘記

附釋音春秋左傳注疏卷第五十 昭二十一年盡二十三年

杜氏注　孔穎達疏

經二十有一年春王三月葬蔡平公○夏晉侯使士鞅來聘晉頃公即位通嗣君○頃音傾○宋華亥向寧華定自陳入于宋南里以叛自外至故曰入披其邑故曰叛南里宋城內里名○披普彼反疏注自外至里名○正義曰賈逵云書入華貙兄弟作亂召而逆之是賈以此入從國逆之例也釋例曰春秋稱入其例有二施於師旅則曰弗地在於復歸則曰國逆國逆又以立爲例逆而不立則非例所及諸在例外稱入直自外入內記事常辭義無所取而賈氏皆以爲例如此甚多是杜意以賈氏逆之爲非故云自外至故曰入以顯異之也五年傳叔孫昭子數豎牛之罪云又披其邑將以赦罪彼注云披析也此分析君邑以自屬已故曰叛也傳稱華氏居盧門以南里叛宋城舊墉及桑林之門守之知此南里是宋城之內里名○秋七月壬午朔日有食之○八月乙亥叔輒卒叔弓之子伯張○冬蔡侯朱出奔楚朱爲大子則失位遂微弱爲國人所逐故以自出爲文○公如晉至河乃復晉人辭公故還

傳二十一年春天王將鑄無射周景王也無射鐘名律中無射○鑄之樹反射音亦注同中丁仲反疏注周景至無射○正義曰周語云景王二十一年鑄大錢二十三年將鑄無射單穆公曰不可作重幣以絕民資又鑄大鐘以鮮其繼三年之中而有離民之器二焉國其危哉王不聽問之伶州鳩州鳩對王又弗聽卒鑄大鐘二十四年鐘成二十五年王崩孔晁於二十四年注云昭二十一年如彼文則此年鑄鐘成之年而傳云將鑄無射者此爲州鳩之言張本州鳩以未成之時爲此言故此年發傳而言將也州鳩此下之言與周語州鳩之言全不同者彼是對王之問此是自言其事異時別言故不同也周語及此皆論鐘事故云無射鐘名其聲於律應無射之管故以律名名鐘襄十九年季武子作林鐘亦是鐘聲應林鐘之律也此無射之鐘在王城鑄之敬王居洛陽蓋移就之也秦滅周其鐘徙於長安歷漢魏晉常在長安及劉裕滅姚泓又移於江東歷宋齊梁陳時鐘猶在東魏使魏收聘梁收作聘遊賦云珍是淫器無射高縣是也及開皇九年平陳又遷於西京置大常寺時人悉共見之至十五年勑毀之

泠州鳩曰王其以心疾死乎伶樂官州鳩其名也○伶力丁反字或作泠非也夫樂天子之職也職所主也夫音樂之輿也樂因音而行而鐘音之器也音由器以發天子省風以作樂省風俗作樂以移之疏注省風至移之○正義曰漢書地理志曰凡民函五常之性而有剛柔緩急音聲不同繫水土之風氣故謂之風好惡取舍動靜無常隨君上之情欲故謂之俗是解風俗之名但風俗盛衰隨時隆替國之將滅風散俗煩天子新受命者省此風俗之敝乃作樂以移之孝經曰移風易俗莫善於樂孔安國云風化也俗常也移大平之化易衰敝之常也地理志以風爲本俗爲末言聖王在上統理人倫必移其本而易其末此混同天下一之乎中和然後王教成是說作樂移風之事也器以鍾之鍾聚也以器聚音輿以行之樂須音而行疏器以至行之○正義曰爲上言鍾音之器也故此云器以鍾之言器以鍾聚其音又上言音樂之輿也故此云輿以行之承上語不倫者亦猶易繫辭云天尊地卑乾坤定矣卑高以陳貴賤位矣隨文便而言耳小者不窕窕細不滿○窕他彫反大者不槬槬橫大不入○槬戶化反疏小者至不槬○正義曰言小不至窕則窕是細之意也大不至槬則槬是大之義也說文云窕深肆極也由細故能極於深是窕爲細不滿謂不能充滿心也槬聲近橫故爲橫大心所不容故不入心也下窕則不咸咸如字本或作感戶暗反則和於物物和則嘉成嘉樂成也故和聲入於耳而藏於心心億則樂億安也○億於力反樂音洛窕則不咸不充滿人心○咸如字本或作感戶暗反槬則不容心不堪容心是以感感實生疾今鐘槬矣王心弗堪其能久乎爲明年天王崩傳○三月葬蔡平公蔡大子朱失位位在

甲。不在適子位以長幼齒。適丁歷反長丁丈反〔疏〕注不在至幼齒。正義曰喪大記記國君初死之禮云既正尸子坐于東方卿大夫父兄子姓立于東方有司庶士哭于堂下北面鄭玄云正尸者謂遷尸牖下南首也子姓謂衆子孫也姓之言生也其男子立於主人後彼言子坐東方謂大子即鄭所謂主人也彼初死之時即别過庶況其至葬君道成矣大子失其位明其不在適子位也位在早是以長幼爲齒蓋處其庶兄之下大夫送葬者歸見昭子昭子問蔡故以告昭子歎曰蔡其亡乎若不亡是君也必不終詩曰不解于位民之攸墍詩大雅墍息也。解佳賣反墍許器反今蔡侯始即位而適卑身將從之爲蔡侯朱出奔傳。夏晉士鞅來聘叔孫爲政叔孫昭子以三命爲國政季孫欲惡諸晉惛叔孫在己上位欲使得罪於晉。惡烏路反使有司以齊鮑國歸費之禮爲

士鞅鮑國歸費在十四年牢禮各如其命數魯人失禮故爲鮑國七牢。費音祕故爲于僞反〔疏〕注鮑國至七牢。正義曰十四年傳曰司徒老祁慮癸來歸費齊侯使鮑文子致之是鮑國歸費之事也杜以周禮掌客云上公饔餼九牢侯伯七牢子男五牢以諸侯牢禮各以其命數卿大夫來者亦當牢禮如其命數計鮑國齊卿不過三命於法當三牢而魯人失禮爲鮑國七牢也下云加四爲十一知本七也劉炫云案聘禮使卿主國待之饔餼五牢則臣之牢禮不依命數鮑國禮當五牢加二牢耳今知非者杜以掌客諸侯牢禮各依命數以卿大夫无文故杜據諸侯言之不謂卿大夫以下亦依命數而劉以鄭注掌客爵卿五牢爵大夫三牢爵士大牢而規杜非也士鞅怒〔疏〕士鞅怒。正義曰七牢於禮厚矣而鞅怒者但陳設爲鞅鞅必不怒其時魯人報云鮑國之禮鞅遂怒其輕己曰鮑國之位下其國小而使鞅從其牢禮是卑敝邑也將復諸寡君魯人恐加四牢焉爲十一牢言魯不能以禮事大國且爲哀七年吳徵百牢起。恐丘勇反下注同。宋華費遂

生華貙華多僚華登貙爲少司馬多僚爲御士公御士。貙勑俱反少詩照反與貙相惡乃譖諸公曰貙將納亡人亡人華亥等。惡如字又烏路反亟言之公曰司馬以吾故亡其良子司馬謂費遂爲大司馬良子謂華登。亟欺冀反〔疏〕亟言之。正義曰服虔云亟疾也疾言之欲使信則服虔讀爲亟也或當爲亟亟數也數言之死亡有命吾不可以再亡之對曰君若愛司馬則如亡言若愛大司馬則當亡走失國死如可逃何遠之有言亡可以逃死勿慮其遠以恐動公公懼使侍人召司馬之侍人宜僚飲之酒而使告司馬告司馬使逐貙。飲於鴆反下同。司馬歎曰必多僚也吾有讒子而弗能殺吾又不死抑君有命可若何

乃與公謀逐華貙將使田孟諸而遣之〔疏〕抑君有命可若何。正義曰抑語助若如也言吾有讒子謂多僚也雖知其讒既不能殺多僚華貙雖杜爲君有逐貙之命可如何言無如之何遂謀逐之公飲之酒厚酬之酬酒幣賜及從者司馬亦如之亦如公賜。從才用反。張匄尤之張匄華貙臣尤怪賜之厚。匄古害反本亦作與曰必有故使子皮承宜僚以劍而訊之子皮華貙。訊問也。訊音信宜僚盡以告告欲因田以遣之張匄欲殺多僚子皮曰司馬老矣登之謂甚言登亡傷司馬心已甚吾又重之不如亡也五月丙申子皮將見司馬而行則遇多僚御司馬而朝張匄不勝其怒遂與子皮臼任鄭翩殺多僚任翩亦貙家臣。重直用反

反見賢遍反勝音升任音壬翩音篇劫司馬以叛而召亡人壬寅華向入樂大心豐愆華牼禦諸横梁國睢陽縣南有横亭。愆起虔反本或作衍睢音雖華氏居盧門以南里叛盧門宋東城南門六月庚午宋城舊鄘及桑林之門而守之舊鄘故城也桑林城門名。鄘音容本或作墉。○秋七月壬午朔日有食之公問於梓愼曰是何物也禍福何爲物事也對曰二至二分二至冬至夏至二分春分秋分日有食之不爲災日月之行也分同道也至相過也二分日夜等故言同道二至長短極故相過

疏分同至過也。正義曰日月之行交則相食自然之理但日爲君象月爲臣象陰旣侵陽如臣掩君聖人因之設教制爲輕重以夏之四月純陽之月時陽極盛陰氣未作正當陽盛之時不宜爲弱陰所侵以爲大忌此月日食

災最重也餘非陽盛之月爲災稍輕至於分至之月日食即不爲災又解不爲災之意以二分晝夜等似其同一道二至長短極並行則相過以爲理必相侵故言不爲災劉炫云此皆假其事以爲等差其實災之大小不如此也且詩云十月之交朔月辛卯日有食之亦孔之醜先儒以爲周之十月夏之八月秋分之月也而甚可醜惡七年四月甲辰朔日食春分之月也而云魯衞惡之衞大魯小安在乎二分之食不爲災足明此是先賢寓言非實事也。注二分至相過。正義曰日之行天一日一周月之行天二十九日有餘已得一周日月異道互相交錯月之一周必半在日道裏從外而入内也半在日道表從内而出外也或六入七出或七入六出凡十三出入而與日一會厤家謂之交道通而計之一百七十三日有餘而有一交交在望前朔則日食望則月食交在望後望則月食後月朔則日食此自然之常數也交數滿則相過非二至乃相過也傳之所言以二分日夜等者春分之時朔則日在婁望則月在角秋分之時朔則日在角望則月在婁婁角是天之中道日月俱從中道故晝夜等似有體敵之理月可敵日冬至之時朔則日在斗望則月在井夏至之時朔則日在井望則月在斗斗井南北晝夜長短之極似若月之極長可以掩日然故云至相過謂絶相縣殊也此至唯冬至耳言二至者全句以成文此皆假託以爲言也以日者天之大明人君之象不可虧損故於正陽之月未作爲重於分至之月其害爲輕於餘月之食其災爲水假之以垂訓非實事也其他月則爲災陽不克也故常爲水陰侵陽是陽不勝陰

疏其他至爲水。正義曰其他月非分至之月則爲災日食是陰侵陽是陽不勝也故日食常爲水災莊二十五年六月日食秋大水此二十四年五月日食梓愼曰將水昭子曰旱也其年八月大雩旱也則亦不是常爲水也又七年四月甲辰朔日食春分之月而云魯衞惡之常水之言旣無其驗足知是賢聖假託日食以爲戒耳

於是叔輒哭日食意在於憂災昭子曰子叔將死非所哭也八月叔輒卒○冬十月華登以吳師救華氏登前年奔吳齊烏枝鳴戍宋烏枝鳴齊大夫廚人濮曰濮宋廚邑大夫。廚直誅反濮音卜軍志有之先人有奪人之心後人有待其衰盍及其

勞且未定也伐諸若入而固則華氏衆矣悔無及也從之丙寅齊師宋師敗吳師于鴻口梁國睢陽縣東有鴻口亭。先悉薦反後戸豆反盍戸臘反獲其二帥公子苦雂偃州員二帥吳大夫。帥色類反注同雂古含反員音云又音圓華登帥其餘吳餘師以敗宋師公欲出出奔廚人濮曰吾小人可藉死可借使死難。難乃旦反而不能送亡君請待之請君待復戰決勝負。而不能送亡君絶句復扶又反下文復卽之同

疏而不能送亡君。正義曰服虔以君上屬孫毓以君下屬杜注不明亦似上屬

乃徇曰楊徽者公徒也徽識也。徇似俊反徽許歸反說文作徽識本又作幟申志反又音昌志反一音式

疏注徽識也。正義曰禮記大傳云聖人南面而治天下必改正朔殊徽號鄭玄云徽號旌旗之名也周禮大司馬云中夏教茇舍辨號名之用帥以門名縣鄙各以其名家以

號名鄉以州名野以邑名百官各象其事以辨軍之夜事鄭
玄云號名者徽識所以相別也鄉遂之屬謂之名家之屬謂
之號百官之屬謂之事在國以表朝位在軍又象其制而爲
之被之以備死事帥謂軍將及師帥旅帥至五長也以門名
者所被徽識如其在門所樹者凡此言以也象也皆謂其制
同耳縣鄙謂縣正鄙師至鄰長也家謂食采地者之臣也鄉
以州名亦謂州長至比長也野謂公邑大夫百官以其職從
王者此六者皆書其官與名氏焉夜事戒夜守之事也草止
者愼於夜於是主別其部職如鄭此言則徽識制如旌旗書
其所任之官與姓名於上被之於背以備其死知是誰之尸
也士喪禮云爲銘各以其物亡則以緇長半幅赬末長終幅
廣二寸書銘于末曰某氏某之柩今之銘旌旛也此生之
徽識如死之銘旌其制之大小蓋亦如銘旌也書其官名卽
令之軍記令其各自揚徽欲知其助公多少如漢書絳侯之
令軍人云爲劉氏者左袒衆從之公自揚門見之見國人皆揚徽楊門雎陽正東門名
下而巡之曰國亡君死二三子之恥也豈
專孤之罪也齊烏枝鳴曰用少莫如齊致死

齊致死莫如去備備長兵也。去起呂反彼多兵矣請皆
用劒從之華氏北復卽之北敗走廚人濮以裳
裹首而荷以走曰得華登矣遂敗華氏于新
里新里華氏所取邑。裹音果荷何可反又音何翟僂新居于新里既戰
說甲于公而歸居華氏地而助公戰。僂音力主反說他活反下注同華姓居
于公里亦如之姓華氏族故助華氏亦如僂新說甲歸傳言古之爲軍不呰小忿。姓他口反
下注同呰本又作呰才斯反又音紫十一月癸未公子城以晉師至
城以前年奔晉今還救宋曹翰胡曹大夫。翰音寒又戶旦反會晉荀吳中行穆子
。行戶郎反齊苑何忌齊大夫衛公子朝前年出奔晉今還衛救
宋丙戌與華氏戰于赭丘赭丘宋地。赭音者丘又作㐀同鄭

翩願爲鸛其御願爲鵞鄭翩華氏黨鸛鵞皆陳名○鸛古喚反鵞五多反陳
直覲反子祿御公子城莊堇爲右子祿向宜。莊堇音謹本或作莊堇
父干犨御呂封人華豹張匄爲右呂封人華豹華氏黨。犨
尺由反【疏】呂封人華豹。正義曰呂邑封人官名豹卽下文華豹是也本或豹上有華王肅董遇並云呂封人
華豹釋例譜一人再見名字不同皆兩載之宋雜人內有呂封人豹華豹爲一人知此本無華也今定本有華相
遇城還華豹曰城也城怒而反之怒其呼已反還戰將
注豹則關矣注傳矢。關引弓。○注之樹反關烏環反本又作彎同下同傳音附曰平
公之靈尚輔相余平公公子城之父。相息亮反豹射出其間
出子城子祿之間。射食亦反又音食夜反下及注皆同將注則又關矣曰不狎
鄙狎更也。更音庚【疏】不狎鄙。正義曰服虔云狎更也子城謂華豹曰不更射爲鄙一曰城言我不

狎習故鄙然則豹已關矣何慮不射公子城何當屬之云不
更射爲鄙城方與豹相射此非謙讓之所又何須自言不習
爲鄙服之二說皆非杜亦訓狎爲更言更遞也城謂豹女頻
射我不使我得更遞是爲鄙也豹服此言故抽矢而止此豹
亦不違軍之戰禮也抽矢豹上不射城射之殪豹死。殪一計反張匄抽
殳而下殳長丈二在車邊。殳音殊長直亮反又如字射之折股扶伏而
擊之折軫折城車軫。折之設反下及注同扶伏並如字上又音蒲下又蒲北反本或作匍匐同
又射之死匄死干犨請一矢求死城曰余言汝於
君欲活之。○女音汝對曰不死伍乘軍之大刑也同乘共伍
當皆死。乘繩證反注及下同干刑而從子君焉用之子速諸
乃射之殪犨又死。○焉於虔反大敗華氏圍諸南里華
亥搏膺而呼見華貙曰吾爲欒氏矣晉欒盈還入作

亂而死事在襄二十三年○搏音慱呼好故反貙曰子無我迋不幸而後亡迋恐也○迋求枉反恐丘勇反使華登如楚乞師華貙以車十五乘徒七十人犯師而出犯公師出送華登食於睢上哭而送之乃復入入南里○睢音雖復扶又反楚薳越帥師將逆華氏大宰犯諫曰諸侯唯宋事其君今又爭國釋君而臣是助無乃不可乎王曰而告我也後既許之矣爲明年華向出奔楚傳○薳于委反〔疏〕諸侯唯宋事其君○正義曰言諸侯之內唯宋之臣民善事其君古以前未嘗有叛逆者也俗本或無其字若無其字則是唯宋事楚檢於時宋國不屬楚也○王曰而告我也後○正義曰謂大宰犯諫在華登出師之後○蔡侯朱出奔楚費無極取貨於東國東國隱大子之子平侯廬之弟朱叔父也

而謂蔡人曰朱不用命於楚君王將立東國若不先從王欲楚必圍蔡蔡人懼出朱而立東國朱愬于楚楚子將討蔡無極曰平侯與楚有盟故封盟于鄧依陳蔡人以國○愬音素其子有二心故廢之子謂朱也靈王殺隱大子其子與君同惡德君必甚〔疏〕德君必甚○正義曰荷恩謂之德言荷君恩必甚也又使立之不亦可乎且廢置在君蔡無他矣言權在楚則蔡無他心○公如晉及河鼓叛晉叛晉屬鮮虞晉將伐鮮虞故辭公將有軍事無暇於待賓且懼泄軍謀○泄息列反又以制反

經二十有二年春齊侯伐莒○宋華亥向寧華定自宋南里出奔楚言自南里別從國去○別彼列反○大蒐于昌間無傳○蒐所求反間如字○夏四月乙丑天王崩六月叔鞅如京師葬景王叔鞅叔弓子三月而葬亂故速○鞅於丈反王室亂承叔鞅言而書之未知誰是故但曰亂〔疏〕注承叔至曰亂○正義曰傳曰叔鞅至自京師言王室之亂是魯史承叔鞅之言而書之也閔馬父聞叔鞅之言乃遙度其事云子朝必不克是未知誰是誰非也故史但書曰亂不言某人某人爲亂魯史書事必待告乃書傳聞行言不書之此承叔鞅之言即書策者魯是周之宗國既聞王室之亂義當釋位救之魯聞周亂所憂在已承言既書見魯之憂王室也公羊傳曰何言乎王室亂言不及外也其意言兄弟爭位室內自亂其亂不及外國故指言王室也○劉子單子以王猛居于皇河南鞏縣西南有黃亭辟子朝難出居皇王猛書名未即位○單音善鞏九勇反難乃旦反〔疏〕注辟子至即位○正義曰傳曰鞏簡公敗績于京甘平公亦敗焉單子欲告急於晉以王如平時遂如圓車次于皇是辟

子朝之難出居皇也王人以在皇告故書皇也景王既葬猛當成君仍書名者王室大亂未得以禮即位故也如莒展弒君而立未會諸侯元年書莒展輿出奔吳鄭忽嗣父而立鄭人賤之不以爲君桓十一年書鄭忽出奔衞然則未成君者法當書名此王猛雖未即位異於諸侯故稱王而以名繫之劉炫云以王當國亦如莒展以名繫國也○秋劉子單子以王猛入于王城王城郟鄏今河南縣晉助猛故得還王都○郟古洽反鄏音辱○冬十月王子猛卒未即位故不言崩〔疏〕注未即至言崩○正義曰未即位不成爲王故不言崩也書王子猛卒者未成爲君繫父言之故稱子猶魯之子般子野卒○十有一月癸酉朔日有食之無傳此月有庚戌又以長厤推校前後當爲癸卯朔書癸酉誤〔疏〕注此月云云○正義曰案傳十二月庚戌晉籍談云云去庚戌上去癸酉三十七日若此月癸酉朔其月不得有庚戌也又傳十二月下有閏月晉箕遺云云又云辛丑伐京辛丑是壬寅之前日也二十三年傳曰正月壬寅朔二師圍郊則辛丑是閏月之晦日也又計明年正月之朔與今年十二月朔中有一閏相去當爲五十九日此

年十二月當爲癸卯朔經書癸酉明是誤也故言長厤推校十一月小甲戌朔傳有乙酉十二日也又有己丑十六日也十二月大癸卯朔傳有庚戌八日也閏月小癸酉朔傳有閏月辛丑二十九日也明年正月壬寅朔則上下符合矣

傳二十二年春王二月甲子齊北郭啓帥師伐莒啓齊大夫北郭佐之後。○莒子將戰苑羊牧之諫牧之莒大夫。苑於元反牧之州牧之牧曰齊帥賤其求不多不如下之大國不可怒也弗聽敗齊師于壽餘莒地。○帥所類反下之遐嫁反齊侯伐莒怒敗莒子行成司馬竈如莒涖盟竈齊大夫莒子如齊涖盟盟于稷門之外稷門齊地門也莒於是乎大惡其君爲明年莒子來奔傳。○惡烏路反○楚薳越使告于宋曰寡君聞君有不令之臣爲

君憂無寧以爲宗羞無寧寧也言華氏爲宋宗廟之羞恥寡君請受而戮之對曰孤不佞不能媚於父兄華向公族也故稱父兄以爲君憂拜命之辱抑君臣日戰君曰余必臣是助亦唯命人有言曰唯亂門之無過君若惠保敝邑無亢不衷以獎亂人孤之望也唯君圖之楚人患之患宋以義距之。○過音古禾反亢苦浪反衷音忠〔疏〕無亢至亂人。○正義曰亢高也衷善也獎勸也無高貴不善之事以勸亂人爲惡也易曰亢龍有悔言其位高也諸侯之戍謀曰若華氏知困而致死楚恥無功而疾戰非吾利也不如出之以爲楚功其亦能無爲也已言華氏不能復爲宋患。○復扶又反下復欲同〔疏〕若華至也已。○正義曰若華氏知困而致死戰或敗諸侯之師也楚恥無功而疾戰戰勝則楚獨有功二者並非吾諸侯之利也聞楚師將至華氏即出亦是楚之功也不如出之以爲楚功其此華氏亦無所能爲也已言雖放令出亦不復能爲宋害言宋人慮更爲害決欲取殺之故諸侯之戍固請出之宋人乃從之救宋而除其害又何求乃固請出之宋人從之己巳宋華亥向甯華定華貙華登皇奄傷省臧士平出奔楚華貙已下五子不書非卿。○省悉井反又所景反臧子郎反宋公使公孫忌爲大司馬代華費遂邊卬爲大司徒卬平公曾孫代華定。○卬五郎反樂祁爲司馬祁子罕孫樂祁犁。○犁力私反又力兮反仲幾爲左師幾仲左孫代向寧。○幾音基樂大心爲右師代華亥樂輓爲大司寇輓子罕孫。○輓音晩以靖國人終梓愼之言三年而後弭。○弭彌氏反○王子朝

賓起有寵於景王子朝景王之長庶子賓起子朝之傅。○朝如字凡人名字皆張遙反或云朝錯是王子朝之後又音潮案錯姓亦有兩音長丁丈反王與賓孟說之欲立之孟即起也王語賓孟欲立子朝爲太子。○說如字又音悅語魚據反〔疏〕王子至立之。○正義曰賈逵云賓孟子朝之傅也王愛子朝因愛其傅故朝起並有寵於景王也與賓孟並談說之欲立朝爲大子周語云景王欲殺下門子乃云賓孟適郊見雄雞賈逵云下門子周大夫王猛之傳也景王欲立朝故先殺猛傅然則王與賓孟言說既欲立朝乃殺猛傅議久不決故賓孟假雄雞斷尾以勸之。○注子朝至之傳。○正義曰二十六年傳子朝使告于諸侯云單劉贊私立少知朝年長於猛也賓孟欲立子朝明是子朝之傳劉獻公之庶子伯蚠事單穆公獻公劉摯伯蚠劉狄穆公單旗。○蚠扶粉反一音扶云反摯音至下同惡賓孟之爲人也願殺之又惡王子朝之言以爲亂願去之子朝有欲位之言故劉蚠惡之。○惡烏路反去起呂反有欲位之言一本位作立〔疏〕

劉獻至去之。正義曰伯蚠是果決有知謀者也願得殺賓孟去子朝所以遷單子之心故劉子亦與同志共立子猛也於賓孟云願殺之於子朝云願去之者朝是王之寵子王在不可專殺願逐去而已獻謚法知質有聖曰獻

賓孟適郊見雄雞自斷其尾問之侍者曰自憚其犧也畏其爲犧牲奉宗廟故自殘毀。斷丁管反憚待旦反犧許宜反**遽歸告王且曰雞其憚爲人用乎人異於是**雞犧雖見寵飾然卒當見殺若人見寵飾則當貴盛故言異於雞。遽其據反**犧者實用人人犧實難已犧何害**言設使寵人如寵犧則不宜假人以招禍難使犧在已則無患害己喻子朝欲使王早寵異之。難乃旦反〔疏〕害孟至何害。正義曰說文云犧宗廟之牲也曲禮云天子以犧牛鄭玄云犧純毛也周禮牧人掌牧六牲以共祭祀之牲牷鄭玄云六牲謂牛馬羊豕犬雞牷體完具也又曰祭祀共犧牲以授充人繫之鄭玄云犧牲毛羽完具也授充人者當殊養之然則祭祀之牲選其毛羽完具者養之以爲犧犧者寵養祭牲之名賓孟感雞以毛羽牷

具恐其被養爲犧故自斷其尾殘毀其形賓孟怪而問之侍者曰自憚其犧言此雞畏其被寵養也賓孟因此感悟疾歸以雞事告王且又言曰雞其憚畏爲人用乎人則異於是於雞矣雞被寵飾終當見殺人被寵飾則當貴盛此其所以異於雞也犧者寵牲之名因以犧喻寵子即名寵子爲犧言寵愛爲犧者依法用牲今寵愛爲犧者乃實用人言犧當用純德之人猶如祭犧當用純色之牲也他人之有純德寵之如犧後實招禍難矣己子之有純德寵之如犧有何害也但人有親疎若疎人被寵愛爲犧實爲禍難若己家親屬寵愛如犧有何患害他人謂子猛親屬謂子朝也犧者實用人上人人是對牲爲稱普據凡人也人犧實難此下人據疎外之人人字雖同上下人意異。注雞犧雖見寵飾。正義曰犧者繫養之名耳言寵飾者當養之時必爲之服飾以異之如今之繫五采也史記稱楚王欲以莊周爲國相謂使者曰郊祭犧牛養之數歲衣以文繡牽入大廟是時欲爲狐豚豈可得乎是亦飾之事。注言設至異之。正義曰賓孟言人犧實難假疎人以爲說人爲疎姓之人寵養疎人擅權害主故言設使寵人如寵犧則不宜假人以招禍難假借他人以權或將反來害己子猛雖亦王子不得王寵與他人無異使犧在己家則無。害已喻子朝子朝是已之子欲使王早寵異之如寵犧也

王弗應十五年大子壽卒王立子猛後復欲立子朝而未定賓孟感雞盛稱子朝王心許之故不應。應應對之應注同〔疏〕注十五至不應。正義曰賈逵以爲大子壽卒景王不立適子鄭衆以爲壽卒王命猛代之後欲廢猛立朝耳服虔以賈爲然杜今從鄭說者二十六年傳閔子馬云子朝干景之命則景有命矣若不命猛更命誰乎若子朝子猛並未有命俱是庶子朝年又長於次當立自求爲嗣宜矣劉蚠何以惡其爲亂而欲去之若俱未被立王意不偏羣臣無黨王命爲嗣則莫敢不從何須將殺單劉以立朝也杜以此知大子壽卒王立子猛爲適其後復欲立子朝而王意未定賓孟感雞自毀因此盛稱子朝之美王心許賓孟故不應慮其泄言也

夏四月王田北山使公卿皆從將殺單子劉子北山洛北芒也王知單劉不欲立子朝欲因田獵先殺之。從才用反芒音亡**王有心疾乙丑崩于榮錡氏**四月十九日河南鞏縣西有榮錡澗。錡魚綺反澗古晏反〔疏〕注四月十九日。正義曰此於乙丑之下言四月十九日戊辰之下言二十二日顯言此二日者此年之傳其日最多經之與傳又時月多錯故此顯言二

日欲令自此以下依次推之易驗耳

戊辰劉子摯卒二十二日**無子單子立劉蚠**蚠事單子故**五月庚辰見王**見王猛。見賢遍反注同**遂攻賓起殺之**黨子朝故**盟羣王子于單氏**王子猛次正故單劉立之懼諸王子或黨子朝故盟之〔疏〕注王子猛次正。正義曰猛朝俱是王子單劉必欲立猛明猛是次正當立故也公羊多有次正之語杜取爲說猛爲次正不知其本蓋是大子壽之母弟或是穆后姪娣之子或母貴也

○**晉之取鼓也**在十五年**既獻而反鼓子焉**獻於廟**又叛於鮮虞**叛晉屬鮮虞**六月荀吳略東陽**略行也東陽晉之山東邑魏郡廣平以北。行下孟反**使師僞糴者負甲以息於昔陽之門外**昔陽故肥子所都。糴音狄**遂襲鼓滅之以鼓子鳶鞮歸使涉佗守之**守鼓之地涉佗晉大夫。鳶悅全反鞮丁兮反佗徒多反守手又反又如

字○丁巳葬景王王子朝因舊官百工之喪職秩者與靈景之族以作亂百工百官也靈王景王之子孫○喪息浪反下注羣喪同帥郊要餞之甲三邑周地○要一遙反餞賤淺反以逐劉子逐伯蚠王戌劉子奔揚揚邑單子逆悼王于莊宮以歸悼王子猛也王子還夜取王以如莊宮王子還子朝黨也不欲使單子得王猛故取之癸亥單子出失王故出奔王子還與召莊公謀莊公召伯奐子朝黨也○召上照反奐音喚曰不殺單旗不捷旗單子也○旗音其捷才接反與之重盟必來背盟而克者多矣從之從還謀也○背音佩下注同樊頃子曰非言也必不克頃子樊齊單劉黨○頃音傾本或作須字【疏】注頃子至劉黨○正義曰此下二十三年單子劉子樊齊以王如劉故知是單劉黨也

遂奉王以追單子王子還奉王及領大盟而復領周地欲重盟令單子劉子復歸○令力呈反殺摯荒以說委罪於荒○說如字又音悅劉子如劉歸其采邑單子亡乙丑奔于平時平時周地知王子還欲背盟故亡走○奔于平時一本作于平時音止又音市下同本或作平壽誤【疏】及領至平時○正義曰此上言子還夜取王以如莊宮遂與召莊謀殺單旗與之重盟必來來而殺之王子還遂奉王追單子及領遂與重盟而還殺摯荒者爲前取王如莊宮令單子失王而出奔更殺摯荒以解說此事單子覺還欲背又奔平時羣王子追之單子殺還姑發弱鬷延定稠八子靈景之族因戰而殺之○鬷子工反稠直由反【疏】注八子靈景之族○正義曰以上言王子還此八人還居其首還既稱王子明八子皆王子也故知靈景之族子朝奔京其黨死故丙寅伐之單子伐京京人奔山劉子入于王城子朝奔京故得入辛未鞏簡公敗績于京乙亥甘平公亦敗焉甘鞏二公周卿士皆爲子朝所敗○鞏九勇反【疏】簡公平公○正義曰諡法一意不懈曰簡布綱持紀曰平○注皆爲子朝所敗○正義曰知爲子朝所敗者以傳云敗績于京故知是敬王黨爲子朝所敗也叔鞅至自京師葬景王還言王室之亂也經所以書閔馬父曰子朝必不克其所與者天所廢也閔馬父閔子馬魯大夫天所廢謂羣喪職秩者單子欲告急於晉秋七月戊寅以王如平時遂如圃車亥于皇出次以示急戊寅七月三日經書六月誤也○圃音補【疏】注戊寅至月誤○正義曰傳言七月戊寅杜以長麻推校之戊寅是七月三日明傳是也經書王猛居皇乃在六月下知經六月誤也劉子如劉單子使王子處守于王城王子處子猛黨守王城距子朝盟百工于平宮平宮平王廟辛卯鄩肸伐皇

鄩肸子朝黨○鄩音尋肸許乙反大敗獲鄩肸壬辰焚諸王城之市焚鄩肸八月辛酉司徒醜以王師敗績于前城醜悼王司徒前城子朝所得邑百工叛司徒醜敗故己巳伐單氏之宮敗焉百工伐單氏爲單氏所敗【疏】注百工至所敗○正義曰知單氏所敗者以上云伐單氏下云反伐之是單氏反伐百工也若單氏被敗焉能反伐百工庚午反伐之單氏反伐百工辛未伐東圉百工所在洛陽東南有圉鄉○圉魚呂反冬十月丁巳晉籍談荀躒帥九州之戎九州戎陸渾戎十七年滅屬晉州鄉屬也五州爲鄉○躒力狄反及焦瑕溫原之師焦瑕溫原晉四邑以納王于王城丁巳在十月經書秋誤【疏】注丁巳至秋誤○正義曰傳言冬十月丁巳杜以長麻推之丁巳是十月十四日經書此事在秋其下乃有冬知經誤庚申單子劉蚠以王師敗績于郊

爲子朝之黨所敗。前城人敗陸渾于社。前城，子朝衆。社，周地。○社，市者反，本或作杜，下皆同。十一月乙酉，王子猛卒。乙酉在十一月，經書十月誤。雖未即位，周人謚曰悼王。【疏】注乙酉至悼王。○正義曰：傳言十一月乙酉，杜以長厤推校之，乙酉是十一月十二日，知經書十月誤也。上云單子逆悼王于莊宮，悼王即猛也。經書爲卒，傳言其謚，故解之。雖未即位，周人謚曰悼王。敬王，猛之母弟。敬王位定，乃追謚之。不成喪也。釋所以不稱王崩。己丑，敬王即位，敬王，王子猛母弟王子匄。○匄，故害反。【疏】注敬王至子匄。○正義曰：敬王名匄，本紀文也。本紀不言敬王是猛之母弟，先儒相傳說耳。謚法：夙夜共事曰敬。館于子旅氏。子旅，周大夫。○十二月庚戌，晉籍談、荀躒、賈辛、司馬督司馬烏。○督音篤。帥師軍于陰，籍談所軍。于侯氏，荀躒所軍。于谿泉，賈辛所軍。鞏縣西南有明谿泉。次于社。司馬督所次。王師軍于氾、于解，次于任人。王師分在三邑。洛陽西南有大解、小解。○氾音凡，解音蟹，任音任。閏月，晉箕遺、樂徵、右行詭濟師，取前城，三子，晉大夫。濟師，渡伊洛。○行，戶郎反。詭，九委反。軍其東南。王師軍于京楚。辛丑，伐京，毀其西南。京楚，子朝所在。

經二十有三年春王正月，叔孫婼如晉。謝取邾師。○婼，勑略反。○癸丑，叔鞅卒。無傳。○晉人執我行人叔孫婼。稱行人，譏晉執使人。○使，使吏反。【疏】注稱行至使人。○正義曰：傳說魯取邾師，則是魯有罪矣，而譏晉執者，凡諸侯有罪，盟主當以師討之，不宜執其使人，故譏之。○晉人圍郊。討子朝也。郊，周邑。圍郊在叔鞅卒前，經書後，從赴。【疏】注討子至從赴。○正義曰：往年傳閏月辛丑，晉師、王師伐京，毀其西南。注云京子朝所在。此年傳正月壬寅朔，二師圍郊。計辛丑、壬寅頻日耳。蓋京城既毀，郊是子朝之邑，故二師圍之，故云討子朝也。郊不繫周者，大都以名通也。傳稱朔日圍郊，至癸丑乃叔鞅卒。癸丑，正月十二日也。是圍郊在叔鞅卒前也。晉人來告圍郊，不以圍郊日告之，告在叔鞅卒後，故經書在後，是從赴也。圍郊在朔，或亦在叔孫婼如晉之前，但行無日，未必不以朔行，據鞅卒有日而言之。○夏六月，蔡侯東國卒于楚。無傳。未同盟而赴以名。○秋七月，莒子庚輿來奔。○戊辰，吳敗頓、胡、沈、蔡、陳、許之師于雞父，不書楚，楚不戰也。雞父，楚地。安豐縣南有雞備亭。○與音餘。父音甫。【疏】吳敗至雞父。○正義曰：此戰獲胡、沈之君，是胡、沈君自將也。頓序於上，頓亦君自將也。獲陳大夫，陳是大夫將，則蔡、許亦大夫將也。故云頓、胡、沈、蔡、陳、許，君在臣上，各自以大小序耳。桓十三年經書齊師、宋師、衛師、燕師敗績，此不每國書師而摠云師者，傳無其說，杜不爲注，是史略文，非義例也。賈逵云不國國書師，惡其同役而不同心。案隱十年宋人、蔡人、衛人伐戴，鄭伯伐取之，傳曰宋、衛既入鄭，而以伐戴召蔡人，蔡人怒，故不和而敗，亦是同役而不同心。彼既不變其文，此何當變文以見義乎？賈之妄。○注不書楚楚不戰。○正義曰：杜以楚不戰者，以傳云戰于雞父，

吳子以罪人先犯胡、沈與陳，三國敗，舍胡、沈之囚，使奔許與蔡、頓，師譟而從之，三國奔，是戰於雞父之時，先犯胡、沈、陳，後破許、蔡、頓也。六國既陳，戰敗而奔，下傳始云楚師大奔，是大國敗後，楚師怖懼，不得成陳，望風而奔，故傳云不言戰，楚未陳。杜云不書楚，楚不戰。劉炫用服虔義，云不書楚，楚諱敗。不告。然則必其楚人來告，容或諱敗，若吳人來告，豈代楚諱乎？劉違背傳文而規杜，非也。胡子髡、沈子逞滅，國雖存，君死曰滅。○髡，苦門反。逞，勑逞反。【疏】注國雖至曰滅。○正義曰：公羊傳曰：君死于位曰滅。其意言本國雖存，其君見殺，與滅國相類，據君身言之，謂之滅。獲陳夏齧。大夫死生通曰獲。夏齧，徵舒玄孫。○夏，戶雅反。齧，五結反。【疏】注大夫至玄孫。○正義曰：宣二年鄭人獲華元，生獲也。哀十一年獲齊國書，死獲也。故云大夫死生通曰獲。案世本，宣公生子夏，夏生御叔，叔生徵舒，徵舒生惠子晉，晉生御寇，寇生悼子齧，齧是徵舒曾孫，杜云玄孫，未詳。○天王居于狄泉。敬王辟子朝也。狄泉，今洛陽城內大倉西南池水也，時在城外。○大音泰。【疏】注敬王至城外。○正義曰：此事傳無其文，不言無傳者，傳稱六月庚寅，單子、劉子、樊齊以王如劉，當從劉而居狄泉，不是全無其事，故不云無傳也。

狄泉今洛陽城內大倉西南池水是也若在城內宜云王居成周知此時在城外也今在城內者土地名云或曰定元年城成周乃遷之入城內也尹氏立王子朝尹氏周世卿也書尹氏立子朝明非周人所欲立【疏】注尹氏至欲立○正義曰宣王之世有尹吉甫春秋以來數有尹子見經是其食采於尹世為周卿士也以其世為卿士宗族彊盛故能專意立朝不言尹子而言尹氏者見其氏族彊故能立之也敬王是單劉所立不書單子立者敬王猛之母弟兄死次正當立立之是當朝不應立立庶以亂國書尹氏立朝所以惡尹氏也隱四年衛人立晉善其得衆書衛人言舉國共立之此書尹氏立朝明非周人所欲立獨尹氏立之耳○八月乙未地震○冬公如晉至河有疾乃復

傳二十三年春王正月壬寅朔二師圍郊二師王師晉師也王師不書不以告癸卯郊鄩潰河南鞏縣西南有地名郊鄩中郊鄩二邑皆子朝所得○鄩音尋潰戶內反丁未晉師在平陰王師在澤邑平陰今河

陰縣王使告間子朝敗故○間音閑庚戌還晉師還○邾人城翼翼邾邑還將自離姑離姑邾邑從離姑則道徑魯之武城○徑音經【疏】注離姑至武城○正義曰邾魯接連竟界相錯邾人從翼邑還邾先經魯之武城然後始至離姑而後至邾故舉離姑為道次公孫鉏曰魯將御我鉏邾大夫○鉏仕居反下同御魚呂反欲自武城還循山而南至武城而還依山南行不欲過武城○過古禾反下遂過同徐鉏丘弱茅地三子邾大夫○茅亡交反曰道下遇雨將不出是不歸也謂此山道下濕遂自離姑遂過武城武城人塞其前以兵塞其前道【疏】武城人塞其前○正義曰此所塞之處必有隘道當是已過武城之邑未出武城之竟故得塞其前斷其後而攻取之斷其後之木而弗殊邾師過之乃推而壓之遂取邾師獲鉏弱地取邾師不書非公命○斷丁管反殊如字說文云死也一曰斷也壓其月反又音厭又居衞反【疏】注取邾至公命○正義曰傳言武城人則是武城之大夫自專為此謀也既取邾師邾始愬晉晉人來討乃令叔孫往謝叔孫以年初即行則魯取邾師事在往年因叔孫婼如晉追言之邾人愬于晉晉人來討○愬息路反叔孫婼如晉晉人執之書曰晉人執我行人叔孫婼言使人也嫌外內異故重發傳○使所吏反重直用反下重發同晉人使與邾大夫坐坐訟曲直【疏】注坐訟曲直○正義曰周禮小司寇云命夫命婦不躬坐獄訟凡斷獄者皆令競者坐而受其辭故使並坐訟曲直叔孫曰列國之卿當小國之君固周制也在禮卿得會伯子男故曰當小國之君【疏】注在禮至之君○正義曰僖二十九年傳曰在禮卿不會公侯會伯子男可也於禮得與相會故當小國之君邾又夷也邾雜有東夷之風寡君之命介子服回在子服回魯大夫為叔孫之介副○介

音界注同請使當之不敢廢周制故也乃不果坐韓宣子使邾人取其衆將以叔孫與之與邾使執之叔孫聞之去衆與兵而朝示欲以身死○去起呂反士彌牟謂韓宣子彌牟士景伯○彌亡支反牟亡侯反曰子弗良圖而以叔孫與其讎叔孫必死之魯亡叔孫必亡邾邾君亡國將焉歸時邾君在晉若亡國無所歸將益晉憂○焉於虔反下同子雖悔之何及所謂盟主討違命也若皆相執焉用盟主聽邾衆取叔孫是為諸侯皆得輒相執乃弗與使各居一館分別叔孫子服回○別彼列反【疏】注分別至服回○正義曰賈逵云使邾魯大夫各居一館鄭衆云使叔孫子服回各居一館邾魯大夫本不同館無為復言使各居一館也欲分別叔孫與子服回不得相見各聽其辭

耳服虔並載兩説仍云賈氏近之案傳文各居一館之下即云士伯聽其辭而愬諸宣子乃皆執之則皆執各居一館者也若是邾魯别館豈執邾大夫乎且下云館叔孫於箕舍子服回於他邑明此各居一館是分别子服與叔孫恐其相教示士伯聽其辭而愬諸宣子乃皆執之二子辭不屈故士伯愬而執之〔疏〕注二子至執之○正義曰魯人實取邾師二子辭不屈者蓋以朝聘征伐過他國必假道乃行邾人不假魯道是邾亦合責不假道不過也取其師大罪也蹊田奪牛爲報已甚故士伯愬而執之久囚其使足以謝邾故晉以明年釋之士伯御叔孫從者四人過邾館以如吏欲使邾人見叔孫之屈辱○從才用反下同〔疏〕士伯至如吏○正義曰御謂進引也引叔孫詣於獄也叔孫從者唯有四人先過於邾君之館然後以之如吏故杜云欲使邾人見叔孫之屈辱先歸邾子士伯曰以芻蕘之難從者之病將館子於都都别都謂箕也○芻初俱反蕘而昭反叔孫旦而立期焉立待命也從旦至旦爲期○期

本又作棋同居其反乃館諸箕舍子服昭伯於他邑别四之范獻子求貨於叔孫使請冠焉以求冠爲辭取其冠法而與之兩冠曰盡矣既送作冠模法又進二冠以與之僞若不解其意○模莫胡反字從木解音蟹爲叔孫故申豐以貨如晉欲行貨以免叔孫○爲于僞反叔孫曰見我吾告女所行貨見而不出留[illegible]之不使得出不欲以貨免○女音汝吏人之與叔孫居於箕者請其吠狗弗與及將歸殺而與之食之示不愛○吠扶廢反〔疏〕請其吠狗○正義曰狗有吠守者有主獵者主獵者貴吠守者賤吏人請叔孫乞其吠守之狗叔孫所館者雖一日必葺其牆屋葺補治也○葺七入反去之如始至不以當去而有所毁壞○壞音怪○夏四月乙酉單

子取訾劉子取牆人直人三邑劉子朝者訾在河南鞏縣西南○訾子斯反六月壬午王子朝入于尹自京入尹氏之邑〔疏〕注自京至之邑正義曰知自京入尹者以前年子朝在京王師雖毁其西南不言克京又今年二師圍郊不言子朝在郊故云自京入尹劉炫以爲前年王師已克子朝從京入郊郊潰不知子朝所在而規杜非也癸未尹圉誘劉佗殺之尹圉尹文公也劉佗劉蚠族敬王黨○圉魚吕反佗徒河反丙戌單子從阪道劉子從尹道伐尹單子先至而敗劉子還單子敗故○阪音反又扶板反己丑召伯奐南宮極以成周人戍尹二子周卿士子朝黨奐召莊公庚寅單子劉子樊齊以王如劉辟子朝出居劉子邑甲午王子朝入于王城次于左巷近東城○近附近之近秋七月戊申鄩羅納諸莊宫

鄩羅周大夫鄩肸之子尹辛敗劉師于唐尹辛尹氏族唐周地丙辰又敗諸鄩甲子尹辛取西闈西闈周地○闈音韋一音暉丙寅攻蒯蒯潰河南縣西南蒯鄉是也於是敬王居狄泉尹氏立子朝○蒯苦怪反○莒子庚輿虐而好劍苟鑄劍必試諸人國人患之又將叛齊烏存帥國人以逐之烏存莒大夫○好呼報反鑄之樹反庚輿將出聞烏存執殳而立於道左懼將止死殳長而無刃○殳音殊〔疏〕注殳長至無刃○正義曰詩毛傳文也考工記云殳長尋有四尺八尺曰尋是其長丈二也又考工記戈戟皆有刃殳不言刃是無刃也苑羊牧之曰君過之牧之亦莒大夫烏存以力聞可矣何必以弑君成名遂來奔齊人納郊公郊公著丘公之子十四年奔齊○著直略反又直慮

反。○吳人伐州來，楚薳越帥師令尹以疾從戎，故薳越攝其事。及諸侯之師奔命救州來。吳人禦諸鍾離。子瑕卒，楚師熸。子瑕，令尹。不起所疾也。吳楚之間謂火滅為熸。軍之重主喪亡，故其軍人無復氣勢。○熸，子潛反，字林子兼反。復，扶又反，下「王往復」、「敗復」、「增修」同。吳公子光曰：「諸侯從於楚者衆，而皆小國也，畏楚而不獲已，是以來。吾聞之曰：『作事威克其愛，雖小必濟。』克，勝也。軍事尚威。

疏○「威克至必濟」。○正義曰：尚書胤征云「威克厥愛，允濟；愛克厥威，允罔功」，是古有此言。

胡、沈之君幼而狂，狂性無常。○狂，求匡反。陳大夫齧壯而頑，頓與許、蔡疾楚政。楚令尹死，其師熸。帥賤、多寵，政令不壹。帥賤，薳越非正卿也。軍多寵人，政令不壹於越。○帥，所類反，注及下「帥賤」同。七國同役而不同心，七國：楚、頓、胡、沈、蔡、陳、許。帥賤而不能整，無大威命，楚可敗也。若分師先以犯胡、沈與陳，必先奔。三國敗，諸侯之師乃搖心矣。諸侯乖亂，楚必大奔。請先者去備薄威，示之以不整以誘之。○去，起呂反。後者敦陳整旅。」敦，厚也。○陳，直覲反，下「未陳」并注同。吳子從之。戊辰晦，戰于雞父。七月二十九日。違兵忌晦戰，擊楚所不意。

疏注「七月至不意」。○正義曰：成十六年傳，郤至曰「陳不違晦」，以犯天忌，我必克之。注云「晦，月終，陰之盡，故兵家以為忌」。楚以兵之忌日不意吳來擊之，必不設備。吳人故違兵忌，以晦出兵而戰，擊楚所不意也。僖二十二年泓之戰，書己巳朔；成十六年鄢陵之戰，書甲午晦。此書戊辰而不言晦者，釋例曰：經、傳之見晦朔，此時史隨其日而存之，無義例也。賈氏云泓之戰譏宋襄，故書朔；鄢陵之戰譏楚子，故書晦；雞父之戰夷之，故不書晦。左氏既無此說，案雞父之戰，經、傳備詳，其例非夷之實，晦戰而經不書晦，明經不以晦示褒貶。

吳子以罪人三千先犯胡、沈與陳，囚徒不習戰，以示不整。三國爭之。吳為三軍以繫於後，中軍從王，從吳王。光帥右，掩餘帥左。掩餘，吳王壽夢子。吳之罪人或奔或止，三國亂。吳師擊之，三國敗，獲胡、沈之君及陳大夫。舍胡、沈之囚，使奔許與蔡、頓，曰：「吾君死矣！」師譟而從之，三國奔。三國：許、蔡、頓。○譟，素報反。楚師大奔。書曰「胡子髡、沈子逞滅，獲陳夏齧」，君臣之辭也。國君，社稷之主，與宗廟共其存亡者，故稱滅；大夫輕，故曰獲。獲，得也。

疏注「國君社稷之主與宗廟共其存亡者至獲得也」。○正義曰：傳言舍胡、沈之囚，使曰「吾君死矣」，是胡、沈之君死，稱滅也。釋例曰：國君者，社稷之主，百姓之望，當與社稷宗廟共其存亡者也。而見獲於敵，國雖存若亡，死之與生，皆與滅同，故曰「胡子髡、沈子逞滅」。諸以戰傷死，雖敗績而不見擒，故經皆不曰滅。則杜意國君生見獲，亦書為滅也。劉炫謂此胡、沈之君戰死，故言滅也。春秋君戰生見獲者，皆言以歸，不書滅，何得言雖存若亡皆為滅？公羊傳曰：「其言滅獲何？別君臣也。君死于位曰滅，生得曰獲。大夫生死皆曰獲。」以為君死曰滅，生曰以歸。韓戰獲晉侯，從大夫例，故書獲。以規杜失。今知非者，莊十年齊師滅譚，譚子奔莒；定六年鄭游速滅許，以許男斯歸。是君存稱滅。劉炫以為生獲於敵，但言以歸，不得稱滅，規杜非也。但君存國滅，則滅文在上，滅譚、滅許是也；國存君死，則滅文在下，胡子、沈子是也。

不言戰，楚未陳也。嫌與陳例相涉，故重發之。○八月丁酉，南宮極震。經書乙未地動，魯地也。丁酉，南宮極震，周地亦震也。為屋所壓而死。○壓，本又作壓，同，於甲反。

疏注「經書至而死」。○正義曰：經書乙未地震，謂魯國之地動也。丁酉南宮極震，則周地亦震。周、魯相去千里，故震日不同。以震而死，明為屋所壓。

萇弘謂劉文公曰：「君其勉之！先君之力可濟也。文公，劉蚠也。先君謂蚠之父獻公也。獻公亦欲立子猛，未及而卒。周之亡也，其三川震。

謂幽王時也三川涇渭洛水也地動川岸崩【疏】注謂幽至岸崩。○正義曰周語云幽王二年西周三川皆震伯陽父曰周將亡矣陽伏而不能出陰迫而不能烝於是有地震今川實震是陽失其所而鎮陰也陽失而在陰原必塞原塞國必亡夫水土演而民用也土無所演民乏財用不亡何待昔伊洛竭而夏亡河竭而商亡今周德若二代之季矣其川原又塞塞必竭夫國必依山川山崩川竭亡之徵也川竭山必崩若亡不過十年數之紀也夫天之所棄不過其紀是歲也三川竭岐山崩十一年幽王乃滅注國語者亦云三川涇渭洛也西周在雍州之域周禮職方氏正西曰雍州其川涇汭其浸渭洛鄭玄云浸可以爲灌溉者

今西王之大臣亦震天弃之矣。子朝在王城故謂西王東王必大克敬王居狄泉在王城之東故曰東王○楚大子建之母在郹。郹郹陽也平王娶秦女廢太子建故母歸其家。○郹古闃反召吳人而啓之冬十月甲申吳大子諸樊入郹諸樊吳王僚之大子。○吳大子諸樊案吳子遏號諸樊王僚是遏之弟子先儒又以爲遏弟何容僚子乃取遏號爲名恐傳寫誤耳未詳取楚夫人與其寶器以歸楚司馬薳越追之不及將死衆曰請遂伐吳以徼之徼要其勝負。○徼古堯反要一遙反【疏】大子至追之。○正義曰土地名郹是蔡地蔡在楚之東北故建母在郹得召吳人也於時蔡常從楚且失夫人故薳越追之。○注諸樊至大子。○正義曰吳子諸樊吳王僚之伯父也僚子又名諸樊乃與伯祖同名吳人雖是東夷理亦不應然也此久遠之書又字經篆隸或誤耳薳越曰再敗君師死且有罪此年秋敗於雞父設往復敗爲再敗亡君夫人不可以莫之死也乃縊於薳澨薳澨楚地。○縊一賜反澨市制反○公爲叔孫故如晉及河有疾而復此年春晉爲邾人執叔孫故公如晉謝之○爲于僞反注及下注鄰國爲之守相爲同○楚囊瓦爲令尹囊瓦子囊之孫子常也代陽匄。○囊乃郎反城郢楚用子囊遺言已築郢城矣今畏吳復增脩以自固。○郢以井反又餘政反

【疏】注楚用至自固。○正義曰襄十四年子囊將死遺言謂子庚必城郢君子謂子囊忠將死不忘衞社稷可不謂忠乎彼子囊城郢君子謂之爲忠此囊瓦城郢沈尹戌謂之必亡事不同者國而無城不可以治楚自文王都郢城郭未固子囊心欲城之其事未暇將死而令城郢故可謂之爲忠今郢既固矣足以爲治而囊瓦畏吳僑偪恐其寇入國都更復增脩其城以求自固不能遠撫邊竟唯欲近守城郭沈尹。謂之必亡爲其事異故也沈尹戌曰子常必亡郢苟不能衞城無益也古者天子守在四夷德及遠。○守手又反下文除守其交禮並同天子卑守在諸侯政卑損諸侯守在四鄰鄰國爲之守諸侯卑守在四竟裁自完。○竟音境下及注同愼其四竟結其四援結四鄰之國爲助。○援于眷反民狎其野狎安習也狎戶甲反三務成功春夏秋三時之務民無內憂而又無外懼國焉用城今吳是懼而城於郢守已小矣卑之不獲能無亡乎不獲守四竟。爲於虔反昔梁伯溝其公宮而民潰在僖十八年【疏】注在僖十八年。○正義曰事在十九年諸本皆然當是轉寫誤民弃其上不亡何待夫正其疆埸脩其土田險其走集走集邊竟之壘辟。○疆居良反埸音亦壘力軌反辟音壁親其民人明其伍候使民有部伍相爲候望【疏】明其布候。○正義曰賈服王董皆作伍候賈服云五候五方之候也敬授民時四方中央之候王云五候山候林候澤候川候平地候也董云五候候四方及國中之姦謀也杜作伍候故云使民有部伍相爲候望彼諸本蓋以上多云四故誤爲五也信其鄰國愼其官守守其交禮交接之禮不僭不貪不懦不耆懦弱也耆強也。○僭子念反懦乃亂反又乃臥反耆巨支反一音直支反【疏】不僭至不耆。○正義曰不僭守信也不貪廉正也不懦不受辱也不彊不陵人也此皆論守竟之事不僭

不貪不貪。不耆謂不往侵鄰國也不懦謂不使人侵已也完其守備以待不虞又何畏矣詩曰無念爾祖聿脩厥德詩大雅無念念也聿述也義取念祖考則述治其德以顯之〔疏〕詩曰至厥德。正義曰詩大雅文王篇也無念念也聿述也言王者念女先祖之法則還當述治其先祖之德以顯之無亦監乎若敖蚡冒至于武文四君皆楚先君之賢者。蚡扶粉反冒莫報反〔疏〕注四君至賢者。正義曰楚世家云周成王始封熊繹於楚以子男之田居丹陽歷十四君至於熊儀是爲若敖若敖生霄敖霄敖生蚡冒蚡冒卒弟熊達立是爲武王武王生文王始都郢杜文十六年云蚡冒楚武王父雖不從世家以蚡冒爲武王兄要沈尹以四君爲賢故特言之土不過同方百里爲一同言未滿一圻。圻音祈〔疏〕土不過同。正義曰言田雖至九百里猶止名同故云不過同非謂百里以下也知者以楚是子爵土方二百里明非百里也愼其四竟猶不城郢今土數圻方千里爲圻。數所主反〔疏〕猶不城郢。正義曰如楚世家云武王以上未都於郢據當時都郢故以郢言之謂不築其其國都也而郢是城不亦難乎言守若是難以爲安也爲定四年吳入郢傳

附釋音春秋左傳注疏卷第五十

大清嘉慶二十年重栞

江西南昌府學栞

春秋左傳注疏卷五十挍勘記　阮元撰盧宣旬摘録

附釋音春秋左傳注疏卷第五十　昭二十一年盡二十三年

經二十一年

在於復歸　段玉裁校改作歸復

傳二十一年

無射鐘名　宋殘本淳熙本鐘作鍾

注周景至無射下　宋本以下正義四節揔入其能久手注下

鑄大錢　監本毛本鑄上有將字與國語合

王不聽　監本毛本不作弗與國語合

如彼文　閩本監本文誤云

時鐘猶在　宋本時作其

無射高縣是也　此本高字實缺據宋本補閩本空闕監本毛本作在

時八悉共見之　此本共字實缺據宋本補閩本空闕監本毛本作得

泠州鳩曰　釋文云泠或作伶樂官也或作泠字非石經州字初刻渜洲後改正

而鐘音之器也　石經宋殘本鐘作鍾案鐘鼓之鐘石經左傳皆不作鍾此及下文今鍾槬矣獨異

風散俗煩　宋本散作敽

器以鐘之　石經宋本宋殘本纂圖本閩本監本毛本鐘作鍾是也

鐘聚也　此本正義亦作鐘宋本宋殘本纂圖本閩本監本毛本作鍾是也

承上語不倫者　宋本閩本監本毛本同山井鼎云倫作論恐非

大者不槬　諸本作槬漢書五行志引作槬下同案槬乃說文新附字五經文字作槬云見春秋傳

戶暗反　宋本此三字側注

宛則不咸　石經咸改作減釋文云本或作感案惠棟云唐石經初刻作咸後加三點按作咸是也

心是以感感實生疾　石經初刻感作憾後改作咸顧炎武云石經誤作咸指改刊而言也惠棟云一作咸一作減亦誤陳樹華云初刻憾後改感下心字年久磨滅案改感之說非是如改感磨去小旁足矣今感字重刻皆未將碑文細校也漢書五行志引傳作感不誤

今鐘槬矣　石經淳熙本纂圖本閩本監本毛本鐘作鍾

王心弗堪　惠棟云漢書作戡孟康云古堪字尚書西伯戡黎說文引作㦢郭璞爾雅注又作堪黎古字㦢堪通

注不在至幼齒　宋本此節正義在注爲蔡侯朱出奔傳之下

鮑國至七牢　宋本以下正義二節揔入士鞅怒曰節注下

諸侯牢禮各依命數　重脩監本各誤名

亟言之　宋本以下正義二節揔入注文桑林城門名之下

言若愛大司馬　岳本言作君非也

華貙雖杜　宋本閩本監本毛本杜作柾

訊問也　淳熙本也誤城

言登亡　淳熙本言誤之

梁國睢陽縣南有橫亭　毛本睢作踓亦非釋文作睢音雖是也

分同至過也　宋本以下正義三節揔入昭子曰節下

朔月辛卯　監本毛本月誤日

未法爲重　監本毛本未法作其災宋本作示法

非所哭也　石經也字以下一行計九字

公子苦雂　石經宋本宋殘本岳本雂作雂與釋文合又按說文雂鳥也从隹今聲引春秋傳公子苦雂又考玉篇苦作若

而不能送亡君　宋本以下正義六節揔入注文爲明年華向出奔楚傳之下

乃徇曰　閩本監本徇作狥非

楊徽者　石經宋本宋殘本淳熙本岳本纂圖本毛本楊作揚與釋文合

如其在門所樹者　監本其作共非

凡此言以也象也　閩本監本以誤似

今之銘旌旗幡也　宋本幡作旛與說文合

其制之大小　宋本其作某

公自楊門見之　石經宋本宋殘本淳熙本岳本足利本楊作揚是也注同

睢陽正東門名揚門　監本睢誤雎

不皆小忿　淳熙本纂圖本皆作𣅀釋文同云本又作皆

干犨御呂封人華豹張匄爲右　正義云本或豹上有華又云今定本有華臧琳云據正義知今本有華者從唐定本誤衍也傳文本云呂封人豹故杜云呂封人豹華氏黨明豹即華豹也今并作呂封人華豹華亦衍文王肅董遇並云呂封人華豹則王董本正文有華字可知

關引弓　此下宋本有關弓○正義曰關[illegible]環本又作彎一十三字在呂封人華豹節下

扶伏而擊之　諸本作扶伏釋文云本或作匍匐同

事在襄二十三年　纂圖本二作三非也

俗本或無其字　毛本字作事非也

德君必甚　宋本此節正義在蔡無他矣注下

且懼泄軍謀　宋本小字宋本宋殘本泄作洩

經二十二年

夏四月乙丑　宋殘本缺三葉自四字起至子朝必不克必字止

亂故速　宋本速下有也字

注承叔至曰亂　宋本以下正義三節揔入王子猛卒注下

冬十月王子猛卒十有二月　石經自王字至有字改刊故此二行皆秖九字

故不言崩　足利本言作書

其不得有庚戌也　宋本其下有月字

傳二十二年

啟齊大夫。北郭佐之後　諸本無。纂圖本。作釋亦誤閩本遂以北郭佐之後五字改爲雙行小字尤非

以犇亂人　石經此處缺岳本纂圖本閩本監本毛本犇作奔

患宋以義距之　小字宋本無之字

無亢至亂人　宋本脫人字以下正義二節揔入以靖國人注下

犇勸也　閩本監本毛本犇作奔

其亦能無爲也已　石經此處缺宋本淳熙本岳本纂圖本監本毛本能無作無能不誤

士平　顧炎武云石經士誤氏案石經此處缺所據乃王堯惠刻

邊卭也　顧炎武云石經卭誤作印案石經此處缺所據亦謬刻

王子至立之　宋本以下正義九節揔入盟羣王子于單氏注下

與賓孟並談說之　宋本以上有王字

景王欲殺下門子　案國語周語欲作既

子朝有欲位之言　釋文云一本位作立岳本作立陸粲附注云作立是也

所以彊單子之心　閩本監本毛本彊作強

故劉子亦與同志　齊召南云以文義推之劉子應作單子言單穆公與劉蚠同志也

掌牧六牲　監本掌作當誤也

則無害　宋本無下有患字是也

魏郡廣平以北　淳熙本北誤此

揚邑　宋本淳熙本岳本纂圖本監本毛本揚下有周字是也

悼王子猛也　監本悼字誤倬

頃子至劉黨　宋本以下正義十節揔入注文京楚子朝所在之下

殺摯荒以說　石經荒字以下一行計九字

故亡走　重脩監本走誤是

來而殺之　閩本監本而作必非

謚法一意不懈曰簡　閩本懈誤嬾宋本監本毛本作懈是也案逸周書謚法解一意作壹德

故知是敬王黨　監本毛本敬作悼

子朝必不克　不字以下宋殘本起

經書六月誤也　宋本宋殘本淳熙本小字宋本足利本無也字

戊寅是七月二日明傳是也　閩本亦誤二宋本監本毛本作三

前城人敗陸渾于社十一月乙酉　諸本作社釋文云本或作杜下皆同石經八字以下

一行計九字陸渾于社十五字改刊因初刊十下有有字後刊去也

前城子朝衆　陳樹華云案城下當有人字

毀其西南　石經南下有子朝奔郊四字非唐刻也案顧炎武九經誤字云四字監本脫當依石經惠棟云四字非初刻當是晁公武據蜀石經增入非杜本也案下傳云二師圍郊郊鄩潰杜氏云二邑皆子朝所得是杜本無奔郊之文善乎陳樹華之言曰四字書法與宣公卷相似疑朱梁時人所爲顧炎武說欠詳審惠棟指爲晁氏據蜀石經增入亦非子朝如果在郊則二師圍郊郊鄩潰子朝當奔別邑經傳何以無明文邪且廿三年王子朝入于尹杜氏云自京入尹氏之邑正義曰知自京入尹者以前年子朝在京王師雖毀其西南不言克京又今年二師圍郊不言子朝在郊故云自京入尹劉炫以爲前年王師已克京子朝從京入郊郊潰不知子朝所在而規杜非也由此推之子朝奔郊四字或因劉氏之言而妄增也

京楚子朝所在　段玉裁云楚字衍文次年晉人圍郊正義引此注云京子朝所在無楚字

經二十三年　宋本春秋正義卷第三十一石經春秋經傳集解昭六第廿五岳本襄字下增公字並盡二十六年

注稱行至使人　宋本以下正義入節揔入冬公如晉至河有疾乃復句下

不宜執其使人　宋本監本毛本宜作得正德本閩本此處實缺

計辛丑壬寅　諸本作計此本誤討今改正

相十三年　諸本作桓此本作相脩版仍作桓

賈之妄〇　宋本〇作也是也

立之是當　宋本當作常

傳二十三年

注離姑至武城　宋本以下正義九節揔入去之如始至注下

先經魯之武城　閩本監本毛本經作徑

謂此山道下濕　纂圖本毛本濕作溼

斷其後　監本斷誤擁

嫌外內異　岳本外內誤倒

僖二十九年傳曰　監本毛本二作公非

案傳文　閩本監本文作云非

從旦至旦爲期　葉抄釋文亦作從旦至旦爲朞按古者年之帀月之帀日之帀皆曰期而日之帀僅見此監本下旦字作莫毛本作莫字皆非也

別四之　閩本四作因形相近而誤毛本作叔尤非

示不愛　淳熙本示誤寸

葺補治也　宋本淳熙本也作之

注自京至之邑　宋本此節正義在丙寅節注下

王師已克　宋本克下有京字是也

劉子從尹道伐尹　石經劉字以下一行計九字

庚寅單子劉子樊齊以王如劉　淳熙本樊誤焚

鄩肸之子　宋本岳本肸作肹是也淳熙本誤將纂圖本監本毛本誤肦〇今從宋本

莒子庚輿虐而好劍　石經劍字以下一行計十一字

必試諸人　石經試誤弑

殳長而無刃　宋本淳熙本岳本纂圖本監本毛本長下有丈二二字是也

注殳長至無刃　宋本此節正義在齊人納郊公注下

又考工記戈戟皆有刃 山井鼎云崇禎本闕皆有二字案毛本不闕考文所據者是脫字本也

牧之亦莒大夫 山井鼎云崇禎本缺亦莒二字案毛氏本不闕

威克至必濟 宋本以下正義三節摠入不言戰節注下

狂無常 宋本淳熙本小字宋本狂作性不誤

帥賤而不能整 淳熙本而誤丙

隙不違晦 毛本違作逢非也

此時史隨其日而存之 毛本隨作兵非也

注國君社稷之主與宗廟共其存亡者至獲得也 宋本作注國君至得也

楚未陳也 石經陳字改刊初刻似作陣

注經書至而死 宋本以下正義二節摠入東王必大克注下

地動川岸崩 纂圖本川下衍地字

今川實震 宋本今下有三字是也

土無所演 宋本同監本毛本作水土無演非

子朝在王城故謂西土 足利本城下有西字

楚大子建之母在郥 石經宋本岳本郥作鄓是也注及下同與說文合

大子至追之 宋本以下正義二節摠入亡君夫人節注下

於時蔡常從楚 宋本時作是

僚子文名諸樊 閩本文作父亦非宋本監本毛本作又是也。今改作又

代陽句 淳熙本句誤句

注楚用至自固 宋本以下正義八節摠入不亦難乎句注下

將死不忘衛社稷 閩本監本毛本忘作亡

更復增脩其城 宋本增作以

沈尹謂之必亡 浦鏜正誤尹下有戌字

結四鄰之國爲助 宋本淳熙本岳本爲下有援字

當是轉寫誤 閩本監本毛本轉作傳非也

走集邊竟之壘辟 釋文亦作辟下有也字宋本岳本作壁

明其伍候 正義曰賈服王董皆作五候惠棟云周書程典云明其五候古伍字皆作五傳本文也杜氏依周書爲說故從人旁

賈服王董 閩本監本賈誤晉

此皆論守竟之事 毛本皆字實缺

不僭不貪不貪不耆也 宋本監本毛本不貪二字不重是

謂不往侵鄰國也 監本國字實缺

杜文十六年云 閩本監本毛本文誤又宋本文上有注字是也

謂不築其其國都也 宋本閩本監本毛本其字不重是也

附釋音春秋左傳注疏卷第五十 止

春秋左傳注疏卷五十校勘記

附釋音春秋左傳注疏卷第五十一　昭二十四年盡二十五年

杜氏注　孔穎達疏

經二十。四年春王三月丙戌仲孫貜卒無傳。孟僖子也。貜俱縛反，徐俱碧反○婼至自晉喜得赦歸，故書至○夏五月乙未朔日有食之○秋八月大雩○丁酉杞伯郁釐卒無傳。未同盟而赴以名。丁酉，九月五日，有日無月。郁於六反，釐本又作釐，力之反，又音來【疏】注丁酉至無月。正義曰：此年五月乙未朔，一大一小，七月當甲午朔，九月癸巳朔，五日得丁酉。文在八月之下，是有日而無月也○冬吳滅巢楚邑也。書滅，用大師【疏】注楚邑至大師。正義曰：大都以名通，故不繫楚也。襄十三年傳例曰：用大師焉曰滅○葬杞平公無傳

傳二十四年春王正月辛丑，召簡公、南宮嚚以甘桓公見王子朝。簡公，召莊公之子召伯盈也。嚚，南宮極之子。桓公，甘平公之子○嚚魚巾反，見賢遍反劉子謂萇弘曰：「甘氏又往矣。」對曰：「何害？同德度義。度，謀也。言唯同心同德則能謀義。子朝不能於我無害。度待洛反，注同【疏】注度謀至無害。正義曰：同德度義，尚書泰誓文也。劉炫云：案孔安國云德鈞則秉義者彊。萇弘此言，取彼爲說，必其與彼德同，乃度義之勝負。但使德勝，不畏彼彊，故即引泰誓而勸其務德。杜爲不見古文，故致有此謬。今知非者，彼尚書之文，論兩敵對戰，揆度有義者彊。此論甘氏又往，既不能同德，何能度義？屬意有異，與書義不同。且引詩斷章，其類多矣。劉以爲杜違尚書之文而規其過，非也。大誓曰：『紂有億兆夷人，亦有離德。言紂衆億兆，兼有四夷，不能同德，終敗亡。紂直九反，億於力反【疏】注四夷。正義曰：孔安國云夷人謂平人，杜爲夷狄之人者，案四年傳曰「商紂爲黎之蒐，東夷叛之」，孔、杜各自爲義，其意俱通。劉炫以杜爲過而規其短，非也。余有亂臣十人，同心同德。』武王言我有治臣十人，雖少，同心也。今大誓無此語。○治直吏反此周所以興也。君其務德，無患無人。」戊午，王子朝入于鄔。緱氏西南有鄔聚。言子朝稍強。○鄔烏戶反，緱古侯反，又苦侯反，聚才住反

○晉士彌牟逆叔孫于箕。將禮而歸之叔孫使梁其踁待于門內。踁，叔孫家臣。○踁戶定反曰：「余左顧而欬，乃殺之。疑士伯來殺己，故謀殺之。○欬苦代反右顧而笑，乃止。」叔孫見士伯，士伯曰：「寡君以爲盟主之故，是以久子。久執子以謝邾不腆敝邑之禮，將致諸從者。使彌牟逆吾子。」叔孫受禮而歸。二月，婼至自晉，尊晉也。貶婼族，所以尊晉。婼，行人，故不言罪已。○腆他典反，從才用反【疏】注貶婼至罪已。正義曰：卿當備書名氏，去氏則爲貶。責貶婼之族，喜於得免，所以尊晉而自屈也。釋例曰：意如至自晉，傳言尊晉罪已；婼至自晉，傳復重發，但言尊晉者，意如以罪見執，宜在罪已；婼本使人，不應見執，故尊晉而已。內大夫行還皆不書至，異於公也。今此二人執而見釋，更以書至見義也。杜言見義者，見其喜得釋，特告廟而書至也。

○三月庚戌，晉侯使士景伯涖問周故。涖，臨也。就問子朝、敬王知誰曲直。○涖音利【疏】晉侯至周故。正義曰：晉助敬王久矣，今使景伯如周問曲直者，以子朝更彊，久競未決，晉人恐敬王不成，更審其事，故疑而使察之也。晉人於此乃辭王子朝，不納其使，則以前猶與往來，其心兩望，至此始絕耳。士伯立于乾祭而問於介衆。乾祭，王城北門。介，大也。○乾音干，祭側界反，介音戒，注同晉人乃辭王子朝，不納其使。衆言子朝曲故。○使所吏反

○夏五月乙未朔，日有食之。梓慎曰：「將水。」陰勝陽，故曰將水昭子曰：「旱也。日過分而陽猶不克，克必甚，能無旱乎？過春分，陽氣盛時而不勝陰，陰將猥出，故爲旱。○猥烏罪反陽不

克莫將積聚也陽氣莫然不動乃將積聚。○陽不克莫絕句○六月壬申，王子朝之師攻瑕及杏，皆潰。瑕、杏，敬王邑。○瑕戶加反，杏戶孟反，潰戶內反。鄭伯如晉，子大叔相，見范獻子。獻子曰：「若王室何？」對曰：「老夫其國家不能恤，敢及王室？抑人亦有言曰：『嫠不恤其緯，嫠，寡婦也。織者常苦緯少，寡婦所宜憂。○相息亮反，嫠本又作釐，力之反，緯有貴反。而憂宗周之隕，爲將及焉。』恐禍及己。○隕于敏反。今王室實蠢蠢焉，蠢蠢，動擾貌。○蠢昌允反，擾而小反，本又作動擾。吾小國懼矣，然大國之憂也，吾儕何知焉？吾子其早圖之。《詩》曰：『缾之罄矣，惟罍之恥。』詩小雅。罍，大器。瓶，小器。常稟於罍者，而所受罄盡，則罍爲無餘，故恥之。○儕仕皆反，缾本又作瓶，步丁反，罍音

雷。

疏注「詩小」至「恥之」。正義曰：此詩小雅蓼莪刺幽王之詩也。或曰缾是器，罍大缾小，實由罍所資。缾是小器，常稟受於罍，令缾罄盡，罍更無物以共缾，惟是罍之恥也。缾喻周，罍喻晉，言周之微弱，恒依恃於晉，今王室亂矣，晉無力以助之，是晉之恥也。詩注云「缾小而盡，罍大而盈」，刺王不使富分貧、衆恤寡。

王室之不寧，晉之恥也。」獻子懼，而與宣子圖之。宣子，韓起。乃徵會於諸侯，期以明年。爲明年會黃父傳。○父音甫。秋八月，大雩，旱也。終如叔孫之言。○冬十月癸酉，王子朝用成周之寶珪于河。禱河求福。○珪于河，本或作沈于河，沈直蔭反，又如字。甲戌，津人得諸河上。珪自出水。陰不佞以溫人南侵，不佞，敬王大夫。晉以溫兵助敬王，南侵子朝。拘得玉者，取其玉，將賣之，則爲石。王定而獻之，不佞獻玉。○拘音具。王定而獻之，本或作王定之。與之東訾。喜得玉，故與之邑。訾，縣西南訾城是也。○訾子斯反。○楚子爲舟師以略吳疆。略，行也。行吳界，將侵之。○疆居良反，行下孟反，下同。沈尹戌曰：「此行也，楚必亡邑。不撫民而勞之，吳不動而速之，速，召也。吳踵楚，躡楚跡。○踵章勇反，躡女輒反。而疆場無備，邑能無亡乎？」越大夫胥犴勞王於豫章之汭，汭，水曲。○場音亦，犴音岸，勞力報反，汭如銳反。越公子倉歸王乘舟，歸，遺也。○歸如字，又其媿反，乘繩證反，又如字，遺唯季反。倉及壽夢帥師從王，壽夢，越大夫。○夢莫公反。王及圉陽而還。圉陽，楚地。○圉魚呂反。

疏「王及圉陽而還」。正義曰：王歸，行及圉陽，倉與壽夢而還，歸於越也。

吳人踵楚，而邊人不備，遂滅巢及鍾離而還。鍾離不書，告敗略。沈尹戌曰：「亡郢之始於此在矣。王壹動而亡二姓之帥，二姓之帥，守巢、鍾離大夫。○帥所類反，注同。幾如是而不

及郢？《詩》曰：『誰生厲階？至今爲梗。』詩大雅。厲，惡。階，道。梗，病也。○幾居豈反，又音幾。梗更猛反。

疏注「詩大雅」。○正義曰：此詩大雅桑柔刺厲王之詩也。

其王之謂乎！」爲定四年吳入郢傳。

經二十有五年春，叔孫婼如宋。○夏，叔詣會晉趙鞅、宋樂大心、衛北宮喜、鄭游吉、曹人、邾人、滕人、薛人、小邾人于黃父。○詣五計反。○有鸜鵒來巢。此鳥穴居，不在魯界，故曰來巢。非常，故書。○鸜其俱反，稽康音權，本又作鴝，音劬，公羊傳作鸛，音權。郭樸注山海經云：鸜鵒，鴝鵒也。鵒音欲。

疏注「此鳥」至「故書」。○正義曰：此鳥穴居，今驗猶然。考工記云「鸜鵒不踰濟」。禹貢「導沇水，東流爲濟，入于河，溢爲滎，東出于陶丘北，又東至于荷，又東北會于汶，又北東入于海」。濟經齊魯之界，魯在

汶水之南鸜鵒北方之鳥南不踰濟舊不在魯界今來魯而不穴又巢居故曰來巢傳曰書所無也是非常故書也公羊傳曰何以書記異也何異爾非中國之禽也宜穴又巢穀梁亦然案今大河以北皆有鸜鵒不得云非國之禽也宜穴又巢信然○秋七月上辛大雩季辛又雩季辛下旬之辛也言又重上事○重直龍反又直用反○〔疏〕注季辛至上事○正義曰月有三辛上辛上旬之辛也季辛下旬之辛也長厤推校此年七月己丑朔上辛月三日上辛二十三日也不書其日之辰空言辛者本見旱甚欲知二雩相去遠近耳無取於辰故空書辛也季辛又雩不言大者言又見其重上事上辛是大雩明季辛亦大雩也春秋旱則脩雩雩而得雨則書雩喜雩有益雩而不得雨則書旱以明災成此書二雩者上辛雩而得雨雨少尋卽爲旱故季辛又雩傳曰秋書再雩旱甚也是言前雩少得雨旱甚而復雩故賈云上辛不注是也公羊傳曰又雩者何又雩者非雩聚以逐季氏也公以九月始孫豈七月已與季氏戰乎若使時實不旱亦不得託雩以聚眾矣○九月己亥公孫于齊次于陽州諱奔故曰孫若自孫讓而去位者陽州齊魯竟上邑未敢直前故次于竟○孫音遜

本亦作遜注及傳同竟音境下同○齊侯唁公于野井濟南祝阿縣東有野井亭齊侯來唁公公不敢遠勞故逆之往至野井○唁音彥弔失國曰唁○冬十月戊辰叔孫婼卒公不與小斂而書日者公在外非無恩○與音預斂力驗反○十有一月己亥宋公佐卒于曲棘陳留外黃縣城中有曲棘里宋地未同盟而赴以名十有二月齊侯取鄆取鄆以居公也○鄆音運

傳二十五年春叔孫婼聘于宋桐門右師見之右師樂大心居桐門語卑宋大夫而賤司城氏司城樂氏之大宗也卑賤語其才德薄○昭子告其人曰右師其亡乎君子貴其身而後能及人是以有禮唯禮可以貴身貴身故尚禮○今夫子卑其大夫而賤其宗是賤其身也賤人人亦賤己能有禮乎無禮必亡爲定十年樂大心出奔傳〔疏〕君子至必亡○正義曰楊子法言云何以動而見敬曰敬人何以動而見侮曰侮人然則貴人者人亦貴之卑人者人亦卑之此言凡人輕賤其身則不能以尊貴之道及於他人若君子能自貴其身者已先貴人欲其身之貴是以須有禮然後能以尊貴之道及於他人既尊貴他人是以有禮○宋公享昭子賦新宮逸詩〔疏〕賦新宮○正義曰燕禮記云升歌鹿鳴下管新宮鄭玄云新宮小雅逸篇也其詩既逸知是小雅篇者管卽笙也以燕禮及鄉飲酒升歌笙歌同用小雅知新宮必是小雅但其詩辭義皆亡無以知其意也昭子賦車轄詩小雅周人思得賢女以配君子昭子將爲季孫迎宋公女故賦之○轄本又作舝胡瞎反將爲于僞反〔疏〕注詩小至賦之○正義曰周人思得賢女以配君子車舝詩序也杜以下云逆女故知將爲季孫迎宋公之女故賦之杜必知爲逆女而賦者以車舝之詩論逆女之事其詩云間關車之舝兮思孌季女逝兮言間關然設此車舝思憶孌然季女而往迎之又云辰彼碩女令德來教皆論逆女之事又昭子因聘逆女已共宋公平論故於享禮之時而賦車轄猶如季文子如宋致女還賦韓

奕之詩與此正同又何不可而劉炫以爲昭子賦車轄不爲逆女又以新宮非昏姻之事而規杜過然新宮既亡焉知非是親好苟生異見於義非也○明日宴飲酒樂宋公使昭子右坐坐宋公右以相近言改禮坐○樂音洛近附近之近禮坐如字又才臥反〔疏〕注坐宋至禮坐○正義曰燕禮云司宮筵賓于戶西東上小臣設公席于阼階上西鄉是禮坐公西向賓南向也宋公使昭子右坐令在宋公之右蓋在宋公之北同西向以相近言其改禮坐也語相泣也樂祁佐助宴禮○退而告人曰今茲君與叔孫其皆死乎吾聞之哀樂而樂哀可樂而哀○樂哀音洛注及下同○而樂哀可哀而樂皆喪心也心之精爽是謂魂魄魂魄去之何以能久爲此冬叔孫宋公卒傳○喪息浪反下同○季公若之姊爲小邾夫人平子庶姑與公若同母故曰公若姊〔疏〕注平子至若姊○正義曰公若卽平子之叔父也不言平子之姑而云公若之姊明公若是平子庶叔

此姑與公若同母，故曰公若姊也。○生宋元夫人，宋元夫人，平子之外姊。○生子以妻季平子。昭子如宋聘，且逆之。平子人臣而因卿逆，季氏強橫。○妻，七計反。○橫，華孟反。公若從，從昭子。○從，才用反，又如字，注同。○謂曹氏勿與，魯將逐之。曹氏，宋元夫人。曹氏告公。公告樂祁。樂祁曰：「與之。如是，魯君必出。政在季氏三世矣，文子、武子、平子。〔疏〕注「文子武子平子」。○正義曰：武子生悼子，悼子生平子。政在季氏唯云三世，不數悼子者，悼子未爲卿而卒，不執魯政，故不數也。十二年傳曰：季悼子之卒也，叔孫昭子以再命爲卿。卿必再命，乃得經書名氏。七年三月經書叔孫婼如齊涖盟，其年十一月季孫宿卒。是悼子先武子而卒，平子以孫繼祖也。魯君喪政四公矣。宣、成、襄、昭。無民而能逞其志者，未之有也。國君是以鎮撫其民。詩曰：『人之云亡，心之憂矣。』詩大雅。言無人則憂患至。○逞，勑景反。魯君失民矣，焉得逞其志？靖以待命猶可，動必憂。」爲下公孫傳。○焉，於虔反。○夏，會于黃父，謀王室也。王室有子朝亂，謀定之。○趙簡子令諸侯之大夫輸王粟，簡子，趙鞅。具戍人，曰：「明年將納王。」納王於王城。○子大叔見趙簡子，簡子問揖讓周旋之禮焉。對曰：「是儀也，非禮也。」〔疏〕簡子至非禮。○正義曰：樂記云：簠簋俎豆、制度文章，禮之器也；升降上下、周旋裼襲，禮之文也。又曰：鋪筵席，陳尊俎，列籩豆，以升降爲禮者，禮之末節也，故有司掌之。仲尼燕居云：子張問禮，子曰：師，爾以爲必鋪几筵，升降酌獻酬酢，然後謂之禮乎？言而履之，禮也。又五年傳云：公如晉，自郊勞至于贈賄，禮无違者，晉侯以爲知禮。女叔齊曰：是儀也，非禮也。此問揖讓周旋之禮，又云是儀也，非禮也。凡此諸文，皆言禮與儀異。禮之與儀，非爲大異，但所從言之有不同耳。禮是儀之心，儀是禮之貌。本其心謂之禮，察其貌謂之儀。行禮必爲儀，

爲儀未是禮，故云儀非禮也。鄭玄禮序云：禮者，體也，履也。統之於心曰體，踐而行之曰履。此訓兩釋，亙有以也。鄭謂體爲禮，履爲儀，是其所以禮儀別也。簡子曰：「敢問何謂禮？」對曰：「吉也聞諸先大夫子產曰：『夫禮，天之經也，經者，道之常。地之義也，義者，利之宜。民之行也。行者，人所履行。○行，下孟反，注同。天地之經，而民實則之。則天之明，日月星辰，天之明也。因地之性，高下剛柔，地之性也。〔疏〕夫禮至之性。○正義曰：自「夫禮」至「因地之性」，言禮本法天地也。自「生其六氣」至「民失其性」，言天用氣味聲色以養人，不得過其度也。「是故爲禮」以下，言聖王制禮以奉天性，不使過其度也。經，常也。義，宜也。夫禮者，天之常道，地之宜利，民之所行也。天地之有常道，人民實法則之。法則天之明道，因循地之恒性，聖人所以制作此禮也。此傳文於天言常，則地亦常也；於地言義，則天亦義也。覆言天地之經，明天地皆有常也。天有常明之義，地有常利之義也。覆云則天之明，是天以明爲常；因地之性，則地以性爲義。是天以光明爲常義，地以剛柔爲常義。義謂義理，性謂本性。言天地性義有常，可以爲法，故民法之而爲禮也。○注「經者道之常」「義者利之宜」。○正義曰：覆而無外，高而在上，運行不息，日月星辰，溫涼寒暑，皆是天之道也。訓經爲常，故言道之常也。載而無弃，物無不殖，山川原隰，剛柔高下，皆是地之利也。訓義爲宜，故云利之宜也。杜以今文孝經云「用天之道，分地之利」，故天以道言之，地以利言之。天無形，言其有道理也。地有質，言其有利益也。民之所行，法象天地。象天而爲之者，皆是天之常也；象地而爲之者，皆是地之宜也。故禮爲天之經，地之義也。孝經以孝爲天之經，地之義者，孝是禮之本，爲孝之末，本末別名，理實不異，故取法天地，其事同也。○注「行者人所履」。○正義曰：民謂人也。人稟天地之性而生，動作皆象天地，其踐履謂之爲行。但人有賢與不肖，行有過與不及，聖人制爲中法，名之曰禮，故禮是民之行也。行者，人之所履也。易及爾雅竝訓履爲禮，是禮名由踐履而生也。人之本性，自然法象天地，聖人還復法象天地而制禮教之，是禮之由天地而來，故仲尼說孝，子產論禮，皆天地民三者竝言之。○注「日月星辰天之明也」「高下剛柔地之性也」。○正義曰：則天之明，杜以爲日月星辰者，以下傳云「爲父子兄弟昏媾姻亞，以象天明」，若衆星之共北辰，故知天明日月星也。杜知高下剛柔地之性者，以下傳云「爲君臣上下，以則地義」，則君高臣

下臣柔君剛地義則地之性也傳文上下其理分明人法天地其事多種杜以天明地義舉要而言故不備顯刑罰威獄溫慈惠和劉炫責杜不具載其文而規其過非也此傳文天言則地言因者民見地有宜利因取而法效之因亦則之義也既言天之經不可復言地之經故變文稱義既言則明不可復言則地之性故變文言因因之與則互相通也○正是變文使相辟耳○生其六氣謂陰陽風雨晦明○用其五行金木水火土○氣爲五味酸鹹辛苦甘○發爲五色青黃赤白黑發見也○見賢遍反下解見同○章爲五聲宫商角徵羽○徵張里反淫則昏亂民失其性滋味聲色過則傷性〔疏〕生其至其性○正義曰此言天用氣味聲色以養人不得過其度也因上則天之下更復本之於天傳稱天有六氣此言生其六氣謂天生之也用其五行謂天用之也上天用此五行以養人五行之氣入人之口爲五味發見於目爲五色章徹於耳爲五聲味以養口色以養目聲以養耳此三者雖復用以養人人用不得過度過度則爲昏亂使人失其恒性故須爲禮以節之○注金木水火土○正義曰洪範云五行一曰水二曰火三曰木四曰金

五曰土孔安國云皆其生數是其以生數爲次也大禹謨說六府云水火金木土穀五行之次與洪範異者以相刻爲次也此注言金木水火土者隨便而言之不以義爲次也五物世所行用故謂之五行五者各有材能傳又謂之五材此傳所說禮意在味色聲也但味色聲本於五行而來五行又是六氣所生故先言六氣五行然後至於味色聲也釋名五氣於其方各施行白虎通云言爲天行氣故謂之五行○注酸鹹辛苦甘○正義曰洪範又演五行云水曰潤下火曰炎上木曰曲直金曰從革土爰稼穡潤下作鹹炎上作苦曲直作酸從革作辛稼穡作甘孔安國云鹹水鹵所生苦焦氣之味酸木實之性辛金之氣味甘味生於百穀是言五行之氣爲五味水味鹹火味苦木味酸金味辛土味甘也五行本性自有此氣氣至於人乃爲五味味之爲異入口乃知言氣爲五味謂氣入口與下章也發也者據人知爲文味爲性所有色是形之貌聲是質之響色可近視聲可遠聞自近以及遠故以口目耳所知味色聲爲次也○注青黃至見也○正義曰五色五行之色也木色青火色赤土色黃金色白水色黑也木生柯葉則青金被磨礪則白土黃火赤水黑則本質自然也發見也謂見於人目有此五色○注宫商角徵羽○正義曰聲之清濁差爲丑等聖人因其有五分配五行其本

末由五行而來也但既配五行即以五者爲五行之聲土爲宫金爲商木爲角火爲徵水爲羽聲之清濁入耳乃知章徹於人爲五聲也此言章爲五聲元年傳云徵爲五聲章徵不同者據聲之至人是爲章徵據人之知聲則爲徵驗是彼此之異言耳○注滋味至傷性○正義曰老子云五味令人口臭五色令人目盲五音令人耳聾言其過耽者之則有此病是其過則傷本性也是故爲禮以奉之制禮以奉其性爲六畜馬牛羊雞犬豕○畜許又反又褚六反五牲麋鹿麏狼兎○麋亡悲反麏九倫反本亦作麇三犧祭天地宗廟三者謂之犧以奉五味爲九文謂山龍華蟲藻火粉米黼黻也華若草華藻水草火畫火粉米若白米黼若斧黻若兩已相戾傳曰火龍黼黻昭其文也○黼音甫黻音弗〔疏〕是故至五味○正義曰口欲嘗味目欲視色耳欲聽聲人之自然之性也欲之不已則失其性聖人慮其失性是故爲禮以奉養其性使不失也牲犧祭祀所用非人所食而以牲犧奉五味者禮推人道以事神神之所享皆是人食尊鬼神而異其名耳故亦爲奉五味○注馬牛羊雞犬豕○正義曰爾雅釋畜馬牛羊犬雞五者之名其豕在釋獸之篇畜養也家養謂之畜野生謂之

獸豕有野豕故因記之於釋獸耳又釋畜之末別釋馬牛羊豕犬雞六者之名其下題曰六畜謂此是也周禮膳夫云膳用六牲是庖用六牲也庖人掌其六畜鄭玄云六牲馬牛羊豕犬雞六畜即六牲也始養之曰畜將用之曰牲是畜牲一也○注麋鹿麏狼兎○正義曰十一年傳曰五牲不相爲用注云五牲牛羊豕犬雞此異彼者以上文已言六畜則五牲非六畜故别解之周禮庖人掌共六獸鄭衆云六獸麋鹿熊麏野豕兎鄭玄云獸人冬獻狼夏獻麋又內則無熊則六畜當有狼而熊不屬今杜解五牲之名用鄭玄六獸之說去野豕而以其餘當之也傳稱牛卜日曰牲鄭玄云將用之曰牲此五者實獸也據其將用祭祀故名之曰牲服虔云牲麏鹿熊狼野豕○注祭天至之犧○正義曰尚書泰誓武王數紂之罪云乃夷居弗事上帝神祇遺厥先宗廟弗祀犧牲粢盛既于凶盜於神祇宗廟之下總言犧牲雖不見古文其言闊與之會是祭天地宗廟之牲謂之犧也然則犧亦六畜而別言之者周禮牧人凡祭祀共其犧牲以授充人繫之鄭玄云犧牲毛羽完具也授充人者當殊養之然則六畜之內取其毛羽完具別養以共祭祀者乃名爲犧故與六畜異言之也服虔云三犧鴈鶩雉也○注謂山至文也○正義曰尚書益稷篇云帝曰予欲觀古人之象日月星辰山龍華蟲作會

宗彝藻火粉米黼黻絺繡以五采彰施于五色作服汝明尙書之文如此其解者多有異說孔安國云日月星爲三辰華象草華蟲雉也畫三辰山龍華蟲於衣服旌旗會五采也以五采成此畫焉宗廟彝樽亦以山龍華蟲爲飾藻水草有文者火爲火字粉若粟冰米若聚米黼若斧形黻爲兩已相背葛之精者曰絺五色備曰繡如孔此言日也月也星辰也山也龍也華也蟲也七者畫於衣服旌旗山龍華蟲四者亦畫於宗廟彝器藻也火也粉也米也黼也黻也六者繡之於裳如此數之則十三章矣天之大數不過十二若爲十三無所法象或以爲孔并華蟲爲一其言華象草華蟲雉者言象草華之蟲故爲雉也若華別似草安知蟲爲雉乎未知孔意必然以否鄭玄讀會爲繢謂畫也絺爲繡謂刺也宗彝謂虎蜼也周禮宗廟彝器有虎彝蜼彝故以宗彝名虎蜼也周禮有袞冕鷩冕毳冕其袞鷩毳者各是其服章首所畫舉其首章以名服耳袞是袞龍也袞冕九章以龍爲首鷩是華蟲也鷩冕七章以華蟲爲首毳是虎蜼也毳冕五章以虎蜼爲首虎毛淺蜼毛深故以毳言之毳亂毛也如鄭此言則於尙書之文其章不次故於周禮之注具分辨之鄭於司服之注具引尙書之文乃云此故天子冕服十二章絺或作繡字之誤也王者相變至周而以日月星辰畫於旌旗所謂三辰旂旗昭

其明也而冕服九章登龍於山登火於宗彝尊其神明也九章初一曰龍次二曰山次三曰華蟲次四曰火次五曰宗彝皆畫以爲繢次六曰藻次七曰粉米次八曰黼次九曰黻皆絺以爲繡則袞之衣五章裳四章凡九也鷩畫以雉謂華蟲也其衣三章裳四章凡七也毳畫虎蜼謂宗彝也其衣三章裳二章凡五也是鄭玄之說華蟲爲一粉米爲一也杜之此注亦以日月星辰畫於旌旗九文唯言衣服之文謂山也龍也華也蟲也藻也粉米也黼也黻也以此爲九杜言華若草華而不言蟲則華蟲各爲一也粉米若白米是粉米共爲一也詩云魚在在藻爲水草也孔安國云火爲火字考工記畫繢之事火以圜鄭衆云爲圜形似火鄭玄云形如半環然則杜言火畫火蓋同安國爲火字也粉米色白故粉米若白米也考工記曰白與黑謂之黼孔安國云黼若斧形謂刀白而身黑故若斧也黻爲兩已相戾今之刺黻猶然也引桓二年傳曰火龍黼黻昭其文也者以證此九文是山龍之屬也世本云胡曹作冕注云胡曹黃帝臣也繫辭云黃帝堯舜垂衣裳而天下治蓋取諸乾坤則冕服起於黃帝也加飾起自唐虞卽書云予欲觀古人之象云云是也所以衣服畫日月星等者象王者之德照臨天下如三光之耀也山體鎭重象王者之德鎭重安靜四方又能潤益含靈如山興雲致雨也龍者水物也象王者之德流通無壅如水利若生又能舒卷變化無方象人君有無方之德也華蟲卽鷩雉雉有文章表王者有文章之德也宗彝彝常也宗廟之常器有六彝今唯取虎蜼者虎取毛淺而有威蜼取毛深而有知以表王者有深淺之知威猛之德也藻者水草是鮮絜之物生於淸水能隨短長象王者之德冰淸玉絜隨機應物隨民設教不肅而成也火者火姓炎上用表王者之德能使率土羣黎向歸上命也粉米者米能濟人之命表王者有濟養之德也黼白與黑形若斧斧能裁斷以象王者有裁斷之德也黻之言戾戾背也黑與青謂之黻作兩已字相背象王者能綏化兆民能使向已背惡以從善故爲黻也日之質赤月星之質白山作獐考工記云山以獐也龍爲騰躍之形似獼猴而大也章次如此者王者與天地合其德日月星天用昭明日最爲盛所以居先月星光劣其次之也上以象天下宜法地地之形勢莫大於山故次三光也龍爲水物水出於山故次之也華蟲象於禮樂文章以禮樂文章潤於萬物故以次龍也宗彝所以次華蟲者言王者旣有禮樂須威知乃行無威則民不畏無知則教不成故以次也藻所以次宗彝者王者威知之德隨世而應故以次也火者言王者有德必向歸仰之如火向上故次之也米所以次火者民旣歸王王須濟活濟活之理得

米爲生故次之也黼所以次米者言王者能濟活兆民宜裁斷合理如斧之斷決故以次之黻所以次黼者王旣裁斷得所善惡各有分宜人皆背惡從善故以次之○

六采畫繢之事雜用天地四方之色青與白赤與黑玄與黃皆相次謂之六色○繢戶對反○

疏注畫繢至六色○正義曰考工記云畫繢之事雜五色東方謂之青南方謂之赤西方謂之白北方謂之黑天謂之玄地謂之黃青與白相次赤與黑相次玄與黃相次鄭玄云此言畫繢六色所象及布采之第次此杜取彼記文省約而爲之辭也

五章以奉五色青與赤謂之文赤與白謂之章白與黑謂之黼黑與青謂之黻五色備謂之繡集此五章以奉成五色之用

疏注青與至之用○正義曰謂之繡以上皆考工記文也此刺繡之文以北方相次色亦采也六采謂繢畫五色謂刺繡故令色采之文異耳鄭注尙書性曰采施曰色味色聲三事色居其中故杜言集此五章以奉成五色之用明上下二文亦準此所陳以奉成五味五聲之用舉中以明上下也

爲九歌八風七音六律以奉五聲解見二十年

爲君臣上下以則地義君臣有尊卑法地有高下

爲

夫婦外内以經二物夫治外，婦治内，各治其物。〔疏〕「爲君至二物」。正義曰：此更覆上因地之義也。爲父子以下至生殖長育，覆上則天之明也。地有高下，聖人制禮，爲君臣上下，君在上，臣在下，以法則地之義也。以地有剛柔，爲夫婦外内，夫治外，婦治内，以經紀二物也。物，事也。治理外内之二事也。上云天之經也，地之義也，又云則天之明，因地之性，再重言之，皆先天後地。但法地事少，則天事多，故上先言法天，後言法地。此先云爲君臣上下，以則地義，始云爲父子兄弟，以象天明者，以其則地事少，故先言之；象天事多，欲下就以從四時，類其震曜殺戮及生殖長育，皆是象天之事，欲使文相連接，故後言之也。下云以象天明，則此當云以象地性，而云以則地義者，義之與性一也，因其先言，故遠覆上文地之義也。爲父子兄弟姑姊甥舅昏媾姻亞以象天明六親和睦，以事嚴父，若衆星之共辰極也。妻父曰昏，重昏曰媾，壻父曰姻，兩壻相謂曰亞。媾，古豆反。姻音因。亞，於嫁反，本亦作婭，同。重，直龍反。〔疏〕注「六親至曰亞」。正義曰：老子云「六親不和，焉有孝慈」。六親，謂父子、兄弟、夫婦也。孝經曰「孝莫大於嚴父」，論語云「北辰居其所而衆星共之」。六親，父爲尊嚴，衆星北辰爲長，六親和睦以事嚴父，若衆星之共北極，是其象天明也。妻父爲昏，壻父爲姻，兩壻相謂曰亞，皆釋親文也。重昏曰媾，爾雅無文，相傳說耳。釋親文曰：男子先生爲兄，後生爲弟；男子謂女子先生爲姊，後生爲妹；父之姊妹爲姑；母之昆弟爲舅；謂我舅者，吾謂之甥。此皆世俗常言，杜不解者，爲易知故也。爲政事庸力行務以從四時在君爲政，在臣爲事，民功曰庸，治功曰力，行其德教，務其時要，禮之本也。治，直吏反。〔疏〕注「在君至本也」。正義曰：論語云：冉子退朝，子曰：「何晏也？」對曰：「有政。」子曰：「其事也。如有政，雖不吾以，吾其與聞之。」於時冉子仕於季氏，稱季氏有政，孔子謂之爲事，是在君爲政，在臣爲事也。此對文別耳。論語稱孝友是亦爲政，明其政事通言也。民功曰庸，治功曰力，周禮司勳文也。鄭玄以爲庸謂法施於民，若后稷；力謂制法成治，若咎繇。司勳又云：王功曰勳，國功曰功，事功曰勞，戰功曰多。鄭注云：王功者，若周公；國功者，若伊尹；事功者，若禹；戰功者，若韓信、陳平。行其德教，務其時要，使民春耕、夏耘、秋斂、冬藏，聖王之化，先致力於民，是爲禮之本也。爲刑罰威獄使民畏忌以類其震曜殺戮雷震電曜，天之威也。聖人作刑戮以象類之。爲温慈惠和以效天之生殖長育民有好惡喜怒哀樂生于六氣此六者皆稟陰陽風雨晦明之氣。效，戶孝反。長，丁丈反。好，呼報反，注及下於好皆同。惡，烏路反，下注及下於惡皆同。樂音洛，下及注皆同。〔疏〕注「此六至之氣」。正義曰：賈逵云：好生於陽，惡生於陰，喜生於風，怒生於雨，哀生於晦，樂生於明。謂一氣生於一志，謬矣。杜以元年傳云「天有六氣，降生五味」，謂六氣共生五味，非一氣生一味。此民之六志，亦六氣共生之，非一氣生一志。故云此六者皆稟陰陽風雨晦明之氣，言共稟六氣而生也。是故審則宜類以制六志爲禮以制好惡喜怒哀樂六志，使不過節。〔疏〕「是故至六志」。正義曰：民有六志，其志無限，是故人君爲政，審法時之所宜，事之所類，以至民之六志，使之不過節也。下云審行信令，謂人君行之，知此審則宜類，亦是人君則之。審者，言其謹慎之意也。此六志，禮記謂之六情。在己爲情，情動爲志，情志一也，所從言之異耳。哀有哭泣樂有歌舞喜有施舍怒有戰鬭喜生於好怒生於惡是故審行信令禍賞罰以制死生生好物也死惡物也好物樂也惡物哀也哀樂不失乃能協于天地之性是以長久協，和也。簡子曰甚哉禮之大也對曰禮上下之紀天地之經緯也經緯錯居，以相成者。〔疏〕「天地之經緯」。正義曰：言禮之於天地，猶織之有經緯，得經緯相錯乃成文，如天地得禮始成就。民之所以生也是以先王尚之故人之能自曲直以赴禮者謂之成人大不亦宜乎曲直以弼其性。〔疏〕「故人至宜乎」。正義曰：劉炫云：禮有宜曲宜直，不可信情而行，故人之能自曲直以赴於禮者，謂之爲成人。不能赴禮，則不成爲人。謂之爲大，不亦宜乎。赴謂奔走，言弼諧己性，奔走以赴禮也。恐劉義未當。注「曲直以弼其性」。正義曰：性曲者以禮直之，性直者以禮曲之，故云曲直以弼其性也。簡子曰鞅也請終身守此言也鞅能守此言故終免於晉陽之難。以赴禮者赴或作從難乃旦反宋樂大心曰我不輸粟我於周爲客二王後爲賓客若之何使客晉士伯曰自踐土以來踐土在僖二十八年宋何役之不會而何盟之不同曰同恤王室子焉得辟之子奉君命以會大事而宋背盟無乃不可乎右師不敢對受牒而退右師樂大心。焉於虔反背音佩下同〔疏〕受牒而退。正義曰說文云簡牒也牒札也於時號令輸王粟具戍人宋之所出人粟之數書之於牒受牒而退言服從也士伯告簡子曰宋右師必亡奉君命以使而欲背盟以干盟主無不祥大焉言不善無大此者爲定十年宋樂大心出奔傳。使所吏反○有鸜鴿來巢

書所無也師已曰異哉吾聞文武之世童謠有之師已魯大夫。已音紀一音祀謠音遥。曰鸜之鴿之公出辱之言鸜鴿來則公出辱也。〔疏〕鸜之鴿之。正義曰此鳥以兩字爲名但謠辭必韻故分言之鸜鴿之羽公在外野往饋之馬饋遺也。饋音求位反遺唯季反。鸜鴿跦跦公在乾侯跦跦跳行貌。跦張于反又張留反跳直彫反徵褰與襦褰袴。褰起虔反字林巳偃反又音愆襦本或作襦而朱反袴苦故反說文作絝。〔疏〕注褰袴。正義曰內則云童子不衣襦袴是衣有袴也以可褰行故以褰爲袴鸜鴿之巢遠哉遥遥稠父喪勞宋父以驕稠父昭公死外故喪勞宋父定公代立故以驕。稠直留反父音甫下同喪息浪反注同鸜鴿鸜鴿往歌來哭昭公生出歌死還哭童謠有是今鸜鴿來巢其將及乎將及禍也○秋書再雩旱

甚也〔疏〕秋書再雩旱甚。正義曰既言旱甚而經不書旱者傳言旱甚解經一月再雩再雩雖由旱甚然而後雩得雨不至成災故不書旱。初季公鳥娶妻於齊鮑文子生甲公鳥季公亥之兄平子庶叔父。娶七住反。公鳥死季公亥與公思展與公鳥之臣申夜姑相其室公亥卽公若也展季氏族相治也。夜本或作射音夜又音亦相息亮反注同及季姒與饔人檀通季姒公鳥妻鮑文子女饔人食官。姒音似檀直丹反人名也或市戰反而懼乃使其妾抶己以示秦遄之妻秦遄魯大夫妻公鳥妹秦姬也。抶勑乙反遄市專反。曰公若欲使余余不可而抶余又訴於公甫公甫平子弟。訴音素又作愬曰展與夜姑將要余要劫我以非禮。展與夜姑並如字公思展及申夜姑也與及也讀或作餘音者非也要一遥反下同。秦姬以告公之公之亦平子弟公

之與公甫告平子平子拘展於卞而執夜姑將殺之公若泣而哀之曰殺是是余殺也將爲之請平子使豎勿內日中不得請有司逆命執夜姑之有司欲迎受殺生之命。爲于僞反公之使速殺之故公若怨平子季郈之雞鬬季平子郈昭伯二家相近故雞鬬。郈音后字林下遘反近附近之近又如字季氏介其雞擣芥子播其羽也或曰以膠沙播之爲介雞。介又作芥音界〔疏〕注擣芥至介雞。正義曰杜此二解一讀介爲芥擣芥子爲末播其雞羽賈逵云擣芥子爲末播其雞翼可以坌郈氏雞目是此說也鄭衆云介甲也爲雞著甲高誘注呂氏春秋云鎧著雞頭杜又云或曰不知誰說以膠沙播之亦不可解蓋以膠塗雞之足爪然後以沙糝之令其澀得傷彼雞也以郈氏爲金距言之則著甲是也郈氏爲之金距平子怒怒其不下己。下遐嫁反益宮於郈氏侵郈氏室以自益。

且讓之讓責也。故郈昭伯亦怨平子。臧昭伯之從弟會昭伯臧爲子。○從才用反，後從者皆同。爲讒於臧氏，而逃於季氏。臧氏執旃。平子怒，拘臧氏老。將禘於襄公，萬者二人，其衆萬於季氏。禘祭也。萬舞也。於禮公當三十六人。○禘大計反。〔疏〕將禘至季氏。○正義曰：季氏私祭家廟，與禘同日，言將禘是豫部分也。樂人少，季氏先使自足，故於公萬者唯有二人。其衆萬於季氏，輕公重己，故大夫遂怨。○注禘祭至六人。○正義曰：釋例曰：三年喪畢，致新死之主以進於廟，於是乃大祭於大廟，以審定昭穆，謂之禘。禘於大廟，禮之常也。各於其宮，時之爲也。雖非三年大祭，而書禘，用禘禮也。釋天云：禘，大祭也。執干戚而舞，謂之萬舞也。隱五年傳說舞佾之差，云諸侯用六，是於禮法當三十六人也。此以正禮言耳，亦不知當時魯君用六佾以否。公羊傳曰：昭公告子家駒曰：季氏僭公室，吾欲弑之，何如？子家駒曰：諸侯僭天子，大夫僭諸侯，久矣。公曰：吾何僭矣哉？子家駒曰：設兩觀，乘大路，朱干玉戚以舞大夏，八佾以舞大武，此皆天子之禮也。如彼傳

文，當時或僭八佾，佾不必用六也。臧孫曰：此之謂不能庸先君之廟。不能用禮也。蓋襄公別立廟。〔疏〕注蓋襄公別立廟。○正義曰：杜以襄若以大遷毀，則廟與先公同處，禘於襄公，亦應兼祭餘廟。今特云禘於襄公，似與先公異處，故云蓋襄公別立廟。○大夫遂怨平子。公若獻弓於公爲，公爲昭公子務人。○且與之出射於外，而謀去季氏。公爲告公果、公賁。果賁皆公爲弟。○去起呂反，賁音奔，又扶云反，又彼義反。公果、公賁使侍人僚柤告公。公寢，將以戈擊之，乃走。公曰：執之。亦無命也。獨言執之，無勑命。○侍人本亦作寺人，柤側加反。懼而不出，數月不見。公不怒。又使言，公執戈以懼之，乃走。又使言，公曰：非小人之所及也。謂僚柤爲小人。○數所主反，下數世同，見賢遍反。公果自言，

公以告臧孫。臧孫以難。言難逐。○難如字，注同。告郈孫。郈孫以可，勸。告子家懿伯。子家羈，莊公之玄孫。○郈孫以可絕句，勸，勸公逐季氏也。懿伯曰：讒人以君徼幸，事若不克，君受其名，受惡名。○徼古堯反。不可爲也。〔疏〕讒人至爲也。○正義曰：讒人謂公若、郈孫之徒。讒季氏者，勸君使伐季氏，以君徼天之幸，幸而得勝，則以爲己功，不勝則推君爲惡，不可從也。舍民數世，以求克事，不可必也。〔疏〕舍民至必也。○正義曰：克，勝也。言君從上以來，舍民已經數代，今以求勝，此事不可必也。且政在焉，其難圖也。公退之。退使去。○舍音捨。辭曰：臣與聞命矣，言若洩，臣不獲死。乃館於公。恐受洩命之罪，故留公宮以自明。○與音預，洩息列反，又以制反，注同，漏泄也。叔孫昭子如闞，闞魯邑。○闞口暫反。公居於長府。長府官府名。九月戊戌，

伐季氏，殺公之于門，遂入之。平子登臺而請曰：君不察臣之罪，使有司討臣以干戈，臣請待於沂上以察罪。弗許。魯城南自有沂水，平子欲出城待罪也。大沂水出蓋縣南至下邳入泗。○沂魚依反。〔疏〕注魯城至入泗。○正義曰：釋例土地名，襄十八年沂水出東莞蓋縣艾山南，經琅邪東海，至下邳縣入泗。此沂水出魯國魯縣西南入泗水，是沂水有二也。此注云魯城南自有沂水，謂出魯縣者也。又云大沂水出蓋縣南至下邳入泗，謂襄十八年之沂水也。以其有二，故辯明之。○請囚于費，弗許。請以五乘亡，弗許。子家子曰：君其許之。政自之出久矣，隱民多取食焉。隱約窮困。○乘繩證反。爲之徒者衆矣。日入慝作，弗可知也。慝姦惡也。日冥姦人將起，叛君助季氏，不可知。○慝他得反，冥亡定反。○衆怒不可蓄也。季氏衆。○蓄勑六反，本亦作畜，下並

○同蓄而弗治將蘊〔蘊積也。蘊本亦作薀紆粉反〕蘊蓄民將生心生心同求將合〔與季氏同求叛君者〕君必悔之弗聽郈孫曰必殺之公使郈孫逆孟懿子〔懿子仲孫何忌〕叔孫氏之司馬鬷戾言於其衆曰若之何莫對〔衆疑所助。鬷子公反戾力計反。〕又曰我家臣也不敢知國凡有季氏與無於我孰利皆曰無季氏是無叔孫氏也鬷戾曰然則救諸帥徒以往陷西北隅以入〔陷公圍也。陷陷沒之隅本或作堣音同。〕公徒釋甲執冰而踞〔言無戰心也冰櫝丸蓋或云櫝丸是箭筩其蓋可以取飲。踞音據櫝音獨丸胡官反筩音童又音動一音勇〕

〔疏〕公徒至而踞。正義曰二十七年傳說此事云豈其伐人而說甲執冰以游則此踞是游也曲禮云遊無倨倨是慢也謂

傲慢而遊戲。注言無至取飲。正義曰賈逵云冰櫝丸蓋也則是相傳爲此言也方言曰弓藏謂之韇或謂之櫝丸如彼文則櫝丸是盛弓者也此或說櫝丸是箭筩其蓋何以取歠十三年傳云司鐸射奉壺飲冰謂執此也詩云抑釋掤忌抑鬯弓忌鬯藏弓則冰藏矢也毛傳云掤所以覆矢掤與冰字雖異音義同是一器也。

遂逐之〔逐公徒。〕孟氏使登西北隅以望季氏見叔孫氏之旌以告孟氏執郈昭伯殺之于南門之西遂伐公徒子家子曰諸臣僞劫君者而負罪以出君止〔使若非君本意者君自可止不出。〕

〔疏〕子家至君止。正義曰子家子以爲公本意自伐季氏非是諸臣所劫今子家意欲得令諸臣等僞作劫君以伐季氏者令負罪而出君自可止住

意如之事君也不敢不改〔意如季平子名〕公曰余不忍也與臧孫如墓謀〔辟先君且謀所奔。〕遂行已亥公孫于齊次于陽州齊侯將唁公于平陰公先至于野井齊侯曰寡人之罪也使有司待于平陰爲近故也〔齊侯自咎本不勑有司遠詣陽州而欲近會于平陰故令魯侯過共先至野井遠見迎逆自咎以射公。爲于僞反咎其九反下同令力呈反〕書曰公孫于齊次于陽州齊侯唁公于野井禮也將求於人則先下之禮之善物也〔物事也謂先往至野井。下遐嫁反〕齊侯曰自莒疆以西請致千社〔二十五家爲社千社二萬五千家欲以給公。疆居良反〕

〔疏〕注二十五家爲社。正義曰禮有里社故。特牲稱唯爲社事單出里以二十五家爲里故知二十五家爲社也

以待君命〔待君伐季氏之命〕寡人將帥敝賦以從執事唯命是聽君之憂寡人之憂也公喜子家子曰天祿不再天

若胙君不過周公以魯足矣失魯而以千社爲臣誰與之立〔爲齊臣。胙才路反〕

〔疏〕天祿至之位。正義曰天之福祿不可再謂得齊千社復得魯國也胙報也天若報君終不得過於周公周公止封魯以魯封君足矣若既得魯國又得千社則是過周公矣周公理不可過得齊千社。失魯國也既失魯國而以千社爲臣於齊誰復與之立也言從君之人皆將棄君去矣

且齊君無信不如早之晉弗從臧昭伯率從者將盟載書曰戮力壹心好惡同之信罪之有無〔信明也處者有罪從者無罪。戮音六又力彫反〕繾綣從公無通外內〔繾綣不離散。繾音遣綣起阮反〕以公命示子家子子家子曰如此吾不可以盟羈也不佞不能與二三子同心而以爲皆有罪〔從者陷君留者逐君皆有罪也〕或欲通外

內且欲去君去君僞負罪出奔不必繾綣從公二三子好亡而惡定焉可同也陷君於難罪孰大焉通外內而去君君將速入弗通何爲而何守焉乃不與盟何必守公○好呼報反惡烏路反焉可於虔反難乃旦反不與音預昭子自闞歸見平子平子稽顙曰子若我何昭子曰人誰不死子以逐君成名子孫不忘不亦傷乎將若子何平子曰苟使意如得改事君所謂生死而肉骨也昭子從公于齊與公言子家子命適公館者執之恐從者知叔孫謀○稽音啓顙息黨反公與昭子言於幄內曰將安衆而納公昭子請歸安衆○幄於角反公徒將殺昭子【疏】公徒將殺昭子○正義曰昭子謀歸安衆而後納公則獨公得入從公者不得入故欲殺昭子也伏諸道伏兵左師展告公公使昭子自鑄歸鑄辟伏兵○鑄之樹反平子有異志不欲復納公○復扶又反冬十月辛酉昭子齊於其寢使祝宗祈死戊辰卒恥爲平子所欺因祈而自殺○齊側皆反本又作齋左師展將以公乘馬而歸公徒執之展魯大夫欲與公俱輕歸○乘如字騎馬也輕遣政反【疏】左師至而歸○正義曰古者服牛乘馬馬以駕車不單騎也至六國之時始有單騎蘇秦所云車千乘騎萬匹是也曲禮云前有車騎者禮記漢世書耳經典無騎字也炫謂此左師展將以公乘馬而歸欲共公單騎而歸此騎馬之漸也○壬申尹文公涉于鞏焚東訾弗克文公子朝黨於鞏縣涉洛水也東訾敬王邑○十一月宋元公將爲公故如晉請納公○爲音于僞反

夢大子欒即位於廟已與平公服而相之平公元公父○相息亮反【疏】服而相之○正義曰言已與父平公盛服飾而輔相之也旦召六卿公曰寡人不佞不能事父兄父兄謂華向以爲二三子憂寡人之罪也若以羣子之靈獲保首領以歿唯是楄柎所以藉幹者楄柎棺中笭牀也幹骸骨也○歿音没楄蒲田反柎步口反又音附藉在夜反笭力丁反骸戶皆反【疏】注楄柎至骨也○正義曰說文云楄方木也幹脅也本以藉脅明是棺中笭牀也宋元所言藉幹者舉脅而言耳非獨爲脅故云幹骸骨也請無及先君欲自貶損仲幾對曰君若以社稷之故私降昵宴羣臣弗敢知昵近也降昵宴謂損親近樂飲食之事○昵女乙反若夫宋國之法死生之度先君有命矣羣臣以死守之弗敢失隊臣之失職常刑不赦臣不忍其死君命祇辱言君命必不行祇適也○隊直類反祇音支宋公遂行己亥卒于曲棘爲明年梁丘據語起反○十二月庚辰齊侯圍鄆欲取以居公不書圍鄆人自服不成圍【疏】注欲取至成圍○正義曰經書取鄆而傳言圍鄆故云鄆人自服不成圍以傳云書取言易也故賈爲此解杜從之也劉炫以爲此時圍鄆而未得明年方始取之經即因圍書取傳言實圍之日非自服也而規杜氏今知非者案二十六年公圍成亦是圍而不得而書圍此若圍鄆不得何以不書圍案元年伐莒取鄆書取不言伐此圍鄆取鄆亦書取不言圍其義正同何爲不可劉何知此年圍鄆未服鄆若未服經何得書取苟出胷臆而規杜氏非也○初臧昭伯如晉臧會竊其寶龜僂句僂句龜所出地名○僂力主反又力具反句居具反【疏】注僂句至地名○正義曰釋魚云一曰神龜二曰靈龜三曰攝龜四曰寶龜五曰文龜六曰筮龜七曰山龜八曰澤龜九曰水龜十曰火龜則龜名

无僂句故云所出地之名臧氏有蔡又有此蔡所寶非一以卜爲信與僭僭吉僭不信也○僭子念反注同臧氏老將如晉問問昭伯起居會請往代家老行昭伯問家故盡對故事也及內子與母弟叔孫則不對內子昭伯妻不對若有他故再三問不對歸及郊會逆問又如初又不對至次於外而察之皆無之執而戮之逸奔郈郈魴假使爲賈正焉郈在東平无鹽縣東南魴假郈邑大夫賈正掌貨物使有常價若市吏○魴音房賈音嫁注同【疏】使爲賈正焉○正義曰賈正如周禮之賈師也賈師二十四則一人其職云各掌其次之貨賄之治辨其物而均平之禁貴賣者使有恒賈此郈邑大夫使爲賈正使爲郈市之賈正也郈在後爲叔孫私邑此時尚爲公邑故使賈正遞計簿於季氏計於季氏送計簿於季氏○簿步戶反臧氏使五人以戈楯伏諸桐汝之閭桐汝里名○楯食準反又音允會出逐之反奔執諸季氏中門之外平子怒曰何故以兵入吾門拘臧氏老季臧有惡相怨惡及昭伯從公平子立臧會立以爲臧氏後會曰僂句不余欺也傳言卜筮之驗善惡由人○楚子使薳射城州屈復茄人焉還復茄人於州屈○屈居勿反一音其勿反茄人音加城丘皇遷訾人焉移訾人於丘皇使熊相禖郭巢季然郭卷使二大夫爲巢卷築郭也卷城在南陽葉縣南○相息亮反禖音梅卷音權或眷勉反爲于僞反子大叔聞之曰楚王將死矣使民不安其土民必憂憂將及王弗能久矣爲明年楚子居卒傳

○春秋左傳注疏卷第五十一

春秋左傳注疏卷五十一校勘記　阮元撰盧宣旬摘錄

附釋音春秋左傳注疏卷第五十一　昭二十四年盡二十五年

經二十四年

經二十四年　石經宋本淳熙本四上有有字是也

杞伯郁釐卒　諸本作釐北宋刻釋文作斄云本又作嫠

傳二十四年

注度謀至無害　宋本以下正義二節揔入此周所以興也節注下

大誓曰　石經初刻大誤泰後改正

余有亂臣十人　石經初刻十誤臣後改正與襄廿八年傳合妄人於亂字旁復加臣字諸本遂仍其誤說見前

晉侯至周故　宋本此節正義在注衆言子朝曲故之下

今王室實蠢蠢焉　惠棟云說文引作惷惷三體石經作𢦏尚書蠢字說文引作𢦏古蠢字皆作𢦏俗作蠢

缾之罄矣　諸本作缾釋文作瓶云本又作缾

注詩小至恥之　宋本此節正義在期以明年注下

刺幽王之詩也　監本毛本幽作厲非也

王子朝用成周之寶珪于河　石經王字以下一行計九字周之寶珪四字改刻釋文云本或作沈於河陳樹華云史記周本紀引傳云子朝用成周之寶珪沈於河漢書五行志引作王子鼂以成周之寶圭湛于河古文沈作湛然則石經所刊去者乃沈字也

晉以温兵助敬王南侵子朝　岳本兵作人

王定而獻之釋文云本或作王定之小字宋本淳熙本王作玉非也

不侫獻玉宋本閩本監本毛本玉作王案六經正誤云注疏本作獻王臨川本作獻玉

吳踵楚惠棟云依說文當作歱歱相迹也

王及圉陽而還宋本以下正義二節揔入其王之謂乎注下

鍾離不書告敗略淳熙本書誤重

爲定四年吳入郢傳監本四年二字模糊入誤人毛本同

經二十五年

叔詣明翻岳本詣誤諧

有鸜鵒來巢釋文云鸜本又作鴝陳樹華云高誘注淮南子原道訓作鴝

鸜鵒不踰濟此本不字下衍○今刪

非國之禽也宋本監本毛本非下有中字是也

上辛二十三日也監本毛本上作季宋本作下

非雩聚以逐季氏也宋本雩下有也字聚下有衆字與公羊傳合

傳二十五年

唯禮可以貴身淳熙本貴誤責

君子至必亡宋本以下正義四節揔入皆喪心也節注下

還賦韓弈之詩監本毛本弈作奕

非昬姻之事監本昬作昏毛本作婚

今茲君與叔孫其皆死乎閩本監本毛本今誤令

注平子至君姊宋本以下正義二節揔入注文爲下公孫傳之下

簡子至非禮宋本以下正義廿六節揔入請終身守此言也注下

行者人所履行宋本淳熙本岳本足利本無行字是也

而民實則之惠棟云案古文孝經實作是是即古寔字見尚書秦誓及詛楚文鄭氏詩箋云趙魏之東寔實同聲故此傳又作寔

言聖王制禮以奉天性閩本監本毛本王作人非也

載而無弃閩本監本弃作棄毛本作事非也

因地之利閩本監本毛本因作分

其踐履謂之爲行宋本其下有所字

爲父子兄弟昬媾姻亞毛本昬作婚亞作婭閩本監本亦作婭按婭俗字說文無

以相刻爲次也閩本監本毛本刻作尅

言氣氣爲五味宋本氣字不重

謂氣入口宋本入下有人字

其本末由五行而來也宋本毛本末作不

入耳乃知章徹於人爲五聲也閩本監本知作是

華若草華閩本監本毛本下華字誤䔢

服虔云牲宋本云下有五字是也

其言闇與之會監本毛本會作合

絺爲繡謂刺也宋本閩本監本毛本作絺段玉裁挍本作黹

絺或作繡字之誤也毛本絺作絺段玉裁挍本作希繡作絺說詳尚書撰異

皆絺以爲繡監本毛本絺作晝非也

粉米也 宋本粉上有火也二字是也

杜言華若草華 閩本下華字誤華毛本草作革亦非

爲水草也 宋本爲水上有是藻二字是也

形如半環 毛本半誤米

今之刺繖猶然也 監本毛本繖誤黼

王者與天地合其德 毛本天誤大

以比方相次 閩本監本毛本比作北

釋親又曰 閩本監本又作文非也

稱季氏有政 毛本季誤李

周禮司勳文也 毛本司誤以

謂法施於民 毛本法誤云

雷震電曜 後漢書馬融傳注引作靁霆震燿

聖人作形戮以象類之 宋本淳熙本戮作獄與漢書馬融傳注引同

故人之能自曲直以赴禮者 釋文云赴或作從石經赴字改刊似初刻作從也

受牒而退 宋本此節正義在無不祥大焉注下

吾聞文武之世 石經宋本岳本武作成謂文公成公也陳樹華云史記漢書論衡異虛篇李善幽通賦注引並作文成按劉氏史通亦作文成

鸜之鵒之 宋本以下正義二節在注將及禍也下

鸜鵒跦跦 李善注文選魏都賦引作株株云株音誅

徵褰與襦 淳熙本閩本襦誤褥釋文云本或作襦惠棟云方言曰袴齊魯之間謂之襱郭璞云傳云徵襱與襦音褰說文作褰

褰袴 釋文袴下有也字說文作絝

遠哉遙遙 案漢書五行志作遠哉摇摇師古曰摇摇不安之貌臧琳曰遙爲俗字當從漢志作摇五經文字序云逍遙之類說文漏略者今得之於字林說文新附逍遙字臣鉉等案詩只用消摇此二字字林所加可證今詩黍離中心摇摇不作遥遥白駒作於焉逍遥非古也

裯父喪勞 石經宋本小字宋本岳本足利本作稠父與漢書五行志引傳合

宋父以驕 監本父誤公

不一至成災 宋本無一字是也

生甲 淳熙本岳本纂圖本毛本甲誤申顧炎武云石經申誤作甲非也

季氏介其雞 釋文云介又作芥初學記引傳同案正文祗作介故有訓爲甲鎧者有訓爲芥子者正文不得作芥也

擣芥至介雞 宋本以下正義十四節揔入公徒執之注下

萬者二人 惠棟云吳仁傑曰淮南書云禱於襄廟舞者二人案傳氏云四人爲列尚不成樂況二人乎人當作入傳文誤也沈彤亦云當作入字

亦無命也 石經無字起一行計九字

公使戈以懼之。 石經宋本淳熙本岳本足利本使作執不誤今依訂正

臧孫以難 石經難字起一行計九字字多殘缺

讒人以君徼幸 諸本作徼石經此處殘缺釋文作儌

讒人至爲也 宋本讒誤護

故留公宮以自明 淳熙本以誤必

長府官府名 宋本淳熙本小字宋本岳本足利本無長府二字

正義曰例 此脱釋字閩本監本同毛本遂刪例字宋本曰下有釋字是也

沂水出東莞蓋縣 閩本監本脱水字

南經琅邪東海 毛本邪作琊俗字

將薀 釋文亦作薀注同云本亦作蘊淳熙本小字宋本纂圖本同

陷西北隅以入 釋文云隅本或作堣音同山井鼎云足利本以作而非也

冰櫝丸蓋 宋本淳熙本小字宋本櫝作犢宋本正義同詩鄭風正義及六經正誤所引亦並從牛下同又按方言作皾丸郭音牛犢

是箭篇 纂圖本是誤又

遊無倨 毛本遊作游案曲禮無作毋

君自可止○ 宋本○作任是也閩本監本毛本脱任字○今訂正

謂先往至野井 淳熙本往誤注

故特牲 宋本故下有郊字是也

失魯國也 宋本失上有必字是也

戮力壹心 石經宋本淳熙本岳本戮作勠與釋文合

伏兵 閩本監本兵作道非也

左師至而歸 毛本師下增展將二字

宋元公將爲公故如晉 閩本監本宋下衍公字

服而相之 宋本以下正義二節揔入宋公遂行節注下

且召六卿也 石經宋本且作旦毛誼父六經正誤云旦作且誤

獲保首領以殁 石經宋本淳熙本小字宋本足利本作以沒是按依說文當作歾

私降昵宴 淳熙本降作除非也說文暱字下引傳作私降暱燕案昵暱之或體

弗敢失隊 石經隊作墜

君命祇辱 宋本岳本纂圖本毛本祇作祗注及釋文同石經作祗是也○今訂正

亦是圍而不得 監本圍字模糊重脩監本遂誤國

注僂句至地名 宋本以下正義二節揔入會曰僂句節注下

掌貨物使有常價 監本毛本常價作長賈賈是也長非也

賈師二十四則一人 宋本四作肆與周禮地官序官合

辨其物而均平之 宋本閩本監本辨作辯

故使賈正通計簿於季氏 浦鏜正誤通改送

以戈楯伏諸桐汝之閭 淳熙本伏誤杖

附釋音春秋左傳注疏卷第五十一 止

春秋左傳注疏卷五十一校勘記

附釋音春秋左傳注疏卷第五二 昭二十六年盡二十八年

杜氏注　孔穎達疏

經二十有六年春王正月葬宋元公三月而葬速○三月公至自齊居于鄆【疏】注公至自齊○正義曰往年公孫于齊齊侯唁公于野井公未必往至齊都而云至自齊者得與齊侯相見雖從齊竟而來亦是自齊也穀梁傳云公次于陽州其曰至自齊何也以齊侯之見公可以言至自齊是也公不得歸其國都而書至者賈云季氏不欲爲臣故以告廟○夏公圍成成孟氏邑不書齊師師賤衆少重在公○師所類反○秋公會齊侯莒子邾子杞伯盟于鄟陵鄟陵地闕○鄟音專又市轉反一音徒丸反公至自會居于鄆無傳○九月庚申楚子居卒未同盟而赴以名○冬十月天王入于成周傳言王入在子朝奔後經在前者子朝來告晚

【疏】天王入于成周○正義曰二十三年七月天王居于狄泉自爾以來單子劉子以東西雖不出王畿而居無定所此時始得入于成周遂以成周爲都來告故特書之案傳子朝奔楚及王入成周皆在十一月經書王入成周子朝奔楚皆在十月者從告也劉炫云杜以朝既奔楚王始得入入必在朝奔後經書王入在前傳有告于諸侯之語故以爲王告入在前朝告奔在後故先書王入炫謂子朝出亦王告下注與此自違尹氏召伯毛伯以王子朝奔楚召伯當言召氏經誤也尹召族奔非一人故言氏書奔在王入下者王入乃告諸侯【疏】注召伯至諸侯○正義曰傳言召伯盈逐王子朝朝及召氏之族奔楚召伯逆王于尸與王入于成周則召氏族出奔召伯身不奔也知召伯當爲召氏經誤也宣十年崔氏出奔書崔氏者非其罪也此尹氏召氏立庶篡適並爲有罪而亦書氏者彼實崔杼身奔非是舉族盡出但於例諸侯之卿出奔者有罪則名無罪則不名崔杼不合書名因其來告以族遂書崔氏示杼無罪也此尹氏召氏舉族悉奔據實而書與彼有異故注云尹召族奔非一人故言氏所謂文同而意異也于朝奔王乃得入書奔在王入下者王入乃告諸侯也劉炫云杜上注云子朝來告晚何爲此注又云王入乃告諸侯以二注不同將爲杜失今知不然者杜意王入乃告謂王入之後子朝乃告杜以傳云癸酉王入于成周癸未王入于莊宮始云王子朝使告諸侯是王入之後子朝告諸侯也劉以爲王入乃告據王告諸侯而規杜失非也

傳二十六年春王正月庚申齊侯取鄆前年已取鄆至是乃發傳者爲公處鄆起【疏】注前年至鄆起○正義曰杜謂往年已取鄆此又發傳言齊侯取鄆者爲下三月公處鄆以發端也服虔以爲往年齊侯取鄆實圍鄆耳經於圍書取傳實其事故於是言取劉以服言爲是往年十二月庚辰圍鄆今年正月庚申取之凡三十一日例書取言易此圍乃取言易者齊侯取以居公臣無拒君之義若魯自與之然故書取以見其易穀梁曰以其爲公取之故易言之是也○葬宋元公如先君禮也善宋人違命以合禮○三月公至自齊處于鄆言魯地也入魯竟故書至猶在外故書地○竟音境夏齊侯將納公命無受魯貨申豐從女賈豐賈二人皆季氏家臣○女音汝以幣錦二

兩二丈爲一端二端爲一兩所謂匹也二兩二匹縛一如瑱瑱充耳縛卷也急卷使如充耳易懷藏○縛直轉反瑱它殿反易以豉反【疏】注瑱充耳○正義曰家語云水至清則無魚人至察則無徒故人君冕而前旒所以蔽明黈纊塞耳所以蔽聽又詩云玉之瑱也禮以一條五采橫冕上兩頭下垂繫黃緜緜下又縣玉爲瑱以塞耳適齊師謂子猶之人高齮齮子猶家臣子猶梁丘據○齮魚綺反能貨子猶爲高氏後粟五千庾言若能爲我行貨於子猶當爲請使得爲高氏後又當致粟五千庾庾十六斗凡八千斛○庾羊主反能爲于僞反下當爲下文爲魯君同【疏】五千庾○正義曰聘禮記云十六斗曰籔十籔曰秉鄭玄云秉十六斛今江淮之間量名有爲籔者今文籔爲逾杜據儀禮今文故以庾爲十六斗五千庾凡八千斛考工記陶人爲庾實二觳厚半寸脣寸其下文旊人云豆實三而成觳則觳受斗二升庾實二觳則受二斗四升也彼陶人所作庾自瓦器今甕之類非量器也與此名同而實異高齮以錦示子猶子猶欲之齮曰魯人買之百兩

一布以道之不通先入幣財言魯人買此甚多布陳之以百兩爲數子猶受之言於齊侯曰羣臣不盡力于魯君者非不能事君也欲行其說故先示欲盡力納魯君。說如字又始銳反然據有異焉異猶怪也宋元公爲魯君如晉卒於曲棘叔孫昭子求納其君無疾而死不知天之弃魯耶。抑魯君有罪於鬼神故及此也君若待于曲棘使羣臣從魯君以卜焉卜知可伐否疏君若待于曲棘。正義曰宋公佐卒于曲棘者杜云曲棘宋地陳留外黃縣城中有曲棘里今齊侯欲納魯君當是從齊向魯必不遠涉宋地子猶令齊君待于曲棘必使止於竟内土地名齊地無曲棘十年傳桓子召子山而反棘焉杜云齊國西安縣東有戟里亭。此即彼棘也本無曲字涉上卒于曲棘誤加曲耳若可師有濟也

君而繼之茲無敵矣君其無成君無辱焉齊侯從之使公子鉏帥師從公鉏齊大夫。鉏仕居反成大夫公孫朝謂平子曰有都以衞國也請我受師許之以成邑禦齊師。朝如字請納質恐見疑。質音致弗許曰信女足矣告於齊師曰孟氏魯之敝室也敝壞也。女音汝用成已甚弗能忍也請息肩于齊公孫朝詐齊師言欲降使來取成。降戶江反下同齊師圍成成人伐齊師之飲馬于淄者曰將以厭衆以厭衆心不欲使知已降也淄水出泰山梁父縣西北入汶。飲於鴆反淄測其反厭於冉反又於葉反汶音問魯成備而後告曰不勝衆告齊言衆不欲降已不能勝。勝音升注同又始證反師及齊師戰于炊鼻季氏師距公非公命則不書炊鼻魯地。炊昌垂反齊子淵捷從洩聲子聲子魯大夫。洩息列反射之中楯瓦瓦楯脊。射食亦反下及注皆同中丁仲反下中手同楯常允反又音允脊子亦反繇朐汏輈匕入者三寸入楯瓦也朐車軛輈車轅繇過也汏矢激匕矢鏃也。繇音由朐其俱反本又作軥同汏他達反輈陟留反匕必履反軛於革反激古狄反鏃子木反或七木反疏射之至三寸。正義曰射之中楯瓦先言中之之處更說矢來之狀繇車軛矢激從車轅之上其矢之匕鏃入著楯瓦者猶深三寸言其弓力多而矢入深也。注入楯至鏃也。正義曰此覆說中楯之事故知入者入楯瓦也說文云軥軛下曲者襄十四年傳稱射兩軥而還此與彼同蓋朐軥字通用耳繇即由也訓爲從也從上而過故言繇過也宣四年傳云伯棼射王汏輈注云汏過也此云汏矢激謂矢激汏其上而過也傳言匕入則匕是入楯者也今人猶謂箭鏃薄而長闊者爲匕是匕爲矢鏃也聲子射其馬斬鞅殪殪死也。鞅於丈反殪音於計反改駕人以爲鬷戾也而助之人魯人也鬷戾叔孫氏司馬、子

車曰齊人也子車即淵捷將擊子車子車射之殪其御曰又之又欲使射餘人子車曰衆可懼也而不可怒也子囊帶從野洩叱之囊帶齊大夫野洩即聲子。叱昌實反洩曰軍無私怒報乃私也將亢子欲以公戰禦之不欲私報其叱。亢苦浪反下同又叱之子囊復叱之。復扶又反下復欲同亦叱之野洩亦叱也言齊無戰心但相叱冉豎射陳武子中手冉豎季氏臣失弓而罵武子罵。罵馬嫁反以告平子曰有君子白晳鬒鬚眉甚口平子曰必子彊也無乃亢諸子彊武子字。晳星歷反鬒之忍反黑也鬒本又作須脩于反疏鬒鬚眉甚口。正義曰說文云鬒稠髮也鬒鬚眉者言鬚眉皆稠多也甚口者謂大口也對曰謂之君子何敢亢之僞言不敢違季氏林雍

羞爲顏鳴右下皆魯人羞爲右故下車戰苑何忌取其耳何忌齊大夫不欲殺雍但截其耳以辱之。苑於阮反顏鳴去之其右見獲懼而去之苑子之御曰視下顧復欲使苑子擊其足苑子刜林雍斷其足鑋而乘於他車以歸鑋一足行。刜芳弗反說文云擊也又父勿反又忿勿反斷丁管反鑋遣政反又音磬又苦頂反字林丘貞反〔疏〕刜林雍。正義曰說文云刜擊也字從刀謂以擊也今江南猶謂刀擊爲刜。注鑋一足行。正義曰既斷其足而云鑋知鑋是一足行也說文云鑋金聲也蓋擊金爲聲亦名鑋顏鳴三入齊師呼曰林雍乘言魯人皆致力於季氏不以私怨而相弃。呼火故反乘繩證反〇四月單子如晉告急五月戊午劉人敗王城之師于尸氏劉人劉蚠之屬。王城子朝之徒尸在鞏縣西南偃師城戊辰王城人劉人戰于施谷劉師敗績

施谷周地〇秋盟于剸陵謀納公也齊侯謀〇七月己巳劉子以王出師敗懼而出〔疏〕劉子以王出。正義曰二十三年傳云六月庚寅單子劉子樊齊以王如劉蓋從劉而居狄泉自狄泉又居於劉今爲子朝所逐蓋自劉而出也服虔云出成周也案二十三年天王居于狄泉狄泉雖近成周成周不屬王也其傳云召伯奐南宮極以成周人戍尹二十四年傳云王子朝用成周之寶珪于河是周常屬子朝之驗也二十五年黃父之會趙簡子令諸侯之大夫云明年將納王王納王者欲納之於成周耳若敬王先在成周無爲更須納之知此出者從劉出耳王既棄劉而去故王城人焚劉庚午次于渠渠周地王城人焚劉燒劉子邑丙子王宿于褚氏洛陽縣南有褚氏亭。褚張呂反一音勑呂反丁丑王次于萑谷庚辰王入于胥靡辛巳王次于滑萑谷胥靡滑皆周地。胥靡滑本鄭邑。萑音丸本又作雚古亂反〔疏〕注萑谷至鄭邑。正義曰王雖未有安居終亦不出畿內知此皆周地也襄十八年楚人伐鄭傳稱公子

格率銳師侵費滑胥靡是本爲鄭邑今爲周邑也晉知躒趙鞅帥師納王使汝寬守闕塞女寬晉大夫闕塞洛陽西南伊闕口也守之備子朝。知音智躒音歷女音汝本亦作汝塞素代反〇九月楚平王卒令尹子常欲立子西子西平王之長庶。長丁丈反下文同曰大子壬弱其母非適也壬昭王也。適丁歷反下文同王子建實聘之子西長而好善立長則順建善則治王順國治可不務乎子西怒曰是亂國而惡君王也言王子建聘之是章君王之惡。好呼報反治直吏反下同國有外援不可瀆也外援秦也瀆優也。優武諫反王有適嗣不可亂也敗親速讎不立壬秦將來討是速讎也亂嗣不祥我受其名受惡名賂吾以天下吾滋不從也滋益

也。賂音路〔疏〕賂吾至從也。正義曰賂吾以天下使吾爲天子吾益不從也楚國何爲必殺令尹令尹懼乃立昭王〇冬十月丙申王起師于滑起發也。滑于八反辛丑在郊郊子朝邑遂次于尸十一月辛酉晉師克鞏知躒趙鞅之師召伯盈逐王子朝伯盈本黨子朝晉師克鞏知子朝不成更逐之而逆敬王王子朝及召氏之族毛伯得尹氏固南宮嚚奉周之典籍以奔楚尹召二族皆奔故稱氏重見尹固名者爲後還見殺。重見上直用反下賢遍反爲于僞反下且爲同陰忌奔莒以叛陰忌子朝黨莒周邑召伯逆王于尸及劉子單子盟召伯新還故盟遂軍圉澤次于隄上圉澤隄上皆周地。圉魚呂反隄音低或音啼癸酉王入于成周成周今洛陽甲戌盟于

襄宮襄王之廟晉師。成公般戍周而還般晉大夫。般音班十二月癸未王入于莊宮莊宮在王城王子朝使告于諸侯曰昔成王克殷成王靖四方康王息民並建母弟以蕃屏周亦曰吾無專享文武之功不敢專故建母弟。蕃方元反亦作藩【疏】昔武王克殷。正義曰諸家本皆然服虔王肅並注云文王受命武王伐紂故云文武克殷下句云吾無專享文武之功則合文武是也杜無注諸本悉作武王克殷疑誤也今定本亦作武王克殷且爲後人之迷敗傾覆而溺入于難則振救之至于夷王王愆于厥身夷王厲王父也愆惡疾也。覆芳服反溺乃歷反難乃旦反愆起虔反【疏】夷王。正義曰謚法安民好靜曰夷諸侯莫不並走其望以祈王身至于厲王王心戾虐萬民弗忍居王于彘不忍害王也厲王之末周人流王于彘。彘直例反【疏】注不忍至于彘。正義曰周語云厲王虐國人謗王召公告曰民不堪命也王怒得衞巫使監謗者以告則殺之國莫敢言道路以目三年乃流王于彘劉炫案周本紀民相與叛襲厲王厲王出奔于彘周語又曰彘之亂宣王在召公之宮國人圍之召公知之乃以其子代宣王言代王則國人謂是宣王國語雖不言殺必殺之矣國人相與襲王王既奔免得王子而殺之若得厲王亦應不舍而杜云不忍害王未必然也當謂不忍者不能忍王之虐也今知不然者下云居王于彘是以理居處厲王于彘又云諸侯釋位以間王政是憂念王政則不忍者是不忍害王也若其必欲殺王應云王奔于彘劉以爲周語云周人欲殺王子召公以子代之則周人欲殺王子何肯不忍害不以爲不忍者不堪忍王惡案周語但云求王子不云求殺之是益橫周語之文而規杜過非也諸侯釋位以間王政間猶與也去其位與治王之政事。間間廁之間注同一音如字與音預下同【疏】注間猶至政事。正義曰周本紀云彘之亂宣王在召公之宮國人圍之召公以其子代大子大子竟得脫周召二公二相行政號曰共和元年是其釋位與治王政之事也宣王有志而後效官宣王厲王于彘之亂宣王尚少召公子取而長之效授也。效戶教反少詩照反下文同長丁丈反下文同【疏】注宣王至授也。正義曰周語云召公以其子代宣王宣王長而立之周本紀云共和十四年厲王死于彘大子靖長于召公家二相乃共立之爲王是爲宣王是召公長之也共和之年官之政事皆決於二相宣王長而有志堪爲人主二相乃致其官政於王也效者致與之義故注云效授也。至于幽王天不弔周王昏不若用愆厥位幽王宣王子若順也愆失也攜王奸命諸侯替之而建王嗣用遷郟鄏攜王幽王少子伯服也王嗣宜臼也幽王后申姜生大子宜臼王幸褒姒生伯服欲立之而殺大子太子奔申申伯與鄫及西戎伐周戰于戲幽王死諸侯廢伯服而立宜臼是爲平王東遷郟鄏。攜戶圭反奸音干下同替他計反郟古洽反鄏音辱鄫才陵反戲許宜反【疏】注攜王至郟鄏。正義曰鄭語稱夏之衰也褒人之神化爲二龍以同於王庭而言曰余褒之二君也夏后卜殺之與去之與止之莫吉卜請其漦而藏之吉乃布幣焉而策告之龍亡而漦在櫝而藏之及歷殷周莫之發也及厲王之末發而觀之漦流於庭不可除也王使婦人不幃而譟之化爲玄黿以入於王府府之童妾未既齓而遭之既笄而孕當宣王而生不夫而育故懼而棄之時有童謠曰檿弧箕服實亡周國於是宣王聞之乃有夫婦鬻是器者王使執而戮之夫婦方戮逃在路哀其夜號也而取之以逸逃於褒褒人有獄而以入於王王遂置之而嬖是女使至於后而生伯服周語云幽王伐有褒褒人以褒姒女焉褒姒有寵生伯服於是乎與虢石父比逐大子宜臼而立伯服大子出奔申申人繒人召西戎以伐周周於是亡書傳多說其事此其本也詩序云幽王取申女以爲后後得褒姒而黜申后周本紀云幽王大子母申侯女也而爲后王廢后并去大子用褒姒爲后以其子伯服爲大子申侯怒乃與繒西戎共殺幽王于驪山之下虜褒姒盡取周賂而去於是諸侯乃即申侯共立故幽王大子宜臼是爲平王東遷徙於洛邑辟戎寇也魯語云幽王滅于戲戲驪山之北水名也皇甫謐云今京兆新豐東二十里戲亭是也劉炫云如國語史記之文幽王止立伯服爲大子耳既虜褒姒必廢其子未立爲王而得呼爲攜王者或幽王死後褒姒之黨立之爲王也汲冢書紀年云平王奔西申而立伯盤以爲大子與幽王俱死于戲先是申侯魯侯及許文公

立平王於申以本大子故稱天王幽王既死而虢公翰又立
王子余臣於攜周二王並立二十一年攜王爲晉文公所殺
以本非適故稱攜王束皙云案左傳攜王奸命舊說攜王爲
伯服伯服古文作伯盤非攜王伯服立爲王積年諸侯始廢
之而立平王其事或當然則是兄弟之能用力於王室也至
于惠王天不靖周生頹禍心施于叔帶惠襄
辟難越去王都惠王平王六世孫頹惠王庶叔也莊十九年作亂惠王適鄭襄王惠王子叔帶
襄王弟僖二十四年叔帶作難襄王處氾○頹徒回反施以豉反難乃旦反注同氾音凡【疏】注惠王平王六世孫
正義曰世本云平王生桓王桓王生莊王莊王生僖王胡齊
齊生惠王涼是六代也惠王生襄王鄭鄭生頃王巨巨生匡
王班及定王瑜瑜生簡王夷夷生靈王泄心心生景王貴貴生悼王猛及敬王匄則有晉鄭咸
黜不端黜去也晉文殺叔帶鄭厲殺子頹爲王室去不端直之人○去起呂反下同爲于僞反【疏】
咸黜不端○正義曰諸本咸或作減王肅云咸皆也傳咸
爲七經詩其傳詩有此句王義之寫亦作咸杜本當然以

綏定王家則是兄弟之能率先王之命也在
定王六年秦人降妖定王襄王孫定王六年魯宣八年○妖本又作訞於驕反說文
云衣服謌謠草木之怪謂之妖曰周其有頿王亦克能脩其職諸
侯服享二世共職二世謂靈景○頿子斯反共音恭王室其有
間王位諸侯不圖而受其亂災間王位謂子朝也今子朝以爲王猛
受亂災謂楚也今子朝以爲晉○間間厠之間注及下以間先王并注同【疏】在定至亂災○正義曰降者自上而
下之言當時秦人有此妖語若似自上而下神馮之然故云
降妖也然自受其亂災以上皆是妖語至于靈王以下是子
朝演說妖言謂子猛當間王位耳服享言諸侯服從獻國之所有至于靈王生而有
頿靈王定王孫王甚神聖無惡於諸侯靈王景王
克終其世景王靈王子今王室亂單旗劉狄剝亂

天下壹行不若單旗穆公也劉狄劉蚠也壹專也○剝邦角反謂先王何
常之有言先王無常法唯余心所命其誰敢請之帥羣
不弔之人弔至也○弔如字舊丁歷反至也注同以行亂于王室侵
欲無厭規求無度貫瀆鬼神貫習也瀆易也○厭本又作猒於鹽反貫
吉患反易以豉反【疏】規求無度○正義曰俗本作規服王孫皆注云玩貪也元年傳曰翫歲而愒日杜云翫愒
皆貪也則此言貪求無限度本或作規謬也慢棄刑法倍奸齊盟傲很
威儀矯誣先王晉爲不道是攝是贊攝持也贊佐也
先王謂景王○傲五報反很戶懇反矯居表反【疏】倍奸齊盟○正義曰倍即背也違背奸犯齊同之盟也案於時
諸侯不有同盟許立子朝單劉未嘗與朝結盟而復背之言
單劉倍奸齊盟誣之○注攝持至景王○正義曰是攝言執
持之使不傾危也是贊謂佐助之使得存立也故以攝爲持
贊爲佐也杜以先王爲景王則矯誣先王者當謂矯景之命

立猛耳知先王非先世之王者以言矯誣是矯詐誣罔據其
人有語矯誣之猶今矯稱詔勑若先世之王去此久遠不得
有立猛之事子朝何得稱矯誣之乎又傳云干景之命故
杜以先王謂景王劉炫以爲先世之王而規杜氏非也思
肆其罔極肆放也茲不穀震盪播越竄在荊蠻
茲此也此不穀子朝自謂○盪本又作蕩徒黨反竄七亂反字林七外反未有攸厎厎至也攸所也
○厎音旨若我一二兄弟甥舅奬順天法無助狡
猾以從先王之命毋速天罰赦圖不穀赦其憂而
圖其難○奬將丈反狡古卯反猾又作滑于八反毋音無難乃旦反【疏】毋速天罰○正義曰速召也子朝以單劉
爲亂從之必有天殃故勸諸侯無召天罰則所願也敢盡布其腹心及
先王之經而諸侯實深圖之昔先王之命曰
王后無適則擇立長年鈞以德德鈞以卜此所

謂先王之經○適丁歷反【疏】昔先至以下○正義曰先王先世之王不斥一人蓋自古以來共如此也襄三十一年傳曰公薨立胡女敬歸之子子野子野卒立敬歸之娣齊歸之子裯穆叔曰大子死有母弟則立之無則立長年鈞擇賢義鈞則卜古之道也非適嗣何必娣之子彼言大子死立母弟則此言擇立長謂無母弟者也彼又云子野非適嗣何必娣之子然則適嗣立而死當立娣之子也姪與娣同蓋王后夫人無姪娣之子乃於諸妾之子擇立長耳年鈞擇賢與此年鈞以德皆謂母之貴賤等者公羊傳曰立適以長不以賢立子以貴不以長明母貴則先立也此子朝之母必賤於猛母故專言立長之義不言母之貴賤何休難年鈞以德之言云人君所賢下必從之焉能使王不立愛也鄭玄荅云周禮小司寇掌外朝之政以致萬民而詢焉其三曰詢立君其位王南鄉三公及州長百姓北面羣臣西面羣吏東面小司寇以敘進而問焉如此則大衆之口非君所能掩是王不得立愛之法也王不立愛公卿無私古之制也穆后及大子壽早夭即世在十五年【疏】公卿至制也○正義曰三公六卿無得私附王之庶子而妄立之其意言單劉有私情違古制也何休難云大

夫不世功而並爲公卿通繼嗣左氏爲短鄭玄云公卿之世有大功德先王命所不絕者何難旣非鄭荅亦謬單劉贊私立少以間先王間錯先王之制亦唯伯仲叔季圖之伯仲叔季摠謂諸侯閔馬父聞子朝之辭曰文辭以行禮也子朝干景之命遠晉之大以專其志無禮甚矣文辭何爲傳終王室辭○遠于萬反○齊有彗星出齊之分野不書魯不見○彗似歲反又息遂反分扶問反【疏】注出齊至不見○正義曰傳言齊有此星而齊侯使禳之明出齊之分野出於玄枵之次也彗即孛也文十四年有星孛入于北斗十七年有星孛于大辰彼皆書此不書者時魯不見或陰不見齊侯使禳之祭以禳除之○禳如羊反。晏子曰無益也祇取誣焉誣欺也祇音支○天道不謟謟疑也○謟本又作慆他刀反不貳其命若之何禳之且天之有彗也以

除穢也君無穢德又何禳焉若德之穢禳之何損詩曰惟此文王小心翼翼昭事上帝聿懷多福厥德不回以受方國詩大雅翼翼共也聿惟也回違也言文王德不違天人故四方之國歸往之○聿戶橘反【疏】詩曰至方國○正義曰詩大雅大明之篇也惟此文王慎小其心翼翼然共順也又能明事上天惟行上天之道思使自得多福其德不有回邪以受四方之國言四方皆歸之君無違。德方國將至何患於彗詩曰我無所監夏后及商用亂之故民卒流亡逸詩也言追監夏商之亡皆以亂故○夏戶雅反注同若德回亂民將流亡祝史之爲無能補也公說乃止齊侯與晏子坐于路寢公歎曰美哉室其誰有此乎景公自知德不能久有國故歎也○說音悅下注喜說同

晏子曰敢問何謂也公曰吾以爲在德對曰如君之言其陳氏乎陳氏雖無大德而有施於民豆區釜鍾之數其取之公也薄謂以公量收○施式豉反下出者皆同區烏侯反量音亮下同其施之民也厚謂以私量貸○施如字又始豉反公厚斂焉陳氏厚施焉民歸之矣詩曰雖無德與女式歌且舞詩小雅義取雖無大德要有喜說之心欲歌舞之式用也○斂力驗反女音汝【疏】詩曰至且舞○正義曰詩小雅車舝刺幽王也陳氏之施民歌舞之矣後世若少惰陳氏而不亡則國其國也已公曰善哉是可若何對曰唯禮可以已之在禮家施不及國民不遷農不移工賈不

變守常業。惰徒臥反，本亦作惰，同。工賈音古，本亦作商賈。疏家施不及國。正義曰：大夫稱家，家之所施，不得施及國人。言國人是國君之所有，大夫不得妄施遺之以樹己私惠。陳氏施及國人，是違禮也。士不濫不失職。官不謟謟慢也。謟，吐刀反。慢，武諫反，本又作漫，武半反。大夫不收公利不作福。疏大夫不收公利。正義曰：尚書洪範曰：「惟辟作福，惟辟作威，臣無有作福作威。臣之有作福作威，其害于而家，凶于而國。」是言作福作威，君之利也。大夫不得聚收公利，自作福也。陳氏作福以招國人之心，施民作福，是收公利也。公曰：善哉！我不能矣。吾今而後知禮之可以爲國也。對曰：禮之可以爲國也久矣，與天地並。有天地則禮義與。疏禮之至地並。正義曰：天地人民，莫知其始。但人稟陰陽之氣，生於天地之間。天地既形，人民必育。易序卦曰：「有天地然後有萬物，有萬物然後有男女，有男女然後有夫婦，有夫婦然後有父子，有父子然後有君臣，有君臣然後有上下，有上下然後禮義有所錯。」是言有天地即有人民，有人民即有

父子君臣。父子相愛，君臣相敬，敬愛爲禮之本，是。與天地並興。君令、臣共，父慈、子孝，兄愛、弟敬，夫和、妻柔，姑慈、婦聽，禮也。君令而不違，臣共而不貳，父慈而教，子孝而箴，箴，諫也。共音恭，下同。箴，之林反。兄愛而友，弟敬而順，夫和而義，妻柔而正，姑慈而從，從不自專。婦聽而婉，婉，順也。婉，於阮反。禮之善物也。公曰：善哉！寡人今而後聞此禮之上也。對曰：先王所稟於天地，以爲其民也，是以先王上之。稟受也。疏先王至上之。正義曰：先古聖王所治理人民者，爲受陰陽之氣，生於天地之中，以有上下之禮，乃可治其天下。又禮與天地同貴，是以先王上之。

經二十有七年春，公如齊。自鄆行。鄆音運。公至自齊，居于鄆。○夏四月，吳弒其君僚。僚亟戰民罷，又伐楚喪，故光乘間而動。稱國以弒，罪在僚。弒，申志反。注同。僚，力彫反。亟，欺冀反。罷音皮。疏注僚亟至在僚。正義曰：杜數僚之罪以示無道之驗。僚以十六年即位，十七年與楚戰于長岸，二十三年伐州來，敗楚于雞父，其年又使大子諸樊入郢，二十四年滅巢及鍾離，此年又因楚喪而伐之，是其亟戰民罷，又伐楚喪，故光得乘間而動。稱國以弒，罪在僚也。言舉國皆欲弒之，非獨光之罪，故不書光弒。○楚殺其大夫郤宛。無極，楚之讒人，宛所明知而信近之，以取敗亡，故書名，罪宛。殺，始察反。郤，去逆反。宛，於阮反，又於元反。近，附近之近。疏無極至罪宛。正義曰：文七年「宋殺其大夫」，傳曰「不稱名，非其罪也」。死者無罪則不稱其名，是稱名者皆爲有罪矣。此郤宛書名，故杜跡其爲罪之狀，書名所以罪宛也。○秋，晉士鞅、宋樂祁犂、衛北宮喜、曹人、邾人、滕人會于扈。祁，力兮反，又力之反。扈音戶。○冬十月，曹伯午卒。無傳。未同盟而赴以名。午音五。○邾快來奔。無傳。快，邾命卿也，故書。

快，苦怪反。疏注快邾至故書。正義曰：邾是小國，其臣見於經者甚少，唯此與襄二十三年邾畀我來奔，書者二人而已。釋例曰：魯之叔孫父兄再命而書於經，晉之司空亞旅一命而經不書。推此知諸侯大夫再命以上皆書於經，自一命以下大夫及士，經皆稱人，名氏不得見，此皆典策之正文也。小國之卿或命而禮儀不備，或未加命數，故不書之。邾畀我之等，其奔亡亦多，所書唯數人而已，知其合制者少。杜言數人，謂此快與畀我及曹公孫會也。是言快是邾之命卿，備於禮成爲卿，故書也。快不書氏，蓋未賜族，無可稱也。○公如齊。自鄆行。公至自齊，居于鄆。無傳。

傳二十七年春，公如齊。公至自齊，處于鄆，言在外也。在外邑，故書也。○吳子欲因楚喪而伐之，前年楚平王卒。使公子掩餘、公子燭庸帥師圍潛。二子皆王僚母弟。潛，楚邑，在廬江六縣西南。掩，於檢反。疏注二子至母弟。正義曰：賈逵云然，當是相傳說耳，未必有正文也。三十年傳

此二公子奔楚，楚子大封而定其徙。子西諫曰：吳光新得國，若好吾邊疆，使柔服焉，猶懼其至；吾又彊其讎以重怒之，無乃不可乎？謂此二子爲光之讎，或當是僚母弟也。使延州來季子聘于上國，季子本封延陵，後復封州來，故曰延州來。復，扶又反。【疏】聘于上國。○正義曰：服虔云：上國，中國也。蓋以吳辟在東南，地勢卑下，中國在其上流，故謂中國爲上國也。下云遂聘于晉，則上國之言不包晉矣，當摠謂宋、衞、陳、鄭之徒爲上國耳，亦不知其時聘幾國也。經不書，未必不至魯。檀弓云延陵季子適齊，於其反也，其長子死，葬於嬴博之間。鄭玄云魯昭二十七年吳公子札聘於上國是也。如鄭之言，此時或聘齊也。○注季子至州來。○正義曰：襄三十二年注云：延州來，季札邑。此又分拆之言，本封延陵，後復封州來，故曰延州來。成七年吳入州來，注云：楚邑，淮南下蔡縣是也。十三年吳滅州來，二十三年傳云吳伐州來，楚薳越救之，則州來未爲吳有，不可以封札也。釋例土地名延州來闕，則延陵、州來並闕，不知其處。杜意當謂吳地別有州來，非楚邑也。鄭玄云季子讓國居延陵，因號焉。襄二十九年公羊傳曰：季子去之延陵，終身不入吳國。然則季子雖則讓國，猶尚仕爲吳卿，非自竄於彼地。吳世家云季札封于延陵，故號曰延陵季子。杜言封是也。封謂賜之爲采邑耳。遂聘于晉，以觀諸侯。觀彊弱。楚莠尹然、工尹麇帥師救潛，二尹，楚官。然、麇，其名。莠，由九反。麇，九倫反。【疏】注二尹楚官。○正義曰：楚官多以尹爲名，知二尹是官名耳。其莠、王之義不可知也。服虔云王尹主宮內之政。莠不可解，王未必然。定本王作工。左司馬沈尹戌帥都君子與王馬之屬以濟師。都君子，在都邑之士有復除者。王馬之屬，王之養馬官屬校人也。濟，益也。○戌音恤，復音福，校，胡孝反。【疏】注都君至校人。○正義曰：都謂國都，在都君子，明是在都邑之士也。都邑之士以君子爲號，故知是有復除者，謂優復其身，除其傜役。賈逵云然。今之律令猶名放課役者爲復除，是漢世以來有此言也。此人或別有功勞，或曲蒙恩澤，平常免其傜役，事急乃使之耳。周禮校人掌養馬，知王馬之屬是王之養馬之官屬也。校人職云：凡頒良馬而養乘之，乘馬一師四圉，三乘爲皁，皁一趣馬，三皁爲繫，繫一馭夫，六繫爲廄，廄一僕夫，六廄成挍，挍有左右。駑馬四良馬之數，麗馬一圉，八麗一師，八師一趣馬，八趣馬一馭入。諸侯六閑，養馬之人多矣。此唯養馬，不給餘役，今亦事急

而徵使之。與吳師遇于窮。令尹子常以舟師及沙汭而還。沙，水名。汭，如銳反。【疏】遇于窮。○正義曰：土地名窮闕也。本或窮下有谷字者，爲定七年傳敗尹氏于窮谷，涉彼而誤耳。左尹郤宛、工尹壽帥師至于潛，吳師不能退。楚師彊，故吳不得退去。吳公子光曰：此時也，弗可失也。欲因其師徒在外，國不堪役以弒王。○弒，申志反，下文同。告鱄設諸曰：上國有言曰：不索何獲？我王嗣也，吾欲求之。光，吳王諸樊子也，故曰我王嗣。○鱄音專。上國，賈云上國與中國同，服云上古國也。索，所白反。【疏】上國有言。○正義曰：賈逵云上國，中國也。服虔云上國謂上古之國賢士所言也。此猶如上文聘于上國，則賈言是也。○注光吳至王嗣。○正義曰：吳世家云吳王壽夢有子四人，長曰諸樊，次曰餘祭，次曰餘昧，次曰季札。季札賢，而壽夢欲立之，季札讓不可，乃立諸樊。諸樊卒，有命授弟餘祭，欲傳以次，必致國於札。兄弟皆欲致國，令以漸至焉。餘祭卒，弟餘昧立。餘昧卒，欲授季札，札讓逃去。於是吳人曰：先王有命，必致季子。今逃位，則餘昧後立，今卒，其子當代。乃立餘昧之子僚爲王。公子光者，王諸樊之子也，常以爲吾父兄弟四人，當傳至季子，季子不受，光父先立，若既不傳季子，光當立。遂殺王僚，光代立爲王。是史記以光爲諸樊之子，僚爲夷昧之子也。襄二十九年公羊傳曰：謁也、餘祭也、夷昧也與季子同母者四，季子弱而才，兄弟皆愛之，同欲立之以爲君，弟兄迭爲君，而致國乎季子。故謁也死，餘祭也立；餘祭也死，夷昧也立；夷昧也死，則國宜之季子者也。季子使而亡焉。僚者，長庶也，即之。闔閭曰：將從先君之命與，則國宜之季子者也；如不從先君之命與，則我宜立者也。僚惡得爲君乎？於是使專諸刺僚。世本云夷昧及僚，夷昧生光。服虔云夷昧生光而廢之，僚者夷昧之庶兄，夷昧卒，僚代立，故光曰我王嗣也。是用公羊爲說也。杜言光吳王諸樊子，用史記爲說也。班固云司馬遷采世本爲史記，而今之世本與遷言不同，世本多誤，不足依馮，故杜以史記爲正也。光言王嗣者，言己是世適之長孫也。事若克，季子雖至，不吾廢也。至謂聘還。鱄設諸曰：王可弒也。母老子弱，是無若我何。猶言我無若是何，欲以老弱託光。【疏】注猶

言至託光。正義曰：古人言有顛倒，故杜以爲是無若我何，猶言我無若是何。恐己死之後不能存立，欲以老弱託光也。彭仲傳云當言是無我若何，我母無我當如何，我字當在若上。光曰：「我，爾身也。」言我身猶爾身。

夏四月，光伏甲於堀室而享王。堀地爲室。○堀本又作窟，同苦忽反。掘其勿反，又其月反。王使甲坐於道，及其門。坐道邊至光門。門、階、戶、席皆王親也，夾之以鈹。羞者獻體改服於門外，羞進食也。獻體，解衣。○夾古洽反，又古協反，下同。鈹普皮反，說文云劍也。〔疏〕門階至親也。正義曰：言從門至階，從階至戶，從戶至席，皆是王之親兵也。○鈹。正義曰：說文云鈹，劍也。則鈹是劍之別名。執羞者坐行而入，坐行，膝行。執鈹者夾承之，承執羞者。及體以相授也。鈹及進羞者體，以所食授王。〔疏〕及體以相授。正義曰：鈹之鋒刃及進羞者體也。王之左右必更有人受羞以進王，故言相授也。雖則相授，進羞者得至王所。光僞足疾，入于堀室。恐難作，王黨殺己，素辟之。○難乃旦反。鱄設諸寘劍於魚中以進，全魚炙。○寘之豉反，炙章夜反。〔疏〕注全魚炙。正義曰：吳世家云鱄諸置匕首於炙魚之中以進食，手匕首刺王僚。匕首者，劒首如匕匙，手匕首謂執匕首也。○抽劍刺王，鈹交於胷。交鱄諸胷。○抽勑留反，刺七亦反。遂弒王。闔廬以其子爲卿。闔廬，光也。以鱄諸子爲卿。○闔戶臘反。季子至，曰：「苟先君無廢祀，民人無廢主，社稷有奉，國家無傾，乃吾君也，吾誰敢怨？哀死事生，以待天命。非我生亂，立者從之，先人之道也。」吳自諸樊以下，兄弟相傳而不立適，是亂由先人起也。季子自知力不能討光，故云爾。○傳直專反。適丁歷反。復命，哭墓，復使命於僚墓。○使所吏反。復位而待。復本位待光命。吳公子掩餘奔徐，公子燭庸奔鍾吾。鍾吾，小國。

楚師聞吳亂而還。言聞吳亂，明郤宛不取賂而還。○郤宛直而和，國人說之。以直事君，以和接類。○說音悅。鄢將師爲右領，右領，官名。○鄢於晚反，又烏戶反。與費無極比而惡之。惡郤宛。○費扶味反，比毗志反，惡烏路反，注同。令尹子常賄而信讒，無極譖郤宛焉，謂子常曰：「子惡欲飲子酒。」子惡，郤宛。○賄乎罪反，譖側鴆反，飲於鴆反。又謂子惡：「令尹欲飲酒於子氏。」子惡曰：「我，賤人也，不足以辱令尹。令尹將必來辱，爲惠已甚，吾無以酬之，若何？」酬，報獻。○無極曰：「令尹好甲兵，子出之，吾擇焉。」擇取以進子常。○好呼報反。取五甲五兵，曰：「寘諸門。令尹至，必觀之，而從以酬之。」無極辭。〔疏〕取五甲五兵。○正義曰：周禮司右云凡國之勇力之士能用五兵者屬焉，鄭引司馬法曰弓矢圍，殳矛守，戈戟助，凡五兵，長以衛短，短以救長。然則弓矢、殳矛、戈戟五者皆名爲兵，此云五兵，當是一種器耳，不知取何兵也。服虔云兵，戟也。及饗日，帷諸門左。張帷陳甲兵其中。無極謂令尹曰：「吾幾禍子。子惡將爲子不利，甲在門矣，子必無往。且此役也，此春救潛之役。○幾音祈。吳可以得志，子惡取賂焉而還，又誤羣帥，使退其師，曰『乘亂不祥』。吳乘我喪，我乘其亂，不亦可乎？」令尹使視郤氏，則有甲焉。不往，召鄢將師而告之。告子惡門有甲兵，將害己。將師退，遂令攻郤氏，且爇之。爇，燒也。○爇如悅反。子惡聞之，遂自殺也。國人弗爇，令曰：「不爇郤氏，與之同罪或取一編菅焉或取一秉秆焉編菅苫也秉把也秆稾也。編必然反又必千反菅古顏反秆古但反說文云禾莖也或古旦反苫式占反李巡云編菅茅以覆屋曰苫把必馬反稾古老反【疏】注編菅至稾也。正義曰釋草云白華野菅郭璞云菅茅屬釋器云白蓋謂之苫李巡曰編菅以覆屋曰苫郭璞曰白茅苫也是編菅爲苫也秉把詩毛傳文也說文云秆禾莖也是爲稾也或取一片苫或取一把稾言民不肯燒之國人投之遂弗爇也令尹炮之燒燔郤宛。炮陟交反又彭交反燔音煩【疏】國人至炮之。正義曰國人投之謂投菅秆於地故遂不燒也令尹炮之一句是鄢將師令衆之辭服虔云民弗肯爇也鄢將師稱令尹使女燔炮之燔炮爇皆是燒也盡滅郤氏之族黨殺陽令終與其弟完及佗令終陽匄子。佗走何反匄古害反與晉陳及其子弟晉陳楚大夫皆郤氏之黨晉陳之族呼於國曰鄢氏費氏自以爲王專禍楚國弱

寡王室蒙王與令尹以自利也蒙欺也。呼火故反令尹盡信之矣國將如何令尹病之爲下殺無極張本○秋會于扈令成周且謀納公也宋衛皆利納公固請之范獻子取貨於季孫謂司城子梁與北宮貞子子梁宋樂祁也貞子衛北宮喜曰季孫未知其罪而君伐之請囚請亡於是乎不獲君又弗克而自出也夫豈無備而能出君乎季氏之復天救之也復猶安也休公徒之怒休息也。而啓叔孫氏之心不然豈其伐人而說甲執冰以游叔孫氏懼禍之濫而自同於季氏天之道也魯君守齊三年而無成季氏甚得其民淮夷與之淮夷魯東夷。說他活反【疏】懼禍至道也。正義曰言季氏無罪而公濫討之叔孫氏亦懼禍之濫及於己而自同心於季氏俱叛公此乃天之常道也有十年之備有齊楚之援公雖在齊言齊不致力。有天之贊有民之助有堅守之心有列國之權而弗敢宣也宣用也。守手又反事君如在國書公行告公至是也故鞅以爲難二子皆圖國者也而欲納魯君鞅之願也請從二子以圍魯無成死之二子懼皆辭乃辭小國而以難復以難納白晉君孟懿子陽虎伐鄆陽虎季氏家臣伐鄆欲奪公【疏】孟懿至伐鄆。正義曰伐鄆欲奪公鄆使公不得居也不書者伐公逆事不可以告廟國史無由得書鄆人將戰子家子

曰天命不慆久矣慆疑也言弃君不疑。慆他刀反使君亡者必此衆也言君據鄆衆以與魯戰必敗亡天既禍之而自福也不亦難乎猶有鬼神此必敗也【疏】猶有至敗也。正義曰言尚有鬼神以助君此戰必當敗也況無鬼神乎嗚呼爲無望也夫其死於此乎公使子家子如晉公徒敗于且知且知近鄆地也。夫音扶且子餘反近附近之近○楚郤宛之難國言未已進胙者莫不謗令尹進胙國中祭祀也謗詛也。難乃旦反年末同胙才故反詛側慮反沈尹戌言於子常曰夫左尹與中廄尹莫知其罪而子殺之以興謗讟至于今不已左尹郤宛也中廄尹陽令終。廄九又反讟音獨戌也惑之仁者殺人以掩謗猶

弗爲也今吾子殺人以興謗而弗圖不亦異乎夫無極楚之讒人也民莫不知去朝吳在十五年。去起呂反朝如字下朝夕同出蔡侯宋在二十一年喪太子建殺連尹奢在二十年。喪息浪反屏王之耳目使不聰明不然平王之溫惠共儉有過成莊無不及焉所以不獲諸侯邇無及也邇近也。近附近之近今又殺三不辜以興大謗三不辜郤氏陳氏晉陳氏幾及子矣子而不圖將焉用之夫鄢將師矯子之命以滅三族國之良也而不愆位在位無愆過。幾音祈又音機焉於虔反矯居表反愆起虔反【疏】鄢將師矯子之命。正義曰令尹召鄢將師告之以郤宛門有甲耳不令攻郤宛也鄢將師退而令衆使攻之是矯令尹命也吳新有君光新立也疆埸日駭楚國若有大事子其危哉知者除讒以自安也今子愛讒以自危也甚矣其惑也子常曰是瓦之罪敢不良圖九月己未子常殺費無極與鄢將師盡滅其族以說于國謗言乃止。冬公如齊齊侯請饗之設饗禮。疆居良反埸音亦知音智子家子曰朝夕立於其朝又何饗焉其飲酒也乃飲酒使宰獻而請安比公於大夫也禮君不敵臣宴大夫使宰爲主獻獻爵也請安齊侯請自安不在坐也。坐才臥反【疏】朝夕至飲酒。正義曰禮爲諸侯相爲賓主國待之有享食燕三禮享爲大鄭玄云享謂享大牢以飲賓是爲禮之大者子家以公雖居鄆以齊爲主此年已再如齊數相見不爲賓客故言朝夕立於其朝又何須設

饗禮焉其飲酒也勸其用宴禮而飲酒耳。注比公至坐也。正義曰燕禮者公燕大夫之禮也公雖親在而別有主人鄭玄云主人宰夫也宰夫大宰之屬掌賓客之獻飲食者也君於其臣雖爲賓不親獻以其尊莫敢伉禮也今齊侯與公飲酒而使宰獻是比公於大夫也獻獻爵者禮有三酌獻也酬也酢也獻酬是主人獻賓唯酢是賓荅主人耳禮君不敵臣宴大夫使宰爲主即燕禮是其事也杜以宰獻而請安謂齊侯請自安於別室不在坐也劉炫云案燕禮司正洗角觶南面坐奠于中庭升東楹之東受命西階上北面命卿大夫君曰以我安卿大夫皆對曰諾敢不安彼是請客使自安當如彼使宰請魯侯自安耳主人請安謂主人使司正請安于賓服虔亦然杜今云齊侯請自安非也今知不然者案鄉飲酒禮賓主相敵主人亦請安于賓然則齊侯與公敵禮安賓乃是常事何須傳載其文以見卑公之義明是齊侯請欲自安不在其坐明慢公之甚劉不審思此理用燕禮請安之義而規杜非也子仲之子曰重爲齊侯夫人曰請使重見子仲魯公子慭也十二年謀逐季氏不能而奔齊今行飲酒禮而欲使重見從宴媟也。重直勇反又且恭反見賢遍反注同慭魚覲反媟息列反子家子乃以君出辟齊夫人十二月晉籍秦致諸侯之戍于周魯人辭以難經所以不書戍周籍秦籍談子

經二十有八年春王三月葬曹悼公無傳六月而葬緩。

○公如晉次于乾侯乾侯在魏郡斥丘縣晉竟內邑。斥音尺一音昌夜反竟音境傳同○夏四月丙戌鄭伯寧卒無傳未同盟而赴以名○六月葬鄭定公無傳三月而葬速○秋七月癸巳滕子寧卒無傳未同盟而赴以名冬葬滕悼公無傳

傳二十八年春公如晉將如乾侯齊侯卑公故適晉子家子曰有求於人而即其安人孰矜之其造於竟欲使次於竟以待命。造七報反弗聽使請逆於晉晉人

曰天禍魯國君淹恤在外君亦不使一个辱在寡人一个單使○个古賀反注同單使所吏反而即安於甥舅其亦使逆君言自使齊逆君使公復于竟而後逆之逆者乾侯也言公不能用子家所以見辱○著中署反一音直署反晉祁勝與鄔臧通室二子祁盈家臣也通室易妻○祁巨支反字林云太原縣上尸反鄔舊音烏戶反又音偃案地名在周者烏戶反隱十一年王取鄔留是也在鄭者音偃成十六年戰于鄢陵是也在楚者於建反又音偃昭十三年王沿夏將入鄢是也在晉者於庶反字林乙祛反郭璞三倉解詁音庶於庶反鬭騶音厭飫之飫重言之太原有鄔縣唯周地者從烏餘皆從焉字林亦作鄔音同傳云分祁氏之田以爲七縣司馬彌牟爲鄔大夫即太原縣也鄔臧宜以邑爲氏於爰反舊音誤祁盈將執之盈祁午之子訪於司馬叔游叔游司馬叔侯之子叔游曰鄭書有之惡直醜正實蕃有徒鄭書古書名也言害正直者實多徒衆○惡如字又烏路反蕃音煩疏惡直至有徒○正義曰以直爲惡以正爲醜惡直事醜正道如此人者實蕃多有徒衆言時世慕善者多從惡者少無道立矣子懼不免言世亂讒說詩曰民之多辟無自立辟詩大雅○多辟本又作僻匹亦反立辟婢亦反疏詩曰至立辟○正義曰詩大雅板之篇刺厲王之詩辟邪也辟法也民之多有邪辟者於此之時無自謂所立者爲法是言無道之世法不可爲古辟辟字同音異耳姑已若何姑且也已止也盈曰祁氏私有討國何有焉言討家臣無與國事○無與音預遂執之祁勝賂荀躒荀躒爲之言於晉侯晉侯執祁盈以其傳戮爲于僞反祁盈之臣曰鈞將皆死鈞同也疏鈞將皆死○正義曰鈞同也殺勝與臧盈亦死不殺盈亦死同將皆死不如殺之使盈聞而快意憖使吾君聞勝與臧之死也以爲快憖發語之音○憖魚覲反乃殺之夏

六月晉殺祁盈及楊食我楊叔向邑食我叔向子伯石也○食音嗣向許丈反食我祁盈之黨也而助亂故殺之遂滅祁氏羊舌氏初叔向欲娶於申公巫臣氏夏姬女也○娶七主反夏戶雅反注同其母欲娶其黨叔向曰吾母多而庶鮮吾懲舅氏矣言父多妾媵而庶子鮮少嫌母氏性不曠○鮮息淺反注皆同懲直升反媵繩證反又時證反疏吾母多○正義曰言父多妾媵而謂之母多者意言庶弟少據庶弟而發言故謂父妾爲母耳其母曰子靈之妻殺三夫子靈巫臣妻夏姬也三夫陳御叔楚襄老及巫臣也時巫臣已死疏殺三夫○正義曰三夫皆自命盡而死其死不由夏姬而云殺三夫者婦之配夫欲其偕老其夫數死是妻之薄相故以爲夏姬之咎一君陳靈公一子夏徵舒而亡一國陳也兩卿矣孔寧儀行父○疏一君至兩卿○正義曰一君一子上殺文兩卿亦亡文也以兩卿棄位出奔身不死故爲亡也此事皆宣十年十一年傳可無懲乎吾聞之甚美必有甚惡是鄭穆少妃姚子之子子貉之妹也子貉鄭靈公夷○少詩照反貉亡白反疏甚美必有甚惡○正義曰物忌大盛善不可常暑往寒來晝明夜暗孰能爲此者天地天地尚不能常況人乎故甚美必有甚惡也甚美謂夏姬之身甚惡當在其後言其種胤當惡故禁其子取之子貉早死無後而天鍾美於是是夏姬也鍾聚也子貉死在宣四年疏子貉至於是○正義曰此因鄭靈早夭而夏姬美推之爲此言耳不是兄早死而妹必美也猶今俗語云云衰家女未必慧慧將必以是大有敗也疏將必至敗也○正義曰夏姬淫或喪國滅家叔向之母猶謂未是大敗故言將必以是大有敗也十四年傳稱施邢侯者或是夏姬之男此殺楊食我又是夏姬之外孫其種類蓋盡矣昔有仍氏生女黰黑有仍古諸侯也美髮爲黰○黰之忍反說文作㐱又作鬒云稠髮也疏生女黰黑○正義曰黰即鬒也詩云鬒髮如絲

毛傳云鬒黑髮也如雲言美長也說文云鬒稠髮也然則鬒者髮多長而黑美之貌也此傳黰下有黑則黰文不兼於黑故賈杜皆云美髮爲黰而甚美光可以鑑。髮膚光色可以照人鑑古暫反鏡也【疏】注髮膚至照人。正義曰傳於黰黑甚美之下乃云光可以鑑知髮與肌膚二者光色皆可以照人。名曰玄妻以髮黑故樂正后夔取之夔舜典樂之君長。夔求龜反取如字又古住反【疏】注夔舜至君長。正義曰尚書舜典云帝曰夔命汝典樂教胄子是夔爲舜之典樂官也正長也后君也故云典樂之君長。王朝公卿故以后言之猶謂爲后稷生伯封實有豕心貪惏無饜忿類無期謂之封豕類戾也封大也。長丁丈反惏力耽反方言云楚人謂貪爲惏饜亦作厭於鹽反纇又作類立對反服作類。【疏】生伯至封豕。正義曰豕心言其心似豬貪而無恥也方言云晉魏河內之北謂惏爲殘楚謂之貪則惏亦貪也賈逵云惏者食也其人貪者財利飲食無知饜足忿怒狠戾無有期度時人謂之大豬。注類戾也封大也。正義曰以類忿共文則類亦似忿故以爲戾言狠戾也定四年傳

封豕長蛇相對知封爲大也服虔云忿怒其類以饜其私無期度也有窮后羿滅之夔是以不祀羿篡夏后者。羿音藝篡初患反且三代之亡共子之廢皆是物也夏以妹喜殷以妲己周以褒姒三代所由亡也共子晉申生以驪姬廢。共音恭本亦作恭妹喜本或作嬉音同國語云桀伐有施有施氏以妹喜女焉韋昭注漢書云嬉姓也妲己丁達反下音紀國語云有蘇氏之女也韋昭云已姓也褒姒音似龍漦所生褒人所養者也毛詩云姒姓也鄭箋云姒字也驪姬本又作麗同力知反獻公伐驪戎所得而以爲夫人穀梁傳云滅虢所得莊子云艾封人之子【疏】注夏以至姬廢。正義曰晉語云史蘇曰昔夏桀伐有施有施氏以妹嬉女焉妹嬉有寵於是與伊尹比而亡夏殷辛伐有蘇有蘇氏以妲己女焉妲己有寵於是與膠鬲比而亡殷周幽王伐有褒褒人以褒姒女焉褒姒有寵生伯服於是與虢石甫比逐大子宜臼而立伯服大子奔申申人鄫人召西戎以伐周周於是乎亡是三代所由亡之事也共子之事具見於傳女何以爲哉夫有尤物足以移人苟非德義則必有

禍尤異也。女音汝【疏】苟非至有禍。正義曰苟誠也誠不以德義自持則必有禍叔向懼不敢取平公強使取之生伯石伯石始生子容之母走謁諸姑子容母叔向嫂伯華妻也姑叔向母。敢取七住反又如字強其丈反嫂素早反兄妻也依字宜如此曰長叔姒生男兄弟之妻相謂姒。長丁丈反【疏】注兄弟至謂姒。正義曰相謂者幼者謂長爲姒也子容是伯華之子其兄弟伯華最長叔向次之其餘諸弟皆小於叔向也故謂叔向爲長叔叔向之妻其年長於子容母故稱長叔姒也釋親云女子同出謂先生爲姒後生爲娣孫炎曰同出俱嫁事一夫也公羊傳曰娣者何弟也此其義也是言共事一夫者長爲姒幼爲娣自以身之長幼生娣姒之名其娣姒之名不由夫之長幼也釋親又云長婦謂稚婦爲娣婦娣婦謂長婦爲姒婦自以身之長稚相謂也喪服小功章云娣姒婦報傳曰娣姒婦者弟長也傳言弟長者雙訓娣姒言娣是弟姒是長也鄭玄云娣姒者兄弟之妻相名也長婦謂稺婦爲娣婦娣婦謂長婦爲姒婦亦取爾雅之文以解弟長之義是以身之長幼明矣姑視之及

堂聞其聲而還曰是豺狼之聲也狼子野心非是莫喪羊舌氏矣遂弗視○秋晉韓宣子卒魏獻子爲政獻子魏舒。豺本又作豺同仕皆反喪息浪反分祁氏之田以爲七縣七縣鄔祁平陵梗陽塗水馬首盂也。梗古杏反盂音于下文同分羊舌氏之田以爲三縣銅鞮平陽楊氏。鞮丁兮反司馬彌牟爲鄔大夫太原鄔縣賈辛爲祁大夫太原祁縣司馬烏爲平陵大夫魏戊爲梗陽大夫戊魏舒庶子梗陽在太原晉陽縣南。戊音茂知徐吾爲塗水大夫徐吾知盈孫塗水太原榆次縣。知音智次資利反又如字韓固爲馬首大夫固韓起孫孟丙爲盂大夫太原盂縣樂霄爲銅鞮大夫上黨銅鞮縣。霄音消趙朝爲平陽

大夫朝趙勝曾孫平陽平陽縣。朝如字僚安爲楊氏大夫平陽楊氏縣。〔疏〕分祁至氏大夫。正義曰此祁氏與羊舌氏之田舊是私家采邑二族既滅其田歸公分爲十縣爲公邑故選置大夫也傳文先祁後羊舌故依下文選置大夫之次上七縣爲祁氏之田下三縣爲羊舌氏之田且五年傳謂伯石爲楊石明楊氏是羊舌之田也家語與史記皆謂羊舌赤爲銅鞮伯華是銅鞮亦羊舌邑也平陽之次在銅鞮楊氏之間知亦羊舌邑也謂賈辛司馬烏爲有力於王室二十二年辛烏帥師納敬王。僚力彫反〔疏〕注二十至敬王。正義曰二十二年傳曰晉籍談荀躒賈辛司馬督帥師軍于陰于侯氏于谿泉次于社賈辛軍谿泉司馬督次于社督即烏也此衆軍並爲伐子朝欲納敬王故舉之謂知徐吾趙朝韓固魏戊餘子之不失職能守業者也卿之庶子爲餘子。〔疏〕注卿之至餘子。正義曰宣二年傳云官卿之適以爲公族又官其餘子亦爲餘子其庶子爲公行注云餘子適子之母弟也庶子妾子也彼適庶分爲三等故餘子與庶子爲異此無所對故揔謂庶子爲餘子也此四人之內當有妻生妾生者也知徐吳韓固是卿之孫也趙朝卿之曾孫也而並稱餘子者言其父祖是餘子就餘子子孫之內選其賢者而用之此四人不失常職能守其父祖之業者也其四人者皆受縣而後見於魏子以賢舉也四人司馬彌牟孟丙樂霄僚安也受縣而後見言采衆而舉不以私也。見賢遍反注及下見魏子並同魏子謂成鱄鱄晉大夫。鱄音剸又市轉反又音附吾與戊也縣人其以我爲黨乎對曰何也戊之爲人也遠不忘君遠疏遠也近不偪同不偪同位。偪彼力反居利思義不苟得在約思純無濫心有守心而無淫行雖與之縣不亦可乎〔疏〕對曰至可乎。正義曰遠不忘君言職雖疏遠而心在公室常忠敬也近不偪同言親近有寵不偪迫同位常謙共也居利思義臨財不苟得思義可取乃取之也在約思純處貧匱而思純固無叨濫之心也有守善之心而無淫邪之行雖則親子而與之縣不亦可乎昔武王克商光有天下光大也。行下孟反其兄弟之國者十有五人姬姓之國者四十人皆舉親也夫舉無他唯善所在親疏一也〔疏〕昔武至親也。正義曰由武王克商得封建諸國歸功於武王耳此十五國或有在後封者非武王之時盡得封也尚書康誥之篇周公營洛之年始封康叔于衛洛誥之篇周公致政之年始封伯禽于魯明知武王之時兄弟未盡封也僖二十四年傳稱周公弔二叔之不咸故封建親戚以蕃屏周亦以周公爲制禮之主故歸功於周公耳非盡周公封也九年傳曰文武成康之封建母弟則康王之世尚有封國宣王方始封鄭非獨武王周公封諸國也僖二十四年傳數文之昭也有十六國此言武王兄弟之國十五人者人異故說異耳非武王封十五周公始加一也以魯衛驗之知周公所加非唯一耳詩曰唯此文王帝度其心莫其德音其德克明克明克類克長克君王此大國克順克比比于文王其德靡悔既受帝祉施于孫子詩大雅美文王能王大國受天福施及子孫。唯此文王詩作唯此王季度待洛反下及注同莫亡白反又如字爾雅云貊莫安定也下及注同長丁丈反下及注同王此于況反注能王同祉音恥施以豉反注同。〔疏〕詩曰至孫子。正義曰詩大雅皇矣之篇美文王之德也唯此文王之身爲天帝所佑天帝開度其心令其有揆度之惠所度前事莫不皆得其中也又使之莫然安靜其德教之善音施之於人則皆應和之也又能有監照在下之明又能有勤施無私之善又能教誨不倦有爲人師長之德又能賞善刑惡有爲人君上之度既有人君之德故爲人君王此周之大邦也其施教令能使國人徧服而順之既爲國人順服又能擇人之善者比方其善乃從而用之以此文王之德比于上世有能經緯天地文德之王如堯舜之輩其此詩人稱比較于文王之九德其德皆是無爲人所悔吝者言文王之德堪比或以爲比于前世文德之王義亦通也以此之故既受天之祉福施及于後世之子孫得使長王天下也此章文次如此者德皆天之所授故先言帝度其心明以下皆蒙帝文也德由心起故先言心能度物也心既能度然後能施爲政教故次莫其德音言變政教清静也爲君所以施政故先言政教清静乃論身内之德故次能明能善其明與善還是德音之事施之於人有照臨之明勤心之善耳心能施而無私乃可爲人君長故次克長克君長即師也學記曰能爲師然後能爲長能爲長然後能爲君故先長後君也既言堪爲人君即説爲君之事故言王此大邦也既爲大邦之君能使國人順服故次克順也民既順服又須擇善用之故次克比也比于文王其德無所可恨故言受天之福澤流後世以結之此傳言唯此文王毛詩作維此王季經涉亂離師有異讀後人因而兩存不敢追改今王肅注毛詩及韓詩亦作唯此文王鄭注毛詩作維此王季故解比于文王言王季之德可以比于文王也劉炫云此作唯此文王不可以文王之德還自比文王故知比于文王可以比于上代文德之王也**心能制義曰度**帝度其心【疏】心能制義曰度○正義曰心能制斷時事使合於義是爲善揆度也言預度未來之事皆得中也**德正應和曰莫**莫然清静○應應對之應下如字又胡臥反【疏】德正應和曰莫○正義曰毛詩莫作貊樂記引此詩亦作莫釋詁云貊嘆安定也郭璞云皆静定毛傳云貊静也其德既正爲政清静故有所施爲民皆應和易繫辭曰君子居其室出

其言善則千里之外應之即此義也莫是清静之意故杜云莫然清静**照臨四方曰明勤施無私曰類**施而無私物得其所無失類也○施式豉反注及下同【疏】注施而無私至類也○正義曰勤行施惠情無偏私物皆得所是無失類也鄭玄云類善也無失類者不失善之類也**教誨不倦曰長**教誨長人之道**賞慶刑威曰君**作威作福君之職也【疏】賞慶刑威曰君○正義曰人君執賞罰之柄以賞慶人以刑威物是爲君之道**慈和徧服曰順**唯順故天下徧服○徧音遍注同【疏】慈和徧服曰順○正義曰人君執慈心以惠下用和善以接物則天下徧服而順從之故爲順也易繫辭云天之所助者順故杜云唯順故天下徧服**擇善而從之曰比**比方善事使相從也**經緯天地曰文**經緯相錯故織成文【疏】經緯天地曰文○正義曰易稱聖人先天而天弗違後天而奉天時言德能順天隨天所爲如經緯相錯織成文章故爲文也**九德不愆作事無悔**九德上九曰也皆無愆過則動無悔吝○吝力刃反**故**

襲天祿子孫賴之襲受也**主之舉也近文德矣所及其遠哉**舉魏戊等勤施無私也其四人者擇善而從故曰近文德所及遠也○近附近之近【疏】注近文德所及遠○正義曰成鱄引此詩者唯欲取克類克比二事同於文王故云近文德矣文王以有此德故得施于子孫魏子既近文德亦將所及遠也**賈辛將適其縣見於魏子魏子曰辛來昔叔向適鄭鬷蔑惡**惡貌醜○鬷音子工反**欲觀叔向從使之收器者**從隨也隨使人應斂俎豆者【疏】從使之收器者○正義曰下云叔向將飲酒將欲舉爵而飲比則飲猶未畢使者擬收器耳未即收也**而往立於堂下一言而善叔向將飲酒聞之曰必鬷明也**素聞其賢故聞其言而知之【疏】一言而善○正義曰舊讀云一言者謂設由上徹由下**下執其手以上曰昔賈大夫惡**賈國之大夫惡亦醜也○上時掌反下并

注同**娶妻而美三年不言不笑御以如皋**爲妻御之皋澤○娶七住反爲于僞反【疏】御以如皋○正義曰詩云鶴鳴于九皋是皋爲澤也如往也爲妻御車以往澤也**射雉獲之其妻始笑而言賈大夫曰才之不可以已我不能射女遂不言不笑夫今子少不颺**顏貌不揚顯○射雉食亦反女音汝下同夫音扶颺音揚**子若無言吾幾失子矣言。不可以已也如是遂如故知今女有力於王室吾是以舉女**因賈辛有功而後舉之言人不可無能○幾音祈【疏】遂如故知○正義曰遂如故舊相知**行乎敬之哉毋墮乃力**墮損也○毋音無墮許規切**仲尼聞魏子之舉也以爲義曰近不失親**謂舉魏戊**遠不失舉**以賢舉**可謂義矣又聞**

其命賈辛也以爲忠先賞王室之功故爲忠詩曰永言配命自求多福忠也詩大雅永長也言能長配天命致多福者唯忠【疏】詩曰至忠也○正義曰詩大雅文王之篇也言王者長自言我之所爲配上天之命而行之是自家衆多之福使歸已此詩之意言忠則然也言魏子能忠必有多福歸之魏子之舉也義其命也忠其長有後於晉國乎○冬梗陽人有獄魏戊不能斷以獄上上魏子○斷丁亂反其大宗賂以女樂訟者之大宗魏子將受之魏戊謂閻沒女寬二人魏子之屬大夫○閻以占反曰主以不賄聞於諸侯若受梗陽人賄莫甚焉吾子必諫皆許諾退朝待於庭魏子朝君退而待於魏子之庭○聞如字又音問饋入召之召二大夫食○饋求位反比置三歎

既食使坐更命之令坐○比必利反令力呈反魏子曰吾聞諸伯叔諺曰唯食忘憂吾子置食之間三歎何也同辭而對曰或賜二小人酒不夕食或他人也言飢甚饋之始至恐其不足是以歎中置自咎曰豈將軍食之而有不足是以再歎魏子中軍帥故謂之將軍○咎其九反食之音嗣帥所類反本又作率同【疏】注魏子至將軍○正義曰晉使卿爲將中軍將上軍此以魏子將中軍故呼爲將軍及六國以來遂以將軍爲官名蓋其元起於此及饋之畢願以小人之腹爲君子之心屬厭而已屬足也言小人之腹飽猶知厭足君子之心亦宜然○屬之玉反注同厭於鹽反又於豔反注同獻子辭梗陽人傳言魏氏所以興也

○春秋左傳注疏卷第五十二

春秋左傳注疏卷五十二挍勘記　阮元撰盧宣旬摘錄

附釋音春秋左傳注疏卷第五十二　昭二十六年盡二十八年

經二十六年

亦是自齊也　宋本是下有至字是也

傳言王入在子朝奔後　宋本作傳云天王入淳熙本小字宋本作傳天王入

單子劉子來以東西　宋本監本來作夾

王入乃告諸侯　諸本作王此本誤三今改正

傳二十六年

爲公處鄆起　淳熙本閩本處作取按正義云爲下三月公處鄆以發端也則作處爲是也

縛一如瑱　石經宋本淳熙本岳本閩本監本縛作縳與釋文合

注瑱充耳　宋本以下正義八節揔入林雍乘注之下

緜下又縣玉爲瑱以塞耳　宋本縣作懸俗字

庚十六斗　淳熙本斗誤升

其下文瓬人云　宋本瓬作旊非也說文瓬从瓦方聲

羣臣不盡力于魯君者　石經于作於

欲行其說　諸本作其此本誤具今改正

宋元公爲魯君如晉　足利本公誤君

不知天之弃魯耶　石經宋本淳熙本小字宋本足利本耶作邪是也

君若待于曲棘　纂圖本毛本于改於

此即彼棘也　宋本此上有蓋字

成人伐齊師之飲馬于淄者　石經毛本于作於釋文同

齊子淵捷從洩聲子　釋文洩作泄是也

瓦楯脊　毛本脊作春非釋文下有也字

野洩亦叱也　淳熙本纂圖本也作之

鬒鬚眉　釋文鬚作須云本又作鬚案作須正字也一變而爲鬚再變而爲鬒

必子彊也　石經彊作疆

鑋而乘於他車以歸　惠棟云說文鑋金聲也从金輕聲讀若春秋傳鑋而乘它車之鑋則傳本作鑋桱經誑敆尉故杜訓爲一足行若從金輕聲與斷足無涉必傳寫之誤正義失考又按足部無鑋字蓋即脛字之異者

謂以擊也　宋本以下有刀字

尸在鞏縣西南偃師城　宋本淳熙本岳本纂圖本足利本尸下有氏字是也

劉子以王出注下　宋本以下正義二節揔入使女寬守闕塞

王子朝用成周之寶珪于河正　諸本作珪此本誤梓今改

王宿于褚氏　石經宋本岳本監本褚作褚釋文同

皆周地　宋本淳熙本地作邑是也

使汝寬守闕塞　釋文云女本亦作汝纂圖本閩本監本毛本亦作守闕石經宋本淳熙本岳本足利本作守闕是也陳樹華云水經注云昔大禹疏伊門以通水兩山相對望之若闕伊水歷其間北流故謂之伊闕矣春秋之闕塞也

壬昭王也　陳樹華云哀六年云楚子軫卒則昭王名軫疑王非昭王或者即位後改名邪史記楚世家十二諸侯年表並作軫蓋傳寫異文伍子胥傳仍作軫

瀆僈也　宋本淳熙本岳本纂圖本足利本僈作慢釋文作嫚

賂吾至從也　宋本此節正義在乃立昭王之下

晉師成公般戍周而還　石經宋本淳熙本岳本足利本師下有使字

莊宮在王城　毛本宫作公誤也

昔成王克殷　石經宋本淳熙本岳本纂圖本閩本監本毛本成作武定本亦作武

以蕃屏周　小字宋本蕃作藩釋文同云亦作蕃是也

昔武王克殷　宋本監本毛本作武此本誤成今改正宋本以下正義十五節揔入文辭何爲注下

是以理居處厲王于彘　監本理作禮非也

何肯不忍害不　監本毛本下不字作王

與治王之政事　監本治字脫水旁

以同於王庭而言曰　韋注云裹人裹君共處曰同閩本監本毛本誤伺

周語云　案周當作晉

并去大子　此本大誤天據宋本毛本改閩本監本作太非此節上下大字監本皆誤作太

伯服古文作伯盤　段玉裁校本盤作股按周禮司勳注引盤庚作般庚漢石經殘碑作股庚五經文字云石經變舟作月玉裁盤作股亦從舟之變體也

生頹禍心　石經宋本小字宋本作穨是也

惠襄辟難　釋文辟作避陳樹華云傳寫之譌

鄭生頃王巨　毛本頃作傾非也

咸黜不端　正義曰諸本咸或作減案惠棟云呂覽仲冬紀水泉減竭今月令作咸竭是咸爲古文減字

其傳詩有此句　毛本傳作傅誤也盧文弨校本其下有左字

其誰敢請之　閩本亦誤請石經此處殘鈌宋本淳熙本岳本纂圖本監本毛本作討是也

侵欲無厭　釋文厭作猒云本又作厭石經此處殘缺

規求無度　諸本作規石經此處缺段玉裁校本作玩正義云本或作規謬也

貫瀆鬼神　諸本作貫說文引傳作摜

俗本作規　段玉裁校本俗上有玩字是也

傲很威儀　纂圖本閩本監本毛本很作狠誤釋文作很

先王謂景王　毛本先作宣非也

未有攸底　石經宋本淳熙本岳本底作厎是也注同○今並訂正

奬順天法　石經宋本淳熙本小字宋本奬作獎釋文同

無助狡猾　釋文作狡滑云本又作狡猾

年鈞以德德鈞以卜　後漢書盧植傳引傳鈞作均陳樹華云古字通也

亦唯伯仲叔季圖之　閩本毛本伯仲誤倒

子朝干景之命　毛本干誤于

注出齊至不見　宋本以下正義二節在公說乃止之下

明出齊之分野　監本明字模糊

祗取誣焉　石經祗作祇是也○今訂正

天道不謟　監本毛本謟作諂釋文云本又作慆陳樹華云論衡變虛篇引作不闇按依論衡則闇與諂媚字同韻或左傳古有作諂之本

惟此文王　宋本惟作唯今詩大明作維

翼翼然共順也　監本毛本順作愼按詩箋作翼翼恭愼貌

君無違德　案惠棟云論衡引作回德回邪也與上文不回下文回亂合

豆區釜鍾之數　岳本鍾作鐘

詩曰至且舞　宋本以下正義五節揔入是以先王上之注下

是與天地並興　盧文弨校本是下有禮字

君令臣共　閩本監本共作恭非也石經共字重刊蓋初刻亦作恭也

父慈而教　毛本教誤敬

經二十七年　宋本春秋正義卷三十二石經春秋經傳集解昭七第廿六岳本昭下有公字並盡三十二年

敗楚于雞父　諸本作父此本誤文今改正

又使大子諸樊入郥　毛本郥作鄖亦非宋本作郢是也

傳二十七年

注二子至母弟　宋本以下正義十六節揔入令尹病之注下

其長子死葬於嬴愽之間　宋本閩本監本毛本愽作博是也

此又分坼之　宋本正德本閩本坼作拆監本作折毛本作析

楚莠尹然工尹麇　釋文亦作工定本同纂圖本閩本監本毛本作王與正義本合孫志祖云下云別有工尹壽此當作王尹

除其徭役　監本徭作傜下同是也

鶩馬四良馬之數　宋本監本毛本四作三不誤

與吳師遇于窮　纂圖本監本毛本于作於惠棟云水經注云水出安豐縣窮谷窮音戎唐石經窮下有谷字酈道元所引同正義以有谷字為誤非也案石經谷字後人旁加

弗可失也　石經也字初刻誤已後改正

不足依馮　閩本監本毛本馮作憑

彭仲傳云　宋本毛本傳作傅是也

夏四月光伏甲於堀室而享王　釋文亦作堀云本又作窟陳樹華云史記夏四月下有丙子二字堀作窟下同初學記引亦作窟按作窟即釋文所謂又作之本也

入于堀室　顧炎武云石經堀誤作堀案石經不誤炎武非也

鈹交於胷　宋本淳熙本岳本胷作胸石經初刻作匈合於說文後改作胸俗字也此本作胷說文之或體也

無極譖郤宛焉　毛本極誤及

秆稾也　纂圖本稾作藁按稾正字也俗作稿作藁

白華野菅　宋本菅作管非下同

民弗肯爇也　宋本弗作不是也重脩監本爇誤爇

與其弟完及佗　石經佗字改刊

春秋左傳注疏卷五十二校勘記　昭公　六

皆郤氏之黨　宋本淳熙本足利本無之字

懼禍至道也　宋本此節正義在注以難納白晉君之下

孟懿至伐鄆　宋本以下正義二節揔入注文且知近鄆地之下

嗚呼爲無望也夫　石經淳熙本嗚作烏是也古烏呼字不作嗚

平王之温惠共儉　石經初刻共字作恭後改刊

郤氏陳氏晉陳氏　宋本淳熙本岳本纂圖本監本毛本陳氏作陽氏是也

鄆將師矯子之命　毛本命誤令宋本此節正義在誘言乃止之下

疆埸日駭　諸本作疆此本誤彊今改正纂圖本監本毛本埸誤場

朝夕至飲酒　宋本以下正義二節揔入注辟齊夫人注下

有享食燕三禮　宋本燕作宴

享謂享大牢以飲賓　宋本無享謂二字非也大上享字作亨與聘禮注合

掌賓客之獻飲食者也　諸本作客此本誤答今改正

彼是請客使自安　宋本閩本監本毛本客作賓是也

子仲曾公子慭也　宋本淳熙本岳本纂圖本毛本作慭釋文同此本及閩本誤慭今改正監本作慭尤非

經所以不書成周　宋本淳熙本岳本閩本成作戍是也纂圖本監本毛本誤戊

經二十八年

乾侯在魏郡斥丘縣　淳熙本魏作以非也

傳二十八年

逆者乾侯也　宋本淳熙本岳本纂圖本毛本者作著釋文同足利本逆作竟非也

春秋左傳注疏卷五十二校勘記　昭公　七

晉祁勝與鄔臧通室　石經初刻作鄔改刻鄔字下司馬彌牟爲鄔大夫鄔字並同按依釋文則作鄔是改刻鄔非也

實蕃有徒　諸本作實詩周頌雝之篇正義引傳作寔

惡直至有徒　宋本以下正義十七節揔入始視之節之下

民之多有邪辟者　宋本無者字

古辟辟字同音異耳　重脩監本異誤吳浦鏜云辟辟疑作僻辟字按孔本二字皆作辟故如此云猶前疏云乞與乞一字也

晉殺祁盈及楊食我　石經楊字木旁模糊毛詛父六經正誤云揚作楊誤非也此本及誤又依諸本改正

而天鍾美於是　毛本天作夭非也

子貉死在宣四年　淳熙本死誤飛

今俗語云云衰家女未必慧慧　宋監毛本云字不重次慧字下有家女未必衰五字是也

夏姬湢或　宋本或作惑

猶謂未是大敗　監本毛本是作得

昔有仍氏生女黰黑　漢書古今人表仍作扔師古曰扔音仍釋文云黰之忍反美髮也說文作㐱又作鬒云稠髮也

詩云鬒髮如絲　宋本監本毛本絲作雲是也

然則鬒者髮多長而黑美之貌也　毛本多誤當貌字監本作䫉

以髮黑故　毛本髮黑二字誤倒

是夔爲舜之典樂官也　宋本樂下有之字

猶謂爲后稷　宋本謂下有稷字是也

忿怒其類　監本毛本類作纇是也

夏以妺喜　宋本淳熙本岳本纂圖本足利本妺作末是釋文云喜本或作嬉宋本正義同

以驪姬廢　釋文驪作孋云本或作麗穀梁亦作麗盧文弨云淮南說林訓王注楚詞思美人章皆作孋案驪與孋麗實一字耳

有蘇以妲己女焉　宋本蘇下有氏字與國語合

於是與膠華比而亡殷　宋本華作革監本毛本作鬲與國語合

平公强使取之　淳熙本强作彊非也

幼者謂長爲姒也　宋本長下有者字是也

知盈縣　宋本淳熙本岳本纂圖本足利本縣作孫是也

孟丙爲孟大夫　顧炎武云今本作孟丙者非漢書地理志云孟晉大夫孟丙邑以其爲孟大夫而謂之孟丙猶魏大夫之爲魏壽餘閻大夫之爲閻嘉邯鄲大夫之爲邯鄲午也

平陽平陽縣　閩本監本毛本下平字作巫非也

僚安爲楊氏大夫　纂圖本監本毛本楊作陳非也

分祁至氏大夫　宋本以下正義十八節揔入魏子之舉也義節下

謂伯石爲楊石　此本楊字模糊依監本毛本補正宋本作楊下同閩本誤作煬

在銅鞮楊氏之間　銅鞮閩本監本作銅鍉非是宋本楊作揚

韓固　毛本韓作魏非也

官卿之適以爲公族又官其餘子　宋本官並作宦是也

能守其祖父之業者也　閩本監本毛本脫者字

以魯衛驗之　毛本驗作皆

詩曰唯此文王　釋文云詩作唯此王季陳樹華云傳文凡發語詞唯字俱從口其引詩書本句則從小前後一例此唯字應從小今詩作維

施于孫子　毛本于作於非也

爲天帝所佑　宋本佑作祐與詩皇矣正義同

令其有揆度之惠　監本毛本惠作慧按詩正義作惠

又能有監昭在下之明　宋本昭作照

勤心之善耳　宋本心作施是也

經涉亂罹　監本毛本罹作離按離正字罹俗字

注施而無私至類也　宋本監本毛本無無私二字

作威作福君之職也　詩大雅皇矣之篇正義引作作福作威君之道也

擇善而從之曰比　淳熙本比誤此注同

則飲猶未畢　監本毛本猶作酒非也

賈國之大夫惡亦醜也　纂圖本監本毛本亦作且非也

女遂不言不笑夫　石經初刻無夫字重刊補

今子少不颺　石經子字下旁加貞字非也

言不可以已也如是　宋本淳熙本岳本足利本言下有之字與石經合

今女有力於王室　纂圖本監本毛本力作功非也

先賞王室之功故爲忠　毛本爲誤謂

其長有後於晉國乎　毛本於改于

而待於魏子之庭　毛本於改于

比置三歎　毛本置改至非也

魏子中軍帥　釋文亦作帥云本又作率同監本作將非是

注魏子至將軍　宋本此節正義在注文傳言魏氏所以興之下

傳言魏氏所以興也　宋本淳熙本足利本無也字

附釋音春秋左傳注疏卷第五十二止

春秋左傳注疏卷五十二校勘記

附釋音春秋左傳注疏卷第五十三 昭二十九年盡三十二年

杜氏注　孔穎達疏

經二十有九年春公至自乾侯居于鄆以乾侯至○不得見晉侯故〔疏〕注以乾至晉侯故○正義曰二十五年公孫于齊齊侯唁公于野井二十六年經書公至自齊公雖不至齊都既入齊竟得與齊侯相見故書公至自齊往年公如晉次于乾侯雖入晉竟不得與晉侯相見故書至自乾侯以乾侯致告於廟者爲不得見晉侯故 齊侯使高張來唁公唁公至晉不見受高張高偃子○唁音彥〔疏〕注唁公至晉不見受○正義曰詩毛傳曰弔失國曰唁二十五年公新失國齊侯唁公可矣於此復唁公者公以齊不憂已棄而適晉望得晉人矜之晉侯不肯見公齊侯心復恨公嫌公此舉故遣唁公所以嗤笑公也故云唁公至晉不見受又似更復失國故唁之 ○公如晉次于乾侯復不見受往乾侯○復扶又反 ○夏四月庚子叔詣卒無傳 ○秋七

月 ○冬十月鄆潰無傳民逃其上曰潰潰散叛公○潰戶對反〔疏〕注民逃至叛公○正義曰民逃其上曰潰文三年傳例也公自二十六年以來常居于鄆此時公既如晉必留人守鄆鄆人潰散而叛公使公不得更來當是季氏道之使然

傳二十九年春公至自乾侯處于鄆齊侯使高張來唁公稱主君比公於大夫〔疏〕注比公於大夫○正義曰傳稱范宣子撫荀偃云事吳敢不如事主醫和謂趙文子曰主是謂矣如此之類大夫稱主傳文多矣今高張以齊侯之命稱公爲主君以晉不受公故輕侮之比公於大夫也 子家子曰齊卑君矣君祇辱焉言往事齊適取辱○祇音支 公如乾侯爲齊所卑故復適晉冀見恤○復扶又反 ○三月己卯京師殺召伯盈尹氏固及原伯魯之子皆子朝黨也稱伯魯子終不說學○召上照反說音悅 尹固之復也二十六年尹固與子朝俱奔楚而道還〔疏〕注二十至道還○正義曰尹固復還之年傳雖不載以婦人尤之云其過三歲乎知以二十六年在道而還至此爲三歲也 有婦人遇之周郊尤之曰處則勸人爲禍行則數日而反是夫也其過三歲乎 夏五月庚寅王子趙車入于鄻以叛趙車子朝之餘也見王殺伯盈等故叛鄻周邑○數所主反鄻列勉反 陰不佞敗之 ○平子每歲賈馬賈買也○賈古買反 具從者之衣屨而歸之于乾侯 公執歸馬者賣之賣其馬 乃不歸馬 衛侯來獻其乘馬曰啓服啓服馬名○乘如字〔疏〕注啓服馬名○正義曰釋畜云馬前右足白啓郭璞曰左傳曰啓服詩云兩服上襄鄭玄云兩服中央夾轅者此馬毛色名啓公用以夾轅故以啓服爲名也 塹而死隋塹死也○塹七豔反 公將爲之櫝爲作棺也○將爲如字一

音于僞反櫝徒木反爲作于僞反下同 子家子曰從者病矣請以食之乃以幃裹之禮曰敝幃不弃爲埋馬也○食音似裹古火反〔疏〕注禮曰敝至馬也○正義曰檀弓文也禮有埋馬之法子家子請以馬肉食從者以公將爲之櫝所以深抑之公感子家子之言方始依禮以帷裹之史記滑稽傳云楚莊王有所愛馬衣以文繡置之華屋之下席之以路牀啗之以棗脯馬病肥死欲以棺槨大夫禮葬之優孟者故楚之樂人也多辯常以談笑風諫於是入門大哭王驚而問其故優孟曰馬者王之所愛也以楚國之大何求不得而以大夫禮葬之薄請以人君禮葬之王曰何如對曰臣請以雕玉爲棺文梓爲槨發甲卒爲穿壙老弱負土廟食大牢奉以萬戶之邑諸侯聞之皆知大王賤人而貴馬也王曰寡人過一至於此爲之奈何優孟曰請大王以六畜葬之以壠竈爲槨銅歷爲棺齎以薑桂薦以木蘭祭以粳稻衣以火光葬之人腸於是王乃使以馬屬大官無令天下聞之彼亦此之類也 公賜公衍羔裘使獻龍輔於齊侯龍輔玉名〔疏〕注龍輔玉名○正義曰周禮使澤國用龍節皆金也以英蕩輔之杜子春云蕩謂以函器盛此節謂鑄金

爲龍以玉爲函輔盛龍節謂之龍輔此獻函不獻節故直云獻龍輔玄卿云盛龍節之玉函耳案說文云龍禱旱玉也爲龍文又玉人云上公用龍今輔與龍連文故云龍輔玉名蓋用此意遂入羔裘齊侯喜與之陽穀陽穀齊邑公衍公爲之生也其母偕出出之產舍〔疏〕注出之產舍○正義曰內則云妻將生子及月辰居側室夫使人日再問之作而自問之妻不敢見使姆衣服而對至于子生夫復使人日再問之夫齊則不入側室之門子生男子設弧於門左女子設帨於門右三日始負子男射女否然則產舍是側室也公衍先生公爲之母曰相與偕出請相與偕告留公衍母使待已共白公三日公爲生其母先以告公爲爲兄公私喜於陽穀而思於魯曰務人爲此禍也務人公爲也始與公若謀逐季氏且後生而爲兄其誣也久矣乃黜之而以公衍爲大子

○秋龍見于絳郊絳晉國都○見賢遍反下見龍朝夕見皆同魏獻子問於蔡墨蔡墨晉太史曰吾聞之蟲莫知於龍以其不生得也謂之知信乎對曰人實不知非龍實知言龍無知乃人不知之耳○莫知音智下謂之知實知注無知同○〔疏〕人實至實知○正義曰人以龍不生得而謂之爲知者此是人實不知非是龍實能知言龍可生得非是不生得也故說古有養龍之事以證龍可生得也以人不知有此事故今說之古者畜龍故國有豢龍氏有御龍氏豢御養也○豢音患〔疏〕注豢御養也○正義曰服虔曰豢養也穀食曰豢御亦養也養馬曰圉禮養犬豕曰豢知其以穀養蓋龍亦食穀也御與圉同言養龍猶養馬故稱御獻子曰是二氏者吾亦聞之而知其故是何謂也對曰昔有飂叔安飂古國也叔安其君名○飂力謬反有裔子曰董父裔遠也玄孫之後爲裔○裔以制反實甚好龍能求其耆欲以飲食之龍多歸之乃擾畜龍以服事帝舜帝賜之姓曰董擾順也○好呼報反耆時志反飲於鴆反下同食之音嗣下不能食飲食之食夏后同擾而小反〔疏〕乃擾畜龍○正義曰擾順也順龍之所欲而畜養之氏曰豢龍豢龍官名官有世功則以官名封諸鬷川鬷夷氏其後也鬷水上夷皆董姓○鬷子工反〔疏〕注鬷水至董姓○正義曰鄭語云黎爲高辛氏火正命之曰祝融其後八姓董姓鬷夷豢龍則夏滅之矣是也故帝舜氏世有畜龍及有夏孔甲擾于有帝孔甲少康之後九世君也其德能順於天○夏戶雅反下皆同少詩照反下少皞同〔疏〕注孔甲至九世○正義曰帝王世紀云少康子帝杼杼子帝芬芬子帝芒芒子帝泄泄子帝不降不降弟帝扃扃子帝廑也至帝孔甲孔甲不降子帝賜之乘龍河漢各二合爲四○乘繩證反河漢各二服云河漢各二乘〔疏〕注合爲四

正義曰服虔云四頭爲乘四乘十六頭也傳言賜之乘龍賜之一乘之龍也即云河漢各二是河漢共一乘也又云各有雌雄是河漢之二皆一雌一雄也故杜以爲合爲四各有雌雄孔甲不能食而未獲豢龍氏有陶唐氏既衰其後有劉累陶唐堯所治地○治直吏反學擾龍于豢龍氏以事孔甲能飲食之夏后嘉之賜氏曰御龍夏后孔甲以更豕韋之後更代也以劉累代彭姓之豕韋累尋遷魯縣豕韋復國至商而滅累之後世復承其國爲豕韋氏在襄二十四年○更音庚注同復扶又反〔疏〕注更代至四年○正義曰傳言以更豕韋之後則豕韋是舊國其君以劉累代之鄭語云祝融之後八姓大彭豕韋爲商伯矣又云彭姓彭祖豕韋則商滅之矣如彼文豕韋之國至商乃滅於夏王孔甲之時彭姓豕韋未全滅也下文云劉累懼而遷于魯縣明是累遷之後豕韋復國至商乃滅耳襄二十四年傳范宣子自言其祖在夏爲御龍氏在商爲豕韋氏則劉累子孫復封豕韋杜跡其事知累之後世更復其國爲豕韋

氏也舊無此解杜自爲證故云在襄二十七年龍一雌死潛醢以食夏后潛藏也藏以爲醢明龍不知○醢音海知音智夏后饗之既而使求之求致龍也懼而遷于魯縣不能致龍故懼遷魯縣自貶退也魯縣今魯陽也○范氏其後也晉范氏也獻子曰今何故無之對曰夫物物有其官官脩其方方法術朝夕思之一日失職則死及之失職有罪○朝如字下朝夕見同失官不食不食祿○官宿其業宿猶安也其物乃至設水官脩則龍至若泯弃之物乃坻伏泯滅也坻止也○泯彌忍反坻音旨又丁禮反鬱湮不育鬱滯也湮塞也育生也○湮音因【疏】夫物至不育○正義曰此論致龍之事物謂龍也夫物物各有其官當謂如龍之輩蓋言鳳皇麒麟白虎玄龜之屬每物各有其官主掌之也其人居此官者脩其爲官方術從朝至夕終日脩之若一日失其所掌之

職令其官方不理則有死罪及之居官者當死矣失其官方則不得食祿得死罪是不食祿也居官者安其爲官之業使職事脩理則其所掌之物乃自生至水官脩則龍至其餘亦當然也若滅棄所掌之事令職事不脩則其物乃止息而潛伏沈滯壅塞不復生育以此故不可生而得也○注宿猶安也○正義曰夜宿所以安身故云宿猶安也謂安心思其職業服虔云宿思也今日當預思明日之事如家人宿火矣玄卿以服義大迂曲○注泯滅也坻止也○正義曰釋詁文也上言官宿其業其物乃至職業不脩則物不至物雖不至尚有物在若滅棄所掌職事不理則其物止而潛伏不復生育乃令無有此物非徒不至而已○注鬱滯也湮塞也○正義曰賈逵云然杜用之也鬱積是沈滯之義故爲滯也傳謂塞井爲堙井是堙爲塞也言此物沈滯壅塞不復生也故有五行之官是謂五官實列受氏姓封爲上公爵上公【疏】實列受氏姓○正義曰列謂行列言五官皆然也人臣有大功者天子封爲國君又賜之以姓諸侯以國爲氏言其得封又得姓兼受之也祀爲貴神社稷五祀是尊是奉五官之君長能脩其業者死皆配食於五

行之神爲王者所尊奉○長丁丈反下文同○【疏】注五官至尊奉○正義曰五官之君長死則皆爲貴神王者社稷五祀則尊奉之如祭配食於五行之神即下重該脩熙犂是也王者祭木火土金水之神而以此人之神配之耳非專祭此人也分五行以配四時故五行之神句芒祝融之徒皆以時物之狀而爲之名此五者本於五行之神作名耳非與重該之徒爲名也晉語云虢公夢在廟有神人面白毛虎爪執鉞行西河公懼而走神曰無走帝命曰使晉襲于爾門公拜稽首覺召史嚚占之對曰如君之言則蓐收也天之刑神也如彼文虢公所夢之狀必非該之貌自是金神之形耳由此言之知句芒祝融玄冥后土之徒皆是木火水土之神名非所配人之神名也雖本非配人之名而配者與之同食亦得取彼神名以爲配者神名猶社本土神之名稷本穀神之名配者亦得稱社稷也此五行之官配食五行之神天子制禮使祀焉是爲王者所尊奉也木正曰句芒正官長也取木生句曲而有芒角也其祀重焉○句古侯反注及下皆同重直龍反下文同【疏】注正官至重焉○正義曰正訓爲長故爲官長木官之最長也其火金水土正亦然賈逵云總言萬物句芒非專木生如句杜謂耳木正順春萬物始生句而有芒角杜獨言木者以木爲其

主故經云木正且木比萬物芒角爲甚故舉木而言劉炫以杜不取賈義而獨舉於木而規杜非也火正曰祝融祝融明貌其祀犂焉○犂力兮反【疏】注祝融至犂焉○正義曰杜不解祝則謂祝融二字共爲明貌也賈逵云夏陽氣明朗祝甚也融明也亦以夏氣爲之名耳鄭語云黎爲高辛氏火正以焞燿敦大光明四海故命之曰祝融如彼文又似由人生名者彼以其官掌夏德又稱之故以夏氣昭明命之耳金正曰蓐收秋物摧蓐而可收也其祀該焉○蓐音辱本又作辱摧徂回反水正曰玄冥水陰而幽冥其祀脩及熙焉○冥亡丁反土正曰后土土爲羣物主故稱后也其祀句龍焉在家則祀中霤在野則爲社○霤力救反【疏】注土爲至爲社○正義曰后者君也羣物皆土所載故土爲羣物之主以君言之故云后土也賈逵云句芒祀於戶祝融祀於竈蓐收祀於門玄冥祀於井后土祀於中霤今杜云在家則祀中霤是同賈說也家謂宮室之內對野爲文故稱家非卿大夫之家也言在野者對家爲文雖在庫門之內尚無宮室故稱野且卿大夫以下社在野田故周禮大司徒云辨其邦國都鄙之數制其畿疆而溝封之設其社稷之壝而樹之田主各以其野之所

宜木遂以名其社鄭玄云社稷后土及田正之神田主田神后土田正之所依也詩人謂之田祖所宜木謂若松栢栗也是在野則祭爲社也此野田之社民所共祭即月令仲春之月擇元日命人社是也劉炫云天子以下俱荷地德皆當祭地但名位有高下祭之有等級天子祭地祭大地之神也諸侯不得祭地使之祭社也家又不得祭社使祭中霤也霤亦地神所祭小故變其名賈逵以句芒祀於戶云云言雖天子之祭五神亦如此耳杜以別祭五行神以五官配之非祀此五神於門戶井竈中霤也門戶井竈直祭門戶等神不祭句芒等也唯有祭后土者亦是土神故特辨之云在家則祀中霤在野則爲社言彼與中霤亦是土神但祭有大小郊特牲云社所以神地之道也地載萬物取財於地教民美報焉家主中霤而國主社示本也是在家則祀中霤也大司徒以下同此禮也

龍水物也水官弃矣故龍不生得弃廢也

【疏】龍水至生得○正義曰漢氏先儒說左氏者皆以爲五靈配五方龍屬木鳳屬火麟爲土白虎屬金神龜屬水其五行之次木生火火生土土生金金生水水生木王者脩其母則致其子水官脩則龍至木官脩則鳳至火官脩則麟至土官脩則白虎至金官脩則神龜至故爲其說云視明

禮脩而麟至思睿信立而白虎擾言從文成而神龜在沼聽聰知正而名川出龍貌共體仁則鳳皇來儀皆脩其母而致其子也解此龍水物者言龍爲東方之獸是此方水官之物也水官廢矣故龍不生得言母不脩故子不至也杜氏既無其說未知與舊同否此下不注似與舊說異或當以爲龍是水內生長故爲水官之物水官廢矣故龍不生得言水官不脩故無水內之靈獸也若如此解則上云物有其官當謂五靈之物各各自有其官官能脩理各自致物龍是水內之物可令水官致龍其鳳皇麟虎之輩共在天地之間不是寢金食火木生土出未知何官致鳳何官致虎未測杜旨不可強言是用闕疑以俟來哲

不然周易有之言若不爾周易無緣有龍在乾䷀乾下乾上○乾其連反本亦作乾之姤䷫巽下乾上姤乾初九變○姤古豆反曰潛龍勿用乾初九爻辭○爻戶交反其同人䷌離下乾上同人乾九二變曰見龍在田乾九二爻辭其大有䷍乾下離上大有乾九五變曰飛龍在天乾九五爻辭其夬䷪乾下兌上夬乾上九變○夬古快反兌徒外反曰亢龍有悔乾上九爻辭○亢苦浪反其坤䷁坤下坤上乾六爻皆變○坤本又作巛空門反曰見羣龍無首吉乾用九爻辭坤之剝䷖坤下艮上剝坤上六變○剝邦角反艮古恨反曰龍戰于野上爻辭

【疏】在乾至于野○正義曰傳例上下雖不用筮但指此卦某爻之義者即以某爻之變更別爲卦即云此卦之某卦則此乾之姤宣十二年師之臨是也劉炫云杜以之爲適炫謂易之爻變則成一卦遂以彼卦名爻乾之初九姤卦爻九二同人爻九五大有爻上九夬卦爻用九全變則成坤卦故謂用九爲坤蔡墨此意取易文耳非揲蓍求卦安有之適之義若以之爲之適則其非之適之意何以言其同人其大有此本當言初九九二但以爻變成卦即以彼卦名爻其意不取於之適所言其同人其大有猶引詩言其三章其三章先引初九故言乾卦之姤爻初九言乾以下不復須云乾故言其同人其大有就乾卦而其之其此同人爻其此大有爻以下文勢悉皆若是也○之姤○正義曰巽下乾上姤乾之初九爻變而成姤卦也其彖曰姤遇也柔遇剛也乾爲天爲剛巽爲風爲柔風行必有所遇猶女行而遇男故名此卦爲姤也○注乾初九爻辭○正義曰蔡墨此言取

易有龍字而已無取於易之義理故杜注唯指其辭之所在不解其辭之意其說易者自具於此不復煩言也○同人○正義曰離下乾上同人乾之九二爻變而成同人之卦也其象曰天與火同人天體在上火性炎上同于天也猶君設教而臣民從之和同之義故名此卦爲同人也服虔云天在上火炎上同于天天不可同故曰同人○大有○正義曰乾下離上大有乾之九五爻變而成大有之卦也其彖曰大有柔得尊位大中而上下應之曰大有柔得尊位謂六五也位尊而柔居之處尊以柔居中以大體無二陰以分其應上下應之無所不納大有之義故名此卦爲大有也○夬○正義曰乾下兌上夬乾之上九爻變而成夬卦也其彖曰夬決也剛決柔也此卦五陽而決一陰乾爲天爲剛爲健兌爲澤爲柔爲說以剛正決柔邪故名此卦爲夬○注乾用九爻辭○正義曰乾之六爻皆陽坤之六爻皆陰以二卦其爻既純故別揔其用而爲之辭故乾有用九坤有用六餘卦其爻不純無揔用也六爻皆變乃得揔用乾之六爻皆變則成坤卦故謂用九之辭爲其坤也六爻既變而不用卦下之辭者周易用變卦下之辭非變又無龍文史墨指說於龍故以用爲語○坤之剝○正義曰坤下艮上剝坤之上六爻變而成剝卦也其彖曰剝剝也柔變剛也剝卦五陰而一陽陰漸長而滅

陽猶邪長而剝損正道故名此卦爲剝也。若不朝夕見，誰能物之？物謂上六卦所稱龍各不同也今說易者皆以龍喻陽氣如史墨之言則爲皆是真龍〔疏〕若不至物之○正義曰蔡墨言古者龍可生得人皆見之故周易之辭以龍爲喻若使龍不朝夕出見誰能知其動靜而得以物名之易言潛龍飛龍及龍戰之等明是見其飛潛見其戰鬬而得以物名之是知龍可生得古人見龍形也獻子曰：社稷五祀，誰氏之五官也？問五官之長皆是誰對曰：少皞氏有四叔，少皞金天氏○皞戶老反〔疏〕少皞氏有四叔○正義曰少皞氏有四叔四叔是少皞之子孫非一時也未知於少皞遠近也四叔出於少皞耳其使重爲句芒非少皞使之世族譜云少皞氏其官以鳥爲名然則此五官皆在高陽之世也楚語云少皞氏之衰也九黎亂德民神雜擾不可方物顓頊受之乃命木正重司天以屬神命火正黎司地以屬民是則重黎居官在高陽之世也又鄭語云黎爲高辛氏火正命之曰祝融則黎爲祝融又在高辛氏之世案世本及楚世家云高陽生稱稱生卷章卷章生黎如彼文黎是顓頊之曾孫也楚語云少皞之衰顓頊受之即命重黎似是即

位之初不應即得命曾孫爲火正也少皞世代不知長短顓頊初已命黎至高辛又加命不應一人之身緜歷兩代事既久遠書復散亡如此參差難可考按世家云共工作亂帝嚳使黎誅之而不盡帝誅黎而以其弟吳回爲黎復居火正爲祝融即如此言黎或是國名官號不是人之名字顓頊命黎高辛命黎未必共是一人傳言世不失職二者或是父子或是祖孫其事不可知也由此言之少皞四叔未必不有在高辛世者也此五祀者居官有功以功見祀不是一時之人脩熙相代爲水正即非一時也且傳言世不失職使是積世能官其功益大非是暫時有功遂得萬世承祀明是歷選上代取其中最有功者使之配食亦不知初以此人配食何代聖王爲之蓋在高辛唐虞之世耳曰重、曰該、曰脩、曰熙，實能金、木及水。能治其官○重直龍反該古哀反使重爲句芒，木正該爲蓐收，金正脩及熙爲玄冥，二子相代爲水正世不失職，遂濟窮桑，此其三祀也。窮桑少皞之號也四子能治其官使不失職濟成少皞之功死皆爲民所祀窮桑地在魯北〔疏〕注窮桑至魯北○正義曰

窮桑少皞之號帝王世紀亦然賈逵云處窮桑以登爲帝故天下號之曰窮桑帝賈以濟爲渡也言四叔子孫世不失職遂渡少皞之世杜以少皞之世以鳥名官不得有木正火正故以濟爲成四子能治其官使不失職濟成少皞之功言少皞有王功子孫能成之故死皆爲民所祀也少皞居窮桑定四年傳稱封伯禽於少皞之虛故云窮桑地在魯北土地名窮桑闕言在魯北相傳云耳顓頊氏有子曰犂，爲祝融；犂爲火正○顓音專頊許玉反共工氏有子曰句龍，爲后土，共工在大皞後神農前以水名官其子句龍能平水土故死而見祀○共音恭〔疏〕注共工至見祀○正義曰十七年傳郯子言前世名官從下而上先言炎帝以火名次言共工以水名次言大皞以龍名是共工在大皞後神農前以水名官者也祭法曰共工氏之霸九州也其子曰后土能平九州故祀以爲社能平九州是能平水土也言共工有子謂後世子耳亦不知句龍之爲后土在於何代少皞氏既以鳥名官此當在顓頊以來耳此其二祀也。后土爲社；方荅社稷故明言爲社〔疏〕注方荅至爲社○正義曰獻子問社稷五祀既荅五祀當更荅社稷但句龍既爲后

土又以配社蔡墨既荅五祀方荅社稷故明言后土爲社也稷，田正也。掌播殖也〔疏〕稷田正也○正義曰月令云孟春行冬令則首種不入鄭玄云首種謂稷也周語云宣王不藉千畝虢文公諫曰民之大事在農是故稷爲大官然則百穀稷爲其長遂以稷名爲農官之長正長也稷是田官之長有烈山氏之子曰柱爲稷，烈山氏神農世諸侯○烈如字禮記作厲山〔疏〕烈山至諸侯○正義曰魯語及祭法皆云烈山氏之有天下也其子能殖百穀故祀以爲稷言有天下則是天子矣杜注不得爲諸侯也賈逵鄭玄皆云烈山炎帝之號杜言神農世諸侯者案帝王世紀神農本起烈山然則初封烈山爲諸侯後爲天子猶帝堯初爲唐侯然也若然烈山即神農而云神農世爲諸侯者案世紀神農爲君揔有八世至榆罔而滅亦稱神農氏是揔號神農也故烈山氏得於神農之世爲諸侯後爲神農也劉炫以爲烈山氏即神農非諸侯而規杜非也此及魯語皆云其子曰柱祭法云農者劉炫云蓋柱是名其官曰農猶呼周棄爲稷自夏以上祀之。祀柱○上時掌反周棄亦爲稷，棄周之始祖能播百穀湯既勝夏廢柱而以棄代之〔疏〕注棄周至

代之。正義曰棄爲周之始祖能播殖百穀經傳備有其事以其後世有天下號國曰周故以周冠棄棄時未稱周也書序云湯既勝夏欲遷其社不可作夏社孔安國云湯承堯舜禪代之後順天應人逆取順守而有慙德故革命創制改正易服變置社稷而後世無及句龍者故不可而止是言成湯變置社稷之由也湯於帝世年代猶近功之多少傳習可知故得量其優劣改易祀典意欲遷社而無及句龍棄功乃過於柱廢柱以棄爲稷也其五祀之神重犂之輩若更有賢能亦應遷徙但其功莫之能先帝王不敢改易故得承流萬代常在祀典良由後世之臣弱後王之意謙故也

自商以來祀之傳言蔡墨之博物

○**冬晉趙鞅荀寅帥師城汝濱**趙鞅趙武孫也荀寅中行荀吳之子汝濱晉所取陸渾地○濱音賓行戶郎反**遂賦晉國一鼓鐵以鑄刑鼎**令晉國各出功力共鼓石爲鐵計令一鼓而足因軍役而爲之故言遂。鑄之樹反，令力呈反。

〔疏〕注令晉至言遂。正義曰服虔云鼓量名也曲禮曰獻米者操量鼓取晉國一鼓鐵以鑄之但禮之將命置重而執輕鼓可操之以將命即豆區之類非大器也雖用一鼓則不足以成鼎家賦一鼓而鐵又大多且金鐵之物當稱之以權衡數之以鈞石寧用量米之器量之哉故杜以爲賦晉國者令民各出功力均賦取其功也冶石爲鐵用橐扇火動橐謂之鼓今時俗語猶然令衆人鼓石爲鐵計令一鼓使足故云賦晉國一鼓鐵也遂者因上生下之辭因城汝濱遂鑄刑鼎故言遂也

著范宣子所爲刑書焉仲尼曰晉其亡乎失其度矣夫晉國將守唐叔之所受法度以經緯其民卿大夫以序守之序位次也

〔疏〕著范至刑書。正義曰范宣子制作刑書施於晉國自使朝廷承用未嘗宣示下民今荀寅謂此等宣子之書可以長爲國法故鑄鼎而銘之以示百姓猶如鄭鑄刑鼎仲尼譏之其意亦與叔向譏子產同

民是以能尊其貴貴是以能守其業貴賤不愆所謂度也

〔疏〕民是至度也。正義曰守其舊法民不豫知臨時制宜輕重難測民是以能尊其貴畏其威刑也官有正法民常畏威貴是以能守其業保祿位也貴者執其權柄賤者畏其威嚴貴賤尊卑不愆此乃所謂度也言所謂法度正如此是也

文公是以作執秩之官爲被廬之法僖二十七年文公蒐被廬脩唐叔之法。被皮義反廬力居反蒐本又作搜所求反**以爲盟主今弃是度也而爲刑鼎民在鼎矣何以尊貴**弃禮徵書故不尊貴**貴何業之守**民不奉上則上失業**貴賤無序何以爲國**

〔疏〕今弃至爲國。正義曰今弃是貴賤常度而爲刑書之鼎民知罪之輕重在於鼎矣貴者斷獄不敢加擠犯罪者取驗於書更復何以尊貴威權在鼎民不忌上貴復何業之守貴之所以爲貴只爲權勢在焉勢不足畏故業無可守貴無可守則賤不畏威貴賤既無次序何以得成爲國

且夫宣子之刑夷之蒐也晉國之亂制也范宣子所用刑乃夷蒐之法也夷蒐在文六年一蒐而三易中軍帥賈季箕鄭之徒遂作亂故曰亂制。帥所類反。

〔疏〕注范宣至亂制。正義曰於時晉侯將以士縠梁益耳將中軍先克曰狐趙之勳不可廢也以狐射姑將中軍趙盾佐之陽處父改蒐于董更以趙盾將中軍狐射姑佐之是一蒐而三易中軍帥三易者士縠梁益耳將中軍是易代前人是一易也狐射姑將中軍是二易也又趙盾將中軍是三易也致使賈季箕鄭之徒怨恨而作亂其事文公傳具矣因此蒐而有此亂故曰晉國之亂制

若之何以爲法蔡史墨曰范氏中行氏其亡乎蔡史墨即蔡墨**中行寅爲下卿而干上令擅作刑器以爲國法是法姦也又加范氏焉易之亡也**范宣子刑書中既廢矣今復興之是成其咎。擅市戰反，復扶又反，咎其九反。

〔疏〕又加至亡也。正義曰宣子刑書久已廢矣今復變易興之以成其滅亡也劉炫云范氏取蒐之法以爲國制雖則爲非書已廢矣縱應有禍亡釁已歇今荀寅更述其事又加增范氏之惡焉范氏已欲免禍今復改易之而使亡

其及趙氏趙孟與焉然不得已若德可以免鑄刑鼎本非趙鞅意不得已而從之若能脩德可以免禍爲定十三年荀寅士吉射人朝歌以叛。與音預朝如字

經三十年春王正月公在乾侯釋不朝正于廟夏六月庚辰晉侯去疾卒未同盟而赴以名○去起呂反○秋八月葬晉頃公三月而葬速○頃音傾【疏】頃公○正義曰謚法慈仁和民曰頃○冬十有二月吳滅徐徐子章羽奔楚徐子稱名以名告也

傳三十年春王正月公在乾侯不先書鄆與乾侯非公且徵過也徵明也二十七年二十八年公在鄆二十九年公在乾侯而經不釋朝正之禮者所以非責公之妄且明過謬猶可掩故不顯書其所在使若在國然自是鄆人潰叛齊晉卑公子家忠謀終不能用內外弃之非復過誤所當掩塞故每歲書公所在○徵直升反或本作懲誤復扶又反【疏】春王至過也○正義曰經書公在乾侯者季氏以此告廟釋公不得朝正故國史書之于策也釋例曰昭公之孫每正月必書者以孫告廟也公二十五年始出居鄆及乾侯累歲居外而仲尼不書于經故傳曰不先書鄆與乾侯非公且徵過也既以非

責公之妄且明過謬之可掩故不顯書其在外使若在國然也自三十年至於終沒則皆顯書其所在之地傳皆隨年而互言其事明罪之在公非復過謬也三代封建自上及下降殺以兩君不亢高臣不極卑彊弱相參衆力相須賢愚相厠故雖有昏亂之君亦有忠賢之輔我周東遷晉鄭是依無知之亂實獲小白驪姬之妖重耳以興天下雖瓦解而不土崩海內雖鼎沸而不盆溢天生季氏以二魯侯季氏未有篡奪之惡公雖失志亦無抽筋倒懸之急聽用隸豎僥倖之私既不能強又不能弱所以身死於外見貶於春秋也是言罪在公書公在之意也杜言見貶於春秋者公當在國治民每歲書公在外是其貶責公也劉炫云序云諸言不書皆仲尼新意然則前三年魯史皆書公在仲尼去之仲尼所以不於此先書公在鄆與乾侯者所以非公之妄伐季氏且明過謬猶可掩此年書者自是鄆人潰叛云云此年云非公且徵過三十一年云言不能外內三十二年云言不能外內又不能用其人每歲發傳言公之罪也○注徵明至所在○正義曰不先書鄆與乾侯一事之中有兩種之意一者非責公之妄一者明公過謬猶可掩也非責公之妄者以君舉必書公在乾侯與鄆臣子當委曲詳錄今輕畧不記似若不足可錄然所以非責公之妄也明公過謬猶可掩者被臣所逐出居於外若顯然書之則恥惡尤甚故隱而不書猶若在國欲明公過謬之失尚可容掩也此以徵爲明明公過可掩也襄二十八年傳云王人來告喪問崩日以甲寅告故書之以徵過徵亦爲明明告喪者之過也彼言徵審也審其事知無他故以明其過失也服虔云非公且徵過昭公無道久在外季氏非公不肯釋言公在某地春秋之義亦以不書徵季氏之過此年書者公不得入晉外內有困辱季氏閔而釋之所謂事君如在國案明年傳云言不能外內又明年傳文言不能外內又不能用其人皆是傳說經意非責昭公不是季氏非公也即如服言往前季氏非公不肯釋公所在此年以後方始閔而釋之所謂事君如在國則往前未釋之時不如在國矣二十七年扈之會范獻子何以已言季氏事君如在國也季氏奪公鄆邑與公交戰行貨齊晉使不納公禱于煬宮求君不入及其死也猶欲絕其兆域加之惡謚閔公之事復安在乎

○夏六月晉頃公卒秋八月葬鄭游吉弔且送葬魏獻子使士景伯詰之曰悼公之喪子西弔子蟜送葬在襄十五年○詰起吉反蟜居表反今吾子無貳何故弔喪共使○使所吏反

對曰諸侯所以歸晉君禮也禮也者小事大大字小之謂事大在共其時命隨時共所求○共音恭注及下同字小在恤其所無以敝邑居大國之間共其職貢與其備御不虞之患豈忘共命言不敢忘恭命以所備御者多不及辦之○御魚呂反注同辦皮莧反先王之制諸侯之喪士弔大夫送葬唯嘉好聘享三軍之事於是乎使卿晉之喪事敝邑之間先君有所助執紼矣紼輓索也禮送葬必執紼○好呼報反間音閑下同紼音弗輓本又作挽音晚索悉各反【疏】注紼輓至執紼○正義曰紼禮或作綍禮記緇衣云王言如絲其出如綸王言如綸其出如綍綍是大繩也周禮天子葬用六綍喪大記君葬用四綍大夫葬用二綍紼爲葬之所用是輓索也案禮雜記諸

侯執紼五百人大夫三百人鄭玄云天子蓋千人也天子諸侯之喪殯于西序而屬紼焉備火災而輓之也王制云喪三年不祭唯祭天地社稷爲越紼而行事謂喪在殯踰紼而行祭也周禮大司徒云大喪帥六鄉之衆庶屬其六引又遂人云大喪帥六遂之役屬六紼鄭玄云喪大記注云在棺曰紼行道曰引至壙將窆又曰紼是紼引一物從所在而異名耳禮送葬必執紼曲禮文也鄭玄云葬喪之大事紼引車索也鄭之先君親送晉侯葬者傳無其文游吉今言之蓋亦嘗有矣

若其不間雖士大夫有所不獲數矣不得如先王禮數大國之惠亦慶其加慶善也謂善其君自行而不討其乏明厎其情厎致也。厎音旨取備而已以爲禮也靈王之喪在襄二十九年【疏】慶其至而已。正義曰善其有加不討其乏明知鄭國致其情實取充備而已我先君簡公在楚我先大夫印段實往敝邑之少卿也少年少也。印一刃反少詩照反注同【疏】我先君簡公在楚　正義曰由簡公在楚上卿守國故少卿行耳鄭玄以爲簡公若在吾當自行其言非傳旨也王吏不討恤所無也今大夫曰女盍從舊盍何不也。女音汝盍胡獵反下同舊有豐有省不知所從從其豐則寡君幼弱是以不共從其省則吉在此矣唯大夫圖之晉人不能詰傳言大叔之敏。

○吳子使徐人執掩餘使鍾吾人執燭庸二十七年奔故二公子奔楚楚子大封而定其徙大封與土田定其所徙之居使監馬尹大心逆吳公子使居養二子奔楚楚使逆之於竟也養即所封之邑。監古銜反竟音境莠尹然左司馬沈尹戌城之城養。莠音誘取於城父與胡田以與之胡田胡子之地。將以害吳也子西諫

曰吳光新得國而親其民視民如子辛苦同之將用之也若好吳邊疆使柔服焉猶懼其至柔服謂不與吳構怨。若好呼報反一本作吾好疆居良反吾又疆其讎以重怒之無乃不可乎讎謂二公子。重直用反吳周之冑裔也而弃在海濱不與姬通今而始大比于諸華光又甚文將自同於先王先王謂大王王季亦自西戎始比諸華。冑直又反大王音泰不知天將以爲虐乎使翦喪吳國而封大異姓乎其抑亦將卒以祚吳乎其終不遠矣言其事行可知不久。喪息浪反祚字故反我盍姑億吾鬼神億安也。億於力反而寧吾族姓以待其歸善惡之歸將焉用自播揚焉播揚猶勞動也。焉於虔反播被我反又波賀反注同王弗聽吳子怒冬十二月吳子執鍾吳子遂伐徐防山以水之防壅山水以灌徐。壅於勇反灌古亂反己卯滅徐徐子章禹斷其髮斷髮自刑示懼。斷丁管反注同攜其夫人以逆吳子吳子唁而送之使其邇臣從之遂奔楚邇近也楚沈尹戌帥師救徐弗及遂城夷使徐子處之夷城父也吳子問於伍員曰初而言伐楚在二十年。員音云余知其可也而恐其使余往也又惡人之有余之功也今余將自有之矣伐楚何如對曰楚執政衆而乖莫適任患若爲三師以肄焉肄猶勞也。惡烏路

反適丁歷反任音壬肄本又作肄以制反下同一師至彼必皆出彼出則歸彼歸則出楚必道敝罷敝於道○罷音皮下文同亟肄以罷之亟數也○亟欺冀反數所角反多方以誤之既罷而後以三軍繼之必大克之闔廬從之楚於是乎始病爲定四年吳入楚傳

經三十有一年春王正月公在乾侯○季孫意如會晉荀躒于適歷適歷晉地○躒力狄反適丁歷反○夏四月丁巳薛伯穀卒襄二十五年盟重丘○重直龍反〔疏〕注襄二至重丘○正義曰傳言同盟故書此穀與魯必嘗同盟矣薛於重丘以前雖數與魯盟伯薛入春秋以來卒葬不見經傳未知此穀以何年即位故舉去今近者言之○晉侯使荀躒唁公于乾侯將使意如迎公故荀躒來唁○秋葬薛獻公無傳○冬黑肱以濫來奔黑肱邾大夫濫東海昌慮縣不書邾史闕文○濫力甘反或力蹔反慮音閭又如字〔疏〕注不書邾史闕文○正義曰公羊穀梁亦以濫爲邾邑而傳解其無邾之意言邾人以濫封此黑肱使爲別國故不繫於邾以非天子所封故無子男爵號其言不可通於左氏左氏無傳明是闕文二傳見其文闕而妄爲說耳○十有二月辛亥朔日有食之

傳三十一年春王正月公在乾侯言不能外內也公內不容於臣子外不容於齊晉所以久在乾侯○晉侯將以師納公范獻子曰若召季孫而不來則信不臣矣然後伐之若何晉人召季孫獻子使私焉曰子必來我受其無咎言我爲子受無咎之任○咎其九反下注放此爲于僞反〔疏〕我受其無咎○正義曰言我爲子受其重任其使子必無咎受其負故保任之季孫意如會晉荀躒于適歷荀躒曰寡君使躒謂吾子何故出君有君不事周有常刑子其圖之季孫練冠麻衣跣行示憂感○出如字又勑律反跣素典反〔疏〕季孫至跣行○正義曰練冠蓋如喪服斬衰既練之後布冠也麻衣當是布深衣也問喪云親始死徒跣跣行不屨以其不得事君示已憂戚之深也伏而對曰事君臣之所不得也敢逃刑命言願事君君不肯還不敢辟罪君若以臣爲有罪請囚于費以待君之察也亦唯君若以先臣之故不絕季氏而賜之死雖賜以死不絕其後○費音秘〔疏〕不絕至之死○正義曰此季孫探言罪已之意不絕季氏之祀或更立其子弟直賜其身死而已服虔云言賜不使死是爲以死賜之若賜死即是不殺下句何須更言弗殺弗亡若弗殺弗亡君之惠也死且不朽若得從君而歸則固臣之願也敢有異心君皆謂魯侯也蓋季孫探言罪已輕重以荅荀躒○探他南反夏四月季孫從知伯如乾侯知伯荀躒○知音智子家子曰君與之歸一慙之不忍而終身慙乎公曰諾衆曰在一言矣君必逐之言晉既憂君君一言使晉晉必逐之荀躒以晉侯之命唁公且曰寡君使躒以君命討於意如意如不敢逃死君其入也公曰君惠顧先君之好施及亡人將使歸糞除宗祧以事君則不能見夫人已所能見夫人者有如河夫人謂季孫也言若見季孫已當受禍明如河以自誓○好呼報反施以

敢反䏌他彫反夫音扶下及注同荀躒掩耳而走怪公所言示不忍聽曰寡君其罪之恐敢與知魯國之難言恐獲不納君之罪今納而不入何敢復知耶。與音預難乃旦反復扶又反臣請復於寡君退而謂季孫君怒未怠子姑歸祭歸攝君事子家子曰君以一乘入于魯師季孫必與君歸公欲從之衆從者脅公不得歸傳言君弱不得復自在。乘繩證反衆從才用反○薛伯穀卒同盟故書謂書名也入春秋來薛始書名故發傳經在荀躒唁公上傳在下者欲魯事相次○秋吳人侵楚伐夷侵潛六皆楚邑楚沈尹戌帥師救潛吳師還楚師遷潛於南岡而還吳師圍弦左司馬戌右司馬稽帥師救弦及豫章左司馬沈尹戌。稽音啓又古兮反吳師還始用子胥之謀也謀在前年○冬邾黑肱以濫來奔賤而書名重地故也黑肱非命卿故曰賤君子曰名之不可不慎也如是是黑肱夫有所有名而不如其已有所謂有地也言雖有名不如無名已止也以地叛雖賤必書地以名其人終爲不義弗可滅已是故君子動則思禮行則思義不爲利回回正心也。不爲于僞反下不爲同不爲義疚疚病也見義則爲之。疚久又反或求名而不得或欲蓋而名章懲不義也齊豹爲衛司寇守嗣大夫守先人嗣言其尊。懲直升反下同作而不義其書爲盜求名而不得也二十年豹殺衛侯兄欲求不畏彊禦之名

邾庶其在襄二十一年莒牟夷在五年邾黑肱以土地出求食而已不求其名賤而必書春秋叛者多唯取三人來適魯者三人皆小國大夫故曰賤此二物者所以懲肆而去貪也物事也肆放也齊豹書盜懲肆也三叛人名去貪也。去起呂反若艱難其身身爲艱難以險危大人大人在位者而有名章徹謂得勇名攻難之士將奔走之攻猶作也奔走猶赴趣也。難乃旦反若竊邑叛君以徼大利而無名謂不書其人名。徼古堯反貪冒之民將寘力焉盡力爲之不顧於見書。冒亡北反又亡報反寘之豉反是以春秋書齊豹曰盜三叛人名以懲不義數惡無禮其善志也無禮惡逆皆數而不忘記事之善者也。數所主反注同故曰春秋之稱微而顯文微而義著。稱尺證反婉而辨辭婉而旨別。婉於阮反別彼列反【疏】婉而辨。正義曰此婉而辨則與微而顯其意一也故杜云辭婉而旨別辭婉則文微也旨別則義顯也上句微而顯者據文雖微隱而義理顯著下句婉而辨者辭雖婉順相似而旨意有殊故重起其文也此與成十四年婉而成章其事異也彼謂諱君惡與此不同也上之人能使昭明上之人謂在位者在位者能行其法非賤人所能善人勸焉淫人懼焉是以君子貴之○十二月辛亥朔日有食之是夜也趙簡子夢童子羸而轉以歌轉婉轉也。羸本又作羸力果反旦占諸史墨曰吾夢如是今而日食何也簡子夢適與日食會謂咎在己故問之對曰六年及此月也吳其入郢乎終亦弗克史墨知夢非日食之應故釋日食之咎而不釋其夢。郢以井反又羊政反應應對之應入郢必以庚辰庚辰有變日在

辰尾故曰以庚辰定四年十一月庚辰吳入郢【疏】注庚日至入郢。正義曰於天交房心尾爲大辰尾是辰後之星也日在辰尾自謂在辰星庚辰入郢乃謂日是辰日二辰不同而以日在辰尾配庚爲庚辰者二辰實雖不同而同而同名曰辰以其名同故取以爲占此則史墨能知非是人情所測定四年十一月庚辰吳入郢是其言之驗也此十二月日食彼十一月入郢則是未復其月而云及此月者長厤定四年閏十月庚辰吳入郢是十一月二十九日杜云昭三十一年傳曰六年十二月庚辰吳入郢今十一月者并閏數也然則彼是新閏之後且十一月二十九日又其月垂盡故得爲及此月也

日月在辰尾辰尾龍尾也周十二月今之十月日月合朔於辰尾而食【疏】注辰尾至而食。正義曰東方七宿角亢氐房心尾箕共爲蒼龍之體南首北尾角即龍角尾即龍尾釋天云大辰房心尾也是房心與尾共爲大辰故言辰尾龍尾也周十二月今之十月令孟冬之月日在尾是此時日月合朔於辰尾而日食也

庚午之日日始有謫火勝金故弗克謫變氣也庚午十月十九日去辛亥朔四十一日雖食在辛亥更以始變爲占也午南方楚之位也午火庚金也日以庚午有變故災在楚楚之仇敵唯吳故知入郢必吳火勝金者金爲火妃食在辛亥亥水也水數六故六年也。謫直革反【疏】注謫變至年也。正義曰昬義云陽事不得適見於天日爲之食謫譴責也人有咎責氣見於天故謫爲變氣也長厤此年十月壬子朔故庚午是十月十九日也從庚午下去十二月辛亥朔爲四十一日雖食在辛亥之日而更以庚午爲占舍近而取遠自是史墨所見其意不可知也午爲南方之辰楚是南方之國故午爲楚之位也午是南方之辰火也庚是西方之日金也日以庚午有變午在南方必南方之國當其咎故災在楚楚之仇敵唯有吳耳故知入郢必是吳也其日庚午庚金午火五行相刻火勝金金以畏火之故金爲火妃夫妻相得而彊是楚彊盛之兆雖被吳入必不亡國故知吳入郢終亦弗克言其不能滅楚也食在辛亥之日亥在北方水位也北方水數六故曰六年吳入郢也

經三十有二年春王正月公在乾侯取闞無傳公別居乾侯遣人誘闞而取之不用師徒。闞口暫反【疏】公別至師徒。正義曰公羊傳曰闞者何邾婁之邑也案傳定元年將葬昭公季孫使役如闞公氏將溝焉則闞是魯公葬地非是邾邑公羊不可通於左氏也土地名東平須昌縣東南有闞城是也賈逵云昭公得闞季氏奪之不用師徒謂此取闞爲季氏取於公也案檢經傳公自出奔以來雖齊侯取鄆以居公耳未有公取闞之處安得取於公也且若是季氏奪公無由得告廟書經故杜以爲公取之也四年傳例曰凡克邑不用師徒曰取知公遣人誘而取之不用師徒也

夏吳伐越○秋七月○冬仲孫何忌會晉韓不信齊高張宋仲幾衛世叔申鄭國參曹人莒人薛人杞人小邾人城成周世叔申世叔儀孫也國參子產之子不書盟時公在外未及告公公已薨。參七南反【疏】注世叔至已薨。正義曰傳稱晉魏舒合諸侯之大夫于狄泉尋盟令城成周則此時爲盟矣而不書盟者賈逵云魯有昭公難故會而不盟案傳文無魯人辭盟之事其城成周又魯人共城之矣何以言會而不盟也若以難辭當辭不會身既在會何故辭。豈以昭公在外而欲背盟乎故杜以爲不書盟者時公在外未及告公而公已薨既不得告公故不書於經也案傳尋盟令城成周則盟在城前猶得書城而盟不書者晉合諸侯大夫本以城事召之孟懿子將從晉命即以告公雖會還乃書而已告公訖故得書之其尋盟之事晉不豫令諸侯大夫既集晉始發意尋盟之事未嘗告公故行還不得書也此云城成周者實未城也晉人始計功庸賦丈數以令諸侯耳明年傳稱正月庚寅裁三旬而畢是明年始城也此未城而已書城知本以城事召集因集而書城耳

十有二月己未公薨于乾侯十五日【疏】注十五日。正義曰傳言十一月令城成周雖無其日明年乃始城之當在月之將末杜顯言此十五日者言盟去公薨日近以明未及告意也

傳三十二年春王正月公在乾侯言不能外內又不能用其人也其人謂子家羈也言公不能用其人故於今猶在乾侯○夏吳伐越始用師於越也自此之前雖彊事小爭未嘗用大兵。彊居良反爭爭鬭之爭史墨曰不及四十年越其有吳乎存亡之數不過三紀歲星三周三十六歲故曰不及四十年哀二十二年越滅吳至此三十八歲越得歲而

吳伐之必受其凶此年歲在星紀星紀吳越之分也歲星所在其國有福吳先用兵故反受其殃。分扶問反殃於良反【疏】注此年至其殃。正義曰十一年傳稱萇弘對景王云歲在豕韋言十一年歲星在豕韋也又曰歲在大梁蔡復楚凶謂十三年歲星在大梁也十三年距此十九年耳歲星歲行一次十二年而行天一周則二十五年復在大梁從彼而厤數之則此年始至析木之津而此年歲在星紀者歲行一次舉大數耳其實一歲之行有餘一次故劉歆三統之術以爲歲星一百四十四年行天一百四十五次計一千七百二十八年爲歲星歲數言數滿此年剩得行天一周三統之厤以庚戌爲上元從上元至襄二十八年積十四萬二千六百八十六歲置此歲數以歲星歲一千七百二十八除之得積終八十二去之歲餘九百九十以一百四十五乘歲餘得十四萬三千五百五十以一百四十四除之得九百九十六爲積次不盡一百二十六爲次餘從襄二十八年至昭十五年合有一十八年歲星年行一次年有一餘以次加次得一千一十四以餘加餘得一百四十四餘數滿法又成一次以從積次得一千一十五也以十二去之餘餘次一百四十四周七个一百四十四年還得剩行天一周也餘七命起星紀筭外得鶉火是昭十五年歲星在鶉火也計十三年在大梁十五年當在鶉首而在鶉火者由其餘分數滿剩得一次猶如閏餘滿而成月也以十五年歲在鶉火歷而數之則二十七年復在鶉火故此年在星紀也於十二次分野星紀是吳越之分也歲星是天之貴神所在之次其國有福今越得歲星故吳伐之則凶也吳越同分而云越福吳凶者以吳先用兵故反受其殃賈逵云然杜從之也鄭玄云天文分野斗主吳牽牛主越此年歲星在牽牛故吳伐之凶案史傳所云吳越同分不言於次之內更復分星姜氏任氏共守玄枵復以何星主齊何星主薛也且據三統之術星紀之初斗十二度至於牽牛初度乃爲中耳十五年餘分始滿則此年之初歲星初入此次伐越在夏未得已至牽牛鄭之此說爲妄之甚也〇秋八月王使富辛與石張如晉請城成周子朝之亂其餘黨多在王城敬王畏之徙都成周成周狹小故請城之。狹音洽天子曰天降禍于周俾我兄弟並有亂心以爲伯父憂俾使也兄弟謂子朝也伯父謂晉侯。俾本又作卑同必爾反注同我一二親昵甥舅不皇啓處

於今十年謂二十三年二師圍郊至于今。昵女乙反【疏】注謂二至于今。正義曰案二十七年十二月晉籍秦致諸侯之戍于周而此杜云二十八年者以十二月垂盡去在十二月至周則在二十八年故云五年也勤戍五年謂二十八年晉籍秦致諸侯之戍至于今余一人無日忘之念諸侯勞閔閔焉如農夫之望歲懼以待時閔閔憂貌王憂亂常閔閔冀望安定如農夫之憂飢冀望來歲之將熟伯父若肆大惠復二文之業弛周室之憂肆展放也二文謂文侯仇文公重耳弛猶解也。弛式氏反注同重直龍反徼文武之福以固盟主宣昭令名則余一人有大願矣昔成王合諸侯城成周以爲東都崇文德焉作成周遷殷民以爲京師之東都所以崇文王之德。徼古堯反下同【疏】注作成至之德。正義曰杜知作成周爲崇文王之德者以上傳云徼文武之福即云成王合諸侯城成周以崇文德故以爲崇文王之德劉炫以爲崇文德之教而規杜非也今我欲徼福假靈于成王脩成周之城俾戍人無勤諸侯用寧蝥賊遠屏晉之力也蝥賊謂災害。蝥亡侯反【疏】注蝥賊謂災害。正義曰蝥賊食苗之蟲釋蟲云食根蟊食節賊故以蝥賊喻災害也其委諸伯父使伯父實重圖之俾我一人無徵怨于百姓徵召也。徵張升反而伯父有榮施先王庸之庸功也先王之靈以爲大功。施式豉反范獻子謂魏獻子曰與其戍周不如城之天子實云云欲罷戍而城雖有後事晉勿與知可也從王命以紓諸侯晉國無憂是之不務而又焉從事魏獻子曰善使伯音對伯音韓不信。勿與音預紓音舒焉於虔反

曰天子有命敢不奉承以奔告於諸侯遲速衰序衰差也序次也。衰初危反注同於是焉在在周所命冬十一月晉魏舒韓不信如京師合諸侯之大夫于狄泉尋盟且令城成周尋平丘盟魏子南面居君位衞彪傒曰魏子必有大咎干位以令大事非其任也彪傒衞大夫。彪彼虯反傒音兮咎其九反詩曰敬天之怒不敢戲豫敬天之渝不敢馳驅詩大雅。戒王者言當敬畏天之譴怒不可遊戲逸豫馳驅自恣渝變也。渝羊朱反譴弃戰反疏注詩大至譴怒。正義曰此詩大雅板之篇刺厲王之詩也詩注以天謂厲王此據上天斷章取意況敢干位以作大事乎巳丑士彌牟營成周計丈數計所當城之丈數也疏注計所至丈數。正義曰謂周迴

遠近之丈數也知者下別云揣高卑度厚薄故也揣高卑度高曰揣。揣丁果反又初委反度待洛反下文及注同度厚薄仞溝洫度深曰仞。仞本又作刃而愼反洫況域反物土方議遠邇物相也相取土之方面遠近之宜。相息亮反下同量事期知事幾時畢。幾居豈反下皆同計徒庸知用幾人功慮財用知費幾財用。費芳貴反書餱糧知用幾糧食。餱音侯本亦作糇糧音良以令役於諸侯屬役賦丈付所當城尺丈。屬之欲反疏屬役賦丈。正義曰屬役謂屬聚丁役也賦丈謂課付尺丈上既號令丁役之事以告諸侯令諸國國各出若干之役築若干之丈故云屬役賦丈書以授帥也書以授帥帥諸侯之大夫。帥所類反注同而效諸劉子效致也。效戶孝反韓簡子臨之以爲成命臨履其事以命諸侯經所以不書魏舒○十二月公疾徧賜大夫從公者。徧音遍從才用反下同大夫不受賜子家子雙琥琥玉器。琥音虎疏注琥玉器。正義曰周禮大宗伯云以玉作六器以禮天地四方白琥禮西方鄭玄云虎猛象秋嚴禮經及記言琥多矣都不說其狀蓋刻玉爲虎形也一環一璧輕服細好之服疏一環一璧。正義曰釋器云肉倍好謂之璧肉好若一謂之環李巡曰肉倍好璧邊肉大其孔小也肉好若一其孔及邊肉大小適等曰環也受之大夫皆受其賜已未公薨子家子反賜於府人曰吾不敢逆君命也大夫皆反其賜書曰公薨于乾侯言失其所也不薨路寢爲失所趙簡子問於史墨曰季氏出其君而民服焉諸侯與之君死於外而莫之或罪也對曰物生有兩有三有五有陪貳故天有三辰謂有三。陪蒲回反地有五行謂有五體有左右謂有

兩各有妃耦謂陪貳。妃音配王有公諸侯有卿皆有貳也天生季氏以貳魯侯爲日久矣民之服焉不亦宜乎魯君世從其失季氏世脩其勤民忘君矣雖死於外其誰矜之社稷無常奉奉之無常人言唯德也。從子用反本亦作縱君臣無常位自古以然史墨跡古今以實言故詩曰高岸爲谷深谷爲陵詩小雅言高下有變易疏故詩至爲陵。正義曰詩小雅十月之交大夫刺幽王也三后之姓於今爲庶王。所知也三后虞夏商疏注三后虞夏商。正義曰從周而上故數此三代三代子孫自有爲國君者言其賤者爲庶人也在易卦雷乘乾曰大壯䷡乾下震上大壯震在乾上故曰雷乘乾疏雷乘乾曰大壯。正義曰乾爲天爲剛震爲雷爲動大以剛而動動則爲雷壯之大

者故曰大壯天之道也乾爲天子震爲諸侯而在上君臣易位猶臣大強壯若天上有雷〔疏〕注乾爲至有雷。正義曰說卦乾爲天爲君君之極尊者是天子也震爲長子其卦云震驚百里聲達百里之內而有震曜之威是諸侯而在天子之上象如君臣易位是天之道也昔成季友桓之季也文姜之愛子也始震而卜卜人謁之曰生有嘉聞嘉名聞於世。始震如字一音身聞音問〔疏〕始震而卜。正義曰震動也懷妊始動知有震娠而即卜也其名曰友爲公室輔及生如卜人之言有文在其手曰友遂以名之既而有大功於魯立僖公。名之音武政反受費以爲上卿至於文子武子文子行父武子宿。費音秘世增其業不費舊績魯文公薨而東門遂殺適立庶魯君於是乎失國失國權。適丁厤反政在季氏於此君也四公矣民不知君何以得國是以爲君慎器與名不可以假人器車服名爵號〔疏〕是以至假人。正義曰器謂車服也名謂爵號也借人名器則君失位矣故不可以假人也言魯君失民是借季氏以權柄故令昭公至此出外因以戒人君使懲創也

附釋音春秋左傳注疏卷第五十三

皇清嘉慶二十年重刊宋本十三經注疏附校勘記

東鄉盧氏宣旬校字

江西南昌府學栞

春秋左傳注疏卷五十三校勘記　阮元撰盧宣旬摘録

附釋音春秋左傳注疏卷第五十三　昭二十九年盡三十二年

〔經〕二十九年

以乾侯至　宋本岳本足利本至作致按正義云以乾侯致告於廟者作致是也

注以乾至晉侯至　宋本無晉字

潰散叛公　淳熙本潰作遺非也

當是季氏道之使然　毛本是誤時

〔傳〕二十九年

注比公於大夫　宋本此節正義在公如乾侯注之下

趙文子曰　毛本文誤武

齊卑君矣　毛本卑君誤倒

君祇辱焉　石經祇作祗是也

二十八年　宋本淳熙本岳本纂圖本足利本八作六是也

注二十至道還　宋本此節正義在注鄩周邑之下

以婦人尤之云　諸本作尤此本誤无今改正

平王每歲賈馬　纂圖本亦誤作王石經宋本淳熙本岳本閩本監本毛本作子是也。今訂正

注啟服馬名　宋本以下正義二節揔入子家子曰節注下

中央夾來轅者　〔補〕案來字誤衍

隋塹死也　宋本隋作隮

乃以幃裹之　石經宋本岳本足利本幃作帷與釋文合注同

注禮曰鰍至馬也　宋本無鰍字

請以馬肉食從者　宋本重者字是也

多辨　宋本閩本監本毛本辨作辯

以壠竈爲椁　毛本壠作攏非也

注龍輔玉名　宋本以下正義二節搃入且後生而爲兄節之下

龍禱旱玉也　段玉裁校本龍作瓏依說文改也

請相與偕告　纂圖本毛本偕作皆非也

務人公爲也　案王引之周秦名字解故云魯公子務人字爲務亦爲也禮記檀弓作公叔禺人假借字段玉裁曰說文云爲母猴也禺母猴屬故公爲字禺人左傳作務人者務古音茂禺古音偶音相似也

人實至實知　宋本自此節以下正義至注棄周至代之節止搃入注文傳言蔡墨之博物之下

而知其故　石經宋本淳熙本岳本纂圖本監本毛本而下有不字是也

叔安其君名　諸本作君此本誤若今改正

則以官名　宋本淳熙本岳本纂圖本監本毛本名作氏是也

芒子帝世世子帝不降　宋本世並作泄是也

故杜以爲合爲四　宋本無上爲字

陶唐堯所治地　纂圖本毛本地作也非也

以更豕韋之後　惠棟云史記夏本紀更作受周禮巾車云歲時受讀杜子春云受當爲更儀禮燕禮及大射儀注皆云古文更爲受是更與受古今字也

下文云　閩本監本毛本下文作又下非也

懽而遷于魯縣　岳本于作於

若泯弃之　石經泯作泜避所諱

物乃坻伏　纂圖本毛本伏誤服字按說文坻小渚也坻箸也箸直略切然則此傳當作坻伏石經宋本不誤

若滅弃所掌　宋本所掌作其官是也

職事不理　宋本職作百是也

乃令無有此物　此本無字實缺據宋本監本毛本補

非徒不至而已　此本非徒二字實缺閩本同據宋本監本毛本補

傳謂塞井爲堙井　傳謂爲堙井五字此本實缺閩本同據宋本監本毛本補

是堙爲塞也　此本堙爲二字實缺閩本塞字亦實缺據宋本監本毛本補

言此物沈滯堙塞　物沈滯堙四字此本實缺閩本同據宋本監本毛本補監本沈作沉非也

列謂行列　此本行列二字實缺閩本同據宋本監本毛本補

言五官皆然也　此本言字實缺閩本同據宋本監本毛本補

又賜之以姓　此本賜之以姓四字實缺閩本同據宋本監本毛本補

諸侯以國爲氏　此本諸侯二字實缺閩本同據宋本監本毛本補

王者社稷五祀　宋本王作主非也

行西河　宋本行下有在字監本毛本作立西河陳樹華云當依外傳作立於西河

自是金神之形耳　毛本神作刑形作神並非

光明四海　浦鏜正誤明作照依國語改也

在野則爲社　淳熙本社誤一

各以其野之所宜木　此本宜木二字模糊依宋本監本毛本改正閩本宜誤草

命人社是也　監本毛本人作民

賈逵以句芒祀於戸云云　毛本戸作月非也考文祀作祭

言彼與中霤　監本與作爲非宋本彼下有社字是也

是此方水官之物也　宋本此作北

各各自有其官　閩本監本毛本各字不重

不可强言是用　宋本强作彊

乾下乾上乾　淳熙本脱末乾字

其坤　釋文坤作巛云本又作坤案說文無巛字即☷之變耳

上爻辭　宋本淳熙本岳本纂圖本監本毛本作坤上六爻辭是也

猶女行而遇男　宋本行而作而行

故别摠其用而爲之辭　毛本别作名非也

物謂上六卦所稱龍　上六卦三字此本實缺據宋本淳熙本岳本纂圖本補閩本誤作周易之三字監本毛本卦下有之字亦衍文

乃命木正重司天以屬神　監本毛本乃作則非也浦鏜云木國語作南

以水名官　宋本淳熙本岳本官下有者字

次言大皞以龍名　諸本作大此本誤人今改正

祭法曰　諸本作祭此本誤登今改正

宣王不藉千畝　閩本監本毛本藉誤籍

然則百穀　宋本毛本穀作官非也

烈山氏　釋文云禮記作厲山案禮記郊特牲正義引作列山氏國語補音云左傳作烈山是所據本各異也

其子能殖百穀　諸本作穀此本誤設今改正

賈逵　諸本作賈此本誤寶今改正

後爲神農也　案神農疑當作農神

故革命創制　宋本故作政

重犂之輩　諸本作重此本誤不今改正

共鼓石爲鐵　淳熙本共誤其

注令晉至言遂　宋本以下正義六節摠入其及趙氏節注下

用橐扇火　宋本監本毛本橐作槖下句同按槖非也橐者吹火韋囊也或作囊古書祇用排步拜切

民不豫知　毛本豫作預案豫預古今字

其事文公傳具矣　宋本公下有之字

與之以成　重脩監本與誤其成誤戒

范氏取蒐之法　宋本取下有夷字是也

縱應有禍　毛本縱誤總

經三十年

徐子章羽奔楚　岳本羽作禹從傳文也

傳三十年

内外弃之　宋本淳熙本纂圖本足利本作外内案正義本亦作外内

且徵過也　毛本徵誤懲

以二𠬝侯　宋本監本毛本二作貳是也

亦無抽筋倒縣之急　宋本閩本監本毛本縣作懸是俗字

然所以非責公之妄也　宋本無然字

明公過可掩也　宋本過下有不字是也

則往前未釋之時　閩本監本毛本前誤年

晉頃公卒　淳熙本頃誤須

弔喪共使　宋本岳本足利本喪作葬是也

不及辦之　宋本淳熙本辦作辨

注紼輓至執紼　宋本以下正義三節揔入注文傳言大叔之敏下

帥六卿之衆　閩本監本毛本鄉誤卿

禮送葬必執紼　毛本送誤遂宋本必下有而字按今曲禮上作助葬必執紼

明底其情　石經此處殘缺宋本淳熙本岳本底作厎是也注同

底致也　淳熙本也字下衍王禮數三字

胡田胡子之地　宋本淳熙本岳本纂圖本監本毛本田下有故字

若好吳邊疆　石經宋本岳本足利本吳作吾釋文作吾好云一本作若好吾

謂不與吳構怨　宋本纂圖本閩本監本毛本構作搆

吾又疆其讎以重怒之　石經宋本淳熙本岳本足利本疆作彊是也

不知天將以爲虐乎　淳熙本天作无非也

執鍾吳子　(補)毛本吳作吾

徐子章禹斷其髮　閩本禹作羽係改刊初刻亦必作禹也石經此處缺

經三十一年

薛伯入春秋以來　閩本監本毛本作薛伯此本誤倒宋本無伯字薛上有但字

將使意如迎公　宋本迎作逆

冬黑肱以濫來奔　陳樹華云郡國志濫作藍按作藍非也而可爲釋文力甘反之一證

傳三十一年

我受其無咎　宋本以下正義三節揔入子家子曰節注下

請囚于費　毛本于改於

以待君之察也　石經君字以下一行計九字

君一言使晉　淳熙本一字空缺

何敢復知耶　宋本足利本耶作邪是也

退而謂季孫君怒未怠　石經此行計九字

不得復自在　諸本作自在足利本後人記云異本作自存非也

賤而書名　石經而字以下一行計十二字而字似增入

在襄二十二年　宋本淳熙本岳本纂圖本足利本二年作一年是也

婉而辨　宋本此節正義在善人勸焉節之下

趙簡子夢童子臝而轉以歌　諸本作嬴北宋刻釋文云本又作嬴風俗通義引作裸鄭氏周禮占夢注引作倮按說文作臝从衣𦝫聲裸臝或从果

轉婉轉也　岳本監本毛本婉作宛

庚辰有變　宋本淳熙本岳本辰作日是也

注庚日至八郢　閩本監本毛本日誤辰宋本以下正義三節揔入庚午節注下

而同而同名曰辰　(補)案而同字誤重

角即龍角即龍尾　宋本監本毛本即上有尾字是也

故言辰尾龍尾也　宋本上尾字作星是也

故六年也　宋本年字下有吳入郢三字與正義合

氣見於天　宋本見作是非也

楚是南方之國　宋本脫之字

五行相刻　監本毛本刻作尅

是楚彊盛之兆　諸本作兆此本誤非今改正

經三十二年

何故辭　宋本辭下有盟字

故不書於經也　毛本也誤之

賦丈數　諸本作丈此本誤文今改正

裁三旬而畢　宋本裁作栽字按定元年傳作城三旬而畢當依此作栽謂自庚寅栽豚三十日而畢工也

傳三十二年

故於今猶在乾侯　纂圖本脫於字

雖疆事小爭　閩本監本疆作彊非也

則二十五年復在大梁　宋本二作三

而此年歲在星紀者　監本毛本歲誤數

以十二去之餘餘次一百四十四周七个一百四十四年還得剩行天一周也　閩本監本毛本用作周李銳云此文舛譌不可曉以意求之當云以十二去之餘七每次有一百四十四分周七个一百四十四年還得剩行天七次也

而得越福吳凶者　監本毛本得作云

此年歲星在牽牛　閩本監本年作是

謂二十三年二師圍郊　淳熙本師誤帥

注謂二至于今　宋本以下正義六節揔入以為成命句注下

如農夫之憂飢　纂圖本毛本飢作饑

伯父若肆大惠　石經肆字改刊初刻誤賜

弛周室之憂　淳熙本弛作弛非也

文公重耳　宋本淳熙本耳下有也字

蝥賊遠屏　毛本賊誤賤

蝥賊謂災害　宋本岳本監本毛本謂作喻

衞彪傒曰　淳熙本正德本閩本亦作傒注同石經岳本宋本纂圖本監本毛本作徯與釋文合按說文有徯無傒毛本衞誤魏

計所當城之丈數也　宋本淳熙本足利本無也字

仞溝洫　釋文云仞本又作刃而慎反按刃者古文假借字也

慮財用　石經宋本淳熙本岳本財作材不誤注同

賦丈　周禮大司馬職疏引作賦丈尺似以意增也

屬役謂屬聚下役也　宋本下作丁是也

上既號令丁役之事　閩本監本毛本丁誤下重脩監本令作合非也

注琥玉器下　宋本以下正義入節揔入不可以假人句注下

有陪貳　石經此處模糊宋本纂圖本毛本陪作倍非也

大夫刺幽王也　閩本監本毛本幽作厲非也

三后之姓於今爲庶王所知也石經宋本淳熙本岳本纂圖本監本足利本王作主是也

震爲諸侯而在上宋本淳熙本岳本在下有乾字是也

猶臣大强壯淳熙本臣誤巨宋本强作彊

是諸侯而在天子之上宋本侯下有之象諸侯四字

懷妊始動宋本妊作姙非也

知有震娠而即卜也宋本毛本卜作動非也

立僖公淳熙本僖作喜非也

不費舊職補案費當作廢

附釋音春秋左傳注疏卷第五十三止

春秋左傳注疏卷五十三挍勘記

附釋音春秋左傳注疏卷第五十四 定元年盡四年

杜氏注　孔穎達疏

定公○陸曰定公名宋襄公之子昭公之弟謚法安民大慮曰定【疏】正義曰魯世家定公名宋襄公之子昭公之弟史傳不言其母不知誰所生也以敬王十一年卽位謚法安民大慮曰定

經元年春王公之始年而不書正月公卽位在六月故【疏】注公之至月故正義曰凡新君初立必於歲首元日朝正於廟因卽改元正位百官以序國史因書於策云元年春王正月公卽位也其或國有事故不得行卽位之禮國史亦書元年春王正月見此月公應卽位而有故不得隱莊閔僖四公元年無事而空書春王正月其義也此年不書正月者公卽位在六月故也傳稱昭公喪及壞隤公子宋先入則正月之時定公猶從昭公之喪在於乾侯未入魯竟國內無君不是卽位闕禮故不須書正月也釋例曰癸亥公之喪至自乾侯戊辰公卽位喪在外踰年乃入故因五日改殯之節國史用元年卽位之禮因以元年爲此年也然則正月之時未有公矣公未卽位元必不改而於春夏卽稱元年者公未卽位必未改元未改之日必乘前君之年於時春夏當名此年爲昭公三十三年及六月旣改之後方以元年紀事及史官定策須有一統不可半年從前半年從後雖則年初亦統此歲故入年卽稱元年也漢魏以來雖於秋冬改元史於春夏卽以元年冠之是有因於古也

三月晉人執宋仲幾于京師晉執人于天子之側而不以歸京師故但書其執不書所歸○幾音機【疏】注晉執至所歸○正義曰晉執仲幾傳無日月據經所書是三月始執宋傳則不然也傳稱辛巳合諸侯之大夫于狄泉長厤辛巳是正月七日也旣會而魏舒始卒庚寅栽是正月十六日也宋仲幾不受功當於栽時不肯役耳士彌牟云晉之從政者新是士鞅已伐魏舒矣乃執仲幾以歸三月歸諸京師必是旣栽之後三月以前執以歸晉至三月乃歸於京師耳經書三月始執者晉人初執不告後知以歸不可至三月復歸於京師諱其以歸乃歸王故以三月初執告也縱晉執人諸侯不得相治事當使歸決於天子況在天子之側不以歸於京師晉人自知不可不以歸晉告魯故經但書其執不書所歸旣不言歸王亦不言歸晉是不以所歸告也

○夏六月癸亥公之喪至自乾侯告於廟故書至○戊辰公卽位定公不得以正月卽位失其時故詳而日之記事之宜無義例【疏】注定公至義例○正義曰公羊傳曰卽位不日此何以日錄乎內也穀梁以爲公喪在外踰年六月乃得卽位危故日之左氏無此義故杜顯而異之正月卽位正也定公不得以正月卽位爲失其時故詳而日之直記事之宜書日無義例

○秋七月癸巳葬我君昭公公在外薨故八月乃葬

○九月大雩無傳過也○雩音于

○立煬宮煬公伯禽子也其廟已毀季氏禱之而立其宮書以譏之○煬羊讓反禱丁老反【疏】注煬公至譏之○正義曰謚法好內怠政曰煬煬公伯禽子世本世家文諸侯之禮親廟有四計煬公玄孫旣薨其廟卽已毀矣季氏禱于煬公以求昭公不入公死於外謂禱有益而更立其宮賽之於禮不合更立惡其改變國典故書以譏之公羊穀梁皆云立者不宜立立煬宮非禮也

冬十月隕霜殺菽無傳周十月今八月隕霜殺菽非常之災○隕于敏反菽本又作叔音同【疏】注周十至之災○正義曰月令九月霜始降八月未應霜殺菽菽者大豆之苗又是耐霜之穀今以八月隕霜霜能殺菽是非常之災故書之僖三十三年隕霜不殺草此云殺菽彼言不殺草者穀梁傳曰未可以殺而殺舉重可殺而不殺舉輕其曰菽舉重也

傳元年春王正月辛巳晉魏舒合諸侯之大夫于狄泉將以城成周魏子涖政涖臨也代天子大夫爲政○涖音利又音類衞彪傒衞大夫曰將建天子立天子之居而易位以令非義也大事奸義必有大咎晉不失諸侯魏子其不免乎是行也魏獻子屬役於韓簡子及原壽過簡子韓起孫不信也原壽過周大夫○奸音干咎其九反屬之欲反過古禾反【疏】易位以令○正義曰往年傳魏子南面衞彪傒云干位以令此云魏子涖政彪傒云易位以令文不同者郊特牲云君之南鄉荅陽之義也臣之北面荅君也然則禮國君乃南面往年魏子亦南面是干君之位故云干位

此時諸國爲天子築城但當爲君各致徒役而已宜使天子之臣自號令之而魏子涖政代天子大夫改易上下故爲易位所譏別故其文異而田於大陸焚焉禹貢大陸在鉅鹿北嫌絕遠疑此田在汲郡吳澤荒蕪之地火田并見燒也爾雅廣平曰陸。蕪音無【疏】注禹貢至曰陸。正義曰禹貢云導河積石至于大伾北過降水至于大陸孔安國云大陸澤名釋地十藪云晉有大陸郭璞曰今鉅鹿北廣河澤孫炎曰廣河猶大陸以地名言之近爲是也計鉅鹿之城與周相去千有餘里魏子不應往彼田獵故嫌絕遠疑此田當在汲郡吳澤吳澤在脩武縣北還卒於甯甯卽脩武城是也當是荒蕪之地故亦以大陸名焉引爾雅以證平地皆名陸也案爾雅高平曰陸杜言廣平者以吳澤之地地下寬平故以廣平言之非是不見爾雅劉君以爾雅高平曰陸而規杜氏非還卒於甯甯今脩武縣近吳澤。近附近之近范獻子去其柏椁以其未復命而田也范獻子代魏子爲政去其柏椁示貶之。去起呂反注同椁音郭【疏】去其柏椁正義曰喪大記云君松椁大夫柏椁士雜木椁是卿葬於禮用柏椁也以其未復君命而爲田獵故獻子去其柏椁不使用也孟

懿子會城成周不書公未卽位【疏】注不書公未卽位。正義曰懿子往年雖受號令知所得丈尺人功而已今復將徒役城之計當更書之於策以公未卽位無君可告故不書庚寅栽栽設板築。栽才代反又音再注同宋仲幾不受功曰滕薛郳吾役也欲使三國代宋受功役也。郳五兮反小邾國薛宰曰宋爲無道絕我小國於周以我適楚故我常從宋晉文公爲踐土之盟在僖二十八年曰凡我同盟各復舊職若從踐土若從宋亦唯命仲幾曰踐土固然固曰從舊薛舊爲宋役薛宰曰薛之皇祖奚仲居薛以爲夏車正皇大也奚仲爲夏禹掌車服大夫。夏戶雅反注同奚仲遷于邳邳下邳縣。邳皮悲反仲虺居薛以爲湯左相仲虺奚仲之後。虺許鬼反相息亮反

若復舊職將承王官何故以役諸侯承奉也仲幾曰三代各異物薛焉得有舊言居周世不得以夏殷爲舊。焉於虔反爲宋役亦其職也士彌牟曰晉之從政者新言范獻子新爲政未習故事【疏】注言范至故事。正義曰魏舒以辛巳曾諸國至庚寅相去雖十日耳魏舒始卒已得范鞅代者范鞅本是中軍之佐於次當代魏舒蓋晉人聞舒卒而馳使代之子姑受功歸吾視諸故府求故事仲幾曰縱子忘之山川鬼神其忘諸乎山川鬼神盟所告士伯怒謂韓簡子曰薛徵於人典藉故事人所知也宋徵於鬼取證於鬼神宋罪大矣且已無辭而抑我以神誣我也啓寵納侮其此之謂矣開寵過分則納受侵侮。侮亡甫反分扶問反【疏】啓寵至謂矣。正義曰尚書說命傳說進戒於王云無啓寵納侮古有此言故云其此之謂矣開彼寵人過其本分其人不知止足乃至侵侮在上據在上受之故云納侮必以仲幾爲戮乃執仲幾以歸

三月歸諸京師知以歸不可故復歸之京師。復扶又反城三旬而畢乃歸諸侯之戍齊高張後不從諸侯後則不及諸侯之役晉女叔寬曰周萇弘齊高張皆將不免叔寬女寬也。萇直良反萇叔違天高子違人天既厭周德萇弘欲遷都以延其祚故曰違天諸侯相帥以崇天子而高子後期故曰違人。厭於豔反祚才故反天之所壞不可支也衆之所爲不可奸也爲哀三年周人殺萇弘六年高張來奔起。夏叔孫成子逆公之喪于乾侯成子叔孫婼之子季孫曰子家子亟言於我未嘗不中吾志也吾

欲與之從政子必止之且聽命焉衆士皆諮問子家子○亟起冀反中丁仲反【疏】○季孫至命焉○正義曰言子家子數於公處致言於我云意如事君不敢不改又言君以一乘入於魯師季孫必與居歸季孫之意實然故云未嘗不中吾志吾欲與之從政欲用爲大夫也公喪歸則從者散故令止之且聽命者一聽子家之所爲子家欲將歸者卽與之歸子家子不見叔孫易幾而哭幾哭會也不欲見叔孫故朝夕哭不同會○朝如字叔孫請見子家子子家子辭曰羈未得見而從君以出出時成子未爲卿○羈居宜反子家子名見賢遍反下同從才用反注義從同又如字下從君從公放此君不命而薨羈不敢見言未受昭公之命託辭以距叔孫叔孫使告之曰公衍公爲實使羣臣不得事君二子始謀逐季氏【疏】注二子至季氏○正義曰謀逐季氏公爲爲之傳文不言公衍謀也但以公衍見復爲大子季氏欲俱廢之故言此也

若公子宋主社稷則羣臣之願也宋昭公弟定公凡從君出而可以入者將唯子是聽子家氏未有後季孫願與子從政此皆季孫之願也使不敢以告不敢叔孫成子名對曰若立君則有卿士大夫與守龜在羈弗敢知若從君者則貌而出者入可也貌出謂以義從公與季氏無實怨○守手又反寇而出者行可也與季氏爲寇讎者自可去若羈也則君知其出也君昭公而未知其入也羈將逃也喪及壞隤公子宋先入從公者皆自壞隤反出奔○壞徐音懷又戶怪反隤徒回反六月癸亥公之喪至自乾侯戊辰公卽位諸侯薨五日而殯殯則嗣子卽位癸亥昭公喪至五日殯於宮定公乃卽位【疏】諸侯至卽位○正義曰王制云天子七日而殯諸侯五日而殯自癸亥至戊辰五日殯訖則嗣子卽位故定公以此日卽位也公羊穀梁皆云正棺於兩楹之間然後卽位案正棺兩楹之間卽禮所謂夷於堂者也喪大記君薨之禮云旣小斂男女奉尸夷于堂鄭玄云諸侯之小斂於死者俱三日此戊辰去癸亥五日非正棺之日不得爲正棺卽位也雜記云諸侯行而死歸至於廟門遂入適所殯鄭玄云適所殯謂兩楹之間自外來者正棺於兩楹之間尸亦夷之於此因殯焉殯必於兩楹之間者以其死不於室而自外來留之於中不忍遠也鄭取二傳之說言死從外來者殯在兩楹之間若謂殯爲正棺則與杜言合矣季孫使役如闞公氏將溝焉闞魯羣公墓所在也季孫惡昭公欲溝絕其兆域不使與先君同○闞口暫反惡烏路反又如字【疏】闞公氏○正義曰闞是先公葬地春秋言氏猶如言家故謂公之葬地爲公氏言是公死之家宅也玄卿以爲闞屬上句公氏將溝焉猶言將溝公氏焉古人多倒語公氏則昭公榮駕鵞曰生不能事死又離之以自旌也駕鵞魯大夫榮成伯也旌章也○駕音加鵝五何反旌音精

縱子忍之後必或恥之乃止季孫問於榮駕鵞曰吾欲爲君謚使子孫知之爲惡謚【疏】注爲惡謚○正義曰知者下云死又惡之所以知也對曰生弗能事死又惡之以自信也將焉用之乃止秋七月癸巳葬昭公於墓道南孔子之爲司寇也溝而合諸墓明臣无貶君之義○惡之如字又烏路反焉於虔反【疏】以自信也○正義曰信明也以自明己之不臣也○溝而合○正義曰孔子之爲司寇在定公十年以後未知何年溝之昭公出故季平子禱于煬公九月立煬宮平子逐君懼而請禱於煬公昭公死於外自以爲獲福故立其宮【疏】禱於煬公○正義曰旣毀其廟而得禱者蓋就祧而禱之○周鞏簡公棄其子弟而好用遠人簡公周卿士遠人異族也爲明

年鞏氏賊簡公張本。鞏九勇反好呼報反〔疏〕簡公。○正義曰謚法平易不從曰簡

經二年春王正月○夏五月壬辰雉門及兩觀災無傳雉門公宮之南門兩觀闕也天火曰災。○觀古亂反注及下同〔疏〕注雉門至曰災。○正義曰明堂位云庫門天子皐門雉門天子應門是魯之雉門公宮南門之中門也釋宮云觀謂之闕郭璞曰宮門雙闕周禮大宰正月之吉縣治象之法于象魏使萬民觀治象鄭衆云象魏闕也劉熙釋名云闕在門兩旁中央闕然爲道也然則其上縣法象其狀魏魏然高大謂之象魏使人觀之謂之觀也是觀與象魏闕一物而三名也觀與雉門俱災則兩觀在雉門之兩旁矣公羊傳曰其言雉門及兩觀災何兩觀微也然則曷爲不言雉門災及兩觀主災者兩觀也主災者兩觀則曷爲後言之不以微及大也穀梁亦云災自兩觀始先言雉門尊尊也公羊稱子家駒云設兩觀諸侯僭天子其意以其奢僭故天災之左氏無此義案禮器云天子諸侯臺門此以高爲貴也郊特牲云臺門大夫之僭禮也雖言大夫異於諸侯不言諸侯異於天子兩觀爲僭禮無其文天之所災不可意卜言主災兩觀以門尊先門若災先從門起又將何以爲異上明無文或是災起雉門而延及兩觀也天火曰災宜十六年傳例○秋楚人伐吳囊瓦稱人見誘以敗軍。○囊乃郎反○冬十月新作雉門及兩觀無傳

傳二年夏四月辛酉鞏氏之羣子弟賊簡公傳言棄親用疏所以敗也○桐叛楚桐小國廬江舒縣西南有桐鄉吳子使舒鳩氏誘楚人舒鳩楚屬國曰以師臨我教舒鳩誘楚使以師臨吳我伐桐爲我使之無忌吳伐桐也僞若畏楚師之臨已而爲伐其叛國以取媚者也欲使楚不忌吳所請多方以誤之。○爲我于僞反注及下同〔疏〕桐叛至無忌。○正義曰桐是小國世屬於楚桐今叛楚楚有間隙故吳子因是而謀之舒鳩自是楚之屬國居吳楚之間亦兩取其意故吳得使之也吳子使舒鳩誘楚人以教舒鳩爲辭曰令楚以師臨我我吳自稱我令楚臨吳也我當僞若畏楚爲楚伐桐女舒鳩當爲我誘楚我軍楚師或曰囊瓦本出師伐吳見吳欲伐桐而不設備遂破吳敗之又擊楚巢邑潛師圍而克之獲其守邑大夫爲我使之無忌謂爲我之畏楚形狀使楚人無復防忌於我也若楚不忌吳則師不設備欲因其無備而掩襲取之耳下云吳人見舟于豫章僞欲伐桐也吳軍楚師于豫章掩其不備也潛師于巢吳人詐巢邑人云此師將伐桐也其實本擬取巢故下遂圍巢克之言潛者對豫章之師稱潛○秋楚囊瓦伐吳師于豫章從舒鳩言吳人見舟于豫章僞將爲楚伐桐。○見賢遍反而潛師于巢實欲以擊楚冬十月吳軍楚師于豫章敗之楚不忌故遂圍巢克之獲楚公子繁繁守巢大夫○邾莊公與夷射姑飲酒私出射姑邾大夫出辟酒。○射音亦一音夜閽乞肉焉奪之杖以敲之奪閽杖以敲閽頭也爲明年邾子卒傳。○閽音昏守門人也敲苦孝反又苦學反說文作毃云擊頭也字林同又一曰擊聲也口交反又口卓反訓從敲云橫擿也又或作茅或作𠜱口交反

經三年春王正月公如晉至河乃復無傳〔疏〕公如至乃復。○正義曰三傳皆無其說不知何故乃復賈逵云刺緩朝見辭失所不諱罪已賈雖爲此解於傳無文不可從故杜不言劉炫謂公以六月即位此年便即往朝於事未爲緩也晉人何以辭之若以緩見遣當退謝罪何由此後更無謝處空言罪已經無孫謝自罪之狀復安在乎晉若以緩致辭必當要有譴責何由明年會次復得依常班序乃復之意不可縣知○二月辛卯邾子穿卒再同盟。穿音川〔疏〕注再同盟。○正義曰穿以昭二年即位十一年盟于祲祥二十六年于鄟陵皆魯邾俱在是再同盟也○夏四月○秋葬邾莊公六月乃葬緩○冬仲孫何忌及邾子盟于拔拔地闕。○拔皮八反

傳三年春二月辛卯邾子在門臺臨廷門上有臺閽以缾水沃廷邾子望見之怒閽曰夷射姑旋焉旋小便。○廷音庭下並同缾步丁反本又作瓶命執之見其不潔執射姑弗得

滋怒自投于牀，廢于鑪炭，爛，遂卒。廢，墮也。鑪，力吳反。炭，他且反。墮，徒火反。先葬以車五乘，殉五人。欲藏中之絜，故先內車及殉，別爲便房，蓋其遺命。○先，悉薦反，又如字。乘，繩證反。殉，辭俊反。藏，才浪反。〔疏〕注欲藏至遺命。○正義曰：以人從葬謂之殉。邾子好絜，以人爲殉，欲備地下埽除，若令與柩同入，恐其汚履藏內，欲其藏中之絜，故先內車及殉，別爲便房處之。傳言此事，意在非責邾子。若是葬者自爲，則非莊公之罪，無爲輒說此事，故云蓋其遺命也。邾子隊鑪而卒，不應得有遺命，疑其是遺命者，禮，國君位而爲椑，初立即營死事，當是平素之時先有此命，葬者奉行之。莊公卞急而好潔，故及是。卞，躁疾也。○卞，皮彥反。好，呼報反，下文及注同。躁，早報反。秋九月，鮮虞人敗晉師于平中，平中，晉地。獲晉觀虎，恃其勇也。爲五年士鞅圍鮮虞張本。○冬，盟于郯，郯即拔也。○郯音談。脩邾好也。公即位，故脩好。○蔡昭侯爲兩佩與兩裘以佩，佩玉也。

如楚，獻一佩一裘於昭王。昭王服之，以享蔡侯。蔡侯亦服其一。子常欲之，弗與，三年止之。唐成公如楚，有兩肅爽馬，子常欲之。成公，唐惠侯之後。肅爽，駿馬名。○肅，如字，又所六反。爽，音霜。駿，音俊。〔疏〕注成公至馬名。○正義曰：宣十二年傳有唐惠侯，故云唐惠侯之後也。釋畜於馬无肅爽之名，爽或作霜，賈逵云色如霜紈，馬融說肅爽鴈也，其羽如紈，高首而脩頸，馬似之，天下稀有，故子常欲之。杜以馬名臨時所作，本意不可得知，故直云駿馬名。弗與，亦三年止之。唐人或相與謀，請代先從者，許之。飲先從者酒，醉之，竊馬而獻之子常。子常歸唐侯。自拘於司敗，竊馬者自拘。○從，才用反，下同。飲，於鴆反。拘，九于反。〔疏〕請代至許之。○正義曰：謂請楚，楚許之也。知非請唐侯者，若唐侯許之，自合養馬，何須言飲先從者竊馬以獻乎？曰：君以弄馬之

故隱君身，隱，憂約也。○弄，魯貢反。棄國家，羣臣請相夫人以償馬，必如之。相，助也。夫人，謂養馬者。○相，息亮反。夫音扶，注同。償，市亮反。唐侯曰：寡人之過也。二三子無辱。皆賞之。蔡人聞之，固請而獻佩于子常。子常朝，見蔡侯之徒，命有司曰：蔡君之久也，官不共也。言楚所以禮遣蔡侯之物不共備故。○共音恭，注同。明日禮不畢，將死。遣蔡侯之禮。蔡侯歸，及漢，執玉而沈，曰：余所有濟漢而南者，有若大川。自誓言若復渡漢，當受禍明如大川。○沈音鴆。復，扶又反。蔡侯如晉，以其子元與其大夫之子爲質焉，而請伐楚。爲明年會召陵張本。○質音致。

經四年春王二月癸巳，陳侯吳卒。无傳。未同盟而赴以名。癸巳，正月七日，書二月，從赴。〔疏〕注癸巳至從赴。○正義曰：杜以長厤校之，知癸巳是正月七日，故云書二月從赴也。知非日誤者，以崩薨之事皆以赴爲文，故平王崩赴以庚戌，陳侯卒赴以甲戌己丑，杜依大例而言，故云從赴。劉炫以爲諸侯五月而葬，下云六月葬陳惠公，則陳侯卒在二月，以爲日誤而規杜氏。今知非者，但諸侯雖五月可葬，春秋之時或緩或速，无復常準，此陳侯之葬事既无傳，何知必五月而葬？妄以杜爲失，其義非也。○三月，公會劉子、晉侯、宋公、蔡侯、衞侯、陳子、鄭伯、許男、曹伯、莒子、邾子、頓子、胡子、滕子、薛伯、杞伯、小邾子、齊國夏于召陵，侵楚。於召陵先行會禮，入楚竟，故書侵。○夏，戶雅反。召，上照反。竟音境。〔疏〕注於召至書侵。○正義曰：先言于召陵，後言侵楚，是於召陵先行會禮也。土地名召陵，楚地也。諸侯既入楚境，先行會禮，後乃侵之，故經書先會後侵也。○夏四月庚辰，蔡公孫

姓帥師滅沈，以沈子嘉歸，殺之。五月，公及諸侯盟于皐鼬。召陵會劉子諸侯摠言之也。繁昌縣東南有城皐亭。復稱公者，會盟異處故。○公孫姓音生，又作生。鼬由又反。復扶又反。處昌慮反。〔疏〕注召陵至處故。○正義曰：書經之例，諸侯先會而後盟，皆前目而後凡。此共盟者還是前會之諸侯，前已歷序，故於此摠言之也。劉子雖是王朝之臣，而亦有封爵，故諸侯之文可以兼劉子也。僖二十九年王子虎與諸侯盟于翟泉，貶之稱人。此劉子得與諸侯盟者，楚僭號稱王，不事天子，諸侯會而侵楚，將以尊崇王室。傳言劉文公合諸侯，是天子勑之使盟也。下文書劉卷卒葬，魯人弔會，依同盟之禮，知劉子亦與盟也。復稱公者，由其會盟異處故也。劉炫規杜云：會盟異處，故復稱公。案襄二十五年盟重丘，亦是會盟異處，何以不言公？今刪定知非者，但會盟異處，理合稱公，重丘不書公，史官自畧耳。以此規杜，非也。○杞伯成卒于會。无傳。○成音城。〔疏〕杞伯成卒于會。○正義曰：成以昭二十五年卽位，二十六年盟于鄟陵，三十二年于翟泉，此年于皐鼬，魯杞俱在，計杜當云三同盟，无注者，漏脫耳。諸侯甍于朝會，加一等，此既甍於會，其禮亦當然。○

六月，葬陳惠公。无傳。○許遷于容城。无傳。○秋七月，公至自會。无傳。○劉卷卒。无傳。卽劉蚠也。劉子奉命出盟召陵，死則天王爲告同盟，故不具爵。○卷音權，一音眷免反。蚠扶粉反。爲于僞反，下吳爲蔡同。〔疏〕注卽劉至具爵。○正義曰：昭二十二年傳曰單子立劉蚠，此是也。世族譜伯蚠、劉蚠、劉文公、劉狄、劉卷、劉子爲一人。王朝公卿卒，不赴魯，魯不會葬。文三年書王子虎卒，傳曰來赴，弔如同盟，禮也。彼爲同盟于翟泉故也。此亦書卒，明爲同盟故也。畿內之國不得外交諸侯，必非劉邑之臣來赴，知是天子爲告也。天子告臣，略言名封而已，不言劉子，故書不具爵。○葬杞悼公。无傳。○楚人圍蔡。不服故也。○晉士鞅、衞孔圉帥師伐鮮虞。无傳。孔圉，孔羈孫。士鞅，卽范鞅。○圉魚呂反。○葬劉文公。无傳。○冬十有一月庚午，蔡侯以吳子及楚人戰于柏舉，楚師敗績。師能左右之曰以。皆陳曰戰。大崩曰敗績。吳爲蔡討楚，從蔡計謀，故書蔡侯以吳子，言能左右之也。囊瓦稱人，貪以致敗，不能死難，罪賤之。柏舉，楚地。昭三十一年傳曰：六年十二月庚辰吳其入郢。今以十一月者，并數閏。○陳直覲反。難乃旦反。數所主反。〔疏〕注師能至數閏。○正義曰：師能左右之曰以，僖二十六年傳例也。皆陳曰戰，大崩曰敗績，莊十一年傳例也。吳大蔡小，而蔡能以吳者，吳子爲蔡討楚，言蔡能左右之也。釋例曰：吳雖大國，順蔡侯之請，自將其衆，唯蔡侯之命，故亦言以吳子也。囊瓦，楚之上卿，當稱名氏，今稱人者，貪以致敗，又不能死難，罪賤之也。釋例曰：楚之囊瓦，貪珮馬以致討，稱人，罪賤之也。昭三十一年傳言六年十二月庚辰吳其入郢，今以十一月與彼期有差殊者，長厤推此年閏十月，庚辰又是十一月二十九日，其月垂盡，并數閏，得爲十二月也。楚囊瓦出奔鄭。書名，惡之。○惡烏路反。〔疏〕注書名惡之。○正義曰：文八年宋司城來奔，十四年宋子哀來奔，傳皆云貴之也。不稱名爲貴之，是稱名爲惡之。庚辰，吳入郢。弗地曰入。吳不稱子，史畧文。〔疏〕注弗地至畧文。○正義曰：弗地曰入，襄十三年傳例也。上文戰稱吳子，此言吳入楚，不稱子，猶成三年鄭伐許，昭十二年晉伐鮮虞，史畧文，無義例。公羊、穀梁以爲吳於戰稱子，爲甚憂中國，故進而稱爵，及其入郢，君舍于君室，大夫舍于大夫室，反爲夷狄之行，故貶而稱吳。左氏無此義，故杜異而顯之。

傳四年春三月，劉文公合諸侯于召陵，謀伐楚也。文公，王官伯也。晉人假王命以討楚之久留蔡侯，故曰文公合諸侯。〔疏〕注文公至諸侯。○正義曰：劉子是天子大臣，故言王官伯也。往年蔡侯如晉，請晉耳，不請天子，今稱劉文公合諸侯，知是晉人告王，假王命以討楚，王使劉子會之，故言劉文公合諸侯，以示稟於王命，假王威也。晉荀寅求貨於蔡侯，弗得，言於范獻子曰：「國家方危，諸侯方貳，將以襲敵，不亦難乎？水潦方降，疾瘧方起，中山不服，中山，鮮虞。○潦音老。瘧魚畧反。棄盟取怨，無損於楚，晉楚同盟，伐之爲取怨。而失中山，不如辭蔡侯。吾自方城以來，楚未可以得志，晉敗楚，侵方城，在襄十六年。祇取勤焉。」乃辭蔡侯、晉人假羽旄於鄭，鄭人與之，析羽爲旌，王者遊車之所建。鄭私有之，因謂之羽旄，借觀之。祇音支，旄音毛，析星歷反，下放此。〔疏〕注析羽至觀之。正義曰：周禮司常掌九旗之名物，全羽爲旞，析羽爲旌，道車載旞，斿車載旌。鄭玄云：全羽、析羽皆五采，繫之於旞旌之上，所謂注旄於干首也。凡九旗之帛皆用絳。道車，象路也，王以朝夕燕出入。斿車，木路也，王以田以鄙。是其析羽爲旌，王者遊車之所建也。釋天云：注旄首曰旌。李巡曰：以旄牛尾著旌首者也。孫炎曰：析五采羽注旄上，亦有旒縿。據彼文言之，則羽毛者，有五色鳥羽，又有旄牛尾也。言全羽、析羽者，蓋有全取其翅，或析取其翮，故有全、析二名也。繫此鳥羽牛尾於干首，猶自別有絳爲旒縿，縣之於干，今之旗鞬猶然。此傳直言羽耳，注不引全羽而以析羽解之者，以全羽尊於析羽，鄭人所有，未必尊貴，故以析羽解之。計羽旄所用，其費无多，晉人自應有之。而襄十四年范宣子假羽毛於齊，此又假羽旄於鄭者，或當制作巧異，故聞而借觀之。明日或旆以會，或賤者也。繼旐曰旆，令賤人施其旆，執以從會，示卑鄭。旆步貝反，旐音兆，令力呈反，下欲令蔡同。〔疏〕注或賤至卑鄭。正義曰：鄭玄注論語云：或云言有人，不顯其

名而略稱爲或，是或爲賤者也。繼旐曰旆，釋天文也。郭璞曰：帛續旐末爲燕尾者。然則旐謂旐身，旆謂旐尾。晉令賤人建此羽旄，施其旆，旆於下，執之以從其會。本謂其美而就鄭借觀之，既得其物，令賤人服用之，是示其卑侮鄭也。鄭是列國，而晉卑侮之，諸侯於是知晉輕蔑，心皆怨恨，故晉於是乎失諸侯。晉於是乎失諸侯，傳言晉無禮，所以遂弱。將會，衞子行敬子言於靈公，子行敬子，衞大大。曰：會同難，難得宜。嘖有煩言，莫之治也。嘖，至也。煩言，忿爭。嘖，仕責反，一音責。爭，爭鬬之爭。〔疏〕注嘖至至忿爭。正義曰：嘖，至，賈逵云然，是相傳訓也。易繫辭云：聖人有以見天下之賾。謂見其至深之處，賾亦深之義也。謂至於會時，有煩亂忿爭之言，無才辨者，則莫之能治也。其使祝佗從。祝佗，大祝子魚。佗，徒何反。從，才用反，下師從、旅從同。太音泰，下大祝、大卜、大中、太原同。公曰：善。乃使子魚。子魚辭，曰：臣展四體，以率舊職，猶懼不給而煩刑書，若又共二，共二職。共音恭，注同。

徼大罪也。且夫祝，社稷之常隸也。隸，賤臣也。徼，古堯反。夫音扶。社稷不動，祝不出竟，官之制也。社稷動，謂國遷。竟音境，下同。〔疏〕注社稷動謂國遷。正義曰：周禮大祝云：大師宜于社，造于祖，設軍社，及軍歸，獻于社，則前祝。天子之祝如此，則諸侯之祝官亦然也。然則彼軍行唯有社无稷，今社稷俱動，故知謂國遷也。國遷唯在竟内，得云祝不出竟者，詩稱公劉遷豳，大王來岐，及春秋杞都陳留而遷緣陵，及許遷于析之屬，並是離棄本國，遠適它土，故有出竟之事。劉以社稷動謂軍行而規社，非也。君以軍行，祓社釁鼓，師出，先事祓禱於社，謂之宜社。於是殺牲以血塗鼓鼙爲釁鼓。祓音弗，徐音廢。釁，許靳反。鼙，步西反，本又作鞞。〔疏〕注師出至釁鼓。正義曰：釋天云：起大事，動大衆，必先有事乎社而後出，謂之宜。是軍師將出，必有祭社之事也。周禮女巫掌祓除釁浴，則祓亦祭名，故知祓社卽宜社是也。說文云：釁，血祭也。是殺牲以血塗鼓鼙爲釁鼓，此皆祝官掌之。祝奉以從，奉社主也。從如字，又才用反。〔疏〕祝奉以從。正義曰：禮，軍行必以廟主、社主從軍而行。尚書甘誓云：用命賞于

祖，弗用命戮于社。孔安國云：天子親征，必載遷廟之祖主及社主行，有功則賞祖主前，示不專也。不用命奔北者，則戮之於社主前。社主陰，陰主殺，親祖嚴社之義也。是軍行必載社主行，故祝官奉主以從。於是乎出竟。若嘉好之事，謂朝會。好，呼報反。君行師從，二千五百人。卿行旅從，五百人。臣無事焉。公曰：行也。及皐鼬，將盟。〔疏〕若嘉至事焉。正義曰：此會因而侵楚，衞侯當以軍行，而云臣無事者，晉本以會召諸侯，傳言將會，是赴會之時未知將侵伐也。但諸國既集，師衆自多，故因得行侵耳。將長蔡於衞。欲令蔡先衞歃。長，丁丈反。令，力呈反。先，悉薦反，下文先衞同。歃，所洽反，又所甲反。衞侯使祝佗私於萇弘曰：聞諸道路，不知信否，若聞蔡將先衞，信乎？萇弘曰：信。蔡叔，康叔之兄也，蔡叔，周公兄。康叔，周公弟。〔疏〕注蔡叔至公弟。正義曰：史記管蔡世家云：武王同母兄弟十人，母曰大姒，文王正妃也。其長子曰伯邑考，次曰武王發，次曰管叔

鮮次曰周公旦次曰蔡叔度次曰曹叔振鐸次曰郕叔武次曰霍叔處次曰康叔封次曰聃季載如彼文則蔡叔周公弟也今以蔡叔爲周公兄者以僖二十四年傳富辰言文之昭十六國蔡在魯上明以長幼爲次賈逵等皆言蔡叔周公兄故杜從之馬遷之言多辟謬故不用史記爲說先衞不亦可乎子魚曰以先王觀之則尚德也昔武王克商成王定之選建明德以藩屏周故周公相王室以尹天下尹正也。蕃方元反相息亮反於周爲睦睦親厚也以盛德見親厚分魯公以大路大旂魯公伯禽也此大路金路錫同姓諸侯車也交龍爲旂周禮同姓以封。分扶問反下並同路本亦作輅音路下皆同旂其依反錫星歷反【疏】注魯公至以封。正義曰周禮巾車云金路建大旂以賓同姓以封鄭玄云金路以金飾諸末大旂九旗之畫交龍者以賓以會賓客同姓以封謂王子母弟以功德出封若魯衞也交龍爲旂司常文也夏后氏之璜璜美玉名。夏戶雅反下皆同璜音黃【疏】

注璜美玉名。正義曰夏后氏所寶歷代傳之知美玉名也哀十四年傳云向魋出於衞地公文氏攻之求夏后氏之璜爲則璜非一也尚書旅獒及魯語皆云古者分同姓以珍玉展親則先王不以玉賜向魋向魋自規求得之也鄭玄注周禮云半璧曰璜封父之繁弱封父古諸侯也繁弱大弓名。父音甫下武父同封父國名繁扶元反【疏】注封父至弓名。正義曰鄭玄云古者伐國遷其重器以與同姓此繁弱封父之國爲之不知何時滅其國而得之也孔叢云楚王張繁弱之弓載忘歸之矢以射蛟於雲夢是繁弱爲弓名也殷民六族條氏徐氏蕭氏索氏長勺氏尾勺氏使帥其宗氏輯其分族將其類醜醜衆也。索素各反下同勺市灼反下同輯音集又七入反以法則周公用即命于周即就也使六族就周受周公之法制是使之職事于魯共魯公之職事。共恭下文以共上職同以昭周公之明德昭顯也【疏】使帥至明德。正義曰使六族之長各自帥其當宗同氏輯合也合其所分枝屬族屬也將其族類人衆以法則周公令其移家居魯用就受周公之命是以使之共職事于魯以昭周公之明德也下賜殷民七族亦是使之法則康叔令共職事于衞也賜唐叔及懷姓九宗亦然分之土田陪敦陪增也敦厚也。陪本亦作棓同步回反【疏】陪敦。正義曰陪是加增之義敦厚釋詁文也言既封爲大國地方五百里又分以土田更增彼寬厚爲七百里也明堂位云封周公于曲阜地方七百里鄭玄云公之地方五百里加魯以四等之附庸方百里者二十四幷五五二十五積四十九開方之得七百里鄭玄周禮大司徒注云凡諸侯爲牧正帥長及有德者乃有附庸公無附庸侯附庸九同伯附庸七同子附庸五同男附庸三同進則取焉退則歸焉魯於周法不得有附庸故言錫之也地方七百里者包附庸以大言之附庸二十四言德兼此四等矣是增厚魯國之事也祝宗卜史大祝宗人大卜大史凡四官備物典策典策春秋之制。策本又作冊亦作筴或作笧皆初革反官司彝器官司百官也彝器常用器。彝羊之反【疏】祝宗至彝器。正義曰祝宗接神之官大卜主卜大史主書與此四等官人使之將歸於魯也服虔云備物國之職物之

備也當謂國君威儀之物若今繖扇之屬備賜魯也杜不解備物則典典策爲一也備物典策謂史官書策之典若傳之所云發凡之類賜之以法使依法書時事也官司彝器謂百官常用之器蓋罇罍俎豆之屬具賜魯也因商奄之民商奄國名也與四國流言或迸散在魯皆令即屬魯懷柔之。迸彼諍反令徐力呈反【疏】注商奄至柔之。正義曰書傳云武王殺以繼公子祿父及管蔡流言奄君謂祿父曰武王死成王幼周公疑此百世之時請舉事然後祿父及三監叛是奄與四國流言也昭九年傳云蒲姑商奄吾東土也此復云因商奄之民則商奄是東方之國近魯之地也昭元年傳云周有徐奄杜以彼奄與此商奄爲一故土地名奄商奄二名共爲一國此注言商奄國名以商奄二字爲國名也詩稱四國流言毛傳以四國爲管蔡商奄則商奄各自爲國奄則此奄是也商謂紂子祿父下云管蔡啓商是名祿父爲商也然則毛言商奄爲二杜言商奄爲一杜言四國流言亦謂管蔡祿父與商奄爲四也商奄即四國之一言與者據民與四國之君流言故言與也或者據奄君道三國爲亂故言與摠稱四國非爲商奄外別有四國也言封魯於少皞之墟則商奄非魯地也非魯地而言因其民是誅商奄之日民或迸散在魯皆命使即屬於魯令魯

懷柔之主卿以爲三監與商爲四國奄在外故言與四國

命以伯禽伯禽周公世子時周公唯遣伯禽之國故皆以付伯禽

疏注伯禽至伯禽○正義曰詩魯頌說封魯之事云王曰叔父建爾元子俾侯于魯是伯禽爲周公世子也魯世家云周公相成王使其子伯禽代就封於魯文十三年公羊傳曰周公何以稱太廟于魯封魯公以爲周公也周公拜乎前魯公拜乎後曰生以養周公死以爲周公主然則周公之魯乎曰不之魯也封魯公以爲周公則周公曷爲不之魯欲天下之一乎周也其意言周公聖人若使之魯則恐天下迴心向之故不使之魯也以周公身不適魯唯遣伯禽之國故傳皆言分魯公不言分周公也傳言命以伯禽於體例命以康誥命以康誥則伯禽亦似策命篇名今杜云唯遣伯禽之國故皆以付伯禽則伯禽非是誥誓篇名若必是誥誓當云命以魯誥既爲國君不得與君牙伯四同類也劉炫云伯禽猶下命以康誥是伯禽爲命書似書序穆王命君牙爲周大司徒作君牙即以君牙爲篇與此同也

而封於少皞之虛少皞虛曲阜也在魯城內○少詩照反注及下同皞胡老反虛起居反注及下皆同

疏注少皞至城內○正義曰此注少皞之虛即曲阜是也曲阜在魯城內則魯之所都正在

少皞虛矣昭二十九年注窮桑少皞之號窮桑地在魯北與此異者賈逵云少皞居窮桑登爲帝蓋未爲帝居魯北既爲帝乃居魯也

分康叔康叔衛之祖

以大路少帛綪茷旃旌少帛雜帛也綪茷大赤取染草名也通帛爲旃析羽爲旌○綪七見反茷步具反又音吠旃章然反

疏注少帛至爲旌○正義曰周禮司常云通帛爲旜雜帛爲物鄭玄云通帛謂大赤從周正色無飾雜帛者以帛素飾其側白殷之正色大赤是通帛知少帛是雜帛也釋草云茹藘茅蒐郭璞曰今之蒨也可以染絳則綪是染赤之草茷即旆也爾雅繼旐曰旆旐是旂身旆是旂尾尾猶用赤則通身皆赤知綪茷是大赤大赤即今之紅旗取染赤之草爲名也蓋王以通帛雜帛並賜衛也然則大赤即是旆也於綪茷之下更言旃者茷言旂尾旃言旂身圖其文故具言耳若其不然旌是干之所建旗皆有旌少帛旃旆之後何須更復言旌明是圓其文故重言之

大呂鐘名

疏鐘名○正義曰周鑄無射魯鑄林鐘皆以律名名鐘知此大呂沽洗皆鐘名也其聲與此律相應故以律名焉

殷民七族

陶氏施氏繁氏錡氏樊氏饑氏終葵氏封畛

土略自武父以南及圃田之北竟畛塗所徑也略界也武父衛北界圃田鄭藪名○陶徒刀反繁步何反錡魚綺反畛之忍反一音眞圃布五反本亦作甫同塗音徒徑音經藪素口反

疏注畛塗至藪名○正義曰周禮遂人云夫閒有遂廣深各二尺遂上有徑容車馬也十夫有溝廣深四尺溝上有畛容大車百夫有洫廣深八尺洫上有塗容乘車一軌千夫有澮廣二尋深二仞澮上有道容二軌萬夫有川川上有路容三軌畛是路故爲塗所徑也桓十二年公會鄭伯盟于武父杜云陳留濟陽縣東北有武父城彼是鄭地與此武父非一也土地名云傳曰封畛土略自武父以南則武父衛之北竟也非河南武父其地闕無處故直云衛北界也釋地十藪鄭有圃田郭璞曰今滎陽中牟縣西圃田澤是也衛之南竟至此澤畔

取於有閻之土以共王職有閻衛所受朝宿邑蓋近京畿○近附近之近下近戎同

取於相土之東都以會王之東蒐爲湯沐邑王東巡守以助祭泰山○相息亮反蒐所求反守手又反

疏取於至東蒐○正義曰土地名有閻之土與相土之東都其地皆闕無其處言共王職猶魯之

許田蓋近京畿也會王東蒐則爲從王巡守助祭泰山爲湯沐之邑若鄭之祊田蓋近泰山也王巡守者諸侯爲王守土天子以時出巡行之今言蒐則王之巡守亦因田獵以教習兵士

聃季授土聃季周公弟司空○聃乃甘反

疏注聃季至司空○正義曰富辰言文之昭聃季在魯下史記大姒十子聃季最少是周公弟也周禮司空主土司徒主民知聃季授土爲司空也下陶叔授民爲司徒也

陶叔授民陶叔司徒

命以康誥而封於殷虛康誥周書殷虛朝歌也

皆啓以商政疆以周索皆魯衛也啓開也居殷故地因其風俗開用其政疆理土地以周法索法也○疆居良反注及下同

疏注皆魯至法也○正義曰王制云凡居民材必因天地寒煖燥濕廣谷大川異制民生其閒者異俗脩其教不易其俗齊其政不易其宜是言王者布政當順民俗而施之也此民習商之政爲日已久還因其風俗開道以舊政也衛居殷虛開以商政可矣魯亦開以商政者王者所法不過二代夏在衛西魯在衛東夏政非魯所及與衛大同以殷之餘民有六族將其醜類以即事于魯故與衛皆啓以商政也疆理土地以周法則三代經界法皆有異其異未盡

聞也索之爲法相傳訓耳考工記量器銘曰時文思索允臻其極鄭亦以索爲法分唐叔唐叔晉之祖以大路密須之鼓密須國名闕鞏甲名○鞏九勇反沽洗鐘名○沽音孤洗息典反懷姓九宗職官五正懷姓唐之餘民九宗一姓爲九族職官五正五官之長○長丁丈反下文乃長衛同【疏】注懷姓至之長○正義曰懷姓居在晉地而不言殷民知是唐之餘民也言懷姓九宗則皆姓懷矣知一姓而有九族也職官五正杜云五官之長則謂五官之長子孫耳曲禮云天子之五官曰司徒司馬司空司士司寇鄭玄云此殷時制也然則殷時五官居在唐地世爲貴族以賜唐叔使主領之所以榮寵唐叔也殷之五官不必皆在唐地但有三官四官亦得總五言之劉炫云職官五正職主也正長也主官事者有五長分九宗爲五官使主之此九宗蓋宗有一人數少者當宗不足立官并之爲五使五官領此九宗或以爲於懷姓之內立五正使分主九宗未知誰是故備言之或以爲五官之長謂如昭二十九年蔡墨所云五行之官長也是天子之大臣非唐之遺民然姓而有五也并賜唐叔豈天子得以五行官長賜諸侯哉命以唐誥而封於

夏虛唐誥誥命篇名也夏虛大夏今大原晉陽也啓以夏政亦因夏風俗開用其政疆以戎索大原近戎而寒不與中國同故自以戎法三者皆叔也而有令德故昭之以分物不然文武成康之伯猶多而不獲是分也唯不尚年也管蔡啓商甚間王室甚毒也周公攝政管叔蔡叔開道紂子祿父以毒亂王室○甚音忌間間廁之間道音導王於是乎殺管叔而蔡蔡叔周公稱王命以討二叔蔡放也○蔡蔡叔上素達反注同下蔡叔如字以車七乘徒七十人與蔡叔車徒而放之○乘繩證反其子蔡仲改行帥德周公舉之以爲己卿士爲周公臣○行下孟反見諸王而命之以蔡命爲蔡侯○見賢遍反其命書云王曰胡無若爾考之違王命也胡蔡仲名

【疏】文武至尚年○正義曰文武成康皆以處長而立未得更有兄伯封爲諸侯而云伯猶多者以叔年稚於伯仲以處叔而得分多明其長者無所得伯是兄弟之長故舉伯以爲言所云猶多者甚言之耳歷檢書傳文武成康未有兄爲諸侯者幼者分物多長者無所得此唯爲不尚年故也○管蔡至命也○正義曰書序云蔡叔既没王命蔡仲踐諸侯位作蔡仲之命其經云惟周公位冢宰正百工羣叔流言乃致辟管叔于商囚蔡叔于郭鄰以車七乘降霍叔于庶人三年不齒蔡仲克庸祗德周公以爲卿士叔卒乃命諸王邦之蔡王若曰小子胡惟爾率德改行克慎厥猷肆予命爾侯于東土往即乃封敬哉爾尚蓋前人之愆惟忠惟孝率乃祖文王之彝訓無若爾考之違王命傳之此言皆述書意而爲之辭唯增言徒七十人耳孔安國云郭鄰中國之外地名亦不知何方地名也○注甚毒也○正義曰甚毒間亂賈逵云然是相傳訓也道祿父作亂將以害周若毒螫然故云毒亂王室也○注周公至放也○正義曰蔡仲之命篇云周公乃致辟管叔于商囚蔡叔于郭鄰則是周公誅之矣而此言王者周公稱王命以討之書序云成王既伐管叔蔡叔是稱王命之文也說文云𥽅散之也從米殺聲然則𥽅字殺下米也𥽅爲放散之義故訓爲放也隸書改作已失字體𥽅字不復可識

寫者全類蔡字至有爲一蔡字重點以讀之者今定本作蔡非也○注爲周公臣○正義曰孔安國云明王之法誅父用子言至公周公圻內諸侯二卿治事是爲周公圻內采邑之卿也若之何其使蔡先衛也武王之母弟八人周公爲太宰康叔爲司寇聃季爲司空五叔無官豈尚年哉五叔管叔鮮蔡叔度成叔武霍叔處毛叔聃也【疏】母弟八人○正義曰上言十人而此云八者伯邑考已死不數武王故八人○康叔爲司寇○正義曰尚書蘇公爲司寇此言康叔者爲蘇公出封爲國康叔替之○注五叔○正義曰史記云聃季載杜云毛叔聃又不數叔振鐸者杜以振鐸非周公同母故不數之或杜別有所見不以管蔡世家爲說曹文之昭也文王子與周公異母○昭上饒反說文作紹晉武之穆也武王子曹爲伯甸非尚年也以伯爵居甸服言小○甸徒練反【疏】曹文至尚年○正義曰於昭穆曹是晉之叔父也晉爲大國多受分物曹爲伯爵而在甸服非是尊尚年長也桓二年傳云晉甸侯

也晉亦在甸雖侯伯之爵異耳言爲伯甸連言之耳於甸無升降也鄭玄云曹今濟陰定陶也去王城八百里東都之畿方六百里半之三百里侯服五百里定陶在畿外故爲在甸服言其小也今將尚之是反先王也晉文公爲踐土之盟衛成公不在夷叔其母弟也猶先蔡踐土召陵二會經書蔡在衛上霸主以國大小之序也子魚所言盟載之次其載書云王若曰晉重文公○重直龍反魯申僖公衛武叔武蔡甲午莊侯鄭捷文公○捷在接反齊潘昭公○潘普安反宋王臣成公○宋王臣如字本或作壬如林反莒期茲丕公也齊序鄭下周之宗盟異姓爲後○丕普悲反藏在周府可覆視也吾子欲復文武之略略道也○覆芳服反〔疏〕藏在周府○正義曰言周家府藏之內有此載書在也本或爲盟府由僖五年傳藏於盟府涉彼而誤耳而不正其德將如之何萇弘說告

劉子與范獻子謀之乃長衛侯於盟反自召陵鄭子大叔未至而卒晉趙簡子爲之臨甚哀曰黃父之會在昭二十五年○說音悅爲于僞反下楚爲沈同臨力鴆反父音甫〔疏〕不正其德○正義曰正長也謂不長其有德者也○乃長衛侯○正義曰釋例曰周之宗盟異姓爲後故踐土之盟載書齊宋雖大降於鄭衛匡周而言指謂王官之宰臨盟者也其餘雜盟未必皆然踐土召陵二會皆蔡在衛上時國次也至盟乃正其高下者敬共明神本其始也是言會以國之大小爲次至盟乃先同姓盟之先同姓者唯謂王官之宰蒞盟時耳踐土則王子虎盟諸侯于王庭此盟則劉子在焉故二者先同姓其餘雜盟亦以國之大小爲次故襄二十七年宋之盟晉楚爭先若其皆先同姓則楚不得競也以此知餘盟不然夫子語我九言曰無始亂無怙富無恃寵無違同無敖禮無驕能以能驕人○語魚據反怙音戶敖五報反〔疏〕九言○正義曰古者一字與二字並爲一言易云伏羲作十言之教

曰乾坤震巽坎離艮兌消息乾坤雖是一字亦一出口乃得言之故謂之一言今則一字爲一言三字以上爲一句無復怒復重也○復扶又反注同無謀非德非所謀也無犯非禮傳言簡子能用善言所以遂興○沈人不會于召陵晉人使蔡伐之夏蔡滅沈秋楚爲沈故圍蔡伍員爲吳行人以謀楚楚之殺郤宛也在昭二十七年○員音云伯氏之族出郤宛黨伯州犁之孫嚭爲吳大宰以謀楚楚自昭王即位無歲不有吳師蔡侯因之以其子乾與其大夫之子爲質於吳冬蔡侯吳子唐侯伐楚唐侯不書兵屬於吳蔡○犁力兮反嚭普鄙反乾其連反質音致舍舟于淮汭吳乘舟從淮來過蔡而舍之○舍音赦置也又音捨棄也注同汭人銳反自豫章與

楚夾漢豫章漢東江北地名○夾古洽反〔疏〕注豫章至地名○正義曰漢書地理志豫章郡名在江南此在江北者土地名云定二年楚人伐吳師于豫章吳人見舟于豫章而潛師于巢共軍楚師于豫章又伯舉之役吳人舍舟于淮汭而自豫章與楚師夾漢此皆在江北淮南蓋後徙在江南之豫章左司馬戌謂子常曰子沿漢而與之上下沿緣也緣漢上下遮使勿渡○沿悅全反上時掌反遮正奢反我悉方城外以毀其舟以方城外人毀吳所舍舟還塞大隧直轅冥阸三者漢東之隘道○隧音遂冥亡丁反本或作寘之豉反阸於懈反本或作隘音同子濟漢而伐之我自後擊之必大敗之既謀而行武城黑謂子常黑楚武城大夫曰吳用木也我用革也用革器不可久也不如速戰史皇謂子常楚人惡子而好司馬史皇楚大夫司馬沈尹戌○惡烏路反好

呼報反若司馬毀吳舟于淮塞城口而入城口三隘道之總名是獨克吳也子必速戰不然不免乃濟漢而陳自小別至于大別禹貢漢水至大別南入江然則此二別在江夏界○陳直覲反下文及注同夏戶雅反【疏】注禹貢至夏界○正義曰禹貢云嶓冢導漾東流爲漢又東爲滄浪之水過三澨至于大別南入于江孔安國云三澨水名入漢大別山名觸山迴南入江如彼文大別在江北小別當近之小別當在大別之東也何則子常從小別與吳戰退而至大別明其自東而漸西也土地名小別大別皆闕不知所在或曰大別在安豐縣西南傳曰吳既與楚夾漢然後楚乃濟漢而陳自小別至于大別然則二別近漢之名無緣反在安豐也三戰子常知不可欲奔知吳不可勝史皇曰安求其事求知政事難而逃之將何所入子必死之初罪必盡說言致死以克吳可以免貪賄致寇之罪○難乃旦反十一月庚午二師

陳于柏舉經所以書戰二師吳楚師闔廬之弟夫槩王晨請於闔廬曰楚瓦不仁瓦子常名其臣莫有死志先伐之其卒必奔而後大師繼之必克弗許夫槩王曰所謂臣義而行不待命者其此之謂也今日我死楚可入也以其屬五千先擊子常之卒子常之卒奔楚師亂吳師大敗之子常奔鄭史皇以其乘廣死以戰死○卒子忽反下同乘繩證反廣古曠反【疏】所謂至入也○正義曰臣見義則行不待君命古有此言故云其此之謂也今日我致死而戰楚可入也吳從楚師及淸發淸發水名將擊之夫槩王曰困獸猶鬭況人乎若知不免而致死必敗我若

使先濟者知免後者慕之蔑有鬭心矣半濟而後可擊也從之又敗之楚人爲食吳人及之奔食而從之敗諸雍澨五戰及郢奔食食者走不陳故不在戰數○澨市制反【疏】注奔食至戰數○正義曰五戰謂濟漢而陳自小別至于大別三戰也柏舉也淸發也此已五矣若復數雍澨則爲六也傳例皆陳曰戰奔食而從之則食者走不暇爲陳故不數也己卯楚子取其妹季芈畀我以出涉雎雎水出新城昌魏縣東南至枝江縣入江是楚王西走○芈面爾反楚姓畀必利反世族譜季芈畀我皆平王女也服云畀我季芈之字雎音七餘反下同【疏】季芈畀我○正義曰世族譜季芈與畀我二人皆平王女也服虔云季芈許嫁而字畀我季芈弟也禮婦人許嫁笄而稱字季芈稱字是許嫁也蓋遭亂夫死而改適鍾建耳○注雎水至西走○正義曰土地名雎水出新城昌魏縣南發河山東南經襄陽至南郡枝江縣入江此水在郢都之西楚王辟吳而西走鍼尹固與王

同舟王使執燧象以奔吳師燒火燧繫象尾使赴吳師驚却之○鍼之林反遂音遂【疏】注燒火至却之○正義曰賈逵云燧火燧也象象獸也以火繫其尾使奔吳師驚却其衆使王得脫杜用其說也禮有金燧木燧皆取火之物故以燧名火也說文云象長牙鼻南越之大獸也南州異物志云象身倍數牛而目則如豕其鼻長七八尺其所食物皆鼻取之性馴良爲人所養夷人服乘之史記大宛傳曰身毒國其民皆乘象以戰是象可調馴楚近南邊故有此象王將涉雎吳師來偪故使以火繫象尾令奔吳師使驚却之言執燧象者既繫火於尾執而率向吳師乃放之庚辰吳入郢以班處宮以尊卑班次處楚王宮室子山處令尹之宮子山吳王子夫槩王欲攻之懼而去之夫槩王入之入令尹宮也言吳無禮所以不能遂克左司馬戌及息而還息汝南新息也聞楚敗故還敗吳師于雍澨傷司馬先敗吳師而身被創○創初良反初司馬臣闔廬故恥爲禽焉

司馬嘗在吳爲闔廬臣是以今恥於見禽謂其臣曰誰能免吾首吳句卑曰臣賤可乎司馬曰我實失子可哉失不知子賢句古侯反〔疏〕我實失子可哉○正義曰言我比來失子不知子有賢行臨難能免吾首女今可守此言哉三戰皆傷曰吾不用也已句卑布裳剄而裹之司馬已死剄取其首○剄古頂反裹音果〔疏〕注司馬已死○正義曰言布裳剄之是司馬傷而自殺故云已死藏其身而以其首免傳言司馬之忠壯〔疏〕注忠壯○正義曰謀毀舟敗吳是忠也雖傷猶戰不止是壯也楚子涉睢濟江入于雲中入雲夢澤中所謂江南之夢○夢如字又音蒙〔疏〕注入雲至之夢○正義曰土地名云南郡枝江縣西有雲夢城江夏安陸縣東南亦有夢城或曰南郡華容縣東南有巴丘湖江南之夢也郢都在江北睢東王走西涉睢又南濟江乃入于雲中知此在江南昭三年王與鄭伯田於江南之夢謂此也言江南之夢則江北亦有夢矣司馬相如子虛賦云雲夢者方九百里則此澤跨江南北王寢盜攻之以戈擊王王孫由于以背受之中肩王奔鄖鍾建負季芈以從鍾建楚大夫○中丁仲反鄖音云從才用反下同一音如字由于徐蘇而從以背受戈故當時悶絕鄖公辛之弟懷將弒王曰平王殺吾父我殺其子不亦可乎辛蔓成然之子鬬辛也昭十四年楚平王殺成然○殺如字又申志反下我殺同蔓音萬辛曰君討臣誰敢讎之君命天也若死天命將誰讎詩曰柔亦不茹剛亦不吐不侮矜寡不畏彊禦唯仁者能之詩大雅言仲山甫不辟彊陵弱○茹音汝矜古頑反〔疏〕柔亦至彊禦○正義曰詩大雅烝民美宣王之詩其章內言仲山甫不茹柔不吐剛也釋言云啜茹也舍人曰啜茹食也檀弓云啜菽飲水啜菽謂食藜藿也然則茹者噉食之名違彊陵弱非勇

也乘人之約非仁也滅宗廢祀非孝也弒君罪應滅宗動無令名非知也必犯是余將殺女鬬辛與其弟巢以王奔隨吳人從之謂隨人曰周之子孫在漢川者楚實盡之天誘其衷致罰於楚而君又竄之竄匿也○知音智女音汝衷音忠竄七亂反匿女力反〔疏〕以王奔隨○正義曰桓六年傳曰漢東之國隨爲大土地名隨義陽隨縣其國在楚之東也土地名鄖江夏雲杜縣則是楚之西南吳師猶尚在楚更東來奔隨國者蓋爲楚與隨有恩謂可保守故也周室何罪君若顧報周室施及寡人以獎天衷獎成也○施以豉反君之惠也漢陽之田君實有之楚子在公宮之北隨公宮也吳人在其南子期似王子期昭王兄公子結也逃王而已爲王曰以我與之王必免隨人卜與之不吉乃辭吳曰以隨之辟小而密邇於楚楚實存之世有盟誓至于今未改若難而棄之何以事君執事之患不唯一人一人楚王○辟匹亦反難乃旦反若鳩楚竟敢不聽命吳人乃退鳩安集也○竟音境鑪金初官於子期氏實與隨人要言要言無以楚王與吳并欲脫子期○鑪本又作鑪金名音慮是也王使見王喜其意欲引見之以此王臣且欲使盟隨人○見賢遍反下注敢見皆同辭曰不敢以約爲利此約謂要言也此一時之事非爲德舉故辭不敢見亦不肯爲盟主○約如字又於妙反王割子期之心以與隨人盟當心前割取血以盟示其至心初伍員與申包胥友包胥楚大夫○包必交反其亡

也謂申包胥曰我必復楚國復報也申包胥曰勉之子能復之我必能興之及昭王在隨申包胥如秦乞師曰吳爲封豕長蛇以荐食上國荐數也言吳貪害如蛇豕〇荐在薦反數所角反【疏】注荐數也〇正義曰釋言云荐再也再亦數之義也虐始於楚寡君失守社稷越在草莽使下臣告急曰夷德無厭若鄰於君疆場之患也吳有楚則與秦鄰〇草莽舊作茅亡交反今本多作莽莫蕩反下同厭於鹽反疆居良反場音亦逮吳之未定君其取分焉與吳共分其地〇逮音代分扶問反若楚之遂亡君之土也若以君靈撫之世以事君撫存恤也秦伯使辭焉曰寡人聞命矣子姑就館將圖而告對曰寡君越在草莽未獲所伏伏猶處也下臣何敢卽安立依於庭牆而哭日夜不絕聲勺飲不入口七日秦哀公爲之賦無衣詩秦風取其王于興師脩我戈矛與子同仇與子偕作與子偕行〇勺市灼反又音灼爲于僞反仇音求【疏】無衣〇正義曰無衣刺用兵也秦人刺其君好攻戰亟用兵而不與民同欲焉其詩云豈曰無衣與子同袍王于興師脩我戈矛與子同仇鄭注云此責康公之言也君豈嘗曰女無衣我與女同袍乎言不與民同欲也下注云君不與我同欲而於王興師則云脩我戈矛與子同仇往伐之刺其好攻戰又云豈曰無衣與子同澤王于興師脩我矛戟與子偕作又云豈曰無衣與子同裳王于興師脩我甲兵與子偕行九頓首而坐無衣三章章三頓首秦師乃出爲明年包胥以秦師至張本

附釋音春秋左傳注疏卷第五十四

春秋左傳注疏卷五十四校勘記　阮元撰盧宣旬摘錄

附釋音春秋左傳注疏卷第五十四　定元年盡四年宋本春秋正義卷三十三石經春秋經傳集解定十第廿七淳熙本岳本定下有公字並盡七年

定公

經元年

其義也　宋本其上有是字是也

因以此年爲元年也　閩本監本毛本此字元字誤倒

雖則年初亦統此歲　案隱元年正義則作非

長厤辛巳　齊召南云辛上當有推字

事當使歸伏於天子　宋本毛本伏作決不誤閩本監本作史俗字

其廟卽已毀矣　監本毛本卽作既非

隕霜殺菽　釋文菽作叔云本或作菽石經初刻作叔廿頭後加說文作尗今字多作菽

傳元年

晉魏舒合諸侯之大夫于狄泉　諸本作狄陳樹華云漢書五行志作翟案水經注穀水篇引同僖廿九年亦作翟翟狄二字古多通用

非義也大事奸義　陳樹華云漢書義並作誼

易位以令　宋本以下正義六節揔入天之所壞注下

若之南鄉　宋本監本毛本若作君是也〇今依訂正

興周相去千有餘里　宋本監本毛本興作與是也

當是荒蕪之地　閩本監本毛本是作時

地下寬率　宋本率作平是也○今依訂正

欲使三國代宋受功役也　宋本淳熙本也下有郳小邾三字

以爲夏車正　石經正字改刊

山川鬼神　鄭氏注儀禮覲禮引作山川神祇

尙書說命傳說進戒於王云　宋本傳作傅不誤王作主非也

萇叔違天　毛本叔作宏與諸本不合

諸侯相帥以崇天子　宋本閩本監本毛本帥作率

衆士皆諮問子家子　宋本淳熙本岳本纂圖本閩本監本毛本士作事

季孫至命焉　宋本以下正義七節摠入對曰生弗能事節注下

凡從君出而可以入者　閩本監本毛本君作公非也

不敢叔孫成子名　纂圖本毛本成誤臣

諸侯至即位　宋本諸上有注字

榮駕鵞曰　石經淳熙本岳本駕作鴐與葉抄釋文合下同案說文無鴐字錢大昕云依正文當用鴚假借同音則駕亦通也

知者下云死又惡之　閩本監本毛本云作文

溝而反　閩本監本毛本反作合宋本作溝而二字是也

則公死於外　宋本淳熙本岳本纂圖本監本毛本則作昭是也

平易不從曰簡　案逸周書謚法解從作皆

經二年

傳二年

桐叛至無忌　宋本此節正義在注文巢大夫之下

故意吳得使之也　宋本無意字是也

故不遂圍巢克之　宋本監本毛本不作下是也

經三年

奪之杖以敲之　葉抄釋文敲作毃又或作芓或作剸案說文殳部有毃云擊頭也

若以緩見退　閩本監本毛本退作譴是譴字之誤

當遣謝罪　閩本監本毛本遣作退

傳三年

冬仲孫何忌及邾子盟于拔　顧炎武云石經拔誤枝案石經此處殘缺炎武所據乃補刻本

自投于牀　淳熙本牀誤狀

欲藏中之絜　纂圖本之誤三

注欲藏至遺命　宋本此節正義在注下躁疾也之下

禮國君位而爲邾　宋本監本毛本君下有即字邾作椑

莊公卞急而好潔　石經潔作絜是也

秋九月　毛本九誤七

注成公至馬名　宋本以下正義二節摠入蔡侯如晉節注下

肅爽鴈也　毛本鴈作雁

謂請楚楚許之也　宋本許下有人字

自誓言君復度漢　宋本岳本纂圖本監本毛本度作渡閩本初刻作度後加水旁

經四年

但諸侯雖五月可葬　宋本可作而是也

事既無傳　毛本既誤作今諸本作無此本作无今改正

今刪是知非者　宋本監本毛本是作定是也

從蔡計謀　纂圖本計誤討

吳其入郢　監本毛本脫其字正義同

貪珮馬以致討　宋本珮作佩是也

猶成三年　宋本閩本監本毛本三作二非也

故敗而稱吳　宋本閩本監本毛本敗作貶不誤

傳四年

注文公至諸侯　宋本自此節以下正義至不正其德止揔入乃長衛侯於盟句下

晉荀寅求貨於蔡侯弗得言於范獻子曰　石經及諸本作於毛本作于非

祇取勤焉　石經此處殘缺當是祇字宋本以下作祇取亦非

晉人假羽旄於鄭　監本毛本晉上衍注字

掌九旗之名物　案周禮作物名

斿車載旌　閩本監本斿作游毛本作遊

斿車木路也　閩本監本毛本斿作遊非

聖人有以見天下之[月責]　宋本[月責]作賾是也

有頓亂忿爭之言　宋本頓作煩是也

其使祝佗從　諸本作佗詩下泉正義書舜典正義論語疏引傳並作鮀

則諸侯之祝官亦然也　閩本官作宮亦非浦鏜正誤作宜

先事祓禱於社　宋本淳熙本岳本纂圖本閩本監本毛本先下有有字

不用命奔此者　宋本監本毛本此作北

欲令蔡先衛歃　釋文歃下有也字

選建明德以藩屏周　石經宋本藩作蕃

分魯公以大路大旂　釋文路作輅云本亦作路案經傳多作路無作輅者輅俗路字

封父之繁弱　惠棟云鄭康成曰封父國名荀卿子曰繁弱鉅黍古之良弓也繁亦作蕃上林賦云彎蕃弱文穎曰蕃弱夏后氏良弓之名李善曰蕃與繁古字通

注封父至弓名　毛本弓作國非也

載忌歸之矢　宋本監本毛本忌作忘是也

殷氏六族　宋本岳本纂圖本閩本監本毛本氏作民是也石經民字缺末筆

下賜殷氏七族　宋本氏作民是也

分之土田陪敦　諸本作陪釋文作倍云本亦作陪陳樹華云說文培字注云培敦土田山川也从土咅聲則培乃陪本字作倍非也

地方五百里　宋本地作已非

備物典策　石經策作筞釋文作筴云本又作冊亦作策或作篇說見序

若今繖扇之屬　宋本閩本監本毛本繖作繖是也

武王殺以　宋本監本以作紂

二名共爲一國　閩本二字空缺監本毛本作一非也

非爲商奄外別有四國也　浦鏜云爲當謂字誤

則恐天下迴心尙之　諸本尙作向不誤

命以康誥則伯禽亦似策命篇 宋本康作唐是也毛本似誤以

綪茷旆旌 鄭氏禮記雜記注引作綪旆詩小雅白旆央央正義云茷與旆古今字也故左傳云綪茷旆旌茷亦旆也石經綪字似改刻疑初刻作蒨字按說文云綪赤繒也是綪爲正字

則綪是染赤之草 毛本綪作蒨

鐘名 淳熙本纂圖本閩本監本毛本鐘作鍾閩監毛正義同

殷氏七族 石經宋本岳本監本毛本氏作民是也

洫上有塗 宋本塗作涂

與北武父非一也 宋本閩本監本毛本北作此是也

其地闕無處 宋本無下有其字是也

王東巡守 宋本守作狩

寒煖燥濕 毛本煖作暖濕作溼

開道以舊政也 閩本監本毛本道作導案道導古今字

沽洗 閩本沽改姑

命以康誥 宋本淳熙本岳本纂圖本毛本康作唐是也注同石經唐字改刻初刻亦誤康

亦因夏風俗 監本因字模糊重修監本誤國

蔡放也 淳熙本也誤安段玉裁云傳文蔡蔡叔讀者謂上蔡字即𥝢字也古音蔡同殺減殺字亦讀入聲

無若爾考之違王命也 淳熙本考誤孝

未聞更有兄伯 閩本監本毛本聞作得

惟周公位冢宰 宋本亦作惟閩本監本毛本作唯

蔡仲克庸祇德 宋本監本毛本祇作祗按作祗是也祇乃地祇字

毛叔聃也 陸粲附注云逸周書及史記皆云毛叔名鄭此作聃誤也且聃季是毛叔之弟何容乃取兄名爲封國之號斯必不然矣陶淵明集聖賢羣輔錄作毛叔聃

於佃無升降也 宋本閩本監本毛本佃作甸是也

晉趙簡子爲之臨 石經之字以下一行計十一字

〇乃長衛侯 宋本以下正義二節揔入無犯非義注下

臣周而言 閩本監本臣作匡宋本作斥

兵屬於吳蔡 毛本蔡作楚非也

注豫章至地名 宋本以下正義十四節揔入秦師乃出注下

在江南此在江北者 閩本監本毛本作此在江南在江北大誤

又伯舉之役 宋本閩本監本毛本伯作柏案穆天子傳注古伯字多從木公羊經又作伯莒

子㳂漢而與之上下 岳本㳂作沿注同

遮使勿渡 宋本渡作度

毀吾所舍舟 宋本岳本纂圖本監本毛本吾作吳是也

還塞大隧直轅冥阸 釋文云冥阸本或作寘隘石經宋本作冥與釋文合惠棟云冥阸九塞之一在楚史記蘇秦傳云塞鄳阸徐廣曰鄳江夏鄳縣棟謂鄳阸即冥阸也墨子非攻篇曰吳闔閭次注林出於冥隘之徑驪鄭鬭作戰于柏舉中楚國而朝當子常不從司馬之計濟漢轉戰至於柏舉其時吳已隘而西楚事不可爲矣

季芊稱字 宋本芊作芈

正義曰壬地名 閩本監本毛本壬作睢亦誤宋本作土是也

以火繫其巳 宋本監本毛本巳作尾是也

目鼻長七八尺 監本毛本目作其閩本初刻作目後改其是也

使焉却之正德本閩本焉作馬監本毛本同馬上有驚字宋本作使驚却之是也

言執燧象者監本毛本執上無言字

執而率向吳師乃放之宋本率作牽是也

司馬先敗吳師而身被創淳熙本先敗作嘗征非也

吾不用也已宋本淳熙本岳本監本毛本不下有可字是也石經此處殘缺

有巴邱胡宋本監本毛本胡作湖是也

啜菽謂食藜藿也宋本藜作豆是也

殺君罪應滅宗淳熙本宗誤字

鄖江夏雲杜縣閩本監本江誤注

以舜天衷淳熙本舜作奨注同

鑪金初宦於子期氏石經宋本鑪作鑢是也與釋文合案漢書古今人表亦作鑢字宋本岳本足利本宦作宧淳熙本作宧石經初刻同後改宦是也

初伍員與申包胥友石經伍字八旁後加非也

言吳貪害如蛇豕宋本蛇作虵

彊埸之患也纂圖本閩本監本毛本埸作場非

與吳共分其地宋本淳熙本岳本纂圖本監本毛本其作楚是也

附釋音春秋左傳注疏卷第五十四止

春秋左傳注疏卷五十四校勘記

附釋音春秋左傳注疏卷第五十五 定五年盡九年

杜氏注　孔穎達疏

經五年春王三月辛亥朔日有食之無傳○夏歸粟于蔡蔡爲楚所圍飢乏之故魯歸之粟【疏】注蔡爲至之粟○正義曰公羊傳曰孰歸之諸侯歸之曷爲不言諸侯歸之離至不可得而序故言我也穀梁傳亦然賈逵取彼爲說云不書所會後也杜以傳文唯言周亟矜無資自解魯歸粟之意不言諸侯歸之諸侯或亦歸之要此經所書其意不及諸侯故顯而異之言魯歸之粟○於越入吳於發聲也【疏】注於發聲也○正義曰公羊傳云於越者何越者何於越者未能以其名通也越者能以其名通也其意言越與於越立文不同事有褒貶左氏無此義越是南夷夷言有此發聲史官或正其名或從其俗越與於越史異辭無義例六月丙申季孫意如卒○秋七月壬子叔孫不敢卒無傳○冬晉士鞅帥師圍鮮虞

傳五年春王人殺子朝于楚因楚亂也終閔馬父之言夏歸粟於蔡以周亟矜無資亟急也○亟紀力反注同越入吳吳在楚也○六月季平子行東野東野季氏邑○行下孟反下桓子行同還未至丙申卒于房陽虎將以璵璠斂璵璠美玉君所佩○璵本又作與音餘璠音煩又方煩反斂力驗反【疏】注璵璠至所佩○正義曰案說文云璵璠魯之寶玉璵璠是一玉名說文又云瑜美玉璵與璵璠異也昭公出奔之後平子攝行君事入宗廟佩此玉陽虎以平子嘗佩此玉故將以斂之仲梁懷不與明此玉是君所佩也君之所佩故爲美玉也玉藻云公侯佩山玄玉此當時所佩未必是山玄也玉藻又云古之君子必佩玉右徵角左宮羽鄭玄云徵角在右事也民也可以勞宮羽在左君也物也宜逸仲梁懷弗與懷亦季氏家臣曰改步改玉昭公之出季孫行君事佩璵璠祭宗廟今定公立復臣位改君步則亦當去璵璠○去起呂反【疏】改步改玉○正義曰步謂行也玉藻云君與尸行接武大夫繼武士中武鄭玄云尊者尚徐接武蹈半迹繼武迹相及也中武迹間容迹是君臣步不同也玉藻又云公侯佩山玄玉大夫佩水蒼玉是君臣玉不同也昭公之出季氏行君事爲君行佩君玉及定公立季氏復臣位故步玉皆改矣陽虎欲逐之告公山不狃不狃曰彼爲君也子何怨焉不狃季氏臣費宰子洩也爲君不欲使僭○狃女九反爲于僞反注同洩息列反僭子念反【疏】彼爲君○正義曰家臣謂季氏爲君故注云不欲使僭既葬桓子行東野桓子意如子季孫斯及費子洩爲費宰逆勞於郊桓子敬之勞仲梁懷仲梁懷弗敬懷時從桓子行輕慢子洩○勞力報反下同從才用反下從父昆弟皆從王並同子洩怒謂陽虎子行之乎行逐懷也爲下陽虎四桓子起○申包胥以秦師至秦子蒲子虎

帥車五百乘以救楚五百乘三萬七千五百人○乘繩證反注同子蒲曰吾未知吳道道猶法術使楚人先與吳人戰而自稷會之大敗夫槩王于沂稷沂皆楚地○沂魚依反吳人獲薳射於柏舉薳射楚大夫○射食亦反又食夜反其子帥奔徒奔徒楚散卒○卒子忽反以從子西敗吳師于軍祥軍祥楚地秋七月子期子蒲滅唐從吳伐楚故九月夫槩王歸自立也以與王戰而敗自立爲吳王號夫槩奔楚爲堂谿氏傳終言之○谿苦兮反下同吳師敗楚師于雍澨秦師又敗吳師吳師居麇麇地名○麇九倫反下同子期將焚之子西曰父兄親暴骨焉不能收又焚之不可前年楚人與吳戰多死麇中言

不可并焚○暴步卜反子期曰國亡矣死者若有知也可以歆舊祀言焚吳復楚則祭祀不廢○歆許金反豈憚焚之焚之而又戰吳師敗又戰于公壻之谿楚地名吳師大敗吳子乃歸囚闉輿罷闉輿罷請先遂逃歸輿罷楚大夫請先至吳而逃歸言吳雖得楚一大夫復失之所以不克○闉音因輿音餘又作轝與羊汝反罷音皮復扶又反葉公諸梁之弟后臧從其母於吳不待而歸諸梁司馬沈尹戌之子葉公子高也吳入楚獲后臧之母楚定臧棄母而歸○葉舒涉反從如字又才用反葉公終不正視不義之○乙亥陽虎囚季桓子及公父文伯文伯季桓子從父昆弟也陽虎欲爲亂恐二子不從故囚之○公父音甫而逐仲梁懷冬十月丁亥殺公何藐藐季氏族

○藐亡角反又音彌小反己丑盟桓子于稷門之內魯南城門庚寅大詛逐公父歜及秦遄皆奔齊歜即文伯也秦遄平子姑壻也傳言季氏之亂○詛莊慮反歜昌欲反遄市專反○楚子入于郢吳師已歸初鬭辛聞吳人之爭宮也曰吾聞之不讓則不和不和不可以遠征吳爭於楚必有亂有亂則必歸焉能定楚王之奔隨也將涉於成臼江夏竟陵縣有臼水出聊屈山西南入漢○焉於虔反臼其九反屈其勿反又君勿反藍尹亹涉其帑亹楚大夫○藍力甘反亹亡匪反帑音奴不與王舟及寧王欲殺之寧安定也子西曰子常唯思舊怨以敗君何效焉王曰善使復其所吾以志前惡過惡也王賞

鬭辛王孫由于王孫圉鍾建鬭巢申包胥王孫賈宋木鬭懷九子皆從王有大功者子西曰請舍懷也以初謀弒王也○舍音捨又音赦弒申志反王曰大德滅小怨道也終從其兄免王大難是大德○難乃旦反申包胥曰吾爲君也非爲身也君既定矣又何求且吾尤子旗其又爲諸子旗蔓成然也以有德於平王求欲無厭平王殺之在昭十四年○爲君于僞反下爲身同厭於鹽反遂逃賞王將嫁季芈季芈辭曰所以爲女子遠丈夫也鍾建負我矣以妻鍾建以爲樂尹司樂大夫○遠于萬反妻七計反王之在隨也子西爲王輿服以保路國于脾洩脾洩楚邑也失王恐國人潰散故僞爲王車服立國脾洩以保安道路人○脾婢支反洩息列反〔疏〕

王之至脾洩○正義曰王之在隨也國內無王子西以民無所依恐其潰散故僞爲王之車服以安道路之人國于脾洩之地於時子西蓋假稱王矣聞王所在而後從王王使由于城麇於麇築城復命子西問高厚焉弗知子西曰不能如辭言自知不能當辭勿行〔疏〕問高厚焉弗知○正義曰子西問由于所築麇城高厚幾何由于不知蓋遇云問城高厚丈尺也本或有小大者涉下文而誤耳○不能如辭○正義曰敢爲不敢如爲不如古人之語然也僖二十二年傳云若愛重傷則如勿傷愛其二毛則如服焉經傳之文此類多矣城不知高厚小大何知對曰固辭不能子使余也人各有能有不能王遇盜於雲中余受其戈其所猶在袒而視之背曰此余所能也脾洩之事余亦弗能也傳言昭王所以復國有賢臣也○袒音但〔疏〕城不至何知○正義曰王肅斷

小大何知爲句注云如是小大何所知也張奐古今人論云子西問然之高厚小大而弗知也子西怒曰不能則如辭能之而不知又何知乎張奐引傳爲文小大上屬杜雖無注蓋與張同晉士鞅圍鮮虞報觀虎之役也三年鮮虞獲晉觀虎

經六年春王正月癸亥鄭游速帥師滅許以許男斯歸游速大叔子○二月公侵鄭無傳○夏季孫斯仲孫何忌如晉○秋晉人執宋行人樂祁犂稱行人言非其罪○犂力兮反又力之反○冬城中城無傳公爲晉侵鄭故懼而城之○爲于僞反○季孫斯仲孫忌帥師圍鄆無傳何忌不言何闕文鄆貳於齊故圍之○鄆音運【疏】季孫至圍鄆○正義曰鄆是魯邑輒曰圍之必是鄆邑叛也三傳並無其事不知何爲而叛明年齊人歸鄆是叛屬齊也

春秋疏卷五十五　五

傳六年春鄭滅許因楚敗也○二月公侵鄭取匡爲晉討鄭之伐胥靡也胥靡周地也周儋翩因鄭人以作亂鄭爲之伐胥靡故晉使魯討之匡鄭地取匡不書歸之晉○爲于僞反注同儋丁甘反翩音篇【疏】討鄭之伐胥靡○正義曰下注云鄭伐周六邑在魯伐鄭取匡前而此獨云胥靡者此時須顯侵鄭之意故言討鄭之伐胥靡畧言之也但鄭伐周事須從下文戌周發之故傳文乃逆指下事爲次也往不假道於衛及還陽虎使季孟自南門入出自東門陽虎將逐三桓欲使得罪於鄰國舍於豚澤衛侯怒使彌子瑕追之彌子瑕衛嬖大夫○豚杜孫反嬖必計反公叔文子老矣文子公叔發輦而如公曰尤人而效之非禮也昭公之難君將以文之舒鼎衛文公之鼎○難乃旦反成之昭兆寶龜【疏】注尤人至非禮○正義曰入其國門非也追伐其師亦非也尤其罪而復效之爲非禮也下云效小人以棄之即云天將多陽虎之罪則公叔文子知此出入衛門是陽虎之計非魯公使然尤人謂尤陽虎也○文之昭兆○正義曰賈逵云舒鼎鼎名昭兆寶龜杜依用之蓋衛文公鑄此鼎也其名曰舒不知其故成之昭兆成公新得此龜蓋以灼之出兆兆文分明故名爲昭兆定之鞶鑑鞶帶而以鏡爲飾也今西方羌胡猶然古之遺服○鞶又作盤步丹反又蒲官反鑑古暫反苟可以納之擇用一焉公子與二三臣之子諸侯苟憂之將以爲之質爲質求納魯昭公○質音致注同此羣臣之所聞也今將以小忿蒙舊德蒙覆也無乃不可乎大姒之子大姒文王妃○大音泰姒音似唯周公康叔爲相睦也而效小人以棄之不亦誣乎天將多陽虎之罪以斃之君姑待之若何乃止止不伐魯師○

春秋疏卷五十五　六

夏季桓子如晉獻鄭俘也獻此春取匡之俘○俘芳夫反陽虎強使孟懿子往報夫人之幣陽虎欲困辱三桓并求媚於晉故強使正卿報晉夫人之聘○強其丈反注同下皆放此【疏】陽虎至之幣○正義曰聘禮者諸侯使卿聘鄰國之禮也執圭以致君命執璧以致享幣其於夫人則聘用璋享用琮聘君與夫人一使兼致之夫人不別使也傳言報夫人之幣則晉之夫人嘗有聘魯者矣禮法夫人不別遣使則晉之夫人聘者亦爲晉君來聘也經無其事蓋遣大夫來聘名氏不合見經故畧之也不言報晉君雖言報夫人者桓子如晉獻鄭俘即亦報聘晉也桓子報聘即亦得報夫人也但陽虎欲困辱三桓又欲求媚於晉既使桓子報聘晉君又別遣正卿報晉夫人所以困辱三桓而重晉禮也晉人兼享之賤魯故不復兩設禮明經所以不備書○復扶又反【疏】注賤魯至備書○正義曰若桓子特爲獻俘懿子專爲報聘則經當兩書如晉不合共文晉人亦當兩設享禮各待一客今乃桓子聘晉君懿子報夫人則似共爲一使若賓與介然故晉人兼享之賤魯故不復兩爲設禮傳言此者明經所以不備書也不備書謂不各自立文兩書如晉也

若然文十八年公子遂叔孫得臣如齊亦是經不備書而怪此不備者彼傳言惠公立故且拜葬也則是魯並命二卿今行兩事雖各有所主而受命俱行故宜共文書之此則桓子獻俘并亦報聘一卿足以兼之懿子不須行矣陽虎強使之行乃是從後而去時不同受命宜當別書如晉止爲晉人所賤故經不復備書正以傳言強使懿子報夫人之幣知桓子報晉君矣傳言兼享之知其不應兼矣以此明二人不同受命宜應別書畧而不備書耳　孟孫立于房外謂范獻子曰陽虎若不能居魯而息肩於晉所不以爲中軍司馬者有如先君稱先君以徵其言若欲使晉必厚待之【疏】孟孫至先君○正義曰懿子之意不爲陽虎求官欲使晉人知陽虎專權爲國所患言若不得居魯而息肩於晉示已知陽虎必將作亂而出奔也中軍司馬晉國大夫之最貴者爲求此官似若欲使晉厚待之然令晉知其情耳諸言有如皆是誓辭稱先君以徵其言似若欲晉必從之　獻子曰寡君有官將使其人擇得其人鞅何知焉獻子謂簡子

曰魯人患陽虎矣孟孫知其釁以爲必適晉故強爲之請以取入焉欲令晉人聞虎當逃走故強設請託之辭因此言以入晉令晉素知之○釁許靳反爲之于僞反令力呈反【疏】注欲令至知之○正義曰本意不爲陽虎請官欲令晉人知陽虎終必逃走強設託請之辭因此言辭以取入晉之意欲令晉人素知陽虎之必逃　○四月己丑吳大子終纍敗楚舟師終纍闔廬子夫差兄舟師水戰○纍力追反又力軌反夫音扶差初佳反獲潘子臣小惟子二子楚舟師之帥○惟位悲反本又作帷亦如字帥所類反及大夫七人楚國大惕懼亡子期又以陵師敗于繁揚陵師陸軍○惕他歷反【疏】注陵師陸軍○正義曰上云舟師水戰此言陵師陸軍南人謂陸爲陵此時猶然釋地云高平曰陸大陸曰阜大阜曰陵是陵陸大小之異名耳　令尹子西喜曰乃今可爲矣言知懼而後可治　於是乎遷

郢於都而改紀其政以定楚國傳言楚賴子西以安○都音若　○周儋翩率王子朝之徒因鄭人將以作亂于周儋翩子朝餘黨　鄭於是乎伐馮滑胥靡負黍狐人闕外鄭伐周六邑在魯伐鄭取匡前於此見者爲戎周起也陽城縣西南有負黍亭○見賢遍反下文見溷并注同爲于僞反下同　六月晉閻沒戍周且城胥靡爲下天王出居姑蕕起　○秋八月宋樂祁言於景公曰諸侯唯我事晉今使不往晉其憾矣樂祁告其宰陳寅與以公言告之○使所吏反憾戶暗反　陳寅曰必使子往他日公謂樂祁曰唯寡人說子之言子必往陳寅曰子立後而行吾室亦不亡寅知晉多門往必有難故使樂祁立後而行○說音悅難乃

旦反下文同　唯君亦以我爲知難而行也見溷而行溷樂祁子也見於君立以爲後○溷侯溫反又侯困反　趙簡子逆而飮之酒於緜上獻楊楯六十於簡子楊木名○飮於鴆反楯食允反又音允　陳寅曰昔吾主范氏今子主趙氏又有納焉以楊楯賈禍弗可爲也已知范氏必怨將得禍○賈音古　然子死晉國子孫必得志於宋以其爲國死○爲于僞反下同　范獻子言於晉侯曰以君命越疆而使未致使而私飮酒不敬二君不可不討也乃執樂祁獻子怒祁比趙氏經所以稱行人○疆居良反使所吏反下同比毗志反　○陽虎又盟公及三桓於周社盟國人于亳社詛于五父之衢傳言三桓微陪臣專

政爲八年陽虎作亂起。亭步各反詛側慮反父音甫衛其俱反〇冬十二月天王處于姑蕕姑蕕周地。蕕音由一音由舊反辟儋翩之亂也爲明年單劉逆王起〇單音善

經七年春王正月〇夏四月〇秋齊侯鄭伯盟于鹹鹹衞地。鹹音咸〇齊人執衞行人北宮結以侵衞稱行人非使人之罪。使所吏反齊侯衞侯盟于沙結叛晉也陽平元城縣東南有沙亭。沙如字又星和反〇大雩無傳過也〇齊國夏帥師伐我西鄙夏國佐孫〇九月大雩無傳過也疏注過也。正義曰案賈逵云旱也杜言過者杜以春秋旱雩傳皆發之言旱以此傳無旱文故謂之過如賈之所言前既有雩後又有雩旱可知不須發傳若然昭二十五年上辛大雩季辛又雩一月兩雩旱亦可知何須發傳言旱甚也劉以賈言規杜非也蓋時有小旱故傳不言旱未應合雩故杜云過也冬十月

傳七年春二月周儋翩入于儀栗以叛儀栗周邑〇齊人歸鄆陽關陽虎居之以爲政鄆陽關皆魯邑中貳於齊齊今歸之不書虎專之。中丁仲反〇夏四月單武公穆公子劉桓公文公子敗尹氏于窮谷尹氏復黨儋翩共爲亂也。復扶又反〇秋齊侯鄭伯盟于鹹徵會于衞徵召也衞侯欲叛晉屬齊鄭也諸大夫不可使北宮結如齊而私於齊侯曰執結以侵我欲以齊師懼諸大夫齊侯從之乃盟于瑣瑣卽沙也爲明年涉佗捘衞侯手起。瑣素果反佗徒何反捘子對反齊國夏伐我齊叛晉故陽虎御季桓子公斂處父御孟懿子處父孟氏家臣成宰公斂陽。斂力檢反又音廉或音慮點反將宵軍齊師齊師聞之墮伏而待之墮毀其軍以誘敵而設伏兵。墮許規反處父曰虎不圖禍而必死而女也。女音汝下文同疏處父至必死。正義曰齊人設伏待魯若入其伏內是爲禍也虎不謀此禍而欲夜掩齊師女必死處父欲自殺之苫夷曰虎陷二子於難苫夷季氏家臣二子季孟。苫始占反難乃旦反不待有司余必殺女虎懼乃還不敗傳言陪臣強能自相制季孟不敢有心疏不待有司。正義曰言不待掌刑戮之有司余必自殺女也虎見二子以此此言懼之乃還不敗〇冬十一月戊午單子劉子逆王于慶氏慶氏守姑蕕大夫晉籍秦送王己巳王入于王城己巳十二月五日有日無月疏注己巳至無月。正義曰此年經傳日少上下無可考驗杜自以長厤校之己巳爲十二月五日館于公族黨氏黨氏周大夫。黨音掌而

後朝于莊宮莊王廟也

經八年春王正月公侵齊報前年伐我西鄙公至自侵齊無傳〇二月公侵齊未得志故三月公至自侵齊無傳〇曹伯露卒無傳四年盟皐鼬。鼬由又反疏注四年盟皐鼬。正義曰露以昭二十八年卽位三十二年諸侯之大夫盟于狄泉魯曹俱在時以未告公而公薨故不書於經杜蓋以此故不數之四年盟皐鼬四年二月陳侯吳卒其年盟于皐鼬自爾以來唯有此盟耳〇夏齊國夏帥師伐我西鄙〇公會晉師于瓦瓦衞地將來救魯公逆會之東郡燕縣東北有瓦亭〇國夏戶雅反年末注同瓦顏寡反燕音煙公至自瓦無傳〇秋七月戊辰陳侯柳卒無傳四年盟皐鼬。柳力久反本或作抑〇晉士鞅帥師侵鄭遂侵衞兩事故曰遂〇葬曹靖公無傳疏靖公。正義曰

謚法共以。解。曰靖○九月葬陳懷公無傳三月而速葬【疏】懷公○正義曰謚法慈仁短折曰懷○季孫斯仲孫何忌帥師侵衛○冬衛侯鄭伯盟于曲濮無傳結叛晉曲濮衛地○濮音卜○從祀先公從順也先公閔公僖公也將正二公之位次所順非一親盡故通言先公【疏】注從順至先公○正義曰傳言順祀是從爲順也文二年大事于太廟躋僖公升僖於閔上閔先爲君退在僖下是逆也今升閔在僖上依其先後是順也廟主失次唯此二公故知從祀先公唯閔僖耳躋僖公指僖言之此不指言升閔者彼所升者上升僖公之一神不得不指言僖公也今從祀之時閔僖俱得正位且以親盡故通言先公此言從祀躋僖公不言逆祀者此從祀因躋僖公之文故得畧言從祀至於躋僖公文無所繫不知逆祀何公且見是親廟不可言先公故指僖言之而言躋也然則此以親盡故通言先公下桓宫僖宫災彼亦親盡言桓僖者彼據災之所在須指言其處與此體例不同○盜竊寶玉大弓盜謂陽虎也家臣賤名氏不見故曰盜寶玉夏后氏之璜大弓封父之繁弱○見賢遍反璜音黃父音甫【疏】注盜謂至繁弱○正義曰傳言陽虎取寶玉大弓以出是盜謂陽虎也公羊傳曰盜者孰謂謂陽虎也陽虎者曷爲者也季氏之宰也季氏之宰則微者也惡乎得國寶而竊之陽虎專季氏季氏專魯國其說將殺季氏亦與左傳大同春秋之例再命之卿始得名氏書經陽虎季氏家臣以賤名氏不見故書曰盜盜者賤人之稱也此寶玉大弓必是國之重寶歷世掌之故自劉歆以來說左氏者皆以爲夏后氏之璜封父之繁弱成王所以分魯公也公羊傳曰寶者何璋判白弓繡質龜青純彼不知魯有先王分器謬爲言耳且所盜無龜知其並是妄也

傳八年春王正月公侵齊門于陽州攻其門士皆坐列言無鬬志曰顔高之弓六鈞顔高魯人三十斤爲鈞六鈞百八十斤古稱重故以爲異強○鈞音均稱尺證反強其丈反【疏】注顔高至異強○正義曰漢書律歷志云量者龠合升斗斛也本起黃鍾之龠以子穀秬黍中者千有二百實其龠合龠爲合十合爲升十升爲斗十斗爲斛而五量嘉矣權者銖兩斤鈞石也本起黃鍾之重一龠容千二百黍重十二銖兩之爲兩十六兩爲斤三十斤爲鈞四鈞爲石而五權謹矣由此而言龠之所容重十二銖合龠爲合兩之爲兩則合重一兩升重十兩斗重百兩斛重千兩計六鈞有一百八十斤合爲二千八百八十兩於量爲重兩斛八斗八升計今人用弓此亦未爲彊矣而魯人傳而觀之故杜以爲古稱重故以爲異強計古稱亦準黃鍾之重爲之而得重於今者權量之起本自黃鍾而世俗不同每有改易傳稱齊舊四量陳氏皆加一焉是其不必常依古也近世以來或輕或重魏齊斗稱於古二而爲一周隋斗稱於古三而爲一則古時亦當然杜言古者謂此顔高之時爲古耳非言自古稱皆重也皆取而傳觀之陽州人出顔高奪人弱弓籍丘子鉏擊之與一人俱斃子鉏齊人斃仆也○傳直專反鉏仕居反與一人俱斃婢世反顔高與一人俱爲子鉏所擊而仆仆音赴又蒲北反孫炎云前覆曰仆偃且射子鉏中頰殪子鉏死○且如字射食亦反下同中丁仲反下同頰古協反殪於計反死也言顔高雖爲子鉏所擊偃仆且射子鉏中頰而死言其善射也一讀且音子餘反云偃且人姓名也檢世族譜無此人一讀者非也【疏】注俱斃至頰殪○正義曰釋言云斃仆也孫炎曰前覆曰仆吳越春秋稱要離謂吳王夫差曰臣迎風則偃背風則仆然則仆是前覆偃是卻倒此顔高被擊而仆乃轉而仰且射子鉏猶死言其善射之功然也顔息射人中眉顔息魯人退曰我無勇吾志其目也以自矜師退冉猛僞傷足而先猛魯人欲先歸其兄會乃呼曰猛也殿會見師退而猛不在列乃大呼詐言猛在後爲殿傳言魯無軍政○呼火故反注同殿丁電反注同○二月己丑單子伐穀城劉子伐儀栗討儋翩之黨穀城在河南縣西○單音善儋丁甘反翩音篇辛卯單子伐簡城劉子伐猛以定王室傳終王室之亂○盂音于○趙鞅言於晉侯曰諸侯唯宋事晉好逆其使猶懼不至今又執之是絕諸侯也將歸樂祁士鞅曰三年止之無故而歸之宋必叛

晉執樂祁在六年。好呼報反使所吏反范獻子私謂子梁獻子范鞅子梁樂祁曰：寡君懼不得事宋君，是以止子。子姑使溷代子。溷樂祁子。溷侯温反又侯困反子梁以告陳寅。陳寅曰：宋將叛晉，是棄溷也，不如待之。留待勿以子自代樂祁歸，卒于大行。大行晉東南山。大音泰行戶郎反一音衡士鞅曰：宋必叛，不如止其尸以求成焉。乃止諸州。州晉地爲明年宋公使樂大心如晉張本

○公侵齊，攻廩丘之郛。郛郭也。廩力甚反郛芳夫反主人焚衝，衝戰車。衝昌容反說文作轒云陷陣車也或濡馬褐以救之，馬褐馬衣。濡人于反褐戶葛反遂毁之。毁郛主人出師奔。攻郛人少故遣後師走往助之

【疏】注主人出師奔。正義曰：賈逵以爲主人出魯師奔走而卻退，言魯无戰備也。劉炫云杜亦不勝舊，今杜必異於賈，以爲後師奔走往助之者，若如賈言魯師奔走，則是被敗而還，下傳陽虎何得云猛在此必敗？明其於時不敗，故猛得逐廩丘之人，是賈言非也。

陽虎僞不見冉猛者，曰：猛在此，必敗。陽州之役猛先歸之言若在此必復敗。復扶又反猛逐之，顧而無繼，僞顛。逐廩丘人虎曰：盡客氣也。言皆客氣非勇。客苦百反

○苫越生子，將待事而名之。苫越苫夷。苫戎占反陽州之役獲焉，名之曰陽州。欲自比僑如。僑其驕反

○夏，齊國夏、高張伐我西鄙，報上二侵晉士鞅、趙鞅、荀寅救我。救不書齊師已去未入竟。竟音境

【疏】注救不至入竟。正義曰：春秋諸侯相救皆書，於經此救亦當書之。不書者，齊師聞晉來救，已去魯地，晉師未入魯竟，不成爲救，故不書也。公會晉師于瓦，瓦是衛地，公往衛地會晉師，是其未入竟也。

公會晉師于瓦。范獻子執羔，趙簡子、中行文子皆

執鴈。魯於是始尚羔。獻子士鞅也簡子趙鞅也中行文子荀寅也禮卿執羔大夫執鴈魯則同之今始知執羔之尊也卿不書禮不敵公史畧之。行戶郎反

【疏】注禮卿至畧之。正義曰：禮，卿執羔，大夫執鴈，則禮大宗伯文也。魯則同之，盖命卿與大夫俱執鴈。今見士鞅執羔，始知執羔之尊，於是方始尚羔，令卿執之。記禮廢之久也。傳言於是始尚羔，必往前不執羔矣。但往前所執難知，先儒各以意說。賈逵云：周禮公之孤四命執皮帛，卿三命執羔，大夫再命執鴈。魯廢其禮，三命之卿皆執皮帛，至是乃始復禮尚羔。案周禮、禮記皆言卿執羔，大夫執鴈，並以爵斷，不依命數。賈何以詩命高下，妄稱禮乎？傳言始尚羔者，當謂替賤羔而今尊之耳。若本僭孤禮，皆執皮帛，當云始復用羔，不得云尚也。若改僭從禮，得名爲尚，則初獻六羽，何以不言始尚六佾也？以尚言之，足知魯卿舊執幷皮帛矣。鄭衆云：天子之卿執羔，大夫執鴈；諸侯之卿當天子之大夫，故傳曰唯卿爲大夫，當執鴈而執羔，僭天子之卿也。魯人效之而始尚羔，記禮所從壞。案禮傳及記天子之臣與諸侯之臣所執無異文也。周禮掌客凡諸侯之禮，上公及侯伯之下皆云卿相見以羔，是諸侯之卿執羔，不執鴈。又士相見者，諸侯之臣相見之禮也，經曰下大夫相見以鴈，上大夫相見以羔，是諸侯之卿必執羔矣。安在於諸侯之卿當天子之大夫乎？是則背明文而用肺腸也。天子諸侯之臣所異者，士相見之禮羔鴈皆云飾之以布，而曲禮云飾羔鴈者以績，鄭玄云此爲諸侯之臣與天子之臣異也。然則天子之臣衣之以布而又畫之，諸侯之臣則用布不畫，所異唯此而已，其執不爲異也。傳文之乖於禮者，爵是卿也，皆當執羔，趙鞅、荀寅不應執鴈，此是當時之失，失於偏下。以晉卿失於偏下，魯卿不應僭上，益明賈言魯卿舊執皮帛非其義矣。魯人於是始知執羔爲尊，或亦效晉，唯上卿一人獨執羔耳，未必即能如禮，諸卿皆執羔也。此經言公會晉師，不言公會士鞅。僖二十九年傳曰：在禮，卿不會公侯，會伯子男可也。故杜云卿不書，禮不敵公，史畧之。劉炫云：案宣元年會晉師于棐林伐鄭，杜云趙盾稱師，取於師會，故稱師。何知此非亦以師會故稱師，而云禮不敵公，畧稱師乎？今知不然者，以宣元年諸侯俱在，又文連伐鄭，故言師會；此則公之獨會晉師，又無征伐之事，故以爲卿不書，禮不敵公，史畧之。劉以此與宣元年並取於師會，以規杜氏，非也。

○晉師將盟衞侯于鄟澤。自瓦還就衞地盟。鄟音專又市轉反本亦作鄟音同趙簡子曰：羣臣誰敢盟衞君者？前年衞叛

晉屬齊簡子意欲摧辱之。涉佗、成何曰：「我能盟之。」二子晉大夫。○佗，徒何反。衛人請執牛耳。盟禮尊者涖牛耳，主次盟者。衛侯與晉大夫盟，自以當涖牛耳，故請。

疏注盟禮至故請。○正義曰：盟用牛耳。周禮戎右云：「盟，則贊牛耳。」鄭玄云：「謂尸盟者割牛耳取血，助爲之，尸盟者執之。」襄二十七年傳曰：「諸侯盟，小國固必有尸盟者。」是小國主備辦盟具，宜執牛耳。哀十七年傳曰：「公會齊侯盟于蒙，孟武伯問於高柴曰：『諸侯盟，誰執牛耳？』季羔曰：『鄫衍之役，吳公子姑曹；發陽之役，衛石魋。』武伯曰：『然則彘也。』」鄫衍之役，吳爲盟主，不知盟禮，當令小國執牛耳，而自使其臣執之。濮陽，宋、魯、衛三國，衛爲小；蒙則齊、魯三國，魯爲小。皆是以小國執牛耳而尊者涖之，以王次同盟者。今衛侯與晉大夫盟，自以當爲盟主，宜涖牛耳，故請晉大夫使執之。

成何曰：「衛，吾溫、原也，焉得視諸侯？」言衛小，可比晉縣，不得從諸侯禮。○焉，於虔反。將歃，涉佗捘衛侯之手，及捥。捘，擠也。血至捥。○歃，所洽反。捘，子對反。捥，烏喚反。擠，多計反，一音子禮反，說文云：排也。

疏注捘擠也。○正義曰：說文云：「推排也。」排擠也。捘是推排之意，故爲擠也。昭十三年傳言「擠于溝壑」，謂被推入坑也。

衛侯怒，王孫賈趨進，賈，衛大夫。曰：「盟以信禮也，信猶明也。有如衛君，其敢不唯禮是事而受此盟也？」言晉無禮，不欲受其盟。衛侯欲叛晉，而患諸大夫。王孫賈使次于郊。大夫問故，問不入故。公以晉詬語之，詬，恥也。○詬，呼豆反。語，魚據反。且曰：「寡人辱社稷，其改卜嗣，寡人從焉。」使改卜他公子以嗣先君，我從大夫所立。大夫曰：「是衛之禍，豈君之過也？」公曰：「又有患焉，謂寡人必以而子與大夫之子爲質。」爲質於晉。○質音致，注及下同。大夫曰：「苟有益也，公子則往，羣臣之子敢不皆負羈絏以從？」將行，王孫賈曰：「苟衛國

有難，工商未嘗不爲患，使皆行而後可。」欲以激怒國人。○絏，息列反。從，才用反，下說從者同。難，乃旦反。激，古狄反。公以告大夫，乃皆將行之。行有日，有期日。公朝國人，使賈問焉，曰：「若衛叛晉，晉五伐我，病何如矣？」皆曰：「五伐我，猶可以能戰。」賈曰：「然則如叛之，病而後質焉，何遲之有？」乃叛晉。晉人請改盟，弗許。

○秋，晉士鞅會成桓公侵鄭，圍蟲牢，報伊闕也。桓公，周卿士。不書，監帥不親侵也。六年鄭伐周闕外，晉爲周報之。○監，古銜反。爲，于僞反，下同。遂侵衛。討叛。

○九月，師侵衛，晉故也。魯爲晉討衛。

○季寤、季桓子之弟。○寤，五故反。公鉏極、公彌曾孫，桓子族子。公山不狃費宰。○狃，女九反。皆不得志於季氏。叔孫輒無寵於叔孫氏，輒，叔孫氏之庶子。叔仲志不得志於魯，志，叔孫帶之孫。皆爲國人所薄。故五人因陽虎。陽虎欲去三桓，以季寤更季氏，代桓子。○去，起呂反。更，音庚，舊古孟反，下皆同。以叔孫輒更叔孫氏，代武叔。已更孟氏。陽虎自代懿子。

冬十月，順祀先公而祈焉。將作大事，欲以順祀取媚。辛卯，禘于僖公。辛卯，十月二日。不於太廟者，順祀之義，當退僖公，懼於僖神，故於僖廟行順祀。○禘，大計反。

疏禘于僖公。○正義曰：釋例曰：「大祭于太廟以審定昭穆，謂之禘。禘于太廟，禮之常也。各於其宮，時之爲也。雖非三年大祭，而書禘，用禘禮也。」然則禘者，審定昭穆之祭也。今爲順祀而禘于僖公，則是并取先公之主盡入僖廟而以昭穆祭之，是爲周禘禮也。計禘禮當于太廟，今就僖廟爲禘者，順祀之義，退僖升閔，懼於僖公之神，故於僖廟行禘禮，使先公之神徧知之。禮，祭尊可以及卑，後世之主宜上從太廟而食。今從上世之主下入僖廟，祀之當時所爲，非正禮也。昭二十五年禘

于襄公義亦然也壬辰將享季氏于蒲圃而殺之戒都車曰癸巳至都邑之兵車也陽虎欲以壬辰夜殺季孫明日癸巳以都車攻二家○圃布五反成宰公斂處父告孟孫曰季氏戒都車何故孟孫曰吾弗聞處父曰然則亂也必及於子先備諸與孟孫以壬辰爲期處父期以兵救孟氏壬辰先癸巳一日○先癸悉薦反陽虎前驅林楚御桓子虞人以鈹盾夾之陽越殿越陽虎從弟○鈹普皮反盾食允反又音允夾古洽反殿丁見反將如蒲圃桓子咋謂林楚咋暫也○咋仕詐反曰而先皆季氏之良也爾以是繼之欲使林楚免已於難以繼其先人之良○難乃旦反下同〔疏〕而先至繼之○正義曰而女也言女先祖以來皆爲季氏忠良之臣女今不良反以是殺我之事繼續之對曰

臣聞命後後猶晚陽虎爲政魯國服焉違之徵死死無益於主桓子曰何後之有而能以我適孟氏乎對曰不敢愛死懼不免主桓子曰往也言必往孟氏選圉人之壯者三百人以爲公期築室於門外實欲以備難不欲使人知故僞築室於門外因得聚衆公期孟氏支子○圉魚呂反爲于僞反林楚怒焉及衢而騁騁馳也○騁勑領反陽越射之不中築者闔門季孫既得入乃閉門○射食亦反下同中丁仲反闔戶臘反有自門間射陽越殺之陽虎劫公與武叔武叔叔孫不敢之子州仇也○劫居業反仇音求以伐孟氏公斂處父帥成人自上東門入魯東城之北門與陽氏戰于南門之內

弗勝又戰于棘下城內地名陽氏敗陽虎說甲如公宮取寶玉大弓以出舍于五父之衢寢而爲食其徒曰追其將至虎曰魯人聞余出喜於徵死何暇追余徵召也陽虎召季氏於蒲圃將殺之今得脫必喜故言喜於召死○說本又作稅同他活反得脫徒活反又他活反〔疏〕注徵召至召死○正義曰徵召也釋言文陽虎召季孫欲殺之今既得脫魯人歡喜季孫免於召死之事何暇追我劉炫云陽虎召孫欲殺之則召季孫爲召死季孫得脫必大喜魯人聞我出去喜於召死言人人皆喜於季孫從者曰嘻速駕公斂陽在嘻歎聲○嘻許其反公斂陽請追之孟孫弗許畏陽虎陽欲殺桓子欲因亂討季氏以强孟氏孟孫懼而歸之不敢殺子言辨舍爵於季氏之廟而出子言季寤辨猶周徧也徧告廟飲酒示無懼○言辨音遍注徧

同舍如字陽虎入于讙陽關以叛叛不書畧家臣○讙音歡○鄭駟歂嗣子大叔爲政歂駟乞子子然也爲明年殺鄧析張本○歂市專反析星歷反

經九年春王正月○夏四月戊申鄭伯蠆卒無傳四年盟皐鼬○蠆勑邁反〔疏〕注四年盟皐鼬○正義曰蠆以昭二十九年卽位三十二年大夫盟于狄泉以未告公而公薨故不數○得寶玉大弓弓玉國之分器得之足以爲榮失之足以爲辱故重而書之○分扶問反○六月葬鄭獻公無傳三月而葬速〔疏〕獻公○正義曰謚法博聞多能曰獻○秋齊侯衞侯次于五氏五氏晉地不書伐者諱伐盟主以次告〔疏〕注五氏至次告○正義曰傳言齊侯伐晉夷儀乃與衞侯次于五氏次既告則伐亦應告故杜以爲諱伐盟主直以次告知非不告伐故不書者若全不告魯容可不以伐告今既以次告魯何意告次不告伐明以衞新叛晉又魯與晉親故恥以伐告唯告次耳劉炫以爲不告伐故不書而規杜氏非也○秦伯卒無傳不書名未

同盟○冬葬秦哀公無傳

傳九年春宋公使樂大心盟于晉且逆樂祁之尸辭僞有疾乃使向巢如晉盟且逆子梁之尸巢向戌曾孫○向舒亮反子明謂桐門右師出子明樂祁之子溷也右師樂大心子明族父也右師往弔子明舍子明逐使出門去曰吾猶衰絰而子擊鍾何也忿其不逆父喪因責其無同族之恩○衰七雷反絰田結反下同右師曰喪不在此故也既而告人曰己衰絰而生子余何故舍鍾己子明也○舍音捨子明聞之怒言於公曰右師將不利戴氏樂氏戴公族不肯適晉將作亂也不然無疾乃逐桐門右師逐之在明年終叔孫昭子之言○鄭駟歂

殺鄧析而用其竹刑鄧析鄭大夫欲改鄭所鑄舊制不受君命而私造刑法書之於竹簡故云竹刑〔疏〕注鄧析至竹刑○正義曰昭六年子產鑄刑書於鼎今鄧析別造竹刑明是改鄭所鑄舊制若用君命遣造則是國家法制鄧析不得獨專其名知其不受君命而私造刑書書之於竹謂之竹刑駟歂用其刑書則其法可取殺之不爲作此書也下云棄其邪可也則鄧析不當私作刑書而殺蓋別有當死之罪駟歂不矜免之耳君子謂子然於是不忠苟有可以加於國家者棄其邪可也加猶益也棄不責其邪惡也○邪似嗟反注同〔疏〕君子至可也○正義曰周禮小司寇以八辟麗邦法附刑罰三曰議賢之辟四曰議能之辟鄭玄云賢謂有德行者能謂有道藝者春秋傳曰夫謀而鮮過能訓不倦者叔向有焉社稷之固也猶將十世宥之以勸能者今壹不免其身以棄社稷不亦惑乎是賢能之人當明其罪狀可赦則赦之今鄧析制刑有益於國即是有能者殺有能之人是不忠之臣君子謂子然於是爲不忠也國之臣民誠有可以加益於國家者取其善處棄其邪惡可也雖知其邪當棄而不責所以勸勉人使學爲善能也靜女之三章取彤管焉詩邶風也言靜女三章之詩雖說美女義在彤管彤管赤管筆女史記事規誨之所執○彤徒冬反邶音佩說音悅〔疏〕詩邶至所執○正義曰邶風靜女之篇也於時衛君無道夫人無德衞人欲得貞靜之女以配國君易去無德之夫人也詩有三章其一章云靜女其姝俟我於城隅其二章云靜女其孌貽我彤管彤管者筆赤管也必用赤者示其以赤心正人也古者后夫人必有女史執赤管之筆記妃妾善惡彤管之法所以規誨人君也靜女三章之詩雖說美女之事事之常耳無可特善彤管記事乃是婦人之大法本錄靜女詩者止爲彤管之言可取故全篇取之不棄上下之二章也其女史所書之事毛傳有其畧也毛傳云古者后夫人必有女史彤管之法史不記過其罪殺之后妃羣妾以禮御於君所女史書其日月授之以環以進退之生子月辰則以金環退之當御者以銀環進之著於左手既御著於右手事無大小記以成法竿旄何以告之取其忠也詩鄘風也錄竿旄詩者取其中心願告人以善道也言此二詩皆以一善見采而鄧析不以一善存身○竿旄音干下音毛鄘音容〔疏〕注詩鄘至存身○正義曰詩鄘風干旄之篇也於是衛文公之臣子多好善賢

者樂告以善道也其詩言大夫之好善者乘駟馬建干旄就賢者諮國事焉云孑孑干旄在浚之郊素絲紕之良馬四之彼姝者子何以畀之孑孑干旄在浚之都素絲組之良馬五之彼姝者子何以予之孑孑干旄在浚之城素絲祝之良馬六之其末句云彼姝者子何以告之姝順貌也賢者見其好善美其共順言已寡知復何以告之自恨無可告之明其無所吝惜本錄干旄之詩者取其中心願告人以善道彼二詩皆以一善見采而鄧析不以一善存身故君子引二詩以譏子然也故用其道不棄其人詩云蔽芾甘棠勿翦勿伐召伯所茇詩召南也召伯決訟於蔽芾小棠之下詩人思之不伐其樹茇草舍也○芾方味反召音邵注同茇畔末反〔疏〕詩云至所茇○正義曰詩召南甘棠之篇也蔽芾小貌甘棠杜也茇草舍也召伯之聽獄訟不重煩勞百姓止舍小棠之下而聽斷焉國人被其德說其化故愛其樹彼蔽芾然小者甘棠之樹也勿得翦削之勿得斫伐之此乃是召伯舍息之處思其人猶愛其樹況用其道而不恤其人乎子然無以勸能矣傳言子然闕大

叔爲政鄭所以衰弱。○夏，陽虎歸寶玉、大弓。無益近用而祇爲名，故歸之。○祇音支。書曰「得」，器用也。凡獲器用曰得，器用者，謂物之成器可爲人用者也。得用焉曰獲。謂用器物以有獲，若麟爲田獲，俘爲戰獲。○麟本又作驎，呂辛反。俘，芳夫反。

【疏】○注「凡獲」至「曰獲」。○正義曰：器用者，謂器物可爲人用。凡獲此器物之用者，謂之爲得也。得用者，謂將此器用以得於物焉，謂之爲獲。劉炫以爲得用焉曰獲，謂得此可用爲器之物謂之爲獲，若麟之皮角之屬，以杜解爲非。今知不然者，案春秋書獲唯有囚俘，囚俘不可以爲器物，除囚俘之外，唯有獲麟，麟爲靈獸，帝王所重，不可以鳳羽麟皮以飾器物。劉以麟皮亦堪爲器，而規杜氏，非也。

六月，伐陽關。討陽虎也。陽虎使焚萊門，陽關邑門。○萊音來。師驚，犯之而出，奔齊，請師以伐魯，曰：「三加，必取之。」三加兵於魯。齊侯將許之。鮑文子諫曰：「臣嘗爲隸於施氏矣，施氏，魯大夫。文子，鮑國也。成十七年，齊人召而立之，至今七十四歲，於是文子蓋九十餘矣。魯未可取也。上下猶和，衆庶猶睦，能事大國，大國，晉也。而無天菑，若之何取之？陽虎欲勤齊師也，齊師罷，大臣必多死亡，己於是乎奮其詐謀。夫陽虎有寵於季氏，而將殺季孫，以不利魯國，而求容焉。求自容。○菑音災。罷音皮。親富不親仁，君焉用之？君富於季氏，而大於魯國，茲陽虎所欲傾覆也。魯免其疾，而君又收之，無乃害乎！」齊侯執陽虎，將東之。陽虎願東，陽虎欲西奔晉，知齊必反己，故詐以東爲願。○焉，於虔反。傾本又作頃，音頃。覆，芳服反。乃囚諸西鄙。盡借邑人之車，鍥其軸，麻約而歸之。鍥，刻也。欲絶追者。○鍥，舌結反。軸音逐。載葱靈，寢於其中而逃。葱靈，輜車名。○葱，初江反，或音怱。輜，側其反。說文云：衣車也。

【疏】注「葱靈，輜車名」。○正義曰：說文云：輜軿，衣車也。前後有蔽。賈逵云：葱靈，衣車也，有葱有靈。然則此車前後有蔽，兩旁開葱，可以觀望，葱中豎木謂之靈，今人猶名葱木爲靈子，其內容人臥，故得寢於其中而逃。

追而得之，囚於齊。又以葱靈逃，奔晉，適趙氏。仲尼曰：「趙氏其世有亂乎！」受亂人故。

【疏】「其世有亂乎」。○正義曰：言其當世將有亂也。

○秋，齊侯伐晉夷儀，爲衛討也。○爲，于僞反，下同。

【疏】注「爲衛討也」。○正義曰：往年衛侯叛晉，叛晉必當事齊，下文衛侯會之，知是爲衛討也。

敝無存之父將室之，辭，以與其弟，無存，齊人也。室之，爲取婦。曰：「此役也不死，反，必娶於高、國。」高氏、國氏，齊貴族也。無存欲必有功，還取卿相之女。○娶，七住反。相，息亮反。先登，求自門出，死於霤下。既入城，夷儀人不服，故鬬死於門屋霤下也。○霤，力又反。東郭書讓登，登城非人所樂，故讓衆使後，而己先登。○樂如字，又五孝反。犂彌從之，曰：「子讓而左，我讓而右，使登者絶而後下。」恐書先下，故又譎以讓之。下，入城也。○犂，力兮反。譎，古穴反。

【疏】「使登者絶而後下」。○正義曰：言使登城人絶，皆上訖，然後與書下。遂自下，亦讓書而先下。

書左，彌先下。書從彌言左行，彌遂自先下，亦讓也。書與王猛息。戰訖，共止息。猛曰：「我先登。」書斂甲，曰：「曩者之難，今又難焉！」斂甲，起欲擊猛。○曩，乃黨反。嚮，難，乃旦反。猛笑曰：「吾從子如驂之靳。」靳，車中馬也。猛不敢與書爭，言己從書，如驂馬之隨靳也。傳言齊師和，所以能克。○驂，七南反，騑馬也。靳，居覲反。本或作「如驂之有靳」，非也。爭，爭鬬之爭，又如字。

【疏】「如驂之靳」。○正義曰：詩云：兩服齊首，兩驂鴈行。鄭云：兩服，中央夾轅者。然則古人車駕四馬，夾轅二馬謂之服，兩首齊；其外二馬謂之驂，首差退。說文云：靳，當膺也。則靳是當胷之皮也。驂馬之首當服馬之胷，胷上有靳，故云我之從子如驂馬當服馬之靳杜言靳車中馬也言靳是中馬之驂具故以靳表中馬詩云騏騮是中騧驪是驂是名服馬爲中馬也**晉車千乘在中牟**救夷儀也今滎陽有中牟縣迴遠疑非也○乘繩證反〔疏〕注今滎至非也○正義曰此中牟在晉竟內也趙世家云獻侯即位治中牟漢書地理志云河南郡有中牟縣趙獻侯自耿徙此又云三家分晉河南之中牟魏分也杜言今滎陽有中牟縣謂此河南之中牟也晉世分河南爲滎陽郡中牟屬焉此地乃在河南計非晉竟所及故云迴遠疑非也又三家分晉中牟屬魏則非趙得都之趙獻侯治中牟亦非河南之中牟也此言晉車在中牟哀五年趙鞅伐衞圍中牟論語佛肸爲中牟宰與趙獻侯所都中牟或當是一必非河南中牟當於河北別有中牟但不復知其處耳有臣費者不知其姓或云姓傅作漢書音義云臣瓚案河南中牟春秋之時在鄭之疆內及三卿分晉則爲魏之邦土趙界自漳水以北不及此也春秋衞侯如晉過中牟案此之中牟非衞適晉之次也汲郡古文曰齊師伐趙東鄙圍中牟此中牟不在趙之東也案中牟當在温水之上瓚言河南中牟非此中牟誠如其語謂此中牟當在温水之上不知其所案據也**衞侯將如五氏**齊侯在五氏將往助之**卜過之龜焦**衞至五氏道過中牟畏晉故卜龜焦兆不成不可以行事也**衞侯曰可也衞車當其半寡人當其半敵矣**衞侯怒晉甚不復顧卜欲以身當五百乘○復扶又反**乃過中牟中牟人欲伐之衞褚師圃亡在中牟曰衞雖小其君在焉未可勝也齊師克城而驕其帥又賤**城謂夷儀也帥謂東郭書○褚中呂反帥所類反注同〔疏〕注城謂至郭書○正義曰杜見傳言帥賤則云是東郭書劉炫云案上伐夷儀乃齊侯親兵所陳東郭書之事非是將帥杜何知帥謂東郭書若東郭書爲帥則人無不識何故云晳幘而衣貍製齊侯使視之乃知夫子也且書若爲帥被晉之敗何故君以爲功而更受賞乎今知劉難非者以此云克城而驕其帥又賤文既相連止是一事克城謂克夷儀其帥則克城之帥上克城之事郭書先登故知郭書爲帥身先士卒也僖三十三年晉侯親自敗狄而郤缺將將成十六年楚子親戰鄢陵而子反爲主今齊侯雖伐夷儀郭書何妨別爲元帥戎事上下

同服故逢丑父得與齊侯易位郭書雖爲元帥軍衆之內齊侯容或不辨齊侯賞其先登之功不責其後敗之罪故以爲師謂東郭書劉據此諸事以爲更有別帥而規杜非也**遇必敗之不如從齊乃伐齊師敗之**獲齊車五百乘事見哀十五年○見賢遍反**齊侯致禚媚杏於衞**三邑皆齊西界以答謝衞意○禚諸若反媚武冀反杏戶猛反**齊侯賞犂彌犂彌辭曰有先登者臣從之晳幘而衣貍製**晳白也齰齒上下相値製裘也○晳星歷反幘音策又音責說文作齰音義同衣於既反貍力之反製音置〔疏〕注晳白至裘也○正義曰詩君子偕老之篇說夫人之美云揚且之晳晳是面白之名故爲白也說文云齰齒相値也言齒長而白上下之齒相當也說文云製裁也衣貍製謂著貍皮也裁皮著之明是裘矣故以製爲裘也月令孟冬天子始裘傳言秋齊侯伐夷儀周之秋末寒而衣裘者哀二十七年傳言陳成子衣製杖戈文在秋上製亦裘也然則在軍之服或臨時所須不可以寒暑常節約之**公使視東郭書曰乃夫子也吾貺子**貺賜也○貺音況**公賞東郭書辭曰彼賓旅也**言彼與我若賓主相讓旅俱進退**乃賞犂彌齊師之在夷儀也齊侯謂夷儀人曰得敝無存者以五家免**給其五家令常不共役事○令力呈反共音恭〔疏〕注給其至役事○正義曰一人得之則以五家給所得者令常不共國家役事服虔云是時齊克夷儀而有之既爲齊有故齊得優其傜役也然夷儀故邢都也邢滅入衞後乃屬晉自齊而伐夷儀其入晉竟深矣不必永爲齊有當時暫得之耳**乃得其尸公三襚之**襚衣也比殯三加襚深禮厚之○襚音遂比必利反〔疏〕注襚衣至厚之○正義曰送死之禮衣服曰襚故以襚爲衣也公三襚之則明三時與衣自死至殯有襲與小斂大斂比殯三加衣也無存舊是賤人蓋初以士服次大夫服次卿服也下與之犀軒犀軒是卿車明三襚終以卿服**與之犀軒與直蓋**犀軒卿車直蓋高蓋〔疏〕注犀軒至高蓋○正義曰說文云軒曲輈也謂軒車有藩蔽也下云齊侯斂諸大夫之軒邴意茲乘軒意茲非卿也傳稱

晉朝乘軒者三百人詩毛傳云大夫以上赤芾乘軒大夫以乘軒矣指言卿車者言以貴者賞之也魚軒以魚皮爲飾犀軒當以犀皮爲飾也考工記車人爲蓋不言有曲此云直蓋或時有曲直故云直蓋高蓋亦謂車蓋也**而先歸之坐引者以師哭之**停喪車以盡哀也君方爲位而哭故挽喪者不敢立○挽音晩**親推之三**○齊侯自推喪車輪三轉○推如字又他回反

附釋音春秋左傳注疏卷五十五

春秋疏卷五十五

大清嘉慶二十年重栞
宋本十三經藏本校

江西南昌府學栞

春秋左傳注疏卷五十五挍勘記　阮元撰盧宣旬摘録

附釋音春秋左傳注疏卷第五十五 定五年盡九年

經五年

飢之 閩本監本飢作饑

傳五年

夏歸粟于蔡以周亟矜無資 石經資字下後人旁增也字書武成正義引作歸粟於蔡以賙急矜無資也似一本有也字

卒于房 顧炎武云房疑即防字古阝字作𨸏其下而爲防字漢仙人唐公防碑可證也漢書汝南郡吳房孟康曰本房子國而史記項羽紀封揚武爲吳防侯字亦作防漢書武帝紀濟川王明廢遷防陵常山王敖廢徙房陵一卷之中字體不同又防房二字相通之一證陳樹華云漢書溝洫志宣防塞兮萬福來後云自塞宣房後一篇之中防房互見又後漢書光武紀南擊新市真定元氏防子注云房子屬常山郡防與房古字通用文選月賦徘徊房露李善注防露蓋古曲也文賦曰寤防露與桑間據此則房之爲防審矣

左傳注疏卷五十五挍勘記　定公

注璵璠至所佩下 宋本以下正義三節揔入子行之乎注下

則亦當法與璠 宋本淳熙本岳本纂圖本閩本監本毛本法作去與作璵是也

子行之乎 石經子字起一行計九字子行之三字改刊

爲下陽虎囚桓子起 淳熙本桓作相避所諱

吳人獲薳射於柏舉 監本柏作栢

自立爲吳王號夫槩 諸本作吳此本誤作異今改正按廣韻唐韻引作夫溉又未韻既字下姓也吳王夫既之後是本又作既也

多死麇申也 宋本淳熙本岳本纂圖本閩本監本毛本申作中是

四閭輿罷　石經初刻作與後改輿釋文云本又作與

楚王之奔隨也　石經楚字旁增非唐刻也

江夏竟陵縣有臼水　宋本淳熙本纂圖本有上有西字

出聊屈山　淳熙本屈誤出

且吾尤子旗　淳熙本吾誤吳

王之至脾洩下　宋本以下正義四節揔入余亦弗能也注下

國内無王　宋本王作主

子西問高厚焉　石經高厚下後人旁增大小二字陳樹華云據正義不當有是也

本或有小大者　閩本監本毛本作大小非也

袒而視之背　宋本岳本纂圖本監本毛本視作示石經此處缺案示古皆作視淳熙本袒誤祖

張免古今人論云　宋本監本毛本免作奐

能之不可知　宋本監本毛本能作城閩本同

張奐引辭爲文　此本奐字模糊閩本空缺據宋本監本毛本補辭字宋監毛三本作傳

小大上屬　此本上字模糊閩本同據宋本監本毛本補

杜雖無注　此本杜字模糊閩本空缺據宋本監本毛本補

報觀虎之役也　石經宋本淳熙本足利本役作敗是也

經六年

何忌不言何闕文　山井鼎云闕文上異本有史字非也

傳六年

討鄭之伐胥靡下　宋本以下正義三節揔入若何乃止注

尤其罪而復效之　宋本閩本監本毛本罪作非是也

下云效小人以弃之　此本效字實缺據宋本閩本監本毛本補

門是陽虎之計　宋本門作明是也

葢衞文公鑄此鼎也　宋本葢作鑿非也

苟可以納之　宋本無以字非也

陽虎至之幣下　宋本以下正義四節揔入請以取入焉注

後晉人兼享之　宋本監本毛本後作故是也

旦拜葬也　宋本監本毛本旦作且是也

令行兩事　宋本令作今是也

上爲晉人所賤　宋本監本毛本上作止是也

獲潘子臣小惟子　北宋刻釋文惟作帷云本又作惟石經此處缺呂覽作小帷子與釋文合

子期又以陵師敗于繁揚　石經揚字殘缺宋本作楊亦非案襄四年傳作繁陽

注陵師陸軍　宋本此節正義在於是乎節注下

因鄭人將以作亂于周　岳本脱以字

儋翻子朝餘黨　宋本淳熙本岳本纂圖本閩本監本毛本翻作翩是也

爲戍周起也　宋本戍誤戌

寅知晉多門往必有難難　補　各本晉下有政字無下難字

經所以稱行人　淳熙本人誤行

經七年

陽平元城縣東南有少亭　宋本淳熙本岳本纂圖本監本毛本少作沙不誤宋本縣作在

非也

夏國佐孫 淳熙本孫作縣非也

九月大雩 大雩二字此本實缺據石經宋本淳熙本岳本纂圖本閩本監本毛本補

無傳過也 此本無過二字實缺據宋本淳熙本岳本纂圖本閩本監本毛本補

注過也 宋本此節正義在經文冬十月之下

杜以春秋旱雩 此本秋誤欲雩字實缺閩本同據宋本監本毛本補改

傳皆發之言旱 此本傳皆發之四字實缺閩本同據宋本監本毛本補

前既有雩後又有雩 此本前既有雩後又六字實缺閩本同據宋本監本毛本補

上辛大雩季辛又雩 此本上辛大雩季辛又七字實缺據宋本閩本監本毛本補

劉以賈言規杜非也 此本劉以賈言規杜六字實缺閩本同監本空缺劉以二字毛本亦脫依宋本補正

蓋時有雩旱 宋本監本毛本雩作小是也

冬十月 纂圖本閩本監本毛本亦脫此三字據石經宋本淳熙本岳本補

傳七年

中二於齊也 宋本淳熙本岳本纂圖本監本毛本二作貳是

共爲亂也 淳熙本共誤其

處父至必死下 宋本以下正義二節揔入不待有司節注

苫夷 釋文夷作荑

注己巳至無月 宋本此節正義在而後朝于莊宮注下

此年經傳日少 此本日誤曰閩本同據宋本監本毛本改

經八年 宋本春秋正義卷三十四石經春秋經傳集解定下第廿八岳本定下有公字並盡十五年

陳侯柳卒 釋文云柳本或作抑

家臣賤名氏不見 淳熙本臣誤目

共以解曰靖 宋本監本毛本解下有信字浦鏜正誤作共己鮮言曰靖依今本逸周書謚法解改

璋制白 宋本監本毛本制作判與公羊傳文合

傳八年

古稱重故以爲異强 宋本强作彊

顔高至異强 宋本强作彊下同以下正義二節揔入注文傳言魯無軍政之下

一龠容千二百黍 此本一字空缺據宋本閩本監本毛本補

本起黄鍾之龠 閩本監本毛本鍾作鐘下同

斗重十兩 宋本監本毛本斗作升是也

而得重於令者 宋本閩本監本毛本令作今是也

周隨斗稱 閩本監本毛本隨作隋非

子姑使溷代子 顧炎武云石經代誤伐是也

主人出師奔 宋本此節正義在注欲自比僑如之下

楊州之役 宋本淳熙本岳本纂圖本閩本監本毛本楊作陽是也

注救不至入竟 宋本以下正義二節揔入注文史略之之下

齊師聞晉來殺 宋本監本毛本殺作救是也

賈何以討命高下妄稱禮乎 宋本監本毛本討作計

是則皆明文而用肺腸也 宋本毛本皆作背是也

晉師將盟衛侯于鄟澤　淳熙本鄟作軐與北宋刻釋文合

二子晉大夫　宋本大作人非也

王次盟者　宋本淳熙本岳本纂圖本監本毛本王作主是也正義同

故請　宋本淳熙本足利本請下有之字是也

注盟禮至故請　宋本無故字請下有之字以下正義二節揔入遂浸衛注下

鄟行之役　宋本毛本行作衎不誤

當今小國執牛耳　宋本監本毛本今作令是也

蒙則齊曾三國　宋本三作二不誤

官位牛耳　宋本閩本監本毛本官位作宜涖是也

涉佗捘衛侯之手及捥　石經初刻作腕後改捥諸本同惠棟云史記樊於期偏袒搤捥索隱曰捥古腕字史記多古文今人知者鮮矣說詳左傳補注

昭中三年　宋本閩本監本毛本中作十是也

王孫賈趨進　淳熙本趨作趍俗字

其攺卜嗣　淳熙本攺誤改

必以而子與大夫之子爲質　淳熙本與上衍厚字

有期日　纂圖本期誤其

秋晉士鞅會成桓公侵鄭　淳熙本桓誤栢

監帥不親侵也　足利本帥作師

禘于僖公　宋本以下正義三節揔入注文叛不書略家臣之下

禮之當也　宋本監本毛本當作常是也

各於其宮　閩本監本毛本於作以非也

計禘傳當于大廟　宋本監本毛本傳作禮是也

放於僖廟行禘禮　宋本閩本監本毛本放作故不誤

桓子咋謂林楚　諸本作咋石經初刻作乍後加口旁案錢大昕云咋暫也孟子今人乍見孺子趙岐訓乍爲暫乍暫聲相近疑經注皆無口旁後人妄增梁履繩云咋字經典罕見左傳果有此字五經文字何以不收也

後猶晚　宋本淳熙本岳本足利本晚下有也字

魯東階之北門　補各本階作城

將殺之　宋本足利本將下有欲字是也

故言喜於召死　宋本於誤放

陽虎召孫欲殺之　監本毛本脫陽字孫上有季字宋本作陽虎召季孫欲殺之是也

經九年

弓玉國之分器　諸本作玉此本誤王今改正

而子擊鍾何也　石經宋本岳本纂圖本毛本鍾作鐘下同葉抄釋文亦作鐘

故云竹刑　宋本淳熙本岳本云作言

傳九年

注鄧析至竹刑　宋本以下正義五節揔入思其人節注下

令鄧析別造竹刑　宋本令作今是也

則鄧析不當私作刑書　補各本當作爲

若用君命遣造　宋本用作其非也

周禮大司寇　宋本大作小是也

四曰議能之法　宋本法作辟是也

夫謀而不過　宋本監本毛本不作鮮不誤

以賢能者　宋本賢作勸不誤

亦不惑子　宋本閩本監本毛本子作乎是也

當明其罪狀　宋本明作議是也

役有能之人　宋本監本毛本役作殺是也

明之臣民　宋本監本毛本明作國是也

女史記事規誨之所執　此本女字模糊史誤反據宋本淳熙本岳本纂圖本閩本監本毛本補正

易非無德之夫人也　宋本監本毛本非作去

篇有三章　此本篇字實缺據宋本補閩本監本毛本作詩非也

靜女其變　此本靜字實缺女誤詩變誤變據宋本閩本監本毛本補正

進御之法　此本進御二字實缺據宋本補閩本監本毛本改作彤管按作進御與毛傳合

事之常耳　此本事字實缺閩本同據宋本監本毛本補

本録靜女詩者　此本女誤之詩字實缺據宋本補正閩本監本毛本詩作云

止爲彤管之言可取　此本止字實缺據宋本補閩本監本毛本作特

其女史所書之事　此本其女二字實缺據宋本閩本監本毛本補

古者后夫人必有女史　此本史字實缺據宋本閩監本毛本補

以禮御於君所　此本所字實缺據宋本閩本監本毛本補

女史書其日月　諸本作女此本誤其今改正

則以金環進之　宋本閩本進作退是也

録竿於詩者　宋本淳熙本岳本纂圖本監本毛本於作旄是也又按詩作干旄左傳作竿旄詩用正字左傳用假借字也

注詩鄘至存身　諸本作存此本誤有今改正

詩鄘風干旄之篇也　宋本閩本監本作干此本誤干今改正毛本作竿亦非

孑孑干旄　宋本閩本監本毛本旄作旟是也

一明其無所吝惜　宋本監本毛本一作之屬上讀

本録干旄之詩者　閩本監本作干此本誤干今改正毛本作竿亦非宋本無之字

而祇爲名故歸之　宋本纂圖本監本毛本祇作祇足利本作秖亦非淳熙本作祇與纂抄釋文合

書曰得器用也　石經得字重段玉裁曰此得字不當重石經非也傳言以其爲器用故謂之得細玩下文則器用上不宜有得字

凡獲至曰獲　宋本以下正義三節揔入注文受亂人故之下

載葱靈　毛本葱作蔥注及下同惠棟云尚書大傳云未命爲士不得有飛軨鄭康成注云如今窻車也軨與靈古字通

今人猶名葱木爲靈子　毛本葱誤二字按傳之葱字即說文之囪字在牆曰牖在屋曰囪或作窗此假蔥爲之

其內客人師　宋本監本毛本師作臥是也

又以葱靈逃奔晉　石經宋本淳熙本岳本纂圖本監本毛本奔下有宋遂奔三字

仲尼曰　毛本尼誤氏

注爲衛討也　宋本入下正義九節揔入親推之三注下

如驂之靳　釋文云本或作如驂之有靳非也詩小戎釋文說文繫傳引並作如驂之有靳

然則古人車馬四馬　監本毛本上馬字作用淳熙本作駕是也

說文云靳當膺也　段玉裁挍本膺作胷

有臣費者　宋本閩本監本毛本費作瓚是也

在鄭之彊內　宋本閩本監本毛本彊作疆不誤

趙界自漳水以此　宋本閩本監本毛本此作北是也

卜過之龜焦　說文焦作𤍽按九經字樣收𤍽焦二字云上說文下省今傳作焦蓋省文也

畀晉故于　宋本岳本纂圖本監本毛本于作卜是也淳熙本卜字模糊

皙幘而衣貍製　閩本亦誤皙宋本監本毛本作晳是也諸本作製此本誤裂今改正

而祁鉠將將　宋本閩本監本毛本上將字作爲

戎事上衣同服　宋本衣作下是也

故逢五父得與齊侯易位　宋本毛本五作丑是也

齊侯容或不辨　此本齊字模糊依宋本閩本監本毛本補閩監辨作辯

齊侯賞犂彌犂彌辭曰　淳熙本脫下犂彌二字

皙幘　皙宋本从白是也幘說文引作䶥齒相值也按䶥正字幘假借字

白也齒上下相值　補各本齒上應有幘字

故齊得優其僞役也　監本毛本僞作爲亦非宋本作傜案作傜是也

軒曲旃也　宋本旃作旃是也

附釋音春秋左傳注疏五十五

春秋左傳注疏卷五十五挍勘記

附釋音春秋左傳注疏卷第五十六 定公十年盡十五年

杜氏注　孔穎達疏

經十年春王三月及齊平。平前八年再侵齊之怨○夏公會齊侯于夾谷。平故○夾古洽反又古協反二傳作頰谷古木反公至自夾谷。無傳○晉趙鞅帥師圍衛○齊人來歸鄆讙龜陰田。三邑皆汶陽田也泰山博縣北有龜山陰田在其北也會夾谷孔子相齊人服義而歸魯田○鄆音運讙火官反汶音問相息亮反【疏】注三邑至魯田○正義曰傳言孔丘使茲無還揖對齊要令反汶陽之田乃與之盟齊人為是歸此三邑知三邑皆汶陽田也土地名汶水出泰山萊蕪縣西南經齊北至東平須昌縣入濟則汶水發源東北而西南流也水北曰陽此三邑皆在汶水北近齊齊因陽虎出奔取為已有今服義而歸魯也僖元年公賜季友汶陽之田季氏世脩其德不應失其采邑則此汶陽之田當為季氏采地今復有此三邑者汶水之北皆名汶

陽其地多矣蓋季氏私邑之外別有此田也龜山名也山北曰陰田在龜山北其邑即以龜陰為名故云三邑○叔孫州仇仲孫何忌帥師圍郈。郈叔孫氏邑○郈音后字林下溝反○秋叔孫州仇仲孫何忌帥師圍郈○宋樂大心出奔曹。傳在前年春書名罪其稱疾不適晉宋公子地出奔陳。貪弄馬以距君命書名罪之也○弄魯貢反○冬齊侯衛侯鄭游速會于安甫。無傳安甫地闕○叔孫州仇如齊○宋公之弟辰暨仲佗石彄出奔陳。暨與也宋公寵向魋不聽辰請辰忿而將大臣出奔虛請自忿稱弟示首惡也仲佗石彄皆為國卿不能匡君靜難而為辰所牽帥出奔稱名亦罪之也○暨其器反佗徒何反彄苦侯反魋大回反難乃旦反【疏】注暨與至之也○正義曰暨與也釋詁文凡大夫出奔書名皆是罪惡故有迹其為罪之狀解其書名之由地既出奔辰為之請請而不許是虛其請也公雖不許而已未嘗責其妄請不被追遂自忿出奔是辰之罪也釋例曰宋辰率羣卿以背宗國披大邑以成叛逆故以首惡稱弟是言稱弟示首惡也杜知是首惡者以其特云宋公之弟辰暨仲佗石彄是辰牽率仲佗石彄故云首惡也若不為首惡當如昭二十二年宋華亥向寧華定出奔楚不須暨字以間之

傳十年春及齊平○夏公會齊侯于祝其實夾谷。夾谷即祝其也孔丘相。相會儀也○相息亮反注同犁彌言於齊侯曰孔丘知禮而無勇若使萊人以兵劫魯侯必得志焉。萊人齊所滅萊夷也○劫居業反【疏】注萊人至夷也○正義曰襄六年齊侯滅萊萊東萊黃縣是也地在東邊去京師大遠孔丘謂之裔夷之俘言是遠夷囚俘知是滅萊所獲此人是其遺種也齊不自使齊人而令萊人劫魯侯者若使齊人執兵則魯亦陳兵當之无由得劫公矣使此萊夷望魯人不覺出其不意得伺間執之齊侯從之孔丘以公退曰士兵之。以兵擊萊人

兩君合好而裔夷之俘以兵亂之。裔遠也○好呼報反下同裔以制反俘芳夫反非齊君所以命諸侯也裔不謀夏夷不亂華俘不干盟兵不偪好於神為不祥。盟將告神犯之為不善○夏戶雅反偪彼力反【疏】裔不至亂華○正義曰夏也中國有禮儀之大故稱夏有服章之美謂之華華夏一也萊是東夷其地又遠裔不謀夏言諸夏近而萊地遠夷不亂華言萊是夷而魯是華二句其旨大同各令文相對耳於德為愆義於人為失禮君必不然齊侯聞之遽辟之。辟去萊兵也○愆去連反遽其據反辟婢亦反又音避注同去起呂反將盟齊人加於載書曰齊師出竟而不以甲車三百乘從我者有如此盟。如此盟詛之禍○竟音境乘繩證反詛側據反孔丘使茲無還揖對。无還魯大夫○還音旋曰而不反

須齊歸汶陽田乃當共齊我汶陽之田吾以共命者亦如之命於是孔子以公退賤者終其事要盟不絜故略不書○共音恭注同要一遥反〔疏〕注須齊至不書○正義曰齊魯既平當兩相從意齊人既令魯以三百乘從魯不可即拒故須齊歸汶陽之田乃當共齊三百乘之命則得汶陽之田是當三百乘也賈逵云不書盟諱以三百乘從齊師其意以宣七年盟于黑壤而不書經傳言晉侯之立也公不朝又不使大夫聘晉人止公于會公不與盟不書盟諱之也緣彼有諱謂此亦諱案此會孔丘相反汶陽之田以共齊命孔丘意也得其三邑而以三百乘從之爲相當矣於魯不爲負何以諱其盟卽以三邑田少不足以當三百乘孔丘不應唯令反此而已今令反此共命必其足以相當何以諱其從齊也若三百乘從齊必是可諱孔丘爲相義不能拒則孔丘爲有罪矣何貴乎聖人也故杜以爲於是孔子以公退賤者終其事要盟不絜故略不書釋例曰夾谷之會齊侯劫公孔丘以義叱之以兵威之將盟又使玆無還責侵田拒齊之享屈彊國正典儀此聖人之大司也徒以二君雖會而兵刃相要二國微臣共終盟事故賤而不書非所諱也舊説同於黑壤之辱爲負仲尼也齊侯將享公孔

丘謂梁丘據曰齊魯之故吾子何不聞焉故舊典事既成矣會事成而又享之是勤執事也且犧象不出門嘉樂不野合犧象酒器犧尊象尊也嘉樂鍾磬也○犧許宜反又息河反注同〔疏〕注犧象至磬也○正義曰周禮司尊彝云春祠夏禴祼用雞彝鳥彝其朝踐用兩獻尊其再獻用兩象尊鄭衆云獻讀爲犧犧尊飾以翡翠象尊以象鳳皇阮諶三禮圖犧尊畫牛以飾象尊畫象以飾當尊腹上畫牛象之形王肅以爲犧尊象尊爲牛象之形背上負尊魏大和中青州掘得齊大夫子尾送女器爲牛形而背上負尊古器或當然也周禮大司樂云雲門之舞冬日至於地上之圜丘奏之若樂六變則天神皆降可得而禮矣咸池之舞夏日至於澤中之方丘奏之若樂六變則地祇皆出可得而禮矣圜丘方丘皆是野澤二者並是大祭必當備設尊俎而云嘉樂不野合犧象不出門者彼是禮之大者自可依禮而行尊得出門樂得野合此言不出門不野合者謂享燕正禮當設於宮內不得違禮而行妄作於野耳非謂祭祀之大禮也諸侯相見之禮享在廟燕在寢不得行於野僖二十八年晉侯

朝王于踐土王享醴命之宥襄十年宋公享晉侯於楚丘請以桑林十九年公享晉六卿于蒲圃二十七年鄭伯享趙孟于垂隴如此之類春秋多矣或特賞殊功或畏敬大國皆權時之事非正禮也此時齊魯敵國釋怨和平未有殊異之歡無假非常之事孔子知齊懷詐慮其掩襲託正禮以拒之故言不野合饗而既具是棄禮也若其不具用秕稗也秕穀不成者稗草之似穀者言享不具禮穢薄若秕稗○秕音鄙字林音比又必履反稗皮賣反用秕稗君辱棄禮名惡子盍圖之夫享所以昭德也不昭不如其已也乃不果享孔子知齊侯懷詐故以禮距之○盍戶臘反下同齊人來歸鄆讙龜陰之田陽虎九年以此奔齊經文倒者次魯事〔疏〕注陽虎至魯事○正義曰八年陽虎入于讙陽關以叛九年伐陽關陽虎奔齊其時虎以讙去鄆與龜陰亦從之皆爲齊所取至今始歸之歸田之經在趙鞅圍衛之後與傳文倒者傳次魯事進此歸田於上令與盟事相接故也○晉趙鞅圍

衛報夷儀也前年齊爲衛伐晉夷儀故伐衛以爲報○爲衛于僞反初衛侯伐邯鄲午於寒氏邯鄲廣平縣也午晉邯鄲大夫寒氏即五氏也前年衛人助齊伐五氏○邯音寒鄲音丹城其西北而守之宵熸午衆宵散○城其西北而守之一本或作城其西北隅熸子潛反〔疏〕。城其西北而守之○正義曰築城於其西北之地而守之也本或北下有隅昭二十五年傳昭西北隅以入又云登西北隅以望涉彼而誤耳今定本有隅誤及晉圍衛午以徒七十人門於衛西門殺人於門中曰請報寒氏之役衛開門與午鬬涉佗曰夫子則勇矣然我往必不敢啓門亦以徒七十人旦門焉步左右皆至而立如植至其門下步行門左右然後立待如立木不動以示整○佗徒何反植市力反一音值〔疏〕以徒至如植○正義曰涉佗以徒七十人旦往門焉涉佗先至步行門之左右然後其徒皆至而立如植木然日中不啟門乃退反役晉人討衛之叛故曰由涉佗成何接衛侯手故於是執涉佗以求成於衛衛人不許晉人遂殺涉佗成何奔燕君子曰此之謂棄禮必不鈞言必見殺不得與人等詩曰人而無禮胡不遄死涉佗亦遄矣哉詩鄘風遄速也。遄市專反○初叔孫成子欲立武叔公若藐固諫曰不可藐叔孫氏之族。藐音邈又亡小反成子立之而卒公南使賊射之不能殺公南叔孫家臣武叔之黨。射食亦反下及注同公南爲馬正使公若爲郈宰武叔既定使郈馬正侯犯殺公若不能其圉人曰武叔之圉人吾以劍過朝公

若必曰誰之劍也吾稱子以告必觀之吾僞固而授之末則可殺也僞爲固陋不知禮者以劍鋒末授之。鋒芳逢反【疏】注僞爲至授之。正義曰少儀說以器物授人之禮云刀卻刃授穎削授拊凡有刺刃者以授人則辟刃鄭玄云穎鐶也拊謂把辟刃不以正鄉人也是禮授刀劍當以鋒刃自鄉而授其鐶今圉人僞爲固陋不知禮者以劍鋒末授之欲因推而殺之使如之公若曰爾欲吳王我乎見劍向已逆呵之鱄諸殺吳王亦用劍刺之。向許亮反亦作嚮呵呼多反刺七亦反【疏】使如之。正義曰言使爲如此之計而欲殺之遂殺公若侯犯以郈叛犯以不能副武叔之命故叛叛而以圉告廟故書圉【疏】注犯以至書圉。正義曰昭十三年南蒯以費叛注云不書不告廟八年陽虎叛注云叛不書略家臣此侯犯以郈叛不書者亦爲不告廟略家臣也不書叛而書圉與動大衆以圉告廟故書圉也然則九年伐陽關討陽虎亦應書而不書者蓋師少不告廟故不書武叔懿子圍郈弗克秋二子及齊

師復圍郈弗克叔孫謂郈工師駟赤工師掌工匠之官。復扶又反曰郈非唯叔孫氏之憂社稷之患也將若之何對曰臣之業在揚水卒章之四言矣揚水詩唐風卒章四言曰我聞有命。在揚水卒章本或作揚之水卒章【疏】注揚水至有命。正義曰唐詩揚之水刺晉昭公也昭公分國以封沃沃彊盛昭公微弱國人將叛而歸沃焉其三章云揚之水白石粼粼我聞有命不敢以告人注云聞曲沃有善政命不敢以告人鄭箋云不敢以告人而去者畏昭公謂已動民心叔孫稽首謝其受已命駟赤謂侯犯曰居齊魯之際而無事必不可矣无所服事子盍求事於齊以臨民不然將叛侯犯從之齊使至駟赤與郈人爲之宣言於郈中詐爲齊使言也。使所吏反注同爲之于僞反下注爲齊同曰侯犯將以郈

易于齊齊人將遷郈民謂易其民人衆兇懼不欲遷。兇音凶一音凶勇反駟赤謂侯犯曰衆言異矣不與始同子不如易於齊與其死也猶是郈也而得紓焉何必此言以郈民易取齊人與郈无異勝於守郈爲叛人所殺。紓音舒齊人欲以此偪魯必倍與子地言非徒得民又將得齊地。偪彼力反倍步罪反且盍多舍甲於子之門以備不虞侯犯曰諾乃多舍甲焉侯犯請易於齊齊有司觀郈將至駟赤使周走呼曰齊師至矣郈人大駭介侯犯之門甲以圍侯犯駟赤將射之僞爲侯犯射郈人。呼火故反介音界侯犯止之曰謀免我侯犯請行許之郈人許之駟

赤先如宿 宿東平無鹽縣故宿國 侯犯殿出一門郈人閉之 閉其後門。殿丁見反 及郭門止之曰子以叔孫氏之甲出有司若誅之 誅責也 羣臣懼死駟赤曰叔孫氏之甲吾未敢有物以出 物識也赤還救侯犯也。識申志反又如字 犯謂駟赤曰子止而與之數 數甲以相付。數色主反注同 駟赤止而納魯人侯犯奔齊齊人乃致郈 致其名簿也爲下武叔如齊傳。簿步古反 ○宋公子地嬖蘧富獵 地宋景公弟辰之兄也。嬖必計反蘧其居反獵力輒反 十一分其室而以其五與之 與富獵也 公子地有白馬四公嬖向魋 向魋司馬桓魋也 魋欲之公取而朱其尾鬣以與之 與魋也。鬣力輒反爾雅舍人注云馬鬉也鬉子工反

〔疏〕朱其尾鬣。正義曰爾雅舍人注云鬣鬉也

地怒使其徒扶魋而奪之魋懼將走公閉門而泣之目盡腫母弟辰曰子分室以與獵也而獨卑魋亦有頗焉子爲君禮 禮辟君也。扶勑乙反腫章勇反頗普多反 不過出竟君必止子公子地出奔陳公弗止辰爲之請弗聽辰曰是我迋吾兄也 迋欺也。竟音境辰爲于僞反下猶爲同迋求往反又古況反 吾以國人出君誰與處冬母弟辰暨仲佗石彄出奔陳 佗仲幾子彄褚師段子皆宋卿衆之所望故言國人。褚張呂反 ○武叔聘于齊 謝致郈也經書辰奔在聘後者從告 齊侯享之曰子叔孫若使郈在君之他竟寡人何知焉屬與敝邑際故敢助君憂之 以致郈德叔孫。屬音燭 對曰非寡君之望也所以事君封疆社稷是以 以猶爲也。疆居良反 敢以家隸勤君之執事夫不令之臣天下之所惡也君豈以爲寡君賜 言義在討惡非所以賜寡君。惡烏路反十一年傳注皆同一音如字

經十有一年春宋公之弟辰及仲佗石彄公子地自陳入于蕭以叛 蕭宋邑稱弟例在前年

〔疏〕注蕭宋邑 正義曰莊十二年宋萬弒閔公蕭叔大心者宋蕭邑大夫也平宋亂立桓公宋人嘉之以蕭邑封叔爲附庸宣十二年楚子滅之復爲宋邑故辰等今入之以叛也

○夏四月○秋宋樂大心自曹入于蕭 入蕭從叛人叛可知故不書叛 ○冬及鄭平 平六年侵鄭取匡之怨 叔還如鄭涖盟 還叔詣會孫。還音旋還叔詣會孫案世族譜叔還是叔弓會孫此云叔詣誤也

〔疏〕注還叔詣會孫 正義曰世族譜云叔還叔弓會孫也又世本云叔弓生定伯閱閱生西巷敬叔叔生成子還還爲叔弓會孫杜云叔詣會孫轉寫誤耳

傳十一年春宋公母弟辰暨仲佗石彄公子地入于蕭以叛秋樂大心從之大爲宋患寵向魋故也 惡宋公寵不義以致國患 ○冬及鄭平始叛晉也 魯自僖公以來世服於晉至今而叛故曰始

經十有二年春薛伯定卒 無傳四年盟皋鼬

〔疏〕注四年盟皋鼬 正義曰定以昭三十二年即位其年大夫盟于狄泉以未告公而公薨經無明文故不數

○夏葬薛襄公 無傳 ○叔孫州仇帥師墮郈 墮毀也患其險固故毀壞其城。墮許規

反注及下傳同壞音怪又戶怪反【疏】注墮毀至其城。正義曰昭十三年南蒯以費叛連年伐而不克十年侯
犯以郈叛一年再圍而不克良由其城險固家臣數以背叛
仲由爲季氏宰進計季孫防其後患令墮三都以是故毁壞
其城慮其拒之故帥師而往公羊傳曰孔子行乎季孫三月
不違曰家無藏甲邑無百雉之城於是帥師墮郈帥師墮費
左氏不言孔子之計當是仲由自立此謀但傳稱費人襲魯
而仲尼在焉是仲尼知其事謂墮之爲是故不禁也釋例曰
三都彊盛以奪三家之權陪臣執政下陵上替故仲由墮之
而仲尼不禁師師登臺僅不皆克直隨事而書以示三家之
彊無義例也。○衞公孟彄帥師伐曹彄孟縶子。彄苦侯反縶陟立反【疏】
彄孟縶子。正義曰世族譜云孟縶無子靈公以其子彄爲之後也爲後則爲其子故云孟縶子此實公孫而不稱公孫
者縶字公孟故即以公孟爲氏劉炫謂公孟生得賜族故彄即以族告○季孫斯仲孫何
忌帥師墮費。費音秘○秋大雩無傳書過。雩音于○冬十月
癸亥公會齊侯盟于黃無傳結叛晉○十有一月

丙寅朔日有食之無傳○公至自黃無傳○十有
二月公圍成公至自圍成無傳國內而書至者成彊若列國興動大衆故
出入皆告廟【疏】注國內至告廟。正義曰成魯邑國內用兵計不應書而出入皆書者爲興動大衆皆告廟也
釋例曰陪臣執命大都耦國仲由建墮三都之計而成人不從故公親圍之雖不越竟動衆興兵大其事故出入皆告於廟
傳十二年夏衞公孟彄伐曹克郊郊曹邑還滑
羅殿羅衞大夫。滑于八反殿丁見反下同未出不退於列未出曹竟羅不退在
行列之後。竟音境行戶郎反其御曰殿而在列其爲無勇乎羅
曰與其素厲寧爲無勇素空也厲猛也言伐小國當如畏者以誘致之【疏】
與其至無勇。正義曰罷以曹國小弱不敢來追衞師而在後爲殿是空設嚴猛等與其空爲嚴猛寧爲無勇示弱誘之
使曹人不憚以爲後圖○仲由爲季氏宰仲由子路將墮三都三都

費郈成也彊盛將爲國害故仲由欲毁之於是叔孫氏墮郈季氏將墮
費公山不狃叔孫輒帥費人以襲魯不狃費宰也輒不得
志於叔孫氏公與三子入于季氏之宮登武子之臺
費人攻之弗克入及公側至臺下仲尼命申句
須樂頎下伐之二子魯大夫仲尼時爲司寇。句音劬頎音祈【疏】注仲尼時爲司寇。
正義曰史記孔子世家云定公以孔子爲中都宰一年四方皆則之由中都宰爲司空由司空爲大司寇十年會于夾谷
時已爲司寇矣十四年孔子由大司寇攝行相事是此時仲尼爲司寇費人北國人追之
敗諸姑蔑二子奔齊二子不狃叔孫輒遂墮費將墮成
公斂處父謂孟孫墮成齊人必至于北門成在魯北
竟故且成孟氏之保障也無成是無孟氏也子

僞不知佯不知。障之尚反又音章子僞不知並如字一本僞作爲佯本亦作陽音同我將不
墮。冬十二月公圍成弗克
經十有三年春齊侯衞侯次于垂葭二君將使師伐晉次
垂葭以爲之援。葭音加○夏築蛇淵囿無傳書不時也。囿音又○大蒐于
比蒲無傳夏蒐非時。蒐所求反比音毗○衞公孟彄帥師伐曹無傳
○晉趙鞅入于晉陽以叛書叛惡可知○冬晉荀寅
士吉射入于朝歌以叛吉射士鞅子。射食亦反又食夜反朝如字晉
趙鞅歸于晉韓魏請而復之故曰歸言韓魏之強猶列國【疏】注韓魏至列國。正義曰
成十八年傳例曰凡去其國諸侯納之曰歸此傳稱韓魏以趙氏爲請故趙鞅得稱歸韓魏非諸侯亦從諸侯納之例者
韓魏之彊猶列國也釋例曰韓魏有耦國之彊陳蔡有復國之端故晉趙鞅楚公子比皆稱歸從諸侯納之例言非晉楚

之所能制也。○薛弒其君比。無傳。稱君無道。

傳十二年春，齊侯、衞侯次于垂葭，實郹氏。垂葭改名郹氏。高平鉅野縣西南有郹亭。○郹，古闃反。〔疏〕注垂葭至郹亭。○正義曰：釋例曰：經書所改之名，則傳以實明之，許遷于夷實城父，齊侯衞侯次于垂葭實郹氏之比是也。則是先名郹氏，後名垂葭，而此云垂葭改名郹氏者，杜意以爲垂葭是新改之名，本是郹氏也，故以結之，與釋例不違。劉炫以杜注自違釋例，以爲地無新舊之異，止是一地二名。若如劉言，案許遷于夷實城父，經書夷；齊侯衞侯次于垂葭實郹氏，經書垂葭；許遷于析實白羽，以此準之，經應書析，不應書白羽；公會齊侯于祝其實夾谷，經應書祝其，不應書夾谷。杜以文同事異，故以新舊明之。劉不細尋經傳以規杜過，非也。使師伐晉。將濟河，諸大夫皆曰不可，邴意茲曰可。意茲，齊大夫。○邴，彼命反，又音丙。銳師伐河內，今河內汲郡。傳必數日而後及絳。傳，告晉。○傳，張戀反，又直專反，注同。數，所主反。絳不三月不能出河，則我既濟水矣。乃伐河內。齊侯皆斂諸大夫之軒，唯邴意茲乘軒。以其言當。○當，丁浪反。齊侯欲與衞侯乘，共載。○乘，繩證反，下同。與之宴而駕乘廣，載甲焉。使告曰：「晉師至矣。」齊侯曰：「比君之駕也，寡人請攝。」以己車攝代衞車。○廣，古曠反。比，必利反。乃介而與之乘，驅之。或告曰：「無晉師。」乃止。傳言齊侯輕，所以不能成功。○介音界。輕，遣政反。〔疏〕齊侯至乃止。○正義曰：齊侯輕脫，欲得與衞侯同乘，先與之宴飲，而先駕乘廣於門外，豫於廣車之上而載甲焉。飲未終而使人告曰：晉師至矣。齊侯謂衞侯曰：比及君之駕至以來，君既未有兵車，寡人請以己車攝代衞車，與君同乘。齊侯乃著甲而與衞侯共乘，驅之而行。或告無晉師，乃止。傳載此者，言齊侯之輕，所以不能成功。○晉趙鞅謂邯鄲午曰：「歸我衞貢五百家，吾舍

諸晉陽。」午許諾。十年，趙鞅圍衞，衞人懼，貢五百家，鞅置之邯鄲，今欲徙著晉陽。晉陽，趙鞅邑。○著，丁略反。歸告其父兄，父兄皆曰：「不可。衞是以爲邯鄲，言衞以五百家在邯鄲，常爲是故與邯鄲親。○爲，丁僞反，注同，一音如字。而寘諸晉陽，絕衞之道也。不如侵齊而謀之。」侵齊則齊當來報，欲因懼齊而徙，則衞與邯鄲好不絕。○寘，之豉反。好，呼報反。乃如之，而歸之于晉陽。欲如是謀而後歸衞貢。趙孟怒，召午，而囚諸晉陽。趙鞅不察其謀，謂午不用命，故囚之。使其從者說劍而入，涉賓不可。涉賓，午家臣，不肯說劍入，欲謀叛。○從，才用反。說，他活反，注同。乃使告邯鄲人曰：「吾私有討於午也，二三子唯所欲立。」午，趙鞅同族，別封邯鄲，故使邯鄲人更立午宗親。〔疏〕注午趙至宗親。○正義曰：世族譜：趙衰，趙夙之弟也。衰生盾，盾生朔，朔生武，武生成，成生鞅，其家爲趙氏。夙孫穿，穿生旃，旃生勝，勝生午，其家爲耿氏。計衰至鞅，夙至午，皆六代，今俗所謂五從兄弟，是同族也。別封邯鄲，世不絕祀，故使邯鄲人更立午之宗親。遂殺午。趙稷、涉賓以邯鄲叛。稷，趙午子。夏六月，上軍司馬籍秦圍邯鄲。邯鄲午，荀寅之甥也；荀寅，范吉射之姻也，壻父曰姻。荀寅子娶吉射女。〔疏〕注壻父至射女。○正義曰：釋親云：女子子之夫爲壻，壻之父爲姻。知荀寅子娶吉射女也。而相與睦，故不與圍邯鄲，將作亂。作亂，攻趙鞅。○不與，音預，又如字。董安于聞之，安于，趙氏臣。〔疏〕董安于。○正義曰：史記云：安于性緩，常佩弦以自急者，即此是也。告趙孟曰：「先備諸？」趙孟曰：「晉國有命，始禍者死，爲後可也。」安于曰：「與其害於民，寧我獨死，懼兄攻必傷害民。請以我說。」趙孟不可。晉國若討，可殺我以自解說。秋七月，范

氏中行氏伐趙氏之宮趙鞅奔晉陽晉人圍之范皐夷無寵於范吉射而欲爲亂於范氏皐夷范氏側室子。行戸郎反梁嬰父嬖於知文子文子荀躒。知音智文子欲以爲卿韓簡子與中行文子相惡簡子韓起孫不信也中行文子荀寅也。惡如字又烏路反下同〔疏〕文子欲以爲卿。正義曰旣欲以爲卿則當去范中行二此乃始得立言此者明文子欲爲亂以去之魏襄子亦與范昭子相惡襄子魏舒孫曼多也昭子士吉射。曼音萬故五子謀五子范皐夷梁嬰父知文子韓簡子魏襄子將逐荀寅而以梁嬰父代之逐范吉射而以范皐夷代之荀躒言於晉侯曰君命大臣始禍者死載書在河爲盟書沈之河。躒力狄反沈如字又音鴆今三

臣始禍而獨逐鞅刑已不鈞矣請皆逐之冬十一月荀躒韓不信魏曼多奉公以伐范氏中行氏弗克二子將伐公齊高彊曰三折肱知爲良醫高彊齊子尾之子昭十年奔魯遂適晉三如字又息暫反折之設反肱古弘反。唯伐君爲不可民弗與也我以伐君在此矣三家未睦三家如韓魏可盡克也克之君將誰與若先伐君是使睦也弗聽遂伐公國人助公二子敗從而伐之丁未荀寅士吉射奔朝歌韓魏以趙氏爲請經所以書趙鞅歸十二月辛未趙鞅入于絳盟于公宮傳録晉衰亂○初衛公叔文子朝而請

享靈公欲令公臨其家。令力呈反退見史鰌而告之史鰌史魚。鰌音秋史鰌曰子必禍矣子富而君貪其及子乎文子曰然吾不先告子是吾罪也君旣許我矣其若之何史鰌曰無害子臣可以免言能執臣禮富而能臣必免於難上下同之言尊卑皆然。難乃旦反下注同戌也驕其亡乎戌文子之子富而不驕者鮮吾唯子之見驕而不亡者未之有也戌必與焉與禍難。鮮息淺反與音預注同及文子卒衛侯始惡於公叔戌以其富也公叔戌又將去夫人之黨靈公夫人南子黨宋朝之徒。惡烏路反去起呂反朝如字〔疏〕注靈公至之徒。正義曰傳於明年始云衛侯爲夫人南子召宋朝此年言夫人之

黨杜已云宋朝之徒者靈公之召宋朝又在前矣明年爲宋人歌而發端非明年始召之夫人愬之曰戌將爲亂爲明年戌來奔傳。愬音素

經十有四年春衛公叔戌來奔衛趙陽出奔宋陽趙黶孫書名者親富不親仁。黶於減反〔疏〕注陽趙黶孫。正義曰案世本懿子兼生昭子舉舉生趙陽兼即黶也○二月辛巳楚公子結陳公孫佗人帥師滅頓以頓子牂歸○夏衛北宮結來奔亦黨公叔戌皆惡之。佗吐何反又徒河反牂子歸反惡烏路反○五月於越敗吳于檇李於越越國也使罪人詐吳亂陳故從未陳之例書敗也檇李吳郡嘉興縣南醉李城。檇音醉依說文從木陳直覲反下同〔疏〕注於越至書敗。正義曰於越即越也夷言發聲謂之於越從彼俗而名之也傳稱陳于檇李則是皆陳而從未陳之例云敗吳者越使罪人詐吳亂吳之陳使不得用力故從未陳之例書敗也釋例云長勺之

役雖俱陳而鼓音不齊檇李之役勾踐患吳之整以死士亂吳雖皆已陳猶以獨克爲文舉其權詐也○吳子光卒未同盟而赴以名○公會齊侯衛侯于牽魏郡黎陽縣東北有牽城。黎力兮反公至自會無傳○秋齊侯宋公會于洮洮曹也。洮吐刀反○天王使石尚來歸脤無傳石尚天子之士石氏尚名脤祭社之肉盛以脤器以賜同姓諸侯親兄弟之國與之共福。脤市軫反盛音成〔疏〕注石尚至共福正義曰杜以天子上士中士俱稱名氏石尚必是士矣但不知爲是上士爲是中士故注直云士耳必非下士釋例曰王之公卿皆書爵大夫書字元士中士稱名劉夏石尚是也下士稱人公會王人于洮是也杜知然者周禮典命云王之三公八命其卿六命大夫四命大夫既四命則士三命也故鄭玄云王之上士三命中士再命下士一命曲禮云列國之大夫入天子之國曰某士得不以命數當天子之士故稱士也襄二十六年晉韓起聘于周自稱曰晉士起是諸侯之卿與天子之士命數同也以諸侯之卿三命再命皆書名氏大夫一命則稱人知天子上士中士稱名氏下士則稱人也成十三年傳曰國之

大事在祀與戎祀有執膰戎有受脤先儒及杜緣彼傳文知是定例故解此云祭社之肉盛以脤器以賜同姓諸侯周禮大宗伯云以脤膰之禮親兄弟之國大行人云歸脤以交諸侯之福是以祭肉賜諸侯與之共福也○衛世子蒯聵出奔宋。蒯古怪反聵五怪反○衛公孟彄出奔鄭彄書名與蒯聵黨罪之○宋公之弟辰○自蕭來奔無傳稱宋公之弟例在十年○大蒐于比蒲。比音毗○邾子來會公無傳會公于比蒲來而不用朝禮故曰會〔疏〕注會公至曰會。正義曰莊二十三年公及齊侯遇于穀蕭叔朝公就遇處行朝禮故曰朝此就蒐處行會禮而不用朝禮故曰會也言不用朝禮辨其與蕭叔文異○城莒父及霄無傳公叛晉助范氏故懼而城二邑也此年無冬史闕文。父音甫〔疏〕注公叛至闕文。正義曰城邑之由傳無其說以傳稱公會齊侯衛侯謀救范中行氏知爲叛晉之故懼而成此二邑也無冬闕文自是常事特辯此者說公羊者以此城在冬故去冬字何休云是歲孔子由大司寇攝相事齊人饋女樂孔子去言去冬者貶之也

或說無冬者坐受女樂令聖人去冬陰臣之象言去冬見無臣也杜以此爲妄說且明城實在秋是非時而城故特辯冬闕

傳十四年春衛侯逐公叔戍與其黨故趙陽奔宋戍來奔終史魚之言○梁嬰父惡董安于謂知文子曰不殺安于使終爲政於趙氏趙氏必得晉國盍以其先發難也討於趙氏文子使告於趙孟曰范中行氏雖信爲亂安于則發之是安于與謀亂也晉國有命始禍者死二子既伏其罪矣敢以告告使討安于。惡烏路反知文音智盍戶臘反難乃旦反與音預趙孟患之安于曰我死而晉國寧趙氏定將焉用生人誰不死吾死莫矣乃縊而死趙

孟尸諸市而告於知氏曰主命戮罪人安于既伏其罪矣敢以告知伯從趙孟盟知伯荀躒。爲於虔反莫音暮縊一四反〔疏〕安于則至而死。正義曰安于請趙孟先備之趙孟不從其言則安于其無罪矣但安于之謀國人聞之梁嬰父懼其知謀恐趙氏彊盛假此事而罪之趙鞅叛而得還不敢違命故安于自縊死耳而後趙氏定祀安于於廟趙氏廟〔疏〕祀安于於廟。正義曰禮臣有大功配食於廟周禮司勳云凡有功者銘書於王之大常祭于大烝司勳詔之尚書盤庚告其卿大夫云茲予大享于先王爾祖其從與享之孔安國云古者天子錄功臣配食於廟大享烝嘗也天子既有此禮諸侯或亦有之今趙氏祀安于於趙氏之廟其意亦如此也○頓子牂欲事晉背楚而絕陳好二月楚滅頓傳言小不事大所以亡。背音佩好呼報反○夏衛北宮結來奔公叔戍之故也○吳伐越報五年越入吳越子勾

踐禦之陳于檇李句踐越王允常子。句古侯反陳直覲反句踐患吳之整也使死士再禽焉不動使敢死之士往輒爲吳所禽欲使吳師爲取之而吳不動使罪人三行屬劍於頸以劍注頸。行戶郎反下同屬之我反下同又之住反而辭曰二君有治治軍旅臣奸旗鼓犯軍令不敏於君之行前不敢逃刑敢歸死遂自剄也師屬之目越子因而伐之大敗之靈姑浮以戈擊闔廬姑浮越大夫。剄古頂反本又作刎闔戶臘反闔廬傷將指取其一屨其足大指見斬遂失屨姑浮取之。將子匠反屨九具反還卒於陘去檇李七里釋經所以不書滅。陘音刑夫差使人立於庭夫差闔廬嗣子。夫音扶庭本又作廷苟出入必謂己曰夫差而忘越王之殺而父乎則對曰唯不敢忘三年乃報越後三年哀元年。唯惟癸反舊以水反○晉人圍朝歌公會齊侯衞侯于脾上梁之間脾上梁間卽牽。脾婢支反謀救范中行氏齊魯叛晉故助范中行也析成鮒小王桃甲率狄師以襲晉。二子晉大夫范中行氏之黨鮒音附桃如字本又作姚戰于絳中不克而還士鮒奔周小王桃甲入于朝歌秋齊侯宋公會于洮范氏故也謀救范氏衞侯爲夫人南子召宋朝南子宋女也朝宋公子舊通于南子在宋呼之。爲于僞反會于洮大子蒯聵獻盂于齊過宋野蒯聵衞靈公大子盂邑名也就會獻之故自衞行而過宋野。盂音于野人歌之曰既定爾婁豬盍歸吾艾豭

婁豬求子豬以喻南子艾豭喻宋朝艾老也。婁力侯反字林作𧄍力付反豬張魚反盍戶臘反艾五蓋反老也字林作豭音艾三毛聚居者豭音加牡豕也〔疏〕會于至艾豭。正義曰此會于洮還是上文會于洮也傳爲野人之歌張本故追言衞爲夫人南子召宋朝召在遠年非今始召欲說過宋野已隔此語故又本之云齊宋會于洮時大子蒯聵獻盂于齊過宋野而被譏也服虔以會于佻上屬爲義言衞侯爲夫人南子召宋朝故與宋公會于洮言爲召宋朝爲此會也然則宋朝是宋之公子衞侯欲召則召何須與宋爲會方始召之直言會于佻會上無國名知與何國會而言宋衞乎服不達此勢愚之甚也。注婁豬至老也。正義曰釋獸云豕子豬牡豝牡者謂之豝則豭是豬之牡故以喻宋朝也以婁豬爲求子之豬相傳爲說耳曲禮人年五十曰艾是艾爲老也大子羞之謂戲陽速曰從我而朝少君速大子家臣。戲許宜反少詩照反本亦作少君〔疏〕少君。正義曰少君猶小君也君爲大君夫人爲小君少君見我我顧乃殺之速曰諾乃朝夫人夫人見大子大子三顧速不進夫人見其色啼而走見大子色變知其欲殺己曰蒯聵將殺余公執其手以登臺大子奔宋盡逐其黨故公孟彄出奔鄭自鄭奔齊大子告人曰戲陽速禍余戲陽速告人曰大子則禍余大子無道使余殺其母余不許將戕於余戕殘殺也。戕在良反若殺夫人將以余說余是故許而弗爲以紓余死諺曰民保於信吾以信義也使義可信不必信言。紓音舒諺音彥○冬十二月晉人敗范中行氏之師於潞獲籍秦高彊二子黨范氏者終景王言籍父無後。潞音路父音甫又敗鄭師及范氏之師于百泉鄭助范氏故并敗

經十有五年春王正月邾子來朝○鼷鼠食郊牛牛死改卜牛無傳不言所食處舉死重也改卜禮也○鼷音兮處昌慮反〔疏〕鼷鼠食郊牛○正義曰爾雅云色黑而小有毒公羊以爲不言其所食漫也謂所食非一處穀梁注意亦然非杜意也○二月辛丑楚子滅胡以胡子豹歸○夏五月辛亥郊無傳書過○壬申公薨于高寢高寢宮名不於路寢失其所○鄭罕達帥師伐宋○齊侯衛侯次于渠蒢不果救故書次○除直居反○邾子來奔喪無傳諸侯奔喪非禮〔疏〕注諸侯奔喪非禮○正義曰昭三十年傳曰諸侯之喪士弔大夫送葬諸侯親自奔喪會葬皆非禮公羊亦云奔喪非禮也○秋七月壬申姒氏卒定公夫人○八月庚辰朔日有食之無傳○九月滕子來會葬無傳諸侯會葬非禮也○丁巳

葬我君定公雨不克葬戊午日下昃乃克葬辛巳葬定姒辛巳十月三日有日無月○昃音側〔疏〕○雨不克葬○正義曰穀梁以爲葬不爲雨止禮也雨不克葬喪不以制也非左氏意○辛巳葬定姒○正義曰公羊傳云定姒何以書葬未踰年之君也有子則廟廟則書葬公羊此意以爲定姒是妾哀公之母以哀公爲君未踰年故書其卒葬耳左氏以定姒實是夫人但禮不備不成喪是哀母以否傳無明說○注辛巳至無月○正義曰此年八月庚辰朔二日則辛巳九月不得有辛巳也更盈一周則六十二日月有一大一小十月己卯朔三日得辛巳是有日無月也○冬城漆邾庶其邑○漆音七〔疏〕注邾庶其邑○正義曰襄二十一年邾庶其以漆閭丘來奔莊二十八年傳曰凡邑有宗廟先君之主曰都無曰邑邑曰築都曰城此稱城漆漆本邾邑不得有先君宗廟而稱城者釋例曰若邑有先君宗廟則雖小曰都尊其所居以大之也然則都而無廟固宜稱城城漆是也而潁氏雖築於先君之廟患漆本非魯邑因說曰漆有邾之舊廟是使魯人尊邾之廢廟與先君同非經傳意也是言漆是大都自應稱城言庶其邑者意在排舊說

傳十五年春邾隱公來朝邾子益子貢觀焉邾子執玉高其容仰公受玉卑其容俯玉朝者之贄○贄音至〔疏〕注玉朝者之贄○正義曰曲禮云凡摯天子鬯天子尊無與敵者故執其鬯酒以對神諸侯珪是謂玉爲贄也周禮典瑞云公執桓圭侯執信圭伯執躬圭子執穀璧男執蒲璧以朝覲宗遇會同于王諸侯相見亦如之是朝必執玉也子貢曰以禮觀之二君者皆有死亡焉夫禮死生存亡之體也將左右周旋進退俯仰於是乎取之朝祀喪戎於是乎觀之今正月相朝而皆不度不合法度心已亡矣嘉事不體何以能久嘉事朝禮高仰驕也卑俯替也驕近亂替近疾君爲主其先亡乎爲此年公薨哀七年以邾子益歸傳○替他計反近附近之近

下音同○吳之入楚也在四年胡子盡俘楚邑之近胡者俘取也楚旣定胡子豹又不事楚曰存亡有命事楚何爲多取費焉二月楚滅胡傳言小不事大所以亡○費芳味反○夏五月壬申公薨仲尼曰賜不幸言而中是使賜多言者也以微知著知之難者子貢言語之士今言而中仲尼懼其易言故抑之○中丁仲反注同微知著知之難並如字又音智易以豉反○鄭罕達敗宋師于老丘罕達子齹之子老丘宋地宋公子地奔鄭鄭人爲之伐宋欲取地以處之事見哀十二年○齹才何反爲于爲反見賢遍反○齊侯衛侯次于蘧挐謀救宋也○蘧音渠挐女居反又女加反○秋七月壬申姒氏卒不稱夫人不赴且不祔也赴同祔姑夫人之禮二者皆闕故不曰夫人○祔音附〔疏〕

注赴同至夫人。正義曰夫人初薨祔於同盟之國其辭當云夫人某氏薨是赴則成夫人也禮適妻祔於適祖姑妾祔於妾祖姑若得祔祖姑則亦成夫人矣此赴同祔姑皆是夫人之禮二者皆闕故不曰夫人薨二者謂行一事則得稱夫人故此以不赴兼又不祔解不稱夫人也

葬定公雨不克襄事禮也襄成也雨而成事若汲汲於欲葬。葬息羊反

葬定姒不稱小君不成喪也公未葬而夫人薨煩於喪禮不赴不祔故不稱小君臣子怠慢也反哭於寢故書葬〔疏〕公未至書葬正義曰傳直言不成喪也不知闕少何事但小君者夫人之號不稱小君與不稱夫人其事同矣故知不成喪者卽不赴不祔是也由不赴不祔夫人之喪禮不成故不稱小君也此定姒實是夫人臣子怠慢不成其禮故書卒不稱薨書葬而不稱小君所以罪臣子也哀十二年孟子卒傳曰不反哭故不言葬小君是由反哭於寢故書葬也○**冬城漆書不時告也**實以秋城冬乃告廟魯知其不時故緩告從而書之以示譏〔疏〕冬城至告也。正義曰書城漆者書其城不以時所書在冬依其文則得時矣故傳辨之云不時告也城實非時知其不可而以時告廟

附釋音春秋左傳注疏卷第五十六

江西南昌府學栞

春秋左傳注疏卷五十六挍勘記　阮元撰盧宣旬摘錄

附釋音春秋左傳注疏卷第五十六　定公十年盡十五年

〔經十年〕

以距君命　纂圖本距作拒閩本作踞

虛請自忿　諸本作虛請此本誤靈諸今改正

〔傳十年〕

注萊人至夷也　宋本以下正義五節揔入注文夾魯事之下

使此萊夷　宋本監本毛本萊作夷是也

正義曰夏也　宋本監本毛本夏下有大字是也

屆疆國　宋本疆作彊是也

此聖人之大司也　補案大司當作大勇各本皆誤

吾子何不聞焉　纂圖本毛本吾作君非也

其再獻用兩象尊　此本兩誤內閩本同據宋本監本毛本改

王肅以爲犧尊象尊　諸本作肅此本誤肖今改正

冬日至　閩本監本日至誤倒

謂享燕正禮　宋本閩本監本毛本享作享

用秕稗也　諸本作秕釋文云字林音匕或作粃段玉裁曰當作粃即說文粊字惡米也今說文譌作粊

齊人來歸鄆讙龜陰之田　陳樹華云漢書五行志引來作倈地理志引讙作酄案說文亦作酄

經其倒者次魯事　宋本淳熙本岳本纂圖本毛本其作文是也

城其西北而守之　釋文云一本或作城其西北隅案正義云今定本有隅誤

城其西北而守之 宋本以下正義二節摠入詩曰人而無禮節注下

昭二十五年傳 宋本傳下有云字

涉佗而誤耳 毛本涉佗作季氏亦非宋本作涉彼是也

涉佗曰 諸本作佗釋文此處作沱與前不合

注僞爲至授之 宋本以下正義四節摠入駟赤止節之下

討陽虎 宋本閩本監本毛本作陽虎此本二字誤倒今乙正

在揚水卒章之四言矣 諸本作揚石經初刻作楊是也後改揚釋文云本或作揚之水卒章

唐詩揚之水 宋本監本毛本揚作楊

楊之水 宋本閩本監本毛本楊作揚

白石鄰鄰 監本毛本鄰並作粼宋本作粼是也重脩監本白誤曰

駟赤謂侯犯曰 顧炎武云石經赤誤作亦案石經此處及下文皆作赤不誤炎武非也

侯犯將以郈易于齊 石經宋本于作於

犯謂駟赤曰 石經犯上有侯字

公子地有白馬四 諸本作四陳樹華云漢書五行志引作駟師古曰四馬曰駟淳熙本四誤回

朱其尾鬣 宋本此節正義在注文故言國人之下

目盡腫 淳熙本目誤月

公子地出奔陳 淳熙本地誤也

經十一年

稱地例在前年 宋本岳本足利本地作弟是也

轉寫誤耳 閩本監本毛本轉作傳

傳十一年

經十二年

家無藏甲 按公羊傳無作不

但轉稱費人襲魯 宋本閩本監本毛本轉作傳是也

僅不皆克 監本毛本不作而字按作不是也謂郈費已克成不克故曰不皆克

傳十二年

羅不退在行列之後 淳熙本羅誤公

仲尼時爲司寇 宋本此節正義在冬十二月節下

子僞不知 諸本作僞釋文作爲云一本作僞陳樹華云成九年傳臧昭伯之從弟會爲讒於臧氏而逃於季氏史記作僞讒臧氏匿季氏是皆爲讀僞之証定八年以爲公期築室於門外杜注云不欲使人知故僞築室於門外陸氏雖音于僞反依注似應讀爲僞也此處傳文作爲故杜注云陽不知若本作僞則無煩再注矣案陳說是也

佯不知 釋文佯作陽知下有也字按佯陽古多通用

我將不墜 石經宋本淳熙本岳本閩本監本毛本墜作墮

公圍成弗克 監本克下衍注字

經十三年

夏築蛇淵囿 石經初刻蛇作虵後改正

秋晉趙鞅入于晉陽以叛 纂圖本閩本監本毛本脫秋字

傳十三年

稱君無道 宋本岳本重君字是也

實鄖氏 石經宋本岳本足利本鄖作鄆與釋文合宋本注及正義並同是也

注垂葭至鄆亭 宋本以下正義二節揔入注文傳言齊侯輕所以不能成功之下

今欲徙著晉陽 淳熙本岳本纂圖本監本毛本著作置

注午趙至宗親 宋本以下正義四節揔入十二月節注下

知文子 諸本作文此本誤丈今改正

今三臣始禍 諸本作今此本誤令今改正

齊高彊曰 正德本閩本監本彊作疆非注同

傳録晉襄亂 宋本淳熙本岳本纂圖本閩本監本毛本襄作衰是也

史鰌史魚 足利本魚下有也字

戌也驕 岳本纂圖本監本毛本戌作戍誤下及注並同按凡人名多用戌亥字惟此用戍守字

注靈公至之徒 宋本此節正義在夫人愬之日節注下

經十四年

亦黨公叔戌皆惡之 監本此節注文誤入二月辛巳節下脫之字

吳郡嘉興縣南醉李城 陳樹華云史記越世家正義引注南下多有字醉作檇

彼從俗而名之也 宋本彼從作從彼是也

檇李之役 此本役字實缺依宋本閩本監本毛本補

勾踐患吳之整 宋本勾踐作越人

猶以獨克爲文舉其權詐也 此本克爲文舉四字實缺正德本閩本亦磨滅據宋本補監本毛本誤作未陳例者獨字作從亦非

天王使石尚來歸脤 諸本作脤說文作祳鄭注周禮地官掌蜃引作蜃

石尚天子之士 諸本作士此本誤土今改正

盛以脤器 閩本監本脤作蜃段玉裁挍本亦作蜃

祀有執燔 宋本閩本監本毛本燔作膰案傳作膰

盛以脤器 閩本監本脤作蜃是也

〇自蕭來奔 諸本無〇此本誤衍

此年無冬史闕文 宋本脫文字

而告於知氏曰 石經氏字下增范氏二字非唐刻也

安于則至而死 宋本以下正義二節揔入注文趙氏廟之下

故安于自縊死耳 閩本監本毛本脫耳字

凡有功名者 宋本無名字是也

今趙氏祀安于於趙安氏之廟 宋本閩本監本毛本無下安字是也

越子勾踐禦之 此纂圖本閩本監本毛本勾作句釋文同下放此

二年乃報越 石經宋本淳熙本纂圖本閩本監本毛本二作三是也

胛上梁閒即牽 閩本監本毛本脫上字

謀救范中行氏 石經氏下有也字

舊逼于南子 此本脫子字閩本同依宋本淳熙本岳本纂圖本毛本補監本子字模糊子字擠刊

艾豭喻宋朝 諸本作豭此本誤豬

會于至艾豬 宋本以下正義三節揔入諺曰節注之下

此會于佻 宋本閩本監本毛本佻作洮是也今改正

故追言衞 宋本衞下有侯字是也

非令始召 諸本作令此本誤令今改正

服虔以會于洮主屬爲義 宋本閩本監本毛本主作上是也

爲此令也 宋本監本毛本令作會不誤

逐子豬犴豝 閩本監本亦誤逐宋本毛本作豕是也

從我而朝少君 釋文云少君本亦作小君

戕殘殺也 岳本戕誤戕纂圖本殺作賊亦非

經十四年

爾雅云 浦鏜正誤云雅下當脱注字是也

不於露寢失其所 宋本岳本足利本露作路是也

戊午日下昃 昊纂圖本監本毛本昃作昃閩本誤昃淳熙本誤

雨不克葬 宋本此節正義在乃克葬句下

○辛巳葬定姒 宋本○作疏字以下正義二節揔入辛巳葬定姒注下

以爲定姒是妾 毛本姒作姒非

而穎氏唯繫於先君之廟 宋本穎作潁是也

傳十五年

子貢觀焉 漢書五行志載古文左傳作子贛臧琳云案說文貝部貢獻功也从貝工聲贛賜也从貝竷省聲是貢贛不同依說文當爲贛贛卽贛之譌體子貢名賜故字子贛作貢者字之省借耳

注玉朝者之贄 宋本此節正義在高仰驕也注下

夫禮死生存亡之體也 石經之字起一行計十一字

君爲王也 石經宋本淳熙本岳本纂圖本監本毛本王作主是也

齊侯衞侯次于蘧挐 石經于字改刻初刻作於

二者課行一事 按課猶試也閩本監本毛本作果非

辭不稱夫人也 宋本辭作辭是也

雨不成事若汲汲於欲葬 宋本淳熙本岳本纂圖本不作而是也纂圖本若誤君

附釋音春秋左傳注疏卷第五十六

春秋左傳注疏卷五十六挍勘記

附釋音春秋左傳注疏卷第五十七 哀元年盡五年

杜氏注　孔穎達疏

哀公○陸曰哀公名蔣定公之子蓋夫人定姒所生敬王二十八年即位謚法恭仁短折曰哀【疏】同上

經元年春王正月公即位無傳○楚子陳侯隨侯許男圍蔡隨世服於楚不通中國吳之入楚昭王奔隨隨人免之卒復楚國楚人德之使列於諸侯故得見經定六年鄭滅許此復見者蓋楚封之○見賢遍反下同此復扶又反【疏】注隨世至封之○正義曰僖二十年楚人代隨自爾以來隨不復見以隨世服於楚爲楚私屬不通於諸侯征伐盟會不齒於列故史不得書之猶如郳滕爲人私屬不序於宋盟也定四年保護昭王楚得復國楚人感其恩德使隨列於諸侯今楚帥諸侯圍蔡令隨在其班次以之告魯故得見經定六年鄭滅許以許男斯歸殺之此時許復見者以許屬楚故疑蓋楚封之當如蔡侯廬陳侯吳受封於楚也世族譜許男斯之後有元公成悼公孫則是楚封元公爲許男也○鼷鼠食郊牛改卜牛○夏四月辛巳郊無傳書過也不言所食非一處○處昌慮反【疏】注書過至一處○正義曰桓五年傳例云凡祀啓蟄而郊郊則書今以四月始郊已入春分之氣故書過也宣三年郊牛之口傷成七年鼷鼠食郊牛角言其傷食之處此不言所食處者所食非一處也○秋齊侯衛侯伐晉○冬仲孫何忌帥師伐邾無傳

傳元年春楚子圍蔡報柏舉也在定四年里而栽栽設板築爲圍壘周匝去蔡城一里○栽才代反又音再注同說文云築牆長板壘力軌反匝子合反【疏】注栽設至一里○正義曰築牆立板謂之栽栽者豎木以約一版也楚慮外人救蔡則於表裏受敵故築圍壘周匝去蔡城一里以圍之欲置兵其內以攻蔡使外人不得救之廣丈高倍壘厚一丈高二丈○廣古曠反高倍並如字高又古報反注同厚戶豆反夫屯晝夜九日夫猶兵也壘未成故令人在壘裏屯守蔡○屯徒門反夫兵也屯守也令力呈反【疏】注夫猶至守蔡○正義曰劉炫云注言夫猶兵也以壘未成故令人在壘

裏屯守蔡然則未築壘前兵豈遂城乎壘成之後兵復出壘乎以圍人夜守常事何言晝夜九日以後兵豈散乎炫以夫屯謂夫役屯聚晝夜不止九日而築壘成耳夫者別有城夫非戰士劉炫以爲丁夫築城晝夜九日杜必以夫爲兵屯守九日者以屯是戍守之名故詩序云屯戍於母家又案傳晉有軘車皆是兵之屯守經籍未有作役之人而爲屯守之號者故杜爲此解劉妄規其失非也如子西之素子西本計爲壘當用九日而成蔡人男女以辨辨別也男女各別係纍而出降○辨扶免反又方免反別彼列反下同纍力維反降戶江反使疆于江汝之間而還楚欲使蔡徙國在江水之北汝水之南求田以自安也蔡權聽命故楚師還○疆居良反【疏】注楚欲至師還○正義曰服虔云蔡使楚進疆於故江國與汝水之間其意言蔡割地以賂楚也杜不然者以昭七年傳芋尹無宇云先君文王作僕區之法所以封汝哀十七年傳曰彭仲爽申俘也文王以爲令尹實縣申息朝陳蔡封畛於汝則楚於文王之時其竟已至汝水寧於此役蔡始令楚進疆于江汝之間也且汝水江國不可共文故杜以爲楚使蔡徙其國都於江北汝水之南自擇疆宇欲令遷都近楚爲楚屬國蔡人冀令楚去心雖不肯權宜許之楚還之後蔡更自議已與楚惡不如事吳故請遷于吳以吳爲援蔡於是乎請遷于吳楚既還蔡人更叛楚就吳爲明年蔡遷州來傳○吳王夫差敗越于夫椒報檇李也檇李在定十四年夫椒吳郡吳縣西南太湖中椒山○夫音扶椒又作梂子消反檇音醉大音泰【疏】注夫椒至椒山○正義曰杜於此注以椒爲山名土地名以夫椒爲地名以戰必在山旁以山表地耳遂入越越子以甲楯五千保于會稽上會稽山也在會稽山陰縣南○楯食允反又音允會古外反稽古兮反上時掌反使大夫種因吳大宰嚭以行成吳子將許之伍員曰不可臣聞之樹德莫如滋去疾莫如盡昔有過澆殺斟灌以伐斟鄩澆寒浞子封於過者二斟夏同姓諸侯襄四年傳曰澆用師滅斟灌○嚭普鄙反員音云去疾起呂反本又作去惡過古禾反國名注及下同澆五叫反一音五報反下同斟

諸林反灌古亂反鄩音尋浞仕捉反夏戶雅反下注皆同〔疏〕注澆寒至斟灌。正義曰襄四年傳稱夏之衰也有窮后羿因夏民以代夏政而用寒浞寒浞殺羿因其室而生澆處澆于過是言澆是寒浞之子封於過也二斟夏同姓諸侯夏本紀文也又襄四年傳云澆用師滅斟灌此言殺斟灌者王肅云滅殺也古者滅殺尊卑同名其意言殺其君而滅其國故二文各言其一也賈逵云夏后相依斟灌而國故曰殺夏后相也案下句別言滅夏后相王解是也

滅夏后相夏后相啓孫也后相失國依於二斟復爲澆所滅。相息亮反注及下注同復扶又反〔疏〕注夏后至所滅。正義曰夏本紀云禹生啓啓生大康大康崩弟仲康立仲康崩子相立是相爲仲康之子啓之孫也書序云大康失邦作五子之歌其經云大康尸位以逸豫乃畋于有洛之表十旬弗反有窮后羿因民弗忍距于河則大康之時羿已權盛能廢大康矣胤征云唯仲康肇位四海孔安國云羿廢大康而立其弟仲康爲天子仲康羿之所立也仲康崩子相立蓋亦羿立之矣傳言羿因夏民以代夏政蓋於相時羿始自立爲天子相於是失國依於二斟及澆滅斟灌相復爲澆所滅

后緡方娠逃出自竇后緡相妻娠懷身也。緡亡巾反娠音震又音身竇音豆**歸于有仍**后緡有仍氏女**生少康焉爲仍牧正**牧官之長。少詩照反長丁丈反**惎澆能戒之**惎毒也戒備也。惎音忌**澆使椒求之**椒澆臣**逃奔有虞爲之庖正以除其害**虞舜後諸侯也梁國有虞縣庖正掌膳羞之官賴此以得除已害。庖步交反〔疏〕注虞舜至已害。正義曰尚書堯典云有鰥在下曰虞舜又曰釐降二女于嬀汭嬪于虞皇甫謐云嬪于虞因以虞爲氏虞今河東大陽縣西山上虞城是也然則舜有天下其代號虞因本河東大陽之虞及周之興封仲雍之後爲虞國即彼地是也但舜既禪禹禹封舜後爲諸侯雖取虞爲國名未必封於河東虞地而梁國有虞縣其地以虞爲名疑是夏時虞國杜以地名言有者皆是疑辭言有以示不審也庖正當周禮之庖人用之爲正當當是食官之長故爲掌膳羞之官也賴此以得除已害得在浞之世不被殺也

虞思於是妻之以二姚思有虞君也虞思自以二女妻少康姚虞姓。妻七計反姚羊昭反**而邑諸綸**綸虞邑。綸音倫**有田一成有衆一旅**方十里爲成五百人爲旅〔疏〕注方十至爲旅。正義曰方十里爲成司馬法文也五百人爲旅夏官序文也田一成衆一旅言食此一成之地其內有爲兵者五百人周禮小司徒云乃井牧其田野鄭衆云井牧者春秋傳所謂井衍沃牧隰皋者也鄭玄云隰皋之地九夫爲牧二牧而當一井今造都鄙授民田有不易有一易有再易通率二而當一是之謂井牧昔夏少康在虞思有田一成有衆一旅一旅之衆而田一成則井牧之法先古然矣杜解牧隰皋雖與鄭異其授民田二而當一理亦宜然計方十里爲方一里者百方一里有九夫之田則十里容九百夫也其一百夫授上地不易者其四百夫授一易二而當一則得爲五百夫矣

能布其德而兆其謀兆始**以收夏衆撫其官職**襄四年傳曰靡自有鬲氏收二國之燼以滅浞而立少康。鬲音革燼徐刃反又秦刃反〔疏〕注襄四至少康。正義曰引此傳者言少康能布恩惠以收夏衆以德撫靡故得用靡遺民滅浞而立之

使女艾諜澆女艾少康臣諜候也。女如字又音汝艾五蓋反諜音牒**使季杼誘豷**豷澆弟也季杼少康子后杼也。杼直呂反豷許器反**遂滅過戈復禹之績**過澆國戈豷國。過戈並古禾反之績一本作迹**祀夏配天不失舊物**物事也

今吳不如過而越大於少康或將豐之不亦難乎言與越成是使越豐大必爲吳難。難乃旦反**句踐能親而務施施不失人**所加惠賜皆得其人。施始豉反下同**親不棄勞**推親愛之誠則不遺小勞**與我同壤而世爲仇讎於是乎克而弗取將又存之違天而長寇讎**猶言天與不取。長丁丈反下同〔疏〕注猶言天與不取。正義曰吳語云越滅吳吳王請行成越王曰昔天以越賜吳而吳不取是也

後雖悔之不可食已食消也已止也〔疏〕後雖至食已。正義曰言悔恨之深結於心腹不可如食之消止**姬之衰也日可俟也**姬吳姓言可計日而待。俟本又作竢音仕**介在蠻夷而長寇讎以是求伯必不行**

矣弗聽退而告人曰越十年生聚而十年教訓生民聚財富而後教之○介音界伯如字又音霸聚才喻反又如字【疏】注生民至教之正義曰服虔云令少者無娶老婦老者無娶少婦女十七不嫁男二十不娶父母有罪也將生子以告與之監饋之餼也死者釋其征必哭泣葬埋如其子也孺子遊者必餔歠之也非手所種夫人所織不用十年不收於國二十年之外吳其爲沼乎謂吳宮室廢壞當爲汚池爲二十二年越入吳起本○沼之非反汙音烏二月越及吳平吳入越不書吳不告慶越不告敗也嫌夷狄不與華同故復發傳○復扶又反○夏四月齊侯衛侯救邯鄲圍五鹿趙稷以邯鄲叛范中行氏之黨也五鹿晉邑○邯音寒鄲音丹○吳之入楚也在定四年使召陳懷公懷公朝國人而問焉曰欲與楚者右欲與吳者左陳人從田無田從黨都邑之人無田者隨黨而立不知所與故直從所居田在西者居右田在東者居左逢滑當公而進當公不左不右○滑于八反曰臣聞國之興也以福其亡也以禍今吳未有福楚未有禍楚未可棄吳未可從而晉盟主也若以晉辭吳若何公曰國勝君亡非禍而何楚爲吳所勝對曰國之有是多矣何必不復小國猶復況大國乎臣聞國之興也視民如傷是其福也如傷恐驚動其亡也以民爲土芥是其禍也芥草也○芥古邁反楚雖無德亦不艾殺其民吳日敝於兵暴骨如莽草之生於廣野莽莽然故曰草莽○艾魚廢反暴步卜反莽亡黨反而未見德焉天其或

者正訓楚也使懼而改過禍之適吳其何日之有言今至陳侯從之及夫差克越乃脩先君之怨秋八月吳侵陳脩舊怨也傳言吳不脩德而脩怨所以亡○齊侯衛侯會于乾侯救范氏也師及齊師衛孔圉鮮虞人伐晉取棘蒲魯師不書非公命也孔圉孔烝鉏曾孫鮮虞狄師賤故不書○圉魚呂反烝之承反鉏仕居反【疏】注魯師至不書○正義曰杜以經書齊衛伐晉傳言四國伐晉故唯解魯與鮮虞不書意也劉炫以齊衛會乾侯救范氏者師相會因而行伐二君親行告伐不告會也行伐之後魯與鮮虞會之齊衛更遣師與同伐也但齊將卑師衆故稱師衛將尊師少故云孔圉後伐四國並皆不書非獨魯與鮮虞不書也當謂魯師不書非公命餘者不書皆不告義出百塗並得通也今知劉非者杜以傳齊侯衛侯止云會乾侯不言伐晉即云師及齊師衛孔圉鮮虞人伐晉與經齊侯衛侯伐晉文相次當以爲一鮮虞狄師賤故略而不書猶邲之戰唐侯從楚而不書平丘之會狄人從晉而不書之類是也劉以爲孔圉等更別伐晉魯師不書非公命餘者不告故不書而規杜過非也○吳師在陳楚大夫皆懼曰闔廬惟能用其民以敗我於柏舉今聞其嗣又甚焉將若之何子西曰二三子恤不相睦無患吳矣昔闔廬食不二味居不重席室不崇壇平地作室不起壇也○重直龍反壇徒丹反【疏】食不二味○正義曰謂與在下同其好惡不別二爲美味也器不彤鏤彤丹也鏤刻也○彤徒冬反鏤魯豆反宮室不觀觀臺榭○觀古亂反注同榭音謝舟車不飾衣服財用擇不取費選取堅厚不尚細靡○費芳味反在國天有菑癘癘疾疫也○菑音災癘本或作天無菑癘非疫音役【疏】在國天有菑癘○正義曰在國與在軍相對天有菑癘與下句相連言有菑癘之時親自巡孤寡共其乏困也本或天作無誤耳親

巡其孤寡而共其乏困在軍熟食者分而後敢食必須軍士皆分熟食不敢先食分猶徧也○共音恭熟食者分如字一讀以分字連下句徧音遍〔疏〕注必須至徧也○正義曰孫武兵書云軍井未達將不言渴軍竈未炊將不言飢故闔閭在軍如良將之法必須軍士皆分熟食然後敢食王不先自食也服虔云以其半分軍士而後自食其餘若單醪注流也杜以分王半食不得徧及軍人且所嘗珍異乃得卒乘與焉王所自食不得分軍士也故顯而異之分猶徧也待徧熟食王乃自食也其所嘗者卒乘與焉所嘗甘珍非常食○卒子忽反乘繩證反與音預勤恤其民而與之勞逸是以民不罷勞死不知曠知身死不見曠棄○罷音皮吾先大夫子常易之所以敗我也易猶反也今聞夫差次有臺榭陂池焉積土為高曰臺有木曰榭過再宿曰次○陂彼宜反〔疏〕注積土至曰次○正義曰釋宮云闍謂之臺郭璞云積土四方也又云有木者謂之榭李巡云臺上有屋謂之榭又曰無室曰榭四方而高曰臺莊三年傳例曰凡師一宿為舍再宿為信過信為次孔安國尚書傳云瀦彰曰陂停水曰池言夫差所停三日則役民為此也宿有妃嬙嬪御焉妃嬙貴者嬪御賤者皆內官○嬙本又作牆或作牆在羊反嬪毗人反〔疏〕注妃嬙至內官○正義曰曲禮云天子之妃曰后則妃上下通名也釋詁云妃合會對也妃媲也是匹對於夫婦官之最貴者也嬙在妃下次於妃也周禮有九嬪女御以有四名分為三等故言妃嬙貴者嬪御賤者皆婦官之名周禮無嬙蓋後世為之名漢有掖庭王嬙是因於古也一日之行所欲必成玩好必從珍異是聚觀樂是務視民如讎而用之日新夫先自敗也已安能敗我為二十二年越滅吳起本○好呼報反夫先自敗也已夫音扶本或作夫差先自敗者非○冬十一月晉趙鞅伐朝歌討范中行氏

經二年春王二月季孫斯叔孫州仇仲孫何忌帥師伐邾取漷東田及沂西田邾人以賂取之易也○漷火虢反又音郭沂魚依反易以豉反癸巳叔孫州仇仲孫何忌及邾子盟于句繹句繹邾地取邑盟以要之○句古侯反繹音亦要以遙反〔疏〕注句繹至要之○正義曰既取其田慮後悔競故共盟以要之伐則三卿盟唯二卿者服虔云季孫尊卿敵服先歸使二子與之盟穀梁傳曰三人伐而二人盟何各盟其得也其意言季孫不得田故不與盟也案十四年小邾射以句繹來奔則句繹小邾地也注言邾地者以傳云伐邾邾人愛其土賂以漷沂之田而受盟被伐受盟則盟在邾地猶若成二年楚人伐我師于蜀公及楚公子嬰齊盟于蜀之類是也邾與小邾國竟相近句繹所屬亦無定準猶齊魯汶陽之田莒魯爭鄆之事一彼一此豈有常乎而劉炫以句繹為小邾地而規杜非也○夏四月丙子衞侯元卒定四年盟皐鼬〔疏〕注定四年盟皐鼬○正義曰元以昭八年即位三十二年大夫盟于狄泉以未告公而公薨故不數○滕子來朝無傳○晉趙鞅帥師納衞世子蒯聵于戚〔疏〕衞世子○正義曰世子者父在之名蒯聵父既死矣而稱世子者晉人納之以世子告言是正世子以示宜為君也春秋以其本是世子未得衞國無可褒貶故因而書世子耳○秋八月甲戌晉趙鞅帥師及鄭罕達帥師戰于鐵鄭師敗績皆陳曰戰大崩曰敗績鐵在戚城南罕達子皮孫○鐵天結反陳直覲反○冬十月葬衞靈公無傳七月而葬緩○十有一月蔡遷于州來畏楚而請遷故以自遷為文蔡殺其大夫公子駟懷土而欺大國故罪而書名

傳二年春伐邾將伐絞絞邾邑○絞古卯反邾人愛其土故賂以漷沂之田而受盟○初衞侯遊于郊子南僕子南靈公子郢也僕御也○郢以井反公曰余無子將立女蒯聵奔無大子○女音汝不對他日又謂之對曰郢不足以

辱社稷，君其改圖。君夫人在堂，三揖在下。三揖卿大夫士。揖一入反〔疏〕注三揖卿大夫士。正義曰：周禮司士云：孤卿特揖，大夫以其等旅揖，士旁三揖。鄭玄云：特揖，一一揖之；旅，衆也，大夫爵同者衆揖之；三揖者，士有上中下。鄭衆云：卿大夫士皆君之所揖。禮春秋傳所謂三揖在下。服虔云：三揖，卿大夫士。士揖庶姓，時揖異姓，天揖同姓。君命祇辱。言立適當以禮與內外同之，今君私命，事必不從，適爲辱。○祇音支。適，丁歷反，下適孫同。夏，衛靈公卒。夫人曰：命公子郢爲大子，君命也。對曰：郢異於他子，言用意不同。且君沒於吾手，若有之，郢必聞之。言當以臨沒爲正。且亡人之子輒在。輒，蒯聵之子，出公也，靈公適孫。乃立輒。六月乙酉，晉趙鞅納衛大子于戚。宵迷，陽虎曰：右河而南，必至焉。是時河北流，過元城界，戚在河外，晉軍已渡河，故欲出河右而南。〔疏〕

注是時至而南。正義曰：土地名云：河經河內之南，界東北經汲郡、魏郡、頓丘、陽平、平原、樂陵之東南入海。是言晉時河所經也。春秋之時，河未必然，故云是時河北流，過元城界，與晉時河道異也。土地名又云：戚，頓丘衛縣西戚城，在枯河東。是春秋時戚在河東也。從晉而言，河西爲內，東爲外，故云戚在河外也。是時晉軍已渡河矣，師人皆迷，不知戚處，陽虎憶其渡處在戚之北，河既北流，據水所向則東爲右，故欲出河右而南行也。使大子絻，絻者，始發喪之服。○絻音問。喪音桑。〔疏〕注絻者始發喪之服。正義曰：士喪禮：既小斂，主人括髮袒，衆主人免于房。鄭玄云：括髮者，去笄纚而紒也。衆主人免者，齊衰將袒，以免代冠。冠，服之尤尊，不以袒也。又奔喪之禮：至於家，入門哭盡哀，括髮袒自齊衰以下，入門哭盡哀，免麻于序東。如彼禮文，則主人當括髮，齊衰以下乃免。此大子絻者，禮不至喪所不括髮，故以絻代之耳。靈公以四月卒，今以六月而大子免，故云絻始發喪之服也。遠道不臨喪者，不得括髮，故始發喪一服絻也。鄭玄注士喪禮云：免之制未聞，舊說以爲如冠狀，廣一寸。喪服小記曰：斬衰括髮以麻，免而以布。此用麻布爲之，狀如今之著幓頭矣。自項中而前，交於額上，卻繞紒也。八人衰絰，僞自衛逆者。欲爲衛人逆敵。

衰絰成服。○衰，七雷反。絰，田結反。告於門，哭而入，遂居之。○秋八月，齊人輸范氏粟，鄭子姚、子般送之。子姚，罕達；子般，駟弘。○般音班。士吉射逆之，趙鞅禦之，遇於戚。陽虎曰：吾車少，以兵車之旆與罕、駟兵車先陳，旆，先驅車也。以先驅車益以兵車，以示衆。○陳，直覲反，下注同。罕、駟自後隨而從之，彼見吾貌，必有懼心。晉人先陳，鄭人隨之，不知其虛實，見車多，必懼。於是乎會之，會，合戰。必大敗之。從之，卜戰，龜焦。兆不成。樂丁曰：詩曰：爰始爰謀，爰契我龜。樂丁，晉大夫。詩大雅。言先人事後卜筮。○契，苦計反，又苦結反。〔疏〕詩曰至我龜。正義曰：詩大雅緜之篇，美太王遷岐之事。爰，於也。既見周原之地肥美可居，於是始集豳人從已者，於是與謀議。人謀既從，於是契灼我龜而卜之。言先人謀，從卜筮也。謀協，

以故兆詢可也。詢，諮詢也。故兆，始納衛大子卜得吉兆。言今既謀同，可不須更卜。○謀協以故兆絕句。詢可也。詢，思遒反。簡子誓曰：范氏、中行氏反易天明，不事君也。〔疏〕反易天明。正義曰：天有尊卑，人有上下，下事上，臣事君，法則天之明道。臣不事君，是反易天之明道也。斬艾百姓，欲擅晉國而滅其君。寡君恃鄭而保焉。今鄭爲不道，棄君助臣，二三子順天明，從君命，經德義，除詬恥，在此行也。克敵者，上大夫受縣，下大夫受郡，周書作雒篇：千里百縣，縣有四郡。○艾，魚廢反。擅，市戰反。而滅其君，滅或作戕，音殘。詬，呼豆反，又音苟。雒音洛。千里百縣，縣方百里；縣有四郡，郡方五十里。〔疏〕經德義。正義曰：此經德義與傳經國家、詩序經夫婦，皆意同也。經謂經紀營理之。不除君惡，則德義廢矣，宜經紀德義，使不壞也。○克敵至受郡。正義曰：上大夫、下大夫，謂於大夫之內分爲上下，其上大夫非卿也。此言先無田祿者若能

克敵得此賞也。注周書至四郡。正義曰周禮小司徒云九夫爲井四井爲邑四邑爲丘四丘爲甸四甸爲縣四縣爲都鄭玄云邑方二里丘方四里甸方八里旁加一里則方十里爲一成縣方二十里都方四十里四都方八十里旁加十里乃得方百里爲一同也如彼文則縣方二十里耳周禮又無郡不可用以解此故引周書解之或曰周書者孔子刪尚書之餘今案其存者其文非尚書之類其作雜篇有此言方千里者爲方百里者百千里百縣則縣方百里計成方十里出車一乘縣方百里則出車百乘也昭五年傳云晉有四十縣遺守四千乘是縣別有百乘與作雜之言合也上大夫受縣縣則爲百乘之家言得進爲卿也縣有四郡則郡方五十里下大夫得此方五十里之采邑士田十萬十萬畝也〔疏〕注十萬畝。正義曰王制云方一里者爲田九百畝方十里者爲方一里者百爲田九萬畝則士田十萬爲方千里有餘庶人工商遂得遂進仕人臣隸圉免去厮役。厮役如字字又作斯音同何休注公羊云艾草爲防者曰厮汲水漿者曰役蘇林注漢書云厮取薪者韋昭云析薪曰厮志父無罪君實圖之志父趙簡子之一名也言已事濟君當圖其賞。志父音甫服云趙鞅入晉陽以畔後得歸改名志父春秋仍舊猶書趙鞅〔疏〕注志父至其賞。正義曰牧誓武王誓衆尚自稱名況以人臣誓衆固當自稱名矣知志父是簡子名也簡子名鞅又名志父者服虔云趙鞅入于晉陽以叛諸侯之策書曰晉趙鞅以叛既復更名志父或當然也楚公子圍弒君取國改名曰虔經即書虔公子棄疾弒君取國改名曰居經即書居今趙鞅改名志父經書猶云趙鞅者彼楚子既爲國君臣下以所改之名告於鄰國故得書所改之名趙鞅人臣家國不爲之諱仍以趙鞅名告故書鞅也鞅言君實圖之言已事濟君當謀其賞也簡子言此君當謀其賞者言君當賞其在下副上所誓之言欲使在下信之非欲自求賞也若其有罪絞縊以戮絞所以縊人物。縊一賜反戮音六桐棺三寸不設屬辟屬辟棺之重數王棺四重君再重大夫一重。桐棺三寸禮記云夫子制於中都四寸之棺五寸之椁以斯知不欲速朽也鄭康成注云此庶人之制也案禮上大夫棺八寸屬六寸下大夫棺六寸屬四寸無三寸棺制也棺用難朽之木桐木易壞不堪爲棺故以爲罰墨子尚儉有桐棺三寸不設屬音燭注同次大棺也辟步歷反注同親身棺也禮大夫無辟重直龍反下同王棺四重禮記云水兕

革棺被之其厚三寸杝棺一梓棺二杝棺辟也梓棺二屬與大棺也被水牛及兕之革爲一重辟爲二重屬爲三重大棺爲四重君再重謂侯伯子男侯伯已下無革棺屬與辟爲一重大棺爲再重上公則唯無水革耳兕革與辟爲一重屬爲再重大棺爲三重大夫一重大夫唯屬與大棺爲一重今云不設辟者時僭耳非正禮也〔疏〕注屬辟至一重。正義曰禮喪大記云君大棺八寸屬六寸椑四寸上大夫大棺八寸屬六寸下大夫大棺六寸屬四寸是屬辟爲棺之重數也大記之文從外向內大棺之內有屬屬之內有椑椑親身之棺鄭玄云椑堅著之意也如記文大夫無椑今簡子自言有罪始不設辟者鄭玄云趙簡子云不設屬椑時僭也爲時僭日久自言無罪則僭設有罪乃不設耳記言士棺六寸檀弓又云夫子爲中都宰制四寸之棺五寸之椁鄭玄云爲民作制民猶四寸簡子言三寸者亦示其罰之重令制度卑於民也記有杝棺梓棺杝謂椵也不以桐爲棺簡子言桐棺者鄭玄云凡棺用能溼之物梓椵能溼故禮法尚之桐易腐壞亦以桐爲罰也檀弓又云天子之棺四重鄭玄云尚深邃也諸公三重諸侯再重大夫一重士不重又云水兕革棺被之其厚三寸杝棺一梓棺二四者皆周鄭玄云以水牛兕牛之革以爲棺被革各厚三寸合六寸也此爲一重杝棺一所謂椑棺也梓棺二所謂屬與大棺也檀弓之文自內向外水牛之革一也兕牛之革二也二者相襲乃得爲重故以此二者爲一重也又有椑也屬也大棺也此是天子四重爲數五棺爲四重也喪大記之文君有大棺也椑也屬也大夫有大棺也屬也鄭玄注檀弓天子之棺四重以是差之上公革棺不被三重也諸侯無革棺再重也大夫無椑一重也士無屬不重也是上公數四棺爲三重諸侯數三棺爲再重大夫數二棺爲一重士以一棺爲一重也杜之此注惟無上公士耳其言重數與鄭同也若然禮器云天子葬五重諸侯葬三重大夫葬再重以多爲貴也彼重亦當謂棺而其數皆較一者鄭玄云天子葬五重者謂抗木與茵也葬者抗木在上茵在下然則茵以藉棺抗爲負土天子及諸侯大夫皆數彼以增棺數故皆多較一也杜言此棺之重數者以明不設屬辟爲罰也素車樸馬以載柩。樸普卜反柩其又反〔疏〕素車樸馬。正義曰素車無飾謂不以翣柳飾車也曲禮云大夫去國爲位而哭乘髦馬鄭玄云髦馬不鬄落也則此樸馬亦謂不鬄落用此以載柩也雜記稱士喪有與天子同者三其終夜燎及乘人專道而行然則柩皆人挽此用車馬載者禮言乘人設法許之耳道遠者當用牛馬且此言亦爲罰也無入于兆兆塋

域〔疏〕無入于兆。正義曰周禮冢人云凡死於兵者不入兆域鄭玄云戰敗無勇投諸塋外以罰之此言不入兆域亦罰也**下卿之罰也**爲衆設賞自設罰所以能克敵。爲于僞反**甲戌將戰郵無恤御簡子衛太子爲右**郵無恤王良也。郵音尤〔疏〕注郵無恤王良也。正義曰下云子良授綏是也服虔云王良也孟子說王良善御之事古者車駕四馬御之爲難故爲六藝之一王良之善御最有名於書傳多稱之楚辭云當世豈無騏驥兮誠無王良之善御見執轡者非其人兮故駒跳而遠去**登鐵上**鐵上名**望見鄭師衆大子懼自投于車下子良授大子綏而乘之曰婦人也**言其怯。怯去業反〔疏〕授大子綏。正義曰曲禮云凡僕人之禮必授人綏論語稱孔子上車必正立執綏而升綏者挽以上車之索故授之使之升也少儀云僕者右帶劍負良綏申之面拖諸幦鄭玄云面前也幦覆苓也良綏君綏也負之由左肩上入右腋下申之於前覆苓上也**簡子巡列曰畢萬匹夫也七戰**

皆獲有馬百乘死於牖下畢萬晉獻公卿也皆獲有功死於牖下言得壽終。乘繩證反牖羊九反〔疏〕有馬至牖下。正義曰襄二十七年傳曰唯卿備百邑注云一乘之邑也坊記云家富不過百乘百乘卿之極制也檀弓云飯於牖下小斂於戶內大斂於阼殯於客位祖於庭葬於墓所以即遠也則禮之正法死於牖下**羣子勉之死不在寇**言有命**繁羽御趙羅宋勇爲右**二子晉大夫**羅無勇麇之**麇束縛也。麇丘隕反注同**吏詰之御對曰痁作而伏**痁瘧疾也。詰起吉反痁詩占反瘧魚略反**衛大子禱曰曾孫蒯聵敢昭告皇祖文王**周文王皇大也。禱丁老反一音丁報反〔疏〕衛大至襄公。正義曰禮於曾祖以上冒稱曾孫此雖並告三祖對文王康叔稱曾孫也晉語說此事於襄公之下又有昭考靈公國語與傳異者多矣此下云無作三祖羞是無昭考也**烈祖康叔**烈顯也**文祖襄公**繼業守文故曰文祖蒯聵襄公之孫**鄭勝亂從**勝鄭聲公名釋君助臣爲從於亂**晉午在難**午晉定公名。難乃旦反下注爲難同**不能治亂使鞅討之**鞅簡子名**蒯聵不敢自佚備持矛焉**戎右持矛。佚音逸矛亡侯反**敢告無絕筋無折骨無面傷以集大事無作三祖羞**集成也。筋居銀反**大命不敢請佩玉不敢愛**不敢愛故以祈禱〔疏〕大命至敢愛。正義曰上言無絕筋無折骨謂軍之士衆無令損傷以成大事此云大命不敢請者謂己之身命不敢私請苟以求生佩玉不敢愛尚書金縢稱周公植璧秉珪以告大王王季文王是禱請用玉也在軍無珪璧故以佩玉**鄭人擊簡子中肩斃于車中**斃踣也。中肩丁仲反斃婢世反本亦作獘踣蒲北反**獲其蠭旗**蠭旗旗名。蠭芳恭反**大子救之以戈鄭師北獲溫大夫趙羅**羅無勇故鄭師雖北猶獲羅**大子復伐之鄭師大敗獲**

齊粟千車趙孟喜曰可矣趙孟簡子也喜大子前怯今更勇。復扶又反**傅傁曰雖克鄭猶有知在憂未艾也**傅傁簡子屬也言知氏將爲難後竟有晉陽之患。傁素口反又作叟有知音智艾魚廢反又五蓋反**初周人與范氏田公孫尨稅焉**尨范氏臣爲范氏收周人所與田之稅。尨武江反稅始銳反爲于僞反下文爲其注同**趙氏得而獻之**得尨以獻簡子**吏請殺之趙孟曰爲其主也何罪止而與之田**還其所稅**及鐵之戰以徒五百人宵攻鄭師取蠭旗於子姚之幕下獻曰請報主德追鄭師姚般公孫林殿而射前列多死**晉前列。幕音莫姚般子姚子般殿丁電反射食亦反**趙孟曰國無小**言雖小國猶有善射者**既戰簡子曰吾伏弢嘔血**弢弓衣嘔吐也。弢吐刀反嘔本又作嗰烏口反吐他路反鼓音不衰今日我上也我功爲上大子曰吾救主於車退敵於下我右之上也郵良曰我兩靷將絶吾能止之止使不絶。靷以刃反我御之上也駕而乘材兩靷皆絶材横木明細小也傳言簡子不讓下自伐【疏】兩靷至皆絶。正義曰古之駕四馬者服馬夾轅其頸負軛兩驂在旁挽靷助之詩所謂陰靷鋈續是也說文云靷引軸也僖二十八年注云在胷曰靷然則此皮約馬胷而引車軸也兩靷將絶而能制焉言其御之和也駕而乘材材謂横地細小之木也乘小木而靷絶示其將絶之驗也○吳洩庸如蔡納聘而稍納師師畢入衆知之元年蔡請遷于吳中悔故因聘襲之。洩息列反一音息引反末詳中丁仲反蔡侯告大夫殺公子駟以說殺駟以說吳言不時遷駟之爲哭而遷墓將遷與先君辭故哭冬蔡遷于州來

經三年春齊國夏衛石曼姑帥師圍戚曼姑爲子圍父知其不義故推齊使爲兵首戚不稱衛非叛人。曼音萬爲子于僞反【疏】注曼姑至叛人。正義曰春秋行兵征伐自非霸王之命諸國共行皆以主兵爲首此圍戚實出衛意引齊使之助已計應曼姑爲首而序在齊下者曼姑爲子圍父知其不義推齊使爲兵首故先書齊也穀梁傳曰此衛事也其先國夏何也子圍父也是先儒及杜皆同穀梁之説也宋魚石去而復入據宋之彭城襄元年經書圍宋彭城傳曰非宋地追書也於是爲宋討魚石故稱宋且不登叛人也此蒯聵在戚齊衛圍之與圍宋彭城事類同矣彭城稱宋此不稱衛者蒯聵據戚與輒爭國非是叛人故不須繫之衛也公羊傳曰齊國夏曷爲與衛石曼姑帥師圍戚伯討也此其爲伯討奈何曼姑受命乎靈公而立輒以曼姑之義爲固可以距之也輒者曷爲者也蒯聵之子也然則曷爲不立蒯聵而立輒蒯聵爲無道靈公逐蒯聵而立輒然則輒之義可以立乎曰可其可奈何不以父命辭王父命以王父命辭父命是父之行乎子也不以家事辭王事以王事辭家事是上之行乎下也其意言靈公廢蒯聵不用使之得國輒不以國與蒯聵是靈公之命行於蒯聵也立爲國君是王事也以國與父是私事也不以國與父是天子之命行於諸侯也如公羊之言則輒義可以距父圍戚不爲不義而杜言曼姑知其不義則輒不合距父意與公羊異者據左傳公子郢讓國不受然後立輒然則輒之立也以周禮無適子則立適孫緣是以得立耳非有靈公之命使立之也爲輒之義自可讓而不受以巳是適孫緣有可立之勢貪國以距父耳非有靈公之命天子之勑使之距蒯聵也論語説此事云冉有曰夫子爲衛君乎子貢曰諾吾將問之入曰伯夷叔齊何人也曰古之賢人也曰怨乎曰求仁而得仁又何怨乎出曰夫子不爲也孔子意不助輒明是輒爲不義故曼姑自知不義推齊爲主○夏四月甲午地震無傳○五月辛卯桓宮僖宮災天火曰災○季孫斯叔孫州仇帥師城啓陽無傳魯黨范氏故懼晉比年四城啓陽今琅邪開陽縣○宋樂髡帥師伐曹無傳○髡苦孫反○秋七月丙子季孫斯卒○蔡人放其大夫公孫獵于吳無傳公子駟之黨○冬十月癸卯秦

伯卒無傳不書名未同盟○叔孫州仇仲孫何忌帥師圍邾無傳

傳三年春齊衛圍戚求援于中山中山鮮虞○夏五月辛卯司鐸火司鐸宮名。鐸待洛反【疏】注司鐸宮名。正義曰僖二十年西宮災書之此不書者西宮公之西宮親近偪君忽被天火故重而書之此司鐸雖是公小宮在公宮之後非君來往之急又是人火所以輕而不書或可舉廟重以略之火踰公宮桓僖災桓公僖公廟【疏】桓僖災。正義曰傳言火而經書災者司鐸初被人火火越宮而至廟以火踰宮故以災言之救火者皆曰顧府言常人愛財南宮敬叔至命周人出御書俟於宮敬叔孔子弟子南宮閱周人司周書典籍之官御書進於君者也使待命於宮。閱音悦曰庀女而不在死庀具也。庀匹婢反女音汝子服景伯至

命宰人出禮書景伯子服何也宰人冢宰之屬以待命命不共有常刑。待求之命○共音恭校人乘馬巾車脂轄校人掌馬巾車掌車乘馬使四匹相從爲駕之易○校戶教反注及下同乘繩證反注及下皆同轄戶瞎反本又作舝同爲于僞反易以豉反百官官備府庫愼守官人肅給國有火災恐有變難故愼爲備○難乃旦反濟濡帷幕鬱攸從之鬱攸火氣也濡物於水出用爲濟○濟子細反又子禮反注同帷位悲反幕音莫攸音由蒙葺公屋以濡物冒覆公屋○葺七入反一音子入反自大廟始外內以悛悛次也先尊後卑以次救之○悛大全反助所不給有不用命則有常刑無赦公父文伯至命校人駕乘車乘車公車季桓子至御公立于象魏之外象魏門闕命救火者傷人則止財可爲也命

藏象魏周禮正月縣教令之法于象魏使萬民觀之故謂其書爲象魏○縣音玄 疏 注周禮至象魏正義曰周禮大宰云正月之吉始和布治于邦國都鄙乃縣治象之法于象魏使萬民觀治象浹日而斂之鄭玄云正月周之正月吉謂朔日大宰以正月朔日布王治之事於天下至正歲又書而縣于象魏使萬民觀焉凡治有故言始和者若改造云爾鄭衆云從甲至甲謂之浹日凡十日其地官夏官秋官皆有此言地官云布敎縣敎象夏官云布政縣政象秋官云布刑縣刑象各縣所掌之事爲異其文悉同唯春官不縣者以禮法一頒百事皆足不可又縣故不縣之杜揔彼意言縣敎令之法彼所縣者皆是敎令之事故也由其縣于象魏故謂其書爲象魏命藏其書也彼言朔日縣之十日卽斂之則救火之時其書久已藏矣而此立象魏之外方始命藏此書者象魏是縣書之處見其處而念及其書非始就縣處斂藏之曰舊章不可亡也富父槐至曰無備而官辦者猶拾瀋也槐富父終生之後瀋汁也言不備而責辦不可得○父音甫槐音懷官辦辦具之辦注並同拾音十瀋尺審反北土呼汁爲瀋於是乎去表之槀表表火道

風所向者去其槀積○去起呂反注同槀古老反注同向許亮反積子賜反道還公宮開除道周匝公宮使火無相連○還本又作環戶關反又音患注同孔子在陳聞火曰其桓僖乎言桓僖親盡而廟不毀宜爲天所災 疏 注言桓至所災○正義曰禮當毀其廟計桓之於哀八世祖也僖六世祖也親盡而廟不毀言其宜爲天所災也所以不毀者服虔云季氏出桓公又爲僖公所立故不毀其廟其意或然公羊傳曰此皆毀廟也其言災何復立也曷爲不言其復立春秋見者不復見也何以不言及敵也其意言哀公更立之不可通於左氏故以爲元不毀耳服虔又云俱在迭毀故不言及杜無說或當同時災無先後故不言及○劉氏范氏世爲婚姻劉氏周卿士范氏晉大夫萇弘事劉文公爲之屬大夫故周與范氏趙鞅以爲討責周與范氏六月癸卯周人殺萇弘終違天之禍 疏 萇弘至萇弘○正義曰文公以定四年卒也爲之屬大夫謂當昭公之世也此時文公已卒萇弘知政以已先事劉子劉氏又

與范氏親旣握國權遂與范氏故周人殺之以說於晉○秋季孫有疾命正常曰無死正常桓子之寵臣欲付以後事故勑令勿從已死○令力呈反南孺子之子男也則以告而立之南孺子季桓子之妻言若生男告公而立之○孺如住反女也則肥也可肥康子也季孫卒康子卽位旣葬康子在朝在公朝也南氏生男正常載以如朝告曰夫子有遺言命其圉臣曰南氏生男則以告於君與大夫而立之今生矣男也敢告遂奔衞康子請退退辟位也公使共劉視之共劉魯大夫○共音恭則或殺之矣乃討之討殺者召正常正常不反畏康子也傳備言季氏家事 疏 召正常不反○正義曰服虔云召而問兒死意然則兒於正常去後始死死非

正常得知召之復何所問也當欲問不立康子之意故正常畏康子不反〇冬十月晉趙鞅圍朝歌師于其南范中行所在荀寅伐其郛伐其北郭圍。郛芳夫反使其徒自北門入已犯師而出荀寅使在外救己之徒擊趙氏圍之北門因外內攻得出〔疏〕荀寅至而出。正義曰荀寅從內伐其北郭之郛又使其救己之徒自外伐圍郛之北門而入因外內攻故得出也癸丑奔邯鄲十一月趙鞅殺士皋夷惡范氏也惡范氏而殺其族言遷怒。惡烏路反注同

經四年春王二月庚戌盜殺蔡侯申賤者故稱盜不言弒其君賤盜也。盜殺申志反蔡侯申今本皆如此案宣十七年蔡侯申卒是文侯也今昭侯是其玄孫不容與高祖同名未詳何者誤也〔疏〕蔡侯申。正義曰宣十七年蔡侯申卒是文侯也蔡世家云文侯申生景侯固固生靈侯般般生隱大子今昭侯申是隱大子之子杜世族譜亦然計昭侯是文侯玄孫乃與高祖同名周人以諱事神二申必有誤者

俱是經文未知孰誤。注賤者至盜也。正義曰公孫辰公孫姓公孫霍雖並是弒君之黨而非弒君之首首是公孫翩翩賤故稱盜不言弒其君者賤此盜也盜賤不得有其君故以盜為文不得言弒其君蔡公孫辰出奔吳弒君賊之黨故書名〇葬秦惠公無傳〇宋人執小邾子無傳邾子無道於其民故稱人以執〇夏蔡殺其大夫公孫姓公孫霍皆弒君黨。姓音生又作生或一音姓〇晉人執戎蠻子赤歸于楚晉恥為楚執諸侯故稱人以告若蠻子不道於其民也赤本屬楚故言歸。恥為于偽反〇城西郛無傳魯西郭備晉也〇六月辛丑亳社災無傳天火也亳社殷社諸侯有之所以戒亡國。亳步各反〔疏〕注天火至亡國。正義曰傳例曰天火曰災知天火也殷有天下作都于亳故知亳社殷社也蓋武王伐紂以其社班賜諸侯使各各立之所以戒亡國也其社有屋故火得焚之公羊傳曰蒲社者何亡國之社也社者封也其言災何亡國之社蓋揜之揜其上而柴其下穀梁傳曰亳社者亳之社也亳亡國也亡國之社以為廟屏戒也其屋亡國之社不得達上也說者以為立亳社於廟門之外以為屏蔽使人君視之而致戒也左傳稱間于兩社事當為然郊特牲亦云喪國之社屋之不受天陽故災其屋也〇秋八月甲寅滕子結卒無傳同盟於皐鼬〇冬十有二月葬蔡昭公無傳亂故是以緩〇葬滕頃公無傳

傳四年春蔡昭侯將如吳諸大夫恐其又遷也承承音懲蓋楚言。懲直升反〔疏〕注承音懲蓋楚言。正義曰懲創往年之遷恐其更復遷徙承懲音相近蓋是楚人之言聲轉而字異耳公孫翩逐而射之入於家人而卒翩蔡大夫。翩音篇射食亦反下同〔疏〕入於家人而卒。正義曰言將如吳已適吳矣翩在路逐而殺之遂入于凡人之家言此者說其非理之意以兩矢門之眾莫敢進翩以矢自守其門文之鍇後至鍇蔡大夫。鍇音楷又音皆又客駭反曰如牆而

進多而殺二人併行如牆俱進。併步頂反鍇執弓而先翩射之中肘鍇遂殺之故逐公孫辰而殺公孫姓公孫盱盱即霍也。中丁仲反肘竹九反盱況于反〇夏楚人既克夷虎夷虎蠻夷叛楚者乃謀北方左司馬眅申公壽餘葉公諸梁致蔡於負函三子楚大夫也此蔡之故地人民楚因以為邑致之者會其眾也。眅普版反字林匹姦反葉始涉反函音咸致方城之外於繒關負函繒關皆楚也。繒才陵反曰吳將泝江入郢逆流曰泝。泝音素郢以井反又以政反將奔命焉為一昔之期襲梁及霍偽辭當備吳夜結期明日便襲梁霍使不知之梁河南梁縣西南故城也南梁有霍陽山皆蠻子之邑也單浮餘圍蠻氏蠻氏潰浮餘楚大夫。單音善潰戶內反蠻子赤奔晉陰地陰地河南山北

自上雒以東至陸渾。渾，戶門反。司馬起豐、析與狄戎，楚司馬眅也。析縣屬南鄉郡，析南有豐鄉，皆楚邑。發此二邑人及戎狄。析，星歷反，注同。以臨上雒。左師軍于菟和，菟和山在上雒東也。菟音徒。右師軍于倉野，蒼野在上雒縣。使謂陰地之命大夫士蔑命大夫，別縣監尹。○監，古銜反。〔疏〕注命大至監尹。○正義曰：陰地者，河南山北，東西横長，其間非一邑也。若是典邑大夫，則當以邑冠之。乃言陰地之命大夫，則是特命大夫使揔監陰地，故以爲別縣監尹也。以其去國遥遠，別爲置監，楚官稱尹，故以尹言之。曰：「晉、楚有盟，好惡同之。若將不廢，寡君之願也。不然，將通於少習以聽命。」少習，商縣武關也。將大開武關道以伐晉。○少，詩照反，又如字。士蔑請諸趙孟。趙孟曰：「晉國未寧，安能惡於楚？必速與之。」未寧，時有范、中行之難。○難，乃旦反。士蔑乃致九州之戎，九州戎在晉陰地陸渾者。將裂田以與蠻子而城之，少許蠻子。且將爲之卜。卜城。○爲，于僞反，下注同。蠻子聽卜，遂執之與其五大夫，以畀楚師于三戶。今丹水縣北三戶亭。○畀，必利反，與也。司馬致邑立宗焉，以誘其遺民，楚復詐爲蠻子作邑，立其宗主。○復，扶又反。而盡俘以歸。○秋，七月，齊陳乞、弦施、衛甯跪救范氏。陳乞，僖子。弦施，弦多。○跪，其委反。庚午，圍五鹿。五鹿，晉邑。九月，趙鞅圍邯鄲。冬，十一月，邯鄲降。荀寅奔鮮虞，趙稷奔臨。臨，晉邑。○降，戶江反。十二月，弦施逆之，遂墮臨。國夏伐晉，取邢、任、欒、鄗、逆畤、陰人、盂、壺口，八邑，晉也。欒在趙國平棘縣西北，鄗即高邑縣也，路縣東有壺口關。○墮，許規反。邢音刑。任音壬。欒，力官反。鄗，呼洛反。郭璞三蒼解詁音臛，字林火沃反，韋昭呼告反，闞駰云讀曉。畤音止。盂音于。〔疏〕遂墮臨。○正義曰：稷初奔臨，欲據臨距國，今弦施逆稷，故納之他邑，以臨險固，故毁之。會鮮虞，納荀寅于柏人。晉邑也。今趙國柏人縣也。弦施與鮮虞會也。

經五年春，城毗。無傳。備晉也。○毗，頻夷反。○夏，齊侯伐宋。無傳。○晉趙鞅帥師伐衛。○秋，九月癸酉，齊侯杵臼卒。再同盟也。○杵，昌呂反。臼，求又反。〔疏〕注再同盟。○正義曰：襄二十五年崔杼弑莊公而立杵臼，昭二十八年盟于鄟陵，定四年于皐鼬，是再同盟也。昭三十二年大夫盟于狄泉，未告公而公薨，故不數也。○冬，叔還如齊。○閏月，葬齊景公。無傳。

傳五年春，晉圍柏人，荀寅、士吉射奔齊。初，范氏之臣王生惡張柳朔，言諸昭子，使爲柏人。爲柏人宰也。昭子，范吉射也。○惡，烏路反，下同。柳，良久反。昭子曰：「夫非而讎乎？」對曰：「私讎不及公，公家之事也。○夫音扶。好不廢過，惡不去善，義之經也。臣敢違之？」及范氏出，出柏人奔齊。○好，呼報反。去，起呂反。張柳朔謂其子：「爾從主，勉之！我將止死，王生授我矣。授我死節。吾不可以僭之。」遂死於柏人。爲吉射距晉戰死。○僭，子念反，後同。爲，于僞反。○夏，趙鞅伐衛，范氏之故也，遂圍中牟。衛助范氏故也。○齊燕姬生子，不成而死，燕姬，景公夫人。不成，未冠也。○燕，於賢反。冠，古喚反。諸子鬻姒之子荼嬖。諸子，庶公子也。鬻姒，景公妾。荼，安孺子。○鬻音育。姒音似。荼音舒，又音徒，又丈加反。嬖，必計反。諸大夫恐其爲大子也，言於公曰：「君之齒長矣，未有大子，若之何公曰二三子間於憂虞則有疾疢亦姑謀樂何憂於無君景公意欲立荼而未發故以此言塞大夫請○長丁丈反間音閑又音間廁之間又如字疢勑覲反本或作疹乃結反樂音洛〔疏〕間於至無君○正義曰公謂羣臣云若間暇於憂虞謂國无憂虞事得閒暇則恐有疾疢不得飲樂今既無憂虞又無疾疢亦且謀樂何憂乎無君公疾使國惠子高昭子立荼惠子國夏昭子高張寘羣公子於萊萊齊東鄙邑○寘之豉反羣或作諸萊音來秋齊景公卒冬十月公子嘉公子駒公子黔奔衛公子鉏公子陽生來奔皆景公子在萊者○黔巨廉反又音琴鉏仕居反○萊人歌之曰景公死乎不與埋三軍之事乎不與謀師乎師乎何黨之乎師衆也黨所也之往也稱謚蓋葬後而爲此歌哀羣公子失所○與音預下同埋亡皆反〔疏〕注師衆也黨所也之往也至公子失所○正義曰師衆之往釋詁文也周禮五百家爲黨言其共居一所故以黨爲名是黨爲所也經書閏月葬齊景公長厤閏十一月禮葬乃有謚此歌稱謚明是葬後傳言冬十月者記公子出奔之月其萊人之歌在公子出奔之後杜以文承十月之下故云蓋耳公羊以爲喪以閏數謂通數閏月穀梁云不正其閏也謂喪事不數左氏無傳未知所從

○鄭駟秦富而侈嬖大夫也而常陳卿之車服於其庭鄭人惡而殺之子思曰詩曰不解于位民之攸塈子思子產子國參也詩大雅攸所也塈息也○侈昌氏反又尺氏反惡烏路反解佳賣反塈音許器反〔疏〕詩曰至攸○正義曰詩大雅嘉樂之篇也言在上者不解惰于其位民之所以得安息駟秦棄位僭上是惰于位也不守其位而能久者鮮矣商頌曰不僭不濫不敢怠皇命以多福僭差也濫溢也皇暇也言駟秦違詩商頌故受禍○鮮息淺反濫力暫反溢音逸〔疏〕商頌至多福○正義曰商頌殷武之篇歌成湯之德不僭差不濫溢不敢怠惰而自暇以此之故上天命以多福也詩於怠皇之下更云命于下國封建厥福傳言命以多福不復具引詩文取其意而言之也杜云違詩商頌上言詩下言頌以駟秦於此二詩皆違故言違詩與商頌

附釋音春秋左傳注疏卷第五十七

江西南昌府學栞

春秋左傳注疏卷五十七挍勘記　阮元撰盧宣旬摘録

附釋音春秋左傳注疏卷第五十七 哀元年盡五年宋本春秋正義卷第三十五石經春秋經傳集解哀上第廿九淳熙本岳本哀下有公字並盡十三年

哀公

同上 宋本作正義曰魯世家云哀公名蔣定公之子蓋是夫人定姒所生以敬王二十六年即位謚法恭仁短折曰哀按此古本之最善處坊刻改爲同上以省字

經元年

隨人免之 閩本監本人作侯非也

不序於宋盟也 諸本作宋此本誤朱今改正

則是楚封近公爲許男也 宋本近作元是也

不言所食非一處 宋本淳熙本岳本足利本重所食二字與正義合

傳元年

報柏舉也 監本柏作栢

栽設板築爲圍壘周匝 宋本纂圖本毛本足利本板作版周匝宋本岳本足利本作周帀與釋文合

注栽設至一里 宋本以下正義三節摠入■爲明年蔡遷州來傳之下

屑言晝夜九日 宋本監本毛本屑作何是也

彭神爽 宋本監本毛本神作仲是也

吳王夫差敗越于夫椒 諸本作椒釋文云又作椒陳樹華云案史記伍子胥傳說苑並作夫湫古字通

注夫椒至椒山 宋本以下正義九節摠入三月節注下

以椒必在山旁 宋本椒作戚是也

故曰殺夏后相也 宋本曰作因

夏后相啟孫也 閩本監本毛本脫也字

后緍方娠 詩生民正義引昭元年傳邑姜方震大叔及此后緍方震皆謂有身爲震爾雅釋詁邢昺疏引同是所據本不同也

用之爲正當當是食官之長 宋本監本毛本用作謂○補案此本當字疑誤重

而邑緒綸 閩本監本脫而字

猶言天與不取 淳熙本言誤上

結其心腹 宋本其作於是也

日可俟也 釋文俟作竢云本又作俟字按竢正字也俟假借字也

言可計日而待 岳本日誤月

與之甖 宋本甖作罌

非年所種 宋本閩本監本毛本年作手是也

陳人從田無田從黨 陳樹華曰禮記檀弓正義引傳陳人下多有田二字案二字似以意增也

不知所與 淳熙本與作爲非也

逢滑當公而進 釋文亦作逢滑石經此處殘缺閩本逢誤逢足利本滑作猾

暴骨如莽 足利本後人記云莽上有草字案注云草之生於廣野莽莽然故曰草莽此必因注文而誤衍也

食不二味 宋本以下正義五節摠入一日之行節注下

器不彤鏤 陸粲附注後録云彤當作彫文相近而譌也惠棟云彤古彫字

本或天作無誤耳　監本天作作作天是也

親巡其孤寡而共其乏困　石經宋本淳熙本岳本足利本無上其字

孫武兵書云　毛本書作法

將不言飢　閩本監本飢作饑案饑謂穀不熟也與飢餓字有別

必須軍士皆食熟食　宋本熟作孰下同

若單醪注流也　閩本監本毛本單作簞

不足徧及軍人　閩本監本毛本足誤得

死知不曠　石經此處殘缺閩本監本知不字誤倒

過再至曰次　宋本淳熙本岳本纂圖本毛本至作宿不誤

澤彰曰陂　宋本監本毛本彰作鄣是也

宿有妃嬙嬪御焉　釋文云嬙本又作廧或作牆石經初刻作牆後改嬙案錢大昕云說文無嬙字陸氏云云漢隸爿旁字或變从广廧與牆實一字也

為二十年越滅吳起本　宋本淳熙本足利本脫本字

冬十一月　石經宋本淳熙本岳本足利本無一字

〔經二年〕

納衛世子蒯聵于戚　諸本作聵閩本毛本誤膭後同

〔傳二年〕

注三揖卿大夫士　宋本以下正義廿節揔入兩靷皆絕

土揖庶姓　監本閩本毛本土作士非也

與外內同之　纂圖本閩本監本毛本外內誤倒

胥迷　石經初刻作胥後改胥諸本同淳熙本迷誤述

又奔喪之袒　宋本袒作禮不誤

免麻于宇東　宋本監本毛本宇作序是也

狀如今之著幓頭矣　宋本幓作幧是也

肥美呼居　宋本監本毛本呼作可是也

反易天明　石經初刻易誤亦後改正

十里百縣　宋本淳熙本岳本纂圖本毛本十作千不誤

去厮役　釋文厮作斯云字又作厮也按說文無厮字作斯乃古本也

志父趙簡子之一名也　北宋刻本釋文亦作一監本毛本誤改閩本一字本刻

家國不為之諱　宋本毛本作國家監本二字改刊非原刻也

不設屬辟　鄭注禮記喪大記賈公彥疏儀禮士喪禮引並作屬椑

記有杝棺梓棺杝謂椵也　閩本監本毛本杝作椸非也下同

謂杭木與茵也　監本杭作抗下同按說文抗字或从木作杭儀禮抗木亦作杭此作抗作杭皆可若今人杭州餘杭之字則字本作斻而譌改耳

此用車馬載者　閩本監本此用誤倒

無入于兆　石經宋本于作於

當世豈無騏驥乎　宋本乎作兮是也

故駒跳而遠去　監本駒誤趵

登鐵上　案酈道元注水經河水篇李善注文選長笛賦引上作丘

施諸倍　宋本毛本施作杝是也

羅無勇麇之　段玉裁案廣韻十八吻麇邱粉切引左傳無勇麇之束縛也蓋傳本作麇字所謂本無其字依聲託事也麇則後人所製俗字十七準又有麇字邱引切則更俗矣

釋君助臣　此本助誤時閩本同據宋本淳熙本岳本纂圖本監本毛本改正

鞅簡子名　毛本簡子誤節公

無折骨無面傷　惠棟云鄭司農注周禮大祝云無破骨無面夷案外傳晉惠公韓之誓曰將止無面夷死此求勝之辭故云無面夷

大命至敢愛　宋本至下有不字

在軍無珪璧故以佩玉　諸本脱玉字據宋本補監本珪作圭

傅傁曰　諸本作傅石經此本殘缺釋文云又作叟

公孫尨稅焉　閩本監本尨作龍非也

爲范氏收周人所與田之稅　淳熙本收作取

我功爲上　宋本淳熙本岳本纂圖本足利本無我字

冬蔡遷于州來　毛本脱冬字監本空闕

〔經三年〕

故推齊使爲兵首　淳熙本使作師案正義本作使

自非霸王之命　閩本亦作王宋本監本毛本作主是也

子圍父也　宋本子下有不字與穀梁合

貪國以距父耳　重修監本貪誤食

今琅邪開陽縣　纂圖本毛本邪作琊案邪琊古今字

〔傳三年〕

注司鐸宮名　宋本以下正義四節揔入孔子在陳節注下

雖易公小宮　宋本監本毛本易作是是也

庀具也　諸本作庀具此本誤乇其今改正

宰人冢宰之屬　宋本冢作家

官人肅給　惠棟云石經似作宜人

猶拾瀋也　淳熙本拾誤洽

於是乎去表之槀　葉抄釋文亦作槀石經宋本岳本作藁从禾是也釋文云古老反

周匝公宮　宋本足利本匝作帀

社請侯親廟四焉　宋本監本毛本社作禮是也

劉氏范氏世爲婚姻　淳熙本岳本婚作婚宋本作昏與石經合

至握國權　宋本至作既是也

欲付以從事　宋本岳本纂圖本監本毛本從作後是也

女急則肥也可　監本女改汝

當欲問不立康子之意　宋本立作位非也

荀寅至而出　宋本此節正義在癸丑奔節注下

又使其救已之徒　諸本作徒此本誤徙今改正

〔經四年〕

葬滕頃公　淳熙本滕誤蔡

〔傳四年〕

蔡昭侯將如吳　顧炎武云石經蔡誤作葬案石經此處缺所據乃補刊本

承音懲蓋楚言岳本言下有也字惠棟云承讀爲懲經傳無文詩魯頌曰戎狄是膺荊舒是懲則莫我敢承毛傳曰承止也傳言承者謂諸大夫皆欲止之也

注承音懲蓋楚言宋本以下正義二節摠入注文盱即寤也之下

公孫盱纂圖本閩本監本毛本盱作盰非也注同

爲一昔之期監本昔誤備

右師軍於倉野郡國志倉作蒼

蒼野在上雒縣宋本淳熙本岳本纂圖本閩本監本毛本蒼作倉郡國志引注縣下南字

注命大至監尹宋本至字作夫別縣三字此節正義在而盡俘以歸之下

少習商縣武關也郡國志引注縣下有東字

與其五大夫石經大字起以下兩行皆九字

弦施弦多諸本作施此本誤弛今改正

逆時案水經濡水注引作曲逆漢封陳平爲侯即是地也今諸本作逆時

遂墮臨宋本此節正義在注弦施與鮮虞會也之下

經五年

傳五年

使爲柏人監本凡柏字皆作栢與石經不合下同

昭子范吉射也岳本脫也字

爾主子此本主誤王閩本同據石經宋本淳熙本岳本纂圖本監本毛本改正

諸大夫恐其爲大子也言於公曰君之齒長矣未有大子若之何案惠棟云服虔曰爲子爲大子也荼少故恐立之言君長未有大子一旦不諱當若之何欲齊侯早立也案今本爲子作爲大子疑後人所增杜無注或杜所增也

閒於至無君宋本以下正義二節摠入何黨之乎注下

不得飲樂浦鏜正誤飲作歡

景公死乎不與埋淳熙本埋誤理

哀羣公子失所閩本子字空闕

注師衆也黨所也之往也至公子失所宋本作師衆至失所

變大夫也閩本監本毛本脫也字

詩曰至攸塈宋本以下正義二節摠入不守其位節注下

民之攸暨石經宋本淳熙本岳本暨作塈注同是也

附釋音春秋左傳注疏卷五十七止

春秋左傳注疏卷五十七校勘記

附釋音春秋左傳注疏卷第五十八　哀公六年盡十一年

杜氏注　孔穎達疏

經六年春，城邾瑕。無傳備晉也任城亢父縣北有邾婁城○瑕音遐任音壬亢苦浪反又音剛父音甫○晉趙鞅帥師伐鮮虞。○吳伐陳。○夏，齊國夏及高張來奔。二子阿君廢長立少既受命又不能全書名罪之也○長丁丈反少詩照反○叔還會吳于柤。無傳○柤莊加反○秋七月庚寅，楚子軫卒。未同盟而赴以名○軫之忍反史記作珍字○齊陽生入于齊。爲陳乞所逆故書入〖疏〗注爲陳乞所逆故書入○正義曰成十八年傳例曰凡去國國逆而立之曰入此爲陳乞秋逆既入而立之故依例書入也齊陳乞弒其君荼。弒荼者朱毛與陽生也而書陳乞所以明乞立陽生而荼見弒則禍由乞始也楚比劫立陳乞流涕子家憚老皆疑於免罪故春秋明而書之

以爲弒主○弒荼音試下皆同〖疏〗注弒荼至弒主○正義曰實非陳乞弒荼而書乞弒其君者以荼死由乞故書乞弒也此以楚公子比鄭公子歸生俱非弒君之首春秋顯而書之以爲弒君之主所以惡此三人釋例曰諸懷賊亂以爲心者故不容於誅也若鄭之歸生齊之陳乞楚公子比雖本無其心春秋之義亦同大罪是以君子慎所以立也是說罪之之意。○冬，仲孫何忌帥師伐邾。無傳○宋向巢帥師伐曹。無傳

傳六年春，晉伐鮮虞，治范氏之亂也。四年鮮虞納荀寅于柏人○吳伐陳，復脩舊怨也。元年未得志故也○復扶又反楚子曰：「吾先君與陳有盟，不可以不救。」乃救陳，師于城父。陳盟在昭十三年○父音甫〖疏〗注陳盟在昭十三年○正義曰昭十三年無楚與陳盟之事於時楚既滅蔡使棄疾爲蔡公子干子皙之入也傳稱朝吳奉蔡公召二子而盟于鄧依陳蔡人以國是與陳人盟更許復其國其年平王卽位更封陳是與盟也○齊陳乞僞事高、國者，高張國夏受命立荼陳乞欲害之故先僞事焉每朝必驂乘焉，所從必言諸大夫，言其罪過○乘繩證反曰：「彼皆偃蹇，將棄子之命。偃蹇驕敖○偃約免反蹇紀晚反敖五報反皆曰：『高、國得君，得君寵也必偪我，盍去諸？』固將謀子，子早圖之。圖之，莫如盡滅之。需，事之下也。」需疑也○偪音逼盍戶臘反去起呂反下同需音須一音懦弱持疑也〖疏〗需事之下也○正義曰需是懦弱之意懦弱持疑不能決斷是爲事之下者勸其決斷而盡殺之及朝，則曰：「彼，虎狼也，見我在子之側，殺我無日矣。請就之位。」欲與諸大夫謀高國故求就之又謂諸大夫曰：「二子者禍矣，恃得君而欲謀二三子，曰：『國之多難，貴寵

之由，盡去之而後君定。』既成謀矣，盍及其未作也，先諸？作而後悔，亦無及也。」大夫從之。夏六月戊辰，陳乞、鮑牧牧鮑國孫○難乃旦反鮑牧州牧之牧及諸大夫以甲入于公宮。昭子聞之，與惠子乘如公，戰于莊，敗。高國敗也莊六軌之道○乘繩證反國人追之，國夏奔莒，遂及高張、晏圉、弦施來奔。晏圉嬰之子圉施不書非卿○圉魚呂反○秋七月，楚子在城父，將救陳。卜戰，不吉；卜退，不吉。王曰：「然則死也。再敗楚師，不如死。前已敗於柏舉今若退還亦是敗〖疏〗注前已至是敗○正義曰劉炫言卜不吉謂戰當敗再敗當謂今伐更敗也杜言退還亦是敗非也以規杜氏今知劉非者杜言退還亦是敗者以傳卜退不吉是不得好退是雖欲退還亦必敗也故

云退還亦是敗，但文不委悉，劉以爲退還謂是好退而還，以規杜，非也。棄盟逃讎，亦不如死。死一也，其死讎乎！命公子申爲王，不可；則命公子結，亦不可；則命公子啓，申，子西。結，子期。啓，子閭。皆昭王兄。五辭而後許。將戰，王有疾。庚寅，昭王攻大冥，卒于城父。大冥，陳地，吳師所在。○辭本又作辭，說文云：辭，不受也。受辛宜辭也。辭，籀文冥。子閭退，亡丁反。曰：「君王舍其子而讓羣臣，敢忘君乎？從君之命，順也；從命許立。○舍音捨。立君之子，亦順也。二順不可失也。」與子西、子期謀，潛師閉塗，潛師，密發也。閉塗，不通外使也。逆越女之子章，立之而後還。越女，昭王妾。章，惠王。是歲也，有雲如衆赤鳥，夾日以飛三日。

楚子使問諸周大史。周大史曰：「其當王身乎！日爲人君，妖氣守之，故以爲當王身。雲在楚上，唯楚見之，故禍不及他國。○夾，古洽反。大音泰，下同。疏問諸周大史。○正義曰：服虔云：諸侯皆有太史，主周所賜典籍，故曰周大史。一日是時往問周大史。杜以問周大史，於文自明，故不煩釋。若禜之，可移於令尹、司馬。」禜，禳祭。○禜，音詠。禳，如羊反。王曰：「除腹心之疾，而寘諸股肱，何益？不穀不有大過，天其夭諸？有罪受罰，又焉移之？」遂弗禜。初，昭王有疾，卜曰：「河爲祟。」王弗祭。大夫請祭諸郊，王曰：「三代命祀，祭不越望。諸侯望祀竟內山川星辰。○寘，之豉反。夭，於表反。焉，於虔反。祟，息遂反。竟音境。疏不穀至移之。○正義曰：言己若無大罪，天其妄夭之乎？必是身有大罪，天乃下罪。有罪受罰，又焉移之？江、漢、雎、章，楚之望也。四水在楚界。○雎，七餘反。

漳音章。疏注四水在楚界。○正義曰：土地名：江經南郡、江夏、弋陽、安豐。漢經襄陽，至夏江安陸縣入江。雎經襄陽，至南郡枝江縣入江。漳經襄陽，至南郡當陽入江。是四水皆在楚界也。禍福之至，不是過也。不穀雖不德，河非所獲罪也。」遂弗祭。孔子曰：「楚昭王知大道矣。其不失國也，宜哉！夏書曰：『惟彼陶唐，帥彼天常，逸書。言堯循天之常道。○楚昭王知大道矣，本或作天道，非。夏，戶雅反，下注同。此語在尚書五子之歌。書無「帥彼天常」一句，下亦微異。有此冀方。今失其行，亂其紀綱，乃滅而亡。』滅亡謂夏桀也。唐、虞及夏同都冀州，不易地而亡，由於不知大道故。○行，如字，又下孟反。尚書作「厥道」。乃滅而亡，尚書作「乃底滅亡」。疏夏書至而亡。○正義曰：此夏書五子之歌第三章也。彼云：「惟彼陶唐，有此冀方。今失厥道，亂其紀綱，乃底滅亡。」此多「帥彼天常」一句，又字小異者，文經篆隸，師讀不同，故兩存之。賈、服、孫、杜皆不見古文○以爲逸書，解爲夏桀之時。唯王肅云太康時也。案王肅注

尚書，其言多是孔傳，疑肅見古文，匿之而不言也。堯治平陽，舜治蒲坂，禹治安邑，三都相去各二百餘里，俱在冀州，統天下四方，故云有此冀方也。又曰：『允出茲在茲。』由己率常，可矣。」又逸書。言信出己，則福亦在己。○八月，齊邴意茲來奔。高國黨。陳僖子使召公子陽生。召在七月，今在八月下，記事之次。疏注召在至之次。○正義曰：經書陽生入齊，文在七月之下，知其召在七月也。今傳在八月下者，欲令下接十月立之，是記事之次也。邴意茲來奔者，自以高國之黨，八月來奔耳。僖子使召陽生，自以七月之時別使人召之，非遣意茲召也。賈逵以傳文相連，謂遣意茲來召，又怪其日月錯誤，云其說未聞。杜以此故，爲注云高國黨以隔之。陽生駕而見南郭且于，且于，齊公子鉏，在魯南郭。○且，子餘反。曰：「嘗獻馬於季孫，不入於上乘，故又獻此，請與子乘之。」畏在家人聞其言，故欲二人共載，以試馬爲辭。○上乘，繩證反。出萊門而告之故。魯郭門也。闞止知之，先待

諸外闞止陽生家臣子我也待外欲俱去。闞苦暫反公子曰事未可知反與壬也處壬陽生子簡公。壬而林反戒之遂行戒使無洩言。洩息列反逮夜至於齊國人知之故以昏至不欲令人知也國人知而不言言陳氏得衆。令力呈反下同僖子使子士之母養之隱於僖子家內子士母僖子妾與饋者皆入陳僖子又令陽生隨饋食之人入處公宮。饋其位反冬十月丁卯立之將盟盟諸大夫鮑子醉而往其臣差車鮑點點鮑牧臣也差車主車之官。差所宜反點之廉反又如字曰此誰之命也陳子曰受命于鮑子遂誣鮑子曰子之命也見其醉故誣之鮑子曰女忘君之爲孺子牛而折其齒乎而背之也孺子荼也景公嘗銜繩爲牛使荼牽之荼頓地故折其齒。女音汝折之舌反又市列反

注同背音佩後年皆同悼公稽首悼公陽生曰吾子奉義而行者也若我可不必亡一大夫言已可爲君必不怨鮑子若我不可不必亡一公子公子自謂也恐鮑子殺已故要之。要一遥反義則進否則退敢不唯子是從廢興無以亂則所願也鮑子曰誰非君之子乃受盟言陽生亦君之子固可立使胡姬以安孺子如賴胡姬景公妾也賴齊邑安號也去鬻姒荼之母。去起呂反殺王甲拘江說囚王豹于句竇之丘三子景公嬖臣荼之黨也。拘音俱說音悅句音鉤竇音豆公使朱毛告於陳子朱毛齊大夫曰微子則不及此然君異於器不可以二器二不匱君二多難敢布諸大夫僖子不對而

泣曰君舉不信羣臣乎舉皆也。匱其位反難乃旦反以齊國之困困又有憂內有飢荒之困又有兵革之憂少君不可以訪是以求長君庶有能容羣臣乎不然夫孺子何罪毛復命公悔之悔失言。少詩照反長丁丈反夫音扶孺或作嬬同毛曰君大訪於陳子而圖其小可也大謂國政小謂殺荼使毛遷孺子於駘不至殺諸野幕之下葬諸殳冒淳恐駘人不從故毛駐於野張帳而殺之駘齊邑殳冒淳地名實以冬殺經書秋者史書秋記始事遂連其死通以冬告魯。駘他才反又徒來反幕音莫殳音殊冒亡報反淳音純駐中住反

疏注實以至告魯　正義曰傳言十月立陽生陽生既立之後方遣朱毛殺荼則荼死在冬經書爲秋殺者記陽生初事入齊之始遂連荼死二事通以冬始來告言陽生秋入荼以秋死故並書於秋也

經七年春宋皇瑗帥師侵鄭。晉魏曼多帥師侵衞。夏公會吳于鄫。鄫今琅邪鄫縣。瑗于眷反鄫本又作繒才陵反。秋公伐邾八月己酉入邾以邾子益來他國言歸於魯言來內外之辭。宋人圍曹。冬鄭駟弘帥師救曹

傳七年春宋師侵鄭鄭叛晉故也定八年鄭始叛晉師侵衞衞不服也五年晉伐衞至今未服。夏公會吳于鄫吳欲霸中國吳來徵百牢子服景伯對曰先王未之有也吳人曰宋百牢我是時吳過宋得百牢。牢力刀反過古禾反魯不可以後宋且魯牢晉大夫過十晉大夫范鞅也在昭二十一年。後如字又戶豆反吳王百牢不亦可乎景伯曰

晉范鞅貪而棄禮，以大國懼敝邑，故敝邑十一牢之。君若以禮命於諸侯，則有數矣。有常數。疏注吳王百牢。○正義曰：王制云君十卿祿，魯牢晉大夫過十，故吳王自謂合得百牢。○注有常數。○正義曰：周禮大行人云上公九牢，侯伯七牢，子男五牢，是常數也。若亦棄禮，則有淫者矣。淫，過也。周之王也，制禮上物不過十二，上物，天子之牢。○上，如字，一音時掌反，注同。疏注上物天子之牢。○正義曰：周禮掌客云王合諸侯而饗禮，則具十有二牢。鄭玄云饗諸侯而用王禮之數者，以公侯伯子男盡在，是兼饗之，莫適用也。以莫適用，故用王禮，是天子之禮十二牢也。郊特牲云天子適諸侯，諸侯膳用犢；諸侯適天子，天子賜之禮大牢，貴誠之義也。如彼記文，諸侯共天子之膳唯一犢耳，而得有十二牢者，若是天子大禮，必以十二爲數，其餘共王之膳食自用犢爲食耳，非謂獻大禮者唯一犢也。以爲天之大數也。天有十二次，故制禮象之。今棄周禮，而曰必百牢，亦唯執事。吳人弗聽。景伯曰：「吳將亡矣，棄天而背本。違周爲背本。疏棄天而背本。○正義曰：棄十二之數爲棄天，違周禮是背本。不與，必棄疾於我。」放棄凶疾，來伐擊我。乃與之。太宰嚭召季康子，嚭，吳大夫。康子使子貢辭。大宰嚭曰：「國君道長，盍言君長大於道路。○長，丁丈反，注及下注同。而大夫不出門，此何禮也？」對曰：「豈以爲禮？畏大國也。畏大國，不敢虛國盡行。大國不以禮命於諸侯，苟不以禮，豈可量也？寡君既共命焉，其老豈敢棄其國？大伯端委以治周禮，仲雍嗣之，斷髮文身，臝以爲飾，豈禮也哉？有由然也。」大伯，周大王之長子；仲雍，大伯弟也。大伯、仲雍讓其弟季歷，俱適荆蠻，遂有民衆。大伯卒無子，仲雍嗣立，不能行禮致化，故效吳俗，言其權時制宜以辟災害，非以爲禮也。端委，禮衣也。○共音恭。大伯音泰，注同。斷，丁管反。臝，本又作倮，力果反。效，戶孝反。疏注大伯至衣也。○正義曰：吳世家云大伯及仲雍皆周大王之子，而王季歷之兄也。季歷賢而有聖子昌，大王欲立季歷以及昌，於是大伯、仲雍二人乃奔荆蠻，文身斷髮，示不可用，大伯之奔荆蠻，自號句吳，荆蠻義之，從而歸之千餘家，立爲吳大伯。大伯卒，無子，弟仲雍立。是說大伯、仲雍適吳之由也。魯人不堪吳責，故舉吳之上祖以許之。二人同時適吳，而大伯端委，仲雍斷髮者，大伯初往，未爲彼君，故服其本服，自治周禮。及仲雍，民歸稍多，既爲彼君，宜從彼俗。曲禮云君子行禮不求變俗。仲雍爲彼人主，不能用周人之禮致中國之化，故文身斷髮，放效吳俗，言其權時制宜以辟災害，非以爲禮也。漢書地理志云越人文身斷髮，以辟蛟龍之害。應劭曰：常在水中，故斷其髮，文其身，以象龍子，故不見傷害。杜言辟害，辟此蛟龍之害。大伯之時，未有周禮，言治周禮者，謂治其本國岐周之禮，非周公所制禮也。臝以爲飾者，臝其身體，以文身爲飾也。端委，禮衣者，王肅云委貌之冠，玄端之衣也。此傳言大伯端委，仲雍斷髮，史記云二人皆文身斷髮，然則文身斷髮自辟害耳。史記以爲示不可用，二人亡去，遠適荆蠻，則周人不知其處，何以須示不可用也？皆馬遷繆耳。反自鄫，以吳爲無能爲也。棄禮，知其不能霸也。○季康子欲伐邾，乃饗大夫以謀之。子服景伯曰：「小所以事大，信也；大所以保小，仁也。背大國，不信；大國，吳也。伐小國，不仁。民保於城，城保於德。失二德者，危，將焉保？」二德，信與仁也。○焉，於虔反。孟孫曰：「二三子以爲何如？怪諸大夫不言，故指問之。惡賢而逆之？」孟孫賢景伯，欲使大夫不逆其言。惡，猶安也。○惡音烏，注同。對曰：「禹合諸侯於塗山，執玉帛者萬國。諸大夫對也。諸侯執玉，附庸執帛。塗山在壽春東北。疏注諸侯至執帛。○正義曰：周禮大宗伯云以玉作六瑞，以等邦國：公執桓圭，侯執信圭，伯執躬圭，子執穀璧，男執蒲璧。是諸侯執玉也。典命云諸侯之適子未誓於天子，以皮帛繼子男，是世子執帛也。知附庸執帛者，以世子既繼子

春秋疏卷五十八　七

春秋疏卷五十八　八

男附庸君亦繼子男公之孤四命以皮帛視小國之君附庸無爵雖不得同於子男其位不卑於世子與公之孤也諸侯世子各稱朝附庸君亦稱朝是與世子相似故知執帛也且附庸是國此言執玉帛者萬國國而執帛唯附庸耳知附庸執帛也案尚書有三帛公之孤諸侯世子附庸君此唯言附庸者以傳云禹合諸侯又云執玉皆據君身言之故不數世子及孤也下云萬國故唯據附庸言之王制云不能五十里者不合於天子附於諸侯曰附庸鄭玄云不合謂不朝會也小城曰附庸附庸者以國事附於大國未能以其名通也如彼云附庸不得朝會而禹會萬國有附庸者附庸不得特達天子耳禹會諸侯諸國盡至附庸從其所附之國共見天子故有執帛者言萬國者舉盈數耳鄭玄注尚書以爲數正滿萬國案益稷州十有二師鄭以爲每一師領百國州十有二師則每州千二百國畿外八州揔九千六百國其餘四百國在畿內州得有千二百國者以唐虞土方萬里九州之內地方七千里七七四十九爲方千里者四十九其一爲畿內餘四十八八州分之州各有千里之方六以千里之方二爲方百里之國二百又以千里之方二爲七十里之國四百又以千里之方二爲五十里之國八百揔爲一千四百國去其方五十里之國二百。是州別千二百國也鄭玄云畿內四百國者皆謂五十里國也杜云諸侯執玉附庸執帛是與鄭異也尚書傳云百里之方三爲國七有奇以百里之方二爲百里之國一又以百里之方一爲七十里之國二有奇知者但方百里者爲方十里者百若方七十里之國唯有七七四十九是爲七十里之國二仍有十里之方二在又以百里之方一爲五十里之國四是百里之方三爲國七有奇則千里之方三爲國七百有奇有百里之方二在 **今其存者無數十焉唯大不字小小不事大也** 言諸侯相伐古來以然。數所主反 **知必危何故不言** 知伐邾必危自當言今不言者不危故也大夫以荅孟孫所怪且何附季孫 **魯德如邾而以衆加之可乎** 孟孫忿荅大夫今魯德無以勝邾但欲恃衆可乎言不可

〔疏〕注孟孫至不可。正義曰傳於異人之言更應加曰今無曰者作傳略之論語之文此類多矣雖魯上無曰要言與大夫對成不得爲大夫之辭故以爲孟孫忿荅大夫也服虔以上二句亦爲孟孫之言謂諸大夫誠知伐邾必危何故不早言也杜以上屬爲便唯以此句爲孟孫言耳 **不樂而出** 季孟意異佞直不同故罷饗。樂音岳一音洛

秋伐邾及范門 范門邾郭門也 **猶聞鐘聲** 邾不禦寇。禦魚呂反 **大夫諫不聽茅成子請告於吳** 成子邾大夫茅夷鴻 **不許曰魯擊柝聞於邾** 言以近。柝音託以兩木相擊以行夜也字又作㯓同聞音問又如字

〔疏〕魯擊柝聞於邾。正義曰易繫辭云重門擊柝以待暴客鄭玄云手持兩木以相敲是爲擊柝守備警戒也

吳二千里不三月不至何及於我且國內豈不足 言足以距魯 **成子以茅叛** 高平西南有茅鄉亭 **師遂入邾處其公宮衆師晝掠** 虜掠取財物也。晝音中救反掠音亮 **邾衆保于繹** 繹邾山也在鄒縣北。繹音亦鄒側留反 **師宵掠以邾子益來** 益邾隱公也晝夜掠傳言康子無法 **獻于亳社** 以其亡國與殷同 **因諸負瑕負瑕故有繹** 負瑕魯邑高平南平陽縣西北有瑕丘城前者魯得邾之繹民使在負瑕故使相就以辱之 **邾茅夷鴻以束帛乘韋自請救於吳** 無君命故言自。乘繩證反下及注同 **曰魯弱晉而遠吳馮恃其衆** 馮依。馮皮冰反 **而背君之盟辟君之執事** 辟陋。辟匹亦反注同 **以陵我小國邾非敢自愛也懼君威之不立君威之不立小國之憂也若夏盟於鄫衍** 鄫衍郞鄫也鄫盟不書吳行夷禮禮儀不典非所以結信義故不錄 **秋而背之成求而不違** 言魯成其所求無違逆也 **四方諸侯其何以事君且魯賦八百乘君之貳也** 貳敵也魯以八百乘之賦貢於吳言其國大 **邾賦六百乘君之私也** 爲私屬 **以私奉貳唯君圖之吳子從之** 爲明年吳伐我傳。**宋人圍曹鄭桓子思曰宋人有**

曹鄭之患也不可以不救桓諡冬鄭師救曹侵宋初曹人或夢衆君子立于社宮社宮社也〔疏〕或夢衆君子。○正義曰曹人夢見多人不識姓名故唯云衆君子也服虔云衆君子諸國君妾耳而謀亡曹曹叔振鐸請待公孫彊許之振鐸曹始祖。○鐸待洛反注同彊其良反旦而求之曹無之戒其子曰我死爾聞公孫彊爲政必去之及曹伯陽卽位好田弋曹鄙人公孫彊好弋獲白鴈獻之且言田弋之說說之因訪政事大說之有寵使爲司城以聽政夢者之子乃行彊言霸說於曹伯曹伯從之乃背晉而奸宋宋人伐之晉人不救築五邑於其郊曰黍丘揖丘大城鍾邘爲明年入曹傳也梁國下邑縣西南有黍丘亭。好呼報反下同弋以職反繳射也之說如字說之音悅下大悅同霸說如字一音始銳反奸音干揖音集一音於入反邘音于〔疏〕好田弋。○正義曰周禮司弓矢云矰矢用諸弋射鄭玄云結繳於矢謂之矰矰高也可以弋飛鳥說文云繳生絲也謂用生絲爲繩繫矢以射鳥也

經八年春王正月宋公入曹以曹伯陽歸曹人背晉而奸宋是以致討宋公既還而不忍褚師之詬怒而反兵一舉滅曹滅非本志故以入告。褚中呂反詬呼豆反〔疏〕注曹人至入告。○正義曰傳例曰不其有地曰入案傳宋實滅曹而有之經書爲入故杜原其事而解之○吳伐我○夏齊人取讙及闡不書伐兵未加而魯與之邑闡在東平剛縣北。讙音歡闡尺善反〔疏〕取讙及闡。○正義曰公羊穀梁以爲賂齊謂前年魯伐邾取邾子益益是齊甥畏齊故賂之非左氏意也○歸邾子益于邾○秋七月○冬十有二月癸亥杞伯過卒無傳未同盟而赴以名。過古禾反〔疏〕杞伯過卒。○正義曰世族譜云僖公過悼公曾孫案悼公祖文公以昭六年卒父平公以昭二十四年卒悼公以定四年卒未應有曾孫可以授之國也杞世家僖公過是悼公之子疑譜誤○齊人歸讙及闡不言來命歸之無官使也。使所吏反〔疏〕注不言至使也。○正義曰定齊人來歸鄆讙龜陰田此不言來故解之

傳八年春宋公伐曹將還褚師子肥殿子肥宋大夫。殿丁練反下注同曹人詬之不行詬詈辱也不行殿兵止也。○詬本又作詢呼豆反詈力智反師待之公聞之怒命反之遂滅曹執曹伯及司城彊以歸殺之終曹人之夢○吳爲邾故將伐魯問於叔孫輒問可伐否輒故魯人。○爲于僞反下注爲之同〔疏〕問於叔孫輒。○正義曰定十二年叔孫輒與公山不狃帥費人以襲魯兵敗奔于齊後自齊奔吳吳子令問之叔孫輒對曰魯有名而無情有大國名無情實伐之必得志焉退而告公山不狃公山不狃亦故魯人。○狃女九反公山不狃曰非禮也君子違不適讎國違奔亡也〔疏〕君子至讎國。○正義曰謂有故而去者也本國於已無大讎怨已無報怨之心則違而不適讎國武王數紂之罪以告衆云撫我則后虐我則讎若父本無罪而枉被誅殺如伍員之徒志在復讎適國亦可矣不得以此言格之也若父以罪而受誅者如闞辛之徒本自不合怨君故辛亦不敢怨也未臣而有伐之奔命焉死之可也未臣所適之國若有伐本國者則可還奔命死其難。難乃旦反〔疏〕注未臣至其難。○正義曰既臣之後則身是新君之臣性命非復已有故不復得爲舊君死節也若未有臣服則舊君之恩未絕故可還奔舊君之命死其難也言奔命則有命乃奔之若命不及亦不當還所託也則隱會所因託則爲之隱惡。○曾才增反且夫人之行也不以所惡廢鄉不以其私怨惡廢棄

其鄉黨之好。夫音符，行下孟反，又如字。惡烏路反，又如字，注同。好呼報反，下文「好焉」同。今子以小惡而欲覆宗國，不亦難乎？軌，魯公族，故謂之宗國。○覆芳服反。若使子率，子必辭，王將使我。子張疾之。子張，軌也。〔疏〕若使子率。○正義曰：率謂在軍前引道，率領先行，非爲軍之將帥也。故不狃云子辭，王將使我，以其知魯道者唯此二人故也。王問於子洩。子洩，不狃。○洩息列反，又作泄。對曰：「魯雖無與立，緩時若無能自立。必有與斃。急則人人知懼，皆將同死戰。○斃婢世反。諸侯將救之，未可以得志焉。晉與齊、楚輔之，是四讎也。與魯而四。夫魯，齊、晉之脣，脣亡齒寒，君所知也。不救何爲？」三月，吳伐我，子洩率，故道險，從武城。故由險道，欲使魯成備。○子洩率絕句，故道險絕句。初，武城人或有因於吳竟

田焉，僑田吳界。○竟音境。僑其驕反。拘鄫人之漚菅者，曰：「何故使吾水滋？」鄫人亦僑田吳。滋，濁也。○拘音俱，下同。漚烏豆反。菅古顏反。滋音玄，本亦作茲，子絲反。字林云：黑也。及吳師至，拘者道之以伐武城，克之。鄫人教吳必可克。○道音導。王犯嘗爲之宰，澹臺子羽之父好焉，國人懼。王犯，吳大夫，故嘗奔魯爲武城宰。澹臺子羽，武城人，孔子弟子也。其父與王犯相善，國人懼其爲內應。○澹待甘反。應，應對之應。〔疏〕及吳至人懼。○正義曰：杜意拘者道之以伐武城，克之，謂語吳人云若伐武城必可克之。吳人王犯嘗爲武城之宰，與澹臺子羽之父相善。國人懼者，謂武城邑懼子羽爲吳內應。劉炫以爲實克武城。今知非者，以下傳始云王犯嘗爲之宰，國人懼，是未得武城，故知此克之是鄫人教吳之語。劉以爲伐武城克之者，實克武城。國人懼者，懼其害魯。若然，吳師既來伐魯，是顯然行兵，不須云王犯與子羽之父相善，魯已受害，何須云國人始懼？傳既云王犯嘗爲之宰，文繼武城之下，是爲武城之宰。澹臺子羽又是武城之人，皆據武城而言，故知恐爲武城內應。傳載漚

菅事者，說來伐武城之由，劉妄生異見而規杜，非也。懿子謂景伯：「若之何？」對曰：「吳師來，斯與之戰，何患焉？且召之而至，又何求焉？」言犯盟伐邾，所以召吳。吳師克東陽而進，舍於五梧，明日，舍於蠶室。三邑，魯地。公賓庚、公甲叔子與戰于夷，獲叔子與析朱鉏，公賓庚、公甲叔子并析朱鉏爲三人，皆同車。傳互言之。○析星歷反，注及下同。獻於王。王曰：「此同車，必使能，國未可望也。」同車能俱死，是國能使人，故不可望得。明日，舍于庚宗，遂次於泗上。微虎欲宵攻王舍，微虎，魯大夫。○泗音四。私屬徒七百人三踊於幕庭，於帳前設格，令士試躍之。○屬音燭。幕亡博反。格更百反。令力呈反。躍羊灼反。卒三百人，有若與焉，卒，終也。終得三百人，任行。有若，孔子弟子，與在

三百人中。○與音預，注同。任音壬。及稷門之內。三百人行至稷門。或謂季孫曰：「不足以害吳，而多殺國士，不如已也。」乃止之。吳子聞之，一夕三遷。畏微虎。○三息暫反。吳人行成，求與魯成。將盟，景伯曰：「楚人圍宋，易子而食，析骸而爨，在宣十五年。○骸戶皆反，本又作骨。爨七亂反。猶無城下之盟；我未及虧，而有城下之盟，是棄國也。吳輕而遠，不能久，將歸矣，請少待之。」弗從。景伯負載，造於萊門，以言不見從，故負載書，將欲出盟。○虧去危反。輕遣政反。載如字，或音戴。造七報反。萊音來。〔疏〕注以言至出盟。○正義曰：劉炫云：載書，盟主所制，自當吳人爲之，何由復出魯國？又載書數簡之文耳，何須負之？且諸言載書，未有單稱載者，以爲負載器物，欲往質於吳，以規杜。今杜知負載是負載書者，以周禮司盟掌盟載之事，故傳云士莊子

為載書此上有將盟之文下即云負載之事故知是載書也劉以負載謂背負器物然則景伯魯之大夫覩自負物不近人情而規杜過非也乃請釋子服何於吳吳人許之以王子姑曹當之而後止釋舍也魯人不以盟為了欲因留景伯為質於吳既得吳之許復求吳王之子以交質吳人不欲留王子故遂兩止○質音致下同復扶又反吳人盟而還書盟恥吳夷○齊悼公之來也在五年季康子以其妹妻之魴侯康子叔父○妻七計反魴音房即位而逆之季魴侯通焉女言其情弗敢與也齊侯怒夏五月齊鮑牧帥師伐我取讙及闡或譖胡姬於齊侯胡姬景公妾○曰安孺子之黨也六月齊侯殺胡姬傳言齊侯無道所以不終齊侯使如吳請師將以伐我乃歸邾子齊未得季姬故請師也吳前為邾討魯懼二國同心故歸邾子○為于偽反邾子又無道吳子使大宰子餘討之子餘大宰嚭○囚諸樓臺栫之以棘栫擁也○栫本又作荐在薦反擁於勇反使諸大夫奉大子革以為政革邾大子桓公也為十年邾子來奔傳○秋及齊平九月臧賓如如齊涖盟賓如臧會子齊閭丘明來涖盟明閭丘嬰之子也盟不書諱略之〔疏〕注明閭至略之○正義曰魯以淫女見伐喪邑又屈服求盟是可恥之事二盟皆不書者諱其惡而略之且逆季姬以歸嬖季姬魴侯所通者○鮑牧又謂羣公子曰使女有馬千乘乎有馬千乘使為君也鮑牧本不欲立陽生故諷動羣公子○女音汝乘繩證反注及下同諷方鳳反公子愬之公謂鮑子或譖子子姑居於潞以察之潞齊邑○愬音素潞音路若有之

則分室以行若無之則反子之所出門使以三分之一行半道使以二乘及潞麇之以入遂殺之麇亦束縛○麇丘隕反○冬十二月齊人歸讙及闡季姬嬖故也

經九年春王二月葬杞僖公無傳三月而葬速○宋皇瑗帥師取鄭師于雍丘書取覆而敗之雍丘縣屬陳留○雍於勇反〔疏〕注書取覆而敗之○正義曰莊十一年傳例曰覆而敗之曰取某師釋例曰覆者謂威力兼備若羅網之所掩覆一軍皆見禽制故以取為文專制之辭也案傳鄭師圍宋雍丘宋皇瑗復於鄭師之外築壘使合表裏受敵無處可逃子姚救之又大敗而宋師乃號令使有能者無死是其合軍盡禽敵人制其死命是於例正合書取也○夏楚人伐陳○秋宋公伐鄭○冬十月

傳九年春齊侯使公孟綽辭師于吳齊與魯平故辭吳師○綽昌灼反本又作卓同吳子曰昔歲寡人聞命今又革之不知所從將進受命於君為十年吳伐齊傳○鄭武子賸之嬖許瑕求邑無以與之賸罕達也瑕武子之嬖○賸以證反請外取許之瑕請取於他國故圍宋雍丘宋皇瑗圍鄭師許瑕師每日遷舍作壘塹成輒徙舍合其圍○壘力軌反塹七豔反壘合鄭師哭子姚救之大敗子姚武子賸也二月甲戌宋取鄭師于雍丘使有能者無死惜其能也以郟張與鄭羅歸鄭之有能者○郟古洽反又音甲○夏楚人伐陳陳即吳故也○宋公伐鄭報雍丘〔疏〕宋公伐鄭○正義曰盧學經文書為

下趙鞅救鄭起，并以終上取鄭師之事也。〇秋，吳城邗溝通江淮。於邗江築城穿溝，東北通射陽湖，西北至末口入淮，通糧道也。今廣陵韓江是。〇邗音寒。射，食亦反，又音亦。〇晉趙鞅卜救鄭，遇水適火，水火之兆。〔疏〕遇水適火〇正義曰：服虔云：「兆南行適火。卜法：橫者爲土，立者爲木，邪向經者爲金，背經者爲火，因兆而細曲者爲水。」占諸史趙、史墨、史龜。皆晉史。史龜曰：「是謂沈陽，火陽，得水故沈。可以興兵。兵陰類也，故可以興兵。利以伐姜，不利子商。姜，齊姓。子，商，謂宋。伐齊則可，敵宋不吉。」史墨曰：「盈，水名也。子，水位也。趙鞅姓盈，宋姓子。水盈坎，乃行子姓，又得北方水位。〔疏〕注趙鞅至水位〇正義曰：《秦本紀》：秦，伯翳之後，爲嬴姓也。《趙世家》云：趙氏之先與秦同祖，其伯翳後世爲盈洲蜚廉，有子二人，一曰惡來，其後爲秦；一曰季勝，其後爲趙。今卜趙鞅伐宋，故以嬴、子二姓爲占也。名位敵，不可干也。二水俱盛，故言不可干。炎帝爲火師，神農有火瑞，以火名官。姜姓其後也。水勝火，伐姜則可。」史趙曰：「是謂如川之滿，不可游也。既盈而得水位，故爲如川之滿，不可馮游，言其波流盛。〇游音由。馮，皮冰反。鄭方有罪，不可救也。鄭以嬖寵伐人，故以爲有罪。救鄭則不吉，不知其他。」救鄭則當伐宋，故不吉也。陽虎以《周易》筮之，遇泰䷊乾下坤上，泰。之需䷄，乾下坎上，需。泰六五變。〇需音須。〔疏〕遇泰之需〇正義曰：乾下坤上，泰。乾爲天，坤爲地，地在上，天在下。《象》曰：天地交，泰。泰者，大也。天地交合，萬物大通，故名此卦爲泰。乾下坎上，需。《彖》曰：需，須也。言雲在天上，須散而爲雨，故名此卦爲需。曰：「宋方吉，不可與也。不可與戰。泰六五曰：帝乙歸妹以祉，元吉。帝乙，紂父，王爲天子，故稱帝乙。陰而得中，有似王者嫁妹，得如其願，受福祿而大吉。〇祉音恥。〔疏〕注不可至大吉〇正義曰：泰六五曰「帝乙歸妹以祉，元吉」，《易》之文也。既引其文，又解其意。帝乙，紂父，《殷本紀》文也。《易》之爻位，五爲天子，故於六五之爻稱帝乙也。其《象》曰「以祉元吉，中以行願」。六是陰爻也，五是上體之中，居天子之位，陰而得中，有似王者嫁妹，得如其願，受福祿而大吉。王弼云：「婦人謂嫁曰歸。泰者，陰陽交通之時也。女處尊位，履中居順，降身應二，感以相與，用中行願，不失其禮。帝乙歸妹，誠合斯義，履順居中，行願以祉，盡夫陰陽交配之宜，故元吉也。」杜說與彼同。案《易》稱「高宗伐鬼方」者，實伐之；「帝乙歸妹」者，實嫁之。其女有賢德，名聞昭著，故得載之《易象》，但書典散亡，不知嫁與何人，爲誰之妻。微子啓，帝乙之元子也。宋、鄭，甥舅也。宋、鄭爲昏姻，甥舅之國。宋爲微子之後，今卜得帝乙卦，故以爲宋吉。〔疏〕宋鄭甥舅〇正義曰：宋、鄭異姓，必嫁娶往來，或可時實有親，故爲甥甥，輒言甥舅者，言其昏姻勢敵，敵則無以相傾，宋有福，鄭必衰，言鄭不可助也。祉，祿也。若帝乙之元子歸妹而有吉祿，我安得吉焉？」乃止。吉在彼，則我伐之爲不吉。〇冬，吳子使來儆師伐齊。前年齊與吳謀伐魯，齊既與魯成而止，故吳恨之，反與魯伐齊。〇儆音景。

經十年春王二月，邾子益來奔。〔疏〕邾子益來奔〇正義曰：八年歸邾子益于邾，傳云「邾子又無道，吳子使大宰子餘討之，囚諸樓臺，栫之以棘」，茲將歸吳而因之。今言來奔，當是自吳逃而來適魯。傳稱「齊甥也，遂奔齊」。經不復書其奔齊者，凡諸來奔，既至魯而更復奔他國者，已去其位，略賤之，不復書，齊慶封亦是也。〇公會吳伐齊。書會，從不與謀。〇與音預。〔疏〕注書會至與謀〇正義曰：往年吳來儆師，是與我謀也，而從不與謀者，與謀者，謂彼此和同計謀，然後共伐，則是我爲伐主，故言及某同行。不與謀者，謂彼心自定，遣來名我，則彼爲伐主，我往會之，故言會某伐某。今吳伐齊之意已定，儆師者，來名魯耳，於例止當言會，故從不與謀之文。〇三月戊戌，齊侯陽生卒。以疾赴，故不書弒。〇弒，申志反。〔疏〕注以疾至書弒〇正義曰：傳稱「齊人弒悼公，赴于師」，則陽生被弒矣，而經書卒，是以疾死赴也。襄七年，鄭伯髡頑卒于鄵，傳稱「子駟使賊夜弒僖公，而以瘧疾赴于諸侯」，知此亦以疾死赴，故不書弒也。八年，臧賓如如齊涖盟，齊閭丘明來涖盟，是再同盟，故赴以名。杜不言，略之。〇夏，宋人伐鄭。無傳。〇晉趙鞅帥師侵齊。○五月，公至自伐齊。無傳。○葬齊悼公。無傳。○衛公孟彄自齊歸于衛。無傳。書歸，齊納之。○彄，苦侯反。〔疏〕注"書歸齊納之"。○正義曰：定十四年，衛公孟彄出奔鄭，自鄭奔齊，故今自齊歸衛也。成十八年傳例曰："凡去其國，諸侯納之曰歸。"此書自齊歸，知是齊納之。○薛伯夷卒。無傳。赴以名，故書。〔疏〕注"赴以名故書"。○正義曰：定十三年，薛弒其君比，此夷當代爲君爾。來未同盟而赴以名，故書。○秋，葬薛惠公。無傳。○冬，楚公子結帥師伐陳。○吳救陳。季子不書，陳人來告不以名。〔疏〕注"季子至以名"。○正義曰：傳稱延州來季子救陳，卽是季札也。札以襄二十九年來聘書名，則此亦宜書名，今不書者，陳人來告不以名也。

傳十年春，邾隱公來奔，齊甥也，故遂奔齊。終子貢之言。公會吳子、邾子、郯子伐齊南鄙，師于鄎。鄎，齊地。邾、郯不書，兵并屬吳，不列於諸侯。○郯音談，鄎音息，并，必政反。○齊人弒悼公，赴于師。以說吳。弒，申志反。吳子三日哭于軍門之外。徐承帥舟師將自海入齊，齊人敗之，吳師乃還。承，吳大夫。○夏，趙鞅帥師伐齊，經書侵，以侵告。大夫請卜之。趙孟曰："吾卜於此起兵，謂往歲卜伐宋不吉，利以伐姜，故令興兵。事不再令，再令瀆也。卜不襲吉，襲，重也。○重，直龍反，又直用反。行也。"於是乎取犂及轅，犂一名隰，濟南有隰陰縣，祝阿縣西有轅城。○犂，力兮反，又力之反。轅音袁，一音于眷反。隰音習，本或作隰，音同。〔疏〕注"犂一名隰"。○正義曰：犂卽犂丘也。二十三年傳稱齊晉戰于犂丘，知伯親禽顏庚，庚卽涿聚也。二十七年，陳成子召顏涿聚之子晉曰："隰之役，而父死焉。"是犂一名隰。毀高唐之郭，侵及賴而還。○秋，吳子使來復儆師。伐齊未得去，故爲明年吳伐齊傳。○復，扶又反。○冬，楚子期伐陳，陳卽吳故。吳延州來季子救陳，謂子期曰："二君不務德，二君，吳、楚。而力爭諸侯，民何罪焉？我請退，以爲子名，務德而安民。"乃還。季子，吳王壽夢少子也。壽夢以襄十二年卒，至今七十七歲。壽夢卒，季子已能讓國，年當十五六，至今蓋九十餘。○夢音蒙，少，詩照反。〔疏〕注"季子至十餘"。○正義曰：襄昭之傳稱延州來季子者，皆是季札也。此說務德安民，是大賢之事，亦當是札，故計跡其年，言雖老猶能將兵也。孫毓以爲季子食邑於州來，世稱延州來季子，猶趙氏世稱知伯，延州來季子或是札之子與孫也。

經十有一年春，齊國書帥師伐我。○夏，陳轅頗出奔鄭。書名，貪也。○頗，破可反，又普多反。○五月，公會吳伐齊。○甲戌，齊國書帥師及吳戰于艾陵，齊師敗績，獲齊國書。公與伐而不與戰。艾陵，齊地。○艾，五蓋反。與伐音預，下同。○秋七月辛酉，滕子虞母卒。無傳。赴以名，故書之。〔疏〕注"赴以名故書之"。正義曰：四年滕子結卒，虞母代結爲君爾。來未同盟，來赴，故書也。○冬十有一月，葬滕隱公。無傳。○衛世叔齊出奔宋。書名，淫也。

傳十一年春，齊爲鄎故，鄎在前年。○爲，于僞反。國書、高無丕帥師伐我，及清。清，齊地，齊北盧縣東有清亭。○丕音普悲反。季孫謂其宰冉求冉求，魯人，孔子弟子。曰："齊師在清，必魯故也，若之何？"求曰："一子守，二子從公禦諸竟。"季孫曰："不能。"自度力不能使二子禦諸竟。○守，手又反。從，才用反。禦，魚呂反，亦作御。竟音境。度，作洛反。求曰："居封疆之間。"封疆，竟內近郊地。○彊，居良反。季孫告二子，二子，叔孫、孟孫也二子不可求曰若不可則君無出一子帥師背城而戰不屬者非魯人也屬臣屬也言不戰爲不臣魯之羣室衆於齊之兵車羣室都邑居家一室敵車優矣子何患焉二子之不欲戰也宜政在季氏言二子恨季氏專政故不盡力。二子之不欲戰也宜絶句當子之身齊人伐魯而不能戰子之恥也大不列於諸侯矣季孫使從於朝使冉求隨已之公朝俟於黨氏之溝黨氏溝朝中地名。黨音掌武叔呼而問戰焉問冉求對曰君子有遠慮小人何知懿子強問之對曰小人慮材而言量力而共者也言子所問非已材力所及故不能言。強其丈反共音恭武叔曰是謂我不成丈夫也知冉求非已不欲戰故不對。不成丈夫也本或作大夫非是退而蒐乘蒐閱。蒐所求反乘繩證反閱音悅孟孺子洩帥右師孺子孟懿子之子武伯彘。孺而住反彘直利反顔羽御邴洩爲右二子孟氏臣。邴音丙又彼命反冉求帥左師管周父御樊遲爲右樊遲魯人孔子弟子樊須。父音甫季孫曰須也弱有子曰就用命焉雖年少能用命有子冉求也。少詩照反季氏之甲七千冉有以武城人三百爲已徒卒步卒精兵。卒子忽反注同。老幼守宫次于雩門之外南城門也。雩音于五日右師從之五日乃從言不欲戰公叔務人務人公爲昭公子見保者而泣保守城者曰事充政重繇役煩。繇本或作傜同音遥賦稅多上不能謀士不能死何以治民吾既言之矣敢不勉乎既言人不能死已不敢不死

師及齊師戰于郊齊師自稷曲稷曲郊地名師不踰溝樊遲曰非不能也不信子也請三刻而踰之與衆三刻約信如之衆從之如樊遲言乃踰溝師入齊軍冉求之師右師奔齊人從之逐右師陳瓘陳莊涉泗二陳齊大夫。瓘古換反泗音四孟之側後入以爲殿之側孟氏族也字反。殿丁練反抽矢策其馬曰馬不進也不欲伐善。抽勑留反策初革反本或作筴林不狃之伍曰走乎不狃魯士五人爲伍敗而欲走不狃曰誰不如我不如誰而欲走。誰不如如字一音而庶反注同曰然則止乎不狃曰惡賢言止戰惡足爲賢皆无戰志。惡音烏注同徐步而死徐行而死言魯非无壯士但季孫不能使師獲甲首八十冉求所得齊人不能師不能整其師宵諜曰齊人遁諜間也。諜音牒遁徒困反間間廁之間冉有請從之三季孫弗許孟孺子語人曰我不如顔羽而賢於邴洩二子與孟孺子同車。語魚據反子羽鋭敏子羽顔羽。鋭精也敏疾也言欲戰我不欲戰而能默心雖不欲口不言奔。默本亦作嘿亡北反洩曰驅之言驅馬欲奔公爲與其嬖僮汪錡乘皆死皆殯皆俱也。嬖必計反僮本亦作童音同汪烏黄反錡魚綺反乘繩證反孔子曰能執干戈以衛社稷可無殤也時人疑童子當殤。殤音商八歲至十九歲爲殤

【疏】注時人至當殤。正義曰：喪服大功章云子女子子之長殤中殤傳曰何以大功未成人也年十九至十六爲長殤十五至十二爲中殤十一至八歲爲下殤不滿八歲以下皆爲無服之殤其於服也長殤中殤降成人一

等下殤降二等此汪錡蓋長殤也時人疑其當降服又葬殤之禮亦異成人檀弓云周人以殷人之棺槨葬長殤以夏后氏之塈周葬中殤下殤以有虞氏之瓦棺葬無服之殤是其異於成人也冉有用矛於齊師故能入其軍孔子曰義也言能以義勇不書戰不皆陳也不書敗勝負不姝○矛亡侯反陳直覲反○夏陳轅頗出奔鄭初轅頗爲司徒賦封田以嫁公女封內之田悉賦稅之有餘以爲已大器長器鍾鼎之屬國人逐之故出道渴其族轅咺進稻醴粱糗腶脯焉糗乾飯也○咺況阮反稻醴音禮以稻米爲醴酒粱糗起九反以粱米爲之一音昌紹反腶脯丁亂反字亦作鍛加薑桂曰脯也〔疏〕稻醴粱糗腶脯○正義曰周禮酒正辨五齊之名二曰醴齊鄭玄云醴猶體也成而汁滓相將如今之恬酒矣則醴是濁酒也月令命作酒云秫稻必齊是以稻爲醴也釋草云虋赤苗芑白苗郭璞曰今之赤粱粟白粱粟皆好穀也內則鄭玄注云腶脩捶脯施薑桂也喜曰何

其給也對曰器成而具具此醴糗曰何不吾諫對曰懼先行恐言不從先見逐○爲郊戰故公會吳子伐齊欲以報也爲于僞反○五月克博壬申至于嬴博嬴齊邑也二縣皆屬泰山○嬴音盈○中軍從王吳中軍胥門巢將上軍王子姑曹將下軍展如將右軍三將吳大夫齊國書將中軍高無丕將上軍宗樓將下軍陳僖子謂其弟書爾死我必得志書子占也欲獲死事之功宗子陽與閭丘明相厲也相勸厲致死子陽宗樓也桑掩胥御國子國子國書公孫夏曰二子必死亦勸勉也夏戶雅反○將戰公孫夏命其徒歌虞殯虞殯送葬歌曲示必死○殯必刃反〔疏〕歌虞殯○正義曰賈逵云

虞殯遣殯歌詩杜云送葬歌曲並不解虞殯之名禮啓殯而葬葬即下棺反日中而虞蓋以啓殯將虞之歌謂之虞殯歌者樂也喪者哀也送葬得有歌者蓋挽引之人爲歌聲以助哀今之挽歌是也舊說挽歌漢初田橫之臣爲之據此挽歌之有久矣晉初荀顗制禮以吉凶不雜送葬不宜有歌去之摯虞駮之云詩云君子作歌惟以告哀葬之有歌不爲害也復存之陳子行命其徒具含玉子行陳逆也具含玉亦示必死○行如字又戶郎反含戶暗反本又作唅公孫揮命其徒曰人尋約吳髮短約繩也八尺爲尋吳髮短欲以繩貫其首○揮許韋反東郭書曰三戰必死於此三矣三戰夷儀五氏與今使問弦多以琴弦多齊人也六年奔魯問遺也○遺唯季反〔疏〕使問弦多以琴○正義曰禮以物遺人謂之問二十六年衛出公使以弓問子贛論語云問人於他邦皆是也曰吾不復見子矣言將死戰陳書曰此行也吾聞鼓而已不聞金矣鼓以進軍金以退軍不聞金言將死也傳言吳師還齊人皆自

知將敗○〔疏〕注鼓以至退軍○正義曰周禮大司馬教大閱之禮云中軍以鼙令鼓鼓人皆三鼓車徒皆作鼓行鳴鐲車徒皆行及表乃止鳴鐃且卻鄭注云凡進軍退軍鼓鐸同其所異者廢鐲而鳴鐃耳如鄭此言則進退皆有金鼓而杜云鼓以進軍金以退軍者周禮是教戰之法其臨敵之時欲戰則先擊鼓以動之欲退則先擊金以靜之故長勺之役公將鼓之是欲戰擊鼓也此傳云吾聞鼓而已不聞金矣是欲退擊金也○甲戌戰于艾陵展如敗高子齊上軍敗國子敗胥門巢吳上軍亦敗○王卒助之大敗齊師獲國書公孫夏閭丘明陳書東郭書革車八百乘甲首三千以獻于公公以兵從故以勞公○卒子忽反乘繩證反從才用反又如字勞力報反將戰吳子呼叔孫叔孫武叔州仇曰而事何也問何職對曰從司馬從吳司馬所命王賜之甲劍鈹曰奉爾君事敬無廢命叔孫未

能對。衛賜進 賜，子貢，孔子弟子。鈹普悲反 【疏】衛賜。正義曰：子貢衛人，故稱衛賜。 曰：「州仇奉甲從君而拜。」拜受之 公使大史固歸國子之元，歸於齊也。元，首也。吳以獻魯 寘之新篋，褽之以玄纁，褽，薦也。○寘，之豉反。篋，苦協反。褽音尉，別本作褽。以玄纁，許云反，本亦作勳 加組帶焉。寘書于其上，曰：「天若不識不衷，何以使下國？」言天識不善，故殺國子。○組音祖。衷音忠 ○吳將伐齊，越子率其衆以朝焉，王及列士皆有饋賂。吳人皆喜，唯子胥懼，曰：「是豢吳也夫！」豢，養也。若人養犧牲，非愛之，將殺之。○饋，其位反，或作餽。賂音路。豢音患。夫音扶 諫曰：「越在我，心腹之疾也。壤地同，而有欲於我。欲得吳 夫其柔服，求濟其欲也，不如早從事焉。從事，擊之 得志於齊，猶獲石田也，無所用之。石田不可耕 越不爲沼，吳其泯矣。使醫除疾，而曰『必遺類焉』者，未之有也。盤庚之誥曰：『其有顛越不共，則劓殄無遺育，無俾易種于茲邑。』盤庚，商書也。顛越不共，從橫不承命者也。劓，割也。殄，絕也。育，長也。俾，使也。易種，轉生種類。○紹，之兆反。泯，亡軫反。盤，步干反。誥，古報反。共音恭，注同。劓，魚器反。殄，大典反。俾，必耳反。種，章勇反，注同。從，子容反。長，丁丈反。 【疏】注盤庚至種類。正義曰：彼文云「顛越不恭，暫遇姦宄，我乃劓殄滅之，無遺育，無俾易種于茲新邑」。此傳字少於彼，引之略也。孔安國云：「顛，殞；越，隊也。不恭，不奉上命。」孔言隕隊，謂受上命而隊失之。杜言從橫不承命，謂其人性自顛越，從橫不肯承命，意小異也。刑名以截鼻爲劓，劓是割也。殄絕、育長、俾使，皆釋詁文也。易謂轉易，無使轉生種類，不令更有惡子孫也。 是商所以興也。今君易之，將以求大，不亦難乎？」弗聽。使於齊，

屬其子於鮑氏，爲王孫氏。私使人至齊屬其子，改姓爲王孫，欲以辟吳禍。○使，所吏反。屬音燭，注及下同 反役，王聞之，使賜之屬鏤以死。父陵役也。屬鏤，劍名。○鏤，力俱反，又力侯反 將死，曰：「樹吾墓檟，檟可材也。吳其亡乎！三年，其始弱矣。盈必毀，天之道也。」越人朝之，伐齊勝之，盈之極也。爲十三年越伐吳起。○檟，古雅也，木名。 【疏】將死。正義曰：吳語云：子胥將死，曰「而縣吾目於吳門，以見越人之入吳國之亡也」，遂自殺。王慍曰「孤不使大夫得有見也」，乃使取申胥之尸，盛之鴟夷，而投之於江。賈逵云：鴟夷，革囊也。 ○秋，季孫命脩守備，曰：「小勝大，禍也。齊至無日矣。」善有備。○守，手又反 ○冬，衛大叔疾出奔宋。疾郎齊也 初，疾娶于宋子朝，子朝，宋人，仕衞爲大夫。○朝如字 其娣嬖。娣，所娶女之娣 子朝出，出奔 孔文子使疾出其妻而妻之。疾使侍人誘其初妻之娣，寘於犂，犂，衛邑。○妻之，七計反。犂，力兮反 而爲之一宮，如二妻。文子怒，欲攻之，仲尼止之。遂奪其妻。或淫于外州，外州人奪之軒以獻。外州，衛邑。軒，車也。以獻於君 恥是二者，故出。衞人立遺，使室孔姑。遺，疾之弟。孔姑，孔文子之女，疾之妻。○姑，其乙反，又其吉反 疾臣向魋，爲宋向魋臣。○魋，徒回反 納美珠焉，與之城鉏。城鉏，宋邑 宋公求珠，魋不與，由是得罪。及桓氏出，出在十四年 城鉏人攻大叔疾，衞莊公復之。聽使還 使處巢，死焉。殯於鄖，葬於少禘。終言疾之失所也。巢、鄖、少禘，皆衛地。○鄖音云。少，詩照反。禘，大計反 初，晉悼公子慭亡在衞，使其女僕而田。僕，御。田，獵

○憖，魚覲反，一作整，征領反。大叔懿子止而飲之酒，懿子，大叔之孫。○飲，於鴆反。遂聘之，生悼子。悼子，大叔疾。○聘，匹政反。悼子卽位，故夏戊爲大夫。夏戊，悼子之甥。○夏，戶雅反，下同。戊音茂。悼子亡，衛人翦夏戊。翦，削其邑。孔文子之將攻大叔也，訪於仲尼。仲尼曰：「胡簋之事，則嘗學之矣。胡簋，禮器名。夏曰胡，周曰簋。○簋音軌。

【疏】注「胡簋至曰簋」。○正義曰：胡簋，行禮所用之器，故以胡簋言禮事。論語衛靈公問曰「俎豆之事」，意亦同也。明堂位說四代之器云：「有虞氏之兩敦，夏后氏之四璉，殷之六瑚，周之八簋。」如記文，則夏器名璉，殷器名瑚，而包咸、鄭玄等注論語，賈、服等注此傳，皆云夏曰胡，杜亦同之，或別有所據，或相從而誤。

甲兵之事，未之聞也。」退，命駕而行，曰：「鳥則擇木，木豈能擇鳥？」以鳥自喻。

【疏】「甲兵至聞也」。○正義曰：對靈公軍旅之事未之學也，其意亦與此同。軍旅甲兵亦治國之具也，此以文子非禮欲國內用兵，靈公空問軍陳，故並不荅，非輕甲兵也。

文子遽止之，曰：「圉豈敢度其私，訪衛國之難也。」圉，文子名。度，謀也。○遽，其據反。度，待洛反，注及下同。難，乃旦反。將止，止仲尼。魯人以幣召之，乃歸。於是自衛反魯，樂正，雅頌各得其所。

【疏】「魯人至乃歸」。○正義曰：孔子世家云：「季康子使公華、公賓、公林以幣迎孔子，孔子歸。」是也。

○季孫欲以田賦，丘賦之法，因其田財通出馬一匹，牛三頭。今欲別其田及家財各爲一賦，故言田賦。○別，如字，一音彼列反。

【疏】注「丘賦至田賦」。○正義曰：司馬法：方里爲井，四井爲邑，四邑爲丘，丘出馬一四，牛三頭；四丘爲甸，甸乃有馬四匹，牛十二頭，是爲革車一乘。今用田賦，必改其舊，但不知若爲用之。賈逵以爲欲令一井之間出一丘之稅，井別出馬一匹，牛三頭。若其如此，則一丘之內有一十六井，其出馬牛乃多於常一十六倍。且直云「用田賦」，何知使井爲丘也？杜以如此，則賦稅大多，非民所能給，故改之。舊制丘賦之法，田之所收及家內資財，井共一馬三牛。今欲別其田及家資各爲一賦，計一丘民之家資，令出一馬三牛；又計田之所收，更出一馬三牛，是爲所出倍於常也。

舊田與家資官賦，今欲別賦其田，故言欲以田賦也。使冉有訪諸仲尼。仲尼曰：「丘不識也。」三發，三發問。卒曰：卒，終也。「子爲國老，待子而行，若之何子之不言也？」仲尼不對，不公荅。而私於冉有曰：「君子之行也，行政事。度於禮，施取其厚，事舉其中，斂從其薄。如是則以丘亦足矣。丘十六井，出戎馬一疋，牛三頭，是賦之常法。○施，戶豉反。斂，力豔反。若不度於禮，而貪冒無厭，則雖以田賦，將又不足。且子季孫若欲行而法，則周公之典在；若欲苟而行，又何訪焉？」弗聽。爲明年用田賦傳。○目，亡北反，一音莫報反。厭，於鹽反。

附釋音春秋左傳注疏卷第五十八

春秋左傳注疏卷五十八校勘記　阮元撰盧宣旬摘錄

附釋音春秋左傳注疏卷第五十八　哀公六年盡十一年

經六年

任城亢元父縣北有邾婁城　郡國志引注邾作瑕是也

叔還會吳于柤　石經此處殘缺吳字以下一行計十一字

楚子軫卒　釋文云軫史記作珍

注爲陳乞所逆故書入　宋本作注爲陳至書入

所以明乞立陽生而荼見弒　諸本作荼此本誤茶正義同今改正

楚比刦立　淳熙本比誤此

故不容於誅也　監本毛本作圖非也

傳六年

師于城父　閩本監本于誤干

陳盟在昭十一年　宋本淳熙本岳本纂圖本閩本監本毛本一作三是也今正

需事之下也　宋本此節正義在國人追之節注下

晏圉嬰之子　宋本淳熙本岳本足利本晏圉作圉晏是也

前已敗於柏舉　纂圖本監本毛本舉誤人

注前已至是敗　宋本以下正義五節揔入又曰節注下

江漢睢漳　北宋刻釋文亦作睢石經誤睢家語水經注竝引作沮李善注文選登樓賦云睢與沮同

正義曰土地名　宋本土作此

楚昭王知大道矣　諸本作大道釋文云本或作天道非

以爲逸書　宋本以上有故字是也

注召在至之欬　宋本以下正義二節揔入葬諸史冒淳注之下

謂遣意來召　宋本意下有茲字

嘗獻馬於季孫　纂圖本閩本監本毛本於作于非

戒使無曳言　宋本淳熙本岳本纂圖本閩本監本毛本曳作洩釋文同按當作泄

差車王車之官　宋本淳熙本岳本纂圖本監本毛本王作主不誤今依改

使胡姬以安孺子如賴　史記齊世家田完世家十二諸侯年表漢書古今人表竝作晏孺子陳樹華云安與晏古字通也

內有飢荒之困　毛本飢作饑

經七年

夏公會吳于鄫　釋文鄫作繒云一本作鄫陳樹華云穀梁史記吳世家魯世家孔子世家竝作繒是所據本有異也

鄫今琅邪鄫縣　纂圖本閩本監本毛本邪作琊

內外之辭　岳本纂圖本監本毛本內外作外內

傳七年

君若以禮命於諸侯　石經禮字改刻初刻誤體

吳王百牢　宋本以下正義五節揔入注文弃禮知其不能霸也之下

莫適用也　宋本毛本適作敵字按此適音的主也作敵者誤

棄天而背本　石經棄字起一行計十一字

放棄凶疾　宋本放作其非也

蓋言君長大於道路　宋本淳熙本足利本無蓋字

羸以爲飾　釋文云羸本又作倮與王符潛夫論引合按當作羸爲正

謂治其本國歧周之禮　宋本閩本監本歧作岐是也今依改

注諸侯至執帛　宋本以下正義三節揔入注案爲明年吳伐我傳之下

以玉作六瑞　宋本監本毛本六作五誤也

去其方五十里之國二百　宋本百下有里字

以百里之方一　宋本一作二是也今改

又以百里之方一爲七十里之國二　浦鏜正誤二下依王制正義補又以百里之方一爲五十里之國四十四字

循聞鍾聲　石經宋本岳本纂圖本閩本監本毛本鍾作鐘

魯擊柝聞於邾　釋文云柝字又作欜同案說文作欜

手持兩木以相敵　案周禮正義引鄭注敵作敲是也今依改

平陽縣西北有瑕邱城　監本城誤縣

或夢衆君子　宋本以下正義二節揔入注文有黍邱亭之下

衆君子諸國君妾耳　閩本妾字模糊宋本監本作安是也

經八年

宋公旣還　纂圖本閩本監本毛本公作人非也

夏齊人取讙及闡　諸本作讙漢書地理志引作鄺說文亦作鄺

闡在東平剛縣北　宋本淳熙本岳本足利本剛作剛是也閩本空缺纂圖本監本毛本誤劉案顧景范方輿紀要云應劭曰剛城故闡邑也戰國時爲齊之剛邑秦昭王卅六年取齊剛壽即此漢置剛縣屬泰山郡後漢屬濟北國晉曰剛平水經注云又西南過剛縣北是也後訛剛爲堽今有堽城壩此本作剛亦形相近而誤陳樹華云東平當作茬平不知茬平別是一縣非郡名也晉志東平郡有剛平

未同盟而赴以名　宋本未誤來

無官使也　宋本淳熙本岳本纂圖本足利本官作旨葉抄釋文同文十五年正義引作指使

正義曰定十年　十年二字此本脫閩本同據宋本毛本補監本初刻亦脫後擠刊

傳八年

曹人詬之　釋文云詬本又作訽案說文作詬从言后聲訽下云詬或从句

執曹伯　石經伯下有陽字與李善注運命論同

問可伐否　宋本淳熙本岳本足利本否作不是也案古書之不後人多改爲否

問於叔孫輒　宋本以下正義六節揔入吳人盟而還注下

兵敗奔齊於後自齊奔吳　此本實缺齊於二字據宋本補閩本監本毛本二字誤倒於作于

君子至雝國　宋本至字作違不適

如闕辛之徒　宋本閩本監本毛本闕作闞重脩監本作國非也

告有伐本國者　宋本岳本纂圖本閩本監本毛本告作若是也今依改

與晉而四也　宋本淳熙本岳本纂圖本監本毛本晉作魯是

拘鄫人之漚菅者　惠棟云鄭康成注考工記引作漚菅釋文云漚烏豆反與漚同

何故使吾水滋　說文引作水兹葉抄釋文同云本亦作滋字按依說文則滋乃水名左傳字不从水

謂武城邑懼子羽爲吳內應　宋本邑下有人字

令知非者　宋本閩本監本毛本令作今是也今依改

獲叔子與析朱鉏　釋文亦作鉏纂圖本閩本監本毛本誤組

故不可望得　足利本記云得下異本有魯國二字非也

三百人行至稷門一　監本毛本一作内盧文弨挍本云疑一作下亦非案一字乃衍宋本淳熙本纂圖本足利本竝無一字

畏徵虎　淳熙本岳本足利虎下有也字

魯人不以盟爲了　毛本了作子非也

弗從景伯負載造於萊門　惠棟曰鄭詩箋云載猶戴也謂負戴器物劉光伯說是也

栫之以棘　釋文栫作荐注同云本又作栫惠棟云說文云以柴木壅也从木存聲本又作洊釋文作荐音在薦反

栫壅也　釋文亦作壅岳本監本毛本擁非也

賓如藏會子○　淳熙本○作也亦衍文宋本岳本纂圖本閩本監本毛本作臧會子無○是也

注明閭至略之　宋本此節正義揔入冬十二月節之下

麇之以入　諸本作麇此本作麋今改正

經九年

傳九年

齊與魯平　重脩監本平誤乎

宋公伐鄭　宋本以下正義六節揔入乃止句注下

西北至宋口入淮　宋本宋作末是也案毛誼父六經正誤云西北至末口末作未誤然則毛氏所見南宋監本已不作末口矣

今廣陵韓江是　監本毛本韓作邗

炎帝爲火師　淳熙本炎上衍故字

立爲天子　宋本淳熙本立作五案正義亦作五山井鼎云足利本云立字異本作五所謂異本多不可信此云作五不誤

今卜得帝乙卦　宋本乙下有之字

言其昏姻勢敵　閩本監本毛本昏作婚

反與魯謀伐齊　此本無謀字閩本同據諸本補閩本毛本與作爲非也

經十年

邾子益來奔　宋本以下正義二節揔入注又書會從不與謀之下

邾子又無道　宋本又作人非也

注書會至與謀　宋本至作從不二字

來未同盟而赴以名　閩本監本毛本來作夷

傳十年

故令與兵　宋本淳熙本岳本足利本令作今

再令瀆也　淳熙本瀆誤賣

注犂一名隰　宋本此節正義在毀高唐之郭節之下

犂即犂邱也　宋本犂邱作黎邱下同

二十七年　宋本年下有傳字

知伯親禽顏庚　宋本毛本同與廿三年傳合閩本監本禽作擒

世稱知伯　宋本世字上有世稱趙孟知氏六字

經十有一年

滕子虞母卒　淳熙本岳本閩本毋作母案六經正誤云作母誤與國本作毋

傳十一年

齊北盧縣　宋本淳熙本岳本足利本齊作濟是也

竟内近郊之地　纂圖本閩本監本毛本脫之字

一室敵車　此本一字空闕據石經宋本淳熙本岳本纂圖本閩本監本毛本補

二子之不欲戰也宜　石經宜字下後人旁增哉字非也

言子所問　纂圖本子上衍君字

有子曰就用命焉　劉原父春秋權衡云案有子當作子有子有者冉求字也仲尼門人字多云子某者不得云有子也

公叔務人　正德本閩本監本叔誤孫毛本作務亦非

銳請也　宋本淳熙本岳本纂圖本監本毛本請作精是也

公爲與其嬖僮汪錡乘　釋文僮作童云本亦作僮案說文童云重當爲童春秋傳曰童汪踦子字作僮禮記作與鄰重注踦鄭注

可無殤也　石經殤字改刊初刻誤傷

注時人至當殤　宋本至作疑童子三字此節正義在冉有用矛節注下

以夏后氏之堲周葬中殤　毛本堲誤塈

封内之田悉賦稅之　纂圖本監本毛本悉誤悉

長器鍾鼎之屬　宋本岳本長作大鍾作鐘淳熙本足利本亦作大是也今依改

稻醴粱糗腶脯　宋本此節正義在曰何不吾諫節注下

月令命作酒云　浦鏜正誤云作酒二字疑大酋之誤

白粱粟　宋本白作好非也

展如將右軍　纂圖本監本毛本展誤辰

桑掩胥御國子　石經掩字起一行計九字

歌虞殯　宋本以下正義六節揔入齊王無日矣注下

葬即下棺　監本毛本即作則非也

擊虞駿之云　宋本監本毛本擊作擊駿作駁是也

陳子行命其徒具含玉　釋文云含本又作啥初學記引同

吳其泯矣　石經宋本泯作泯避所諱

暫遇姦宄　重脩監本宄誤宼

屬其子改姓爲王孫欲以辟吳禍　岳本以字在其字上

而縣吾自於吳門　宋本閩本監本毛本自作目不誤案國語吳語吳作東

盛之鴟夷　監本毛本之作以與今國語同

注胡簋至曰簋　宋本以下正義三節揔入魯人以幣召之注下

以治國之具也　宋本以作亦是也今改正

季康子使公華公賓公林　宋本亦作華是也閩本監本毛本誤葉

注邱賦至田賦　宋本此節正義在若不度於禮節注下

但不知若爲用之　監本毛本爲作何

井共一馬三牛　宋本井作并

舊田與家貲官賦　宋本監本毛本官作同是也今改正

使冉有訪諸仲尼　岳本諸作於

度於禮　石經度字起一行計九字

施取於厚　石經宋本淳熙本岳本纂圖本監本毛本於作其是也

邱十六井　淳熙本六誤大

附釋音春秋左傳注疏卷第五十八　止

春秋左傳注疏卷五十八挍勘記

附釋音春秋左傳注疏卷第五十九 哀十二年盡十五年

孔穎達疏

經十有二年春用田賦 直書之者以示改法重賦〔疏〕注直書至重賦 正義曰用田賦者用田之所收以爲賦令之出牛馬也依實直書之以示改常法重賦斂成元年作丘甲甲是造作之物故言作馬牛賦稅以充之非造作之物且識其賦不識其作故書用言舊不用而今用之○夏五月甲辰孟子卒 魯人諱娶同姓謂之孟子春秋不改所以順時○娶本或作取七喻反又如字〔疏〕注魯人至順時○正義曰論語云君取於吳爲同姓謂之吳孟子是魯人常言稱孟子也坊記云魯春秋去夫人之姓曰吳其死曰孟子卒是舊史書爲孟子卒及仲尼修春秋以魯人已知其非諱而不稱姬氏諱國惡禮也因而不改所以順時世也魯春秋去夫人之姓曰吳春秋無此文坊記云然者禮夫人初至必書於策若娶齊女則云夫人姜氏至自齊此孟子初至之時亦當書曰夫人姬氏至自吳同姓不得稱姬舊史所書蓋直云夫人至自吳是去夫人之姓直書曰吳而

《春秋疏五十九卷》 一

已仲尼修春秋以犯禮明著全去其文故今經無其事○公會吳于橐皋 橐皋在淮南逡遒縣東南○橐章夜反一音託逡音峻又七倫反遒音囚又音巡○秋公會衛侯宋皇瑗于鄖 鄖發陽也廣陵海陵縣東南有發繇亭○繇音遙〔疏〕注鄖發陽也○正義曰十七年傳云孟武伯問於高柴曰諸侯盟誰執牛耳季羔曰發陽之役衛石魋指此會也知鄖即發陽一也二名也○宋向巢帥師伐鄭○冬十有二月螽 周十二月今十月是歲置閏而失不置雖書十二月實今之九月司厤誤一月九月之初尚溫故得有螽○螽音終

傳十二年春王正月用田賦 終前年事○夏五月昭夫人孟子卒昭公娶于吳故不書姓 諱娶同姓故謂之孟子若宋女〔疏〕注諱娶至宋女○正義曰諱娶同姓不得謂之吳女宋是子姓長女字孟故惠公元妃謂之孟子今亦稱孟子者全改其本若言此夫人是宋國之長女也釋例曰經書孟子卒傳言昭公娶于吳故不書姓此爲昭公加諱不復繫吳改其姓號傳因而弗革也論語謂之吳孟子蓋時人常言非經傳正文也而賈氏以爲言孟子若言吳之長女也稱吳長女既不異於同姓且娶同姓長之與少未聞其異無所爲別也死不赴故不稱夫人 不稱夫人故不言薨 不反哭故不言葬小君 反哭者夫人禮也以同姓故不成其夫人喪〔疏〕注反哭至人喪○正義曰禮既葬日中自墓反虞於正寢所謂反哭於寢反哭者是夫人之正禮也季氏以同姓之故不成其夫人之喪不爲反哭故不書葬所以懲臣子之過也釋例曰若昭之孟子者以同姓爲闕生卒其姓過而知悔也然吳之大伯下及魯昭於親遠矣所諱在於名義而已居夫人之位稱小君之尊已三世矣季氏當國而不爲之服至令仲尼釋已之絰國朝不成其喪以世適夫人不書於策此季氏之咎也杜言不書於策謂不以夫人之禮書於經也孔子與弔適季氏季氏不絻放絰而拜 孔子始老故與弔也絻喪冠也孔子以小君禮往弔季孫不服喪故去絰從主節制○與弔音預注同絻音問絰大結反去其呂反〔疏〕注孔子至節制○正義曰杜以孔子與弔明其已去臣位若在臣位則服小君之喪

《春秋疏五十九卷》 二

不得云與弔而已故云孔子始老始老者謂始致事也劉炫云按十六年仲尼卒哀公誄之子貢譏云生不能用則是哀公不用仲尼爲臣也又世家及諸書無云仲尼仕於哀公杜爲得云孔子始老乎今知不然者以上十一年傳稱仲尼在衛魯人以幣名之是名之而來當以任用故冉有云子爲國老待子而行後乃致事故孟子之喪而來與弔若哀公全不能用何須以幣名之但哀公不用其言故云生不能用於傳文上下理甚符同劉以爲不仕哀朝以規杜過非也喪服齊衰三月章曰爲舊君君之母妻傳曰爲舊君者孰謂也仕焉而已者也何以服齊衰三月言與民同也君之母妻則不名也鄭玄云仕焉而已者謂老若有廢疾而致仕者也爲小君服者恩深於民也是其服與民同不服臣爲小君之服故與常弔也禮齊衰之喪始死而絻以至於成服絻以代吉冠故以絻爲喪冠也孔子以季孫當服臣爲小君之禮故以小君禮往弔季氏傳言適季氏謂適季氏哭位故杜言往弔謂就其哭位也季孫既不服喪孔子不得服弔服故去絰從主節制也大夫之弔服弁絰鄭玄云弁絰者如爵弁而素而加環絰大如緦之絰纏而不糾也曲禮云凡非弔喪非見國君無不荅拜者鄭玄云喪賓不荅拜不自賓客也禮弔無拜法而此言孔子放絰而拜者記言喪賓不荅拜謂喪主既拜賓賓

不荅拜耳其初見主人或弔者先拜據此傳文必有拜法記無其事記不具耳○公會吳于橐皋吳子使大宰嚭請尋盟尋鄫盟公不欲使子貢對曰盟所以周信也周固故心以制之制其義玉帛以奉之奉贄明神○贄音至言以結之結其信明神以要之要以禍福○要一遙反注同寡君以爲苟有盟焉弗可改也已若猶可改日盟何益今吾子曰必尋盟若可尋也亦可寒也尋重也寒歇也○重直龍反歇許謁反〔疏〕注尋重也寒歇也○正義曰少牢有司徹云乃尋尸俎鄭玄云尋溫也引此若可尋也亦可寒也則諸言尋盟者皆以前盟已寒更溫之使熱溫舊卽是重義故以尋爲重傳意言若可重溫使熱亦可歇之使寒故言寒歇不訓寒爲歇也乃不尋盟○吳徵會于衞初衞人殺吳行人且姚

春秋疏五十九卷　二

而懼謀於行人子羽子羽衞大夫○且子餘反子羽曰吳方無道無乃辱吾君不如止也子木曰吳方無道子木衞大夫國無道必棄疾於人吳雖無道猶足以患衞爲衞患也往也長木之斃無不摽也摽擊○斃婢世反摽敷蕭反又普交反國狗之瘈無不噬也瘈狂也噬齧也○狗音苟瘈吉世反噬市制反齧五結反本或作嚙〔疏〕長木至噬也○正義曰長木喻吳國大也狗瘈喻吳失道也國狗猶家狗言家畜狂狗必齧人也而況大國乎秋衞侯會吳于鄖公及衞侯宋皇瑗盟盟不書畏吳竊盟〔疏〕注盟不至竊盟○正義曰畏吳竊盟恐吳知之故不敢書於策也成二年公及楚人秦人云云盟於蜀傳曰卿不書匱盟也於是乎畏晉而竊與楚盟故曰匱盟彼以畏晉竊盟故諸侯之卿皆貶而稱人此亦畏吳竊盟宜應貶此三國經遂沒而不書者彼以晉是盟主諸侯不應

背晉故貶諸侯之卿以成晉爲霸主此吳以夷禮自處不合主諸侯之盟故與吳盟者悉皆不書是不與吳爲盟主也既不與吳則三國私盟於義可許不合貶責但魯自不書仲尼亦從而不書之耳釋例曰諸侯畏晉而竊與楚盟而貶其卿所以成晉爲盟主也吳之疆大始於會鄫終於黃池凡三會三伐三盟唯書會伐而不書盟者吳以盟主自居而行其夷禮禮儀不典則盟神不蠲非所以結信義昭明德故不錄其盟不與其成爲盟主也既不與吳之爲盟主則宋魯衞三國私盟可許故無貶文是其說也杜言三會三伐三盟者七年會于鄫十二年會于橐皋十三年會于黃池是三會也八年吳伐我十年公會吳伐齊十一年齊國書及吳戰于艾陵是三伐也七年傳云夏盟于鄫衍八年傳云吳人盟而還十三年傳云秋七月辛丑盟吳晉爭先是三盟也而卒辭吳盟吳人藩衞侯之舍藩籬○藩方元反注及下同籬力知反子服景伯謂子貢曰夫諸侯之會事既畢矣侯伯致禮地主歸餼侯伯致禮以禮賓也地主所會主人也餼生物○餼許氣反〔疏〕注侯伯至生物○正義曰侯伯諸侯之長謂盟主也

春秋疏五十九卷　四

侯伯爲主則諸侯之從已者皆爲賓致禮禮賓當謂有以禮之或設飲食與之宴也地主所會之地主人也當歸生物於賓禮牲生曰餼服虔云致賓禮於地主傳言吳不行禮於衞衞非地主以相辭也各以禮相辭讓今吳不行禮於衞而藩其君舍以難之難苦困也○難乃旦反子盍見大宰乃請束錦以行以賂吳○盍音戶臘反語及衞故若本不爲衞請者○爲于僞反大宰嚭曰寡君願事衞君衞君之來也緩寡君懼故將止之止執子貢曰衞君之來必謀於其衆其衆或欲或否是以緩來其欲來者子之黨也其不欲來者子之讎也若執衞君是墮黨而崇讎也墮毀也○墮許規反注及下皆同夫墮子者得其志矣且合諸侯而

執衛君誰敢不懼墮黨崇讎而懼諸侯或者難以霸乎大宰嚭說乃舍衛侯衛侯歸效夷言子之尙幼（子之公孫彌牟。說音悅下同舍音捨釋也又音赦效戶教反）曰君必不免其死於夷乎執焉而又說其言從之固矣（出公輒後卒死於越）○冬十二月螽季孫問諸仲尼仲尼曰丘聞之火伏而後蟄者畢（火心星也火伏在今十月。蟄直切反）今火猶西流司麻過也（猶西流言未盡沒知是九月麻官失一閏釋例論之備）

【疏】注猶西至之備。正義曰月令季夏之月昏火星中詩云七月流火毛傳云流下也謂昏而見於西南漸下流也周禮司爟云季秋內火是九月之昏火始入十月之昏則伏矣猶西流者言其未盡沒是夏九月也經書十二月則是夏十月麻官失一閏故以九月爲十月釋例長麻言諸儒皆以爲冬實周之九月而書十二月謂之再失閏若如其言乃成三失非但再也今以長麻推春秋此十二月乃夏之九月實周之十一月也此年當有閏而今不置閏此爲失一閏月耳十二月不應螽故季孫怪之仲尼以斗建在戌火星尙未盡沒據今猶見故言猶西流明夏之九月尙可有螽也季孫雖聞仲尼此言猶不即改明年十二月復螽於是始悟十四年春乃置閏欲以補正時麻也傳於十五年書閏月蓋置閏正之欲明十四年之閏於法當在十二年也

○宋鄭之間有隙地焉（隙地閒田。隙去逆反閒音閑又一本作閒地一音如字）曰彌作頃丘玉暢嵒戈錫（凡六邑。彌亡支反又亡爾反頃苦頴反又音傾暢勑亮反一本作王暢嵒五咸反戈古禾反錫音羊一音星歷反）子產與宋人爲成曰勿有是（俱棄之）及宋平元之族自蕭奔鄭（在定十五年）鄭人爲之城嵒戈錫（城以處平元之族。爲之于僞反）九月宋向巢伐鄭取錫殺元公之孫遂圍嵒十二月鄭罕達救嵒丙申圍

宋師（此事經在十二月螽上今倒在下更具列其月以爲別者丘明本不以爲義例故不皆齊同。倒丁老反別如字又彼列反）

【疏】注此事至齊同。正義曰杜以此與經別故言丘明不以爲義例故使文不齊同劉炫以爲傳說當時事耳更倒本隙地之事載其日月使與明年相接今知不然者案宣二年壬申朝于武宮是十月五日下乃云冬趙盾爲旄車之族彼注云壬申是十月五日也既有日而無月冬又在壬申下明傳文無較例彼既無倒本其事與後年相接足知此亦不爲倒本其事使九月在十二月之下明傳因簡牘舊文或日月前後不以爲例若以倒敘其事爲後年張本案傳之上下凡倒敘事爲後年張本者唯道事之所由不具載其日月劉以此而規杜過非也

經十有三年春鄭罕達帥師取宋師于嵒（書取覆而敗之）○夏許男成卒（無傳。成音城本或作戊）○公會晉侯及吳子于黃池（陳留封丘縣南有黃亭近濟水夫差欲霸中國尊天子自去其僭號而稱子以告令諸侯故史承而書之。近附近之近去起呂反僭子念反）

【疏】注夫差至書之。正義曰七年會吳于鄫十二年會吳于橐皐皆不稱子此稱吳子故解之夫差欲霸中國尊天子而自號爲王則諸侯不服故去僭號自稱吳子以告令諸侯故諸侯之策承而書曰吳子吳語說此事云晉侯命董褐告吳王曰今君奄王東海以淫名聞于天下君有短垣而自踰之況蠻荊則何有於周室夫命圭有命固曰吳伯不曰吳王諸侯是以敢辭夫諸侯無二君而周無二王君若無卑天子而曰吳公孤敢不順從君命吳王許諾是其去僭號也於此會去王號耳其於吳國猶稱王不改也

○楚公子申帥師伐陳（無傳）○於越入吳○秋公至自會（無傳）○晉魏曼多帥師侵衛（無傳）○葬許元公（無傳）○九月螽（無傳。書灾）○冬十有一月有星孛于東方（無傳平旦衆星皆沒而孛乃見故不言所在之次。孛步內反見賢遍反）

【疏】注平旦至之次。正義曰公羊傳曰孛者何彗星也其言于東方何見于旦也杜用彼說衆星皆沒故不言所在之次

○盜殺陳夏區夫（無傳稱盜非大夫。夏戶雅反區烏侯反）○十有二月螽（無傳前年季孫

雖聞仲尼之言而不正厤失閏至此年故復十二月蠡實十一月。復扶又反

傳十三年春宋向魋救其師救前年圍嵒師鄭子賸使徇曰得桓魋者有賞魋也逃歸遂取宋師于嵒獲成讙郜延二子宋大夫。徇似俊反讙火官反郜古報反又古毒反以六邑爲虛空虛之名不有。爲虛莊如字或音墟非○夏公會單平公晉定公吳夫差于黃池平公周卿士也不書魯之不與會。單音善不與音預○六月丙子越子伐吳爲二隧隧道也。隧音遂注同疇無餘謳陽自南方二子越大夫。謳烏侯反先及郊吳大子友王子地王孫彌庸壽於姚自泓上觀之覘越師泓水名。泓烏宏反彌庸見姑蔑之旗姑蔑越地今東陽大宋縣。蔑亡結反旗音其大音泰孟康云大音閟曰吾父之旗也彌庸父爲越所獲故姑蔑人得其旌旗不可以見讎而弗殺也大子曰戰而不克將亡國請待之彌庸不可屬徒五千屬會也。屬音燭注同王子地助之乙酉戰彌庸獲疇無餘地獲謳陽越子至王子地守丙戌復戰大敗吳師獲大子友王孫彌庸壽於姚地守故不獲。守手又反下注同復扶又反丁亥入吳吳人告敗于王王惡其聞也惡諸侯聞之。惡烏路反注同自剄七人於幕下以絕口。剄古頂反○秋七月辛丑盟吳晉爭先爭歃血先後。歃所洽反又所甲反吳人曰於周室我爲長吳爲大伯後故爲長。長丁丈反注皆同大音泰晉人曰於姬

姓我爲伯爲侯伯趙鞅呼司馬寅寅晉大夫曰日旰矣旰晚也。旰古旦反大事未成二臣之罪也大事盟也二臣鞅與寅建鼓整列二臣死之長幼必可知也【疏】「趙鞅至知也。正義曰如此傳文則趙鞅先欲與吳戰也吳語云吳晉爭長未成邊遽仍至以越亂告吳王懼乃合大夫而謀曰無會而歸與會而先晉孰利王孫雄先對曰二者莫利必會而先之乃爲吳王設計布陳雞鳴乃定去晉軍一里昧明王乃秉枹鳴鼓三軍皆譁聲動天地於是晉軍大駭乃令董褐請事賈逵等皆云董褐司馬寅也如彼文則吳請先戰國語各記其國之事言有彼此故其文不同。注二臣鞅與寅。正義曰杜以鞅呼寅與語明其同憂國事故以二臣爲鞅與寅也劉炫以爲吳晉二臣今知不然者以趙鞅呼司馬寅自相與語云建鼓整列二臣死之皆是鞅寅自謂故知二臣鞅與寅也鞅既不共吳臣對論曲直何得以二臣爲吳晉之臣劉以爲吳晉之臣而規杜氏非也。建鼓。正義曰建立也立鼓擊之與戰也大射禮云建鼓在阼階西鄭玄云建猶樹也以木貫而載之樹之跗也彼謂立之於地所謂般人楹鼓與此別也對曰請姑視之反曰肉食者無墨墨氣色下今吳王有墨國勝乎國爲敵所勝大子死乎且夷德輕不忍久請少待之少待無與爭。輕遣政反【疏】反曰至死乎正義曰吳語說此事云董褐既致命乃告趙鞅曰臣觀吳王之色類有大憂小則嬖妾適子死不然則國有難大則越入吳將毒不可與戰主其許之說與此傳小異乃先晉人盟不書諸侯恥之故不錄【疏】乃先晉人正義曰吳語說此事云吳公先歃晉侯亞之與此異者經書公會晉侯及吳子傳稱公會單平公晉定公吳夫差吳皆在下晉實先矣經據魯史策書傳采魯之簡牘魯之所書必是依實國語之書當國所記或可曲筆直已辭有抑揚故與左傳異者多矣鄭玄云不可以國語亂周公所定法傳玄云國語非丘明所作凡有共說一事而二文不同必國語虛而左傳實其言相反不可強合也吳人將以公見晉侯子服景伯對使者曰王合諸侯則伯帥侯牧以見於王伯王官伯侯牧

方伯。見晉如字又賢遍反使所吏反以見賢遍反伯合諸侯則侯帥子男以見於伯伯諸侯長〔疏〕王合至於伯。正義曰曲禮云五官之長曰伯是職方也九州之長入天子之國曰牧於外曰侯職方者二伯各主一方州長者州牧各主一州周禮所謂八命作牧九命作伯是也王合諸侯則伯帥侯牧當如康王之誥太保帥西方諸侯畢公帥東方諸侯以見於王也計當盡帥諸侯獨言帥侯牧者舉尊而言其實盡帥之也伯合諸侯則侯帥子男侯謂牧也牧帥諸國之君見於伯也亦當盡帥在會諸侯獨云子男舉小爲言其實亦見在會者盡帥以見伯也自王以下朝聘玉帛不同故敝邑之職貢於吳有豐於晉無不及焉以爲伯也今諸侯會而君將以寡君見晉君則晉成爲伯矣敝邑將改職貢魯賦於吳八百乘若爲子男則將半邾以屬於吳半邾三百乘。豐芳中反乘繩證反下及注同而如邾以事晉如邾六百乘〔疏〕故敝至伯也。正義曰言共職貢於吳有豐於晉無有不及晉時以吳爲伯故也。魯賦至事晉。正義曰七年傳茅夷鴻請救於吳云魯賦八百乘君之貳也邾賦六百乘君之私也今魯賦八百乘以貢於吳以吳爲伯故也吳今帥魯以見於晉則吳爲州牧魯爲子男晉成伯矣邾是子爵以六百乘貢吳邾以吳爲伯故也魯既以晉爲伯吳爲牧牧卑於伯則將半邾三百乘以屬於吳而如邾六百乘以事於晉也且執事以伯召諸侯而以侯終之何利之有焉吳人乃止既而悔之謂景伯欺之將囚景伯景伯曰何也立後於魯矣何景伯名將以二乘與六人從遲速唯命遂囚以還及戶牖戶牖陳留外黃縣西北東昏城是。從才用反牖音酉謂太宰曰魯將以十月上辛有事於上帝先王季辛而畢何世有職焉有職於祭事

〔疏〕魯將至而畢。正義曰七月辛丑盟囚景伯以還今景伯稱十月當謂周之十月周之十月非祭上帝先公之時且祭禮終朝而畢無上辛盡於季辛之事景伯以吳信鬼皆虛言以恐吳耳自襄以來未之改也魯襄公若不會祝宗將曰吳實然言魯祝宗將告神云景伯不會坐爲吳所囚吳人信鬼故以是恐之。坐才臥反恐丘勇反且謂魯不共而執其賤者七人何損焉大宰嚭言於王曰無損於魯而祇爲名適爲惡名。共音恭祇音支不如歸之乃歸景伯吳申叔儀乞糧於公孫有山氏申叔儀吳大夫公孫有山魯大夫舊相識曰佩玉繠兮余無所繫之繠然服飾備也已獨無以繫佩言吳王不恤下。繠而捶反又而水反旨酒一盛兮余與褐之父睨之一盛一器也睨視也褐寒賤之人言但得視不得飲。盛音成又市政反注同褐戶葛反父如字又音甫睨五計反〔疏〕注一盛至得飲。正義曰酒盛於器故謂一器爲一盛說文云睨邪視也詩云無衣無褐何以卒歲鄭玄云褐毛布也人之貴者無衣賤者無褐是褐者寒賤人之衣服也言我與彼褐之父但得共邪視之不得飲之告已之乏飲也對曰粱則無矣麤則有之若登首山以呼曰庚癸乎則諾軍中不得出糧故爲私隱庚西方主穀癸北方主水傳言吳子不與士共飢渴所以亡。麤本又作麄七奴反呼火故反〔疏〕對曰至則諾。正義曰食以稻粱爲貴故以粱表精若求粱米之飯則無矣麤者則有之若我登首山以叫呼庚癸乎女則諾軍中不得出糧與人故作隱語爲私期也庚在西方穀以秋熟故以庚主穀癸在北方居水之位故以癸主水吾欲致餅并致飲也土地名首山闕不知其處當在吳所營軍之旁王欲伐宋殺其丈夫而囚其婦人以宋不會黃池故言吳子悖惑。殺其丈夫直兩反又作大夫誤悖補內反大宰嚭曰可勝也而弗能居也乃歸冬吳及越平終伍員之言〔疏〕吳及越平。正義曰言

異不能報越求與之平終伍員所謂三年始弱也

經十有四年春西狩獲麟麟者仁獸聖王之嘉瑞也時無明王出而遇獲仲尼傷周道之不興感嘉瑞之無應故因魯春秋而脩中興之教絕筆於獲麟之一句所感而作固所以為終也冬獵曰狩蓋虞人脩常職故不書狩者大野在魯西故言西狩得用曰獲。狩手又反麟呂辛反又力珍反瑞獸也解見詩音瑞常恚反應應對之應中丁仲反【疏】注麟者至曰獲。正義曰公羊傳曰麟者仁獸也何休云一角而戴肉設武備而不為害所以為仁也鄭玄詩箋云麟角之末有肉示有武而不用釋獸云麐麕身牛尾一角李巡曰麟瑞應獸名孫炎曰靈獸也京房易傳曰麟麕身牛尾狼額馬蹄有五采腹下黃高丈二廣雅云麒麟狼頭肉角含仁懷義音中鐘呂行步中規折旋中矩遊必擇土翔必有處不履生蟲不折生草不羣不旅不入陷穽不入羅網文章斌斌說文云麒仁獸從鹿其聲麟大牝鹿也從鹿粦聲公羊傳曰麟有王者則至無王者則不至孝經援神契云德至鳥獸則麒麟臻是言麟為聖王之嘉瑞也此時無明王麟出無所應也出而遇獲失其所以歸也夫以靈瑞之物轗軻若是聖人見此能無感乎所以感者以聖人之生非其時道無所施言無所用與麟相類故為感也仲尼見此獲麟於是傷周道之不興感嘉瑞之無應故因魯春秋文加褒貶而脩中興之教若能用此道則周室中興故謂春秋為中興之教也春秋編年之書不待年終而絕筆於獲麟之一句者本以所感而作故所以用此為終也釋天云冬獵為狩周之春夏之冬故稱狩也桓四年公狩于郎莊四年公及齊人狩于禚禚郎二者公親行皆書公狩此狩不書公卿者蓋是虞人賤官自修常職公卿不行故不書此狩者名氏此狩常事本不合書書之為獲麟故也傳稱狩于大野大野之澤在魯國之西故言西狩得用曰獲定九年傳例也杜以獲麟之義唯此而已先儒穿鑿妄生異端公羊傳曰有以告者曰有麕而角者孔子曰孰為來哉孰為來哉反袂拭面涕沾袍曰吾道窮矣說公羊者云麟是漢將受命之瑞周亡天下之異夫子知其將有六國爭彊秦項交戰然後劉氏乃立夫子深閔民之離害故為之隕泣麟者太平之符聖人之類又云麟得而死此亦天告夫子將沒之徵也案此時去漢二百七十有餘年矣漢氏起於匹夫先無王迹前期三百許歲天已豫見徵兆其為靈命何大遠乎言既不經事無所據苟佞時世妄為虛誕故杜氏序云至於反袂拭面稱吾道窮亦無取焉蓋賤其虛誣鄙其妖妄故無所取之也說左氏者云麟生於火而遊於土中央軒轅大角之獸孔子作春秋春秋者禮也脩火德以致其子故麟來而為孔子瑞也奉德侯陳欽說麟西方毛蟲金精也孔子作春秋有立言西方兌為口故麟來許慎稱劉向尹更始等皆以為吉凶不並瑞災不兼今麟為周異不得復為漢瑞知麟應孔子而至鄭玄以為脩母致子不如立言之說密也賈逵服虔潁容等皆以為孔子自衛反魯考正禮樂脩春秋約以周禮三年文成致麟麟感而至取龍為水物故以為脩母致子之應若然龍為水物以其有於水耳麟生於火寧其產於火乎孔子之作春秋門徒盡知之矣丘明親承聖旨目見獲麟丘明何以不言弟子何以不說子思孟軻去聖尤近荀卿著書尊崇孔德麟若應孔子而來著書無容不述何乃經傳羣籍了爾不言以其既妖且妄故杜悉無所取

○**小邾射以句繹來奔**射小邾大夫句繹地名春秋止於獲麟故射不在三叛人之數自此以下至十六年皆魯史記之文弟子欲存孔子卒故并錄以續孔子所脩之經。射音亦句古侯反繹音亦【疏】注射小至之經。正義曰此文與邾庶其黑肱莒牟夷文同知射是小邾大夫以句繹之地來奔魯也其事既同其罪亦等傳稱庶其等為三叛人不通數此為四叛人者以春秋之經止於獲麟獲麟以上褒貶是仲尼之意此雖文與彼同而事非孔意故不數也若然魯史書此舊與彼同則竊地顯名更先然矣而昭三十一年傳盛論書三叛人名懲不義也其善志也杜言書曰故書皆是仲尼新意案此類彼則彼是舊文言新意者仲尼所脩有因有革因者雖是仲尼因舊舊合仲尼之心因而不改即是新意所以彼傳歸功脩者謂之善志為傳所以脩之既定乃成為善也故釋例終篇杜自問而釋之云丘明之為傳所以釋仲尼春秋仲尼春秋皆因舊史策書義之所在則時加增損或仍舊史之無或改舊史之有雖因舊文固是仲尼之書也丘明所發固是仲尼之意也是其說也公羊穀梁之經皆至獲麟而盡左氏之經更有此下事者自此以下至十六年皆是魯史記事之正文也仲尼所脩脩此記也此上仲尼脩記此下是其本文弟子欲存孔子卒故因經之末并錄魯之舊史以續孔子所脩之經記仲尼卒之月日示後人使知之耳賈逵亦云此下弟子所記但不言是魯之舊史耳

○**夏四月齊陳恒執其君寘于舒州**。寘之豉反【疏】陳恒執其君。正義曰成十七年晉欒書執晉厲公亦先執後弒與此事同彼不書者或此告彼不告且此非孔子所脩不可以為例也

○**庚戌叔還**

卒。無傳。○五月庚申朔，日有食之。無傳。○陳宗豎出奔楚。無傳。○豎，上主反。○宋向魋入于曹以叛。曹，宋邑。○向，舒丈反。魋，徒回反。○莒子狂卒。無傳。○狂，其廷反。○六月，宋向魋自曹出奔衛。宋向巢來奔。○齊人弑其君壬于舒州。疏齊人弑其君壬。○正義曰：宣四年傳例曰：凡弑君稱君，君無道也；稱臣，臣之罪也。發凡言例，是周公舊典。此魯史不書陳恒之名，蓋依凡例，以齊君無道故。○秋，晉趙鞅帥師伐衛。無傳。○鞅，於丈反。○八月辛丑，仲孫何忌卒。○冬，陳宗豎自楚復入于陳，陳人殺之。無傳。○復，扶又反。○陳轅買出奔楚。無傳。○有星孛。無傳。不言所在，史失之。○孛，步内反。○饑。無傳。

傳十四年春，西狩於大野，叔孫氏之車子鉏商獲麟，大野在高平鉅野縣東北大澤是也。車子，微者。鉏商，名。○鉏，仕居反。疏注大野至商名。○正義曰：巨，訓大也。由其旁有大澤，故縣以鉅野爲名。其澤在曲阜之西，故稱西狩。不書地者，得常不書也。賈逵云：周在西，明夫子道繫周。服虔云：言西者，有意於西，明夫子有立言，立言之位在西方，故著於西也。按此澤實在魯西，舊史因書西耳。仲尼不改舊史，何以得示己意？若其本實東狩，仲尼不得輒改爲西，以己意之所示，妄改魯之狩處，雖則下愚，知其不可，豈有斯人而爲斯事？以此立說，何妄之甚！杜以車子連文，爲將車之子，故爲微者。鉏商是其名也。家語說此事云：叔孫氏之車士曰子鉏商。王肅云：車士，將車者也。子，姓；鉏商，名。今傳無士字。服虔云：車，車士，微者也。子，姓；鉏商，名。以子爲姓，與杜異。○以爲不祥，以賜虞人。虞人，掌山澤之官。時所未嘗見，故怪之。疏以爲至虞人。○正義曰：家語云：子鉏商采薪於大野，獲麟焉，折其前左足，載而歸。叔孫以爲不祥，棄之於郭外，使人告於孔子，孔子曰：麟也。然後取之。王肅云：傳曰西狩，此曰采薪，時實狩獵。鉏商非狩者，采薪而獲麟也。傳曰以賜虞人，此云棄之於郭外，棄之於郭外，所以賜虞人也。然肅意欲成彼家語，令與經傳符同，故強爲之辭，冀合其說，要其文正乖，不可合也。今傳

言狩而獲麟，非采薪者也。鉏商不是狩者，麟非狩之所獲，何以書爲狩乎？以賜虞人，虞人當受之矣，棄郭外，非賜人之辭，不得棄之以爲賜人也。公羊傳曰：西狩獲麟，何以書？記異也。何異爾？非中國之獸也。然則孰狩之？薪采者也。薪采者則微者也，曷爲以狩言之？大之也。曷爲大之？爲獲麟大之也。則公羊之意，當時實無狩者，爲大麟而稱狩也。家語雖出孔家，乃是後世所錄，取公羊之說，飾之以成文耳，不可與左氏合也。○仲尼觀之，曰：麟也。然後取之。言魯史所以得書獲麟。疏注言魯至獲麟。○正義曰：若舉國不識，則無由得書。傳說仲尼觀之，言魯史所以得書獲麟，由仲尼辨之故也。服虔云：仲尼名之曰麟，明麟爲仲尼至也。然則麟非常見，魯人所疑，仲尼名之，即云爲仲尼至。然則防風之骨，肅慎之矢，季氏之墳羊，楚王之萍實，皆問仲尼而後知，豈爲仲尼至也？○小邾射以句繹來奔，曰：使季路要我，吾無盟矣。子路信誠，故欲得與相要誓而不須盟。孔子弟子既續書魯策以繫於經，丘明亦隨而傳之，終於哀公，以卒前事，其異事則皆略而不傳，故此經無傳者多。○要，於妙反，又一遙反，注同。使子路，子路辭。季康子使冉有謂之曰：千乘之國，不信其盟，而信子之言，子何辱焉？對曰：魯有事于小邾，不敢問故，死其城下可也。彼不臣而濟其言，是義之也，由弗能。濟，成也。○乘，繩證反，年內同。疏使子至弗能。○正義曰：季孫之意，以小邾射不信千乘之國，而信子路之言，是其重子路過於一國，子路當以爲榮，不宜恥與言約。子路之意，魯伐小邾，非己能禁，將令己言不信，不可與射約也。又射是竊地叛臣，臣之罪惡者也，而子路與之相要，便是以射爲義，恥與不義交好，故辭而不能也。○齊簡公之在魯也，闞止有寵焉。簡公，悼公陽生子壬也。闞止，子我也，事在六年。○闞，苦暫反。及即位，使爲政。陳成子憚之，驟顧諸朝。成子，陳常。心不安，故數顧之。○憚，大旦反。驟，仕救反。數，所角反。諸御鞅言於公曰：陳鞅，齊大夫。

闞不可並也君其擇焉擇用一人弗聽子我夕夕視事陳逆殺人逢之陳逆子行陳氏宗也子我逢之遂執以入執逆至朝陳氏方睦欲謀齊國故宗族和使疾而遺之潘沐備酒肉焉使詐病因內潘沐并得內酒肉潘米汁可以沐頭○遺唯季反潘芳袁反注皆同沐音木汁之十反饗守四者醉而殺之而逃子我盟諸陳於陳宗失陳逆懼其反爲患故盟之【疏】盟諸陳於陳宗○正義曰陳宗陳氏宗主謂陳成子也盡集陳氏宗族就成子家盟也初陳豹欲爲子我臣豹亦陳氏族使公孫言己言己介達之○介音界媒介也亦因也已有喪而止既而言之既終喪也曰有陳豹者長而上僂肩背僂○長如字又丁丈反僂力主反望視目望陽事君子必得志得君子意欲爲子臣吾憚其爲人

也恐多詐故緩以告子我曰何害是其在我也使爲臣他日與之言政說遂有寵謂之曰我盡逐陳氏而立女若何對曰我遠於陳氏矣言已疏遠○說音悅女音汝遠如字又于萬反且其違者不過數人違不從也○數所注反何盡逐焉遂告陳氏子行曰彼得君弗先必禍子子行舍於公宮子行逃而隱於陳氏今又隱於公宮夏五月壬申成子兄弟四乘如公成子之兄弟昭子莊簡子齒宣子夷穆子安廩丘子意茲芒子盈惠子得凡八人二人共一乘○廩力甚反芒音亡【疏】注成子至一乘○正義曰案世本僖子生昭子莊簡子齒宣子其夷穆子安廩丘子鑿茲芒子盈惠子得子我在幄幄帳也聽政之處○幄於角反處昌慮反出逆之遂入閉門成子入反閉門不納子我侍人禦之子我侍人○禦本亦作御魚呂反子行殺侍人素在內故得殺人公與婦人飲酒于檀臺成子遷諸寢徙公使居正寢○檀大丹反公執戈將擊之疑其欲作亂大史子餘曰非不利也將除害也言將爲公除害○大音泰將爲于僞反下文逆爲余請下注爲公同成子出舍于庫以公怒故聞公猶怒將出曰何所無君子行抽劍曰需事之賊也言需疑則害事○需音須誰非陳宗言陳氏宗族衆多【疏】誰非陳宗○正義曰子行稱國內之人誰非陳宗言陳氏宗族衆多力足成事何爲畏子我欲出奔所不殺子者有如陳宗言子若欲出我必殺子明如陳宗【疏】所不至陳宗○正義曰子行慮其必出故以殺子懼之陳宗謂陳之先人此稱有如陳宗由定六年孟懿子謂范獻子曰所不以陽虎爲中軍司馬者有如先君彼注云稱先君以徵其言此亦然也服虔云陳宗陳宗先祖鬼神也○

乃止子我歸屬徒攻闈與大門闈宮中小門大門公門也○屬之欲反闈音韋【疏】注闈宮至門也○正義曰釋宮云宮中之門謂之闈孫炎曰宮中相通小門也成子在公宮內知大門公門也計闈在宮內必是得入大門乃得至闈今言攻闈與大門皆不勝者公宮非止一門蓋從別門而入兵得至闈故與大門並攻也皆不勝乃出陳氏追之失道於弇中適豐丘弇中狹路豐丘陳氏邑○弇於檢反又音淹狹音洽豐丘人執之以告殺諸郭關齊關名成子將殺大陸子方子方子我臣陳逆請而免之以公命取車於道子方取道中行人車及耏衆知而東之知其矯命奪車逐使東○耏音而矯本又作橋居表反出雍門齊城門也○雍於用反陳豹與之車弗受曰逆爲余請豹與余車余有私焉事子我而有私於其

讎何以見魯衛之士傳言陳氏務施○施式豉反東郭賈奔衛賈即子方庚辰陳恒執公于舒州公曰吾早從鞅之言不及此悔不誅陳氏○宋桓魋之寵害於公恃寵驕盈公使夫人驟請享焉而將討之夫人景公母也數請享飲欲因請討之○數所角反未及魋先謀公請以鞌易薄鞌向魋邑薄公邑欲因易邑爲公享宴而作亂○鞌音安公曰不可薄宗邑也宗廟所在乃益鞌七邑而請享公焉僞喜於受賜以日中爲期家備盡往甲兵之備公知之告皇野曰余長魋也少長育之皇野司馬子仲○長丁丈反注同少詩照反今將禍余請即救司馬子仲曰有臣不順神之所惡也而況人乎敢不

承命不得左師不可左師向魋兄向巢也○惡烏路反請以君命召之左師每食擊鍾聞鍾聲公曰夫子將食既食又奏奏樂公曰可矣以乘車往曰迹人來告主迹禽獸者○迹子亦反〔疏〕注主迹禽獸者○正義曰周禮夏官迹人掌邦田之政凡田獵者受令焉鄭玄云迹之言跡知禽獸之處也曰逢澤有介麇焉地理志言逢澤在熒陽開封縣東北遠疑非介大也○介音界麇九倫反麞也本又作麕亡悲反〔疏〕注地理至大也○正義曰漢書地理志云開封縣逢澤在東北或曰宋之逢澤也臣瓚案汲郡古文梁惠王廢逢忌之藪以賜民今浚儀縣有逢忌陂是也土地名宋都睢陽計去開封四百餘里非輕行可到故杜以遠疑非也蓋於宋都之旁別有近地名逢澤也介大也釋詁文案方言畜無耦曰介杜云大者逢澤大處不應唯有一麇若迹人止告一麇不應公喚左師俱獵故以介爲大劉炫以爲一麇而規杜氏非也公曰雖魋未來得左師吾與之田若何

皇野稱公命君憚告子難以遊戲煩大臣○難乃旦反下文及注同野曰嘗私焉嘗試也君欲速故以乘車逆子與之乘至公告之故拜不能起司馬曰君與之言使公與要誓公曰所難子者上有天下有先君言雖誅魋要不負言使禍難及子對曰魋之不共宋之禍也敢不唯命是聽司馬請瑞焉瑞符節以發兵〔疏〕注瑞符節以發兵○正義曰周禮典瑞云牙璋以起軍旅以治兵守鄭衆云牙璋瑑以爲牙牙齒兵象故以牙璋發兵若今時以銅虎符發兵也彼用牙璋天子之法諸侯於其封內亦自以瑞發兵其物無文以言之以命其徒攻桓氏桓氏向魋其父兄故臣曰不可司馬故臣與桓魋無怨者其新臣曰從吾君之命遂攻之子頎騁而告桓司馬子頎桓魋弟桓司馬即魋也○頎音祈騁

勑領反司馬欲入入攻君子車止之車亦魋弟曰不能事君而又伐國民不與也祇取死焉向魋遂入于曹以叛哀八年宋滅曹以爲邑○祇音支六月使左師巢伐之欲質大夫以入焉巢不能克魋恐公怒欲得國內大夫爲質還入國○質音致注及下同不能亦入于曹取質不能得大夫故入曹劫曹人子弟而質之欲以自固魋曰不可既不能事君又得罪于民將若之何乃舍之舍曹子弟○舍音赦又音捨注同民遂叛之向魋奔衛向巢來奔宋公使止之曰寡人與子有言矣不可以絕向氏之祀辭曰臣之罪大盡滅桓氏可也若以先臣之故而使有後君之惠

也若臣則不可以入矣司馬牛致其邑與珪
焉而適齊牛桓魋弟也珪守邑符信向魋出於衛地公文氏
攻之公文氏衛大夫求夏后氏之璜焉與之他玉而
奔齊陳成子使爲次卿司馬牛又致其邑焉
而適吳示不與魋同。夏戶雅反璜音黃吳人惡之而反趙簡子
召之陳成子亦召之卒於魯郭門之外阬氏
葬諸丘輿阬氏魯人也泰山南城縣西北有輿城錄其卒葬所在愍賢者失所。惡烏路反阬苦庚
反或音岡輿音余○甲午齊陳恒弑其君壬于舒州壬簡公也
孔丘三日齊而請伐齊三公曰魯爲齊弱久
矣子之伐之將若之何對曰陳恒弑其君民

之不與者半以魯之衆加齊之半可克也公
曰子告季孫孔子辭辭不告。三日齊側皆反本又作齊伐齊三如字又息皆反
退而告人曰吾以從大夫之後也故不敢不
言嘗爲大夫而去故言後疏孔丘至告人。正義曰論語錄此事與此小異彼云沐浴而朝此云齊而
請彼云公曰告夫三子此云公曰子告季孫禮齊必沐浴三子季孫爲長各記其一故不同耳彼於退而告人之下又云
之三子告此無文者傳是史官所錄記其與君言耳退後別告三子唯弟子知之史官不見其告故傳無文也○初
孟孺子洩將圉馬於成洩孟懿子之子孟武伯也圉畜養也成孟氏邑。洩
息列反圉魚呂反成宰公孫宿不受曰孟孫爲成之病
不圉馬焉病謂民貧困。爲于僞反孺子怒襲成從者不得
入乃反成有司使孺子鞭之恨恚故鞭成有司之使人。從者才用反

使所吏反注同恚一瑞反秋八月辛丑孟懿子卒成人奔喪
弗內袒免哭于衢聽共弗許請聽命共使。內如字又音納袒音但免
音問衢其俱反共音恭注同懼不歸不敢歸成爲明年成叛傳
經十有五年春王正月成叛○夏五月齊高
無丕出奔北燕無傳。丕普悲反○鄭伯伐宋無傳○秋
八月大雩無傳。雩音于○晉趙鞅帥師伐衛○冬
晉侯伐鄭無傳○及齊平魯與齊平○衛公孟彄出奔
齊無傳。彄苦侯反
傳十五年春成叛于齊武伯伐成不克遂城
輸以偪成○夏楚子西子期伐吳及桐汭宣城廣德縣西

南有桐水出白石山西北入丹陽湖。汭如銳反陳侯使公孫貞子弔焉
弔爲楚所伐及良而卒良吳地將以尸入聘禮若賓死未將命則既斂于
棺造於朝介將命。斂力驗反下同造七報反下文同介音界下文注皆倣此疏注聘禮至將命正義曰聘禮文
也服虔云在牀曰尸在棺曰柩禮稱既斂於棺傳言將以尸入者記言對文耳散則可以通隱元年傳曰贈死不及尸注
云尸未葬之通稱也、聘禮賓入竟而死遂也主人爲之具而殯介攝其命君弔介爲主人主人歸禮幣必以用介受賓
禮無辭也不饗食此謂入竟未至國都賓死其禮如此聘禮又云若賓死未將命則既斂于棺造於朝介將命鄭注云未
將命謂侯間之後也此謂賓已至朝主人將欲行禮賓請間之後賓死以柩造朝以尸將事今公孫貞子卒於竟內依禮
唯可以尸而入殯於賓館不合以柩造朝以尸將事今上介芋尹云以尸將事者以吳人不納故芋尹引禮深以辯之杜
以傳有以尸將事故引聘禮斂于棺造于朝介將命以釋之其實貞子當殯於館不得以尸將事也吳子使
大宰嚭勞且辭曰以水潦之不時無乃廩然

隕大夫之尸隮然傾動貌。○勞力報反，潦音老，潦力甚反，隕于敏反，下同。以重寡君之憂。寡君敢辭。上介芋尹蓋對，蓋，陳大夫，貞子上介。○重直用反，下注同。寡君敢辭上介絕句。芋音于付反。曰：「寡君聞楚爲不道，荐伐吳國，荐，重也。○荐在偏反。滅厥民人。寡君使蓋備使，弔君之下吏。備猶副也。○備使所吏反，蓋芋尹蓋辭同。無祿，使人逢天之慼，大命隕隊，絕世于良，絕世猶言棄世。廢日共積，廢行道之日以共具殯斂所積聚之用。○共音恭，注同。積子賜反，又如字，注同。殯必刃反。聚才喻反，又如字。一日遷次。一日便遷次，不敢留君命。今君命逆使人曰『無以尸造于門』，是我寡君之命委于草莽也。且臣聞之曰：『事死如事生，禮也。』於是乎有朝聘而終以尸將事之禮，朝聘道死，以尸行事。○莽亡黨反。

【疏】「於是」至「之禮」。○正義曰：上注所引者，是聘賓終以尸將事之禮。聘禮又云：「聘遭喪，入竟則遂也。不郊勞，不筵几，主人畢歸禮，賓唯饔餼之受。」是聘而遭喪之禮也。其朝禮雖亡，賓終及主遭喪，必亦有禮。文六年，季文子聘於晉，求遭喪之禮，是也。

又有朝聘而遭喪之禮。遭所聘之喪。若不以尸將命，是遭喪而還也，無乃不可乎！以禮防民，猶或踰之。今大夫曰『死而棄之』，是棄禮也，其何以爲諸侯主？謂主盟也。先民有言曰：『無穢虐士。』虐士，死者。備使奉尸將命，苟我寡君之命達于君所，雖隕于深淵，則天命也，非君與涉人之過也。」吳人內之。傳言芋尹蓋知禮。○內如字，又音納。

○秋，齊陳瓘如楚，瓘，陳恒之兄子玉也。○瓘古喚反。過衛，仲由見之，仲由，子路。○過古禾反。曰：「天或者以陳氏爲斧斤，既斲喪公室，而他人有之，不可知也；其使終饗之，亦不可知也。饗，受也。○斲陟角反，喪息浪反，下并注皆同。若善魯以待時，不亦可乎？何必惡焉？」仲由事孔子，故爲魯言。○爲于僞反，下爲衛、爲請並同。子玉曰：「然，吾受命矣，子使告我弟。」弟，成子也。

○冬，及齊平。子服景伯如齊，子贛爲介，見公孫成，公孫成，成宰公孫宿也。曰：「人皆臣人，而有背人之心，況齊人雖爲子役，其有不貳乎？言子叛魯，齊人亦將叛子。○背音佩。

【疏】「曰人」至「貳乎」。○正義曰：人皆臣人，謂凡人皆臣事於人，當一心事上。今公孫成而有背人之心，謂背魯適齊。況他國齊人雖爲子役，豈有不學子而爲叛貳乎？言必效子而爲叛貳，故杜云「言子叛魯，齊人亦將叛子也」。

子，周公之孫也，多饗大利，猶思不義。利不可得，而喪宗國，將焉用之？」喪宗國，謂以邑入齊，使魯有危亡之禍。○焉於虔反。成曰：「善哉！吾不早聞命。」傳言仲尼之徒皆忠於魯國。陳成子館客，使景伯、子贛就館。曰：「寡君使恒告曰：『寡君願事君如事衛君。』」言衛與齊同好，而魯未肯。○好呼報反。景伯揖子贛而進之，對曰：「寡君之願也。昔晉人伐衛，在定八年。齊爲衛故，伐晉冠氏，喪車五百，在定九年。冠氏，陽平館陶縣。○冠如字，又古喚反。因與衛地，自濟以西，禚、媚、杏以南，書社五百。二十五家爲一社，籍書而致之。○濟子禮反，禚諸若反。吳人加敝邑以亂，在八年。齊因其病，取讙與闡。亦在八年。寡君是以寒心若得視衛君之事君也則固所願也成子病之乃歸成病其言也公孫宿以其兵甲入于嬴嬴齊邑。嬴音盈○衛孔圉取大子蒯聵之姊生悝孔圉孔文子也蒯聵姊孔伯姬。圉魚呂反蒯苦怪反聵魚怪反悝苦回反孔氏之豎渾良夫長而美孔文子卒通於內通伯姬。渾戶門反長丁丈反又如字大子在戚孔姬使之焉使良夫詣大子所。使之所吏反又如字大子與之言曰苟使我入獲國服冕乘軒三死無與冕大夫服軒大夫車三死死罪三。無與音預與之盟爲請於伯姬良夫爲大子請閏月良夫與大子入舍於孔氏之外圃圃園。圃布五反昏二人蒙衣而乘二人大子與良夫蒙衣爲婦人服也。乘繩證

反下及注同寺人羅御如孔氏孔氏之老欒寧問之稱姻妾以告自稱昏姻家妾。欒力丸反姻音因○遂入適伯姬氏既食孔伯姬杖戈而先大子與五人介輿豭從之介被甲輿豭豚欲以盟。杖直亮反又音丈豭音加被皮寄反【疏】○輿豭。正義曰傳稱諸侯盟誰執牛耳則盟當用牛此用豕者鄭玄云人君用牛伯姬迫孔悝以豭下人君耳然則蒯聵自謀取國寧復降下人君於時迫促難得牲耳牲不備牛如孟任割臂以盟莊公楚昭王割子期之心以盟隨人此及明年大子疾輿豭爲盟皆臨時偏切難以禮論也迫孔悝於廁強盟之孔氏專政故劫孔悝欲令逐輒○迫孔悝本又作𢷎悝廁初吏反強其丈反劫居業反令力呈反遂劫以登臺欒寧將飲酒炙未熟聞亂使告季子季子子路也爲孔氏邑宰。炙章夜反下同【疏】注季子至邑宰。正義曰論語稱子路爲季路則字季故呼爲季子也使告季子則季子在外下云食焉不辟其難是食孔氏之祿故知爲孔氏邑宰召獲駕乘車召獲衛大夫駕乘車詐不欲戰。召上照反注同行爵食炙奉衛侯輒來奔季子將入遇子羔將出子羔衛大夫高柴孔子弟子將出奔【疏】召獲至食炙。正義曰上明爲傳雖詳於當時而此太煩碎計欒寧飲酒無可記錄又此句顛倒辭義不允若倒此一句則上下各自相連當是後來誤耳曰門已閉矣季子曰吾姑至焉且欲至門子羔曰弗及不踐其難言政不及已可不須踐其難○難乃旦反注及下皆同季子曰食焉不辟其難謂食孔氏祿【疏】子羔至辟其難。正義曰子羔謂季子將欲救君故言政不及已不當踐其難季子欲救孔悝故言食其祿焉不辟其難子羔遂出子路入及門公孫敢門焉守門曰無入爲也言輒已出無爲復入○復扶又反季子曰是公孫求利焉而逃其難由

不然利其祿必救其患有死者出乃入因門開而入。使所吏反曰大子焉用孔悝雖殺之必或繼之言已必繼孔悝爲難攻大子。焉於虔反且曰大子無勇若燔臺半必舍孔叔大子聞之懼下石乞盂黶敵子路二子蒯聵黨敵當也。燔音煩舍音捨又如字盂音于黶於減反以戈擊之斷纓子路曰君子死冠不免不使冠在地○斷丁管反結纓而死孔子聞衛亂曰柴也其來由也死矣孔悝立莊公莊公蒯聵也莊公害故政欲盡去之故政輒之臣○去起呂反先謂司徒瞞成曰寡人離病於外久矣子請亦嘗之歸告褚師比欲與之伐公不果比褚師聲子爲明年瞞成

奔起○瞞莫干反諸中呂反

附釋音春秋左傳注疏卷第五十九

春秋左傳注疏卷五十九校勘記　阮元撰盧宣旬摘錄

附釋音春秋左傳注疏卷第五十九 哀十二年盡十五年宋本春秋左傳正義卷第三十六

經十二年

橐皋在淮南逡遒縣東南 郡國志逡作浚

廣陵海陵縣東南有發繇亭 宋本岳本足利本亭作口淳熙本亭字改刊初刻似亦作口也

是歲置閏 宋本淳熙本岳本纂圖本閩本監本毛本歲下有應字是也

司厤誤一月 宋本一作十非也

傳十二年

注諱娶至宋女 宋本以下正義三節揔入孔子與弔節注下

宋是子姓長女字孟 重脩監本字孟誤音畫

籍小君之尊 浦鏜正誤籍作藉

故與弔也 纂圖本監本毛本與作爲非也

季孫不服喪 纂圖本閩本監本毛本孫誤氏

又世家又諸書 監本毛本下又字作及宋本同是也宋本諸作語非

君之母妻則不名也 宋本不名作小君與儀禮喪服傳合

謂老苦有廢疾而致仕者也 宋本苦作若案廢疾之廢當作癈

孔子不得服弔服 宋本上服字誤成

大夫之弔服弁経 諸本作弁此本誤弁今改正

纓而不糾也　宋本糾作以非

或弔者先拜　此本或字模糊依宋本改閩本監本毛本誤成

若可尋也　諸本作尋儀禮有司徹篇鄭注引作燖俗字

注尋重也寒歇也　宋本以下正義四節揔入從之固矣注下

子羽衞大夫　岳本夫下有也字

則三國私盟　考文三作二誤

而藩其君舍以難之　諸本作藩此本誤籓今改

子盍見大宰　石經宰下有嚭字

十月之昏則伏矣　此本矣字模糊據宋本改閩本監本毛本作火誤也

則是夏九月　宋本九作十是也

春秋左傳注疏卷五十九校勘記　哀公　二

言諸儒皆以爲時　此本時字模糊據宋本補閩本監本毛本作冬

隙地間田　宋本岳本間作閒釋文云閒田一本作閒地

鍚　石經宋本岳本纂圖本閩本監本毛本鍚作錫是也下同監本鄭取錫誤鄭聚錫

十二月鄭罕達救嵒丙申圍宋師　石經二字以下十字皆改刻因初刻脫月字也

更具列其月以爲別者　淳熙本具作其非也

明傳文無較例　重脩監本較誤較

經十三年

七年會吳于鄫　重脩監本鄫誤鄭

傳十三年

見于旦也　宋本同與公羊傳合閩本監本毛本于作乎

空虛之名不有　岳本足利本名字作各按各是也各不有者宋鄭皆不有之如子產所約也

越子伐吳爲二隧　顧炎武云隧即古隊字按傳文隊多訓爲道隊乃古之墜字絕不相涉今俗語謂衆若干爲一隊則非古人語言

不可以見[illegible]而弗殺也　石經弗字改刻初刻誤不

自剄七人於幕下　淳熙本幕誤募

吳爲大伯後　淳熙本爲誤後

趙鞅至知也　宋本以下正義十二節揔入注文終伍員之言之下

乃令董褐請事　宋本閩本監本毛本作董此本誤蓳下同今改正

則晉成爲伯矣　石經矣字以下至卷末皆殘缺

七年傳　宋本傳作使

春秋左傳注疏卷五十九校勘記　哀公　三

有事於上帝先王　正義曰周之十月非祭上帝先公之時則先王似當作先公惜石經殘缺無以正之

言吳士不恤下　毛本士作主亦誤宋本淳熙本岳本足利本士作王是也

軍中不得出粮與人　閩本監本毛本粮作糧案糧粮古今字

穀以秋孰　閩本監本毛本孰作熟

言欲致餅并致飲也　宋本餅作飯案盧文弨按云餅乃飯之訛見桓二年釋文餅飰皆同

飯

吳所營軍之房　宋本房作旁是也監本毛本誤方

經十四年　石經春秋經傳集解哀下第卅岳本哀下有公字並盡廿七年

音中鐘呂　閩本監本毛本鐘作鍾

案此時去漢二百七十有餘年矣　監本毛本二作三非也續漢志云獲麟至

漢二百七十五歲李銳云下三百許歲亦二百之誤

頹容等　宋本監本毛本頹作穨非

子爾不言　宋本監本毛本子作了是也今依改

齊陳恒執其君寘于舒州　惠棟云史記齊世家云田常執簡公于徐州司馬貞曰徐字从人說文作郐並音舒戰國策齊一篇曰楚威王戰勝于徐州高誘曰徐州或作舒州是時徐屬齊案徐舒古字通

陳宗豎出奔楚　諸本作豎此本誤登今改正

莒子狂卒　石經宋本淳熙本岳本狂作狂與葉抄釋文合案錢大昕云考古字書無狂字

傳十四年

注大野至商名　宋本以下正義三節揔入仲尼觀之曰節注下

鉅訓大也　閩本監本毛本作鉅此本誤臣今改正宋本作巨案作巨者是

棄郭外　宋本郭上有之字

取公羊之說飾之　宋本飾作節是也

季氏之墳羊　監本毛本墳作蹟

盟諸陳於陳宗　宋本以下正義五節揔入注文悔不誅陳氏之下

使爲臣他日　石經臣他二字改刊因初刻誤倒也

廩邱子意玆　宋本岳本纂圖本閩本監本毛本廩作廪

子芒盈　宋本岳本纂圖本毛本作芒子盈山井鼎云或作子芒盈非

素在内　淳熙本在誤任

子我歸屬徒攻闈與大門　石經歸下有帥字衍文也屬之欲反屬則不必更言帥矣

子方取道中行人車　監本毛本人誤入

知其矯命　釋文矯作撟云本又作矯詳釋文挍勘記

左師每食擊鍾聞鍾聲　石經宋本岳本纂圖本毛本鍾作鐘

注主迹禽獸者　宋本以下正義三節揔入吳人惡之節注下

逢澤有介麇焉　釋文亦作麇云本又作麏石經宋本淳熙本作麏案王應麟困學紀聞昭十四年正義引並作麏逢作逄非

言逢澤在滎陽　纂圖本監本毛本滎誤作榮齊召南云滎陽二字似衍文案漢志本文開封逢池在東北或曰宋之逢澤也漢時開封屬河南郡晉始屬滎陽郡似不得以晉時郡名混入漢志也

開封縣逢澤在東北　案漢書地理志澤作池

梁惠王廢逢忌之藪　案漢志廢作發

今浚儀縣有逢忌陂是也　案漢志逢忌陂作逢陂忌澤

牙琸琢以爲牙　宋本琢作瑑是也

臣之罪大　淳熙本臣誤氏

司馬牛致其邑與珪焉　此本與珪二字實缺據石經及諸刻本補

公文氏攻之　此本文氏二字實缺依石經及諸刻本補

錄其卒葬所在　此本錄字實缺據諸本補

袒免哭于衢　淳熙本袒誤祖

經十五年

齊高無丕出奔北燕　監本丕誤平下同

傳十五年

遂城輸　此本城字實缺據石經及諸刻本補

宣城廣德縣　諸本作廣此本實做今補正

聘禮至將命　宋本以下正義二節揔入注文傳言芋尹蓋知禮之下

聘禮文也　此本文字實闕閩本同據宋本監本毛本補

深以折之辯　此本折字實鈌據宋本補閩本監本毛本作

荐伐吳國　毛本荐作薦非注同

大命隕隊　石經纂圖本閩本監本毛本隊作墜俗字

絕世猶言棄世　纂圖本閩本監本毛本下世字誤也

以共具殯斂所積聚之用　淳熙本殯誤隕

事死如事生禮也　宋本岳本無下事字石經初刻有後刊去

朝聘道死以尸行事　岳本道上有而字死下有則字纂圖本閩本監本毛本死作使非也

又云聘遭喪入竟則遂也　監本毛本遭作禮非也

無穢虐士　淳熙本虐作虛大謬

而有背人之心　石經而下旁有子字非唐刻也本或作人皆臣人子有背人之心

曰人至貳乎　宋本至下有不字此節正義在公孫宿以其節注下

令公孫成而有背人之心　宋本閩本監本毛本令作今是也

自稱昏姻家妾　纂圖本閩本監本毛本昏作婚

輿猳　宋本以下正義四節揔入先謂司徒節注下

課得牲耳　監本毛本課作難

若倒此一句　宋本一作二

子羔至辟其難　宋本無辟字

曰無入爲也　淳熙本也誤出

是公孫也　宋本淳熙本岳本纂圖本毛本孫下有也字石經此行雖殘缺然自無入爲也也字起至求利焉利字止計十字亦必有也字也

莊公蒯聵也　諸本作聵此本誤聧今改正

附釋音春秋左傳注疏卷第五十九止

春秋左傳注疏卷五十九校勘記

附釋音春秋左傳注疏卷第六十 哀十六年盡二十七年

杜氏注　孔穎達疏

經十有六年春王正月己卯衛世子蒯聵自戚入于衛衛侯輒來奔書此春皆從告○二月衛子還成出奔宋即瞞成○還音旋○夏四月己丑孔丘卒仲尼既告老去位猶書卒者魯之君臣宗其聖德殊而異之魯襄二十二年生至今七十三也四月十八日乙丑無己丑己丑五月十二日日月必有誤○孔子卒孔子作春秋終於獲麟之一句公羊穀梁經是也弟子欲記聖師之卒故採魯史記以續夫子之經而終於此丘明因隨而作傳終於哀公從此已下無復經矣魯襄二十二年生至今七十三也本或作魯襄二十三年生至今七十一則與史記孔子世家異此本非也

疏注仲尼至有誤○正義曰魯臣見爲卿乃書其卒致事而卒猶尚不書仲尼書卒者魯之君臣宗其聖德殊而異之故特命史官使書其卒耳孔子世家云魯襄公二十二年而孔子生孔子年七十三以魯哀公十六年四月己丑卒杜自以長厤校之四月十八日有乙丑無己丑己丑乃是五月十二日也日月必有誤者劉炫云春秋之例卿乃書卒縱令仲尼不告老例不合書而杜云告老去位猶書卒非也今知不然者案周禮典命云公侯伯之卿三命大夫再命仲尼爲魯大夫夾谷之會攝相事十一年傳云子爲國老是大夫尊者則二命以上準例合書故杜爲此注或可杜爲抑揚之辭以爲仲尼縱未去位例不合書告老去位猶書卒者欲明魯之君臣宗其聖德之甚劉不尋杜旨以爲例不合書而規杜過非也

傳十六年春瞞成褚師比出奔宋欲伐莊公不果而奔衛侯使鄢武子告于周武子衛大夫肹也○鄢於虔反肹許乙反曰蒯聵得罪于君父君母逋竄于晉晉以王室之故不棄兄弟寘諸河上河上戚也○逋布吳反竄七亂反寘之豉反天誘其衷獲嗣守封焉使下臣肹敢告執事王使單平公對曰肹以嘉命來告余一人往謂叔父余嘉乃成世復爾祿次敬之哉繼父之世還居君之祿次○衷音忠單音善余嘉乃成世絕句方天之休言天方授爾以休○休音許虯反注及下同美也弗敬弗休悔其可追傳終蒯聵之事○夏四月己丑孔丘卒公誄之曰旻天不弔不慭遺一老俾屏余一人以在位弔至也慭且也俾使也屏蔽也○誄力軌反說文云謚也旻亡巾反弔如字又音的慭魚覲反俾必爾反屏必領反煢煢余在疚嗚呼哀哉尼父無自律疚病也律法也言喪尼父無以自爲法○煢求營反疚久又反父音甫喪息浪反

疏注公誄至自律○正義曰周禮大祝掌作六辭以通上下親疏遠近六曰誄鄭衆曰誄謂積累生時德行以賜之命主爲其辭也鄭玄禮記注云誄累也累列生時行迹讀之以作謚此傳唯說誄辭不言作謚傳記羣書皆不載孔子之謚蓋唯累其美行示己傷悼之情而賜之命耳不爲之謚故書傳無稱焉至漢王莽輔政尊尚儒術封孔子後爲褒成侯追謚孔子爲褒成宣尼君明是舊無謚也鄭玄禮注云尼父因且字以爲之謚謂謚孔子爲尼父鄭玄錯讀左傳云以字爲謚遂復妄爲此解

子贛曰君其不沒於魯乎夫子之言曰禮失則昏名失則愆失志爲昏失所爲愆生不能用死而誄之非禮也稱一人非名也天子稱一人非諸侯之名○愆起虔反君兩失之○六月衛侯飲孔悝酒於平陽平陽東郡燕縣東北有平陽亭○飲於鴆反重酬之大夫皆有納焉納財賄也醉而送之夜半而遣之夜遣者慙貪孔悝不欲令人見○令力呈反載伯姬於平陽而行載其母俱去及西門平陽門使貳車反祏於西圃使副車還取廟主西

圖孔氏廟所在祏藏主石函○祏音石圖布五反函音咸疏注使副至石函○正義曰少牢饋食大夫之祭禮其祭無主鄭玄箴法注云惟天子諸侯有主禘祫大夫不禘祫無主耳今孔悝得有主者當特僭爲之非禮也鄭玄駁異義云大夫無主孔悝之反祏所出公之主耳案孔氏姞姓春秋時國唯南燕爲姞姓耳孔氏仕於衞朝已歷多世不知本出何國安得有所出公之主也知是僭爲之耳子伯季子初爲孔氏臣新登于公升爲大夫請追之遇載祏者殺而乘其車子伯殺載祏者許公爲反祏孔悝怪載祏者久不來使公爲反逆之○許公爲如字人姓名反本亦作返音同遇之曰與不仁人爭明無不勝不仁人謂子伯季子也明無不勝言必勝○爭爭鬭之爭必使先射射三發皆遠許爲許爲射之殪傳言子伯不仁所以死也○射食亦反下同發如字一音廢遠於萬反殪於計反或以其車從從公爲○從才用反又如字注同得祏於橐中孔悝出奔

宋○橐音託楚大子建之遇讒也自城父奔宋在昭十九年○城父音甫又辟華氏之亂於鄭在昭二十年○華戶化反鄭人甚善之又適晉與晉人謀襲鄭乃求復焉鄭人復之如初晉人使諜於子木請行而期焉請行襲鄭之期子木即建也○諜徒協反子木暴虐於其私邑邑人訴之鄭人省之得晉諜焉遂殺子木其子曰勝在吳子西欲召之葉公曰吾聞勝也詐而亂無乃害乎葉公子高沈諸梁也○葉始涉反子西曰吾聞勝也信而勇不爲不利舍諸邊竟使衞藩焉使爲藩屏之衞○竟音境下同藩方元反注同葉公曰周仁之謂信周親也率

義之謂勇率行也吾聞勝也好復言言之所許必欲復行之不顧道理○好呼報反而求死士殆有私乎私謀復讎復言非信也期死非勇也期必也子必悔之弗從召之使處吳竟爲白公白楚邑也汝陰褒信縣西南有白亭請伐鄭子西曰楚未節也言楚國新復政令猶未得節制不然吾不忘也他日又請許之未起師晉人伐鄭楚救之與之盟勝怒曰鄭人在此讎不遠矣比子西於鄭人勝自厲劍子期之子平見之曰王孫何自厲也曰勝以直聞不告女庸爲直乎將以殺爾父平以告子西子西曰勝如卵余翼而長之以鳥爲喻○女音汝卵來

管反長丁丈反楚國第用士之次第○第大細反我死令尹司馬非勝言我必殺之若得自死我乃不復成人○復扶又反而誰勝聞之曰令尹之狂也得死乃非我子西不悛勝謂石乞石乞勝之徒○悛七全反曰王與二卿士二卿士子西子期皆五百人當之則可矣乞曰不可得也五百人不可得曰市南有熊宜僚者若得之可以當五百人矣乃從白公而見之與之言說告之故辭告欲作亂宜僚辭距之○熊音雄宜僚者本或作熊相宜僚相息亮反說音悅承之以劍不動拔劍指其喉○喉音侯勝曰不爲利諂不爲威惕不洩人言以求媚者去之吳人伐慎白公敗之汝陰慎縣也○不爲于僞反下同諂勑檢反惕他歷反洩

息列反又以制反〔疏〕勝曰至去之。正義曰白公告之知必許其爵位而宜僚辭是不爲利而諂也承之以劒欲刺殺之而宜僚不動是不爲威而懼也如此之人必不是漏泄人言以求媚者也言其必不泄己謀故舍而去之請以戰備獻與吳戰之所得鎧杖兵器皆備而獻之欲因以爲亂。鎧苦代反杖直亮反〔疏〕與吳至爲亂。正義曰服虔云欲陳士卒甲兵如與吳戰時所入獻捷杜以陳列甲兵士卒以入王宮人情所不許豈當時肯聽之故以爲戰時所得鎧杖兵器皆備具獻之所得既多欲因獻用之以作亂許之遂作亂秋七月殺子西子期于朝而劫惠王子西以袂掩面而死慙於葉公。劫居業反袂彌世反子期曰昔者吾以力事君不可以弗終抉豫章以殺人而後死以效其多力豫章大木。抉烏穴反石乞曰焚庫弒王不然不濟白公曰不可弒王不祥焚庫無聚將何以守矣

乞曰有楚國而治其民以敬事神可以得祥且有聚矣何患弗從葉公在蔡蔡邉州來楚并其地。聚才住反下同方城之外皆曰可以入矣子高曰吾聞之以險徼幸者其求無饜偏重必離險猶惡也所求無饜則不安譬如物偏重則離敗欲須兵襲而討之。徼古堯反饜於鹽反聞其殺齊管脩也而後入管脩楚賢大夫故齊管仲之後聞其殺賢知其可討曰公欲以子閭爲王子閭平王子啓五辭王者子閭不可遂劫以兵子閭曰王孫若安靖楚國匡正王室而後庇焉啓之願也敢不聽從若將專利以傾王室不顧楚國有死不能不能從。庇必利反又音祕遂殺之而以王如

高府高府楚別府石乞尹門爲門尹圉公陽穴宮負王以如昭夫人之宮公陽楚大夫昭夫人王母越女。圉魚呂反葉公亦至及北門或遇之曰君胡不胄國人望君如望慈父母焉盜賊之矢若傷君是絕民望也若之何不胄乃胄而進又遇一人曰君胡胄國人望君如望歲焉歲年穀也。胄直又反日日以幾冀君來。幾音冀本或作冀若見君面是得艾也艾安也。艾魚廢反一音五蓋反民知不死其亦夫有奮心猶將旌君以徇於國旌表也。夫方于反或音扶奮方問反旌音精徇似俊反而又掩面以絕民望不亦甚乎乃免胄而進言葉公得民心遇箴尹固帥其屬

將與白公欲與白公并。箴之林反子高曰微二子者楚不國矣二子子西子期也柏舉之敗二子功多棄德從賊其可保乎乃從葉公使與國人以攻白公白公奔山而縊其徒微之微匿也。使與國人與羊汝反一本作使興國人如字興謂興發也縊一賜反微如字匿也爾雅云匿微也匿女力反〔疏〕注微匿也。正義曰釋詁云匿微也舍人曰匿藏之微也郭璞曰微謂逃藏也左傳曰其微之是也生拘石乞而問白公之死焉對曰余知其死所而長者使余勿言長者謂白公也。拘音俱長丁丈反注同曰不言將烹乞曰此事克則爲卿不克則烹固其所也何害乃烹石乞王孫燕奔頯黃氏燕勝弟頯黃吳地。烹普庚反燕烏賢反又烏練反頯求龜反舊求悲反諸梁兼二事二事令尹

司馬國寧寧安也乃使寧爲令尹子西之子子國也使寬爲
司馬子期之子而老於葉傳終言之。葉始涉反○衛侯占夢嬖
人以能占夢見愛。○嬖必計反求酒於大叔僖子僖子大叔遺。○大叔音泰
不得與卜人比而告公曰君有大臣在西南
隅弗去懼害託占卜夢而言。○比毗志反去起呂反乃逐大叔遺遺
奔晉○衛侯謂渾良夫曰吾繼先君而不得
其器若之何國之寶器輒皆將去良夫代執火者而言將密
謀屏左右曰疾與亡君皆君之子也召之而擇材焉
可也召輒若不材器可得也輒若不材可廢其身因得其器豎告
大子大子疾大子使五人輿豭從己劫公而強

盟之盟求必立己。○豭音加强其丈反且請殺良夫公曰其盟免
三死盟在十五年曰請三之後有罪殺之公曰諾哉
傳十七年春衛侯爲虎幄於藉圃於田藉之圃新造幄幕皆
以虎獸爲飾。○幄於角反幕武博反成求令名者而與之始食焉大
子請使良夫以良夫應爲令名。○成絕句求令名者絕句應應對之應良夫乘衷
甸兩牡衷甸一轅卿車。○乘衷甸時證反說文作佃衷中也春秋乘中佃一轅車也牡茂后反〔疏〕
注中甸一轅卿車○正義曰甸即乘也四丘爲甸出車一乘
故以甸爲名是古者乘甸同也衛侯本許良夫服冕乘軒則
衛侯既入良夫爲大夫矣傳特言乘衷甸兩牡則良夫不合
乘之故知爲卿車也兵車一轅而二馬夾之其外更有二驂
是爲四馬今止乘兩牡而謂之衷乘者衷中也蓋以四馬爲
上乘兩馬爲中乘大事駕四小事駕二爲等差故也知大事
駕四者異義古毛詩說天子之大夫皆駕四故詩云四牡騑
騑周道倭遲是也如今乘輿有大駕中駕小駕爲行之等差

也其諸侯大夫士唯駕二無四二十七年陳成子以乘車兩
馬賜顏涿聚之子士喪禮云明以兩馬是唯得駕兩無上乘
也下文大子數之三罪衷甸不在其數而傳言之者積其奢僭多也紫衣狐裘紫衣君服〔疏〕
注紫衣君服○正義曰賈逵云然杜從之紫衣爲君服禮無
明文要此云紫衣言良夫不合服之玉藻云玄冠紫緌自魯
桓公始也鄭玄云蓋僭宋王者之後服也管子稱齊桓好服
紫衣齊人尚之五素而易一紫孔子云惡紫之奪朱蓋當時
人主好服紫衣君既服紫則臣不得僭今傳言紫衣爲良夫
之罪明紫是君服良夫僭之故言紫衣君服也大夫狐裘非
僭言之者爲袒裘張本至袒裘不釋劍而食食而熱故偏袒亦不敬。○袒音但
〔疏〕注食而至不敬○正義曰禮裘上有衣謂之裼玉藻云君衣狐白裘錦衣以裼之如此之類皆是裘上之裼衣
也裼衣之上乃有朝祭正服裘上有兩衣也如此兩衣襲則
二衣皆重之裼則袒正服露裼衣玉藻云裘之裼也見美也
君在則裼盡飾也服之襲也充美也然則在君之所於法唯
有露裼衣耳無露裘之時今良夫爲食熱之故偏袒其裘則
并裘亦袒是不敬也劍是害物之器不得近至尊
故近君則解劍良夫與君食而不釋劍亦不敬也大子使

牽以退數之以三罪而殺之三罪紫衣袒裘帶劍〔疏〕三罪至帶
劍○正義曰三者皆偪僭於君故以此爲
三罪衷甸僭卿耳比此爲輕知衷甸非也○二月越子
伐吳吳子禦之笠澤夾水而陳越子爲左右
句卒句卒鉤伍相著別爲左右屯。○禦魚呂反下同笠音立夾居洽反陳直覲反句古侯反注同卒子忽反注
及下注同著直畧反使夜或左或右鼓譟而進吳師分以
禦之越子以三軍潛涉當吳中軍而鼓之吳
師大亂遂敗之左右句卒爲聲勢以分吳軍而三軍精卒并力擊其中軍故得勝也。○譟素報
反并如字又必政反○晉趙鞅使告于衛曰君之在晉也
志父爲主請君若大子來以免志父不然寡
君其曰志父之爲也恐晉君爲志父教使不衛侯辭以難

大子又使椓之（椓訴父欲速得其處。○難乃旦反，椓中角反，處昌慮反）。夏六月，趙鞅圍衛，齊國觀、陳瓘救衛（國觀，國書之子。○觀工喚反，下陳瓘音同），得晉人之致師者。子玉使服而見之（釋囚服，服其本服），曰：「國子實執齊柄，而命瓘曰：『無辟晉師。』豈敢廢命（欲必敵晉。○柄彼命反）？子又何辱（言不須來致師。自將往戰）？」簡子曰：「我卜伐衛，未卜與齊戰。」乃還（畏子玉）。○楚白公之亂，陳人恃其聚而侵楚（聚積聚也。○聚才住反，注及下注邑聚同。積子賜反）。楚既寧，將取陳麥。楚子問帥於大師子穀與葉公諸梁。子穀曰：「右領差車與左史老皆相令尹、司馬以伐陳，其可使也（言此二人皆嘗輔相子西、子期伐陳，

令復可使。○帥所類反，相息亮反，注及下而相國并注同。復扶又反）。」子高曰：「率賤民慢之，懼不用命焉（右領、左史皆楚賤官。○率所類反，本作帥，師下同）。」子穀曰：「觀丁父，鄀俘也，武王以爲軍率（楚武王。○鄀音若。俘芳夫反），是以克州、蓼，服隨、唐，大啓羣蠻。彭仲爽，申俘也，文王以爲令尹，實縣申、息（楚文王滅申、息以爲縣。○蓼本又作鄝，音了），朝陳、蔡，封畛於汝（開封畛比至汝水。○畛之忍反，一音貞）。唯其任也，何賤之有？」子高曰：「天命不諂（諂疑也。○諂本又作滔，他刀反）。令尹有憾於陳（十五年，子西伐吳，陳使貞子弔吳，以此爲恨。○憾本又作感，戶暗反），天若亡之，其必令尹之子是與，君盍舍焉（舍右領與左史。○盍戶臘反，舍音捨，又音赦，注同）？臣懼右領與左史有二俘之賤而

無其令德也。」王卜之，武城尹吉（武城尹，子西子公孫朝。○朝如字）。使帥師取陳麥。陳人御之，敗，遂圍陳。秋七月己卯，楚公孫朝帥師滅陳（終鄭裨竈言五及鶉火，陳卒亡。○鶉音純）。王與葉公枚卜子良以爲令尹（枚卜，不斥言所卜以令龜。子良，惠王弟。○枚亡杯反）。沈尹朱曰：「吉。過於其志（志望也）。」葉公曰：「王子而相國，過將何爲（過相將爲王也）？」他日改卜子國而使爲令尹（子國，寧也）。○衛侯夢于北宮，見人登昆吾之觀（衛有觀在於昆吾氏之虛，今濮陽城中。○觀音工喚反，注同。虛去魚反，下文同。濮音卜），被髮北面而譟曰：「登此昆吾之虛，緜緜生之瓜（緜緜，瓜初生也。言夫善已有以卜成大之功，若瓜之初生。謂使衛侯得國。○被皮義反。瓜古華反）。〔疏〕

衛侯至而譟。○正義曰：北宮，衛侯之別宮。於是衛侯在南宮，夢裏身在北宮，見人登昆吾之觀，被髮北面而譟。北宮在昆吾觀北，故此人北面向君而叫譟也。余爲渾良夫，叫天無辜（本盟當免三死，而并數一時之事爲三罪殺之，故自謂無辜。○并必政反，數所主反）。」公親筮之，胥彌赦占之（赦，衛筮史），曰：「不害。」與之邑，寘之而逃，奔宋（言衛侯無道，卜人不敢以實對，懼難而逃也。○難乃旦反，下文而難作同）。衛侯貞卜（正卜夢之吉凶），其繇曰：「如魚竀尾（竀，赤色。魚勞則尾赤。○繇直又反，竀勑呈反），衡流而方羊裔焉（橫流方羊，不能自安，裔水邊。言衛侯將若此魚。○衡華盲反，又如字。方蒲郎反，注同。裔以制反）。大國滅之，將亡。闔門塞竇，乃自後踰（此皆繇辭。○闔戶臘反，竇音豆）。」〔疏〕其繇至後踰。○正義曰：杜以魚勞則尾赤，方羊不能自安，裔焉謂魚至水邊，以喻衛侯將如此，是賈逵之說，杜用之也。鄭衆以爲魚勞則尾赤，方羊遊戲，喻衛侯淫縱。杜不然者，以此魚喻衛侯。詩云「魴魚赬尾，王室如燬」，魚勞則

尾亦以勞苦之魚比喻衞侯則方羊爲勞苦之狀若其方羊是縱恣之狀何得比勞苦之魚也劉炫以爲卜繇之辭文句相韻以裔焉二字宜向下讀之知不然者詩之爲體文皆韻句其語助之辭皆在韻句之下卽齊詩云俟我於著乎而充耳以素乎而其王詩云君子陽陽左執簧其樂只且之類是也此之方羊與下句將亡自相爲韻裔焉二字爲助句之辭且繇辭之例未必皆韻此云闔門塞竇乃自後踰不與將亡爲韻又一薰一蕕十年尚猶有臭不與擴公之踰爲韻是或韻或不韻理無定準劉以爲裔焉大國謂土地遠焉之大國近不辭矣又以方羊爲縱恣之狀而規杜過非也　冬十月晉復伐衞春伐未得志故。復扶又反入其郛將入城簡子曰止叔向有言曰怙亂滅國者無後不欲乘人之衰。向許丈反怙音戶衞人出莊公而與晉平晉立襄公之孫般師而還十一月衞侯自鄄入般師出辟蒯聵也。般音班下同鄄音絹初公登城以望見戎州戎州戎邑問

之以告公曰我姬姓也何戎之有焉言姬姓國何故有戎邑翦之削壞其邑聚公使匠久久不休息公欲逐石圃石圃衞卿石惡從子。從才用反未及而難作辛已石圃因匠氏攻公公闔門而請弗許踰于北方而隊折股終如卜言乃自後踰。隊直類反折之設反股音古戎州人攻之大子疾公子青踰從公青疾弟戎州人殺之公入于戎州己氏己氏戎人姓。己音紀又音杞初公自城上見己氏之妻髮美使髡之以爲呂姜髢呂姜莊公夫人髢髲也。髡苦存反髢大計反又庭計反髲皮義反既入焉而示之璧曰活我吾與女璧己氏曰殺女璧其焉往遂殺之而取其璧衞人

復公孫般師而立之十二月齊人伐衞衞人請平立公子起起靈公子。女音汝下同其焉於虔反執般師以歸舍諸潞潞齊邑。潞音路○公會齊侯盟于蒙齊侯簡公弟平公敖也蒙在東莞蒙陰縣西故蒙陰城也。平公敖如字一本作驁五報反又五刀反莞音官孟武伯相齊侯稽首公拜齊人怒武伯曰非天子寡君無所稽首武伯問於高柴曰諸侯盟誰執牛耳執牛耳尸盟者。相息亮反季羔曰鄫衍之役吳公子姑曹季羔高柴也鄫衍在七年。衍以善反發陽之役衞石魋發陽鄖也在十二年石魋石曼姑之子。魋徒回反鄖音云曼音萬武伯曰然則彘也彘武伯名也鄫衍則大國執發陽則小國執據時執者無常故武伯自以爲可執。彘直例反

疏注彘武至可執。正義曰

依禮小國執牛耳武伯得季羔之言以鄫衍則大國執發陽則小國執之既合古典武伯自以魯是小國故云然則彘也杜以傳有小國大國之執故云據時執者無常劉炫以爲小國恒執牛耳何得云執者無常若如劉意季羔直舉發陽何須云鄫衍之役吳公子姑曹橫規杜過非也○宋皇瑗之子麇瑗宋右師。瑗于眷反麇九師反有友曰田丙而奪其兄劖般邑以與之劖般愠而行告桓司馬之臣子儀克克在下邑不與魋亂故在。劖仕咸反愠紆問反怒也不與音預子儀克適宋告夫人曰麇將納桓氏公問諸子仲子仲皇野初子仲將以杞姒之子非我爲子爲適子杞姒子仲妻。姒音似適丁歷反麇曰必立伯也伯非我兄是良材子仲怒弗從故對曰右師則老矣不識麇也言右師老不能爲亂麇則不可知公執之執麇皇

瑗奔晉，召之。召令還○令力呈反

傳十八年春，宋殺皇瑗。公聞其情，復皇氏之族，使皇緩爲右師。言宋景公無常也緩瑗從子○緩戶管反從才用反〔疏〕注言宋至從子○正義曰：世族譜瑗皇父充石八世孫，緩充石十世孫，則爲從孫，非從子，二者必有一誤。○巴人伐楚，圍鄾。鄾楚邑○鄾音憂○初，右司馬子國之卜也，觀瞻曰：「如志。」子國未爲令尹時卜爲右司馬得吉兆如其志觀瞻楚開卜大夫觀從之後故命之。命以爲右司馬及巴師至，將卜帥。王曰：「寧如志，何卜焉？」寧子國也帥所類反○使帥師而行。請承，承佐王曰：「寢尹、工尹，勤先君者也。」柏舉之役寢尹吳由于以背受戈工尹固執燧象奔吳師皆爲先君勤勞○燧音遂爲于僞反三月，楚公孫寧、吳由于、薳固敗巴師于鄾，故封子國於析。○薳于委反析星歷反君子曰：「惠王知志。知用其意夏書曰：『官占唯能蔽志，昆命于元龜。』逸書也官占卜筮之官蔽斷也昆後也言當先斷意後用龜也○蔽必世反斷也注同尚書能作克克亦能也昆命于元龜本依尚書○斷丁亂反下同〔疏〕夏書至元龜○正義曰：夏書大禹謨之篇也。唯彼能作先耳。唯先蔽志，昆命于元龜。孔安國云：帝王立卜占之官，故曰官占。蔽，斷。昆，後也。官占之法，先斷人志，後命於元龜。言志定然後卜也。杜雖不見古文，其解亦與孔合。周禮謂斷獄爲蔽獄，是蔽爲斷也。昆，後也，釋言文。其是之謂乎！志曰：『聖人不煩卜筮。』惠王其有焉。」不疑故不卜也○夏，衞石圃逐其君起，起奔齊。齊所立故衞侯輒自齊復歸，逐石圃，而復石魋與大叔遺。皆蒯聵所逐

傳十九年春，越人侵楚，以誤吳也。誤吳使不爲備○夏，楚公子慶、公孫寬追越師，至冥，不及，乃還。冥越地○冥亡丁反○秋，楚沈諸梁伐東夷，報越三夷男女及楚師盟于敖。從越之夷三種敖東夷地○敖五刀反種章勇反○冬，叔青如京師，敬王崩故也。言敬王能終其世終萇弘言東王必大克叔青叔還子○敬王崩故也。案傳敬王崩在此年，世本亦爾。世族譜云敬王四十二年崩，敬王子元王十年春秋之傳終矣。據此，則敬王崩當在哀公十七年。史記周本紀及十二諸侯年表敬王四十二年崩，子元王仁立，則敬王是魯哀十八年崩也。六國年表起自元王，乃本紀皆云元王八年崩，子定王介立，定王元年是魯哀公之二十七年，與杜預世族譜爲異。又世本云魯哀公二十年是定王介崩，子元王赤立，則定王之崩年是魯哀二十七年也。衆說不同，未詳其正也。〔疏〕注言敬至大克○正義曰：自十六年以來，經文已終，傳無所解當時之事，亦不書記，所記者爲終竟前事。叔青如周，計不應錄，爲終萇弘之言，故錄之耳。萇弘言在昭二十三年。此叔青如京師，自爲敬王崩，未知敬王何年崩也。史記十二諸侯年表敬王四十一年孔子卒，四十三年敬王崩，則敬王崩在他年也。周本紀云敬王崩，子元王立，八年崩，子定王立。六國年表定王元年，左傳盡此，則傳以定王元年終矣。杜世族譜云敬王三十九年，魯哀公十四年，獲麟之歲也。四十二年而敬王崩，敬王子元王十年春秋之傳終矣。與史記不同者，但史記世代年月事多舛錯，故班固以文多牴牾，謂此類也。案世本敬王崩，貞王介立，貞王崩，元王赤立。宋忠注引太史公書云元王仁生貞王介，與世本不相應，不知誰是，則宋忠不能定也。又帝王世紀敬王三十九年春秋經終，四十四年敬王崩，子貞定王立，貞定王崩，子元王立。是世本與史記參差不同，良以書籍久遠，事多紕繆，故杜違史記，亦何怪焉。劉炫以杜與史記不同而規其過，未知劉意能定與否。

傳二十年春，齊人來徵會。夏，會于廩丘，爲鄭故，謀伐晉。十五年晉伐鄭○廩力甚反爲于僞反下爲辭同鄭人辭諸侯，秋，師還。終叔向言晉公室卑○吳公子慶忌驟諫吳子曰：「不改必亡。」弗聽。吳子弗聽出居于艾。艾吳邑豫章有艾縣○艾五蓋反

遂適楚聞越將伐吳冬請歸平越遂歸欲除不忠者以說于越吳人殺之言其不量力。說如字又音悅○十一月越圍吳趙孟降於喪食趙孟襄子無恤時有父簡子之喪楚隆曰三年之喪親暱之極也主又降之無乃有故乎。楚隆襄子家臣。暱女乙反趙孟曰黃池之役先主與吳王有質黃池在十三年先王簡子。質盟信也。質如字曰好惡同之今越圍吳嗣子不廢舊業而敵之嗣子襄子自謂欲敵越救吳非晉之所能及也吾是以爲降楚隆曰若使吳王知之若何趙孟曰可乎隆曰請嘗之嘗試也乃往先造于越軍曰吳犯間上國多矣聞君親討焉諸夏之人莫不欣喜唯恐君志之不從請入視之許之告于吳王曰寡君之老無恤使陪臣隆敢展謝其不共展陳也。造之到反間間廁之間夏戶雅反共音恭黃池之役君之先臣志父得承齊盟曰好惡同之今君在難無恤不敢憚勞非晉國之所能及也使陪臣敢展布之王拜稽首曰寡人不佞不能事越以爲大夫憂拜命之辱與之一簞珠簞小笥。○難乃旦反簞音丹笥絲嗣反【疏】注簞小笥。○正義曰：鄭玄曲禮注云：簞笥盛飯食者，圓曰簞，方曰笥。宣二年趙盾見餓人，爲之簞食，注云簞笥也，不言小。此言小笥者，以盛珠之器不宜與盛飯器同，故云小耳。使問趙孟問遺也。○遺唯季反曰句踐將生憂

寡人寡人死之不得矣王曰溺人必笑吾將有問也以自喻所問不急猶溺人不知所爲而反笑。○句古侯反溺乃歷反史黯何以得爲君子晉史黯云不及四十年吳當亡吳王感問此也。○黯於減反對曰黯也進不見惡時行則行退無謗言時止則止。○謗博浪反【疏】對曰至謗言。○正義曰：爲時所用，進在朝廷，言行無愆，不見怨惡，言人無惡之者。時所不用，退歸私室，則無誹謗之言。故得君子之名也。杜解進退之由，由時可行則行，故有進；時可止則止，故有退。時易艮彖曰：艮，止也。時止則止，時行則行，動靜不失其時，其道光明。言史黯行如此也。王曰宜哉

傳二十一年夏五月越人始來越既勝吳欲霸中國始遣使適魯。○使所吏反○秋八月公及齊侯邾子盟于顧齊人責稽首責十七年齊侯爲公稽首不見荅。顧齊地。○爲于僞反年末及注同因歌之曰魯人之臯數年不覺使我高蹈臯緩也高蹈猶遠行也言魯人臯緩數年不知荅齊稽首故使我高蹈來爲此會。○臯古刀反數所主反注同覺音角又古孝反蹈徒報反【疏】注臯緩至此會。○正義曰：士喪禮始死復魂之辭云臯某復，鄭玄云臯長聲也。臯者緩聲而長引之，是臯爲緩也。高蹈，高舉足而蹈地，故言猶遠行也。此盟于顧，顧是齊地，行不出竟而言遠者，止爲魯不稽首而爲此會，雖近猶恨，故以遠言之耳。唯其儒書以爲二國憂二國齊邾也。言魯據用禮不肯荅稽首，令齊邾遠至。○令力呈反是行也公先至于陽穀先期至也。○先悉薦反齊閭丘息曰君辱舉玉趾以在寡君之軍息閭丘明之後羣臣將傳遽以告寡君比其復也君無乃勤爲僕人之未次次舍也。○傳中戀反遽其據反比必利反請除館於舟道舟道齊地辭曰敢勤僕人不敢勤齊僕爲魯除館

傳二十二年夏四月，邾隱公自齊奔越，曰：「吳爲無道，執父立子。」越人歸之，大子革奔越。邾隱公八年爲吳所囚，十年奔齊。【疏】太子革奔越。○正義曰：革爲邾君十餘年矣，仍稱爲太子者，承其父歸之下，故繫父言之。○冬十一月丁卯，越滅吳，請使吳王居甬東。甬東，越地，會稽句章縣東海中洲也。○甬音勇。會，古外反。稽，古兮反。句，九具反，如淳音拘。章琊亦音恂。洲音州。水中可居曰洲。辭曰：「孤老矣，焉能事君？」乃縊。越人以歸。以其尸歸。終史墨子胥之言也。○焉，於虔反。縊，一賜反。【疏】越滅至以歸。○正義曰：吳語說此事云：越師入吳國，圍王宮。吳王懼，使人行成。越王曰：「昔天以越賜吳，而吳不受。今天以吳賜越，孤敢不聽天之命而聽君之命乎？」乃不許成。因使告吳王曰：「以民生之不長，王其無死。寡人其達王於甬句東，夫婦三百，唯王所安，以役王年。」夫差辭曰：「孤之身實失宗廟社稷，凡吳土地人民，越既有之，孤何以視於天下？」夫差將死，使人告於子胥曰：「使死者無知則已矣，若有知也，吾其何面目以見員也？」遂自殺。

傳二十三年春，宋景曹卒。景曹，宋元公夫人，小邾女，季桓子外祖母。【疏】注景曹至祖母。○正義曰：宋景曹者，宋景公之母，姓曹氏也。昭二十五年傳云：季公若之姊爲小邾夫人，生宋元夫人，生子以妻季平子。此曹是平子之妻母，故爲桓子外祖母也。今康子是桓子之子，父之外祖母卒，故使冉有弔且送葬。婦人多以姓繫夫，此以景公見在，遣弔景公，故繫其子。小邾姓曹，故稱景曹。季康子使冉有弔，且送葬，曰：「敝邑有社稷之事，使肥與有職競焉，肥，康子名。競，遽也。○與音預。是以不得助執紼，使求從輿人，求，冉有名。輿，衆也。○紼音弗。輿音餘。曰：『以肥之得備彌甥也，彌，遠也。康子父之舅氏，故稱彌甥。【疏】注彌遠至彌甥。○正義曰：彌者，增益之義，故爲遠也。釋親云：「母之昆弟爲舅。」「謂我舅者，吾謂之甥。」季桓子爲景公之甥，景公爲康子父之舅氏也。桓子於景公爲親甥，故康子致辭於景公，自以爲彌遠之甥。有不腆先人之產馬，使求薦諸夫人之宰，薦，進也。○薦，進典反。其可以稱旌繁乎？』」稱，舉也。繁，馬飾繁纓也。終樂祁之言政在季氏。○繁，步干反，注同。○夏六月，晉荀瑶伐齊，荀瑶，荀櫟之孫知伯襄子。○知音智。高無丕帥師御之。知伯視齊師，馬駭，遂驅之，曰：「齊人知余旗，其謂余畏而反也。」及壘而還。將戰，長武子請卜。武子，晉大夫。○御，魚呂反。壘，力軌反。知伯曰：「君告於天子，而卜之以守龜於宗祧，吉矣，吾又何卜焉？且齊人取我英丘，君命瑶，非敢燿武也，治英丘也。治齊取英丘。○守，手又反。祧，他彫反。以辭伐罪足矣，何必卜？」壬辰，戰于犂丘，黎丘，隰也。○隰音習，本亦作濕。齊師敗績。知伯親禽顏庚。顏庚，齊大夫顏涿聚。○涿，丁角反。○秋八月，叔青如越，始使越也。越諸鞅來聘，報叔青也。○始使，所吏反。

傳二十四年夏四月，晉侯將伐齊，使來乞師，曰：「昔臧文仲以楚師伐齊，取穀；在僖二十六年。宣叔以晉師伐齊，取汶陽。在成二年。○汶音問。寡君欲徼福於周公，願乞靈於臧氏。」以臧氏世勝齊，故欲乞其威靈。○徼，古堯反。臧石帥師會之，取廩丘。石，臧賓如之子。軍吏令繕，將進。晉軍吏也。繕，治戰備。○繕，市戰反。萊章曰：「君卑政暴，萊章，齊大夫。○萊音來。往歲克敵，禽顏庚也。今又勝都，取廩丘。天奉多矣，又焉能進是躗言也躗過也。奉扶用反焉於虔反躗戶快反謂過謬之言服云僞不信言也字林作躗云夢言意不慧也音于劍反【疏】注躗過也。正義曰服虔云躗僞不信也注云躗過謬言也俱是不實之義各自以意訓耳役將班矣晉師乃還餼臧石牛生曰餼。餼許器反大史謝之晉大史。○大音泰注同曰以寡君之在行在軍行間牢禮不度不如禮度敢展謝之終臧氏有後於魯○郲子又無道越人執之以歸終子贛之言而立公子何何亦無道何大子革弟○公子荆之母嬖荆哀公庶子。○嬖必計反將以爲夫人使宗人釁夏獻其禮宗人禮官也。○釁許靳反夏戶雅反對曰無之公怒曰女爲宗司立夫人國之大禮也何故無之對曰周公及武公娶於薛武公敖也。○女音汝娶毛住反下同孝惠娶於商孝公稱惠公弗皇商宋也。○孝惠娶於商定公名宋是哀公之父故釁夏爲諱而稱商也。○稱尺證反又如字自桓以下娶於齊桓公始娶文姜此禮也則有若以妾爲夫人則固無其禮也公卒立之而以荆爲大子國人始惡之惡公。○惡烏路反注同○閏月公如越得大子適郢適郢越王大子得相親說也。○郢以井反適郢越王勾踐大子名說音悅將妻公而多與之地公孫有山使告于季孫季孫懼使因大宰嚭而納賂焉乃止嚭故吳臣也季孫恐公因越討己故懼。○妻七計反嚭普美反賂音路

傳二十五年夏五月庚辰衛侯出奔宋衛侯輒也【疏】衛侯出奔宋。○正義曰服虔云此下但有適城鉏以鉤越無奔宋之事其說未聞今杜云城鉏近宋邑蓋衛侯出近宋境似欲奔宋衛人以奔宋告也衛侯爲靈臺于藉圃與諸大夫飲酒焉褚師聲子韤而登席古者見君解韤。○圃布五反褚張呂反韤亡伐反足衣也見賢徧反公怒辭曰臣有疾異於人足有創疾。○創初羊反若見之君將㱿之㱿嘔吐也。○㱿許角反又許各反嘔於口反吐他故反是以不敢不敢解韤公愈怒大夫辭之不可共辭謝公公不可解褚師出公戟其手抵徒手屈肘如戟形。○抵音紙肘女九反曰必斷而足聞之褚師與司寇亥乘曰今日幸而後亡恐死以得亡爲幸。○斷丁管反乘時證反公之入也奪南氏邑南氏子南之子公孫彌牟而奪司寇亥政公使侍人納公文懿子之車于池懿子公主要公有忿使人投其車于池水中。○要一遙反初衛人翦夏丁氏在十一年。○夏戶雅反以其帑賜彭封彌子彭封彌子彌子瑕。○帑音奴彌子飲公酒納夏戊之女嬖以爲夫人其弟期大叔疾之從孫甥也期夏戊之子姊妹之孫爲從孫甥與孫同列。○飲於鴆反大音泰從如字又才用反注同【疏】注期夏至同列。○正義曰期是夏戊之子戊是大叔疾之甥期爲大叔疾姊妹之孫也姊妹之子爲甥姊妹之孫與己之孫尊卑同列男子謂兄弟之孫爲從孫故謂姊妹之孫爲從孫甥少畜於公以爲司徒夫人寵衰期得罪公使三匠久公使優狡盟拳彌優狡俳優也拳彌衛大夫使俳優盟之欲恥辱也。○少詩照反優音憂狡古卯反拳音權俳皮皆反而甚近信之故褚師比韤登席者。○近附近之近下注皆同公孫彌牟喪邑者。○喪息浪反公文要失車者司寇亥奪政者司徒期因三匠與拳彌以作亂皆執利兵無者執

斤斤工匠所執使拳彌入于公宮信近之故得入而自大子疾之宮譟以攻公鄄子士請禦之鄄子士衛大夫。譟索報反鄄音絹禦魚呂反後倣此彌援其手曰子則勇矣將若君何言不可救。援音袁不見先君乎君何所不逞欲先君蒯聵也亂不速奔故爲戎州所殺欲令早去。令力呈反且君嘗在外矣豈必不反當今不可衆怒難犯休而易間也乃出將適蒲蒲近晉邑。易以豉反間間厠之間下注内間爲君間皆同彌曰晉無信不可將適鄄鄄齊晉界上邑彌詐不知謀故公信之彌曰齊晉爭我不可將適泠泠近魯邑。泠力丁反。彌曰魯不足與請適城鉏城鉏近宋邑。鉏仕居反。以鉤越越有君宋南近越轉相鉤牽。鉤古侯反本或作拘同注同乃

適城鉏彌曰衛盜不可知也請速自我始乃載寶以歸欺衛君言君以寶自隨將致衛盜請速行已爲先發而因載寶歸衛也公爲支離之卒支離陳名。卒又忽反陳直覲反因祝史揮以侵衛揮衛祝史。揮音暉衛人病之懿子知之知揮爲内間見子之子之公孫彌牟文子也請逐揮文子曰無罪懿子曰彼好專利而妄妄不法。好呼報反。夫見君之入也將先道焉若見君有入勢必道助之。道音導注下同若逐之必出於南門而適君所雖知其爲君間不審察私共評之。評音平又音病夫越新得諸侯將必請師焉揮在朝使吏遣諸其室難而逐之先逐其家。難乃旦反揮出信弗内再宿爲信。内如字又音納五月乃館諸外里

外里公所在遂有寵使如越請師請師伐衛求入○六月公至自越前年行今還季康子孟武伯逆於五梧魯南鄙也。梧音吾郭重僕爲公僕。重直龍反又直用反見二子曰惡言多矣君請盡之二子不臣之言甚多欲使公盡極以觀之公宴於五梧武伯爲祝祝上壽酒。祝之六反又之又反注同上時掌反壽音授又音受惡郭重曰何肥也訾毀其貌。惡烏路反訾音紫季孫曰請飲彘也飲罰也。飲於鴆反注同以魯國之密邇仇讎臣是以不獲從君克免於大行又謂重也肥言重隨君遠行劬勞不宜稱肥。從才用反又如字劬其俱反公曰是食言多矣能無肥乎以激三桓之數食言。激古歷反數所角反飲酒不樂公與大夫始有惡爲二十七年公孫邾起。樂音洛孫

音遜本又作遜

傳二十六年夏五月叔孫舒帥師會越皋如后庸宋樂茷納衛侯舒武叔之子文子也皋如后庸越大夫樂茷宋司城子緐衛侯輒也。茷扶廢反文子欲納之懿子曰君愎而虐少待之必毒於民愎很也。愎皮逼反很胡懇反乃睦於子矣民睦師侵外州大獲越納輒之師出禦之大敗衛師敗掘褚師定子之墓焚之于平莊之上定子褚師比之父也平莊陵名也。掘求勿反又其月反本或作搰胡忽反文子使王孫齊私於皋如齊衛大夫王孫賈之子昭子也曰子將大滅衛乎抑納君而已乎皋如曰寡君之命無他納衛君而已文子致衆

而問焉曰君以蠻夷伐國國幾亡矣請納之衆曰勿納曰彌牟亡而有益請自北門出欲以觀衆心。幾音畿又音機衆曰勿出重賂越人申開守陴而納公申重也開重門而嚴設守備欲以恐公使不敢入。陴毗支反重直龍反下同守手又反恐立勇反公不敢入師還立悼公悼公蒯聵庶弟公子黚也。黚低廉反疏注悼公至黚也。正義曰衛世家謂輒爲出公季父黚殺出公子而自立是爲悼公南氏相之以城鉏與越人公曰期則爲此司徒期也。相息亮反疏以城至爲此。正義曰衛侯先居城鉏以兵侵衛衛人申開守陴衛侯不敢入退還城鉏衛人得以城鉏與越者衛人賂遺於越雖公所在亦以與之令苟有怨於夫人者報之夫人期姊也怨期而不得加戮故勑宮女令苦困期姊。令力呈力注同司徒期聘於越爲悼公聘。爲于僞反公

攻而奪之幣期告王越王也王命取之期以衆取之公怒殺期之甥之爲大子者怨期而及其姊爲夫人者遂復及夫人之子。復扶又反遂卒于越終言之也終於夷言死于夷○宋景公無子取公孫周之子得與啟畜諸公宮周元公孫子高也得昭公也啟得弟畜養也疏注周元至養也。正義曰宋世家云景公卒公子得殺大子而自立是爲昭公昭公者元公之曾孫也昭公父元公孫糾糾父公子禚秦禚秦即元公小子也景公殺昭公父糾故昭公怨賊殺太子而自立其說殺昭公得立之所由與此不合亦以得爲昭公也未有立焉於是皇緩爲右師皇非我爲大司馬皇懷爲司徒皇懷非我從昆弟。從才用反靈不緩爲左師不緩子靈圍龜之後樂茷爲司城茷樂溷之子。溷戶門反又戶困反樂朱鉏爲大司寇朱鉏樂輓之子。鉏

仕居反輓音晚六卿三族降聽政三族皇靈樂也降和同也因大尹以達大尹近官有寵者六卿因之以自通達於君大尹常不告而以其欲稱君命以令不告君也國人惡之司城欲去大尹左師曰縱之使盈其罪盈滿也。惡烏路反下注惡具同去起呂反重而無基能無敝乎言勢重而無德以爲基必叛也冬十月公游于空澤空澤宋邑辛巳卒于連中連中館名。連如字又音輦大尹興空澤之士千甲甲士千人。興如字興廢也或作輿字非奉公自空桐入如沃宮奉公尸也梁國虞縣東南有地名空桐沃宮宋都內宮名。沃烏毒反使召六子曰聞下有師君請六子畫畫計策。畫音獲六子至以甲劫之曰君有疾病請二三子盟乃

盟于少寢之庭曰無爲公室不利大尹立啟奉喪殯于大宮三日而後國人知之司城茷使宣言于國曰大尹惑蠱其君而專其利令君無疾而死死又匿之是無他矣大尹之罪也言大尹所弒。劫居業反少詩照反下注同大宮音泰蠱音古匿女力反弒音申志反得夢啟北首而寢於盧門之外盧門宋東門北首死象盧門外失國也。首手又反注同已爲烏而集疏注北首死象。正義曰禮運云死者北首生者南鄉故以北首爲死象於其上咮加於南門尾加於桐門曰余夢美必立桐門北門。咮張又反烏口大尹謀曰我不在盟少寢庭但以君命盟六卿大尹不盟無乃逐我復盟之乎使祝爲載書六

子在唐盂地名。復扶又反。盂音于將盟之，祝襄以載書告皇非我襄祝名皇非我因子潞子潞，樂茷。潞音路門尹得樂得左師謀曰：「民與我，逐之乎？」皆歸授甲，使徇于國曰：「大尹惑蠱其君，以陵虐公室。與我者，救君者也。」衆曰：「與之。」大尹徇曰：「戴氏、皇氏將不利公室，戴氏即樂氏。○徇似俊反與我者，無憂不富。」衆曰：「無別。」惡其號令與君無別。○別彼列反，注同戴氏、皇氏欲伐公。公謂啓樂得曰：「不可。彼以陵公有罪，我伐公，則甚焉。」使國人施于大尹。施罪於大尹一大尹奉啓以奔楚，乃立得。司城爲上卿，盟曰：「三族共政，無相害也。」○

衛出公自城鉏使以弓問子贛，且曰：「吾其入乎？」子贛稽首受弓，對曰：「臣不識也。」私於使者曰：「昔成公孫於陳，僖二十八年，衛成公奔楚，遂適陳。○使者所吏反。孫音遜，本亦作遜，下注除孫字皆同甯武子、孫莊子爲宛濮之盟而君入。在魯僖二十八年。○甯乃定反。宛於阮反。濮音卜字獻公孫於衛齊，在襄十四年子鮮、子展爲夷儀之盟而君入。在襄二十六年今君再在孫矣，謂十五年孫魯，今又孫宋內不聞獻之親，外不聞成之卿，則賜不識所由入也。《詩》曰：『無競惟人，四方其順之。』詩周頌。言無強惟得人也疏「詩曰」至「順之」。○正義曰：詩周頌烈文之篇也。競，強也。無强乎，唯得賢人也。若得賢人，四方諸國皆順從之矣。若得其人，四方以爲主，爲主四方而國於何有？」

傳二十七年春，越子使后庸來聘，且言邾田，封于駘上。欲使魯還邾田，封竟至駘上。○駘他來反，又音臺。竟音境二月，盟于平陽，西平陽疏注「西平陽」。○正義曰：宣八年城平陽，此云盟于平陽，土地名云宣八年平陽，東平陽也，泰山有平陽縣；此年平陽，西平陽也，高平南有平陽縣三子皆從。季康子、叔孫文子、孟武伯皆從后庸盟。○從如字，注同。從才用反，非也康子病之，恥從蠻夷盟言及子贛，思子貢曰：「若在此，吾不及此夫！」不及與越盟。○夫音扶武伯曰：「然。何不召？」曰：「固將召之。」文子曰：「他日請念。」言季孫不能用子贛，臨難而思之。○難乃旦反○夏四月己亥，季康子卒。公弔焉，降禮。禮不備也。言公之多妄。○妄亡亮反，本又作忘，下文放此○晉荀瑤帥師

伐鄭，次于桐丘。鄭駟弘請救于齊。弘，駟歂子。○歂市專反齊師將興，陳成子屬孤子，三日朝。屬會死事者之子，使朝三日，以禮之。○屬音燭，注同設乘車兩馬，繫五邑焉。乘車兩馬，大夫服，又加之五邑。○乘繩證反，注文下皆同召顏涿聚之子晉，曰：「隰之役，而父死焉。隰役在二十三年。○涿中角反。隰音習以國之多難，未女恤也。今君命女以是邑也，服車而朝，毋廢前勞。」乃救鄭。及留舒，違穀七里，穀人不知。言其整也。留舒，齊地。違，去也。○難乃旦反。女音汝，下同。毋音無及濮，雨，不涉。濮水自陳留酸棗縣傍河東北經濟陰至高平入濟。○傍蒲浪反。濟子禮反，下同子思曰：「大國在敝邑之宇下，是以告急。今師不行，恐無及也。」子思，國參。○參七南反成子

衣製杖戈製雨衣也○子衣於旣反製音制杖直亮反又音丈立於阪上馬不出者助之鞭之知伯聞之乃還畏其得衆心○阪音反一音扶版反曰我卜伐鄭不卜敵齊使謂成子曰大夫陳子陳之自出陳之不祀鄭之罪也十七年楚獨滅陳非鄭之罪蓋知伯誣陳子故陳子怒謂其多陵人故寡君使瑤察陳衷焉衷善也○衷音中謂大夫其恤陳乎若利本之顛瑤何有焉言陳滅於已無傷成子怒曰多陵人者皆不在知伯其能久乎中行文子告成子文子荀寅此時奔在齊○行戶郎反曰有自晉師告寅者將爲輕車千乘以厭齊師之門則可盡也成子曰寡君命恒曰無及寡無

畏衆雖過千乘敢辟之乎將以子之命告寡君成子疑其有爲晉之心也○輕遣政反厭於甲反又音於輒反有爲于僞反下爲鄭同〔疏〕無及寡○正義曰無陵侮寡少而横及之也文子曰吾乃今知所以亡自恨已無知君子之謀也始衷終皆舉之而後入焉謀一事則當慮此三變然後入而行之所謂君子三思○三思息暫反又如字〔疏〕君子至入焉○正義曰君子之爲謀也思其始思其中思其終三者盡無猜嫌皆可舉而行之然後設言以入前人焉今我三不知而入之不亦難乎悔其言不可復公患三桓之侈也欲以諸侯去之欲求諸侯師以逐三桓○侈昌氏反又呂氏反去起呂反下而去同三桓亦患公之妄也故君臣多間間隙也公游于陵阪遇孟武伯於孟氏之衢曰請有問於子余及

死乎問可得壽死否對曰臣無由知之三問卒辭不對公欲以越伐魯而去三桓秋八月甲戌公如公孫有陘氏有陘氏即有山氏因孫於邾乃遂如越國人施公孫有山氏以公從其家出故也終子贛之言君不沒於魯○因孫於邾音遜○悼之四年晉荀瑤帥師圍鄭悼公哀公之子寧也哀公出孫魯人立悼公〔疏〕注悼公至悼公○正義曰魯世家云哀公奔越國人迎哀公復歸卒於有山氏子寧立是爲悼公傳稱國人施罪於有山氏不得復歸而卒於其家也馬遷妄耳未至鄭駟弘曰知伯愎而好勝早下之則可行也行去也○好呼報反早一本作蚤下戶嫁反乃先保南里以待之保守也南里在城外知伯入南里門于桔柣之門鄭人俘酅魁壘酅魁

壘晉士○桔戶佶反柣大結反俘芳夫反酅戶丈反魁苦回反壘力軌反賂之以知政欲使反爲鄭閉其口而死將門將攻鄭門知伯謂趙孟入之對曰主在此主謂知伯也言主在此何不自入知伯曰惡而無勇何以爲子惡貌醜也簡子奔廢嫡而立襄子故知伯言其醜且無勇何以立爲子○敵丁歷反〔疏〕注簡子至爲子○正義曰趙世家云孤布子卿見簡子簡子徧召諸子相之子卿曰無爲將軍者簡子召子毋恤毋恤至子卿起曰此眞將軍矣簡子曰此其母賤翟婢也奚道貴哉子卿曰天之所授雖賤必貴自是之後簡子盡召諸子與語毋恤最賢乃廢大子伯魯而以毋恤爲大子對曰以能忍恥庶無害趙宗乎知伯不悛趙襄子由是惎知伯惎毒也○惎其冀反其安反遂喪之知伯貪而愎故韓魏反而喪之史記晉懿公之四年魯悼公之十四年知伯帥韓魏圍趙襄子於晉陽韓魏反與趙氏謀殺知伯於晉陽之下在春秋後二十

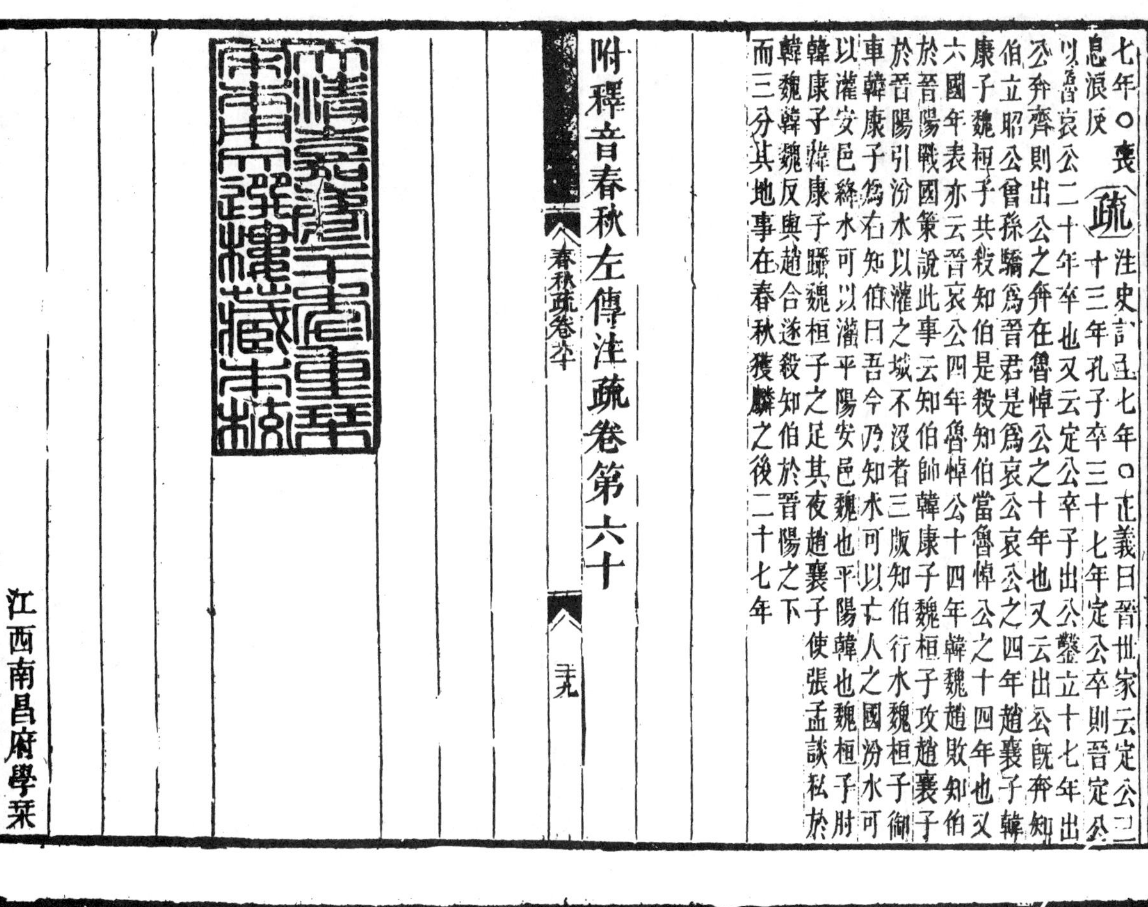

七年○衷息浪反　〈疏〉注史記至七年○正義曰晉世家云定公二十三年孔子卒三十七年定公卒則晉定公以魯哀公二十年卒也又云定公卒子出公鑿立十七年出公奔齊則出公之奔在魯悼公之十年也又云出公既奔知伯立昭公曾孫驕爲晉君是爲哀公哀公之四年趙襄子韓康子魏桓子共殺知伯是殺知伯當魯悼公之十四年也又六國年表亦云晉哀公四年魯悼公十四年韓魏趙敗知伯於晉陽戰國策說此事云知伯帥韓康子魏桓子攻趙襄子於晉陽引汾水以灌之城不沒者三版知伯行水魏桓子御韓康子爲右知伯曰吾今乃知水可以亡人之國汾水可以灌安邑絳水可以灌平陽安邑魏也平陽韓也魏桓子肘韓康子韓康子躡魏桓子之足其夜趙襄子使張孟談私於韓魏韓魏反與趙合遂殺知伯於晉陽之下而三分其地事在春秋獲麟之後二十七年

附釋音春秋左傳注疏卷第六十

江西南昌府學栞

春秋左傳注疏卷六十校勘記　阮元撰盧宣旬摘錄

附釋音春秋左傳注疏卷第六十　哀十六年盡二十七年

經十六年

魯襄二十二年生至今七十三也　釋文云本或作魯襄二十三年生至今七十二則與史記孔子世家異此本非也

或可杜爲抑揚之辭　監本毛本可作曰

傳十六年

晉以王室之故　石經晉字後人旁增

言天方受爾以休　淳熙本足利本受作授

煢煢余在疚　鄭司農注周禮大祝引作嬛嬛予在疚說文引作嬛嬛在疚蓋古字通也

嗚呼　諸本作嗚足利本作烏石經此處及前後皆作烏是也

公誄至自律　宋本此節正義在君兩失之句下

尼父因且字以爲之謚　監本毛本且誤目段玉裁曰且字見儀禮注禮記注公羊傳注古謂伯仲之下一字曰且字如言仲山甫則山甫是且字合仲如爲字蓋且字冠而有之伯仲五十乃稱也各注疏內且誤爲其或爲目此檀弓疏今本皆誤

君兩失之　冊府元龜七百九十六引此篇稱余一人非名也君兩失之亡國之風較多五字又引服虔注天子自謂一人非諸侯所當名也然則其所據乃服本也

使副車還取廟主　宋本使誤貳

注使副至石函　閩本監本毛本副下有車還二字此節正義宋本在孔悝出奔宋句下

許公爲反祏　諸本作反釋文作返云本亦作反字按說文返字下出𢓊篆云春秋傳返从彳今左傳不見有

㣲字葢班固所謂多古字古言許慎所謂用古文者盡爲轉寫改易矣

得祏於槖中　纂圖本閩本監本毛本槖誤橐

與晉人謀襲鄭　案石經此處殘缺顧炎武云晉誤作爲所據非唐刻也

言楚國新復政令　監本毛本新誤雖

市南有熊宜僚者　石經熊字下後人旁增相字釋文云本或作熊相宜僚案後漢書崔駰傳孔融傳注引傳並有相字因宜十二年傳楚有熊相宜僚爲蕭人所囚當涉彼文而誤衍漢書古今人表無相字

救劒指其喉　宋本監本毛本救作挍亦非宋本岳本纂圖本足利本作拔是也

勝曰至去之　宋本以下正義三節揔入注文傳終言之之下

抉豫章以殺人而後死　淳熙本人誤之

殺王不祥　石經宋本淳熙本岳本殺作弒

盜賊之矢若傷君　纂圖本矢誤夫

日日以幾　纂圖本下日字作月案毛誼父六經正誤云日日作日月誤釋文幾本或作冀

而又掩面以絕民望　毛本又作父非也

言葉公得民心　毛本公誤先

不言將烹　宋本烹作亨石經初刊同後人妄增四點非是下同

乞曰此事　岳本事下有也字與石經合錢大昕云諸本多無也字蜀大字本興國本建大字本有今從之

王孫燕奔頯黃氏　淳熙本纂圖本閩本監本毛本頯作額亦非石經宋本岳本作頯不誤注同

諸梁兼二事　石經宋本淳熙本岳本纂圖本足利本諸梁上有沈字是也

傳十七年

衛侯爲虎幄於藉圃　石經藉字改刊初刻誤籍

良夫乘衷甸兩牡　釋文云說文甸作佃云春秋乘中佃一轅車也玉篇引傳與說文合

注衷甸一轅卿車　宋本以下正義四節揔入太子使牽以退注下

服之襲也充美也　毛本襲誤裼

三罪至帶劒　宋本至字作紫衣袒裘四字

吳師分以御之　岳本足利本御作禦與上文合一處兩見不應有異釋文上文禦字作御云下同是也

恐晉君爲志父教使不一　宋本纂圖本亦誤爲淳熙本作請亦非岳本足利本作謂是也

宋本淳熙岳纂圖足利五本一字作來不誤

椓許父欲速得其處　宋本淳熙本岳本許作訴是也足利本作詐

國子實執齊柄　陳樹華云史記蔡澤傳索隱引柄作秉又引服虔云秉權柄也是服本作秉

皆楚賤官　宋本楚作是也

是以克州蓼　諸本作蓼石經此處殘缺釋文云本又作鄝

天命不謟　釋文亦作謟云本又作滔案石經此處缺張衡西京賦云天命不滔李善注云滔與謟音義同岳本作謟誤注同

令尹有憾於陳　石經憾字左半殘缺釋文云本又作感是也

言過於其志　石經宋本淳熙本岳本足利本言作吉是也

在古昆吾氏之虛　此本古字模糊依宋本淳熙本岳本纂圖本足利本補閩本監本毛本誤於

良夫善已　宋本岳本足利本善作言

有以小成大之功　纂圖本閩本監本毛本小誤卜淳熙本大作太亦非

若瓜之初生　此本瓜字模糊據諸本改宋本足利本無初字

衛侯至而譟　宋本以下正義二節揔入注文此皆繇辭之下

而并數一時之事　宋本數誤救

懼難而逃也　宋本足利本無也字

如魚竄尾衡流而方羊裔焉大國滅之將亡　錢大昕云杜氏以裔焉連上爲句劉炫謂當以方羊爲句其說當矣而孔氏曲護杜義辨之甚力然毛詩正義亦出孔氏之手而汝墳正義引傳如魚頳尾橫流而彷徉正與劉氏合

竄赤色　宋本岳本足利本色作也

以裔焉二字宜向下讀之　宋本裔作裔下同

上係辭之例　宋本上作且不誤

不與攘公之揄爲韻　閩本監本揄作揄非也

衛人出莊公而與晉平晉立襄公之孫　石經平晉二字改刻初刻晉誤人

般師而還　石經此處殘缺陳樹華云史記衛世家作班師注引傳文同

削壞其邑聚　岳本削作翦案陳樹華云十一年傳衛人翦夏戊注翦削其爵邑此注句法正相似

公闔門而請　纂圖本閩本監本毛本亦作闔石經此處殘缺宋本淳熙本岳本作閉

平公敖也　釋文敖作敬云一本作驁案史記作驁司馬貞曰世本及譙周皆作敬宋本淳熙本足利本同

宋皇瑗之子麇　閩本毛本子誤于釋文同

而奪其兄鄸般邑以與之　宋本閩本監本毛本鄸作酁此本下鄸字誤作劖字按說文曰酁宋地也从邑毚聲

傳十八年

不與雖亂　宋本淳熙本雖下有之字

皇緩奔晉召之　石經宋本淳熙本岳本纂圖本緩作瑗是也

知用其意　足利本意作兵

夏書至元龜　宋本此節正義在注文不疑故不卜也之下

唯彼能作先耳唯先蔽志　段玉裁校本先皆作克

傳十九年

爲終蕢茨之言　諸本作蕢此本誤長今改正下同

未知敬王有年崩也　宋本監本毛本有作何是也

故班固以文多牴牾　宋本牴牾作抵捂字按當作抵牾牾从午亦或假捂字爲之

春秋元終　宋本元作經是也

子貞定王立　宋本貞作眞下同

未知劉意能定以否　監本毛本以作與

傳二十年

講歸平越　石經宋本淳熙本岳本纂圖本監本毛本講作請是也

親暱之極也　石經宋本淳熙本岳本纂圖本暱作暱是也釋文同

先主與吳王有質　閩本監本毛本先主誤先王

黃池春十二年　宋本淳熙本岳本纂圖本足利本春作在不誤十二年淳熙本岳本作十三年是也

先王簡子　宋本淳熙本岳本纂圖本王作主

欲敵越救吳　此本敵越救三字空闕據宋本淳熙本岳本纂圖本足利本補閩本監本毛本越作魯非也

請嘗之乃在先造于越軍　石經初刻脫于字之乃往先造五字重刻因增于字也

唯恐君之志不從　石經宋本淳熙本岳本足利本之志作志之不誤

使倍臣隆　石經此處殘缺宋本淳熙本岳本倍作陪是也

注簞小笥　宋本以下正義二節摠入王曰宜哉之下無注字

傳二十一年

不見荅齊地　補案齊上當有顧字

注臯緩至此會　宋本此節正義在辭曰敢勤僕人注下

言魯季用禮　宋本淳熙本岳本足利本用作周是也

傳二十二年

爲吳所囚　淳熙本囚作因非也

故繫故言之　宋本下故字作父是也

終史墨子胥之言也　淳熙本史誤夫無也字宋本足利本亦無也字

以役王年　宋本閩本監本毛本役作沒不誤

傳二十三年

注景曹至祖母　宋本以下正義二節摠入注文政在季氏之下

季公若之姊　監本毛本姊誤娣

有不腆先人之產馬　顧炎武云石經馬誤焉案石經此處缺炎武所據非唐刻也

君命瑤　石經瑤字下旁增瑤字非唐刻也

非敢耀武也　石經宋本岳本足利本耀作燿

傳二十四年

犂邱隰也　閩本隰作濕釋文同音習云本又作隰陳樹華云後漢書左原傳注引杜注犂作黎

軍吏令繕　石經繕下旁有甲字

禽顏庚　閩本監本毛本庚下衍也字

又焉能進　石經能字改刻初刻似誤可

是躗言也　陳樹華云說文引春秋傳曰噧言疑即此躗言案錢大昕云杜云躗過也釋文云躗戶快反與噧音河介切相近古文从口从言之字多相通說文兼收噧䜕二字噧訓高氣多言䜕訓譀譀又訓誇誕譀義較過尤長然則噧言即躗言亦可作䜕言也

注躗過也　宋本此節正義在敢展謝之注下

役將班矣　惠棟云郭璞曰班一作般

在車行　宋本淳熙本岳本纂圖本毛本足利本車作軍閩本監本亦誤車行下衍間字纂圖本毛本同

此禮也則有　石經有字下後人旁增之字

而以荆爲大子　足利本無而字

傳二十五年

衛侯出奔宋　宋本以下正義二節摠入注文請師伐衛求入之下

此下但有適城鉏以鈎越　宋本毛本鈞作鈎是也

蓋衛侯出近宋境　宋本境作竟是正字

衛侯爲靈臺于藉圃　石經藉字頭改刊初刻誤从竹

君將殼之　石經本殼作𣪊釋文作嗀案說文嗀字注云歐皃从口殸聲春秋傳曰君將嗀之六經正誤云嗀作殼誤

不敢解韈　此本韈字實缺據宋本淳熙本岳本纂圖本足利本補閩本監本毛本亦脫

抵從手屈肘如戟形　釋文亦作抵是也說詳釋文校勘記宋本淳熙本纂圖本閩本監本毛本足利本誤抵纂圖閩監毛本徙作徙不誤

懿子公文要　淳熙本懿誤談

初衛人翦夏丁氏　毛本翦作剪俗翦字

戊是大叔妾之甥　宋本監本毛本妾作疾是也

少畜於公　石經畜於公三字改刊因初刻公下衍宮字也

欲恥辱也　此本恥字實鈌閩本同據宋本淳熙本岳本纂圖本監本毛本補正

韈登席者　宋本岳本韈作韤是也

已爲先發而同載寶歸衞也　宋本足利本同作因是也

雖知其爲君閒　此本雖作評知字實鈌閩本監本毛本作評品誤據宋本淳熙本岳本纂圖本足利本改正

私共評之　此本共字實鈌評誤知閩本監本毛本作故知亦非據宋本淳熙本岳本纂圖本足利本改正

將必請師焉　諸本作帥此本實鈌今補正

公宴於五梧　石經梧字改刊

飲罰也　宋本淳熙本岳本足利本也作之

傳二十六年

后庸　石經宋本后作古廿七年越子使舌庸來聘舌字同段玉裁云當依國語作舌

宋司城子納　宋本淳熙本岳本纂圖本足利本納作潞是也

愎很也　宋本淳熙本岳本很作狠與釋文合

民睦　二字在傳文師侵外州之上此本實鈌據宋本淳熙本岳本纂圖本補閩本監本毛本誤作衞字又誤爲傳正文

掘褚師定子之墓　釋文云掘本或作搰案玉篇搰字注引作搰褚師定子之墓焚之云本亦作掘師字此本實鈌據諸本補石經褚字起一行計十一字

定子褚師比之父也　此本師字實鈌比誤此父誤又據諸本補改岳本褚作楚非也

文子使之而問焉　石經宋本淳熙本岳本纂圖本毛本使之作致衆是也

欲以觀衆心　觀衆二字此本實鈌閩本同據宋本淳熙本岳本纂圖本監本毛本補

公子黚也　宋本黚誤期

悼公至黚也　宋本以下正義二節揔入遂卒于越注下

季父黚殺出公子而自立　此本季字實鈌閩本同據宋本監本毛本補閩本子字亦鈌

以城至爲此　宋本至爲此三字作鉏與越人

雖公所在　此本雖字實鈌閩本同監本毛本空鈌據宋本補

注周元至養也　宋本以下正義二節揔入無相害也句下

糾父公子褍秦褍秦即元公小子也　褍秦褍三字此本實鈌閩本同據宋本監本毛本補宋本褍作端非也

六卿三族降聽政　石經初刻降下有以字後改刊

三族皇靈樂也　此本也字實鈌據宋本淳熙本岳本纂圖本足利本補閩本監本誤者

言勢重而無德以爲基　此本勢字實鈌據宋本淳熙本岳本纂圖本閩本監本毛本足利本補德毛本誤得

必叛也　監本毛本叛作敝宋本淳熙本岳本足利本作敗是也

大尹或蠱其君而專其利　監本毛本專作惠非也

令君無疾而死　宋本淳熙本岳本纂圖本足利本令作今與石經合

是無他矣 纂圖本矣誤也

盧門外失國也 宋本淳熙本岳本纂圖本足利本盧作在是也

已爲鳥而集於其上 此處石經殘缺宋本淳熙本岳本足利本鳥作烏

無乃逐我 諸本作逐此本誤遂今改正

司城爲上卿 諸本作司此本誤可今改正

昔成公孫於陳 石經此孫字及下孫於齊再在孫皆重加辶旁此後人據釋文亦作之字妄改也

盟在僖二十八年 此本盟字實缺據宋本淳熙本岳本纂圖本足利本補閩本監本毛本盟在誤在魯

獻公孫於衛齊 宋本岳本足利本無衛字與石經合

在僖二十六年 宋本淳熙本足利本僖作襄是也

今君再在孫矣 諸本有君字此本實缺今據補

外不聞成之卿 石經初刻成誤城後磨去土旁

無競惟人 諸本作人此本誤民今改正

四方其順之 閩本監本毛本順誤訓顧炎武云石經訓誤作順非也錢大昕云左傳古本作順

詩曰至順之 宋本此節正義在而國於何有之下毛本順作訓

詩周頌烈文之篇也 此本也字實闕據宋本補閩本監本毛本誤作戚

競彊也 此本競字實闕彊誤言據宋本補改閩本監本作飭言也毛本作飾言也並非

四方以爲主 石經初刻以誤之後改正此本主誤王注同

爲主主四方 此本上主字空闕據宋本淳熙本岳本纂圖本足利本補閩本監本毛本皆脫下主字

后庸 石經宋本后作舌是也

注西平陽 宋本此節正義在夏四月注下

此云盟于平陽 此云二字此本實闕據宋本補閩本毛本云作年

宣八年平陽東平陽也 此本東平陽也四字實缺據宋本補閩本監本毛本誤作彼注云今

泰山有平陽縣 此本泰字空缺據宋本閩本監本毛本補

此年平陽西平陽也 此本西平二字空缺據宋本閩本監本毛本補

叔孫文子 諸本作文此本空缺今補正

皆從后庸盟 諸本作后庸此本空缺今補正據石經經傳后當作舌

思子贛 此三字宋本淳熙本岳本纂圖本皆在言及子贛句下係注文此本空缺閩本監本毛本遂脫

言季孫不能用子贛 此本季孫不三字實缺能用誤作武伯據宋本淳熙本岳本纂圖本閩本監本毛本補正

臨難而思之 諸本作思此本誤逃今改正

又加之五邑 此本又加誤作文如五邑二字空缺據宋本淳熙本岳本足利本補監本毛本之下衍以字閩本初刻亦無後擠刊

而父死焉 諸本作死此本空缺今補正

今君命女以是邑也 宋本作今此本空缺今補正

乃救鄭 諸本作救此本空缺今補正

濮水自陳留酸棗縣 諸本作水此本誤卜今改正岳本自作在

傍河 諸本作傍此本空缺今補正

至高平入濟　此本入濟二字空缺閩本同據宋本淳熙本岳本纂圖本監本毛本補

蓋知伯誣陳子　諸本作誣此本誤註今改正

多陵人者皆不在　石經在下後人妄增矣字

以厭齊師之門　諸本作厭石經初刻同後加土字於厭下作壓非是

敢辟之乎　石經初刻辟作避後刊去辶

無及寡　宋本以下正義二節揔入不亦難乎注下

欲求諸侯師以逐三桓　諸本作逐此本誤遂閩本同今改正

遇孟武伯於孟氏之衢　此本衢字實缺據諸本補氏誤作武依宋本淳熙本岳本纂圖本足利本改正

問可得壽死否　岳本纂圖本足利本問下有已字得下有以字宋本亦有以字已作所宋本否作不淳熙本岳本亦作不

公欲以越伐魯　諸本作越石經此處殘缺此本誤趙今改正

而去三桓　淳熙本桓作相避所諱

有陘氏即有山氏　此注文七字在公如公孫有陘氏之下此本實缺依宋本淳熙本岳本纂圖本監本毛本補閩本初刻亦空缺後擠刻陘作陉即作郎非也

因孫於邾　宋本淳熙本岳本於作于與石經合諸本作孫石經初刻同後加辶非也

悼公哀公之子寧也哀公出孫魯人立悼公　此注文十七字在晉荀瑤帥師圍鄭下此本實缺依宋本淳熙本岳本纂圖本監本毛本補閩本脫寧也二字魯人立悼公作魯人立之

注悼公至悼公　此本下悼公二字空缺依宋本監本毛本補閩本作立之宋本以下正義三節揔入遂喪之節注下

正義曰魯世家云　此本世誤出家云二字實缺閩本同依宋本監本毛本補正

哀公奔越　此本越誤趍閩本同依宋本監本毛本改正

卒於有山氏　此本卒誤立於有山氏四字實缺宋本同依宋本監本毛本補

子寧立　此本寧字實缺閩本同依宋本監本毛本補

傳稱國人施罪於有山氏　此本施字山氏字實缺閩本同依宋本監本毛本補

不得復歸　此本歸誤謂閩本同依宋本監本毛本補

馬遷妄耳　此本妄字實缺閩本同依宋本監本毛本補監毛耳作爾非

行去也　此本也誤聲依宋本淳熙本岳本纂圖本改正閩本監本毛本亦誤作聲行字上妄加。遂與音義誤合爲一條

鄭魁壘晉士　此本魁字誤作正文鄭字脫閩本監本魁作注字亦非依宋本淳熙本岳本纂圖本毛本改正

欲使反爲鄭　此本欲使反三字實缺爲鄭二字作魁壘今據宋本淳熙本岳本纂圖本監本毛本補正閩本作致賂魁壘

將攻鄭門　宋本淳熙本岳本纂圖本足利本無將字

對曰主在此　諸本作主此本誤王今改正注同

簡子奔敵子而立襄子　宋本淳熙本岳本足利本奔敵作廢嫡而上有伯魯二字纂圖本亦作廢嫡

何以立爲子　宋本淳熙本岳本纂圖本足利本作何故立以爲子

趙世家云孤布子卿見簡子　此本世家云孤布五字實缺卿誤作欲據宋本監本毛本補正

簡子徧召諸子相之 此本徧字實缺相作伯閩本同據宋本監本毛本補正

無爲將軍者 此本無誤師者字實缺閩本同據宋本監本毛本補正

補正

簡子召子毋恤毋恤至 此本簡子召子四字及下毋字實缺閩本同據宋本監本毛本

子卿起曰此眞將軍矣 此本子卿起曰此眞將軍八字實缺閩本同據宋本監本補正

毛本矣作奐非也

此其母賤翟婢也奚道貴哉子卿曰天之所授雖賤必貴自是之後簡子盡召諸子與語 此本自召字以上實缺閩本同據宋本監

本毛木補正

召諸子與語毋恤最賢乃廢大子伯魯而以毋恤爲大子 此本自語字以下實缺閩本同據宋本監本毛本補

史記晉懿公之四年 此本注文自晉字以下閩本全缺

與趙氏謀殺知伯於晉陽之下 此本自謀字以下實缺據宋本岳本纂圖本監本毛

本補淳熙本下字亦缺

注史記至七年 此本七年二字實缺閩本同據宋本監本毛本補

定公三十三年 此本定公二字實缺閩本同據宋本閩本毛本補

三十七年定公卒則晉定公以魯哀公二十年卒也又云 此本自卒字以下實缺閩本同據宋本監本毛本補

子出公鑿立十七年出公奔齊則出公之奔在魯悼公之十年也 此本自鑿字以下實缺閩本同據宋本監本毛本補

又云出公既奔知伯立昭公曾孫驕爲晉君是爲哀公 此本自出公出字起至是爲爲字止實缺閩本同據宋本監本毛本補

哀公之四年趙襄子韓康子魏桓子共殺知伯 此本自趙字起至殺字止實缺閩本同據宋本監本毛本補監毛桓子

作桓公非也

是殺知伯當魯悼公之十四年也又六國年表亦云晉哀公四年 此本殺知伯三字悼字也又六國年表亦云晉哀十字實缺據宋本監本毛本補閩本當

上衍用字

魯悼公十四年韓魏趙敗知伯於晉陽戰國策說此事云 此本悼字及自韓至事十五字實缺閩本同云誤去據宋本監本毛本補正

知伯帥韓康子魏桓子攻趙襄子於晉陽引汾水以灌之城不沒者三版知伯行水魏桓子御車韓康子爲右

知伯曰 此本自知伯帥字康子字之城之字不沒不字知伯曰字外皆實缺閩本同據宋本監本毛本

補

吾今乃知水可以亡人之國汾水可以灌安邑絳水可以灌平陽安邑魏也平陽韓也魏桓子肘韓康子韓康子躡魏桓子之足其夜趙襄子使張孟談私於韓魏韓魏反與趙合遂殺知伯於晉陽之下而三分其地事在春秋獲麟之後二十七年 此本自亡人亡字以下實缺閩本同知水水字誤作之據

宋本監本毛本補正考文韓康子躡無韓字是也

後序 宋本正義淳熙經注本明萬歷監本注疏並載此序十行本閩本失刊毛本仍之

大康元年三月吳寇始平余自江陵還襄陽解甲休兵乃申杼（段玉裁校本作杼是也）舊意脩成春秋釋例及經傳集解始訖會汲郡汲縣有發其界內舊冢者大得古書皆簡編科斗文字發冢者不以爲意往往散亂科斗書久廢推尋不能盡通始者藏在祕（監本誤秘）府余晚得見之所記大凡七十五卷多雜碎怪（淳熙本作恠俗怪字）妄不可訓知周易及紀年最爲分了周易上下篇與今正同別有陰陽說而無彖象文言繫辭疑于時仲尼造之於魯尚未播之於遠國也其紀年篇起自夏殷周皆三代王事無諸國別也唯特記晉國起自殤叔次文侯昭侯以至曲沃莊伯莊伯之十一年十一月

魯隱公之元年正月也皆用夏正建寅之月爲歲首編年相次晉國滅獨記魏事下至魏哀王之二十（石經二十作廿下同）年蓋魏國之史記也推挍（淳熙本監本挍作校）哀王二十年大（監本誤太）歲在壬戌（淳熙本戌作戍非）是周赧（石經赧字右半重刊）王之十六年秦昭王之八年韓襄王之十三年趙武靈王之二十七年楚懷王之三十（石經三十作卅下同）年燕昭王之十三年齊湣（釋文作湣石經作涽）王之二十五年也上去孔丘卒百八十一歲下去今大康三年五百八十一歲哀王於史記襄王之子惠王之孫也惠王三十六年卒而襄王立立十六年卒而哀王立古書紀年篇惠王三十六年改元從一年始至十六年而稱惠成王卒即惠王也疑史記誤分惠成之世以爲後王年也哀王二十（石經二十作廿似改刊）三年乃卒故特不稱謚（石經淳熙本監本作諡是也）謂之今王其著書文意大似春秋經推此足見古者國史策（石經作筞）書之常也文（淳熙本文誤攵）稱魯隱公及邾莊公盟于姑蔑即春秋所書邾儀父未王命故不書爵曰儀父貴之也又稱晉獻公會虞師伐虢滅下陽即春秋所書虞師晉師滅下陽先書虞賄故也又稱周襄王會諸侯于河陽即春秋所書天王狩（釋文作守云本亦作狩）于河陽以臣召君不可以訓也諸若此輩甚多略舉數條以明國史皆承告據實而書時事仲尼脩春秋以義而制異文也又稱衞懿公及赤

翟戰于洞澤疑洞當爲泂即左傳所謂熒澤也齊國佐來獻玉磬紀公之甗即左傳所謂賓媚人也諸所記多與左傳符同異於公羊穀梁知此二書近世穿鑿非春秋本意審矣雖不皆與史記尚書同然參而求之可以端正學者又別有一卷純集疏左氏傳卜筮事上下次第及其文（淳熙本文誤攵）義皆與左傳同名曰師春師春似是抄集者人名也紀年又稱殷仲壬即位居亳其卿士伊尹仲壬崩伊尹放大甲于桐乃自立也伊尹即位於（石經淳熙本作放是也）大甲七（石經淳熙本同宋本作十）年大甲潛出自桐殺伊尹乃立其子伊陟伊奮命復其父之田宅而中分之左氏傳伊尹放大甲而相之

卒無怨色然則大甲雖見放還殺伊尹而猶以其子爲相也此爲大與尚書敘說大甲事乖異不知老叟之伏生或致昏釋文作昬忘將此古石經將此古三字重刻初刻似脫一字書亦當時雜記未足以取審也爲其粗有益於左氏故略記之附集解之末焉正義曰王隱晉書武帝紀大康元年諸軍伐吳三月至江陵縣而孫晧面縛詣王濬降杜預先爲荊州刺史鎮襄陽督諸軍伐吳將兵向江陵因東下伐吳吳平又自江陵還襄陽束晳監本作傳云大康元年汲郡民盜發魏安釐王塚閩本監本作塚得竹書漆字科斗之文科斗字本監本也有文者周時古文也其字頭麤尾細似科斗之蟲故俗名之焉大凡七十五卷晉書有其目錄其六十八卷皆有名題其七卷折簡碎雜不可名題有周易上下經二卷紀年十二卷瑣語十一卷周王遊行五卷說周穆王遊行天下之事今謂之穆天子傳此四部差爲整頓汲郡初得此書表藏祕府詔荀勗和嶠以隸字寫之勗等於時即已不能盡識其書今復闕落又轉寫益誤穆天子傳世間偏多史記魏世家云哀王二十三年卒子昭王立十九年卒子安釐王立哀王是安釐王之祖故安釐王之塚藏哀王時之書哀王二十一年是赧王之十七年并下秦韓趙楚燕齊之年皆史記六國年表文也竹書說伊尹傳閩本監本毛本之事與書序大乖杜不見古文唯以書序考工閩本監本毛本誤本疑伏生昏忘虛傳此事又疑竹簡雜記未足取審今據古文尚書說伊尹之事與左傳閩本誕紙符同明是竹書不可盡信杜以紀年紀事大似春秋之經知古之史官記事如此爲其有益於左氏令人知左氏不妄故略記之以附集解之末閩本監本毛本之不載

經傳正義都計壹伯肆萬壹阡伍伯

參拾字

經傳參拾陸萬字

正義陸拾捌萬壹阡伍伯參拾字

承奉郎守光祿寺丞臣趙安仁書

以上五行明監本分作四行

勘官承奉郎守國子禮記博士賜緋魚袋臣李覺

勘官承奉郎守國子春秋博士賜緋魚袋臣袁逢

都勘官朝請大夫守國子司業柱國賜紫金魚袋臣孔維

詳勘官登仕郎守高郵軍高郵縣令臣劉蒳

詳勘官登仕郎守將作監丞臣潘憲

詳勘官朝請大夫太子右贊善大夫臣陳雅

詳勘官朝奉郎守大理正臣王炳

登仕郎守大理評事臣王煥再校

文林郎守大理寺丞臣邵蓬再校

中散大夫守國子祭酒兼尚書工部侍郎柱國會稽縣開國男食邑三百戶賜紫金魚袋臣孔維都校

淳化元年庚寅十月　日

推忠佐理功臣金紫光祿大夫行尚書戶部侍郎參知政事上柱國大原郡開國侯食邑二千二百戶食實封三百戶臣沔　等進

推忠佐理功臣金紫光祿大夫行尚書戶部侍郎參知政事上柱國隴西郡開國侯食邑一千二百戶食實封二百戶臣辛　仲甫

起復推忠協謀佐理功臣光祿大夫中書侍郎兼戶部尚書同中書門下平章事監修國史上柱國東平郡開國公食邑三千三百戶食實封六百戶臣呂　蒙正

自李覺以下至呂蒙正名銜計一十三人乃淳化單疏本舊式慶元庚申吳興沈中賓彙刻經傳正義時附刊於後者也玉海云端拱元年三月司業孔維等奉勅挍勘孔穎達五經正義一百八十二卷詔國子監鏤版行之易則維等四人挍勘李說等六人詳勘又再挍十月版成以獻書亦如之二年十月以獻春秋則維等二人挍王炳等三人詳挍邵世隆再挍淳化元年十月版成詩則李覺等五人再挍畢道昇等五人詳勘孔維等五人挍勘淳化三年四月以獻禮記則胡迪等五人挍勘紀自成等七人再挍李至等詳定淳化五年五月以獻按王炳孔維邵世隆等銜與玉海合卷末載沈中賓自跋云左氏傳杜氏集解孔氏義疏發揮聖經功亦不細萃爲一書則得失盛衰之跡與夫諸儒之論是非異同昭然具見又云諸經正義既刻於倉臺而此書復刊於郡治合五爲六炳乎相輝是經傳集解義疏萃見一書始於中賓他經如易書周禮則三山黃唐合經注疏三者刻於紹興以前毛詩禮記刻於紹興辛亥間前此所行各經正義惟有單疏元和惠棟挍禮記七十卷本而以爲北宋刻者未核其實黃唐云春秋一書顧力未暇然

則至中賓才補其未備跋云合五爲六似即指黃唐所刻而言後之附釋音本兼義本皆權輿於此又云閩給事中莊公之爲帥也嘗取國子監春秋經傳集解正義以閩蜀諸本俾其屬及里居之彥相與挍讎毋敢不恪又自取而觀之小有訛謬無不訂正所謂閩蜀諸本蓋即岳氏九經三傳沿革例中所據蜀大字舊本蜀學重刻大字本建大字本俗謂無比九經者是也惜注未詳其名其於此書可謂勤摯中賓分閩浙左遹繼其後以承其至刊刻之使宋代善本流傳至今其功亦大矣

附釋音春秋左傳注疏卷第六十　北

春秋左傳注疏卷六十挍勘記